D1068815

Amico lettore

Nel 1900 esce la prima Guida Michelin, dedicata alla Francia: la collezione di Guide Rosse europee si ad essa è ispirata.
Per questo motivo il presente volume si associa con orgoglio all'anniversario.

Questa 45esima edizione della Guida Italia propone una selezione aggiornata di alberghi e ristoranti.

Realizzata dai nostri ispettori in piena autonomia, offre al viaggiatore di passaggio un'ampia scelta a tutti i livelli di confort e di prezzo.

Con l'intento di fornire ai nostri lettori l'informazione più recente, abbiamo aggiornato questa edizione con la massima cura.

Ecco perché solo la Guida dell'anno in corso merita pienamente la vostra fiducia.

Grazie per le vostre osservazioni sempre gradite.

Michelin vi augura "Buon viaggio!"

1900•2000
Cent'anni di Guide Michelin!

1900:
i fratelli Michelin realizzano la prima edizione della loro Guida di Francia che viene distribuita gratuitamente.

Manuale d'uso del loro nuovo pneumatico (inventato nel 1895) e supporto promozionale per la loro impresa, è il primo strumento pratico per il viaggio in automobile con piante di città, distanze, meccanici, distributori di carburante, selezione d'alberghi. Subito apprezzata dagli automobilisti è aggiornata ed ampliata ogni anno.

In pochi anni altre guide Michelin seguono l'esempio offrendo così un uguale servizio agli automobilisti di tutta Europa e del bacino del Mediterraneo. A partire dal 1920, le Guide si arricchiscono delle segnalazioni di ristoranti, eliminano tutte le pubblicità esterne e sono poste in vendita.

Dal 1950 una seconda generazione di guide Michelin con la caratteristica copertina rossa, assolve alla doppia missione di offrire un servizio al viaggiatore e di consigliare una buona sosta attraverso l'intero continente:

1952:	*Spagna*	1974:	*Gran Bretagna e Irlanda*
1953:	*Belgio-Lussemburgo*	1982:	*Europa*
1956:	*Italia (del Nord)*	1992:	*Irlanda*
1957:	*Benelux*	1994:	*Svizzera*
1964:	*Germania*	1995:	*Portogallo*
1973:	*Spagna-Portogallo*		

Dei pregi non comuni per affrontare il 21 secolo

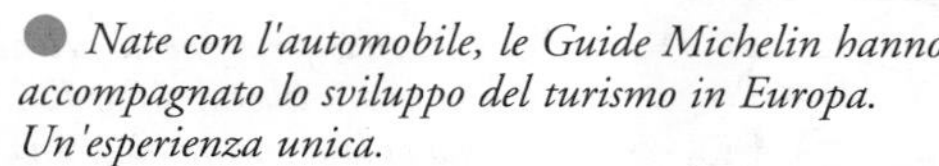

● *Nate con l'automobile, le Guide Michelin hanno accompagnato lo sviluppo del turismo in Europa. Un'esperienza unica.*

● *Prive di pubblicità, non distribuiscono targhe agli esercizi raccomandati, si avvalgono di ispettori qualificati ed anonimi in ogni paese; al riparo da pressioni, la Guide sfuggono ad ogni condizionamento. Questa indipendenza è garanzia di libertà di giudizio e dà valore alle raccomandazioni della Guida.*

● *Una selezione rigorosa di esercizi a diversi livelli di comfort e prezzo, un' informazione controllata e concisa, senza commenti. La Guida premia certo la maestria e la regolarità del professionista, ma è concepita anzitutto per consigliare chi viaggia nella scelta di una sosta.*

● *Centinaia di locali con «stella», a volte con due o tre per premiare l'arte culinaria dei migliori chef, è ciò che sovente fa parlare della Guida..., ma la sua vera vocazione è un'altra e consiste nella sua azione disinteressata, nell'affidabilità di ogni consiglio, nell'attrattiva degli indirizzi a prezzo contenuto (Bib Gourmand)…*

● *Migliaia di lettori scrivono ogni anno ai nostri uffici per esprimere spontaneamente la loro soddisfazione o le loro aspettative. Un'eccezionale prova di fedeltà, un forte incoraggiamento a proseguire nell'intento!*

« Quest'opera nasce col secolo e durerà quanto esso. »

Il 2000 conferma il proposito della Guida Francia 1900.

Con il nuovo millennio, è tutta la collezione delle Guide Rosse Michelin che prende nuovo slancio, su carta o su supporto informatico!

1900•2000
Cent'anni di servizio a chi viaggia!

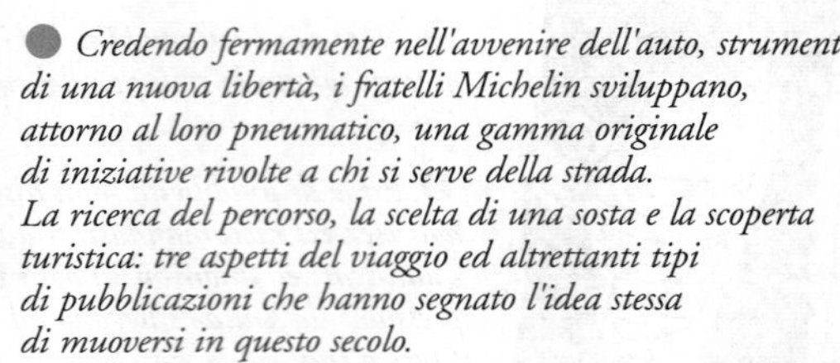

● *Credendo fermamente nell'avvenire dell'auto, strumento di una nuova libertà, i fratelli Michelin sviluppano, attorno al loro pneumatico, una gamma originale di iniziative rivolte a chi si serve della strada. La ricerca del percorso, la scelta di una sosta e la scoperta turistica: tre aspetti del viaggio ed altrettanti tipi di pubblicazioni che hanno segnato l'idea stessa di muoversi in questo secolo.*

● *Dove fermarsi ? - La scelta di dove pernottaree di un ristorante è il ruolo della guida alberghiera (oggi la Guida Rossa). Da Varsavia alle Canarie, oltre una decina di titoli che propongono indirizzi, raccomandano, consigliano ed informano in piena indipendenza.*

● *Come arrivarci ? - Nel labirinto di strade, chi viaggia ha bisogno di un filo di Arianna: sono le carte Michelin, precise, facili da leggere, aggiornate. Da 90 anni orientano in sicurezza, in ogni nazione ed in diverse scale. In Francia, fino al 1970, le famose pietre miliari Michelin hanno svolto la stessa funzione di guida.*

● *Cosa vedere lungo la strada ? - Non c'è strada che non costeggi un fiume, una foresta, un castello; non c'è città che si attraversi che non custodisca un monumento, una vecchia strada, un ricordo… Compito delle Guide turistiche è di ricordarlo, descrivere, invitare alla sosta. Verdi o Escapade, soddisfano la curiosità regalando un momento di piacere.*

● *Partire è scegliere una strada…*
Ogni viaggio inizia dall'itinerario che si prepara: uno speciale Servizio Michelin vi si è dedicato dal 1908. Sostituito in Francia nel 1989 dal servizio telematico Minitel, è approdato più recentemente in un apposito sito Internet. Cambiano i supporti, ma il servizio resta.

Da un secolo all'altro...

Informare l'automobilista che viaggia per lavoro o per turismo, anticipare i suoi bisogni, rispondere alle sue aspettative, è questa la filosofia del servizio che da cent'anni si è affermata e diversificata in costante sinergia:
- con l'evoluzione della vettura e del pneumatico,
- l'evoluzione della rete stradale,
- il moltiplicarsi dei supporti informativi,
- il diffondersi, nel mondo, del l'idea di svago e tempo libero...

Il Turismo - parola quasi sconosciuta all'epoca del «libretto rosso» - è diventata una delle attività principali a livello mondiale. L'accoglienza, i trasporti, i contatti, la scoperta e la stessa voglia di conoscere, vi trovano spazio, benché ogni viaggiatore ami ugualmente ritrovare ***esperienza, savoir-faire e sicurezza.*** *Valori che riassumono bene lo spirito delle guide e delle carte Michelin, diffuse in un secolo in più di settecento milioni di esemplari!*

Michelin Edizioni per Viaggiare
è la nuova denominazione di questa attività fatta di carta stampata e video, supporti informatici e satellitari.

Insomma tutto è pronto per accogliere il terzo millennio!

Volete saperne di più?

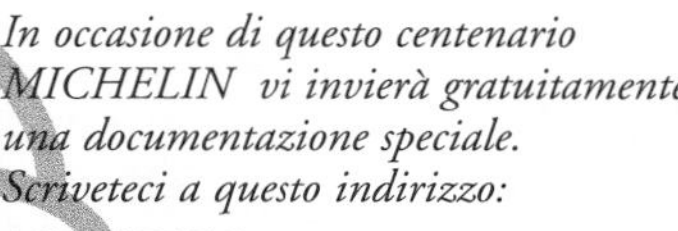

In occasione di questo centenario MICHELIN vi invierà gratuitamente una documentazione speciale. Scriveteci a questo indirizzo:

MICHELIN
Edizioni per Viaggiare
Corso Sempione 66
20154 Milano - Italia

Grazie della vostra feducia

Sommario

La scelta di un albergo, di un ristorante

Questa guida propone una selezione di alberghi e ristoranti per orientare la scelta dell'automobilista. Gli esercizi, classificati in base al confort che offrono, vengono citati in ordine di preferenza per ogni categoria.

Categorie

🏨🏨🏨🏨🏨	✕✕✕✕✕	*Gran lusso e tradizione*
🏨🏨🏨🏨	✕✕✕✕	*Gran confort*
🏨🏨🏨	✕✕✕	*Molto confortevole*
🏨🏨	✕✕	*Di buon confort*
🏨	✕	*Abbastanza confortevole*
⌂		*Semplice, ma conveniente*
M		*Nella sua categoria, albergo con installazioni moderne*
Senza rist		*L'albergo non ha ristorante*
	con cam	*Il ristorante dispone di camere*

Amenità e tranquillità

Alcuni esercizi sono evidenziati nella guida dai simboli rossi indicati qui di seguito. Il soggiorno in questi alberghi si rivela particolarmente ameno o riposante grazie alle caratteristiche dell'edificio, alle decorazioni non comuni, alla sua posizione ed al servizio offerto, nonchè alla tranquillità dei luoghi.

🏨🏨🏨🏨🏨 a 🏨	*Alberghi ameni*
✕✕✕✕✕ a ✕	*Ristoranti ameni*
« Parco fiorito »	*Un particolare piacevole*
🐦	*Albergo molto tranquillo o isolato e tranquillo*
🐦	*Albergo tranquillo*
⋞ mare	*Vista eccezionale*
⋞	*Vista interessante o estesa*

Le località che possiedono degli esercizi ameni o tranquilli sono riportate sulle carte da pagina 70 a 79.

Consultatele per la preparazione dei vostri viaggi e, al ritorno, inviateci i vostri pareri; agevolerete così le nostre indagini.

Installazioni

Le camere degli alberghi che raccomandiamo possiedono, generalmente, delle installazioni sanitarie complete. È possibile tuttavia che nelle categorie 🏠 e 🏠 alcune camere ne siano sprovviste.

30 cam	*Numero di camere*
🛗	*Ascensore*
▤	*Aria condizionata*
TV	*Televisione in camera*
🚭	*Esercizio riservato in parte ai non fumatori*
☎	*Telefono in camera comunicante direttamente con l'esterno*
📞	*Presa modem in camera*
♿	*Camere di agevole accesso per portatori di handicap*
	Pasti serviti in giardino o in terrazza
	Cura termale, Idroterapia
	Piscina: all'aperto, coperta
	Sauna – Palestra
	Spiaggia attrezzata – Giardino
18	*Tennis appartenente all'albergo – Golf e numero di buche*
150	*Sale per conferenze: capienza massima*
	Garage gratuito (una notte) per chi presenta la guida dell'anno
	Garage a pagamento
P	*Parcheggio riservato alla clientela*
P	*Parcheggio chiuso riservato alla clientela*
	Accesso vietato ai cani (in tutto o in parte dell'esercizio)
20 aprile-5 ottobre	*Periodo di apertura, comunicato dall'albergatore*
stagionale	*Probabile apertura in stagione, ma periodo non precisato. Gli esercizi senza tali menzioni sono aperti tutto l'anno.*

La tavola

Le stelle

Alcuni esercizi meritano di essere segnalati alla vostra attenzione per la qualità particolare della loro cucina; li abbiamo evidenziati con le « stelle di ottima tavola ».
Per ognuno di questi ristoranti indichiamo tre specialità culinarie che potranno aiutarvi nella scelta.

✿✿✿ **Una delle migliori tavole, vale il viaggio**

Vi si mangia sempre molto bene, a volte meravigliosamente. Grandi vini, servizio impeccabile, ambientazione accurata... Prezzi conformi.

✿✿ **Tavola eccellente, merita una deviazione**

Specialità e vini scelti... Aspettatevi una spesa in proporzione.

✿ **Un'ottima tavola nella sua categoria**

La stella indica una tappa gastronomica sul vostro itinerario.
Non mettete però a confronto la stella di un esercizio di lusso, dai prezzi elevati, con quella di un piccolo esercizio dove, a prezzi ragionevoli, viene offerta una cucina di qualità.

Il "Bib Gourmand"

Pasti accurati a prezzi contenuti

Per quando desiderate trovare delle tavole più semplici a prezzi contenuti abbiamo selezionato dei ristoranti che, per un rapporto qualità-prezzo particolarmente favorevole, offrono un pasto accurato spesso a carattere tipicamente regionale.
Questi ristoranti sono evidenziati nel testo con il **"Bib Gourmand"** *e* Pasto*, davanti ai prezzi.*
Es: Pasto 40/50000.

Consultate le carte degli esercizi con stelle ✿✿✿, ✿✿, ✿ e con **"Bib Gourmand"** *(pagine 70 a 79).*
Vedere anche a pagina seguente.
Principali vini e specialità regionali: vedere da p. 65 a 69

I prezzi

I prezzi che indichiamo in questa guida sono stati stabiliti nell'estate 1999 e sono relativi all ***alta stagione****; potranno subire delle variazioni in relazione ai cambiamenti dei prezzi di beni e servizi. Essi s'intendono comprensivi di tasse e servizio (salvo specifica indicazione, es. 15 %).*

In occasione di alcune manifestazioni commerciali o turistiche i prezzi richiesti dagli albergatori potrebbero subire un sensibile aumento nelle località interessate e nei loro dintorni.

Gli alberghi e i ristoranti vengono menzionati in carattere grassetto quando gli albergatori ci hanno comunicato tutti i prezzi e si sono impegnati, sotto loro responsabilità, ad applicarli ai turisti di passaggio, in possesso della nostra guida.

In bassa stagione, alcuni esercizi applicano condizioni più vantaggiose, informatevi al momento della prenotazione.

Entrate nell'albergo o nel ristorante con la guida in mano, dimostrando in tal modo la fiducia in chi vi ha indirizzato.

Pasti

◎◎	*Esercizio che offre un pasto semplice entro 35000 L.*
	Menu a prezzo fisso:
Pasto 30/50000	*minimo* 30000, *massimo* 50000
bc	*Bevanda compresa*
	Pasto alla carta:
Pasto carta 40/70000	*Il primo prezzo corrisponde ad un pasto semplice comprendente: primo, piatto del giorno e dessert.* *Il secondo prezzo corrisponde ad un pasto più completo (con specialità) comprendente: antipasto, due piatti, formaggio e dessert.* *Talvolta i ristoranti non dispongono di liste scritte ed i piatti sono proposti a voce.*

Camere

cam 80/150000	*Prezzo* 80000 *per una camera singola/prezzo massimo* 150000 *per una camera per due persone*
Appartamenti:	*informarsi presso l'albergatore*
cam ☕ 90/180000	*Prezzo della camera compresa la prima colazione*
☕ 10000	*Prezzo della prima colazione (supplemento eventuale se servita in camera)*
▤ 5000	*Supplemento per l'aria condizionata*

Mezza pensione

½ P 90/110000 *Prezzo minimo e massimo della mezza pensione (camera, prima colazione ed un pasto) per persona e al giorno, in alta stagione. Questi prezzi sono validi per la camera doppia occupata da due persone, per un soggiorno minimo di tre giorni; la persona singola potrà talvolta vedersi applicata una maggiorazione. La maggior parte degli alberghi pratica anche, su richiesta, la pensione completa. E' comunque consigliabile prendere accordi preventivi con l'albergatore per stabilire le condizioni definitive.*

La caparra

Alcuni albergatori chiedono il versamento di una caparra. Si tratta di un deposito-garanzia che impegna sia l'albergatore che il cliente. Vi consigliamo di farvi precisare le norme riguardanti la reciproca garanzia di tale caparra.

Carte di credito

AE Ⓢ ⓓ MC VISA JCB *Carte di credito accettate dall'esercizio American Express, Carta Si, Diners Club, Mastercard (Eurocard), Visa, Japan Credit Bureau*

Le città

20100	*Codice di Avviamento Postale*
✉ 28042 Baveno	*Numero di codice e sede dell'Ufficio Postale*
P	*Capoluogo di Provincia*
Piacenza	*Provincia alla quale la località appartiene*
428 D9 988 ②	*Numero della carta Michelin e del riquadro o numero della piega*
G. Toscana	*Vedere Guida Verde Michelin Toscana*
108 872 ab	*Popolazione residente*
alt. 175	*Altitudine*
Stazione termale Sport invernali	*Genere della stazione*
1500/2000 m	*Altitudine della stazione e altitudine massima raggiungibile con gli impianti di risalita*
3	*Numero di funivie o cabinovie*
7	*Numero di sciovie e seggiovie*
	Sci di fondo
a.s. luglio-settembre	*Periodo di alta stagione*
EX A	*Lettere indicanti l'ubicazione sulla pianta*
18	*Golf e numero di buche*
	Panorama, vista
	Aeroporto
	Località con servizio auto su treno. Informarsi al numero di telefono indicato
	Trasporti marittimi
	Trasporti marittimi (solo passeggeri)
	Ufficio informazioni turistiche
A.C.I.	*Automobile Club d'Italia*

Luoghi d'interesse

Grado di interesse

★★★	*Vale il viaggio*
★★	*Merita una deviazione*
★	*Interessante*
	I musei sono generalmente chiusi il lunedì

Ubicazione

Vedere	*Nella città*
Dintorni	*Nei dintorni della città*
Escursioni	*Nella regione*
Nord, Sud, Est, Ovest	*Il luogo si trova a Nord, a Sud, a Est, a Ovest della località*
per ① *o* ④	*Ci si va dall'uscita* ① *o* ④ *indicata con lo stesso segno sulla pianta*
6 km	*Distanza chilometrica*

Le carte dei dintorni

Sapete come usarle?

Se desiderate, per esempio, trovare un buon indirizzo nei dintorni di Siena, la « carta dei dintorni » (qui accanto) richiama la vostra attenzione su tutte le località citate nella Guida che si trovino nei dintorni della città prescelta, e in particolare su quelle raggiungibili nel raggio di 50 km (limite di colore). Le « carte dei dintorni » coprono l'intero territorio e permettono la localizzazione rapida di tutte le risorse proposte dalla Guida nei dintorni delle metropoli regionali.

Nota:

Quando una località è presente su una « carta dei dintorni », la città a cui ci si riferisce è scritta in BLU nella linea delle distanze da città a città.

Esempio:

Troverete MONTEPULCIANO sulla carta dei dintorni di SIENA.

MONTEPULCIANO *53045 Siena* 988 ⑮, 430 *M 17* –
Vedere *Città Antica*★ – *Piazza Grande*★
Roma 176 – Siena 65 – Arezzo 60 – Firenze 119 – Perugia 74

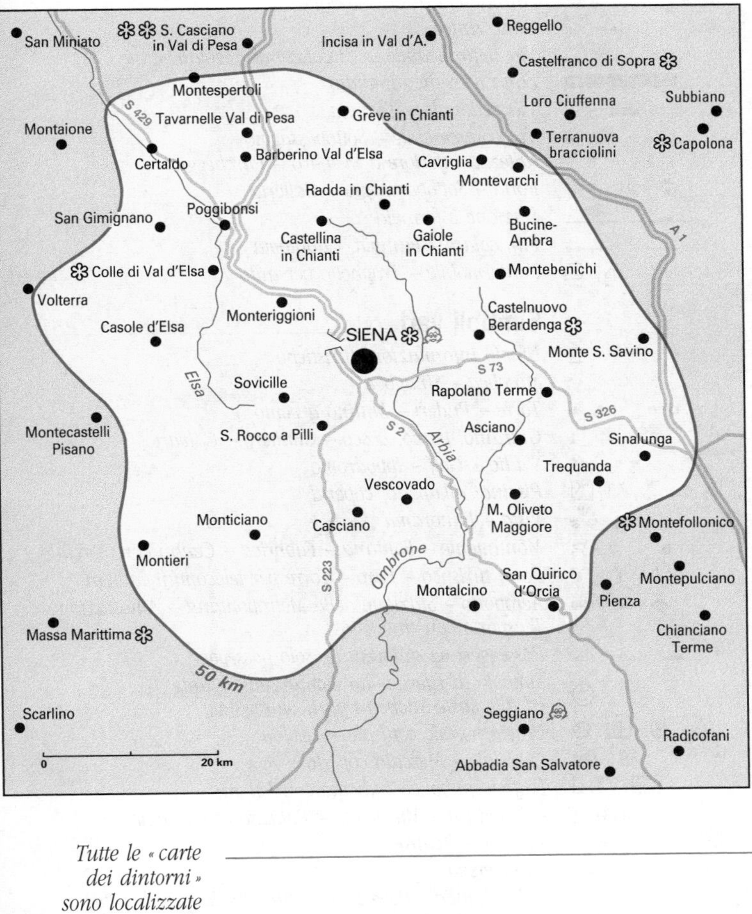

San Miniato
S. Casciano in Val di Pesa
Incisa in Val d'A.
Reggello
Castelfranco di Sopra
Montespertoli
Loro Ciuffenna
Subbiano
Montaione
S 429
Tavarnelle Val di Pesa
Greve in Chianti
Terranuova bracciolini
Capolona
Certaldo
Barberino Val d'Elsa
Cavriglia
Montevarchi
Radda in Chianti
San Gimignano
Poggibonsi
Castellina in Chianti
Gaiole in Chianti
Bucine-Ambra
A 1
Colle di Val d'Elsa
Montebenichi
Volterra
Monteriggioni
Castelnuovo Berardenga
Casole d'Elsa
SIENA
Monte S. Savino
S 73
Elsa
Sovicille
Rapolano Terme
S 326
Montecastelli Pisano
S. Rocco a Pilli
S 2
Asciano
Arbia
Sinalunga
Trequanda
Vescovado
M. Oliveto Maggiore
Monticiano
Casciano
Montefollonico
Montieri
Ombrone
S 223
San Quirico d'Orcia
Montepulciano
Montalcino
Pienza
Massa Marittima
Chianciano Terme
50 km
Scarlino
Seggiano
Radicofani
0
20 km
Abbadia San Salvatore

Tutte le « carte dei dintorni » sono localizzate sull'atlantino alla fine della Guida.

Le piante

Alberghi
Ristoranti

Curiosità

Edificio interessante
Costruzione religiosa interessante

Viabilità

Autostrada, strada a carreggiate separate
numero dello svincolo
Grande via di circolazione
Senso unico
Via impraticabile, a circolazione regolamentata
Zona a traffico limitato
Via pedonale – Tranvia
Pasteur 4'4 P Via commerciale – Sottopassaggio (altezza inferiore a m 4,40) – Parcheggio
Porta – Sottopassaggio – Galleria
Stazione e ferrovia
Funicolare – Funivia, Cabinovia
F Ponte mobile – Traghetto per auto

Simboli vari

Ufficio informazioni turistiche
Moschea – Sinagoga
Torre – Ruderi – Mulino a vento
Giardino, parco, bosco – Cimitero – Calvario
Stadio – Golf – Ippodromo
Piscina: all'aperto, coperta
Vista – Panorama
Monumento – Fontana – Fabbrica – Centro commerciale
Porto turistico – Faro – Torre per telecomunicazioni
Aeroporto – Stazione della Metropolitana – Autostazione
Trasporto con traghetto:
Passeggeri ed autovetture, solo passeggeri
3 Simbolo di riferimento comune alle piante ed alle carte Michelin particolareggiate
Ufficio postale centrale – Telefono
Ospedale – Mercato coperto
Edificio pubblico indicato con lettera:
P H J - Prefettura – Municipio – Palazzo di Giustizia
M T - Museo – Teatro
U - Università
POL. - Carabinieri - Polizia (Questura, nelle grandi città)
A.C.I. Automobile Club d'Italia

Ami lecteur

C'est en 1900 qu'a été édité le premier Guide Michelin, consacré à la France : la collection européenne des Guides Rouges en est issue. C'est pourquoi le présent volume s'associe avec fierté à cet anniversaire.

Cette 45e édition du Guide Michelin Italia propose une sélection actualisée d'hôtels et de restaurants.

Réalisée en toute indépendance par nos Inspecteurs, elle offre au voyageur de passage un large choix d'adresses à tous les niveaux de confort et de prix.

Toujours soucieux d'apporter à nos lecteurs l'information la plus récente, nous avons mis à jour cette édition avec le plus grand soin.

C'est pourquoi, seul le Guide de l'année en cours mérite votre confiance.
Merci de vos commentaires toujours appréciés.

Michelin vous souhaite "Bon voyage !"

1900•2000

Cent années de Guides Michelin!

1900: les frères Michelin créent et distribuent gracieusement la première édition de leur Guide de France.

Manuel de leur nouveau pneumatique (inventé en 1895) et support promotionnel pour leur entreprise, c'est surtout le premier outil pratique du voyage automobile: plans de villes, distances, réparateurs, distributeurs de carburant, choix d'hôtels. Très apprécié des «chauffeurs», il est actualisé et enrichi chaque année.

En quelques années, d'autres Guides Michelin suivent son exemple et apportent un service identique aux conducteurs de toute l'Europe et du bassin méditerranéen. A partir de 1920, ils citent des restaurants, éliminent toute publicité extérieure et sont désormais commercialisés.

Depuis 1950, une deuxième génération de Guides Michelin, unifiée sous sa couverture rouge, remplit à travers notre continent cette même mission de service au voyageur et de conseiller de la bonne étape:

1952: *Espagne*
1953: *Belgique-Luxembourg*
1956: *Italie (du Nord)*
1957: *Benelux*
1964: *Deutschland*
1973: *España-Portugal*
1974: *Great Britain and Ireland*
1982: *Europe*
1992: *Ireland*
1994: *Suisse*
1995: *Portugal*

Des atouts majeurs pour aborder le 21e siècle

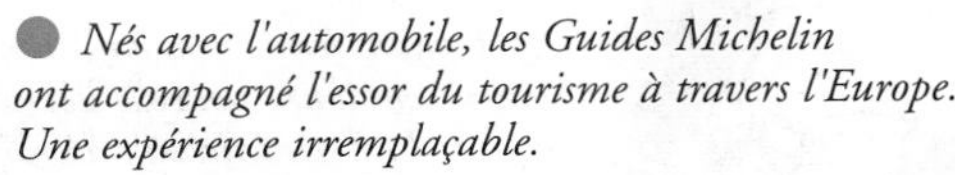

● *Nés avec l'automobile, les Guides Michelin ont accompagné l'essor du tourisme à travers l'Europe. Une expérience irremplaçable.*

● *Ni publicité intégrée, ni panonceau à la porte des hôtels et restaurants cités, des inspecteurs qualifiés et anonymes dans tous les pays, à l'abri des regards et des pressions, le Guide échappe à toute compromission. Cette indépendance conditionne sa liberté d'appréciation et consolide ses recommandations.*

● *Une sélection rigoureuse d'établissements, à tous les niveaux de confort et de prix, une information contrôlée et recoupée, sans commentaires. Le Guide distingue, certes, la maîtrise et la régularité du professionnel, mais il existe d'abord pour conseiller le voyageur dans le choix de son étape.*

● *Quelques centaines d'«Etoiles», parfois doubles ou triples, pour mesurer le savoir-faire culinaire des meilleurs chefs, c'est souvent ce qui fait parler du Guide..., mais sa vraie vocation est ailleurs, dans le désintéressement de sa démarche, dans la fiabilité de son conseil au quotidien, dans l'attrait de ses adresses à prix modéré (Bib Gourmand)...*

● *Des dizaines de milliers de lecteurs écrivent chaque année aux bureaux des Guides, pour exprimer spontanément leur satisfaction ou leur attente. Une exceptionnelle manifestation de fidélité, un puissant encouragement à poursuivre la tâche !*

« Cet ouvrage paraît avec le siècle, il durera autant que lui. »

L'an 2000 confirme donc l'avant-propos du Guide France 1900.

Avec le nouveau millénaire, c'est toute la collection des Guides Rouges Michelin qui prend un nouveau départ, sur papier ou sur support numérique !

1900•2000
Cent années de Service au voyageur!

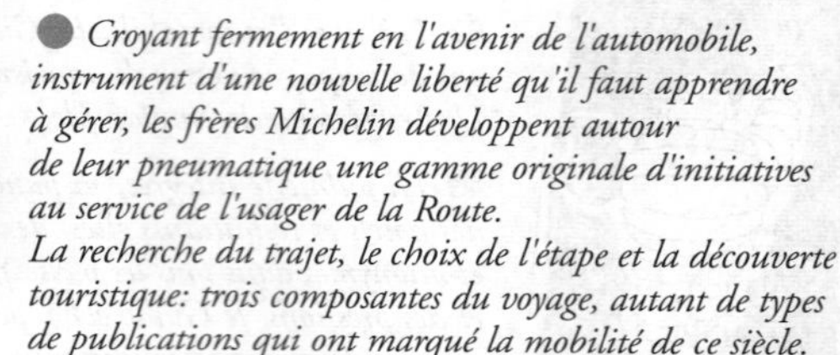

● *Croyant fermement en l'avenir de l'automobile, instrument d'une nouvelle liberté qu'il faut apprendre à gérer, les frères Michelin développent autour de leur pneumatique une gamme originale d'initiatives au service de l'usager de la Route.*
La recherche du trajet, le choix de l'étape et la découverte touristique: trois composantes du voyage, autant de types de publications qui ont marqué la mobilité de ce siècle.

● ***Où s'arrêter ?*** *- Le choix de la nuitée et du repas c'est le rôle du Guide hôtelier (aujourd'hui le Guide Rouge). De Varsovie aux Canaries, une douzaine de titres sélectionne des adresses, distribue ses recommandations, conseille et informe, en toute indépendance.*

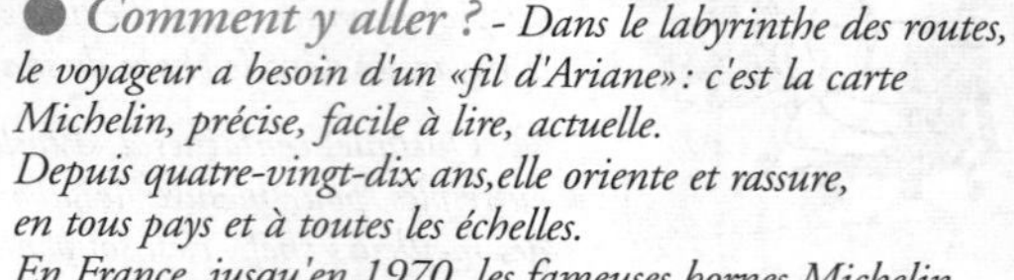

● ***Comment y aller ?*** *- Dans le labyrinthe des routes, le voyageur a besoin d'un «fil d'Ariane»: c'est la carte Michelin, précise, facile à lire, actuelle.*
Depuis quatre-vingt-dix ans,elle oriente et rassure, en tous pays et à toutes les échelles.
En France, jusqu'en 1970, les fameuses bornes Michelin ont eu à remplir la même mission de guidage.

● ***Que voir en route ?*** *- Pas de route qui ne côtoie une rivière, une forêt, un château, pas de ville traversée qui ne recèle un monument, une vieille rue, un souvenir... Aux Guides touristiques de rappeler, de décrire, d'inviter à la halte. Vert, Escapade ou Neos, ils répondent à la curiosité et donnent à goûter un moment de loisir.*

● ***Partir, c'est choisir une route...***
Pas de voyage sans itinéraire: un «Bureau» spécial Michelin s'y est consacré dès...1908, relayé en 1989 par le service télématique Minitel (en France), puis, plus récemment, par un site Internet particulier.
Le support change, mais le service demeure.

D'un siècle à l'autre...

● *Informer l'automobiliste, professionnel ou vacancier, anticiper sur ses besoins et répondre à ses attentes, c'est cette volonté de service qui, depuis cent ans, s'est affirmée et diversifiée, en synergie permanente:*
- avec les progrès de l'automobile et du pneu,
- avec l'évolution du réseau routier,
- avec la multiplication des supports d'information,
- avec l'essor des loisirs à travers le monde...

● *Le Tourisme - un mot à peine connu à l'époque du «petit livre rouge» - est de nos jours une activité planétaire majeure. L'accueil, les transports, les contacts, le dépaysement, la découverte y trouvent leur place, mais chaque voyageur entend également y rencontrer* ***expérience, savoir-faire et sécurité****. Des valeurs que résument assez exactement les guides et les cartes Michelin, dont plus de sept cents millions d'exemplaires ont été diffusés au cours du siècle!*

● Michelin Editions du Voyage
telle est la nouvelle signature de cette activité, où convergent le papier et l'écran, les vecteurs numériques et le satellite.

● Tout est donc en place pour accueillir le troisième millénaire!

Vous voulez en savoir plus ?

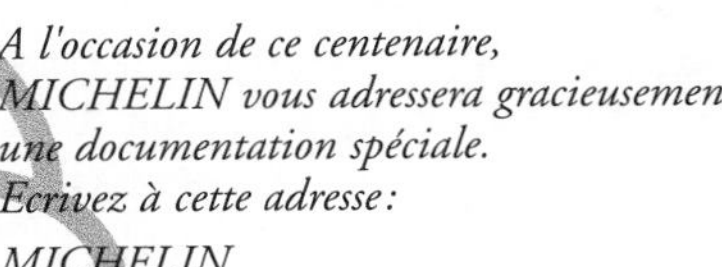

A l'occasion de ce centenaire, MICHELIN vous adressera gracieusement une documentation spéciale.
Ecrivez à cette adresse:

MICHELIN
Éditions du Voyage
46, avenue de Breteuil
F 75324 Paris Cedex 07

Merci de votre fidélité

Sommaire

Le choix d'un hôtel, d'un restaurant

Ce guide vous propose une sélection d'hôtels et restaurants établie à l'usage de l'automobiliste de passage. Les établissements, classés selon leur confort, sont cités par ordre de préférence dans chaque catégorie.

Catégories

	XXXXX	*Grand luxe et tradition*
	XXXX	*Grand confort*
	XXX	*Très confortable*
	XX	*De bon confort*
	X	*Assez confortable*
		Simple mais convenable
M		*Dans sa catégorie, hôtel d'équipement moderne*
senza rist		*L'hôtel n'a pas de restaurant*
	con cam	*Le restaurant possède des chambres*

Agrément et tranquillité

Certains établissements se distinguent dans le guide par les symboles rouges indiqués ci-après. Le séjour dans ces hôtels se révèle particulièrement agréable ou reposant. Cela peut tenir d'une part au caractère de l'édifice, au décor original, au site, à l'accueil et aux services qui sont proposés, d'autre part à la tranquillité des lieux.

à	*Hôtels agréables*
XXXXX à X	*Restaurants agréables*
« Parco fiorito »	*Élément particulièrement agréable*
	Hôtel très tranquille ou isolé et tranquille
	Hôtel tranquille
< mare	*Vue exceptionnelle*
<	*Vue intéressante ou étendue*

Les localités possédant des établissements agréables ou tranquilles sont repérées sur les cartes pages 70 à 79.

Consultez-les pour la préparation de vos voyages et donnez-nous vos appréciations à votre retour, vous faciliterez ainsi nos enquêtes.

L'installation

Les chambres des hôtels que nous recommandons possèdent, en général, des installations sanitaires complètes. Il est toutefois possible que dans les catégories 🏠 et ⛱, certaines chambres en soient dépourvues.

30 cam	*Nombre de chambres*
	Ascenseur
	Air conditionné
TV	*Télévision dans la chambre*
	Établissement en partie réservé aux non-fumeurs
	Téléphone dans la chambre, direct avec l'extérieur
	Prise modem dans la chambre
	Chambres accessibles aux handicapés physiques
	Repas servis au jardin ou en terrasse
	Cure thermale, Balnéothérapie
	Piscine : de plein air ou couverte
	Sauna – Salle de remise en forme
	Plage aménagée – Jardin de repos
18	*Tennis à l'hôtel – Golf et nombre de trous*
150	*Salles de conférences : capacité maximum*
	Garage gratuit (une nuit) aux porteurs du Guide de l'année
	Garage payant
P	*Parking réservé à la clientèle*
P	*Parking clos réservé à la clientèle*
	Accès interdit aux chiens (dans tout ou partie de l'établissement)
20 aprile-5 ottobre	*Période d'ouverture, communiquée par l'hôtelier*
stagionale	*Ouverture probable en saison mais dates non précisées. En l'absence de mention, l'établissement est ouvert toute l'année.*

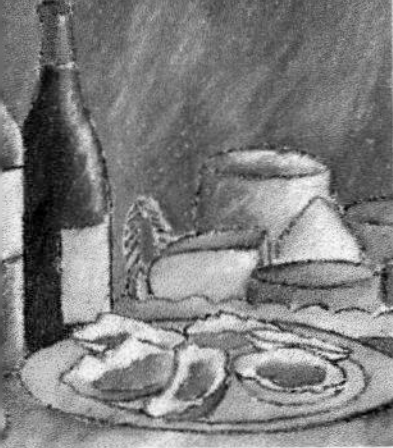

La table

Les étoiles

Certains établissements méritent d'être signalés à votre attention pour la qualité de leur cuisine. Nous les distinguons par les étoiles de bonne table. Nous indiquons, pour ces établissements, trois spécialités culinaires qui pourront orienter votre choix.

✿✿✿ **Une des meilleures tables, vaut le voyage**

On y mange toujours très bien, parfois merveilleusement. Grands vins, service impeccable, cadre élégant... Prix en conséquence.

✿✿ **Table excellente, mérite un détour**

Spécialités et vins de choix... Attendez-vous à une dépense en rapport.

✿ **Une très bonne table dans sa catégorie**

L'étoile marque une bonne étape sur votre itinéraire. Mais ne comparez pas l'étoile d'un établissement de luxe à prix élevés avec celle d'une petite maison où, à prix raisonnables, on sert également une cuisine de qualité.

Le "Bib Gourmand"

Repas soignés à prix modérés

Vous souhaitez parfois trouver des tables plus simples, à prix modérés; c'est pourquoi nous avons sélectionné des restaurants proposant, pour un rapport qualité-prix particulièrement favorable, un repas soigné, souvent de type régional.

Ces restaurants sont signalés par le **"Bib Gourmand"** *et* Pasto.

Ex. Pasto 40/50000.

Consultez les cartes des étoiles de bonne table ✿✿✿, ✿✿, ✿ et des **"Bib Gourmand"** *(pages 70 à 79).*

Voir aussi page suivante.

Principaux vins et spécialités régionales : voir p. 65 à 69

Les prix

Les prix que nous indiquons dans ce guide ont été établis en été 1999 et s'appliquent à la ***haute saison.***
Ils sont susceptibles de modifications, notamment en cas de variations des prix des biens et services.
Ils s'entendent taxes et services compris (sauf indication spéciale, ex. 15 %).
A l'occasion de certaines manifestations commerciales ou touristiques, les prix demandés par les hôteliers risquent d'être sensiblement majorés dans certaines villes jusqu'à leurs lointains environs.
Les hôtels et restaurants figurent en gros caractères lorsque les hôteliers nous ont donné tous leurs prix et se sont engagés, sous leur propre responsabilité, à les appliquer aux touristes de passage porteurs de notre guide.
Hors saison, certains établissements proposent des conditions avantageuses, renseignez-vous lors de votre réservation.
Entrez à l'hôtel le Guide à la main, vous montrerez ainsi qu'il vous conduit là en confiance.

Repas

🝰 *Établissement proposant un repas simple à moins de 35000 L.*

Menu à prix fixe :

Pasto 30/50000 *minimum* 30000, *maximum* 50000

bc *Boisson comprise*

Repas à la carte :

Pasto carta 40/70000 *Le premier prix correspond à un repas normal comprenant : entrée, plat du jour et dessert.*
Le 2e prix concerne un repas plus complet (avec spécialité) comprenant : entrée, deux plats, fromage et dessert.
Parfois, en l'absence de menu et de carte, les plats sont proposés verbalement.

Chambres

cam 80/150000	*Prix* 80000 *pour une chambre d'une personne/ prix maximum* 150000 *pour une chambre de deux personnes*
Appartements :	*Se renseigner auprès de l'hôtelier*
cam 90/180000	*Prix des chambres petit déjeuner compris*
10000	*Prix du petit déjeuner (supplément éventuel si servi en chambre)*
5000	*Supplément pour l'air conditionné*

Demi-pension

½ P 90/110000	*Prix minimum et maximum de la demi-pension (chambre, petit déjeuner et un repas) par personne et par jour ; en saison, ces prix s'entendent pour une chambre double occupée par deux personnes, pour un séjour de trois jours minimum. Une personne seule se voit parfois appliquer une majoration. La plupart des hôtels saisonniers pratiquent également, sur demande, la pension complète. Dans tous les cas, il est indispensable de s'entendre par avance avec l'hôtelier pour conclure un arrangement définitif.*

Les arrhes

Certains hôteliers demandent le versement d'arrhes. Il s'agit d'un dépôt-garantie qui engage l'hôtelier comme le client. Bien faire préciser les dispositions de cette garantie.

Cartes de crédit

AE VISA JCB	*Cartes de crédit acceptées par l'établissement American Express, Carta Si, Diners Club, Mastercard (Eurocard), Visa, Japan Credit Bureau*

Les villes

20100	Numéro de code postal
✉ 28042 Baveno	Numéro de code postal et nom du bureau distributeur du courrier
P	Capitale de Province
Piacenza	Province à laquelle la localité appartient
428 D9 988 ②	Numéro de la Carte Michelin et carroyage ou numéro du pli
G. Toscana	Voir le Guide Vert Michelin Toscana
108 872 ab	Population résidente
alt. 175	Altitude de la localité
Stazione termale	Station thermale
Sport invernali	Sports d'hiver
1500/2000 m	Altitude de la station et altitude maximum atteinte par les remontées mécaniques
3	Nombre de téléphériques ou télécabines
7	Nombre de remonte-pentes et télésièges
	Ski de fond
a.s. luglio-settembre	Période de haute saison
EX A	Lettres repérant un emplacement sur le plan
18	Golf et nombre de trous
	Panorama, point de vue
	Aéroport
	Localité desservie par train-auto. Renseignements au numéro de téléphone indiqué
	Transports maritimes
	Transports maritimes pour passagers seulement
	Information touristique
A.C.I.	Automobile Club d'Italie

Les curiosités

Intérêt

★★★	*Vaut le voyage*
★★	*Mérite un détour*
★	*Intéressant*

Les musées sont généralement fermés le lundi

Situation

Vedere	*Dans la ville*
Dintorni	*Aux environs de la ville*
Escursioni	*Excursions dans la ville*
Nord, Sud, Est, Ovest	*La curiosité est située : au Nord, au Sud, à l'Est, à l'Ouest*
per ① o ④	*On s'y rend par la sortie ① ou ④ repérée par le même signe sur le plan du Guide et sur la carte*
6 km	*Distance en kilomètres*

Les cartes de voisinage

Avez-vous pensé à les consulter ?

Vous souhaitez trouver une bonne adresse, par exemple, aux environs de Siena (Sienne) ? Consultez la carte qui accompagne le plan de la ville.

La « carte de voisinage » (ci-contre) attire votre attention sur toutes les localités citées au Guide autour de la ville choisie, et particulièrement celles situées dans un rayon de 50 km (limite de couleur).

Les « cartes de voisinage » vous permettent ainsi le repérage rapide de toutes les ressources proposées par le Guide autour des métropoles régionales.

Nota :

Lorsqu'une localité est présente sur une « carte de voisinage », sa métropole de rattachement est imprimée en BLEU sur la ligne des distances de ville à ville.

Exemple :

Vous trouverez MONTEPULCIANO sur la carte de voisinage de SIENA.

MONTEPULCIANO *53045 Siena* 988 ⑮, 430 *M 17* – Vedere *Città Antica*★ – *Piazza Grande*★
Roma 176 – Siena 65 – Arezzo 60 – Firenze 119 – Perugia 74

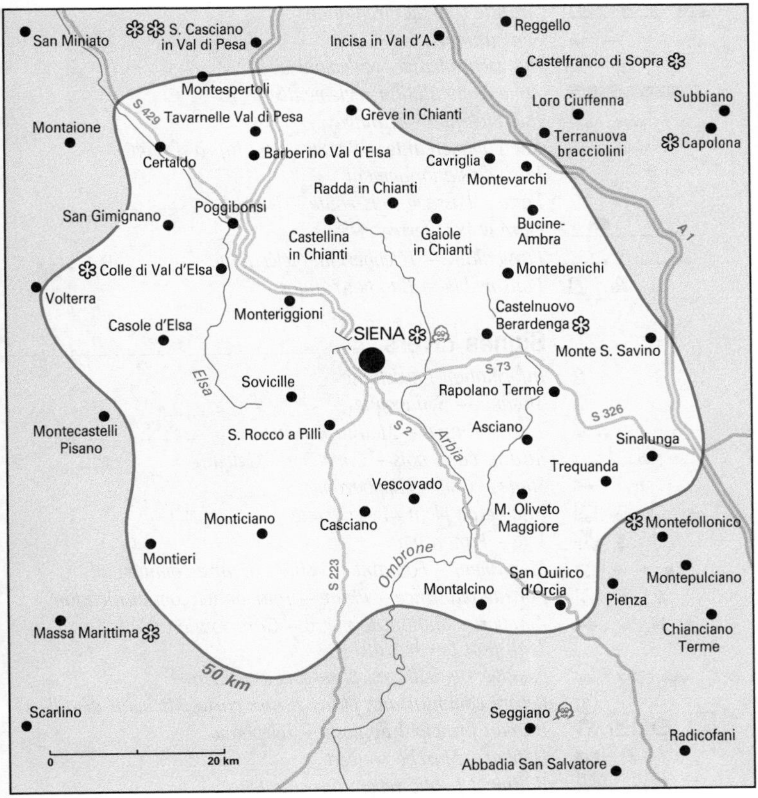

San Miniato
S. Casciano in Val di Pesa
Incisa in Val d'A.
Reggello
Castelfranco di Sopra
Montespertoli
Montaione
S 429
Tavarnelle Val di Pesa
Greve in Chianti
Loro Ciuffenna
Subbiano
Terranuova bracciolini
Capolona
Certaldo
Barberino Val d'Elsa
Cavriglia
Montevarchi
Radda in Chianti
San Gimignano
Poggibonsi
Castellina in Chianti
Gaiole in Chianti
Bucine-Ambra
A1
Colle di Val d'Elsa
Montebenichi
Volterra
Monteriggioni
Castelnuovo Berardenga
Casole d'Elsa
SIENA
Monte S. Savino
Elsa
S 73
Sovicille
Rapolano Terme
S 326
Montecastelli Pisano
S. Rocco a Pilli
S 2
Arbia
Asciano
Sinalunga
Trequanda
Vescovado
M. Oliveto Maggiore
Monticiano
Casciano
Montefollonico
Montieri
Ombrone
S 223
San Quirico d'Orcia
Montepulciano
Montalcino
Pienza
Chianciano Terme
Massa Marittima
50 km
Scarlino
Seggiano
Radicofani
0
20 km
Abbadia San Salvatore

Toutes les « Cartes de voisinage » sont localisées sur l'Atlas en fin de Guide.

Les plans

Hôtels
Restaurants

Curiosités

Bâtiment intéressant
Édifice religieux intéressant

Voirie

Autoroute, route à chaussées séparées
numéro d'échangeur
Grande voie de circulation
Sens unique
Rue impraticable, réglementée
Zone à circulation réglementée
Rue piétonne - Tramway
Pasteur *Rue commerçante – Passage bas (inf. à 4 m 40)*
Parc de stationnement
Porte – Passage sous voûte – Tunnel
Gare et voie ferrée
Funiculaire – Téléphérique, télécabine
Pont mobile – Bac pour autos

Signes divers

Information touristique
Mosquée – Synagogue
Tour – Ruines – Moulin à vent
Jardin, parc, bois – Cimetière – Calvaire
Stade – Golf – Hippodrome
Piscine de plein air, couverte
Vue – Panorama
Monument – Fontaine – Usine – Centre commercial
Port de plaisance – Phare – Tour de télécommunications
Aéroport – Station de métro – Gare routière
Transport par bateau :
passagers et voitures, passagers seulement
③ *Repère commun aux plans et aux cartes Michelin détaillées*
Bureau principal de poste – Téléphone
Hôpital – Marché couvert
Bâtiment public repéré par une lettre :
P H J *- Préfecture – Hôtel de ville – Palais de justice*
M T *- Musée – Théâtre*
U *- Université*
POL. *- Gendarmerie – Police (commissariat central)*
A.C.I. *Automobile Club*

Lieber Leser

Der erste Michelin Hotelführer erschien im Jahre 1900, er widmete sich Frankreich : der Beginn der Europäischen Kollektion der „Roten Michelin-Führer".
Auch die vorliegende Ausgabe des Michelin-Führers Italia beteiligt sich stolz an diesem Geburtstag.

Die 45. Ausgabe des Michelin-Führers Italia bietet Ihnen eine aktualisierte Auswahl an Hotels und Restaurants.

Von unseren unabhängigen Inspektoren ausgearbeitet, bietet der Hotelführer dem Reisenden eine große Auswahl an Hotels und Restaurants in jeder Kategorie sowohl was den Preis als auch den Komfort anbelangt.

Stets bemüht unseren Lesern die neueste Information anzubieten wurde diese Ausgabe mit größter Sorgfalt erstellt. Deshalb sollten Sie immer nur dem aktuellen Hotelführer Ihr Vertrauen schenken.

Ihre Kommentare sind uns immer willkommen.

Michelin wünscht Ihnen „Gute Reise !"

1900•2000

Hundert Jahre Michelin-Hotelführer!

● *1900: die Brüder André und Edouard Michelin geben ihren ersten Frankreich-Hotelführer heraus, der kostenlos verteilt wird.*

Dieser Hotelführer, Handbuch zum neuen (1895 erfundenen) Reifen, ist Werbeträger für das Unternehmen, vor allem aber das erste praktische Hilfsmittel für die Reise mit dem Auto: er enthält Stadtpläne, Entfernungsangaben sowie Hinweise auf Reparaturwerkstätten, Tankstellen und Hotels. Von den Autofahrern hoch geschätzt wird er jedes Jahr aktualisiert und auf den neuesten Stand gebracht.

In nur wenigen Jahren folgen weitere Michelin-Hotelführer, die den Autofahrern in ganz Europa und im Mittelmeerraum diesen Service bieten. Ab 1920 werden auch Restaurants empfohlen, es ist keine Werbung mehr enthalten und die Führer werden fortan verkauft.

● *Seit 1950 entstehen sukzessive die zweite Generation der Michelin-Hotelführer mit einheitlichem rotem Einband. Sie weisen dem Reisenden quer durch Europa den Weg zu empfehlenswerten Hotels und Restaurants:*

1952: *Espagne*
1953: *Belgique-Luxembourg*
1956: *Italie (du Nord)*
1957: *Benelux*
1964: *Deutschland*
1973: *España-Portugal*
1974: *Great Britain and Ireland*
1982: *Europe*
1992: *Ireland*
1994: *Suisse/Schweiz/Svizzera*
1995: *Portugal*

Gut gerüstet für das 21. Jahrhundert

Die Michelin-Führer haben zusammen mit dem Automobil das Licht der Welt erblickt, den Aufschwung des Tourismus in Europa miterlebt und mitgestaltet. Sie beruhen auf einer langjährigen Erfahrung, die durch nichts zu ersetzen ist.

Die Michelin-Führer enthalten keine Werbung; kein Hinweis auf Michelin ziert die Tür der darin genannten Hotels oder Restaurants; qualifizierte Inspektoren bewerten sie unbestechlich und anonym. Diese Unabhängigkeit ist Voraussetzung für ein unvoreingenommenes Urteil und fundierte Empfehlungen.

Die Michelin-Führer basieren auf einer strengen Auswahl von Adressen in allen Komfort- und Preisklassen und durch vielfache Gegenprüfungen abgesicherten Informationen ohne persönliche Kommentare. Der Michelin-Führer hebt besondere Leistungen hervor. Seine Hauptaufgabe besteht darin, den Reisenden bei der Wahl seines Hotels oder Restaurants zu beraten.

Wenn vom Michelin-Führer die Rede ist, dann häufig wegen der mehreren hundert «Sterne». Ein,zwei oder gar drei Sterne spiegeln das kulinarische Können der besten Küchenchefs wieder. Seine eigentliche Bedeutung liegt jedoch in der Objektivität der Bewertung, den umfangreichen Informationen und nicht zuletzt den Hinweisen, wo man gut und preiswert essen kann (angezeigt durch das Symbol des «Bib Gourmand»)...

Jedes Jahr wenden sich Tausende Leser mit Zuschriften an den Michelin Reise-Verlag, um spontan ihre Zufriedenheit oder ihre Anregungen zum Ausdruck zu bringen. Ein außergewöhnliches Zeugnis der Treue und ein wirkungsvoller Ansporn für die Zukunft!

«Dieses Werk hat gleichzeitig mit dem Jahrhundert das Licht der Welt erblickt, und es wird ihm ein ebenso langes Leben beschieden sein.»

Diese Vorwort zum Frankreich-Hotelführer für 1900 wird nun mit der Ausgabe des Jahres 2000 bestätigt.
Mit Beginn des neuen Jahrtausends bricht auch für die Roten Hotel- und Restaurantführer von Michelin eine neue Ära an, sei es auf Papier oder in elektronischen Medien!

1900•2000
Hundert Jahre im Dienst der Reisenden!

Im festen Glauben an die Zukunft des Automobils als Instrument einer neuen Freiheit, ergreifen die Gebrüder Michelin im Zusammenhang mit den von ihnen entwickelten Reifen eine ganze Reihe origineller Initiativen zum Nutzen der Verkehrsteilnehmer. Das Ausarbeiten der Reiseroute, die Auswahl der Zwischenstationen und Hinweise auf Sehenswürdigkeiten: für jeden dieser drei wesentlichen Bestandteile einer Reise gibt es eine spezielle Art von Produkten, die die Mobilität dieses Jahrhunderts geprägt haben.

Wo hält man am besten an? - Für die Wahl der Unterkunft oder des Restaurants gibt es den Hotel- und Restaurantführer (genannt «Roter Führer»). Zwölf verschiedene Führer bieten von Warschau bis zu den Kanarischen Inseln eine in völliger Unabhängigkeit getroffene Auswahl von Adressen mit Empfehlungen, Ratschlägen und Informationen.

Wie kommt man dahin? - Als «roter Faden», der dem Reisenden durch das Labyrinth der Straßen hilft, fungieren die präzisen Michelin-Straßenkarten, die übersichtlich und immer auf dem neuesten Stand sind. In den unterschiedlichsten Maßstäben weisen Sie Reisenden in allen Ländern seit 90 Jahren zuverlässig den Weg. Darüberhinaus übernahm Michelin in Frankreich bis 1970 die Aufstellung der berühmten Michelin-Ortsschilder und -Wegweiser.

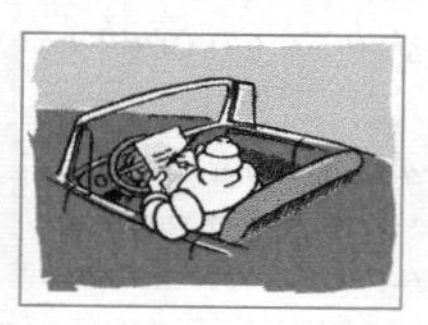

Was gibt es unterwegs zu sehen? - Keine Straße, die nicht an einem Fluß, einem Wald oder einem Schloß vorbeiführt; keine Stadt, in der es nicht ein Denkmal, einen malerischen alten Straßenzug oder eine Erinnerungsstätte gibt. Die Reiseführer enthalten die entsprechenden Hinweise und Beschreibungen und laden so den Reisenden zum Verweilen ein. Die Reiseführerreihen Grüner Reiseführer, Escapade und Neos geben Antworten auf Fragen, die der wißbegierige Reisende sich stellt, und Tips für einen möglichst angenehmen Reiseverlauf.

Keine Reise ohne Planung der Route! - Das 1908 von Michelin eingerichtete «Büro für Reiserouten» kann als Vorläufer des Reiseroutenservice angesehen werden, den Michelin heute über Minitel (nur in Frankreich) und seit einiger Zeit auch im Internet bietet. Das Medium hat sich geändert, aber der Service ist der gleiche geblieben.

Von Jahrhundert zu Jahrhundert...

● *Den Autofahrer informieren, unabhängig davon, ob er beruflich unterwegs ist oder als Urlauber, seine Bedürfnisse erkennen und seine Erwartungen erfüllen: Dieser Anspruch bestimmt seit hundert Jahren unser Handeln und ist für uns Anlaß, unsere Produkte im ständigen Einklang mit dem Fortschritt von Automobil und Reifen und dem Ausbau des Straßennetzes, der Entstehung neuer Medien und der zunehmenden Bedeutung der Freizeit anzupassen.*

● *Der Tourismus - ein beim Erscheinen des ersten «kleinen roten Buches» noch nahezu unbekannter Begriff - ist heute ein weltumspannender Wirtschaftszweig. Unterbringung, Transport, Kontakt zu anderen Menschen, und die Entdeckung von Neuem sind wichtige Aspekte, aber der Reisende hat auch ein Bedürfnis nach **Erfahrung, Know-how und Sicherheit**. Diese Wertvorstellungen finden sich in den Michelin-Karten und -Reiseführern wieder, von denen im Laufe dieses Jahrhunderts mehr als 700 Millionen Exemplare verkauft wurden!*

● Michelin Reise-Verlag

ist die neue Bezeichnung dieses Geschäftsbereichs, der Druckerzeugnisse, elektronische Medien und satellitengelenkte Navigationssysteme umfaßt.

● So ist alles bereit
für den Weg ins 3. Jahrtausend!

Sie möchten mehr darüber wissen?

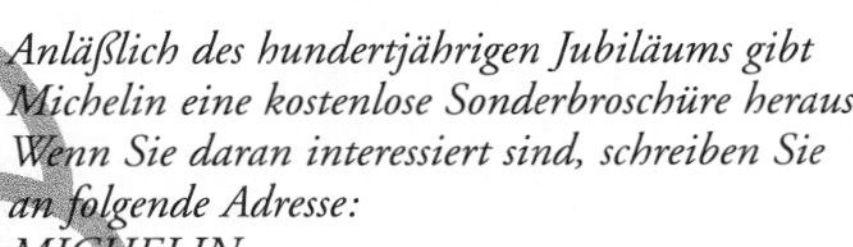

Anläßlich des hundertjährigen Jubiläums gibt Michelin eine kostenlose Sonderbroschüre heraus. Wenn Sie daran interessiert sind, schreiben Sie an folgende Adresse:

MICHELIN
Reise-Verlag
Michelinstraße 4
76185 Karlsruhe - Deutschland

Vielen Dank für Ihre Treue!

Inhaltsverzeichnis

Wahl eines Hotels, eines Restaurants

Die Auswahl der in diesem Führer aufgeführten Hotels und Restaurants ist für Durchreisende gedacht. In jeder Kategorie drückt die Reihenfolge der Betriebe (sie sind nach ihrem Komfort klassifiziert) eine weitere Rangordnung aus.

Kategorien

	XXXXX	*Großer Luxus und Tradition*
	XXXX	*Großer Komfort*
	XXX	*Sehr komfortabel*
	XX	*Mit gutem Komfort*
	X	*Mit Standard Komfort*
		Bürgerlich
M		*Moderne Einrichtung*
senza rist		*Hotel ohne Restaurant*
	con cam	*Restaurant vermietet auch Zimmer*

Annehmlichkeiten

Manche Häuser sind im Führer durch rote Symbole gekennzeichnet (s. unten.) Der Aufenthalt in diesen ist wegen der schönen, ruhigen Lage, der nicht alltäglichen Einrichtung und Atmosphäre sowie dem gebotenen Service besonders angenehm und erholsam.

bis	*Angenehme Hotels*
XXXXX bis X	*Angenehme Restaurants*
« Parco fiorito »	*Besondere Annehmlichkeit*
	Sehr ruhiges, oder abgelegenes und ruhiges Hotel
	Ruhiges Hotel
< mare	*Reizvolle Aussicht*
<	*Interessante oder weite Sicht*

Die Übersichtskarten S. 70 bis 79, auf denen die Orte mit besonders angenehmen oder ruhigen Häusern eingezeichnet sind, helfen Ihnen bei der Reisevorbereitung. Teilen Sie uns bitte nach der Reise Ihre Erfahrungen und Meinungen mit. Sie helfen uns damit, den Führer weiter zu verbessern.

Einrichtung

Die meisten der empfohlenen Hotels verfügen über Zimmer, die alle oder doch zum größten Teil mit Bad oder Dusche ausgestattet sind. In den Häusern der Kategorien und kann diese jedoch in einigen Zimmern fehlen.

30 cam	*Anzahl der Zimmer*
	Fahrstuhl
	Klimaanlage
TV	*Fernsehen im Zimmer*
	Haus teilweise reserviert für Nichtraucher
	Zimmertelefon mit direkter Außenverbindung
	Modem - Anschluß im Zimmer
	Für Körperbehinderte leicht zugängliche Zimmer
	Garten-, Terrassenrestaurant
	Thermalkur, Badeabteilung
	Freibad, Hallenbad
	Sauna – Fitneßraum
	Strandbad – Liegewiese, Garten
18	*Hoteleigener Tennisplatz – Golfplatz und Lochzahl*
150	*Konferenzräume (Höchstkapazität)*
	Garage kostenlos (nur für eine Nacht) für die Besitzer des Michelin-Führers des laufenden Jahres
	Garage wird berechnet
P	*Parkplatz reserviert für Gäste*
P	*Gesicherter Parkplatz für Gäste*
	Hunde sind unerwünscht (im ganzen Haus bzw. in den Zimmern oder im Restaurant)
20 aprile-5 ottobre	*Öffnungszeit, vom Hotelier mitgeteilt*
stagionale	*Unbestimmte Öffnungszeit eines Saisonhotels. Häuser ohne Angabe von Schließungszeiten sind ganzjährig geöffnet.*

Küche

Die Sterne

Einige Häuser verdienen wegen ihrer überdurchschnittlich guten Küche Ihre besondere Beachtung. Auf diese Häuser weisen die Sterne hin. Bei den mit « Stern » ausgezeichneten Betrieben nennen wir drei kulinarische Spezialitäten, die Sie probieren sollten.

✿✿✿ **Eine der besten Küchen: eine Reise wert**

Man ißt hier immer sehr gut, öfters auch exzellent, edle Weine, tadelloser Service, gepflegte Atmosphäre ... entsprechende Preise.

✿✿ **Eine hervorragende Küche: verdient einen Umweg**

Ausgesuchte Menus und Weine ... angemessene Preise.

✿ **Eine sehr gute Küche: verdient Ihre besondere Beachtung**

Der Stern bedeutet eine angenehme Unterbrechung Ihrer Reise.
Vergleichen Sie aber bitte nicht den Stern eines sehr teuren Luxusrestaurants mit dem Stern eines kleineren oder mittleren Hauses, wo man Ihnen zu einem annehmbaren Preis eine ebenfalls vorzügliche Mahlzeit reicht.

Der "Bib Gourmand"

Sorgfältig zubereitete, preiswerte Mahlzeiten

Für Sie wird es interessant sein, auch solche Häuser kennenzulernen, die eine etwas einfachere, vorzugsweise regionale Küche zu einem besonders günstigen Preis/Leistungs-Verhältnis bieten.
Im Text sind die betreffenden Restaurants durch das rote Symbol **"Bib Gourmand"** *und* Pasto *vor dem Menupreis kenntlich gemacht.*
Z.B. Pasto 40/50000.

Siehe Karten der Haüser mit « Stern » ✿✿✿, ✿✿, ✿ und **"Bib Gourmand"** *(S. 70 bis 79).*

Siehe auch nächste Seite.

Wichtigste Weine und regionale Spezialitäten: siehe S. 65 bis 69

Preise

Die in diesem Führer genannten Preise wurden uns im Sommer 1999 angegeben. es sind **Hochsaisonpreise.** *Sie können sich mit den Preisen von Waren und Dienstleistungen ändern. Sie enthalten Bedienung und MWSt. (wenn kein besonderer Hinweis gegeben wird, z B 15 %).*

Erfahrungsgemäß werden bei größeren Veranstaltungen, Messen und Ausstellungen in vielen Städten und deren Umgebung erhöhte Preise verlangt.

Die Namen der Hotels und Restaurants, die ihre Preise genannt haben, sind fett gedruckt. Gleichzeitig haben sich diese Häuser verpflichtet, die von den Hoteliers selbst angegebenen Preise den Benutzern des Michelin-Führers zu berechnen.

Außerhalb der Saison bieten einige Betriebe günstigere Preise an. Erkundigen Sie sich bei Ihrer Reservierung danach.

Halten Sie beim Betreten des Hotels den Führer in der Hand. Sie zeigen damit, daß Sie aufgrund dieser Empfehlung gekommen sind.

Mahlzeiten

⊛	*Restaurant, das eine einfache anbietet Mahlzeit unter 35000 L.*
	Feste Menupreise:
Pasto 30/50000	*Mindestpreis* 30000, *Höchstpreis* 50000
bc	*Getränke inbegriffen*
	Mahlzeiten « à la carte » :
Pasto carta 40/70000	*Der erste Preis entspricht einer einfachen Mahlzeit und umfaßt Vorspeise, Hauptgericht, Dessert. Der zweite Preis entspricht einer reichlicheren Mahlzeit (mit Spezialität) bestehend aus: Vorspeise, zwei Hauptgängen, Käse, Dessert Falls weder eine Menu- noch eine « à la carte » – Karte vorhanden ist, wird das Tagesgericht mündlich angeboten*

Zimmer

cam 80/150000	*Preis* 80000 *für ein Einzelzimmer,* *Höchstpreis* 150000 *für ein Doppelzimmer*
Suiten	*Auf Anfrage*
cam ☕ 90/180000	*Zimmerpreis inkl. Frühstück*
☕ 10000	*Preis des Frühstücks (wenn es im Zimmer serviert wird kann ein Zuschlag erhoben werden)*
▤ 5000	*Zuschlag für Klimaanlage*

Halbpension

½ P 90/110000	*Mindestpreis und Höchstpreis für Halbpension (Zimmerpreis inkl Frühstück und eine Mahlzeit) pro Person und Tag während der Hauptsaison bei einem von zwei Personen belegten Doppelzimmer für einen Aufenthalt von mindestens drei Tagen. Einer Einzelperson kann ein Preisaufschlag verlangt werden. In den meisten Hotels können Sie auf Anfrage auch Vollpension erhalten. Auf jeden Fall sollten Sie den Endpreis vorher mit dem Hotelier vereinbaren.*

Anzahlung

Einige Hoteliers verlangen eine Anzahlung. Diese ist als Garantie sowohl für den Hotelier als auch für den Gast anzusehen. Es ist ratsam, sich beim Hotelier nach den genauen Bestimmungen zu erkundigen.

Kreditkarten

AE Si DC MC VISA JCB	*Vom Haus akzeptierte Kreditkarten American Express, Carta Si, Diners Club, Mastercard (Eurocard), Visa, Japan Credit Bureau*

Städte

20100	*Postleitzahl*
✉ 28042 Baveno	*Postleitzahl und Name des Verteilerpostamtes*
P	*Provinzhauptstadt*
Piacenza	*Provinz, in der der Ort liegt*
428 D9	*Nummer der Michelin-Karte mit Koordinaten bzw*
988 ②	*Faltseite*
G. Toscana	*Siehe Grünen Michelin – Reiseführer Toscana*
108 872 ab	*Einwohnerzahl*
alt. 175	*Höhe*
Stazione termale	*Thermalbad*
Sport invernali	*Wintersport*
1500/2000 m	*Höhe des Wintersportortes und Maximal-Höhe, die mit Kabinenbahn oder Lift erreicht werden kann*
3	*Anzahl der Kabinenbahnen*
7	*Anzahl der Schlepp- oder Sessellifts*
	Langlaufloipen
a.s. luglio-settembre	*Hauptsaison von ... bis ...*
EX A	*Markierung auf dem Stadtplan*
18	*Golfplatz und Lochzahl*
	Rundblick – Aussichtspunkt
	Flughafen
	Ladestelle für Autoreisezüge – Nähere Auskunft unter der angegebenen Telefonnummer
	Autofähre
	Personenfähre
	Informationsstelle
A.C.I.	*Automobilclub von Italien*

Sehenswürdigkeiten

Bewertung

★★★	*Eine Reise wert*
★★	*Verdient einen Umweg*
★	*Sehenswert*

Museen sind im allgemeinen montags geschlossen.

Lage

Vedere	*In der Stadt*
Dintorni	*In der Umgebung der Stadt*
Escursioni	*Ausflugsziele*
Nord, Sud, Est, Ovest	*Im Norden, Süden, Osten, Westen der Stadt*
per ① o ④	*Zu erreichen über die Ausfallstraße ① bzw. ④, die auf dem Stadtplan und auf der Michelin-Karte identisch gekennzeichnet sind*
6 km	*Entfernung in Kilometern*

Umgebungskarten

Denken Sie daran sie zu benutzen

Die Umgebungskarten sollen Ihnen die Suche eines Hotels oder Restaurants in der Nähe der größeren Städte erleichtern.
Wenn Sie beispielsweise eine gute Adresse in der Nähe von Siena brauchen, gibt Ihnen die Karte schnell einen Überblick über alle Orte, die in diesem Michelin-Führer erwähnt sind. Innerhalb der in Kontrastfarbe gedruckten Grenze liegen Gemeinden, die im Umkreis von 50 km sind.

Anmerkung:

Auf der Linie der Entfernungen zu anderen Orten erscheint im Ortstext die jeweils nächste Stadt mit Umgebungskarte in BLAU.

Beispiel:

Sie finden MONTEPULCIANO auf der Umgebungskarte von SIENA.

MONTEPULCIANO *53045 Siena* 988 ⑮, 430 *M 17 –*
Vedere *Città Antica★ – Piazza Grande★*
Roma 176 – Siena 65 – Arezzo 60 – Firenze 119 – Perugia 74

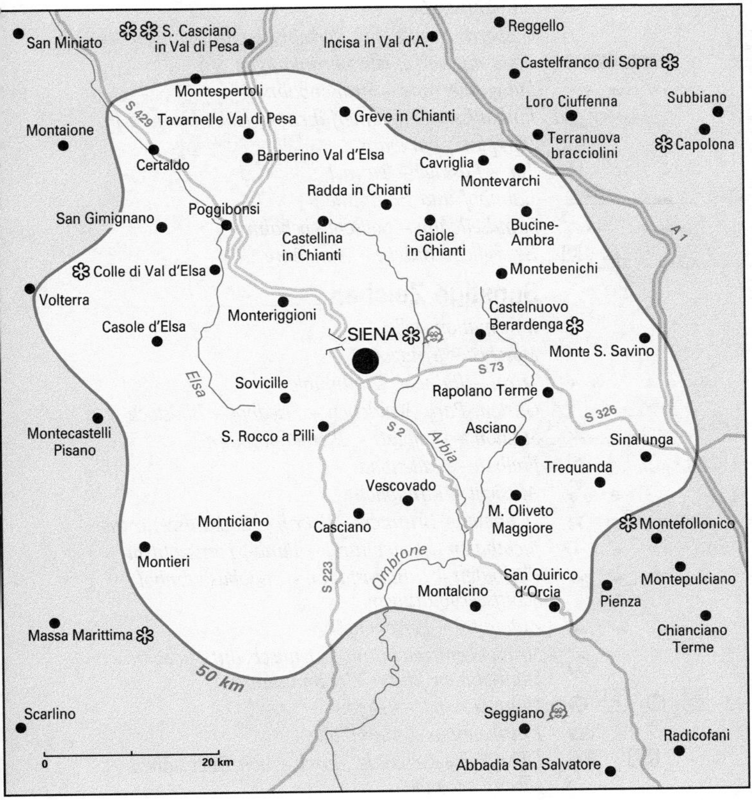

San Miniato
S. Casciano in Val di Pesa
Incisa in Val d'A.
Reggello
Castelfranco di Sopra
Montespertoli
S 429
Tavarnelle Val di Pesa
Greve in Chianti
Loro Ciuffenna
Subbiano
Montaione
Terranuova bracciolini
Capolona
Certaldo
Barberino Val d'Elsa
Cavriglia
Montevarchi
Radda in Chianti
Poggibonsi
San Gimignano
Castellina in Chianti
Gaiole in Chianti
Bucine-Ambra
A1
Colle di Val d'Elsa
Montebenichi
Volterra
Monteriggioni
Castelnuovo Berardenga
Casole d'Elsa
SIENA
Monte S. Savino
S 73
Elsa
Sovicille
Rapolano Terme
S 326
Montecastelli Pisano
S. Rocco a Pilli
S 2
Arbia
Asciano
Sinalunga
Trequanda
Vescovado
Monticiano
Casciano
M. Oliveto Maggiore
Montefollonico
Montieri
Ombrone
S 223
Montalcino
San Quirico d'Orcia
Montepulciano
Pienza
Massa Marittima
Chianciano Terme
50 km
Seggiano
Scarlino
Radicofani
0
20 km
Abbadia San Salvatore

Alle Umgebungskarten sind schematisch im Kartenteil am Ende des Bandes eingezeichnet.

Stadtpläne

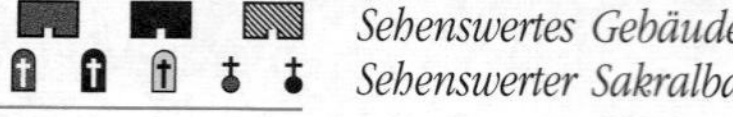

Hotels
Restaurants

Sehenswürdigkeiten

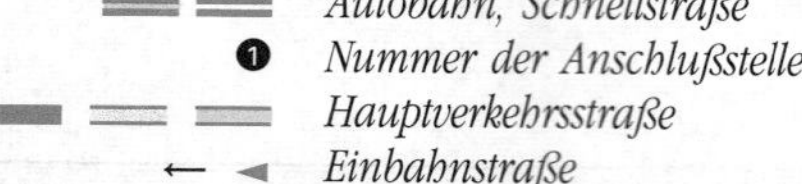

Sehenswertes Gebäude
Sehenswerter Sakralbau

Straßen

Autobahn, Schnellstraße
Nummer der Anschlußstelle
Hauptverkehrsstraße
Einbahnstraße
Gesperrte Straße, mit Verkehrsbeschränkungen
Zone mit Verkehrsbeschränkungen
Fußgängerzone – Straßenbahn
Pasteur 4²⁄4 *Einkaufsstraße – Unterführung (Höhe bis 4,40 m)*
P *Parkplatz, Parkhaus*
Tor – Passage – Tunnel
Bahnhof und Bahnlinie
Standseilbahn – Seilschwebebahn
F *Bewegliche Brücke – Autofähre*

Sonstige Zeichen

Informationsstelle
Moschee – Synagoge
Turm – Ruine – Windmühle
Garten, Park, Wäldchen – Friedhof – Bildstock
Stadion – Golfplatz – Pferderennbahn
Freibad – Hallenbad
Aussicht – Rundblick
Denkmal – Brunnen – Fabrik – Einkaufszentrum
Jachthafen – Leuchtturm – Funk-, Fernsehturm
Flughafen – U-Bahnstation – Autobusbahnhof
Schiffsverbindungen:
Autofähre – Personenfähre
③ *Straßenkennzeichnung (identisch auf Michelin – Stadt-plänen und – Abschnittskarten)*
Hauptpostamt – Telefon
Krankenhaus – Markthalle
Öffentliches Gebäude, durch einen Buchstaben gekennzeichnet:
P H J *- Präfektur – Rathaus – Gerichtsgebäude*
M T U *- Museum – Theater – Universität*
- Gendarmerie
POL. *- Polizei (in größeren Städten Polizeipräsidium)*
A.C.I. *Automobilclub von Italien*

Dear Reader

The first Michelin Guide to France appeared in 1900, followed by the rest of the European Red Guide collection. With this guide we therefore proudly celebrate the anniversary of Michelin Red Guides.

This 45th edition of the Michelin Guide Italia offers the latest selection of hotels and restaurants.

Independently compiled by our inspectors, the Guide offers travellers a wide choice of establishments at all levels of comfort and price. The details are carefully compiled to ensure that our readers have the most accurate and up to date information available.

That is why only this year's guide is worthy of your complete trust.

Thank you for your comments which are always appreciated.

Bon voyage!

1900•2000

One Hundred Years of Michelin Guides!

In 1900 the Michelin brothers developed the first edition of their Guide to France, which was given away free to motorists.

Originally designed as a manual for their new tyre (invented in 1895) and as advertising for their business, this was the first ever practical travel handbook for motorists, with town plans, distances, garages, fuel stations and a selection of hotels.
This guide proved to be very popular with drivers, and was revised every year.

Over the next few years, other Michelin Guides were developed to give the same service to motorists throughout Europe and the Mediterranean. From 1920 the Guides began to include restaurants as well. It was decided that they would be sold commercially and Michelin would not allow any form of external advertising to be included, to ensure complete impartiality.

After 1950 a new generation of Michelin Guides began to appear, easily recognisable by their red covers, offering travellers all over Europe a selection of places to eat and stay:

1952: *Spain*
1953: *Belgium-Luxembourg*
1956: *Italy (North)*
1957: *Benelux*
1964: *Germany*
1973: *Spain-Portugal*
1974: *Great Britain and Ireland*
1982: *Europe*
1992: *Ireland*
1994: *Switzerland*
1995: *Portugal*

Leading the way into the 21st Century

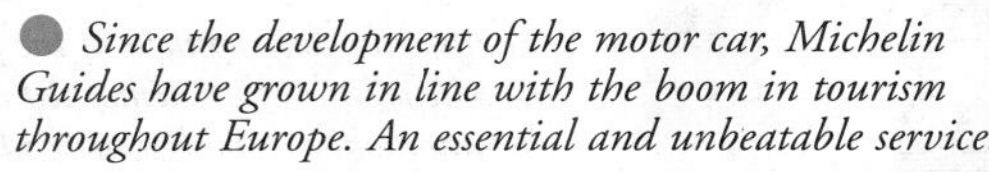

● *Since the development of the motor car, Michelin Guides have grown in line with the boom in tourism throughout Europe. An essential and unbeatable service.*

● *The Guide prides itself on its integrity and impartiality, by keeping its selections entirely independent. Our highly qualified teams of inspectors retain their anonymity to ensure that their assessments are free of pressure or opinion, and with neither advertising in its pages, nor in the selected hotels and restaurants, readers can be sure of the quality of the Guide's selections.*

● *Our carefully selected establishments suit all requirements, from the most modest to the most luxurious, with compact and accurate information, and without commentary.*
Of course, the Guide recognises consistency and quality in the professionalism of an establishment, but the main aim of the Guide is to give a balanced selection for readers to make their own decisions.

● *It is often the hundreds of stars awarded for culinary expertise, that generate interest in the Guide. However, the aim of the Guide is simpler than that: to provide impartial, reliable and useful information, and to seek out those establishments which offer real quality at moderate prices (Bib Gourmand)...*

● *Every year the Red Guide offices receive thousands of letters from readers to tell us of their satisfaction, or to give recommendations. The Guide has incredible support from our readers, which makes us all the more keen to keep up the good work…*

“ This volume was created at the turn of the century, and will last at least as long ”

With the 2000 Guide, we fulfil the promise set in the introduction of the France Guide 1900.

And with the new millennium the whole collection of Red Guides begin a new journey, whether in paper or digital format!

1900•2000

One Hundred Years of service to travellers!

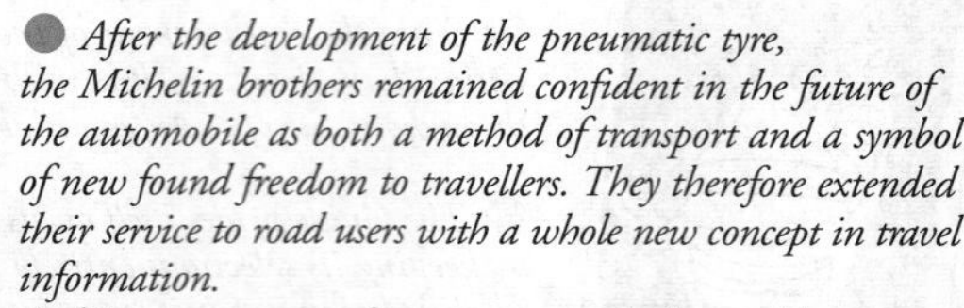

● *After the development of the pneumatic tyre, the Michelin brothers remained confident in the future of the automobile as both a method of transport and a symbol of new found freedom to travellers. They therefore extended their service to road users with a whole new concept in travel information.*

Seeking out routes, places to stay and places of interest: these are the 3 main elements of travel, for which Michelin has developed 3 main types of product.

● ***Where to stay:*** *- The hotel and restaurant guide (best known today as the Red Guide) offers information on where to eat and where to stay. From Prague to Palma there are a dozen titles, each offering a selection of addresses, with impartial advice and information.*

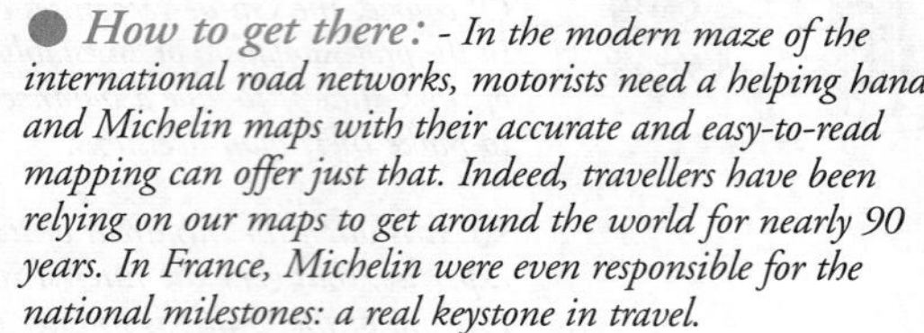

● ***How to get there:*** *- In the modern maze of the international road networks, motorists need a helping hand, and Michelin maps with their accurate and easy-to-read mapping can offer just that. Indeed, travellers have been relying on our maps to get around the world for nearly 90 years. In France, Michelin were even responsible for the national milestones: a real keystone in travel.*

● ***What to see:*** *- Every journey has some feature, be it a river, a forest, a castle, just as every town has its monument, its old streets and history… Our various tourist guide collections invite the reader to make the most of their travels. With the comprehensive Green tourist guide range, handy In Your Pocket guides, and the new Neos collection for independent travellers, there's something to suit all needs.*

● ***Before you leave, you need a route…***

There can be no trip without an itinerary. This is why in 1908 Michelin set up a special route planning «office», now available since 1989 as an electronic service (Minitel, available only in France) and more recently on our very own website. The tools may change but the service is as good as ever.

Into the next century..

● *For the last 100 years, our aim has always been to give the best possible service to tourists and motorists, whether travelling for business or pleasure.*
Our range of services has extended and developed:
- with the development of the motor and tyre industries
- with the expansion of national road networks
- with the increasing range of information media
- with the increase in leisure and travel worldwide...

● *When the «little red book» first came out,* tourism *was not a widely recognised pastime.*
Today accommodation, travel and the discovery of new people and places has become a major part of everyone's daily life. But at the same time people are also looking for ***experience, expertise and security****. These are the 3 pillars of Michelin Maps and Guides, of which over 700 million copies have been sold since the beginning of the century!*

● *These activities now come together under the new heading of* Michelin Travel Publications, *offering paper and digital information, from grid references to satellites...*

● With all this work, we are now ready to move into the third millennium!...

Want to know more?

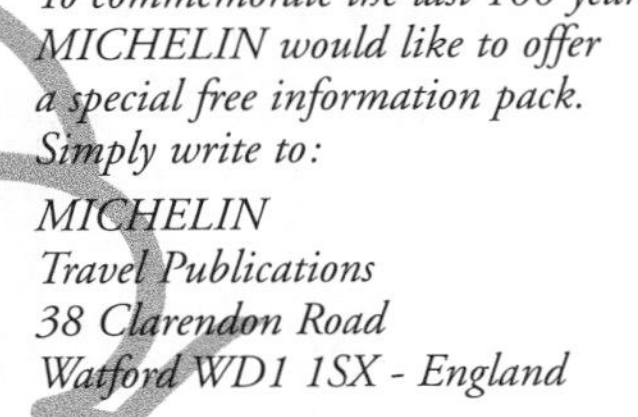

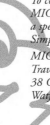

To commemorate the last 100 years, MICHELIN would like to offer a special free information pack.
Simply write to:

MICHELIN
Travel Publications
38 Clarendon Road
Watford WD1 1SX - England

Thank you for your interest

Contents

Choosing a hotel or restaurant

This guide offers a selection of hotels and restaurants to help the motorists on their travels. In each category establishments are listed in order of preference according to the degree of comfort they offer.

Categories

⌂⌂⌂⌂⌂	XXXXX	*Luxury in the traditional style*
⌂⌂⌂⌂	XXXX	*Top class comfort*
⌂⌂⌂	XXX	*Very comfortable*
⌂⌂	XX	*Comfortable*
⌂	X	*Quite comfortable*
⌂		*Simple comfort*
M		*In its category, hotel with modern amenities*
senza rist		*The hotel has no restaurant*
	con cam	*The restaurant also offers accommodation*

Peaceful atmosphere and setting

Certain establishments are distinguished in the guide by the red symbols shown below. Your stay in such hotels will be particularly pleasant or restful, owing to the character of the building, its decor, the setting, the welcome and services offered, or simply the peace and quiet to be enjoyed there.

⌂⌂⌂⌂⌂ to ⌂	*Pleasant hotels*
XXXXX to X	*Pleasant restaurants*
« Parco fiorito »	*Particularly attractive feature*
	Very quiet or quiet, secluded hotel
	Quiet hotel
⋞ mare	*Exceptional view*
⋞	*Interesting or extensive view*

The maps on pages 70 to 79 indicate places with such peaceful, pleasant hotels and restaurants.

By consulting them before setting out and sending us your comments on your return you can help us with our enquiries.

Hotel facilities

In general the hotels we recommend have full bathroom and toilet facilities in each room. This may not be the case, however, for certain rooms in categories 🏠 and ⛱.

30 cam	*Number of rooms*
	Lift (elevator)
	Air conditioning
TV	*Television in room*
	Hotel partly reserved for non-smokers
☎	*Direct-dial phone in room*
	Modem point in the bedrooms
♿	*Rooms accessible to disabled people*
	Meals served in garden or on terrace
	Hydrotherapy
	Outdoor or indoor swimming pool
	Sauna – Exercise room
	Beach with bathing facilities – Garden
18	*Hotel tennis court – Golf course and number of holes*
150	*Equipped conference hall (maximum capacity)*
	Free garage (one night) for those in possession of the current Michelin Guide
	Hotel garage (additional charge in most cases)
P	*Car park for customers only*
P	*Enclosed car park for customers only*
	Dogs are excluded from all or part of the hotel
20 aprile-5 ottobre	*Dates when open, as indicated by the hotelier*
stagionale	*Probably open for the season – precise dates not available. Where no date or season is shown, establishments are open all year round.*

Cuisine

Stars

Certain establishments deserve to be brought to your attention for the particularly fine quality of their cooking. Michelin stars are awarded for the standard of meals served. For such restaurants we list three culinary specialities to assist you in your choice.

✿✿✿ **Exceptional cuisine, worth a special journey**

One always eats here extremely well, sometimes superbly. Fine wines, faultless service, elegant surroundings. One will pay accordingly!

✿✿ **Excellent cooking, worth a detour**

Specialities and wines of first class quality. This will be reflected in the price.

✿ **A very good restaurant in its category**

The star indicates a good place to stop on your journey. But beware of comparing the star given to an expensive « de luxe » establishment to that of a simple restaurant where you can appreciate fine cuisine at a reasonable price.

The "Bib Gourmand"

Good food at moderate prices

You may also like to know of other restaurants with less elaborate, moderately priced menus that offer good value for money and serve carefully prepared meals, often of regional cooking. In the guide such establishments are marked ☺ *the* **"Bib Gourmand"** *and* Pasto *just before the price of the menu, for example* Pasto 40/50000.

Please refer to the map of star-rated restaurants ✿✿✿, ✿✿, ✿ *and the* **"Bib Gourmand"** ☺ *(pp 70 to 79).*

See also ∞ *on next page*

Main wines and regional specialities: see pages 65 to 69

Prices

Prices quoted are valid for summer 1999 and apply to ***high season****. Changes may arise if goods and service costs are revised. The rates include tax and service charge (unless otherwise indicated, eg. 15 %).*

In the case of certain trade exhibitions or tourist events prices demanded by hoteliers are liable to reasonable increases in certain cities and for some distance in the area around them.

Hotels and restaurants in bold type have supplied details of all their rates and have assumed responsibility for maintaining them for all travellers in possession of this Guide.

Out of season certain establishments offer special rates. Ask when booking.

Your recommendation is self evident if you always walk into a hotel, Guide in hand.

Meals

⊛	*Establishment serving a simple meal for less than 35000 L.*
	Set meals :
Pasto 30/50000	*Lowest* 30000 *and highest* 50000 *prices for set meals*
bc	*House wine included*
	« A la carte » meals :
Pasto carta 40/70000	*The first figure is for a plain meal and includes entrée, main dish of the day with vegetables and dessert. The second figure is for a fuller meal (with « spécialité ») and includes hors-d'œuvre, 2 main courses, cheese, and dessert. When the establishment has neither table d'hôte nor « à la carte » menus, the dishes of the day are given verbally.*

Rooms

cam 80/150000	*Price* 80000 *for a single room and highest price* 150000 *for a double*
Suites	*Ask the hotelier*
cam ☕ 90/180000	*Price includes breakfast*
☕ 10000	*Price of continental breakfast (additional charge when served in the bedroom)*
▤ 5000	*Additional charge for air conditioning*

Half board

½ P 90/110000	*Lowest and highest prices of half board (room, breakfast and a meal) per person, per day in the season. These prices are valid for a double room occupied by two people for a minimum stay of three days. A single person may have to pay a supplement.*

Most of the hotels also offer full board terms on request. It is essential to agree on terms with the hotelier before making a firm reservation.

Deposits

Some hotels will require a deposit, which confirms the commitment of customer and hotelier alike. Make sure the terms of the agreement are clear.

Credit cards

AE Sİ ⓓ MC VISA JCB	*Credit cards accepted by the establishment American Express, Carta Si, Diners Club, Mastercard (Eurocard), Visa, Japan Credit Bureau*

Towns

20100 — *Postal number*

✉ 28042 Baveno — *Postal number and name of the post office serving the town*

P — *Provincial capital*

Piacenza — *Province in which a town is situated*

428 D9 988 ② — *Number of the appropriate sheet and co-ordinates or fold of the Michelin road map*

108 872 ab — *Population*

G. Toscana — *See the Michelin Green Guide Toscana*

alt. 175 — *Altitude (in metres)*

Stazione termale — *Spa*

Sport invernali — *Winter sports*

1500/2000 m — *Altitude (in metres) of resort and highest point reached by lifts*

3 — *Number of cable-cars*

7 — *Number of ski and chair-lifts*

Cross-country skiing

a.s. luglio-settembre — *High season period*

EX A — *Letters giving the location of a place on the town plan*

18 — *Golf course and number of holes*

Panoramic view, viewpoint

Airport

Place with a motorail connection; further information from phone no. listed

Shipping line

Passenger transport only

Tourist Information Centre

A.C.I. — *Italian Automobile Club*

Sights

Star-rating

★★★	*Worth a journey*
★★	*Worth a detour*
★	*Interesting*

Museums and art galleries are generally closed on Mondays

Location

Vedere	*Sights in town*
Dintorni	*On the outskirts*
Escursioni	*In the surrounding area*
Nord, Sud, Est, Ovest	*The sight lies north, south, east or west of the town*
per ① *o* ④	*Sign on town plan and on the Michelin road map indicating the road leading to a place of interest*
6 km	*Distance in kilometres*

Local maps

May we suggest that you consult them

Should you be looking for a hotel or restaurant not too far from Siena, for example, you can now consult the map along with the town plan.
The local map (opposite) draws your attention to all places around the town or city selected, provided they are mentioned in the Guide.
Places located within a range of 50 km are clearly identified by the use of a different coloured background.
The various facilities recommended near the different regional capitals can be located quickly and easily.

Note:

Entries in the Guide provide information on distances to nearby towns.
Whenever a place appears on one of the local maps, the name of the town or city to which it is attached is printed in BLUE.

Example:

MONTEPULCIANO is to be found on the local map SIENA

MONTEPULCIANO *53045 Siena* **988** ⑮, **430** *M 17* –
Vedere *Città Antica★ – Piazza Grande★*
Roma 176 – Siena 65 – Arezzo 60 – Firenze 119 – Perugia 74

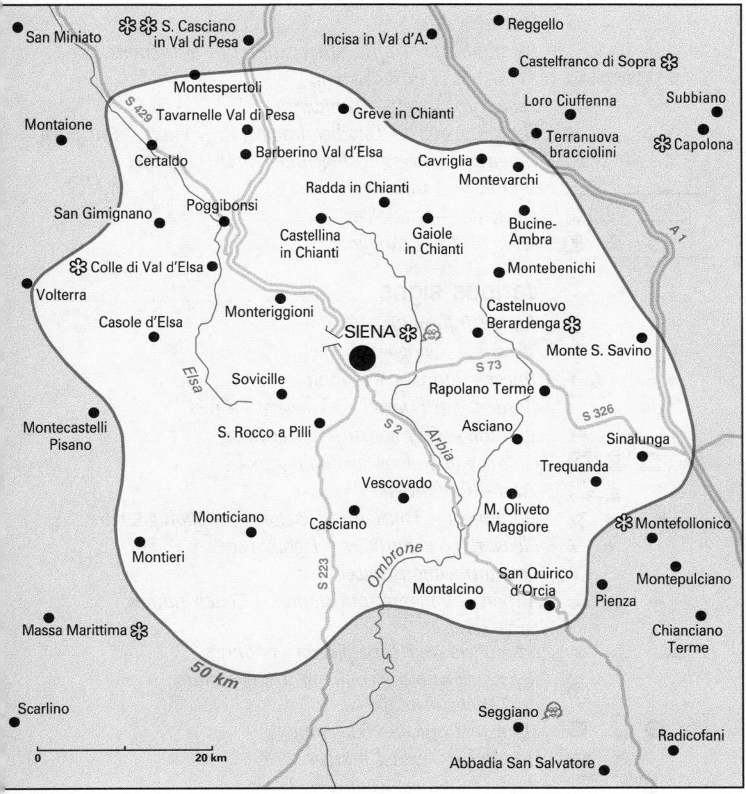

San Miniato
S. Casciano in Val di Pesa
Incisa in Val d'A.
Reggello
Castelfranco di Sopra
Montespertoli
Loro Ciuffenna
Subbiano
Montaione
S 429
Tavarnelle Val di Pesa
Greve in Chianti
Terranuova bracciolini
Capolona
Certaldo
Barberino Val d'Elsa
Cavriglia
Montevarchi
Radda in Chianti
San Gimignano
Poggibonsi
Castellina in Chianti
Gaiole in Chianti
Bucine-Ambra
A 1
Colle di Val d'Elsa
Montebenichi
Volterra
Monteriggioni
Castelnuovo Berardenga
Casole d'Elsa
SIENA
Monte S. Savino
S 73
Elsa
Sovicille
Rapolano Terme
S 326
Montecastelli Pisano
S. Rocco a Pilli
S 2
Arbia
Asciano
Sinalunga
Trequanda
Vescovado
M. Oliveto Maggiore
Monticiano
Casciano
Montefollonico
Montieri
Ombrone
S 223
San Quirico d'Orcia
Montepulciano
Montalcino
Pienza
Massa Marittima
Chianciano Terme
50 km
Scarlino
Seggiano
Radicofani
0
20 km
Abbadia San Salvatore

All local maps are located on the Atlas at the end of the Guide.

Town plans

Hotels
Restaurants

Sights

Place of interest
Interesting place of worship

Roads

Motorway, dual carriageway
number of junction
Major thoroughfare
One-way street
Unsuitable for traffic, street subject to restrictions
Area subject to restrictions
Pedestrian street – Tramway
Pasteur *Shopping street – Low headroom (15 ft max) – Car park*
Gateway – Street passing under arch – Tunnel
Station and railway
Funicular – Cable-car
Lever bridge – Car ferry

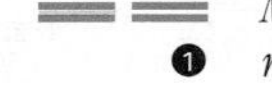

Various signs

Tourist Information Centre
Mosque – Synagogue
Tower – Ruins – Windmill
Garden, park, wood – Cemetery – Cross
Stadium – Golf course – Racecourse
Outdoor or indoor swimming pool
View – Panorama
Monument – Fountain – Factory – Shopping centre
Pleasure boat harbour – Lighthouse
Communications tower
Airport – Underground station – Coach station
Ferry services:
passengers and cars, passengers only
Reference number common to town plans and Michelin maps
Main post office – Telephone
Hospital – Covered market
Public buildings located by letter:
P H J *- Prefecture – Town Hall – Law courts*
M T U *- Museum – Theatre – University – Gendarmerie*
POL. *- Police (in large towns police headquarters)*
A.C.I. *Italian Automobile Club*

I vini e le vivande

E' impossibile parlare di una cucina nazionale italiana, ma, in compenso, esiste una ricchissima cucina regionale. Per agevolare la vostra scelta, nella cartina che segue, abbiamo indicato accanto ad ogni regione i piatti piu rinomati, di piu facile reperibilità ed i vini più conosciuti ; lasciamo ai ristoratori il piacere di illustrarvene le caratteristiche. Cibi e vini di una stessa regione costituiscono spesso un buon connubio.

Les vins et les mets

L'italie possède une cuisine régionale riche et variée. Partout, il vous sera possible d'apprécier les spécialités locales et les restaurateurs auront plaisir à vous en expliquer les originalités. Les cartes qui suivent indiquent, dans chaque région, les vins et les mets les plus connus. Les vins et les mets d'une même région s'associent souvent avec succès.

Weine und Gerichte

Italien besitzt eine sehr variationsreiche Regionalküche. Es ist überal möglich die vielfalt der regionalen Spezialitäten zu geniessen. Gerne werden die Restaurantbesitzer Ihnen die einzelnen Spezialitäten erklären. Die nachfolgende Karte nennt Ihnen die wichtigsten Gerichte und Weine der einzelnen Regionen. Die Weine und die Gerichte einer Region sind allgemeinen harmonisch aufeinander abgestimmt.

Food and wine

Italy's cuisine is rich and varied in its regional specialities, which can be enjoyed throughout the country. Restaurateurs will take pleasure in describing each more fully to you. The following maps give an indication of the most well-known dishes and wines in each region. Food and wine from the same region often complement each other perfectly.

Vini per regione	**Vins par région**	**Regiognale Weine**	**Regional wines**
Bianco	*Blanc*	*Weißweine*	*White*
Rosso o rosato	*Rouge ou rosé*	*Rot-oder Roséweine*	*Red or rosé*
Dessert *Spumante**	*De dessert* *Pétillant**	*Dessertweine* *Schaumweine**	*Sweet* *Sparkling**

Specialità per regione	**Spécialités par région**	**Regiognale Spezialitäten**	**Regional specialities**
Primi piatti	*Entrées*	*Vorspeisen*	*Appetizers*
Piatti di pesce	*Plats de poisson*	*Fischgerichte*	*Fish dishes*
Piatti di carne	*Plats de viande*	*Fleischgerichte*	*Meat dishes*
Dolci	*Desserts*	*Dessert*	*Desserts*

LOMBARDIA
Franciacorta
Lugana
Riesling Italico
Franciacorta
Oltrepò Pavese Rosso
Valtellina Superiore
Franciacorta*
Oltrepò Pinot Nero*
Casoncelli
Pizzoccheri
Risotto alla Milanese
Tortelli di zucca
Casoeûla
Cotoletta alla Milanese
Rostisciada
Trippa alla Milanese
VALLE D'AOSTA
Blanc de Morgex et de la Salle
Enfer d'Arvier
Chambave Moscato
Fonduta alla Valdostana
Carbonada
TRENTINO
ALTO
ADIGE
TRENTO
AOSTA
VALLE
D'AOSTA
LOMBARDIA
VERONA
MILANO
PIEMONTE
TORINO
EMILIA-ROMAGNA
BOLOGNA
LIGURIA
GENOVA
PIEMONTE
Arneis
Erbaluce di Caluso
Gavi
Barbaresco
Barolo
Barbera
Dolcetto
Freisa
Grignolino
Nebbiolo
Asti spumante*
Brachetto
Moscato d'Asti
Agnolotti
Bagna cauda
Bolliti
Fritto alla Piemontese
Bonet
EMILIA-ROMAGNA
Malvasia dei Colli Piacentini
Trebbiano di Romagna
Gutturnio
Lambrusco
Sangiovese
Albana Passito
Garganelli al ragù
Gramigna con salsiccia
Lasagne al forno
Passatelli romagnoli
Pisarei e Fasö
Tortellini
Anguilla arrosto
Cotoletta alla Bolognese
Petto d'anatra al Balsamico
Cotechino e zampone
FIRENZE
LIGURIA
Vermentino
Pigato
Rossese di Dolceacqua
Sciacchetrà
Trofie al pesto
Pansotti alle noci
Buridda
Ciuppin
Cappon magro
Cima alla Genovese
TOSCANA
TOSCANA
Bianco di Pitigliano
Montecarlo Bianco
Vernaccia di San Gimignano
Brunello di Montalcino
Carmignano
Chianti
Morellino di Scansano
Nobile di Montepulciano
Rosso di Montalcino
Vin Santo
Acquacotta
Pappardelle con la lepre
Pici
Ribollita
Testaroli al pesto
Cacciucco alla Livornese
Triglie alla Livornese
Costata alla Fiorentina
Rosticciana
Scottiglia di cinghiale
LAZIO
Est ! Est ! Est !
Frascati
Marino
Cesanese del Piglio
Bucatini all'Amatriciana
Fettuccine alla Romana
Gnocchi alla Romana
Abbacchio arrosto
Coda alla Vaccinara
Pagliata
Saltimbocca alla Romana

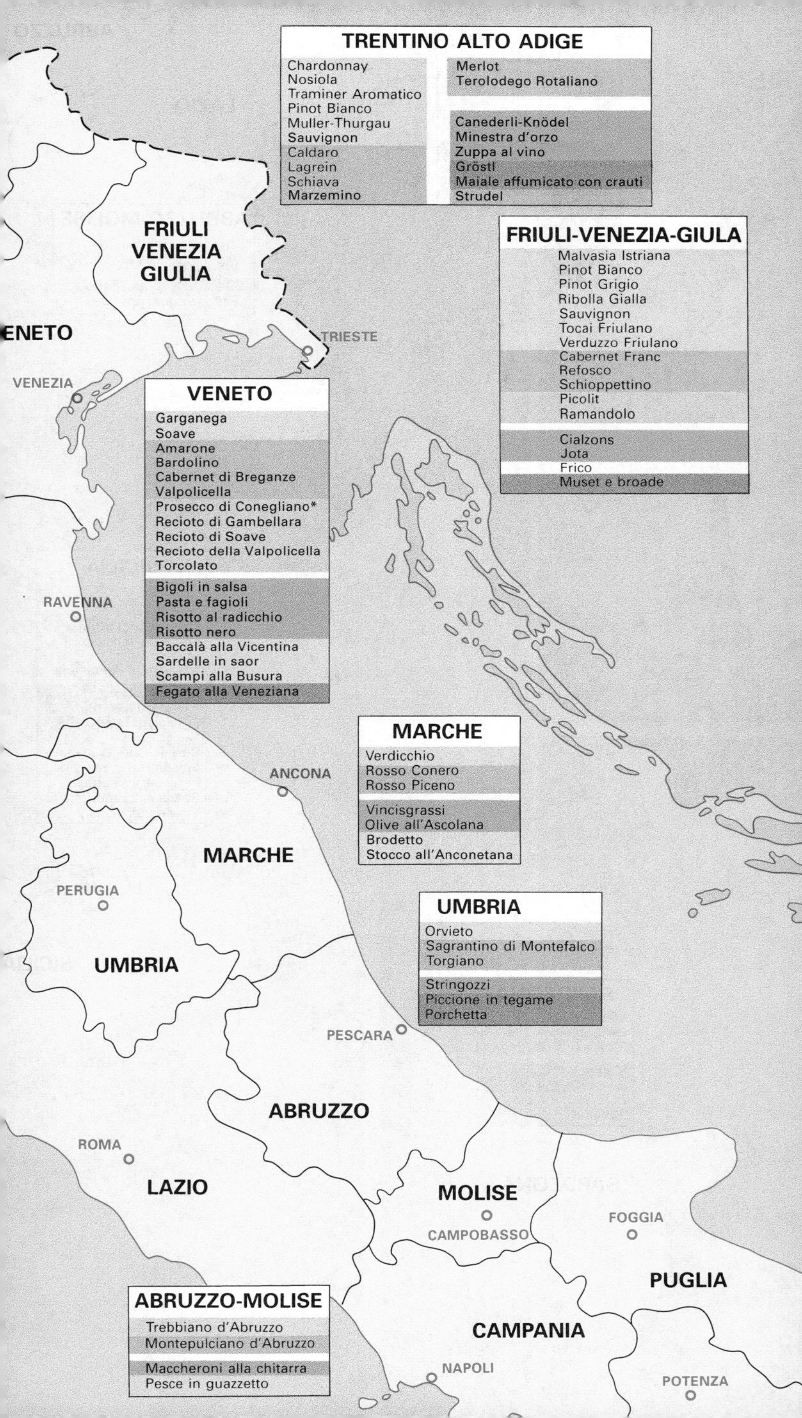
TRENTINO ALTO ADIGE
Chardonnay
Nosiola
Traminer Aromatico
Pinot Bianco
Muller-Thurgau
Sauvignon
Caldaro
Lagrein
Schiava
Marzemino
Merlot
Terolodego Rotaliano
Canederli-Knödel
Minestra d'orzo
Zuppa al vino
Gröstl
Maiale affumicato con crauti
Strudel
FRIULI VENEZIA GIULIA
ENETO
TRIESTE
VENEZIA
FRIULI-VENEZIA-GIULA
Malvasia Istriana
Pinot Bianco
Pinot Grigio
Ribolla Gialla
Sauvignon
Tocai Friulano
Verduzzo Friulano
Cabernet Franc
Refosco
Schioppettino
Picolit
Ramandolo
Cialzons
Jota
Frico
Muset e broade
VENETO
Garganega
Soave
Amarone
Bardolino
Cabernet di Breganze
Valpolicella
Prosecco di Conegliano*
Recioto di Gambellara
Recioto di Soave
Recioto della Valpolicella
Torcolato
Bigoli in salsa
Pasta e fagioli
Risotto al radicchio
Risotto nero
Baccalà alla Vicentina
Sardelle in saor
Scampi alla Busura
Fegato alla Veneziana
RAVENNA
MARCHE
Verdicchio
Rosso Conero
Rosso Piceno
Vincisgrassi
Olive all'Ascolana
Brodetto
Stocco all'Anconetana
ANCONA
MARCHE
PERUGIA
UMBRIA
UMBRIA
Orvieto
Sagrantino di Montefalco
Torgiano
Stringozzi
Piccione in tegame
Porchetta
PESCARA
ABRUZZO
ROMA
LAZIO
MOLISE
CAMPOBASSO
FOGGIA
PUGLIA
ABRUZZO-MOLISE
Trebbiano d'Abruzzo
Montepulciano d'Abruzzo
Maccheroni alla chitarra
Pesce in guazzetto
CAMPANIA
NAPOLI
POTENZA

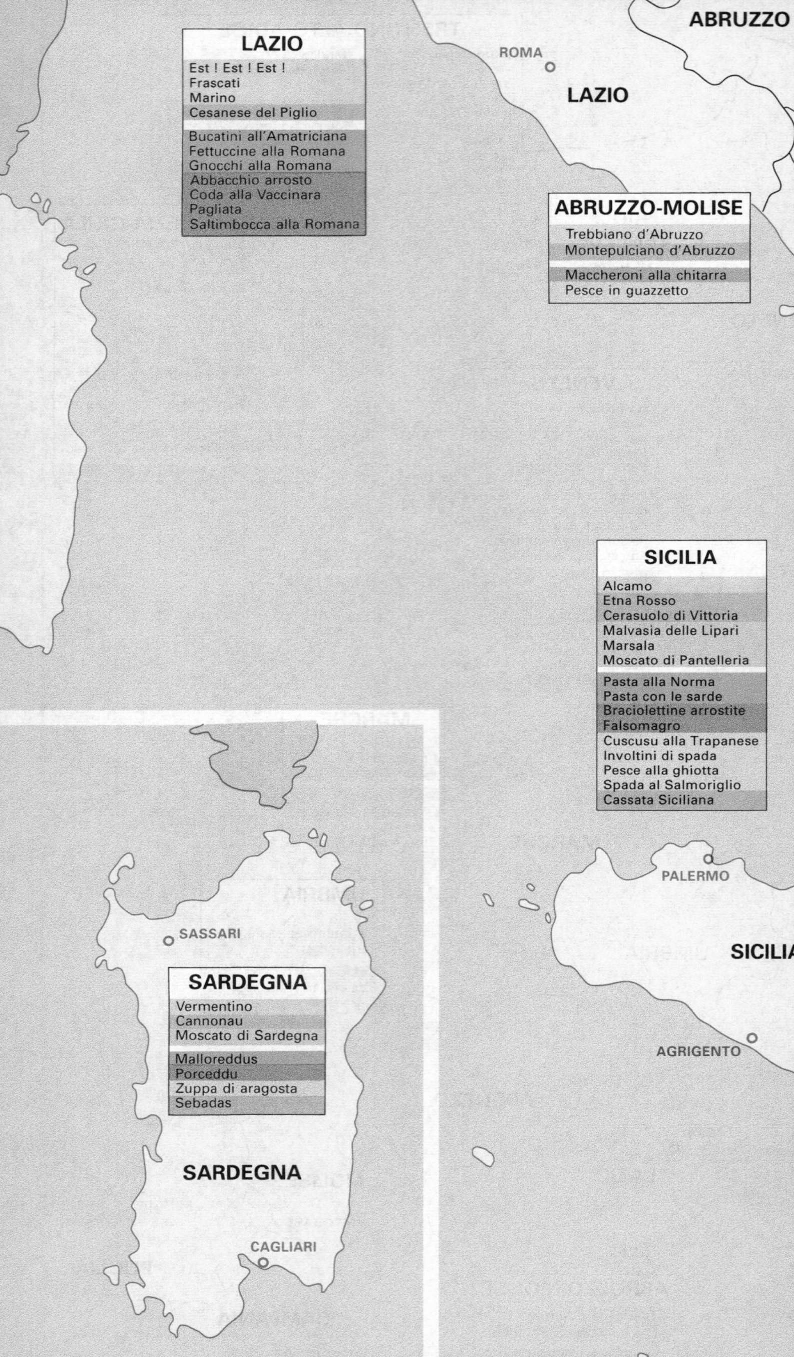
ABRUZZO
ROMA
LAZIO
LAZIO
Est ! Est ! Est !
Frascati
Marino
Cesanese del Piglio
Bucatini all'Amatriciana
Fettuccine alla Romana
Gnocchi alla Romana
Abbacchio arrosto
Coda alla Vaccinara
Pagliata
Saltimbocca alla Romana
ABRUZZO-MOLISE
Trebbiano d'Abruzzo
Montepulciano d'Abruzzo
Maccheroni alla chitarra
Pesce in guazzetto
SICILIA
Alcamo
Etna Rosso
Cerasuolo di Vittoria
Malvasia delle Lipari
Marsala
Moscato di Pantelleria
Pasta alla Norma
Pasta con le sarde
Braciolettine arrostite
Falsomagro
Cuscusu alla Trapanese
Involtini di spada
Pesce alla ghiotta
Spada al Salmoriglio
Cassata Siciliana
PALERMO
SICILIA
AGRIGENTO
SASSARI
SARDEGNA
Vermentino
Cannonau
Moscato di Sardegna
Malloreddus
Porceddu
Zuppa di aragosta
Sebadas
SARDEGNA
CAGLIARI

MOLISE
MPOBASSO
FOGGIA
PUGLIA
BARI
CAMPANIA
NAPOLI
POTENZA
BRINDISI
TARANTO
BASILICATA
CALABRIA
CROTONE
MESSINA
REGGIO DI CALABRIA
CATANIA
SIRACUSA
PUGLIA
Locorotondo
San Severo
Cacc'e mmitte
Castel del Monte Rosato
Salice Salentino
Moscato di Trani
Orecchiette con cime di rapa
Riso e cozze
Troccoli
Braciole alla Barese
Seppie ripiene
BASILICATA
Aglianico del Vulture
Pasta alla Potentina
Strascinati al pomodoro
Marretto di agnello
CAMPANIA
Fiano di Avellino
Greco Di Tufo
Ischia Bianco
Solopaca Rosso
Taurasi
Maccheroni alla Napoletana
Pizze e calzoni
Sartù di riso
Impepata di cozze
Polpetti affogati
Pastiera
CALABRIA
Cirò
Maccheroni ripieni
Capretto allo spiedo
Stocco alla Calabrese

Le stelle

Les étoiles

Die Sterne

The stars

"Bib Gourmand"

Pasti accurati a prezzi contenuti

Repas soignés à prix modérés

Sorgfältig zubereitete preiswerte Mahlzeiten

Good food at moderate prices

Amenità e tranquillità

L'agrément

Annehmlichkeit

Peaceful atmosphere and setting

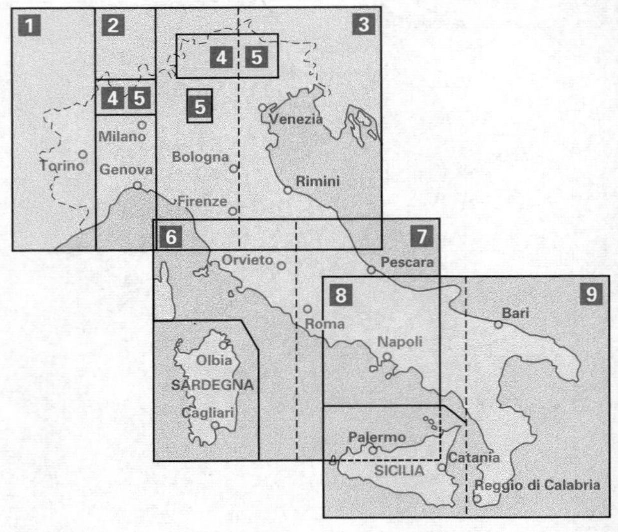

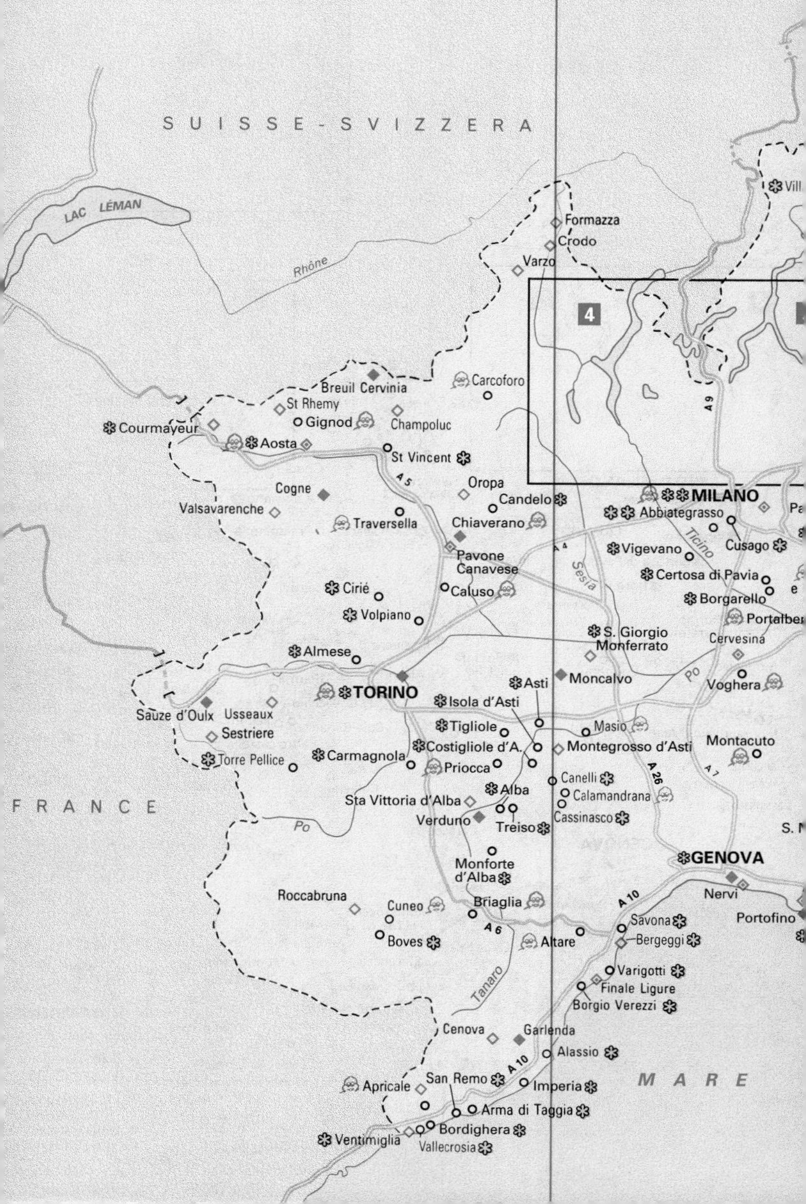
SUISSE-SVIZZERA
LAC LÉMAN
Rhône
Formazza
Crodo
Varzo
4
Carcoforo
Breuil Cervinia
St Rhemy
Gignod
Champoluc
Courmayeur
Aosta
St Vincent
Cogne
Oropa
Candelo
MILANO
Valsavarenche
Traversella
Chiaverano
Abbiategrasso
Cusago
Vigevano
Ticino
Pavone Canavese
Sesia
Certosa di Pavia
Cirié
Caluso
Borgarello
Volpiano
S. Giorgio Monferrato
Cervesina
Almese
Moncalvo
Voghera
TORINO
Asti
Po
Sauze d'Oulx
Usseaux
Isola d'Asti
Sestriere
Tigliole
Masio
Costigliole d'A.
Montegrosso d'Asti
Montacuto
Torre Pellice
Carmagnola
Priocca
Canelli
FRANCE
Alba
Calamandrana
Sta Vittoria d'Alba
Verduno
Treiso
Cassinasco
Po
GENOVA
Monforte d'Alba
Nervi
Roccabruna
Cuneo
Briaglia
Portofino
Boves
Altare
Savona
Bergeggi
Varigotti
Tanaro
Finale Ligure
Borgio Verezzi
Cenova
Garlenda
Alassio
MARE
Apricale
San Remo
Imperia
Arma di Taggia
Ventimiglia
Bordighera
Vallecrosia
A 5
A 4
A 9
A 26
A 7
A 6
A 10

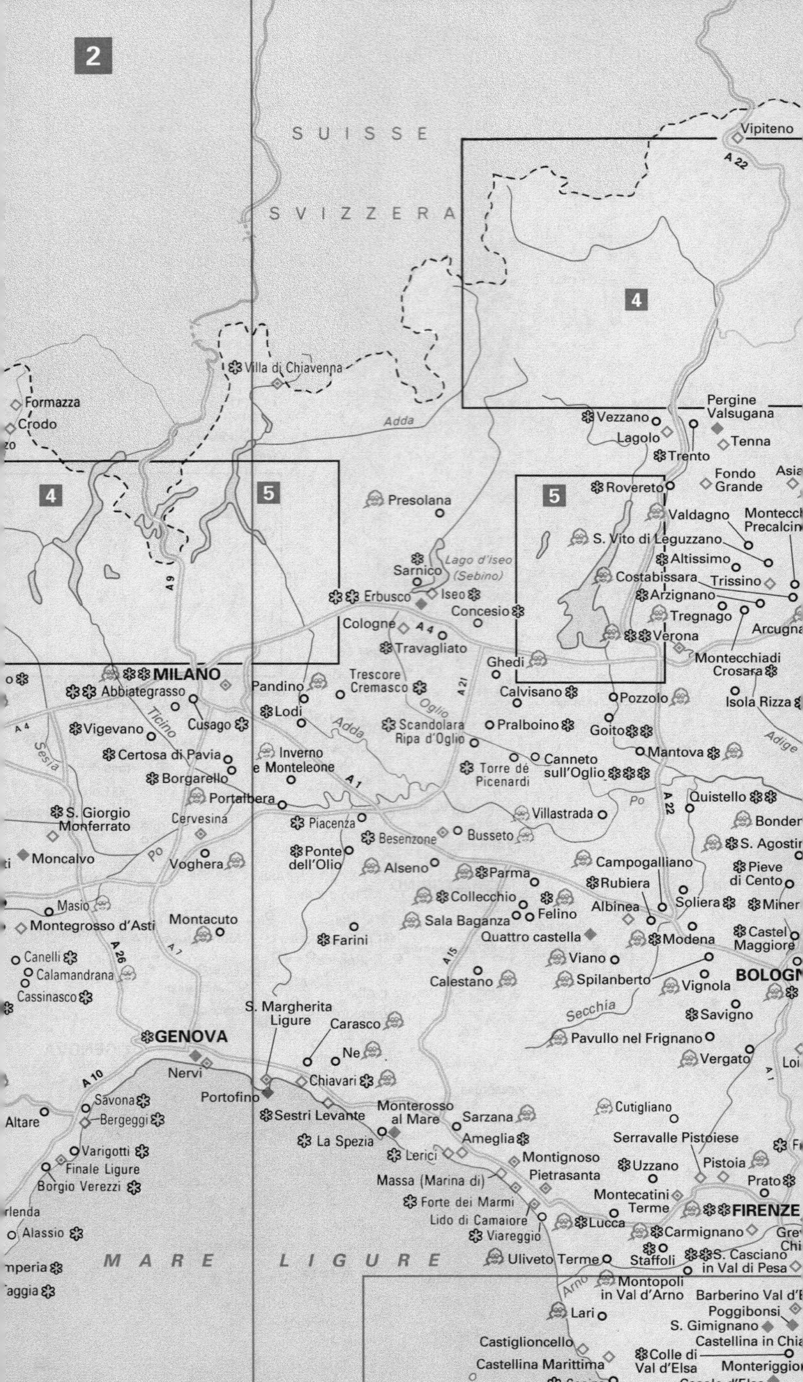

2
SUISSE
SVIZZERA
4
5
Vipiteno
A 22
Villa di Chiavenna
Formazza
Crodo
Adda
Pergine Valsugana
Vezzano
Lagolo
Tenna
Trento
Fondo Grande
Rovereto
Presolana
Valdagno
S. Vito di Leguzzano
Altissimo
Lago d'Iseo (Sebino)
Sarnico
Costabissara
Trissino
Erbusco
Iseo
Arzignano
Concesio
Tregnago
Cologne
A 4
Verona
Arcugna
Travagliato
Montecchiadi Crosara
MILANO
Ghedi
Abbiategrasso
Pandino
Trescore Cremasco
A 21
Calvisano
Pozzolo
Isola Rizza
Cusago
Lodi
Vigevano
Scandolara Ripa d'Oglio
Pralboino
Goito
Ticino
Oglio
Adda
Certosa di Pavia
Inverno e Monteleone
Canneto sull'Oglio
Mantova
Adige
Borgarello
Torre dé Picenardi
A 1
Portalbera
Quistello
S. Giorgio Monferrato
Cervesina
Piacenza
Villastrada
Po
A 22
Besenzone
Busseto
Moncalvo
Voghera
Ponte dell'Olio
Alseno
Campogalliano
Parma
Rubiera
Collecchio
Felino
Soliera
Masio
Albinea
Montegrosso d'Asti
Montacuto
Sala Baganza
Quattro castella
Modena
Farini
A 26
A 7
Viano
Canelli
Calamandrana
A 15
Calestano
Spilanberto
Vignola
BOLOGNA
Cassinasco
Secchia
Savigno
S. Margherita Ligure
Carasco
GENOVA
Pavullo nel Frignano
Ne
Vergato
Nervi
A 10
Chiavari
Portofino
Savona
Altare
Bergeggi
Sestri Levante
Monterosso al Mare
Sarzana
Cutigliano
La Spezia
Ameglia
Serravalle Pistoiese
Varigotti
Lerici
Montignoso
Uzzano
Pistoia
Finale Ligure
Pietrasanta
Prato
Borgio Verezzi
Massa (Marina di)
Montecatini Terme
Forte dei Marmi
FIRENZE
Lido di Camaiore
Alassio
Lucca
Viareggio
Carmignano
MARE LIGURE
Uliveto Terme
Staffoli
S. Casciano in Val di Pesa
Arno
Montopoli in Val d'Arno
Barberino Val d'E
Lari
Poggibonsi
S. Gimignano
Castiglioncello
Castellina in Chia
Colle di Val d'Elsa
Castellina Marittima
Monteriggioni
Cecina
Casole d'Elsa

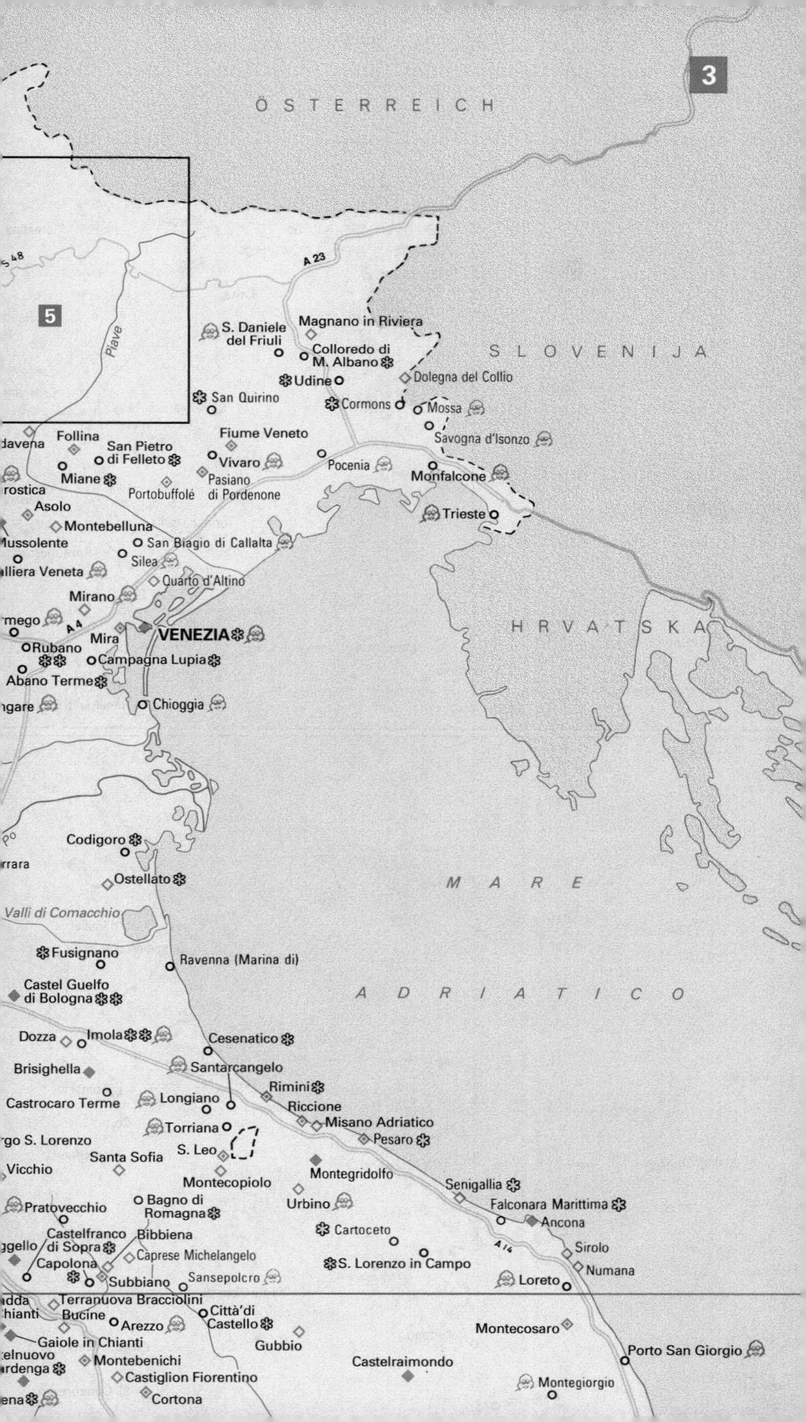

3
ÖSTERREICH
5
S 48
A 23
Piave
S. Daniele del Friuli
Magnano in Riviera
Colloredo di M. Albano
SLOVENIJA
Udine
Dolegna del Collio
San Quirino
Cormons
Mossa
Fiume Veneto
Savogna d'Isonzo
davena
Follina
San Pietro di Felleto
Vivaro
Pocenia
Miane
Pasiano di Pordenone
Monfalcone
rostica
Portobuffolé
Asolo
Trieste
Montebelluna
ussolente
San Biagio di Callalta
Silea
lliera Veneta
Quarto d'Altino
Mirano
rmego
A 4
Mira
VENEZIA
HRVATSKA
Rubano
Campagna Lupia
Abano Terme
ngare
Chioggia
Po
Codigoro
rrara
Ostellato
MARE
Valli di Comacchio
Fusignano
Ravenna (Marina di)
Castel Guelfo di Bologna
ADRIATICO
Dozza
Imola
Cesenatico
Brisighella
Santarcangelo
Rimini
Castrocaro Terme
Longiano
Riccione
Torriana
Misano Adriatico
rgo S. Lorenzo
Pesaro
Santa Sofia
S. Leo
Vicchio
Montegridolfo
Montecopiolo
Senigallia
Pratovecchio
Bagno di Romagna
Urbino
Falconara Marittima
Ancona
Castelfranco di Sopra
Bibbiena
Cartoceto
A 14
ggello
Sirolo
Capolona
Caprese Michelangelo
S. Lorenzo in Campo
Numana
Subbiano
Sansepolcro
Loreto
adda
Terranuova Bracciolini
hianti
Bucine
Arezzo
Città di Castello
Montecosaro
Gaiole in Chianti
Gubbio
Porto San Giorgio
telnuovo
rdenga
Montebenichi
Castelraimondo
Castiglion Fiorentino
Montegiorgio
ena
Cortona

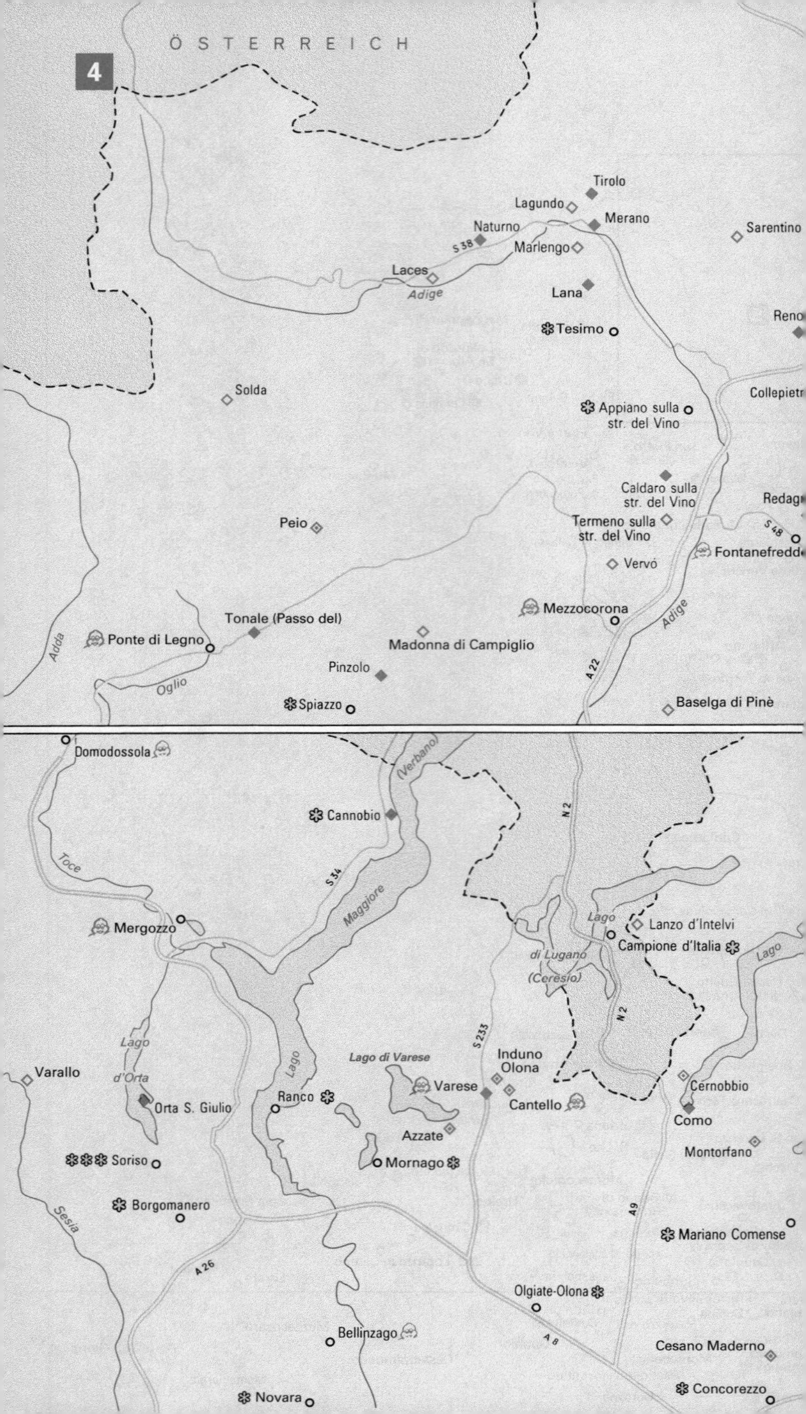
4
ÖSTERREICH
Tirolo
Lagundo
Merano
Naturno
S 38
Sarentino
Marlengo
Laces
Adige
Lana
Tesimo
Reno
Solda
Collepietr
Appiano sulla
str. del Vino
Caldaro sulla
str. del Vino
Redag
Termeno sulla
str. del Vino
S 48
Peio
Fontanefredd
Vervò
Mezzocorona
Adige
Tonale (Passo del)
Adda
Ponte di Legno
Madonna di Campiglio
A 22
Pinzolo
Oglio
Spiazzo
Baselga di Pinè
Domodossola
(Verbano)
Cannobio
N 2
Toce
S 34
Maggiore
Lago
Lanzo d'Intelvi
Mergozzo
Campione d'Italia
di Lugano
(Ceresio)
Lago
N 2
Lago
d'Orta
S 233
Lago
Lago di Varese
Induno
Olona
Varallo
Varese
Cernobbio
Ranco
Orta S. Giulio
Cantello
Como
Azzate
Montorfano
Soriso
Mornago
Borgomanero
A 9
Sesia
Mariano Comense
A 26
Olgiate-Olona
Bellinzago
A 8
Cesano Maderno
Novara
Concorezzo

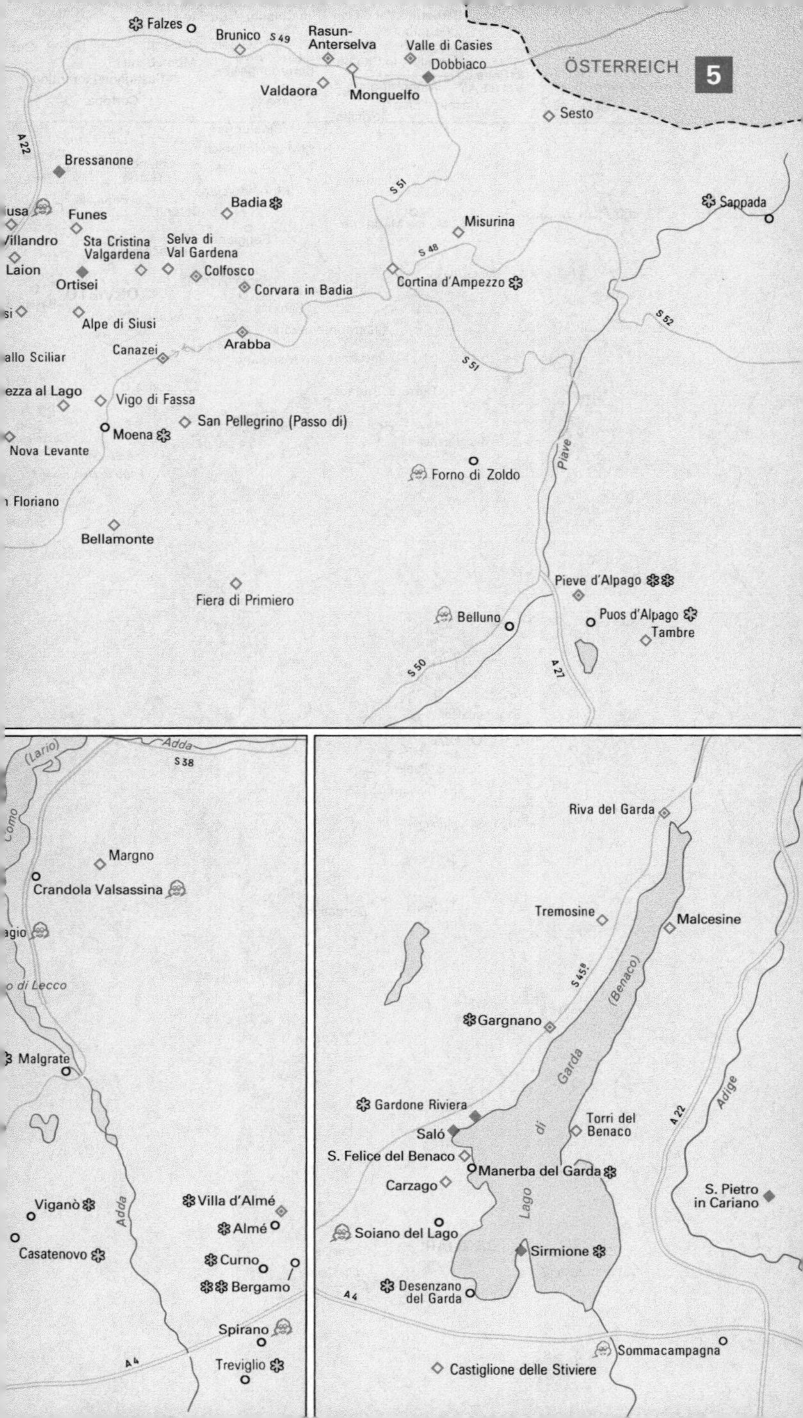

5
ÖSTERREICH
Falzes
Brunico
S 49
Rasun-
Anterselva
Valle di Casies
Dobbiaco
Valdaora
Monguelfo
Sesto
A 22
Bressanone
S 51
Badia
Sappada
Funes
Misurina
Villandro
Sta Cristina
Valgardena
Selva di
Val Gardena
S 48
Laion
Ortisei
Colfosco
Corvara in Badia
Cortina d'Ampezzo
Alpe di Siusi
S 52
Canazei
Arabba
S 51
Vigo di Fassa
San Pellegrino (Passo di)
Moena
Nova Levante
Piave
Forno di Zoldo
Bellamonte
Fiera di Primiero
Pieve d'Alpago
Belluno
Puos d'Alpago
Tambre
S 50
A 27
Adda
S 38
(Lario)
Como
Margno
Crandola Valsassina
di Lecco
Malgrate
Viganò
Villa d'Almé
Almé
Casatenovo
Curno
Bergamo
Spirano
Treviglio
A 4
Adda
Riva del Garda
Tremosine
Malcesine
S 45 b
(Benaco)
Gargnano
Garda
Adige
A 22
Gardone Riviera
di
Torri del
Benaco
Saló
S. Felice del Benaco
Manerba del Garda
Carzago
Lago
S. Pietro
in Cariano
Soiano del Lago
Sirmione
Desenzano
del Garda
A 4
Sommacampagna
Castiglione delle Stiviere

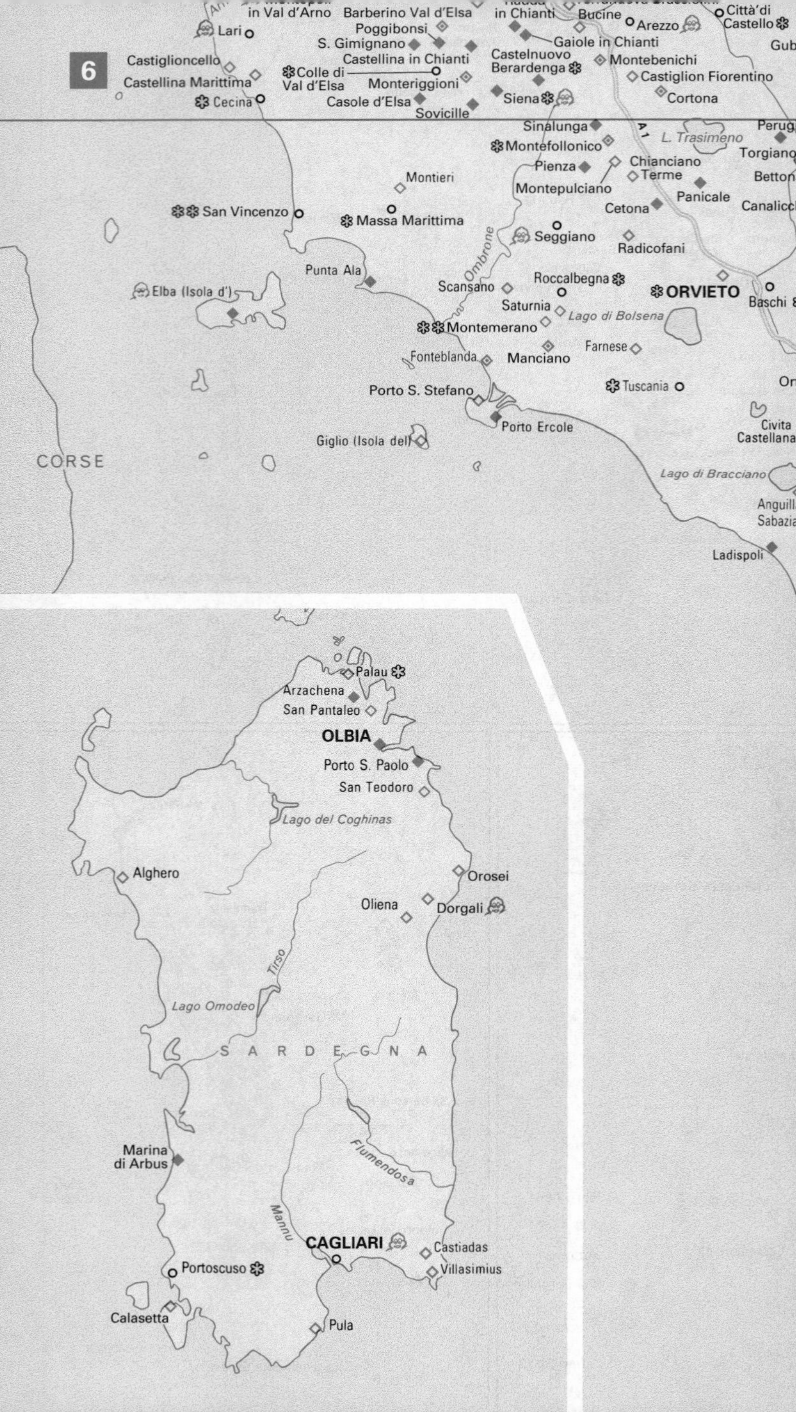

6
in Val d'Arno
Barberino Val d'Elsa
in Chianti
Bucine
Città di Castello
Lari
Poggibonsi
Arezzo
S. Gimignano
Gaiole in Chianti
Castiglioncello
Castellina in Chianti
Castelnuovo Berardenga
Montebenichi
Castellina Marittima
Colle di Val d'Elsa
Monteriggioni
Castiglion Fiorentino
Cecina
Casole d'Elsa
Siena
Cortona
Sovicille
Sinalunga
A1
L. Trasimeno
Montefollonico
Torgiano
Pienza
Chianciano Terme
Montieri
Montepulciano
Panicale
San Vincenzo
Cetona
Massa Marittima
Seggiano
Radicofani
Ombrone
Punta Ala
Roccalbegna
Elba (Isola d')
Scansano
ORVIETO
Baschi
Saturnia
Lago di Bolsena
Montemerano
Farnese
Fonteblanda
Manciano
Porto S. Stefano
Tuscania
Porto Ercole
Civita Castellana
Giglio (Isola del)
CORSE
Lago di Bracciano
Ladispoli
Palau
Arzachena
San Pantaleo
OLBIA
Porto S. Paolo
San Teodoro
Lago del Coghinas
Alghero
Orosei
Oliena
Dorgali
Tirso
Lago Omodeo
S A R D E G N A
Flumendosa
Marina di Arbus
Mannu
CAGLIARI
Castiadas
Villasimius
Portoscuso
Calasetta
Pula

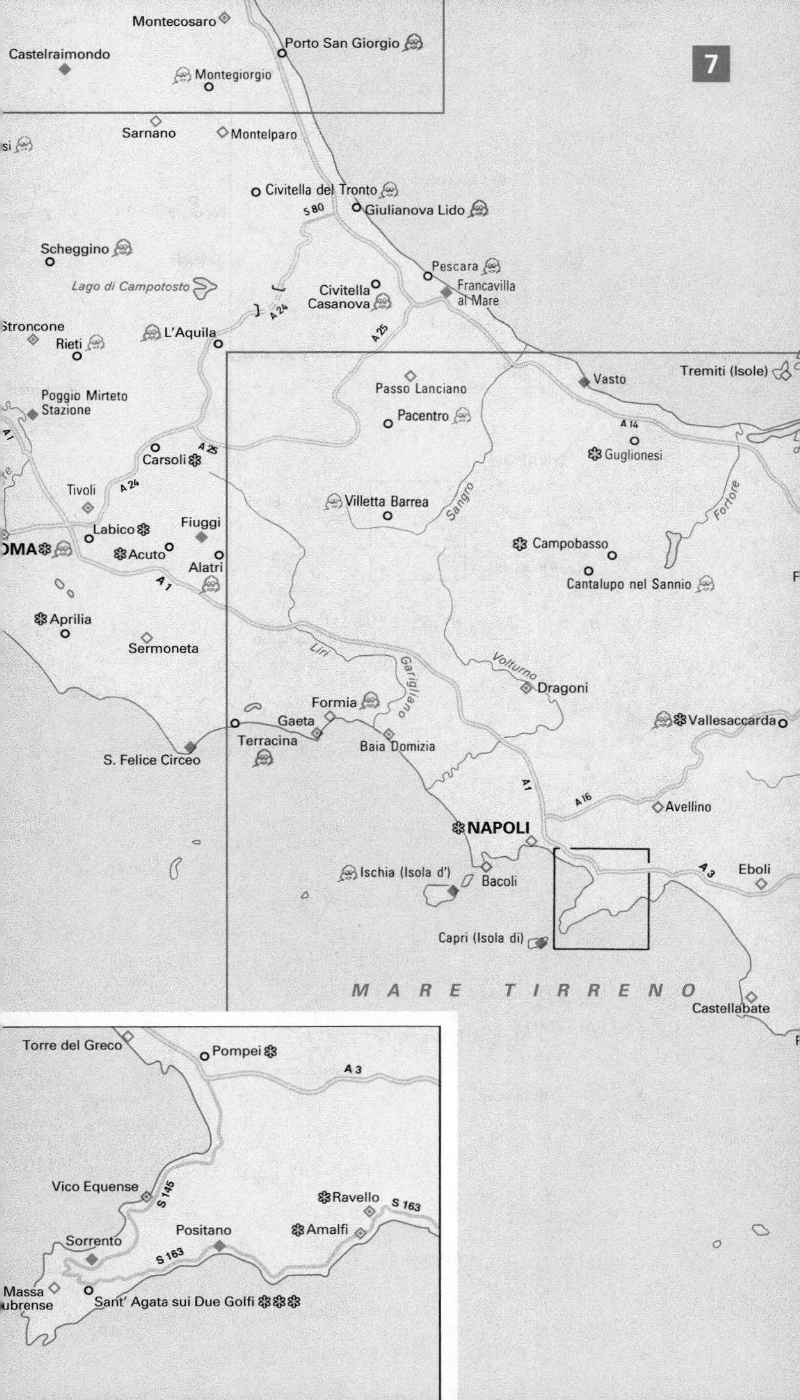
7
Montecosaro
Porto San Giorgio
Castelraimondo
Montegiorgio
Sarnano
Montelparo
Civitella del Tronto
S 80
Giulianova Lido
Scheggino
Pescara
Lago di Campotosto
Francavilla al Mare
Civitella Casanova
A 24
Stroncone
L'Aquila
Rieti
A 25
Vasto
Tremiti (Isole)
Passo Lanciano
Poggio Mirteto Stazione
Pacentro
A 14
A 1
A 25
Guglionesi
Carsoli
Tivoli
A 24
Fortore
Villetta Barrea
Sangro
Labico
Fiuggi
Campobasso
Acuto
Alatri
Cantalupo nel Sannio
A 1
Aprilia
Sermoneta
Liri
Volturno
Garigliano
Dragoni
Formia
Vallesaccarda
Gaeta
Terracina
Baia Domizia
S. Felice Circeo
A 1
A 16
Avellino
NAPOLI
Ischia (Isola d')
Bacoli
A 3
Eboli
Capri (Isola di)
MARE TIRRENO
Castellabate
Torre del Greco
Pompei
A 3
Vico Equense
S 145
Ravello
S 163
Positano
Amalfi
Sorrento
S 163
Massa
Sant' Agata sui Due Golfi

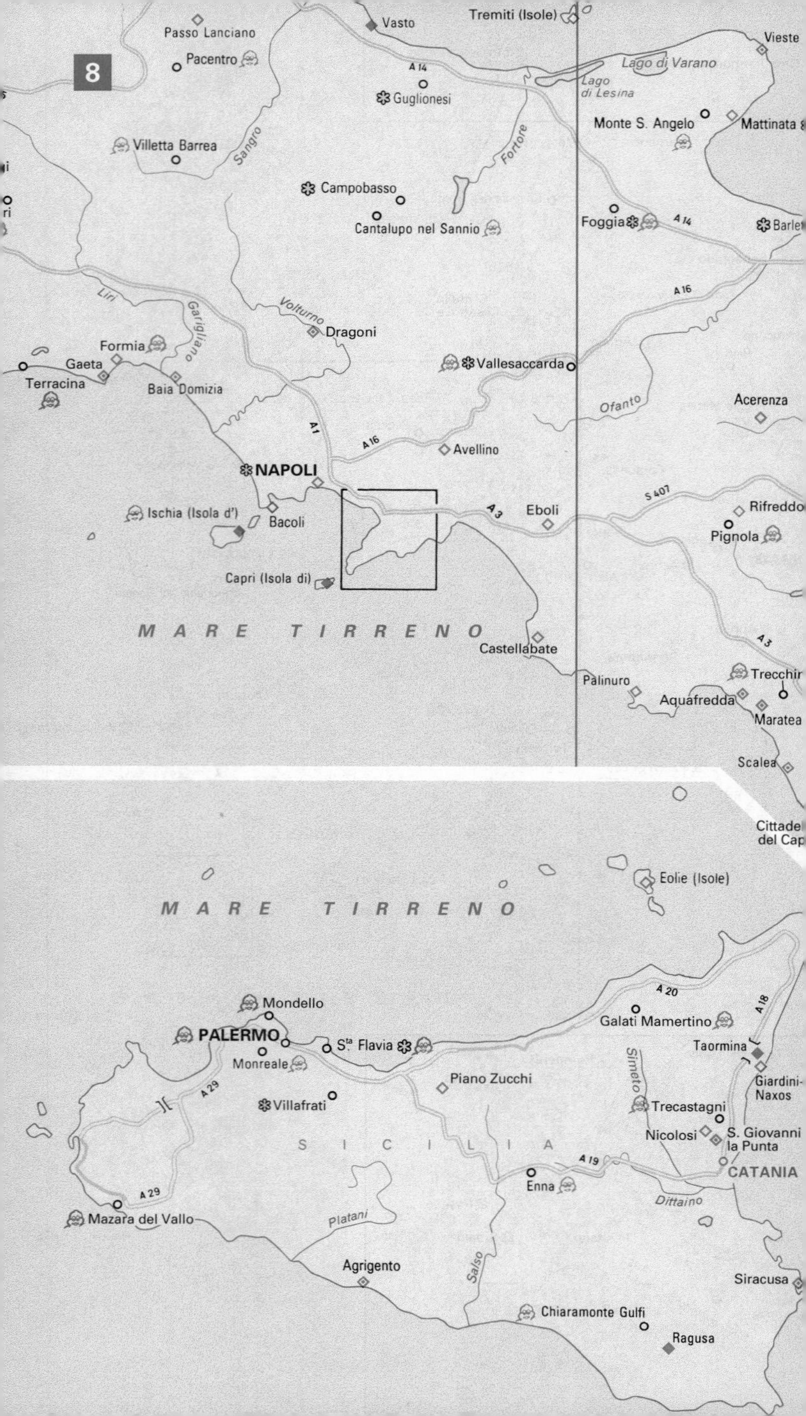

8
Passo Lanciano
Pacentro
Vasto
Tremiti (Isole)
Vieste
Lago di Varano
Lago di Lesina
A 14
Guglionesi
Monte S. Angelo
Mattinata
Villetta Barrea
Sangro
Fortore
Campobasso
Cantalupo nel Sannio
Foggia
A 14
Barle
Liri
Garigliano
Volturno
Dragoni
A 16
Formia
Gaeta
Terracina
Baia Domizia
Vallesaccarda
Ofanto
Acerenza
A1
A 16
Avellino
NAPOLI
S 407
Rifreddo
Ischia (Isola d')
Bacoli
A 3
Eboli
Pignola
Capri (Isola di)
MARE TIRRENO
Castellabate
A 3
Palinuro
Trecchir
Aquafredda
Maratea
Scalea
Cittade
del Cap
Eolie (Isole)
MARE TIRRENO
A 20
A18
Mondello
Galati Mamertino
PALERMO
Sta Flavia
Taormina
Monreale
Piano Zucchi
Simeto
Giardini-Naxos
A 29
Villafrati
Trecastagni
Nicolosi
S. Giovanni la Punta
SICILIA
A 19
CATANIA
A 29
Enna
Dittaino
Mazara del Vallo
Platani
Agrigento
Salso
Siracusa
Chiaramonte Gulfi
Ragusa

M A R E   A D R I A T I C O
ndria
BARI
A 14
orato
Monopoli
Savelletri
Alberobello
Cisternino
Ostuni
Brindisi
Martina Franca
Ceglie
Messapica
Carovigno
A 14
dano
S 407
Lecce
Otranto
S 106
Taviano
Tricase
San Gregorio
Castrovillari
S 534
Crati
Camigliatello
A 3
Cosenza
Marina di
Nocera Terinese
Vibo Valentia
Marina
Soverato
Mileto
M A R E   I O N I O
A 3
REGGIO DI CALABRIA

Località
Localités
Ortsverzeichnis
Places

ABANO TERME *35031 Padova* 988 ⑤, 429 F 17 *G. Italia – 18 501 ab. alt. 14 – Stazione termale a.s. aprile-ottobre e Natale.*

via Pietro d'Abano 18 ✆ 049 8669055, Fax 049 8669053.

Roma 485 ③ – Padova 11 ① – Ferrara 69 ③ – Milano 246 ① – Rovigo 35 ③ – Venezia 56 ① – Vicenza 44 ①.

Pianta pagina a lato

Grand Hotel Terme Abano, via Valerio Flacco 1 ✆ 049 8248100 *Fax 049 8669994*, Centro benessere, « Parco-giardino con piscine termali ». rist
Pasto carta 75/105000 – **189 cam** 250/400000, 8 appartamenti – ½ P 275000. BY

Bristol Buja, via Monteortone 2 ✆ 049 8669390, *Fax 049 667910*, Centro benessere « Giardino-pineta con termale », – 100. rist AY
chiuso dal 20 novembre al 19 dicembre – **Pasto** 60/70000 – 20000 – **116 cam** 155/230000, 25 appartamenti – ½ P 170/200000.

President, via Montirone 31 ✆ 049 8668288, *Fax 049 667909*, termale, rist AY
Pasto 60000 – 25000 – **106 cam** 165/270000, 7 appartamenti – ½ P 200/210000.

Ritz, via Monteortone 19 ✆ 049 8669990, *Fax 049 667549*, Centro benessere, termale, – 80. AY
Pasto 55000 – **137 cam** 145/260000, 4 appartamenti – ½ P 170/180000.

Trieste e Victoria, via Pietro d'Abano 1 ✆ 049 8669101, *Fax 049 8669779*, Centro benessere, « Parco-giardino con termale », AZ
13 marzo-20 novembre – **Pasto** 60/80000 – **150 cam** 160/250000, 20 appartamenti – ½ P 175/230000.

Metropole, via Valerio Flacco 99 ✆ 049 8600777, *Fax 049 8600935*, Centro benessere « Giardino con termale e minigolf », BZ
chiuso dal 6 gennaio al 5 marzo – **Pasto** 55/75000 – **143 cam** 155/235000, 24 appartamenti – ½ P 140/210000.

Savoia, via Pietro d'Abano 49 ✆ 049 8231111, *Fax 049 667777*, Centro benessere, « Parco-giardino », termale, cam, – 100. rist AZ
chiuso dal 7 gennaio al 12 marzo – **Pasto** (solo per alloggiati) 50000 – 20000 – **176 cam** 190/235000, 24 appartamenti – ½ P 150/195000.

La Residence, via Monte Ceva 8 ✆ 049 8247777, *Fax 049 8668396*, Centro benessere, « Parco-giardino ombreggiato con termale e », – 40. rist AY
27 febbraio-19 novembre – **Pasto** 60000 – 19000 – **104 cam** 155/220000, 8 appartamenti – ½ P 175000.

Tritone, via Volta 31 ✆ 049 8668099, *Fax 049 8668101*, Centro benessere, « Parco-giardino con termale », rist
Pasto 55000 – 35000 – **113 cam** 160/245000 – ½ P 140/185000. BZ

Due Torri, via Pietro d'Abano 18 ✆ 049 8669277, *Fax 049 8669927*, « Giardino-pineta » termale, rist AZ
chiuso sino al 14 aprile – **Pasto** 50000 – 15000 – **77 cam** 100/150000, 3 appartamenti – ½ P 145/155000.

Mioni Pezzato, via Marzia 34 ✆ 049 8668377, *Fax 049 8669338*, « Parco-giardino con termale », rist AZ
12 marzo-19 novembre – **Pasto** 50000 – **152 cam** 135/245000, 13 appartamenti – ½ P 120/140000.

Ariston Molino, via Augure 5 ✆ 049 8669061, *Fax 049 8669153*, « Giardino con termale », – 60. rist AZ
marzo-novembre – **Pasto** 60000 – 20000 – **175 cam** 150/220000 – ½ P 125/155000.

Panoramic Hotel Plaza, piazza Repubblica 23 ✆ 049 8669333, *Fax 049 8669379*, Centro benessere, « Giardino con termale », rist BY
chiuso dal 10 gennaio a febbraio – **Pasto** 45/55000 – 15000 – **133 cam** 95/160000 9000 – ½ P 150000.

Reve Monteortone, via Santuario 2 ✆ 049 8243555, *Fax 049 8669042*, « Parco-giardino con termale e Kinderheim », rist, rist
chiuso da dicembre al 21 febbraio – **Pasto** 35000 – 15000 – **113 cam** 120/200000, 10 appartamenti – ½ P 130/140000. 1 km per via Monteortone AY

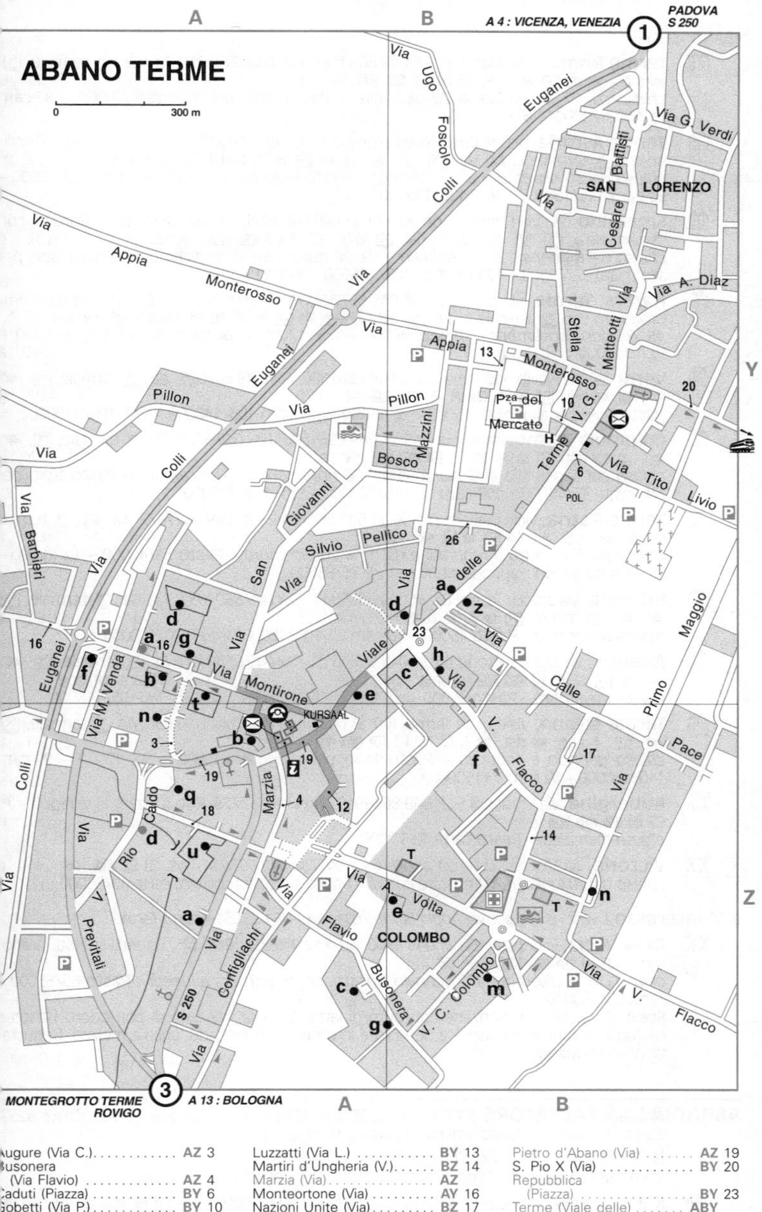

ʌugure (Via C.)	AZ 3	Luzzatti (Via L.)	BY 13	Pietro d'Abano (Via)	AZ 19
ɜusonera (Via Flavio)	AZ 4	Martiri d'Ungheria (V.)	BZ 14	S. Pio X (Via)	BY 20
ɔaduti (Piazza)	BY 6	Marzia (Via)	AZ	Repubblica (Piazza)	BY 23
ɜobetti (Via P.)	BY 10	Monteortone (Via)	AY 16	Terme (Viale delle)	ABY
appelli (Via J.)	AZ 12	Nazioni Unite (Via)	BZ 17	4 Novembre (Via)	BY 26
		Petrarca (Via)	AZ 18		

Terme Roma, viale Mazzini 1 ✆ 049 8669127, *Fax 049 8630211*, termale, – rist BY
chiuso dal 27 novembre al 20 dicembre – **Pasto** (solo per alloggiati) 40000 – **87 cam** 110/170000 – ½ P 100000.

Terme Astoria, piazza Cristoforo Colombo 1 ✆ 049 8601530, *Fax 049 8600730*, « Giardino con termale », – BZ
chiuso dal 30 novembre al 21 febbraio – **Pasto** (solo per alloggiati) 40000 – 18000 – **93 cam** 115/150000 – ½ P 120/130000.

Smeraldo, via Flavio Busonera 174 ✆ 049 8669555, *Fax 049 8669752*, « Giardino con termale », – rist, rist ABZ
chiuso dal 6 gennaio al 19 febbraio e dal 26 novembre al 20 dicembre – **Pasto** (solo per alloggiati) 35/45000 – **132 cam** 105/175000 – ½ P 115/125000.

Harrys' Terme, via Marzia 50 ✆ 049 667011, *Fax 049 8668500*, « Grande giardino ombreggiato con termale », – rist
15 febbraio-novembre – **Pasto** 40000 – 12000 – **66 cam** 95/145000, 6000 – ½ P 115000. AZ

Verdi, via Flavio Busonera 200 ✆ 049 667600, *Fax 049 667025*, termale, – rist, ABZ
Pasto (solo per alloggiati) 35000 – 15000 – **121 cam** 105/140000 – ½ P 100/110000.

Columbia Terme, via Augure 15 ✆ 049 8669606, *Fax 049 8669430*, termale, – rist, rist AY
chiuso dal 6 gennaio al 3 marzo e dal 26 novembre al 20 dicembre – **Pasto** (solo per alloggiati) 35/45000 – **108 cam** 115/175000 – ½ P 115/125000.

Terme Patria, viale delle Terme 56 ✆ 049 8617444, *Fax 049 8617477*, termale, – rist BY
chiuso dal 5 gennaio a febbraio e dal 1° al 20 dicembre – **Pasto** 35/40000 – 12000 – **95 cam** 80/120000, appartamento – ½ P 75/85000.

Principe, viale delle Terme 87 ✆ 049 8600844, *Fax 049 8601031*, termale, – rist, rist BY
marzo-novembre – **Pasto** 45000 – **70 cam** 100/180000 – ½ P 90/100000.

Atlantic, via Monteortone 66 ✆ 049 8669015, *Fax 049 8669188*, termale, – rist per via Monteortone AY
marzo-novembre – **Pasto** 35000 – 12000 – **56 cam** 95/140000 – ½ P 95/115000.

Terme Milano, viale delle Terme 169 ✆ 049 8669444, *Fax 049 8630244*, termale, – rist, rist AY
chiuso gennaio e febbraio – **Pasto** (solo per alloggiati) 45000 – 12000 – **91 cam** 110/180000 – ½ P 105/115000.

Aubergine, via Ghislandi 5 ✆ 049 8669910, *Fax 049 667779*, Rist. e pizzeria, minigolf – AZ
chiuso mercoledì – **Pasto** carta 40/70000.

Victoria, via Monteortone 30 ✆ 049 667684, *Fax 049 667684* – AY
chiuso dal 20 luglio al 20 agosto e lunedì – **Pasto** specialità di mare carta 40/85000.

a Monterosso *Ovest : 3 km per via Appia Monterosso AY – ✉ 35031 Abano Terme :*

Casa Vecia, via Appia 130 ✆ 049 8600138, *Fax 049 8601859*, Coperti limitati; prenotare –
chiuso dal 25 dicembre al 2 gennaio, agosto, domenica sera e lunedì – **Pasto** 65/85000 e carta 65/100000
Spec. Quenelle di melanzane con purè di latte di capra, fonduta di pomodoro fresco e cerfoglio. Cannelloni d'astice e pepe rosa in brodetto d'avocado, aglio e melissa. Degustazione di formaggi.

ABBADIA SAN SALVATORE

53021 Siena 988 ⑮ ㉕, 430 N 17 *G. Toscana – 6 949 ab. alt. 825 – Sport invernali : al Monte Amiata : 1 270/1 738 m 2 5,* .
via Adua 25 ✆ 0577 775811, Fax 0577 775877.
Roma 181 – Siena 73 – Firenze 143 – Grosseto 80 – Orvieto 65 – Viterbo 82.

K 2, via del Laghetto 15 ✆ 0577 778609, *Fax 0577 776337*, – 100.
chiuso dal 2 al 15 novembre – **Pasto** *(chiuso giovedì)* carta 35/50000 – 6000 – **16 cam** 90/130000 – ½ P 90/110000.

ABBAZIA

Vedere nome proprio dell'abbazia.

ABBIATEGRASSO *20081 Milano* [988] ③, [428] F 8 – *27 583 ab. alt. 120.*
Roma 590 – Alessandria 80 – Milano 24 – Novara 29 – Pavia 33.

🍴🍴 **Il Ristorante di Agostino Campari,** via Novara 81 ☎ 02 9420329, *Fax 02 9421216,* ☂ – ▤ [P]. [AE] [S] [D] [MC] [VISA]
chiuso dal 10 al 28 agosto e lunedì – **Pasto** specialità carrello di arrosti e bolliti carta 55/75000.

a Cassinetta di Lugagnano *Nord : 3 km – ✉ 20081 :*

🍴🍴🍴🍴 ✿✿ **Antica Osteria del Ponte,** piazza G. Negri 9 ☎ 02 9420034, *Fax 02 9420610,* ☂, Coperti limitati; prenotare – ▤ [P]. [AE] [S] [D] [MC] [VISA]. 🚫
chiuso dal 25 dicembre al 12 gennaio, agosto, domenica e lunedì – **Pasto** 80/170000 e carta 105/215000
Spec. Gamberi di San Remo marinati e serviti con cipollotto fresco e caviale oscetra. Spaghetti di grano duro agli scampi, pomodoro fresco, carciofo e basilico (ottobre-marzo). Zuppetta di scampi grigliati con involtini di filetti di sogliola allo zenzero.

ABETONE *51021 Pistoia* [988] ⑭, [428], [429], [430] J 14 *G. Toscana – 721 ab. alt. 1 388 – a.s. Pasqua, 29 luglio-agosto e Natale – Sport invernali : 1 388/1 892 m* 🚡3 🎿14, ⛷.
ℹ *piazzale delle Piramidi* ☎ *0573 60231, Fax 0573 60232.*
Roma 361 – Pisa 85 – Bologna 109 – Firenze 90 – Lucca 65 – Milano 271 – Modena 96 – Pistoia 51.

🏨🏨 **Bellavista,** via Brennero 383 ☎ 0573 60028, *Fax 0573 60245,* ≼ – ⇅ [TV] ☎ ♿ [P]. [AE] [S] [MC] [VISA]. 🚫
15 dicembre-15 aprile e 15 giugno-15 settembre – **Pasto** 35/45000 – **42 cam** ☕ 180/200000 – ½ P 150000.

🏨 ⊛ **Regina,** via Uccelliera 5 ☎ 0573 60007, *Fax 0573 61228,* ≼ – ⇅ ☎ [P]. [AE] [S] [D] [MC] [VISA]. 🚫 rist
19 dicembre-15 aprile e 24 giugno-15 settembre – **Pasto** carta 30/40000 – ☕ 12000 – **26 cam** 120/160000 – ½ P 90/135000.

Da Pierone, via Brennero 556 ☎ 0573 60068, ≼ – [AE] [S] [D] [MC] [VISA]
chiuso dal 15 al 30 giugno, dal 10 al 30 ottobre e giovedì (escluso dal 23 dicembre al 2 gennaio e dal 15 luglio a settembre) – **Pasto** carta 40/60000.

a Le Regine *Sud-Est : 2,5 km – ✉ 51020 :*

🏨 ⊛ **Da Tosca,** via Brennero 85 ☎ 0573 60317, *Fax 0573 60317,* ≼ – [TV] [P]. [S] [D] [VISA]. 🚫 rist
10 dicembre-15 aprile e luglio-15 settembre – **Pasto** carta 30/45000 – ☕ 10000 – **13 cam** 70/120000 – ½ P 90000.

ABTEI = *Badia.*

ACERENZA *85011 Potenza* [431] E 29 – *3 003 ab. alt. 833.*
Roma 364 – Potenza 40 – Bari 120 – Foggia 98 – Napoli 186.

🏨 **Il Casone** 🪑, località Bosco San Giuliano Nord-Ovest : 6 km ☎ 0971 741141, *Fax 0971 741039,* ⚘ – ▤ rist, [TV] ☎ ♿ [P]. [S] [D] [MC] [VISA]. 🚫
Pasto 35/40000 – **20 cam** ☕ 60/120000 – ½ P 75000.

ACI CASTELLO *Catania* [988] ㊲, [432] O 27 – *Vedere Sicilia alla fine dell'elenco alfabetico.*

ACILIA *00125 Roma* [430] Q 19 – *alt. 50.*
Roma 18 – Anzio 45 – Civitavecchia 65.

🍴 **Cavalieri del Buongusto,** via di Acilia 172 ☎ 06 52353889, *Fax 06 52353889,* Rist. e pizzeria – [AE] [S] [MC] [VISA] [JCB]. 🚫
Pasto carta 40/70000 (10 %).

ACIREALE *Catania* [988] ㊲, [432] O 27 – *Vedere Sicilia alla fine dell'elenco alfabetico.*

ACI TREZZA *Catania* [988] ㊲, [432] O 27 – *Vedere Sicilia (Aci Castello) alla fine dell'elenco alfabetico.*

ACQUAFREDDA *Potenza* [431] G 29 – *Vedere Maratea.*

ACQUALAGNA *61041 Pesaro e Urbino* [988] ⑯, [429], [430] L 20 – *4 079 ab. alt. 204.*
Roma 247 – Rimini 89 – Ancona 95 – Gubbio 41 – Pesaro 54.

🍴🍴 **Il Vicolo,** corso Roma 39 ☎ 0721 797145, *Fax 0721 797145* – ▤. [AE] [S] [D] [MC] [VISA]. 🚫
chiuso luglio e martedì – **Pasto** carta 50/110000.

ACQUANEGRA SUL CHIESE *46011 Mantova* 428, 429 G 13 – *2 889 ab. alt. 32.*
Roma 488 – Parma 50 – Brescia 51 – Cremona 35 – Mantova 32 – Milano 131.

verso Calvatone *Sud : 2 km*

X **Trattoria al Ponte,** via Ponte Oglio 1312 ✉ 46011 ✆ 0376 727182, *Fax 0376 727182,* prenotare – P. VISA.
chiuso gennaio, dal 16 agosto all'8 settembre, lunedì e martedì – **Pasto** carta 45/70000 .

ACQUAPARTITA *Forlì-Cesena* 429 K 18 – *Vedere Bagno di Romagna.*

ACQUARIA *Modena* 430 J 14 – *Vedere Montecreto.*

ACQUASANTA TERME *63041 Ascoli Piceno* 988 ⑯, 430 N 22 – *3 487 ab. alt. 392 – Stazione termale, a.s. luglio-settembre.*
Roma 157 – Ascoli Piceno 19 – Ancona 138 – L'Aquila 95 – Pescara 114 – Teramo 53.

Il Passo, piazza Terme 9 ✆ 0736 802755, *Fax 0736 802446,* – TV AE VISA
chiuso dal 23 al 29 dicembre – **Pasto** (solo su prenotazione) carta 40/70000 – **14 cam** ☐ 90/130000.

ACQUASPARTA *05021 Terni* 988 ㉖, 430 N 19 – *4 481 ab. alt. 320.*
Roma 111 – Terni 22 – Orvieto 61 – Perugia 61 – Spoleto 24 – Viterbo 70.

Villa Stella senza rist, via Marconi 37 ✆ 0744 930758, *Fax 0744 930063,* – TV P. VISA.
aprile-settembre – ☐ 6000 – **10 cam** 75/100000.

I prezzi — Per ogni chiarimento sui prezzi riportati in guida, consultate le pagine dell'introduzione.

ACQUAVIVA *Livorno – Vedere Elba (Isola d') : Portoferraio.*

ACQUI TERME *15011 Alessandria* 988 ⑫ ⑬, 428 H 7 – *20 215 ab. alt. 164 – Stazione termale.*
Le Colline ✆ 0144 311386, Fax 0144 311386.
piazza Levi 7 ✆ 0144 770240, Fax 0144 350196.
Roma 573 – Alessandria 35 – Genova 74 – Asti 47 – Milano 130 – Savona 59 – Torino 106.

XX **La Schiavia,** vicolo della Schiavia ✆ 0144 55939, solo su prenotazione – AE VISA
chiuso dal 9 al 25 agosto e domenica – **Pasto** 40/60000 (a mezzogiorno) 50/70000 (alla sera) e carta 50/85000.

XX **Cappello,** strada Visone 64 (Est : 2 km) ✆ 0144 356340, – P. VISA.
chiuso dall'8 al 15 gennaio, dal 1° al 15 settembre e mercoledì – **Pasto** carta 40/70000.

XX Parisio 1933, via Cesare Battisti 7 ✆ 0144 57034, *Fax 0144 57034.*

XX Carlo Parisio, via Mazzini 14 ✆ 0144 56650, prenotare.

ACRI *87041 Cosenza* 988 ㊴, 431 I 31 – *22 387 ab. alt. 700.*
Roma 560 – Cosenza 44 – Taranto 168.

Panoramik senza rist, via Seggio 38/E ✆ 0984 954885, *Fax 0984 941618* – TV P. VISA.
☐ 5000 – **22 cam** 70/90000.

X **Panoramik,** via Seggio 87/90 ✆ 0984 941551, *Fax 0984 941258* – P. AE VISA.
chiuso venerdì – **Pasto** carta 25/50000.

ACUTO *03010 Frosinone* 430 Q 21 – *1 854 ab. alt. 724.*
Roma 77 – Frosinone 36 – Avezzano 99 – Latina 87 – Napoli 180.

XXX **Colline Ciociare,** via Prenestina 27 ✆ 0775 56049, *Fax 0775 56049,* ≤, Coperti limitati; prenotare – AE VISA JCB.
chiuso dal 20 al 30 giugno, dal 1° al 10 settembre, lunedì e martedì a mezzogiorno – **Pasto** 100000 e carta 90/140000
Spec. Zuppa di asparagi selvatici con ricotta di pecora (primavera). Fini fini (pasta) con pomodorini alla brace e verdure (estate). Agnello in crosta di pecorino e aromi di montagna.

ADRIA *45011 Rovigo* 988 ⑮, 429 G 18 – *20 754 ab..*
Roma 478 – Padova 60 – Chioggia 33 – Ferrara 55 – Milano 290 – Rovigo 22 – Venezia 64.

Molteni con cam, via Ruzzina 2 ✆ 0426 42520, *Fax 0426 42520*, – TV ☎. MC VISA.
Pasto *(chiuso sabato e dal 23 dicembre al 10 gennaio)* carta 40/70000 – 12000 – **9 cam** 80/130000.

AFFI *37010 Verona* 428 F 14 – *1 782 ab. alt. 191.*
Roma 514 – Verona 25 – Brescia 61 – Mantova 54 – Trento 74.

in prossimità casello autostradale A22 Affi Lago di Garda Sud *Est : 1 km :*

Park Hotel Affi M, via Crivellin 1 A ✉ 37010 ✆ 045 6266000, *Fax 045 6266444*, – cam, TV ☎ P – 150. AE MC VISA JCB. rist
Pasto carta 60/85000 – **99** 220/300000, 6 appartamenti – ½ P 160000.

AGLIANO *14041 Asti* 428 H 6 – *1 732 ab. alt. 262.*
Roma 603 – Alessandria 43 – Asti 19 – Milano 139 – Torino 79.

Fons Salutis, via alle Fonti 125 (Ovest : 2 km) ✆ 0141 954018, *Fax 0141 954554*, « Parco ombreggiato », – TV ☎ P. AE MC VISA.
chiuso dal 9 dicembre al 15 febbraio – **Pasto** carta 35/65000 – 18000 – **30 cam** 100/120000 – ½ P 90/100000.

Dellavalle, via P. Amedeo 30 ✆ 0141 954020, *Fax 0141 954670*, ≤, « Servizio estivo in terrazza panoramica » – ☎ P. AE MC VISA
chiuso gennaio – **Pasto** *(chiuso lunedì)* carta 35/75000 – 15000 – **15 cam** 90/120000 – ½ P 85/90000.

*Un consiglio **Michelin:***
per la buona riuscita di un viaggio, preparatelo in anticipo.
*Le **carte** e le **guide Michelin** vi danno tutte le indicazioni*
utili su: itinerari, curiosità, sistemazioni, prezzi, ecc.

AGLIENTU *Sassari* 433 D 9 – *Vedere Sardegna alla fine dell'elenco alfabetico.*

AGNANO TERME *Napoli* 431 E 24 – *Vedere Napoli.*

AGNONE *86061 Isernia* 988 ㉗, 430 Q 25, 431 B 25 – *6 003 ab. alt. 800.*
Roma 220 – Campobasso 86 – Isernia 45.

Sammartino, largo Pietro Micca 44 ✆ 0865 77577, *Fax 0865 78239*, ≤ – TV ☎. AE MC VISA.
Pasto carta 30/40000 – **22 cam** 75/110000 – ½ P 80000.

AGORDO *32021 Belluno* 988 ⑤, 429 D 18 – *4 342 ab. alt. 611.*
Dintorni *Valle del Cordevole*★★ *Nord-Ovest per la strada S 203.*
via 27 Aprile 5 ✆ 0437 62105, Fax 0437 65209.
Roma 646 – Belluno 32 – Cortina d'Ampezzo 59 – Bolzano 85 – Milano 338 – Venezia 135.

Erice, via 4 Novembre 13/b ✆ 0437 65011, *Fax 0437 62307* – TV ☎ P. AE MC VISA.
Pasto *(chiuso lunedì)* carta 40/60000 – 10000 – **15 cam** 80/120000 – ½ P 90000.

AGRATE BRIANZA *20041 Milano* 988 ③, 428 F 10 – *12 730 ab. alt. 162.*
Roma 587 – Milano 23 – Bergamo 31 – Brescia 77 – Monza 7.

Colleoni, via Cardano 2 ✆ 039 68371, *Fax 039 654495*, – TV ☎ P – 200. AE MC VISA. rist
Pasto *(chiuso sabato e domenica a mezzogiorno)* carta 70/110000 – 26000 – **161 cam** 230/280000, 14 appartamenti – ½ P 220000.

Hostaria la Carbonara, a Cascina Offelera Sud-Ovest : 3 km ✆ 039 651896, prenotare – P. AE MC VISA
chiuso dal 24 dicembre al 2 gennaio ed agosto – **Pasto** carta 50/70000.

AGRIGENTO P 988 ㊱, 432 P 22 – *Vedere Sicilia alla fine dell'elenco alfabetico.*

AGROPOLI *84043 Salerno* 988 ㉘ ㊳, 431 F 26 – *19 196 ab. – a.s. Pasqua e 15 giugno-15 settembre.*

Dintorni *Rovine di Paestum*** Nord : 11 km.*

Roma 312 – Potenza 106 – Battipaglia 33 – Napoli 107 – Salerno 57 – Sapri 110.

Il Ceppo, Sud-Est : 1,5 km ✆ 0974 843044, *Fax 0974 843234* – AE VISA.
Pasto vedere rist ***Il Ceppo*** – **5 cam** 90/130000, 8 appartamenti 180/200000.

Serenella, via San Marco 150 ✆ 0974 823333, *Fax 0974 825562*, ← – rist, AE VISA. rist
Pasto carta 25/50000 (10 %) – 10000 – **36 cam** 100/115000 – ½ P 75/100000.

Il Ceppo, Sud-Est : 1,5 km ✆ 0974 843036, Rist. e pizzeria alla sera – AE VISA.
chiuso gennaio e lunedì – **Pasto** carta 40/75000 (10 %).

Carola, con cam, via Pisacane 1 ✆ 0974 826422, *Fax 0974 826425*, « Servizio rist. estivo all'aperto » –
34 cam.

AGUGLIANO *60020 Ancona* 430 L 22 – *3 994 ab. alt. 203.*

Roma 279 – Ancona 16 – Macerata 44 – Pesaro 67.

Al Belvedere, piazza Vittorio Emanuele II, 3 ✆ 071 907190, *Fax 071 908008*, – AE VISA.
Pasto *(chiuso mercoledì)* carta 30/50000 – 8000 – **18 cam** 65/90000 – ½ P 70000.

AHRNTAL = *Valle Aurina.*

AIELLI *67040 L'Aquila* 430 P 22 – *1 465 ab. alt. 1030.*

Roma 127 – L'Aquila 69 – Avezzano 20 – Pescara 98 – Sulmona 43.

Al Castello, via Cipresso 10 ✆ 0863 78347, « Esposizione oggetti di arte e tradizione contadina » – AE VISA
chiuso novembre, martedì e mercoledì – **Pasto** carta 30/40000.

ALA DI STURA *10070 Torino* 988 ⑫, 219 ⑫ – *506 ab. alt. 1075 – a.s. dicembre-aprile.*

Roma 729 – Torino 44 – Balme 7,5 – Milano 177 – Vercelli 117.

Raggio di Sole, via Ceres 7 ✆ 0123 55191, *Fax 0123 55313*, ← – – 60. VISA
chiuso ottobre – **Pasto** *(chiuso giovedì)* carta 35/50000 – 10000 – **27 cam** 70/140000 – ½ P 100000.

ALANNO *65020 Pescara* 430 P 23 – *3 781 ab. alt. 295.*

Roma 188 – Pescara 37 – L'Aquila 84.

Villa Alessandra con cam, via Circonterranea 51 ✆ 085 8573108, *Fax 085 8573687*, – AE VISA.
Pasto *(chiuso domenica sera)* carta 35/60000 – 8000 – **7 cam** 80/130000 – ½ P 90000.

ALASSIO *17021 Savona* 988 ⑫, 428 J 6 – *11 326 ab..*

18 Garlenda (chiuso mercoledì escluso luglio-agosto) a Garlenda ✉ 17033 ✆ 0182 580012, Fax 0182 580561, Nord-Ovest : 17 km **Y.**

via Mazzini 62 ✆ 0182 647027, Fax 0182 647874.

Roma 597 ① – Imperia 23 ② – Cuneo 117 ① – Genova 98 ① – Milano 221 ① – San Remo 47 ② – Savona 52 ① – Torino 160 ①.

Pianta pagina a lato

Gd H. Diana, via Garibaldi 110 ✆ 0182 642701, *Fax 0182 640304*, ←, « Terrazza-giardino ombreggiata », – – 90. AE VISA JCB. rist Y a
chiuso dal 20 novembre al 24 dicembre – **Pasto** carta 60/85000 e al Rist. ***A' Marina*** *(20 maggio-10 ottobre; chiuso la sera)* carta 50/75000 – **52 cam** 250/350000 – ½ P 210/245000.

Spiaggia, via Roma 78 ✆ 0182 643403, *Fax 0182 640279*, ←, « in terrazza panoramica », – – 50. AE VISA JCB. Z c
chiuso novembre – **Pasto** carta 65/105000 – **89 cam** 185/320000 – ½ P 185/280000.

Gd H. Méditerranée, via Roma 63 ✆ 0182 642564, *Fax 0182 470845*, ←, – – 100. AE VISA. rist Z b
chiuso dal 15 ottobre al 23 dicembre – **Pasto** carta 50/70000 – 20000 – **82 cam** 200/320000, 2 appartamenti – ½ P 205/235000.

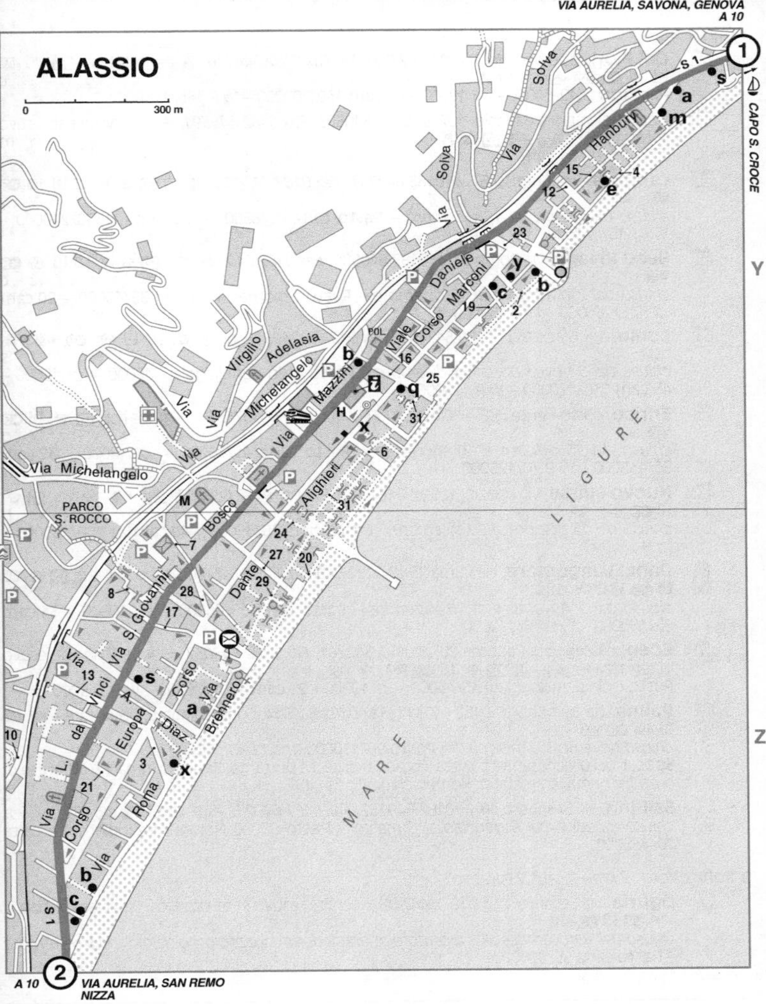

Baracca (Passeggiata F.) . . . . . Y 2
Bosco (Via S. Giovanni) . . . . . . Z
Boselli (Via) . . . . Z 3
Brennero (Via) . . . . Z
Cadorna (Passeggiata M.llo) . Y 4
Cavour (Via) . . . . Y 6
Chiusetta (Via) . . . . Z 7
Conceria (Via) . . . . Z 8
Dall'Oro (Via Ignazio) . . . . Z 10
Dante Alighieri (Corso) . . . . . YZ
Doria (Via) . . . . Y 12
Ferreri (Via Paolo) . . . . Z 13
Garibaldi (Via G.) . . . . Y 15
Gibb (Via) . . . . Y 16
Gioia (Via Flavio) . . . . Z 17
Gramsci (Via A.) . . . . Y 19
Italia (Passeggiata) . . . . Z 20
Leonardo da Vinci (Via) . . . . . . Z
Londra (Via) . . . . Z 21
Mazzini (Via G.) . . . . Y
Milano (Via) . . . . Y 23
Milite Ignoto (Via) . . . . Z 24
Partigiani (Piazza) . . . . Y 25
Torino (Via) . . . . Z 27
Verdi (Via G.) . . . . Z 28
Vittorio Veneto (Via) . . . . Z 29
XX Settembre (Via) . . . . Y 31

Savoia, via Milano 14 ☎ 0182 640277, *Fax 0182 640125*, ≤, 🏖 – |‡| ≡ TV ☎. AE ⓢ ⓞ MC VISA JCB. ✻ rist — Y b
chiuso novembre – **Pasto** carta 50/70000 – ☕ 18000 – **35 cam** 200/220000 – 1/2 P 165/190000.

Regina, viale Hanbury 220 ☎ 0182 640215, *Fax 0182 660092*, ≤, 🏖 – |‡| ≡ TV ☎ ♿ P – 🎭 60 — Y s
stagionale – **42 cam.**

Dei Fiori, viale Marconi 78 ℘ 0182 640519, *Fax 0182 644116*, – |‡| TV ☎ – 40. AE
⑤ ⊕ MC VISA JCB. ✂ rist Y c
Pasto carta 40/60000 – ☐ 18000 – **63 cam** 130/200000 – ½ P 135/145000.

Beau Sejour, via Garibaldi 102 ℘ 0182 640303, *Fax 0182 646391*, ≤, « Servizio rist. estivo in terrazza », – |‡| TV ☎ P Y m
stagionale – **51 cam.**

Lamberti, via Gramsci 57 ℘ 0182 642747, *Fax 0182 642438* – |‡| ▤ TV ☎ P. AE ⑤ ⊕ MC VISA. ✂ Y y
chiuso da ottobre al 18 dicembre – **Pasto** carta 40/65000 – **25 cam** ☐ 130/210000 – ½ P 115/140000.

Beau Rivage, via Roma 82 ℘ 0182 640585, *Fax 0182 640585*, ≤ – TV ☎ P. AE ⑤ ⊕ MC VISA. ✂ Z c
chiuso dal 2 novembre al 25 dicembre – **Pasto** (solo per alloggiati) 35/45000 – **20 cam** ☐ 145/230000 – ½ P 150000.

Corso, via Diaz 28 ℘ 0182 642494, *Fax 0182 642495* – |‡| TV ☎. AE ⑤ ⊕ MC VISA. ✂ rist Z s
chiuso dal 5 novembre al 23 dicembre – **Pasto** (solo per alloggiati) 40000 – ☐ 15000 – **45 cam** 130/170000 – ½ P 125000.

Enrico, corso Dante 368 ℘ 0182 640000, *Fax 0182 640075*, – |‡|, ▤ rist, TV ☎. ⑤ MC VISA. ✂ Y q
chiuso dal 15 ottobre al 27 dicembre – **Pasto** carta 45/70000 – ☐ 18000 – **32 cam** 90/135000 – ½ P 70/125000.

Nuovo Suisse, via Mazzini 119 ℘ 0182 640192, *Fax 0182 660267*, – |‡|, ▤ rist, TV ☎. ⑤ MC VISA. ✂ Y b
chiuso dal 15 ottobre al 20 dicembre – **Pasto** carta 30/55000 – **49 cam** ☐ 100/160000 – ½ P 130000.

Danio Lungomare, via Roma 23 ℘ 0182 640683, *Fax 0182 640347*, ≤, – |‡| TV ☎. AE ⑤ MC VISA. ✂ rist Z x
chiuso dal 2 novembre al 26 dicembre – **Pasto** carta 35/65000 – ☐ 10000 – **31 cam** 85/160000 – ½ P 75/115000.

Eden, passeggiata Cadorna 20 ℘ 0182 640281, *Fax 0182 643037*, ≤, « Servizio rist. estivo in terrazza », – |‡| TV ☎. ⑤ MC VISA. ✂ rist Y e
Pasto (solo per alloggiati) 35/45000 – ☐ 10000 – **29 cam** 150/170000 – ½ P 155000.

XXX ✿ **Palma**, via Cavour 5 ℘ 0182 640314, *Fax 0182 640314*, Coperti limitati; prenotare – ▤. AE ⑤ ⊕ MC VISA Y x
chiuso novembre e mercoledì – **Pasto** 90/110000 e carta 90/150000
Spec. Noci di capesante, panissa (focaccia) di ceci e bottarga. Ravioli di lumache all'infuso di erbette (primavera-estate). Rombo chiodato farcit.

XX **Sail-Inn**, via Brennero 34 ℘ 0182 640232, *Fax 0182 640232* – ▤. AE ⑤ ⊕ MC VISA Z a
chiuso lunedì e dal 6 gennaio al 6 marzo – **Pasto** 35000 (solo a mezzogiorno) e carta 70/135000.

a Solva *Nord : 2 km – ✉ 17021 Alassio :*

XX **Liguria**, via Lepanto 1 ℘ 0182 644744, « Servizio estivo in terrazza con ≤ Alassio e baia » – P. AE ⑤ MC VISA
chiuso dall'8 novembre all'8 dicembre, mercoledì e a mezzogiorno da giugno a settembre – **Pasto** carta 55/90000.

ALATRI *03011 Frosinone* 988 ㉖, 430 Q 22 *G. Italia – 26 975 ab. alt. 502.*
Vedere *Acropoli*★ : ≤★★ – *Chiesa di Santa Maria Maggiore*★.
Roma 93 – Frosinone 14 – Avezzano 89 – Latina 65 – Rieti 125 – Sora 39.

X **La Rosetta** con cam, via Duomo 37 ℘ 0775 434568, *Fax 0775 434568* – TV. AE ⑤ ⊕ MC VISA. ✂
chiuso dall'8 al 20 novembre e dal 22 al 29 febbraio – **Pasto** *(chiuso martedì)* carta 35/50000 – ☐ 7000 – **10 cam** 50/90000 – ½ P 70/85000.

sulla strada statale 155 *Sud : 9,5 km :*

XX **Le Tre Stelle**, via dei Campi ✉ 03011 Alatri ℘ 0775 407833, *Fax 0775 409048*, Rist. con spec. di mare – ▤ P – 160. AE ⑤ ⊕ MC VISA JCB
chiuso lunedì – **Pasto** carta 45/65000.

Europe

Se il nome di un albergo è stampato in carattere magro, chiedete al vostro arrivo le condizioni che vi saranno praticate.

ALBA *12051 Cuneo* 988 ⑫, 428 H 6 *G. Italia – 29 828 ab. alt. 172.*

Dintorni *Strada panoramica★ delle Langhe verso Ceva.*

piazza Medford ☎ 0173 35833, Fax 0173 363878.

Roma 644 – Cuneo 64 – Torino 62 – Alessandria 65 – Asti 30 – Milano 155 – Savona 99.

I Castelli, corso Torino 14/1 ☎ 0173 361978 e rist. ☎ 0173 364040, *Fax 0173 361974,* – 150. cam

Pasto al Rist. ***La Castellana*** *(chiuso dal 6 al 23 agosto, domenica sera e lunedì a mezzogiorno)* carta 40/60000 – **84 cam** 145/190000, 3 appartamenti – 1/2 P 125/175000.

Savona, via Roma 1 ☎ 0173 440440, *Fax 0173 364312* – – 150.

Pasto *(chiuso domenica e lunedì a mezzogiorno, solo lunedì a mezzogiorno da ottobre a dicembre)* carta 40/70000 – 15000 – **100 cam** 90/130000 – 1/2 P 110000.

Motel Alba senza rist, corso Asti 5 ☎ 0173 363251, *Fax 0173 362990,* – – 150.

94 cam 100/150000.

Daniel's, corso Canale 28 (Nord-Ovest : 1 km) ☎ 0173 441977, *Fax 0173 441977,* – .

Il Vicoletto, via Bertero 6 ☎ 0173 363196, *Fax 0173 363196,* Coperti limitati; prenotare – .

chiuso 25-26 dicembre, dal 15 luglio al 15 agosto e lunedì – **Pasto** carta 65/95000

Spec. Insalata di carne cruda battuta al coltello. Tagliolini al ragù di quaglia (primavera-estate). Schiena di coniglio ripiena alle erbe profumate.

San Cassiano, località San Cassiano 6 (Sud-Ovest : 2 km) ☎ 0173 281630, *Fax 0173 281630* – .

chiuso domenica sera e mercoledì – **Pasto** carta 30/60000.

Porta San Martino, via Einaudi 5 ☎ 0173 362335, Coperti limitati; prenotare –

chiuso lunedì – **Pasto** 35000 (solo a mezzogiorno) 55000 e carta 55/85000.

Osteria dell'Arco, piazza Savona 5 ☎ 0173 363974, *Fax 0173 363974,* prenotare –

chiuso domenica e lunedì a mezzogiorno da dicembre a settembre, solo lunedì in ottobre-novembre – **Pasto** carta 45/70000.

ALBA *Trento* 429 C 17 – *Vedere Canazei.*

ALBA ADRIATICA *64011 Teramo* 988 ⑰, 430 N 23 – *10 211 ab. – a.s. luglio-agosto.*

lungomare Marconi 1 ☎ 0861 712426, Fax 0861 713993.

Roma 219 – Ascoli Piceno 40 – Pescara 57 – Ancona 104 – L'Aquila 110 – Teramo 37.

Meripol, lungomare Marconi 290 ☎ 0861 714744, *Fax 0861 752292,* ←, – . rist

aprile-settembre – **44 cam** solo 1/2 P 175000.

Eden, lungomare Marconi 328 ☎ 0861 714251, *Fax 0861 713785,* ←, – .

aprile-settembre – **Pasto** 40/60000 – 20000 – **56 cam** 100/160000 – 1/2 P 140000.

Doge, lungomare Marconi 292 ☎ 0861 712508, *Fax 0861 711862,* ←, – , rist, . rist

15 maggio-15 settembre – **Pasto** (solo per alloggiati) 30000 – **54 cam** 120/170000 – P 70/140000.

Impero, lungomare Marconi 162 ☎ 0861 712422, *Fax 0861 751615,* ←, – , rist, . rist

maggio-settembre – **Pasto** (solo per alloggiati) 40000 – **60 cam** 100/150000 – 1/2 P 120000.

Royal, lungomare Marconi 146 ☎ 0861 712644, *Fax 0861 712645,* ←, – . rist

10 maggio-20 settembre – **Pasto** 30/40000 – 15000 – **64 cam** 100/150000, 10000 – 1/2 P 80/130000.

La Pergola senza rist, via Emilia 19 ☎ 0861 711068, *Fax 0861 711068,* – .

Pasqua-ottobre – **10 cam** 90/150000.

Riccione, viale della Vittoria 257 ☎ 0861 712337, *Fax 0861 710489,* – . rist

28 maggio-20 settembre – **Pasto** (solo per alloggiati) – **70 cam** 90/150000 – 1/2 P 85/115000.

La Taverna Abruzzo Ieri e Oggi, viale della Vittoria 252 ☎ 0861 713762, prenotare – .

chiuso dal 23 dicembre al 6 gennaio, domenica e in agosto chiuso anche a mezzogiorno – **Pasto** 50/70000.

ALBAVILLA *22031 Como* 428 E 9, 219 ⑨ – *5 928 ab. alt. 331.*
Roma 628 – Como 11 – Lecco 20 – Milano 48 – Varese 38.

XXX **Il Cantuccio,** via Dante 36 ✆ 031 628736, *Fax 031 627189*, Coperti limitati; prenotare – VISA.
chiuso lunedì e martedì a mezzogiorno – **Pasto** carta 80/120000.

ALBENGA *17031 Savona* 988 ⑫, 428 J 6 *G. Italia* – *22 642 ab..*
Vedere *Città vecchia*★.
Roma 589 – Imperia 32 – Cuneo 109 – Genova 90 – Milano 213 – San Remo 57 – Savona 44.

Sole Mare, lungomare Cristoforo Colombo 15 ✆ 0182 51817, *Fax 0182 52752* – ☎. AE VISA. rist
chiuso dal 3 novembre al 26 dicembre – **Pasto** *(chiuso lunedì e martedì a mezzogiorno)* 30/40000 – **26 cam** 140/200000 – 1/2 P 100/130000.

XX **Pernambucco,** viale Italia 35 (Parco Minisport) ✆ 0182 53458, *Fax 0182 53458* – AE VISA
chiuso dal 1º al 15 ottobre e mercoledì (escluso da giugno a settembre) – **Pasto** specialità di mare carta 65/95000.

XX **Vento di Greco,** lungomare Doria ✆ 0182 541637, ←, – AE VISA JCB.
chiuso dal 20 agosto al 10 settembre, dal 24 dicembre al 7 gennaio e lunedì – **Pasto** solo piatti di pesce carta 50/85000.

X **Antica Osteria dei Leoni,** via M. Lengueglia 49 ✆ 0182 51937, Coperti limitati; prenotare – AE VISA JCB.
chiuso lunedì e a mezzogiorno escluso festivi e prefestivi – **Pasto** carta 70/100000.

a Salea *Nord-Ovest : 5 km* – ✉ *17031 :*

Cà di Berta , località Cà di Berta ✆ 0182 559930, *Fax 0182 559888*, – ☎ P. AE VISA.
chiuso novembre – **Pasto** *(chiuso mercoledì)* carta 70/130000 – **5 cam** 300000, 5 appartamenti 300/350000 – 1/2 P 200/230000.

Lisez attentivement l'introduction : c'est la clé du guide.

ALBEROBELLO *70011 Bari* 988 ㉙, 431 E 33 *G. Italia* – *10 842 ab. alt. 416.*
Vedere *Località*★★★ – *Trullo Sovrano*★.
Roma 502 – Bari 55 – Brindisi 77 – Lecce 106 – Matera 69 – Taranto 45.

Astoria, viale Bari 11 ✆ 080 4323320, *Fax 080 4321290* – ☎ – 300. AE VISA.
Pasto 25/35000 – **59 cam** 95/145000 – 1/2 P 95000.

Colle del Sole, via Indipendenza 63 ✆ 080 4321814, *Fax 080 4321370*, – rist, ☎ P. AE VISA.
Pasto *(chiuso venerdì da ottobre a marzo)* 25/40000 – 15000 – **37 cam** 75/110000 – 1/2 P 65/100000.

XXX **Il Poeta Contadino,** via Indipendenza 21 ✆ 080 4321917, *Fax 080 4321917* – AE VISA
chiuso dal 7 al 31 gennaio e lunedì (escluso da luglio a settembre) – **Pasto** 75/85000 e carta 70/100000
Spec. Gamberi croccanti in salsa di peperoni (ottobre-marzo). Purea di fave con cavatelli ai frutti di mare. Agnello in crosta di pane (ottobre- mmarzo).

XX **Trullo d'Oro,** via Cavallotti 27 ✆ 080 4323909, *Fax 080 4321820*, « Cucina tipica in ambiente caratteristico » – AE VISA
chiuso dal 3 al 28 gennaio e lunedì – **Pasto** carta 40/60000.

X **L'Aratro,** via Monte San Michele 25/29 ✆ 080 4322789, *Fax 080 4322789*, « Nel caratteristico agglomerato di trulli del centro storico » – AE VISA
chiuso lunedì escluso da giugno a settembre – **Pasto** carta 30/60000.

X **L'Olmo Bello,** via Indipendenza 33 ✆ 080 4323607, *Fax 080 4323607*, « In una caratteristica casa colonica a trulli », – P. AE VISA.
chiuso dal 5 al 20 novembre e martedì escluso agosto – **Pasto** carta 30/50000.

ALBINEA *42020 Reggio nell'Emilia* 428, 429, 430 I 13 – *7 653 ab. alt. 259.*
Roma 438 – Parma 41 – La Spezia 114 – Milano 161 – Modena 40 – Reggio nell'Emilia 15.

Viganò , senza rist, via Garibaldi 17 ✆ 0522 347292, *Fax 0522 347293*, « Parco » – ☎ P. AE VISA
chiuso dal 12 al 20 agosto – 10000 – **22 cam** 90/125000.

ALBINIA *58010 Grosseto* 430 O 15 –.
Roma 144 – Grosseto 32 – Civitavecchia 75 – Orbetello 13 – Orvieto 94 – Viterbo 90.

X **Il Pescatore,** località Torre Saline Sud : 2,5 km ✆ 0564 870085, ☂ ▤. 🅢 MC VISA. ✈
15 amrzo-10 ottobre – **Pasto** specialità di mare carta 40/65000.

ALBINO *24021 Bergamo* 428, 429 E 11 – *16 523 ab. alt. 347.*
Roma 621 – Bergamo 14 – Brescia 65 – Milano 67.

XX **Il Becco Fino,** via Mazzini 200 ✆ 035 773900, *Fax 035 760892* – AE 🅢 ◑ MC VISA
chiuso dal 5 al 31 agosto, dall'8 al 15 gennaio, domenica sera e lunedì – **Pasto** 35000 (a mezzogiorno) 60/70000 (la sera) e carta 65/95000.

ALBISANO *Verona – Vedere Torri del Benaco.*

ALBISSOLA MARINA *17012 Savona* 988 ⑬, 428 J 7 *G. Italia – 5 947 ab..*
Vedere *Parco★ e sala da ballo★ della Villa Faraggiana.*
piazza Sisto IV ✆ 019 4002008, Fax 019 4003084.
Roma 541 – Genova 43 – Alessandria 90 – Cuneo 103 – Milano 164 – Savona 4,5 – Torino 146.

Pianta : vedere Savona.

Garden, viale Faraggiana 6 ✆ 019 485253, *Fax 019 485255,* Lo, ≘s, ⛱ – |≡| ▤ TV ☎ ✆ ♿ 🚗 – 🏠 60. AE 🅢 ◑ VISA. ✈ rist — CV b
Pasto carta 50/90000 – **34 cam** ☕ 170/190000 – 1/2 P 170000.

XX **Al Cambusiere,** via Repetto 86 ✆ 019 481663, *Fax 019 486866,* ☂ – AE 🅢 ◑ MC VISA. ✈ — CV a
chiuso dal 10 al 25 gennaio e lunedì – **Pasto** specialità di mare carta 50/95000.

XX **Da Mario,** corso Bigliati 70 ✆ 019 481640, ☂ – ▤. AE 🅢 ◑ VISA — CV y
chiuso settembre e mercoledì – **Pasto** carta 50/85000 (10 %).

ad Albisola Superiore *Nord : 1,5 km – ✉ 17013 :*

X **Au Fùndegu,** via Spotorno 87 ✆ 019 480341, ☂ – 🅢 ◑ MC VISA JCB — CV e
chiuso a mezzogiorno e mercoledì – **Pasto** carta 60/85000.

ad Albisola Capo *Est : 2 km – ✉ 17011 :*

Park Hotel, via Alba Docilia 3 ✆ 019 482355, *Fax 019 482355* – ▤ TV ☎ 🚗. 🅢 MC VISA. ✈ rist — CV d
15 marzo-15 novembre – **Pasto** (solo per alloggiati) – ☕ 15000 – **11 cam** 90/140000 – 1/2 P 110/120000.

ALDEIN = *Aldino.*

ALDINO (ALDEIN) *39040 Bolzano* 429 C 16 – *1 656 ab. alt. 1 225.*
Roma 628 – Bolzano 34 – Cortina d'Ampezzo 112 – Trento 57.

XX **Ploner,** via Dachselweg 1 ✆ 0471 886556, *Fax 0471 886556* – ✈ P. AE 🅢 ◑ MC VISA
chiuso dal 10 gennaio all'11 febbraio e martedì (escluso agosto) – **Pasto** 45/75000 e carta 55/80000.

X **Krone** ⛰ con cam, piazza Principale 4 ✆ 0471 886825, *Fax 0471 886696,* ☂ – ☎ 🚗. AE 🅢 ◑ VISA
chiuso dal 5 al 25 dicembre e dal 6 al 26 aprile – **Pasto** *(chiuso lunedì escluso luglio-agosto)* carta 55/75000 – **15 cam** ☕ 110/220000 – 1/2 P 90/120000.

ALESSANDRIA *15100* P 988 ⑬, 428 H 7 – *90 672 ab. alt. 95.*
27 (chiuso lunedì e gennaio) a Fubine ✉ 15043 ✆ 0131 778555, Fax 0131 778772, per ④ 17,5 km;
9 La Serra (marzo-novembre; chiuso lunedì) a Valenza ✉ 15048 ✆ 0131 954778, Fax 0131 928294, per ① : 7 km.
via Savona 26 ✆ 0131 251021, Fax 0131 253656.
A.C.I. *corso Cavallotti 19 ✆ 0131 260553.*
Roma 575 ② – Genova 81 ② – Milano 90 ② – Piacenza 94 ② – Torino 91 ④.

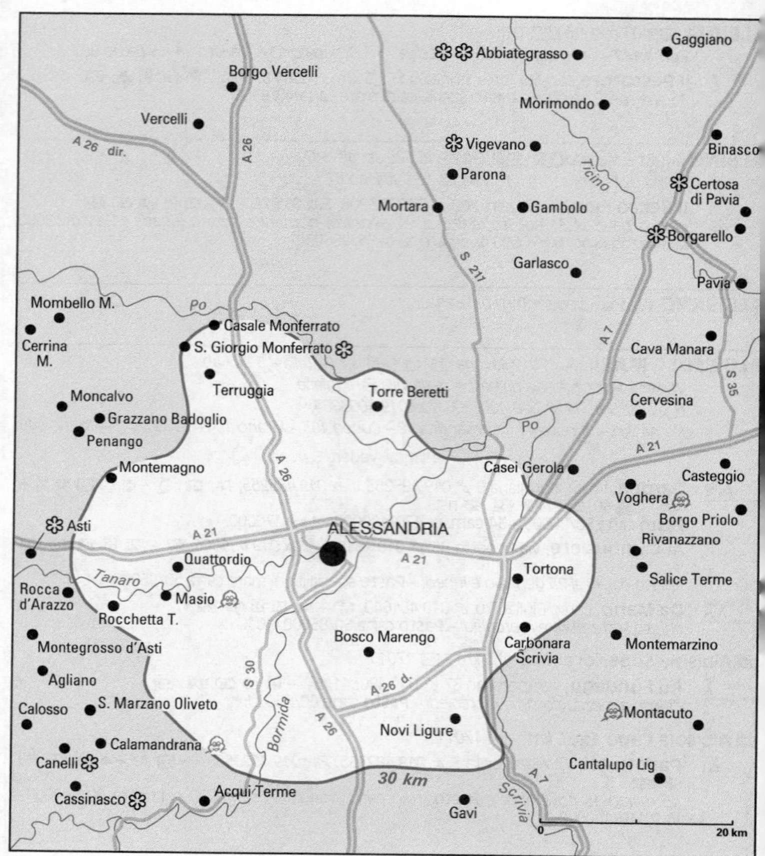

Alli Due Buoi Rossi Ⓜ, via Cavour 32 ✆ 0131 445252, *Fax 0131 445255* – |♦|, ⇔ cam, ▤ TV ☎ ⇔ – 🏛 100. AE Ⓢ ⓓ ⓜ VISA. ✂ Z v
chiuso Natale – **Pasto** carta 55/90000 – ☕ 21000 – **50 cam** 240/380000, 5 appartamenti – ½ P 200/270000.

Domus senza rist, via Castellani 12 ✆ 0131 43305, *Fax 0131 232019* – |♦| ▤ TV ☎ P. AE Ⓢ ⓓ ⓜ VISA JCB Z t
☕ 10000 **27 cam** 125/180000.

XXX **La Fermata,** via Vochieri 120 ✆ 0131 251350, prenotare – ▤. Ⓢ ⓜ VISA Y c
chiuso dal 1º al 15 gennaio, agosto, sabato a mezzogiorno e domenica – **Pasto** 55/65000.

XX **Il Grappolo,** via Casale 28 ✆ 0131 253217, *Fax 0131 260046* – AE Ⓢ ⓓ ⓜ VISA JCB. ✂ Y e
chiuso dal 15 al 24 gennaio, dal 13 al 28 agosto, lunedì sera e martedì – **Pasto** 70/80000 bc e carta 50/75000.

XX **L'Arcimboldo,** via Legnano 2 ✆ 0131 52022, *Fax 0131 296152* – ▤. AE Ⓢ ⓓ ⓜ VISA JCB Z m
chiuso dal 10 al 20 gennaio ed agosto, sabato (escluso da novembre a gennaio), domenica e a mezzogiorno – **Pasto** carta 50/70000.

X **Il Gallo d'Oro,** via Chenna 44 ✆ 0131 43160 – AE Ⓢ ⓜ VISA. ✂ Y b
chiuso dal 10 al 16 gennaio, dal 14 al 28 agosto e lunedì – **Pasto** carta 30/45000.

ALESSANDRIA

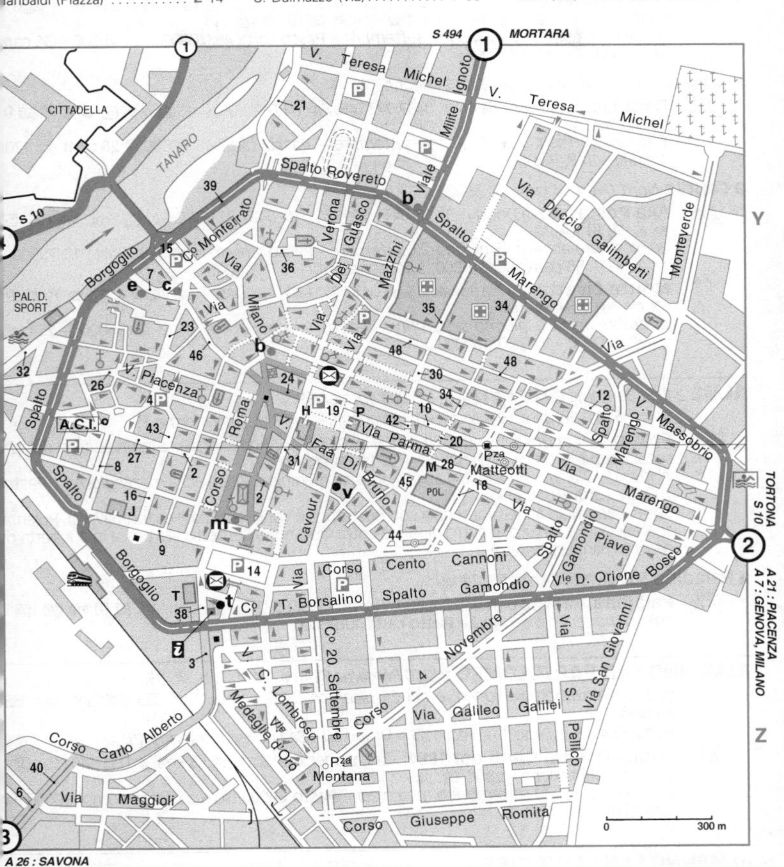

ALFONSINE *48011 Ravenna* 988 ⑮, 429, 430 I 18 – *11 666 ab..*
Roma 396 – Ravenna 16 – Bologna 73 – Ferrara 57 – Firenze 133 – Forlì 42 – Milano 283.

XX **Stella** con cam, corso Matteotti 12 ✆ 0544 81148, *Fax 0544 81485* – ▤ rist, TV ☎. AE $ ⓓ MC VISA. ✄
chiuso dal 1° al 10 gennaio e dal 7 al 28 agosto – **Pasto** *(chiuso sabato)* 25000 bc e carta 30/45000 e al Rist. ***Della Rosa*** 40000 bc e carta 35/65000 – ☕ 10000 – **15 cam** 65/85000.

ALGHERO *Sassari* 988 ㉝, 433 F 6 – *Vedere Sardegna alla fine dell'elenco alfabetico.*

ALGUND = *Lagundo.*

ALLEGHE *32022 Belluno* 988 ⑤, 429 C 18 *G. Italia – 1 471 ab. alt. 979 – Sport invernali : 1 000/2 100 m* 1 6, *a Caprile* *(vedere anche Zoldo Alto).*

Vedere *Lago*★.

Escursioni *Valle del Cordevole*★★ *Sud per la strada S 203.*

piazza Kennedy 17 ✆ *0437 523333, Fax 0437 723881.*

Roma 665 – Cortina d'Ampezzo 40 – Belluno 48 – Bolzano 84 – Milano 357 – Venezia 154.

Sport Hotel Europa, via Europa 10 ✆ 0437 523362, *Fax 0437 723906,* ≤ lago e monti, – , rist, .
15 dicembre-aprile e 20 giugno-settembre – **Pasto** carta 45/70000 – 20000 – **36 cam** 140/200000 – ½ P 175000.

a Masarè *Sud-Ovest : 2 km* – ✉ *32022 Alleghe :*

Barance, corso Venezia 45 ✆ 0437 723748, *Fax 0437 723708,* ≤, – .
6 dicembre-Pasqua e 16 giugno-settembre – **Pasto** carta 45/60000 – **26 cam** 120/150000 – ½ P 140000.

a Caprile *Nord-Ovest : 4 km* – ✉ *32023 :*

Alla Posta, piazza Dogliani 19 ✆ 0437 721171, *Fax 0437 721677,* , – , rist, .
20 dicembre-aprile e 15 giugno-25 settembre – **Pasto** *(chiuso mercoledì)* carta 40/75000 – 15000 – **55 cam** 150/210000, 3 appartamenti – ½ P 210000.

Monte Civetta, via Nazionale 23 ✆ 0437 721680, *Fax 0437 721714,* ≤ – . rist
dicembre-aprile e giugno-settembre – **Pasto** *(chiuso lunedì)* carta 35/55000 – **25 cam** 90/180000 – ½ P 80/130000.

ALMÈ *24011 Bergamo* 428 E 10, 219 ⑳ – *5 803 ab. alt. 289.*

Roma 610 – Bergamo 9 – Lecco 26 – Milano 49 – San Pellegrino Terme 15.

Frosio, piazza Unità 1 ✆ 035 541633, *Fax 035 541633,* prenotare, « In un edificio del 17° secolo; servizio estivo in giardino » –
chiuso dal 7 al 14 gennaio, dal 5 al 31 agosto, mercoledì e giovedì a mezzogiorno – **Pasto** 70000 e carta 60/105000
Spec. Cannelloni al nero di seppia con pescatrice e vongole al basilico (primavera). Polenta con taleggio e tartufo al burro di farina cotta (autunno). Sorbetto alla pesca in zuppetta di pesche marinate (estate).

a Paladina *Sud-Ovest : 7 km* – ✉ *24030 :*

Paladina, via Piave 6 ✆ 035 545603, *Fax 035 545603,* , prenotare
chiuso martedì e mercoledì – **Pasto** carta 40/90000.

ALMENNO SAN BARTOLOMEO *24030 Bergamo* 219 ⑳ – *4 706 ab. alt. 350.*

L'Alberenza (chiuso lunedì e dal 26 dicembre al 6 gennaio) ✆ *035 640028, Fax 035 643066.*

Roma 584 – Bergamo 13 – Lecco 33 – Milano 50 – San Pellegrino Terme 19.

Antica Osteria Giubì dal 1884, via Cascinetto 2 (Sud-Est : 3 km) ✆ 035 540130, , solo su prenotazione – .
chiuso dal 20 al 30 settembre e mercoledì – **Pasto** 60000 (solo a mezzogiorno) 90000 (la sera e i giorni festivi).

ALMENNO SAN SALVATORE *24031 Bergamo* 428 E 10, 219 ⑳ – *5 695 ab. alt. 325.*

Roma 612 – Bergamo 13 – Lecco 27 – Milano 54 – San Pellegrino Terme 17.

Palanca, via Dogana 15 ✆ 035 640800, ≤, –
chiuso luglio, lunedì sera e martedì – **Pasto** carta 30/50000.

ALMESE *10040 Torino* 988 ⑫, 428 G 4 – *5 488 ab. alt. 411.*

Roma 690 – Torino 26 – Col du Mont Cenis 60 – Milano 162 – Pinerolo 35.

Al Combal, via Rubiana 82 (Nord : 1 km) ✆ 011 9350253, *Fax 011 9350253,* Coperti limitati; prenotare –
chiuso a mezzogiorno (escluso domenica e festivi) e lunedì – **Pasto** 80000
Spec. Pasta alla chitarra con salsa al tartufo nero e foie gras. Parmantier con quenelle d'anatra. Coda di vitello glassata.

ALPE DI SIUSI (SEISER ALM) *39040 Bolzano* 429 C 16 *G. Italia – alt. 1 826 – Sport invernali : 1 826/2 220 m* 1 17.

La limitazione d'accesso degli autoveicoli è regolata da norme legislative.

Vedere *Posizione pittoresca*★★.

0471 727904, Fax 0471 727828.

Roma 674 – Bolzano 23 – Bressanone 28 – Milano 332 – Ortisei 15 – Trento 89.

Plaza, Compatsch 33 0471 727973, *Fax 0471 727820*, ≤, – rist, – 60. rist
Pasto (solo per alloggiati) 35/70000 – **39 cam** solo ½ P 100/220000, 3 appartamenti.

Sporthotel Floralpina, a Saltria Est : 7 km 0471 727907, *Fax 0471 727803*, ≤ monti e pinete, , , , riscaldata, , , – rist, . rist
19 dicembre-marzo e 16 giugno-15 ottobre – **Pasto** 55/65000 – **48 cam** solo ½ P 230000.

Compatsch, Compatsch 62 727970, ≤, , –
stagionale – **33 cam.**

ALPE FAGGETO *Arezzo – Vedere Caprese Michelangelo.*

ALPINO *Verbania* 428 E 7, 219 ⑥ *– alt. 800 –* *28040 Gignese.*

(chiuso gennaio, febbraio e martedì escluso dal 22 giugno al 7 settembre) a Vezzo 28839 0323 20642, Fax 0323 20642, Sud-Est : 1,5 km.

Roma 666 – Stresa 9 – Milano 89 – Novara 65 – Orta San Giulio 17 – Torino 141.

Alpino Fiorente, piazza Stazione 2 0323 20103, *Fax 0323 20104*, ≤, – . .
10 giugno-10 settembre – **Pasto** carta 35/55000 – **35 cam** 70/130000 – ½ P 90/100000.

ALSENO *29010 Piacenza* 428, 429 H 11 *– 4 620 ab. alt. 79.*

(chiuso martedì) località Bacedasco Terme 29010 Alseno 0523 895547, Fax 0523 895544, Sud-Ovest : 8 km.

Roma 487 – Parma 32 – Piacenza 30 – Milano 93.

a Castelnuovo Fogliani *Sud-Est : 3 km –* *29010 :*

Trattoria del Ponte, via Centro 4 0523 947110, – . .
chiuso dal 7 al 20 gennaio, dal 10 al 25 luglio, mercoledì e giovedì a mezzogiorno – Pasto carta 35/55000.

a Cortina *Sud-Ovest : 5 km –* *29010 :*

Da Giovanni, via Centro 79 0523 948304, *Fax 0523 948355*, Coperti limitati; prenotare – . .
chiuso dal 1º al 18 gennaio e dal 15 agosto al 5 settembre, lunedì sera e martedì – **Pasto** cucina piacentina e dell'antica Roma; 80000 e carta 55/95000.

ALTAMURA *70022 Bari* 988 ㉙, 431 E 31 *G. Italia – 62 420 ab. alt. 473.*

Vedere *Rosone*★ *e portale*★ *della Cattedrale.*

Roma 461 – Bari 46 – Brindisi 128 – Matera 19 – Potenza 102 – Taranto 84.

San Nicola senza rist, via Luca De Samuele Cagnazzi 29 080 3105199, *Fax 080 3144752*, « In un antico palazzo del 1700 » – – 150. .
26 cam 110/230000, appartamento.

Svevia, via Matera 2/a 080 3111742, *Fax 080 3112677*, – – 50. . rist
Pasto *(chiuso domenica)* carta 35/45000 – 9000 – **25 cam** 105/135000 – ½ P 90000.

ALTARE *17041 Savona* 428 I 7 *– 2 312 ab. alt. 397.*

Roma 567 – Genova 68 – Asti 101 – Cuneo 80 – Milano 191 – Savona 14 – Torino 123.

Quintilio con cam, via Gramsci 23 019 58000 – .
chiuso luglio – Pasto *(chiuso domenica sera, lunedì e a mezzogiorno escluso domenica)* carta 55/80000 – 7000 – **5 cam** 45/70000 – ½ P 70000.

ALTAVILLA VICENTINA *36077 Vicenza* 429 F 16 *– 9 163 ab. alt. 45.*

Roma 541 – Padova 42 – Milano 198 – Venezia 73 – Verona 44 – Vicenza 8.

Genziana, località Selva Sud-Ovest : 2,5 km, via Mazzini 75/77 0444 572159, *Fax 0444 574310*, ≤, , – . .
Pasto *(chiuso agosto, sabato a mezzogiorno e domenica)* carta 40/60000 – **27 cam** 120/180000 – ½ P 130/140000.

ALTE *Vicenza – Vedere Montecchio Maggiore.*

ALTICHIERO *Padova – Vedere Padova.*

ALTISSIMO *36070 Vicenza* 429 F 15 – *2 141 ab. alt. 672.*
Roma 568 – Verona 65 – Milano 218 – Trento 102 – Vicenza 36.

Casin del Gamba, strada per Castelvecchio Nord-Est : 2,5 km ✆ 0444 687709 *Fax 0444 687709*, Coperti limitati; prenotare – P. AE S VISA.
chiuso dal 1º al 15 gennaio, dal 15 al 31 agosto, domenica sera e lunedì – **Pasto** carta 65/95000
Spec. Raperonzoli tiepidi all'aceto balsamico, lardo fuso su carpaccio (inverno). Piccione al forno con morchelle e asparagi bianchi (primavera). Crostatina di ciliege e bavarese di zabaglione su passato di frutta e crema.

ALTOMONTE *87042 Cosenza* 431 H 30 *G. Italia – 4 668 ab. alt. 485.*
Vedere *Tomba★ di Filippo Sangineto nella Cattedrale – San Ladislao★ di Simone Martini nel museo.*
Roma 482 – Cosenza 60 – Castrovillari 38.

Al Ristoro del Principe, piazza Santa Maria della Consolazione ✆ 0981 948743 – AE S VISA
chiuso lunedì – **Pasto** carta 30/45000.

ALZATE BRIANZA *22040 Como* 428 E 9, 219 ⑲ – *4 270 ab. alt. 371.*
Roma 621 – Como 10 – Bergamo 46 – Milano 42.

Villa Odescalchi, via Anzani 12 ✆ 031 630822, *Fax 031 632079*, « Villa del 17º secolo in un parco », – 300. AE S VISA. rist
chiuso dal 15 dicembre al 15 gennaio – **Pasto** *(chiuso martedì)* carta 50/105000 – **64 cam** 200/320000.

AMALFI *84011 Salerno* 988 ㉗, 431 F 25 *G. Italia – 5 569 ab. – a.s. Pasqua, giugno-settembre e Natale.*
Vedere *Posizione e cornice pittoresche★★★ – Duomo di Sant'Andrea★ : chiostro del Paradiso★★ – Vie★ Genova e Capuano.*
Dintorni *Atrani★ Est : 1 km – Ravello★★★ Nord-Est : 6 km – Grotta dello Smeraldo★★ Ovest : 5 km – Vallone di Furore★★ Ovest : 7 km.*
corso delle Repubbliche Marinare 19/21 ✆ 089 871107, Fax 089 87261 9.
Roma 272 – Napoli 70 – Avellino 61 – Caserta 85 – Salerno 25 – Sorrento 34.

Santa Caterina, via Nazionale 9 ✆ 089 871012, *Fax 089 871351*, ≤ golfo, « Terrazze fiorite digradanti sul mare con ascensori per la spiaggia », – P – 50. AE S VISA.
Pasto carta 85/140000 – **58 cam** 550/620000, 12 appartamenti – ½ P 340/395000.

Luna Convento, via P. Comite 33 ✆ 089 871002 e rist. ✆ 089 871084, *Fax 089 871333*, ≤ Golfo, « Soggiorno in un chiostro del 13º secolo », – . AE S VISA.
Pasto al Rist. ***Torre Saracena*** *(aprile-ottobre)* carta 60/90000 – **40 cam** 350000, 3 appartamenti – ½ P 200/230000.

Cappuccini-Convento, via Annunziatella 46 ✆ 089 871877, *Fax 089 871886*, « Antico monastero in posizione pittoresca », – . AE S VISA. rist
Pasto carta 60/85000 – **46 cam** 200/320000 – ½ P 200/230000.

Dei Cavalieri, via Mauro Comite 32 ✆ 089 831333, *Fax 089 831354*, ≤ Amalfi e golfo, – P. AE S VISA.
Pasto (solo per alloggiati) 30000 – 20000 – **60 cam** 165/230000.

Marina Riviera senza rist, ✆ 089 871104, *Fax 089 871024*, ≤ Golfo, – . AE S VISA.
Pasqua-ottobre – **20 cam** 180/290000.

Aurora senza rist, piazza dei Protontini 7 ✆ 089 871209, *Fax 089 872980*, ≤, – P. AE S VISA.
Natale e aprile-ottobre – **29 cam** 190/230000.

La Caravella, via Matteo Camera 12 ✆ 089 871029, *Fax 089 871029*, Coperti limitati; prenotare – . AE S VISA JCB.
chiuso dal 2 al 30 novembre, 24-25 dicembre, agosto e martedì – **Pasto** carta 70/110000
Spec. Trito di pesce grigliato in foglia di limone. Passata di fave secche al profumo di mare. Totano ripieno di zucchine al profumo di pomodorini.

Eolo, via Comite 3 ✆ 089 871241, *Fax 089 871024*, ≤ – AE S VISA.
chiuso dal 15 gennaio al 15 febbraio e dal 22 al 25 dicembre – **Pasto** carta 65/100000.

XX **Marina Grande,** viale delle Regioni 4 ✆ 089 871129, *Fax 089 871129*, ≤ mare, 余 – AE 🅂 ⓞ ⓜ VISA
chiuso dal 28 novembre al 20 dicembre e dall'8 gennaio al 20 febbraio – **Pasto** carta 45/95000.

X **Da Gemma,** via Frà Gerardo Sasso 9 ✆ 089 871345, *Fax 089 871345*, 余, Coperti limitati; prenotare – AE 🅂 ⓞ ⓜ VISA
chiuso mercoledì ed in agosto anche a mezzogiorno – **Pasto** carta 70/100000.

X **Lo Smeraldino,** ✆ 089 871070, *Fax 089 871070*, ≤, 余, Rist. e pizzeria – P. AE 🅂 ⓞ ⓜ VISA. ✻
chiuso dal 10 gennaio al 27 febbraio e mercoledì – **Pasto** carta 50/80000 (10 %).

X **Da Ciccio Cielo-Mare-Terra,** Ovest : 3 km ✆ 089 831265, *Fax 089 831265*, ≤ mare e costa – ▤ P. AE 🅂 ⓞ ⓜ VISA
chiuso novembre e martedì (escluso da luglio a settembre) – **Pasto** carta 45/65000.

AMANTEA *87032 Cosenza* 988 ㊴, 431 J 30 – *13 287 ab.*.
ℹ *via Vittorio Emauele 11 ✆ 0982 41785.*
Roma 514 – Cosenza 38 – Catanzaro 67 – Reggio di Calabria 160.

Mediterraneo, via Dogana 64 ✆ 0982 426364, *Fax 0982 426247* – |‡| ▤ TV ☎ ♿ P – 🅰 45. AE 🅂 ⓞ ⓜ VISA JCB. ✻
Pasto carta 35/55000 – **31 cam** ☐ 90/110000 (solo ½ P in luglio-agosto) – ½ P 130000.

Palmar, strada statale 18-Colongi (Sud : 1,5 km) ✆ 0982 41673, *Fax 0982 42043*, ▲, ✂ – |‡| ▤ TV ☎ ⇐ P – 🅰 200. AE 🅂 ⓞ ⓜ VISA JCB. ✻
Pasto carta 40/55000 – ☐ 8000 – **45 cam** 70/100000 – ½ P 75/95000.

a Corica *Sud : 4 km* – ✉ *87032 Amantea :*

La Scogliera, ✆ 0982 46219, *Fax 0982 46803*, ≤, 余 – |‡|, ▤ cam, TV ☎ P – 🅰 50. AE 🅂 ⓞ ⓜ VISA JCB. ✻
Pasto *(chiuso mercoledì)* carta 40/55000 – **42 cam** ☐ 70/120000, 7 appartamenti – ½ P 65/100000.

Mareblu, via Coreca ✆ 0982 46296, *Fax 0982 46507*, ≤, 余, ▲ – |‡| ▤ TV ☎ ⇐ P. AE 🅂 ⓞ ⓜ VISA
Pasto carta 40/55000 – **32 cam** ☐ 80/100000 – ½ P 65/120000.

AMATRICE *02012 Rieti* 988 ㉖, 430 O 21 – *2 877 ab. alt. 955.*
Roma 144 – Ascoli Piceno 50 – L'Aquila 75 – Rieti 66 – Terni 91.

X **La Conca** con cam, via della Madonnella ✆ 0746 826791, ≤, 余 – TV ⇐ P. ✻ rist
Pasto *(chiuso lunedì)* carta 30/60000 – **11 cam** ☐ 85000 – ½ P 75000.

X **Lo Scoiattolo,** località Ponte Tre Occhi Sud : 1,5 km ✆ 0746 85086, *Fax 0746 85086*, ≤, 余, « Laghetto con pesca sportiva », 余 – P
chiuso lunedì escluso da luglio a settembre – **Pasto** carta 40/50000.

AMBIVERE *24030 Bergamo* 219 ⑳ – *2 194 ab. alt. 261.*
Roma 607 – Bergamo 18 – Brescia 58 – Milano 49.

XX **Antica Osteria dei Camelì,** via G. Marconi 13 ✆ 035 908000, 余, solo su prenotazione – P. AE 🅂 ⓞ ⓜ VISA JCB. ✻
chiuso dal 2 al 9 gennaio, dal 10 al 28 agosto, lunedì e martedì sera – **Pasto** 40/90000 (a mezzogiorno) 70/90000 (la sera) e carta 70/110000.

AMBRIA *Bergamo – Vedere Zogno.*

AMEGLIA *19031 La Spezia* 428, 429, 430 J 11 – *4 447 ab. alt. 80.*
Roma 400 – La Spezia 18 – Genova 107 – Massa 17 – Milano 224 – Pisa 57.

Paracucchi-Locanda dell'Angelo ⛰, strada provinciale Sarzana-Marinella Sud-Est : 4,5 km ✆ 0187 64391, *Fax 0187 64393*, prenotare, 余 – ▤ TV ☎ P – 🅰 250. AE 🅂 ⓞ ⓜ VISA. ✻ rist
Pasto *(chiuso dal 7 al 28 gennaio e lunedì escluso agosto)* carta 60/100000 – **37 cam** ☐ 160/320000 – ½ P 180/280000.

River Park Hotel, via del Botteghino 17, località Fiumaretta Sud-Est : 2 km ✆ 0187 648154, *Fax 0187 648175*, 余, ⛱ – |‡| ▤ TV ☎ ♿ ⇐ P – 🅰 80
33 cam.

XX **Locanda delle Tamerici** ⛰ con cam, via Litoranea 106, località Fiumaretta Sud-Est : 3,5 km ✆ 0187 64262, *Fax 0187 64627*, ≤, « Servizio estivo in giardino », ▲ – ▤ rist, TV ☎ P. AE 🅂 ⓞ ⓜ VISA. ✻
chiuso dal 1º al 7 ottobre, martedì dal 15 luglio al 10 settembre, anche mercoledì a mezzogiorno negli altri mesi – **Pasto** 80/160000 e carta 80/140000 – ☐ 20000 – **8 cam** 170/210000
Spec. Tagliatelle al nero con capesante e pesto leggero (inverno). Insalata di crostacei (estate). Parfait al limone e cannolo croccante con mousse alla frutta e salsa al lampone.

a Montemarcello *Sud : 5,5 km – ✉ 19030 :*

XX **Pescarino-Sapori di Terra e di Mare,** via Borea 52 (Nord-Ovest : 3 km) ✆ 0187 601388, Coperti limitati; prenotare – P. VISA
chiuso dal 15 al 30 giugno, lunedì e martedì (escluso luglio-agosto) e a mezzogiorno (escluso sabato-domenica e i giorni festivi) – **Pasto** carta 50/80000.

X **Trattoria dai Pironcelli,** via delle Mura 45 ✆ 0187 601252, Trattoria rustica, prenotare *chiuso novembre, mercoledì e a mezzogiorno da giugno a settembre (escluso domenica)* – **Pasto** cucina casalinga carta 50/65000.

AMELIA *05022 Terni* 988 ㉕ ㉖, 430 O 19 – *11 263 ab. alt. 406.*
via Orvieto 1 ✆ 0744 981453, Fax 0744 981566.
Roma 93 – Terni 24 – Viterbo 43 – Perugia 92.

XX **Il Carleni** con cam, via Pellegrino Carleni 21 ✆ 0744 983925, *Fax 0744 978143,* prenotare – AE VISA. cam
Pasto *(chiuso dal 10 gennaio al 9 febbraio e martedì)* carta 35/75000 – **7 cam** 140/210000 – ½ P 150000.

ANACAPRI *Napoli* 431 F 24 – *Vedere Capri (Isola di).*

ANAGNI *03012 Frosinone* 988 ㉖, 430 Q 21 *G. Italia* – *19 964 ab. alt. 460.*
Roma 65 – Frosinone 30 – Anzio 78 – Avezzano 106 – Rieti 131 – Tivoli 60.

Villa la Floridiana, strada statale Casilina km 63,700 ✆ 0775 769960, *Fax 0775 769960,* – P. AE VISA JCB.
Pasto *(chiuso domenica sera e lunedì a mezzogiorno)* carta 50/75000 – **9 cam** 150/220000 – ½ P 140000.

XX **Lo Schiaffo,** via Vittorio Emanuele 270 ✆ 0775 739148, *Fax 0775 739148* – AE VISA. – *chiuso martedì* – **Pasto** carta 40/55000.

The Guide changes, so renew your Guide every year.

ANCONA *60100* P 988 ⑯, 429, 430 L 22 *G. Italia – 98 566 ab. – a.s. luglio-agosto.*

Vedere *Duomo di San Ciriaco*★ AY – *Loggia dei Mercanti*★ AZ **F** – *Chiesa di Santa Maria della Piazza*★ AZ **B**.

18 e 9 Conero (chiuso martedì) a Sirolo ✉ 60020 ✆ 071 7360613, Fax 071 7360380, per ① : 12 km.

✈ di Falconara per ③ : 13 km ✆ 071 28271, Fax 071 2070096 – Alitalia, via Matteotti 171 ✉ 60121 ✆ 071 203677, Fax 071 55674.

Stazione Ferrovie Stato ✉ 60126 ✆ 071 41703 – via Thaon de Revel 4 ✉ 60124 ✆ 071 33249, Fax 071 31966.

A.C.I. *corso Stamira 78 ✉ 60122 ✆ 071 206811.*

Roma 319 ③ – Firenze 263 ③ – Milano 426 ③ – Perugia 166 ③ – Pescara 156 ② – Ravenna 161 ③.

Jolly, rupi di via 29 Settembre 14 ✉ 60122 ✆ 071 201171, *Fax 071 206823*, ≤ – |‡| ▤ TV ☎ P – 🏛 180. AE ⑤ ⓓ MC VISA JCB. ✻ rist AZ a
Pasto carta 50/85000 – **89 cam** ☕ 225/255000 – ½ P 150/180000.

Gd H. Passetto senza rist, via Thaon de Revel 1 ✉ 60124 ✆ 071 31307, *Fax 071 32856*, ≤, 🏊, 🌳 – |‡| ▤ TV ☎ 🚗 P – 🏛 150. AE ⑤ ⓓ MC VISA CZ d
44 cam ☕ 190/310000.

Gd H. Palace senza rist, lungomare Vanvitelli 24 ✉ 60121 ✆ 071 201813, *Fax 071 2074832* – |‡| ▤ TV ☎ 🚗 – 🏛 100. AE ⑤ ⓓ MC VISA AY k
chiuso dal 22 dicembre al 7 gennaio – ☕ 20000 – **40 cam** 175/255000, appartamento.

City, senza rist, via Matteotti 112/114 ✉ 60121 ✆ 071 2070949, *Fax 071 2070372* – |‡| ▤ TV ☎ 🚗 – 🏛 80 BZ a
39 cam.

Passetto, piazza 4 Novembre 1 ✉ 60124 ✆ 071 33214, *Fax 071 33214*, ≤, « Servizio estivo in terrazza » – ▤ – 🏛 80. AE ⑤ ⓓ MC VISA JCB. ✻ CZ a
chiuso dal 9 al 23 agosto, domenica sera e lunedì – **Pasto** 70/80000 bc e carta 65/100000.

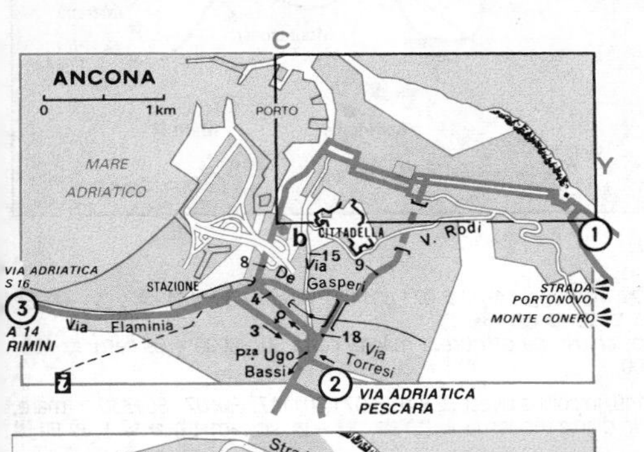

La Moretta, piazza Plebiscito 52 ✉ 60122 ✆ 071 202317, *Fax 071 202317*, « Servizio estivo all'aperto » – AE ⑤ ⓓ MC VISA JCB AZ n
chiuso dal 1° al 10 gennaio, dal 13 al 18 agosto e domenica – **Pasto** 35/40000 e carta 45/60000 (10 %).

Sot'aj Archi, via Marconi 93 ✉ 60125 ✆ 071 202441, Coperti limitati; prenotare – ▤. ⑤ MC VISA. ✻ CY b
Pasto specialità di mare carta 65/90000.

a Portonovo *per ① : 12 km – ✉ 60020.*

Vedere *Chiesa di Santa Maria*★.

Fortino Napoleonico 🐎, via Poggio 166 ✆ 071 801450, *Fax 071 801454*, 🍴, « In una fortezza ottocentesca sul mare », 🏖, 🌳 – ▤ TV ☎ ♿ P. AE ⑤ ⓓ MC VISA. ✻
chiuso dal 2 al 31 gennaio – **Pasto** (prenotare) carta 70/105000 – **30 cam** ☕ 220/300000, 3 appartamenti – ½ P 440000.

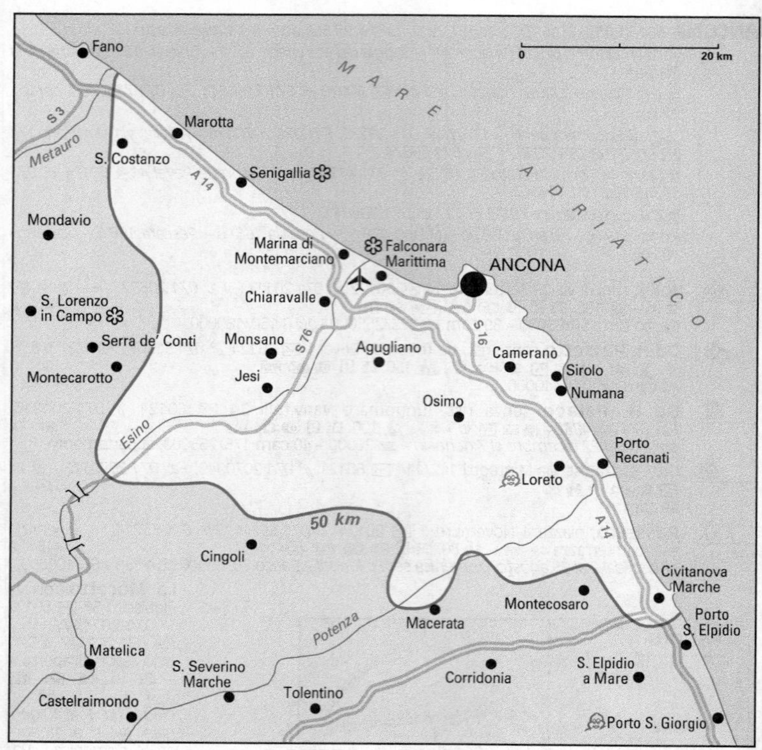

Excelsior la Fonte ⊗, via Poggio 163 ☏ 071 801470, *Fax 071 801474*, ⌂, ⛱, ⌂, ✂ – |⇕| ▤ TV ☎ P – ⚲ 300. AE ⑤ ◎ MC VISA. ⊗
chiuso febbraio – **Pasto** *(chiuso da ottobre a marzo)* carta 50/80000 – **69 cam** ☐ 160/210000 – ½ P 130/170000.

Emilia ⊗, via Poggio 149, in collina Ovest : 2 km ☏ 071 801117, *Fax 071 801330*, ≤ mare, ⌂, « Collezione di quadri d'arte moderna », ⛱, ⌂, ✂ – |⇕|, ▤ cam, TV ☎ ✆ ♿ P. AE ⑤ ◎ VISA. ⊗
Pasto *(chiuso lunedì)* carta 70/90000 – **30 cam** ☐ 300/350000 – ½ P 200/250000.

Internazionale ⊗, via Poggio ☏ 071 801082, *Fax 071 801001*, ≤ mare e costa, ⌂ – TV ☎ P – ⚲ 80. AE ⑤ ◎ MC VISA. ⊗
Pasto *(chiuso domenica sera)* carta 70/105000 – ☐ 8000 – **25 cam** 170/200000 – ½ P 170000.

Da Emilia, nella baia ☏ 071 801109, *Fax 071 801326*, « Terrazzo sul mare » – AE ⑤ ◎ MC VISA. ⊗
aprile-ottobre; chiuso lunedì in aprile, maggio e settembre – **Pasto** solo piatti di pesce carta 55/90000.

Besonders angenehme Hotels oder Restaurants sind im Führer rot gekennzeichnet.
Sie können uns helfen, wenn Sie uns die Häuser angeben, in denen Sie sich besonders wohl gefühlt haben.
Jährlich erscheint eine komplett überarbeitete Ausgabe aller Roten **Michelin-Führer**.

ANDALO *38010 Trento 988 ④, 428, 429 D 15 G. Italia – 1 018 ab. alt. 1 050 – a.s. Natale, febbraio, Pasqua e luglio-agosto – Sport invernali : 1 050/2 125 m 1 8, (vedere anche Fai della Paganella e Molveno).*

Dintorni ** *dal Monte Paganella 30 mn di funivia.*

piazza Dolomiti 1 0461 585836, Fax 0461 585570.

Roma 625 – Trento 40 – Bolzano 60 – Milano 214 – Riva del Garda 48.

Piccolo Hotel, via Pegorar 2 0461 585710, *Fax 0461 585436*, gruppo del Brenta e Paganella, – , rist, . AE VISA.
20 dicembre-20 aprile e 15 giugno-16 settembre – **Pasto** carta 50/65000 – **35 cam** 110/200000, 5 appartamenti – ½ P 135000.

Cristallo, via Rindole 1 0461 585744, *Fax 0461 585970*, , – . VISA.
dicembre-23 aprile e 15 giugno-15 settembre – **Pasto** carta 30/45000 – 16000 – **36 cam** 95/150000 – ½ P 110/120000.

Scoiattolo, via del Moro 1 0461 585912, *Fax 0461 585980*, , , – .
22 dicembre-5 aprile e 20 giugno-15 settembre – **Pasto** (solo per alloggiati) 25/45000 – 10000 – **20 cam** 120/150000 – ½ P 130000.

Serena, via Crosare 15 0461 585727, *Fax 0461 585702*, – – 100. AE VISA.
dicembre-22 aprile e giugno-settembre – **Pasto** (solo per alloggiati) 40000 – 15000 – **38 cam** 105/145000 – ½ P 110000.

Olimpia, via Paganella 17 0461 585715, *Fax 0461 585458*, , , , – . VISA.
15 dicembre-22 aprile e 20 giugno-15 settembre – **Pasto** (solo per alloggiati) – 17000 – **38 cam** 105/130000 – ½ P 80/100000.

Alaska, via Clamer 17 0461 585631, *Fax 0461 585631*, – . AE VISA.
dicembre-marzo e 15 giugno-10 settembre – **Pasto** (solo per alloggiati) 25000 – 10000 – **26 cam** 100/120000 – ½ P 80/110000.

Ambiez, via Priori 8 0461 585556, *Fax 0461 585343*, – .
4 dicembre-Pasqua e 15 giugno-25 settembre – **Pasto** (solo per alloggiati) 30000 – **26 cam** 60/105000 – ½ P 90/115000.

Negritella, via Paganella 32 0461 585802, *Fax 0461 585911* – , rist, .
18 dicembre-25 marzo e 20 giugno-20 settembre – **Pasto** 25/30000 – 15000 – **37 cam** 65/120000 – ½ P 65/110000.

ANDORA *17051 Savona 428 K 6 – 6 636 ab..*

via Aurelia 122/A, Villa Laura 0182 681004, Fax 0182 681807.

Roma 601 – Imperia 16 – Genova 102 – Milano 225 – Savona 56 – Ventimiglia 63.

Liliana, via del Poggio 23 0182 85083, *Fax 0182 684694*, – . AE VISA.
chiuso dal 20 ottobre al 20 dicembre – **Pasto** carta 30/40000 – 15000 – **39 cam** 70/120000, 8 appartamenti – ½ P 80/100000.

Moresco, via Aurelia 96 0182 89141, *Fax 0182 85414*, – , rist, . AE VISA JCB. rist
chiuso da novembre al 22 dicembre – **Pasto** (solo per alloggiati) 40/45000 – 17000 – **35 cam** 90/130000 – ½ P 125000.

Garden, via Aurelia 60 0182 88678, *Fax 0182 87653* – . AE VISA JCB. rist
chiuso da ottobre al 26 dicembre – **Pasto** 35/50000 – 12000 – **16 cam** 115/130000 – ½ P 120000.

La Casa del Priore, via Castello 34 (Nord : 2 km) 0182 87330, *Fax 0182 684377*, , prenotare, « Ambiente caratteristico » – . AE VISA
chiuso dal 3 gennaio all'11 febbraio, lunedì e a mezzogiorno (escluso i giorni festivi) – **Pasto** carta 80/120000 e alla ***Brasserie*** *(chiuso dal 3 gennaio all'11 febbraio, lunedì e a mezzogiorno)* carta 25/40000.

Pan de Cà, via Conna 13 (Nord : 4 km) 0182 80290, – . AE VISA
chiuso dal 30 ottobre al 7 dicembre, martedì (escluso dal 15 giugno al15 settembre) e a mezzogiorno (escluso sabato-domenica) – **Pasto** 45000.

ANDRIA *70031 Bari* 988 ㉙, 431 D 30 – *93 877 ab. alt. 151.*
Roma 399 – Bari 57 – Barletta 12 – Foggia 82 – Matera 78 – Potenza 119.

Cristal Palace Hotel, via Firenze 35/a ✆ 0883 556444 e rist. ✆ 0883 550260, *Fax 0883 556444* – 150. AE VISA.
Pasto al Rist. ***La Fenice*** *(chiuso dal 20 luglio al 10 agosto, domenica sera e lunedì)* carta 35/60000 – **40 cam** 140/200000 – ½ P 125/135000.

L'Ottagono, via Barletta 218 ✆ 0883 557888, *Fax 0883 556098*, Campi calcetto, – 250. AE VISA. rist
Pasto carta 50/65000 – **23 cam** 110/160000 – ½ P 110000.

Arco Marchese, via Arco Marchese 1 ✆ 0883 557826 – VISA.
chiuso martedì – **Pasto** carta 30/60000.

a Montegrosso *Sud-Ovest : 15 km – alt. 224 – ✉ 70035 :*

Antichi Sapori, piazza San Isidoro ✆ 0883 569529, *Fax 0883 569529* – AE VISA JCB.
chiuso dal 1º al 20 luglio, dal 10 al 20 agosto e lunedì – **Pasto** carta 25/40000.

verso Castel del Monte :

Il Falcone, contrada Posta di Grotta ✉ 70031 ✆ 0883 569892, *Fax 0883 569892*, – VISA.
chiuso novembre e lunedì – **Pasto** carta 40/70000.

ANGERA *21021 Varese* 988 ②, 428 E 7 *G. Italia – 5 430 ab. alt. 205.*
Vedere *Affreschi dei maestri lombardi** e Museo della Bambola* nella Rocca.*
Roma 640 – Stresa 34 – Milano 63 – Novara 47 – Varese 31.

Dei Tigli senza rist, via Paletta 20 ✆ 0331 930836, *Fax 0331 960333* – AE VISA JCB
chiuso dal 18 dicembre al 6 gennaio – **28 cam** 135/180000.

ANGHIARI *52031 Arezzo* 430 L 18 *G. Toscana – 5 890 ab. alt. 429.*
Dintorni *Cimitero di Monterchi cappella con Madonna del Parto* di Piero della Francesca Sud-Est : 11 km.*
Roma 242 – Perugia 68 – Arezzo 28 – Firenze 105 – Sansepolcro 8.

La Meridiana, piazza 4 Novembre 8 ✆ 0575 788365, *Fax 0575 788102* – AE VISA.
Pasto *(chiuso sabato)* carta 30/35000 – 9000 – **22 cam** 55/90000 – ½ P 65000.

Da Alighiero, via Garibaldi 8 ✆ 0575 788040 –
chiuso dal 10 gennaio al 10 febbraio e martedì – **Pasto** carta 35/75000.

ANGOLO TERME *25040 Brescia* 428, 429 E 12 – *2 520 ab. alt. 420 – Stazione termale, a.s. luglio-settembre.*
Roma 618 – Brescia 60 – Bergamo 55 – Bolzano 174 – Edolo 48 – Milano 100.

Terme, viale Terme 51 ✆ 0364 548066, *Fax 0364 548666*, ← – rist
aprile-ottobre – **Pasto** carta 40/55000 – 10000 – **80 cam** 75/100000 – P 75/95000.

ANGUILLARA SABAZIA *00061 Roma* 430 P 18 – *13 183 ab. alt. 175.*
Roma 39 – Viterbo 50 – Civitavecchia 59 – Terni 90.

Relais I Due Laghi, località Le Cerque Nord-Est : 3 km ✆ 06 99607059, *Fax 06 99607068*, , Turismo equestre, – 90. AE VISA. rist
6 marzo-26 novembre – **Pasto** carta 65/100000 – **25 cam** 180/250000, 7 appartamenti – ½ P 165000.

Chalet del Lago, viale Reginaldo Belloni ✆ 06 99607053, *Fax 06 9968364*, ←, « Servizio estivo in terrazza sul lago » – AE VISA
chiuso dal 1º al 13 febbraio e giovedì – **Pasto** carta 50/75000.

Da Zaira, viale Reginaldo Belloni 2 ✆ 06 9968082, *Fax 06 99609035*, ←, – AE VISA.
chiuso dal 20 dicembre al 20 gennaio e martedì – **Pasto** carta 35/70000.

Il Grottino da Norina, via delle Scalette 1 ✆ 06 9968181, « Ambiente caratteristico in grottino di tufo » – AE VISA JCB.
chiuso dal 24 dicembre al 2 gennaio, dal 20 agosto al 10 settembre, lunedì sera e mercoledì – **Pasto** carta 40/60000.

ANTAGNOD *Aosta* 428 E 5, 219 ④ – *Vedere Ayas.*

ANTERSELVA (ANTHOLZ) *Bolzano* 988 ⑤, 429 B 18 – *Vedere Rasun Anterselva.*

ANTEY SAINT ANDRÈ *11020 Aosta* 428 E 4, 219 ③ – *554 ab. alt. 1 080 – a.s. Pasqua, luglio-agosto e Natale.*

località Grand Moulin ☏ 0166 548266, Fax 0166 548388.

Roma 729 – Aosta 35 – Breuil-Cervinia 20 – Milano 167 – Torino 96.

Des Roses, località Poutaz ☏ 0166 548527, *Fax 0166 548248*, ≤, – TV ☎ P. VISA. rist
6 dicembre-5 maggio e 25 giugno-20 settembre – **Pasto** *(chiuso a mezzogiorno dal 6 dicembre al 5 maggio)* 25/40000 – 12000 – **21 cam** 70/100000 – ½ P 95000.

ANTIGNANO *Livorno* 428 430 L 12 – *Vedere Livorno.*

ANZIO *00042 Roma* 988 ㉖, 430 R 19 *G. Italia – 42 041 ab..*

Nettuno (chiuso mercoledì) a Nettuno ✉ 00048 ☏ 06 9819419, Fa x 06 98988142, Est : 4 km.

per Ponza 16 giugno-15 settembre giornalieri (2 h 30 mn) – Caremar, molo Innocenziano 54 ☏ 06 98600083, Fax 06 98600569.

per Ponza giornalieri (1 h 10 mn) – Agenzia Helios, via Porto Innocenziano 18 ☏ 06 9845085, Fax 06 984 5097.

piazza Pia 19 ☏ 06 9845147, Fax 06 9848135.

Roma 52 – Frosinone 81 – Latina 25 – Ostia Antica 49.

Lido Garda, piazza Caboto 8 (Nord-Ovest : 2 km) ☏ 06 9870354, *Fax 06 9865386*, ≤, – TV ☎ – 300. AE VISA. rist
marzo-ottobre – **Pasto** 60000 – **42 cam** 125/170000 – ½ P 110/145000.

All'Antica Darsena, piazza Sant'Antonio 1 ☏ 06 9845146, ≤.

Lo Sbarco di Anzio, via Molo Innocenziano ☏ 06 9847675, *Fax 06 9847675* – AE VISA JCB.
chiuso dal 15 al 30 novembre, dal 23 al 26 dicembre e martedì (da ottobre a marzo) – **Pasto** specialità di mare carta 55/110000.

a Lavinio Lido di Enea *Nord-Ovest : 8 km – ✉ 00040 – a.s. 15 giugno-agosto :*

Succi, via Portofino, località Tor Materno ☏ 06 9873923, *Fax 06 9871798*, ≤, – TV ☎ . AE VISA.
Pasto carta 45/65000 – **48 cam** 115/160000, 2 appartamenti – ½ P 120/130000.

ANZOLA DELL'EMILIA *40011 Bologna* 429, 430 I 15 – *10 176 ab. alt. 40.*

Roma 381 – Bologna 13 – Ferrara 57 – Modena 26.

Garden M senza rist, via Emilia 29 ☏ 051 735200, *Fax 051 735673* – TV ☎ P – 70. AE VISA
chiuso dal 23 dicembre al 6 gennaio ed agosto – **56 cam** 250/370000.

Alan senza rist, via Emilia 46/b ☏ 051 733562, *Fax 051 735376* – TV ☎ P. AE VISA
15000 – **61 cam** 160/200000.

Lu King senza rist, via Emilia 65 ☏ 051 734273, *Fax 051 735098* – TV ☎ P. AE VISA.
42 cam 155/220000.

Il Ristorantino-da Dino, via 25 Aprile 11 ☏ 051 732364, *Fax 051 732364* – . AE VISA.
chiuso dal 18 al 27 gennaio, agosto, domenica sera e lunedì – **Pasto** carta 40/65000.

Al Ponte-da Tonino, via Emilia 353, località Ponte Samoggia ☏ 051 739723, *Fax 051 739723* – . VISA.
chiuso agosto e domenica – **Pasto** carta 65/110000.

Besonders angenehme Hotels oder Restaurants sind im Führer rot gekennzeichnet.
Sie können uns helfen, wenn Sie uns die Häuser angeben, in denen Sie sich besonders wohl gefühlt haben.
Jährlich erscheint eine komplett überarbeitete Ausgabe aller Roten Michelin-Führer.

AOSTA (AOSTE) *11100* P 988 ②, 428 E 3 *G. Italia – 34 813 ab. alt. 583 – a.s. Pasqua, luglio-settembre e Natale – Sport invernali : a Pila : 1 765/2 709 m* 2 5 Y **B**, *Teatro* Y .

Vedere *Collegiata di Sant'Orso* Y : *capitelli*** del chiostro* – Finestre* del Priorato di Sant'Orso* Y *– Monumenti romani* : Porta Pretoria* Y **A**, *Arco di Augusto* Y **B**, *Teatro* Y **D**, *Anfiteatro* Y **E**, *Ponte* Y **G**.

Escursioni *Valle d'Aosta** : ≤*** Est, Sud-Ovest.*

(aprile-novembre; chiuso mercoledì escluso agosto) località Arsanieres ✉ 11010 Gignod ☎ 0165 56020, Fax 0165 56020, Nord : 9 km;

Pila (15 giugno-15 ottobre) località Pila ✉ 11020 Gressan ☎ 0165 236963, Fax 0165 236963, Sud : 17 km.

piazza Chanoux 8 ☎ 0165 236627, Fax 0165 34657.

A.C.I. *località Borgnalle 10/H ☎ 0165 262208.*

Roma 746 ② – Chambéry 197 ③ – Genève 139 ③ – Martigny 72 ① – Milano 184 ② – Novara 139 ② – Torino 113 ②.

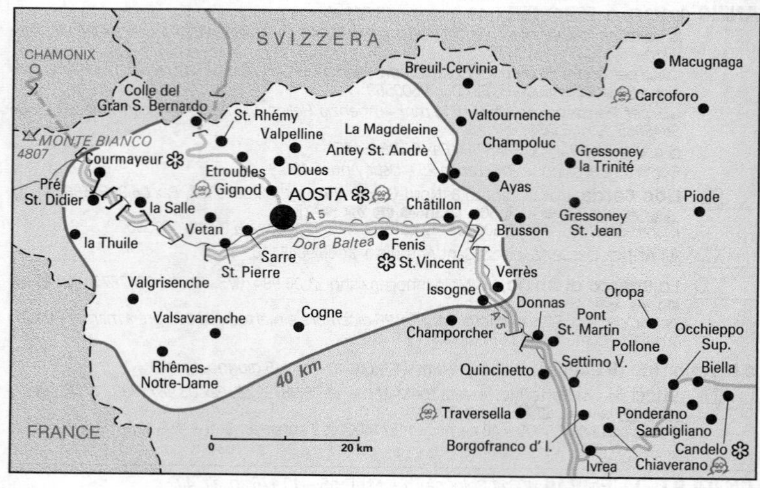

Europe, piazza Narbonne 8 ☎ 0165 236363, *Fax 0165 40566*, – – 100. AE VISA JCB. rist Y c
Pasto *(chiuso domenica)* carta 55/75000 – **63 cam** 180/320000, 8 appartamenti – ½ P 190000.

Holiday Inn Aosta M, corso Battaglione Aosta 30 ☎ 0165 236356, *Fax 0165 236837* – cam, P. AE VISA JCB. rist X d
Pasto al Rist. ***La Taverne Provençale*** *(chiuso domenica e i giorni festivi)* carta 35/50000 – **45 cam** 200/300000, 5 appartamenti – ½ P 180000.

Milleluci senza rist, località Porossan Roppoz 15 ☎ 0165 235278, *Fax 0165 235284*, ≤ città, , – P – 100. AE VISA X a
33 cam 150/200000.

Miage, via Ponte Suaz 137 ✉ 11020 Charvensod ☎ 0165 238585 e rist ☎ 0165 238566, *Fax 0165 236355*, ≤, – P. AE VISA. X f
Pasto al Rist. ***Glacier*** *(chiuso lunedì)* carta 45/65000 – 20000 – **32 cam** 95/135000 – ½ P 115000.

Bus, via Malherbes 18 ☎ 0165 43645, *Fax 0165 236962*, ≤ – , rist, P. AE VISA. rist Z f
Pasto *(chiuso lunedì in bassa stagione)* 30/45000 – 15000 – **39 cam** 110/145000 – ½ P 90/125000.

Roma senza rist, via Torino 7 ☎ 0165 41000, *Fax 0165 32404* – . AE VISA JCB Y n
chiuso dal 10 ottobre al 15 novembre – 10000 – **38 cam** 100/135000.

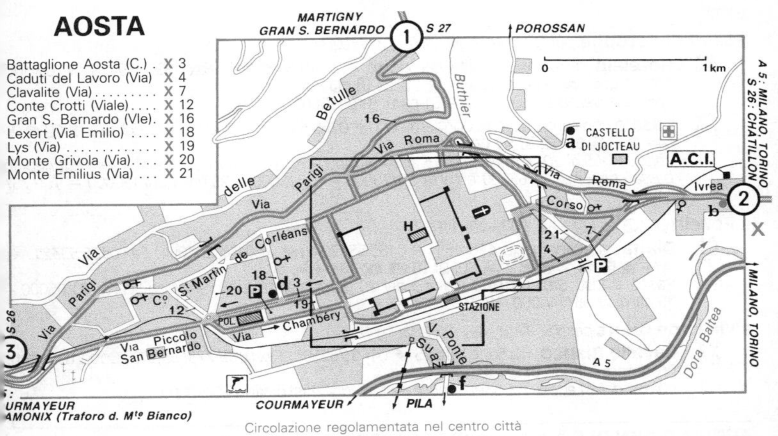

Circolazione regolamentata nel centro città

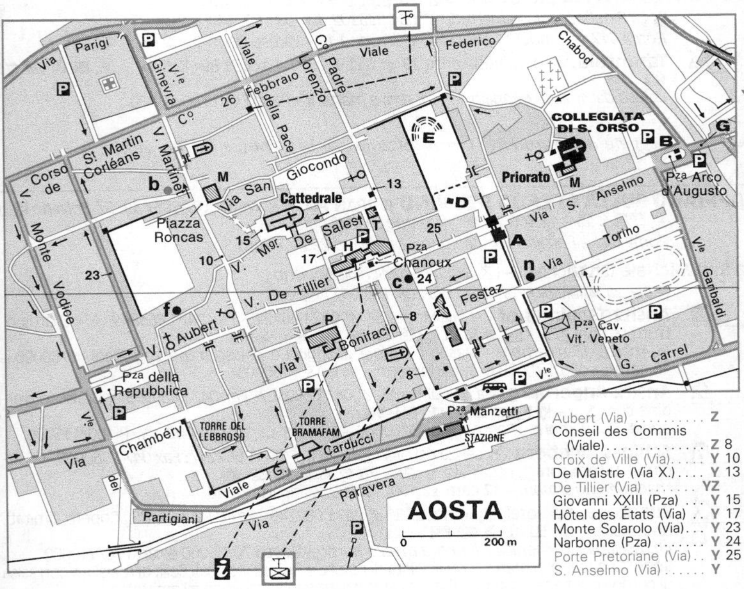

AOSTA

0 — 200 m

Aubert (Via) . . . . Z
Conseil des Commis (Viale). . . . . Z 8
Croix de Ville (Via). . . . Y 10
De Maistre (Via X.) . . . . Y 13
De Tillier (Via) . . . . YZ
Giovanni XXIII (Pza) . . . Y 15
Hôtel des États (Via) . . Y 17
Monte Solarolo (Via). . . Y 23
Narbonne (Pza) . . . . Y 24
Porte Pretoriane (Via). . Y 25
S. Anselmo (Via) . . . . . . Y

XX **Vecchio Ristoro,** via Tourneuve 4 ☎ 0165 33238, *Fax 0165 33238*, « In un antico mulino ad acqua » – AE ⑤ MC VISA — Y b
✿ *chiuso giugno, domenica e lunedì a mezzogiorno* – **Pasto** 55/70000 e carta 45/75000
Spec. Cappelletti al basilico con vongole veraci (giugno-settembre). Carré d'agnello gratinato alle erbe. Marbré di bollito misto con bagnet verde (autunno-inverno).

XX **Le Foyer,** corso Ivrea 146 ☎ 0165 32136, *Fax 0165 239474* – P. AE ⑤ ⓓ MC VISA. ⚒
chiuso dal 15 al 31 gennaio, dal 5 al 20 luglio, lunedì sera e martedì – **Pasto** 40000 (solo a mezzogiorno) e carta 45/80000. — X b

a Gressan *Sud-Ovest : 3 km* – ✉ *11020 :*

XX **Hostellerie de la Pomme Couronnée,** frazione Resselin 3 ☎ 0165 251010, *Fax 0165 251010*, ☂, prenotare la sera, « Cascinetta di campagna ristrutturata » – ▤ P. ⑤ ⓓ MC VISA JCB. ⚒
chiuso martedì – **Pasto** cucina con specialità alle mele 50/75000 e carta 50/90000.

a Saint Christophe *per ② : 4 km – alt. 700 – ✉ 11020 :*

Hotelalp senza rist, località Aeroporto 8 ☎ 0165 236900, *Fax 0165 239119*, ≤, campo pratica golf, – TV ☎ & P – 50. AE $ MC VISA
chiuso novembre – 12000 – **51 cam** 100/135000.

Casale con cam, frazione Condemine 1 ☎ 0165 541203, *Fax 0165 541962*, ≤ – TV ☎ & – P – 60. AE $ MC VISA.
chiuso dal 5 al 20 gennaio e dal 5 al 20 giugno – Pasto *(chiuso domenica sera e lunedì in bassa stagione)* 40/65000 e carta 50/75000 – 15000 – **25 cam** 80/130000 – ½ P 75/110000.

a Pollein *per ② : 5 km – alt. 608 – ✉ 11020 :*

Diana, via Capoluogo 150/151 ☎ 0165 53120 e rist ☎ 0165 253064, *Fax 0165 53321*, ≤, – TV ☎ & P – 50. AE $ MC VISA JCB.
Pasto al Rist. ***San Giorgio*** *(chiuso dal 20 giugno al 10 luglio e lunedì)* carta 40/65000 – **30 cam** 95/140000 – ½ P 85/90000.

a Villair de Quart *per ② : 9 km – ✉ 11020 :*

Cavallo Bianco, frazione Larey 5 ☎ 0165 765503, *Fax 0165 775663*, , Coperti limitati; prenotare – P. AE $ MC VISA
chiuso dal 14 agosto al 6 settembre e martedì – **Pasto** carta 55/90000.

APPIANO GENTILE *22070 Como* 428 E 8, 219 ⑱ *– 7 066 ab. alt. 368.*

La Pinetina (chiuso martedì) ☎ 031 933202, Fax 031 890342.
Roma 617 – Como 20 – Milano 43 – Saronno 18 – Varese 20.

Tarantola, via della Resistenza 29 ☎ 031 930990, *Fax 031 891101*, – P. AE $ MC VISA
chiuso dal 1° al 15 gennaio, lunedì sera e martedì – **Pasto** carta 50/80000.

Leggete attentamente l'introduzione : è la « chiave » della guida.

APPIANO SULLA STRADA DEL VINO (EPPAN AN DER WEINSTRASSE) *39057 Bolzano* 988 ④, 429 C 15 *– 12 308 ab. alt. (frazione San Michele) 418.*

Roma 641 – Bolzano 10 – Merano 32 – Milano 295 – Trento 57.

a San Michele (St. Michael) – ✉ *39057 San Michele Appiano.*

piazza Municipio 1 ☎ 0471 662206, Fax 0471 663546 :

Ansitz Tschindlhof , via Monte 36 ☎ 0471 662225, *Fax 0471 663649*, ≤, « Giardino-frutteto con » – TV ☎ P. AE $ MC VISA JCB. rist
20 marzo-13 dicembre – **Pasto** (solo per alloggiati e *chiuso a mezzogiorno*) 40/60000 – **16 cam** 155/270000, 6 appartamenti – ½ P 130/160000.

Ansitz Angerburg, via dell'Olmo 16 ☎ 0471 662107, *Fax 0471 660993*, « Grazioso giardino con » – TV ☎ P. $ MC VISA. rist
aprile-5 novembre – **Pasto** carta 45/60000 – **35 cam** 110/200000 – ½ P 100/115000.

Schloss Aichberg senza rist, via Monte 31 ☎ 0471 662247, *Fax 0471 660908*, « Giardino-frutteto con riscaldata », – TV ☎ P. AE $ MC VISA.
marzo-15 novembre – **12 cam** 100/180000, 3 appartamenti.

Zur Rose, via Josef Jnnerhofer 2 ☎ 0471 662249, *Fax 0471 662485*, Coperti limitati; prenotare – . AE $ MC VISA
chiuso luglio, domenica e lunedì a mezzogiorno – **Pasto** 70/85000 e carta 70/110000
Spec. Guancetta di manzo con insalata di patate e finferli (estate). Sella di maialino con salsa di cetrioli e senape. Lasagne di mele caramellate con zabaglione all'amaretto.

a Pigeno (Pigen) *Nord-Ovest : 1,5 km – ✉ 39057 San Michele Appiano :*

Schloss Englar senza rist, via Pigeno 42 ☎ 0471 662628, *Fax 0471 660404*, ≤, « In un castello medioevale », , – ☎ P
Pasqua-novembre – **12 cam** 100/200000.

Stroblhof , strada Pigeno 25 ☎ 0471 662250, *Fax 0471 663644*, , « Giardino con laghetto-piscina », , , – TV ☎ P. $ MC VISA
marzo-novembre – **Pasto** carta 45/85000 – **24 cam** 105/180000, 6 appartamenti – ½ P 120/130000.

a Cornaiano (Girlan) *Nord-Est : 2 km – ✉ 39050 :*

Weinegg M , via Lamm 22 ☎ 0471 662511, *Fax 0471 663151*, ≤ monti e frutteti, , , , , , – , rist, TV ☎ & P. rist
marzo-novembre – **Pasto** carta 50/80000 – **12 cam** 200/300000, 38 appartamenti 320/360000 – ½ P 165/195000.

Girlanerhof via Belvedere 7 0471 662442, *Fax 0471 661259*, ≤, –
aprile-5 novembre – **Pasto** carta 55/95000 – **20 cam** 120/260000, 8 appartamenti – 1/2 P 160000.

Marklhof-Bellavista, via Belvedere 14 0471 662407, *Fax 0471 661522*, ≤, « Servizio estivo in terrazza » –
chiuso dal 7 al 20 febbraio, dal 25 giugno al 7 luglio, domenica sera e lunedì – **Pasto** carta 65/90000.

a Monte **(Berg)** *Nord-Ovest : 2 km – ✉ 39057 San Michele Appiano :*

Steinegger , via Masaccio 9 0471 662248, *Fax 0471 660517*, ≤ vallata, – rist
aprile-novembre – **Pasto** *(chiuso mercoledì)* 25/40000 – **29 cam** 85/170000 – 1/2 P 85/95000.

a San Paolo **(St. Pauls)** *Nord : 3 km – ✉ 39050 San Paolo Appiano :*

Weingarten , via dei Campi 2 0471 662299, *Fax 0471 661166*, –
stagionale – **28 cam.**

Michaelis Hof senza rist, via Luziafeld 8 0471 664432, *Fax 0471 663777*, ≤ vigneti, –
25 aprile-5 novembre – **12 cam** 110/160000.

a Missiano **(Missian)** *Nord : 4 km – ✉ 39050 San Paolo Appiano :*

Schloss Korb , via Castel d'Appiano 5 0471 636000, *Fax 0471 636033*, ≤ vallata, « In un castello medioevale », – – 100.
aprile-5 novembre – **Pasto** carta 70/100000 – **57 cam** 190/345000, 5 appartamenti – 1/2 P 270000.

ai laghi di Monticolo **(Montiggler See)** *Sud-Est : 6 km – ✉ 39057 San Michele Appiano :*

Moser , strada dei laghi di Monticolo 104 0471 662095, *Fax 0471 661075*, ≤, « Giardino-frutteto », – cam,
marzo-novembre – **Pasto** carta 55/75000 – **20 cam** 120/220000, 15 appartamenti – 1/2 P 130/140000.

APRICA *23031 Sondrio 988 ③ ④, 428, 429 D 12 – 1 600 ab. alt. 1 181 – Sport invernali : 1 181/2 360 m 2 10,* .
(giugno-ottobre) 0342 748009, Fax 0342 748556.
corso Roma 150 0342 746113, Fax 0342 747732.
Roma 674 – Sondrio 30 – Bolzano 141 – Brescia 116 – Milano 157 – Passo dello Stelvio 79.

Derby, via Adamello 16 0342 746067, *Fax 0342 747760* –
Pasto *(chiuso martedì)* carta 40/55000 – 20000 – **50 cam** 160/180000 – 1/2 P 110/160000.

Larice Bianco, via Adamello 38 0342 746275, *Fax 0342 745454*, ≤, – rist
dicembre-aprile e giugno-settembre – **Pasto** *(chiuso mercoledì)* 25/35000 – 18000 – **25 cam** 80/150000 – 1/2 P 135/145000.

Eden, via Adamello 34 0342 746253, *Fax 0342 745393*, ≤, – rist
dicembre-aprile e 20 giugno-20 settembre – **Pasto** *(chiuso venerdì)* carta 30/55000 – 17000 – **21 cam** 95/160000 – 1/2 P 75/125000.

APRICALE *18030 Imperia 428 K 4, 115 ⑲ – 579 ab. alt. 273.*
Roma 668 – Imperia 63 – Genova 169 – Milano 292 – San Remo 30 – Ventimiglia 16.

La Capanna-da Bacì, piazzale Vittorio Veneto 9 0184 208137, *Fax 0184 208137*, ≤ monti, , prenotare –
chiuso dal 1° al 22 dicembre e dal 1° al 10 giugno, lunedì sera e martedì – **Pasto** 40/45000.

La Favorita con cam, località Richelmo 0184 208186, *Fax 0184 208247*, , prenotare –
chiuso dal 24 giugno all'8 luglio e dal 20 novembre all'8 dicembre – **Pasto** *(chiuso mercoledì escluso agosto)* 35/50000 – 7500 – **7 cam** 80000 – 1/2 P 85000.

Michelin cura il costante e scrupoloso aggiornamento delle sue pubblicazioni turistiche, in vendita nelle librerie.

APRILIA *04011 Latina* 988 ㉖, 430 R 19 – *56 715 ab. alt. 80.*

Eucalyptus (chiuso martedì) ✆ *06 92746252, Fax 06 9268502.*

Roma 44 – Latina 26 – Napoli 190.

Il Focarile, via Pontina al km 46,5 ✆ 06 9282549, *Fax 06 9280392,* – P. AE VISA.
chiuso Natale, dal 10 al 28 agosto, domenica sera e lunedì – **Pasto** carta 65/90000 (10 %)
Spec. Involtino di pesce spada con mozzarella di bufala e lardo di colonnata (estate). Frittatina di bianchetti con radicchio trevigiano (inverno). Rombo gratinato con seppioline e carciofi.

Da Elena, via Matteotti 14 ✆ 06 92704098, *Fax 06 92704098* – P. AE VISA
chiuso dal 14 al 31 agosto e domenica – **Pasto** carta 40/75000.

AQUILEIA *33051 Udine* 988 ⑥, 429 E 22 *G. Italia – 3 325 ab. – a.s. luglio-agosto.*

Vedere *Basilica★★ : affreschi★★ della cripta carolingia, pavimenti★★ della cripta degli Scavi – Rovine romane★.*

Roma 635 – Udine 41 – Gorizia 32 – Grado 11 – Milano 374 – Trieste 45 – Venezia 124.

Patriarchi, via Augusta 12 ✆ 0431 919595, *Fax 0431 919596,* – P – 200.
AE VISA JCB. rist
chiuso dal 10 al 25 novembre – **Pasto** *(chiuso mercoledì escluso da aprile a settembre)* carta 40/80000 – **23 cam** 100/160000 – ½ P 90/110000.

La Colombara, via Zilli 42 (Nord-Est : 2 km) ✆ 0431 91513, *Fax 0431 919560,* – P. AE VISA.
chiuso lunedì – **Pasto** specialità di mare carta 30/65000.

*Per l'inserimento in **guida**,*
***Michelin** non accetta*
né favori, né denaro!

ARABBA *32020 Belluno* 988 ⑤, 429 C 17 *G. Italia – alt. 1 602 – Sport invernali : 1 602/2 950 m 3 23,* .

✆ *0436 79130, Fax 0436 79300.*

Roma 709 – Belluno 74 – Cortina d'Ampezzo 36 – Milano 363 – Passo del Pordoi 11 – Trento 127 – Venezia 180.

Sporthotel Arabba, via Pordoi 80 ✆ 0436 79321, *Fax 0436 79121,* ← Dolomiti, – P. VISA.
20 dicembre-15 aprile e 25 giugno-15 settembre – **Pasto** 35/70000 e al Rist. ***La Stube*** carta 45/80000 – 20000 – **52 cam** 300/400000 – ½ P 245000.

Evaldo, via Arabba 1 ✆ 0436 79109, *Fax 0436 79358,* ← Dolomiti, – P. AE VISA.
dicembre-15 aprile e maggio-ottobre – **Pasto** carta 40/65000 – **36 cam** 220/360000, 14 appartamenti – ½ P 220000.

Malita, via Centro 15 ✆ 0436 79103, *Fax 0436 79391,* ←, – P. AE VISA JCB. rist
chiuso maggio o giugno e novembre – **Pasto** carta 35/55000 – **28 cam** 120/220000 – ½ P 160000.

Olympia, ✆ 0436 79135, *Fax 0436 79354,* ← Dolomiti, – P. VISA. rist
chiuso dal 10 al 30 aprile e dal 3 novembre al 4 dicembre – **Pasto** carta 30/50000 – 20000 – **42 cam** 195/320000 – ½ P 210000.

Royal senza rist, ✆ 0436 79293, *Fax 0436 780086,* ←, – P.
10000 – **12 cam** 95/150000.

ARCETO *Reggio nell'Emilia* 428, 429, 430 I 14 – *Vedere Scandiano.*

ARCETRI *Firenze* 430 K 15 – *Vedere Firenze.*

ARCIDOSSO *58031 Grosseto* 988 ㉕, 430 N 16 – *4 049 ab. alt. 661.*

Roma 183 – Grosseto 59 – Orvieto 74 – Siena 75 – Viterbo 91.

Toscana, via Davide Lazzaretti 47 ✆ 0564 967486, *Fax 0564 967000* – , rist, – 100. AE VISA.
chiuso dal 5 novembre al 10 dicembre – **Pasto** 25/35000 – **49 cam** 70/110000 – ½ P 75/90000.

ARCISATE *21051 Varese* 428 E 8, 219 ⑧ – *9 349 ab. alt. 381.*

Roma 631 – Como 33 – Lugano 27 – Milano 63 – Varese 6.

XX **Amadeu's,** via Cesare Battisti 15, località Brenno Est : 2 km ✆ 0332 473709, *Fax 0332 474565*, Coperti limitati; prenotare – P. AE S O MC VISA JCB. *chiuso dal 17 gennaio all'11 febbraio, dal 4 al 29 luglio, lunedì e martedì* – **Pasto** carta 50/80000.

ARCO *38062 Trento* 988 ④, 428, 429 E 14 – *13 986 ab. alt. 91 – a.s. Pasqua e Natale.*

viale delle Palme 1 ✆ 0464 532255, Fax 0464 532353.

Roma 576 – Trento 33 – Brescia 81 – Milano 176 – Riva del Garda 6 – Vicenza 95.

Villa delle Rose, via Santa Caterina 4/P ✆ 0464 519091, *Fax 0464 516617*, – TV P – 200. S O MC VISA. rist
Pasto *(chiuso martedì in bassa stagione)* carta 35/60000 – **49 cam** 180/260000 – ½ P 120/140000.

Everest, viale Rovereto 91, località Vignole Est : 2 km ✆ 0464 519277, *Fax 0464 519280*, – TV P – 60. S O MC VISA.
Pasto *(aprile-ottobre)* carta 45/65000 – **55 cam** 130/160000 – ½ P 100/120000.

Al Sole, via Foro Boario 5 ✆ 0464 516676, *Fax 0464 518585*, – TV. AE S O MC VISA
chiuso dicembre – **Pasto** *(chiuso sabato escluso da marzo ad ottobre)* carta 45/70000 – 10000 – **20 cam** 70/140000 – ½ P 90/100000.

ARCORE *20043 Milano* 428 F 9, 219 ⑲ – *16 500 ab. alt. 193.*

Roma 594 – Milano 31 – Bergamo 39 – Como 43 – Lecco 30 – Monza 7.

Borgo Lecco, via Matteotti 2 ✆ 039 6014041 e rist. ✆ 039 6014764, *Fax 039 6014763* – TV P – 150. AE S O MC VISA.
Pasto al Rist. e pizzeria ***Il Saraceno*** *(chiuso mercoledì e luglio)* carta 50/80000 – **54 cam** 145/190000.

Sant'Eustorgio, via Ferruccio Gilera 1 ✆ 039 6013718, *Fax 039 617531*, « Giardino ombreggiato » – TV P. AE S O MC VISA
Pasto vedere rist ***Sant'Eustorgio*** – **35 cam** 150/210000, 5 appartamenti.

XX **Sant'Eustorgio,** via Ferruccio Gilera 1 ✆ 039 6013718, – P. AE S O MC VISA
chiuso venerdì e domenica sera – **Pasto** carta 55/85000.

ARCUGNANO *36057 Vicenza* 429 F 16 – *6 842 ab. alt. 160.*

Roma 530 – Padova 40 – Milano 211 – Vicenza 7.

Villa Michelangelo, via Sacco 19 ✆ 0444 550300, *Fax 0444 550490*, Colli Berici, « In una villa del 1700 con grande parco », coperta in inverno – TV P – 350. AE S O MC VISA JCB
Pasto 65/80000 e al Rist. ***La Loggia*** carta 70/100000 – **49 cam** 225/350000, 6 appartamenti – ½ P 235000.

XX **Antica Osteria da Penacio,** via Soghe 22, località Soghe Sud : 10 km ✆ 0444 273081, *Fax 0444 273540* – P. AE S O MC VISA.
chiuso dal 20 gennaio al 12 febbraio, dall'8 al 27 agosto, mercoledì e giovedì a mezzogiorno – **Pasto** carta 40/55000.

X **Trattoria Zamboni,** via Santa Croce 14 (Sud : 4 km) ✆ 0444 273079, *Fax 0444 273079*, Trattoria di campagna – P. S O VISA.
chiuso dal 2 al 10 gennaio, dal 1º al 10 agosto, lunedì e martedì – **Pasto** carta 40/60000.

ARDENZA *Livorno* 428, 430 L 12 – *Vedere Livorno.*

ARDORE MARINA *89037 Reggio di Calabria* 431 M 30 – *5 056 ab. alt. 250.*

Roma 711 – Reggio di Calabria 88 – Catanzaro 107.

XX **L'Aranceto,** via Pozzicello 4 ✆ 0964 629271, *Fax 0964 629593*, – P. AE S O MC VISA.
chiuso ottobre e martedì – **Pasto** carta 40/80000.

AREMOGNA *L'Aquila* 430 Q 24, 431 B 24 – *Vedere Roccaraso.*

ARENA PO *27040 Pavia 428 G 10 – 1 566 ab. alt. 60.*
Roma 537 – Piacenza 31 – Alessandria 81 – Milano 67 – Pavia 29.

a Parpanese *Est : 6 km – ✉ 27040 Arena Po :*

XX **Parpanese,** via Parpanese 2 ☎ 0385 70476, Coperti limitati; prenotare – ▤ P. $ MC VISA. ✂
chiuso dal 12 al 24 gennaio, dal 30 agosto al 10 settembre e lunedì – **Pasto** carta 55/90000.

ARENZANO *16011 Genova 988 ⑬, 428 I 8 – 11 554 ab. – a.s. 15 dicembre-15 gennaio, 22 marzo-maggio e ottobre.*
(chiuso martedì) ☎ 010 9111817, Fax 010 9111270, Ovest : 1 km.
lungomare Kennedy ☎ 010 9127581, Fax 010 9127581.
Roma 527 – Genova 24 – Alessandria 77 – Milano 151 – Savona 23.

Gd H. Arenzano, lungomare Stati Uniti 2 ☎ 010 91091, *Fax 010 9109444*, ≤, « Terrazza-solarium con ⛱ », ≘s, ⛱ – |‡| ▤ TV ☎ ✆ ♿ P – 🏟 250. AE $ ⓓ MC VISA. ✂
Pasto carta 65/95000 – **105 cam** ☕ 245/340000, 5 appartamenti – ½ P 215000.

Punta San Martino ⛰, via della Punta San Martino 4 ☎ 010 91081, *Fax 010 9108888*, ≤, ⛱, 🎾 – |‡|, ✂ cam, ▤ TV ☎ ✆ ♿ P – 🏟 200. AE $ ⓓ MC VISA. ✂
15 aprile-ottobre – **Pasto** 50/75000 e carta 55/100000 – **32 cam** ☕ 240/335000, appartamento – ½ P 195/210000.

Ena, via Matteotti 12 ☎ 010 9127379, *Fax 010 9123139* – |‡| ▤ TV ☎ ✆ P. AE $ ⓓ MC VISA. ✂
chiuso dal 24 dicembre al 7 gennaio – **Pasto** carta 50/75000 – **23 cam** ☕ 170/210000 – ½ P 130/150000.

Poggio Hotel, via di Francia 24 (Ovest : 2 km) ☎ 010 9135320, *Fax 010 9135320*, ⛱ – ▤ TV ☎ ♿ 🚗 P. AE $ ⓓ MC VISA
Pasto vedere rist ***La Buca*** – **36 cam** ☕ 170/210000, 4 appartamenti – ½ P 140000.

XX **La Buca** - Poggio Hotel, via di Francia 24 (Ovest : 2 km) ☎ 010 9135350, *Fax 010 9135352*, 🏖 – ▤ P. AE $ MC VISA
Pasto 40000 e carta 50/75000.

ARESE *20020 Milano 428 F 9, 219 ⑱ – 19 062 ab. alt. 160.*
Roma 597 – Milano 16 – Como 36 – Varese 50.

XX **Castanei,** viale Alfa Romeo 10 (Nord-Ovest : 1,5 km) ☎ 02 9380053, *Fax 02 93581366*, 🏖 – ▤ P. AE $ ⓓ MC VISA JCB. ✂
chiuso dal 24 dicembre al 2 gennaio, agosto, domenica e mercoledì sera – **Pasto** carta 40/65000.

AREZZO *52100 P 988 ⑮, 430 L 17 G. Toscana – 91 301 ab. alt. 296.*
Vedere *Affreschi di Piero della Francesca*★★★ *nella chiesa di San Francesco* **ABY** – *Chiesa di Santa Maria della Pieve*★ *: facciata*★★ **BY** – *Crocifisso*★★ *nella chiesa di San Domenico* **BY** – *Piazza Grande*★ **BY** – *Museo d'Arte Medievale e Moderna*★ *: maioliche*★★ **AY M2** – *Portico*★ *e ancona*★ *della chiesa di Santa Maria delle Grazie* **AZ** – *Opere d'arte*★ *nel Duomo* **BY.**
piazza della Repubblica 28 ☎ 0575 377678, Fax 0575 20839.
A.C.I. *viale Luca Signorelli 24/a ☎ 0575 303609.*
Roma 214 ④ – Perugia 74 ③ – Ancona 211 ② – Firenze 81 ④ – Milano 376 ④ – Rimini 153 ①.

Pianta pagina a lato

Etrusco Palace Hotel, via Fleming 39 ☎ 0575 984066, *Fax 0575 382131* – |‡| ▤ TV ☎ 🚗 P – 🏟 400. AE $ ⓓ MC VISA. ✂ 1 km per ④
Pasto *(chiuso agosto e domenica)* carta 45/60000 – **80 cam** ☕ 160/205000 – ½ P 175000.

Minerva, via Fiorentina 6 ☎ 0575 370390, *Fax 0575 302415* – |‡| ▤ TV ☎ ♿ P – 🏟 400. AE $ ⓓ MC VISA JCB. ✂ AY n
Pasto *(chiuso dal 1° al 20 agosto)* carta 40/60000 (15 %) – **129 cam** ☕ 140/200000 – ½ P 140/150000.

Continentale senza rist, piazza Guido Monaco 7 ☎ 0575 20251, *Fax 0575 350485* – |‡| ▤ TV ☎ – 🏟 130. AE $ ⓓ MC VISA AZ r
☕ 15000 – **73 cam** 110/170000.

XX **Le Tastevin,** via de' Cenci 9 ☎ 0575 28304, *Fax 0575 28304*, Piano-bar – ▤. AE $ ⓓ MC VISA JCB. ✂ AZ x
chiuso dal 12 al 17 agosto e domenica – **Pasto** cucina toscana carta 35/50000.

X **Trattoria il Saraceno,** via Mazzini 6/a ☎ 0575 27644, *Fax 0575 27644* – AE $ ⓓ MC VISA JCB BY a
chiuso dal 7 al 25 gennaio, dal 7 al 28 luglio e mercoledì – **Pasto** carta 30/55000.

X **Antica Osteria l'Agania,** via Mazzini 10 ☎ 0575 295381, *Fax 0575 295381* – ▤. AE $ ⓓ MC VISA JCB BY a
chiuso dal 10 al 25 giugno e lunedì – **Pasto** cucina casalinga carta 35/45000.

Circolazione regolamentata nel centro città

Cavour (Via)	ABY	2	Maginardo (Viale)	AZ	14	Pescioni (Via)	BZ	26
Cesalpino (Via)	BY	3	Mecenate (Viale)	AZ	16	Pileati (Via dei)	BY	28
Chimera (Via della)	AY	5	Mino da Poppi (Via)	BZ	17	Ricasoli (Via)	BY	30
Fontanella (Via)	BZ	6	Mochi (Via F.)	AY	19	S. Clemente (Via)	AY	32
Garibaldi (Via)	ABYZ	8	Monaco (Via G.)	AYZ	20	S. Domenico (Via)	BY	33
Giotto (Viale)	BZ	9	Murello (Piagga del)	AY	22	Saracino (Via del)	AY	35
Grande (Piazza)	BY		Niccolò Aretino (Via)	AZ	23	Sasso Verde (Via)	BY	36
Italia (Corso)	ABYZ		Pellicceria (Via)	BY	25	Vittorio Veneto (Via)	AZ	38
Madonna del Prato (V.)	AYZ	13				20 Settembre (Via)	AY	40

a Giovi *per ① : 8 km – ✉ 52010 :*

XX **Antica Trattoria al Principe,** via Giovi 25 ☎ 0575 362046 – AE ⑤ ⓓ ⓜ VISA JCB.
chiuso dal 7 al 15 gennaio, dal 25 luglio al 20 agosto e lunedì – **Pasto** carta 40/65000.

a Chiassa Superiore *per ① : 9 km – ✉ 52030 :*

X **Il Mulino,** strada provinciale della Libbia ☎ 0575 361878, 余, 余 – P. AE ⑤ ⓓ ⓜ VISA JCB.
chiuso dall'8 al 15 gennaio, dal 1° al 25 agosto e martedì – **Pasto** carta 35/55000.

ARGEGNO *22010 Como* 428 E 9, 219 ⑨ – *671 ab. alt. 220.*

Roma 645 – Como 20 – Lugano 43 – Menaggio 15 – Milano 68 – Varese 44.

Argegno-La Corte, via Milano 14 ☎ 031 821455, *Fax 031 821455,* 余 – TV ☎. AE ⑤ ⓓ ⓜ VISA.
chiuso dal 1° al 20 dicembre – **Pasto** (rist. e pizzeria) carta 40/55000 – **14 cam** ☐ 75/120000 – ½ P 110000.

X **La Griglia** con cam, strada per Schignano Sud-Ovest : 3 km ☎ 031 821147, *Fax 031 821427*, prenotare, « Servizio estivo all'aperto », – ☎ P. AE 🅂 ⓓ ⓜ VISA. ✻ rist
chiuso gennaio e febbraio – **Pasto** *(chiuso martedì escluso da luglio a settembre)* carta 50/70000 – ☕ 10000 – **7 cam** 75/95000 – ½ P 80000.

ARGELATO *40050 Bologna 429, 430 I 16 – 8 038 ab. alt. 21.*
Roma 393 – Bologna 20 – Ferrara 34 – Milano 223 – Modena 41.

XX **L'800,** via Centese 33 ☎ 051 893032, *Fax 051 893032*, – ▤ P. AE 🅂 ⓓ ⓜ VISA. ✻
chiuso dal 1° al 10 gennaio, agosto, domenica sera e lunedì – **Pasto** specialità lumache e rane50000 bc (a mezzogiorno) 45/60000 bc (la sera) e carta 50/70000.

a Funo *Sud-Est : 9 km – ✉ 40050 :*

XX **Il Gotha,** via Galliera 92 ☎ 051 864070, *Fax 051 864070* – ▤. AE 🅂 ⓓ ⓜ VISA. ✻
chiuso domenica e dal 1° al 20 agosto – **Pasto** carta 50/70000.

Se cercate un albergo tranquillo,
oltre a consultare le carte dell'introduzione,
individuate nell'elenco degli esercizi quelli con il simbolo ⛵ *o* ⛵.

ARGENTA *44011 Ferrara 988 ⑮, 429, 430 I 17 – 21 819 ab..*
18 *(chiuso martedì) località Bosco Vecchio ✉ 44011 Argenta ☎ 0532 852545, Fax 0532 852545.*
Roma 432 – Bologna 53 – Ravenna 40 – Ferrara 34 – Milano 261.

Villa Reale, senza rist, viale Roiti 16/a ☎ 0532 852334, *Fax 0532 852353* – |♣| ▤ TV ☎ ♿ ⇔ P – 🏔 80
30 cam.

Centrale senza rist, via G. Bianchi 1/B ☎ 0532 852694, *Fax 0532 852235* – |♣| ▤ TV ☎ ♿. AE 🅂 ⓓ ⓜ VISA. ✻
15 cam ☕ 70/110000.

ARIANO IRPINO *83031 Avellino 431 D 27 – 23 445 ab. alt. 817.*
Roma 262 – Foggia 63 – Avellino 51 – Benevento 41 – Napoli 102 – Salerno 84.

XX **La Pignata,** viale Dei Tigli 7 ☎ 0825 872355 – ▤. AE 🅂 ⓓ ⓜ VISA. ✻
chiuso martedì – **Pasto** carta 30/50000.

ARIANO NEL POLESINE *45012 Rovigo 988 ⑮, 429 H 18 – 4 969 ab..*
Roma 473 – Padova 66 – Ravenna 72 – Ferrara 50 – Milano 304 – Rovigo 36 – Venezia 97.

XX **Due Leoni** con cam, corso del Popolo 21 ☎ 0426 372129, *Fax 0426 372130* – ▤ rist, TV ☎ ☏. AE 🅂 ⓓ ⓜ VISA
chiuso dal 1° al 15 luglio – **Pasto** *(chiuso lunedì)* carta 45/65000 – **12 cam** ☕ 75/95000 – ½ P 75000.

ARICCIA *00040 Roma 430 Q 20 G. Roma – 18 410 ab. alt. 412.*
Roma 25 – Latina 39.

Villa Aricia, via Villini 4/6 (Appia Nuova) ☎ 06 9321161, *Fax 06 9320065*, « Servizio rist. estivo all'aperto nel parco secolare » – |♣| TV ☎ ♿ P – 🏔 180. AE 🅂 ⓓ ⓜ VISA. ✻
Pasto *(lunedì)* carta 40/60000 – ☕ 12000 – **63 cam** 100/140000 – ½ P 100/130000.

ARMA DI TAGGIA *18011 Imperia 988 ⑫, 428 K 5.*
Vedere *Dipinti★ nella chiesa di San Domenico a Taggia★ Nord : 3,5 km.*
🅘 *via Boselli ☎ 0184 43733, Fax 0184 43333.*
Roma 631 – Imperia 22 – Genova 132 – Milano 255 – Ventimiglia 25.

Vittoria Grattacielo, Lungomare 1 ☎ 0184 43495, *Fax 0184 448578*, ≤, « Giardino con 🏊 », 🏖 – |♣|, ▤ rist, TV ☎ ⇔ – 🏔 200. AE 🅂 ⓜ VISA. ✻
chiuso dal 30 ottobre al 22 dicembre – **Pasto** carta 60/120000 – **77 cam** ☕ 220/290000 – ½ P 190000.

XXX ✿ **La Conchiglia,** Lungomare 33 ☎ 0184 43169, *Fax 0184 43169*, ☂, Coperti limitati; prenotare – ▤. AE ⓢ ⓓ MC VISA. ✂
chiuso dal 1° al 15 giugno, dal 16 novembre al 1° dicembre, mercoledì e giovedì a mezzogiorno – **Pasto** 50/120000 (solo a mezzogiorno ed escluso domenica) 85/130000 e carta 70/135000
Spec. Calamaretti in zimino con carciofi (autunno-inverno). Ravioli di zucchine ai gamberi locali (primavera-estate). Bianco di San Pietro in tegame con erbe di Liguria e patate.

ARMENZANO *Perugia* 430 M 20 – *Vedere Assisi.*

AROLA *28891 Verbania* 428 E 7, 219 ⑥ – *289 ab. alt. 615.*

Roma 663 – Stresa 28 – Domodossola 38 – Milano 95 – Novara 53 – Varese 62.

X La Zucca, via Colma 18 bis ☎ 0323 821114, *Fax 0323 821114*, ☂, prenotare – P.

ARONA *28041 Novara* 988 ② ③, 428 E 7 *G. Italia – 14 753 ab. alt. 212.*

Vedere *Lago Maggiore★★★ – Colosso di San Carlone★ – Polittico★ nella chiesa di Santa Maria – ←★ sul lago e Angera dalla Rocca.*

ℹ *piazzale Duca d'Aosta ☎ 0322 243601, Fax 0322 243601.*

Roma 641 – Stresa 16 – Milano 40 – Novara 64 – Torino 116 – Varese 32.

🏨 **Concorde** M, via Verbano 1 ☎ 0322 249321, *Fax 0322 249372*, ← Rocca di Angera e lago – |$| ▤ TV ☎ ♿ P – 🏛 240. AE ⓢ ⓓ MC VISA JCB. ✂ rist
Pasto carta 55/85000 – ☕ 20000 – **82 cam** 130/250000 – ½ P 230000.

🏨 **Giardino,** corso Repubblica 1 ☎ 0322 45994, *Fax 0322 249401*, ← – |$| ▤ TV ☎. AE ⓢ ⓓ MC VISA. ✂ rist
Pasto carta 40/65000 – ☕ 15000 – **56 cam** 135/150000 – ½ P 95/125000.

XXX **Taverna del Pittore,** piazza del Popolo 39 ☎ 0322 243366, *Fax 0322 48016*, prenotare, « Veranda sul lago con ← sulla Rocca di Angera » – ⓢ ⓓ MC VISA. ✂
chiuso lunedì e Natale – **Pasto** 120000 e carta 90/135000 (10 %).

XX **Pescatori,** lungolago Marconi 7 ☎ 0322 48312, *Fax 0322 242094*, ☂, prenotare – ▤. AE ⓢ ⓓ MC VISA JCB
chiuso dal 2 al 20 gennaio e martedì – **Pasto** specialità di mare 45/50000 (a mezzogiorno) 50/60000 (alla sera) e carta 65/95000.

XX **Al Cantuccio,** piazza del Popolo 1 ☎ 0322 243343 – ▤. AE ⓢ MC VISA
chiuso agosto e lunedì – **Pasto** carta 55/95000 (10 %).

XX **Del Barcaiolo,** piazza del Popolo 20/23 ☎ 0322 243388, *Fax 0322 45716*, ☂, « Taverna caratteristica » – AE ⓢ ⓓ MC VISA. ✂
chiuso dal 25 gennaio al 14 febbraio, dal 20 luglio al 20 agosto e mercoledì – **Pasto** carta 55/90000.

X 🙂 **Ristoro Antico,** via Bottelli 46 ☎ 0322 46482, prenotare ▤
chiuso dal 10 al 31 luglio e lunedì – **Pasto** carta 35/55000.

a Campagna *Nord-Ovest : 4 km – – ✉ 28041 :*

X **Campagna,** via Vergante 12 ☎ 0322 57294 – P. AE ⓢ VISA. ✂
chiuso dal 15 al 30 giugno, dal 1° al 15 novembre, lunedì sera (escluso luglio-agosto) e martedì – **Pasto** carta 40/65000.

ARQUÀ PETRARCA *35032 Padova* 429 G 17 *G. Italia – 1 874 ab. alt. 56.*

Roma 478 – Padova 22 – Mantova 85 – Milano 268 – Rovigo 27 – Venezia 61.

XXX **La Montanella,** via Costa 33 ☎ 0429 718383, *Fax 0429 777177*, ←, ☂, 🌳 – ▤ P. AE ⓢ ⓓ MC VISA. ✂
chiuso da gennaio al 13 febbraio, dal 7 al 21 agosto, martedì sera e mercoledì – **Pasto** 45000 (solo a mezzogiorno) e carta 55/75000.

ARTA TERME *33022 Udine* 429 C 21 – *2 235 ab. alt. 442 – Stazione termale (maggio-ottobre), a.s. 10 luglio-14 settembre e Natale.*

ℹ *via Umberto I 15 ☎ 0433 929290, Fax 0433 92104.*

Roma 696 – Udine 56 – Milano 435 – Monte Croce Carnico 25 – Tarvisio 71 – Tolmezzo 8 – Trieste 129.

a Piano d'Arta *Nord : 2 km – alt. 564 – ✉ 33020 :*

Gardel, via Marconi 6/8 ☏ 0433 92588, *Fax 0433 92153,* – . AE VISA. rist
chiuso dal 15 novembre al 20 dicembre – **Pasto** carta 35/45000 – **55 cam** 70/130000 – ½ P 95000.

ARTIMINO *Prato* 428, 430 K 15 – *Vedere Carmignano.*

ARZACHENA *Sassari* 988 ㉓, 433 D 10 – *Vedere Sardegna alla fine dell'elenco alfabetico.*

ARZIGNANO *36071 Vicenza* 988 ④, 429 F 15 – *22 548 ab. alt. 116.*
Roma 536 – Verona 48 – Venezia 87 – Vicenza 22.

Principe con cam, via Caboto 16 ☏ 0444 675131, *Fax 0444 675921,* prenotare, – . AE VISA JCB. rist
chiuso agosto – **Pasto** *(chiuso domenica e in luglio anche sabato)* carta 90/130000 – **12 cam** 110/160000
Spec. Anguilla affumicata con spaghetti di riso e tartufo. Ravioli farciti al piccione e rosmarino. Piedino di maiale disossato e farcito al tartufo nero.

ASCIANO *53041 Siena* 988 ⑮, 430 M 16 *G. Toscana – 6 340 ab. alt. 200.*
Roma 200 – Siena 26 – Arezzo 64 – Firenze 98 – Perugia 81.

La Mencia, corso Matteotti 77 ☏ 0577 718227, *Fax 0577 718206,* – AE VISA
chiuso dall'11 al 22 gennaio e lunedì – **Pasto** carta 40/70000.

ASCOLI PICENO *63100* P 988 ⑯, 430 N 22 *G. Italia – 52 060 ab. alt. 153.*
Vedere *Piazza del Popolo★★* **B** : *palazzo dei Capitani del Popolo★, chiesa di San Francesco★, Loggia dei Mercanti★* **A** – *Quartiere vecchio★* **AB** : *ponte di Solestà★, chiesa dei Santi Vicenzo ed Anastasio★* **N** – *Corso Mazzini★* **ABC** – *Polittico del Crivelli★ nel Duomo* **C** – *Battistero★* **C** **E.**
piazza del Popolo 17 ☏ 0736 253045, Fax 0736 252391.
A.C.I. *viale Indipendenza 38/a ☏ 0736 45920.*
Roma 191 ② – Ancona 122 ① – L'Aquila 101 ② – Napoli 331 ② – Perugia 175 ② – Pescara 88 ① – Terni 150 ②.

Gioli senza rist, viale De Gasperi 14 ☏ 0736 255550, *Fax 0736 255550* – . AE VISA. C a
chiuso dal 24 al 30 dicembre – **56 cam** 100/150000.

Gallo d'Oro, corso Vittorio Emanuele 13 ☏ 0736 253520, *Fax 0736 253520* – . AE VISA JCB C n
chiuso dal 23 dicembre al 3 gennaio, dal 28 giugno al 12 luglio e domenica – **Pasto** carta 40/50000.

ASCOLI PICENO

Alighieri (Via D.)	C 2
Arringo (Piazza)	BC 3
Bonaccorsi (Via del)	BC 5
Buonaparte (Via)	C 6
Cairoli (Via)	B 7
Cecco d'Ascoli (Piazza)	A 9
Corfino (Via di)	A 10

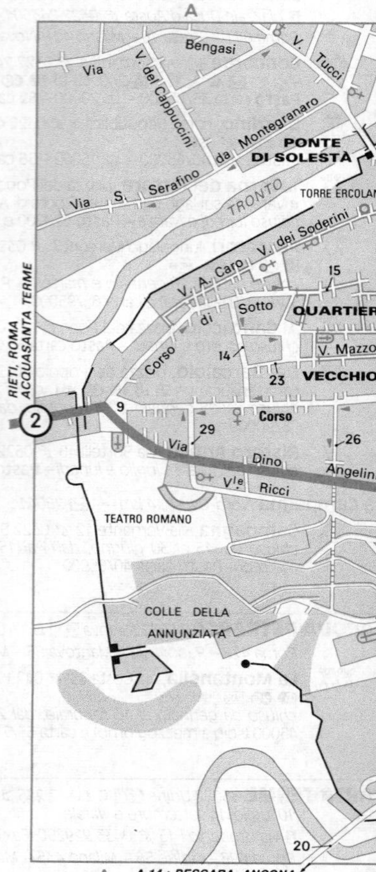

XX **Tornasacco,** piazza del Popolo 36 ✆ 0736 254151, *Fax 0736 258579* – ▤. AE Ⓢ ⦿ MC VISA JCB — B a
chiuso dal 15 al 30 luglio, dal 24 al 26 dicembre e venerdì – **Pasto** 35/60000 e carta 45/65000.

X **Kursaal,** via Luigi Mercantini 66 ✆ 0736 253140, *Fax 0736 253140* – ▤. AE Ⓢ ⦿ MC VISA — C b
chiuso domenica – **Pasto** carta 40/55000.

a Folignano *Sud-Est : 7 km – alt. 319 – ✉ 63040 :*

Villa Pigna , viale Assisi 33, località Villa Pigna ✆ 0736 491868, *Fax 0736 492179*, « Piccolo parco » – |‡| ▤ TV ☎ P – 🔥 300
54 cam.

Fortezza (V. della) . . . . **B** 13
Lazzari Tullio (Via) . . . **A** 14
Manilia (Via) . . . . **A** 15
Matteotti (Piazza) . . . . **C** 17
Ponte Maggiore . . . . . **C** 18
Ponte Pta Cartara . . . **A** 20
Ponte Pta Tuffilla (Nuovo) . . . . **C** 21
Popolo (Piazza del) . **B**
Pozzetto (Rua del) . . **A** 23
Roma (Piazza) . . . . . . **B** 22
S. Agostino (Piazza) . . . . **B** 24
S. Angelo (Via) . . . . **B** 25
S. Giuliano (Via) . . . . **A** 26
Solestà (Via di) . . . . . **B** 28
Templari (Via dei) . . . . **A** 29
Trebbiani (Via) . . . . . . **B** 32
Trento e Trieste (Corso) . . . . **B** 33
Trivio (Via del) . . . . . . **B** 34
Vidacilio (Via) . . . . . . **B** 35
20 Settembre (Via) . . . . **B** 37

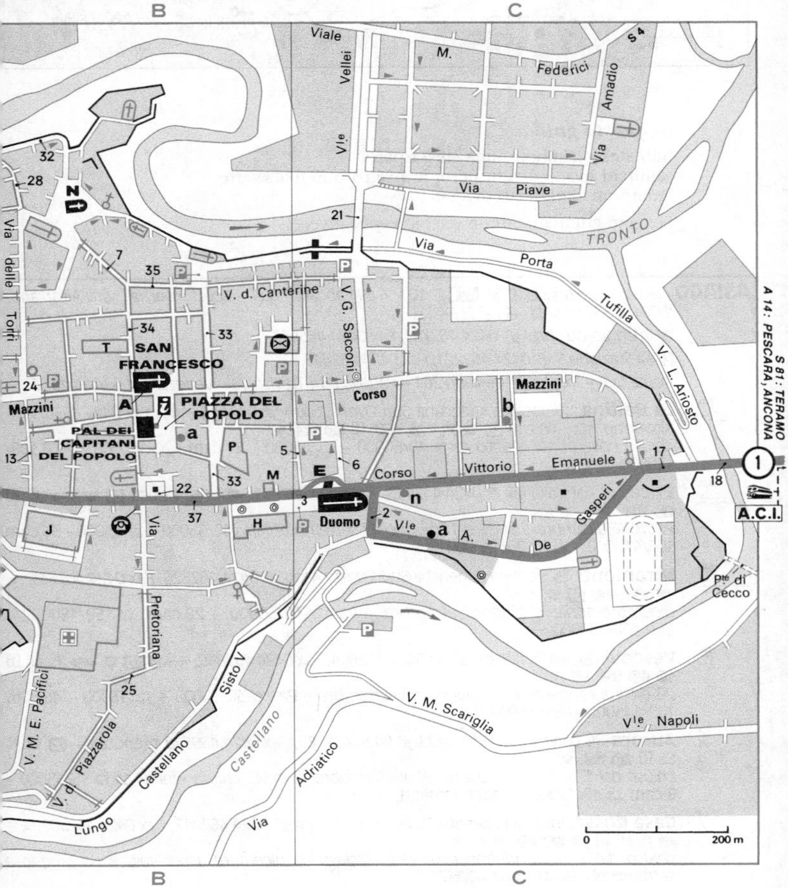

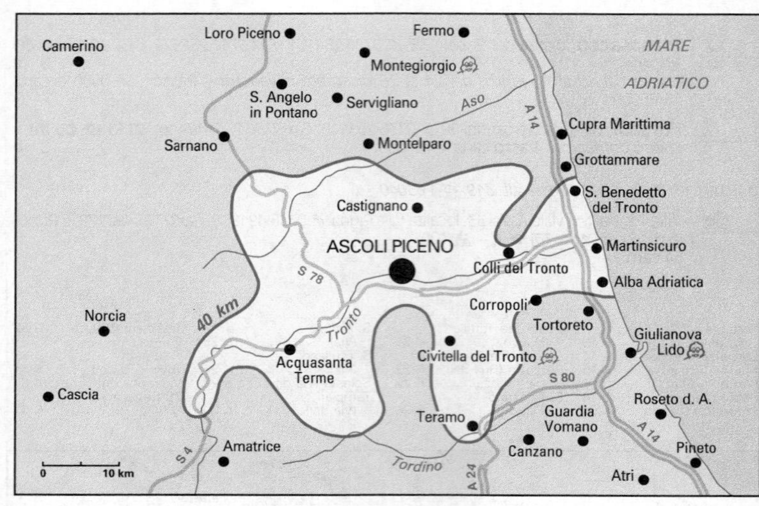

In questa guida
uno stesso simbolo, una stessa parola
stampati in rosso o in **nero**, in magro o in ***grassetto***
hanno un significato diverso.
Leggete attentamente le pagine esplicative.

ASIAGO *36012 Vicenza 988 ④ ⑤, 429 E 16 – 6 691 ab. alt. 1 001 – Sport invernali : sull'Altopiano : 1 001/2 336 m ⛷41, ⛷.*

18 (maggio-ottobre) ☎ 0424 462721, Fax 0424 465133.

via Stazione 5 ☎ 0424 462221, Fax 0424 462445.

Roma 589 – Trento 64 – Milano 261 – Padova 88 – Treviso 83 – Venezia 121 – Vicenza 55.

La Baitina, località Kaberlaba Sud-Ovest : 5 km ☎ 0424 462149, *Fax 0424 463677*, ≤ Altopiano, – 300. VISA.
chiuso novembre – **Pasto** carta 40/50000 – 15000 – **27 cam** 120/140000 – ½ P 100/120000.

Erica, via Garibaldi 55 ☎ 0424 462113, *Fax 0424 462861*, – , rist, VISA.
Pasto *(6 dicembre-9 aprile e 17 giugno-17 settembre)* carta 40/55000 – 15000 – **35 cam** 105/140000 – ½ P 100/130000.

Miramonti, località Kaberlaba Sud-Ovest : 4 km ☎ 0424 462526, *Fax 0424 463533*, ≤, – VISA.
dicembre-aprile e giugno-settembre – **Pasto** 30/50000 – **28 cam** 150/180000 – ½ P 100/130000.

Vescovi, via Don Viero 80 ☎ 0424 462614, *Fax 0424 462840*, ≤ – AE VISA. rist
20 dicembre-marzo e 15 giugno-15 settembre – **Pasto** 30/35000 – 13000 – **46 cam** 100/145000 – ½ P 85000.

Aurora con cam, via Ebene 71 ☎ 0424 462469, *Fax 0424 460528*, prenotare – AE VISA.
chiuso dal 1º al 15 maggio e dal 1º al 15 ottobre – **Pasto** *(chiuso lunedì)* carta 35/45000 – **8 cam** 10/120000, 4 appartamenti.

Casa Rossa, località Kaberlaba Sud-Ovest : 3,5 km ☎ 0424 462017, *Fax 0424 462307*, ≤ – AE VISA JCB.
chiuso dal 1º al 25 giugno e giovedì (escluso da dicembre a febbraio e da giugno a settembre) – **Pasto** carta 40/60000.

ASOLO *31011 Treviso* 988 ⑤, 429 E 17 *G. Italia – 7 341 ab. alt. 204.*

18 e 9 *(chiuso martedì)* ✉ *31034 Cavaso del Tomba* ✆ *0423 942000, Fax 0423 543226.*

piazza D'Annunzio 2 ✆ *0423 529046, Fax 0423 524137.*

Roma 559 – Padova 52 – Belluno 65 – Milano 255 – Trento 104 – Treviso 35 – Venezia 66 – Vicenza 51.

Villa Cipriani ⑤, via Canova 298 ✆ 0423 523411, *Fax 0423 952095*, ← pianura e colline, – | ☎ P – 50. AE VISA JCB. rist
Pasto carta 110/170000 – ☐ 32000 – **31 cam** 465/750000.

Al Sole ⑤ senza rist, via Collegio 33 ✆ 0423 528111, *Fax 0423 528399*, – | ☎ & P. AE VISA
23 cam ☐ 250/450000, appartamento.

Hostaria Ca' Derton, piazza D'Annunzio 11 ✆ 0423 529648, *Fax 0423 520308* – . AE VISA.
chiuso dal 1º al 15 febbraio, dal 25 luglio all'8 agosto, lunedì e domenica sera – **Pasto** carta 55/85000.

Ai Due Archi, via Roma 55 ✆ 0423 952201, *Fax 0423 520322*, – AE VISA
chiuso dal 15 al 30 gennaio, giovedì da giugno ad ottobre, anche mercoledì sera negli altri mesi – **Pasto** carta 45/65000.

ASSAGO *Milano* 219 ⑲ – *Vedere Milano, dintorni.*

ASSEMINI *Cagliari* 988 ㉝, 433 J 8 – *Vedere Sardegna alla fine dell'elenco alfabetico.*

ASSERGI *67010 L'Aquila* 988 ㉖, 430 O 22 – *alt. 867.*

Dintorni *Campo Imperatore** Est : 22 km : funivia per il Gran Sasso**.*

Roma 134 – L'Aquila 14 – Pescara 109 – Rieti 72 – Teramo 88.

a Fonte Cerreto *Nord-Est : 4 km – alt. 1 120 –* ✉ *67010 Assergi :*

Cristallo ⑤, alla base della funivia del Gran Sasso ✆ 0862 606678, *Fax 0862 606688*, « Servizio rist. estivo all'aperto » – | ☎. AE VISA.
Pasto al Rist. ***Il Geranio*** carta 40/55000 – **21 cam** ☐ 100/130000 – 1/2 P 80/100000.

Fiordigigli ⑤ alla base della funivia del Gran Sasso ✆ 0862 606171, *Fax 0862 606674*, ← – | ☎ P – 70
60 cam.

ASSISI *06081 e 06082 Perugia* 988 ⑯, 430 M 19 *G. Italia – 25 531 ab. alt. 424.*

Vedere *Basilica di San Francesco**** A *: affreschi*** nella Basilica inferiore, affreschi di Giotto*** nella Basilica superioreChiesa di Santa Chiara*** BC *– Rocca Maggiore*** B *: ☼*** – Duomo di San Rufino** C *: facciata** – Piazza del Comune** B **3** *: tempio di Minerva* – Via San Francesco** AB *– Chiesa di San Pietro** A.

Dintorni *Eremo delle Carceri** Est : 4 km* C *– Convento di San Damiano* Sud : 2 km* BC *– Basilica di Santa Maria degli Angeli* Sud-Ovest : 5 km* A.

piazza del Comune 12 ✉ *06081* ✆ *075 812534, Fax 075 813727.*

Roma 177 ① – Perugia 23 ② – Arezzo 99 ② – Milano 475 ② – Siena 131 ② – Terni 76 ①.

Grand Hotel Assisi, via F.lli Canonichetti ✆ 075 81501, *Fax 075 8150777*, « Terrazza roof-garden con ← dintorni », , – | ☎ & – 500. AE VISA JCB. rist — 2 km per ①
Pasto carta 60/80000 – **150 cam** ☐ 260/320000, appartamento – 1/2 P 190000.

Subasio, via Frate Elia 2 ⊠ 06082 ℘ 075 812206, *Fax 075 816691*, « Terrazze fiorite » – cam. AE VISA JCB. rist A f
Pasto carta 50/65000 – **60 cam** 200/300000, 5 appartamenti – ½ P 195/240000.

Fontebella, via Fontebella 25 ⊠ 06081 ℘ 075 812883, *Fax 075 812941*. AE VISA. B e
Pasto vedere rist ***Il Frantoio*** – **46 cam** 190/360000 – ½ P 220/250000.

Dei Priori, corso Mazzini 15 ⊠ 06081 ℘ 075 812237, *Fax 075 816804*. AE VISA. B n
Pasto carta 45/60000 – **34 cam** 150/210000 – ½ P 130/140000.

Umbra, vicolo degli Archi 6 ⊠ 06081 ℘ 075 812240, *Fax 075 813653*, « Servizio rist. estivo all'aperto ». AE VISA. B x
chiuso dal 10 gennaio al 15 marzo – **Pasto** *(chiuso dal 15 novembre al 15 dicembre, domenica e mercoledì a mezzogiorno)* carta 45/60000 – **25 cam** 130/200000.

San Francesco, via San Francesco 48 ⊠ 06082 ℘ 075 812281, *Fax 075 816237*. AE VISA JCB. rist A b
Pasto (solo per alloggiati) 55/75000 – 25000 – **44 cam** 150/210000 – ½ P 150/185000.

La Terrazza, via F.lli Canonichetti ⊠ 06081 ℘ 075 812368, *Fax 075 816142*. AE VISA. rist 2 km per ①
Pasto carta 40/55000 – **26 cam** 130/170000 – ½ P 100/120000.

Sole, corso Mazzini 35 ⊠ 06081 ℘ 075 812373, *Fax 075 813706*. AE VISA JCB. B z
Pasto *(aprile-ottobre;* solo per alloggiati*)* – 12000 – **37 cam** 75/110000 – ½ P 80/90000.

Ideale senza rist, piazza Matteotti 1 ⊠ 06081 ℘ 075 813570, *Fax 075 813020*. AE VISA C a
10000 – **12 cam** 80/115000.

Berti, piazza San Pietro 24 ⊠ 06081 ℘ 075 813466, *Fax 075 816870*. AE VISA JCB. A a
chiuso dall'11 gennaio a febbraio – **Pasto** vedere rist ***Da Cecco*** – **10 cam** 75/120000.

Del Viaggiatore, via Sant'Antonio 14 ⊠ 06081 ℘ 075 812424, *Fax 075 813051* – rist. VISA. B g
Pasto carta 30/50000 – 10000 – **16 cam** 80/100000 – ½ P 85000.

San Francesco, via San Francesco 52 ⊠ 06081 ℘ 075 813302, *Fax 075 815201*, ≤ Basilica di San Francesco, prenotare. AE VISA A b
Pasto carta 65/110000.

Buca di San Francesco, via Brizi 1 ⊠ 06081 ℘ 075 812204, *Fax 075 813780*. AE VISA B v
chiuso lunedì – **Pasto** carta 45/65000.

La Fortezza con cam, vicolo della Fortezza 2/b ⊠ 06081 ℘ 075 812418, *Fax 075 8198035*, Coperti limitati; prenotare. AE VISA. cam B c
chiuso febbraio e dal 20 al 30 luglio – **Pasto** *(chiuso giovedì)* carta 30/45000 – 11000 – **7 cam** 75/95000 – ½ P 90000.

Taverna de l'Arco-da Bino, via San Gregorio 8 ⊠ 06081 ℘ 075 812383, *Fax 075 815340*. AE VISA. B t
chiuso dal 7 gennaio al 13 febbraio e martedì – **Pasto** carta 35/70000.

Il Frantoio, vicolo Illuminati - via Fontebella 25 ⊠ 06081 ℘ 075 812977. AE VISA B e
Pasto carta 55/80000.

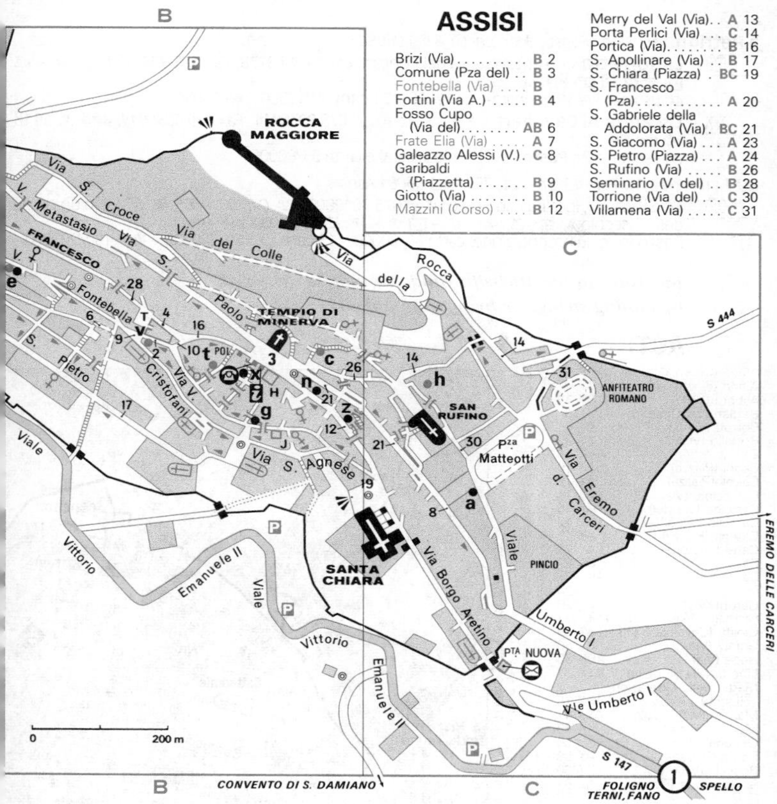

Da Erminio, via Montecavallo 19 ✉ 06081 ✆ 075 812506 AE Ⓢ ⓓ ⓜⓒ VISA — C h
chiuso dal 15 gennaio al 3 marzo, dal 1º al 15 luglio e giovedì – **Pasto** carta 30/60000.

Da Cecco, piazza San Pietro 8 ✉ 06081 ✆ 075 812437, *Fax 075 816870* – AE Ⓢ ⓓ ⓜⓒ VISA JCB. ✻ — A m
chiuso dal 10 dicembre al 15 marzo e mercoledì – **Pasto** carta 40/65000.

a Biagiano-San Fortunato *Nord : 4 km per ② – ✉ 06081 Assisi :*

Il Maniero ⛰, via San Pietro Campagna 32 ✆ 075 816379, *Fax 075 815147*, ←, ☂ – TV ☎ P. AE Ⓢ ⓓ ⓜⓒ VISA. ✻ rist
Pasto *(chiuso martedì escluso da aprile ad ottobre)* carta 35/50000 – **17 cam** ☐ 100/140000 – ½ P 90/100000.

a Santa Maria degli Angeli *Sud-Ovest : 5 km* – ✉ *06088 :*

Cristallo M, via Los Angeles ✆ 075 8043094, *Fax 075 8043538* – |♦| ▤ TV ☎ ✆ ♿ P – 🏛 50. AE Ⓢ ⓓ ⓜⓒ VISA
Pasto carta 50/70000 – **52 cam** ☐ 130/180000 – ½ P 110/130000.

sulla strada statale 444 *Nord-Est : 5,5 km :*

Osteria del Pievano, località Pian della Pieve ✉ 06081 Assisi ✆ 075 802280, *Fax 075 802280* – P. AE Ⓢ ⓓ ⓜⓒ VISA
chiuso dal 10 gennaio al 1º marzo, dal 15 al 30 giugno e lunedì – **Pasto** carta 35/60000.

a Petrignano *Nord-Ovest : 9 km per ② – ✉ 06086 :*

La Torretta ⛔ senza rist, via del Ponte 1 ✆ 075 8038778, *Fax 075 8039474*, 🏊, 🌳 – ▤ 📺 ☎ 🅿. 🅢 🅜 VISA. ⛔
chiuso dal 5 al 30 gennaio – ☕ 12000 – **31 cam** 90/125000, ▤ 10000.

Locanda Ai Cavalieri, via Matteotti 47 ✆ 075 8030011, *Fax 075 8030011*, 🌳 – 🅿. AE 🅢 ⓓ 🅜 VISA
chiuso lunedì – **Pasto** 75000 (solo la sera) e carta 55/80000.

ad Armenzano *Est : 12 km – alt. 759 – ✉ 06081 Assisi :*

Le Silve ⛔, località Caparrocchie ✆ 075 8019000, *Fax 075 8019005*, ≤, 🌳, « In un casale del 10° secolo », ≘s, 🏊, 🌳, 🎾 – 📺 ☎ 📞 🅿. AE 🅢 ⓓ 🅜 VISA JCB. ⛔
Pasto (solo su prenotazione) carta 60/90000 – **15 cam** ☕ 150/300000 – ½ P 180/200000.

Inclusion in the ***Michelin Guide*** *cannot be achieved by pulling strings or by offering favours.*

ASTI

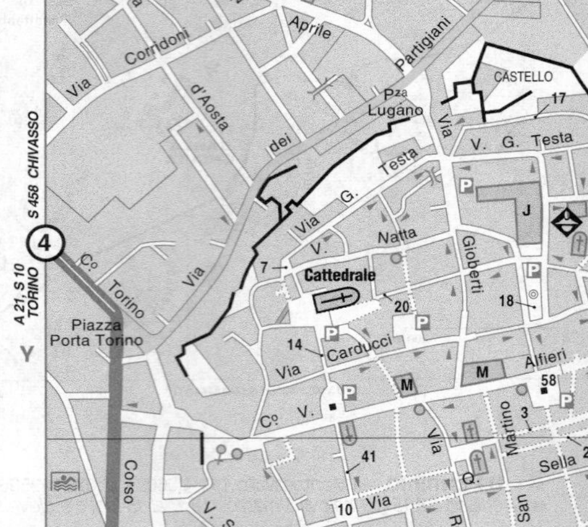

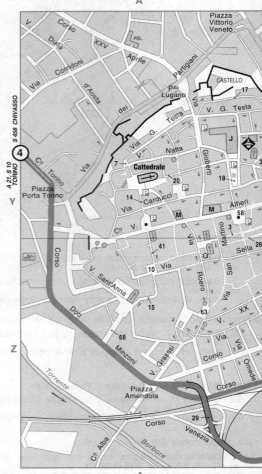

ASTI *14100* 🅿 988 ⑫, 428 H 6 *G. Italia – 73 311 ab. alt. 123.*

Vedere *Battistero di San Pietro*★ CY.

Dintorni *Monferrato*★ *per* ①.

piazza Alfieri 34 ☎ 0141 530357, Fax 0141 538200.

A.C.I. *piazza Medici 21 ☎ 0141 593534.*

Roma 615 ② – Alessandria 38 ② – Torino 60 ④ – Genova 116 ② – Milano 127 ② – Novara 103 ②.

Salera senza rist, via Monsignor Marello 19 ☎ 0141 410169, *Fax 0141 410372* – 🅿 – 100. AE VISA JCB per strada Fortino BY
48 cam ☕ 150/220000, 2 appartamenti.

Lis senza rist, viale Fratelli Rosselli 10 ☎ 0141 595051, *Fax 0141 353845* – . AE VISA CY r
29 cam ☕ 115/170000.

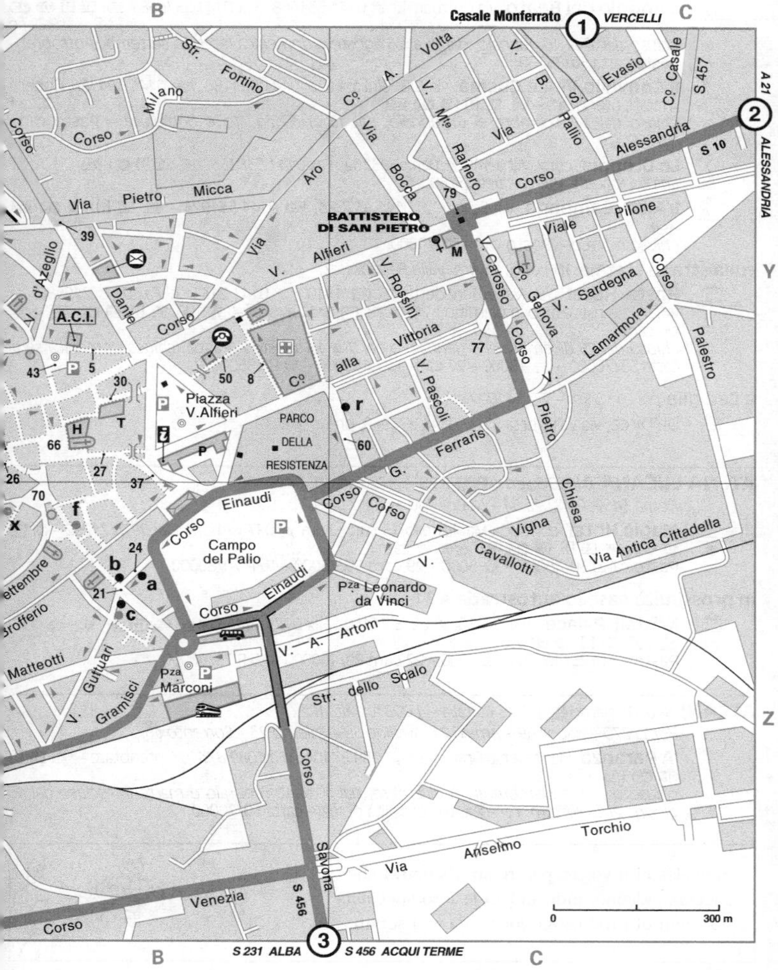

Palio senza rist, via Cavour 106 ☎ 0141 34371, *Fax 0141 34373* – 25. BZ b
chiuso dal 23 dicembre al 6 gennaio e dall'11 al 28 agosto – **29 cam** 140/240000, appartamento.

Aleramo senza rist, via Emanuele Filiberto 13 ☎ 0141 595661, *Fax 0141 30039* – BZ a
chiuso dal 23 al 27 dicembre e dal 1° al 17 agosto – 15000 – **42 cam** 130/190000.

Rainero senza rist, via Cavour 85 ☎ 0141 353866, *Fax 0141 594985* – 100. BZ c
chiuso dal 1° all'8 gennaio – 15000 – **55 cam** 90/150000.

Gener Neuv, lungo Tanaro 4 ☎ 0141 557270, *Fax 0141 436723*, solo su prenotazione – per ③
chiuso dal 24 dicembre al 7 gennaio, agosto, domenica e lunedì da gennaio a luglio, domenica sera e lunedì negli altri mesi – **Pasto** 100000 e carta 90/140000
Spec. Capitone marinato alla piemontese. Zuppa di lumache al crescione e funghi (autunno-inverno). Capretto di langa al forno.

L'Angolo del Beato, via Guttuari 12 ☎ 0141 531668, *Fax 0141 531668* – BZ c
chiuso dal 1° al 10 gennaio, dal 1° al 25 agosto e domenica (escluso settembre-ottobre) – **Pasto** carta 50/85000.

Il Convivio Vini e Cucina, via G.B. Giuliani 6 ☎ 0141 594188, *Fax 0141 594188*, Coperti limitati; prenotare – BZ f
chiuso dal 24 dicembre al 6 gennaio, dal 15 al 30 agosto e domenica – **Pasto** carta 40/60000.

La Greppia, corso Alba 140 ☎ 0141 593262, *Fax 0141 538153* – A
chiuso lunedì – **Pasto** carta 35/60000.

L'Altra Campana, via Sella 2 ☎ 0141 437083, *Fax 0141 531923* – BZ x
chiuso martedì – **Pasto** carta 50/70000.

sulla strada statale 10 *per ④ : 3 km (Valle Benedetta) :*

Hasta Hotel, Valle Benedetta 25 ✉ 14100 ☎ 0141 213312, *Fax 0141 219580*, ←, « Servizio rist. estivo in giardino », – – 100. cam
chiuso dal 26 dicembre al 6 gennaio e dal 9 al 15 agosto – **Pasto** *(chiuso domenica sera)* carta 55/70000 – 18000 – **22 cam** 130/180000 – ½ P 185000.

a Caniglie *per ① : 5 km – ✉ 14100 Asti :*

Da Dirce, via Valleversa 53 ☎ 0141 272949, prenotare.

ATENA LUCANA *84030 Salerno 431 F 28 – 2 320 ab. alt. 642.*

Roma 346 – Potenza 54 – Napoli 140 – Salerno 89.

Magic Hotel, contrada Maglianello 13 Sud : 2 km ☎ 0975 71292, *Fax 0975 71292* – cam
Pasto carta 30/45000 – 5000 – **29 cam** 55/75000 – ½ P 70/80000.

in prossimità casello autostrada A 3 :

Kristall Palace, ✉ 84030 ☎ 0975 71152, *Fax 0975 71153* – – 700.
Pasto carta 25/40000 – 5000 – **22 cam** 80/100000 – ½ P 75/80000.

ATRANI *84010 Salerno 431 F 25 G. Italia – 1 008 ab. alt. 12.*

Roma 270 – Napoli 69 – Amalfi 2 – Avellino 59 – Salerno 23 – Sorrento 36.

'A Paranza, via Traversa Dragone 1 ☎ 089 871840, *Fax 089 873107*, prenotare –
chiuso dal 15 novembre al 15 dicembre, dal 1° al 10 febbraio e martedì (escluso dal 15 giugno al 15 settembre) – **Pasto** specialità di mare carta 50/70000.

Segnalateci il vostro parere sui ristoranti che raccomandiamo, indicandoci le loro specialità ed i vini di produzione locale da essi serviti.

ATRI *64032 Teramo* 988 ㉗, 430 O 23 *G. Italia – 11 429 ab. alt. 442.*
Vedere *Cattedrale★.*
Dintorni *Paesaggio★★ (Bolge) Nord-Ovest verso Teramo.*
Roma 203 – Ascoli Piceno 80 – Pescara 26 – Teramo 45.

Du Parc, viale Umberto I, 6 ✆ 085 870260, *Fax 085 8798326,* – ⎙, ▤ rist, ☎ – 200. AE ⓢ ⓞ ⓜ VISA. ✗ rist
Pasto *(marzo-ottobre)* carta 30/45000 – **49 cam** 100/150000 – ½ P 90/105000.

ATTIGLIANO *05012 Terni* 988 ㉕, 430 O 18 – *1 724 ab. alt. 95.*
Dintorni *Sculture★ nel parco della villa Orsini a Bomarzo Sud-Ovest : 6 km.*
Roma 87 – Viterbo 27 – Orvieto 34 – Terni 42.

Umbria, in prossimità casello autostrada A1 ✆ 0744 994222, *Fax 0744 994340,* – ☎ Ⓟ – 60. AE ⓢ ⓞ ⓜ VISA. ✗
Pasto (rist. e pizzeria) carta 35/60000 – 14000 – **62 cam** 90/140000 – ½ P 100/110000.

AUGUSTA *Siracusa* 988 ㊲, 432 P 27 – *Vedere Sicilia alla fine dell'elenco alfabetico.*

AURONZO DI CADORE *32041 Belluno* 988 ⑤, 429 C 19 – *3 733 ab. alt. 864 – Sport invernali : 864/1 600 m 5, (vedere anche Misurina).*
via Roma 10 ✉ 32041 ✆ 0435 9359, Fax 0435 400161.
Roma 663 – Cortina d'Ampezzo 34 – Belluno 62 – Milano 402 – Tarvisio 135 – Treviso 123 – Udine 124 – Venezia 152.

Panoramic , via Padova 17 ✆ 0435 400198, *Fax 0435 400578,* ⩤, – ☎ Ⓟ. ⓜ VISA. ✗
20 giugno-20 settembre – **Pasto** carta 35/55000 – 15000 – **30 cam** 110/140000 – ½ P 130000.

La Montanina, via Monti 3 ✆ 0435 400005, *Fax 0435 400090,* – ☎ Ⓟ. ⓢ ⓞ ⓜ VISA. ✗
16 dicembre-aprile e 16 giugno-ottobre – **Pasto** carta 30/45000 – 7000 – **17 cam** 90/110000 – ½ P 75/90000.

Victoria senza rist, via Cella 23 ✆ 0435 99933, *Fax 0435 400305,* ⩤ lago e monti, – ☎ Ⓟ. ✗
chiuso dal 5 all'11 giugno e dal 1° al 15 novembre – **18 cam** 90/140000.

Cacciatori con cam, via Ligonto 26 ✆ 0435 97017, *Fax 0435 97103,* ⩤, – ☎ Ⓟ. AE ⓢ ⓞ ⓜ VISA. ✗
Pasto carta 40/80000 – 15000 – **14 cam** 80/140000 – ½ P 100/130000.

a Palus San Marco *Sud-Est : 12 km – ✉ 32041 Auronzo di Cadore :*

Al Cervo , ✆ 0435 497000, *Fax 0435 497116,* ⩤ Dolomiti – ☎ Ⓟ. AE ⓢ ⓞ ⓜ VISA. ✗ rist
Pasto *(chiuo martedì escluso da giugno a settembre)* carta 30/45000 – 15000 – **9 cam** 80/160000 – ½ P 120000.

AVELENGO (HAFLING) *39010 Bolzano* 429 C 15, 218 ⑳ *G. Italia – 676 ab. alt. 1 290 – Sport invernali : a Merano 2000 : 1 946/2 302 m 3 5,* .
via Falzeben 1 ✆ 0473 279457, Fax 0473 279540.
Roma 680 – Bolzano 37 – Merano 15 – Milano 341.

Viktoria , via Falzeben 9 ✆ 0473 279422, *Fax 0473 279522,* ⩤, , « Giardino con laghetto artificiale », , , , – ☎ Ⓟ
30 cam.

Viertlerhof , via Falzeben 126 ✆ 0473 279428, *Fax 0473 279446,* ⩤, , , – ⎙ ☎ Ⓟ
chiuso da novembre al 25 dicembre – **Pasto** (solo per alloggiati e *chiuso a mezzogiorno*) 35/45000 – **27 cam** 55/90000 – ½ P 85/115000.

Mesnerwirt , via Chiesa 2 ✆ 0473 279493, *Fax 0473 279530,* ⩤, , , – ☎ Ⓟ. ✗ rist
chiuso dal 15 novembre al 20 dicembre – **Pasto** *(chiuso lunedì)* carta 30/60000 – **12 cam** 80/150000, 5 appartamenti – ½ P 90000.

Se cercate un albergo tranquillo,
oltre a consultare le carte dell'introduzione,
individuate nell'elenco degli esercizi quelli con il simbolo o .

AVELLINO *83100* P 988 ㉗ ㉘, 431 E 26 – *56 232 ab. alt. 351.*

piazza Libertà 50 ✆ 0825 74732, Fax 0825 74757.

A.C.I. *contrada Baccanico 16 ✆ 0825 36459.*

Roma 245 – Napoli 57 – Benevento 39 – Caserta 58 – Foggia 118 – Potenza 138 – Salerno 38.

De la Ville, via Palatucci 20 ✆ 0825 780911, *Fax 0825 780921* – – 380. AE VISA. rist
Pasto al Rist. ***Il Cavallino*** carta 45/75000 (10 %) – **63 cam** 200/260000, 6 appartamenti – ½ P 180000.

Jolly, via Tuoro Cappuccini 97/a ✆ 0825 25922, *Fax 0825 780029* – , cam, – 300. AE VISA. rist
Pasto carta 50/90000 – **72 cam** 170/200000 – ½ P 135/145000.

sulla strada statale 88 *Sud-Ovest : 5 km :*

Hotel Hermitage Il Castello , strada statale Dei Due Principati km 29,550 83020 Contrada ✆ 0825 674788, *Fax 0825 674772*, ≤, « Costruzione del XVII secolo in un parco », , – , rist, – 250
stagionale – **30 cam.**

AVENA (Monte) *Belluno* 429 D 17 – *Vedere Pedavena.*

AVEZZANO *67051 L'Aquila* 988 ㉖, 430 P 22 – *39 121 ab. alt. 697.*

Roma 105 – L'Aquila 52 – Latina 133 – Napoli 188 – Pescara 107.

Dei Marsi, via Cavour 79/B (Sud : 3 km) ✆ 0863 4601, *Fax 0863 4600100*, – – 250. AE VISA.
Pasto al Rist. ***Il Canestro*** carta 40/75000 – **112 cam** 105/120000, 4 appartamenti – ½ P 85000.

Velino, via Montello 9 ✆ 0863 412696, *Fax 0863 34263* – rist, . AE VISA. rist
Pasto al Rist. ***Le Due Lanterne*** carta 40/55000 – **25 cam** 80/100000 – ½ P 75/85000.

Le Jardin, via Sabotino 40 ✆ 0863 414710, prenotare, « Servizio estivo in giardino » – AE VISA.
chiuso domenica – **Pasto** carta 55/95000.

Napoleone, via Tiburtina Valeria al km 112.700 ✆ 0863 413687, *Fax 0863 413687*, solo su prenotazione la sera – . AE VISA JCB.
Pasto carta 35/50000.

AVIGLIANA *10051 Torino* 988 ⑫, 428 G 4 – *10 741 ab. alt. 390.*

Dintorni *Sacra di San Michele*** : ≤*** Nord-Ovest : 13,5 km.*

Le Fronde (chiuso martedì, gennaio e febbraio) ✆ 011 9328053, F ax 011 9320928.

piazza del Popolo 6 ✆ 011 9328650, Fax 011 9328650.

Roma 689 – Torino 26 – Milano 161 – Col du Mont Cenis 59 – Pinerolo 33.

Corona Grossa, piazza Conte Rosso 38 ✆ 011 9328371, *Fax 011 9328355* – . AE VISA
chiuso dal 1° al 7 gennaio, dal 7 al 31 agosto, domenica e lunedì – **Pasto** 30/40000 (a mezzogiorno) 60/70000 (la sera) e carta 50/70000.

AYAS *11020 Aosta* 428 E 5, 219 ④ – *1 281 ab. alt. 1 453 – Sport invernali : 1 267/2 714 m 1 15, .*

Roma 732 – Aosta 61 – Ivrea 57 – Milano 170 – Torino 99.

ad Antagnod *Nord : 3,5 km – alt. 1 699 – 11020 Ayas – a.s. febbraio-Pasqua, luglio-agosto e Natale :*

Petit Prince senza rist, ✆ 0125 306662, *Fax 0125 306622*, ≤ Monte Rosa e vallata, –
24 cam, appartamento.

Santa San senza rist, via Barmasc 1 ✆ 0125 306597, *Fax 0125 306357*, ≤ Monte Rosa e vallata – . AE VISA
chiuso maggio ed ottobre – 13000 – **12 cam** 95/165000.

AZZATE *21022 Varese* 428 E 8, 219 ⑦ – *3 821 ab. alt. 332.*

Roma 622 – Como 30 – Bellinzona 63 – Lugano 42 – Milano 54 – Novara 56 – Stresa 43.

Locanda dei Mai Intees , via Nobile Claudio Riva 2 ✆ 0332 457223, *Fax 0332 459339* – AE VISA JCB
Pasto *(chiuso a mezzogiorno)* carta 70/105000 – **8 cam** 200/370000, appartamento.

BACCHERETO *Prato* 429, 430 K 15 – *Vedere Carmignano.*

BACOLI *80070 Napoli* 988 ㉗, 431 E 24 *G. Italia – 27 940 ab. – a.s. luglio-settembre.*
Vedere *Cento Camerelle★ – Piscina Mirabile★.*
Roma 242 – Napoli 27 – Formia 77 – Pozzuoli 8.

XXX **La Misenetta,** via Lungolago 2 ✆ 081 5234169, *Fax 081 5231510,* « Giardino d'inverno » – AE 🅂 MC VISA
chiuso dal 23 dicembre al 3 gennaio, da luglio a settembre e lunedì – **Pasto** 75000 e carta 85/130000.

XX **A Ridosso,** via Mercato di Sabato 320 ✆ 081 8689233, *Fax 081 8689233,* solo su prenotazione a mezzogiorno – P. AE 🅂 ⊙ VISA
chiuso dal 23 dicembre al 4 gennaio, dal 15 al 30 agosto, domenica sera e lunedì – **Pasto** carta 50/80000.

a Capo Miseno *Sud-Est : 2 km – ✉ 80070 :*

Cala Moresca ⛰, via del Faro 44 ✆ 081 5235595, *Fax 081 5235557,* ≤ golfo e costa, ⛱, ⛱, ⛺, ⛱ – |‡| ≡ TV ☎ P – 🏃 70. AE 🅂 ⊙ MC VISA. ⛔ rist
Pasto carta 60/90000 – **28 cam** ☕ 125/200000 – 1/2 P 130/140000.

a Baia *Nord : 3,5 km – ✉ 80070 :.*
Vedere *Terme★★.*

XX **Dal Tedesco,** via Temporini 12 (Nord : 1,5 km) ✆ 081 8687175, *Fax 081 8687336,* ≤, « Servizio estivo in terrazza con ≤ golfo e costa » – P. AE 🅂 ⊙ MC VISA. ⛔
Pasto *(chiuso dal 20 dicembre al 4 gennaio e martedì)* carta 45/65000 (12 %).

Per l'inserimento in ***guida,***
Michelin *non accetta*
né favori, né denaro!

BADALUCCO *18010 Imperia* 428 K 5 – *1 289 ab. alt. 179.*
Roma 643 – Imperia 31 – Cuneo 124 – San Remo 24 – Savona 103.

XX **Il Ponte,** via Ortai 3/5 ✆ 0184 408000, *Fax 0184 408000,* prenotare – AE 🅂 ⊙ MC VISA
chiuso gennaio o febbraio, dal 1°al 20 novembre e mercoledì – **Pasto** 40000.

BADIA (ABTEI) *Bolzano* 429 C 17 – *2 928 ab. – a.s. Pasqua, agosto e Natale – Sport invernali : 1 315/2 085 m* ⛷ *4* ⛷ *54,* ⛷.
Da Pedraces : Roma 712 – Cortina d'Ampezzo 35 – Belluno 92 – Bolzano 71 – Milano 366 – Trento 132.

a Pedraces (Pedratsches) – *alt. 1 315 – ✉ 39036.*
ℹ *frazione Pedraces 64 ✆ 0471 839695, Fax 0471 839573 :*

Sporthotel Teresa, ✆ 0471 839623, *Fax 0471 839823,* ≤, maneggio, 🏋, ♨, 🏊, ⛱, 🎾 – |‡|, ≡ rist, TV ☎ 🚗 P. VISA. ⛔
chiuso maggio e novembre – **Pasto** *(chiuso lunedì)* carta 60/90000 – ☕ 25000 – **42 cam** 160/330000, 12 appartamenti – 1/2 P 295000.

Serena ⛰, Pedraces 31 ✆ 0471 839664, *Fax 0471 839854,* ≤ Dolomiti, 🏋, ♨, 🏊, ⛱ – |‡|, ⛔ rist, TV ☎ 🚗 P. ⛔ rist
18 dicembre-26 marzo e 18 giugno-24 settembre – **Pasto** carta 30/45000 – **42 cam** ☕ 90/150000 – 1/2 P 160000.

Lech da Sompunt ⛰, Sud-Ovest : 3 km ✆ 0471 847015, *Fax 0471 847464,* ≤, ⛱, « Parco e laghetto naturale con pesca sportiva e pattinaggio in inverno », ♨ – TV ☎ P. 🅂 MC VISA. ⛔
dicembre-aprile e giugno-settembre – **Pasto** carta 35/50000 – **28 cam** ☕ 120/220000, 3 appartamenti – 1/2 P 115/160000.

Gran Ander ⛰, via Runcac 29 ✆ 0471 839718, *Fax 0471 839741,* ≤ Dolomiti, ⛱ – |‡|, ≡ rist, TV ☎ P. 🅂 MC VISA. ⛔ rist
6 dicembre-31 marzo e 15 giugno-settembre – **Pasto** (solo per clienti alloggiati) 35/50000 – **21 cam** ☕ 110/205000 – 1/2 P 110/140000.

a La Villa (Stern) *Sud : 3 km – alt. 1 484 – ✉ 39030.*
ℹ *via Principale ✆ 0471 847037, Fax 0471 847277 :*

Christiania, via Nazionale 146 ✆ 0471 847016, *Fax 0471 847056,* ≤ Dolomiti, ♨, ⛱ – |‡| TV ☎ P. AE 🅂 MC VISA. ⛔ rist
4 dicembre-26 marzo e luglio-24 settembre – **Pasto** (solo per alloggiati) – ☕ 28000 – **27 cam** 240/460000 – 1/2 P 270000.

La Villa ⛰, via Bosc da Plan 48 ☎ 0471 847035, *Fax 0471 847393*, ≤ Dolomiti, « Giardino-pineta », Fá, ≘ – |≑| ▣ ☎ P. ⋇
3 dicembre-27 marzo e 24 giugno-24 settembre – **Pasto** 35/50000 e al Rist. ***Blumine*** Coperti limitati; prenotare carta 40/75000 – **27 cam** ⊒ 120/220000 – ½ P 160000.

Dolasilla ⛰, via Rottonara 30 ☎ 0471 847006, *Fax 0471 847349*, ≤ Dolomiti, « Giardino panoramico », ≘ – |≑|, ⋇ rist, ▤ rist, ▣ ☎ ♿ P. Ⓢ VISA. ⋇
4 dicembre-6 aprile e luglio-settembre – **Pasto** carta 40/50000 – **32 cam** ⊒ 115/300000 – ½ P 205000.

a San Cassiano (St. Kassian) *Sud-Est : 6 km – alt. 1 535 –* ✉ *39030.*

ℹ *frazione San Cassiano 126 ☎ 0471 849422, Fax 0471 849249 :*

Rosa Alpina, via Centro 31 ☎ 0471 841111, *Fax 0471 849377*, ≤, centro benessere, Fá, ≘, ▣, ⛰ – |≑| ▣ ☎ ♿ ⇔ P. AE Ⓢ ⓓ ⓜ VISA. ⋇ rist
dicembre-4 aprile e 15 giugno-10 ottobre – **Pasto** 55/70000 e vedere anche Rist ***St. Hubertus*** – **35 cam** ⊒ 250/620000, 17 appartamenti – ½ P 420000.

Armentarola, Sud-Est : 2 km ☎ 0471 849522, *Fax 0471 849389*, ≤ pinete e Dolomiti, ⛱, « Grande baita stile anni "30 sulle piste da sci », Fá, ≘, ▣, ⛰, ⚔ – |≑| ▣ ☎ ⇔ P.
4 dicembre-2 aprile e 12 giugno-10 ottobre – **Pasto** carta 50/80000 – **42 cam** ⊒ 180/400000, 8 appartamenti – ½ P 300000.

Ciasa Salares ⛰, Sud-Est : 2 km ☎ 0471 849445, *Fax 0471 849369*, ≤ pinete e Dolomiti, ⛱, Fá, ≘, ▣, ⛰ – ▣ ☎ ⇔ P. AE Ⓢ ⓓ ⓜ VISA. ⋇
4 dicembre-24 aprile e 18 giugno-settembre – **Pasto** 60/80000 e vedere anche rist ***La Siriola*** – **41 cam** ⊒ 200/350000, 3 appartamenti – ½ P 280000.

Fanes ⛰, Peccei 19 ☎ 0471 849470, *Fax 0471 849403*, ≤ pinete e Dolomiti, ≘, ⛰, ⚔ – |≑| ▣ ☎ ⇔ P. ⋇ rist
dicembre-10 aprile e 20 giugno-10 ottobre – **Pasto** carta 40/65000 – **40 cam** solo ½ P 100/200000.

Gran Ancëi ⛰, Sud-Est : 2,5 km ☎ 0471 849540, *Fax 0471 849210*, ≤ Dolomiti, ⛱, « In pineta », ≘, ⛰ – |≑|, ▤ rist, ▣ ☎ P. Ⓢ VISA. ⋇
4 dicembre-20 aprile e 10 giugno-10 ottobre – **Pasto** carta 50/90000 – **29 cam** ⊒ 70/120000 – ½ P 100/150000.

Ciasa Antersìes ⛰, via Antersies 151 ☎ 0471 849417, *Fax 0471 849319*, ≤ pinete e Dolomiti, ⛰ – |≑|, ⋇ rist, ▣ ☎ P. Ⓢ VISA. ⋇
4 dicembre-10 aprile e luglio-settembre – **Pasto** (solo per alloggiati e *chiuso a mezzogiorno*) 30/60000 – **25 cam** ⊒ 100/180000, 8 appartamenti – ½ P 160000.

La Stüa ⛰, strada Micurà de Ru 31 ☎ 0471 849456, *Fax 0471 849311*, ≤ pinete e Dolomiti, ≘ – ⋇ rist, ▤ rist, ▣ ☎ P. ⋇ rist
18 dicembre-26 marzo e 24 giugno-24 settembre – **Pasto** (solo per alloggiati) 30000 – **25 cam** ⊒ 120/240000 – ½ P 170000.

Ciasa Roby senza rist, via Micurà de ru 67 ☎ 0471 849525, *Fax 0471 849260*, ≤ – ▣ ☎ P
dicembre-aprile e luglio-settembre – **25 cam** ⊒ 70/130000.

XXX **La Siriola** - Hotel Ciasa Salares, Sud-Est : 2 km ☎ 0471 849445, *Fax 0471 849369*, Coperti limitati; prenotare – P. AE Ⓢ ⓓ ⓜ VISA. ⋇
4 dicembre-24 aprile e 24 giugno-settembre – **Pasto** 85/120000 bc e carta 80/120000.

XX ✿ **St. Hubertus,** via Centro 61 ☎ 0471 849500, *Fax 0471 849377*, Coperti limitati; prenotare – P. AE Ⓢ ⓓ ⓜ VISA
dicembre-4 aprile e 15 giugno-10 ottobre; chiuso martedì – **Pasto** 75/95000 e carta 65/110000
Spec. Terrina e fegato grasso d'oca saltato con papavero e ciliege marinate. Triglia ripiena con pomodoro al forno, salsa al cocco e coriandolo. Filetto di manzo in crosta di sale e fieno di montagna.

BADIA DI DULZAGO *Novara – Vedere Bellinzago Novarese.*

BAGNACAVALLO *48012 Ravenna 988 ⑮, 429, 430 I 17 – 16 110 ab. alt. 11.*

Roma 360 – Ravenna 23 – Bologna 61 – Faenza 16 – Ferrara 64 – Forlì 33.

XX **Al Palazzo Tesorieri,** via Garibaldi 75 ☎ 0545 61156, *Fax 0545 61156*, ⛱, prenotare – AE Ⓢ ⓓ ⓜ VISA JCB
chiuso lunedì – **Pasto** 60/80000 e carta 55/90000.

*Un consiglio **Michelin**:*
per la buona riuscita di un viaggio, preparatelo in anticipo.
*Le **carte** e le **guide Michelin** vi danno tutte le indicazioni utili su: itinerari, curiosità, sistemazioni, prezzi, ecc.*

BAGNAIA *01031 Viterbo* 430 O 18 *G. Italia – alt. 441.*
Vedere *Villa Lante*★★.
Roma 109 – Viterbo 5 – Civitavecchia 63 – Orvieto 52 – Terni 57.

✗ **Biscetti** con cam, via Gen Gandin 11/A ✆ 0761 288252, *Fax 0761 289254*, – |‡| TV P. AE ⑤ ⊙ ⊚ VISA. ✻
chiuso dal 5 al 30 luglio – **Pasto** *(chiuso giovedì)* carta 40/55000 (10 %) – ☕ 8000 – **16 cam** 75/100000 – ½ P 85/95000.

BAGNAIA *Livorno* 430 N 13 – *Vedere Elba (Isola d') : Rio nell'Elba.*

BAGNI DI LUCCA *55021 e 55022 Lucca* 988 ⑭, 428, 429, 430 J 13 – *6 926 ab. alt. 150 – Stazione termale (15 maggio-15 ottobre), a.s. luglio-agosto e Natale.*
via Umberto I 157 ✆ 0583 805508, Fax 0583 807877.
Roma 375 – Pisa 48 – Bologna 113 – Firenze 101 – Lucca 27 – Massa 72 – Milano 301 – Pistoia 53 – La Spezia 101.

Bridge senza rist, piazza di Ponte a Serraglio 5 (Ovest : 1,5 km) ✉ 55021 ✆ 0583 805324, *Fax 0583 805324* – |‡| TV ☎. AE ⑤ ⊙ ⊚ VISA JCB. ✻
☕ 12000 – **12 cam** 70/95000.

BAGNI DI TIVOLI *Roma* 430 Q 20 – *Vedere Tivoli.*

BAGNO A RIPOLI *50012 Firenze* 988 ⑮, 430 K 15 – *25 860 ab. alt. 77.*
Roma 270 – Firenze 9 – Arezzo 74 – Montecatini Terme 63 – Pisa 106 – Siena 71.

✗✗ **Centanni** ⊗ con cam, via di Centanni 8/7 ✆ 055 630122, *Fax 055 6510445*, ≤ colline, « Servizio estivo serale in giardino », – ▤ TV ☎ P – 40. AE ⑤ ⊚ VISA
Pasto *(chiuso sabato a mezzogiorno, domenica ed agosto)* carta 65/85000 – ☕ 15000 – 10 appartamenti 200/510000.

BAGNO DI ROMAGNA *47021 Forlì-Cesena* 988 ⑮, 429, 430 K 17 – *6 154 ab. alt. 491 – Stazione termale (marzo-novembre), a.s. 10 luglio-20 settembre.*
via Fiorentina 38 ✆ 0543 911046, Fax 0543 911026.
Roma 289 – Rimini 90 – Arezzo 65 – Bologna 125 – Firenze 90 – Forlì 62 – Milano 346 – Ravenna 86.

Tosco Romagnolo, piazza Dante 2 ✆ 0543 911260, *Fax 0543 911014*, Centro benessere, « Terrazza-solarium con », Ⅰ₆, – |‡| ▤ TV ☎ ♿ P. AE ⑤ ⊙ ⊚ VISA. ✻
chiuso dal 10 gennaio al 10 febbraio e dal 15 novembre all'8 dicembre – **Pasto** 45000 vedere anche rist ***Paolo Teverini*** – **49 cam** ☕ 300/350000, 2 appartamenti – ½ P 205000.

Gd H. Terme Roseo, piazza Ricasoli 2 ✆ 0543 911016, *Fax 0543 911360*, Centro benessere, Ⅰ₆, – |‡|, ▤ rist, TV ☎. AE ⑤ ⊙ ⊚ VISA JCB. ✻
Pasto carta 40/60000 – **70 cam** ☕ 140/220000 – ½ P 185000.

Balneum, via Lungosavio 15/17 ✆ 0543 911085, *Fax 0543 911252* – |‡|, ▤ rist, TV ☎ .
AE ⑤ ⊙ ⊚ VISA. ✻
marzo-dicembre – **Pasto** carta 30/50000 – **40 cam** ☕ 90/140000 – ½ P 100000.

✗✗✗ ✿ **Paolo Teverini** - Hotel Tosco Romagnolo, piazza Dante 2 ✆ 0543 911260, *Fax 0543 911014*, Coperti limitati; prenotare – ▤. AE ⑤ ⊙ ⊚ VISA. ✻
chiuso lunedì e martedì escluso luglio-agosto – **Pasto** 70/130000 e carta 80/125000
Spec. Cappelletti alla moda di Artusi. Gamberetti di fiume gratinati (giugno-settembre). Lombata di vitello lardellata ai tartufi neri su letto difunghi di bosco (maggio-ottobre).

a San Piero in Bagno *Nord-Est : 2,5 km – ✉ 47026 :*

✗ **Al Gambero Rosso,** via Verdi 5 ✆ 0543 903405 – ▤. AE ⑤ ⊙ ⊚ VISA. ✻
chiuso lunedì escluso luglio e agosto – **Pasto** carta 40/55000.

ad Acquapartita *Nord-Est : 8 km – alt. 806 – ✉ 47026 San Piero in Bagno :*

Miramonti Ⓜ, via Acquapartita 103 ✆ 0543 903640, *Fax 0543 903640*, « Laghetto con pesca sportiva », Ⅰ₆, – |‡| ▤ TV ☎ ♿ P – 150. AE ⑤ ⊙ ⊚ VISA.
✻ rist
24 dicembre-2 gennaio e 25 aprile-ottobre – **Pasto** carta 40/80000 – **46 cam** ☕ 160/200000 – ½ P 100/120000.

BAGNOLO IN PIANO *42011 Reggio nell'Emilia* 429 H 14 – *7 825 ab. alt. 32.*
Roma 433 – Parma 38 – Modena 30 – Reggio nell'Emilia 8.

✗✗ **Trattoria da Probo,** via Provinciale nord 13 ✆ 0522 951001, *Fax 0522 951300* – ▤ P. AE ⑤ ⊙ ⊚ VISA JCB. ✻
chiuso dal 5 al 20 agosto, domenica sera e lunedì – **Pasto** carta 40/60000.

BAGNOLO SAN VITO *46031 Mantova* 428, 429 G 14 – *5 343 ab. alt. 18.*
Roma 460 – Verona 48 – Mantova 13 – Milano 188 – Modena 58.

XX **Villa Eden,** via Gazzo 2 ☎ 0376 415684, *Fax 0376 415738*, prenotare, – P – 30. VISA.
chiuso al 15 al 28 febbraio, dal 6 al 27 agosto, martedì e a mezzogiorno (escluso sabato e domenica) – **Pasto** carta 35/65000.

BAGNOREGIO *01022 Viterbo* 988 ㉕, 430 O 18 – *3 840 ab. alt. 485.*
Roma 125 – Viterbo 28 – Orvieto 20 – Terni 82.

X **Da Nello il Fumatore,** piazza Marconi 5 ☎ 0761 792642 – VISA.
chiuso dal 15 al 30 giugno, venerdì e la sera da ottobre a marzo – **Pasto** carta 40/50000.

X **Hostaria del Ponte,** località Mercatello 11 ☎ 0761 793565 – AE VISA JCB.
chiuso dal 22 febbraio al 7 marzo, domenica sera e lunedì – **Pasto** carta 40/55000.

BAGNO VIGNONI *Siena* 430 M 16 – *Vedere San Quirico d'Orcia.*

BAIA *Napoli* 431 E 24 – *Vedere Bacoli.*

BAIA DOMIZIA *81030 Caserta* 430 S 23 – *a.s. 15 giugno-15 settembre.*
Roma 167 – Frosinone 98 – Caserta 53 – Gaeta 29 – Abbazia di Montecassino 53 – Napoli 67.

Della Baia, via dell'Erica ☎ 0823 721344, *Fax 0823 721556*, ←, – P. AE VISA JCB. rist
20 maggio-settembre – **Pasto** 55/60000 – 15000 – **56 cam** 105/160000 – ½ P 150/160000.

BAIA SARDINIA *Sassari* 988 ㉓ ㉔, 433 D 10 – *Vedere Sardegna (Arzachena : Costa Smeralda) alla fine dell'elenco alfabetico.*

BALDISSERO TORINESE *10020 Torino* 428 G 5 – *3 180 ab. alt. 421.*
Roma 656 – Torino 13 – Asti 42 – Milano 140.

XXX **Osteria del Paluch,** via Superga 44 (Ovest : 3 km) ☎ 011 9408750, *Fax 011 9407592*, solo su prenotazione, « Servizio estivo all'aperto » – P. AE VISA
chiuso domenica sera e lunedì escluso da giugno a settembre – **Pasto** 75/80000 e carta 45/100000.

a Rivodora *Nord-Ovest : 5 km* – ✉ *10099 :*

X **Torinese,** via Torino 42 ☎ 011 9460025, *Fax 011 9460006*, – AE VISA.
chiuso dal 2 al 14 agosto, martedì, mercoledì e a mezzogiorno (escluso sabato-domenica) – **Pasto** carta 35/55000.

BALLABIO *23811 Lecco* 428 E 10, 219 ⑩ – *3 163 ab. alt. 732.*
Roma 617 – Bergamo 41 – Como 38 – Lecco 6 – Milano 60 – Sondrio 90.

Sporting Club, via Confalonieri 46, a Ballabio Superiore Nord : 1 km ☎ 0341 530185, *Fax 0341 530185* – P. AE VISA
chiuso dal 1º al 15 giugno – **Pasto** *(chiuso mercoledì)* carta 40/60000 – 7000 – **14 cam** 80/125000 – ½ P 75/85000.

BALOCCO *13040 Vercelli* 428 F 6 – *275 ab. alt. 166.*
Roma 646 – Stresa 66 – Biella 25 – Milano 80 – Torino 66 – Vercelli 21.

XX L'Osteria, piazza Castello 1 ☎ 0161 853210.

BANCHETTE D'IVREA *Torino* 428 F 5 – *Vedere Ivrea.*

BARAGAZZA *Bologna* 429, 430 J 15 – *Vedere Castiglione dei Pepoli.*

BARANO D'ISCHIA *Napoli* 431 E 23 – *Vedere Ischia (Isola d').*

BARBARANO *Brescia* – *Vedere Salò.*

BARBARESCO *12050 Cuneo* [428] H 6 – *641 ab. alt. 274.*
Roma 642 – Genova 129 – Torino 57 – Alessandria 63 – Asti 28 – Cuneo 64 – Savona 101.

🍴🍴 **Rabayà,** via Rabayà 9 ☎ 0173 635223, *Fax 0173 635226*, Coperti limitati; prenotare, « Servizio estivo in terrazza con ≤ sulle langhe » – ▤ [P]. [AE] [S] [O] [MC] [VISA]. 🚫🐕
chiuso dal 4 al 14 febbraio, dal 20 al 30 agosto e giovedì – **Pasto** 40/60000 e carta 40/80000.

🍴🍴 **Al Vecchio Tre Stelle** con cam, via Rio Sordo 13, località Tre Stelle Sud : 3 km ☎ 0173 638192, *Fax 0173 638282*, solo su prenotazione – [TV] ☎. [AE] [S] [O] [MC] [VISA]. 🚫🐕
chiuso gennaio e dal 10 al 23 luglio – **Pasto** *(chiuso martedì)* 40/60000 e carta 50/80000 – **9 cam** ☕ 90/130000 – ½ P 100000.

BARBERINO DI MUGELLO *50031 Firenze* [988] [14] [15], [429], [430] J 15 – *9 189 ab. alt. 268.*
Roma 308 – Firenze 34 – Bologna 79 – Milano 273 – Pistoia 49.

in prossimità casello autostrada A 1 *Sud-Ovest : 4 km :*

🍴🍴 **Cosimo de' Medici,** viale del Lago 19 ✉ 50030 Cavallina ☎ 055 8420370 – [P]. [AE] [S] [O] [MC] [VISA]
chiuso dal 1° al 15 agosto e lunedì – **Pasto** carta 45/65000 (10 %).

BARBERINO VAL D'ELSA *50021 Firenze* [430] L 15 *G. Toscana – 100 ab. alt. 373.*
Roma 260 – Firenze 32 – Siena 36 – Livorno 109.

a Petrognano *Ovest : 3 km* – ✉ *50021 Barberino Val d'Elsa :*

🍴🍴 **Il Paese dei Campanelli,** località Petrognano 4 ☎ 055 8075318, *Fax 055 8075318*, 🌳, prenotare, « In una vecchia cantina di campagna » – [P]. [AE] [S] [O] [MC] [VISA] [JCB]
chiuso a mezzogiorno e domenica – **Pasto** carta 70/80000.

BARBIANELLO *27041 Pavia* [428] G 9 – *798 ab. alt. 67.*
Roma 557 – Piacenza 45 – Alessandria 68 – Milano 56 – Pavia 18.

🍴 **Da Roberto,** via Barbiano 21 ☎ 0385 57396 – [AE] [S] [O] [VISA]
chiuso dal 1° al 7 gennaio, agosto, lunedì e la sera (escluso venerdì e sabato) – **Pasto** carta 30/50000.

BARCELLONA POZZO DI GOTTO *Messina* [988] [24], [432] M 27 – *Vedere Sicilia alla fine dell'elenco alfabetico.*

BARCUZZI *Brescia – Vedere Lonato.*

BARDASSANO *Torino – Vedere Gassino Torinese.*

BARDINETO *17057 Savona* [988] [12], [428] J 6 – *645 ab. alt. 711.*
Roma 604 – Genova 100 – Cuneo 84 – Imperia 65 – Milano 228 – Savona 59.

🏠 **Piccolo Ranch,** località Cascinazzo 10 ☎ 019 7907038, *Fax 019 7907377*, ≤ – |‡| [TV] ☎ 🚗 [P] – 🧑‍🏫 100. [AE] [S] [O] [MC] [VISA]. 🚫🐕
chiuso dal 15 gennaio a febbraio – **Pasto** *(chiuso mercoledì)* carta 30/60000 – ☕ 10000 – **23 cam** 90/160000 – ½ P 100/160000.

🏠 **Maria Nella,** via Cave 1 ☎ 019 7907017, *Fax 019 7907018*, 🌿 – |‡| [TV] ☎ [P]. [AE] [S] [O] [MC] [VISA]. 🚫🐕
chiuso novembre e dicembre – **Pasto** *(chiuso venerdì)* carta 30/50000 – ☕ 10000 – **52 cam** 75/100000 – ½ P 80/90000.

BARDOLINO *37011 Verona* [988] [4], [428], [429] F 14 *G. Italia – 6 210 ab. alt. 68.*
Vedere *Chiesa*★.
⛳18 *Cà degli Ulivi a Marciaga-Castion di Costermano* ✉ *37010* ☎ *045 6279030, Fax 045 6270550, Nord : 7 km.*
[i] *piazza Aldo Moro 1* ☎ *045 7210078, Fax 045 7210872.*
Roma 517 – Verona 27 – Brescia 60 – Mantova 59 – Milano 147 – Trento 84 – Venezia 145.

🏨 **San Pietro,** via Madonnina 15 ☎ 045 7210588, *Fax 045 7210023*, 🏊, 🌿 – |‡| ▤ [TV] ☎ [P]. [AE] [S] [MC] [VISA]. 🚫🐕
20 marzo-15 novembre – **Pasto** *(chiuso a mezzogiorno)* carta 45/60000 – **48 cam** ☕ 130/220000 – ½ P 85/160000.

🏨 **Kriss Internazionale,** lungolago Cipriani 3 ☎ 045 6212433, *Fax 045 7210242*, ≤, 🌳, 🏖, 🌿 – |‡| 🚭 ▤ [TV] ☎ 🚗 [P] – 🧑‍🏫 35. [AE] [VISA]. 🚫🐕 rist
Pasto *(chiuso martedì)* carta 40/60000 – **33 cam** ☕ 140/270000 – ½ P 100/160000.

Cristina, via dell'Alpino 2 ✆ 045 6210857, *Fax 045 6212697*, – VISA. rist
aprile-20 ottobre – **Pasto** (solo per alloggiati) – **48 cam** 130/240000 – ½ P 135000.

Benacus senza rist, via Madonnina 11 ✆ 045 6210282, *Fax 045 6210283* –
28 marzo-16 ottobre – **12 cam** 110/140000.

Bologna, via Mirabello 13 ✆ 045 7210003, *Fax 045 7210564* – AE.
10 marzo-20 ottobre – **Pasto** *(chiuso a mezzogiorno e venerdì)* carta 45/80000 – 1500
– **21 cam** 90/105000 – ½ P 75/85000.

Il Giardino delle Esperidi, via Mameli 1 ✆ 045 6210477, « Servizio estivo in terrazza »
– AE VISA
chiuso gennaio e a mezzogiorno (escluso i giorni festivi dal 15 ottobre a giugno) – **Past**
carta 60/85000.

BARDONECCHIA *10052 Torino* 988 ⑪, 428 G 2 – *3 076 ab. alt. 1 312 – a.s. 13 febbraio-7 aprile e luglio-agosto – Sport invernali : 1 312/2 740 m 19,*.

I Ginepri (maggio-settembre; in maggio, giugno e settembre aperto solo i giorni festivi e prefestivi) località Pian del Colle-Melezet ✉ 10052 Bardonecchia ✆ 0368 3694643, Ovest 2 km.

viale della Vittoria 44 ✆ 0122 99032, Fax 0122 980612.

Roma 754 – Briançon 46 – Milano 226 – Col du Mont Cenis 51 – Sestriere 36 – Torino 89.

Des Geneys-Splendid, viale Einaudi 21 ✆ 0122 99001, *Fax 0122 999295*, –
AE VISA.
15 dicembre-15 aprile e 15 giugno-15 settembre – **Pasto** 50/65000 – 25000 – **57 cam**
130/200000 – ½ P 95/195000.

I Larici, via Montenero 28 ✆ 0122 902490, *Fax 0122 96518*, « Piccolo parco », –
AE VISA
Pasto *(25 giugno-3 settembre; solo per alloggiati)* 35/45000 – 18000 – **12 cam** 115/
160000 – ½ P 120/140000.

a Melezet *Sud-Ovest : 2 km – ✉ 10052 Bardonecchia :*

La Ciaburna, via della Scala 48 ✆ 0122 999849, *Fax 0122 999849* – AE VISA
chiuso dal 15 al 30 maggio, dal 15 al 30 ottobre e mercoledì in bassa stagione – **Pasto** carta
40/65000.

BAREGGIO *20010 Milano* 428 F 8, 219 ⑱ – *15 569 ab. alt. 138.*
Roma 590 – Milano 19 – Novara 33 – Pavia 49.

Joe il Marinaio, via Roma 69 ✆ 02 9028693 – AE VISA
chiuso dal 1º al 10 gennaio, dal 16 agosto all'8 settembre, lunedì e martedì a mezzogiorno –
Pasto specialità di mare carta 55/90000 (10 % solo venerdì e sabato sera).

BARGA *55051 Lucca* 428, 429, 430 J 13 *G. Toscana – 10 035 ab. alt. 410.*
Roma 385 – Pisa 58 – Firenze 111 – Lucca 37 – Massa 56 – Milano 277 – Pistoia 71 – La Spezia 95.

La Pergola, via S. Antonio 1 ✆ 0583 711239, *Fax 0583 710433* – AE.
Pasto vedere rist ***La Pergola*** – 12000 – **23 cam** 80/105000.

La Pergola, via Del Giardino ✆ 0583 723086, *Fax 0583 710433* – AE.
chiuso dal 15 novembre a gennaio e venerdì – **Pasto** carta 35/50000.

BARGE *12032 Cuneo* 428 H 3 – *7 103 ab. alt. 355.*
Roma 694 – Torino 61 – Cuneo 50 – Sestriere 75.

San Giovanni, piazza San Giovanni 10 ✆ 0175 346078, *Fax 0175 346109* – VISA
chiuso dal 25 agosto al 15 settembre, lunedì e martedì a mezzogiorno – **Pasto** 40/60000 e
carta 45/65000.

a Crocera *Nord-Est : 8 km – ✉ 12032 Barge :*

D'la Picocarda, via Cardè 49 ✆ 0175 30300, *Fax 0175 30300* – AE VISA.
chiuso lunedì sera e martedì – **Pasto** carta 45/75000.

BARGECCHIA *Lucca* 428, 429, 430 K 12 – *Vedere Massarosa.*

BARGHE *25070 Brescia* 428, 429 E 13 – *1 086 ab. alt. 295.*
Roma 564 – Brescia 32 – Gardone Riviera 23 – Milano 122 – Verona 79.

XX **Da Girelli Benedetto,** via Nazionale 17 ☎ 0365 84140, prenotare – AE ⓢ. ⁂
chiuso Natale, Pasqua, dal 15 al 30 giugno e martedì – **Pasto** carta 60/70000 (10 %).

BARGNI *Pesaro e Urbino* 429, 430 K 20 – *Vedere Serrungarina.*

BARI *70100* P 988 ㉙, 431 D 32 *G. Italia – 331 568 ab. – a.s. 21 giugno-settembre.*
Vedere *Città vecchia** CDY *: basilica di San Nicola*** DY, *Cattedrale** DY **B**, *castello** CY – *Cristo* in legno nella pinacoteca* BX **M.**
Barialto a Casamassima ✉ 70010 ☎ 080 6977105, Fax 080 6977076, per ② : 12 km.
di Palese per viale Europa : 9 km AX *☎ 080 5316138, Fax 080 5316212 – Alitalia, via Argiro 56 ✉ 70121 ☎ 080 5216511, Fax 080 5244732.*
☎ 080 5216801.
piazza Aldo Moro 32/a ✉ 70122 ☎ 080 5242244, Fax 080 5242329.
A.C.I. *via Serena 26 ✉ 70126 ☎ 080 5531717.*
Roma 449 ④ – Napoli 261 ④.

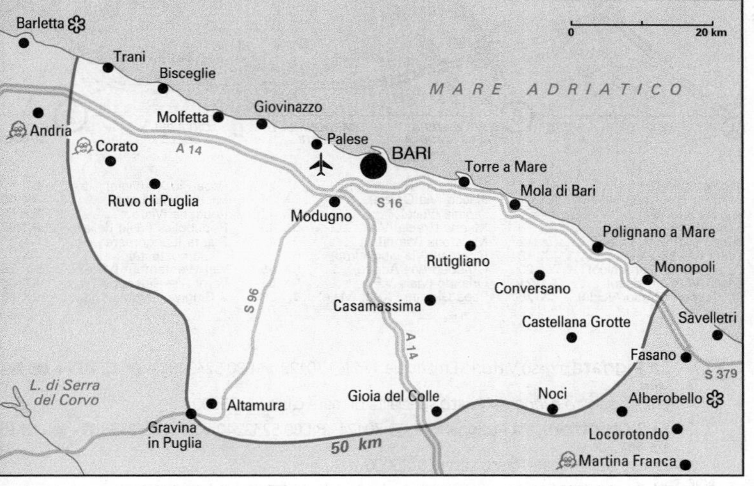

Palace Hotel, via Lombardi 13 ✉ 70122 ☎ 080 5216551, *Fax 080 5211499*, – cam, – 420. AE ⓢ VISA CY b
Pasto al Rist. ***Murat*** *(chiuso agosto)* carta 50/75000 – **184 cam** 280/390000, 13 appartamenti.

Sheraton Nicolaus Hotel, via Cardinale Agostino Ciasca 9 ✉ 70124 ☎ 080 5042626, *Fax 080 5042058*, – , cam, – 1000. AE ⓢ VISA. rist AX e
Pasto al Rist. ***Le Stagioni*** carta 50/70000 – **172 cam** 320/400000, 3 appartamenti.

Mercure Villa Romanazzi Carducci, via Capruzzi 326 ✉ 70124 ☎ 080 5427400, *Fax 080 5560297*, « Parco con » – – 500. AE ⓢ VISA JCB. CZ c
Pasto *(chiuso agosto)* carta 60/85000 – **116 cam** 270/340000, appartamento – ½ P 200/230000.

Boston senza rist, via Piccinni 155 ✉ 70122 ☎ 080 5216633, *Fax 080 5246802* – – 50. AE ⓢ VISA JCB CY e
70 cam 170/230000.

Costa senza rist, via Crisanzio 12 ☎ 080 5219015, *Fax 080 5210006* – . AE ⓢ VISA. DZ a
15000 – **33 cam** 120/170000.

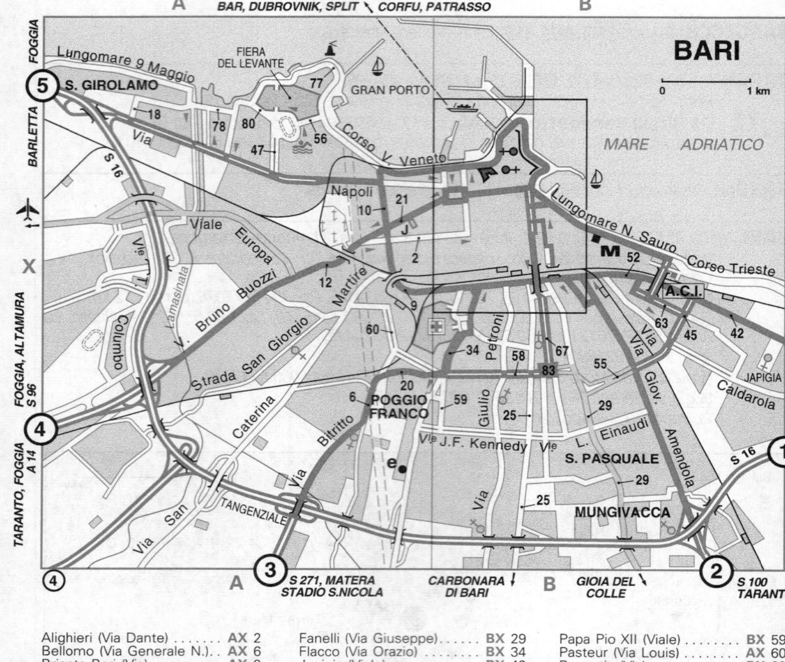

Alighieri (Via Dante) . . . . **AX** 2
Bellomo (Via Generale N.) . . **AX** 6
Brigata Bari (Via) . . . . **AX** 9
Brigata Regina (Via) . . . . **AX** 10
Buozzi (Sottovia Bruno) . . . . **AX** 12
Costa (Via Nicola) . . . . **AX** 18
Cotugno (Via Domenico) . . . **AX** 20
Crispi (Via Francesco) . . . . . . **AX** 21
De Gasperi (Corso Alcide) . . **BX** 25
Fanelli (Via Giuseppe) . . . . . . **BX** 29
Flacco (Via Orazio) . . . . **BX** 34
Japigia (Viale) . . . . **BX** 42
Magna Grecia (Via) . . . . **BX** 45
Maratona (Via di) . . . . **AX** 47
Oberdan (Via Guglielmo) . . . **BX** 52
Omodeo (Via Adolfo) . . . . . . **BX** 55
Orlando (Viale V.E.) . . . . **AX** 56
Papa Giovanni XXIII (Viale) . **BX** 58
Papa Pio XII (Viale) . . . . **BX** 59
Pasteur (Via Louis) . . . . **AX** 60
Peucetia (Via) . . . . **BX** 63
Repubblica (Viale della) . . . . **BX** 67
Starita (Lungomare Giambattista) . . . . **AX** 77
Van Westerhout (Viale) . . . . . **AX** 78
Verdi (Via Giuseppe) . . . . **AX** 80
2 Giugno (Largo) . . . . **BX** 83

XXX **La Pignata,** corso Vittorio Emanuele 173 ⊠ 70122 ☎ 080 5232481 – ▤. AE ⑤ ⓓ ⓜⓒ VISA JCB CY c
chiuso agosto e lunedì – **Pasto** specialità di mare carta 55/75000.

XX **Ai 2 Ghiottoni,** via Putignani 11 ⊠ 70121 ☎ 080 5232240, *Fax 080 5233330* – ▤. AE ⑤ ⓓ VISA. ⚘ DY d
chiuso domenica – **Pasto** carta 60/85000.

XX **Al Sorso Preferito,** via Vito Nicola De Nicolò 46 ⊠ 70121 ☎ 080 5235747, prenotare – ▤. AE ⑤ ⓓ ⓜⓒ VISA DY m
chiuso domenica sera e mercoledì – **Pasto** carta 35/60000.

X **Alberosole,** corso Vittorio Emanuele 13 ⊠ 70122 ☎ 080 5235446, *Fax 080 5235446* – ▤. AE ⑤ ⓓ ⓜⓒ VISA DY c
chiuso dal 1° al 10 gennaio, dal 25 luglio al 30 agosto e lunedì – **Pasto** carta 55/75000.

X **Lo Sprofondo,** corso Vittorio Emanuele 111 ⊠ 70122 ☎ 080 5213697, *Fax 080 5213697*, ⛱, Rist. con pizzeria serale – ▤. AE ⑤ ⓜⓒ VISA JCB. ⚘ DY a
chiuso dal 9 al 20 agosto, sabato a mezzogirono e domenica – **Pasto** carta 50/75000.

sulla tangenziale sud-uscita 15 *Sud-Est : 5 km per* ① *:*

🏨 **Majesty,** via Gentile 97/B ⊠ 70126 ☎ 080 5491099, *Fax 080 5492397*, ⛱, ⚘ – |‡| ▤ TV ☎ P – 🅰 150. AE ⑤ ⓜⓒ VISA. ⚘ rist
chiuso dal 29 luglio al 20 agosto – **Pasto** carta 30/45000 – **75 cam** ☕ 140/215000 – ½ P 140000.

a Carbonara di Bari *Sud : 6,5 km* **BX** – ⊠ *70012 :*

XX **Taberna,** via Ospedale di Venere 6 ☎ 080 5650557, *Fax 080 5654577*, « Ambiente caratteristico » – ▤ P. AE ⑤ ⓓ ⓜⓒ VISA JCB. ⚘
chiuso agosto e lunedì – **Pasto** carta 50/75000.

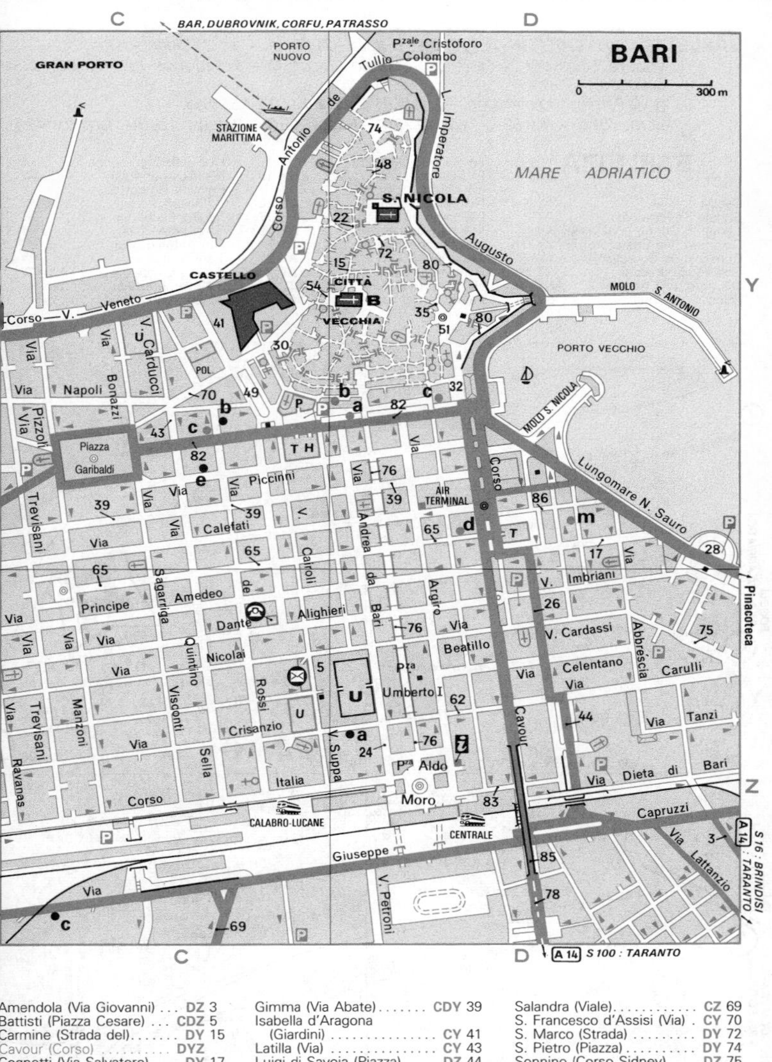

Amendola (Via Giovanni) ... DZ 3
Battisti (Piazza Cesare) ... CDZ 5
Carmine (Strada del) ... DY 15
Cavour (Corso) ... DYZ
Cognetti (Via Salvatore) ... DY 17
Crociate (Strada delle) ... DY 22
De Cesare (Via Raffaele) ... DZ 24
De Giosa (Via) ... DZ 26
Diaz (Piazza Armando) ... DY 28
Federico II (Piazza) ... CY 30
Ferrarese (Piazza del) ... DY 32
Fragigena (Rua) ... DY 35
Gimma (Via Abate) ... CDY 39
Isabella d'Aragona (Giardini) ... CY 41
Latilla (Via) ... CY 43
Luigi di Savoia (Piazza) ... DZ 44
Martinez (Strada) ... DY 48
Massari (Piazza G.) ... CY 49
Mercantile (Piazza) ... DY 51
Odegitria (Piazza dell') ... CDY 54
Petroni (Via Prospero) ... DZ 62
Piccini (Via) ... CY
Putignani (Via) ... CDYZ 65
Salandra (Viale) ... CZ 69
S. Francesco d'Assisi (Via) . CY 70
S. Marco (Strada) ... DY 72
S. Pietro (Piazza) ... DY 74
Sonnino (Corso Sidney) ... DZ 75
Sparano (Via) ... DYZ 76
Unità d'Italia (Via) ... DZ 78
Venezia (Via) ... DY 80
Vittorio Emanuele II (C.) .. CDY 82
Zuppetta (Via Luigi) ... DZ 83
20 Settembre (Ponte) ... DZ 85
24 Maggio (Via) ... DY 86

Do not mix up:

Comfort of hotels :
Comfort of restaurants :
Quality of the cuisine :

BARLETTA *70051 Bari* 988 ㉘ ㉙, 431 D 30 *G. Italia – 91 461 ab. – a.s. 21 giugno-settembre.*

Vedere *Colosso*★★ – *Castello*★ – *Museo Civico*★ **M** – *Reliquiario*★ *nella basilica di San Sepolcro.*

via Ferdinando d'Aragona 95 ✆ 0883 331331, Fax 0883 531555.

Roma 397 ③ – Bari 69 ② – Foggia 79 ③ – Napoli 208 ③ – Potenza 128 ③ – Taranto 145 ②.

BARLETTA

Baccarini (Via) . . . . AY 2
Brigata Barletta (Via) . . . . AZ 3
Caduti in Guerra (Piazza dei) AY 4
Colombo (Via Cristoforo) . . . BY 6
Consalvo da Cordova (Via) . . AY 7
Conteduca (Piazza) . . . . AZ 8
Discanno (Via Geremia) . . . ABY 10
Duomo (Via del) . . . . BY 12
Ferdinando d'Aragona (Via) BYZ 13
Fieramosca (Via E) . . . . BY 15
Garibaldi (Corso) . . . . ABY
Giannone (Viale) . . . . AZ 16
Leonardo da vinci (Viale) . . . AZ 17
Marina (Piazza) . . . . BY 19
Monfalcone (Via) . . . . AZ 20
Municipio (Via) . . . . AY 21
Nanula (Via A) . . . . AY 23
Nazareth (Via) . . . . ABY 24
Palestro (Via) . . . . AY 25
Pier delle Vigne (Via) . . . . AY 27
Plebiscito (Piazza) . . . . AY 28
Principe Umberto (Piazza) . . . . AY 29
Regina Elena (Via) . . . . BY 31
San Andrea (Via) . . . . BY 33
San Antonio (Via) . . . . BY 35
Trani (Via) . . . . BY 36
Vittorio Emanuele (Corso) . . . AY
3 Novembre (Via) . . . . BY 37
20 Settembre (Via) . . . . AYZ 39

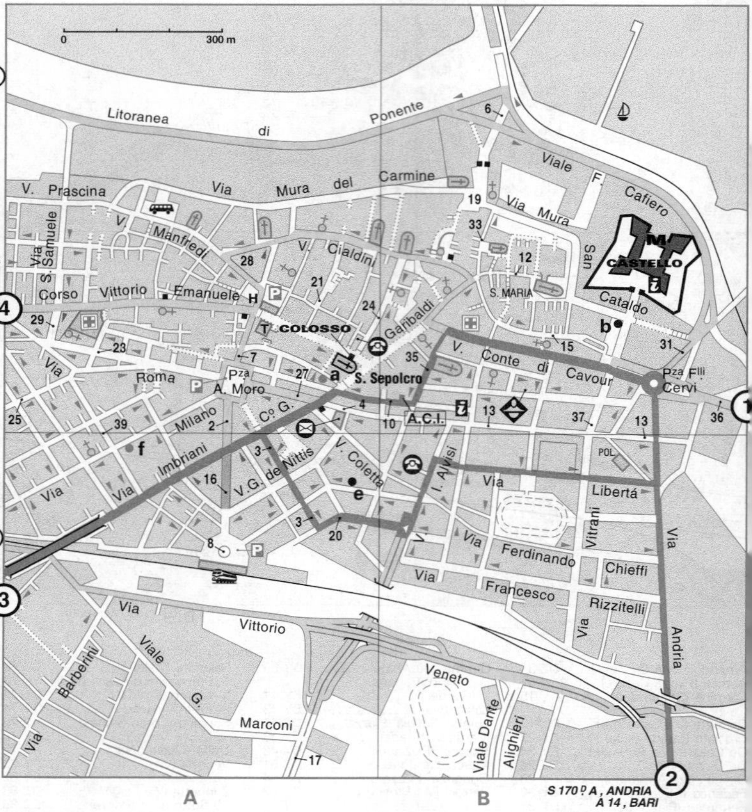

Dei Cavalieri M, via Foggia 24 ✆ 0883 571461, *Fax 0883 526640*, – P – 100. AE Ⓢ ⓓ ⓜⓒ VISA. rist per ④
Pasto *(chiuso domenica)* carta 35/60000 – **49 cam** 115/180000, 2 appartamenti – ½ P 115/145000.

Itaca, viale Regina Elena 30 ✆ 0883 347741, *Fax 0883 347786*, ←, – P – 300. AE Ⓢ ⓓ ⓜⓒ VISA. per ①
Pasto *(chiuso lunedì a mezzogiorno)* carta 35/55000 – **27 cam** 120/190000 – ½ P 125/150000.

🏨 **Artù,** piazza Castello 67 ☎ 0883 332121, *Fax 0883 332214,* – ❄ 📺 ☎ [P]. [AE] [$] ⓞ [MC] [VISA] [JCB]. ✂ BY b
Pasto *(chiuso domenica sera)* carta 45/60000 – ☕ 15000 – **32 cam** 105/160000 – ½ P 105/130000.

🏨 **Royal** senza rist, via Leontina de Nittis 13 ☎ 0883 531139, *Fax 0883 331466* – [‡] ❄ 📺 ☎ 🚗. [AE] [$] ⓞ [MC] [VISA] [JCB] AZ e
34 cam ☕ 110/180000.

🍴🍴 **Il Brigantino,** litoranea di Levante ☎ 0883 533345, *Fax 0883 533248,* ≤, 🌂, 🏊, 🏖, 🎾 – ❄ [P] – 🏛 100. [AE] [$] ⓞ [VISA] per ①
chiuso gennaio e mercoledì (escluso da maggio a settembre) – **Pasto** 40000 (solo a mezzogiorno) carta 40/65000 (15 %).

🍴🍴 **Antica Cucina,** via Milano 73 ☎ 0883 521718, *Fax 0883 521718,* prenotare – ❄. [AE] [$] ⓞ [MC] [VISA] [JCB]. ✂ AZ f
chiuso luglio, lunedì e la sera dei giorni festivi – **Pasto** carta 50/80000.

🍴🍴 **L'Approdo,** litoranea di Levante 92 ☎ 0883 347924, *Fax 0883 347921,* 🌂, Rist. e pizzeria. [AE] [$] ⓞ [MC] [VISA] [JCB]. ✂ per ①
chiuso novembre e martedì (escluso da luglio a settembre) – **Pasto** carta 45/60000.

🍴 ✿ **Baccosteria,** via San Giorgio 5 ☎ 0883 534000, *Fax 0883 533100,* Coperti limitati; prenotare – ❄. [AE] [$] ⓞ [MC] [VISA] AY a
chiuso domenica sera e lunedì – **Pasto** carta 45/65000
Spec. Spaghetti ai ricci di mare. Pescatrice con salsa di peperoni. Dolci di pasta di mandorle.

BAROLO *12060 Cuneo [428] I 5 – 689 ab. alt. 301.*

Roma 627 – Cuneo 68 – Asti 42 – Milano 164 – Savona 83 – Torino 72.

🏨 ∞ **Barolo** 🐦, via Lomondo 2 ☎ 0173 56354, *Fax 0173 56354,* ≤, 🌂 – [‡] 📺 ☎ 🚗 [P]. [AE] [$] ⓞ [MC] [VISA]
chiuso dal 1º al 15 febbraio – **Pasto** al Rist. ***Brezza*** *(chiuso martedì)* carta 35/50000 – ☕ 10000 – **31 cam** 90/130000 – ½ P 115000.

🍴🍴 **Locanda nel Borgo Antico,** piazza Municipio 2 ☎ 0173 56355, *Fax 0173 56355,* 🌂, Coperti limitati; prenotare – [AE] [$] ⓞ [MC] [VISA]. ✂
chiuso febbraio o marzo, luglio, mercoledì e giovedì a mezzogiorno – **Pasto** 50/70000 e carta 60/85000.

BARONE CANAVESE *10010 Torino [219] ⑭, [428] G 5 – 584 ab. alt. 325.*

Roma 673 – Torino 48 – Aosta 86 – Ivrea 18 – Milano 116.

🍴 ∞ **Al Girasol,** via Roma 8 ☎ 011 9898565, 🌂
chiuso lunedì – **Pasto** carta 35/45000.

BARZANÒ *23891 Lecco [428] E 9, [219] ⑲ – 4 720 ab. alt. 370.*

Roma 605 – Como 27 – Bergamo 36 – Lecco 19 – Milano 34.

🏨 ∞ **Redaelli,** via Garibaldi 77 ☎ 039 955312, *Fax 039 955312* – 📺 ☎ [P]. [AE] [$] ⓞ [MC] [VISA]. ✂
chiuso dal 5 al 25 agosto – **Pasto** *(chiuso venerdì)* carta 35/55000 – ☕ 15000 – **17 cam** 90/130000, 4 appartamenti – ½ P 110000.

BASCHI *05023 Terni [988] ㉕, [430] N 18 – 2 678 ab. alt. 165.*

Roma 118 – Viterbo 46 – Orvieto 10 – Terni 70.

sulla strada statale 448 :

🍴🍴🍴🍴 ✿✿ **Vissani,** Nord : 12 km ✉ 05020 Civitella del Lago ☎ 0744 950396, *Fax 0744 950396,* Coperti limitati; prenotare – 🚭 ❄ [P]. [AE] [$] ⓞ [MC] [VISA] [JCB]. ✂
chiuso domenica sera, mercoledì e giovedì a mezzogiorno – **Pasto** 200/250000 e carta 145/275000 (15 %)
Spec. Lasagnette di animelle tostate e tartufo nero, mirepoix di foie gras eporri. Sella di lepre con morilles, zucca gialla e salsa di pappardelle. Gianduia con nocciole al rhum.

a Civitella del Lago *Nord-Est : 12 km – ✉ 05020 :*

🍴🍴 **Trippini,** via Italia 14 ☎ 0744 950316, *Fax 0744 950316,* ≤ lago e dintorni – [AE] [$] ⓞ [MC] [VISA]. ✂
chiuso dal 15 gennaio al 15 febbraio e lunedì – **Pasto** carta 60/80000.

BASELGA DI PINÈ *38042 Trento [988] ④, [429] D 15 – 4 272 ab. alt. 964 – a.s. Pasqua e Natale.*

[i] *a Serraia via Cesare Battisti 98 ☎ 0461 557028, Fax 0461 557577.*
Roma 606 – Trento 19 – Belluno 116 – Bolzano 75 – Milano 260 – Padova 136 – Venezia 169.

🏨 **Edera,** via Principale 19, a Tressilla ☎ 0461 557221, *Fax 0461 558977,* ≤ – [‡] 📺 ☎ ♿ 🚗 [P]. [AE] [$] ⓞ [MC] [VISA]. ✂
chiuso dal 23 ottobre al 10 novembre – **Pasto** *(chiuso lunedì escluso Natale-6 gennaio, Pasqua e luglio-settembre)* carta 40/60000 – **42 cam** ☕ 100/150000 – ½ P 100/120000.

Villa Anita, via Cesare Battisti 120, a Serraia ☎ 0461 557106, *Fax 0461 558694*, – rist, rist
Pasto *(chiuso giovedì)* 25/30000 – **23 cam** 60/120000 – ½ P 105000.

Garni Laura senza rist, via Faida 241/a, a Miola ☎ 0461 553017, *Fax 0461 557234*, –
10 cam.

2 Camini con cam, via Pontara 352, a Vigo ☎ 0461 557200, *Fax 0461 558833*, –
chiuso dal 15 ottobre al 15 novembre – **Pasto** *(chiuso domenica sera e lunedì escluso dal 15 giugno al 15 settembre)* carta 45/65000 – 10000 – **10 cam** 100/180000 – ½ P 90/120000.

BASSANO DEL GRAPPA *36061 Vicenza 988 ⑤, 429 E 17 G. Italia – 39 906 ab. alt. 129.*
Vedere *Museo Civico*★.
Escursioni *Monte Grappa*★★★ *Nord-Est : 32 km.*
largo Corona d'Italia 35 ☎ 0424 524351, Fax 0424 525301.
Roma 543 – Padova 45 – Belluno 80 – Milano 234 – Trento 88 – Treviso 47 – Venezia 76 – Vicenza 35.

Belvedere, piazzale Generale Giardino 14 ☎ 0424 529845, *Fax 0424 529849* – – 280.
Pasto vedere rist ***Belvedere*** – **87 cam** 175/300000.

Palladio, via Gramsci 2 ☎ 0424 523777, *Fax 0424 524050*, – – 160.
chiuso Natale e dal 2 al 23 agosto – **Pasto** vedere rist ***Belvedere*** – **66 cam** 175/300000

Victoria senza rist, viale Diaz 33 ☎ 0424 503620, *Fax 0424 503130* –
23 cam 80/140000.

Al Castello senza rist, piazza Terraglio 19 ☎ 0424 228665, *Fax 0424 228665* –
10000 – **11 cam** 90/140000.

Belvedere, viale delle Fosse 1 ☎ 0424 524988, *Fax 0424 522187* –
chiuso domenica – **Pasto** carta 60/80000.

Bauto, via Trozzetti 27 ☎ 0424 34696, *Fax 0424 34696* –
chiuso dal 1º al 7 gennaio, dal 9 al 23 agosto e domenica – **Pasto** carta 40/70000.

Al Sole-da Tiziano, via Vittorelli 41/43 ☎ 0424 523206 –
chiuso luglio e lunedì – **Pasto** carta 45/60000 (10%).

Al Giardinetto, via Fontanelle 30 (Nord : 1,5 km) ☎ 0424 502277, *Fax 0424 501866* « Servizio estivo in giardino » –
chiuso martedì sera e mercoledì – **Pasto** carta 40/60000.

sulla strada statale 47 :

Al Camin, via Valsugana 64 (Sud-Est : 2 km) ✉ 36022 Cassola ☎ 0424 566134 *Fax 0424 566822*, « Servizio rist. estivo in giardino » – – 80.
Pasto *(chiuso dal 7 al 20 agosto)* carta 60/95000 – **45 cam** 165/250000 – ½ P 200000.

BASTIA UMBRA *06083 Perugia 430 M 19 – 17 802 ab. alt. 201.*
Roma 176 – Perugia 17 – Assisi 9,5 – Terni 77.

sulla strada statale 147 Assisana :

Campiglione, via Campiglione 11 ✉ 06083 ☎ 075 8010767, *Fax 075 8010767* –
Pasto *(chiuso a mezzogiorno e dal 10 gennaio a marzo anche sabato-domenica)* carta 35/55000 – 10000 – **42 cam** 70/110000, 15000 – ½ P 75/85000.

ad Ospedalicchio *Ovest : 5 km – ✉ 06080 :*

Lo Spedalicchio, piazza Bruno Buozzi 3 ☎ 075 8010323, *Fax 075 8010323*, « In una fortezza trecentesca », – – 80.
Pasto *(chiuso dal 15 al 30 luglio e lunedì)* carta 45/65000 – 14000 – **25 cam** 120/150000 – ½ P 110/120000.

Si vous cherchez un hôtel tranquille, consultez d'abord les cartes de l'introduction ou repérez dans le texte les établissements indiqués avec le signe ou

BAVENO *28831 Verbania* [988] ②, [428] E 7 *G. Italia – 4 595 ab. alt. 205.*

⛴ *per le Isole Borromee giornalieri (15 mn) – Navigazione Lago Maggiore, via Matteotti 6 ☎ 0323 923552.*

ℹ *piazza Dante Alighieri 14 (Palazzo Comunale) ☎ 0323 924632, Fax 0323 924632.*

Roma 661 – Stresa 4 – Domodossola 37 – Locarno 51 – Milano 84 – Novara 60 – Torino 137.

🏨🏨🏨🏨🏨 **Gd H. Dino,** corso Garibaldi 20 ☎ 0323 922201, *Fax 0323 924515,* ≤ isole Borromee, « Giardino sul lago con 🏊 », 🏋, 🧖, 🏊, 🌳, 🎾 – 🛗 ❄ [TV] ☎ 📞 ♿ 🚗 [P] – 🎤 1300. [AE] [S] [DC] [MC] [VISA]. 🚫🐕
Pasto carta 70/105000 – **316 cam** ☕ 360/480000, 65 appartamenti – ½ P 340000.

🏨🏨🏨🏨 **Simplon,** corso Garibaldi 52 ☎ 0323 924112, *Fax 0323 916507,* ≤, « Parco ombreggiato con 🏊 e 🎾 » – 🛗 ❄ [TV] ☎ [P]. [AE] [S] [DC] [MC] [VISA]. 🚫🐕
23 marzo-7 novembre – **Pasto** 70/90000 – **124 cam** ☕ 210/350000, 15 appartamenti – ½ P 240000.

🏨🏨🏨🏨 **Lido Palace,** strada statale del Sempione 30 ☎ 0323 924444, *Fax 0323 924744,* ≤ Isole Borromee e lago, « In una villa liberty del 1700 con ampio parco », 🏊, 🌳, 🎾 – 🛗 ❄ [TV] ☎ [P] – 🎤 300. [AE] [S] [DC] [MC] [VISA]. 🚫🐕 rist
Pasqua-ottobre – **Pasto** 40/45000 – ☕ 35000 – **104 cam** 140/210000, appartamento – ½ P 120/150000.

🏨🏨🏨🏨 **Splendid,** via Sempione 12 ☎ 0323 924583, *Fax 0323 922200,* ≤ lago e monti, « Giardino ombreggiato », 🏊, 🌳, 🎾 – 🛗 ❄ [TV] ☎ [P]. [AE] [S] [DC] [MC] [VISA]. 🚫🐕
20 marzo-ottobre – **Pasto** 60/90000 – **101 cam** ☕ 240/350000 – ½ P 240000.

🏨 **Rigoli** 🌿, via Piave 48 ☎ 0323 924756, *Fax 0323 925156,* ≤ lago e isole Borromee, « Terrazza-giardino sul lago », 🌳 – 🛗 [TV] ☎ [P]. [AE] [S] [DC] [VISA]. 🚫🐕 rist
Pasqua-ottobre – **Pasto** carta 40/75000 – ☕ 18000 – **31 cam** 110/150000 – ½ P 110/125000.

XX **Ascot,** via Libertà 9 ☎ 0323 925226, *Fax 0323 925226* – [AE] [S] [DC] [MC] [VISA] [JCB]. 🚫🐕
chiuso mercoledì escluso da luglio a settembre – **Pasto** carta 45/75000.

X **Il Gabbiano,** via I Maggio 19 ☎ 0323 924496, prenotare la sera – [AE] [S] [DC] [MC] [VISA]
chiuso dal 15 gennaio al 15 febbraio, mercoledì e giovedì a mezzogiorno (escluso dal 15 giugno al 15 settembre) – **Pasto** carta 35/65000.

BAZZANO *40053 Bologna* [988] ⑭, [429], [430] I 15 – *5 784 ab. alt. 93.*

Roma 382 – Bologna 24 – Modena 23 – Ostiglia 86.

🏨🏨🏨🏨 **Alla Rocca** [M], via Matteotti 76 ☎ 051 831217, *Fax 051 830690,* 🌂 – 🛗 ❄ [TV] ☎ 📞 ♿ 🚗 [P] – 🎤 150. [AE] [S] [DC] [MC] [VISA]
chiuso agosto – **Pasto** *(chiuso lunedì)* carta 45/55000 – **52 cam** ☕ 185/245000, 3 appartamenti.

X **Trattoria al Parco,** viale Carducci 13/a ☎ 051 830800, prenotare la sera – [S] [MC]. 🚫🐕
chiuso dal 1° al 25 agosto, lunedì sera e martedì – **Pasto** carta 40/60000.

BEDIZZOLE *25081 Brescia* [428], [429] F 13 – *8 992 ab. alt. 184.*

Roma 539 – Brescia 17 – Milano 111 – Verona 54.

XX **Borgo Antico,** via Gioia 8, località Masciaga Ovest : 1 km ☎ 030 674291 – ❄ [P]. [AE] [S] [DC] [MC] [VISA] [JCB]
chiuso dal 5 al 20 agosto e lunedì sera – **Pasto** 20/50000 (a mezzogiorno) 40/70000 (la sera) e carta 40/55000.

BEE *28813 Verbania* [428] E 7, [219] ⑦ – *613 ab. alt. 594.*

Roma 682 – Stresa 27 – Locarno 50 – Milano 116 – Novara 86 – Torino 161 – Verbania 10.

XX **La Piazzetta,** via Maggiore 20 ☎ 0323 56430, prenotare, « Servizio estivo in piazzetta con ≤ lago » – [S] [DC] [MC] [VISA]
chiuso dal 7 al 30 gennaio e dal 10 al 25 novembre – **Pasto** carta 45/70000.

BELGIRATE *28832 Verbania* [428] E 7, [219] ⑦ – *499 ab. alt. 200.*

Roma 651 – Stresa 6 – Locarno 61 – Milano 74 – Novara 50 – Torino 127.

🏨🏨🏨🏨 **Villa Carlotta,** via Sempione 121/125 ☎ 0322 76461, *Fax 0322 76705,* ≤, 🌂, « Parco secolare con 🏊 riscaldata », 🌳 – 🛗, ❄ rist, [TV] ☎ ♿ [P] – 🎤 550. [AE] [S] [DC] [MC] [VISA]. 🚫🐕 rist
Pasto carta 50/80000 – ☕ 18000 – **128 cam** 165/225000, appartamento – ½ P 130/185000.

🏨🏨🏨 **Milano,** via Sempione 4/8 ☎ 0322 76525, *Fax 0322 76295,* ≤, « Servizio rist. estivo in terrazza sul lago », 🌳 – 🛗, ❄ rist, [TV] ☎ [P] – 🎤 40. [AE] [S] [DC] [MC] [VISA]
Pasto carta 50/80000 – ☕ 18000 – **44 cam** 120/190000 – ½ P 120/160000.

BELLAGIO *22021 Como* 988 ③, 428 E 9 *G. Italia – 2 934 ab. alt. 216.*

Vedere *Posizione pittoresca*** – Giardini** di Villa Serbelloni – Giardini** di Villa Melzi.*

per Varenna giornalieri (da 15 a 30 mn) – Navigazione Lago di Como, al pontile ✆ 031 950180.

piazza della Chiesa 14 ✆ 031 950204, Fax 031 950204.

Roma 643 – Como 29 – Bergamo 55 – Lecco 22 – Lugano 63 – Milano 78 – Sondrio 104.

Gd H. Villa Serbelloni, via Roma 1 ✆ 031 950216, *Fax 031 951529*, ≤ lago e monti, darsena privata, « Parco digradante sul lago », – – P – 400. AE VISA. rist
Pasqua-ottobre – **Pasto** carta 90/125000 – **79 cam** 440/990000, 13 appartamenti – ½ P 590000.

Belvedere, via Valassina 31 ✆ 031 950410, *Fax 031 950102*, « Giardino degradante sul lago con e ≤ lago e circondario » – P – 90. AE VISA. rist
aprile-ottobre – **Pasto** carta 60/90000 – **58 cam** 165/270000, appartamento – ½ P 150/180000.

Florence, piazza Mazzini 46 ✆ 031 950342, *Fax 031 951722*, ≤, « Servizio rist. estivo in terrazza ombreggiata in riva al lago » – . AE VISA.
aprile-ottobre – **Pasto** carta 70/110000 – **32 cam** 320000, appartamento – ½ P 210000.

Du Lac, piazza Mazzini 32 ✆ 031 950320, *Fax 031 951624*, ≤ lago e monti, « Terrazza roof-garden » – . VISA. rist
aprile-ottobre – **Pasto** carta 50/90000 – **48 cam** 160/270000 – ½ P 150/170000.

Silvio, via Carcano 10/12 (Sud-Ovest : 2 km) ✆ 031 950322, *Fax 031 950912*, « Servizio ristorante in veranda con ≤ sul lago » – P. VISA
chiuso dal 10 gennaio al 20 febbraio – **Pasto** carta 35/70000 – 8000 – **21 cam** 90/110000 – ½ P 85/90000.

Barchetta, salita Mella 13 ✆ 031 951389, *Fax 031 951986*, , prenotare la sera – AE VISA.
15 marzo-25 ottobre; chiuso martedì a mezzogiorno escluso dal 15 giugno al 15 settembre – **Pasto** 40000 bc (solo a mezzogiorno) 65000 e carta 60/95000 (15 %).

a Piano Rancio *Sud : 12 km – ✉ 22021 Bellagio :*

Chalet Gabriele, strada per Monte San Primo ✆ 031 963624, ≤, – P. AE VISA
chiuso martedì – **Pasto** cucina tradizionale casalinga carta 40/60000.

Leggete attentamente l'introduzione : è la « chiave » della guida.

BELLAMONTE *38030 Trento* 429 D 16 – *alt. 1 372 – a.s. 23 gennaio-Pasqua e Natale – Sport invernali : 1 372/1 700 m 1 4,* .

(Natale-Pasqua e giugno-settembre) via Nazionale ✆ 0462 576047.

Roma 668 – Belluno 75 – Bolzano 61 – Cortina d'Ampezzo 90 – Milano 322 – Trento 84.

Sole, via de l'Or 8 ✆ 0462 576299, *Fax 0462 576394*, ≤, – P.
dicembre-Pasqua e giugno-settembre – **Pasto** carta 35/75000 – 15000 – **56 cam** 100/230000 – ½ P 155000.

BELLARIA *Modena* 428, 429 H 14 – *Vedere San Possidonio.*

BELLARIA IGEA MARINA *Rimini* 988 ⑮, 429, 430 J 19 – *13 287 ab. – a.s. 15 giugno-agosto.*

Roma 350 – Ravenna 39 – Rimini 15 – Bologna 111 – Forlì 49 – Milano 321 – Pesaro 55.

a Bellaria – *✉ 47814 :*

Miramare, lungomare Colombo 37 ✆ 0541 344131, *Fax 0541 347316*, ≤, – cam, rist, P. AE VISA. rist
20 maggio-25 settembre – **Pasto** carta 35/50000 – **64 cam** 95/170000 – ½ P 95/135000.

Ermitage, via Ala 11 ✆ 0541 347633, *Fax 0541 343083*, ≤, , riscaldata – P. AE VISA. rist
chiuso da novembre al 23 dicembre – **Pasto** *(aprile-settembre)* 45/80000 – **60 cam** 140/200000, 4 appartamenti – ½ P 140000.

Elizabeth, via Rovereto 11 ✆ 0541 344119, *Fax 0541 345680*, ≤, riscaldata – P. AE VISA JCB.
Pasqua-novembre e dal 20 dicembre al 10 gennaio – **Pasto** 30/45000 – **48 cam** 90/160000 – ½ P 100/130000.

Nautic e Riccardi, viale Panzini 128 ✆ 0541 345600, *Fax 0541 344299*, – rist, . *maggio-20 settembre* – **Pasto** carta 40/70000 – 10000 – **60 cam** 110/130000 – 1/2 P 90/100000.

Semprini, via Volosca 18 ✆ 0541 346337, *Fax 0541 346564*, ← – rist, rist *15 maggio-settembre* – **Pasto** 30000 – **45 cam** 60/110000 – 1/2 P 100000.

Orizzonte, via Rovereto 10 ✆ 0541 344298, *Fax 0541 346804*, ← – rist, rist, . *maggio-settembre* – **Pasto** (solo per alloggiati) – **40 cam** 100/170000, 3 apaprtamenti – 1/2 P 90/100000.

Rosa Maria, via Italia 27 ✆ 0541 346915, *Fax 0541 346915*, – rist, . *maggio-settembre* – **Pasto** (solo per alloggiati) 25/50000 – **35 cam** 85/170000 – 1/2 P 105000.

Orchidea, viale Panzini 37 ✆ 0541 347425, *Fax 0541 340120*, « Giardino ombreggiato », – . rist *maggio-settembre* – **Pasto** 30/45000 – 12000 – **33 cam** 75/120000 – 1/2 P 100000.

Elite, viale Italia 29 ✆ 0541 346615, *Fax 0541 346716*, ← – rist, . rist *15 maggio-settembre* – **Pasto** 25/30000 – **31 cam** 85/110000 – 1/2 P 70/80000.

a Igea Marina – ✉ *47813.*

(aprile-settembre), viale Pinzon 196 ✆ 0541 330052 :

K 2, viale Pinzon 212 ✆ 0541 330064, *Fax 0541 331828*, ←, – rist, . *maggio-settembre* – **Pasto** (solo per alloggiati) – 15000 – **62 cam** 60/100000 – 1/2 P 40/90000.

Strand Hotel, viale Pinzon 161 ✆ 0541 331726, *Fax 0541 331900*, ←, – . rist *marzo-settembre* – **Pasto** (solo per alloggiati) – **32 cam** 70/130000 – 1/2 P 110000.

Agostini, viale Pinzon 68 ✆ 0541 331510, *Fax 0541 330085*, ←, riscaldata – . rist *aprile-settembre* – **Pasto** (solo per alloggiati) 25/50000 – **69 cam** 140/160000 – 1/2 P 75/120000.

Globus, viale Pinzon 193 ✆ 0541 330195, *Fax 0541 330864*, ← – rist, . rist *10 maggio-25 settembre* – **Pasto** (solo per alloggiati) 25/35000 – 12000 – **57 cam** 70/80000 – 1/2 P 75000.

Touring, viale Pinzon 217 ✆ 0541 331619, *Fax 0541 330319*, ←, – *stagionale* – **39 cam.**

BELLINZAGO NOVARESE *28043 Novara 428 F 7 – 8 212 ab. alt. 191.*

Novara località Castello di Cavagliano ✉ 28043 Bellinzago Novarese ✆ 0321 927309, Fax 0321 927834, Sud : 3 km.

Roma 634 – Milano 60 – Novara 15 – Varese 45.

a Badia di Dulzago *Ovest : 3 km – ✉ 28043 Bellinzago Novarese :*

Osteria San Giulio, ✆ 0321 98101, prenotare la sera, « In un'antica abbazia rurale » – 40. *chiuso domenica sera, lunedì, dal 26 dicembre al 7 gennaio ed agosto* – **Pasto** carta 25/45000.

BELLUN *Aosta – Vedere Sarre.*

BELLUNO *32100 P 988 ⑤, 429 D 18 G. Italia – 35 182 ab. alt. 389.*

Vedere *Piazza del Mercato★* **8** – *Piazza del Duomo★* **2** *: palazzo dei Rettori★* **P**, *polittico★ nel Duomo – Via del Piave : ←★.*

piazza dei Martiri 8 ✆ 0437 940083, Fax 0437 940073.

A.C.I. *piazza dei Martiri 46 ✆ 0437 943132.*

Roma 617 ① – Cortina d'Ampezzo 71 ① – Milano 320 ② – Trento 112 ② – Udine 117 ① – Venezia 106 ① – Vicenza 120 ②.

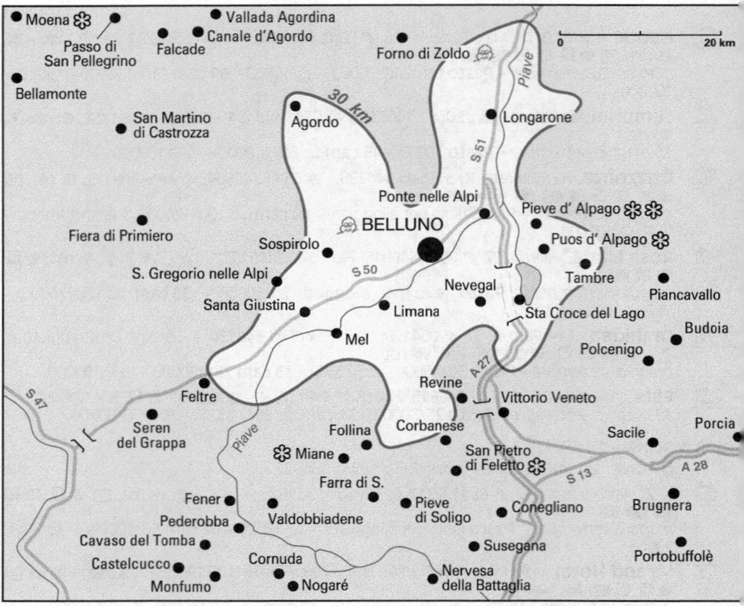

Delle Alpi senza rist, via Jacopo Tasso 13 ✆ 0437 940545, *Fax 0437 940565* – AE VISA
38 cam 140/180000, 2 appartamenti.

Alle Dolomiti senza rist, via Carrera 46 ✆ 0437 941660, *Fax 0437 941436* – VISA – 10000 – **32 cam** 85/130000.

XXX **Delle Alpi,** via Jacopo Tasso 15 ✆ 0437 940302, – AE VISA a
chiuso dal 1º al 7 gennaio, dal 1º al 15 agosto e domenica – **Pasto** 20/40000 (a mezzogiorno) 40/70000 (alla sera) e carta 45/70000.

XX **Al Borgo,** via Anconetta 8 ✆ 0437 926755, *Fax 0437 926411*, « Villa settecentesca in un parco » – P. AE VISA per ④
chiuso dal 12 al 30 gennaio, lunedì sera e martedì – **Pasto** carta 45/55000.

XX **Al Sasso,** via del Cansiglio 12 ✆ 0437 27701, *Fax 0437 27783* – AE VISA JCB.
chiuso dal 15 al 30 agosto, domenica sera e lunedì – **Pasto** carta 35/55000. c

X Terracotta, borgo Garibaldi 61 ✆ 0437 942644, *Fax 0437 942644*, b

BENACO – *Vedere Garda (Lago di).*

BENEVENTO *82100* P 988 ㉗, 430 S 26, 431 D 26 *G. Italia – 63 367 ab. alt. 135.*

Vedere *Arco di Traiano*★★ – *Museo del Sannio*★ : *Chiostro*★.

piazza Roma ✆ 0824 319938, Fax 0824 312309.

A.C.I. *via Salvator Rosa 24/26 ✆ 0824 314849.*

Roma 241 – Napoli 71 – Foggia 111 – Salerno 75.

Gd H. Italiano, viale Principe di Napoli 137 ✆ 0824 24111, *Fax 0824 21758* – 200. AE VISA.
Pasto carta 40/50000 – **67 cam** 120/180000, 2 appartamenti – ½ P 80/130000.

BERCETO *43042 Parma* 988 ⑭, 428, 429, 430 I 11 – *2 555 ab. alt. 790.*

Roma 463 – Parma 60 – La Spezia 65 – Bologna 156 – Massa 80 – Milano 165.

Vittoria-da Rino con cam, via G. Marconi 5 ✆ 0525 64306, *Fax 0525 64306* – . AE VISA.
chiuso dal 20 dicembre a febbraio – **Pasto** *(chiuso lunedì escluso dal 20 giugno a settembre)* carta 45/80000 – 15000 – **15 cam** 80/100000 – ½ P 80000.

n prossimità dello svincolo autostrada A 15 :

La Foresta di Bard con cam, località Prà Grande 64 ✉ 43042 ✆ 0525 60248, *Fax 0525 64477*, prenotare, « Al limitare di un bosco » – P. AE VISA
Pasto *(chiuso martedì)* 35/45000 e carta 45/65000 – 10000 – **8 cam** 80/110000 – ½ P 90000.

In questa guida

uno stesso simbolo, una stessa parola
stampati in rosso o in **nero**, in magro o in ***grassetto***
hanno un significato diverso.

Leggete attentamente le pagine esplicative.

BERGAMO *24100* P 988 ③, 428 E 11 *G. Italia – 117 193 ab. alt. 249.*

Vedere *Città alta*★★★ ABY – *Piazza del Duomo*★★ AY **12** : *Cappella Colleoni*★★, *Basilica di Santa Maria Maggiore*★ : *arazzi*★★, *arazzo della Crocifissione*★★, *pannelli*★★, *abside*★, *Battistero*★ – *Piazza Vecchia*★ AY **38** – ←★ *dalla Rocca* AY – *Città bassa*★ : *Accademia Carrara*★★ BY **M1** – *Quartiere vecchio*★ BYZ – *Piazza Matteotti*★ BZ **19.**

9 *Parco dei Colli (chiuso lunedì) ✆ 035 4548811, Fax 035 260444;*

27 *L'Albenza (chiuso lunedì e dal 26 dicembre al 6 gennaio) ad Almenno San Bartolomeo ✉ 24030 ✆ 035 640028, Fax 035 643066, per ⑧ : 15 km;*

9 *La Rossera (chiuso martedì) a Chiuduno ✉ 24060 ✆ 035 838600, Fax 035 4427047 per ② : 15 km.*

di Orio al Serio per ③ : 3,5 km ✆ 035 326111, Fax 035 326339.

viale Vittorio Emanuele II 20 ✉ 24121 ✆ 035 210204, Fax 035 230184.

A.C.I. *via Angelo Maj 16 ✉ 24121 ✆ 035 285985.*

Roma 601 ④ – Brescia 52 ④ – Milano 47 ④.

Pianta pagina seguente

Radisson SAS Hotel Bergamo M, via Borgo Palazzo 154 ✉ 24125 ✆ 035 308111 e rist ✆ 035 308218, *Fax 035 308308*, – 400. AE VISA 1,5 km per ②
Pasto al Rist. ***Relais Bonaparte*** carta 45/85000 – **82 cam** 200/350000, 4 appartamenti – ½ P 400000.

Starhotel Cristallo Palace, via Betty Ambiveri 35 ✉ 24126 ✆ 035 311211, *Fax 035 312031* – cam, – 450. AE VISA JCB. rist
Pasto al Rist. ***L'Antica Perosa*** *(chiuso domenica)* carta 65/95000 – **90 cam** 290/380000 – ½ P 240000. per via San Giovanni Bosco BZ

Excelsior San Marco, piazza della Repubblica 6 ✉ 24122 ✆ 035 366111, *Fax 035 223201*, « Servizio estivo in rist. roof-garden », – cam, P – 400. AE VISA. rist AZ a
Pasto al Rist. ***Colonna*** *(chiuso agosto e domenica)* 55/75000 e carta 80/105000 – **155 cam** 240/310000, 3 appartamenti – ½ P 205000.

Arli senza rist, largo Porta Nuova 12 ✉ 24122 ✆ 035 222014, *Fax 035 239732* – . AE VISA BZ s
20000 – **56 cam** 140/175000.

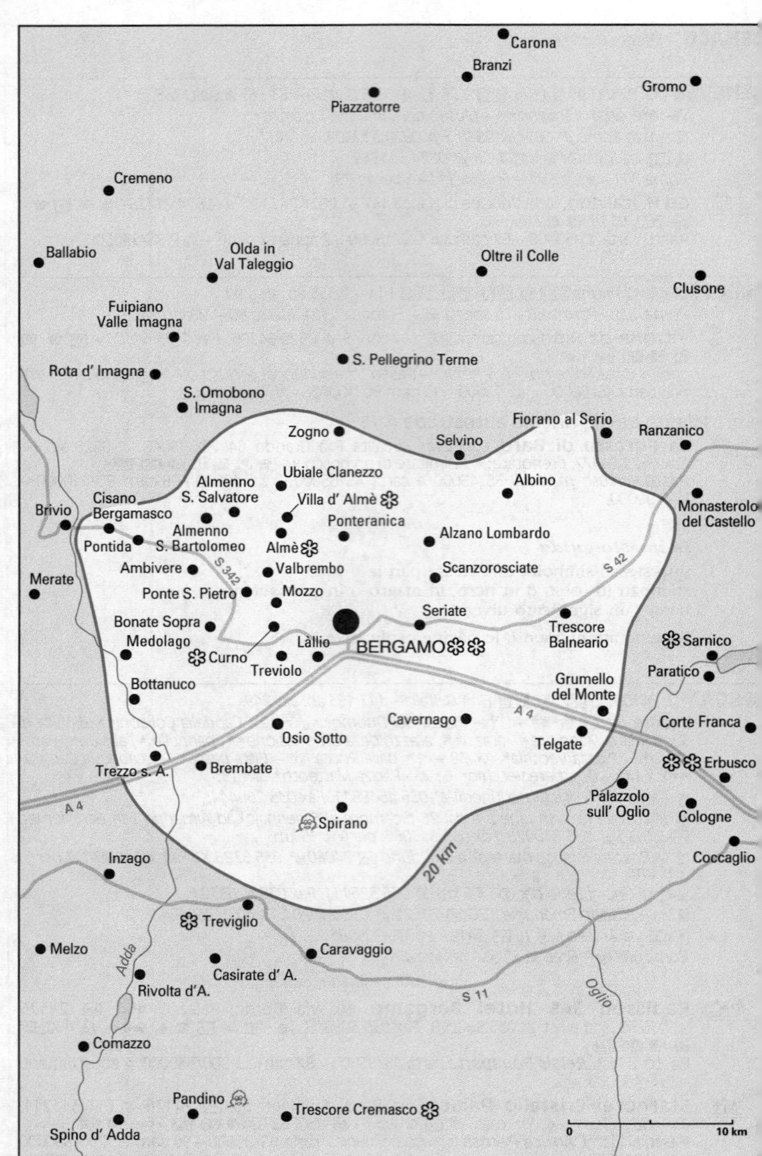

XXX **Da Vittorio,** viale Papa Giovanni XXIII 21 ✉ 24121 ℘ 035 213266, *Fax 035 218060*, prenotare – ⅍ ▤. AE $ ⓓ MC VISA BZ
✿✿ *chiuso agosto e mercoledì* – **Pasto** 70000 (solo a mezzogiorno) 100/170000 e carta 110/160000
Spec. Aragosta alla catalana (primavera-estate). Linguine ai gamberoni reali. Animelle con ravioli di lardo, fave e piselli (primavera).

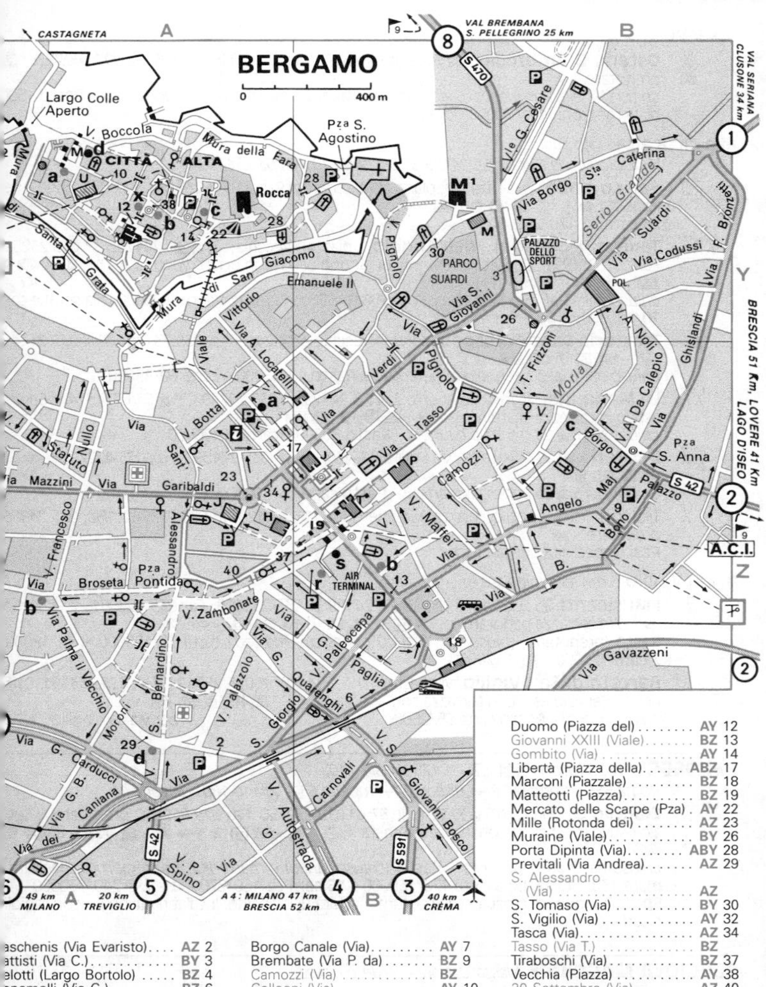

Duomo (Piazza del) . . . . AY 12
Giovanni XXIII (Viale) . . . . BZ 13
Gombito (Via) . . . . AY 14
Libertà (Piazza della) . . . . . . ABZ 17
Marconi (Piazzale) . . . . BZ 18
Matteotti (Piazza) . . . . BZ 19
Mercato delle Scarpe (Pza) . AY 22
Mille (Rotonda dei) . . . . AZ 23
Muraine (Viale) . . . . BY 26
Porta Dipinta (Via) . . . . ABY 28
Previtali (Via Andrea) . . . . . . AZ 29
S. Alessandro (Via) . . . . AZ
S. Tomaso (Via) . . . . BY 30
S. Vigilio (Via) . . . . AY 32
Tasca (Via) . . . . AZ 34
Tasso (Via T.) . . . . BZ
Tiraboschi (Via) . . . . BZ 37
Vecchia (Piazza) . . . . AY 38
20 Settembre (Via) . . . . AZ 40

aschenis (Via Evaristo) . . . . AZ 2
attisti (Via C.) . . . . BY 3
elotti (Largo Bortolo) . . . . . BZ 4
onomelli (Via G.) . . . . BZ 6
Borgo Canale (Via) . . . . AY 7
Brembate (Via P. da) . . . . BZ 9
Camozzi (Via) . . . . BZ
Colleoni (Via) . . . . AY 10

Circolazione stradale regolamentata nella « Città Alta »

XXX **Ar Ti,** via Previtali 5/7 ✉ 24122 ✆ 035 252020, *Fax 035 400960*, prenotare – P. AE ⓢ ⓞ ⓜⓒ VISA. ✂ — AZ d
chiuso dal 1° al 6 gennaio, dal 5 al 25 agosto, domenica e lunedì a mezzogiorno – **Pasto** specialità di mare 60000 bc (solo a mezzogiorno) 80000 e carta 65/95000.

XX **Villa dei Tasso,** piazza Alpi Orobiche 4 ✉ 25125 ✆ 035 290026, *Fax 035 290026*, prenotare, « Seicentesca dimora di campagna affrescata » – AE ⓢ ⓜⓒ VISA
chiuso dal 7 al 21 agosto, sabato a mezzogiorno e lunedì – **Pasto** 30000 (a mezzogiorno) 50/70000 (la sera). — 2,5 km per ②

XX **Taverna Valtellinese,** via Tiraboschi 57 ✉ 24122 ✆ 035 243331, – ▤. AE ⓢ ⓞ ⓜⓒ VISA — BZ r
chiuso lunedì – **Pasto** cucina valtellinese carta 50/70000.

XX **Öl Giopì e la Margì,** via Borgo Palazzo 27 ✉ 24125 ✆ 035 242366, *Fax 035 249206* – ▤. AE ⓢ ⓞ ⓜⓒ VISA. ✂ — BZ c
chiuso dal 1° all'8 gennaio, agosto, domenica sera e lunedì – **Pasto** cucina tipica bergamasca 45/60000.

Osteria D'Ambrosio, via Broseta 58/a ✉ 24128 ℘ 035 402926, Fax 035 402926, prenotare – AZ
chiuso Natale, Pasqua, dal 5 al 25 agosto, sabato a mezzogirono e domenica – **Pasto** 1500 bc (a mezzogiorno) 30000 bc (alla sera).

alla città alta – *alt. 366 :*

vicolo Aquila Nera 2 ✉ 24129 ℘ 035 242226, Fax 035 242994

San Lorenzo senza rist, piazzale Mascheroni 9/a ℘ 035 237383, *Fax 035 237958*, AE VISA AY
25 cam 170/260000.

Taverna Colleoni dell'Angelo, piazza Vecchia 7 ✉ 24129 ℘ 035 23259 *Fax 035 231991*, prenotare, « In un antipo palazzo in piazza Vecchia » – AE VISA JCB. AY
chiuso dal 13 al 25 agosto e lunedì – **Pasto** 50000 (a mezzogiorno) 90000 (alla sera) e car 70/105000.

Trattoria Sant'Ambröeus, piazza Vecchia 2 ✉ 24129 ℘ 035 237494, *Fax 035 23749* – AE VISA AY
chiuso dal 1° al 20 gennaio e mercoledì – **Pasto** 40/45000 e carta 60/95000.

La Marianna, largo Colle Aperto 2/4 ✉ 24129 ℘ 035 247997, *Fax 035 211314*, « Serviz estivo in terrazza-giardino » – AE VISA AY
chiuso dal 7 al 23 gennaio e lunedì – **Pasto** 80000 e carta 50/90000.

L'Osteria di via Solata, via Solata 8 ✉ 24129 ℘ 035 271993, *Fax 035 4227208* – VISA AY
chiuso dal 5 al 25 agosto e martedì – **Pasto** carta 65/100000.

Trattoria del Teatro, piazza Mascheroni 3 ✉ 24129 ℘ 035 238862, *Fax 035 23886* prenotare – AY
Pasto specialità bergamasche.

a San Vigilio *5 mn di funicolare* AY – *alt. 461 :*

I Musicanti, via San Vigilio 15 ✉ 24129 ℘ 035 253179, *Fax 035 402081*, « Serviz estivo in terrazza panoramica » – AE VISA JCB. AY
Pasto (prenotare, *chiuso dal 1° al 10 gennaio e martedì*) carta 70/100000 – 18000
7 cam 175000 – ½ P 170000.

Baretto di San Vigilio, via Castello 1 ✉ 24129 ℘ 035 253191, *Fax 035 253191*, Caffè rist., « Servizio estivo in terrazza con sulla città » – AE VISA
chiuso lunedì – **Pasto** carta 65/95000. per via San Vigilio AY

BERGEGGI *17028 Savona* 428 J 7 – *1 175 ab. alt. 110.*
Roma 556 – Genova 58 – Cuneo 102 – Imperia 63 – Milano 180 – Savona 11.

Claudio con cam, via XXV Aprile 37 ℘ 019 859750, *Fax 019 859750*, prenotare, « Servizio estivo in terrazza con mare e costa », – 40. AE VIS
chiuso dal 2 al 31 gennaio – **Pasto** *(chiuso lunedì e martedì a mezzogiorno)* specialità mare 130/140000 bc e carta 120/160000 – **15 cam** 160/270000 – ½ P 240/260000
Spec. Bouquet di crostacei agli agrumi. Tartara di branzino. Insalatina di polpo con fagioli e sedano.

BERGIOLA MAGGIORE *Massa-Carrara – Vedere Massa.*

BERGOLO *12070 Cuneo* 428 I 6 – *73 ab. alt. 616.*
Roma 606 – Genova 107 – Alessandria 60 – Cuneo 104 – Milano 167 – Savona 68 – Torir 104.

'L Bunet con cam, via Roma 24/27 ℘ 0173 87013, *Fax 0173 87013*, prenotare – rist, AE VISA
chiuso gennaio e febbraio – **Pasto** 45/55000 – 10000 – **8 cam** 65/80000.

BERSANO *Piacenza* 428 H 12 – *Vedere Besenzone.*

Ne confondez pas :

Confort des hôtels	:	...
Confort des restaurants	:	XXXXX ... X
Qualité de la table	:	✿✿✿, ✿✿, ✿,

BERTINORO *47032 Forlì-Cesena* 988 ⑮, 429, 430 J 18 *G. Italia – 9 043 ab. alt. 257.*
Vedere ≤★ *dalla terrazza vicino alla Colonna dell'Ospitalità.*
Roma 343 – Ravenna 46 – Rimini 54 – Bologna 77 – Forlì 14 – Milano 296.

Panorama senza rist, piazza della Libertà 11 ☎ 0543 445465, *Fax 0543 445465*, ≤ – TV ☎. AE $ ⓓ ⓜ VISA.
– senza ☐ – **16 cam** 85/150000.

Belvedere, via Mazzini 7 ☎ 0543 445127, *Fax 0543 445127*, « Servizio estivo in terrazza panoramica » – $ ⓓ ⓜ VISA JCB.
chiuso novembre e mercoledì – **Pasto** carta 45/65000.

BESENZONE *29010 Piacenza* 428 H 11 – *988 ab. alt. 48.*
Roma 472 – Parma 44 – Piacenza 23 – Cremona 23 – Milano 90.

a **Bersano** *Est : 5,5 km* – ✉ *29010 Besenzone :*

La Fiaschetteria, via Bersano 59/bis ☎ 0523 830444, Coperti limitati; solo su prenotazione a mezzogiorno, « In una casa colonica di fine '600 » – ▤ P. AE $ ⓜ VISA.
chiuso dal 23 dicembre al 5 gennaio, dal 5 al 31 agosto, lunedì e martedì – **Pasto** carta 60/80000
Spec. Culatello. Tortelli di patate con porcini (autunno). Costa di vitello al forno al Gutturnio.

BESNATE *21010 Varese* 428 E 8, 219 ⑰ – *4 795 ab. alt. 300.*
Roma 622 – Stresa 37 – Gallarate 7 – Milano 45 – Novara 40 – Varese 17.

La Maggiolina, via per Gallarate 9 ☎ 0331 274225, *Fax 0331 273070* – ▤ P. AE $ ⓓ ⓜ VISA
chiuso dal 24 dicembre al 5 gennaio, agosto e martedì – **Pasto** carta 45/80000.

BESOZZO *21023 Varese* 428 E 7, 219 ⑦ – *7 910 ab. alt. 279.*
Roma 645 – Stresa 43 – Bellinzona 63 – Como 40 – Lugano 40 – Milano 68 – Novara 59 – Varese 14.

Osteria del Sass, via Sant'Antonio 17/B, località Besozzo Superiore ☎ 0332 771005, ≤ 472 – AE $ ⓜ VISA.
chiuso dal 1° al 15 febbraio, dal 3 al 17 ottobre, lunedì e martedì a mezzogiorno – **Pasto** 75000 e carta 50/90000.

BETTOLA *29021 Piacenza* 988 ⑬, 428, 429 H 10 – *3 325 ab. alt. 329.*
Roma 546 – Piacenza 34 – Bologna 184 – Milano 99.

Agnello, piazza Colombo 53 ☎ 0523 917760, –
chiuso febbraio e martedì – **Pasto** carta 35/45000.

Due Spade, piazza Colombo 62 ☎ 0523 917789, , prenotare – $ ⓜ VISA.
chiuso martedì escluso da giugno a settembre – **Pasto** carta 30/55000.

BETTOLLE *Siena* 988 ⑮, 430 M 17 – *Vedere Sinalunga.*

BETTONA *06084 Perugia* 430 M 19 – *3 678 ab. alt. 355.*
Roma 167 – Perugia 21 – Assisi 15 – Orvieto 71 – Terni 78.

a **Passaggio** *Nord-Est : 3 km* – ✉ *06080 :*

Il Poggio degli Olivi con cam, località Montebalacca Sud : 3 km ☎ 075 9869023, *Fax 075 9869023*, ≤ vallata ed Assisi, « Servizio estivo serale in terrazza panoramica », , , – TV P. AE $ ⓓ VISA. rist
chiuso dal 9 gennaio al 5 febbraio – **Pasto** *(chiuso mercoledì)* carta 45/60000 – **6 cam** ☐ 105/170000 – ½ P 100/120000.

BEVAGNA *06031 Perugia* 988 ⑯, 430 N 19 – *4 759 ab. alt. 225.*
Roma 148 – Perugia 35 – Assisi 24 – Macerata 100 – Terni 59.

Palazzo Brunamonti senza rist, corso Matteotti 79 ☎ 0742 361932, *Fax 0742 361948*, « In un palazzo nobiliare del centro storico » – ▤ TV ☎ & P – 50. AE $ ⓓ ⓜ VISA.
16 cam ☐ 120/150000.

Ottavius, via del Gonfalone 4 ☎ 0742 360555 – ▤.
chiuso lunedì – **Pasto** carta 45/60000.

BIAGIANO - SAN FORTUNATO *Perugia* – *Vedere Assisi.*

BIBBIENA *52011 Arezzo* 988 ⑮, 429, 430 K 17 *G. Toscana – 11 324 ab. alt. 425.*
Roma 249 – Arezzo 32 – Firenze 60 – Rimini 113 – Ravenna 122.

Borgo Antico, via Bernado Dovizi 18 ✆ 0575 536445, *Fax 0575 536447* – 30. AE VISA
chiuso novembre – **Pasto** (solo per alloggiati e *chiuso a mezzogiorno*) – **16 cam** 9 120000 – ½ P 80/100000.

a Soci *Nord : 4 km – ✉ 52010 :*

Le Greti senza rist, via Privata le Greti Ovest : 1,5 km ✆ 0575 561744, *Fax 0575 5618C* ≤ colline e dintorni, – P. AE VISA JCB.
10000 – **16 cam** 75/120000.

BIBBONA (Marina di) *57020 Livorno* 430 M 13.
Roma 285 – Cecina 14 – Grosseto 92 – Livorno 45 – Piombino 43 – Siena 100.

Hermitage, via dei Melograni 13 ✆ 0586 600218, *Fax 0586 600760*, – P.
chiuso da novembre a marzo – **Pasto** carta 40/70000 (15 %) – **39 cam** 190/280000 ½ P 180000.

BIBIONE *30020 Venezia* 988 ⑥, 429 F 21.
via Maja 37/39 ✆ 0431 442111, Fax 0431 439997.
Roma 613 – Udine 59 – Latisana 19 – Milano 352 – Treviso 89 – Trieste 98 – Venezia 102.

Savoy Beach, corso Europa 51 ✆ 0431 437317, *Fax 0431 437320*, ≤, – – 300. AE VISA. cam
Pasto carta 35/75000 – **136 cam** 205/310000 – ½ P 130/165000.

Principe, via Ariete 41 ✆ 0431 43256, *Fax 0431 439234*, ≤, – AE VISA. rist
maggio-settembre – **Pasto** (solo per alloggiati) 30000 – **80 cam** 155/290000 – ½ P 13 165000.

Corallo, via Pegaso 38 ✆ 0431 43222, *Fax 0431 439928*, ≤, – P. AE VISA.
15 maggio-settembre – **Pasto** (solo per alloggiati) – **80 cam** 200/300000 – ½ P 15 180000.

Excelsior, via Croce del Sud 2 ✆ 0431 43377, *Fax 0431 430384*, ≤, – ris P. VISA. rist
20 maggio-23 settembre – **Pasto** 35000 – 15000 – **92 cam** 120/200000 – ½ P 10 135000.

Italy, via delle Meteore 2 ✆ 0431 43257, *Fax 0431 439258*, ≤, « Giardino ombreggiato – P. AE.
20 maggio-24 settembre – **Pasto** (solo per alloggiati) 40000 – 12000 – **67 cam** 11 200000 – ½ P 90/120000.

Regina, corso Europa 7 ✆ 0431 43422, *Fax 0431 438377*, – AE VISA
aprile-ottobre – **Pasto** carta 70/95000 – 30000 – **49 cam** 220/240000 – ½ P 160000.

Leonardo da Vinci, corso Europa 76 ✆ 0431 43416, *Fax 0431 438009*, – P. AE VISA. rist
20 maggio-15 settembre – **Pasto** (solo per alloggiati) 30/40000 – 15000 – **54 ca** 120/190000 – ½ P 95/110000.

Concordia, via Maia 149 ✆ 0431 43433, *Fax 0431 439260*, ≤, riscaldata, – rist, P. rist
20 maggio-20 settembre – **Pasto** (solo per alloggiati) 35000 – **36 cam** 80/150000 ½ P 105000.

a Bibione Pineda *Ovest : 5 km – ✉ 30020 Bibione.*
viale dei Ginepri 244 ✆ 0431 442233 :

San Marco , via delle Ortensie 2 ✆ 0431 43301, *Fax 0431 438381*, « Giardino pine con », – P.
15 maggio-15 settembre – **Pasto** 35/45000 – 20000 – **60 cam** 120/210000 ½ P 125000.

*Un consiglio **Michelin:***
per la buona riuscita di un viaggio, preparatelo in anticipo.
*Le **carte** e le **guide Michelin** vi danno tutte le indicazioni*
utili su: itinerari, curiosità, sistemazioni, prezzi, ecc.

BIELLA *13900* P 988 ②, 428 F 6 – *47 465 ab. alt. 424.*

Le Betulle (aprile-novembre; chiuso lunedì) a Magnano ✉ 13887 ☎ 015 679151, Fax 015 679276, per ④ 18 km.

piazza Vittorio Veneto 3 ☎ 015 351128, Fax 015 34612.

A.C.I. *viale Matteotti 11 ☎ 015 351047.*

Roma 676 ② – Aosta 88 ④ – Milano 102 ② – Novara 56 ② – Stresa 72 ① – Torino 74 ③ – Vercelli 42 ②.

Circolazione regolamentata nel centro città

medeo d'Aosta (Piazza) .... Z 2
ossato (Piazza G. B.) .... Z 4
uomo (Piazza) .... Y 7
Garibaldi (Via) .... Y 9
Italia (Via) .... Y
Lamarmora (Piazza A.) .... Y 12
Marconi (Via) .... Y 15
Martiri della Libertà (Piazza) .... Y 16
San Giovanni Bosco (Piazza) .... Y 18
20 Settembre (Via) .... Y 21

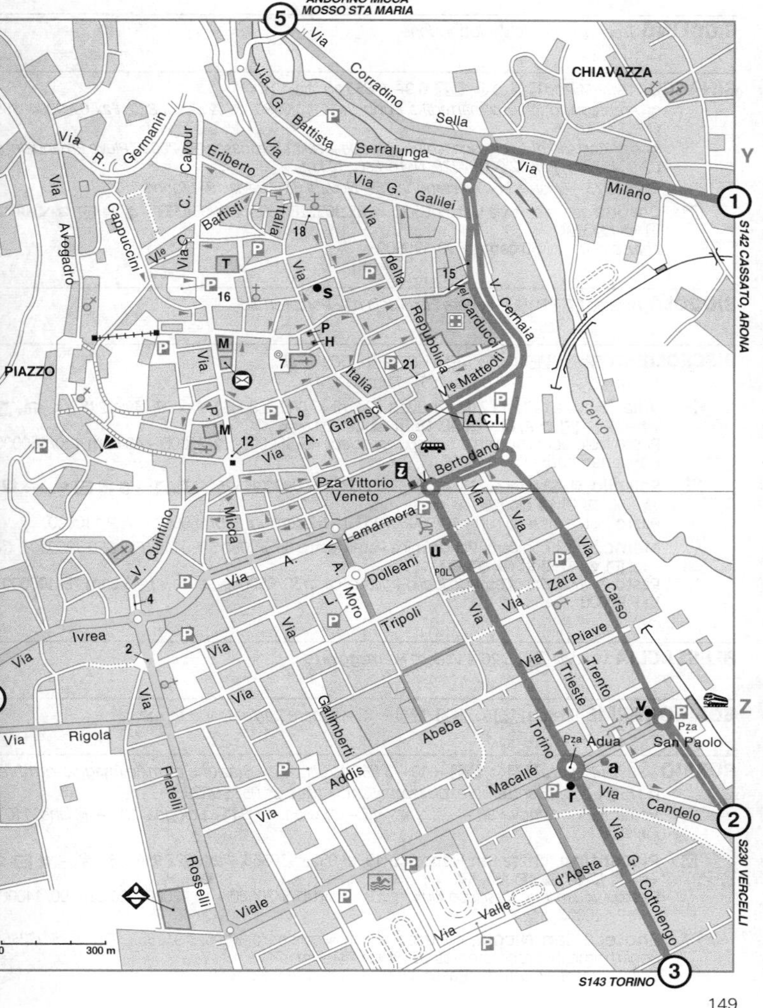

Astoria senza rist, viale Roma 9 015 402750, *Fax 015 8491691* – 75. Z
chiuso agosto – **50 cam** 150/190000.

Michelangelo, piazza Adua 5 015 8492362, *Fax 015 8492649*, Rist. a buffet – 30. Z
Pasto *(chiuso alla sera, sabato e domenica)* 40000 bc – **21 cam** 150/190000.

Augustus, senza rist, via Orfanotrofio 6 015 27554, *Fax 015 29257* – 38 cam. Y

Prinz Grill da Beppe e Teresio, via Torino 14 015 23876, Coperti limitati; prenota – Z
chiuso dal 1° al 10 gennaio, agosto e domenica – **Pasto** carta 55/95000.

San Paolo, viale Roma 4 015 8493236, *Fax 015 8493236*, prenotare – Z
chiuso agosto e venerdì – **Pasto** 70/95000 e carta 50/95000.

BIGOLINO *Treviso – Vedere Valdobbiadene.*

BINASCO *20082 Milano* 988 ③ ⑬, 428 G 9 – *6 853 ab. alt. 101.*

Ambrosiano (chiuso martedì) a Bubbiano 20080 02 90840820, Fax 02 9084936 Ovest : 8 km;

e Castello di Tolcinasco (chiuso lunedì) località Tolcinasco 20090 Pieve Emanuele 02 90467201, Fax 02 90467226, Nord-Est : 12 km.

Roma 573 – Milano 21 – Alessandria 76 – Novara 63 – Pavia 19 – Torino 152.

Corona senza rist, via Matteotti 20 02 9052280, *Fax 02 9054353* –
chiuso agosto – **50 cam** 90/120000.

BIODOLA *Livorno* 430 N 12 – *Vedere Elba (Isola d') : Portoferraio.*

BISCEGLIE *70052 Bari* 988 ㉙, 431 D 31 *G. Italia – 50 830 ab..*

Roma 422 – Bari 39 – Foggia 105 – Taranto 124.

Villa, viale La Testa 2 (Nord-Ovest : 2 km) 080 3980031, *Fax 080 3980212*, – 40.
Pasto (solo per alloggiati e *chiuso mercoledì*) 45/55000 – 21000 – **48 cam** 120/16000 6 appartamenti – ½ P 135000.

Salsello, via Siciliani 32/33 080 3955953, *Fax 080 3955951*, – 500. rist
Pasto Rist. e pizzeria carta 40/60000 (15 %) – **52 cam** 135/155000 – ½ P 110000.

Memory con cam, Panoramica Paternostro 63 080 3980149, *Fax 080 3980304*, –
Pasto *(chiuso lunedì escluso luglio-agosto)* carta 30/65000 – senza – **8 cam** 75/10000 ½ P 90000.

BLESSAGLIA *Venezia* 429 E 20 – *Vedere Pramaggiore.*

BOARIO TERME *Brescia* 988 ④, 428, 429 E 12 – *Vedere Darfo Boario Terme.*

BOBBIO *29022 Piacenza* 988 ⑬, 428 H 10 – *3 886 ab. alt. 272 – Stazione termale (maggio-ottobr*

(15 giugno-15 settembre) piazzetta Santa Chiara 0523 962815.

Roma 558 – Genova 90 – Piacenza 45 – Alessandria 84 – Bologna 196 – Milano 110 Pavia 88.

Piacentino, piazza San Francesco 19 0523 936563, *Fax 0523 936266*, –
Pasto *(chiuso lunedì escluso luglio-agosto)* carta 45/70000 – 12000 – **20 cam** 90/1400 – ½ P 120000.

Enoteca San Nicola, contrada di San Nicola 11/a 0523 932355, *Fax 0523 9323* Coperti limitati; prenotare –
chiuso lunedì e martedì – **Pasto** 45000 e carta 45/65000.

Ra Ca' Longa con cam, località San Salvatore 10 (Sud : 4 km) ✆ 0523 936948, ≤ – P. AE S MC VISA. ✻
chiuso dal 1° al 15 novembre – **Pasto** *(chiuso lunedì)* carta 35/70000 – ☐ 12000 – **11 cam** 60/80000 – 1/2 P 80000.

BOCALE SECONDO *Reggio di Calabria* 431 M 28 – *Vedere Reggio di Calabria.*

BOCCA DI MAGRA *19030 La Spezia* 428, 429, 430 J 11.
Roma 404 – La Spezia 22 – Genova 110 – Lucca 60 – Massa 21 – Milano 227.

Sette Archi, via Fabbricotti 242 ✆ 0187 609017, *Fax 0187 609028*, ☂, ☂ – TV ☎. S MC VISA. ✻ rist
marzo-ottobre – **Pasto** carta 55/95000 – **24 cam** ☐ 100/200000 – 1/2 P 80/130000.

Capannina Ciccio, via Fabbricotti 71 ✆ 0187 65568, *Fax 0187 609000*, ≤, ☂ – AE S ① MC VISA JCB. ✻
chiuso dal 1° al 15 novembre e martedì (escluso luglio-agosto) – **Pasto** specialità di mare carta 60/90000.

BODIO LOMNAGO *21020 Varese* 219 ⑦ – *2 004 ab. alt. 275.*
Roma 627 – Stresa 40 – Gavirate 14 – Milano 59 – Varese 8.

Il Gallione, via Sceree 13 (Nord : 0,5 km) ✆ 0332 947383, prenotare – ▤ P.

BOGLIACO *Brescia* 428 E 13 – *Vedere Gargnano.*

BOGLIASCO *16031 Genova* 428 I 9 – *4 575 ab..*
Roma 491 – Genova 13 – Milano 150 – Portofino 23 – La Spezia 92.

Il Tipico, località San Bernardo 20 (Nord : 4 km) ✆ 010 3470754, *Fax 010 3471061*, ≤ mare e costa – ▤. AE S ① MC VISA. ✻
chiuso lunedì, dall'8 al 31 gennaio e dal 12 al 23 agosto – **Pasto** carta 60/90000.

BOGNANCO (Fonti) *28030 Verbania* 988 ②, 428 D 6 – *359 ab. alt. 986.*
Roma 709 – Stresa 40 – Domodossola 11 – Milano 132 – Novara 102 – Torino 176.

Villa Elda, via Marconi 45 ✆ 0324 46975, *Fax 0324 46975* – |‡| ☎. ✻
Pasqua-settembre – **Pasto** 30/45000 – **45 cam** ☐ 50/80000 – 1/2 P 55/85000.

BOJANO *86021 Campobasso* 988 ㉗, 430 R 25 – *8 618 ab. alt. 488.*
Roma 197 – Campobasso 24 – Benevento 56 – Isernia 29 – Napoli 134.

Pleiadi's, via Molise 40 ✆ 0874 773088, *Fax 0874 773088* – |‡| ▤ TV ☎ P – 🏔 200. AE S ① MC VISA JCB. ✻
Pasto carta 30/50000 – **34 cam** ☐ 100/120000 – 1/2 P 80000.

BOLETO *Novara* 428 E 7, 219 ⑥ – *alt. 696.*
Vedere *Santuario della Madonna del Sasso*★★ *Nord-Ovest : 4 km.*

BOLLATE *20021 Milano* 428 F 9, 219 ⑱ ⑲ – *46 667 ab. alt. 154.*
Roma 595 – Milano 10 – Como 37 – Novara 45 – Varese 40.

Pianta d'insieme di Milano.

La Torretta, via Trento 111 (S.S N. 233 Varesina Nord-Ovest : 2 km) ✆ 02 3505996, *Fax 02 33300826*, ☂ – |‡| ▤ TV ☎ P – 🏔 100. AE S ① MC VISA. ✻ AO d
Pasto *(chiuso dal 2 al 23 agosto, venerdì e domenica sera)* carta 55/80000 – ☐ 16000 – **60 cam** 130/190000, appartamento.

ad Ospiate *Ovest : 1 km* – ✉ *20021 Ospiate di Bollate :*

Al Mulino ⛰ con cam, viale Repubblica 75 ✆ 02 38302190, *Fax 02 38302218*, ☂ – ▤ TV ☎ P. AE S ① MC VISA. ✻ AO b
chiuso dal 7 al 28 agosto – **Pasto** *(chiuso lunedì)* carta 85/115000 – **7 cam** ☐ 135/175000.

We distinguish for your use
certain hotels (🏠 ... 🏨) and restaurants (✕ ... ✕✕✕✕✕)
by awarding them ☺, ✿, ✿✿ or ✿✿✿.

BOLOGNA *40100* 🅿 988 ⑭ ⑮, 429, 430 I 15 *G. Italia – 382 006 ab. alt. 55.*

Vedere *Piazza Maggiore* CY **57** *e del Nettuno★★★* CY **76**: *fontana del Nettuno★★, basilic di San Petronio★★* CY **A**, *Palazzo Comunale★* BY **H**, *palazzo del Podestà★* CY **B** – *Piazza Porta Ravegnana★★* CY **93**: *Torri Pendenti★★ (✻★★) – Mercanzia★* CY **C** – *Chiesa di Sant Stefano★* CY **F** – *Museo Civico Archeologico★★* CY **M1** – *Pinacoteca Nazionale★★* DY **M2** *Chiesa di San Giacomo Maggiore★* CY **D** – *Strada Maggiore★* CDY – *Chiesa di San Domen co★* CZ **K**: *arca★★ del Santo, tavola★ di Filippino Lippi – Palazzo Bevilacqua★* BY **E** *Postergale★ nella chiesa di San Francesco* BY **N**.

Dintorni *Madonna di San Luca: portico★, ≤★ su Bologna e gli Appennini Sud-Ovest : 5 kr* FV.

⛳18 *(chiuso lunedì) a Chiesa Nuova di Monte San Pietro ✉ 40050 ☏ 051 969100, Fax 05 6720017, Ovest : 16 km* EV;

⛳9 *Casalunga (chiuso lunedì) a Castenaso ✉ 40055 ☏ 051 6050164, Fax 051 6050164, Est 10 km.*

✈ *Bologna-G. Marconi Nord-Ovest : 6 km* EFU *☏ 051 6479615 – Alitalia, via Riva di Ren 65 ✉ 40122 ☏ 051 6300270.*

🚗 *☏ 051 246490.*

ℹ *piazza Maggiore 6 ✉ 40121 ☏ 051 239660, Fax 051 231454 – Stazione Ferrovie Stato ✉ 40121 ☏ 051 246541, Fax 051 251947 – Aeroporto ☏ 051 6472036, Fax 051 6472036.*

A.C.I. *via Marzabotto 2 ✉ 40133 ☏ 051 389908.*

Roma 379 ⑥ – Firenze 105 ⑥ – Milano 210 ⑧ – Venezia 152 ①.

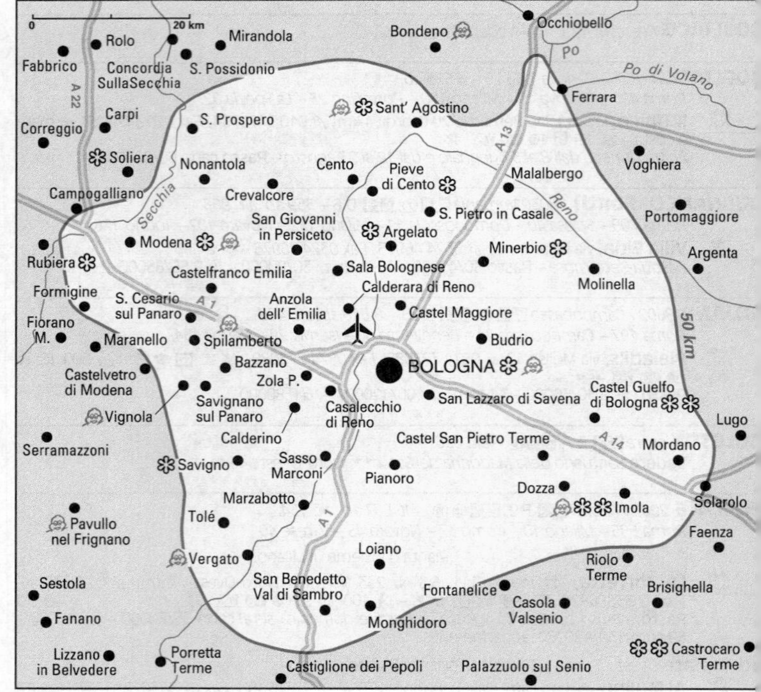

Gd H. Baglioni, via dell'Indipendenza 8 ✉ 40121 ☏ 051 225445, *Fax 051 234840* – | ✻ cam, ▤ 📺 ☎ – 🏛 80. AE 🅂 ⓞ 🅜🅞 VISA JCB. ✻ CY
Pasto vedere rist ***I Carracci*** – **117 cam** ☐ 480/740000, 8 appartamenti – 1/2 P 350/440000

Royal Hotel Carlton, via Montebello 8 ✉ 40121 ☏ 051 249361, *Fax 051 249724* – | ✻ cam, ▤ 📺 ☎ ♿ 🚗 – 🏛 450. AE 🅂 ⓞ 🅜🅞 VISA. ✻ CX
Pasto *(chiuso domenica)* carta 55/130000 – **228 cam** ☐ 430/630000, 23 appartamenti.

Sofitel, viale Pietramellara 59 ✉ 40121 ✆ 051 248248, *Fax 051 249421* – cam, – 80. AE VISA. CX q
Pasto vedere rist ***Risbò*** – **244 cam** 365/450000.

Jolly, piazza 20 Settembre 2 ✉ 40121 ✆ 051 248921, *Fax 051 249764* – cam, – 350. AE VISA. rist CX a
Pasto al Rist. ***Amarcord*** *(chiuso domenica)* carta 70/115000 – **155 cam** 340/500000, 9 appartamenti.

Bologna Tower M, viale Lenin 43 ✉ 40138 ✆ 051 6010909, *Fax 051 6010700*, – cam, P – 450. AE VISA. HV e
Pasto carta 45/65000 – **136 cam** 370/460000, 14 appartamenti.

Holiday Inn Bologna City, piazza della Costituzione 1 ✉ 40128 ✆ 051 41666, *Fax 051 41665*, – cam, P – 350. AE VISA JCB. rist GU h
Pasto al Rist. ***la Meridiana*** carta 60/90000 – 35000 – **162 cam** 305/395000, appartamento.

Internazionale senza rist, via dell'Indipendenza 60 ✉ 40121 ✆ 051 245544, *Fax 051 249544* – . AE VISA CX p
116 cam 275/400000.

Corona d'Oro 1890 senza rist, via Oberdan 12 ✉ 40126 ✆ 051 236456, *Fax 051 262679* – – 30. AE VISA JCB. CY r
chiuso dal 22 luglio al 29 agosto – **35 cam** 350/500000.

Al Cappello Rosso senza rist, via de' Fusari 9 ✉ 40123 ✆ 051 261891, *Fax 051 227179* – – 25. AE VISA JCB BY v
33 cam 345/495000.

Savoia, via San Donato 161 ✉ 40127 ✆ 051 6332366, *Fax 051 6332366*, – P – 400. AE VISA JCB. rist HU a
chiuso dal 24 dicembre al 6 gennaio e dal 5 al 24 agosto – **Pasto** *(chiuso domenica sera e lunedì)* carta 40/55000 – **43 cam** 190/280000.

Roma, via Massimo d'Azeglio 9 ✉ 40123 ✆ 051 226322, *Fax 051 239909* – . AE VISA. rist BY x
Pasto *(chiuso domenica ed agosto)* carta 45/65000 – 20000 – **86 cam** 160/230000, 5 appartamenti.

Tre Vecchi senza rist, via dell'Indipendenza 47 ✉ 40121 ✆ 051 231991, *Fax 051 224143* – – 30. AE VISA CY a
96 cam 265/380000.

Dei Commercianti senza rist, via de' Pignattari 11 ✉ 40124 ✆ 051 233052, *Fax 051 224733* – . AE VISA JCB BY n
35 cam 350/500000.

Regina senza rist, via dell'Indipendenza 51 ✉ 40121 ✆ 051 248878, *Fax 051 247986* – . AE VISA CY a
61 cam 180/300000.

City Hotel senza rist, via Magenta 10 ✉ 40128 ✆ 051 372676, *Fax 051 372032*, – P – 40. AE VISA JCB. GU e
60 cam 260/400000.

Residence Executive senza rist, via Ferrarese 161 ✉ 40128 ✆ 051 372960, *Fax 051 372127* – P. AE VISA JCB GU a
40 cam 240/290000.

Donatello senza rist, via dell'Indipendenza 65 ✉ 40121 ✆ 051 248174, *Fax 051 248174* – . AE VISA CX c
38 cam 160/230000.

Re Enzo senza rist, via Santa Croce 26 ✉ 40122 ✆ 051 523322, *Fax 051 554035* – – 200. AE VISA. AY a
51 cam 190/330000.

Maggiore senza rist, via Emilia Ponente 62/3 ✉ 40133 ✆ 051 381634, *Fax 051 312161* – P – 30. AE VISA. FU c
chiuso dal 24 dicembre al 3 gennaio e dall'8 al 27 agosto – **56 cam** 170/280000.

San Donato senza rist, via Zamboni 16 ✉ 40126 ✆ 051 235395, *Fax 051 230547* – P – 40. AE VISA. CY d
chiuso dall'11 al 20 agosto – **59 cam** 350/510000.

Nuovo Hotel senza rist, via del Porto 6 ✆ 051 247926, *Fax 051 247386* – cam, . AE VISA BX a
36 cam 260/320000.

BOLOGNA
PIANTA D'INSIEME

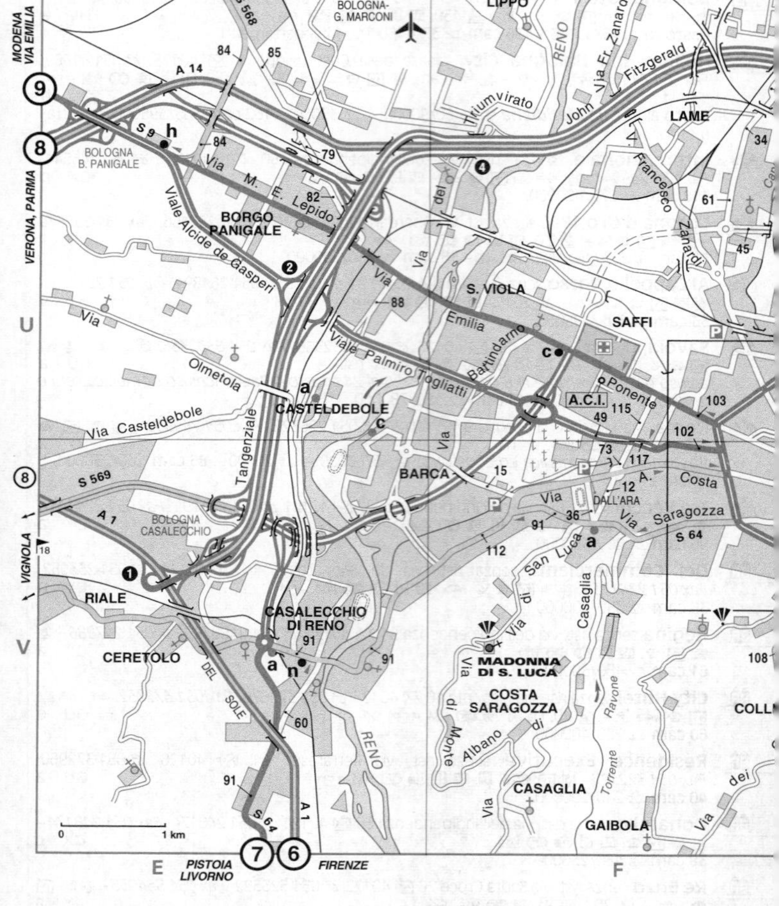

Touring senza rist, via dè Mattuiani 1/2 ✉ 40124 ☎ 051 584305, *Fax 051 334763*, « Pic cola terrazza-solarium con ≤ città » – 🛗 TV ☎. AE 🅂 ① MC VISA
39 cam ☐ 190/330000. BZ

Il Guercino senza rist, via Luigi Serra 7 ✉ 40129 ☎ 051 369893, *Fax 051 369893* – 🛗 ☎ ♿ – 🅿 30. AE 🅂 ① MC VISA
30 cam ☐ 130/200000. GU

I Carracci - Gd H. Baglioni, via Manzoni 2 ✉ 40121 ☎ 051 222049 – ≡. AE 🅂 ① MC VISA JCB.
chiuso domenica in agosto – **Pasto** 60/70000 (a mezzogiorno) 70/95000 (la sera) e cart 80/120000. CY

arco Polo (Via) . . . . FU 60
ario (Via A.) . . . . GV 63
artelli (Via T.) . . . . HV 66
atteotti (Via) . . . . GU 67
azzini (Via) . . . . GV 69
ezzofanti (Via G.) . . . . GV 70
ontefiorino (Via) . . . . FV 73
spedaletto (Via d.) . . . . . . EU 79
alagi (Via P.) . . . . GV 81

Panigale (Via) . . . . EU 82
Persicetana (Via) . . . . EU 84
Persicetana Vecchia (Via) . . . . EU 85
Pietra (Via d.) . . . . EU 88
Pirandello (Via L.) . . . . HU 90
Porrettana (Via) . . . . FVE 91
Putti (Via V.) . . . . GV 96
Sabbioni (Via d.) . . . . GV 100

Sabotino (Via) . . . . FUV 102
Saffi (Via A.) . . . . FU 103
S. Barbara (Via) . . . . GV 105
S. Mamolo (Via) . . . . FV 108
Sigonio (Via C.) . . . . GV 111
Sturzo (Via Don L.) . . . . FV 112
Timavo (Via d.) . . . . FU 115
Tolmino (Via) . . . . FV 117
Tosarelli (Via B.) . . . . HU 118

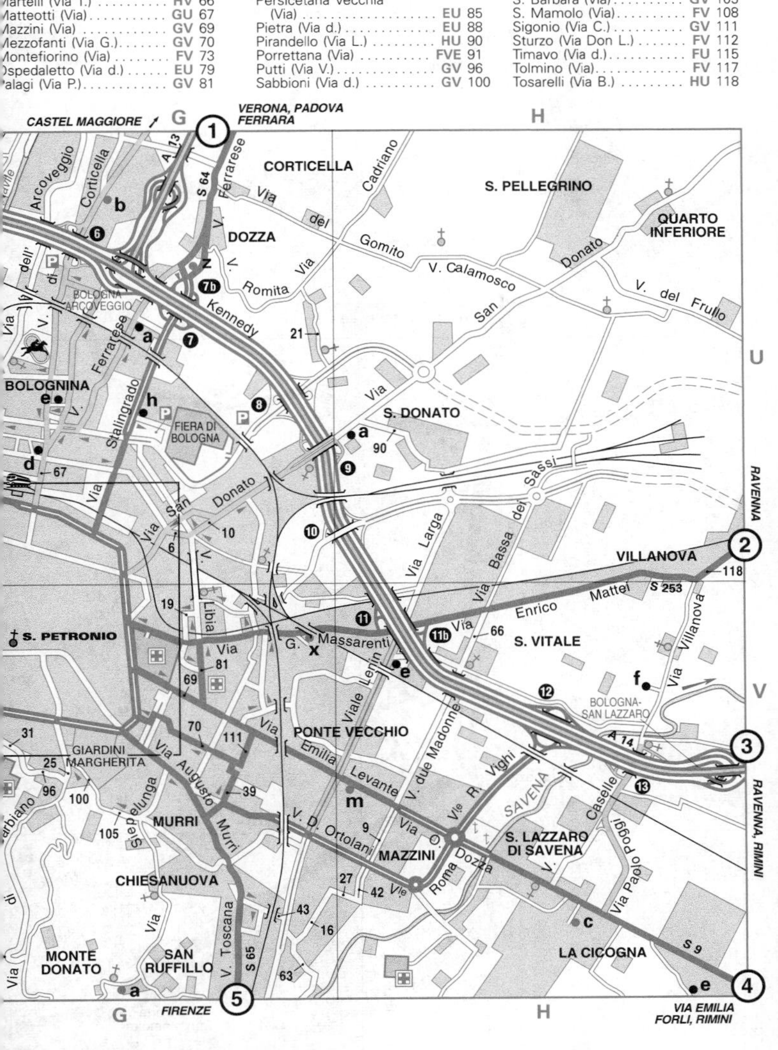

XXX **Battibecco,** via Battibecco 4 ✉ 40123 ☎ 051 223298, *Fax 051 263579*, prenotare – ▤. AE ⓢ ⓓ ⓜ VISA. ✂ BY v
✿ *chiuso domenica* – **Pasto** carta 85/165000
Spec. Risotto al Rubesco. Mazzancolle alla diavola con riso pilaw. Costata di angus beef alla brace..

XXX **Torre de' Galluzzi,** Corte de' Galluzzi 5/a ✉ 40124 ☎ 051 267638, *Fax 051 223297* – ▤. AE ⓢ ⓓ ⓜ VISA BY a
chiuso dal 9 al 21 agosto e domenica – **Pasto** carta 55/90000.

XXX **Pappagallo,** piazza della Mercanzia 3 c ✉ 40125 ☎ 051 231200, *Fax 051 232807*, Confort accurato; prenotare – ✂ ▤. AE ⓢ ⓓ ⓜ VISA JCB. ✂ CY n
chiuso agosto – **Pasto** carta 65/110000 (12 %).

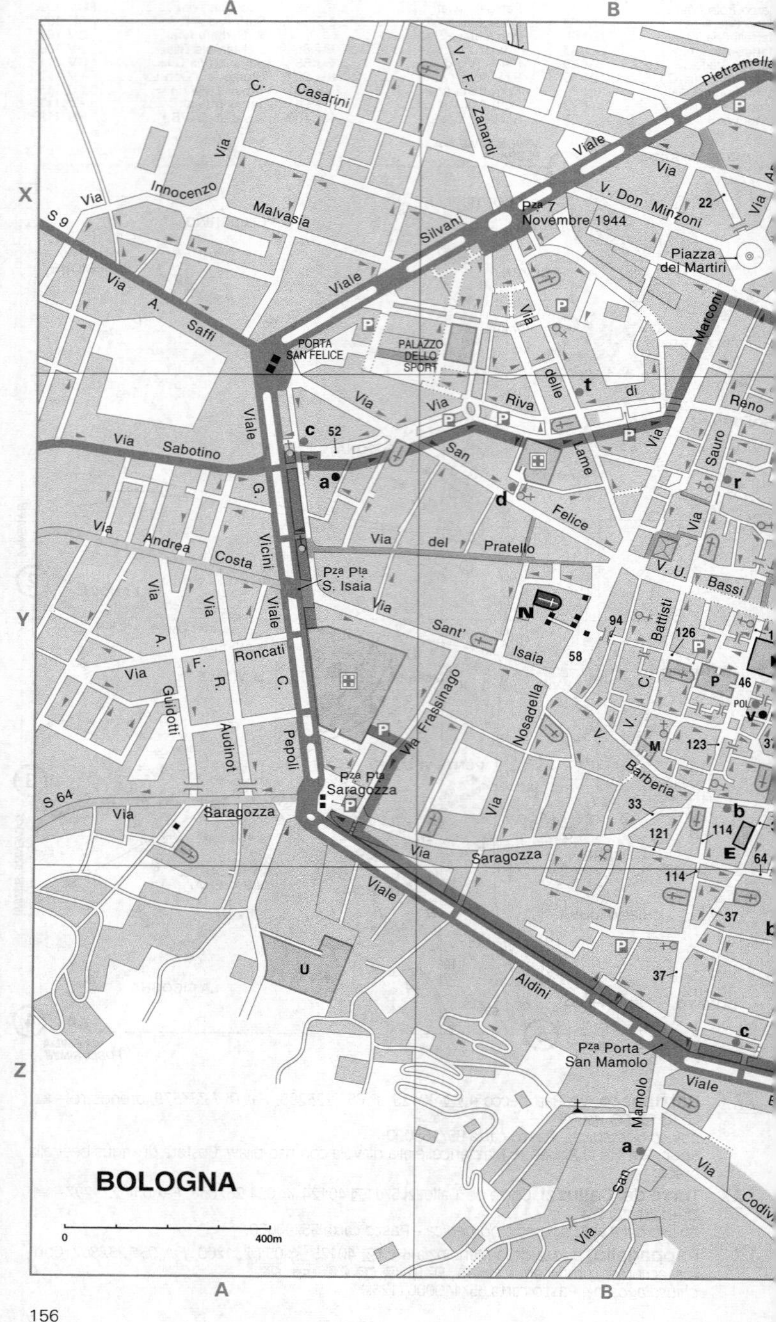

A
B
X
Y
Z
Via Innocenzo
C. Casarini
Malvasia
Via
S 9
Via A. Saffi
V. F. Zanardi
Viale
Silvani
Viale
Pietramellara
Via
V. Don Minzoni
22
Pza 7 Novembre 1944
Piazza del Martiri
Marconi
PORTA SAN FELICE
PALAZZO DELLO SPORT
Via delle Lame
Via Riva di Reno
Via San Felice
t
d
c
52
a
Viale G. Vicini
Via Sabotino
Via Andrea Costa
Via del Pratello
Pza Pta S. Isaia
Via Sant' Isaia
N
94
58
Via Sauro
r
V. U. Bassi
Via C. Battisti
126
46
POL
v
123
M
V. Barberia
Via Frassinago
Nosadella
Via A. Guidotti
Via F. R. Audinot
Via Roncati
Viale C. Pepoli
Pza Pta Saragozza
S 64
Via Saragozza
Via Saragozza
33
121
114
114
b
E
64
37
37
Viale Aldini
U
Pza Porta San Mamolo
Viale
c
Via San Mamolo
a
Via Codivilla
Via
BOLOGNA
0
400m

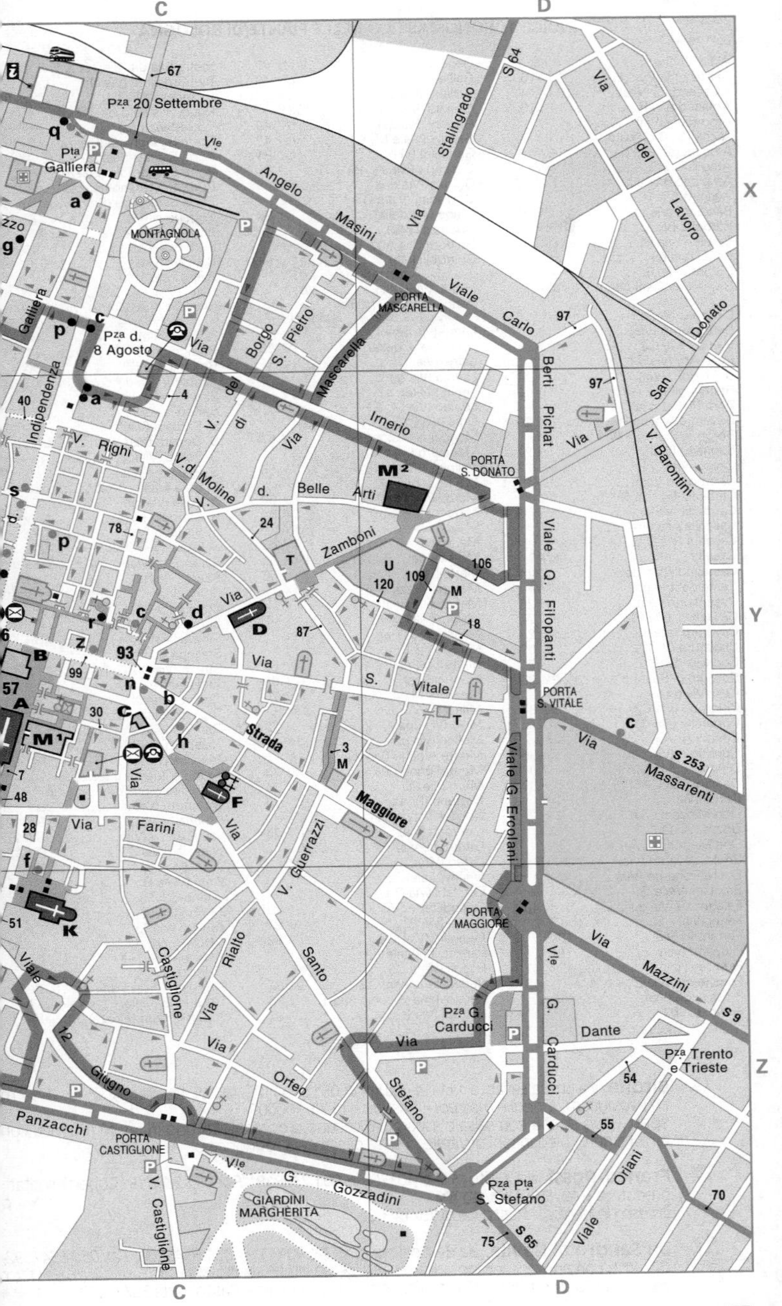
C
D
X
Y
Z
Pza 20 Settembre
Pta Galliera
Vle Angelo Masini
MONTAGNOLA
Via Stalingrado
S 64
Via del Lavoro
Donato
Viale Carlo Berti Pichat
PORTA MASCARELLA
Pza d. 8 Agosto
Galliera
Indipendenza
Via del Borgo di S. Pietro
Via Mascarella
Irnerio
San
Via
V. Barontini
PORTA S. DONATO
V. Righi
V.d. Moline
V. d. Belle Arti
Zamboni
Viale Q. Filopanti
Via
Via S. Vitale
PORTA S. VITALE
Via Massarenti
S 253
Strada Maggiore
Viale G. Ercolani
V. Guerrazzi
Via Farini
Via
PORTA MAGGIORE
Via Mazzini
S 9
Vle G. Carducci
Dante
Pza Trento e Trieste
Pza G. Carducci
Via Stefano
Santo
Rialto
Castiglione
Via
Via Orfeo
Viale 12 Giugno
Panzacchi
PORTA CASTIGLIONE
V. Castiglione
Vle G. Gozzadini
GIARDINI MARGHERITA
Pza Pta S. Stefano
S 65
Viale Oriani
M²
M¹
M
T
U
D
F
K
A
B
C

INDICE TOPONOMASTICO DELLE PIANTE DI BOLOGNA

Via	Pianta	N.
Aldini (Viale)	ABZ	
Aldrovandi (Piazza)	CY	3
Alessandrini (Via)	CX	4
Amaseo (Via R.)	GU	6
Amendola (Via)	BX	
Archiginnasio (Via d.)	CY	7
Arcoveggio (Via d.)	GU	
Arno (Via)	HV	9
Artigiano (Via d.)	GU	10
Audinot (Via R.)	AY	
Bandiera (Via I.)	FV	12
Barberia (Via)	BY	
Barbieri (Via F.)	GU	13
Barca (Via d.)	FV	15
Barontini (Via)	DY	
Bassa dei Sassi (Via)	HUV	
Bassi (Via U.)	BY	
Battaglia (Via d.)	HU	16
Battindarno (Via)	FUV	
Battisti (Via C.)	BY	
Belle Arti (Via d.)	CDY	
Belmeloro (Via)	DY	18
Bentivogli (Via G.)	GV	19
Berti Pichat (Via C.)	DXY	
Beverara (Via della)	FU	20
Borgo di S. Pietra (Via del)	CXY	
Cadriano (Via)	GHU	21
Cairoli (Via)	BX	22
Calamosco (Via)	HU	
Carducci (Piazza G.)	DZ	
Carducci (Viale)	DZ	
Casaglia (Via di)	FV	
Casarini (Via C.)	AX	
Caselle (Via)	HV	
Castagnoli (Via de)	CY	24
Casteldebole (Via)	EUV	
Castiglione (Via)	HU	25
Cavazzoni (Via F.)	HV	27
Cavour (Piazza)	CY	28
Clavature (Via)	CY	30
Codivilla (Via)	GV	31
Collegio di Spagna (Via)	BY	33
Colli (Via d.)	FV	
Colombo (Via C.)	FU	34
Corticella (Via di)	GU	
Costa (Via A.)	AY	
Coubertin (Via de)	FV	36
D'Azeglio (Via M.)	BZ	37
Dagnini (Via G.)	GV	39
Dante (Via)	DZ	
Don Minzoni (Via)	BX	
Dozza (Via O.)	HV	
Due Madonne (Via)	HV	
Emilia Levante (Via)	GHV	
Emilia Ponente (Via)	EFU	
Ercolani (Viale G.)	DY	
Falegnami (Via d.)	CY	40
Farini (Via)	CY	
Ferrarese (Via)	GU	
Filopanti (Via)	DY	
Firenze (Via)	HV	42
Foscherara (Via d.)	GV	43
Frassinago (Via)	ABY	
Frullo (Via d.)	HU	
Gagarin (Via Y.)	FU	45
Galileo (Piazza)	BY	46
Galliera (Piazza)	CX	
Galliera (Via)	BCXY	
Galvani (Piazza)	CY	48
Gandhi (Viale M. K.)	FU	49
Garibaldi (Via)	CZ	51
Gasperi (Viale A. de)	EU	
Gomito (Via del)	GHU	
Gozzadini (Viale G.)	CDZ	
Grada (Via della)	AY	52
Guerrazzi (Via)	CYZ	
Guidotti (Via A.)	AY	
Guinizelli (Via)	DZ	54
Indipendenza (Via d.)	CXY	
Irnerio (Via)	CDXY	
Kennedy (Tangenziale J. F.)	EV, HV	
Lame (Via delle)	BXY	
Lana (Via J. della)	DZ	55
Larga (Via)	HU	
Lavora (Via d.)	DX	
Lenin (Viale)	HV	
Lepido (Via M. E.)	EU	
Libia (Via)	GUV	
Maggiore (Piazza)	CY	57
Maggiore (Strada)	CDY	
Malpighi (Piazza)	BY	58
Malvasia (Via I.)	AX	
Marco Polo (Via)	FU	60
Marconi (Via G.)	EV	61
Marconi (Via)	BXY	
Mario (Via A.)	GV	63
Marsili (Via)	BYZ	64
Martelli (Via T.)	HV	66
Martiri (Piazza dei)	BX	
Mascarella (Via)	CXY	
Masini (Viale A.)	CDX	
Massarenti (Via)	GHV	
Mattei (Via E.)	HV	
Matteotti (Via)	GU	67
Mazzini (Via)	GV	69
Mezzofanti (Via G.)	GV	70
Milazzo (Via)	BCX	
Mille (Via dei)	CX	72
Moline (Via d.)	CY	
Monte Albano (Via di)	FV	
Montefiorino (Via)	FV	73
Murri (Via A.)	DZ	75
Nettuno (Piazza d.)	CY	76
Nosadella (Via)	BY	
Oberdan (Via)	CY	78
Olmetola (Via)	EU	
Orfeo (Via)	CZ	
Oriani (Viale)	DZ	
Ortolani (Via D.)	GHV	
Ospedaletto (Via d.)	EU	79
Palagi (Via P.)	GV	81
Panigale (Via)	EU	82
Panzacchi (Viale E.)	BCZ	
Pepoli (Viale C.)	AY	
Persicetana (Via)	EU	84
Persicetana Vecchia (Via)	EU	85
Petroni (Via G.)	CY	87
Pietra (Via d.)	EU	88
Pietramellara (Viale)	BX	
Pirandello (Via L.)	HU	90
Poggi (Via P.)	HU	
Porrettana (Via)	FVE	91
Porta Ravegnana (Piazza)	CY	93
Porta S. Isaia (Piazza)	AY	
Porta S. Mamolo (Piazza)	BZ	
Porta S. Stefano (Piazza)	DZ	
Porta Saragozza (Piazza)	AY	
Portanova (Via)	BY	94
Pratello (Via del)	ABY	
Putti (Via V.)	GV	96
Ranzani (Via)	DXY	97
Rialto (Via)	CZ	
Righi (Via)	CY	
Riva di Reno (Via)	BY	
Rizzoli (Via)	CY	99
Roma (Viale)	HV	
Romito (Via)	GU	
Roncati (Via F.)	AY	
Sabbioni (Via d.)	GV	100
Sabotino (Via)	FUV	102
Saffi (Via A.)	FU	103
S. Barbara (Via)	GV	105
S. Donato (Via)	GHU	
S. Felice (Via)	ABY	
S. Giacomo (Via)	DY	106
S. Isaia (Via)	ABY	
S. Luca (Via di)	FV	
S. Mamolo (Via)	FV	108
S. Stefano (Via)	CDYZ	
S. Vitale (Via)	CDY	
Saragozza (Via)	ABY	
Sauro (Via N.)	BY	
Selmi (Via)	DY	109
Sepelunga (Via)	HU	
Sigonio (Via C.)	GV	111
Silvani (Viale)	ABX	
Stalingrado (Via)	DX	
Sturzo (Via Don L.)	FV	112
Tagliapietre (Via)	BYZ	114
Timavo (Via d.)	FU	115
Togliatti (Viale P.)	EFU	
Tolmino (Via)	FV	117
Tosarelli (Via B.)	HU	118
Toscana (Via)	HU	
Trento e Trieste (Piazza)	DZ	
Triumvirato (Via d.)	EFU	
Trombetti (Via)	CDY	120
Urbana (Via)	BY	121
Val d'Aposa (Via)	BY	123
Venezian (Via G.)	BY	124
Vicini (Viale G.)	AY	
Vighi (Viale R.)	HV	
Villanova (Via)	HV	
Zamboni (Via)	CDY	
Zanardi (Via F.)	EU	
4 Novembre (Via)	BY	126
7 Novembre 1944 (Piazza)	BX	
8 Agosto (Piazza d.)	CX	
12 Giugno (Viale)	CZ	
20 Settembre (Piazza)	CX	

XX **Bitone,** via Emilia Levante 111 ⊠ 40139 ℘ 051 546110 – ▤. AE ⓓ VISA. ✻ HV m
✿ *chiuso agosto, lunedì e martedì* – **Pasto** carta 70/100000
Spec. Uovo poché con salsa d'asparagi e cestino croccante. Tortino di ravioli gratinati con tartufo nero. Medaglioni di vitello in salsa di cipolle e rognoncino.

XX **Franco Rossi,** via Goito 3 ⊠ 40126 ℘ 051 238818, *Fax 051 238818*, Coperti limitati; prenotare – ▤. AE Ⓢ ⓓ ⓜⓒ VISA CY p
chiuso domenica – **Pasto** carta 75/120000.

XX **Da Sandro al Navile,** via del Sostegno 15 ⊠ 40131 ℘ 051 6343100, *Fax 051 6347592*, ☂, Rist. con enoteca, prenotare – ▤ P – ⛬ 50. AE Ⓢ ⓓ ⓜⓒ VISA. ✻ FU r
chiuso dal 29 dicembre al 6 gennaio, agosto e domenica – **Pasto** carta 55/95000.

XX **La Pernice e la Gallina,** via dell'Abbadia 4 ℘ 051 269922, *Fax 051 269922*, Coperti limitati; prenotare – ▤. AE ⑤ ⓓ ⓜⓒ VISA JCB. ✗ BY d
chiuso agosto, domenica e lunedì a mezzogiorno – **Pasto** 55000, 110000 bc e carta 60/90000.

XX **Grassilli,** via del Luzzo 3 ✉ 40125 ℘ 051 222961, *Fax 051 222961*, ⛱, Coperti limitati; prenotare – ▤. AE ⑤ ⓓ ⓜⓒ VISA CY b
chiuso dal 23 dicembre al 1° gennaio, dal 15 luglio al 15 agosto, domenica e mercoledì in luglio-agosto, mercoledì e le sere dei giorni festivi negli altri mesi – **Pasto** carta 55/65000.

XX **Diana,** via dell'Indipendenza 24 ✉ 40121 ℘ 051 231302, *Fax 051 228162*, ⛱ – AE ⑤ ⓓ ⓜⓒ VISA. ✗ CY s
chiuso dal 1° al 15 gennaio, dal 1° al 28 agosto e lunedì – **Pasto** carta 60/85000.

XX **Risbò** - Albergo Sofitel, viale Pietramellara 59/A ✉ 40121 ℘ 051 246270, ⛱ – ▤. AE ⑤ ⓓ ⓜⓒ VISA JCB. ✗ CX q
chiuso dal 7 al 20 agosto e domenica – **Pasto** carta 45/60000.

XX **Re Enzo,** via Riva di Reno 79 d ✉ 40121 ℘ 051 234803, *Fax 051 234803*, Coperti limitati; prenotare – AE ⑤ ⓓ ⓜⓒ VISA. ✗ BY b
chiuso dal 23 al 30 dicembre, dal 10 al 25 agosto e domenica – **Pasto** carta 65/90000.

XX **Rosteria Luciano,** via Nazario Sauro 19 ✉ 40121 ℘ 051 231249, *Fax 051 260948*, Coperti limitati; prenotare – ▤. AE ⑤ ⓓ ⓜⓒ VISA. ✗ BY r
chiuso Natale, Capodanno, agosto e mercoledì – **Pasto** carta 45/85000.

XX **Posta,** via della Grada 21/a ✉ 40122 ℘ 051 6492106, *Fax 051 6491022* – AE ⑤ ⓓ ⓜⓒ VISA
chiuso agosto e lunedì – **Pasto** specialità toscane carta 45/65000. AY c

XX **La Cesoia-da Pietro,** via Massarenti 90 ✉ 40138 ℘ 051 342854, *Fax 051 342854* – ▤. AE ⑤ ⓓ ⓜⓒ VISA JCB. ✗ DY c
chiuso agosto, domenica sera e lunedì – **Pasto** specialità umbro-laziali carta 55/85000.

XX **Benso,** vicolo San Giobbe 3/d ✉ 40126 ℘ 051 263618, *Fax 051 223904*, ⛱ – ⅙. AE ⑤ ⓓ ⓜⓒ VISA. ✗ CY c
chiuso agosto e domenica – **Pasto** carta 60/90000.

XX **Silverio,** via Mirasole 19 ✉ 40124 ℘ 051 585857, *Fax 051 585857* – ▤. AE ⑤ ⓓ ⓜⓒ VISA JCB. ✗ BZ c
chiuso agosto e domenica – **Pasto** carta 45/60000.

XX **Panoramica,** via San Mamolo 31 ✉ 40136 ℘ 051 580337, *Fax 051 580337*, ⛱ – AE ⑤ ⓓ ⓜⓒ VISA JCB BZ a
chiuso domenica – **Pasto** 30/650000 e carta 45/65000.

XX **Cesari,** via de' Carbonesi 8 ✉ 40123 ℘ 051 237710, *Fax 051 226769* – ▤. AE ⑤ ⓓ ⓜⓒ VISA JCB BY b
chiuso dal 1° al 5 gennaio, agosto, domenica ed in luglio anche sabato – **Pasto** carta 45/75000.

XX **Al Cambio,** via Stalingrado 150 ✉ 40128 ℘ 051 328118 – ▤ P. AE ⑤ ⓓ ⓜⓒ VISA. ✗
chiuso dal 24 gennaio all'8 febbraio, dal 1° al 21 agosto e domenica – **Pasto** carta 45/75000. GU z

XX **Trattoria da Leonida,** vicolo Alemagna 2 ✉ 40125 ℘ 051 239742, ⛱, prenotare – ▤. AE ⑤ ⓓ ⓜⓒ VISA JCB CY h
chiuso agosto e domenica – **Pasto** carta 45/65000.

XX **Il Cantuccio,** via Volturno 4 ✉ 40121 ℘ 051 233424, solo su prenotazione a mezzogiorno – ▤. AE ⑤ ⓓ ⓜⓒ VISA. ✗ CY s
chiuso agosto e lunedì – **Pasto** specialità di mare carta 65/90000.

X **Da Bertino,** via delle Lame 55 ✉ 40122 ℘ 051 522230, *Fax 051 522230*, Trattoria d'habitués – AE ⑤ ⓓ ⓜⓒ VISA. ✗ BY t
chiuso Natale, Capodanno, dal 4 al 31 agosto, domenica, sabato sera dal 20 giugno a luglio e lunedì sera negli altri mesi – **Pasto** carta 40/55000.

X **Trattoria Meloncello,** via Saragozza 240/a ✉ 40135 ℘ 051 6143947, ⛱ – ✗
chiuso dal 7 al 15 gennaio, dal 5 al 20 agosto, lunedì sera e martedì – **Pasto** carta 35/50000. FV a

X Trattoria Gigina, via Stendhal 1 ✉ 40128 ℘ 051 322132 GU b

X **La Terrazza,** via del Parco 20 ✉ 40138 ℘ 051 531330, *Fax 051 6011055*, ⛱, Coperti limitati; prenotare – AE ⑤ ⓓ ⓜⓒ VISA. ✗ GV x
chiuso dal 10 al 20 agosto e domenica – **Pasto** carta 45/60000.

X **L'Anatra e l'Arancia,** via Rolandino 1/2 ✉ 40124 ℘ 051 225505, ⛱, Rist.-bistrot – AE ⑤ ⓓ ⓜⓒ VISA CYZ f
chiuso dal 10 al 20 agosto e domenica – **Pasto** carta 60/80000.

X **Teresina,** via Oberdan 4 ✉ 40126 ℘ 051 228985, *Fax 051 228985*, ⛱, Coperti limitati; prenotare CY z
chiuso dal 5 al 23 agosto e domenica – **Pasto** 50/65000 bc.

Il Paradisino, via Coriolano Vighi 33 ✉ 40133 ☎ 051 566401, « Servizio estivo all'aperto » – AE ⓢ ⓜ VISA. ✻ EU
chiuso dal 6 al 31 gennaio, martedì (escluso da giugno a settembre) ed a mezzogiorno dal ... al 21 agosto – **Pasto** carta 40/55000.

Monte Donato, via Siepelunga 118, località Monte Donato Sud : 4 km ✉ 401.. ☎ 051 472901, *Fax 051 473940*, – AE ⓢ ⓜ VISA. ✻ GV
chiuso domenica in luglio-agosto, lunedì negli altri mesi – **Pasto** carta 40/55000.

a Casteldebole *Ovest : 7 km* EU – ✉ *40132 Bologna :*

Antica Trattoria del Cacciatore, via Caduti di Casteldebole 25 ☎ 051 56420.. *Fax 051 567128*, Ambiente rustico – AE ⓢ ⓓ ⓜ VISA. ✻ EU
chiuso dal 1° al 6 gennaio, dal 5 al 21 agosto, domenica sera e lunedì – **Pasto** car.. 60/75000 (13 %).

a Borgo Panigale *Nord-Ovest : 7,5 km* EU – ✉ *40132 Bologna :*

Sheraton Bologna, via dell'Aeroporto 34/36 ☎ 051 400056, *Fax 051 404017* – cam, – 500. AE ⓢ ⓓ ⓜ VISA EU
Pasto (solo per alloggiati) 60000 – **173 cam** 440/480000.

Holidy Inn Via Emilia, via Lepido 203/214 ☎ 051 401130, *Fax 051 405969* – , cam – 200. AE ⓢ ⓓ ⓜ VISA. ✻ rist EU
Pasto carta 60/85000 – **143 cam** 330/410000.

a Villanova *Est : 7,5 km* HV – ✉ *40050 :*

Novotel Bologna, via Villanova 31 ☎ 051 6053434, *Fax 051 6053300*, – cam, – 400. AE ⓢ ⓓ ⓜ VISA. ✻ rist HV
Pasto al Rist. ***La Terrazza*** carta 50/80000 – **206 cam** 400/425000.

In this guide

a symbol or a character,
printed in red or **black**, in light or ***bold*** type,
does not have the same meaning.

Pay particular attention to the explanatory pages.

BOLSENA *01023 Viterbo* 988 ㉕, 430 O 17 *G. Italia* – *4 177 ab. alt. 348.*

Vedere *Chiesa di Santa Cristina★.*

Roma 138 – Viterbo 31 – Grosseto 121 – Siena 109.

Royal senza rist, piazzale Dante Alighieri 8/10 ☎ 0761 797048, *Fax 0761 796000*, – – 50. AE ⓢ ⓜ VISA JCB. ✻
18000 – **37 cam** 170/250000.

Columbus, viale Colesanti 27 ☎ 0761 799009, *Fax 0761 798172* – – 50 AE ⓢ ⓜ VISA. ✻
Pasto al Rist. ***La Conchiglia*** *(aprile-ottobre)* carta 50/80000 – 14000 – **39 cam** 160000 – ½ P 105000.

Lido, via Cassia Nord-Ovest : 1,5 km ☎ 0761 799026, *Fax 0761 798479*, ←, – – 250. ⓢ ⓜ VISA JCB. ✻
Pasto *(chiuso mercoledì escluso da Pasqua ad ottobre)* carta 45/90000 – 15000 – **12 cam** 130/170000, 15000 – ½ P 90/120000.

Angela e Piero, via della Rena 98/d ☎ 0761 799264, *Fax 0761 799264*, ← lago, – . ✻
chiuso ottobre e martedì – **Pasto** carta 35/45000 (15 %).

BOLZANO (BOZEN) *39100* P 988 ④, 429 C 16 *G. Italia* – *97 043 ab. alt. 262.*

Vedere *Via dei Portici★* B – *Duomo★* B – *Pala★ nella chiesa dei Francescani* B – *Pala d'altare scolpita★ nella chiesa parrocchiale di Gries per corso Libertà* A.

Dintorni *Gole della Val d'Ega★ Sud-Est per* ①.

Escursioni *Dolomiti★★★ Est per* ①.

☎ *0471 972072.*

piazza Walther 8 ☎ 0471 307000, Fax 0471 980128 – piazza Parrocchia 11 ☎ 0471 993808, Fax 0471 993889.

A.C.I. *corso Italia 19/a ☎ 0471 261047.*

Roma 641 ② – Innsbruck 118 ① – Milano 283 ② – Padova 182 ② – Venezia 215 ② – Verona 154 ②.

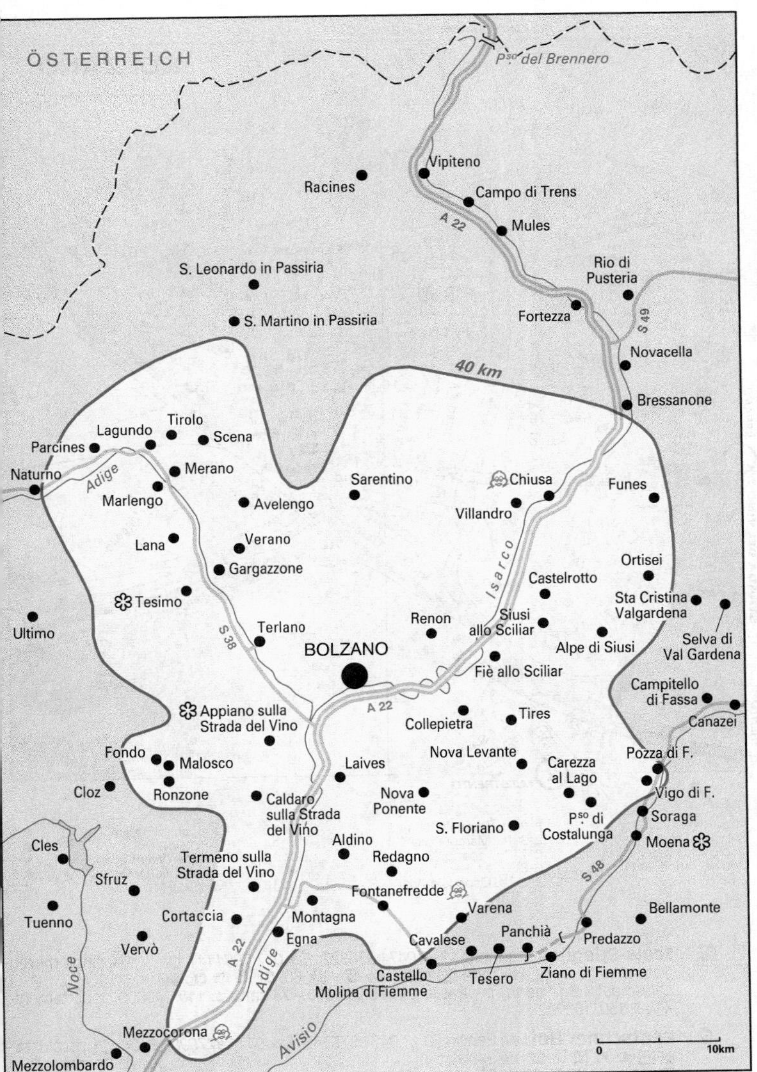

Park Hotel Laurin, via Laurin 4 ✆ 0471 311000, *Fax 0471 311148*, « Parco fiorito con servizio rist. estivo », riscaldata – ▣ ▤ TV ☎ – 🏛 200. AE ⓢ ⓞ ⓜⓒ VISA JCB. ✂ rist **Pasto** al Rist. ***Belle Epoque*** 50/95000 e carta 60/85000 – **96 cam** ☕ 310/415000 – ½ P 190/240000. B e

Alpi, via Alto Adige 35 ✆ 0471 970535, *Fax 0471 971929* – ▣ ▤ TV ☎ – 🏛 100. AE ⓢ ⓞ ⓜⓒ VISA. ✂ rist B u
Pasto *(chiuso domenica)* carta 40/65000 – **111 cam** ☕ 190/280000 – ½ P 150/190000.

Luna-Mondschein, via Piave 15 ✆ 0471 975642, *Fax 0471 975577*, « Parco-giardino con servizio rist. estivo » – ▣ TV ☎ 🚗 – 🏛 80. AE ⓢ ⓞ ⓜⓒ VISA. ✂ rist B c
Pasto *(chiuso dal 24 dicembre al 20 gennaio)* carta 60/90000 – ☕ 18500 – **80 cam** 145/215000, 4 appartamenti – ½ P 165000.

Alto Adige (Via) . . . . B 2
Brennero (Via) . . . . B 3
Dodiciville (Via) . . . . B 7
Domenicani (Piazza) . . . . B 8
Erbe (Piazza) . . . . B
Garibaldi (Via) . . . . B 10
Marconi (Via G.) . . . . A 14
Mostra (Via della) . . . . B 15
Museo (Via) . . . . AB
Ospedale (Via) . . . . A 16
Parrocchia (Piazza) . . . . B 17
Portici (Via) . . . . B
Stazione (Viale) . . . . B 19
Streiter (Via Dottor) . . . . B 20
Walther (Piazza) . . . . B 21

Scala-Stiegl, via Brennero 11 ☎ 0471 976222, *Fax 0471 981141*, « Giardino ombreggiato con » – , cam, 60. *VISA* B b
chiuso dal 2 al 17 gennaio – **Pasto** carta 50/75000 – **75 cam** 140/240000, appartamento – ½ P 130/160000.

Rentschner Hof, via Rencio 70 ☎ 0471 975346, *Fax 0471 977098*, , , riscaldata – *VISA*. rist per via Renon B
Pasto carta 40/75000 – **21 cam** 90/160000 – ½ P 105/125000.

Gurhof, via Rafenstein 17 ☎ 0471 975012, *Fax 0471 975247*, , – *VISA* per via Cadorna A
Pasto *(chiuso mercoledì)* carta 30/40000 – 12000 – **18 cam** 85/140000 – ½ P 90/95000.

Da Abramo, piazza Gries 16 ☎ 0471 280141, *Fax 0471 288214*, « Servizio estivo all'aperto » – *VISA* per corso Libertà A
chiuso dal 6 al 13 gennaio, dal 1° al 20 agosto e domenica – **Pasto** specialità di mare 45000 e carta 60/90000.

Rastbichler, via Cadorna 1 ☎ 0471 261131, *Fax 0471 261131*, « Servizio estivo all'aperto » – *VISA*. A b
chiuso dal 15 al 31 gennaio, dal 15 al 31 agosto, sabato a mezzogiorno e domenica – **Pasto** carta 55/70000.

🍴 **Da Franco,** viale Trento 8 ☎ 0471 979590 – [P]. [AE] [S] [DC] [MC] [VISA] B d
chiuso dal 15 al 31 agosto, domenica e lunedì – **Pasto** specialità di mare carta 50/70000.

🍴 **Vögele,** via Goethe 3 ☎ 0471 973938, *Fax 0471 973938*, 🌂, « Ambiente tipico » – ⚹. [AE] [S] [DC] [MC] [VISA] B f
chiuso dal 15 al 30 luglio, sabato sera e domenica – **Pasto** cucina tradizionale locale carta 45/95000.

sulla strada statale 12 *per ② : 4 km :*

🏨 **Park Hotel Werth** senza rist, via Maso della Pieve 19 ✉ 39100 ☎ 0471 250103, *Fax 0471 251514*, 🏋, 🏊, 🌳, 🎾 – 🛗 [TV] ☎ ♿ 🚗 [P]. [AE] [S] [DC] [MC] [VISA]. ⚹
47 cam ☕ 150/240000.

🍴🍴 **Lewald** con cam, via Maso della Pieve 17 ✉ 39100 ☎ 0471 250330, *Fax 0471 251916*, « Servizio estivo all'aperto » – [TV] ☎ [P]. [AE] [S] [DC] [MC] [VISA] [JCB]
chiuso dal 10 al 25 febbraio e dal 21 giugno al 10 luglio – **Pasto** *(chiuso a mezzogiorno)* carta 55/80000 – ☕ 12000 – **14 cam** 95/160000 – ½ P 120000.

sulla strada statale 38 *per ③ :*

🏨 **Pircher,** via Merano 52 (per ③ : *4 km)* ✉ 39100 ☎ 0471 917513, *Fax 0471 202433*, 🏊, 🌳 – 🛗 [TV] ☎ [P]. [AE] [S] [DC] [MC] [VISA]. ⚹
Pasto al Rist. ***Pircher*** *(chiuso sabato sera e domenica)* carta 45/65000 – **22 cam** ☕ 120/170000 – ½ P 120000.

🍴 **Moritzingerhof,** via Merano 113 (per ③ : *5 km)* ✉ 39100 ☎ 0471 917491, *Fax 0471 932202*, 🌂 – [P]. [AE] [S] [DC] [MC] [VISA]. ⚹
chiuso domenica sera e lunedì – **Pasto** carta 40/50000.

*Inclusion in the **Michelin Guide** cannot be achieved by pulling strings or by offering favours.*

BOLZANO VICENTINO *36050 Vicenza* [429] F 16 – *5 011 ab. alt. 44.*
Roma 539 – Padova 41 – Treviso 54 – Vicenza 9.

🏨 **Locanda Grego,** via Roma 24 ☎ 0444 350588, *Fax 0444 350695* – ▤ [TV] ☎ [P] – 🏛 35. [AE] [S] [DC] [MC] [VISA] [JCB]. ⚹
chiuso dal 26 dicembre al 5 gennaio – **Pasto** *(chiuso le sere di domenica, escluso luglio, e mercoledì)* carta 40/65000 – ☕ 10000 – **19 cam** 90/150000 – ½ P 90/110000.

BOLZONE *Cremona – Vedere Ripalta Cremasca.*

BONAGIA *Trapani* [432] M 19 – *Vedere Sicilia (Valderice) alla fine dell'elenco alfabetico.*

BONASSOLA *19011 La Spezia* [988] ⑬, [428] J 10 – *1 009 ab..*
Roma 456 – La Spezia 38 – Genova 83 – Milano 218.

🏨 **Delle Rose,** via Garibaldi 8 ☎ 0187 813713, *Fax 0187 814268* – 🛗 [TV] ☎. [AE] [S] [DC] [MC] [VISA] [JCB]. ⚹
aprile-ottobre – **Pasto** 30/35000 – ☕ 10000 – **27 cam** 90/150000 – ½ P 95/110000.

BONATE SOPRA *24040 Bergamo* [428] E 10 – *5 888 ab. alt. 230.*
Roma 583 – Bergamo 11 – Lecco 27 – Milano 50.

🍴🍴 **Favaron,** via Como 9 (Nord : 1 km) ☎ 035 993242, 🌂, Rist. e pizzeria – [P]. [AE] [S] [MC] [VISA]. ⚹
chiuso dal 7 al 17 gennaio, dal 22 giugno al 13 luglio, dal 1° al 10 settembre, mercoledì sera e giovedì – **Pasto** carta 65/85000.

BONDENO *44012 Ferrara* [988] ⑭ ⑮, [429] H 16 – *16 129 ab. alt. 11.*
Roma 443 – Bologna 69 – Ferrara 20 – Mantova 72 – Milano 227 – Modena 57 – Rovigo 52.

🍴 **Tassi** con cam, viale Repubblica 23 ☎ 0532 893030, *Fax 0532 893030* – [TV] ☎ [P]. [AE] [S] [DC] [MC] [VISA]. ⚹ cam
Pasto *(chiuso dal 1° al 10 gennaio, dal 1° al 27 luglio e lunedì)* 30000 e carta 40/60000 – **10 cam** ☕ 90/120000 – ½ P 120000.

BONDONE (Monte) *Trento* [988] ④, [428], [429] D 15 – *670 ab. alt. 2 098 – a.s. Pasqua e Natale – Sport invernali : 1 181/2 090 m* 🚡1 ⛷7, ⛷.
[i] *(dicembre-aprile e luglio-agosto) a Vaneze ☎ 0461 947128, Fax 0461 947188.*
Roma 611 – Trento 24 – Bolzano 78 – Milano 263 – Riva del Garda 57.

a Vason *Nord : 2 km – alt. 1 680 – ✉ 38040 Vaneze :*

Montana, ✆ 0461 948200, *Fax 0461 948177*, ≤ gruppo di Brenta, Fa, ≘s, ⛱, 🎾 – |‡| ☎ 🚗 P. AE $ ⊙ MC VISA JCB. ✂ rist
dicembre-15 aprile e 15 giugno-15 settembre – **Pasto** carta 30/45000 – **41 cam** ⊒ 115 230000 – ½ P 195000.

BONFERRARO *37060 Verona* 428, 429 G 15 – *alt. 20.*
Roma 481 – Verona 35 – Ferrara 35 – Mantova 17 – Modena 79.

XX **Sarti,** via Don Giovanni Benedini 1 ✆ 045 7320233, *Fax 045 7320023*, « Servizio estivo in giardino » – ▤ P. AE $ ⊙ MC VISA. ✂
chiuso dal 10 al 20 agosto e martedì – **Pasto** carta 40/70000.

BORDIGHERA *18012 Imperia* 988 ⑫, 428 K 4 *G. Italia – 10 718 ab..*
Vedere *Località★★.*
ℹ *via Roberto 1 (palazzo del Parco) ✆ 0184 262322, Fax 0184 264455.*
Roma 654 – Imperia 45 – Genova 155 – Milano 278 – Monte Carlo 32 – San Remo 12 – Savona 109.

Gd H. del Mare ⛵, via Portico della Punta 34 (Est : 2 km) ✆ 0184 262201, *Fax 0184 262394*, ≤ mare, « Giardino pensile con ⛱ con acqua di mare », Fa, ≘s, ⛱, 🎾 – |‡| ▤ TV ☎ P – 🏛 180. AE $ ⊙ MC VISA JCB. ✂ rist
chiuso dal 16 ottobre al 22 dicembre – **Pasto** carta 70/90000 – **100 cam** ⊒ 350/430000, 7 appartamenti – ½ P 200/290000.

Parigi, lungomare Argentina 16/18 ✆ 0184 261405, *Fax 0184 260421*, ≤, Fa, ≘s, ⛱ – |‡| TV ☎ ♿. AE $ MC VISA. ✂ rist
Pasto carta 50/90000 – **55 cam** ⊒ 235/305000, appartamento – ½ P 195/230000.

Piccolo Lido, lungomare Argentina 2 ✆ 0184 261297, *Fax 0184 262316*, ≤ – |‡| ▤ TV ☎ ♿ 🚗. AE $ ⊙ VISA. ✂ rist
chiuso dal 15 ottobre al 22 dicembre – **Pasto** (solo per alloggiati) 60/65000 – **33 cam** ⊒ 180/240000 – ½ P 165000.

Villa Elisa, via Romana 70 ✆ 0184 261313, *Fax 0184 261942*, « Giardino fiorito », ⛱ – |‡| TV ☎ P. AE $ ⊙ MC VISA. ✂ rist
chiuso da novembre al 20 dicembre – **Pasto** (solo per alloggiati) 65000 – ⊒ 20000 – **35 cam** 140/200000 – ½ P 200000.

Centrohotel senza rist, piazza Eroi della Libertà 10 ✆ 0184 265265, *Fax 0184 265265*, ≘s – |‡| ✂ TV ☎. AE $ ⊙ MC VISA
⊒ 15000 – **38 cam** 95/155000.

Aurora ⛵, via Pelloux 42/b ✆ 0184 261311, *Fax 0184 261312* – |‡| TV ☎ P. AE $ ⊙ MC VISA. ✂
chiuso dal 21 ottobre al 19 dicembre – **Pasto** (solo per alloggiati) 30/55000 – **30 cam** ⊒ 110/170000 – ½ P 95/140000.

XXX ✿ **La Via Romana,** via Romana 57 ✆ 0184 266681, *Fax 0184 267549*, prenotare – ▤. AE $ ⊙ MC VISA
chiuso ottobre, la sera di Natale, 1° gennaio, mercoledì e giovedì a mezzogiorno – **Pasto** 110000 e carta 85/145000
Spec. Filetti di triglia con fagioli di Pigna e bottarga di tonno. Tagliolini con gamberoni piccanti. Cappon magro tiepido.

XXX ✿ **Carletto,** via Vittorio Emanuele 339 ✆ 0184 261725, Coperti limitati; prenotare – ▤. AE $ ⊙ MC VISA JCB
chiuso dal 20 giugno al 12 luglio, dal 5 novembre al 20 dicembre e mercoledì – **Pasto** 100/140000 e carta 90/140000
Spec. Spaghetti all'aragosta. San Pietro con fegato d'anatra e cipolle di Tropea brasate. Gelato di cannella con aceto balsamico di Modena.

XX **Mimmo,** via Vittorio Emanuele II 302 ✆ 0184 261840, ⛱, Coperti limitati; prenotare – AE $ ⊙ MC VISA
chiuso dal 5 novembre al 5 dicembre, dal 30 giugno al 10 luglio e mercoledì – **Pasto** specialità di mare carta 75/135000.

X **Piemontese,** via Roseto 8 ✆ 0184 261651, *Fax 0184 261651* – AE $ MC VISA
chiuso dal 20 novembre al 20 dicembre e martedì – **Pasto** carta 40/65000.

*Un consiglio **Michelin**:*
per la buona riuscita di un viaggio, preparatelo in anticipo.
*Le **carte** e le **guide Michelin** vi danno tutte le indicazioni*
utili su: itinerari, curiosità, sistemazioni, prezzi, ecc.

BORGARELLO *27010 Pavia* [428] G 9 – *1 321 ab. alt. 91.*
Roma 564 – Alessandria 72 – Bergamo 86 – Milano 34 – Pavia 6 – Piacenza 58.

🍴🍴 ✿ **La Locanda degli Eventi,** via Principale 4/6 ☎ 0382 933303, *Fax 0382 933303,* prenotare – ≡. [AE] [S] ⓞ [MC] VISA. ✂
chiuso dall'1º al 7 gennaio, dal 9 al 29 agosto, mercoledì e a mezzogiorno (escluso i giorni festivi) – **Pasto** carta 70/100000
Spec. Risotto ai fiori di zucchina e gamberi (estate). Filetto di rombo ai porcini e patate. Sformato freddo al cioccolato fondente e mandorle, salsa alla menta.

BORGARO TORINESE *10071 Torino* [428] G 4 – *12 201 ab. alt. 254.*
Roma 689 – Torino 10 – Milano 142.

🏨 **Atlantic,** via Lanzo 163 ☎ 011 4500055, *Fax 011 4701783,* « Terrazza panoramica con 🏊 » – |‡| ≡ [TV] ☎ ♿ 🚗 [P] – 🎤 500. [AE] [S] ⓞ [MC] VISA
Pasto vedere rist *Rubino* – **110 cam** ☕ 210/310000.

🏨 **Pacific,** viale Martiri della Libertà 76 ☎ 011 4704666, *Fax 011 4703293* – |‡| ≡ [TV] ☎ 📞 ♿ 🚗 [P] – 🎤 50. [AE] [S] ⓞ [MC] VISA JCB. ✂
Pasto (solo per alloggiati e *chiuso a mezzogiorno*) – ☕ 18000 – **58 cam** 200/285000 – ½ P 120/160000.

🍴🍴 **Rubino** - Hotel Atlantic, via Lanzo 165 ☎ 011 4500055 – ≡ [P]. [AE] [S] ⓞ [MC] VISA JCB. ✂
chiuso dal 5 al 22 agosto e domenica – **Pasto** carta 55/75000.

BORGATA SESTRIERE *Torino – Vedere Sestriere.*

BORGHETTO *Piacenza* [428] G 10 – *Vedere Piacenza.*

BORGHETTO *Verona – Vedere Valeggio sul Mincio.*

BORGHETTO D'ARROSCIA *18020 Imperia* [428] J 5 – *527 ab. alt. 155.*
Roma 604 – Imperia 28 – Genova 105 – Milano 228 – Savona 59.

a **Gazzo** *Nord-Ovest : 6 km – alt. 610 – ✉ 18020 Borghetto d'Arroscia :*

🍴🍴 **La Baita,** ☎ 0183 31083, *Fax 0183 31083,* prenotare – [P]. [AE] [S] ⓞ [MC] VISA JCB
chiuso da lunedì a mercoledì in luglio-settembre, da lunedì a giovedì negli altri mesi – **Pasto** 60000 bc.

BORGIO VEREZZI *17022 Savona* [428] J 6 – *2 233 ab..*
[i] *(maggio-settembre) via Matteotti 158 ☎ 019 610412, Fax 019 610412.*
Roma 574 – Genova 75 – Imperia 47 – Milano 198 – Savona 29.

🍴🍴🍴 ✿ **Doc,** via Vittorio Veneto 1 ☎ 019 611477, *Fax 019 611477,* 🌳, Coperti limitati; prenotare, 🌳 – [AE] [S] ⓞ [MC] VISA. ✂
chiuso lunedì a mezzogiorno da giugno a settembre, tutto il giorno negli altri mesi – **Pasto** carta 70/85000
Spec. Tortino filo (pasta) di nasello con macchetto (salsa) di acciughe. Gnocchi di semola e rape rosse con scampi e basilico. Buridda di seppie con patate e pomodori secchi di Verezzi.

🍴🍴 **Da Casetta,** piazza San Pietro 12 ☎ 019 610166, Coperti limitati; prenotare – [AE] [S] ⓞ [MC] VISA
chiuso a mezzogiorno (escluso i giorni festivi da ottobre a marzo) e martedì – **Pasto** carta 40/70000.

BORGO A MOZZANO *55023 Lucca* [428], [429], [430] K 13 *G. Toscana – 7 372 ab. alt. 97.*
Roma 368 – Pisa 42 – Firenze 96 – Lucca 22 – Milano 296 – Pistoia 65.

🏨 ∞ **Milano,** via del Brennero, località Socciglia Est : 1,5 km ☎ 0583 889191, *Fax 0583 889180,* 🌳 – |‡| [TV] ☎ ♿ [P] – 🎤 100. [AE] [S] ⓞ [MC] VISA
chiuso novembre – **Pasto** *(chiuso lunedì)* carta 35/55000 – ☕ 10000 – **34 cam** 80/140000 – ½ P 75/85000.

BORGO FAITI *Latina* [430] R 20 – *Vedere Latina.*

BORGOFRANCO D'IVREA *10013 Torino* [428] F 5, [219] ⑭ – *3 699 ab. alt. 253.*
Roma 688 – Aosta 62 – Ivrea 6 – Milano 121 – Torino 56.

🍴🍴 **Casa Vicina,** via Palma 146/a, località Ivozio ☎ 0125 752180, *Fax 0125 751888,* ←, prenotare a mezzogiorno, « Servizio estivo in terrazza panoramica » – [P]. [AE] [S] ⓞ [MC] VISA
chiuso dal 24 al 31 gennaio, dal 1º al 12 agosto e mercoledì – **Pasto** carta 60/100000.

BORGOMANERO *28021 Novara* 988 ②, 428 E 7 – *19 517 ab. alt. 306.*

Castelconturbia (chiuso martedì e gennaio) ad Agrate Conturbia ✉ *28010* ✆ *0322 832093, Fax 0322 832428, Sud-Est : 10 km;*

e a Bogogno ✉ *28010* ✆ *0322 863794, Fax 0322 863798, Sud-Est : 12 km.*

Roma 647 – Stresa 27 – Domodossola 59 – Milano 70 – Novara 32 – Torino 106 – Varese 38.

Ramoverde, via Matteotti 1 ✆ 0322 81479, *Fax 0322 844594,* – , cam, rist

chiuso dal 24 dicembre al 9 gennaio e dal 4 al 20 agosto – **Pasto** (solo per alloggiati e *chiuso a mezzogiorno*) carta 45/70000 – 14000 – **40 cam** 80/120000 – ½ P 90/115000.

Pinocchio, via Matteotti 147 ✆ 0322 82273, *Fax 0322 835075,* prenotare, « Giardino » –

chiuso dal 24 al 30 dicembre, dal 1° al 20 agosto, lunedì e martedì a mezzogiorno – **Pasto** 60/110000 (a mezzogiorno) 90/110000 (la sera) e carta 90/140000

Spec. Anguilla di lama con le sue verdure al carpione dolce (primavera, autunno). Riso "nero venere" con ragù di animelle e creste di gallo. Piccolo fritto di cosce di rana novaresi e fiori di zucca (primavera-estate).

San Pietro, piazza Martiri della Libertà 6 ✆ 0322 82285, *Fax 0322 82285,* –

chiuso dal 1° al 10 gennaio, dal 5 al 25 agosto e giovedì – **Pasto** carta 50/75000.

BORGO MOLARA *Palermo – Vedere Sicilia (Palermo) alla fine dell'elenco alfabetico.*

BORGONOVO VAL TIDONE *29011 Piacenza* 988 ⑬, 428 G 10 – *6 735 ab. alt. 114.*

Roma 528 – Piacenza 23 – Genova 137 – Milano 67 – Pavia 41.

Vecchia Trattoria Agazzino, località Agazzino 335 (Nord-Est : 7 km) ✆ 0523 887102 –

chiuso dal 26 dicembre al 6 gennaio, luglio, lunedì sera e martedì – **Pasto** carta 35/65000.

BORGO PACE *61040 Pesaro e Urbino* 429, 430 L 18 – *684 ab. alt. 469 – a.s. 25 giugno-agosto.*

Roma 291 – Rimini 99 – Ancona 134 – Arezzo 69 – Pesaro 74 – San Marino 67 – Urbino 38.

Da Rodolfo-la Diligenza, piazza del Pino 9 ✆ 0722 89124, *Fax 0722 816021* –

chiuso dal 1° al 15 settembre e mercoledì – **Pasto** carta 35/45000.

BORGO PANIGALE *Bologna* 430 I 15 – *Vedere Bologna.*

BORGO PRIOLO *27040 Pavia* 428 H 9 – *1 419 ab. alt. 139.*

Roma 558 – Alessandria 60 – Genova 106 – Milano 70 – Pavia 31 – Piacenza 51.

Torrazzetta con cam, frazione Torrazzetta 1 (Nord-Ovest : 2 km) ✆ 0383 871041, *Fax 0383 871041,* , prenotare, , –

Pasto *(chiuso lunedì)* 35/65000 – **14 cam** 140/190000 – ½ P 105/135000.

BORGO SAN LORENZO *50032 Firenze* 988 ⑮, 429, 430 K 16 *G. Toscana – 15 725 ab. alt. 193.*

Autodromo *Nord-Ovest : 5 km* ✆ *(055)8499111.*

Roma 308 – Firenze 25 – Bologna 89 – Forlì 97.

Park Hotel Ripaverde Ⓜ, viale Giovanni XXIII, 36 ✆ 055 8496003 e rist 055 8459854, *Fax 055 8459379* – – 120.

Pasto al Rist. ***L'O di Giotto*** *(chiuso domenica)* carta 50/70000 – **57 cam** 250/320000, 6 appartamenti.

sulla strada statale 302 *Sud-Ovest : 15 km :*

Casa Palmira senza rist, località Feriolo ✉ 50032055 8409749 ✆ 055 8409749, *Fax 055 8409749,* « Rustico in campagna », –

chiuso dal 10 gennaio al 10 marzo – **6 cam** 100/130000.

Il Feriolo, via Faentina 32 ✉ 50032 ✆ 055 8409928, , « In un edificio del 1300 » –

chiuso dal 10 al 25 gennaio – **Pasto** carta 40/60000.

BORGOSESIA *13011 Vercelli* 988 ②, 428 E 6 – *14 187 ab. alt. 354.*

Roma 665 – Stresa 51 – Biella 45 – Milano 91 – Novara 45 – Torino 107 – Vercelli 51.

La Campagnola, via Varallo 244 (Nord : 2 km) ✆ 0163 22676, *Fax 0163 25448* – – 120. rist

chiuso agosto – **Pasto** *(chiuso venerdì)* carta 35/60000 – 12000 – **33 cam** 80/100000 – ½ P 80000.

BORGO VERCELLI *13012 Vercelli* 428 F 7 – *2 060 ab. alt. 126.*
Roma 640 – Alessandria 59 – Milano 68 – Novara 15 – Pavia 62.

XX **Osteria Cascina dei Fiori,** regione Forte - Cascina dei Fiori ☎ 0161 32827, *Fax 0161 329928,* Coperti limitati; prenotare – ▤ P. AE S MC VISA JCB. ✗
chiuso gennaio, luglio, domenica, lunedì e giovedì a mezzogiorno – **Pasto** carta 60/155000.

BORMIO *23032 Sondrio* 988 ④, 428, 429 C 13 – *4 166 ab. alt. 1 225 – Stazione termale – Sport invernali : 1 225/3 012 m* 3 18, *.*
(aprile-2 novembre) ☎ *0342 910730, Fax 0342 901778.*
via Roma 131/b ☎ *0342 903300, Fax 0342 904696.*
Roma 763 – Sondrio 64 – Bolzano 123 – Milano 202 – Passo dello Stelvio 20.

Palace Hotel, via Milano 54 ☎ 0342 903131, *Fax 0342 903366,* , « Piccolo parco », , , , – , ▤ rist, TV ☎ & – 90. AE S MC VISA. ✗
chiuso maggio, ottobre e novembre – **Pasto** 45/80000 – 20000 – **71 cam** 250/320000, 12 appartamenti – ½ P 140/240000.

Posta, via Roma 66 ☎ 0342 904753, *Fax 0342 904484,* , , , – TV ☎ – 30. AE S MC VISA. ✗ rist
dicembre-aprile e 20 giugno-settembre – **Pasto** carta 50/75000 (15 %) – 20000 – **52 cam** 160/240000, 2 appartamenti – ½ P 205000.

Rezia, via Milano 9 ☎ 0342 904721, *Fax 0342 905197,* , – TV ☎ P – 45. AE S MC VISA JCB. ✗ rist
chiuso maggio e novembre – **Pasto** 40/65000 – **45 cam** 150/240000 – ½ P 170/190000.

Baita Clementi, via Milano 46 ☎ 0342 904473, *Fax 0342 903649,* , , – TV ☎ P. AE S MC VISA. ✗ rist
dicembre-aprile e giugno-settembre – **Pasto** 35000 – **42 cam** 220/320000 – ½ P 160000.

Sant'Anton, via Leghe Grigie 1 ☎ 0342 901906, *Fax 0342 919308,* – , ▤ rist, TV ☎ & P. AE S MC VISA. ✗
Natale-Pasqua e giugno-settembre – **Pasto** carta 45/75000 – 15000 – **27 cam** 130/200000 – ½ P 130/180000.

Alù , via Btg. Morbegno 20 ☎ 0342 904504, *Fax 0342 910444,* , – TV ☎ P. VISA. ✗
4 dicembre-aprile e luglio-15 settembre – **Pasto** carta 50/75000 – 15000 – **30 cam** 140/180000 – ½ P 160000.

Larice Bianco, via Funivia 10 ☎ 0342 904693, *Fax 0342 904614,* – TV ☎ P. AE S MC VISA. ✗
dicembre-Pasqua e giugno-settembre – **Pasto** 45000 – 20000 – **45 cam** 100/180000 – ½ P 160000.

Genzianella, via Funivie ☎ 0342 904485, *Fax 0342 904158,* – TV ☎ P. S MC VISA. ✗ rist
dicembre-aprile e giugno-settembre – **Pasto** 35/60000 – 15000 – **35 cam** 110/160000 – ½ P 105/110000.

Silene, via Roma 121 ☎ 0342 905455, *Fax 0342 905455* – TV ☎ P. ✗
chiuso maggio e novembre – **Pasto** carta 35/50000 – 12000 – **15 cam** 100/130000 – ½ P 70/125000.

La Baitina dei Pini senza rist, via Peccedi 26 ☎ 0342 903022, *Fax 0342 903022,* – TV ☎ P. ✗
dicembre-20 aprile e giugno-20 settembre – **10 cam** 120/170000.

XX **Taulà,** via Dante 6 ☎ 0342 904771, *Fax 0342 904771,* « Ambiente caratteristico in un fienile del 1600 » – AE S MC VISA. ✗
chiuso maggio, novembre, martedì-mercoledì a mezzogiorno in bassa stagione – **Pasto** carta 65/90000.

a Ciuk *Sud-Est : 5,5 km o 10 mn di funivia – alt. 1 690 – ✉ 23030 Valdisotto :*

X **Baita de Mario** con cam, ☎ 0342 901424, *Fax 0342 910880,* , – TV ☎ P. ✗ cam
dicembre-25 aprile e luglio-20 settembre – **Pasto** carta 35/50000 – 12000 – **22 cam** 75/120000 – ½ P 90/120000.

BORNO *25042 Brescia* 428, 429 E 12 – *2 829 ab. alt. 903 – a.s. febbraio, Pasqua, 14 luglio-18 agosto e Natale – Sport invernali : 903/1 780 m* 1 5, *.*
Roma 634 – Brescia 79 – Bergamo 72 – Bolzano 171 – Milano 117.

X **Belvedere,** viale Giardini 30 ☎ 0364 311623, *Fax 0364 41052* – P. AE S VISA. ✗ cam
chiuso dal 15 settembre al 15 ottobre e mercoledì – **Pasto** carta 35/55000.

BORROMEE (Isole) *Verbania* 428 *E 7,* 219 ⑦ *G. Italia – alt. 200 – a.s. aprile e luglio-15 settembr*
Vedere *Isola Bella★★★ – Isola Madre★★★ – Isola dei Pescatori★★.*
per Baveno, Verbania-Pallanza e Stresa giornalieri (da 10 a 40 mn) – Navigazione Lag Maggiore: Isola Bella ✆ 0323 30391 e Isola dei Pescatori ✆ 0323 30392.
Piante delle Isole : vedere Stresa.

Isola Superiore o dei Pescatori – ✉ *28049 Stresa :*
Verbano, via Ugo Ara 12 ✆ 0323 30408, *Fax 0323 33129,* ← Isola Bella e lago, serviz motoscafo, « Servizio rist. estivo in terrazza », – ☎. AE ⑤ ⓓ ⓜⓒ VISA Z
chiuso dal 7 gennaio al 20 febbraio – **Pasto** *(chiuso mercoledì escluso dal 15 aprile ottobre)* carta 55/85000 – **12 cam** ☕ 250000 – ½ P 180000.

BOSA *Nuoro* 988 ㉝, 433 *G 7 – Vedere Sardegna alla fine dell'elenco alfabetico.*

BOSCO *Perugia – Vedere Perugia.*

BOSCO CHIESANUOVA *37021 Verona* 988 ④, 428, 429 *F 15 – 3 096 ab. alt. 1 104 – Spor invernali : 1 104/1 805 m* ⛷ *6.*
piazza della Chiesa 34 ✆ 045 7050088, Fax 045 7050088.
Roma 534 – Verona 32 – Brescia 101 – Milano 188 – Venezia 145 – Vicenza 82.
Lessinia, piazzetta degli Alpini 2/3 ✆ 045 6780151, *Fax 045 6780098* – |‡| TV ☎. AE ⑤ ⓜⓒ VISA. ✂ rist
chiuso dal 1º al 20 giugno e dal 10 al 20 settembre – **Pasto** *(chiuso mercoledì)* cart. 30/45000 – **20 cam** ☕ 65/105000 – ½ P 65/95000.

Leggete attentamente l'introduzione : è la « chiave » della guida.

BOSCO MARENGO *15062 Alessandria* 428 *H 8 – 2 422 ab. alt. 121.*
Roma 575 – Alessandria 18 – Genova 80 – Milano 95 – Pavia 69 – Piacenza 99.
Locanda dell'Olmo, piazza Mercato 7 ✆ 0131 299186, *Fax 0131 299186,* Coperti limitati; prenotare – ▤. AE ⑤ ⓜⓒ VISA
chiuso agosto, lunedì e martedì sera – **Pasto** carta 45/75000.

BOSCO VERDE *Belluno* 429 *C 17 – Vedere Rocca Pietore.*

BOSSOLASCO *12060 Cuneo* 988 ⑫, 428 *I 6 – 696 ab. alt. 757.*
Roma 606 – Cuneo 65 – Asti 61 – Milano 185 – Savona 63 – Torino 90.
La Panoramica, via Circonvallazione 1/bis ✆ 0173 793401, *Fax 0173 793401,* ← – |‡| TV ☎ ♿ P. AE ⑤ ⓜⓒ VISA. ✂
chiuso dal 20 gennaio al 7 febbraio – **Pasto** *(chiuso martedì escluso da giugno a settembre)* carta 35/55000 – **24 cam** ☕ 120/150000 – ½ P 65/90000.

BOTTANUCO *24040 Bergamo – 4 546 ab. alt. 211.*
Roma 597 – Bergamo 21 – Milano 41 – Lecco 45.
Cavour, via Cavour 49 ✆ 035 907242, *Fax 035 906434* – |‡| ▤ TV ☎ P. AE ⑤ ⓓ ⓜⓒ VISA JCB
chiuso dal 3 al 9 gennaio ed agosto **Pasto** *(chiuso domenica sera e lunedì)* carta 55/105000 – ☕ 15000 – **12 cam** 110/160000 – ½ P 140000.

BOTTICINO *Brescia* 428, 429 *F 12 – 9 679 ab. alt. 160 – ✉ 25080 Botticino Mattina.*
Roma 560 – Brescia 9 – Milano 103 – Verona 44.
Eva, via Gazzolo 75, località Botticino Mattina Nord-Est : 2,5 km ✆ 030 2691522, *Fax 030 2694522* – P. AE ⑤ ⓓ ⓜⓒ VISA. ✂
chiuso dal 1º al 15 gennaio, dal 1º al 20 agosto, martedì sera e mercoledì – **Pasto** carta 50/70000.

BOVES *12012 Cuneo* 988 ⑫, 428 *J 4 – 9 125 ab. alt. 590.*
Golf Club Cuneo (marzo-novembre; chiuso mercoledì escluso da giugno a settembre) ✆ 0171 387041, Fax 0171 387512.
Roma 645 – Cuneo 15 – Milano 225 – Savona 100 – Colle di Tenda 32 – Torino 103.

a Fontanelle *Ovest : 2 km – ✉ 12012 Fontanelle di Boves :*

XX **Della Pace,** via Santuario 97 ✆ 0171 380398, *Fax 0171 387604*, Coperti limitati; prenotare – AE ⑤ MC VISA JCB
chiuso dal 7 al 15 gennaio, dal 15 al 30 giugno, domenica sera e lunedì – **Pasto** 45000 (solo a mezzogiorno) 110000 e carta 65/95000
Spec. Spallotto d'agnello disossato al forno. Quaglia farcita di foie gras e tartufo (autunno). Costata di bue grasso di Carr' alla brace (inverno).

X **Fontanelle-da Politano** con cam, via Santuario 125 ✆ 0171 380383, *Fax 0171 380383*, – TV ☎ P. ⑤ MC VISA. rist
Pasto *(chiuso lunedì sera e martedì)* carta 30/45000 – 8000 – **14 cam** 65/100000 – ½ P 65/75000.

a San Giacomo *Sud : 6 km – ✉ 12012 San Giacomo di Boves :*

XXX **Al Rododendro,** via San Giacomo 73 ✆ 0171 380372, *Fax 0171 387822*, solo su prenotazione – AE ⑤ ⓓ MC VISA JCB.
chiuso dal 10 al 30 giugno, domenica sera e lunedì – **Pasto** 90/130000 e carta 75/120000
Spec. Sformato di mais con fegato d'oca. Ravioli di funghi (estate-autunno). Bianco d'anatra al pepe (inverno-primavera).

BOVOLONE *37051 Verona* 988 ④, 429 G 15 – *13 960 ab. alt. 24.*
Roma 498 – Verona 23 – Ferrara 76 – Mantova 41 – Milano 174 – Padova 74.

Sasso, via San Pierino 318 (Sud-Est : 3 km) ✆ 045 7100228, *Fax 045 7100433* – TV ☎ P. AE ⑤ ⓓ MC VISA.
Pasto *(chiuso sabato,domenica sera e dal 2 al 20 gennaio)* carta 35/55000 – 13000 – **33 cam** 110/160000 – ½ P 100/120000.

X La Nuova Luna, via Cavour 7 ✆ 045 7102558, Coperti limitati; prenotare – .

BOZEN = *Bolzano.*

BRA *12042 Cuneo* 988 ⑫, 428 H 5 – *27 322 ab. alt. 280.*
Roma 648 – Cuneo 47 – Torino 49 – Asti 46 – Milano 170 – Savona 103.

Elisabeth, piazza Giolitti 8 ✆ 0172 422486, *Fax 0172 412214* – TV ☎. AE ⑤ MC VISA.
chiuso Natale-Capodanno, agosto e lunedì – **Pasto** carta 40/60000 – 12000 – **27 cam** 90/140000.

X **Battaglino,** piazza Roma 18 ✆ 0172 412509, *Fax 0172 412874*. AE ⑤ MC VISA
chiuso dal 7 al 17 gennaio, agosto e lunedì – **Pasto** carta 45/65000.

a Pollenzo *Sud-Est : 7 km – ✉ 12060 :*

XX **La Corte Albertina,** piazza Vittorio Emanuele 3 ✆ 0172 458189, *Fax 0172 458189*, prenotare, « Portico ristrutturato situato all'interno del complesso neogotico Carlo Albertino XIX sec. » – P. AE ⑤ ⓓ VISA
chiuso mercoledì – **Pasto** 70000 e carta 50/70000.

BRACCHIO *Verbania* 428 E 7 – *Vedere Mergozzo.*

BRAIES (PRAGS) *39030 Bolzano* 988 ⑤ *G. Italia* – *633 ab. alt. 1 383.*
Vedere *Lago★★★.*
Roma 744 – Cortina d'Ampezzo 47 – Bolzano 106 – Brennero 97 – Milano 405 – Trento 166.

Erika, ✆ 0474 748684, *Fax 0474 748755*, ≤, – TV ☎ & P. AE ⑤ ⓓ MC VISA JCB. rist
20 dicembre-20 aprile e 15 giugno-2 novembre – **Pasto** carta 35/50000 – 12000 – **28 cam** 65/120000 – ½ P 120000.

BRALLO DI PREGOLA *27050 Pavia* 988 ⑬, 428 H 9 – *993 ab. alt. 951.*
Roma 586 – Genova 82 – Piacenza 65 – Milano 110 – Pavia 78 – Varzi 17.

Normanno, ✆ 0383 550038, *Fax 0383 500196* – TV ☎ P. rist
Pasto *(chiuso mercoledì sera)* carta 35/60000 – 6000 – **25 cam** 60/100000 – ½ P 70/80000.

BRANZI *24010 Bergamo* 428, 429 D 11 – *774 ab. alt. 874 – a.s. luglio-agosto.*
Roma 650 – Bergamo 48 – Foppolo 9 – Lecco 71 – Milano 91 – San Pellegrino Terme 24.

Branzi, via Umberto I, 23 ✆ 0345 71121, *Fax 0345 70500* – P. ⑤ ⓓ MC VISA. rist
Pasto *(chiuso martedì)* carta 35/50000 – 7000 – **24 cam** 60/100000 – ½ P 70/90000.

BRATTO *Bergamo* 428 I 11 – *Vedere Castione della Presolana.*

BREGUZZO *38081 Trento* 428, 429 D 14 – *578 ab. alt. 798 – a.s. 22 gennaio-19 marzo, Pasqua e Natale.*
Roma 617 – Trento 45 – Bolzano 107 – Brescia 83 – Milano 174.

Carlone, via Roma 40 ☎ 0465 901014, *Fax 0465 901014* – rist, – 45. VISA.
chiuso novembre – **Pasto** *(chiuso martedì)* carta 35/50000 – **60 cam** 80/120000 – ½ P 70/80000.

BREMBATE *24041 Bergamo* 428 F 10 – *6 791 ab. alt. 173.*
Roma 537 – Bergamo 13 – Lecco 44 – Milano 41.

in prossimità casello autostrada A 4 - Capriate *Nord : 2 km :*

Guglielmotel senza rist, via delle Industrie 1 ✉ 24041 ☎ 035 4826248, *Fax 035 4826222* – VISA
84 cam 170/250000.

BRENO *25043 Brescia* 428, 429 E 12 – *5 110 ab. alt. 340.*
Roma 593 – Brescia 65 – Bergamo 66 – Bolzano 144 – Milano 113 – Sondrio 75.

Grali, via Mazzini 38 ☎ 0364 21180, prenotare – VISA.
chiuso dal 23 al 31 luglio e le sere di domenica e lunedì – **Pasto** carta 50/70000

BRENTA (Gruppo di) *Trento* 988 ④, 428, 429 D 14 *G. Italia.*

BRENTONICO *38060 Trento* 428, 429 E 14 – *3 503 ab. alt. 693.*
via Mantova 4 ☎ 0464 395149, Fax 0464 395149.
Roma 550 – Trento 22 – Brescia 107 – Milano 197 – Verona 70.

a San Giacomo *Sud-Ovest : 6,5 km – alt. 1 196 – ✉ 38060 Brentonico :*

San Giacomo, via Graziani 1 ☎ 0464 391560, *Fax 0464 391633,* – cam, – 60. VISA.
chiuso dal 10 al 28 ottobre – **Pasto** carta 35/55000 – **34 cam** 120/180000 – ½ P 100/140000.

BRENZONE *37010 Verona* 428, 429 E 14 – *2 398 ab. alt. 75.*
(giugno-settembre) via Gardesana, località Assenza 4 ☎ 045 7420076.
Roma 547 – Verona 50 – Brescia 85 – Mantova 86 – Milano 172 – Trento 69 – Venezia 172.

Piccolo Hotel, via Lavesino 12 ☎ 045 7420024, *Fax 045 7420688,* – rist, rist, VISA.
chiuso dall'8 gennaio all'8 marzo e dall'8 al 18 novembre – **Pasto** carta 30/50000 – 15000 – **22 cam** 60/110000 – ½ P 70/90000.

Giuly, via XX Settembre 34 ☎ 045 7420477, *Fax 045 7420793,* « Servizio estivo in riva al lago » – . VISA
chiuso novembre e lunedì – **Pasto** specialità di mare carta 45/80000.

a Castelletto di Brenzone *Sud-Ovest : 3 km – ✉ 37010 Brenzone :*

Rabay, via Vespucci 89 ☎ 045 6599027, *Fax 045 6599103,* – . rist
10 marzo-20 ottobre – **Pasto** (solo per alloggiati) 25/40000 – 20000 – **37 cam** 80/140000 – ½ P 90/100000.

Alla Fassa, via Nascimbeni 13 ☎ 045 7430319, *Fax 045 7430319,* – . VISA.
chiuso dal 13 dicembre a febbraio e martedì – **Pasto** carta 40/60000.

Besonders angenehme Hotels oder Restaurants sind im Führer rot gekennzeichnet.
Sie können uns helfen, wenn Sie uns die Häuser angeben, in denen Sie sich besonders wohl gefühlt haben.
Jährlich erscheint eine komplett überarbeitete Ausgabe aller Roten **Michelin-Führer.**

BRESCIA *25100* P 988 ④, 428, 429 F 12 *G. Italia – 190 909 ab. alt. 149.*

Vedere *Piazza della Loggia*★ **BY 9** *-Duomo Vecchio*★ **BY** *– Pinacoteca Tosio Martinengo*★ **CZ** *– Via dei Musei*★ **CY** *– Croce di Desiderio*★★ *nel monastero*★ *di San Salvatore e Santa Giulia* **CY** *– Chiesa di San Francesco*★ **AY** *– Facciata*★ *della chiesa di Santa Maria dei Miracoli* **AYZ A** *– Incoronazione della Vergine*★ *nella chiesa dei SS. Nazaro e Celso* **AZ** *– Annunciazione*★ *e Deposizione dalla Croce*★ *nella chiesa di Sant'Alessandro* **BZ** *– Interno*★, *polittico*★ *e affresco*★ *nella chiesa di Sant'Agata* **BY.**

18 e 9 *Franciacorta (chiuso martedì escluso agosto) località Castagnola* ✉ *25040 Corte Franca* ☎ *030 984167, Fax 030 984393, per* ⑤ *: 20 km. –* ✈ *di Montichiari* ☎ *030 9656511.*

ℹ *corso Zanardelli 34* ✉ *25121* ☎ *030 43418, Fax 030 293284.*

A.C.I. *via 25 Aprile 16* ✉ *25123* ☎ *030 37461.*

Roma 535 ④ *– Milano 93* ⑤ *– Verona 66* ②.

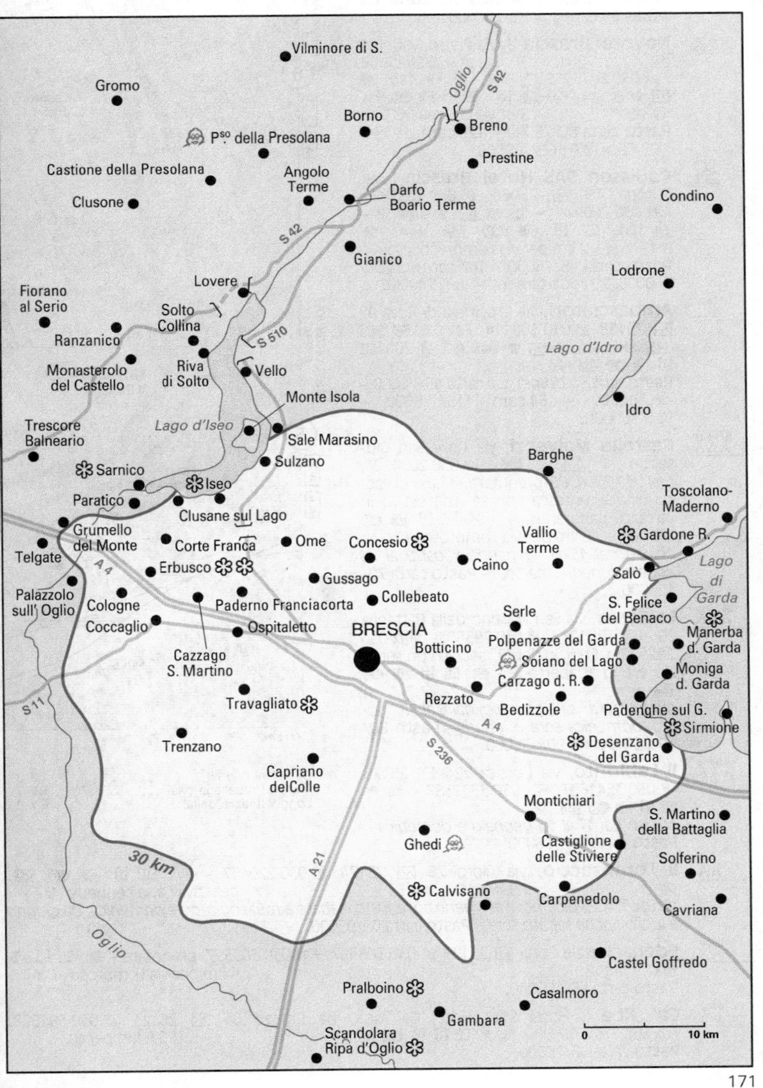

Vittoria, via delle 10 Giornate 20 ✉ 25121 ☎ 030 280061, *Fax 030 280065* – 200. AE VISA. rist BY a
Pasto al Rist. ***Miosotis*** *(chiuso agosto e domenica)* carta 60/100000 – **66 cam** 290/380000 – ½ P 260000.

Park Hotel Ca' Nöa, via Triumplina 66 ✉ 25123 ☎ 030 398762, *Fax 030 398764*, – P – 200. AE VISA. 2,5 km per ①
Pasto vedere rist ***Antica Trattoria Ca' Nöa*** – **80 cam** 170/250000.

Novotel Brescia 2, via Pietro Nenni 22 ✉ 25124 ☎ 030 2425858, *Fax 030 2425959*, – cam, P – 160. AE VISA. rist per via C. Zima CZ
Pasto carta 50/75000 – **120 cam** 195/255000 – ½ P 160/180000.

Radisson SAS Hotel Brescia, viale Europa 45 ✉ 25060 ☎ 030 2091824, *Fax 030 2009741* – P – 120. AE VISA JCB. rist 2 km per via Lombroso CY
Pasto carta 45/75000 – **107 cam** 200/300000, 20 appartamenti – ½ P 240000.

Ambasciatori, via Crocifissa di Rosa 92 ✉ 25128 ☎ 030 399114, *Fax 030 381883* – cam, P – 200. AE VISA. rist CY
Pasto *(chiuso domenica)* carta 45/70000 – 16000 – **64 cam** 115/175000 – ½ P 150000.

Castello Malvezzi, via Colle San Giuseppe 1 ✉ 25133 ☎ 030 2004224, *Fax 030 2004208*, prenotare, « Casa di caccia cinquecentesca con servizio estivo in terrazza panoramica » – P. AE VISA. 6 km per via Lombroso CY
chiuso dal 15 al 31 gennaio, dal 9 al 25 agosto, lunedì e martedì – **Pasto** carta 70/120000.

La Sosta, via San Martino della Battaglia 20 ✉ 25121 ☎ 030 295603, *Fax 030 292589*, « Edificio del 17° secolo con servizio estivo all'aperto » – AE VISA JCB BZ n
chiuso dal 1° all'8 gennaio, dal 6 al 28 agosto, domenica sera e lunedì – **Pasto** 80/100000 e carta 90/135000.

Il Labirinto, via Corsica 224 ✉ 25125 ☎ 030 3541607, *Fax 030 3532387* – P. AE VISA. AZ
chiuso dal 1° al 15 gennaio e domenica – **Pasto** carta 90/125000.

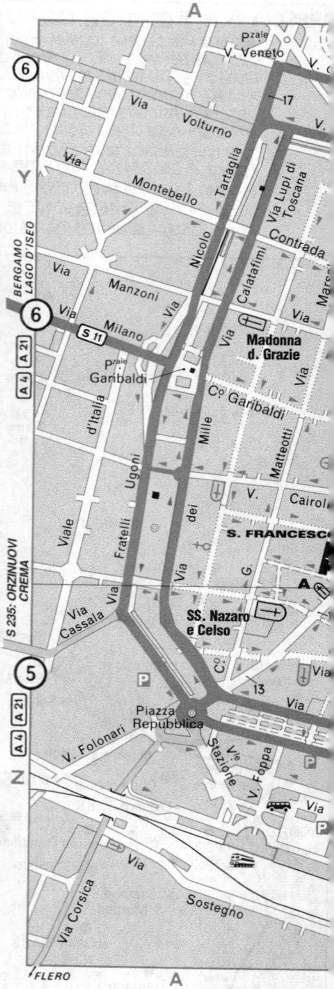

Il Lorenzaccio, via Cipro 78 ✉ 25124 ☎ 030 220457 – AE VISA. per cavalcavia Kennedy BZ
chiuso dal 23 dicembre al 7 gennaio, agosto, sabato a mezzogiorno e domenica, da giugno a luglio anche sabato sera – **Pasto** carta 65/95000.

Eden, piazzale Corvi ✉ 25128 ☎ 030 303397, *Fax 030 303397*, prenotare – AE VISA 2,5 km per via Lombroso CY
Pasto carta 55/105000.

Ca' Nöa - Hotel Park Hotel Ca' Nöa, via Branze 61 ✉ 25123 ☎ 030 381528, *Fax 030 382774*, – P. AE VISA 2,5 km per ①
Pasto carta 55/75000.

Castellini (Via N) . . . . . . CZ 3
Fratelli Porcellaga (Via) . . . . . . BY 7
Loggia (Piazza della) . . . . . . BY 9

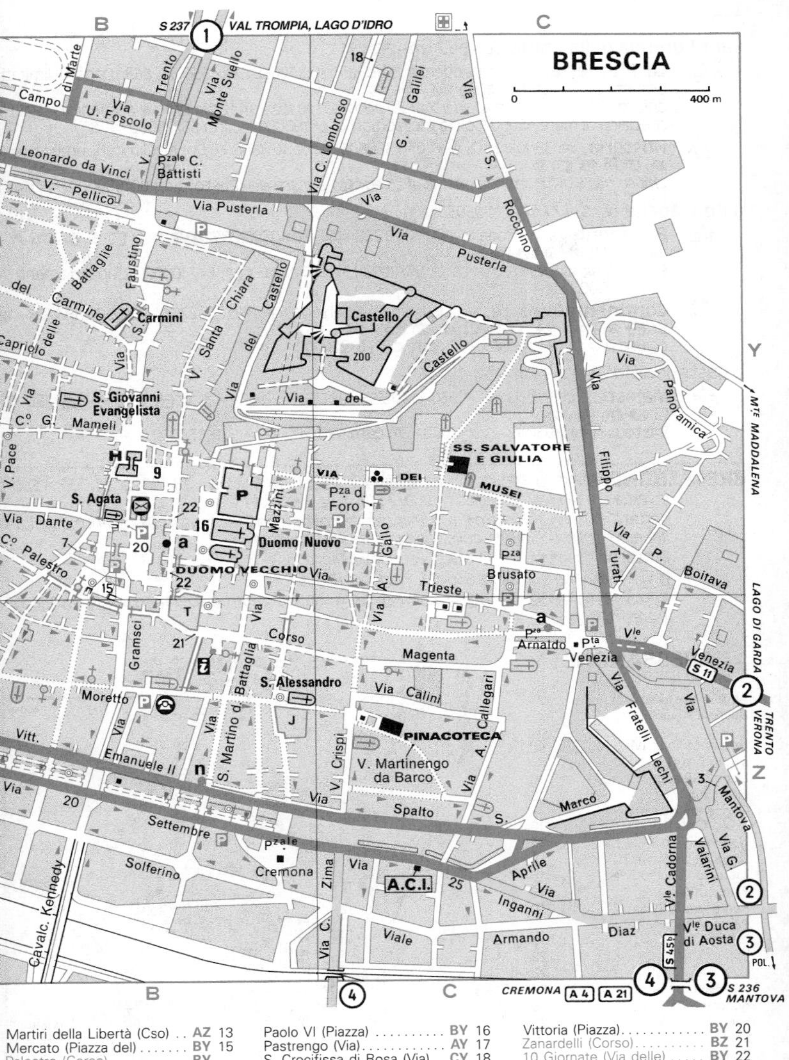

Martiri della Libertà (Cso) . . AZ 13
Mercato (Piazza del) . . . . BY 15
Palestro (Corso) . . . . BY
Paolo VI (Piazza) . . . . BY 16
Pastrengo (Via) . . . . AY 17
S. Crocifissa di Rosa (Via) . . CY 18
Vittoria (Piazza) . . . . BY 20
Zanardelli (Corso) . . . . BZ 21
10 Giornate (Via delle) . . . . . BY 22

La Campagnola, via Val Daone 25 (postcode) 25123 (tel.) 030 300678, « Servizio estivo all'aperto » – P. (no dogs) 2 km per via Lombroso CY
chiuso dal 12 al 16 agosto, lunedì sera e martedì – **Pasto** carta 35/60000.

Trattoria Rigoletto, via Fontane 54/b (postcode) 25133 (tel.) 030 2004140 – (cards accepted) 2,5 km per via Lambroso CY
chiuso agosto e lunedì – **Pasto** carta 55/90000.

Trattoria Briscola, via Costalunga 18/G (postcode) 25123 (tel.) 395232 397214, « Servizio estivo sotto un pergolato con vista sulla città » – P per via Lombroso CY

La Mezzeria, via Trieste 66 (postcode) 25121 (tel.) 030 40306, prenotare – (cards accepted). (no credit cards) CZ a
chiuso luglio, agosto e domenica – **Pasto** carta 40/60000.

Sant'Eufemia della Fonte *per ② : 2 km – ✉ 25135 :*

XXX **La Piazzetta,** via Indipendenza 87/c ☎ 030 362668, *Fax 030 362668*, Coperti limitat prenotare – ▤. AE ⓢ ⓓ ⓜ VISA JCB. ✂
chiuso dal 1° al 7 gennaio, dal 7 al 20 agosto, sabato a mezzogiorno e domenica – **Past** specialità di mare 45000 (solo a mezzogiorno) 65/90000 e carta 55/90000.

XX **Hosteria,** via 28 Marzo 2/A ☎ 030 360605, *Fax 030 360605*, Coperti limitati; prenotare – ▤. AE ⓢ ⓓ ⓜ VISA JCB
chiuso dall'8 al 18 gennaio, dal 1° al 25 agosto e martedì – **Pasto** carta 60/95000.

a Roncadelle *per ⑤ : 7 km – ✉ 25030 :*

President, via Roncadelle 48 ☎ 030 2584444, *Fax 030 2780260* – ▤ ▤ TV ☎ ♿ 🚗 P – 🏛 500. AE ⓢ ⓓ ⓜ VISA
Pasto *(chiuso domenica)* carta 55/80000 – **104 cam** ☕ 130/240000, 2 appartamenti – 1/2 P 220000.

Continental senza rist, via Martiri della Libertà 267 ☎ 030 2582721, *Fax 030 2583108* – ▤ ▤ TV ☎ 🚗 – 🏛 80. AE ⓢ ⓓ ⓜ VISA JCB
chiuso dall'1 al 24 agosto – **52 cam** ☕ 170/220000.

a Castenedolo *per ③ : 7 km – ✉ 25014 :*

Majestic, via Brescia 49 ☎ 030 2130222, *Fax 030 2130077* – ▤ ▤ TV ☎ ♿ P – 🏛 250. AE ⓢ ⓓ ⓜ VISA. ✂
Pasto carta 45/65000 – ☕ 12000 – **70 cam** 130/200000 – 1/2 P 130000.

BRESSANONE (BRIXEN) *39042 Bolzano* 988 ④ ⑤, 429 B 16 *G. Italia – 18 198 ab. alt. 559 – Sport invernali : a La Plose-Plancios : 1 900/2 502 m ⛷1 ⛷9, ⛷.*
Vedere *Duomo : chiostro★* **A** *– Palazzo Vescovile: cortile★, museo Diocesano★, sculture lignee★★, pale scolpite★, collezione di presepi★, tesoro★.*
Dintorni *Plose★★★ : ✻★★★ Sud-Est per via Plose.*
ℹ *viale Stazione 9 ☎ 0472 836401, Fax 0472 836067.*
Roma 681 ② – Bolzano 40 ② – Brennero 43 ① – Cortina d'Ampezzo 109 ② – Milano 336 ② – Trento 100 ②.

BRESSANONE

Angelo Custode (Via)	2
Bastioni Maggiori (Via)	3
Bastioni Minori (Via)	4
Bruno (Via G.)	8
Duomo (Piazza)	10
Fienili (Via)	12
Guggenberg (Via Otto V.)	13
Hartwig (Via)	14
Lungo Rienza	15
Mercato Vecchio (Via)	16
Platsch (Via)	17
Ponte Aquila (Via)	18
Ponte Widmann (Via)	19
Portici Maggiori	22
Portici Minori	23
Rio Bianco (Via)	25
Roncato (Via)	26
San Albuino (Via)	27
Seminario (Via del)	28
Stufles (Via)	29
Torre Bianca (Via)	30
Tratten (Via)	31

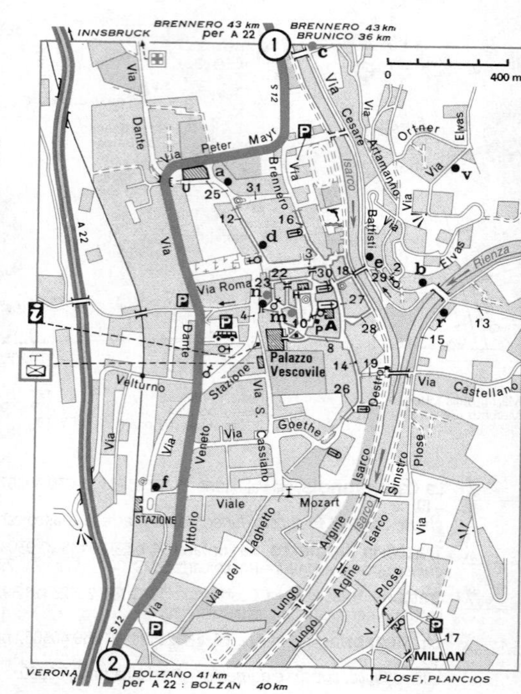

Non fate rumore negli alberghi: i vicini vi saranno riconoscenti.

Ne faites pas de bruit à l'hôtel, vos voisins vous en sauront gré.

Elefante, via Rio Bianco 4 ✆ 0472 832750, *Fax 0472 836579*, « Magione del 16° secolo, parco-frutteto con piscina e tennis » – rist, TV ☎ P – 50. AE VISA. rist a
chiuso dal 10 gennaio al 15 marzo – **Pasto** *(chiuso lunedì escluso dal 30 luglio al 10 novembre)* carta 70/105000 – 24000 – **44 cam** 140/275000 – ½ P 210000.

Dominik ⊛, via Terzo di Sotto 13 ✆ 0472 830144, *Fax 0472 836554*, ≤, « Servizio rist. estivo sotto un pergolato », , , – , cam, rist, TV ☎ P. AE VISA. rist b
chiuso dal 7 gennaio al 28 marzo – **Pasto** *(chiuso martedì escluso agosto)* carta 65/110000 – **36 cam** 280/400000 – ½ P 220/250000.

Grüner Baum, via Stufles 11 ✆ 0472 274100, *Fax 0472 274101*, , « Giardino con piscina riscaldata », , – , cam, rist, TV ☎ – 100. AE VISA. rist e
chiuso dal 5 novembre al 2 dicembre – **Pasto** carta 30/50000 – 20000 – **80 cam** 145/230000 – ½ P 125/200000.

Temlhof ⊛, via Elvas 76 ✆ 0472 836658, *Fax 0472 835539*, ≤ monti e città, « Giardino con piscina; raccolta di attrezzi agricoli e mobili antichi », , – TV ☎ P. AE VISA. rist v
chiuso dal 2 novembre al 3 dicembre e dal 10 gennaio al 16 aprile – **Pasto** *(chiuso a mezzogiorno e martedì; solo su prenotazione)* carta 55/80000 – **47 cam** 100/230000, 4 appartamenti – ½ P 105/145000.

Senoner-Unterdrittl, lungo Rienza 22 ✆ 0472 832525, *Fax 0472 832436*, , – TV ☎ P. AE VISA. rist r
Pasto *(chiuso novembre e lunedì)* carta 40/65000 – **22 cam** 95/170000 – ½ P 145000.

Corona-Krone, via Fienili 4 ✆ 0472 835154, *Fax 0472 835014*, – TV ☎ P. VISA. rist d
chiuso dal 2 al 15 aprile e dal 5 al 25 novembre – **Pasto** *(chiuso lunedì e da ottobre a marzo anche domenica sera)* carta 40/55000 – **31 cam** 130/195000, 2 appartamenti – ½ P 100/140000.

Sole-Sonne senza rist, via Sant'Erardo 8 ✆ 0472 836271, *Fax 0472 837347* – TV ☎. AE VISA JCB n
chiuso dal 7 gennaio a marzo – **16 cam** 100/160000.

Jarolim, piazza Stazione 1 ✆ 0472 836230, *Fax 0472 833155*, « Giardino ombreggiato con piscina » – TV ☎ P. AE VISA. rist f
Pasto *(chiuso giovedì)* carta 45/55000 – **35 cam** 90/160000 – ½ P 115000.

Oste Scuro-Finsterwirt, vicolo del Duomo 3 ✆ 0472 835343, *Fax 0472 835624*, « Ambiente tipico tirolese con arredamento antico » – . AE VISA m
chiuso dal 10 gennaio al 5 febbraio, dal 15 al 30 giugno, domenica sera e lunedì – **Pasto** carta 40/80000.

Sunnegg, via Vigneti 67 ✆ 0472 834760, *Fax 0472 208357*, « Servizio estivo all'aperto con ≤ monti » – P. AE VISA 1 km per via Cesare Battisti
chiuso dal 10 gennaio al 10 febbraio, dal 15 giugno al 4 luglio, mercoledì e giovedì a mezzogiorno – **Pasto** 30/65000 e carta 50/75000.

Fink, via Portici Minori 4 ✆ 0472 834883, *Fax 0472 835268* – . AE VISA n
chiuso dal 1° al 14 febbraio, dal 1° al 14 luglio, martedì sera (escluso luglio-agosto) e mercoledì – **Pasto** carta 45/70000.

Zum Auenhaus, via Vigneti 1 ✆ 0472 838344, *Fax 0472 838344*, Coperti limitati; prenotare – P. VISA c
chiuso lunedì e dal 15 al 30 giugno – **Pasto** carta 45/85000.

ad Elvas *Nord-Est : 4 km – alt. 814 – ✉ 39042 Bressanone :*

Hofstatt ⊛, Elvas 26 ✆ 0472 835420, *Fax 0472 836249*, ≤ – TV ☎ P. VISA.
chiuso da novembre al 25 dicembre e dal 10 gennaio al 28 febbraio – **Pasto** (solo per alloggiati) – **16 cam** 65/110000 – ½ P 75/85000.

a Cleran (Klerant) *Sud : 5 km – alt. 856 – ✉ 39040 Sant'Andrea in Monte :*

Fischer ⊛, Cleran 196 ✆ 0472 852075, *Fax 0472 852060*, ≤ Bressanone e valle d'Isarco, , – TV ☎ P. VISA. rist
chiuso dal 15 novembre al 15 dicembre – **Pasto** *(chiuso lunedì)* carta 45/75000 – **23 cam** 90/170000 – ½ P 95000.

Les hôtels ou restaurants agréables sont indiqués dans le guide par un signe rouge.
Aidez-nous en nous signalant les maisons où, par expérience, vous savez qu'il fait bon vivre.
Votre **guide Michelin** sera encore meilleur.

BREUIL-CERVINIA *11021 Aosta 988 ②, 428 E 4 G. Italia – alt. 2 050 – a.s. 27 marzo-10 aprile, agosto e Natale – Sport invernali : 2 050/3 474 m 8 21, (anche sci estivo).*

Vedere *Località★★.*

Cervino (luglio-settembre) 0166 949131, Fax 0166 9497131.

via Carrel 29 0166 949136, Fax 0166 949731.

Roma 749 – Aosta 55 – Biella 104 – Milano 187 – Torino 116 – Vercelli 122.

Hermitage, strada Cristallo 0166 948998, *Fax 0166 949032*, ≤ Cervino e Grandes Murailles, , Eleganza e tradizione nell'atmosfera di un chalet di montagna, , , , – – 40. AE VISA.
27 novembre-1º maggio e 8 luglio-3 settembre – **Pasto** carta 80/120000 – **35 cam** 400/600000, 5 appartamenti – 1/2 P 520000.

Europa, via Pellissier 2 0166 948660, *Fax 0166 949650*, ≤ Cervino e Grandes Murailles, , – – 50. AE VISA.
novembre-10 maggio e luglio-20 settembre – **Pasto** 45/60000 – 30000 – **61 cam** 230/310000, 6 appartamenti – 1/2 P 240000.

Sporthotel Sertorelli, piazza Guido Rey 28 0166 949797, *Fax 0166 948155*, ≤ Cervino e Grandes Murailles, , – . AE VISA.
20 novembre-5 maggio e 5 luglio-20 settembre – **Pasto** 40/60000 – 20000 – **65 cam** 100/180000 – 1/2 P 130/150000.

Excelsior-Planet, piazzale Planet 1 0166 949426, *Fax 0166 948827*, ≤ Cervino e Grandes Murailles, – . VISA.
novembre-aprile e luglio-agosto – **Pasto** *(chiuso giovedì)* carta 50/80000 – 25000 – **21 cam** 190/200000, 25 appartamenti 160/260000 – 1/2 P 100/200000.

Punta Maquignaz, piazza Guide Maquignaz 0166 949145, *Fax 0166 948055*, ≤ Cervino e Grandes Murailles, , – . AE VISA.
dicembre-aprile e luglio-settembre – **Pasto** al Rist. ***Ymeletrob*** *(chiuso da luglio a settembre)* carta 70/105000 – **33 cam** 135/240000 – 1/2 P 270000.

Bucaneve, piazza Jumeaux 10 0166 949119, *Fax 0166 948308*, ≤ Cervino e Grandes Murailles, , , – . AE VISA JCB.
15 novembre-aprile e luglio-15 settembre – **Pasto** 60/75000 – 20000 – **22 cam** 150/300000, 4 appartamenti – 1/2 P 230000.

Mignon, via Carrel 50 0166 949344, *Fax 0166 949687* – . VISA.
novembre-14 maggio e luglio-14 settembre – **Pasto** (solo per alloggiati e *chiuso a mezzogiorno*) 40000 – **20 cam** 150/300000 – 1/2 P 120/180000.

Jumeaux senza rist, piazza Jumeaux 8 0166 949044, *Fax 0166 949886*, ≤ Cervino – . AE VISA.
novembre-maggio e luglio-settembre – **29 cam** 120/190000, appartamento.

Breithorn, via Guido Rey 0166 949042, *Fax 0166 948363*, ≤ Cervino e Grandes Murailles – . AE VISA. rist
novembre-15 maggio e luglio-25 settembre – **Pasto** *(chiuso a mezzogiorno)* 35/70000 – 15000 – **24 cam** 90/180000 – 1/2 P 75/140000.

Cime Bianche con cam, località La Vieille 0166 949046, *Fax 0166 949046*, ≤ Cervino e Grandes Murailles, , prenotare, « Ambiente tipico » – . VISA.
chiuso dal 15 maggio al 31 luglio e dal 15 settembre ad ottobre – **Pasto** carta 50/85000 – **15 cam** 140/280000 – 1/2 P 180000.

Maison de Saussure, via Gorret 20 0166 948259, prenotare – VISA.
novembre-maggio e luglio-agosto – **Pasto** cucina tipica valdostana carta 55/85000.

sulla strada regionale 46 :

Chalet Valdôtain, località Lago Blu 2 (Sud-Ovest : 1,4 km) 11021 0166 949428, *Fax 0166 948874*, ≤ Cervino e Grandes Murailles, , , , – . AE VISA.
dicembre-aprile e giugno-settembre – **Pasto** carta 40/75000 – 25000 – **35 cam** 160/300000 – 1/2 P 230000.

Les Neiges d'Antan, Cret de Perreres 10 (Sud-Ovest : 4,5 km) 11021 0166 948775, *Fax 0166 948852*, ≤ Cervino e Grandes Murailles – . VISA
6 dicembre-12 maggio e 28 giugno-15 settembre – **Pasto** carta 50/95000 – **28 cam** 120/220000 – 1/2 P 90/160000.

Lac Bleu, località Lago Blu Sud-Ovest : 1 km ✉ 11021 ☎ 0166 949103, *Fax 0166 949902,* ≤ monti e Cervino, ⌂, ⌂ – |⇕| ☎ ⟹ P. Ⓢ MC VISA. ✗ rist
3 dicembre-aprile e luglio-25 settembre – **Pasto** *(chiuso lunedì)* carta 30/60000 – ☕ 20000 – **20 cam** 75/140000 – ½ P 130000.

BRIAGLIA *12080 Cuneo* 428 I 5 – *287 ab. alt. 557.*
Roma 608 – Cuneo 31 – Savona 68 – Torino 80.

Marsupino, piazza Serra 20 ☎ 0174 563888, *Fax 0174 563888,* prenotare – ✗. Ⓢ MC VISA. ✗
chiuso dall'8 al 31 gennaio, dal 12 al 22 settembre e mercoledì – **Pasto** carta 35/60000.

*Un consiglio **Michelin**:*
per la buona riuscita di un viaggio, preparatelo in anticipo.
*Le **carte** e le **guide Michelin** vi danno tutte le indicazioni*
utili su: itinerari, curiosità, sistemazioni, prezzi, ecc.

BRINDISI *72100* P 988 ㉚, 431 F 35 *G. Italia – 94 029 ab. – a.s. 18 luglio-settembre.*
Vedere *Colonna romana★ (termine della via Appia)* Y **A.**
✈ *di Papola-Casale per ④ : 6 km ☎ 0831 418805, Fax 0831 413436.*
🚗 *☎ 0831 521975.*
ℹ *lungomare Regina Margherita ☎ 0831 523072.*
A.C.I. *via Aldo Moro 61 ☎ 0831 583053.*
Roma 563 ④ – Bari 113 ④ – Napoli 375 ④ – Taranto 72 ③.

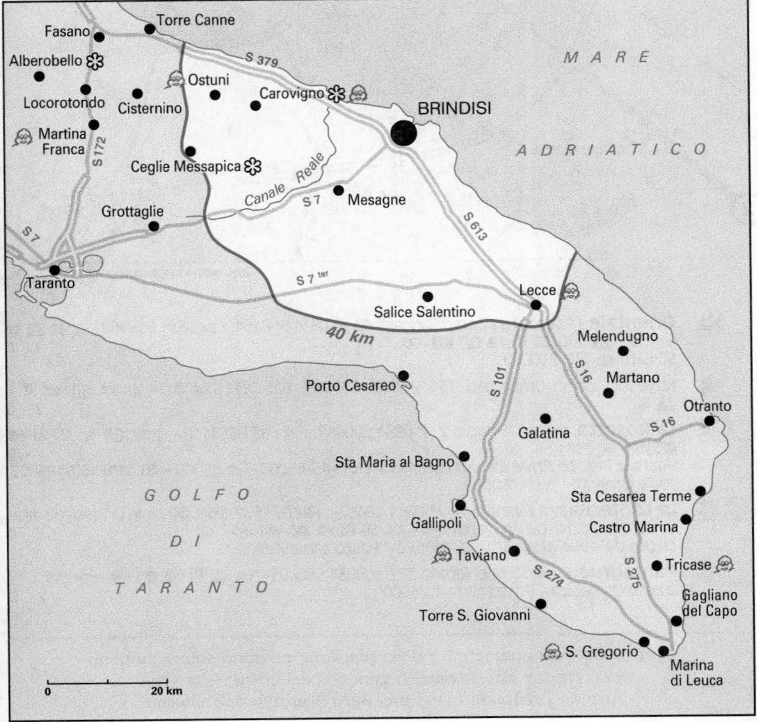

BRINDISI

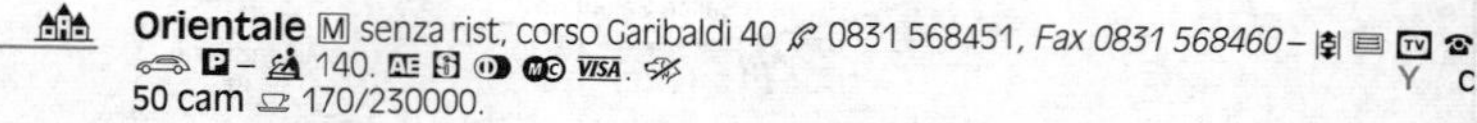

Amalfi (Via) . . . . V 3
Balsamo (Via Grazia) . . . X 7
Bono (Via Eduardo dal) . X 10
Caduti (Viale) . . . . X 12
Canova (Via Antonio) . . . X 13
Caravaggio (Viale) . . . . . X 16
Ciciriello (Via Ettore) . . . V 18
Commenda (Viale) . . . . X 22
Duca degli Abruzzi (Viale) . . . . . . V 25
Fani (Via) . . . . X 27
Imperatore Augusto (Via) . . . . . . X 28
Maddalena (Viale Umberto) . . . . V 30
Magaldi (Via Nicola) . . . . V 34
Marche (Via) . . . . X 36
Maria Ausiliatrice (Via) . . . . X 37
Osanna (Via) . . . . VX 42
Pace Brindisina (Via) . . . . X 45
Pellizza da Volpedo (Via G.) . . . . X 46
Ruggero di Flores (Via) . . . . V 51
S. Angelo (Via) . . . . X 52
S. Giovanni Bosco (Via) . . . . X 57
Soldati (Via Anastasio) . . . . X 63
Tirolo (Via) . . . . X 66
Togliatti (Viale Palmiro) . . . . X 67
Villafranca (Via) . . . . X 70

Orientale senza rist, corso Garibaldi 40 ☎ 0831 568451, *Fax 0831 568460* – 📺 ☎ P – 🏋 140. AE 🅂 ⓞ MC VISA. 🚫
50 cam ☕ 170/230000. Y c

Majestic, corso Umberto I 151 ☎ 0831 597941, *Fax 0831 524071* – 📺 ☎ P – 🏋 80. Z a

La Rosetta, via San Dionisio 2 ☎ 0831 590461, *Fax 0831 563110* – 📺 ☎. AE 🅂 ⓞ MC VISA. 🚫 rist Y g
Pasto al Rist. ***Le Privè*** *(chiuso domenica)* carta 45/65000 – ☕ 15000 – **40 cam** 130/195000, appartamento – ½ P 180000.

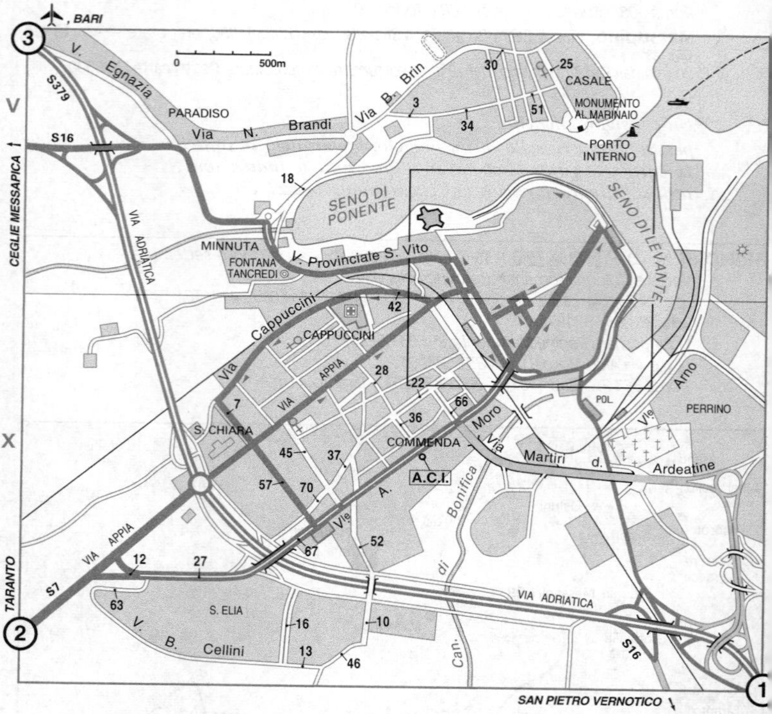

XXX **La Lanterna,** via Tarantini 14 ☎ 0831 564026, *Fax 0831 524950*, « In un antico palazzo con servizio estivo in giardino » – ▤. AE 🅂 ⓞ MC VISA JCB. 🚫 Y d
chiuso dal 10 al 30 agosto e domenica – **Pasto** carta 50/60000.

XX **Pantagruele,** via Salita di Ripalta 1/5 ☎ 0831 560605 – ▤. AE 🅂 ⓞ MC VISA JCB. 🚫
chiuso domenica – **Pasto** carta 40/60000. Y b

I prezzi del pernottamento e della pensione possono subire aumenti in relazione all'andamento generale del costo della vita; quando prenotate fatevi precisare il prezzo dall'albergo.

BRINDISI

Amena (Via) . . . . Y 4
Annunziata (Via) . . . . Y 6
Betolo (Via) . . . . Z 9
Cappellini (Via) . . . . Z 15
Cittadella (Via) . . . . Y 19
Colonne (Via) . . . . Y 21
Commenda (Viale) . . . . . Z 22
De Marco (Via C.) . . . . Z 24
Garibaldi (Corso) . . . . Y
Madonna della Neve (Via) . . . . . . Y 31
Madonna della Scala (Via) . . . . . . Z 33
Matteotti (Piazza) . . . . Y 39
Montenegro (Via) . . . . Y 40
Osanna (Via) . . . . Z 42
Pozzo Traiano (Via) . . . . Y 47
Provinciale San Vito (Via) . . . . Y 48
Regina Margherita (Lungomare) . . . . Y 49
S. Barbara (Via) . . . . Y 54
S. Dionisio (Via) . . . . Y 55
S. Margherita (Via) . . . . Y 58
Santi (Via) . . . . Y 60
Sauro (Via Nazario) . . . . Z 61
Tarantini (Via) . . . . Y 64
Tunisi (Via) . . . . Y 69
Umberto I (Corso) . . . . YZ

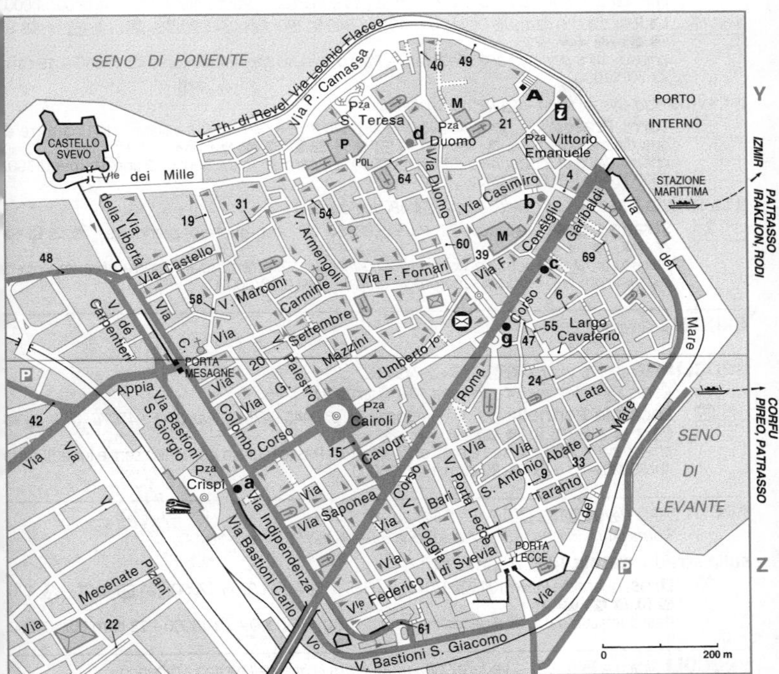

Read carefully the introduction it is the key to the Guide.

BRIONA *28072 Novara* 428 F 7, 219 ⑯ – *1 110 ab. alt. 216.*
Roma 636 – Stresa 51 – Milano 63 – Novara 17 – Vercelli 32.

a Proh *Sud-Est : 5 km – ✉ 28072 Briona :*

XX **Trattoria del Ponte,** via per Oleggio 1 ℘ 0321 826282, *Fax 0321 826282* – ▤ P. VISA. ⚒
chiuso lunedì sera e martedì – **Pasto** carta 40/60000.

BRISIGHELLA *48013 Ravenna* 988 ⑮, 429, 430 J 17 – *7 598 ab. alt. 115 – Stazione termale, a.s. 20 luglio-settembre.*
ℹ *piazza Porta Gabalo 5 ℘ 0546 81166, Fax 0546 81166.*
Roma 355 – Bologna 71 – Ravenna 48 – Faenza 13 – Ferrara 110 – Firenze 90 – Forlì 27 – Milano 278.

La Meridiana ⛰, viale delle Terme 19 ℘ 0546 81590, *Fax 0546 81590,* « Giardino ombreggiato » – |‡| TV ☎ ♿ P – 🏛 50. AE ⑤ ① ⓪ VISA. ⚒ rist
20 aprile-20 ottobre – **Pasto** *(luglio-settembre;* solo per alloggiati*)* – ☕ 15000 – **54 cam** 115/190000.

Terme ⛰, viale delle Terme 37 ℘ 0546 81144, *Fax 0546 81144,* ←, « Giardino ombreggiato », ⚕ – |‡| TV ☎ P. AE ⑤ ① ⓪ VISA JCB. ⚒ rist
6 aprile-5 ottobre – **Pasto** *(maggio-settembre)* carta 35/45000 – **60 cam** ☕ 130/160000 – ½ P 80/90000.

XX **Gigiolè** con cam, piazza Carducci 5 ☎ 0546 81209, *Fax 0546 81275*, prenotare – AE VISA
chiuso dal 16 febbraio al 15 marzo – **Pasto** *(chiuso lunedì)* 50/65000 (a mezzogiorn 65/70000 (la sera) e carta 60/75000 – **10 cam** 180/200000, appartamento – 1/2 P 14000

XX **La Grotta,** via Metelli 1 ☎ 0546 81829, *Fax 0546 994056*, prenotare – AE VIS JCB.
chiuso dal 7 al 30 gennaio, dal 22 al 31 luglio e martedì – **Pasto** 45/60000 e carta 60/8000

X **La Rocca** con cam, via Delle Volte 10 ☎ 0546 81180, *Fax 0546 80289*, – TV AE VISA JCB.
chiuso dall'8 gennaio al 23 febbraio – **Pasto** *(chiuso mercoledì)* carta 40/75000 – **19 car** 70/110000.

a Cavina *Sud-Ovest : 8 km* – ✉ *48013 Brisighella* :

Torre Pratesi, ☎ 0546 84545, *Fax 0546 84558*, ≤ monti e vallata, « In una torre d guardia medioevale », – TV P. AE VISA JCB
chiuso dall'8 al 25 gennaio – **Pasto** 80000 – **4 cam** 200/250000, 3 appartamenti 300 350000 – 1/2 P 200/225000.

a La Strada Casale *Sud-Ovest : 8 km* – ✉ *48010 Fognano* :

XX **Strada Casale,** via Statale 22 ☎ 0546 88054, , Rist.-enoteca, prenotare – P. AE VISA.
chiuso dal 10 al 30 gennaio, dal 1° al 10 giugno, dal 10 settembre al 20 settembre, mercole e a mezzogiorno (escluso sabato-domenica) – **Pasto** 40/60000.

BRIXEN = *Bressanone.*

BROGLIANO *36070 Vicenza* 429 F16 – *2 749 ab..*
Roma 540 – Verona 54 – Venezia 90 – Vicenza 31.

Locanda Perinella, Via Bregonza 34 ☎ 0445 947688, *Fax 0445 947076*, – TV P. AE VISA JCB.
chiuso dal 1° all'8 gennaio e dal 7 al 23 agosto – **Pasto** (chiuso domenica sera e lunedì) cart 40/60000 – 12000 – **22 cam** 150/200000.

BRONI *27043 Pavia* 988 ⑮, 428 G 9 – *9 548 ab. alt. 88.*
Roma 548 – Piacenza 37 – Alessandria 62 – Milano 58 – Pavia 20.

sulla strada statale 10 *Nord-Est : 2 km* :

Liros, quartiere Piave 104 ✉ 27043 ☎ 0385 51007, *Fax 0385 52000* – TV P – 120 AE VISA JCB
Pasto *(chiuso dal 1° all'8 gennaio e lunedì)* carta 45/70000 – 10000 – **22 cam** 90/100000

BRUCOLI *Siracusa* 432 P 27 – *Vedere Sicilia (Augusta) alla fine dell'elenco alfabetico.*

BRUGNERA *33070 Pordenone* 429 E 19 – *8 039 ab. alt. 16.*
Roma 564 – Belluno 59 – Pordenone 15 – Treviso 38 – Udine 68 – Venezia 64.

Ca' Brugnera M, via Villa Varda 4 ☎ 0434 613232, *Fax 0434 613456* – TV P – 600. AE VISA
chiuso agosto – **Pasto** *(chiuso lunedì)* carta 35/65000 – **60 cam** 140/210000, 4 appartamenti – 1/2 P 130/150000.

BRUNECK = *Brunico.*

BRUNICO (BRUNECK) *39031 Bolzano* 988 ⑤, 429 B 17 *G. Italia – 13 414 ab. alt. 835 – Sport invernali : Plan de Corones : 835/2 273 m* 12 19, .
Vedere *Museo etnografico★ di Teodone.*
via Europa 26 ☎ 0474 555722, Fax 0474 555544.
Roma 715 – Cortina d'Ampezzo 59 – Bolzano 77 – Brennero 68 – Dobbiaco 28 – Milano 369 – Trento 137.

Andreas Hofer, via Campo Tures 1 ☎ 0474 551469, *Fax 0474 551283*, ≤, , , , – TV P. VISA. rist
chiuso dal 10 al 24 dicembre e dal 1° al 20 maggio – **Pasto** *(chiuso sabato)* carta 40/60000 – 10000 – **54 cam** 95/160000 – 1/2 P 85/140000.

a Stegona (Stegen) *Nord-Ovest : 2 km – alt. 817* – ✉ *39031 Brunico* :

Langgenhof, via San Nicolò 11 ☎ 0474 553154, *Fax 0474 552110*, , – , rist, TV P.

a San Giorgio (St. Georgen) *Nord : 2 km – alt. 823 – ✉ 39031 Brunico :*

Gissbach , via Gissbach 27 ☏ 0474 551173, *Fax 0474 550714*, – rist
dicembre-Pasqua e giugno-ottobre – **Pasto** carta 45/70000 – **33 cam** 200/310000 – ½ P 145/185000.

a Riscone (Reischach) *Sud-Est : 3 km – alt. 960 – ✉ 39031 :*

Royal Hotel Hinterhuber , via Ried 1/A ☏ 0474 541000, *Fax 0474 548048*, ≤ monti e pinete, « Parco con riscaldata e », rist, rist, rist
20 dicembre-20 marzo e giugno-8 ottobre – **Pasto** (solo per alloggiati) 35/45000 – **55 cam** 160/280000 – ½ P 150/210000.

Rudolf, via Riscone 33 ☏ 0474 570570, *Fax 0474 550806*, ≤ Plan de Corones, cam, rist
Pasto *(chiuso novembre)* carta 45/85000 – **34 cam** 240/290000, 4 appartamenti – ½ P 100/185000.

Majestic , Im Gelande 20 ☏ 0474 410993, *Fax 0474 550821*, ≤ Plan de Corones, riscaldata, rist, rist
3 dicembre-25 aprile e 3 giugno-22 ottobre – **Pasto** 30/50000 – **33 cam** 110/200000 – ½ P 80/140000.

Krondholf , via Riscone 35 ☏ 0474 410394, *Fax 0474 510396*, ≤,
21 cam.

Per l'inserimento in ***guida,***
Michelin *non accetta*
né favori, né denaro!

BRUSIMPIANO *21050 Varese* 428 E 8, 219 ⑧ – *1 028 ab. alt. 290.*
Roma 638 – Como 41 – Lugano 19 – Milano 70 – Varese 18.

La Vecchia Valigia, via Repubblica 2 ☏ 0332 934593,

BRUSSON *11022 Aosta* 988 ②, 428 E 5 – *893 ab. alt. 1 331 – a.s. Pasqua, febbraio, marzo e Natale – Sport invernali : 1 331/2 714 m 2,*
piazza Municipio 1 ☏ 0125 300240, Fax 0125 300691.
Roma 726 – Aosta 53 – Ivrea 51 – Milano 164 – Torino 93.

Laghetto, località Diga ☏ 0125 300179, *Fax 0125 300613*, ≤
chiuso da novembre al 7 dicembre – **Pasto** *(chiuso mercoledì)* carta 40/50000 – 15000 – **18 cam** 50/85000 – ½ P 75/85000.

BUCCINASCO *20090 Milano* 428 F 9, 219 ⑲ – *24 681 ab. alt. 112.*
Roma 575 – Milano 13 – Alessandria 88 – Novara 63 – Pavia 30 – Vigevano 36.

Molin de la Paja, via Petrarca 23 ☏ 02 4406231, *Fax 02 45101454*, *chiuso lunedì* – **Pasto** carta 45/60000.

BUCINE *52021 Arezzo* 988 ⑮, 430 L 16 – *9 144 ab. alt. 249.*
Roma 215 – Firenze 58 – Siena 41 – Arezzo 30.

Le Antiche Sere con cam, a Sogna Sud-Est : 3 km da Ambra ✉ 52020 Ambra ☏ 055 998149, *Fax 055 998149*, Coperti limitati; prenotare, « Borgo medioevale »,
chiuso novembre – **Pasto** *chiuso martedì e a mezzogiorno (escluso domenica)* carta 60/90000 – 25000 – 4 appartamenti 250000 – ½ P 180/200000.

BUDOIA *33070 Pordenone* 429 D 19 – *2 084 ab. alt. 140.*
Roma 600 – Belluno 65 – Pordenone 32 – Treviso 58 – Udine 69 – Venezia 90.

Ciasa de Gahja, via Anzolet 13 ☏ 0434 654897, *Fax 0434 654815*, « In un'antica residenza di caccia »,
Pasto carta 55/85000 – 15000 – **14 cam** 140/200000 – ½ P 125/150000.

BUDONI *Nuoro* 433 E 11 – *Vedere Sardegna alla fine dell'elenco alfabetico.*

BUDRIO *40054 Bologna* [988] ⑮, [428], [429], [430] I 16 – *15 276 ab. alt. 25.*
Roma 401 – Bologna 22 – Ferrara 46 – Ravenna 66.

Sport Hotel senza rist, via Massarenti 10 ☎ 051 803515, *Fax 051 803580* – [AE] [S] [VISA].
chiuso dal 23 dicembre al 1° gennaio e dal 10 al 20 agosto – **31 cam** 180/240000.

🍴🍴 **Centro Storico,** via Garibaldi 10 ☎ 051 801678, Coperti limitati; prenotare – [AE] [S] [VISA].
chiuso domenica sera e lunedì – **Pasto** carta 40/60000.

BULLA (PUFELS) *Bolzano – Vedere Ortisei.*

BURAGO DI MOLGORA *20040 Milano* [428] F 10, [219] ⑲ – *4 181 ab. alt. 182.*
Roma 591 – Milano 22 – Bergamo 37 – Lecco 33 – Monza 9.

Brianteo, via Martin Luther King 3/5 ☎ 039 6082118, *Fax 039 6084338* – 60. [AE] [S] [VISA] [JCB].
chiuso dal 23 dicembre al 6 gennaio e dal 1° al 24 agosto – **Pasto** vedere rist ***Brianteo*** – 15000 – **50 cam** 120/180000, 2 appartamenti – 1/2 P 160000.

🍴🍴 **Brianteo,** via Martin Luther King 3/5 ☎ 039 6080436, *Fax 039 6084338* – [AE] [S] [VISA] [JCB]
chiuso dal 1° al 7 gennaio, dal 1° al 22 agosto e domenica – **Pasto** carta 55/75000.

BURANO *Venezia – Vedere Venezia.*

BURGSTALL = *Postal.*

BURGUSIO (BURGEIS) *Bolzano* [428] B 13, [218] ⑧ – *Vedere Malles Venosta.*

BUSALLA *16012 Genova* [988] ⑬, [428] I 8 – *6 228 ab. alt. 358.*
Roma 513 – Genova 26 – Alessandria 59 – Milano 123.

🍴🍴 **Grit,** piazza Garibaldi 9 ☎ 010 9641798, – [AE] [S] [VISA]
chiuso dal 15 al 30 agosto e lunedì – **Pasto** 25/40000 e carta 40/80000.

BUSCATE *20010 Milano* [428] F 8, [219] ⑰ – *4 305 ab. alt. 177.*
Roma 611 – Milano 38 – Gallarate 15 – Novara 21.

🍴🍴 **Scià on Martin** con cam, viale 2 Giugno, 1 ☎ 0331 803000, *Fax 0331 803500*, prenotare – cam, ☎ [AE] [S] [VISA] [JCB].
chiuso Natale ed agosto – **Pasto** *(chiuso sabato a mezzogiorno e domenica)* carta 50/80000 – **12 cam** 100/160000, appartamento – 1/2 P 140000.

BUSSANA *Imperia – Vedere San Remo.*

BUSSETO *43011 Parma* [988] ⑭, [428], [429] H 12 – *6 830 ab. alt. 39.*
piazza Verdi 10 ☎ 0524 92487.
Roma 490 – Parma 35 – Piacenza 32 – Bologna 128 – Cremona 25 – Fidenza 15 – Milano 93.

I Due Foscari, piazza Carlo Rossi 15 ☎ 0524 930031, *Fax 0534 91625*, – ☎. [AE] [S] [VISA].
chiuso dal 1° al 14 gennaio e dal 10 al 25 agosto – **Pasto** *(chiuso lunedì)* carta 45/80000 – 15000 – **20 cam** 120/140000 – 1/2 P 130000.

🍴🍴 Ugo, via Mozart 1 ☎ 0524 92307, Coperti limitati; prenotare – .

a Frescarolo *Est : 3 km – ✉ 43011 Busseto :*

🍴 **Vernizzi,** via Frescarolo 24 ☎ 0524 92423, « Ambiente tipico » – .
chiuso dal 24 dicembre al 7 gennaio, agosto, lunedì e martedì – **Pasto** carta 25/45000.

a Samboseto *Est : 8 km – ✉ 43011 Busseto :*

🍴🍴🍴 **Palazzo Calvi** con cam, via Samboseto 26 ☎ 0524 90211, *Fax 0524 90213*, « In un palazzo del 17° secolo » – ☎ – 25. [AE] [S] [VISA] [JCB]
Pasto *(chiuso lunedì e martedì a mezzogiorno)* carta 65/95000 – 20000 – **4 cam** 180/220000, 2 appartamenti.

🍴🍴 **Vecchia Samboseto,** via Samboseto 47 ☎ 0524 90136, *Fax 0524 90234* – [AE] [S] [VISA].
chiuso dal 24 dicembre al 7 gennaio, dal 20 luglio al 15 agosto, domenica sera e lunedì – **Pasto** specialità di mare 50000 e carta 40/80000 (10 %).

BUSSOLENGO *37012 Verona* 988 ④, 428, 429 F 14 – *16 184 ab. alt. 127.*

Roma 504 – Verona 13 – Garda 20 – Mantova 43 – Milano 150 – Trento 87 – Venezia 128.

Montresor Hotel Concorde M, via Mantegna 30 ✆ 045 6761000, *Fax 045 6761000* – |‡|, ⇔ cam, ▤ TV ☎ ♿ 🚗 P – 🏛 500. AE $ ⓓ ⓜ VISA
Pasto 40/60000 – ☕ 10000 – **144 cam** 285/330000 – ½ P 200000.

Krystal M senza rist, via Dante Alighieri 8 ✆ 045 6700433, *Fax 045 6700447* – |‡| ▤ TV ☎ 📞 🚗 P. AE $ ⓓ ⓜ VISA. ✈
60 cam ☕ 150/210000.

sulla strada statale 11 *Sud : 3 km :*

Crocioni Hotel Rizzi senza rist, località Crocioni 46 a/b ✉ 37012 ✆ 045 6700200, *Fax 045 6767490, « Giardino con laghetto »* – |‡| ⇔ ▤ TV ☎ 🚗 P – 🏛 40. AE $ ⓓ ⓜ VISA. ✈
chiuso dal 22 dicembre al 10 gennaio – **62 cam** ☕ 180/210000.

BUSTO ARSIZIO *21052 Varese* 988 ③, 428 F 8 – *77 684 ab. alt. 224.*

⛳18 *Le Robinie via per Busto Arsizio ✉ 21058 Solbiate Olona ✆ 0331 329260, Fax 0331 329266.*

Roma 611 – Milano 35 – Stresa 52 – Como 40 – Novara 30 – Varese 27.

Pineta, via Sempione 150 (Nord : 2 km) ✆ 0331 381220 e rist ✆ 0331 685343, *Fax 0331 381220,* 🌳 – |‡| ▤ TV ☎ P – 🏛 100. AE $ ⓓ ⓜ VISA. ✈
Pasto al Rist. ***Mosaico 2*** *(chiuso dal 7 al 21 agosto, domenica, e lunedì a mezzogiorno)* carta 50/90000 – **58 cam** ☕ 200/250000.

XXX **Casa Radice**, via Roma 8 ✆ 0331 620454, *Fax 0331 624216* – ▤. AE $ ⓜ VISA. ✈
chiuso agosto e domenica – **Pasto** carta 60/80000.

XXX **Antica Osteria I 5 Campanili**, via Maino 18 ✆ 0331 630493, *Fax 0331 630493,* ⛱ – AE $ ⓓ ⓜ VISA JCB
chiuso lunedì – **Pasto** carta 65/90000.

Pour être inscrit au ***guide Michelin***
- pas de piston,
- pas de pot-de-vin!

BUTTRIO *33042 Udine* 429 D 21 – *3 739 ab. alt. 79.*

Roma 641 – Udine 12 – Gorizia 26 – Milano 381 – Trieste 57.

Locanda alle Officine, via Nazionale 46/48 (Sud-Est : 1 km) ✆ 0432 673304, *Fax 0432 673408,* 🏋, ♨ – |‡| ▤ TV ☎ ♿ 🚗 P. AE $ ⓓ ⓜ VISA. ✈ rist
Pasto *(chiuso domenica)* carta 25/60000 – ☕ 15000 – **38 cam** 150/200000 – ½ P 170/190000.

X **Trattoria al Parco**, via Stretta del Parco 1 ✆ 0432 674025, *Fax 0432 673369,* « Servizio estivo in giardino e parco con laghetto » – P. AE $ ⓜ VISA
chiuso dal 2 al 10 gennaio, dal 5 al 25 agosto, martedì sera e mercoledì – **Pasto** specialità alla brace carta 40/55000.

CABRAS *Oristano* 988 ㉝, 433 H 7 – *Vedere Sardegna alla fine dell'elenco alfabetico.*

CACCAMO *Palermo* 988 ㊱, 432 N 22 – *Vedere Sicilia alla fine dell'elenco alfabetico.*

CA' DE FABBRI *Bologna* 429, 430 I 16 – *Vedere Minerbio.*

CADEO *29010 Piacenza* 428, 429 H 11 – *5 463 ab. alt. 67.*

Roma 501 – Piacenza 15 – Cremona 34 – Milano 76 – Parma 46.

Le Ruote M, via Emilia 204, località Roveleto Sud-Est : 2 km ✆ 0523 500427, *Fax 0523 509334* – |‡| ▤ TV ☎ 📞 ♿ P – 🏛 150. AE $ ⓓ ⓜ VISA JCB
Pasto al Rist. ***Le Ruote*** carta 35/70000 – **80 cam** ☕ 130/205000.

X **Lanterna Rossa**, via Ponte 10, località Saliceto Nord-Est : 4 km ✆ 0523 509774, *Fax 0523 500563,* ⛱, solo su prenotazione, 🌳 – ▤ P. AE $ ⓓ ⓜ VISA. ✈
chiuso dal 1º al 10 gennaio, agosto, lunedì sera e martedì – **Pasto** specialità di mare 35000 bc (a mezzogiorno) 30000 bc (la sera) e carta 45/75000.

CADIPIETRA (STEINHAUS) *Bolzano* – *Vedere Valle Aurina.*

CAERANO DI SAN MARCO *31031 Treviso* 429 E 17 – *7 060 ab. alt. 123.*

Roma 548 – Padova 50 – Belluno 59 – Milano 253 – Trento 109 – Treviso 26 – Venezia 57 – Vicenza 48.

Europa senza rist, via Don Sturzo 17 ✆ 0423 650341, *Fax 0423 650397* – AE S VISA.
24 cam ☕ 90/130000.

CAFRAGNA *Parma* 428, 429, 430 H 12 – *Vedere Collecchio.*

CAGLIARI P 988 ㉝, 433 J 9 – *Vedere Sardegna alla fine dell'elenco alfabetico.*

CAINO *25070 Brescia* 428, 429 F 12 – *1 451 ab. alt. 398.*

Roma 539 – Brescia 15 – Bergamo 62 – Milano 110.

sulla strada statale 237 *Est : 3 km :*

Il Miramonti, via Nazionale 130 ✉ 25070 ✆ 030 6830023 – P.
chiuso lunedì – **Pasto** carta 50/75000.

CAIRO MONTENOTTE *17014 Savona* 988 ⑫, 428 E 4 – *13 804 ab. alt. 320.*

Roma 566 – Genova 72 – Alba 69 – Cuneo 76 – Imperia 81 – Savona 25.

City, via Brigate Partigiane 5 M ✆ 019 505182, *Fax 019 505182*, – P – 150. AE S VISA
Pasto *(chiuso dall'8 al 16 agosto e lunedì)* carta 30/50000 – **19 cam** ☕ 150/200000 – 1/2 P 150000.

La Bruschetta, viale Martiri della Libertà 151 ✆ 019 504023, *Fax 019 501455*, prenotare, « Raccolta di quadri e ceramiche » – AE S VISA.
chiuso dal 10 al 25 gennaio, dal 15 al 30 agosto, domencia sera e lunedì – **Pasto** carta 35/50000.

Lisez attentivement l'introduction : c'est la clé du guide.

CALA DI VOLPE *Sassari* 433 D 10 – *Vedere Sardegna (Arzachena : Costa Smeralda) alla fine dell'elenco alfabetico.*

CALA GONONE *Nuoro* 988 ㉞, 433 G 10 – *Vedere Sardegna (Dorgali) alla fine dell'elenco alfabetico.*

CALALZO DI CADORE *32042 Belluno* 429 C 19 – *2 527 ab. alt. 806.*

✆ *0435 32300.*

bivio Stazione 9 ✆ 0435 32348, Fax 0435 32349.

Roma 646 – Cortina d'Ampezzo 34 – Belluno 45 – Milano 388 – Venezia 135.

Ferrovia, bivio Stazione 4 ✆ 0435 500705, *Fax 0435 500384*, – P – 60. AE S VISA.
Pasto *(chiuso domenica)* carta 30/50000 – **39 cam** ☕ 130/160000, 3 appartamenti – 1/2 P 80/110000.

CALAMANDRANA *14042 Asti* 428 H 7 – *1 552 ab. alt. 314.*

Roma 599 – Alessandria 38 – Genova 98 – Asti 35 – Milano 130 – Torino 95.

Violetta, valle San Giovanni 1 (Nord : 2,5 km) ✆ 0141 769011, prenotare – P.
chiuso gennaio, domenica sera e mercoledì – **Pasto** carta 40/65000.

CALA PICCOLA *Grosseto* 430 O 15 – *Vedere Porto Santo Stefano.*

CALASETTA *Cagliari* 988 ㉝, 433 J 7 – *Vedere Sardegna alla fine dell'elenco alfabetico.*

CALAVINO *38072 Trento – 1 188 ab. alt. 409 – a.s. Pasqua e Natale.*

Roma 605 – Trento 15 – Bolzano 77 – Brescia 100.

Da Cipriano, via Graziadei 13 ✆ 0461 564720,
chiuso a mezzogiorno.

CALCERANICA AL LAGO *38050 Trento 429 D 15 – 1 163 ab. alt. 463 – a.s. Pasqua e Natale.*

(giugno-settembre) via lungo lago 1 ☎ 0461 723301.

Roma 606 – Trento 18 – Belluno 95 – Bolzano 75 – Milano 260 – Venezia 147.

Micamada, via San Pietro 3 ☎ 0461 723328, *Fax 0461 723349*, – . rist
aprile-settembre – **Pasto** (solo per alloggiati) carta 40/55000 – **20 cam** 70/130000 – ½ P 65/85000.

CALCINAIA *Firenze 428, 429 K 13 – Vedere Lastra a Signa.*

CALDARO SULLA STRADA DEL VINO (KALTERN AN DER WEINSTRASSE) *39052 Bolzano 988 ④, 429 C 15 – 6 687 ab. alt. 426.*

piazza Principale 8 ☎ 0471 963169, Fax 0471 963469.

Roma 635 – Bolzano 15 – Merano 37 – Milano 292 – Trento 53.

Kartheiner, strada del Vino 22 ☎ 0471 968000, *Fax 0471 963145*, , , , – . rist
Pasto carta 55/80000 – **48 cam** 140/220000 – ½ P 110/150000.

Cavallino Bianco-Weisses Rössl, piazza Principale 11 ☎ 0471 963137, *Fax 0471 964069*, –
marzo-novembre – **Pasto** *(chiuso mercoledì)* carta 45/75000 – **20 cam** 75/140000.

Ritterhof, strada del Vino 1 ☎ 0471 963330, *Fax 0471 964872* –
chiuso dall'11 luglio all'11 agosto, domenica sera (escluso settembre-ottobre) e lunedì – **Pasto** 45/50000 e carta 75/105000.

al lago *Sud : 5 km :*

Seeleiten, strada del Vino 30 ✉ 39052 ☎ 0471 960200, *Fax 0471 960064*, ≤, Centro benessere, « Giardino con laghetto-piscina e vigneto », , , , – , cam, . rist
Pasqua-15 novembre – **Pasto** carta 55/85000 – **47 cam** 165/255000, 8 appartamenti – ½ P 130/145000.

Seehof-Ambach, via Klughammer 3 ✉ 39052 ☎ 0471 960098, *Fax 0471 960099*, ≤, , « Pregevole architettura anni '70 in riva al lago », , – . rist
aprile-2 novembre – **Pasto** carta 45/70000 – **29 cam** 140/260000 – ½ P 190000.

Seegarten, lago di Caldaro 17 ✉ 39052 ☎ 0471 960260, *Fax 0471 960066*, ≤ lago e monti, « Servizio rist. estivo in terrazza », , –
aprile-ottobre – **Pasto** *(chiuso mercoledì)* carta 35/55000 – **30 cam** 115/230000 – ½ P 110/130000.

a San Giuseppe al lago (Sankt Joseph am see) *Sud : 6 km – ✉ 39052 Caldaro sulla Strada del Vino :*

Haus Am Hang, via San Giuseppe al lago 57 ☎ 0471 960086, *Fax 0471 960012*, ≤ vallata e lago, , , riscaldata, , – . rist
aprile-7 novembre – **Pasto** carta 45/70000 – **30 cam** 125/200000 – ½ P 110/140000.

CALDERARA DI RENO *40012 Bologna 429, 430 I 15 – 11 781 ab. alt. 30.*

Roma 373 – Bologna 11 – Ferrara 54 – Modena 40.

Meeting Hotel, via Garibaldi 4 (Sud : 1 km) ☎ 051 720729 e rist 051 720586, *Fax 051 720478* – – 240. . rist
Pasto al Rist. ***Europa*** *(chiuso domenica)* carta 35/50000 – **95 cam** 225/355000.

CALDERINO *40050 Bologna 429, 430 I 15 – alt. 112.*

Roma 373 – Bologna 16 – Milano 213 – Modena 45.

Nuova Roma, via Olivetta 87 (Sud : 1 km) ☎ 051 6760140, , – .
chiuso dal 1° all'8 gennaio, agosto, martedì e mercoledì a mezzogiorno – **Pasto** carta 45/85000.

Il Portico, via Lavino 89 ☎ 051 6760100.

CALDIERO *37042 Verona 429 F 15 – 5 410 ab. alt. 44.*

Roma 517 – Verona 15 – Milano 174 – Padova 66 – Venezia 99 – Vicenza 36.

Bareta senza rist, via Strà 88 ☎ 045 6150722, *Fax 045 6150723* – – 35.
chiuso dal 20 dicembre al 7 gennaio e dal 1° all'8 agosto – 13000 – **34 cam** 120/180000.

sulla strada statale 11 *Nord-Ovest : 2,5 km :*

XX **Renato,** località Vago ✉ 37042 ✆ 045 982572, *Fax 045 982209* – ▤ P. AE 🅂 ⊙ MC VISA
chiuso agosto, lunedì sera e martedì – **Pasto** specialità di mare carta 55/90000.

CALDOGNO *36030 Vicenza* 429 F 16 – *9 961 ab. alt. 54.*

Roma 548 – Padova 48 – Trento 86 – Vicenza 8.

🏨 **Locanda Calcara,** via Roma 20 ✆ 0444 905544, *Fax 0444 905533* – ▤ TV ☎ P. AE 🅂 ⊙ MC VISA. ✂
chiuso agosto – **Pasto** *(chiuso domenica)* carta 40/85000 – ☕ 10000 – **15 cam** 85/110000.

XX **Molin Vecio,** via Giaroni 56 ✆ 0444 585168, *Fax 0444 905447*, ☂, « In un antico e caratteristico mulino del 1500 » – ✂ P. AE 🅂 VISA. ✂
chiuso martedì – **Pasto** cucina tipica vicentina carta 30/40000 (10 %).

CALDONAZZO *38052 Trento* 429 E 15 – *2 669 ab. alt. 485 – a.s. Pasqua e Natale.*

ℹ *(aprile-settembre) piazza Vecchia 15* ✆ *0461 723192.*

Roma 608 – Trento 22 – Belluno 93 – Bolzano 77 – Milano 262 – Venezia 145.

🏨 **Due Spade,** piazza Municipio 2 ✆ 0461 723113, *Fax 0461 723113*, ⛱, ☂ – |‡| TV ☎. 🅂 MC VISA. ✂
26 dicembre-15 gennaio e aprile-settembre – **Pasto** 25/30000 – ☕ 8000 – **24 cam** 60/110000 – ½ P 60/75000.

CALENZANO *50041 Firenze* 429, 430 K 15 – *15 126 ab. alt. 109.*

Roma 290 – Firenze 15 – Bologna 94 – Milano 288 – Prato 6.

Pianta di Firenze : percorsi di attraversamento.

🏨 **Valmarina** senza rist, via Baldanzese 146 ✆ 055 8825336, *Fax 055 8825250* – |‡| ▤ TV ☎ ♿ 🚗. AE 🅂 ⊙ MC VISA. ✂ AR f
☕ 15000 – **34 cam** 160/210000.

X **La Terrazza,** via del Castello 25 ✆ 055 8873302, ← – P. AE 🅂 ⊙ MC VISA AR e
chiuso dal 25 dicembre al 1° gennaio, agosto, domenica e lunedì – **Pasto** carta 45/80000.

a Carraia *Nord : 4 km* – ✉ *50041 Calenzano :*

X **Gli Alberi,** ✆ 055 8819912, *Fax 055 8819912*, ☂ – P. AE 🅂 ⊙ MC VISA. ✂
chiuso martedì – **Pasto** carta 40/60000.

a Croci di Calenzano *Nord : 11 km – alt. 427* – ✉ *50041 Calenzano :*

XX **Carmagnini del 500,** via di Barberino 242 ✆ 055 8819930, *Fax 055 8819611*, ☂ – P – 🎤 40. AE 🅂 ⊙ MC VISA. ✂
chiuso lunedì e dal 15 al 28 febbraio – **Pasto** carta 45/70000.

CALESTANO *43030 Parma* 428 I 12 – *1 777 ab. alt. 417.*

Roma 488 – Parma 36 – La Spezia 88.

X **Locanda Mariella,** località Fragnolo (Sud-Est : 5 km) ✆ 0525 52102, ☂, prenotare – P. 🅂 VISA
chiuso lunedì – Pasto carta 40/75000.

CALICE LIGURE *17020 Savona* 428 J 6 – *1 424 ab. alt. 70.*

Roma 570 – Genova 76 – Cuneo 91 – Imperia 52 – Savona 31.

XX **Al Tre,** piazza IV Novembre 3 ✆ 019 65388, prenotare – ▤. AE 🅂 MC VISA
chiuso mercoledì e a mezzogiorno (escluso domenica e i giorni festivi) – **Pasto** carta 45/80000.

CALIZZANO *17057 Savona* 988 ⑫, 428 J 6 – *1 603 ab. alt. 660.*

Roma 588 – Genova 94 – Alba 75 – Cuneo 69 – Imperia 70 – Savona 49.

🏨 **Villa Elia** ⛰, via Valle 26 ✆ 019 79619, *Fax 019 79633*, ☂ – |‡| TV ☎ P. AE 🅂 MC VISA. ✂ rist
Pasto carta 35/55000 – ☕ 10000 – **35 cam** 75/110000 – ½ P 75/95000.

🏨 **Miramonti,** via 5 Martiri 6 ✆ 019 79604, *Fax 019 79796*, ☂ – |‡| TV ☎. AE 🅂 ⊙ MC VISA. ✂ cam
chiuso da dicembre a marzo – **Pasto** *(chiuso lunedì escluso da giugno a settembre)* 30/50000 – **35 cam** ☕ 70/120000 – P 90/120000.

CALLIANO *38060 Trento* 429 E 15 – *975 ab. alt. 186 – a.s. dicembre-aprile.*
Roma 570 – Trento 17 – Milano 225 – Riva del Garda 31 – Rovereto 9.

Aquila, via 3 Novembre 11 ☎ 0464 834566, *Fax 0464 834110*, « Giardino con ⛱ » – |♦|, ▤ rist, TV ☎ ♿ P. AE $ ⦿ MC VISA JCB
Pasto *(chiuso domenica)* carta 45/60000 – **43 cam** ☕ 110/200000 – ½ P 110000.

CALOSSO *14052 Asti* 428 H 6 – *1 283 ab. alt. 399.*
Roma 636 – Alessandria 48 – Asti 24 – Genova 112 – Milano 142 – Torino 84.

Da Elsa, frazione San Bovo 4 (Est : 1 km) ☎ 0141 853142 – P
chiuso la sera da domenica a mercoledì – **Pasto** 35/55000.

CALTAGIRONE *Catania* 988 ㊱ ㊲, 432 P 25 – *Vedere Sicilia alla fine dell'elenco alfabetico.*

CALTANISSETTA P 988 ㊱, 432 O 24 – *Vedere Sicilia alla fine dell'elenco alfabetico.*

CALTIGNAGA *28010 Novara* 219 ⑰ – *2 252 ab. alt. 179.*
Roma 633 – Stresa 53 – Milano 59 – Novara 8,5 – Torino 99.

Cravero con cam, via Novara 8 ☎ 0321 652696, *Fax 0321 652696*, 🌳 – ▤ TV ☎ ✆ P. AE $ MC VISA. ✗
chiuso dal 1° al 15 gennaio ed agosto – **Pasto** *(chiuso martedì)* carta 50/90000 – ☕ 15000 – **12 cam** 95/130000 – ½ P 120000.

CALUSO *10014 Torino* 988 ⑫, 428 G 5 – *7 303 ab. alt. 303.*
Roma 678 – Torino 32 – Aosta 88 – Milano 121 – Novara 75.

Gardenia, corso Torino 9 ☎ 011 9832249, *Fax 011 9833297*, 🏠, Coperti limitati; prenotare – P. AE $ ⦿ MC VISA
chiuso dal 25 luglio al 25 agosto, giovedì e venerdì a mezzogiorno – **Pasto** carta 50/70000.

Read carefully the introduction it is the key to the Guide.

CALVISANO *25012 Brescia* 428, 429 F 13 – *7 236 ab. alt. 63.*
Roma 523 – Brescia 27 – Cremona 44 – Mantova 55 – Milano 117 – Verona 66.

Gambero, via Roma 11 ☎ 030 968009, *Fax 030 9968161*, Coperti limitati; prenotare – ▤. $ ⦿ MC VISA. ✗
chiuso 24 dicembre, 10-13 gennaio, agosto e mercoledì – **Pasto** carta 65/95000
Spec. Lumache in terrina alle erbe fini. Risotto con asparagi e crema di formaggi. Quaglia disossata ripiena di amaretto e ginepro con fegato d'oca grigliato.

Fiamma Cremisi, via De Gasperi 37, località Viadana Nord : 2 km ☎ 030 9686300, 🏠, prenotare – P. AE $ ⦿ MC VISA JCB
chiuso dal 1° all'8 gennaio, agosto, lunedì sera e martedì – **Pasto** carta 45/70000.

CAMAIORE *55041 Lucca* 988 ⑭, 428, 429, 430 K 12 *G. Toscana – 30 535 ab. alt. 47 – a.s. Carnevale, Pasqua, 15 giugno-15 settembre e Natale.*
Roma 376 – Pisa 29 – Livorno 51 – Lucca 18 – La Spezia 59.

Emilio e Bona, località Lombrici 22 (Nord : 3 km) ☎ 0584 989289, « Vecchio frantoio in riva ad un torrente » – P. AE $ ⦿ MC VISA. ✗
chiuso gennaio e lunedì (escluso luglio-agosto) – **Pasto** carta 55/75000.

Locanda le Monache con cam, piazza XXIX Maggio 36 ☎ 0584 989258, *Fax 0584 984011* – |♦| TV ☎. AE $ ⦿ MC VISA
chiuso dal 10 al 30 novembre – **Pasto** *(chiuso mercoledì escluso agosto)* carta 45/85000 – **15 cam** ☕ 80/140000 – ½ P 90/110000.

Il Centro Storico con cam, via Cesare Battisti 66 ☎ 0584 989786, 🏠 – P. AE $ ⦿ MC VISA JCB. ✗
Pasto *(chiuso lunedì)* carta 35/65000 – ☕ 7000 – **8 cam** 60/100000 – ½ P 80/100000.

a Capezzano Pianore *Ovest : 4 km* – ✉ *55040* :

Il Campagnolo, via Italica 332 ☎ 0584 913675, *Fax 0584 913675*, 🏠, Rist. e pizzeria – P. AE $ ⦿ MC VISA. ✗
chiuso dal 7 al 15 gennaio e dal 1° al 12 novembre – **Pasto** carta 45/70000.

a Nocchi *Sud-Est : 4 km –* ✉ *55063 :*

Villa gli Astri ⚘, via di Nocchi 35 ☎ 0584 951590, *Fax 0584 951590*, ⛱, ⛱ – 🅿. 🅂 MC VISA. ✈
Pasqua-settembre – **Pasto** (solo per alloggiati e *chiuso a mezzogiorno*) 35000 – **10 cam** ☐ 100/180000 – ½ P 125000.

a Montemagno *Sud-Est : 6 km –* ✉ *55040 :*

Le Meraviglie, via Provinciale 13 ☎ 0584 951750, ⛱, Rist. e pizzeria – ▤ 🅿. AE 🅂 ⊙ MC VISA JCB. ✈
chiuso mercoledì – **Pasto** carta 40/60000.

CAMALDOLI *52010 Arezzo* 988 ⑮, 429, 430 K 17 *G. Toscana – alt. 816.*
Vedere *Località★★ – Eremo★ Nord : 2,5 km.*
Roma 261 – Rimini 117 – Arezzo 46 – Firenze 71 – Forlì 90 – Perugia 123 – Ravenna 113.

a Moggiona *Sud-Ovest : 5 km strada per Poppi – alt. 708 –* ✉ *52010 :*

Il Cedro, via Camaldoli 20, località Moggiona ☎ 0575 556080, *Fax 0575 556080*, ←, prenotare i giorni festivi
chiuso Natale, Capodanno e lunedì escluso dal 15 luglio ad agosto – **Pasto** carta 30/50000.

CAMARDA *L'Aquila* 430 O 22 – *Vedere L'Aquila.*

CAMBIANO *10020 Torino* 428 H 5 – *5 707 ab. alt. 257.*
Roma 651 – Torino 19 – Asti 41 – Cuneo 76.

Pianta d'insieme di Torino.

Il Cigno, via IV Novembre 4 ☎ 011 9441456 – 🅿. AE 🅂 ⊙ MC VISA. ✈ HU b
chiuso dal 1º al 15 gennaio, dal 7 al 30 agosto, lunedì e a mezzogiorno (escluso sabato-domenica) – **Pasto** carta 40/70000.

CAMERANO *60021 Ancona* 430 L 22 – *6 482 ab. alt. 231.*
Roma 280 – Ancona 19 – Gubbio 112 – Macerata 48 – Pesaro 84.

sulla strada statale 16 : *Est : 3 km :*

Concorde, via Aspio Terme 191 ✉ 60021 Camerano ☎ 071 95270, *Fax 071 959476* – ▤ TV ☎ ♿ 🅿. AE 🅂 ⊙ MC VISA. ✈ rist
Pasto *(chiuso domenica)* carta 35/80000 – **22 cam** ☐ 150/190000 – ½ P 125000.

CAMERINO *62032 Macerata* 988 ⑯, 430 M 16 – *7 274 ab. alt. 661.*
ℹ *piazza Cavour 19 (portico Varano) ☎ 0737 632534.*
Roma 203 – Ascoli Piceno 82 – Ancona 90 – Fabriano 37 – Foligno 52 – Macerata 46 – Perugia 85.

I Duchi, via Varino Favorino 72 ☎ 0737 630440, *Fax 0737 630440* – TV ☎ – 🏛 60. 🅂 ⊙ MC VISA. ✈
Pasto carta 35/75000 – ☐ 8000 – **49 cam** 75/105000 – ½ P 80/95000.

Osteria dell'Arte, via dell'Arco della Luna 7 ☎ 0737 633558, *Fax 0737 633558* – 🅂 ⊙ MC VISA
chiuso gennaio o febbraio e venerdì – **Pasto** carta 40/80000.

CAMIGLIATELLO SILANO *87052 Cosenza* 988 ㊴, 431 I 31 – *alt. 1 272 – Sport invernali : 1 272/1 786 m* ⛷1 ⛷2, ⛷.
Escursioni *Massiccio della Sila★★ Sud.*
ℹ *via Roma ☎ 0984 578243.*
Roma 553 – Cosenza 32 – Catanzaro 128 – Rossano 83.

Sila, via Roma 7 ☎ 0984 578484, *Fax 0084 578286*, ≘ – ▤ TV ☎ 🚗 – 🏛 40. AE 🅂 ⊙ MC VISA. ✈
Pasto carta 40/55000 – **36 cam** ☐ 120/180000 – ½ P 100/120000.

Aquila-Edelweiss, via Stazione 11 ☎ 0984 578044, *Fax 0984 578753*, prenotare – ▤ TV ☎ – 🏛 50. 🅂 MC VISA. ✈
Pasto *(chiuso lunedì)* carta 40/70000 – ☐ 10000 – **48 cam** 90/150000 – ½ P 80/120000.

Cozza, via Roma 77 ☎ 0984 578034, *Fax 0984 578034* – ▤ TV ☎. AE 🅂 ⊙ MC VISA. ✈
Pasto carta 30/40000 – ☐ 7000 – **40 cam** 65/110000 – ½ P 60/95000.

a Croce di Magara *Est : 5 km –* ✉ *87052 :*

Magara ⚘, via del Fallistro ☎ 0984 578712, *Fax 0984 578115*, Ⅰ₆, ≘, 🏊, 🌳, ✂ – ▤ TV ☎ 🚗 🅿 – 🏛 150. AE 🅂 ⊙ MC VISA. ✈
Pasto carta 35/50000 – **101 cam** ☐ 130/170000 – ½ P 120/160000.

verso il lago di Cecita : *Nord-Est : 5 km – ✉ 87052 Camigliatello Silano :*

X **La Tavernetta,** contrada Campo San Lorenzo Nord-Est : 5 km ✉ 87052 Camigliatello Silano ✆ 0984 579026 – P. AE S O MC VISA. ✻
chiuso dal 15 al 30 novembre e mercoledì – **Pasto** carta 45/65000.

CAMIN *Padova – Vedere Padova.*

CAMNAGO VOLTA *Como – Vedere Como.*

CAMOGLI *16032 Genova* 988 ⑬, 428 I 9 *G. Italia – 5 909 ab. – a.s. Pasqua, 15 giugno-ottobre e Natale.*

Vedere *Località★★.*

Dintorni *Penisola di Portofino★★★ – San Fruttuoso★★ Sud-Est : 30 mn di motobarca.*

ℹ *via 20 Settembre 33/r ✆ 0185 771066, Fax 0185 771066.*

Roma 486 – Genova 26 – Milano 162 – Portofino 15 – Rapallo 11 – La Spezia 88.

Cenobio dei Dogi ⛰, via Cuneo 34 ✆ 0185 7241, *Fax 0185 772796*, ≤, « Parco e terrazze sul mare », ⛱ acqua di mare, ▲, ✂ – |♦| ▤ TV ☎ P – 🚶 200. AE S O MC VISA. ✻ rist
Pasto carta 75/115000 – **103 cam** ☐ 240/500000, 4 appartamenti – 1/2 P 385000.

XX **Rosa,** largo Casabona 11 ✆ 0185 773411, *Fax 0185 771088*, ≤ porticciolo e golfo Paradiso, ☂ – AE S O MC VISA
chiuso dal 10 gennaio al 10 febbraio, dal 20 novembre al 6 dicembre e martedì – **Pasto** carta 70/110000.

XX **Vento Ariel,** calata Castelletto 1 ✆ 0185 771080, *Fax 0185 771080*, Coperti limitati; prenotare – AE S O MC VISA
chiuso dal 2 al 15 gennaio e mercoledì – **Pasto** specialità di mare carta 60/90000.

X Da Paolo, via San Fortunato 14 ✆ 0185 773595, Coperti limitati; prenotare
Pasto specialità di mare.

a Ruta *Est : 4 km – alt. 265 – ✉ 16030.*

Vedere *Portofino Vetta★★ Sud : 2 km (strada a pedaggio) – Trittico★ nella chiesa di San Lorenzo a San Lorenzo della Costa Est : 1 km.*

X **Bana,** via Costa di Bana 26 ✆ 0185 772478, ≤, ☂, prenotare – P. ✻
chiuso dal 9 gennaio al 12 febbraio, lunedì e martedì – **Pasto** carta 35/55000.

a San Rocco *Sud : 6 km – alt. 221 – ✉ 16030 San Rocco di Camogli.*

Vedere *Belvedere★★ dalla terrazza della chiesa.*

X **La Cucina di Nonna Nina,** via Molfino 126 ✆ 0185 773835, Coperti limitati; prenotare – ✻
chiuso a mezzogiorno (escluso sabato-domenica) e mercoledì – **Pasto** carta 60/80000.

CAMPAGNA *84022 Salerno* 988 ㉘, 431 E 27 – *14 610 ab. alt. 280.*

Roma 295 – Potenza 75 – Avellino 73 – Napoli 94 – Salerno 40.

Capital, piazza Mercato ✆ 0828 45945, *Fax 0828 45995*, ⛱, ✂ – |♦| ▤ TV ☎ 🚗 P. AE S O MC VISA. ✻
Pasto (solo per alloggiati) 35000 – **36 cam** ☐ 120/150000 – 1/2 P 110000.

CAMPAGNA *Novara* 428 E 7 – *Vedere Arona.*

CAMPAGNA LUPIA *30010 Venezia* 429 F 18 – *6 256 ab..*

Roma 500 – Padova 27 – Venezia 32 – Ferrara 87.

a Lughetto *Nord-Est : 7,5 km – ✉ 30010 Campagna Lupia :*

XX **Cera,** via Marghera 26 ✆ 041 5185009, *Fax 041 5185009*, prenotare – ▤ P. AE S O MC VISA. ✻
✿ *chiuso dal 1° al 15 gennaio, agosto, domenica sera e lunedì* – **Pasto** specialità di mare carta 75/120000
Spec. Ciochetto veneziano (frittura) con polenta. Maccheroni al torchio con scorfano. Dolce al croccante con zabaglione.

CAMPALTO *Venezia – Vedere Mestre.*

CAMPEGINE *42040 Reggio nell'Emilia* [428], [429] H 13 – *4 356 ab. alt. 34.*
Roma 442 – Parma 22 – Mantova 59 – Reggio nell'Emilia 16.

in prossimità strada statale 9 - via Emilia *Sud-Ovest : 3,5 km :*

XX **Trattoria Lago di Gruma,** vicolo Lago 7 ✉ 42040 ☎ 0522 679336, *Fax 0522 679336*
⛱, Coperti limitati; prenotare – [P]. [AE] [$] ● [MC] [VISA]. ✂
chiuso gennaio, luglio e martedì – **Pasto** carta 65/95000.

CAMPELLO SUL CLITUNNO *06042 Perugia* [430] N 20 – *2 346 ab. alt. 290.*
Vedere *Fonti del Clitunno★ Nord : 1 km – Tempietto di Clitunno★ Nord : 3 km.*
Roma 141 – Perugia 53 – Foligno 16 – Spoleto 11 – Terni 42.

🏨 **Benedetti,** via Giuseppe Verdi 32 ☎ 0743 520080, *Fax 0743 520045* – ▤ [TV] ☎ [P]. [AE] [$] ● [MC] [VISA]. ✂
Pasto *(chiuso martedì e dal 15 al 31 luglio)* carta 40/70000 – **29 cam** ☕ 105/150000 – ½ P 80/90000.

XX **Le Casaline** 🐎 con cam, località Casaline, verso Silvignano Est : 4 km ✉ 06049 Spoleto
☎ 0743 521113, *Fax 0743 275099*, ⛱, « In un tipico casolare di campagna », 🌳 – [TV] [P]. [AE] [$] ● [MC] [VISA]
Pasto *(chiuso lunedì)* carta 45/80000 (10 %) – ☕ 10000 – **7 cam** 85/100000 – ½ P 80/100000.

CAMPESE *Grosseto* [430] O 14 – *Vedere Giglio (Isola del) : Giglio Porto.*

CAMPESTRI *Firenze – Vedere Vicchio.*

CAMPIANI *Brescia – Vedere Collebeato.*

CAMPI BISENZIO *50013 Firenze* [988] ⑭, [429], [430] K 15 – *36 731 ab. alt. 41.*
Roma 291 – Firenze 12 – Livorno 97 – Pistoia 20.

🏨 **Starhotel Vespucci** [M], via S. Quirico 292/A ☎ 055 89551, *Fax 055 8986085* – |♦| ▤ [TV] ☎ ♿ [P] – 🎤 60. [AE] [$] ● [MC] [VISA] [JCB]. ✂
Pasto al Rist. ***La Polena*** – carta 55/85000 – **80 cam** ☕ 280/365000 – ½ P 230000.

🏨 **Kristal,** via Barberinese 109 ☎ 055 890999, *Fax 055 8951123* – |♦| ▤ [TV] ☎ ♿ 🚗. [$] [MC] [VISA]
Pasto (solo per alloggiati; *chiuso dicembre, agosto, da venerdì a domenica e a mezzogiorno*) 25/50000 – ☕ 15000 – **29 cam** 170/200000 – ½ P 130/180000.

XX **L'Ostrica Blu,** via Vittorio Veneto 6 ☎ 055 891036, *Fax 055 891003*, prenotare – ▤. [AE] [$] ● [MC] [VISA]. ✂
chiuso agosto, sabato a mezzogiorno e domenica – **Pasto** specialità di mare carta 60/95000.

CAMPIGLIA *19023 La Spezia* [428], [430] J 11 – *alt. 382.*
Roma 427 – La Spezia 8 – Genova 111 – Milano 229 – Portovenere 15.

X **La Lampara,** via Tramonti 4 ☎ 0187 758035, ≤, ⛱, prenotare
chiuso dal 7 gennaio al 7 marzo, dal 25 settembre al 25 ottobre e lunedì – **Pasto** carta 45/60000.

CAMPIGLIA MARITTIMA *57021 Livorno* [988] ⑭, [430] M 13 *G. Toscana – 12 565 ab. alt. 276.*
Roma 252 – Grosseto 65 – Livorno 68 – Piombino 18 – Siena 101.

X **Dal Cappellaio Pazzo,** località Sant'Antonio Nord : 2,2 km ☎ 0565 838358, prenotare, « Servizio estivo in giardino » – [P]. [AE] [$] [MC] [VISA] [JCB]
chiuso dall'8 gennaio al 12 febbraio e martedì escluso dal 15 giugno al 15 settembre – **Pasto** carta 60/80000.

CAMPIONE D'ITALIA *22060 (e* **CH 6911***) Como* [988] ③, [428] E 8 *G. Italia – 2 390 ab. alt. 280.*
Roma 648 – Como 27 – Lugano 10 – Milano 72 – Varese 30.

I prezzi sono indicati in franchi svizzeri.

XX ✿ **Da Candida,** via Marco 4 ☎ 091 di Lugano, dall'Italia 00.41.91 6497541, *Fax 091 di Lugano, dall'Italia 00.41.91 6497541*, Coperti limitati; prenotare – [AE] [$] ● [MC] [VISA]
chiuso dal 2 al 7 marzo, dal 4 luglio al 3 agosto, lunedì e martedì a mezzogiorno – **Pasto** 50/80 e carta 55/80
Spec. Plateau di coquillage di Bretagna con salsa di scalogno (settembre-aprile). Terrina di foie gras d'anatra con marmellata di cipolle. Carré d'agnello alla provenzale.

CAMPITELLO DI FASSA *38031 Trento* 429 C 17 – *738 ab. alt. 1 442 – a.s. febbraio-Pasqua e Natale – Sport invernali : 1 411/2 424 m (passo Sella) 1 5, .*

via Dolomiti 46 0462 750500, Fax 0462 750219.

Roma 684 – Bolzano 48 – Cortina d'Ampezzo 61 – Milano 342 – Moena 13 – Trento 102.

Aritz senza rist, via Pent de Sera 36 0462 752100, *Fax 0462 752200*, – P. AE VISA.
19 dicembre-26 marzo e 9 luglio-3 settembre – **41 cam** – 160/260000.

Gran Paradis, via Dolomiti 2 0462 750135, *Fax 0462 750148*, Catinaccio, , , , – P.
18 dicembre-24 aprile e 18 giugno-15 ottobre – **Pasto** carta 30/45000 – 15000 – **39 cam** 80/160000 – 1/2 P 115/125000.

Salvan, via Dolomiti 20 0462 750307, *Fax 0462 750199*, Dolomiti, , , , – P. VISA.
dicembre-marzo e 20 giugno-25 settembre – **Pasto** carta 40/70000 – 15000 – **27 cam** 110/190000 – 1/2 P 110/125000.

Alaska, via Dolomiti 42 0462 750430, *Fax 0462 750503*, Dolomiti, , – P.
18 dicembre-20 aprile e giugno-settembre – **Pasto** carta 25/40000 – 15000 – **30 cam** 85/140000 – 1/2 P 120000.

CAMPO ALL'AIA *Livorno* – *Vedere Elba (Isola d') : Marciana Marina.*

Lesen Sie die Einleitung, sie ist der Schlüssel zu diesem Führer.

CAMPOBASSO *86100* P 988 ㉗, 430 R 25, 431 C 25 – *51 518 ab. alt. 700.*

piazza Vittoria 14 0874 415662, Fax 0874 415370.

A.C.I. *via Cavour 14 0874 92941.*

Roma 226 – Benevento 63 – Foggia 88 – Isernia 49 – Napoli 131 – Pescara 161.

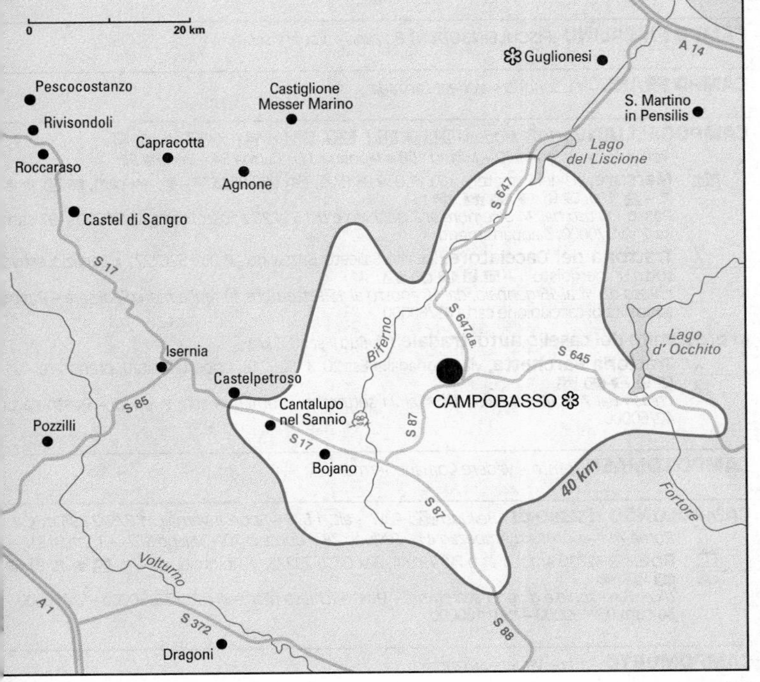

🏠 **Eden,** contrada Colle delle Api Nord : 3 km ☎ 0874 698441, *Fax 0874 698443* – [AE] [$] [VISA] [JCB]
Pasto carta 30/50000 – ☕ 15000 – **58 cam** 90/130000 – 1/2 P 75/90000.

🍴🍴 **Vecchia Trattoria da Tonino,** corso Vittorio Emanuele 8 ☎ 0874 415200, Coperti limitati; prenotare – [AE] [$] [VISA] [JCB].
chiuso luglio, domenica e in agosto anche sabato – **Pasto** carta 45/65000
Spec. Linguine al sugo di baccalà e mollica abbrustolita. Pallotte (polpette), cacio e uova in cestino di formaggio. Cosciotto d'agnello farcito di menta e pecorino.

🍴 **Aciniello,** via Torino 4 ☎ 0874 94001 – [AE] [$].
chiuso dal 10 al 22 agosto e domenica – **Pasto** carta 25/40000.

a Ferrazzano *Sud-Est : 4 km – alt. 872 – ✉ 86010 :*

🍴🍴 **Da Emilio,** piazza Spensieri 21 ☎ 0874 416576, – [$] [VISA].
chiuso dal 1° al 15 luglio e martedì – **Pasto** carta 35/65000.

CAMPO CARLO MAGNO *Trento* [988] ④, [218] ⑱ ⑲ – *Vedere Madonna di Campiglio.*

CAMPO DI TRENS **(FREIENFELD)** *39040 Bolzano* [429] B 16 – *2 443 ab. alt. 993.*
Roma 703 – Bolzano 62 – Brennero 19 – Bressanone 25 – Merano 94 – Milano 356.

🏠 **Bircher**, località Maria Trens Ovest : 0,5 km ☎ 0472 647122, *Fax 0472 647350,* – [TV] ☎ [P]. [$] [VISA]
chiuso dal 10 gennaio al 10 febbraio e dal 20 novembre al 26 dicembre – **Pasto** *(chiuso martedì)* carta 40/60000 – **35 cam** ☕ 110/190000 – 1/2 P 95/115000.

Se cercate un albergo tranquillo,
oltre a consultare le carte dell'introduzione,
individuate nell'elenco degli esercizi quelli con il simbolo o .

CAMPOFELICE DI ROCCELLA *Palermo* [432] N 23 – *Vedere Sicilia alla fine dell'elenco alfabetico*

CAMPO FISCALINO **(FISCHLEINBODEN)** *Bolzano – Vedere Sesto.*

CAMPO FRANSCIA *Sondrio – Vedere Lanzada.*

CAMPOGALLIANO *41011 Modena* [988] ⑭, [428], [429], [430] H 14 – *7 457 ab. alt. 43.*
Roma 412 – Bologna 50 – Milano 168 – Modena 11 – Parma 54 – Verona 94.

🏠 **Mercure,** via del Passatore 160 ☎ 059 851505, *Fax 059 851377* – cam, [TV] ☎ [P] – 180. [AE] [$] [VISA]. rist
Pasto *(chiuso dal 24 dicembre al 2 gennaio e dal 5 al 20 agosto)* carta 45/80000 – **97 cam** ☕ 210/270000, 3 appartamenti.

🍴 **Trattoria del Cacciatore,** località Saliceto Buzzalino ☎ 059 526227, « Servizio estivo sotto un pergolato » – [AE] [$] [VISA].
chiuso dal 1° al 15 gennaio, dal 18 agosto al 15 settembre, lunedì e mercoledì sera – **Pasto** specialità di cacciagione carta 45/60000.

in prossimità del casello autostradale A1 *Sud-Est : 3,5 km :*

🍴 **Trattoria Barchetta,** via Magnagallo Est 20 ☎ 526218, Coperti limitati; prenotare – [P]. [AE] [$] [VISA]
chiuso dal 7 al 14 gennaio, dal 1° al 21 settembre, domenica sera e lunedì – **Pasto** carta 40/60000.

CAMPO LOMASO *Trento – Vedere Comano Terme.*

CAMPOLONGO (Passo di) *Belluno* [429] C 17 – *alt. 1 875 – Sport invernali : 1 875/2 095 m 4.*
Roma 711 – Cortina d'Ampezzo 41 – Belluno 78 – Bolzano 70 – Milano 367 – Trento 131.

🏠 **Boé,** ✉ 32020 Arabba ☎ 0436 79144, *Fax 0436 79275,* ≤ Dolomiti, – [TV] ☎ [P]. [$] [VISA].
dicembre-aprile e giugno-settembre – **Pasto** *(chiuso martedì)* carta 35/50000 – ☕ 30000 – **36 cam** 95/190000 – 1/2 P 160000.

CAMPOMORTO *Pavia – Vedere Siziano.*

CAMPORA SAN GIOVANNI *87030 Cosenza* 988 ㊴, 431 J 30.
Roma 522 – Cosenza 58 – Catanzaro 59 – Reggio di Calabria 152.

Comfortable, corso Francia 29 ☎ 0982 46048, *Fax 0982 48106*, – TV ☎ P. AE S VISA JCB.
Pasto *(chiuso lunedì da ottobre a maggio)* carta 45/60000 – ☕ 5000 – **38 cam** 70/120000 – 1/2 P 100000.

CAMPOTOSTO *67013 L'Aquila* 430 O 22 – *714 ab. alt. 1 442.*
Roma 162 – L'Aquila 47 – Pescara 111 – Rieti 92 – Teramo 63.

Valle, via Roma 57 ☎ 0862 900119, ≤ lago e Gran Sasso – P
chiuso lunedì escluso da marzo a settembre – **Pasto** carta 35/50000.

CAMPO TURES (SAND IN TAUFERS) *39032 Bolzano* 988 ⑤, 429 B 17 – *4 758 ab. alt. 874 – Sport invernali : a Monte Spico : 874/2 253 m 4,* .
via Jungmann 8 ☎ 0474 678076, Fax 0474 678922.
Roma 730 – Cortina d'Ampezzo 73 – Bolzano 92 – Brennero 83 – Dobbiaco 43 – Milano 391 – Trento 152.

Feldmüllerhof , via Castello 9 ☎ 0474 677100, *Fax 0474 677320*, ≤, , , , – TV ☎ P. S VISA.
5 dicembre-20 aprile e 15 maggio-ottobre – **Pasto** *(chiuso lunedì)* carta 40/55000 – **45 cam** ☕ 180/270000 – 1/2 P 135/180000.

Alphotel Stocker, via dei Prati 41 ☎ 0474 678113, *Fax 0474 679030*, , , – , rist, TV ☎ P. rist
chiuso dal 10 novembre al 7 dicembre e dall'11 al 24 aprile – **Pasto** carta 40/70000 – **43 cam** ☕ 125/200000 – 1/2 P 135000.

Alte Mühle con cam, via San Maurizio 1/2 ☎ 0474 678077, *Fax 0474 679568*, – TV P. S VISA
chiuso giugno e novembre – **Pasto** *(chiuso martedì)* carta 60/95000 – **12 cam** ☕ 70/120000 – 1/2 P 80000.

a Molini di Tures (Mühlen) *Sud : 2 km – ✉ 39032 Campo Tures :*

Mühlener Hof, via del Canale 16 ☎ 0474 677000, *Fax 0474 679267*, , – , rist, TV ☎ P – 80
39 cam.

CANALE *12043 Cuneo* 428 H 5 – *5 123 ab. alt. 193.*
Roma 637 – Torino 50 – Asti 24 – Cuneo 68.

All'Enoteca, via Roma 57 ☎ 0173 95857, *Fax 0173 95857*, , Coperti limitati; prenotare – . AE S VISA.
chiuso gennaio, agosto, mercoledì e giovedì a mezzogiorno – **Pasto** 70000.

CANALE D'AGORDO *32020 Belluno* 429 C 17 – *1 290 ab. alt. 976.*
Roma 625 – Belluno 47 – Cortina d'Ampezzo 55 – Bolzano 69 – Trento 86.

Alle Codole, via 20 Agosto 27 ☎ 0437 590396, *Fax 0437 590396*, prenotare – AE S VISA.
chiuso dal 1º al 15 giugno e novembre – **Pasto** carta 40/70000.

CANALICCHIO *06050 Perugia* 430 M 19 – *alt. 420.*
Roma 158 – Perugia 29 – Assisi 41 – Orvieto 66 – Terni 63.

Relais Il Canalicchio , via della Piazza 13 ☎ 075 8707325, *Fax 075 8707296*, ≤ colli e vallate, , « In un piccolo borgo medievale », , , – TV ☎ P – 100. AE S VISA.
Pasto al Rist. ***Il Pavone*** carta 90/105000 – **35 cam** ☕ 240/360000, 3 appartamenti – 1/2 P 235/295000.

CANAZEI *38032 Trento* 988 ⑤, 429 C 17 *G. Italia – 1 786 ab. alt. 1 465 – a.s. 22 gennaio-Pasqua e Natale – Sport invernali : 1 465/2 958 m 2 7,* .
Dintorni *Passo di Sella*** : *** Nord : 11,5 km – Passo del Pordoi*** Nord-Est : 12 km.*
Escursioni *≤** dalla strada S 641 sulla Marmolada Sud-Est.*
via Roma 34 ☎ 0462 601113, Fax 0462 602502.
Roma 687 – Bolzano 51 – Belluno 85 – Cortina d'Ampezzo 58 – Milano 345 – Trento 105.

Astoria, via Roma 88 ☎ 0462 601302 e rist ☎ 0462 601280, *Fax 0462 601687*, ←, Centro benessere, ▪, ▪ – ▪ ▪ ▪ ▪. ▪ ▪ ▪ ▪ VISA. ▪ rist
4 dicembre-2 maggio e 15 giugno-30 ottobre – **Pasto** al Rist. ***De Tòfi*** carta 45/65000 – **39 cam** ▪ 150/280000 – ½ P 210000.

Croce Bianca, via Roma 3 ☎ 0462 601111, *Fax 0462 602646*, ←, Centro benessere, ▪, ▪, ▪ – ▪ ▪ ▪ ▪. ▪ ▪ ▪ ▪ VISA. ▪ rist
5 dicembre-20 aprile e 10 giugno-10 ottobre – **Pasto** *(chiuso lunedì)* 40000 ed al Rist ***Husky Club*** *(chiuso a mezzogiorno dal 5 dicembre al 20 aprile)* carta 45/70000 – **45 cam** ▪ 150/320000 – ½ P 200/220000.

La Perla, via Pareda 26 ☎ 0462 602453, *Fax 0462 602501*, ← Dolomiti, Centro benessere ▪, ▪ – ▪ ▪ ▪ ▪ ▪. ▪ ▪ ▪ VISA. ▪ rist
Pasto carta 45/75000 – ▪ 17000 – **39 cam** 175/310000 – ½ P 210000.

Andreas, via Dolomiti 36 ☎ 0462 602106, *Fax 0462 602284*, ←, ▪, ▪ – ▪ ▪ ▪ ▪ ▪ ▪. ▪ ▪ ▪ ▪ VISA. ▪
20 dicembre-6 aprile e luglio-settembre – **Pasto** carta 35/85000 – ▪ 40000 – **32 cam** 180/250000 – ½ P 100/210000.

Faloria, via Pareda 103 ☎ 0462 601118, *Fax 0462 602715*, ←, ▪ – ▪ ▪ ▪ ▪. ▪ ▪ VISA ▪ rist
dicembre-aprile e giugno-settembre – **Pasto** carta 35/55000 – **35 cam** ▪ 100/180000 – ½ P 150000.

Stella Alpina senza rist, via Antermont4 ☎ 0462 601127, *Fax 0462 602172*, ▪ – ▪ ▪ ▪. ▪ ▪ ▪ VISA. ▪
chiuso novembre – **8 cam** ▪ 120/220000.

ad Alba *Sud-Est : 1,5 km – ✉ 38030.*

▪ *via Costa 46 ☎ 0462 601354 :*

La Cacciatora ▪, via Costa 298 ☎ 0462 601411, *Fax 0462 601718*, ←, ▪, ▪, ▪ – ▪ ▪ ▪ ▪ ▪. ▪ ▪ ▪ VISA. ▪
Pasto carta 40/75000 – **37 cam** ▪ 155/250000 – ½ P 200000.

Miramonti, via Costa 229 ☎ 0462 601325, *Fax 0462 601066*, ▪, ▪ – ▪ ▪ ▪ ▪ ▪
28 cam.

CANDELI *Firenze* 430 K 16 – *Vedere Firenze.*

CANDELO *13878 Biella* 428 F 6, 219 ⑮ – *7 718 ab. alt. 340.*

Roma 671 – Aosta 96 – Biella 5 – Milano 97 – Novara 51 – Torino 77 – Vercelli 37.

Angiulli, via Sandigliano 112 ☎ 015 2538998, *Fax 015 2538998*, Coperti limitati; solo su prenotazione – ▪. ▪ ▪ ▪ ▪ VISA. ▪
chiuso agosto, lunedì e a mezzogiorno (escluso sabato-domenica) – **Pasto** 85/90000 e carta 70/110000
Spec. Zuppetta di fave e capesante dell'Adriatico. Ziti al ragù e polpettine di carni miste. Fassone piemontese tonnato e tartufato.

Fuori le Mura, via Marco Pozzo 4 ☎ 015 2536155, ▪, Coperti limitati; prenotare – ▪. ▪
chiuso dal 1° al 15 agosto e lunedì – **Pasto** carta 40/60000.

CANDIA CANAVESE *10010 Torino* 428 G 5 – *1 357 ab. alt. 285.*

Roma 658 – Torino 33 – Aosta 90 – Milano 115 – Novara 70.

Residenza del Lago, via Roma 48 ☎ 011 9834885, *Fax 011 9834783*, « In una tipica casa colonica canavesana » – ▪ ▪ ▪ ▪. ▪ ▪ VISA. ▪
Pasto *(chiuso dal 1° al 20 agosto; prenotare)* 35/55000 – **11 cam** ▪ 120/130000 – ½ P 100000.

CANELLI *14053 Asti* 988 ⑫, 428 H 6 – *10 331 ab. alt. 157.*

Roma 603 – Alessandria 43 – Genova 104 – Torino 92 – Asti 29 – Milano 131.

Asti ▪ senza rist, viale Risorgimento 174 ☎ 0141 824220, *Fax 0141 822449* – ▪ ▪ ▪ ▪ ▪. ▪ ▪ ▪ ▪ VISA JCB
24 cam ▪ 100/160000.

San Marco, via Alba 136 ☎ 0141 823544, *Fax 0141 829205*, Coperti limitati; prenotare – ▪. ▪ ▪ ▪ ▪ VISA
chiuso dal 20 luglio al 12 agosto, martedì sera e mercoledì – **Pasto** 35000 (solo a mezzogiorno) 65/85000 e carta 65/100000
Spec. Tortino di cardi in fonduta e tartufo (autunno-inverno). Capretto nostrano al timo e patate novelle (primavera). Tortino al gianduia con zabaglione al moscato d'Asti.

CANICATTÌ *Agrigento* 988 ㊱, 432 O 23 – *Vedere Sicilia alla fine dell'elenco alfabetico.*

CANIGLIE *Asti* – *Vedere Asti.*

CANNERO RIVIERA *28821 Verbania* 988 ② ③, 428 D 8 *G. Italia* – *1 144 ab. alt. 225.*

Vedere *Insieme*★★.

Roma 687 – *Stresa 30* – *Locarno 25* – *Milano 110* – *Novara 87* – *Torino 161.*

Cannero ⛵, piazza Umberto I 2 ☎ 0323 788046 e rist ☎ 0323 788047, *Fax 0323 788048*, ≤ lago e monti, 🏖, ⛱ riscaldata, 🎾 – |🛗|, ⇔ rist, ▤ rist, ☎ ♿ 🅿. AE 🅂 ⓞ ⓜⓞ VISA. ✂ rist
10 marzo-3 novembre – **Pasto** al Rist. ***I Castelli*** 30000 e carta 60/110000 – **40 cam** ☕ 180/260000 – ½ P 130/150000.

Park Hotel Italia ⛵, viale delle Magnolie 19 ☎ 0323 788488, *Fax 0323 788498*, ≤ lago e monti, 🏖, « Terrazza-giardino con ⛱ », 🎾 – |🛗| 📺 ☎ 🅿. 🅂 ⓞ ⓜⓞ VISA JCB. ✂ rist
15 aprile-15 ottobre – **Pasto** carta 45/70000 – **25 cam** ☕ 185/250000 – ½ P 130/150000.

CANNETO SULL'OGLIO *46013 Mantova* 428, 429 G 13 – *4 531 ab. alt. 35.*

Roma 493 – *Parma 44* – *Brescia 51* – *Cremona 32* – *Mantova 38* – *Milano 123.*

Margot senza rist, via Tazzoli, strada statale Asolana ☎ 0376 709011, *Fax 0376 723961* – |🛗| ▤ 📺 ☎ 📞 ♿ 🅿. AE 🅂 ⓞ ⓜⓞ VISA
23 cam ☕ 95/160000.

XX **Alla Torre,** piazza Matteotti 5 ☎ 0376 70121, *Fax 0376 70121* – ▤. AE 🅂 ⓞ ⓜⓞ VISA. ✂
chiuso dal 9 al 31 agosto e mercoledì – **Pasto** carta 45/70000.

verso Carzaghetto *Nord-Ovest : 3 km :*

XXXX ✿✿✿ **Dal Pescatore,** ✉ 46013 ☎ 0376 723001, *Fax 0376 70304*, Confort accurato; prenotare, « Servizio serale estivo in giardino » – ▤ 🅿. AE 🅂 ⓞ ⓜⓞ VISA JCB. ✂
chiuso 24-25 dicembre, dal 2 al 20 gennaio, da agosto al 5 settembre, lunedì e martedì – **Pasto** 180000 e carta 135/210000
Spec. Porcini e fegato di vitello al burro e rosmarino (giugno-ottobre). Tortelli di pecorino, ricotta e parmigiano. Capretto arrosto, salsa alla diavola.

CANNIZZARO *Catania* 432 O 27 – *Vedere Sicilia alla fine dell'elenco alfabetico.*

CANNOBIO *28822 Verbania* 988 ② ③, 428 D 8 *G. Italia* – *5 107 ab. alt. 224.*

Vedere *Orrido di Sant'Anna*★ *Ovest : 3 km.*

Roma 694 – *Stresa 37* – *Locarno 18* – *Milano 117* – *Novara 94* – *Torino 168.*

Pironi senza rist, via Marconi 35 (nel centro storico) ☎ 0323 70624, *Fax 0323 72184*, « In un monastero del 1400 » – |🛗| ☎ 🅿. AE 🅂 ⓞ ⓜⓞ VISA. ✂
marzo-novembre – **12 cam** ☕ 180/235000.

Villa Belvedere ⛵, via Casali Cuserina 2 (Ovest : 1 km) ☎ 0323 70159, *Fax 0323 71991*, 🏖, « Parco giardino con ⛱ riscaldata » – ☎ 🅿. AE 🅂 ⓜⓞ VISA. ✂ rist
20 marzo-10 ottobre – **Pasto** (solo per alloggiati e *chiuso a mezzogiorno*) – **18 cam** ☕ 120/205000 – ½ P 115/125000.

XXX **Scalo,** piazza Vittorio Emanuele 32 ☎ 0323 71480, *Fax 0323 738800*, 🏖, prenotare – AE 🅂 ⓞ ⓜⓞ VISA. ✂
chiuso dall'11 gennaio a marzo, lunedì e martedì a mezzogiorno; in agosto aperto lunedì sera – **Pasto** 55/75000 e carta 65/100000.

XX **Grotto-Sant'Anna,** all'Orrido di Sant'Anna ☎ 0323 70682, prenotare, « Servizio estivo all'aperto con ≤ sull'orrido » – ✂
chiuso sino a marzo e lunedì – **Pasto** carta 45/70000.

sulla strada statale 34 :

XXX ✿ **Del Lago** con cam, via Nazionale 2, località Carmine Inferiore ✉ 28822 ☎ 0323 70595, *Fax 0323 70595*, ≤, 🏖, prenotare, « Terrazze e giardino in riva al lago », ⛵ – 📺 ☎ 🅿. AE 🅂 ⓞ ⓜⓞ VISA. ✂
marzo-novembre – **Pasto** *(chiuso martedì e mercoledì a mezzogiorno)* 80/120000 e carta 75/150000 – ☕ 15000 – **10 cam** 120/160000
Spec. Carpaccio d'anatra con crema di olive taggiasche. Gamberi e sogliola in salsa allo zafferano. Petto di faraona al forno al profumo di ginepro.

in Valle Cannobina :

XX **Mulini del Mater,** via Mulini del Mater 2 (Nord-Ovest : 4,5 km) 28822 ☎ 0323 77290, 🏖, prenotare
16 marzo-15 novembre; chiuso lunedì (escluso dal 15 luglio ad agosto) – **Pasto** carta 50/80000.

CANONICA LAMBRO *Milano* 428 F 9, 219 ⑲ – *alt. 231* – ✉ *20050 Triuggio.*
Roma 597 – Como 34 – Milano 35 – Bergamo 37 – Lecco 31 – Monza 9.

La Zuccona, via Immacolata 29 (Nord : 2 km) ✆ 0362 919720, prenotare – AE VISA JCB.
chiuso agosto, lunedì sera e martedì – **Pasto** carta 45/65000.

CANOVE DI ROANA *36010 Vicenza* 429 E 16 – *alt. 1 001 – a.s. febbraio, luglio-agosto e Natale.*
Roma 585 – Trento 68 – Asiago 4 – Milano 66 – Venezia 117 – Vicenza 51.

Paradiso, via Roma 5 ✆ 0424 692037, *Fax 0424 692251* – TV P.
Pasto *(chiuso lunedì)* carta 30/45000 – **38 cam** 100/160000 – ½ P 70/110000.

CANTALUPO *Milano – Vedere Cerro Maggiore.*

CANTALUPO LIGURE *15060 Alessandria* 428 H 9 – *585 ab. alt. 390.*
Roma 556 – Alessandria 56 – Genova 69 – Piacenza 122.

a Pallavicino *Nord-Est : 6 km – alt. 701 –* ✉ *15060 Cantalupo Ligure :*

Stevano con cam, frazione Pallavicino ✆ 0143 93255, *Fax 0143 93255,* – TV. AE VISA
Pasto *(chiuso lunedì sera e martedì escluso giugno-settembre)* carta 50/80000 – **8 cam** 80/100000 – ½ P 70/80000.

CANTALUPO NEL SANNIO *86092 Isernia* 430 R 25, 431 C 25 – *775 ab. alt. 587.*
Roma 227 – Campobasso 32 – Foggia 120 – Isernia 19 – Napoli 132.

Antica Trattoria del Riccio, via Sannio 7 ✆ 0865 814246 –
chiuso la sera e lunedì – Pasto carta 30/45000.

CANTELLO *21050 Varese* 428 E 8, 219 ⑧ – *4 194 ab. alt. 404.*
Roma 640 – Como 26 – Lugano 29 – Milano 59 – Varese 9.

Madonnina con cam, largo Lanfranco 1, località Ligurno ✆ 0332 417731 *Fax 0332 418403,* « Parco-giardino » – TV P – 100. AE VISA
Pasto *(chiuso lunedì)* carta 60/75000 – 16000 – **13 cam** 120/160000, 2 appartamenti – ½ P 165000.

L'Osteria, via Roma 4 ✆ 0332 417802 – AE VISA
chiuso Natale, agosto e mercoledì – Pasto 15/20000 e carta 40/55000.

CANTÙ *22063 Como* 988 ③, 428 E 9 – *35 602 ab. alt. 369.*
Roma 608 – Como 10 – Bergamo 53 – Lecco 33 – Milano 38.

Canturio senza rist, via Vergani 28 ✆ 031 716035, *Fax 031 720211* – TV P – 35. AE VISA.
chiuso dal 24 dicembre al 6 gennaio ed agosto – 22000 – **30 cam** 160/180000.

Al Ponte, via Vergani 25 ✆ 031 712561 – VISA
chiuso agosto e lunedì – **Pasto** carta 45/65000.

La Scaletta con cam, via Milano 30 ✆ 031 716540, *Fax 031 716540* – TV P. AE VISA.
chiuso dal 1° all'8 gennaio e dal 5 agosto al 5 settembre – **Pasto** *(chiuso venerdì sera e sabato a mezzogiorno)* carta 50/75000 – **8 cam** 90/130000 – ½ P 100/110000.

Le Querce, località Mirabello Sud-Est : 2 km ✆ 031 731336, *Fax 031 735038,* « Nel bosco », – P. AE VISA
chiuso dal 1° al 28 agosto, lunedì sera e martedì – **Pasto** carta 50/80000.

CANZANO *64020 Teramo* 430 O 23 – *1 867 ab. alt. 448.*
Roma 176 – Ascoli Piceno 67 – Pescara 56 – Ancona 144 – L'Aquila 57 – Teramo 27.

La Tacchinella, via Roma 18 ✆ 0861 555107, *Fax 0861 555625.* chiuso lunedì (escluso 15 giugno-agosto) – **Pasto** carta 25/40000.

CANZO *22035 Como* 428 E 9, 219 ⑨ – *4 869 ab. alt. 387.*
Roma 620 – Como 20 – Bellagio 20 – Bergamo 56 – Lecco 23 – Milano 52.

Volta, via Volta 58 ✆ 031 681225, *Fax 031 670167* – TV P. AE VISA. JCB. rist
Pasto carta 40/60000 – **16 cam** 110/150000 – ½ P 100/120000.

CANZOLINO *Trento – Vedere Pergine Valsugana.*

CAORLE *30021 Venezia* 988 ⑤, 429 F 20 – *11 434 ab. – a.s. luglio-agosto.*

Prà delle Torri (marzo-novembre; chiuso martedì escluso da maggio a settembre) località Valle Altanea ✉ 30021 Porto Santa Margherita ☎ 0421 299570, Fax 0421 299570.

piazza Giovanni XXIII 3 ☎ 0421 81401, Fax 0421 84251.

Roma 587 – Udine 74 – Milano 326 – Padova 96 – Treviso 63 – Trieste 112 – Venezia 76.

Airone, via Pola 1 ☎ 0421 81570, *Fax 0421 82074*, ≤, « Parco-pineta con e », – rist, P. AE VISA.
15 maggio-20 settembre – **Pasto** 50000 – **70 cam** 160/250000, appartamento – ½ P 135/165000.

Savoy, riviera Marconi ☎ 0421 81879, *Fax 0421 83379*, ≤, , , – , rist, P.
20 aprile-24 settembre – **Pasto** carta 50/70000 – **54 cam** 120/220000 – ½ P 110/120000.

Metropol, via Emilia 1 ☎ 0421 82091, *Fax 0421 81492*, , riscaldata, , – , rist, P. AE VISA.
10 maggio-20 settembre – **Pasto** carta 50/65000 – **44 cam** 120/200000 – ½ P 110/130000.

Splendid, viale Santa Margherita 31 ☎ 0421 81316, *Fax 0421 83379*, « Terrazza-solarium con ≤ mare e costa », , – , rist, P.
12 maggio-16 settembre – **Pasto** (solo per alloggiati) carta 45/60000 – **47 cam** 105/180000 – ½ P 100/110000.

Sara, piazza Veneto 6 ☎ 0421 81123, *Fax 0421 210378*, ≤, – P. AE VISA. rist
marzo-15 ottobre – **Pasto** carta 50/145000 – **46 cam** 115/190000 – ½ P 105/120000.

Janeiro, via Emilia 5 ☎ 0421 81056, *Fax 0421 82126*, – rist, P. VISA. rist
25 maggio-18 settembre – **Pasto** 30/40000 – **28 cam** 110/180000 – ½ P 80/110000.

Stellamare, via del Mare 8 ☎ 0421 81203, *Fax 0421 83752*, ≤, – P. AE VISA. rist
Pasqua-2 novembre – **Pasto** *(Pasqua-settembre)* carta 60/75000 – **30 cam** 150/190000 – ½ P 90/110000.

Serena senza rist, lungomare Trieste 39 ☎ 0421 81133, *Fax 0421 210830*, ≤, – P.
Pasqua-settembre – **32 cam** 80/180000.

Duilio con cam, strada Nuova 19 ☎ 0421 210361, *Fax 0421 210089*, , prenotare – P – 50. AE VISA
Pasto *(chiuso dall'11 al 28 gennaio e lunedì escluso da giugno ad agosto)* carta 45/80000 – 15000 – **30 cam** 100/160000 – ½ P 70/115000.

a Porto Santa Margherita *Sud-Ovest : 6 km oppure 2 km e traghetto – ✉ 30021 Caorle.*

(maggio-settembre) corso Genova 21 ☎ 0421 260230

Hotel San Giorgio, via dei Vichinghi 1 ☎ 0421 260050, *Fax 0421 261077*, ≤, « Parco-pineta con », , – P. AE VISA. rist
20 maggio-20 settembre – **Pasto** (solo per alloggiati) 40000 – **100 cam** 170/210000 – ½ P 160/190000.

Ausonia senza rist, Centro Vacanze Prà delle Torri Sud-Ovest : 3 km ☎ 0421 299445, *Fax 0421 299035*, , , , , – P – 100
stagionale – **68 cam.**

Oliver, viale Lepanto 3 ☎ 0421 260002, *Fax 0421 261330*, ≤, « Piccola pineta », , – rist, P. AE VISA.
maggio-settembre – **Pasto** carta 45/65000 – 16000 – **66 cam** 110/180000 – ½ P 115/130000.

a Duna Verde *Sud-Ovest : 10 km – ✉ 30021 Caorle :*

Playa Blanca, viale Cherso 80 ☎ 0421 299282, *Fax 0421 299283*, ≤, « Piccola pineta con » – P. VISA. rist
maggio-settembre – **Pasto** (solo per alloggiati) 30/35000 – **45 cam** 150/200000 – ½ P 115/120000.

a San Giorgio di Livenza *Nord-Ovest : 12 km – ✉ 30020 :*

Al Cacciatore, corso Risorgimento 35 ☎ 0421 80331, *Fax 0421 290233* – P. VISA JCB.
chiuso mercoledì e dal 1° al 25 luglio – **Pasto** specialità di mare carta 50/90000.

CAPACCIO SCALO *Salerno* 988 ㉘, 431 F 27 – *Vedere Paestum.*

CAPALBIO *58011 Grosseto* 988 ㉕, 430 O 16 *G. Toscana – 3 868 ab. alt. 217 – a.s. Pasqua e 1 giugno-15 settembre.*
Roma 139 – Grosseto 60 – Civitavecchia 63 – Orbetello 25 – Viterbo 75.

Valle del Buttero senza rist, via Silone 21 ☎ 0564 896097, *Fax 0564 896518*, ≤ – ☎ P. AE S ⊙ MC VISA. ✻
chiuso dal 21 al 25 dicembre – ☐ 12000 – **42 cam** 90/135000.

Il Cantinone, piazza Porticina 4 ☎ 0564 896073, *Fax 0564 896073*, ⛱, Rustico-signoril – AE S ⊙ MC VISA
chiuso lunedì escluso luglio ed agosto – **Pasto** cucina tradizionale maremmana cart 40/65000 (10 %).

Da Maria, via Nuova 3 ☎ 0564 896014, ⛱ – ▤. AE S ⊙ MC VISA
chiuso dal 10 gennaio al 10 febbraio e martedì in bassa stagione – **Pasto** carta 50/6500 (10 %).

CAPANNETTE DI PEY *Piacenza – Vedere Zerba.*

CAPANNORI *Lucca* 428, 430 K 13 – *Vedere Lucca.*

CAPEZZANO PIANORE *Lucca* 428, 429, 430 K 12 – *Vedere Camaiore.*

CAPIAGO INTIMIANO *22070 Como* 428 E 9, 219 ⑨ – *4 702 ab. alt. 424.*
Roma 600 – Como 4 – Bergamo 65 – Lecco 27 – Milano 41.

Grillo, località Chigollo Nord-Est : 1,3 km ☎ 031 460185, *Fax 031 560132*, ⛱, Elegante trattoria di campagna, « Servizio estivo all'aperto » – P. AE S ⊙ VISA
chiuso martedì – **Pasto** carta 60/95000.

CAPO D'ORLANDO *Messina* 988 ㊱ ㊲ ㊳, 432 M 26 – *Vedere Sicilia alla fine dell'elenco alfabetico*

CAPO D'ORSO *Sassari – Vedere Sardegna (Palau) alla fine dell'elenco alfabetico.*

CAPO LA GALA *Napoli – Vedere Vico Equense.*

CAPOLAGO *Varese* 219 ⑦ ⑧ – *Vedere Varese.*

CAPOLIVERI *Livorno* 430 N 13 – *Vedere Elba (Isola d').*

CAPOLONA *52010 Arezzo* 430 L 17 – *4 736 ab. alt. 254.*
Roma 223 – Rimini 131 – Siena 75 – Arezzo 15 – Firenze 90 – Perugia 87.

Acquamatta, piazza della Vittoria 13 ☎ 0575 420999, *Fax 0575 421807* – P. AE S ⊙ MC VISA JCB. ✻
chiuso dal 7 al 21 gennaio, dal 15 al 30 agosto, domenica, lunedì e a mezzogiorno – **Pasto** 80/90000 e carta 70/95000
Spec. Carpaccio di pesce all'arancia su letto di finocchi con intingolo di verdure in salmoriglio. Risotto con fiori di zucca e piccione stufato al Sauternes. Pescado alla catalana.

CAPO MISENO *Napoli – Vedere Bacoli.*

CAPO TAORMINA *Messina* 432 N 15 – *Vedere Sicilia (Taormina) alla fine dell'elenco alfabetico.*

CAPO VATICANO *Vibo Valentia* 431 L 29 – *Vedere Tropea.*

CAPRACOTTA *86082 Isernia* 988 ㉗, 430 Q 24 – *1 178 ab. alt. 1421.*
Roma 212 – Campobasso 86 – Avezzano 127 – Isernia 43 – Pescara 107.

Capracotta, via Vallesorda ☎ 0865 945140 e rist. ☎ 0865 945368, *Fax 0865 945140*, ≤ monti e dintorni – ⇅ TV ☎ P. AE S MC VISA. ✻
Pasto al Rist. ***Il Ginepro*** carta 40/55000 – **25 cam** ☐ 85/120000 – 1/2 P 75/85000.

CAPRESE MICHELANGELO *52033 Arezzo* 429, 430 L 17 *G. Toscana – 1 590 ab. alt. 653.*
Roma 260 – Rimini 121 – Arezzo 45 – Firenze 123 – Perugia 95 – Sansepolcro 26.

✗ **Buca di Michelangelo** con cam, via Roma 51 ☎ 0575 793921, *Fax 0575 793941*, ≤, – TV ☎. AE 🅂 ⓓ VISA. ✂
chiuso dal 10 al 25 febbraio – **Pasto** *(chiuso mercoledì)* carta 30/50000 – ☕ 8000 – **19 cam** 50/85000 – ½ P 70/80000.

✗ **Il Rifugio,** località Lama 367 (Ovest : 2 km) ☎ 0575 793968, *Fax 0575 793752* – P. AE 🅂 ⓓ MC VISA. ✂ – **Pasto** carta 35/45000.

ad Alpe Faggeto *Ovest : 6 km – alt. 1 177 – ✉ 52033 Caprese Michelangelo*

✗ **Fonte della Galletta** con cam, ☎ 0575 793925, *Fax 0575 793925*, ≤ val Tiberina, – TV ☎ P. AE 🅂 ⓓ MC VISA. ✂
chiuso martedì da ottobre a giugno – **Pasto** carta 40/60000 – ☕ 15000 – **19 cam** *(luglio-dicembre)* 85/100000 – ½ P 80/85000.

CAPRI (Isola di) *Napoli* 988 ㉗, 431 F 24 *G. Italia – 7 233 ab. alt. da 0 a 589 (monte Solaro) – a.s. Pasqua e giugno-settembre.*
La limitazione d'accesso degli autoveicoli è regolata da norme legislative.
Vedere *Marina Grande** BY – *Escursioni in battello : giro dell'isola**** BY, *grotta Azzurra*** BY *(partenza da Marina Grande).*
per Napoli (1 h 15 mn) e Sorrento (45 mn), giornalieri – Caremar-agenzia Angelina, Marina Grande ☎ 081 8370700, Fax 081 8376147.
per Sorrento giornalieri (da 20 a 50 mn) e Ischia aprile-ottobre giornalieri (40 mn) – Alilauro, Marina Grande 2/4 ☎ 081 8376995, Fax 081 8376995; per Sorrento giornalieri (20 mn).
– Navigazione Libera del Golfo, Marina Grande ☎ 081 8370819; per Napoli giornalieri (45 mn) – a Marina Grande, Aliscafi SNAV-agenzia Staiano ☎ 081 8377577, Caremar-agenzia Angelina ☎ 081 8370700, Fax 081 8376147 e Navigazione Libera del Golfo ☎ 081 8370819.

CAPRI

Camerelle (Via) . . . BZ
Certosa (Via). . . . . . BZ 6
Croce (Via) . . . . BZ
Fenicia (Scala) . . . . BY 8
Fuorlovado (Via). . . BZ 9
Le Botteghe (Via) . BZ 10
Madre Serafina (Via) . . . BZ 12
S. Francesco (V.) . . BZ 14
Serena (Via) . . . . . . BZ 16
Sopramonte (V.) . . . BZ 17
Tiberio (Via). . . . . . BZ 18
Tragara (Via) . . . . . . BZ 21
Umberto I° (Pza) . . BZ
Vittorio Emanuele (Via). . BZ 23

ANACAPRI

Munthe (V. A.). . . . AZ 13
Vittoria (Pza d.) . . . AZ 27

Anacapri 431 F 24 – *5 869 ab. alt. 275* – ✉ *80071.*

Vedere *Monte Solaro*★★★ BY : ✻★★★ *per seggiovia 15 mn – Villa San Michele*★ BY : ✻★★ *– Belvedere di Migliara*★ BY *1 h AR a piedi – Pavimento in maiolica*★ *nella chiesa di Sa Michele* AZ.

via Orlandi 19/a ☎ 081 8371524

Palace, via Capodimonte 2 ☎ 081 8373800, *Fax 081 8373191*, ≤, Camere con piccol piscina privata, « Terrazze fiorite con ⛱ », – 200. AZ
aprile-15 novembre – **Pasto** carta 100/145000 – **80 cam** 550/650000, 3 appartamenti ½ P 330/395000.

Caesar Augustus senza rist, via Orlandi 4 ☎ 081 8371421, *Fax 081 8371444*, « Posizione panoramica a strapiombo sul mare » – BY
aprile-ottobre – 15000 – **56 cam** 200/350000, 5 appartamenti.

Biancamaria senza rist, via Orlandi 54 ☎ 081 8371000, *Fax 081 8372060*, ≤ – AZ
aprile-ottobre – **22 cam** 180/220000.

La Rondinella, via Orlandi 245 ☎ 081 8371223, , Rist. e pizzeria alla sera. AZ
chiuso gennaio e febbraio – **Pasto** carta 45/70000 (10 %).

alla Grotta Azzurra *Nord-Ovest : 4,5 km :*

Add'ò Riccio, via Gradula 4 ☎ 081 8371380, « Servizio estivo in terrazza sul mare » – BY
20 marzo-ottobre; chiuso la sera escluso da giovedì a domenica in giugno-agosto – **Pasto** carta 65/100000 (12 %).

alla Migliara *Sud-Ovest : 30 mn a piedi :*

Da Gelsomina, via Migliara 72 ☎ 081 8371499, *Fax 081 8371499*, ≤ Ischia e golfo di Napoli, Su prenotazione servizio navetta da Anacapri, « Servizio estivo in terrazza panoramica », – BY
chiuso dal 7 gennaio al 7 febbraio e martedì in bassa stagione – **Pasto** carta 45/65000 (12 %).

Capri 988 ㉗, 431 F 24 – *7 252 ab. alt. 142* – ✉ *80073.*

Vedere *Belvedere Cannone*★★ BZ *accesso per la via Madre Serafina*★ BZ 12 – *Belvedere di Tragara*★★ BY – *Villa Jovis*★★ BY : ✻★★, *salto di Tiberio*★ – *Giardini di Augusto* ≤★★ BZ B – *Via Krupp*★ BZ – *Marina Piccola*★ BY – *Piazza Umberto I*★ BZ – *Via Le Botteghe*★ BZ 10 – *Arco Naturale*★ BY.

piazza Umberto I 19 ☎ 081 8370686

Gd H. Quisisana, via Camerelle 2 ☎ 081 8370788, *Fax 081 8376080*, ≤ mare e Certosa, , « Giardino con ⛱ », – 550. BZ
Pasqua-ottobre – **Pasto** al Rist. ***La Colombaia*** *(chiuso la sera)* carta 85/160000 vedere anche rist ***Quisi*** – **150 cam** 400/900000, 15 appartamenti – ½ P 480/530000.

Scalinatella senza rist, via Tragara 8 ☎ 081 8370633, *Fax 081 8378291*, ≤ mare e Certosa, ⛱ riscaldata – BZ
15 marzo-5 novembre – **28 cam** 600/880000.

Punta Tragara , via Tragara 57 ☎ 081 8370844, *Fax 081 8377790*, ≤ Faraglioni e costa, , « Terrazza panoramica con ⛱ riscaldata » – BY
Pasqua-ottobre – **Pasto** carta 55/80000 (15 %) – **35 cam** 600000, 15 appartamenti 900000.

Casa Morgano senza rist, via Tragara 6 ☎ 081 8370158, *Fax 081 8370681*, ≤ mare e Certosa, « Terrazze fiorite in pineta », ⛱ riscaldata – BZ
26 marzo-5 novembre – **28 cam** 350/670000.

Luna , viale Matteotti 3 ☎ 081 8370433, *Fax 081 8377459*, ≤ mare, Faraglioni e Certosa, , « Terrazze e giardino con ⛱ » – BZ
Pasqua-ottobre – **Pasto** carta 65/85000 – **50 cam** 440/550000, 4 appartamenti – ½ P 345000.

Mamela senza rist, via Campo di Teste 8 ☎ 081 8375255, *Fax 081 8378865*, ≤, « Terrazza-solarium con ⛱ » – BZ
stagionale – **35 cam.**

La Pazziella senza rist, via Giuliani 4 ☎ 081 8370044, *Fax 081 8370085*, « Giardino fiorito » – BZ
stagionale – **18 cam**, appartamento.

Villa Brunella, via Tragara 24 ☎ 081 8370122, *Fax 081 8370430*, ≤ mare e costa, « Terrazze fiorite con servizio ristorante panoramico », riscaldata – cam, ☎. AE VISA. BY w
19 marzo-5 novembre – **Pasto** carta 50/90000 (12 %) – **20 cam** 350/515000.

Syrene, via Camerelle 51 ☎ 081 8370102, *Fax 081 8370957*, ≤, « Giardino-limonaia con » – ☎. AE VISA JCB. BZ d
aprile-ottobre – **Pasto** *(chiuso martedì escluso da giugno a settembre)* carta 55/70000 – **34 cam** 300/460000 – 1/2 P 260000.

Canasta senza rist, via Campo di Teste 6 ☎ 081 8370561, *Fax 081 8376675*, – ☎. AE VISA. BZ c
chiuso dal 10 gennaio al 15 marzo – **17 cam** 160/320000.

Villa Sarah senza rist, via Tiberio 3/a ☎ 081 8377817, *Fax 081 8377215*, ≤, « Giardino ombreggiato » – ☎. AE VISA. BY a
Pasqua-ottobre – **20 cam** 195/295000.

Villa Krupp senza rist, via Matteotti 12 ☎ 081 8370362, *Fax 081 8376489*, ≤ Faraglioni e costa – ☎. VISA. BZ n
15 marzo-ottobre – **12 cam** 145/260000.

Florida senza rist, via Fuorlovado 34 ☎ 081 8370710, *Fax 081 8370042*, – ☎. AE VISA BZ k
marzo-11 novembre – 19000 – **19 cam** 95/160000.

Quisi - Gd H. Quisisana, via Camerelle 2 ☎ 081 8370788, *Fax 081 8376080*, prenotare – . AE VISA. BZ a
Pasqua-ottobre; chiuso a mezzogiorno – **Pasto** carta 95/185000.

La Capannina, via Le Botteghe 12 bis/14 ☎ 081 8370732, *Fax 081 8376990*, prenotare la sera – . AE VISA. BZ q
27 dicembre-5 gennaio e 10 marzo-10 novembre – **Pasto** carta 65/85000 (15 %).

Buca di Bacco-da Serafina, via Longano 35 ☎ 081 8370723, Rist. e pizzeria – . AE VISA. BZ x
chiuso novembre e mercoledì – **Pasto** carta 35/65000.

Aurora, via Fuorlovado 18 ☎ 081 8370181, *Fax 081 8376533*, Rist. e pizzeria – AE VISA BZ k
chiuso da gennaio a marzo – **Pasto** carta 55/95000 (15 %).

Da Tonino, via Dentecala 12 ☎ 081 8376718, – AE VISA BY d
chiuso dal 16 gennaio al 14 marzo – **Pasto** carta 40/65000.

Verginiello, via Lo Palazzo 25/a ☎ 081 8370944, *Fax 081 8370944*, ≤ mare e costa, Rist. e pizzeria, « Servizio estivo in terrazza panoramica » – BZ b

all'arco naturale *Est : 20 mn a piedi :*

Le Grottelle, via Arco Naturale 5 ☎ 081 8375719, ≤ mare, « Servizio estivo in terrazza panoramica » – AE BY g
Pasqua-ottobre; chiuso giovedì – **Pasto** carta 45/90000 (10 %).

ai Faraglioni *Sud-Est : 30 mn a piedi oppure 10 mn di barca da Marina Piccola :*

Da Luigi, ☎ 081 8370591, *Fax 081 8370649*, Rist. e stabilimento balnerare, « Servizio estivo all'aperto con ≤ Faraglioni e mare », – AE VISA. BY z
Pasqua-settembre; chiuso la sera – **Pasto** carta 65/100000.

Marina Grande *80073* 431 F 24.

banchina del Porto ☎ 081 8370634

Palatium, via Provinciale ☎ 081 8376144, *Fax 081 8376150*, ≤ golfo di Napoli, – ☎ – 150. AE VISA JCB. rist BY b
Pasto al Rist. ***La Scogliera*** *(aprile-ottobre)* carta 70/100000 – **17 cam** 400/460000, 26 appartamenti 560/700000.

Da Paolino, via Palazzo a Mare 11 ☎ 081 8376102, *Fax 081 8375611*, « Servizio estivo in giardino-limonaia » – AE VISA JCB BY s
chiuso da febbraio a Pasqua, a mezzogiorno da giugno a settembre e martedì in Bassa stagione – **Pasto** carta 55/85000.

Marina Piccola 431 F 24 – ✉ *80073 Capri :*

Canzone del Mare, via Marina Piccola 93 ☎ 081 8370104, *Fax 081 8377504*, ≤ Faraglioni e mare, « Stabilimento balneare con » – AE VISA. BY x
Pasqua-ottobre; chiuso la sera – **Pasto** carta 70/120000.

CAPRIANO DEL COLLE *25020 Brescia* 428, 429 F 12 – *3 794 ab. alt. 116.*
Roma 538 – Brescia 13 – Cremona 43 – Milano 80 – Verona 78.

XX **Antica Trattoria La Pergolina,** via Trento 86, località Fenili Belasi ✆ 030 9748002, *Fax 030 9748004* – P. AE S O MC VISA. ✗
chiuso dal 27 dicembre al 6 gennaio, agosto, domenica sera e lunedì – **Pasto** carta 50/75000.

CAPRILE *Belluno – Vedere Alleghe.*

CARAGLIO *12023 Cuneo* 428 I 4 – *6 073 ab. alt. 575.*
Roma 655 – Cuneo 12 – Alessandria 138 – Genova 156 – Torino 106.

Quadrifoglio, via C.L.N. 20 ✆ 0171 817666 e rist. ✆ 0171 619685, *Fax 0171 817666* – TV ☎ P – 150. AE S O MC VISA. ✗ rist
Pasto al Rist. ***Il Quadrifoglio*** *(chiuso lunedì)* carta 40/50000 – 12000 – **40 cam** 85/115000, 2 appartamenti – 1/2 P 75000.

X **Il Portichetto,** via Roma 178 ✆ 0171 817575 – P. AE S O VISA. ✗
chiuso dal 5 al 25 agosto e mercoledì – **Pasto** 35000 bc 50000 e carta 30/45000.

We suggest:
for a successful tour, that you prepare it in advance. ***Michelin maps*** *and* ***guides,*** *will give you much useful information on route planning, places of interest, accommodation, prices etc.*

CARAMANICO TERME *65023 Pescara* 988 ㉗, 430 P 23 – *2 152 ab. alt. 700.*
corso Bernardi 39 ✆ 085 922202, Fax 085 922202.
Roma 202 – Pescara 54 – L'Aquila 88 – Chieti 43 – Sulmona 45.

Cercone, viale Torre Alta 17/19 ✆ 085 922372, *Fax 085 922271,* – TV ☎ P. S MC VISA. ✗ rist
maggio-novembre – **Pasto** carta 35/45000 – **38 cam** 90/160000 – 1/2 P 65/95000.

CARANO *38033 Trento* 429 D 16 – *920 ab. alt. 1 086 – a.s. 23 gennaio-Pasqua e Natale.*
(luglio-settembre) via Giovanelli 38 ✆ 0462 232281.
Roma 648 – Trento 62 – Bolzano 46 – Cortina d'Ampezzo 100.

Bagni e Miramonti, via Giovanelli 67/a ✆ 0462 340220, *Fax 0462 340210,* ≤ monti e vallata, , – TV ☎ P. S O MC VISA. ✗ rist
15 dicembre-15 aprile e giugno-15 ottobre – **Pasto** carta 35/65000 – **33 cam** 100/150000 – 1/2 P 65/115000.

CARASCO *16040 Genova* 428 I 10 – *3 131 ab. alt. 31.*
Roma 466 – Genova 53 – Parma 164 – Portofino 27 – La Spezia 72.

X **Beppa,** via Vecchia Provinciale 89/91, località Graveglia Est : 3 km ✆ 0185 380725 – P. S VISA. ✗
chiuso martedì e dal 10 al 31 gennaio – **Pasto** carta 35/50000.

CARATE BRIANZA *20048 Milano* 428 E 9, 219 ⑲ – *16 116 ab. alt. 252.*
Roma 598 – Como 28 – Bergamo 38 – Milano 31 – Monza 12.

XX **Taverna degli Artisti,** via Stanga Busca 3, località Costa Lambro Nord : 2 km ✆ 0362 902729, « In un vecchio fienile » – AE S MC VISA
chiuso dal 10 al 17 gennaio , dal 9 al 29 agosto e lunedì – **Pasto** carta 55/90000.

CARAVAGGIO *24043 Bergamo* 428 F 10 – *14 180 ab. alt. 111.*
Roma 564 – Bergamo 26 – Brescia 55 – Crema 19 – Cremona 57 – Milano 37 – Piacenza 57.

al Santuario *Sud-Ovest : 1,5 km :*

Belvedere dei Tre Re, via Beata Vergine 1 ✉ 24040 Misano di Gera d'Adda ✆ 0363 340695, *Fax 0363 340695,* TV ☎ P. AE S O MC VISA
Pasto carta 40/70000 – 10000 – **14 cam** 80/100000 – 1/2 P 95/110000.

CARBONARA DI BARI *Bari* 431 D 32 – *Vedere Bari.*

CARBONARA DI PO *46020 Mantova* 429 G 15 – *1 348 ab. alt. 14.*
Roma 457 – Verona 58 – Ferrara 51 – Mantova 55 – Modena 59.

Passacör, strada provinciale Ferrarese 4 ☎ 0386 41461, *Fax 0386 41895* – AE VISA. rist
Pasto *(chiuso a mezzogiorno)* carta 35/70000 – 10000 – **37 cam** 105/150000 – ½ P 105000.

CARBONARA SCRIVIA *15050 Alessandria* 428 H 8 – *1 027 ab. alt. 177.*
Roma 563 – Alessandria 27 – Genova 69 – Milano 79 – Piacenza 82 – Torino 118.

Locanda Malpassuti, vicolo Cantù 11 ☎ 0131 892643, *Fax 0131 893000,* , Coperti limitati; prenotare, VISA
chiuso martedì – **Pasto** 65000 e carta 55/75000.

CARBONERA *31030 Treviso* 429 E 18 – *9 522 ab. alt. 17.*
Roma 536 – Venezia 33 – Padova 55 – Treviso 5.

a Pezzan *Nord : 2 km – ✉ 31030 Carbonera :*

La Sosta, via Cal di Breda 2 ☎ 0422 397867, – . AE VISA.
chiuso dal 1° al 20 luglio, domenica sra e lunedì – **Pasto** carta 40/60000.

CARBONIA *Cagliari* 988 ㉝, 433 J 7 – *Vedere Sardegna alla fine dell'elenco alfabetico.*

CARCOFORO *13026 Vercelli* 428 E 6, 219 ⑤ – *81 ab. alt. 1 304.*
Roma 705 – Aosta 191 – Biella 85 – Milano 132 – Novara 85 – Torino 147 – Vercelli 91.

Scoiattolo, via Casa del Ponte 3/b ☎ 0163 95612, ←, , Coperti limitati; prenotare – VISA.
chiuso dal 10 gennaio al 10 marzo, dal 10 al 20 giugno, dal 1° al 10 settembre, lunedì e martedì escluso in agosto – **Pasto** 35/55000.

CARDANO AL CAMPO *21010 Varese* 219 ⑰ – *11 832 ab. alt. 238.*
Roma 620 – Stresa 45 – Gallarate 3 – Milano 43 – Novara 34 – Varese 21.

Cardano senza rist, via al Campo 10 ☎ 0331 261011, *Fax 0331 730829,* , – – 70. AE VISA
32 cam 190/250000.

CAREZZA AL LAGO (KARERSEE) *Bolzano* 429 C 16 *G. Italia – alt. 1 609 – ✉ 39056 Nova Levante – Sport invernali : 1 650/2 300 m 13, (vedere anche Nova Levante e passo di Costalunga).*
Vedere *Lago★.*
(maggio-ottobre) località Carezza ✉ 39056 Nova Levante ☎ 0471 612200, Fax 0471 612200.
Roma 672 – Bolzano 26 – Passo Costalunga 2 – Milano 330 – Trento 91.

Berghotel Moseralm , via Bellavista 8 (Ovest : 3 km) ☎ 0471 612171, *Fax 0471 612406,* ← monti Latemar e Catinaccio, , , , , – , rist, rist, VISA.
17 dicembre-25 marzo e giugno-ottobre – **Pasto** carta 40/65000 – **35 cam** 135/230000 – ½ P 105/135000.

CAREZZA (Passo di) (KARERPASS) *Bolzano e Trento – Vedere Costalunga (Passo di).*

CARIGNANO *Lucca – Vedere Lucca.*

CARIMATE *22060 Como* 219 ⑲ – *3 786 ab. alt. 296.*
(chiuso lunedì) ☎ 031 790226, Fax 031 790226.
Roma 620 – Como 19 – Milano 30.

Al Torchio di Carimate, piazza Castello 4 ☎ 031 791486, *Fax 031 791486,* prenotare – . AE VISA JCB.
chiuso dal 2 al 26 agosto, domenica sera e lunedì – **Pasto** 35/40000 (a mezzogiorno) 70000 (alla sera) e carta 55/80000.

CARISIO *13040 Vercelli* 988 ②, 428 F 6 – *969 ab. alt. 183.*
Roma 648 – Torino 58 – Aosta 103 – Biella 26 – Novara 39 – Vercelli 26.

sulla strada statale 230 *Nord-Est : 6 km :*

La Bettola, località Fornace Crocicchio, strada statale Vercelli-Biella 9 ✉ 1304 ✆ 0161 858045, *Fax 0161 858100* – 50. AE VISA
Pasto carta 45/75000 – **40 cam** 80/140000 – ½ P 95000.

CARLINO *33050 Udine* 429 E 21 – *2 842 ab..*
Roma 603 – Udine 38 – Gorizia 46 – Pordenone 55 – Portogruaro 31 – Trieste 64.

XX Trattoria alla Risata, via Marano 94 (Sud-Ovest : 1,5 km) ✆ 0431 67200, *Fax 0431 6720*
Pasto specialità di mare.

CARLOFORTE *Cagliari* 988 ㉝, 433 J 6 – *Vedere Sardegna (San Pietro, isola di) alla fine dell'elenco alfabetico.*

CARMAGNOLA *10022 Torino* 988 ⑫, 428 H 5 – *24 809 ab. alt. 240.*
I Girasoli (chiuso martedì dicembre e gennaio) ✆ 011 9795088, Fax 011 9795228;
La Margherita (chiuso martedì) ✆ 011 9795113, Fax 011 9795204.
Roma 663 – Torino 29 – Asti 58 – Cuneo 71 – Milano 184 – Savona 118 – Sestriere 92.

XXX **La Carmagnole,** via Sottotenente Chiffi 31 ✆ 011 9712673, solo su prenotazione, « In un antico palazzo » –
chiuso agosto, domenica sera, lunedì e a mezzogiorno (escluso domenica) – **Pasto** 13500
Spec. Gamberi reali fasciati di tartufo bianco e culatello (autunno-inverno). Tartina di ricott alla vodka e cognac con caviale beluga all'arancia. Luccio gratinato al pecorino dolce, burr d'acciuga e tartufo nero .

XX **San Marco,** via San Francesco di Sales 18 ✆ 011 9720485, *Fax 011 9720485,* – AE VISA JCB.
chiuso dal 1° al 21 agosto, domenica sera e lunedì – **Pasto** carta 35/55000.

CARMIGNANO *59015 Prato* 429, 430 K 15 *G. Toscana – 11 092 ab. alt. 200.*
Roma 298 – Firenze 24 – Milano 305 – Pistoia 23 – Prato 15.

ad Artimino *Sud : 7 km – alt. 260 – ✉ 59015 :*

Paggeria Medicea, viale Papa Giovanni XXIII ✆ 055 8718081, *Fax 055 8718080,* « Edificio del 1500, giardino con », – 200. AE VISA
chiuso dal 18 al 27 dicembre – **Pasto** vedere rist ***Biagio Pignatta*** – 25000 – **37 cam** 280/300000 – ½ P 195/210000.

XX **Da Delfina,** via della Chiesa 1 ✆ 055 8718119, *Fax 055 8718175,* prenotare, « Servizio estivo in terrazza con colline » – .
chiuso dal 28 dicembre al 10 gennaio, agosto, domenica sera e lunedì – **Pasto** carta 50/75000 (10%)
Spec. Pappardelle alla lepre (ottobre-dicembre). Faraona al vinsanto. Braciolina alla fiorentina con fagiolini in umido (giugno-settembre).

XX **Biagio Pignatta** - Hotel Paggeria Medicea, viale Papa Giovanni XXIII, 1 ✆ 055 8718086, *Fax 055 8718086,* – AE VISA
chiuso dal 1° al 25 novembre e i mezzogiorno di mercoledì-giovedì – **Pasto** carta 55/80000.

X **La Cantina del Redi,** via 5 Martiri ✆ 055 8718284, « Servizio estivo all'aperto con colline e dintorni ». VISA
chiuso gennaio, martedì e a mezzogiorno (escluso domenica) – **Pasto** carta 45/60000.

a Bacchereto *Sud-Ovest : 5 km – ✉ 50040 :*

XX **La Cantina di Toia,** ✆ 055 8717135, *Fax 055 8717135,* , « In un edificio storico del 1300 » – AE VISA.
chiuso novembre e lunedì – **Pasto** cucina toscana e di mare carta 50/75000.

CARMIGNANO DI BRENTA *35010 Padova* 429 F 17 – *6 990 ab. alt. 45.*
Roma 505 – Padova 33 – Belluno 96 – Tarvisio 47 – Venezia 57.

Zenit, piazza del Popolo 5 ✆ 049 9430388, *Fax 049 9430297* – AE VISA.
chiuso dal 2 al 7 gennaio – **Pasto** *(chiuso agosto)* carta 35/50000 – 8000 – **23 cam** 85/130000 – ½ P 120000.

CARONA *24010 Bergamo* 428 D 11 – *390 ab. alt. 1110.*
Roma 636 – Sondrio 90 – Bergamo 53 – Brescia 101 – Lecco 63 – Milano 104.

Carona, via Bianchi 22 ✆ 0345 77125, *Fax 0345 77125* – P. rist
chiuso giugno ed ottobre – **Pasto** *(chiuso martedì)* carta 25/40000 – ☕ 6000 – **9 cam** 50/90000 – ½ P 60/85000

CARONNO PERTUSELLA *21042 Varese* 428 F 9, 219 ⑱ – *11 824 ab. alt. 192.*
Roma 593 – Milano 19 – Bergamo 61 – Como 29 – Novara 54 – Varese 33.

XX **Da Piero,** corso Della Vittoria 439 ✆ 02 96451376, *Fax 02 96451376* ▤. AE 🅂 ⓓ ⓜ VISA JCB
chiuso dal 24 dicembre al 7 gennaio, dal 10 al 30 agosto, sabato a mezzogiorno e domenica – **Pasto** specialità di mare carta 65/95000.

CAROVIGNO *72012 Brindisi* 988 ㉚, 431 E 34 – *15 370 ab. alt. 171.*
Roma 538 – Brindisi 28 – Bari 88 – Taranto 61.

Villa Jole, via Ostuni 45 (Ovest : 1 km) ✆ 0831 991311, *Fax 0831 996888,* – |♦| ▤ TV ☎ P. AE 🅂 ⓓ ⓜ VISA.
Pasto *(chiuso dal 2 al 19 novembre)* carta 35/55000 – **33 cam** ☕ 85/130000 – ½ P 85/95000.

XX **Già Sotto l'Arco,** corso Vittorio Emanuele 71 ✆ 0831 996286, *Fax 0831 996286* – ▤. AE 🅂 ⓜ VISA JCB.
✿ *chiuso dal 15 al 30 giugno, dal 20 al 30 novembre e lunedì* – **Pasto** carta 40/60000
Spec. Antipasto di formaggi. Fave e cicoria. Coniglio al forno con caponata.

CARPANETO PIACENTINO *29013 Piacenza* 988 ⑬, 428, 429 H 11 – *6 680 ab. alt. 110.*
Roma 508 – Piacenza 19 – Alessandria 114 – Genova 151 – Milano 92 – Parma 37.

XX **Hostaria del Mercato,** via Scotti da Vigoleno 40 ✆ 0523 850909, *Fax 0823 850909,* prenotare – AE 🅂 ⓓ VISA
chiuso lunedì – **Pasto** 65000 e carta 45/85000.

a Travazzano *Sud-Est : 5 km* – ✉ *29021 Carpaneto Piacentino :*

XX **Antica Osteria della Pesa,** via Valle 195 ✆ 0523 852875 – P. AE 🅂 ⓓ ⓜ VISA
chiuso mercoledì – **Pasto** carta 40/80000.

Die Preise — Einzelheiten über die in diesem Reiseführer angegebenen Preise finden Sie in der Einleitung.

CARPENEDOLO *25013 Brescia* 988 ④, 428, 429 F 13 – *10 161 ab. alt. 122.*
Roma 503 – Brescia 27 – Cremona 53 – Mantova 42 – Parma 72 – Verona 55.

XX **Borgo Antico,** via Garibaldi 127 ✆ 030 9965943, prenotare – ▤. 🅂 ⓓ ⓜ VISA.
chiuso 24 dicembre, agosto e martedì – **Pasto** carta 40/70000.

CARPI *41012 Modena* 988 ⑭, 428, 429 H 14 *G. Italia* – *60 680 ab. alt. 28.*
Vedere *Piazza dei Martiri★ – Castello dei Pio★.*
Roma 424 – Bologna 60 – Ferrara 73 – Mantova 53 – Milano 176 – Modena 18 – Reggio nell'Emilia 27 – Verona 87.

Duomo senza rist, via Cesare Battisti 25 ✆ 059 686745, *Fax 059 686745* – |♦| ▤ TV ☎ P. AE ⓓ ⓜ VISA.
chiuso dall'8 al 23 agosto – **16 cam** ☕ 110/170000.

in prossimità del casello autostradale *Sud-Ovest : 4 km:*

XXX **L'Incontro,** via per Correggio 43 ✉ 41012 ✆ 059 664581, *Fax 059 664581,* prenotare, « Servizio estivo in giardino » – ▤ P. AE 🅂 ⓜ VISA.
chiuso dal 1º al 7 gennaio, dal 10 al 23 agosto e domenica – **Pasto** carta 50/95000.

CARRAIA *Firenze – Vedere Calenzano.*

CARRARA *54033 Massa-Carrara* 988 ⑭, 428, 429, 430 J 12 *G. Toscana* – *65 692 ab. alt. 80.*
Dintorni *Cave di marmo di Fantiscritti★★ Nord-Est : 5 km – Cave di Colonnata★ Est : 7 km.*
Roma 400 – La Spezia 31 – Firenze 126 – Massa 7 – Milano 233 – Pisa 55.

XX **Ninan,** via Lorenzo Bartolini 3 ✆ 0585 74741, *Fax 0585 74741,* Coperti limitati; prenotare – ▤. AE 🅂 ⓓ ⓜ VISA JCB
giugno-novembre; chiuso domenica a mezzogiorno escluso da settembre a novembre – **Pasto** 60000 e carta 60/90000.

CARRARA (Marina di) *54036 Massa-Carrara* [988] ⑭, [430] J 12 – *a.s. Pasqua e luglio-agosto.*
[i] *via Genova 1* ☎ *0585 632519.*
Roma 396 – La Spezia 26 – Carrara 7 – Firenze 122 – Massa 10 – Milano 229 – Pisa 53.

Mediterraneo, via Genova 2/h ☎ 0585 785222, *Fax 0585 785290*, – [TV] ☎ ♿ 80. [AE] [S] [VISA] [JCB].
Pasto carta 55/70000 – **48 cam** 130/190000, appartamento – 1/2 P 120/160000.

Carrara, via Petacchi 21 (Avenza) ✉ 54031 Avenza ☎ 0585 52371, *Fax 0585 50344* – ☎ [P]. [AE] [S] [VISA].
Pasto (solo per alloggiati e *chiuso a mezzogiorno*) 30/40000 – **32 cam** 130/150000 1/2 P 100/110000.

🍴🍴 Il Muraglione, via del Parmignola 13 (Avenza) ✉ 54031 Avenza ☎ 0585 5233
Fax 0585 52337, , prenotare – [P].

🍴🍴 **Da Gero,** viale 20 Settembre 305 ☎ 0585 786534, –
chiuso dal 23 dicembre al 10 gennaio, dal 28 luglio al 15 agosto e domenica – **Past** 40/60000 (10 %) e carta 50/85000 (10 %).

CARRÈ *36010 Vicenza* [429] E 16 – *3 107 ab. alt. 219.*
Roma 545 – Padova 66 – Trento 63 – Belluno 106 – Treviso 73 – Verona 72 – Vicenza 29.

La Rua , località Cà Vecchia Ovest : 4 km ☎ 0445 893088, *Fax 0445 893147*, , –
[P]. [AE] [S] [VISA]. rist
Pasto carta 40/60000 – **12 cam** 85/125000 – 1/2 P 80/110000.

CARRÙ *12061 Cuneo* [988] ⑫, [428] I 5 – *4 015 ab. alt. 364.*
Roma 620 – Cuneo 31 – Milano 203 – Savona 75 – Torino 74.

🍴 **Moderno,** via Misericordia 12 ☎ 0173 75493 – [S] [VISA]
chiuso agosto, martedì e le sere di lunedì-mercoledì – **Pasto** carta 45/65000.

🍴 **Vascello d'Oro,** via San Giuseppe 9 ☎ 0173 75478, *Fax 0173 75478*, « Ambiente tipico » –
chiuso luglio, dal 1° al 15 febbraio, domenica sera e lunedì – **Pasto** carta 40/75000.

CARSOLI *67061 L'Aquila* [988] ㉖, [430] P 21 – *5 148 ab. alt. 640.*
Roma 68 – L'Aquila 63 – Avezzano 45 – Frosinone 81 – Rieti 56.

🍴🍴 **L'Angolo d'Abruzzo,** piazza Aldo Moro ☎ 0863 997429, *Fax 0863 997429* – [AE] [S]
✿ [VISA].
chiuso dal 23 al 30 dicembre, dal 1° al 15 luglio e lunedì – **Pasto** carta 45/80000
Spec. Antipasto di salumi e formaggi. Pecora "agliu cutturu" (lessata alle erbe). Capretto c Collegiove.

🍴🍴 **Al Caminetto,** via degli Alpini 95 ☎ 0862 995105, *Fax 0863 995479*, , Rist. e pizzeri serale – [AE] [S] [VISA] [JCB]
chiuso dal 3 al 17 luglio e lunedì (escluso luglio-agosto) – **Pasto** carta 40/65000.

in prossimità dello svincolo Carsoli-Oricola *Sud-Ovest : 2 km :*

🍴 **Nuova Fattoria** con cam, via Tiburtina km 68,3 ✉ 67061 ☎ 0863 997388
Fax 0863 992173, , « Giardino ombreggiato » – [TV] ☎ [P]. [AE] [S] [VISA]. cam
Pasto carta 40/50000 – **18 cam** 80/100000, 2 appartamenti – 1/2 P 80/90000.

CARTOCETO *61030 Pesaro e Urbino* [429], [430] K 20 – *6 204 ab. alt. 235.*
Roma 271 – Rimini 69 – Ancona 75 – Pesaro 28 – Urbino 35.

🍴🍴🍴 **Symposium,** via Cartoceto 38 (Ovest : 1,5 km) ☎ 0721 898320, *Fax 0721 898493*, Coperti
✿ limitati; prenotare, « Giardino fiorito » – [P]. [AE] [S] [VISA] [JCB]
chiuso dall'8 gennaio al 10 febbraio, lunedì e martedì; dal 10 luglio al 20 agosto apert martedì sera – **Pasto** 100/180000 e carta 75/120000
Spec. Maltagliati di polenta con astice, pomodorini e birra (primavera-estate). Costine c agnello fritte con salsa di arancia e limone (estate). Cinghiale dei Carpazi con verze e tartufo nero all'arancia, lardo alla paprika (autunno-inverno).

CARTOSIO *15015 Alessandria* [428] I 7 – *810 ab. alt. 236.*
Roma 578 – Genova 83 – Acqui Terme 13 – Alessandria 47 – Milano 137 – Savona 46 – Torino 115.

🍴🍴 **Cacciatori** con cam, via Moreno 30 ☎ 0144 40123, *Fax 0144 40524*, Coperti limitat prenotare – ☎ [P]. [S] [VISA].
chiuso dal 23 dicembre al 24 gennaio e dal 1° al 15 luglio – **Pasto** *(chiuso giovedì e venerdì mezzogiorno)* carta 45/65000 – 15000 – **12 cam** 70/100000, 2 appartamenti.

CARZAGO *25080 Brescia* [428] F 13 – *alt. 202.*
Roma 542 – Brescia 23 – Verona 57.

Palazzo Arzaga ⑤, ☎ 030 680600, *Fax 030 6806473,* ≤, 🌳, Centro benessere e campi da golf, « Monastero del 15° secolo », Fs, ≘s, ⛱, ⛱, 🎾 – ▤ [TV] ☎ 📞 [P] – 🏛 200. [AE] [S] ⓞ [MC] [VISA] [JCB]. ✗ rist
Pasto al Rist. ***Il Moretto*** (solo su prenotazione e *chiuso a mezzogiorno*) carta 85/140000 al Rist. ***Club House*** (solo su prenotazione e *chiuso la sera*) carta 50/80000 e al Rist. ***La Taverna*** (solo su prenotazione e *chiuso a mezzogiorno*) buffet 45000 – **84 cam** ☕ 595/775000.

CASAGIOVE *81022 Caserta* [431] D 25 – *14 384 ab. alt. 53.*
Roma 190 – Napoli 29 – Avellino 58 – Benevento 49 – Campobasso 99.

🍴 **Le Quattro Fontane,** via Quartier Vecchio 60 ☎ 0823 468970, 🌳 – ▤. [AE] [S] ⓞ [MC] [VISA]. ✗
chiuso dal 23 dicembre al 2 gennaio, agosto e domenica – **Pasto** cucina casalinga regionale carta 30/45000.

CASAL BORSETTI *48010 Ravenna* [429], [430] J 18.
Roma 386 – Ravenna 20 – Bologna 94 – Ferrara 71 – Firenze 156 – Venezia 129.

🍴 **La Botte,** via Casal Borsetti 181 ☎ 0544 445153 – ▤. [AE] [S] ⓞ [MC] [VISA] [JCB]. ✗
chiuso novembre e martedì – **Pasto** carta 45/60000.

CASALBUTTANO ED UNITI *26011 Cremona* [988] ⑬, [428] G 11 – *4 122 ab. alt. 61.*
Roma 531 – Brescia 45 – Piacenza – 42 – Bergamo 62 – Cremona 16 – Mantova 80 – Parma 83.

🍴 **La Granda,** via Jacini 51 ☎ 0374 362406, *Fax 0374 362405,* 🌳, prenotare – [S] [VISA]. ✗
chiuso dal 6 al 28 gennaio, dal 2 al 30 agosto e mercoledì – **Pasto** carta 35/60000.

CASALECCHIO DI RENO *40033 Bologna* [988] ⑭, [429], [430] I 15 – *33 113 ab. alt. 60.*
ℹ *autostrada A 1-Cantagallo ☎ 051 572263.*
Roma 372 – Bologna 6 – Firenze 98 – Milano 205 – Modena 36.

Pianta d'insieme di Bologna.

Pedretti, via Porrettana 255 ☎ 051 572149, *Fax 051 578286,* 🌳 – [TV] ☎ [P] – 🏛 30. [AE] [S] ⓞ [MC] [VISA] [JCB]. ✗ DU n
Pasto *(chiuso venerdì e dal 1° al 15 agosto)* carta 45/75000 – ☕ 10000 – **24 cam** 110/160000.

CASALE CORTE CERRO *28881 Verbania* [428] E 7, [219] ⑥ – *3 292 ab. alt. 372.*
Roma 671 – Stresa 14 – Domodossola 32 – Locarno 53 – Milano 94 – Novara 61 – Torino 135.

🍴🍴 **Da Cicin** con cam, via Novara 1/31 (strada statale Est : 1 km) ☎ 0323 840045, *Fax 0323 840046,* 🎾 – [TV] ☎ [P] – 🏛 120. [AE] [S] ⓞ [MC] [VISA]. ✗
chiuso dal 1° al 28 agosto – **Pasto** *(chiuso lunedì)* carta 40/65000 – ☕ 8000 – **26 cam** 55/75000 – ½ P 70000.

CASALE MARITTIMO *56040 Pisa* [430] M 13 – *961 ab. alt. 214.*
Roma 282 – Pisa 67 – Firenze 120 – Grosseto 104 – Livorno 47 – Piombino 54 – Siena 79.

🍴 **L'Erba Voglio,** via Roma 6 ☎ 0586 652384, *Fax 0586 653928,* « Servizio estivo in terrazza con ≤ sulla campagna toscana » – [AE] [S] ⓞ [MC] [VISA] [JCB]
chiuso febbraio, novembre, lunedì e a mezzogiorno – **Pasto** carta 40/70000.

CASALE MONFERRATO *15033 Alessandria* [988] ⑫, [428] G 7 – *37 288 ab. alt. 116.*
ℹ *piazza Castello ☎ 0142 444330.*
Roma 611 – Alessandria 31 – Asti 42 – Milano 75 – Pavia 66 – Torino 70 – Vercelli 23.

Business senza rist, strada per Valenza 4/G ☎ 0142 456400, *Fax 0142 456446,* ⛱ – |‡| ▤ [TV] ☎ [P] – 🏛 40. [AE] [S] ⓞ [MC] [VISA] [JCB]
chiuso dal 22 al 28 dicembre – ☕ 10000 – **87 cam** 90/125000.

🍴🍴🍴 **La Torre,** via Garoglio 3 per salita Sant'Anna ☎ 0142 70295, *Fax 0142 70295* – ▤ [P]. [AE] [S] ⓞ [MC] [VISA] [JCB]
chiuso dal 24 dicembre al 6 gennaio, dal 1° al 20 agosto e mercoledì – **Pasto** 60/80000 e carta 60/105000.

CASALINCONTRADA *66012 Chieti* [430] P 24 – *2 895 ab. alt. 300.*
Roma 216 – Pescara 31 – Campobasso 130 – Chieti 13 – L'Aquila 110.

🍴 **La Buca del Grano,** largo degli Alberelli 1 ☎ 0871 370016, *Fax 0871 370016*, solo s prenotazione da giovedì a domenica, « Ambiente caratteristico » – [S] [VISA]
Pasto carta 40/55000.

CASALMAGGIORE *26041 Cremona* [988] ⑭, [428], [429] H 13 – *13 560 ab. alt. 26.*
Roma 46 – Parma 24 – Brescia 69 – Cremona 40 – Mantova 41 – Piacenza 75.

🏨 **Bifi Hotel,** strada statale 420 km 36, località Rotonda ☎ 037 200938 e rist. ☎ 0375 201244, *Fax 0375 200690* – |≑| ▤ [TV] ☎ 🚗 [P] – 🪑 200. [AE] [S] ⓓ [VISA] [JCB]. ✂
Pasto carta 60/80000 – **82 cam** ☕ 100/140000 – 1/2 P 100000.

CASALMORO *46040 Mantova* [428], [429] G 13 – *1 872 ab. alt. 47.*
Roma 502 – Brescia 38 – Cremona 42 – Mantova 45 – Parma 61 – Piacenza 77 – Verona 67

🏨 **Park Hotel,** via Asola 1 ☎ 0376 737706, *Fax 0376 737174* – |≑| ▤ [TV] ☎ ♿ [P] – 🪑 50. [AE] ⓓ [VISA]
Pasto carta 40/65000 – **33 cam** ☕ 90/150000 – 1/2 P 105000.

CASAMASSIMA *70010 Bari* [431] E 32 – *16 429 ab. alt. 223.*
Roma 431 – Bari 20 – Brindisi 107 – Taranto 67.

🏨 Hotel Club-Il Baricentro [M], strada statale 100 (Nord : 1,5 km) ☎ 080 697729 *Fax 080 6977282*, 🏋, ✂ – |≑| ▤ [TV] ☎
26 cam.

CASAMICCIOLA TERME *Napoli* [988] ㉗, [431] E 23 – *Vedere Ischia (Isola d').*

CASARSA DELLA DELIZIA *33072 Pordenone* [988] ⑤, [429] E 20 – *7 751 ab. alt. 44.*
Roma 608 – Udine 40 – Pordenone 20 – Venezia 95.

🏨 **Al Posta,** via Valvasone 12/14 ☎ 0434 870808, *Fax 0434 870804*, ⛱, 🌳 – [TV] ☎ [P] 🪑 50. [AE] [S] ⓓ [MC] [VISA]
chiuso dal 1° al 15 agosto – **Pasto** *(chiuso lunedì)* carta 40/60000 – **32 cam** ☕ 80/120000 1/2 P 90000.

CASARZA LIGURE *16030 Genova* [428] J 10 – *5 296 ab. alt. 34.*
Roma 457 – Genova 50 – Portofino 38 – La Spezia 59.

🍴🍴 **San Giovanni,** via Monsignor Podestà 1 ☎ 0185 467244, prenotare, « Servizio estivo i giardino » – [P]. [AE] [S] ⓓ [MC] [VISA]
chiuso dal 7 al 27 gennaio, lunedì e da luglio al 15 settembre anche a mezzogiorno esclus sabato e domenica – **Pasto** specialità di mare carta 55/80000.

CASATENOVO *23880 Lecco* [428] E 9, [219] ⑲ – *11 729 ab. alt. 359.*
Roma 590 – Como 31 – Bergamo 47 – Lecco 21 – Milano 30.

🍴🍴 ✿ **La Fermata,** via De Gasperi 2 (Sud : 1,5 km) ☎ 039 9205411, *Fax 039 9202715*, solo s prenotazione – ▤ [P]. [AE] [S] ⓓ [MC] [VISA]. ✂
chiuso dal 20 al 30 gennaio, dal 1° al 20 luglio, lunedì e martedì – **Pasto** 60/115000 e cart 60/110000
Spec. Fagottino di radicchio rosso al taleggio, crema di fave (autunno-inverno). Zuppa c pomodoro gelatinata all'astice selvaggio di Sardegna e aceto balsamico. Punta di vitell caramellata all'anice stellato e zenzero, patate schiacciate al prezzemolo.

CASCIA *06043 Perugia* [988] ⑯ ㉖, [430] N 21 – *3 266 ab. alt. 645.*
[i] *piazza Garibaldi 1* ☎ *0743 71147, Fax 0743 76630.*
Roma 138 – Ascoli Piceno 75 – Perugia 104 – Rieti 60 – Terni 66.

🏨 **Monte Meraviglia,** via Roma 15 ☎ 0743 76142, *Fax 0743 71127* – |≑| [TV] ☎ [P] – 🪑 150 [S] [MC] [VISA]. ✂ rist
Pasto al Rist. ***Il Tartufo*** carta 55/75000 – ☕ 12000 – **140 cam** 120/160000 – 1/2 P 70 100000.

🏨 **Cursula,** viale Cavour 3 ☎ 0743 76206, *Fax 0743 76262* – |≑| [TV] ☎ [P]. [AE] [S] ⓓ [MC] [VISA]
chiuso gennaio e febbraio – **Pasto** *(chiuso mercoledì)* carta 35/60000 – **31 cam** ☕ 70 100000 – 1/2 P 60/80000.

a Roccaporena *Ovest : 6 km – alt. 707 – ✉ 06043 Cascia :*

🏠 **Hotel Roccaporena,** ☎ 0743 76348, *Fax 0743 76348*, ←, ⛹, 🌳 – 🛗 📺 ☎ ♿ [P] – 🏫 600. [AE] [S] 💳 [MC] [VISA]. ✂ *aprile-ottobre* – **Pasto** carta 35/45000 – ☕ 9000 – **71 cam** 85/100000 – ½ P 70/80000.

CASCIANA TERME *56034 Pisa* [988] ⑭, [428], [430] L 13 *G. Toscana – 3 425 ab. alt. 125 – Stazione termale (giugno-settembre).*

[i] *via Cavour 9 ☎ 0587 646258, Fax 0587 646258.*

Roma 335 – Pisa 39 – Firenze 77 – Livorno 41 – Pistoia 61 – Siena 100.

🏠 **Villa Margherita,** via Marconi 20 ☎ 0587 646113, *Fax 0587 646153*, « Giardino ombreggiato », 🏊 – 🛗 📺 ☎ ♿ [P] – 🏫 150. [AE] [S] 💳 [MC] [VISA] [JCB]. ✂ *aprile-novembre* – **Pasto** (solo per alloggiati) 35/45000 – ☕ 20000 – **58 cam** 110/130000 – ½ P 120000.

🏠 **La Speranza,** via Cavour 44 ☎ 0587 646215, *Fax 0587 646000*, 🌳 – 🛗, ❄ rist, 📺 ☎ [P] – 🏫 100. [AE] [S] 💳 [MC] [VISA]. ✂ rist **Pasto** 35/40000 – **45 cam** ☕ 110/130000 – ½ P 85/95000.

🏠 Roma, via Roma 13 ☎ 0587 646225, *Fax 0587 645233*, « Giardino ombreggiato », 🏊 – 🛗, ❄ rist, 📺 ☎ [P] **27 cam.**

CASCIANO *53010 Siena* [430] M 15 *– alt. 452.*

Roma 244 – Siena 25 – Grosseto 57 – Perugia 117.

🏠 **Mirella,** ☎ 0577 817667, *Fax 0577 817575*, ←, 🌳 – 🛗 📺 ☎ [P]. [AE] [S] [MC] [VISA]. ✂ *marzo-9 novembre* – **Pasto** *(chiuso mercoledì ed a mezzogiorno da lunedì a venerdì)* carta 30/45000 – ☕ 10000 – **28 cam** 120/160000 – ½ P 65/75000.

CASEI GEROLA *27050 Pavia* [988] ⑬, [428] G 8 *– 2 570 ab. alt. 81.*

Roma 574 – Alessandria 36 – Milano 57 – Novara 61 – Pavia 36.

🏠 **Bellinzona,** via Mazzini 71 ☎ 0383 61525, *Fax 0383 61374* – 🛗 ❄ 📺 ☎ 🚗 [P]. [AE] [S] 💳 [MC] [VISA]. ✂ Pasto vedere rist ***Bellinzona*** – **18 cam** ☕ 90/110000 – ½ P 120000.

🍴🍴 **Bellinzona,** via Mazzini 69 ☎ 0383 61525, *Fax 0383 61374* – ❄ [P]. [AE] [S] 💳 [MC] [VISA]. ✂ *chiuso sabato* – **Pasto** carta 45/75000.

CASELLE TORINESE *10072 Torino* [988] ⑫, [428] G 4 *– 15 185 ab. alt. 277.*

✈ *Città di Torino Nord : 1 km ☎ 011 5676749.*

Roma 691 – Torino 13 – Milano 144.

🏠 **Jet Hotel,** via Della Zecca 9 ☎ 011 9913733 e rist ☎ 011 9961403, *Fax 011 9961544*, « Edificio del 16° secolo » – 🛗 ❄ 📺 ☎ [P] – 🏫 200. [AE] [S] 💳 [MC] [VISA]. ✂ rist *chiuso dal 6 al 28 agosto* – **Pasto** al Rist. ***Antica Zecca*** *(chiuso lunedì)* carta 65/95000 – ☕ 17000 – **79 cam** 190/270000.

CASE NUOVE *Varese – Vedere Somma Lombardo.*

CASERE (KASERN) *Bolzano – Vedere Valle Aurina.*

CASERTA *81100* [P] [988] ㉗, [431] D 25 *G. Italia – 74 294 ab. alt. 68.*

Vedere *La Reggia★★.*

Dintorni *Caserta Vecchia★ Nord-Est : 10 km – Museo Campano★ a Capua Nord-Ovest : 11 km.*

[i] *corso Trieste 39 (angolo piazza Dante) ☎ 0823 321137.*

[A.C.I.] *via Nazario Sauro 10 ☎ 0823 321442.*

Roma 192 – Napoli 31 – Avellino 58 – Benevento 48 – Campobasso 114 – Abbazia di Montecassino 81.

🏠 **Jolly,** via Vittorio Veneto 9 ☎ 0823 325222, *Fax 0823 354522* – 🛗 ❄ 📺 ☎ ♿ – 🏫 100. [AE] [S] 💳 [MC] [VISA]. ✂ rist **Pasto** carta 60/95000 – **103 cam** ☕ 210/240000, 4 appartamenti – ½ P 150/165000.

🏠 **Europa,** via Roma 19 ☎ 0823 325400, *Fax 0823 325400* – 🛗 ❄ 📺 ☎ 🚗 [P] – 🏫 150. [AE] [S] 💳 [MC] [VISA] [JCB]. ✂ Pasto vedere rist ***Via Roma*** – **57 cam** ☕ 250/300000.

🍴🍴🍴 **Le Colonne,** via Nazionale Appia 7-13 ☎ 0823 467494 – ❄. [AE] [S] 💳 [VISA] *chiuso dal 12 al 31 agosto, martedì e la sera* – **Pasto** carta 40/65000 (15 %).

Antica Locanda, piazza della Seta, località San Leucio Nord-Ovest : 4 k
0823 305444, *Fax 0823 301102* – AE VISA.
chiuso dal 5 al 23 agosto, domenica sera e lunedì – **Pasto** carta 35/60000.

Leucio, via Panoramica, località San Leucio Nord-Ovest : 4 km 81020 San Leuc
0823 301241, *Fax 0823 301241* – P. AE VISA.
chiuso Natale, Pasqua, dal 10 al 24 agosto, domenica sera e lunedì – **Pasto** specialità mare carta 40/65000 (15 %).

Via Roma, via Roma 21 0823 443629 – – 80. AE VISA.
chiuso domenica sera – **Pasto** carta 30/65000.

in prossimità casello autostrada A 1 - Caserta Sud *Sud : 6 km – 81020 Capodrise :*

Novotel Caserta Sud M, strada statale 87 Sannitica 0823 826553, *Fax 0823 82723*
– cam, P – 250. AE VISA. rist
Pasto carta 50/80000 – **126 cam** 260/325000.

CASIER *31030 Treviso* 429 F 18 – *7 752 ab..*
Roma 539 – Venezia 32 – Padova 52 – Treviso 6.

a Dosson *Sud-Ovest : 3,5 km – 31030 :*

Alla Pasina, via Peschiere 15 0422 382112, *Fax 0422 382112* – AE VISA.
chiuso dal 26 dicembre al 4 gennaio, dal 1° al 15 agosto, lunedì sera, martedì e sabato mezzogiorno – **Pasto** 50/60000 (solo alla sera) e carta 35/55000 (solo a mezzogiorno).

CASIRATE D'ADDA *24040 Bergamo* 428 F 10 – *3 227 ab. alt. 115.*
Roma 574 – Bergamo 26 – Brescia 59 – Cremona 60 – Milano 34 – Piacenza 60.

Il Portico, via Rimembranze 9 0363 87574, *Fax 0363 87574,* – P. AE VI
JCB.
chiuso agosto, lunedì e martedì – **Pasto** specialità di mare 35/50000 (a mezzogiorn 35/90000 (alla sera) e carta 60/80000.

CASOLA VALSENIO *48010 Ravenna* 429, 430 J 16 – *2 857 ab. alt. 195.*
(aprile-settembre) via Roma 50 0546 73033.
Roma 380 – Bologna 64 – Firenze 82 – Forlì 42 – Milano 277 – Ravenna 60.

Mozart, via Montefortino 3 0546 73508, Coperti limitati; prenotare, – P. AE
VISA.
chiuso dal 2 gennaio al 10 febbraio, lunedì e martedì a mezzogiorno – **Pasto** 25000 bc (so a mezzogiorno) 50/60000 e carta 50/75000.

Valsenio, località Valsenio Nord-Est : 2 km 0546 73179 – P.
chiuso dal 10 gennaio al 12 febbraio, lunedì e a mezzogiorno (escluso sabato-domenica) **Pasto** carta 30/40000.

CASOLE D'ELSA *53031 Siena* 430 L 15 – *2 751 ab. alt. 417.*
Roma 269 – Siena 48 – Firenze 63 – Livorno 97.

Gemini, via Provinciale 4 0577 948622, *Fax 0577 948241,* <, – P. AE
VISA. cam
chiuso gennaio e febbraio – **Pasto** *(chiuso martedì a mezzogiorno)* carta 40/65000 **42 cam** 125/170000 – ½ P 115000.

a Pievescola *Sud-Est : 12 km – 53030 :*

Relais la Suvera , via La Suvera 0577 960300, *Fax 0577 960220,* < dintorni,
« Complesso patrizio del 16° secolo », riscaldata, , – – 70.
VISA JCB.
21 aprile-6 novembre – **Pasto** al Rist. ***Oliviera*** carta 75/105000 – **16 cam** 600000, 1 appartamenti 800/1000000 – ½ P 400000.

CASORATE SEMPIONE *21011 Varese* 219 ⑰, 428 F 2 – *4 853 ab. alt. 272.*
Roma 612 – Stresa 40 – Como 47 – Milano 44 – Novara 42 – Varese 26.

Le Querce, via Ronchetto 6 (Sud-Ovest : 2 km) 0331 763055, – P. AE VIS

chiuso domenica sera e lunedì – **Pasto** carta 55/85000.

CASSANIGO *Ravenna – Vedere Cotignola.*

CASSINA SAVINA *Milano* 219 ⑲ – *Vedere Cesano Maderno.*

CASSINASCO *14050 Asti* 428 H 6 – *618 ab. alt. 447.*
Roma 594 – Alessandria 49 – Genova 95 – Asti 34 – Milano 137 – Torino 98.

I Caffi, reg. Caffi Ovest : 2 km ✆ 0141 826900, *Fax 0141 826900*, Coperti limitati; prenotare – AE MC VISA.
chiuso dal 1º al 25 gennaio, domenica sera, mercoledì e a mezzogiorno (escluso sabato-domenica) – **Pasto** 75/95000 bc
Spec. Sfogliatina di formaggio con crema di pere (autunno-inverno). Bavaresedi melanzane con pomodoro e seirass (estate). Coscetta di faraona al moscato.

CASSINETTA DI LUGAGNANO *Milano* 428 F 8, 219 ⑱ – *Vedere Abbiategrasso.*

CASSINO *03043 Frosinone* 988 ㉗, 430 R 23 – *35 044 ab. alt. 45.*
Dintorni *Abbazia di Montecassino*★★ – *Museo dell'abbazia*★★ *Ovest : 9 km.*
piazza De Gasperi 10 ✆ *0776 21292, Fax 0776 25692.*
Roma 130 – Frosinone 53 – Caserta 71 – Gaeta 47 – Isernia 48 – Napoli 98.

Forum Palace Hotel, via Casilina Nord ✆ 0776 301211, *Fax 0776 302116* – P – 300
100 cam.

Rocca, via Sferracavallo 105 ✆ 0776 311212, *Fax 0776 25427*, Parco acquatico con – P. AE MC VISA.
chiuso 24 e 25 dicembre – **Pasto** carta 35/50000 – 8000 – **57 cam** 80/110000 – 1/2 P 85/100000.

Alba, via G. di Biasio 53 ✆ 0776 21873, *Fax 0776 25700*, – P – 50. AE MC VISA. cam
Pasto 30/45000 e al Rist. ***Da Mario*** carta 40/55000 – **30 cam** 100/150000 – 1/2 P 80/95000.

Al Boschetto, via Ausonia 54 (Sud-Est : 2 km) ✆ 0776 39131, *Fax 0776 301315*, – P. AE MC VISA.
Pasto carta 30/65000 – 12000 – **46 cam** 100/130000 – 1/2 P 110000.

Leggete attentamente l'introduzione : è la « chiave » della guida.

CASTAGNETO CARDUCCI *57022 Livorno* 430 M 13 *G. Toscana – 8 280 ab. alt. 194 – a.s. 15 giugno-15 settembre.*
Roma 272 – Firenze 143 – Grosseto 84 – Livorno 57 – Piombino 33 – Siena 119.

Zì Martino, località San Giusto 264/a (Ovest : 2 km) ✆ 0565 766000, *Fax 0565 763444*, – P. MC VISA.
chiuso dal 15 ottobre al 15 novembre – **Pasto** *(chiuso lunedì)* carta 35/50000 – **23 cam** 95/220000 – 1/2 P 150000.

a Donoratico *Nord-Ovest : 6 km* – ✉ *57024 :*

Nuovo Hotel Bambolo senza rist, Nord : 1 km ✆ 0565 775206, *Fax 0565 775346*, – P. AE MC VISA JCB.
chiuso dicembre – **35 cam** 180/250000, 10000.

a Marina di Castagneto *Nord-Ovest : 9 km* – ✉ *57024 Donoratico.*
(maggio-settembre) via della Marina 8 ✆ *0565 744276, Fax 0565 744276*

Alle Dune, via Milano 14 ✆ 0565 746611, *Fax 0565 746659*, « Parco-pineta », – P – 150. VISA.
Pasto *(chiuso martedì)* carta 45/80000 – 15000 – **31 cam** 110/145000 – 1/2 P 170/250000.

Villa Il Tirreno, via della Triglia 4 ✆ 0565 744036, *Fax 0565 744187* – rist, . AE MC VISA.
febbraio-ottobre – **Pasto** carta 45/60000 – **30 cam** 160/180000 – 1/2 P 160000.

La Tana del Pirata, via Milano 17 ✆ 0565 744143, *Fax 0565 744548*, – P. AE MC VISA JCB
10 aprile-10 ottobre; chiuso martedì escluso da giugno a settembre – **Pasto** carta 50/110000.

CASTAGNETO PO *10090 Torino* 428 G 5 – *1 389 ab. alt. 473.*
Roma 685 – Torino 26 – Aosta 105 – Milano 122 – Novara 77 – Vercelli 59.

La Pergola, via delle Scuole 2 ✆ 011 912933, – VISA
chiuso dall'8 gennaio al 4 febbraio, martedì a mezzogiorno in luglio-agosto, tutto il giorno negli altri mesi – **Pasto** carta 40/60000.

CASTEGGIO *27045 Pavia* 988 ⑬, 428 G 9 – *6 766 ab. alt. 90.*
Roma 549 – Alessandria 47 – Genova 101 – Milano 59 – Pavia 21 – Piacenza 51.

Ai Colli di Mairano, località Mairano ☎ 0383 83296 – P. AE S O MC VISA.
chiuso dal 7 al 15 gennaio, luglio e lunedì – **Pasto** carta 30/55000.

CASTELBELLO CIARDES (KASTELBELL TSCHARS) *39020 Bolzano* 428, 429 C 14, 218 ⑲ *2 316 ab. alt. 586.*
via Nazionale ☎ 0473 624193, Fax 0473 624559.
Roma 688 – Bolzano 51 – Merano 23.

Kuppelrain con cam, piazza Stazione 16 ☎ 0473 624103, Coperti limitati; prenota – rist, P.
chiuso dal 10 luglio al 3 agosto – **Pasto** *(chiuso domenica e lunedì a mezzogiorno)* car 70/95000 – **4 cam** 60/120000 – 1/2 P 90000.

sulla strada statale 38 :

Sand, via Molino 2 (Est : 4,5 km) ✉ 39020 ☎ 0473 624130, *Fax 0473 624406*, ≤, « Giarc no-frutteto con campo pratica golf e beach volley », – rist, TV P. AE S MC VISA. rist
16 marzo-14 novembre – **Pasto** *(chiuso mercoledì)* carta 50/80000 – **35 cam** 13 240000 – 1/2 P 180000.

Petersilie, Via Nazionale 43 (Est : 1,3 km) ☎ 0473 624029, *Fax 0473 624029* – P.
chiuso il lunedì – **Pasto** carta 60/85000.

Jährlich eine neue Ausgabe
Aktuellste Informationen, jährlich für Sie!

CASTELBUONO *Palermo* 988 ㊱, 432 N 24 – *Vedere Sicilia alla fine dell'elenco alfabetico.*

CASTELCUCCO *31030 Treviso* 429 E 17 – *1 777 ab. alt. 189.*
Roma 555 – Belluno 55 – Padova 62 – Treviso 36 – Trento 100 – Venezia 71.

Monte Grappa, via Monte Grappa 8 ☎ 0423 563123, *Fax 0423 563123*, – rist, P. AE S O MC VISA. rist
Pasto *(chiuso giovedì)* cucina casalinga carta 30/50000 – **17 cam** 70/110000 – 1/2 P 8 90000.

CASTEL D'APPIO *Imperia – Vedere Ventimiglia.*

CASTEL D'ARIO *46033 Mantova* 428, 429 G 14 – *4 040 ab. alt. 24.*
Roma 478 – Verona 47 – Ferrara 96 – Mantova 15 – Milano 188.

Edelweiss con cam, via Roma 109 (Ovest : 1 km) ☎ 0376 665885, *Fax 0376 665893*, TV P. AE S O MC VISA JCB.
chiuso dal 1° al 22 gennaio – **Pasto** *(chiuso mercoledì)* carta 45/80000 – 15000 – **7 ca** 100/120000 – 1/2 P 80000.

Stazione, via Rimembranze 56 ☎ 0376 660217 – .
chiuso dal 1° al 15 gennaio, luglio, lunedì sera e martedì a mezzogiorno **Pasto** car 40/50000.

CASTEL D'AZZANO *37060 Verona* 428, 429 F 14 – *9 957 ab. alt. 44.*
Roma 495 – Verona 12 – Mantova 32 – Milano 162 – Padova 92.

Cristallo senza rist, via Scuderlando 122 ☎ 045 8520932, *Fax 045 8520244* – TV P – 60. AE S O MC VISA.
chiuso dal 20 dicembre al 5 gennaio – **80 cam** 200/220000.

CASTELDEBOLE *Bologna – Vedere Bologna.*

CASTELDIMEZZO *Pesaro e Urbino* 429, 430 K 20 – *alt. 197 – ✉ 61010 Fiorenzuola di Focara.*
Roma 312 – Rimini 27 – Milano 348 – Pesaro 12 – Urbino 41.

Taverna del Pescatore, ☎ 0721 208116, *Fax 0721 208408*, prenotare, « Servizio es vo in terrazza con ≤ mare e dintorni » – AE S O MC VISA JCB.
4 marzo-30 settembre chiuso a mezzogiorno da lunedì a giovedì e mercoledì sino a giugno – **Pasto** specialità di mare carta 70/110000.

CASTEL DI SANGRO *67031 L'Aquila* [988] ㉗, [430] Q 24, [431] B 24 – *5 722 ab. alt. 800.*
Roma 206 – Campobasso 80 – Chieti 101 – L'Aquila 109 – Sulmona 42.

Don Luis ⛰, Parco del Sangro ☎ 0864 847061 e rist ☎ 0864 841121, *Fax 0864 847061,* ≤, 🌳 – [|♦|] [TV] ☎ ♿ [P]. [AE] [S] [O] [MC] [VISA]
Pasto al Rist. ***Le Vele*** carta 35/75000 – **40 cam** ☕ 125/190000, 3 appartamenti.

CASTEL DI TUSA *Messina* [432] M 24 – *Vedere Sicilia alla fine dell'elenco alfabetico.*

CASTELFRANCO DI SOPRA *52020 Arezzo* [429], [430] L 16 – *2 702 ab. alt. 280.*
Roma 238 – Firenze 43 – Siena 68 – Arezzo 46 – Forlì 140.

🍴🍴 **Vicolo del Contento,** via Ponte a Mandri 38 (Nord : 1,5 km) ☎ 055 9149277, *Fax 055 9149906,* 🌳, prenotare – [P]. [AE] [S] [O] [MC] [VISA]
chiuso lunedì, martedì ed a mezzogiorno escluso domenica – **Pasto** 80000 e carta 65/100000
Spec. Insalata di mazzancolle in salsa di basilico. Filetto di pesce spada alla mediterranea. Filetto di branzino avvolto in scaglie di porcini (ottobre).

CASTELFRANCO EMILIA *41013 Modena* [988] ⑭, [429], [430] I 15 – *23 011 ab. alt. 42.*
Roma 398 – Bologna 25 – Ferrara 69 – Firenze 125 – Milano 183 – Modena 13.

Aquila senza rist, via Leonardo da Vinci 5 ☎ 059 923208, *Fax 059 927159* – [|♦|] ▤ [TV] ☎ ♿ [P]. [AE] [S] [O] [MC] [VISA]. 🚭 cam
☕ 18000 – **30 cam** 115/160000.

🍴 **La Lumira,** corso Martiri 74 ☎ 059 926550, « Ristorante caratteristico » – [P]. [AE] [S] [O] [VISA]. 🚭
chiuso dal 1° al 7 gennaio, Pasqua, agosto, domenica e lunedì a mezzogiorno – **Pasto** carta 45/70000.

a Rastellino *Nord-Est : 6 km* – ✉ *41013 Castelfranco Emilia :*

🍴🍴 **Rastellino,** via Enrico Toti 5/7/9 ☎ 059 937151, « Servizio estivo all'aperto » – [P]. [AE] [S] [O] [MC] [VISA]. 🚭
chiuso lunedì – **Pasto** carta 40/60000.

CASTELFRANCO VENETO *31033 Treviso* [988] ⑤, [429] E 17 *G. Italia* – *30 909 ab. alt. 42.*
Vedere *Madonna col Bambino*** *del Giorgione nella Cattedrale.*
⛳9 e ⛳9 *Ca' Amata* ☎ *0423 493537, Fax 0423 721842.*
Roma 532 – Padova 34 – Belluno 74 – Milano 239 – Trento 109 – Treviso 27 – Venezia 56 – Vicenza 34.

Alla Torre senza rist, piazzetta Trento e Trieste 7 ☎ 0423 498707, *Fax 0423 498737* – [|♦|] ▤ [TV] ☎ 🚗 – 👥 70. [AE] [S] [O] [MC] [VISA]. 🚭
☕ 16000 – **39 cam** 110/180000.

Al Moretto senza rist, via San Pio X 10 ☎ 0423 721313, *Fax 0423 721066,* 🏛 – [|♦|] ▤ [TV] ☎ [P] – 👥 40. [AE] [S] [O] [MC] [VISA]. 🚭
chiuso dal 24 dicembre al 10 gennaio e dal 6 al 22 agosto – ☕ 15000 – **35 cam** 140/170000.

🍴🍴 **Alle Mura,** via Preti 69 ☎ 0423 498098, « Servizio estivo in giardino » – [AE] [S] [O] [MC] [VISA]
chiuso agosto e giovedì – **Pasto** specialità tradizionali e di mare carta 70/105000.

a Salvarosa *Nord-Est : 3 km* – ✉ *31033 Castelfranco Veneto :*

Fior ⛰, via dei Carpani 18 ☎ 0423 721212, *Fax 0423 498771,* « Grande giardino con 🏊 e 🎾 », ♨, 🏊 riscaldata – [|♦|] ▤ [TV] ☎ 🚗 [P] – 👥 250. [AE] [S] [O] [MC] [VISA]. 🚭
Pasto *(chiuso lunedì)* carta 45/60000 – **44 cam** ☕ 140/190000 – 1/2 P 150000.

🍴🍴 **Barbesin,** via Montebelluna 41 ☎ 0423 490446, *Fax 0423 490261* – ▤ [P]. [AE] [S] [O] [MC] [VISA]. 🚭
chiuso dal 27 dicembre al 12 gennaio, dal 4 al 23 agosto, mercoledì sera e giovedì – **Pasto** carta 35/55000.

🍴🍴 **Da Rino Fior,** via Montebelluna 27 ☎ 0423 490462, *Fax 0423 720280,* 🌳 – ▤ [P]. [AE] [S] [O] [MC] [VISA] [JCB]. 🚭
chiuso dal 1° all'8 gennaio, dal 29 luglio al 22 agosto, lunedì sera e martedì – **Pasto** carta 35/45000.

*Un consiglio **Michelin:***
per la buona riuscita di un viaggio, preparatelo in anticipo.
*Le **carte** e le **guide Michelin** vi danno tutte le indicazioni*
utili su: itinerari, curiosità, sistemazioni, prezzi, ecc.

CASTEL GANDOLFO *00040 Roma 988 ㉖, 430 Q 19 G. Roma – 8 129 ab. alt. 426.*

18 *06 9312301, Fax 06 9312244.*

Roma 25 – Anzio 36 – Frosinone 76 – Latina 46 – Terracina 80.

Castelvecchio, viale Pio XI, 23 06 9360308, *Fax 06 9360579,* lago e colli, « Roof garden con » – – 100. AE VISA.

Pasto carta 40/100000 – **49 cam** 170/230000.

Antico Ristorante Pagnanelli, via Gramsci 4 06 9361740, *Fax 06 93021877,* lago, , « Caratteristiche cantine-enoteca con servizio rist. » – AE VISA.

chiuso martedì – **Pasto** carta 45/80000.

CASTEL GOFFREDO *46042 Mantova 428, 429 G 13 – 9 468 ab. alt. 56.*

Roma 490 – Brescia 40 – Cremona 51 – Parma 70 – Piacenza 85 – Verona 68.

La Beffa, viale Europa 19 0376 779253, Coperti limitati; prenotare – . AE VISA JCB.

chiuso dal 5 al 25 agosto e domenica – **Pasto** specialità di mare 35/50000 bc (a mezzogiorno) 65/120000 bc (la sera) e carta 55/95000.

CASTEL GUELFO DI BOLOGNA *40023 Bologna 429 I 17 – 3 259 ab. alt. 32.*

Roma 404 – Bologna 28 – Ferrara 74 – Firenze 136 – Forlì 57 – Ravenna 60.

Locanda Solarola con cam, via Santa Croce 5 (Ovest : 7 km) 0542 67010, *Fax 0542 670222,* Coperti limitati; prenotare, « Casa di campagna nel verde », – . AE VISA JCB. rist

Pasto *(chiuso lunedì e martedì a mezzogiorno)* 110/130000 e carta 140/210000 – **15 cam** 340/360000 – 1/2 P 280/300000

Spec. Zuppa di borlotti con involtini di pescatrice e galletti (autunno). Risotto alla folaga salsa di noce moscata (inverno). Carré d'agnello in brodetto di melanzane (primavera).

CASTELLABATE *84048 Salerno 988 ㉘ ㊳, 431 G 26 – 7 569 ab. alt. 278 – a.s. luglio-agosto.*

Roma 328 – Potenza 126 – Agropoli 13 – Napoli 122 – Salerno 71 – Sapri 123.

a Santa Maria *Nord-Ovest : 5 km – 84072 :*

Villa Sirio, via Lungomare De Simone 15 0974 960162, *Fax 0974 961099* – . AE VISA JCB.

Pasto *(aprile-ottobre)* carta 40/85000 (10 %) – **14 cam** 270/360000 – 1/2 P 150/210000

La Taverna del Pescatore, via Lamia 0974 968293, *Fax 0974 968293,* , prenota – . AE VISA.

marzo-novembre; chiuso lunedì escluso dal 15 giugno al 15 settembre – **Pasto** specialità mare carta 35/60000 (10 %).

I Due Fratelli, via Sant'Andrea (Nord : 1,5 km) 0974 968004, , – . AE VISA.

chiuso mercoledì escluso dal 15 giugno al 15 settembre – **Pasto** carta 30/60000 (10 %).

a San Marco *Sud-Ovest : 5 km – 84071 :*

L'Approdo, via Porto 49 0974 966001, *Fax 0974 966500,* , , , – , cam, cam, . AE VISA.

Pasqua-10 ottobre – **Pasto** carta 35/50000 (13 %) – **52 cam** 140/210000 – 1/2 P 140/190000.

Giacaranda , contrada Cenito (Sud : 1 km) 0974 966130, *Fax 0974 966800,* , solo su prenotazione, , – . VISA.

Pasto (solo per alloggiati) 55/70000 – **4 cam** 115/190000, appartamento – 1/2 P 130/145000.

CASTELLAMMARE DEL GOLFO *Trapani 988 ㉟, 432 M 20 – Vedere Sicilia alla fine dell'elenco alfabetico.*

CASTELLAMMARE DI STABIA *80053 Napoli 988 ㉗, 431 E 25 G. Italia – 66 214 ab. – Stazione termale, a.s. luglio-settembre.*

Vedere *Antiquarium*★.

Dintorni *Scavi di Pompei*★★★ *Nord : 5 km – Monte Faito*★★ *:* ★★★ *dal belvedere dei Capi e* ★★★ *dalla cappella di San Michele (strada a pedaggio).*

piazza Matteotti 34/35 081 8711334.

Roma 238 – Napoli 31 – Avellino 50 – Caserta 55 – Salerno 31 – Sorrento 19.

La Medusa , via Passeggiata Archeologica 5 081 8723383, *Fax 081 8717009,* , , « Giardino-agrumeto con » – – 60. AE VISA.

Pasto carta 60/120000 – **54 cam** 190/270000, appartamento – 1/2 P 135/165000.

CASTELLANA GROTTE *70013 Bari* 988 ㉙, 431 E 33 *G. Italia – 18 354 ab. alt. 290.*

Vedere *Grotte*** Sud-Ovest : 2 km.*

Roma 488 – Bari 40 – Brindisi 82 – Lecce 120 – Matera 65 – Potenza 154 – Taranto 60.

Le Soleil, via Conversano 157 (Nord : 1 km) ✆ 080 4965133, *Fax 080 4961409* – TV ☎ P – 120. AE S ⦿ MC VISA JCB. 🚫
Pasto *(chiuso novembre)* carta 30/45000 – ☕ 10000 – **55 cam** 90/110000 – ½ P 110000.

Le Jardin 🔇 con cam, contrada Scamardella 59 ✆ 080 4966300, *Fax 080 4965520*, ⛱, prenotare – ▤ TV ☎ P. S ⦿ MC VISA JCB. 🚫
Pasto *(chiuso lunedì)* carta 40/75000 – **10 cam** ☕ 125/180000 – ½ P 120/135000.

Da Ernesto e Rosa-Taverna degli Artisti, via Vito Matarrese 23/27, alle grotte Sud-Ovest : 2 km ✆ 080 4968234, *Fax 080 4968234*, ⛱ – AE S ⦿ MC VISA JCB. 🚫
chiuso dicembre, la sera da gennaio al 15 marzo e giovedì escluso da luglio a settembre – **Pasto** carta 30/45000 (10 %).

CASTELL' APERTOLE *Vercelli – Vedere Livorno Ferraris.*

CASTELLARO LAGUSELLO *Mantova* 428, 429 F 13 – *Vedere Monzambano.*

CASTELL'ARQUATO *29014 Piacenza* 988 ⑬, 428, 429 H 11 – *4 609 ab. alt. 225.*

18 *(chiuso martedì) località Bacedasco Terme* ✉ *29010 Alseno* ✆ *0523 895547, Fax 0523 895544.*

🅘 *viale Remondini 1* ✆ *0523 803091.*

Roma 495 – Piacenza 34 – Bologna 134 – Cremona 39 – Milano 96 – Parma 41.

La Rocca-da Franco, via Asilo 4 ✆ 0523 805154, *Fax 0523 805154*, ≤, prenotare – AE S ⦿ MC VISA
chiuso gennaio, luglio, martedì sera e mercoledì – **Pasto** 40/50000 e carta 40/60000.

Maps, piazza Europa 3 ✆ 0523 804411, *Fax 0523 803031*, Coperti limitati; prenotare, « Servizio estivo all'aperto » – AE S ⦿ MC VISA. 🚫
chiuso dal 1° al 20 gennaio, dal 20 agosto al 5 settembre, Natale, martedì e da novembre a marzo anche lunedì sera – **Pasto** carta 60/90000.

Da Faccini, località Sant'Antonio Nord : 3 km ✆ 0523 896340, *Fax 0523 896470*, ⛱ – P. AE S ⦿ MC VISA JCB. 🚫
chiuso dal 20 al 30 gennaio, dal 4 al 15 luglio e mercoledì – **Pasto** carta 50/65000.

CASTELLETTO DI BRENZONE *Verona* 428 E 14 – *Vedere Brenzone.*

CASTELLINA IN CHIANTI *53011 Siena* 988 ⑭ ⑮, 430 L 15 – *2 622 ab. alt. 578.*

Roma 251 – Firenze 61 – Siena 24 – Arezzo 67 – Pisa 98.

Villa Casalecchi 🔇, località Casalecchi di Sotto 18 (Sud : 1 km) ✆ 0577 740240, *Fax 0577 741111*, ≤, 🏊, 🌳, 🎾 – TV ☎ P. AE S ⦿ MC VISA. 🚫 rist
28 marzo-ottobre – **Pasto** *(chiuso mercoledì)* carta 80/120000 – **16 cam** ☕ 360/390000, 3 appartamenti.

Palazzo Squarcialupi senza rist, via Ferruccio 26 ✆ 0577 741186, *Fax 0577 740386*, « In un edificio del 1400 con 🏊 in giardino e ≤ colli e dintorni », 🌳 – ⧗ ▤ TV ☎ ♿ P. AE S MC VISA
chiuso da novembre al 27 dicembre e dal 15 gennaio al 15 marzo – **17 cam** ☕ 290000.

Salivolpi 🔇 senza rist, via Fiorentina 89 (Nord-Est : 1 km) ✆ 0577 740484, *Fax 0577 740998*, ≤, 🏊, 🌳 – TV ☎ P. AE S MC VISA. 🚫
18 cam ☕ 165000.

Albergaccio di Castellina, via Fiorentina 63 ✆ 0577 741042, *Fax 0577 741250*, ⛱, prenotare – P. 🚫
chiuso domenica ed a mezzogiorno da martedì a giovedì – **Pasto** 40/65000 (a mezzogiorno) 65000 (alla sera) e carta 55/85000.

a Ricavo *Nord : 4 km –* ✉ *53011 Castellina in Chianti :*

Tenuta di Ricavo 🔇, località Ricavo 4 ✆ 0577 740221, *Fax 0577 741014*, ≤, ⛱, « Borgo rustico », Fø, 🏊, 🌳 – TV ☎ P. 🚫
marzo-novembre – **Pasto** *(chiuso martedì e mercoledì;* prenotare) carta 55/110000 – **16 cam** ☕ 260/430000, 6 appartamenti.

a San Leonino *Sud : 9 km –* ✉ *53011 Castellina in Chianti :*

Belvedere di San Leonino 🔇, ✆ 0577 740887, *Fax 0577 740924*, ≤, ⛱, « In un'antica casa colonica », 🏊, 🌳 – ☎ P. AE S MC VISA. 🚫
Pasto (solo per alloggiati; *chiuso a mezzogiorno*) 30/40000 – **28 cam** ☕ 195000 – ½ P 245000.

a Piazza *Nord : 10 km – ✉ 53011 Castellina in Chianti :*

Poggio al Sorbo senza rist, località Poggio al Sorbo 48 (Ovest : 1 km) *0577 749731, Fax 0577 749731,* colline e borghi circostanti, « In un piccolo borgo agrituristico del 1400 in zona collinare e verdeggiante », – P. AE VISA.
chiuso dal 15 gennaio al 28 febbraio – 4 appartamenti 345/400000.

CASTELLINA MARITTIMA *56040 Pisa* 430 L 13 – *1 871 ab. alt. 375.*
Roma 308 – Pisa 49 – Firenze 105 – Livorno 40 – Pistoia 89 – Siena 103.

Il Poggetto, via dei Giardini 2 050 695205, *Fax 050 695246*, « Giardino ombreggiato », – TV P. AE VISA JCB.
chiuso gennaio – **Pasto** *(chiuso lunedì escluso da luglio a settembre)* carta 35/55000 – 12000 – **31 cam** 90/130000 – ½ P 70/95000.

CASTELLO *Brescia* 428, 429 F 13 – *Vedere Serle.*

CASTELLO DI BRIANZA *23884 Lecco* 219 ⑲ – *2 081 ab. alt. 394.*
Roma 598 – Como 26 – Bergamo 35 – Lecco 14 – Milano 37.

La Piana, via San Lorenzo 1 (Nord-Est : 1 km) 039 5311553, prenotare – VISA.
chiuso dal 1° al 15 gennaio, dal 1° al 10 luglio, lunedì e martedì a mezzogiorno – **Pasto** carta 50/75000.

Lisez attentivement l'introduction : c'est la clé du guide.

CASTELLO MOLINA DI FIEMME *38030 Trento* 429 D 16 – *1 997 ab. alt. 963 – a.s. 23 gennaio, Pasqua e Natale.*
(luglio-settembre) 0462 241150.
Roma 645 – Bolzano 41 – Trento 64 – Belluno 95 – Cortina d'Ampezzo 100 – Milano 303.

Los Andes, via Dolomiti 5 0462 340098, *Fax 0462 342230*, – TV P. VISA.
dicembre-aprile e giugno-ottobre – **Pasto** 35000 – 18000 – **42 cam** 120/160000 ½ P 90/130000.

CASTELLUCCHIO *46014 Mantova* 428, 429 G 13 – *4 839 ab. alt. 26.*
Roma 467 – Parma 55 – Brescia 65 – Mantova 11 – Piacenza 91 – Verona 53.

Antica Locanda Tre Re, con cam, via Roma 112/a 0376 439848, *Fax 0376 438940*, Ris e bistrot con pizzeria serale – TV P
Pasto specialità di mare – **14 cam.**

CASTELLUCCIO INFERIORE *85040 Potenza* 431 G 29 – *2 454 ab. alt. 479.*
Roma 402 – Cosenza 118 – Potenza 138 – Salerno 146.

Il Beccaccino, largo Marconi 0973 662129, *Fax 0973 662129* – P. AE VISA
chiuso dall'8 al 14 giugno, dal 10 al 30 novembre emercoledì – **Pasto** carta 25/40000.

CASTEL MADAMA *00024 Roma* 988 ㉖, 430 Q 20 – *6 679 ab. alt. 453.*
Roma 42 – Avezzano 70.

Sgommarello, via Sant'Anna 77, a Collerminio Sud-Ovest : 4 km 0774 41143 *Fax 0774 411115*, – P. AE VISA.
chiuso dal 20 luglio al 10 agosto, domenica sera e mercoledì – **Pasto** carta 35/55000.

Porta Luisa, via Aniene 6 0774 449405 – AE VISA
chiuso dal 7 al 31 agosto e martedì – **Pasto** carta 40/45000.

CASTEL MAGGIORE *40013 Bologna* 429, 430 I 16 – *15 613 ab. alt. 20.*
Roma 387 – Bologna 10 – Ferrara 38 – Milano 214.

Olimpic, via Galliera 23 051 700861, *Fax 051 700776* – TV P – 40. VISA JCB
Pasto *(chiuso agosto)* carta 40/65000 – 10000 – **62 cam** 80/100000 – ½ P 100/120000

Alla Scuderia, località Castello Est : 1,5 km 051 713302, *Fax 051 713302*, prenotare – P. AE VISA.
chiuso dal 6 al 27 agosto e domenica – **Pasto** carta 50/60000.

Trebbo di Reno *Sud-Ovest : 6 km – ✉ 40060 :*

XX ✿ **Il Sole-Antica Locanda del Trebbo** con cam, via Lame 67 ☎ 051 700102 e alb. ☎ 051 4178111, *Fax 051 700290*, 🏠, Coperti limitati; prenotare – ▤ **P**. AE 🅂 ⓓ ⓜ VISA JCB
Pasto *(chiuso 25-26 dicembre, Pasqua, dal 13 al 31 agosto, sabato a mezzogiorno e domenica)* 85000 e carta 65/90000 – **23 cam** ☕ 160/240000
Spec. Canocchie gratinate con funghi e pomodoro fresco. Gnocchi di patate con vongole. Filetto di branzino con spinaci su salsa di prosciutto affumicato.

CASTELMOLA *Messina – Vedere Sicilia (Taormina) alla fine dell'elenco alfabetico.*

CASTELNOVATE *Varese – Vedere Vizzola Ticino.*

CASTELNOVO DI BAGANZOLA *Parma – Vedere Parma.*

CASTELNOVO DI SOTTO *42024 Reggio nell'Emilia* 428, 429 H 13 – *7 507 ab. alt. 27.*
Roma 440 – Parma 26 – Bologna 78 – Mantova 56 – Milano 142 – Reggio nell'Emilia 15.

🏨 **Poli,** via Puccini 1 ☎ 0522 683168, *Fax 0522 683774*, 🌳 – 🛗 ▤ TV ☎ ♿ P – 🏛 120. AE 🅂 ⓓ ⓜ VISA. 🐕
Pasto vedere rist ***Poli-alla Stazione*** – **55 cam** ☕ 115/170000.

XXX **Poli-alla Stazione,** viale della Repubblica 10 ☎ 0522 682342, *Fax 0522 683774*, 🏠, 🏊 – P. AE 🅂 ⓓ ⓜ VISA. 🐕
chiuso domenica sera ed agosto – **Pasto** carta 55/85000.

CASTELNOVO NE' MONTI *42035 Reggio nell'Emilia* 988 ⑭, 428, 429, 430 I 13 – *9 933 ab. alt. 700 – a.s. luglio-13 settembre.*
ℹ *piazza Martiri della Libertà 12 ☎ 0522 810430, Fax 0522 810430.*
Roma 470 – Parma 58 – Bologna 108 – Milano 180 – Reggio nell'Emilia 43 – La Spezia 90.

🏨 **Bismantova,** via Roma 73 ☎ 0522 812218, *Fax 0522 810989* – 🛗 TV ☎. AE 🅂 ⓜ VISA. 🐕
chiuso novembre – **Pasto** *(chiuso martedì escluso luglio-agosto)* carta 40/55000 – ☕ 13000 – **18 cam** 80/110000 – ½ P 80/95000.

X **Locanda da Cines** con cam, piazzale Rovereto 2 ☎ 0522 812462, *Fax 0522 812462*, prenotare, 🌳 – TV ☎. AE 🅂 ⓜ VISA. 🐕
chiuso gennaio, febbraio e dal 1º al 10 ottobre – **Pasto** *(chiuso sabato)* carta 40/55000 – ☕ 10000 – **10 cam** 55/110000 – ½ P 85/90000.

CASTELNUOVO *Padova* 429 G 17 – *Vedere Teolo.*

CASTELNUOVO BERARDENGA *53019 Siena* 988 ⑮, 430 L 16 *G. Toscana – 7 221 ab. alt. 351.*
Roma 215 – Siena 19 – Arezzo 50 – Perugia 93.

🏨 **Relais Villa Arceno** 🐚, località Arceno-San Gusmè Nord : 4,5 km ✉ 53010 San Gusmè ☎ 0577 359292, *Fax 0577 359276*, « Villa seicentesca in una tenuta agricola, giardino con 🏊 🎾 e parco con lago » – 🛗 ▤ TV ☎ P. AE 🅂 ⓓ ⓜ VISA. 🐕
chiuso gennaio – **Pasto** carta 85/135000 (20 %) – **12 cam** ☕ 430/530000, 4 appartamenti – ½ P 450/470000.

🏨 **Relais Borgo San Felice** 🐚, località San Felice Nord-Ovest : 10 km ☎ 0577 359260, *Fax 0577 359089*, ≤, 🏠, « In un antico borgo tra i vigneti », 🏊 riscaldata, 🌳, 🎾 – ▤ TV ☎ P – 🏛 60. AE 🅂 ⓓ ⓜ VISA. 🐕 rist
aprile-ottobre – **Pasto** carta 85/145000 – **33 cam** ☕ 340/495000, 12 appartamenti – ½ P 375000.

XX **Da Antonio,** via Fiorita 38 ☎ 0577 355321, « Servizio estivo in terrazza ». 🅂 ⓜ VISA
chiuso novembre – **Pasto** specialità di mare 90/120000.

X ✿ **La Bottega del 30,** via Santa Caterina 2, località Villa a Sesta Nord : 5 km ☎ 0577 359226, *Fax 0577 359226*, 🏠, Coperti limitati; prenotare – 🅂 ⓜ VISA JCB. 🐕
chiuso a mezzogiorno (escluso domenica ed i giorni festivi), martedì e mercoledì – **Pasto** 80000 bc e 100000
Spec. Ravioli di piccione con pesto di rosmarino e pinoli. Zuppa di fagianella con crostini di pane e tartufo (primavera, autunno). Mousse di ricotta e limone con amaretti e coulis di frutta.

a Colonna del Grillo *Sud-Est : 5 km – ✉ 53019 Castelnuovo Berardenga :*

Posta del Chianti senza rist, ☎ 0577 353000, *Fax 0577 353050* – [TV] ☎ [P]. [AE] [S] ⓞ ●
[VISA]. ✂
chiuso novembre – **16 cam** ☕ 150/220000.

CASTELNUOVO DEL GARDA *37014 Verona* [429] F 14 – *8 265 ab. alt. 130.*
Roma 520 – Verona 19 – Brescia 51 – Mantova 46 – Milano 140 – Trento 87 – Venezia 133.

La Meridiana, via Zamboni 11 località Sandrà (Nord-Est : 3 km) ☎ 045 759630
Fax 045 7596313, ☂, ☀ – ▤ [TV] ☎ ♿ [P]. [AE] [S] [MC] [VISA]
chiuso dal 1° al 10 gennaio – **Pasto** *(chiuso gennaio e mercoledì)* carta 30/60000 – **14 ca**
☕ 90/110000 – ½ P 80000.

CASTELNUOVO DELLA DAUNIA *71034 Foggia* [988] ㉘, [431] C 27 – *1 831 ab. alt. 553.*
Roma 332 – Foggia 38 – San Severo 31 – Termoli 78.

🍴🍴 **Il Cenacolo,** piazza Guglielmi 3 ☎ 0881 559587, ☂, Coperti limitati; prenotare – [AE] [S] ●
[MC] [VISA]
chiuso dal 15 al 30 agosto, dal 1° al 10 novembre, domenica sera e lunedì – **Pasto** car
45/55000.

CASTELNUOVO DEL ZAPPA *Cremona* [428], [429] G 12 – *Vedere Castelverde.*

CASTELNUOVO DI GARFAGNANA *55032 Lucca* [988] ⑭, [428], [429], [430] J 13
6 153 ab. alt. 277.
Roma 395 – Pisa 67 – Bologna 141 – Firenze 121 – Lucca 47 – Milano 263 – La Spezia 81.

La Lanterna, località Le Monache 300/b (Nord : 1,5 km) ☎ 058
62272 e rist. ☎ 0583 63364, *Fax 0583 62272,* ☀ – |‡| [TV] ☎ ♿ [P]. [AE] [S] ⓞ [MC] [VISA]
Pasto *(chiuso martedì escluso dal 7 al 23 gennaio e in luglio-agosto)* carta 30/40000
22 cam ☕ 75/130000 – ½ P 75/90000.

CASTELNUOVO DON BOSCO *14022 Asti* [428] G 5 – *2 950 ab. alt. 306.*
Roma 655 – Torino 31 – Asti 33 – Cuneo 93 – Vercelli 78.

🍴 **Nuovo Monferrato,** via Marconi 16 ☎ 011 9876284 – [AE] [S] ⓞ [MC] [VISA]. ✂
chiuso dal 1° al 15 gennaio e dal 15 al 30 luglio, martedì sera e mercoledì – **Pasto** car
35/55000.

CASTELNUOVO FOGLIANI *Piacenza* [428], [429] H 11 – *Vedere Alseno.*

CASTELNUOVO MAGRA *19030 La Spezia* [428], [429], [430] J 12 – *8 022 ab. alt. 188.*
Roma 404 – La Spezia 24 – Pisa 61 – Reggio nell'Emilia 149.

🍴 **Armanda,** piazza Garibaldi 6 ☎ 0187 674410, Coperti limitati; prenotare – [AE] [S] ⓞ ●
[VISA]. ✂
chiuso dal 24 dicembre al 6 gennaio, dal 15 al 30 giugno e mercoledì – **Pasto** car
40/75000.

CASTELPETROSO *86090 Isernia* [431] C 25 – *1 733 ab. alt. 871.*
Roma 179 – Campobasso 32 – Benevento 74 – Foggia 121 – Isernia 14 – Napoli 120.

La Fonte dell'Astore, via Santuario Sud-Ovest : 4 km ☎ 0865 936085, *Fax 0865 9360*
– |‡| ▤ [TV] ☎ ♿ 🚗 [P]. [AE] [S] ⓞ [MC] [VISA] [JCB]. ✂
Pasto carta 30/40000 – **36 cam** ☕ 80/100000 – ½ P 75/85000.

CASTELRAIMONDO *62022 Macerata* [988] ⑯, [430] M 21 – *4 471 ab. alt. 307.*
Roma 217 – Ancona 85 – Fabriano 27 – Foligno 60 – Macerata 42 – Perugia 93.

a Sant'Angelo *Sud-Ovest : 7 km – ✉ 62022 Castelraimondo :*

🍴🍴 **Il Giardino degli Ulivi** ☾ con cam, via Crucianelli 54 ☎ 0737 642121, *Fax 0737 6404*
≤ colline, prenotare, « In un antico casolare » – [P]. [AE] [VISA]. ✂
chiuso dal 15 novembre al 5 dicembre e dal 9 al 30 gennaio – **Pasto** *(chiuso martedì)* 300
a mezzogiorno e 40/50000 la sera – **5 cam** ☕ 100/180000 – ½ P 100/120000.

CASTEL RIGONE *06060 Perugia* 430 M 18 – *alt. 653.*
Roma 208 – Perugia 26 – Arezzo 58 – Siena 90.

Relais la Fattoria, via Rigone 1 ✆ 075 845322, *Fax 075 845197*, « In un piccolo borgo medievale », – – 120. AE VISA.
Pasto al Rist. ***La Corte*** *(chiuso dal 7 al 21 gennaio)* 30/40000 e carta 50/75000 – **30 cam** 160/360000 – ½ P 160/210000.

CASTELROTTO (KASTELRUTH) *39040 Bolzano* 988 ④, 429 C 16 – *5 949 ab. alt. 1 060 – Sport invernali : vedere Alpe di Siusi.*
piazza Kraus 1 ✆ 0471 706333, Fax 0471 705188.
Roma 667 – Bolzano 26 – Bressanone 25 – Milano 325 – Ortisei 12 – Trento 86.

Posthotel Lamm, piazza Krausen 3 ✆ 0471 706343, *Fax 0471 707063*, ←, , – , rist, . VISA.
chiuso dal 28 aprile al 12 maggio e dal 7 novembre al 18 dicembre – **Pasto** *(chiuso lunedì)* carta 40/80000 – **46 cam** 125/290000, 4 appartamenti – ½ P 110/165000.

Alpenflora, via Wolkenstein 32 ✆ 0471 706326, *Fax 0471 707173*, ←, , , – , rist, . AE VISA. rist
chiuso dal 15 novembre al 15 dicembre – **Pasto** 45/55000 – **37 cam** 140/280000 – ½ P 170000.

Cavallino d'Oro, piazza Krausen ✆ 0471 706337, *Fax 0471 707172*, ←, « Ambiente tipico tirolese », – rist, . AE VISA. rist
chiuso dal 10 novembre al 5 dicembre – **Pasto** *(chiuso martedì)* carta 40/60000 – **25 cam** 110/165000 – ½ P 80/135000.

Silbernagl Haus senza rist, via Bullaccia 1 ✆ 0471 706699, *Fax 0471 706699*, ←, , , –
stagionale – **12 cam.**

Villa Gabriela senza rist, San Michele 31/1 (Nord-Est : 4 km) ✆ 0471 700077, *Fax 0471 700077*, ←, –
chiuso dal 25 aprile all'8 maggio e dal 7 al 21 novembre – **6 cam** 85/140000

CASTEL SAN GIMIGNANO *Siena* 430 L 15 – *Vedere San Gimignano.*

CASTEL SAN PIETRO TERME *40024 Bologna* 988 ⑮, 429, 430 I 16 – *18 976 ab. alt. 75 – Stazione termale (aprile-novembre), a.s. luglio-13 settembre.*
piazza 20 Settembre 3 ✆ 051 6954157, Fax 051 6954141.
Roma 395 – Bologna 24 – Ferrara 67 – Firenze 109 – Forlì 41 – Milano 235 – Ravenna 55.

Castello, viale delle Terme 1010/b ✆ 051 943509, *Fax 051 944573* – – 50. AE VISA.
Pasto vedere rist ***Da Willy*** – 20000 – **54 cam** 240/310000, 3 appartamenti.

Park Hotel, viale Terme 1010 ✆ 051 941101, *Fax 051 944374*, – – 50. AE VISA.
chiuso dal 15 dicembre al 6 febbraio – **Pasto** (solo per alloggiati) – 10000 – **40 cam** 105/155000 – P 90000.

Maraz, piazzale Vittorio Veneto 1 ✆ 051 941236, *Fax 051 944422*, – AE VISA.
chiuso dal 25 agosto al 5 settembre e mercoledì – **Pasto** 50/60000 e carta 50/70000.

Da Willy - Hotel Castello, via Terme 1010/b ✆ 051 944264, *Fax 051 944264*, – . AE VISA
chiuso lunedì – **Pasto** carta 35/50000.

Trattoria Trifoglio, località San Giovanni dei Boschi Nord : 13 km ✆ 051 949066, *Fax 051 949266*, – . AE VISA.
chiuso agosto e lunedì – **Pasto** carta 35/60000.

CASTELSARDO *Sassari* 988 ㉓, 433 E 8 – *Vedere Sardegna alla fine dell'elenco alfabetico.*

CASTEL TOBLINO *Trento* 429 D 14 – *alt. 243* – ✉ *38070 Sarche – a.s. dicembre-Pasqua.*
Roma 605 – Trento 18 – Bolzano 78 – Brescia 100 – Milano 195 – Riva del Garda 25.

Castel Toblino, via Caffaro 1 ✆ 0461 864036, *Fax 0461 864302*, , « In un castello medioevale; piccolo parco » – . VISA.
3 marzo-6 novembre; chiuso martedì escluso agosto – **Pasto** carta 50/75000.

Read carefully the introduction it is the key to the Guide.

CASTELVECCANA *21010 Varese* [428] E 8, [219] ⑦ – *1 915 ab. alt. 281.*
Roma 666 – Bellinzona 46 – Como 59 – Milano 87 – Novara 79 – Varese 29.

Da Pio ⛰, località San Pietro ☎ 0332 520511, *Fax 0332 522014*, ☂ – |‡| [TV] ☎ ♿ [P]. [AE] [MC] [VISA] JCB. ✗
Pasto *(chiuso martedì dal 15 maggio a settembre, da lunedì a giovedì negli altri mesi)* car 50/90000 – **10 cam** ☕ 90/140000.

CASTELVERDE *26022 Cremona* [428], [429] G 11 – *4 871 ab. alt. 53.*
Roma 515 – Parma 71 – Piacenza 40 – Bergamo 70 – Brescia 61 – Cremona 9 – Mantova 7

a Castelnuovo del Zappa *Nord-Ovest : 3 km – ✉ 26022 Castelverde :*

🍴 **Valentino,** via Manzoni 27 ☎ 0372 427557 – [S]. ✗
chiuso agosto, lunedì sera e martedì – **Pasto** carta 30/50000.

CASTELVETRO DI MODENA *41014 Modena* [428], [429], [430] I 14 – *9 073 ab. alt. 152.*
Roma 406 – Bologna 50 – Milano 189 – Modena 19.

Locanda del Feudo, via Traversale 2 ☎ 059 708711, *Fax 059 708717* – |‡| [TV] ☎ 📞. [AE] [D] [MC] [VISA]. ✗
chiuso agosto – **Pasto** (solo per alloggiati e *chiuso domenica*) 30/50000 – 6 appartamer ☕ 180/300000 – ½ P 155/175000.

Zoello, via Modena 181, località Settecani Nord : 5 km ☎ 059 702635, *Fax 059 702000*, ☂ 🏊, 🎾 – |‡| ▤ [TV] ☎ [P]. [AE] [S] [D] [MC] [VISA]. ✗
chiuso agosto e dal 24 dicembre al 6 gennaio – **Pasto** al Rist. ***Zoello*** *(chiuso venerdì)* car 30/40000 – ☕ 15000 – **50 cam** 85/120000 – ½ P 90/100000.

CASTELVETRO PIACENTINO *29010 Piacenza* [428], [429] G 11 – *4 739 ab. alt. 39.*
Roma 505 – Parma 62 – Piacenza 35 – Brescia 61 – Cremona 7 – Genova 179 – Milano 89.

Parco senza rist, strada statale Due Ponti 5 e via Matteotti 20 ☎ 0523 82501 *Fax 0523 825442* – ▤ [TV] ☎ ♿ [P]. [AE] [S] [D] [MC] [VISA]
20 cam ☕ 90/140000.

CASTEL VOLTURNO *81030 Caserta* [988] ㉗, [431] D 23 – *18 568 ab. – a.s. 15 giugno-15 settembr*
⛳ *Volturno (chiuso lunedì)* ☎ *081 5095150, Fax 081 5095855.*
Roma 190 – Napoli 40 – Caserta 37.

Holiday Inn Resort [M] ⛰, via Domiziana km 35,300 ☎ 081 5095150, *Fax 081 509585* ☂, « 🏊 con acqua di mare riscaldata e piccola pineta », 🏋, 🏖, 🎾, ⛳ – |‡|, ⇎ cam, ▤ ☎ ♿ 🚗 [P] – 🎤 1200. [AE] [S] [D] [MC] [VISA] JCB. ✗
Pasto carta 65/90000 – **126 cam** ☕ 250/300000, 14 appartamenti – ½ P 280000.

🍴🍴 Scalzone, via Domiziana al km 34,200 ☎ 0823 851217, *Fax 0823 851172* – ▤ [P].

CASTENEDOLO *Brescia* [428], [429] F 12 – *Vedere Brescia.*

CASTIADAS *Cagliari* [988] ㉞, [433] J 10 – *Vedere Sardegna alla fine dell'elenco alfabetico.*

CASTIGLIONCELLO *57012 Livorno* [988] ⑭, [430] L 13 *G. Toscana – a.s. 15 giugno-15 settembre.*
[i] *(maggio-settembre) via Aurelia 967* ☎ *0586 752291, Fax 0586 752291.*
Roma 300 – Pisa 40 – Firenze 137 – Livorno 21 – Piombino 61 – Siena 109.

Atlantico ⛰, via Martelli 12 ☎ 0586 752440, *Fax 0586 752494*, 🏖 – |‡| ▤ [TV] ☎ [P]. [S] [VISA]. ✗ rist
marzo-4 ottobre – **Pasto** carta 50/65000 – **30 cam** ☕ 100/200000 – ½ P 140000.

Martini ⛰, via Martelli 3 ☎ 0586 752140, *Fax 0586 752140*, ☂, « Giardino ombreggi to », 🏖 – |‡| [TV] ☎ [P]. [S] [MC] [VISA]. ✗ rist
aprile-settembre – **Pasto** carta 50/60000 – **40 cam** ☕ 120/180000, 3 appartamenti ½ P 100/130000.

Villa Parisi ⛰, via Monti 10 ☎ 0586 751698, *Fax 0586 751167*, ←, « Parco con discesa mare », 🏊, 🎾 – |‡| ▤ [TV] ☎ [P] – 🎤 50. [AE] [S] [D] [MC] [VISA]. ✗
Pasto *(giugno-settembre)* carta 50/75000 – **20 cam** ☕ 280/380000 – ½ P 180/230000.

🍴🍴 **Torre Medicea,** piazza della Torre 8 ☎ 0586 754260, *Fax 0586 759977*, ☂ – [AE] [S] [D] [VISA]. ✗
chiuso dal 1° al 15 gennaio e martedì – **Pasto** 75000 e carta 60/90000.

🍴 **Nonna Isola,** statale Aurelia 558 ☎ 0586 753800, Coperti limitati; prenotare – ▤. [S] [MC] [VISA]. 🚭
chiuso da novembre al 15 dicembre, dal 15 gennaio al 28 febbraio e lunedì (escluso agosto) – **Pasto** specialità di mare carta 45/70000.

CASTIGLIONE DEI PEPOLI *40035 Bologna* [988] ⑭, [429], [430] J 15 – *6 130 ab. alt. 691.*
Roma 328 – Bologna 54 – Firenze 60 – Ravenna 134.

a Baragazza *Est : 6 km* – ✉ *40031 :*

🏠 **Bellavista,** via Sant'Antonio 123 ☎ 0534 898166, *Fax 0534 898166,* ⛱ – |‡| [TV] ☎. [AE] [S] [D] [MC] [VISA]. 🚭
Pasto *(chiuso martedì)* carta 50/70000 – ☕ 13000 – **19 cam** 90/125000 – ½ P 75/90000.

CASTIGLIONE DEL LAGO *06061 Perugia* [988] ⑮, [430] M 18 – *13 828 ab. alt. 304.*
⛳ *Lamborghini (chiuso martedì escluso da marzo ad ottobre) località Soderi* ✉ *06064 Panicale* ☎ *075 837582, Fax 075 837582, Sud . 8 km.*
[i] *piazza Mazzini 10* ☎ *075 9652484, Fax 075 9652763.*
Roma 182 – Perugia 46 – Arezzo 46 – Firenze 126 – Orvieto 74 – Siena 78.

🏠 **Miralago,** piazza Mazzini 6 ☎ 075 951157 e rist. 075 9653235, *Fax 075 951924,* « Servizio rist. estivo in giardino con ≤ lago » – ▤ [TV] ☎. [AE] [S] [D] [MC] [VISA]
chiuso dal 7 gennaio al 15 marzo – **Pasto** al Rist. ***La Fontana*** *(chiuso gennaio, febbraio e lunedì)* carta 40/65000 – **19 cam** ☕ 130/160000 – ½ P 95/110000.

🏠 **Duca della Corgna,** via Buozzi 143 ☎ 075 953238, *Fax 075 9652446,* 🏊, 🌳 – ▤ [TV] ☎ ♿ 🚗 [P] – 🧑‍🏫 60. [S] [D] [MC] [VISA]. [JCB]. 🚭 rist
Pasto (solo per alloggiati) – **25 cam** ☕ 100/140000 – ½ P 85/95000.

🍴🍴 **L'Acquario,** via Vittorio Emanuele 69 ☎ 075 9652432 – [AE] [S] [MC] [VISA]. 🚭
chiuso da gennaio al 15 febbraio, mercoledì e da novembre a marzo anche martedì – **Pasto** carta 40/60000.

🍴 **La Cantina,** via Vittorio Emanuele 91 ☎ 075 9652463, *Fax 075 951003,* ⛱, Rist. e pizzeria – [AE] [S] [D] [MC] [VISA].
chiuso lunedì escluso da giugno ad agosto – **Pasto** carta 40/60000.

CASTIGLIONE DELLA PESCAIA *58043 Grosseto* [988] ㉔, [430] N 14 *G. Toscana – 7 431 ab. – a.s. Pasqua e 15 giugno-15 settembre.*
[i] *piazza Garibaldi 6* ☎ *0564 933678, Fax 0564 933954.*
Roma 205 – Grosseto 23 – Firenze 162 – Livorno 114 – Siena 94 – Viterbo 141.

🏨 **L'Approdo,** via Ponte Giorgini 29 ☎ 0564 933466, *Fax 0564 933086,* ≤ – |‡| ▤ [TV] ☎ ♿ – 🧑‍🏫 230. [AE] [S] [D] [MC] [VISA]. 🚭
Pasto 40000 – ☕ 14000 – **48 cam** 280000 – ½ P 190000.

🏨 **Miramare,** via Veneto 35 ☎ 0564 933524, *Fax 0564 933695,* ≤, 🏖 – |‡|, ▤ cam, [TV] ☎. [AE] [S] [D] [MC] [VISA]. 🚭
Pasqua-novembre – **Pasto** carta 45/90000 – ☕ 10000 – **33 cam** 100/150000 – ½ P 140000.

🏨 **Piccolo Hotel,** via Montecristo 7 ☎ 0564 937081, *Fax 0564 937081,* ⛱ – |‡| [TV] ☎ [P]. [AE] [S] [MC] [VISA]. 🚭
Pasqua e 15 maggio-settembre – **Pasto** 40000 – **24 cam** ☕ 160/180000 – ½ P 140000.

🏨 **Sabrina,** via Ricci 12 ☎ 0564 933568, *Fax 0564 933592,* 🌳 – ▤ [TV] ☎ [P]. [AE] [S] [D] [MC] [VISA]. 🚭
giugno-settembre – **Pasto** (solo per alloggiati) 40000 – **37 cam** ☕ 120/160000 – ½ P 100/130000.

🏠 **Perla,** via dell'Arenile 3 ☎ 0564 938023 – [P]. [S] [MC] [VISA]. 🚭
Pasqua-ottobre – **Pasto** (solo per alloggiati) 35000 – ☕ 12000 – **13 cam** 70/100000 – ½ P 105000.

🍴🍴 **Corallo** con cam, via Nazario Sauro 1 ☎ 0564 933668, *Fax 0564 936268,* ⛱ – |‡| ▤ [TV] ☎ ♿. [AE] [S] [D] [MC] [VISA]. 🚭 cam
chiuso dicembre e gennaio – **Pasto** *(chiuso martedì escluso da Pasqua ad ottobre)* carta 45/80000 – **14 cam** ☕ 120/180000, ▤ 10000 – ½ P 145000.

🍴🍴 **Pierbacco,** piazza Repubblica 24 ☎ 0564 933522, ⛱ – ▤. [AE] [S] [D] [MC] [VISA] [JCB]
chiuso a mezzogiorno in luglio-agosto e mercoledì (escluso da maggio a settembre) – **Pasto** carta 50/80000.

🍴🍴 **Da Romolo,** corso della Libertà 10 ☎ 0564 933533, ⛱ – [AE] [S] [D] [MC] [VISA]
chiuso novembre e martedì – **Pasto** carta 45/80000.

Lesen Sie die Einleitung, sie ist der Schlüssel zu diesem Führer.

CASTIGLIONE DELLE STIVIERE *46043 Mantova* 988 ④, 428 F 13 – *17 961 ab. alt. 116.*

Roma 509 – Brescia 28 – Cremona 57 – Mantova 38 – Milano 122 – Verona 49.

La Grotta senza rist, viale dei Mandorli 22 ☎ 0376 632530, *Fax 0376 639295*, – TV ☎ P. AE VISA
27 cam 100/150000.

Hostaria Viola, via Verdi 32, località Fontane ☎ 0376 670000, *Fax 0376 638538*, Coperti limitati; prenotare – P. AE VISA JCB.
chiuso dal 10 luglio al 20 agosto, lunedì e da Pasqua a ottobre anche domenica sera – **Pasto** carta 45/65000.

Palazzina, via Palazzina 40 ☎ 0376 632143, Coperti limitati; prenotare – P. AE VISA
chiuso domenica – **Pasto** carta 45/80000.

a Grole *Sud-Est : 3 km – ✉ 46043 Castiglione delle Stiviere :*

Tomasi, via Solferino 77 ☎ 0376 632968, *Fax 0376 672586*, prenotare – P. AE VISA.
chiuso dal 1° al 7 gennaio, dal 1° al 21 agosto e lunedì – **Pasto** carta 45/75000.

CASTIGLIONE FALLETTO *12060 Cuneo* 428 I 5 – *602 ab. alt. 350.*

Roma 614 – Cuneo 68 – Torino 70 – Asti 39 – Savona 74.

Residence Le Torri senza rist, via Roma 29 ☎ 0173 62961, *Fax 0173 62961*, ← colline e vigneti, – TV ☎ . AE VISA.
chiuso dal 20 dicembre al 20 marzo e dal 7 al 21 agosto – 15000 – **8 cam** 100/140000, appartamenti 150/170000.

Le Torri, piazza Vittorio Veneto 10 ☎ 0173 62930, ← colline e vigneti, – AE VISA
chiuso dal 15 al 31 gennaio, dall'11 al 20 agosto e mercoledì – **Pasto** carta 40/60000.

La guida cambia, cambiate la guida ogni anno.

CASTIGLIONE MESSER MARINO *66033 Chieti* 988 ㉗, 430 Q 25 – *2 380 ab. alt. 1 081.*

Roma 224 – Campobasso 74 – Isernia 56 – Termoli 86.

a Santa Maria del Monte *Nord : 9 km – ✉ 66033 Castiglione Messer Marino :*

Rifugio del Cinghiale con cam, contrada Madonna del monte ☎ 0873 978675, *Fax 0873 978675*, ←, prenotare – P
Pasto *(chiuso lunedì)* carta 40/60000 – 8000 – **13 cam** 50/100000 – ½ P 75000.

CASTIGLIONE TINELLA *12053 Cuneo* 428 H 6 – *897 ab. alt. 408.*

Roma 622 – Genova 102 – Torino 80 – Acqui Terme 27 – Alessandria 58 – Asti 22.

Palmira, piazza 20 Settembre, 18 ☎ 0141 855176, prenotare.

CASTIGLION FIORENTINO *52043 Arezzo* 988 ⑮, 430 L 17 – *11 629 ab. alt. 345.*

Roma 198 – Perugia 57 – Arezzo 17 – Chianciano Terme 51 – Firenze 93 – Siena 59.

Relais San Pietro in Polvano , località Polvano 3 (Est : 8 km) ☎ 0575 650100, *Fax 0575 650255*, ←, , – TV ☎ P. AE VISA JCB.
20 febbraio-20 novembre – **Pasto** carta 55/100000 (12 %) – **7 cam** 200/360000.

Da Muzzicone, piazza San Francesco 7 ☎ 0575 658403, *Fax 0575 658813*, – VISA.
chiuso martedì – **Pasto** carta 35/65000 (13 %).

CASTIGNANO *63032 Ascoli Piceno* 430 N 22 – *2 998 ab. alt. 474.*

Roma 225 – Ascoli Piceno 34 – Ancona 120 – Pescara 95.

Teta, via Borgo Garibaldi 122 ☎ 0736 821412, *Fax 0736 821593*, ←, – TV ☎ P. AE VISA.
Pasto 25/35000 – **19 cam** 60/120000 – ½ P 60/80000.

CASTIONE DELLA PRESOLANA *24020 Bergamo* 428 E 12 – *3 289 ab. alt. 870 – a.s. luglio-agosto e Natale – Sport invernali : al Monte Pora : 1 376/1 875 m 7, .*

Roma 643 – Brescia 89 – Bergamo 42 – Edolo 80 – Milano 88.

Aurora, via Sant'Antonio 19 ☎ 0346 60004, *Fax 0346 60246*, ←, , – TV ☎ P. AE VISA. rist
Pasto *(chiuso martedì)* carta 45/65000 – **26 cam** 140/160000 – ½ P 70/130000.

a Bratto *Nord-Est : 2 km – alt. 1 007 – ✉ 24020 :*

Milano, via Silvio Pellico 3 ☎ 0346 31211, *Fax 0346 36236*, ←, « Piccolo parco ombreggiato », – – – 180. AE VISA JCB. rist
Pasto al Rist. ***Al Caminone*** *(chiuso lunedì)* carta 50/90000 – **63 cam** 180/280000, 2 appartamenti – ½ P 210000.

Cascina delle Noci, via Provinciale 22 ☎ 0346 31251, *Fax 0346 36246*, prenotare, « Giardino ombreggiato con minigolf » – P. AE VISA
chiuso dal 7 al 31 gennaio, lunedì e martedì (escluso luglio-agosto) – **Pasto** 40/70000 e carta 65/90000.

CASTROCARO TERME *47011 Forlì-Cesena* 988 ⑮, 429, 430 J 17 – *5 513 ab. alt. 68 – Stazione termale (aprile-novembre), a.s. 15 luglio-settembre.*
via Garibaldi 1 ☎ 0543 767162, Fax 0543 769326.
Roma 342 – Bologna 74 – Ravenna 40 – Rimini 65 – Firenze 98 – Forlì 11 – Milano 293.

Gd H. Terme, via Roma 2 ☎ 0543 767114, *Fax 0543 768135*, « Parco ombreggiato », – – – 150. AE VISA. rist
aprile-ottobre – **Pasto** carta 50/75000 – **95 cam** 150/250000, appartamento – ½ P 170000.

Ambasciatori, via Cantarelli 10 ☎ 0543 767345, *Fax 0543 767345*, , , – P. AE VISA. rist
chiuso gennaio – **Pasto** carta 40/60000 – **28 cam** 100/140000 – ½ P 80/100000.

Garden, via Cantarelli 14 ☎ 0543 766366, *Fax 0543 766366*, , – , rist, P – 60. AE VISA.
Pasto *(chiuso da dicembre a marzo)* carta 40/50000 – **29 cam** 90/140000 – ½ P 65/80000.

Eden , via Samory 11 ☎ 0543 767600, *Fax 0543 768233*, ←, – , rist, P. AE VISA. rist
aprile-15 novembre – **Pasto** carta 40/50000 – **32 cam** 75/120000 – ½ P 65/80000.

La Frasca, viale Matteotti 34 ☎ 0543 767471, *Fax 0543 766625*, Coperti limitati; prenotare, « Servizio estivo in giardino », – P – 30. AE VISA.
chiuso dal 1º al 20 gennaio, dal 16 al 30 agosto e martedì – **Pasto** 75000 (solo a mezzogiorno) 125/140000 e carta 120/140000
Spec. Passatelli al sugo di scorfano e vongole. Tagliatelle all'antica con tartufi di Dovadola (autunno). Piccione all'Alto Bidente al Calbanesco.

Antica Osteria degli Archi, piazzetta San Nicolò 2 ☎ 0543 768281, « Servizio estivo in terrazza » – . AE VISA
chiuso lunedì escluso da giugno a settembre – **Pasto** carta 55/75000.

CASTROCIELO *03030 Frosinone* 430 R 23 – *3 773 ab. alt. 250.*
Roma 116 – Frosinone 42 – Caserta 85 – Gaeta 61 – Isernia 82 – Napoli 112.

Villa Euchelia, via Giovenale ☎ 0776 799930, – P. AE VISA JCB
chiuso dal 10 al 28 gennaio, martedì e mercoledì – **Pasto** 40/60000 e carta 40/65000.

Al Mulino, via Casilina 47 (Sud : 2 km) ☎ 0776 79306, *Fax 0776 79824*, – P. AE VISA JCB.
chiuso dal 23 dicembre al 10 gennaio – **Pasto** specialità di mare carta 50/80000.

CASTROCUCCO *Potenza* 431 H 29 – *Vedere Maratea.*

CASTRO MARINA *73030 Lecce* 431 G 37 *G. Italia* – *2 469 ab. – a.s. luglio-agosto.*
Roma 660 – Brindisi 86 – Bari 199 – Lecce 48 – Otranto 23 – Taranto 125.

Degli Ulivi, litoranea per Santa Cesarea Terme ☎ 0836 943037, *Fax 0836 943084*, ←, – , rist, P. AE VISA. cam
Pasto carta 35/60000 – **25 cam** 100/140000 – ½ P 95/130000.

alla grotta Zinzulusa *Nord : 2 km G. Italia.*

Orsa Maggiore , litoranea per Santa Cesarea Terme 103 ✉ 73030 ☎ 0836 947028, *Fax 0836 947766*, ←, – P – 50. AE VISA
Pasto carta 25/50000 – **30 cam** 85/110000 – ½ P 115000.

Le Ottime Tavole

Per voi abbiamo contraddistinto alcuni alberghi (...) e ristoranti (...) con , , o .

CASTROVILLARI *87012 Cosenza* 988 ㊴, 431 H 30 – *23 374 ab. alt. 350.*

sull'autostrada SA-RC, area servizio Frascineto Ovest ☎ 0981 32591.

Roma 453 – Cosenza 74 – Catanzaro 168 – Napoli 247 – Reggio di Calabria 261 – Taran 152.

La Locanda di Alia, via Jetticelle 55 ☎ 0981 46370, *Fax 0981 46522*, – ☎ P – 70. AE S ⓓ ⓒ VISA.
Pasto *(chiuso domenica)* carta 60/100000 – **11 cam** 110/180000, 3 appartamenti
Spec. Insalata di baccalà affumicato. Risotto con broccoli e bottarga (autunno-invern Fagottino di zucchine e mazzancolle.

President Joli Hotel, corso Luigi Saraceni 22 ☎ 0981 21123, *Fax 0981 28653* – P – 80
42 cam.

CATANIA P 988 ㊲, 432 O 27 – *Vedere Sicilia alla fine dell'elenco alfabetico.*

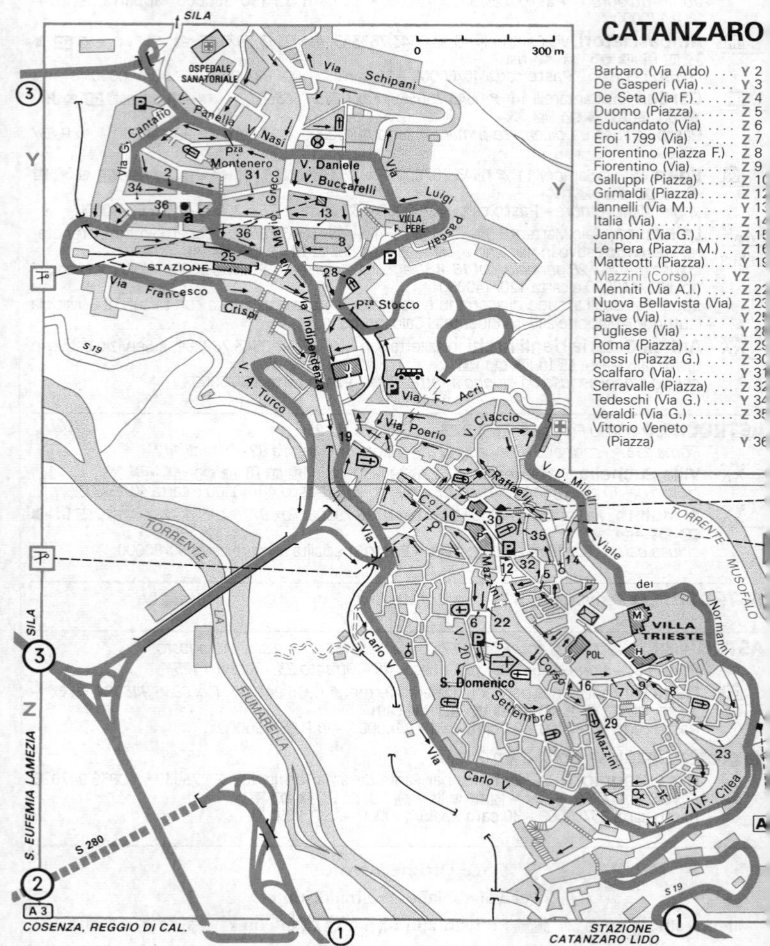

CATANZARO *88100* P 988 ㊴, 431 K 31 *G. Italia – 96 975 ab. alt. 343.*

Vedere *Villa Trieste*★ Z – *Pala*★ *della Madonna del Rosario nella chiesa di San Domenico* Z.

Porto d'Orra (chiuso martedì dal 15 giugno al 15 settembre) a Catanzaro Lido ✉ 88063 ✆ 0961 791045, Fax 0961 791112, Nord-Est : 7 km.

piazza Prefettura ✆ 0961 741764, Fax 0961 727973.

A.C.I. *viale dei Normanni 99 ✆ 0961 754131.*

Roma 612 ② – Cosenza 97 ② – Bari 364 ② – Napoli 406 ② – Reggio di Calabria 161 ② – Taranto 298 ②.

Pianta pagina precedente

Guglielmo, via Tedeschi 1 ✆ 0961 741922, *Fax 0961 722181* – – 150. AE VISA JCB. rist Y a
Pasto carta 40/65000 – **46 cam** 190/250000 – 1/2 P 200000.

a Catanzaro Lido *per ① : 14 km – ✉ 88063 :*

Stillhotel, via Melito di Porto Salvo 102/A ✆ 0961 32851 e rist ✆ 0961 31340, *Fax 0961 33818*, – . AE VISA JCB.
Pasto al Rist. ***La Brace*** *(chiuso dal 1° al 12 luglio)* carta 40/65000 (10%) – **32 cam** 100/150000 – 1/2 P 110/120000.

CATENA *Pistoia – Vedere Quarrata.*

CATTOLICA *47841 Rimini* 988 ⑯, 429, 430 K 20 – *15 601 ab. – a.s. 15 giugno-agosto.*

piazza Nettuno 1 ✆ 0541 963341, Fax 0541 963344.

Roma 315 – Rimini 22 – Ancona 92 – Bologna 130 – Forlì 69 – Milano 341 – Pesaro 17 – Ravenna 74.

Kursaal senza rist, piazza I° Maggio 2 ✆ 0541 962305, *Fax 0541 962414*, – – 100. AE VISA
56 cam 170/240000, appartamento.

Negresco, viale del Turismo 6 ✆ 0541 963281, *Fax 0541 954932*, – – 100. VISA. rist
10 maggio-settembre – **Pasto** carta 50/70000 – 18000 – **80 cam** 120/190000 – 1/2 P 110/130000.

Victoria Palace, viale Carducci 24 ✆ 0541 962921, *Fax 0541 962921*, – . AE VISA JCB. rist
Pasto (solo per alloggiati) 40000 – 15000 – **88 cam** 205/290000 – 1/2 P 170000.

Gabbiano, viale Carducci 133 ✆ 0541 954267, *Fax 0541 961217*, riscaldata – . VISA. rist
Pasto (solo per alloggiati) 40000 – 20000 – **48 cam** 100/150000 – 1/2 P 90/125000.

Napoleon, viale Carducci 52 ✆ 0541 963439, *Fax 0541 961434*, – . AE VISA.
aprile-ottobre – **Pasto** 55000 – 25000 – **52 cam** 160/210000, 10000 – 1/2 P 180000.

Park Hotel, lungomare Rasi Spinelli 46 ✆ 0541 953732, *Fax 0541 961503*, – – 80. AE VISA. rist
Pasto 35/45000 – 21000 – **58 cam** 160/245000 – 1/2 P 185000.

Europa Monetti, via Curiel 39 ✆ 0541 954159, *Fax 0541 958176*, – – 30. AE VISA.
15 maggio-20 settembre – **Pasto** (solo per alloggiati) – **77 cam** 95/165000 – 1/2 P 140000.

Aurora, via Genova 26 ✆ 0541 830464, *Fax 0541 830464*, – . AE VISA.
aprile-ottobre – **Pasto** (solo per alloggiati) 35/70000 – 12000 – **18 cam** 100/200000, 10000 – 1/2 P 140000.

Regina, viale Carducci 40 ✆ 0541 954167, *Fax 0541 961261*, riscaldata, – . VISA.
15 maggio-27 settembre – **Pasto** (solo per alloggiati) 25/30000 – 15000 – **62 cam** 90/130000 – 1/2 P 90/120000.

Beaurivage, viale Carducci 82 ✆ 0541 963101, *Fax 0541 963101*, – , rist, . AE VISA. rist
maggio-settembre – **Pasto** carta 45/65000 – **69 cam** 100/180000 – 1/2 P 130000.

Moderno-Majestic, via D'Annunzio 15 ✆ 0541 954169, *Fax 0541 953292*, – . AE VISA. rist
20 maggio-20 settembre – **Pasto** 30/50000 – 15000 – **60 cam** 90/170000 – 1/2 P 120000.

Maxim, via Facchini 7 ✆ 0541 962137, *Fax 0541 967650*, – , rist, . AE VISA. rist
20 maggio-20 settembre – **Pasto** carta 35/45000 – **66 cam** 85/140000 – 1/2 P 85/115000.

Columbia, lungomare Rasi Spinelli 36 ℘ 0541 953122, *Fax 0541 952355,* ≤, Fö, ≘s, ⊥, |‡|, ≡ rist, TV ☎ ⇔ P. MC. ✻
maggio-settembre – **Pasto** (solo per alloggiati) 40/45000 – ☐ 18000 – **52 cam** 95/140000 ½ P 120000.

Belsoggiorno, viale Carducci 88 ℘ 0541 963133, *Fax 0541 963133,* ≤, – |‡| ☎ P. MC VISA. ✻ rist
20 maggio-20 settembre – **Pasto** (solo per alloggiati) 30/35000 – ☐ 12000 – **50 cam** 60/120000 – ½ P 105000.

Sole, via Verdi 7 ℘ 0541 961248, *Fax 0541 963946* – |‡|, ≡ rist, TV ☎ ⇔. AE ⑤ ⓓ MC VISA ✻ rist
20 maggio-20 settembre – **Pasto** (solo per alloggiati) – ☐ 12000 – **46 cam** 70/130000 ½ P 100000.

Protti con cam, via Emilia Romagna 185 ℘ 0541 958161, *Fax 0541 954457* – |‡| ≡ TV ☎ AE ⑤ ⓓ MC VISA JCB. ✻ rist
Pasto *(chiuso lunedì escluso dal 16 maggio a settembre)* carta 40/65000 – ☐ 6000 **25 cam** 60/90000.

Halten Sie beim Betreten des Hotels oder des Restaurants den Führer in der Hand.
Sie zeigen damit, daß Sie aufgrund dieser Empfehlung gekommen sind.

CAVA DE' TIRRENI *84013 Salerno 988 ㉗, 431 E 26 – 53 229 ab. alt. 196 – a.s. Pasqua, giugno settembre e Natale.*

piazza Ferrovia ℘ 089 341605, Fax 089 463723.
Roma 254 – Napoli 47 – Avellino 43 – Caserta 76 – Salerno 8.

Da Vincenzo, via Garibaldi 7 ℘ 089 464654, *Fax 089 464654* – ≡. AE ⑤ ⓓ MC VISA. ✻
chiuso lunedì – **Pasto** carta 40/65000.

L'Incanto, via Pineta La Serra, località Annunziata Nord-Est : 3 km ℘ 089 561820, « Servizio estivo in terrazza con ≤ dintorni » – P. ✻
chiuso dal 20 dicembre al 15 gennaio, martedì e a mezzogiorno (escluso sabato-domenica) – **Pasto** carta 45/90000.

a Corpo di Cava *Sud-Ovest : 4 km – alt. 400 – ✉ 84010 Badia di Cava de' Tirreni :*

Scapolatiello ⛰, ℘ 089 443611, *Fax 089 443611,* ≤, « Terrazze-giardino con ⊥ » – TV ☎ P – 🏛 80. AE ⑤ ⓓ MC VISA. ✻ rist
Pasto carta 50/70000 – **44 cam** ☐ 180/220000, 2 appartamenti – ½ P 145000.

CAVAGLIÀ *13881 Biella 988 ② ⑫, 428 F 6 – 3 632 ab. alt. 272.*

Roma 657 – Torino 54 – Aosta 99 – Milano 93 – Vercelli 28.

sulla strada statale 143 *Sud-Est : 3,5 km :*

Green Park Hotel, località Navilotto 75 ✉ 13881 ℘ 0161 966771, *Fax 0161 966620,* ⊥, ✗ – |‡| ≡ TV ☎ ⇔ P – 🏛 150. AE ⑤ ⓓ MC VISA. ✻
chiuso dal 1° al 20 agosto – **Pasto** *(chiuso domenica)* carta 50/90000 – **37 cam** ☐ 160/230000 – ½ P 150000.

CAVAGLIETTO *28010 Novara 428 F 7, 219 ⑯ – 407 ab. alt. 233.*

Roma 647 – Stresa 42 – Milano 74 – Novara 22.

Arianna ⛰ con cam, via Umberto 4 ℘ 0322 806134, *Fax 0322 806134,* prenotare – ≡ rist, P. AE ⑤ MC VISA. ✻
chiuso dal 24 dicembre al 14 gennaio e dal 12 luglio al 5 agosto – **Pasto** *(chiuso martedì e mercoledì a mezzogiorno)* carta 65/105000 – ☐ 10000 – **6 cam** 60/80000.

CAVAGNANO *Varese 219 ⑧ – Vedere Cuasso al Monte.*

CAVAION VERONESE *37010 Verona 428, 429 F 14 – 3 939 ab. alt. 190.*

Roma 521 – Verona 24 – Brescia 81 – Milano 169 – Trento 74.

Andreis, via Berengario 26 ℘ 045 7235035, *Fax 045 7236609,* ⊥, – TV P. AE ⑤ VISA ✻
Pasto *(chiuso lunedì escluso da luglio a settembre)* carta 40/55000 – ☐ 15000 – **25 cam** 90/110000 – ½ P 90/100000.

San Fiorenzo, via Vittorio Veneto 18 ℘ 045 7235141 – P. ⑤ ⓓ MC VISA JCB. ✻
chiuso domenica sera e lunedì – **Pasto** carta 45/65000.

CAVALESE *38033 Trento* 988 ④, 429 D 16 *G. Italia – 3 626 ab. alt. 1 000 – a.s. 25 gennaio-Pasqua e Natale – Sport invernali : ad Alpe Cermis : 1 000/2 230 m 2 9,* .

via Fratelli Bronzetti 60 0462 241111, Fax 0462 241199.

Roma 648 – Bolzano 43 – Trento 50 – Belluno 92 – Cortina d'Ampezzo 97 – Milano 302.

Park Hotel Villa Trunka Lunka, via De Gasperi 4 0462 340233, *Fax 0462 340544*, *20 dicembre-30 aprile 20 giugno-settembre* – **Pasto** (solo per alloggiati) carta 45/60000 – 15000 – **24 cam** 100/150000 – 1/2 P 115/135000.

La Roccia, via Marco 53 0462 231133, *Fax 0462 231135*, vallata e monti, *stagionale* – **35 cam.**

El Molin, piazza Cesare Battisti 11 0462 340074, *Fax 0462 231312*, Coperti limitati; prenotare, « Ambiente tipico in un mulino seicentesco » – *chiuso giugno, novembre, martedì e a mezzogiorno da ottobre a marzo* – **Pasto** 40/85000 e carta 45/95000.

Costa Salici, via Costa dei Salci 10 0462 340140, *Fax 0462 340140*, *chiuso lunedì sera e martedì escluso Natale, Pasqua, agosto* – **Pasto** 50/60000 carta 65/85000.

CAVALLINO *30013 Venezia* 429 F 19.

da Treporti (O : 11 km) per le isole di : Burano (20 mn), Torcello (25 mn), Murano (1 h) e Venezia-Fondamenta Nuove (1 h 10 mn), giornalieri – Informazioni : ACTV-Azienda Consorzio Trasporti Veneziano, piazzale Roma 30135 041 5287886, Fax 041 5207135.

Roma 571 – Venezia 53 – Belluno 117 – Milano 310 – Padova 80 – Treviso 61 – Trieste 136 – Udine 105.

Park Hotel Union Lido, via Fausta 270 041 968043 e rist. 041 968129, *Fax 041 5370355*, riscaldata, – 200. cam *Pasqua-settembre* – **Pasto** al Rist. e pizzeria ***Ai Pini*** carta 40/70000 – 13000 – **93 cam** 135/170000, 24 appartamenti – 1/2 P 120000.

Trattoria Laguna, via Pordelio 444 041 968058, *Fax 041 968058* – *chiuso gennaio, giovedì a mezzogiorno dal 15 giugno al 15 settembre, tutto il giorno negli altri mesi* – **Pasto** carta 55/95000.

Da Achille, piazza Santa Maria Elisabetta 16 041 968005, *Fax 041 968178*, *chiuso dal 6 gennaio al 15 febbraio, lunedì a mezzogiorno da giugno a settembre, tutto il giorno negli altri mesi* – **Pasto** carta 50/80000.

CAVA MANARA *27051 Pavia* 428 G 9 – *5 321 ab. alt. 79.*

Roma 560 – Alessandria 61 – Genova 117 – Milano 46 – Pavia 8 – Piacenza 62.

sulla strada statale 35 *Sud-Est : 2 km :*

Le Gronde, località Tre Re 27051 0382 553942, *Fax 0382 553942* – 200. cam *chiuso dal 10 al 25 agosto* – **Pasto** carta 40/65000 – 12000 – **28 cam** 100/160000 – 1/2 P 120000.

Bixio, via Turati 23, località Tre Re 27051 0382 553588, Coperti limitati; prenotare – *chiuso luglio e lunedì* – **Pasto** carta 40/85000.

CAVANELLA D'ADIGE *Venezia – Vedere Chioggia.*

CAVASO DEL TOMBA *31034 Treviso* 429 E 17 – *2 524 ab. alt. 248.*

Roma 550 – Belluno 51 – Padova 67 – Treviso 40 – Venezia 71.

Locanda alla Posta con cam, piazza 13 Martiri, 13 0423 543112, *Fax 0423 543112*, prenotare – *chiuso dal 20 giugno al 10 luglio* – **Pasto** *(chiuso mercoledì sera e giovedì)* carta 40/50000 – **7 cam** 55/90000.

CAVAZZALE *Vicenza – Vedere Vicenza.*

CAVERNAGO *24050 Bergamo* 428, 429 F 11 – *1 531 ab. alt. 202.*
Roma 600 – Bergamo 13 – Brescia 45 – Milano 54.

XX **Giordano** con cam, via Leopardi 1 035 840266, *Fax 035 840212,* – rist,
chiuso dal 26 dicembre al 6 gennaio ed agosto – **Pasto** specialità toscane carta 50/85000
15000 – **22 cam** 80/120000 – ½ P 110000.

CAVI *Genova* 428 J 10 – *Vedere Lavagna.*

CAVINA *Ravenna – Vedere Brisighella.*

CAVO *Livorno* 988 ㉔, 430 N 13 – *Vedere Elba (Isola d') : Rio Marina.*

CAVOUR *10061 Torino* 988 ⑫, 428 H 4 – *5 346 ab. alt. 300.*
Roma 698 – Torino 54 – Asti 93 – Cuneo 51 – Sestriere 67.

Locanda La Posta, via dei Fossi 4 0121 69989, *Fax 0121 69790* –
Pasto *(chiuso venerdì e dal 27 luglio al 7 agosto)* carta 40/60000 – **20 cam** 90/130000
½ P 90/100000.

CAVRIAGO *42025 Reggio nell'Emilia* 428, 429, 430 H 13 – *8 656 ab. alt. 78.*
Roma 436 – Parma 26 – Milano 145 – Reggio nell'Emilia 9.

XXX **Picci,** via XX Settembre 4 0522 371801, *Fax 0522 577180,* Coperti limitati; prenotare
chiuso dal 26 dicembre al 7 gennaio e dal 4 al 21 agosto, domenica sera e lunedì – **Past**
50/75000 e carta 60/90000.

CAVRIANA *46040 Mantova* 428, 429 F 13 – *3 584 ab. alt. 170.*
Roma 502 – Brescia 39 – Verona 42 – Mantova 32 – Milano 131.

XXX **La Capra,** via Pieve 2 0376 82101, *Fax 0376 82002,* Coperti limitati; prenotare –
chiuso dal 1º al 15 gennaio, dal 1º al 14 agosto e martedì – **Pasto** carta 60/95000.

CAVRIGLIA *52022 Arezzo* 430 L 16 – *7 401 ab. alt. 312.*
Roma 238 – Firenze 58 – Siena 41 – Arezzo 49.

X **Il Cenacolo,** via del Riposo 6 055 9166123, –
chiuso dal 16 al 31 gennaio e lunedì – **Pasto** carta 40/60000.

CAZZAGO SAN MARTINO *25046 Brescia* 428, 429 F 12 – *9 493 ab. alt. 200.*
Roma 560 – Brescia 17 – Bergamo 40 – Milano 81.

Papillon, via Padana Superiore 100 (strada statale Sud : 2,5 km) 030 775084
Fax 030 7750843, – 40.
chiuso agosto – **Pasto** *(chiuso domenica)* 30/35000 – 10000 – **44 cam** 80/130000
½ P 100/110000.

XX **Il Priore,** via Sala 70, località Calino Ovest : 1 km 030 7254665, *Fax 030 7254665,* « Servi
zio estivo in terrazza panoramica » – *chiuso dal 7 al 30 gennaio e martedì*
Pasto carta 60/110000.

CECCHINI DI PASIANO *Pordenone* 429 E 19 – *Vedere Pasiano di Pordenone.*

CECINA *57023 Livorno* 988 ⑭, 430 M 13 *G. Toscana* – *26 247 ab. alt. 15.*
Roma 285 – Pisa 55 – Firenze 122 – Grosseto 98 – Livorno 36 – Piombino 46 – Siena 98.

Il Palazzaccio senza rist, via Aurelia Sud 300 0586 682510, *Fax 0586 686221* –
17000 – **35 cam** 120/170000.

Posta senza rist, piazza Gramsci 12 0586 686338, *Fax 0586 680724* –
15000 – **14 cam** 125/190000.

XX Scacciapensieri, via Verdi 22 ✆ 0586 680900, *Fax 0586 680900*, Coperti limitati; prenotare – AE ⓢ ⓓ MC VISA.
chiuso dal 5 al 28 ottobre e lunedì – **Pasto** carta 75/100000
Spec. Riso con fiori di zucca e gamberi imperiali. Triglie alla livornese. Arcimboldo (gran bollito di crostacei con verdure fresche).

XX **Trattoria Senese,** via Diaz 23 ✆ 0586 680335 – AE ⓢ ⓓ MC VISA.
chiuso dal 10 al 31 gennaio e martedì – **Pasto** specialità di mare carta 60/90000.

CECINA (Marina di) *57023 Livorno* 430 M 13 – *a.s. 15 giugno-15 settembre.*

Roma 288 – Pisa 57 – Cecina 3 – Firenze 125 – Livorno 39.

Tornese, viale Galliano 36 ✆ 0586 620790, ≤ mare –
42 cam.

Il Gabbiano, viale della Vittoria 109 ✆ 0586 620248, *Fax 0586 620867*, ≤, – P. AE ⓢ MC VISA.
chiuso dal 15 gennaio al 15 febbraio e novembre – **Pasto** carta 45/70000 – 17000 – **26 cam** 120/170000 – 1/2 P 160000.

XX **Olimpia-da Gianni,** viale della Vittoria 68 ✆ 0586 621193, *Fax 0586 621193*, – AE ⓢ ⓓ MC VISA.
chiuso lunedì e da ottobre a maggio anche domenica sera – **Pasto** carta 70/135000.

XX **Bagatelle,** via Ginori 51 ✆ 0586 620089, – AE ⓢ ⓓ MC VISA.
chiuso lunedì – **Pasto** carta 55/90000.

X **El Faro,** viale della Vittoria 70 ✆ 0586 620164, *Fax 0586 620274*, ≤, , – AE ⓢ ⓓ MC VISA.
chiuso novembre e mercoledì – **Pasto** specialità di mare carta 70/90000.

Si vous cherchez un hôtel tranquille,
consultez d'abord les cartes de l'introduction
ou repérez dans le texte les établissements indiqués avec le signe ou .

CEFALÙ *Palermo* 988 ㊱, 432 M 24 – *Vedere Sicilia alla fine dell'elenco alfabetico.*

CEGLIE MESSAPICA *72013 Brindisi* 988 ㉚, 431 F 34 – *20 607 ab. alt. 303.*

Roma 564 – Brindisi 38 – Bari 92 – Taranto 38.

XX **Al Fornello-da Ricci,** contrada Montevicoli ✆ 0831 377104, *Fax 0831 377104*, « Servizio estivo in giardino » – P. AE ⓢ ⓓ MC VISA JCB.
chiuso dal 1° al 10 febbraio, dal 10 al 30 settembre, lunedì sera e martedì – **Pasto** 50/70000 (a mezzogiorno) 70/90000 (la sera) e carta 55/90000
Spec. Involtino di zucchina con cervellini di agnello e salsa di vino rosso. Maccheroni fatti in casa con olive nere, acciughe e mollica di pane fritta. Mousse di té alla vaniglia con caramello al caffé.

X **Da Gino,** contrada Montevicoli ✆ 0831 377916, *Fax 0831 388956* – P. AE ⓢ ⓓ MC VISA.
chiuso settembre e venerdì – **Pasto** carta 35/65000.

sulla strada provinciale 581 per San Vito dei Normanni *Est : 8 km*

La Fontanina, contrada Palagogna ✉ 72013 ✆ 0831 380932, *Fax 0831 380933*, – P. AE ⓢ ⓓ MC VISA JCB.
Pasto vedere rist ***La Fontanina*** – **41 cam** 95/150000 – 1/2 P 70/110000.

XX **La Fontanina,** contrada Palagogna ✉ 72013 ✆ 0831 380932, , prenotare – P. AE ⓢ ⓓ MC VISA JCB.
chiuso a mezzogiorno (escluso da maggio a settembre) e domenica sera – **Pasto** carta 35/60000.

CELANO *67043 L'Aquila* 988 ㉖, 430 P 22 – *11 571 ab. alt. 800.*

Roma 118 – L'Aquila 44 – Avezzano 16 – Pescara 94.

Lory, via Ranelletti 279 ✆ 0863 793656, *Fax 0863 793055* – P – 50. AE ⓢ ⓓ MC VISA.
Pasto carta 35/55000 – **34 cam** 100/130000 – 1/2 P 100/120000.

Le Gole, via Sardellino Sud : 1,5 km ✉ 67041 Aielli ✆ 0863 711009, *Fax 0863 711101*, « Giardino ombreggiato » – P. AE ⓢ ⓓ MC VISA
Pasto vedere rist ***Le Gole-da Guerrinuccio*** – **36 cam** 120/150000 – 1/2 P 90/120000.

XX **Le Gole-da Guerrinuccio,** via Sardellino Sud : 1,5 km ✉ 67041 Aielli ✆ 0863 791471, *Fax 0863 711033* – P. AE ⓢ ⓓ MC VISA.
chiuso lunedì – **Pasto** carta 35/50000.

CELLE LIGURE *17015 Savona* [988] ⑬, [428] I 7 – *5 379 ab..*

ℹ *via Boagno (palazzo Comunale) ✆ 019 990021, Fax 019 990021.*

Roma 538 – Genova 40 – Alessandria 86 – Milano 162 – Savona 7,5.

🏨 **La Giara,** via Dante Alighieri 3 ✆ 019 993773, *Fax 019 993973* – 🛗, ❄ rist, 📺 ☎ 🅿. [AE] 🅾 [MC] [VISA] [JCB]. 🚭 rist
chiuso dal 15 novembre al 24 dicembre e dal 10 gennaio a febbraio – **Pasto** 30/60000 ☕ 15000 – **13 cam** 120/150000, 2 appartamenti – ½ P 140000.

🏨 **San Michele,** via Monte Tabor 26 ✆ 019 990017, *Fax 019 993311,* 🏊 – 🛗 📺 ☎ 🅿. [AE] 🅾 [MC] [VISA]. 🚭 rist
giugno-settembre – **Pasto** 40/55000 – ☕ 20000 – **48 cam** 140/150000 – ½ P 100/140000

🏨 **Piccolo Hotel,** via Lagorio 25 ✆ 019 990015, *Fax 019 990015* – 🛗 ☎ 🅿. [AE] [S] 🅾 [MC] [VISA] 🚭
chiuso da ottobre a febbraio – **Pasto** (solo per alloggiati) 35/40000 – ☕ 15000 – **26 cam** 100/125000 – ½ P 110000.

🏨 **Ancora,** via De Amicis 3 ✆ 019 990052, *Fax 019 993249* – 🛗 📺 ☎ 🅿. [AE] [S] [VISA]. 🚭
Pasqua-20 settembre – **Pasto** *(giugno-20 settembre)* carta 55/70000 – ☕ 15000 – **16 cam** 95/120000 – ½ P 85/95000.

🍴🍴 **Mosè,** via Colla 30 ✆ 019 991560, prenotare – ❄. [AE] [S] 🅾 [MC] [VISA]
chiuso dal 15 ottobre al 15 dicembre e mercoledì – **Pasto** carta 55/75000.

🍴 **L'Acqua Dolce,** via Pescetto 5/A ✆ 019 994222, Coperti limitati; prenotare – ❄. [AE] [S] 🅾 [MC] [VISA]. 🚭
chiuso martedì e mercoledì a mezzogiorno – **Pasto** carta 65/95000.

CELLORE *Verona – Vedere Illasi.*

CEMBRA *38034 Trento* [429] D 15 – *1 726 ab. alt. 677 – a.s.Pasqua e Natale.*

ℹ *piazza Toniolli 2 ✆ 0461 683110, Fax 0461 683257.*

Roma 611 – Trento 22 – Belluno 130 – Bolzano 63 – Milano 267.

🏨 **Europa** 🐦, via San Carlo 19 ✆ 0461 683032, *Fax 0461 683032,* ≤, 🌳 – 🛗 📺 ☎ ♿ 🅿. [S] [MC] [VISA]. 🚭
Pasto *(chiuso domenica)* carta 30/45000 – **30 cam** ☕ 80/110000 – ½ P 60/75000.

CENERENTE *Perugia – Vedere Perugia.*

CENOVA *Imperia* [428] J 5 – *alt. 558* – ✉ *18020 Rezzo.*

Roma 613 – Imperia 27 – Genova 114.

🏨 **Negro** 🐦, via Canada 10 ✆ 0183 34089, *Fax 0183 324991,* ≤ monti, 🏊 – 📺 ☎ 🅿. [AE] [S] [MC] [VISA]. 🚭
chiuso dal 9 gennaio al 17 aprile – **Pasto** 40/50000 e al Rist. ***I Cavallini*** *(chiuso mercoledì escluso luglio-agosto;* prenotare*)* carta 45/60000 – ☕ 15000 – **12 cam** 60/75000 – ½ P 70/90000.

CENTO *44042 Ferrara* [988] ⑭ ⑮, [429] H 15 – *29 272 ab. alt. 15.*

⛳ *(chiuso lunedì) località Parco del Reno ✉ 44042 Cento ✆ 051 6830504, Fax 051 6830504*

Roma 410 – Bologna 34 – Ferrara 35 – Milano 207 – Modena 37 – Padova 103.

🏨 **Europa,** via 4 Novembre 16 ✆ 051 903319, *Fax 051 902213* – 🛗 ❄ 📺 ☎ 🅿. [S] [MC] [VISA]. 🚭
Pasto *(chiuso venerdì)* carta 35/55000 – ☕ 15000 – **44 cam** 110/165000 – ½ P 80/120000

🏨 **Al Castello,** via Giovannina 57 (Ovest : 2 km) ✆ 051 6836066, *Fax 051 6835990* – 🛗 ❄ 📺 ☎ 🅿. [AE] [S] 🅾 [MC] [VISA]
Pasto *(chiuso venerdì)* 35000 – ☕ 10000 – **66 cam** 80/120000, 2 appartamenti, ❄ 13000 – ½ P 90000.

CEPRANO *03024 Frosinone* [988] ㉖, [430] R 22 – *8 609 ab. alt. 120.*

Roma 99 – Frosinone 23 – Avezzano 84 – Isernia 78 – Latina 71 – Napoli 122.

🏨 **Ida,** in prossimità casello autostrada A 1 ✆ 0775 950040, *Fax 0775 919422,* « Servizio rist estivo in giardino » – 🛗 ❄ 📺 ☎ 🚗 🅿. [AE] [S] 🅾 [MC] [VISA]. 🚭
Pasto carta 35/50000 – ☕ 7000 – **42 cam** 100/130000 – ½ P 70/100000.

CERBAIA *Firenze* [430] K 15 – *Vedere San Casciano in Val di Pesa.*

CERCENASCO *10060 Torino* 428 H 4 – *1 735 ab. alt. 256.*

Roma 689 – Torino 34 – Cuneo 60 – Milano 183 – Sestriere 70.

XX **Centro,** via Vittorio Emanuele 8 ✆ 011 9809247, – AE ⑤ ⓓ ⓜ VISA JCB
chiuso dal 1° al 10 agosto e mercoledì – **Pasto** carta 40/60000.

CERES *10070 Torino* 988 ⑫, 428 G 4, 219 ⑫ – *997 ab. alt. 704.*

Roma 699 – Torino 38 – Aosta 141 – Ivrea 78 – Vercelli 104.

X **Valli di Lanzo** con cam, via Roma 15 ✆ 0123 53397, *Fax 0123 53753,* – TV ☎. ⛌
chiuso dal 1° al 15 settembre – **Pasto** *(chiuso mercoledì escluso luglio ed agosto)* carta 50/90000 – **8 cam** ⊒ 70/130000 – ½ P 90/110000.

CERESE DI VIRGILIO *Mantova* 428 G 14 – *Vedere Mantova.*

CERESOLE REALE *10080 Torino* 988 ⑫, 428 F 3 – *164 ab. alt. 1 620.*

Roma 738 – Torino 77 – Aosta 126 – Milano 176.

Blanchetti ⛱, borgata Prese 13 ✆ 0124 953174, *Fax 0124 953126,* ≤ – ☎. ⑤ ⓜ VISA
chiuso dal 10 novembre al 7 dicembre – **Pasto** carta 40/60000 – ⊒ 10000 – **11 cam** 120000 – ½ P 110000.

CERIGNOLA *71042 Foggia* 988 ㉘, 431 D 29 – *56 225 ab. alt. 124.*

Roma 366 – Foggia 31 – Bari 90 – Napoli 178.

XX **Il Bagatto,** via Giovanni Gentile 7 ✆ 0885 427850, *Fax 0885 427850* – ▤. AE ⑤ ⓓ ⓜ VISA
chiuso dal 10 al 25 luglio, domenica sera e lunedì – **Pasto** carta 45/100000.

CERMENATE *22072 Como* 428 E 9, 219 ⑱ – *8 625 ab. alt. 332.*

Roma 612 – Como 15 – Milano 32 – Varese 28.

Gardenia senza rist, via Europa Unita ✆ 031 722571, *Fax 031 722570* – |♦| ▤ TV ☎ ♿ P – 🏛 100. AE ⑤ ⓓ ⓜ VISA
⊒ 20000 – **34 cam** 170/210000.

X **Castello,** via Castello 26/28 ✆ 031 771563, *Fax 031 770608,* prenotare – P. AE ⑤ ⓓ ⓜ VISA
chiuso dal 24 dicembre al 6 gennaio, agosto, lunedì e martedì sera – **Pasto** carta 60/80000.

CERNOBBIO *22012 Como* 988 ③, 428 E 9 *G. Italia* – *6 980 ab. alt. 202.*

Villa d'Este (chiuso gennaio, febbraio e martedì escluso agosto) a Montorfano ✉ 22030 ✆ 031 200200, Fax 031 200786, Sud-Est : 11 km.

via Regina 33/b ✆ 031 510198.

Roma 630 – Como 5 – Lugano 33 – Milano 53 – Sondrio 98 – Varese 30.

Villa d'Este ⛱, via Regina 40 ✆ 031 3481, *Fax 031 348844,* ≤, , « Grande parco digradante sul lago », Fá, ≘s, ⛆, ⛆, ⛆ – |♦| ▤ TV ☎ ♿ ⛍ P – 🏛 250. AE ⑤ ⓓ ⓜ VISA JCB. ⛌ rist
marzo-novembre – **Pasto** al Rist. ***La Veranda*** carta 120/200000 e al Rist. ***Grill*** *(aprile-ottobre; chiuso a mezzogiorno)* carta 120/190000 – **166 cam** ⊒ 700/1045000, 9 appartamenti.

Asnigo ⛱, Nord-Est : 2 km ✆ 031 510062, *Fax 031 510249,* ≤ lago e monti, « Terrazza panoramica » – |♦|, ▤ rist, TV ☎ ⛍ P – 🏛 60. AE ⑤ ⓓ ⓜ VISA. ⛌ rist
Pasto carta 55/80000 – **30 cam** ⊒ 195/300000, 4 appartamenti – ½ P 150/170000.

Miralago, piazza Risorgimento 1 ✆ 031 510125, *Fax 031 342088,* ≤ – |♦| TV ☎. AE ⑤ ⓓ ⓜ VISA. ⛌ rist
chiuso da novembre a febbraio – **Pasto** carta 55/80000 – **42 cam** ⊒ 130/205000 – ½ P 135/145000.

Centrale, via Regina 39 ✆ 031 511411, *Fax 031 341900,* Terrazza ombreggiata – TV ☎ P. AE ⑤ ⓓ ⓜ VISA JCB
Pasto *(chiuso martedì escluso da giugno a settembre)* carta 50/80000 – **19 cam** ⊒ 125/200000.

XX **Trattoria del Vapore,** via Garibaldi 17 ✆ 031 510308, *Fax 031 510308,* prenotare la sera – AE ⑤ ⓓ ⓜ VISA. ⛌
chiuso dal 25 dicembre al 25 gennaio e martedì – **Pasto** carta 45/85000 (10%).

a Rovenna *Nord-Est : 2,5 km – ✉ 22012 Cernobbio :*

X Gatto Nero, via Monte Santo 69 ✆ 031 512042, *Fax 031 512860,* Rist. tipico, prenotare la sera, « Servizio estivo in terrazza con ≤ lago e monti »
Pasto specialità regionali.

CERNUSCO LOMBARDONE *23870 Lecco* [428] E 10, [219] ⑳ – *3 631 ab. alt. 267.*
Roma 593 – Como 35 – Bergamo 28 – Lecco 19 – Milano 37.

🍴🍴 **Osteria Santa Caterina,** via Lecco 34 ☎ 039 9902396, *Fax 039 9902396*, 🏠, prenota
– [AE] [$] ⓓ [MC] [VISA]
chiuso lunedì, dal 6 al 20 gennaio e dal 16 al 30 agosto – **Pasto** carta 45/70000.

CERNUSCO SUL NAVIGLIO *20063 Milano* [428] F 10, [219] ⑲ – *27 589 ab. alt. 133.*
⛳18 *Molinetto (chiuso lunedì) ☎ 02 92105128, Fax 02 92106635.*
Roma 583 – Milano 14 – Bergamo 38.

🍴🍴🍴 **Vecchia Filanda,** via Pietro da Cernusco 2/A ☎ 02 9249200, Coperti limitati; prenotare
▤. [AE] [$] ⓓ [MC] [VISA]. ✂
chiuso dal 24 dicembre al 7 gennaio, Pasqua, 25 aprile, 1° maggio, agosto, sabato a mezzo giorno e domenica – **Pasto** carta 75/135000.

CERRINA MONFERRATO *15020 Alessandria* [428] G 6 – *1 596 ab. alt. 225.*
Roma 626 – Alessandria 49 – Torino 56 – Asti 37 – Milano 98 – Vercelli 40.

a Montalero *Ovest : 3 km – ✉ 15020 :*

🍴🍴 **Castello di Montalero,** via al Castello 10 ☎ 0142 94146, solo su prenotazione, « Costruzione settecentesca in un parco ombreggiato » – [P]. ⓓ. ✂
chiuso lunedì – **Pasto** 65000.

Dans ce guide
un même symbole, un même mot,
imprimé en rouge ou en **noir**, en maigre ou en ***gras***,
n'ont pas tout à fait la même signification.
Lisez attentivement les pages explicatives.

CERRO AL LAMBRO *20077 Milano – 4 358 ab. alt. 84.*
Roma 558 – Milano 23 – Piacenza 56 – Lodi 14 – Pavia 32.

🍴🍴 **Hostaria le Cascinette,** località Cascinette ☎ 02 9832159, *Fax 02 98231096* – ▤ [P]. [AE] [$] ⓓ [MC] [VISA]. ✂
chiuso dal 10 al 25 gennaio, dal 16 al 31 agosto, lunedì sera e martedì – **Pasto** carta 60/115000.

CERRO MAGGIORE *20023 Milano* [219] ⑱ – *14 164 ab. alt. 206.*
Roma 603 – Milano 26 – Como 31 – Varese 32.

a Cantalupo *Sud-Ovest : 3 km – ✉ 20020 :*

🍴🍴🍴 **Corte Lombarda,** piazza Matteotti 9 ☎ 0331 535604, *Fax 0331 535604*, Rist.-enoteca « In una vecchia cascina con servizio estivo all'aperto » – [P]. [AE] [$] ⓓ [MC] [VISA] [JCB]
chiuso dal 26 dicembre al 10 gennaio, dal 5 al 23 agosto, domencia sera e lunedì – **Pasto** carta 75/100000.

🍴 **Tana del Lupo,** via Risorgimento 8 ☎ 0331 535148, *Fax 0331 535148*. [$] [MC] [VISA]
chiuso mercoledì e sabato a mezzogiorno – **Pasto** cucina lombarda carta 50/65000.

CERTALDO *50052 Firenze* [988] ⑭, [430] L 15 *G. Toscana – 15 851 ab. alt. 67.*
Roma 270 – Firenze 57 – Siena 42 – Livorno 75.

🍴🍴 **Charlie Brown,** via Guido Rossa 13 ☎ 0571 664534, prenotare – ▤
chiuso dal 10 al 20 agosto, domenica da giugno a luglio , martedì negli altri mesi – **Pasto** carta 35/65000.

CERTOSA DI PAVIA *27012 Pavia* [988] ③ ⑬, [428] G 9 *G. Italia – 3 341 ab. alt. 91.*
Vedere *Certosa*** Est : 1,5 km.*
Roma 572 – Alessandria 74 – Bergamo 84 – Milano 31 – Pavia 9 – Piacenza 62.

🍴🍴🍴 ✿ **Locanda Vecchia Pavia,** via al Monumento 5 ☎ 0382 925894, *Fax 0382 933300*, 🏠, Coperti limitati; prenotare – ▤ [P]. [AE] [$] ⓓ [MC] [VISA]. ✂
chiuso dal 1° al 22 gennaio, dall'8 al 23 agosto, lunedì e mercoledì a mezzogiorno – **Pasto** 55000 (a mezzogiorno) 75000 (la sera) e carta 75/130000
Spec. Padellata di scampi, calamari e astice con indivia brasata. Cannelloni al baccalà mantecato al ragù d'astice. Stinco di vitello disossato alla Bonarda.

CERVERE *12040 Cuneo* 428 I 5 – *1 803 ab. alt. 304.*
Roma 656 – Cuneo 43 – Torino 58 – Asti 52.

La Tour senza rist, via Cavour 3 ✆ 0172 474691, *Fax 0172 474693,* – |‡| TV ☎ P. AE Ⓢ ⓞ MC VISA. ✻
☐ 12000 – **13 cam** 85/130000.

Antica Corona Reale-da Renzo, via Fossano 13 ✆ 0172 474132, prenotare la sera – P. Ⓢ ⓞ MC VISA. ✻
chiuso dal 26 dicembre al 6 gennaio, dal 1° al 25 agosto, martedì sera e mercoledì – **Pasto** carta 50/80000.

CERVESINA *27050 Pavia* 428 G 9 – *1 181 ab. alt. 72.*
Roma 580 – Alessandria 46 – Genova 102 – Milano 72 – Pavia 25.

Castello di San Gaudenzio ⛰, via Mulino 1 (Sud : 3 km) ✆ 0383 3331, *Fax 0383 333409,* « Castello del 14° secolo in un parco », – ▤ rist, TV ☎ ♿ P – 🏛 400. AE Ⓢ ⓞ MC VISA JCB. ✻
Pasto *(chiuso martedì; prenotare)* carta 50/70000 – ☐ 15000 – **42 cam** 170/240000, 3 appartamenti – ½ P 250000.

CERVETERI *Roma* 988 ㉕, 430 Q 18 *G. Italia – alt. 81.*
Vedere *Necropoli della Banditaccia*★★ *Nord : 2 km.*

In this guide
a symbol or a character,
printed in red or **black**, in light or ***bold*** type,
does not have the same meaning.
Pay particular attention to the explanatory pages.

CERVIA *48015 Ravenna* 988 ⑮, 429, 430 J 19 – *25 601 ab. – Stazione termale (aprile-ottobre), a.s. Pasqua, luglio-agosto e ottobre-dicembre.*
18 *(chiuso dal 7 gennaio al 5 febbraio e lunedì escluso da aprile a settembre)* ✆ *0544 992786, Fax 0544 993410.*
ℹ *(maggio-settembre) viale Roma 86* ✆ *0544 974400.*
Roma 382 – Ravenna 22 – Rimini 31 – Bologna 96 – Ferrara 98 – Forlì 28 – Milano 307 – Pesaro 76.

Grand Hotel Cervia, lungomare Grazia Deledda 9 ✆ 0544 970500, *Fax 0544 972086,* ←, – |‡| ▤ TV ☎ P – 🏛 500. AE Ⓢ ⓞ MC VISA. ✻
Pasto 60/130000 – **88 cam** ☐ 260/400000, 6 appartamenti – ½ P 250000.

Nettuno, lungomare D'Annunzio 34 ✆ 0544 971156, *Fax 0544 972082,* ←, riscaldata, – |‡|, rist, ▤ TV ☎ P. Ⓢ MC VISA. ✻
aprile-20 ottobre – **Pasto** 55/80000 – ☐ 15000 – **50 cam** 130/180000 – ½ P 130/140000.

K 2 Cervia, viale dei Mille 98 ✆ 0544 971025, *Fax 0544 971028,* , – |‡| ▤ TV ☎ P – 🏛 70. AE Ⓢ ⓞ MC VISA. ✻ rist
marzo-ottobre – **Pasto** *(chiuso novembre-febbraio)* carta 40/60000 – **50 cam** ☐ 80/140000, 2 appartamenti – ½ P 100/120000.

Strand e Gambrinus, lungomare Grazia Deledda 104 ✆ 0544 971773, *Fax 0544 973984,* ←, Lø, – |‡| ▤ TV ☎ P – 🏛 50. AE Ⓢ ⓞ MC VISA. ✻
marzo-settembre – **Pasto** (solo per alloggiati) 40/50000 – ☐ 12000 – **80 cam** 60/120000 – ½ P 110/125000.

Universal, lungomare Grazia Deledda 118 ✆ 0544 71418, *Fax 0544 971746,* ←, riscaldata – |‡| ▤ TV ☎ P. AE Ⓢ ⓞ MC VISA. ✻ rist
marzo-ottobre – **Pasto** carta 35/45000 – ☐ 12000 – **42 cam** 85/125000 – ½ P 120000.

Beau Rivage, lungomare Grazia Deledda 116 ✆ 0544 971010, ←, riscaldata – |‡| ▤ TV ☎ P. AE Ⓢ ⓞ MC VISA. ✻ rist
Pasqua-settembre – **Pasto** carta 35/45000 – ☐ 12000 – **40 cam** 85/125000 – ½ P 120000.

Ascot, viale Titano 14 ✆ 0544 72318, , – |‡|, ▤ rist, TV ☎ P. ✻
15 maggio-15 settembre – **Pasto** (solo per alloggiati) 30/35000 – ☐ 10000 – **30 cam** 90/100000 – ½ P 85000.

Al Teatro, via 20 Settembre 169 ✆ 0544 71639, *Fax 0544 71639,* , prenotare – ▤. AE Ⓢ ⓞ MC VISA. ✻
chiuso dal 1° al 15 gennaio, dal 1° al 15 settembre e lunedì – **Pasto** specialità di mare 35/80000.

Nautilus da Franco, via Nazario Sauro 116 ✆ 0544 976486 – AE Ⓢ ⓞ MC VISA. ✻
chiuso dal 20 ottobre al 20 novembre e lunedì – **Pasto** 80000.

a Pinarella *Sud : 2 km – ✉ 48015 Pinarella di Cervia.*

(maggio-settembre) viale Titano 51 ✆ 0544 988869

Garden, viale Italia 250 ✆ 0544 987144, *Fax 0544 980006*, , , riscaldata, , – . rist
marzo-ottobre – **Pasto** 40/50000 – 15000 – **55 cam** 90/140000, 14000 – ½ P 12500(

Cinzia, viale Italia 252 ✆ 0544 987241, *Fax 0544 987620*, « riscaldata in terrazza panoramica », , , – . rist
marzo-ottobre – **Pasto** 40/55000 – 15000 – **33 cam** 75/120000, 14000 – ½ P 11000(

Buratti, viale Italia 194 ✆ 0544 987549, *Fax 0544 987549*, , –
15 marzo-settembre – **Pasto** 35000 – **43 cam** 80/150000 – P 95000.

a Milano Marittima *Nord : 2 km – ✉ 48016 Cervia - Milano Marittima.*

viale Romagna 107 ✆ 0544 993435, Fax 0544 992515

Mare e Pineta, viale Dante 40 ✆ 0544 992262, *Fax 0544 992739*, « Parco pineta », riscaldata, , – – 250. rist
aprile-settembre – **Pasto** carta 70/95000 – **163 cam** 200/350000, 5 appartamenti – ½ P 270/300000.

Aurelia, viale 2 Giugno 34 ✆ 0544 975451, *Fax 0544 972773*, ←, « Giardino », , , – – 150. rist
15 marzo-ottobre – **Pasto** *(maggio-settembre)* carta 50/75000 – **104 cam** 200/28000 – ½ P 185/205000.

Le Palme, VII Traversa 12 ✆ 0544 994661, *Fax 0544 994179*, ←, , « Giardino ombreggiato », , , riscaldata, – – 300. rist
20 dicembre-6 gennaio e 20 marzo-settembre – **Pasto** (solo per alloggiati) 60000 – 25000 – **103 cam** 190/270000 – ½ P 210000.

Exclusive Waldorf, VII Traversa 17 ✆ 0544 994343, *Fax 0544 993428*, ←, , riscaldata –
aprile-10 ottobre – **Pasto** carta 60/80000 – 23000 – **24 cam** 180/280000 – ½ P 230/250000.

Miami, III Traversa 31 ✆ 0544 991628, *Fax 0544 992033*, ←, riscaldata, , – – 250. rist
aprile-settembre – **Pasto** (solo per alloggiati) carta 60/95000 – **78 cam** 250/330000 – ½ P 150/210000.

Rouge Internationale, III Traversa 26 ✆ 0544 992201, *Fax 0544 994379*, ←, riscaldata, , , – . rist
aprile-ottobre – **Pasto** carta 70/100000 – **76 cam** 120/190000 – ½ P 165/190000.

Gallia, piazzale Torino 16 ✆ 0544 994692, *Fax 0544 994692*, « Giardino ombreggiato » riscaldata, – . rist
Pasqua-settembre – **Pasto** 35/55000 – 15000 – **99 cam** 130/220000 – ½ P 200000.

Globus, viale 2 Giugno 59 ✆ 0544 992115, *Fax 0544 992931*, , , riscaldata, – – 100. rist
aprile-settembre – **Pasto** 65000 – 18000 – **55 cam** 130/180000 – ½ P 155000.

Michelangelo, viale 2 Giugno 113 ✆ 0544 994470, *Fax 0544 993534*, « Giardino ombreggiato », riscaldata – . rist
aprile-ottobre – **Pasto** 55/80000 – **50 cam** 180/220000 – ½ P 210000.

Deanna Golf Hotel, viale Matteotti 131 ✆ 0544 991365, *Fax 0544 994251*, « Giardino », riscaldata – , rist, – – 150. rist
marzo-ottobre – **Pasto** carta 65/75000 – **68 cam** 120/180000 – ½ P 130000.

Metropolitan, via XVII Traversa 7 ✆ 0544 994735, *Fax 0544 994735*, ←, , , riscaldata –
Pasqua-25 settembre – **Pasto** (solo per alloggiati) – **82 cam** 110/140000 – ½ P 120/130000.

Ariston, viale Corsica 16 ✆ 0544 994659, *Fax 0544 991555*, ←, , – . rist
10 maggio-settembre – **Pasto** 30/35000 – 15000 – **52 cam** 110/200000, 3 appartamenti – ½ P 150/160000.

Acapulco, VI Traversa 19 ✆ 0544 992396, *Fax 0544 993833*, ←, , riscaldata – . rist
15 maggio-20 settembre – **Pasto** (solo per alloggiati) 55000 – 15000 – **50 cam** 100/150000 – ½ P 145000.

Alexander, viale 2 Giugno 68 ✆ 0544 991516, *Fax 0544 991516*, « Terrazza-solarium », riscaldata, – . rist
aprile-20 settembre – **Pasto** 40/60000 – 15000 – **52 cam** 125/150000 – ½ P 130000.

Kent, viale 2 Giugno 142 ✆ 0544 992048, *Fax 0544 994472*, « Piccolo giardino ombreggiato » – 🛗 ▤ TV ☎ P. AE 🅂 ● MC VISA. ✗ rist
aprile-settembre – **Pasto** carta 45/65000 – ☕ 15000 – **35 cam** 80/120000, 2 appartamenti – ½ P 140000.

Sorriso, VIII Traversa 19 ✆ 0544 994063, *Fax 0544 993123*, 🏋, ≘s, 🏊 riscaldata – 🛗 ▤ TV ☎ P. 🅂 MC VISA. ✗ rist
15 marzo-settembre – **Pasto** (solo per alloggiati) – ☕ 20000 – **32 cam** 85/130000 – ½ P 105/125000.

Majestic, X Traversa 23 ✆ 0544 994122, *Fax 0544 994123*, ≤, 🏊 riscaldata, 🏊 – 🛗 ▤ TV ☎ P. 🅂 VISA. ✗
Pasqua-6 ottobre – **Pasto** 45000 bc – ☕ 15000 – **52 cam** 75/130000, ▤ 5000 – ½ P 90/100000.

Mazzanti, via Forlì 51 ✆ 0544 991207, *Fax 0544 991258*, ≤, 🏊 riscaldata, 🌳 – 🛗 ▤ TV ☎ P. AE 🅂 ● MC VISA. ✗ rist
10 maggio-20 settembre – **Pasto** (solo per alloggiati) 35000 – **45 cam** ☕ 70/120000, ▤ 7000 – ½ P 125/130000.

Nadir, viale Cadorna 3 ✆ 0544 991322, *Fax 0544 991431*, 🏊 – 🛗 ▤ TV ☎ P. AE 🅂 ● MC VISA. ✗ rist
chiuso dal 25 dicembre al 7 gennaio e da aprile al 15 ottobre – **Pasto** 35/40000 – **55 cam** ☕ 90/160000 – ½ P 145000.

Mocambo, VI Traversa 17 ✆ 0544 991265, *Fax 0544 993833*, 🏊 – 🛗, ▤ rist, TV ☎ P. AE 🅂 VISA. ✗ rist
maggio-settembre – **Pasto** (solo per alloggiati) 40000 – ☕ 15000 – **41 cam** 90/130000 – ½ P 105000.

Ridolfi, anello del Pino 18 ✆ 0544 994547, *Fax 0544 991506*, 🏊, 🌳 – 🛗, ▤ rist, TV ☎ P. AE 🅂 ● VISA. ✗ rist
maggio-settembre – **Pasto** (solo per alloggiati) 30000 – ☕ 10000 – **36 cam** 60/100000 – ½ P 90/105000.

Abahotel, IV Traversa 19 ✆ 0544 991701, *Fax 0544 993969* – 🛗, ▤ rist, TV ☎ P. 🅂 MC VISA. ✗
maggio-settembre – **Pasto** (solo per alloggiati) 25/35000 – ☕ 15000 – **36 cam** 75/120000 – ½ P 100/135000.

Isabella senza rist, IX Traversa 152 ✆ 0544 994068, *Fax 0544 994123* – 🛗 ▤ TV ☎ P. 🅂 VISA. ✗
aprile-ottobre – **31 cam** ☕ 85/130000, ▤ 5000.

Santiago, viale 2 Giugno 42 ✆ 0544 975477, *Fax 0544 975477* – 🛗 ▤ TV ☎. AE 🅂 MC VISA. ✗ rist
Pasto 30/40000 – ☕ 13000 – **27 cam** 100/140000 – ½ P 90/100000.

Al Caminetto, viale Matteotti 46 ✆ 0544 994479, Rist. e pizzeria, « Servizio estivo all'aperto » – 🅂 ● MC VISA
15 novembre-Epifania e 4 marzo-ottobre; chiuso a mezzogiorno escluso i giorni festivi – **Pasto** carta 85/120000.

a Tagliata *Sud-Est : 3,5 km* – ✉ *48015 Tagliata di Cervia.*
🅘 *(maggio-settembre) via Sicilia 61 ✆ 0544 987945*

La Tortuga, viale Sicilia 26 ✆ 0544 987193, Rist. e pizzeria, « Servizio estivo in giardino » – P. AE 🅂 ● MC VISA
chiuso gennaio e mercoledì (escluso da giugno a settembre) – **Pasto** carta 45/70000.

CERVIGNANO DEL FRIULI *33052 Udine 988 ⑥, 429 E 21 – 11 982 ab..*
Roma 627 – Udine 34 – Gorizia 28 – Milano 366 – Trieste 47 – Venezia 116.

Internazionale, via Ramazzotti 2 ✆ 0431 30751, *Fax 0431 34801* – 🛗 ▤ TV ☎ ✆ P – 🔔 450. AE 🅂 ● MC VISA. ✗
Pasto al Rist. ***La Rotonda*** *(chiuso dal 1° al 21 agosto, domenica sera e lunedì)* carta 50/75000 – **69 cam** ☕ 130/200000 – ½ P 130000.

Al Campanile, via Fredda 3, località Scodovacca Est : 1,5 km ✆ 0431 32018, 🍽 – P. ✗
chiuso dal 1° al 15 ottobre, lunedì e martedì – **Pasto** carta 40/55000.

CERVINIA *Aosta 988 ②, 219 ③ – Vedere Breuil-Cervinia.*

Die im Michelin-Führer
verwendeten Zeichen und Symbole haben
- dünn oder ***fett*** gedruckt, rot oder **schwarz** -
jeweils eine andere Bedeutung.
Lesen Sie daher die Erklärungen aufmerksam durch.

CERVO *18010 Imperia* 428 K 6 – *1 261 ab. alt. 66.*

piazza Santa Caterina 2 (nel Castello) ✆ 0183 408197, Fax 0183 408197.

Roma 605 – Imperia 10 – Alassio 12 – Genova 106 – Milano 228 – San Remo 35.

XX **San Giorgio** con cam, via Alessandro Volta 19 (centro storico) ✆ 0183 40017, *Fax 400175*, ≤, prenotare, « Servizio estivo in terrazza panoramica » – ▤. AE VISA ✻ cam
chiuso dal 10 al 31 gennaio, novembre, lunedì sera e martedì dal 20 ottobre a Pasqua, so, martedì a mezzogiorno dal 20 giugno al 10 settembre – **Pasto** specialità di mare 60000 b (escluso sabato e i giorni festivi) 80000 e carta 70/120000 – 2 appartamenti 250/35000 – ½ P 200/225000.

CESANA TORINESE *10054 Torino* 988 ⑪, 428 H 2 – *977 ab. alt. 1 354 – a.s. febbraio-Pasqu, luglio-agosto e Natale – Sport invernali : a Sansicario, Monti della Luna e Claviere : 1 354 2 701 m 2 29, (Comprensorio Via Lattea).*

(dicembre-aprile e luglio-settembre, chiuso mercoledì) piazza Vittorio Amedeo 3 ✆ 012 89202, Fax 0122 89202.

Roma 752 – Bardonecchia 25 – Briançon 21 – Milano 224 – Sestriere 11 – Torino 87.

a Mollières *Nord : 2 km – ✉ 10054 Cesana Torinese :*

X **La Selvaggia,** frazione Mollieres 43 ✆ 0122 89290 – P. AE VISA. ✻
chiuso giugno, ottobre e mercoledì – **Pasto** carta 50/80000.

a Champlas Seguin *Est : 7 km – alt. 1 776 – ✉ 10054 Cesana Torinese :*

X **La Locanda di Colomb,** frazione Champlais Seguin 27 ✆ 0122 83294, *Fax 0122 832944*, prenotare – P. VISA. ✻
chiuso maggio, ottobre e lunedì (escluso dicembre e agosto) – **Pasto** carta 40/60000.

CESANO BOSCONE *20090 Milano* 428 F 9, 219 ⑱ – *25 062 ab. alt. 120.*

Roma 582 – Milano 10 – Novara 48 – Pavia 35 – Varese 54.

Pianta d'insieme di Milano.

Roma, via Poliziano 2 ✆ 02 4581805, *Fax 02 4500473* – ▤ TV ☎ ♿ P – 25. AE VISA JCB
chiuso dal 10 al 20 agosto – **Pasto** vedere rist ***Mon Ami*** – 25000 – **34 cam** 300/400000, appartamenti – ½ P 285000.

X Mon Ami, via Roma 101 ✆ 02 4500124, rist. e pizzeria – ▤.

CESANO MADERNO *20031 Milano* 428 F 9, 219 ⑲ – *32 318 ab. alt. 198.*

Roma 613 – Milano 20 – Bergamo 52 – Como 29 – Novara 61 – Varese 41.

Parco Borromeo M, via Borromeo 29 ✆ 0362 551796 e rist ✆ 0362 540930 *Fax 0362 550182*, « Adiacente al parco e palazzo Borromeo », – ▤ TV ☎ – 80. AE VISA. ✻
chiuso dal 4 al 27 agosto – **Pasto** al Rist. ***Il Fauno*** *(chiuso dal 1° al 6 gennaio, dal 3 al 2 agosto e lunedì a mezzogiorno)* carta 65/95000 – **40 cam** 190/260000.

a Cassina Savina *Est : 4 km – ✉ 20030 :*

X **La Cometa,** via Podgora 12 ✆ 0362 504102 – ▤. VISA. ✻
chiuso agosto e lunedì – **Pasto** specialità di mare carta 35/75000.

CESENA *47023 Forlì-Cesena* 988 ⑮, 429, 430 J 18 *G. Italia* – *89 535 ab. alt. 44.*

Vedere *Biblioteca Malatestiana*★.

piazza del Popolo 11 ✆ 0547 356327, Fax 0547 356329.

Roma 336 – Ravenna 31 – Rimini 30 – Bologna 89 – Forlì 19 – Milano 300 – Perugia 168 – Pesaro 69.

Casali, via Benedetto Croce 81 ✆ 0547 22745, *Fax 0547 22828*, – ▤ TV ☎ – 180. AE VISA. ✻
Pasto al Rist. ***Casali*** *(chiuso dal 1° al 20 agosto)* carta 50/80000 – 16000 – **45 cam** 135/185000, 3 appartamenti.

Meeting Hotel senza rist, via Romea 545 ✆ 0547 333160, *Fax 0547 334394* – ▤ TV ☎ P – 60. VISA. ✻
chiuso dal 20 al 30 dicembre – 15000 – **26 cam** 120/160000, ▤ 10000.

Alexander, piazzale Karl Marx 10 ✆ 0547 27474, *Fax 0547 27874* – ▤ TV ☎ ♿ P – 30. AE VISA. ✻ rist
chiuso dal 20 dicembre al 6 gennaio – **Pasto** *(chiuso giugno, luglio, agosto e a mezzogiorno)* 30/40000 – 12000 – **32 cam** 130/190000 – ½ P 150000.

Il Circolino, corte Dandini 10 ☎ 0547 21875, *Fax 0547 21875*, Coperti limitati; prenotare – AE VISA.
chiuso gennaio e martedì – **Pasto** carta 45/65000.

Gianni, via Dell'Amore 9 ☎ 0547 21328, *Fax 0547 21328*, Rist. e pizzeria – AE VISA JCB
chiuso giovedì – **Pasto** carta 40/80000.

La Grotta, vicolo Cesuola 19 ☎ 0547 22734 – AE VISA
chiuso da luglio al 15 agosto, lunedì sera e martedì – **Pasto** carta 50/60000.

CESENATICO

47042 Forlì-Cesena 988 ⑮, 429, 430 J 19 – 21 446 ab. – a.s. 21 giugno-agosto.
viale Roma 112 ☎ 0547 674411, Fax 0547 80129.
Roma 358 – Ravenna 31 – Rimini 22 – Bologna 98 – Milano 309.

Pino, via Anita Garibaldi 7 ☎ 0547 80645, *Fax 0547 84788* – 40. AE VISA.
Pasto vedere rist *Pino* – 15000 – **52 cam** 120/185000, 8 appartamenti – 1/2 P 150000.

Britannia, viale Carducci 129 ☎ 0547 672500, *Fax 0547 81799*, « Giardino-terrazza », – 50. AE VISA.
aprile-20 settembre – **Pasto** *(chiuso sino al 21 maggio)* carta 45/70000 – 18000 – **41 cam** 160/250000 – 1/2 P 175000.

San Pietro, viale Carducci 194 ☎ 0547 82496, *Fax 0547 81830*, riscaldata – rist, – 200. AE VISA.
15 marzo-15 ottobre – **Pasto** (solo per alloggiati e *chiuso a mezzogiorno sino al 18 maggio)* 40/50000 – **93 cam** 125/200000 – 1/2 P 145000.

Internazionale, via Ferrara 7 ☎ 0547 673344, *Fax 0547 672363*, riscaldata, – VISA. rist
maggio-settembre – **Pasto** 30/50000 – **60 cam** 115/200000 – 1/2 P 120/150000.

Executive, viale Cesare Abba 90 ☎ 0547 672670, *Fax 0547 83823*, – 150
stagionale – **71 cam.**

Sirena, viale Zara 42 ☎ 0547 80548, *Fax 0547 672742* – 80. AE VISA JCB.
Pasto *(chiuso a mezzogiorno da ottobre a maggio; Natale, Capodanno e Pasqua aperto tutto il giorno)* carta 45/60000 – **37 cam** 130/180000 – 1/2 P 90/120000.

Torino, viale Carducci 55 ☎ 0547 80044, *Fax 0547 672510*, – rist, AE VISA JCB.
15 maggio-settembre – **Pasto** (solo per alloggiati) 40/70000 – 20000 – **45 cam** 140/200000 – 1/2 P 100/145000.

Miramare, viale Carducci 2 ☎ 0547 80006, *Fax 0547 84785*, – 60. AE VISA. rist
Pasto *(chiuso martedì)* carta 45/70000 – 20000 – **30 cam** 100/180000, 10000 – 1/2 P 160000.

Sporting, viale Carducci 191 ☎ 0547 83082, *Fax 0547 672172*, – rist, AE VISA.
20 maggio-20 settembre – **Pasto** (solo per alloggiati) – 15000 – **48 cam** 100/120000 – 1/2 P 100000.

Atlantica, viale Bologna 28 ☎ 0547 83630, *Fax 0547 75758*, – rist, AE VISA.
Pasqua-settembre – **Pasto** carta 60/85000 – 18000 – **35 cam** 110/180000 – 1/2 P 135000.

Zeus, viale Carducci 46 ☎ 0547 80247, *Fax 0547 80247* – AE VISA JCB.
Pasto (solo per alloggiati) 30/45000 – 15000 – **28 cam** 100/150000 – 1/2 P 120000.

Piccolo Hotel, viale Carducci 180 ☎ 0547 672757, *Fax 0547 672240* – rist, AE VISA. rist
aprile-settembre – **Pasto** (solo per alloggiati) – **26 cam** 90/120000 – 1/2 P 80/120000.

Domus Mea senza rist, via del Fortino 7 ☎ 0547 82119, *Fax 0547 82441*, – AE VISA.
maggio-settembre – 7500 – **29 cam** 95/120000.

New Bristol Sport, viale del Fortino 9 ☎ 0547 672444, *Fax 0547 673051*, – AE VISA. rist
20 dicembre-8 gennaio e aprile-ottobre – **Pasto** 30/50000 – 20000 – **51 cam** 90/170000, 10000 – 1/2 P 135000.

Pino - Hotel Pino, via Anita Garibaldi 7 ☎ 0547 75350, *Fax 0547 84788*, – AE VISA.
chiuso dal 15 novembre al 15 dicembre e lunedì (escluso luglio-agosto) – **Pasto** specialità di mare carta 50/75000.

XX **Lido Lido,** viale Carducci ang. Via Ferrara 12 ✆ 0547 673311, *Fax 0547 673311*, – AE VISA.
chiuso a mezzogiorno (escluso domenica e luglio-agosto) e lunedì – **Pasto** carta 60/8000

XX Teresina, viale Trento ✆ 0547 81108, *Fax 0547 672234*, ≤ – P.

XX **La Buca,** corso Garibaldi 41 ✆ 0547 82474, *Fax 0547 82474*, – AE VISA.
chiuso lunedì e dal 2 al 10 gennaio – **Pasto** specialità di mare70000 e carta 55/75000 e Rist. ***Osteria del Gran Fritto*** 25/40000.

XX **Al Gallo,** via Baldini 21 ✆ 0547 81067, *Fax 0547 672454*, – AE VISA.
chiuso dal 7 al 16 gennaio e mercoledì – **Pasto** specialità di mare65/75000 e carta 60/8000

X **Vittorio,** porto turistico Onda Marina, via Andrea Doria 3 ✆ 0547 672588, – P. AE VISA.
chiuso dal 10 dicembre al 6 gennaio, dal 23 al 31 maggio, dal 7 al 15 settembre e martedì
Pasto specialità di mare carta 90/120000
Spec. Scampi alla buzara. Lasagne al ragù di mazzola. Bianchetti alla griglia.

X Trocadero-da Valeria, via Pasubio-spiaggia levante ✆ 0547 81173, *Fax 0547 81173*, – P
Pasto specialità di mare.

a Valverde *Sud : 2 km – ✉ 47042 Cesenatico :*

Caesar, viale Carducci 290 ✆ 0547 86500, *Fax 0547 86654*, ≤, riscaldata – rist, rist, P. rist
15 aprile-settembre – **Pasto** (solo per alloggiati) 35/40000 – 16000 – **65 cam** 100 120000 – 1/2 P 130000.

Colorado, viale Carducci 306 ✆ 0547 86242, *Fax 0547 680194*, – rist, P.
maggio-settembre – **Pasto** (solo per alloggiati) 50/70000 – **55 cam** 105/190000 – 1/2 P 130000.

Wivien, via Guido Reni angolo via Canova 89 ✆ 0547 85388, *Fax 0547 85455*, « Terrazza solarium », – P. AE. rist
aprile-15 ottobre – **Pasto** (solo per alloggiati) 25/35000 – 15000 – **46 cam** 80/120000 10000 – 1/2 P 125000.

Tridentum, viale Michelangelo 25 ✆ 0547 86287, *Fax 0547 87522*, – P. AE VISA. rist
28 dicembre-2 gennaio e marzo-ottobre – **Pasto** carta 35/60000 – **67 cam** 80/130000 – 1/2 P 120000.

a Zadina Pineta *Nord : 2 km – ✉ 47042 Cesenatico :*

Beau Soleil-Wonderful, viale Mosca 43/45 ✆ 0547 82209, *Fax 0547 82069*, riscaldata – P. VISA. rist
aprile-22 settembre – **Pasto** (solo per alloggiati) – **86 cam** 120/180000 – 1/2 P 110/130000.

Renzo, viale dei Pini 55 ✆ 0547 82316, *Fax 0547 82316*, – rist, P. AE VISA.
maggio-20 settembre – **Pasto** (solo per alloggiati) 35000 – 13000 – **24 cam** 60/100000 – 1/2 P 90000.

X **La Scogliera-da Roberto,** via Londra 36 ✆ 0547 83281, prenotare – P.
chiuso novembre e lunedì – **Pasto** specialità di mare80/110000 e carta 60/110000.

a Villamarina *Sud : 3 km – ✉ 47042 Cesenatico :*

David, viale Carducci 297 ✆ 0547 86154, *Fax 0547 86154*, ≤, « Grande terrazza con riscaldata » – rist, P. VISA. rist
chiuso da novembre al 15 dicembre – **Pasto** 35/60000 – 15000 – **43 cam** 105/205000 – 1/2 P 160000.

Duca di Kent, viale Euclide 23 ✆ 0547 86307, *Fax 0547 86488*, – rist, P. AE VISA. rist
15 maggio-25 settembre – **Pasto** (solo per alloggiati) 35/50000 – 15000 – **40 cam** 110/170000 – 1/2 P 130000.

CESSALTO *31040 Treviso* 988 ⑤, 429 E 19 – *3 120 ab..*
Roma 562 – Venezia 48 – Belluno 81 – Milano 301 – Treviso 33 – Udine 77.

Romana senza rist, via Donegal 16/1 ✆ 0421 327194, *Fax 0421 327194* – P. VISA.
19 cam 60/90000.

CESUNA *36010 Vicenza* 429 E 16 – *alt. 1 052.*

Roma 582 – Trento 72 – Asiago 8 – Milano 263 – Venezia 114 – Vicenza 48.

Belvedere, via Armistizio 19 ☎ 0424 67000, *Fax 0424 67309,* – TV ☎ P. rist
Pasto *(chiuso martedì da ottobre a novembre e da aprile a maggio)* carta 35/50000 – 10000 – **30 cam** 85/140000 – 1/2 P 75/95000.

CETARA *84010 Salerno* 431 F 26 – *2 390 ab. alt. 15.*

Roma 255 – Napoli 56 – Amalfi 15 – Avellino 45 – Salerno 10 – Sorrento 49.

Cetus, strada statale 163 ☎ 089 261388, *Fax 089 261388,* « A picco sul mare con ≤ sul golfo di Salerno », – , rist, TV ☎ P – 70
stagionale – **40 cam.**

San Pietro, piazzetta San Francesco 2 ☎ 089 261091, – VISA
chiuso martedì – **Pasto** carta 45/60000.

CETONA *53040 Siena* 430 N 17 *G. Toscana – 2 898 ab. alt. 384.*

Roma 155 – Perugia 59 – Orvieto 62 – Siena 89.

La Frateria di Padre Eligio con cam, al Convento di San Francesco Nor-Ovest : 1 km ☎ 0578 238261, *Fax 0578 239220,* ≤ val di Chiana, , Coperti limitati; prenotare, « Convento francescano medioevale in un parco » – cam, P. AE VISA.
chiuso dal 5 novembre al 5 dicembre – **Pasto** *(chiuso martedì)* 100/140000 – **5 cam** 260/360000, 2 appartamenti 480000.

Osteria Vecchia, via Cherubini 11 ☎ 0578 239040, *Fax 0578 239040* – . AE VISA.
chiuso dal 20 gennaio al 10 febbraio e martedì (escluso dal 15 giugno al 15 settembre) – **Pasto** carta 45/60000.

a Piazze *Sud : 9 km – ✉ 53040 :*

Bottega delle Piazze, via Provinciale 187 ☎ 0578 244295, Coperti limitati; prenotare – AE VISA
chiuso lunedì – **Pasto** carta 30/45000.

CETRARO *87022 Cosenza* 988 ㊴, 431 I 29 – *10 816 ab. alt. 120.*

San Michele, località Bosco ✉ 87022 Cetraro ☎ 0982 91012, Fax 0982 91430, Nord-Ovest : 6 km.

Roma 466 – Cosenza 55 – Catanzaro 115 – Paola 21.

sulla strada statale 18 *Nord-Ovest : 6 km :*

Gd H. San Michele , ✉ 87022 ☎ 0982 91012, *Fax 0982 91430,* ≤ mare e costa, , « Giardino-frutteto ed ascensore per la spiaggia », , , , 9 9 – TV ☎ P – 220. AE VISA. rist
chiuso novembre – **Pasto** carta 75/100000 – **67 cam** 230/350000, 6 appartamenti – 1/2 P 370000.

CHAMOIS *11020 Aosta* 428 E 4, 219 ③ – *99 ab. alt. 1 815.*

Buisson 5 mn di funivia.

Edelweiss, frazione Corniolaz 4 ☎ 0166 47137, *Fax 0166 470900,* ≤, prenotare, « Servizio estivo in terrazza panoramica »
chiuso martedì – **Pasto** carta 55/75000.

CHAMPLAS JANVIER *Torino* – *Vedere Sestriere.*

CHAMPLAS SEGUIN *Torino* – *Vedere Cesana Torinese.*

CHAMPOLUC *11020 Aosta* 988 ②, 428 E 5 – *alt. 1 570 – a.s. 13 febbraio-aprile, luglio-agosto e Natale – Sport invernali : 1 570/2 714 m* 1 7, .

via Varasch ☎ 0125 307113, Fax 0125 307785.

Roma 737 – Aosta 64 – Biella 92 – Milano 175 – Torino 104.

Ayas , rue de Guides 19 bis ☎ 0125 308128, *Fax 0125 308133,* ≤ Monte Rosa, , , – TV ☎ P. AE VISA.
chiuso ottobre e novembre – **Pasto** (solo per alloggiati) 35/50000 – **28 cam** 240/300000 – 1/2 P 180000.

Villa Anna Maria ⛭, via Croues 5 ☎ 0125 307128, *Fax 0125 307984*, ≤ monti, « Giardino e pineta » – 📺 ☎ 📞 🅿. 🅜 VISA. ✗
Pasto *(5 dicembre-25 aprile e 20 giugno-20 settembre)* carta 40/55000 – **21 cam** ☕ 100/160000 – ½ P 110/135000.

Petit Tournalin, località Villy 2 ☎ 0125 307530, *Fax 0125 307347*, , – |♦| 📺 ☎ ♿ 🅿. 🅢 🅞 🅜 VISA. ✗ rist
Pasto carta 40/65000 – ☕ 15000 – **19 cam** 100/160000 – ½ P 140000.

CHAMPORCHER
11020 Aosta 988 ②, 428 F 4 – *445 ab. alt. 1 427 – a.s. Pasqua e Natale – Sport invernali : 1 247/2 500 m ⛷1 ⛷3, ⛷.*
Roma 716 – Aosta 61 – Ivrea 43 – Milano 156 – Torino 85.

Beau Séjour ⛭, frazione Loré 1 ☎ 0125 37122, *Fax 0125 37122*, ≤ monti, – ☎ 🅿
22 cam.

CHANAVEY
Aosta 428 F 3, 219 ⑪ ⑫ – *Vedere Rhêmes Notre Dame.*

CHATILLON
11024 Aosta 988 ②, 428 E 4 – *4 799 ab. alt. 549 – a.s. luglio-agosto.*
Roma 723 – Aosta 28 – Breuil-Cervinia 27 – Milano 160 – Torino 89.

Relais du Foyer, località Panorama 37 ☎ 0166 511251, *Fax 0166 513598*, ≤, ₺, – |♦| ▤ 📺 ☎ 📞 ♿ 🅿 – 🅐 60. 🅐🅔 🅢 🅞 🅜 VISA. ✗ rist
Pasto al Rist. ***Sylchri*** *(chiuso mercoledì)* carta 60/100000 – **32 cam** ☕ 170/240000 – ½ P 150000.

Rendez Vous, regione Soleil 3 ☎ 0166 563150, *Fax 0166 62480*, ≤ – |♦| 📺 ☎ 🅿. 🅐🅔 🅢 🅞 🅜 VISA. ✗ rist
Pasto 30/35000 e al Rist. ***Da Beppe*** carta 30/50000 – ☕ 10000 – **35 cam** 80/120000 – ½ P 85/100000.

La Rocca, località Perolle ☎ 0166 563214, *Fax 0166 563215*, – |♦| 📺 ☎ ♿ 🅿. 🅢 🅜 VISA. ✗ rist
Pasto *(chiuso da novembre a febbraio e a mezzogiorno)* 30/35000 – ☕ 12000 – **30 cam** 90/130000 – ½ P 85/95000.

Le Verger senza rist, via Tour de Grange 53 ☎ 0166 563066, *Fax 0166 563133*, ≤ – |♦| ☎ 🅿. 🅢 🅜 VISA
☕ 7500 – **10 cam** 60/85000.

Parisien, regione Panorama 1 ☎ 0166 537053, Coperti limitati; prenotare – ▤ 🅿. 🅐🅔 🅢 🅞 🅜 VISA
chiuso dal 7 al 25 luglio, giovedì e a mezzogiorno (escluso i giorni festivi e prefestivi) – **Pasto** 70/90000 e carta 75/130000.

CHERASCO
12062 Cuneo 428 I 5 – *7 013 ab. alt. 288.*
⛳18 *(chiuso martedì e gennaio) località Fraschetta ✉ 12062 Cherasco ☎ 0172 489772, Fax 0172 488304.*
Roma 646 – Cuneo 52 – Torino 53 – Asti 51 – Savona 97.

Napoleon, via Aldo Moro 1 ☎ 0172 488238, *Fax 0172 488435* – |♦|, ▤ cam, 📺 ☎ ♿ 🅿 – 🅐 200. 🅢 🅞 🅜 VISA. ✗ rist
chiuso dal 1° al 15 agosto – **Pasto** al Rist. ***L'Escargot*** *(chiuso mercoledì)* carta 35/65000 – **22 cam** ☕ 120/150000 – ½ P 110000.

CHIANCIANO TERME
53042 Siena 988 ⑮, 430 M 17 *G. Toscana – 7 196 ab. alt. 550 – Stazione termale (15 aprile-ottobre).*
ℹ *piazza Italia 67 ☎ 0578 63167, Fax 0578 63277.*
Roma 167 – Siena 74 – Arezzo 73 – Firenze 132 – Milano 428 – Perugia 65 – Terni 120 – Viterbo 104.

Gd H. Excelsior, via Sant'Agnese 6 ☎ 0578 64351, *Fax 0578 63214*, ⛱ riscaldata, – |♦| ▤ 📺 ☎ 🅿 – 🅐 700. 🅐🅔 🅢 VISA. ✗
Pasqua-ottobre – **Pasto** 60000 – ☕ 20000 – **66 cam** 140/240000, 9 appartamenti – ½ P 200000.

Grande Albergo Le Fonti, viale della Libertà 523 ☎ 0578 63701, *Fax 0578 63701*, ≤ – |♦| ▤ 📺 ☎ 🅿 – 🅐 250. 🅢 🅜 VISA. ✗ rist
Pasto carta 50/70000 – ☕ 20000 – **75 cam** 170/250000, 3 appartamenti – ½ P 200000.

Michelangelo ⛭, via delle Piane 146 ☎ 0578 64004, *Fax 0578 60480*, ≤ dintorni, « Parco ombreggiato », ⛱ riscaldata, ✗ – |♦| ▤ 📺 ☎ 🅿 – 🅐 40. 🅐🅔 🅢 🅞 🅜 VISA. ✗ rist
Pasqua e 19 aprile-5 novembre – **Pasto** 55/80000 – ☕ 25000 – **63 cam** 125/175000 – ½ P 145/165000.

Moderno, viale Baccelli 10 ☎ 0578 63754, *Fax 0578 60656,* « Terrazza-giardino con piscina riscaldata », – ascensore – **Pasto** 40000 – 15000 – **70 cam** 120/200000 – 1/2 P 170000.

Ambasciatori, viale della Libertà 512 ☎ 0578 64371, *Fax 0578 64371,* « riscaldata in terrazza panoramica », – 350. VISA. **Pasto** 60/85000 – **115 cam** 150/200000 – 1/2 P 140/170000.

Raffaello, via dei Monti 3 ☎ 0578 657000, *Fax 0578 64923,* « Giardino con » – VISA. rist
15 aprile-ottobre – **Pasto** 40/50000 – 15000 – **70 cam** 130/180000 – 1/2 P 160000.

Gd H. Capitol, viale della Libertà 492 ☎ 0578 64681, *Fax 0578 64686,* « in terrazza panoramica », – 100. VISA.
Pasqua-ottobre – **Pasto** (solo per alloggiati) 35/40000 – 15000 – **68 cam** 120/170000 – 1/2 P 115/140000.

Majestic, via Buozzi 70 ☎ 0578 63042, *Fax 0578 62101,* riscaldata, – rist, VISA. rist
15 aprile-ottobre – **Pasto** 35/55000 – 15000 – **68 cam** 115/145000 – 1/2 P 95/135000.

Milano, viale Roma 46 ☎ 0578 63227, *Fax 0578 63227,* – VISA. rist
Pasqua-15 novembre – **Pasto** 45000 – **56 cam** 120/170000 – 1/2 P 130/150000.

Sole, via delle Rose 40 ☎ 0578 60194, *Fax 0578 60196,* – 100. VISA. rist
Pasqua-ottobre – **Pasto** (solo per alloggiati) – **81 cam** 95/140000 – 1/2 P 130000.

Montecarlo, viale della Libertà 478 ☎ 0578 63903, *Fax 0578 63093,* « riscaldata in terrazza panoramica », – rist, VISA. rist
maggio-ottobre – **Pasto** carta 30/45000 – 10000 – **41 cam** 80/120000 – 1/2 P 85/105000.

Alba, viale della Libertà 288 ☎ 0578 64300, *Fax 0578 60577,* – rist, – 200. VISA. rist
Pasto carta 40/55000 – 10000 – **68 cam** 110/150000 – 1/2 P 90/115000.

Continentale, piazza Italia 56 ☎ 0578 63272, *Fax 0578 60426,* riscaldata – VISA. rist
aprile-ottobre – **Pasto** *(chiuso martedì)* carta 45/60000 – 10000 – **42 cam** 120/160000 – 1/2 P 130000.

Golf Hotel, via Veneto 7 ☎ 0578 63321, *Fax 0578 63352* – VISA. rist
aprile-novembre – **Pasto** 30/35000 – 8000 – **28 cam** 80/120000 – 1/2 P 70/95000.

Cristina, via G. di Vittorio (ang. via Adige) ☎ 0578 60552, *Fax 0578 60552,* – rist, VISA.
aprile-ottobre – **Pasto** (solo per alloggiati) 30/35000 – 10000 – **43 cam** 70/100000 – 1/2 P 75/85000.

Ricci, via Giuseppe di Vittorio 51 ☎ 0578 63906, *Fax 0578 63906,* – rist, – 250. VISA.
Pasto *(chiuso gennaio)* carta 35/60000 – 11000 – **60 cam** 100/130000 – 1/2 P 85/95000.

Carlton Elite, via Ugo Foscolo 21 ☎ 0578 64395, *Fax 0578 64440,* – VISA. rist
aprile-ottobre – **Pasto** 40000 – 15000 – **51 cam** 70/110000 – 1/2 P 75/95000.

Irma, viale della Libertà 302 ☎ 0578 63941, *Fax 0578 63941,* – rist, rist
maggio-ottobre – **Pasto** 30/40000 – 10000 – **70 cam** 100/120000 – 1/2 P 105000.

Cosmos, via delle Piane 42 ☎ 0578 60496, *Fax 0578 60497,* – VISA. rist
Pasto (solo per alloggiati) – 10000 – **37 cam** 65/100000 – 1/2 P 80/90000.

Aggravi, viale di Vittorio 118 ☎ 0578 64032, *Fax 0578 63456* – rist, – 50. VISA.
aprile-ottobre – **Pasto** 35/40000 – 7000 – **32 cam** 80/120000 – 1/2 P 75/85000.

Firenze, via della Valle 52 ☎ 0578 63706, *Fax 0578 63700,* – rist, VISA. rist
Pasqua-ottobre – **Pasto** 20/35000 – 10000 – **33 cam** 75/95000 – 1/2 P 75000.

San Paolo, via Ingegnoli 22 ☎ 0578 60221, *Fax 0578 63753* – rist, VISA.
marzo-novembre – **Pasto** (solo per alloggiati) 30/35000 – **38 cam** 85/100000 – 1/2 P 85000.

Patria, viale Roma 56 ☎ 0578 64506, *Fax 0578 63227* – VISA. rist
15 maggio-ottobre – **Pasto** 40000 – **30 cam** 80/110000 – 1/2 P 110000.

Bellaria, via Verdi 57 ✆ 0578 64691, *Fax 0578 63979*, – |‡|, rist, ▤ ☎ P. VISA rist
27-31 dicembre e aprile-ottobre – **Pasto** 30000 – **54 cam** 65/90000 – 1/2 P 85000.

Suisse, via delle Piane 62 ✆ 0578 63820, *Fax 0578 63430*, – |‡|, ▤ rist, TV ☎ P. AE VISA. rist
25 marzo-15 novembre – **Pasto** 25/30000 – 7000 – **33 cam** 60/100000 – 1/2 P 60/85000

CHIARAMONTE GULFI *Ragusa 988 ㊲, 432 P 26 – Vedere Sicilia alla fine dell'elenco alfabetico.*

CHIARAVALLE *60033 Ancona 988 ⑯, 429, 430 L 21 – 13 826 ab. alt. 22.*

Roma 265 – Ancona 18 – Macerata 62 – Pesaro 58 – Perugia 124.

X **Spazio Verde,** viale Montessori 41 ✆ 071 743908, Rist. e pizzeria serale, « Servizio estivo in giardino » – VISA
chiuso lunedì – **Pasto** carta 40/70000.

CHIASSA SUPERIORE *Arezzo 430 L 17 – Vedere Arezzo.*

CHIAVARI *16043 Genova 988 ⑬, 428 J 9 G. Italia – 28 692 ab..*

Vedere *Basilica dei Fieschi*★.

corso Assarotti 1 ✆ 0185 325198, Fax 0185 324796.

Roma 467 – Genova 38 – Milano 173 – Parma 134 – Portofino 22 – La Spezia 69.

Monte Rosa, via Monsignor Marinetti 6 ✆ 0185 314853, *Fax 0185 312868* – |‡| TV ☎ – 80. AE VISA.
Pasto carta 35/60000 – **70 cam** 130/180000 – 1/2 P 100/140000.

Torino senza rist, corso Colombo 151 ✆ 0185 312231, *Fax 0185 312233* – TV ☎ . AE VISA.
33 cam 130/150000.

XXX **Lord Nelson Pub** con cam, corso Valparaiso 27 ✆ 0185 302595, *Fax 0185 310397*, Coperti limitati; prenotare, « Veranda sulla passeggiata a mare » – ▤ cam, TV ☎. AE VISA.
chiuso dal 5 novembre al 5 dicembre – **Pasto** *(chiuso mercoledì escluso agosto)* carta 80/130000 – 5 appartamenti 300000.

XX **Vecchio Borgo,** piazza Gagliardo 15/16 ✆ 0185 309064, – AE VISA
chiuso dal 6 gennaio al 7 febbraio e martedì (escluso agosto) – **Pasto** carta 55/80000.

XX Antica Osteria da ü Dria, via Costaguta 27 ✆ 0185 323699, prenotare.

XX **Il Portico,** corso Assarotti 21 ✆ 0185 310049, Coperti limitati; prenotare – ▤.
chiuso dal 25 agosto a settembre e martedì – **Pasto** carta 60/95000.

XX **Camilla,** corso Colombo 87 ✆ 0185 324844.
chiuso dal 10 al 20 novembre e lunedì – **Pasto** carta 35/70000.

X **Creuza de mä,** piazza Cademartori 34 ✆ 0185 301419, , Coperti limitati; prenotare – ▤. AE VISA
chiuso ottobre, lunedì e a mezzogiorno – **Pasto** 35/45000.

X **Da Felice,** via Risso 71 ✆ 0185 308016, Coperti limitati; prenotare – ▤. AE VISA JCB.
chiuso novembre, lunedì e a mezzogiorno dal 15 giugno al 15 settembre – **Pasto** specialità di mare carta 35/65000.

X **Da Renato,** corso Valparaiso 1 ✆ 0185 303033 – AE VISA JCB
chiuso dal 5 al 15 novembre e mercoledì (escluso agosto) – **Pasto** carta 50/75000.

X Ariete, via Bighetti 105 ✆ 0185 305536, « Ambiente caratteristico »
chiuso a mezzogiorno.

a Leivi *Nord : 6,5 km – alt. 300 – ✉ 16040 :*

XX **Cà Peo** con cam, sulla strada panoramica, via dei Caduti 80 ✆ 0185 319696, *Fax 0185 319671*, mare e città, Coperti limitati; prenotare – TV ☎ P. AE VISA. rist
chiuso novembre – **Pasto** *(chiuso lunedì e martedì a mezzogiorno)* carta 85/130000 – 15000 – 5 appartamenti 170/250000
Spec. Moscardini all'olio extravergine d'oliva. Lasagnette di farina di castagne al pesto con patate e broccoletti. Ovoli al tartufo nero di Norcia.

Le guide change, changez de guide tous les ans.

CHIAVENNA *23022 Sondrio* [988] ③, [428] D 10 *G. Italia – 7 375 ab. alt. 333.*
Vedere *Fonte battesimale★ nel battistero.*
[i] *corso Vittorio Emanuele II, 2* ☎ *0343 36384, Fax 0343 31112.*
Roma 684 – Sondrio 61 – Bergamo 96 – Como 85 – Lugano 77 – Milano 115 – Saint-Moritz 49.

Aurora, via Rezia 73, località Campedello Est : 1 km ☎ 0343 32708, *Fax 0343 35145,* riscaldata, – [TV] ☎ [P] – 600. [AE] [S] [VISA] [JCB].
Pasto *(chiuso giovedì da ottobre a maggio)* carta 40/75000 – 17000 – **48 cam** 100/120000 – ½ P 100000.

Crimea, viale Pratogiano 16 ☎ 0343 34343, *Fax 0343 35935* – [TV] ☎. [AE] [S] [VISA]. rist
chiuso dal 1° al 27 ottobre – **Pasto** *(chiuso giovedì)* carta 40/70000 – 15000 – **30 cam** 75/110000 – ½ P 80/90000.

🍴🍴🍴 **Passerini,** palazzo Salis, via Dolzino 128 ☎ 0343 36166, *Fax 0343 36166,* Coperti limitati; prenotare – [AE] [S] [VISA]
chiuso dal 25 giugno al 14 luglio, dal 12 al 17 novembre e lunedì – **Pasto** carta 45/75000.

🍴🍴 **Al Cenacolo,** via Pedretti 16 ☎ 0343 32123, , Coperti limitati; prenotare – [AE] [S] [VISA]
chiuso giugno, martedì sera e mercoledì – **Pasto** 35000 e carta 50/80000.

a Mese *Sud-Ovest : 2 km – ✉ 23020 :*

🍴 **Crotasc,** via Don Primo Lucchinetti 67 ☎ 0343 41003, *Fax 0343 41521,* « Servizio estivo in terrazza ombreggiata », – [P]. [AE] [S] [VISA].
chiuso dal 5 al 23 giugno, lunedì e martedì – **Pasto** carta 35/50000.

*Un conseil **Michelin** :*
pour réussir vos voyages, préparez-les à l'avance.
*Les **cartes** et **guides Michelin** vous donnent toutes indications utiles sur : itinéraires, visite des curiosités, logement, prix, etc.*

CHIAVERANO *10010 Torino* [428] F 5, [219] ⑭ *– 2 186 ab. alt. 329.*
Roma 689 – Aosta 69 – Torino 55 – Biella 32 – Ivrea 6.

Castello San Giuseppe , località San Giuseppe Ovest : 1 km ☎ 0125 424370, *Fax 0125 641278,* ≤ vallata e laghi, , « Convento del 17° secolo in un parco » – [TV] ☎ [P] – 25. [AE] [S] [VISA]. rist
Pasto *(chiuso a mezzogiorno e domenica)* carta 55/80000 – **16 cam** 150/220000 – ½ P 160/175000.

🍴 **Vecchio Cipresso,** via Lago Sirio 19 (Ovest : 2 km) ☎ 0125 45555, « Servizio estivo in terrazza sul lago » – [AE] [S] [VISA]
chiuso mercoledì – **Pasto** 40000.

CHIERI *10023 Torino* [988] ⑫, [428] G 5 *G. Italia – 32 586 ab. alt. 315.*
Roma 649 – Torino 18 – Asti 35 – Cuneo 96 – Milano 159 – Vercelli 77.

La Maddalena, via Fenoglio 4 ☎ 011 9413025, *Fax 011 9472729* – [TV] ☎ [P]
17 cam.

🍴🍴 **Sandomenico,** via San Domenico 2/b ☎ 011 9411864, Coperti limitati; prenotare – . [AE] [S] [VISA] [JCB]
chiuso agosto, domenica sera e lunedì – **Pasto** carta 75/135000.

CHIESA IN VALMALENCO *23023 Sondrio* [988] ③, [428], [429] D 11 *– 2 765 ab. alt. 1 000 – Sport invernali : 1 000/2 330 m 1 5, .*
[i] *piazza Santi Giacomo e Filippo 1* ☎ *0342 451150, Fax 0342 452505.*
Roma 712 – Sondrio 14 – Bergamo 129 – Milano 152.

Tremoggia, via Bernina 6 ☎ 0342 451106, *Fax 0342 451718,* ≤, , , – [TV] ☎ [P] – 80. [AE] [S] [VISA] [JCB].
chiuso novembre – **Pasto** *(chiuso mercoledì)* carta 40/55000 – 20000 – **39 cam** 120/200000, 4 appartamenti – ½ P 150000.

La Lanterna, via Bernina 88 ☎ 0342 451438, *Fax 0342 451801* – ☎ [P]. [AE] [S] [VISA]. rist
dicembre-aprile e luglio-settembre – **Pasto** carta 35/50000 – 10000 – **20 cam** 50/100000 – ½ P 70/80000.

🍴🍴 **Malenco,** via Funivia 20 ☎ 0342 452182, *Fax 0342 454647,* ≤ – [P]. [AE] [S] [VISA]
chiuso dal 20 giugno al 5 luglio, dal 23 al 30 novembre e mercoledì – **Pasto** carta 45/60000.

CHIETI 66100 **P** 988 ㉗, 430 O 24 *G. Italia – 57 027 ab. alt. 330 – a.s. 20 giugno-agosto.*

Vedere *Giardini*★ *della Villa Comunale – Guerriero di Capestrano*★ *nel museo Archeologic degli Abruzzi* **M1**.

Abruzzo (chiuso lunedì) a Brecciarola ✉ 66010 ☏ 0871 684969, Fax 0871 684969, Ovest 2 km.

via B. Spaventa 29 ☏ 0871 63640, Fax 0871 63647.

A.C.I. *piazza Garibaldi 3 ☏ 0871 345304.*

Roma 205 ③ – Pescara 14 ① – L'Aquila 101 ③ – Ascoli Piceno 103 ① – Foggia 186 ① – Napoli 244 ③.

CHIETI

Barbella (Largo) . . . . **Y** 2
Marcello (Via M. V.) . . . . **Z** 7
Marrucino (Corso) . . . . **YZ** 9
Porta Monacisca . . . . **Z** 12
Porta Napoli . . . . **Z** 13
Principessa di Piemonte (V.) . **Z** 15
Ravizza (V. Gennaro) . . . . **Z** 19
Smeraldo Zecca (Via) . . . . **Z** 22
Spaventa (V.) . . . . **Z** 24
Toppi (V. Nicolò) . . . . **Y** 26
Trento e Trieste (Piazza) . . . . . **Z** 27
Valignani (V. Padre Alessandro) . . . . . **Y** 29
Vittorio Emmanuelle II (Piazza) . . . . **Z** 30

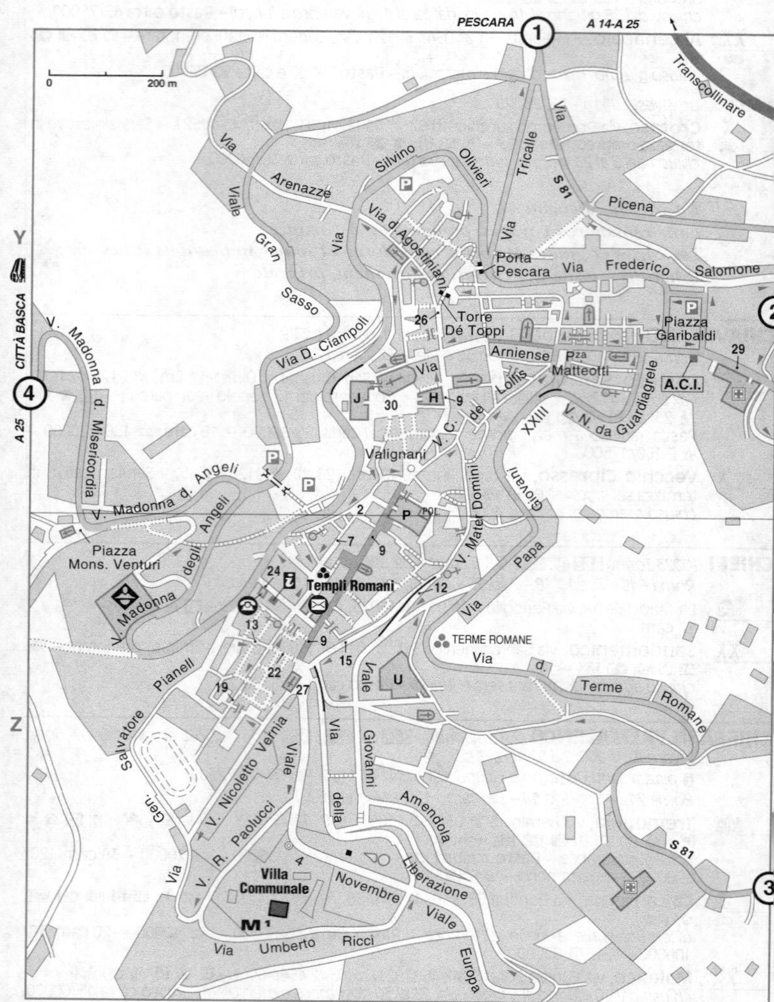

sulla strada statale 5 Tiburtina - località Brecciarola *Sud-Ovest : 9 km :*

Nonna Elisa, via per Popoli 265 ☎ 0871 684152, *Fax 0871 684152* – ▤ P. AE ⓢ ⊙ MC VISA. ✂
chiuso dal 1° al 15 luglio e lunedì – **Pasto** carta 25/45000.

Da Gilda, via Aterno 464 ✉ 66010 Brecciarola ☎ 0871 684157 – ▤ P. AE ⓢ ⊙ MC VISA. ✂
chiuso lunedì e la sera (escluso venerdì e sabato) – **Pasto** carta 30/70000.

CHIGNOLO PO *27013 Pavia* 428 G 10 – *3 191 ab. alt. 71.*

Croce di Malta (chiuso martedì, dicembre e gennaio) ☎ 0382 766476, Fax 0382 303549.
Roma 537 – Piacenza 29 – Cremona 48 – Lodi 22 – Milano 55 – Pavia 30.

sulla strada statale 234 *Nord-Est : 3 km :*

Da Adriano, via Cremona 18 ✉ 27013 ☎ 0382 76119, *Fax 0382 76119*, ☂, ☂ – ▤ P. AE ⓢ MC VISA. ✂
chiuso dal 2 al 10 gennaio, dal 1° al 20 agosto, lunedì sera e martedì – **Pasto** carta 45/70000.

CHIOGGIA *30015 Venezia* 988 ⑤, 429 G 18 *G. Venezia – 52 252 ab..*

Vedere *Duomo*★.
Roma 510 – Venezia 53 – Ferrara 93 – Milano 279 – Padova 42 – Ravenna 98 – Rovigo 55.

Grande Italia, rione Sant'Andrea 597 (piazzetta Vigo 1) ☎ 041 400515, *Fax 041 400185*, ←, Ld, ≘s – |‡| ▤ TV ☎ ☏ ♿. AE ⓢ ⊙ MC VISA. ✂ rist
Pasto al Rist. ***Alle Baruffe Chiozzotte*** *(chiuso martedì escluso da giugno a settembre)* 60000 e carta 40/70000 – **54 cam** ☐ 280/300000, 3 appartamenti – ½ P 250000.

El Fontego, piazzetta XX Settembre 497 ☎ 041 5500953, *Fax 041 5509098*, ☂, Rist. e pizzeria, prenotare – ▤.

El Gato, corso del Popolo 653 ☎ 041 401806, *Fax 041 405224*, ☂ – ▤. AE ⓢ ⊙ MC VISA
chiuso dal 28 dicembre al 12 febbraio, lunedì e martedì a mezzogiorno – **Pasto** carta 40/85000.

a Lido di Sottomarina *Est : 1 km – ✉ 30019 Sottomarina.*

lungomare Adriatico 101 ☎ 041 401068, Fax 041 5540855 :

Bristol, lungomare Adriatico 46 ☎ 041 5540389, *Fax 041 5541813*, ←, ⛱, ⛱, ☂ – |‡| ▤ TV ☎ P. AE ⓢ ⊙ MC VISA. ✂ rist
Pasto *(giugno-1° settembre)* 50/60000 – ☐ 15000 – **65 cam** 140/200000 – ½ P 120/160000.

Airone, lungomare Adriatico 50 ☎ 041 492266, *Fax 041 5541325*, « Giardino con ⛱ », ⛱ – |‡| ▤ TV ☎ ⇔ P – 🎤 500. AE ⓢ ⊙ MC VISA JCB. ✂
Pasto (solo per alloggiati) 50/70000 – **97 cam** ☐ 170/200000 – ½ P 150000.

Ritz, lungomare Adriatico 48 ☎ 041 491700, *Fax 041 493900*, ←, ⛱, ⛱, ☂ – |‡| ▤ TV ☎ ⇔ P – 🎤 150. AE ⓢ ⊙ MC VISA. ✂ rist
marzo-ottobre – **Pasto** carta 60/85000 – **88 cam** ☐ 130/190000 – ½ P 145000.

Park, lungomare Adriatico 74 ☎ 041 4965032, *Fax 041 490111*, ←, ⛱, ☂ – |‡| ▤ TV ☎ P. AE ⓢ ⊙ MC VISA. ✂ rist
Pasto carta 35/50000 – **40 cam** ☐ 80/120000 – ½ P 110000.

Garibaldi, via San Marco 1924 ☎ 041 5540042, *Fax 041 5540042*, Coperti limitati; prenotare – ▤. AE ⓢ ⊙ MC VISA. ✂
chiuso dal 7 all'11 gennaio, dal 27 ottobre al 27 novembre, lunedì e da dicembre a febbraio anche domenica sera – **Pasto** specialità di mare carta 60/85000.

sulla strada statale 309 - Romea *Sud : 8 km :*

Al Bragosso del Bepi el Ciosoto con cam, via Romea 120 ✉ 30010 Sant'Anna di Chioggia ☎ 041 4950395 – ▤ TV ☎ P. ⓢ MC VISA. ✂
chiuso gennaio – **Pasto** *(chiuso mercoledì)* specialità di mare carta 40/55000 – ☐ 8000 – **8 cam** 60/90000.

a Cavanella d'Adige *Sud : 13 km – ✉ 30010 :*

Al Centro da Toni, via Centro 62 ☎ 041 497501, *Fax 041 497661* – ▤. ⓢ MC VISA
chiuso dal 27 dicembre al 13 gennaio, dal 26 giugno al 6 luglio e lunedì – **Pasto** specialità di mare alla griglia carta 60/120000.

CHIRIGNAGO *Venezia* – *Vedere Mestre.*

The Guide changes, so renew your Guide every year.

CHIUSA (KLAUSEN) *Bolzano* 988 ④, 429 C 16 *G. Italia – 4 514 ab. alt. 525 – ✉ 39043 Chius d'Isarco.*
🅸 *piazza Tinne 6 ☎ 0472 847424, Fax 0472 847244.*
Roma 671 – Bolzano 30 – Bressanone 11 – Cortina d'Ampezzo 98 – Milano 329 – Trento 9

Posta-Post, piazza Tinne 3 ☎ 0472 847514, *Fax 0472 846251*, « Giardino con 🏊 », ⇌, |‡|, rist, TV ☎. AE MC VISA
chiuso dal 10 novembre al 26 dicembre – **Pasto** *(chiuso a mezzogiorno e giovedì)* cart 35/65000 – **59 cam** ⊒ 90/160000 – ½ P 75/95000.

Ansitz Fonteklaus ⟡, Est : 3,6 km, alt. 897 ☎ 0471 655654, *Fax 0471 655045*, ≤ mon ti, « Laghetto-piscina naturale », – ☎ P. MC VISA. rist
aprile-novembre – **Pasto** *(chiuso giovedì)* carta 45/90000 – **9 cam** ⊒ 80/125000, 2 appar tamenti – ½ P 70/80000.

Unterwirt ⟡ con cam, località Gudon (Gufidaun) Nord-Est : 4 km ☎ 0472 84400 *Fax 0472 844065*, « Giardino fiorito con 🏊 » – TV P. MC VISA
chiuso da gennaio a marzo, martedì e mercoledì – **Pasto** carta 45/80000 – ⊒ 15000 **7 cam** 45/80000.

CHIUSI *53043 Siena* 988 ⑮, 430 M 17 *G. Toscana – 8 717 ab. alt. 375.*
Vedere *Museo Etrusco*★.
Roma 159 – Perugia 52 – Arezzo 67 – Chianciano Terme 12 – Firenze 126 – Orvieto 51 – Siena 79.

Zaira, via Arunte 12 ☎ 0578 20260, *Fax 0578 21638*, « Cantina ricavata in camminament etruschi » – ▤. AE MC VISA.
chiuso lunedì escluso da aprile a novembree – **Pasto** carta 45/65000.

Osteria La Solita Zuppa, via Porsenna 21 ☎ 0578 21006, *Fax 0578 21006*, prenotare – AE MC VISA
chiuso dal 15 gennaio al 1º marzo e martedì – **Pasto** carta 40/55000.

al lago *Nord : 3,5 km :*

La Fattoria ⟡ con cam, località Paccianese ✉ 53043 ☎ 0578 21407, *Fax 0578 20644*, ≤ – TV ☎ P. AE MC VISA
chiuso gennaio – **Pasto** *(chiuso lunedì escluso luglio-settembre)* carta 40/60000 – ⊒ 1000 – **8 cam** 100/120000 – ½ P 105/110000.

CHIVASSO *10034 Torino* 988 ⑫, 428 G 5 – *24 088 ab. alt. 183.*
Roma 684 – Torino 22 – Aosta 103 – Milano 120 – Vercelli 57.

Ritz senza rist, via Roma 17 ☎ 011 9102191, *Fax 011 9116068* – |‡| TV ☎ ♿ P – 🏊 80. AE MC VISA
⊒ 18000 – **38 cam** 105/130000.

Europa, piazza d'Armi 5 ☎ 011 9171886 e rist. ☎ 011 9171825, *Fax 011 9102025* – |‡| TV ☎ P – 80. AE MC VISA
Pasto al Rist. ***La Verna*** *(chiuso venerdì)* carta 35/50000 – **42 cam** ⊒ 120/150000 – ½ P 105/115000.

Locanda del Sole, via del Collegio 8/a ☎ 011 9101724 – ▤. MC VISA
chiuso agosto e lunedì – **Pasto** carta 40/45000.

CIAMPINO *Roma* 430 Q 19 – *Vedere Roma.*

CICOGNARA *Mantova* 428, 429 H 13 – *Vedere Viadana.*

CIGLIANO *13043 Vercelli* 988 ⑫, 428 G 6 – *4 487 ab. alt. 237.*
Roma 655 – Torino 40 – Asti 60 – Biella 32 – Novara 57 – Vercelli 39.

Del Moro con cam, corso Umberto I 93 ☎ 0161 423186 – P. cam
chiuso agosto – **Pasto** *(chiuso lunedì)* carta 30/50000 – ⊒ 5000 – **10 cam** 45/75000 – ½ P 60/65000.

CIMADOLMO *31010 Treviso* 429 E 19 – *3 215 ab. alt. 32.*
Roma 556 – Venezia 50 – Belluno 71 – Pordenone 36 – Treviso 21.

Enoboutique Bar, via Mazzini ☎ 0422 743004, *Fax 0422 743004* – cam, TV ☎ P. VISA.
chiuso agosto – **Pasto** *(chiuso domenica)* cucina casalinga carta 30/50000 – ⊒ 5000 – **6 cam** 50/75000 – ½ P 50/55000.

CIMA SAPPADA *Belluno – Vedere Sappada.*

CIMEGO *38082 Trento* 429 E 13 – *406 ab. alt. 557.*
Roma 605 – Trento 55 – Brescia 70125 – Sondrio 143 – Verona.

Aurora, località Casina dei Pomi 139 ℘ 0465 621064, *Fax 0465 621771*, – P. VISA. rist
Pasto carta 35/50000 – **21 cam** 55/100000 – ½ P 70/85000.

CINGOLI *62011 Macerata* 988 ⑯, 430 L 21 – *10 146 ab. alt. 631 – a.s. 10 luglio-13 settembre.*
via Ferri 17 ℘ 0733 602444, Fax 0733 602444.
Roma 250 – Ancona 52 – Ascoli Piceno 122 – Gubbio 96 – Macerata 30.

Diana, via Cavour 21 ℘ 0733 602313, *Fax 0733 603479* – VISA. rist
chiuso febbraio ed ottobre – **Pasto** *(chiuso lunedì)* carta 30/55000 – 12000 – **15 cam** 70/95000 – ½ P 85/95000.

Miramonti con cam, via dei Cerquatti 31 ℘ 0733 604027, *Fax 0733 602239*, ≤ vallata, « Giardino ombreggiato », – P. AE VISA.
chiuso novembre – **Pasto** *(chiuso lunedì)* carta 40/50000 – 10000 – **22 cam** 70/90000 – ½ P 80000.

CINISELLO BALSAMO *20092 Milano* 428 F 9, 219 ⑲ – *74 900 ab. alt. 154.*
Roma 583 – Milano 13 – Bergamo 42 – Como 41 – Lecco 44 – Monza 7.

Pianta d'insieme di Milano.

Lincoln senza rist, via Lincoln 65 ℘ 02 6172657, *Fax 02 6185524* – P. AE VISA. BO k
chiuso dal 10 al 16 agosto – 10000 – **18 cam** 160/200000.

I prezzi — Per ogni chiarimento sui prezzi riportati in guida, consultate le pagine dell'introduzione.

CINQUALE *Massa* 428, 430 K 12 – *Vedere Montignoso.*

CIOCCARO *Asti* 428 G 6 – *Vedere Moncalvo.*

CIPRESSA *18010 Imperia* 428 K 5 – *1 191 ab. alt. 240.*
Roma 628 – Imperia 19 – San Remo 12 – Savona 83.

La Torre, piazza Mazzini 2 ℘ 0183 98000 – VISA
chiuso ottobre e lunedì – **Pasto** carta 40/60000.

CIRELLA *87020 Cosenza* 431 H 29 – *alt. 27.*
Roma 430 – Cosenza 83 – Castrovillari 80 – Catanzaro 143 – Sapri 60.

Ducale Villa Ruggieri, via Vittorio Veneto 254 ℘ 0985 86051, *Fax 0985 86401*, – P. AE VISA.
Pasto *(giugno-settembre)* 35/45000 – 10000 – **22 cam** 90/130000 – ½ P 150000.

CIRIÉ *10073 Torino* 988 ⑫, 428 G 4 – *18 348 ab. alt. 344.*
Roma 698 – Torino 20 – Aosta 113 – Milano 144 – Vercelli 74.

Gotha M, via Torino 53 ℘ 011 9212059, *Fax 011 9203661*, – P – 150. AE VISA.
Pasto *(chiuso lunedì)* carta 55/80000 – **44 cam** 195/270000.

Mario, corso Martiri della Libertà 41 ℘ 011 9203490, prenotare – AE VISA.
chiuso agosto, domenica sera e lunedì – **Pasto** 30/55000 (a mezzogiorno) 55/60000 (la sera) e carta 50/70000.

Dolce Stil Novo, via Matteotti 8 ℘ 011 9211110, *Fax 011 9211110*, Coperti limitati; prenotare – AE VISA.
chiuso dall'8 al 31 agosto, domenica sera, lunedì e martedì a mezzogiorno – **Pasto** carta 85/125000
Spec. Gelatina di pomodori freschi con salsa di mozzarella e mousse di basilico (primavera-estate). Mi-cuit di foie gras d'anatra con albicocche secche al profumo di vaniglia. Cappuccino di asparagi con crema di parmigiano, speck ed erba cipollina (primavera).

Roma, via Roma 17 ℘ 011 9203572 – AE VISA.
chiuso agosto e mercoledì – **Pasto** carta 45/65000.

CIRÒ MARINA 88072 Crotone 988 ㊴ ㊵, 431 I 33 – 14 062 ab..

Roma 561 – Cosenza 133 – Catanzaro 114 – Crotone 36 – Taranto 210.

Il Gabbiano, località Punta Alice Nord : 2 km ☎ 0962 31339, *Fax 0962 31338*, ←, – TV ☎ P – 150
40 cam.

CISTERNA D'ASTI 14010 Asti 428 H 6 – 1 265 ab. alt. 357.

Roma 626 – Torino 46 – Asti 21 – Cuneo 82.

Garibaldi con cam, via Italia 3 ☎ 0141 979118, *Fax 0141 979118*, « Ambiente famigliare » – cam, . AE VISA.
chiuso gennaio – **Pasto** *(chiuso mercoledì)* carta 35/50000 – **7 cam** 50/90000 – ½ P 65000.

CISTERNINO 72014 Brindisi 988 ㉙ ㉚, 431 E 34 – 12 223 ab. alt. 393.

Roma 524 – Brindisi 56 – Bari 74 – Lecce 87 – Matera 87 – Taranto 42.

Lo Smeraldo, località Monti Nord-Est : 3 km ☎ 080 4448709, *Fax 080 4448044*, ← mare e costa, – TV ☎ P – 250. AE VISA.
Pasto *(chiuso martedì escluso luglio ed agosto)* carta 30/40000 – **51 cam** 95/140000 – ½ P 80/95000.

verso Ceglie Messapica *Sud-Est : 2 km :*

Villa Cenci, ✉ 72014 ☎ 080 4448208, *Fax 080 4448208*, « Piccola masseria con casa padronale e trulli », – P
stagionale – **14 cam.**

CITARA *Napoli – Vedere Ischia (Isola d') : Forio.*

CITTADELLA 35013 Padova 988 ⑤, 429 F 17 *G. Italia – 18 586 ab. alt. 49.*

Vedere *Cinta muraria*★.

Roma 527 – Padova 31 – Belluno 94 – Milano 227 – Trento 102 – Treviso 38 – Venezia 66 – Vicenza 22.

Filanda M, via Palladio 34 ☎ 049 9400000, *Fax 049 9402111*, – TV ☎ P – 140. AE VISA.
Pasto vedere rist ***San Bassiano*** – **70 cam** 165/230000.

San Bassiano, via Palladio 34 ☎ 049 9402590, *Fax 049 9402590*, – P. AE VISA.
chiuso dal 7 al 16 agosto, dal 1° all'8 gennaio, domenica sera e lunedì – **Pasto** carta 60/90000.

2 Mori con cam, borgo Bassano 141 ☎ 049 9401422, *Fax 049 9400200*, « Servizio rist. estivo in giardino » – rist, TV ☎ P – 300. AE VISA JCB
Pasto *(chiuso dal 1° al 15 gennaio, dal 1° al 20 agosto, domenica sera e lunedì)* carta 50/75000 – 10000 – **26 cam** 80/120000 – ½ P 100000.

CITTADELLA DEL CAPO 87020 Cosenza 431 I 29 – alt. 23.

Roma 451 – Cosenza 61 – Castrovillari 65 – Catanzaro 121 – Sapri 71.

Palazzo del Capo, via Cristoforo Colombo 5 ☎ 0982 95674, *Fax 0982 95674*, ←, « Residenza storica fortificata sul mare », – TV ☎ P – 150. AE VISA.
Pasto (solo su prenotazione) carta 65/80000 – **16 cam** 240/340000 – ½ P 230000.

CITTÀ DI CASTELLO 06012 Perugia 988 ⑮, 430 L 18 – 38 382 ab. alt. 288.

piazza Matteotti-logge Bufalini ☎ 075 8554922.

Roma 258 – Perugia 49 – Arezzo 42 – Ravenna 137.

Tiferno, piazza Raffaello Sanzio 13 ☎ 075 8550331, *Fax 075 8521196* – cam, TV ☎ – 100. AE VISA JCB.
Pasto al Rist. ***Le Logge*** *(chiuso dal 31 luglio al 13 agosto, domenica sera e lunedì a mezzogiorno)* carta 50/75000 – **38 cam** 130/210000 – ½ P 150000.

Le Mura via Borgo Farinario 24/26 ☎ 075 8521070, *Fax 075 8521350* – TV ☎ P – 90. AE VISA
Pasto al Rist. ***Raffaello*** *(chiuso dal 2 al 9 gennaio)* carta 30/55000 – 10000 – **35 cam** 90/140000 – ½ P 90/100000.

Garden, viale Bologni Nord-Est : 1 km ☎ 075 8550587, *Fax 075 8550593*, – TV ☎ P – 100. AE VISA JCB. rist
Pasto carta 35/60000 – **59 cam** 95/130000 – ½ P 75/90000.

XXX **Il Postale di Marco e Barbara,** via De Cesare 8 ✆ 075 8521356, *Fax 075 8521356*, « In una autorimessa ristrutturata ed arredata modernamente » – ▤ P. AE ⓢ ⓞ MC VISA JCB. ✻
chiuso dal 15 al 31 gennaio, sabato a mezzogiorno e lunedì – **Pasto** carta 50/80000
Spec. Crema di cipolle dolci e scampi. Rombo steccato con rucola. Terrina di renette.

XX **Il Bersaglio,** viale Orlando 14 ✆ 075 8555534, *Fax 075 8520766*, prenotare – P. AE ⓢ ⓞ MC VISA. ✻
chiuso dal 1° al 15 gennaio, dal 1° al 15 luglio e mercoledì – **Pasto** carta 45/65000.

CITTADUCALE *02015 Rieti* 988 ㉖, 430 O 20 – *6 792 ab. alt. 450.*
Roma 84 – Terni 41 – L'Aquila – Pescara 154 – Viterbo.

a Santa Rufina *Nord-Ovest : 6 km – alt. 514 – ✉ 02010 :*

Quinto Assio M senza rist, viale delle Scienze 16/A ✆ 0746 607257, *Fax 0746 606674* – ▤ TV ☎ ♿ P – 100. ⓢ ⓞ MC VISA. ✻
40 cam ☕ 85/120000.

CITTÀ SANT'ANGELO *65013 Pescara* 988 ㉗, 430 O 24 – *11 212 ab. alt. 320 – a.s. luglio-agosto.*
Roma 223 – Pescara 25 – L'Aquila 120 – Chieti 34 – Teramo 58.

X **Locanda dell'Arte,** vico II Santa Chiara 7 ✆ 085 96669, – ⓢ ⓞ MC VISA JCB. ✻
chiuso domenica escluso da giugno a settembre – **Pasto** carta 35/50000.

in prossimità casello autostrada A 14 *Est : 9,5 km :*

Villa Nacalua senza rist, contrada Fonte Umano ✉ 65013 ✆ 085 959225, *Fax 085 959263*, – ▤ TV ☎ P – 90. AE ⓢ ⓞ MC VISA. ✻
32 cam ☕ 220/350000, 2 appartamenti.

Giardino dei Principi, contrada Moscarola ✉ 65013 ✆ 085 950235, *Fax 085 950254*, – ▤ TV ☎ ♿ P – 50. AE ⓢ ⓞ MC VISA. ✻
Pasto carta 40/50000 – ☕ 8000 – **34 cam** 90/140000.

CITTIGLIO *21033 Varese* 428 E 7, 219 ⑦ – *3 693 ab. alt. 275.*
Roma 650 – Stresa 53 – Bellinzona 52 – Como 45 – Milano 73 – Novara 65 – Varese 18.

XX **La Bussola** con cam, via Marconi 28 ✆ 0332 602291, *Fax 0332 610250*, Rist. con pizzeria serale, – ▤ rist, TV ☎. AE ⓢ ⓞ MC VISA
Pasto *(chiuso dal 5 al 20 agosto e martedì)* carta 50/90000 (10 %) – ☕ 15000 – **26 cam** 90/130000 – ½ P 80/95000.

CIUK *Sondrio* 218 ⑰ – *Vedere Bormio.*

CIVATE *23862 Lecco* 428 E 10, 219 ⑨ – *3 785 ab. alt. 269.*
Roma 619 – Como 24 – Bellagio 23 – Lecco 5 – Milano 51.

X **Cascina Edvige,** via Roncaglio 11 ✆ 0341 550350, *Fax 0341 550350*, « In un cascinale » – P. AE ⓢ MC VISA. ✻
chiuso agosto e martedì – **Pasto** carta 40/60000.

CIVIDALE DEL FRIULI *33043 Udine* 988 ⑥, 429 D 22 *G. Italia – 11 387 ab. alt. 138.*
Vedere *Tempietto★★ – Museo Archeologico★★.*
corso D'Aquileia 10 ✆ 0432 731461, Fax 0432 731398.
Roma 655 – Udine 16 – Gorizia 30 – Milano 394 – Tarvisio 102 – Trieste 65 – Venezia 144.

Roma senza rist, piazza Picco 14/a ✆ 0432 731871, *Fax 0432 701033* – TV ☎ P. AE ⓢ ⓞ MC VISA. ✻ cam
50 cam ☕ 105/165000.

XX Zorutti, borgo di Ponte 7 ✆ 0432 731100, *Fax 0432 731100* – ▤.

XX **Al Fortino,** via Carlo Alberto 46 ✆ 0432 731217, *Fax 0432 731192* – P. AE ⓢ ⓞ MC VISA JCB. ✻
chiuso dal 1° al 15 gennaio, dal 1° al 15 agosto, lunedì sera e martedì – **Pasto** carta 55/80000.

XX **Locanda al Castello** con cam, via del Castello 20 (Nord-Ovest : 1,5 km) ✆ 0432 733242, *Fax 0432 700901*, ≤, – TV ☎ P – 40. AE ⓢ ⓞ MC VISA JCB. ✻ rist
Pasto *(chiuso mercoledì)* carta 40/70000 – ☕ 15000 – **17 cam** 120/150000 – ½ P 125000.

CIVITA CASTELLANA *01033 Viterbo* 988 ㉖, 430 P 19 *G. Italia – 15 941 ab. alt. 145.*

Vedere *Portico★ del Duomo.*

Roma 55 – Viterbo 50 – Perugia 119 – Terni 50.

XXX **L'Altra Bottiglia,** via delle Palme 18 ✆ 0761 517403, *Fax 0761 517403*, Coperti limitati; prenotare – ▤. AE S ⓘ MC VISA. ✂
✿ *chiuso dal 1° al 20 agosto, domenica sera, mercoledì e a mezzogiorno* – **Pasto** 90/120000 e carta 75/155000
Spec. Petto di faraona con cannellone di peperone e mozzarella di bufala. Tagliatelle con guanciale e pecorino romano su passata di fagioli rossi di Sutri. Capretto al forno con timo.

XX **La Giaretta,** via Ferretti 108 ✆ 0761 513398 – AE S ⓘ MC VISA JCB. ✂
chiuso dal 5 al 25 agosto e lunedì – **Pasto** carta 40/55000.

a Quartaccio *Nord-Ovest : 5,5 km – ✉ 01034 Fabrica di Roma :*

Aldero, ✆ 0761 514757, *Fax 0761 549413*, – ▤ TV ☎ P – 170. AE S ⓘ MC VISA. ✂ cam
Pasto *(chiuso dal 5 al 20 agosto e domenica)* carta 35/55000 – **65 cam** ☐ 100/160000, appartamento – ½ P 80/100000.

Europe Wenn der Name eines Hotels dünn gedruckt ist, hat uns der Hotelier Preise und Öffnungszeiten nicht angegeben.

CIVITANOVA MARCHE *62012 Macerata* 988 ⑯, 430 M 23 – *38 706 ab. – a.s. luglio-agosto.*

corso Garibaldi 7 ✆ 0733 813967, Fax 0733 815027.

Roma 276 – Ancona 47 – Ascoli Piceno 79 – Macerata 27 – Pescara 113.

Miramare, viale Matteotti 1 ✆ 0733 811511, *Fax 0733 810637*, – cam, ▤ TV ☎ – 100. AE S ⓘ MC VISA JCB. ✂
Pasto *(chiuso domenica in bassa stagione)* carta 45/85000 – ☐ 18000 – **77 cam** 115/175000, 2 appartamenti – ½ P 120/125000.

Palace senza rist, piazza Rosselli 6 ✆ 0733 810464, *Fax 0733 810769* – ▤ TV ☎. AE S ⓘ MC VISA JCB. ✂
☐ 15000 – **37 cam** 120/180000.

Girasole, via Cristoforo Colombo 204 ✆ 0733 771316, *Fax 0733 816100* – ▤ TV ☎ P – 70. AE ⓘ MC VISA. ✂
Pasto *(chiuso dal 1° al 15 settembre e venerdì)* carta 35/50000 – ☐ 10000 – **30 cam** 75/110000 – ½ P 105000.

XX **Acquamarina** con cam, viale Matteotti 47 ✆ 0733 810810, *Fax 0733 810485* – ▤ TV ☎. AE S ⓘ MC VISA. ✂
Pasto carta 40/90000 – ☐ 15000 – **14 cam** 85/120000 – ½ P 110000.

XX **Il Gatto che Ride,** viale Vittorio Veneto 115 ✆ 0733 816667, *Fax 0733 811076* – ▤. AE S ⓘ MC VISA. ✂
chiuso mercoledì – **Pasto** specialità di mare carta 55/65000.

CIVITAVECCHIA *00053 Roma* 988 ㉕, 430 P 17 *G. Italia – 51 008 ab..*

per Golfo Aranci 26 marzo-settembre giornaliero (7 h) – Sardinia Ferries, Calata Laurenti ✆ 0766 500714, Fax 0766 500718; per Cagliari giornaliero (14 h 30 mn), Olbia giornaliero (da 4 h a 8 h) ed Arbatax 21 luglio-14 settembre venerdì e domenica, negli altri mesi mercoledì e venerdì (10 h 30 mn) – Tirrenia Navigazione, Stazione Marittima ✆ 1478 99000, Fax 0766 28804.

viale Garibaldi 42 ✆ 0766 25348, Fax 0766 21834.

Roma 78 – Viterbo 59 – Grosseto 111 – Napoli 293 – Perugia 186 – Terni 117.

De la Ville M, viale della Repubblica 4 ✆ 0766 580507, *Fax 0766 29282* – ▤ TV ☎ P – 120. AE S MC VISA
Pasto al Rist. ***Filippo III*** *(chiuso luglio)* carta 65/115000 (15 %) – **42 cam** ☐ 230/750000, 3 appartamenti – ½ P 200000.

XX Newport, via Aurelia Sud : 3,5 km (porto Riva di Traiano) ✆ 0766 580410, *Fax 0766 580410*, – ▤
Pasto specialità di mare.

XX **Villa dei Principi,** via Borgo Odescalchi 11/a ✆ 0766 502526, *Fax 0766 25277*, ← – P – 100. AE S ⓘ MC VISA. ✂
chiuso dal 1° al 20 luglio, dal 24 al 31 dicembre e lunedì – **Pasto** specialità di mare carta 70/90000.

XX **La Scaletta,** lungoporto Gramsci 65 ✆ 0766 24334, *Fax 0766 24334*, – AE S ⓘ MC VISA. ✂
chiuso martedì (escluso da giugno a settembre) – **Pasto** specialità di mare carta 60/90000.

XX **L'Angoletto,** via Pietro Guglielmotti 2 ang. viale della Vittoria ✆ 0766 32825, *Fax 0766 32825* – ▤. AE Ⓢ ⓞ ⓜ VISA JCB
chiuso dal 3 al 18 gennaio, dal 20 luglio al 7 agosto e lunedì – **Pasto** specialità di mare carta 40/80000.

X **Alla Lupa,** viale della Vittoria 45 ✆ 0766 25703 – ▤. AE Ⓢ ⓞ ⓜ VISA JCB. ✻
chiuso dal 22 al 28 dicembre, dal 1° al 15 settembre e martedì – **Pasto** specialità di mare carta 30/55000.

CIVITELLA CASANOVA *65010 Pescara* 430 O 23 – *2 079 ab. alt. 400.*

Roma 209 – Pescara 33 – L'Aquila 97 – Teramo 100.

XX **La Bandiera,** contrada Pastini 32 (Est : 4 km) ✆ 085 845219, *Fax 085 845789*, ⛱, prenotare – ▤ P. AE Ⓢ ⓜ VISA. ✻
chiuso dal 20 gennaio al 5 febbraio, dal 15 al 30 luglio e mercoledì – **Pasto** 50000 e carta 30/55000.

CIVITELLA DEL LAGO *Terni* 430 O 18 – *Vedere Baschi.*

CIVITELLA DEL TRONTO *64010 Teramo* 988 ⑯, 430 N 23 – *5 460 ab. alt. 580.*

Roma 200 – Ascoli Piceno 24 – Ancona 123 – Pescara 75 – Teramo 18.

XX **Zunica** con cam, piazza Filippi Pepe 14 ✆ 0861 91319, *Fax 0861 918150*, ⩽ vallata – |‡|, ▤ rist, TV ☎. AE Ⓢ ⓞ ⓜ VISA JCB
chiuso dal 10 al 30 novembre – **Pasto** *(chiuso mercoledì)* carta 35/55000 – **21 cam** ☐ 75/130000 – 1/2 P 70/85000.

*Keine Aufnahme in den **Michelin-Führer** durch*
– Beziehungen oder
– Bezahlung!

CLANEZZO *Bergamo* 428 E 11 – *Vedere Ubiale Clanezzo.*

CLAVIERE *10050 Torino* 988 ⑪, 428 H 2 – *170 ab. alt. 1760 – a.s. febbraio-Pasqua, luglio-agosto e Natale – Sport invernali : ai Monti della Luna, Cesana Torinese e Sansicario : 1 354/2 701 m*

2 29, (Comprensorio Via Lattea).

9 *(giugno-settembre)* ✆ *0122 878917, Fax 0122 878917 o* ✆ *011 2398346, Fax 011 2398324.*

ℹ *(chiuso martedì) via Nazionale 30* ✆ *0122 878856, Fax 0122 878888.*

Roma 758 – Bardonecchia 31 – Briançon 15 – Milano 230 – Sestriere 17 – Susa 40 – Torino 93.

Piccolo Chalet, via Torino 7 ✆ 0122 878806, *Fax 0122 878884*, ⩽ – P. ✻
20 dicembre-Pasqua – **Pasto** (solo per alloggiati) 40000 – **24 cam** ☐ 80/120000 – 1/2 P 80/100000.

XX **'l Gran Bouc,** via Nazionale 24/a ✆ 0122 878830, *Fax 0122 878730* – AE Ⓢ ⓞ ⓜ VISA JCB. ✻
chiuso dal 1° novembre all'8 dicembre e mercoledì in bassa stagione – **Pasto** carta 45/70000.

CLERAN (KLERANT) *Bolzano – Vedere Bressanone.*

CLES *38023 Trento* 988 ④, 428, 429 C 15 – *6 304 ab. alt. 658 – a.s. Pasqua e Natale.*

Dintorni *Lago di Tovel*★★★ *Sud-Ovest : 15 km.*

Roma 626 – Bolzano 68 – Passo di Gavia 73 – Merano 57 – Milano 284 – Trento 44.

Cles, piazza Navarrino 7 ✆ 0463 421300, *Fax 0463 424342*, ⛱, ⛱ – |‡| TV ☎ ⇔. AE Ⓢ ⓞ ⓜ VISA. ✻ rist
chiuso dal 1° al 15 giugno – **Pasto** *(chiuso domenica in bassa stagione)* carta 40/55000 – ☐ 10000 – **37 cam** 90/125000 – 1/2 P 80/90000.

CLOZ *38020 Trento* 429 C 15 – *713 ab. alt. 793 – a.s. dicembre-aprile.*

Roma 647 – Bolzano 44 – Brescia 167 – Trento 50.

XX **Al Molin,** via Santa Maria 32 ✆ 0463 874617, Coperti limitati; prenotare – Ⓢ ⓜ VISA. ✻
chiuso dal 29 giugno al 15 luglio, dal 15 al 30 ottobre e giovedì in bassa stagione – **Pasto** carta 35/65000.

CLUSANE SUL LAGO 25040 Brescia 428, 429 F 12 – *alt. 195.*

Roma 580 – Brescia 29 – Bergamo 34 – Iseo 5 – Milano 75.

Dossello, via Risorgimento 14 (Ovest : 1 km) ☎ 030 9829130, *Fax 030 9829131*, ≤ lago monti – |♦|, ▤ rist, TV ☎ P 24 cam.

Punta dell'Est, via Ponta 163 ☎ 030 989060, *Fax 030 9829135*, ≤, « Giardino su lago » – TV ☎ P 12 cam.

XX **Punta-da Dino,** via Punta 39 ☎ 030 989037, *Fax 030 989037*, – P. AE SI ● MC VISA JCB *chiuso novembre e mercoledì (escluso da giugno al 15 settembre)* – **Pasto** carta 40/65000

X **Al Porto,** piazza Porto dei Pescatori ☎ 030 989014, prenotare – ▤. AE SI ● MC VISA JCB *chiuso dal 7 al 20 gennaio e mercoledì (escluso da aprile ad agosto)* – **Pasto** carta 45/60000

X **Villa Giuseppina,** via Risorgimento 2 (Ovest : 1 km) ☎ 030 989172, *Fax 030 989172*, prenotare – P. AE SI ● MC VISA JCB. *chiuso dal 10 gennaio al 1º febbraio e mercoledì* – **Pasto** carta 45/65000.

CLUSONE 24023 Bergamo 988 ③, 428, 429 E 11 – *8 037 ab. alt. 648 – a.s. luglio-agosto.*

Roma 635 – Bergamo 36 – Brescia 64 – Edolo 74 – Milano 80.

Erica, viale Vittorio Emanuele II ☎ 0346 21667, *Fax 0346 25268* – |♦| TV ☎ P. AE ● MC VISA. *chiuso dal 15 febbraio al 15 marzo* – **Pasto** carta 50/70000 – ☐ 8500 – **23 cam** 75/120000 – ½ P 100000.

COCCAGLIO 25030 Brescia 428, 429 F 11 – *6 944 ab. alt. 162.*

Roma 573 – Bergamo 35 – Brescia 20 – Cremona 69 – Milano 77 – Verona 88.

Touring, strada statale 11, via Vittorio Emanuele 40 ☎ 030 7721084, *Fax 030 723453*, , , , – |♦| ▤ TV ☎ P – 300. AE SI ● VISA JCB. Pasto carta 40/60000 – ☐ 15000 – **83 cam** 120/140000 – ½ P 90000.

COCCONATO 14023 Asti 428 G 6 – *1 602 ab. alt. 491.*

Roma 649 – Torino 50 – Alessandria 67 – Asti 32 – Milano 118 – Vercelli 50.

XX **Cannon d'Oro** con cam, piazza Cavour 21 ☎ 0141 907024, *Fax 0141 907024* – TV ☎. AE SI ● MC VISA. *chiuso dal 10 gennaio al 10 febbraio* – **Pasto** *(chiuso lunedì sera e martedì)* carta 45/80000 – **9 cam** ☐ 85/160000 – ½ P 135000.

COCQUIO TREVISAGO 21034 Varese 219 ⑦ – *4 698 ab. alt. 319.*

Roma 636 – Stresa 52 – Milano 67 – Varese 13.

X Chat Bottè, via Roma 74 ☎ 0332 700041, prenotare.

CODEMONDO *Reggio nell'Emilia – Vedere Reggio nell'Emilia.*

CODIGORO 44021 Ferrara 988 ⑮, 429 H 18 – *13 308 ab..*

Roma 404 – Ravenna 56 – Bologna 93 – Chioggia 53 – Ferrara 42.

X **La Capanna** località Ponte Vicini Nord-Ovest : 8 km ☎ 0533 712154, *Fax 0533 713410*, Coperti limitati; prenotare – ▤ P. AE SI ● MC VISA. *chiuso dal 15 agosto al 12 settembre, mercoledì sera e giovedì* – **Pasto** carta 55/85000 **Spec.** Granseola, cannocchie e gamberetti di laguna. Anguilla di Goro "arost in umad" con polenta bianca. Germano di valle con cipolla al vino rosso (ottobre-febbraio).

CODROIPO 33033 Udine 988 ⑤ ⑥, 429 E 20 – *14 317 ab. alt. 44.*

Roma 612 – Udine 29 – Belluno 93 – Milano 351 – Treviso 86 – Trieste 77.

Ai Gelsi, via Circonvallazione Ovest 12 ☎ 0432 907064, *Fax 0432 908512* – |♦| ▤ TV ☎ P – 300. AE SI ● MC VISA. rist **Pasto** *(chiuso lunedì)* carta 40/60000 – ☐ 10000 – **38 cam** 115/150000 – ½ P 120000.

COGNE 11012 Aosta 988 ②, 428 F 4 – *1 458 ab. alt. 1 534 – a.s. 9 gennaio-marzo, Pasqua e Natale –*

Sport invernali : 1 534/2 245 m 1 2, .

piazza Chanoux 36 ☎ 0165 74040, Fax 0165 749125.

Roma 774 – Aosta 27 – Courmayeur 52 – Colle del Gran San Bernardo 60 – Milano 212.

Bellevue, via Gran Paradiso 22 ☎ 0165 74825, *Fax 0165 749192*, ≤ Gran Paradiso, « Piccolo museo d'arte popolare valdostana », ≘s, ⊠, ≘ – |♦| ▭ ☎ ⇔ P – 🏃 120. AE S ⊙ MC VISA. ⚒
chiuso da ottobre al 22 dicembre – **Pasto** al Rist. ***Le Petit Restaurant*** (Coperti limitati; prenotare) 60/80000 e carta 65/95000 – **20 cam** ☐ 400/440000, 15 appartamenti 400/600000 – 1/2 P 180/250000.

Miramonti, viale Cavagnet 31 ☎ 0165 74030 e rist ☎ 0165 74017, *Fax 0165 749378*, ≤ Gran Paradiso, « Elegante arredamento », ≘ – |♦| ▭ ☎ ⇔ – 🏃 100. AE S MC VISA. ⚒ rist
Pasto al Rist. ***Coeur de Bois*** 50/80000 e carta 60/95000 – **45 cam** ☐ 220/300000 – 1/2 P 175/200000.

Petit Hotel, viale Cavagnet 19 ☎ 0165 74010, *Fax 0165 749131*, ≤ Gran Paradiso, ⛹, ≘s, ⊠ – |♦| ▭ ☎ ⇔ P. S ⊙ MC VISA. ⚒
19 dicembre-9 gennaio, 31 gennaio-15 marzo e 24 maggio-27 settembre – **Pasto** *(chiuso mercoledì)* 30000 – **24 cam** ☐ 90/180000 – 1/2 P 130000.

Sant'Orso, via Bourgeois 2 ☎ 0165 74821, *Fax 0165 749500*, ≤ Gran Paradiso, « Giardino-solarium », ⛹, ≘s – |♦| ▭ ☎ ⇔. AE S MC VISA. ⚒
Pasto carta 35/55000 – **30 cam** ☐ 125/205000 – 1/2 P 90/150000.

La Madonnina del Gran Paradiso, via Laydetré 7 ☎ 0165 74078, *Fax 0165 749392*, ≤ monti e vallata, ≘ – |♦| ▭ ☎ ⇔. AE S ⊙ MC VISA. ⚒ rist
11 dicembre-Pasqua e 16 giugno-9 ottobre – **Pasto** *(chiuso mercoledì)* carta 40/55000 – **22 cam** ☐ 90/170000 – 1/2 P 115/125000.

Grand Paradis, via Grappein 45 ☎ 0165 74070, *Fax 0165 749507*, ≘ – |♦| ▭ ☎ P. AE S ⊙ MC VISA. ⚒ rist
21 dicembre-6 gennaio, febbraio-2 aprile e giugno-settembre – **Pasto** carta 35/55000 – **30 cam** ☐ 100/215000 – 1/2 P 115/135000.

Lo Stambecco senza rist, via des Clementines 21 ☎ 0165 74068, *Fax 0165 74684*, ≤ – |♦| ▭ ☎ ♿. AE S VISA. ⚒
giugno-settembre – ☐ 21000 – **14 cam** 160/200000.

XX **Lou Ressignon,** via des Mines 23 ☎ 0165 74034, *Fax 0165 74034* – P. AE S ⊙ MC VISA
chiuso dal 4 al 15 giugno, dal 18 al 28 settembre, lunedì e martedì in bassa stagione – **Pasto** 45000 e carta 40/60000 (5 %).

XX **Les Trompeurs,** via dott. Grappein 73 ☎ 0165 74804, *Fax 0165 749956* – AE S MC VISA
chiuso dal 1° al 10 giugno, ottobre e mercoledì (escluso luglio-agosto) – **Pasto** carta 30/60000.

a Cretaz *Nord : 1,5 km – ✉ 11012 Cogne :*

XX **Notre Maison** con cam, ☎ 0165 74104, *Fax 0165 749186*, ≤, « Caratteristico chalet; giardino-solarium », ⛹, ≘s, ⊠ – ▭ ☎ ⇔ P. S ⊙ VISA
chiuso ottobre e novembre – **Pasto** *(chiuso lunedì)* carta 40/70000 – **21 cam** ☐ 170/280000 – 1/2 P 145/170000.

a Lillaz *Sud-Est : 4 km – alt. 1 615 – ✉ 11012 Cogne :*

XX **Lou Tchappè,** ☎ 0165 749291, *Fax 0165 74379*, ☂ – P. AE S MC VISA. ⚒
chiuso maggio, novembre e lunedì (escluso luglio-agosto) – **Pasto** carta 35/50000.

in Valnontey *Sud-Ovest : 3 km – ✉ 11012 Cogne :*

La Barme ⛰ ☎ 0165 749177, *Fax 0165 749213*, ≤ Gran Paradiso, ≘ – ▭ ☎ ♿. AE S MC VISA. ⚒
chiuso maggio, ottobre e novembre – **Pasto** carta 35/70000 – **14 cam** ☐ 100/160000 – 1/2 P 95000.

COGNOLA *Trento – Vedere Trento.*

COGOLETO *16016 Genova* 428 *I 7 – 9 540 ab..*
Roma 527 – Genova 28 – Alessandria 75 – Milano 151 – Savona 19.

XX **Benita,** Via Aurelia di Ponente 84 ☎ 010 9181916, prenotare – AE S ⊙ MC VISA
chiuso dal 20 giugno al 3 luglio e martedì – **Pasto** carta 40/70000.

COGÒLO *Trento* 428, 429 *C 14 – Vedere Peio.*

COLFIORITO *06030 Perugia* 988 ⑯, 430 *M 20 – alt. 760.*
Roma 182 – Perugia 62 – Ancona 121 – Foligno 26 – Macerata 66.

Villa Fiorita, via del Lago 9 ☎ 0742 681326, *Fax 0742 681327*, ≤, ⛱, ≘ – |♦| ▭ ☎ P – 🏃 130. AE S ⊙ MC VISA
Pasto *(chiuso giovedì)* carta 30/50000 – **40 cam** ☐ 90/150000 – 1/2 P 80/100000.

COLFOSCO (KOLFUSCHG) *Bolzano – Vedere Corvara in Badia.*

COLICO *Lecco* [988] ③, [428] D 10 – *alt. 209.*
Vedere *Lago di Como* ★★★.
Roma 661 – Chiavenna 26 – Como 66 – Lecco 41 – Milano 97 – Sondrio 42.

COL INDES *Belluno* [429] D 19 – *Vedere Tambre.*

COLLALBO (KLOBENSTEIN) *Bolzano – Vedere Renon.*

COLLE *Vedere nome proprio del colle.*

COLLEBEATO *25060 Brescia* [428] F 12 – *4 483 ab. alt. 187.*
Roma 534 – Brescia 8 – Bergamo 54 – Milano 96 – Verona 73.

a Campiani *Ovest : 2 km – ✉ 25060 Collebeato :*

XXX **Carlo Magno,** via Campiani 9 ℘ 030 2511107, *Fax 030 2511107* – [P]. [AE] [$] [O] [MC] [VISA]. ✂
chiuso dal 1º al 15 gennaio e dall'8 al 20 agosto, martedì, mercoledì mezzogiorno – **Pasto** carta 65/125000.

COLLECCHIO *43044 Parma* [988] ⑭, [428], [429] H 12 – *11 747 ab. alt. 106.*
⛳18 *La Rocca (chiuso lunedì e gennaio) a Sala Baganza ✉ 43038 ℘ 0521 834037, Fax 0521 834575, Sud-Est : 4 km.*
Roma 469 – Parma 11 – Bologna 107 – Milano 126 – Piacenza 65 – La Spezia 101.

🏨 **Ilga Hotel** senza rist, via Pertini 39 ℘ 0521 802645, *Fax 0521 802484* – ↕ ≡ [TV] ☎ ♿ 🚗 – 🏛 150. [AE] [$] [O] [MC] [VISA] [JCB]
48 cam ☕ 130/160000.

XXX ✿ **Villa Maria Luigia-di Ceci,** via Galaverna 28 ℘ 0521 805489, *Fax 0521 805711*, « Villa ottocentesca in un parco, servizio estivo all'aperto » – ⇆ [P] – 🏛 100. [AE] [$] [O] [MC] [VISA]. ✂
chiuso dall'11 al 31 gennaio, mercoledì sera e giovedì – **Pasto** 70/120000 e carta 60/95000
Spec. Astice alla vaniglia con brodetto di lenticchie di Castelluccio (autunno-primavera). Ravioli di agnello e bruschetta con sugo di arrosto e scamorza affumicata. Scaloppa di fegato d'oca al vin santo con ravioli di zucca e mostarda.

a Gaiano *Sud-Ovest : 5 km – ✉ 43030 :*

XX **Podere Miranta,** via Liberta' 54 ℘ 0521 309401, Coperti limitati; prenotare – [P]
chiuso dal 25 al 30 dicembre, mercoledì e a mezzogiorno – **Pasto** carta 65/100000.

a Cafragna *Sud-Ovest : 9 km – ✉ 43030 Gaiano :*

XX ✿ ☺ **Trattoria di Cafragna-Camorali,** ℘ 0525 2363, *Fax 0525 39898*, Coperti limitati; prenotare, « Servizio estivo all'aperto » – [P]. [AE] [$] [O] [MC] [VISA]. ✂
chiuso dal 24 dicembre al 15 gennaio, agosto, lunedì, domenica sera e in luglio anche domenica a mezzogiorno – **Pasto** carta 50/85000
Spec. Salumi misti di Parma. Riso al tartufo. Filetto di coniglio allo zenzero.

COLLE DI VAL D'ELSA *53034 Siena* [988] ⑭ ⑮, [430] L 15 *G. Toscana – 18 612 ab. alt. 223.*
Roma 255 – Firenze 50 – Siena 24 – Arezzo 88 – Pisa 87.

🏨 **La Vecchia Cartiera,** via Oberdan 5/9 ℘ 0577 921107, *Fax 0577 923688* – ↕ ≡ [TV] ☎ 🚗 – 🏛 70. [AE] [$] [O] [MC] [VISA]. ✂
Pasto vedere rist ***La Cartiera*** – ☕ 15000 – **38 cam** 125/170000 – ½ P 135000.

🏨 **Villa Belvedere,** località Belvedere Est : 3,5 km ℘ 0577 920966, *Fax 0577 924128*, 🌳, « Villa settecentesca », 🏊, 🌲 – [TV] ☎ [P] – 🏛 80. [AE] [$] [O] [MC] [VISA]. ✂
Pasto *(chiuso mercoledì)* carta 40/60000 – **15 cam** ☕ 185/255000 – ½ P 140/170000.

XXX ✿ **Arnolfo** con cam, via XX Settembre 52 ℘ 0577 920549, *Fax 0577 920549*, Coperti limitati; prenotare, « Servizio estivo serale in terrazza con ≤ colline e dintorni » – ≡ [TV] ☎. [AE] [$] [O] [MC] [VISA]. ✂
chiuso dal 10 gennaio al 10 febbraio e dal 1º al 10 agosto – **Pasto** *(chiuso martedì)* 100/110000 e carta 85/135000 – **4 cam** ☕ 250/300000 –
Spec. Gnudi di ricotta alle erbe fini con pesto leggero al dragoncello e pecorino di Pienza (primavera). Petto e cosciotto di piccione farcito di fegatini con cipolline in agrodolce. Capretto delle crete senesi in casseruola con carciofi morelli (primavera).

XXX **L'Antica Trattoria,** piazza Arnolfo 23 ℘ 0577 923747, *Fax 0577 923747*, 🌳, Coperti limitati; prenotare – [AE] [$] [O] [MC] [VISA]. ✂
chiuso dal 22 dicembre al 7 gennaio e martedì – **Pasto** carta 65/110000.

🍴🍴 **La Cartiera,** via Oberdan 5 ☎ 0577 924116, *Fax 0577 924116* – ▤. [AE] [$] [O] [MC] [VISA] [JCB]. ⚑
chiuso dal 6 al 20 luglio, dal 2 al 16 novembre, domenica sera e lunedì, in luglio-agosto solo domenica – **Pasto** 30/40000 e carta 40/65000.

🍴 **Tenuta di Mugnano** con cam, località Mugnano Sud-Ovest : 7 km ☎ 0577 959023, ≤, ☂, « In un antico casolare di campagna » – [P]. ⚑
chiuso dall'8 gennaio all'8 febbraio – **Pasto** *(chiuso giovedì)* carta 35/60000 – senza ☕ – **10 cam** 110000.

COLLEFERRO *00034 Roma* [988] ㉖, [430] Q 21 – *21 520 ab. alt. 238.*

Roma 52 – Frosinone 38 – Fiuggi 33 – Latina 48 – Tivoli 44.

🍴🍴 **Muraccio di S. Antonio,** via Latina Ovest : 2 km ☎ 06 97304011, *Fax 06 9700472*, ≤, ☂, 🌲 – [P]. [AE] [$] [O] [MC] [VISA]. ⚑
chiuso mercoledì – **Pasto** carta 40/80000.

COLLEPIETRA (STEINEGG) *39050 Bolzano* [428] C 16 – *alt. 820.*

Roma 656 – Bolzano 15 – Milano 314 – Trento 75.

🏠 **Steineggerhof** 🐦, Collepietra 128 (Nord-Est : 1 km) ☎ 0471 376573, *Fax 0471 376661*, ≤ Dolomiti, 🏋, ♨, [🏊], 🌲 – [$] [TV] ☎ ♿ [P]. ⚑
22 dicembre-6 gennaio e 16 aprile-2 novembre – **Pasto** carta 45/60000 – **34 cam** ☕ 100/180000 – 1/2 P 90/100000.

*Per l'inserimento in **guida**,*
***Michelin** non accetta*
né favori, né denaro!

COLLE SAN PAOLO *Perugia* [430] M 18 – *Vedere Panicale.*

COLLESECCO *Perugia* [430] N 19 – *Vedere Gualdo Cattaneo.*

COLLEVALENZA *Perugia – Vedere Todi.*

COLLI DEL TRONTO *63030 Ascoli Piceno* [430] N 23 – *2 976 ab. alt. 168.*

Roma 210 – Ascoli Piceno 19 – Ancona 1143 – Pescara 78 – Teramo 45.

🏠 **Casale** 🐦, via Casale Superiore 146 (Sud-Ovest : 2,5 km) ☎ 0736 814720, *Fax 0736 814946*, ≤, Centro benessere, 🏋, ♨, 🏊, [🏊], 🌲, 🎾 – [$] ▤ [TV] ☎ ♿ [P] – 🏛 400. [AE] [$] [O] [MC] [VISA] [JCB]. ⚑
Pasto carta 50/95000 – **210 cam** ☕ 280/380000, 2 appartamenti – 1/2 P 220000.

COLLODI *51014 Pistoia* [988] ⑭, [428], [429], [430] K 13 *G. Toscana – alt. 120.*

Vedere *Villa Garzoni★★ e giardino★★★ – Parco di Pinocchio★.*

Roma 337 – Pisa 37 – Firenze 63 – Lucca 17 – Milano 293 – Pistoia 32 – Siena 99.

🍴 **All'Osteria del Gambero Rosso,** via San Gennaro 1 ☎ 0572 429364, *Fax 0572 429654* – ▤. [AE] [$] [VISA]
chiuso novembre, lunedì sera e martedì – **Pasto** carta 40/60000.

COLLOREDO DI MONTE ALBANO *33010 Udine* [429] D 21 – *2 197 ab. alt. 213.*

Roma 652 – Udine 15 – Tarvisio 80 – Trieste 85 – Venezia 141.

🍴🍴🍴 ✿ **La Taverna,** piazza Castello 2 ☎ 0432 889045, *Fax 0432 889676*, ≤, « Servizio estivo in terrazza-giardino » – [AE] [$] [O] [MC] [VISA]
chiuso domenica sera e mercoledì – **Pasto** carta 85/135000
Spec. Ravioli con guanciale di manzo e verdure brasate (autunno). Petto e coscia di quaglia, pasta croccante e ratatouille di verdure (estate). Carré d'agnello arrosto.

a Mels *Nord-Ovest : 3 km – ✉ 33030 :*

🍴🍴 **La di Petrôs,** piazza del Tiglio 14 ☎ 0432 889626, *Fax 0432 889626*, ☂, Coperti limitati; prenotare – ▤ [P]. [AE] [$] [O] [MC] [VISA]
chiuso dall'8 al 28 luglio e martedì – **Pasto** carta 55/80000.

COLMEGNA *Varese* [219] ⑦ – *Vedere Luino.*

COLOGNA VENETA *37044 Verona* [988] [4], [429] G 16 – *7 740 ab. alt. 24.*
Roma 482 – Verona 39 – Mantova 62 – Padova 61 – Vicenza 36.

🏠 **La Torre,** via Torcolo 8/10 ☎ 0442 410111, *Fax 0442 419245* – ▤ [TV] ☎. [AE] [S] [O] [MC] [VISA] 🚫 rist
chiuso dal 1° al 20 agosto – **Pasto** *(chiuso martedì sera e mercoledì)* carta 40/65000 – **11 cam** ☕ 100/160000 – ½ P 120/140000.

COLOGNE *25033 Brescia* [428], [429] F 11 – *6 116 ab. alt. 184.*
Roma 575 – Bergamo 31 – Brescia 27 – Cremona 72 – Lovere 33 – Milano 74.

XXX **Cappuccini** 🐦 con cam, via Cappuccini 54 (Nord : 1,5 km) ☎ 030 7157254 *Fax 030 7157257*, prenotare, « In un convento del 16° secolo » – |‡|, ▤ rist, [TV] ☎ [P] – 👥 60. [AE] [S] [O] [MC] [VISA] [JCB]. 🚫
chiuso dal 1 al 20 gennaio e dal 1° al 20 agosto – **Pasto** *(chiuso a mezzogiorno e mercoledì)* carta 70/120000 – ☕ 25000 – **6 cam** 160/250000, appartamento – ½ P 225000.

COLOGNOLA AI COLLI *37030 Verona* [429] F 15 – *6 834 ab. alt. 177.*
Roma 519 – Verona 17 – Milano 176 – Padova 68 – Venezia 101 – Vicenza 38.

sulla strada statale 11 *Sud-Ovest : 2,5 km :*

XX **Posta Vecia** con cam, via Strà 142 ✉ 37030 ☎ 045 7650243, *Fax 045 6150859*, « Piccolo zoo » – ▤ [TV] ☎ 🚗 [P] – 👥 80. [AE] [S] [O] [MC] [VISA]. 🚫
chiuso agosto – **Pasto** *(chiuso domenica sera e lunedì)* carta 65/100000 – ☕ 15000 – **13 cam** 100/160000, appartamento – ½ P 150000.

COLOMBARE *Brescia* [428] F 13 – *Vedere Sirmione.*

COLOMBARE *Cremona* [428] G 12 – *Vedere Moscazzano.*

COLOMBARO *Brescia* [429] F 11 – *Vedere Corte Franca.*

COLONNA DEL GRILLO *Siena* [430] M 16 – *Vedere Castelnuovo Berardenga.*

COLORNO *43052 Parma* [988] [14], [428], [429] H 13 – *7 916 ab. alt. 29.*
Roma 466 – Parma 16 – Bologna 104 – Brescia 79 – Cremona 49 – Mantova 47 – Milano 130.

🏠 **Versailles** senza rist, via Saragat 3 ☎ 0521 312099, *Fax 0521 816960* – |‡| ▤ [TV] ☎ ♿ [P]. [AE] [S] [O] [MC] [VISA]. 🚫
chiuso dal 23 dicembre al 10 gennaio ed agosto – ☕ 14000 – **48 cam** 100/130000.

a Vedole *Sud-Ovest : 2 km* – ✉ *43052 Colorno :*

XX **Al Vedel,** via Vedole 68 ☎ 0521 816169 – [P]. [AE] [S] [O] [MC] [VISA]
chiuso dal 10 al 20 gennaio, luglio, lunedì e martedì – **Pasto** carta 40/75000.

a Sacca *Nord : 4 km* – ✉ *43052 Colorno :*

X **Stendhal-da Bruno,** ☎ 0521 815493, *Fax 0521 814887*, « Servizio estivo all'aperto » – [P]. [AE] [S] [O] [MC] [VISA]. 🚫
chiuso dal 1° al 15 gennaio, dal 22 luglio all'8 agosto e martedì – **Pasto** carta 50/80000.

COL SAN MARTINO *Treviso* [429] E 18 – *Vedere Farra di Soligo.*

COMABBIO *21020 Varese* [428] E 8, [219] [7] – *965 ab. alt. 307.*
Roma 634 – Stresa 35 – Laveno Mombello 20 – Milano 57 – Sesto Calende 10 – Varese 23.

al lago *Sud : 1,5 km :*

XX **Cesarino,** via Labiena 1861 ✉ 21020 ☎ 0331 968472, *Fax 0331 968826*, ← – [P]. [AE] [S] [O] [MC] [VISA]. 🚫
chiuso dal 1° al 13 febbraio, dal 12 al 30 agosto e mercoledì – **Pasto** carta 65/90000.

COMACCHIO *44022 Ferrara* [988] [15], [429], [430] H 18 *G. Italia* – *21 822 ab. – 20 giugno-agosto.*
Dintorni *Abbazia di Pomposa** Nord : 15 km – Regione del Polesine* Nord.*
Roma 419 – Ravenna 37 – Bologna 93 – Ferrara 53 – Milano 298 – Venezia 121.

XX **La Barcaccia,** piazza XX Settembre 41 ☎ 0533 311081, *Fax 0533 311081* – ▤. [AE] [S] [O] [MC] [VISA]. 🚫
chiuso dal 7 al 15 gennaio, novembre e lunedì – **Pasto** carta 55/80000 (10 %).

a Porto Garibaldi *Est : 5 km – ✉ 44029.*

(maggio-settembre) viale Ugo Bassi 36/38 ☎ 0533 310225 :

XXX **Il Sambuco,** via Caduti del Mare 30 ☎ 0533 327478, – ▤. AE SI ◑ MC VISA.
chiuso dal 7 al 27 gennaio, dal 9 al 19 novembre, lunedì-martedì a mezzogiorno da aprile a settembre e domenica sera-lunedì da ottobre a marzo – **Pasto** specialità di mare 90000 e carta 75/100000.

XX Pacifico-da Franco, via Caduti del Mare 10 ☎ 0533 327169, *Fax 0533 351175* – ▤
Pasto specialità di mare.

X **Milano,** via Ugo Bassi 7 ☎ 0533 327179 – ▤. AE SI ◑ MC VISA.
chiuso dal 1° al 15 gennaio, dal 30 agosto al 15 settembre, mercoledì e da ottobre a marzo anche martedì sera – **Pasto** specialità di mare carta 60/90000.

X **Bagno Sole,** via dei Mille 28 ☎ 0533 327924, *Fax 0533 380913,* , – P. AE SI ◑ MC VISA JCB.
chiuso dal 6 al 15 novembre, martedì (escluso dal 15 giugno a settembre) – **Pasto** carta 60/95000.

X **Europa,** viale dei Mille 8 ☎ 0533 327362, *Fax 0533 326656,* – ▤. AE SI ◑ MC VISA.
chiuso settembre e venerdì – **Pasto** specialità di mare carta 50/75000.

a Lido degli Estensi *Sud-Est : 7 km – ✉ 44024.*

(giugno-settembre) viale Carducci 31 ☎ 0533 327464 :

Logonovo, viale delle Querce 109 ☎ 0533 327520, *Fax 0533 327531,* – |♦| TV ☎ P – 50. AE SI ◑ MC VISA. rist
Pasto *(aprile-settembre;* solo per clienti alloggiati*)* carta 55/75000 – ☐ 15000 – **45 cam** 100/140000 – ½ P 90/110000.

a Lido di Spina *Sud-Est : 9 km – ✉ 44024 Lido degli Estensi :*

Caravel, viale Leonardo 56 ☎ 0533 330106, *Fax 0533 330107,* « Giardino ombreggiato » – |♦|, ▤ rist, TV ☎ P. AE SI ◑ MC VISA JCB.
chiuso dal 24 dicembre al 6 gennaio – **Pasto** *(aprile-settembre;* solo per alloggiati carta 40/65000 – ☐ 13000 – **22 cam** 80/120000 – ½ P 75/105000.

XX **Aroldo,** viale delle Acacie 26 ☎ 0533 330948, *Fax 0533 330050,* , Rist. e pizzeria. AE SI ◑ MC VISA.
chiuso martedì escluso dal 15 maggio al 15 settembre – **Pasto** specialità di mare carta 55/105000.

COMANO TERME

Trento 428, 429 D 14 – *alt. 395 – ✉ 38077 Ponte Arche – Stazione termale, a.s. Pasqua e Natale.*
Roma 586 – Trento 24 – Brescia 103 – Verona 106.

a Ponte Arche *– alt. 400 – ✉ 38077 :.*

via Cesare Battisti 38 ☎ 0465 702626, Fax 0465 702281 :

Cattoni-Plaza, via Battisti 19 ☎ 0465 701442, *Fax 0465 701444,* ←, , , , , – |♦|, rist, ▤ rist, TV ☎ P – 80. SI ◑ MC VISA.
20 dicembre-10 gennaio e aprile-ottobre – **Pasto** 35/40000 – ☐ 15000 – **75 cam** 100/170000 – ½ P 155000.

Hotel Angelo, piazza Mercato 6 ☎ 0465 701438, *Fax 0465 701145,* – |♦| TV ☎ P. SI ◑ MC VISA.
21 dicembre-10 gennaio e aprile-ottobre – **Pasto** carta 35/50000 – ☐ 15000 – **75 cam** 75/130000 – ½ P 75/110000.

Bel Sit, via Marconi 34 ☎ 0465 701220, *Fax 0465 701458,* – |♦|, ▤ rist, TV ☎ & P. SI ◑ MC VISA. rist
aprile-ottobre – **Pasto** carta 40/55000 – ☐ 12000 – **52 cam** 75/145000 – ½ P 70/100000.

a Campo Lomaso *– alt. 492 – ✉ 38070 Vigo Lomaso :*

Villa Luti, piazza Risorgimento 40 ☎ 0465 702061, *Fax 0465 702410,* « Dimora patrizia dell'800 con parco ombreggiato », , , – |♦| TV ☎ P – 40. AE SI ◑ MC VISA JCB.
20 dicembre-10 gennaio e aprile-ottobre – **Pasto** carta 45/55000 – ☐ 15000 – **40 cam** 90/140000 – ½ P 95/120000.

COMELICO SUPERIORE

32040 Belluno 429 C 19 – *2 634 ab. alt. (frazione Candide) 1 210.*
Roma 678 – Cortina d'Ampezzo 52 – Belluno 77 – Dobbiaco 32 – Milano 420 – Venezia 167.

a Padola *Nord-Ovest : 4 km da Candide – ✉ 32040 :*

D'la Varda, via Martini 29 ☎ 0435 67031, ← – P.
dicembre-15 aprile e 15 giugno-settembre – **Pasto** carta 30/40000 – ☐ 6000 – **22 cam** 70/130000 – ½ P 85/95000.

COMERIO *21025 Varese* 219 ⑦ *– 2 420 ab. alt. 382.*

Roma 631 – Stresa 54 – Lugano 39 – Milano 63 – Varese 10.

XX **Da Beniamino,** via Garibaldi 36 ✆ 0332 737046, *Fax 0332 737620,* – AE ⑤ ⓓ ⓜ VISA
chiuso martedì, mercoledì a mezzogiorno, in agosto aperto solo la sera – **Pasto** cucina internazionale carta 50/75000.

COMMEZZADURA *38020 Trento* 218 ⑲ *– 903 ab. alt. 852.*

ℹ *(dicembre-aprile e giugno-settembre) frazione Mestriago 1* ✆ *0463 974840, Fax 0463 974840.*

Roma 656 – Bolzano 86 – Passo del Tonale 35 – Peio 32 – Pinzolo 54 – Trento 84.

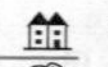

Tevini, località Almazzago ✆ 0463 974985, *Fax 0463 974892,* ←, ⇋, ⊡, ⌐ – |‡| TV ☎ ♿ 🚗 P. ⑤ ⓓ ⓜ VISA, ✂
dicembre-Pasqua e giugno-settembre – **Pasto** carta 30/40000 – **51 cam** ☕ 130/200000 – ½ P 115/135000.

Gute Küche

haben wir durch ☺, ✿, ✿✿ oder ✿✿✿ kenntlich gemacht.

COMO

Ambrosoli (V.)	Z 2	Gallio (Via T.)	Y 14	Recchi (Via)	Y 29
Battisti (Vle Cesare)	Z 3	Garibaldi (Via)	Y 15	Rosselli (Viale F.)	Y 30
Carcano (Via)	Y 5	Guilio Cesare (Vle)	Z 16	S. Bartolomeo (Pza)	Z 32
Castelnuovo (Via)	Z 6	Leoni (Via Leone)	Z 18	S. Rochetto (Pzale)	Y 33
Cattaneo (Viale C.)	Z 7	Lucini (Via)	Z 19	Trento (Lgo Lario)	Y 36
Cavallotti (Viale)	Y 8	Manzoni (Via)	Y 21	Trieste (Lgo Lario)	Y 37
		Masia (Viale M.)	Y 22	Vittorio (Piazza)	Y 39
		Plinio (Via)	Y 26	Vittorio Emanuele II (Via)	Y 40
		Piave (Via)	Z 27	Volta (Piazza)	Y 42

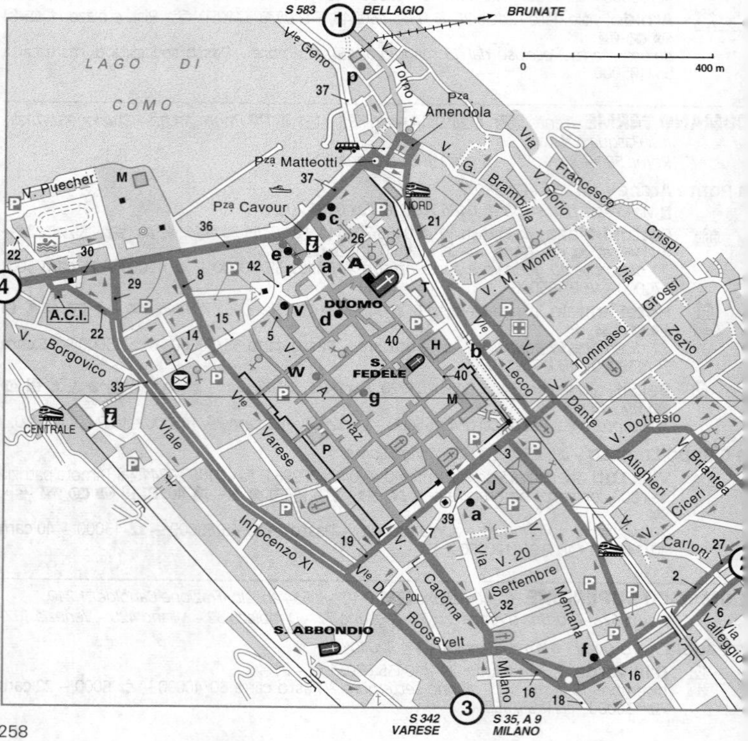

OMO *22100* **P** 988 ③, 428 E 9 *G. Italia – 83 264 ab. alt. 202.*

Vedere *Lago★★★ – Duomo★★* Y *– Broletto★★* Y **A** *– Chiesa di San Fedele★* Y *– Basilica di Sant'Abbondio★* Z *– ≤★ su Como e il lago da Villa Olmo 3 km per ④.*

18 Villa d'Este (chiuso gennaio, febbraio e martedì escluso agosto) a Montorfano ✉ 22030 ✆ 031 200200, Fax 031 200786, per ② : 6 km;

18 e 18 Monticello (chiuso lunedì) a Monticello di Cassina Rizzardi ✉ 22070 ✆ 031 928055, Fax 031 880207, per ③ : 10 km;

18 (chiuso lunedì) a Carimate ✉ 22060 ✆ 031 790226, Fax 031 790226, per ③ : 18 km;

18 La Pinetina (chiuso martedì) ad Appiano Gentile ✉ 22070 ✆ 031 933202, Fax 031 890342, per ③ : 15 km.

per Tremezzo-Bellagio-Colico giornalieri (da 1 h 30 mn a 3 h 30 mn) e Tremezzo-Bellaggio (da 35 mn a 1 h 40 mn) – Navigazione Lago di Como, piazza Cavour ✆ 031 579211, Fax 031 570080.

piazza Cavour 17 ✆ 031 269712, Fax 031 240111 – Stazione Centrale ✆ 031 267214.

A.C.I. *viale Masia 79 ✆ 031 573433.*

Roma 625 ③ – Bergamo 56 ② – Milano 48 ③ – Monza 42 ② – Novara 76 ③.

Grand Hotel di Como M, strada per Cernobbio ☎ 031 5161, *Fax 031 516600*, ≘s, ⛱ – |‡| ▤ TV ☎ ♿ 🚗 P – 🏛 300. AE ⓢ ⓞ ⓜ VISA. ✂ rist 1,5 km per ④
Pasto al Rist. ***Il Botticelli*** carta 80/115000 – **153 cam** ☕ 290/380000.

Terminus M, lungo Lario Trieste 14 ☎ 031 329111, *Fax 031 302550*, ⩽ lago e monti, ⛱, « In un palazzo in stile liberty », ≘s – |‡| ▤ TV ☎ ♿ 🚗 P. AE ⓢ ⓞ ⓜ VISA. ✂ rist
Pasto al Rist. ***Bar delle Terme*** *(chiuso dal 25 dicembre al 10 gennaio)* carta 55/80000 – ☕ 27000 – **37 cam** 230/340000, appartamento. Y c

Villa Flori, via per Cernobbio 12 ☎ 031 573105, *Fax 031 570379*, ⩽ lago, monti e città, ⛱, pontile d'attracco privato, « Giardino e terrazze » – |‡| ▤ TV ☎ 🚗 P – 🏛 100. AE ⓢ ⓞ ⓜ VISA. ✂ rist 1 km per ④
chiuso da dicembre a febbraio – **Pasto** al Rist. ***Raimondi*** *(chiuso lunedì e dal 20 dicembre al 15 febbraio)* carta 60/85000 – ☕ 27000 – **44 cam** 280/340000, appartamento.

Metropole Suisse senza rist, piazza Cavour 19 ☎ 031 269444, *Fax 031 300808*, ⩽, ≘s – |‡| ▤ TV ☎. AE ⓢ ⓞ ⓜ VISA JCB Y e
chiuso dal 20 dicembre al 7 gennaio – ☕ 22000 – **68 cam** 210/280000, 3 appartamenti.

Barchetta Excelsior, piazza Cavour 1 ☎ 031 3221, *Fax 031 302622*, ⩽ – |‡|, ⇥ cam, ▤ TV ☎ 🚗 – 🏛 60. AE ⓢ ⓞ ⓜ VISA JCB. ✂ rist Y a
Pasto carta 55/95000 – **80 cam** ☕ 320/370000, 4 appartamenti – ½ P 200/240000.

Le Due Corti, piazza Vittoria 12/13 ☎ 031 328111 e rist ☎ 031 265226, *Fax 031 328800*, 🏊 riscaldata – |‡|, ⇥ cam, ▤ TV ☎ ♿ 🚗 P – 🏛 80. AE ⓢ ⓞ ⓜ VISA Z a
Pasto al Rist. ***Sala Radetzky*** carta 65/95000 – ☕ 22000 – **60 cam** 200/280000, 5 appartamenti – ½ P 135/180000.

Palace Hotel senza rist, lungo Lario Trieste 16 ☎ 031 303303, *Fax 031 303170*, ⩽ – |‡| ▤ TV ☎ ♿ 🚗 P – 🏛 250. AE ⓢ ⓞ ⓜ VISA Y c
100 cam ☕ 195/295000.

Como, via Mentana 28 ☎ 031 266173, *Fax 031 266020*, « Terrazza fiorita e panoramica con 🏊 riscaldata » – |‡| ▤ TV ☎ ♿ 🚗 P – 🏛 80. AE ⓢ ⓞ ⓜ VISA JCB. ✂ rist Z f
chiuso dicembre e gennaio – **Pasto** al Rist. ***Il Pavone*** carta 55/90000 – **76 cam** ☕ 240/280000, 3 appartamenti – ½ P 160/180000.

Firenze senza rist, piazza Volta 16 ☎ 031 300333, *Fax 031 300101* – |‡| TV ☎ ♿. AE ⓢ ⓞ ⓜ VISA JCB Y v
44 cam ☕ 110/170000.

Tre Re, via Boldoni 20 ☎ 031 265374, *Fax 031 241349* – |‡| TV ☎ P. ⓢ ⓜ VISA. ✂ rist
chiuso dal 18 dicembre al 5 gennaio – **Pasto** carta 40/60000 – ☕ 15000 – **41 cam** 135/160000 – ½ P 120/130000. Y d

Sant'Anna 1907, via Turati 3 ☎ 031 505266, *Fax 031 505266*, prenotare la sera – ▤. AE ⓢ ⓞ ⓜ VISA. ✂ per ③
chiuso agosto, sabato a mezzogiorno e domenica – **Pasto** 65/90000 e carta 60/100000.

Imbarcadero, piazza Cavour 20 ☎ 031 270166, ⛱ – ▤. AE ⓢ ⓞ ⓜ VISA JCB. ✂
chiuso dal 26 dicembre al 6 gennaio – **Pasto** 45000 e carta 60/95000. Y r

La Colombetta, via Diaz 40 ☎ 031 262703, *Fax 031 262703*, ⛱, prenotare – AE ⓢ ⓞ ⓜ VISA. ✂ Y w
chiuso domenica – **Pasto** carta 60/105000.

Il Solito Posto, via Lambertenghi 9 ☎ 031 271352, *Fax 031 265340*, prenotare – ▤. AE ⓢ ⓞ ⓜ VISA JCB Y g
chiuso lunedì escluso da giugno a settembre – **Pasto** carta 60/90000.

Terrazzo Perlasca, piazza De Gasperi 8 ☎ 031 303936, *Fax 031 303936*, ⩽ – ▤. AE ⓢ ⓞ ⓜ VISA. ✂ Y p
chiuso dal 6 al 20 agosto e lunedì – **Pasto** 45000 (solo a mezzogiorno) e/carta 65/95000.

L'Angolo del Silenzio, viale Lecco 25 ☎ 031 3372157, *Fax 031 302495*, ⛱ – AE ⓢ ⓞ ⓜ VISA Y b
chiuso dal 10 al 24 gennaio e dal 10 al 24 agosto e lunedì – **Pasto** carta 45/65000.

Crotto del Lupo, località Cardina via Pisani Dossi 17 ☎ 031 570881, *Fax 031 570881*, prenotare la sera, « Servizio estivo in terrazza ombreggiata » – P. AE ⓢ ⓞ ⓜ VISA. ✂
chiuso agosto e lunedì – **Pasto** carta 45/65000. 3 km per ④

Al Giardino, via Monte Grappa 52 ☎ 031 265016, *Fax 031 300143*, Osteria con cucina, Coperti limitati; prenotare, « Servizio estivo in terrazza-giardino » – AE ⓢ ⓞ ⓜ VISA JCB per viale Giulio Cesare Z
chiuso dal 7 al 14 gennaio, dal 16 al 23 agosto e lunedì – **Pasto** carta 45/65000.

Osteria Rusticana, via Carso 69 ☎ 031 306590, ⛱ – AE ⓢ ⓞ ⓜ VISA. ✂ per via Valeggio Z
chiuso dal 1º al 7 gennaio, dal 14 al 28 agosto e domenica – **Pasto** carta 55/80000.

a Camnago Volta *per ② : 3 km – ✉ 22030 :*

Navedano, via Pannilani ☎ 031 308080, *Fax 031 3319016*, prenotare la sera, « Servizio estivo in terrazza », ⛱ – P. AE ⓢ ⓞ ⓜ VISA. ✂
chiuso dal 7 al 25 gennaio, dall'8 al 23 agosto e martedì – **Pasto** carta 85/135000 (10 %).

sulla strada per Brunate *Nord-Est : 10 km :*

Falchetto con cam, salita Peltrera 37 ✆ 031 3365000, *Fax 031 364184*, prenotare, « Rustico immerso nel verde con ≤ lago Cernobbio e dintorni », – TV ☎ P. VISA
chiuso novembre – **Pasto** *(chiuso lunedì)* cucina casalinga carta 40/60000 – **8 cam** 90/110000 – 1/2 P 90000.

COMO (Lago di) o LARIO *Como* 988 ③, 428 E 9 *G. Italia.*

CONCA DEI MARINI *84010 Salerno* 431 F 25 – *700 ab. – a.s. Pasqua, giugno-settembre e Natale.*

Roma 272 – Napoli 58 – Amalfi 5 – Salerno 30 – Sorrento 35.

Belvedere, via Smeraldo 19 ✆ 089 831282, *Fax 089 831439*, ≤ mare e costa, « Terrazza con », – TV ☎ P. AE VISA. rist
22 aprile-24 ottobre – **Pasto** carta 85/110000 – 15000 – **35 cam** 270000 – 1/2 P 160/190000.

CONCESIO *25062 Brescia* 428, 429 F 12 – *12 719 ab. alt. 218.*

Roma 544 – Brescia 10 – Bergamo 50 – Milano 91.

Miramonti l'Altro, via Crosette 34, località Costorio ✆ 030 2751063, prenotare – P – 25. VISA.
chiuso agosto e lunedì – **Pasto** 85/130000 e carta 80/130000
Spec. Sfogliatina di lumache e funghi alla curcuma (primavera). Risotto ai funghi e formaggi dolci di montagna (estate-autunno). Galletto nostrano alla griglia con agretto della tradizione bresciana (inverno-primavera).

Europe — Se il nome di un albergo è stampato in carattere magro, chiedete al vostro arrivo le condizioni che vi saranno praticate.

CONCO *36062 Vicenza* 429 E 16 – *2 268 ab. alt. 830.*

Roma 556 – Padova 72 – Belluno 94 – Trento 64 – Treviso 67 – Venezia 104 – Vicenza 39.

La Bocchetta, sulla strada per Asiago Nord : 5 km ✆ 0424 700024, *Fax 0424 700024*, – TV ☎ P. AE VISA. rist
Pasto *(chiuso lunedì e martedì)* carta 40/75000 – 20000 – **12 cam** 110/160000, 13 appartamenti 140/230000 – 1/2 P 100/130000.

CONCORDIA SULLA SECCHIA *41033 Modena* 988 ⑭, 429 H 14 – *8 308 ab. alt. 22.*

Roma 429 – Bologna 68 – Ferrara 63 – Mantova 54 – Modena 45 – Parma 67.

Vicolo del Teatro, via della Pace 94 ✆ 0535 40330 – . AE VISA.
chiuso dal 1º al 23 agosto e lunedì – **Pasto** carta 60/85000.

CONCOREZZO *20049 Milano* 428 F 10, 219 ⑲ – *13 752 ab. alt. 171.*

Roma 587 – Milano 26 – Bergamo 33 – Como 43.

Via del Borgo, via Libertà 136 ✆ 039 6042615, *Fax 039 6040823*, Coperti limitati; prenotare, « Servizio estivo sotto il portico » – P. AE VISA JCB
chiuso dal 26 dicembre al 7 gennaio, agosto e lunedì – **Pasto** 35/65000 e carta 55/95000
Spec. Insalata di gallina alla lombarda. Riso mantecato con la pasta del salame e fave (primavera). Tortino di cioccolato ai frutti rossi (estate).

CONDINO *38083 Trento* 428, 429 E 13 – *1 486 ab. alt. 444.*

Roma 598 – Brescia 65 – Milano 155 – Trento 64.

Rita, via Roma 140 ✆ 0465 621225, *Fax 0465 621225*, ≤, – TV ☎ P. VISA.
Pasto *(chiuso lunedì)* carta 35/50000 – 12000 – **17 cam** 65/95000 – 1/2 P 80000.

CONEGLIANO *31015 Treviso* 988 ⑤, 429 E 18 *G. Italia – 35 016 ab. alt. 65.*

Vedere *Sacra Conversazione★ nel Duomo – ★ dal castello – Affreschi★ nella Scuola dei Battuti.*

via Colombo 45 ✆ 0438 21230, Fax 0438 428777.

Roma 571 – Belluno 54 – Cortina d'Ampezzo 109 – Milano 310 – Treviso 28 – Udine 81 – Venezia 60 – Vicenza 88.

Sporting Hotel Ragno d'Oro senza rist, via Diaz 37 ✆ 0438 41230 Fax 0438 412310, « Giardino con e », , – 30. . 12000 – **17 cam** 115/160000.

Canon d'Oro, via 20 Settembre 131 ✆ 0438 34246 e rist ✆ 0438 41516 Fax 0438 34246, « Terrazza fiorita » – . **Pasto** *(chiuso venerdì da settembre a maggio e domenica da giugno a settembre)* car 40/60000 – 15000 – **35 cam** 85/150000.

Città di Conegliano, via Parrilla 1 ✆ 0438 21440, *Fax 0438 410950* – 40. *chiuso dal 3 al 23 agosto* – **Pasto** (solo per alloggiati; *chiuso a mezzogiorno e sabat* 30/50000 – 15000 – **57 cam** 95/145000 – ½ P 110000.

Tre Panoce, via Vecchia Trevigiana 50 (Ovest : 2 km) ✆ 0438 60071, *Fax 0438 6223* prenotare, – . *chiuso dal 1º al 15 gennaio, agosto, domenica sera e lunedì* – **Pasto** carta 45/55000.

Al Salisà, via 20 Settembre 2 ✆ 0438 24288, *Fax 0438 35639*, prenotare – *chiuso agosto e mercoledì* – **Pasto** carta 50/70000.

Città di Venezia, via 20 Settembre 77/79 ✆ 0438 23186, – . *chiuso dal 10 al 30 agosto, domenica sera e lunedì* – **Pasto** specialità di mare car 45/80000.

CONERO (Monte) *Ancona* 430 L 22 – *Vedere Sirolo.*

CONSUMA *50060 Firenze ed Arezzo* 988 ⑮, 430 K 16 – *alt. 1 058.*
Roma 279 – Firenze 34 – Arezzo 57 – Pontassieve 16.

Sbaragli con cam, via Consuma 3 ✆ 055 8306500 – *aprile-ottobre* – **Pasto** *(chiuso martedì escluso giugno-settembre)* carta 35/45000 7000 – **33 cam** 65/95000 – ½ P 70/80000.

CONTIGLIANO *02043 Rieti* 988 ㉖, 430 O 20 – *3 347 ab. alt. 488.*
Roma 88 – Terni 26 – L'Aquila 68 – Avezzano 81 – Rieti 10.

Le Vigne, via della Repubblica 14 ✆ 0746 706213, *Fax 0746 707077*, – . **Pasto** *(chiuso venerdì)* carta 35/50000 – 10000 – **19 cam** 80/100000 – ½ P 60/70000.

CONVENTO *Vedere nome proprio del convento.*

CONVERSANO *70014 Bari* 988 ㉙, 431 E 33 – *23 764 ab. alt. 219.*
Roma 440 – Bari 31 – Brindisi 87 – Matera 68 – Taranto 80.

Gd H. D'Aragona, strada provinciale per Cozze ✆ 080 4952344, *Fax 080 4954265*, – 1000. . **Pasto** carta 35/55000 – 12000 – **68 cam** 150000 – ½ P 120000.

CORATO *70033 Bari* 988 ㉙, 431 D 31 – *45 214 ab. alt. 232.*
Roma 414 – Bari 44 – Barletta 27 – Foggia 97 – Matera 64 – Taranto 132.

Il Mulino, via Castel del Monte 135 (Sud-Ovest : 1 km) ✆ 080 8723925, *Fax 080 8723925* – . *chiuso dal 15 al 27 gennaio e lunedì* – **Pasto** carta 35/50000.

sulla strada statale 98 *Sud : 3 km :*

Appia Antica, ✉ 70033 ✆ 080 8722504, *Fax 080 8724053*, – 60 . rist **Pasto** *(chiuso domenica sera)* carta 30/40000 – **50 cam** 105/130000, 2 appartamenti – ½ P 115000.

CORBANESE *31010 Treviso* 429 E 18.
Roma 566 – Belluno 38 – Cortina d'Ampezzo 100 – Treviso 38 – Udine 98 – Vicenza 90.

Il Capitello, via San Francesco 1/e ✆ 0438 564279, *Fax 0438 564279*, Ambiente rustico elegante, Coperti limitati; prenotare – . *chiuso dal 1º al 17 gennaio, dal 28 luglio al 22 agosto, mercoledì e a mezzogiorno (escluso domenica)* – **Pasto** 70000 e carta 55/95000.

CORBETTA *20011 Milano* 428 F 8 – *13 549 ab. alt. 140.*
Roma 589 – Milano 24 – Novara 23 – Pavia 59.

XXX **La Corte del Re-al Desco,** via Parini 4 ✆ 02 9771600, *Fax 02 9771600*, – – 100. AE ⓢ ⓞ ⓜⓒ VISA.
chiuso dal 25 dicembre al 10 gennaio, dall' 11 al 24 agosto, domenica sera e lunedì – **Pasto** 70000 e carta 65/100000.

COREZZO *Arezzo* 429, 430 K 17 – *alt. 760* – ✉ *52010 Biforco :.*
Roma 255 – Rimini 107 – Arezzo 50 – Firenze 67 – Forlì 92 – Perugia 119.

X **Corazzesi,** ✆ 0575 518012, prenotare nei giorni festivi –
chiuso martedì – **Pasto** carta 25/40000.

CORGENO *Varese* 219 ⑰ – *alt. 270* – ✉ *21029 Vergiate.*
Roma 631 – Stresa 35 – Laveno Mombello 25 – Milano 54 – Sesto Calende 7 – Varese 22.

XXX **La Cinzianella** con cam, via Lago 26 ✆ 0331 946337, *Fax 0331 948890*, ≤, « Servizio estivo in terrazza panoramica », – TV ☎ P – 80. AE ⓢ ⓞ ⓜⓒ VISA JCB.
chiuso da gennaio all' 8 febbraio – **Pasto** *(chiuso martedì e da ottobre ad aprile anche lunedì sera)* carta 65/105000 – **10 cam** 115/155000 – 1/2 P 135/150000.

CORICA *Cosenza – Vedere Amantea.*

CORIGLIANO CALABRO *87064 Cosenza* 988 ㊴, 431 I 31 – *36 770 ab. alt. 219.*
Roma 498 – Cosenza 80 – Potenza 204 – Taranto 147.

sulla strada statale 106 r *Nord : 12 km*

X **Zio Serafino,** contrada Salice ✉ 87064 ✆ 0983 851304, *Fax 0983 851313* – P – 800. AE ⓢ ⓞ ⓜⓒ VISA
15 giugno-settembre; chiuso lunedì negli altri mesi – **Pasto** carta 35/70000.

CORLO *Modena – Vedere Formigine.*

CORMONS *34071 Gorizia* 988 ⑥, 429 E 22 – *7 532 ab. alt. 56.*
Enoteca Comunale piazza 24 Maggio 21 ✆ 0481 630371, Fax 0481 630371.
Roma 645 – Udine 25 – Gorizia 13 – Milano 384 – Trieste 49 – Venezia 134.

XX **Al Cacciatore-della Subida,** località Monte 22 (Nord-Est : 2 km) ✆ 0481 60531, *Fax 0481 61616*, , « Ambiente caratteristico », – P. ⓢ VISA
chiuso dal 1° al 15 febbraio, dal 1° al 10 luglio, martedì, mercoledì e a mezzogiorno (escluso sabato-domenica) – **Pasto** 70000 e/carta 55/75000.

XX **Al Giardinetto** con cam, via Matteotti 54 ✆ 0481 60257, *Fax 0481 630704*, , Coperti limitati; prenotare – TV ☎ P. AE ⓢ ⓞ ⓜⓒ VISA. cam
chiuso luglio – **Pasto** *(chiuso lunedì e martedì)* carta 50/80000 – 3 appartamenti 125/180000
Spec. Piccoli knödel di pane alle erbe, ricotta e pancetta del Collio (primavera). Stinco di vitello bollito con verdure, rafano ed olio di semi di zucca (autunno). Tortino di mele e zabaglione al verduzzo friulano.

CORNAIANO (GIRLAN) *Bolzano* 218 ⑳ – *Vedere Appiano sulla Strada del Vino.*

CORNEDO VICENTINO *36073 Vicenza* 429 F 16 – *10 182 ab. alt. 200.*
Roma 559 – Verona 58 – Milano 212 – Venezia 93 – Vicenza 29.

sulla strada statale 246 *Sud-Est : 4 km :*

XX **Due Platani,** via Campagnola 16 ✉ 36073 ✆ 0445 947007, *Fax 0445 947022*, Coperti limitati; prenotare – P. AE ⓢ ⓞ ⓜⓒ VISA.
chiuso agosto e domenica – **Pasto** carta 50/85000.

CORNIGLIANO LIGURE *Genova – Vedere Genova.*

CORNIOLO *Forlì-Cesena* 429, 430 K 17 – *Vedere Santa Sofia.*

CORNUDA *31041 Treviso* [988] ⑤, [429] E 18 – *5 558 ab. alt. 163.*
Roma 553 – Belluno 54 – Milano 258 – Padova 62 – Trento 109 – Treviso 28 – Venezia 58 – Vicenza 58.

🍴 **Cavallino,** via 8/9 Maggio, 23 ☎ 0423 83301, *Fax 0423 83301,* 🌳 – [P]. [AE] [S] ● [MC] [VISA] 🚫
chiuso dal 6 al 28 agosto, domenica sera e lunedì – **Pasto** specialità di mare carta 50/70000

CORONA *Gorizia – Vedere Mariano del Friuli.*

CORPO DI CAVA *Salerno* [431] E 26 – *Vedere Cava de' Tirreni.*

CORREGGIO *42015 Reggio nell'Emilia* [988] ⑭, [428], [429] H 14 – *20 414 ab. alt. 33.*
Roma 422 – Bologna 60 – Milano 167 – Verona 88.

🏨 **Dei Medaglioni,** corso Mazzini 8 ☎ 0522 632233, *Fax 0522 693258* – [lift] ▤ [TV] ☎ ♿. [AE] [S] ● [MC] [VISA] [JCB]. 🚫
chiuso agosto e Natale – **Pasto** vedere rist ***Il Correggio*** – **35 cam** ☕ 190/250000, 3 appartamenti.

🏨 **President** [M], via Don Minzoni 61 ☎ 0522 633711, *Fax 0522 633777* – [lift] ▤ [TV] ☎ 🚗 [P] 🎤 150. [AE] [S] ● [MC] [VISA]. 🚫 rist
chiuso dal 22 dicembre al 7 gennaio e dal 1º al 20 agosto – **Pasto** carta 50/80000 – **84 cam** ☕ 150/180000, 3 appartamenti – ½ P 100/130000.

🍴🍴 **Il Correggio** - Hotel Dei Medaglioni, corso Mazzini 6 ☎ 0522 641000, *Fax 0522 693258* – ▤. [AE] [S] ● [MC] [VISA]. 🚫
chiuso agosto, sabato a mezzogiorno e domenica – **Pasto** carta 55/100000.

CORRIDONIA *62014 Macerata* [988] ⑯, [430] M 22 – *13 246 ab. alt. 255.*
Roma 261 – Ancona 71 – Ascoli Piceno 107 – Macerata 10.

🏨 Grassetti, via Romolo Murri 1 ☎ 0733 281261, *Fax 0733 281261* – [lift] ▤ [TV] ☎ [P] – 🎤 80
60 cam.

CORROPOLI *64013 Teramo* [430] N 23 – *3 803 ab. alt. 120.*
Roma 219 – Ascoli Piceno 49 – Ancona 113 – L'Aquila 99 – Pescara 67 – Teramo 48.

🍴 **Locanda della Tradizione Abruzzese,** Contrada Piane (strada statale 259 Sud-Est 3 km) ☎ 0861 810129, *Fax 0861 810129,* Rist. e pizzeria, 🌳 – [P]. [AE] [S] ● [MC] [VISA] [JCB]. 🚫
chiuso mercoledì (escluso dal 15 giugno al 15 settembre) – **Pasto** carta 35/65000.

CORTACCIA SULLA STRADA DEL VINO (**KURTATSCH AN DER WEINSTRASSE**) *39040 Bolzano* [429] D 15, [218] ⑳ – *1 896 ab. alt. 333.*
ℹ *piazza Schweiggl 8 ☎ 0471 880100, Fax 0471 880451.*
Roma 623 – Bolzano 20 – Trento 37.

🏨 Schwarz-Adler Turmhotel [M], Kirchgasse 1 ☎ 0471 880600, *Fax 0471 880601,* ≤ monti e valle, « Giardino con 🏊 », ≘s – [lift] [TV] ☎ 🚗 [P]
24 cam.

CORTALE *Udine – Vedere Reana del Roiale.*

CORTE FRANCA *25040 Brescia* [429] F 11 – *5 952 ab. alt. 214.*
⛳18 e ⛳9 *Franciacorta (chiuso martedì escluso agosto) località Castagnola ✉ 25040 Corte Franca ☎ 030 984167, Fax 030 984393, Sud : 2 km.*
Roma 576 – Bergamo 32 – Brescia 28 – Milano 76.

a Timoline *Est : 1 km – ✉ 25040 Corte Franca :*

🍴🍴 **Santa Giulia,** via Cesare Battisti 7 ☎ 030 9828348, « Cascina di campagna » – [P]. [AE] [S] ● [MC] [VISA]. 🚫
chiuso lunedì sera e martedì – **Pasto** carta 35/65000.

a Colombaro *Nord : 2 km – ✉ 25040 Corte Franca :*

🏨 **Relaisfranciacorta** 🐦, via Manzoni 29 ☎ 030 9884234 e rist. ☎ 030 9826481 *Fax 030 9884224,* ≤, « Cascina seicentesca in un vasto prato » – [lift] ▤ [TV] ☎ ♿ [P] – 🎤 190. [AE] [S] ● [MC] [VISA] [JCB]. 🚫
Pasto al Rist. ***La Colombara*** *(chiuso lunedì sera e martedì)* carta 55/80000 – **48 cam** ☕ 240/320000.

CORTEMAGGIORE 29016 Piacenza 988 ⑬, 428, 429 H 11 – 4 242 ab. alt. 50.

Roma 486 – Parma 42 – Piacenza 21 – Cremona 25 – Milano 88.

Antica Corte, via Manfredi 5 ✆ 0523 836833, *Fax 0523 836293* – ▤. AE ⓢ ⓓ VISA. ✻
chiuso dal 1º al 15 agosto, dal 25 al 31 dicembre, lunedì sera e martedì – **Pasto** carta 55/75000.

CORTEMILIA 12074 Cuneo 988 ⑫, 428 I 6 – 2 551 ab. alt. 247 – a.s. giugno-agosto.

Roma 613 – Genova 108 – Alessandria 71 – Cuneo 106 – Milano 166 – Savona 68 – Torino 90.

San Carlo, corso Divisioni Alpine 41 ✆ 0173 81546, *Fax 0173 81235*, «Giardino con » – |‡| TV ☎ P. AE ⓢ ⓓ ⓜⓒ VISA
chiuso dal 15 al 23 dicembre e dal 5 gennaio al 25 febbraio – **Pasto** al Rist. ***Sequoia*** (solo su prenotazione a mezzogiorno; *chiuso lunedì*) carta 50/70000 – **21 cam** ☐ 120/170000.

CORTINA Piacenza – Vedere Alseno.

CORTINA D'AMPEZZO 32043 Belluno 988 ⑤, 429 C 18 G. Italia – 6 573 ab. alt. 1 224 – a.s. febbraio-10 aprile e Natale – Sport invernali : 1 224/3 243 m 6 26, .

Vedere *Posizione pittoresca★★★.*

Dintorni *Tofana di Mezzo : ✻★★★ 15 mn di funivia – Tondi di Faloria : ✻★★★ 20 mn di funivia – Belvedere Pocol : ✻★★ 6 km per ③.*

Escursioni *Dolomiti★★★ per ③.*

piazzetta San Francesco 8 ✆ 0436 3231, Fax 0436 3235.

Roma 672 ② – Belluno 71 ② – Bolzano 133 ① – Innsbruck 165 ① – Milano 411 ② – Treviso 132 ②.

Pianta pagina seguente

Park Hotel Faloria, località Zuel 46 ✆ 0436 2959, *Fax 0436 866483*, ≤, , , , – |‡| TV ☎ . AE ⓢ ⓓ ⓜⓒ VISA. ✻ 2,5 km per ②
dicembre-aprile e giugno-settembre – **Pasto** al Rist. ***Il Meloncino*** *(20 dicembre-Pasqua e 15 luglio-10 settembre)* carta 65/95000 – 30 appartamenti ☐ 260/520000 – ½ P 140/300000.

Bellevue, corso Italia 197 ✆ 0436 883400, *Fax 0436 867510* – TV ☎ – 70. AE ⓢ ⓓ ⓜⓒ VISA. ✻ rist Y a
*dicembre-aprile e luglio-settembre***Pasto** *(chiuso lunedì)* carta 45/100000 – **20 cam** ☐ 550/570000, 45 appartamenti 720/1860000 – ½ P 380/660000.

De la Poste, piazza Roma 14 ✆ 0436 4271, *Fax 0436 868435*, ≤ Dolomiti – |‡| TV ☎ P. AE ⓢ ⓓ ⓜⓒ VISA. ✻ Z s
20 dicembre-25 aprile e 15 giugno-28 settembre – **Pasto** 70/120000 e al Rist. ***Grill del Posta*** *(20 dicembre-25 aprile e 20 luglio-15 settembre)* carta 80/150000 – **86 cam** ☐ 390/530000, 3 appartamenti – ½ P 180/360000.

Lajadira, via Riva 43 ✆ 0436 5745, *Fax 0436 868224*, ≤, – |‡| TV ☎ P. AE ⓢ ⓓ ⓜⓒ VISA. ✻ 1,5 km per ②
dicembre-aprile e giugno-ottobre – **Pasto** (solo per alloggiati) – **16 cam** ☐ 320000, 7 appartamenti – ½ P 120/200000.

Ancora, corso Italia 62 ✆ 0436 3261, *Fax 0436 3265*, ≤ Dolomiti – |‡| TV ☎ P. AE ⓢ ⓓ ⓜⓒ VISA. ✻ rist Z t
20 dicembre-Pasqua e giugno-settembre – **Pasto** *(chiuso a mezzogiorno dal 20 dicembre a Pasqua)* carta 70/105000 – **53 cam** ☐ 300/500000, 11 appartamenti – ½ P 450000.

Europa, corso Italia 207 ✆ 0436 3221, *Fax 0436 868204*, ≤ Dolomiti – |‡| TV ☎ P. AE ⓢ ⓓ ⓜⓒ VISA JCB. ✻ rist Y g
chiuso dal 10 ottobre al 19 dicembre – **Pasto** *(chiuso dal 10 ottobre al 19 dicembre e da Pasqua al 15 giugno)* carta 65/90000 – **48 cam** ☐ 210/400000 – ½ P 370000.

Franceschi Park Hotel, via Cesare Battisti 86 ✆ 0436 867041, *Fax 0436 2909*, ≤ Dolomiti, « Parco », , – |‡|, rist, TV ☎ P. AE ⓢ ⓓ ⓜⓒ VISA. ✻ Y k
18 dicembre-19 marzo e 23 giugno-17 settembre – **Pasto** 45/75000 – ☐ 12000 – **49 cam** 230/460000, 3 appartamenti – ½ P 180/300000.

Columbia senza rist, via Ronco 75 ✆ 0436 3607, *Fax 0436 3001*, ≤ Dolomiti, – TV ☎ P. ⓢ ⓜⓒ VISA. ✻ Y c
dicembre-18 aprile e 9 giugno-14 ottobre – ☐ 12000 – **20 cam** 160/240000.

Menardi, via Majon 110 ✆ 0436 2400, *Fax 0436 862183*, ≤ Dolomiti, « Parco ombreggiato » – TV ☎ P. AE ⓢ ⓓ ⓜⓒ VISA. ✻ Y p
22 dicembre-6 aprile e 20 giugno-21 settembre – **Pasto** carta 40/60000 – **49 cam** ☐ 200/360000 – ½ P 240000.

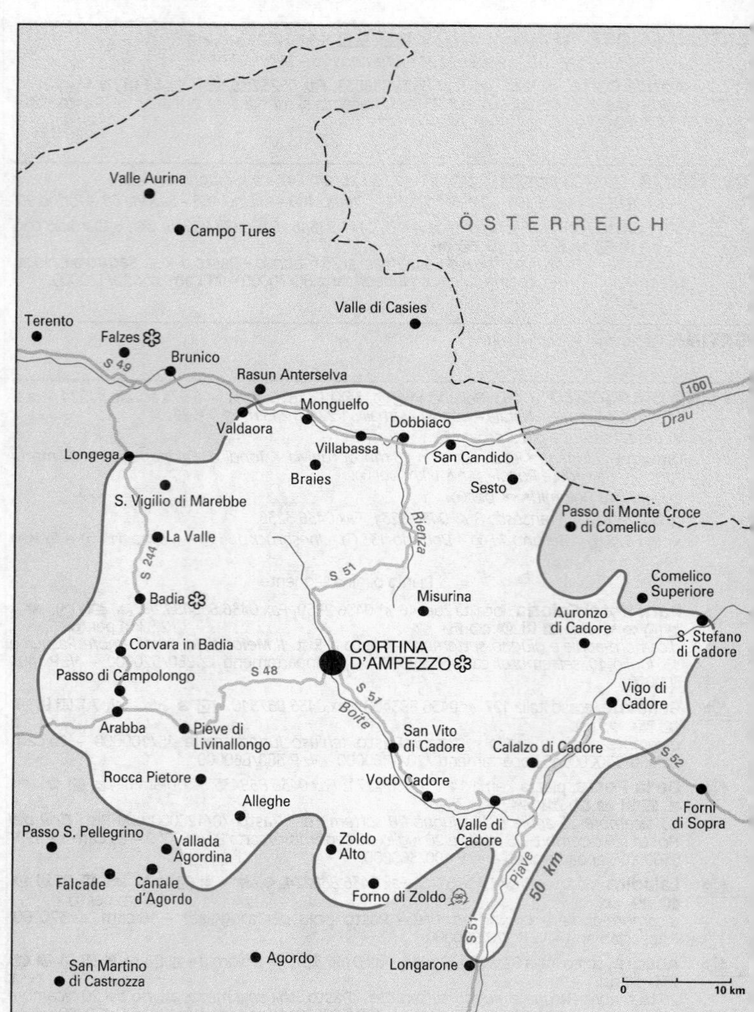

Concordia Parc Hotel, corso Italia 28 ☎ 0436 4251, *Fax 0436 868151*, ≤, « Parco ombreggiato » – ... *VISA* JCB. ✂
23 dicembre-21 marzo e 10 luglio-agosto – **Pasto** (solo per alloggiati) carta 70/90000 – **58 cam** ☐ 200/380000 – ½ P 270000.

Capannina, via dello Stadio 11 ☎ 0436 2950, *Fax 0436 868317*, ... *VISA*. ✂
6 dicembre-marzo e luglio-10 settembre – **Pasto** *(chiuso a mezzogiorno e* solo su prenotazione alla sera*)* carta 60/95000 – **28 cam** ☐ 210/370000, 2 appartamenti – ½ P 150/280000.

Fanes, via Roma 136 ☎ 0436 3427, *Fax 0436 5027*, ≤ Dolomiti, ... *VISA*
21 dicembre-marzo e luglio-settembre – **Pasto** carta 35/75000 (15%) – **25 cam** ☐ 190/300000 – ½ P 145/180000.

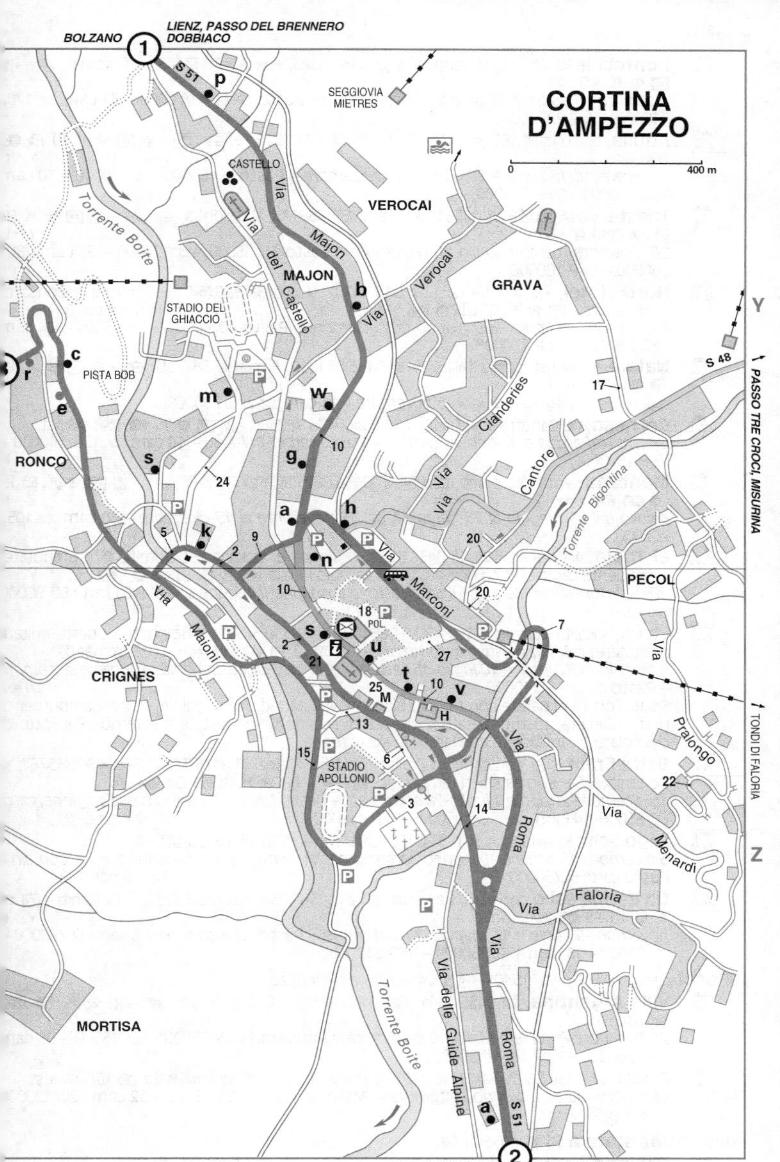

Battisti (V. Cesare) . . . . YZ 2
Campi (Via dei) . . . . Z 3
Corona (Ponte) . . . . Y 5
Difesa (Via della) . . . . Z 6
Franchetti (Via B.) . . . . Z 7
Grohmann (Via) . . . . Y 9
Italia (Corso) . . . . YZ 10
Mercato (Via) . . . . Z 13
Olimpia (Via) . . . . Z 14
Parco (Via del) . . . . Z 15
Pierosà (Via) . . . . Y 17
Poste (Largo delle) . . . . Z 18
Ria de Zeto (Via) . . . . YZ 20
Roma (Piazza) . . . . Z 21
Spiga (Via) . . . . Z 22
Stadio (Via dello) . . . . Y 24
Venezia (Piazza) . . . . Z 25
29 Maggio (Via) . . . . Z 27

Pontechiesa, via Marangoni 3 ☎ 0436 2523, *Fax 0436 867343*, ≤ Dolomiti, – TV ☎ P. VISA. Y
dicembre-13 aprile e 15 giugno-27 settembre – **Pasto** carta 40/70000 – **31 cam** 12 210000 – ½ P 225000.

Aquila, corso Italia 168 ☎ 0436 2618, *Fax 0436 867315*, ≤, – TV ☎ P. VISA. Y
20 dicembre-16 aprile e 20 giugno-15 settembre – **Pasto** 40/60000 – 10000 – **30 ca** 250/300000 – ½ P 240000.

Trieste, via Majon 28 ☎ 0436 2245, *Fax 0436 868173*, ≤ Dolomiti, – TV ☎ P. VISA. Y
20 dicembre-marzo e luglio-20 settembre – **Pasto** 35/65000 – 25000 – **33 cam** 18 260000 – ½ P 200000.

Nord Hotel, via alla Verra 1 ☎ 0436 4707, *Fax 0436 868164*, ≤ Dolomiti e conca Cortina, – TV ☎ P. AE VISA. rist 1,5 km per ①
6 dicembre-10 aprile e 20 giugno-20 settembre – **Pasto** 40/60000 – 25000 – **34 ca** 180/250000 – ½ P 230000.

Natale senza rist, corso Italia 229 ☎ 0436 861210, *Fax 0436 867730*, – TV ☎ P. VISA. Y
dicembre-5 maggio e giugno-5 novembre – **14 cam** 200/290000.

Cornelio, via Cantore 1 ☎ 0436 2232, *Fax 0436 867360* – TV ☎ P. VISA. rist
dicembre-Pasqua e giugno-settembre – **Pasto** carta 50/70000 – **18 cam** 150/240000 ½ P 190000. Y

Montana senza rist, corso Italia 94 ☎ 0436 862126, *Fax 0436 868211* – TV ☎ P. AE VISA JCB. Z
chiuso dal 25 maggio al 25 giugno e dal 10 novembre al 15 dicembre – **30 cam** 10 205000.

El Toulà, via Ronco 123 ☎ 0436 3339, ≤ conca di Cortina e Dolomiti, , prenotar « Ambiente caratteristico ricavato in un vecchio fienile » – P. AE VISA Y
20 dicembre-12 aprile e 20 luglio-agosto; chiuso lunedì in gennaio – **Pasto** carta 60/900((13 %).

Tivoli, località Lacedel 34 ☎ 0436 866400, *Fax 0436 3413*, ≤ Dolomiti, Coperti limita prenotare, « Servizio estivo in terrazza » – P. AE VISA JCB 2 km per ③
5 dicembre-20 aprile e 10 luglio-15 settembre; chiuso lunedì in gennaio, luglio e settemb – **Pasto** carta 75/110000
Spec. Tortelli di patate con tartufo bianco e vellutata di formaggi (inverno). Hamburger petto d'anatra, rösti di patate e insalata di sedano verde (estate e inverno). Papilotte cioccolato "jivara lactée" con lamponi alla verbena.

Baita Fraina con cam, via Fraina 1, località Fraina ☎ 0436 3634, *Fax 0436 863761*, Dolomiti, « Servizio estivo in terrazza », – TV ☎ P. VISA.
15 dicembre-20 aprile e luglio-28 settembre – **Pasto** *(chiuso lunedì in bassa stagione)* car 60/85000 – **4 cam** 130/200000 – ½ P 150000. 2 km per ②

Lago Scin, località lago Scin ☎ 0436 2391, – P. AE VISA.
5 dicembre-15 aprile e 10 giugno-settembre; chiuso mercoledì da gennaio al 15 febbraio **Pasto** carta 50/80000. 3,5 km per S 48

Da Beppe Sello con cam, via Ronco 68 ☎ 0436 3236, *Fax 0436 3237*, ≤ Dolomiti – TV P. AE VISA. rist Y
novembre-9 aprile e 16 maggio-20 settembre – **Pasto** *(chiuso martedì)* carta 60/80000 25000 – **13 cam** 170/280000 – ½ P 210000.

a Pocol *per ③ : 6 km – alt. 1 530 – ✉ 32043 Cortina d'Ampezzo :*

Villa Argentina, ☎ 0436 5641, *Fax 0436 5078*, ≤ Dolomiti, – ☎ P. VISA rist
20 dicembre-8 aprile e luglio-10 settembre – **Pasto** carta 45/65000 – 15000 – **95 car** 150/260000 – ½ P 180/205000.

Pocol, ☎ 0436 2602, *Fax 0436 2707*, ≤ Dolomiti, – ☎ P. VISA. rist
dicembre-marzo e giugno-settembre – **Pasto** 30/40000 – 15000 – **32 cam** 120/22000 – ½ P 145/175000.

sulla strada statale 51 *per ① : 11 km :*

Ospitale, via Ospitale 1 ✉ 32043 ☎ 0436 4585 – P. AE VISA.
dicembre-aprile e luglio-ottobre; chiuso lunedì in dicembre e da luglio ad ottobre – **Past** carta 50/75000.

We distinguish for your use
certain hotels (...) and restaurants (...)
by awarding them , ✿, ✿✿ or ✿✿✿.

CORTONA *52044 Arezzo* 988 ⑮, 430 M 17 *G. Toscana – 22 487 ab. alt. 650.*

Vedere *Museo Diocesano★★ – Palazzo Comunale : sala del Consiglio★* **H** *– Museo dell'Accademia Etrusca★ nel palazzo Pretorio★* **M1** *– Tomba della Santa★ nel santuario di Santa Margherita – Chiesa di Santa Maria del Calcinaio★ 3 km per ②.*

via Nazionale 42 ✆ 0575 630352, Fax 0575 630656.

Roma 200 ② – Perugia 51 ② – Arezzo 29 ② – Chianciano Terme 55 ② – Firenze 117 ② – Siena 70 ②.

Circolazione regolamentata nel centro città

Benedetti (Via)	2	Pierazzi Rina Maria (Vicolo)	7
Giardino (Via del)	4	Signorelli (Piazza)	12
Ghibellina (Via)	5	Vagnucci (Vicolo)	14
Nazionale (Via)	6	Zefferini (Via)	16

San Michele senza rist, via Guelfa 15 ✆ 0575 604348, *Fax 0575 630147*, « In un palazzo cinquecentesco » – AE VISA. a
chiuso dal 10 gennaio al 1° marzo – **37 cam** 150/250000, 3 appartamenti.

Sabrina, senza rist, via Roma 37 ✆ 0575 630397, *Fax 0575 604627* – b
8 cam.

Il Falconiere con cam, località San Martino 370, a Bocena Nord : 3 km ✆ 0575 612679, *Fax 0575 612927*, prenotare, « Servizio estivo in terrazza con ≤ Cortona e vallata », – AE VISA JCB.
Pasto *(chiuso lunedì)* 80/100000 e carta 85/135000 – **10 cam** 390/420000, 2 appartamenti – ½ P 300/415000.

Preludio, via Guelfa 11 ✆ 0575 630104, *Fax 0575 631682* – AE VISA a
chiuso a mezzogiorno e lunedì (escluso da aprile a settembre) – **Pasto** carta 45/70000.

Il Cacciatore, via Roma 11/13 ✆ 0575 630552, *Fax 0575 630552* – AE VISA JCB. d
chiuso da gennaio al 15 febbraio e mercoledì – **Pasto** carta 40/65000.

La Grotta, piazzetta Baldelli 3 ✆ 0575 630271, AE VISA. c
chiuso martedì – **Pasto** carta 35/60000.

verso Mercatale :

Locanda del Molino, con cam, località Montanare Est : 8 km ✉ 52040 ✆ 0575 614192, *Fax 0575 614054*, – cam,
8 cam.

Le Ottime Tavole

Per voi abbiamo contraddistinto alcuni alberghi (...) e ristoranti (...) con ☺, ✿, ✿✿ o ✿✿✿.

CORVARA IN BADIA *39033 Bolzano* 988 ⑤, 429 C 17 *G. Italia – 1 268 ab. alt. 1 568 – a.s. Pasqu agosto e Natale – Sport invernali : 1 568/2 530 m 3 54,* .

Alta Badia (giugno-ottobre) località Tranzus ✉ 39033 Corvara in Badia ✆ 0471 83665 Fax 0471 836922.

Municipio ✆ 0471 836176, Fax 0471 836540.

Roma 704 – Cortina d'Ampezzo 36 – Belluno 85 – Bolzano 65 – Brunico 37 – Milano 364 Trento 125.

La Perla, via Col Alt 105 ✆ 0471 836132, *Fax 0471 836568,* ≤ Dolomiti, bar aprè s « Giardino con riscaldata », – , rist, . VISA.
3 dicembre-2 aprile e 23 giugno-24 settembre – **Pasto** carta 75/110000 vedere anche Ris **La Stüä de Michil** – **38 cam** 310/580000, 14 appartamenti – ½ P 270/310000.

Sassongher, strada Sassongher 45 ✆ 0471 836085, *Fax 0471 836542,* ≤ gruppo Sel e vallata, , – , rist, – 70. VISA. rist
dicembre-10 aprile e 20 giugno-settembre – **Pasto** 50/80000 – **44 cam** 205/44000 4 appartamenti – ½ P 160/300000.

Sport Hotel Panorama, via Sciuz 1 ✆ 0471 836083, *Fax 0471 836449,* ≤ grupp Sella e vallata, , , , – , rist, . VISA.
15 dicembre-marzo e 27 giugno-20 settembre – **Pasto** carta 45/75000 – 30000 **35 cam** 230/430000 – ½ P 265000.

Park Hotel Planac, via Planac 13 (Sud : 2,5 km) ✉ 39033 ✆ 0471 83621 *Fax 0471 836598,* ≤ gruppo Sella, , , , – . VISA. rist
20 dicembre-10 aprile e giugno-10 ottobre – **Pasto** carta 45/65000 – **39 cam** 230 460000, appartamento – ½ P 170/230000.

Posta-Zirm, strada Col Alto 95 ✆ 0471 836175, *Fax 0471 836580,* ≤ gruppo Sella, , – , rist, . VISA.
chiuso dal 15 aprile a maggio e dal 10 ottobre a novembre – **Pasto** 45/50000 – **60 car** 205/380000, 10 appartamenti – ½ P 210/235000.

Villa Eden, strada Col Alt 47 ✆ 0471 836041, *Fax 0471 836489,* ≤ gruppo Sella e Sasson gher, , – . VISA. rist
18 dicembre-10 aprile e 25 giugno-20 settembre – **Pasto** (solo per alloggiati) carta 35 50000 – **33 cam** 155/300000 – ½ P 160/185000.

Col Alto, strada Col Alto 9 ✆ 0471 836009, *Fax 0471 836066,* ≤ gruppo Sella, , – . VISA.
chiuso dal 15 aprile a maggio e novembre – **Pasto** carta 40/60000 – **62 cam** 140/25000 – ½ P 160/185000.

La Stüa de Michil, strada Col Alt 105 ✆ 0471 836132, *Fax 0471 836568,* Coperti limitat prenotare – . VISA.
3 dicembre-2 aprile; chiuso a mezzogiorno e lunedì – **Pasto** 90/110000 e carta 80/125000

a Colfosco (Kolfuschg) *Ovest : 3 km – alt. 1 645 – ✉ 39030.*

✆ 0471 836145, Fax 0471 836744

Cappella e Residence, strada Pecei 17 ✆ 0471 836183, *Fax 0471 836561,* ≤ grupp Sella e vallata, « Mostra d'arte permanente, giardino », , , , – , rist, . VISA.
18 dicembre-26 marzo – **Pasto** *(chiuso lunedì)* carta 40/80000 – **40 cam** 180/300000 10 appartamenti – ½ P 160/270000.

Colfosco-Kolfuschgerhof, via Ronn 7, verso Passo Gardena Ovest : 2 km ✆ 0471 836188, *Fax 0471 836351,* ≤ gruppo Sella, , , , , – , rist, rist . VISA.
2 dicembre-marzo e 14 giugno-settembre – **Pasto** carta 60/90000 – **20 cam** 280 480000, 25 appartamenti – ½ P 160/300000.

Mezdì, strada Pecei 20 ✆ 836079, ≤ Gruppo Sella, – , rist, *stagionale* – **34 cam.**

Stria, via Val 18 ✆ 0471 836620, prenotare la sera – VISA.
chiuso novembre, domenica sera e lunedì in aprile-maggio – **Pasto** carta 65/90000.

COSENZA *87100* P 988 ㊴, 431 J 30 *G. Italia – 75 711 ab. alt. 237.*

Vedere *Tomba d'Isabella d'Aragona★ nel Duomo Z.*

corso Mazzini 92 ✆ 0984 27485, Fax 0984 27304.

A.C.I. *via Tocci 2/a ✆ 0984 72834.*

Roma 519 ⑤ – Napoli 313 ⑤ – Reggio di Calabria 190 ⑤ – Taranto 205 ⑤.

Royal, via Molinella 24/e ✆ 0984 412165, *Fax 0984 412461* – – 25. VISA JCB. Y a
Pasto carta 35/55000 – **44 cam** 105/150000 – ½ P 100000.

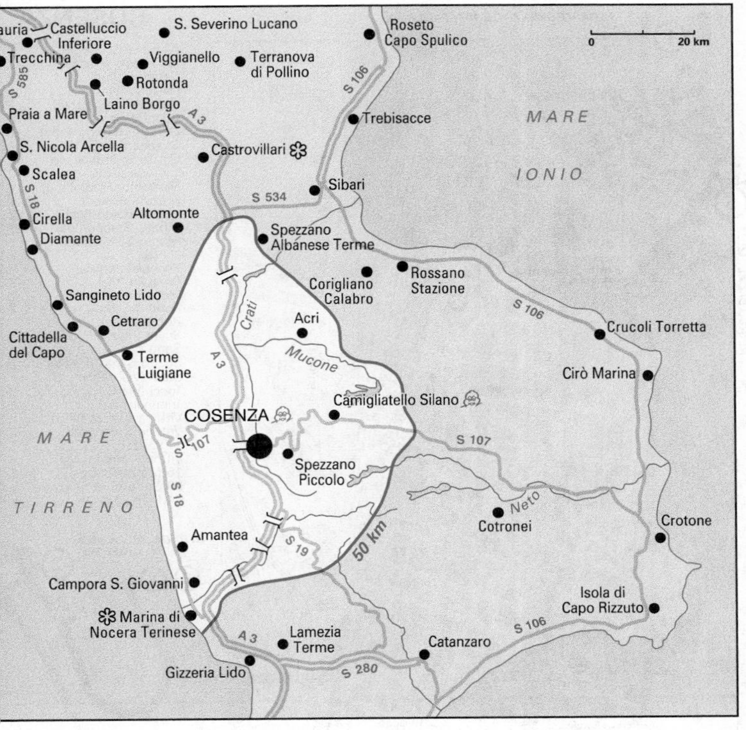

Centrale, via del Tigrai 3 ☎ 0984 73681, *Fax 0984 75750* – |♦| ▤ TV ☎ 🚗 P. AE $ ⦿ MC VISA. ✗ rist Y s
Pasto carta 35/60000 – **48 cam** ☐ 100/130000 – ½ P 90/110000.

L'Arco Vecchio, piazza Archi di Ciaccio 21 (centro storico) ☎ 0984 72564, *Fax 0984 28837*, prenotare, « Servizio estivo all'aperto » – ▤. AE $ ⦿ MC VISA. ✗
chiuso dal 12 al 28 agosto e domenica sera – **Pasto** carta 35/60000. Z c

Da Giocondo, via Piave 53 ☎ 0984 29810 – ▤. AE $ MC VISA. ✗ Y n
chiuso dal 7 al 22 agosto e domenica – **Pasto** carta 40/60000.

n prossimità uscita A 3 Cosenza Nord - Rende :

Executive M, via Marconi 59 ✉ 87036 Rende ☎ 0984 401010, *Fax 0984 402020*, 🏊 – |♦| ▤ TV ☎ 🚗 P – 🏛 300. AE $ ⦿ MC VISA. ✗ rist
Pasto carta 45/70000 – **96 cam** ☐ 200/270000, 2 appartamenti – ½ P 170000.

San Francesco, via Ungaretti 2, contrada Commenda ✉ 87036 Rende ☎ 0984 461721, *Fax 0984 464520* – |♦| ▤ TV ☎ P – 🏛 500. AE $ ⦿ MC VISA. ✗
Pasto carta 40/55000 – **120 cam** ☐ 140/200000, 13 appartamenti – ½ P 150/165000.

Sant'Agostino senza rist, via Modigliani 49, contrada Roges ✉ 87036 Rende ☎ 0984 461782, *Fax 0984 465358* – ▤ TV ☎ P. AE $ ⦿ MC VISA. ✗
25 cam ☐ 85/120000.

Il Setaccio-Osteria del Tempo Antico, contrada Santa Rosa 62 ✉ 87036 Rende ☎ 0984 837211 – ▤ P. AE $ ⦿ MC VISA JCB
chiuso dal 10 al 20 agosto e domenica – **Pasto** carta 30/50000.

a Rende *Nord-Ovest : 10 km alt. 481 – ✉ 87036 :*

Hostaria de Mendoza, piazza degli Eroi 3 ☎ 0984 444022, Coperti limitati; prenotare, « Servizio estivo in gazebo »
chiuso dal 10 al 18 agosto, domenica in luglio-agosto e mercoledì negli altri mesi – **Pasto** 30/35000 bc.

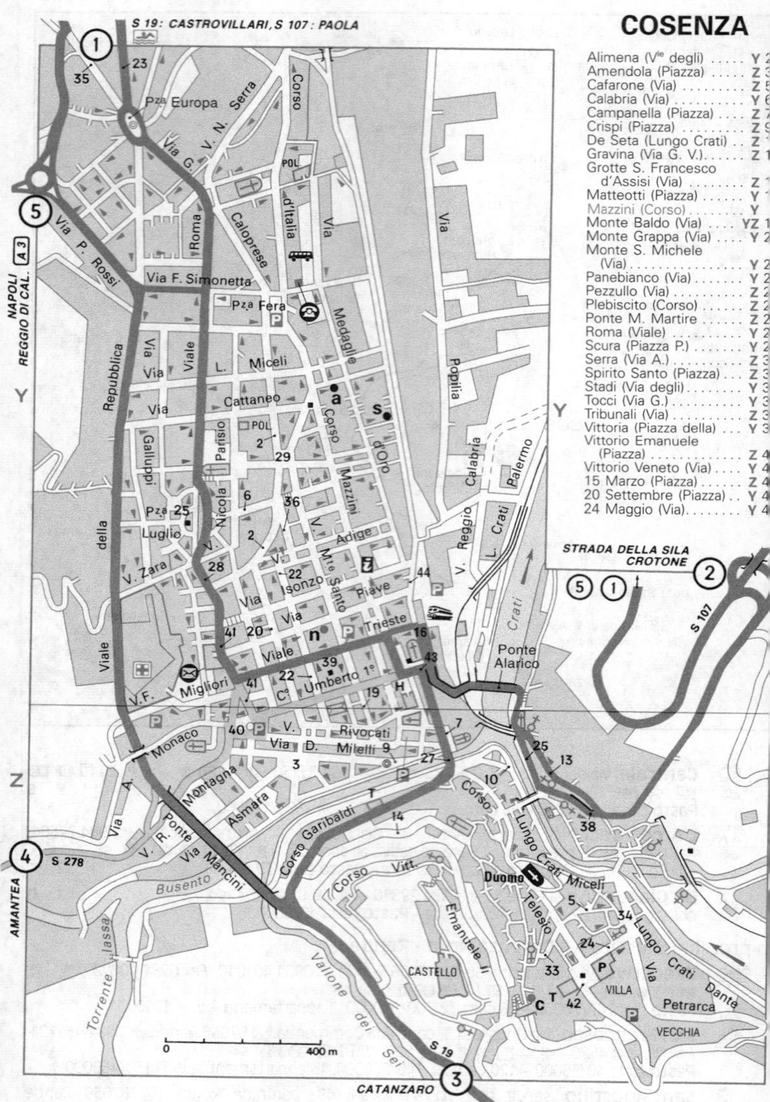

Europe

Wenn der Name eines Hotels dünn gedruckt ist, hat uns der Hotelier Preise und Öffnungszeiten nicht angegeben.

COSSANO BELBO *12054 Cuneo* 428 I 6 – *1 097 ab. alt. 244.*

Roma 614 – Genova 114 – Torino 90 – Alessandria 52 – Asti 31 – Cuneo 89.

X **Della Posta-da Camulin,** via F.lli Negro 3 ☏ 0141 88126, *Fax 0141 88559* – AE S ⓓ ⓜⓒ VISA. ✻
chiuso dal 24 dicembre al 5 gennaio, dal 15 luglio al 13 agosto, domenica sera e lunedì – **Pasto** carta 45/70000.

COSTABISSARA *36030 Vicenza* 429 F 16 – *5 565 ab. alt. 51.*
Roma 546 – Padova 47 – Milano 209 – Venezia 78 – Vicenza 7.

X **Da Lovise** con cam, via Marconi 17/22 ☎ 0444 971026, *Fax 0444 971402*, – P. AE VISA.
chiuso dal 2 al 21 agosto – **Pasto** *(chiuso lunedì)* carta 40/55000 – **9 cam** 80/110000.

COSTA DORATA *Sassari* 433 E 10 – *Vedere Sardegna (Porto San Paolo) alla fine dell'elenco alfabetico.*

COSTALOVARA (WOLFSGRUBEN) *Bolzano – Vedere Renon.*

COSTALUNGA (Passo di) (KARERPASS) *Trento* 988 ④ ⑤, 429 C 16 *G. Italia – alt. 1 753 –* ✉ *38039 Vigo di Fassa – a.s. febbraio-Pasqua e Natale – Sport invernali : 1 735/2 041 m* 3 *(vedere anche Nova Levante e Carezza al Lago).*
Vedere ≤★ *sul Catinaccio – Lago di Carezza*★★★ *Ovest : 2 km.*
Roma 674 – Bolzano 28 – Cortina d'Ampezzo 81 – Milano 332 – Trento 93.

Savoy, ☎ 0471 612124, *Fax 0471 612132*, ≤ Dolomiti e pinete, – P. VISA. rist
chiuso novembre – **Pasto** carta 35/55000 – **35 cam** 110/180000 – ½ P 150000.

Ferienreisen wollen gut vorbereitet sein.
Die ***Straßenkarten*** *und* ***Führer*** *von* ***Michelin***
geben Ihnen Anregungen und praktische Hinweise zur Gestaltung Ihrer Reise:
Streckenvorschläge, Auswahl und Besichtigungsbedingungen
der Sehenswürdigkeiten, Unterkunft, Preise... u. a. m.

COSTA MERLATA *Brindisi* 431 E 34 – *Vedere Ostuni.*

COSTA REI *Cagliari* 433 J 10 – *Vedere Sardegna (Castiadas) alla fine dell'elenco alfabetico.*

COSTA SMERALDA *Sassari* 988 ㉓ ㉔, 433 D 10 – *Vedere Sardegna (Arzachena) alla fine dell'elenco alfabetico.*

COSTERMANO *37010 Verona* 428, 429 F 14 – *2 733 ab. alt. 254.*
18 *Cà degli Ulivi a Marciaga-Castion di Costermano* ✉ *37010* ☎ *045 6279030, Fax 045 6270550.*
Roma 531 – Verona 35 – Brescia 68 – Mantova 69 – Trento 78.

Hotel Sporting Club senza rist, via Boffenigo 6 ☎ 045 7200178, *Fax 045 7200281*, ≤, – P. AE VISA.
2 aprile-7 ottobre – **15 cam** 110/190000.

a Gazzoli *Sud-Est : 2,5 km* – ✉ *37010 Costermano :*

XX **Da Nanni,** via Gazzoli ☎ 045 7200080, *Fax 045 6200415*, – P. AE VISA JCB.
chiuso dal 15 al 28 febbraio, dal 9 al 22 novembre e lunedì – **Pasto** carta 60/90000.

a Marciaga *Nord : 3 km* – ✉ *37010 Costermano :*

Madrigale , via Ghiandare 1 ☎ 045 6279001, *Fax 045 6279125*, ≤ lago, – P – 80. AE VISA.
marzo-novembre – **Pasto** carta 50/75000 – **58 cam** 240/310000, appartamento – ½ P 160/180000.

verso San Zeno di Montagna :

XX **La Casa degli Spiriti,** via Monte Baldo 28 (Nord-Ovest : 5 km) ☎ 045 6200766, *Fax 045 6200760*, ≤ lago – P. AE VISA JCB.
chiuso lunedì e a mezzogirono da ottobre a marzo (escluso i giorni festivi) – **Pasto** 80/110000 (15 %) e carta 65/105000 (15 %).

COSTIERA AMALFITANA *Napoli e Salerno* 988 ㉗ ㉘, 431 F 25 *G. Italia.*

COSTIGLIOLE D'ASTI *14055 Asti* 988 ⑫, 428 H 6 – *5 892 ab. alt. 242.*

Roma 629 – Torino 77 – Acqui Terme 34 – Alessandria 51 – Asti 15 – Genova 108.

XXX **Guido,** piazza Umberto I 27 ✆ 0141 966012, *Fax 0141 966012*, solo su prenotazione – ⓢ ⓓ ⓜ VISA
chiuso dal 23 dicembre al 10 gennaio, dal 1° al 20 agosto, domenica, i giorni festivi e mezzogiorno – **Pasto** 120000
Spec. Insalata tiepida di baccalà con verdure e sugo d'acciughe (gennaio-luglio). Ravioli patate e porri con pepe nero e tartufi (ottobre-dicembre). Arrosto di bue di Carr' al vir rosso.

X **La Madia,** strada Asti 40 (Nord : 1 km) ✆ 0141 961170, , prenotare – P. ⓢ ⓜ VISA.
chiuso gennaio, dal 18 agosto al 1° settembre e lunedì – **Pasto** 35/50000.

COSTOZZA *Vicenza – Vedere Longare.*

COTIGNOLA *48010 Ravenna* 429, 430 I 17 – *6 866 ab. alt. 19.*

Roma 396 – Ravenna 26 – Bologna 53 – Forlì 28.

a Cassanigo *Sud-Ovest : 8 km – ✉ 48010 Cotignola :*

X **Mazzoni,** ✆ 0545 78332, *Fax 0545 78332*, « Servizio estivo in giardino », – P. AE ⓓ ⓜ VISA.
chiuso dal 17 luglio al 14 agosto e mercoledì – **Pasto** carta 30/40000.

COTRONEI *88836 Crotone* 431 J 32 – *5 621 ab. alt. 535.*

Roma 576 – Cosenza 90 – Catanzaro 115.

al lago Ampollino *Nord-Ovest 20 km :*

Del Lago, ✉ 88836 ✆ 0962 46075, *Fax 0962 46076* – TV P. AE ⓢ ⓓ ⓜ VISA.
Pasto carta 35/55000 – 10000 – **37 cam** 85/130000 – 1/2 P 90/120000.

COURMAYEUR *11013 Aosta* 988 ①, 428 E 2 *G. Italia – 3 010 ab. alt. 1 228 – a.s. 26 marzo-Pasqu 15 luglio-agosto e Natale – Sport invernali : 1 224/2 755 m 7 10, ; anche sci estivo.*

Vedere *Località★★.*

Escursioni *Valle d'Aosta★★ : ★★★ per ②.*

(luglio-10 settembre) in Val Ferret ✉ 11013 Courmayeur ✆ 0165 89103, Fax 0165 8910 Nord-Est : 4 km **BX.**

piazzale Monte Bianco 3 ✆ 0165 842060, Fax 0165 842072.

Roma 784 ② – Aosta 35 ② – Chamonix 24 ① – Colle del Gran San Bernardo 70 ② – Milan 222 ② – Colle del Piccolo San Bernardo 28 ②.

Pianta pagina a lato

Gallia Gran Baita M, Strada Larzey ✆ 0165 844040, *Fax 0165 844805*, monti, « Terrazza panoramica con riscaldata », , , – TV – 100. AE ⓢ ⓓ ⓜ VISA JCB. rist **BY**
4 dicembre-2 aprile e luglio-3 settembre – **Pasto** carta 70/110000 – **50 cam** 290/48000 – 1/2 P 295000.

Pavillon, strada Regionale 62 ✆ 0165 846120, *Fax 0165 846122*, monti, , , – TV P – 250. AE ⓢ ⓓ ⓜ VISA JCB. rist **BY**
2 dicembre-1° maggio e 16 giugno-2 ottobre – **Pasto** 60000 e al Rist. ***Grill Le Bistroque*** *(dicembre-aprile; chiuso a mezzogiorno e lunedì)* carta 55/85000 – **42 cam** 250/38000 8 appartamenti – 1/2 P 215/290000.

Royal e Golf, via Roma 87 ✆ 0165 846787, *Fax 0165 842093*, monti e ghiacciai, « Giardino-solarium con riscaldata », – TV P – 90. AE ⓢ ⓓ ⓜ VISA JCB.
dicembre-Pasqua e luglio-20 settembre – **Pasto** 55/70000 vedere anche Rist. ***Grill Royal e Golf*** – **70 cam** 500/670000, 16 appartamenti – 1/2 P 300/390000. **AZ**

Palace Bron , a Plan Gorret Est : 2 km ✆ 0165 846742, *Fax 0165 844015*, Dente del Gigante, monti e vallata, « Posizione panoramica in pineta », – TV P. AE ⓢ ⓓ ⓜ VISA. rist **BY**
dicembre-aprile e luglio-24 settembre – **Pasto** *(chiuso lunedì)* carta 55/75000 – 25000 – **26 cam** 190/360000, appartamento – 1/2 P 270000.

Cresta et Duc, via Circonvallazione 7 ✆ 0165 842585, *Fax 0165 842591*, monti – rist, TV P. AE ⓢ ⓓ ⓜ VISA JCB. rist **AZ**
18 dicembre-21 aprile e 24 giugno-9 settembre – **Pasto** 30/40000 – **39 cam** 150/200000 – 1/2 P 180/210000.

Bouton d'Or senza rist, superstrada Traforo del Monte Bianco 10 ✆ 0165 846729, *Fax 0165 842152*, monti e vallata, , , – TV P. AE ⓢ ⓓ ⓜ VISA. **AZ**
chiuso dal 20 al 30 giugno e dal 6 novembre al 1° dicembre – **35 cam** 140/200000.

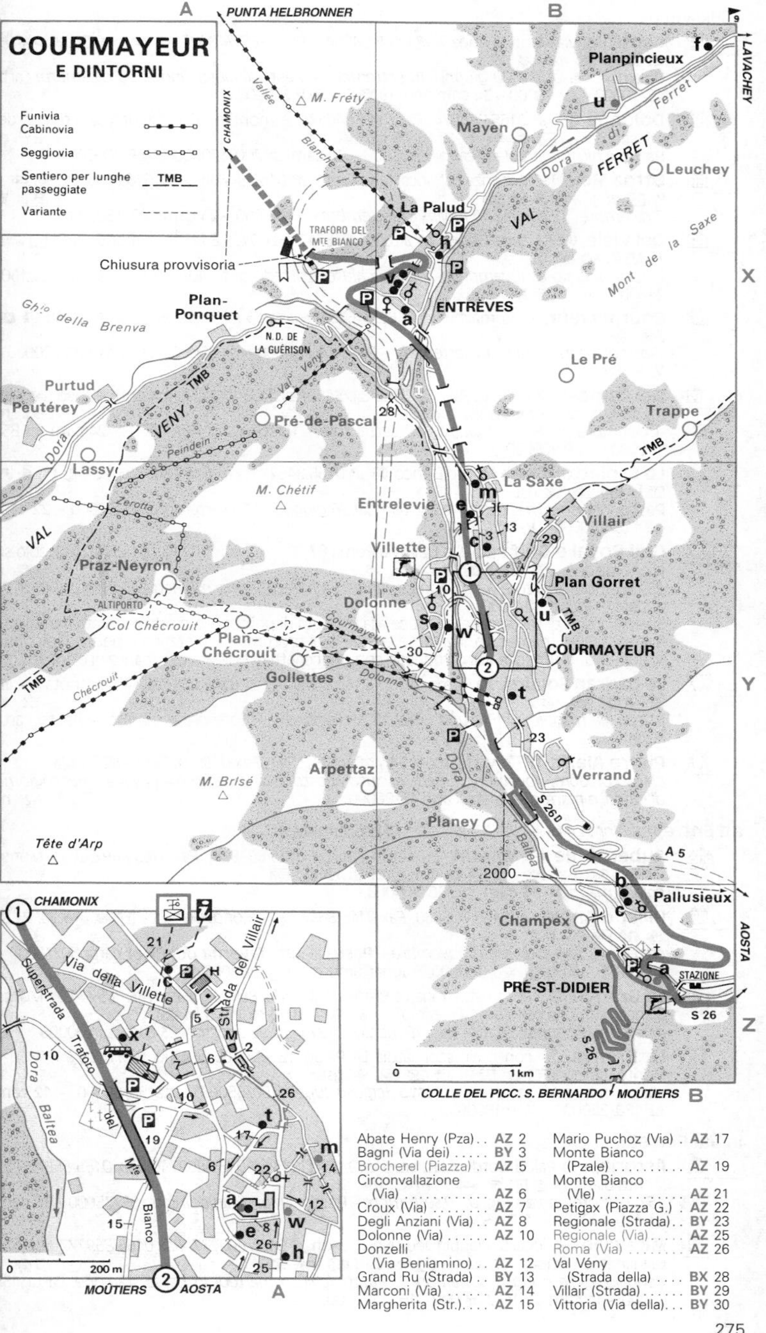

Abate Henry (Pza) . . AZ 2
Bagni (Via dei) . . . . . BY 3
Brocherel (Piazza) . . AZ 5
Circonvallazione (Via) . . . . AZ 6
Croux (Via) . . . . AZ 7
Degli Anziani (Via) . . AZ 8
Dolonne (Via) . . . . . . AZ 10
Donzelli (Via Beniamino) . . AZ 12
Grand Ru (Strada) . . BY 13
Marconi (Via) . . . . . . AZ 14
Margherita (Str.) . . . . AZ 15
Mario Puchoz (Via) . AZ 17
Monte Bianco (Pzale) . . . . AZ 19
Monte Bianco (Vle) . . . . AZ 21
Petigax (Piazza G.) . . AZ 22
Regionale (Strada) . . BY 23
Regionale (Via) . . . . . AZ 25
Roma (Via) . . . . AZ 26
Val Vény (Strada della) . . . . BX 28
Villair (Strada) . . . . . . BY 29
Vittoria (Via della) . . . BY 30

Centrale, via Mario Puchoz 7 ☎ 0165 846644, *Fax 0165 846403*, ←, – rist AZ
dicembre-Pasqua e 20 giugno-15 settembre – **Pasto** *(chiuso sino al 20 dicembre)* car 45/70000 – 18000 – **34 cam** 140/180000 – ½ P 200000.

Dolonne, ☎ 0165 846674, *Fax 0165 846671*, ← monti e valle, « In una casa rustica d 16° secolo » – BY
Pasto *(chiuso mercoledì)* carta 55/85000 – **26 cam** 200/320000 – ½ P 200000.

Ottoz Meublé senza rist, località Dolonne ☎ 0165 846681, *Fax 0165 846682*, ←, BY
7 dicembre- 12 aprile e 15 luglio-10 settembre – 20000 – **25 cam** 120/160000.

Del Viale, viale Monte Bianco 74 ☎ 0165 846712, *Fax 0165 844513*, ← monti, – BY
chiuso maggio e novembre – **Pasto** *(chiuso martedì)* carta 40/55000 – **23 cam** 16 210000 – ½ P 180000.

Courmayeur, via Roma 158 ☎ 0165 846732, *Fax 0165 845125* – AZ
dicembre-aprile e giugno-settembre – **Pasto** 40/50000 – 30000 – **26 cam** 120/22000 ½ P 185000.

Dei Camosci, località La Saxe ☎ 0165 842338, *Fax 0165 842124*, ← Monte Bianco, – rist BY
4 dicembre-aprile e 20 giugno-22 settembre – **Pasto** carta 40/60000 – **24 cam** 8 130000 – ½ P 100000.

Lo Scoiattolo, viale Monte Bianco 48 ☎ 0165 846721, *Fax 0165 843785*, ← – rist AZ
Pasto *(chiuso a mezzogiorno escluso dal 20 giugno al 20 settembre)* 35/60000 – **22 ca** 110/160000 – ½ P 140000.

Grill Royal e Golf - Royal e Golf, via Roma 87 ☎ 0165 846787, *Fax 0165 842093*, solo s prenotazione – AZ
25 dicembre-marzo e luglio-agosto; chiuso a mezzogiorno e lunedì (escluso dal 1° al 2 agosto) – **Pasto** 80/90000
Spec. Tortino di melanzane ed astice alla fonduta di pomodoro crudo montata con olio frantoio. Orzo mantecato alle tome e robiole ai profumi di montagna e petto di piccion scaloppato. Tournedos alla carbonade con gnocchetti di polenta e turbante di cipollotti.

Le Cadran Solaire, via Roma 122 ☎ 0165 844609, *Fax 0165 844609*, , prenotare – AZ
chiuso da maggio al 15 giugno, dal 15 settembre al 10 ottobre e martedì – **Pasto** cart 50/90000.

Pierre Alexis 1877, via Marconi 54 ☎ 0165 843517, *Fax 0165 843517* –
chiuso ottobre, novembre, lunedì (escluso agosto) e da dicembre a Pasqua i mezzogiorn di lunedì e martedì – **Pasto** carta 45/80000. AZ

ad Entrèves *Nord : 4 km – alt. 1 306 – ✉ 11013 Courmayeur :*

Auberge de la Maison senza rist, ☎ 0165 869811, *Fax 0165 869759*, ← Mont Bianco, – BX
chiuso maggio – **33 cam** 220/260000.

Pilier d'Angle, ☎ 0165 869760, *Fax 0165 869770*, ← Monte Bianco – rist BX
chiuso maggio, ottobre e novembre – **Pasto** al Rist. ***Taverna del Pilier*** carta 50/75000 20000 – **20 cam** 120/200000, 3 appartamenti – ½ P 180000.

La Grange senza rist, strada La Brenva 1 ☎ 0165 869733, *Fax 0165 869744*, ← Mont Bianco, « In una baita del 14° secolo », – BX
dicembre-9 gennaio, 6 febbraio-19 marzo e 18 luglio-22 agosto – **23 cam** 200000.

La Brenva con cam, scorciatoia La Palud 12 ☎ 0165 869780, *Fax 0165 869726*, ← Monte Bianco – rist ABX
chiuso maggio e ottobre – **Pasto** *(chiuso lunedì)* 50/55000 carta 50/90000 – **12 cam** 180/250000 – ½ P 180000.

in Val Ferret :

Astoria, a La Palud Nord : 3 km alt. 1 360 ✉ 11013 ☎ 0165 869740, *Fax 0165 869750*, ← Monte Bianco – BX
15 dicembre-aprile e luglio-20 settembre – **Pasto** *(chiuso giovedì)* carta 55/75000 – **34 cam** 110/190000 – ½ P 160000.

Miravalle , località Planpincieux Nord :7 km ☎ 0165 869777, *Fax 0165 869777*, ← Monte Bianco e Grandes Jorasses – BX
gennaio-aprile e luglio-settembre – **Pasto** *(chiuso martedì in bassa stagione)* carta 45/65000 – **11 cam** 110/160000 – ½ P 120000.

La Clotze, a Planpincieux Nord : 7 km alt. 1 400 ✉ 11013 ℘ 0165 869720, *Fax 0165 869785*, – P. VISA. BX u
chiuso mercoledì, dal 29 maggio al 30 giugno e dal 18 settembre al 6 ottobre – **Pasto** carta 55/85000.

CRANDOLA VALSASSINA *23832 Lecco 219 ⑩ – 270 ab. alt. 769.*
Roma 647 – Como 59 – Lecco 30 – Milano 87 – Sondrio 65.

Da Gigi con cam, piazza IV Novembre 4 ℘ 0341 840124, ≤ – VISA.
chiuso dal 15 al 30 giugno – **Pasto** *(chiuso mercoledì)* specialità e formaggi della Valsassina 40000 e carta 50/75000 – 10000 – **9 cam** 75000 – 1/2 P 75000.

CRAVANZANA *12050 Cuneo 428 I 6 – 414 ab. alt. 583.*
Roma 610 – Genova 122 – Alessandria 74 – Cuneo 48 – Mondovì 42 – Savona 72 – Torino 88.

Mercato-da Maurizio con cam, via San Rocco 16 ℘ 0173 855019, *Fax 0173 855019*, prenotare – P.
chiuso dal 28 giugno al 6 luglio – **Pasto** *(chiuso mercoledì e giovedì a mezzogiorno)* carta 40/60000 – **8 cam** 80/100000.

CREMA *26013 Cremona 988 ③, 428 F 11 – 33 283 ab. alt. 79.*
(chiuso martedì e gennaio) frazione Ombrianello ✉ 26013 Crema ℘ 0373 230270, Fax 0373 230635.
Roma 546 – Piacenza 40 – Bergamo 40 – Brescia 51 – Cremona 38 – Milano 44 – Pavia 52.

Il Ponte di Rialto, via Cadorna 5 ℘ 0373 82342, *Fax 0373 83520*, – P – 130. AE VISA
chiuso agosto – **Pasto** *(chiuso domenica sera)* carta 50/90000 – **25 cam** 120/160000.

Park Hotel Residence senza rist, via IV Novembre 51 ℘ 0373 86353, *Fax 0373 85082* – P. AE VISA JCB.
chiuso dall'8 al 23 agosto – **34 cam** 125/165000.

Palace Hotel senza rist, via Cresmiero 10 ℘ 0373 81487, *Fax 0373 86876* – AE VISA.
chiuso agosto – **42 cam** 115/180000.

Il Ridottino, via A. Fino 1 ℘ 0373 256891, « In un palazzo del '700 con soffitti affrescati » – VISA
chiuso dal 7 al 15 gennaio, agosto, domenica sera e lunedì – **Pastocarta 60**/120000.

CREMENO *23814 Lecco 428 E 10, 219 ⑩ – 968 ab. alt. 797 – Sport invernali : a Piani di Artavaggio : 650/1 910 m 1 6.*
Roma 635 – Bergamo 49 – Como 43 – Lecco 14 – Milano 70 – Sondrio 83.

a Maggio *Sud-Ovest : 2 km – ✉ 23814 :*

Maggio, piazza Santa Maria 20 ℘ 0341 910554, *Fax 0341 910554*, – cam, P. VISA.
Pasto *(chiuso martedì escluso luglio-agosto)* carta 40/60000 – **14 cam** 65/120000 – 1/2 P 65/75000.

CREMNAGO *22040 Como 219 ⑲ – alt. 335.*
Roma 605 – Como 17 – Bergamo 44 – Lecco 23 – Milano 37.

Vignetta, ℘ 031 698212, « Servizio estivo all'aperto » – P. VISA.
chiuso dal 1° al 25 agosto e martedì – **Pasto** carta 50/75000.

CREMOLINO *15010 Alessandria 428 I 7 – 952 ab. alt. 405.*
Roma 559 – Genova 61 – Alessandria 50 – Milano 124 – Savona 71 – Torino 135.

Bel Soggiorno, via Umberto I, 69 ℘ 0143 879012, ≤ colline, prenotare – P. AE VISA.
chiuso dal 10 al 25 gennaio, dal 15 al 30 luglio e mercoledì – **Pasto** carta 50/85000.

Non confondete :

Confort degli alberghi : ... ,
Confort dei ristoranti : XXXXX ... X
Qualità della tavola : ✿✿✿, ✿✿, ✿,

CREMONA *26100* [P] [988] ⑬ ⑭, [428], [429] G 12 *G. Italia – 71 894 ab. alt. 45.*

Vedere *Piazza del Comune*★★ **BZ** *: campanile del Torrazzo*★★★, *Duomo*★★, *Battistero*★ **B**
L – *Palazzo Fodri*★ **BZ D** – *Museo Stradivariano* **ABY** – *Ritratti*★ *e ancona*★ *nella chiesa*
Sant'Agostino **AZ B** – *Interno*★ *della chiesa di San Sigismondo 2 km per* ③.

⛳ *Il Torrazzo (chiuso lunedì e gennaio)* ☎ *0372 471563, Fax 0372 471563;*

⛳ *a Malagnino* ✉ *26030* ☎ *0372 58127, Fax 0372 58127.*

[i] *piazza del Comune 5* ☎ *0372 21722, Fax 0372 23233.*

[A.C.I.] *via 20 Settembre 19* ☎ *0372 41911.*

Roma 517 ④ – *Parma 65* ③ – *Piacenza 34* ④ – *Bergamo 98* ② – *Brescia 52* ②
Genova 180 ④ – *Mantova 66* ② – *Milano 95* ④ – *Pavia 86* ④.

CREMONA

Boccaccino (Via) . . . . . . **BZ** 3
Cadorna (Piazza L.) . . . **AZ** 4
Campi (Corso) . . . . **BZ** 5
Cavour (Corso) . . . . **BZ** 6
Comune (Piazza del) . . **BZ** 7
Garibaldi (Corso) . . . . . **AYZ**
Geromini (Via Felice) . . **BY** 9
Ghinaglia (Via F.) . . . . . . **AY** 12
Ghisleri (Via A.) . . . . **BY** 13
Libertà (Piazza della) . . . . **BY** 14
Mantova (Via) . . . . **BY** 17
Manzoni (Via) . . . . **BY** 18
Marconi (Piazza) . . . . **BZ** 19
Marmolada (Via) . . . . **BZ** 22
Matteotti (Corso) . . . . **BYZ**
Mazzini (Corso) . . . . **BZ** 23
Melone (Via Altobello) . . . . **BZ** 24
Mercatello (Via) . . . . **BZ** 25
Monteverdi (Via Claudio) . . . . . . **BZ** 27
Novati (Via) . . . . **BZ** 28
Risorgimento (Piazza) . . . . **AY** 29
S. Maria in Betlem (Via) . . . . . . **BZ**
S. Rocco (Via) . . . . **BZ**
Spalato (Via) . . . . **AY**
Stradivari (Piazza) . . . . **BZ**
Tofane (Via) . . . . **BZ**
Ugolani Dati (Via) . . . . **BY**
Vacchelli (Corso) . . . . **BZ**
Verdi (Via) . . . . **BZ**
Vittorio Emanuele II (Corso) . . . . **AZ**
4 Novembre (Piazza) . . . . **BZ**
20 Settembre (Corso) . . . . **BZ**

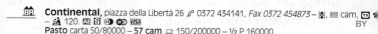

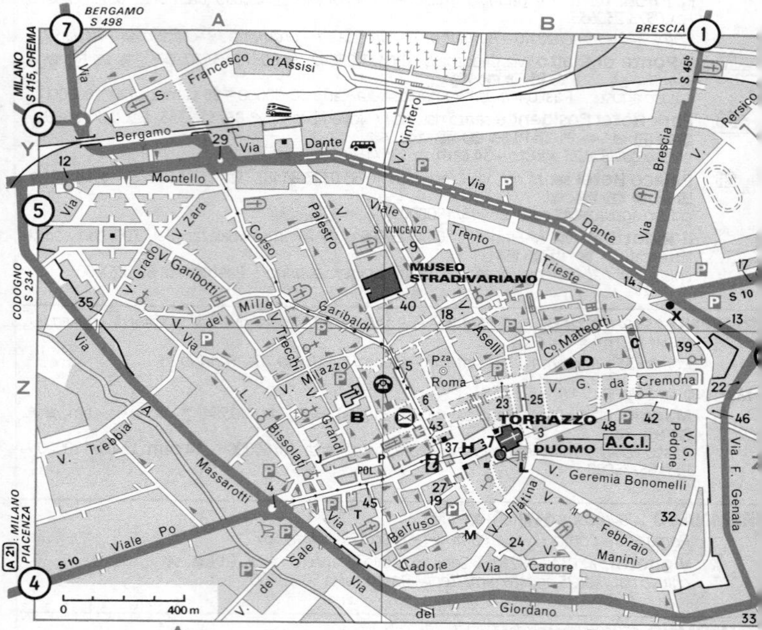

🏨 **Continental,** piazza della Libertà 26 ☎ 0372 434141, *Fax 0372 454873* – |‡|, ▤ cam, [TV] ☎
– 🏨 120. [AE] [$] ◉ [MC] *VISA* **BY**
Pasto carta 50/80000 – **57 cam** ☕ 150/200000 – ½ P 160000.

🏨 Ibis, senza rist, via Mantova ☎ 0372 452222, *Fax 0372 452700* – |‡|, ⊁ cam, ▤ [TV] ☎
🚗 [P] – 🏨 100 **BY**
100 cam.

🍴🍴 **Alla Borgata,** via Bergamo 205 ☎ 0372 25648, *Fax 0372 25648* – [P] – 🏨 50. [AE] [$] [MC] VISA
JCB 2 km per ⑦
chiuso dall'8 al 15 gennaio, agosto, lunedì sera e martedì – **Pasto** carta 45/65000.

🍴 **La Locanda** con cam, via Pallavicino 4 ☎ 0372 457835, *Fax 0372 457834*, prenotare la sera – [TV] ☎. [AE] [$] [O] [MC] [VISA]. ✂ rist BYZ c
Pasto *(chiuso dal 10 al 31 agosto e martedì)* carta 55/65000 – **9 cam** ☕ 70/100000 – ½ P 80000.

🍴 **Alba,** via Persico 40 ☎ 0372 433700, prenotare – [$] [MC] [VISA]. ✂ BY b
chiuso dal 24 dicembre al 7 gennaio, agosto, domenica e lunedì – **Pasto** carta 35/45000.

CRESPINO *45030 Rovigo* [988] ⑮, [429] H 17 – *2 130 ab..*
Roma 460 – Padova 62 – Ravenna 100 – Ferrara 39 – Rovigo 17.

🍴🍴 **Rizzi,** via Passodoppio 31 (Ovest : 3 km) ☎ 0425 77238, 🌳, Coperti limitati; prenotare, 🌳 – ❄ [P]. [AE] [$] [O] [MC] [VISA]. ✂
chiuso martedì – **Pasto** carta 45/60000.

CRETAZ *Aosta* [428] F 4, [219] ⑫ – *Vedere Cogne.*

CREVALCORE *40014 Bologna* [988] ⑭, [429] H 15 – *11 645 ab. alt. 20.*
Roma 402 – Bologna 31 – Ferrara 49 – Milano 195 – Modena 25.

🍴🍴 **Antica Trattoria Papi,** via Paltrinieri 62 ☎ 051 981651, 🌳 – [P]. [AE] [$] [O] [MC] [VISA]. ✂
chiuso dal 25 dicembre al 6 gennaio, agosto e domenica – **Pasto** carta 45/65000.

There is no paid publicity in this Guide.

CROCE DI MAGARA *Cosenza* [431] J 31 – *Vedere Camigliatello Silano.*

CROCERA *Cuneo* [428] H 4 – *Vedere Barge.*

CROCI DI CALENZANO *Firenze* [430] K 15 – *Vedere Calenzano.*

CRODO *28862 Verbania* [428] D 6, [217] ⑲ – *1 547 ab. alt. 508.*
Roma 712 – Stresa 46 – Domodossola 14 – Milano 136 – Novara 105 – Torino 179.

a Viceno *Nord-Ovest : 4,5 km – alt. 896 – ✉ 28862 Crodo :*

🏠 **Edelweiss** 🌲, ☎ 0324 618791, *Fax 0324 600001*, ≤, 🏊, 🏊, 🌳 – [lift] [TV] ☎ 📞 [P]. [AE] [$] [O] [MC] [VISA]
chiuso dal 10 al 28 gennaio e dal 6 al 24 novembre – **Pasto** *(chiuso mercoledì escluso dal 15 giugno al 15 settembre)* carta 35/50000 – ☕ 5000 – **30 cam** 60/100000 – ½ P 85000.

🍴 **Pizzo del Frate** 🌲 con cam, località Foppiano Nord-Ovest : 3,5 km alt. 1 250 ☎ 0324 61233, ≤ monti, 🌳 – [P]. [AE] [$] [O] [VISA]. ✂ rist
chiuso dal 5 al 30 novembre – **Pasto** *(chiuso martedì escluso dal 15 giugno al 15 settembre)* carta 35/60000 – ☕ 6500 – **15 cam** 40/75000 – ½ P 70000.

CROSA *Vercelli* [428] E 6, [219] ⑥ – *Vedere Varallo.*

CROTONE *88900* [P] [988] ㊴ ㊵, [431] J 33 *G. Italia – 59 998 ab..*
✈ *Sant'Anna ☎ 0962 794388.*
[i] *via Torino 148 ☎ 0962 23185.*
[A.C.I.] *via Corrado Alvaro (Palazzo Ruggero) A/2 ☎ 0962 26554.*
Roma 593 – Cosenza 112 – Catanzaro 73 – Napoli 387 – Reggio di Calabria 228 – Taranto 242.

🏠 **Helios,** via per Capocolonna Sud : 2 km ☎ 0962 901291, *Fax 0962 27997*, 🏊, 🎾 – [lift] ❄ [TV] ☎ ♿ [P] – 🎤 70. [AE] [$] [O] [MC] [VISA]. ✂
Pasto carta 35/55000 – **42 cam** ☕ 105/150000 – ½ P 100/125000.

🍴🍴 **La Sosta da Marcello,** via Corrado Alvaro ☎ 0962 902243, *Fax 0962 901083* – ❄. [AE] [$] [O] [MC] [VISA]
chiuso domenica escluso da giugno a settembre – **Pasto** carta 50/80000 (15 %).

🍴🍴 **Da Ercole,** viale Gramsci 122 ☎ 0962 901425, 🌳 – ❄. [AE] [$] [O] [MC] [VISA] [JCB]. ✂
chiuso lunedì (escluso luglio ed agosto) – **Pasto** specialità di mare carta 50/60000.

🍴 **Casa di Rosa,** via Colombo 117 ☎ 0962 21946, *Fax 0962 21946* – ❄. [AE] [$] [O] [MC] [VISA] [JCB]
chiuso domenica – **Pasto** carta 45/70000.

CRUCOLI TORRETTA *88812 Crotone* 431 I 33 – *alt. 367.*

Roma 576 – Cosenza 120 – Catanzaro 120 – Crotone 51.

Pollo d'Oro con cam, corso Garibaldi 87/89 ✆ 0962 34005, *Fax 0962 34005* – TV P. AE VISA
chiuso domenica escluso da maggio a settembre – **Pasto** carta 35/55000 – **20 cam** ☐ 6 90000 – ½ P 70/80000.

CUASSO AL MONTE *21050 Varese* 428 E 8, 219 ⑧ – *3 023 ab. alt. 532.*

Roma 648 – Como 43 – Lugano 31 – Milano 72 – Varese 16.

Al Vecchio Faggio, via Garibaldi 8, località Borgnana Est : 1 km ✆ 0332 938040, « Servizio estivo all'aperto con ≤ » – P. AE VISA
chiuso dal 7 al 22 gennaio, dal 15 al 30 giugno e mercoledì – **Pasto** carta 35/75000.

a Cavagnano *Sud-Ovest : 2 km – ✉ 21050 Cuasso al Monte :*

Alpino, via Cuasso al Piano 1 ✆ 0332 939083, *Fax 0332 939094,* – TV ☎ P
14 cam.

a Cuasso al Piano *Sud-Ovest : 4 km – ✉ 21050 :*

Molino del Torchio, via Molino del Torchio 17 ✆ 0332 920318, « In un vecchio mulino – P. AE VISA JCB
chiuso dal 1° al 25 gennaio, dal 16 al 30 agosto, lunedì e martedì – **Pasto** 45000.

CUGLIERI *Oristano – Vedere Sardegna alla fine dell'elenco alfabetico.*

Europe

Si le nom d'un hôtel figure en petits caractères, demandez à l'arrivée les conditions à l'hôtelier.

CUNEO *12100* P 988 ⑫, 428 I 4 – *54 696 ab. alt. 543.*

I Pioppi (marzo-novembre; chiuso mercoledì) a Madonna dell'Olmo ✉ 12021 ✆ 0171 412101, Fax 0171 412101, per ① : 3 km.

A.C.I. *corso Brunet 19/b ✆ 0171 695962.*

Roma 643 ② – Alessandria 126 ① – Briançon 198 ① – Genova 144 ② – Milano 216 ① – Nice 126 ③ – San Remo 111 ③ – Savona 98 ② – Torino 94 ①.

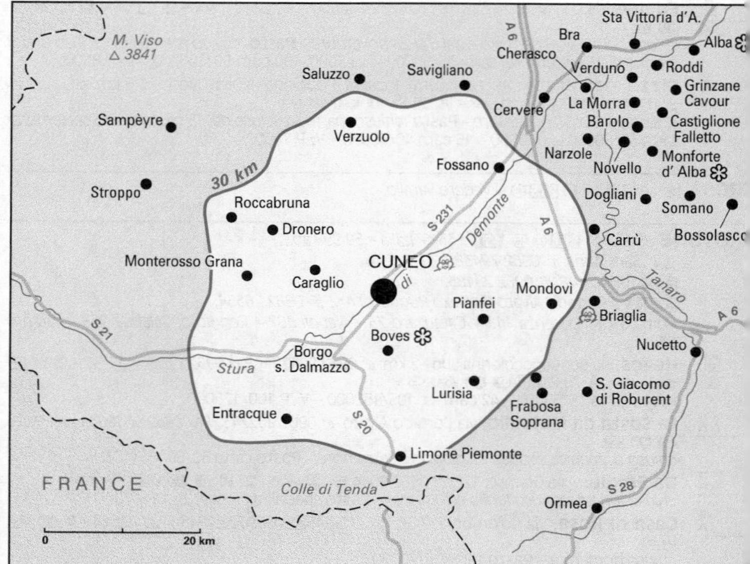

UNEO

ba (Via) . . . . Y 2	Dronero (Via) . . . . Y 10	Martiri d. Libertà (Piazza) . . . . Z 16
udiffredi (Largo) . . . . Y 3	Foro Boario (Piazza) . . . . Y 12	Nizza (Corso) . . . . Z
oves (Piazza) . . . . Y 6	Galimberti (Piazza) . . . . Z 13	Roma (Via) . . . . Y
e Amicis (Largo Edmondo) . Y 7	Garibaldi (Corso) . . . . Z 14	Santa Maria (Via) . . . . Y 23
	Giovanni XXIII (Lungo Gesso) . . . . YZ 15	Savigliano (Via) . . . . Y 24
		Virginio (Piazza) . . . . Y 26

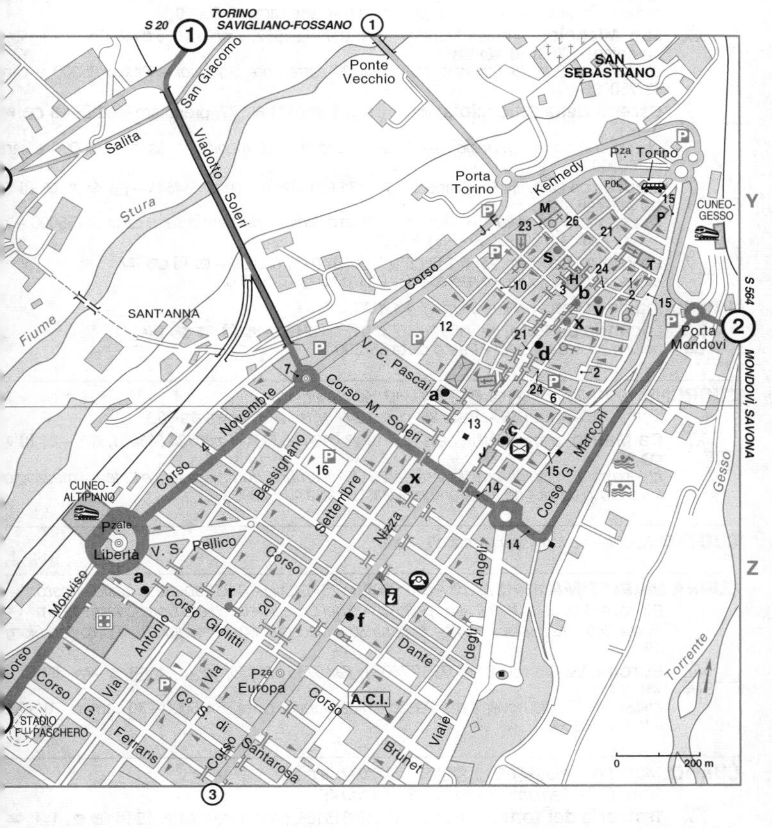

Lovera Palace, via Roma 37 ☏ 0171 690420, *Fax 0171 603435*, – cam, – 40. AE VISA Y d
Pasto al Rist. ***Antiche Contrade*** *(chiuso dal 1° al 15 agosto e lunedì a mezzogiorno)* carta 60/90000 – **44 cam** 210/270000 – 1/2 P 120/140000.

Principe senza rist, piazza Galimberti 5 ☏ 0171 693355, *Fax 0171 67562* – – 40. AE VISA Z c
15000 – **42 cam** 160/210000.

Royal Superga senza rist, via Pascal 3 ☏ 0171 693223, *Fax 0171 699101* – . AE VISA Y a
13000 – **29 cam** 100/120000.

Fiamma senza rist, via Meucci 36 ☏ 0171 66651, *Fax 0171 66652* – . AE VISA Z a
15000 – **13 cam** 100/130000.

Siesta senza rist, via Vittorio Amedeo II, 2 ☏ 0171 681960, *Fax 0171 697128* – . AE VISA. Z x
10000 – **20 cam** 110/120000.

Smeraldo senza rist, corso Nizza 27 ✆ 0171 696367, *Fax 0171 698076* – ▣ ☎. AE ⓢ ◐ Ⓜ VISA JCB. ✂ Z
⊒ 12000 – **21 cam** 100/130000.

Le Plat d'Etain, corso Giolitti 18 ✆ 0171 681918, Coperti limitati; prenotare – AE ⓢ ◐ Ⓜ VISA Z
chiuso domenica e lunedì – **Pasto** cucina francese carta 45/65000.

San Michele, contrada Mondovì 2 ✆ 0171 681962, *Fax 0171 681962*, Coperti limitati; prenotare – AE ⓢ ◐ Ⓜ VISA Y
chiuso dal 20 al 28 febbraio, dal 10 al 20 settembre e lunedì – **Pasto** 65000 e carta 55/75000.

Osteria della Chiocciola, via Fossano 1 ✆ 0171 66277, prenotare – AE ⓢ ◐ Ⓜ VISA JCB Y
chiuso dal 7 al 15 gennaio, dal 10 al 20 agosto e domenica – Pasto 50/60000 e carta 40/60000.

Ligure con cam, via Savigliano 11 ✆ 0171 681942, *Fax 0171 634545* – ▣ ☎ P. AE ⓢ ◐ Ⓜ VISA JCB. ✂ Y
chiuso dal 10 gennaio al 1° febbraio – **Pasto** *(chiuso domenica sera)* carta 30/55000 – ⊒ 10000 – **28 cam** 80/95000 – ½ P 85000.

Lo Zuavo, via Roma 23 ✆ 0171 602020, *Fax 0171 630898* – AE ⓢ Ⓜ VISA Y
chiuso dal 1° al 7 luglio e mercoledì – **Pasto** carta 40/55000.

a Madonna dell'Olmo *per ① : 3 km – ✉ 12020 :*

Locanda da Peiu, via Valle Po 10 ✆ 0171 412174 – P. ⓢ ◐ Ⓜ VISA
chiuso agosto e lunedì – **Pasto** carta 35/60000.

CUORGNÈ *10082 Torino* 988 ⑫, 428 F 4 – *10 050 ab. alt. 414.*
Roma 700 – Torino 38 – Aosta 86 – Ivrea 24 – Milano 137 – Novara 90.

Da Mauro, piazza Martiri della Libertà ✆ 0124 666001, *Fax 0124 666001*, 帀 – AE ⓢ ◐ Ⓜ VISA. ✂
chiuso dal 20 al 30 giugno, le sere del 25-26 dicembre, domenica sera e lunedì a mezzogiorno escluso da giugno a settembre – **Pasto** carta 40/50000.

CUOTTO *Napoli – Vedere Ischia (Isola d') : Forio.*

CUPRA MARITTIMA *63012 Ascoli Piceno* 430 M 23 *G. Italia – 4 931 ab. – a.s. luglio-agosto.*
Dintorni *Montefiore dell'Aso : polittico★★ del Crivelli nella chiesa Nord-Ovest : 12 km.*
Roma 240 – Ascoli Piceno 47 – Ancona 80 – Macerata 60 – Pescara 78 – Porto San Giorgio 19.

Europa, via Gramsci 8 ✆ 0735 778034, *Fax 0735 778033*, ⛰ – |‡| ▣ ☎ 🚗. AE ⓢ ◐ VISA. ✂
chiuso dal 1° al 20 novembre – **Pasto** *(chiuso lunedì)* carta 35/55000 – **30 cam** ⊒ 70/90000 – ½ P 75/85000.

CURNO *24035 Bergamo* 428 E 10, 219 ⑳ – *6 970 ab. alt. 242.*
Roma 607 – Bergamo 6 – Lecco 28 – Milano 49.

Trattoria del Tone, via Roma 4 ✆ 035 613166, prenotare – ≡ P. AE ⓢ ◐ Ⓜ VISA. ✂
chiuso dal 1° al 21 agosto, martedì e mercoledì – **Pasto** carta 45/90000
Spec. Scaloppa di fegato grasso d'oca con budino di cipolle. Casoncelli alla bergamasca. Coniglio al rosmarino con polenta.

CUSAGO *20090 Milano* 428 F 9 – *2 903 ab. alt. 126.*
Roma 582 – Milano 12 – Novara 45 – Pavia 40.

Le Moran, viale Europa 90 ✆ 02 90119894, *Fax 02 9016207* – |‡| ≡ ▣ ☎ ♿ P – 🏛 30. AE ⓢ ◐ Ⓜ VISA. ✂
Pasto carta 80/90000 – **80 cam** ⊒ 320/380000 – ½ P 370000.

Da Orlando, piazza Soncino 19 ✆ 02 90390318, *Fax 02 90390318*, 帀 – AE ⓢ ◐ Ⓜ VISA. ✂
chiuso dal 25 dicembre al 2 gennaio, agosto, sabato a mezzogiorno e domenica – **Pasto** 95000 e carta 70/125000
Spec. Suprême di pernice alle spugnole e tartufo nero di Norcia (gennaio-marzo). Branzino in mantello di melanzane su vellutata di peperoni dolci (primavera-estate). Ciambellina di cipolle rosse e funghi porcini su passata di fave (estate-autunno).

CUSSIGNACCO *Udine* 429 D 21 – *Vedere Udine.*

CUTIGLIANO *51024 Pistoia* 428, 429, 430 J 14 *G. Toscana – 1 747 ab. alt. 670 – a.s. Pasqua, luglio-agosto e Natale – Sport invernali : a Doganaccia : 1 600/1 800 m 2 3; a Pian di Novello : 1 136/1 771 m 1, .*

via Roma 25 0573 68029, Fax 0573 68200.

Roma 348 – Firenze 70 – Pisa 72 – Lucca 52 – Milano 285 – Modena 111 – Montecatini Terme 44 – Pistoia 38.

Italia, piazza Ferrucci 5 0573 68008, *Fax 0573 68008,* « Giardino ombreggiato » – . VISA. rist
20 dicembre-aprile e 20 giugno-15 ottobre – **Pasto** 30/40000 – 10000 – **26 cam** 100/130000 – 1/2 P 100/120000.

Miramonte, piazza Catilina 12 0573 68012, *Fax 0573 68013,* , « Giardino ombreggiato » – . VISA.
20 dicembre-aprile e giugno-settembre – **Pasto** *(chiuso dal 20 dicembre ad aprile escluso Natale-Pasqua)* 30/40000 – 15000 – **36 cam** 70/100000 – 1/2 P 80/100000.

Trattoria da Fagiolino, via Carega 1 0573 68014 – VISA JCB
chiuso novembre, martedì sera e mercoledì – **Pasto** carta 35/60000.

CUVIO *21030 Varese* 428 E 8, 219 ⑦ *– 1 492 ab. alt. 309.*

Roma 652 – Stresa 57 – Luino 16 – Milano 75 – Novara 67 – Varese 20.

Corona, largo Cappia 6 0332 624150, *Fax 0332 624189* – . VISA.
Pasto *(chiuso lunedì)* carta 40/65000 – 6000 – **24 cam** 70/90000 – 1/2 P 70000.

Les prix — Pour toutes précisions sur les prix indiqués dans ce guide, reportez-vous aux pages de l'introduction.

DARFO BOARIO TERME *25047 Brescia* 988 ④, 428, 429 E 12 *– 13 369 ab. alt. 221 – Stazione termale, a.s. giugno-settembre.*

a Boario Terme, piazza Einaudi 2 0364 531609, Fax 0364 532280.

Roma 613 – Brescia 54 – Bergamo 54 – Bolzano 170 – Milano 99 – Sondrio 89.

a Boario Terme – *25041 :*

Rizzi, via Carducci 5/11 0364 531617, *Fax 0364 536135,* – , rist, . VISA. rist
10 maggio-10 ottobre – **Pasto** carta 55/90000 – 12000 – **65 cam** 125/160000, appartamento – P 95/135000.

Brescia, via Zanardelli 6 0364 531409, *Fax 0364 532969* – – 50. VISA JCB. rist
Pasto *(chiuso venerdì da novembre a maggio)* 30/40000 – 12000 – **50 cam** 85/140000 – P 70/105000.

Diana, via Manifattura 10 0364 531403, *Fax 0364 531403* – , rist, . VISA. rist
aprile-ottobre – **Pasto** carta 30/45000 – 10000 – **43 cam** 65/100000 – P 90000.

Armonia, via Manifattura 11 0364 531816, *Fax 0364 531816,* , – , rist, . VISA. rist
Pasto 30/35000 – **30 cam** 75/95000 – 1/2 P 65/75000.

La Montanina, via Colombo 57 0364 531020, *Fax 0364 531020,* – . VISA. rist
Pasto carta 35/55000 – 10000 – **51 cam** 70/110000 – 1/2 P 55/75000.

a Montecchio *Sud-Est : 2 km* – *25047 Darfo Boario Terme*

La Storia, via Fontanelli 1 0364 538787 – . VISA.
chiuso mercoledì – **Pasto** carta 45/60000.

DEIVA MARINA *19013 La Spezia* 988 ⑬, 428 J 10 *– 1 495 ab..*

Roma 450 – Genova 74 – Passo del Bracco 14 – Milano 202 – La Spezia 52.

Clelia, corso Italia 23 0187 815827, *Fax 0187 816234,* riscaldata – . VISA. rist
chiuso dall'11 gennaio al 5 febbraio e dal 5 novembre al 20 dicembre – **Pasto** carta 40/80000 – **24 cam** 145/200000 – 1/2 P 90/130000.

Riviera, località Fornaci 12 0187 815805, *Fax 0187 816433,* – . VISA.
Pasqua-settembre – **Pasto** carta 35/55000 – **27 cam** 100/150000 – 1/2 P 135000.

Lido, con cam, località Fornaci 15 0187 815997, *Fax 0187 816476,* –
stagionale – **12 cam.**

DENICE *15010 Alessandria* 428 *I 7 – 211 ab. alt. 387.*
Roma 608 – Genova 94 – Alessandria 56 – Asti 62 – Milano 147 – Torino 122.

Cacciatori, piazza Castello 7 ☎ 0144 92025, ≤, solo su prenotazione – AE VISA
chiuso a mezzogiorno (escluso i giorni festivi), mercoledì, dal 24 al 30 dicembre e dal luglio al 10 agosto – **Pasto** carta 70/140000.

DERUTA *06053 Perugia* 988 ⑮ ⑯, 430 *N 19 – 7 931 ab. alt. 218.*
Roma 153 – Perugia 20 – Assisi 33 – Orvieto 54 – Terni 63.

Melody, strada statale 3 bis-E 45 (Sud-Ovest : 1,5 km) ☎ 075 9711186, *Fax 075 971101*
– 60. AE VISA.
Pasto carta 30/50000 – 15000 – **47 cam** 100/130000 – ½ P 90/105000.

DESENZANO DEL GARDA *25015 Brescia* 988 ④, 428, 429 *F 13 G. Italia – 23 401 ab. alt. 96*
a.s. Pasqua e luglio-15 settembre.
Vedere *Ultima Cena★ del Tiepolo nella chiesa parrocchiale – Mosaici romani★ nella V Romana.*
Gardagolf (chiuso lunedì da novembre al 15 marzo) a Soiano del Lago ✉ 25080 ☎ 03 674707, Fax 0365 674788, Sud-Est : 10 km;
Arzaga località Carzago ✉ 25080 Cavalgese ☎ 030 680600, Fax 030 6806473, Nor Ovest : 10 km.
via Porto Vecchio 34 (Palazzo del Turismo) ☎ 030 9141510, Fax 030 9144209.
Roma 528 – Brescia 31 – Mantova 67 – Milano 118 – Trento 130 – Verona 43.

Park Hotel, lungolago Cesare Battisti 19 ☎ 030 9143494, *Fax 030 9142280*, ≤ –
– 80. AE VISA.
*chiuso dal 1° al 10 gennaio***Pasto** carta 55/85000 – 17500 – **49 cam** 170/22000
8 appartamenti – ½ P 130/160000.

Lido International, via Dal Molin 63 ☎ 030 9141027 e rist 030 999175 *Fax 030 9143736*, ≤, « Terrazza-giardino in riva al lago », – AE
VISA. rist
Pasto al Rist. ***La Perla*** (prenotare; *chiuso domenica escluso da aprile ad ottobre*) car 50/85000 – **25 cam** 140/280000 – ½ P 175000.

Desenzano senza rist, viale Cavour 40/42 ☎ 030 9141414, *Fax 030 9140294* –
– 150. AE VISA JCB.
40 cam 160/170000.

Aquila d'Oro, via Francesco Agello 47/49, località Rivolte ☎ 030 9902253 e rist ☎ 030 9901222, *Fax 030 9902263*, ≤, –
50. AE VISA. cam
Pasto *(chiuso gennaio e a mezzogiorno da novembre a marzo)* carta 70/95000 – **21 ca** 180/230000 – ½ P 150000.

Piccola Vela, via Dal Molin 36 ☎ 030 9914666, *Fax 030 9914666*, –
– 30. AE VISA JCB. rist
Pasto carta 40/100000 – **43 cam** 95/200000 – ½ P 125/130000.

Enrichetta, via Agello 12, località Rivoltella Est : 1,5 km ✉ 25010 ☎ 030 911923 *Fax 030 9901132* – AE VISA. rist
Pasto al Rist. ***Il Latino*** carta 45/80000 – 15000 – **24 cam** 150/180000 – ½ P 110/13000

City senza rist, via Nazario Sauro 29 ☎ 030 9911704, *Fax 030 9912837* –
VISA JCB
chiuso dal 20 dicembre al 20 gennaio – **39 cam** 110/180000.

Esplanade, via Lario 10 ☎ 030 9143361, *Fax 030 9143361*, ≤, « Servizio estivo in riva lago » – AE VISA.
chiuso mercoledì, le sere di Pasqua e di Natale – **Pasto** 80/95000 e carta 70/115000
Spec. Insalata d'astice, melone, sedano e agretto alla menta (estate). Tortelli d'anatra co fegato grasso d'oca (autunno-inverno). Agnello in crosta di erbe aromatiche (primavera).

Cavallino, via Gherla 30 ang. via Murachette ☎ 030 9120217, *Fax 030 9912751*, –
VISA.
chiuso dal 7 al 13 gennaio, dal 3 al 24 novembre, lunedì e martedì a mezzogiorno – **Past** carta 75/130000.

Bagatta alla Lepre, via Bagatta 33 ☎ 030 9142313 e wine-bar ☎ 030 9142259, Rist. wine-bar serale, prenotare – AE VISA
chiuso martedì – **Pasto** 60/75000 e carta 50/105000.

Il Molino, piazza Matteotti 16 ☎ 030 9141340, *Fax 030 9144494* – AE VISA
chiuso dal 20 dicembre al 20 gennaio, lunedì e a mezzogiorno (escluso sabato-domenica **Pasto** specialità di mare carta 60/115000.

La Bicocca, vicolo Molini 6 ☎ 030 9143658, *Fax 030 9120734* – AE VISA.
chiuso giovedì – **Pasto** carta 60/80000 (10 %).

DESIO *20033 Milano* 988 ③, 428 F 9 – *35 082 ab. alt. 196.*
Roma 590 – Milano 20 – Bergamo 49 – Como 32 – Lecco 35 – Novara 62.

Selide, via Matteotti 1 ☎ 0362 624441, *Fax 0362 627406* – ✈ 100. AE 🅂 ⓓ ⓜ VISA. ✻ rist
Pasto *(chiuso domenica, dal 24 dicembre al 6 gennaio ed agosto)* carta 45/65000 – ☐ 15000 – **72 cam** 130/200000 – 1/2 P 145000.

San Carlo, via Milano 199 ☎ 0362 622316 – ▤.

DEUTSCHNOFEN = *Nova Ponente.*

DEVINCINA *Trieste – Vedere Sgonigo.*

DIAMANTE *87023 Cosenza* 988 ㊳, 431 H 29 – *5 486 ab..*
Roma 444 – Cosenza 78 – Castrovillari 88 – Catanzaro 137 – Sapri 60.

Ferretti, via Poseidone 4 ☎ 0985 81428, *Fax 0985 81114*, ≤, « Servizio rist. estivo sulla spiaggia », ✻ – AE 🅂 ⓓ ⓜ VISA. ✻ rist
maggio-settembre – **Pasto** carta 50/70000 – **45 cam** ☐ 150/240000 – 1/2 P 170000.

Lo Scoglio, via Colombo ☎ 0985 81345, Rist. e pizzeria – ▤. AE 🅂 ⓓ ⓜ VISA JCB. ✻
chiuso dicembre e lunedì escluso dal 15 giugno al 15 settembre – **Pasto** specialità di mare carta 50/65000.

DIANO MARINA *18013 Imperia* 988 ⑫, 428 K 6 *G. Italia – 6 267 ab..*
piazza Martiri della Libertà 1 ☎ 0183 496956, Fax 0183 494365.
Roma 608 – Imperia 6 – Genova 109 – Milano 232 – San Remo 31 – Savona 63.

Gd H. Diana Majestic ⛵, via degli Oleandri 15 ☎ 0183 402727, *Fax 0183 403040*, ≤, « Giardino-uliveto con ⛱ », – ✈ 40. AE 🅂 ⓓ ⓜ VISA. ✻ rist
chiuso dal 13 ottobre al 23 dicembre – **Pasto** (solo per alloggiati) 55/65000 – **80 cam** ☐ 330/350000, 2 appartamenti – 1/2 P 195000.

Bellevue et Mediterranée, via Generale Ardoino 2 ☎ 0183 4093, *Fax 0183 409385*, ≤, con acqua di mare riscaldata, – ▤ cam, AE 🅂 ⓓ ⓜ VISA. ✻ rist
chiuso da ottobre al 20 dicembre – **Pasto** (solo per alloggiati) 50/60000 – ☐ 20000 – **70 cam** 150/180000 – 1/2 P 150/170000.

Caravelle ⛵, via Sausette 24 ☎ 0183 405311, *Fax 0183 405657*, ≤, con acqua di mare, ✻ – 🅂 ⓜ VISA. ✻
maggio-settembre – **Pasto** 50/55000 – ☐ 22000 – **58 cam** 170/180000 – 1/2 P 165000.

Gabriella ⛵, via dei Gerani 9 ☎ 0183 403131, *Fax 0183 405055*, riscaldata, – ▤ rist, AE 🅂 ⓓ ⓜ VISA. ✻ rist
chiuso da novembre al 27 dicembre – **Pasto** 35/45000 – ☐ 10000 – **46 cam** 120/200000 – 1/2 P 145000.

Torino, via Milano 42 ☎ 0183 495106, *Fax 0183 493602*, – rist, ▤ cam, – ✈ 40. 🅂 ⓜ VISA. ✻
chiuso novembre e dicembre – **Pasto** 40/50000 – ☐ 16000 – **83 cam** 110/160000 – 1/2 P 115000.

Jasmin, viale Torino 3 ☎ 0183 495300, *Fax 0183 495964*, ≤, – 🅂 ⓜ VISA. ✻ rist
chiuso dal 15 ottobre al 20 dicembre – **Pasto** (solo per alloggiati) carta 30/50000 – ☐ 15000 – **30 cam** 100/130000 – 1/2 P 135000.

Sasso senza rist, via Biancheri 7 ☎ 0183 494319, *Fax 0183 494310* – rist, AE 🅂 VISA
chiuso dal 30 ottobre al 21 dicembre – ☐ 12000 – **25 cam** 85/120000.

Palace, viale Torino 2 ☎ 0183 495479, *Fax 0183 496123*, ≤, – 🅂 ⓜ VISA. ✻ rist
chiuso da novembre al 22 dicembre – **Pasto** 45/50000 – **46 cam** ☐ 140/195000 – 1/2 P 115/130000.

Arc en Ciel, viale Torino 21 ☎ 0183 495283, *Fax 0183 496930*, ≤, « Terrazze sul mare », – AE 🅂 ⓓ ⓜ VISA. ✻ rist
Pasqua-15 ottobre – **Pasto** 40000 – ☐ 15000 – **48 cam** 120/160000 – 1/2 P 130000.

Golfo e Palme, viale Torino 12 ☎ 0183 495096, *Fax 0183 494304*, ≤, – ▤ rist, AE 🅂 ⓓ ⓜ VISA. ✻ rist
aprile-ottobre – **Pasto** (solo per alloggiati) 45000 – ☐ 18000 – **41 cam** 110/140000 – 1/2 P 150000.

Caprice, corso Roma est 19 ☎ 0183 498021, *Fax 0183 495061* – 🛗 ▤ 📺 ☎ 🅿. AE 🅂 ⓪ VISA JCB. ✗
chiuso novembre – **Pasto** carta 45/95000 – ☕ 10000 – **25 cam** 90/110000 – ½ P 90/110000.

Il Caminetto, via Olanda 1 ☎ 0183 494700, 🏡 – 🅿. AE 🅂 ⓪ ⓪ VISA
chiuso dal 10 gennaio al 10 febbraio e lunedì (escluso giugno-settembre) – **Pasto** carta 60/80000.

DIGONERA *Belluno – Vedere Rocca Pietore.*

DIMARO *38025 Trento* 429 D 14 – *1 136 ab. alt. 766.*
Roma 633 – Trento 62 – Bolzano 61 – Madonna di Campiglio 19 – Passo del Tonale 25.

Holiday Inn "Garden Court", via Campiglio 4 ☎ 0463 973330, *Fax 0463 974287,* ≤, ≘s – 🛗, ✗ cam, ▤ rist, 📺 ☎ ♿ 🅿 – 🏛 100. AE 🅂 ⓪ ⓪ VISA JCB. ✗
Pasto *(dicembre-10 aprile e 15 giugno-15 settembre)* carta 35/60000 – **81 cam** ☕ 145/190000 – ½ P 165000.

Sporthotel Rosatti, via Campiglio 14 ☎ 0463 974885, *Fax 0463 973328,* ≤, Fa, ≘s, 🌳 – 🛗 📺 ☎ ♿ 🅿. AE 🅂 ⓪ ⓪ VISA. ✗
dicembre-aprile e giugno-settembre – **Pasto** (solo per alloggiati) 20/30000 – **32 cam** ☕ 90/140000 – ½ P 100000.

Kaiserkrone senza rist, piazza Serra 3 ☎ 0463 973326, *Fax 0463 973016* – 🛗 📺 ☎ ♿. AE 🅂 ⓪ ⓪ VISA
chiuso maggio – **7 cam** ☕ 110/180000.

In questa guida
uno stesso simbolo, una stessa parola
stampati in rosso o in **nero**, in magro o in ***grassetto***
hanno un significato diverso.
Leggete attentamente le pagine esplicative.

DIZZASCO *22060 Como – 429 ab. alt. 506.*
Roma 651 – Como 25 – Lugano 31 – Milano 73 – SOndrio 87.

La Brea, via Provinciale, località Muronico ☎ 031 822020, prenotare – ✗ 🅿. AE 🅂 ⓪ VISA ✗
chiuso dal 10 gennaio al 10 febbraio e a mezzogiorno (escluso sabato-domenica e i giorni festivi) da ottobre a maggio – **Pasto** carta 60/85000.

DOBBIACO (TOBLACH) *39034 Bolzano* 988 ⑤, 429 B 18 *G. Italia – 3 259 ab. alt. 1 243 – Sport invernali : 1 243/1 615 m* ⛷1, ⛷.
🅸 *via Dolomiti 3 ☎ 0474 972132, Fax 0474 972730.*
Roma 705 – Cortina d'Ampezzo 33 – Belluno 104 – Bolzano 105 – Brennero 96 – Lienz 47 – Milano 404 – Trento 165.

Santer, via Alemagna 4 ☎ 0474 972142, *Fax 0474 972797,* ≤, Fa, ≘s, 🏊, 🌳 – 🛗 📺 ☎ – 🏛 100
chiuso da novembre al 5 dicembre – **Pasto** carta 60/70000 – **59 cam** ☕ 175/315000, 5 appartamenti – ½ P 220000.

Cristallo, via San Giovanni 37 ☎ 0474 972138, *Fax 0474 972755,* ≤ Dolomiti, Fa, ≘s, 🏊, 🌳 – 🛗, ✗ rist, 📺 ☎ 🅿. AE 🅂 ⓪ VISA. ✗ rist
21 dicembre-26 marzo e 10 giugno-8 ottobre – **Pasto** carta 40/55000 – ☕ 16000 – **30 cam** 130/250000 – ½ P 200000.

Park Hotel Bellevue, via Dolomiti 23 ☎ 0474 972101, *Fax 0474 972807,* « Parco ombreggiato », ≘s, 🏊 – 🛗, ✗ rist, 📺 ☎ 🅿. AE 🅂 ⓪ ⓪ VISA. ✗
20 dicembre-Pasqua e giugno-settembre – **Pasto** carta 45/55000 – **46 cam** ☕ 140/220000 – ½ P 80/170000.

Laurin, via al Lago 5 ☎ 0474 972206, *Fax 0474 973096,* ≤, ≘s, 🌳 – 🛗, ▤ rist, 📺 ☎ 🅿
stagionale – **27 cam.**

Urthaler, via Herbstenburg 5 ☎ 0474 972241, *Fax 0474 973050* – 🛗 📺 ☎ 🅿. VISA. ✗ cam
chiuso novembre – **Pasto** *(chiuso martedì da marzo a giugno)* carta 50/60000 – **30 cam** ☕ 95/170000 – ½ P 90/120000.

Monica-Trogerhof 🐦, via F.lli Baur 8 ☎ 0474 972216, *Fax 0474 972557,* ≤ – ☎ 🅿. 🅂 ⓪ VISA. ✗
9 dicembre-18 marzo e 23 giugno-25 ottobre – **Pasto** carta 40/65000 – **25 cam** ☕ 110/170000 – ½ P 135000.

sulla strada statale 49 :

Hubertus Hof, Sud-Ovest : 1 km ✉ 39034 ☎ 0474 972276, *Fax 0474 972313,* ≤ Dolomiti, ≘, 🌳 – 📺 ☎ P. 🐕
20 dicembre-marzo e 25 maggio-20 ottobre – **Pasto** carta 45/65000 – **26 cam** ☐ 140/300000, 2 appartamenti – ½ P 300000.

Gratschwirt, Sud-Ovest : 1,5 km ✉ 39034 ☎ 0474 972293, *Fax 0474 972915,* ≘, 🌳 – |‡| 📺 ☎ P. AE 🏦 ⓓ ⓜ VISA
8 dicembre-Pasqua, maggio-15 giugno e luglio-ottobre – **Pasto** *(chiuso martedì)* carta 50/80000 – **20 cam** ☐ 80/150000, 2 appartamenti – ½ P 135000.

a Santa Maria (Aufkirchen) *Ovest : 2 km – ✉ 39034 Dobbiaco :*

Oberhammer 🐦, Santa Maria 5 ☎ 0474 972195, *Fax 0474 972366,* ≤ Dolomiti, 🏠, ≘ – 📺 ☎ P. 🏦 ⓜ VISA. 🐕 rist
chiuso da novembre al 5 dicembre – **Pasto** *(chiuso lunedì)* carta 30/50000 – **21 cam** ☐ 120/190000 – P 140000.

al monte Rota (Radsberg) *Nord-Ovest : 5 km – alt. 1 650 :*

Alpenhotel Ratsberg-Monte Rota 🐦, via Monte Rota 12 ✉ 39034 ☎ 0474 972213, *Fax 0474 972916,* ≤ Dolomiti e vallata, 🏠, ≘, 🏊, 🌳, 🎾 – ▤ rist, 📺 ☎ 🚗 P. 🐕 rist
22 dicembre-25 aprile e giugno-20 ottobre – **Pasto** carta 35/50000 – ☐ 12000 – **32 cam** 105/200000 – ½ P 120000.

DOGANA NUOVA *Modena* 428, 429, 430 J 13 – *Vedere Fiumalbo.*

DOGLIANI *12063 Cuneo* 988 ⑫, 428 I 5 – *4 568 ab. alt. 295.*
Roma 613 – Cuneo 42 – Asti 54 – Milano 178 – Savona 69 – Torino 70.

Il Giardino senza rist, viale Gabetti 106 ☎ 0173 742005, *Fax 0173 742033,* 🌳 – ▤ 📺 ☎ 🚗 P. AE 🏦 ⓓ ⓜ VISA
chiuso dal 10 al 20 agosto – ☐ 7000 – **12 cam** 70/120000.

DOLCEACQUA *18035 Imperia* 428 K 4, 115 ⑲ – *1 940 ab. alt. 57.*
Roma 662 – Imperia 57 – Genova 163 – Milano 286 – San Remo 23 – Ventimiglia 9,5.

Gastone, piazza Garibaldi 2 ☎ 0184 206577, *Fax 0184 205905,* 🏠 – ▤. AE 🏦 ⓓ ⓜ VISA JCB
chiuso dal 10 al 31 gennaio, lunedì sera e martedì (escluso luglio-agosto) – **Pasto** tipica cucina ligure carta 35/65000.

Trattoria Re, via Patrioti Martiri 26 ☎ 0184 206137, *Fax 0184 206137* – AE 🏦 ⓓ ⓜ VISA JCB
chiuso dal 7 al 21 gennaio e dal 1° all'8 ottobre – **Pasto** carta 50/80000.

DOLEGNA DEL COLLIO *34070 Gorizia* 429 D 22 – *458 ab. alt. 88.*
Roma 656 – Udine 25 – Gorizia 25 – Milano 396 – Trieste 61.

Venica e Venica-Casa Vino e Vacanze 🐦 senza rist, via Mernico 42 (Nord : 1 km) ☎ 0481 60177, *Fax 0481 639906,* In collina tra i vigneti, « Giardino con 🏊 e 🎾 » – 📺 ☎ P. AE 🏦 ⓓ ⓜ VISA. 🐕
20 marzo-novembre – ☐ 20000 – **6 cam** 120000.

Ruttars *Sud : 6 km – ✉ 34070 Dolegna del Collio :*

Al Castello dell'Aquila d'Oro, via Ruttars 11 ☎ 0481 60545, prenotare, « Servizio estivo all'aperto » – P. AE 🏦 ⓓ ⓜ VISA. 🐕
chiuso Natale, Capodanno, dal 1°al 15 gennaio, dal 15 agosto al 1° settembre, mercoledì e giovedì – **Pasto** carta 80/125000.

DOLO *30031 Venezia* 988 ⑤, 429 F 18 *G. Venezia – 14 482 ab..*
Dintorni *Villa Nazionale★ di Strà : Apoteosi della famiglia Pisani★★ del Tiepolo Sud-Ovest : 6 km.*
Escursioni *Riviera del Brenta★★ Est per la strada S 11.*
Roma 510 – Padova 18 – Chioggia 38 – Milano 249 – Rovigo 60 – Treviso 35 – Venezia 27.

Villa Ducale, riviera Martiri della Libertà 75 (Est : 2 km) ☎ 041 5608020, *Fax 041 5608020,* « Villa settecentesca con piccolo parco » – ▤ 📺 ☎ 📞 P – 🎤 100. AE 🏦 ⓓ ⓜ VISA. 🐕 rist
Pasto *(chiuso dal 10 al 23 agosto e martedì)* carta 50/110000 – **11 cam** ☐ 220/360000.

Villa Goetzen con cam, via Matteotti 6 ☎ 041 5102300, *Fax 041 412600,* 🏠 – ▤ 📺 ☎ P. AE 🏦 ⓓ ⓜ VISA. 🐕
Pasto *(chiuso giovedì e domenica sera)* carta 45/65000 – **12 cam** ☐ 110/160000.

DOLOMITI *Belluno, Bolzano e Trento* [988] ④ ⑤.

DOMAGNANO – *Vedere San Marino.*

DOMODOSSOLA *28845 Verbania* [988] ②, [428] D 6 – *18 677 ab. alt. 277.*

[i] *piazza Matteotti (stazione ferroviaria)* ☎ *0324 248265, Fax 0324 248265.*

Roma 698 – Stresa 32 – Locarno 78 – Lugano 79 – Milano 121 – Novara 92.

Corona, via Marconi 8 ☎ 0324 242114, *Fax 0324 242842* – |‡| ▤ [TV] ☎ [P] – 50. [AE] [S] [CO] [MC] [VISA] [JCB]
Pasto carta 30/60000 – **32 cam** 100/180000 – 1/2 P 110000.

Eurossola, piazza Matteotti 36 ☎ 0324 481326, *Fax 0324 248748,* – |‡| [TV] ☎ [P]
23 cam.

Sciolla con cam, piazza Convenzione 5 ☎ 0324 242633, *Fax 0324 242633,* – [TV]. [AE] [O] [MC] [VISA]
chiuso dall'8 al 20 gennaio e dal 23 agosto all'11 settembre – **Pasto** *(chiuso mercole*
cucina tipica locale carta 30/50000 – **6 cam** 50/90000 – 1/2 P 65000.

sulla strada statale 33 *Sud : 1 km :*

Motel Internazionale senza rist, regione Nosere 8 bis ✉ 28845 ☎ 0324 48118
Fax 0324 44586 – |‡| [TV] ☎ ♿ [P] – 100. [AE] [S] [O] [MC] [VISA]
15000 – **43 cam** 110/140000.

DONNAS *11020 Aosta* [428] F 5, [219] ⑭ – *2 602 ab. alt. 322.*

Vedere *Fortezza di Bard* Nord-Ovest : 2,5 km.*

Roma 701 – Aosta 49 – Ivrea 26 – Milano 139 – Torino 68.

Les Caves, via Roma 99 ☎ 0125 807737, – [P]. [AE] [S] [VISA].
chiuso giovedì – **Pasto** carta 40/65000.

DONORATICO *Livorno* [430] M 13 – *Vedere Castagneto Carducci.*

DORGALI *Nuoro* [988] ㉞, [433] G 10 – *Vedere Sardegna alla fine dell'elenco alfabetico.*

DOSOLO *46030 Mantova* [428], [429] H 13 – *3 077 ab. alt. 25.*

Roma 449 – Parma 37 – Verona 74 – Mantova 35 – Modena 50.

Corte Brandelli, via Argini dietro 11/A (Ovest : 2 km) ☎ 0375 89497, *Fax 0375 89497,*
prenotare – [P]

DOSSOBUONO *Verona* [429] F 14 – *Vedere Villafranca di Verona.*

DOSSON *Treviso – Vedere Casier.*

DOUES *11010 Aosta* [428] E 3 – *395 ab. alt. 1175.*

Roma 760 – Aosta 14 – Colle del Gran San Bernardo 28 – Milano 198 – Torino 127.

Lo Bon Mégnadzo, frazione Chanet Sud : 4 km ☎ 0165 738045, prenotare – [P]. [AE] [O] [MC] [VISA].
chiuso dal 1º al 20 settembre, lunedì sera e martedì (escluso luglio-agosto) – **Pasto** mer
tipici 40000.

DOZZA *40050 Bologna* [429], [430] I 16 – *5 435 ab. alt. 190.*

Roma 392 – Bologna 32 – Ferrara 76 – Forlì 38 – Milano 244 – Ravenna 52.

Monte del Re , via Monte del Re 43 (Ovest : 3 km) ☎ 0542 678400, *Fax 0542 67844*
<, « Convento ristrutturato del XIII secolo in collina », – |‡| ▤ [TV] ☎ ♿ [P] – 20
[AE] [S] [O] [MC] [VISA] [JCB].
Pasto *(chiuso lunedì)* carta 95/120000 – **34 cam** 190/235000, 4 appartamenti.

Canè con cam, via XX Settembre 27 ☎ 0542 678120, *Fax 0542 678522,* <, « Servizio esti
in terrazza » – ▤ rist, [TV] ☎ [P]. [AE] [S] [O] [MC] [VISA] [JCB].
chiuso dal 7 al 31 gennaio – **Pasto** *(chiuso lunedì)* carta 45/80000 – 12000 – **10 ca**
65/95000 – 1/2 P 95000.

a Toscanella *Nord : 5 km* – ✉ *40060 :*

Gloria, via Emilia 42 ☎ 0542 673438, *Fax 0542 673438* – |‡| ▤ [TV] ☎ [P]
24 cam.

)RAGA SANT'ELIA *Trieste – Vedere Pesek.*

)RAGONI *81010 Caserta* 430 S 24, 431 D 24 – *2 292 ab..*

Roma 177 – Campobasso 67 – Avellino 92 – Benevento 51 – Caserta 31 – Napoli 60.

Villa de Pertis ⑤, via Ponti 30 ✆ 0823 866619, *Fax 0823 866619,* ≤, « Dimora patrizia del 600 », – ☎. AE ⑤ MC VISA. ✻ rist
chiuso dal 10 gennaio al 26 marzo e dal 12 al 30 novembre – **Pasto** carta 35/55000 – **5 cam** ☕ 105/125000, 2 appartamenti 210000 – ½ P 85000.

)RONERO *12025 Cuneo* 988 ⑫, 428 I 4 – *6 888 ab. alt. 619.*

Roma 655 – Cuneo 20 – Colle della Maddalena 80 – Torino 84.

Cavallo Bianco, piazza Manuel 18 ✆ 0171 916590, *Fax 0171 916590* – TV ☎. AE ⑤ MC VISA. ✻ rist
Pasto *(chiuso mercoledì)* carta 30/55000 – ☕ 6000 – **10 cam** 45/70000 – ½ P 60000.

Nuovo Gallo, piazza Martiri della Libertà 10 ✆ 0171 917326 – P.

)RUENTO *10040 Torino* 428 G 4 – *8 039 ab. alt. 285.*

Roma 678 – Torino 18 – Asti 73 – Pinerolo 38 – Susa 48.

Rosa d'Oro, viale Medici del Vascello 2 ✆ 011 9846675, *Fax 011 9844383,* , prenotare – P.

I nomi delle principali vie commerciali sono scritti in rosso all'inizio dell'indice toponomastico delle piante di città.

)UE CARRARE *35020 Padova* 429 G 17 – *7 684 ab..*

Roma 480 – Padova 14 – Ferrara 67 – Mantova 120 – Venezia 52.

Alle Querce, via San Pelagio 95 (Est : 2 km) ✆ 049 9100971, *Fax 049 9100971,* – P. AE ⑤ ⓞ MC VISA JCB
chiuso gennaio, dal 28 luglio al 13 agosto, mercoledì e giovedì a mezzogiorno – **Pasto** carta 40/70000.

)UINO AURISINA *34013 Trieste* 988 ⑥, 429 E 22 – *8 633 ab..*

Roma 649 – Udine 50 – Gorizia 23 – Grado 32 – Milano 388 – Trieste 22 – Venezia 138.

Holiday Inn Trieste, sull'autostrada A 4 o statale 14 ✆ 040 208273, *Fax 040 208836,* – |♦|, ⇔ cam, TV ☎ P – 80. AE ⑤ ⓞ MC VISA. ✻ rist
Pasto carta 50/85000 – ☕ 20000 – **77 cam** 200/250000 – ½ P 160000.

Duino Park Hotel ⑤ senza rist, frazione Duino 60/C ✆ 040 208184, *Fax 040 208526,* ≤, « Terrazze-giardino con », – |♦| TV ☎ P. AE ⑤ ⓞ MC VISA. ✻
chiuso dal 19 dicembre al 6 febbraio – ☕ 20000 – **18 cam** 170/240000.

Gruden, località San Pelagio Nord : 3 km ✉ 34011 San Pelagio ✆ 040 200151, *Fax 040 200854,* – AE ⑤ ⓞ MC VISA. ✻
chiuso settembre, lunedì e martedì – **Pasto** cucina carsolina carta 35/55000.

)UNA VERDE *Venezia – Vedere Caorle.*

)AU ROUSSE *Aosta* 219 ⑫ – *Vedere Valsavarenche.*

)BOLI *84025 Salerno* 988 ㉘, 431 F 27 – *35 880 ab. alt. .*

Roma 286 – Potenza 76 – Avellino 64 – Napoli 86 – Salerno 30.

Konig Hotel Sentacruz, località Pezzagrande Sud-Ovest : 2,5 km ✆ 0828 361062, *Fax 0828 361062,* , – |♦| TV ☎ P – 800. AE ⑤ ⓞ MC VISA JCB. ✻
Pasto carta 50/90000 – **33 cam** ☕ 110/160000 – ½ P 150/160000.

)erso Paestum *Sud : 8 km :*

Villa Antica ⑤, località Torretta ✉ 84025 Eboli ✆ 0828 625048, *Fax 0828 625262,* « Villa settecentesca con giardino ombreggiato », – |♦| TV ☎ ♿ P. AE ⑤ ⓞ MC VISA JCB. ✻ rist
Pasto (prenotare) carta 35/65000 – **18 cam** ☕ 90/120000 – ½ P 90/110000.

)GADI (Isole) *Trapani* 988 ㉟, 432 N 18 19 – *Vedere Sicilia alla fine dell'elenco alfabetico.*

EGNA (NEUMARKT) *39044 Bolzano* 429 D 15, 218 ⑳ – *4 256 ab. alt. 213.*
Roma 609 – Bolzano 19 – Trento 42 – Belluno 120.

Andreas Hofer, via delle Vecchie Fondamenta 21-23 ✆ 0471 812653, *Fax 0471 8129*
– ⇅ TV ☎ ♿ P. AE $ ⓓ MC VISA. ✻
chiuso dal 13 al 20 febbraio, dal 27 giugno al 10 luglio e dal 15 al 29 novembre – **Pas**
(chiuso domenica) carta 55/70000 – **30 cam** ☐ 95/150000 – 1/2 P 80/100000.

ELBA (Isola d') *Livorno* 988 ㉔, 430 N 12 13 *G. Toscana – 29 019 ab. alt. da 0 a 1 019 (mor Capanne) – Stazione termale a San Giovanni (20 aprile-31 ottobre), a.s. 15 giugno-settembre.*
dell'Acquabona (chiuso lunedì) ✉ *57037 Portoferraio* ✆ *0565 940066, Fax 0565 9400 Sud-Est : 7 km da Portoferraio.*
a Marina di Campo località La Pila ✆ *0565 976011.*
vedere Portoferraio e Rio Marina.
vedere Portoferrario e Cavo.
vedere Portoferraio

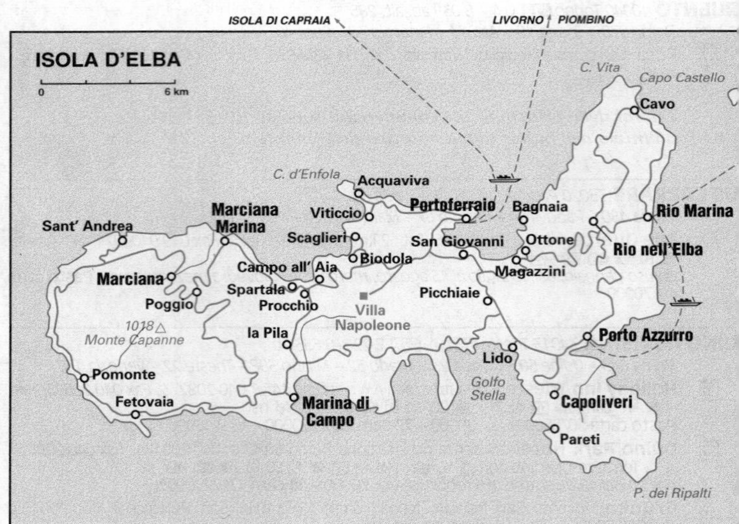

Capoliveri 430 N 13 – *3 006 ab.* – ✉ *57031.*
Vedere ✻★★ *dei Tre Mari.*
Porto Azzurro 5 – Portoferraio 16.

Il Chiasso, vicolo Nazario Sauro 13 ✆ 0565 968709, , Coperti limitati; prenotare, « Ambiente caratteristico »
stagionale; chiuso a mezzogiorno.

a Pareti *Sud : 4 km* – ✉ *57031 Capoliveri :*

Dino , ✆ 0565 939103, *Fax 0565 968172,* ≤ mare e costa, , , – TV ☎ P.
MC VISA. ✻
Pasqua-ottobre – **Pasto** 45000 – ☐ 20000 – **30 cam** 115/165000 – 1/2 P 150000.

a Lido *Nord-Ovest : 7,5 km* – ✉ *57031 Capoliveri :*

Antares , ✆ 0565 940131, *Fax 0565 940084,* ≤, , , , , – TV ☎ P. ✻
24 aprile-15 ottobre – **Pasto** carta 50/60000 – **49 cam** ☐ 180/240000 – 1/2 P 200000.

Marciana 430 N 12 – *2 275 ab. alt. 375* – ✉ *57030.*
Vedere ≤★.
Dintorni *Monte Capanne*★★ : ✻★★.
Porto Azzurro 37 – Portoferraio 28.

Poggio *Est : 3 km – alt. 300 – ✉ 57030 :*

XX **Publius,** piazza XX Settembre 6/7 ☎ 0565 99208, *Fax 0565 904174*, « Servizio estivo all'aperto con ≤ Marciana e golfo » – AE 🅂 ⓓ MC VISA
20 marzo-6 novembre; chiuso lunedì in bassa stagione – **Pasto** carta 55/85000.

X **Da Luigi,** località Lavacchio Sud : 3,5 km ☎ 0565 99413, *Fax 0565 99413*, ☂ – P. AE 🅂 ⓓ MC VISA JCB
Pasqua-12 ottobre; chiuso lunedì a mezzogiorno in luglio-agosto, martedì negli altri mesi – **Pasto** solo piatti di carne carta 45/65000.

Sant'Andrea *Nord-Ovest : 6 km – ✉ 57030 Marciana :*

Da Giacomino ⛰, ☎ 0565 908010, *Fax 0565 908294*, ≤ mare, « Giardino pineta sul mare », ⛱ con acqua di mare, 🎾 – TV ☎ P. 🅂 MC VISA. ✻
Pasqua-ottobre – **Pasto** 45/60000 – ☕ 25000 – **33 cam** 100/130000 – ½ P 140000.

Cernia ⛰, ☎ 0565 908194, *Fax 0565 908253*, ≤, « Giardino fiorito sul mare e orto botanico con ⛱ », 🎾 – TV ☎ P. ✻ rist
15 aprile-20 ottobre – **Pasto** carta 45/65000 – **27 cam** ☕ 180/220000 – ½ P 160000.

Gallo Nero ⛰, ☎ 0565 908017, *Fax 0565 908078*, ≤, « Terrazza-giardino con ⛱ », 🎾 – TV ☎ P. 🅂 MC VISA. ✻ rist
Pasqua-ottobre – **Pasto** carta 45/60000 – ☕ 25000 – **27 cam** 150/180000 – ½ P 155000.

Piccolo Hotel Barsalini ⛰, ☎ 0565 908013, *Fax 0565 908264*, « Giardino con ⛱ » – TV ☎ P. 🅂 MC VISA. ✻ rist
20 marzo-20 ottobre – **Pasto** carta 40/70000 – **33 cam** ☕ 160000 – ½ P 160000.

Spartaia *Est : 12 km – ✉ 57030 Procchio :*

Désirée ⛰, ☎ 0565 907311, *Fax 0565 907884*, ≤, « Giardino in riva al mare », ⛱ con acqua di mare, ⛺, 🎾 – ▤ TV ☎ P – 🏛 80. AE 🅂 ⓓ MC VISA. ✻
20 aprile-10 ottobre – **Pasto** (solo per alloggiati) – **67 cam** ☕ 210/400000, 4 appartamenti – ½ P 265/2850000.

Valle Verde, ☎ 0565 907287, *Fax 0565 907965*, ≤, ⛺, 🏖 – TV ☎ P. ✻
24 aprile-10 ottobre – **Pasto** carta 40/60000 – **44 cam** ☕ 250/310000 – ½ P 140/200000.

Procchio *Est : 13,5 km – ✉ 57030 :*

Hotel del Golfo, ☎ 0565 907565, *Fax 0565 907898*, ≤, « Giardino con ⛱ con acqua di mare », ⛺, 🏖, 🎾 – ▤ TV ☎ P. AE 🅂 MC VISA. ✻ rist
maggio-ottobre – **Pasto** carta 55/85000 – **102 cam** solo ½ P 330000.

Campo all'Aia *Est : 15 km – ✉ 57030 Procchio :*

Brigantino ⛰, via Di Gualdarone 9 ☎ 0565 907453, *Fax 0565 907994*, ☂, ⛱, ⛺, 🏖, 🎾 – |‡| ☎ ♿ P. AE 🅂 ⓓ MC VISA JCB. ✻ rist
23 marzo-20 ottobre – **Pasto** (solo per alloggiati) 35/45000 – **45 cam** ☕ 140/240000 – ½ P 155000.

Pomonte *Sud-Ovest : 15 km – ✉ 57030 :*

Da Sardi, via del Mare ☎ 0565 906045, *Fax 0565 906253* – ▤ rist, TV ☎ P. AE 🅂 MC VISA. ✻
Natale e marzo-4 novembre – **Pasto** *(solo per alloggiati e chiuso mercoledì in bassa stagione)* 40/45000 – **22 cam** ☕ 100/180000 – ½ P 100/125000.

Corallo ⛰, via del Passatoio 25 ☎ 0565 906042, *Fax 0565 906270*, 🏖 – ▤ rist, TV ☎ P. AE 🅂 ⓓ MC VISA JCB. ✻ rist
marzo-10 novembre – **Pasto** carta 35/55000 – **11 cam** ☕ 160/240000 – ½ P 120000.

Marciana Marina 988 ㉔, 430 N 12 – *1 916 ab.* – ✉ *57033.*

Porto Azzurro 29 – Portoferraio 20.

Gabbiano Azzurro 2 senza rist, viale Amedeo 94 ☎ 0565 997035, *Fax 0565 997034*, « Giardino con ⛱ », 🏋, ≘s, ⛱ – |‡| ▤ TV ☎ ♿ 🚗 P. 🅂 ⓓ MC VISA. ✻
aprile-14 ottobre – **13 cam** ☕ 270/410000, 7 appartamenti.

Marinella, viale Margherita 38 ☎ 0565 99018, *Fax 0565 996895*, ≤, ⛱, 🏖, 🎾 – |‡| TV ☎ P – 🏛 60. AE 🅂 MC VISA. ✻
aprile-ottobre – **Pasto** (solo per alloggiati) 25/35000 – **55 cam** ☕ 150/200000 – ½ P 150000.

XXX **Capo Nord,** al porto, località La Fenicia ☎ 0565 996983, *Fax 0565 996983*, ≤ scogliera, ☂, prenotare – ▤. AE 🅂 ⓓ MC VISA
chiuso da gennaio a marzo, a mezzogiorno da giugno a settembre, lunedì negli altri mesi – **Pasto** carta 85/110000.

XX **La Vecchia Marina,** piazza Vittorio Emanuele 18 ☎ 0565 99405, *Fax 0565 998735*, ☂ – ▤. AE 🅂 ⓓ MC VISA
chiuso dal 15 gennaio al 15 febbraio – **Pasto** carta 45/75000 (10 %).

La Fenicia, viale Principe Amedeo ℘ 0565 996611, – AE ⑤ ⓓ ⓜ VISA
chiuso dall' 8 gennaio al 28 febbraio e mercoledì – **Pasto** carta 55/85000.

Rendez-Vous da Marcello, piazza della Vittoria 1 ℘ 0565 99298, *Fax 0565 99251*, – ▤. AE ⑤ ⓓ ⓜ VISA
chiuso da novembre a febbraio e mercoledì in bassa stagione – **Pasto** carta 45/75000.

Da Loris, via 20 Settembre 29 ℘ 0565 99496, – AE ⑤ ⓓ ⓜ VISA.
Pasqua-ottobre; chiuso lunedì – **Pasto** carta 40/70000.

Marina di Campo 988 ㉔, 430 N 12 – ✉ *57034.*

Marciana Marina 13 – Porto Azzurro 26 – Portoferraio 17.

Riva del Sole, viale degli Eroi 11 ℘ 0565 976316, *Fax 0565 976778*, – ▤ TV ☎ P. ⑤ ⓓ ⓜ VISA.
aprile-15 ottobre – **Pasto** (solo per alloggiati) 25/35000 – **59 cam** ▭ 180/330000 – ½ P 200000.

Dei Coralli, viale degli Etruschi ℘ 0565 976336, *Fax 0565 977748*, – ▤ ☎ P. AE ⑤ ⓜ VISA. rist
15 aprile-15 ottobre – **Pasto** (solo per alloggiati) – **62 cam** ▭ 250/340000 – ½ P 190000.

Meridiana senza rist, viale degli Etruschi 465 ℘ 0565 976308, *Fax 0565 977191*, – TV ☎ ♿ P. AE ⑤ ⓜ VISA
Pasqua-20 ottobre – **36 cam** ▭ 290000.

Puntoverde senza rist, viale degli Etruschi 23 ℘ 0565 977482, *Fax 0565 977486* – TV P. AE ⑤ ⓓ ⓜ VISA.
Pasqua-15 ottobre – **34 cam** ▭ 185/250000.

La Lucciola, viale degli Eroi 2 ℘ 0565 976395, *Fax 0565 979819*, – AE ⑤ ⓜ VISA
Pasqua-settembre; chiuso mercoledì in bassa stagione – **Pasto** carta 45/65000.

a La Pila *Nord : 2,5 km* – ✉ *57034 Marina di Campo :*

Da Gianni, all'aeroporto ℘ 0565 976965, *Fax 0565 976965*, – P. ⑤ ⓓ ⓜ VISA.
marzo-ottobre – **Pasto** specialità pugliesi 35000.

a Fetovaia *Ovest : 8 km* – ✉ *57030 Seccheto :*

Montemerlo , ℘ 0565 988051, *Fax 0565 988051*, – ▤ rist, TV ☎ P. ⑤ ⓜ VISA. rist
marzo-15 ottobre – **Pasto** (solo per alloggiati) 35000 – ▭ 20000 – **36 cam** 110/170000 – ½ P 140000.

Galli, ℘ 0565 988035, *Fax 0565 988029*, ≤, – ☎ P. ⑤ ⓜ VISA.
aprile-20 ottobre – **Pasto** 40000 – ▭ 12000 – **29 cam** 120/200000 – ½ P 140000.

Porto Azzurro 988 ㉔, 430 N 13 – *3 363 ab.* – ✉ *57036 :*

La Lanterna Magica, via Vitaliani 5 ℘ 0565 958394, *Fax 0565 921077* – AE ⑤ ⓓ ⓜ VISA
chiuso dicembre e gennaio – **Pasto** carta 45/60000.

Portoferraio 988 ㉔, 430 N 12 – *12 010 ab.* – ✉ *57037.*

Dintorni *Villa Napoleone di San Martino* ⋆ Sud-Ovest : 6 km.*

Escursioni *Strada per Cavo e Rio Marina : ≤⋆⋆.*

per Piombino giornalieri (1 h) – Toremar-agenzia Palombo, calata Italia 22 ℘ 0565 918080, Fax 0565 917444; Navarma-Moby Lines, viale Ninci 1 ℘ 0565 918101, Fax 0565 916758 – per Piombino aprile-settembre giornalieri (25 mn); Elba Ferries, al porto ℘ 0565 930676, Fax 0565 930673.

per Piombino giornalieri (30 mn) – Toremar-agenzia Palombo, calata Italia 22 ℘ 0565 918080, Fax 0565 917444.

calata Italia 26 ℘ 0565 914671, Fax 0565 916350.

Marciana Marina 20 – Porto Azzurro 15.

Acquamarina senza rist, località Padulella Ovest : 1,2 km ℘ 0565 914057, *Fax 0565 914057*, ≤ – ▤ TV ☎ P. ⑤ ⓓ ⓜ VISA JCB
Pasqua-ottobre – ▭ 40000 – **35 cam** 135/200000.

Trattoria da Lido, salita del Falcone 2 ℘ 0565 914650, , prenotare – ▤. AE ⑤ ⓓ VISA.
chiuso dal 15 dicembre a gennaio e lunedì – **Pasto** carta 55/90000 (10 %).

La Barca, via Guerrazzi 60-62 ℘ 0565 918036, – ▤. AE ⑤ ⓓ ⓜ VISA.
chiuso febbraio – **Pasto** carta 45/70000 (10 %).

a San Giovanni *Sud : 3 km* – ✉ *57037 Portoferraio :*

Airone , ℘ 0565 929111, *Fax 0565 917484*, ≤, , con acqua di mare, , , – ▤ TV ☎ P – 120. AE ⑤ ⓓ ⓜ VISA. rist
Pasto 60000 – **85 cam** ▭ 250/350000 – ½ P 225000.

d Acquaviva *Ovest : 4 km – ✉ 57037 Portoferraio :*

Acquaviva Park Hotel, ✆ 0565 915392, *Fax 0565 916903*, ←, « Percorsi nel bosco », – TV ☎ P. AE ⑤ ⓓ ⓜⓒ VISA JCB.
22 aprile-settembre – **Pasto** (solo per alloggiati e *chiuso a mezzogiorno*) – 16000 – **39 cam** 200/295000 – ½ P 180000.

Viticcio *Ovest : 5 km – ✉ 57037 Portoferraio :*

Viticcio, ✆ 0565 939032, *Fax 0565 999032*, « Giardino-solarium con ← costa e mare » – rist, TV ☎ ♿ P. ⓜⓒ VISA. rist
aprile-ottobre – **Pasto** solo buffet a mezzogiorno 25000 e 40000 la sera – **31 cam** 330000 – ½ P 225000.

Paradiso, ✆ 0565 939034, *Fax 0565 939041*, ←, – TV ☎ P. ⑤ VISA.
aprile-4 ottobre – **Pasto** *(chiuso a mezzogiorno)* 35/60000 – 25000 – **46 cam** 190/240000 – ½ P 180000.

Picchiaie *Sud : 7 km – ✉ 57037 Portoferraio :*

Le Picchiaie Residence, ✆ 0565 933110, *Fax 0565 933186*, ← colline e golfo, – TV ☎ P – 60. ⑤ ⓜⓒ VISA.
28 dicembre-6 gennaio e 27 marzo-23 ottobre – **Pasto** 50000 – **50 cam** solo ½ P 205/225000, appartamento.

Magazzini *Sud-Est : 8 km – ✉ 57037 Portoferraio :*

Fabricia, ✆ 0565 933181, *Fax 0565 933185*, ← golfo e Portoferraio, « Grande giardino sul mare con », – cam, TV ☎ P – 80. AE ⑤ ⓓ ⓜⓒ VISA. rist
aprile-ottobre – **Pasto** (solo per alloggiati) 35/70000 – **76 cam** 430000 – ½ P 265000.

Biodola *Ovest : 9 km – ✉ 57037 Portoferraio :*

Hermitage, ✆ 0565 936911, *Fax 0565 969984*, ← baia, Golf 6 buche, « Parco-giardino con con acqua di mare », – TV ☎ P – 300. AE ⑤ ⓜⓒ VISA. rist
maggio-ottobre – **Pasto** 55/85000 – **138 cam** solo ½ P 405000.

Biodola, ✆ 0565 936811, *Fax 0565 969852*, ← mare e costa, Golf 6 buche, « Giardino fiorito con », – TV ☎ P. AE ⑤ ⓜⓒ VISA. rist
aprile-20 ottobre – **Pasto** 55/85000 – **89 cam** solo ½ P 330000.

Scaglieri *Ovest : 9 km – ✉ 57037 Portoferraio :*

Danila, ✆ 0565 969915, *Fax 0565 969865*, – TV ☎ P. ⑤ ⓜⓒ VISA. rist
aprile-15 ottobre – **Pasto** 40/60000 – 15000 – **27 cam** 160000 – ½ P 150000.

d Ottone *Sud-Est : 11 km – ✉ 57037 Portoferraio :*

Villa Ottone, ✆ 0565 933042, *Fax 0565 933257*, ←, « Parco ombreggiato », – TV ☎ ♿ P. AE ⑤ ⓓ ⓜⓒ VISA. rist
maggio-settembre – **Pasto** 50/70000 – 20000 – **75 cam** 200/530000, 2 appartamenti – ½ P 300000.

'io Marina 430 N 13 – *2 275 ab.* – ✉ *57038.*

per Piombino giornalieri (45 mn) – Toremar-agenzia Palombo, banchina dei Voltoni 4 ✆ 0565 962073, Fax 0565 962073.

a Cavo, per Piombino giornalieri (15 mn) – Toremar-agenzia Serafini, via Appalto 114 ✆ 0565 949871, Fax 0565 949871.

Porto Azzurro 12 – Portoferraio 20.

Mini Hotel Easy Time, via Panoramica del Porticciolo ✆ 0565 962531, *Fax 0565 962531*, ←, – TV ☎ P. ⑤ ⓓ ⓜⓒ VISA. rist
Pasto *(aprile-settembre;* solo per alloggiati*)* – 22000 – **8 cam** 100/170000 – ½ P 140000.

La Canocchia, via Palestro 3 ✆ 0565 962432, prenotare – . ⑤ ⓜⓒ VISA.
marzo-ottobre; chiuso lunedì in bassa stagione – **Pasto** carta 50/70000.

Cavo *Nord : 7,5 km – ✉ 57030 :*

Marelba, via Pietri ✆ 0565 949900, *Fax 0565 949776*, « Giardino ombreggiato » – ☎ P.
15 maggio-20 settembre – **Pasto** (solo per alloggiati) 25/40000 – **52 cam** 140/200000 – ½ P 155000.

Pierolli, Lungomare Kennedy 1 ✆ 0565 931188, *Fax 0565 931044*, – ☎ P. AE ⑤ ⓓ ⓜⓒ VISA.
Pasto *(aprile-settembre)* carta 35/55000 – 20000 – **22 cam** 130/230000 – ½ P 150000.

Rio nell'Elba *Livorno* [430] N 13 – *932 ab. alt. 165* – ✉ *57039.*
Porto Azzurro 8 – Porto Ferraio 15.

a Bagnaia *Sud-Est : 12 km* – ✉ *57039 Rio nell'Elba :*

🏨 **Locanda del Volterraio-Residenza Sant'Anna,** ☎ 0565 961236 ☎ 05 961234, *Fax 0565 961289,* ⛱, « Nel verde fra uliveti e giardini fioriti », ⛱, 🏊, 🎾, 🍴 – ▤ [TV] ☎ ♿ 🚗 [P] – 🏛 40. [AE] [S] [MC] [VISA]. 🚫
aprile-settembre – **Pasto** al Rist. ***Giardino degli Aranci*** ☎ 0565 961234 *(chiuso genna febbraio)* carta 45/75000 – **18 cam** ☕ 270/350000 – ½ P 210000.

ELVAS *Bolzano – Vedere Bressanone.*

EMPOLI *50053 Firenze* [988] ⑭, [429], [430] K 14 *G. Toscana – 43 634 ab. alt. 27.*
Roma 294 – Firenze 30 – Livorno 62 – Siena 68.

🍴🍴 **Cucina Sant'Andrea,** via Salvagnoli 47 ☎ 0571 73657 – ▤. [AE] [S] [O] [VISA]. 🚫
chiuso agosto e lunedì – **Pasto** carta 35/70000.

🍴 **La Panzanella,** via dei Cappuccini 10 ☎ 0571 922182 – [AE] [S] [MC] [VISA] [JCB]. 🚫
chiuso dal 24 dicembre al 2 gennaio, dal 10 al 20 agosto, sabato a mezzogiorno e domen. – **Pasto** specialità toscane carta 35/55000.

a Pozzale *Sud-Est : 3 km* – ✉ *50053 Empoli :*

🍴 **Trattoria Sciabolino,** via D'Ormicello 18 ☎ 0571 924333, « Servizio estivo all'aperto » ▤. [S] [MC] [VISA]. 🚫
chiuso dal 10 al 25 agosto e giovedì – **Pasto** carta 35/50000.

Halten Sie beim Betreten des Hotels oder des Restaurants den Führer in der Hand.
Sie zeigen damit, daß Sie aufgrund dieser Empfehlung gekommen sind.

ENNA [P] [988] ㊱, [432] O 24 – *Vedere Sicilia alla fine dell'elenco alfabetico.*

ENTRACQUE *12010 Cuneo* [428] J 4, [115] ⑦ – *875 ab. alt. 904 – a.s. luglio-agosto e Natale.*
Roma 667 – Cuneo 24 – Milano 240 – Colle di Tenda 40 – Torino 118.

🏨 **Miramonti,** viale Kennedy 2 ☎ 0171 978222, *Fax 0171 978222,* ≤ – [TV] [P]. 🚫 rist
chiuso dal 10 al 25 novembre – **Pasto** (solo per alloggiati) – ☕ 10000 – **16 cam** 90/11000C ½ P 70/85000.

ENTRÈVES *Aosta* [988] ①, [428] E 2 – *Vedere Courmayeur.*

EOLIE (Isole) *Messina* [988] ㊱ ㊲ ㊳, [431] K 26 27, [432] L 26 27 – *Vedere Sicilia alla fine dell'elen alfabetico.*

EPPAN AN DER WEINSTRASSE = *Appiano sulla Strada del Vino.*

EQUI TERME *54022 Massa-Carrara* [428], [429], [430] J 12 *G. Toscana – alt. 250.*
Roma 437 – Pisa 80 – La Spezia 45 – Massa 48 – Parma 122.

🍴 **La Posta** con cam, via Provinciale 15 ☎ 0585 97937, ⛱ – [P]. [AE] [S] [O] [MC] [VISA]. 🚫
chiuso dal 7 gennaio al 25 marzo – **Pasto** *(chiuso martedì)* carta 30/40000 – **6 ca** ☕ 60/80000 – ½ P 55000.

ERACLEA *30020 Venezia* [988] ⑤, [429] F 20 – *12 477 ab..*
[i] *via Marinella 56 ☎ 0421 66134, Fax 0421 66500.*
Roma 569 – Udine 79 – Venezia 46 – Belluno 102 – Milano 308 – Padova 78 – Treviso 45 Trieste 120.

a Torre di Fine *Sud-Est : 8 km* – ✉ *30020 :*

🍴 **Da Luigi** 🐚 con cam, via Dante 25 ☎ 0421 237407, *Fax 0421 237447* – ▤ [TV] ☎ [P]. 🚫
chiuso ottobre – **Pasto** *(chiuso mercoledì escluso da giugno ad agosto)* specialità di ma alla griglia carta 30/60000 – **10 cam** ☕ 50/90000.

ad Eraclea Mare *Sud-Est : 10 km –* ✉ *30020 :*

Park Hotel Pineta, via della Pineta 30 ☎ 0421 66063, *Fax 0421 66196*, « Giardino-pineta », – ▤ rist, TV ☎ P. VISA. *15 maggio-25 settembre* – **Pasto** (solo per alloggiati) carta 40/50000 – **45 cam** 120/180000 – ½ P 100/120000.

ERBA *22036 Como* 988 ③, 428 E 9 – *16 449 ab. alt. 323.*
Roma 622 – Como 14 – Lecco 15 – Milano 44.

Leonardo da Vinci, via Leonardo da Vinci ☎ 031 611556, *Fax 031 611423*, – ▤ TV ☎ & P – 220. AE 🅂 ⓓ MC VISA
Pasto *(chiuso domenica sera)* carta 70/90000 – **53 cam** 130/170000 – ½ P 140000.

Rovere, via Carlo Porta 1 b ☎ 031 644847, *Fax 031 644847* – ▤. 🅂 ⓓ MC VISA. *chiuso agosto e martedì* – **Pasto** carta 40/80000.

La Vispa Teresa, via XXV Aprile 115 ☎ 031 640141, *Fax 031 641667*, Rist. e pizzeria, prenotare – ▤. AE 🅂 ⓓ MC VISA
chiuso agosto e lunedì – **Pasto** carta 55/85000.

ERBUSCO *25030 Brescia* 428, 429 F 11 – *6 780 ab. alt. 251.*
Roma 578 – Bergamo 35 – Brescia 22 – Milano 69.

L'Albereta, via Vittorio Emanauele 11, località Bellavista Nord : 1,5 km ☎ 030 7760550, *Fax 030 7760573*, « In collina tra i vigneti », – ▤ TV ☎ P – 250. AE 🅂 ⓓ MC VISA
Pasto vedere rist ***Gualtiero Marchesi*** – 45000 – **41 cam** 220/395000, 2 appartamenti.

Gualtiero Marchesi, via Vittorio Emanuele 11, località Bellavista Nord : 1,5 km ☎ 030 7760562, *Fax 030 7760379*, ≤ lago e monti, Confort accurato; prenotare – ▤ P. AE 🅂 ⓓ MC VISA JCB.
chiuso dal 10 gennaio al 20 febbraio – **Pasto** 180/240000 e carta 120/200000
Spec. Stravaganza "Marchesiana". Riso, oro e zafferano. Filetto di vitello alla Rossini secondo Gualtiero Marchesi.

La Mongolfiera dei Sodi, via Cavour 7 ☎ 030 7268303, *Fax 030 7268451*, Coperti limitati; prenotare – AE 🅂 ⓓ MC VISA
chiuso dal 1º al 10 gennaio, dal 3 al 24 agosto e giovedì – **Pasto** carta 70/100000.

ERCOLANO *80056 Napoli* 988 ㉗, 431 E 25 *G. Italia – 58 254 ab..*
Vedere *Terme★★★ – Casa a Graticcio★★ – Casa dell'Atrio a mosaico★★ – Casa Sannitica★★ – Casa del Mosaico di Nettuno e Anfitrite★★ – Pistrinum★★ – Casa dei Cervi★★ – Casa del Tramezzo carbonizzato★ – Casa del Bicentenario★ – Casa del Bel Cortile★ – Casa del Mobilio carbonizzato★ – Teatro★ – Terme Suburbane★.*
Dintorni *Vesuvio★★★ Nord-Est : 14 km e 45 mn a piedi AR.*
Roma 224 – Napoli 11 – Pozzuoli 26 – Salerno 46 – Sorrento 39.

Puntaquattroventi, via Marittima 59 ☎ 081 7773041, *Fax 081 7773757*, ≤, – ▤ TV ☎ P – 180. AE 🅂 ⓓ MC VISA. rist
Pasto carta 40/60000 (15 %) – **37 cam** 150/185000 – ½ P 155000.

ERICE *Trapani* 988 ㉟, 432 M 19 – *Vedere Sicilia alla fine dell'elenco alfabetico.*

ESTE *35042 Padova* 988 ⑤, 429 G 16 *G. Italia – 17 049 ab. alt. 15.*
Vedere *Museo Nazionale Atestino★ – Mura★.*
Roma 480 – Padova 33 – Ferrara 64 – Mantova 76 – Milano 220 – Rovigo 29 – Venezia 69 – Vicenza 45.

Beatrice d'Este, viale delle Rimembranze 1 ☎ 0429 600533, *Fax 0429 601957* – TV ☎ P – 150. AE 🅂 MC VISA. rist
Pasto *(chiuso domenica sera)* carta 30/45000 – 10000 – **30 cam** 70/110000 – ½ P 80000.

Send us your comments on the restaurants we recommend
and your opinion on the specialities
and local wines they offer.

ETNA *Catania* 988 ㊲, 432 N 26 – *Vedere Sicilia alla fine dell'elenco alfabetico.*

ETROUBLES *11014 Aosta* 428 E 3, 219 ② – *418 ab. alt. 1280 – a.s. Pasqua, 15 giugno-8 settembre e Natale.*

Roma 760 – Aosta 14 – Colle del Gran San Bernardo 18 – Milano 198 – Torino 127.

Croix Blanche, via Nazionale Gran San Bernardo 10 ☎ 0165 78238, « In una locanda del 17° secolo » – P. VISA JCB
chiuso giugno, da novembre al 15 dicembre e mercoledì (escluso agosto) – **Pasto** carta 40/75000.

FABBRICO *42042 Reggio nell'Emilia* 428, 429 H 14 – *5 279 ab. alt. 25.*

Roma 438 – Bologna 81 – Mantova 37 – Modena 43 – Verona 76.

San Genesio senza rist, via Piave 35 ☎ 0522 665240, *Fax 0522 650033* – TV ☎. VISA.
chiuso agosto e dal 23 dicembre al 7 gennaio – **15 cam** 95/150000.

Dans ce guide
un même symbole, un même mot,
imprimé en rouge ou en **noir**, en maigre ou en ***gras***,
n'ont pas tout à fait la même signification.
Lisez attentivement les pages explicatives.

FABRIANO *60044 Ancona* 988 ⑯, 430 L 20 *G. Italia* – *29 517 ab. alt. 325.*

Vedere *Piazza del Comune★ – Piazza del Duomo★.*

Dintorni *Grotte di Frasassi★★ Nord : 11 km.*

corso della Repubblica 70 ☎ 0732 5387, Fax 629791.

Roma 216 – Perugia 72 – Ancona 76 – Foligno 58 – Gubbio 36 – Macerata 69 – Pesaro 116

Gentile da Fabriano, via Di Vittorio 13 ☎ 0732 627190, *Fax 0732 627190* – TV ☎ P – 300. AE VISA.
Pasto carta 40/60000 – **87 cam** 110/170000, 3 appartamenti – ½ P 110/120000.

sulla strada statale 76 :

Marchese del Grillo con cam, località Rocchetta Bassa Nord-Est : 6 km ✉ 60044 ☎ 0732 625690, *Fax 0732 627958,* « Villa patrizia del 18° secolo con servizio serale estivo in terrazza » – cam, TV ☎ P. AE VISA.
chiuso dal 7 al 22 gennaio – **Pasto** *(chiuso domenica sera e lunedì)* carta 50/65000 – **6 cam** 130/190000, 2 appartamenti 200/250000.

FAENZA *48018 Ravenna* 988 ⑮, 429, 430 J 17 *G. Italia* – *53 325 ab. alt. 35.*

Vedere *Museo Internazionale della Ceramica★★.*

La Torre (chiuso martedì) a Riolo Terme ✉ 48025 ☎ 0546 74035, Fax 0546 74076, per ④ 17 km.

piazza del Popolo 1 ☎ 0546 25231, Fax 0546 25231.

Roma 368 ② – Bologna 58 ④ – Ravenna 35 ① – Firenze 104 ③ – Milano 264 ① – Rimini 67 ①.

Pianta pagina seguente

Vittoria, corso Garibaldi 23 ☎ 0546 21508 e rist. ☎ 0546 667493, *Fax 0546 29136,* – TV ☎ – 150. AE VISA. rist
Pasto specialità di mare al Rist. ***Millenium*** *(chiuso dal 15 al 31 agosto e mercoledì)* carta 40/100000 – **49 cam** 130/200000.

Cavallino, via Forlivese 185 ☎ 0546 634411, *Fax 0546 634440* – TV ☎ P – 150. AE VISA 1 km per ②
– **Pasto** *(chiuso dal 7 al 22 agosto)* carta 35/55000 – **80 cam** 140/160000.

al casello autostrada A 14 *Nord-Est : 2 km :*

Classhotel, via San Silvestro 171 ✉ 48018 Faenza ☎ 0546 46662 e rist. ☎ 0546 46700, *Fax 0546 46676* – cam, TV ☎ P – 120. AE VISA. rist
Pasto al Rist. ***Sapori di Romagna*** carta 40/60000 – **69 cam** 165/200000.

FAENZA

ıribaldi (Corso)
ɔertà (Piazza d.) 2
Martiri della Libertà (Piazza) 3
Martiri Ungheresi (Via) 5
Matteotti (Corso)
Mazzini (Corso Giuseppe)
Popolo (Piazza del) 8
Saffi (Corso)
Severoli (Via) 9
2 Giugno (Piazza) 12

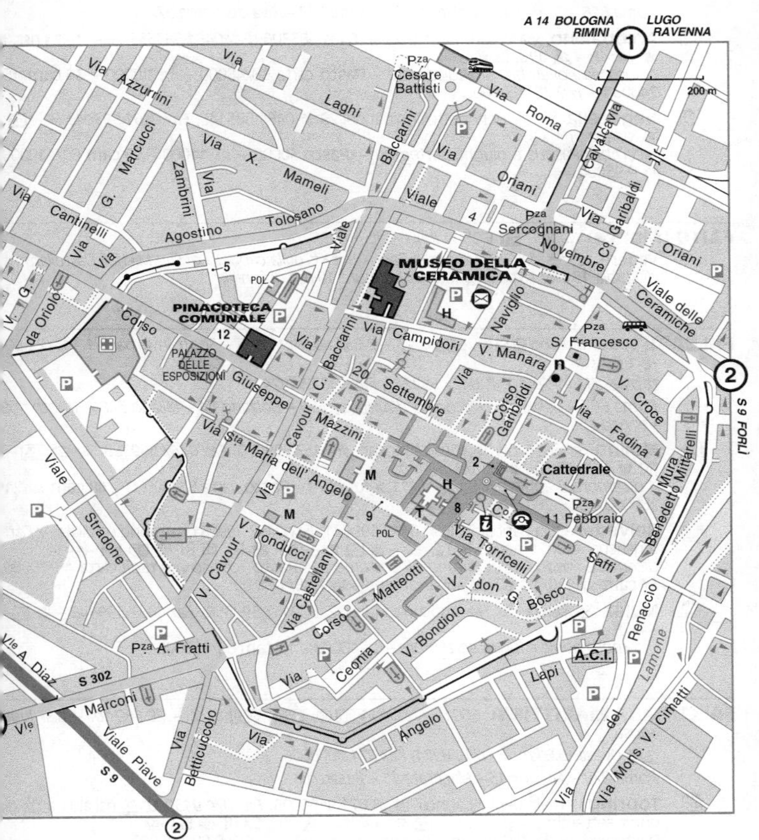

AGAGNA *33034 Udine* 429 D 21 – *6 018 ab. alt. 177.*

Roma 634 – Udine 14 – Gemona del Friuli 30 – Pordenone 54.

Roma, via Zoratti 22 ☎ 0432 810371, *Fax 0432 810309,* – 🛗 ▤ TV ☎ ♿ 🚗 P – 🏊 100. AE 🅂 ⓓ ⓜ VISA JCB. ✂ rist
Pasto *(chiuso domenica sera e lunedì)* carta 30/45000 – **17 cam** ☕ 85/130000 – 1/2 P 95/105000.

Al Castello, via del Castello 33 ☎ 0432 800185, *Fax 0432 800185,* ≤, « In un castello del X° secolo » – P. AE 🅂 ⓓ ⓜ VISA. ✂
chiuso dal 12 al 31 gennaio e lunedì – **Pasto** carta 40/65000.

AGGETO LARIO *22020 Como* 219 ⑨ – *1 146 ab. alt. 533.*

Roma 624 – Como 12 – Milano 57.

Hostaria Antica Molina, piazza della Chiesa 2, località Molina ✉ 22020 Lemna ☎ 031 309950, *Fax 031 309956,* prenotare – ✂. AE 🅂 ⓓ ⓜ VISA
chiuso dal 10 al 20 giugno, dal 20 settembre al 10 ottobre e martedì – **Pasto** carta 35/60000.

FAI DELLA PAGANELLA *38010 Trento* 429 D 15 – *889 ab. alt. 958 – a.s. Natale, febbraio, Pasqua e luglio-agosto – Sport invernali : 1 033/2 120 m 1 8, (vedere anche Andalo e Molveno).*

via Villa 1 0461 583130, Fax 0461 583410.

Roma 616 – Trento 33 – Bolzano 55 – Milano 222 – Riva del Garda 57.

Arcobaleno, via Cesare Battisti 29 0461 583306, *Fax 0461 583535,* ← – , rist, – 120. VISA.
chiuso da novembre all'8 dicembre – **Pasto** carta 30/45000 – 10000 – **36 cam** 150/240000 – ½ P 70/100000.

Negritella , via Benedetto Tonidandel 29 0461 583145, *Fax 0461 583145,* ← – rist
dicembre-Pasqua e giugno-settembre – **Pasto** 30000 – 11000 – **19 cam** 60/110000 – ½ P 95000.

FAITO (Monte) *Napoli* 431 E 25 *G. Italia – alt. 1 103.*

Vedere *★★★ dal Belvedere dei Capi – ★★★ dalla cappella di San MicheleCastellammare di Stabia 15 (per strada a pedaggio) oppure 10 mn di funivia.*

FALCADE *32020 Belluno* 988 ⑤, 429 C 17 – *2 233 ab. alt. 1 145 – Sport invernali : 1 145/2 550 m 1 7, .*

piazza Municipio 1 0437 599241, Fax 0437 599242.

Roma 667 – Belluno 52 – Cortina d'Ampezzo 59 – Bolzano 64 – Milano 348 – Trento 108 – Venezia 156.

Molino , via Scola 16, località Molino 0437 599070, *Fax 0437 599588,* ←, , – AE VISA. rist
4 dicembre-2 aprile e 17 giugno-11 settembre – **Pasto** carta 55/80000 – **48 cam** 210/280000 – ½ P 280/320000.

Belvedere, via Garibaldi 28 0437 599021, *Fax 0437 599081,* ← monti e vallata, « Caratteristiche "stue" d'epoca », , – – 50. AE VISA JCB
dicembre-Pasqua e 15 giugno-15 settembre – **Pasto** *(chiuso martedì)* carta 45/70000 – **37 cam** 120/180000, 3 appartamenti – ½ P 75/170000.

Mulaz senza rist, via Agostino Murer 2 0437 599556, *Fax 0437 599648* –
dicembre-aprile e luglio-settembre – 10000 – **13 cam** 80/150000.

FALCONARA MARITTIMA *60015 Ancona* 988 ⑯, 429, 430 L 22 – *28 680 ab. – a.s. luglio-agosto.*

Ovest : 0,5 km 071 28271, Fax 071 2070096.

Roma 279 – Ancona 13 – Macerata 61 – Pesaro 63.

Touring , via degli Spagnoli 18 071 9160005, *Fax 071 913000,* riscaldata da giugno a settembre – , cam, – 200. AE VISA
Pasto vedere rist ***Il Camino*** – **75 cam** 120/190000 – ½ P 90/120000.

Villa Amalia con cam, via degli Spagnoli 4 071 9160550, *Fax 071 912045* – – 25. AE VISA JCB
Pasto *(chiuso martedì e da ottobre a maggio anche domenica sera)* carta 60/90000 – **7 cam** 100/160000 –
Spec. Straccetti con scorfano e dragoncello. Gallinella di mare in pasta di mandorle e verdure stufate. Soufflé freddo d'ananas con sciroppo d'acero.

Il Camino via Tito Speri 2 071 9171647, *Fax 071 9164912* – AE VISA JCB
chiuso domenica sera e lunedì a mezzogiorno escluso agosto – **Pasto** 30000 e carta 45/60000.

Besonders angenehme Hotels oder Restaurants sind im Führer rot gekennzeichnet.
Sie können uns helfen, wenn Sie uns die Häuser angeben, in denen Sie sich besonders wohl gefühlt haben.
Jährlich erscheint eine komplett überarbeitete Ausgabe aller Roten **Michelin-Führer**.

... ...

ALZES (PFALZEN) *39030 Bolzano* 429 B 17 – *2 159 ab. alt. 1 022 – Sport invernali : Plan de Corones : 1 022/2 273 m* 12 19, .

piazza del Municipio 1 ☏ 0474 528159, Fax 0474 528413.

Roma 711 – Cortina d'Ampezzo 64 – Bolzano 65 – Brunico 5.

d Issengo (Issing) *Nord-Ovest : 1,5 km – ✉ 39030 Falzes :*

XX **Al Tanzer** con cam, via del Paese 1 ☏ 0474 565366, *Fax 0474 565646*, prenotare, « Eleganti stube », – P. AE VISA
chiuso dal 10 novembre al 4 dicembre – **Pasto** *(chiuso martedì e mercoledì a mezzogiorno)* carta 45/90000 – **20 cam** 95/180000 – 1/2 P 155000.

Molini (Mühlen) *Nord-Ovest : 2 km – ✉ 39030 Chienes :*

XX **Schöneck,** via Castello Schöneck 11 ☏ 0474 565550, *Fax 0474 564167*, ←, , prenotare – P. AE VISA.
chiuso dal 20 marzo al 20 aprile, lunedì e martedì a mezzogiorno – **Pasto** 60/90000 e carta 70/125000
Spec. Timballo di caprino con gelatina di pomodoro con pesto (primavera-estate). Orzo mantecato alla faraona e funghi (estate-autunno). Tagliata di bue arrosto rosato con erbe in salsa al vino rosso..

ANANO *41021 Modena* 428, 429, 430 J 14 – *2 922 ab. alt. 634.*

Roma 384 – Bologna 75 – Firenze 116 – Lucca 97 – Modena 72.

Park Hotel , via Campo del Lungo 198 ☏ 0536 69898, *Fax 0536 69740*, ←, , , – TV P – 80. AE VISA JCB.
chiuso dal 25 ottobre al 20 novembre – **Pasto** carta 35/55000 – **43 cam** 110/140000 – 1/2 P 75/110000.

ANNA *33092 Pordenone* 429 D 20 – *1 475 ab. alt. 272.*

Roma 620 – Udine 50 – Belluno 75 – Pordenone 29.

Al Giardino, via Circonvallazione Nuova 3 ☏ 0427 77178, *Fax 0427 778055*, – TV P – 40. AE VISA.
Pasto *(chiuso martedì e dal 10 gennaio al 10 febbraio)* carta 40/60000 – 10000 – **25 cam** 100/150000 – 1/2 P 100000.

In this guide

a symbol or a character,
printed in red or **black**, in light or ***bold*** type,
does not have the same meaning.

Pay particular attention to the explanatory pages.

ANO *61032 Pesaro e Urbino* 988 ⑯, 429, 430 K 21 *G. Italia – 55 639 ab. – a.s. 25 giugno-agosto.*

Vedere *Corte Malatestiana** Z **M** – *Dipinti del Perugino* nella chiesa di Santa Maria Nuova.*

viale Cesare Battisti 10 ☏ 0721 803534, Fax 0721 824292.

Roma 289 ③ – Ancona 65 ② – Perugia 123 ③ – Pesaro 11 ④ – Rimini 51 ②.

Pianta pagina seguente

Elisabeth Due, piazzale Amendola 2 ☏ 0721 823146 e rist ☏ 0721 805992, *Fax 0721 823147*, ← – TV P. AE VISA. Y a
Pasto al Rist. ***Il Galeone*** carta 50/90000 – 15000 – **28 cam** 170/220000, 4 appartamenti – 1/2 P 130/190000.

Corallo, via Leonardo da Vinci 3 ☏ 0721 804200, *Fax 0721 803637* – TV. AE VISA. Y s
chiuso dal 24 dicembre al 6 gennaio – **Pasto** carta 45/60000 – 12000 – **34 cam** 80/100000, 3 appartamenti – 1/2 P 75/95000.

Angela, viale Adriatico 13 ☏ 0721 801239, *Fax 0721 803102*, ←, – TV. AE VISA. YZ x
Pasto carta 45/80000 – 12000 – **28 cam** 75/105000 – 1/2 P 110000.

Excelsior, via Simonetti 57 ☏ 0721 803558, *Fax 0721 803558*, ←, – TV P – 50. VISA. rist Y b
maggio-settembre – **Pasto** carta 40/60000 – 12000 – **26 cam** 85/110000 – 1/2 P 105000.

XX **Casa Nolfi,** via Gasparoli 59 ☏ 0721 827066, prenotare – . AE VISA Z b
chiuso domenica sera e lunedì – **Pasto** 60/75000 e carta 50/75000.

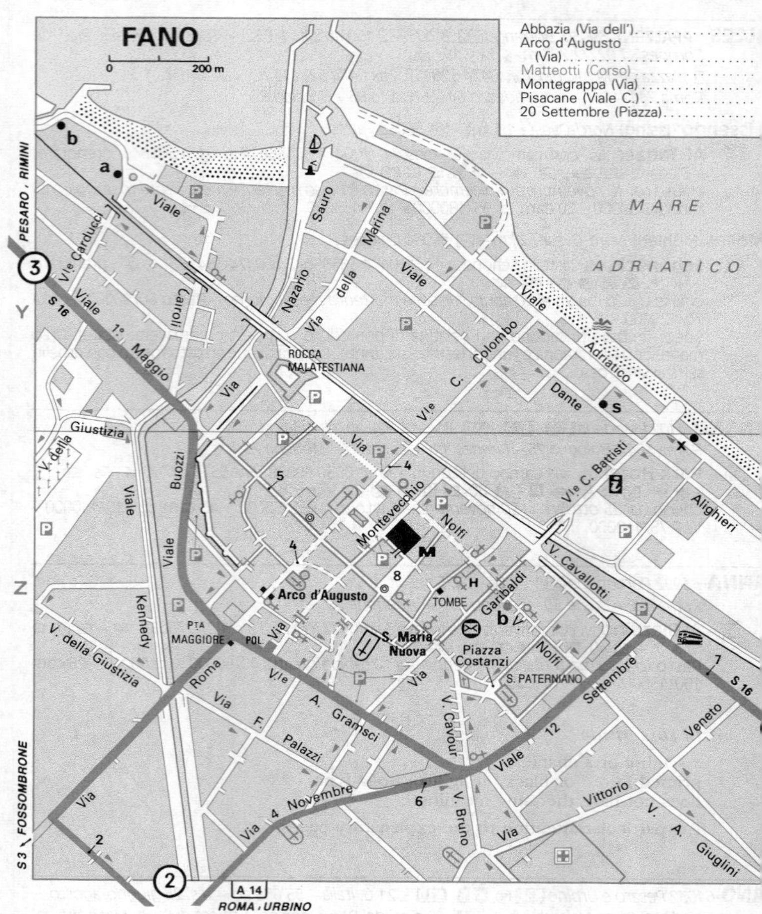

Alle **Michelin-Straßenkarten** werden ständig überarbeitet und aktualisiert.

FARINI *29023 Piacenza* 988 ⑬, 428 H 10 – *2 004 ab. alt. 426.*
Roma 560 – Piacenza 43 – Genova 123.

XX ✿ **Georges Cogny-Locanda Cantoniera,** strada statale 654 (Sud : 4,5 km) ✆ 0523 919113, solo su prenotazione – AE S ⦿ MC VISA
chiuso mercoledì escluso luglio-agosto – **Pasto** carta 80/110000
Spec. Ambroisie di fegato d'oca, mostarda di frutta e verdura. Quaglia delle Alpi ripiena piedini di maiale. Soufflé mi-cuit al cioccolato e sorbetto all'ananas.

FARNESE *01010 Viterbo* 988 ㉕, 430 O 17 – *1 780 ab. alt. 343.*
Roma 139 – Viterbo 43 – Grosseto 85 – Siena 128.

Il Voltone ⛰, località Voltone Farnese Nord : 10 km ✆ 0761 422540, *Fax 0761 4225*
≤, ☂, « Piccolo borgo con parco », 🏊 – ☎ P – 🏃 100. S MC VISA.
6 aprile-7 novembre – **Pasto** carta 45/65000 – **29 cam** ☕ 120/180000 – ½ P 135000.

FARRA DI SOLIGO *31010 Treviso* 429 E 18 – *7 722 ab. alt. 163.*
Roma 590 – Belluno 40 – Treviso 35 – Venezia 72.

a Soligo *Est : 3 km – ✉ 31020 :*

XX **Casa Rossa,** località San Gallo ✆ 0438 840131, *Fax 0438 840016,* ≤ vallata, « Servizio estivo in terrazza-giardino » – P. AE S O MC VISA JCB. ✻
chiuso gennaio, febbraio, mercoledì e giovedì – **Pasto** carta 45/75000.

a Col San Martino *Sud-Ovest : 3 km – ✉ 31010 Farra di Soligo :*

X **Locanda da Condo,** via Fontana 134 ✆ 0438 898106, *Fax 0438 989701,* – AE S VISA. ✻
chiuso dal 15 giugno al 15 luglio, mercoledì sera e giovedì – **Pasto** carta 40/55000.

FASANO *72015 Brindisi* 988 ㉙, 431 E 34 – *40 142 ab. alt. 111 – a.s. 20 giugno-agosto.*
Dintorni *Regione dei Trulli★★★ Sud.*
piazza Ciaia 10 ✆ 080 4413086.
Roma 507 – Bari 60 – Brindisi 56 – Lecce 96 – Matera 86 – Taranto 49.

X **Rifugio dei Ghiottoni,** via Nazionale dei Trulli 116 ✆ 080 4414800, Rist. e pizzeria – ▤. S MC VISA. ✻
chiuso dal 1º al 20 luglio e mercoledì – **Pasto** carta 35/50000.

a Selva *Ovest : 5 km – alt. 396 – ✉ 72010 Selva di Fasano.*
(giugno-settembre) viale Toledo ✆ 080 4413086 :

Sierra Silvana ⑤, via Don Bartolo Boggia 5 ✆ 080 4331322, *Fax 080 4331207,* « Palazzine e trulli in un giardino mediterraneo », – ▤ TV ☎ P – 350. AE S O MC VISA JCB. ✻
Pasto 30/50000 – **120 cam** ⊐ 175/230000 – ½ P 155000.

XX Il Fagiano-da Vittorio, viale Toledo 13 ✆ 080 4331157, *Fax 080 4331211,* « Servizio estivo in giardino » – P.

XX Selva Club-Monacelle ⑤ con cam, Nord : 2 km ✆ 080 9309942, *Fax 080 9307291,* « In un'antica masseria con caratteristici trulli », – TV ☎ P
8 cam.

a Speziale *Sud-Est : 3 km – alt. 84 – ✉ 72016 Montalbano di Fasano :*

Narducci, via Lecce 131 ✆ 080 4810185, *Fax 080 4810185,* Piccolo azienda agrituristica, « Giardino-solarium » – ▤ P. ✻
chiuso dal 1º al 10 ottobre – **Pasto** *(chiuso domenica sera e lunedì; prenotare)* carta 30/50000 – ⊐ 10000 – **9 cam** 60/120000 – ½ P 70/100000.

FASANO DEL GARDA *Brescia – Vedere Gardone Riviera.*

FAVARI *Torino – Vedere Poirino.*

FAVIGNANA (Isola di) *Trapani* 432 N 18 – *Vedere Sicilia (Egadi, isole) alla fine dell'elenco alfabetico.*

FEISOGLIO *12050 Cuneo* 428 I 6 – *406 ab. alt. 706.*
Roma 616 – Genova 117 – Alessandria 69 – Cuneo 60 – Milano 163 – Savona 75 – Torino 87.

XX **Piemonte-da Renato,** via Firenze ✆ 0173 831116, solo su prenotazione – P
Pasqua-15 dicembre – **Pasto** (menu suggeriti dal proprietario) 60000.

FELINO *43035 Parma* 428, 429, 430 H 12 – *6 831 ab. alt. 187.*
Roma 469 – Parma 17 – Cremona 74 – La Spezia 113 – Modena 76.

XX **La Cantinetta,** via Calestano 14 ✆ 0521 831125, *Fax 0521 831125,* , prenotare – P. AE S O MC VISA JCB
chiuso Natale, agosto, sabato a mezzogiorno e lunedì – **Pasto** specialità di mare carta 80/100000
Spec. Tagliolini neri al pesce di scoglio. Orata con bottarga di tonno siciliano e carote. Tortino di cioccolato con salsa di pere e gelato di crema.

X **Antica Osteria da Bianchini,** via Marconi 4/a ✆ 0521 831165, – S O MC VISA
chiuso lunedì sera e martedì – **Pasto** carta 40/60000.

FELTRE *32032 Belluno* 988 ⑤, 429 D 17 *G. Italia – 19 477 ab. alt. 324.*
Vedere *Piazza Maggiore★ – Via Mezzaterra★.*
piazzetta Trento e Trieste 9 ✆ 0439 2540, Fax 0439 2839.
Roma 593 – Belluno 32 – Milano 288 – Padova 93 – Trento 81 – Treviso 58 – Venezia 88 – Vicenza 84.

Nuovo senza rist, vicolo Fornere Pazze 5 ✆ 0439 2110, *Fax 0439 89241* – TV ☎ P. AE S O MC VISA JCB
⊐ 10000 – **23 cam** 80/120000.

FENEGRÒ *22070 Como* 219 ⑱ – *2 476 ab. alt. 290.*
Roma 604 – Como 26 – Milano 34 – Saronno 10 – Varese 24.

XX **In,** via Monte Grappa 20 ✆ 031 935702, *Fax 031 935702*, prenotare – ▤ P. AE S ⓓ ⓜⓒ V
chiuso dal 26 dicembre al 4 gennaio, agosto, domenica sera e lunedì – **Pasto** ca
50/75000.

FENER *32030 Belluno* 988 ⑤, 429 E 17 – *alt. 198.*
Roma 564 – Belluno 42 – Milano 269 – Padova 63 – Treviso 39 – Venezia 69.

Tegorzo, via Nazionale 25 ✆ 0439 779740 e rist. ✆ 0439 779547, *Fax 0439 779706*,
– 50. AE S ⓓ ⓜⓒ VISA.
Pasto *(chiuso domenica sera da ottobre a marzo)* carta 40/55000 – ☕ 12000 – **30 ca**
90/140000 – ½ P 70/90000.

FENIS *11020 Aosta* 428 E4, 219 ③ *G. Italia* – *1 607 ab. alt. 537.*
Roma 722 – Aosta 20 – Breuil-Cervinia 36 – Torino 82.

Comtes de Challant ⛰, frazione Chez Sapin 95 ✆ 0165 764353, *Fax 0165 764762* –
P – 40. AE S ⓓ ⓜⓒ VISA.
chiuso dal 7 al 30 gennaio e dal 4 all'11 luglio – **Pasto** *(chiuso lunedì)* carta 45/80000
☕ 15000 – **28 cam** 100/130000 – ½ P 120000.

FERENTILLO *05034 Terni* 430 O 20 *G. Italia* – *1 954 ab. alt. 252.*
Roma 122 – Terni 18 – Rieti 54.

Monterivoso, località Monterivoso Est : 2 Km ✆ 0744 780772, *Fax 0744 780725*, pizze
solo serale, – P
19 cam.

XX Piermarini, via della Vittoria 53 ✆ 0744 780714, prenotare la sera – ▤.

FERENTINO *03013 Frosinone* 988 ㉖, 430 Q 21 – *20 251 ab. alt. 393.*
Dintorni *Anagni : cripta*** nella cattedrale**, quartiere medioevale*, volta* del palaz*
Comunale Nord-Ovest : 15 km.
Roma 75 – Frosinone 14 – Fiuggi 23 – Latina 66 – Sora 42.

Bassetto M, via Casilina Sud al km 74,600 ✆ 0775 244931, *Fax 0775 244399* – ▤
P – 40. AE S ⓓ ⓜⓒ VISA JCB.
Pasto carta 50/70000 – **99 cam** ☕ 110/150000 – ½ P 90/110000.

FERIOLO *28835 Verbania* 428 E 7, 219 ⑥ – *alt. 195 – a.s. 28 giugno-15 settembre.*
Roma 664 – Stresa 7 – Domodossola 35 – Locarno 48 – Milano 87 – Novara 63.

Carillon senza rist, strada nazionale del Sempione 2 ✆ 0323 28115, *Fax 0323 28550*,
lago, « Giardino in riva al lago », – P. S ⓓ ⓜⓒ VISA
Pasqua-ottobre – ☕ 15000 – **32 cam** 110/130000.

XX **Il Battello del Golfo,** strada statale n. 33 ✆ 0323 28122, *Fax 0323 28122*, ⩤, prenota
« Su un battello ancorato a riva » – ▤ P. AE S ⓓ ⓜⓒ VISA
chiuso ottobre e martedì – **Pasto** carta 55/90000 (10 %).

X **Serenella** con cam, via San Carlo 1 ✆ 0323 28112, , – P. AE S ⓓ ⓜⓒ VISA
Pasto *(chiuso mercoledì escluso da aprile ad ottobre)* carta 45/60000 – ☕ 10000 – **14 ca**
80/100000 – ½ P 90000.

FERMIGNANO *61033 Pesaro e Urbino* 430 K 19 – *7 310 ab. alt. 199.*
Roma 258 – Rimini 70 – Ancona 99 – Gubbio 49 – Pesaro 43.

Bucci senza rist, via dell'Industria 13 (Nord-Est : 3,6 km) ✆ 0722 356050, *Fax 0722 35605*
– ▤ P. AE S ⓓ ⓜⓒ VISA JCB.
chiuso dal 23 al 26 dicembre – senza ☕ – **16 cam** 75/100000, ▤ 5000.

FERMO *63023 Ascoli Piceno* 988 ⑯, 430 M 23 *G. Italia* – *35 431 ab. alt. 321 – a.s. luglio-13 settem*
bre.
Vedere *Posizione pittoresca* – ⩤** dalla piazza del Duomo* – Facciata* del Duomo.*
ℹ *piazza del Popolo 5 ✆ 0734 228738, Fax 0734 228325.*
Roma 263 – Ascoli Piceno 75 – Ancona 69 – Macerata 41 – Pescara 102.

al lido *Est : 8 km :*

Royal, piazza Piccolomini 3 ✉ 63023 ✆ 0734 642244, *Fax 0734 642254*, ⩤, , « Terrazz
solarium con piccola piscina » – , cam, ▤ – 230. AE S ⓓ ⓜⓒ VIS
JCB.
Pasto al Rist. ***Nautilus*** *(chiuso lunedì da ottobre a marzo)* carta 60/90000 – ☕ 15000
56 cam 180/240000 – ½ P 130/160000.

Torre di Palme *Sud-Est : 9 km*

X **Osteria il Galeone,** via Piave 10 ✆ 0734 53631, ☂, coperti limitati; prenotare, « Servizio estivo in terrazza con ⩽ mare » – AE 🅢 ⓓ ⓜ VISA. ✂
chiuso dal 20 dicembre all'8 gennaio, ottobre, lunedì e a mezzogiorno (escluso domenica) – **Pasto** carta 45/60000.

ERRARA *44100* **P** 988 ⑮, 429 H 16 *G. Italia – 132 681 ab. alt. 10.*

Vedere *Duomo★★* **BYZ** – *Castello Estense★* **BY B** – *Palazzo Schifanoia★* **BZ E** *: affreschi★★ – Palazzo dei Diamanti★* **BY** *: pinacoteca nazionale★, affreschi★★ nella sala d'onore – Corso Ercole I d'Este★* **BY** *– Palazzo di Ludovico il Moro★* **BZ M1** *– Casa Romei★* **BZ** *– Palazzina di Marfisa d'Este★* **BZ N.**

🏌9 *✆ 0532 752553, Fax 0532 753308.*

🅘 *Castello Estense ✆ 0532 209370, Fax 0532 212266.*

A.C.I. *via Padova 17 ✆ 0532 52722.*

Roma 423 ③ – Bologna 51 ③ – Milano 252 ③ – Padova 73 ④ – Venezia 110 ④ – Verona 102 ④.

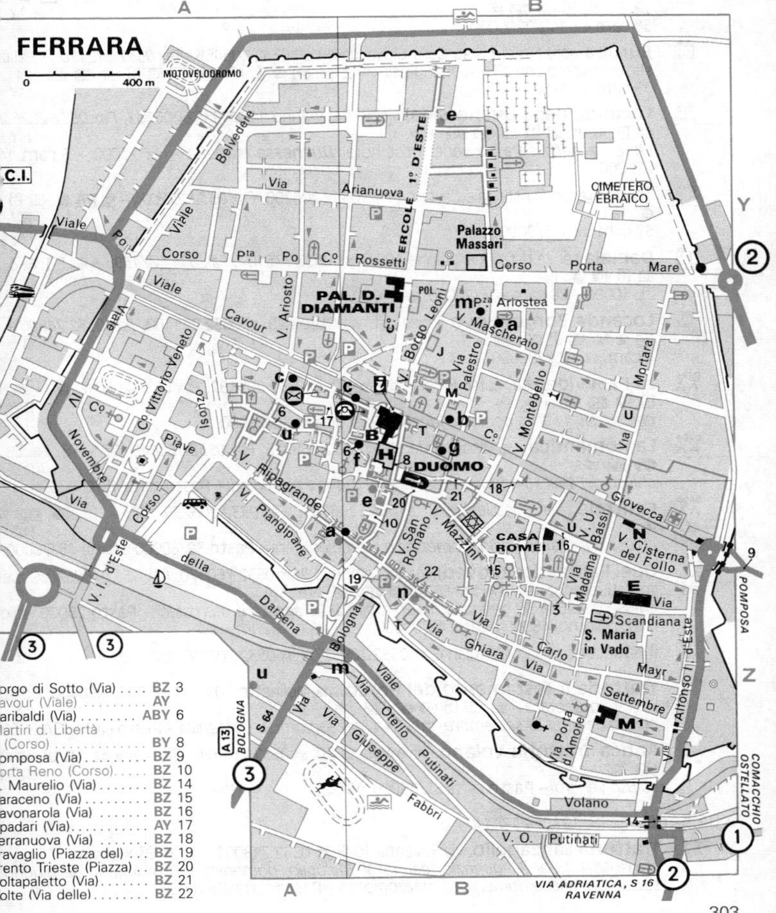

Duchessa Isabella, via Palestro 70 ✆ 0532 202121 e rist ✆ 0532 2021 *Fax 0532 202638*, « In un palazzo del 15° secolo », – ▤ ☎ P. AE VISA JCB BY
chiuso agosto – **Pasto** *(chiuso le sere di domenica e lunedì)* carta 80/145000 (20% – **21 cam** ☕ 490/540000, 7 appartamenti – ½ P 300/330000.

Annunziata senza rist, piazza Repubblica 5 ✆ 0532 201111, *Fax 0532 203233* – ▤ ☎ – 50. AE VISA JCB BY
23 cam ☕ 220/320000, appartamento.

Astra, viale Cavour 55 ✆ 0532 206088, *Fax 0532 247002* – ▤ TV ☎ – 120. AE VISA JCB. rist AY
Pasto *(chiuso dal 1° al 20 agosto)* carta 50/75000 – **66 cam** ☕ 270/380000, 3 appartame

Ripagrande, via Ripagrande 21 ✆ 0532 765250, *Fax 0532 764377*, « Palazzo del secolo; servizio rist. estivo in cortile » – ▤ TV ☎ – 80. AE VISA JCB.
Pasto *(chiuso dal 25 luglio al 25 agosto e lunedì)* carta 50/70000 (10%) – **40 cam** ☕ 25 330000. ABZ

Nettuno Hotel Ferrara M, via Pigna 5/7 ✆ 0532 977155, *Fax 0532 977154* – ▤, ca ▤ TV ☎ P – 150 2 km per ③
68 cam.

Carlton senza rist, via Garibaldi 93 ✆ 0532 211130, *Fax 0532 205766* – ▤ TV ☎ 60. AE VISA AY
58 cam ☕ 140/220000.

Europa senza rist, corso della Giovecca 49 ✆ 0532 205456, *Fax 0532 212120*, « Palaz settecentesco con affreschi originali » – ▤ TV ☎ P – 60. AE VISA.
39 cam ☕ 125/195000. BY

Locanda della Duchessina, vicolo del Voltino 11 ✆ 0532 206981, *Fax 0532 20263* ▤ TV ☎ P. AE VISA JCB BY
chiuso agosto – **Pasto** vedere rist hotel ***Duchessa Isabella*** – ☕ 25000 – **5 cam** 14 220000.

Touring senza rist, viale Cavour 11 ✆ 0532 206200, *Fax 0532 212000* – ▤ TV ☎. AE VISA BY
57 cam ☕ 125/200000.

Daniela senza rist, via Arginone 198/A ✆ 0532 773104, *Fax 0532 771398* – ▤ TV ☎ AE VISA per ④
☕ 10000 – **28 cam** 90/120000, ▤ 10000.

Locanda Borgonuovo senza rist, via Cairoli 29 ✆ 0532 211100, *Fax 0532 24800* – TV ☎. AE VISA BY
4 cam ☕ 120/180000.

La Provvidenza, corso Ercole I d'Este 92 ✆ 0532 205187, *Fax 0532 205018*, – ▤. VISA JCB. BY
chiuso dall'11 al 21 agosto e lunedì – **Pasto** carta 50/70000.

La Romantica, via Ripagrande 36 ✆ 0532 765975, *Fax 0532 761648*, – ▤. AE VISA. ABZ
chiuso dal 1° al 15 gennaio e dal 1° al 22 luglio e mercoledì – **Pasto** carta 45/80000.

Centrale, via Boccaleone 8 ✆ 0532 206735, *Fax 0532 206735*, – VI JCB BZ
chiuso dal 1° al 15 luglio, domenica e mercoledì sera – **Pasto** 30/60000 e carta 45/70000.

Quel Fantastico Giovedì, via Castelnuovo 9 ✆ 0532 760570, *Fax 0532 760570*, Coper limitati; prenotare – ▤. AE VISA JCB. BZ
chiuso dal 20 al 30 gennaio, dal 20 luglio al 20 agosto e mercoledì – **Pasto** 25000 (solo mezzogiorno) 45000 e carta 40/80000.

Il Bagattino, via Correggiari 6 ✆ 0532 206387, *Fax 0532 206387*, – ▤ BZ

Trattoria il Testamento del Porco, via Mulinetto 109-111 ✆ 0532 760460, Coper limitati; prenotare – ▤. AE VISA. AZ
chiuso dal 1° al 21 settembre, sabato a mezzogiorno e domenica – **Pasto** carta 45/80000.

Antica Trattoria Volano, viale Volano 20 ✆ 0532 761421, – ▤. AE VISA. ABZ
chiuso venerdì – **Pasto** carta 35/55000 (15%).

a Gaibana *per ② : 10 km – ✉ 44040 :*

Trattoria Lanzagallo, via Ravenna 1048 ✆ 0532 718001 – ▤ P. VISA.
chiuso dal 15 al 31 gennaio, dal 15 al 31 luglio, domenica sera e lunedì, da giugno settembre anche domenica a mezzogiorno – **Pasto** carta 40/70000.

a Marrara *per ② : 17 km – ✉ 44040 :*

🍴🍴 **Il Don Giovanni,** via del Primaro 86 ☎ 0532 421064, *Fax 0532 421064* – ▤ [P]. [AE] [S] [O] [MC] [VISA]
chiuso dal 3 al 10 gennaio, dall'11 al 25 luglio, domenica e lunedì a mezzogiorno – **Pasto** carta 55/90000.

FERRAZZANO *Campobasso* [430] R 26, [431] C 26 – *Vedere Campobasso.*

FERRO DI CAVALLO *Perugia* [430] M 19 – *Vedere Perugia.*

FETOVAIA *Livorno* [430] N 12 – *Vedere Elba (Isola d') : Marina di Campo.*

FIANO ROMANO *00065 Roma* [988] ㉖, [430] P 19 – *7 620 ab. alt. 107.*
Roma 39 – L'Aquila 110 – Terni 81 – Viterbo 81.

in prossimità casello autostrada A 1 di Fiano Romano *Sud : 5 km :*

🏨 **Eurohotel** [M] senza rist, località Bei Poggi ✉ 00065 ☎ 0765 455511, *Fax 0765 455333*, ← – |¢| ▤ [TV] ☎ ♿ [P] – 🏛 80. [AE] [S] [O] [MC] [VISA]
97 cam ☕ 160/220000.

Si vous cherchez un hôtel tranquille,
consultez d'abord les cartes de l'introduction
ou repérez dans le texte les établissements indiqués avec le signe 🌿 *ou* 🌿.

FIASCHERINO *La Spezia* [428], [429], [430] J 11 – *Vedere Lerici.*

FIDENZA *43036 Parma* [988] ⑭, [428], [429] H 12 *G. Italia – 23 029 ab. alt. 75.*
Vedere *Duomo★ : portico centrale★★.*
Roma 478 – Parma 21 – Piacenza 43 – Bologna 116 – Cremona 47 – Milano 103.

🍴🍴 I Gemelli, via Gialdi 14 ☎ 0524 528506 – ▤
Pasto specialità di mare.

🍴 **Ugolini** con cam, via Malpeli 90 ☎ 0524 83264, *Fax 0524 522422* – [TV]. [AE] [S] [O] [MC] [VISA]. ✻
chiuso dal 24 dicembre al 5 gennaio e dal 5 al 15 agosto – **Pasto** *(chiuso giovedì)* carta 45/65000 – ☕ 12000 – **13 cam** 65/90000 – ½ P 85000.

FIÉ ALLO SCILIAR (VÖLS AM SCHLERN) *39050 Bolzano* [429] C 16 – *2 975 ab. alt. 880.*
ℹ *via Bolzano 4 ☎ 0471 725047, Fax 0471 725488.*
Roma 657 – Bolzano 16 – Bressanone 40 – Milano 315 – Trento 76.

🏨 **Emmy** 🌿, via Putzes 5 ☎ 0471 725006, *Fax 0471 725484*, ← monti e pinete, 🌳, Centro salute ossigenoterapia, ₺, [🏊] – |¢|, ⇆ rist, ▤ rist, [TV] ☎ ♿ 🚗. [S] [MC] [VISA]. ✻ rist
chiuso dal 4 novembre al 20 dicembre – **Pasto** carta 70/110000 – **40 cam** ☕ 170/340000 – ½ P 195/250000.

🏨 **Turm** 🌿, piazza della Chiesa 9 ☎ 0471 725014, *Fax 0471 725474*, ← monti e vallata, « Edificio civile medievale con raccolta di quadri d'autore », ♨, 🏊, [🏊], 🌳 – |¢| [TV] ☎. [S] [MC] [VISA]. ✻ rist
chiuso dal 7 novembre al 22 dicembre – **Pasto** al rist ***Turm*** *(chiuso giovedì)* Cucina tirolese e internazionale; prenotare carta 60/90000 – **19 cam** ☕ 155/330000, 5 appartamenti – ½ P 215000.

🏨 **Heubad** 🌿, via Sciliar 12 ☎ 0471 725020, *Fax 0471 725425*, ←, 🌳, Cura bagni di fieno, « Caratteristiche stuben », ♨, 🏊 riscaldata, 🌳 – |¢| [TV] ☎ 🚗 [P]. [S] [MC] [VISA]. ✻ rist
chiuso dal 4 novembre al 18 dicembre e dal 12 al 30 gennaio – **Pasto** *(chiuso mercoledì)* carta 35/60000 – **43 cam** ☕ 150/280000 – ½ P 120/160000.

🏨 **Völser Hof,** via del Castello 1 ☎ 0471 725421, *Fax 0471 725602*, ←, 🌳, 🏊, 🌳 – |¢| [TV] ☎ [P]. [S] [MC] [VISA]. ✻ rist
chiuso dal 7 novembre al 20 dicembre – **Pasto** (solo per alloggiati da novembre a maggio) carta 45/80000 – **26 cam** ☕ 120/220000 – ½ P 160000.

a San Costantino (St. Konstantin) *Nord : 3 km – ✉ 39040 Siusi :*

🏨 **Parc Hotel Miramonti** 🌿, San Costantino 14 ☎ 0471 707035, *Fax 0471 705422*, ←, ₺, ♨, 🏊, [🏊], 🌳 – |¢|, ▤ rist, [TV] ☎ [P]
chiuso dal 15 novembre al 18 dicembre – **Pasto** *(chiuso lunedì)* carta 40/80000 – **60 cam** ☕ 220/320000 – ½ P 190000.

FIERA DI PRIMIERO *38054 Trento* 988 ⑤, 429 D 17 – *529 ab. alt. 717 – a.s. Pasqua e Natale.*
via Dante 6 ✆ 0439 62407, Fax 0439 62992.
Roma 616 – Belluno 65 – Bolzano 99 – Milano 314 – Trento 101 – Vicenza 103.

Iris Park Hotel, via Roma 26, frazione Tonadico ✆ 0439 762000, *Fax 0439 762204,* « Giardino ombreggiato », – P. AE VISA JCB.
5 dicembre-24 aprile e giugno-settembre – **Pasto** 35/55000 – **63 cam** 105/170000 ½ P 100/150000.

Castel Pietra senza rist, via Venezia 28 ✆ 0439 616911, *Fax 0439 616901,* – P. AE VISA.
dicembre-Pasqua e giugno-ottobre – **14 cam** 115/125000, 7 appartamenti 225/35000

Tressane, via Roma 30, frazione Tonadico ✆ 0439 762205, *Fax 0439 762204,* « Giardi ombreggiato » – P. AE VISA JCB.
Pasto 35/55000 – **36 cam** 95/150000 – ½ P 90/120000.

Mirabello, viale Montegrappa 2 ✆ 0439 64241, *Fax 0439 762366,* rist
20 dicembre-Pasqua e giugno-10 ottobre – **Pasto** 30/50000 – 15000 – **43 cam** 7 125000 – ½ P 105/145000.

La Perla, via Venezia 26, frazione Transacqua ✆ 0439 762115, *Fax 0439 762115* – P. AE VISA. rist
Pasto carta 30/50000 – **58 cam** 55/110000 – ½ P 75/95000.

in Val Canali *Nord-Est : 7 km :*

Rifugio Chalet Piereni con cam, alt. 1 300 ✉ 38054 ✆ 0439 6234 *Fax 0439 64792,* Pale di San Martino, – P. AE VISA. rist
chiuso sino a Pasqua – **Pasto** *(chiuso mercoledì in bassa stagione)* 25/30000 e car 35/60000 – **22 cam** 70/130000 – ½ P 100000.

FIESOLE *50014 Firenze* 988 ⑭ ⑮, 429, 430 K 15 *G. Toscana – 14 946 ab. alt. 295.*
Vedere *Paesaggio★★★ – ★★ su Firenze – Convento di San Francesco★ – Duomo★ interno★ e opere★ di Mino da Fiesole – Zona archeologica : sito★, Teatro romano★ museo★* **D** *– Madonna con Bambino e Santi★ del Beato Angelico nella chiesa di Sa Domenico Sud-Ovest : 2,5 km* FT *(pianta di Firenze).*
piazza Mino da Fiesole 36 ✆ 055 598720, Fax 055 598822.
Roma 285 – Firenze 8 – Arezzo 89 – Livorno 124 – Milano 307 – Pistoia 45 – Siena 76.

Pianta di Firenze : percorsi di attraversamento.

Villa San Michele, via Doccia 4 ✆ 055 5678200, *Fax 055 5678250,* Firenze e col « Costruzione quattrocentesca con parco e giardino », riscaldata – AE VISA JCB. BR
9 marzo-3 dicembre – **Pasto** carta 145/210000 – **25 cam** 1555/1750000, 15 apparta menti 2300/2900000 – ½ P 675/875000.

Villa Fiesole senza rist, via Beato Angelico 35 ✆ 055 597252, *Fax 055 599133,* Firenz e colli, – P. AE VISA BR
20000 – **28 cam** 410/430000.

Villa Aurora, piazza Mino da Fiesole 39 ✆ 055 59100, *Fax 055 59587,* – P – 150
25 cam.

Bencistà, via Benedetto da Maiano 4 ✆ 055 59163, *Fax 055 59163,* Firenze e col « Vecchia villa fra gli oliveti », – rist, P. rist BR
Pasto (solo per alloggiati) – **42 cam** solo ½ P 150000.

Carpe Diem, via Mantellini 2/b ✆ 055 599595, *Fax 055 599008,* « Servizio estivo in terrazza con piano-bar serale in giardino », – P. AE VISA 1,5 km per via Fra da Fiesole
chiuso dal 10 al 17 agosto e lunedì – **Pasto** carta 75/110000.

I' Polpa, piazza Mino da Fiesole 21/22 ✆ 055 59485, prenotare – AE VISA JCB
chiuso agosto e mercoledì – **Pasto** carta 50/80000. **c**

SAN FRANCESCO
GIARDINI PUBBLICI
Via G. Duprè
Zona Archeologica
Museo Bandini
Via A. Costa
Pza del Mercato
Sant' Alessandro
DUOMO
V. Gramsci
Pza Garibaldi
Via Vecchia Fiesolana
Via Fra G. da Fiesole
Pza Mino da Fiesole
Santa Maria Primerana
Via Sant' Apollinare
V. Verdi
FIESOLE
0 200 m
Badia Fiesolana, San Domenico FIRENZE

a Montebeni *Est : 5 km FT – ✉ 50014 Fiesole :*

X **Tullio a Montebeni,** via Ontignano 48 ☎ 055 697354, ☂ – AE ⑤ ⓓ ⓜ VISA JCB
chiuso agosto e lunedì – **Pasto** carta 35/65000.

ad Olmo *Nord-Est : 9 km FT – ✉ 50014 Fiesole :*

Dino, via Faentina 329 ☎ 055 548932, *Fax 055 548934*, ≤, ✂ – TV ☎ ⇔ P. AE ⑤ ⓓ ⓜ VISA. ✂ rist
Pasto *(chiuso mercoledì escluso giugno-settembre)* carta 30/45000 (12 %) – ☕ 10000 – **18 cam** 110/150000 – ½ P 115000.

XX **La Panacea del Bartolini,** via dei Bosconi 58/A ☎ 055 548972, *Fax 055 548973*, « Servizio estivo in terrazza con ≤ colline fiesolane », ☂ – P. AE ⑤ ⓓ ⓜ VISA. ✂
chiuso a mezzogiorno (escluso domenica) e lunedì da ottobre a maggio – **Pasto** carta 80/130000
Spec. Insalatina di gamberoni, agrumi, pinoli e tartufo. Maltagliati all'astice, pomodoro fresco e basilico. Bistecca alla fiorentina.

FIESSO D'ARTICO *30032 Venezia 429 F 18 G. Venezia – 5 764 ab..*

Roma 508 – Padova 15 – Milano 247 – Treviso 42 – Venezia 30.

Villa Giulietta senza rist, via Riviera del Brenta 169 ☎ 041 5161500, *Fax 041 5161212*, ☂ – ▤ TV ☎ ♿ P. AE ⑤ ⓓ ⓜ VISA. ✂
☕ 15000 – **36 cam** 110/160000.

XX **Da Giorgio,** via Riviera del Brenta 228 ☎ 041 5160204 – ▤ P. AE ⑤ ⓓ ⓜ VISA. ✂
chiuso agosto e mercoledì – **Pasto** specialità di mare carta 50/85000.

FIGINO SERENZA *22060 Como 428 E 9, 219 ⑲ – 4 593 ab. alt. 330.*

Roma 622 – Como 14 – Milano 34.

Park Hotel e Villa Argenta, via XXV Aprile 5/14 ☎ 031 780792, *Fax 031 780117*, ☂ – |‡| ▤ TV ☎ ⇔ P – 🏛 200. AE ⑤ ⓓ ⓜ VISA JCB
chiuso agosto e dal 24 dicembre al 7 gennaio – **Pasto** *(chiuso domenica)* carta 50/80000 – ☕ 15000 – **40 cam** 155/200000.

FILIANO *85020 Potenza 431 E 29 – 3 292 ab. alt. 600.*

Roma 381 – Potenza 31 – Foggia 83 – Napoli 191.

sulla strada statale 93 *Nord : 2 km :*

Dei Castelli, contrada Iscalunga 25 ✉ 85020 ☎ 0971 88210, *Fax 0971 88256*, ⛱, ✂ – |‡| ▤ TV ☎ P – 🏛 200. AE ⑤ ⓓ ⓜ VISA. ✂ rist
Pasto carta 30/45000 – ☕ 6000 – **34 cam** 80/120000 – ½ P 100/110000.

FINALE LIGURE *17024 Savona 988 ⑫, 428 J 7 G. Italia – 12 302 ab..*

Vedere *Finale Borgo★ Nord-Ovest : 2 km.*

Escursioni *Castel San Giovanni : ≤★ 1 h a piedi AR (da via del Municipio).*

i *via San Pietro 14 ☎ 019 681019, Fax 019 681804.*

Roma 571 – Genova 72 – Cuneo 116 – Imperia 52 – Milano 195 – Savona 26.

Punta Est, via Aurelia 1 ☎ 019 600611, *Fax 019 600611*, ≤, ☂, « Antica dimora in un parco ombreggiato », ⛱ – |‡|, ▤ rist, TV ☎ P – 🏛 40. AE ⑤ ⓜ VISA. ✂
maggio-settembre – **Pasto** 50/100000 – ☕ 20000 – **42 cam** 250/400000, 5 appartamenti – ½ P 300000.

Internazionale, via Concezione 3 ☎ 019 692054, *Fax 019 692053* – ▤ TV ☎. AE ⑤ ⓜ VISA. ✂
chiuso dal 3 novembre al 28 dicembre – **Pasto** (solo per alloggiati) 35/45000 – ☕ 20000 – **32 cam** 120/150000 – ½ P 145000.

Medusa, vico Bricchieri 7 ☎ 019 692545, *Fax 019 695679* – |‡|, ▤ rist, TV ☎ ♿ ⇔ P. AE ⑤ ⓓ ⓜ VISA. ✂
Pasto (solo per alloggiati e *chiusonovembre*) 35/40000 – **28 cam** ☕ 100/160000 – ½ P 105/135000.

Rosita ⛰, via Mànie 67 (Nord-Est : 3 km) ☎ 019 602437, *Fax 019 601762*, « Servizio rist. estivo in terrazza con ≤ mare » – ☎ P. ✂
chiuso dal 5 al 20 gennaio e novembre – **Pasto** *(chiuso martedì e mercoledì)* carta 40/60000 – ☕ 10000 – **9 cam** 60/100000 – ½ P 65/85000.

XX **Harmony,** corso Europa 67 ☎ 019 601728, *Fax 019 601728*, ⛱ – [AE] [S] [O] [MC] VISA. ✈
chiuso novembre e martedì (escluso agosto) – **Pasto** 30000 e carta 55/75000.

X **La Lampara,** vico Tubino 4 ☎ 019 692430, prenotare – [S] [MC] VISA
chiuso mercoledì e novembre – **Pasto** carta 70/90000.

a Finalborgo *Nord-Ovest : 2 km* – ✉ *17024 Finale Ligure :*

XX **Ai Torchi,** via dell'Annunziata 12 ☎ 019 690531, prenotare – [AE] [S] [O] [MC] VISA. ✈
chiuso dal 7 gennaio al 10 febbraio, martedì (escluso agosto) e da ottobre a maggio anc lunedì – **Pasto** specialità di mare carta 65/110000.

FIORANO AL SERIO *24040 Bergamo* [428] E 11 – *2 636 ab. alt. 395.*

Roma 597 – Bergamo 22 – Brescia 65 – Milano 70.

XX **Del Sole,** piazza San Giorgio 20 ☎ 035 711443 – [S] [O] [MC] VISA
chiuso lunedì sera, martedì ed agosto – **Pasto** 25000 (solo a mezzogiorno) carta 50/7500

FIORANO MODENESE *41042 Modena* [428], [429], [430] I 14 – *15 867 ab. alt. 155.*

Roma 421 – Bologna 57 – Modena 15 – Reggio nell'Emilia 35.

Executive, circondariale San Francesco 2 ☎ 0536 832010, *Fax 0536 830229* – [‡] ▤ [TV] ☎ 🚗 [P] – 🏃 150. [AE] [S] [O] [MC] VISA. ✈
chiuso dal 9 al 23 agosto – **Pasto** al Rist. ***Exè*** *(chiuso sabato a mezzogiorno e domenic* carta 55/85000 – ☕ 19000 – **51 cam** 180/275000, 9 appartamenti.

Alexander senza rist, via della Resistenza 46, località Spezzano Ovest : 3 km ✉ 410 Spezzano ☎ 0536 845911, *Fax 0536 845183* – [‡] ▤ [TV] ☎ ♿ [P]. [AE] [S] [O] [MC] VISA. ✈
chiuso dal 10 al 20 agosto – ☕ 12000 – **48 cam** 110/160000.

FIORENZUOLA D'ARDA *29017 Piacenza* [988] [13] [14], [428], [429] H 11 – *13 468 ab. alt. 82.*

Roma 495 – Piacenza 24 – Cremona 31 – Milano 87 – Parma 37.

Concordia senza rist, via XX Settembre 54 ☎ 0523 982827, *Fax 0523 981098* – [TV] ☎.
[S] [O] [MC] VISA JCB
22 cam ☕ 90/130000, 2 appartamenti.

X **Mathis** con cam, via Matteotti 68 ☎ 0523 982850 – ▤ rist, [TV] ☎ [P]. [AE] [S] [O] [MC] VISA JCB
chiuso dal 10 al 20 agosto – **Pasto** *(chiuso domenica sera e lunedì)* carta 50/70000 ☕ 10000 – **16 cam** 120/150000 – 1/2 P 140000.

X **La Campana,** viale Prospero Verani 11 (via Emilia) ☎ 0523 943833 – ▤. [AE] [S] [O] [MC] VIS ✈
chiuso luglio e martedì – **Pasto** carta 45/70000.

Send us your comments on the restaurants we recommend
and your opinion on the specialities
and local wines they offer.

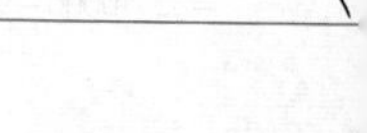

FIRENZE

50100 **P** 988 ⑮, 429, 430 K 15 *G. Toscana – 376 760 ab. alt. 49.*

Roma 277 ③ – Bologna 105 ⑦ – Milano 298 ⑦.

UFFICIO INFORMAZIONI TURISTICHE

via Cavour 1 r ✉ 50129 ☎ 055 290832, Fax 055 2760383.

A.C.I. *viale Amendola 36 ✉ 50121 ☎ 055 24861.*

INFORMAZIONI PRATICHE

✈ *Amerigo Vespucci Nord-Ovest : 4 km* AR *☎ 055 30615, Fax 055 2788400.*

Alitalia, vicolo dell'Oro 1, ✉ 50123 ☎ 055 27881, Fax 055 2788400.

18 *Dell'Ugolino (chiuso lunedì) a Grassina ✉ 50015 ☎ 055 2301009, Fax 055 2301141 Sud : 12 km* BS.

LUOGHI DI INTERESSE

Duomo★★★ Y *: esterno dell'abside★★★, cupola★★★ (※★★) – Campanile★★★* Y **B** *: ※★★ – Battistero★★★* Y **A** *: porte★★★, mosaici★★★ – Museo dell'Opera del Duomo★★* Y **M**[5] *– Piazza della Signoria★★* Z *– Loggia della Signoria★★* Z **K** *: Perseo★★★ di B. Cellini*

Palazzo Vecchio★★★ Z **H** *– Galleria degli Uffizi★★★* EU **M**[3] *– Palazzo e museo del Bargello★★★* EU **M**[10]

San Lorenzo★★★ DU **V** *: chiesa★★, Biblioteca Laurenziana★★, tombe dei Medici★★★ nelle Cappelle Medicee★★ – Palazzo Medici-Riccardi★★* EU **S**[2] *: Cappella★★★, sala di Luca Giordano★★*

Chiesa di Santa Maria Novella★★ DU **W** *: affreschi del Ghirlandaio★★★ – Ponte Vecchio★★* Z *– Palazzo Pitti★★* DV *: galleria Palatina★★★, museo degli Argenti★★, opere dei Macchiaioli★★ nella galleria d'Arte Moderna★ – Giardino di Boboli★* DV *: ※★ dal Forte del Belvedere*

Museo delle Porcellane★ DV *– Convento e museo di San Marco★★* ET *: opere★★★ del Beato Angelico – Galleria dell'Accademia★★* ET *: galleria delle opere di Michelangelo★★★*

Piazza della Santissima Annunziata★ ET **168** *: affreschi★ nella chiesa, portico★★ ornato di medaglioni★★ nell'Ospedale degli Innocenti★ – Chiesa di Santa Croce★★* EU *: Cappella dei Pazzi★★ – Passeggiata ai Colli★★ : ※★★★ da piazzale Michelangiolo* EFV*, chiesa di San Miniato al Monte★★* EFV.

Palazzo Strozzi★★ DU **S**[4] *– Palazzo Rucellai★★* DU **S**[3] *– Affreschi di Masaccio★★ nella Cappella Brancaccia Santa Maria del Carmine* DUV *– Cenacolo di Fuligno (Ultima Cena★)* DT*, Cenacolo di San Salvi★* BS **G** *– Orsanmichele★* EU **R** *: tabernacolo★★ dell'Orcagna – La Badia* EU **E** *: campanile★, bassorilievo in marmo★★, tombe★, Apparizione della Madonna a San Bernardo★ di Filippino Lippi – Cappella Sassetti★★ e cappella dell'Annunziazione★ nella chiesa di Santa Trinità* DU **X** *– Chiesa di Santo Spirito★* DUV

Cenacolo★ di Sant'Apollonia ET *– Ognissanti* DU *: Cenacolo★ del Ghirlandaio – Palazzo Davanzati★* Z **M**[4] *– Loggia del Mercato Nuovo★* Z **N** *– Musei : Archeologico★★ (Chimera di Arezzo★★ Vaso François★★)* ET*, di Storia della Scienza★* EU **M**[6] *– Museo Marino Marini★* Z **M**[7] *– Museo Bardini★* EV *– Museo La Specola★* DV *– Casa Buonarroti★* EU **M**[1] *– Opificio delle Pietre Dure★* ET **M**[9] *– Crocifissione★ del Perugino* EU **C**.

DINTORNI

Ville Medicee★ BR **B** *: villa della Petraia★, villa di Castello★* AR **C***, villa di Poggio a Caiano★★ per S 66 : 17 km – Certosa del Galluzzo★★* ABS.

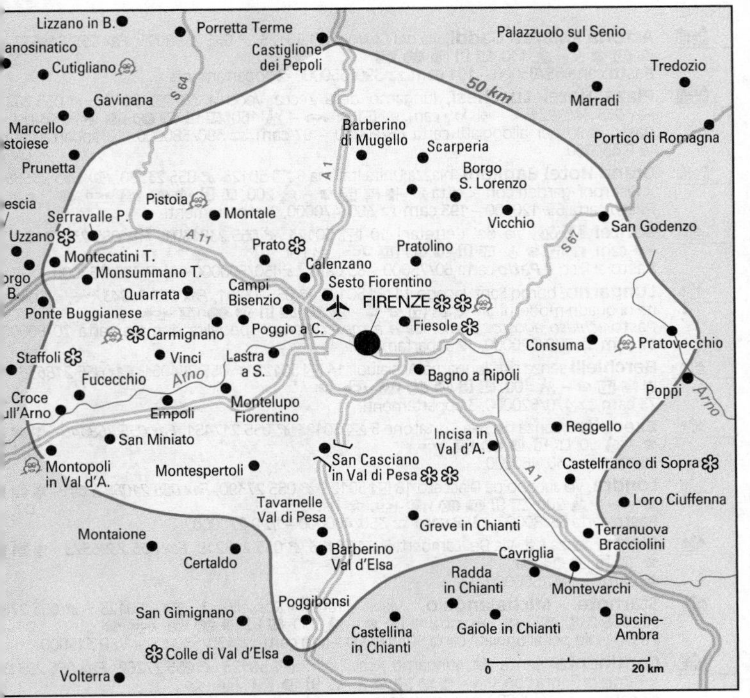

Excelsior, piazza Ognissanti 3 ✉ 50123 ☏ 055 264201, *Fax 055 210278* – 150. DU b
Pasto carta 115/175000 – 45000 – **146 cam** 885/1065000, 22 appartamenti.

Grand Hotel, piazza Ognissanti 1 ✉ 50123 ☏ 055 288781, *Fax 055 217400* – 220. DU a
Pasto carta 120/185000 – 45000 – **94 cam** 705/1065000, 13 appartamenti.

Villa Medici, via Il Prato 42 ✉ 50123 ☏ 055 2381331, *Fax 055 2381336* – 90. CT c
Pasto carta 80/120000 – 50000 – **90 cam** 520/825000, 13 appartamenti.

Regency, piazza Massimo D'Azeglio 3 ✉ 50121 ☏ 055 245247, *Fax 055 2346735* – FU a
Pasto al Rist. ***Relais le Jardin*** (prenotare) carta 85/110000 – **35 cam** 575/715000, 2 appartamenti.

Helvetia e Bristol, via dei Pescioni 2 ✉ 50123 ☏ 055 287814, *Fax 055 288353* – Z b
Pasto carta 70/115000 – 40000 – **34 cam** 440/675000, 18 appartamenti 840/1650000.

Gd H. Minerva M, piazza Santa Maria Novella 16 ✉ 50123 ☏ 055 27230, *Fax 055 268281* – 90. Y n
Pasto carta 60/95000 – **93 cam** 360/650000, 6 appartamenti.

Albani, via Fiume 12 ✉ 50123 ☏ 055 26030, *Fax 055 211045* – 100. DT a
Pasto carta 60/90000 – **89 cam** 370/530000, 4 appartamenti.

Brunelleschi, piazza Santa Elisabetta 3 ✉ 50122 ☏ 055 27370, *Fax 055 219653*, « Piccolo museo privato in una torre di origine bizantina » – cam, – 100. Z c
Pasto *(chiuso domenica)* carta 70/100000 – **87 cam** 400/530000, 9 appartamenti.

Astoria Palazzo Gaddi, via del Giglio 9 ✉ 50123 ☎ 055 2398095, *Fax 055 214632* – ▤ TV ☎ ♿ – 🏛 130. AE ⑤ ⓓ ⓜ VISA
Pasto carta 55/85000 – **101 cam** ☕ 390/550000, 2 appartamenti. Y

Plaza Hotel Lucchesi, lungarno della Zecca Vecchia 38 ✉ 50122 ☎ 055 262 *Fax 055 2480921*, ≤ – |‡|, ⚔ cam, ▤ TV ☎ 🚗 – 🏛 160. AE ⑤ ⓓ ⓜ VISA JCB. ✂ rist
Pasto (solo per alloggiati) carta 65/90000 – **97 cam** ☕ 390/580000, 10 appartament ½ P 350000. EV

Grand Hotel Baglioni, piazza Unità Italiana 6 ✉ 50123 ☎ 055 23580, *Fax 055 23588* « Rist roof-garden con ≤ città » – |‡| ▤ TV ☎ – 🏛 200. AE ⑤ ⓓ ⓜ VISA JCB. ✂
Pasto carta 65/120000 – **193 cam** ☕ 360/470000, 2 appartamenti. Y

Sofitel M 🔇, via de' Cerretani 10 ✉ 50123 ☎ 055 2381301, *Fax 055 2381312* – ⚔ cam, ▤ TV ☎ ♿. AE ⑤ ⓓ ⓜ VISA JCB. ✂ rist
Pasto al Rist. ***Il Patio*** carta 60/75000 – **83 cam** ☕ 450/590000 – ½ P 335/365000. Y

Lungarno, borgo Sant'Jacopo 14 ✉ 50125 ☎ 055 27261, *Fax 055 268437*, ≤, « Collez ne di quadri moderni » – |‡| ▤ TV ☎ ☏ – 🏛 30. AE ⑤ ⓓ ⓜ VISA JCB
Pasto *(chiuso agosto, domenica e a mezzogiorno)* specialità di mare carta 70/80000
57 cam ☕ 570/620000, 12 appartamenti. Z

Berchielli senza rist, lungarno Acciaiuoli 14 ✉ 50123 ☎ 055 264061, *Fax 055 218636*, ≤ |‡| ▤ TV ☎ – 🏛 100. AE ⑤ ⓓ ⓜ VISA JCB. ✂
73 cam ☕ 470/520000, 3 appartamenti. Z

Executive senza rist, via Curtatone 5 ✉ 50123 ☎ 055 217451, *Fax 055 268346* – |‡| ▤ ☎ – 🏛 50. AE ⑤ ⓓ ⓜ VISA JCB
38 cam ☕ 330/460000. CU

Londra, via Jacopo da Diacceto 18 ✉ 50123 ☎ 055 27390, *Fax 055 210682*, 🏖 – |‡| ▤ ☎ 🚗 – 🏛 200. AE ⑤ ⓓ ⓜ VISA JCB. ✂ rist
Pasto carta 55/80000 – **158 cam** ☕ 350/460000 – ½ P 270000. DT

Pierre, senza rist, via De' Lamberti 5 ✉ 50123 ☎ 055 216218, *Fax 055 2396573* – |‡| ▤ ☎. AE ⑤ ⓓ ⓜ VISA
40 cam ☕ 380/500000. Z

Starhotel Michelangelo, viale Fratelli Rosselli 2 ✉ 50123 ☎ 055 278 *Fax 055 2382232* – |‡|, ⚔ cam, ▤ TV ☎ – 🏛 250. AE ⑤ ⓓ ⓜ VISA JCB. ✂
Pasto (solo per alloggiati) carta 50/100000 – **119 cam** ☕ 470/530000 – ½ P 315000. CT

Continental senza rist, lungarno Acciaiuoli 2 ✉ 50123 ☎ 055 27262, *Fax 055 28313* « Terrazza fiorita con ≤ » – |‡| ▤ TV ☎ ♿. AE ⑤ ⓓ VISA JCB. ✂
47 cam ☕ 370/490000, appartamento. Z

Rivoli senza rist, via della Scala 33 ✉ 50123 ☎ 055 282853, *Fax 055 294041*, 🏖 – |‡| ▤ ☎ ♿ – 🏛 100. AE ⑤ ⓓ ⓜ VISA JCB. ✂
65 cam ☕ 350/490000. DU

De la Ville senza rist, piazza Antinori 1 ✉ 50123 ☎ 055 2381805, *Fax 055 2381809* – |‡| TV ☎ ☏ – 🏛 60. AE ⑤ ⓓ ⓜ VISA
☕ 35000 – **67 cam** 450/590000, 4 appartamenti. Y

J and J senza rist, via di Mezzo 20 ✉ 50121 ☎ 055 263121, *Fax 055 240282* – ▤ TV ☎. ⑤ ⓓ ⓜ VISA JCB. ✂
15 cam ☕ 500000, 5 appartamenti. EU

Montebello Splendid, via Montebello 60 ✉ 50123 ☎ 055 2398051, *Fax 055 21186* 🏖 – |‡| ▤ TV ☎ P – 🏛 100. AE ⑤ ⓓ ⓜ VISA JCB. ✂ rist
Pasto carta 75/115000 – ☕ 30000 – **53 cam** 350/510000, appartamento – ½ P 330000. CU

Principe, senza rist, lungarno Vespucci 34 ✉ 50123 ☎ 055 284848, *Fax 055 283458*, ≤ 🏖 – |‡| ▤ TV ☎. AE ⑤ ⓓ ⓜ VISA JCB
18 cam ☕ 350/470000, 2 appartamenti. CU

Il Guelfo Bianco senza rist, via Cavour 29 ✉ 50129 ☎ 055 288330, *Fax 055 295203* – ▤ TV ☎ ♿. AE ⑤ ⓜ VISA. ✂
29 cam ☕ 215/300000. ET

Botticelli senza rist, via Taddea 8 ✉ 50123 ☎ 055 290905, *Fax 055 294322* – |‡| ▤ TV ♿. AE ⑤ ⓓ ⓜ VISA JCB
34 cam ☕ 220/340000. ET

Malaspina senza rist, piazza dell'Indipendenza 24 ✉ 50129 ☎ 055 48986 *Fax 055 474809* – |‡| ▤ TV ☎ ♿. AE ⑤ ⓓ ⓜ VISA. ✂
31 cam ☕ 210/330000. ET

Porta Faenza, senza rist, via Faenza 77 ✉ 50123 ☎ 055 217975, *Fax 055 210101* – |‡| ⚔ cam, ▤ TV ☎ ♿ 🚗 – 🏛 30
25cam. DT

Palazzo Benci senza rist, piazza Madonna degli Aldobrandini 3 ✉ 5012 ☎ 055 2382821, *Fax 055 288308* – |‡| ▤ TV ☎ – 🏛 30. AE ⑤ ⓓ ⓜ VISA JCB. ✂
35 cam ☕ 200/320000. Y

FIRENZE

PERCORSI DI ATTRAVERSAMENTO E DI CIRCONVALLAZIONE

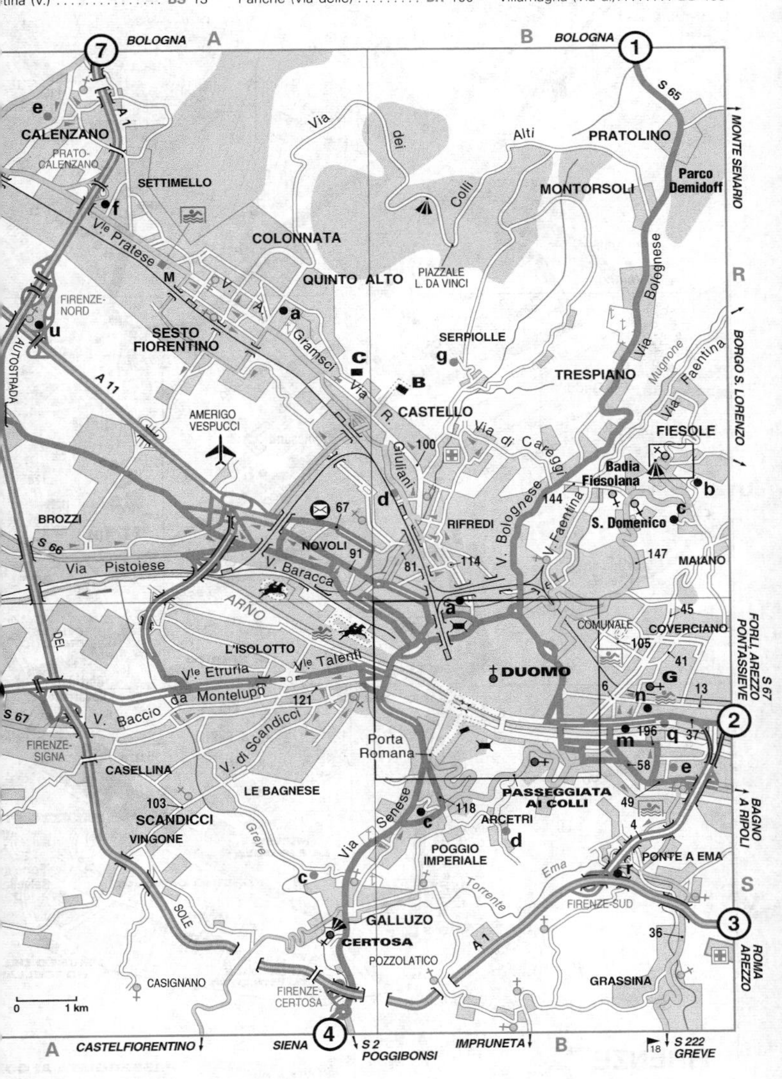

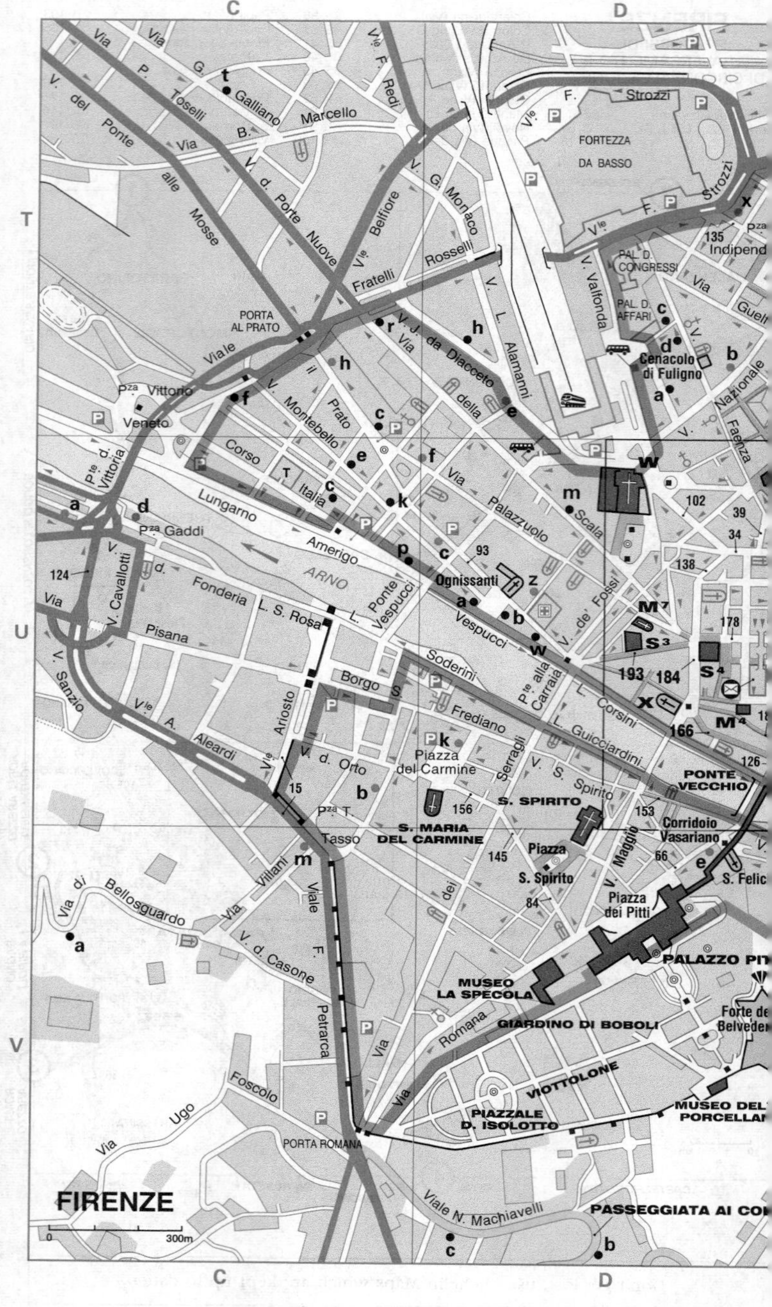

FIRENZE
FORTEZZA DA BASSO
PORTA AL PRATO
ARNO
Ognissanti
PONTE VECCHIO
Corridoio Vasariano
S. SPIRITO
S. MARIA DEL CARMINE
Piazza del Carmine
Piazza dei Pitti
PALAZZO PITTI
MUSEO LA SPECOLA
GIARDINO DI BOBOLI
VIOTTOLONE
PIAZZALE D. ISOLOTTO
MUSEO DEL PORCELLANE
Forte de Belvedere
PORTA ROMANA
PASSEGGIATA AI COLLI
Cenacolo di Fuligno
PAL. D. CONGRESSI
PAL. D. AFFARI

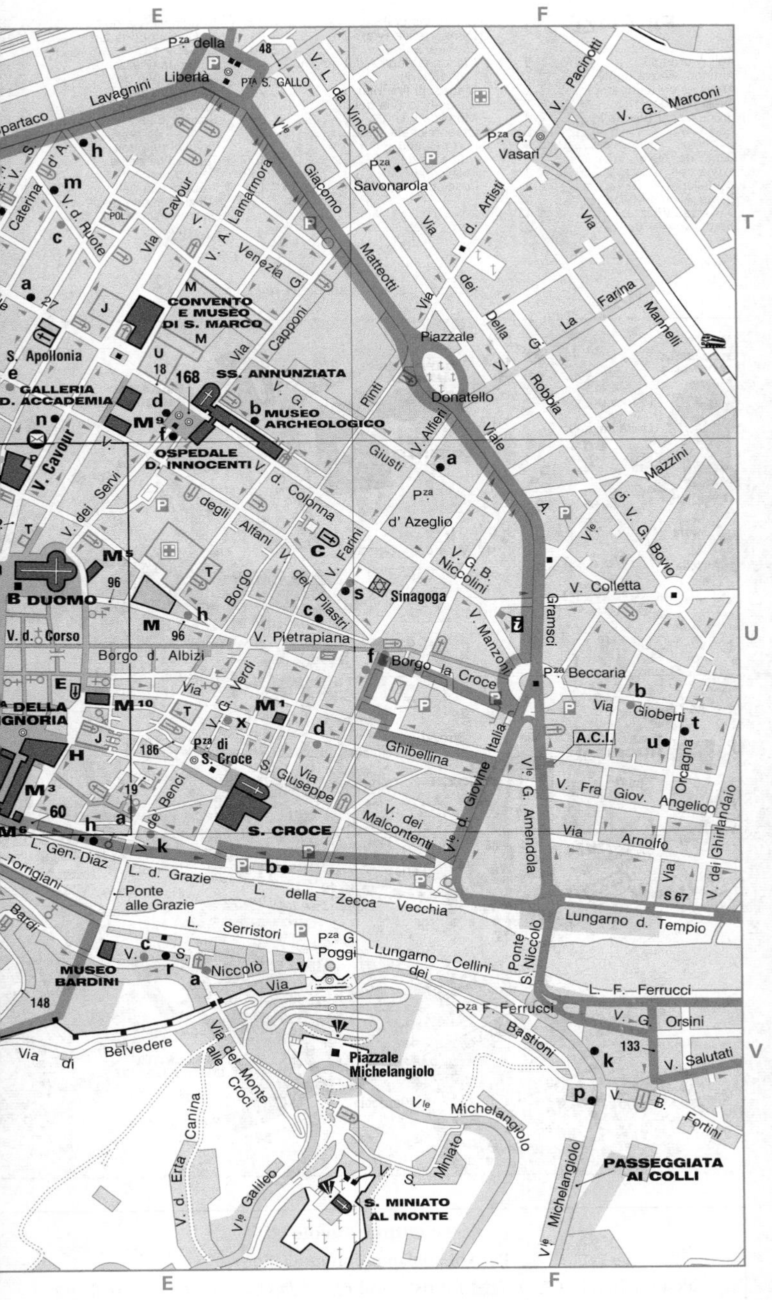
E
F
T
U
V
Pza della Libertà
PTA S. GALLO
Lavagnini
V. L. da Vinci
V. Pacinotti
V. G. Marconi
Pza G. Vasari
Pza Savonarola
Vle Giacomo Matteotti
Via Cavour
V. A. Lamarmora
V. Venezia
Via d. Artisti
Via dei Della Robbia
V. G. La Farina
Via Mannelli
CONVENTO E MUSEO DI S. MARCO
S. Apollonia
GALLERIA D. ACCADEMIA
SS. ANNUNZIATA
MUSEO ARCHEOLOGICO
OSPEDALE D. INNOCENTI
Piazzale Donatello
V. Alfieri
V. Giusti
Pza d' Azeglio
V. d. Colonna
V. G. B. Niccolini
Viale Mazzini
V. G. Bovio
V. Colletta
V. dei Servi
V. Cavour
Via degli Alfani
Borgo Pinti
V. dei Pilastri
V. Farini
Sinagoga
V. Manzoni
Gramsci
DUOMO
V. d. Corso
Borgo d. Albizi
V. Pietrapiana
Borgo la Croce
Pza Beccaria
Via Gioberti
Via Orcagna
V. G. Verdi
A.C.I.
Ghibellina
Pza di S. Croce
Via S. Giuseppe
V. Fra Giov. Angelico
V. dei Malcontenti
Vle d. Giovine Italia
Vle G. Amendola
Via Arnolfo
V. dei Ghirlandaio
S. CROCE
V. de Benci
L. Gen. Diaz
L. d. Grazie
L. della Zecca Vecchia
Lungarno d. Tempio
Torrigiani
Ponte alle Grazie
L. Serristori
Pza G. Poggi
Lungarno Cellini
Ponte S. Niccolò
Bardi
MUSEO BARDINI
V. S. Niccolò
Via dei Bastioni
L. F. Ferrucci
Pza F. Ferrucci
V. G. Orsini
V. Salutati
V. B. Fortini
Via di Belvedere
Via del Monte alle Croci
Piazzale Michelangiolo
Vle Michelangiolo
PASSEGGIATA AI COLLI
V. d. Erta Canina
Vle Galileo
V. S. Miniato
S. MINIATO AL MONTE
S 67

FIRENZE

Agli (Via degli) . . . . Y 3
Antinori (Piazza degli) . . . . . . Y 10
Archibusieri (Lungarno) . . . . . Z 12
Avelli (Via degli) . . . . Y 16
Brunelleschi (Via de') . . . . . YZ 22
Calimala . . . . Z 24
Calzaiuoli (Via dei) . . . . YZ
Canto de' Nelli
(Via del) . . . . Y 27
Castellani (Via de') . . . . Z 31
Dante Alighieri (Via) . . . . Z 42
Davanzati (Piazza) . . . . Z 43
Fiordaliso (Via del) . . . . Z 52
Gondi (Via dei) . . . . Z 61
Lambertesca (Via) . . . . Z 69
Leoni (Via dei) . . . . Z 70
Madonna degli Aldobrandini
(Piazza di) . . . . Y 75
Magazzini (Via dei) . . . . Z 76
Melarancio (Via del) . . . . Y 85
Monalda (Via) . . . . Z 88
Orsanmichele (Via) . . . . Z 99
Parte Guelfa
(Piazza di) . . . . Z 106
Pellicceria (Via) . . . . Z 109
Pescioni (Via de') . . . . YZ 111
Por S. Maria (Via) . . . . Z 126
Porta Rossa (Via) . . . . Z
Roma (Via) . . . . YZ
Rondinelli (Via de') . . . . Y 1
S. Giovanni (Piazza) . . . . Y 1
S. Jacopo (Borgo) . . . . Z
S. Trinita (Piazza) . . . . Z 1
Sassetti (Via de') . . . . Z 1
Spada (Via della) . . . . Z 1
Speziali (Via degli) . . . . Z 1
Strozzi (Piazza) . . . . Z 1
Strozzi (Via degli) . . . . Z
Tavolini (Via dei) . . . . Z 1
Terme (Via delle) . . . . Z 1
Tornabuoni (Via) . . . . Z
Trebbio (Via del) . . . . Y 1
Uffizi (Piazzale degli) . . . . Z 1
Vaccherecia (Via) . . . . Z 1
Vecchio (Ponte) . . . . Z

Circolazione regolamentata nel centro città

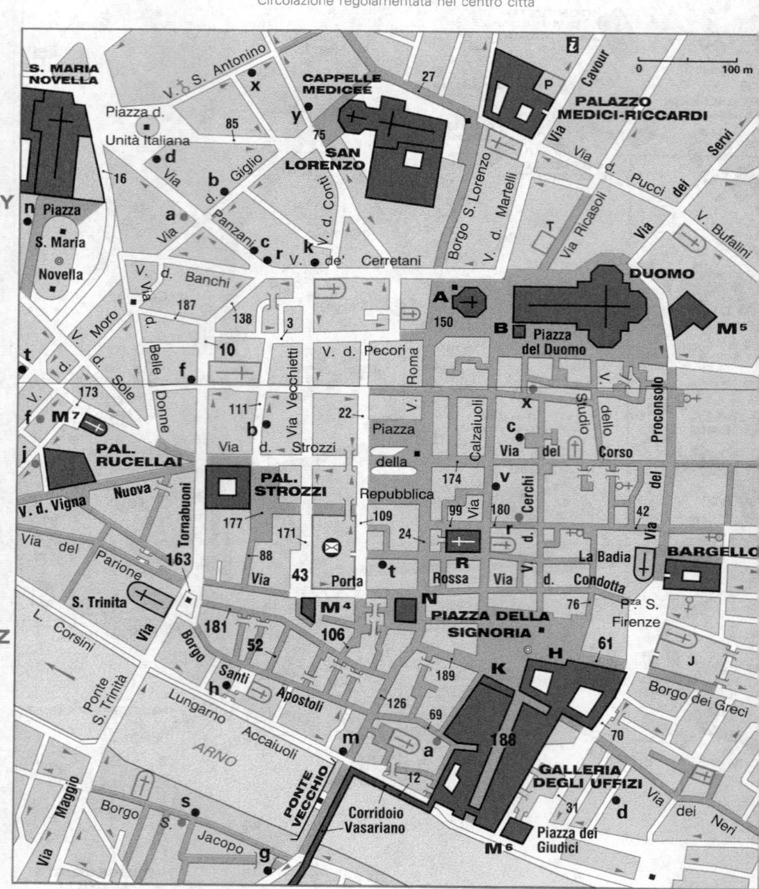

Le Ottime Tavole

Per voi abbiamo contraddistinto
alcuni alberghi (🏨 ... 🏨🏨🏨🏨🏨) e ristoranti (✗ ... ✗✗✗✗✗) con ✿, ✿✿ o ✿✿✿.

INDICE TOPONOMASTICO DELLE PIANTE DI FIRENZE

Select senza rist, via Giuseppe Galliano 24 ✉ 50144 ✆ 055 330342, *Fax 055 351506* – |♦| TV ☎ – 🏛 25. AE ⓢ ⓞ ⓜ VISA JCB CT
38 cam ☐ 220/330000.

Grifone senza rist, via Pilati 22 ✉ 50136 ✆ 055 623300, *Fax 055 677628* – |♦| ▤ TV ☎ AE ⓢ ⓞ ⓜ VISA JCB. ✻ BS
60 cam ☐ 180/280000, 9 appartamenti.

David senza rist, viale Michelangiolo 1 ✉ 50125 ✆ 055 6811695, *Fax 055 680602*, – ▤ TV ☎ P. AE ⓢ ⓜ VISA JCB. ✻ FV
24 cam ☐ 150/260000.

Villa Liberty senza rist, viale Michelangiolo 40 ✉ 50125 ✆ 055 681058 *Fax 055 6812595*, – |♦| ▤ TV ☎ P. AE ⓢ ⓞ ⓜ VISA JCB FV
15 cam ☐ 250/310000, 2 appartamenti.

Royal senza rist, via delle Ruote 52 ✉ 50129 ✆ 055 483287, *Fax 055 490976*, « Giardino – |♦| ▤ TV ☎ P. AE ⓢ ⓞ ⓜ VISA ET
39 cam ☐ 200/320000.

De Rose Palace Hotel senza rist, via Solferino 5 ✉ 50123 ✆ 055 239681 *Fax 055 268249* – |♦| ▤ TV ☎. AE ⓢ ⓞ ⓜ VISA JCB CU
18 cam ☐ 260/400000.

Goldoni senza rist, via Borgo Ognissanti 8 ✉ 50123 ✆ 055 284080, *Fax 055 282576* – ▤ TV ☎. AE ⓢ ⓞ ⓜ VISA DU
☐ 10000 – **20 cam** 190/300000.

City senza rist, via Sant'Antonino 18 ✉ 50123 ✆ 055 211543, *Fax 055 295451* – |♦| ▤ ☎. AE ⓢ ⓞ ⓜ VISA JCB Y
20 cam ☐ 250/310000.

Ville sull'Arno, lungarno Colombo 3 ✉ 50136 ✆ 055 670971, *Fax 055 678244*, ≤, « Piccolo giardino con 🏊 » – ▤ TV ☎ ♿ 🚗 P – 🏛 25. AE ⓢ ⓞ ⓜ VISA. ✻ rist BS
Pasto (solo per alloggiati) carta 50/70000 – **47 cam** ☐ 250/380000.

Loggiato dei Serviti senza rist, piazza SS. Annunziata 3 ✉ 50122 ✆ 055 289592 *Fax 055 289595*, « In un edificio cinquecentesco » – |♦| ▤ TV ☎. AE ⓢ ⓞ ⓜ VISA JCB ET
25 cam ☐ 230/340000, 4 appartamenti.

Villa Azalee senza rist, viale Fratelli Rosselli 44 ✉ 50123 ✆ 055 214242, *Fax 055 26826* – ▤ TV ☎. AE ⓢ ⓞ VISA CT
25 cam ☐ 265/290000.

Morandi alla Crocetta senza rist, via Laura 50 ✉ 50121 ✆ 055 2344747 *Fax 055 2480954* – ▤ TV ☎. AE ⓢ ⓞ ⓜ VISA ET
☐ 18000 – **10 cam** 170/290000.

Pitti Palace senza rist, via Barbadori 2 ✉ 50125 ✆ 055 2398711, *Fax 055 2398867* – |♦| ▤ TV ☎. AE ⓢ ⓞ ⓜ VISA JCB. ✻ Z
72 cam ☐ 230/340000, appartamento.

Unicorno senza rist, via dei Fossi 27 ✉ 50123 ✆ 055 287313, *Fax 055 268332* – |♦| ✻ cam, ▤ TV ☎. AE ⓢ ⓞ ⓜ VISA JCB. ✻ Y
28 cam ☐ 200/325000.

Le Due Fontane senza rist, piazza della SS. Annunziata 14 ✉ 50122 ✆ 055 210185 *Fax 055 294461* – |♦| ▤ TV ☎ – 🏛 40. AE ⓢ ⓞ ⓜ VISA. ✻ ETU
57 cam ☐ 220/300000.

Calzaiuoli senza rist, via Calzaiuoli 6 ✉ 50122 ✆ 055 212456, *Fax 055 268310* – |♦| ▤ TV ☎. AE ⓢ ⓞ ⓜ VISA Z
45 cam ☐ 270/310000.

Laurus senza rist, via de' Cerretani 8 ✉ 50123 ✆ 055 2381752, *Fax 055 268308* – |♦| ▤ TV ☎. AE ⓢ ⓞ ⓜ VISA JCB. ✻ Y
59 cam ☐ 250/370000.

Cellai senza rist, via 27 Aprile 14 ✉ 50129 ✆ 055 489291, *Fax 055 470387*, « Terrazza panoramica » – |♦| ▤ TV ☎. AE ⓢ ⓞ ⓜ VISA JCB ET
47 cam ☐ 240/340000.

Rapallo senza rist, via di Santa Caterina d'Alessandria 7 ✉ 50129 ✆ 055 472412, *Fax 055 470385* – |♦| ▤ TV ☎. AE ⓢ ⓞ ⓜ VISA ET
☐ 25000 – **27 cam** 180/300000.

Balestri senza rist, piazza Mentana 7 ✉ 50122 ✆ 055 214743, *Fax 055 2398042*, ≤ – |♦| ▤ TV ☎ – 🏛 50. AE ⓢ ⓞ ⓜ VISA. ✻ EUV
49 cam ☐ 280/320000, appartamento.

Vasari senza rist, via Cennini 9/11 ✉ 50123 ✆ 055 212753, *Fax 055 294246* – |♦| ▤ TV ☎ ♿ P. AE ⓢ ⓞ ⓜ VISA JCB DT
30 cam ☐ 190/240000.

Silla senza rist, via dei Renai 5 ✉ 50125 ☎ 055 2342888, *Fax 055 2341437* – . AE VISA. EV r
36 cam 210/260000.

Sanremo senza rist, lungarno Serristori 13 ✉ 50125 ☎ 055 2342823, *Fax 055 2342269* – . AE VISA EV v
chiuso dal 15 gennaio al 15 febbraio – **20 cam** 180/250000.

Residenza Johanna senza rist, via Cinque Giornate 12 ✉ 50129 ☎ 055 473377, *Fax 055 473377* – P. BR a
6 cam 140000.

Residenza Hannah e Johanna senza rist, via Bonifacio Lupi 14 ✉ 50129 ☎ 055 481896, *Fax 055 482721* – . ET h
11 cam 85/130000.

Alba senza rist, via della Scala 22 ✉ 50123 ☎ 055 282610, *Fax 055 288358* – . AE VISA JCB DU m
24 cam 200/290000.

Orcagna senza rist, via Orcagna 57 ✉ 50121 ☎ 055 669959, *Fax 055 669959* – . AE VISA FU u
18 cam 160/200000.

La Gioconda senza rist, via dei Panzani 2 ✉ 50123 ☎ 055 211023, *Fax 055 213136* – . AE VISA JCB Y c
25 cam 150/240000.

Jane senza rist, via Orcagna 56 ✉ 50121 ☎ 055 677382, *Fax 055 677383* – . AE VISA. FU t
24 cam 135/200000.

Fiorino senza rist, via Osteria del Guanto 6 ✉ 50122 ☎ 055 210579, *Fax 055 210580* – . AE VISA Z d
15000 – **23 cam** 130/190000.

Arizona senza rist, via Farini 2 ✉ 50121 ☎ 055 245321, *Fax 055 2346130* – . AE VISA EFU s
21 cam 160/250000.

Enoteca Pinchiorri, via Ghibellina 87 ✉ 50122 ☎ 055 242777, *Fax 055 244983*, Coperti limitati; prenotare, « Servizio estivo in un fresco cortile » – . AE VISA JCB
chiuso Natale, dal 31 dicembre al 6 gennaio, Pasqua, agosto, domenica e lunedì – **Pasto** 130000 (a mezzogiorno) 190/230000 (la sera) e carta 170/290000 EU x
Spec. Pici con le briciole. Branzino arrosto con pomodori marinati e melanzane in carrozza. Maialino di cinta senese al forno con patate novelle al lardo di colonnata.

Sabatini, via de' Panzani 9/a ✉ 50123 ☎ 055 211559, *Fax 055 210293*, Gran tradizione – . AE VISA JCB. Y a
chiuso lunedì – **Pasto** carta 105/155000 (13 %).

Don Chisciotte, via Ridolfi 4 r ✉ 50129 ☎ 055 475430, *Fax 055 485305*, Coperti limitati; prenotare – . AE VISA JCB DT x
chiuso agosto, domenica e lunedì a mezzogiorno – **Pasto** carta 65/110000 (10 %).

Taverna del Bronzino, via delle Ruote 25/27 r ✉ 50129 ☎ 055 495220, *Fax 055 4620076*, prenotare – . AE VISA JCB ET c
chiuso, Natale, Pasqua, agosto e domenica – **Pasto** carta 80/110000.

Cibreo, via dei Macci 118/r ☎ 055 2341100, *Fax 055 244966*, prenotare – . AE VISA JCB FU f
chiuso dal 31 dicembre al 6 gennaio dal 26 luglio al 6 settembre domenica e lunedì – **Pasto** carta 80/95000 e vedere anche rist ***Vineria Cibreino.***

Osteria n. 1, via del Moro 20 r ✉ 50123 ☎ 055 284897, *Fax 055 294318* – . AE VISA Z f
chiuso dal 3 al 26 agosto, domenica e lunedì a mezzogiorno – **Pasto** carta 65/105000.

Trattoria Vittoria, via della Fonderia 52 r ✉ 50142 ☎ 055 225657 – . AE VISA JCB CU d
chiuso agosto e mercoledì – **Pasto** specialità di mare carta 75/95000.

Enoteca Pane e Vino, via di San Niccolò 70 a/r ✉ 50125 ☎ 055 2476956, *Fax 055 2476956* – AE VISA. EV c
chiuso agosto e domenica, a mezzogiorno – **Pasto** 50000 e carta 50/80000.

Paoli, via dei Tavolini 12 r ✉ 50122 ☎ 055 216215, *Fax 055 216215*, « Decorazioni imitanti lo stile trecentesco » – . AE VISA Z r
chiuso agosto e martedì – **Pasto** carta 55/85000.

XX **Ottorino,** via delle Oche 12/16 r ✉ 50122 ✆ 055 215151, *Fax 055 287140* – ▤. AE Ⓢ ⓞ ⓜ VISA JCB. ✻ YZ x
chiuso dal 15 al 31 agosto e domenica – **Pasto** carta 60/90000.

XX Pierot, piazza Taddeo Gaddi 25 r ✉ 50142 ✆ 055 702100, *Fax 055 715326* – ▤ CU a

XX **La Baraonda,** via Ghibellina 67 r ✉ 50122 ✆ 055 2341171, *Fax 055 2341171*, prenotare – AE Ⓢ ⓞ ⓜ VISA. ✻ EU d
chiuso dal 3 al 9 gennaio, agosto, domenica e lunedì a mezzogiorno – **Pasto** carta 45/75000 (10 %).

XX **Le Fonticine,** via Nazionale 79 r ✉ 50123 ✆ 055 282106, « Collezione di quadri » – ▤ AE Ⓢ ⓞ ⓜ VISA JCB. ✻ DT b
chiuso domenica, lunedì, Natale, Capodanno e dal 22 luglio al 22 agosto – **Pasto** carta 55/65000 (12 %).

XX **I 4 Amici,** via degli Orti Oricellari 29 ✉ 50123 ✆ 055 215413, *Fax 055 289767* – ▤. AE Ⓢ ⓞ ⓜ VISA JCB. ✻ DT e
Pasto specialità di mare carta 65/80000 (12 %).

XX **Mamma Gina,** borgo Sant'Jacopo 37 r ✉ 50125 ✆ 055 2396009, *Fax 055 213908* – ▤ AE Ⓢ ⓞ ⓜ VISA JCB Z s
chiuso dal 7 al 21 agosto e domenica – **Pasto** carta 55/85000.

X **Vineria Cibreino** - Rist. Cibreo, via dei Macci 122/r ✉ 50122 ✆ 055 2341100, Copert limitati senza prenotazione – ▤. AE Ⓢ ⓞ ⓜ VISA JCB FU f
chiuso domenica, lunedì, dal 31 dicembre al 6 gennaio e dal 26 luglio al 6 settembre – **Pasto** carta 40/50000.

X **Il Profeta,** borgo Ognissanti 93 r ✉ 50123 ✆ 055 212265 – ▤. AE Ⓢ ⓞ ⓜ VISA. ✻
chiuso dal 15 al 31 agosto e domenica – **Pasto** carta 50/75000. DU

X **Fiorenza,** via Reginaldo Giuliani 51 r ✉ 50141 ✆ 055 416903, *Fax 055 416903* – ▤. AE Ⓢ ⓞ ⓜ VISA JCB BR d
chiuso agosto e domenica – **Pasto** giovedì, venerdì e sabato solo specialità di mare carta 45/85000.

X **Pandemonio,** via del Leone 50 r ✉ 50124 ✆ 055 224002 – AE Ⓢ ⓞ ⓜ VISA JCB. ✻
chiuso agosto e domenica – **Pasto** carta 65/115000 (10 %). CU b

X **Cafaggi,** via Guelfa 35 r ✉ 50129 ✆ 055 294989, *Fax 055 294989* – ▤. AE Ⓢ ⓞ ⓜ VISA
chiuso domenica e dal 29 luglio al 27 agosto – **Pasto** carta 40/100000. ET e

X Da Carmine-il Pizzaiuolo, via De' Macci 113 r ✉ 50122 ✆ 055 241171, Rist. e pizzeria, prenotare – ▤ FU f
Pasto specialità napoletane.

X **Del Carmine,** piazza del Carmine 18 r ✉ 50124 ✆ 055 218601, prenotare – AE Ⓢ ⓞ ⓜ VISA DU k
chiuso dal 7 al 21 agosto e domenica – **Pasto** carta 35/50000.

X **Baldini,** via il Prato 96 r ✉ 50123 ✆ 055 287663, *Fax 055 287663* – ▤. AE Ⓢ ⓞ ⓜ VISA. ✻ CT h
chiuso dal 24 dicembre al 3 gennaio, dal 1º al 20 agosto, sabato e domenica sera, in giugno-luglio anche domenica a mezzogiorno – **Pasto** carta 40/55000.

X **Osteria de' Benci,** via de' Benci 10/13 r ✉ 50122 ✆ 055 2344923, *Fax 055 2344932*, prenotare – ▤. AE Ⓢ ⓞ ⓜ VISA JCB EU a
chiuso domenica – **Pasto** carta 45/85000.

X **Osteria Antica Mescita,** via San Nicolò 60 r ✉ 50125 ✆ 055 2342836, Osteria con enoteca – ▤ EV a
chiuso agosto e domenica – **Pasto** carta 30/45000.

X **Il Latini,** via dei Palchetti 6 r ✉ 50123 ✆ 055 210916, *Fax 055 289794*, Trattoria tipica – AE Ⓢ ⓞ ⓜ VISA. ✻ Z j
chiuso dal 24 dicembre al 1º gennaio e lunedì – **Pasto** carta 45/60000.

X **La Carabaccia,** via Palazzuolo 190 r ✉ 50123 ✆ 055 214782, prenotare – ▤. AE Ⓢ ⓞ ⓜ VISA JCB CDU f
chiuso domenica e lunedì a mezzogiorno – **Pasto** carta 50/70000.

X **Del Fagioli,** corso Tintori 47 r ✉ 50122 ✆ 055 244285, Trattoria tipica toscana – ✻
chiuso agosto, sabato e domenica – **Pasto** carta 40/55000. EV k

X **Antico Fattore,** via Lambertesca 1/3 r ✉ 50122 ✆ 055 288975, *Fax 055 283341* ▤. AE Ⓢ ⓞ ⓜ VISA Z a
chiuso domenica e dal 15 luglio al 15 agosto – **Pasto** carta 45/75000 (12 %).

X **Cantina Barbagianni,** via Sant'Egidio 13 r ✉ 50122 ✆ 055 2480508, *Fax 055 2480508* – ▤. AE Ⓢ ⓞ ⓜ VISA EU h
chiuso dal 1º al 7 agosto e domenica – **Pasto** carta 45/70000 (15 %).

X **Il Cigno,** via Varlungo 3 r ✉ 50136 ✆ 055 691762, *Fax 055 691762*, 🏠 – P. Ⓢ ⓜ VISA
chiuso dal 16 al 23 agosto e lunedì – **Pasto** carta 45/95000. BS q

X **Ruth's,** via Farini 2 ✉ 50121 ☎ 055 2480888, prenotare – ▤ EU s
chiuso venerdì sera, sabato a mezzogiorno e le festività ebraiche – **Pasto** cucina ebraica carta 40/50000.

X **Da Mamma Elissa,** via D'Angiò 60/62 ✉ 50126 ☎ 055 6801370 – ▤. AE ⓢ ⓞ ⓜ VISA JCB. ⊁ BS e
chiuso agosto e domenica sera in luglio – **Pasto** specialità di mare carta 45/75000.

X **Alla Vecchia Bettola,** viale Ludovico Ariosto 32 r ✉ 50124 ☎ 055 224158, « Ambiente caratteristico » – ⊁ CV m
chiuso dal 23 dicembre al 2 gennaio, agosto, domenica e lunedì – **Pasto** carta 40/70000.

ai Colli *Sud : 3 km* **DEFV** *:*

Gd H. Villa Cora ⊳, viale Machiavelli 18 ✉ 50125 ☎ 055 2298451, *Fax 055 229086*, ⛱, Servizio navetta per il centro città, « Dimora ottocentesca in un parco fiorito con ⛆ » – |‡| ▤ TV ☎ P – 🏛 150. AE ⓢ ⓞ ⓜ VISA JCB. ⊁ rist DV b
Pasto al Rist. ***Taverna Machiavelli*** carta 85/170000 – **33 cam** ⊐ 490/910000, 15 appartamenti 1150/1500000.

Torre di Bellosguardo ⊳ senza rist, via Roti Michelozzi 2 ✉ 50124 ☎ 055 2298145, *Fax 055 229008*, ✳ città e colli, « Parco con giardino botanico, voliere e ⛆ » – |‡| ☎ P. AE ⓢ ⓞ ⓜ VISA CV a
⊐ 35000 – **10 cam** 360/480000, 6 appartamenti 580/680000.

Villa Belvedere ⊳ senza rist, via Benedetto Castelli 3 ✉ 50124 ☎ 055 222501, *Fax 055 223163*, ⋲ città e colli, « Parco-giardino con ⛆ », ⊁ – |‡| ▤ TV ☎ P. AE ⓢ ⓞ ⓜ VISA. ⊁ BS c
marzo-novembre – **23 cam** ⊐ 240/360000, 3 appartamenti.

Classic senza rist, viale Machiavelli 25 ✉ 50125 ☎ 055 229351, *Fax 055 229353*, ⛱ – |‡| TV ☎ P. AE ⓢ ⓞ ⓜ VISA DV c
⊐ 12000 – **16 cam** 150/220000, 3 appartamenti.

ad Arcetri *Sud : 5 km* **BS** – ✉ *50125 Firenze :*

X **Omero,** via Pian de' Giullari 11 r ☎ 055 220053, *Fax 055 2336183*, Trattoria di campagna con ⋲, « Servizio estivo serale in terrazza » – AE ⓢ ⓞ ⓜ VISA JCB. ⊁ BS d
chiuso agosto e martedì – **Pasto** carta 55/70000 (13 %).

a Candeli *Est : 7 km* – ✉ *50012 :*

Villa La Massa ⊳, via La Massa 24 ☎ 055 62611, *Fax 055 633102*, ⋲, ⛱, « Dimora seicentesca con arredamento in stile », ⛆, ⛱ – |‡| ▤ TV ☎ ♿ P – 🏛 60. AE ⓢ ⓞ ⓜ VISA JCB. ⊁ rist
15 marzo-15 novembre – **Pasto** al Rist. ***Il Verrocchio*** carta 110/175000 – **32 cam** ⊐ 750/1100000, 7 appartamenti – ½ P 750000.

a Galluzzo *Sud : 6,5 km* **AS** – ✉ *50124 Firenze :*

X **Trattoria Bibe,** via delle Bagnese 15 ☎ 055 2049085, *Fax 055 2047167*, « Servizio estivo all'aperto » – P. AE ⓢ ⓜ VISA AS c
chiuso dal 15 al 28 febbraio, dal 10 al 25 novembre, mercoledì e giovedì a mezzogiorno – **Pasto** carta 45/55000.

a Settignano *Est : 7 km* – ✉ *50135 :*

X **La Sosta del Rossellino,** via del Rossellino 2 r ☎ 055 697245, *Fax 055 697245*, Enoteca-osteria con ampia degustazione di formaggi francesi – AE ⓢ ⓜ VISA
chiuso domenica – **Pasto** carta 50/80000.

a Serpiolle *Nord : 8 km* **BR** – ✉ *50141 Firenze :*

XXX **Lo Strettoio,** via Serpiolle 7 ☎ 055 4250044, *Fax 055 4250044*, ⋲, ⛱, prenotare, « Villa seicentesca fra gli olivi » – P. AE ⓢ ⓜ VISA. ⊁ BR g
chiuso agosto, domenica e lunedì – **Pasto** carta 65/95000.

sull'autostrada al raccordo A 1 - A 11 Firenze Nord *Nord-Ovest : 10 km* **AR** *:*

Holiday Inn Firenze Nord, ✉ 50013 Campi Bisenzio ☎ 055 4205081, *Fax 055 4219015* – |‡|, ⇆ cam, ▤ TV ☎ ♿ P – 🏛 200. AE ⓢ ⓞ ⓜ VISA JCB. ⊁ rist
Pasto *(chiuso domenica)* carta 55/85000 – **163 cam** ⊐ 240/300000. AR u

in prossimità casello autostrada A1 Firenze Sud *Sud-Est : 6 km* **BS** *:*

Sheraton Firenze Hotel, via G. Agnelli 33 ✉ 50126 ☎ 055 64901, *Fax 055 680747*, ⛆, ⊁ – |‡|, ⇆ cam, ▤ TV ☎ ♿ 🚗 P – 🏛 1500. AE ⓢ ⓞ ⓜ VISA JCB. ⊁ BS r
Pasto al Rist. ***Il Cortile*** *(chiuso la sera)* 60000 e al Rist. ***Primavera*** *(chiuso a mezzogiorno)* 60000 e carta 60/100000 – **319 cam** ⊐ 375/450000, 3 appartamenti.

FISCHLEINBODEN = *Campo Fiscalino.*

FIUGGI *03014 Frosinone* 988 ㉖, 430 Q 21 – *8 787 ab. alt. 747 – Stazione termale (aprile-novembr*
(chiuso martedì) a Fiuggi Fonte ✉ *03015* ✆ *0775 515250, Fax 0775 506742, Sud : 4 kr*
Roma 82 – Frosinone 33 – Avezzano 94 – Latina 88 – Napoli 183.

Anticoli, via Verghetti 70 ✆ 0775 515667, *Fax 0775 515667*, ←, – |‡| TV ☎. AE $ ⓓ VISA. rist
chiuso dal 10 gennaio a febbraio – **Pasto** carta 40/65000 – **18 cam** ☕ 65/100000 ½ P 70000.

La Torre, piazza Trento e Trieste 28 ✆ 0775 515382, *Fax 0775 547212*, – ▤. AE $ MC VISA.
chiuso dal 24 al 30 giugno e martedì – **Pasto** 65000 e carta 60/75000.

Il Rugantino, via Diaz 300 ✆ 0775 515400, *Fax 0775 505196* – P. AE $ ⓓ MC VISA JCB
chiuso mercoledì escluso da maggio a settembre – **Pasto** carta 30/50000.

La Locanda, via Padre Stanislao 4 ✆ 0775 505855, « Ambiente caratteristico ». $ VISA.
chiuso lunedì – **Pasto** carta 35/50000.

a Fiuggi Fonte *Sud : 4 km – alt. 621 –* ✉ *03015.*
(aprile-novembre) piazza Frascara 4 ✆ *0775 515019 :*

Palazzo della Fonte , via dei Villini 7 ✆ 0775 5081, *Fax 0775 506752*, ←, « Parco co », , , , – |‡| ▤ TV ☎ ♿ P – 600. AE $ ⓓ VISA. rist
15 marzo-15 dicembre – **Pasto** carta 75/100000 – ☕ 25000 – **146 cam** 370/53000 7 appartamenti – ½ P 365000.

Silva Hotel Splendid, corso Nuova Italia 40 ✆ 0775 515791, *Fax 0775 506546*, « Giard no ombreggiato con », , – |‡| TV ☎ ♿ P – 250. AE $ ⓓ MC VISA JCB. rist
chiuso gennaio e febbraio – **Pasto** 55000 – ☕ 18000 – **120 cam** 155/250000 – ½ P 22000

Fiuggi Terme, via Prenestina 9 ✆ 0775 515212, *Fax 0775 506566*, , , – |‡| ▤ ☎ ♿ P – 250. AE $ ⓓ MC VISA. rist
Pasto carta 55/75000 – **60 cam** ☕ 200/290000 – ½ P 195000.

Ambasciatori, via dei Villini 8 ✆ 0775 514351, *Fax 0775 504282*, « Terrazza-giardino » – ▤ TV ☎ P – 500
stagionale – **82 cam.**

San Marco, via Prenestina 1 ✆ 0775 504516, *Fax 0775 506787*, – |‡|, ▤ rist, TV ☎ ♿
stagionale – **96 cam**, 3 appartamenti.

Italia, via Nuova Fonte 15 ✆ 0775 515380, *Fax 0775 515051*, – |‡|, ▤ rist, TV ☎ P
stagionale – **72 cam.**

San Giorgio, via Prenestina 31 ✆ 0775 515313, *Fax 0775 515012*, « Giardino Ombreggia to » – |‡|, ▤ rist, TV ☎ P. AE $ ⓓ MC VISA.
maggio-ottobre – **Pasto** carta 45/65000 – **85 cam** ☕ 150/220000 – ½ P 140000.

Argentina, via Vallombrosa 22 ✆ 0775 515117, *Fax 0775 515748*, « Piccolo parco om breggiato », – |‡| ▤ TV ☎ P. $ MC VISA. rist
chiuso dal 10 gennaio al 25 febbraio – **Pasto** 20/50000 – ☕ 10000 – **54 cam** 90/120000 ½ P 55/85000.

Belsito, via Fiume 4 ✆ 0775 515038, *Fax 0775 515850*, – |‡| TV ☎ P. AE $ MC VISA rist
maggio-ottobre – **Pasto** (solo per alloggiati) 25/35000 – **34 cam** ☕ 80/100000 – ½ P 50 70000.

FIUMALBO *41022 Modena* 428, 429, 430 J 13 – *1 430 ab. alt. 935 – a.s. luglio-agosto e Natale.*
Roma 369 – Pisa 95 – Bologna 104 – Lucca 73 – Massa 101 – Milano 263 – Modena 88 – Pistoia 59.

a Dogana Nuova *Sud : 2 km –* ✉ *41020 :*

Val del Rio, via Giardini 221 ✆ 0536 73901, *Fax 0536 73901*, ←, – |‡| TV ☎ ♿ P. AE ⓓ MC VISA
chiuso maggio – **Pasto** carta 40/65000 – ☕ 12000 – **30 cam** 90/130000 – ½ P 100000.

Bristol, via Giardini 274 ✆ 0536 73912, *Fax 0536 74136*, ←, – TV ☎ P. AE $ ⓓ MC VISA rist
chiuso ottobre e novembre – **Pasto** carta 40/55000 – ☕ 12000 – **23 cam** 60/110000 – ½ P 80/100000.

Gute Küche
haben wir durch , ✿, ✿✿ oder ✿✿✿ kenntlich gemacht.

FIUME VENETO *33080 Pordenone* [429] E 20 – *9 947 ab. alt. 20.*

Roma 590 – Udine 51 – Pordenone 6 – Portogruaro 20 – Treviso 57 – Trieste 105.

L'Ultimo Mulino, via Molino 45, località Bannia ☎ 0434 957911, *Fax 0434 958483*, « In un vecchio mulino di fine 1600 in zona verdeggiante con parco e laghetto » – [TV] ☎ [P] – 50. [AE] [S] [VISA] [JCB]. rist
chiuso dal 1° al 10 gennaio ed agosto – **Pasto** *(chiuso a mezzogiorno e domenica)* carta 60/85000 – **8 cam** 160/220000.

FIUMICELLO DI SANTA VENERE *Potenza* [431] H 29 – *Vedere Maratea.*

FIUMICINO *00054 Roma* [988] ㉕ ㉖, [430] Q 18.

Leonardo da Vinci, Nord-Est : 3,5 km ☎ 06 65951.

per Arbatax 19 luglio-15 settembre lunedì e mercoledì giornaliero (4 h 45 mn) e Golfo Aranci 18 giugno-5 settembre giornalieri (4 h) – Tirrenia Navigazione-agenzia Vacanzando, viale Traiano 97/a ☎ 06 6523738, Fax 06 6523572.

Roma 31 – Anzio 52 – Civitavecchia 66 – Latina 78.

🍴🍴🍴 **Bastianelli al Molo,** via della Torre Clementina 312 ☎ 06 6505358, *Fax 06 6506210*, ←, – [AE] [S] [VISA].
chiuso gennaio e lunedì – **Pasto** specialità di mare carta 70/90000.

🍴🍴 **La Perla** con cam, via Torre Clementina 214 ☎ 06 6505038, *Fax 06 6507701*, – [TV] [P]. [AE] [S] [VISA].
Pasto *(chiuso martedì e dal 20 agosto al 15 settembre)* specialità di mare carta 55/90000 – 12000 – **7 cam** 90/100000 – ½ P 90/100000.

🍴🍴 **Bastianelli dal 1929,** via Torre Clementina 86/88 ☎ 06 6505095, *Fax 06 6507113* – . [AE] [S] [VISA] [JCB]
Pasto specialità di mare carta 50/70000 bc.

FIUMINATA *62025 Macerata* [430] M 20 – *1 550 ab. alt. 479.*

Roma 200 – L'Aquila 182 – Ancona 88 – Gubbio 56 – Macerata 55 – Perugia 78.

🍴 **Graziella,** piazza Vittoria 16 ☎ 0737 54428 – . [S] [VISA].
chiuso mercoledì escluso luglio ed agosto – **Pasto** carta 25/45000.

FIVIZZANO *54013 Massa-Carrara* [988] ⑭, [428], [429], [430] J 12 – *9 427 ab. alt. 373.*

Roma 437 – La Spezia 40 – Firenze 163 – Massa 41 – Milano 221 – Parma 116 – Reggio nell'Emilia 94.

Il Giardinetto, via Roma 151 ☎ 0585 92060, *Fax 0585 92060*, « Terrazza-giardino ombreggiata » – [TV]. [S] [VISA].
chiuso dal 4 al 30 ottobre – **Pasto** *(chiuso lunedì da novembre a giugno)* carta 25/40000 – 7000 – **19 cam** 40/70000 – ½ P 65/70000.

FOGGIA *71100* [P] [988] ㉘, [431] C 28 *G. Italia – 155 237 ab. alt. 70 – a.s. Pasqua e agosto-settembre –*

Elicotteri: *per Isole Tremiti - ☎ 0881 617916.*

via Perrone 17 ☎ 0881 723141, Fax 0881 725536.

[A.C.I.] *via Mastelloni (Palazzo Insalata) ☎ 0881 632838.*

Roma 363 ④ – Bari 132 ① – Napoli 175 ④ – Pescara 180 ①.

Pianta pagina seguente

Cicolella, viale 24 Maggio 60 ☎ 0881 6888, *Fax 0881 778984* – [TV] ☎ – 150. [AE] [S] [VISA] Y c
Pasto *(chiuso dal 24 dicembre al 6 gennaio e dal 1° al 20 agosto)* carta 50/65000 – 15000 – **93 cam** 190/290000, 13 appartamenti.

White House senza rist, via Monte Sabotino 24 ☎ 0881 721644, *Fax 0881 721646* – [TV] ☎. [AE] [S] [VISA] Y b
15000 – **40 cam** 200/310000.

President, via degli Aviatori 130 ☎ 0881 618010, *Fax 0881 617930* – [TV] ☎ [P] – 500. [S] [VISA]. X a
Pasto carta 60/80000 – **128 cam** 150/185000 – ½ P 130/140000.

Atleti, via Bari al Km 2,3 ☎ 0881 630100, *Fax 0881 630101* – [TV] ☎ [P]. [AE] [S] [VISA]. 2,5 km per ③
Pasto *(chiuso domenica e a mezzogiorno)* 25000 – **42 cam** 100/130000 – ½ P 90000.

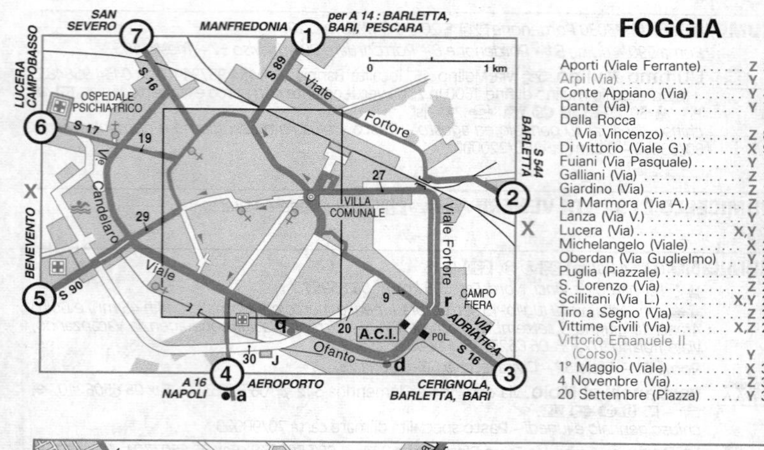

FOGGIA

Aporti (Viale Ferrante) . . . . . . Z 2
Arpi (Via) . . . . Y
Conte Appiano (Via) . . . . Y 4
Dante (Via) . . . . Y 7
Della Rocca
(Via Vincenzo) . . . . Z 8
Di Vittorio (Viale G.) . . . . X 9
Fuiani (Via Pasquale) . . . . Y
Galliani (Via) . . . . Z 1
Giardino (Via) . . . . Z 1
La Marmora (Via A.) . . . . Z 1
Lanza (Via V.) . . . . Y 1
Lucera (Via) . . . . X,Y 1
Michelangelo (Viale) . . . . X 2
Oberdan (Via Guglielmo) . . . . Y 2
Puglia (Piazzale) . . . . Z 2
S. Lorenzo (Via) . . . . Z 2
Scillitani (Via L.) . . . . X,Y 2
Tiro a Segno (Via) . . . . Z 2
Vittime Civili (Via) . . . . X,Z 2
Vittorio Emanuele II
(Corso) . . . . Y
1° Maggio (Viale) . . . . X 3
4 Novembre (Via) . . . . Z 3
20 Settembre (Piazza) . . . . . . Y 3

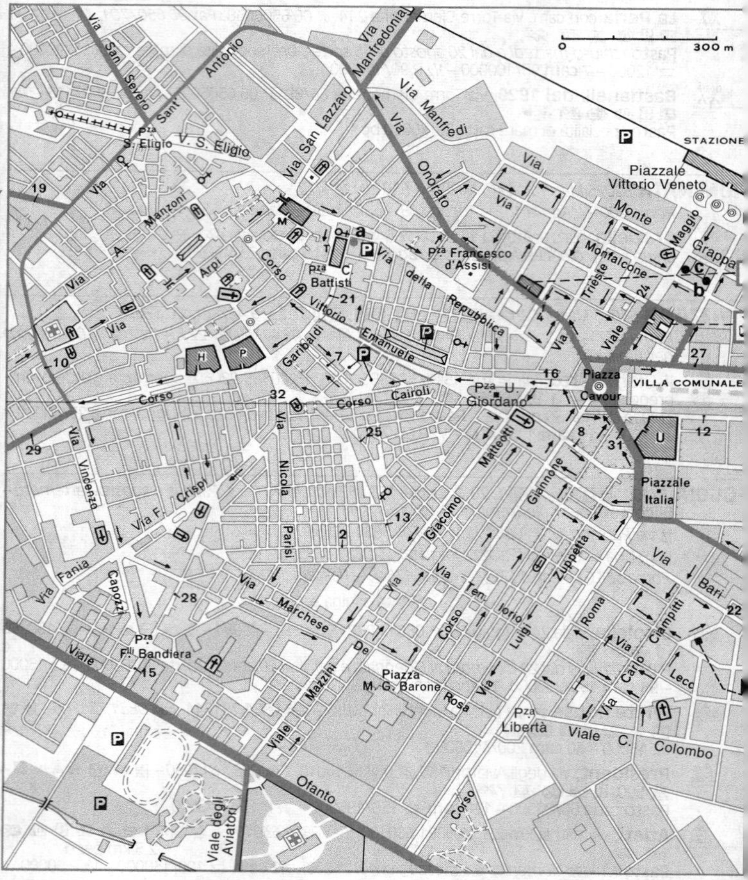

0 300 m

Via San Severo · Sant' Antonio · Via Manfredonia · Via San Lazzaro · Via Manfredi · Via Onorato · STAZIONE · Piazzale Vittorio Veneto · Pza S. Eligio · V. S. Eligio · Via A. Manzoni · Via Arpi · Corso Vittorio Emanuele · Pza C. Battisti · Pza Francesco d'Assisi · Via della Repubblica · Via Monte Grappa · Via Montalcone · Via Trieste · Viale 24 Maggio · Piazza Cavour · VILLA COMUNALE · Via Garibaldi · Corso Cairoli · Pza U. Giordano · Via Nicola Parisi · Via Matteotti · Via Giannone · Piazzale Italia · Via Vincenzo · Via F. Crispi · Via Fania · Via Capozzi · Via Giacomo Matteotti · Via Zuppetta · Via Bari · Via Marchese De Rosa · Corso Ten. Iorio Luigi · Via Roma · Via Carlo Ciampitti · Via Lecce · Pza Flli Bandiera · Viale Ofanto · Piazza M. G. Barone · Viale Mazzini · Pza Libertà · Viale C. Colombo · Viale degli Aviatori · Corso

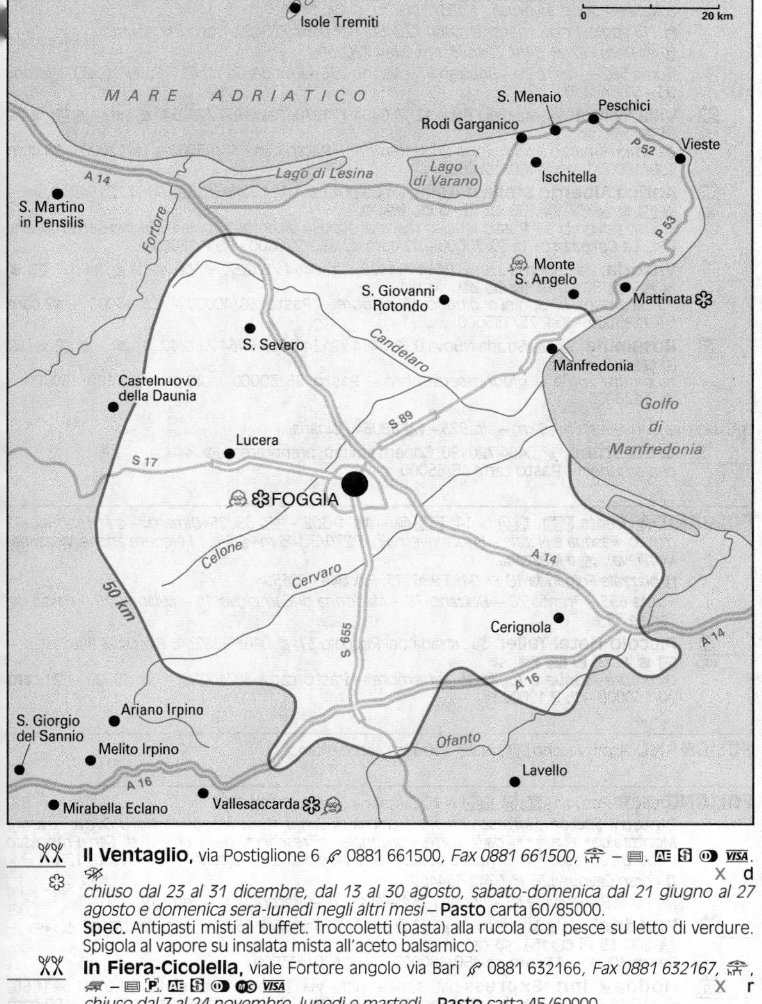

XX **Il Ventaglio,** via Postiglione 6 ✆ 0881 661500, *Fax 0881 661500,* – ▤. AE ⓢ ⓞ VISA. X d
✿ *chiuso dal 23 al 31 dicembre, dal 13 al 30 agosto, sabato-domenica dal 21 giugno al 27 agosto e domenica sera-lunedì negli altri mesi* – **Pasto** carta 60/85000.
Spec. Antipasti misti al buffet. Troccoletti (pasta) alla rucola con pesce su letto di verdure. Spigola al vapore su insalata mista all'aceto balsamico.

XX **In Fiera-Cicolella,** viale Fortore angolo via Bari ✆ 0881 632166, *Fax 0881 632167,* – ▤ P. AE ⓢ ⓞ MC VISA X r
chiuso dal 7 al 24 novembre, lunedì e martedì – **Pasto** carta 45/60000.

XX **La Pietra di Francia,** viale 1° Maggio 2 ✆ 0881 634880 – ▤. AE ⓢ ⓞ MC VISA
chiuso dal 23 dicembre al 7 gennaio, dal 6 al 26 agosto, domenica sera, lunedì e in luglio-agosto anche domenica a mezzogiorno – **Pasto** carta 40/65000 (10 %). X q

XX **Giordano-Da Pompeo,** vico al Piano 14 ✆ 0881 724640 – ▤ Y a
chiuso dal 15 al 31 agosto e domenica – **Pasto** carta 35/55000.

FOIANA (VOLLAN) *Bolzano* 218 ⑳ – *Vedere Lana.*

Le Ottime Tavole

Per voi abbiamo contraddistinto

alcuni alberghi (⌂ ... ⌂⌂⌂⌂⌂) e ristoranti (X ... XXXXX) con ☺, ✿, ✿✿ o ✿✿✿.

FOLGARIA *38064 Trento* 988 ④, 429 E 15 – *3 131 ab. alt. 1 168 – a.s. 4 febbraio-18 marzo, Pasqua e Natale – Sport invernali : 1 183/2 007 m 1 14.*
(15 aprile-1 novembre) 0464 720480, Fax 0464 720480, Nord-Est : 2 km.
via Roma 67 0464 721133, Fax 0464 720250.
Roma 582 – Trento 29 – Bolzano 87 – Milano 236 – Riva del Garda 42 – Rovereto 20 – Verona 95 – Vicenza 73.

Villa Wilma, via della Pace 12 0464 721278, *Fax 0464 720054*, – . VISA.
dicembre-marzo e 15 giugno-20 settembre – **Pasto** carta 30/45000 – 12000 – **24 cam** 100/180000 – ½ P 100/135000.

Antico Albergo Stella d'Italia, via Colpi 48 0464 721135, *Fax 0464 721848*, – – 100. VISA.
chiuso novembre – **Pasto** *(chiuso martedì escluso dicembre-aprile e giugno-settembre)* al Rist. ***La Carozza*** carta 30/70000 – **42 cam** 160/270000 – ½ P 160000.

Vittoria, via Cadorna 2/6 0464 721122, *Fax 0464 720227*, – , rist, – 50. VISA. rist
10 dicembre-15 aprile e giugno-15 ottobre – **Pasto** 30/40000 – 15000 – **42 cam** 110/180000 – ½ P 75/135000.

Rosalpina, via Strada Nuova 8 0464 721240, *Fax 0464 721240*, – . VISA. rist
dicembre-aprile e giugno-settembre – **Pasto** 25/30000 – **26 cam** 100/160000 – ½ P 120000.

a Guardia *Sud-Ovest : 11,5 km – alt. 875 – 38064 Folgaria :*

Grott Stube, 0464 720190, Coperti limitati; prenotare – .
chiuso lunedì – **Pasto** carta 45/65000.

FOLGARIDA *Trento* 428, 429 D 14, 218 ⑲ – *alt. 1 302 – 38025 Dimaro – a.s. febbraio-12 marzo, Pasqua e Natale – Sport invernali : 1 270/2 143 m 3 11 (vedere anche Mezzana-Marilleva), a Mezzana.*
piazzale Folgarida 18 0463 986113, Fax 0463 986594.
Roma 653 – Trento 70 – Bolzano 75 – Madonna di Campiglio 11 – Milano 225 – Passo del Tonale 33.

Piccolo Hotel Taller, strada del Roccolo 37 0463 986234, *Fax 0463 986219*, – . VISA.
dicembre-Pasqua e luglio-15 settembre – **Pasto** carta 30/40000 – 15000 – **21 cam** 90/150000 – ½ P 120000.

FOLIGNANO *Ascoli Piceno* 430 N 22 – *Vedere Ascoli Piceno.*

FOLIGNO *06030 Perugia* 988 ⑯, 430 N 20 *G. Italia – 52 470 ab. alt. 234.*
Dintorni *Spello★ : affreschi★★ nella chiesa di Santa Maria Maggiore Nord-Ovest : 6 km – Montefalco★ : ★★★ dalla torre Comunale, affreschi★★ nella chiesa di San Francesco (museo), affresco★ di Benozzo Gozzoli nella chiesa di San Fortunato Sud-Ovest : 12 km.*
corso Cavour 126 0742 354459.
Roma 158 – Perugia 36 – Ancona 134 – Assisi 18 – Macerata 92 – Terni 59.

Poledrini, viale Mezzetti 2 0742 341041, *Fax 0742 352973* – – 200. VISA. rist
Pasto 30000 – **43 cam** 150/180000 – ½ P 120/135000.

Holiday Inn Express M senza rist, via M. Arcamone 16 0742 321666, *Fax 0742 321640* – , cam, – 50. VISA JCB – **90 cam** 145/180000.

Le Mura, via Bolletta 27 0742 357344, *Fax 0742 359327* – – 80
29 cam.

Villa Roncalli con cam, via Roma 25 (Sud : 1 km) 0742 391091, *Fax 0742 391001*, , prenotare, « In una villa patrizia, parco con e servizio estivo all'aperto », , – cam, – 30. VISA.
Pasto *(chiuso dall'11 al 26 agosto e lunedì)* 60/75000 (a mezzogiorno) 70/95000 (la sera) e carta 65/95000 – **10 cam** 100/160000 – ½ P 135/150000.

sulla strada statale 77 *Nord-Est : 10 km*

Guesia, località Ponte Santa Lucia 46 06030 Foligno 0742 311515, *Fax 0742 660216*, , – – 130. VISA.
Pasto *(chiuso lunedì)* carta 40/60000 – **13 cam** 120/180000, 4 appartamenti – ½ P 110/140000.

FOLLINA *31051 Treviso* [988] ⑤, [429] E 18 – *3 546 ab. alt. 200.*

Roma 590 – Belluno 30 – Trento 119 – Treviso 36 – Venezia 72.

🏨 **Villa Abbazia,** via Martiri della Libertà ☎ 0438 971277, *Fax 0438 970001,* « Piccolo giardino fiorito » – 🚭 cam, ❄ [TV] ☎ 🚗 [P]. [AE] [S] [O] [MC] [VISA]. 🐕
Pasto *(chiuso dal 9 al 31 gennaio e a mezzogiorno)* 75/100000 – ☕ 25000 – **12 cam** 200/300000, 6 appartamenti 360/450000.

🍴 **Al Caminetto,** via Martiri della Libertà 2 ☎ 0438 970402, *Fax 0438 970402* – ❄ [P]. [AE] [S] [O] [MC] [VISA] [JCB]
chiuso Natale, dal 10 al 20 gennaio, luglio e lunedì – **Pasto** carta 40/70000.

a Pedeguarda *Sud-Est : 3 km* – ✉ *31050 :*

🏨 **Villa Guarda** senza rist, via Pedeguarda 46 ☎ 0438 980834, *Fax 0438 980854,* 🌳 – ❄ [TV] ☎ 🚗 [P]. [AE] [S] [O] [MC] [VISA] [JCB]
chiuso dal 1° al 15 agosto – ☕ 15000 – **20 cam** 85/130000.

FOLLONICA *58022 Grosseto* [988] ⑭ ㉔, [430] N 14 *G. Toscana – 21 365 ab. – a.s. Pasqua e 15 giugno-15 settembre.*

[i] *via Giacomelli 11 ☎ 0566 52012, Fax 0566 53833.*

Roma 234 – Grosseto 47 – Firenze 152 – Livorno 91 – Pisa 110 – Siena 84.

🏨 **Giardino,** piazza Vittorio Veneto 10 ☎ 0566 41546, *Fax 0566 44457,* a 4 km spiaggia e pineta con servizio ristorante a mezzogiorno – [lift], ❄ rist, [TV] ☎. [AE] [S] [MC] [VISA]. 🐕
Pasto carta 35/45000 – ☕ 15000 – **40 cam** 100/150000, 3 appartamenti – ½ P 155000.

🏨 Martini, via Pratelli 14/16 ☎ 0566 43248 e rist ☎ 0566 44102, *Fax 0566 43248,* 🎾 – [lift] [TV] ☎ ♿
20 cam.

🏨 **Parco dei Pini,** via delle Collacchie 7 ☎ 0566 53280, *Fax 0566 53218* – [lift] [TV] ☎ [P]. [AE] [S] [O] [MC] [VISA] [JCB]. 🐕 rist
chiuso gennaio e febbraio – **Pasto** *(chiuso martedì)* carta 40/60000 – ☕ 14000 – **25 cam** 100/135000 – ½ P 140000.

🏨 **Aziza** senza rist, lungomare Italia 142 ☎ 0566 44441, *Fax 0566 40413,* ←, « Giardino ombreggiato », 🎾 – [TV] ☎ [P]. [S] [MC] [VISA]
Pasqua-ottobre – **20 cam** ☕ 150/200000.

🍴🍴 **Da Paolino,** piazza XXV Aprile 33 ☎ 0566 57360, *Fax 0566 50126* – ❄. [AE] [S] [O] [MC] [VISA] [JCB]
chiuso domenica sera e lunedì escluso luglio-agosto – **Pasto** carta 45/70000.

🍴🍴 **Piccolo Mondo** con cam, lungomare Carducci 2 ☎ 0566 40361, *Fax 0566 44547,* ← – [TV] ☎. [AE] [S] [O] [MC] [VISA]
Pasto carta 45/70000 – **12 cam** ☕ 120/170000 – ½ P 120/140000.

🍴 **Il Veliero,** località Puntone Vecchio Sud-Est : 3 km ☎ 0566 866219, *Fax 0566 867700* – ❄ [P]. [AE] [S] [O] [MC] [VISA] [JCB]
chiuso mercoledì a mezzogiorno in luglio-agosto, tutto il giorno negli altri mesi – **Pasto** specialità di mare carta 60/90000.

🍴 **San Leopoldo,** via IV Novembre 6/8 ☎ 0566 40645, ⛱ – [AE] [S] [O] [VISA]
chiuso lunedì da ottobre al 15 giugno – **Pasto** specialità di mare carta 55/70000 bc.

FONDI *04022 Latina* [988] ㉖, [430] R 22 – *33 056 ab..*

Roma 131 – Frosinone 60 – Latina 59 – Napoli 110.

sulla strada statale 213 *Sud-Ovest : 14 km :*

🏨 **Villa dei Principi,** via Flacca km 1 località Salto ✉ 04020 Salto di Fondi ☎ 0771 57399, *Fax 0771 57624,* ←, 🎾, 🌳, 🏸 – ❄ [TV] ☎ ♿ [P] – 🧑‍🏫 80. [AE] [S] [O] [MC] [VISA]. 🐕
Pasto carta 45/75000 – **32 cam** ☕ 220/250000 – ½ P 200000.

FONDO *38013 Trento* [988] ④, [429] C 15 – *1 399 ab. alt. 988 – a.s. 5 febbraio-5 marzo, Pasqua e Natale.*

[i] *piazza San Giovanni 14 ☎ 0463 830133, Fax 0463 830161.*

Roma 637 – Bolzano 36 – Merano 39 – Milano 294 – Trento 55.

🏨 **Lady Maria,** via Garibaldi 20 ☎ 0463 830380, *Fax 0463 831013,* 🌳 – [lift], ❄ rist, [TV] ☎ ♿ [P] – 🧑‍🏫 100. [AE] [S] [O] [VISA]. 🐕 rist
chiuso dal 15 novembre al 15 dicembre – **Pasto** carta 35/45000 – **42 cam** ☕ 80/140000, appartamento – ½ P 70/90000.

FONDOTOCE *Verbania* [428], [429] E 7, [219] ⑥ – *Vedere Verbania.*

FONNI *Nuoro* [988] ㉝, [433] G 9 – *Vedere Sardegna alla fine dell'elenco alfabetico.*

FONTANA BIANCA (Lago di) (WEISSBRUNNER SEE) *Bolzano* 428, 429 C 14, 218 ⑲ – *Vedere Ultimo-Santa Gertrude.*

FONTANE *Treviso – Vedere Villorba.*

FONTANE BIANCHE *Siracusa* 432 Q 27 – *Vedere Sicilia (Siracusa) alla fine dell'elenco alfabetico.*

FONTANEFREDDE (KALTENBRUNN) *Bolzano* 429 D 16 – *alt. 950* – ✉ *39040 Montagna.*
Roma 638 – Bolzano 32 – Belluno 102 – Milano 296 – Trento 56.

Pausa, sulla statale Nord-Ovest : 1 km ☎ 0471 887035, *Fax 0471 887038,* ←, – , rist, ☎ P. AE VISA. rist
chiuso dal 10 al 25 gennaio e dal 10 al 25 giugno – **Pasto** (chiuso martedì sera e mercoledì) carta 35/50000 – ☐ 14000 – **30 cam** 65/105000 – 1/2 P 85000.

FONTANELICE *40025 Bologna* 429, 430 J 16 – *1 706 ab. alt. 165.*
Roma 338 – Bologna 52 – Firenze 75 – Forlì 75 – Ravenna 63.

XX **Osteria I Vecchi Leoni,** piazza Roma 7 ☎ 0542 92430, , prenotare – AE VISA.
chiuso mercoledì e a mezzogiorno (escluso domenica da maggio a settembre) – **Pasto** carta 55/135000.

FONTANELLATO *43012 Parma* 428, 429 H 12 – *6 317 ab. alt. 43.*
Roma 470 – Parma 17 – Cremona 46 – Milano 114 – Piacenza 54.

X **Locanda Nazionale,** via A. Costa 7 ☎ 0521 822602, , prenotare – VISA
chiuso dal 24 dicembre al 16 gennaio e lunedì – **Pasto** carta 40/60000.

FONTANELLE *Cuneo* 428 J 4 – *Vedere Boves.*

FONTANELLE *Parma* 428, 429 H 12 – *Vedere Roccabianca.*

FONTANETO D'AGOGNA *28010 Novara* 428 F 7, 219 ⑯ – *2 586 ab. alt. 260.*
Roma 630 – Stresa 30 – Milano 71 – Novara 33.

X **Hostaria della Macina,** via Borgomanero 7, località Molino Nuovo ☎ 0322 863582, , prenotare, – P. AE VISA.
chiuso dal 7 al 22 gennaio, dal 1° al 20 luglio, lunedì sera e martedì – **Pasto** carta 40/60000.

FONTEBLANDA *58010 Grosseto* 430 O 15 – – *a.s. Pasqua e 15 giugno-15 settembre.*
Maremmello località Maremmello ✉ *58010 Fonteblanda* ☎ *0564 88543, Fax 0564 885463, Nord-Est : 9 km.*
Roma 163 – Grosseto 24 – Civitavecchia 87 – Firenze 164 – Orbetello 19 – Orvieto 112.

Rombino senza rist, via Aurelia km 158 ☎ 0564 885516, *Fax 0564 885524,* – ☎ P. AE VISA.
40 cam ☐ 150/180000.

sulla strada statale 1-via Aurelia *Sud : 2 km :*

Corte dei Butteri via Aurelia km 156 ✉ 58010 ☎ 0564 885546, *Fax 0564 886282,* ←, « Parco con riscaldata e », – ☎ P – 80. AE VISA. rist
21 aprile-14 ottobre – **Pasto** carta 60/85000 – **54 cam** ☐ 300/555000, 24 appartamenti 580/610000 – 1/2 P 350000.

a Talamone *Sud-Ovest : 4 km* – ✉ *58010 :*

Baia di Talamone senza rist, via della Marina 8 ☎ 0564 887310, *Fax 0564 887389,* ← – ☎ P. VISA.
marzo-ottobre – ☐ 7000 – **10 cam** 170/210000, 7 appartamenti.

Il Telamonio senza rist, piazza Garibaldi 4 ☎ 0564 887008, *Fax 0564 887380,* « Terrazza-solarium con ← » – ☎. VISA.
Pasqua-settembre – **30 cam** ☐ 180/260000.

Capo d'Uomo senza rist, via Cala di Forno ☎ 0564 887077, *Fax 0564 887298,* ← mare, « Giardino fiorito » – ☎ P. VISA.
aprile-settembre – **22 cam** ☐ 140/200000.

X **La Buca,** piazza Garibaldi 1/3 ☎ 0564 887067, – . AE VISA JCB
chiuso novembre e lunedì (escluso luglio-agosto) – **Pasto** specialità di mare carta 50/80000.

Da Flavia, piazza 4 Novembre 1/12 ☎ 0564 887091, *Fax 0564 887756,* – AE 🅂 ⓓ MC VISA. ✗
chiuso dal 15 gennaio al 15 febbraio e martedì (escluso luglio-agosto) – **Pasto** specialità di mare carta 55/80000.

FONTE CERRETO *L'Aquila* 430 O 22 – *Vedere Assergi.*

FOPPOLO *24010 Bergamo* 988 ③, 428, 429 D 11 – *210 ab. alt. 1 515 – a.s. luglio-agosto e Natale – Sport invernali : 1 500/2 120 m 9,*.
Roma 659 – Sondrio 93 – Bergamo 58 – Brescia 110 – Lecco 80 – Milano 100.

Des Alpes, via Cortivo 9 ☎ 0345 74037, *Fax 0345 74078,* ← – 🅿 – 40. AE 🅂 ⓓ MC VISA. ✗ rist
8 dicembre-25 aprile e 26 giugno-10 settembre – **Pasto** 30/35000 – **30 cam** 90/150000 – 1/2 P 115/130000.

Rododendro, via Piave 2 ☎ 0345 74015, *Fax 0345 74015,* ← – . AE 🅂 ⓓ MC VISA. ✗ rist
Pasto carta 40/60000 – 12000 – **10 cam** 60/100000 – 1/2 P 75/100000.

K 2, via Fopelle 42 ☎ 0345 74105, *Fax 0345 74333,* ← – AE 🅂 VISA. ✗
chiuso maggio-giugno ed ottobre-novembre (escluso sabato-domenica) – **Pasto** carta 45/60000.

*Inclusion in the **Michelin Guide** cannot be achieved by pulling strings or by offering favours.*

FORIO *Napoli* 988 ㉗, 431 E 23 – *Vedere Ischia (Isola d').*

FORLÌ *47100* 🅿 988 ⑮, 429, 430 J 18 *G. Italia – 107 279 ab. alt. 34.*
Luigi Ridolfi per ② : 6 km ☎ 0543 780049, Fax 0543 780678.
corso della Repubblica 23 ☎ 0543 712435, Fax 0543 712434.
A.C.I. *via Monteverdi 1 ☎ 0543 782449.*
Roma 354 ③ – Ravenna 29 ① – Rimini 54 ② – Bologna 63 ④ – Firenze 109 ③ – Milano 282 ①.

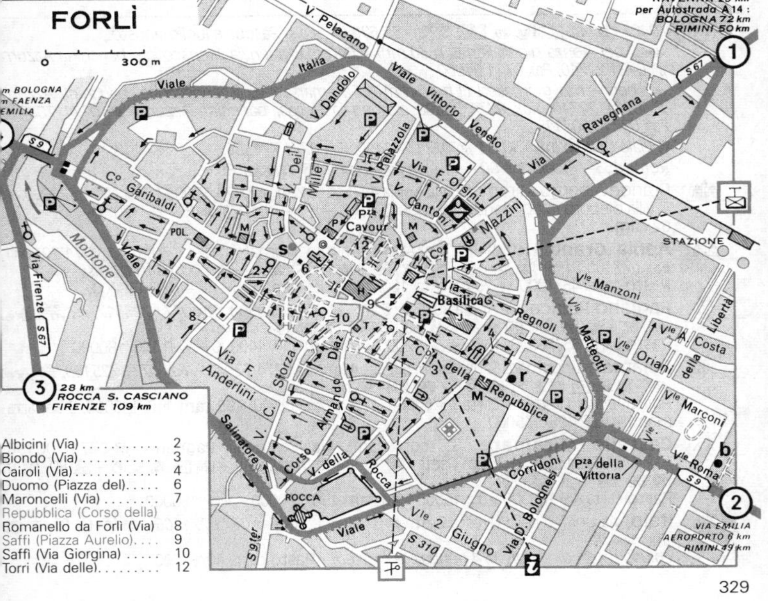

Michelangelo senza rist, via Buonarroti 4/6 ☎ 0543 400233, *Fax 0543 400615* – |‡| ▤ TV ☎ ♿ P. AE ⑤ ⓓ MC VISA JCB. ✂
21 cam ☕ 190/220000, 5 appartamenti.

Della Città et De La Ville, corso Repubblica 117 ☎ 0543 28297, *Fax 0543 30630*, – |‡| ▤ TV ☎ P – 300. AE ⑤ ⓓ MC VISA JCB. ✂
Pasto carta 40/55000 – ☕ 10000 – **60 cam** 165/180000, ▤ 20000 – 1/2 P 150/165000.

Le Querce, via Ravegnana 472 ✉ 47100 ☎ 0543 795695, Rist. con pizzeria serale, « Servizio estivo in giardino » – ▤ P. AE ⑤ ⓓ MC VISA. ✂ 3 km per ①
chiuso dal 2 al 20 gennaio e mercoledì – **Pasto** carta 30/65000.

Casa Rusticale dei Cavalieri Templari, viale Bologna 275 (per ④ : *1 km*) ☎ 0543 701888, – P. AE ⑤ ⓓ MC VISA. ✂
chiuso dal 24 dicembre al 3 gennaio, agosto, domenica e lunedì – **Pasto** 30000 e carta 50/70000.

A m'arcŏrd..., via Solferino 1/3 ☎ 0543 27349, – AE ⑤ ⓓ VISA
chiuso dal 14 al 20 agosto e mercoledì – **Pasto** carta 35/60000.

in prossimità casello autostrada A 14 *per ① : 4 km :*

S. Giorgio, via Ravegnana 538/d ✉ 47100 ☎ 0543 796699, *Fax 0543 796799* – |‡| ▤ TV ☎ P – 110. AE ⑤ ⓓ MC VISA JCB. ✂
Pasto *(chiuso dal 1º al 15 agosto e domenica sera)* carta 35/70000 – ☕ 15000 – **36 cam** 125/170000 – 1/2 P 150000.

FORLIMPOPOLI *47034 Forlì-Cesena 988 ⑮, 429, 430 J 18 – 11 280 ab. alt. 30.*

Roma 362 – Ravenna 42 – Rimini 50 – Bologna 71 – Cesena 11 – Forlì 8 – Milano 290 – Pesaro 80.

Edo con cam, via Mazzini 10 ☎ 0543 745175, *Fax 0543 745249* – ▤ TV ☎ P – 100. AE ⑤ ⓓ MC VISA. ✂
Pasto *(chiuso dal 10 al 20 agosto, sabato e domenica sera)* carta 30/45000 – ☕ 10000 – **20 cam** 65/95000.

FORMAZZA *28863 Verbania 988 ②, 428 C 7, 217 ⑲ – 445 ab. alt. 1 280.*

Roma 738 – Domodossola 40 – Milano 162 – Novara 131 – Torino 205 – Verbania 81.

Pernice Bianca-Schneehendli , piano cascata del Toce Nord : 5 km alt. 1 700 ☎ 0324 63200, *Fax 0324 63200*, ≤ monti, , – TV ☎ P. ⑤ MC VISA
Pasto carta 35/55000 – ☕ 8000 – **6 cam** 55/90000, 4 appartamenti 80/170000 – 1/2 P 85000.

FORMIA *04023 Latina 988 ㉖ ㉗, 430 S 22 – 36 626 ab. – a.s. Pasqua e luglio-agosto.*

per Ponza giornalieri (2 h 30 mn) – Caremar-agenzia Jannaccone, banchina Azzurra ☎ 0771 22710, Fax 0771 21000.

per Ponza giornalieri (1 h 10 mn) – Caremar-agenzia Jannaccone, banchina Azzurra ☎ 0771 22710, Fax 0771 21000 e Agenzia Helios, banchina Azzurra ☎ 0771 700710, Fax 0771 700711.

viale Unità d'Italia 30/34 ☎ 0771 771490, Fax 0771 771386.

Roma 153 – Frosinone 90 – Caserta 71 – Latina 76 – Napoli 86.

Grande Albergo Miramare, via Appia 44 (Est : 2 km) ☎ 0771 320047, *Fax 0771 320050*, ≤, « Villa d'epoca in un grande parco », – |‡|, ▤ rist, TV ☎ P – 120
62 cam.

Appia Grand Hotel Ⓜ, via Appia, angolo Mergataro Est : 3 km ☎ 0771 726041, *Fax 0771 722156*, , , , , , – |‡| ▤ TV ☎ P – 200. AE ⑤ MC VISA. ✂
Pasto carta 45/70000 – **79 cam** ☕ 160/230000, 5 appartamenti – 1/2 P 150000.

Fagiano Palace, via Appia 80 (Est : 3 km) ☎ 0771 720900, *Fax 0771 723517*, ≤, , , , – |‡|, ▤ rist, TV ☎ P – 200. AE ⑤ ⓓ MC VISA. ✂
Pasto carta 35/70000 (15 %) – ☕ 12000 – **51 cam** 110/140000 – 1/2 P 140/180000.

Bajamar, lungomare Santo Janni 5 (Est : 4 km) ☎ 0771 720441, *Fax 0771 725169*, ≤, , – |‡| ▤ TV ☎ ♿ P. AE ⑤ ⓓ MC VISA. ✂ rist
Pasto *(chiuso venerdì)* carta 35/60000 (15 %) – ☕ 12000 – **90 cam** 110/145000, 3 appartamenti – 1/2 P 105/135000.

Castello Miramare con cam, via Balze di Pagnano ☎ 0771 700138, *Fax 0771 700139*, ≤ golfo di Gaeta, , « Parco-giardino » – ▤ TV ☎ P – 80. AE ⑤ ⓓ MC VISA JCB. ✂ rist
Pasto carta 45/100000 – ☕ 16000 – **10 cam** 150/190000 – 1/2 P 180000.

Italo, via Unità d'Italia Ovest : 2 km ☎ 0771 771264, *Fax 0771 771265* – ▤ P. AE ⑤ ⓓ MC VISA. ✂
chiuso dal 21 dicembre al 4 gennaio e martedì – **Pasto** carta 40/65000.

🍴🍴 **Da Veneziano,** via Tosti 120 ☎ 0771 771818 – ≡. [AE] [S] [O] [MC] [VISA]
chiuso lunedì – **Pasto** specialità di mare carta 45/95000.

🍴🍴 **Sirio,** via Unità d'Italia Ovest : 3,5 km ☎ 0771 790047, 🌳 – ≡ [P]. [AE] [S] [O] [MC] [VISA] [JCB]. 🐕
chiuso dal 3 al 10 novembre, lunedì sera e martedì (escluso da aprile a settembre), martedì e mercoledì a mezzogiorno da giugno a settembre – **Pasto** carta 45/75000.

🍴 **Il Gatto e la Volpe,** via Tosti 83 ☎ 0771 21354, 🌳, « Rist. caratteristico » – [AE] [S] [O] [MC] [VISA] [JCB]. 🐕
chiuso dal 21 dicembre al 5 gennaio e mercoledì (escluso luglio-agosto) – **Pasto** solo specialità di mare carta 35/50000 (10 %).

🍴 **Chinappi,** via Anfiteatro 8 ☎ 0771 790002, 🌳 – ≡ [P]. [AE] [S] [O] [MC] [VISA] [JCB]. 🐕
chiuso giovedì escluso da giugno a settembre – **Pasto** carta 50/80000.

FORMIGINE *41043 Modena* [988] ⑭, [428], [429], [430] I 14 – *28 818 ab. alt. 82.*

Roma 415 – Bologna 48 – Milano 181 – Modena 11.

🏨 **La Fenice** senza rist, via Gatti 3/73 ☎ 059 573344, *Fax 059 573455* – [lift] ≡ [TV] ☎ ♿ 🚗 [P] – 🎤 120. [AE] [S] [O] [MC] [VISA] [JCB]
☕ 15000 – **48 cam** 90/130000.

a Corlo *Ovest : 3 km* – ✉ *41040 :*

🏨 Due Pini, strada statale 486 (Est : 0,5 km) ☎ 059 572697, *Fax 059 556904*, 🌳 – [lift], ≡ cam, [TV] ☎ ♿ [P] – 🎤 60
56 cam.

FORNI DI SOPRA *33024 Udine* [988] ⑤, [429] C 19 – *1 181 ab. alt. 907 – a.s. 15 luglio-agosto e Natale – Sport invernali : 907/2 065 m* ⛷ *6,* ⛷.

[i] *via Cadore 1* ☎ *0433 886767, Fax 0433 886686.*

Roma 676 – Cortina d'Ampezzo 64 – Belluno 75 – Milano 418 – Tolmezzo 43 – Trieste 165 – Udine 95.

🏨 **Edelweiss,** via Nazionale 11 ☎ 0433 88016, *Fax 0433 88017*, ≤, 🌳 – [lift] [TV] ☎ [P]. [AE] [S] [O] [MC] [VISA] [JCB]. 🐕
chiuso ottobre e novembre – **Pasto** carta 40/60000 – **23 cam** ☕ 80/130000 – 1/2 P 80/110000.

🍴 **Nuoitas** 🐦 con cam, località Nuoitas Nord-Ovest : 2,8 km ☎ 0433 88387, *Fax 0433 88387*, ≤, 🌳 – 🚭 rist, [TV] ☎ [P]. [AE] [S] [O] [MC] [VISA]. 🐕
chiuso dal 2 al 19 maggio – **Pasto** *(chiuso martedì in aprile-maggio e ottobre-novembre)* carta 30/50000 – **15 cam** ☕ 65/120000.

FORNO DI ZOLDO *32012 Belluno* [988] ⑤, [429] C 18 – *2 932 ab. alt. 848.*

[i] *via Roma 10/a* ☎ *0437 787349, Fax 0437 787340.*

Roma 638 – Belluno 34 – Cortina d'Ampezzo 42 – Milano 380 – Pieve di Cadore 31 – Venezia 127.

🏨 **Corinna,** ☎ 0437 78564, *Fax 0437 787593*, ≤, 🌳 – [TV] ☎ 🚗 [P]. [AE] [S] [MC] [VISA]. 🐕
10 novembre-15 aprile e 10 giugno-20 settembre – **Pasto** *(chiuso lunedì)* carta 35/65000 – **30 cam** ☕ 105/180000 – 1/2 P 125000.

a Mezzocanale *Sud-Est : 10 km – alt. 620 –* ✉ *32012 Forno di Zoldo :*

🍴 **Mezzocanale-da Ninetta,** ☎ 0437 78240, « Ambiente famigliare » – [P]. 🐕
chiuso dal 20 al 30 giugno, settembre e mercoledì – **Pasto** carta 40/55000.

FORNOVO DI TARO *43045 Parma* [988] ⑭, [428], [429] H 12 – *5 954 ab. alt. 140.*

Roma 481 – Parma 22 – La Spezia 89 – Milano 131 – Piacenza 71.

🍴 **Osteria Baraccone,** piazza del Mercato 2 ☎ 0525 3427, *Fax 0525 400185* – ≡. [S] [MC] [VISA]. 🐕
chiuso dal 23 dicembre al 7 gennaio, agosto e lunedì – **Pasto** carta 50/85000.

FORTE DEI MARMI *55042 Lucca* [988] ⑭, [428], [429], [430] K 12 *G. Toscana – 8 748 ab. – a.s. Carnevale, Pasqua, 15 giugno-15 settembre e Natale.*

⛳ *Versilia (chiuso dal 3 al 27 novembre e martedì escluso da aprile ad ottobre) a Pietrasanta* ✉ *55045* ☎ *0584 881574, Fax 0584 752272, Est : 1 km.*

[i] *viale Achille Franceschi 8/b* ☎ *0584 80091, Fax 0584 83214.*

Roma 378 – Pisa 35 – La Spezia 42 – Firenze 104 – Livorno 54 – Lucca 34 – Massa 10 – Milano 241 – Viareggio 14.

Byron, viale Morin 46 ✆ 0584 787052, *Fax 0584 787152*, ≤, « Giardino con » – | TV ☎ P – 60. AE VISA.
Pasto al Rist. ***La Magnolia*** carta 60/100000 – 40000 – **24 cam** 460/580000, 6 apparta menti – 1/2 P 470000.

California Park Hotel, via Colombo 32 ✆ 0584 787121, *Fax 0584 787268*, « Ampi giardino ombreggiato con » – |, cam, TV ☎ P – 200. AE VISA.
aprile-ottobre – **Pasto** (solo per alloggiati) 50/80000 – **42 cam** 370/570000 1/2 P 330000.

Augustus Lido, viale Morin 72 ✆ 0584 787442, *Fax 0584 787102*, « Giardino om breggiato e servizio rist. in spiaggia », – | TV ☎ P. AE VISA. rist
20 aprile-15 ottobre – **Pasto** al Rist. ***Bambaissa*** *(21 maggio-26 settembre)* carta 75/13500 – 30000 – **17 cam** 400/600000, 2 appartamenti.

Il Negresco, viale Italico 82 ✆ 0584 787133, *Fax 0584 787535*, ≤, – | TV ☎ P – 60
34 cam.

St. Mauritius, via 20 Settembre 28 ✆ 0584 787131, *Fax 0584 787157*, « Giardino co » – | TV ☎ P. AE VISA. rist
aprile-15 ottobre – **Pasto** carta 55/70000 – 25000 – **48 cam** 180/250000 – 1/2 P 220 260000.

President, via Caio Duilio ang. viale Morin ✆ 0584 787421, *Fax 0584 787519*, – | TV ☎ P. AE VISA. rist
Pasqua-settembre – **Pasto** (solo per alloggiati) 60/90000 – 20000 – **45 cam** 280/30000 – 1/2 P 295000.

Ritz, via Flavio Gioia 2 ✆ 0584 787531, *Fax 0584 787522*, – |, cam, TV ☎ P AE VISA.
Pasto carta 60/90000 – **32 cam** 300/500000 – 1/2 P 150/310000.

Hermitage, via Cesare Battisti 50 ✆ 0584 787144, *Fax 0584 787044*, « Giardino co », – | TV ☎ P. AE VISA. rist
17 maggio-27 settembre – **Pasto** (solo per alloggiati) 70/80000 – 30000 – **54 cam** 300/500000 – 1/2 P 280/325000.

Principe, viale Morin 67 ✆ 0584 787143, *Fax 0584 787143*, « Giardino ombreggiato » – | TV ☎ P. AE VISA. rist
20 maggio-20 settembre – **Pasto** (solo per alloggiati) 70/90000 – **30 cam** 260/290000 – 1/2 P 220/250000.

Alcione, viale Morin 137 ✆ 0584 787452, *Fax 0584 787097*, – | TV ☎ P. AE VISA.
15 maggio-settembre – **Pasto** (solo per alloggiati) 40/60000 – **39 cam** 200/300000 – 1/2 P 250000.

Mignon, via Carducci 58 ✆ 0584 787495, *Fax 0584 787494*, « Grazioso giardino », – | TV ☎ P. AE VISA. rist
marzo-novembre – **Pasto** (solo per alloggiati) 40/80000 – **34 cam** 220/280000, 1000 – 1/2 P 185000.

Astoria Garden, via Leonardo Da Vinci 10 ✆ 0584 787054, *Fax 0584 787109*, « In pineta » – TV ☎ P
stagionale – 30 cam.

Piccolo Hotel, viale Morin 24 ✆ 0584 787433, *Fax 0584 787503*, – |, cam, TV ☎ P. AE VISA. rist
aprile-settembre – **Pasto** *(maggio-settembre e* solo per alloggiati*)* 50/70000 – 20000 – **32 cam** 220/300000 – 1/2 P 220/230000.

Kyrton, via Raffaelli 16 ✆ 0584 787461, *Fax 0584 89632*, – | TV ☎ P. AE VISA. rist
aprile-settembre – **Pasto** (solo per alloggiati) 50000 – 20000 – **26 cam** 200/260000 – 1/2 P 200000.

Sonia, via Matteotti 42 ✆ 0584 787146, *Fax 0584 787409*, – TV ☎. VISA.
Pasto (solo per alloggiati) 35/55000 – 20000 – **19 cam** 180/200000 – 1/2 P 130/170000.

Tarabella, viale Versilia 13/b ✆ 0584 787070, *Fax 0584 787260*, – TV ☎ P. AE VISA.
Pasqua-ottobre – **Pasto** (solo per alloggiati) 40/50000 – **27 cam** 130/210000 – 1/2 P 170/ 180000.

Le Pleiadi, via Civitali 51 ✆ 0584 881188, *Fax 0584 881653*, « Giardino-pineta » – | TV ☎ P. AE VISA.
aprile-10 ottobre – **Pasto** 40/60000 – **30 cam** 160/250000 – 1/2 P 175000.

Tirreno, viale Morin 7 ✆ 0584 787444, *Fax 0584 787137*, « Giardino ombreggiato » – TV ☎. AE VISA.
Pasqua-settembre – **Pasto** (solo per alloggiati) carta 45/80000 – **59 cam** 140/250000 – 1/2 P 210000.

Viscardo, via Cesare Battisti 4 ✆ 0584 787188, *Fax 0584 787026*, – TV ☎ P. AE 🅂 ⓓ MC VISA. ✻
10 maggio-settembre – **Pasto** 40/45000 – ☕ 20000 – **17 cam** 150/190000 – ½ P 130/170000.

XX **Bistrot,** viale Franceschi 14 ✆ 0584 89879, *Fax 0584 89963*, ☂, prenotare – AE 🅂 ⓓ MC VISA. ✻
chiuso dall'11 al 30 ottobre e martedì – **Pasto** carta 80/145000.

XX **Lorenzo,** via Carducci 61 ✆ 0584 84030, *Fax 0584 84030*, prenotare – ▤. AE 🅂 ⓓ MC VISA. ✻
✿ *chiuso dal 15 dicembre a gennaio, lunedì e a mezzogiorno in luglio-agosto* – **Pasto** 80/100000 e carta 80/105000 (10 %)
Spec. Zuppetta di farro con pescatrice. Taglierini con triglie, totanini e zucchine. Branzino di mare in forno con patate e pomodoro.

XX **La Barca,** viale Italico 3 ✆ 0584 89323, *Fax 0584 83141*, ☂ – ▤ P. AE 🅂 ⓓ MC VISA
chiuso dal 20 novembre al 5 dicembre, lunedì e martedì a mezzogiorno dal 15 giugno al 15 settembre; lunedì o martedì negli altri mesi – **Pasto** 80000 e carta 60/100000.

XX **Gilda,** via Arenile 85 ✆ 0584 880397, ⛱ – ▤ P. AE 🅂 ⓓ MC VISA JCB. ✻
chiuso dal 7 al 28 gennaio, novembre e mercoledì (escluso da giugno a settembre) – **Pasto** 65000 e carta 60/90000.

in prossimità casello autostrada A 12 - Versilia :

Versilia Holidays, via G.B. Vico 142 ✉ 55042 ✆ 0584 787100, *Fax 0584 787468*, ☂, ⛱, ⛱, ✂ – |♦| ▤ TV ☎ ✆ P – 🏛 400. AE 🅂 ⓓ MC VISA JCB. ✻ rist
Pasto 65/85000 e al Rist. ***La Vela*** carta 55/100000 – ☕ 25000 – **78 cam** 220/300000 – ½ P 200/250000.

*Un consiglio **Michelin:***
per la buona riuscita di un viaggio, preparatelo in anticipo.
*Le **carte** e le **guide Michelin** vi danno tutte le indicazioni*
utili su: itinerari, curiosità, sistemazioni, prezzi, ecc.

FORTEZZA (FRANZENSFESTE) *39045 Bolzano* 429 B 16 – *866 ab. alt. 801.*

Roma 688 – Bolzano 50 – Brennero 33 – Bressanone 10 – Brunico 33 – Milano 349 – Trento 110.

Posta-Reifer, via Stazione 1 ✆ 0472 458639, *Fax 0472 458828*, ☂, ≘s – |♦| ☎ P. 🅂 ⓓ MC VISA. ✻
chiuso dal 16 novembre al 6 dicembre – **Pasto** *(chiuso lunedì)* carta 30/65000 – ☕ 12000 – **33 cam** 70/90000 – ½ P 70/90000.

FOSSALTA MAGGIORE *Treviso* 429 E 19 – ✉ *31040 Chiarano.*

Roma 568 – Venezia 53 – Milano 307 – Pordenone 34 – Treviso 36 – Trieste 115 – Udine 84.

XX **Tajer d'Oro,** via Roma ✆ 0422 746392, *Fax 0422 746122*, « Arredamento stile marina inglese » – ▤ P. AE 🅂 ⓓ MC VISA
chiuso dal 15 al 30 gennaio, dal 1° al 20 agosto, lunedì a mezzogiorno e martedì – **Pasto** specialità di mare 100000 e carta 80/120000.

FOSSANO *12045 Cuneo* 988 ⑫, 428 I 5 – *23 706 ab. alt. 377.*

Roma 631 – Cuneo 26 – Asti 65 – Milano 191 – Savona 87 – Sestriere 112 – Torino 70.

XX **Castello d'Acaja-Villa San Martino,** località San Martino 30 (Ovest : 2,5 km) ✆ 0172 691301, « Dimora patrizia del 700 con parco » – P. AE 🅂 VISA
chiuso dall'11 al 18 agosto, domenica sera e lunedì – **Pasto** carta 40/60000.

XX **La Porta del Salice,** viale della Repubblica 8 ✆ 0172 693570, *Fax 0172 691850*, ☂, ⛱ – ▤ P. AE 🅂 ⓓ MC VISA JCB
chiuso dal 1° al 15 gennaio, dal 1° al 20 agosto e lunedì – **Pasto** carta 40/70000.

FRABOSA SOPRANA *12082 Cuneo* 988 ⑫, 428 J 5 – *937 ab. alt. 891 – a.s. giugno-agosto e Natale – Sport invernali : 900/1 800 m* ⛷6, ⛷.

ℹ *piazza Municipio ✆ 0174 244010, Fax 0174 244632.*

Roma 632 – Cuneo 35 – Milano 228 – Savona 87 – Torino 96.

Miramonti ⛰, via Roma 84 ✆ 0174 244533, *Fax 0174 244534*, ≤, « Piccolo parco e terrazza », ⛹, ✂ – |♦| TV ☎ 🚗 P. AE 🅂 MC VISA. ✻ rist
chiuso ottobre – **Pasto** (prenotare) 25/50000 – ☕ 10000 – **48 cam** 80/110000 – ½ P 95000.

FRANCAVILLA AL MARE *66023 Chieti 988 ㉗, 430 O 24 – 24 171 ab. – a.s. 20 giugno-agosto.*
piazza Sirena ☎ 085 817169, Fax 085 816649.
Roma 216 – Pescara 7 – L'Aquila 115 – Chieti 19 – Foggia 171.

Sporting Hotel Villa Maria, contrada Pretaro Nord-Est : 3 km ☎ 085 4511001, *Fax 085 693042*, ←, « Parco ombreggiato », riscaldata, – 220. AE VISA.
Pasto carta 55/70000 – **66 cam** 170/240000, 4 appartamenti – ½ P 160000.

Punta de l'Est, viale Alcione 188 ☎ 085 4982076, *Fax 085 4981689*, ←, – AE VISA.
10 maggio-settembre – **Pasto** carta 35/55000 – **52 cam** 150/180000, 10000 – ½ P 100/130000.

La Fenice, viale Nettuno 125 ☎ 085 810580, *Fax 085 815815* – – 80. AE VISA.
Pasto *(chiuso domenica sera e lunedì a mezzogiorno da ottobre a marzo)* 25/70000 – **23 cam** 110/180000 – ½ P 90/140000.

La Nave, viale Kennedy 2 ☎ 085 817115, *Fax 085 815688*, ←, – 40. AE VISA
chiuso mercoledì escluso luglio-agosto – **Pasto** specialità di mare carta 45/80000.

FRANZENSFESTE = *Fortezza.*

FRASCATI *00044 Roma 988 ㉖, 430 Q 20 G. Roma – 20 840 ab. alt. 322.*
Vedere *Villa Aldobrandini*★.
Escursioni *Castelli romani*★★ *Sud, Sud-Ovest per la strada S 216 e ritorno per la via dei Laghi (circuito di 60 km).*
piazza Marconi 1 ☎ 06 9420331, Fax 06 9425498.
Roma 19 – Castel Gandolfo 10 – Fiuggi 66 – Frosinone 68 – Latina 51 – Velletri 22.

Flora senza rist, viale Vittorio Veneto 8 ☎ 06 9416110, *Fax 06 9416546*, – AE VISA JCB.
15000 – **37 cam** 190/235000.

Giadrina, via Diaz 15 ☎ 06 9419415, *Fax 06 9420440*, ← – AE VISA.
Pasto vedere rist ***Cacciani*** – 10000 – **25 cam** 110/130000.

Cacciani, via Diaz 13 ☎ 06 9420378, *Fax 06 9420440*, « Servizio estivo in terrazza con ← dintorni » – AE VISA.
chiuso dal 7 al 17 gennaio, dal 17 al 27 agosto, la sera dei giorni festivi (escluso da giugno a settembre) e lunedì – **Pasto** carta 65/85000.

Zarazà, viale Regina Margherita 45 ☎ 06 9422053, *Fax 06 9419198*, Coperti limitati; prenotare – AE VISA.
chiuso agosto, lunedì e domenica sera escluso da aprile ad ottobre – **Pasto** specialità tipiche romane carta 40/55000.

FRATTA TODINA *06054 Perugia 430 N 19 – 1 737 ab. alt. 214.*
Roma 139 – Perugia 43 – Assisi 55 – Orvieto 43 – Spoleto 53 – Terni 50 – Viterbo 96.

Altieri M, via Tuderte 54/a ☎ 075 8745350, *Fax 075 8745353*, ← – – 120. AE VISA.
Pasto carta 30/45000 – **30 cam** 130/160000 – ½ P 110/120000.

FREGENE *00050 Roma 988 ㉕, 430 Q 18 – a.s. 15 giugno-luglio.*
Roma 37 – Civitavecchia 52 – Rieti 106 – Viterbo 97.

La Conchiglia, lungomare di Ponente 4 ☎ 06 6685385, *Fax 06 6685385*, ←, « Servizio rist. estivo in giardino » – – 40. AE VISA.
Pasto carta 55/75000 – 12000 – **42 cam** 150/200000 – ½ P 135/150000.

FREIBERG *Bolzano – Vedere Merano.*

FREIENFELD = *Campo di Trens.*

FRESCAROLO *Parma – Vedere Busseto.*

FRONTONE *61040 Pesaro e Urbino 430 L 20 – 1 307 ab. alt. 416.*
Roma 227 – Rimini 87 – Ancona 92 – Perugia 77 – Pesaro 65.

Taverna della Rocca, via Leopardi 20/22 (al castello) ☎ 0721 786218, *Fax 0721 786218*, Taverna rustica – AE VISA.
chiuso dal 1º al 20 ottobre e mercoledì – **Pasto** carta 30/50000.

FROSINONE *03100* P 988 ㉖, 430 R 22 – *47 742 ab. alt. 291.*

Dintorni *Abbazia di Casamari*★★ *Est : 15 km.*

via Aldo Moro 469 ☏ 0775 83381, Fax 0775 833837.

A.C.I. *via Firenze 51/57 ☏ 0775 250006.*

Roma 83 – Avezzano 78 – Latina 55 – Napoli 144.

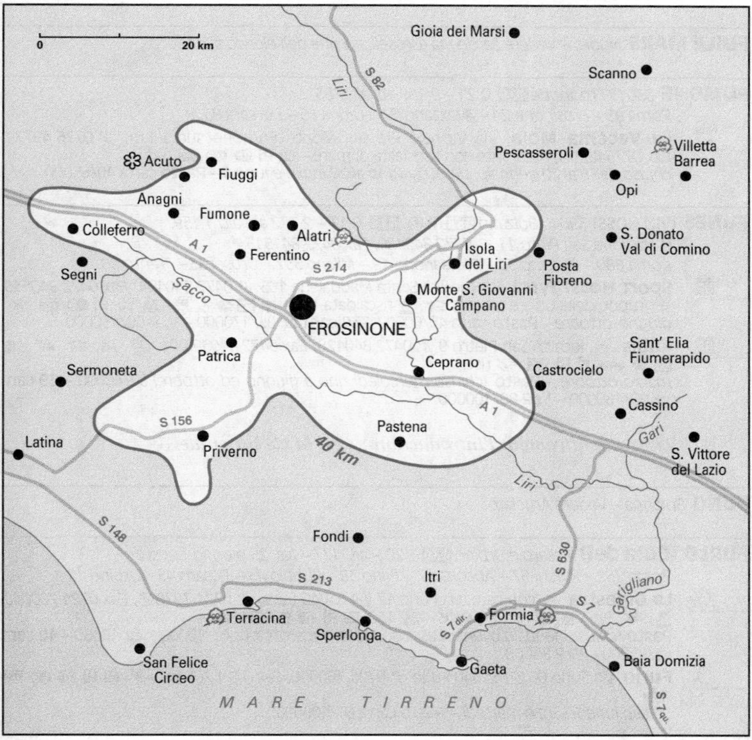

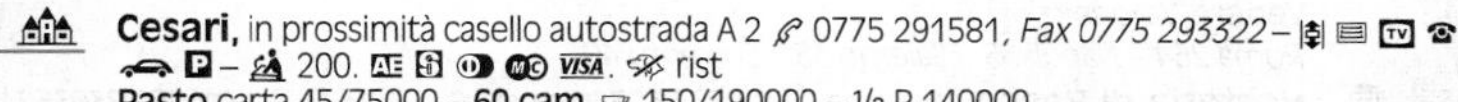

Cesari, in prossimità casello autostrada A 2 ☏ 0775 291581, *Fax 0775 293322* – 200. AE VISA. rist
Pasto carta 45/75000 – **60 cam** 150/190000 – 1/2 P 140000.

Henry, via Piave 10 ☏ 0775 211222, *Fax 0775 853713,* – 380. AE VISA. rist
Pasto carta 40/60000 – **63 cam** 140/190000 – 1/2 P 150000.

Astor, via Marco Tullio Cicerone 220 ☏ 0775 270132, *Fax 0775 270135* – 80. AE VISA.
Pasto carta 40/60000 – **54 cam** 120/165000, appartamento – 1/2 P 90/110000.

Palombella, via Maria 234 ☏ 0775 873549, *Fax 0775 270402,* – 150. AE VISA JCB.
Pasto vedere rist ***Palombella*** – **34 cam** 95/135000 – 1/2 P 115000.

Palombella - Hotel Palombella, via Maria 234 ☏ 0775 873549, *Fax 0775 270402,* – P. AE VISA JCB.
Pasto carta 40/60000.

Il Quadrato, piazzale De Matthaeis 53 ☏ 0775 874474 – P. AE VISA.
chiuso dal 9 al 15 agosto e domenica – **Pasto** carta 30/50000.

Hostaria Tittino, vicolo Cipresso 2/4 ☏ 0775 251227 – AE VISA.
chiuso dal 10 al 30 agosto – **Pasto** carta 45/80000.

FUCECCHIO *50054 Firenze* [988] [14], [428], [429], [430] K 14 – *20 977 ab. alt. 25.*
Roma 302 – Firenze 38 – Pisa 49 – Livorno 52 – Pistoia 31 – Siena 72.

a Ponte a Cappiano *Nord-Ovest : 4 km –* ✉ *50050 :*

🍴🍴 **Le Vedute,** via Romana Lucchese 121 ✆ 0571 297498, *Fax 0571 297201*, ⛱, 🌳 – [P]. [AE] [$] [O] [MC] [VISA]. 🚫🐕
chiuso agosto e lunedì – **Pasto** carta 50/80000 (12 %).

FUILE MARE *Nuoro – Vedere Sardegna (Orosei) alla fine dell'elenco alfabetico.*

FUMONE *03010 Frosinone* [430] Q 21 – *2 168 ab. alt. 783.*
Roma 95 – Frosinone 24 – Avezzano 87 – Latina 65 – Pescara 93.

🍴🍴 **La Vecchia Mola,** via Vicinale Piè del Monte Fumone sud:3 Km. ✆ 0775 49771, *Fax 0775 49771*, ristorante con specialità di mare – [AE] [$] [O] [MC] [VISA]. 🚫🐕
chiuso dall'8 al 20 gennaio, dal 30 giugno al 20 luglio e lunedì – **Pasto** carta 40/65000.

FUNES (VILLNOSS) *39040 Bolzano* [988] [4] [5], [429] C 17 – *2 372 ab. alt. 1 159.*
[i] *frazione San Pieto 11* ✆ *0472 840180, Fax 0472 841515.*
Roma 680 – Bolzano 38 – Bressanone 19 – Milano 337 – Ortisei 33 – Trento 98.

🏨 **Sport Hotel Tyrol** 🌙, località Santa Maddalena 105 ✆ 0472 840104, *Fax 0472 840536*, ← gruppo delle Odle e pinete, [S], 🏊 riscaldata, 🌳 – [lift] [TV] ☎ ♿ [P] – 🏛 50. [$] [MC] [VISA]. 🚫🐕
giugno-ottobre – **Pasto** carta 45/60000 – **30 cam** ☕ 95/170000 – ½ P 90/130000.

🏨 **Kabis** 🌙, località San Pietro 9 ✆ 0472 840126, *Fax 0472 840395*, ←, ⛱, 🏋, [S], 🌳 – [lift] [TV] ☎ 🚗 [P]. [$] [VISA]. 🚫🐕 rist
marzo-ottobre – **Pasto** *(chiuso mercoledì fino a giugno ed ottobre)* 30/40000 – **39 cam** ☕ 90/160000 – ½ P 80/100000.

Lisez attentivement l'introduction : c'est la clé du guide.

FUNO *Bologna – Vedere Argelato.*

FURLO (Gola del) *Pesaro e Urbino* [430] L 20 – *alt. 177 – a.s. 25 giugno-agosto.*
Roma 259 – Rimini 87 – Ancona 97 – Fano 38 – Gubbio 43 – Pesaro 49 – Urbino 19.

🍴🍴 **La Ginestra** 🌙 con cam, via Furlo 17 ✉ 61040 Furlo ✆ 0721 797033, *Fax 0721 700040*, 🏊, 🌳, 🎾 – [lift], [AC] rist, [TV] ☎ [P] – 🏛 130. [AE] [$] [O] [MC] [VISA]. 🚫🐕
Pasto *(chiuso gennaio e lunedì escluso luglio-agosto)* carta 40/60000 – ☕ 10000 – **10 cam** 65/95000 – ½ P 85000.

🍴 **Furlo,** via Furlo 66 ✉ 61040 Furlo ✆ 0721 700096, *Fax 0721 700117* – [P]. [AE] [$] [O] [MC] [VISA] [JCB]
chiuso lunedì sera e martedì – **Pasto** carta 60/100000.

FURORE *84010 Salerno* [431] F 25 *G. Italia – 873 ab. alt. 300 – a.s. luglio-agosto.*
Vedere *Vallone*★★.
Roma 264 – Napoli 55 – Salerno 35 – Sorrento 40.

🏠 **Hostaria di Bacco,** via Lama 9 ✆ 089 830360 e rist ✆ 089 830352, *Fax 089 830352*, ←, « Servizio rist. estivo in terrazza panoramica » – [TV] ☎ [P]. [AE] [$] [O] [MC] [VISA] [JCB]. 🚫🐕
chiuso Natale – **Pasto** *(chiuso venerdì in bassa stagione)* carta 40/70000 – ☕ 8000 – **15 cam** 80/110000 – ½ P 80/90000.

FUSIGNANO *48010 Ravenna* [429] I 17 – *7 436 ab..*
Roma 372 – Bologna 68 – Ravenna 29 – Faenza 26 – Ferrara 64 – Forlì 43.

🏨 **Cà Ruffo,** via Leardini 8 ✆ 0545 954034, *Fax 0545 954034* – [lift] [AC] [TV] ☎ [P]. [AE] [$] [O] [MC] [VISA]. 🚫🐕
Pasto vedere rist ***La Voglia Matta*** – **9 cam** ☕ 160/240000 – ½ P 180/220000.

🍴🍴 **La Voglia Matta,** via Vittorio Veneto 21 ✆ 0545 50258, prenotare – [AC]. [AE] [$] [O] [MC] [VISA]. 🚫🐕
✿ *chiuso dal 1º al 7 gennaio, dal 1º al 20 settembre e giovedì* – **Pasto** carta 55/105000
Spec. Misto mare. Spaghetti alla chitarra con piccole aragoste. Filetto di spigola e melanzane con verdure in tempura.

GABBIA *Verona – Vedere Isola della Scala.*

GABICCE MARE *61011 Pesaro e Urbino* 988 ⑯, 429, 430 K 20 – *5 366 ab. – a.s. 25 giugno-agosto.*

viale della Vittoria 41 ✆ 0541 954424, Fax 0541 953500.

Roma 316 – Rimini 23 – Ancona 93 – Forlì 70 – Milano 342 – Pesaro 16.

Gd H. Michelacci, piazza Giardini Unità d'Italia 1 ✆ 0541 954361, *Fax 0541 954544*, – 100. AE VISA JCB. rist
marzo-ottobre – **Pasto** carta 45/75000 – **60 cam** 170/330000, 3 appartamenti – ½ P 170000.

Alexander, via Panoramica 35 ✆ 0541 954166, *Fax 0541 960144*, ←, riscaldata, – AE VISA. rist
Pasqua e maggio-settembre – **Pasto** carta 45/65000 – **48 cam** 140/200000 – ½ P 160000.

Majestic, via Balneare 10 ✆ 0541 953744, *Fax 0541 961358*, ←, riscaldata – AE VISA. rist
10 maggio-settembre – **Pasto** (solo per alloggiati) 35000 – 15000 – **55 cam** 100/170000 – ½ P 160000.

Losanna, piazza Giardini Unità d'Italia 3 ✆ 0541 950367, *Fax 0541 960120*, riscaldata, – AE VISA. rist
10 maggio-settembre – **Pasto** 30/50000 – 15000 – **67 cam** 110/180000 – ½ P 120/170000.

Bellavista, piazza Giardini Unità d'Italia 9 ✆ 0541 954640, *Fax 0541 950224*, ← – rist, VISA.
Pasqua-26 settembre – **Pasto** 25/70000 – **65 cam** 80/130000 – ½ P 120000.

Marinella, via Vittorio Veneto 127 ✆ 0541 954571, *Fax 0541 950426*, ← – rist, AE VISA. rist
Pasqua-settembre – **Pasto** carta 35/50000 – **44 cam** 100/140000, 4 appartamenti – ½ P 120000.

Nobel, via Vittorio Veneto 99 ✆ 0541 950640, *Fax 0541 954039*, ← – VISA. rist
15 maggio-settembre – **Pasto** 50000 – 10000 – **42 cam** 95/160000 – ½ P 120000.

Thea, via Vittorio Veneto 11 ✆ 0541 950052, *Fax 0541 954518* – AE VISA. rist
Pasqua-1° ottobre – **Pasto** carta 35/50000 – **28 cam** 80/110000 – ½ P 105000.

Bayon da Romano, via del Porto 20 ✆ 0541 950105, prenotare, « Servizio estivo all'aperto » – AE VISA JCB.
chiuso dal 15 dicembre al 15 gennaio e lunedì (escluso da giugno a settembre) – **Pasto** specialità di mare carta 65/100000.

Il Traghetto, via del Porto 27 ✆ 0541 958151, *Fax 0541 833543* – AE VISA.
chiuso novembre e martedì (escluso da giugno a settembre) – **Pasto** carta 55/85000.

a Gabicce Monte *Est : 2,5 km – alt. 144 – ✉ 61011 Gabicce Mare :*

Osteria della Miseria, via Dei Mandorli 2 ✆ 0541 958308, *Fax 0541 838224* – AE VISA
chiuso dal 1° al 7 gennaio, dal 1° al 7 giugno, domenica e lunedì dal 21 giugno al 21 settembre – **Pasto** carta 50/70000.

GABICCE MONTE *Pesaro* 429, 430 K 20 – *Vedere Gabicce Mare.*

GABRIA *Gorizia* 429 E 22 – *Vedere Savogna d'Isonzo.*

GAETA *04024 Latina* 988 ㉖ ㉗, 430 S 23 *G. Italia – 22 845 ab. – a.s. Pasqua e luglio-agosto.*

Vedere Golfo★ – *Duomo : Candelabro pasquale★.*

(15 giugno-15 settembre) piazza 19 Maggio ✆ 0771 461165.

Roma 141 – Frosinone 99 – Caserta 79 – Latina 74 – Napoli 94.

Gd H. Villa Irlanda, lungomare Caboto 6 (Nord : 4 km) ✆ 0771 712581, *Fax 0771 712172*, « in un parco con villa e convento d'inizio secolo » – 150. AE VISA.
Pasto carta 50/80000 – **35 cam** 150/220000, 5 appartamenti – ½ P 190000.

Antico Vico, vico 2 del Cavallo 2/4 ✆ 0771 465116, *Fax 0771 744382*, – AE VISA JCB.
chiuso novembre e mercoledì – **Pasto** specialità di mare 50000 e carta 60/90000.

Taverna del Marinaio, via Faustina 43 ✆ 0771 461342, *Fax 0771 461342*, – AE VISA
chiuso mercoledì escluso dal 15 giugno al 15 settembre – **Pasto** carta 30/45000.

Trattoria la Cianciola, vico 2 Buonomo 16 ✆ 0771 466190
Pasto specialità di mare.

sulla strada statale 213 :

Grand Hotel Le Rocce, via Flacca km 23,300 (Ovest : 6,8 km) ✉ 0402 ✆ 0771 740985, *Fax 0771 741633*, ≤ mare e costa, « Terrazze fiorite sul mare », – TV ☎ P. AE $ VISA.
maggio-settembre – **Pasto** carta 60/85000 – **53 cam** 280/350000 – ½ P 250000.

Il Ninfeo, via Flacca km 22,700 (Ovest : 7,4 km) ✉ 04024 ✆ 0771 74229 *Fax 0771 740736*, ≤ mare e costa, – TV ☎ P. AE $ VISA. rist
aprile-ottobre – **Pasto** carta 50/70000 – 15000 – **40 cam** 135/220000 – ½ P 160 180000.

Summit, via Flacca Km 23 (Ovest : 7,1 km) ✉ 04024 ✆ 0771 741741, *Fax 0771 741741*, mare e costa, « Terrazza-giardino », – TV ☎ P – 120. AE $ VISA
marzo-ottobre – **Pasto** carta 55/85000 – **87 cam** 200/310000 – ½ P 175/205000.

GAGGIANO *20083 Milano* 428 F 9 – *8 133 ab. alt. 116.*
Roma 580 – Alessandria 92 – Milano 14 – Novara 37 – Pavia 33.

Rattattù, via Maria da Lodi 54, località San Vito Nord-Ovest : 2 km ✆ 02 9081598 *Fax 02 90844913*, –
chiuso dal 1° al 25 agosto e dal 28 ottobre al 6 novembre – **Pasto** specialità di mare cart 60/100000.

Re Artù, via Roma 138 ✆ 02 9085123, prenotare, « Servizio estivo in giardino » – AE $ VISA
chiuso dall'8 al 22 gennaio, dal 9 al 29 agosto, mercoledì e giovedì a mezzogiorno – **Past** carta 50/65000.

Al Carretto, via Milano 28, località Bonirola Ovest : 2 km ✆ 02 9085254, *Fax 02 9085254* prenotare, « Ambiente tipico »
Pasto cucina pugliese.

a Vigano *Sud : 3 km* – ✉ *20083 Gaggiano :*

Antica Trattoria del Gallo, via Kennedy 1/3 ✆ 02 9085276, *Fax 02 9085276*, – P. AE $ VISA JCB
chiuso lunedì sera e martedì – **Pasto** carta 55/80000.

GAGLIANO DEL CAPO *73034 Lecce* 988 ㉚, 431 H 37 – *5 796 ab. alt. 144.*
Roma 629 – Brindisi 103 – Gallipoli 47 – Lecce 67 – Taranto 150.

Re Sole, strada statale 275 (Sud : 1,5 km) ✆ 0833 548057, *Fax 0833 548057*, – P. AE $ VISA
chiuso lunedì escluso luglio-agosto – **Pasto** carta 40/65000.

GAIANO *Parma* 428, 429 H 12 – *Vedere Collecchio.*

GAIBANA *Ferrara* 429 H 16 – *Vedere Ferrara.*

GAIOLE IN CHIANTI *53013 Siena* 430 L 16 *G. Toscana – 2 366 ab. alt. 356.*
Roma 252 – Firenze 60 – Siena 28 – Arezzo 56.

Castello di Spaltenna, ✆ 0577 749483, *Fax 0577 749269*, ≤ colline e campagna, « Monastero fortificato del 1200 », – TV ☎ P – 30. AE $ VISA.
chiuso sino al 6 marzo – **Pasto** *(chiuso lunedì a mezzogiorno)* carta 65/115000 – **21 cam** 310/690000, 8 appartamenti – ½ P 440000.

L'Ultimo Mulino, località La Ripresa di Vistarenni Ovest : 6 km ✆ 0577 738520, *Fax 0577 738659*, « Giardino con » – TV ☎ P. AE $ VISA
chiuso sino a febbraio – **Pasto** carta 50/95000 – **12 cam** 370/390000, appartamento.

Borgo Argenina senza rist, località Argenina 30 (Sud : 3 km) ✆ 0577 747117, *Fax 0577 747117*, – TV ☎ P.
5 cam 180/220000.

a San Sano *Sud-Ovest : 9,5 km* – ✉ *53010 Lecchi :*

San Sano, località San Sano 6 ✆ 0577 746130, *Fax 0577 746156*, ≤, « In un antico borgo », – cam, ☎ P. AE $ VISA JCB
15 marzo-15 novembre – **Pasto** (solo per alloggiati e *chiuso a mezzogiorno*) 40000 – **14 cam** 230/250000 – ½ P 135/165000.

a Poggio San Polo *Sud-Ovest : 12 km – ✉ 53010 Lecchi :*

X **Il Poggio-da Giannetto,** ☎ 0577 746135, *Fax 0577 746120*, ←, 🍴 – P. AE 🅢 ⓞ ⓜⓒ VISA
chiuso dicembre, gennaio e lunedì – **Pasto** carta 45/60000.

GALATI MAMERTINO *Messina* 432 M 26 – *Vedere Sicilia alla fine dell'elenco alfabetico.*

GALATINA *73013 Lecce* 988 ㉚, 431 G 36 *G. Italia – 28 798 ab. alt. 78.*
Roma 588 – Brindisi 58 – Gallipoli 22 – Lecce 20 – Taranto 95.

XX **Borgo Antico,** via Siciliani 80 ☎ 0836 566800, *Fax 0836 566800* – ▤. AE 🅢 ⓞ ⓜⓒ VISA JCB
chiuso dal 10 al 25 agosto e lunedì sera – **Pasto** carta 35/50000.

GALEATA *47010 Forlì-Cesena* 988 ⑮, 429, 430 K 17 – *2 243 ab. alt. 235.*
Roma 308 – Rimini 85 – Firenze 99 – Forlì 34 – Perugia 134.

X **Locanda Romagna,** via Zannetti 19 ☎ 0543 981695 – ✻
chiuso dal 1º al 21 giugno e sabato – **Pasto** carta 45/65000.

GALLARATE *21013 Varese* 988 ③, 428 F 8 – *46 282 ab. alt. 238.*
Roma 617 – Stresa 43 – Como 50 – Milano 40 – Novara 34 – Varese 18.

🏨 **Jet Hotel** senza rist, via Tiro a Segno 22 ☎ 0331 772100, *Fax 0331 772686*, 🏊 – |‡| ▤ TV ☎ 🚗 – 🏛 30. AE 🅢 ⓞ ⓜⓒ VISA. ✻
40 cam ☕ 250/350000.

🏨 **Astoria** senza rist, piazza Risorgimento 9/A ☎ 0331 791043, *Fax 0331 772671* – |‡| ▤ TV ☎ 📞. AE 🅢 ⓞ ⓜⓒ VISA
50 cam ☕ 160/200000.

GALLICO MARINA *89055 Reggio di Calabria* 431 M 28.
Roma 700 – Reggio di Calabria 9 – Catanzaro 156 – Gambarie d'Aspromonte 32 – Villa San Giovanni 7.

🏨 **President,** via Petrarca 16 ☎ 0965 372201, *Fax 0965 372201* – |‡| ▤ TV ☎ ♿ P – 🏛 50. AE 🅢 ⓞ ⓜⓒ VISA. ✻
Pasto carta 30/45000 (10 %) – **43 cam** ☕ 110/135000, ▤ 10000 – ½ P 90/110000.

GALLIERA VENETA *35015 Padova* 429 F 17 – *6 605 ab. alt. 30.*
Roma 535 – Padova 37 – Trento 109 – Treviso 32 – Venezia 71 – Vicenza 34.

XX **Al Palazzon,** via Cà Onorai 2 località Mottinello Nuovo ☎ 049 5965020, *Fax 049 5965931*, 🍴, solo su prenotazione domenica sera – ▤ P. AE ⓞ VISA. ✻
chiuso agosto e lunedì – **Pasto** 30000 bc (solo a mezzogiorno) 35/60000 e carta 40/55000.

GALLIO *36032 Vicenza* 429 E 16 – *2 347 ab. alt. 1090.*
Roma 577 – Trento 68 – Belluno 88 – Padova 94 – Treviso 82 – Vicenza 61.

🏨 **La Lepre Bianca,** via Camona 46 ☎ 0424 445666, *Fax 0424 445667* – TV ☎ P – 🏛 30. AE 🅢 ⓞ ⓜⓒ VISA. ✻
chiuso maggio o novembre – **Pasto** carta 60/75000 – **13 cam** ☕ 150/250000.

GALLIPOLI *73014 Lecce* 988 ㉚, 431 G 35 *G. Italia – 20 855 ab..*
Vedere *Interno★ della chiesa della Purissima.*
Roma 628 – Brindisi 78 – Bari 190 – Lecce 37 – Otranto 47 – Taranto 93.

XX **Il Bastione,** riviera Nazario Sauro 28 ☎ 0833 263836, ←, prenotare,, « Servizio estivo in terrazza con ← mare e costa » – AE 🅢 ⓞ ⓜⓒ VISA
chiuso lunedì escluso dal 15 giugno al 15 settembre – **Pasto** specialità di mare carta 40/75000.

sulla strada Litoranea *Sud-Est : 6 km :*

🏨 **Gd H. Costa Brada** 🐦, litoranea per Santa Maria di Leuca ✉ 73014 ☎ 0833 202551, *Fax 0833 202555*, ←, « Giardino ombreggiato », Fà, ≘s, 🏊, 🏊, 🏖, 🎾 – |‡| ▤ TV ☎ 🚗 P – 🏛 200. AE 🅢 ⓞ ⓜⓒ VISA JCB. ✻
Pasto carta 60/80000 – **89 cam** ☕ 165/275000 – ½ P 265000.

Le Sirenuse, litoranea per Santa Maria di Leuca ✉ 73014 ✆ 0833 20253 *Fax 0833 202539*, « In riva al mare circondato da una verde pineta », – 300. AE VISA.
Pasto carta 50/65000 – **120 cam** 150/210000 – ½ P 180000.

GALLUZZO *Firenze* 430 *K 15 – Vedere Firenze.*

GALZIGNANO TERME *35030 Padova* 429 *G 17 – 4 204 ab. alt. 22 – Stazione termale (marzo-novembre).*

(chiuso lunedì e gennaio) a Valsanzibio di Galzignano ✉ 35030 ✆ 049 9130078, Fax 049 9131193, Sud : 3 km.

Roma 477 – Padova 20 – Mantova 94 – Milano 255 – Rovigo 34 – Venezia 60.

verso Battaglia Terme *Sud-Est : 3,5 km :*

Sporting Hotel Terme, viale delle Terme 82 ✉ 35030 ✆ 049 9195000 *Fax 049 9195250*, riscaldata, – .
marzo-15 novembre – **Pasto** (solo per alloggiati) – **101 cam** 165/400000, 10 appartamenti – ½ P 210000.

Splendid Hotel Terme M, viale delle Terme 90 ✉ 35030 ✆ 049 9196000 *Fax 049 9196250*, « Giardino ombreggiato con termale », – .
marzo-15 novembre – **Pasto** (solo per alloggiati) – **90 cam** 160/300000, appartamenti – ½ P 160/200000.

Majestic Hotel Terme, viale delle Terme 84 ✉ 35030 ✆ 049 9194000 *Fax 049 9194250*, « Giardino ombreggiato con termale », – – 100.
chiuso sino a marzo – **Pasto** (solo per alloggiati) – **94 cam** 160/250000, 8 appartamenti ½ P 180/200000.

Green Park Hotel Terme, viale delle Terme 80 ✉ 35030 ✆ 049 9197000 *Fax 049 9197250*, « Giardino ombreggiato con riscaldata », – .
marzo-ottobre – **Pasto** (solo per alloggiati) – **86 cam** 150/250000, 7 appartamenti ½ P 180000.

GAMBARA *25020 Brescia* 428, 429 *G 12 – 4 372 ab. alt. 51.*

Roma 530 – Brescia 42 – Cremona 29 – Mantova 63 – Milano 97.

Gambara senza rist, via Campo Fiera 22 ✆ 030 9956260, *Fax 030 9956271* – – 20. VISA JCB
12000 – **12 cam** 80/110000.

GAMBARIE D'ASPROMONTE *89050 Reggio di Calabria* 988 ㊴, 431 *M 29 – alt. 1 300.*

Roma 672 – Reggio di Calabria 43.

Miramonti, via degli Sci 10 ✆ 0965 743048, *Fax 0965 743190*, – – 200 AE VISA JCB
Pasto carta 40/50000 – **42 cam** 80/100000 – ½ P 60/90000.

Centrale, piazza Mangeruca 23 ✆ 0965 743133, *Fax 0965 743141* – VISA
Pasto carta 40/50000 – **48 cam** 80/100000 – ½ P 90000.

GAMBOLÒ *27025 Pavia* 428 *G 8 – 8 082 ab. alt. 104.*

Roma 586 – Alessandria 71 – Milano 43 – Novara 36 – Pavia 32 – Vercelli 44.

Da Carla, frazione Molino d'Isella 3 (Est : 3 km) ✆ 0381 930006, – AE VISA.
chiuso mercoledì – **Pasto** carta 30/55000.

GARBAGNATE MILANESE *20024 Milano* 428 *F 9,* 219 ⑱ *– 27 828 ab. alt. 179.*

Roma 588 – Milano 16 – Como 33 – Novara 48 – Varese 36.

La Refezione, via Milano 166 ✆ 02 9958942, Coperti limitati; prenotare – AE VISA
chiuso dal 25 dicembre al 6 gennaio, agosto, domenica e lunedì a mezzogiorno – **Pasto** 80000 (solo alla sera) e carta 75/110000.

Read carefully the introduction it is the key to the Guide.

GARDA 37016 Verona 988 ④, 428, 429 F 14 *G. Italia – 3 594 ab. alt. 68.*

Vedere *Punta di San Vigilio** Ovest : 3 km.*

Cà degli Ulivi a Marciaga-Castion di Costermano ✉ 37010 ☎ 045 6279030, Fax 045 6270550, Nord : 3 km.

via Don Gnocchi 3 ☎ 045 7255194, Fax 045 7256720.

Roma 527 – Verona 30 – Brescia 64 – Mantova 65 – Milano 151 – Trento 82 – Venezia 151.

Regina Adelaide, via San Franceso d'Assisi 23 ☎ 045 7255977, *Fax 045 7256263*, « Giardino con », – rist, 60. rist
Pasto *(chiuso dal 5 al 20 febbraio e dal 5 al 20 novembre)* carta 55/75000 – **54 cam** 190/280000, 5 appartamenti – ½ P 225000.

Poiano, via Fioria 7 (Est : 2 km) ☎ 045 7200100, *Fax 045 7200900*, ←, « In collina tra il verde », – 200.
marzo-ottobre – **Pasto** 40/60000 – **91 cam** 305000 – ½ P 170000.

Flora senza rist, via Giorgione 27 ☎ 045 7255348, *Fax 045 7256623*, « Giardino con piscine e minigolf », –
19 maggio-ottobre – 20000 – **50 cam** 190/300000.

Bisesti, corso Italia 36 ☎ 045 7255766, *Fax 045 7255927*, – – 150. rist
aprile-ottobre – **Pasto** 25/50000 – **90 cam** 110/180000 – ½ P 130000.

Gabbiano, via dei Cipressi 24 ☎ 045 7256655, *Fax 045 7255363*, –
aprile-settembre – **Pasto** (solo per alloggiati e *chiuso a mezzogiorno*) 25000 – **42 cam** 110/190000 – ½ P 90/110000.

San Marco senza rist, largo Pisanello 3 ☎ 045 7255008, *Fax 045 7256749* – rist,
marzo-ottobre – **15 cam** 90/160000.

Ancora senza rist, via Manzoni 7 ☎ 045 7255202, ← – .
25 marzo-25 ottobre – **18 cam** 80/140000.

Tobago con cam, via Bellini 1 ☎ 045 7256340, *Fax 045 7256753*, – rist
Pasto *(chiuso martedì da ottobre ad aprile)* specialità di mare 55/85000 e carta 70/115000 – **10 cam** 110/170000 – ½ P 100/110000.

GARDA (Lago di) o BENACO *Brescia, Trento e Verona* 988 ④, 428, 429 F 13 *G. Italia.*

GARDONE RIVIERA 25083 Brescia 988 ④, 428, 429 F 13 *G. Italia – 2 480 ab. alt. 85 – a.s. Pasqua e luglio-15 settembre.*

Vedere *Posizione pittoresca** – Tenuta del Vittoriale* (residenza e tomba di Gabriele d'Annunzio) Nord-Est : 1 km.*

Bogliaco (chiuso martedì escluso agosto) ✉ 25088 Toscolano Maderno ☎ 0365 643006, Fax 0365 643006, Est : 10 km.

corso Repubblica 39 ☎ 0365 20347, Fax 0365 20347.

Roma 551 – Brescia 34 – Bergamo 88 – Mantova 90 – Milano 129 – Trento 91 – Verona 66.

Grand Hotel, corso Zanardelli 84 ☎ 0365 20261, *Fax 0365 22695*, ←, « Terrazza-giardino fiorita sul lago con riscaldata », – – 300. rist
aprile-ottobre – **Pasto** carta 60/80000 – **180 cam** 205/350000 – ½ P 185/215000.

Villa Capri senza rist, corso Zanardelli 172 ☎ 0365 21537, *Fax 0365 22720*, ←, « Parco in riva al lago con », –
aprile-ottobre – **55 cam** 200/300000.

Du Lac, via Repubblica 58 ☎ 0365 21558, *Fax 0365 21966*, ←, – rist
Pasto *(aprile-ottobre)* carta 35/60000 – **39 cam** 140/190000 – ½ P 100/125000.

Bellevue, corso Zanardelli 81 ☎ 0365 290088, *Fax 0365 290080*, ←, « Giardino fiorito con » – rist
aprile-10 ottobre – **Pasto** 40000 – **32 cam** 100/165000 – ½ P 90/100000.

Villa Fiordaliso con cam, corso Zanardelli 150 ☎ 0365 20158, *Fax 0365 290011*, ←, « Villa storica in un piccolo parco; servizio estivo in terrazza sul lago » – cam,
chiuso gennaio e febbraio – **Pasto** *(chiuso lunedì e martedì a mezzogiorno)* 130000 e carta 110/190000 – **6 cam** 650000, appartamento
Spec. Finocchi brasati con scorze d'arance, filetto di pesce persico e crema di datteri. Risotto carnaroli con tinca in bianco e spugnole. Petto di piccione in casseruola con spinaci ed uvetta sultanina, coscette fritte al foie gras e riso verde.

Agli Angeli con cam, piazza Garibaldi 2, località Vittoriale ✆ 0365 20832, *Fax 0365 2074*
– ☎. AE Ⓢ ⓞ ⓜⓒ VISA
chiuso dal 10 gennaio al 10 febbraio e dal 15 novembre al 15 dicembre – **Pasto** *(chius lunedì e martedì dal 15 ottobre al 15 marzo; solo lunedì dal 16 marzo al 15 aprile)* cart 50/85000 – **9 cam** ☐ 90/130000.

a Fasano del Garda *Nord-Est : 2 km* – ✉ *25080 :*

Gd H. Fasano e Villa Principe, corso Zanardelli 190 ✆ 0365 290220, *Fax 0365 29022*
< lago, , « Terrazza-giardino sul lago con riscaldata », – ☎ – 150.
aprile-novembre – **Pasto** al Rist. ***Il Fagiano*** *(maggio-ottobre; chiuso a mezzogiorno)* sol su prenotazione carta 75/115000 – **75 cam** (**Villa Principe** 12 cam aprile-novembre
☐ 275/480000 – ½ P 290000.

Villa del Sogno, corso Zanardelli 107 ✆ 0365 290181, *Fax 0365 290230*, < lago,
« Parco e terrazze con », – ☎ – 30. AE Ⓢ ⓞ ⓜⓒ VISA.
aprile-15 ottobre – **Pasto** 100000 – **31 cam** ☐ 370/550000, 4 appartamenti – ½ P 275 350000.

GARGANO (Promontorio del) *Foggia* 988 ㉘, 431 B 28 30.

Vedere Guida Verde Italia.

GARGAZON = *Gargazzone.*

GARGAZZONE (GARGAZON) *39010 Bolzano* 429 C 15, 218 ⑳ – *1 308 ab. alt. 267.*

Roma 563 – Bolzano 17 – Merano 11 – Milano 315 – Trento 75.

Alla Torre-Zum Turm, via Nazionale 5 ✆ 0473 292325, *Fax 0473 292399*, , « Giardino-frutteto con riscaldata » – ☎ P. Ⓢ. rist
chiuso dal 15 gennaio al 15 marzo – **Pasto** *(chiuso giovedì)* carta 45/65000 – **15 cam**
☐ 65/120000 – ½ P 85/90000.

GARGNANO *25084 Brescia* 988 ④, 428, 429 E 13 *G. Italia* – *3 026 ab. alt. 98* – *a.s. Pasqua e luglio-15 settembre.*

Bogliaco (chiuso martedì escluso agosto) ✉ *25088 Toscolano Maderno* ✆ *0365 643006 Fax 0365 643006, Sud : 1,5 km.*

Roma 563 – Verona 51 – Bergamo 100 – Brescia 46 – Milano 141 – Trento 79.

Villa Giulia, viale Rimembranza 20 ✆ 0365 71022, *Fax 0365 72774*, <, , « Giardino in riva al lago », , , – ☎ . Ⓢ ⓜⓒ VISA.
aprile-15 ottobre – **Pasto** (solo per alloggiati) carta 65/95000 – **25 cam** ☐ 200/340000.

Meandro, via Repubblica 40 ✆ 0365 71128, *Fax 0365 72012*, <, , , – ☎ P
AE Ⓢ ⓞ ⓜⓒ VISA
chiuso dal 15 dicembre a febbraio – **Pasto** carta 45/65000 – **38 cam** ☐ 135/185000 – ½ P 115000.

Palazzina, via Libertà 10 ✆ 0365 71118, *Fax 0365 71528*, < lago, , « su terrazza panoramica », – ☎ . AE Ⓢ ⓞ ⓜⓒ VISA JCB.
aprile-10 ottobre – **Pasto** *(chiuso a mezzogiorno da aprile a maggio)* carta 30/40000 – **25 cam** ☐ 90/160000 – ½ P 85/95000.

La Tortuga, via XXIV Maggio 5 ✆ 0365 71251, *Fax 0365 71938*, Coperti limitati; solo su prenotazione a mezzogiorno – AE Ⓢ ⓞ ⓜⓒ VISA.
chiuso dal 23 al 29 dicembre, dal 23 gennaio al 1° marzo, lunedì sera (escluso da giugno a settembre) e martedì – **Pasto** 80/125000 e carta 100/150000
Spec. Insalatina frisé con filetti di pesce persico del Garda. Fettuccine dipasta fresca con capperi, olive e pomodori. Fesa di vitello con salsa bianca al tartufo.

a Villa *Sud : 1 km* – ✉ *25084 Gargnano :*

Baia d'Oro con cam, via Gamberera 13 ✆ 0365 71171, *Fax 0365 72568*, <, Coperti limitati; prenotare, « Servizio estivo in terrazza sul lago » – cam, ☎
aprile-ottobre – **Pasto** carta 50/95000 – **13 cam** ☐ 150/220000 – ½ P 150000.

a Bogliaco *Sud : 1,5 km* – ✉ *25080 :*

Allo Scoglio, via Barbacane 3 ✆ 0365 71030, « Servizio estivo in terrazza-giardino sul lago » –
chiuso gennaio, febbraio e venerdì – **Pasto** carta 55/70000.

GARGONZA *Arezzo* 430 M 17 – *Vedere Monte San Savino.*

GARLASCO *27026 Pavia 988 ⑬, 428 G 8 – 9 299 ab. alt. 94.*

Roma 585 – Alessandria 61 – Milano 44 – Novara 40 – Pavia 22 – Vercelli 48.

I Diamanti senza rist, via Leonardo da Vinci 59 ✆ 0382 821504, *Fax 0382 800981* – 50.
10000 – **39 cam** 100/135000.

GARLENDA *17038 Savona 428 J 6 – 890 ab. alt. 70.*

18 (chiuso mercoledì escluso luglio-agosto) ✆ 0182 580012, Fax 0182 580561.

Roma 592 – Imperia 37 – Albenga 10 – Genova 93 – Milano 216 – Savona 47.

La Meridiana, via ai Castelli ✆ 0182 580271, *Fax 0182 580150*, « Residenza di campagna », – 45.
marzo-novembre – **Pasto** al Rist. ***Il Rosmarino*** *(chiuso a mezzogiorno escluso da giugno a settembre;* prenotare*)* carta 90/145000 – 32000 – **14 cam** 310/420000, 15 appartamenti 500/1100000 – ½ P 320/600000.

Hermitage, via Roma 152 ✆ 0182 582976, *Fax 0182 582975*, coperti limitati; prenotare, – cam, . cam
chiuso gennaio – **Pasto** *(chiuso lunedì e a mezzogiorno)* carta 60/95000 – 15000 – **11 cam** 130/230000 – ½ P 120/150000.

GASSINO TORINESE *10090 Torino 988 ⑫, 428 G 5 – 8 818 ab. alt. 219.*

Roma 665 – Torino 16 – Asti 52 – Milano 130 – Vercelli 60.

a Bardassano *Sud-Est : 5 km – ✉ 10090 Gassino Torinese :*

Ristoro Villata, via Val Villata 25 (Sud : 1 km) ✆ 011 9605818, , solo su prenotazione – .
chiuso dal 12 al 28 agosto, venerdì e a mezzogiorno (escluso i giorni festivi) – **Pasto** menu tipico piemontese 80000 e carta 75/100000.

GATTEO A MARE *47043 Forlì-Cesena 429, 430 J 19 – 5 992 ab. – a.s. 21 giugno-agosto.*

piazza Libertà 10 ✆ 0547 86083, Fax 0547 85393.

Roma 353 – Ravenna 35 – Rimini 18 – Bologna 102 – Forlì 41 – Milano 313.

Miramare, viale Giulio Cesare 63 ✆ 0547 87313, *Fax 0547 87614*, ≤, – , rist, . rist
maggio-settembre – **Pasto** (solo per alloggiati) – **56 cam** 110/160000 – ½ P 100000.

Flamingo, viale Giulio Cesare 31 ✆ 0547 87171, *Fax 0547 680532*, ≤, , riscaldata, – , rist, . rist
Pasqua-ottobre – **Pasto** (solo per alloggiati) – 15000 – **48 cam** 100/140000 – ½ P 140000.

Estense, via Gramsci 30 ✆ 0547 87068, *Fax 0547 87489* – – 70. . rist
chiuso novembre – **Pasto** carta 35/45000 – 8000 – **36 cam** 65/105000 – ½ P 85000.

Imperiale, viale Giulio Cesare 82 ✆ 0547 86875, *Fax 0547 86484* – , rist, . rist
maggio-settembre – **Pasto** carta 35/45000 – **37 cam** 140/180000 – ½ P 90/110000.

Sant'Andrea, viale Matteotti 66 ✆ 0547 85360, *Fax 0547 680741* – rist, . . rist
22 maggio-20 settembre – **Pasto** (solo per alloggiati) 30/35000 – **22 cam** 40/65000 – ½ P 75/80000.

Magnolia, via Trieste 31 ✆ 0547 86814, *Fax 0547 87285*, , – . . rist
15 maggio-20 settembre – **Pasto** (solo per alloggiati) 30/40000 – **38 cam** 80/110000 – ½ P 80/90000.

Fantini, viale Matteotti 10 ✆ 0547 87009, *Fax 0547 87009* – , rist, . rist
aprile-20 settembre – **Pasto** (solo per alloggiati) 25/30000 – 10000 – **44 cam** 60/100000 – ½ P 60/80000.

GAVI *15066 Alessandria 988 ⑬, 428 H 8 – 4 506 ab. alt. 215.*

18 e 9 Colline del Gavi (chiuso gennaio e martedì escluso da maggio a settembre) località Fara Nuova ✉ 15060 Tassarolo ✆ 0143 34226, Fax 0143 342342, Nord : 5 km.

Roma 554 – Alessandria 34 – Genova 48 – Acqui Terme 42 – Milano 97 – Savona 84 – Torino 136.

Cantine del Gavi, via Mameli 69 ✆ 0143 642458, Coperti limitati; prenotare –
chiuso dal 7 al 20 gennaio, dal 10 al 25 luglio e lunedì – **Pasto** carta 60/80000.

GAVINANA *51025 Pistoia* 428, 429, 430 J 14 *G. Toscana – alt. 820 – a.s. luglio-agosto.*
Roma 337 – Firenze 60 – Pisa 75 – Bologna 87 – Lucca 53 – Milano 288 – Pistoia 27.

Franceschi, piazza Ferrucci 121 ☎ 0573 66451, *Fax 0573 66452* – |‡| TV ☎. AE 🅂 ⓓ ⓒ VISA. ✻
chiuso dal 10 al 30 novembre – **Pasto** carta 40/65000 – **26 cam** ☕ 90/140000 – 1/2 P 8…
95000.

GAVIRATE *21026 Varese* 988 ③, 428 E 8 – *9 301 ab. alt. 261.*
Roma 641 – Stresa 53 – Milano 66 – Varese 10.

XX **Tipamasaro,** via Cavour 31 ☎ 0332 743524, prenotare i giorni festivi, « Servizio esti… sotto un fresco gazebo » – 🅿
chiuso dal 16 al 31 agosto e lunedì – **Pasto** carta 40/60000.

GAZOLDO DEGLI IPPOLITI *46040 Mantova* 428, 429 G 13 – *2 461 ab. alt. 35.*
Roma 490 – Parma 59 – Brescia 58 – Mantova 21 – Verona 45.

X **Trattoria dell'Agrifoglio,** via San Pio X 34, verso Piubega Nord-Ovest : 1,5 k… ☎ 0376 657092, solo su prenotazione la sera escluso venerdì e sabato – 🅿. 🅂 ⓒ VISA. ✻
chiuso dal 24 dicembre al 6 gennaio, agosto e lunedì – **Pasto** carta 35/50000.

GAZZO *Imperia – Vedere Borghetto d'Arroscia.*

GAZZOLI *Verona* 428, 429 F 14 – *Vedere Costermano.*

GEMONA DEL FRIULI *33013 Udine* 988 ⑥, 429 D 21 – *11 269 ab. alt. 272.*
Roma 665 – Udine 26 – Milano 404 – Tarvisio 64 – Trieste 98.

Pittini senza rist, piazzale della Stazione 1 ☎ 0432 971195, *Fax 0432 971380* – |‡| TV ☎ 🚗 🅿. 🅂 ⓓ ⓒ VISA. ✻
– **16 cam** ☕ 100/120000.

GENOVA *16100* 🅿 988 ⑬, 428 I 8 *G. Italia – 659 754 ab..*
Vedere *Porto★★* **AXY** – *Quartiere dei marinai★* **BY** – *Piazza San Matteo★* **BY 85** – *Cattedra… le di San Lorenzo★ : facciata★★* **BY K** – *Via Garibaldi★ : galleria dorata★ nel palazzo Catal…* **BY B**, *pinacoteca★ nel palazzo Bianco* **BY D**, *galleria d'arte★ nel palazzo Rosso* **BY E** – *Palazzo dell'Università★* **AX U** – *Galleria Nazionale di palazzo Spinola★ : Adorazione de… Magi★★ di Joos Van Cleve* **BY** – *Acquario★* **AY** – *Campanile★ della chiesa di San Donato* **BY** – *San Sebastiano★ di Puget nella chiesa di Santa Maria di Carignano* **BZ N** – *Villetta Di Negr…* **CXY** : *<★ sulla città e sul mare, museo Chiossone★* **M1** – *<★ sulla città dal Castelletto* **B…** *per ascensore – Cimitero di Staglieno★* **F**.
Escursioni *Riviera di Levante★★★ Est e Sud-Est.*
✈ *Cristoforo Colombo di Sestri Ponente per ④ : 6 km ☎ 010 60151 – Alitalia, via X… Ottobre 12 ✉ 16121 ☎ 010 54931.*
🚗 *☎ 010 586891.*
⛴ *per Cagliari luglio-9 settembre giovedì e domenica (20 h) ed Olbia 19 giugno-… settembre giornaliero e negli altri mesi lunedì, mercoledì e venerdì (da 6 h a 13 h 15 mn… per Arbatax giugno-settembre mercoledì e venerdì, negli altri mesi lunedì e venerdì (19 h)… Porto Torres giornalieri (da 6 h a 13 h) – Tirrenia Navigazione, Stazione Marittima, Pontil… Colombo ✉ 16126 ☎ 1478 99000, Fax 010 2698241; per Porto Torres (10 h), Olbia (10 h) 2… giugno-18 settembre giornalieri e per Palermo giornaliero, escluso domenica (20 h) – Grimaldi-Grandi Navi Veloci, via Fieschi 17 ✉ 16128 ☎ 010 589331, Fax 010 509225.*
ℹ *Stazione Principe ✉ 16126 ☎ 010 2462633 – all'Aeroporto ✉ 16154 ☎ 010 6015247 – via al Porto Antico (Palazzina S. Maria) ✉ 16126 ☎ 010 248711, Fax 010 2467658.*
A.C.I. *viale Brigate Partigiane 1/a ✉ 16129 ☎ 010 567001.*
Roma 501 ② – Milano 142 ⑦ – Nice 194 ⑤ – Torino 170 ⑤.

Piante pagine seguenti

Starhotel President Ⓜ, corte Lambruschini 4 ✉ 16129 ☎ 010 5727, *Fax 010 553182…* – |‡|, ✻ cam, ▤ TV ☎ 📞 🚗 – 🏛 450. AE 🅂 ⓓ ⓒ VISA JCB. ✻ **DZ** …
Pasto carta 65/95000 – **187 cam** ☕ 400/520000, 5 appartamenti – 1/2 P 330000.

Jolly Hotel Plaza, via Martin Piaggio 11 ✉ 16122 ☎ 010 83161, *Fax 010 8391850* – |‡| ✻ cam, ▤ TV ☎ 📞 ♿ – 🏛 140. AE 🅂 ⓓ ⓒ VISA JCB. ✻ rist **CY** …
Pasto carta 60/100000 – **143 cam** ☕ 320/400000, appartamento – 1/2 P 225/260000.

Savoia Majestic, via Arsenale di Terra 5 ✉ 16126 ☎ 010 261641, *Fax 010 261883* – |‡| ▤ TV ☎ 📞 – 🏛 100. AE 🅂 ⓓ ⓒ VISA. ✻ rist **AX** …
Pasto carta 50/100000 – **121 cam** ☕ 290/440000, 2 appartamenti – 1/2 P 270000.

City Hotel senza rist, via San Sebastiano 6 ✉ 16123 ☎ 010 5545, *Fax 010 586301* – CY e
63 cam 325/450000, 3 appartamenti.

Bristol, via 20 Settembre 35 ✉ 16121 ☎ 010 592541, *Fax 010 561756*, « Caratteristici ambienti fine 800 » – 200. CY n
Pasto carta 60/85000 – **128 cam** 330/480000, 5 appartamenti – 1/2 P 370000.

Moderno Verdi, piazza Verdi 5 ✉ 16121 ☎ 010 5532104, *Fax 010 581562* – rist DY b
Pasto (solo per alloggiati; *chiuso a mezzogiorno, venerdì, sabato, domenica, dicembre ed agosto*) carta 40/85000 – **87 cam** 280/360000 – 1/2 P 215000.

Britannia senza rist, via Balbi 38 ✉ 16126 ☎ 010 26991, *Fax 010 2462942*, – 40. AX a
61 cam 290/400000, 36 appartamenti 300/400000.

Novotel Genova Ovest, via Cantore 8/C ✉ 16126 ☎ 010 64841, *Fax 010 6484844*, – cam, – 200. rist E b
Pasto carta 55/85000 – **223 cam** 320/450000.

Columbus Sea, via Milano 63 ✉ 16126 ☎ 010 265051, *Fax 010 255226*, – 90. rist E a
Pasto *(chiuso sabato e domenica a mezzogiorno)* carta 65/95000 – **77 cam** 245/360000, 3 appartamenti – 1/2 P 230000.

Europa senza rist, via Monachette 8 ✉ 16126 ☎ 010 2463537, *Fax 010 261047* – AX t
38 cam 200/300000.

Alexander senza rist, via Bersaglieri d'Italia 19 ✉ 16126 ☎ 010 261371, *Fax 010 265257* – AX u
16000 – **35 cam** 140/180000.

Metropoli senza rist, piazza Fontane Marose ✉ 16123 ☎ 010 2468888, *Fax 010 2468686* – BY c
48 cam 155/260000.

Galles senza rist, via Bersaglieri d'Italia 13 ✉ 16126 ☎ 010 2462820, *Fax 010 2462822* – AX s
15000 – **20 cam** 140/180000.

Viale Sauli senza rist, viale Sauli 5 ✉ 16121 ☎ 010 561397, *Fax 010 590092* – CY f
56 cam 150/200000.

Agnello d'Oro senza rist, via Monachette 6 ✉ 16126 ☎ 010 2462084, *Fax 010 2462327* – AX t
13000 – **35 cam** 130/160000.

La Capannina, via Tito Speri 7 ✉ 16146 ☎ 010 317131, *Fax 010 3622692* – G b
Pasto (solo per alloggiati e *chiuso a mezzogiorno*) 25/30000 – **31 cam** 110/160000 – 1/2 P 120/140000.

Gran Gotto, viale Brigate Bisagno 69 r ✉ 16129 ☎ 010 564344, *Fax 010 564344*, prenotare – DZ m
chiuso dal 12 al 31 agsoto, sabato a mezzogiorno, domenica e i giorni festivi – **Pasto** carta 75/110000
Spec. Crespellina di farro con astice e baccalà all'olio aromatico. Fusilli di pasta fresca con acciughe fresche, fave ed erba cipollina. Piramidedi riso venere con gamberi al vapore e mentuccia fritta.

Edilio, corso De Stefanis 104/R ✉ 16139 ☎ 010 811260, *Fax 010 811260* – DX a
chiuso dal 1° al 22 agosto e lunedì – **Pasto** carta 80/110000
Spec. Risotto con crostacei e pistilli di zafferano. Pescatrice alla mediterranea con pomodorini, capperi ed olive. Semifreddo alle nocciole con salsa di cioccolato.

La Bitta nella Pergola, via Casaregis 52 r ✉ 16129 ☎ 010 588543, *Fax 010 588543* – DZ a
chiuso dal 1° al 7 gennaio, dall'8 al 31 agosto, domenica sera e lunedì – **Pasto** carta 65/115000
Spec. Seppie in zimino di ceci con pomodori sott'olio. Tortelli al formaggio San Sté e ricotta. Mazzancolle in pastella con fagottini di melanzane ripiene di mozzarella.

Vittorio al Mare, Belvedere Edoardo Firpo 1, a Boccadasse ✉ 16146 ☎ 010 3760141, *Fax 010 3760141*, – G w
Pasto carta 75/115000 e ***pizzeria La Cambusetta*** *(chiuso lunedì)* carta 50/70000.

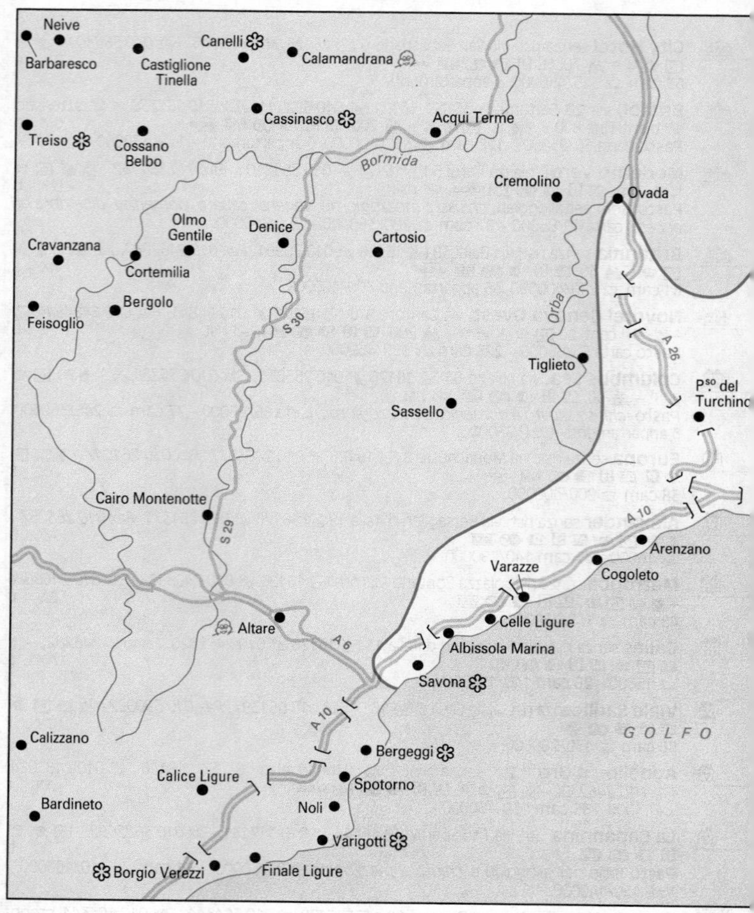

XX **Le Rune,** vico Domoculta 14 r ✉ 16123 ✆ 010 594951, *Fax 010 586301* – ▤. AE 🅂 MC VISA. ✻ BY c
chiuso dal 15 agosto al 7 settembre, sabato a mezzogiorno e domenica – **Pasto** 45000 bc e carta 45/110000.

XX **Zeffirino,** via XX Settembre 20 ✉ 16121 ✆ 010 591990, *Fax 010 586464*, Rist. rustico moderno – ▤. AE 🅂 ⓓ MC VISA JCB CY b
Pasto carta 70/110000.

XX **Saint Cyr,** piazza Marsala 8 ✉ 16122 ✆ 010 886897, *Fax 010 815039* – ▤. AE 🅂 ⓓ MC VISA CY r
chiuso sabato a mezzogiorno, domenica, dal 23 al 27 dicembre, dal 1° al 7 gennaio e dal 12 al 28 agosto – **Pasto** carta 65/100000 (10 %).

XX **Papageno,** via Assarotti 60 r ✉ 16122 ✆ 010 8392999, Coperti limitati; prenotare – ▤. AE 🅂 ⓓ MC VISA JCB CY h
chiuso dal 1° al 7 gennaio e dal 15 al 25 agosto, sabato a mezzogiorno e domenica – **Pasto** carta 65/95000.

XX **Santa Chiara,** via Capo Santa Chiara 69 r, a Boccadasse ✉ 16146 ✆ 010 3770081, ←, « Servizio estivo in terrazza sul mare » – AE 🅂 ⓓ MC VISA JCB G w
chiuso dal 20 dicembre al 7 gennaio, dal 5 al 25 agosto e domenica – **Pasto** carta 70/95000.

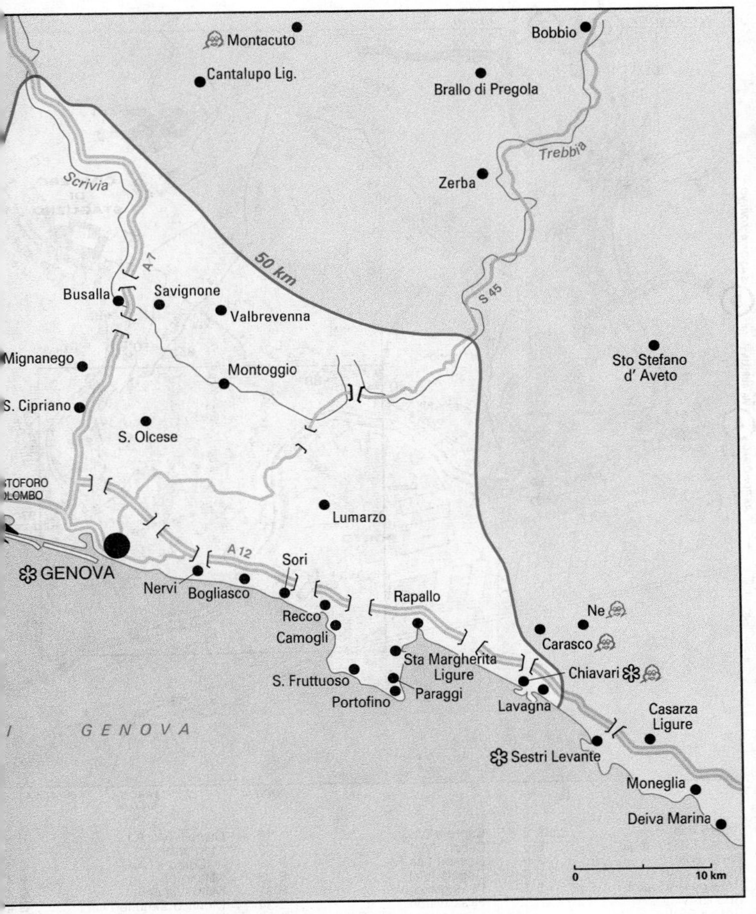

XX **Pansön dal 1790,** piazza delle Erbe 5 r ✉ 16123 ✆ 010 2468903, *Fax 010 2468903*, – ▤. AE ⓓ MC VISA BY a
chiuso dall'11 al 24 agosto e domenica – **Pasto** carta 55/115000.

XX **Rina,** via Mura delle Grazie 3 r ✉ 16128 ✆ 010 2466475, *Fax 010 2466475* – ▤. AE Ⓢ ⓓ MC VISA BY b
chiuso agosto e lunedì – **Pasto** carta 45/75000.

XX **Al Veliero,** via Ponte Calvi 10 r ✉ 16124 ✆ 010 2465773, prenotare – ▤. AE Ⓢ ⓓ MC VISA ABX b
chiuso dal 1° al 7 gennaio, agosto e lunedì – **Pasto** specialità di mare carta 45/80000.

XX **Le Chiocciole,** piazza Negri 5 r ✉ 16123 ✆ 010 2511289, *Fax 010 2511289*, prenotare – AE Ⓢ MC VISA BY f
chiuso dal 15 agosto al 7 settembre, domenica e a mezzogiorno – **Pasto** carta 40/60000.

X **Pintori,** via San Bernardo 68 r ✉ 16123 ✆ 010 2757507, prenotare la sera – AE Ⓢ ⓓ VISA BY e
chiuso dal 24 dicembre al 7 gennaio, dal 1° al 22 agosto, domenica e lunedì – **Pasto** carta 55/90000.

X **Da Tiziano,** via Granello 27 r ✉ 16121 ✆ 010 541540, *Fax 010 541540* – AE Ⓢ ⓓ MC VISA CZ b
chiuso dal 7 al 31 agosto e domenica – **Pasto** carta 45/90000.

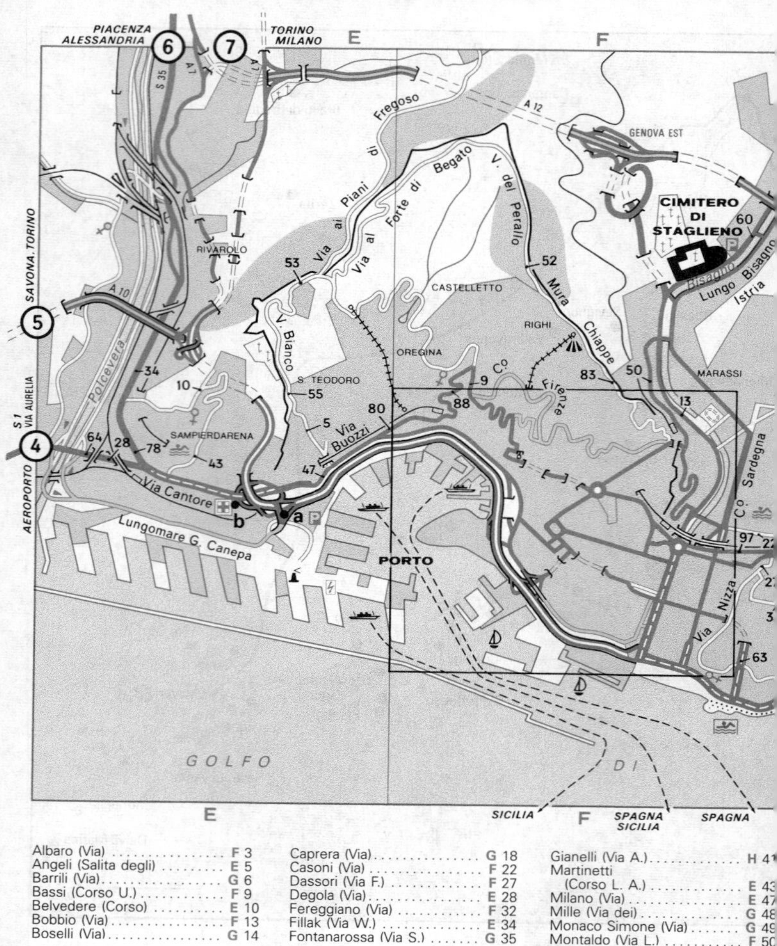

X **Sola,** via Carlo Barabino 120 r ✉ 16129 ✆ 010 594513, *Fax 010 594513*, Rist.-enoteca – ▤ AE 🅂 ⓓ MC VISA JCB
chiuso dal 1° al 22 agosto e domenica – **Pasto** carta 45/70000.

X **Da Mannori,** via Galata 70 r ✉ 16121 ✆ 010 588461, 余 – 🅂 VISA
chiuso agosto, domenica e i giorni festivi – **Pasto** carta 50/90000.

a Sturla *per ② o ③ : 6 km* G – ✉ *16147 Genova :*

XX **Il Primo Piatto,** via del Tritone 12 r ✆ 010 393456, 余, prenotare – ▤. AE 🅂 ⓓ MC VISA JCB
chiuso sabato a mezzogiorno, lunedì e Ferragosto – **Pasto** carta 60/80000.

verso Molassana *per ① : 6 km :*

XX La Pineta, via Gualco 82, a Struppa ✉ 16165 ✆ 010 802772, *Fax 010 802772*, 余 – P.

all'aeroporto Cristoforo Colombo *per ④ : 6 km* E *:*

Sheraton Genova M, via Pionieri ed Aviatori d'Italia 44 ✉ 16154 ✆ 010 65491, *Fax 010 6549055*, ≤ – |♦|, ⇔ cam, ▤ TV ☎ ✆ ♿ 🚗 P – 🏛 1000. AE 🅂 ⓓ MC VISA ✱ rist
Pasto al Rist. ***Il Portico*** carta 85/125000 – **283 cam** ☕ 330/410000, 2 appartamenti.

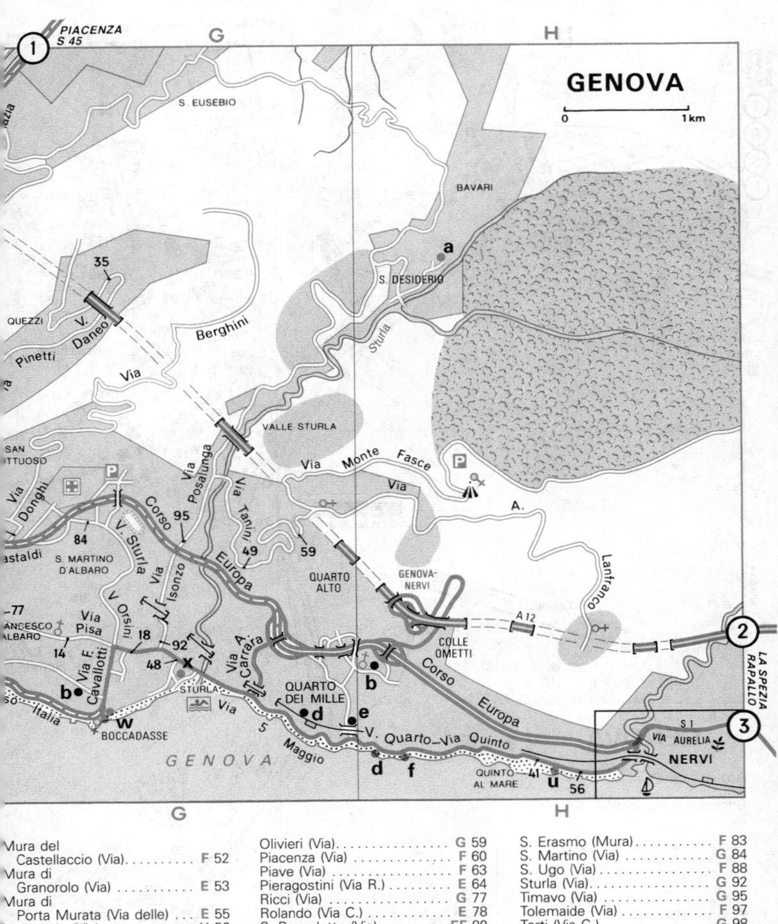

a Quarto dei Mille *per ② o ③ : 7 km* GH – ✉ *16148 Genova :*

Iris senza rist, via Rossetti 3/5 ☎ 010 3760703, *Fax 010 3773914* – |♦| ▤ TV ☎ P. AE S O MC VISA JCB — G e
20 cam ☕ 140/180000.

XXX **Antica Osteria del Bai,** via Quarto 12 ☎ 010 387478, *Fax 010 392684*, ≤, prenotare – ▤. AE S O MC VISA. — H d
✿ *chiuso dal 10 al 20 gennaio, dal 1° al 20 agosto e lunedì* – **Pasto** 60/100000 e carta 70/100000
Spec. Gamberi avvolti nel dentice dorati alle erbe con salsa leggera ai capperi e bouquet di insalatine novelle. Lasagnette al basilico con crostacei e pesto leggero. Filetto di rombo su patate brasate nel lardo con aceto balsamico.

XX **7 Nasi,** via Quarto 16 ☎ 010 3731344, *Fax 010 3731342*, ⛱, Rist. a mare con ≤, –
P. AE S O MC VISA — H f
chiuso novembre e martedì – **Pasto** carta 55/80000.

XX **Antica Osteria della Castagna,** via Romana della Castagna 20 r ☎ 010 3990265, *Fax 010 3733507* – 25. AE S O MC VISA JCB. — H b
chiuso dal 26 febbraio al 4 marzo, dal 7 al 31 agosto, domenica sera e lunedì – **Pasto** specialità di mare carta 50/90000.

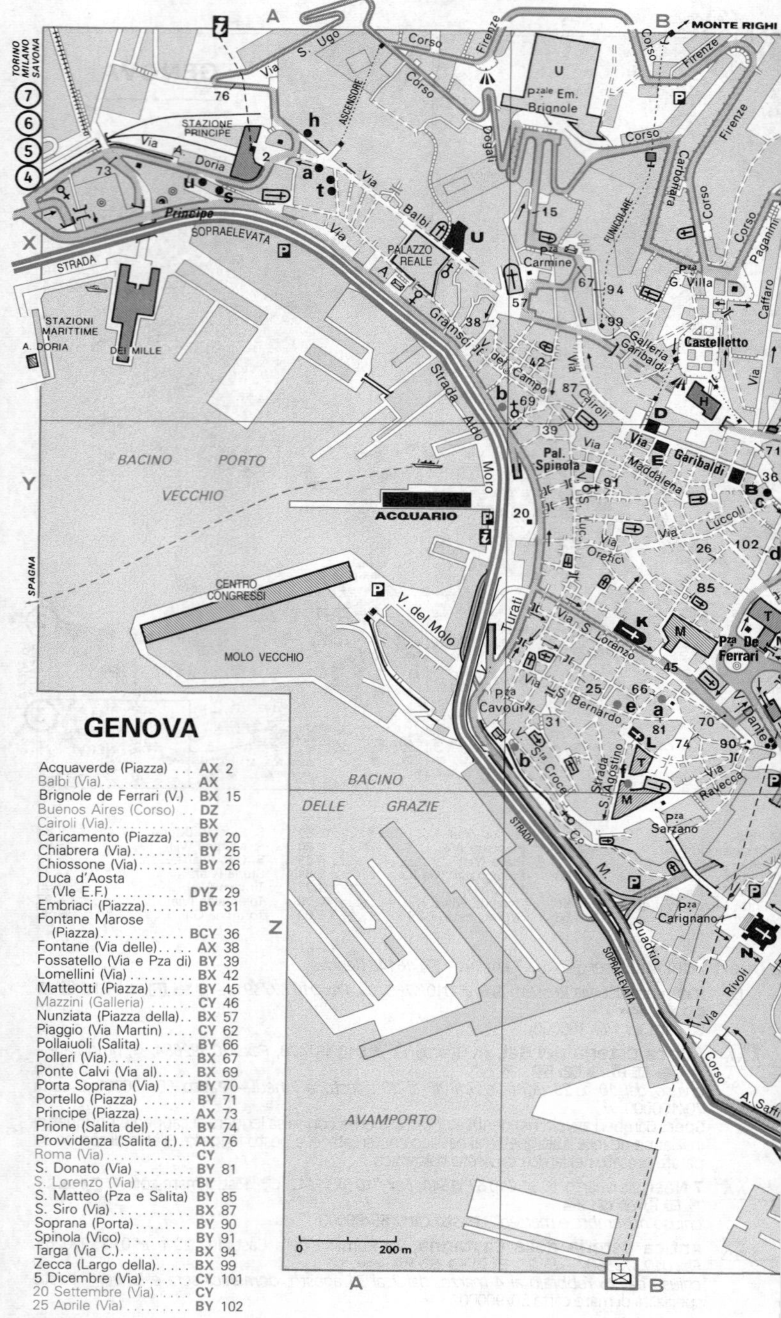

TORINO MILANO SAVONA
MONTE RIGHI
STAZIONE PRINCIPE
Via A. Doria
Principe
SOPRAELEVATA
STRADA
Via S. Ugo
Corso
Corso Firenze
ASCENSORE
Pzale Em. Brignole
Dogali
Via Balbi
PALAZZO REALE
Pza Carmine
FUNICOLARE
Corso Carbonara
Corso Paganini
Pza G. Villa
Caffaro
Galleria Garibaldi
Castelletto
STAZIONI MARITTIME
A. DORIA
DEI MILLE
Via Gramsci
V. del Campo
Via Cairoli
Via Garibaldi
Pal. Spinola
Via Maddalena
Via Lucc Oli
Via Orefici
BACINO PORTO VECCHIO
ACQUARIO
Strada Aldo Moro
SPAGNA
CENTRO CONGRESSI
V. del Molo
MOLO VECCHIO
Via Turati
Via S. Lorenzo
Pza De Ferrari
V. Dante
Pza Cavour
Via S. Bernardo
Sta Croce
Strada S. Agostino
Via Ravecca
BACINO DELLE GRAZIE
Pza Sarzano
Pza Carignano
Quadrio
Via Rivoli
Corso A. Saffi
AVAMPORTO
0 200 m

GENOVA

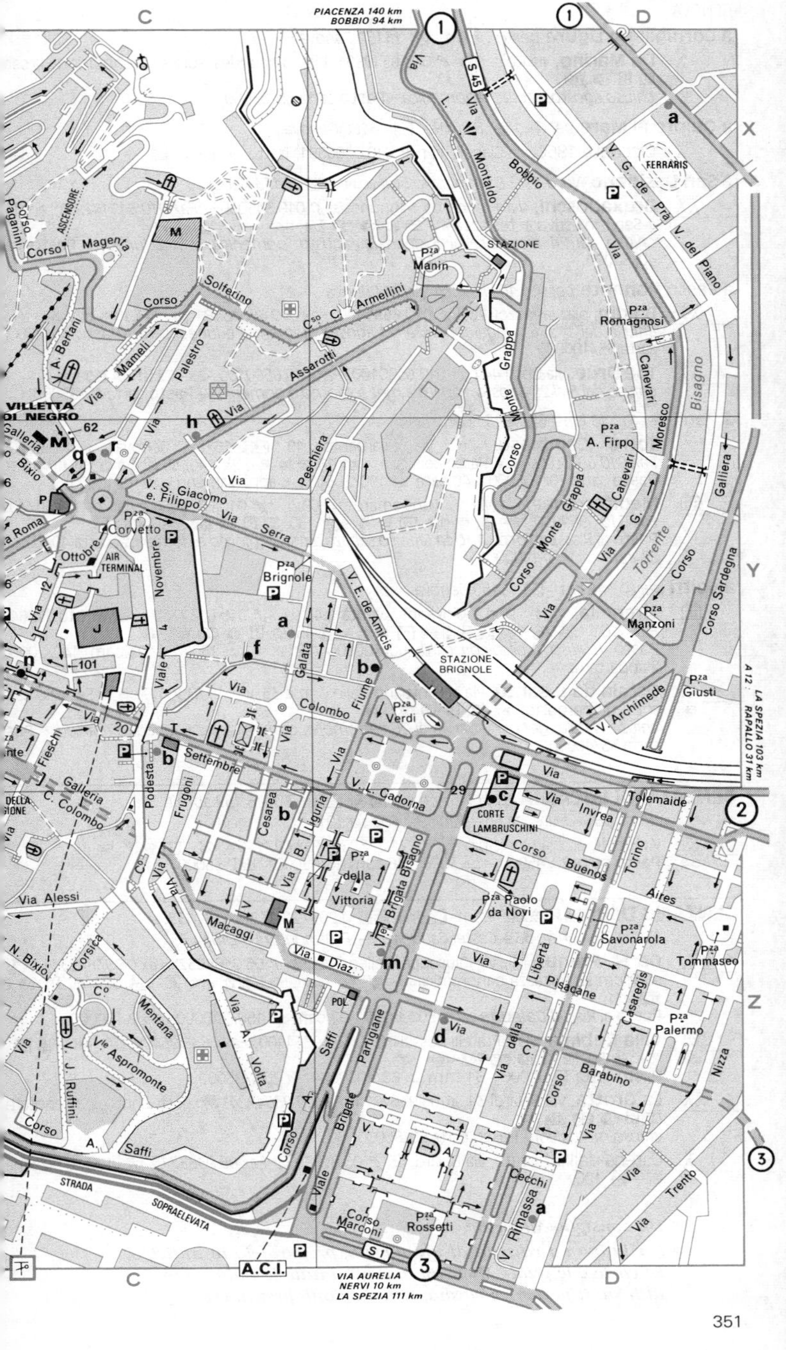

PIACENZA 140 km
BOBBIO 94 km
C
D
X
Y
Z
1
2
3
S 45
Via L. Montaldo
Via Bobbio
FERRARIS
V. G. de Prà
V. del Piano
STAZIONE
Pza Manin
Cso C. Armellini
Corso Solferino
Corso Magenta
Corso Paganini
ASCENSORE
Corso Mameli
Via A. Bertani
Via Palestro
Via Assarotti
Corso Monte Grappa
Pza Romagnosi
Via Canevari
Via Moresco
Pza A. Firpo
Torrente Bisagno
Corso Galliera
Corso Sardegna
VILLETTA DI NEGRO
M
M1
62
Galleria Bixio
h
q
r
P
Via Peschiera
Via
V. S. Giacomo e. Filippo
Pza Corvetto
Via Serra
Pza Brignole
Otto bre
AIR TERMINAL
Viale 4 Novembre
Via Roma
Via 12
J
a
f
b
n
101
Via Galata
V. E. de Amicis
STAZIONE BRIGNOLE
Pza Manzoni
Pza Giusti
V. Archimede
A 12 : LA SPEZIA 103 km RAPALLO 31 km
Via Colombo
Via Fiume
Pza Verdi
Via Fieschi
20
Via Settembre
Via Podestà
Via Frugoni
Via Cesarea
Via Liguria
V. L. Cadorna
29
c
CORTE LAMBRUSCHINI
Via Tolemaide
Via Invrea
Corso Buenos Aires
Via Torino
Galleria C. Colombo
DELLA ... GIONE
Via Alessi
Via B. Bisagno
Pza della Vittoria
Via Brigata Bisagno
Pza Paolo da Novi
Pza Savonarola
Pza Tommaseo
Macaggi
Via Diaz
m
POL.
Via N. Bixio
Corsica
Co Mentana
Vle Aspromonte
V. J. Ruffini
Via A. Volta
Corso A. Saffi
Viale Brigate Partigiane
Via Pisacane
Via della Libertà
Via C. Barabino
Via Casaregis
Pza Palermo
Via Nizza
d
Corso A. Saffi
STRADA SOPRAELEVATA
V. A...
Via Cecchi
V. Rimassa
a
Via Trento
Corso Marconi
Pza Rossetti
S 1
A.C.I.
VIA AURELIA
NERVI 10 km
LA SPEZIA 111 km

a Cornigliano Ligure *per ④ : 7 km – ✉ 16152 Genova :*

X **Da Marino,** via Rolla 36 r ✆ 010 6518891, Rist. d'habituès, solo su prenotazione la sera AE ⑤ ⓪ VISA
chiuso agosto, sabato e domenica – **Pasto** carta 55/85000.

a Quinto al Mare *per ② o ③ : 8 km* H – ✉ *16166 Genova :*

X Cicchetti 1860, via Gianelli 41 r ✆ 010 3200391, Trattoria tipica – ▤ H

a San Desiderio *Nord-Est : 8 km per via Timavo* H – ✉ *16133 Genova :*

XX **Bruxaboschi,** via Francesco Mignone 8 ✆ 010 3450302, *Fax 010 3451429,* prenota « Servizio estivo in terrazza » – AE ⑤ ⓪ ⓂⒸ VISA. ✻ H
chiuso dal 24 dicembre al 5 gennaio, agosto, domenica sera e lunedì – **Pasto** ca 40/80000.

a Sestri Ponente *per ④ : 10 km – ✉ 16154 Genova :*

XX **Baldin,** piazza Tazzoli 20 r ✆ 010 6531400, *Fax 010 6504818* – ▤. AE ⑤ ⓪ ⓂⒸ VISA
chiuso dal 1° al 6 gennaio, dal 6 al 21 agosto, domenica e lunedì sera – **Pasto** 45/6500 carta 55/100000.

XX **Toe Drûe,** via Corsi 44 r ✆ 010 6500100, *Fax 010 6500100* – ▤. AE ⑤ ⓪ ⓂⒸ VISA
chiuso dal 5 al 25 agosto, sabato a mezzogiorno e domenica – **Pasto** carta 40/85000.

a Pegli *per ④ : 13 km – ✉ 16155 Genova :*

Torre Cambiaso ⑤, via Scarpanto 49 ✉ 16157 Genova ✆ 010 66505 *Fax 010 6973022,* ≤, « Parco con ⛱ » – ▤ TV ☎ ✆ P – 🏛 140. AE ⑤ ⓪ ⓂⒸ VISA. ✻ rist
Pasto carta 70/105000 – **40 cam** ⊒ 190/265000, 6 appartamenti – ½ P 210000.

Mediterranée, via Lungomare 69 ✆ 010 6973850 e rist ✆ 010 69740 *Fax 010 6969850,* ≤ – |‡|, ▤ rist, TV ☎ P – 🏛 150. AE ⑤ ⓪ ⓂⒸ VISA. ✻ rist
Pasto al Rist. ***La Torre Antica*** *(chiuso sabato a mezzogiorno e domenica)* carta 40/7000
88 cam ⊒ 145/190000.

a Voltri *per ④ : 18 km – ✉ 16158 Genova :*

Sirenella, via Don Giovanni Verità 4 r ✆ 010 6132760 e rist ✆ 010 61364 *Fax 010 6132776,* ≤, 🎾 – |‡| ▤ TV ☎ P – 🏛 45. AE ⑤ ⓪ ⓂⒸ VISA. ✻
Pasto *(chiuso mercoledì)* carta 60/100000 (12 %) – ⊒ 15000 – **23 cam** 140/2000 2 appartamenti.

X **Ostaia da ü Santü,** via al Santuario delle Grazie 33 ✆ 010 6130477, ≤, « Servizio esti sotto un pergolato » – P. ⑤ ⓪ ⓂⒸ VISA
chiuso Natale, gennaio, dal 16 al 26 settembre, domenica sera, lunedì e martedì – **Past** carta 35/40000.

GENZANO DI LUCANIA *85013 Potenza 988 ㉘, 431 E 30 – 6 159 ab. alt. 588.*

Roma 383 – Potenza 56 – Bari 98 – Foggia 101.

Kristall, piazza Municipio 8 ✆ 0971 775955, *Fax 0971 774543* – TV ☎ P. ✻
Pasto carta 20/45000 – ⊒ 3000 – **16 cam** 40/65000 – ½ P 55000.

GENZANO DI ROMA *00045 Roma 988 ㉖, 430 Q 20 – 22 230 ab. alt. 435.*

Roma 28 – Anzio 33 – Castel Gandolfo 7 – Frosinone 71 – Latina 39.

Gd H. Primus Ⓜ, via Giuseppe Pellegrino 12 ✆ 06 9364932, *Fax 06 9364231,* « ⛱ solarium su terrazza panoramica » – |‡|, ✻ cam, ▤ TV ☎ 🚗 P – 🏛 300. AE ⑤ ⓪ VISA. ✻
Pasto al Rist. ***Il Galeone*** carta 50/80000 – **92 cam** ⊒ 150/220000 – ½ P 160000.

Villa Robinia, viale Fratelli Rosselli 19 ✆ 06 9364400, *Fax 06 9396409,* 🏠, 🌳 – |‡| TV P – 🏛 50. AE ⑤ ⓪ ⓂⒸ VISA JCB. ✻
Pasto carta 35/60000 – **31 cam** ⊒ 80/100000 – ½ P 75/85000.

XX **La Grotta,** via Belardi 31 ✆ 06 9364224, *Fax 06 9364224,* 🏠, Rist. enoteca, prenotare AE ⑤ ⓪ ⓂⒸ VISA. ✻
chiuso mercoledì – **Pasto** carta 50/80000.

X Osteria dell'Infiorata, via Belardi 55 ✆ 06 9399933, *Fax 06 9363715,* 🏠, Rist. e pizzeria ▤ – 🏛 100.

Un consiglio ***Michelin:***
per la buona riuscita di un viaggio, preparatelo in anticipo.
Le ***carte*** *e le* ***guide Michelin*** *vi danno tutte le indicazioni utili su: itinerari, curiosità, sistemazioni, prezzi, ecc.*

GERENZANO *21040 Varese* 428 F 9, 219 ⑱ – *8 819 ab. alt. 225.*
Roma 603 – Milano 26 – Como 24 – Lugano 53 – Varese 27.

Concorde senza rist, via Clerici 97/A ☎ 02 9682317, *Fax 02 9681002* – |‡| ▤ TV ☎ 🚗 P – 🏛 100. AE 🅂 ⓓ MC VISA
44 cam ☕ 150/190000.

La Croce d'Oro, via Clerici 97 ☎ 02 9689550, *Fax 02 96481455,* 🏠 – P. 🅂 MC VISA
chiuso agosto, sabato a mezzogiorno e domenica – **Pasto** 30000 (solo a mezzogiorno) 50/60000 e carta 55/80000.

GERMAGNANO *10070 Torino* 428 G 4 – *1 300 ab. alt. 485.*
Roma 689 – Torino 29 – Aosta 132 – Ivrea 68 – Vercelli 95.

La Locanda dell'Alambicco, strada Viu 18, località Pian Bausano Ovest : 3 km ☎ 0123 27765, *Fax 0123 27765,* solo su prenotazione – ▤ P. 🅂 ⓓ MC VISA
chiuso dal 10 gennaio al 10 febbraio, dal 5 al 12 settembre, lunedì a mezzogiorno e martedì – **Pasto** 20/30000 (a mezzogiorno) e 50/60000 (alla sera).

GEROLA ALTA *23010 Sondrio* 988 ③, 428 D 10 – *265 ab. alt. 1 050.*
Roma 689 – Sondrio 39 – Lecco 71 – Lugano 85 – Milano 127 – Passo dello Spluga 80.

Pineta 🐦, località di Fenile Sud-Est : 3 km alt. 1 350 ☎ 0342 690050, *Fax 0342 690180,* ←, 🌳 – P. 🅂 VISA. ✗
chiuso novembre – **Pasto** *(chiuso martedì escluso da giugno ad agosto)* carta 40/60000 – ☕ 15000 – **20 cam** 50/65000 – ½ P 60/70000.

Un conseil ***Michelin :***
pour réussir vos voyages, préparez-les à l'avance.
Les **cartes** *et* **guides Michelin** *vous donnent toutes indications utiles sur : itinéraires, visite des curiosités, logement, prix, etc.*

GHEDI *25016 Brescia* 988 ④, 428, 429 F 12 – *15 069 ab. alt. 85.*
Roma 525 – Brescia 21 – Mantova 56 – Milano 118 – Verona 65.

Antico Castello, via Trento 19 ☎ 030 9032542, *Fax 030 9032542* – ▤. 🅂 ⓓ MC VISA JCB. ✗
chiuso martedì – **Pasto** carta 45/80000.

Trattoria Santi, via Calvisano 15 (Sud-Est : 4 km) ☎ 030 901345, 🏠, 🌳 – P – 🏛 80. AE 🅂 ⓓ VISA. ✗
chiuso gennaio, martedì sera e mercoledì – **Pasto** specialità alla brace carta 30/45000.

GHIFFA *28823 Verbania* 428 E 7, 219 ⑦ – *2 450 ab. alt. 202.*
Roma 679 – Stresa 22 – Locarno 33 – Milano 102 – Novara 78 – Torino 153.

Ghiffa, corso Belvedere 88 ☎ 0323 59285, *Fax 0323 59585,* ← lago e monti, 🏠, « Terrazza-giardino con 🏊 riscaldata », 🏖 – |‡|, ▤ cam, TV ☎ ♿ P. AE 🅂 ⓓ MC VISA. ✗ rist
aprile-15 ottobre – **Pasto** carta 60/85000 – **39 cam** ☕ 230/280000 – ½ P 140/170000.

Park Hotel Paradiso 🐦, via Guglielmo Marconi 20 ☎ 0323 59548, *Fax 0323 59878,* 🏠, « Villa liberty con piccolo parco, ← lago e 🏊 riscaldata » – ☎ P
15 marzo-ottobre – **Pasto** (solo per alloggiati) 50000 – ☕ 20000 – **15 cam** 180000 – ½ P 130/140000.

GHIRLANDA *Grosseto – Vedere Massa Marittima.*

GIANICO *25040 Brescia* 429 E 12 – *1 894 ab. alt. 281.*
Roma 612 – Brescia 55 – Bergamo 55 – Bolzano 176 – Milano 102.

Rustichello, via Tadini 12 ☎ 0364 532976, Fax 0364 532976, Coperti limitati; prenotare – ▤. AE 🅂 MC VISA. ✗
chiuso martedì sera, mercoledì, dal 7 al 17 gennaio e dal 10 al 30 luglio – **Pasto** carta 55/80000 e rist.- pizzeria ***Nel Vecchio Borgo*** *(chiuso a mezzogiorno)* carta 45/65000.

GIARDINI NAXOS *Messina* 988 ㊲, 432 N 27 – *Vedere Sicilia alla fine dell'elenco alfabetico.*

GIAROLO *Alessandria – Vedere Montacuto.*

GIAVENO *10094 Torino* 988 ⑫, 428 G 4 – *14 496 ab. alt. 506 – a.s. luglio-agosto.*
Roma 698 – Torino 38 – Milano 169 – Susa 38.

XX **San Roch,** piazza San Rocco 5/6 ℘ 011 9376913, solo su prenotazione – AE $ MC JCB. ⚡
chiuso dal 22 al 30 agosto e lunedì – **Pasto** 50/90000 bc.

XX **Valsangone,** piazza Molines 45 ℘ 011 9376286, ⛱. AE $ ⓓ MC VISA JCB. ⚡
chiuso dal 15 gennaio al 10 febbraio, mercoledì a mezzogiorno da giugno a settemb tutto il giorno negli altri mesi – **Pasto** carta 50/75000.

GIGLIO (Isola del) *Grosseto* 988 ㉔, 430 O 14 *G. Toscana – 1 574 ab. alt. da 0 a 498 (Poggio de Pagana) – a.s. Pasqua e 15 giugno-15 settembre.*
La limitazione d'accesso degli autoveicoli è regolata da norme legislative.

Giglio Porto 988 ㉔, 430 O 14 – ✉ *58013.*
⛴ *per Porto Santo Stefano giornalieri (1 h) – Toremar-agenzia Cavero, al porto ℘ 05 809349, Fax 0564 809349.*

🏨 **Arenella** ⛱, Nord-Ovest : 2,5 km ℘ 0564 809340, *Fax 0564 809443,* ← mare e costa, – ☎ P. ⚡
chiuso sino a marzo – **Pasto** *(chiuso sino a maggio)* carta 45/60000 – ☕ 12000 – **26 ca** 100/170000 – ½ P 125/150000.

🏨 **Demo's** ⛱, via Thaon De Revel ℘ 0564 809235, *Fax 0564 809319,* ←, ⛵ – |‡| ▤ TV AE $ ⓓ MC VISA
aprile-ottobre – **Pasto** carta 45/65000 – **29 cam** ☕ 120/220000 – ½ P 110/150000.

🏨 **Saraceno** ⛱, via del Saraceno 69 ℘ 0564 809006, *Fax 0564 809007,* ← mare e costa – TV ☎ P. AE $ ⓓ MC VISA. ⚡ rist
Pasqua-ottobre – **Pasto** (solo per alloggiati) – **44 cam** ☕ 140/200000 – ½ P 140000.

🏨 **Castello Monticello,** bivio per Arenella Nord : 1 km ℘ 0564 809252, *Fax 0564 80947* ←, 🌳, 🎾 – ▤ cam, TV ☎ P. $ ⓓ MC VISA. ⚡ rist
aprile-settembre – **Pasto** (solo per alloggiati) – **29 cam** ☕ 115/230000 – ½ P 150000.

🏠 **Bahamas** senza rist, via Cardinale Oreglia 22 ℘ 0564 809254, *Fax 0564 809254,* ← – TV P. AE $ ⓓ MC VISA. ⚡
chiuso dal 20 al 26 dicembre – **28 cam** ☕ 100/135000.

X La Vecchia Pergola, via Thaon de Revel 31 ℘ 0564 809080, *Fax 0564 809080,* ←, « Serviz estivo in terrazza ».

a Giglio Castello *Nord-Ovest : 6 km –* ✉ *58012 Giglio Isola :*

X Da Maria, ℘ 0564 806062, *Fax 0564 806105.*

X **Da Santi,** via Marconi 20 ℘ 0564 806188, *Fax 0564 806216,* Coperti limitati; prenotare AE $ ⓓ MC VISA. ⚡
chiuso febbraio e lunedì (escluso dal 15 giugno al 15 settembre) – **Pasto** carta 50/80000.

a Campese *Nord-Ovest : 8,5 km –* ✉ *58012 Giglio Isola :*

🏨 **Campese** ⛱, ℘ 0564 804003, *Fax 0564 804093,* ←, « Sulla spiaggia », ⛵ – ▤ TV ☎ $ VISA. ⚡ rist
Pasqua-settembre – **Pasto** carta 45/70000 – **39 cam** ☕ 110/195000 – ½ P 125/150000.

GIGNOD *11010 Aosta* 428 E 3 – *1 244 ab. alt. 994.*
⛳ *(aprile-novembre; chiuso mercoledì escluso agosto) località Arsanières ✉ 11010 Gignc ℘ 0165 56020, Fax 0165 56020.*
Roma 753 – Aosta 7 – Colle del Gran San Bernardo 25.

XX **La Clusaz** con cam, località La Clusaz Nord-Ovest : 4,5 km ℘ 0165 56075, *Fax 0165 5642* solo su prenotazione, « In un antico ostello di fondazione medievale » – TV ☎ P. AE $ MC VISA. ⚡
chiuso dal 22 maggio al 22 giugno e dal 23 ottobre a novembre – **Pasto** *(chiuso agost martedì e a mezzogiorno escluso sabato e i giorni festivi)* cucina tipica valdostana 40/5500 – ☕ 10000 – **14 cam** 80/180000 – ½ P 90/120000.

GIOIA DEI MARSI *67055 L'Aquila* 430 Q 23 – *2 303 ab. alt. 735.*
Roma 137 – Frosinone 93 – Isernia 90 – L'Aquila 83 – Pescara 102.

🏨 **Filippone,** via Duca degli Abruzzi ℘ 0863 88111, *Fax 0863 889842,* 🏊, 🌳 – |‡| ▤ TV ☎ ♿ P. – 🎤 150. AE $ ⓓ MC VISA
Pasto carta 30/40000 – **56 cam** ☕ 100/180000 – ½ P 120000.

Lesen Sie die Einleitung, sie ist der Schlüssel zu diesem Führer.

GIOIA DEL COLLE *70023 Bari* 988 ㉙, 431 E 32 – *27 427 ab. alt. 358.*
Roma 443 – Bari 39 – Brindisi 107 – Taranto 35.

Villa Duse, strada statale 100 km 39 ✆ 080 3481212, *Fax 080 3482112* – 🅿 – 60. AE VISA. rist
Pasto *(chiuso dal 1° al 20 agosto)* carta 50/75000 – **32 cam** 130/195000 – 1/2 P 135/150000.

Svevo, via per Santeramo 319 ✆ 080 3482739, *Fax 080 3482797* – – 150. AE VISA.
Pasto carta 45/65000 – **79 cam** 155/195000, 2 appartamenti – 1/2 P 135000.

Federico II, via Gioberti 35 ✆ 080 3430879 –
chiuso martedì – **Pasto** carta 30/45000.

Ciacco, corso Garibaldi 1 ✆ 080 3430450, – AE VISA.
chiuso dal 21 al 27 agosto – **Pasto** carta 25/30000.

GIOIA TAURO *89013 Reggio di Calabria* 988 ㊴, 431 L 29 – *18 578 ab. alt. 23.*
Roma 610 – Reggio di Calabria 57 – Catanzaro 107 – Cosenza 136.

Il Buco, via Lottizzazione Filicuso ✆ 0966 51512, *Fax 0966 51281* –
Pasto specialità di mare.

GIOVI *Arezzo* 430 L 17 – *Vedere Arezzo.*

GIOVINAZZO *70054 Bari* 988 ㉙, 431 D 32 *G. Italia – 20 976 ab..*
Dintorni *Cattedrale★ di Bitonto Sud : 9 km.*
Roma 432 – Bari 21 – Barletta 37 – Foggia 115 – Matera 62 – Taranto 106.

La Luna nel Pozzo-Il Gastrò, via G. Sasso 6 ✆ 080 3946554, Coperti limitati; prenotare – . VISA
chiuso agosto, lunedì e a mezzogiorno (escluso i giorni festivi) – **Pasto** carta 60/105000.

sulla strada statale 16 *Sud-Est : 3 km :*

Gd H. Riva del Sole , strada statale 16 km. 787 ✉ 70054 ✆ 080 3943166, *Fax 080 3943260*, , , , , – 🅿 – 200. AE VISA.
Pasto carta 45/75000 – **90 cam** 180/230000 – 1/2 P 145000.

GIULIANOVA LIDO *64022 Teramo* 988 ⑰, 430 N 23 – *21 865 ab. – a.s. luglio-agosto.*
via Mamiani 2 ✆ 085 8003013.
Roma 209 – Ascoli Piceno 50 – Pescara 47 – Ancona 113 – L'Aquila 100 – Teramo 27.

Gd H. Don Juan, lungomare Zara 97 ✆ 085 8008341, *Fax 085 8004805*, <, , , , – 🅿 – 400
stagionale – **148 cam.**

Cristallo M, lungomare Zara 73 ✆ 085 8003780, *Fax 085 8005953*, <, – – 60. AE VISA.
Pasto *(chiuso dal 21 dicembre al 2 gennaio)* carta 40/85000 – **55 cam** 150/250000, 2 appartamenti – 1/2 P 170000.

Promenade, lungomare Zara 119 ✆ 085 8003338, Fax 085 8005983, « Giardino-pineta con », – 🅿. VISA. rist
15 maggio-settembre – **Pasto** 40000 – **70 cam** 85/150000 – 1/2 P 100/120000.

Europa, lungomare Zara 57 ✆ 085 8003600, *Fax 085 8000091*, <, – – 100. AE VISA. rist
Pasto carta 35/75000 – **78 cam** 90/140000 – 1/2 P 140000.

Ritz, via Quinto 3 ✆ 085 8008470, *Fax 085 8004748*, – 🅿. VISA. rist
maggio-settembre – **Pasto** (solo per alloggiati) carta 40/50000 – 15000 – **50 cam** 100/130000, 15000 – 1/2 P 90/125000.

Baltic, lungomare Zara ✆ 085 8008241, *Fax 085 8008241*, « Giardino ombreggiato », , – 🅿. AE VISA. rist
20 maggio-settembre – **Pasto** 25/35000 – **45 cam** 80/150000 – 1/2 P 155000.

Da Beccaceci, via Zola 18 ✆ 085 8003550, *Fax 085 8007073* – . AE VISA.
chiuso dal 30 dicembre al 12 gennaio, lunedì e martedì a mezzogiorno in luglio-agosto, domenica sera e lunedì negli altri mesi – **Pasto** specialità di mare carta 60/100000.

L'Ancora, via Turati 142, angolo via Cermignani ✆ 085 8005321, *Fax 085 8001715* – 🅿. AE VISA.
chiuso dal 16 agosto al 7 settembre e domenica (escluso da giugno a settembre) – **Pasto** specialità di mare carta 35/70000.

XX **Lucia** con cam, via Lampedusa 12 ☎ 085 8005807, *Fax 085 8005807* – |‡| ▤ TV ☎ ♿. AE ⊕ MC VISA. ✂
chiuso novembre – **Pasto** *(chiuso lunedì escluso da giugno a settembre)* specialità di ma carta 40/65000 – **26 cam** ☕ 80/120000 – ½ P 95000.

XX **Martin Pescatore,** via La Spezia 5 ☎ 085 8003782, 🌳 – AE ⓢ ⊕ MC VISA. ✂
chiuso dal 16 al 24 gennaio, dal 1° al 20 settembre e lunedì – **Pasto** specialità di mare car 40/65000.

GIUSTINO *Trento* 429 D 14 – *Vedere Pinzolo.*

GIZZERIA LIDO *88040 Catanzaro* 431 K 30 – *3 648 ab..*
Roma 576 – Cosenza 60 – Catanzaro 39 – Lamezia Terme (Nicastro) 13 – Paola 57 – Reggio Calabria 132.

X **Pesce Fresco,** via Nazionale - strada statale 18 (Nord-Ovest : 2 km) ☎ 0968 46620 *Fax 0968 466383* – ▤ P. AE ⓢ ⊕ MC VISA JCB
Pasto carta 45/60000.

GLORENZA (GLURNS) *39020 Bolzano* 428, 429 C 13, 218 ⑧ – *867 ab. alt. 920.*
ℹ *Palazzo Comunale ☎ 0473 831097, Fax 0473 831097.*
Roma 720 – Sondrio 119 – Bolzano 83 – Milano 260 – Passo di Resia 24.

Posta, via Flora 15 ☎ 0473 831208, *Fax 0473 830432,* ≤ – |‡| ♿ P. AE ⓢ MC VISA
chiuso dal 7 gennaio al 20 marzo – **Pasto** carta 35/55000 – **30 cam** ☕ 70/120000 ½ P 80/90000.

GLURNS = *Glorenza.*

GODIA *Udine* – *Vedere Udine.*

GOITO *46044 Mantova* 988 ④ ⑭, 428, 429 G 14 – *9 391 ab. alt. 30.*
Roma 487 – Verona 38 – Brescia 50 – Mantova 16 – Milano 141.

XXX ✿✿ **Al Bersagliere,** via Statale Goitese 260 ☎ 0376 60007, *Fax 0376 688363,* 🌳, 🌳 – ▤ AE ⓢ ⊕ MC VISA
chiuso dal 7 al 31 agosto, lunedì, martedì a mezzogiorno; in gennaio e febbraio anche martedì sera – **Pasto** 150000 e carta 100/160000
Spec. Terrina di sogliola e scampi con insalata di finocchi, arance ed olive. Riso mantecat con piselli e rag' di tinca. Piccione al recioto con tortino di pane, rigaglie e verdure glassate

GOLFO ARANCI *Sassari* 988 ㉔, 433 E 10 – *Vedere Sardegna alla fine dell'elenco alfabetico.*

GORGO AL MONTICANO *31040 Treviso* 429 E 19 – *3 935 ab. alt. 11.*
Roma 574 – Venezia 60 – Treviso 32 – Trieste 116 – Udine 85.

Villa Revedin 🐦, via Palazzi 4 ☎ 0422 800033, *Fax 0422 800272,* 🌳, « Villa veneta d 17° secolo in un parco » – ▤ TV ☎ P – 🎭 200. AE ⓢ ⊕ MC VISA. ✂
Pasto (solo piatti di pesce; *chiuso dal 5 al 20 gennaio, dal 6 al 18 agosto, domenica sera lunedì*) carta 50/75000 – ☕ 15000 – **32 cam** 120/185000 – ½ P 155000.

GORINO VENETO *Rovigo* 429 H 19 – ✉ *45012 Ariano nel Polesine.*
Roma 436 – Ravenna 82 – Ferrara 78 – Rovigo 62 – Venezia 97.

XX **Stella del Mare,** via Po 36 ☎ 0426 88195, *Fax 0426 88195* – ▤ P. AE ⓢ ⊕ MC VISA. ✂
chiuso dal 1° al 15 novembre, lunedì e martedì a mezzogiorno – **Pasto** carta 50/95000.

GORIZIA *34170* P 988 ⑥, 429 E 22 – *37 221 ab. alt. 86.*
⛳9 *(chiuso lunedì escluso da giugno a settembre) a San Floriano del Collio ✉ 34070 ☎ 048 884252, Fax 0481 884052.*
✈ *di Ronchi dei Legionari Sud-Ovest : 25 km ☎ 0481 773224, Fax 0481 773232.*
ℹ *via Diaz 5 ☎ 0481 3861.*
A.C.I. *via Trieste 171 ☎ 0481 21266.*
Roma 649 – Udine 35 – Ljubljana 113 – Milano 388 – Trieste 45 – Venezia 138.

X **Trattoria da Majda,** via Duca D'Aosta 71/73 ☎ 0481 30871, 🌳 – AE ⓢ MC VISA
chiuso sabato e domenica – **Pasto** carta 30/50000.

GOSSOLENGO *29020 Piacenza 428 G 10 – 3 493 ab. alt. 90.*
Roma 525 – Piacenza 8 – Alessandria 102 – Genova 134 – Milano 85.

XX **La Rossia,** via Rossia 17 (Sud-Ovest : 1,5 km) ☎ 0523 778843, – P. AE S MC VISA.
chiuso agosto, martedì sera e mercoledì – **Pasto** carta 45/70000.

GOZZANO *Novara 988 ②, 428 E 7 – alt. 359.*
Dintorni *Santuario della Madonna del Sasso★★ Nord-Ovest : 12,5 km.*
Roma 653 – Stresa 32 – Domodossola 53 – Milano 76 – Novara 38 – Torino 112 – Varese 44.

GRADARA *61012 Pesaro e Urbino 988 ⑯, 429, 430 K 20 G. Italia – 3 128 ab. alt. 142.*
Vedere *Rocca★.*
Roma 315 – Rimini 28 – Ancona 89 – Forlì 76 – Pesaro 15 – Urbino 44.

XX **La Botte,** piazza 5 Novembre 11 ☎ 0541 964404, *Fax 0541 964404,* prenotare, « Caratteristico ambiente medioevale; servizio estivo in giardino » – AE S MC VISA
chiuso dal 7 al 25 novembre e mercoledì – **Pasto** 50000 e carta 40/80000.

GRADISCA D'ISONZO *34072 Gorizia 988 ⑥, 429 E 22 – 6 752 ab. alt. 32 – a.s. agosto-settembre.*
Roma 639 – Udine 33 – Gorizia 12 – Milano 378 – Trieste 42 – Venezia 128.

Franz M senza rist, viale Trieste 45 ☎ 0481 99211, *Fax 0481 960510* – TV P – 95. AE S MC VISA
18000 – **49 cam** 140/170000, appartamento.

Al Ponte, viale Trieste 124 (Sud-Ovest : 2 km) ☎ 0481 961116, *Fax 0481 93795,* – , cam, TV P – 50. AE S MC VISA
chiuso dal 22 al 28 dicembre – **Pasto** vedere rist ***Al Ponte*** – 15000 – **42 cam** 150/190000 – 1/2 P 120/150000.

XX **Al Ponte,** viale Trieste 122 (Sud-Ovest : 2 km) ☎ 0481 99213, *Fax 0481 99213,* « Servizio estivo sotto un pergolato » – P. AE S MC VISA.
chiuso luglio, lunedì sera e martedì – **Pasto** carta 30/70000.

GRADISCUTTA *Udine 429 E 20 – alt. 22 – ✉ 33030 Varmo.*
Roma 606 – Udine 37 – Milano 345 – Pordenone 35 – Trieste 88 – Venezia 95.

XX **Da Toni,** via Sentinis 1 ☎ 0432 778003, *Fax 0432 778655,* , « Giardino » – P – 80. AE S MC VISA.
chiuso dal 25 luglio al 15 agosto e lunedì – **Pasto** carta 45/70000.

GRADO *34073 Gorizia 988 ⑥, 429 E 22 G. Italia – 8 968 ab. – Stazione termale (giugno-settembre), a.s. luglio-agosto.*
Vedere *Quartiere antico★ : postergale★ nel Duomo.*
18 e 9 *località Rotta Primiero ✉ 34073 Grado ☎ 0431 896896, Fax 0431 896897, Nord-Est : 5 km.*
viale Dante Alighieri 72 ☎ 0431 899220, Fax 0431 899278.
Roma 646 – Udine 50 – Gorizia 43 – Milano 385 – Treviso 122 – Trieste 54 – Venezia 135.

Gd H. Astoria, largo San Grisogono 2 ☎ 0431 83550, *Fax 0431 83355,* « Piscina riscaldata panoramica », , – TV – 120. AE S MC VISA. rist
Capodanno e marzo-ottobre – **Pasto** 50/80000 – **114 cam** 170/290000, 6 appartamenti – 1/2 P 175/195000.

Metropole senza rist, piazza San Marco 15 ☎ 0431 876207, *Fax 0431 876223* – TV . AE S MC VISA
chiuso dal 10 gennaio a 21 febbraio – **14 cam** 200/250000, 4 appartamenti.

Hannover, piazza 26 Maggio ☎ 0431 82264, *Fax 0431 82141,* , – TV – 50. AE S MC VISA. rist
chiuso novembre – **Pasto** (solo per alloggiati; *maggio-settembre*) 30/70000 – **26 cam** 180/260000 – 1/2 P 140/170000.

Abbazia, via Colombo 12 ☎ 0431 80038, *Fax 0431 81722,* – TV P. AE S MC VISA. rist
aprile-ottobre – **Pasto** carta 40/60000 – 20000 – **51 cam** 170/280000 – 1/2 P 160/180000.

Antares senza rist, via delle Scuole 4 ☎ 0431 84961, *Fax 0431 82385,* , – TV P
chiuso dal 20 novembre al 10 febbraio – **19 cam** 150/190000.

Alla Città di Trieste, piazza XXVI Maggio 22 ☎ 0431 83571, *Fax 0431 83571,* – TV . AE S MC VISA. rist
febbraio-ottobre – **Pasto** carta 45/60000 – **25 cam** 110/180000, 6000 – 1/2 P 110/120000.

Diana, via Verdi 3 ✆ 0431 82247, *Fax 0431 83330* – |‡|, ▤ cam, TV ☎. AE 🅂 ⓞ MC VISA. ✗ rist
marzo-8 novembre – **Pasto** carta 45/70000 – ☕ 20000 – **63 cam** 150/260000 ½ P 170000.

Park Spiaggia senza rist, via Mazzini 1 ✆ 0431 82366, *Fax 0431 85811* – |‡| TV ☎ ♿. MC VISA JCB
28 aprile-10 ottobre – ☕ 10000 – **30 cam** 105/160000.

Cristina, viale Martiri della Libertà 11 ✆ 0431 80989, *Fax 0431 85946*, – ☎ P. AE 🅂 MC VISA
aprile-settembre – **Pasto** carta 40/60000 – ☕ 12000 – **26 cam** 70/130000 – ½ P 85000.

Serena senza rist, riva Sant'Andrea 31 ✆ 0431 80697, *Fax 0431 85199* – ☎. AE 🅂 ⓞ VISA. ✗
18 marzo-5 novembre – **12 cam** ☕ 130/180000.

All'Androna, calle Porta Piccola 4 ✆ 0431 80950, *Fax 0431 83185*, – ▤. ✗
Pasto carta 50/75000.

Al Canevon, calle Corbatto 11 ✆ 0431 81662, *Fax 0431 81662*, – ▤. AE 🅂 ⓞ MC VISA
chiuso mercoledì – **Pasto** carta 45/70000.

De Toni, piazza Duca d'Aosta 37 ✆ 0431 80104, *Fax 0431 81426*, – AE 🅂 ⓞ MC VISA ✗
chiuso gennaio e mercoledì (escluso luglio-agosto) – **Pasto** carta 45/75000.

alla pineta *Est : 4 km :*

Tanit, viale dei Pesci 13 ✆ 0431 81845, *Fax 0431 84866*, – ▤ TV ☎ P. ✗
marzo-novembre – **Pasto** (solo per alloggiati) carta 40/75000 – **16 cam** ☕ 75/150000 ½ P 105000.

Mar del Plata, viale Andromeda 5 ✆ 0431 81081, *Fax 0431 85400*, « Giardino con » – |‡| TV ☎ P. AE 🅂 ⓞ MC VISA. ✗ rist
15 maggio-settembre – **Pasto** 30/40000 – **35 cam** ☕ 130/220000 – ½ P 95/130000.

GRADOLI *01010 Viterbo* 430 *O 17 – 1 529 ab. alt. 470.*
Roma 130 – Viterbo 42 – Siena 112.

La Ripetta con cam, via Roma 38 ✆ 0761 456100, *Fax 0761 456643*, – |‡| TV ☎ P. 🅂 ⓞ MC VISA JCB. ✗
chiuso novembre – **Pasto** *(chiuso lunedì)* specialità di mare carta 50/80000 – **16 cam** ☕ 90/120000 – ½ P 110000.

GRANCONA *36040 Vicenza* 429 *F 16 – 1 700 ab. alt. 36.*
Roma 553 – Padova 54 – Verona 42 – Vicenza 24.

a Pederiva *Est : 1,5 km – ✉ 36040 Grancona :*

Isetta con cam, via Pederiva 96 ✆ 0444 889521, *Fax 0444 889992* – ▤ TV ☎ P. AE 🅂 VISA. ✗
chiuso luglio – **Pasto** *(chiuso martedì sera e mercoledì)* carta 50/75000 – ☕ 15000 **11 cam** 60/80000.

sulla strata statale per San Vito *Nord-Est : 3 km*

Vecchia Ostaria Toni Cuco, via Arcisi 12 ✉ 36040 ✆ 0444 889548, *Fax 0444 88954* – P. AE 🅂 VISA. ✗
chiuso agosto, lunedì sera e martedì – **Pasto** carta 40/75000.

GRANDATE *22070 Como* 428 *E 9,* 219 *⑧ – 2 936 ab. alt. 342.*
Roma 614 – Como 6 – Bergamo 65 – Lecco 35 – Milano 43.

Arcade, strada statale dei Giovi 38 ✆ 031 450100, *Fax 031 450100* – ☎ P. AE 🅂 ⓞ MC VISA
chiuso agosto e domenica – **Pasto** carta 40/60000.

GRAN SAN BERNARDO (Colle del) *Aosta* 988 *① ②,* 428 *E 3,* 219 *② – alt. 2 469 – a.s. Pasqua, luglio-agosto e Natale.*
Roma 778 – Aosta 41 – Genève 148 – Milano 216 – Torino 145 – Vercelli 151.

Italia, ✉ 11010 Saint Rhémy ✆ 0165 780908, *Fax 0165 780063*, « Albergo alpino con caratteristici interni in legno » – ☎ P. AE 🅂 MC VISA
giugno-25 settembre – **Pasto** carta 35/50000 – ☕ 15000 – **16 cam** 55/95000 – ½ P 90/95000.

GRAPPA (Monte) *Belluno, Treviso e Vicenza* 988 *⑤ G. Italia – alt. 1 775.*
Vedere Monte★★★.

GRAVINA IN PUGLIA *70024 Bari* 988 ㉙, 431 E 31 – *40 960 ab. alt. 350.*
Roma 417 – Bari 58 – Altamura 12 – Matera 30 – Potenza 81.

Madonna della Stella, via Madonna della Stella ✆ 080 3256383, *Fax 080 3268147*, ≤ città antica, ☂, ristorante e pizzeria, « In una grotta naturale » – ▤ P. AE ⑤ ⓪ VISA
chiuso martedì – **Pasto** carta 30/45000.

GRAZZANO BADOGLIO *14035 Asti* 428 G 6 – *657 ab. alt. 299.*
Roma 616 – Alessandria 43 – Asti 25 – Milano 101 – Torino 68 – Vercelli 47.

Il Giardinetto, via Dante 16 ✆ 0141 925114, *Fax 0141 925114*, ☂, solo su prenotazione – ▤ P. AE ⑤ ⓪ ⓜⓒ VISA. ✈
chiuso agosto e mercoledì – **Pasto** 50/75000 bc.

Natalina-L'Albergotto ⛰ con cam, viale Pininfarina 43, località Madonna dei Monti ✆ 0141 925185, *Fax 0141 925252*, ☂, Coperti limitati; prenotare – ▤ cam, TV ☎ P. AE ⑤ ⓪ ⓜⓒ VISA. ✈
chiuso gennaio – **Pasto** *(chiuso giovedì e venerdì a mezzogiorno)* 40/70000 – **8 cam** ☕ 120/150000, appartamento.

GRECCIO *02040 Rieti* 988 ㉖, 430 O 20 *G. Italia* – *1 465 ab. alt. 705.*
Vedere *Convento*★.
Roma 94 – Terni 25 – Rieti 16.

Il Nido del Corvo, via del Forno 15 ✆ 0746 753181, *Fax 0746 753181*, ☂, « Caratteristico ambiente com ≤ monti e vallata » – P. AE ⑤ ⓪ ⓜⓒ VISA. ✈
chiuso martedì – **Pasto** carta 45/60000.

GRESSAN *Aosta* 428 E 3, 219 ② – *Vedere Aosta.*

GRESSONEY LA TRINITÉ *11020 Aosta* 988 ②, 428 E 5 – *274 ab. alt. 1 639 – a.s. 13 febbraio-13 marzo, luglio-agosto e Natale – Sport invernali : 1 637/2 861 m* 🚡 *3* ⛷ *8* ⛷.
ℹ *Municipio ✆ 0125 366143, Fax 0125 366323.*
Roma 733 – Aosta 86 – Ivrea 58 – Milano 171 – Torino 100.

Jolanda Sport, località Edelboden Superiore 31 ✆ 0125 366140, *Fax 0125 366202*, ≤, ≘s – |♦| TV ☎ P. AE ⑤ ⓜⓒ VISA. ✈
chiuso maggio, ottobre e novembre – **Pasto** carta 40/60000 – ☕ 12000 – **31 cam** 110/180000 – ½ P 140000.

Lysjoch, località Fohre ✆ 0125 366150, *Fax 0125 366365*, ≤, ≘s, 🌳 – TV ☎ P – 🏔 25. ⑤ ⓜⓒ VISA. ✈
dicembre-aprile e 25 giugno-10 ottobre – **Pasto** (solo per alloggiati) – **13 cam** ☕ 90/170000 – ½ P 130000.

GRESSONEY SAINT JEAN *11025 Aosta* 988 ②, 428 E 5 – *803 ab. alt. 1 385 – a.s. febbraio-Pasqua, luglio-agosto e Natale – Sport invernali : 1 385/2 020 m* ⛷ *1.*
⛳9 *Monte Rosa (giugno-settembre) ✆ 0125 356314, Fax 0125 356348.*
ℹ *Villa Margherita ✆ 0125 355185, Fax 0125 355895.*
Roma 727 – Aosta 80 – Ivrea 52 – Milano 165 – Torino 94.

Gressoney M, via Lys 3 ✆ 0125 355986, *Fax 0125 356427*, ≤ Monte Rosa, ≘s, 🌳 – |♦| TV ☎ ♿ 🚗 P. AE ⑤ VISA. ✈ rist
dicembre-aprile e 15 giugno-15 settembre – **Pasto** 40000 – **25 cam** ☕ 170/260000 – ½ P 160/195000.

Gran Baita ⛰, strada Castello Savoia 26, località Gresmatten ✆ 0125 356441, *Fax 0125 356441*, ≤ Monte Rosa, prenotare, « In una baita del XVIII secolo », ⛹, ≘s – |♦| ⊁ TV ☎ ♿ P. ✈
dicembre-aprile e 25 giugno-15 settembre – **Pasto** carta 50/85000 – ☕ 12000 – **12 cam** 110/180000 – ½ P 160000.

Il Braciere, località Ondrò Verdebio 2 ✆ 0125 355526, ☂ – AE ⑤ ⓜⓒ VISA. ✈
chiuso maggio o giugno, da novembre al 4 dicembre e mercoledì (escluso luglio-agosto) – **Pasto** 35/40000 e carta 45/70000.

GREVE IN CHIANTI *50022 Firenze* 988 ⑮, 430 L 15 *G. Toscana* – *12 541 ab. alt. 241.*
ℹ *via Luca Cini 1 ✆ 055 8545243, Fax 055 8544654.*
Roma 260 – Firenze 31 – Siena 43 – Arezzo 64.

Bottega del Moro, piazza Trieste 14 r ✆ 055 853753, *Fax 055 853753* – AE ⑤ ⓪ ⓜⓒ VISA
chiuso dal 1° al 6 giugno, dal 10 novembre al 15 dicembre e mercoledì – **Pasto** carta 40/65000.

a Panzano *Sud : 6 km – alt. 478 – ✉ 50020 :*

Villa Sangiovese, piazza Bucciarelli 5 ☎ 055 852461, *Fax 055 852463,* ←, « Servizio ris estivo in terrazza-giardino panoramica », – ☎. 🅂 MC VISA. ✂
chiuso da Natale a febbraio – **Pasto** *(chiuso mercoledì)* carta 40/65000 – **17 cam** 14 200000, 2 appartamenti.

Villa le Barone, Est : 1,5 km ☎ 055 852621, *Fax 055 852277,* ←, « In un'antica dim ra di campagna », , , – ☎ P. AE 🅂 MC VISA. ✂
aprile-ottobre – **29 cam** solo ½ P 240000.

a Strada in Chianti *Nord : 9 km – ✉ 50027 :*

Il Caminetto del Chianti, via della Montagnola 52 (Nord : 1 km) ☎ 055 8588909,
P. AE 🅂 MC VISA. ✂
chiuso a mezzogiorno (escluso domenica) dal 15 luglio ad agosto, martedì e mercoled mezzogiorno negli altri mesi – **Pasto** carta 40/65000.

a San Polo in Chianti *Nord : 16,5 km – ✉ 50020 :*

Osteria Paglietta, via Spartaco Lavagnini 14 ☎ 055 855443, , Rist. e pizzeria – 🅂 V
chiuso lunedì – **Pasto** carta 35/60000.

GREZZANA *37023 Verona* 988 ④, 428, 429 *F 15 – 9 729 ab. alt. 166.*
Roma 514 – Verona 12 – Milano 168 – Venezia 125.

La Pergola, via La Guardia 1 ☎ 045 907071, *Fax 045 907111,* , – ▤ TV ☎ ♿
AE 🅂 MC VISA
Pasto carta 35/55000 – ☕ 18000 – **34 cam** 80/115000, ▤ 12000 – ½ P 120000.

a Stallavena *Nord : 4 km – ✉ 37020 :*

Antica Pesa, via Chiesuola 2 ☎ 045 907183, *Fax 045 8650036* – AE 🅂 MC VISA. ✂
chiuso domenica sera e lunedì – **Pasto** carta 60/85000.

GRIGNANO *34010 Trieste* 429 *E 23 – alt. 74.*
Roma 677 – Udine 59 – Trieste 8 – Venezia 150.

Riviera, strada costiera 22 ☎ 040 224551, *Fax 040 224300,* ←, « Servizio rist. estivo terrazza panoramica; scensore per la spiaggia », – TV ☎ P – 150. AE 🅂 MC VI
✂ rist
Pasto *(chiuso sino a marzo e domenica)* carta 60/90000 – **58 cam** ☕ 175/245000 ½ P 130/160000.

GRINZANE CAVOUR *12060 Cuneo* 428 *I 5 – 1 786 ab. alt. 260.*
Roma 633 – Cuneo 71 – Torino 74 – Alessandria 75 – Asti 39 – Milano 163 – Savona 88.

Trattoria Enoteca del Castello, via Castello 5 ☎ 0173 262172, *Fax 0173 26217*
« Castello-museo del 13° secolo » – P. AE 🅂 MC VISA JCB. ✂
chiuso gennaio e martedì – **Pasto** 60/70000.

GRISIGNANO DI ZOCCO *36040 Vicenza* 988 ⑤, 429 *F 17 – 4 160 ab. alt. 23.*
Roma 499 – Padova 17 – Bassano del Grappa 48 – Venezia 57 – Verona 63 – Vicenza 18.

Magnolia, via Mazzini 1 ☎ 0444 414222, *Fax 0444 414227* – ▤ TV ☎ P – 60.
🅂 MC VISA JCB. ✂
Pasto *(chiuso dal 25 dicembre al 6 gennaio, agosto, venerdì, sabato e domenica)* car 35/60000 – ☕ 20000 – **29 cam** 140/210000 – ½ P 135/155000.

GRÖDNER JOCH = *Gardena (Passo di).*

GROLE *Mantova – Vedere Castiglione delle Stiviere.*

GROMO *24020 Bergamo* 428, 429 *E 11 – 1 289 ab. alt. 675 – Sport invernali : 1 150/1 700 m*
Roma 623 – Bergamo 43 – Brescia 86 – Edolo 84 – Milano 85.

Posta al Castello, piazza Dante 3 ☎ 0346 41002, *Fax 0346 41002* – P. AE 🅂 MC VIS
✂
chiuso dall'8 al 22 gennaio e lunedì – **Pasto** carta 50/80000.

ROSIO *23033 Sondrio* 988 ④, 428, 429 D 12 – *4 895 ab. alt. 653.*
Roma 739 – Sondrio 40 – Milano 178 – Passo dello Stelvio 44 – Tirano 14.

Sassella con cam, via Roma 2 ☎ 0342 847272, *Fax 0342 847550* – 50. AE VISA
Pasto *(chiuso lunedì dal 15 settembre al 15 giugno)* 30000 e carta 45/60000 – 12000 – **22 cam** 60/100000 – 1/2 P 100000.

ROSSETO *58100* P 988 ㉔ ㉕, 430 N 15 *G. Toscana – 72 539 ab. alt. 10.*
Vedere *Museo Archeologico e d'Arte della Maremma★.*
via Fucini 43 ☎ 0564 414303, Fax 0564 26571.
A.C.I. *via Mazzini 105 ☎ 0564 415777.*
Roma 187 – Livorno 134 – Milano 428 – Perugia 176 – Siena 73.

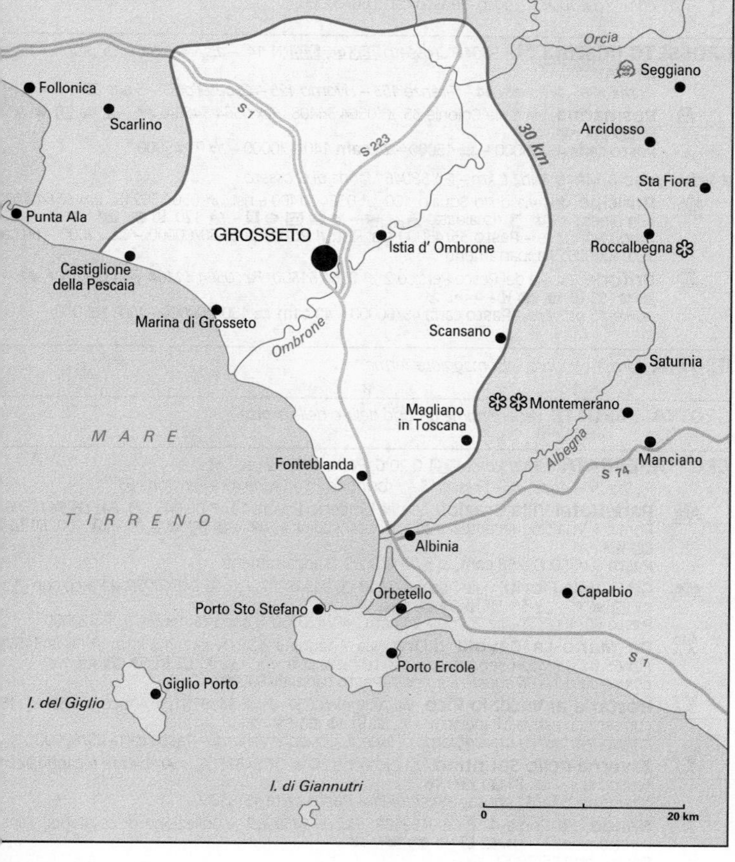

Bastiani Grand Hotel senza rist, piazza Gioberti 64 ☎ 0564 20047, *Fax 0564 29321* – AE VISA.
18000 – **48 cam** 160/250000, 3 appartamenti.

Nuova Grosseto senza rist, piazza Marconi 26 ☎ 0564 414105, *Fax 0564 414105* – P. AE VISA
40 cam 100/180000.

Granduca, via Senese 170 ℘ 0564 453833, *Fax 0564 453843* – 180. rist
Pasto carta 40/60000 – **54 cam** 100/180000 – ½ P 100/110000.

Sanlorenzo senza rist, via Piave 22 ℘ 0564 27918, *Fax 0564 25338* –
10000 – **31 cam** 90/150000.

Leon d'Oro, via San Martino 46 ℘ 0564 22128, *Fax 0564 22578* – cam
Pasto *(chiuso domenica)* carta 30/50000 – 10000 – **39 cam** 95/160000 – ½ P 9
105000.

Buca San Lorenzo-da Claudio, via Manetti 1 ℘ 0564 25142, *Fax 0564 25142*, Cope
limitati; prenotare, « Nelle mura medicee » –
chiuso dal 1° al 15 gennaio, dal 1° al 15 luglio e domenica – **Pasto** carta 40/60000.

Ximenes, viale Ximenes 43 ℘ 0564 29310 –
chiuso dal 10 al 30 luglio – **Pasto** carta 60/90000.

GROSSETO (Marina di) *58046 Grosseto* 988 ㉔, 430 N 14 – *a.s. Pasqua e 15 giugno-15 settembre.*
Roma 196 – Grosseto 14 – Firenze 153 – Livorno 125 – Orbetello 53 – Siena 85.

Rosmarina, via delle Colonie 35 ℘ 0564 34408, *Fax 0564 34684*, –
Pasto carta 45/55000 – 15000 – **24 cam** 140/170000 – ½ P 145000.

a Principina a Mare *Sud : 6 km – ✉ 58046 Marina di Grosseto :*

Principe, via dello Squalo 100 ℘ 0564 31400 e rist. ℘ 0564 30215, *Fax 0564 310*
« In pineta », riscaldata, – 120.
Pasqua-ottobre – **Pasto** 35/45000 e al Rist. ***Il Putto*** carta 50/80000 – 22000 – **60 ca**
200/300000, 3 appartamenti.

Grifone, via del Pesce Persico 2 ℘ 0564 31300, *Fax 0564 31164*, « In pineta », –
aprile-15 ottobre – **Pasto** carta 45/60000 – **40 cam** 150/200000 – ½ P 165000.

GROTTA *Parma – Vedere Salsomaggiore Terme.*

GROTTA... GROTTE *Vedere nome proprio della o delle grotte.*

GROTTAFERRATA *00046 Roma* 430 Q 20 *G. Roma – 17 921 ab. alt. 329.*
Roma 21 – Anzio 44 – Frascati 3 – Frosinone 71 – Latina 49 – Terracina 83.

Park Hotel Villa Grazioli, via Umberto Pavoni 19 ℘ 06 945400, *Fax 06 9413506*,
Roma, « Villa cinquecentesca con affreschi coevi », – 100.
Pasto 80/95000 – **58 cam** 370/420000, 2 appartamenti.

Gd H. Villa Fiorio, viale Dusmet 28 ℘ 06 94548007, *Fax 06 94548009*, « Parco con
– 30.
Pasto 60/100000 – 20000 – **24 cam** 240/420000, 3 appartamenti – ½ P 320000.

Da Mario-La Cavola d'Oro, via Anagnina 35 (Ovest : 1,5 km) ℘ 06 943157
Fax 06 94315755, « Servizio estivo in terrazza con ≤ » –
chiuso dal 10 al 30 agosto e lunedì – **Pasto** carta 45/80000.

Hostaria al Vecchio Fico, via Anagnina 257 ℘ 06 9459261, « Antico casale del 15
con servizio estivo all'aperto » –
chiuso martedì e i mezzogiorno di lunedì, giovedì e venerdì – **Pasto** carta 55/80000.

Taverna dello Spuntino, via Cicerone 20 ℘ 06 9459366, « Ambiente e cantina car
teristiche » –
chiuso dal 10 al 31 agosto e mercoledì – **Pasto** carta 45/85000.

Nando, via Roma 4 ℘ 06 9459989, *Fax 06 9459989*, « Collezione di cavatappi, cant
caratteristica » –
Pasto carta 45/70000.

GROTTAGLIE *74023 Taranto* 988 ㉙, 431 F 34 – *32 119 ab. alt. 133.*
Roma 514 – Brindisi 49 – Bari 96 – Taranto 22.

Gill senza rist, via Brodolini 75 ℘ 099 5638756, *Fax 099 5638207* –
48 cam 75/100000.

ROTTAMMARE *63013 Ascoli Piceno* 988 ⑯ ⑰, 430 N 23 – *14 083 ab. – a.s. luglio-agosto.*
piazzale Pericle Fazzini 6 ✆ 0735 631087, Fax 0735 631087.
Roma 236 – Ascoli Piceno 43 – Ancona 84 – Macerata 64 – Pescara 72 – Teramo 53.

XX **Locanda Borgo Antico,** via Santa Lucia 1, Grottammare Alta ✆ 0735 634357, *Fax 0735 778255*, « In un antico frantoio » – VISA.
chiuso a mezzogiorno e martedì escluso da giugno a settembre – **Pasto** carta 45/90000.

XX **Osteria dell'Arancio,** piazza Peretti, Grottammare Alta ✆ 0735 631059, prenotare, « Locale caratteristico con menù tipico » – VISA
chiuso 24-25 dicembre, mercoledì e a mezzogiorno (escluso i giorni festivi e da ottobre a luglio) – **Pasto** 60000.

verso San Benedetto del Tronto :

Parco dei Principi, lungomare De Gasperi 70 (Sud : 1 km) ✉ 63013 ✆ 0735 735066, *Fax 0735 735080*, riscaldata, – 200. AE VISA JCB. rist
chiuso dal 21 dicembre al 15 gennaio – **Pasto** *(chiuso sabato e domenica in bassa stagione)* 40/60000 – **54 cam** 120/190000 – 1/2 P 130/150000.

Paradiso, lungomare De Gasperi 134 (Sud : 2 km) ✉ 63013 ✆ 0735 581412, *Fax 0735 581257*, <, – P
stagionale – **50 cam.**

XX Palmino, via Ponza 3 (Sud : 2 km) ✉ 63013 ✆ 0735 594720, –
Pasto specialità di mare.

XX **Lacchè** via Procida 1/3 (Sud : 2,5 km) ✉ 63013 ✆ 0735 582728, – . AE VISA.
chiuso dal 24 dicembre al 2 gennaio e lunedì – **Pasto** specialità di mare carta 65/80000.

XX **Tropical,** lungomare De Gasperi 59 (Sud : 2 km) ✉ 63013 ✆ 0735 581000, *Fax 0735 581302*, – AE VISA
chiuso dal 24 dicembre al 15 gennaio, lunedì e domenica sera escluso luglio-agosto – **Pasto** specialità di mare carta 50/75000.

RUGLIASCO *10095 Torino* 428 G 4 – *40 344 ab. alt. 293.*
Roma 672 – Torino 10 – Asti 68 – Cuneo 97 – Sestriere 92 – Vercelli 89.

Pianta d'insieme di Torino

XX **L'Antico Telegrafo,** via G. Lupo 29 ✆ 011 786048 – AE VISA FT t
chiuso sabato a mezzogiorno, lunedì ed agosto – **Pasto** carta 40/75000.

RUMELLO DEL MONTE *24064 Bergamo* 428, 429 F 11 – *6 322 ab. alt. 208.*
Roma 583 – Bergamo 19 – Brescia 32 – Cremona 80 – Milano 62.

XX **Cascina Fiorita,** via Mainoni d'Intignano 5 (Nord : 1 km) ✆ 035 830005, – P.
chiuso agosto, domenica sera e lunedì (escluso da Pasqua a settembre) – **Pasto** carta 55/80000.

RUMENTO NOVA *85050 Potenza* 431 G 29 – *1 895 ab. alt. 762.*
Roma 384 – Potenza 74 – Lagonegro 45 – Napoli 184 – Salerno 128.

sulla strada statale 598 svincolo Viggiano *Nord : 3 km :*

Lykos, ✉ 85050 ✆ 0975 350769, *Fax 0975 350769* – P. AE VISA JCB. rist
Pasto carta 25/40000 – 7000 – **54 cam** 80/90000 – 1/2 P 75/90000.

SIES = *Valle di Casies.*

UALDO CATTANEO *06035 Perugia* 430 N 19 – *5 989 ab. alt. 535.*
Roma 160 – Perugia 48 – Assisi 28 – Foligno 32 – Orvieto 77 – Terni 54.

a Collesecco *Sud-Ovest : 9 km – ✉ 06030 Marcellano :*

X La Vecchia Cucina, via delle Scuole 2 ✆ 0742 97237 – P.

UALTIERI *42044 Reggio nell'Emilia* 428, 429 H 13 – *6 094 ab. alt. 22.*
Roma 450 – Parma 32 – Mantova 36 – Milano 152 – Modena 48 – Reggio nell'Emilia 25.

A. Ligabue, piazza 4 Novembre ✆ 0522 828120, *Fax 0522 829294* – P. AE VISA.
*chiuso dal 24 dicembre al 6 gennaio e dal 6 al 26 agosto*Pasto *(chiuso lunedì)* carta 40/75000 – **37 cam** 90/140000 – 1/2 P 95000.

GUARDIA *Trento* 429 E 15 – *Vedere Folgaria.*

GUARDIAGRELE *66016 Chieti* 988 ㉗, 430 P 24 – *9 907 ab. alt. 577.*
Roma 230 – Pescara 41 – Chieti 25 – Lanciano 23.

XX **Villa Maiella,** via Sette Dolori 30 (Sud-Ovest : 1,5 km) ✆ 0871 809362, *Fax 0871 80931* – P. AE S ⊕ MC VISA. ✻
chiuso dal 15 al 31 luglio e lunedì – **Pasto** carta 30/50000.

X **Ta Pù,** via Modesto della Porta 37 ✆ 0871 83140 – AE S ⊕ MC VISA. ✻
chiuso lunedì – **Pasto** carta 45/80000.

GUARDIA VOMANO *64020 Teramo* 430 O 23 – *alt. 192.*
Roma 200 – Ascoli Piceno 73 – Pescara 46 – Ancona 137 – L'Aquila 85 – Teramo 26.

sulla strada statale 150 *Sud : 1,5 km :*

X **3 Archi,** via Pianura Vomano 36 ✉ 64020 ✆ 085 898140, *Fax 085 898140* – P. AE S VISA. ✻
chiuso novemrbe, martedì sera e mercoledì – **Pasto** carta 35/50000.

GUASTALLA *42016 Reggio nell'Emilia* 988 ⑭, 428, 429 H 13 – *13 669 ab. alt. 25.*
Roma 453 – Parma 35 – Bologna 91 – Mantova 33 – Milano 156 – Modena 51 – Reggio nell'Emilia 28.

sulla strada per Novellara *Sud : 5 km :*

XX **La Briciola,** via Sacco e Vanzetti 17 ✆ 0522 831378, 🏡, – P. AE S ⊕ MC VISA
chiuso martedì – **Pasto** specialità di mare ed emiliane carta 50/70000.

GUBBIO *06024 Perugia* 988 ⑮ ⑯, 430 L 19 *G. Italia* – *31 356 ab. alt. 529.*
Vedere *Città vecchia★★ – Palazzo dei Consoli★★* **B** *– Palazzo Ducale★ – Affreschi★ di Ottaviano Nelli nella chiesa di San Francesco – Affresco★ di Ottaviano Nelli nella chiesa di Santa Maria Nuova.*
ℹ *piazza Oderisi 6 ✆ 075 9220693, Fax 075 9273409.*
Roma 217 ② – Perugia 40 ③ – Ancona 109 ② – Arezzo 92 ④ – Assisi 54 ③ – Pesaro 92 ④.

Pianta pagina a lato

Park Hotel ai Cappuccini M ⛭, via Tifernate ✆ 075 9234, *Fax 075 9220323*, ≤ città e campagna, « In un antico convento completamente ristrutturato », Fø, ≘s, ▢, 🏡, ✻ – |‡| ▤ TV ☎ ✆ ♿ 🚗 P – 🔬 500. AE S ⊕ MC VISA JCB. ✻ rist per ④
Pasto carta 55/90000 – **95 cam** ☕ 290/400000 – ½ P 235/260000.

Relais Ducale, via Galeotti 18 ✆ 075 9220157, *Fax 075 9220159*, « Giardino pensile con ≤ città e colline », 🏡 – |‡| ▤ TV ☎ ♿ P – 🔬 50. AE S ⊕ MC VISA. ✻
Pasto vedere rist ***Taverna del Lupo*** – **32 cam** ☕ 210/320000, 6 appartamenti – ½ P 180/200000.

Villa Montegranelli ⛭, località Monteluiano ✆ 075 9220185, *Fax 075 9273372*, ≤ città e campagna, 🏡, « Villa settecentesca di campagna », 🏡 – |‡| TV ☎ P – 🔬 50. AE S ⊕ MC VISA. ✻ 4 km per via Buozzi
Pasto vedere rist ***Villa Montegranelli*** – ☕ 10000 – **21 cam** 160/200000, appartamento – ½ P 165000.

Bosone Palace, via 20 Settembre 22 ✆ 075 9220688, *Fax 075 9220552* – |‡| TV ☎. AE ⊕ MC VISA. ✻
chiuso dal 15 gennaio al 15 febbraio – **Pasto** vedere rist ***Taverna del Lupo*** – **30 cam** ☕ 140/190000 – ½ P 105/120000.

Gattapone, via Beni 11 ✆ 075 9272489, *Fax 075 9272417*, ≤ – |‡| TV ☎ ♿. AE S ⊕ MC VISA. ✻
Pasto vedere rist ***Taverna del Lupo*** – **18 cam** ☕ 130/170000 – ½ P 130000.

XXX **Taverna del Lupo,** via Ansidei 6 ✆ 075 9274368, *Fax 075 9271269*, 🏡 – ▤. AE S ⊕ MC VISA. ✻
chiuso lunedì (escluso agosto e settembre) – **Pasto** 50/75000 (15 %) a mezzogiorno 80/90000 (15 %) la sera e carta 55/90000 (15 %).

XX **Villa Montegranelli,** località Monteluiano ✆ 075 9220185, *Fax 075 9273372*, 🏡 – P. AE S ⊕ MC VISA. ✻ 4 km per via Buozzi
Pasto carta 55/85000.

XX **Bosone Garden,** via Mastro Giorgio 1 ✆ 075 9221246, « Servizio estivo in giardino » – AE S ⊕ MC VISA
chiuso mercoledì escluso da giugno a settembre – **Pasto** carta 45/80000 (15 %).

XX **Fabiani,** piazza 40 Martiri 26 A/B ☎ 075 9274639, *Fax 075 9220638*, – AE ⓢ ⓓ ⓜⓒ VISA JCB t
chiuso gennaio e martedì – **Pasto** 25/35000 e carta 40/65000.

XX **Federico da Montefeltro,** via della Repubblica 35 ☎ 075 9273949, *Fax 075 9272341*, – AE ⓢ ⓓ ⓜⓒ VISA JCB. ✂ e
chiuso febbraio e giovedì (escluso agosto-settembre) – **Pasto** 25000 e carta 50/75000.

X **Grotta dell'Angelo** con cam, via Gioia 47 ☎ 075 9273438, *Fax 075 9273438*, – TV ☎. AE ⓢ ⓓ ⓜⓒ VISA. ✂ s
chiuso dal 10 al 31 gennaio – **Pasto** carta 40/50000 – ☐ 5000 – **18 cam** 55/75000 – 1/2 P 75000.

Monte Ingino *per ① : 4 km – alt. 827 – ✉ 06024 :*

La Rocca senza rist, via Monte Ingino 15 ☎ 075 9221222, *Fax 075 9221222* – TV ☎. ⓢ ⓜⓒ VISA. ✂
11 cam ☐ 120/140000.

We distinguish for your use
certain hotels (...) and restaurants (X ... XXXXX)
by awarding them , ✿, ✿✿ or ✿✿✿.

GUGLIONESI *86034 Campobasso* 988 ㉗, 430 Q26 – *5 293 ab. alt. 370.*
Roma 271 – Campobasso 59 – Foggia 103 – Isernia 103 – Pescara 108 – Termoli 15.

verso Termoli *Nord-Est : 5,5 km :*

XX **Ribo,** contrada Malecoste 7 ✉ 86034 ☎ 0875 680655, *Fax 0875 680655,* – P. AE S ⓞ MC VISA JCB. ✂
✿ *chiuso lunedì* – **Pasto** 45/55000 e carta 30/75000
Spec. Pescatrice con funghi porcini (autunno). Tortelloni ripieni di ricotta e porcini tartufo (autunno). Tagliatelle ai frutti di mare..

GUSSAGO *25064 Brescia* 428, 429 F 12 – *14 025 ab. alt. 180.*
Roma 539 – Brescia 14 – Bergamo 45 – Milano 86.

XX **Artigliere,** via Forcella 6 ☎ 030 2770373, *Fax 030 2770373,* prenotare – ▤. AE S VISA.
chiuso dal 7 al 17 gennaio, agosto, lunedì e martedì – **Pasto** carta 45/85000.

HAFLING = *Avelengo.*

IDRO *25074 Brescia* 988 ④, 428, 429 E 13 – *1 665 ab. alt. 391 – Pasqua e luglio-15 settembre.*
Roma 577 – Brescia 45 – Milano 135 – Salò 33.

XX **Alpino** con cam, via Lungolago 20, località Crone ☎ 0365 83146, *Fax 0365 823143,* – TV ☎. S ⓞ MC VISA. ✂
chiuso dal 7 gennaio al 15 febbraio – **Pasto** *(chiuso martedì)* carta 45/65000 – ☕ 11000
24 cam 80/95000 – ½ P 80/90000.

IESA *Siena – Vedere Monticiano.*

IGEA MARINA *Rimini* 430 J 19 – *Vedere Bellaria Igea Marina.*

ILLASI *37031 Verona* 429 F 15 – *4 834 ab. alt. 174.*
Roma 517 – Verona 20 – Padova 74 – Vicenza 44.

a Cellore *Nord : 1,5 km* – ✉ *37030 :*

X **Dalla Lisetta,** via Mezzavilla 12 ☎ 045 7834059, *Fax 045 7834059,* – ▤ P. AE ⓞ VISA. ✂
chiuso dal 4 al 19 agosto, domenica sera e martedì – **Pasto** carta 30/45000.

IMOLA *40026 Bologna* 988 ⑮, 429, 430 I 17 – *64 122 ab. alt. 47.*
18 La Torre (chiuso martedì) a Riolo Terme ✉ 48025 ☎ 0546 74035, Fax 0546 7407 Sud-Est : 16 km.
Roma 384 – Bologna 35 – Ferrara 81 – Firenze 98 – Forlì 30 – Milano 249 – Ravenna 44.

Donatello Imola, via Rossini 25 ☎ 0542 680800, *Fax 0542 680514,* – ▤ TV ☎ P – 300. AE S ⓞ MC VISA. ✂ rist
Pasto *(chiuso gennaio, febbraio, dal 6 al 20 agosto e martedì)* carta 40/60000 – **150 ca**
☕ 165/220000 – ½ P 120/160000.

XXXX **San Domenico,** via Sacchi 1 ☎ 0542 29000, *Fax 0542 39000,* Coperti limitati; prenotare
✿✿ ▤. AE S ⓞ MC VISA
chiuso dal 1° al 10 gennaio, dal 25 luglio al 21 agosto, domenica ser a e lunedì, anc domenica a mezzogiorno da giugno ad agosto – **Pasto** 65000 (a mezzogiorno) 120000 (a sera) e carta 135/215000
Spec. Gamberi e fegato d'oca con pomodori appassiti e aceto balsamico tradizionale. Uov in raviolo con parmigiano, burro nocciola e tartufi di stagione. Carré di agnello arrosto rosmarino e aglio dolce.

XX **Naldi,** via Santerno 13 ☎ 0542 29581, *Fax 0542 22291* – ▤ P. AE S ⓞ MC VISA. ✂
dal 1° al 7 gennaio, dal 17 al 29 agosto e domenica – **Pasto** 55000 (solo la sera) e car 55/75000.

XX **Osteria Callegherie,** via Callegherie 13 ☎ 0542 33507, *Fax 0542 33507,* Coperti limita prenotare – ▤. AE S ⓞ MC VISA. ✂
chiuso sabato a mezzogiorno e domenica – **Pasto** carta 35/60000.

X **E Parlamintè,** via Mameli 33 ☎ 0542 30144, *Fax 0542 30144,* – ▤. AE S ⓞ MC VISA
chiuso dal 25 dicembre al 6 gennaio, dal 15 luglio al 20 agosto, domenica sera e lunedì; maggio ad agosto anche domenica a mezzogiorno – **Pasto** carta 35/50000.

X **Osteria del Vicolo Nuovo,** vicolo Codronchi 6 ☎ 0542 32552, Rist.-enoteca – AE S ⓞ MC VISA JCB. ✂
chiuso da luglio al 25 agosto, domenica e lunedì – **Pasto** carta 45/65000.

prossimità casello autostrada A 14 *Nord : 4 km :*

Molino Rosso, strada statale Selice 49 ✉ 40026 ☎ 0542 63111, *Fax 0542 631163*, riscaldata, – ⇅ ≡ TV ☎ ♿ P – 200. AE ⓢ ⓓ MC VISA. rist
Pasto carta 50/75000 (15 %) – **125 cam** ☕ 215/295000 – 1/2 P 195000.

IMPERIA *18100* P 988 ⑫, 428 K 6 – *40 379 ab..*
ℹ *viale Matteotti 37 ☎ 0183 660140, Fax 0183 666510.*
A.C.I. *piazza Unità Nazionale 23 ☎ 0183 720052.*
Roma 615 ② – Genova 116 ② – Milano 239 ② – San Remo 23 ④ – Savona 70 ② – Torino 178 ②.

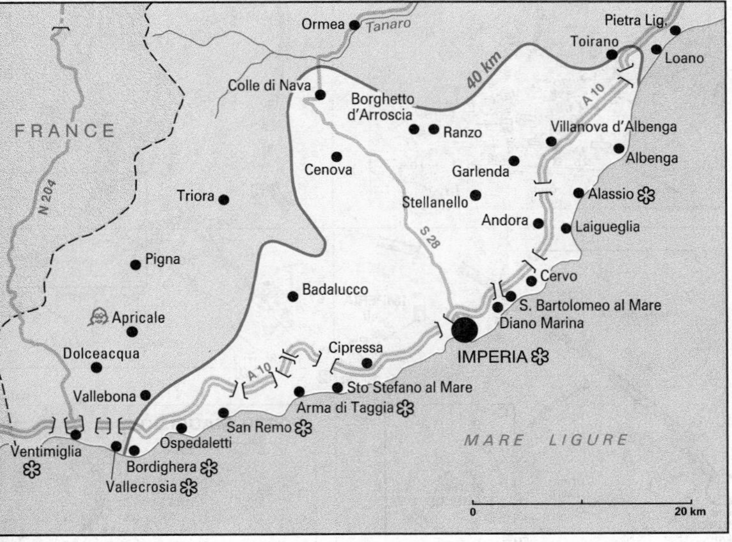

a Oneglia – ✉ *18100 Imperia :*

Chez Braccio Forte, via Des Genejs 46 ☎ 0183 294752 – AE ⓢ ⓓ MC VISA. AX a
chiuso gennaio e lunedì – **Pasto** carta 70/100000 (10 %).

Salvo-Cacciatori, via Vieusseux 12 ☎ 0183 293763, *Fax 0183 293763*, Rist. di tradizione – AE ⓢ ⓓ MC VISA JCB AX e
chiuso lunedì e dal 24 luglio al 6 agosto – **Pasto** carta 55/80000.

Clorinda, via Garessio 96 ☎ 0183 291982, *Fax 0183 291982*, Trattoria d'habituès – MC VISA. BX u
chiuso agosto e lunedì – **Pasto** carta 30/55000.

Porto Maurizio – ✉ *18100 Imperia :*

Corallo, corso Garibaldi 29 ☎ 0183 666264, *Fax 0183 666265*, ≤ – ⇅ TV ☎ P – 35. AE ⓢ ⓓ MC VISA JCB. BZ n
Pasto carta 60/70000 – ☕ 19000 – **42 cam** 160/235000 – 1/2 P 150000.

Croce di Malta, via Scarincio 148 ☎ 0183 667020, *Fax 0183 63687*, ≤, – ⇅ ≡ TV ☎ P – 100. AE ⓢ ⓓ MC VISA. rist BZ a
Pasto *(giugno -settembre)* carta 45/65000 – **39 cam** ☕ 140/200000 – 1/2 P 135000.

Lanterna Blu-da Tonino, borgo Marina, via Scarincio 32 ☎ 0183 63859, *Fax 0183 63859*, prenotare – ≡ P. AE ⓢ ⓓ MC VISA JCB BZ f
chiuso 24-25 dicembre, dal 15 ottobre al 6 novembre, i mezzogiorno di martedì e mercoledì da luglio al 10 settembre, anche mercoledì sera negli altri mesi – **Pasto** 80000 (a mezzogiorno) 120000 (alla sera) e carta 90/165000
Spec. Bottarga di tonno con fichi (estate). Zuppa di gamberi di Oneglia con erba cipollina. Linguettine con rag' di polipetti al rosmarino.

IMPERIA

Amoretti (Via Ivanoe) ..... BXY 3
Battisti (Via Cesare) .... BX 5
Belgrano (Via Gen.) .... AX 6
Benza (Via Elia) .... BZ 7
Berio (Via Giuseppe) .... AX 8
Bonfante (Via Silvio) .... AX
Borgo Peri (Spianata) ...... AX 10
Calvi (Piazza Ulisse) .... AX 13
Carceri (Via) .... BZ 14
Carducci (Via Giosue) ...... BZ 15
Cascione (Via Felice) .... BZ
Colombo (Lungomare C.) .. AZ 18
D'Annunzio
(Via Gabriele) .... AZ 19
Dante (Corso Alighieri) ..... BX 21
Dante
(Piazza Alighieri) .... AX 22
De Amicis (Piazza E.) ...... AX 23
Des Geneys (Via) .... AX 25
Delbecchi
(Via Antonio) .... BY
De Sonnaz (Via) .... AX
Diano Calderina (Via) ..... ABX
Don Abbo il Santo (Via) .... AX
Duomo (Piazza) .... BZ
Magenta (Via) .... AX
Maresca (Via) .... AX
Martiri
della Libertà (Via) .... BZ
Matteotti (Viale G.) .... BYZ

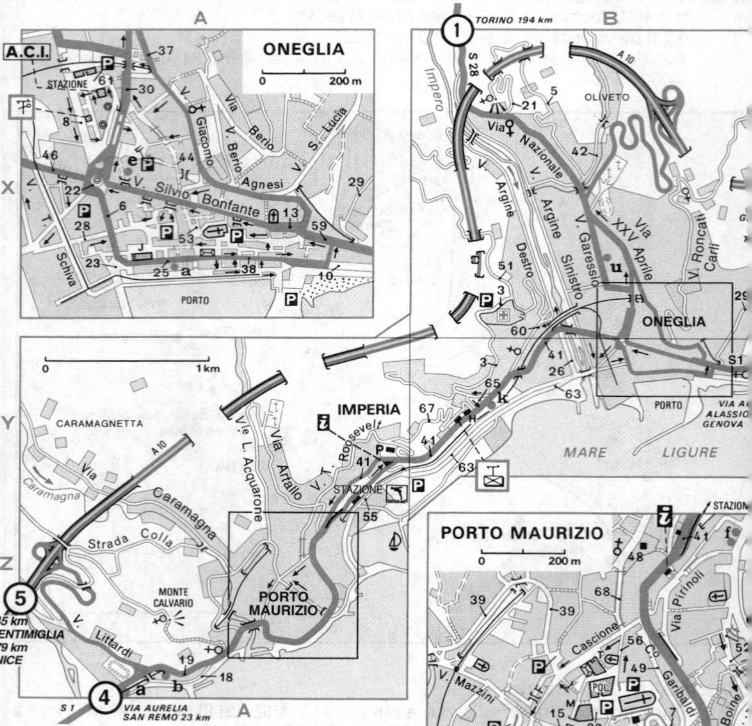

Musso (Via Felice) ... BX 42
Ospedale (Via dell') .. AX 44
Parrasio (Via) .... BZ 45
Repubblica (Via della) AX 46
Roma (Piazza) .... BZ 48
Saffi (Via Aurelio) .... BZ 49
S. Agata (Strada) .... BX 51
S. Antonio
(Piazza e Via) ...... BZ 52
S. Giovanni (Via) ..... AX 53
S. Lazzaro (Via) ...... AY 55
S. Maurizio (Via) .... BZ 56
Serrati (Via G. M.) .... AX 59
Trento (Via) .... BX 60
Unità Nazionale
(Piazza) .... AX 61
Vespucci
(Lungomare A.) .... BY 63
Vianelli (Via A.) .... BZ 64
Vittoria (Pza della) .... BY 65
Vittorio Veneto (Vle) .. BY 67
20 Settembre (Via) .. BZ 68

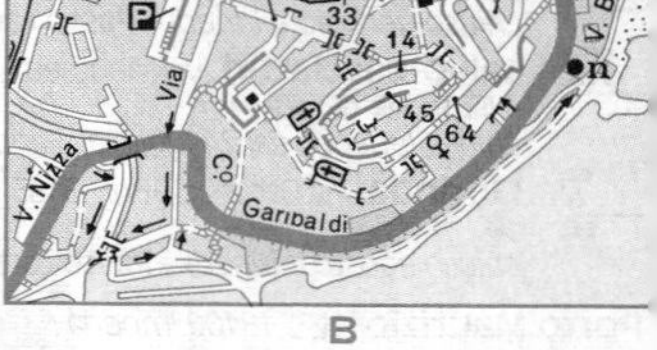

XX **Lucio,** strada Lamboglia 16 (Borgo Prino) ✆ 0183 652523 – ▤. AE $. ✂ — AZ
chiuso dal 2 al 18 novembre, a mezzogiorno da lunedì a giovedì in luglio-agosto, negli al mesi domenica sera e mercoledì – **Pasto** cucina di tradizione marinara 50/65000 e car 45/75000.

X **Le Tamerici,** lungomare Colombo 142 ✆ 0183 667105 – ▤. AE $ ◑ MC VISA — AZ
chiuso dal 27 settembre all'11 ottobre e martedì – **Pasto** carta 55/95000.

X **Al Gambero,** via Scarincio 16/18 Borgo Marina ✆ 0183 667413, *Fax 0183 667413* – ▤ AE $ ◑ MC VISA — BZ
chiuso dal 10 al 31 gennaio e lunedì – **Pasto** specialità di mare carta 55/90000.

Piani *Nord-Ovest : 2,5 km per via Littardi* AZ – ✉ *18100 Imperia :*

Osteria del Vecchio Forno, piazza della Chiesa ✆ 0183 780269, *Fax 0183 780269*, Coperti limitati; prenotare – AE ⑤ ⓓ MC VISA JCB
chiuso a mezzogiorno (escluso i giorni festivi), mercoledì, dal 1° al 10 novembre e dal 1° al 10 giugno – **Pasto** carta 35/65000.

NCISA IN VAL D'ARNO *50064 Firenze* 988 ⑮, 429, 430 L 16 – *5 589 ab. alt. 122.*
Roma 248 – Firenze 30 – Siena 62 – Arezzo 52.

Galileo, località Prulli-in prossimità area di servizio Reggello ✆ 055 863341, *Fax 055 863238,* – TV – P – 100. AE ⑤ ⓓ MC VISA.
Pasto *(chiuso domenica)* carta 35/50000 – 15000 – **63 cam** 100/160000 – ½ P 110/130000.

NDUNO OLONA *21056 Varese* 428 E 8, 219 ⑧ – *9 758 ab. alt. 397.*
Roma 638 – Como 30 – Lugano 29 – Milano 60 – Varese 4,5.

Villa Castiglioni, via Castiglioni 1 ✆ 0332 200201, *Fax 0332 201269*, « Villa ottocentesca con parco secolare » – TV P – 140. AE ⑤ ⓓ MC VISA.
Pasto al Rist. ***Al Bersò*** *(chiuso domenica sera)* carta 55/80000 – **35 cam** 200/280000, 5 appartamenti – ½ P 185000.

2 Lanterne, via Ferrarin 25 ✆ 0332 200368, *Fax 0332 202349*, prenotare, – P – 60. AE ⑤ ⓓ MC VISA.
chiuso il 26 dicembre, le sere di Natale e Capodanno, dal 9 al 20 gennaio, dal 1° al 20 agosto e lunedì – **Pasto** carta 50/80000.

Olona-da Venanzio, via Olona 38 ✆ 0332 200333, *Fax 0332 200333*, prenotare, – P.

NNICHEN = *San Candido.*

NTRA *Verbania* 428 E 7, 219 ⑦ – *Vedere Verbania.*

NVERNO-MONTELEONE *27010 Pavia* 428 G 10 – *1 064 ab. alt. 74.*
Roma 543 – Piacenza 35 – Milano 44 – Pavia 30.

Monteleone – ✉ *27010 :*

Trattoria Righini, via Miradolo 108 ✆ 0382 73032, *Fax 0382 722521*, prenotare venerdì, sabato e domenica –
chiuso dal 7 al 30 gennaio, agosto, lunedì, martedì e la sera (escluso da giovedì a sabato) – **Pasto** 25/55000 (a mezzogiorno) e 35/60000 (la sera).

NZAGO *20065 Milano* 428 F 10, 219 ⑳ – *8 841 ab. alt. 138.*
Roma 592 – Bergamo 27 – Milano 27.

Del Ponte, via Marchesi 35 ✆ 02 9549319, – P. AE ⑤ ⓓ MC VISA
chiuso agosto e domenica – **Pasto** carta 35/55000.

SCHIA DI CASTRO *01010 Viterbo* 430 O 17 – *2 530 ab. alt. 410.*
Roma 135 – Viterbo 39 – Grosseto 80 – Siena 132.

Ranuccio II, piazza Immacolata 26 ✆ 0761 425119, *Fax 0761 425119* – AE ⑤ MC VISA.
chiuso dal 1° al 15 luglio e giovedì (escluso agosto) – **Pasto** carta 50/90000.

In questa guida
uno stesso simbolo, una stessa parola
stampati in rosso o in nero, in magro o in ***grassetto***
hanno un significato diverso.
Leggete attentamente le pagine esplicative.

ISCHIA (Isola d') *Napoli* 988 ㉗, 431 E 23 *G. Italia – 47 485 ab. alt. da 0 a 788 (monte Epomeo)*
Stazione termale, a.s. luglio-settembre.

La limitazione d'accesso degli autoveicoli è regolata da norme legislative.

per Napoli (1 h 25 mn), Pozzuoli (1) e Procida (25 mn), giornalieri – Caremar-agenzia Travel and Holidays, banchina del Redentore ✆ 081 984818, Fax 081 5522011; per Pozzuoli (1 h) e Napoli (1 h 20 mn) giornalieri – Linee Lauro, banchina del Redentore ✆ 081 9928... Fax 081 991889.

per Napoli giornalieri (da 30 mn a 40 mn) – Alilauro ✆ 081 991888, Fax 081 99178, Linee Lauro ✆ 081 992803, Fax 081 991990 al porto e Caremar-agenzia Travel and Holidays banchina del Redentore ✆ 081 984818, Fax 081 5522011; per Capri aprile-ottobre giornaliero (40 mn).

– Alilauro, al porto ✆ 081 991888, Fax 081 991781; per Procida-Napoli giornalieri (40 mn) Aliscafi SNAV-ufficio Turistico Romano, via Porto 5/9 ✆ 081 991215, Fax 081 991167; per Procida giornalieri (15 mn) – Caremar-agenzia Travel and Holidays, banchina del Redentore ✆ 081 984818, Fax 081 5522011.

Barano 431 E 23 – *8 214 ab. alt. 224* – ✉ *80070 Barano d'Ischia – a.s. luglio-settembre.*
Vedere *Monte Epomeo*** 4 km Nord-Ovest fino a Fontana e poi 1 h e 30 mn a piedi A/R*

a Testaccio *Sud : 2 km* – ✉ *80070 Barano d'Ischia :*

St. Raphael Terme, via Maronti 5 ✆ 081 990508, *Fax 081 990922*, ←, « Terrazza panoramica con termale », – |♦|, rist, ☎. AE ⓢ ⓓ ⓜⓒ VISA JCB. ✻ rist
marzo-novembre – **Pasto** 40000 – ☐ 15000 – **39 cam** 175/300000 – ½ P 130/145000.

a Maronti *Sud : 4 km* – ✉ *80070 Barano d'Ischia :*

Parco Smeraldo Terme ⛱, spiaggia dei Maronti ✆ 081 990127, *Fax 081 905022*, « Terrazza fiorita con termale », – |♦| ☎ P. ⓢ ⓜⓒ VISA. ✻
8 aprile-ottobre – **Pasto** (solo per alloggiati) – **72 cam** ☐ 170/300000 – ½ P 185/215000.

San Giorgio Terme ⛱, spiaggia dei Maronti ✆ 081 990098, *Fax 081 990876*, ←, « Terrazza fiorita con termale », – ☎ P. ⓢ ⓜⓒ VISA. ✻
15 aprile-30 ottobre – **Pasto** (solo per alloggiati) – **81 cam** ☐ 120/200000 – ½ P 12... 140000.

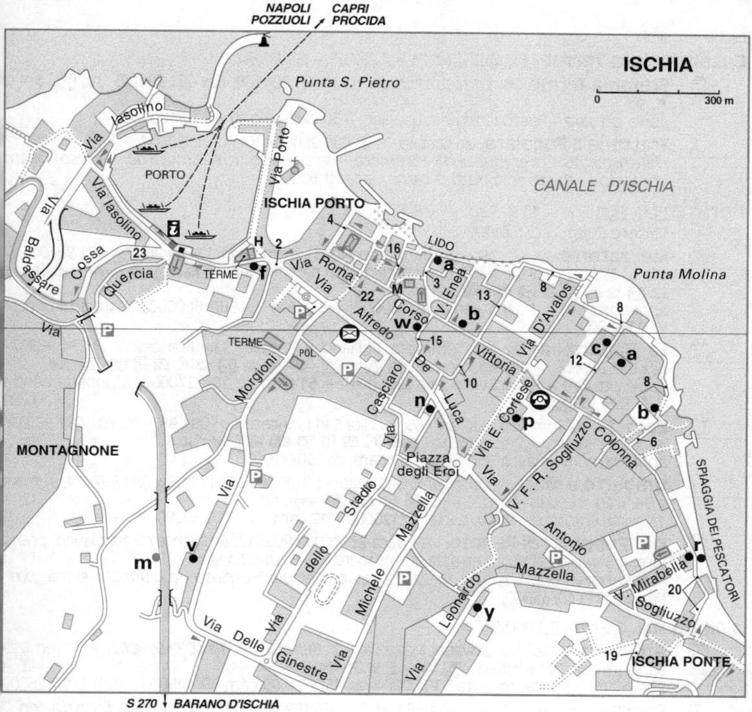

ISCHIA

Antica Reggia (Piazza) .... V 2
Battistessa (Via) .... V 3
Buonocore (Via F.) .... V 4
Champault (Via) .... X 6
Colombo
(Lungomare Cristoforo) VX 8
Colonna (Corso Vittoria) . VX
De Luca (Via Alfredo) VX
Gemito (Via V.) .... X 10
Gianturco (Via Emanuele) . X 12
Gianturco (Via Remigia) ... X 13
Gigante (Via G.) .... VX 15
Marone (Via Venanzio) .... V 16
Nuova Cartaromana
(Via) .... X 19
Pontano (Via) .... X 20
Roma (Via) V
Terme (Via delle) .... V 22
Trieste (Piazzale) .... V 23

CASAMICCIOLA TERME

Garibaldi (Corso) .... Y 24
Girardi (Via Salvatore) ..... Y 25
Margherita (V. Principessa) Y 26
Marina (Piazza) .... Y 27
Morgera (Via) .... Y 28
Parrocchiale (Piazza) ...... Y 29
Sant'Antonio (Calata) ..... Y 30

LACCO AMENO

undera (Via) .... Z 31
Roma (Via) .... Z 32
San Montano (Via) .... Z 33
Santa Restituta (Piazza) ... Z 35
4 Novembre (Via) .... Z 36

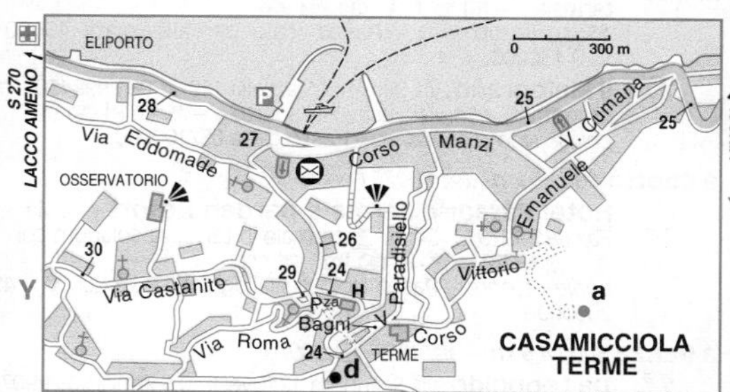

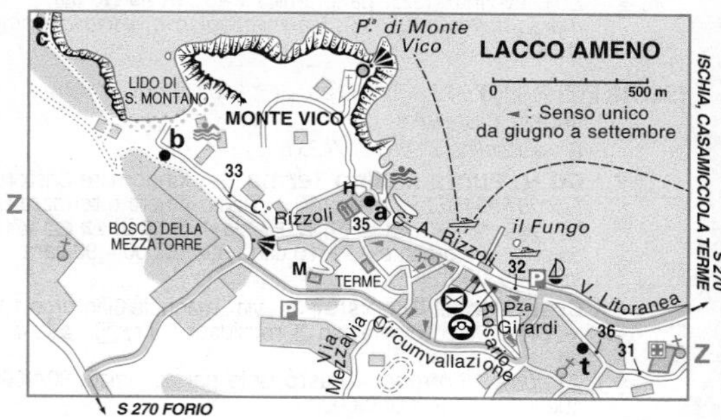

Casamicciola Terme 988 ㉗, 431 E 23 – *7 283 ab.* – ✉ *80074.*

Stefania Terme ⛰, piazzetta Nizzola 16 ☎ 081 994130, *Fax 081 994295*, Lб, ⬜, ⚕ – P. ✗ Y
aprile-ottobre – **Pasto** (solo per alloggiati) – **30 cam** solo ½ P 120/130000.

Trattoria Il Focolare, via Cretaio 68 ☎ 081 980604, *Fax 081 980604* Y
chiuso dal 15 novembre al 15 dicembre, mercoledì e a mezzogiorno (escluso sabat domenica) – **Pasto** solo piatti di carne carta 40/60000.

Forio 988 ㉗, 431 E 23 – *13 845 ab.* – ✉ *80075.*

Vedere *Spiaggia di Citara*★.

Mezzatorre ⛰, località San Montano Nord : 3 km ☎ 081 986111, *Fax 081 986015*, mare, ⛱, « ⛰ con acqua di mare riscaldata in parco-pineta », Lб, ⬜, ⛺, ⛱, ✗, ⚕ – ▤ TV ☎ P. AE 🅂 ⓞ ⓜⓒ VISA. ✗ Z
aprile-ottobre – **Pasto** carta 95/140000 – **51 cam** ☐ 560/660000, 5 appartamenti ½ P 360000.

La Bagattella ⛰, via Tommaso Cigliano 8, località San Francesco ☎ 081 98607 *Fax 081 989637*, « Giardino fiorito con ⛰ », ⬜, ⚕ – |‡| ▤ TV ☎ P. AE 🅂 ⓜⓒ VISA. ✗
aprile-ottobre – **Pasto** (solo per alloggiati) – **51 cam** ☐ 205/270000, 4 appartamenti ½ P 155/165000. U

Zaro ⛰, via Tommaso Cigliano 85, località San Francesco ☎ 081 987110, *Fax 081 98939* ≤, « Giardino con ⛰ termale » – |‡| ☎ P. AE 🅂 ⓞ ⓜⓒ VISA. ✗ rist U
aprile-ottobre – **Pasto** 20/25000 – **61 cam** ☐ 130/220000.

Umberto a Mare ⛰ con cam, via Soccorso 2 ☎ 081 997171, *Fax 081 997171*, ≤ mar « Servizio estivo in terrazza ». AE 🅂 ⓞ ⓜⓒ VISA JCB. ✗ U
15 marzo-ottobre – **Pasto** carta 70/120000 – **12 cam** ☐ 175/250000.

Da "Peppina" di Renato, via Bocca 23 ☎ 081 998312, Ambiente caratteristico, pren tare, « Servizio estivo in terrazza con ≤ mare » – P. 🅂 ⓜⓒ VISA U
marzo-novembre; chiuso a mezzogiorno e mercoledì escluso da giugno a settembre – **Pasto** carta 40/65000.

a Citara *Sud : 2,5 km* – ✉ *80075 Forio :*

Providence ⛰, via Giovanni Mazzella 1 ☎ 081 997477, *Fax 081 998007*, ≤, « Terrazz solarium con ⛰ termale », ⬜, ⚕ – |‡| ☎ P. ✗ U
aprile-ottobre – **Pasto** carta 30/50000 – ☐ 15000 – **69 cam** 95/145000 – ½ P 115/12500

Capizzo, via Provinciale Panza 161 ☎ 081 907168, *Fax 081 909019*, ≤, « Terrazza con termale » – TV ☎ P. 🅂 ⓜⓒ VISA. ✗ U
15 aprile-ottobre – **Pasto** (solo per alloggiati) 40000 – **34 cam** ☐ 140/210000 ½ P 130000.

Il Melograno, via Giovanni Mazzella 110 ☎ 081 998450, *Fax 081 5071984*, Coperti limita prenotare, « Servizio estivo all'aperto » – P. AE 🅂 ⓜⓒ VISA U
chiuso sino al 15 marzo – **Pasto** carta 65/100000.

a Cuotto *Sud : 3 km* – ✉ *80075 Forio :*

Hotel Paradiso Terme e Garden Resort ⛰, via San Giuseppe 10 ☎ 081 90701 *Fax 081 907913*, ⛱, « ⛰ termale in terrazza-solarium con ≤ mare », Lб, ≘s, ⬜, ⛱, ✗ ⚕ – |‡| ▤ TV ☎ P. 🅂 ⓜⓒ VISA. ✗ rist U
aprile-ottobre – **Pasto** (solo per alloggiati) – ☐ 20000 – **48 cam** 140/240000 – ½ P 18 200000.

a Panza *Sud : 4,5 km – alt. 155* – ✉ *80070 :*

Da Leopoldo, via Scannella 12 (Ovest : 0,5 km) ☎ 081 907086, ≤, Rist. e pizzeria, « Serv zio estivo in terrazza panoramica » – P. 🅂 ⓞ ⓜⓒ VISA U
marzo-novembre; chiuso a mezzogiorno (escluso domenica) – **Pasto** carta 35/5500 (10%).

Ischia 988 ㉗, 431 E 23 – *17 959 ab.* – ✉ *80077 Porto d'Ischia.*

Vedere *Castello*★★.

ℹ *via Jasolino* ☎ *081 5074231*

Gd H. Punta Molino Terme ⛰, lungomare Cristoforo Colombo 23 ☎ 081 991544 *Fax 081 991562*, ≤ mare, ⛱, « Parco-pineta e terrazza fiorita con ⛰ termale », Lб, ≘s ⬜, ⛺, ✗, ⚕ – |‡| ▤ TV ☎ P – 🔔 150. AE 🅂 ⓞ ⓜⓒ VISA. ✗ X
15 aprile-22 ottobre – **Pasto** carta 85/125000 – **90 cam** ☐ 360/650000, 2 appartamenti ½ P 345000.

Grand Hotel Excelsior ⛰, via Emanuele Gianturco 19 ☎ 081 991020, *Fax 081 98410* ≤, ⛱, « Parco-pineta con ⛰ riscaldata », Lб, ⬜, ⛺, ⚕ – |‡| ▤ TV ☎ P. AE 🅂 ⓞ ⓜⓒ VISA ✗ X
21 aprile-28 ottobre – **Pasto** (solo per alloggiati) 80/100000 – ☐ 35000 – **85 cam** 290 1000000 – ½ P 200/550000.

Miramare e Castello, via Pontano 9 ☎ 081 991333, *Fax 081 984572,* ≤, Fö, ≘s, ⊠, ▲ – ▤ 📺 ☎ ♿ 🅿. AE 🅢 ⓞ ⓜ VISA. ✻ X r
15 maggio-17 ottobre – **Pasto** carta 85/100000 – **43 cam** ☐ 300/660000 – ½ P 370000.

Continental Terme, via Michele Mazzella 74 ☎ 081 991588, *Fax 081 982929,* « Giardino fiorito con ⛱ riscaldate », Fö, ≘s, ⊠, ✻, ✻ – |☰| ▤ 📺 ☎ 🅿 – 🏛 450. AE 🅢 ⓞ ⓜ VISA JCB. ✻ rist U e
marzo-ottobre – **Pasto** 50/65000 – ☐ 25000 – **244 cam** 175/290000 – ½ P 160/180000.

Il Moresco ✻, via Emanuele Gianturco 16 ☎ 081 981355, *Fax 081 992338,* ≤, ✻, « Giardino con ⛱ », ⊠, ✻ – |☰| ▤ 📺 ☎. AE 🅢 ⓞ ⓜ VISA JCB. ✻ X c
15 aprile-28 ottobre – **Pasto** carta 75/120000 – **72 cam** ☐ 320/680000 – ½ P 250/380000.

Hermitage e Park Terme ✻, via Leonardo Mazzella 68 ☎ 081 984242, *Fax 081 983506,* « Terrazze-giardino con ⛱ termale », Fö, ✻, ✻ – |☰| 📺 ☎ 🅿. AE 🅢 ⓞ ⓜ VISA. ✻ X y
aprile-ottobre – **Pasto** (solo per alloggiati) 70/100000 – **104 cam** ☐ 230/410000 – ½ P 240000.

Regina Palace Terme, via Cortese 18 ☎ 081 991344, *Fax 081 983597,* « Giardino con ⛱ riscaldata », ⊠, ✻ – |☰| ▤ 📺 ☎ 🅿 – 🏛 120. AE 🅢 ⓞ ⓜ VISA JCB. ✻ X p
chiuso gennaio e febbraio – **Pasto** 60000 – **63 cam** ☐ 220/380000 – ½ P 270000.

La Villarosa ✻, via Giacinto Gigante 5 ☎ 081 991316, *Fax 081 992425,* ✻, « Piccolo parco ombreggiato con ⛱ termale », ✻ – |☰| 📺 ☎. AE 🅢 ⓞ ⓜ VISA. ✻ rist VX w
aprile-ottobre – **Pasto** (solo per alloggiati) carta 40/60000 – **37 cam** ☐ 160/280000, 5 appartamenti – ½ P 160/180000.

Floridiana Terme, corso Vittoria Colonna 185 ☎ 081 991014, *Fax 081 981014,* ⛱ termale, ⊠, ✻ – |☰| ▤ 📺 ☎ 🅿. AE 🅢 ⓜ VISA JCB. ✻ V b
15 aprile-28 ottobre – **Pasto** (solo per alloggiati) 60000 – **65 cam** ☐ 160/280000 – ½ P 180000.

Central Park Terme, via De Luca 6 ☎ 081 993517, *Fax 081 984215,* ⛱ termale, ✻, ✻ – |☰| ▤ 📺 ☎ ♿ 🅿. AE 🅢 ⓞ ⓜ VISA. ✻ X n
aprile-ottobre – **Pasto** 35/55000 – ☐ 25000 – **44 cam** 140/240000, ▤ 18000 – ½ P 195000.

Solemar Terme ✻, via Battistessa 49 ☎ 081 991822, *Fax 081 991047,* ≤, ⛱ termale, ▲, ✻ – |☰| 📺 ☎ 🅿. AE 🅢 ⓞ ⓜ VISA. ✻ rist V a
aprile-ottobre – **Pasto** (solo per alloggiati) 30/50000 – **78 cam** ☐ 200/350000 – ½ P 150/200000.

Le Querce ✻, via Baldassarre Cossa 29 ☎ 081 982378, *Fax 081 993261,* ≤ mare, ✻, « Terrazze-giardino con ⛱ riscaldata », ⊠ – 📺 ☎ 🅿 U f
stagionale – **54 cam**, 4 appartamenti.

Mare Blu, via Pontano 44 ☎ 081 982555, *Fax 081 982938,* ≤, ⛱ termale, ▲, ✻, ✻ – |☰| ▤ 📺 ☎ 🅿. AE 🅢 ⓞ ⓜ VISA. ✻ X r
23 aprile-24 ottobre – **Pasto** (solo per alloggiati) carta 60/80000 – **44 cam** ☐ 350/500000 – ½ P 240/290000.

Bellevue, via Morgioni 95 ☎ 081 991851, *Fax 081 982922,* ≘s, ⛱ termale, ⊠, ✻ – |☰| 📺 ☎. AE 🅢 ⓞ ⓜ VISA JCB. ✻ rist X v
15 marzo-ottobre – **Pasto** (solo per alloggiati) – ☐ 20000 – **55 cam** 80/150000 – ½ P 120/135000.

Villa Hermosa, via Osservatorio 4 ☎ 081 992078, *Fax 081 992078* – 📺 ☎. AE 🅢 ⓞ VISA. ✻ V f
aprile-dicembre – **Pasto** (solo per alloggiati) – ☐ 10000 – **20 cam** 100/150000 – ½ P 100/110000.

Damiano, via Nuova Circumvallazione ☎ 081 983032, ≤ mare – 🅢 ⓞ ⓜ VISA. ✻ X m
aprile-ottobre; chiuso a mezzogiorno escluso domenica – **Pasto** carta 65/115000 (10 %).

Lacco Ameno 431 E 23 – *4 286 ab.* – ✉ *80076*

Regina Isabella e Royal Sporting ✻, piazza Restituta 1 ☎ 081 994322, *Fax 081 900190,* ≤ mare, ✻, Fö, ≘s, ⛱ termale, ⊠, ▲, ✻, ✻, ✻ – |☰| ▤ 📺 ☎ 🅿 – 🏛 400. AE 🅢 ⓞ VISA. ✻ rist Z a
chiuso dal 9 gennaio al 31 marzo – **Pasto** 120000 – **134 cam** ☐ 540/1080000, 17 appartamenti – ½ P 520/620000.

San Montano ✻, via Montevico Nord-Ovest : 1,5 km ☎ 081 994033, *Fax 081 980242,* ≤ mare e costa, ✻, « Terrazze ombreggiate con ⛱ termale », ≘s, ✻, ✻ – |☰| ▤ 📺 ☎ 🅿. AE 🅢 ⓞ ⓜ VISA. ✻ Z b
15 aprile-29 ottobre – **Pasto** carta 80/100000 – **65 cam** ☐ 280/580000 – ½ P 330000.

Grazia, Sud : 1,5 km ☎ 081 994333, *Fax 081 994153*, ≤, « Terrazza solarium con termali », Fá, ⛱, ✂, ♀ – |‡| ▤ TV ☎ P – 🏔 50. AE 🅢 VISA. ✻ rist U
aprile-ottobre – **Pasto** (solo per alloggiati) carta 50/65000 – ☕ 13000 – **58 cam** 140/220 – ½ P 150/160000.

Villa Angelica, via 4 Novembre 28 ☎ 081 994524, *Fax 081 980184*, ⛱ termale, ⛱ – AE 🅢 ⓓ ⓜ VISA JCB. ✻ Z
24 dicembre-gennaio e 15 marzo-ottobre – **Pasto** (solo per alloggiati) 40000 – **20 ca** ☕ 110/180000 – ½ P 130000.

Sant'Angelo – ✉ *80070.*

Vedere *Serrara Fontana : ≤★★ su Sant'Angelo Nord : 5 km.*

Miramare, via Comandante Maddalena 29 ☎ 081 999219, *Fax 081 999325*, ≤ ma « A picco sul mare, servizio ristorante estivo in terrazza panoramica », ⛱, ✂ – TV ☎. ⓓ ⓜ VISA U
marzo-ottobre – **Pasto** carta 75/95000 – **55 cam** ☕ 190/330000 – ½ P 190/210000.

La Palma, via Comandante Maddalena 15 ☎ 081 999215, *Fax 081 999526*, ≤ ma « Terrazze fiorite » – TV ☎ P. AE 🅢 ⓓ ⓜ VISA. ✻ rist U
chiuso dall'10 gennaio al 31 marzo – **Pasto** carta 55/75000 – **43 cam** ☕ 115/21000 ½ P 180/190000.

Casa Celestino, via Chiaia di Rose 157 ☎ 081 999213, *Fax 081 999805*, ≤, ⛱ – ☎. ✻ rist U
Pasqua-ottobre – **Pasto** carta 40/65000 – **20 cam** ☕ 110/18000 – ½ P 140/150000.

Hotel Residence Sant'Angelo senza rist, via Cava Grado 31 ☎ 081 9077 *Fax 081 909297*, ≤ mare, ⛱ – ▤ ☎. 🅢 VISA. ✻ U
Natale e marzo-novembre – **16 cam** ☕ 115/190000.

Lo Scoglio, via Cava Ruffano ☎ 081 999529, ≤ mare, « Servizio estivo in terrazza panoramica » – AE 🅢 ⓓ ⓜ VISA U
aprile-novembre – **Pasto** carta 35/60000.

ISCHITELLA *71010 Foggia 431 B 29 – 4 285 ab. alt. 310 – a.s. luglio-13 settembre.*

Roma 385 – Foggia 100 – Bari 184 – Barletta 122 – Pescara 184.

a Isola Varano *Ovest : 15 km – ✉ 71010 Ischitella :*

Bally, viale Uria ☎ 0884 917552, *Fax 0884 917543*, ⛱, ✂ – |‡|, ▤ rist, ☎ P
stagionale – **39 cam.**

ISEO *25049 Brescia 988 ③ ④, 428, 429 F 12 – 8 338 ab. alt. 198 – a.s. Pasqua e luglio-15 settemb*

Vedere *Lago★.*

Escursioni *Monte Isola★★ : ✻★★ dal santuario della Madonna della Ceriola (in battello).*

i lungolago Marconi 2/c ☎ 030 980209, Fax 030 981361.

Roma 581 – Brescia 22 – Bergamo 39 – Milano 80 – Sondrio 122 – Verona 96.

Ambra senza rist, porto Gabriele Rosa 2 ☎ 030 980130, *Fax 030 9821361*, ≤ – |‡| TV ☎. ⓜ VISA
☕ 15000 – **31 cam** 90/130000.

Il Paiolo, piazza Mazzini 9 ☎ 030 9821074 – ▤. AE 🅢 ⓜ VISA
chiuso dal 3 al 28 febbraio e martedì – **Pasto** carta 45/65000.

Al Castello, via Mirolte 53 ☎ 030 981285, *Fax 030 981285*, « Servizio estivo all'aperto » AE 🅢 ⓓ ⓜ VISA JCB
chiuso dal 14 al 29 febbraio, dal 14 al 31 agosto, lunedì sera e martedì, a mezzogiorn (escluso i giorni festivi) in luglio-agosto – **Pasto** carta 45/80000.

Il Volto, via Mirolte 33 ☎ 030 981462, *Fax 030 981874*, prenotare – ▤. 🅢 ⓜ VISA. ✻
chiuso dal 25 gennaio al 10 febbraio, dal 25 luglio al 10 agosto, mercoledì e giovedì mezzogiorno – **Pasto** carta 55/90000
Spec. Sfogliatina di patate e caviale. Insalata di orzo, ostriche e salmerino (primaver autunno). Insalata di piccione, salsa al fegato d'oca.

sulla strada provinciale per Polaveno :

I Due Roccoli, via Silvio Bonomelli Est : 6 km ✉ 25049 ☎ 030 982297 *Fax 030 9822980*, ≤ lago e colline, ⛱, « Elegante residenza di campagna con parco », ⛱ ✂ – |‡| TV ☎ P – 🏔 120. AE 🅢 ⓓ ⓜ VISA. ✻ rist
15 marzo-ottobre – **Pasto** carta 60/85000 – ☕ 16000 – **13 cam** 185/230000 – ½ P 16 175000.

Ginepro, via Silvio Bonomelli 73 (Est : 5 km) ✉ 25049 ☎ 030 9822972, « Servizio estivo terrazza panoramica » – P. 🅢 ⓜ VISA JCB. ✻
chiuso dal 6 gennaio al 13 febbraio, lunedì sera e martedì – **Pasto** carta 50/80000.

ISERNIA *86170* P 988 ㉗, 430 R 24, 431 C 24 – *21 000 ab. alt. 457.*

via Farinacci 9 ✆ 0865 3992, Fax 0865 50771.

A.C.I. *strada statale 17 38/40 ✆ 0865 50732.*

Roma 177 – Campobasso 50 – Avezzano 130 – Benevento 82 – Latina 149 – Napoli 111 – Pescara 147.

Grand Hotel Europa, strada statale per Campobasso (svincolo Isernia Nord) ✆ 0865 411450, *Fax 0865 413243* – 210. AE VISA. Pasto al Rist. ***Pantagruel*** carta 30/60000 – **67 cam** 160000, 6 appartamenti – ½ P 140000.

La Tequila, via San Lazzaro 85 (per strada statale 17 Nord : 1 km) ✆ 0865 412345, *Fax 0865 412345,* – 700 **69 cam**, appartamento.

a Pesche *Est : 3 km – ✉ 86090 :*

Santa Maria del Bagno, viale S. Maria del Bagno 1 ✆ 0865 460136, *Fax 0865 460129* – AE VISA. Pasto *(chiuso lunedì)* carta 30/45000 – 12000 – **42 cam** 70/95000 – ½ P 70/80000.

ISIATA *Venezia – Vedere San Donà di Piave.*

IS MOLAS *Cagliari – Vedere Sardegna (Pula) alla fine dell'elenco alfabetico.*

ISOLA... ISOLE *Vedere nome proprio della o delle isole.*

ISOLA COMACINA *Como* 219 ⑨ – *alt. 213 – ✉ 22010 Sala Comacina- Da Sala Comacina 5 mn di barca.*

XX **Locanda dell'Isola,** ✆ 0344 55083, *Fax 0344 57022*, ≤, , prenotare, « Su un isolotto disabitato; servizio e menu tipici » *marzo-novembre; chiuso martedì escluso dal 15 giugno al 15 settembre* – **Pasto** 95000 bc.

ISOLA D'ASTI *14057 Asti* 428 H 6 – *2 012 ab. alt. 245.*

Roma 623 – Torino 72 – Asti 10 – Genova 124 – Milano 130.

sulla strada statale 231 *Sud-Ovest : 2 km :*

XXX **Il Cascinalenuovo** con cam, statale Asti-Alba 15 ✉ 14057 ✆ 0141 958166, *Fax 0141 958828,* , prenotare, – AE VISA. *chiuso dal 1° al 15 gennaio e dal 10 al 22 agosto* – **Pasto** *(chiuso domenica sera, lunedì e in giugno-agosto anche a mezzogiorno)* 80/100000 (solo nei veek-end e i giorni festivi) carta 70/110000 (solo nei giorni feriali) – 20000 – **13 cam** 200000 – ½ P 200000

Spec. Terrina di melanzane e peperoni rossi con formaggetta e pesto di basilico (estate). Tajarin con rag' di fegatelli di piccione e tartufo d'Alba (autunno). Rolata di filetto d'agnello alle melanzane e menta (primavera-estate).

ISOLA DEL GRAN SASSO D'ITALIA *64045 Teramo* 988 ㉖, 430 O 22 – *4 983 ab. alt. 415.*

Escursioni *Gran Sasso*★★ *Sud-Ovest : 6 km.*

Roma 190 – L'Aquila 64 – Pescara 69 – Teramo 30.

X **Insula,** borgo San Leonardo 78 ✆ 0861 976202, *Fax 0861 976202,* ≤ – VISA. *chiuso lunedì* – **Pasto** carta 30/50000.

a San Gabriele dell'Addolorata *Nord : 1 km – ✉ 64048 :*

Paradiso, via San Gabriele ✆ 0861 975864, *Fax 0861 975864* – , rist, AE VISA. Pasto carta 30/40000 – **30 cam** 80/110000 – ½ P 60/80000.

ISOLA DELLA SCALA *37063 Verona* 988 ④, 428, 429 G 15 – *10 243 ab. alt. 31.*

Roma 497 – Verona 19 – Ferrara 83 – Mantova 34 – Milano 168 – Modena 83 – Venezia 131.

a Gabbia *Sud-Est : 6 km – ✉ 37063 Isola della Scala :*

XXX **Gabbia d'Oro,** ✆ 045 7330020, *Fax 045 7330020,* , Coperti limitati; prenotare – P. VISA. *chiuso martedì, mercoledì, dal 1° al 18 gennaio e dal 1° al 20 agosto* – **Pasto** carta 80/115000.

ISOLA DEL LIRI *03036 Frosinone 988 ㉖ ㉗, 430 Q 22 – 12 768 ab. alt. 217.*

Dintorni *Abbazia di Casamari★★ Ovest : 9 km.*

Roma 107 – Frosinone 23 – Avezzano 62 – Isernia 91 – Napoli 135.

Scala, piazza De' Boncompagni ✆ 0776 808384, *Fax 0776 808384* – TV ☎. AE VISA.
Pasto vedere rist ***Scala alla Cascata*** – ☕ 5000 – **11 cam** 50/80000 – ½ P 70000.

Ratafià, vicolo Calderone 8 ✆ 0776 808033, Coperti limitati; prenotare – AE VISA.
chiuso lunedì – **Pasto** 40000 e carta 35/60000.

Scala alla Cascata, piazza Gregorio VII ✆ 0776 808100, – AE VISA.
chiuso mercoledì escluso da giugno a settembre – **Pasto** carta 30/50000.

ISOLA DI CAPO RIZZUTO *88841 Crotone 988 ㊵, 431 K 33 – 12 768 ab. alt. 196.*

Roma 612 – Cosenza 125 – Catanzaro 58 – Crotone 17.

a Le Castella *Sud-Ovest : 10 km – ✉ 88841 Isola di Capo Rizzuto :*

Da Annibale, ✆ 0962 795004, *Fax 0962 795384,* – cam, TV ☎ P – 7
AE VISA JCB.
Pasto carta 55/75000 – **20 cam** ☕ 140/160000 – ½ P 125/140000.

ISOLA RIZZA *37050 Verona 429 G 15 – 2 722 ab. alt. 23.*

Roma 487 – Verona 27 – Ferrara 91 – Mantova 55 – Padova 84.

Perbellini, via Muselle 11 ✆ 045 7135352, *Fax 045 7103727,* prenotare – P. AE
VISA
chiuso agosto, domenica sera e lunedì – **Pasto** 70000 (solo a mezzogiorno escluso sabato domenica) 110000 e carta 95/150000
Spec. Antipasto "sapori e colori del mare" di pesci e crostacei. Risotto mantecato co bruscandoli e scampi (primavera). Genoise calda al cioccolato con salsa all'arancio e gelat allo zenzero.

ISOLA SUPERIORE (dei Pescatori) *Novara 219 ⑦ – Vedere Borromee (Isole).*

ISOLA VARANO *Foggia – Vedere Ischitella.*

ISSENGO (ISSENG) *Bolzano – Vedere Falzes.*

ISSOGNE *11020 Aosta 428 F 5 G. Italia – 1 343 ab. alt. 387.*

Vedere *Castello★.*

Roma 713 – Aosta 41 – Milano 151 – Torino 80.

Al Maniero, frazione Pied de Ville 58 ✆ 0125 929219, *Fax 0125 929219,* – P. AE
VISA.
chiuso lunedì escluso dal 15 luglio ad agosto – **Pasto** carta 35/55000.

ISTIA D'OMBRONE *58040 Grosseto 430 N 15 – alt. 39.*

Roma 190 – Grosseto 7 – Perugia 178.

Terzo Cerchio, piazza del Castello 2 ✆ 0564 409235, prenotare – AE VISA
chiuso novembre e lunedì – **Pasto** cucina tipica maremmana 60/80000 e carta 40/85000.

ITRI *04020 Latina 988 ㉖ ㉗, 430 S 22 – 8 911 ab. alt. 170.*

Roma 144 – Frosinone 65 – Latina 69 – Napoli 77.

Il Grottone con cam, corso Vittorio Emanuele II ✆ 0771 727014, *Fax 0771 728189* –
TV ☎. AE VISA.
Pasto carta 35/50000 – ☕ 7500 – **8 cam** 50/80000 – ½ P 80000.

IVREA *10015 Torino 988 ②, 428 F 5 G. Italia – 24 530 ab. alt. 267.*

corso Vercelli 1 ✆ 0125 618131, Fax 0125 618140.

A.C.I. *via dei Mulini 3 ✆ 0125 641375.*

Roma 683 – Aosta 68 – Torino 49 – Breuil-Cervinia 74 – Milano 115 – Novara 69 – Vercelli 50

La Serra, corso Carlo Botta 30 ✆ 0125 44341 e rist ✆ 0125 49507, *Fax 0125 49313,* « Re perti archeologici romani », – TV ☎ P – 400
55 cam, 7 appartamenti.

a **Banchette d'Ivrea** *Ovest : 2 km – ✉ 10010 :*

Ritz senza rist, via Castellamonte 45 ✆ 0125 611200, *Fax 0125 611323* – 60. AE ① ⓪ MC VISA
57 cam ☕ 130/180000.

al **lago Sirio** *Nord : 2 km :*

Sirio, via lago Sirio 85 ✉ 10015 ✆ 0125 424247, *Fax 0125 48980*, ← – 40. AE ① ⓪ MC VISA
Pasto *(chiuso dal 1° al 16 gennaio, dal 1° al 17 settembre e domenica)* carta 60/75000 – **53 cam** ☕ 130/160000 – ½ P 115/125000.

a **San Bernardo** *Sud : 3 km – ✉ 10090 :*

La Villa senza rist, via Torino 334 ✆ 0125 631697, *Fax 0125 631950* – AE ① ⓪ MC VISA
☕ 15000 – **22 cam** 100/125000, 10000.

JESI *60035 Ancona* 988 ⑯, 430 L 21 *G. Italia – 39 163 ab. alt. 96.*
Vedere *Palazzo della Signoria★ – Pinacoteca★.*
Roma 260 – Ancona 32 – Gubbio 80 – Macerata 41 – Perugia 116 – Pesaro 72.

Federico II, via Ancona 100 ✆ 0731 211079 e rist ✆ 0731 211084, *Fax 0731 57221*, ← – 250. AE ① ⓪ MC VISA. rist
Pasto carta 55/85000 – **108 cam** ☕ 210/310000, 16 appartamenti – ½ P 250000.

Mariani senza rist, via Orfanotrofio 10 ✆ 0731 207286, *Fax 0731 200011* – AE ① ⓪ MC VISA.
33 cam ☕ 95/130000.

Italia con cam, viale Trieste 28 ✆ 0731 4844, *Fax 0731 59004* – ① MC VISA.
Pasto *(chiuso dal 24 dicembre al 1° gennaio, dal 10 al 25 agosto e domencia)* specialità di mare carta 55/85000 – **13 cam** ☕ 120/180000 – ½ P 120000.

Tana Libera Tutti, piazza Baccio Pontelli 1 ✆ 0731 59237, *Fax 0731 59237*, prenotare – AE ① ⓪ MC VISA
chiuso domenica – **Pasto** carta 50/75000.

JESOLO *30016 Venezia* 988 ⑤, 429 F 19 – *22 329 ab. – luglio-settembre.*
Roma 560 – Venezia 41 – Belluno 106 – Milano 299 – Padova 69 – Treviso 50 – Trieste 125 – Udine 94.

Da Guido, via Roma Sinistra 25 ✆ 0421 350380, *Fax 0421 350380* – AE ① ⓪ MC VISA.
chiuso dal 15 dicembre al 15 gennaio, lunedì e martedì a mezzogiorno – **Pasto** carta 55/85000.

Al Ponte de Fero-da Graziano, via Colombo 1 ✆ 0421 350785, *Fax 0421 350645* – AE ① ⓪ MC VISA
*chiuso dal 7 gennaio a febbraio e lunedì***Pasto** carta 35/65000.

KALTENBRUNN = *Fontanefredde.*

KALTERN AN DER WEINSTRASSE = *Caldaro sulla Strada del Vino.*

KARERPASS = *Costalunga (Passo di).*

KARERSEE = *Carezza al Lago.*

KASTELBELL TSCHARS = *Castelbello Ciardes.*

KASTELRUTH = *Castelrotto.*

KIENS = *Chienes.*

KLAUSEN = *Chiusa.*

KREUZBERGPASS = *Monte Croce di Comelico (Passo).*

KURTATSCH AN DER WEINSTRASSE = *Cortaccia sulla Strada del Vino.*

LABICO *00030 Roma* 430 Q 20 – *3 264 ab. alt. 319.*
Roma 39 – Avezzano 116 – Frosinone 44 – Latina 50 – Tivoli 41.

XXX ✿ **Antonello Colonna,** via Roma 89 ℘ 06 9510032, *Fax 06 9511000*, Coperti limitati; pr notare – ▤. AE ⓢ ⓓ ⓜ VISA JCB
chiuso agosto, domenica sera e lunedì – **Pasto** carta 85/155000
Spec. Sformato di verze con lardo rosa e tartufo nero (inverno). Ravioli di caciotta, noc nocciole in salsa di piselli (maggio-giugno). Spalla di capretto alla mentuccia e pecorino.

LA CALETTA *Nuoro* 433 F 11 – *Vedere Sardegna (Siniscola) alla fine dell'elenco alfabetico.*

LACCO AMENO *Napoli* 431 E 23 – *Vedere Ischia (Isola d').*

LACES (LATSCH) *39021 Bolzano* 428, 429 C 14, 218 ⑲ – *4 771 ab. alt. 639.*
ℹ *piazza Principale ℘ 0473 623109, Fax 0473 622042.*
Roma 692 – Bolzano 54 – Merano 26 – Milano 352.

Paradies ⚲, via Sorgenti 12 ℘ 0473 622225, *Fax 0473 622228*, ←, Centro benesser « Giardino-ombreggiato », 🏋, ≘s, ⛱, 🎾 – 🛗, ▤ rist, TV ☎ P. ⓢ ⓜ VISA. ✂
aprile-5 novembre – **Pasto** carta 55/80000 – **35 cam** ☕ 155/275000, 7 appartamenti ½ P 165/180000.

LADISPOLI *00055 Roma* 988 ㉕, 430 Q 18 – *25 135 ab. – a.s. 15 giugno-agosto.*
Dintorni *Cerveteri : necropoli della Banditaccia★★ Nord : 7 km.*
ℹ *via Bracciano 11 ℘ 06 9913049.*
Roma 39 – Civitavecchia 34 – Ostia Antica 43 – Tarquinia 53 – Viterbo 79.

La Posta Vecchia ⚲, località Palo Laziale Sud : 2 km ℘ 06 9949501, *Fax 06 9949507*, « Dimora del 17° secolo in riva al mare con parco », ⛱, 🏖 – 🛗 ▤ TV ☎ P – 🎤 50. AE ⓓ ⓜ VISA. ✂
21 marzo-ottobre – **Pasto** (solo su prenotazione) carta 120/140000 – **12 cam** ☕ 99000 8 appartamenti 1550/2380000.

XX **Sora Olga,** via Odescalchi 99 ℘ 06 99222006, Rist. e pizzeria – ▤. AE ⓢ ⓓ VISA. ✂
chiuso mercoledì escluso da giugno a settembre – **Pasto** carta 50/80000.

LAGLIO *22010 Como* 428 E 9, 219 ⑨ – *895 ab. alt. 202.*
Roma 638 – Como 13 – Lugano 41 – Menaggio 22 – Milano 61.

Plinio au Lac, via Regina 101 ℘ 031 401271, *Fax 031 401278*, ←, 🏛, ≘s – 🛗 TV ☎
stagionale – **17 cam**, appartamento.

LAGO *Vedere nome proprio del lago.*

LAGOLO *38072 Trento* 429 D 15 – *alt. 936.*
Roma 600 – Trento 28 – Bolzano 85 – Brescia 120 – Milano 213.

Floriani ⚲, via Lago 2 ℘ 0461 564241, *Fax 0461 563156*, ←, « In riva al lago » – 🛗, ▤ ris TV ☎ P. AE ⓢ ⓓ ⓜ VISA. ✂
chiuso da novembre al 15 dicembre – **Pasto** *(chiuso martedì, da gennaio a marzo apert venerdì-sabato-domenica)* carta 45/65000 – **20 cam** ☕ 85/180000, appartamento ½ P 85000.

LAGO MAGGIORE o VERBANO *Novara, Varese e Cantone Ticino* 988 ② ③, 428 E 7 *G. Italia.*

LAGONEGRO *85042 Potenza* 988 ㉘ ㊳, 431 G 29 – *6 164 ab. alt. 666.*
Roma 384 – Potenza 111 – Cosenza 138 – Salerno 127.

San Nicola, piazza della Repubblica ℘ 0973 41230, *Fax 0973 41230* – 🛗 ▤ TV ☎ 🚗 P AE ⓢ ⓓ ⓜ VISA. ✂
Pasto carta 30/45000 – ☕ 10000 – **48 cam** 65/100000, appartamento – ½ P 80000.

in prossimità casello autostrada A 3 - Lagonegro Sud *Nord : 3 km :*

Midi, viale Colombo 76 ✉ 85042 ℘ 0973 41188, *Fax 0973 41186*, 🎾 – 🛗 TV ☎ 🚗 P – 🎤 250. AE ⓢ ⓓ ⓜ VISA. ✂
Pasto carta 25/45000 – ☕ 7000 – **36 cam** 60/95000 – ½ P 80000.

LAGUNDO (ALGUND) *39022 Bolzano 429 B 15, 218 ⑩ – 4 050 ab. alt. 400.*

via Vecchia 33/b ✆ 0473 448600, Fax 0473 448917.
Roma 667 – Bolzano 30 – Merano 2 – Milano 328.

Pianta: Vedere Merano.

Wiesenhof, via Weingartner 16 ✆ 0473 446677, *Fax 0473 220896*, « Giardino con », , – ⚿ ☎ P *stagionale* – **34 cam.** A f

Algunderhof, via Strada Vecchia 54 ✆ 0473 448558, *Fax 0473 447311*, ≤, « Giardino con riscaldata » – ☎ P. AE VISA JCB. ✻ rist A a
26 marzo-25 novembre – **Pasto** 45/60000 – **27 cam** 150/260000, 2 appartamenti – 1/2 P 170000.

Ludwigshof, via Breitofen 9/A ✆ 0473 220355, *Fax 0473 220420*, ≤, « Giardino », , – ☎ P. ✻ rist A b
marzo-5 novembre – **Pasto** (solo per alloggiati e *chiuso a mezzogiorno*) – **16 cam** 95/150000 – 1/2 P 95/105000.

LAIGUEGLIA *17053 Savona 988 ⑫, 428 K 6 – 2 307 ab..*

via Roma 150 ✆ 0182 690059, Fax 0182 699191.
Roma 600 – Imperia 19 – Genova 101 – Milano 224 – San Remo 44 – Savona 55.

Splendid, piazza Badarò 3 ✆ 0182 690325, *Fax 0182 690894*, , – , rist, ☎ P. AE VISA. ✻
Pasqua-settembre – **Pasto** 55000 – **48 cam** 110/240000 – 1/2 P 100/150000.

Mediterraneo, via Andrea Doria 18 ✆ 0182 690240, *Fax 0182 499739* – ☎ P. VISA. ✻ rist
chiuso dal 15 ottobre al 22 dicembre – **Pasto** 30/40000 – 15000 – **32 cam** 90/130000 – 1/2 P 120000.

Mambo, via Asti 5 ✆ 0182 690122, *Fax 0182 690907* – ☎ P. ✻ rist
chiuso da ottobre al 20 dicembre – **Pasto** carta 35/55000 – **23 cam** 80/120000 – 1/2 P 70/95000.

XX **Vascello Fantasma,** piazza Musso ✆ 0182 499897, *Fax 0182 690847*, – AE VISA JCB. ✻
chiuso a mezzogiorno (escluso sabato-domenica) dal 15 giugno al 15 settembre, lunedì negli altri mesi – **Pasto** carta 70/105000.

XX **Baiadelsole,** piazza Cavour 8 ✆ 0182 690019, *Fax 0182 690237*, prenotare, « Servizio estivo in terrazza sul mare » – AE VISA
24 dicembre-10 gennaio e 15 febbraio-settembre; dal 15 febbraio al 15 giugno chiuso lunedì, martedì e a mezzogiorno (escluso sabato-domenica) – **Pasto** carta 55/85000.

LAINO BORGO *87014 Cosenza – 2 360 ab. alt. 250.*

Roma 445 – Cosenza 115 – Potenza 131 – Lagonegro 54 – Mormanno 17 – Sala Consilina 94 – Salerno 185.

X **Chiar di Luna,** località Cappelle ✆ 0981 82550, *Fax 0981 82797*, , – P. AE VISA JCB. ✻
chiuso dal 5 al 15 novembre e martedì – **Pasto** carta 30/50000.

LAIVES (LEIFERS) *39055 Bolzano 429 C 16, 218 ⑳ – 14 751 ab. alt. 257.*

Roma 634 – Bolzano 8 – Milano 291 – Trento 52.

Rotwand, via Gamper 2 (Nord-Est : 2 km) ✉ 39050 Pineta di Laives ✆ 0471 954512, *Fax 0471 954295*, ≤, , – ☎ P. VISA
chiuso dal 4 gennaio al 4 febbraio – **Pasto** *(chiuso lunedì)* carta 35/75000 – **35 cam** 90/150000 – 1/2 P 75/90000.

LALLIO *24040 Bergamo 428 E 11 – 3 284 ab. alt. 216.*

Roma 576 – Bergamo 7 – Lecco 34 – Milano 44 – Piacenza 105.

Donizetti M senza rist, via Aldo Moro ✆ 035 201227, *Fax 035 691361* – ☎ – 80. AE VISA JCB. ✻
30 cam 300/385000.

LAMA *Taranto 431 F 33 – Vedere Taranto.*

Leggete attentamente l'introduzione : è la « chiave » della guida.

LA MAGDELEINE *Aosta* 428 E 4, 219 ③ – *97 ab. alt. 1 640* – ✉ *11020 Antey Saint André* – *Pasqua, luglio-agosto e Natale.*
Roma 738 – Aosta 44 – Breuil-Cervinia 28 – Milano 174 – Torino 103.

X **Miravidi,** località Artaz ☎ 0166 548259, *Fax 0166 548627,* ≤ vallata, – P. AE S ⓓ VISA.
chiuso novembre – **Pasto** carta 35/55000.

LAMA MOCOGNO *41023 Modena* 428, 429, 430 J 14 – *3 030 ab. alt. 812.*
Roma 382 – Bologna 88 – Modena 58 – Pistoia 76.

X **Vecchia Lama,** via XXIV Maggio 11 ☎ 0536 44662 – AE S ⓓ MC VISA.
chiuso lunedì – **Pasto** carta 35/45000.

LAMEZIA TERME *88046 Catanzaro* 431 K 30 – *71 754 ab. alt. 210 (frazione Nicastro).*
a Sant'Eufemia Lamezia ☎ 0968 51766 – Alitalia, via Aeroporto 1, ✉ 88040 ☎ 09 51641, Fax 0968 53687.
Roma 580 – Cosenza 66 – Catanzaro 44.

a Nicastro – ✉ *88046* :

Savant, via Manfredi 8 ☎ 0968 26161, *Fax 0968 26161* – – 100. AE S MC VISA.
Pasto carta 35/70000 – **67 cam** 140/180000, 2 appartamenti – ½ P 85/105000.

X **Da Enzo,** via Generale Dalla Chiesa ☎ 0968 23349 – P. AE S MC VISA.
chiuso dal 24 dicembre al 6 gennaio, dal 10 al 25 agosto, sabato sera e domenica – **Pas** carta 30/50000.

Dans ce guide
un même symbole, un même mot,
imprimé en rouge ou en **noir**, en maigre ou en ***gras***,
n'ont pas tout à fait la même signification.
Lisez attentivement les pages explicatives.

LA MORRA *12064 Cuneo* 428 I 5 – *2 599 ab. alt. 513.*
Roma 631 – Cuneo 62 – Asti 45 – Milano 171 – Torino 63.

XX **Belvedere,** piazza Castello 5 ☎ 0173 50190, *Fax 0173 509580,* ≤ – 100. AE S ⓓ VISA.
chiuso gennaio, febbraio, dal 23 al 31 luglio, domenica sera e lunedì – **Pasto** carta 5 85000.

XX **Bel Sit,** via Alba 17/bis ☎ 0173 50350, *Fax 0173 500900,* ≤ colli e vigneti, – P. AE S MC VISA
chiuso dal 2 al 15 gennaio, dal 26 giugno al 9 luglio, lunedì sera e martedì – **Pasto** car 40/85000.

LAMPEDUSA (Isola di) *Agrigento* 432 U 19 – *Vedere Sicilia alla fine dell'elenco alfabetico.*

LANA *Bolzano* 988 ④, 429 C 15 – *9 285 ab. alt. 289* – ✉ *39011 Lana d'Adige* – *Sport invernali : a Sa Vigilio : 1 485/1 839 m 1 19,*
☎ 0473 564696, Fax 0473 565399.
via Andreas Hofer 7/b ☎ 0473 561770, Fax 0473 561979.
Roma 661 – Bolzano 24 – Merano 9 – Milano 322 – Trento 82.

Eichhof, via Querce 4 ☎ 0473 561155, *Fax 0473 563710,* « Giardino ombreggiat con », , , – P. S MC VISA. rist
aprile-15 novembre – **Pasto** (solo per alloggiati) – **21 cam** 90/170000 – ½ P 125000.

Rebgut senza rist, via Brandis 3 (Sud : 2,5 km) ☎ 0473 561430, *Fax 0473 565108,* riscaldata, – P.
marzo-ottobre – **12 cam** 90/160000.

a San Vigilio (Vigiljoch) *Nord-Ovest : 5 mn di funivia – alt. 1 485* – ✉ *39011 Lana d'Adige* :

Monte San Vigilio-Berghotel Vigiljoch , ☎ 0473 561236, *Fax 0473 561731,* ≤ vallat e Dolomiti, , « Chalet di montagna con parco », riscaldata –
stagionale – **29 cam.**

a **Foiana** (Völlan) *Sud-Ovest : 5 km – alt. 696 – ✉ 39011 Lana d'Adige :*

Völlanerhof, via Prevosto Wieser 30 ☎ 0473 568033, *Fax 0473 568143*, ≤, « Giardino con riscaldata », – rist,
31 marzo-5 novembre – **Pasto** (solo per alloggiati) – **42 cam** 200/390000 – ½ P 215000.

Waldhof, via Mayenburg 32 ☎ 0473 568081, *Fax 0473 568142*, ≤ monti, « Parco e collezione di minerali », – rist,
stagionale – **20 cam**, 4 appartamenti.

Kirchsteiger con cam, via Prevosto Wieser 5 ☎ 0473 568044, *Fax 0473 568198*, ≤, – rist, VISA
chiuso dal 10 gennaio al 19 febbraio – **Pasto** *(chiuso giovedì)* carta 55/90000 – **7 cam** 70/130000 – ½ P 75/90000.

LANCIANO *66034 Chieti* 988 ㉗, 430 P 25 – *35 435 ab. alt. 283 – a.s. 20 giugno-agosto.*
Roma 199 – Pescara 51 – Chieti 48 – Isernia 113 – Napoli 213 – Termoli 73.

Excelsior, viale della Rimembranza 19 ☎ 0872 713013, *Fax 0872 712907* – – 100. VISA JCB. rist
Pasto *(chiuso venerdì)* carta 45/60000 – **70 cam** 150/200000, 4 appartamenti – ½ P 130000.

Anxanum senza rist, via San Francesco d'Assisi 8/10 ☎ 0872 715142, *Fax 0872 715142*, – – 100. VISA JCB
15000 – **42 cam** 140/160000.

Corona di Ferro, corso Roma 28 ☎ 0872 713029, *Fax 0872 713029*, , Coperti limitati; prenotare – VISA.
chiuso dal 7 al 14 gennaio, dal 1° al 15 agosto, domenica sera e lunedì – **Pasto** carta 40/60000.

Ribot, via Milano 58/60 ☎ 0872 712205, *Fax 0872 712205*, – VISA JCB
chiuso dal 20 al 30 dicembre, dal 20 luglio al 10 agosto e venerdì – **Pasto** carta 30/50000.

LANGHIRANO *43013 Parma* 988 ⑭, 428, 429, 430 I 12 – *8 223 ab. alt. 262.*
Roma 476 – Parma 23 – La Spezia 119 – Modena 81.

La Ghiandaia, località Berzola Sud : 3 km ☎ 0521 861059, *Fax 0521 861059*, ≤, prenotare la sera – VISA.
chiuso gennaio, lunedì e martedì a mezzogiorno – **Pasto** specialità di mare carta 45/75000.

a **Pilastro** *Nord : 9 km – alt. 176 – ✉ 43010 :*

Ai Tigli, via Parma 44 ☎ 0521 639006, *Fax 0521 637742*, – cam, – 100. VISA. rist
chiuso agosto – **Pasto** *(chiuso lunedì)* 30/60000 – 12000 – **40 cam** 95/155000 – ½ P 110000.

LANGTAUFERS = *Vallelunga.*

LANZADA *23020 Sondrio* 428, 429 D 11, 218 ⑮ – *1 459 ab. alt. 981.*
Roma 707 – Sondrio 16 – Bergamo 131 – Saint-Moritz 95.

a **Campo Franscia** *Nord-Est : 8 km – ✉ 23020 Lanzada :*

Fior di Roccia, ☎ 0342 453303, *Fax 0342 451008*, –
Pasto *(chiuso martedì)* carta 35/55000 – 10000 – **16 cam** 45/85000 – ½ P 65/70000.

LANZO D'INTELVI *22024 Como* 428 E 9, 219 ⑧ *G. Italia – 1 307 ab. alt. 907.*
Dintorni *Belvedere di Sighignola*★★★ : ≤ *sul lago di Lugano e le Alpi Sud-Ovest : 6 km.*
9 (aprile-5 novembre; chiuso lunedì) ☎ 031 839060, Fax 031 839060, Est : 1 km.
piazza Novi (palazzo Comunale) ☎ 031 840143.
Roma 653 – Como 30 – Argegno 15 – Menaggio 30 – Milano 83.

Milano, via Martino Novi 26 ☎ 031 840119, *Fax 031 841200*, « Giardino ombreggiato » – VISA. cam
chiuso novembre – **Pasto** *(chiuso mercoledì)* 30/40000 – 15000 – **30 cam** 80/140000 – ½ P 80/90000.

Belvedere, via Poletti 27 (Nord : 1,2 km) ☎ 031 840122, *Fax 031 842976*, ≤, –
33 cam.

Rondanino 🐎, via Rondanino 1 (Nord : 3 km) ☎ 031 839858, *Fax 031 839858*, ≤, « Servizio estivo in terrazza », 🚗 – 📺 P. AE 💳 MC VISA
Pasto *(chiuso mercoledì escluso dal 15 giugno al 15 settembre)* carta 35/65000 – ☕ 100 – **14 cam** 70/90000 – 1/2 P 75/85000.

LANZO TORINESE *10074 Torino* 988 ⑫, 428 G 4 – *5 125 ab. alt. 515.*
Roma 689 – Torino 28 – Aosta 131 – Ivrea 68 – Vercelli 94.

Trattoria del Mercato con cam, via Diaz 29 ☎ 0123 29320 e hotel ☎ 0123 320343 – ☎. 💳 MC VISA. ✗
chiuso dal 15 al 30 giugno – **Pasto** *(chiuso giovedì)* carta 40/55000 – **7 cam** ☕ 60/80000 1/2 P 60/65000.

LA PILA *Livorno* 430 N 12 – *Vedere Elba (Isola d') : Marina di Campo.*

L'AQUILA *67100* P 988 ㉖, 430 O 22 *G. Italia – 69 636 ab. alt. 721.*
Vedere *Basilica di San Bernardino*★★ Y – *Castello*★ Y : *museo Nazionale d'Abruzzo*★★ *Basilica di Santa Maria di Collemaggio*★ Z : *facciata*★★ – *Fontana delle 99 cannelle*★Z.
Dintorni *escursione al Gran Sasso*★★ *e itinerario al massiccio degli Abruzzi*★★★★★.
ℹ *piazza Santa Maria di Paganica 5* ☎ *0862 410808, Fax 0862 65442.*
A.C.I. *via Donadei 3* ☎ *0862 26028.*
Roma 119 ① – Napoli 242 ① – Pescara 105 ② – Terni 94 ①.

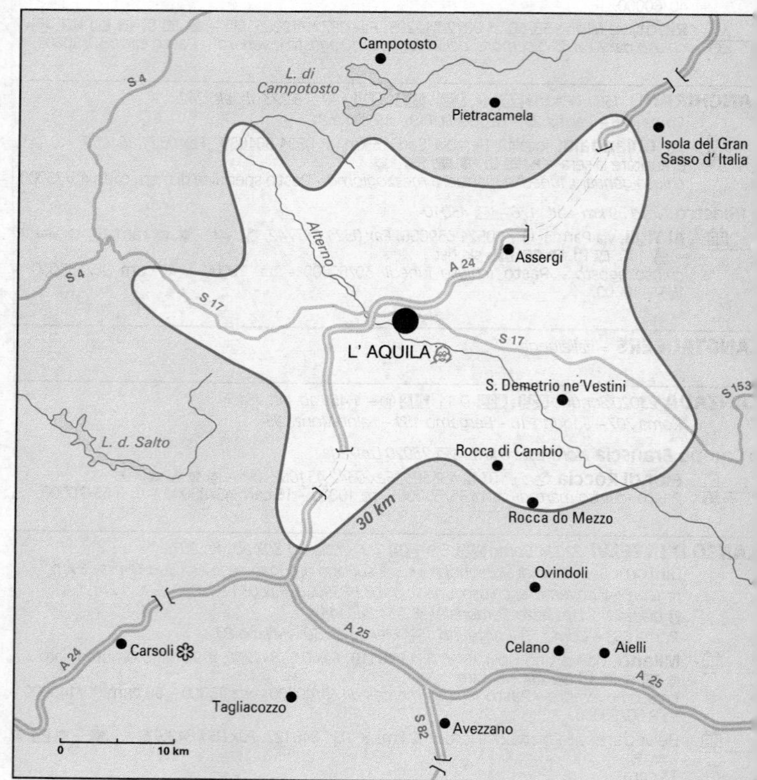

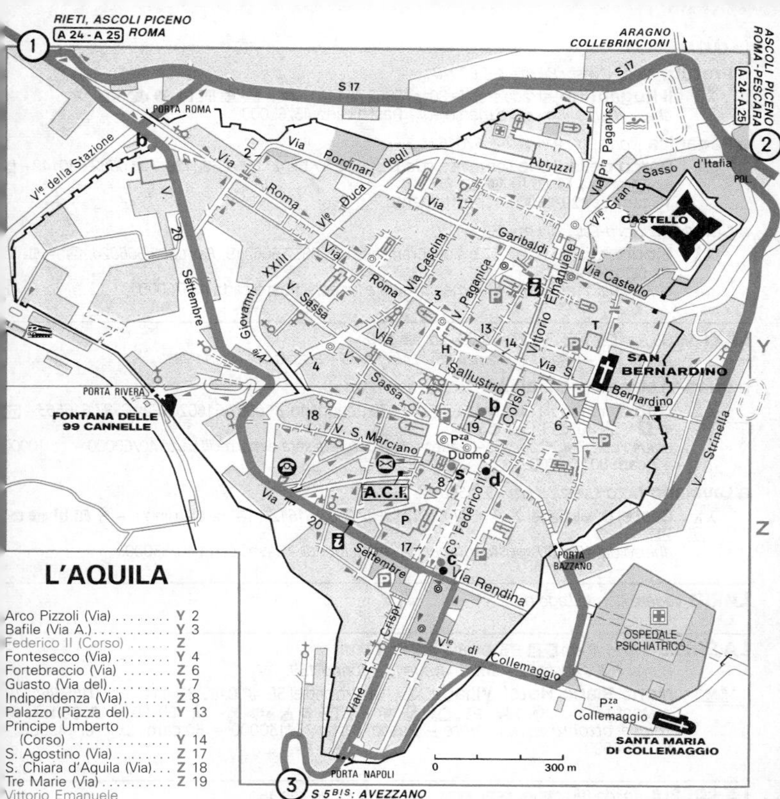

L'AQUILA

Arco Pizzoli (Via) . . . . Y 2
Bafile (Via A.) . . . . Y 3
Federico II (Corso) . . . . . . Z
Fontesecco (Via) . . . . Y 4
Fortebraccio (Via) . . . . Z 6
Guasto (Via del) . . . . Y 7
Indipendenza (Via) . . . . Z 8
Palazzo (Piazza del) . . . . . . Y 13
Principe Umberto (Corso) . . . . Y 14
S. Agostino (Via) . . . . Z 17
S. Chiara d'Aquila (Via) . . . Z 18
Tre Marie (Via) . . . . Z 19
Vittorio Emanuele (Corso) . . . . YZ

Grand Hotel e del Parco, corso Federico II 74 ✆ 0862 413248, *Fax 0862 65938*, – |♦| TV ☎ – 🏛 30. AE Ⓢ ⓓ ⓜ VISA — Z c
Pasto vedere rist ***La Grotta di Aligi*** – **36 cam** ☕ 135/210000 – ½ P 130/140000.

Duomo senza rist, via Dragonetti 10 ✆ 0862 410893, *Fax 0862 413058* – |♦| TV ☎. AE Ⓢ ⓓ ⓜ VISA. ⚡ — Z d
☕ 12000 – **28 cam** 95/150000.

Tre Marie, via Tre Marie 3 ✆ 0862 413191, « Caratteristico stile abruzzese » – Ⓢ ⓓ ⓜ VISA — Z b
chiuso 24 e 31 dicembre, domenica sera e lunedì (escluso agosto) – **Pasto** carta 50/65000 (15 %).

La Grotta di Aligi, viale Rendina 2 ✆ 0862 65260, *Fax 0862 65260* – ▤. AE Ⓢ ⓓ ⓜ VISA JCB. ⚡ — Z c
chiuso lunedì – **Pasto** carta 40/80000.

Antiche Mura, via XXV Aprile 2 ang. via XX Settembre ✆ 0862 62422, « Ambiente caratteristico » – P. Ⓢ ⓜ VISA. ⚡ — Y b
chiuso dal 23 al 29 dicembre e dal 10 al 20 agosto e domenica – **Pasto** cucina tipica aquilana carta 35/55000.

Renato, via Indipendenza 9 ✆ 0862 25596, *Fax 0862 25596* – AE Ⓢ ⓓ ⓜ VISA — s
chiuso dal 5 al 20 luglio e domenica – **Pasto** carta 35/55000.

sulla strada statale 17 *per ① : 2,5 km* Y :

Il Baco da Seta, località Centi Colella ✉ 67100 ✆ 0862 318217, ⛰, « In un antico casale », 🌳 – P
Pasto specialità di mare.

a Preturo *Nord-Ovest : 8 km – ✉ 67010 :*

XX **Il Rugantino,** strada statale 80 ✆ 0862 461401, – P. AE Ⓢ ⓓ ⓜ VISA. ✻
chiuso domenica sera e mercoledì – **Pasto** carta 45/65000.

a Paganica *Nord-Est : 9 km – ✉ 67016 :*

Parco delle Rose senza rist, strada statale 17 bis ✆ 0862 680128, *Fax 0862 680142* – TV ☎ P. AE Ⓢ ⓓ ⓜ VISA. ✻
16 cam ☕ 120/160000, appartamento.

a Camarda *Nord-Est : 14 km – ✉ 67010 :*

XX **Elodia,** strada statale 17 bis del Gran Sasso ✆ 0862 606219, *Fax 0862 606024*, – AE ⓓ ⓜ VISA. ✻
chiuso dal 1° al 15 luglio, domenica sera e lunedì – **Pasto** carta 45/75000.

LARI *56035 Pisa* 428, 430 L 13 – *8 034 ab. alt. 129.*
Roma 335 – Pisa 37 – Firenze 75 – Livorno 33 – Pistoia 59 – Siena 98.

a quattro strade di Lavaiano *Nord-Ovest : 6 km :*

XX **Lido** con cam, via Livornese 62 ✉ 56030 Perignano ✆ 0587 616020, *Fax 0587 616563* – ☎ P – 40. AE Ⓢ ⓓ ⓜ VISA
chiuso dal 1° al 20 agosto – **Pasto** *(chiuso lunedì sera e martedì)* carta 40/60000 – ☕ 1000 – **7 cam** 80/120000.

a Lavaiano *Nord-Ovest : 9 km – ✉ 56030 :*

XX **Castero,** via Galilei 2 ✆ 0587 616121, *Fax 0587 616121*, , « Giardino » – P. AE Ⓢ ⓓ ⓜ VISA
chiuso dal 15 al 30 agosto, domenica sera e lunedì – **Pasto** carta 40/65000.

LARIO *Vedere Como (Lago di).*

LA SALLE *11015 Aosta* 428 E 3 – *1 892 ab. alt. 1 001.*
Roma 763 – Aosta 22 – Courmayeur 13 – Torino 138.

Mont Blanc Hotel Village, La Croisette 36 ✆ 0165 864111, *Fax 0165 864119* ← Monte Bianco, – TV ☎ P – 180. AE Ⓢ ⓓ ⓜ VISA. ✻
chiuso ottobre e novembre – **Pasto** carta 75/130000 – **50 cam** ☕ 270/440000 – ½ P 300000.

LA SPEZIA *19100* P 988 ⑬, 428, 430 J 11 *G. Italia – 96 320 ab..*
Escursioni *Riviera di Levante* ★★★ *Nord-Ovest.*
Marigola (chiuso mercoledì) a Lerici ✉ 19032 ✆ 0187 970193, Fax 0187 970193 per ③ 6 km.
per Golfo Aranci 18 giugno-5 settembre giornaliero (5 h 30 mn) – Tirrenia Navigazione-agenzia Lardon, viale San Bartolomeo 346 ✆ 0187 551111, Fax 0187 551301.
via Mazzini 45 ✆ 0187 770900, Fax 0187 770908.
A.C.I. *via Costantini 18 ✆ 0187 511098.*
Roma 418 ② – Firenze 144 ② – Genova 103 ② – Livorno 94 ② – Milano 220 ② – Parma 115 ②.

Pianta pagina seguente

Jolly del Golfo, via 20 Settembre 2 ✉ 19124 ✆ 0187 739555, *Fax 0187 22129*, ← – cam, TV ☎ – 300. AE Ⓢ ⓓ ⓜ VISA JCB. ✻ rist — B b
Pasto 50/90000 – **112 cam** ☕ 270/320000, 2 appartamenti – ½ P 185/210000.

Firenze e Continentale senza rist, via Paleocapa 7 ✉ 19122 ✆ 0187 713210, *Fax 0187 714930* – TV ☎ – 30. AE Ⓢ ⓓ ⓜ VISA — A n
chiuso dal 24 al 27 dicembre – **66 cam** ☕ 135/200000.

Ghironi senza rist, via Tino 62 (angolo via Carducci) ✉ 19126 ✆ 0187 504141, *Fax 0187 524724* – TV ☎ P. AE Ⓢ ⓓ ⓜ VISA JCB. ✻ — per ②
51 cam ☕ 170/220000.

Genova senza rist, via Fratelli Rosselli 84 ✉ 19121 ✆ 0187 732972, *Fax 0187 731766* – TV ☎. AE Ⓢ ⓓ ⓜ VISA JCB — A d
32 cam ☕ 110/180000.

XXX **Parodi,** viale Amendola 212 ✉ 19122 ✆ 0187 715777, *Fax 0187 715777*, , prenotare – AE Ⓢ ⓓ ⓜ VISA — A f
chiuso domenica – **Pasto** specialità di mare carta 75/145000
Spec. Risotto, aragosta e champagne. Pescatrice gratinata su fonduta di cipollotti. Fior di latte su arcobaleno di salsa ai frutti di bosco.

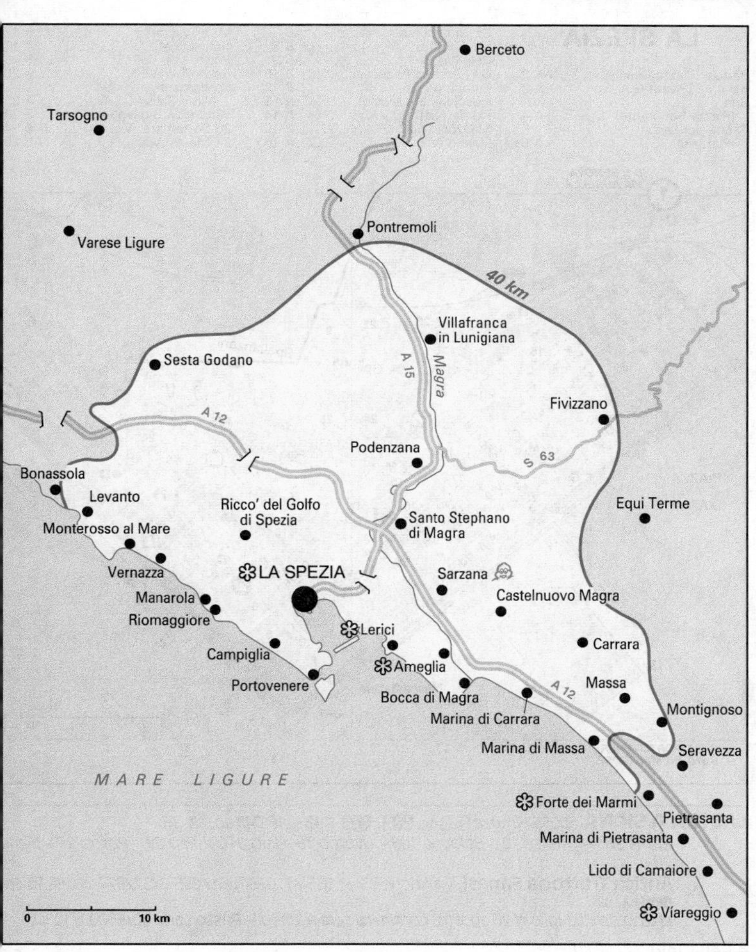

XX **Da Dino,** via Cadorna 18 ✉ 19121 ☎ 0187 736157, *Fax 0187 750042,* 🏠 – ▤. AE Ⓢ ⓞ ⓜⓒ VISA B c
chiuso dal 10 al 24 luglio, domenica sera e lunedì – **Pasto** carta 30/65000.

XX **La Pettegola,** via del Popolo 39 ✉ 19126 ☎ 0187 514041, 🏠 – ▤. AE Ⓢ ⓞ ⓜⓒ VISA. ✂ per ②
chiuso dal 2 al 10 gennaio, dal 10 al 27 agosto e domenica – **Pasto** carta 50/75000.

XX **Il Forchettone,** via Genova 288 ✉ 19123 ☎ 0187 718835 – ▤. AE Ⓢ ⓞ ⓜⓒ VISA. ✂ per ①
chiuso dal 21 giugno all'11 luglio e domenica – **Pasto** carta 35/60000.

XX **Antica Osteria Negrao,** via Genova 428 ✉ 19123 ☎ 0187 701564, *Fax 0187 701564,* 🏠 – AE Ⓢ ⓞ ⓜⓒ VISA per ①
chiuso dal 25 dicembre al 1º gennaio, dal 7 al 20 settembre e lunedì – **Pasto** 30/40000 e carta 40/55000.

X **Il Ristorantino di Bayon,** via Felice Cavallotti 23 ✉ 19121 ☎ 0187 732209, Coperti limitati; prenotare – ▤. AE Ⓢ ⓜⓒ VISA JCB. ✂ B a
chiuso domenica – **Pasto** carta 35/75000.

LA SPEZIA

Battisti (Piazza Cesare) . . . . . . AB 2
Beverini (Piazza G.) . . . . A 3
Brin
(Piazza Benedetto) . . . . A 4
Caduti del Lavoro
(Piazzale) . . . . A 6
Cavour (Corso e Piazza) . . . . AB
Chiodo (Pza e Via Domenico) B 8
Colli (Via dei) . . . . AB 9
Da Passano (Via) . . . . B 10
Europa (Piazza) . . . . B 12
Fieschi (Viale Nicolò) . . . . A 13
Fiume (Via) . . . . A 14
Manzoni (Via) . . . . B 15
Milano (Via) . . . . A 16
Mille (Via dei) . . . . A 1
Napoli (Via) . . . . A 1
Prione (Via del) . . . . AB
Rosselli (Via Flli) . . . . A 2
Spallanzani
(Via e Salita) . . . . A 2
Verdi (Pza Giuseppe) . . . . B 2
20 Settembre (Via) . . . . B 2
27 Marzo (Via) . . . . AB 2

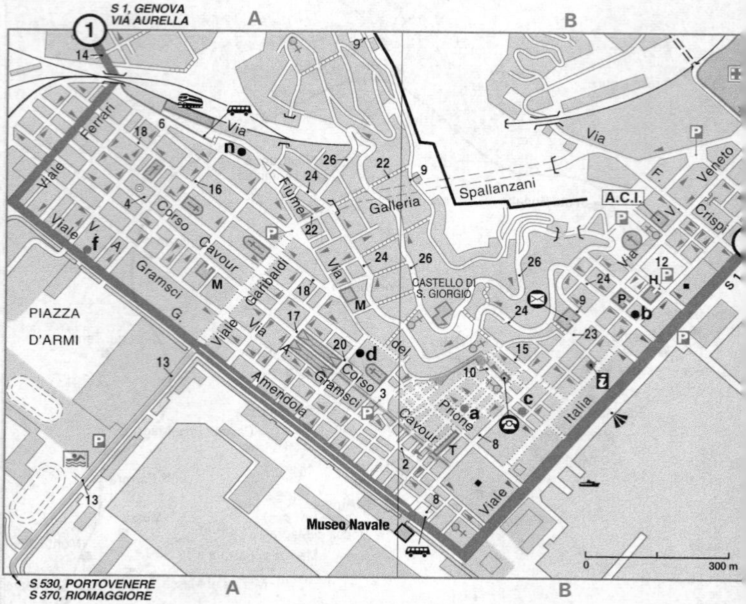

S 1, GENOVA
VIA AURELLA
A
B
Viale Ferrari
Via
Fiume
Viale
Corso Cavour
Viale V. A. Gramsci
Viale G. Amendola
Via Garibaldi
Galleria
Spallanzani
Via F. Veneto
Crispi
A.C.I.
CASTELLO DI S. GIORGIO
PIAZZA D'ARMI
Corso Cavour
Prione
Italia
Viale
Museo Navale
0
300 m
S 530, PORTOVENERE
S 370, RIOMAGGIORE

LASTRA A SIGNA *50055 Firenze* [988] ⑭, [429], [430] K 15 – *18 043 ab. alt. 36.*
Roma 283 – Firenze 12 – Bologna 108 – Livorno 79 – Lucca 63 – Pisa 69 – Pistoia 29 – Siena 74.

🍴 **Antica Trattoria Sanesi,** via Arione 33 ☎ 055 8720234, *Fax 055 8727797* – ▤. [AE] [S] [O] [MC] [VISA]. ✂
chiuso dal 20 luglio al 20 agosto, domenica sera e lunedì – **Pasto** carta 40/65000 (10 %).

a Calcinaia *Sud : 2 km – ✉ 50055 :*

🍴🍴 I Cupoli, via Leonardo da Vinci 32 ☎ 055 8721028, *Fax 055 8721028,* « Giardino con servizio estivo sotto il pergolato » – [P].

LA STRADA CASALE *Ravenna* [429], [430] J 17 – *Vedere Brisighella.*

LA THUILE *11016 Aosta* [988] ①, [428] E 2 – *755 ab. alt. 1441 – a.s. febbraio-marzo, Pasqua, 1° luglio-11 settembre e Natale – Sport invernali : 1 441/2 650 m* 🚡 1 ⛷ 12, ⛷.
[i] *via Collomb 4 ☎ 0165 884179, Fax 0165 885196.*
Roma 789 – Aosta 40 – Courmayeur 15 – Milano 227 – Colle del Piccolo San Bernardo 13.

🏨 **Chateau Blanc** 🔔 senza rist, località Entrèves 39 ☎ 0165 885341, *Fax 0165 885343,* ←, 🏋, 🧖, 🌳 – 🛗 ✈ [TV] ☎ ♿ 🚗 [P]. [AE] [S] [O] [MC] [VISA]. ✂
dicembre-aprile e luglio-10 settembre – **13 cam** ☕ 130/220000.

🏨 **Martinet** 🔔 senza rist, frazione Petite Golette 159 ☎ 0165 884656, *Fax 0165 884656,* ←, 🎾 – [TV] ☎ 📞 🚗. [S] [MC] [VISA]. ✂
chiuso giugno – **10 cam** ☕ 75/135000.

🍴🍴 **La Bricole,** località Entrèves ☎ 0165 884149, *Fax 0165 884149* – [AE] [S] [MC] [VISA]
chiuso ottobre, novembre e lunedì (escluso da giugno a settembre) – **Pasto** 35/45000 e carta 45/60000.

LATINA *04100* P 988 ㉖, 430 R 20 – *113 270 ab. alt. 21.*

piazza del Popolo ℘ 0773 480672.

A.C.I. *via Aurelio Saffi 23 ℘ 0773 697701.*

Roma 68 – Frosinone 52 – Napoli 164.

De la Ville, via Canova 12 ℘ 0773 661281, *Fax 0773 661153*, – cam, – 50. AE VISA.
Pasto al rist. ***I Consoli*** carta 65/85000 – **68 cam** 190/250000 – 1/2 P 210000.

Park Hotel, strada statale Monti Lepini 25 ℘ 0773 240295, *Fax 0773 610682*, – rist, – 300. AE VISA JCB. rist
Pasto 30/45000 – 8000 – **60 cam** 80/120000 – 1/2 P 85/105000.

Impero, piazza della Libertà 19 ℘ 0773 693140 – . AE VISA.
chiuso dal 14 al 31 agosto e sabato – **Pasto** carta 35/50000.

al Lido di Latina *Sud : 9 km – 04010 Borgo Sabotino :*

Gabriele senza rist, via Lungomare 348, località Foce Verde ℘ 0773 645800, *Fax 0773 648696*, ≤, – – 60. AE VISA JCB
39 cam 70/100000.

Miramare senza rist, via Lungomare, località Capo Portiere ℘ 0773 273470, *Fax 0773 273862*, ≤, – . AE VISA.
chiuso dal 15 dicembre al 1º aprile – **25 cam** 100/120000.

Il Tarantino, via Lungomare 150, località Foce Verde ℘ 0773 273253, *Fax 0773 273253*, ≤ – . AE VISA.
chiuso gennaio e mercoledì – **Pasto** carta 45/80000.

La Risacca, via Lungomare 93, località Foce Verde ℘ 0773 273223, ≤, – . VISA.
chiuso novembre e giovedì – **Pasto** specialità di mare carta 45/60000.

a Borgo Faiti *Est : 10 km – 04010 Borgo Faiti :*

Locanda del Bere, via Foro Appio 64 ℘ 0773 258620, Coperti limitati; prenotare – . AE VISA JCB.
chiuso dal 15 al 30 agosto, dal 1º al 7 settembre e domenica – **Pasto** carta 60/75000.

LATISANA *33053 Udine* 988 ⑤ ⑥, 429 E 20 – *11 463 ab. alt. 9 – a.s. luglio-agosto.*

Roma 598 – Udine 41 – Gorizia 60 – Milano 337 – Portogruaro 14 – Trieste 80 – Venezia 87.

Bella Venezia, via del Marinaio 3 ℘ 0431 59647, *Fax 0431 59649*, « Giardino ombreggiato » – – 50. AE VISA. rist
chiuso dal 1º al 7 gennaio – **Pasto** *(chiuso dal 10 al 20 agosto)* carta 45/80000 – 15000 – **23 cam** 100/150000 – 1/2 P 130000.

LATSCH = *Laces.*

LAURA *Caserta* 431 F 26 – *Vedere Paestum.*

LAURIA *Potenza* 988 ㊳, 431 G 29 – *13 949 ab. alt. 430.*

Roma 406 – Cosenza 126 – Potenza 129 – Napoli 199.

a Lauria Inferiore – *85044 :*

Isola di Lauria , piazza Insorti d'Ungheria ℘ 0973 823905, *Fax 0973 823962*, ≤ – – 400
36 cam.

a Pecorone *Nord : 5 km – 85040 :*

Da Giovanni, ℘ 0973 821003 – .
chiuso lunedì escluso da giugno a settembre – **Pasto** carta 30/35000.

LAVAGNA *16033 Genova* 988 ⑬, 428 J 10 – *13 352 ab..*

piazza della Libertà 48/a ℘ 0185 395070, Fax 0185 392442.

Roma 464 – Genova 41 – Milano 176 – Rapallo 17 – La Spezia 66.

Fieschi , via Rezza 12 ℘ 0185 304400, *Fax 0185 313809*, – – 30. AE VISA.
chiuso novembre e dicembre – **Pasto** (solo per alloggiati e *chiuso a mezzogiorno da Natale a Pasqua)* 30/40000 – **13 cam** 150/190000 – 1/2 P 135000.

Tigullio, via Matteotti 3 ℘ 0185 392965, *Fax 0185 390277* – . AE VISA.
aprile-ottobre – **Pasto** *(chiuso ottobre e lunedì in aprile-maggio)* carta 35/50000 – 7000 – **40 cam** 95/140000 – 1/2 P 105000.

X **Il Gabbiano,** via San Benedetto 26 (Est : 1,5 km) ☎ 0185 390228, *Fax 0185 390228,* C perti limitati; prenotare, « Servizio estivo in terrazza panoramica » – ▤ P. AE 🅂 ⦿ MC VISA JCB. ✻
chiuso dal 21 al 28 febbraio, dal 6 novembre al 6 dicembre e lunedì – **Pasto** carta 50/8500

a Cavi *Sud-Est : 3 km – ✉ 16030 :*

XX **A Cantinn-a,** via Torrente Barassi 8 ☎ 0185 390394, prenotare – 🅂 VISA
chiuso dal 15 al 28 febbraio, novembre e martedì – **Pasto** carta 50/70000.

X **Raieû,** via Milite Ignoto 25 ☎ 0185 390145 – AE 🅂 ⦿ MC VISA
chiuso dal 20 febbraio al 10 marzo, novembre e lunedì – **Pasto** carta 45/80000.

LAVAIANO *Pisa* 428, 430 L 13 – *Vedere Lari.*

LA VALLE (WENGEN) *39030 Bolzano* 429 C 17 – *1 243 ab. alt. 1353.*

☎ 0471 843072, Fax 0471 843277.
Roma 698 – Cortina d'Ampezzo 40 – Bolzano 67 – Brunico 24.

Plan Murin ⛰, Centro 171 ☎ 0471 843138, *Fax 0471 843285,* ≤ Monte Croce e vallat – 🛗, ⇔ rist, ▤ rist, TV ☎ P. AE 🅂 VISA. ✻
dicembre-aprile e giugno-15 ottobre – **Pasto** (solo per alloggiati) carta 35/50000 – **21 ca** ☕ 70/100000 – 1/2 P 95000.

LAVARIANO *33050 Udine* 429 E 21 – *alt. 49.*

Roma 615 – Udine 14 – Trieste 82 – Venezia 119.

XX **Blasut,** via Aquileia 7 ☎ 0432 767017, *Fax 0432 767017,* ☂, Coperti limitati; prenotare P. AE 🅂 ⦿ MC VISA JCB
chiuso dall'8 al 22 gennaio, dal 10 al 25 agosto, domenica sera e lunedì – **Pasto** car 70/95000.

Per l'inserimento in ***guida,***
Michelin *non accetta*
né favori, né denaro!

LAVARONE *38046 Trento* 429 E 15 – *1 088 ab. alt. 1 172 – a.s. Pasqua e Natale – Sport invernal 1 165/1 555 m* ⛷3 ⛸.

a Gionghi, palazzo Comunale ☎ 0464 783226, Fax 0464 783118.
Roma 592 – Trento 33 – Milano 245 – Rovereto 29 – Treviso 115 – Verona 104 – Vicenza 64

Capriolo ⛰, frazione Bertoldi ☎ 0464 783187, *Fax 0464 783176,* ≤, 🌳 – 🛗 TV ☎ P. A 🅂 MC VISA. ✻
6 dicembre-9 aprile e 2 giugno-settembre – **Pasto** 30/35000 – ☕ 12000 – **29 cam** 7C 120000 – 1/2 P 100000.

Caminetto, frazione Bertoldi ☎ 0464 783214, *Fax 0464 783214,* ≤, 🌳 – 🛗 TV ☎ P. A 🅂. ✻ rist
dicembre-Pasqua e giugno-settembre – **Pasto** carta 30/45000 – ☕ 11000 – **18 can** 75/120000 – 1/2 P 100000.

Esperia, piazza Italia 29, frazione Chiesa ☎ 0464 783124, *Fax 0464 783124* – TV ☎. AE 🅂 ⦿ MC VISA. ✻ rist
Pasto *(chiuso martedì)* carta 30/40000 – ☕ 10000 – **18 cam** 50/85000 – 1/2 P 80000.

LAVELLO *85024 Potenza* 988 ㉘, 431 D 29 – *13 597 ab. alt. 313.*

Roma 359 – Foggia 68 – Bari 104 – Napoli 166 – Potenza 77.

San Barbato, Sud-Ovest : 1,5 km ☎ 0972 81392, *Fax 0972 83813,* « Giardino con 🏊 » 🎾 – 🛗 ▤ TV ☎ P – 🏛 100. AE 🅂 ⦿ VISA. ✻
Pasto *(chiuso venerdì)* carta 40/55000 – ☕ 7000 – **38 cam** 95/130000, ▤ 5000 – 1/2 P 85 95000.

LAVENO MOMBELLO *21014 Varese* 988 ② ③, 428 E 7 *G. Italia – 8 906 ab. alt. 200.*

Vedere *Sasso del Ferro★★ per cabinovia.*
⛴ *per Verbania-Intra giornalieri (20 mn) – Navigazione Lago Maggiore, ☎ 0332 667128.*
piazza Italia 2 (palazzo Municipale) ☎ 0332 666666.
Roma 654 – Stresa 22 – Bellinzona 56 – Como 49 – Lugano 39 – Milano 77 – Novara 69 – Varese 22.

XXX **Il Porticciolo** con cam, via Fortino 40 (Ovest : 1,5 km) ✆ 0332 667257, *Fax 0332 666753*, ≤ lago, prenotare, « Servizio estivo in terrazza sul lago » – TV ☎ P. AE S ◑ MC VISA. ✻ cam
chiuso dal 19 gennaio al 3 febbraio – **Pasto** *(chiuso martedì e mercoledì a mezzogiorno e in luglio-agosto solo i mezzogiorno di martedì e mercoledì)* 90000 e carta 70/110000 – **9 cam** ☐ 120/170000, appartamento – ½ P 170000.

X **Concordia,** piazza Marchetti 7 ✆ 0332 667380 – AE S ◑ MC VISA
chiuso dal 4 gennaio al 14 febbraio, novembre e lunedì – **Pasto** carta 40/75000.

LA VILLA (STERN) *Bolzano* 988 ⑤ – *Vedere Badia.*

LAVINIO LIDO DI ENEA *Roma* 988 ㉖, 430 R 19 – *Vedere Anzio.*

Halten Sie beim Betreten des Hotels oder des Restaurants den Führer in der Hand.
Sie zeigen damit, daß Sie aufgrund dieser Empfehlung gekommen sind.

LAZISE *37017 Verona* 988 ④, 428, 429 F 14 – *5 792 ab. alt. 76.*
Cà degli Ulivi a Marciaga-Castion di Costermano ✉ 37010 ✆ 045 6279030, Fax 045 6270550, Nord : 13 km.
via Francesco Fontana 14 ✆ 045 7580114, Fax 045 7581040.
Roma 521 – Verona 22 – Brescia 54 – Mantova 60 – Milano 141 – Trento 92 – Venezia 146.

Lazise senza rist, via Esperia 38/a ✆ 045 6470466, *Fax 045 6470190*, ⛱, ✻ – |‡| ▤ TV ☎ 🚗 P. MC VISA. ✻
aprile-ottobre – **74 cam** ☐ 140/200000.

Cangrande senza rist, corso Cangrande 16 ✆ 045 6470410, *Fax 045 6470390*, « Nelle cantine produzione di vino Bardolino » – ▤ TV ☎ P. AE S MC VISA. ✻
chiuso dal 20 dicembre al 10 febbraio – **17 cam** ☐ 160/180000.

Le Mura senza rist, via Bastia 4 ✆ 045 6470100, *Fax 045 7580189*, ⛱ – ▤ TV ☎ P. S MC VISA. ✻
marzo-novembre – **23 cam** ☐ 130/190000.

Giulietta Romeo senza rist, via Dosso 1/2 ✆ 045 7580288, *Fax 045 7580288*, « Grande giardino con ⛱ » – TV ☎ P. AE S ◑ MC VISA. ✻
marzo-novembre – **32 cam** ☐ 125/190000.

XX **Botticelli,** via Porta del Lion 13 ✆ 045 7581194, 🏖 – S MC VISA. ✻
chiuso gennaio e lunedì (escluso da luglio a settembre) – **Pasto** specialità di mare carta 75/100000.

XX **La Grotta** con cam, via Fontana 8 ✆ 045 7580035, *Fax 045 7580035*, 🏖, prenotare – ▤ TV ☎. MC VISA. ✻
chiuso dal 15 dicembre al 15 febbraio – **Pasto** *(chiuso martedì)* 55/70000 – ☐ 18000 – **14 cam** 150000.

XX **Il Porticciolo,** lungolago Marconi 22 ✆ 045 7580254, *Fax 045 7580254*, ≤, 🏖 – P. AE S ◑ MC VISA. ✻
chiuso novembre e martedì – **Pasto** 50000 e carta 50/75000.

sulla strada statale 249 *Sud : 1,5 km :*

Casa Mia, località Risare 1 ✉ 37017 ✆ 045 6470244, *Fax 045 7580554*, 🏖, « Giardino », ⛱, ⛱, ✻ – |‡|, ▤ cam, TV ☎ P – 🎓 60. AE S MC VISA. ✻
chiuso dal 21 dicembre al 1° febbraio – **Pasto** *(chiuso a mezzogiorno, escluso domenica, da ottobre a giugno)* carta 50/60000 – **39 cam** ☐ 130/190000 – ½ P 135000.

LE CASTELLA *Crotone* 431 K 33 – *Vedere Isola di Capo Rizzuto.*

LECCE *73100* P 988 ㉚, 431 F 36 *G. Italia* – *98 974 ab. alt. 51.*
Vedere *Basilica di Santa Croce*★★ Y – *Piazza del Duomo*★★ : *pozzo*★ *del Seminario* Y – *Museo provinciale*★ : *collezione di ceramiche*★★ Z **M** – *Chiesa di San Matteo*★ Z – *Chiesa del Rosario*★ YZ – *Altari*★ *nella chiesa di Sant'Irene* Y.
Acaja (chiuso lunedì, mercoledì e venerdì fino al 15 aprile, lunedì negli altri mesi) Est : 14 km.
corso Vittorio Emanuele 24 ✆ 0832 248092, Fax 0832 310238.
A.C.I. *via Candido 2 ✆ 0832 305829.*
Roma 601 ① – Brindisi 38 ① – Napoli 413 ① – Taranto 86 ⑦.

LECCE

Alfieri (Viale V.) . . . . X 2
Aragona (Via F. d') . . . . YZ 3
Boito (Via A.) . . . . X 4
Bonifacio (Via G.B.) . . . . X 5
Calasso (Via Francesco) . . . . . X 6
Caracciolo
(Via Roberto) . . . . Z 7
Cavallotti (Viale F.) . . . . Y 8
Costadura (Via M.C.) . . . . . . X,Y 9
Fazzi (Via Vito) . . . . Y 12
Foscolo (Viale Ugo) . . . . X 13
Imperatore Adriano (V.) . . . X,Y 14
Imperatore Augusto (V.) . . . . . Y 15
Jacobis (V. Agostino de) . . X,Z 17
Liberta (Via della) . . . . X 19
Ludovico (Via) . . . . Y 21
Marche (Viale) . . . . X 22
Mazzini (Piazza G.) . . . . X 23
Nazario Sauro (Via) . . . . X 24
Orsini del Balzo (Via) . . . . . X,Z 25
Palazzo dei Conti
di Lecce (Via del) . . . . Z 26
Pettorano (Via) . . . . X 27
Pietro (Via M. de) . . . . X,Y 28
Realino (Via Bernardino) . . . . X 29
Regina Elena (Via) . . . . X 30
Rossini (Viale G.) . . . . X 31
Rubichi (Via Francesco) . . . . . Y 32
Salandra (Via) . . . . X 33
S. Lazzaro (Via) . . . . X 34
S. Oronzo (Piazza) . . . . Y
Taranto (Via) . . . . Y 38
Trinchese (Via Salvatore) . . . . X 41
Vitt. Emanuele (Cso) . . . . Y 42
Vitt. Emanuele (Pza) . . . . Y 43
25 Luglio (Via) . . . . Y 44

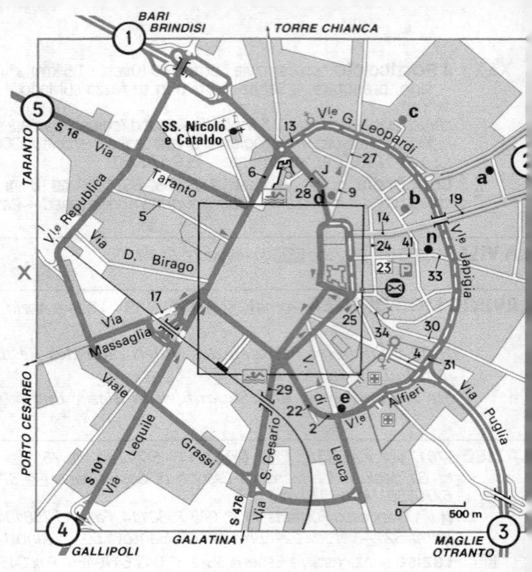

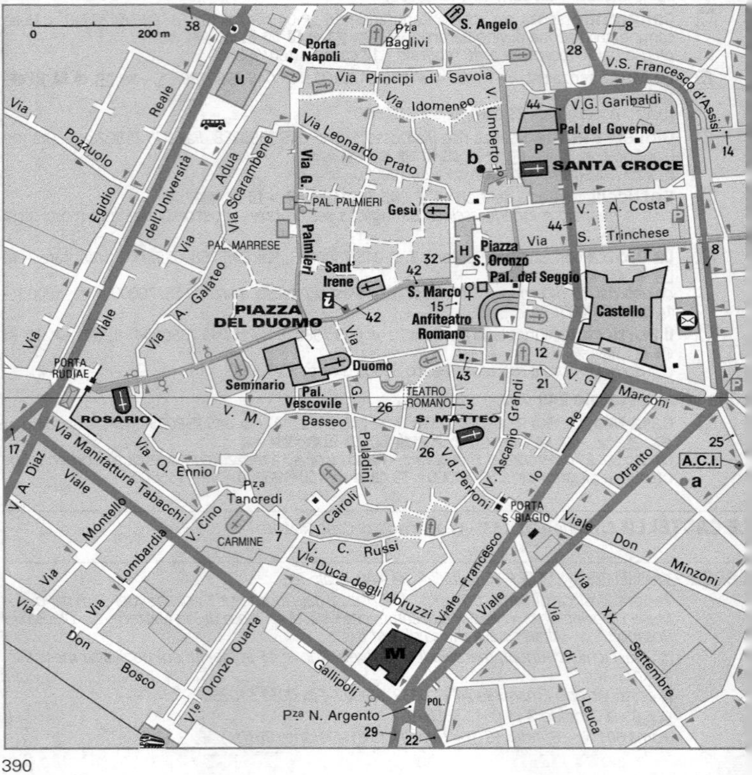

0 200 m
38
Porta Napoli
P^za Baglivi
S. Angelo
8
28
U
Via Principi di Savoia
V.S. Francesco d'Assisi
Via Idomeneo
44
V.G. Garibaldi
Via Reale
Via Pozzuolo
Via Leonardo Prato
V. Umberto 1°
Pal. del Governo
14
Via Scarambene
Via G. Palmieri
b
P
SANTA CROCE
Adua
Y
Egidio
dell'Università
PAL. PALMIERI
Gesù
V. A. Costa
44
Via S. Trinchese
Via
PAL. MARRESE
32
H
Piazza S. Oronzo
T
8
Sant' Irene
42
Pal. del Seggio
Viale
A. Galateo
S. Marco
15
Castello
PIAZZA DEL DUOMO
42
Anfiteatro Romano
Via
Via
12
Duomo
43
21
PORTA RUDIAE
Seminario
Pal. Vescovile
TEATRO ROMANO
3
V. G. Marconi
V. M. Basseo
26
ROSARIO
S. MATTEO
Re
25
17
Via Manifattura Tabacchi
Via Q. Ennio
Paladini
26
V.d. Perroni
V. Ascanio Grandi
Lo
A.C.I.
V. A. Diaz
Viale Montello
P^za Tancredi
V. Cairoli
Otranto
a
V. Cino
PORTA S. BIAGIO
Viale Don Minzoni
CARMINE
7
V. C. Russi
Z
Via Lombardia
V^le Duca degli Abruzzi
Viale Francesco
Via
Via
Via
Viale
Via XX Settembre
Via Don Bosco
M
Via di Leuca
V^le Oronzo Quarta
Gallipoli
POL.
P^za N. Argento
29
22

Patria Palace Hotel M, piazzetta Gabriele Riccardi 13 ✆ 0832 245111, *Fax 0832 245002* – ⎮⎮ ▤ TV ☎ ♿ ⇔ – 140. AE Ⓢ ⓞ ⓜⓒ VISA JCB. ✻ Y b
Pasto carta 50/75000 – **67 cam** ☐ 220/310000 – ½ P 200/210000.

President, via Salandra 6 ✆ 0832 311881, *Fax 0832 372283* – ⎮⎮ ▤ TV ☎ ♿ ⇔ – 350. AE Ⓢ ⓞ ⓜⓒ VISA. ✻ X n
Pasto carta 60/75000 – **154 cam** ☐ 160/250000, 2 appartamenti – ½ P 180000.

Cristal senza rist, via Marinosci 16 ✆ 0832 372314, *Fax 0832 315109* – ⎮⎮ ▤ TV ☎ ⇔ – 80. AE Ⓢ ⓞ ⓜⓒ VISA. ✻ X a
☐ 15000 – **65 cam** 135/190000.

Delle Palme, via di Leuca 90 ✆ 0832 347171, *Fax 0832 347171* – ⎮⎮ ▤ TV ☎ P – 150. AE Ⓢ ⓞ ⓜⓒ VISA JCB. ✻ X e
Pasto carta 30/60000 – **93 cam** ☐ 120/190000 – ½ P 100/120000.

Via Monti, via Monti 7/13 ✆ 0832 390174, *Fax 0832 390174*, ☂ – ▤. AE Ⓢ ⓞ ⓜⓒ VISA. ✻ X c
chiuso dal 10 al 20 agosto e domenica – **Pasto** carta 45/65000.

Villa G.C. della Monica, via SS. Giacomo e Filippo 40 ✆ 0832 458432, *Fax 0832 458432*, ☂, « In un edificio del 16° secolo » – ▤. AE Ⓢ ⓞ ⓜⓒ VISA. ✻ X b
chiuso dal 7 al 27 gennaio e martedì – **Pasto** carta 25/50000.

Trattoria Casareccia, via Costadura 19 ✆ 0832 245178, *Fax 0832 245178* – Ⓢ ⓜⓒ VISA. ✻ X d
chiuso dal 24 dicembre al 6 gennaio e dal 30 agosto al 15 settembre – **Pasto** cucina regionale casalinga 25/35000.

I Tre Moschettieri, via Paisiello 9/a ✆ 0832 308484, rist. e pizzeria serale, « Servizio estivo all'aperto » – Ⓢ ⓞ ⓜⓒ VISA JCB. ✻ Z a
chiuso dal 15 al 31 dicembre e domenica – **Pasto** carta 30/60000.

In this guide
a symbol or a character,
printed in red or **black**, in light or ***bold*** type,
does not have the same meaning.
Pay particular attention to the explanatory pages.

LECCO *23900* P 988 ③, 428 E 10 *G. Italia* – *45 428 ab. alt. 214.*

Vedere *Lago***.*

(chiuso lunedì e dal 23 dicembre all'11 gennaio) ad Annone Brianza ✉ 23841 ✆ 0341 579525, Fax 0341 575787, per ④ : 10 km.

per Bellagio giugno-settembre giornalieri (1 h) – Navigazione Lago di Como, largo Lario Battisti ✆ 0341 364036.

via Nazario Sauro 6 ✆ 0341 362360, Fax 0341 286231.

A.C.I. *via Amendola 4 ✆ 0341 357911.*

Roma 621 – Como 29 – Bergamo 33 – Lugano 61 – Milano 56 – Sondrio 82 – Passo dello Spluga 97.

Pianta pagina seguente

Alberi senza rist, lungo Lario Isonzo 4 ✆ 0341 350992, *Fax 0341 350895*, ≤ – ⎮⎮ ▤ TV ☎ ♿. AE Ⓢ ⓞ ⓜⓒ VISA. ✻ AZ a
☐ 15000 – **20 cam** 100/130000.

Al Porticciolo 84, via Valsecchi 5/7 ✆ 0341 498103, ☂, Coperti limitati; prenotare – AE Ⓢ ⓞ ⓜⓒ VISA. ✻ per via Palestro BY
chiuso dal 1° al 10 gennaio, agosto, lunedì, martedì e a mezzogiorno (escluso i giorni festivi) – **Pasto** solo specialità di mare carta 75/95000.

Nicolin, via Ponchielli 54, località Maggianico Sud : 3,5 km ✆ 0341 422122, *Fax 0341 422122*, « Servizio estivo in terrazza » – P. AE Ⓢ ⓞ ⓜⓒ VISA per ②
chiuso dal 3 al 7 gennaio, agosto e martedì – **Pasto** 65/85000 e carta 50/95000.

Cermenati, corso Matteotti 71 ✆ 0341 283017, *Fax 0341 283017*, ☂, Coperti limitati; prenotare – AE Ⓢ ⓞ ⓜⓒ VISA JCB BY r
chiuso dal 1° al 7 gennaio, dal 5 al 20 agosto e lunedì – **Pasto** carta 55/95000.

LECCO

Adda (V.) . . . . AZ 2
Affari (Pza degli) . . . . AY 4
Airoldi (V. Almicare) . . . . AY 5
Anghileri (V.) . . . . AY 7
Appiani (V. Andrea) . . . . BZ 8
Bezzeca (V.) . . . . AZ 10
Cali (V.) . . . . AY 12
Cattaneo (V. Carlo) . . . . ABY
Cavour (V.) . . . . AY
Cellini (V.) . . . . BY 14
Cornelio (V.) . . . . AZ 15
Dante (Vle) . . . . BZ
D'Oggiono (V. Marco) . . . . . . BY
Europa (Largo) . . . . AY 17
Fiumicella (V.) . . . . BY 19
Foggazzaro (V.) . . . . BY 20
Fratelli Cairoli (V.) . . . . ABY
Legnano (V.) . . . . AY 25
Malpensata (V.) . . . . AY 27
Mascari (V. Antonio) . . . . AY
Montanara (V.) . . . . BY 29
Montenero (Largo) . . . . AY 30
Nazario Sauro (V.) . . . . AY 32
Ongania (V.) . . . . AY 35
Pozzo (V. del) . . . . AY 37
Promessi Sposi (Cso) . . . . . . BY 38
Resinelli (V.) . . . . AY 40
Roma (V.) . . . . AYZ
S. Francesco (V.) . . . . AZ 42
S. Marta (Pza) . . . . AY 43
Sassi (V. Salvatore) . . . . BY 45
Sirtori (V.) . . . . AY 46
Stoppani (Pza) . . . . AY 48
Torre (Viccolo della) . . . . AY 52
Torri Tarelli (V.) . . . . AY 53
Varese (V.) . . . . BZ 56
4 Novembre (Lungo lario) . . . . . . AY 58
20 Settembre (Pza) . . . . AY 60

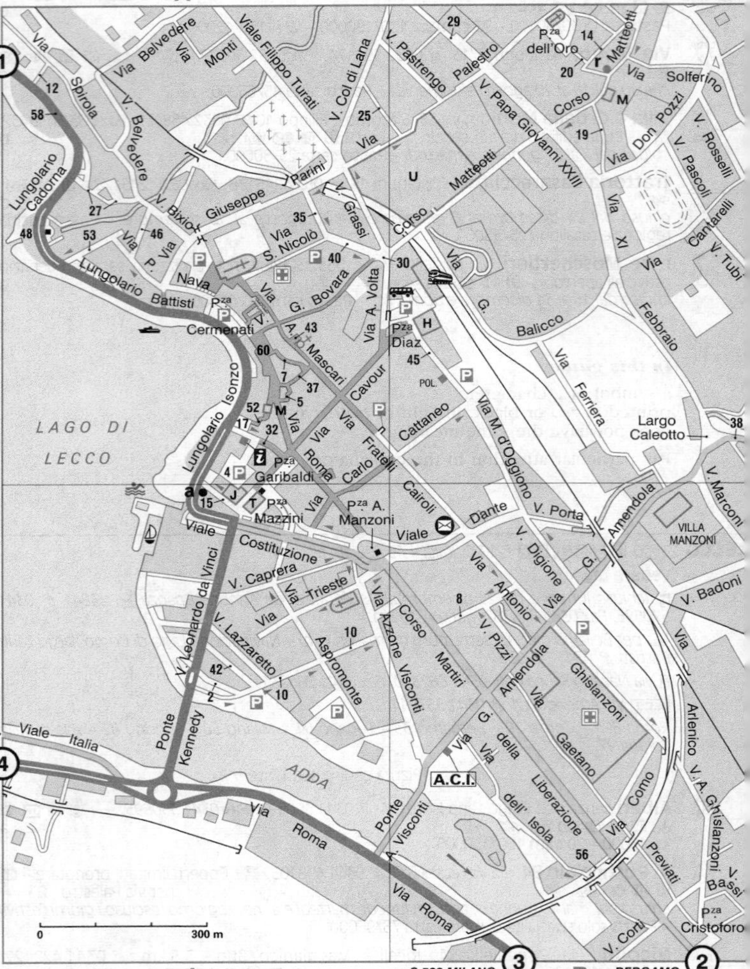

Le carte stradali Michelin sono costantemente aggiornate.

LE CLOTES *Torino – Vedere Sauze d'Oulx.*

LEGNAGO *37045 Verona* [988] ④ ⑭, [429] G 15 – *25 159 ab. alt. 16.*

Roma 476 – Verona 43 – Mantova 44 – Milano 195 – Padova 64 – Rovigo 45 – Venezia 101 – Vicenza 49.

🏨 **Salieri** senza rist, viale dei Caduti 64 ✆ 0442 22100, *Fax 0442 23422* – ⇅ ❄ [TV] ☎. [AE] [S] [O] [MC] [VISA]. 🚫🐕
☕ 11000 – **28 cam** 110/140000.

a **San Pietro** *Ovest : 3 km – ✉ 37048 San Pietro di Legnago :*

🏨 **Pergola,** via Verona 140 ✆ 0442 629103, *Fax 0442 629110,* 🌳 – ⇅ ❄ [TV] ☎ 📞 ♿ 🚗 [P] – 👥 150. [AE] [S] [O] [MC] [VISA] [JCB]. 🚫🐕
Pasto *(chiuso dal 1° al 10 gennaio, dal 1° al 23 agosto, mercoledì e venerdì sera)* carta 50/75000 – ☕ 15000 – **48 cam** 140/160000 – 1/2 P 120000.

LEGNANO *20025 Milano* [988] ③, [428] F 8 – *53 748 ab. alt. 199.*

Roma 605 – Milano 28 – Como 33 – Novara 37 – Varese 32.

🏨 **2 C** senza rist, via Colli di Sant'Erasmo 51 ✆ 0331 440159, *Fax 0331 440090* – ❄ [TV] ☎ [P]. [AE] [S] [O] [MC] [VISA]. 🚫🐕
chiuso dal 31 luglio al 22 agosto – ☕ 12000 – **24 cam** 95/170000.

LE GRAZIE *La Spezia* [430] J 11 – *Vedere Portovenere.*

LEIFERS = *Laives.*

LEINÌ *10040 Torino* [988] ⑫, [428] G 5 – *100 ab. alt. 245.*

Roma 665 – Torino 15 – Aosta 104 – Asti 72 – Novara 88.

🏨 **Air Palace** [M], via Torino 100 ✆ 011 9977777, *Fax 011 9973398,* 🏋, ♨ – ⇅, 🚭 cam, ❄ [TV] ☎ 📞 ♿ 🚗 [P] – 👥 180. [AE] [S] [O] [MC] [VISA]
Pasto al Rist. ***Ikaro*** *(chiuso dal 3 al 23 agosto)* carta 50/80000 – ☕ 20000 – **65 cam** 185/245000.

LEIVI *Genova* [428] I 9 – *Vedere Chiavari.*

LEMIE *10070 Torino,* [428] G 3 – *241 ab. alt. 957.*

Roma 734 – Torino 52 – Milano 180.

🏨 **Villa Margherita,** via San Giuseppe 2, località Villa Sud-Est : 2 km ✆ 0123 60225, ≤ – ☎ [P]. [S]. 🚫🐕
aprile-settembre – **Pasto** *(chiuso lunedì)* carta 40/55000 (10 %) – **19 cam** ☕ 80/120000 – 1/2 P 75/80000.

LENNO *22016 Como* [428] E 9, [219] ⑨ – *1 741 ab. alt. 200.*

Roma 652 – Como 27 – Menaggio 8 – Milano 75.

🏨 **Lenno** [M] 🐎, via Lomazzi 23 ✆ 0344 57051, *Fax 0344 57055,* ≤ lago, 🌳, ♨, 🏊 – ⇅ ❄ [TV] ☎ ♿ 🚗 – 👥 60. [AE] [S] [O] [MC] [VISA]
Pasto carta 60/85000 – **46 cam** ☕ 200/240000 – 1/2 P 145/165000.

🏨 **San Giorgio** 🐎, via Regina 81 ✆ 0344 40415, *Fax 0344 41591,* ≤ lago e monti, **« Piccolo** parco ombreggiato digradante sul lago **»,** 🎾 – ⇅ ☎ [P]. [AE] [S] [O] [MC] [VISA]. 🚫🐕
aprile-ottobre – **Pasto** (solo per alloggiati) 50000 – ☕ 20000 – **26 cam** 150/200000 – 1/2 P 150/160000.

LE REGINE *Pistoia* [430] J 14 – *Vedere Abetone.*

LERICI *19032 La Spezia* [988] ⑬ ⑭, [428], [429], [430] J 11 *G. Italia – 11 284 ab..*

⛳ *Marigola (chiuso mercoledì) ✆ 0187 970193, Fax 0187 970193.*

ℹ *via Biagini 6 ✆ 0187 967346.*

Roma 408 – La Spezia 11 – Genova 107 – Livorno 84 – Lucca 64 – Massa 25 – Milano 224 – Pisa 65.

🏨 **Doria Park Hotel** 🐎, via privata Doria 2 ✆ 0187 967124, *Fax 0187 966459,* ≤ golfo, 🌳, 🏞 – ⇅ [TV] ☎ [P]. [AE] [S] [O] [MC] [VISA] [JCB]. 🚫🐕 rist
Pasto (solo per alloggiati; *chiuso domenica e dal 15 dicembre al 15 gennaio*) carta 50/80000 – **46 cam** ☕ 150/205000.

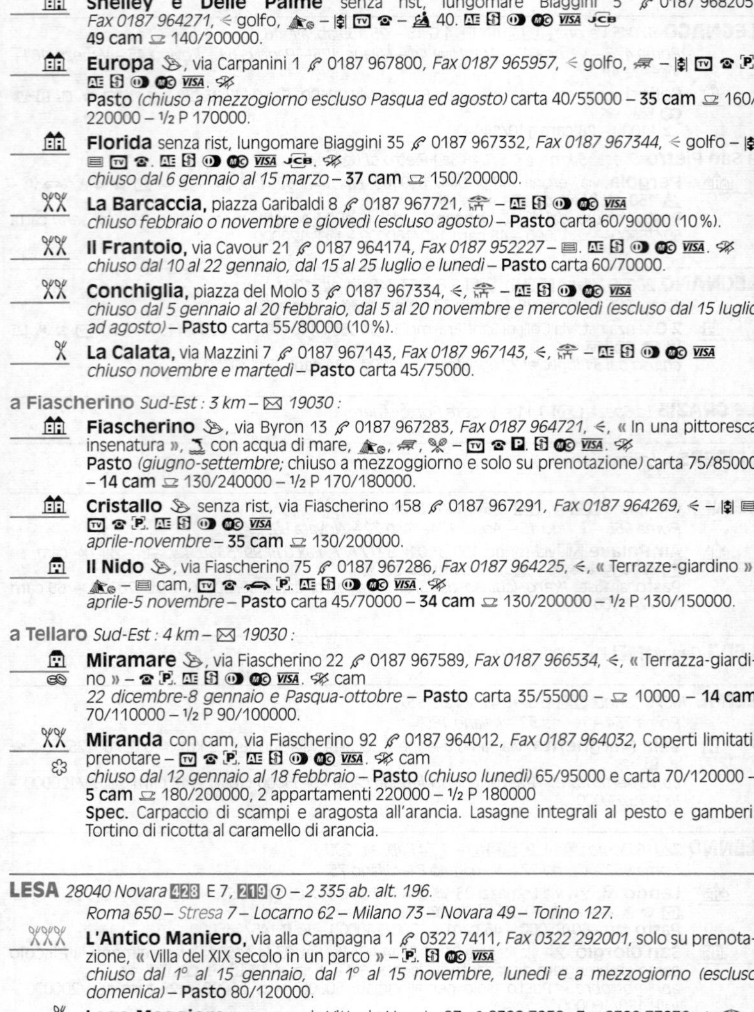

Shelley e Delle Palme senza rist, lungomare Biaggini 5 ✆ 0187 968205, *Fax 0187 964271*, ≤ golfo, – |‡| TV ☎ – 40. AE ⓢ ⓓ ⓜ VISA JCB
49 cam ▭ 140/200000.

Europa, via Carpanini 1 ✆ 0187 967800, *Fax 0187 965957*, ≤ golfo, – |‡| TV ☎ P. AE ⓢ ⓓ ⓜ VISA.
Pasto *(chiuso a mezzogiorno escluso Pasqua ed agosto)* carta 40/55000 – **35 cam** ▭ 160/220000 – ½ P 170000.

Florida senza rist, lungomare Biaggini 35 ✆ 0187 967332, *Fax 0187 967344*, ≤ golfo – |‡| TV ☎. AE ⓢ ⓓ ⓜ VISA JCB.
chiuso dal 6 gennaio al 15 marzo – **37 cam** ▭ 150/200000.

La Barcaccia, piazza Garibaldi 8 ✆ 0187 967721, – AE ⓢ ⓓ ⓜ VISA
chiuso febbraio o novembre e giovedì (escluso agosto) – **Pasto** carta 60/90000 (10 %).

Il Frantoio, via Cavour 21 ✆ 0187 964174, *Fax 0187 952227* – . AE ⓢ ⓓ ⓜ VISA.
chiuso dal 10 al 22 gennaio, dal 15 al 25 luglio e lunedì – **Pasto** carta 60/70000.

Conchiglia, piazza del Molo 3 ✆ 0187 967334, ≤, – AE ⓢ ⓓ ⓜ VISA
chiuso dal 5 gennaio al 20 febbraio, dal 5 al 20 novembre e mercoledì (escluso dal 15 luglio ad agosto) – **Pasto** carta 55/80000 (10 %).

La Calata, via Mazzini 7 ✆ 0187 967143, *Fax 0187 967143*, ≤, – AE ⓢ ⓓ ⓜ VISA
chiuso novembre e martedì – **Pasto** carta 45/75000.

a Fiascherino *Sud-Est : 3 km – ✉ 19030 :*

Fiascherino, via Byron 13 ✆ 0187 967283, *Fax 0187 964721*, ≤, « In una pittoresca insenatura », con acqua di mare, , , – TV ☎ P. ⓢ ⓜ VISA.
Pasto *(giugno-settembre; chiuso a mezzoggiorno e solo su prenotazione)* carta 75/85000 – **14 cam** ▭ 130/240000 – ½ P 170/180000.

Cristallo senza rist, via Fiascherino 158 ✆ 0187 967291, *Fax 0187 964269*, ≤ – |‡| TV ☎ P. AE ⓢ ⓓ ⓜ VISA
aprile-novembre – **35 cam** ▭ 130/200000.

Il Nido, via Fiascherino 75 ✆ 0187 967286, *Fax 0187 964225*, ≤, « Terrazze-giardino », – cam, TV ☎ P. AE ⓢ ⓓ ⓜ VISA.
aprile-5 novembre – **Pasto** carta 45/70000 – **34 cam** ▭ 130/200000 – ½ P 130/150000.

a Tellaro *Sud-Est : 4 km – ✉ 19030 :*

Miramare, via Fiascherino 22 ✆ 0187 967589, *Fax 0187 966534*, ≤, « Terrazza-giardino » – ☎ P. AE ⓢ ⓓ ⓜ VISA. cam
22 dicembre-8 gennaio e Pasqua-ottobre – **Pasto** carta 35/55000 – ▭ 10000 – **14 cam** 70/110000 – ½ P 90/100000.

Miranda con cam, via Fiascherino 92 ✆ 0187 964012, *Fax 0187 964032*, Coperti limitati; prenotare – TV ☎ P. AE ⓢ ⓓ ⓜ VISA. cam
chiuso dal 12 gennaio al 18 febbraio – **Pasto** *(chiuso lunedì)* 65/95000 e carta 70/120000 – **5 cam** ▭ 180/200000, 2 appartamenti 220000 – ½ P 180000
Spec. Carpaccio di scampi e aragosta all'arancia. Lasagne integrali al pesto e gamberi. Tortino di ricotta al caramello di arancia.

LESA *28040 Novara* 428 E 7, 219 ⑦ – *2 335 ab. alt. 196.*
Roma 650 – Stresa 7 – Locarno 62 – Milano 73 – Novara 49 – Torino 127.

L'Antico Maniero, via alla Campagna 1 ✆ 0322 7411, *Fax 0322 292001*, solo su prenotazione, « Villa del XIX secolo in un parco » – P. ⓢ ⓜ VISA
chiuso dal 1º al 15 gennaio, dal 1º al 15 novembre, lunedì e a mezzogiorno (escluso domenica) – **Pasto** 80/120000.

Lago Maggiore con cam, via Vittorio Veneto 27 ✆ 0322 7259, *Fax 0322 77976*, ≤, – TV ☎ P. ⓢ ⓓ ⓜ VISA JCB
marzo-novembre – **Pasto** carta 45/70000 (10 %) – ▭ 15000 – **17 cam** 85/120000 – ½ P 100000.

verso Comnago *Ovest : 2 km :*

Al Camino, via per Comnago 30 ✉ 28040 ✆ 0322 7471, *Fax 0322 7471*, Coperti limitati; prenotare, « Servizio estivo in terrazza panoramica » – AE ⓢ ⓓ ⓜ VISA
chiuso dal 15 dicembre a gennaio e mercoledì – **Pasto** carta 50/70000.

a Solcio *Sud-Ovest : 2 km – ✉ 28040 Lesa :*

Hostaria La Speranza, via alla Cartiera 11 ✆ 0322 77803, *Fax 0322 77803*, , prenotare – P. ⓢ ⓜ VISA
chiuso dal 10 al 25 gennaio e mercoledì – **Pasto** carta 90/145000.

SIGNANO DE' BAGNI *43037 Parma* 428, 429 I 12 – *100 ab. alt. 252.*
Roma 476 – Parma 23 – La Spezia 117 – Modena 81.

Santa Maria del Piano *Nord-Est : 2 km – ✉ 43030 :*

XX **Molinazzo,** via Bassa 121 (Ovest 1 km) ✆ 0521 850636, prenotare, « In un fienile ristrutturato sulle rive del torrente Parma » – P. AE S MC VISA
chiuso dal 23 al 30 dicembre, dal 1° al 7 settembre, lunedì, martedì e a mezzogiorno – **Pasto** carta 65/110000.

San Michele Canava *Sud : 9 km – ✉ 43013 :*

X **Locanda del Sale,** località La Maestà ✆ 0521 857170, *Fax 0521 857170* – P. AE S MC VISA JCB
chiuso dal 23 dicembre al 7 gennaio – **Pasto** carta 45/60000.

ETOJANNI *Messina* 432 N 27 – *Vedere Sicilia alla fine dell'elenco alfabetico.*

EVADA *Treviso – Vedere Ponte di Piave.*

EVANTO *19015 La Spezia* 988 ⑬, 428 J 10 – *5 788 ab..*
piazza Cavour 12 ✆ 0187 808125, Fax 0187 808125.
Roma 456 – La Spezia 32 – Genova 83 – Milano 218 – Rapallo 59.

Nazionale, via Jacopo da Levanto 20 ✆ 0187 808102, *Fax 0187 800901*, – TV P. AE S MC VISA. rist
24 marzo-5 novembre – **Pasto** carta 45/75000 – 15000 – **32 cam** 115/170000 – 1/2 P 140000.

Stella Maris, via Marconi 4 ✆ 0187 808258, *Fax 0187 807351*, « Ambiente e decorazioni fine 1800 », – TV. AE S MC VISA.
chiuso novembre – **Pasto** (solo per alloggiati e *chiuso a mezzogiorno*) – **8 cam** 160/230000 – 1/2 P 170000.

X **Tumelin,** via Grillo 32 ✆ 0187 808379, *Fax 0187 808088*, – AE S MC VISA
chiuso dal 7 gennaio al 7 febbraio e giovedì escluso dal 15 giugno al 15 settembre – **Pasto** specialità di mare carta 60/90000.

EVICO TERME *38056 Trento* 988 ④, 429 D 15 – *6 163 ab. alt. 506 – Stazione termale (aprile-ottobre), a.s. Pasqua e Natale – Sport invernali : a Panarotta (Vetriolo Terme) : 1 490/2 000 m 3, .*
via Vittorio Emanuele 3 ✆ 0461 706101, Fax 0461 706004.
Roma 610 – Trento 21 – Belluno 90 – Bolzano 82 – Milano 266 – Venezia 141.

Imperial Grand Hotel Terme, via Silva Domini 1 ✆ 0461 706104, *Fax 0461 706350*, « Ampio parco-giardino », – , rist, TV – 130. AE S MC VISA. rist
aprile-ottobre – **Pasto** 50000 – **81 cam** 190/280000 – 1/2 P 170/210000.

Gd H. Bellavista, via Vittorio Emanuele 7 ✆ 0461 706136, *Fax 0461 706474*, ←, « Giardino ombreggiato », riscaldata – , rist, TV P – 120. AE S MC VISA.
Natale-20 gennaio e Pasqua-ottobre – **Pasto** carta 45/75000 – 20000 – **88 cam** 125/220000, appartamento – 1/2 P 160000.

Al Sorriso, lungolago Segantini 14 ✆ 0461 707029, *Fax 0461 706202*, ←, « Grande giardino ombreggiato con riscaldata e », – TV P. AE S MC VISA. rist
Pasqua-ottobre – **Pasto** 35/50000 – 15000 – **65 cam** 120/180000, 2 appartamenti – 1/2 P 135000.

Liberty, via Vittorio Emanuele 18 ✆ 0461 701521, *Fax 0461 701818* – , rist, TV. AE S MC VISA
20 dicembre-10 gennaio e maggio-ottobre – **Pasto** 35/45000 – **32 cam** 90/140000 – 1/2 P 105000.

Lucia, viale Roma 20 ✆ 0461 706229, *Fax 0461 706452*, « Piccolo parco con » – TV P. S MC VISA.
Pasqua-ottobre – **Pasto** 35/40000 – **33 cam** 90/140000 – 1/2 P 80/100000.

XX **Scaranò,** verso Vetriolo Terme Nord : 2 km ✆ 0461 706810, *Fax 0461 706810*, ← vallata – P. S MC VISA
chiuso gennaio, domenica sera e lunedì (escluso da luglio al 20 settembre) – **Pasto** carta 40/50000.

Vetriolo Terme *Nord : 13,5 km – alt. 1 490 – ✉ 38056 Levico Terme :*

Compet, località Compet 26 (Sud : 1,5 km) ✆ 0461 706466, *Fax 0461 707815*, ← – TV P – 80. AE S MC VISA.
chiuso dal 27 ottobre a novembre – **Pasto** 35/50000 – 10000 – **39 cam** 65/110000 – 1/2 P 75/95000.

LIDO *Livorno* [430] N 13 – *Vedere Elba (Isola d') : Capoliveri.*

LIDO DEGLI ESTENSI *Ferrara* [988] ⑮, [430] I 18 – *Vedere Comacchio.*

LIDO DI CAMAIORE *55043 Lucca* [988] ⑭, [428], [429], [430] K 12 *G. Toscana – a.s. Carneva*
Pasqua, 15 giugno-15 settembre e Natale.
[i] *viale Colombo 342* ☎ *0584 617397, Fax 0584 618696.*
Roma 371 – Pisa 23 – La Spezia 57 – Firenze 97 – Livorno 47 – Lucca 27 – Massa 23 – Mila 251.

Villa Ariston 🐕, viale Colombo 355 ☎ 0584 610633, *Fax 0584 610631*, « Parco con servizio rist. all'aperto », 🎾 – ▤ [TV] ☎ [P] – 👥 300. [AE] [S] [O] [MC] [VISA]. 🚫
marzo-ottobre – **Pasto** *(aprile-ottobre)* carta 70/100000 – **32 cam** ☕ 340/490000, 7 appartamenti – ½ P 280/300000.

Dune Hotel, viale Colombo 259 ☎ 0584 618011, *Fax 0584 618985*, ⛱, 🏋, 🧖, 🏊, 🌳, 🎾 – 🛗 ▤ [TV] ☎ ♿ [P] – 👥 400. [AE] [S] [O] [MC] [VISA]. 🚫 rist
Pasto carta 35/55000 – **50 cam** ☕ 240/320000 – ½ P 220000.

Caesar, viale Colombo 325 ☎ 0584 617841, *Fax 0584 610888*, ←, 🏊, 🌳, 🎾 – 🛗 ▤ [TV] [P] – 👥 60
49 cam.

Alba sul Mare, lungomare Pistelli 15 ☎ 0584 67423, *Fax 0584 66811*, ← – 🛗 ▤ [TV] ☎. [S] [O] [MC] [VISA] [JCB]. 🚫
Pasto 40/60000 – **20 cam** ☕ 100/190000 – ½ P 150000.

Giulia, lungomare Pistelli 77 ☎ 0584 617518, *Fax 0584 617724*, ← – 🛗 ▤ [TV] ☎ [P]. [AE] [S] [O] [MC] [VISA]. 🚫 rist
aprile-ottobre – **Pasto** carta 35/60000 – ☕ 20000 – **40 cam** 150/190000 – ½ P 14 170000.

Bracciotti, viale Colombo 366 ☎ 0584 618401, *Fax 0584 617173*, 🏊, 🌳 – 🛗 [TV] ☎ [P] 👥 110
68 cam.

Villa Iolanda, lungomare Pistelli 127 ☎ 0584 617296, *Fax 0584 618549*, ←, 🏊 – 🛗 ▤ ☎ ♿ [P]. [AE] [S] [O] [MC] [VISA]. 🚫 rist
aprile-ottobre – **Pasto** 50000 – ☕ 15000 – **52 cam** 150/170000 – ½ P 130/150000.

Piccadilly, lungomare Pistelli 101 ☎ 0584 617441, *Fax 0584 617102*, ← – 🛗 ▤ [TV] ☎. [S] [O] [MC] [VISA]. 🚫
Pasto (solo per alloggiati) 40/50000 – ☕ 18000 – **40 cam** 120/160000 – ½ P 150/170000.

Capri, lungomare Pistelli 6 ☎ 0584 60001, *Fax 0584 60004*, ← – 🛗 ▤ [TV] ☎. [AE] [S] [MC] [VISA]. 🚫
aprile-novembre – **Pasto** carta 35/45000 – ☕ 20000 – **47 cam** 110/160000 – ½ P 110 140000.

Bacco 🐕, via Rosi 24 ☎ 0584 619540, *Fax 0584 610897*, ⛱, 🌳 – 🛗 ▤ [TV] ☎ [P]. 🚫
Pasqua-15 ottobre – **Pasto** (solo per alloggiati) – ☕ 9500 – **21 cam** 145/165000 ½ P 165000.

Sylvia 🐕, via Manfredi 15 ☎ 0584 617994, *Fax 0584 617994*, 🌳 – 🛗 ☎ [P]. [AE] [S] [VISA] 🚫 rist
marzo-15 ottobre – **Pasto** (solo per alloggiati) 25/35000 – ☕ 10000 – **21 cam** 60/110000 ½ P 100/110000.

Tony, via Carducci 7 ☎ 0584 617735, *Fax 0584 618133*, 🌳 – 🛗 [TV] ☎. [AE] [O] [MC] [VISA] [JCB]
Pasto 35000 – ☕ 15000 – **24 cam** 140/160000 – ½ P 125000.

La Terrazza, via Roma 191 ☎ 0584 619074, *Fax 0584 619077* – ▤ rist, [TV] ☎. [AE] [S] [O] [MC] [VISA]. 🚫
aprile-settembre – **Pasto** 25/35000 – ☕ 10000 – **13 cam** 80/140000 – ½ P 80/110000.

Ariston Mare, viale Colombo 660 ☎ 904747, ⛱ – [P]. [AE] [S] [O] [MC] [VISA] [JCB]. 🚫
chiuso lunedì e a mezzogiorno escluso venerdì, sabato e domenica; da giugno a settembr sempre aperto – **Pasto** carta 55/85000.

Da Clara, via Aurelia 289 ☎ 0584 904520 – ▤ [P]. [AE] [S] [O] [MC] [VISA]
chiuso dall'8 al 31 gennaio e mercoledì – **Pasto** carta 60/95000.

LIDO DI CLASSE *Ravenna* [988] ⑮, [429], [430] J 19 – ✉ *48020 Savio – a.s. Pasqua e 18 giugno agosto e Natale.*
[i] *(giugno-10 settembre) viale Da Verrazzano 107* ☎ *0544 939278.*
Roma 384 – Ravenna 19 – Bologna 96 – Forlì 30 – Milano 307 – Rimini 40.

Astor, viale F.lli Vivaldi 94 ☎ 0544 939437, *Fax 0544 939437*, ←, 🌳 – 🛗, ▤ rist, [TV] ☎ [P]. [AE] [S] [O] [MC] [VISA]. 🚫 rist
Pasqua-15 settembre – **Pasto** 30000 – ☕ 13000 – **27 cam** 165000 – ½ P 65/95000.

LIDO DI JESOLO *30017 Venezia* 988 ⑤, 429 F 19 *G. Italia.*

piazza Brescia 13 ✆ 0421 370601, Fax 0421 370606.

Roma 564 – Venezia 44 – Belluno 110 – Milano 303 – Padova 73 – Treviso 54 – Trieste 129 – Udine 98.

Park Hotel Brasilia, via Levantina (2° accesso al mare) ✆ 0421 380851, *Fax 0421 92244*, ←, ⛱, – rist
febbraio-settembre – **Pasto** carta 65/100000 – **42 cam** 195/430000, 18 appartamenti – ½ P 255000.

Delle Nazioni, via Padova 55 ✆ 0421 971920, *Fax 0421 971940*, ←, – 50. rist
maggio-10 ottobre – **Pasto** carta 75/105000 – **54 cam** 180/350000 – ½ P 205000.

Byron Bellavista, via Padova 83 ✆ 0421 371023, *Fax 0421 371073*, ←, – rist,
maggio-settembre – **Pasto** (solo per alloggiati e *chiuso a mezzogiorno*) 35/45000 – **54 cam** 200/280000, 2 appartamenti – ½ P 185000.

Europa, via Bafile 361 (21° accesso al mare) ✆ 0421 371631, *Fax 0421 370910*, riscaldata, – 60. rist
marzo-ottobre – **Pasto** 35/70000 – **78 cam** 180/345000 – ½ P 155/185000.

Cavalieri Palace, via Mascagni 1 ✆ 0421 971969, *Fax 0421 971970*, ←, riscaldata, – rist
Pasqua-6 ottobre – **Pasto** carta 45/60000 – **58 cam** 150/285000 – ½ P 145/165000.

Majestic Toscanelli, via Canova 2 ✆ 0421 371331, *Fax 0421 371054*, ←, – rist
maggio-settembre – **Pasto** (solo per alloggiati) 30000 – **57 cam** 150/300000 – ½ P 175000.

Rivamare, via Bafile (17° accesso al mare) ✆ 0421 370432, *Fax 0421 370761*, ←,
10 maggio-settembre – **Pasto** (solo per alloggiati) – 20000 – **57 cam** 120/210000, 8000 – ½ P 140000.

Montecarlo, via Bafile 5 (16° accesso al mare) ✆ 0421 370200, *Fax 0421 370201*, ←, – rist,
maggio-24 settembre – **Pasto** (solo per alloggiati) 30/40000 – 15000 – **43 cam** 120/160000, appartamento – ½ P 90/125000.

Universo, via Treviso 11 ✆ 0421 972298, *Fax 0421 371300*, ←, – rist, rist
aprile-settembre – **Pasto** carta 40/75000 – **56 cam** 145/260000, 4 appartamenti – ½ P 180000.

Termini, via Altinate 4 (2° accesso al mare) ✆ 0421 960100, *Fax 0421 960150*, ←, –
Pasqua-settembre – **Pasto** 45/55000 – **44 cam** 180/320000, 7 appartamenti – ½ P 120/180000.

Atlantico, via Bafile 11 (3° accesso al mare) ✆ 0421 381273, *Fax 0421 380655*, ←, – rist
10 maggio-20 settembre – **Pasto** (solo per alloggiati) 40/50000 – **70 cam** 115/230000 – ½ P 135/155000.

Beny, via Levantina 3 (4° accesso al mare) ✆ 0421 961792, *Fax 0421 961959*, ←, – rist
maggio-settembre – **Pasto** (solo per alloggiati) 35/60000 – **75 cam** 110/200000 – ½ P 130000.

Ritz, via Zanella 2 ✆ 0421 972861, *Fax 0421 972861*, ←, riscaldata, – rist
maggio-settembre – **Pasto** carta 60/85000 – 20000 – **45 cam** 150/230000 – ½ P 140/160000.

a Jesolo Pineta *Est : 6 km – ✉ 30017 Lido di Jesolo :*

Negresco, via Bucintoro 8 ✆ 0421 961137, *Fax 0421 961025*, ←, – 26.
10 maggio-25 settembre – **Pasto** carta 60/85000 – **54 cam** 170/310000, 12000 – ½ P 170/190000.

Mediterraneo, via Oriente 106 ✆ 0421 961175, *Fax 0421 961176*, « Giardino-pineta », riscaldata, – rist
15 maggio-settembre – **Pasto** carta 60/85000 – 25000 – **60 cam** 160/260000 – ½ P 200000.

Bellevue , via Oriente 100 ✆ 0421 961233, *Fax 0421 961238*, ←, « Parco-pineta », riscaldata, – rist
maggio-settembre – **Pasto** carta 45/55000 – 18000 – **58 cam** 150/290000, 6 appartamenti – ½ P 185000.

Gallia, via del Cigno Bianco 3/5 ✆ 0421 961018, *Fax 0421 363033*, « Giardino-pineta », riscaldata, – ⎮ ▤ ▣ ☎ P
stagionale – **53 cam.**

Bauer, via Bucintoro 6 ✆ 0421 961333, *Fax 0421 362977*, ←, – ⎮ ▤ ▣ ☎ P.
maggio-settembre – **Pasto** (solo per alloggiati) – **35 cam** 155/270000 – ½ P 130/155000.

Viña del Mar, via Oriente 58 ✆ 0421 961182, *Fax 0421 362872*, « Giardino ombreggiato », – ⎮ ▤ ▣ ☎ P – 40. VISA. rist
15 maggio-settembre – **Pasto** 60000 – **48 cam** 180/260000 – ½ P 165000.

XX **Alla Darsena,** via Oriente 166 ✆ 0421 980081, *Fax 0421 980081*, « Servizio estivo all'aperto » – P. AE VISA.
chiuso dal 15 novembre al 10 dicembre, mercoledì e giovedì (escluso dal 15 maggio al 15 settembre) – **Pasto** carta 50/65000.

X **Ai Pescatori,** via Oriente 174 ✆ 0421 980021, « Servizio estivo in terrazza sulla foce del Piave » – P. AE VISA
chiuso novembre, martedì sera e mercoledì escluso dal 15 maggio al 15 settembre – **Pasto** carta 45/70000.

LIDO DI LATINA *Latina* 430 R 20 – *Vedere Latina.*

LIDO DI NOTO *Siracusa* 432 Q 27 – *Vedere Sicilia (Noto) alla fine dell'elenco alfabetico.*

LIDO DI OSTIA o LIDO DI ROMA *00100 Roma* 988 ㉕ ㉖, 430 Q 18 *G. Italia – a.s. 15 giugno-agosto.*

Vedere *Scavi★★ di Ostia Antica Nord : 4 km.*
Roma 36 – Anzio 45 – Civitavecchia 69 – Frosinone 108 – Latina 70.

La Riva senza rist, piazzale Magellano 22 ✉ 00122 ✆ 06 5622231, *Fax 06 5621667*, – ▤ ▣ ☎ P. AE VISA JCB
15 cam 130/170000.

XX Ferrantelli, via Claudio 7/9 ✉ 00122 ✆ 06 56304269, *Fax 06 56304269* – ▤.

LIDO DI PORTONUOVO *Foggia* 431 B 30 – *Vedere Vieste.*

LIDO DI SAVIO *48020 Ravenna* 988 ⑮, 429, 430 J 19 – *a.s. 18 giugno-agosto.*

ℹ *(giugno-10 settembre) viale Romagna 168* ✆ *0544 949063.*
Roma 385 – Ravenna 20 – Bologna 98 – Forlì 32 – Milano 309 – Rimini 38.

Strand Hotel Colorado, viale Romagna 201 ✆ 0544 949002, *Fax 0544 939827*, ←, – ⎮, ▤ rist, ▣ ☎ P. VISA. rist
24 aprile-24 settembre – **Pasto** carta 35/50000 – 18000 – **44 cam** 110/170000 – ½ P 100/135000.

Concord, via Russi 1 ✆ 0544 949115, *Fax 0544 949115*, ←, – ⎮, ▤ rist, ▣ ☎ P. AE VISA. rist
10 maggio-15 settembre – **Pasto** 30000 – 15000 – **55 cam** 100/135000 – ½ P 125000.

Caesar, via Massalombarda 21 ✆ 0544 949131, *Fax 0544 949196*, ←, – ⎮ ▤ ▣ ☎ P. AE VISA.
15 marzo-30 settembre – **Pasto** (solo per alloggiati) carta 25/40000 – 15000 – **40 cam** 90/110000, ▤ 5000 – ½ P 90000.

Tokio, viale Romagna 155 ✆ 0544 949100, *Fax 0544 948241*, ←, – ⎮, ▤ rist, ▣ ☎ P. AE VISA.
Pasqua-settembre – **Pasto** 30/50000 – 15000 – **42 cam** 90/120000 – ½ P 85/95000.

Primavera, via Cesena 30 ✆ 0544 948099, *Fax 0544 948099*, ←, – ⎮, ▤ rist, ▣ ☎ P. AE VISA. rist
Pasqua-20 settembre – **Pasto** *(chiuso sino al 15 maggio)* 35000 – **33 cam** 120/150000 – ½ P 115/125000.

Asiago Beach, viale Romagna 217 ✆ 0544 949187, *Fax 0544 949110*, ←, riscaldata, – ⎮, ▤ rist, ▣ ☎ ♿ P. AE VISA.
aprile-15 ottobre – **Pasto** 30000 – 12000 – **48 cam** 65/120000 – ½ P 100000.

Mediterraneo, via Sarsina 11 ✆ 0544 949018, *Fax 0544 949527*, ←, – ⎮ ☎ P. AE VISA. rist
15 maggio-15 settembre – **Pasto** (solo per alloggiati) 30000 – **73 cam** 80/130000 – ½ P 85/95000.

LIDO DI SOTTOMARINA *Venezia 988 ⑤ – Vedere Chioggia.*

LIDO DI SPINA *Ferrara 988 ⑮, 429, 430 I 18 – Vedere Comacchio.*

LIDO DI SPISONE *Messina – Vedere Sicilia (Taormina) alla fine dell'elenco alfabetico.*

LIDO DI TARQUINIA *Viterbo 430 P 17 – Vedere Tarquinia.*

LIDO DI VENEZIA *Venezia 988 ⑤ – Vedere Venezia.*

LIDO RICCIO *Chieti 430 O 25 – Vedere Ortona.*

LIERNA *23827 Lecco 428 E 9, 219 ⑨ – 1 880 ab. alt. 205.*
Roma 636 – Como 45 – Bergamo 49 – Lecco 16 – Milano 72 – Sondrio 66.

La Breva, via Imbarcadero 3 ✆ 0341 741490, *Fax 0341 741490*, ←, « Servizio estivo in terrazza in riva al lago » – P. AE $ ① ⓪ VISA JCB. ✻
chiuso gennaio, dal 1° al 7 novembre, lunedì sera e martedì (escluso da giugno a settembre) – **Pasto** carta 60/80000.

Crotto di Lierna, via Ducale 42 ✆ 0341 740134, – P. AE $ ① ⓪ VISA. ✻
chiuso dal 1° al 15 ottobre, lunedì sera e martedì – **Pasto** specialità alla brace carta 55/80000 (10 %).

LIGNANO SABBIADORO *33054 Udine 988 ⑥, 429 E 21 G. Italia – 6 359 ab. – a.s. luglio-agosto.*
Vedere *Spiaggia*★★★.
18 ✆ *0431 428025, Fax 0431 423230.*
via Latisana 42 ✆ 0431 71821, Fax 0431 70449.
Roma 619 – Udine 61 – Milano 358 – Treviso 95 – Trieste 100 – Venezia 108.

Miramare, via Aquileia 49 ✆ 0431 71260, *Fax 0431 720051*, ←, ⛱, – P
stagionale – **58 cam.**

Atlantic, lungomare Trieste 160 ✆ 0431 71101, *Fax 0431 71103*, ←, ⛱ riscaldata, – |‡|, cam, TV ☎ ♿ P. AE $ ① ⓪ VISA. ✻ rist
18 maggio-17 settembre – **Pasto** carta 55/80000 – **61 cam** 170/300000, 15000 – ½ P 150/165000.

Bellavista, lungomare Trieste 70 ✆ 0431 71313, *Fax 0431 720602*, ←, ⛱, – |‡| TV ☎ . AE $ ① ⓪ VISA. ✻ rist
21 aprile-1° ottobre – **Pasto** *(giugno-23 settembre)* carta 50/70000 – **48 cam** 165/300000 – ½ P 165000.

Palace, via Carinzia 13 ✆ 0431 720900, *Fax 0431 720920*, ⛱, – |‡| TV ☎ ♿ P. $ ⓪ VISA
maggio-settembre – **Pasto** (solo per alloggiati) 50000 – 15000 – **76 cam** 135/240000 – ½ P 120/140000.

Florida, via dell'Arenile 22 ✆ 0431 71134, *Fax 0431 71222*, , – |‡| TV ☎ ♿ P. AE $ ① ⓪ VISA JCB. ✻ rist
20 aprile-25 settembre – **Pasto** (solo per alloggiati) 30/40000 – 15000 – **75 cam** 180/240000 – ½ P 130000.

Bidin, viale Europa 1 ✆ 0431 71988, *Fax 0431 720738*, Coperti limitati; prenotare – P. AE $ ① ⓪ VISA JCB. ✻
chiuso mercoledì a mezzogiorno dal 10 maggio a settembre, tutto il giorno negli altri mesi. – **Pasto** carta 55/80000.

a Lignano Pineta *Sud-Ovest : 5 km – ✉ 33054 Lignano Sabbiadoro.*
(aprile-settembre) via dei Pini 53 ✆ 0431 422169, Fax 0431 422616 :

Greif, arco del Grecale 25 ✆ 0431 422261, *Fax 0431 427271*, « Parco-pineta con ⛱ riscaldata », , – |‡| TV ☎ ♿ P – 300. AE $ ① ⓪ VISA JCB. ✻ rist
chiuso dal 20 dicembre a febbraio – **Pasto** *(chiuso dal 16 novembre a febbraio)* carta 75/110000 – **74 cam** 270/500000, 18 appartamenti – ½ P 340000.

Park Hotel, viale delle Palme 41 ✆ 0431 422380, *Fax 0431 428079*, ⛱, – |‡| TV ☎ P. $ ① ⓪ VISA JCB. ✻ rist
15 aprile-15 ottobre – **Pasto** *(maggio-settembre)* (solo per alloggiati) 50000 – **44 cam** 170/280000 – ½ P 170000.

Medusa Splendid, raggio dello Scirocco 33 ✆ 0431 422211, *Fax 0431 422251*, ⛱, , – |‡| TV ☎ ♿ P. AE $ ① ⓪ VISA. ✻ rist
20 maggio-20 settembre – **Pasto** (solo per alloggiati) carta 45/65000 – **56 cam** 125/210000 – ½ P 160000.

Bella Venezia, arco del Grecale 18/a ✆ 0431 422184, *Fax 0431 422352,* – rist, rist
15 maggio-15 settembre – **Pasto** 30000 – **45 cam** 150/200000 – ½ P 120000.

Erica, arco del Grecale 21/23 ✆ 0431 422123, *Fax 0431 427363,* – rist, . rist
20 aprile-20 settembre – **Pasto** (solo per alloggiati) 40000 – **38 cam** 185000 ½ P 125000.

a Lignano Riviera *Sud-Ovest : 7 km – ✉ 33054 Lignano Sabbiadoro :*

Marina Uno, viale Adriatico 7 ✆ 0431 427171, *Fax 0431 427171,* – – 100.
Pasqua-15 ottobre – **Pasto** vedere rist ***Newport*** – **79 cam** 240/370000, 8 appartamen – ½ P 150/200000.

President, calle Rembrandt 2 ✆ 0431 424111, *Fax 0431 424299,* riscaldata, –
stagionale – **28 cam**, 12 appartamenti.

Eurotel, calle Mendelssohn 13 ✆ 0431 428992, *Fax 0431 428731,* « Giardino-pineta con », –
stagionale – **56 cam.**

Meridianus, viale della Musica 7 ✆ 0431 428561, *Fax 0431 428570,* – . rist
20 maggio-24 settembre – **Pasto** (solo per alloggiati) 35/45000 – **88 cam** 160/215000 ½ P 120/135000.

Smeraldo, viale della Musica 4 ✆ 0431 428781, *Fax 0431 423031,* –
10 maggio-25 settembre – **Pasto** 40/50000 – 20000 – **59 cam** 100/170000 – ½ P 105. 125000.

Newport, viale Adriatico 7 ✆ 0431 427171, *Fax 0431 427171,* –
Pasqua-15 ottobre – **Pasto** carta 50/75000.

Europe — Se il nome di un albergo è stampato in carattere magro, chiedete al vostro arrivo le condizioni che vi saranno praticate.

LILLAZ *Aosta* 428 F 4, 219 ⑫ – *Vedere Cogne.*

LIMANA *32020 Belluno* 429 D 18 – *4 367 ab. alt. 319.*
Roma 614 – Belluno 12 – Padova 117 – Trento 101 – Treviso 72.

Piol, via Roma 116/118 ✆ 0437 967471, *Fax 0437 967103* – rist, – 200.
Pasto carta 35/55000 – 10000 – **23 cam** 90/120000 – ½ P 75/90000.

LIMIDI *Modena – Vedere Soliera.*

LIMITO *Milano* 428 F 9, 219 ⑲ – *Vedere Pioltello.*

LIMONE PIEMONTE *12015 Cuneo* 988 ⑫, 428 J 4 – *1 557 ab. alt. 1 010 – a.s. febbraio-Pasqua luglio-15 settembre e Natale – Sport invernali : 1 010/2 050 m 22,.*
Cò di Paris (giugno-settembre) ✆ 0171 929166, Fax 0171 929166.
via Roma 30 ✆ 0171 92101, Fax 0171 927064.
Roma 670 – Cuneo 28 – Milano 243 – Nice 97 – Colle di Tenda 6 – Torino 121.

Principe, via Genova 45 ✆ 0171 92389, *Fax 0171 927070,* – . rist
15 dicembre-15 aprile e luglio-agosto – **Pasto** *(chiuso a mezzogiorno dal 15 dicembre al 15 aprile)* 30/40000 – **42 cam** 180/220000 – ½ P 160000.

Le Ginestre, via Nizza 68 (strada statale Sud : 1 km) ✆ 0171 927596, *Fax 0171 927597,* « Terrazza-giardino », –
Pasto (solo per alloggiati) 30000 – 12000 – **18 cam** 100/160000 – ½ P 95/125000.

Lu Taz, via San Maurizio 5 (Ovest : 1 km) ✆ 0348 4446062, prenotare, « Ambiente caratteristico » –
chiuso dal 10 al 30 giugno, dal 7 al 14 novembre, martedì e a mezzogiorno in bassa stagione – **Pasto** 60000 e carta 60/75000.

LIMONE SUL GARDA *25010 Brescia* 428, 429 E 14 *G. Italia – 988 ab. alt. 66 – a.s. Pasqua e luglio-15 settembre.*

Vedere ≤*** *dalla strada panoramica** dell'altipiano di Tremosine per Tignale.*

via Comboni 15 ☎ 0365 954070, Fax 0365 954689.

Roma 586 – Trento 54 – Brescia 65 – Milano 160 – Verona 97.

Park H. Imperial, via Tamas 10/b ☎ 0365 954591, *Fax 0365 954382*, Centro benessere di medicina orientale, « Giardino con », – – 50. AE VISA JCB.
chiuso dall'11 al 22 dicembre – **Pasto** carta 55/100000 – **48 cam** 330/425000, 2 appartamenti – ½ P 210/235000.

Ilma, via Caldogno 1 ☎ 0365 954041, *Fax 0365 954535*, ≤ lago e monti, – , rist, . VISA. rist
aprile-ottobre – **Pasto** (solo per alloggiati) 20/25000 – **57 cam** 90/170000 – ½ P 85/110000.

Coste, via Tamas 11 ☎ 0365 954042, *Fax 0365 954393*, ≤, « Giardino-uliveto con » – . VISA. rist
chiuso novembre e dicembre – **Pasto** *(chiuso domenica da gennaio a marzo)* carta 35/50000 – 14000 – **32 cam** 110/150000 – ½ P 85/100000.

LIPARI (Isola) *Messina* 988 ㊲ ㊳, 431, 432 L 26 – *Vedere Sicilia (Eolie, isole) alla fine dell'elenco alfabetico.*

LISANZA *Varese* 219 ⑰ – *Vedere Sesto Calende.*

Un consiglio ***Michelin:***
per la buona riuscita di un viaggio, preparatelo in anticipo.
Le ***carte*** *e le* ***guide Michelin*** *vi danno tutte le indicazioni*
utili su: itinerari, curiosità, sistemazioni, prezzi, ecc.

LIVIGNO *23030 Sondrio* 988 ③, 428, 429 C 12 – *4 860 ab. alt. 1 816 – Sport invernali : 1 816/2 798 m 3 14, .*

via dala Gesa 65 ☎ 0342 996379, Fax 0342 996881.

Roma 801 – Sondrio 74 – Bormio 38 – Milano 240 – Passo dello Stelvio 54.

Baita Montana, via Mon de la Nev 1 ☎ 0342 990611, *Fax 0342 990660*, ≤ paese e montagne, , – , rist, . AE VISA.
chiuso novembre – **Pasto** *(chiuso lunedì da settembre ad ottobre)* carta 35/60000 – 18000 – **36 cam** 95/110000 – ½ P 150000.

Bivio, via Plan 100 ☎ 0342 996137, *Fax 0342 997621*, , – , rist, . AE VISA. cam
chiuso dal 5 al 15 maggio e dal 1° al 10 novembre – **Pasto** 30000 e al Rist. ***Cheseta Veglia*** carta 40/70000 – **22 cam** 170/300000, 2 appartamenti – ½ P 85/135000.

Concordia, via Plan 22 ☎ 0342 990100, *Fax 0342 990300*, – . AE VISA.
Pasto 50000 – **28 cam** 205/280000, 2 appartamenti – ½ P 180000.

Galli, via Saroch 77 ☎ 0342 996376 e rist. ☎ 0342 996728, *Fax 0342 971196*, ≤, – . AE VISA
Pasto al Rist. ***Il Cenacolo*** carta 45/70000 – **20 cam** 150/190000 – ½ P 145000.

Bucaneve, via strada statale, 6 ☎ 0342 996201, *Fax 0342 997588*, ≤, , , , – , rist, . AE VISA. rist
Pasto carta 50/70000 – **49 cam** 120/220000 – ½ P 125/170000.

Posta, plaza dal Comun 4 ☎ 0342 996076, *Fax 0342 970097*, ≤, , – . AE VISA.
2 dicembre-aprile e 2 luglio-14 ottobre – **Pasto** *(luglio-15 settembre)* 30/40000 – **31 cam** 130/260000 – ½ P 155000.

Francesin senza rist, via Ostaria 72 ☎ 0342 970320, *Fax 0342 970139*, , – . AE VISA.
14 cam 95/160000.

Krone senza rist, via Bondi 12 ☎ 0342 996015, *Fax 0342 970215* – . AE VISA.
14 cam 170000.

🏠 **Livigno,** via Ostaria 103 ☎ 0342 996104, *Fax 0342 997697* – [TV] ☎ [P]. [AE] [S] [VISA].
chiuso dal 2 al 15 maggio e dal 3 al 25 novembre – **Pasto** carta 40/75000 (10 %) – **18 ca**
☕ 95/160000 – ½ P 130000.

🍴🍴 **La Piöda** con cam, via Saroch 176 ☎ 0342 997428, *Fax 0342 971336*, prenotare – [TV] ☎
[P]. [AE] [S] [MC] [VISA] [JCB].
chiuso maggio – **Pasto** 60000 e carta 45/85000 – **19 cam** ☕ 145/230000 – ½ P 140000.

🍴🍴 **Il Passatore,** via Rasia 77 ☎ 0342 997221, *Fax 0342 997221*, Rist. e pizzeria – [P]. [AE]
[MC] [VISA]
chiuso giugno, novembre e mercoledì (escluso dicembre e da febbraio a maggio) – **Past**
carta 40/60000.

🍴 **Camana Veglia** con cam, via Ostaria 107 ☎ 0342 996310, *Fax 0342 996904*, « Caratter
stici interni in legno » – [TV] ☎ [P]. [AE] [S] [MC] [VISA]. rist
chiuso maggio e novembre – **Pasto** *(chiuso martedì escluso da gennaio a marzo ed agost*
carta 45/80000 – ☕ 14000 – **12 cam** 140/160000 – ½ P 140000.

LIVORNO *57100* [P] [988] ⑭, [428], [430] L 12 *G. Toscana – 162 321 ab..*

Vedere *Monumento*★ *a Ferdinando I de' Medici* AY **A**.

Dintorni *Santuario di Montenero*★ *Sud : 9 km.*

per Golfo Aranci 26 marzo-12 ottobre giornalieri (9 h) – Sardinia Ferries, calata Carra
✉ 57123 ☎ 0586 898979, Fax 0586 896103; per Palermo lunedì, mercoledì e venerdì (17
– Grimaldi-Grandi Navi Veloci, varco Galvani Darsena 1 ✉ 57123 ☎ 0586 409804, Fax 058
429717.

[i] *piazza Cavour 6 ✉ 57126 ☎ 0586 898111, Fax 0586 896173.*

[A.C.I.] *via Verdi 32 ✉ 57126 ☎ 0586 829090.*

Roma 321 ③ – Pisa 24 ① – Firenze 85 ① – Milano 294 ②.

Pianta pagina a lato

🏠 **Gran Duca,** piazza Micheli 16 ✉ 57123 ☎ 0586 891024, *Fax 0586 891153*, ≤, –
[TV] ☎ – 40. [AE] [S] [MC] [VISA] [JCB] AY
Pasto vedere rist ***Gran Duca*** – ☕ 15000 – **71 cam** 140/200000, appartamento
½ P 135000.

🏠 **Città** senza rist, via di Franco 32 ✉ 57123 ☎ 0586 883495, *Fax 0586 890196* – [TV] ☎.
[S] [MC] [VISA] AY
20 cam ☕ 130/180000.

🍴🍴 **Gran Duca** - Hotel Gran Duca, piazza Micheli 18 ✉ 57123 ☎ 0586 891325, – . [AE]
[MC] [VISA] [JCB] AY
Pasto carta 50/80000 (12 %).

🍴🍴 **La Chiave,** scali delle Cantine 52/54 ✉ 57122 ☎ 0586 888609, *Fax 0586 888609* – .
[S] [MC] [VISA] AY
chiuso a mezzogiorno – **Pasto** carta 40/90000.

🍴 Da Rosina, via Roma 251 ✉ 57127 ☎ 0586 800200, – BZ
Pasto specialità di mare.

🍴 Le Cinque Querce, via dell'Uliveta ✉ 57124 ☎ 0586 858527, *Fax 0586 858527*, Rist.
pizzeria – [P] per via A. Gramsci BY

🍴 **Aragosta,** piazza Arsenale 6 ✉ 57123 ☎ 0586 895395, – [AE] [S] [MC] [VISA]
chiuso dal 24 dicembre al 2 gennaio, dal 4 al 24 ottobre e domenica – **Pasto** carta 35/6000
(10 %). AY

🍴 **Osteria del Mare,** borgo dei Cappuccini 5 ✉ 57126 ☎ 0586 881027, *Fax 0586 881027* -
. [AE] [S] [MC] [VISA]. AY
chiuso dal 25 agosto al 10 settembre e giovedì – **Pasto** carta 45/75000.

🍴 **Da Galileo,** via della Campana 20 ✉ 57122 ☎ 0586 889009 – . [AE] [S] [MC] [VISA]
chiuso dal 16 al 30 luglio, domenica sera e mercoledì – **Pasto** trattoria con specialità
pesce carta 35/60000. BY

ad Antignano *per ③ : 4 km – ✉ 57128 Livorno :*

🏠 **Residence Hotel Marilia** senza rist, via Sarti 61 ☎ 0586 877777, *Fax 0586 877677* –
[TV] ☎ [P]. [AE] [S] [MC] [VISA] [JCB].
☕ 16000 – 15 appartamenti 215/350000.

ad Ardenza *per ③ : 5 km – ✉ 57128 Livorno :*

🍴🍴 **Ciglieri,** via Franchini 38 ☎ 0586 508194, *Fax 0586 589091* – . [AE] [S] [MC] [VISA] [JCB].
chiuso dal 12 al 25 gennaio e mercoledì – **Pasto** 85/90000 e carta 70/130000.

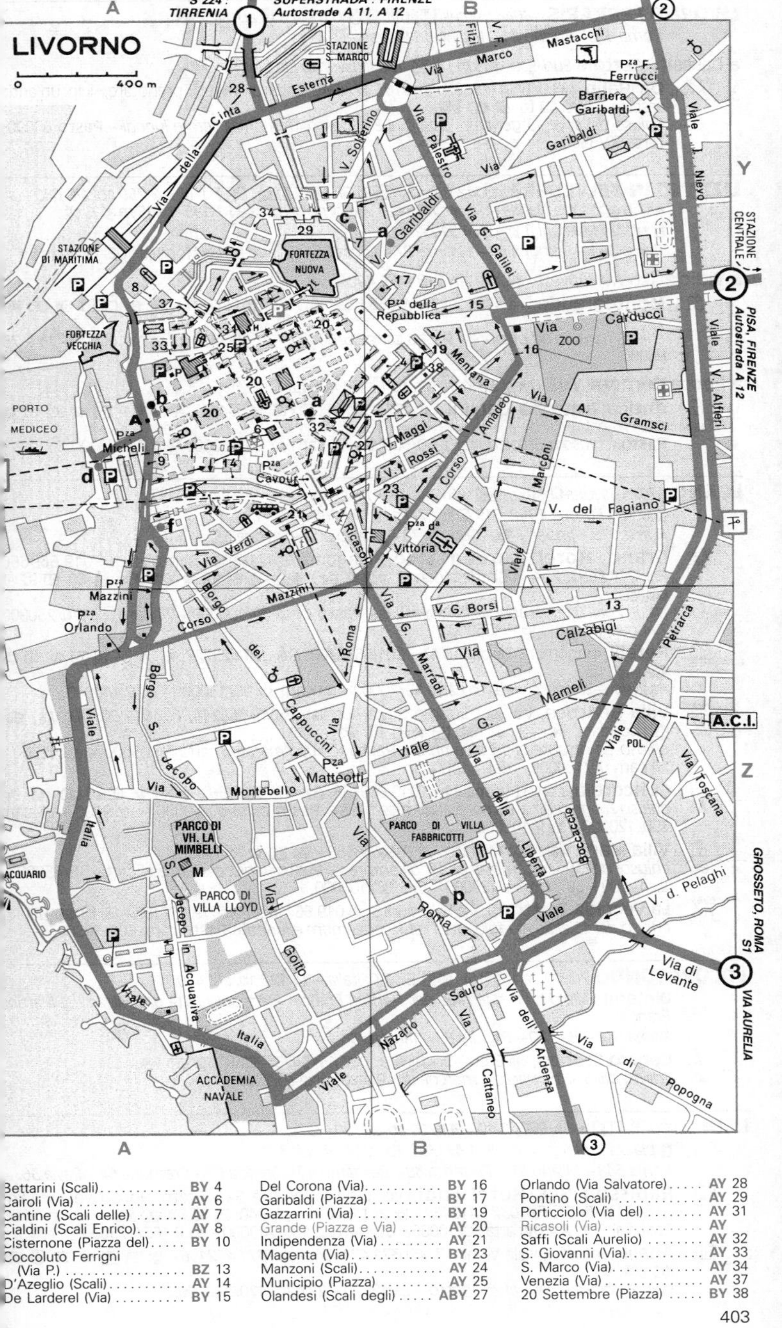

Bettarini (Scali) . . . . BY 4
Cairoli (Via) . . . . AY 6
Cantine (Scali delle) . . . . AY 7
Cialdini (Scali Enrico). . . . . AY 8
Cisternone (Piazza del). . . . . BY 10
Coccoluto Ferrigni
(Via P.) . . . . BZ 13
D'Azeglio (Scali) . . . . AY 14
De Larderel (Via) . . . . BY 15

Del Corona (Via). . . . . BY 16
Garibaldi (Piazza) . . . . BY 17
Gazzarrini (Via) . . . . BY 19
Grande (Piazza e Via) . . . . . . AY 20
Indipendenza (Via) . . . . AY 21
Magenta (Via). . . . . BY 23
Manzoni (Scali). . . . . AY 24
Municipio (Piazza) . . . . AY 25
Olandesi (Scali degli) . . . . . ABY 27

Orlando (Via Salvatore). . . . . AY 28
Pontino (Scali) . . . . AY 29
Porticciolo (Via del) . . . . AY 31
Ricasoli (Via) . . . . AY
Saffi (Scali Aurelio) . . . . AY 32
S. Giovanni (Via). . . . . AY 33
S. Marco (Via). . . . . AY 34
Venezia (Via) . . . . AY 37
20 Settembre (Piazza) . . . . . BY 38

LIVORNO FERRARIS *13046 Vercelli* [988] ⑫, [428] G 6 – *4 411 ab. alt. 189.*
Roma 673 – Torino 41 – Milano 104 – Vercelli 42.

a Castell'Apertole *Sud-Est : 10 km : – ✉ 13046 Livorno Ferraris :*

🍴🍴 **Da Balin,** ☎ 0161 477536, *Fax 0161 477536,* Coperti limitati; prenotare, « In un'antica cascina » – [P]. AE [S] ⓓ MC VISA
chiuso dal 1° al 15 gennaio, dal 10 al 20 agosto, domenica sera e lunedì – **Pasto** 60000 e carta 50/85000.

LIZZANO IN BELVEDERE *40042 Bologna* [988] ⑭, [428], [429], [430] J 14 – *2 259 ab. alt. 640 – a.s. luglio-agosto e Natale – Sport invernali : a Corno alle Scale : 1 195/1 945 m* ⛷*7,* ⛷*.*
[i] *piazza Marconi 6* ☎ *0534 51052.*
Roma 361 – Bologna 68 – Firenze 87 – Lucca 93 – Milano 271 – Modena 102 – Pistoia 51.

a Vidiciatico *Nord-Ovest : 4 km – alt. 810 – ✉ 40049 :*

🏠 **Montegrande,** via Marconi 27 ☎ 0534 53210, *Fax 0534 54024* – [TV] ☎. AE [S] ⓓ MC VISA. ✗
chiuso maggio ed ottobre – **Pasto** carta 35/60000 – ☕ 10000 – **12 cam** 100000 – ½ P 75/85000.

a Rocca Corneta *Nord-Ovest : 8 km – alt. 631 – ✉ 40040 :*

🏠 **Antica Trattoria Corsini,** ☎ 0534 53104, *Fax 0534 53111,* ☂, ☂ – [TV] ☎ [P]. [S] MC VISA. ✗ rist
Pasto *(chiuso mercoledì)* carta 30/50000 – **15 cam** ☕ 80/100000 – ½ P 60/80000.

LOANO *17025 Savona* [988] ⑫, [428] J 6 *G. Italia* – *11 111 ab..*
[i] *corso Europa 19* ☎ *019 676007, Fax 019 676818.*
Roma 578 – Imperia 43 – Genova 79 – Milano 202 – Savona 33.

🏨 **Grand Hotel Garden Lido,** lungomare Nazario Sauro 9 ☎ 019 669666, *Fax 019 668552,* ←, « Giardino con ⛱ », ⚒, ≘s, 🏖 – |♦| ▤ [TV] ☎ 🚗 [P] – 🎤 60. AE [S] ⓓ MC VISA. ✗
chiuso dall'8 novembre al 19 dicembre – **Pasto** carta 60/100000 – **77 cam** ☕ 170/230000, 2 appartamenti – ½ P 155000.

🏨 **Perelli,** lungomare Garbarino 13 ☎ 019 675708, *Fax 019 675722,* ←, 🏖 – |♦| [TV] ☎. [S] MC VISA. ✗ rist
Pasqua-settembre – **Pasto** carta 45/70000 – **41 cam** ☕ 90/130000 – ½ P 140000.

🏨 **Villa Beatrice,** via Sant'Erasmo 6 (via Aurelia) ☎ 019 668244, *Fax 019 668244,* ⚒, ≘s, ⛱ riscaldata, ☂ – |♦|, ▤ rist, [TV] ☎ [P]. [S]. ✗
chiuso da ottobre al 15 dicembre – **Pasto** *(chiuso martedì)* carta 30/45000 – ☕ 12000 – **30 cam** 60/120000 – ½ P 115000.

🏠 **Concordia,** corso Europa 44 ☎ 019 668156, *Fax 019 668156* – |♦| [TV] ☎. AE [S] MC VISA. ✗
chiuso maggio e da ottobre al 20 dicembre – **Pasto** carta 30/50000 – ☕ 9000 – **23 cam** 100/120000 – ½ P 105000.

🏠 **Villa Mary,** viale Tito Minniti 6 ☎ 019 668368 – ▤ [TV] ☎ [P]. VISA. ✗
chiuso dal 27 settembre al 19 dicembre – **Pasto** *(chiuso martedì)* carta 30/45000 – ☕ 12000 – **30 cam** 60/120000 – ½ P 80/100000.

🍴🍴 **La Vecchia Trattoria,** via Raimondi 3 ☎ 019 667162, *Fax 019 667162* – AE [S] MC VISA
chiuso dal 15 al 30 maggio, dal 1° al 15 novembre e lunedì – **Pasto** carta 60/110000.

LOCOROTONDO *70010 Bari* [988] ㉙, [431] E 33 *G. Italia* – *14 122 ab. alt. 410.*
Dintorni *Valle d'Itria** (strada per Martina Franca)* – *←* sulla città dalla strada di Martina Franca.*
Roma 518 – Bari 70 – Brindisi 68 – Taranto 36.

🍴 **Centro Storico,** via Eroi di Dogali 6 ☎ 080 4315473 – AE [S] ⓓ MC VISA
chiuso dal 5 al 15 marzo e mercoledì – **Pasto** carta 30/50000.

LODI *26900* [P] [988] ③ ⑬, [428] G 10 – *41 709 ab. alt. 80.*
[i] *piazza Broletto 4* ☎ *0371 421391, Fax 0371 421313.*
Roma 548 – Milano 37 – Piacenza 38 – Bergamo 49 – Brescia 67 – Cremona 54 – Pavia 36.

🏨 **Radisson SAS Hotel Lodi,** via Emilia, località San Grato Nord-Ovest : 4 km ☎ 0371 410461, *Fax 0371 410464* – |♦| ▤ [TV] ☎ [P] – 🎤 240. AE [S] ⓓ MC VISA
Pasto al Rist. ***Ascot*** carta 50/70000 – **62 cam** ☕ 180/240000 – ½ P 165/175000.

🏨 **Anelli** senza rist, viale Vignati 7 ☎ 0371 421354, *Fax 0371 422156* – |♦| ▤ [TV] ☎. AE [S] ⓓ MC VISA. ✗
chiuso Natale e dal 7 al 23 agosto – ☕ 18000 – **29 cam** 120/160000.

XXX **La Quinta,** viale Pavia 76 ☎ 0371 35041, *Fax 0371 35041* – ▤. [AE] [S] ⓞ [MC] [VISA] JCB
chiuso agosto, domenica sera e lunedì – **Pasto** 35000 (solo a mezzogiorno) 80000 e carta 50/80000.

XX ✿ **3 Gigli-All'Incoronata,** piazza della Vittoria 47 ☎ 0371 421404, ⛱, prenotare – ▤. [AE] [S] ⓞ [MC] [VISA]
chiuso dal 26 dicembre al 7 gennaio, dal 6 agosto al 1° settembre e lunedì – **Pasto** 35/90000 (a mezzogiorno) 75/90000 (la sera) e carta 70/105000
Spec. Baccalà in tempura con cipollotti, trevisana alla greca e cannoncini di patate al sesamo (autunno-primavera). Carré d'agnello pré-salé al forno con verze ed intingolo alle acciughe (inverno). Semifreddo all'anice stellato con fragole calde all'aceto di lamponi (estate).

XX **Isola Caprera,** via Isola Caprera 14 ☎ 0371 421316, *Fax 0371 421316*, ⛱, 🌳 – [P] – 🏛 250. [AE] [S] ⓞ [MC] [VISA]
chiuso dal 1° al 10 gennaio, dal 16 al 31 agosto, martedì sera e mercoledì – **Pasto** carta 55/85000.

a Riolo *Nord-Est : 4 km* – ✉ *26900 Lodi :*

XX **L'Angolo,** ☎ 0371 423720, Coperti limitati; prenotare – ▤. [S] ⓞ [MC] [VISA]. 🚭
chiuso febbraio, luglio, agosto e mercoledì – **Pasto** specialità di mare carta 55/85000.

LODRONE *38080 Trento* [429] *E 13 – alt. 379 – a.s. Natale.*

Roma 589 – Brescia 56 – Milano 146 – Trento 73.

🏠 ⚭ **Castel Lodron,** via 24 Maggio 41 ☎ 0465 685002, *Fax 0465 685425*, 🏋, ♨, 🏊, 🌳, 🎾 – |‡| [TV] ☏ [P] – 🏛 200. [AE] [S] ⓞ [MC] [VISA]. 🚭
Pasto *(chiuso lunedì)* carta 30/40000 – ☕ 10000 – **41 cam** 60/120000 – 1/2 P 60/80000.

LOIANO *40050 Bologna* [988] ⑭ ⑮, [429], [430] *J 15 – 3 830 ab. alt. 714 – a.s. luglio-13 settembre.*

⛳9 *Molino del Pero (chiuso lunedì) a Monzuno ✉ 40036 ☎ 051 6770506, Fax 051 6770506, Ovest : 9 km.*

Roma 359 – Bologna 36 – Firenze 85 – Milano 242 – Pistoia 100.

🏨 **Palazzo Loup** 🐚, via Santa Margherita 21, località Scanello Est : 3 km ☎ 051 6544040, *Fax 051 6544040*, ≤ colline e dintorni, « Parco ombreggiato » – |‡| [TV] ☏ ♿ [P] – 🏛 180. [AE] [S] ⓞ [MC] [VISA]. 🚭
chiuso dal 23 dicembre al 10 febbraio – **Pasto** *(chiuso lunedì escluso da giugno a settembre; prenotare)* carta 50/80000 – **37 cam** ☕ 210/320000 – 1/2 P 195000.

LONATE POZZOLO *21015 Varese* [428] *F 8,* [219] ⑰ *– 11 183 ab. alt. 205.*

Roma 621 – Stresa 49 – Milano 43 – Novara 30 – Varese 28.

sulla strada statale 527 *Sud-Ovest : 2 km :*

XX **F. Bertoni,** ✉ 21015 Tornavento ☎ 0331 302001, *Fax 0331 302021*, solo su prenotazione a mezzogiorno, 🌳 – [P]. [AE] [S] ⓞ [MC] [VISA] JCB. 🚭
chiuso dal 1° al 10 gennaio, agosto, domenica sera e lunedì – **Pasto** carta 45/65000.

LONATO *25017 Brescia* [988] ④, [428], [429] *F 13 – 11 626 ab. alt. 188 – a.s. Pasqua e luglio-15 settembre.*

Roma 530 – Brescia 23 – Mantova 50 – Milano 120 – Verona 45.

XX **Il Rustichello** con cam, viale Roma 92 ☎ 030 9130107, *Fax 030 9131145*, ⛱, 🌳 – ▤ rist, [TV] ☏ [P]. [AE] [S] ⓞ [MC] [VISA]
Pasto *(chiuso dal 2 all'8 gennaio, luglio e mercoledì)* carta 45/60000 – **13 cam** ☕ 80/110000 – 1/2 P 80/90000.

a Barcuzzi *Nord : 3 km* – ✉ *25017 Lonato :*

XX **Da Oscar,** via Barcuzzi 16 ☎ 030 9130409, *Fax 030 9130409*, ≤, « Servizio estivo in terrazza » – ▤ [P]. [AE] [S] ⓞ [MC] [VISA]. 🚭
chiuso dal 7 al 20 gennaio, lunedì e martedì a mezzogiorno – **Pasto** carta 55/100000.

LONGA *Vicenza – Vedere Schiavon.*

LONGARE *36023 Vicenza* [429] *F 16 – 5 207 ab. alt. 29.*

Roma 528 – Padova 28 – Milano 213 – Verona 60 – Vicenza 10.

a Costozza *Sud-Ovest : 1 km* – ✉ *36023 Longare :*

XX Aeolia, piazza Da Schio 1 ☎ 0444 555036, ⛱, « Edificio del 16° secolo con affreschi ».

XX ⚭ **Al Volto,** via Volto 39 ☎ 0444 555118, *Fax 0444 956050* – [P]. [AE] [S] ⓞ [MC] [VISA]. 🚭
chiuso agosto e mercoledì – **Pasto** carta 35/45000.

LONGARONE *32013 Belluno* 988 ⑤, 429 D 18 – *4 169 ab. alt. 474.*
Roma 619 – Belluno 18 – Cortina d'Ampezzo 50 – Milano 358 – Udine 119 – Venezia 108.

Posta senza rist, piazza IX ottobre 16 ✆ 0437 770702, *Fax 0437 771189* – ⇅ TV ☎ 🚗.
$ ⓓ ⓜ VISA. ✂
☕ 15000 – **24 cam** 100/150000.

LONGEGA (ZWISCHENWASSER) *39030 Bolzano* 429 B 17 – *alt. 1 012.*
Roma 720 – Cortina d'Ampezzo 50 – Bolzano 83 – Brunico 14 – Milano 382 – Trento 143.

Gader, ✆ 0474 501008, *Fax 0474 501858,* ☂ – ✂ rist, TV ☎ P. ✂ cam
chiuso giugno – **Pasto** carta 35/45000 – **12 cam** ☕ 70/130000 – 1/2 P 90000.

LONGIANO *47020 Forlì-Cesena* 429, 430 J 18 – *5 256 ab. alt. 179.*
Roma 350 – Rimini 28 – Forlì 32 – Ravenna 46.

Dei Cantoni, via Santa Maria 19 ✆ 0547 665899, *Fax 0457 665899,* « Servizio estiv all'aperto » – ▤. AE $ ⓓ ⓜ VISA JCB. ✂
chiuso gennaio e mercoledì – **Pasto** carta 35/40000.

LONIGO *36045 Vicenza* 988 ④, 429 F 16 – *13 618 ab. alt. 31.*
Roma 533 – Verona 33 – Ferrara 95 – Milano 186 – Padova 56 – Vicenza 24.

La Peca, via Principe Giovanelli 2 ✆ 0444 830214, *Fax 0444 830214,* ☂, Coperti limitat prenotare – P. AE $ ⓓ ⓜ VISA. ✂
chiuso dal 1° al 10 gennaio, dal 1° al 20 agosto, domenica sera, lunedì e in luglio anche domenica a mezzogiorno – **Pasto** carta 75/130000.

I prezzi — Per ogni chiarimento sui prezzi riportati in guida, consultate le pagine dell'introduzione.

LOREGGIA *35010 Padova* 429 F 17 – *5 451 ab. alt. 26.*
Roma 504 – Padova 26 – Venezia 30 – Treviso 36.

Locanda Aurilia con cam, via Aurelia 27 ✆ 049 5790395 e hotel ✆ 049 9300677 *Fax 049 5790395* – ⇅ ▤ TV ☎ 🚗 P. AE $ ⓜ VISA JCB. ✂
Pasto *(chiuso martedì e dal 5 al 20 agosto)* carta 40/60000 – ☕ 8000 – **10 cam** 60/90000 – 1/2 P 65/70000.

LORETO *60025 Ancona* 988 ⑯, 430 L 22 *G. Italia – 11 276 ab. alt. 125 – a.s. Pasqua, 15 agosto-1 settembre e 7-12 dicembre.*
Vedere *Santuario della Santa Casa*★★ – *Piazza della Madonna*★ – *Opere del Lotto*★ *nella pinacoteca* **M.**
ℹ *via Solari 3* ✆ *071 970276, Fax 071 970020.*
Roma 294 ② – Ancona 31 ① – Macerata 31 ② – Pesaro 90 ② – Porto Recanati 5 ①.

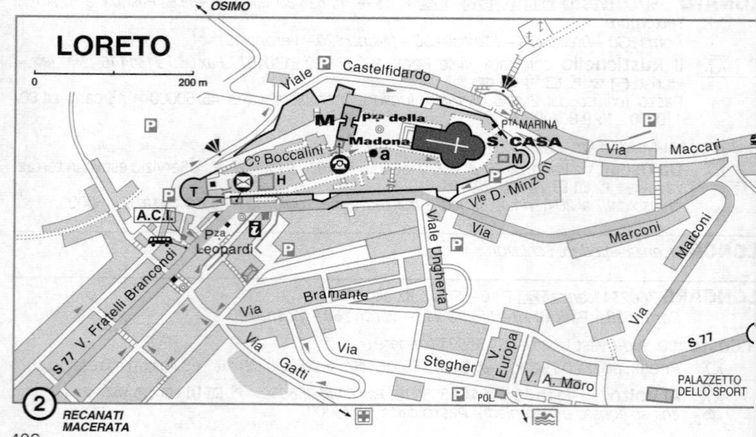

Pellegrino e Pace, piazza della Madonna 51 ✆ 071 977106, *Fax 071 978252* – ▮ ▯ ☎ ♿ 🚗. AE ⓢ ⓜ VISA JCB. ✻ a
Pasto *(chiuso giovedì)* carta 35/50000 – ☐ 4000 – **28 cam** 95/130000 – 1/2 P 85000.

Vecchia Fattoria con cam, via Manzoni 19 ✆ 071 978976, *Fax 071 978962,* ⛱, – ▤ ▯ ☎ P. AE ⓢ ⓞ ⓜ VISA JCB 3 km per via Maccari
Pasto *(chiuso lunedì)* carta 40/80000 – ☐ 5000 – **13 cam** 75/100000 – 1/2 P 105000.

Andreina, via Buffolareccia 14 ✆ 071 970124, *Fax 071 7501051* – ▤ P. AE ⓢ ⓞ ⓜ VISA JCB. ✻ 2 km per ①
chiuso martedì – **Pasto** carta 40/65000.

LORETO APRUTINO *65014 Pescara 988 ㉗, 430 O 23 – 7 570 ab. alt. 294.*
Roma 226 – Pescara 24 – Teramo 77.

Castello Chiola ⛰ senza rist, ✆ 085 8290690, *Fax 085 8290677,* ←, « Antica residenza medievale », ⛱ – ▮ ▯ ☎ P – 🏛 140. AE ⓢ ⓞ ⓜ VISA JCB. ✻
32 cam ☐ 200/300000, 4 appartamenti – 1/2 P 200000.

La Bilancia, contrada Palazzo 10 (Sud-Ovest : 5 km) ✆ 085 8289321, *Fax 085 8289610,* « Giardino » – ▯ ☎ P. AE ⓢ ⓞ ⓜ VISA. ✻
chiuso dal 3 gennaio al 3 febbraio – **Pasto** *(chiuso lunedì)* carta 30/40000 – senza ☐ – **19 cam** 60/110000 – 1/2 P 70/80000.

LORNANO *Siena – Vedere Monteriggioni.*

Read carefully the introduction it is the key to the Guide.

LORO CIUFFENNA *52024 Arezzo 988 ⑮, 430 L 16 – 4 949 ab. alt. 330.*
Roma 238 – Firenze 54 – Siena 63 – Arezzo 31.

Il Cipresso-da Cioni con cam, via De Gasperi 28 ✆ 055 9171127, *Fax 055 9172067* – P. AE ⓢ ⓞ ⓜ VISA
Pasto *(chiuso sabato escluso dal 16 giugno al 14 settembre)* carta 45/85000 – ☐ 10000 – **23 cam** 60/90000 – 1/2 P 65/85000.

LORO PICENO *62020 Macerata 430 M 22 – 2 478 ab. alt. 436.*
Roma 248 – Ascoli Piceno 74 – Ancona 73 – Macerata 22.

Girarrosto, via Ridolfi 4 ✆ 0733 509119, « Caratteristico ambiente ». ⓢ VISA. ✻
chiuso dal 1° al 24 luglio e mercoledì – **Pasto** carta 35/50000.

LOTZORAI *Nuoro 433 H 10 – Vedere Sardegna alla fine dell'elenco alfabetico.*

LOVENO *Como 219 ⑨ – Vedere Menaggio.*

LOVERE *24065 Bergamo 988 ③ ④, 428, 429 E 12 G. Italia – 5 598 ab. alt. 200 – a.s. luglio-agosto.*
Vedere *Lago d'Iseo★.*
Dintorni *Pisogne★ : affreschi★ nella chiesa di Santa Maria della Neve Nord-Est : 7 km.*
Roma 611 – Brescia 49 – Bergamo 41 – Edolo 57 – Milano 86.

Continental, viale Dante ✆ 035 983585, *Fax 035 983675* – ▮ ▤ ▯ ☎ ♿ 🚗. AE ⓢ ⓞ ⓜ VISA JCB. ✻ rist
Pasto *(chiuso mercoledì)* 40/60000 – **42 cam** ☐ 140/190000 – 1/2 P 120/140000.

Moderno, piazza 13 Martiri 21 ✆ 035 960607, *Fax 035 961451,* ⛱ – ▮ ▤ ▯ ☎ – 🏛 100. AE ⓢ ⓞ ⓜ VISA JCB
Pasto carta 45/80000 (10 %) – ☐ 12000 – **24 cam** 100/140000 – 1/2 P 100/110000.

LUCCA *55100 P 988 ⑭, 428, 429, 430 K 13 G. Toscana – 85 558 ab. alt. 19.*
Vedere *Duomo★★* C – *Chiesa di San Michele in Foro★★ : facciata★★* B – *Chiesa di San Frediano★* B – *Città vecchia★* BC – *Passeggiata delle mura★.*
Dintorni *Giardini★★ della villa reale di Marlia per ① : 8 km – Parco★ di villa Mansi per ② : 11 km.*
ℹ *Vecchia Porta San Donato-piazzale Verdi ✆ 0583 419689, Fax 0583 312581.*
A.C.I. *via Catalani 59 ✆ 0583 582626.*
Roma 348 ⑤ – Pisa 22 ④ – Bologna 157 ⑤ – Firenze 74 ⑤ – Livorno 46 ⑤ – Massa 45 ⑤ – Milano 274 ⑤ – Pistoia 43 ⑤ – La Spezia 74 ⑤.

Gd H. Guinigi Ⓜ, via Romana 1247 ✆ 0583 4991, *Fax 0583 499800* – 500. AE ⑤ ⓪ ⓜⓒ VISA. rist per ③
Pasto carta 45/80000 – **167 cam** ☕ 245/370000, 11 appartamenti – ½ P 225000.

San Marco Ⓜ senza rist, via San Marco 368 ✆ 0583 495010, *Fax 0583 490513* – P. AE ⑤ ⓪ ⓜⓒ VISA. per ①
☕ 18000 – **42 cam** 125/175000.

Napoleon senza rist, viale Europa 536 ✆ 0583 316516, *Fax 0583 418398* – 35. AE ⑤ ⓪ ⓜⓒ VISA. A
☕ 20000 – **58 cam** 125/200000.

Celide senza rist, viale Giuseppe Giusti 25 ✆ 0583 954106, *Fax 0583 954304* – P. AE ⑤ ⓪ ⓜⓒ VISA. D
☕ 20000 – **62 cam** 120/190000.

La Luna senza rist, via Fillungo-Corte Compagni 12 ✆ 0583 493634, *Fax 0583 490021* – AE ⑤ ⓪ ⓜⓒ VISA. B u
chiuso dal 6 al 31 gennaio – ☕ 15000 – **29 cam** 140/170000, appartamento.

Rex senza rist, piazza Ricasoli 19 ✆ 0583 955443, *Fax 0583 954348* – AE ⑤ ⓪ ⓜⓒ VISA JCB C c
☕ 15000 – **23 cam** 130/170000.

Piccolo Hotel Puccini senza rist, via di Poggio 9 ✆ 0583 55421, *Fax 0583 53487* – AE ⑤ ⓪ ⓜⓒ VISA B c
☕ 5000 – **14 cam** 90/130000.

Stipino senza rist, via Romana 95 ✆ 0583 495077, *Fax 0583 490309* – P. AE ⑤ ⓜⓒ VISA. per ③
☕ 20000 – **20 cam** 85/125000.

Buca di Sant'Antonio, via della Cervia 1/5 ✆ 0583 55881, *Fax 0583 312199* – AE ⑤ ⓪ ⓜⓒ VISA JCB B a
chiuso dal 9 al 31 luglio, domenica sera e lunedì – **Pasto** 40000 e carta 50/70000.

Puccini, corte San Lorenzo 1 ✆ 0583 316116, *Fax 0583 316031*, prenotare – AE ⑤ ⓪ ⓜⓒ VISA B d
marzo-ottobre; chiuso martedì e mercoledì a mezzogiorno, da giugno a settembre chiuso solo i mezzogiorno di martedì e mercoledì – **Pasto** carta 60/105000.

Antica Locanda dell'Angelo, via Pescheria 21 ✆ 0583 467711, *Fax 0583 495445*, – AE ⑤ ⓪ ⓜⓒ VISA. B x
chiuso dal 6 al 31 gennaio, domenica sera e lunedì – **Pasto** carta 50/75000.

Giglio, piazza del Giglio 2 ✆ 0583 494058, *Fax 0583 496827*, – AE ⑤ ⓪ ⓜⓒ VISA JCB B e
chiuso dal 1º al 18 agosto, martedì sera e mercoledì – **Pasto** carta 45/70000.

Da Giulio-in Pelleria, via delle Conce 45-piazza S. Donato ✆ 0583 55948, *Fax 0583 55948*, prenotare la sera – AE ⑤ ⓪ ⓜⓒ VISA A c
chiuso dal 20 al 31 dicembre, domenica e lunedì – **Pasto** carta 35/45000.

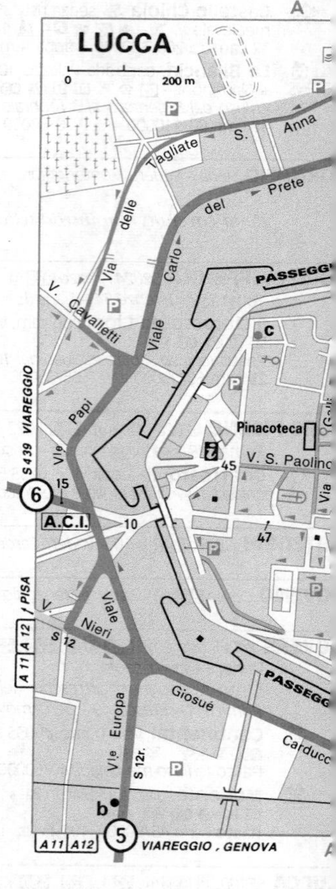

Circolazion

Agli Orti di Via Elisa, via Elisa 17 ✆ 0583 491241, *Fax 0583 491241*, Trattoria e pizzeria serale – AE 🅂 ⓓ ⓜⓒ VISA JCB *chiuso dal 2 al 15 luglio, mercoledì e giovedì a mezzogiorno* – **Pasto** carta 35/40000. CD m

ulla strada statale 12 r B :

Locanda l'Elisa 🙖, via Nuova per Pisa per ④ : *4,5 km* ✉ 55050 Massa Pisana ✆ 0583 379737, *Fax 0583 379019*, « Giardino ombreggiato con 🏊 » – 🛗 ▤ TV ☎ P. AE 🅂 ⓓ ⓜⓒ VISA
chiuso dal 3 gennaio a febbraio e dal 20 novembre a dicembre **Pasto** vedere rist ***Gazebo*** – ☕ 32000 – **2 cam** 360/490000, 8 appartamenti 480/690000 – ½ P 345/420000.

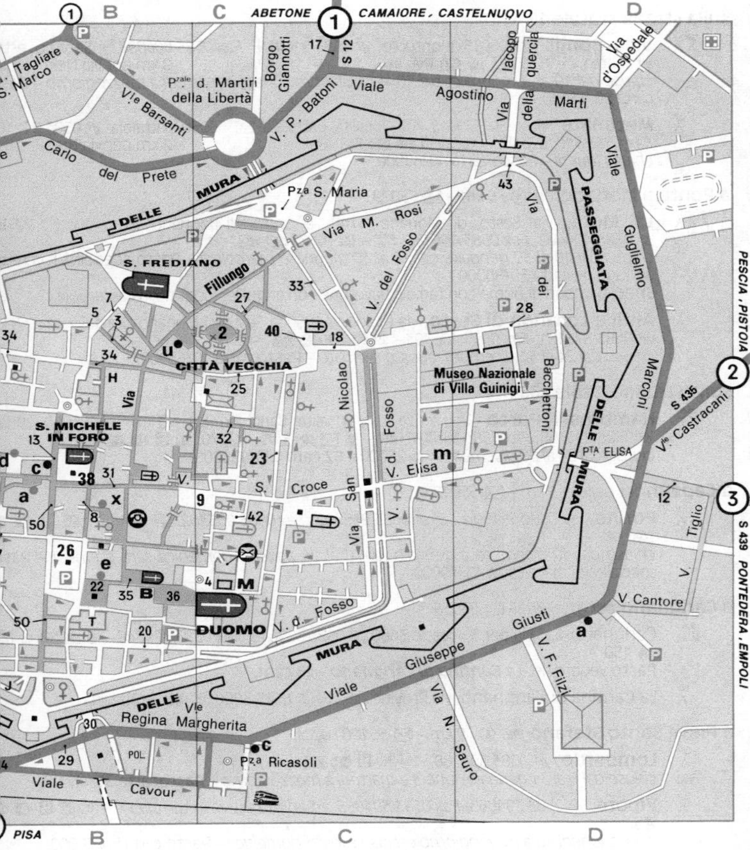

…golamentata nel centro città

…alderia (Via) . . . . B 13
…atalani (Via) . . . . A 15
…ivitali (Via M.) . . . . C 17
…illungo (Via) . . . . BC
…ratta (Via della) . . . . C 18
…aribaldi (Corso) . . . . AB 20
…iglio (Pza del) . . . . B 22
…uinigi (Via) . . . . C 23
…ndipendenza (Piazza dell') . . . . . B 24
Mordini (Via A.) . . . . C 25
Napoleone (Pza) . . . . B 26
Portico (Via del) . . . . C 27
Quarquonia (Via della) . . . D 28
Repubblica (Viale) . . . . . . B 29
Risorgimento (Pza) . . . . . . B 30
Roma (Via) . . . . B 31
S. Andrea (Via) . . . . C 32
S. Gemma Galgani (Via) . . C 33
S. Giorgio (Via) . . . . B 34
S. Giovanni (Pza) . . . . B 35
S. Martino (Pza) . . . . B 36
S. Michele (Pza) . . . . B 38
S. Pietro (Pza) . . . . C 40
Servi (Pza dei) . . . . C 42
Varanini (Pza L.) . . . . D 43
Verdi (Pzale G.) . . . . A 45
Vittorio Emanuele II (Via) . . . AB 47
Vittorio Veneto (Via) . . . . . B 50

Villa San Michele senza rist, località San Michele in Escheto per ④ : *4 km* ✉ 550 Massa Pisana ✆ 0583 370276, *Fax 0583 370277*, ←, « Villa seicentesca con parco ombre giato » – ⎮ ▤ TV ☎ P. AE $ ⓓ ⓜ VISA. ✗
chiuso da dicembre al 20 febbraio – ☕ 25000 – **22 cam** 290/340000, 3 appartamenti.

Gazebo - Hotel Locanda l'Elisa, via Nuova per Pisa per ④ : *4,5 km* ✉ 55050 Massa Pisa ✆ 0583 379737, *Fax 0583 379019*, Coperti limitati; prenotare – P. AE $ ⓓ ⓜ VISA. ✗
chiuso dal 3 gennaio a febbraio, dal 20 novembre a dicembre e domenica – **Pasto** ca 65/85000.

La Cecca, località Coselli per ④ : *5 km* ✉ 55060 Capannori ✆ 0583 9413 *Fax 0583 94284*, – P. AE $ ⓓ ⓜ VISA
chiuso dal 2 al 10 gennaio, agosto, lunedì e mercoledì sera – **Pasto** cucina casalinga ca 45/60000.

sulla strada statale 12 A :

Villa Bongi ✉ 55015 Montuolo ✆ 0583 510479, *Fax 0583 506098*, « Servizio esti all'aperto » – P. AE $ ⓓ ⓜ VISA. ✗ 9 km per via Nieri A
chiuso dal 10 al 20 gennaio, dal 10 al 31 ottobre, lunedì e martedì a mezzogiorno – **Pas** carta 50/75000.

Mecenate, via della Chiesa 707, località Gattaiola ✉ 55050 Gattaiola ✆ 0583 51216 *Fax 0583 512167*, – P. AE $ ⓓ ⓜ VISA JCB 2 km per via Nieri A
chiuso lunedì – **Pasto** carta 40/65000.

a Ponte a Moriano *per ① : 9 km – ✉ 55029 :*

La Mora, via Sesto di Moriano 1748, a Sesto di Moriano Nord-Ovest : 2,5 k ✆ 0583 406402, *Fax 0583 406135*, – AE $ ⓓ ⓜ VISA. ✗
chiuso dal 10 al 30 gennaio, dal 19 al 30 giugno e mercoledì – **Pasto** specialità lucches garfagnine carta 50/80000
Spec. Gamberi di fiume con fagioli. Bavettine con anguille. Piccione in casseruola.

Antica Locanda di Sesto, via Lodovica 1660, a Sesto di Moriano Nord-Ovest : 2,5 k ✆ 0583 578181, *Fax 0583 406303* – AE $ ⓓ ⓜ VISA. ✗
chiuso dal 24 al 31 dicembre, agosto e sabato – **Pasto** carta 40/65000.

sulla strada statale 435 :

Hambros-il Parco senza rist, località Banchieri Est : 5 km ✉ 55010 Luna ✆ 0583 935355, *Fax 0583 935396*, – ⎮ TV ☎ ♿ P – 70. AE $ ⓓ ⓜ VISA
chiuso dal 24 al 30 dicembre – ☕ 20000 – **57 cam** 120/190000.

a Capannori *per ③ : 6 km – ✉ 55012 :*

Forino, via Carlo Piaggia 15 ✆ 0583 935302, *Fax 0583 935302*, – ▤ P. AE $ ⓓ ⓜ VISA. ✗
chiuso dal 30 dicembre a gennaio, dal 6 al 21 agosto, domenica sera e lunedì – **Past** specialità di mare carta 45/70000.

a Carignano *per ① : 5 km – ✉ 55056 :*

Carignano, via per S. Alessio 3680 ✆ 0583 329618, *Fax 0583 329848* – ⎮ ▤ TV ☎ P 150
Pasto vedere rist ***La Cantina di Carignano*** – 26 cam.

La Cantina di Carignano, via Provinciale 216 ✆ 0583 329618, Rist. e pizzeria – P.

a Pieve Santo Stefano *per ⑥ : 9 km – ✉ 55100 Lucca :*

Lombardo, ✆ 0583 394268, ← – P. $ ⓜ VISA
chiuso dal 6 al 31 gennaio, lunedì e martedì a mezzogiorno – **Pastocarta 35**/45000.

Vipore, ✆ 0583 394065, *Fax 0583 394065*, « Servizio estivo in terrazza » – P. AE $ ⓓ ⓜ VISA
chiuso lunedì ed a mezzogiorno escluso sabato-domenica – **Pasto** carta 50/70000.

Besonders angenehme Hotels oder Restaurants sind im Führer rot gekennzeichnet.
Sie können uns helfen, wenn Sie uns die Häuser angeben, in denen Sie sich besonders wohl gefühlt haben.
Jährlich erscheint eine komplett überarbeitete Ausgabe aller Roten **Michelin-Führer.**

LUCERA *71036 Foggia* 988 ㉘, 431 C 28 *G. Italia – 35 959 ab. alt. 240.*
Vedere *Castello★ – Museo Civico: statua di Venere★.*
Roma 345 – Foggia 20 – Bari 150 – Napoli 157.

XX **La Cantina Del Pozzo,** via Giannone 1/5 ✆ 0881 547373 – ⇔. AE S ⊙ MC VISA
chiuso martedì – **Pasto** carta 35/60000.

XX **Alhambra,** via De Nicastri 10/14 ✆ 0881 547066, *Fax 0881 547066,* « Ambiente caratteristico » – ▤. AE S ⊙ MC VISA. ✈
chiuso dal 1° al 20 settembre e domenica sera – **Pasto** specialità di mare carta 45/65000.

LUCRINO (lago) *Napoli – Vedere Pozzuoli.*

LUCUGNANO *Lecce* 431 H 36 – *Vedere Tricase.*

LUGANA *Brescia – Vedere Sirmione.*

LUGHETTO *Venezia – Vedere Campagna Lupia.*

LUGO *48022 Ravenna* 988 ⑮, 429, 430 I 17 – *31 622 ab. alt. 15.*
Roma 385 – Bologna 61 – Ravenna 32 – Faenza 19 – Ferrara 62 – Forlì 31 – Milano 266.

San Francisco senza rist, via Amendola 14 ✆ 0545 22324, *Fax 0545 32421* – ⇔ cam, ▤ TV ☎. AE S ⊙ MC VISA JCB. ✈
chiuso dal 22 dicembre al 2 gennaio e dal 7 al 20 agosto – **28 cam** ☕ 110/175000, 2 appartamenti.

Ala d'Oro, corso Matteotti 56 ✆ 0545 22388, *Fax 0545 30509* – |‡| TV ☎ P – 🛋 200. AE S ⊙ MC VISA. ✈ rist
Pasto *(chiuso agosto e lunedì)* carta 45/75000 – ☕ 12000 – **40 cam** 135/190000 – ½ P 110/130000.

XX **I Tre Fratelli,** via Di Gi' 56 ✆ 0545 23328, ☂ – P. ✈
chiuso lunedì – **Pasto** carta 35/60000.

X **Antica Trattoria del Teatro,** vicolo del Teatro 6 ✆ 0545 35164, *Fax 0545 35164* – AE S ⊙ MC VISA
chiuso lunedì – **Pasto** carta 35/45000.

LUINO *21016 Varese* 988 ③, 428 E 8 – *14 266 ab. alt. 202.*
ℹ *via Piero Chiara 1* ✆ *0332 530019.*
Roma 661 – Stresa 73 – Bellinzona 40 – Lugano 23 – Milano 84 – Novara 85 – Varese 28.

Camin Hotel Luino, viale Dante 35 ✆ 0332 530118, *Fax 0332 537226,* ☂, ☂ – ▤ TV ☎ P – 🛋 30. AE S ⊙ MC VISA
Pasto *(febbraio-novembre; chiuso lunedì)* carta 60/105000 – **13 cam** ☕ 220/310000, 3 appartamenti – ½ P 205000.

Internazionale senza rist, viale Amendola ✆ 0332 530193, *Fax 0332 537882* – |‡| TV ☎ P. S MC VISA
chisuo gennaio e febbraio – ☕ 10000 – **40 cam** 75/100000.

a Colmegna *Nord : 2,5 km – ✉ 21016 Luino :*

Camin Hotel Colmegna, via Palazzi 1 ✆ 0332 510855, *Fax 0332 537226,* ←, ☂, « Parco in riva al lago » – TV ☎ P. AE S ⊙ MC VISA
marzo-ottobre – **Pasto** *(chiuso martedì)* carta 55/85000 – **22 cam** ☕ 160/205000 – ½ P 150000.

LUMARZO *16024 Genova* 428 I 9 – *1 527 ab. alt. 353.*
Roma 491 – Genova 24 – Milano 157 – Rapallo 27 – La Spezia 93.

a Pannesi *Sud-Ovest : 4 km – alt. 535 – ✉ 16024 Lumarzo :*

XX **Fuoco di Bosco,** via Provinciale 235 ✆ 0185 94048, « Nel bosco » – P. S MC VISA. ✈
chiuso dal 6 gennaio al 15 marzo e giovedì – **Pasto** carta 45/70000.

LUMELLOGNO *Novara* 428 F 7 – *Vedere Novara.*

Les prix — Pour toutes précisions sur les prix indiqués dans ce guide, reportez-vous aux pages de l'introduction.

LUNANO *61026 Pesaro e Urbino* [430] K 19 – *1 173 ab. alt. 306.*
Roma 285 – Rimini 48 – Ancona 116 – Arezzo 104 – Perugia 116 – Pesaro 51.

🍴🍴 **Osteria la Gatta,** località Brugneto 13 ☎ 0722 70117, *Fax 0722 70117*, Rist. e pizzer
« In un antico cascinale » – [P]. [AE] [S] [O] [MC] [VISA]. ⊘
chiuso dal 10 al 20 gennaio, lunedì e martedì – **Pasto** carta 30/65000.

LUNGHEZZA *Roma* [430] Q 20 – *Vedere Roma.*

LURAGO D'ERBA *22040 Como* [428] E 9 – *4 773 ab. alt. 351.*
Roma 613 – Como 14 – Bergamo 42 – Milano 38.

🍴🍴🍴 **La Corte** ⊗ con cam, via Mazzini 20 ☎ 031 699690, *Fax 031 699755*, 🏠, « In una vecch
corte settecentesca » – [TV] ☎ 🚗 [P]. [AE] [S] [O] [MC] [VISA] [JCB]. ⊘
chiuso dal 1° al 25 agosto – **Pasto** *(chiuso domenica sera e mercoledì)* 30/50000
mezzogiorno) 90/110000 (alla sera) e carta 75/120000 – **8 cam** ☕ 150/220000.

LURISIA *Cuneo* [988] ⑫, [428] J 5 – *alt. 660 –* ✉ *12088 Roccaforte Mondovì – Stazione terma*
(giugno-settembre), a.s. febbraio, Pasqua, luglio-15 settembre e Natale – Sport inverna
800/1 800 m ⛷ *1* ⛷ *5.*
[i] *via Madame Curie 34* ☎ *0174 683119, Fax 0174 683400.*
Roma 630 – Cuneo 22 – Milano 226 – Savona 85 – Torino 94.

🏨 **Reale,** via delle Terme 13 ☎ 0174 583005, *Fax 0174 583004*, 🏋, ≘s, 🏠 – [|◆|] [TV] ☎ [P]
⛰ 150. [AE] [S] [O] [MC] [VISA]. ⊘
chiuso dal 30 ottobre al 15 dicembre – **Pasto** *(chiuso mercoledì in bassa stagione)* 30000
☕ 10000 – **82 cam** 80/120000 – ½ P 90/105000.

🏨 **Scoiattolo** ⊗, ☎ 0174 683103, *Fax 0174 683371*, « Giardino ombreggiato » – [|◆|] [TV]
[P]. [AE] [S] [O] [MC] [VISA]. ⊘ rist
chiuso ottobre e novembre – **Pasto** *(chiuso martedì;* prenotare*)* carta 30/50000 – ☕ 1000
– **22 cam** 70/110000 – ½ P 75/95000.

Pour être inscrit au ***guide Michelin***
– pas de piston,
– pas de pot-de-vin !

LUSERNA *38040 Trento* [429] E 15 – *346 ab. alt. 1 333.*
Roma 590 – Trento 52 – Bolzano 103 – Verona 110 – Vicenza 83.

🍴 **Montana,** via Cima Nora 31 ☎ 0464 789704, 🏠, prenotare – ⊘
chiuso giugno e giovedì – **Pasto** cucina di tradizione casalinga carta 30/35000.

LUSIA *45020 Rovigo* [429] G 16 – *3 643 ab. alt. 12.*
Roma 461 – Padova 47 – Ferrara 45 – Rovigo 12 – Venezia 85.

in prossimità strada statale 499 :

🍴🍴 **Trattoria al Ponte,** località Bornio Sud : 3 km ✉ 45020 ☎ 0425 66989(
Fax 0425 669177 – ▤ [P]. [AE] [S] [O] [MC] [VISA]. ⊘
chiuso agosto e lunedì – **Pasto** carta 35/45000.

LUTAGO (LUTTACH) *Bolzano – Vedere Valle Aurina.*

LUZZARA *42010 Reggio nell'Emilia* [988] ⑭, [429] H 14 – *8 372 ab. alt. 27.*
Roma 453 – Parma 40 – Bologna 91 – Mantova 33 – Milano 156 – Modena 51 – Reggi
nell'Emilia 28.

a Villarotta *Sud-Est : 7,5 km –* ✉ *42010 :*

🏨 **Villa Montanarini,** via Mandelli 13 ☎ 0522 820001, *Fax 0522 820338*, « Villa del sette
cento con parco » – [|◆|] ▤ [TV] ☎ [P] – ⛰ 35. [AE] [S] [O] [MC] [VISA]. ⊘
Pasto *(chiuso domenica e dall'8 al 24 agosto)* carta 55/85000 – **16 cam** ☕ 180/280000.

MACERATA *62100* [P] [988] ⑯, [430] M 22 – *41 932 ab. alt. 311 – a.s. 10 luglio-13 settembre.*
[i] *piazza Libertà 12* ☎ *0733 234807, Fax 0733 234487.*
[A.C.I.] *via Roma 139* ☎ *0733 31141.*
Roma 256 – Ancona 51 – Ascoli Piceno 92 – Perugia 127 – Pescara 138.

Claudiani senza rist, vicolo Ulisse 8 ☎ 0733 261400, *Fax 0733 261380* – 80. AE Ⓢ ⓓ ⓜ VISA.
20000 – **38 cam** 140/175000.

Arcadia senza rist, via Padre Matteo Ricci 134 ☎ 0733 235961, *Fax 0733 235962* – AE Ⓢ ⓓ ⓜ VISA
29 cam 100/170000.

Piccolo Mondo, corso della Repubblica 63 ☎ 0733 260383, *Fax 0733 260383* – AE Ⓢ ⓓ ⓜ VISA
chiuso sabato – **Pasto** carta 35/60000.

MACERATA FELTRIA *61023 Pesaro e Urbino 429, 430 K 19 – 2 043 ab. alt. 321 – a.s. 25 giugno-agosto.*
Roma 305 – Rimini 48 – Ancona 145 – Arezzo 106 – Perugia 139 – Pesaro 46.

Pitinum, via Matteotti 16 ☎ 0722 74496, *Fax 0722 74896* – rist, AE Ⓢ ⓓ ⓜ VISA.
chiuso novembre – **Pasto** *(chiuso lunedì)* carta 35/50000 – 6000 – **20 cam** 85000 – P 85000.

MACUGNAGA *28876 Verbania 988 ②, 428 E 5 – 646 ab. alt. (frazione Staffa) 1 327 – a.s. 20 luglio-agosto e Natale – Sport invernali : 1 327/2 868 m 2 6,* .
frazione Staffa, piazza Municipio 42 ☎ 0324 65119, Fax 0324 65775.
Roma 716 – Aosta 231 – Domodossola 39 – Milano 139 – Novara 108 – Orta San Giulio 65 – Torino 182.

Alpi, frazione Borca 243 ☎ 0324 65135, *Fax 0324 65135,* ←, –
20 dicembre-aprile e 10 giugno-settembre – **Pasto** (solo per alloggiati) 35000 – 14000 – **13 cam** 70/120000 – ½ P 80/95000.

Keine Aufnahme in den ***Michelin-Führer*** *durch*
- Beziehungen oder
- Bezahlung!

MADDALENA (Arcipelago della) *Sassari 988 ㉓ ㉔, 433 D 10 – Vedere Sardegna alla fine dell'elenco alfabetico.*

MADERNO *Brescia – Vedere Toscolano-Maderno.*

MADESIMO *23024 Sondrio 988 ③, 428 C 10 – 587 ab. alt. 1 536 – Sport invernali : 1 260/2 884 m 1, 11,* .
Escursioni *Strada del passo dello Spluga★★ : tratto Campodolcino-Pianazzo★★★ Sud e Nord.*
via alle Scuole 27 ☎ 0343 53015, Fax 0343 53782.
Roma 703 – Sondrio 80 – Bergamo 119 – Milano 142 – Passo dello Spluga 15.

Emet, via Carducci 28 ☎ 0343 53395, *Fax 0343 53303* – Ⓢ ⓜ VISA.
dicembre-1° maggio e luglio-agosto – **Pasto** 40/55000 – 20000 – **39 cam** 120/180000 – ½ P 190000.

La Meridiana, via Carducci 8 ☎ 0343 53160, *Fax 0343 54632,* , , – AE Ⓢ ⓓ ⓜ VISA JCB. rist
dicembre-aprile e 25 giugno-10 settembre – **Pasto** al Rist. ***La Tavernetta*** carta 45/70000 – 19000 – **25 cam** 95/180000 – ½ P 175000.

a Pianazzo *Ovest : 2 km – ✉ 23020 :*

Bel Sit con cam, viale Nazionale 19 ☎ 0343 53365, *Fax 0343 53365* – AE Ⓢ ⓓ ⓜ VISA JCB.
chiuso ottobre – **Pasto** *(chiuso giovedì)* carta 35/55000 – 15000 – **10 cam** 70/100000 – ½ P 70/90000.

MADONNA DEI FORNELLI *Bologna 430 J 15 – Vedere San Benedetto Val di Sambro.*

MADONNA DELL'OLMO *Cuneo – Vedere Cuneo.*

MADONNA DI BAIANO *Perugia 430 N 20 – Vedere Spoleto.*

MADONNA DI CAMPIGLIO *38084 Trento* 988 ④, 428, 429 D 14 *G. Italia – alt. 1522 – a dicembre-Epifania e febbraio-Pasqua – Sport invernali : 1 550/2 504 m* 3 15, .

Vedere *Località★★.*

Escursioni *Massiccio di Brenta★★★ Nord per la strada S 239.*

(luglio-settembre) a Campo Carlo Magno ✆ 0465 440622, Fax 0465 440444, Nord : 2,5 km.

via Pradalago 4 ✆ 0465 442000, Fax 0465 440404.

Roma 645 – Trento 82 – Bolzano 88 – Brescia 118 – Merano 91 – Milano 214.

Spinale Club Hotel, via Monte Spinale 39 ✆ 0465 441116, *Fax 0465 442189,* ≤, – – 80. AE VISA JCB.
5 dicembre-13 aprile e luglio-10 settembre – **Pasto** 60/80000 – 25000 – **59 cam** 260/390000 – ½ P 210/260000.

Lorenzetti, viale Dolomiti di Brenta 119 (Sud : 1,5 km) ✆ 0465 441404, *Fax 0465 44068...* ≤, – – 40. AE VISA.
dicembre-aprile e luglio-settembre – **Pasto** carta 60/80000 – **54 cam** 215/350000 ½ P 140/195000.

Cristallo, viale Dolomiti di Brenta 53 ✆ 0465 441132, *Fax 0465 440687,* ≤, – – 120
stagionale – **38 cam.**

Grifone, via Vallesinella 7 ✆ 0465 442002, *Fax 0465 440540,* – . AE VISA. rist
dicembre-19 aprile e 9 luglio-10 settembre – **Pasto** carta 45/60000 – **38 cam** 220... 370000 – ½ P 200/305000.

Cerana , via Fevri 16 ✆ 0465 440552, *Fax 0465 440587,* , – . AE VISA.
dicembre-20 aprile e luglio-20 settembre – **Pasto** (solo per alloggiati) – **30 cam** 180... 300000 – ½ P 160/180000.

Bertelli, via Cima Tosa 80 ✆ 0465 441013, *Fax 0465 440564,* ≤, , – AE VISA. rist
20 dicembre-aprile e luglio-10 settembre – **Pasto** 40/90000 – 20000 – **49 cam** 240... 420000 – ½ P 290000.

Miramonti, via Cima Tosa 63 ✆ 0465 441021, *Fax 0465 440410,* ≤, – AE VISA.
3 dicembre-25 aprile e giugno-settembre – **Pasto** carta 45/75000 – **21 cam** 270/30000... – ½ P 175/215000.

Oberosler, via Monte Spinale 27 ✆ 0465 441136, *Fax 0465 443220,* ≤, – . AE VISA.
dicembre-20 aprile e luglio-15 settembre – **Pasto** carta 90/140000 – **41 cam** 200... 330000 – ½ P 200/240000.

Alpina, via Sfulmini 5 ✆ 0465 441075, *Fax 0465 443464,* , – . AE VISA JCB.
dicembre-25 aprile e 15 giugno-20 settembre – **Pasto** 30/60000 – 25000 – **27 cam** 160/240000 – ½ P 130/195000.

Diana, via Cima Tosa 52 ✆ 0465 441011, *Fax 0465 441049,* – . VISA.
dicembre-26 aprile e 4 giugno-15 settembre – **Pasto** carta 35/50000 – **27 cam** 140... 240000 – ½ P 150/220000.

Vidi, via Cima Tosa 50 ✆ 0465 443344, *Fax 0465 440686,* ≤, – .
dicembre-20 aprile e luglio-20 settembre – **Pasto** carta 40/50000 – **25 cam** solo ½ P 130... 230000.

Crozzon, viale Dolomiti di Brenta 96 ✆ 0465 442217, *Fax 0465 442636,* ≤ – 50. AE VISA. rist
dicembre-aprile e giugno-settembre – **Pasto** carta 35/55000 – **24 cam** 165/250000 – ½ P 210000.

Dello Sportivo senza rist, via Pradalago 29 ✆ 0465 441101, *Fax 0465 440800* – . VISA.
chiuso dal 10 maggio al 25 giugno e dal 10 ottobre a novembre – **15 cam** 130/240000.

La Baita, piazza Brenta Alta 17 ✆ 0465 441066, *Fax 0465 440750* – . AE VISA. rist
dicembre-aprile e 15 giugno-settembre – **Pasto** (solo per alloggiati e *chiuso a mezzogiorno da dicembre ad aprile*) – **20 cam** 150/260000 – ½ P 150/200000.

Hermitage , via Castelletto Inferiore 69 (Sud : 1,5 km) ✆ 0465 441558 *Fax 0465 441618,* ≤ monti, « Giardino e pineta » – . AE VISA.
dicembre-Pasqua e luglio-settembre – **Pasto** carta 55/85000 – **30 cam** 150/200000 – ½ P 300000.

Arnica senza rist, via Cima Tosa 32 ☎ 0465 440377, *Fax 0465 442227* – ⎮ TV ☎. AE 𝕊 MC VISA. ✗
22 cam ☐ 140/220000.

Bucaneve ⛰ senza rist, via Vallesinella 25 ☎ 0465 441271, *Fax 0465 441672* – TV ☎ 🚗. 𝕊 MC VISA
dicembre-Pasqua e 25 giugno-25 settembre – **10 cam** ☐ 140/260000.

XX **Da Alfiero,** via Vallesinella 5 ☎ 0465 440117 – AE 𝕊 ⓞ VISA. ✗
dicembre-aprile e giugno-settembre – **Pasto** carta 60/90000.

X **Al Sottobosco,** via Carè Alto 15 (Sud : 1 km) ☎ 0465 440737 – P. AE 𝕊 ⓞ MC VISA
dicembre-maggio e luglio-ottobre – **Pasto** carta 40/70000.

X **Artini,** via Cima Tosa 47 ☎ 0465 440122, *Fax 0465 440601*, Rist. e pizzeria – ▤. AE 𝕊 ⓞ MC VISA. ✗
dicembre-aprile e luglio-settembre – **Pasto** carta 40/75000.

a **Campo Carlo Magno** *Nord : 2,5 km – alt. 1682 – ✉ 38084 Madonna di Campiglio.*
Vedere *Posizione pittoresca★★ – ✻★★ sul massiccio di Brenta dal colle del Grostè Sud-Est per funivia.*

Golf Hotel ⛰, via Cima Tosa 3 ☎ 0465 441003, *Fax 0465 440294*, ≤ monti e pinete, 🌲, ⛳9 – ⎮ TV ☎ ♿ P – 🏛 200. AE 𝕊 ⓞ MC VISA JCB. ✗ rist
dicembre-aprile e giugno-20 settembre – **Pasto** carta 65/85000 – **117 cam** ☐ 200/380000, 4 appartamenti – ½ P 270000.

X **Palù della Fava,** via Pian dei Frari 23 ☎ 0465 440400, *Fax 0465 442750*, 🏞 – P. 𝕊 ⓞ MC VISA. ✗
dicembre-aprile e giugno-settembre – **Pasto** carta 45/65000.

MADONNA DI DOSSOBUONO *Verona* 429 F 14 – *Vedere Verona.*

MADONNA DI SENALES **(UNSERFRAU)** *Bolzano* 218 ⑨ – *Vedere Senales.*

MAGAZZINI *Livorno – Vedere Elba (Isola d') : Portoferraio.*

MAGENTA *20013 Milano* 988 ③, 428 F 8 – *23 151 ab. alt. 141.*
Roma 599 – Milano 26 – Novara 21 – Pavia 43 – Torino 114 – Varese 46.

Excelsior, via Cattaneo 67 ☎ 02 97298651, *Fax 02 97291617* – ⎮ ▤ TV ☎ ♿ 🚗 – 🏛 80. AE 𝕊 ⓞ MC VISA. ✗ rist
Pasto *(chiuso agosto, sabato a mezzogiorno e domenica)* carta 60/90000 – **67 cam** ☐ 145/200000 – ½ P 160/190000.

XXX **Trattoria alla Fontana,** via Petrarca 6 ☎ 02 9792614, *Fax 02 9793423* – P. AE 𝕊 ⓞ MC VISA JCB. ✗
chiuso dal 24 dicembre al 7 gennaio, dal 7 al 21 agosto, sabato a mezzogiorno e domenica – **Pasto** 50/80000 e carta 70/110000.

XX **L'Osteria,** vicolo Valle 4, località Ponte Vecchio Sud-Ovest : 2 km ☎ 02 97298461, *Fax 02 9790498*, Coperti limitati; prenotare – AE 𝕊 ⓞ MC VISA. ✗
chiuso dal 26 dicembre al 2 gennaio, agosto, domenica sera e lunedì – **Pasto** carta 70/120000.

MAGGIO *Lecco* 428 E 10, 219 ⑩ – *Vedere Cremeno.*

MAGGIORE (Lago) – *Vedere Lago Maggiore.*

MAGIONE *06063 Perugia* 988 ⑮, 430 M 18 – *12 303 ab. alt. 299.*
Roma 193 – Perugia 20 – Arezzo 58 – Orvieto 87 – Siena 90.

a **San Feliciano** *Sud-Ovest : 8 km – ✉ 06060 :*

Ali sul Lago senza rist, Lungolago Nord ☎ 075 8479246, *Fax 075 8479252*, ≤, 🏊, 🌲 – ⎮ TV ☎ ♿ P. AE 𝕊 ⓞ MC VISA. ✗
marzo-ottobre – ☐ 10000 – **30 cam** 110/130000, 15 appartamenti 120/180000.

X **Da Settimio** ⛰ con cam, via Lungolago 1 ☎ 075 8476000, *Fax 075 8476000*, 🏞 TV ☎. ✗
chiuso novembre – **Pasto** *(chiuso giovedì escluso da giugno a settembre)* carta 40/55000 – **14 cam** ☐ 100000 – ½ P 90000.

MAGLIANO IN TOSCANA

58051 Grosseto 988 ㉕, 430 O 15 *G. Toscana – 3 821 ab. alt. 130.*
Roma 163 – Grosseto 28 – Civitavecchia 118 – Viterbo 106.

XX **Antica Trattoria Aurora,** via Lavagnini 12/14 ✆ 0564 592030, « Servizio estivo giardino » – AE S MC VISA. ✗
chiuso febbraio, novembre e mercoledì – **Pasto** carta 50/75000.

MAGLIANO SABINA

02046 Rieti 988 ㉖, 430 O 19 *– 3 742 ab. alt. 222.*
Roma 69 – Terni 42 – Perugia 113 – Rieti 54 – Viterbo 48.

sulla strada statale 3 - via Flaminia *Nord-Ovest : 3 km :*

La Pergola, via Flaminia km 64 ✉ 02046 ✆ 0744 919841, *Fax 0744 919841,* – |‡| TV ☎ P – 150. AE S ⓓ MC VISA. ✗
Pasto *(chiuso martedì)* carta 50/80000 – **23 cam** ☕ 110/150000.

MAGNANO IN RIVIERA

33010 Udine 429 D 21 *– 2 317 ab. alt. 200.*
Roma 658 – Udine 20 – Milano 397 – Trieste 91 – Venezia 147.

Green Hotel, località Colli Sud-Ovest : 2 km ✆ 0432 792308, *Fax 0432 792312,* – |‡| ▤ TV ☎ ♿ P – 350
71 cam, 4 appartamenti.

MAIORI

84010 Salerno 988 ㉗, 431 E 25 *– 5 878 ab. – a.s. Pasqua, 15 giugno-15 settembre e Nata*
Dintorni *Capo d'Orso★ Sud-Est : 5 km.*
ℹ *corso Reginna 85 ✆ 089 877452, Fax 089 853672.*
Roma 267 – Napoli 65 – Amalfi 5 – Salerno 20 – Sorrento 39.

San Francesco, via Santa Tecla 54 ✆ 089 877070, *Fax 089 877070,* – |‡| ☎
P. AE S ⓓ MC VISA. ✗ rist
15 marzo-15 ottobre – **Pasto** carta 40/65000 – ☕ 10000 – **46 cam** 90/140000 – ½ P 12
140000.

X **Mammato,** lungomare Amendola ✆ 089 877036, *Fax 089 877036,* , Rist. e pizzeria
AE S ⓓ MC VISA
chiuso martedì escluso da giugno a settembre – **Pasto** carta 45/85000.

MAJANO

33030 Udine 429 D 21 *– 5 931 ab. alt. 166.*
Roma 659 – Udine 23 – Pordenone 54 – Tarvisio 77 – Venezia 147.

Dal Asin, via Ciro di Pers 63 ✆ 0432 948107, *Fax 0432 948116,* « Giardino ombreggiato »
TV ☎ P
17 cam.

MALALBERGO

40058 Bologna 988 ⑮, 429 H 16 *– 6 822 ab. alt. 12.*
Roma 403 – Bologna 33 – Ferrara 12 – Ravenna 84.

XX **Rimondi,** ✆ 051 872012 – ▤. AE S ⓓ MC VISA. ✗
chiuso dal 10 al 20 febbraio, dal 10 al 31 luglio, domenica sera e lunedì – **Pasto** specialità
mare carta 50/85000.

MALBORGHETTO

33010 Udine 429 C 22 *– 1 036 ab. alt. 787.*
Roma 710 – Udine 82 – Tarvisio 12 – Tolmezzo 50.

a Valbruna *Est : 6 km – ✉ 33010 :*

XX **Renzo** con cam, via Saisera 11/13 ✆ 0428 60123, *Fax 0428 60232* – ☎ ♿ P. AE S
MC VISA. ✗ cam
Pasto *(chiuso lunedì escluso da Natale a gennaio, luglio ed agosto)* carta 35/80000
☕ 8000 – **8 cam** 80/160000 – ½ P 75/85000.

MALCESINE

37018 Verona 988 ④, 428, 429 E 14 *G. Italia – 3 491 ab. alt. 90.*
Vedere *★★★ dal monte Baldo E : 15 mn di funivia – Castello Scaligero★.*
ℹ *via Capitanato 6/8 ✆ 045 7400044, Fax 045 7401633.*
Roma 556 – Trento 53 – Brescia 92 – Mantova 93 – Milano 179 – Venezia 179 – Verona 67.

Park Hotel Querceto, località Campiano 17/19 (Est : 5 km), alt. 340 ✆ 045 7400344
Fax 045 7400848, ≤ lago e monti, « Servizio rist. estivo in terrazza », – |‡|, ▤ rist,
☎ P. S MC VISA. ✗ rist
aprile-ottobre – **Pasto** carta 80/115000 – **22 cam** ☕ 210/320000 – ½ P 250/260000.

Bellevue San Lorenzo, località Dos de Feri Sud : 1,5 km 045 7401598, *Fax 045 7401055*, lago e costa, « Giardino ombreggiato con », – 60. VISA.
10 marzo-10 novembre – **Pasto** (solo per alloggiati) 30/50000 – **50 cam** 160/260000 – ½ P 125/160000.

Maximilian, località Val di Sogno 6 (Sud : 2 km) 045 7400317, *Fax 045 6570117*, lago e costa, « Giardino-uliveto in riva al lago », – rist, .
Pasqua-ottobre – **Pasto** (solo per alloggiati) 35/50000 – 25000 – **41 cam** 200/300000 – ½ P 200000.

Val di Sogno, località Val di Sogno 16 (Sud : 2 km) 045 7400108, *Fax 045 7401694*, lago, , « Giardino con riscaldata in riva al lago », – , rist, – 30.
Pasqua-ottobre – **Pasto** 35/70000 – **38 cam** 190/400000 – ½ P 210000.

Alpi, località Campogrande 045 7400717, *Fax 045 7400529*, « Giardino con », – VISA.
chiuso dal 20 gennaio a marzo e dal 15 novembre al 26 dicembre – **Pasto** *(chiuso lunedì)* carta 35/45000 – 20000 – **40 cam** 100/120000 – ½ P 80/100000.

Vega, viale Roma 7 045 7400151, *Fax 045 7401604*, , « Terrazza solarium sul lago », – .
aprile-ottobre – **Pasto** (solo per alloggiati) – **18 cam** 140/240000 – ½ P 115/145000.

Erika, via Campogrande 8 045 7400451, *Fax 045 7400451*, – .
chiuso novembre e dicembre – **Pasto** *(chiuso giovedì)* carta 35/55000 – 20000 – **14 cam** 95/120000 – ½ P 95000.

Trattoria Vecchia Malcesine, via Pisort 6 045 7400469, *Fax 045 6570389*, , Coperti limitati; prenotare – VISA
chiuso gennaio, febbraio, mercoledì e a mezzogiorno – **Pasto** carta 65/95000.

sulla strada statale 249 *Nord : 3,5 km :*

Piccolo Hotel, via Molini di Martora 28 37018 045 7400264, *Fax 045 7400264*, lago e costa, riscaldata, – VISA. rist
25 marzo-10 ottobre – **Pasto** (solo per alloggiati) 30000 – 14000 – **21 cam** 70/105000 – ½ P 65/90000.

MALCONTENTA
30030 Venezia 429 F 18 *G. Venezia.*

Vedere *Villa Foscari*★.

Roma 523 – Venezia 14 – Milano 262 – Padova 32 – Treviso 28.

Gallimberti senza rist, via Malcanton 33/a 041 698099, *Fax 041 5470163* – . VISA JCB
15000 – **22 cam** 85/135000.

Da Bepi el Ciosoto con cam, via Malcanton 3 041 698997 – . VISA JCB
chiuso domenica sera e lunedì a mezzogiorno – **Pasto** specialità di mare carta 50/75000 – 15000 – **16 cam** 85/135000 – ½ P 100/110000.

MALÈ
38027 Trento 988 ④, 428, 429 C 14 – *2 060 ab. alt. 738 – a.s. febbraio-Pasqua e Natale.*

piazza Regina Elena 0463 901280, Fax 0463 902911.

Roma 641 – Bolzano 65 – Passo di Gavia 58 – Milano 236 – Sondrio 106 – Trento 59.

Rauzi, via Molini 27 0463 901228, *Fax 0463 901228*, , , – VISA.
23 dicembre-24 marzo e 25 giugno-10 settembre – **Pasto** 35000 – 11000 – **42 cam** 75/125000 – ½ P 85/120000.

Conte Ramponi, piazza San marco 38, località Magras Nord-Est : 1 km 0463 901989, « Edificio cinquecentesco » – VISA.
chiuso dal 1° al 15 giugno, dal 1° al 15 novembre e lunedì – **Pasto** carta 45/85000.

La Segosta con cam, via Trento 59 0463 901390 – . VISA.
chiuso dal 1° al 18 giugno, dal 21 settembre al 21 ottobre, lunedì sera e martedì – **Pasto** carta 35/50000 – **8 cam** 85/105000 – ½ P 75/105000.

MALEO
26847 Lodi 428, 429 G 11 – *3 326 ab. alt. 58.*

Roma 527 – Piacenza 19 – Cremona 23 – Milano 60 – Parma 77 – Pavia 51.

Sole con cam, via Monsignor Trabattoni 22 0377 58142, *Fax 0377 458058*, Coperti limitati; prenotare, « Antica locanda con servizio estivo all'aperto », – . VISA
chiuso gennaio ed agosto – **Pasto** *(chiuso domenica sera e lunedì)* carta 65/95000 – **7 cam** 160/260000, appartamento – ½ P 210000.

MALESCO *28854 Verbania* 428 D 7, 219 ⑥ ⑦ – *1 457 ab. alt. 761 – Sport invernali : 761/940 m*
Roma 718 – Stresa 53 – Domodossola 20 – Locarno 29 – Milano 142 – Novara 111 – Tor 185.

Ramo Verde, via Conte Mellerio 5 ☎ 0324 95012 –
chiuso dal 10 al 18 giugno, dal 1° al 15 ottobre e giovedì (escluso da luglio a settembre **Pasto** carta 35/50000.

MALGRATE *23864 Lecco* 428 E 10, 219 ⑨ – *4 347 ab. alt. 224.*
Roma 623 – Como 27 – Bellagio 20 – Lecco 2 – Milano 54.

Il Griso, via Provinciale 51 ☎ 0341 202040, *Fax 0341 202248*, ≤ lago e monti, « Piccolo parco », – 150. AE VISA
Pasto 80/110000 (a mezzogiorno) 90/120000 (alla sera) e carta 80/120000 – 21000
47 cam 170/200000 – ½ P 260000
Spec. Code di gamberoni rossi al vapore con misticanza di insalata e salsa allo scalogn Crema di lenticchie con fegato grasso d'anatra. Spiedini di pollo alla cantonese con spic di mango caramellato.

MALLES VENOSTA (MALS) *39024 Bolzano* 988 ④, 428, 429 B 13 – *4 836 ab. alt. 1 050.*
via San Benedetto 1 ☎ 0473 831190, Fax 0473 831901.
Roma 721 – Sondrio 121 – Bolzano 84 – Bormio 57 – Milano 252 – Passo di Resia 22 Trento 142.

Garberhof, via Statale 25 ☎ 0473 831399, *Fax 0473 831950*, ≤ monti e vallata, AE VISA. rist
chiuso dal 10 novembre al 20 dicembre – **Pasto** *(chiuso lunedì)* carta 60/80000 – **28 ca** 140/220000 – ½ P 110/135000.

Greif, via Verdross 40/A ☎ 0473 831429, *Fax 0473 831906*, rist, AE VISA.
chiuso dal 15 novembre a Natale – **Pasto** *(solo su prenotazione a mezzogiorno)* car 45/65000 – **16 cam** 110/180000 – ½ P 115/135000.

a Burgusio (Burgeis) *Nord : 3 km alt. 1 215 – ✉ 39024 Malles Venosta.*
via Burgusio 77 ☎ 0473 831422, Fax 0473 831690 :

Plavina , ☎ 0473 831223, *Fax 0473 830406*, ≤,
chiuso dal 10 novembre al 26 dicembre, dal 10 al 22 gennaio e dal 2 al 20 maggio – **Past** vedere rist ***Al Moro*** – **32 cam** 90/140000 – ½ P 85/100000.

Al Moro-Zum Mohren con cam, ☎ 0473 831223, *Fax 0473 830406* –
chiuso dal 10 novembre al 26 dicembre, dal 10 al 22 gennaio e dal 2 al 20 maggio – **Past** *(chiuso martedì)* carta 30/35000 – **11 cam** 70/125000 – ½ P 80/85000.

MALNATE *21046 Varese* 428 E 8, 219 ⑧ – *15 176 ab. alt. 355.*
Roma 618 – Como 21 – Lugano 32 – Milano 50 – Varese 6.

Crotto Valtellina, via Fiume 11, località Valle ☎ 0332 427258, *Fax 0332 861247*, prenotare – AE VISA.
chiuso dal 27 dicembre al 12 gennaio, dal 22 al 28 giugno, dal 16 al 30 agosto, martedì mercoledì – **Pasto** specialità valtellinesi 65000 e carta 55/100000.

MALOSCO *38013 Trento* 429 C 15, 218 ⑳ – *376 ab. alt. 1041 – a.s. 5 febbraio-5 marzo, Pasqua Natale.*
Roma 638 – Bolzano 33 – Merano 40 – Milano 295 – Trento 56.

Panorama , viale Panorama 6 ☎ 0463 831201, *Fax 0463 831296*, ≤, rist
dicembre-aprile e giugno-ottobre – **Pasto** carta 35/45000 – **42 cam** 90/180000 ½ P 100/120000.

Bel Soggiorno , via Miravalle 7 ☎ 0463 831205, *Fax 0463 831205*, ≤, 50. VISA. rist
15 dicembre-15 gennaio e 15 giugno-15 ottobre – **Pasto** carta 30/45000 – 8000 **42 cam** 55/100000 – ½ P 110000.

Rosalpina, viale Belvedere 34 ☎ 0463 831186, *Fax 0463 831186*, ≤, « Giardino ombreggiato » –
22 dicembre-15 marzo e 25 giugno-15 settembre – **Pasto** carta 35/65000 – 10000 **18 cam** 90/140000 – ½ P 75/105000.

MALS = *Malles Venosta.*

MANAROLA *19010 La Spezia* 428 J 11 *G. Italia.*

Vedere *Passeggiata★★ (15 mn a piedi dalla stazione).*

Dintorni *Regione delle Cinque Terre★★ Nord-Ovest e Sud-Est per ferrovia.*

Roma 434 – La Spezia 14 – Genova 119 – Milano 236.

Ca' d'Andrean senza rist, via Discovolo 101 ☏ 0187 920040, *Fax 0187 920452*, – ☎.
chiuso dal 10 al 25 novembre – ☕ 9000 – **10 cam** 90/115000.

Marina Piccola con cam, via lo Scalo 16 ☏ 0187 920103, *Fax 0187 920966*, ←, – ☎. AE ⓢ ⓓ ⓜⓒ VISA. cam
chiuso novembre – **Pasto** *(chiuso martedì)* carta 45/85000 (10 %) – ☕ 20000 – **10 cam** 110/130000 – ½ P 115/120000.

a Volastra *Nord-Ovest : 7 km – ✉ 19010 Manarola :*

Gli Ulivi, via Nostra Signora della Salute 114 ☏ 0187 920158, *Fax 0187 920158*, – AE ⓢ ⓓ ⓜⓒ VISA.
chiuso da martedì a giovedì da novembre a febbraio – **Pasto** carta 55/80000.

MANCIANO *58014 Grosseto* 988 ㉕, 430 O 16 – *7 152 ab. alt. 443.*

Roma 141 – Grosseto 61 – Orvieto 65 – Viterbo 69.

Le Pisanelle , strada provinciale 32 per Farnese Sud-Est : 3,8 km ☏ 0564 628286, *Fax 0564 625840*, ← colline e dintorni, , « Antico podere nel verde di ulivi e frutteti », , – ▤ TV ☎ P. AE ⓢ ⓓ ⓜⓒ VISA.
chiuso dal 10 al 20 gennaio e dal 1° al 20 luglio – **Pasto** (solo per alloggiati e *chiuso a mezzogiorno*) 45/55000 – **5 cam** ☕ 180/200000, ▤ 10000 – ½ P 135/155000.

Il Poderino , strada statale 74 Maremmana Km 30,650 ☏ 0564 625031, *Fax 0564 625031*, – ▤ TV ☎ P. ⓢ ⓓ ⓜⓒ VISA.
chiuso dal 15 al 30 gennaio – **Pasto** carta 45/70000 – ☕ 15000 – **7 cam** 130/160000 – ½ P 125/135000.

Rossi, via Gramsci 3 ☏ 0564 629248, *Fax 0564 629248* – ▤ TV ☎. AE ⓢ ⓜⓒ VISA.
Pasto (solo per alloggiati e *chiuso a mezzogiorno*) 30/35000 – **12 cam** ☕ 100/170000 – ½ P 120000.

Da Paolino, via Marsala 41 ☏ 0564 629388, , Coperti limitati; prenotare – ▤. AE ⓢ ⓜⓒ VISA.
febbraio-novembre; chiuso lunedì – **Pasto** carta 40/60000.

MANDELLO DEL LARIO *23826 Lecco* 428 E 9, 219 ⑨ – *10 072 ab. alt. 203.*

Roma 631 – Como 40 – Bergamo 44 – Milano 67 – Sondrio 71.

a Olcio *Nord : 2 km – ✉ 23826 Mandello del Lario :*

Ricciolo, via Provinciale 165 ☏ 0341 732546, Coperti limitati; prenotare, « Servizio estivo all'aperto in riva al lago » – P. AE ⓢ ⓓ ⓜⓒ VISA.
chiuso dal 23 dicembre al 15 gennaio, dal 5 al 20 settembre, domenica sera e lunedì – **Pasto** specialità pesce d'acqua dolce carta 55/75000.

MANERBA DEL GARDA *25080 Brescia* 428, 429 F 13 – *3 378 ab. alt. 132 – a.s. Pasqua e luglio-15 settembre.*

Roma 541 – Brescia 32 – Mantova 80 – Milano 131 – Trento 103 – Verona 56.

Capriccio, piazza San Bernardo 6, località Montinelle ☏ 0365 551124, *Fax 0365 551124*, Solo su prenotazione a mezzogiorno, « Servizio estivo all'aperto con ← lago » – ▤ P. AE ⓢ ⓓ ⓜⓒ VISA
chiuso gennaio, febbraio e martedì escluso dal 20 giugno al 20 settembre – **Pasto** carta 65/100000
Spec. Tagliolini con scampi, capesante e verdure. Branzino allo zenzero. Tortino di nocciole al cioccolato.

Il Moro Bianco, via Campagnola 2 (Ovest : 2,5 km) ☏ 0365 552500, , Coperti limitati, prenotare – P. ⓢ ⓜⓒ VISA.
chiuso a mezzogiorno (escluso i giorni festivi) e mercoledì – **Pasto** carta 55/80000.

MANFREDONIA *71043 Foggia* 988 ㉘, 431 C 29 *G. Italia* – *58 183 ab. – a.s. luglio-13 settembre.*

Vedere *Chiesa di Santa Maria di Siponto★ Sud : 3 km.*

Dintorni *Portale★ della chiesa di San Leonardo Sud : 10 km.*

Escursioni *Isole Tremiti★ (in battello) : ←★★★ sul litorale.*

per le Isole Tremiti giugno-settembre giornaliero (2 h) – Adriatica di Navigazione-agenzia Galli, corso Manfredi 4/6 ☏ 0884 582520, Fax 0884 581405.

piazza del Popolo 11 ☏ 0884 581998, Fax 0884 581998.

Roma 411 – Foggia 44 – Bari 119 – Pescara 211.

Gargano, viale Beccarini 2 ☎ 0884 587621, *Fax 0884 586021*, ≤, 🏊 – |‡| ▤ 📺 ☎ 🚗 P
100. 🅢 ⓜ *VISA*. ✻ rist
chiuso novembre – **Pasto** *(chiuso martedì)* carta 50/70000 (15 %) – ☐ 12000 – **46 ca**
120/170000 – ½ P 130/140000.

Trattoria il Baracchio, corso Roma 38 ☎ 0884 583874, *Fax 0884 583874* – ▤.
🅢 ⓞ ⓜ *VISA*. ✻
chiuso giovedì e dal 5 al 15 luglio – **Pasto** 30/55000 e carta 30/65000.

a Siponto *Sud-Ovest : 3 km* – ✉ *71040 :*

Gabbiano, viale Eunostides 20 ☎ 0884 542554, *Fax 0884 542380*, 🌴 – |‡| 📺 ☎ 🚗 P.
ⓜ *VISA*
Pasto *(chiuso martedì)* carta 35/50000 (10 %) – ☐ 12000 – **35 cam** 105/125000 – ½ P 10
115000.

MANTOVA *46100* P 988 ⑭, 428, 429 G 14 *G. Italia* – *48 651 ab. alt. 19.*

Vedere *Palazzo Ducale**** **BY** – *Piazza Sordello** **BY** – *Piazza delle Erbe** : *Rotonda di S. Lorenzo** **BZ B** – *Basilica di Sant'Andrea** **BYZ** – *Palazzo Te** **AZ.**

Dintorni *Sabbioneta** *Sud-Ovest : 33 km.*

piazza Andrea Mantegna 6 ☎ 0376 328253, Fax 0376 363292.

A.C.I. *piazza 80° Fanteria 13 ☎ 0376 223953.*

Roma 469 ③ – Verona 42 – Brescia 66 ① – Ferrara 89 ② – Milano 158 ① – Modena 67 ③ – Parma 62 ④ – Piacenza 199 ④ – Reggio nell'Emilia 72 ③.

Pianta pagina seguente

San Lorenzo senza rist, piazza Concordia 14 ☎ 0376 220500, *Fax 0376 327194*, ≤ – |‡|
📺 ☎ ♿ 🚗 – 50. AE 🅢 ⓞ ⓜ *VISA*. ✻ BZ
32 cam ☐ 270/320000.

Rechigi senza rist, via Calvi 30 ☎ 0376 320781, *Fax 0376 220291*, « Collezione d'art contemporanea » – |‡| ▤ 📺 ☎ ♿ 🚗 – 70. AE 🅢 ⓞ ⓜ *VISA*. ✻ BZ
60 cam ☐ 210/300000.

Mantegna senza rist, via Fabio Filzi 10/b ☎ 0376 328019, *Fax 0376 368564* – |‡| ▤ 📺
P. AE 🅢 ⓞ ⓜ *VISA*. ✻ AZ
chiuso dal 24 dicembre al 7 gennaio – ☐ 15000 – **40 cam** 115/180000.

Broletto, senza rist, via Accademia 1 ☎ 0376 326784, *Fax 0376 221297* – |‡| ▤ 📺 ☎.
🅢 ⓞ ⓜ *VISA* BZ
☐ 12000 – **16 cam** 110/170000.

Aquila Nigra, vicolo Bonacolsi 4 ☎ 0376 327180, *Fax 0376 226490*, prenotare – ▤. AE
ⓞ ⓜ *VISA*. ✻ BY
chiuso dal 1° al 7 gennaio, dal 1° al 21 agosto, domenica e lunedì, in aprile-maggio settembre-ottobre aperto domenica a mezzogiorno – **Pasto** carta 70/105000
Spec. Piccola frittura di gamberi d'acqua dolce e zucchine. Risotto ai fiori di zucchina capesante e gamberi. Piccione al miele, aceto balsamico ed uva.

Trattoria di vicolo San Gervasio, via San Gervasio 13 ☎ 0376 323873
Fax 0376 327077, 🌴, prenotare – ▤. AE 🅢 ⓞ ⓜ *VISA* JCB AY
chiuso dal 12 al 31 agosto e mercoledì – **Pasto** carta 60/80000.

Il Cigno Trattoria dei Martini, piazza Carlo d'Arco 1 ☎ 0376 327101, *Fax 0376 32852*
– ▤. AE 🅢 ⓞ ⓜ *VISA* AY
chiuso dal 7 al 12 gennaio, agosto, lunedì e martedì – **Pasto** carta 65/90000.

Grifone Bianco, piazza Erbe 6 ☎ 0376 365423, *Fax 0376 326590*, 🌴 – ▤. AE 🅢 ⓞ ⓜ
VISA. ✻ BZ
chiuso dal 21 al 28 febbraio, dal 15 al 31 luglio, martedì e mercoledì a mezzogiorno – **Pasto** carta 45/75000.

Hosteria dei Canossa, vicolo Albergo 3 ☎ 0376 221750, Coperti limitati; prenotare. AE
🅢 ⓞ ⓜ *VISA* AY
chiuso a mezzogiorno (escluso sabato-domenica), mercoledì e giovedì – **Pasto** carta 40/85000.

L'Ochina Bianca, via Finzi 2 ☎ 0376 323700 – AE 🅢 ⓜ *VISA*. ✻ AY
chiuso dal 1° al 7 gennaio, lunedì e martedì a mezzogiorno – **Pasto** carta 40/60000.

Cento Rampini, piazza delle Erbe 11 ☎ 0376 366349, *Fax 0376 321924*, 🌴 – AE 🅢 ⓞ
ⓜ *VISA*. ✻ BZ
chiuso dal 26 al 31 gennaio, dal 1° al 15 agosto, domenica sera e lunedì – **Pasto** carta 50/70000.

MANTOVA

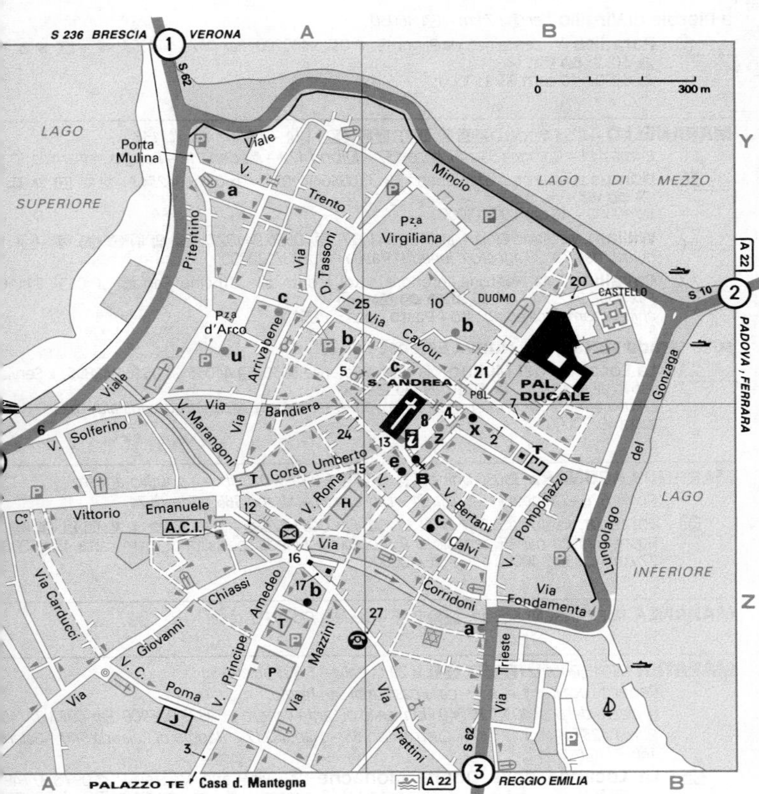

Enoteca Sant'Andrea, piazza Alberti 30 ✆ 0376 224457, Coperti limitati; prenotare – AE ⑤ ① MC VISA JCB. ✻ BY c
chiuso domenica e lunedì a mezzogiorno – **Pasto** carta 50/80000.

Trattoria Due Cavallini, via Salnitro 5 ✆ 0376 322084, *Fax 0376 244825*, ☂ – AE. ✻ per ③
chiuso dal 15 luglio al 15 agosto e martedì – **Pasto** carta 35/55000.

Antica Osteria ai Ranari, via Trieste 11 ✆ 0376 328431 – AE ⑤ ① MC VISA JCB. ✻ BZ a
chiuso dal 7 luglio al 5 agosto e lunedì – **Pasto** carta 40/50000.

Porto Mantovano *per ① : 3 km – ✉ 46047 :*

Ducale senza rist, via Gramsci 1 ✆ 0376 397756, *Fax 0376 396256* – ▮ ▤ TV ☎ ♿ P. AE ⑤ ① MC VISA
42 cam ☕ 150/160000, 2 appartamenti.

Cerese di Virgilio *per ③ : 4 km – ✉ 46030 Virgilio :*

Antica Corte Bertoldo, strada statale Cisa 116 ✆ 0376 448003, *Fax 0376 448003* – ▤ P. AE ⑤ ① MC VISA. ✻
Pasto carta 55/75000.

in prossimità casello autostrada A 22 Mantova Nord *Nord-Est : 5 km :*

Classhotel [M], via Bachelet 18 ✉ 46030 S. Giorgio di Mantova ☎ 0376 2702
Fax 0376 372681 – cam, ▤ [TV] ☎ ♿ [P] – 60. [AE] [S] ● [MC] [VISA]
Pasto al Rist. ***Sapori*** *(chiuso domenica a mezzogiorno)* carta 40/65000 – **64 cam** ☕ 1
200000 – ½ P 105/130000.

a Pietole di Virgilio *per ③ : 7 km – ✉ 46030 :*

Paradiso senza rist, via Piloni 13 ☎ 0376 440700, *Fax 0376 449253*, – [TV] ☎ ♿
50. [S] [MC] [VISA].
☕ 6000 – **16 cam** 90/130000.

MARANELLO *41053 Modena* [988] ⑭, [428], [429], [430] I 14 – *15 507 ab. alt. 137.*
Roma 411 – Bologna 53 – Firenze 137 – Milano 179 – Modena 16 – Reggio nell'Emilia 30.

Domus senza rist, piazza Libertà 38 ☎ 0536 941071, *Fax 0536 942343* – ▤ [TV] ☎. [AE]
● [MC] [VISA] [JCB]
☕ 10000 – **46 cam** 90/130000.

William, via Flavio Gioia 1 ☎ 0536 941027, *Fax 0536 941027* – ▤. [AE] [S] ● [MC] [VISA] [JCB].
chiuso dall'8 al 28 agosto e lunedì – **Pasto** carta 45/120000.

Cavallino, via Abetone Inferiore 1 (di fronte alle Officine Ferrari) ☎ 0536 9411
Fax 0536 942324 – ▤. [AE] [S] ● [MC] [VISA] [JCB]
chiuso domenica ed agosto – **Pasto** carta 50/85000.

sulla strada statale 12 - Nuova Estense *Sud-Est : 4 km :*

La Locanda del Mulino, via Nuova Estense 3430 ✉ 41053 ☎ 0536 948895, « Servi
estivo all'aperto » – [P]. [AE] [S] ● [MC] [VISA].
chiuso a mezzogiorno in agosto, giovedì e sabato a mezzogiorno negli altri mesi – **Pas**
carta 40/70000.

MARANO LAGUNARE *33050 Udine* [988] ⑥, [429] E 21 – *2 078 ab. – a.s. luglio-agosto.*
Roma 626 – Udine 43 – Gorizia 51 – Latisana 21 – Milano 365 – Trieste 71.

Jolanda, via Udine 7/9 ☎ 0431 67700, *Fax 0431 67988* – ▤ [TV] ☎ ♿ [P]. [AE] [S] ● [VISA]
Pasto *(chiuso dal 15 gennaio al 9 febbraio e lunedì)* specialità di mare carta 45/85000
27 cam ☕ 90/140000 – ½ P 80/100000.

MARANZA (MERANSEN) *Bolzano* [429] B 16 – *Vedere Rio di Pusteria.*

MARATEA *85046 Potenza* [988] ㊳, [431] H 29 *G. Italia – 5 303 ab. alt. 311.*
Vedere *Località★★ – ★★ dalla basilica di San Biagio.*
[i] *piazza del Ges' 40 ✉ 85040 Fiumicello di Santa Venere ☎ 0973 876908, Fax 0973 8774.*
Roma 423 – Potenza 147 – Castrovillari 88 – Napoli 217 – Reggio di Calabria 340 – Saler.
166 – Taranto 231.

La Locanda delle Donne Monache, via Carlo Mazzei 4 ☎ 0973 87748
Fax 0973 877687, , « In un convento del 18° secolo », , – ▤ [TV] ☎ [P] – 35. [AE]
● [MC] [VISA].
aprile-ottobre – **Pasto** (solo su prenotazione) carta 70/100000 – **27 cam** ☕ 225/36000
3 appartamenti – ½ P 205/260000.

a Fiumicello di Santa Venere *Ovest : 5 km – ✉ 85040 :*

Santavenere, ☎ 0973 876910, *Fax 0973 877654*, ≤ mare e costa, , « Parco co
pineta e scogliera », , – ▤ [TV] ☎ [P] – 100. [AE] [S] ● [MC] [VISA]. rist
aprile-ottobre – **Pasto** 100/150000 – **40 cam** ☕ 475/770000 – ½ P 455000.

Settebello, via Fiumicello 52 ☎ 0973 876277, *Fax 0973 877204*, ≤ – ▤ [TV] ☎ ♿ [P].
[MC] [VISA].
febbraio-ottobre – **Pasto** (giugno-settembre) carta 40/70000 – ☕ 10000 – **28 cam** 12
150000 – ½ P 125/145000.

Zà Mariuccia, via Grotte 2 ☎ 0973 876163, ≤, – [AE] [S] ● [MC] [VISA]
marzo-novembre; chiuso giovedì escluso da giugno a settembre e in luglio-agosto anche
mezzogiorno – **Pasto** specialità di mare carta 50/85000 (15 %).

a Marina di Maratea *Sud-Est : 7 km – ✉ 85046 Maratea :*

Martino, via Citrosello 16 ☎ 0973 879126, *Fax 0973 879312*, ≤, , , , –
▤ cam, [TV] ☎ [P]. [AE] [S] ● [MC] [VISA]
Pasto carta 35/50000 – ☕ 8000 – **33 cam** 100/160000 – ½ P 140000.

ad Acquafredda *Nord-Ovest : 10 km – ✉ 85041 :*

Villa del Mare, strada statale Sud : 1,5 km ☎ 0973 878007, *Fax 0973 878102,* ← mare e costa, « Terrazze fiorite con ascensore per la spiaggia », – 300. AE VISA.
aprile-15 ottobre – **Pasto** carta 40/70000 – **70 cam** 220/320000 – ½ P 140/220000.

Villa Cheta Elite, via Timpone 46 ☎ 0973 878134, *Fax 0973 878135,* ←, « Terrazze fiorite e servizio rist. estivo in giardino » – P. AE VISA. rist
Pasto carta 45/70000 – **20 cam** 145/210000 – ½ P 130/180000.

Gabbiano, via Luppa 24 ☎ 0973 878011, *Fax 0973 878076,* ←, « Terrazza sul mare », – P. AE VISA.
15 marzo-ottobre – **Pasto** carta 35/65000 – 25000 – **39 cam** 130/170000 – ½ P 180000.

a Castrocucco *Sud-Est : 10 km – ✉ 85040 Maratea Porto :*

La Tana con cam, ☎ 0973 877288, *Fax 0973 871720* – rist, P. AE VISA.
Pasto *(chiuso giovedì escluso dal 15 giugno al 15 settembre)* carta 35/65000 – **28 cam** 90/125000 – ½ P 70/110000.

MARAZZINO *Sassari* 433 D 9 – *Vedere Sardegna (Santa Teresa Gallura) alla fine dell'elenco alfabetico.*

MARCELLI *Ancona* 430 L 22 – *Vedere Numana.*

MARCELLISE *Verona* 429 F 15 – *Vedere San Martino Buon Albergo.*

MARCIAGA *Verona* – *Vedere Costermano.*

MARCIANA e MARCIANA MARINA *Livorno* 988 ㉔, 430 N 12 – *Vedere Elba (Isola d').*

MARCON *30020 Venezia* 429 F 18 – *11 964 ab..*
Roma 522 – Venezia 22 – Padova 46 – Treviso 16.

Gamma senza rist, viale Trento Trieste 53/55 ☎ 041 4567400, *Fax 041 4567393* – P. AE VISA
20000 – **27 cam** 130/210000.

MAREBELLO *Rimini* 430 J 19 – *Vedere Rimini.*

MARGHERA *Venezia* – *Vedere Mestre.*

MARGNO *23832 Lecco* 428 D 10, 219 ⑩ – *367 ab. alt. 730 – Sport invernali : a Pian delle Betulle : 1 500/1 800 m 1 4,*
Roma 650 – Como 59 – Sondrio 63 – Lecco 30 – Milano 86.

a Pian delle Betulle *Est : 5 mn di funivia – alt. 1 503 :*

Baitock, via Sciatori 8 ✉ 23832 ☎ 0341 803042, *Fax 0341 803042,* ← monti e pinete, – AE VISA.
chiuso dal 6 al 26 settembre – **Pasto** *(chiuso lunedì)* carta 45/70000 – 10000 – **11 cam** 60/100000 – ½ P 50/90000.

MARIANO COMENSE *22066 Como* 428 E 9, 219 ⑲ – *19 637 ab. alt. 250.*
Roma 619 – Como 17 – Bergamo 54 – Lecco 32 – Milano 32.

La Rimessa, via Cardinal Ferrari 13/bis ☎ 031 749668, *Fax 031 750210,* « In una villa fine 800 » – P. AE VISA.
chiuso dal 2 al 10 gennaio, agosto, domenica sera e lunedì – **Pasto** 30/40000 bc (a mezzogiorno) 75000 bc 85000 (alla sera) e carta 55/90000
Spec. Insalatina di code di gamberi al balsamico e scalogno. Lasagnette gratinate ai sapori dell'orto in verde (marzo-ottobre). Lombatina di coniggio "Vecchia Brianza".

MARIANO DEL FRIULI *34070 Gorizia* 429 E 22 – *1 565 ab. alt. 34.*
Roma 645 – Udine 27 – Gorizia 19 – Trieste 40 – Venezia 123.

Le Dune, via Dante 41 ☎ 0481 69021 – P. AE VISA JCB.
chiuso dal 1° al 10 gennaio, dal 1° al 15 agosto e lunedì – **Pasto** specialità di mare carta 55/75000.

a Corona *Est : 1,7 km – ✉ 34070 Mariano del Friuli :*

🍴 **Al Piave,** via Cormons 6 ☎ 0481 69003, *Fax 0481 69340*, Coperti limitati; prenotare – [MC] [VISA]. ✗
chiuso lunedì e martedì – **Pasto** carta 35/60000.

MARINA DEL CANTONE *Napoli* [431] F 25 – *Vedere Massa Lubrense.*

MARINA DI ARBUS *Cagliari* [433] H 7 – *Vedere Sardegna alla fine dell'elenco alfabetico.*

MARINA DI BIBBONA *Livorno* [430] M 13 – *Vedere Bibbona (Marina di).*

MARINA DI CAMEROTA *84059 Salerno* [988] ㊳, [431] G 28 – *a.s. luglio-agosto.*
Roma 385 – Potenza 148 – Napoli 179 – Salerno 128 – Sapri 36.

🏨 **Delfino,** via Bolivar 45 ☎ 0974 932239, *Fax 0974 932239* – ☎ [P]. [AE] [$] ⓞ [MC] [VISA]. ✗ ris
Pasto (solo per alloggiati) – ☕ 10000 – **22 cam** 70/95000 – ½ P 60/95000.

🏨 **Bolivar,** via Bolivar 52 ☎ 0974 932036, *Fax 0974 932036*, ☂ – |‡| [TV] ☎. [$] [VISA]. ✗
aprile-settembre – **Pasto** carta 35/45000 – **14 cam** ☕ 70/80000 – ½ P 90/110000.

🍴 **Valentone,** piazza San Domenico 3 ☎ 0974 932004, ☂ – [P]. [AE] [$] ⓞ [MC] [VISA]
marzo-settembre – **Pasto** carta 40/65000.

🍴 **Da Pepè** con cam, via Nazionale 41 ☎ 0974 932461, *Fax 0974 932461*, ☂, ⛹, ⛱ – [P]. [MC] [VISA]
Pasqua-settembre – **Pasto** carta 60/85000 – ☕ 8500 – **22 cam** 100/120000 – ½ P 9 120000.

MARINA DI CAMPO *Livorno* [988] ㉔, [430] N 12 – *Vedere Elba (Isola d').*

MARINA DI CARRARA *Massa-Carrara* [988] ⑭, [428], [429], [430] J 12 *G. Toscana* – *Vedere Carra (Marina di).*

MARINA DI CASTAGNETO *Livorno* [988] ⑭, [430] M 13 – *Vedere Castagneto Carducci.*

MARINA DI CECINA *Livorno* [430] M 13 – *Vedere Cecina (Marina di).*

MARINA DI GIOIOSA IONICA *89046 Reggio di Calabria* [988] ㊴, [431] M 30 – *6 431 ab..*
Roma 639 – Reggio di Calabria 108 – Catanzaro 93 – Crotone 148 – Siderno 4.

🍴🍴 **Gambero Rosso,** via Montezemolo 65 ☎ 0964 415806, *Fax 0964 411091* – ▤. [AE] [$] ⓞ [MC] [VISA] [JCB]. ✗
chiuso lunedì – **Pasto** specialità di mare carta 40/65000.

MARINA DI GROSSETO *Grosseto* [988] ㉔, [430] N 14 – *Vedere Grosseto (Marina di).*

MARINA DI LEUCA *73030 Lecce* [988] ㉚ ㊵, [431] H 37 – *a.s. luglio-agosto.*
Roma 676 – Brindisi 109 – Bari 219 – Gallipoli 48 – Lecce 68 – Taranto 141.

🏨 **L'Approdo,** via Panoramica ☎ 0833 758548, *Fax 0838 758599*, ≤ porto, ⛱ – |‡| ▤ [TV] ☎ [P] – 🏟 120. [AE] [$] [MC] [VISA] [JCB]. ✗ rist
Pasto carta 45/70000 – **54 cam** ☕ 200/300000 – ½ P 180000.

MARINA DI MARATEA *Potenza* [431] H 29 – *Vedere Maratea.*

MARINA DI MASSA *Massa-Carrara* [988] ⑭, [428], [429], [430] J 12 *G. Toscana* – *Vedere Mass (Marina di).*

MARINA DI MODICA *Ragusa* – *Vedere Sicilia alla fine dell'elenco alfabetico.*

MARINA DI MONTEMARCIANO *60016 Ancona* 429, 430 L 22 – *a.s. luglio-agosto.*
Roma 282 – Ancona 14 – Ravenna 134.

XXX **Delle Rose,** via delle Querce 1 ✆ 071 9198127, *Fax 071 9198668*, ≤, 🏖, 🏊, 🏖, 🍴 – ▤ 🅿 – 🏟 40. 🅂 MC VISA
chiuso lunedì escluso da giugno a settembre – **Pasto** 70000 e carta 50/80000.

MARINA DI MONTENERO DI BISACCIA *Campobasso* 988 ㉗, 430 P 26, 431 A 26 – ✉ *86036 Montenero di Bisaccia.*
Roma 280 – Pescara 78 – L'Aquila 184 – Campobasso 104 – Chieti 87 – Foggia 127.

Strand ⚓, via Costa Verde ✆ 0873 803106, *Fax 0873 803450*, ≤, 🏊, 🎾, 🍴 – 🛗 📺 ☎ 🅿. 🅂 VISA. ✂
aprile-ottobre – **Pasto** carta 35/60000 – ☕ 7000 – **37 cam** 60/85000 – 1/2 P 75/90000.

MARINA DI NOCERA TERINESE *88040 Catanzaro* 431 J 30.
Roma 537 – Cosenza 63 – Catanzaro 67 – Reggio di Calabria 159.

sulla strada statale 18 *Nord : 3 km :*

XX **L'Aragosta,** villaggio del Golfo ✉ 88040 ✆ 0968 93385, 🏖 – ▤ 🅿. AE 🅂 ⓓ MC VISA
chiuso dal 10 al 28 gennaio e lunedì (escluso luglio-agosto) – **Pasto** specialità di mare 60/80000 (a mezzogiorno) 80/100000 (alla sera) e carta 60/90000
Spec. Insalata di aragosta, bottarga di tonno e cipolle rosse di Tropea. Risotto gratinato con erbette e frutti di mare. Fagottino di triglie all'origano.

MARINA DI PIETRASANTA *Lucca* 988 ⑭, 428, 429, 430 K 12 *G. Toscana – Vedere Pietrasanta (Marina di).*

MARINA DI PISA *Pisa* 988 ⑭, 428, 429, 430 K 12 *G. Toscana – Vedere Pisa (Marina di).*

MARINA DI RAGUSA *Ragusa* 988 ㊱ ㊲ – *Vedere Sicilia (Ragusa, Marina di) alla fine dell'elenco alfabetico.*

MARINA DI RAVENNA *Ravenna* 988 ⑮, 430 I 18 – *Vedere Ravenna (Marina di).*

MARINA DI SAN SALVO *Chieti* 430 P 26 – *Vedere San Salvo.*

MARINA DI SAN VITO *66035 Chieti* 430 P 25 – *a.s. 20 giugno-agosto.*
Roma 234 – Pescara 30 – Chieti 43 – Foggia 154 – Isernia 127.

Garden, via Nazionale Adriatica Sud ✆ 0872 61164, *Fax 0872 618908*, 🎾 – 🛗 ▤ 📺 ☎ 🅿. AE 🅂 ⓓ MC VISA. ✂ rist
chiuso Natale – **Pasto** carta 35/50000 – **40 cam** ☕ 100/150000 – 1/2 P 80/110000.

X **L'Angolino da Filippo,** via Sangritana 1 ✆ 0872 61632 – ▤. AE 🅂 ⓓ MC VISA. ✂
chiuso lunedì e Natale – **Pasto** specialità di mare carta 50/70000.

MARINA DI VASTO *Chieti* 430 P 26 – *Vedere Vasto (Marina di).*

MARINA EQUA *Napoli – Vedere Vico Equense.*

MARINA GRANDE *Napoli* 431 F 24 – *Vedere Capri (Isola di).*

MARINA PICCOLA *Napoli* 431 F 24 – *Vedere Capri (Isola di).*

MARINELLA *Trapani* 988 ㉟, 432 O 20 – *Vedere Sicilia (Selinunte) alla fine dell'elenco alfabetico.*

MARINO *00047 Roma* 988 ㉖, 430 Q 19 – *35 850 ab. alt. 355.*
Roma 26 – Frosinone 73 – Latina 44.

Grand Hotel Helio Cabala ⚓, via Spinabella 13/15 (Ovest : 3 km) ✆ 06 93661391, *Fax 06 93661125*, ≤, « Terrazza ombreggiata con 🏊 » – 🛗 ▤ 📺 ☎ ♿ 🅿 – 🏟 250. AE 🅂 ⓓ MC VISA JCB. ✂
Pasto al Rist. ***Il Platina*** carta 65/95000 – **49 cam** ☕ 190/270000 – 1/2 P 185/205000.

MARLENGO (MARLING) *39020 Bolzano* 429 C 15, 218 ⑩ ⑳ – *2 227 ab. alt. 363.*
piazza della Chiesa 5 ☎ 0473 447147, Fax 0473 221775.
Roma 668 – Bolzano 31 – Merano 3 – Milano 329.

Pianta : vedere Merano.

Oberwirt, vicolo San Felice 2 ☎ 0473 447111, *Fax 0473 447130,* « Servizio rist. estivo in giardino », riscaldata, – rist, TV ☎ P. AE VISA
25 marzo-10 novembre – **Pasto** carta 55/105000 – **30 cam** 150/280000, 15 appartamenti 290/380000 – ½ P 325000. A

Marlena M, via Tramontana 6 ☎ 0473 222266, *Fax 0473 447441,* < monti e Merano « Moderno design d'interni », riscaldata, – rist, TV ☎ P – 45. VISA. rist A
marzo-novembre – **Pasto** (solo per alloggiati) 50/70000 – **44 cam** 160/280000 – ½ P 140/190000.

Sport Hotel Nörder e Residence Elisabeth, via Tramontana 15 ☎ 0473 447000 *Fax 0473 447370,* < monti e Merano, riscaldata, – TV ☎ P – 30. VISA A
1° aprile-14 novembre – **Pasto** al Rist. ***Nörder*** *(chiuso martedì)* carta 35/65000 – **30 cam** 130/280000, 10 appartamenti 260/310000 – ½ P 160/185000.

Jagdhof, via San Felice 18 ☎ 0473 447177, *Fax 0473 445404,* < monti e Merano, – TV ☎ P. rist A
marzo-novembre – **Pasto** (solo per alloggiati) – **24 cam** 165/330000 – ½ P 140/180000

MARLING = *Marlengo.*

MARMOLADA (Massiccio della) *Belluno e Trento* 988 ⑤ *G. Italia.*

MARONTI *Napoli* 431 E 23 – *Vedere Ischia (Isola d') : Barano.*

MAROSTICA *36063 Vicenza* 988 ⑤, 429 E 16 *G. Italia* – *12 660 ab. alt. 105.*
Vedere *Piazza Castello*★.
Roma 550 – Padova 60 – Belluno 87 – Milano 243 – Treviso 54 – Venezia 82 – Vicenza 28.

a Valle San Floriano *Nord : 3 km – alt. 127 – ✉ 36060 :*

La Rosina con cam, via Marchetti Nord : 2 km ☎ 0424 470360, *Fax 0424 470290,* < TV ☎ P – 120. AE VISA JCB.
chiuso dal 3 al 28 agosto – **Pasto** *(chiuso lunedì e martedì)* carta 45/60000 – **12 cam** 100/140000.

MAROTTA *61035 Pesaro e Urbino* 988 ⑯, 429, 430 K 21 – *a.s. 25 giugno-agosto.*
(15 giugno-settembre) viale Cristoforo Colombo 31 ☎ 0721 96591.
Roma 305 – Ancona 38 – Perugia 125 – Pesaro 25 – Urbino 61.

Imperial, lungomare Faà di Bruno 119 ☎ 0721 969445, *Fax 0721 96617,* <, rist, TV ☎ P. AE VISA.
20 maggio-settembre – **Pasto** 30/50000 – 13000 – **42 cam** 100/120000 – P 125000.

San Marco, via Faà di Bruno 43 ☎ 0721 969690, *Fax 0721 969690* – rist, ☎. rist
20 maggio-20 settembre – **Pasto** (solo per alloggiati) 25/30000 – 10000 – **29 cam** 80/120000 – ½ P 70/115000.

Caravel, lungomare Faà di Bruno 135 ☎ 0721 96670, *Fax 0721 967610,* <, – TV ☎ P. AE VISA.
aprile-settembre – **Pasto** 25/30000 – 15000 – **32 cam** 70/120000 – ½ P 70/110000.

MARRADI *50034 Firenze* 988 ⑮, 430 J 16 – *3 636 ab. alt. 328.*
Roma 332 – Firenze 58 – Bologna 85 – Faenza 36 – Milano 301 – Ravenna 67.

Il Camino, viale Baccarini 38 ☎ 055 8045069 – VISA
chiuso dal 25 agosto al 10 settembre e mercoledì – **Pasto** carta 35/50000.

MARRARA *Ferrara* 429 H 17 – *Vedere Ferrara.*

MARSALA *Trapani* 988 ㉟, 432 N 19 – *Vedere Sicilia alla fine dell'elenco alfabetico.*

MARTA *01010 Viterbo* 988 ㉕, 430 O 17 – *3 488 ab. alt. 315.*
Roma 118 – Viterbo 21 – Grosseto 113 – Siena 127.

XX **Da Gino al Miralago,** viale Marconi 58 ℘ 0761 870910, *Fax 0761 870910,* ≤, – AE ⑤ ⓓ ⓜⓒ VISA JCB. ✻
chiuso martedì escluso dal 20 luglio al 30 agosto – **Pasto** specialità di mare e di lago carta 40/55000.

MARTANO *73025 Lecce* 988 ㉚, 431 G 36 – *9 605 ab. alt. 91.*
Roma 588 – Brindisi 63 – Lecce 26 – Maglie 16 – Taranto 133.

XX La Lanterna, via Ofanto 53 ℘ 0836 571441, , Rist. e pizzeria serale.

MARTINA FRANCA *74015 Taranto* 988 ㉙, 431 E 34 *G. Italia – 46 687 ab. alt. 431.*
Vedere *Via Cavour*★.
Dintorni *Terra dei Trulli*★★★ *Nord e Nord-Est.*
piazza Roma 37 ℘ 080 4805702, Fax 080 4805702.
Roma 524 – Brindisi 57 – Alberobello 15 – Bari 74 – Matera 83 – Potenza 182 – Taranto 32.

Park Hotel San Michele, viale Carella 9 ℘ 080 4807053, *Fax 080 4808895,* « Grande parco con » – |♦| ▤ TV ☎ P – 350. AE ⑤ ⓓ ⓜⓒ VISA. ✻
Pasto carta 50/65000 – **81 cam** 130/175000 – ½ P 110/145000.

Dell'Erba, viale dei Cedri 1 ℘ 080 4301055, *Fax 080 4301639,* , , , , – |♦| TV ☎ & P – 500. AE ⑤ ⓓ ⓜⓒ VISA JCB. ✻
Pasto carta 40/65000 (15 %) – **49 cam** 135/155000 – ½ P 140000.

Villa Ducale, piazzetta Sant'Antonio ℘ 080 4805055, *Fax 080 4805885* – ▤ TV ☎ – 80. AE ⑤ ⓓ ⓜⓒ VISA JCB. ✻
Pasto carta 45/65000 – **24 cam** 105/150000 – ½ P 105/125000.

X **Il Noce,** via Mita 30 (Sud : 3 km) ℘ 080 4490478, *Fax 080 4490478* – ▤ P. AE ⑤ ⓓ VISA
chiuso martedì e dal 15 gennaio al 15 febbraio – **Pasto** carta 35/55000.

X **Trattoria delle Ruote,** via Ceglie Est : 4,5 km ℘ 080 4837473, Coperti limitati; prenotare, « Servizio estivo all'aperto » – P. ✻
chiuso lunedì – **Pasto** carta 35/55000.

MARTINSICURO *64014 Teramo* 430 N 23 – *13 689 ab. – a.s. luglio-agosto.*
Roma 227 – Ascoli Piceno 35 – Ancona 98 – L'Aquila 118 – Pescara 64 – Teramo 45.

Sympathy, lungomare Europa 26 ℘ 0861 760222, *Fax 0861 760222,* – |♦| ▤ TV ☎ . AE ⑤ VISA. ✻ rist
20 maggio-settembre – **Pasto** carta 40/55000 – **22 cam** 70/100000 – ½ P 115000.

XX **Pasqualò,** via Colle di Marzio 40 (Ovest : 2 km) ℘ 0861 760321, ≤ – ▤ P. AE ⑤ ⓓ ⓜⓒ VISA. ✻
Pasto specialità di mare carta 50/80000.

X **Leon d'Or,** via Aldo Moro 55/57 ℘ 0861 797070, *Fax 0861 797695* – ▤. AE ⑤ ⓓ ⓜⓒ VISA JCB. ✻
Pasto specialità di mare 45/65000.

Villa Rosa *Sud : 5 km – ✉ 64010 :*

Paradiso, via Ugo La Malfa 14 ℘ 0861 713888, *Fax 0861 751775,* , , – |♦| ▤ TV ☎ P. ⑤ ⓜⓒ VISA. ✻
10 maggio-20 settembre – **Pasto** (solo per alloggiati) 25/40000 – **67 cam** 110/140000 – ½ P 120000.

Olimpic, lungomare Italia 72 ℘ 0861 712390, *Fax 0861 710597,* ≤, , , – |♦|, ▤ rist, TV ☎ & P. ✻ rist
maggio-settembre – **Pasto** carta 40/50000 – **56 cam** 100/120000 – ½ P 120000.

Park Hotel, via Don Sturzo 9 ℘ 0861 714913, *Fax 0861 714905,* , , , – |♦| ▤ TV ☎ P. ⑤ ⓜⓒ VISA. ✻
Pasto 30/40000 – **61 cam** 100/150000 – ½ P 90/130000.

Haway, lungomare Italia 62 ℘ 0861 712649, *Fax 0861 712649,* ≤, , – |♦|, ▤ rist, TV ☎ P. ⑤ ⓓ ⓜⓒ VISA. ✻ rist
15 maggio-26 settembre – **Pasto** (solo per alloggiati) 30000 – **52 cam** 90/150000 – ½ P 125/135000.

XX **Il Pescheto,** via dei Frutteti 4 (Ovest : 2.5 km) ℘ 0861 752616, *Fax 0861 752616,* « Servizio estivo all'aparto con ≤ », – P. ⑤ ⓓ ⓜⓒ VISA. ✻
chiuso novembre e lunedì (escluso luglio-agosto) – **Pasto** carta 45/75000.

Lesen Sie die Einleitung, sie ist der Schlüssel zu diesem Führer.

MARZABOTTO *40043 Bologna* [429], [430] I 15 – *6 143 ab. alt. 130.*
Roma 363 – Bologna 24 – Firenze 94 – Pistoia 69.

🏠 **Misa,** piazza dei Martiri 1 ☎ 051 932800, *Fax 051 932284* – [AE] [S] [VISA]
Pasto *(chiuso domenica)* carta 50/80000 – **25 cam** ☕ 150/250000.

MARZAGLIA *Modena – Vedere Modena.*

MASARÈ *Belluno* [429] C 18 – *Vedere Alleghe.*

MASER *31010 Treviso* [429] E 17 *G. Italia – 4 826 ab. alt. 147.*
Vedere *Villa★★★ del Palladio.*
Roma 562 – Padova 59 – Belluno 59 – Milano 258 – Trento 108 – Treviso 29 – Venezia 62 – Vicenza 54.

🍴 **Da Bastian,** località Muliparte ☎ 0423 565400, – [P].
chiuso agosto, mercoledì sera e giovedì – **Pasto** carta 35/50000.

MASERADA SUL PIAVE *31052 Treviso* [429] E 18 – *6 829 ab. alt. 33.*
Roma 553 – Venezia 44 – Belluno 74 – Treviso 13.

🍴🍴 **Antica Osteria Zanatta,** località Varago Sud : 1,5 km ☎ 0422 778048, *Fax 0422 77768*
– [P]. [AE] [S] [VISA].
chiuso dal 2 all'11 gennaio, dal 3 al 20 agosto, domenica sera e lunedì – **Pasto** carta 45/65000.

MASIO *15024 Alessandria* [428] H 7 – *1 485 ab. alt. 142.*
Roma 607 – Alessandria 22 – Asti 14 – Milano 118 – Torino 80.

🍴 **Trattoria Losanna,** via San Rocco 36 (Est : 1 km) ☎ 0131 799525, *Fax 0131 799074* –
[AE] [S] [VISA].
chiuso dal 1º al 20 agosto e lunedì – **Pasto** carta 50/85000.

MASON VICENTINO *36064 Vicenza* [429] E 16 – *3 092 ab. alt. 104.*
Roma 538 – Padova 56 – Belluno 93 – Trento 85 – Venezia 87 – Vicenza 22.

🍴🍴 **Al Pozzo,** via Marconi 35 ☎ 0424 411816, *Fax 0424 411908*, , prenotare – [AE] [S]
[VISA]
chiuso dal 1º al 10 gennaio, dal 1º al 15 agosto, lunedì e martedì a mezzogiorno – **Pasto** carta 50/80000.

MASSA 54100 [P] [988] ⑭, [428], [429], [430] J 12 *G. Toscana – 68 005 ab. alt. 65 – a.s. Pasqua luglio-agosto.*
[A.C.I.] *via Aurelia Ovest 193* ☎ *0585 831942.*
Roma 389 – Pisa 46 – La Spezia 34 – Carrara 7 – Firenze 115 – Livorno 65 – Lucca 45 – Milano 235.

a Bergiola Maggiore *Nord : 5,5 km – alt. 329 – ✉ 54100 Massa :*

🍴 **La Ruota,** via Bergiola Maggiore 13 ☎ 0585 42030, « Servizio estivo in terrazza con città e litorale » – [P]. [AE] [S] [VISA].
chiuso lunedì (escluso da aprile a settembre) – **Pasto** carta 40/55000.

MASSACIUCCOLI (Lago di) *Lucca* [428], [429], [430] K 13 – *Vedere Torre del Lago Puccini.*

MASSAFRA *74016 Taranto* [988] ㉙, [431] F 33 – *31 128 ab. alt. 110.*
Roma 508 – Matera 64 – Bari 76 – Brindisi 84 – Taranto 18.

sulla strada statale 7 *Nord-Ovest : 2 km :*

🏨 **Appia Palace Hotel,** ✉ 74016 ☎ 099 8851501, *Fax 099 8851506*, –
☎ [P] – 350. [AE] [S] [VISA].
Pasto carta 40/55000 – **119 cam** ☕ 115/150000 – 1/2 P 140000.

MASSA LUBRENSE *80061 Napoli* [431] F 25 *G. Italia – 12 918 ab. alt. 120 – a.s. aprile-settembre*
Roma 263 – Napoli 55 – Positano 21 – Salerno 56 – Sorrento 6.

🏨 **Delfino** , via Nastro d'Oro 2 (Sud-Ovest : 3 km) ☎ 081 8789261, *Fax 081 8089074*, mare ed isola di Capri, « In una pittoresca insenatura », con acqua di mare, , –
rist, ☎ [P]. [AE] [S] [VISA].
aprile-ottobre – **Pasto** carta 50/70000 – **66 cam** ☕ 205/310000 – 1/2 P 170/190000.

🏨 **Bellavista,** via Partenope Nord : 1 km ☎ 081 8789696, *Fax 081 8089341,* ≤ mare ed isola di Capri, « Terrazza-solarium con 🏊 » – |‡| ▤ [TV] ☎ ✆ 🚗 [P]. [AE] [S] ⊙ [MC] [VISA] [JCB]. ✱
Pasto vedere rist ***Riccardo Francischiello*** – ☕ 15000 – **30 cam** 130/180000 – ½ P 135/145000.

🏨 **Maria,** Sud : 1 km ☎ 081 8789163, *Fax 081 8789411,* ≤ mare, « 🏊 su terrazza panoramica » – [TV] ☎ [P]. [AE] [S] [MC] [VISA]. ✱
aprile-ottobre – **Pasto** *(chiuso venerdì)* carta 45/65000 – ☕ 15000 – **34 cam** 120/160000 – ½ P 110/130000.

🍴🍴 **Antico Francischiello-da Peppino** con cam, via Partenope 27 (Nord : 1,5 km) ☎ 081 5339780, *Fax 081 8071813,* ≤ mare ed isola di Capri, « Locale caratteristico » – ▤ [TV] ☎ [P]. [AE] [S] ⊙ [MC] [VISA] [JCB]. ✱
Pasto *(chiuso mercoledì escluso da giugno a settembre)* carta 65/100000 (15 %) – ☕ 15000 – **8 cam** 130/150000 – ½ P 140000.

🍴🍴 **Riccardo Francischiello** - Hotel Bellavista, via Partenope Nord : 1 km ☎ 081 8789181, ≤ mare ed isola di Capri, prenotare sabato e domenica – ▤ [P]. [AE] [S] ⊙ [MC] [VISA] [JCB]. ✱
chiuso martedì in bassa stagione – **Pasto** carta 45/70000.

🍴 **La Primavera** con cam, ☎ 081 8789125, *Fax 081 8089556,* ≤, ⛱ – [TV] ☎. [AE] [S] ⊙ [MC] [VISA]. ✱
Pasto *(chiuso dal 10 al 31 gennaio e mercoledì)* carta 50/65000 – **9 cam** ☕ 110/150000 – ½ P 110/120000.

a Nerano-Marina del Cantone *Sud-Est : 11 km – ✉ 80068 Termini :*

🍴🍴🍴 ✿ **Taverna del Capitano** con cam, piazza delle Sirene 10/11 ☎ 081 8081028, *Fax 081 8081892,* ≤, ⛱, prenotare – ▤ cam, [TV] ☎ ✆ 🚗. [AE] [S] ⊙ [MC] [VISA] [JCB]. ✱
chiuso dal 10 gennaio al 26 febbraio – **Pasto** *(chiuso lunedì escluso da giugno a settembre)* 65/100000 e carta 70/105000 – ☕ 20000 – **15 cam** 100/150000 – ½ P 150000
Spec. Sfogliatella con scarola, capperi e olive in salsa di "colatura di alici". Gnocchetti di patate con alici, pezzuttella (caciotta) al profumodi finocchietto selvatico. Pignatiello di seppia nel suo nero con salsa all'aceto invecchiato.

🍴🍴 **Quattro Passi,** Nord : 1 km ☎ 081 8081271, *Fax 081 8081271,* ⛱ – [P]. [AE] [S] ⊙ [MC] [VISA]. ✱
chiuso dal 2 novembre al 26 dicembre, mercoledì e dal 26 dicembre a marzo anche la sera – **Pasto** carta 70/110000.

MASSA (Marina di) *54037 Massa-Carrara* [988] ⑭, [430] J 12 – *a.s. Pasqua e luglio-agosto.*

ℹ *viale Vespucci 23 ☎ 0585 240046, Fax 0585 869015.*

Roma 388 – Pisa 41 – La Spezia 32 – Firenze 114 – Livorno 64 – Lucca 44 – Massa 5 – Milano 234.

🏨 **Excelsior** [M], via Cesare Battisti 1 ☎ 0585 8601, *Fax 0585 869795,* 🏊, 🏖 – |‡| ▤ [TV] ☎ ♿ 🚗 – 🏛 80. [AE] [S] ⊙ [MC] [VISA]. ✱ rist
Pasto carta 70/105000 – **65 cam** ☕ 215/330000, 5 appartamenti – ½ P 250000.

🏨 Villa Irene 🐦, via delle Macchie 125, località Poveromo ✉ 54039 Ronchi ☎ 0585 309310, *Fax 0585 308038,* ⛱, « Parco-giardino con 🏊 riscaldata », 🎾, ✂ – ▤ cam, [TV] ☎ [P]
stagionale – **38 cam.**

🏨 **Tropicana** senza rist, via Verdi 47, località Poveromo ✉ 54039 Ronchi ☎ 0585 309041, *Fax 0585 309044,* 🏊, 🏖 – ▤ [TV] ☎ [P]. [AE] [S] ⊙ [MC] [VISA]. ✱
15 maggio-settembre – 24 appartamenti ☕ 250/360000.

🏨 **Cavalieri del Mare** 🐦, via Verdi 23, località Ronchi ✉ 54039 Ronchi ☎ 0585 868010, *Fax 0585 868015,* « Giardino con 🏊 », 🎾 – ▤ [TV] ☎ ✆ ♿ [P]. [AE] [S] ⊙ [MC] [VISA]. ✱
Pasto *(aprile-settembre;* solo per alloggiati) 50000 – **25 cam** ☕ 160/250000 – ½ P 175000.

🏨 **Maremonti,** viale lungomare di Levante 19, località Ronchi ✉ 54039 Ronchi ☎ 0585 241008, *Fax 0585 241009,* « Parco con 🏊 » – [TV] ☎ [P]. [AE] [S] ⊙ [MC] [VISA]. ✱
aprile-settembre – **Pasto** (solo per alloggiati) – ☕ 10000 – **22 cam** 200/230000 – ½ P 155/180000.

🏨 **Gabrini,** via Don Luigi Sturzo 19 ☎ 0585 240505, *Fax 0585 246661,* 🏖 – |‡| ▤ [TV] ☎ [P]. [AE] [S] ⊙ [MC] [VISA]. ✱
15 maggio-settembre – **Pasto** (solo per alloggiati) 30/45000 – **43 cam** ☕ 95/135000 – ½ P 120000.

🏨 **Matilde,** via Tagliamento 4 ☎ 0585 241441, *Fax 0585 240488,* 🏖 – [TV] ☎ ✆ [P]. [AE] [S] ⊙ [MC] [VISA] [JCB]. ✱
Pasto *(aprile-ottobre;* solo per alloggiati) carta 60/100000 – ☕ 20000 – **15 cam** 180/200000 – ½ P 140/150000.

La Pergola, via Verdi 41, località Poveromo ✉ 54039 Ronchi ☎ 0585 2401 *Fax 0585 245720,* « Giardino ombreggiato » – ☎ P. AE S ◐ MC VISA. ✂
Pasqua-20 settembre – **Pasto** carta 35/50000 – ☕ 15000 – **25 cam** 100/130000 – 1/2 P 10 120000.

Da Riccà, lungomare di Ponente ☎ 0585 241070, *Fax 0585 241070,* ☂ – P. AE S ◐ VISA. ✂
chiuso dal 20 dicembre al 10 gennaio e lunedì – **Pasto** specialità di mare carta 80/1000 (10 %).

MASSA MARITTIMA

58024 Grosseto 988 ⑭ ㉔, 430 M 14 *G. Toscana – 8 957 ab. alt. 400.*
Vedere *Piazza Garibaldi★★ – Duomo★★ – Torre del Candeliere★, Fortezza ed Arco senes*
Roma 249 – Siena 62 – Firenze 132 – Follonica 19 – Grosseto 52.

Il Sole senza rist, via della Libertà 43 ☎ 0566 901971, *Fax 0566 901959* – |‡| TV ☎ 🚗 – 🏛 150. AE S MC VISA
51 cam ☕ 90/130000, appartamento.

Duca del Mare, piazza Dante Alighieri 1/2 ☎ 0566 902284, *Fax 0566 901905,* ←, ☂ – P. AE S MC VISA. ✂
chiuso dal 6 gennaio al 15 febbraio – **Pasto** *(chiuso gennaio, febbraio, da novembre al dicembre e lunedì)* carta 35/50000 – **19 cam** ☕ 70/115000 – 1/2 P 85000.

Taverna del Vecchio Borgo, via Parenti 12 ☎ 0566 903950, *Fax 0566 903950,* « Tip taverna in un'antica cantina » – AE S ◐ MC VISA. ✂
chiuso dal 15 gennaio al 15 febbraio, lunedì e da ottobre a luglio anche domenica ser **Pasto** carta 40/70000.

Osteria da Tronca, vicolo Porte 5 ☎ 0566 901991 – S MC VISA
chiuso dal 29 dicembre al 12 febbraio e mercoledì – **Pasto** cucina rustica carta 40/55000

a Ghirlanda *Nord-Est : 2 km – ✉ 58020 :*

Da Bracali, via Ghirlanda ☎ 0566 902318, *Fax 0566 940302,* Rist. con enoteca, prenota – ▤ P. AE S ◐ MC VISA. ✂
chiuso lunedì e martedì (escluso luglio-agosto) – **Pasto** 120000 e carta 105/160000
Spec. Spaghetti all'uovo con porcini e capesante (autunno). Tortelli di faraona su passato cipollotti e miele d'acacia (primavera-estate). Variazione di agnellone toscano.

a Prata *Nord-Est : 12 km – ✉ 58020 :*

La Schiusa, via Basilicata 29/31 ☎ 0566 914012, *Fax 0566 914012* – P. AE S ◐ MC VISA
chiuso da febbraio al 2 marzo e mercoledì (escluso da giugno a settembre) – **Pas** 30/35000 e carta 30/50000 (10 %).

MASSAROSA

55054 Lucca 988 ⑭, 428, 429, 430 K 12 – *20 101 ab. alt. 15 – a.s. Carneva Pasqua, 15 giugno-15 settembre e Natale.*
Roma 363 – Pisa 29 – Livorno 52 – Lucca 19 – La Spezia 60.

La Chandelle, via Casa Rossa 1 ☎ 0584 938290, ←, ☂, Rist. elegante, prenotare – ▤ S MC VISA. ✂
chiuso dal 1° al 15 dicembre, dal 6 al 20 gennaio, lunedì e martedì a mezzogiorno – **Pas** carta 45/80000.

Da Ferro, via Sarzanese 36 località Piano di Conca Nord-Ovest : 5,5 km ☎ 0584 99662 ☂ – P. AE S ◐ MC VISA. ✂
chiuso dal 5 ottobre al 3 novembre e martedì – **Pasto** carta 35/50000.

a Massaciuccoli *Sud : 4 km – ✉ 55050 Quiesa :*

Le Rotonde 🐦, via del Porto 15 ☎ 0584 975439, *Fax 0584 975754,* « Giardino ombreggiato » – TV ☎ P. AE S VISA. ✂
Pasto *(chiuso mercoledì e novembre)* carta 40/50000 – **14 cam** ☕ 90/140000 – 1/2 P 8 90000.

a Bargecchia *Nord-Ovest : 9 km – ✉ 55040 Corsanico :*

Rino 🐦 con cam, via della Chiesa 8 ☎ 0584 954000, ☂, ☂, 🌿 – TV ☎. AE S ◐ MC VI ✂
chiuso martedì da ottobre a giugno – **Pasto** carta 25/45000 – ☕ 5000 – **19 cam** 60/9000

MASSINO VISCONTI

28040 Novara 428 E 7, 219 ⑦ – *1 034 ab. alt. 465.*
Roma 654 – Stresa 11 – Milano 77 – Novara 52.

Lo Scoiattolo, via per Nebbiuno 8 ☎ 0322 219184, *Fax 0322 219113,* « Giardino con lago e dintorni » – |‡| TV ☎ ♿ P – 🏛 80. AE S ◐ MC VISA. ✂
Pasto *(chiuso lunedì)* carta 35/55000 – ☕ 12000 – **30 cam** 100/130000 – 1/2 P 80/90000.

Trattoria San Michele, via Roma ☎ 0322 219101, Coperti limitati; prenotare, « Servizio estivo in terrazza con ≤ lago e dintorni » – AE ⓢ ⓘ ⓜ VISA. ✻
chiuso dal 10 al 25 gennaio, dal 17 agosto al 6 settembre, lunedì sera, martedì, Natale e Capodanno. – **Pasto** carta 35/55000.

MATELICA *62024 Macerata* 988 ⑯, 430 M 21 – *10 203 ab. alt. 354.*
Roma 209 – Ancona 80 – Fabriano 28 – Foligno 59 – Macerata 42 – Perugia 90.

Al Teatro, via Umberto I 7 ☎ 0737 786099 – AE ⓢ ⓘ ⓜ VISA
chiuso dal 1° al 10 agosto e mercoledì – **Pasto** carta 35/55000.

MATERA *75100* P 988 ㉙, 431 E 31 *G. Italia – 56 628 ab. alt. 401.*
Vedere *I Sassi★★ – Strada dei Sassi★★ – Duomo★ – ≤★★ sulla città dalla strada delle chiese rupestri Nord-Est : 4 km.*
via De Viti de Marco 9 ☎ 0835 331983, Fax 0835 333452.
A.C.I. *viale delle Nazioni Unite 47 ☎ 0835 382322.*
Roma 461 – Bari 67 – Cosenza 222 – Foggia 178 – Napoli 255 – Potenza 104.

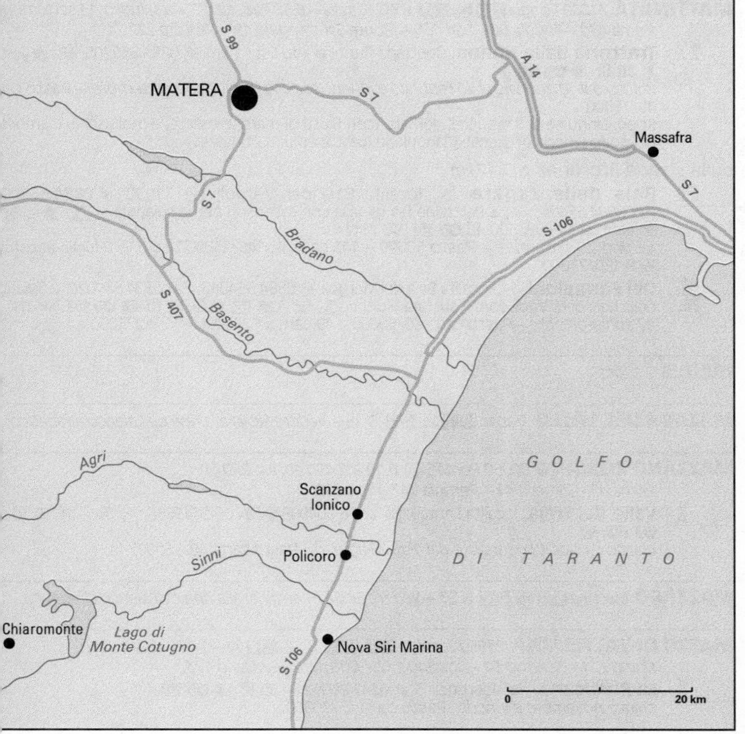

Del Campo M, via Lucrezio ☎ 0835 388844, *Fax 0835 388757*, – – ▤ TV ☎ ♿ P – 200. AE ⓢ ⓘ ⓜ VISA JCB. ✻
Pasto al Rist. ***Le Spighe*** carta 40/60000 – **16 cam** 165/240000 – ½ P 250000.

Italia, via Ridola 5 ☎ 0835 333561, *Fax 0835 330087*, ≤ I Sassi – , ▤ rist, TV ☎ ♿ – 90. AE ⓢ ⓘ VISA. ✻ rist
Pasto al Rist. ***Basilico*** *(chiuso dal 1° al 20 agosto)* carta 30/50000 – **47 cam** 150/180000 – ½ P 140000.

De Nicola, via Nazionale 158 ☎ 0835 385111 e rist ☎ 085 385121, *Fax 0835 385113* – TV ☎ ♿ – 🅿 200. AE 🅂 ⓓ MC VISA. ✱
Pasto carta 35/50000 – ☕ 9000 – **105 cam** 100/150000 – ½ P 90/115000.

Sassi Hotels senza rist, via San Giovanni Vecchio 89 ☎ 0835 33100 *Fax 0835 333733*, ≤ Sassi e cattedrale – TV ☎ P. AE 🅂 ⓓ MC VISA
15 cam ☕ 80/140000, appartamento.

Casino del Diavolo-da Francolino, via La Martella Ovest : 1,5 km ☎ 0835 26198 *Fax 0835 261986*, – P. ✱
chiuso lunedì – **Pasto** carta 30/50000.

Trattoria Lucana, via Lucana 48 ☎ 0835 336117 – ▤. AE 🅂 ⓓ MC VISA. JCB. ✱
chiuso dal 10 al 25 settembre e domenica – **Pasto** carta 35/55000 (10 %).

a Venusio *Nord : 7 km* – ✉ *75100 Matera :*

Venusio, via Lussemburgo 2/4 ☎ 0835 259081, *Fax 0835 259082*, – ▤ P. AE 🅂 ⓓ VISA
chiuso dal 6 al 15 gennaio e dal 1° al 14 agosto – **Pasto** carta 45/65000.

MATIGGE *Perugia* – *Vedere Trevi.*

MATTINATA *71030 Foggia* 988 ㉘, 431 B 30 *G. Italia* – *6 387 ab. alt. 77* – *a.s. luglio-13 settembre*
Roma 430 – *Foggia 58* – *Bari 138* – *Monte Sant'Angelo 19* – *Pescara 222.*

Trattoria dalla Nonna, Contrada Funni al lido Est : 1 km ☎ 0884 559205, ≤, – P. AE 🅂 ⓓ MC VISA
chiuso dal 10 gennaio al 10 febbraio e lunedì (escluso da giugno a settembre) – **Pasto** car 45/75000
Spec. Linguine al "trabucco" soffiato (con frutti di mare, crostacei e molluschi). Ciambot del golfo (zuppa di pesce). Ciangulariè (pasticceria) mattinatesi.

sulla strada litoranea *NE : 17 km :*

Baia delle Zagare, località Baia dei Mergoli ✉ 71030 ☎ 0884 55400 *Fax 0884 554013*, ≤, « Palazzine fra gli ulivi con ascensori per la spiaggia », ▤ cam, ☎ P – 🅿 300. 🅂 MC VISA. ✱ rist
giugno-20 settembre – **Pasto** 50000 – **143 cam** ☕ 145/230000 (solo ½ P luglio-agosto) ½ P 180/210000.

Dei Faraglioni, località Baia dei Mergoli ☎ 0884 554017, *Fax 0884 554020*, « Spiagg nella baia di Mergoli con ≤ sui faraglioni », – ▤ TV ☎ P. AE 🅂 ⓓ MC VISA. ✱ rist
22 aprile-ottobre – **Pasto** carta 30/50000 – **49 cam** ☕ 240000 – ½ P 225000.

MAULS = *Mules.*

MAZARA DEL VALLO *Trapani* 988 ㉟, 432 O 19 – *Vedere Sicilia alla fine dell'elenco alfabetico.*

MAZZANO ROMANO *00060 Roma* 430 P 19 – *2 490 ab. alt. 200.*
Roma 43 – *Viterbo 41* – *Perugia 147* – *Terni 80.*

Valle del Treja, località Fantauzzo ☎ 06 9049091, *Fax 06 9049656*, ≤, – P. AE 🅂 MC VISA. ✱
chiuso dal 2 al 12 gennaio e dal 1° al 28 agosto – **Pasto** carta 40/55000.

MAZZARÒ *Messina* 988 ㊲, 432 N 27 – *Vedere Sicilia (Taormina) alla fine dell'elenco alfabetico.*

MAZZO DI VALTELLINA *23030 Sondrio* 428, 429 D 12, 218 ⑰ – *1 082 ab. alt. 552.*
Roma 734 – *Sondrio 34* – *Bolzano 172* – *Bormio 29* – *Milano 173.*

La Rusticana, via Albertinelli 3 ☎ 0342 860121 – AE 🅂 ⓓ MC VISA
chiuso novembre e lunedì – **Pasto** carta 45/70000.

MEANO *Belluno* 429 D 18 – *Vedere Santa Giustina.*

MEDESANO *43014 Parma* 428, 429 H 12 – *8 778 ab. alt. 136.*
Roma 473 – *Parma 20* – *La Spezia 103* – *Mantova 83* – *Piacenza 61.*

a Sant'Andrea Bagni *Sud-Ovest : 8 km* – ✉ *43048 :*

Salus, piazza C. Ponci 7 ☎ 0525 431221, *Fax 0525 431398* – |‡| TV ☎. AE 🅂 MC VISA
Pasto *(chiuso dal 7 al 31 gennaio)* carta 40/55000 – **51 cam** ☕ 110/160000 – ½ P 110000

MEDOLAGO *24030 Bergamo* 428 E 10 – *1 922 ab. alt. 246.*
Roma 591 – Bergamo 18 – Milano 47 – Como 48 – Lecco 32.

Solaf M, via Mattei 1/3 ☎ 035 4946120 e rist. ☎ 035 4948088, *Fax 035 4946125* – |ǂ|, cam, ▤ TV ☎ ♿ P – 80. AE S O MC VISA.
chiuso dal 10 al 20 agosto – **Pasto** al Rist. ***L'Incontro*** *(chiuso domenica sera e lunedì a mezzogiorno)* carta 45/80000 – **35 cam** ▭ 170/250000 – ½ P 150000.

MEINA *28046 Novara* 988 ②, 428 E 7 – *2 158 ab. alt. 214.*
Roma 645 – Stresa 12 – Milano 68 – Novara 44 – Torino 120.

Villa Paradiso, via Sempione 125 ☎ 0322 660488, *Fax 0322 660544*, <, « Parco ombreggiato con ‹piscina› », – |ǂ|, ▤ rist, TV ☎ P. AE S O MC VISA. rist
marzo-10 novembre – **Pasto** carta 55/80000 – **60 cam** ▭ 140/200000 – ½ P 105/120000.

MEL *32026 Belluno* 988 ⑤, 429 D 18 – *6 323 ab. alt. 353.*
Roma 609 – Belluno 18 – Milano 302 – Trento 95 – Treviso 67.

XX **Antica Locanda al Cappello,** piazza Papa Luciani 20 ☎ 0437 753651, *Fax 0437 540353*, « Edificio seicentesco con affreschi originali » – AE S MC VISA.
chiuso martedì sera e mercoledì **Pasto** carta 45/65000.

MELDOLA *47014 Forlì-Cesena* 988 ⑮, 429, 430 J 18 – *9 209 ab. alt. 57.*
Roma 418 – Ravenna 41 – Rimini 64 – Forlì 13.

X **Il Rustichello,** via Vittorio Veneto 7 ☎ 0543 495211 – ▤. AE S O MC VISA.
chiuso dal 1° al 25 agosto, lunedì sera e martedì – **Pasto** carta 35/55000.

MELEGNANO *20077 Milano* 988 ③, 428 F 9, 219 ⑲ – *16 039 ab. alt. 88.*
Roma 548 – Milano 17 – Piacenza 51 – Pavia 29.

Il Telegrafo, via Zuavi 54 ☎ 02 9834002, *Fax 02 98231813* – TV ☎ P. AE S O VISA
chiuso agosto – **Pasto** *(chiuso domenica)* carta 40/60000 – ▭ 10000 – **34 cam** 85/120000 – ½ P 85/95000.

MELENDUGNO *73026 Lecce* 988 ㉚, 431 G 37 – *9 494 ab. alt. 36 – a.s. luglio-agosto.*
Roma 581 – Brindisi 55 – Gallipoli 51 – Lecce 19 – Taranto 105.

San Foca *Est : 7 km* – ✉ *73020 :*

Côte d'Est, lungomare Matteotti ☎ 0832 881146, *Fax 0832 881148* – |ǂ| ▤ TV ☎ P. S O MC VISA. rist
Pasto 35000 – ▭ 5000 – **33 cam** 120/150000 – ½ P 110000.

MELEZET *Torino* 428 G 2 – *Vedere Bardonecchia.*

MELITO IRPINO *83030 Avellino* 431 D 27 – *2 066 ab. alt. 242.*
Roma 255 – Foggia 70 – Avellino 55 – Benevento 45 – Napoli 108 – Salerno 87.

X **Di Pietro,** corso Italia 8 ☎ 0825 472010 –
chiuso mercoledì – **Pasto** cucina casalinga irpina carta 30/45000.

MELS *Udine* – *Vedere Colloredo di Monte Albano.*

MELZO *20066 Milano* 428 F 10, 219 ⑳ – *18 692 ab. alt. 119.*
Roma 578 – Bergamo 34 – Milano 21 – Brescia 69.

XX **Due Spade,** via Bianchi 19 ☎ 02 9550267, *Fax 02 95737194* – P. AE S O MC VISA JCB
chiuso dal 24 dicembre al 7 gennaio, dal 4 al 24 agosto, domenica e lunedì a mezzogiorno – **Pasto** carta 70/100000.

MENAGGIO *22017 Como* 988 ③, 428 D 9 *G. Italia* – *3 024 ab. alt. 203.*
Vedere *Località*★★.
18 *(marzo-novembre) a Grandola e Uniti* ✉ *22010* ☎ *0344 32103, Fax 0344 30780.*
per Varenna giornalieri (15 mn) – Navigazione Lago di Como, al pontile ☎ *0344 32255.*
piazza Garibaldi 7 ☎ *0344 32924, Fax 0344 32924.*
Roma 661 – Como 35 – Lugano 28 – Milano 83 – Sondrio 68 – St-Moritz 98 – Passo dello Spluga 79.

Gd H. Victoria, lungolago Castelli 7/11 ✆ 0344 32003 e rist. 0344 311 *Fax 0344 32992*, ≤, ☂, ⛱, 🚗 – |‡| 📺 ☎ P – 🚶 100. AE 🅂 ⓞ MC VISA. ✂
Pasto al Rist. ***Le Tout Paris*** carta 65/100000 – ☐ 25000 – **53 cam** 190/280000, 4 appartamenti – ½ P 245000.

Gd H. Menaggio, via 4 Novembre 69 ✆ 0344 30640, *Fax 0344 30619*, ≤ lago e dintorni, ☂, Pontile d'attracco privato, ⛱, 🚗 – |‡|, ▤ cam, 📺 ☎ P – 🚶 270. AE 🅂 MC VISA. ✂
marzo-ottobre – **Pasto** carta 70/110000 – **53 cam** ☐ 300/400000, 3 appartamenti ½ P 235000.

Garden, via Diaz 30 (Nord : 1,5 km) ✆ 0344 31616, *Fax 0344 31616*, 🚗 – 📺 ☎ P. 🅂 VISA
Pasqua-ottobre – **Pasto** (solo per alloggiati) 30000 – **13 cam** ☐ 80/120000 – ½ P 85000.

a Loveno *Nord-Ovest : 2 km – alt. 320 – ✉ 22017 Menaggio :*

Royal ⛰, largo Vittorio Veneto 1 ✆ 0344 31444, *Fax 0344 30161*, ≤, « Giardino con ⛱ – ☎ 🚗 P. AE 🅂 ⓞ MC VISA
8 aprile-4 novembre – **Pasto** vedere rist. ***Chez Mario*** – ☐ 21000 – **16 cam** 135/150000 ½ P 145000.

Chez Mario, largo Vittorio Veneto 1 ✆ 0344 31444, ☂, prenotare, 🚗 – P. AE 🅂 ⓞ VISA. ✂
8 aprile-4 novembre – **Pasto** 55000 e carta 55/80000.

MENFI *Agrigento* 988 ㉟, 432 O 20 – *Vedere Sicilia alla fine dell'elenco alfabetico.*

MERAN = *Merano.*

MERANO (MERAN) *39012 Bolzano* 988 ④, 429 C 15 *G. Italia – 33 807 ab. alt. 323 – Stazione termale – Sport invernali : a Merano 2000* **B** *: 1 946/2 302 m ⛡3 ⛷5, ⛸.*

Vedere *Passeggiate d'Inverno e d'Estate★★* **D** – *Passeggiata Tappeiner★★* **CD** – *Volte gotiche★ e polittici★ nel Duomo* **D** – *Via Portici★* **CD** – *Castello Principesco★* **C C** – *Merano 2000★ accesso per funivia, E : 3 km* **B** – *Tirolo★ N : 4 km* **A.**

Dintorni *Avelengo★ SE : 10 km per via Val di Nova* **B** – *Val Passiria★* **B.**

⛳ *a Lana ✉ 39011 ✆ 0473 564696, Fax 0473 565399, per ② : 9 km;*

⛳ *Passiria (marzo-novembre) a San Leonardo in Passiria ✉ 39015 ✆ 0473 641488, Fax 0473 641489, per ① : 20 km.*

🅸 *corso della Libertà 35 ✆ 0473 235223, Fax 0473 235524.*

Roma 665 ② – Bolzano 28 ② – Brennero 73 ① – Innsbruck 113 ① – Milano 326 ② – Passo di Resia 79 ③ – Passo dello Stelvio 75 ③ – Trento 86 ②.

Pianta pagina a lato

Palace Hotel e Schloss Maur, via Cavour 2 ✆ 0473 271000, *Fax 0473 271181*, Centro benessere, « Parco ombreggiato con ⛱ », 🏋, ♨, 🏊, 🌴 – |‡|, ▤ rist, 📺 ☎ ♿ 🚶 100. AE 🅂 ⓞ MC VISA. ✂ rist D
Pasto carta 80/125000 e al Rist. ***Schloss Maur*** *(chiuso dal 10 gennaio a marzo, dal giugno al 20 luglio, mercoledì e a mezzogiorno)* carta 85/135000 – **125 cam** ☐ 27 470000, 12 appartamenti – ½ P 250/275000.

Meister's H. Irma Ⓜ ⛰, via Belvedere 17 ✆ 0473 212000, *Fax 0473 231355*, ≤, ☂, Centro benessere, « Parco-giardino con piscine riscaldate », 🏋, ♨, 🏊, 🎾, 🌴 – |‡|, ▤ ri 📺 ☎ ♿ 🚗 P. ✂ rist B
15 marzo-9 gennaio – **Pasto** (solo per alloggiati) carta 50/80000 – **50 cam** ☐ 175/35000 2 appartamenti – ½ P 150/220000.

Park Hotel Mignon ⛰, via Grabmayr 5 ✆ 0473 230353, *Fax 0473 230644*, ≤, « Parco giardino con ⛱ riscaldata », 🏋, ♨, 🏊 – |‡|, ▤ rist, 📺 ☎ 🚗 P. AE 🅂 MC VISA. ✂ rist
15 marzo-5 novembre – **Pasto** 60/85000 – **39 cam** ☐ 190/380000, 7 appartamenti ½ P 175/220000. D

Castel Rundegg Hotel, via Scena 2 ✆ 0473 234100, *Fax 0473 237200*, ☂, Centro benessere, « Giardino ombreggiato », 🏋, ♨, 🏊, 🌴 – |‡| 📺 ☎ P. AE 🅂 ⓞ MC VI ✂ rist D
Pasto carta 75/95000 – **28 cam** ☐ 225/470000, 2 appartamenti – ½ P 255/295000.

Meranerhof, via Manzoni 1 ✆ 0473 230230, *Fax 0473 233312*, « Giardino con ⛱ riscaldata », ♨ – |‡|, ▤ rist, 📺 ☎ P – 🚶 70. AE 🅂 ⓞ MC VISA. ✂ rist C
chiuso dal 6 gennaio al 15 marzo – **Pasto** (solo su prenotazione) 50/65000 – **68 ca** ☐ 180/350000, 2 appartamenti – ½ P 175/195000.

Adria ⛰, via Gilm 2 ✆ 0473 236610, *Fax 0473 236687*, Centro benessere, 🏋, ♨, 🏊, – |‡|, ▤ rist, 📺 ☎ P. 🅂 MC VISA. ✂ rist D
marzo-ottobre – **Pasto** (solo per alloggiati) – **49 cam** ☐ 145/290000, appartamento ½ P 175000.

MERANO E DINTORNI

Castel Gatto (Via) . . . . B 3
Christomannos . . . . B 5
Dante Alighieri (Via) . . . . B 7
Grabmayr (Via) . . . . B 9
Marlengo (Ponte di) . . . . A 14
Mayr-Nusser (Via Josef) . . . . . B 16
Monte Benedetto (Via) . . . . . . B 17
Monte S. Zeno (Via) . . . . B 18
Parrocchia (Via della) . . . . B 20
Piave (Via) . . . . B 27
S. Caterina (Via) . . . . B 31
S. Maria del Conforto (Via) . . B 32
S. Valentino (Via) . . . . B 34
Val di Nova (Via) . . . . B 38
Virgilio (Via) . . . . B 39
IV Novembre (Via) . . . . A 41

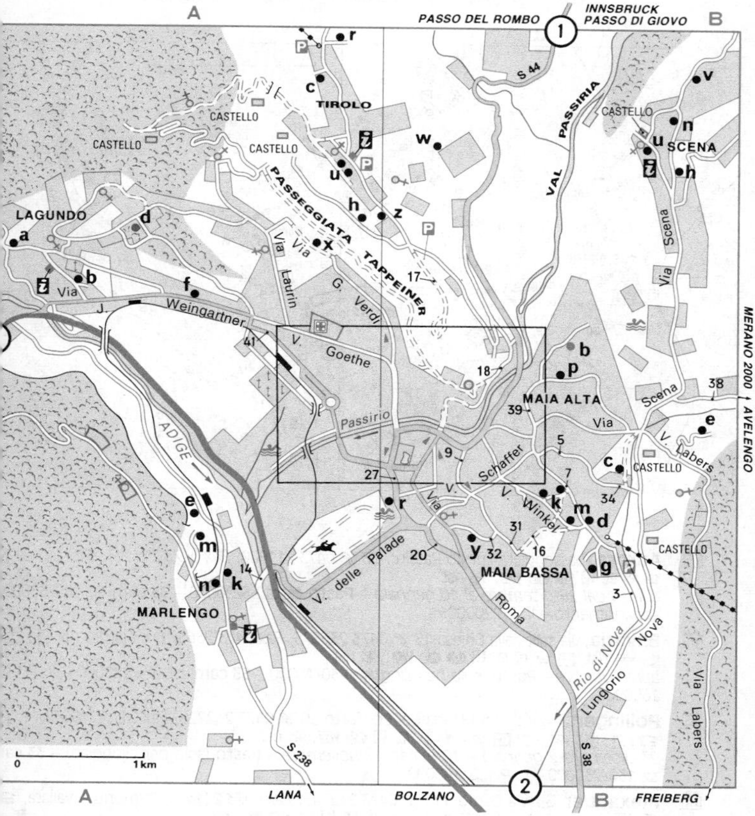

Villa Tivoli ⛰, via Verdi 72 ☏ 0473 446282, *Fax 0473 446849*, ≤ monti, 🏔, « Piccolo parco-giardino », ≘, 🏊 – 🛗 📺 ☎ 🚗 P. AE 🏦 MC VISA. ✗ rist — A x
chiuso dal 18 dicembre al 24 marzo e dal 14 al 25 novembre – **Pasto** *(chiuso domenica sera e lunedì)* carta 45/85000 – **18 cam** ☕ 135/255000, 5 appartamenti – ½ P 195000.

Anatol ⛰, via Castagni 3 ☏ 0473 237511, *Fax 0473 237110*, ≤, 🏋, ≘, 🏊 riscaldata, 🌳 – 🛗 📺 ☎ P. ✗ rist — B c
aprile-5 novembre – **Pasto** (solo per alloggiati) 40/65000 – **42 cam** ☕ 140/280000 – ½ P 170000.

Plantitscherhof ⛰, via Dante 56 ☏ 0473 230577, *Fax 0473 211922*, « Giardino-vigneto con 🏊 », ≘, 🏊 – 🛗, ⚞ rist, ▤ rist, 📺 ☎ ♿ 🚗 P. 🏦 MC VISA. ✗ — B k
15 marzo-20 novembre – **26 cam** solo ½ P 160000.

Juliane ⛰, via dei Campi 6 ☏ 0473 211700, *Fax 0473 230176*, « Giardino con 🏊 riscaldata », 🏋, ≘, 🏊 – 🛗 📺 ☎ 📞 ♿ P. 🏦 MC VISA. ✗ rist — B k
15 marzo-5 novembre – **Pasto** (solo per alloggiati) carta 45/65000 – **34 cam** ☕ 130/250000 – ½ P 130/160000.

MERANO
CENTRO

Cassa di Risparmio .... C 2
Christomannos .... D 5
Corse (Via delle) .... C 6
Duomo (Piazza del) .... D 8
Grabmayr (Via) .... D 9
Grano (Piazza del) .... C 10
Haller (Via).................. D 13
Libertà (Corso della) .... CD
Marlengo (Via) .... C 15
Ortenstein (Via) .... D 19
Passeggiata d'Estate .... D 21
Passeggiata Gilf .... D
Passeggiata d'Inverno ...... D
Passeggiata Lungo Passirio C
Portici (Via) .... CD
Rena (Piazza della)........... D
Rezia (Via) C
Scena (Via) .... D

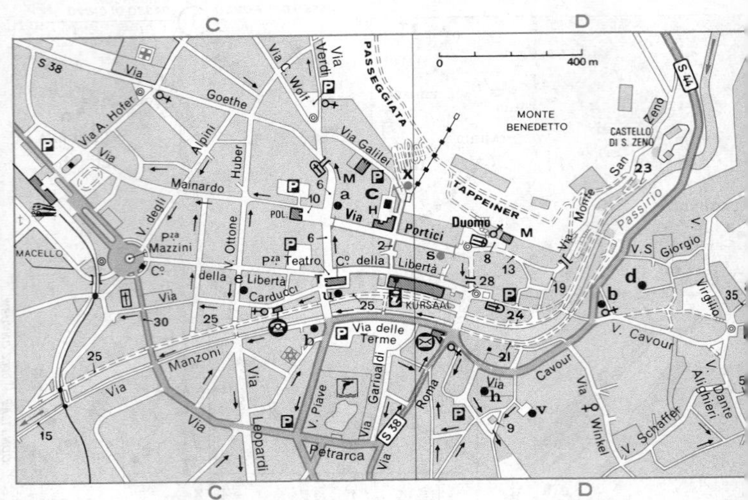

Aurora, passeggiata Lungo Passirio 38 ✆ 0473 211800, *Fax 0473 211113,* – rist C
chiuso dal 26 dicembre al 10 gennaio – **Pasto** carta 55/90000 – **35 cam** 180/3600
appartamento – ½ P 220000.

Bavaria, via salita alla Chiesa 15 ✆ 0473 236375, *Fax 0473 236371,* « Giardino », rist, rist D
aprile-ottobre – **Pasto** (solo per alloggiati) 30/40000 – **53 cam** 145/280000 – ½ P 13
165000.

Pollinger, via Santa Maria del Conforto 30 ✆ 0473 232226, *Fax 0473 210665,* rist B
23 dicembre-2 gennaio e 10 marzo-17 novembre – **Pasto** (solo per alloggiati) – **33 ca**
130/230000 – ½ P 125/140000.

Alexander via Dante 110 ✆ 0473 232345, *Fax 0473 211455,* monti e vallata, rist, rist B
15 marzo-29 novembre – **Pasto** (solo per alloggiati) – **19 cam** 125/270000, 2 appar
menti – ½ P 180000.

Castel Labers, via Labers 25 ✆ 0473 234484, *Fax 0473 234146,* vigneti e cit
« Servizio rist. estivo in giardino », riscaldata, B
15 aprile-5 novembre – **Pasto** carta 45/80000 – **34 cam** 190/380000 – ½ P 190000.

Augusta senza rist, via Ottone Huber 2 ✆ 0473 222324, *Fax 0473 220029,* – rist, rist, rist C
chiuso dal 4 gennaio al 14 marzo – **26 cam** 120/220000.

Pienzenau, via Gaigher 2 ✆ 0473 234030, *Fax 0473 212028,* « Giardino ombregg
to », Bd
aprile-10 novembre – **Pasto** 30/50000 – **15 cam** 100/160000 – ½ P 145000.

Garden Hotel Nido, via Gilm 6 ✆ 0473 235100, *Fax 0473 235184,* « Giardino c
riscaldata », D
marzo-novembre – **Pasto** carta 45/80000 – **37 cam** 125/230000 – ½ P 135/160000.

Graf Von Meran-Conte di Merano, via delle Corse 78 ✆ 0473 2321
Fax 0473 211874, C
Pasto carta 35/60000 – **23 cam** 110/180000 – ½ P 95/115000.

Isabella, via Piave 58 ☎ 0473 234700, *Fax 0473 211360* – ⇕ TV ☎ P. VISA. ✻ rist
aprile-ottobre – **Pasto** (solo per alloggiati) – **30 cam** ⊐ 105/170000, 2 appartamenti – ½ P 90/105000. B r

Zima ⛰ senza rist, via Winkel 83 ☎ 0473 230408, *Fax 0473 236469*, ≘s, ⛱ riscaldata, – ⇕ TV ☎ P. VISA. ✻ B m
marzo-10 novembre – ⊐ 8000 – **23 cam** 90/160000.

Sissi, via Galilei 44 ☎ 0473 231062, *Fax 0473 237400*, Coperti limitati; prenotare –
chiuso lunedì – **Pasto** 70/80000 e carta 60/90000. C x

Flora, via Portici 75 ☎ 0473 231484, *Fax 0473 231484*, Coperti limitati; prenotare – AE VISA. ✻ D s
chiuso dal 15 dicembre a febbraio e domenica – **Pasto** carta 45/80000.

Weisses Kreuz, via delle Piante 2 ☎ 0473 232554, *Fax 0473 232554*, – P. AE VISA B b
chiuso dal 1° al 14 marzo, dal 1° al 10 luglio e lunedì – **Pasto** carta 60/105000.

a **Freiberg** *Sud-Est : 7 km per via Labers* B – *alt. 800* – ✉ *39012 Merano :*

Castel Fragsburg ⛰, via Fragsburg 3 ☎ 0473 244071, *Fax 0473 244493*, ≤ monti e vallata, « Servizio rist. estivo in terrazza panoramica », ≘s, ⛱ riscaldata, – ⇕ TV ☎ P. ✻ rist
Pasqua-5 novembre – **Pasto** *(chiuso lunedì)* carta 35/75000 – **14 cam** ⊐ 160/320000, 6 appartamenti – ½ P 145/190000.

MERATE *23807 Lecco* 428 E 10, 219 ⑳ – *14 005 ab. alt. 288.*
Roma 594 – Bergamo 31 – Como 34 – Lecco 18 – Milano 38.

Melas Hotel senza rist, via Bergamo 37 ☎ 039 9903048, *Fax 039 9903017* – ⇕ TV ☎ ♿ – 🏛 90. AE VISA. ✻
chiuso agosto – **40 cam** ⊐ 135/200000.

Die im ***Michelin-Führer***
verwendeten Zeichen und Symbole haben
- dünn oder ***fett*** gedruckt, rot oder **schwarz** -
jeweils eine andere Bedeutung.
Lesen Sie daher die Erklärungen aufmerksam durch.

MERCATALE *Firenze* 429, 430 L 15 – *Vedere San Casciano in Val di Pesa.*

MERCOGLIANO *83013 Avellino* 431 E 26 – *11 095 ab. alt. 550.*
Roma 242 – Napoli 55 – Avellino 6 – Benevento 31 – Salerno 45.

Green Park Hotel Titino ⛰, via Loreto 9 ☎ 0825 788961, *Fax 0825 788965*, ≤, – ⇕ TV ☎ ♿ P – 🏛 100. AE VISA JCB. ✻
Pasto carta 35/55000 – **42 cam** ⊐ 110/150000, 6 appartamenti – ½ P 115/135000.

in **prossimità casello autostrada A16 Avellino Ovest** *Sud : 3 km :*

Gd H. Irpinia, via Nazionale ✉ 83013 ☎ 0825 683672, *Fax 0825 683676* – ⇕ TV ☎ P – 🏛 160. AE VISA. ✻ rist
Pasto carta 40/65000 – **66 cam** ⊐ 100/150000, appartamento – ½ P 120/140000.

MERGOZZO *28802 Verbania* 988 ②, 428 E 7, 219 ⑥ – *2 051 ab. alt. 204.*
Roma 673 – Stresa 13 – Domodossola 20 – Locarno 52 – Milano 105 – Novara 76.

Due Palme, via Pallanza 1 ☎ 0323 80112, *Fax 0323 80298*, ≤ lago e monti, , « Servizio rist. estivo in terrazza sul lago », – ⇕ TV ☎. AE VISA. ✻ rist
chiuso gennaio e febbraio – **Pasto** carta 50/90000 – **31 cam** ⊐ 140/200000 – ½ P 120/140000.

La Quartina con cam, via Pallanza 20 ☎ 0323 80118, *Fax 0323 80743*, « Servizio estivo in terrazza con ≤ lago » – TV ☎ P. AE VISA JCB. ✻ rist
chiuso gennaio e febbraio – **Pasto** carta 50/95000 – **10 cam** ⊐ 110/180000 – ½ P 125000.

Bracchio *Nord : 2 km – alt. 282 –* ✉ *28802 Mergozzo :*

Le Oche di Bracchio ⛰ con cam, via Bracchio 46 ☎ 0323 80122, *Fax 0323 80122*, , prenotare, « Giardino ombreggiato » – P. VISA JCB. ✻ rist
chiuso dal 10 gennaio al 15 febbraio e mercoledì – **Pasto** specialità tradizionali e vegetariane carta 45/65000 – **16 cam** ⊐ 100/150000 – ½ P 90/110000.

MERONE *22046 Como* 428 E 9, 219 ⑨ ⑲ – *3 342 ab. alt. 284.*
Roma 611 – Como 18 – Bellagio 32 – Bergamo 47 – Lecco 19 – Milano 43.

Il Corazziere , via Mazzini 4 ☎ 031 617181, *Fax 031 617217*, « In riva al fiume Lambro », – ☎ – 40. AE VISA.
chiuso dal 2 al 24 agosto – **Pasto** vedere rist ***Il Corazziere*** – **32 cam** 100/170000 appartamenti.

Il Corazziere, via Cesare Battisti 7 ☎ 031 650141, « Parco-pineta » – P. AE VISA
chiuso dal 2 al 24 agosto e martedì – **Pasto** carta 40/80000.

MESAGNE *72023 Brindisi* 988 ㉚, 431 F 35 – *29 570 ab. alt. 72.*
Roma 574 – Brindisi 15 – Bari 125 – Lecce 42 – Taranto 56.

Castello senza rist, piazza Vittorio Emanuele II 2 ☎ 0831 777500, *Fax 0831 777701* – . AE VISA.
12 cam 75/120000.

MESE *Sondrio – Vedere Chiavenna.*

MESSADIO *Asti* 428 H 6 – *Vedere Montegrosso d'Asti.*

MESSINA P 988 ㊲ ㊳, 431, 432 M 28 – *Vedere Sicilia alla fine dell'elenco alfabetico.*

MESTRE *Venezia* 988 ⑤, 429 F 18 – ✉ *Venezia Mestre.*
18 e 9 Cá della Nave (chiuso martedì) a Martellago ✉ 30030 ☎ 041 5401555, Fax 041 5401926, per ⑧ :8 km.
Marco Polo di Tessera, per ③ : 8 km ☎ 041 2606111 – Alitalia, via Sansovino 7 ☎ 041 2581111, Fax 041 2581246.
☎ 041 715555.
rotonda Marghera ✉ 30175 ☎ 041 937764.
A.C.I. *via Cà Marcello 67/a ✉ 30172 ☎ 041 5310362.*
Roma 522 ⑦ – Venezia 9 ④ – Milano 259 ⑦ – Padova 32 ⑦ – Treviso 21 ① – Trieste 150 ②

Pianta pagina a lato

Michelangelo senza rist, via Forte Marghera 69 ✉ 30173 ☎ 041 98660 *Fax 041 986052* – – 150. AE VISA JCB BX
51 cam 340/460000.

Plaza, viale Stazione 36 ✉ 30171 ☎ 041 929388, *Fax 041 929385* – cam, – 80. AE VISA JCB. AY
Pasto (solo per alloggiati e *chiuso a mezzogiorno*) 50000 e al Rist. ***Magnosfera*** *(chiuso sabato)* carta 35/65000 – **226 cam** 270/440000.

Ambasciatori, corso del Popolo 221 ✉ 30172 ☎ 041 5310699, *Fax 041 5310074* – cam, P – 130. AE VISA. BY
Pasto carta 55/80000 – **95 cam** 270/400000, 2 appartamenti – 1/2 P 290000.

President senza rist, via Forte Marghera 99/a ✉ 30173 ☎ 041 985655, *Fax 041 985655* P. AE VISA BXY
20000 – **50 cam** 140/190000, appartamento.

Bologna, via Piave 214 ✉ 30171 ☎ 041 931000, *Fax 041 931095* – P 120. AE VISA. AY
Pasto al Rist. ***Da Tura*** *(chiuso domenica e da Natale al 6 gennaio)* carta 55/75000 – **120 ca** 250/400000.

Venezia, via Teatro Vecchio 5 angolo piazza 27 Ottobre ✉ 30171 ☎ 041 98553 *Fax 041 985490* – P – 70. AE VISA. BX
Pasto carta 50/75000 – 20000 – **100 cam** 160/200000.

Club Hotel senza rist, via Villafranca 1 (Terraglio) ✉ 30174 ☎ 041 957722, *Fax 041 9839* – P. AE VISA BZ
30 cam 130/200000.

Ai Pini senza rist, via Miranese 176 ✉ 30175 ☎ 041 917722, *Fax 041 912390*, – P – 50. AE VISA JCB. AY
– **46 cam** 175/245000.

Garibaldi senza rist, viale Garibaldi 24 ✉ 30173 ☎ 041 5350455, *Fax 041 5347565* – P. AE VISA. BX
11000 – **28 cam** 135/190000.

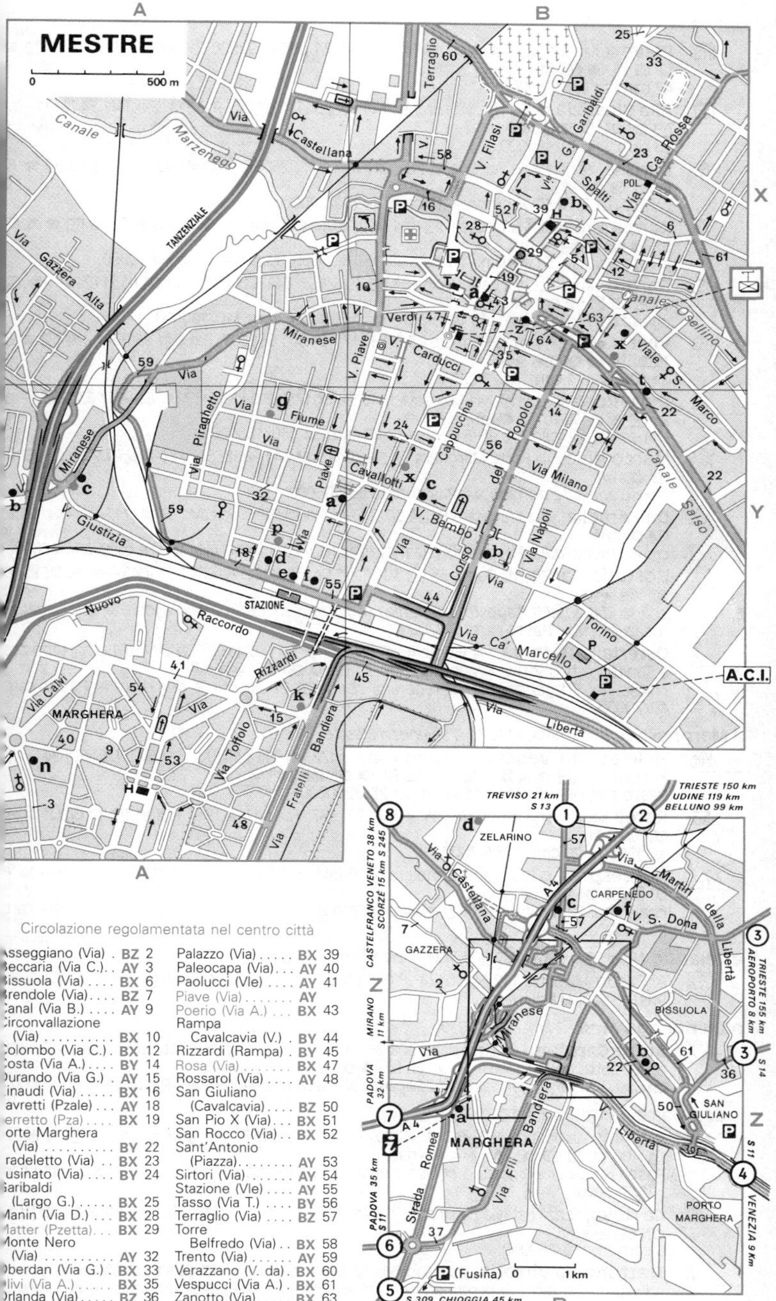

Circolazione regolamentata nel centro città

ısseggiano (Via)	BZ	2
Beccaria (Via C.)	AY	3
Bissuola (Via)	BX	6
Brendole (Via)	BZ	7
Canal (Via B.)	AY	9
Circonvallazione (Via)	BX	10
Colombo (Via C.)	BX	12
Costa (Via A.)	BY	14
Durando (Via G.)	AY	15
Einaudi (Via)	BX	16
Favretti (Pzale)	AY	18
Ferretto (Pza)	BX	19
Forte Marghera (Via)	BY	22
Fradeletto (Via)	BX	23
Fusinato (Via)	BY	24
Garibaldi (Largo G.)	BX	25
Manin (Via D.)	BX	28
Matter (Pzetta)	BX	29
Monte Nero (Via)	AY	32
Oberdan (Via G.)	BX	33
Olivi (Via A.)	BX	35
Orlanda (Via)	BZ	36
Padana (Via)	BZ	37
Palazzo (Via)	BX	39
Paleocapa (Via)	AY	40
Paolucci (Vle)	AY	41
Piave (Via)	AY	
Poerio (Via A.)	BX	43
Rampa Cavalcavia (V.)	BY	44
Rizzardi (Rampa)	BY	45
Rosa (Via)	BX	47
Rossarol (Via)	AY	48
San Giuliano (Cavalcavia)	BZ	50
San Pio X (Via)	BX	51
San Rocco (Via)	BX	52
Sant'Antonio (Piazza)	AY	53
Sirtori (Via)	AY	54
Stazione (Vle)	AY	55
Tasso (Via T.)	BY	56
Terraglio (Via)	BZ	57
Torre Belfredo (Via)	BX	58
Trento (Via)	AY	59
Verazzano (V. da)	BX	60
Vespucci (Via A.)	BX	61
Zanotto (Via)	BX	63
27 Ottobre (Pza)	BX	64

Piave senza rist, via Col Moschin 6/10 ✉ 30171 ☎ 041 929287, *Fax 041 929651* – AE VISA ABY
47 cam 170/230000.

Alla Giustizia senza rist, via Miranese 111 ✉ 30171 ☎ 041 913511, *Fax 041 5441421* – AE VISA AY
20 cam 130/190000.

Paris senza rist, viale Venezia 11 ✉ 30171 ☎ 041 926037, *Fax 041 926111* – AE VISA AY
chiuso dal 23 al 30 dicembre – **18 cam** 150/220000.

Kappa senza rist, via Trezzo 8 ✉ 30174 ☎ 041 5343121, *Fax 041 5347103* – VISA JCB BZ
chiuso dal 3 al 23 gennaio – **21 cam** 130/230000, appartamento, 10000.

Da Tito senza rist, via Cappuccina 67 ✉ 30174 ☎ 041 5314581, *Fax 041 5311215* – AE VISA JCB BY
chiuso dal 20 dicembre al 4 gennaio – 15000 – **16 cam** 110/150000.

Vivit, senza rist, piazza Ferretto 73 ✉ 30174 ☎ 041 951385, *Fax 041 958891* – AE VISA JCB BX
12000 – **24 cam** 100/165000.

Delle Rose senza rist, via Millosevich 46 ✉ 30173 ☎ 041 5317711, *Fax 041 5317433* – AE VISA JCB BZ
chiuso dal 1º dicembre al 15 gennaio – **26 cam** 130/180000.

Marco Polo, via Forte Marghera 67 ✉ 30173 ☎ 041 989855, *Fax 041 954075* – AE VISA BX
chiuso agosto e domenica – **Pasto** carta 60/105000.

Dall'Amelia, via Miranese 113 ✉ 30171 ☎ 041 913955, *Fax 041 5441111*, – AE VISA AY
chiuso mercoledì – **Pasto** 40000 (a mezzogiorno) 75/110000 (alla sera) e carta 60/100000.

Hostaria Dante, via Dante 53 ✉ 30171 ☎ 041 959421, *Fax 041 971045* – AE VISA JCB BY
chiuso dal 10 al 17 agosto, domenica, i giorni festivi e in luglio-agosto anche sabato mezzogiorno – **Pasto** carta 50/70000.

Osteria la Pergola, via Fiume 42 ✉ 30171 ☎ 041 974932, *Fax 041 974932*, prenotar « Servizio estivo sotto un pergolato » – AE VISA JCB. AY
chiuso dal 20 gennaio al 15 febbraio, dal 1º al 21 agosto e domenica – **Pasto** car 40/70000.

a Marghera *Sud : 1 km* BZ – ✉ *30175 Venezia Mestre :*

Holiday Inn Venezia, rotonda Romea 1/2 ☎ 041 936900, *Fax 041 936960*, – cam, – 180. AE VISA. BZ
Pasto carta 65/100000 – **188 cam** 235/280000.

Roma senza rist, via Beccaria 11 ☎ 041 921967, *Fax 041 921837* – AE VISA. AY
15000 – **20 cam** 125/170000.

Autoespresso, via Fratelli Bandiera 34 ☎ 041 930214, *Fax 041 930197*, prenotare – AE VISA. AY
chiuso dal 22 dicembre al 6 gennaio, agosto e domenica – **Pasto** specialità di mare car 75/125000.

a Zelarino *Nord : 2 km* BZ – ✉ *30174 Venezia Mestre :*

Al Cason, via Gatta 112 ✉ 30174 ☎ 041 907907, « Servizio estivo in giardino » – BZ
Pasto specialità di mare.

a Chirignago *Ovest : 2 km* – ✉ *30030 :*

Ai Tre Garofani, via Assegiano 308 ☎ 041 991307, Coperti limitati; prenotare, « Servizi estivo sotto un pergolato » – AE VISA JCB
chiuso dal 1º al 10 gennaio, dal 21 agosto al 5 settembre e lunedì – **Pasto** carta 60/80000.

a Campalto *per ③ : 5 km* – ✉ *30030 :*

Antony, via Orlanda 182 ☎ 041 5420022, *Fax 041 901677*, – cam, 100. AE VISA JCB. rist
Pasto (solo per alloggiati e *chiuso a mezzogiorno*) carta 45/60000 – 20000 – **114 car** 220/320000.

Cà Nova, senza rist, via Bagaron 1 ☎ 041 900033, *Fax 041 5420420* – AE VISA JCB.
6 cam 130/180000.

Trattoria da Vittoria, via Gobbi 311 ☎ 041 900550 – AE VISA JCB
chiuso dal 25 dicembre sera al 10 gennaio, dal 7 al 23 agosto, domenica e da luglio a agosto anche sabato – **Pasto** carta 40/50000.

META *80062 Napoli* 431 F 25 – *7 659 ab. – a.s. aprile-settembre.*
Roma 253 – Napoli 44 – Castellammare di Stabia 14 – Salerno 45 – Sorrento 5.

La Conchiglia, via Cosenza 108 ✆ 081 8786402, *Fax 081 8786402*, ≤, « Servizio estivo in terrazza sul mare ».

METANOPOLI *Milano* 988 ③ – *Vedere San Donato Milanese.*

MEZZANA *Trento* 428, 429 D 14, 218 ⑱ ⑲ – *873 ab. alt. 941* – ✉ *38020 Mezzana in Val di Sole – a.s. febbraio-Pasqua e Natale – Sport invernali : a Marilleva : 940/2143 m 3 11, a Mezzana (vedere anche Folgarida).*
via 4 Novembre 77 ✆ 0463 757134, Fax 0463 757095.
Roma 652 – Trento 69 – Bolzano 76 – Milano 239 – Passo del Tonale 20.

Ravelli, via 4 Novembre 20 ✆ 0463 757122, *Fax 0463 757467*, ≤, – TV P. AE VISA.
6 dicembre-24 aprile e giugno-15 ottobre – **Pasto** carta 35/55000 – **50 cam** 130/180000, appartamento – ½ P 150000.

Val di Sole, via 4 Novembre 135 ✆ 0463 757240, *Fax 0463 757071*, ≤, , , – TV P. VISA.
dicembre-20 aprile e giugno-settembre – **Pasto** carta 40/60000 – 17000 – **63 cam** 80/130000 – ½ P 155000.

Eccher, via 4 Novembre 84 ✆ 0463 757146, *Fax 0463 757301*, ≤ – TV P. VISA.
dicembre-aprile e giugno-settembre – **Pasto** carta 30/50000 – **21 cam** 100/140000 – ½ P 105000.

La guida cambia, cambiate la guida ogni anno.

MEZZANE DI SOTTO *37030 Verona* 429 F 15 – *1 891 ab. alt. 129.*
Roma 519 – Verona 19 – Milano 173 – Padova 83 – Vicenza 53.

Bacco d'Oro, via Venturi 14 ✆ 045 8880269, *Fax 045 8889051*, « Servizio estivo in terrazza » – P. AE VISA
chiuso dal 10 gennaio al 10 febbraio, lunedì sera e martedì – **Pasto** carta 40/70000.

MEZZANINO *27040 Pavia* 428 G 9 – *1 430 ab. alt. 62.*
Roma 560 – Piacenza 44 – Alessandria 74 – Milano 50 – Pavia 12.

a **Tornello** *Est : 3 km* – ✉ *27040 Mezzanino :*

Dell'Angelo, strada statale 617 ✆ 0385 71471, *Fax 0385 71471* – P. AE VISA.
chiuso dal 1° al 22 agosto e martedì – **Pasto** carta 55/90000.

MEZZANO SCOTTI *29020 Piacenza* 428 H 10 – *alt. 259.*
Roma 541 – Piacenza 40 – Alessandria 93 – Genova 96 – Pavia 92.

Costa Filietto con cam, località Costa Filietto 1 (Nord-Est : 7 km alt. 600) ✆ 0523 937104, ≤ – TV P. VISA.
chiuso dal 16 novembre al 6 dicembre – **Pasto** *(chiuso martedì)* carta 35/45000 – 6000 – **12 cam** 55/80000 – ½ P 60/70000.

MEZZEGRA *22010 Como* 219 ⑨ – *911 ab. alt. 275.*
Roma 646 – Como 29 – Menaggio 9 – Milano 78.

Bisbino, via Statale 31, località Azzano ✆ 0344 40189, *Fax 0344 40189*, « Servizio all'aperto sotto un pergolato « – . AE VISA
chiuso lunedì – **Pasto** carta 55/85000.

MEZZOCANALE *Belluno* – *Vedere Forno di Zoldo.*

MEZZOCORONA *38016 Trento* 429 D 15 – *4 573 ab. alt. 219 – a.s. dicembre-aprile.*
Roma 604 – Bolzano 44 – Trento 21.

La Cacciatora, via Canè 133, in riva all'Adige Sud-Est : 2 km ✆ 0461 650124, *Fax 0461 651080*, – P – 30. AE VISA JCB.
chiuso dal 15 al 31 luglio e mercoledì – **Pasto** carta 45/70000.

MEZZOLAGO *38060 Trento* 428, 429 E 14 – *alt. 667 – a.s. Natale.*
Roma 588 – Trento 56 – Brescia 88 – Milano 183 – Verona 100.

Mezzolago, via lungolago 2 ℘ 0464 508181, *Fax 0464 508689,* ≤, « Terrazza sul lago » – | ☎ P. Ⓢ ⓜ VISA. ✽ rist
marzo-novembre – **Pasto** *(chiuso mercoledì)* carta 35/50000 – **38 cam** ☐ 70/110000 – 1/2 P 60/75000.

MIANE *31050 Treviso* 429 E 18 – *3 338 ab. alt. 259.*
Roma 587 – Belluno 33 – Milano 279 – Trento 116 – Treviso 39 – Udine 101 – Venezia 69.

XX **Da Gigetto,** via De Gasperi 4 ℘ 0438 960020, *Fax 0438 960111* – ▤ P. AE Ⓢ ⓓ ⓜ VISA
✿ *chiuso dal 7 al 20 gennaio, dal 3 al 25 agosto, lunedì sera e martedì* – **Pasto** carta 50/75000
Spec. Manzo salato con asparagi di Cimadolno (primavera). Sopa coada (autunno). Nocette di vitello al coriandolo (primavera).

MIGLIARA *Napoli – Vedere Capri (Isola di) : Anacapri.*

MIGNANEGO *16018 Genova – 3 502 ab. alt. 180.*
Roma 516 – Genova 20 – Alessandria 73 – Milano 126.

al Santuario della Vittoria *Nord-Est : 5 km :*

XX **Belvedere** ⛰ con cam, via alla Vittoria 39 ✉ 16010 Giovi ℘ 010 7792285 *Fax 010 7792128,* ≤, Coperti limitati; prenotare – ☎. ✽ rist
chiuso dal 1° al 15 marzo e dal 10 al 25 settembre – **Pasto** *(chiuso mercoledì)* carta 60/95000 – ☐ 15000 – **9 cam** 85/140000 – 1/2 P 130000.

Donnez-nous votre avis sur les restaurants que nous recommandons,
leurs spécialités, leurs vins de pays.

MILANO

20100 P 988 ③, 428 F 9, 46 G. Italia – 1 307 785 ab. alt. 122.

Roma 572 ⑦ – Genève 323 ⑫ – Genova 142 ⑨ – Torino 140 ⑫.

UFFICIO INFORMAZIONI TURISTICHE

via Marconi 1 ✉ 20123 ✆ 02 72524300, Fax 02 72524350.
Stazione Centrale ✉ 20124 ✆ 02 72524360.
A.C.I. *corso Venezia 43 ✉ 20121 ✆ 02 77451.*

INFORMAZIONI PRATICHE

Forlanini di Linate Est : 8 km **CP** *✆ 02 74852200 e della Malpensa per ⑬ : 45 km ✆ 02 74852200.*
Alitalia Sede ✆ 02 24991, corso Como 15 ✉ 20154 ✆ 02 24992500, Fax 02 24992525 e via Albricci 5 ✉ 20122 ✆ 02 24992700, Fax 02 8056757.

18 e 9 *(chiuso lunedì) al Parco di Monza ✉ 20052 Monza ✆ 039 303081, Fax 039 304427, per ② : 20 km ;*

18 *Molinetto (chiuso lunedì) a Cernusco sul Naviglio ✉ 20063 ✆ 02 92105128, Fax 02 92106635, per ④ : 14 km ;*

18 *Barlassina (chiuso lunedì) a Birago di Camnago ✉ 20030 ✆ 0362 560621, Fax 0362 560934, per ① : 26 km ;*

18 *(chiuso lunedì) a Zoate di Tribiano ✉ 20067 ✆ 02 90632183, Fax 02 90631861, per ⑥ : 20 km ;*

18 *Le Rovedine (chiuso lunedì) a Noverasco di Opera ✉ 20090 ✆ 02 57606420, Fax 02 57606405, per via Ripamonti* **BP**.

Autodromo *al Parco di Monza per ② : 20 km, ✆ 039 24821, vedere la pianta di Monza.*

LUOGHI DI INTERESSE

Duomo★★★ MZ – *Museo del Duomo*★★ MZ **M**[1] – *Via e Piazza Mercanti*★ MZ **155** – *Teatro alla Scala*★★ MZ – *Casa del Manzoni*★ MZ **M**[7]– *Pinacoteca di Brera*★★★ KV

Castello Sforzesco★★★ JV – *Pinacoteca Ambrosiana*★★ MZ : *cartone preparatorio*★★★ *di Raffaello e Canestra di frutta*★★★ *di Caravaggio* – *Museo Poldi-Pezzoli*★★ KV **M**[2] : *ritratto di donna*★★★ *del Pollaiolo* – *Palazzo Bagatti Valsecchi*★★ KV **L** – *Museo di Storia Naturale*★ LV **M**[6] – *Museo Nazionale della Scienza e della Tecnica Leonardo da Vinci*★ HX **M**[4] – *Chiesa di Santa Maria delle Grazie*★ HX : *Ultima Cena*★★★ *di Leonardo da Vinci* – *Basilica di Sant'Ambrogio*★★ HJX : *paliotto*★★

Chiesa di Sant'Eustorgio★ JY : *cappella Portinari*★★ – *Ospedale Maggiore*★ KXY

Basilica di San Satiro★ : *cupola*★ MZ – *Chiesa di San Maurizio*★★ JX – *Basilica di San Lorenzo Maggiore*★ JY.

DINTORNI

Abbazia di Chiaravalle★ *Sud-Est : 7 km* BP.

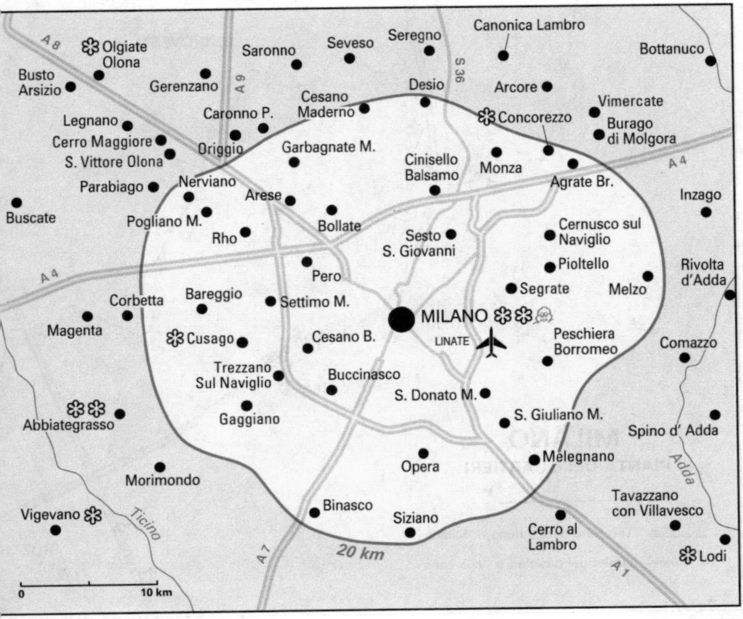

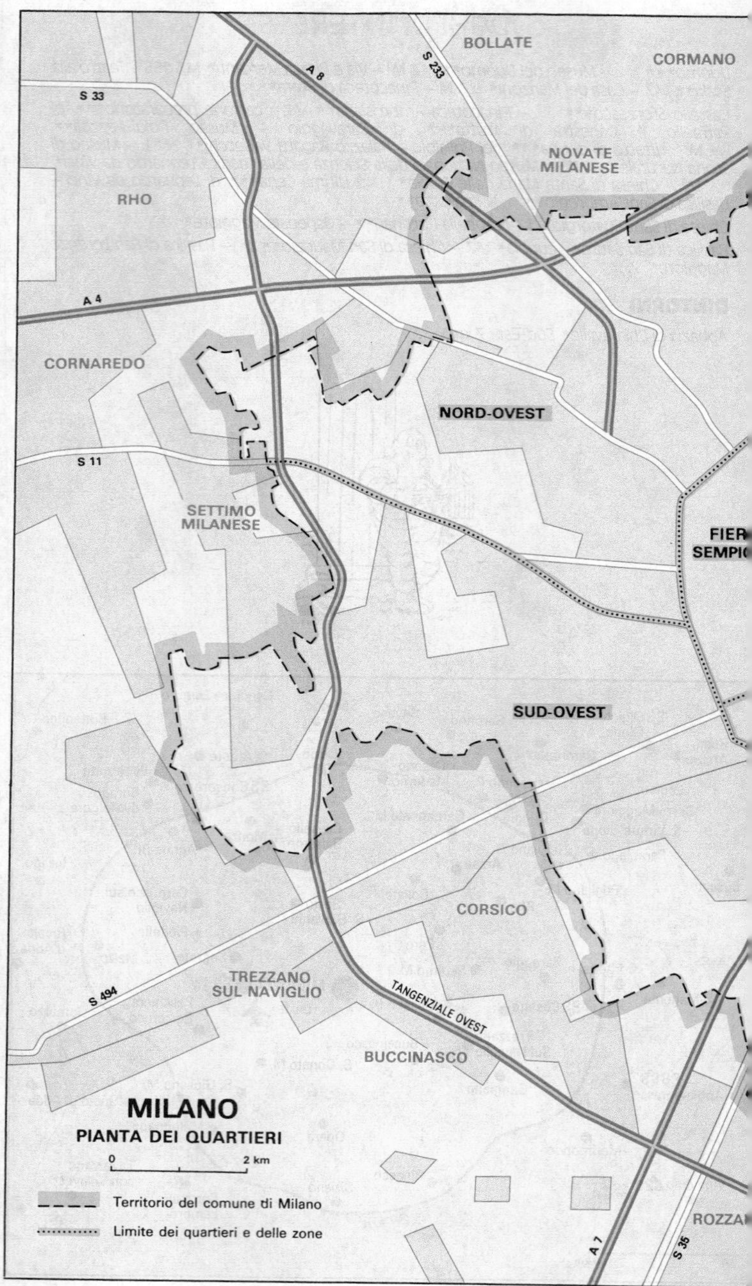
BOLLATE
CORMANO
S 233
A 8
S 33
NOVATE MILANESE
RHO
A 4
CORNAREDO
NORD-OVEST
S 11
SETTIMO MILANESE
FIER
SEMPI
SUD-OVEST
CORSICO
TREZZANO SUL NAVIGLIO
S 494
TANGENZIALE OVEST
BUCCINASCO
MILANO
PIANTA DEI QUARTIERI
0
2 km
Territorio del comune di Milano
Limite dei quartieri e delle zone
A 7
S 35
ROZZA

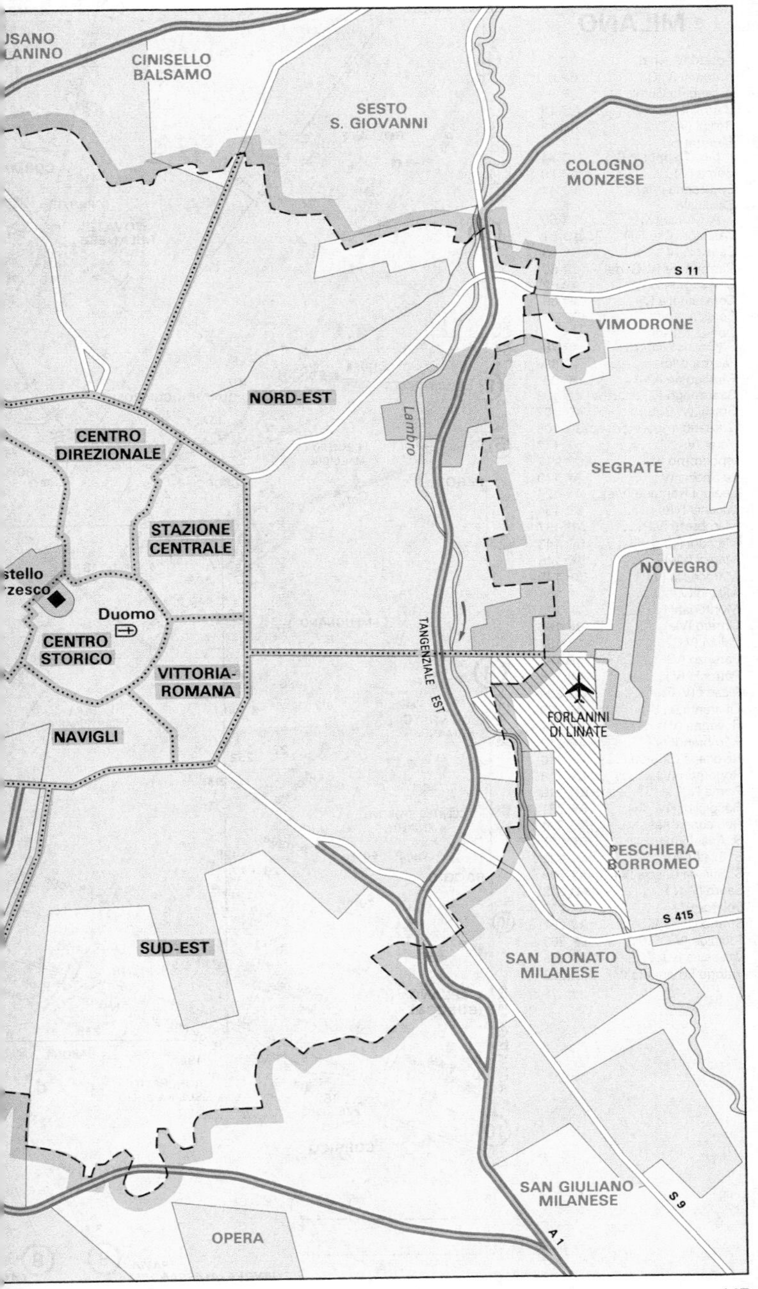
USANO
LANINO
CINISELLO
BALSAMO
SESTO
S. GIOVANNI
COLOGNO
MONZESE
S 11
VIMODRONE
NORD-EST
Lambro
CENTRO
DIREZIONALE
SEGRATE
STAZIONE
CENTRALE
NOVEGRO
stello
rzesco
Duomo
TANGENZIALE EST
CENTRO
STORICO
VITTORIA-
ROMANA
FORLANINI
DI LINATE
NAVIGLI
PESCHIERA
BORROMEO
S 415
SUD-EST
SAN DONATO
MILANESE
SAN GIULIANO
MILANESE
S 9
A 1
OPERA

MILANO

Agrate (V. M. d') ...... **BP** 2
Antonini (V. G.) .... **BP** 8
Arcangelo Corelli (V.) .. **CP** 9
Bartolini (V.).......... **AO** 18
Bellini (V. G.) .... **AP** 23
Benefattori dell' Ospedale (V.) .. **BO** 24
Berna (V.) .... **AP** 29
Cà Granda (Vle)....... **BO** 44
Cardinale A. Sforza (V.) .... **BP** 50
Casiraghi (Vle Flli)..... **BO** 51
Cassinis (V. G. B.) ..... **BP** 53
Cermenate (V. G. da) .. **BP** 60
Chiesa Rossa (V.) ..... **AP** 62
Comasinella (V.) ...... **BO** 68
Corsica (Vle) .... **BP** 74
Don L. Milani (Cavalcavia) .... **AP** 78
Faenza (Vle).......... **AP** 89
Famagosta (Vle) ...... **AP** 90
Girardengo (V.) .... **AO** 103
Grassi (V. G. B.) ...... **AO** 107
Graziano Imperatore .. **BO** 108
Harar (V.) .... **AP** 112
Ippodromo (V.) ...... **AOP** 117
La Spezia (V.)......... **AP** 119
Legioni Romane (Vle).. **AP** 125
Lucania (Vle) .... **BP** 134
Mambretti (V.) .... **AO** 137
Marconi (V.).......... **BO** 143
Marelli (Vle).......... **BO** 146
Marochetti (V.)........ **BP** 149
Milano (V.) .... **AP** 161
Montegani (V.)........ **BP** 173
Omero (Vle).......... **BP** 186
Palizzi (V.) .... **AO** 192
Parenzo (V.) .... **AP** 194
Patroclo (V.) .... **AP** 196
Picardi (V. Flli) .... **BO** 200
Quaranta (V. B.)....... **BP** 209
Ravenna (V.).......... **BP** 212
Rembrandt (V.) .... **AP** 213
Rivoltana (Strada) ..... **CP** 216
Rogoredo (V.)......... **CP** 218
Roma (V.)............ **BO** 219
Rospigliosi (V. dei) .... **AP** 221
Rubicone (Vle) .... **BO** 224
S. Arialdo (V.) .... **CP** 227
S. Elia (V. A.) .... **AO** 233
S. Rita da Cascia (V.) .. **AP** 239
Sauro (V. N.) .... **AO** 242
Solaroli (V.)........... **BP** 249
Stratico (V. S.) .... **AP** 252
Tucidide (V.) .... **CP** 263
Valassina (V.)......... **BO** 265
Vittorio Emanuele (V.) . **AP** 276

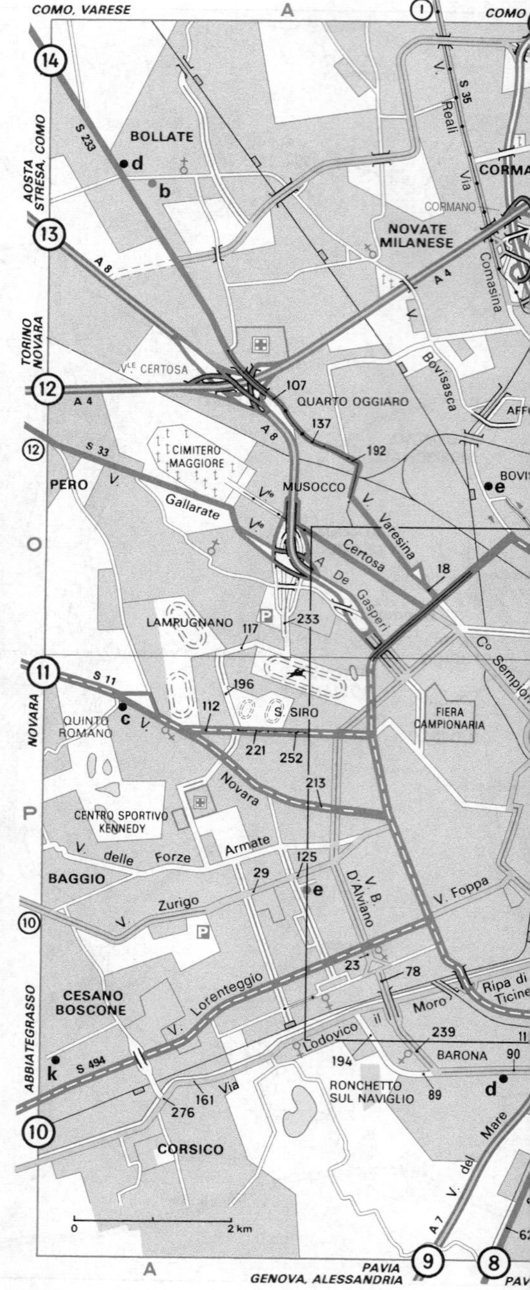

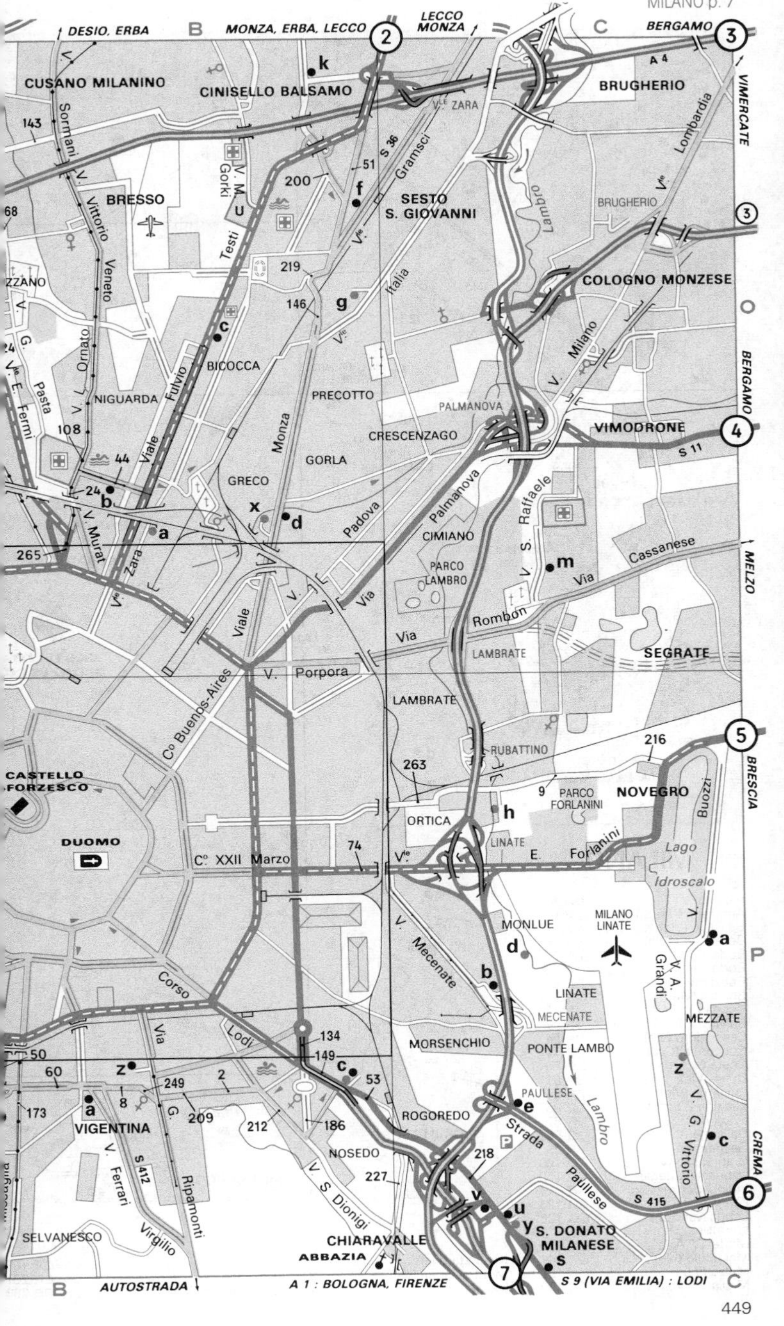
DESIO, ERBA
MONZA, ERBA, LECCO
LECCO MONZA
BERGAMO
A 4
VIMERCATE
CUSANO MILANINO
CINISELLO BALSAMO
BRUGHERIO
BRESSO
SESTO S. GIOVANNI
COLOGNO MONZESE
BICOCCA
NIGUARDA
PRECOTTO
PALMANOVA
CRESCENZAGO
VIMODRONE
S 11
GORLA
GRECO
CIMIANO
PARCO LAMBRO
MELZO
LAMBRATE
SEGRATE
RUBATTINO
CASTELLO SFORZESCO
ORTICA
PARCO FORLANINI
NOVEGRO
BRESCIA
DUOMO
LINATE
Lago Idroscalo
MONLUE
MILANO LINATE
MEZZATE
MECENATE
MORSENCHIO
PONTE LAMBO
PAULLESE
ROGOREDO
VIGENTINA
NOSEDO
CREMA
S 415
SELVANESCO
CHIARAVALLE
ABBAZIA
S. DONATO MILANESE
AUTOSTRADA
A 1 : BOLOGNA, FIRENZE
S 9 (VIA EMILIA) : LODI

MILANO

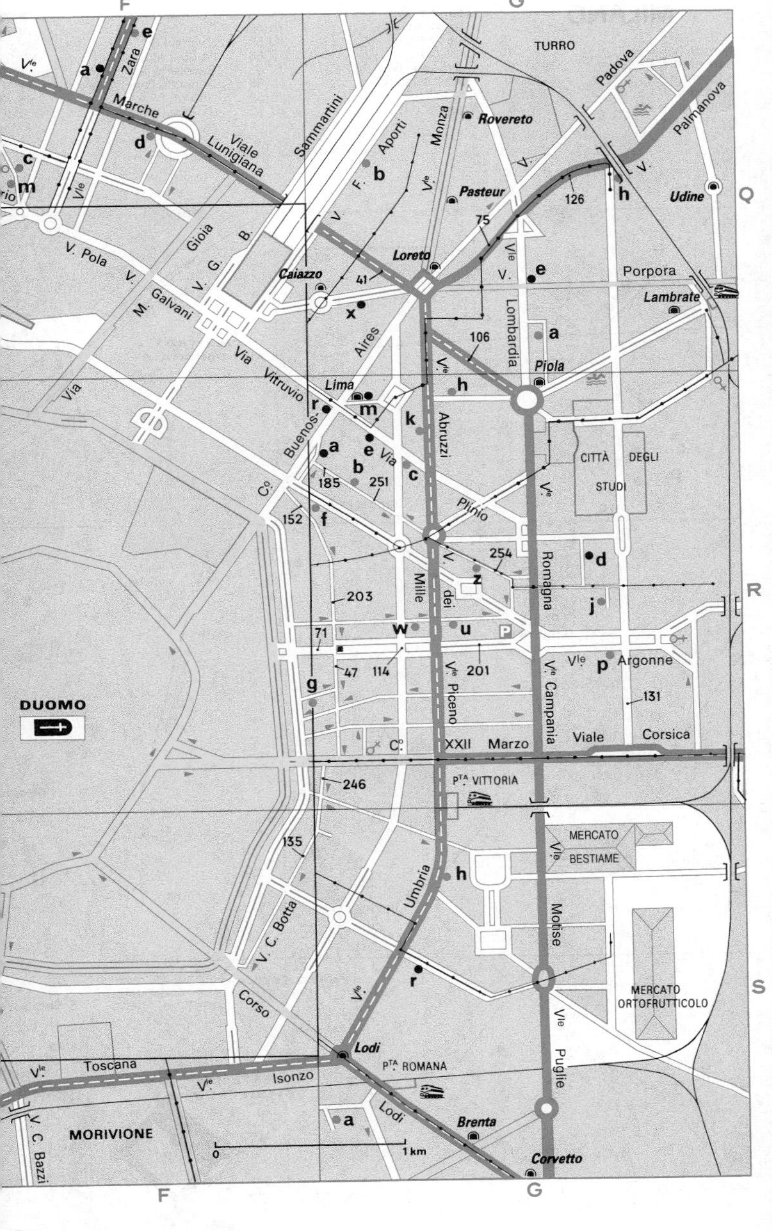
F
G
Q
R
S
TURRO
Padova
Palmanova
Zara
Marche
Viale Lunigiana
Sammartini
F. Aporti
V.le Monza
Rovereto
Pasteur
Udine
126
75
Loreto
Caiazzo
41
Porpora
Lambrate
V. Pola
V. Gioia
V. G. B.
V. M. Galvani
Via Vitruvio
Aires
106
V. Lombardia
Piola
Lima
Buenos-
V.le Abruzzi
Via Plinio
CITTÀ DEGLI STUDI
185
251
152
C.o
254
V. Mille dei
Romagna
203
71
114
201
47
V.le Piceno
V.le Argonne
131
V.le Campania
DUOMO
C.o XXII Marzo
Viale Corsica
246
P.TA VITTORIA
MERCATO BESTIAME
135
Umbria
Motise
V. C. Botta
Corso
MERCATO ORTOFRUTTICOLO
V.le Puglie
Lodi
V.le Toscana
V.le Isonzo
P.TA ROMANA
Lodi
MORIVIONE
V. C. Bazzi
Brenta
Corvetto
0
1 km

MILANO

All'interno della zona delimitata da un retino verde, la città è divisa in settori il cui accesso è segnalato lungo tutta la cerchia. Non è possibile passare in auto da un settore all'altro.

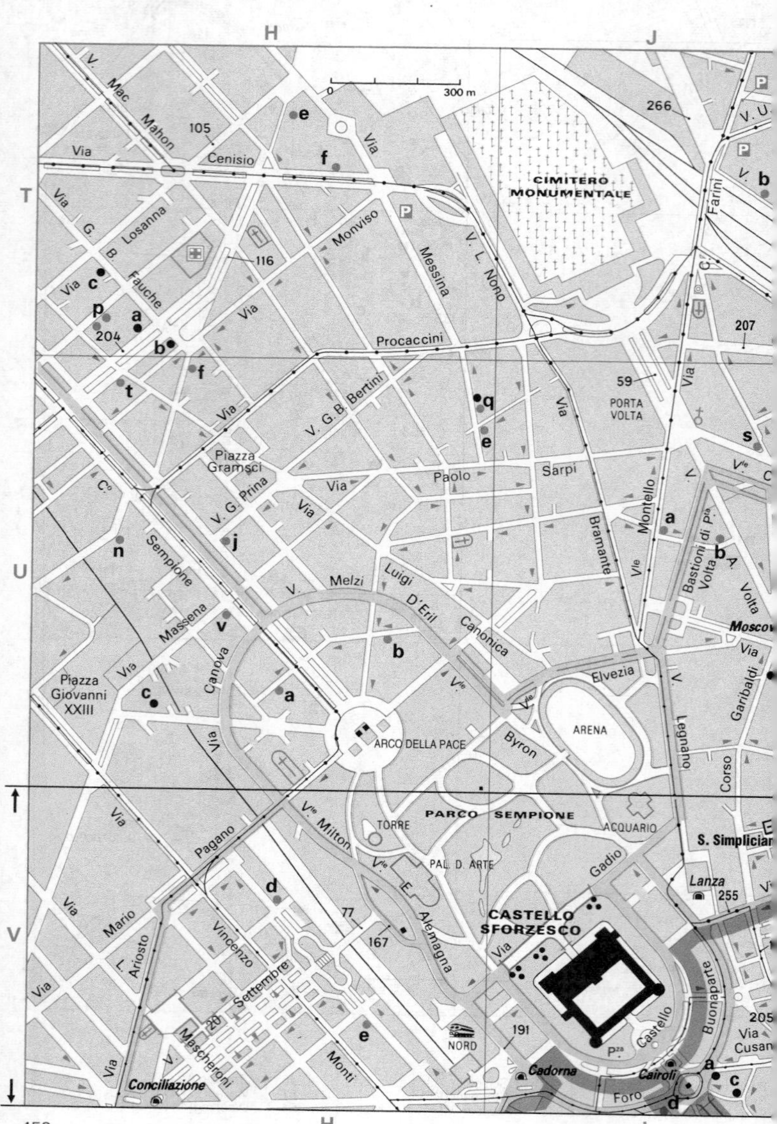

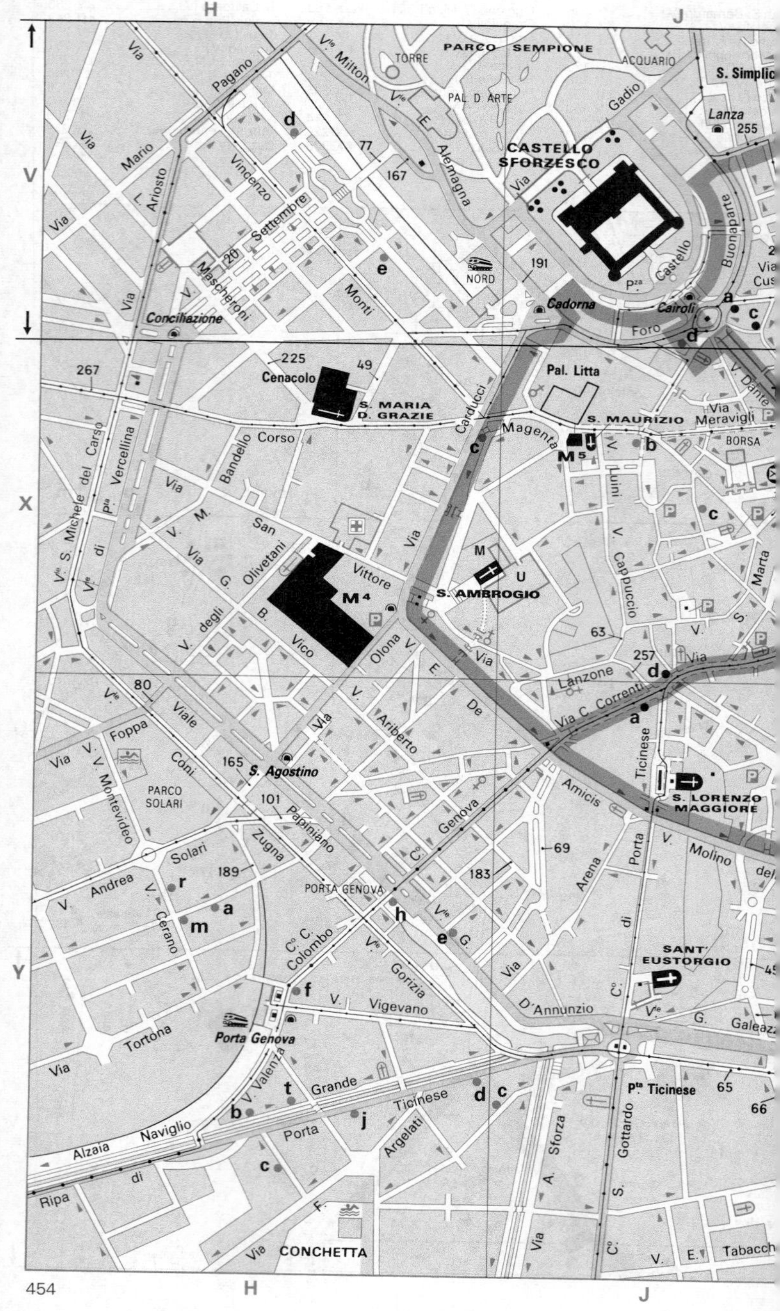
H
J
V
X
Y
PARCO SEMPIONE
TORRE
ACQUARIO
PAL. D ARTE
CASTELLO SFORZESCO
S. Simplic
Lanza
255
NORD
191
Cadorna
Cairoli
Conciliazione
Cenacolo
S. MARIA D. GRAZIE
Pal. Litta
S. MAURIZIO
BORSA
M⁵
M⁴
S. AMBROGIO
S. Agostino
S. LORENZO MAGGIORE
PARCO SOLARI
PORTA GENOVA
Porta Genova
SANT' EUSTORGIO
Pta Ticinese
CONCHETTA

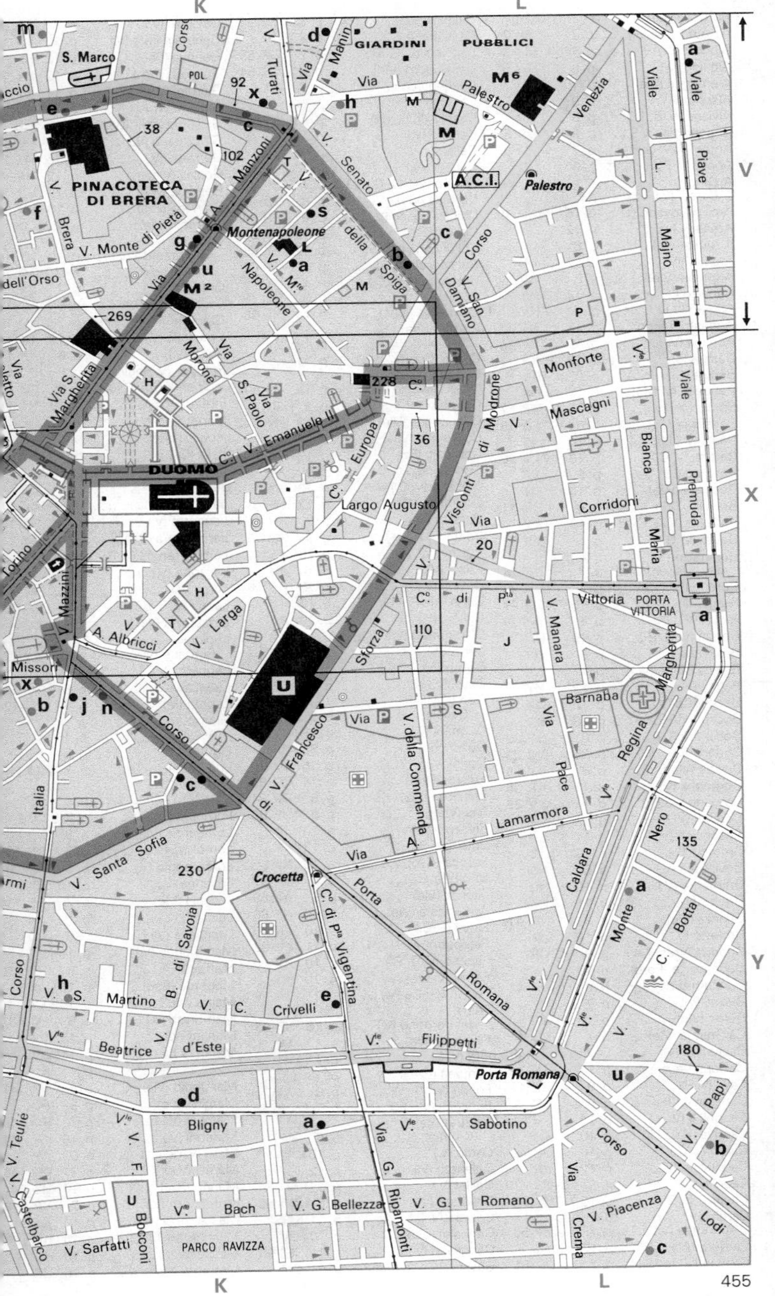
K
L
V
X
Y
S. Marco
GIARDINI
PUBBLICI
Via Manin
Via Palestro
M[6]
Viale Piave
Viale L. Majno
Venezia
POL.
Corso
V. Turati
92
38
102
PINACOTECA DI BRERA
Brera
V. Monte di Pietà
Montenapoleone
Via Manzoni
V. Senato
della Spiga
A.C.I.
Palestro
Corso Venezia
V. San Damiano
Napoleone
M[2]
dell'Orso
269
Via S. Margherita
Via Morone
S. Paolo
228
C°. V. Emanuele II
Europa
36
DUOMO
Largo Augusto
Visconti di Modrone
Via Monforte
V. Mascagni
Bianca
Via Corridoni
Maria
Premuda
Viale
20
Torino
V. Mazzini
Missori
A. Albricci
V. Larga
C°. di P[ta] Vittoria
PORTA VITTORIA
110
Sforza
V. Manara
J
U
Barnaba
Via Pace
Regina Margherita
Via Francesco
V. della Commenda
Corso
Italia
V. di Porta Romana
Lamarmora
Via A.
Caldara
Nero
135
V. Santa Sofia
230
Crocetta
C° di P[ta] Vigentina
Monte
Botta
Savoia
Corso
V. S. Martino
B. di
V. C. Crivelli
Romana
V[le] Beatrice d'Este
V[le] Filippetti
180
Porta Romana
V. L. Papi
Bligny
V[le] Sabotino
Corso Lodi
V. Teulié
V. F.
Via G. Ripamonti
Via Crema
V[le] Bach
V. G. Bellezza
V. G. Romano
V. Piacenza
V. Castelbarco
V. Sarfatti
Bocconi
PARCO RAVIZZA

MILANO

Albricci (V. A.) . . . . MZ 3
Arcivescovado (V.) . . . . MNZ 10
Augusto (Largo) . . . . NZ 12
Baracchini (V.) . . . . MZ 17
Bergamini (V.) . . . . NZ 27
Borgogna (V.) . . . . NZ 36
Cantù (V. C.) . . . . MZ 48
Cordusio (Pza) . . . . MZ 73
Edison (Pza) . . . . MZ 83

Festa del Perdono (V.) . . . . NZ 93
Gonzaga (V.) . . . . MZ 104
Laghetto (V.) . . . . NZ 120
Manzoni (V. A.) . . . . MZ 140
Marconi (V.) . . . . MZ 144
Marino (Pza) . . . . MZ 147
Mengoni (V.) . . . . MZ 153
Mercanti (Pza) . . . . MZ 155
Mercanti (V.) . . . . MZ 156
Missori (Pza) . . . . MZ 162
Monforte (Cso) . . . . NZ 168
Monte Napoleone (V.) . . . . . NZ 171

Morone (V.) . . . . MNZ 1
Orefici (V.) . . . . MZ 1
Pattari (V.) . . . . NZ 1
S. Clemente (NZ) . . . . NZ 2
S. Radegonda (V.) . . . . MZ 2
S. Stefano (Pza) . . . . NZ 2
Sforza (V. F.) . . . . NZ 2
Unione (V.) . . . . MZ 2
Verdi (V.) . . . . MZ 2
Verziere (V.) . . . . NZ 2
Visconti
di Modrone (V.) . . . . NZ 2

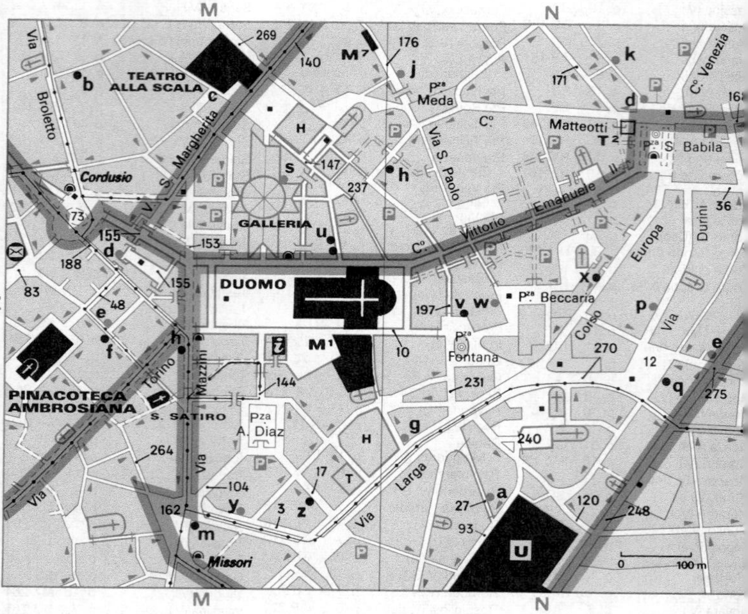

Besonders angenehme Hotels oder Restaurants
sind im Führer rot gekennzeichnet.

Sie können uns helfen, wenn Sie uns die Häuser angeben, in denen Sie sich besonders wohl gefühlt haben.

Jährlich erscheint eine komplett überarbeitete Ausgabe aller Roten **Michelin-Führer**.

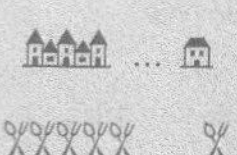

Elenco alfabetico degli alberghi e ristoranti

Le Ottime Tavole

Per voi abbiamo contraddistinto
alcuni alberghi (🏠 ... 🏨) e ristoranti (✕ ... ✕✕✕✕✕) con ☺, ✿, ✿✿ o ✿✿✿.

Centro Storico

Duomo, Scala, Castello Sforzesco, corso Magenta, via Torino, corso Vittorio Emanuele, v Manzoni (Pianta : Milano p. 12 13 e 15)

Four Seasons, via Gesù 8 ✉ 20121 ☎ 02 77088, *Fax 02 77085000*, – 280. AE VISA JCB. rist KV
Pasto al Rist. ***Il Teatro*** *(chiuso a mezzogiorno, domenica ed agosto)* carta 85/145000 e Rist. ***La Veranda*** carta 70/130000 – 48000 – **82 cam** 990/1255000, 16 appartamenti.

Grand Hotel et de Milan, via Manzoni 29 ✉ 20121 ☎ 02 723141, *Fax 02 86460861* – – 100. AE VISA JCB KV
Pasto al Rist. ***Caruso*** *(chiuso la sera)* carta 70/95000 vedere anche rist ***Don Carlos*** 38000 – **95 cam** 740/860000, 8 appartamenti.

Jolly Hotel President, largo Augusto 10 ✉ 20122 ☎ 02 77461, *Fax 02 783449* – cam, – 100. AE VISA JCB. rist NZ
Pasto carta 70/115000 – **206 cam** 505/595000, 14 appartamenti – 1/2 P 365000.

Brunelleschi M, via Baracchini 12 ✉ 20123 ☎ 02 88431, *Fax 02 804924* – – 50. AE VISA JCB. MZ
Pasto carta 60/100000 – **128 cam** 360/450000, 5 appartamenti.

De la Ville M, via Hoepli 6 ✉ 20121 ☎ 02 867651, *Fax 02 866609* – cam, – 85. AE VISA JCB. NZ
Pasto vedere rist ***Canova*** – **108 cam** 485/630000, appartamento.

Carlton Hotel Baglioni, via Senato 5 ✉ 20121 ☎ 02 77077, *Fax 02 783300* – cam, AE VISA. rist KV
Pasto carta 90/150000 – **60 cam** 720/920000, 2 appartamenti.

Grand Hotel Duomo, via San Raffaele 1 ✉ 20121 ☎ 02 8833, *Fax 02 86462027*, Duomo, – cam, – 100. AE VISA JCB. MZ
Pasto carta 80/140000 – **137 cam** 495/695000, 16 appartamenti.

Sir Edward senza rist, via Mazzini 4 ✉ 20123 ☎ 02 877877, *Fax 02 877844*, – cam, AE VISA JCB. MZ
38 cam 320/420000, appartamento.

Spadari al Duomo M senza rist, via Spadari 11 ✉ 20123 ☎ 02 72002371 *Fax 02 861184*, « Raccolta di opere d'arte contemporanea » – AE VISA JCB. MZ
39 cam 380/450000.

Radisson SAS Bonaparte Hotel, via Cusani 13 ✉ 20121 ☎ 02 85601, *Fax 02 869360* – – 25. AE VISA JCB. rist JV
Pasto carta 75/105000 – **55 cam** 460/525000, 10 appartamenti – 1/2 P 325000.

Galileo, corso Europa 9 ✉ 20122 ☎ 02 77431, *Fax 02 76020584* – – 30. AE VISA JCB. NZ
Pasto carta 60/90000 – **81 cam** 330/450000, 8 appartamenti.

Cavour, via Fatebenefratelli 21 ✉ 20121 ☎ 02 6572051, *Fax 02 6592263* – 100. AE VISA JCB. KV
chiuso dal 24 dicembre al 6 gennaio ed agosto – **Pasto** vedere rist ***Conte Camillo*** – 25000 – **113 cam** 285/300000.

Starhotel Rosa, via Pattari 5 ✉ 20122 ☎ 02 8831, *Fax 02 8057964* – – 150. AE VISA JCB. NZ
Pasto (solo per alloggiati) – **185 cam** 460/600000 – 1/2 P 310/370000.

Regina senza rist, via Cesare Correnti 13 ✉ 20123 ☎ 02 58106913, *Fax 02 58107033*, « Edificio settecentesco » – – 40. AE VISA JY
chiuso dal 24 dicembre al 7 gennaio ed agosto – **43 cam** 310/410000.

Dei Cavalieri, piazza Missori 1 ✉ 20123 ☎ 02 88571, *Fax 02 72021683* – 60. AE VISA JCB. MZ
Pasto (solo per alloggiati) carta 80/125000 – **180 cam** 420/580000, 7 appartamenti.

Ascot senza rist, via Lentasio 3/5 ✉ 20122 ☎ 02 58303300, *Fax 02 58303203* – AE VISA. KY
chiuso dal 23 dicembre al 7 gennaio – **63 cam** 320/450000.

Carrobbio senza rist, via Medici 3 ✉ 20123 ☎ 02 89010740, *Fax 02 8053334* – AE VISA JCB. JX
chiuso dal 22 dicembre al 6 gennaio ed agosto – **41 cam** 310/360000.

Manzoni senza rist, via Santo Spirito 20 ✉ 20121 ☎ 02 76005700, *Fax 02 784212* – AE VISA JCB. KV
chiuso dal 24 dicembre al 2 gennaio e dal 22 luglio ad agosto – 20000 – **49 cam** 225/280000, 3 appartamenti.

Lloyd senza rist, corso di Porta Romana 48 ✉ 20122 ☎ 02 58303332, *Fax 02 58303365* – – 100. AE VISA KY
chiuso dal 22 dicembre al 6 gennaio e dall'8 al 24 agosto – **57 cam** 300/400000, appartamento.

Zurigo senza rist, corso Italia 11/a ✉ 20122 ☎ 02 72022260, *Fax 02 72000013* – ☎. AE ⓢ ⓞ ⓜⓒ VISA JCB — KY j
chiuso dal 24 dicembre al 7 gennaio – ☕ 10000 – **41 cam** 195/280000.

Casa Svizzera senza rist, via San Raffaele 3 ✉ 20121 ☎ 02 8692246, *Fax 02 72004690* – ☎. AE ⓢ ⓞ ⓜⓒ VISA — MZ u
chiuso dal 28 luglio al 24 agosto – **45 cam** ☕ 230/300000.

Rovello senza rist, via Rovello 18 ✉ 20121 ☎ 02 86464654, *Fax 02 72023656* – ☎. ⓢ ⓞ ⓜⓒ VISA — JV c
10cam ☕ 220/290000.

Star senza rist, via dei Bossi 5 ✉ 20121 ☎ 02 801501, *Fax 02 861787* – ☎. AE ⓢ ⓜⓒ VISA. — MZ b
chiuso agosto – **30 cam** ☕ 190/280000.

Savini, galleria Vittorio Emanuele II ✉ 20121 ☎ 02 72003433, *Fax 02 72022888*, Locale storico-gran tradizione, prenotare – . AE ⓢ ⓞ ⓜⓒ VISA JCB. — MZ s
chiuso dal 1º al 6 gennaio, dal 1º al 29 agosto e domenica – **Pasto** 125000 e carta 100/150000 (12 %).

Don Carlos - Grand Hotel et de Milan, vicolo Manzoni ✉ 20121 ☎ 02 72314640, Soupers, prenotare – . AE ⓢ ⓞ ⓜⓒ VISA JCB — KV g
chiuso agosto e mezzogiorno – **Pasto** 80/95000 (solo la sera) e carta 115/170000.

Biffi Scala & Toulà, piazza della Scala ✉ 20121 ☎ 02 866651, *Fax 02 866653* – . AE ⓢ ⓞ ⓜⓒ VISA. — MZ c
chiuso dal 31 luglio al 22 agosto, sabato a mezzogiorno e domenica – **Pasto** carta 75/140000 (13 %).

Canova - Hotel De la Ville, via Hoepli 6 ✉ 20121 ☎ 02 8051231, *Fax 02 860094*, prenotare – . AE ⓢ ⓞ ⓜⓒ VISA JCB. — NZ h
chiuso domenica – **Pasto** 70/75000 e carta 75/115000.

Antico Ristorante Boeucc, piazza Belgioioso 2 ✉ 20121 ☎ 02 76020224, *Fax 02 796173*, prenotare – . AE. — NZ j
chiuso dal 24 dicembre al 2 gennaio, agosto, sabato e domenica a mezzogiorno – **Pasto** carta 70/105000.

Peppino, via Durini 7 ✉ 20122 ☎ 02 781729, *Fax 02 76002591* – . AE ⓢ ⓞ ⓜⓒ VISA JCB
chiuso dal 1º al 9 gennaio, dal 18 luglio al 10 agosto, venerdì e sabato a mezzogiorno – **Pasto** carta 60/100000. — NZ p

Don Lisander, via Manzoni 12/a ✉ 20121 ☎ 02 76020130, *Fax 02 784573*, prenotare, « Servizio estivo all'aperto » – . AE ⓢ ⓞ ⓜⓒ VISA JCB — KV u
chiuso dal 24 dicembre al 10 gennaio, dal 12 al 22 agosto e domenica – **Pasto** carta 80/115000.

Conte Camillo - Hotel Cavour, via Fatebenefratelli 21 (galleria di Piazza Cavour) ✉ 20121 ☎ 02 6572051 – . AE ⓢ ⓞ ⓜⓒ VISA JCB. — KV x
chiuso domenica, dal 24 dicembre al 6 gennaio e dall'11 al 24 agosto – **Pasto** 70/80000 e carta 65/105000.

La Dolce Vita, via Bergamini 11 ✉ 20122 ☎ 02 58303843, prenotare la sera – . AE ⓢ ⓜⓒ VISA. — NZ a
chiuso agosto, sabato a mezzogiorno e domenica – **Pasto** 20/35000 (solo a mezzogiorno) e carta 50/70000 (solo alla sera).

La Bitta, via del Carmine 3 ✉ 20121 ☎ 02 72003185, *Fax 02 72003185* – . AE ⓢ ⓞ ⓜⓒ VISA — KV f
chiuso dal 3 al 25 gennaio, sabato a mezzogiorno e domenica – **Pasto** specialità di mare 50000 bc e carta 50/70000.

4 Mori, largo Maria Callas 1 (angolo Largo Cairoli) ✉ 20121 ☎ 02 878483, « Servizio estivo in giardino » – AE ⓢ ⓞ ⓜⓒ VISA — JV d
chiuso dal 24 dicembre al 6 gennaio, dal 5 al 25 agosto, sabato a mezzogiorno e domenica – **Pasto** carta 55/90000.

Sogo-Brera, via Fiori Oscuri 3 ✉ 20121 ☎ 02 86465367, *Fax 02 86465368*, Rist. giapponese – . AE ⓢ ⓞ ⓜⓒ VISA JCB. — KV e
chiuso 25-26 dicembre, dal 2 al 27 agosto e domenica – **Pasto** 25/45000 (solo a mezzogiorno) e carta 70/90000 (15 %).

Al Mercante, piazza Mercanti 17 ✉ 20123 ☎ 02 8052198, *Fax 02 86465250*, « Servizio estivo all'aperto » – . AE ⓢ ⓞ ⓜⓒ VISA — MZ d
chiuso dal 1º al 7 gennaio, dal 3 al 28 agosto e domenica – **Pasto** carta 65/90000.

XX **Moon Fish,** via Bagutta 2 ✉ 20121 ☎ 02 76005780, – ▤. AE ⓢ ◑ ⓜ VISA NZ
chiuso dal 24 dicembre al 4 gennaio, dal 7 al 28 agosto e domenica – **Pasto** specialità mare 35000 (solo a mezzogiorno) e carta 70/130000.

XX **Albric,** via Albricci 3 ✉ 20122 ☎ 02 72004766, *Fax 02 86461329* – ▤. AE ⓢ ◑ ⓜ VISA JCB. MZ
chiuso dal 25 dicembre al 6 gennaio, dall'8 al 30 agosto, sabato a mezzogiorno e domen... – **Pasto** carta 75/100000.

XX **Alla Collina Pistoiese,** via Amedei 1 ✉ 20123 ☎ 02 877248, *Fax 02 86452179*, Ambiente vecchia Milano – ▤. AE ⓢ ◑ ⓜ VISA KY
chiuso dal 24 dicembre al 2 gennaio, Pasqua, dal 10 al 20 agosto, venerdì e sabato mezzogiorno – **Pasto** carta 65/105000.

XX **Maddalena,** via Maddalena 3/5 ✉ 20122 ☎ 02 8056192, *Fax 02 89010737* – ▤. AE ◑ ⓜ VISA. KY
chiuso agosto, sabato a mezzogiorno e domenica – **Pasto** 50000 (solo a mezzogiorno) carta 60/85000 (solo alla sera).

XX **Da Marino-al Conte Ugolino,** piazza Beccaria 6 ✉ 20122 ☎ 02 876134 – ▤. AE ⓢ ◑ ⓜ VISA NZ
chiuso dal 13 al 23 agosto, domenica, Natale e Capodanno – **Pasto** carta 60/90000 (11 %).

XX **L'Assassino,** via Amedei 8, angolo via Cornaggia ✉ 20123 ☎ 02 805614 *Fax 02 86467374* – ▤. AE ⓢ ⓜ VISA KY
chiuso dal 23 dicembre al 2 gennaio, venerdì sera e sabato in luglio-agosto, lunedì negli al... mesi – **Pasto** carta 55/100000 (11 %).

XX **Boccondivino,** via Carducci 17 ✉ 20123 ☎ 02 866040, *Fax 02 867368*, prenotare – ▤ AE ⓢ ◑ ⓜ VISA. HX
chiuso dal 23 dicembre al 2 gennaio, agosto, mezzogiorno e domenica – **Pasto** specialit... salumi, formaggi e vini tipici 60000.

XX **Il Giardino di Giada,** via Palazzo Reale 5 (angolo via Larga) ✉ 20122 ☎ 02 805389 *Fax 02 72023937*, Rist. cinese – ▤. AE ⓢ ◑ ⓜ VISA JCB NZ
chiuso dall'8 al 24 agosto e lunedì – **Pasto** carta 35/60000.

X **Bagutta,** via Bagutta 14 ✉ 20121 ☎ 02 76002767, *Fax 02 799613*, Ritrovo d'artist... « Caratteristici dipinti e caricature » – AE ⓢ ◑ ⓜ VISA JCB. NZ
chiuso dal 23 dicembre al 5 gennaio, sabato-domenica in giugno, luglio ed agosto – **Past...** carta 75/115000.

X **Hostaria Borromei,** via Borromei 4 ✉ 20123 ☎ 02 86453760, *Fax 02 86453760*, prenotare – AE ⓢ ◑ ⓜ VISA JX
chiuso dal 24 dicembre al 4 gennaio, dal 9 al 29 agosto, sabato a mezzogiorno e domenica – **Pasto** carta 60/80000.

X **La Tavernetta-da Elio,** via Fatebenefratelli 30 ✉ 20121 ☎ 02 653441 – ▤. AE ⓢ ◑ ⓜ VISA JCB KV
chiuso dal 24 dicembre al 2 gennaio, agosto, sabato a mezzogiorno, domenica e i giorni festivi – **Pasto** specialità toscane carta 60/80000.

X **Taverna Visconti,** via Marziale 11 ✉ 20122 ☎ 02 795821, *Fax 02 795821*, Rist.-enotec... e wine bar – ▤. AE ⓢ VISA NZ
chiuso dal 23 dicembre al 7 gennaio, dal 7 al 30 agosto, domenica e sabato a mezzogiorno – **Pasto** carta 45/85000.

X **La Brisa,** via Brisa 15 ✉ 20123 ☎ 02 86450521, *Fax 02 86450521*, « Servizio estivo in giardino » – AE ⓢ ◑ ⓜ VISA JCB JX b
chiuso dal 23 dicembre al 7 gennaio, dal 9 al 29 agosto, sabato e domenica a mezzogiorno – **Pasto** carta 70/100000.

Centro Direzionale

via della Moscova, via Solferino, via Melchiorre Gioia, viale Zara, via Carlo Farini **(Pianta ... Milano p. 10 11 12 e 13)**

Executive, viale Luigi Sturzo 45 ✉ 20154 ☎ 02 62941, *Fax 02 29010238* – |‡|, cam, ▤ TV ☎ – 800. AE ⓢ ◑ ⓜ VISA JCB. KTU e
Pasto carta 65/100000 – **414 cam** 350/440000, 6 appartamenti.

Carlyle Brera Hotel, corso Garibaldi 84 ✉ 20121 ☎ 02 29003888, *Fax 02 29003993* – |‡|, cam, ▤ TV ☎ ♿. AE ⓢ ◑ ⓜ VISA JCB. JU u
chiuso agosto – **Pasto** carta 50/85000 – **96 cam** 395/465000.

Royal Hotel Mercure, via Cardano 1 ✉ 20124 ☎ 02 667461, *Fax 02 6703024* – |‡|, cam, ▤ TV ☎ – 180. AE ⓢ ◑ ⓜ VISA JCB. rist KT b
Pasto (solo per alloggiati) carta 65/105000 – **205 cam** 370/500000, 10 appartamenti.

Sunflower senza rist, piazzale Lugano 10 ✉ 20158 ☎ 02 39314071, *Fax 02 39320377* – |‡| ▤ TV ☎ ♿ – 100. AE ⓢ ◑ ⓜ VISA JCB. EQ c
chiuso dal 24 dicembre al 6 gennaio e dal 1° al 23 agosto **55 cam** 220/350000.

XXX **Santini,** via San Marco 3 ✉ 20121 ☎ 02 6555587, *Fax 02 6595573* – ▤. AE ⑤ ⓓ MC VISA JCB. ✻ KV m
chiuso sabato a mezzogiorno e domenica – **Pasto** 50000 (solo a mezzogiorno) 90000 (solo la sera) carta 80/135000.

XX **Gianni e Dorina,** via Pepe 38 ✉ 20159 ☎ 02 606340, *Fax 02 606340,* ☂, Coperti limitati; prenotare – ▤. AE ⑤ ⓓ MC VISA. ✻ JT b
chiuso dal 31 luglio al 6 settembre, Natale, sabato a mezzogiorno e domenica – **Pasto** specialità pontremolesi 50/60000 (a mezzogiorno) 60/80000 (alla sera) e carta 75/110000.

XX **Al Tronco,** via Thaon di Revel 10 ✉ 20159 ☎ 02 606072, *Fax 02 6686732* – ▤. AE ⑤ ⓓ MC VISA. ✻ FQ c
chiuso dal 1º al 7 gennaio, agosto, sabato a mezzogiorno e domenica – **Pasto** carta 55/80000.

XX **Piccolo Teatro-Fuori Porta,** viale Pasubio 8 ✉ 20154 ☎ 02 6572105, *Fax 02 29006859*, prenotare – ▤. AE ⑤ ⓓ MC VISA JCB JU m
chiuso venerdì – **Pasto** carta 70/105000.

XX **Serendib,** via Pontida 2 ✉ 20121 ☎ 02 6592139, *Fax 02 6592139*, prenotare – ▤. ⑤ MC VISA. ✻ JU b
chiuso dal 13 al 25 agosto, domenica e a mezzogiorno – **Pasto** cucina dello Sri Lanka e indiana 25/35000 e carta 35/45000.

XX **Casa Fontana-23 Risotti,** piazza Carbonari 5 ✉ 20125 ☎ 02 6704710, *Fax 02 66800465*, Coperti limitati; prenotare – ▤. AE ⑤ MC VISA. ✻ FQ d
chiuso dal 24 dicembre all'11 gennaio, dal 5 al 27 agosto, lunedì, sabato a mezzogiorno, in luglio anche sabato sera e domenica – **Pasto** specialità risotti carta 55/90000.

XX **Alla Cucina delle Langhe,** corso Como 6 ✉ 20154 ☎ 02 6554279, *Fax 02 29006859* – ▤. AE ⑤ ⓓ VISA JCB. ✻ KU d
chiuso agosto, domenica e in luglio anche sabato – **Pasto** carta 60/95000.

XX **Antica Trattoria della Pesa,** viale Pasubio 10 ✉ 20154 ☎ 02 6555741, *Fax 02 29006859*, Tipica trattoria vecchia Milano – ▤. AE ⑤ ⓓ VISA. ✻ JU s
chiuso agosto e domenica – **Pasto** cucina lombarda carta 75/120000.

XX 13 Giugno 2, piazza Mirabello 1 ✉ 20121 ☎ 02 29003300, prenotare la sera – ▤ KU h
Pasto specialità frutti di mare e crostacei.

XX **Rigolo,** largo Treves ✉ 20121 ☎ 02 86463220, *Fax 02 86463220*, Rist. d'habitués – ✻ ▤. AE ⑤ ⓓ MC VISA. ✻ KU b
chiuso agosto e lunedì – **Pasto** carta 50/75000.

XX **Le Petit Prince,** viale Monte Grappa 6 ✉ 20124 ☎ 02 29011439, *Fax 02 29011439*, Ristorante francese – ▤. AE ⓓ MC VISA JCB KU m
chiuso dal 31 dicembre al 3 gennaio, dal 12 agosto al 3 settembre, a mezzogiorno e sabato dall'8 luglio al 9 settembre, domenica negli altri mesi – **Pasto** 65/90000 e carta 75/110000.

XX **Fuji,** viale Montello 9 ✉ 20154 ☎ 02 6552517, Rist. giapponese, Coperti limitati; prenotare – ▤. AE ⑤ ⓓ MC VISA JCB. ✻ JU a
chiuso dal 24 dicembre al 2 gennaio, Pasqua, dal 1º al 23 agosto, domenica e a mezzogiorno – **Pasto** 80/140000 e carta 80/130000.

XX **Antica Osteria il Calessino,** via Thaon de Revel 9 ✉ 20159 ☎ 02 6684935 – ▤. AE ⑤ ⓓ MC VISA FQ m
chiuso dal 1º al 10 gennaio, a mezzogiorno e lunedì – **Pasto** 80000 bc.

Stazione Centrale

corso Buenos Aires, via Vittor Pisani, piazza della Repubblica **(Pianta : Milano p. 9 11 e 13)**

Principe di Savoia, piazza della Repubblica 17 ✉ 20124 ☎ 02 62301 e rist. ☎ 02 62302026, *Fax 02 6595838*, ⛹, ≘s, ⛶ – |‡| ✻ ▤ TV ☎ ✆ ♿ 🚗 – 🏛 700. AE ⑤ ⓓ MC VISA JCB. ✻ KU a
Pasto al Rist. ***Galleria*** carta 130/185000 – ☕ 66000 – **252 cam** 915/1145000, 47 appartamenti.

Palace, piazza della Repubblica 20 ✉ 20124 ☎ 02 63361 e rist ☎ 02 63364001, *Fax 02 654485* – |‡|, ✻ cam, ▤ TV ☎ ♿ 🚗 P – 🏛 170. AE ⑤ ⓓ MC VISA. ✻ rist LU b
Pasto al Rist. ***Casanova Grill*** *(chiuso agosto)* prenotare carta 125/195000 – **201 cam** ☕ 670/920000, 15 appartamenti.

Excelsior Gallia, piazza Duca d'Aosta 9 ✉ 20124 ☎ 02 67851, *Fax 02 66713239* – |‡|, ✻ cam, ▤ TV ☎ ✆ – 🏛 700. AE ⑤ ⓓ MC VISA. ✻ LT a
Pasto carta 80/130000 – ☕ 52000 – **237 cam** 600/700000, 13 appartamenti.

Duca di Milano, piazza della Repubblica 13 ✉ 20124 ☎ 02 62841, *Fax 02 6555966* – |‡| ▤ TV ☎ ✆ ♿ – 🏛 110. AE ⑤ ⓓ MC VISA JCB. ✻ rist KU c
chiuso agosto – **Pasto** carta 100/140000 – ☕ 36000 – 99 appartamenti 915/1145000.

Michelangelo, via Scarlatti 33 ang. piazza Luigi di Savoia ✉ 20124 ☎ 02 67551, *Fax 02 6694232* – |‡|, ✻ cam, ▤ TV ☎ ✆ ♿ 🚗 – 🏛 500. AE ⑤ ⓓ MC VISA JCB. ✻ rist LTU s
chiuso agosto – **Pasto** carta 75/125000 – **300 cam** ☕ 370/460000, 7 appartamenti.

Starhotel Ritz, via Spallanzani 40 ✉ 20129 ✆ 02 2055, *Fax 02 29518679* – |≑|, ✕ ▤ 📺 ☎ – 🚶 180. AE $ ⦿ ⦿ VISA JCB. ✄ GR a
Pasto (solo per alloggiati) – **195 cam** ☕ 420/560000 – ½ P 340000.

Century Tower Hotel, via Fabio Filzi 25/b ✉ 20124 ✆ 02 67504, *Fax 02 66980602* – |≑|, ✕ cam, ▤ 📺 ☎ ✆ – 🚶 60. AE $ ⦿ ⦿ VISA JCB. ✄ LT f
Pasto (solo per alloggiati e *chiuso agosto*) carta 55/85000 – 148 appartamenti ☕ 410/550000.

Jolly Hotel Touring, via Tarchetti 2 ✉ 20121 ✆ 02 6335, *Fax 02 6592209* – |≑|, ✕ cam, ▤ 📺 ☎ ♿ – 🚶 120. AE $ ⦿ ⦿ VISA. ✄ rist KU f
Pasto carta 65/105000 – **279 cam** ☕ 420/500000.

Milano Hilton, via Galvani 12 ✉ 20124 ✆ 02 69831, *Fax 02 66710810* – |≑|, ✕ cam, ▤ 📺 ☎ ♿ 🚗 – 🚶 240. AE $ ⦿ ⦿ VISA JCB. ✄ rist LT c
Pasto carta 80/115000 – ☕ 45000 – **315 cam** 590/650000, 2 appartamenti.

Sheraton Diana Majestic, viale Piave 42 ✉ 20129 ✆ 02 20581, *Fax 02 20582058*, « Giardino ombreggiato », 🏋 – |≑|, ✕ cam, ▤ 📺 ☎ ✆ – 🚶 80. AE $ ⦿ ⦿ VISA JCB. ✄
chiuso agosto – Pasto al Rist. ***Il Milanese*** carta 80/120000 – ☕ 50000 – **106 cam** ☕ 550/720000, appartamento. LV a

Doria Grand Hotel, viale Andrea Doria 22 ✉ 20124 ✆ 02 67411411, *Fax 02 6696669* – |≑|, ✕ cam, ▤ 📺 ☎ ♿ 🚗 – 🚶 80. AE $ ⦿ ⦿ VISA JCB. ✄ GQ x
Pasto *(chiuso i mezzogiorno di sabato-domenica, dal 24 dicembre al 6 gennaio e dal 27 luglio al 23 agosto)* carta 80/125000 – **116 cam** ☕ 430/490000, 2 appartamenti.

Manin, via Manin 7 ✉ 20121 ✆ 02 6596511, *Fax 02 6552160*, 🌳 – |≑| ▤ 📺 ☎ – 🚶 100. AE $ ⦿ ⦿ VISA JCB. ✄ rist KV d
chiuso dal 1° al 23 agosto – **Pasto** *(chiuso sabato)* carta 80/110000 – **112 cam** ☕ 315/430000, 6 appartamenti – ½ P 250/265000.

Bristol senza rist, via Scarlatti 32 ✉ 20124 ✆ 02 6694141, *Fax 02 6702942* – |≑| ▤ 📺 ☎ ✆ – 🚶 50. AE $ ⦿ ⦿ VISA. ✄ LT m
– **68 cam** ☕ 230/330000.

Atlantic senza rist, via Napo Torriani 24 ✉ 20124 ✆ 02 6691941, *Fax 02 6706533* – |≑| ✕ ▤ 📺 ☎ 🚗 – 🚶 25. AE $ ⦿ ⦿ VISA JCB LU h
62 cam ☕ 260/360000.

Augustus senza rist, via Napo Torriani 29 ✉ 20124 ✆ 02 66988271, *Fax 02 6703096* – |≑| ▤ 📺 ☎. AE $ ⦿ ⦿ VISA JCB LU q
chiuso dal 23 al 29 dicembre e dal 30 luglio al 22 agosto – **56 cam** ☕ 190/290000.

Mediolanum senza rist, via Mauro Macchi 1 ✉ 20124 ✆ 02 6705312, *Fax 02 66981921* – |≑| ▤ 📺 ☎ ✆. AE $ ⦿ ⦿ VISA JCB LU n
52 cam ☕ 260/360000.

Sanpi senza rist, via Lazzaro Palazzi 18 ✉ 20124 ✆ 02 29513341, *Fax 02 29402451* – |≑| ▤ 📺 ☎ ✆ – 🚶 60. AE $ ⦿ ⦿ VISA JCB. ✄ LU e
chiuso dal 24 dicembre al 2 gennaio e dal 4 al 27 agosto – **71 cam** ☕ 320/420000.

Berna senza rist, via Napo Torriani 18 ✉ 20124 ✆ 02 6691441, *Fax 02 6693892* – |≑| ✕ ▤ 📺 ☎ – 🚶 30. AE $ ⦿ ⦿ VISA JCB. ✄ LU h
115 cam ☕ 250/360000.

Auriga senza rist, via Pirelli 7 ✉ 20124 ✆ 02 66985851, *Fax 02 66980698* – |≑| ▤ 📺 ☎ – 🚶 25. AE $ ⦿ ⦿ VISA JCB. ✄ LTU k
chiuso dal 4 al 27 agosto – **52 cam** ☕ 270/370000.

Madison senza rist, via Gasparotto 8 ✉ 20124 ✆ 02 67074150, *Fax 02 67075059* – |≑| ▤ 📺 ☎ – 🚶 100. AE $ ⦿ ⦿ VISA LT j
91 cam ☕ 220/330000.

Galles, piazza Lima, ang. corso Buenos Aires ✉ 20124 ✆ 02 204841, *Fax 02 2048422* – |≑|, ✕ cam, ▤ 📺 ☎ ✆ – 🚶 100. AE $ ⦿ ⦿ VISA JCB. ✄ rist GR m
Pasto *(chiuso domenica)* carta 80/110000 – **126 cam** ☕ 350/540000, 2 appartamenti.

Grand Hotel Puccini senza rist, corso Buenos Aires 33, galleria Puccini ✉ 20124 ✆ 02 29521344, *Fax 02 2047825* – |≑|, ✕ cam, ▤ 📺 ☎ ♿. AE $ ⦿ ⦿ VISA GR r
65 cam ☕ 290/380000.

Fenice senza rist, corso Buenos Aires 2 ✉ 20124 ✆ 02 29525541, *Fax 02 29523942* – |≑| ▤ 📺 ☎. AE $ ⦿ VISA LU x
chiuso dal 24 dicembre al 7 gennaio e dal 6 al 28 agosto – **42 cam** ☕ 190/260000.

Albert senza rist, via Tonale 2 ang. via Sammartini ✉ 20125 ✆ 02 66985446, *Fax 02 66985624* – |≑| ▤ 📺 ☎ ♿ – 🚶 40. AE $ ⦿ ⦿ VISA. ✄ LT t
chiuso dal 22 dicembre all'8 gennaio e dal 4 al 21 agosto – **62 cam** ☕ 170/275000.

Demidoff senza rist, via Plinio 2 ✉ 20129 ✆ 02 29513889, *Fax 02 29405816* – |≑| ▤ 📺 ☎ ✆. AE $ ⦿ ⦿ VISA GR e
chiuso dal 24 dicembre al 2 gennaio e dal 2 al 26 agosto – **40 cam** ☕ 170/220000.

Mini Hotel Aosta senza rist, piazza Duca d'Aosta 16 ✉ 20124 ☎ 02 6691951, *Fax 02 6696215* – |♦| ▤ TV ☎. AE S ◑ MC VISA JCB LT p
63 cam ☕ 190/270000.

New York senza rist, via Pirelli 5 ✉ 20124 ☎ 02 66985551, *Fax 02 6697267* – |♦| ▤ TV ☎. AE S ◑ MC VISA LTU k
chiuso dal 24 dicembre al 5 gennaio e dal 1º al 28 agosto – **70 cam** ☕ 175/260000.

San Carlo senza rist, via Napo Torriani 28 ✉ 20124 ☎ 02 6693236, *Fax 02 6703116* – |♦| ▤ TV ☎ – 🏛 30. AE S ◑ MC VISA JCB LU u
75 cam ☕ 200/300000.

Sempione, via Finocchiaro Aprile 11 ✉ 20124 ☎ 02 6570323, *Fax 02 6575379* – |♦| ▤ TV ☎. AE S ◑ MC VISA JCB. ✂ rist LU r
Pasto *(chiuso agosto)* carta 45/75000 – **43 cam** ☕ 180/240000.

Florida senza rist, via Lepetit 33 ✉ 20124 ☎ 02 6705921, *Fax 02 6692867* – |♦| ▤ TV ☎. AE S ◑ MC VISA LTU s
☕ 23000 – **55 cam** 175/235000.

Club Hotel senza rist, via Copernico 18 ✉ 20125 ☎ 02 67072221, *Fax 02 67072050* – |♦| ▤ TV ☎. AE S ◑ MC VISA LT v
53 cam ☕ 180/270000.

Bolzano senza rist, via Boscovich 21 ✉ 20124 ☎ 02 6691451, *Fax 02 6691455*, 🌳 – |♦| ▤ TV ☎. AE S ◑ MC VISA. ✂ LU t
☕ 15000 – **35 cam** 150/200000.

XXX **La Terrazza di Via Palestro,** via Palestro 2 ✉ 20121 ☎ 02 76002186, *Fax 02 76003328*, ≤, prenotare, « Servizio estivo in terrazza » – ▤ – 🏛 200. AE S MC VISA JCB KV h
chiuso dal 24 dicembre al 12 gennaio, dall'8 al 24 agosto, sabato sera e domenica – **Pasto** 55000 (solo a mezzogiorno) 105000 (la sera) e carta 75/105000.

XX **Mediterranea,** piazza Cincinnato 4 ✉ 20124 ☎ 02 29522076, *Fax 02 201156* – ▤. AE S ◑ MC VISA JCB. ✂ LU d
chiuso dal 1º al 10 gennaio, dal 5 al 25 agosto, domenica e lunedì a mezzogiorno – **Pasto** solo piatti di pesce carta 75/120000.

XX **Calajunco,** via Stoppani 5 ✉ 20129 ☎ 02 2046003, prenotare – ▤. S ◑ MC VISA. ✂
chiuso dal 23 dicembre al 4 gennaio, agosto, domenica e mezzogiorno – **Pasto** specialità eoliane carta 100/160000. GR b

XX **Cavallini,** via Mauro Macchi 2 ✉ 20124 ☎ 02 6693771, *Fax 02 6693174*, « Servizio estivo sotto un pergolato » – AE S ◑ MC VISA LU y
chiuso dal 22 al 26 dicembre, dal 3 al 23 agosto, sabato e domenica – **Pasto** 50000 e carta 55/95000.

XX **Joia,** via Panfilo Castaldi 18 ✉ 20124 ☎ 02 29522124, *Fax 02 2049244*, prenotare – ⚡ ▤. AE S ◑ MC VISA JCB LU c
✿ *chiuso dal 28 dicembre all'11 gennaio, Pasqua, agosto, sabato e domenica* – **Pasto** 65/110000 e carta 65/130000
Spec. Colori gusti e consistenze. Le gradazioni del carciofo (inverno-primavera). La verza verso il suo centro (autunno-inverno).

XX **I Malavoglia,** via Lecco 4 ✉ 20124 ☎ 02 29531387, *Fax 02 29531387*, Coperti limitati; prenotare – ▤. AE S ◑ MC VISA JCB ✂ LU g
chiuso dal 24 dicembre al 4 gennaio, Pasqua, 1º maggio, agosto, lunedì e a mezzogiorno (escluso domenica ed i giorni festivi) – **Pasto** specialità marinare e siciliane carta 65/100000.

XX **13 Giugno,** via Goldoni 44 ang. via Uberti ✉ 20129 ☎ 02 719654, *Fax 02 713875*, 🏠, prenotare – ▤. AE S ◑ MC VISA GR w
chiuso domenica – **Pasto** specialità siciliane 75000 e carta 70/115000.

XX **Le 5 Terre,** via Appiani 9 ✉ 20121 ☎ 02 6575177, *Fax 02 653034* – ▤. AE S ◑ MC VISA JCB KU j
chiuso dal 9 al 22 agosto, sabato a mezzogiorno e domenica – **Pasto** specialità di mare carta 65/100000.

XX **Al Girarrosto da Cesarina,** corso Venezia 31 ✉ 20121 ☎ 02 76000481 – ▤. AE S ◑ VISA LV c
chiuso Natale, Epifania, agosto, sabato e domenica a mezzogiorno – **Pasto** carta 70/90000.

XX **Giglio Rosso,** piazza Luigi di Savoia 2 ✉ 20124 ☎ 02 6696659, *Fax 02 6694174*, 🏠 – ▤. AE S ◑ MC VISA LT p
chiuso dal 24 dicembre al 6 gennaio, agosto, sabato e domenica a mezzogiorno – **Pasto** 40000 (solo a mezzogiorno) e carta 50/75000 (12 %).

XX **Hana,** via Lecco 15 ✉ 20124 ☎ 02 29523227, *Fax 02 27003207*, Rist. coreano, prenotare la sera – ▤. AE S ◑ MC VISA JCB LU m
chiuso dal 7 al 25 agosto, sabato a mezzogiorno e domenica – **Pasto** 20/60000 (a mezzogiorno) 45/60000 (alla sera) e carta 50/70000.

XX **Altopascio,** via Gustavo Fara 17 ✉ 20124 ✆ 02 6702458, Rist. toscano – ▤. AE $ ⓓ ⓜ VISA KU r
chiuso agosto, sabato e domenica a mezzogiorno – **Pasto** carta 50/75000.

XX **Osteria la Risacca 2,** viale Regina Giovanna 14 ✉ 20129 ✆ 02 29531801 – ▤. AE VISA GR f
chiuso agosto, sabato a mezzogiorno e domenica – **Pasto** specialità di mare carta 60/120000.

X **Centro Ittico**, via Ferrante Aporti 35 ✉ 20125 ✆ 02 26823449, *Fax 02 26143774*, prenotare la sera – ▤ $ ⓜ VISA. GQ b
chiuso dal 25 dicembre al 7 gennaio, agosto, domenica e lunedì a mezzogiorno – **Pasto** specialità di mare carta 60/90000.

X **L'Imperiale,** via Plinio 30 ✉ 20129 ✆ 02 29513532, Rist. cinese – ▤. AE $ ⓓ ⓜ VISA
chiuso dal 5 al 20 agosto e lunedì – **Pasto** carta 30/40000. GR c

X **Sukrity,** via Panfilo Castaldi 22 ✉ 20124 ✆ 02 201315, Rist. indiano, prenotare la sera – ▤. AE $ ⓓ ⓜ VISA. LU f
Pasto 20/30000 a mezzogiorno 35/45000 (10%) alla sera e carta 35/45000 (10%).

X **La Tana del Lupo,** viale Vittorio Veneto 30 ✉ 20124 ✆ 02 6599006, *Fax 02 6572168*, prenotare, « Taverna caratteristica » – ▤. AE $ ⓜ VISA. KU q
chiuso dal 1º al 7 gennaio, agosto, domenica e a mezzogiorno – **Pasto** specialità montanare venete 70000 bc.

X **Da Bimbi,** viale Abruzzi 33 ✉ 20131 ✆ 02 29526103, *Fax 02 29522051*, Rist. d'habitués – ▤. AE $ ⓓ ⓜ VISA. GR k
chiuso dal 25 dicembre al 1º gennaio, agosto, domenica e lunedì a mezzogiorno – **Pasto** carta 60/120000.

X **Dalla Zia,** via Gustavo Fara 12 ✉ 20124 ✆ 02 66987081, Coperti limitati; prenotare – ▤. AE $ ⓓ ⓜ VISA KU p
chiuso sabato a mezzogiorno e domenica – **Pasto** carta 50/75000.

X **Lon Fon,** via Lazzaretto 10 ✉ 20124 ✆ 02 29405153, Rist. cinese – ▤. AE $ ⓜ VISA
chiuso mercoledì ed agosto – **Pasto** carta 40/60000. LU w

Romana-Vittoria

corso Porta Romana, corso Lodi, corso XXII Marzo, corso Porta Vittoria **(Pianta : Milano p. 9 e 13)**

XX **Mistral,** viale Monte Nero 34 ✉ 20135 ✆ 02 55019104, Coperti limitati; prenotare – ▤. AE $ ⓜ VISA LY a
chiuso a mezzogiorno e domenica – **Pasto** cucina mediterranea e provenzale carta 85/115000.

XX **Da Giacomo,** via B. Cellini ang. via Sottocorno 6 ✉ 20129 ✆ 02 76023313, *Fax 02 76024305* – ▤. AE $ ⓓ ⓜ VISA. FGR g
chiuso dal 23 dicembre al 7 gennaio ed agosto – **Pasto** specialità toscane e di mare carta 80/120000.

XX **I Matteoni,** piazzale 5 Giornate 6 - angolo Regina Margherita ✉ 20129 ✆ 02 5463520, *Fax 02 5511458*, Rist. d'habitués – ▤. AE $ ⓓ ⓜ VISA LX a
chiuso dal 1º al 7 gennaio, dal 1º al 21 agosto e domenica – **Pasto** carta 55/85000.

X **Masuelli San Marco,** viale Umbria 80 ✉ 20135 ✆ 02 55184138, *Fax 02 55184138*, Trattoria tipica, prenotare la sera – ▤. AE $ ⓓ ⓜ VISA JCB GS h
chiuso dal 25 dicembre al 6 gennaio, dal 16 agosto al 10 settembre, domenica e lunedì a mezzogiorno – **Pasto** specialità lombardo-piemontesi carta 55/85000.

X **Dongiò,** via Corio 3 ✉ 20135 ✆ 02 5511372, prenotare la sera – ▤. AE $ ⓓ ⓜ VISA JCB
chiuso agosto – **Pasto** carta 40/65000. LY u

X **Da Pietro la Rena,** via Adige 17 ✉ 20135 ✆ 02 59901232 – ▤. AE $ ⓓ ⓜ VISA LY c
chiuso agosto, domenica sera e lunedì – **Pasto** specialità di mare carta 35/55000.

X **Merluzzo Felice,** via Lazzaro Papi 6 ✉ 20135 ✆ 02 5454711, prenotare – AE $ ⓓ ⓜ VISA LY b
chiuso dal 7 al 31 agosto e domenica – **Pasto** specialità siciliane carta 50/80000.

Navigli

via Solari, Ripa di Porta Ticinese, viale Bligny, piazza XXIV Maggio **(Pianta : Milano p. 8 12 e 13)**

D'Este senza rist, viale Bligny 23 ✉ 20136 ✆ 02 58321001, *Fax 02 58321136* – ▤ TV ☎ – 80. AE $ ⓓ ⓜ VISA. KY d
79 cam 220/310000.

Crivi's senza rist, corso Porta Vigentina 46 ✉ 20122 ✆ 02 582891, *Fax 02 58318182* – ▤ TV ☎ – 120. AE $ ⓓ ⓜ VISA JCB. KY e
chiuso agosto – **83 cam** 260/360000, 3 appartamenti.

Liberty senza rist, viale Bligny 56 ✉ 20136 ☎ 02 58318562, *Fax 02 58319061* – . AE VISA. KY a
chiuso dal 1° al 24 agosto – 20000 – **54 cam** 215/365000.

Des Etrangeres senza rist, via Sirte 9 ✉ 20146 ☎ 02 48955325, *Fax 02 48955325* – . AE VISA DS y
chiuso agosto – **69 cam** 150/240000.

Sadler, via Ettore Troilo 14 angolo via Conchetta ✉ 20136 ☎ 02 58104451, *Fax 02 58112343*, , prenotare – . VISA ES a
chiuso dal 1° al 12 gennaio, dall'8 agosto al 2 settembre, domenica e a mezzogiorno – **Pasto** 130000 e carta 90/145000
Spec. Insalata di filetti di sogliola e funghi porcini all'aglio novello. Ravioli neri di stoccafisso con bottarga grattugiata. Sformatino di panettone con insalata di frutti tropicali.

Al Porto, piazzale Generale Cantore ✉ 20123 ☎ 02 89407425, *Fax 02 8321481*, prenotare – . AE VISA HY h
chiuso dal 24 dicembre al 3 gennaio, agosto, domenica e lunedì a mezzogiorno – **Pasto** specialità di mare carta 65/95000.

Osteria di Porta Cicca, ripa di Porta Ticinese 51 ✉ 20143 ☎ 02 8372763, *Fax 02 8372763*, Coperti limitati; prenotare – . AE VISA. HY j
chiuso sabato a mezzogiorno e domenica – **Pasto** carta 60/85000.

Tano Passami l'Olio, via Vigevano 32/9 ✉ 20144 ☎ 02 8394139, Coperti limitati ; prenotare – . AE VISA HY f
chiuso dal 24 dicembre al 6 gennaio, agosto, domenica e a mezzogiorno – **Pasto** carta 75/125000.

Il Torchietto, via Ascanio Sforza 47 ✉ 20136 ☎ 02 8372910, *Fax 02 8372000* – . AE VISA. ES b
chiuso dal 26 dicembre al 3 gennaio, agosto e lunedì – **Pasto** specialità mantovane carta 55/80000.

Le Buone Cose, via San Martino 8 ✉ 20122 ☎ 02 58310589, *Fax 02 58310589*, Coperti limitati; prenotare – . AE VISA. KY h
chiuso agosto, sabato a mezzogiorno e domenica – **Pasto** specialità di mare carta 55/105000.

Al Capriccio, via Washington 106 ✉ 20146 ☎ 02 48950655, prenotare – . AE VISA. JCB. DS y
chiuso agosto e lunedì – **Pasto** specialità di mare carta 70/90000.

Olivia, viale D'Annunzio 7/9 ✉ 20123 ☎ 02 89406052 – . AE VISA. HY e
chiuso dal 23 dicembre al 7 gennaio, dal 10 al 25 agosto, sabato a mezzogiorno e domenica – **Pasto** carta 50/75000.

Il Navigante, via Magolfa 14 ✉ 20143 ☎ 02 89406320, *Fax 02 89420897* – P. AE VISA JCB. JY c
chiuso agosto, domenica a mezzogiorno e lunedì – **Pasto** carta 65/110000.

Conconi, Alzaia Naviglio Grande 62 ✉ 20144 ☎ 02 89406587 HY b
chiuso a mezzogiorno.

Trattoria Aurora, via Savona 23 ✉ 20144 ☎ 02 8323144, *Fax 02 89404978*, – AE VISA JCB HY m
chiuso lunedì a mezzogiorno – **Pasto** cucina tipica piemontese 30/35000 bc (a mezzogiorno) 65/70000 bc (alla sera) e carta 60/95000.

Grand Hotel, via Ascanio Sforza 75 ✉ 20141 ☎ 02 89511586, – AE VISA.
chiuso a mezzogiorno – **Pasto** carta 45/80000. ES c

Trattoria all'Antica, via Montevideo 4 ✉ 20144 ☎ 02 58104860 – . AE VISA. HY r
chiuso dal 26 dicembre al 7 gennaio, agosto, sabato a mezzogiorno e domenica – **Pasto** cucina lombarda 45000 (solo la sera) e carta 40/75000 (solo a mezzogiorno).

Ponte Rosso, Ripa di Porta Ticinese 23 ✉ 20143 ☎ 02 8373132, Trattoria-bistrot. VISA HY d
chiuso agosto, domenica e mercoledì sera – **Pasto** specialità triestine e milanesi carta 45/70000.

Asso di Fiori-Osteria dei Formaggi, alzaia Naviglio Grande 54 ✉ 20144 ☎ 02 89409415, prenotare – AE VISA. HY t
chiuso dal 25 dicembre al 2 gennaio, dal 10 al 25 agosto, domenica e a mezzogiorno – **Pasto** 50000 e carta 55/65000.

Joe Peña's, via Savona 17 ✉ 20144 ☎ 02 58110820, Rist. messicano, prenotare – . HY a

Shri Ganesh, via Lombardini 8 ✉ 20143 ☎ 02 58110933, *Fax 02 58110949*, Rist. indiano – . AE VISA HY c
chiuso dal 14 al 17 agosto e a mezzogiorno – **Pasto** 30/40000 e carta 35/50000.

Fiera-Sempione

corso Sempione, piazzale Carlo Magno, via Monte Rosa, via Washington (Pianta : Milano p. 8 e 10)

Hermitage, via Messina 10 20154 02 33107700, *Fax 02 33107399*, – , cam, . 200. . HU q
chiuso agosto – Pasto vedere rist ***Il Sambuco*** – **119 cam** 390/500000, 12 appartamenti.

Milan Marriott Hotel, via Washington 66 20146 02 48521, *Fax 02 4818925* – , cam, – 1200. . DR d
Pasto al Rist. ***La Brasserie de Milan*** *(chiuso lunedì)* carta 65/105000 – **321 cam** 460/590000, appartamento.

Radisson SAS Scandinavia Hotel Milano, via Fauchè 15 20154 02 336391, *Fax 02 33104510*, , – – 100. .
Pasto al Rist. ***Giardino-Sempione*** carta 75/105000 – **149 cam** 480/560000, appartamento. HT c

Regency senza rist, via Arimondi 12 20155 02 39216021, *Fax 02 39217734*, « In una dimora nobiliare fine 800 » – – 50. . DQ b
chiuso dal 24 dicembre al 5 gennaio ed agosto – **59 cam** 280/370000.

Domenichino senza rist, via Domenichino 41 20149 02 48009692, *Fax 02 48003953* – – 50. . DR f
chiuso dal 4 al 27 agosto – **75 cam** 200/290000, 2 appartamenti.

Poliziano Fiera senza rist, via Poliziano 11 20154 02 3191911, *Fax 02 3191931* – – 35. . HT a
chiuso dal 23 dicembre all'8 gennaio ed agosto – **98 cam** 320/450000, 2 appartamenti.

Mozart senza rist, piazza Gerusalemme 6 20154 02 33104215, *Fax 02 33103231* – – 40. . HT b
chiuso dal 24 dicembre al 7 gennaio ed agosto – **116 cam** 250/360000, 3 appartamenti.

Admiral senza rist, via Domodossola 16 20145 02 3492151, *Fax 02 33106660* – – 80. DR y
chiuso dal 24 dicembre al 7 gennaio e dal 25 luglio al 1º settembre – **60 cam** 140/180000.

Metrò senza rist, corso Vercelli 61 20144 02 468704, *Fax 02 48010295* – – 35. DR x
37 cam 225/330000.

Lancaster senza rist, via Abbondio Sangiorgio 16 20145 02 344705, *Fax 02 344649* – . HU c
chiuso agosto e Natale – **30 cam** 170/260000.

Mini Hotel Tiziano senza rist, via Tiziano 6 20145 02 4699035, *Fax 02 4812153*, « Piccolo parco » – . DR k
54 cam 200/290000.

Berlino senza rist, via Plana 33 20155 02 324141, *Fax 02 39210611* – . DQ d
47 cam 190/280000.

Il Sambuco - Hotel Hermitage, via Messina 10 20154 02 33610333, *Fax 02 33611850* – . . HU q
chiuso dal 25 dicembre al 3 gennaio, dal 1º al 20 agosto, sabato a mezzogiorno e domenica – **Pasto** specialità di mare 85000 e carta 90/150000.

Alfredo-Gran San Bernardo, via Borgese 14 20154 02 3319000, prenotare la sera – . HT e
chiuso dal 20 dicembre al 7 gennaio, agosto, domenica ed in giugno-luglio anche sabato – **Pasto** specialità milanesi 50000 (solo a mezzogiorno) e carta 85/115000
Spec. Risotto al salto o all'onda. Costoletta alla milanese. Cassoeûla (novembre-aprile).

Raffaello, via Monte Amiata 4 20149 02 4814227, *Fax 02 4980402* – . . DR r
chiuso dal 26 dicembre al 3 gennaio, dal 10 al 24 agosto e mercoledì – **Pasto** carta 55/85000.

Trattoria del Ruzante, via Massena 1 ang. corso Sempione 20145 02 316102, *Fax 02 316102*, prenotare HU v

Arrow's, via Mantegna 17/19 20154 02 341533, *Fax 02 341533*, – . . HU f
chiuso agosto, domenica e lunedì a mezzogiorno – **Pasto** specialità di mare carta 70/110000.

Sadler Wine e Food, via Monte Bianco 2/A 02 4814677, *Fax 02 4814497*, Ristorante con enoteca, prenotare – .
chiuso agosto e domenica – **Pasto** carta 45/80000. DR c

XX **Da Stefano il Marchigiano,** via Arimondi 1 angolo via Plana ✉ 20155 ✆ 02 33001863 – ▤. AE ⓢ ⓓ ⓜ VISA. ✻ DQ d
chiuso agosto, venerdì sera e sabato – **Pasto** carta 50/80000.

XX **Montecristo,** corso Sempione angolo via Prina ✉ 20154 ✆ 02 312760, *Fax 02 312760* – ▤. ⓢ ⓓ ⓜ VISA. ✻ HU j
chiuso dal 25 dicembre al 2 gennaio, agosto, martedì e sabato a mezzogiorno – **Pasto** specialità di mare carta 65/100000.

XX **Gocce di Mare,** via Petrarca 4 ✉ 20123 ✆ 02 4692487, *Fax 02 4699770* – ▤. AE ⓢ ⓓ ⓜ VISA HV d
chiuso dal 26 dicembre al 7 gennaio, dal 10 al 20 agosto, sabato a mezzogiorno e domenica – **Pasto** carta 70/100000.

XX **El Crespin,** via Castelvetro 18 ✉ 20154 ✆ 02 33103004, *Fax 02 33103004*, prenotare – ▤. AE ⓢ ⓓ ⓜ VISA JCB. ✻ HT p
chiuso sabato a mezzogiorno e domenica – **Pasto** carta 60/85000.

XX **L'Infinito,** via Leopardi 25 ✉ 20123 ✆ 02 48020475 – ▤. AE ⓢ ⓓ ⓜ VISA JCB HV e
chiuso dal 24 dicembre al 6 gennaio, agosto, sabato a mezzogiorno e domenica – **Pasto** carta 50/80000.

XX **Le Pietre Cavate** via Castelvetro 14 ✉ 20154 ✆ 02 33101963, *Fax 02 344704* – ▤. AE ⓢ ⓓ ⓜ VISA. ✻ HT p
chiuso dal 30 luglio al 29 agosto, mercoledì e giovedì a mezzogiorno – **Pasto** carta 55/90000.

XX Taverna della Trisa, via Francesco Ferruccio 1 ✉ 20145 ✆ 02 341304, « Servizio estivo in giardino » HU n
Pasto specialità trentine.

XX **Trattoria Mediterranea,** via Gherardini 1 ✉ 20145 ✆ 02 312461 – ▤. AE ⓢ ⓓ ⓜ VISA HU a
chiuso dal 25 dicembre al 1° gennaio, dal 5 al 25 agosto, sabato a mezzogiorno domenica – **Pasto** carta 50/85000.

XX **Sukria,** via Cirillo 16 ✉ 20154 ✆ 02 3451635, Rist. indiano – AE ⓢ ⓓ ⓜ VISA. ✻ HU b
chiuso agosto e domenica – **Pasto** 15/20000 (a mezzogiorno) 35/50000 (alla sera) e carta 40/55000.

XX **Massena,** via Cenisio 8 ✉ 20145 ✆ 02 33101511, prenotare – ▤. AE ⓢ ⓓ ⓜ VISA JCB HT f
chiuso luglio e martedì – **Pasto** carta 40/100000.

X La Sirena, via Poliziano 10 ✉ 20154 ✆ 02 33603011 – ▤ HU t
Pasto specialità di mare.

X Al Vecchio Porco, via Messina 8 ✉ 20154 ✆ 02 313862, 🏠 – ▤ HU e

X **Pace,** via Washington 74 ✉ 20146 ✆ 02 468567, *Fax 02 468567*, 🏠, Rist. d'habitués – ▤. AE ⓢ ⓓ ⓜ VISA. ✻ DR z
chiuso Natale, dal 1° al 23 agosto, sabato a mezzogiorno e mercoledì – **Pasto** carta 45/65000.

Zone periferiche

Zona urbana Nord-Ovest

viale Fulvio Testi, Niguarda, viale Fermi, viale Certosa, San Siro, via Novara **(Pianta : Milano p. 6 7 e 8)**

Grand Hotel Brun ⑤, via Caldera 21 ✉ 20153 ✆ 02 452711, *Fax 02 48204746* – |‡| ▤ ▣ ☎ ⇔ Ⓟ – 🎤 500. AE ⓢ ⓓ ⓜ VISA JCB. ✻ AP c
chiuso dal 23 dicembre al 7 gennaio – **Pasto** *(chiuso domenica)* carta 75/95000 – **318 cam** ☕ 370/480000, 6 appartamenti.

Rubens senza rist, via Rubens 21 ✉ 20148 ✆ 02 40302, *Fax 02 48193114*, « Camere affrescate » – |‡| ⇆ ▤ ▣ ☎ ✆ Ⓟ – 🎤 35. AE ⓢ ⓓ ⓜ VISA. ✻ DR g
87 cam ☕ 340/470000.

Accademia, viale Certosa 68 ✉ 20155 ✆ 02 39211122, *Fax 02 33103878*, « Camere affrescate » – |‡| ▤ ▣ ☎ ✆ ⇔ – 🎤 30. AE ⓢ ⓓ ⓜ VISA JCB. ✻ rist DQ g
Pasto (solo per alloggiati) 45/70000 – **67 cam** ☕ 320/450000.

Blaise e Francis, via Butti 9 ✉ 20158 ✆ 02 66802366, *Fax 02 66802909* – |‡|, ⇆ cam, ▤ ▣ ☎ ♿ ⇔ – 🎤 200. AE ⓢ ⓓ ⓜ VISA. ✻ rist EQ a
Pasto (solo per alloggiati e *chiuso a mezzogiorno*) carta 50/70000 – **110 cam** ☕ 330/380000.

Novotel Milano Nord, viale Suzzani 13 ✉ 20162 ✆ 02 66101861, *Fax 02 66101961*, ⛱ – |‡|, ⇆ cam, ▤ ▣ ☎ ♿ ⇔ – 🎤 500. AE ⓢ ⓓ ⓜ VISA. ✻ rist BO b
Pasto carta 55/85000 – **172 cam** ☕ 330/390000 – 1/2 P 250000.

Valganna senza rist, via Varè 32 ✉ 20158 ✆ 02 39310089, *Fax 02 39312566* – |‡| ▤ ▣ ☎ ⇔. AE ⓢ ⓓ ⓜ VISA AO e
40 cam ☕ 130/180000.

Mirage senza rist, via Casella 61 angolo viale Certosa ✉ 20156 ☎ 02 39210471, *Fax 02 39210589* – |‡| ▤ TV ☎ – 60. AE $ ⓓ MC VISA DQ z
▭ 25000 – **50 cam** 275/340000.

Innocenti Evasioni, via privata della Bindellina ✉ 20155 ☎ 02 33001882, *Fax 02 33001882,* , prenotare – AE $ ⓓ MC VISA DQ a
chiuso dal 3 al 9 gennaio, agosto, domenica, lunedì e a mezzogiorno – **Pasto** 55/70000 e carta 50/70000.

La Pobbia 1821, via Gallarate 92 ✉ 20151 ☎ 02 38006641, *Fax 02 38006641*, Antico ristorante milanese, « Servizio estivo all'aperto » – 40. AE $ ⓓ MC VISA. DQ w
chiuso agosto e domenica – **Pasto** carta 60/95000.

Ribot, via Cremosano 41 ✉ 20148 ☎ 02 33001646, *Fax 02 39267187*, « Servizio estivo in giardino » – P. AE $ ⓓ MC VISA DQ v
chiuso dal 24 dicembre al 2 gennaio, agosto e lunedì – **Pasto** carta 60/75000.

Al Molo 13, via Rubens 13 ✉ 20148 ☎ 02 4042743, *Fax 02 40072616* – ▤. AE $ ⓓ MC VISA JCB DR b
chiuso Natale, agosto e domenica – **Pasto** specialità di mare carta 60/95000.

Il Faraone, via Masolino da Panicale 13 ✉ 20155 ☎ 02 33001337, , Rist. e pizzeria – ▤
Pasto specialità arabe. DQ c

Zona urbana Nord-Est

viale Monza, via Padova, via Porpora, viale Romagna, viale Argonne, viale Forlanini (Pianta : Milano p. 7 e 9)

Concorde, viale Monza 132 ✉ 20125 ☎ 02 26112020, *Fax 02 26147879* – |‡| ▤ TV ☎ – 160. AE $ ⓓ MC VISA. rist BO d
Pasto (solo per alloggiati e *chiuso a mezzogiorno*) – **120 cam** ▭ 250/350000.

Starhotel Tourist, viale Fulvio Testi 300 ✉ 20126 ☎ 02 6437777, *Fax 02 6472516*, – |‡|, cam, ▤ TV ☎ P – 150. AE $ ⓓ MC VISA JCB. BO c
Pasto (solo per alloggiati) – **140 cam** ▭ 325/430000 – 1/2 P 265000.

Lombardia, viale Lombardia 74 ✉ 20131 ☎ 02 2824938, *Fax 02 2893430* – |‡|, cam, ▤ TV ☎ – 100. AE $ ⓓ MC VISA JCB. GQ e
chiuso dal 9 al 24 agosto – **Pasto** *(chiuso a mezzogiorno, sabato e domenica)* 40/60000 – **81 cam** ▭ 180/290000 – 1/2 P 180/210000.

Gala senza rist, viale Zara 89 ✉ 20159 ☎ 02 66800891, *Fax 02 66800463* – |‡| ▤ TV ☎ P – 25. AE $ ⓓ MC VISA JCB. FQ a
chiuso agosto – ▭ 15000 – **23 cam** 130/200000.

Città Studi senza rist, via Saldini 24 ✉ 20133 ☎ 02 744666, *Fax 02 713122* – |‡| ▤ TV ☎. AE $ MC VISA GR d
▭ 15000 – **45 cam** 110/150000.

L'Ami Berton, via Nullo 14 angolo via Goldoni ✉ 20129 ☎ 02 713669, Ristorante elegante, prenotare la sera – ▤. AE $ MC VISA. GR u
chiuso dal 1° al 10 gennaio, agosto, sabato a mezzogiorno e domenica – **Pasto** 105000 e carta 100/155000
Spec. Insalatina di merluzzo al pepe rosa. Tacconi (pasta) di mare e fiori di zucca. Filetti di sogliola in crema di patate al tartufo di Norcia (luglio-dicembre).

L'Altra Scaletta, viale Zara 116 ✉ 20125 ☎ 02 6888093, *Fax 02 6888093* – ▤. AE $ ⓓ MC VISA. FQ e
chiuso agosto, sabato a mezzogiorno e domenica – **Pasto** 30000 e carta 50/65000.

Tre Pini, via Tullo Morgagni 19 ✉ 20125 ☎ 02 66805413, *Fax 02 66801346*, prenotare, « Servizio estivo sotto un pergolato » – AE $ ⓓ MC VISA BO a
chiuso dal 25 dicembre al 4 gennaio, dal 5 al 31 agosto e sabato – **Pasto** specialità allla brace carta 60/90000.

Da Renzo, piazza Sire Raul 4 ✉ 20131 ☎ 02 2846261, *Fax 02 2896634*, – ▤. AE $ ⓓ MC VISA GQ h
chiuso dal 26 dicembre al 2 gennaio, agosto, lunedì sera e martedì – **Pasto** carta 50/75000.

Piero e Pia, piazza Aspari 2 angolo via Vanvitelli ✉ 20129 ☎ 02 718541, *Fax 02 718541*, , Trattoria, prenotare la sera – ▤. AE $ ⓓ MC VISA GR z
chiuso agosto e domenica – **Pasto** specialità piacentine carta 50/80000.

Alla Capanna-da Attilio e Maria, via Donatello 9 ✉ 20131 ☎ 02 29400884, *Fax 02 29521491* – ▤. AE $ ⓓ MC VISA GR h
chiuso sabato – **Pasto** carta 45/60000.

Doge di Amalfi, via Sangallo 41 ✉ 20133 ☎ 02 730286, , Rist. e pizzeria – ▤. AE $ ⓓ MC VISA JCB. GR j
chiuso dal 24 dicembre al 4 gennaio, agosto e lunedì – **Pasto** carta 40/75000.

Osteria da Francesca, via Argonne 32 ✉ 20133 ✆ 02 730608, Trattoria con coperti limitati; prenotare – ▤. Ⓢ ⓓ ⓜⓒ VISA GR p
chiuso agosto e domenica – **Pasto** solo specialità di mare giovedì sera e venerdì carta 50/85000.

Baia Chia, via Bazzini 37 ✉ 20131 ✆ 02 2361131, 🏖, prenotare – ▤. Ⓢ ⓜⓒ VISA. ✻ GQ a
chiuso dal 24 dicembre al 2 gennaio, Pasqua, agosto, domenica e lunedì a mezzogiorno – **Pasto** specialità di mare e sarde carta 45/90000.

Mykonos, via Tofane 5 ✉ 20125 ✆ 02 2610209, Taverna tipica, prenotare BO x
chiuso dal 9 al 24 agosto, martedì e a mezzogiorno – **Pasto** cucina greca carta 40/50000.

Zona urbana Sud-Est

viale Molise, corso Lodi, via Ripamonti, corso San Gottardo **(Pianta : Milano p. 7 e 9)**

Quark, via Lampedusa 11/a ✉ 20141 ✆ 02 84431, *Fax 02 8464190*, 🏖, Fa, ⛱ – |♦|, ✂ cam, ▤ TV ☎ 🚗 P – 🏛 1100. AE Ⓢ ⓓ ⓜⓒ VISA. ✻ rist BP a
chiuso dal 24 luglio al 22 agosto – **Pasto** carta 75/130000 – **193 cam** ☕ 320/400000, 92 appartamenti.

Starhotel Business Palace, via Gaggia 3 ✉ 20139 ✆ 02 53545, *Fax 02 57307550* – |♦| ▤ TV ☎ 🚗 – 🏛 200. AE Ⓢ ⓓ ⓜⓒ VISA JCB BP c
Pasto (solo per alloggiati) carta 60/90000 – **248 cam** ☕ 370/510000 – 1/2 P 230/295000.

Novotel Milano Est Aeroporto, via Mecenate 121 ✉ 20138 ✆ 02 58011085, *Fax 02 58011086*, ⛱ – |♦|, ✂ cam, ▤ TV ☎ 📞 ♿ P – 🏛 350. AE Ⓢ ⓓ ⓜⓒ VISA. ✻ rist CP b
Pasto carta 55/80000 – **206 cam** ☕ 360/460000 – 1/2 P 285/310000.

Mec senza rist, via Tito Livio 4 ✉ 20137 ✆ 02 5456715, *Fax 02 5456718* – |♦| ▤ TV ☎ 📞. AE Ⓢ ⓓ ⓜⓒ VISA GS r
chiuso agosto – **40 cam** ☕ 185/270000.

Garden senza rist, via Rutilia 6 ✉ 20141 ✆ 02 55212838, *Fax 02 57300678* – TV ☎ P. AE Ⓢ ⓓ ⓜⓒ VISA BP z
chiuso agosto – senza ☕ – **23 cam** 100/135000.

Antica Trattoria Monluè, via Monluè 75 ✉ 20138 ✆ 02 7610246, *Fax 02 7610246*, Elegante trattoria di campagna con servizio estivo all'aperto – ▤ P. AE Ⓢ ⓓ ⓜⓒ VISA CP d
chiuso dal 4 al 20 agosto, sabato a mezzogiorno e domenica – **Pasto** carta 65/90000.

La Plancia, via Cassinis 13 ✉ 20139 ✆ 02 5390558, *Fax 02 5390558*, Rist. e pizzeria – ▤. AE Ⓢ ⓓ ⓜⓒ VISA. ✻ BP c
chiuso agosto e domenica – **Pasto** specialità di mare carta 40/70000.

Taverna Calabiana, via Calabiana 3 ✉ 20139 ✆ 02 55213075, Rist. e pizzeria – ▤. AE Ⓢ ⓓ VISA. ✻ FS a
chiuso dal 24 dicembre al 5 gennaio, dal 1° all'8 aprile, agosto, domenica e lunedì – **Pasto** carta 50/70000.

Zona urbana Sud-Ovest

viale Famagosta, viale Liguria, via Lorenteggio, viale Forze Armate, via Novara **(Pianta : Milano p. 6 e 7)**

Holiday Inn, via Lorenteggio 278 ✉ 20152 ✆ 02 413111, *Fax 02 413113* – |♦|, ✂ rist, ▤ TV ☎ ♿ 🚗 – 🏛 85. AE Ⓢ ⓓ ⓜⓒ VISA JCB. ✻ rist AP
Pasto al Rist. ***L'Univers Gourmand*** 60/70000 – ☕ 34000 – **119 cam** 370/455000.

Green House senza rist, viale Famagosta 50 ✉ 20142 ✆ 02 8132451, *Fax 02 816624* – |♦| ▤ TV ☎ ♿ 🚗. AE Ⓢ ⓓ ⓜⓒ VISA JCB. ✻ AP d
☕ 20000 – **67 cam** 180/240000.

Dei Fiori senza rist, via Renzo e Lucia 14, raccordo autostrada A7 ✉ 20142 ✆ 02 8436441, *Fax 02 89501096* – |♦| ▤ TV ☎ P. AE Ⓢ ⓓ ⓜⓒ VISA JCB BP b
53 cam ☕ 150/185000.

Aimo e Nadia, via Montecuccoli 6 ✉ 20147 ✆ 02 416886, *Fax 02 48302005*, Coperti limitati; prenotare – ▤. AE Ⓢ ⓓ ⓜⓒ VISA. ✻ AP e
chiuso dal 1° al 6 gennaio, agosto, sabato a mezzogiorno e domenica – **Pasto** 65000 (solo a mezzogiorno) 130000 e carta 110/160000
Spec. Tagliolini freschi con agnello della val Bisalta e lenticchie di Castelluccio (autunno-inverno). Pesce spada in crosta al timo, olive, capperi, peperoni e pomodori tiepidi. Degustazione di cioccolati sudamericani.

Dintorni di Milano

sulla strada statale 35-quartiere Milanofiori *per ⑧ : 10 km :*

Royal Garden Hotel M, via Di Vittorio ✉ 20090 Assago ☎ 02 45781 *Fax 02 45702901,* – ⇅ ▤ TV ☎ ♿ P – 🅰 180. AE ⑤ ⓓ ⓜⓒ VISA JCB.
chiuso dal 24 dicembre al 5 gennaio e dal 1º al 24 agosto – **Pasto** carta 60/120000 **111 cam** ☐ 310/410000, 40 appartamenti.

Jolly Hotel Milanofiori, Strada 2 ✉ 20090 Assago ☎ 02 82221, *Fax 02 89200946,* ⇅, cam, ▤ TV ☎ P – 🅰 120. AE ⑤ ⓓ ⓜⓒ VISA. rist
Pasto carta 60/90000 – **255 cam** ☐ 270/310000 – ½ P 160/195000.

al Parco Forlanini (lato Ovest) *Est : 10 km (Pianta : Milano p. 9 CP) :*

XX **Osteria I Valtellina,** via Taverna 34 ✉ 20134 Milano ☎ 02 7561139, *Fax 02 756043* prenotare, « Servizio estivo sotto un pergolato » – P. AE ⑤ ⓓ ⓜⓒ VISA. CP
chiuso dal 26 dicembre al 7 gennaio, dal 4 al 24 agosto e lunedì – **Pasto** specialità valtelline carta 65/105000.

sulla tangenziale ovest-Assago *per ⑩ : 14 km :*

Holiday Inn Milano, ✉ 20090 Assago ☎ 02 4880441, *Fax 02 48843958,* – ⇅ ▤ TV ☎ ♿ P – 🅰 300. AE ⑤ ⓓ VISA JCB. rist
Pasto carta 50/75000 – **194 cam** ☐ 250/270000 – ½ P 175/195000.

MILANO 2 *Milano – Vedere Segrate.*

MILANO MARITTIMA *Ravenna* 988 ⑮, 430 J 19 – *Vedere Cervia.*

MILAZZO *Messina* 988 ㊲ ㊳, 432 M 27 – *Vedere Sicilia alla fine dell'elenco alfabetico.*

MILETO *89852 Vibo Valentia* 988 ㊴, 431 L 30 – *7 394 ab. alt. 356.*
Roma 562 – Reggio di Calabria 84 – Catanzaro 107 – Cosenza 110 – Gioia Tauro 28.

X **Il Normanno,** via Duomo 12 ☎ 0963 336398, *Fax 0963 336398,* , Rist. e pizzeria –
chiuso dal 1º al 15 settembre e lunedì (escluso agosto) – **Pasto** carta 30/40000.

MINERBIO *40061 Bologna* 988 ⑮, 429, 430 I 16 – *7 469 ab. alt. 16.*
Roma 399 – Bologna 23 – Ferrara 30 – Modena 59 – Ravenna 93.

Nanni, via Garibaldi 28 ☎ 051 878276, *Fax 051 876094,* – ⇅ ▤ TV ☎ P – 🅰 25. AE ⑤ ⓓ ⓜⓒ VISA JCB.
Pasto *(chiuso dal 24 dicembre al 7 gennaio e dall'8 al 21 agosto)* carta 40/55000 – **35 cam** ☐ 140/200000 – ½ P 110/130000.

XX **Osteria Dandy,** località Tintoria Nord-Est : 2 km ☎ 051 876040, *Fax 051 876040,* prenotare – P. AE ⑤ ⓓ ⓜⓒ VISA.
chiuso agosto, domenica sera, lunedì e da giugno al 15 settembre anche a mezzogiorno – **Pasto** carta 60/95000
Spec. Gramigna al torchio con ragù di salsiccia. Ravioli verdi con porcini in crema alla santoreggia. Petto d'anatra con verzetta e prugne.

a Ca' de Fabbri *Ovest : 4 km – ✉ 40061 Minerbio :*

Primhotel, via Nazionale 33 ☎ 051 6604108, *Fax 051 6606210* – ⇅, cam, ▤ TV ☎ ♿ P – 🅰 25
44 cam.

MINORI *84010 Salerno* 431 E 25 – *3 024 ab. – a.s. Pasqua, 15 giugno-15 settembre e Natale.*
Roma 269 – Napoli 67 – Amalfi 3 – Salerno 22.

Santa Lucia, via Nazionale 44 ☎ 089 853636, *Fax 089 877142* – ▤ TV ☎. AE ⑤ ⓓ ⓜⓒ VISA. rist
marzo-ottobre – **Pasto** carta 40/60000 (10 %) – ☐ 12000 – **30 cam** 100/125000 – ½ P 100/115000.

XX **Giardiniello,** corso Vittorio Emanuele 17 ☎ 089 877050, *Fax 089 877050,* Rist. e pizzeria, « Servizio estivo sotto un pergolato » – AE ⑤ ⓓ ⓜⓒ VISA.
chiuso dal 6 novembre al 6 dicembre e mercoledì (escluso da giugno a settembre) – **Pasto** carta 40/75000.

X **L'Arsenale,** via San Giovanni a Mare 20/25 ☎ 089 851418, Rist. e pizzeria – AE ⑤ ⓓ ⓜⓒ VISA.
chiuso dal 15 gennaio al 6 febbraio e giovedì in bassa stagione – **Pasto** carta 60/95000 (10 %).

MIRA *30034 Venezia* [988] ⑤, [429] F 18 *G. Venezia – 36 081 ab..*

Vedere *Sala da ballo★ della Villa Widmann Foscari.*

Escursioni *Riviera del Brenta★★ per la strada S11.*

[i] *via Nazionale 420 (Villa Widmann Foscari) ☎ 041 424973, Fax 041 423844.*

Roma 514 – Padova 22 – Venezia 20 – Chioggia 39 – Milano 253 – Treviso 35.

Villa Margherita senza rist, via Nazionale 416 ✉ 30030 Mira Porte ☎ 041 4265800, *Fax 041 4265838,* « Villa seicentesca in un parco » – [TV] ☎ [P]. [AE] [$] [MC] VISA. ✂ 15000 – **19 cam** 230/345000 – ½ P 240000.

Riviera dei Dogi senza rist, via Don Minzoni 33 ✉ 30030 Mira Porte ☎ 041 424466, *Fax 041 424428* – [TV] ☎ [P]. [AE] [$] [MC] VISA 10000 – **28 cam** 95/170000.

Isola di Caprera, riviera Silvio Trentin 13 ☎ 041 4265255, *Fax 041 4265348* – [TV] ☎ [P]. [AE] [$] [MC] VISA. ✂ cam

chiusodal 28 dicembre al 3 gennaio e dal 3 al 9 agosto – **Pasto** *(chiuso sabato e domenica sera)* carta 30/50000 – **9 cam** 110/180000, appartamento – ½ P 110/150000.

Margherita, via Nazionale 312 ✉ 30030 Mira Porte ☎ 041 420879, *Fax 041 4265838,* – [P]. [AE] [$] [MC] VISA

chiuso dal 1° al 20 gennaio, martedì sera e mercoledì – **Pasto** specialità di mare carta 75/115000.

Nalin, via Argine sinistro Novissimo 29 ☎ 041 420083, *Fax 041 5600037,* – [P]. [AE] [$] [MC] VISA. ✂

chiuso dal 26 dicembre al 6 gennaio, agosto, domenica sera e lunedì – **Pasto** specialità di mare carta 50/75000.

Vecia Brenta con cam, via Nazionale 403 ✉ 30030 Mira Porte ☎ 041 420114, *Fax 041 5600120* – [TV] ☎ [P]. [AE] [$] [MC] VISA. ✂

chiuso gennaio – **Pasto** *(chiuso mercoledì e a mezzogiorno escluso domenica)* specialità di mare carta 70/95000 – 15000 – **8 cam** 100/150000.

Dall'Antonia, via Argine Destro 75 (Sud : 2 km) ☎ 041 5675618 – [P]. [AE] [$] [MC] VISA

chiuso gennaio, agosto, domenica sera e martedì – **Pasto** specialità di mare 90/120000 e carta 45/70000.

Anna e Otello, località Piazza Vecchia 37 (Sud-Est : 3 km) ☎ 041 5675335, *Fax 041 5675335* – . [$] [MC] VISA. ✂

chiuso da 10 al 30 gennaio, lunedì e martedì a mezzogiorno – **Pasto** specialità di mare carta 40/45000.

MIRABELLA ECLANO *86036 Avellino* [431] D 26 – *8 473 ab. alt. 377.*

Roma 244 – Foggia 79 – Avellino 34 – Benevento 24 – Napoli 87 – Salerno 66.

sull'autostrada A 16 Mirabella Sud *Nord : 3 km :*

Mirabella Hotel, ✉ 86036 ☎ 0825 449724, *Fax 0825 449728* – [TV] ☎ [P] – 100. [AE] [$] [MC] VISA

Pasto carta 30/60000 – 10000 – **37 cam** 90/130000 – P 115000.

MIRAMARE *Rimini* [988] ⑮ ⑯, [430] J 19 – *Vedere Rimini.*

MIRANDOLA *41037 Modena* [988] ⑭, [429] H 15 – *21 763 ab. alt. 18.*

Roma 436 – Bologna 56 – Ferrara 58 – Mantova 55 – Milano 202 – Modena 32 – Parma 88 – Verona 70.

Pico senza rist, via Statale Sud 20 ☎ 0535 20050, *Fax 0535 26873* – [TV] ☎ [P]. [AE] [$] [MC] VISA. ✂

chiuso dal 4 al 26 agosto – **26 cam** 130/175000.

a Tramuschio *Nord-Est : 6 km – ✉ 41037 Mirandola :*

Le Stagioni, via C. Fila 5 ☎ 0535 32101, prenotare – . [AE] [$] [MC] VISA

chiuso dal 1° al 6 gennaio, agosto, lunedì ed in giugno e luglio anche la domenica sera – **Pasto** carta 45/65000.

MIRANO *30035 Venezia* [988] ⑤, [429] F 18 *G. Venezia – 26 331 ab. alt. 9.*

Roma 516 – Padova 26 – Venezia 21 – Milano 253 – Treviso 30 – Trieste 158.

Park Hotel Villa Giustinian senza rist, via Miranese 85 ☎ 041 5700200, *Fax 041 5700355,* « Parco con » – [TV] ☎ [P] – 60. [AE] [$] [MC] VISA. ✂

38 cam 100/180000, 2 appartamenti.

Villa Patriarca, via Miranese 25 ☎ 041 430006, *Fax 041 5702077,* , , – [TV] ☎. [AE] [$] [MC] VISA. ✂

Pasto *(chiuso lunedì)* 40/60000 – **28 cam** 95/160000.

🏨 **Leon d'Oro** 🐦, via Canonici 3 (Sud : 3 km) ☎ 041 432777, *Fax 041 431501*, « Raffina residenza di campagna », 🏊, 🌳, – ⇆ cam, ▤ 📺 ☎ ♿ [P]. ✗ rist
Pasto *(marzo-novembre; chiuso a mezzogiorno e* solo per alloggiati*)* – **23 cam** ☕ 13 235000 – ½ P 130/150000.

🍴 **19 al Paradiso,** via Luneo 37 (Nord : 2 km) ☎ 041 431939, *Fax 041 5701235*, 🌳 – [P]. [S] 💳 💳 VISA. ✗
chiuso agosto e lunedì – **Pasto** carta 50/80000.

a Scaltenigo *Sud-Ovest : 4,8 km* – ✉ *30030 :*

🍴 **Trattoria la Ragnatela,** via Caltana 79 ☎ 041 436050, *Fax 041 436050* – ▤ [P]. [S] VISA
chiuso mercoledì – **Pasto** carta 40/65000.

MISANO ADRIATICO *47843 Rimini* [429], [430] K 20 – *9 508 ab. – a.s. 15 giugno-agosto.*
ℹ *via Platani 22 ☎ 0541 615520, Fax 0541 613295.*
Roma 318 – Rimini 13 – Bologna 126 – Forlì 65 – Milano 337 – Pesaro 20 – Ravenna 68 – Sa Marino 38.

🏨 **Atlantic,** via Sardegna 28 ☎ 0541 614161, *Fax 0541 613748*, « Solarium con 🏊 riscalda ta » – |‡| ▤ 📺 ☎ [P]. [AE] [S] 💳 💳 VISA JCB. ✗ rist
Pasqua-settembre – **Pasto** 40/50000 – **39 cam** ☕ 150/210000 – ½ P 120/150000.

🏨 Sole, via Litoranea Nord 6 ☎ 0541 615320 – |‡| 📺 ☎ [P]
stagionale – **42 cam.**

🏨 **Haway,** via Sardegna 21 ☎ 0541 610309, *Fax 0541 600505* – |‡|, ▤ rist, 📺 ☎ [P]. ✗ rist
15 maggio-20 settembre – **Pasto** 25/30000 – **39 cam** ☕ 90/130000 – ½ P 55/85000.

🏨 Aquila d'Oro, via Sardegna 29 ☎ 0541 615564, *Fax 0541 612390* – |‡|, ▤ rist, ☎ [P]
39 cam.

🍴🍴 **Taverna del Marinaio,** via dei Gigli 16 ☎ 0541 615658, *Fax 0541 618084*, ≤ – [P]. [AE] [S] 💳 💳 VISA JCB. ✗
chiuso dal 19 ottobre al 19 dicembre e martedì (escluso da giugno al 15 settembre) – **Past** specialità di mare carta 55/75000.

a Misano Monte *Ovest : 5 km* – ✉ *47843 :*

🏨 **I Girasoli** 🐦, via Ca' Rastelli 13 ☎ 0541 610724, *Fax 0541 610724*, 🌳, « Giardino om breggiato con 🏊 riscaldata e 🎾 » – ▤ 📺 ☎. [AE] [S] 💳 💳 VISA. ✗
Pasto *(chiuso a mezzogiorno)* carta 45/55000 – **6 cam** ☕ 180/240000 – ½ P 160/205000.

MISSIANO (MISSIAN) *Bolzano* [218] ⑳ – *Vedere Appiano sulla Strada del Vino.*

MISURINA *32040 Belluno* [988] ⑤, [429] C 18 *G. Italia – alt. 1 756 – Sport invernali : 1756/2 220 m* ⛷ 3 ⛷ *(vedere anche Auronzo di Cadore).*
Vedere *Lago*★★ – *Paesaggio pittoresco*★★★.
Roma 686 – Cortina d'Ampezzo 14 – Auronzo di Cadore 24 – Belluno 86 – Milano 429 – Venezia 176.

🏨 **Lavaredo** 🐦, via M. Piana 11 ☎ 0435 39227, *Fax 0435 39127*, ≤ Dolomiti e lago, 🏊, 🎾 – 📺 ☎ [P]. [S] 💳 VISA. ✗
chiuso novembre – **Pasto** carta 40/80000 – ☕ 20000 – **31 cam** 160/200000 – ½ P 130000

MOCRONE *Massa-Carrara* – *Vedere Villafranca in Lunigiana.*

MODENA *41100* [P] [988] ⑭, [428], [429], [430] I 14 *G. Italia – 175 485 ab. alt. 35.*
Vedere *Duomo*★★★ **AY** – *Metope*★★ *nel museo del Duomo* **ABY M1** – *Galleria Estense*★★ *biblioteca Estense*★, *sala delle medaglie*★ *nel palazzo dei Musei* **AY M2** – *Palazzo Ducale*★ **BY A.**
⛳18 *e* ⛳9 *(chiuso martedì) a Colombaro di Formigine* ✉ *41050* ☎ *059 553482, Fax 059 553696, per* ④ *: 10 km.*
ℹ *piazza Grande 17* ☎ *059 206660, Fax 059 206659.*
[A.C.I.] *via Verdi 7* ☎ *059 247611.*
Roma 404 ④ – *Bologna 40* ③ – *Ferrara 84* ④ – *Firenze 130* ④ – *Milano 170* ⑤ – *Parma 56* ⑤ – *Verona 101* ⑤.

MODENA

Acc. Militare (Corso) . BY 2
Canal Chiaro (Cso). . AYZ
Canalino (Via) . . . . BZ 5
Duomo (Corso). . . . . . AY 7
Emilia (Via) . . . . ABYZ
Farini (Via) . . . . BY
Fonteraso (Via) . . . . . . BY 8
Giannone (Via P.) . . . . AZ 9
Luca (Calle di) . . . . . . AZ 10
Mazzini (Piazza) . . . . BY 13
Nonantolana (Via) . . . . BY 15
Porta S. Agostino
(Largo) . . . . AY 17
Rismondo (Via F.) . . . . ABY 18
Risorgimento (Piazzale) . . . . AZ 19
S. Carlo (Via) . . . . BZ 21
S. Francesco (Piazzale) . . . . . AZ 22
S. Giovanni
del Cantone (Via) . . . . BY 23
Storchi (Via G.) . . . . AY 24
3 Febbraio (Via) . . . . BY 25

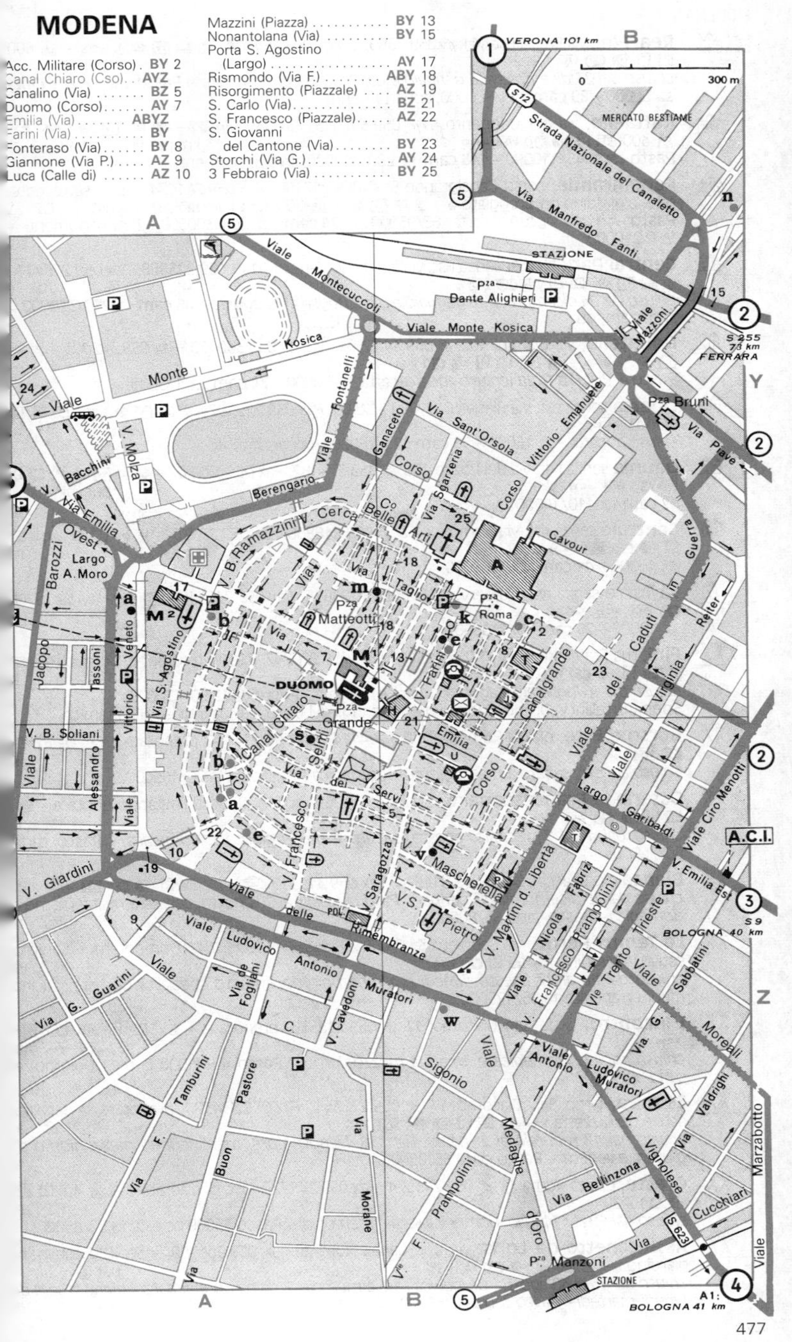

Real Fini, via Emilia Est 441 ✆ 059 238091, *Fax 059 364804* – 600 AE VISA. per ③
chiuso dal 23 dicembre al 3 gennaio e dal 21 luglio al 27 agosto – **Pasto** vedere rist ***Fini*** – 30000 – **89 cam** 255/360000, appartamento.

Raffaello, via per Cognento 5 ✆ 059 357035, *Fax 059 354522* – 300. AE VISA JCB. 3 km per via Giardini AZ
Pasto carta 45/110000 – **113 cam** 280/310000, 14 appartamenti.

Canalgrande, corso Canalgrande 6 ✆ 059 217160, *Fax 059 221674,* « Sale settecentesche e giardino ombreggiato » – 200. AE VISA. rist BZ
Pasto *(chiuso agosto)* carta 65/95000 – **74 cam** 205/300000, 2 appartamenti – ½ P 210000.

Central Park Hotel senza rist, viale Vittorio Veneto 10 ✆ 059 225858, *Fax 059 225141* – AE VISA AY
chiuso dal 24 dicembre al 10 gennaio e dal 30 luglio al 22 agosto – **46 cam** 230/330000, 2 appartamenti.

Donatello, via Giardini 402 ✆ 059 344550 e rist. ✆ 059 350160, *Fax 059 342803* – 50. AE VISA. rist AZ
Pasto al Rist. ***La Gola*** *(chiuso agosto)* carta 35/50000 – **74 cam** 175000.

Libertà senza rist, via Blasia 10 ✆ 059 222365, *Fax 059 222502* – AE VISA JCB. BY
chiuso agosto – 15000 – **50 cam** 125/180000, appartamento.

Daunia senza rist, via del Pozzo 158 ✆ 059 371182, *Fax 059 374807* – AE VISA JCB. per ③
42 cam 110/160000.

Centrale senza rist, via Rismondo 55 ✆ 059 218808, *Fax 059 238201* – AE VISA JCB. ABY
15000 – **41 cam** 130/180000.

La Torre senza rist, via Cervetta 5 ✆ 059 222615, *Fax 059 216316* – AE VISA JCB. AZ
12000 – **26 cam** 75/110000.

Fini, rua Frati Minori 54 ✆ 059 223314, *Fax 059 220247*, Rist. di tradizione, prenotare – AE VISA. AZ
chiuso dal 16 luglio al 30 agosto, lunedì e martedì – **Pasto** carta 90/130000
Spec. Tortellini in brodo. Carrello dei sette tagli di bollito. Zuppa inglese al balsamico.

Borso d'Este, piazza Roma 5 ✆ 059 214114, *Fax 059 214114*, prenotare – AE VISA. BY
chiuso agosto, sabato a mezzogiorno e domenica – **Pasto** carta 70/105000.

Osteria la Francescana, via Stella 22 ✆ 059 210118, Coperti limitati; prenotare – AE VISA. AZ
chiuso dal 1° al 7 gennaio, agosto, sabato a mezzogiorno e domenica – **Pasto** carta 50/75000.

Bianca, via Spaccini 24 ✆ 059 311524, *Fax 059 315520,* – AE VISA JCB.
chiuso dal 23 dicembre al 1° gennaio, Pasqua, dal 1° al 20 agosto, sabato a mezzogiorno e domenica – **Pasto** carta 55/80000. BY

Le Temps Perdu, via Sadoleto 3 ✆ 059 220353, *Fax 059 210420*, prenotare, « Servizio estivo in giardino » – AE VISA BZ
chiuso dal 10 al 17 agosto, lunedì e a mezzogiorno – **Pasto** specialità di mare; cucina mediterranea carta 85/125000.

L'Incontro, largo San Giacomo 32 ✆ 059 218536, prenotare – AE VISA JCB AZ
chiuso agosto, domenica e lunedì a mezzogiorno – **Pasto** 40/45000 (a mezzogiorno) e carta 50/95000.

Zelmira, largo San Giacomo 17 ✆ 059 222351, *Fax 059 334326*, prenotare, « Servizio estivo in piazzetta » – AE VISA. AZ
chiuso dal 17 febbraio al 2 marzo, dal 3 al 17 novembre, mercoledì e i mezzogiorno di giovedì e venerdì – **Pasto** carta 65/95000.

Oreste, piazza Roma 31 ✆ 059 243324, *Fax 059 243324*, Rist. di tradizione – 40. AE VISA BY
chiuso dal 10 al 31 luglio, domenica sera e mercoledì – **Pasto** 35000 bc e carta 50/85000.

Al Boschetto-da Loris, via Due Canali Nord 202 ✆ 059 251759, « Servizio estivo in giardino » – AE VISA. per ②
chiuso dal 15 al 30 agosto, domenica sera e mercoledì, da ottobre a marzo anche la sera di lunedì-martedì – **Pasto** carta 40/55000.

Cucina del Museo, via Sant'Agostino 7 ✆ 059 217429, Coperti limitati; prenotare. AE VISA JCB. AY b
chiuso agosto e lunedì – **Pasto** 35000 (solo a mezzogiorno) 60000 e carta 60/90000.

Hosteria Giusti, vicolo Squallore 46 ✆ 059 222533, solo su prenotazione, « Salumeria del 1600 con cucina della tradizione emiliana ». AE VISA. BY e
chiuso luglio, agosto, dicembre, domenica e lunedì – **Pasto** carta 55/85000.

sulla strada statale 9 – via Emilia :

Rechigi Park Hotel, via Emilia Est 1581, località Fossalta per ③ : *4 km* ✉ 41100 Modena ✆ 059 283600, *Fax 059 283910*, – 100. AE VISA
chiuso dal 7 al 21 agosto – **Pasto** vedere rist ***Antica Moka*** – 20000 – **76 cam** 200/290000, 3 appartamenti.

Antica Moka - Rechigi Park Hotel, località Fossalta per ③ : *4 km* ✉ 41100 Modena ✆ 059 284008, *Fax 059 284048*, , prenotare – AE VISA.
chiuso Natale, agosto, sabato a mezzogiorno e domenica – **Pasto** carta 55/120000.

Vinicio, località Fossalta per ③ : *4 km* ✉ 41100 Modena ✆ 059 280313, *Fax 059 281902*, « Servizio estivo all'aperto » – .

La Quercia di Rosa, località Fossalta per ③ : *4 km* ✉ 41100 Modena ✆ 059 280730, *Fax 059 280730*, prenotare, « Servizio estivo all'aperto in giardino ombreggiato con laghetto » – AE VISA.
chiuso dal 24 al 26 dicembre, dal 4 al 24 agosto, martedì e domenica sera – **Pasto** carta 50/70000.

Strada Facendo, via Emilia Ovest 622 per ⑤ : *1,5 km* ✉ 41100 Modena ✆ 059 334478, *Fax 059 334478*, Coperti limitati; prenotare – . AE VISA
chiuso dal 1° al 10 gennaio, dal 1° al 24 agosto, sabato a mezzogiorno e domenica – **Pasto** carta 60/75000.

in prossimità casello autostrada A1 Modena Nord : *per ⑤ : 1 km :*

La Piola strada Cave di Ramo 248 ✉ 41100 Modena ✆ 059 848052, « Trattoria tipica con servizio estivo all'aperto » –
chiuso a mezzogiorno (escluso domenica), lunedì e martedì – **Pasto** (menù suggeriti dal proprietario) vecchia cucina modenese 25/40000.

sull'autostrada A 1 – Secchia *per ⑤ : 7 km :*

Agip Hotel senza rist, via Tre Olmi 19 ✉ 41100 Modena ✆ 059 848221, *Fax 059 848522* – 50. AE VISA
184 cam 210/260000.

sulla strada statale 486 :

Mini Hotel Le Ville, via Giardini 1270 ✉ 41100 Modena ✆ 059 510051, *Fax 059 511187*, « Giardino con », – 50. AE VISA JCB.
chiuso dal 10 al 20 agosto – **Pasto** vedere rist ***Le Ville*** – **46 cam** 170/260000 – ½ P 170000. AZ

Le Ville, via Giardini 1272 ✉ 41100 Modena ✆ 059 512240, *Fax 059 512240*, Coperti limitati; prenotare – AE VISA AZ
chiuso dal 1° all'8 gennaio, dall'8 al 30 agosto, sabato a mezzogiorno e domenica – **Pasto** carta 50/75000.

Al Caminetto-da Dino, strada Martiniana 240 ✉ 41100 Modena ✆ 059 512278, – AE VISA per via Giardini AZ
chiuso dal 23 al 30 dicembre, dal 5 al 20 agosto, sabato a mezzogiorno e lunedì – **Pasto** carta 55/85000.

sulla strada statale 12 : *per ④ : 8 km:*

Europa 92, stradello Nava 8 ✉ 41010 Vaciglio ✆ 059 460067, *Fax 059 460067*, – – 70. AE VISA.
chiuso dal 10 al 25 gennaio, dal 1° al 15 agosto, lunedì e martedì a mezzogiorno – **Pasto** carta 55/90000.

a Marzaglia *per ⑤ : 10 km – ✉ 41010 :*

La Masseria, via Chiesa 61 ✆ 059 389262, *Fax 059 389309*, prenotare la sera, « Servizio estivo in giardino » – AE VISA JCB.
chiuso dal 24 dicembre al 5 gennaio e martedì – **Pasto** cucina tipica pugliese carta 50/90000.

in prossimità casello autostrada A1 Modena Sud : *per ④ : 9 km :*

XX **Baia del Re,** via Vignolese 1684 ✉ 41010 San Donnino ☎ 059 469135, *Fax 059 468306*
TV ☎ 🚗 P. AE $ ⊙ MC VISA
chiuso dal 24 dicembre al 10 gennaio e dal 1º al 25 agosto – **Pasto** *(chiuso domenica)* car
70/100000 – ☕ 13000 – **14 cam** 70/100000 – ½ P 135000.

XX **Antica Trattoria la Busa,** via Medicina 2284, località San Vito ✉ 41057 ☎ 059 46942
Fax 059 469422, 🏡 – P. AE $ ⊙ MC VISA. ✂
chiuso dal 10 al 25 agosto e lunedì – **Pasto** carta 40/60000.

MODICA *Ragusa* 988 ㊲, 432 Q 26 – *Vedere Sicilia alla fine dell'elenco alfabetico.*

MODUGNO *70026 Bari* 988 ㉙, 431 D 32 – *36 537 ab. alt. 79.*
Roma 443 – Bari 11 – Barletta 56 – Matera 53 – Taranto 93.

sulla strada statale 96 *Nord-Est : 3 km :*

H R, ✉ 70123 Bari Ovest ☎ 080 5057029, *Fax 080 5057029,* 🏊, 🌳, 🎾 – 🛗 ≡ TV ☎ P
🏢 150. AE $ ⊙ MC VISA JCB. ✂ rist
Pasto *(chiuso sabato e domenica)* 35/70000 – **93 cam** ☕ 135/250000 – ½ P 220000.

Keine Aufnahme in den ***Michelin-Führer*** *durch*
- Beziehungen oder
- Bezahlung!

MOENA *38035 Trento* 988 ④ ⑤, 429 C 16 *G. Italia – 2 587 ab. alt. 1 184 – a.s. febbraio-Pasqua Natale – Sport invernali : ad Alpe Lusia : 1 200/2 420 m* 🚡2 ⛷5 *(vedere anche passo San Pellegrino).*
ℹ *piazza Cesare Battisti ☎ 0462 573122, Fax 0462 574342.*
Roma 671 – Belluno 71 – Bolzano 44 – Cortina d'Ampezzo 74 – Milano 329 – Trento 89.

La Soldanella 🐦, via Rancolin 4 ☎ 0462 573201, *Fax 0462 573881,* ≤ Dolomiti, 🏋, ≘s –
🛗 TV ☎ P. $ ⊙ MC VISA. ✂
dicembre-aprile e giugno-settembre – **Pasto** 30/50000 – ☕ 15000 – **40 cam** 170/300000 –
½ P 125/150000.

Maria, via dei Colli 7 ☎ 0462 573265, *Fax 0462 573434,* ≤ – 🛗 TV ☎ P. AE $ ⊙ MC VISA
✂
dicembre-aprile e giugno-settembre – **Pasto** (solo per alloggiati) 40000 – **32 cam** ☕ 150/
250000, appartamento – ½ P 160000.

Patrizia 🐦, via Rif 2 ☎ 0462 573185, *Fax 0462 574087,* ≤ monti, ≘s, 🌳 – 🛗 TV ☎ P. AE
$ ⊙ MC VISA. ✂
20 dicembre-Pasqua e 20 giugno-20 settembre – **Pasto** 40000 – ☕ 12000 – **34 cam**
105/190000 – ½ P 155000.

Alle Alpi, via Moene 47 ☎ 0462 573194, *Fax 0462 574412,* ≤, ≘s – 🛗 TV ☎ P. $ MC VISA
✂
19 dicembre-15 aprile e 15 giugno-20 settembre – **Pasto** carta 40/50000 – ☕ 10000 –
37 cam 90/180000 – ½ P 150000.

Stella Alpina, via Enrosadira 1 ☎ 0462 573351, *Fax 0462 573351,* ≘s, 🌳 – TV ☎ 🚗 P.
$ MC VISA. ✂
5 dicembre-10 aprile e 20 giugno-settembre – **Pasto** (solo per alloggiati) – ☕ 30000 –
27 cam 110/150000, appartamento – ½ P 130000.

Post Hotel, piazza Italia 10 ☎ 0462 573760, *Fax 0462 573281* – 🛗 TV ☎. AE $ ⊙ MC VISA.
✂
dicembre-Pasqua e 15 giugno-settembre – **Pasto** vedere rist ***Tyrol*** – 15 appartamenti ☕ 160/190000 – ½ P 145000.

Cavalletto, via Carezza 1 ☎ 0462 573164, *Fax 0462 574625* – 🛗 TV ☎ ♿ P. $ VISA JCB.
✂
dicembre-aprile e giugno-settembre – **Pasto** carta 20/30000 – **35 cam** ☕ 80/150000 –
½ P 70/120000.

Leonardo 🐦, via Ciroch 5 ☎ 0462 573355, *Fax 0462 574611,* ≤ Dolomiti, ≘s, 🌳 – 🛗 TV
☎ P. $ ⊙ MC VISA. ✂ rist
20 dicembre-aprile e 15 giugno-settembre – **Pasto** carta 40/60000 – ☕ 12000 – **21 cam**
225/240000 – ½ P 145000.

Piedibosco 🐦, via Costalunga 14 ☎ 0462 573389, *Fax 0462 574540,* ≤ Dolomiti, 🌳 – 🛗
TV ☎ P
stagionale – **23 cam.**

XXX **Malga Panna,** via Costalunga 29 ☎ 0462 573489, *Fax 0462 574142*, ≤ Dolomiti, prenotare – P. AE.
Natale-Pasqua e giugno-settembre; chiuso lunedì (escluso luglio-agosto) – **Pasto** 75000 e carta 70/95000
Spec. Tempura con trota di torrente e zucchine in fiore. Risotto con porcini e gamberi. Maialino da latte con sauté di patate..

XX **Tyrol** - Hotel Post, piazza Italia 10 ☎ 0462 573760, *Fax 0462 573281* – AE VISA.
dicembre-Pasqua e 15 giugno-settembre – **Pasto** 40/65000 e carta 55/80000.

MOGGIONA *Arezzo* 430 K 17 – *Vedere Camaldoli.*

MOGGIO UDINESE *33015 Udine* 429 C 21 – *2 053 ab. alt. 337.*

Roma 677 – Udine 50 – Cortina d'Ampezzo 117 – Lienz 97 – Tarvisio 48.

X **Locanda San Gallo,** piazzetta Pertini 2 ☎ 0433 51078, « Servizio estivo sotto un pergolato » – AE VISA
chiuso dal 23 gennaio al 7 febbraio, martedì sera e mercoledì – **Pasto** carta 45/50000.

MOGLIANO VENETO *31021 Treviso* 988 ⑤, 429 F 18 – *26 436 ab..*

18 e 9 *Villa Condulmer (chiuso lunedì) a Zerman ✉ 31021 ☎ 041 457062, Fax 041 457202, Nord-Est : 4 km;*
9 *Zerman (chiuso martedì) ☎ 041 457369, Fax 041 457369, Nord-Est : 4 km.*
Roma 529 – Venezia 17 – Milano 268 – Padova 38 – Treviso 12 – Trieste 152 – Udine 121.

Villa Stucky M, via Don Bosco 47 ☎ 041 5904528, *Fax 041 5904566*, « Elegante villa d'epoca in un piccolo parco » – P – 40. AE VISA JCB.
Pasto *(chiuso a mezzogiorno e giovedì)* carta 50/70000 – **20 cam** 195/320000 – 1/2 P 200000.

Duca d'Aosta senza rist, piazza Duca d'Aosta 31 ☎ 041 5904990, *Fax 041 5904381* – P – 60. AE VISA JCB.
24 cam 160/270000, 8 appartamenti.

X **Al Bacareto,** via Marconi 83 ☎ 041 5902122, *Fax 041 5902122* – P. AE VISA JCB
chiuso dal 10 al 31 luglio, venerdì e sabato a mezzogiorno – **Pasto** carta 35/65000.

MOIA DI ALBOSAGGIA *Sondrio* – *Vedere Sondrio.*

MOLA DI BARI *70042 Bari* 988 ㉙, 431 D 33 – *26 486 ab..*

Roma 436 – Bari 21 – Brindisi 93 – Taranto 105.

XX **Niccolò Van Westerhout,** via De Amicis 3/5 ☎ 080 4744253, *Fax 080 4746989* – AE VISA JCB
chiuso martedì – **Pasto** carta 40/65000.

MOLFETTA *70056 Bari* 988 ㉙, 431 D 31 *G. Italia* – *64 452 ab..*

Roma 425 – Bari 30 – Barletta 30 – Foggia 108 – Matera 69 – Taranto 115.

Garden, via provinciale Terlizzi ☎ 080 3341722, *Fax 080 3349291*, – P – 80. AE VISA.
Pasto *(chiuso sabato e domenica)* carta 35/50000 – **58 cam** 100/130000 – 1/2 P 80000.

XXX **Bufi,** via Vittorio Emanuele 15 ☎ 080 3971597, *Fax 080 3971597*, prenotare – AE VISA.
chiuso domenica sera e lunedì – **Pasto** carta 50/80000.

XX **Borgo Antico,** piazza Municipio 20 ☎ 080 3974379, *Fax 080 3974379*, – AE VISA JCB.
chiuso dal 9 al 22 novembre e lunedì – **Pasto** carta 50/75000.

XX **Isola di S. Andrea,** via Dante Alighieri 98 ☎ 080 3354312 – AE.
chiuso settembre e martedì – **Pasto** carta 30/55000.

MOLINELLA *40062 Bologna* 429, 430 I 17 – *12 969 ab..*

Roma 413 – Bologna 38 – Ferrara 34 – Ravenna 54.

Mini Palace senza rist, via Circonvallazione Sud 2 ☎ 051 881180, *Fax 051 880877*, – P – 80. AE VISA.
chiuso dal 23 dicembre al 3 gennaio e dal 10 al 20 agosto – **21 cam** 160/240000.

MOLINI (MÜHLEN) *Bolzano – Vedere Falzes.*

MOLINI DI TURES (MÜHLEN) *Bolzano – Vedere Campo Tures.*

MOLITERNO *85047 Potenza* 988 ㉘, 431 G 29 – *4 830 ab. alt. 879.*

Roma 390 – Potenza 85 – Lagonegro 32 – Napoli 190 – Salerno 134.

XX **Vecchio Ponte,** località Piano di Maglie Sud : 7 km ☎ 0975 64941, – P. AE VISA.
Pasto carta 35/55000.

MOLLIÈRES *Torino – Vedere Cesana Torinese.*

MOLTRASIO *22010 Como* 428 E 9, 219 ⑧ ⑨ – *1 809 ab. alt. 247.*

Roma 634 – Como 9 – Menaggio 26 – Milano 57.

Grand Hotel Imperiale M, via Durini ☎ 031 346111, *Fax 031 346120*, <, « riscaldata in riva al lago », – cam, TV ☎ P – 200. AE VISA. rist
marzo-novembre – **Pasto** carta 45/75000 – **90 cam** 280/350000, 2 appartamenti ½ P 185/210000.

XXX **Imperialino,** via Antica Regina 26 ☎ 031 346600, *Fax 031 346606*, <, – AE VISA.
chiuso gennaio, febbraio e lunedì (escluso da giugno a settembre) – **Pasto** 60000 e cart 75/115000.

XX **Posta** con cam, piazza San Rocco 5 ☎ 031 290444, *Fax 031 290657*, <, « Servizio estiv all'aperto » – TV ☎. AE VISA
chiuso gennaio e febbraio – **Pasto** *(chiuso mercoledì)* specialità pesce di lago carta 45 90000 – **19 cam** 120/170000 – ½ P 105/125000.

MOLVENO *38018 Trento* 988 ④, 428, 429 D 14 *G. Italia – 1 059 ab. alt. 864 – a.s. Natale, Pasqua luglio-agosto – Sport invernali : 900/1 528 m 1 1 (vedere anche Andalo e Fai del Paganella).*

Vedere *Lago*★★.

piazza Marconi 5 ☎ 0461 586924, Fax 0461 586221.

Roma 627 – Trento 44 – Bolzano 65 – Milano 211 – Riva del Garda 46.

Alexander H. Cima Tosa, piazza Scuole 7 ☎ 0461 586928, *Fax 0461 586950*, < Grupp del Brenta e lago, – TV ☎ P – 70. AE VISA.
22 dicembre-10 gennaio e 22 aprile-2 novembre – **Pasto** carta 40/50000 – **30 cam** 100 180000, 6 appartamenti – ½ P 135000.

Ischia Dolomiti, via Lungolago 12 ☎ 0461 586057, *Fax 0461 586985*, <, « Giardino fiori to », riscaldata – TV ☎ P. AE VISA. rist
20 dicembre-marzo, Pasqua e giugno-settembre – **Pasto** 40000 – **42 cam** 95/180000 – ½ P 130000.

Belvedere, via Nazionale 9 ☎ 0461 586933, *Fax 0461 586044*, <, – TV ☎ P. AE VISA.
chiuso da novembre al 20 dicembre – **Pasto** 35/40000 – **52 cam** 170/250000 – ½ P 140000.

Du Lac, via Nazionale 4 ☎ 0461 586965, *Fax 0461 586247*, <, riscaldata, – TV ☎ P. AE VISA.
20 dicembre-10 gennaio e maggio-ottobre – **Pasto** carta 30/40000 – **44 cam** 90/ 120000 – ½ P 120000.

Lido, via Lungolago 6 ☎ 0461 586932, *Fax 0461 586143*, <, « Grande giardino ombreggiato » – TV ☎ P – 100. AE VISA. rist
15 maggio-15 ottobre – **Pasto** 30/35000 – **59 cam** 110/185000 – ½ P 125000.

Gloria, via Lungolago 15 ☎ 0461 586962, *Fax 0461 586079*, < Gruppo del Brenta e lago, – TV ☎ P. VISA.
Natale e giugno-settembre – **Pasto** carta 35/50000 – **37 cam** 115/200000 – ½ P 130000.

Londra, via Nazionale 30 ☎ 0461 586943, *Fax 0461 586313*, <, – TV ☎ P. VISA. rist
chiuso dal 5 novembre al 15 dicembre – **Pasto** 25/30000 – 15000 – **40 cam** 90/150000 – ½ P 100/125000.

XX **El Filò,** piazza Scuole 5 ☎ 0461 586151, « Caratteristica stube » – AE VISA.
Natale-6 gennaio e maggio-ottobre – **Pasto** carta 40/60000.

MOMBELLO MONFERRATO *15020 Alessandria – 1 141 ab. alt. 294.*
Roma 626 – Alessandria 48 – Asti 38 – Milano 95 – Torino 61 – Vercelli 39.

X **Hostaria dal Paluc,** via San Grato 30, località Zenevreto Nord : 2 km ✆ 0142 944126, *Fax 0142 944126*, solo su prenotazione, « Servizio estivo all'aperto con ≼ » – AE ⓢ ⓞ ⓜ VISA. ✻
chiuso da gennaio al 14 febbraio, lunedì e martedì – **Pasto** carta 40/60000.

X **Dubini,** via Roma 34 ✆ 0142 944116, *Fax 0142 944116* – ⓢ VISA
chiuso agosto e mercoledì – **Pasto** carta 50/80000.

MOMBISAGGIO *Alessandria – Vedere Tortona.*

MOMO *28015 Novara* 988 ②, 428 *F 7 – 2 825 ab. alt. 213.*
Roma 640 – Stresa 46 – Milano 66 – Novara 15 – Torino 110.

XXX **Macallè** con cam, via Boniperti 2 ✆ 0321 926064, *Fax 0321 926828*, prenotare – ▤ TV ☎ P. AE ⓢ ⓞ ⓜ VISA. ✻
chiuso dal 5 al 15 gennaio e dal 10 al 30 agosto – **Pasto** *(chiuso mercoledì)* carta 60/95000 – ☕ 15000 – **8 cam** 100/160000.

MONASTEROLO DEL CASTELLO *24060 Bergamo* 428, 429 *E 11 – 947 ab. alt. 347.*
Roma 585 – Bergamo 28 – Brescia 61 – Milano 72.

X **Locanda del Boscaiolo** ⛰ con cam, via Monte Grappa 41 ✆ 035 814513, *Fax 035 814513*, ≼, prenotare, « Servizio estivo sotto un pergolato in riva al lago » – ☎ P. AE ⓢ ⓞ ⓜ VISA
chiuso novembre – **Pasto** *(chiuso martedì escluso da giugno ad agosto)* carta 40/70000 – ☕ 10000 – **13 cam** 55/70000 – ½ P 70000.

Leggete attentamente l'introduzione : è la « chiave » della guida.

MONASTIER DI TREVISO *31050 Treviso* 429 *F 19 – 3 496 ab..*
Roma 548 – Venezia 30 – Milano 287 – Padova 57 – Treviso 17 – Trieste 125 – Udine 96.

X **Menegaldo,** località Pralongo Est : 4 km ✆ 0422 798025, *Fax 0422 898802* – ▤ P. AE ⓢ ⓞ ⓜ VISA
chiuso dal 20 al 28 febbraio ed agosto – **Pasto** specialità di mare carta 45/65000.

MONCALIERI *10024 Torino* 988 ⑫, 428 *G 5 – 57 698 ab. alt. 260.*
Roma 662 – Torino 10 – Asti 47 – Cuneo 86 – Milano 148.

Pianta d'insieme di Torino.

🏨 **Holiday Inn Torino,** strada Palera 96 ✆ 011 6813331, *Fax 011 6813344* – |‡|, ⇔ cam, ▤ TV ☎ ♿ P – 🔬 100. AE ⓢ ⓞ ⓜ VISA JCB. ✻ HU x
Pasto carta 45/95000 – ☕ 18000 – **80 cam** 170/220000 – ½ P 155000.

🏨 **Reginna Po,** strada Torino 29 ✆ 011 641141, *Fax 011 642218* – |‡| ▤ TV ☎ 🚗 P – 🔬 300. AE ⓢ ⓞ ⓜ VISA JCB GU p
Pasto 25000 – **50 cam** ☕ 125/170000 – ½ P 110000.

XX **Ca' Mia,** strada Revigliasco 138 ✆ 011 6472808, *Fax 011 6472808*, 🏠 – ▤ P – 🔬 70. ⓢ ⓜ VISA HU c
Pasto carta 40/60000.

XX **Rosa Rossa,** via Carlo Alberto 5 ✆ 011 645873, Trattoria tipica – AE ⓢ ⓞ ⓜ VISA
chiuso agosto, domenica sera e lunedì – **Pasto** cucina piemontese carta 45/60000. GU r

MONCALVO *14036 Asti* 988 ⑫, 428 *G 6 – 3 389 ab. alt. 305.*
Roma 633 – Alessandria 48 – Asti 21 – Milano 98 – Torino 74 – Vercelli 42.

XX **Ametista,** piazza Antico Castello 15 ✆ 0141 917423 – AE ⓢ ⓞ ⓜ VISA
chiuso mercoledì – **Pasto** 45/60000 e carta 50/70000.

a Cioccaro *Sud-Est : 5 km – ✉ 14030 Cioccaro di Penango :*

🏨 **Locanda del Sant'Uffizio-da Beppe** ⛰, strada Sant'Uffizio 1 ✆ 0141 916292, *Fax 0141 916068*, ≼, « Antica fattoria con parco 🏊 e 🎾 », Fø – TV ☎ ♿ P – 🔬 80. ⓢ ⓞ ⓜ VISA
chiuso dal 6 al 22 gennaio e dal 10 al 20 agosto – **Pasto** *(chiuso martedì)* 100000 – ☕ 20000 – **35 cam** 260000, 2 appartamenti – ½ P 260000.

MONCLASSICO *38020 Trento* 428, 429 C 14, 218 ⑲ – *744 ab. alt. 782.*
Roma 635 – Bolzano 65 – Sondrio 102 – Trento 63.

Ariston, via Battisti ✆ 0463 974967, *Fax 0463 974968,* ←, – TV ☎ P. VISA rist
20 dicembre-Pasqua e 15 giugno-20 settembre – **Pasto** carta 35/50000 – ☕ 9000 **31 cam** 90/150000 – ½ P 140000.

MONDAVIO *61040 Pesaro e Urbino* 430 K 20 – *3 827 ab. alt. 280.*
Roma 264 – Ancona 56 – Macerata 106 – Pesaro 44 – Urbino 45.

La Palomba, via Gramsci 13 ✆ 0721 97105, *Fax 0721 977048* – TV ☎. AE JCB.
Pasto *(chiuso lunedì sera da novembre a marzo)* carta 35/50000 – ☕ 10000 – **16 ca** 55/80000 – ½ P 75000.

MONDELLO *Palermo* 988 ㉟, 432 M 21 – *Vedere Sicilia alla fine dell'elenco alfabetico.*

MONDOVÌ *Cuneo* 988 ⑫, 428 I 5 – *22 023 ab. alt. 559* – ✉ *12084 Mondovì Breo.*
corso Statuto 10 ✆ 0174 40389, Fax 0174 481266.
Roma 616 – Cuneo 27 – Genova 117 – Milano 212 – Savona 71 – Torino 80.

Park Hotel, via Delvecchio 2 ✆ 0174 46666 e rist. ✆ 0174 44336, *Fax 0174 47771* – rist, TV ☎ P – 200. AE VISA
Pasto al Rist. ***Villa Nasi*** *(chiuso dal 1° al 10 gennaio, dall'8 al 22 agosto, sabato e domenic* carta 35/45000 – ☕ 10000 – **60 cam** 75/120000, 3 appartamenti – ½ P 75/80000.

Alpi del Mare, piazza Mellano 7 ✆ 0174 553134, *Fax 0174 553136* – TV ☎ P 30. AE VISA.
Pasto *(chiuso lunedì)* carta 30/65000 – ☕ 10000 – **35 cam** 80/120000 – ½ P 85000.

In questa guida
uno stesso simbolo, una stessa parola stampati in rosso o in nero, in magro o in ***grassetto*** hanno un significato diverso.

Leggete attentamente le pagine esplicative.

MONEGLIA *16030 Genova* 428 J 10 – *2 682 ab..*
Roma 456 – Genova 58 – Milano 193 – Sestri Levante 12 – La Spezia 58.

Mondial, via Venino 16 ✆ 0185 49339, *Fax 0185 49943,* ←, rist, TV ☎ P
marzo-ottobre – **Pasto** carta 45/60000 – ☕ 20000 – **50 cam** 120/160000 – ½ P 135000.

Villa Edera, via Venino 12/13 ✆ 0185 49291, *Fax 0185 49470,* ←, – TV ☎ P. AE VISA.
marzo-5 novembre – **Pasto** carta 45/70000 – **27 cam** ☕ 150/180000 – ½ P 110/130000.

Piccolo Hotel, corso Longhi 19 ✆ 0185 49374, *Fax 0185 401292* – cam, TV ☎ P. AE VISA.
marzo-25 ottobre – **Pasto** carta 50/75000 – ☕ 15000 – **24 cam** 150/170000 – ½ P 13000C

verso Lemeglio *Sud-Est : 2 km :*

La Ruota, via per Lemeglio 6, alt. 200 ✉ 16030 ✆ 0185 49565, ← mare e Moneglia Coperti limitati; prenotare – P
chiuso novembre, mercoledì ed a mezzogiorno in luglio-agosto – **Pasto** specialità crostace e di mare 90/135000.

MONFALCONE *34074 Gorizia* 988 ⑥, 429 E 22 – *26 821 ab..*
Roma 641 – Udine 42 – Gorizia 24 – Grado 24 – Milano 380 – Trieste 30 – Venezia 130.

Lombardia M, piazza della Repubblica 21 ✆ 0481 411275, *Fax 0481 411709* – TV. AE VISA.
chiuso dal 20 dicembre al 7 gennaio – **Pasto** al Rist. e pizzeria ***Nautilus*** *(chiuso lunedì)* carta 40/55000 – ☕ 12000 – **21 cam** 135/170000.

Ai Castellieri, via dei Castellieri 7 (Nord-Ovest : 2 km) ✆ 0481 475272, – P. AE VISA.
chiuso dal 1° al 15 gennaio, agosto, martedì e mercoledì – **Pasto** carta 50/70000.

Locanda ai Campi, via Napoli 7 ✆ 0481 481937, *Fax 0481 481937* – P. AE VISA.
chiuso lunedì – **Pasto** specialità di mare carta 55/85000.

MONFORTE D'ALBA *12065 Cuneo* 428 I 5 – *1 940 ab. alt. 480.*

Roma 621 – Cuneo 62 – Asti 46 – Milano 170 – Savona 77 – Torino 75.

Villa Beccaris senza rist, via Bava Beccaris 1 0173 78158, *Fax 0173 78190*, ←, « Villa settecentesca con parco », – TV P. AE VISA.
chiuso gennaio – **23 cam** 270/300000, appartamento.

Giardino-da Felicin con cam, via Vallada 18 0173 78225, *Fax 0173 787377*, ← colline e vigneti, prenotare, « Servizio estivo sotto un pergolato » – rist, TV P. VISA.
chiuso da gennaio al 15 febbraio e dal 1° al 14 luglio – **Pasto** *(chiuso a mezzogiorno escluso sabato e domenica)* 45/70000 e carta 65/100000 – 12000 – **11 cam** 110/170000 – ½ P 160000
Spec. Zuppetta di funghi porcini (autunno). Tajarin con ragù di carne. Agnello alla monfortina.

MONFUMO *31010 Treviso* 429 E 17 – *1 441 ab. alt. 230.*

Roma 561 – Belluno 57 – Treviso 38 – Venezia 78 – Vicenza 54.

Osteria alla Chiesa-da Gerry, via Chiesa 14 0423 545077, *Fax 0423 545077*, prenotare la sera – AE VISA JCB
chiuso lunedì – **Pasto** carta 50/70000 (10 %).

MONGARDINO *Bologna* 429, 430 I 15 – *Vedere Sasso Marconi.*

Lisez attentivement l'introduction : c'est la clé du guide.

MONGHIDORO *40063 Bologna* 429, 430 J 15 – *3 402 ab. alt. 841.*

Roma 333 – Bologna 43 – Firenze 65 – Imola 54 – Modena 86.

Da Carlet, via Vittorio Emanuele 20 051 6555506, – AE VISA
chiuso lunedì sera e martedì – **Pasto** carta 40/55000.

MONGUELFO (WELSBERG) *39035 Bolzano* 988 ⑤, 429 B 18 – *2 497 ab. alt. 1 087 – Sport invernali : Plan de Corones: 1 087/2 273 m 12 19,* .

Palazzo del Comune 0474 944118, Fax 0474 944599.

Roma 732 – Cortina d'Ampezzo 42 – Bolzano 94 – Brunico 17 – Dobbiaco 11 – Milano 390 – Trento 154.

Bad Waldbrunn M, via Bersaglio Sud : 1 km 0474 944177, *Fax 0474 944229*, ← monti e vallata, , , – , rist, TV . AE VISA. rist
chiuso da novembre a Natale e dal 1° al 15 aprile – **Pasto** *(chiuso martedì)* carta 45/70000 – **24 cam** 115/200000 – ½ P 85/130000.

a Tesido (Taisten) *Nord : 2 km – alt. 1 219 – 39035 Monguelfo :*

Alpenhof , Ovest : 1 km 0474 950020, *Fax 0474 950071*, ← monti, , riscaldata, – TV P. rist
20 dicembre-10 aprile e 20 maggio-17 ottobre – **Pasto** (solo per alloggiati) 25/45000 – **21 cam** 90/170000 – ½ P 105000.

MONIGA DEL GARDA *25080 Brescia* 428, 429 F 13 – *1 648 ab. alt. 128 – a.s. Pasqua e luglio-15 settembre.*

Roma 537 – Brescia 28 – Mantova 76 – Milano 127 – Trento 106 – Verona 52.

Al Porto, via Porto 29 0365 502069, *Fax 0365 502069*, ←, « Servizio estivo in riva al lago ». AE VISA.
chiuso da dicembre al 15 gennaio e mercoledì – **Pasto** solo specialità di lago carta 65/85000.

MONOPOLI *70043 Bari* 988 ㉙, 431 E 33 – *48 461 ab. – a.s. 21 giugno-settembre.*

Roma 494 – Bari 45 – Brindisi 70 – Matera 80 – Taranto 60.

Il Melograno , contrada Torricella 345 (Sud-Ovest : 4 km) 080 6909030, *Fax 080 747908*, , « In un'antica masseria fortificata », , – TV P – 250. AE VISA.
chiuso febbraio – **Pasto** carta 70/100000 – **33 cam** 400/660000, 4 appartamenti – ½ P 360/390000.

Vecchio Mulino, viale Aldo Moro 192 080 777133, *Fax 080 777654*, , – TV P – 150. AE VISA.
Pasto carta 45/65000 – **30 cam** 185/245000, appartamento – ½ P 155/195000.

verso Torre Egnazia :

🏨 **Porto Giardino** 🐌, contrada Lamandia 16/a (Sud-Est : 6,5 km) ✉ 70043 ☎ 080 8015
Fax 080 801584, In un complesso turistico, 🏊, 🎾, 🍴 – |♦| ▤ [TV] ☎ [P] – 🎤 500. [AE] [$] [MC] [VISA]. 🐕
Pasto carta 50/70000 – ☕ 15000 – **35 cam** 140/160000 – ½ P 120/170000.

sulla strada per Alberobello *Sud-Est : 11 km :*

🍴🍴 **La Mia Terra,** contrada Impalata 309 ✉ 70043 ☎ 080 6900969, *Fax 080 6900969*, Rist pizzeria, « Servizio estivo in giardino » – ▤ [P]. [AE] [$] [DC] [VISA]. 🐕
chiuso dal 5 al 20 novembre e mercoledì – **Pasto** carta 40/60000.

MONREALE *Palermo* [988] ㉟, [432] M 21 – *Vedere Sicilia alla fine dell'elenco alfabetico.*

MONRUPINO *34016 Trieste* [429] E 23 – *828 ab. alt. 418.*
Roma 669 – Udine 69 – Gorizia 45 – Milano 408 – Trieste 16 – Venezia 158.

🍴🍴 **Furlan,** località Zolla 19 ☎ 040 327125, *Fax 040 327538*, 🎾 – [P]. [AE] [$] [VISA]. 🐕
chiuso febbraio, luglio, lunedì, martedì e i mezzogiorno di mercoledì-giovedì – Pas cucina carsolina carta 45/65000.

🍴 **Krizman** 🐌 con cam, Rupingrande 76 ☎ 040 327115, *Fax 040 327370*, « Servizio esti in giardino » – |♦| [TV] ☎ ♿ [P]. [AE] [$] [DC] [MC] [VISA]. 🐕
chiuso dal 1° al 15 novembre – **Pasto** *(chiuso lunedì a mezzogiorno e martedì)* ca 35/45000 – ☕ 8000 – **17 cam** 80/110000 – ½ P 80000.

Halten Sie beim Betreten des Hotels oder des Restaurants den Führer in der Hand.
Sie zeigen damit, daß Sie aufgrund dieser Empfehlung gekommen sind.

MONSAGRATI *55060 Lucca* [428] K 13.
Roma 352 – Lucca 4 – Pisa 26 – Viareggio 20.

🏨 **Gina,** via provinciale per Camaiore ☎ 0583 385651, *Fax 0583 38248* – |♦| [TV] ☎ [P] – 🎤 3
[AE] [$] [DC] [MC] [VISA] [JCB]
Pasto *(chiuso martedì e dall'8 al 22 gennaio)* carta 35/60000 – **37 cam** ☕ 110/160000
½ P 95000.

MONSANO *Ancona* [430] L 21 – *2 635 ab. alt. 191.*
Roma 249 – Ancona 31 – Gubbio 76 – Macerata 41 – Perugia 107 – Pesaro 70.

🏠 **2000,** via Veneto 1 (Est : 2 km) ☎ 0731 605565, *Fax 0731 605568* – |♦| ▤ [TV] ☎ ♿ 🚗 [P].
[$] [DC] [MC] [VISA]. 🐕
Pasto *(chiuso lunedì)* carta 50/70000 – **67 cam** ☕ 75/110000 – ½ P 90000.

MONSELICE *35043 Padova* [988] ⑤, [429] G 17 *G. Italia – 17 533 ab..*
Vedere ≤★ *dalla terrazza di Villa Balbi.*
Roma 471 – Padova 23 – Ferrara 54 – Mantova 85 – Venezia 64.

🏨 **Ceffri,** via Orti 7/b ☎ 0429 783111, *Fax 0429 783100*, « Giardino con 🏊 » – |♦| ▤ [TV] ☎
🚗 [P] – 🎤 200. [AE] [$] [DC] [MC] [VISA]. 🐕
Pasto al Rist. ***Villa Corner*** carta 40/60000 – ☕ 13000 – **44 cam** 110/160000 – ½ P 105 115000.

🍴🍴 **La Torre,** piazza Mazzini 14 ☎ 0429 73752, *Fax 0429 783643*, Coperti limitati; prenotare
▤. [AE] [$] [DC] [MC] [VISA]. 🐕
chiuso agosto, domenica sera e lunedì – **Pasto** carta 55/85000.

MONSUMMANO TERME *51015 Pistoia* [988] ⑭, [428], [429], [430] K 14 *G. Toscana – 19 602 ab. alt. 23 – a.s. 18 luglio-settembre.*
⛳ *Montecatini (chiuso martedì) località Pievaccia* ✉ *51015 Monsummano Terme* ☎ *057 62218, Fax 0572 617435.*
Roma 323 – Firenze 46 – Pisa 61 – Lucca 31 – Milano 301 – Pistoia 13.

🏨 **Grotta Giusti** 🐌, via Grotta Giusti 171 (Est : 2 km) ☎ 0572 51165, *Fax 0572 5126* complesso termale con amene grotte naturali, « Grande parco fiorito con 🏊 », 🏋, 🍴, 🏸 –
|♦| ▤ [TV] ☎ ♿ [P] – 🎤 100. [AE] [$] [DC] [MC] [VISA] [JCB]. 🐕
marzo-novembre – **Pasto** carta 35/60000 – **70 cam** ☕ 200/300000 – ½ P 160/200000.

MONTACUTO *15050 Alessandria,* [428] H 9 – *368 ab. alt. 556.*
Roma 585 – Alessandria 52 – Genova 69 – Piacenza 106.

a Giarolo *Sud-Est : 3,5 km –* ✉ *15050 Montacuto :*

🍴🍴 😊 **Forlino** 🏡 con cam, frazione Giarolo 46 ☎ 0131 785151, *Fax 0131 785173*, solo su prenotazione, 🌳 – [TV] [P]. [AE] [$] [●] [MC] [VISA] [JCB]. 🚭
chiuso da gennaio al 13 febbraio – **Pasto** *(chiuso lunedì e martedì a mezzogiorno)* 50/60000 e carta 65/75000 – **4 cam** ☕ 100/150000 – ½ P 200/250000.

MONTAGNA **(MONTAN)** *39040 Bolzano* [429] D 15, [218] [20] – *1 443 ab. alt. 500.*
Roma 630 – Bolzano 24 – Milano 287 – Ora 6 – Trento 48.

🏠 **Tenz,** via Doladizza 3 (Nord : 2 km) ☎ 0471 819782, *Fax 0471 819728*, ≤ monti e vallata, 🏋, ♨, 🏊, 🏊, 🌿, 🌳 – 🛗 [TV] ☎ ♿ [P]. [$] [MC] [VISA]. 🚭 rist
chiuso sino al 5 febbraio – **Pasto** *(chiuso martedì)* carta 45/70000 – **40 cam** ☕ 120/170000 – ½ P 85/105000.

MONTAGNA IN VALTELLINA *Sondrio – Vedere Sondrio.*

MONTAGNANA *Firenze* [429], [430] K 15 – *Vedere Montespertoli.*

MONTAGNANA *Modena – Vedere Serramazzoni.*

I prezzi — Per ogni chiarimento sui prezzi riportati in guida, consultate le pagine dell'introduzione.

MONTAGNANA *35044 Padova* [988] [4] [5], [429] G 16 *G. Italia – 9 438 ab. alt. 16.*
Vedere *Cinta muraria★★.*
Roma 475 – Padova 49 – Ferrara 57 – Mantova 60 – Milano 213 – Venezia 85 – Verona 58 – Vicenza 45.

🍴🍴🍴 **Aldo Moro** con cam, via Marconi 27 ☎ 0429 81351, *Fax 0429 82842* – ❄ [TV] ☎ 🚗 – 🎤 30. [AE] [$] [●] [MC] [VISA]. 🚭
chiuso dal 3 al 10 gennaio e dal 25 luglio al 10 agosto – **Pasto** *(chiuso lunedì)* carta 50/80000 – ☕ 15000 – **14 cam** 120/175000, 10 appartamenti 190/200000 – ½ P 140/150000.

🍴🍴 **Hostaria San Benedetto,** via Andronalecca 13 ☎ 0429 800999, 🏋 – ❄. [AE] [$] [●] [MC] [VISA]. 🚭
chiuso dal 1° al 7 gennaio, dal 15 al 30 agosto e mercoledì – **Pasto** carta 50/75000.

MONTAIONE *50050 Firenze* [988] [14], [428], [430] L 14 *G. Toscana – 3 418 ab. alt. 342.*
Vedere *Convento di San Vivaldo★ Sud-Ovest : 5 km.*
⛳18 *Castelfalfi (chiuso martedì escluso da aprile a settembre) località Castelfalfi* ✉ *50050 Montaione* ☎ *0571 698093, Fax 0571 698098.*
Roma 289 – Firenze 59 – Siena 61 – Livorno 75.

🏨 **Palazzo Mannaioni,** via Marconi 2 ☎ 0571 698300, *Fax 0571 698299*, ≤, 🏊, 🌳 – 🛗, 🚭 cam, ❄ [TV] ☎ ♿ [P]. [AE] [$] [●] [MC] [VISA]. 🚭 rist
Pasto *(chiuso martedì e a mezzogiorno)* carta 60/100000 – **29 cam** ☕ 270/330000 – ½ P 330000.

🏠 **Vecchio Mulino** senza rist, viale Italia 10 ☎ 0571 697966, *Fax 0571 697966*, ≤ vallata, 🌳 – [TV] ☎. [AE] [$] [●] [MC] [VISA]. 🚭
15 cam ☕ 90/140000.

MONTALCINO *53024 Siena* [988] [15], [430] M 16 *G. Toscana – 5 072 ab. alt. 564.*
Vedere *Rocca★★, Palazzo Comunale★.*
Dintorni *Abbazia di Sant'Antimo★ Sud : 10 km.*
Roma 213 – Siena 41 – Arezzo 86 – Firenze 109 – Grosseto 57 – Perugia 111.

🏨 **Dei Capitani** senza rist, via Lapini 6 ☎ 0577 847227, *Fax 0577 847239*, ≤, « Terrazza con 🏊 » – 🛗 ❄ [TV] ☎. [AE] [$] [●] [MC] [VISA]
chiuso dal 10 gennaio al 28 febbraio – **29 cam** ☕ 150/180000.

🏠 **Il Giglio,** via Soccorso Saloni 5 ☎ 0577 848167, *Fax 0577 848167*, ≤ – [TV] ☎. [AE] [$] [MC] [VISA]
chiuso dal 7 al 28 gennaio – **Pasto** *(chiuso a mezzogiorno e martedì)* carta 45/65000 – ☕ 12000 – **12 cam** 80/120000 – ½ P 100000.

🍴🍴 **Poggio Antico,** località Poggio Antico Sud-Ovest : 4 km ☎ 0577 849200, *Fax 0577 849200*, prenotare, « Casale con ≤ sulle colline » – [P]. [$] [MC] [VISA]. 🚭
chiuso dal 10 al 28 gennaio, domenica sera e lunedì – **Pasto** 80000 e carta 85/125000.

XXX **Taverna dei Barbi,** fattoria dei Barbi, località Podernovi Sud-Est : 5 km ✆ 0577 8493 *Fax 0577 849356*, prenotare – P. AE ⑤ ⓞ ⓜ VISA JCB
chiuso dal 7 al 31 gennaio, mercoledì da maggio ad ottobre, anche martedì sera negli a mesi – **Pasto** carta 50/75000.

X La Cucina di Edgardo, via Soccorso Saloni 21 ✆ 0577 848232, *Fax 0577 848232*, Cope limitati; prenotare.

MONTALE *51037 Pistoia* 429, 430 K 15 – *10 089 ab. alt. 85.*
Roma 303 – Firenze 29 – Pistoia 9 – Prato 10.

X **Il Cochino** con cam, via Fratelli Masini 15 ✆ 0573 557631 e hotel ✆ 0573 95928 *Fax 0573 557631*, – rist, TV ☎. AE ⑤ ⓞ ⓜ VISA.
chiuso dal 1° al 25 agosto – **Pasto** *(chiuso sabato)* carta 35/60000 – **15 cam** 70/11000

MONTALERO *Alessandria – Vedere Cerrina Monferrato.*

MONTALTO *42030 Reggio nell'Emilia* 429, 430 I 13 – *alt. 396.*
Roma 449 – Parma 50 – Milano 171 – Modena 47 – Reggio nell'Emilia 22 – La Spezia 113.

X **Hostaria Venturi,** località Casaratta ✆ 0522 600157, *Fax 0522 200414*, ← – P. ⑤ ⓞ VISA.
Pasto carta 25/50000.

MONTALTO PAVESE *27040 Pavia* 428 H 9 – *984 ab. alt. 384.*
Roma 558 – Piacenza 61 – Alessandria 62 – Genova 116 – Milano 70 – Pavia 31.

X **Trattoria del Povero Nando,** piazza Vittorio Veneto 15 ✆ 0383 870119, , prenot re – AE ⑤ ⓞ ⓜ VISA
chiuso gennaio, dal 16 al 30 agosto, martedì e mercoledì – **Pasto** carta 40/55000.

MONTAN = *Montagna.*

MONTE (BERG) *Bolzano* 218 ⑳ – *Vedere Appiano sulla Strada del Vino.*

MONTE ... MONTI *Vedere nome proprio del o dei monti.*

MONTEBELLO *Perugia* 430 M 19 – *Vedere Perugia.*

MONTEBELLO *Rimini* 429, 430 K 19 – *Vedere Torriana.*

MONTEBELLO VICENTINO *36054 Vicenza* 988 ④, 429 F 16 – *5 640 ab. alt. 48.*
Roma 534 – Verona 35 – Milano 188 – Venezia 81 – Vicenza 17.

a Selva *Nord-Ovest : 3 km* – ✉ *36054 Montebello Vicentino :*

XX **La Marescialla,** via Capitello 3 ✆ 0444 649216, – P. AE ⑤ ⓞ ⓜ VISA
chiuso domenica sera e lunedì – **Pasto** 25/35000 (a mezzogiorno) carta 40/50000.

MONTEBELLUNA *31044 Treviso* 988 ⑤, 429 E 18 – *26 727 ab. alt. 109.*
Dintorni *Villa del Palladio*** a Maser Nord : 12 km.*
Roma 548 – Padova 52 – Belluno 82 – Trento 113 – Treviso 22 – Venezia 53 – Vicenza 49.

Bellavista , via Zuccareda 20, località Mercato Vecchio ✆ 0423 301031 *Fax 0423 303612*, ←, , , – | TV ☎ P – 50. AE ⑤ ⓞ ⓜ VISA JCB
Pasto vedere rist ***Al Tiglio d'Oro*** – **40 cam** 140/220000, 2 appartamenti – ½ P 150000.

XX **Trattoria Marchi,** via Castellana 177 (Sud-Ovest : 4 km) ✆ 0423 23875, *Fax 0423 23993* – P. AE ⑤ ⓞ ⓜ VISA JCB
chiuso agosto, martedì sera e mercoledì – **Pasto** 30/35000 (a mezzogiorno) 55/75000 (alla sera) e carta 55/75000.

XX **Al Tiglio d'Oro,** località Mercato Vecchio ✆ 0423 22419, , « Servizio estivo all'aperto » – P. AE ⑤ ⓞ ⓜ VISA JCB.
chiuso dal 2 al 7 gennaio, dal 1° al 15 agosto e venerdì – **Pasto** carta 40/65000.

MONTEBENI *Firenze – Vedere Fiesole.*

MONTEBENICHI *Arezzo* [430] L 15 – *alt. 508* – ✉ *52020 Pietraviva.*

Roma 205 – Firenze 73 – Siena 31 – Arezzo 40.

Castelletto di Montebenichi 🔇 senza rist, piazza Gorizia 19 ☎ 055 9910110, *Fax 055 9910113*, « Piccolo castello in un borgo medioevale, terrazza-solarium con ≤ colline » – 🚭 [TV] ☎ [P]. [AE] [S] ⓞ [MC] [VISA]. ✻
aprile-ottobre – **7 cam** ☕ 300/350000, 2 appartamenti 400000.

MONTECALVO VERSIGGIA *27047 Pavia* [428] H 9 – *547 ab. alt. 410.*

Roma 557 – Piacenza 44 – Genova 133 – Milano 76 – Pavia 38.

🍴🍴 **Prato Gaio** 🔇 con cam, località Versa Est : 3 km (bivio per Volpara) ☎ 0385 99726 – [P]
Pasto *(chiuso gennaio, lunedì sera e martedì)* carta 40/70000 – ☕ 5000 – **7 cam** 50/90000.

MONTECARLO *55015 Lucca* [428], [429], [430] K 14 – *4 282 ab. alt. 163.*

Roma 332 – Pisa 45 – Firenze 58 – Livorno 65 – Lucca 17 – Milano 293 – Pistoia 27.

Antica Casa dei Rassicurati senza rist, via della Collegiata 2 ☎ 0583 228901, *Fax 0583 228901* – [TV] ☎. [AE] [S] [MC] [VISA]. ✻
chiuso dal 1° al 7 febbraio – **8 cam** ☕ 65/110000.

🍴🍴 **La Nina** 🔇 con cam, via San Martino Nord-Ovest : 2,5 km ☎ 0583 22178, *Fax 0583 22178*, 🍽, prenotare, 🚗 – [TV] [P] – 🏛 50. [AE] [S] ⓞ [MC] [VISA]. ✻
chiuso dal 15 al 30 gennaio e dal 7 al 23 agosto – **Pasto** *(lunedì sera e martedì)* carta 45/70000 – senza ☕ – **8 cam** 85/100000.

🍴 **Alla Taverna di Mario,** piazza Carrara 12/13 ☎ 0583 22588, *Fax 0583 974933*, 🍽 – [AE] [S] ⓞ [MC] [VISA]
chiuso lunedì e martedì a mezzogiorno – **Pasto** carta 40/65000.

MONTECAROTTO *60036 Ancona* [988] ⑯, [430] L 21 – *2 149 ab. alt. 388.*

Roma 248 – Ancona 50 – Foligno 95 – Gubbio 74 – Pesaro 67.

🍴🍴 **Le Busche,** Contrada Busche 2 (Sud-Est : 4 km) ☎ 0731 89172, *Fax 0731 89172*, « Cascina ristrutturata » – ▤ [P] – 🏛 80. [AE] [S] ⓞ [MC] [VISA]. ✻
chiuso domenica sera e lunedì – **Pasto** specialità di mare 60/80000 e carta 55/85000.

MONTECASTELLI PISANO *56040 Pisa* [430] M 14 – *alt. 494.*

Roma 296 – Siena 57 – Pisa 122.

🍴 **Santa Rosa-da Caterina,** località Santa Rosa 10 (Sud : 1 km) ☎ 0588 29929, *Fax 0588 29929*, 🍽 – [P]. [AE] [S] [MC] [VISA]
chiuso dal 16 agosto al 1° settembre e lunedì – **Pasto** carta 30/45000.

MONTE CASTELLO DI VIBIO *06057 Perugia* [430] N 19 – *1 633 ab. alt. 422.*

Roma 144 – Perugia 43 – Viterbo 96 – Assisi 53 – Spoleto 48 – Orvieto 38 – Terni 50.

Il Castello 🔇, piazza Marconi 5 ☎ 075 8780660, *Fax 075 8780676*, ≤ – [lift] ▤ [TV] ☎ 📞 – 🏛 200. [AE] [S] ⓞ [MC] [VISA]
Pasto carta 40/55000 – ☕ 10000 – **17 cam** 150000 – ½ P 100/120000.

MONTECATINI TERME *51016 Pistoia* [988] ⑭, [428], [429], [430] K 14 *G. Toscana* – *20 650 ab. alt. 27 – Stazione termale (maggio-ottobre), a.s. 18 luglio-settembre.*

⛳ 18 *(chiuso martedì) località Pievaccia* ✉ *51015 Monsummano Terme* ☎ *0572 62218, Fax 0572 617435, Sud-Est : 9 km.*

[i] *viale Verdi 66/a* ☎ *0572 772244, Fax 0572 70109.*

Roma 323 ② – Firenze 48 ② – Pisa 55 ② – Bologna 110 ① – Livorno 73 ② – Milano 301 ② – Pistoia 15 ①.

Pianta pagina seguente

Gd H. e la Pace 🔇, via della Torretta 1 ☎ 0572 9240, *Fax 0572 78451*, 🍽, « Parco fiorito con 🏊 riscaldata », 🏋, ♨, 🎾 – [lift] ▤ [TV] ☎ ♿ [P] – 🏛 200. [AE] [S] ⓞ [MC] [VISA]. ✻ rist
aprile-ottobre – **Pasto** 80/100000 – ☕ 35000 – **136 cam** 350/550000, 14 appartamenti – ½ P 415000. AZ y

Gd H. Tamerici e Principe, viale 4 Novembre 2 ☎ 0572 71041, *Fax 0572 72992*, Raccolta di dipinti ottocenteschi, « Terrazza-giardino con 🏊 », ♨ – [lift] ▤ [TV] ☎ ♿ 🚗 – 🏛 400. [AE] [S] ⓞ [MC] [VISA]. ✻ rist AY g
chiuso dal 1° al 26 dicembre e dal 6 gennaio a febbraio – **Pasto** carta 60/80000 – ☕ 25000 – **139 cam** 155/270000, 18 appartamenti – ½ P 150/200000.

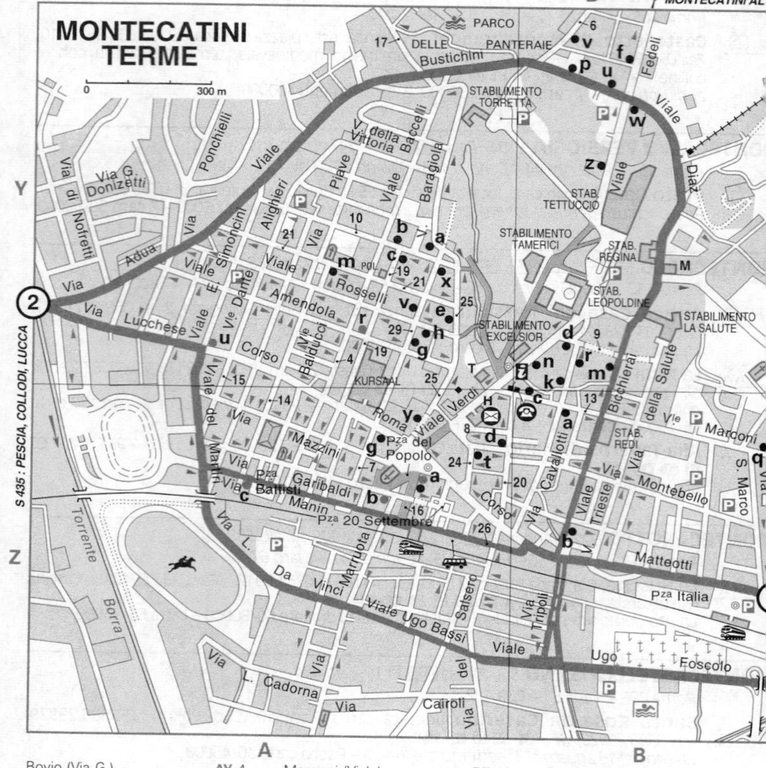

Bovio (Via G.) . . . . AY 4
Bruceto (Via). . . . . BY 6
Cavour (Via) . . . . AZ 7
D'Azeglio (Piazza M.) . . . . . . AZ 8
Grocco (Via) . . . . BY 9
Libertà
(Viale della). . . . . AY 10

Manzoni (Viale). . . . . BZ 13
Martini (Viale). . . . . AZ 14
Matteotti (Corso) . . . . ABZ
Melani (Viale) . . . . AYZ 15
Minzoni (Viale Don). . . . . AZ 16
Panteraie (Via) . . . . AY 17
Puccini (Viale). . . . . AY 19

Saline (Via delle) . . . . ABZ 2
S. Francesco
d'Assisi (Viale) . . . . AY 2
S. Martino (Via) . . . . AZ 24
Torretta (Via della). . . . . AYZ 25
Toti (Via) . . . . AZ 26
4 Novembre (Viale) . . . . AY 29

Gd H. Croce di Malta, viale 4 Novembre 18 0572 9201, *Fax 0572 767516,* « Terrazza con riscaldata », – – 150. AE VISA. rist AY
Pasto 50000 – **122 cam** 220/380000, 22 appartamenti – 1/2 P 210000.

Belvedere, viale Fedeli 10 0572 70251, *Fax 0572 70252,* « Giardino », , , , – , rist, TV P – 120. AE VISA JCB. rist BY w
Pasto 40/55000 – 15000 – **95 cam** 125/170000 – 1/2 P 120000.

Gd H. Vittoria, viale della Libertà 2 0572 79271, *Fax 0572 910520,* « Giardino con » – TV – 500. AE VISA. rist AY b
Pasto 35/65000 – **78 cam** 180/300000 – 1/2 P 120/175000.

Astoria, viale Fedeli 1 0572 71191, *Fax 0572 910900,* « Giardino con riscaldata » – TV P. AE VISA JCB. rist BY z
25 marzo-dicembre – **Pasto** 45/60000 – 20000 – **65 cam** 140/230000 – 1/2 P 150000.

Francia e Quirinale, viale 4 Novembre 77 0572 70271, *Fax 0572 70275,* – TV P – 80. AE VISA. AY v
aprile-ottobre – **Pasto** 50/70000 – 15000 – **118 cam** 140/190000 – 1/2 P 145/160000.

Adua, viale Manzoni 46 0572 78134, *Fax 0572 78138,* , – , cam, TV P – 100. AE VISA. rist BZ a
Capodanno e marzo-novembre – **Pasto** (solo per alloggiati) 40/45000 – **72 cam** 125/220000 – 1/2 P 120/130000.

Gd H. Panoramic, viale Bustichini 65 ✆ 0572 78381, *Fax 0572 78598*, – 250. AE VISA JCB. ⁂ rist BY u
15 marzo-15 novembre – **Pasto** 45/60000 – **103 cam** 160/260000, appartamento – 1/2 P 110/150000.

Tettuccio, viale Verdi 74 ✆ 0572 78051, *Fax 0572 75711*, « Terrazza ombreggiata » – AE VISA. ⁂ rist BY n
Pasto carta 40/70000 – **70 cam** 250/310000 – 1/2 P 160000.

Imperial Garden, viale Puccini 20 ✆ 0572 910862, *Fax 0572 910863*, « Giardino ombreggiato e » AY c
stagionale – **86 cam.**

Ercolini e Savi, via San Martino 18 ✆ 0572 70331, *Fax 0572 71624* – 70. AE VISA. ⁂ AZ t
chiuso dall'8 gennaio al 1° febbraio – **Pasto** (solo per alloggiati) 45/55000 – **81 cam** 120/200000 – 1/2 P 120000.

Parma e Oriente, via Cavallotti 135 ✆ 0572 72135, *Fax 0572 72137*, riscaldata, – AE VISA. ⁂ rist BY k
27 dicembre- 6 gennaio e 25 marzo-10 novembre – **Pasto** 35/45000 – 15000 – **51 cam** 110/190000 – 1/2 P 105/145000.

Michelangelo, viale Fedeli 9 ✆ 0572 74571, *Fax 0572 72885*, – AE VISA. ⁂ rist BY f
aprile-ottobre – **Pasto** carta 40/55000 – 20000 – **73 cam** 100/135000, 2 appartamenti, 10000 – 1/2 P 100/115000.

Torretta, viale Bustichini 63 ✆ 0572 70305, *Fax 0572 70307*, « Giardino ombreggiato con riscaldata » – AE VISA. ⁂ rist BY p
aprile-15 novembre – **Pasto** 35000 – 15000 – **63 cam** 130/200000 – 1/2 P 125000.

Cappelli-Croce di Savoia, viale Bicchierai 139 ✆ 0572 71151, *Fax 0572 71154*, riscaldata, – 70. AE VISA. ⁂ rist BY m
aprile-15 novembre – **Pasto** 35/45000 – **70 cam** 100/180000 – 1/2 P 110/120000.

Grande Bretagne senza rist, viale Don Minzoni 3 ✆ 0572 771951, *Fax 0572 910725* – AE VISA. ⁂ AZ a
chiuso dall'8 gennaio al 1° marzo – **30 cam** 185/210000.

Manzoni, viale Manzoni 28 ✆ 0572 70175, *Fax 0572 911012*, « Giardino con » – AE VISA. ⁂ rist BZ c
23 dicembre-6 gennaio e marzo-15 novembre – **Pasto** (solo per alloggiati) 40/50000 – 15000 – **49 cam** 150/250000, appartamento – 1/2 P 135000.

Boston, viale Bicchierai 16 ✆ 0572 70379, *Fax 0572 770208*, « Terrazza panoramica con solarium e » – AE VISA. ⁂ rist BZ b
aprile-ottobre – **Pasto** 35000 – 10000 – **60 cam** 80/140000 – 1/2 P 95/105000.

Reale, via Palestro 7 ✆ 0572 78073, *Fax 0572 78076*, – 50. AE VISA. ⁂ rist AZ d
15 marzo-15 novembre – **Pasto** (solo per alloggiati) 50000 – 12000 – **54 cam** 90/160000 – 1/2 P 90/120000.

San Marco, viale Rosselli 3 ✆ 0572 71221, *Fax 0572 770577* – AE VISA. ⁂ rist AY h
aprile-novembre – **Pasto** 45000 – **61 cam** 100/160000 – 1/2 P 90/120000.

Columbia, corso Roma 19 ✆ 0572 70661, *Fax 0572 771293*, ristorante panoramico, – AE VISA AZ g
15 febbraio-novembre – **Pasto** carta 55/95000 – 15000 – **60 cam** 120/200000 – 1/2 P 90/130000.

Mediterraneo, via Baragiola 1 ✆ 0572 71321, *Fax 0572 71323*, « Giardino con pergolato » – rist, AE VISA JCB. ⁂ rist AY a
aprile-ottobre – **Pasto** 40/50000 – 15000 – **33 cam** 90/150000 – 1/2 P 95/105000.

Metropole, via della Torretta 13 ✆ 0572 70092, *Fax 0572 910860*, « Parco-giardino » – AE VISA. ⁂ AY e
aprile-ottobre – **Pasto** 30/45000 – 15000 – **40 cam** 100/160000 – 1/2 P 90/110000.

Corallo, via Cavallotti 116 ✆ 0572 79642, *Fax 0572 78288*, « Terrazza roof-garden con » – 100. AE VISA. ⁂ rist BY r
Pasto 30/40000 – **54 cam** 100/180000 – 1/2 P 100/110000.

Settentrionale Esplanade, via Grocco 2 ✆ 0572 70021, *Fax 0572 767486*, – 130. AE VISA. ⁂ rist BY d
aprile-30 ottobre – **Pasto** 60000 – 15000 – **100 cam** 180/230000 – 1/2 P 110/130000.

Villa Ida, viale Marconi 55 ✆ 0572 78201, *Fax 0572 772008* – AE VISA. ⁂ BZ q
Pasto (solo per alloggiati) 20/30000 – 10000 – **21 cam** 75/110000 – 1/2 P 80/90000.

Villa Splendor, viale San Francesco d'Assisi 15 ✆ 0572 78630, *Fax 0572 78216* – rist
aprile-ottobre – **Pasto** carta 50/65000 – ☐ 7000 – **27 cam** 90/120000 – 1/2 P 75/90000. AY

Palo Alto, via Bruceto 10 ✆ 0572 78554, *Fax 0572 771090* – rist, rist
Pasto 35/40000 – **12 cam** ☐ 75/100000 – 1/2 P 70/80000. BY

Gourmet, viale Amendola 6 ✆ 0572 771012, *Fax 0572 771012*, Coperti limitati; prenota la sera –
chiuso dal 7 al 20 gennaio, dal 1º al 16 agosto e martedì – **Pasto** carta 70/115000 (12 %). AY

Enoteca Giovanni, via Garibaldi 25 ✆ 0572 71695, *Fax 0572 71695*, Servizio estivo all'aperto solo alla sera –
chiuso lunedì escluso settembre o ottobre – **Pasto** carta 80/120000. AZ

San Francisco, corso Roma 112 ✆ 0572 79632, *Fax 0572 771227*, solo su prenotazione a mezzogiorno –
chiuso gennaio, giovedì e a mezzogiorno – **Pasto** carta 55/75000 (12 %). AY

Solferino al Centrale, piazza del Popolo 20 ✆ 0572 772209, *Fax 0572 901548*, –
chiuso dal 15 al 31 gennaio, dal 15 al 30 novembre, martedì (escluso dal 10 agosto settembre) e la sera in giugno, agosto e settembre – **Pasto** cucina toscana creativa carta 60/85000 (10 %). AZ

Egisto, con cam, piazza Cesare Battisti 13 ✆ 0572 78413, *Fax 0572 78413*, , Rist. pizzeria – rist,
12 cam. AZ

a Pieve a Nievole *per ① : 2 km – ✉ 51018 :*

Uno Più, via Matteotti 142 ✆ 0572 951143 –
chiuso agosto e lunedì – **Pasto** carta 40/65000.

a Montecatini Alto *Nord-Est : 5 km* BY – *✉ 51016 :*

La Torre, piazza Giusti 8/9 ✆ 0572 70650, –
chiuso martedì – **Pasto** carta 45/60000 (10 %).

sulla via Marlianese *per viale Fedeli* BY *:*

Montaccolle, via Marlianese 27 (Nord : 6,5 km) ✉ 51016 ✆ 0572 72480, ←, « Servizio estivo in terrazza panoramica » –
chiuso dal 2 novembre al 6 dicembre, lunedì e a mezzogiorno (escluso i giorni festivi) **Pasto** carta 40/65000.

a Nievole *per viale Fedeli* BY – *✉ 51010 :*

Da Pellegrino, località Renaggio 6 (Nord : 7 km) ✆ 0572 67158, –
chiuso dal 15 febbraio al 5 marzo e mercoledì – **Pasto** cucina casalinga toscana carta 45/80000.

MONTECCHIA DI CROSARA *37030 Verona 429 F 15 – 4 140 ab. alt. 87.*

Roma 534 – Verona 34 – Milano 188 – Venezia 96 – Vicenza 33.

Baba-Jaga, via Cabalao ✆ 045 7450222, ←, , –
chiuso gennaio e dal 1º al 15 agosto – **Pasto** carta 55/85000.

La Terrazza, Via Cesari 1 ✆ 045 7450940, *Fax 045 7450940*, prenotare, « Servizio estivo in terrazza panoramica » –
chiuso gennaio, dal 14 al 27 agosto, domenica sera e lunedì – **Pasto** carta 60/120000
Spec. Tartufi di mare alla bourguignonne. Terrina di foie gras d'anatra (autunno-inverno) Scampi dell'alto Adriatico al ghiaccio.

MONTECCHIO *Brescia 428, 429 E 12 – Vedere Darfo Boario Terme.*

MONTECCHIO MAGGIORE *36075 Vicenza 988 ④, 429 F 16 G. Italia – 20 652 ab. alt. 72.*

Vedere *←★ dai castelli – Salone★ della villa Cordellina-Lombardi.*

Roma 544 – Verona 43 – Milano 196 – Venezia 77 – Vicenza 13.

sulla strada statale 11 *Est : 3 km :*

Castelli, viale Trieste 89 ✉ 36041 Alte di Montecchio Maggiore ✆ 0444 697366, *Fax 0444 490489*, – 250.
Pasto 35/40000 – **150 cam** ☐ 150/250000.

ad Alte *Sud-Est : 3 km – ✉ 36041 :*

San Marco con cam, via Battaglia 26 ✆ 0444 698417, *Fax 0444 698417*, Rist.pizzeria – ▤ TV ☎ P – 🚣 120. AE $ ⦿ MC VISA. ✂
chiuso dal 10 al 30 agosto – **Pasto** *(chiuso domenica)* carta 25/40000 – ☕ 6000 – **8 cam** 70/100000 – ½ P 70000.

MONTECCHIO PRECALCINO *36030 Vicenza 429 F 16 – 4 556 ab. alt. 86.*

Roma 544 – Padova 57 – Trento 84 – Treviso 67 – Vicenza 17.

La Locanda di Piero, strada per Dueville Sud : 1 km ✆ 0445 864827, *Fax 0445 864828*, prenotare – P. AE $ ⦿ MC VISA
chiuso dal 1° al 10 gennaio, dal 7 al 24 agosto, domenica e i mezzogiorno di lunedì e sabato – **Pasto** 80000 e carta 60/95000
Spec. Bouquet di gamberi e fegatini rosa. Zuppa in crosta con faraona, verza e porcini (autunno-inverno). Rombo in padella con salsa all'arancia e spinaci (inverno).

MONTECHIARO D'ASTI *14025 Asti 428 G 6 – 1 377 ab. alt. 290.*

Roma 627 – Torino 78 – Alessandria 58 – Asti 20 – Milano 147 – Vercelli 100.

Tre Colli, piazza del Mercato 3/5 ✆ 0141 901027, *Fax 0141 999987*, prenotare, « Servizio estivo sotto un pergolato » – $ ⦿ MC VISA JCB
chiuso 30-31 dicembre, Capodanno, dal 25 al 31 gennaio, dal 26 luglio al 14 agosto e mercoledì – **Pasto** carta 50/70000.

MONTE COLOMBO *47854 Rimini 429, 430 K 19 – 1 940 ab. alt. 315.*

Roma 331 – Rimini 25 – Ancona 102 – Pesaro 36 – Ravenna 68.

Villa Leri 🐦, via Canepa 172, località Lago Nord-Est : 5 km ✆ 0541 985262, *Fax 0541 985126*, « In riva ad un laghetto », Fø, 🏊 – 🛗 ▤ TV ☎ ♿ P. AE $ ⦿ MC VISA. ✂
chiuso sino al 21 marzo – **Pasto** carta 40/70000 – **36 cam** ☕ 100/200000 – ½ P 130000.

La Grotta della Giamaica, via Canepa 174, località Lago Nord-Est : 5 km ✆ 0541 985580, *Fax 0541 985126*, 🏖, Rist. e pizzeria – P. AE $ ⦿ MC VISA. ✂
chiuso sino al 21 marzo e lunedì – **Pasto** carta 40/70000.

MONTECOSARO *62010 Macerata 430 M 22 – 4 967 ab. alt. 252.*

Roma 266 – Ancona 60 – Macerata 25 – Perugia 147 – Pescara 121.

Luma 🐦, via Cavour 1 ✆ 0733 229466, *Fax 0733 229457*, ≤, « Suggestive grotte tufacee » – ▤ TV ☎ 🚗 P. AE $ MC VISA. ✂
Pasto vedere rist ***La Luma*** – **6 cam** ☕ 105/140000, appartamento.

La Luma, via Bruscantini 1 ✆ 0733 229701, *Fax 0733 229701*, 🏖, « Nei sotterranei di un edificio settecentesco » – ▤. AE $ ⦿ MC VISA. ✂
chiuso dal 15 al 31 gennaio, martedì e mercoledì a mezzogiorno – **Pasto** carta 60/85000.

MONTECRETO *41025 Modena 428, 429, 430 J 14 – 970 ab. alt. 868 – a.s. luglio-agosto e Natale.*

Roma 387 – Bologna 89 – Milano 248 – Modena 79 – Pistoia 77 – Reggio nell'Emilia 93.

ad Acquaria *Nord-Est : 7 km – ✉ 41020 :*

Monteverde, via Provinciale 11 ✆ 0536 65052, prenotare – $ ⦿ MC VISA. ✂
chiuso dal 20 al 28 dicembre, dal 20 giugno al 10 luglio e mercoledì (escluso luglio-agosto) – **Pasto** specialità ai funghi e al tartufo carta 40/55000.

MONTE CROCE DI COMELICO (Passo) (KREUZBERGPASS) *Belluno e Bolzano 988 ⑤, 429 C 19 – Vedere Sesto.*

MONTEDORO *Bari – Vedere Noci.*

MONTEFALCO *06036 Perugia 988 ⑯, 430 N 19 G. Italia – 5 642 ab. alt. 473.*

Roma 145 – Perugia 46 – Assisi 30 – Foligno 12 – Orvieto 79 – Terni 57.

Villa Pambuffetti, via della Vittoria 20 ✆ 0742 378503, *Fax 0742 379245*, ≤, 🏖, « Parco ombreggiato con 🏊 » – ▤ TV ☎ ♿ P – 🚣 50. AE $ ⦿ MC VISA. ✂
Pasto (solo su prenotazione; *chiuso gennaio, febbraio e lunedì*) 70000 – **15 cam** ☕ 230/400000 – ½ P 260/290000.

Coccorone, largo Tempestivi ✆ 0742 379535, *Fax 0742 379535*, 🏖 – ▤. $ MC VISA
chiuso mercoledì – **Pasto** 20/35000 e carta 35/70000.

MONTEFIORINO *41045 Modena* 428, 429, 430 I 13 – *2 330 ab. alt. 796.*

Roma 409 – Bologna 95 – Modena 57 – Lucca 116 – Reggio nell'Emilia 60.

XX **Lucenti** con cam, via Mazzini 38 ✆ 0536 965122, *Fax 0536 972180,* ≤ vallata, Cope limitati; prenotare – TV. AE VISA
chiuso dal 1° al 10 giugno e dal 26 settembre al 10 ottobre – **Pasto** *(chiuso lunedì esclu luglio-agosto)* carta 40/60000 – ☕ 10000 – **8 cam** 55/80000 – ½ P 60/65000.

MONTEFOLLONICO *53040 Siena* 430 M 17 – *alt. 567.*

Roma 187 – Siena 61 – Firenze 112 – Perugia 75.

Locanda La Costa ⛰, via Coppoli 15 ✆ 0577 669488, *Fax 0577 669488,* « Serviz estivo in terrazza con ≤ colline e dintorni » – TV ☎ P. AE VISA JCB. ✂
chiuso dal 1° al 23 dicembre e dal 7 al 31 gennaio – **Pasto** carta 55/100000 – ☕ 20000
4 cam 150/200000, 6 appartamenti 300/600000.

XXX ✿ **La Chiusa** ⛰ con cam, via della Madonnina 88 ✆ 0577 669668, *Fax 0577 669593,* Coperti limitati; prenotare, « In un'antica fattoria » – TV ☎ P. AE VISA
chiuso dal 10 al 25 dicembre e dal 10 gennaio al 25 marzo – **Pasto** *(chiuso martedì)* car 105/150000 – ☕ 25000 – **14 cam** 350/690000
Spec. Crespella di funghi porcini. Pici "Dania" (formaggi, pomodoro, peperoncino). Agne da latte al rosmarino.

X **13 Gobbi,** via Lando di Duccio 5 ✆ 0577 669755, ⛱, Coperti limitati; prenotare – AE VISA. ✂
chiuso dal 6 al 31 gennaio e mercoledì (escluso da Pasqua a settembre) – **Pasto** car 50/75000.

Halten Sie beim Betreten des Hotels oder des Restaurants den Führer in der Hand. Sie zeigen damit, daß Sie aufgrund dieser Empfehlung gekommen sind.

MONTEGIORGIO *63025 Ascoli Piceno* 988 ⑯, 430 M 22 – *6 832 ab. alt. 411.*

Roma 249 – Ascoli Piceno 69 – Ancona 81 – Macerata 30 – Pescara 124.

XX **Oscar e Amorina** con cam, via Faleriense Ovest 69 (Sud : 5 km) ✆ 0734 96735 *Fax 0734 968345,* ⛱, « Giardino con ⛱ », ⛱, ⛱ – |‡| ▤ TV ☎ P. AE VISA JCB.
Pasto *(chiuso lunedì)* 35/45000 (a mezzogiorno) 45/55000 (alla sera) e carta 35/55000
13 cam ☕ 80/110000, appartamento, ▤ 10000 – ½ P 90/100000.

MONTEGRIDOLFO *47837 Rimini* 429, 430 K 20 – *888 ab. alt. 290.*

Roma 297 – Rimini 35 – Ancona 89 – Pesaro 24 – Ravenna 110.

Palazzo Viviani ⛰, via Roma 38 ✆ 0541 855350, *Fax 0541 855340,* ≤, ⛱, « In u antico borgo di origini medioevali », ⛱, ⛱ – TV ☎ P. AE VISA
Pasto *(chiuso lunedì)* carta 75/110000 – **17 cam** ☕ 250/450000.

MONTEGRINO VALTRAVAGLIA *21010 Varese* 428 E 8 – *1 202 ab. alt. 521.*

Roma 665 – Stresa 78 – Bellinzona 45 – Lugano 18 – Milano 79 – Novara 80 – Varese 23.

Pineta Alta ⛰, via Cadorna 16, località Pineta Alta ✆ 0332 589858, *Fax 0332 58985* ⛱, « Piccolo parco ombreggiato » – |‡| TV ☎ 🚗 P. AE VISA. ✂ rist
chiuso dal 7 gennaio al 4 febbraio – **Pasto** al Rist. ***Paradiso*** 35/55000 e carta 40/75000
20 cam ☕ 90/140000 – ½ P 90/100000.

MONTEGROSSO *Bari* 431 D 30 – *Vedere Andria.*

MONTEGROSSO D'ASTI *14048 Asti* 428 H 6 – *2 033 ab. alt. 244.*

Roma 616 – Alessandria 45 – Asti 9 – Torino 70 – Genova 136 – Novara 106.

a Messadio *Sud-Ovest : 3 km – ✉ 14048 Montegrosso d'Asti :*

XX **La Locanda del Boscogrande** ⛰ con cam, via Boscogrande 47 ✆ 0141 95639 *Fax 0141 956390,* ≤ colline del Monferrato, ⛱, « Cascinetta ristrutturata », ⛱, ⛱ – TV P. AE VISA. ✂ rist
chiuso dal 7 gennaio al 7 febbraio – **Pasto** *(chiuso martedì)* carta 45/70000 – **8 ca** ☕ 160/210000 – ½ P 155/210000.

MONTEGROTTO TERME *35036 Padova* 988 ⑤, 429 F 17 *G. Italia – 10 421 ab. alt. 11 – Stazione termale.*

viale Stazione 60 ✆ 049 793384, Fax 049 795276.

Roma 482 – Padova 14 – Mantova 97 – Milano 246 – Monselice 12 – Rovigo 32 – Venezia 49.

International Bertha, largo Traiano 1 ✆ 049 8911700, *Fax 049 8911700,* Centro benessere, « Giardino con termale », – 120. AE VISA. rist
chiuso dal 10 gennaio al 1° marzo – **Pasto** carta 55/75000 – **89 cam** 140/255000, 9 appartamenti – ½ P 205000.

Garden Terme, viale delle Terme 7 ✆ 049 8911699, *Fax 049 8910182,* Centro benessere, « Parco-giardino con termale », AE VISA. rist
marzo-novembre – **Pasto** 45000 – 14000 – **104 cam** 130/200000, 13 appartamenti – ½ P 155/170000.

Grand Hotel Terme, viale Stazione 21 ✆ 049 8911444, *Fax 049 8911444,* « Giardino con termale », – 50. AE VISA. rist
Pasto (solo per alloggiati) 65000 – 20000 – **110 cam** 140/230000 – ½ P 170/220000.

Terme Miramonti, piazza Roma 19 ✆ 049 8911755, *Fax 049 8911678,* Centro benessere, « Parco-giardino con termale », – 120. AE VISA. rist
chiuso dal 7 gennaio a febbraio – **Pasto** 50/55000 – **87 cam** 210/350000 – ½ P 210000.

Gd H. Caesar Terme, via Aureliana ✆ 049 793655, *Fax 049 8910616,* Centro benessere, « Giardino con termale », rist, – 150. AE VISA JCB. rist
chiuso dal 7 gennaio a febbraio e dal 28 novembre al 19 dicembre – **Pasto** 40/70000 – **135 cam** 135/230000 – ½ P 120/140000.

Des Bains, via Mezzavia 22 ✆ 049 793500, *Fax 049 793340,* Centro benessere, « Giardino con termale, e campo pratica golf », rist, AE VISA. rist
20 dicembre-7 gennaio e marzo-novembre – **Pasto** carta 40/50000 – 15000 – **99 cam** 105/190000, 4 appartamenti – ½ P 120/140000.

Continental, via Neroniana 8 ✆ 049 793522, *Fax 049 8910683,* « Parco con termale », cam, – 80. rist
chiuso dal 7 gennaio al 14 febbraio – **Pasto** 40000 – **110 cam** 115/185000, 65 appartamenti – ½ P 165000.

Apollo, via Pio X 4 ✆ 049 8911677, *Fax 049 8910287,* Centro benessere, « Parco con termale », rist, rist
chiuso dal 6 gennaio al 1° marzo – **Pasto** (solo per alloggiati) 35/40000 – **194 cam** 105/180000, 16 appartamenti, 8000 – ½ P 135000.

Augustus Terme, viale Stazione 150 ✆ 049 793200, *Fax 049 793518,* « Terrazza con termale », cam, – 100. AE VISA. rist
23 dicembre-6 gennaio e marzo-25 novembre – **Pasto** (solo per alloggiati) 50/60000 – **120 cam** 100/180000, 5 appartamenti – ½ P 150000.

Montecarlo, viale Stazione 109 ✆ 049 793233, *Fax 049 793350,* termale, – 100. AE VISA. rist
7 marzo-21 novembre – **Pasto** (solo per alloggiati) 40/45000 – **98 cam** 110/220000, 8 appartamenti – ½ P 115/170000.

Terme Sollievo, viale Stazione 113 ✆ 049 793600, *Fax 049 8910910,* « Parco con termale e », rist, AE VISA. rist
chiuso dal 1° al 19 dicembre e dall'8 gennaio al 10 febbraio – **Pasto** 50000 – **108 cam** 115/180000, 20 appartamenti – ½ P 130/145000.

Terme Petrarca, piazza Roma 23 ✆ 049 8911744, *Fax 049 8911698,* termale, rist, – 300. VISA. rist
chiuso dal 1° al 21 dicembre e dall'11 gennaio al 1° febbraio – **Pasto** carta 45/65000 – 15000 – **126 cam** 90/150000, 15 appartamenti – ½ P 100/130000.

Terme Neroniane, via Neroniana 21/23 ✆ 049 8911666, *Fax 049 8911715,* « Parco ombreggiato », termale, VISA. rist
chiuso sino al 26 febbraio – **Pasto** 45000 – **91 cam** 125/230000 – ½ P 135000.

Antoniano, via Fasolo 12 ✆ 049 794177, *Fax 049 794257,* termale, rist
chiuso dal 5 novembre al 21 dicembre – **Pasto** 45000 – **158 cam** 95/165000 – ½ P 120000.

Terme Olimpia, viale Stazione 25 ✆ 049 793499, *Fax 049 8911100,* termale,
stagionale – **103 cam.**

🏨 **Terme Preistoriche** 🐌, via Castello 5 ☎ 049 793477, *Fax 049 793647*, « Parco-giardi con 🏊 termale », 🏋, 🏊, 🎾 – 🛗 ❄ 📺 ☎ 🅿. 💳 [MC] VISA. 🚫 rist
chiuso dal 9 dicembre al 14 febbraio – **Pasto** (solo per alloggiati) 40/50000 – **47 ca** ☕ 110/185000 – 1/2 P 110/120000.

🏨 **Terme Cristallo,** via Roma 69 ☎ 049 8911788, *Fax 049 8910291*, ♨, 🏊 termale, 🏊, 🎾, 🌳 – 🛗, ❄ rist, ☎ ♿ 🅿. 💳 [MC] VISA. 🚫 rist
marzo-novembre – **Pasto** carta 45/70000 – ☕ 12000 – **119 cam** 90/160000 – 1/2 P 1400

🏨 **Eliseo,** viale Stazione 12/a ☎ 049 793425, *Fax 049 795332*, Centro benessere, 🏋, ♨ 🏊 termale, 🏊, 🌳, 🌳 – 🛗, ❄ rist, ☎ 🅿. 💳 [MC] VISA. 🚫 rist
chiuso da dicembre al 15 febbraio – **Pasto** 35/50000 – **80 cam** ☕ 95/150000 – 1/2 P 10 115000.

🍴🍴 **Da Mario,** viale delle Terme 4 ☎ 049 794090, *Fax 049 8911329*, ☂ – ❄. [AE] 💳 [D] [MC] V
chiuso dal 10 al 28 febbraio, dal 10 al 30 luglio e martedì – **Pasto** carta 50/70000.

🍴🍴 **Da Cencio,** via Fermi 11 (Ovest : 1,5 km) ☎ 049 793470, ☂ – 🚭. [AE] 💳 [D] [MC] VISA. 🚫
chiuso dal 21 agosto al 4 settembre e lunedì – **Pasto** carta 45/60000.

MONTE INGINO *Perugia* – *Vedere Gubbio.*

MONTE ISOLA *Brescia* [428], [429] E 12 *G. Italia* – *1 795 ab. alt. 190* – ✉ *25050 Peschiera Maraglic*
a.s. Pasqua e luglio-15 settembre.
Vedere ✻★★ *dal santuario della Madonna della CeriolaDa Sulzano 10 mn di barca; Sulzano : Roma 586* – *Brescia 28* – *Bergamo 44* – *Milano 88.*

🍴 La Foresta, con cam, a Peschiera Maraglio ☎ 030 9886210, ⋞ lago
10 cam.

🍴 **Trattoria del Sole,** a Sensole ☎ 030 9886101, *Fax 030 9886101*, ⋞, « Servizio estivo terrazza sul lago », 🌳 – [AE] 💳 [MC] VISA. 🚫
chiuso dal 1° al 20 dicembre e mercoledì – **Pasto** carta 50/70000.

MONTELEONE *Pavia* [428] G 10 – *Vedere Inverno-Monteleone.*

MONTELPARO *63020 Ascoli Piceno* [430] M 22 – *973 ab. alt. 585.*
Roma 285 – *Ascoli Piceno 46* – *Ancona 108.*

🏨 [ꝏ] **La Ginestra** 🐌, contrada Coste Est : 3 km ☎ 0734 780449, *Fax 0734 780706*, ⋞ valli colline, « Caratteristico complesso rurale con piscina, tennis, maneggio e minigolf », 🌳 ☎ 🅿. [AE] 💳 [D] [MC] VISA. 🚫
Pasto *(15 marzo-ottobre)* carta 35/60000 – ☕ 12000 – **13 cam** 90/120000, 15 appartame ti 200/260000 – 1/2 P 90/110000.

MONTELUPO FIORENTINO *50056 Firenze* [988] ⑭, [428], [429], [430] K 15 *G. Toscana 10 819 ab. alt. 40.*
⛳ *(chiuso lunedì)* ☎ *0571 541004, Fax 0571 541004.*
Roma 295 – *Firenze 22* – *Livorno 66* – *Siena 75.*

🏨 **Baccio da Montelupo** senza rist, via Roma 3 ☎ 0571 51215, *Fax 0571 51171* – 🛗 ❄ ☎ 🅿. [AE] 💳 [D] [MC] VISA JCB. 🚫
chiuso agosto – **22 cam** ☕ 135/190000.

a Sammontana *Ovest : 3 km* – ✉ *50056 Montelupo Fiorentino :*

🍴🍴🍴 I' Boccale, via Del Gelsomino 14 ☎ 0571 993598, ☂, Coperti limitati; prenotare
chiuso a mezzogiorno – **Pasto** specialità di mare.

MONTEMAGNO *14030 Asti* [988] ⑫, [428] G 6 – *1 182 ab. alt. 259.*
Roma 617 – *Alessandria 47* – *Asti 18* – *Milano 102* – *Torino 72* – *Vercelli 50.*

🍴🍴🍴 **La Braja,** via San Giovanni Bosco 11 ☎ 0141 653925, *Fax 0141 63605*, ☂, Coperti limita prenotare – ❄ 🅿. [AE] 💳 [D] [MC] VISA. 🚫
chiuso dal 7 al 27 gennaio, dal 26 luglio all'11 agosto, lunedì e martedì – **Pasto** 65/90000 carta 65/95000.

MONTEMAGNO *Lucca* [428], [429], [430] K 12 – *Vedere Camaiore.*

MONTEMARCELLO *La Spezia* [430] J 11 – *Vedere Ameglia.*

MONTEMARZINO *15050 Alessandria* 428 H 8 – *335 ab. alt. 448.*
Roma 585 – Alessandria 41 – Genova 89 – Milano 89 – Piacenza 85.

X **Da Giuseppe,** via 4 Novembre 7 ℘ 0131 878135, *Fax 0131 878135* – AE 🅂 ⓓ ⓜⓒ VISA. ✂
chiuso martedì sera, mercoledì e dal 2 al 31 gennaio – **Pasto** carta 40/70000 bc.

MONTEMERANO *58050 Grosseto* 430 O 16 – *alt. 303.*
Roma 189 – Grosseto 50 – Orvieto 79 – Viterbo 85.

Villa Acquaviva ⛭ senza rist, strada Scansanese Nord : 1 km ℘ 0564 602890, *Fax 0564 602895*, ≤ campagna e colli, « Giardino ombreggiato », ✂ – TV ☎ P. AE 🅂 ⓜⓒ VISA. ✂
8 cam ☕ 150/200000.

XXX ✿✿ **Da Caino,** via della Chiesa 4 ℘ 0564 602817, *Fax 0564 602807*, Rist. con enoteca, Coperti limitati; prenotare – AE 🅂 ⓓ ⓜⓒ VISA. ✂
chiuso mercoledì e giovedì a mezzogiorno – **Pasto** 110/130000 e carta 100/160000
Spec. Scaloppa di fegato grasso con salsa di panpepato e balsamico tradizionale (autunno-inverno). Lasagnetta con ragù di coda e patate all'erba cipollina (primavera-estate). Filetto di agnello con peperoncini verdi farciti e le sue animelle (estate).

MONTE OLIVETO MAGGIORE *53020 Siena* 430 M 16 *G. Toscana* – *alt. 273.*
Vedere *Affreschi★★ nel chiostro grande dell'abbazia – Stalli★★ nella chiesa abbaziale.*
Roma 223 – Siena 37 – Firenze 104 – Perugia 121 – Viterbo 125.

X **La Torre,** ℘ 0577 707022, *Fax 0577 707066*, 🏖, « Nel complesso dell'abbazia » – AE 🅂 ⓓ ⓜⓒ VISA. ✂
chiuso martedì – **Pasto** carta 35/55000 (10 %).

Lesen Sie die Einleitung, sie ist der Schlüssel zu diesem Führer.

MONTEPAONE LIDO *88060 Catanzaro* 431 K 31 – *4 215 ab..*
Roma 632 – Reggio di Calabria 158 – Catanzaro 33 – Crotone 85.

Il Pescatore, via del Pescatore 23 ℘ 0967 576303, *Fax 0967 576304*, ⛱ – |‡| ▤ TV ☎ – 🏟 70. 🅂 ⓓ VISA
Pasto *(chiuso lunedì da ottobre a maggio)* carta 40/50000 – ☕ 10000 – **27 cam** 80/150000, ▤ 10000 – ½ P 130000.

sulla strada statale 106 *Sud : 3 km :*

XX **A' Lumera** con cam, via Don Luigi Sturzo 7 ✉ 88060 ℘ 0967 576290, *Fax 0967 576090* – ▤ TV ☎ P. AE 🅂 ⓓ ⓜⓒ VISA. ✂
Pasto *(chiuso martedì escluso luglio-agosto)* carta 40/70000 – **21 cam** ☕ 90/100000 – ½ P 90/120000.

MONTEPERTUSO *Salerno* 431 F 25 – *Vedere Positano.*

MONTE PORZIO CATONE *00040 Roma* 430 Q 20 – *8 151 ab. alt. 451.*
⛳ *Pallavicina (chiuso martedì) località Casali della Pallavicina ✉ 00030 Colonna, Nord : 7 km.*
Roma 24 – Frascati 4 – Frosinone 64 – Latina 55.

X **Da Franco,** via Duca degli Abruzzi 19 ℘ 06 9449205, *Fax 06 9449234*, ≤ – AE 🅂 ⓓ ⓜⓒ VISA. ✂
chiuso dal 15 al 31 luglio, giovedì e la sera dei giorni festivi – **Pasto** carta 40/60000.

MONTEPULCIANO *53045 Siena* 988 ⑮, 430 M 17 *G. Toscana* – *13 950 ab. alt. 605.*
Vedere *Città Antica★ – Piazza Grande★★ : ✻★★★ dalla torre del palazzo Comunale★, palazzo Nobili-Tarugi★, pozzo★ – Chiesa della Madonna di San Biagio★★ Sud-Est : 1 km.*
Roma 176 – Siena 65 – Arezzo 60 – Firenze 119 – Perugia 74.

Granducato senza rist, via delle Lettere 62 ℘ 0578 758597, *Fax 0578 758610* – |‡| TV ☎ P – 🏟 60. AE 🅂 ⓓ ⓜⓒ VISA
51 cam ☕ 140/180000.

Il Marzocco, piazza Savonarola 18 ℘ 0578 757262, *Fax 0578 757530* – ☎. AE 🅂 ⓓ ⓜⓒ VISA. ✂ rist
chiuso dal 15 gennaio al 15 febbraio – **Pasto** carta 35/50000 (10 %) – ☕ 10000 – **16 cam** 95/130000 – ½ P 120000.

XX **La Grotta,** località San Biagio 16 (Ovest : 1 km) ℘ 0578 757479, *Fax 0578 757607*, « Edificio cinquecentesco-servizio estivo in giardino » – AE 🅂 ⓓ ⓜⓒ VISA. ✂
chiuso gennaio, febbraio e mercoledì – **Pasto** carta 75/90000.

verso Pienza *Ovest : 3 km :*

Dionora senza rist, via Vicinale di Poggiano 0578 717496, *Fax 0578 717498*, « Nel campagna fra bosco e prati », AE VISA.
chiuso dal 10 gennaio al 10 febbraio – **5 cam** 325/480000

MONTERIGGIONI *53035 Siena 988 ⑭ ⑮, 430 L 15 G. Toscana – 7 703 ab. alt. 274.*
Roma 245 – Siena 15 – Firenze 55 – Livorno 103 – Pisa 93.

Monteriggioni senza rist, via 1° Maggio 4 0577 305009, *Fax 0577 305011*, AE VISA.
chiuso dal 10 gennaio al 15 febbraio – **12 cam** 200/350000.

Il Pozzo, piazza Roma 2 0577 304127, *Fax 0577 304701*, – AE VISA.
chiuso dal 10 gennaio al 10 febbraio, dal 30 luglio all'8 agosto, domenica sera e lunedì – **Pasto** carta 60/80000 (15 %).

a Strove *Sud-Ovest : 4 km – 53035 Monteriggioni :*

Castel Bigozzi senza rist, 0577 300000, *Fax 0577 300000*, AE VISA.
aprile-ottobre – 18000 – 14 appartamenti 320/380000.

Casalta , 0577 301002, *Fax 0577 301002* – VISA.
marzo-ottobre – **Pasto** vedere rist ***Casalta*** – 15000 – **10 cam** 100/130000, ½ P 115000.

Casalta, via Matteotti 0577 301171, *Fax 0577 301171*, , prenotare – VISA
chiuso dal 10 gennaio al 10 febbraio e mercoledì – **Pasto** carta 55/80000.

a Lornano *Est : 8 km – 53035 Monteriggioni :*

La Bottega di Lornano, località Lornano 10 0577 309146, *Fax 0577 309146*, – VISA JCB.
chiuso dal 15 novembre al 6 dicembre, domenica sera e lunedì da novembre a marzo, solo lunedì negli altri mesi – **Pasto** carta 40/70000 (12 %).

MONTEROSSO *Padova 429 F 17 – Vedere Abano Terme.*

MONTEROSSO AL MARE *19016 La Spezia 988 ⑬, 428 J 10 G. Italia – 1 643 ab..*
(Pasqua-ottobre) via del Molo 0187 817204.
Roma 450 – La Spezia 30 – Genova 93 – Milano 230.

Porto Roca , via Corone 1 0187 817502, *Fax 0187 817692*, ≤ mare e costa, AE VISA. rist
marzo-ottobre – **Pasto** carta 55/85000 – **42 cam** 350/430000, appartamento ½ P 290000.

Cinque Terre, via IV Novembre 21 0187 817543, *Fax 0187 818380*, « Giardino ombreggiato » – .
Pasqua-ottobre – **Pasto** (solo per alloggiati) – **54 cam** 180/260000 – ½ P 160000.

La Colonnina senza rist, via Zuecca 6 0187 817439, *Fax 0187 817788*, « Piccolo giardino ombreggiato » – .
Pasqua-ottobre – 18000 – **20 cam** 130/150000.

Miki, via Fegina 104 0187 817608, *Fax 0187 817608*, , Rist. e pizzeria – AE VISA
febbraio-ottobre; chiuso martedì escluso da giugno a settembre – **Pasto** carta 50/80000

La Cambusa, via Roma 6 0187 817546, *Fax 0187 817258*, – AE VISA.
chiuso dall'11 gennaio al 14 febbraio, dal 6 novembre al 4 dicembre e lunedì (escluso dal giugno al 15 settembre) – **Pasto** carta 50/75000.

MONTEROSSO GRANA *12020 Cuneo 428 I 3 – 553 ab. alt. 720 – a.s. agosto.*
Roma 664 – Cuneo 25 – Milano 235 – Colle di Tenda 45 – Torino 92.

A la Posta, via Mistral 41 0171 98720, *Fax 0171 98720*, « Giardino ombreggiato » – VISA. rist
aprile-ottobre e novembre-dicembre – **Pasto** carta 30/40000 – **50 cam** 60/80000 ½ P 60/70000.

Locanda dell'Angelo, via del Castello 15 0171 988115, Coperti limitati; prenotare AE VISA.
chiuso dal 7 al 22 gennaio, dal 15 al 22 giugno, martedì e a mezzogiorno (escluso domenica, luglio ed agosto) – **Pasto** 55000 e carta 45/70000.

MONTEROTONDO *00015 Roma* 988 ㉖, 430 P 19 – *33 172 ab. alt. 165.*
Roma 27 – Rieti 55 – Terni 84 – Tivoli 32.

Trattoria dei Leoni con cam, piazza del Popolo 15 ☎ 06 90627394, *Fax 06 90627394*, – ▤ rist, TV. AE ⓈⒾ ⓞ MC VISA
chiuso dal 5 al 25 agosto – **Pasto** carta 35/60000 – **14 cam** ▭ 60/90000 – ½ P 70/80000.

MONTE SAN GIOVANNI CAMPANO *03025 Frosinone* 430 R 22 – *12 913 ab. alt. 420.*
Roma 116 – Frosinone 27 – Avezzano 57 – Isernia 96 – Napoli 124.

L'Orione, via Della Corte 5 ☎ 0775 289340, *Fax 0775 288677*, ≤ colline, , – TV ☎ P. AE ⓈⒾ ⓞ MC VISA.
chiuso martedì – **Pasto** carta 40/70000 – ▭ 10000 – **11 cam** 90/150000 – ½ P 70/80000.

MONTE SAN PIETRO (PETERSBERG) *Bolzano – Vedere Nova Ponente.*

MONTE SAN SAVINO *52048 Arezzo* 988 ⑮, 430 M 17 *G. Toscana – 8 030 ab. alt. 330.*
Roma 191 – Siena 41 – Arezzo 21 – Firenze 83 – Perugia 74.

La Terrasse, via di Vittorio 2/4 ☎ 0575 844111, *Fax 0575 844111*, – ▤. AE ⓈⒾ ⓞ MC VISA
chiuso dal 1° al 15 novembre e mercoledì – **Pasto** carta 40/65000.

a Gargonza *Ovest : 7 km – alt. 543 – ✉ 52048 Monte San Savino :*

La Torre di Gargonza, ☎ 0575 847065, *Fax 0575 847054*, – P. AE ⓈⒾ MC VISA.
chiuso dal 7 al 31 gennaio, novembre e martedì – **Pasto** carta 50/75000.

Per l'inserimento in ***guida,***
Michelin *non accetta*
né favori, né denaro!

MONTE SANT'ANGELO *71037 Foggia* 988 ㉘, 431 B 29 *G. Italia – 13 902 ab. alt. 843 – a.s. luglio-13 settembre.*
Vedere *Posizione pittoresca★★ – Santuario di San Michele★ – Tomba di Rotari★.*
Escursioni *Promontorio del Gargano★★★ Est e Nord-Est.*
Roma 427 – Foggia 59 – Bari 135 – Manfredonia 16 – Pescara 203 – San Severo 57.

Medioevo, via Castello 21 ☎ 0884 565356, *Fax 0884 565356* – AE ⓈⒾ ⓞ MC VISA JCB.
chiuso lunedì escluso da luglio a settembre – **Pasto** carta 30/60000.

Taverna de li Jallantuomene, piazza de Galganis 5 ☎ 0884 565484, *Fax 0884 565484*, – AE ⓈⒾ ⓞ MC VISA
chiuso dall'8 al 28 gennaio e martedì da ottobre a marzo – **Pasto** carta 40/60000.

Da Costanza, corso Garibaldi 67 ☎ 0884 561313, *Fax 0884 561313* – AE ⓈⒾ ⓞ MC VISA
chiuso venerdì da ottobre a marzo – **Pasto** carta 35/45000.

MONTESARCHIO *82016 Benevento* 988 ㉗, 431 D 25 – *13 384 ab. alt. 300.*
Roma 223 – Napoli 53 – Avellino 54 – Benevento 18 – Caserta 30.

Cristina Park Hotel, via Benevento Est : 0,8 km ☎ 0824 835888, *Fax 0824 835888*, – |♦| ▤ TV ☎ P – 300. AE ⓈⒾ ⓞ MC VISA.
Pasto *(chiuso sabato a mezzogiorno e domenica sera)* carta 45/60000 (11 %) – **16 cam** ▭ 135/180000 – ½ P 165000.

MONTESCANO *27040 Pavia* 428 G 9 – *386 ab. alt. 208.*
Roma 597 – Piacenza 42 – Alessandria 69 – Genova 142 – Pavia 27.

Al Pino, via Pianazza ☎ 0385 60479, *Fax 0385 60479*, ≤ colline, Coperti limitati; prenotare – P. AE ⓈⒾ ⓞ MC VISA
chiuso dal 1° al 10 gennaio, dal 15 al 30 luglio, lunedì e martedì – **Pasto** 50/60000 (a mezzogiorno) 60/80000 (alla sera) e carta 60/90000.

MONTESCUDAIO *56040 Pisa* 430 M 13 – *1 423 ab. alt. 242.*
Roma 281 – Pisa 59 – Cecina 10 – Grosseto 108 – Livorno 45 – Piombino 59 – Siena 80.

Il Frantoio, via della Madonna 9 ☎ 0586 650381, *Fax 0586 650381* – AE ⓈⒾ MC VISA JCB
chiuso a mezzogiorno (escluso i giorni festivi da ottobre a maggio) e lunedì – **Pasto** carta 45/100000.

MONTESILVANO MARINA *65016 Pescara* 988 ㉗, 430 O 24 – *36 765 ab. – a.s. luglio-agosto*
via Romagna 6 ✆ *085 4492796, Fax 085 4454281.*
Roma 215 – Pescara 13 – L'Aquila 112 – Chieti 26 – Teramo 50.

Promenade, viale Aldo Moro 63 ✆ 085 4452221, *Fax 085 834800*, ←, – |‡| TV P – 180. AE SI VISA.
Pasto carta 40/70000 – ☐ 15000 – **84 cam** 135/200000 – ½ P 120/140000.

Ariminum, viale Kennedy 3 ✆ 085 4453736, *Fax 085 837705* – |‡|, ☰ cam, TV ☎ P. AE VISA JCB.
Pasto (solo per alloggiati e *chiuso a mezzogiorno escluso da giugno a settembre*) 30/600 – **27 cam** ☐ 80/140000, ☰ 10000 – ½ P 75/95000.

XX **Carlo Ferraioli,** via Aldo Moro 52 ✆ 085 4452296, *Fax 085 835433*, , prenotare – AE SI VISA.
chiuso lunedì – **Pasto** specialità di mare carta 55/70000.

MONTESPERTOLI *50025 Firenze* 429, 430 L 15 – *10 964 ab. alt. 257.*
Roma 287 – Firenze 34 – Siena 60 – Livorno 79.

X **L'artevino,** via Sonnino 28 ✆ 0571 608488, *Fax 0571 608488*, Coperti limitati; prenota – ☰. AE SI VISA
chiuso gennaio, dall'8 al 22 giugno, dal 15 al 30 novembre, mercoledì e da giugno ad agosto anche giovedì a mezzogiorno – **Pasto** carta 55/100000.

a Montagnana *Nord-Est : 7 km* – ✉ *50025 Montespertoli :*

XX **Il Focolare,** via Volterrana Nord 175 ✆ 0571 671132, *Fax 0571 671345*, « Servizio estivo in giardino » – AE SI VISA.
chiuso agosto, lunedì sera e martedì – **Pasto** carta 45/85000.

MONTESPLUGA *23020 Sondrio* 428 C 9, 218 ⑬ ⑭ – *alt. 1 908.*
Roma 711 – Sondrio 89 – Milano 150 – Passo dello Spluga 3.

XX **Posta** con cam, via Dogana 8 ✆ 0343 54234, *Fax 0343 54234* – TV P. AE SI VISA
chiuso gennaio e febbraio – **Pasto** *(chiuso martedì)* carta 40/65000 – ☐ 12000 – **10 cam** 70/120000 – ½ P 100/110000.

MONTEVARCHI *52025 Arezzo* 988 ⑮, 430 L 16 *G. Toscana* – *22 028 ab. alt. 144.*
Roma 233 – Firenze 49 – Siena 50 – Arezzo 39.

Valdarno M senza rist, via Traquandi 13/15 ✆ 055 9103489, *Fax 055 9103499* – |‡| ☰ ☎ ♿ P – 120. AE SI VISA.
51 cam ☐ 150/180000.

Delta, viale Diaz 137 ✆ 055 901213, *Fax 055 901727* – |‡| ☰ TV ☎ – 80. AE SI VISA.
Pasto (solo per alloggiati; *chiuso dal 20 al 27 dicembre e dal 15 al 30 luglio*) – **40 cam** ☐ 130/170000.

XX **Osteria di Rendola,** località Rendola 76/81 (Sud : 6 km) ✆ 055 9707491, *Fax 055 9707491*, , prenotare – P. AE SI VISA
chiuso mercoledì e giovedì a mezzogiorno – **Pasto** 65000 e carta 65/100000.

MONTEVECCHIA *23874 Lecco* – *2 442 ab. alt. 479.*
Roma 602 – Como 34 – Bergamo 44 – Lecco 24 – Milano 27.

XXX **Passone,** via del Pertevano 10 (Est : 1 km) ✆ 039 9930075, *Fax 039 9930075*, , prenotare, – ☰ P. AE SI VISA
chiuso mercoledì – **Pasto** carta 55/80000.

MONTEVIORE *Nuoro – Vedere Sardegna (Dorgali) alla fine dell'elenco alfabetico.*

MONTIANO *47020 Forlì-Cesena* 429, 430 J 18 – *1 568 ab. alt. 159.*
Roma 327 – Ravenna 44 – Rimini 26 – Forlì 25.

XX **La Cittadella,** piazza Garibaldi 12/14 ✆ 0547 51347, *Fax 0547 51347*, « Servizio estivo in terrazza panoramica » – P. AE SI VISA JCB
chiuso dal 7 al 20 gennaio, dal 1° al 7 novembre e lunedì – **Pasto** carta 40/55000.

MONTICCHIELLO *Siena* 430 M 17 – *Vedere Pienza.*

MONTICELLI D'ONGINA *29010 Piacenza* 428, 429 G 11 – *5 285 ab. alt. 40.*
Roma 530 – Parma 57 – Piacenza 23 – Brescia 63 – Cremona 11 – Genova 171 – Milano 77

a **San Pietro in Corte** *Sud : 3 km – ✉ 29010 Monticelli d'Ongina :*

X **Le Giare,** via San Pietro in Corte Secca 6 ✆ 0523 820200, Coperti limitati; prenotare – ▤. AE ⑤ ⓓ ⓜⓒ VISA JCB. ✂
chiuso dal 1º al 10 gennaio, dal 1º al 21 agosto, domenica sera e lunedì – **Pasto** carta 50/75000.

MONTICELLI TERME *43023 Parma* 428, 429 *H 13 – alt. 99 – Stazione termale (marzo-15 dicembre), a.s. 10 agosto-25 ottobre.*
Roma 452 – Parma 13 – Bologna 92 – Milano 134 – Reggio nell'Emilia 25.

Delle Rose, via Montepelato 4 ✆ 0521 657425, *Fax 0521 658245*, Piscina termale coperta, « Parco-pineta », ≘s, ♆ – |‡|, ▤ rist, TV ☎ P – 🔏 100. AE ⑤ ⓓ ⓜⓒ VISA. ✂
marzo-15 dicembre – **Pasto** carta 60/75000 – **78 cam** ☕ 160/210000 – ½ P 160000.

MONTICELLO *23876 Lecco* 428 *E 9,* 219 ⑨ *– 100 ab. alt. 406.*
Roma 606 – Como 30 – Bergamo 39 – Lecco 21 – Milano 31.

a **Prebone** *Nord-Ovest : 2,5 km – ✉ 23876 Monticello :*

XX Il Portico, via Manara 24 ✆ 039 9205360 – P.

MONTICHIARI *25018 Brescia* 428, 429 *F 13 – 17 887 ab. alt. 104.*
✈ *Gabriele D'Annunzio ✆ 030 9656511.*
Roma 490 – Brescia 20 – Cremona 56 – Mantova 40 – Verona 52.

Elefante, via Trieste 41 ✆ 030 9962550, *Fax 030 9981015* – |‡| ▤ TV ☎ P – 🔏 60. AE ⑤ ⓓ ⓜⓒ VISA JCB. ✂
Pasto al Rist. ***La Bottega dei Sapori*** *(chiuso dal 1º al 15 gennaio, dal 1º al 20 agosto, mercoledì a sabato a mezzogiorno)* 75000 e carta 50/90000 – ☕ 12000 – **19 cam** 110/150000.

X Trattoria la Margherita, via Santa Margherita 6 ✆ 030 961918, ☂ – P.

MONTICIANO *53015 Siena* 988 ⑮, 430 *M 15 – 1 480 ab. alt. 381.*
Dintorni *Abbazia di San Galgano★★ Nord-Ovest : 7 km.*
Roma 186 – Siena 37 – Grosseto 60.

X **Da Vestro** con cam, via Senese 4 ✆ 0577 756618, *Fax 0577 756466*, ☂, « Giardino ombreggiato » – P. AE ⑤ ⓓ ⓜⓒ VISA. ✂
Pasto *(chiuso lunedì)* carta 35/60000 – ☕ 10000 – **12 cam** 70/100000 – ½ P 90/110000.

a **Iesa** *Sud : 12 km – ✉ 53015 Monticiano :*

X **L'Aia di Gino,** via dell'Arco 8 ✆ 0577 758047, *Fax 0577 758047*, ☂ – AE ⑤ ⓜⓒ VISA
chiuso febbraio e martedì – **Pasto** carta 35/50000.

MONTICOLO (laghi) **(MONTIGGLER SEE)** *Bolzano* 218 ⑳ *– Vedere Appiano sulla Strada del Vino.*

MONTIERI *58026 Grosseto* 430 *M 15 – 1 330 ab. alt. 750.*
Roma 269 – Siena 50 – Grosseto 51.

Rifugio Prategiano ⛰, località Prategiano 45 ✆ 0566 997700, *Fax 0566 997891*, <, Turismo equestre, ⛱, ✂, ✂ – TV ☎ P. ⑤ VISA. ✂ rist
Pasqua-4 novembre – **Pasto** *(chiuso mercoledì)* 35000 – ☕ 15000 – **24 cam** 135/195000 – ½ P 150000.

MONTIGNOSO *54038 Massa-Carrara* 428, 429, 430 *J 12 – 9 798 ab. alt. 132.*
Roma 386 – Pisa 39 – La Spezia 38 – Firenze 112 – Lucca 42 – Massa 5 – Milano 240.

XXXX **Il Bottaccio** ⛰ con cam, via Bottaccio 1 ✆ 0585 340031, *Fax 0585 340103*, ☂, prenotare, « In un frantoio ad acqua del 700 », ✂ – TV ☎ P. AE ⑤ ⓜⓒ VISA JCB
Pasto carta 70/120000 – ☕ 30000 – 8 appartamenti 680/1200000.

a **Cinquale** *Sud-Ovest : 5 km – ✉ 54030 – a.s. Pasqua e luglio-agosto :*

Villa Undulna M, viale Marina angolo via Gramsci ✆ 0585 807788, *Fax 0585 807791*, ☂, Fò, ≘s, ⛱, ✂, ✂, ✂ – |‡| ▤ TV ☎ ⇔ P – 🔏 90. AE ⑤ ⓓ ⓜⓒ VISA. ✂ rist
aprile-5 novembre – **Pasto** 55/65000 – **20 cam** ☕ 380/460000, 24 appartamenti 540/750000 – ½ P 220/260000.

Eden, via Gramsci 26 ✆ 0585 807676, *Fax 0585 807594*, – 100. rist
chiuso dal 20 dicembre al 20 gennaio – **Pasto** carta 50/85000 – **27 cam** 165/25000
½ P 180000.

Giulio Cesare senza rist, via Giulio Cesare 29 ✆ 0585 309318, *Fax 0585 807664*,
Pasqua-settembre – **14 cam** 135/155000.

MONTOGGIO *16026 Genova* 988 ⑬, 428 I 9 – *1 986 ab. alt. 440.*
Roma 538 – Genova 38 – Alessandria 84 – Milano 131.

Roma, via Roma 15 ✆ 010 938925 –
chiuso dal 1º al 13 luglio e giovedì – **Pasto** carta 40/55000.

MONTONE *06014 Perugia* 430 L 18 – *1 558 ab. alt. 485.*
Roma 205 – Perugia 39 – Arezzo 58.

La Locanda del Capitano, via Roma 7 ✆ 075 9306521, *Fax 075 9306455*, –
rist
chiuso febbraio – **Pasto** *(chiuso lunedì)* carta 45/85000 – **8 cam** 130/170000 – ½ P 7
100000.

MONTOPOLI DI SABINA *02034 Rieti* 430 P 20 – *3 727 ab. alt. 331.*
Roma 52 – Rieti 43 – Terni 79 – Viterbo 76.

sulla strada statale 313 *Sud-Ovest : 7 km*

Il Casale del Farfa, via Ternana 53 ✉ 02034 ✆ 0765 322047, *Fax 0765 322047*,
« Servizio estivo in giardino » –
chiuso dal 22 dicembre al 4 gennaio, dal 10 al 31 luglio e martedì – **Pasto** carta 35/50000

MONTOPOLI IN VAL D'ARNO *56020 Pisa* 428, 429, 430 K 14 – *9 360 ab. alt. 98.*
*Roma 307 – Firenze 45 – Pisa 39 – Livorno 44 – Lucca 40 – Pistoia 41 – Pontedera 12 – Sie
76.*

Quattro Gigli con cam, piazza Michele 2 ✆ 0571 466878, *Fax 0571 466879*, Ambier
familiare; cucina tipica locale, « Originali terrecotte; Servizio estivo in terrazza con ≤ colli
e dintorni » – cam
chiuso dal 10 al 31 gennaio – **Pasto** *(chiuso lunedì e da ottobre a marzo anche domen
sera)* cucina tipica locale carta 45/70000 – 10000 – **22 cam** 80/100000 – ½ P 95000.

MONTORFANO *22030 Como* 428 E 9, 219 ⑨ – *2 544 ab. alt. 410.*
Villa d'Este (chiuso gennaio, febbraio e martedì escluso agosto) ✆ *031 200200, Fax 0
200786.*
Roma 631 – Como 9 – Bergamo 50 – Lecco 24 – Milano 49.

Santandrea Golf Hotel con cam, via Como 19 ✆ 031 200220, *Fax 031 200220*,
prenotare, « Servizio estivo in parco in riva al lago »,
chiuso dal 20 dicembre al 10 febbraio – **Pasto** 45000 e carta 70/105000 – **10 cam** 18
230000, 2 appartamenti.

MONTORO INFERIORE *83025 Avellino* 431 E 26 – *8 873 ab. alt. 195.*
Roma 265 – Napoli 55 – Avellino 18 – Salerno 20.

La Foresta, svincolo superstrada ✉ 83020 Piazza di Pàndola ✆ 0825 5210C
Fax 0825 523666 – 150
50 cam.

MONTORSO VICENTINO *36050 Vicenza* 429 F 16 – *2 867 ab. alt. 118.*
Roma 553 – Verona 40 – Milano 193 – Venezia 81 – Vicenza 17.

Belvedere-da Bepi, piazza Malenza 17 ✆ 0444 685415,
Pasto cucina casalinga.

MONTÙ BECCARIA *27040 Pavia* 428 G 9 – *1 734 ab. alt. 277.*
Roma 544 – Piacenza 34 – Genova 123 – Milano 66 – Pavia 28.

Colombi, località Loglio di Sotto 1 (Sud-Ovest : 5 km ✆ 0385 60049, *Fax 0385 241787* –
Pasto carta 50/70000.

MONZA *20052 Milano* 988 ③, 428 F 9 *G. Italia – 119 118 ab. alt. 162.*

Vedere *Parco★★ della Villa Reale – Duomo★ : facciata★★, corona ferrea★★ dei re Longobardi.*

18 e 9 *(chiuso lunedì) al Parco ☎ 039 303081, Fax 039 304427, Nord : 5 km;*

18 *Brianza (chiuso martedì) a Usmate Velate ✉ 20040 ☎ 039 6829079, Fax 039 6829059, Nord-Est : 17 km.*

Autodromo *al parco Nord : 5 km ☎ 039 22366.*

Roma 592 – Milano 21 – Bergamo 38.

De la Ville, viale Regina Margherita 15 ☎ 039 382581, *Fax 039 367647,* « In prossimità della Villa Reale » – 220. AE VISA. *chiuso dal 23 dicembre al 6 gennaio e dal 1° al 24 agosto –* **Pasto** vedere rist ***Derby Grill*** – 33000 – **55 cam** 300/400000 – ½ P 300000.

Della Regione, via Elvezia (Rondò) 4 ☎ 039 387205, *Fax 039 380254* – – 80. AE VISA
Pasto *(chiuso sabato a mezzogiorno e domenica)* carta 55/80000 – **90 cam** 190/250000 – ½ P 160/170000.

Derby Grill, viale Regina Margherita 15 ☎ 039 382581, *Fax 039 367647* – AE VISA.
chiuso dal 24 dicembre al 6 gennaio, dal 31 luglio al 24 agosto e a mezzogiorno sabato e domenica – **Pasto** carta 60/100000.

La Riserva, via Borgazzi 12 ☎ 039 386612, Coperti limitati; prenotare –
Pasto cucina piemontese.

Punt Del Negar, via Val d'Ossola 9 ☎ 039 2100600 – VISA
chiuso agosto e domenica – **Pasto** cucina casalinga carta 50/75000.

MONZAMBANO *46040 Mantova* 428, 429 F 14 – *4 334 ab. alt. 88.*

Roma 511 – Verona 30 – Brescia 51 – Mantova 31 – Milano 140.

Castellaro Lagusello *Sud-Ovest : 2 km – ✉ 46040 Monzambano :*

La Dispensa, via Castello 19 ☎ 0376 88850 –
chiuso a mezzogiorno (escluso domenica), lunedì, martedì e mercoledì – **Pasto** carta 40/75000.

MORBEGNO *23017 Sondrio* 988 ③, 428 D 10 – *11 021 ab. alt. 255.*

Roma 673 – Sondrio 25 – Bolzano 194 – Lecco 57 – Lugano 71 – Milano 113 – Passo dello Spluga 66.

La Ruota, via Stelvio 180 ☎ 0342 610117, *Fax 0342 614046* – AE VISA
Pasto carta 35/50000 – 8000 – **23 cam** 75/95000 – ½ P 80/90000.

Osteria del Crotto, località Madonna ☎ 0342 614800, , Coperti limitati; prenotare – AE VISA.
chiuso dal 5 all'11 gennaio, dal 24 agosto al 13 settembre e domenica – **Pasto** carta 40/60000.

MORCIANO DI ROMAGNA *47833 Rimini* 988 ⑯, 429, 430 K 19 – *5 655 ab. alt. 83.*

Roma 323 – Rimini 27 – Ancona 95 – Ravenna 92.

Tuf-Tuf, via Panoramica 34 ☎ 0541 988770, *Fax 0541 988770,* Coperti limitati; prenotare – AE VISA
chiuso dal 20 maggio all'8 giugno, lunedì e a mezzogiorno – **Pasto** carta 70/110000.

Le Ottime Tavole

Per voi abbiamo contraddistinto

alcuni alberghi (...) e ristoranti (X ... XXXXX) con , ✿, ✿✿ o ✿✿✿.

MORDANO *40027 Bologna* 429, 430 I 17 – *4 057 ab. alt. 21.*
Roma 396 – Bologna 45 – Ravenna 45 – Forlì 35.

Panazza M, via Lughese 37 ✆ 0542 51434, *Fax 0542 52165*, « Villa dell'800 ristrutturata nel verde di un piccolo parco con laghetto », – 120. AE O MC VISA
Pasto carta 35/70000 – **45 cam** 135/250000 – ½ P 115/160000.

MORIMONDO *20081 Milano* 428 F 8 – *1 164 ab. alt. 109.*
Roma 587 – Alessandria 81 – Milano 30 – Novara 37 – Pavia 27 – Vercelli 55.

Della Commenda, via Pampuri 2 ✆ 02 94961991, *Fax 02 94961991*, « In un cascina del 1600 » – P. S O MC VISA
chiuso martedì – **Pasto** carta 70/105000.

Trattoria Basiano, località Basiano Sud : 3 km ✆ 02 945295, *Fax 02 945295*, – S O MC VISA.
chiuso dal 24 al 26 dicembre, dal 1° al 7 gennaio, dal 16 agosto al 10 settembre, lunedì se e martedì – **Pasto** carta 55/75000.

MORLUPO *00067 Roma* 430 P 19 – *6 776 ab. alt. 207.*
Roma 34 – Terni 79 – Viterbo 64.

Agostino al Campanaccio, piazza Armando Diaz 13 ✆ 06 9072111, – AE S O VISA.
chiuso dal 17 agosto al 6 settembre e martedì – **Pasto** carta 35/65000.

MORNAGO *21020 Varese* 428 E 8, 219 ⑰ – *3 976 ab. alt. 281.*
Roma 639 – Stresa 37 – Como 37 – Lugano 45 – Milano 58 – Novara 47 – Varese 11.

Alla Corte Lombarda, via De Amicis 13 ✆ 0331 904376, Coperti limitati; prenotare – AE S O MC VISA.
chiuso dal 7 al 28 agosto, domenica sera e lunedì – **Pasto** 25000 (solo a mezzogiorno) 55000 e carta 45/80000
Spec. Fagottini di formaggio di capra, frittelle di mais e salsa di pere dolce-forte (primavera-estate). Tortino di testina di vitello, fagioli borlotti e cipolla croccante in salsa verde. Pe di quaglia in crosta di patate, finferli e salsa al rosmarino (estate-autunno).

MORTARA *27036 Pavia* 988 ⑬, 428 G 8 *G. Italia* – *14 237 ab. alt. 108.*
Roma 601 – Alessandria 57 – Milano 47 – Novara 24 – Pavia 38 – Torino 94 – Vercelli 32.

San Michele, corso Garibaldi 20 ✆ 0384 98614, *Fax 0384 99106* – cam, P. AE O MC VISA
chiuso dal 23 dicembre al 6 gennaio e dal 25 luglio ad agosto – **Pasto** *(chiuso a mezzogiorno e domenica)* carta 40/65000 – 15000 – **16 cam** 90/120000, appartamento ½ P 80000.

Guallina, località Guallina Est : 4 km ✆ 0384 91962, Coperti limitati; prenotare – P. AE S
chiuso dal 1° al 20 gennaio e martedì – **Pasto** carta 35/65000.

MOSCAZZANO *26010 Cremona* 428 G 11 – *774 ab. alt. 68.*
Roma 530 – Piacenza 33 – Bergamo 48 – Brescia 64 – Milano 54.

a Colombare *Sud : 1 km* – ✉ *26010 Moscazzano*

Hostaria San Carlo, via Colombare 12 ✆ 0373 66190, *Fax 0373 242406*, – S MC VISA
chiuso dal 1° al 15 gennaio, agosto, lunedì sera e martedì – **Pasto** carta 45/65000.

MOSO (MOOS) *Bolzano – Vedere Sesto.*

MOSSA *34070 Gorizia* 429 E 22 – *1 572 ab. alt. 73.*
Roma 656 – Udine 31 – Gorizia 6 – Trieste 49.

Blanch, via Blanchis 35 (Nord-Ovest : 1 km) ✆ 0481 80020, – P. AE S O MC VISA.
chiuso dal 27 agosto al 26 settembre e mercoledì – **Pasto** carta 35/60000.

MOTTA DI LIVENZA *31045 Treviso* 988 ⑤, 429 E 19 – *9 296 ab..*
Roma 562 – Venezia 55 – Pordenone 32 – Treviso 36 – Trieste 109 – Udine 69.

Bertacco, via Ballarin 18 ✆ 0422 861400, *Fax 0422 861790* – P – 30. AE O MC VISA JCB.
Pasto *(chiuso dal 1° al 10 gennaio, dal 5 al 25 agosto, domenica sera e lunedì)* carta 50/80000 – 10000 – **20 cam** 95/135000 – ½ P 150000.

IOZZO *24035 Bergamo 219 ⑳ – 6 719 ab. alt. 252.*
Roma 607 – Bergamo 8 – Lecco 28 – Milano 49.

XX **Caprese,** via Crocette 38 ✆ 035 611148, prenotare – ▤ 🅿. AE 🅢 ⓞ ⓜⓒ VISA
chiuso Natale, dal 10 al 31 agosto, domenica sera e lunedì – **Pasto** specialità di mare 60000 (a mezzogiorno) 80000 (la sera) e carta 60/100000.

IUGGIA *34015 Trieste 988 ⑥, 429 F 23 G. Italia – 13 272 ab..*
🅘 (maggio-settembre) via Roma 20 ✆ 040 273259.
Roma 684 – Udine 82 – Milano 423 – Trieste 11 – Venezia 173.

X **Trattoria Risorta,** Riva De Amicis 1/a ✆ 040 271219, *Fax 040 273394,* « Servizio estivo in terrazza sul mare » – AE 🅢 ⓞ ⓜⓒ VISA JCB
chiuso dal 1º al 21 gennaio, lunedì e domenica sera – **Pasto** specialità di mare carta 60/90000.

Santa Barbara *Sud-Est : 3 km – ✉ 34015 Muggia :*

X **Taverna da Stelio Cigui** ⛨ con cam, via Colarich 92/D ✆ 040 273363, *Fax 040 273363,* prenotare, « Ambiente familiare in zona verdeggiante con servizio estivo in terrazza-giardino » – 🅿. 🅢 ⓞ ⓜⓒ VISA
chiuso dal 1º al 15 gennaio – **Pasto** *(chiuso mercoledì e da ottobre a maggio anche martedì sera)* carta 30/70000 – **6 cam** ☕ 80/140000.

IÜHLBACH = *Rio di Pusteria.*

IÜHLWALD = *Selva dei Molini.*

ULES (MAULS) *Bolzano 429 B 16 – alt. 905 – ✉ 39040 Campo di Trens.*
Roma 699 – Bolzano 56 – Brennero 23 – Brunico 44 – Milano 360 – Trento 121 – Vipiteno 9.

Stafler, ✆ 0472 771136, *Fax 0472 771094,* « Piccolo parco con laghetto », ⛆, 🏊, 🎾 – 🛗 📺 ☎ 🅿 – 🏛 40. 🅢 ⓜⓒ VISA
chiuso dal 20 giugno al 9 luglio e dal 7 novembre al 23 dicembre – **Pasto** *(chiuso mercoledì escluso da agosto ad ottobre)* carta 55/90000 – **38 cam** ☕ 130/235000, 2 appartamenti – ½ P 135/165000.

URAGLIONE (Passo del) *Firenze 429, 430 K 16 – Vedere San Godenzo.*

URANO *Venezia 988 ⑤ – Vedere Venezia.*

URAVERA *Cagliari 988 ㉞, 433 I 10 – Vedere Sardegna alla fine dell'elenco alfabetico.*

URO LUCANO *85054 Potenza 988 ㉘, 431 E 28 – 6 326 ab. alt. 654.*
Roma 357 – Potenza 48 – Bari 198 – Foggia 113.

X **Delle Colline** con cam, via Belvedere ✆ 0976 2284, *Fax 0976 2192,* ← – ▤ rist, 📺 ☎ 🅿. AE 🅢 ⓞ ⓜⓒ VISA
Pasto carta 25/40000 – ☕ 6000 – **18 cam** 50/75000 – ½ P 55/60000.

USSOLENTE *36065 Vicenza 429 E 17 – 6 548 ab. alt. 127.*
Roma 548 – Padova 51 – Belluno 85 – Milano 239 – Trento 93 – Treviso 42 – Venezia 72 – Vicenza 40.

Villa Palma ⛨, via Chemin Palma 30 (Sud : 1,5 km) ✆ 0424 577407, *Fax 0424 87687,* 🌳 – 🛗 ▤ 📺 ☎ 🅿 – 🏛 60. AE 🅢 ⓞ ⓜⓒ VISA JCB. ✗
Pasto 35/70000 e al Rist. ***La Loggia*** *(chiuso dal 1º all'8 gennaio, a mezzogiorno dal 3 al 23 agosto e lunedì)* carta 45/75000 – **21 cam** ☕ 205/300000, appartamento – ½ P 265000.

Volpara ⛨, via Volpara 3 (Nord-Est : 2 km) ✆ 0423 567766, *Fax 0423 968841,* ← – ▤ 📺 ☎ 🅿. AE 🅢 ⓞ ⓜⓒ VISA JCB. ✗
Pasto vedere rist ***Volpara-Malga Verde*** – ☕ 8000 – **10 cam** 50/80000.

X **Volpara-Malga Verde,** via Volpara 3 (Nord-Est : 2 km) ✆ 0424 577019, ←, 🏠 – 🅿 – 🏛 30. AE 🅢 ⓞ ⓜⓒ VISA JCB. ✗
chiuso dal 1º al 20 agosto e mercoledì – **Pasto** carta 35/45000.

NAPOLI

80100 **P** **988** ㉗, **431** E 24 *G. Italia – 1 020 120 ab. – a.s. aprile-ottobre.*

Roma 219 ③ – Bari 261 ④.

UFFICIO INFORMAZIONI TURISTICHE

piazza dei Martiri 58 ✉ 80121 ☎ 081 405311.

piazza del Plebiscito (Palazzo Reale) ✉ 80132 ☎ 081 418744, Fax 081 418619.

Stazione Centrale ✉ 80142 ☎ 081 268779.

Aeroporto di Capodichino ✉ 80133 ☎ 081 7805761.

piazza del Gesù Nuovo 7 ✉ 80135 ☎ 081 5523328.

Passaggio Castel dell'Ovo ✉ 80132 ☎ 081 7645688.

A.C.I. *piazzale Tecchio 49/d ✉ 80125 ☎ 081 2394511.*

INFORMAZIONI PRATICHE

Ugo Niutta di Capodichino Nord-Est : 6 km **CT** *☎ 081 7091111 – Alitalia, via Medina 41 ✉ 80133 ☎ 081 5513188, Fax 081 5513709.*

per Capri (1 h 15 mn), Ischia (1 h 25 mn) e Procida (1 h), giornalieri – Caremar-Travel and Holidays, molo Beverello ✉ 80133 ☎ 081 5513882, Fax 081 5522011;
per Cagliari 19 giugno-14 luglio giovedì e sabato, 15 luglio-11 settembre giovedì e martedì (15 h 45 mn) e Palermo giornaliero (11 h) – Tirrenia Navigazione, Stazione Marittima, molo Angioino ✉ 80133 ☎ 081 2514740, Fax 081 2514767;
per Ischia giornalieri (1 h 20 mn) – Linee Lauro, molo Beverello ✉ 80133 ☎ 081 5522838, Fax 081 5513236
per le Isole Eolie mercoledì e venerdì, dal 15 giugno al 15 settembre lunedì, martedì, giovedì, venerdì, sabato e domenica (14 h) – Siremar-agenzia Genovese, via Depetris 78 ✉ 80133 ☎ 081 5512112, Fax 081 5512114.

per Capri (45 mn), Ischia (45 mn) e Procida (35 mn), giornalieri – Caremar-Travel and Holidays, molo Beverello ✉ 80133 ☎ 081 5513882, Fax 081 5522011
per Ischia (30 mn) e Capri (40 mn) giornalieri – Alilauro, via Caracciolo 11 ✉ 80122 ☎ 081 7611004, Fax 081 7614250 e Linee Lauro, molo Beverello ✉ 80133 ☎ 081 5522838, Fax 081 5513236
per Capri giornalieri (50 mn) – Navigazione Libera del Golfo, molo Beverello ✉ 80133 ☎ 081 5520763, Fax 081 5525589
per Capri giornalieri (45 mn), per le Isole Eolie giugno-settembre giornaliero (4 h)
per Procida-Ischia giornalieri (35 mn) – Aliscafi SNAV, via Caracciolo 10 ✉ 80122 ☎ 081 7612348, Fax 081 7612141.

9 *(chiuso martedì) ad Arco Felice ✉ 80078 ☎ 081 660772, Fax 081 660566, per ⑧ : 19 km.*

LUOGHI DI INTERESSE

Museo Archeologico Nazionale★★★ KY – *Castel Nuovo★★* KZ – *Porto di Santa Lucia★★* BU : ⩽★★ *sul Vesuvio e sul golfo* – ⩽★★★ *notturna dalla via Partenope sulle colline del Vomero e di Posillipo* FX – *Teatro San Carlo★* KZ **T1** – *Piazza del Plebiscito★* JKZ – *Palazzo Reale★* KZ – *Certosa di San Martino★★* JZ.

Spaccanapoli e Decumano Maggiore★★ KLY – *Tomba★★ del re Roberto il Saggio e Chiostro★★ nella chiesa di Santa Chiara★* KY – *Duomo★* LY – *Sculture★ nella cappella Sansevero* KY – *Arco★, tomba★ di Caterina d'Austria, abside★ nella chiesa di San Lorenzo Maggiore* LY – *Palazzo e galleria di Capodimonte★★* BT

Mergellina★ BU : ⩽★★ *sul golfo* – *Villa Floridiana★* EVX : ⩽★ – *Catacombe di San Gennaro★★* BT – *Chiesa di Santa Maria Donnaregina★* LY – *Chiesa di San Giovanni a Carbonara★* LY – *Porta Capuana★* LMY – *Palazzo Cuomo★* LY – *Sculture★ nella chiesa di Sant'Anna dei Lombardi* KYZ – *Posillipo★* AU – *Marechiaro★* AU – ⩽★★ *sul golfo dal parco Virgiliano (o parco della Rimembranza)* AU.

ESCURSIONI

Golfo di Napoli★★★ verso Campi Flegrei★★ per ⑦, verso penisola Sorrentina per ⑥ – Isola di Capri★★★ – Isola d'Ischia★★★.

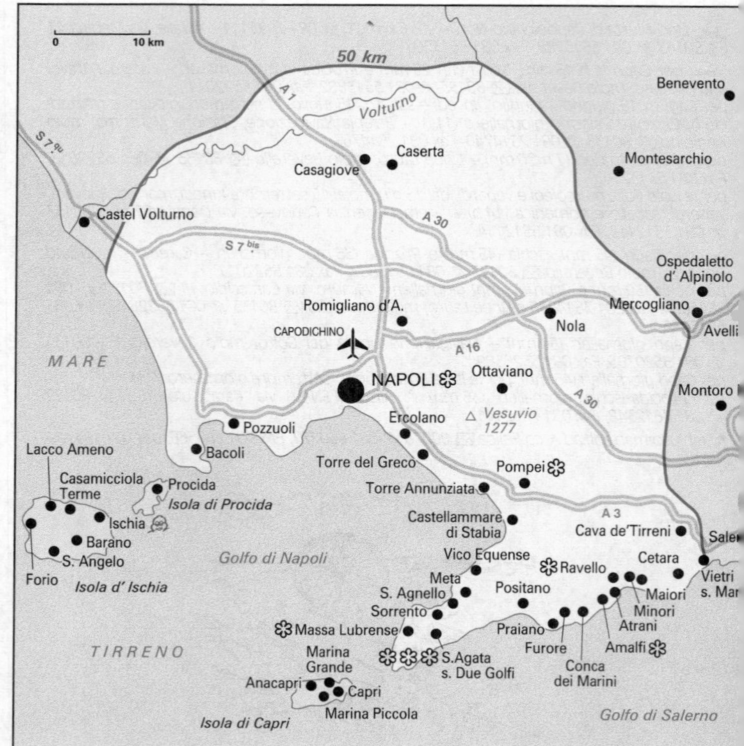

Grande Albergo Vesuvio, via Partenope 45 ✉ 80121 ℘ 081 7640044, *Fax 081 7644483,* ≤ golfo e Castel dell'Ovo, – |‡|, cam, ▤ TV ☎ – 400. AE ⓢ ⓞ MC VISA. JCB FX n
Pasto vedere rist ***Caruso*** – **148 cam** ▭ 430/530000, 17 appartamenti.

Excelsior, via Partenope 48 ✉ 80121 ℘ 081 7640111, *Fax 081 7649743,* « Roof-garden, solarium con ≤ golfo e Castel dell'Ovo » – |‡| ▤ TV ☎. AE ⓢ ⓞ MC VISA JCB. rist GX w
Pasto al Rist. ***La Terrazza*** carta 60/110000 – **111 cam** ▭ 400/500000, 12 appartamenti.

Gd H. Parker's, corso Vittorio Emanuele 135 ✉ 80121 ℘ 081 7612474, *Fax 081 663527,* « Rist. roof-garden con ≤ città e golfo » – |‡| ▤ TV ☎ – 250. AE ⓢ ⓞ MC VISA. EX r
Pasto carta 80/100000 – **83 cam** ▭ 350/410000, 10 appartamenti.

Santa Lucia, via Partenope 46 ✉ 80121 ℘ 081 7640666, *Fax 081 7648580,* ≤ golfo e Castel dell'Ovo – |‡| ▤ TV ☎ – 110. AE ⓢ ⓞ MC VISA. GX c
Pasto vedere rist ***Megaris*** – **97 cam** ▭ 350/550000, 7 appartamenti.

Starhotel Terminus Ⓜ, piazza Garibaldi ✉ 80142 ℘ 081 7793111, *Fax 081 206689,* – |‡| ▤ TV ☎ – 300. AE ⓢ ⓞ MC VISA JCB. MY a
Pasto (solo per alloggiati) – **168 cam** ▭ 320/410000 – 1/2 P 210/265000.

Holiday Inn Napoli Ⓜ, centro direzionale Isola e/6 ✉ 80143 ℘ 081 2250111, *Fax 081 5628074,* – |‡|, cam, ▤ TV ☎ – 1200. AE ⓢ ⓞ MC VISA JCB. CT a
Pasto al Rist. ***Bistrot Victor*** carta 65/90000 – ▭ 28000 – **330 cam** 330/380000, 32 appartamenti.

Oriente senza rist, via Diaz 44 ✉ 80134 ℘ 081 5512133, *Fax 081 5514915* – |‡| ▤ TV ☎ – 300. AE ⓢ ⓞ MC VISA. KZ d
130 cam ▭ 250/350000, 2 appartamenti.

Villa Capodimonte , via Moiariello 66 ✉ 80131 ℘ 081 459000, *Fax 081 299344,* ≤, – |‡| ▤ TV ☎ P – 50. AE ⓢ ⓞ MC VISA. BT a
Pasto *(chiuso a mezzogiorno)* carta 45/85000 – **49 cam** ▭ 240/340000 – 1/2 P 215/245000.

Paradiso, via Catullo 11 ✉ 80122 ℘ 081 7614161, *Fax 081 7613449,* ≤ golfo, città e Vesuvio, – |‡| ▤ TV ☎ – 80. AE ⓢ ⓞ MC VISA. rist BU a
Pasto carta 50/80000 – **74 cam** ▭ 195/300000 – 1/2 P 150/185000.

Mercure Angioino senza rist, via Depretis 123 ✉ 80133 ℘ 081 5529500, *Fax 081 5529509* – |‡| ▤ TV ☎. AE ⓢ ⓞ MC VISA KZ b
85 cam ▭ 250/310000.

San Germano, via Beccatelli 41 ✉ 80125 ℘ 081 5705422, *Fax 081 5701546,* – |‡| ▤ TV ☎ – 150. AE ⓢ ⓞ MC VISA. rist AU a
Pasto *(chiuso dal 7 al 20 agosto)* carta 50/75000 (10 %) – **105 cam** ▭ 150/230000.

Royal, via Partenope 38 ✉ 80121 ℘ 081 2452068, *Fax 081 7645707,* ≤ golfo, Posillipo e Castel dell'Ovo, – |‡| ▤ TV ☎ – 200. AE ⓢ ⓞ MC VISA. rist FX n
Pasto 55/60000 – **243 cam** ▭ 250/400000, 9 appartamenti – 1/2 P 250/300000.

Continental, via Partenope 44 ✉ 80121 ℘ 081 2452229, *Fax 081 7644661,* ≤ golfo e Castel dell'Ovo – |‡| ▤ TV ☎ – 600. AE ⓢ ⓞ MC VISA. rist FX n
Pasto 55/60000 – **166 cam** ▭ 250/400000 – 1/2 P 250/300000.

Majestic, largo Vasto a Chiaia 68 ✉ 80121 ℘ 081 416500, *Fax 081 410145* – |‡| ▤ TV ☎ – 100. AE ⓢ ⓞ MC VISA JCB. rist FX b
Pasto *(chiuso domenica)* carta 50/90000 – **106 cam** ▭ 240/300000, 2 appartamenti – 1/2 P 195000.

Miramare senza rist, via Nazario Sauro 24 ✉ 80132 ℘ 081 7647589, *Fax 081 7640775,* ≤ golfo e Vesuvio, « Roof-garden » – |‡| ▤ TV ☎. AE ⓢ ⓞ MC VISA JCB GX e
30 cam ▭ 310/500000.

Suite Esedra senza rist, via Cantani 12 ✉ 80133 ℘ 081 287451, *Fax 081 287451* – |‡| ▤ TV ☎. AE ⓢ ⓞ MC VISA JCB. LY a
15 cam ▭ 220/300000, 2 appartamenti.

Montespina Park Hotel, via San Gennaro 2 ✉ 80125 ℘ 081 7629687, *Fax 081 5702962,* « Parco » – |‡| ▤ TV ☎ P AU c
22 cam.

Nuovo Rebecchino senza rist, corso Garibaldi 356 ✉ 80142 ℘ 081 5535327, *Fax 081 268026* – |‡| ▤ TV ☎. AE ⓢ ⓞ MC VISA JCB MY b
58 cam ▭ 175/230000.

Executive senza rist, via del Cerriglio 10 ✉ 80134 ℘ 081 5520611, *Fax 081 5520611,* – |‡| ▤ TV ☎. AE ⓢ ⓞ MC VISA JCB KZ c
18 cam ▭ 180/240000, appartamento.

Rex senza rist, via Palepoli 12 ℘ 081 7649389, *Fax 081 7649227* – ▤ TV ☎. AE ⓢ ⓞ MC VISA GX d
35 cam ▭ 150/190000.

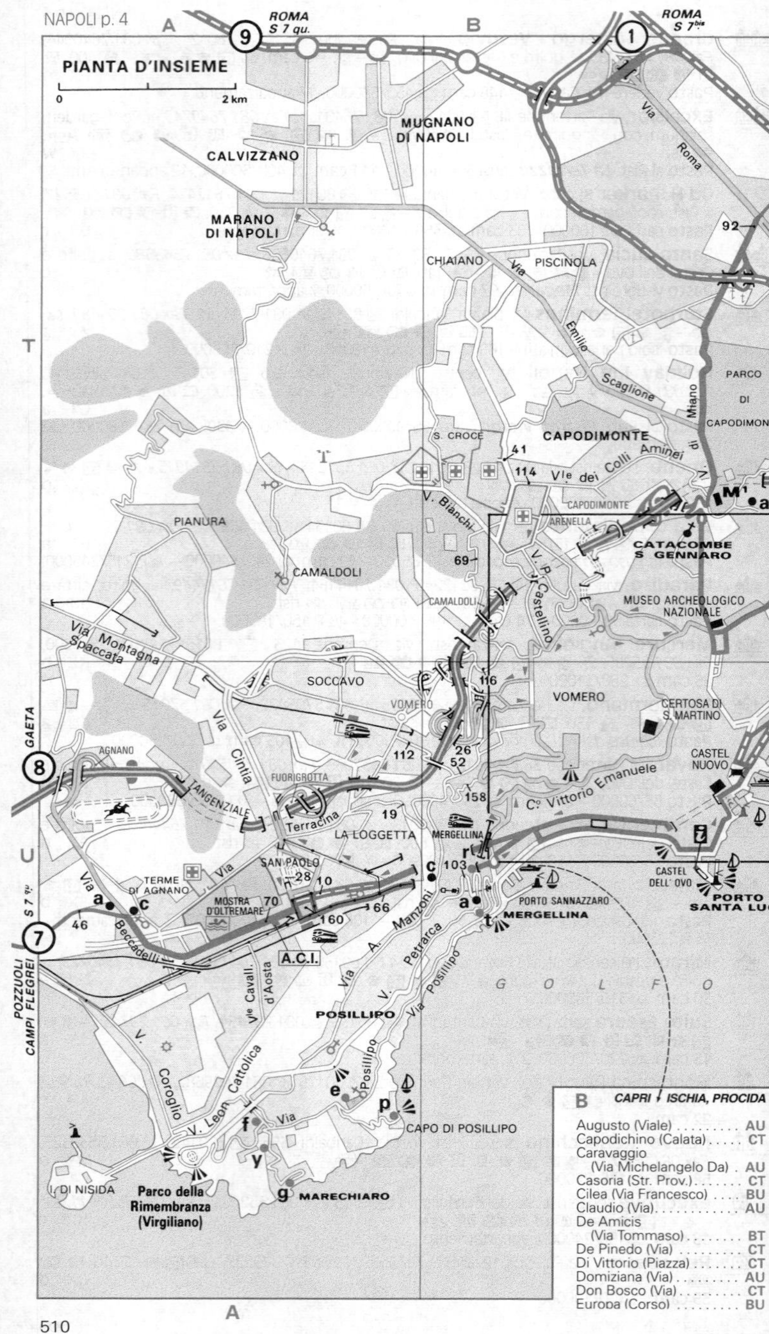

B

Augusto (Viale) . . . . AU
Capodichino (Calata) . . . . CT
Caravaggio
(Via Michelangelo Da) . AU
Casoria (Str. Prov.) . . . . . . CT
Cilea (Via Francesco) . . . BU
Claudio (Via) . . . . AU
De Amicis
(Via Tommaso) . . . . BT
De Pinedo (Via) . . . . CT
Di Vittorio (Piazza) . . . . . CT
Domiziana (Via) . . . . AU
Don Bosco (Via) . . . . CT
Europa (Corso) . . . . BU

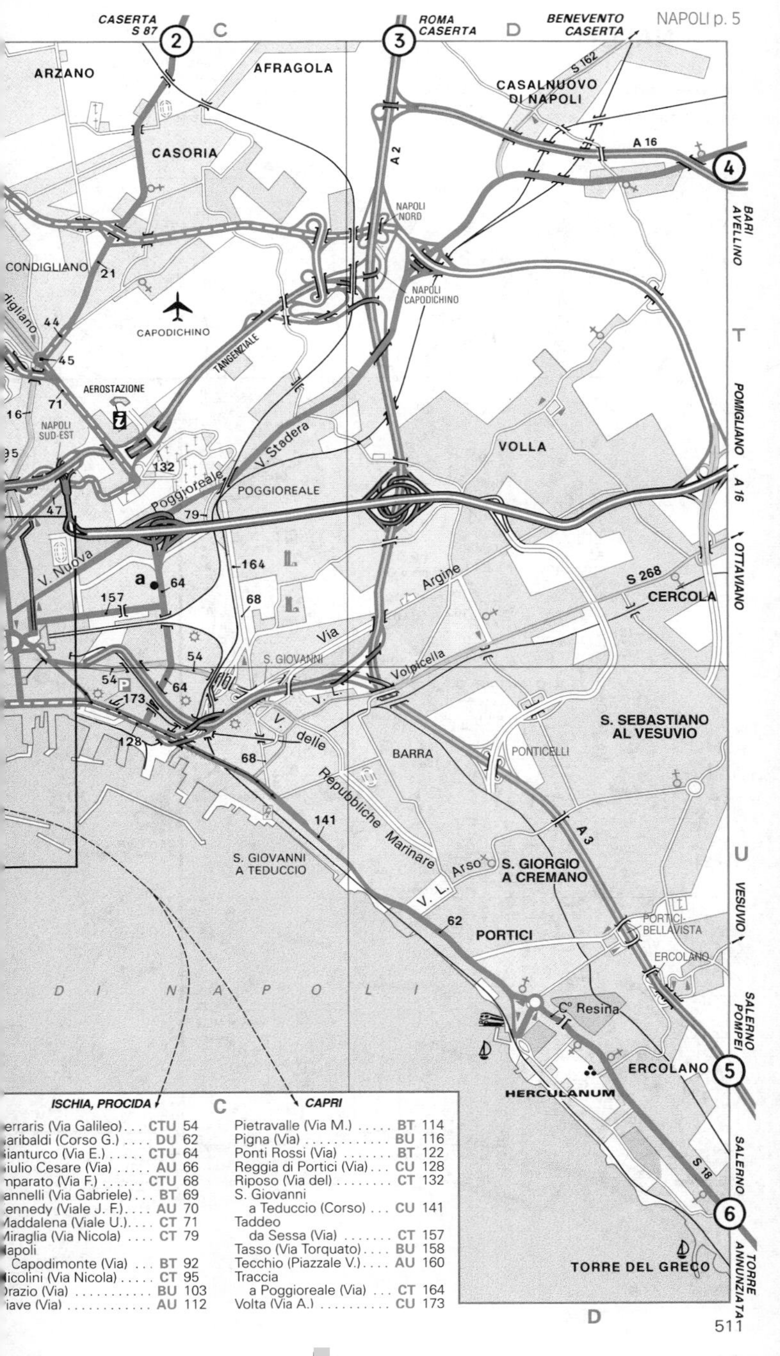

errraris (Via Galileo)	CTU	54
aribaldi (Corso G.)	DU	62
ianturco (Via E.)	CTU	64
iulio Cesare (Via)	AU	66
mparato (Via F.)	CTU	68
annelli (Via Gabriele)	BT	69
ennedy (Viale J. F.)	AU	70
1addalena (Viale U.)	CT	71
1iraglia (Via Nicola)	CT	79
lapoli Capodimonte (Via)	BT	92
licolini (Via Nicola)	CT	95
)razio (Via)	BU	103
iave (Via)	AU	112
Pietravalle (Via M.)	BT	114
Pigna (Via)	BU	116
Ponti Rossi (Via)	BT	122
Reggia di Portici (Via)	CU	128
Riposo (Via del)	CT	132
S. Giovanni a Teduccio (Corso)	CU	141
Taddeo da Sessa (Via)	CT	157
Tasso (Via Torquato)	BU	158
Tecchio (Piazzale V.)	AU	160
Traccia a Poggioreale (Via)	CT	164
Volta (Via A.)	CU	173

NAPOLI

Arena della Sanità (Via) . . . . **GU** 6
Artisti (Piazza degli) . . . . **EV** 9
Bernini (Via G. L.) . . . . **EV** 12
Bonito (Via G.) . . . . **FV** 13
Carducci (Via G.) . . . . **FX** 20
Chiatamone (Via) . . . . **FX** 25
Cirillo (Via D.) . . . . **GU** 27
Colonna (Via Vittoria) . . . . **FX** 29
Crocelle (Via) . . . . **GU** 35
D'Auria (Via G.) . . . . **FV** 40
Ferraris (Via Galileo) . . . . **HV** 54
Gaetani (Via) . . . . **FX** 61
Gen. Pignatelli (Via) . . . . **HU** 63
Giordano (Via L.) . . . . **EV** 64
Martini (Via Simone) . . . . **EV** 75
Mazzocchi (Via Alessio) . . . . . **HU** 76

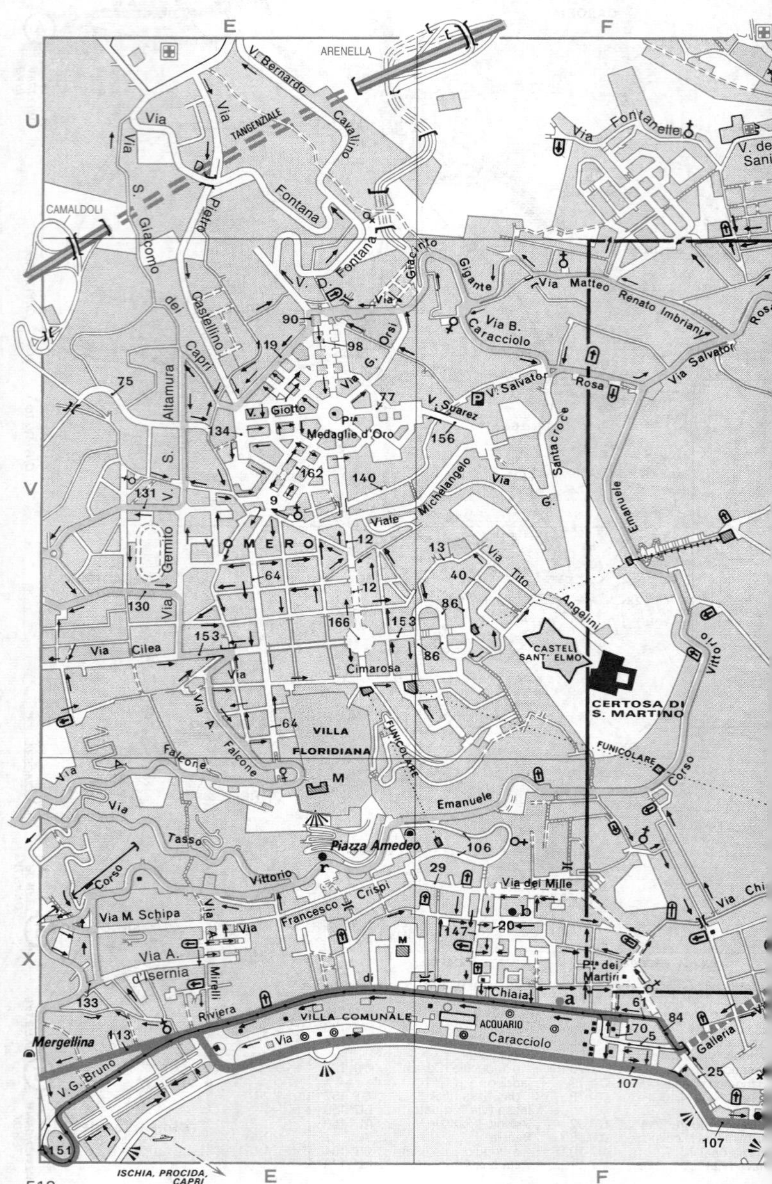

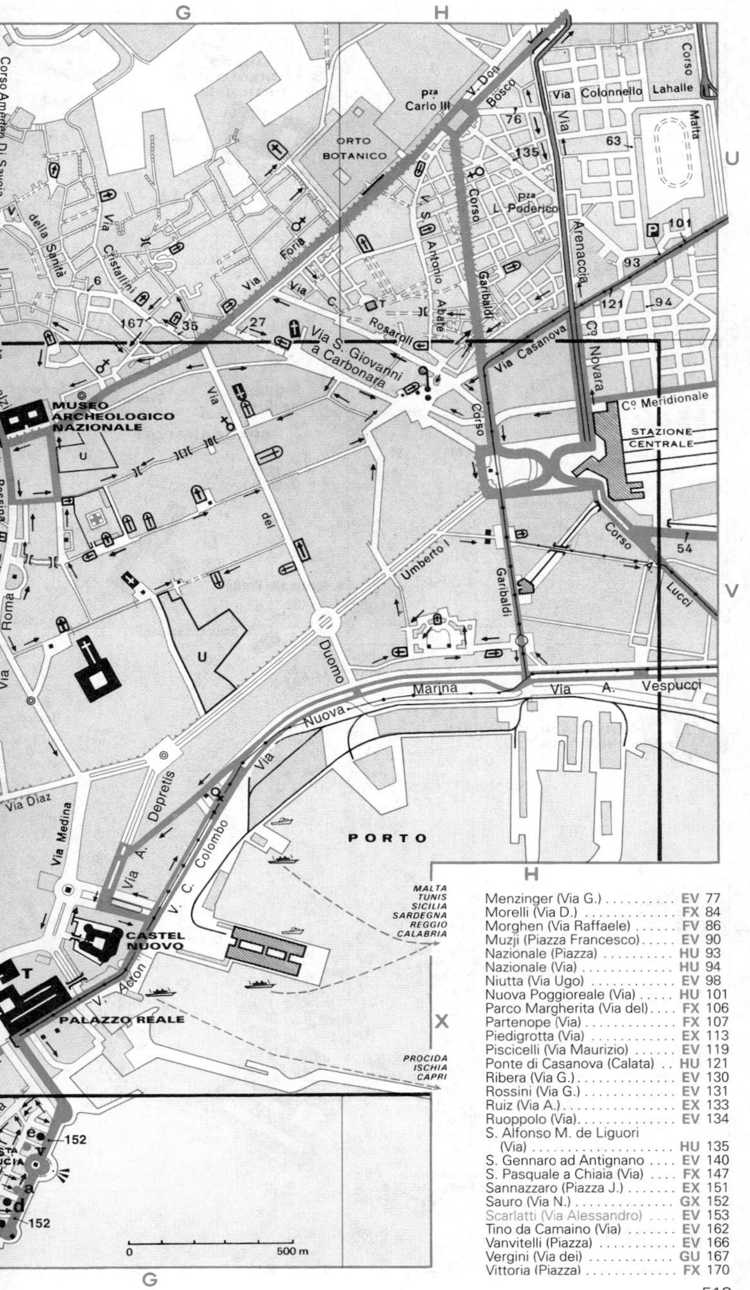
G
H
U
V
X
Corso Amedeo Di Savoia
Pza Carlo III
V. Don Bosco
Via Colonnello Lahalle
Corso Malta
ORTO BOTANICO
Via della Sanità
Via Cristallini
Via Foria
Via S. Antonio Abate
Corso Garibaldi
Pza L. Poderico
Via Arenaccia
Via C. Rosaroll
Via S. Giovanni a Carbonara
Via Casanova
Cº Novara
Cº Meridionale
STAZIONE CENTRALE
MUSEO ARCHEOLOGICO NAZIONALE
Via Pessina
Via del Duomo
Corso Umberto I
Corso A. Lucci
Garibaldi
Via Roma
Via Marina
Via A. Vespucci
Via Nuova
Via A. Depretis
Via Diaz
Via Medina
V. C. Colombo
PORTO
MALTA TUNIS SICILIA SARDEGNA REGGIO CALABRIA
CASTEL NUOVO
V. Acton
PALAZZO REALE
PROCIDA ISCHIA CAPRI
STA LUCIA
0
500 m
6
27
35
54
63
76
93
94
101
121
135
152
167

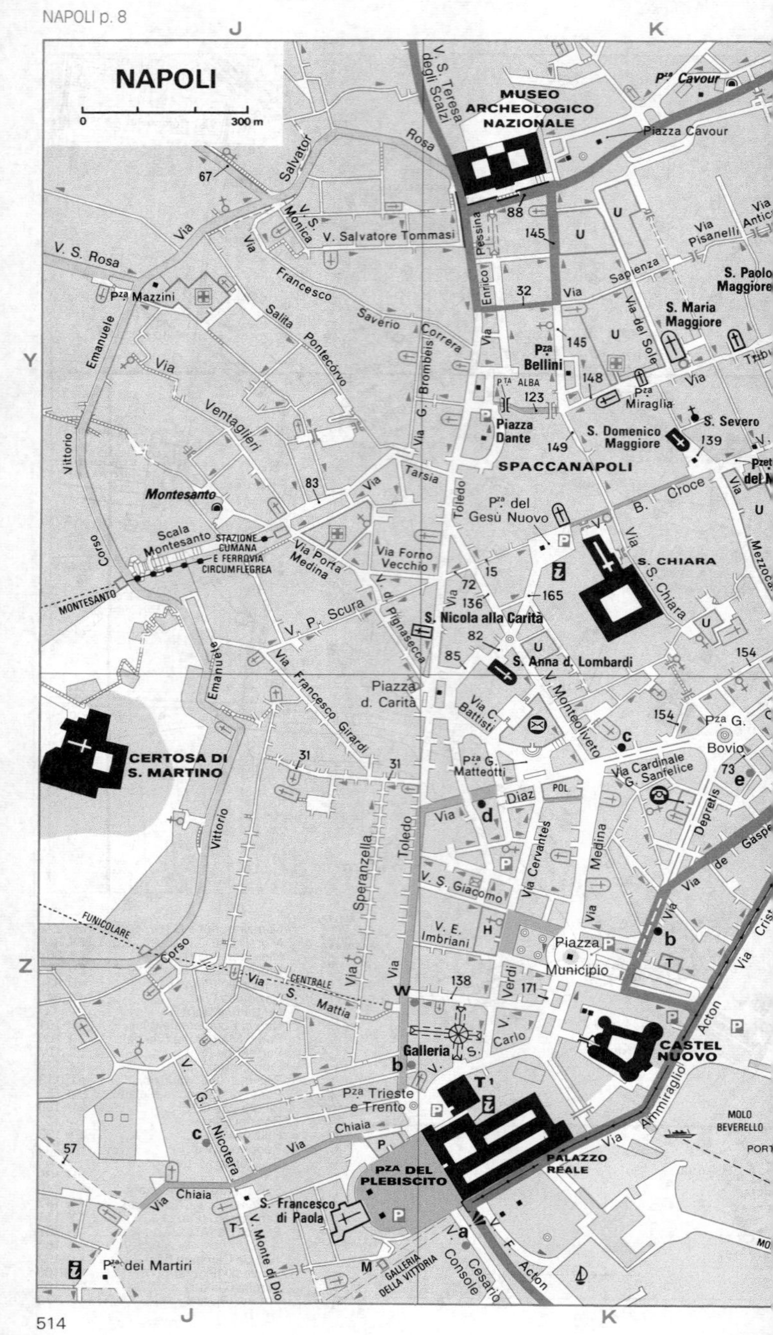
J
K
NAPOLI
0
300 m
MUSEO ARCHEOLOGICO NAZIONALE
V. S. Teresa degli Scalzi
Pza Cavour
Piazza Cavour
Rosa
Salvator
67
Via
V. S. Monica
V. Salvatore Tommasi
88
145
Pessina
Enrico
32
Via
Sapienza
Via Pisanelli
Via Antic
S. Paolo Maggiore
S. Maria Maggiore
V. S. Rosa
Pza Mazzini
Via Francesco Saverio Correra
Salita Pontecorvo
Emanuele
Y
Via Ventaglieri
Via G. Brombeis
Via
Pza Bellini
145
148
Via del Sole
Pza Miraglia
PTA ALBA
123
Piazza Dante
149
S. Domenico Maggiore
S. Severo
139
SPACCANAPOLI
Pzet del
Vittorio
Corso
Montesanto
83
Via
Tarsia
Toledo
Pza del Gesù Nuovo
B. Croce
V.
Via
Scala Montesanto
STAZIONE CUMANA E FERROVIA CIRCUMFLEGREA
Via Porta Medina
Via Forno Vecchio
MONTESANTO
15
72
136
165
S. CHIARA
Via S. Chiara
Mezzoca
V. P. Scura
V. d. Pignasecca
Via
S. Nicola alla Carità
82
85
S. Anna d. Lombardi
V. Monteoliveto
154
Via Francesco Girardi
Piazza d. Carità
Via C. Battisti
Emanuele
CERTOSA DI S. MARTINO
31
31
Pza G. Matteotti
c
154
Pza G. Bovio
Via Cardinale G. Sanfelice
73
e
Vittorio
Via Diaz
POL.
d
Depretis
Via Cervantes
Medina
Speranzella
Toledo
V. S. Giacomo
Via
Via de Gasp
FUNICOLARE
V. E. Imbriani
H
Piazza Municipio
b
Via Crist
Z
Corso
Via S. Mattia
CENTRALE
Via
Via
W
138
Verdi
171
Galleria
V. Carlo
S.
V.
b
CASTEL NUOVO
Acton
V. G. Nicotera
Pza Trieste e Trento
T1
Via Chiaia
c
57
MOLO BEVERELLO
PORT
Ammiraglio
Via
PALAZZO REALE
PZA DEL PLEBISCITO
Via Chiaia
S. Francesco di Paola
T
V. Monte di Dio
a
Cesario Console
V. F. Acton
Pza dei Martiri
M
GALLERIA DELLA VITTORIA
MO

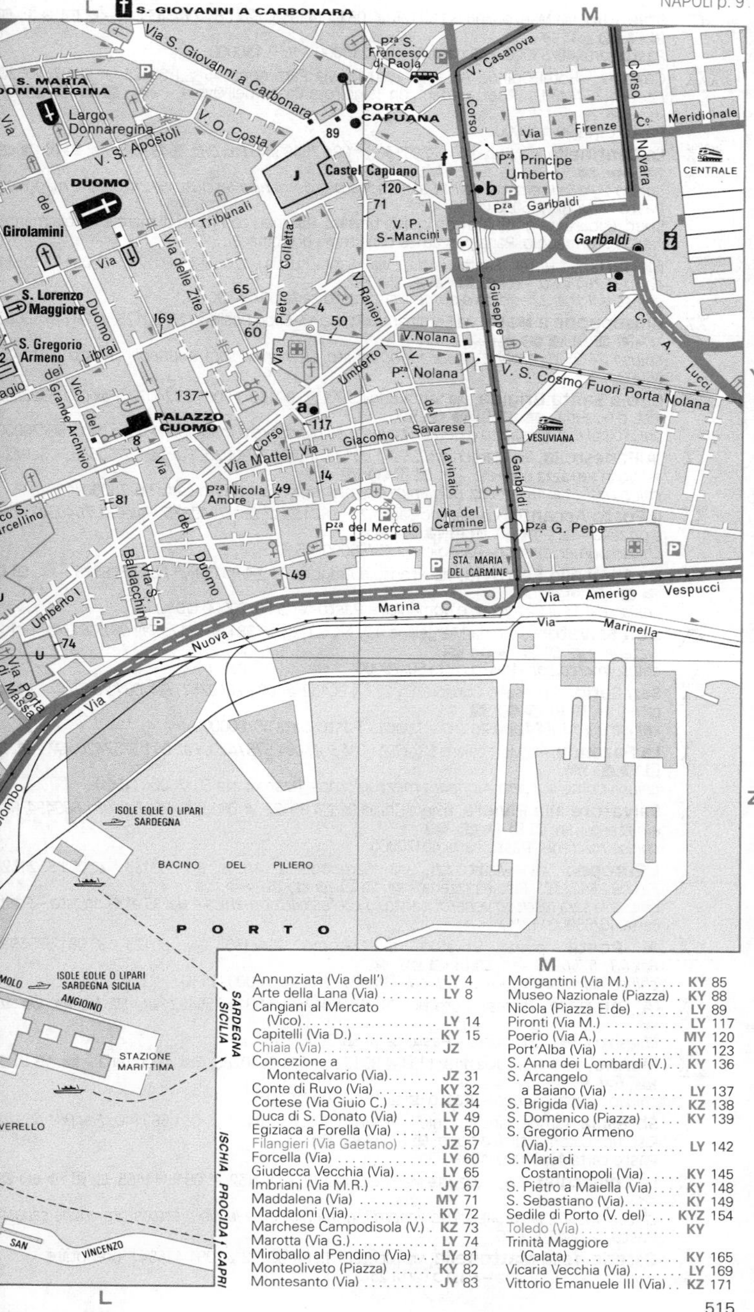

Annunziata (Via dell')	LY	4
Arte della Lana (Via)	LY	8
Cangiani al Mercato (Vico)	LY	14
Capitelli (Via D.)	KY	15
Chiaia (Via)	JZ	
Concezione a Montecalvario (Via)	JZ	31
Conte di Ruvo (Via)	KY	32
Cortese (Via Giuio C.)	KZ	34
Duca di S. Donato (Via)	LY	49
Egiziaca a Forella (Via)	LY	50
Filangieri (Via Gaetano)	JZ	57
Forcella (Via)	LY	60
Giudecca Vecchia (Via)	LY	65
Imbriani (Via M.R.)	JY	67
Maddalena (Via)	MY	71
Maddaloni (Via)	KY	72
Marchese Campodisola (V.)	KZ	73
Marotta (Via G.)	LY	74
Miroballo al Pendino (Via)	LY	81
Monteoliveto (Piazza)	KY	82
Montesanto (Via)	JY	83

Morgantini (Via M.)	KY	85
Museo Nazionale (Piazza)	KY	88
Nicola (Piazza E.de)	LY	89
Pironti (Via M.)	LY	117
Poerio (Via A.)	MY	120
Port'Alba (Via)	KY	123
S. Anna dei Lombardi (V.)	KY	136
S. Arcangelo a Baiano (Via)	LY	137
S. Brigida (Via)	KZ	138
S. Domenico (Piazza)	KY	139
S. Gregorio Armeno (Via)	LY	142
S. Maria di Costantinopoli (Via)	KY	145
S. Pietro a Maiella (Via)	KY	148
S. Sebastiano (Via)	KY	149
Sedile di Porto (V. del)	KYZ	154
Toledo (Via)	KY	
Trinità Maggiore (Calata)	KY	165
Vicaria Vecchia (Via)	LY	169
Vittorio Emanuele III (Via)	KZ	171

Splendid, via Manzoni 96 ✉ 80123 ☎ 081 7141955, *Fax 081 7146431,* ≤ – ⇕ TV ☎ P. AE S ◑ MC VISA. ✂ BU
Pasto carta 40/55000 – **45 cam** ⊐ 180/210000 – 1/2 P 130000.

Caruso - Hotel Grande Albergo Vesuvio, via Partenope 45 ✉ 80121 ☎ 081 764052 *Fax 081 7644483,* « Roof-garden con ≤ golfo e Castel dell'Ovo » – ⚑. AE S ◑ MC VISA JCB. ✂ FX
Pasto carta 90/140000.

La Cantinella, via Cuma 42 ✉ 80132 ☎ 081 7648684, *Fax 081 7648769* – ▤. AE S ◑ MC VISA JCB. ✂ GX
chiuso 24-25 dicembre, dall'11 al 18 agosto e domenica (escluso da ottobre a maggio)
Pasto carta 70/115000 (12 %)
Spec. Capesante gratinate con indivia brasata. Paccheri con frutti di mare e rucola mantecati con formaggio. Rana pescatrice con crema di crostacei.

Megaris - Hotel Santa Lucia, via Santa Lucia 175 ✉ 80121 ☎ 081 764051 *Fax 081 7648580* – ▤. AE S ◑ MC VISA. ✂ GX
chiuso dal 1° al 22 agosto e domenica – **Pasto** carta 65/95000.

Giuseppone a Mare, via Ferdinando Russo 13-Capo Posillipo ✉ 80123 ☎ 081 575600 ≤ – P. AE S ◑ MC VISA. ✂ AU
chiuso 24-25 dicembre, Capodanno, agosto, domenica sera e lunedì – **Pasto** carta 45 95000.

Ciro a Santa Brigida, via Santa Brigida 73 ✉ 80132 ☎ 081 5524072, *Fax 081 552899* Rist. e pizzeria – ▤. AE S ◑ MC VISA JZ
chiuso dal 6 al 22 agosto e domenica (escluso dicembre e maggio) – **Pasto** carta 50/7000

'A Fenestella, via Marechiaro 23 ✉ 80123 ☎ 081 7690020, *Fax 081 5750686,* « Servizio estivo in terrazza con ≤ » – P. AE S MC VISA JCB AU
chiuso dal 14 al 16 agosto, domenica e a mezzogiorno – **Pasto** carta 50/75000 (15 %).

Il Posto Accanto, via Nazario Sauro 2 ✉ 80132 ☎ 081 7649873, *Fax 081 7640547,* Rist e pizzeria – ▤ – 🏟 70. AE S ◑ VISA JCB GX
chiuso domenica sera – **Pasto** carta 45/65000 (15 %).

Da Mimì alla Ferrovia, via Alfonso d'Aragona 21 ✉ 80139 ☎ 081 5538525 – ▤. AE S ◑ MC VISA JCB MY
chiuso dal 13 al 22 agosto e domenica – **Pasto** carta 50/70000 (10 %).

Don Salvatore, strada Mergellina 4 A ✉ 80122 ☎ 081 681817, *Fax 081 661241,* Rist. pizzeria – ▤. AE S ◑ MC VISA BU
chiuso mercoledì – **Pasto** carta 50/75000.

San Carlo, via Cesario Console 17/19 ✉ 80132 ☎ 081 7649757, *Fax 081 7649757,* prenotare – ▤. AE S ◑ MC VISA. ✂ KZ
chiuso dal 10 al 24 agosto e domenica – **Pasto** carta 50/80000.

La Fazenda, via Marechiaro 58/a ✉ 80123 ☎ 081 5757420, *Fax 081 5757420,* ⛱ – P. AE S ◑ MC VISA AU
chiuso domenica sera e lunedì a mezzogiorno – **Pasto** carta 50/75000 (15 %).

Salvatore alla Riviera, riviera Chiaia 91 ✉ 80122 ☎ 081 680490, *Fax 081 680494,* Rist e pizzeria – ▤. AE S ◑ MC. VISA FX
chiuso martedì – **Pasto** carta 40/70000.

L'Europeo di Mattozzi, via Campodisola 4/6/8 ✉ 80133 ☎ 081 5521323 *Fax 081 5521323,* Rist. e pizzeria – ▤. AE S ◑ MC VISA JCB. ✂ KZ
chiuso la sera (escluso venerdì, sabato, i prefestivi), domenica e dal 15 al 31 agosto – **Pasto** carta 40/65000 (12 %).

Al Poeta, piazza Salvatore di Giacomo 134/135 ✉ 80123 ☎ 081 5756936 *Fax 081 5756936* – ▤. AE S ◑ VISA. ✂ AU
chiuso dal 10 al 25 agosto e lunedì – **Pasto** carta 45/70000 (15 %).

'A Lampara, discesa Coroglio 79 ✉ 80123 ☎ 081 5756492 ▤. AE S ◑ MC VISA ✂ AU
chiuso dal 10 al 25 agosto – **Pasto** carta 50/70000 (15 %).

Marino, via Santa Lucia 118/120 ✉ 80132 ☎ 081 7640280, Rist. e pizzeria – ▤. AE S VISA JCB. ✂ GX
chiuso agosto e lunedì – **Pasto** carta 35/55000 (15 %).

Sbrescia, rampe Sant'Antonio a Posillipo 109 ✉ 80122 ☎ 081 669140, *Fax 081 66914* Rist. tipico con ≤ città e golfo. AE S ◑ MC VISA BU
Pasto carta 40/80000 (13 %).

La Chiacchierata, piazzetta Matilde Serao 37 ✉ 80132 ☎ 081 411465. AE S ◑ MC VISA ✂ JZ
chiuso agosto, la sera (escluso venerdì), domenica e da luglio a settembre anche sabato
Pasto carta 45/60000.

Osteria della Mattonella, via Nicotera 13 ✉ 80132 ☎ 081 416541, prenotare
chiuso domenica sera – **Pasto** carta 25/35000. JZ

ad Agnano *Ovest : 8 km AU – ✉ 80125 Napoli :*

Tennis Hotel, via A. Righi 5 ✉ 80078 Agnano Pozzuoli ✆ 081 5709033, *Fax 081 7624069*, – **Pasto** carta 40/70000 – **76 cam** 95/160000 – ½ P 100000.

Le Due Palme, via Agnano Astroni 30 ✆ 081 5706040, *Fax 081 7626128*, Rist. e pizzeria – P.

NAPOLI (Golfo di) *Napoli 988 ㉗, 431 E 24 G. Italia.*

NARNI *05035 Terni 988 ㉖, 430 O 19 – 20 279 ab. alt. 240.*

Roma 89 – Terni 13 – Perugia 84 – Viterbo 45.

Il Cavallino, via Flaminia Romana 220 (Sud : 3 km) ✆ 0744 761020, – P. AE VISA.
chiuso dal 16 al 31 luglio e martedì – **Pasto** carta 35/55000.

a Narni Scalo *Nord : 2 km – ✉ 05036 Narni Stazione :*

Terra Umbra Hotel M senza rist, via Maratta Bassa 61 (Nord-Est : 3 km) ✆ 0744 750304, *Fax 0744 750401*, – P – 150. AE VISA.
29 cam 175/205000.

a San Vito *Sud-Ovest : 17 km – alt. 267 – ✉ 05030 Gualdo di Narni :*

Monte del Grano 1696, strada Guadamello 128 ✆ 0744 749143, *Fax 0744 749143*, prenotare, « Servizio estivo in giardino » – AE VISA
chiuso dall'8 gennaio al 6 febbraio, lunedì e a mezzogiorno (escluso sabato e domenica) – **Pasto** 65/80000 e carta 55/95000.

NARZOLE *12068 Cuneo 428 I 5 – 3 267 ab. alt. 323.*

Roma 635 – Cuneo 45 – Genova 135 – Milano 149 – Torino 64.

La Villa 2, località Oltre Tanaro 16 (Est : 3 km) ✆ 0173 776277, *Fax 0173 776277*, – P. AE VISA.
chiuso dal 5 al 20 gennaio, dal 10 al 25 agosto, lunedì e martedì sera – **Pasto** carta 25/40000.

NATURNO (NATURNS) *39025 Bolzano 429 C 15, 218 ⑨ ⑲ – 5 001 ab. alt. 554.*

via Municipio ✆ 0473 666077, Fax 0473 666369.

Roma 680 – Bolzano 41 – Merano 15 – Milano 341 – Passo di Resia 64 – Trento 101.

Lindenhof, via della Chiesa 2 ✆ 0473 666242, *Fax 0473 668298*, ←, Centro benessere, « Giardino con riscaldata », – rist, P – 25. AE VISA. rist
marzo-novembre – **Pasto** carta 50/70000 – **25 cam** 175/330000, 18 appartamenti – ½ P 185/210000.

Sunnwies, via Kleeberg 7 ✆ 0473 667157, *Fax 0473 667941*, ←, Centro benessere, « Giardino con laghetto », – rist, rist, P – 30. rist
18 marzo-11 novembre – **Pasto** (solo per alloggiati) – **38 cam** 145/290000 – ½ P 110/170000.

Feldhof, via Municipio 4 ✆ 0473 666366, *Fax 0473 667263*, Centro benessere, « Giardino con », – rist, P. VISA. rist
20 marzo-10 novembre – **Pasto** (solo per alloggiati) – **33 cam** 170/340000, 2 appartamenti – ½ P 195000.

Preidlhof, via San Zeno 13 ✆ 0473 667210, *Fax 0473 666105*, ←, « Giardino con », – rist, P. rist
25 marzo-12 novembre – **Pasto** (solo per alloggiati) – **24 cam** 170/380000, 5 appartamenti – ½ P 220000.

Funggashof, via al Fossato 1 ✆ 0473 667161, *Fax 0473 667930*, ←, « Giardino-frutteto con », – rist, P. AE VISA. rist
Natale e marzo-novembre – **Pasto** 35/85000 – **34 cam** 190/440000, 3 appartamenti – ½ P 185000.

Steghof, al bivio Val Senales Ovest : 2 km ✆ 0473 668224, *Fax 0473 668224*, Coperti limitati; prenotare, « Stuben medioevali » – P. VISA.
chiuso dal 15 gennaio al 15 febbraio, dal 15 giugno al 15 luglio, lunedì, martedì e a mezzogiorno (escluso sabato e domenica) – **Pasto** carta 60/90000.

NATURNS = *Naturno.*

NAVA (Colle di) *Imperia* 988 ⑫, 428 J 5, 115 ⑩ – *alt. 934.*

Roma 620 – Imperia 35 – Cuneo 95 – Genova 121 – Milano 244 – San Remo 60.

Colle di Nava-Lorenzina, ✉ 18020 Case di Nava ☎ 0183 325044, *Fax 0183 3250* – 🛗 📺 ☎ 🅿. AE ⓢ ⓓ ⓜⓒ VISA JCB. ✻ rist
chiuso da novembre al 10 dicembre – **Pasto** *(chiuso martedì)* carta 40/60000 – ☐ 1200
33 cam 55/90000 – ½ P 65/85000.

NE 16040 *Genova* 428 I 10 – *2 459 ab. alt. 186.*

Roma 473 – Genova 50 – Rapallo 26 – La Spezia 75.

XX **La Brinca,** località Campo di Ne 58 ☎ 0185 337480, *Fax 0185 337639*, prenotare – ▤ AE ⓢ ⓓ ⓜⓒ VISA JCB. ✻
chiuso lunedì e a mezzogiorno (escluso sabato-domenica ed i giorni festivi) – **Pasto** 400

X **Antica Trattoria dei Mosto,** piazza dei Mosto 15/1, località Conscenti Nord-Est : 3 ☎ 0185 337502, prenotare – AE ⓢ ⓓ ⓜⓒ VISA
chiuso dal 20 al 30 giugno, dal 15 settembre al 13 ottobre, mercoledì e a mezzogiornc agosto – **Pasto** carta 35/50000.

NEBBIUNO 28010 *Novara* 428 E 7 – *1 483 ab. alt. 430.*

Roma 650 – Stresa 12 – Milano 84 – Novara 50.

Tre Laghi, via G. Marconi 3 ☎ 0322 58025, *Fax 0322 58703*, ≤ lago e monti, « Servi: estivo in terrazza panoramica », – 🛗 📺 ☎ – 🔺 200. ⓢ ⓓ ⓜⓒ VISA JCB. ✻ rist
marzo-ottobre – **Pasto** al Rist. ***Azalea*** *(chiuso lunedì escluso giugno-settembre)* ca 50/80000 – **45 cam** ☐ 150/210000 – ½ P 120/140000.

NEIVE 12057 *Cuneo* 428 H 6 – *2 929 ab. alt. 308.*

Roma 643 – Genova 125 – Torino 70 – Asti 31 – Cuneo 96 – Milano 155.

XX **La Luna nel Pozzo,** piazza Italia 23 ☎ 0173 67098, *Fax 0173 67098*, prenotare – AE ⓓ ⓜⓒ VISA
chiuso dal 27 dicembre al 5 gennaio, dal 15 giugno al 15 luglio e mercoledì – **Pas** 30/65000 e carta 65/95000.

XX **La Contea** con cam, piazza Cocito 8 ☎ 0173 67126, *Fax 0173 67367*, 🏛, prenotare, « un antico palazzo » – 📺 🅿. AE ⓢ ⓓ ⓜⓒ VISA JCB
chiuso dal 21 gennaio al 1° marzo – **Pasto** *(chiuso domenica sera e lunedì escluso settembre a novembre)* 75/100000 e carta 70/110000 – ☐ 15000 – **10 cam** 135/17500C ½ P 160000.

NEMI 00040 *Roma* 430 Q 20 *G. Roma* – *1 770 ab. alt. 521.*

Roma 33 – Anzio 39 – Frosinone 72 – Latina 41.

Diana Park Hotel ⚲, via Nemorense 44 (Sud : 3 km) ☎ 06 9364041, *Fax 06 936406* « Servizio rist. estivo in terrazza con ≤ lago e dintorni », – 🛗 ▤ 📺 ☎ 🅿 – 🔺 250. AE ⓓ ⓜⓒ VISA. ✻
Pasto carta 55/80000 – **30 cam** ☐ 200/300000 – ½ P 220/240000.

NERANO *Napoli* – *Vedere Massa Lubrense.*

NERVESA DELLA BATTAGLIA 31040 *Treviso* 988 ⑤, 429 E 18 – *6 564 ab. alt. 78.*

Roma 568 – Belluno 68 – Milano 307 – Treviso 20 – Udine 95 – Venezia 51 – Vicenza 65.

XX **La Panoramica,** strada Panoramica Nord-Ovest : 2 km ☎ 0422 88517 *Fax 0422 885274*, ≤, « Servizio estivo all'aperto », – 🅿 – 🔺 150. AE ⓢ ⓜⓒ VISA. ✻
chiuso dal 12 al 29 gennaio, dal 12 al 29 luglio, lunedì e martedì – **Pasto** carta 45/60000.

XX **Da Roberto Miron,** piazza Sant'Andrea 26 ☎ 0422 885185, *Fax 0422 885165*, 🏛 – ▤ AE ⓢ ⓓ ⓜⓒ VISA JCB
Pasto carta 40/65000.

> I prezzi del pernottamento e della pensione possono subire aumenti in relazione all'andamento generale del costo della vita; quando prenotate fatevi precisare il prezzo dall'albergo.

NERVI *Genova* 988 ⑬, 428 I 9 *G. Italia* – ✉ *16167 Genova-Nervi.*
Roma 495 ① – *Genova 11* ② – *Milano 147* ② – *Savona 58* ② – *La Spezia 97* ①.

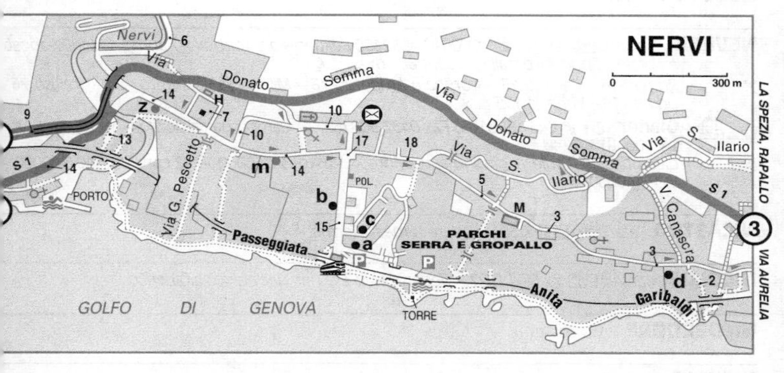

Ancona (Via)	2	Duca degli Abruzzi (Piazza)	7	Oberdan (Via Guglielmo)	14
Capolungo (Via)	3	Europa (Corso)	9	Palme (Viale delle)	15
Casotti (Via Aldo)	5	Franchini (Via Goffredo)	10	Pittaluga (Piazza Antonio)	17
Commercio (Via del)	6	Gazzolo (Via Felice)	13	Sala (Via Marco)	18

Villa Pagoda, via Capolungo 15 ✆ 010 3726161, *Fax 010 321218*, ←, 🏞, « Piccolo parco ombreggiato » – |‡| TV ☎ P – 🏛 100. AE 🏦 ⓞ MC VISA JCB. ✂ rist — d
Pasto al Rist. ***Il Roseto*** *(chiuso lunedì)* carta 60/95000 – ☕ 25000 – **18 cam** 220/380000, 4 appartamenti – ½ P 260000.

Astor, viale delle Palme 16 ✆ 010 329011, *Fax 010 3728486*, 🏞 – |‡| ▤ TV ☎ 📞 🚗 P – 🏛 115. AE 🏦 ⓞ MC VISA JCB. ✂ — b
Pasto carta 55/100000 – **55 cam** ☕ 210/310000 – ½ P 200000.

Savoia e Savoia senza rist, via Eros Da Ros 8 ✆ 010 37291, *Fax 010 3729200*, « Parco con 🏊 » – |‡| ▤ TV ☎ 🚗 – 🏛 40. AE 🏦 ⓞ MC VISA — a
58 cam ☕ 230/430000, 2 appartamenti.

Esperia, via Val Cismon 1 ✆ 010 3726071, *Fax 010 321777*, 🏞 – |‡| TV ☎ P – 🏛 25. AE 🏦 ⓞ VISA. ✂ — c
Pasto (solo per alloggiati) 35/40000 – **27 cam** ☕ 135/185000 – ½ P 130/140000.

Da Patan, via Oberdan 157 r ✆ 010 3728162, *Fax 010 3728162* – AE 🏦 ⓞ MC VISA — z
chiuso mercoledì – **Pasto** carta 45/65000.

La Ruota, via Oberdan 215 r ✆ 010 3726027 – ▤. AE 🏦 ⓞ MC VISA — m
chiuso agosto e lunedì – **Pasto** carta 35/65000.

NERVIANO *20014 Milano* 428, 429 F 8, 219 ⑱ – *16 792 ab. alt. 175.*
Roma 600 – *Milano 25* – *Como 45* – *Novara 34* – *Pavia 57.*

Antico Villoresi, strada statale Sempione 4 ✆ 0331 559450, *Fax 0331 491906* – ▤ cam, TV ☎ P
16 cam.

NETTUNO *00048 Roma* 988 ㉖, 430 R 19 *G. Italia* – *38 632 ab..*
⛳18 *(chiuso mercoledì)* ✆ *06 9819419, Fax 06 98988142.*
Roma 55 – *Anzio 3* – *Frosinone 78* – *Latina 22.*

Marocca, via della Liberazione ✆ 06 9854241, *Fax 06 9854241*, ← – |‡| ▤ TV ☎ 📞 🚗. AE 🏦 MC VISA. ✂
Pasto carta 35/50000 – ☕ 30000 – **28 cam** 150/170000, ▤ 30000 – ½ P 130/150000.

NETTUNO (Grotta di) *Sassari* 988 ㉜ ㉝, 433 F 6 – *Vedere Sardegna alla fine dell'elenco alfabetico.*

NEUMARKT = *Egna.*

NEUSTIFT = *Novacella.*

NEVEGAL *Belluno* [429] D 18 – *alt. 1 000 – ✉ 32100 Belluno – a.s. febbraio-7 aprile, 14 luglio-agos e Natale – Sport invernali : 1 000/1 680 m ⛷7, ⛷.*
Roma 616 – Belluno 13 – Cortina d'Ampezzo 78 – Milano 355 – Trento 124 – Treviso 7 Udine 116 – Venezia 105.

🏨 **Olivier** 🌿, ☎ 0437 908165, *Fax 0437 908162*, ≤, Campo da calcio, ⛷ – |♦| [TV] ☎ ♿ [P] 🪑 200. [S] [VISA]. ✻
dicembre-15 aprile e giugno-settembre – **Pasto** 35/60000 – **42 cam** ☕ 140/180000 ½ P 140000.

NICASTRO *Catanzaro* [431] K 30 – *Vedere Lamezia Terme.*

NICOLOSI *Catania* [988] ㊲, [432] O 27 – *Vedere Sicilia alla fine dell'elenco alfabetico.*

NIEDERDORF = *Villabassa.*

NIEVOLE *Pistoia* [428] K 14 – *Vedere Montecatini Terme.*

NOALE *30033 Venezia* [429] F 18 – *14 406 ab. alt. 18.*
Roma 522 – Padova 25 – Treviso 22 – Venezia 20.

🏨 **Due Torri Tempesta,** via dei Novale 59 ☎ 041 5800750, *Fax 041 5801100* – |♦| ▤ [TV] ♿ [P]. [AE] [S] ⓞ [MC] [VISA]. ✻
Pasto *(chiuso domenica)* carta 40/60000 – ☕ 9000 – **40 cam** 120/180000 – ½ P 11 130000.

🏨 **Garden,** via Giacomo Tempesta 124 ☎ 041 4433299, *Fax 041 442104* – |♦| ▤ [TV] ☎ [P] 🪑 50. [AE] [S] ⓞ [MC] [VISA]. ✻ rist
Pasto *(chiuso a mezzogiorno)* carta 35/65000 – **66 cam** ☕ 110/180000.

NOCCHI *Lucca* [428], [429], [430] K 13 – *Vedere Camaiore.*

NOCETO *43015 Parma* [988] ⑭, [428], [429] H 12 – *10 370 ab. alt. 76.*
Roma 472 – Parma 13 – Bologna 110 – Milano 120 – Piacenza 59 – La Spezia 104.

🍴🍴 **Aquila Romana,** via Gramsci 6 ☎ 0521 625398, *Fax 0521 625398*, prenotare – [AE] [S] ⓞ [MC] [VISA] [JCB]
chiuso a mezzogiorno in luglio e agosto, lunedì, martedì e 24-25 dicembre – **Pasto** 8000 bc e carta 50/85000.

NOCI *70015 Bari* [988] ㉙, [431] E 33 – *19 461 ab. alt. 424.*
[i] *via Siciliani 23 ☎ 080 4978889.*
Roma 497 – Bari 49 – Brindisi 79 – Matera 57 – Taranto 47.

a Montedoro *Sud-Est : 3 km*

🍴🍴 **Il Falco Pellegrino,** ☎ 080 4974304, 🏖, Ristorante e pizzeria, prenotare – ▤ [P]. [S] ⓞ [MC] [VISA] – *chiuso lunedì* – **Pasto** carta 30/45000.

NOGARÉ *31035 Treviso* [429] E 18 – *alt. 148.*
Roma 553 – Belluno 54 – Milano 258 – Padova 52 – Trento 110 – Treviso 27 – Venezia 58 – Vicenza 57.

🍴🍴 **Villa Castagna,** via Sant'Andrea 72 ☎ 0423 868177, *Fax 0423 868177*, 🏖, « Villa venet del 700 in un piccolo parco » – [P]. [AE] [S] ⓞ [MC] [VISA]
chiuso dal 1° al 26 gennaio, dal 3 al 18 agosto, lunedì sera e martedì – **Pasto** carta 40/50000

NOLA *80035 Napoli* [988] ㉗, [431] E 25 – *33 496 ab. alt. 40.*
Roma 217 – Napoli 33 – Benevento 55 – Caserta 34 – Salerno 56.

🏨 **Ferrari** [M], via Nazionale 125 (Ovest : 3 km) ☎ 081 5198083, *Fax 081 5197021* – |♦| ▤ [TV] ☎ ♿ 🚗 [P] – 🪑 300. [AE] [S] ⓞ [MC] [VISA] [JCB]. ✻
Pasto carta 40/70000 – **50 cam** ☕ 160/195000 – ½ P 110/125000.

NOLI *17026 Savona* 988 ⑫ ⑬, 428 J 7 *G. Italia – 2 884 ab..*

corso Italia 8 ✆ 019 7499003, Fax 019 7499300.

Roma 563 – Genova 64 – Imperia 61 – Milano 187 – Savona 18.

Miramare, corso Italia 2 ✆ 019 748926, *Fax 019 748927*, ←, « In un edificio storico », – |‡|, ▤ rist, TV ☎. AE 🅂 ⓞ ⓜⓒ VISA. ✂ rist
chiuso febbraio e dal 10 ottobre al 20 dicembre – **Pasto** *(chiuso martedì escluso da giugno a settembre)* carta 55/80000 – ☐ 15000 – **28 cam** 115/160000 – 1/2 P 130000.

Italia con cam, corso Italia 23 ✆ 019 748971, *Fax 019 748971*, – TV ☎. AE 🅂 ⓞ VISA. ✂ cam
chiuso dal 15 dicembre al 15 gennaio – **Pasto** *(chiuso giovedì)* carta 65/100000 – ☐ 12500 – **15 cam** 115/140000 – 1/2 P 115/125000.

Da Pino, via Cavalieri di Malta 37 ✆ 019 7490065, Coperti limitati; prenotare – AE 🅂 ⓞ ⓜⓒ VISA JCB
chiuso dal 7 al 31 gennaio e lunedì – **Pasto** specialità di mare carta 80/115000.

Ines con cam, via Vignolo 1 ✆ 019 748086, *Fax 019 748086* – ▤ TV ☎. 🅂 VISA. ✂
chiuso novembre – **Pasto** *(chiuso lunedì)* specialità di mare carta 60/70000 – ☐ 15000 – **17 cam** 60/90000, ▤ 6000 – 1/2 P 90000.

a Voze *Nord-Ovest : 4 km – ✉ 17026 Noli :*

Lilliput, Regione Zuglieno 49 ✆ 019 748009, « Giardino ombreggiato con minigolf, servizio estivo in terrazza » – P. AE 🅂 ⓜⓒ VISA
chiuso dal 10 gennaio all'11 febbraio, dal 6 al 24 novembre, lunedì e a mezzogiorno (escluso sabato-domenica) – **Pasto** carta 70/105000.

NONANTOLA *41015 Modena* 429, 430 H 15 *G. Italia – 11 896 ab. alt. 24.*

Vedere *Sculture romaniche★ nell'abbazia.*

Roma 415 – Bologna 34 – Ferrara 62 – Mantova 77 – Milano 180 – Modena 10 – Verona 111.

Osteria di Rubbiara, località Rubbiara Sud : 5 km ✆ 059 549019, *Fax 059 548520*, Coperti limitati; prenotare, « Ambiente tipico » – P. AE. ✂
chiuso dal 20 dicembre al 10 gennaio, agosto, martedì e la sera (escluso venerdì-sabato) – **Pasto** carta 30/40000.

NORCIA *06046 Perugia* 988 ⑯ ㉖, 430 N 21 – *4 896 ab. alt. 604.*

Roma 157 – Ascoli Piceno 56 – L'Aquila 119 – Perugia 99 – Spoleto 48 – Terni 68.

Salicone M, viale Umbria ✆ 0743 828076, *Fax 0743 828081* – |‡| ▤ TV ☎ ♿ P – 🏛 50. AE 🅂 ⓞ ⓜⓒ VISA. ✂
Pasto vedere rist ***Granaro del Monte*** – ☐ 15000 – **71 cam** 180/240000 – 1/2 P 105/130000.

Grotta Azzurra, via Alfieri 12 ✆ 0743 816513, *Fax 0743 817342* – |‡| TV ☎ – 🏛 100. AE 🅂 ⓞ ⓜⓒ VISA. ✂
Pasto vedere rist ***Granaro del Monte*** – ☐ 10000 – **46 cam** 90/130000 – 1/2 P 90/110000.

Garden, via 20 Settembre 2 ✆ 0743 816620, *Fax 0743 816687* – |‡|, ▤ rist, TV ☎ – 🏛 50. AE 🅂 ⓞ ⓜⓒ VISA. ✂ rist
Pasto carta 35/75000 – ☐ 10000 – **44 cam** 100/120000 – 1/2 P 100000.

Granaro del Monte, via Alfieri 7 ✆ 0743 816513, *Fax 0743 817342*, – AE 🅂 ⓞ ⓜⓒ VISA
Pasto 35000 bc 80000 e carta 45/105000.

Taverna de' Massari, via Roma 13 ✆ 0743 816218, *Fax 0743 816218* – 🅂 ⓞ ⓜⓒ VISA. ✂
chiuso martedì escluso da luglio a settembre – **Pasto** carta 35/85000.

Dal Francese, via Riguardati 16 ✆ 0743 816290, *Fax 0743 816290* – ▤. AE 🅂 ⓜⓒ VISA. ✂
chiuso dal 10 al 22 giugno, dal 10 al 22 novembre e venerdì (escluso da luglio a settembre) – **Pasto** carta 40/85000.

a Serravalle *Ovest : 7 km – ✉ 06040 Serravalle di Norcia :*

Italia, con cam, ✆ 0743 822355, *Fax 0743 822320* – ☎ P
16 cam.

NORGE POLESINE *Rovigo* 429 G 18 – *Vedere Rosolina.*

NOSADELLO *Cremona – Vedere Pandino.*

NOTO *Siracusa* 988 ㊲, 432 Q 27 – *Vedere Sicilia alla fine dell'elenco alfabetico.*

NOVACELLA (**NEUSTIFT**) *39040 Bolzano* 429 B 16 *G. Italia – alt. 590.*

Vedere *Abbazia*★★.

Roma 685 – Bolzano 44 – Brennero 46 – Cortina d'Ampezzo 112 – Milano 339 – Trento 1(

Pacher, via Pusteria 6 ☎ 0472 836570, *Fax 0472 834717*, « Servizio rist. estivo in giar no », ≘s, 🏊, 🌳 – |‡|, ✈ rist, TV ☎ P. $ MC VISA. ✻ rist
chiuso dal 21 novembre al 20 dicembre – **Pasto** *(chiuso lunedì)* carta 45/80000 – **26 ca** ☐ 90/175000 – 1/2 P 90/100000.

Ponte-Brückenwirt, Stiftstrasse 2 ☎ 0472 836692, *Fax 0472 837587*, « Piccolo par con piscina riscaldata » – |‡| TV ☎ P. ✻
chiuso febbraio – **Pasto** *(chiuso mercoledì)* 25/35000 – **19 cam** ☐ 75/150000 – 1/2 P 9 110000.

NOVAFELTRIA *61015 Pesaro e Urbino* 988 ⑮, 429, 430 K 18 – *6 708 ab. alt. 293 – a.s. giugno-agosto.*

Roma 315 – Rimini 32 – Perugia 129 – Pesaro 83 – Ravenna 73.

Due Lanterne ⛰ con cam, frazione Torricella 215 (Sud : 2 km) ☎ 0541 92020 *Fax 0541 920200*, ←, prenotare – TV ☎ P. AE $ ⓞ MC VISA. ✻
chiuso dal 1º al 15 gennaio – **Pasto** *(chiuso lunedì)* carta 40/55000 – ☐ 6000 – **12 ca** 65/90000 – 1/2 P 80000.

Del Turista-da Marchesi con cam, località Cà Gianessi 7 (Ovest : 4 km) ☎ 0541 92014 *Fax 0541 920148*, prenotare la sera ed i festivi – TV P. AE $ ⓞ MC VISA
chiuso dal 15 al 30 giugno – **Pasto** *(chiuso martedì)* carta 35/45000 – **9 cam** ☐ 50/75000 1/2 P 40/50000.

Per l'inserimento in **guida**,
Michelin non accetta
né favori, né denaro!

NOVA LEVANTE (**WELSCHNOFEN**) *39056 Bolzano* 988 ④, 429 C 16 *G. Italia – 1 813 ab. alt. 1 18 – Sport invernali : 1 200/2 320 m* ⛷ *1 (vedere anche Carezza al Lago e passo di Costalunga*

Dintorni *Lago di Carezza*★★★ *Sud-Est : 5,5 km.*

⛳ 9 *(maggio-ottobre) località Carezza* ✉ *39056 Nova Levante* ☎ *0471 612200, Fax 04 612200, Sud-Est : 8 km.*

ℹ *via Carezza 21* ☎ *0471 613126, Fax 0471 613360.*

Roma 665 – Bolzano 19 – Cortina d'Ampezzo 89 – Milano 324 – Trento 85.

Posta-Cavallino Bianco via Carezza 30 ☎ 0471 613113, *Fax 0471 613390*, ←, Centr benessere, ≘s, 🏊, 🏊, 🌳, ✻ – |‡|, ✈ rist, ▤ rist, TV ☎ P. AE $ ⓞ MC VISA
23 dicembre-25 marzo e 10 giugno-15 ottobre – **Pasto** carta 50/90000 – **49 cam** ☐ 18(350000 – 1/2 P 170/200000.

Panorama ⛰, via Pretzenberg 13 ☎ 0471 613232, *Fax 0471 613480*, ←, ≘s, 🌳 – TV ☎ 🚗 P. ✻
20 dicembre-10 aprile e giugno-5 novembre – **Pasto** (solo per alloggiati) 35/45000 ☐ 20000 – **20 cam** 70/120000 – 1/2 P 80/110000.

NOVA PONENTE (**DEUTSCHNOFEN**) *39050 Bolzano* 429 C 16 – *3 497 ab. alt. 1 357.*

⛳ 18 *Petersberg (30 aprile-1 novembre) a Monte San Pietro* ✉ *39040* ☎ *0471 615122, Fa 0471 615229, Ovest : 8 km.*

ℹ *via Castello Thurm 1* ☎ *0471 616567, Fax 0471 616727.*

Roma 670 – Bolzano 25 – Milano 323 – Trento 84.

Pfösl ⛰, via Rio Nero 2 (Est : 1,5 km) ☎ 0471 616537, *Fax 0471 616760*, ← Dolomiti, 🏋, ≘s, 🏊, 🌳 – |‡| TV ☎ ♿ P. ✻ rist
chiuso dal 25 aprile al 1º giugno e da novembre al 15 dicembre – **Pasto** *(chiuso marted* carta 35/85000 – **26 cam** ☐ 150/240000 – 1/2 P 155000.

Stella-Stern, Centro 18 ☎ 0471 616518, *Fax 0471 616766*, ←, ≘s, 🏊 – |‡| TV ☎ 🚗 P $ MC VISA. ✻ rist
chiuso novembre – **Pasto** *(chiuso martedì)* 35/55000 – ☐ 15000 – **28 cam** 90/150000 - 1/2 P 130000.

a Monte San Pietro (**Petersberg**) *Ovest : 8 km – alt. 1 389 –* ✉ *39040 :*

Peter ⛰, Centro 24 ☎ 0471 615143, *Fax 0471 615246*, ←, ≘s, 🏊, 🌳, ✻ – |‡| TV ☎ 🚗 P. ✻ rist
chiuso dal 1º al 13 aprile e da novembre al 21 dicembre – **Pasto** *(chiuso lunedì)* cart 50/75000 – **32 cam** ☐ 150/280000, 3 appartamenti – 1/2 P 180000.

NOVARA 28100 **P** 988 ③, 428 F 7 *G. Italia – 102 289 ab. alt. 159.*

Vedere *Basilica di San Gaudenzio*★ **AB** *: cupola*★★ *– Pavimento*★ *del Duomo* **AB**.

località Castello di Cavagliano ✉ *28043 Bellinzago Novarese* ✆ *0321 927309, Fax 0321 927834, per* ① *: 10 km.*

A.C.I. *via Rosmini 36* ✆ *0321 30321.*

Roma 625 ① *– Stresa 56* ① *– Alessandria 78* ⑤ *– Milano 51* ① *– Torino 95* ⑥.

Antonelli (Via) . . . . A 2
Bellini (Largo) . . . . A 3
Cavallotti (Corso F.) . . . . B 4
Cavour (Corso) . . . . B
Don Minzoni (Largo) . . . . A 5
Ferrari (Via G.) . . . . A 6
Galilei (Via Galileo) . . . . A 7
Italia (Corso) . . . . AB
Martiri della Libertà (Piazza) . . . . A 8
Mazzini (Corso) . . . . B
Puccini (Via) . . . . A 13
Risorgimento (Corso) . . . . A 14
San Francesco d'Assisi (Via) . B 15
San Gaudenzio (Via) . . . . A 17
Trieste (Corso) . . . . B 18
Vittoria (Corso della) . . . . B 19
20 Settembre (Corso) . . . . A 20

Italia, via Paolo Solaroli 8 ✆ 0321 399316, *Fax 0321 399310* – |‡| ▤ TV ☎ – 🧑‍🏫 200. AE S ● MC VISA JCB. ✂ rist — **B x**
Pasto al Rist. ***La Famiglia*** carta 55/85000 – **60 cam** ☕ 190/260000.

Europa, corso Cavallotti 38/a ✆ 0321 35801, *Fax 0321 629933* – |‡|, ▤ rist, TV ☎ ✆ – 🧑‍🏫 120. AE S ● MC VISA — **B a**
Pasto *(chiuso a mezzogiorno)* carta 35/55000 – ☕ 10000 – **64 cam** 130/160000 – ½ P 100/110000.

Croce di Malta senza rist, via Biglieri 2/a ✆ 0321 32032, *Fax 0321 623475* – |‡| ▤ TV ☎ ✆ 🚗 **P** – 🧑‍🏫 25. AE S ● MC VISA — **A b**
chiuso dal 10 al 25 agosto – **20 cam** ☕ 105/165000.

Al Rondò, via XX Settembre 18 ✆ 0321 623625 – ▤. S MC VISA — **A f**
chiuso dal 1° al 20 agosto e martedì – **Pasto** carta 40/80000.

a Lumellogno *Sud : 4,5 km – ✉ 28060 :*

XX **Tantris,** via Pier Lombardo 35 ✆ 0321 469153, *Fax 0321 469153*, Coperti limitati; prenota re – ▤. AE ⑤ ⓞ ⓜ VISA. ✂
✿ *chiuso dal 1° al 15 gennaio, dal 10 al 30 agosto, domenica sera e lunedì* – **Pasto** 70000 carta 65/100000
Spec. Ravioli di cappone nostrano al tartufo d'Alba (inverno). Scaloppa di storione i salagione (salatura) con piccole verdure. Semifreddo di zabaglione con composta calda (frutta secca (inverno-primavera).

NOVA SIRI MARINA *75020 Matera 988 ㉙, 431 G 31 – 6 163 ab..*

Roma 498 – Bari 144 – Cosenza 126 – Matera 76 – Potenza 139 – Taranto 78.

🏨 **Imperiale,** via Pietro Nenni ✆ 0835 536900, *Fax 0835 536505* – |♦| ▤ TV ☎ ✆ P – 🏛 20(AE ⑤ ⓞ ⓜ VISA JCB. ✂
Pasto carta 40/55000 – **31 cam** ☕ 80/120000 – ½ P 105000.

X **La Trappola,** viale Marittimo ✆ 0835 877021, 🌴 – P. ⑤ ⓜ VISA. ✂
chiuso dal 2 al 20 novembre e lunedì (escluso da maggio a settembre) – **Pasto** cart. 35/60000.

NOVELLO *12060 Cuneo 428 I 5 – 906 ab. alt. 471.*

Roma 620 – Cuneo 63 – Asti 56 – Milano 170 – Savona 75 – Torino 78.

🏠 **Barbabuc** senza rist, via Giordano 35 ✆ 0173 731498, *Fax 0173 731298* – ☎. AE ⑤ ⓞ ⓜ VISA
chiuso dal 7 al 31 gennaio – ☕ 24000 – **9 cam** 140/170000.

Leggete attentamente l'introduzione : è la « chiave » della guida.

NOVENTA DI PIAVE *30020 Venezia 429 F 19 – 5 835 ab..*

Roma 554 – Venezia 41 – Milano 293 – Treviso 30 – Trieste 117 – Udine 86.

🏨 **Park Hotel Villa Leon d'Oro** senza rist, via Romanziol 5/7 ✆ 0421 307300 *Fax 0421 307333*, 🌳 – |♦| ▤ TV ☎ ✆ ♿ P. AE ⑤ ⓞ ⓜ VISA JCB. ✂
☕ 30000 – **16 cam** 270/500000, 2 appartamenti.

XX **Guaiane,** via Guaiane 144 (Est : 2 km) ✆ 0421 65002, *Fax 0421 658818*, 🌴 – ▤ P – 🏛 50 AE ⑤ ⓞ ⓜ VISA JCB. ✂
chiuso dal 1° al 20 gennaio, dal 1° al 20 agosto, lunedì e martedì sera – **Pasto** carta 55/9500(e al Rist. ***L' Hosteria*** specialità venete carta 30/45000.

NOVENTA PADOVANA *35027 Padova 429 F 17 G. Venezia – 8 031 ab. alt. 14.*

Roma 501 – Padova 8 – Venezia 37.

XX **Boccadoro,** via della Resistenza 49 ✆ 049 625029, *Fax 049 625782* – ▤. AE ⑤ ⓞ ⓜ VISA
chiuso dal 1° al 15 gennaio, dal 5 al 25 agosto, martedì sera e mercoledì – **Pasto** carta 40/65000.

verso Strà *Est : 4 km :*

🏠 **Paradiso,** via Oltrebrenta 40 ✉ 35027 ✆ 049 9801366, *Fax 049 9801371* – ▤ TV ☎ 🚗 P. AE ⑤ ⓞ ⓜ VISA JCB. ✂ rist
Pasto (solo per alloggiati; *chiuso sabato e domenica*) 40000 – ☕ 15000 – **23 cam** 90/130000 – ½ P 95/115000.

NOVENTA VICENTINA *36025 Vicenza 988 ⑤, 429 G 16 – 8 062 ab. alt. 16.*

Roma 479 – Padova 47 – Ferrara 68 – Mantova 71 – Verona 50 – Vicenza 43.

🏨 **Alla Busa,** corso Matteotti 70 ✆ 0444 887120, *Fax 0444 887287* – |♦| ▤ TV ☎ ♿ P. AE ⑤ ⓞ ⓜ VISA
Pasto al Rist. e pizzeria ***Alla Busa*** *(chiuso lunedì)* carta 35/55000 – **19 cam** ☕ 110/150000 – ½ P 120/150000.

NOVERASCO *Milano – Vedere Opera.*

NOVI LIGURE *15067 Alessandria 988 ⑬, 428 H 8 – 28 764 ab. alt. 197.*

⛳18 e ⛳9 Colline del Gavi (chiuso gennaio e martedì escluso da maggio a settembre) località Fara Nuova ✉ 15060 Tassarolo ✆ 0143 342264, Fax 0143 342342, Nord-Ovest : 4 km.
Roma 552 – Alessandria 24 – Genova 58 – Milano 87 – Pavia 66 – Piacenza 94 – Torino 125.

Relais Villa Pomela ⑤, via Serravalle 69 (Sud : 2 km) ☎ 0143 329910, *Fax 0143 329912*, « Elegante villa ottocentesca con parco » – – 120. AE VISA.
chiuso dal 4 al 18 gennaio e dall'8 al 22 agosto – **Pasto** *(chiuso lunedì)* carta 65/100000 – **47 cam** 200/295000, 2 appartamenti – ½ P 200/215000.

Corona, corso Marenco 11 ☎ 0143 322364, *Fax 0143 322364*, – rist, – 50. VISA.
Pasto *(chiuso lunedì)* carta 45/65000 – **11 cam** 120/160000 – ½ P 150/160000.

Il Fattore, via Cassano 126 (Est : 4 km) ☎ 0143 78289, *Fax 0143 78289* – . AE VISA.
chiuso dal 1º al 15 gennaio e mercoledì – **Pasto** carta 55/90000.

a Pasturana *Ovest : 4 km – ✉ 15060 :*

Locanda San Martino, via Roma 26 ☎ 0143 58444, *Fax 0143 58445*, « Servizio estivo all'aperto » – . AE VISA
chiuso dal 1º al 20 gennaio, lunedì sera e martedì – **Pasto** carta 45/75000.

NUCETTO *12070 Cuneo* 428 I 6 – *485 ab. alt. 450.*

Roma 598 – Cuneo 52 – Imperia 77 – Savona 53 – Torino 98.

Osteria Vecchia Cooperativa, via Nazionale 54 ☎ 0174 74279, Coperti limitati; prenotare – AE VISA.
chiuso settembre, lunedì sera e martedì – **Pasto** carta 45/65000.

NUMANA *60026 Ancona* 988 ⑯, 430 L 22 – *3 350 ab. – a.s. luglio-agosto.*

(giugno-settembre) piazza Santuario ☎ 071 9330612.

Roma 303 – Ancona 20 – Loreto 15 – Macerata 42 – Porto Recanati 10.

Scogliera, via del Golfo 21 ☎ 071 9330622, *Fax 071 9331403*, ≤, – . AE VISA.
aprile-15 ottobre – **Pasto** carta 55/90000 – **36 cam** 140/240000 – ½ P 155/180000.

Eden Gigli ⑤, viale Morelli 11 ☎ 071 9330652, *Fax 071 9330930*, ≤ mare, Accesso diretto alla spiaggia, « Parco con e con acqua di mare », – – 200. AE VISA.
aprile-ottobre – **Pasto** carta 50/70000 – **36 cam** 145/200000 – ½ P 165/170000.

La Spiaggiola ⑤ senza rist, via Colombo 12 ☎ 071 7360271, *Fax 071 7360271*, ≤, – . VISA.
Pasqua-settembre – **21 cam** 85/135000.

La Costarella, via 4 Novembre 35 ☎ 071 7360297, Coperti limitati; prenotare –
Pasqua-ottobre; chiuso lunedì (escluso da giugno a settembre) – **Pasto** carta 60/85000.

Da Alvaro, via La Torre 30 ☎ 071 9330749, « Servizio estivo all'aperto » – . AE VISA
marzo-novembre; chiuso lunedì a mezzogiorno dal 5 giugno al 15 settembre, tutto il giorno negli altri mesi – **Pasto** specialità di mare carta 50/75000.

a Marcelli *Sud : 2,5 km – ✉ 60026 Numana :*

Marcelli, via Litoranea 65 ☎ 071 7390125, *Fax 071 7391322*, ≤, « Terrazza sulla spiaggia con », , – . VISA. rist
20 maggio-settembre – **Pasto** (solo per alloggiati e *chiuso dal 20 al 31 maggio*) 40/50000 – **38 cam** 150/200000 – ½ P 155/175000.

Mariolino, via Capri 17 ☎ 071 7390135, *Fax 071 7390135*, ≤ – . AE VISA.
Pasto specialità di mare carta 60/90000.

Il Saraghino, via Litoranea 209/a -lungomare di Levante ☎ 071 7391596, *Fax 071 7391596*, – . AE VISA.
chiuso gennaio, febbraio, dal 1º al 15 novembre e lunedì (escluso agosto) – **Pasto** specialità di mare 70000 e carta 65/90000.

NUORO P 988 ㉝, 433 G 9 – *Vedere Sardegna alla fine dell'elenco alfabetico.*

OBEREGGEN = *San Floriano.*

OCCHIEPPO SUPERIORE *13898 Biella* 428 F 6, 219 ⑮ – *2 844 ab. alt. 456.*

Roma 679 – Aosta 98 – Biella 3 – Novara 59 – Stresa 75 – Vercelli 45.

Cip e Ciop, via Martiri della Libertà 71 ☎ 015 592740, Coperti limitati; prenotare – . VISA
chiuso dal 15 al 28 febbraio, dal 15 al 30 settembre e domenica – **Pasto** carta 40/60000.

OCCHIOBELLO *45030 Rovigo* 988 ⑮, 429 H 16 – *9 692 ab..*
Roma 432 – Bologna 57 – Padova 61 – Verona 90.

in prossimità casello autostrada A13 *Est : 1 km :*

Savonarola, via Eridania 36 ✉ 45030 ✆ 0425 750767, *Fax 0425 750797*, – | ▤ TV P – 250. AE $ ⦿ ◍ VISA
Pasto (solo per alloggiati; *chiuso domenica sera e lunedì a mezzogiorno*) – **36 cam** 12 200000.

a Santa Maria Maddalena *Sud-Est : 4,5 km* – ✉ *45030 :*

XX **La Pergola** via Malcantone 15 ✆ 0425 757766, Coperti limitati; prenotare – P. AE $ VISA.
chiuso agosto, domenica e lunedì – **Pasto** carta 40/60000.

ODERZO *31046 Treviso* 988 ⑤, 429 E 19 – *16 842 ab. alt. 16.*
Roma 559 – Venezia 54 – Treviso 27 – Trieste 120 – Udine 75.

Primhotel M senza rist, via Garibaldi 115 ✆ 0422 0422 713699, *Fax 0422 713890* – | TV ☎ & P – 90. AE $ ⦿ ◍ VISA JCB.
15000 – **48 cam** 100/150000, 2 appartamenti.

OLANG = *Valdaora.*

OLBIA *Sassari* 988 ㉓ ㉔, 433 E 10 – *Vedere Sardegna alla fine dell'elenco alfabetico.*

OLCIO *Lecco – Vedere Mandello del Lario.*

OLDA IN VAL TALEGGIO *24010 Bergamo* 428 E 10, 219 ⑩ – *alt. 772 – a.s. luglio-agosto Natale.*
Roma 641 – Bergamo 39 – Lecco 61 – Milano 85 – San Pellegrino Terme 16.

Della Salute , via Costa d'Olda 73 ✆ 0345 47006, *Fax 0345 47006*, ≤, « Parco ombreggiato » – | ☎ P. AE $ ⦿ ◍ VISA. rist
chiuso gennaio – **Pasto** *(chiuso lunedì)* carta 45/60000 – **40 cam** 65/110000 – ½ P 65 75000.

OLEGGIO CASTELLO *28040 Novara* 428 E 7 – *1 604 ab. alt. 315.*
Roma 639 – Stresa 20 – Milano 72 – Novara 43 – Varese 39.

XX **Bue D'Oro,** via Vittorio Veneto 2 ✆ 0322 53624, , prenotare – P. AE $ ⦿ ◍ VISA.
chiuso mercoledì, dal 2 al 12 gennaio e dal 20 agosto al 10 settembre – **Pasto** carta 40/80000.

OLGIATE OLONA *21057 Varese* 428 F 8, 219 ⑱ – *10 495 ab. alt. 239.*
Roma 604 – Milano 32 – Como 35 – Novara 38 – Varese 29.

XX **Ma.Ri.Na.,** piazza San Gregorio 11 ✆ 0331 640463, *Fax 0331 640463*, Coperti limitati; prenotare – ▤ P. AE $ ⦿ ◍ VISA JCB.
✿ *chiuso dal 25 dicembre al 5 gennaio, agosto, mercoledì e a mezzogiorno (escluso i giorni festivi)* – **Pasto** specialità di mare 130000 e carta 95/140000
Spec. Tonno a fettine con sesamo tostato (primavera). Ravioli neri ripieni di cernia e spadellati con bottarga di tonno e santoreggia. Passata di castagne e zabaglione di cachi.

XX **Idea Verde,** via San Francesco 17/19 (prossimità uscita autostrada) ✆ 0331 629487, *Fax 0331 629487*, , – P. AE $ ⦿ ◍ VISA
chiuso dal 27 dicembre al 5 gennaio, agosto, doemenica sera e lunedì – **Pasto** carta 55/80000.

OLIENA *Nuoro* 988 ㉝ ㉞, 433 G 10 – *Vedere Sardegna alla fine dell'elenco alfabetico.*

OLMO *Vicenza – Vedere Vicenza.*

OLMO *Firenze* 430 K 16 – *Vedere Fiesole.*

OLMO *Perugia – Vedere Perugia.*

OLMO GENTILE *14050 Asti* 428 *I 6 – 118 ab. alt. 615.*
Roma 606 – Genova 103 – Acqui Terme 33 – Asti 52 – Milano 163 – Torino 103.

Della Posta, via Roma 4 ✆ 0144 953613, prenotare – P
chiuso Natale, dal 1° al 15 gennaio e domenica sera – **Pasto** cucina casalinga carta 25/50000.

OLTRE IL COLLE *24013 Bergamo* 428, 429 *E 11 – 1 170 ab. alt. 1 030 – a.s. luglio-agosto e Natale.*
Roma 642 – Bergamo 36 – Milano 83 – San Pellegrino Terme 24.

Manenti, via Roma 25 ✆ 0345 95005, *Fax 0345 95005,* ←, – TV P. VISA.
20 dicembre-6 gennaio e 25 giugno-agosto – **Pasto** carta 35/70000 – 12000 – **25 cam** 70/110000 – ½ P 70/95000.

OME *25050 Brescia* 428, 429 *F 12 – 2 737 ab. alt. 240.*
Roma 544 – Brescia 17 – Bergamo 45 – Milano 93.

Villa Carpino, via Maglio 15 (alle terme Ovest : 2,5 km) ✆ 030 652114, *Fax 030 612114,* – P. AE VISA.
chiuso dal 27 dicembre al 10 gennaio, dal 7 al 20 agosto e lunedì – **Pasto** carta 45/70000.

OMEGNA *28887 Verbania* 988 ②, 428 *E 7 – 15 416 ab. alt. 303.*
Vedere *Lago d'Orta★★.*
Roma 670 – Stresa 17 – Domodossola 36 – Milano 93 – Novara 55 – Torino 129.

Trattoria Toscana-da Franco, via Mazzini 153 ✆ 0323 62460, – AE VISA
chiuso mercoledì – **Pasto** specialità di mare carta 45/65000.

ONEGLIA *Imperia* 988 ⑫ – *Vedere Imperia.*

ONIGO DI PIAVE *Treviso – Vedere Pederobba.*

OPERA *20090 Milano* 428 *F 9,* 219 ⑲ *– 13 500 ab. alt. 99.*
Le Rovedine (chiuso lunedì) a Noverasco di Opera ✉ 20090 ✆ 02 57606420, Fax 02 57606405, Nord : 2 km.
Roma 567 – Milano 14 – Novara 62 – Pavia 24 – Piacenza 59.

a Noverasco *Nord : 2 km – ✉ 20090 Opera :*

Sporting, via Sporting Mirasole 56 ✆ 02 5768031, *Fax 02 57601416* – cam, TV P – 200. AE VISA.
Pasto carta 50/75000 – **80 cam** 210/320000 – ½ P 160/200000.

OPI *67030 L'Aquila* 430 *Q 23 – 518 ab. alt. 1 250.*
Roma 145 – Frosinone 62 – Avezzano 67 – Isernia 61 – L'Aquila 114.

La Pieja , via Salita la Croce 1 ✆ 0863 910772, *Fax 0863 912856,* ← vallata e monti, – TV . AE VISA.
chiuso dal 3 novembre al 3 dicembre – **Pasto** *(23 dicembre-7 gennaio, Pasqua e 15 giugno-15 settembre; aperto i week-end negli altri mesi)* carta 40/60000 – **12 cam** 120/160000 – ½ P 85/115000.

OPICINA *34016 Trieste* 988 ⑥, 429 *E 23 G. Italia – alt. 348.*
Vedere *←★★ su Trieste e il golfo.*
Dintorni *Grotta Gigante★ Nord-Ovest : 3 km.*
Roma 664 – Udine 64 – Gorizia 40 – Milano 403 – Trieste 11 – Venezia 153.

Nuovo Hotel Daneu, via Nazionale 111 ✆ 040 214214, *Fax 040 214215,* , – TV P. AE VISA JCB
Pasto vedere rist ***Daneu*** – **26 cam** 170/210000.

Daneu con cam, via Nazionale 194 ✆ 040 211241, « Servizio estivo all'aperto » – TV P. AE VISA JCB
Pasto *(chiuso lunedì)* carta 40/65000 – **17 cam** 100/140000 – ½ P 100000.

ORBASSANO *10043 Torino* 988 ⑫, 428 G 4 – *21 749 ab. alt. 273.*
Roma 673 – Torino 17 – Cuneo 99 – Milano 162.

Pianta d'insieme di Torino.

XXX **Il Vernetto,** via Nazario Sauro 37 ✆ 011 9015562, *Fax 011 9015562*, solo su prenotazior – ▤. Ⓢ VISA. ✻ EU
chiuso domenica sera e lunedì – **Pasto** 70/80000 (10 %).

ORBETELLO *58015 Grosseto* 988 ㉕, 430 O 15 *G. Toscana* – *15 321 ab. – a.s. Pasqua e 15 giugno-settembre.*
ℹ *piazza della Repubblica* ✆ *0564 860447, Fax 0564 860447.*
Roma 152 – Grosseto 44 – Civitavecchia 76 – Firenze 183 – Livorno 177 – Viterbo 88.

I Presidi senza rist, via Mura di Levante 34 ✆ 0564 867601, *Fax 0564 867601*, ← – |‡| ▤ ☎ P – 180. AE Ⓢ ⓞ ⓜ VISA JCB. ✻
39 cam ☐ 280/370000, 12 appartamenti.

Sole senza rist, via Colombo, angolo corso Italia ✆ 0564 860410, *Fax 0564 860475* – |‡| ▤ TV ☎. AE Ⓢ ⓜ VISA
18 cam ☐ 220000.

X **Osteria del Lupacante,** corso Italia 103 ✆ 0564 867618, *Fax 0564 860585* – ▤. AE Ⓢ ⓞ ⓜ VISA
chiuso dal 20 dicembre all'8 gennaio e martedì (escluso da luglio a settembre) – **Pasto** carta 50/85000 (10 %).

sulla strada statale 1 - via Aurelia *Nord-Est : 7 km :*

XX **Locanda di Ansedonia** con cam, ✉ 58016 Orbetello Scalo ✆ 0564 881317, *Fax 0564 881727*, ⌂, « Giardino » – ▤ TV ☎. AE Ⓢ ⓞ ⓜ VISA JCB
chiuso febbraio – **Pasto** *(chiuso martedì escluso luglio-agosto)* carta 60/85000 (10 %) – **12 cam** ☐ 180/200000 – ½ P 160000.

ORIAGO *30030 Venezia* 429 F 18 *G. Venezia.*
Roma 519 – Padova 26 – Venezia 16 – Mestre 8 – Milano 258 – Treviso 29.

Il Burchiello, via Venezia 19 ✆ 041 429555, *Fax 041 429728* – |‡| ▤ TV ☎ P – 80. AE Ⓢ ⓞ ⓜ VISA JCB
Pasto vedere rist ***Il Burchiello*** – ☐ 25000 – **63 cam** 155/240000 – ½ P 200000.

XX **Il Burchiello** con cam, via Venezia 40 ✆ 041 472244, *Fax 041 429728* – ▤ TV ☎ P. AE Ⓢ ⓞ ⓜ VISA JCB. ✻ rist
Pasto *(chiuso lunedì e da novembre a marzo anche martedì a mezzogiorno)* carta 45/115000 – ☐ 14000 – **11 cam** 80/135000 – ½ P 110/120000.

X **Nadain,** via Ghebba 26 ✆ 041 429665 – ▤ P. AE Ⓢ ⓜ VISA. ✻
chiuso luglio e mercoledì – **Pasto** carta 45/80000.

ORIGGIO *21040 Varese* 428 F 9, 219 ⑱ – *6 124 ab. alt. 193.*
Roma 589 – Milano 21 – Bergamo 62 – Como 27 – Novara 51 – Varese 31.

XX **La Piazzetta,** via Circonvallazione 31 ✆ 02 96732007, *Fax 02 96732017* – ▤ P. AE Ⓢ ⓞ ⓜ VISA. ✻
chiuso agosto e domenica – **Pasto** carta 45/75000.

ORISTANO P 988 ㉝, 433 H 7 – *Vedere Sardegna alla fine dell'elenco alfabetico.*

ORMEA *12078 Cuneo* 428 J 5 – *2 054 ab. alt. 719 – a.s. luglio-agosto e Natale – Sport invernali : 750/1 600 m* ≰2, ⛷.
Roma 626 – Cuneo 80 – Imperia 45 – Milano 250 – Torino 126.

sulla strada statale 28 verso Ponte di Nava *Sud-Ovest : 4,5 km :*

San Carlo, via Nazionale 23 ✉ 12078 Ormea ✆ 0174 399917, *Fax 0174 399917*, ←, ⌂, ✻ – |‡| ☎ P. Ⓢ ⓜ VISA. ✻ rist
21 febbraio-ottobre – **Pasto** *(chiuso martedì)* carta 35/50000 – ☐ 15000 – **36 cam** 70/100000 – ½ P 85000.

a Ponte di Nava *Sud-Ovest : 6 km* – ✉ *12070 :*

X **Ponte di Nava-da Beppe** con cam, ✆ 0174 399924, *Fax 0174 399991*, ← – |‡| TV ☎ ⛟ P. AE Ⓢ ⓞ ⓜ VISA. ✻ cam
chiuso dal 7 al 31 gennaio e dal 10 al 20 giugno – **Pasto** *(chiuso mercoledì)* carta 30/60000 – ☐ 8000 – **16 cam** 50/80000 – ½ P 60/70000.

ORNAVASSO *28877 Novara* 428 E 7 – *3 329 ab. alt. 211.*
Roma 668 – Stresa 13 – Domodossola 21 – Locarno 53 – Milano 102 – Novara 73.

Italia con cam, via Alfredo di Dio 107 ✆ 0323 837124, *Fax 0323 837711* – 30. AE VISA JCB
Pasto *(chiuso lunedì)* carta 35/55000 – ☐ 8000 – **24 cam** 50/90000 – ½ P 65/75000.

OROPA *13813 Biella* 988 ②, 428 F 5 – *alt. 1 180 – Sport invernali : 1 180/2 400 m* 2, .
Roma 689 – Aosta 101 – Biella 13 – Milano 115 – Novara 69 – Torino 87 – Vercelli 55.

Croce Bianca con cam, via Santuario di Oropa 480 ✆ 015 2455923, *Fax 015 2455963*, « Camere nella foresteria del Santuario » – 150. AE.
chiuso dal 10 al 20 gennaio – **Pasto** *(chiuso mercoledì escluso da giugno al 15 settembre)* carta 45/60000 – ☐ 10000 – **47 cam** 65/110000, 2 appartamenti – ½ P 90000.

OROSEI *Nuoro* 988 ㉞, 433 F 11 – *Vedere Sardegna alla fine dell'elenco alfabetico.*

ORTA SAN GIULIO *28016 Novara* 988 ②, 428 E 7 *G. Italia – 1 122 ab. alt. 293 – a.s. Pasqua e luglio-15 settembre.*
Vedere *Lago d'Orta*★★ *– Palazzotto*★ *– Sacro Monte d'Orta*★.
Escursioni *Isola di San Giulio*★★ *: ambone*★ *nella chiesa.*
via Panoramica 24 ✆ 0322 905614.
Roma 661 – Stresa 28 – Biella 58 – Domodossola 48 – Milano 84 – Novara 46 – Torino 119.

San Rocco, via Gippini 11 ✆ 0322 911977, *Fax 0322 911964*, ← isola San Giulio, « Terrazza fiorita in riva al lago con », , – 160. AE VISA.
Pasto carta 70/105000 – **74 cam** ☐ 330/460000 – ½ P 255/320000.

Orta, piazza Motta 1 ✆ 0322 90253, *Fax 0322 905646*, ← isola San Giulio – . AE VISA
Pasqua-ottobre – **Pasto** carta 45/80000 – ☐ 18000 – **35 cam** 110/180000 – ½ P 110/130000.

Santa Caterina senza rist, via Marconi 10 (Est : 1,7 km) ✆ 0322 915865, *Fax 0322 90377* – . AE VISA
15 marzo-3 novembre – ☐ 20000 – **28 cam** 120/130000, 2 appartamenti.

Villa Crespi con cam, via Fava 8/10 (Est : 1,5 km) ✆ 0322 911902, *Fax 0322 911919*, , « Dimora ottocentesca in stile moresco con parco », , – , cam, . AE VISA. rist
chiuso dal 7 gennaio al 7 febbraio – **Pasto** *(chiuso martedì escluso da aprile a settembre)* 60000 (solo a mezzogiorno) 90/130000 e carta 90/140000 – **10 cam** ☐ 295/420000, 4 appartamenti 900000 – ½ P 390000.

Taverna Antico Agnello, via Olina 18 ✆ 0322 90259, *Fax 0322 90259* – AE VISA
chiuso dal 5 al 20 novembre, dal 7 gennaio al 13 febbraio e martedì (escluso agosto) – **Pasto** carta 45/80000.

al Sacro Monte *Est : 1 km :*

Sacro Monte, via Sacro Monte 5 ✉ 28016 ✆ 0322 90220, *Fax 0322 90220*, Coperti limitati; prenotare, « Ambiente rustico in un sito d'arte e naturalistico » – . AE VISA
chiuso dal 7 al 30 gennaio, martedì (escluso agosto) e da novembre a Pasqua anche lunedì sera – **Pasto** carta 50/90000 (10 %).

ORTE *01028 Viterbo* 988 ㉕, 430 O 19 – *7 852 ab. alt. 134.*
Roma 88 – Terni 33 – Perugia 103 – Viterbo 35.

La Chiocciola, località Seripola Nord-Ovest : 4 km ✆ 0761 402734, *Fax 0761 490254*, , – . VISA.
marzo-15 novembre – **Pasto** (solo per alloggiati; *chiuso martedì e mercoledì*) 35/50000 – **8 cam** ☐ 110/160000 – ½ P 110/120000.

ORTISEI (ST. ULRICH) *39046 Bolzano* 988 ④, 429 C 17 *G. Italia – 4 428 ab. alt. 1 236 – Sport invernali : della Val Gardena : 1 236/2 499 m* 7 64, *(vedere anche Santa Cristina Val Gardena e Selva Val Gardena).*
Dintorni *Val Gardena*★★★ *per la strada S 242 – Alpe di Siusi*★★ *per funivia.*
piazza Stetteneck ✆ 0471 796328, Fax 0471 796749.
Roma 677 – Bolzano 36 – Bressanone 32 – Cortina d'Ampezzo 79 – Milano 334 – Trento 95 – Venezia 226.

Adler, strada Rezia 7 ✆ 0471 796203, *Fax 0471 796210*, ←, Centro benessere, « Giardino ombreggiato », , – , rist, rist, – 50. AE VISA. cam
15 dicembre-20 aprile e 15 maggio-30 ottobre – **Pasto** 35/55000 e al Rist. ***Stube*** carta 50/75000 – **100 cam** ☐ 235/425000 – ½ P 240000.

Genziana-Enzian, via Rezia 111 ✆ 0471 796246, *Fax 0471 797598*.
Natale-20 aprile e 15 maggio-15 ottobre – **Pasto** carta 45/70000 – **49 cam** 210/380000 – ½ P 240000.

Luna Mondschein, via Purger 81 ✆ 0471 796214, *Fax 0471 796697*, <, Centro benessere, « Giardino », – rist, . rist
15 dicembre-10 aprile e 20 maggio-15 ottobre – **Pasto** (solo per alloggiati) 40/90000 – **40 cam** 285/385000, 7 appartamenti – ½ P 155/190000.

Angelo-Engel, via Petlin 35 ✆ 0471 796336, *Fax 0471 796323*, <, « Ampio giardino », . rist
chiuso novembre – **Pasto** (solo per alloggiati; *chiuso a mezzogiorno escluso Natale e luglio-agosto*) – **35 cam** 135/270000 – ½ P 175000.

Grien, via Mureda 178 (Ovest : 1 km) ✆ 0471 796340, *Fax 0471 796303*, < Gruppo Sella e Sassolungo, – rist, – 40.
chiuso dal 25 aprile al 15 maggio – **Pasto** (solo per alloggiati) carta 40/90000 – **25 cam** 160/300000 – ½ P 225000.

Hell, via Promeneda 3 ✆ 0471 796785, *Fax 0471 798196*, <, « Giardino », – rist, .
15 dicembre-21 aprile e 30 giugno-15 ottobre – **Pasto** (solo per alloggiati e *chiuso a mezzogiorno*) 40/50000 – **27 cam** 190/330000 – ½ P 180/225000.

La Perla, strada Digon 8 (Sud-Ovest : 1 km) ✆ 0471 796421, *Fax 0471 798198*, <, . rist
dicembre-aprile e giugno-ottobre – **Pasto** (solo per alloggiati) – 20000 – **36 cam** 150/260000 – ½ P 175000.

Alpenhotel Rainell, strada Vidalong 19 ✆ 0471 796145, *Fax 0471 796279*, < monti e Ortisei, – rist, .
20 dicembre-Pasqua e 15 giugno-10 ottobre – **Pasto** (solo per alloggiati e *chiuso a mezzogiorno*) 30/40000 – **28 cam** 200/250000 – ½ P 175000.

Fortuna senza rist, via Stazione 11 ✆ 0471 797978, *Fax 0471 798326*, < – .
3 dicembre-aprile e luglio-5 novembre – **15 cam** 160/270000.

Villa Park senza rist, via Rezia 222 ✆ 0471 796911, *Fax 0471 797532*, <, – .
chiuso novembre – **19 cam** 130/220000.

Ronce, via Ronce 1 (Sud : 1 km) ✆ 0471 796383, *Fax 0471 797890*, < monti e Ortisei, – rist, . rist
4 dicembre-25 aprile e giugno-16 ottobre – **Pasto** (solo per alloggiati) – **22 cam** 100/200000 – ½ P 140000.

Villa Luise, via Grohmann 43 ✆ 0471 796498, *Fax 0471 796217*, < monti e Sassolungo – rist
chiuso dal 15 maggio al 30 giugno e dal 20 ottobre al 15 dicembre – **13 cam** solo ½ P 160000.

Pra' Palmer senza rist, via Promenade 5 ✆ 0471 796710, *Fax 0471 797900*, <, – .
dicembre-Pasqua e 20 giugno-ottobre – **22 cam** 90/180000.

Cosmea, via Setil 1 ✆ 0471 796464, *Fax 0471 797805*, – cam
chiuso dal 20 ottobre al 5 dicembre – **Pasto** (*chiuso mercoledì in maggio, giugno ed ottobre*) 25/55000 – **22 cam** 140/260000 – ½ P 170000.

Concordia, via Roma 41 ✆ 0471 796276, *Fax 0471 796276* – .
dicembre-Pasqua e giugno-ottobre – **Pasto** carta 35/60000.

a Bulla (Pufels) *Sud-Ovest : 6 km – alt. 1 481 – ✉ 39046 Ortisei :*

Uhrerhof-Deur, ✆ 0471 797335, *Fax 0471 797457*, < Ortisei e monti, – .
chiuso dal 2 novembre al 2 dicembre – **Pasto** (solo per alloggiati) carta 50/80000 – **10 cam** solo ½ P 160000, 5 appartamenti.

Sporthotel Platz, ✆ 0471 796982, *Fax 0471 798228*, < Ortisei e monti, –
stagionale – **23 cam.**

ORTONA *66026 Chieti 988 ㉗, 430 O 25 – 23 518 ab. – a.s. 20 giugno-agosto.*
per le Isole Tremiti giugno-settembre giornaliero (2 h 45 mn) – Adriatica di Navigazione-agenzia Fratino, via Porto 34 ✆ 085 9063855 Fax 085 9064186.
piazza della Repubblica ✆ 085 9063841, Fax 085 9063882.
Roma 227 – Pescara 20 – L'Aquila 126 – Campobasso 139 – Chieti 36 – Foggia 158.

Ideale senza rist, corso Garibaldi 65 ☎ 085 9063735, *Fax 085 9066153*, ← – |‡| ▤ TV ☎ 🚗. AE ⑤ ⓓ MC VISA. ✻
☕ 10000 – **23 cam** 100/135000.

Miramare, largo Farnese 15 ☎ 085 9066556 – ✻. AE ⑤ ⓓ MC VISA
chiuso dal 10 al 30 novembre, dal 24 al 30 dicembre, domenica e lunedì – **Pasto** carta 40/75000.

a Lido Riccio *Nord-Ovest : 5,5 km – ✉ 66026 Ortona :*

Mara, ☎ 085 9190416, *Fax 085 9190522*, ←, « Giardino con 🏊 », 🏖, ✻ – |‡| ▤ TV ☎ ♿ P – 🏛 100. ⑤ MC VISA. ✻
15 maggio-20 settembre – **Pasto** 50000 – **102 cam** ☕ 160/180000, 9 appartamenti – ½ P 140/165000.

ORVIETO *05018 Terni* 988 ㉕, 430 N 18 *G. Italia – 20 768 ab. alt. 315.*

Vedere *Posizione pittoresca*** – Duomo*** – Pozzo di San Patrizio** – Palazzo del Popolo* – Quartiere vecchio* – Palazzo dei Papi** **M2** *– Collezione etrusca* nel museo Archeologico Faina* **M1**.

ℹ piazza del Duomo 24 ☎ 0763 341772, Fax 0763 344433.

Roma 121 ① – Perugia 75 ① – Viterbo 50 ② – Arezzo 110 ① – Milano 462 ① – Siena 123 ① – Terni 75 ①.

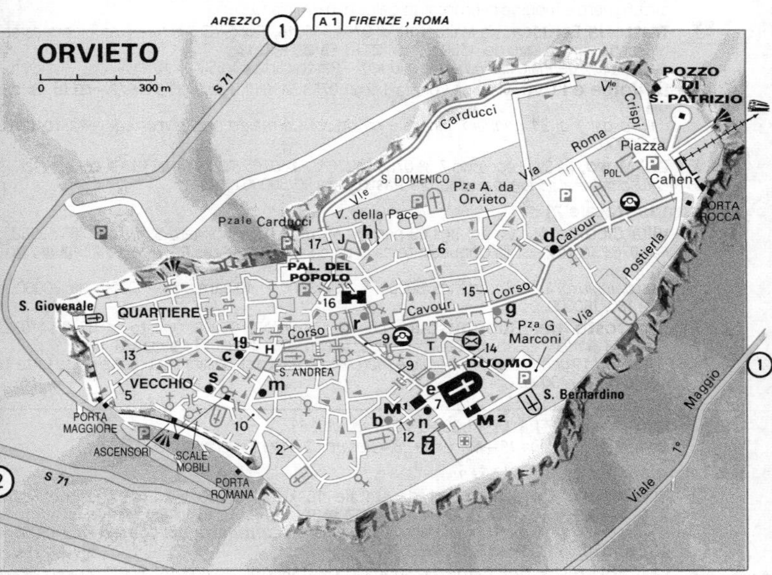

Circolazione regolamentata nel centro città

Alberici (Via degli)	2	Duomo (Pza del)	7	Nebbia (Via)	14
Cava (Via della)	5	Duomo (Via del)	9	Orvieto (Via A.da)	15
Cavallotti (Via Felice)	6	Garibaldi (Via)	10	Popolo (Piazza del)	16
Cavour (Corso)		Maitani (Via)	12	Pza del Popolo (Via di)	17
		Malabranca (Via)	13	Repubblica (Pza della)	19

La Badia 🔇, località La Badia Sud : 3 km ☎ 0763 301959, *Fax 0763 305396*, ←, « In un'abbazia del 12° e 13° secolo », 🏊, 🎾, ✻ – ▤ cam, TV ☎ P – 🏛 150. AE MC VISA. ✻ per ②
chiuso gennaio e febbraio – **Pasto** *(chiuso lunedì, martedì, mercoledì a mezzogiorno)* carta 70/105000 – ☕ 19000 – **19 cam** 225/310000, 7 appartamenti – ½ P 315000.

Maitani senza rist, via Maitani 5 ☎ 0763 342011, *Fax 0763 342012*, « Terrazza colazione con ← Duomo » – |‡| ▤ TV ☎. AE ⑤ ⓓ MC VISA. ✻ n
chiuso dal 7 al 31 gennaio – ☕ 18000 – **32 cam** 140/230000, 8 appartamenti.

Palazzo Piccolomini, piazza Ranieri 36 ☎ 0763 341743, *Fax 0763 391046* – 60. AE ⓢ ⓓ ⓜ VISA JCB. ✗ rist
chiuso dal 20 gennaio al 20 febbraio – **Pasto** carta 40/60000 – ☐ 15000 – **32 cam** 130/180000 – 1/2 P 140000.

Aquila Bianca senza rist, via Garibaldi 13 ☎ 0763 341246, *Fax 0763 342273* – 60. AE ⓢ ⓓ ⓜ VISA JCB
☐ 15000 – **37 cam** 135/155000.

Corso senza rist, corso Cavour 343 ☎ 0763 342020, *Fax 0763 342020* – ⓢ ⓓ ⓜ VISA
☐ 10000 – **16 cam** 110/150000, ▤ 10000.

Filippeschi senza rist, via Filippeschi 19 ☎ 0763 343275, *Fax 0763 343275* – AE ⓢ ⓓ ⓜ VISA JCB. ✗
☐ 10000 – **15 cam** 90/135000.

Giglio d'Oro, piazza Duomo 8 ☎ 0763 341903, prenotare, « Servizio estivo in piazza del Duomo » – ▤. AE ⓢ ⓜ VISA
chiuso mercoledì – **Pasto** 60000 e carta 60/90000.

I Sette Consoli, piazza Sant'Angelo 1/A ☎ 0763 343911, *Fax 0763 343911*, prenotare « Servizio estivo serale in giardino con ≤ Duomo » – AE ⓢ ⓓ ⓜ VISA. ✗
chiuso dal 5 al 15 febbraio, dal 20 giugno al 10 luglio e mercoledì – **Pasto** carta 55/75000
Spec. Tartara di porcini e crostini al lardo di Colonnata. Maccheroni con guanciale e salsiccia in salsa di lenticchie e tartufo nero. Filetto di manzo, salsa al fegato grasso, julienne di tartufo nero e mousse di broccoli in cialda di parmigiano.

Trattoria Etrusca, via Maitani 10 ☎ 0763 344016, *Fax 0763 341105*, « Ambiente caratteristico in un palazzo del 1300 » – ▤. AE ⓢ ⓓ ⓜ VISA. ✗
chiuso dal 7 gennaio al 7 febbraio e lunedì – **Pasto** carta 40/65000 (10 %).

La Volpe e l'Uva, via Ripa Corsica 1/2 ☎ 0763 341612, *Fax 0763 341612* – AE ⓢ ⓓ ⓜ VISA
chiuso dal 7 al 31 gennaio, lunedì e da ottobre a marzo anche martedì – **Pasto** carta 40/60000.

Del Moro, via San Leonardo 7 ☎ 0763 342763, *Fax 0763 342763* – AE ⓢ ⓓ ⓜ VISA. ✗
chiuso dal 1° al 15 luglio e venerdì – **Pasto** carta 30/50000 (10 %).

sulla strada statale 71 :

Villa Ciconia, via dei Tigli 69 per ① : *6 km* ✉ 05019 Orvieto Scalo ☎ 0763 305582, *Fax 0763 302077*, « Villa cinquecentesca in parco secolare » – ▤ P. AE ⓢ ⓓ ⓜ VISA. ✗
Pasto *(chiuso lunedì)* carta 45/80000 – ☐ 18000 – **10 cam** 235/260000, ▤ 20000 – 1/2 P 160/180000.

Girarrosto del Buongustaio, per ② : *5 km* ✉ 05018 Orvieto ☎ 0763 341935, *Fax 0763 341935*, « Servizio estivo in terrazza con ≤ » – P. AE ⓢ ⓓ ⓜ VISA. ✗
chiuso dal 10 gennaio al 1° febbraio e mercoledì – **Pasto** specialità alla brace e paste fatte in casa carta 45/70000.

OSIMO *60027 Ancona* 988 ⑯, 430 L 22 – *29 074 ab. alt. 265.*

Roma 308 – Ancona 19 – Macerata 28 – Pesaro 82 – Porto Recanati 19.

sulla strada statale 16 *Est : 7,5 km :*

Cristoforo Colombo, strada statale 16 km 310.400 ✉ 60027 Osimo Scalo ☎ 071 7108990, *Fax 071 7108994* – ▤ P – 60. AE ⓢ ⓓ ⓜ VISA. ✗
chiuso dal 24 al 30 dicembre – **Pasto** vedere rist ***La Cantinetta del Conero*** – ☐ 15000 – **28 cam** 150/180000 – 1/2 P 120/150000.

La Cantinetta del Conero, strada statale 16 km 310,400 ✉ 60027 Osimo Scalo ☎ 071 7108651 – ▤ P. AE ⓢ ⓓ ⓜ VISA. ✗
chiuso dal 2 al 22 agosto e sabato – **Pasto** carta 50/90000.

OSIO SOTTO *24046 Bergamo* 428 F 10, 219 ⑳ – *10 296 ab. alt. 184.*

Roma 579 – Bergamo 11 – Lecco 38 – Milano 37.

La Lucanda, via Risorgimento 15 ☎ 035 808692, *Fax 035 808692*, Coperti limitati; prenotare – ▤. ⓢ VISA. ✗
chiuso dal 3 al 16 gennaio, dal 7 al 27 agosto, sabato a mezzogiorno e domenica – **Pasto** carta 70/115000.

OSOPPO *33010 Udine* 429 D 21 – *2 827 ab. alt. 185.*

Roma 665 – Udine 31 – Milano 404.

Pittis, via Andervolti 2 ☎ 0432 975346, *Fax 0432 975916* – P. AE ⓓ ⓜ VISA
Pasto *(chiuso domenica, dal 25 dicembre al 7 gennaio e dal 9 al 22 agosto)* carta 40/60000 – ☐ 15000 – **40 cam** 80/110000 – 1/2 P 85000.

OSPEDALETTI *18014 Imperia* 988 ⑫, 428 K 5 – *3 564 ab.*.
corso Regina Margherita 13 ☎ 0184 689085, Fax 0184 684455.
Roma 650 – Imperia 40 – Genova 151 – Milano 274 – Ventimiglia 11.

Delle Rose, via de Medici 17 ☎ 0184 689016, *Fax 0184 689778*, « Piccolo giardino con piante esotiche » – TV ☎. AE VISA. rist
Pasto *(chiuso lunedì)* carta 40/55000 – **14 cam** 100/130000 – ½ P 105000.

Le Rocce del Capo, lungomare Cristoforo Colombo 102 ☎ 0184 689733, *Fax 0184 689024*, ←, « Sulla scogliera », con acqua di mare, – TV ☎. AE VISA. rist
Pasto carta 60/90000 – **23 cam** 120/190000 – ½ P 130/150000.

OSPEDALETTO *38050 Trento* 429 D 16 – *844 ab. alt. 340.*
Roma 539 – Belluno 67 – Padova 89 – Trento 45 – Treviso 84.

Va' Pensiero, località Pradanella 7/b (Est : 2,5 km) ☎ 0461 768383, – P. AE VISA.
chiuso dal 20 ottobre al 15 novembre e mercoledì – **Pasto** carta 55/85000.

OSPEDALETTO *Verona – Vedere Pescantina.*

OSPEDALETTO D'ALPINOLO *83014 Avellino* 431 E 26 – *1 644 ab. alt. 725.*
Roma 248 – Napoli 58 – Avellino 11 – Benevento 27 – Salerno 50.

La Castagna, ☎ 0825 691047, *Fax 0825 691047*, ←, « Servizio rist. estivo in terrazza ombreggiata », – P. cam
Pasto *(chiuso martedì)* carta 35/55000 – 10000 – **20 cam** 40/80000 – ½ P 60/75000.

Europe

If the name of the hotel is not in bold type,
on arrival ask the hotelier his prices.

OSPEDALICCHIO *Perugia* 430 M 19 – *Vedere Bastia Umbra.*

OSPIATE *Milano – Vedere Bollate.*

OSPITALETTO *25035 Brescia* 428, 429 F 12 – *10 316 ab. alt. 155.*
Roma 550 – Brescia 12 – Bergamo 45 – Milano 96.

Hosteria Brescia, via Brescia 22 ☎ 030 640988 – AE VISA
chiuso agosto e lunedì – **Pasto** 20/30000 (solo a mezzogiorno) e carta 45/70000 (solo la sera).

OSSANA *38026 Trento* 429 D 14 – *765 ab. alt. 1 003 – a.s. 29 gennaio-Pasqua e Natale.*
Roma 659 – Trento 74 – Bolzano 82 – Passo del Tonale 17.

Pangrazzi, frazione Fucine alt. 982 ☎ 0463 751108, *Fax 0463 751359*, – TV ☎ P. VISA.
dicembre-aprile e 15 giugno-10 settembre – **Pasto** carta 30/60000 – **30 cam** 70/120000 – ½ P 105000.

OSTELLATO *44020 Ferrara* 429 H 17 – *7 173 ab.*.
Roma 395 – Ravenna 65 – Bologna 63 – Ferrara 33.

Villa Belfiore, via Pioppa 27 ☎ 0533 681164, *Fax 0533 681172*, « Ambiente e arredi rustici », – TV ☎ P. AE VISA.
Pasto (solo per alloggiati) – 10000 – **10 cam** 110/130000 – ½ P 140000.

Locanda della Tamerice con cam, via Argine Mezzano 2 (Est : 1 km) ☎ 0533 680795, *Fax 0533 681962*, prenotare, « Nelle valli di Ostellato », – P. AE VISA.
Pasto carta 85/150000 – 40000 – **6 cam** 150/180000
Spec. Brodetto d'anguilla alla comacchiese (autunno-primavera). Filetto di luccioperca con marmellata di cipolle e fiori di zucca fritti, ragù di gamberi di fiume e pomodorini (estate). Germano reale ripieno del suo fegato, salsa al sambuco e fagottino di bietola e pinoli (autunno).

OSTIA *Roma – Vedere risorse di Roma, Lido di Ostia (o di Roma) ed Ostia Antica.*

OSTIA ANTICA *00119 Roma* [988] ㉕ ㉖, [430] Q 18 *G. Roma.*

Vedere *Piazzale delle Corporazioni★★★ – Capitolium★★★ – Foro★★ – Domus di Amore e Psiche★★★ – Schola del Traiano★★★ – Terme dei Sette Sapienti★ – Terme del Foro★ – Casa di Diana★ – Museo★ – Thermopolium★★ – Horrea di Hortensius★ – Mosaici★★ nelle Terme di Nettuno.*

Roma 25 – Anzio 49 – Civitavecchia 69 – Latina 73 – Lido di Ostia o di Roma 4.

🍴 **Monumento,** piazza Umberto I, 8 ☎ 06 5650021. [AE] [S] [DC] [MC] [VISA]. – *chiuso dal 1 agosto al 5 settembre e lunedì* – **Pasto** carta 45/80000.

OSTIGLIA *46035 Mantova* [988] ④ ⑭, [429] G 15 – *7 122 ab. alt. 15.*

Roma 460 – Verona 46 – Ferrara 56 – Mantova 33 – Milano 208 – Modena 56 – Rovigo 63.

sulla strada statale 12 *Nord : 6 km :*

🍴 **Pontemolino-da Trida,** ✉ 46035 ☎ 0386 802380, – [P]. [S] [MC] [VISA]
chiuso dal 7 al 31 gennaio, dal 10 luglio al 6 agosto, lunedì sera e martedì – **Pasto** carta 40/60000.

OSTUNI *72017 Brindisi* [988] ㉚, [431] E 34 *G. Italia – 32 835 ab. alt. 207 – a.s. luglio-15 settembre.*

Vedere *Facciata★ della Cattedrale.*

Dintorni *Regione dei Trulli★★★ Ovest.*

[i] corso Mazzini 6 ☎ 0831 301268.

Roma 530 – Brindisi 42 – Bari 80 – Lecce 73 – Matera 101 – Taranto 52.

Novecento, contrada Ramunno Sud : 1,5 km ☎ 0831 305666, *Fax 0831 305668*, « In una villa d'epoca », – [TV] ☎ [P]. [AE] [S] [DC] [MC] [VISA]. rist
Pasto (solo per alloggiati) 30/50000 – **16 cam** 130/170000 – 1/2 P 110/130000.

🍴🍴 **Porta Nova,** via Petrarolo 38 ☎ 0831 338983, *Fax 0831 338983*, « Servizio estivo in terrazza panoramica » – [AE] [S] [DC] [MC] [VISA] [JCB].
chiuso dal 15 al 31 gennaio e mercoledì – **Pasto** carta 40/65000.

🍴 **Spessite,** via Clemente Brancasi 43 ☎ 0831 302866, *Fax 0831 302866*, prenotare, « Ambiente caratteristico » – [AE] [MC] [VISA].
chiuso novembre, a mezzogiorno (escluso luglio-agosto e la domenica) e mercoledì in bassa stagione – **Pasto** 30000 bc.

🍴 **Osteria del Tempo Perso,** via Tanzarella Vitale 47 ☎ 0831 303320, prenotare – [AE] [S] [DC] [MC] [VISA] [JCB].
chiuso lunedì e a mezzogiorno (escluso domenica, i giorni festivi e dal 23 dicembre al 10 gennaio) – **Pasto** carta 30/50000.

a Costa Merlata *Nord-Est : 15 km – ✉ 72017 :*

Gd H. Masseria Santa Lucia, strada statale 379 km 23,500 ☎ 0831 3560, *Fax 0831 304090*, « In un'antica masseria fortificata », – [TV] ☎ [P] – 1000. [AE] [S] [DC] [MC] [VISA].
Pasto 60000 – **89 cam** 280/330000, 4 appartamenti – 1/2 P 235000.

OTRANTO *73028 Lecce* [988] ㉚, [431] G 37 *G. Italia – 5 298 ab..*

Vedere *Cattedrale★ : pavimento★★★.*

Escursioni *Costa meridionale★ Sud per la strada S 173.*

[i] via Presbitero 8 ☎ 0836 801436.

Roma 642 – Brindisi 84 – Bari 192 – Gallipoli 47 – Lecce 41 – Taranto 122.

Degli Haethey, via Francesco Sforza 33 ☎ 0836 801548, *Fax 0836 801576*, – [TV] ☎ [P]. [AE] [S] [DC] [MC] [VISA].
Pasto 25000 – **21 cam** 120/220000 (solo 1/2 P luglio-agosto) – 1/2 P 135000.

Rosa Antico senza rist, strada statale 16 ☎ 0836 801563, *Fax 0836 801563*, « Giardino-agrumeto » – [TV] ☎ [P]. [S] [MC] [VISA].
10 cam 70/150000.

Minerva senza rist, via Pioppi 46 ☎ 0836 804440 – [TV] ☎.
13 cam 80/140000.

🍴🍴 **Tenuta il Gambero** con cam, litoranea per Porto Badisco Sud : 3 km ☎ 0836 801107, *Fax 0836 801303*, ←, prenotare, « In una masseria di origini duecentesche », – [TV] ☎ [P]. [AE] [S] [DC] [MC] [VISA]. cam
Pasto specialità di mare carta 60/80000 – 14 appartamenti 200/250000.

🍴🍴 Acmet Pascià, via Lungomare degli Eroi ☎ 0836 801282, ←, « Servizio estivo in terrazza panoramica ».

🍴 **Vecchia Otranto,** corso Garibaldi 96 ☎ 0836 801575, – [AE] [S] [DC] [MC] [VISA].
chiuso novembre e giovedì (escluso dal 15 giugno al 15 settembre) – **Pasto** carta 50/75000.

OTTAVIANO *80044 Napoli* 988 ㉗, 431 E 25 – *23 307 ab. alt. 190.*
Roma 240 – Napoli 22 – Benevento 70 – Caserta 47 – Salerno 42.

Augustus senza rist, viale Giovanni XXIII 61 ☎ 081 5288455, *Fax 081 5288454* – |‡| ▤ TV ☎ ⇔ – 🏛 30. AE 🅂 ⓞ ⓜⓒ VISA JCB. ✂
☕ 10000 – **41 cam** 160/220000.

OTTONE *Livorno – Vedere Elba (Isola d') : Portoferraio.*

OVADA *15076 Alessandria* 988 ⑬, 428 I 7 – *12 009 ab. alt. 186.*
Dintorni *Strada dei castelli dell'Alto Monferrato★ (o strada del vino) verso Serravalle Scrivia.*
Roma 549 – Genova 50 – Acqui Terme 24 – Alessandria 40 – Milano 114 – Savona 61 – Torino 125.

La Volpina, strada Volpina 1 ☎ 0143 86008, Coperti limitati; prenotare, « Servizio estivo all'aperto » – P. 🅂 ⓞ ⓜⓒ VISA JCB
chiuso dal 22 dicembre al 10 gennaio, dall'8 al 29 agosto, la sera dei giorni festivi e lunedì – **Pasto** carta 60/85000 (10 %).

OVINDOLI *67046 L'Aquila* 988 ㉖, 430 P 22 – *1 237 ab. alt. 1 375 – a.s. 15 dicembre-12 aprile e luglio-22 settembre – Sport invernali : 1 375/2 000 m ⛷5.*
Roma 129 – L'Aquila 36 – Frosinone 109 – Pescara 119 – Sulmona 55.

Il Pozzo, via Monumento dell'Alpino ☎ 0863 710191, prenotare, « Ambiente caratteristico » – AE 🅂 ⓜⓒ VISA. ✂
chiuso dal 22 settembre al 5 ottobre e mercoledì in bassa stagione – **Pasto** carta 35/65000.

In questa guida
uno stesso simbolo, una stessa parola
stampati in rosso o in **nero**, in magro o in ***grassetto***
hanno un significato diverso.
Leggete attentamente le pagine esplicative.

PACENTRO *67030 L'Aquila* 430 P 23 – *1 295 ab. alt. 650.*
Roma 171 – Pescara 78 – Avezzano 66 – Isernia 82 – L'Aquila 76.

Taverna De Li Caldora, piazza Umberto I 13 ☎ 0864 41139, *Fax 0864 41139*, prenotare, « Servizio estivo in terrazza panoramica » – ▤. AE 🅂 ⓞ ⓜⓒ VISA. ✂
chiuso domenica sera e martedì – **Pasto** carta 30/55000.

PACIANO *06060 Perugia* 430 M 18 – *933 ab. alt. 391.*
Roma 163 – Chianciano Terme 23 – Perugia 45.

La Locanda della Rocca con cam, viale Roma 4 ☎ 075 830236, *Fax 075 830155*, ⩽, Coperti limitati; prenotare, « In un antica dimora ricavata da un vecchio mulino con servizio ristorante in giardino », 🌳 – TV P. AE 🅂 ⓞ ⓜⓒ VISA
chiuso dal 15 gennaio a febbraio – **Pasto** *(chiuso martedì)* carta 50/70000 – **7 cam** ☕ 140/170000 – ½ P 125/135000.

PADENGHE SUL GARDA *25080 Brescia* 428, 429 F 13 – *3 426 ab. alt. 115.*
Roma 526 – Brescia 36 – Mantova 53 – Verona 43.

Locanda Santa Giulia senza rist, lungolago Marconi 78 ☎ 030 99950, *Fax 030 9995100*, ⛱, 🌳 – |‡|, ⇔ cam, ▤ TV ☎ ✆ ♿ ⇔ P – 🏛 150. AE 🅂 ⓞ ⓜⓒ VISA JCB. ✂
22 cam ☕ 160/240000, 18 appartamenti 160/380000.

PADERNO DI PONZANO *Treviso – Vedere Ponzano Veneto.*

PADERNO FRANCIACORTA *25050 Brescia* 428 F 12 – *3 171 ab. alt. 183.*
Roma 550 – Brescia 15 – Milano 84 – Verona 81.

Franciacorta senza rist, via Donatori di Sangue 10 ☎ 030 6857085, *Fax 030 6857082* – |‡| ▤ TV ☎ ⇔ P. AE 🅂 ⓞ ⓜⓒ VISA
chiuso agosto – ☕ 15000 – **24 cam** 120/160000.

PADOLA *Belluno – Vedere Comelico Superiore.*

PADOVA 35100 P 988 ⑤, 429 F 17 *G. Italia – 211 035 ab. alt. 12.*

Vedere *Affreschi di Giotto★★★, Vergine★ di Giovanni Pisano nella cappella degli Scroveg* **DY** *– Basilica del Santo★★* **DZ** *– Statua equestre del Gattamelata★★* **DZ A** *– Palazzo de Ragione★* **DZ J** *: salone★★ – Pinacoteca Civica★* **DY M** *– Chiesa degli Eremitani★* **D** *affreschi di Guariento★★ – Oratorio di San Giorgio★* **DZ B** *– Scuola di Sant'Antonio★* **DZ B** *Piazza della Frutta★* **DZ 25** *– Piazza delle Erbe★* **DZ 20** *– Torre dell'Orologio★ (in piazza d Signori* **CYZ**) *– Pala d'altare★ nella chiesa di Santa Giustina* **DZ**.

Dintorni *Colli Euganei★ Sud-Ovest per ⑥.*

18 e 9 *Montecchia (chiuso lunedì) a Selvazzano Dentro ✉ 35030 ☎ 049 8055550, Fax 0 8055737, Ovest : 8 km;*

18 *Frassanelle (chiuso martedì) ✉ 35030 Frassanelle di Rovolon ☎ 049 9910722, Fax 0 9910691, Sud-Ovest : 20 km;*

18 *(chiuso lunedì e gennaio) a Valsanzibio di Galzignano ✉ 35030 ☎ 049 9130078, Fax 0 9131193, Est : 21 km.*

Stazione Ferrovie Stato ✉ 35131 ☎ 049 8752077, Fax 8755008 – piazza del San ✉ 35123 ☎ 049 8753087.

A.C.I. *via Enrico degli Scrovegni 19 ✉ 35131 ☎ 049 654733.*

Roma 491 – Milano 234 – Venezia 42 – Verona 81.

Piante pagine seguenti

Grand'Italia M senza rist, corso del Popolo 81 ✉ 35131 ☎ 049 876111 *Fax 049 8750850* – 70. AE VISA. DY
58 cam 240/320000, 3 appartamenti.

Plaza, corso Milano 40 ✉ 35139 ☎ 049 656822, *Fax 049 661117* – cam, – 150. AE VISA. rist CY
Pasto *(chiuso agosto, domenica e a mezzogiorno)* carta 65/85000 – **137 cam** 21(320000, 5 appartamenti.

Milano M, via Bronzetti 62 ✉ 35138 ☎ 049 8712555 e rist. ☎ 049 871580 *Fax 049 8713923* – – 30. AE VISA. CY
Pasto al Rist. ***Porta Savonarola*** *(chiuso sabato sera e domenica)* carta 55/80000 – **83 ca** 180/240000.

Biri, via Grassi 2 ✉ 35129 ☎ 049 8067700 e rist ☎ 049 8075023, *Fax 049 8067748,* – – 75. AE VISA. BV
chiuso dal 24 dicembre al 6 gennaio – **Pasto** *(chiuso domenica)* carta 35/60000 – **88 ca** 170/255000, 4 appartamenti.

Europa, largo Europa 9 ✉ 35137 ☎ 049 661200, *Fax 049 661508* – – 5 AE VISA DY
Pasto *(chiuso sabato a mezzogiorno e domenica)* carta 45/75000 – **64 cam** 190/23000

Giovanni, via Mamiani 17 ✉ 35129 ☎ 049 8073382, *Fax 049 8075657* – 30. AE VISA BV
chiuso agosto – **Pasto** vedere rist ***Giovanni*** – **34 cam** 145/210000.

Donatello, via del Santo 102/104 ✉ 35123 ☎ 049 8750634, *Fax 049 8750829,* ←, « Serv zio rist. estivo in terrazza » – – 35. AE VISA JCB DZ
chiuso dal 15 dicembre al 15 gennaio – **Pasto** al Rist. ***Sant'Antonio*** *(chiuso dal 9 dicemb al 15 gennaio, dal 1° al 15 luglio e mercoledì escluso da luglio a settembre)* carta 55/7500 (12 %) – 20000 – **45 cam** 165/260000 – ½ P 185000.

Majestic Toscanelli senza rist, via dell'Arco 2 ✉ 35122 ☎ 049 663244, *Fax 049 876002* – . AE VISA. DZ
32 cam 195/295000.

Al Fagiano senza rist, via Locatelli 45 ✉ 35123 ☎ 049 8753396, *Fax 049 8753396* – . AE VISA DZ
10000 – **29 cam** 90/120000.

Al Cason, via Frà Paolo Sarpi 40 ✉ 35138 ☎ 049 662636, *Fax 049 8754217* – – 30. AE VISA. cam CDY
Pasto *(chiuso dal 24 dicembre al 6 gennaio, dal 28 luglio al 3 settembre, sabato e domen ca)* carta 45/55000 – 10000 – **48 cam** 110/140000 – ½ P 100/120000.

Igea senza rist, via Ospedale Civile 87 ✉ 35121 ☎ 049 8750577, *Fax 049 660865* – . AE VISA JCB DZ
12000 – **49 cam** 105/155000.

XXX **Antico Brolo,** corso Milano 22 ✉ 35139 ☎ 049 664555, *Fax 049 656088,* , prenotare – . AE VISA CY
chiuso lunedì – **Pasto** carta 65/105000 (18 %).

XXX **Belle Parti,** via Belle Parti 11 ✉ 35139 ☎ 049 8751822, *Fax 049 8751822,* Coperti limitati, prenotare – . AE VISA JCB. CDY
chiuso agosto e domenica – **Pasto** carta 60/95000.

XX **La Vecchia Enoteca,** via San Martino e Solferino 32 ✉ 35122 ☎ 049 8752856 *Fax 049 8752856,* Coperti limitati; prenotare – . VISA DZ
chiuso dal 27 luglio al 15 agosto, domenica e lunedì a mezzogiorno – **Pasto** carta 50/75000

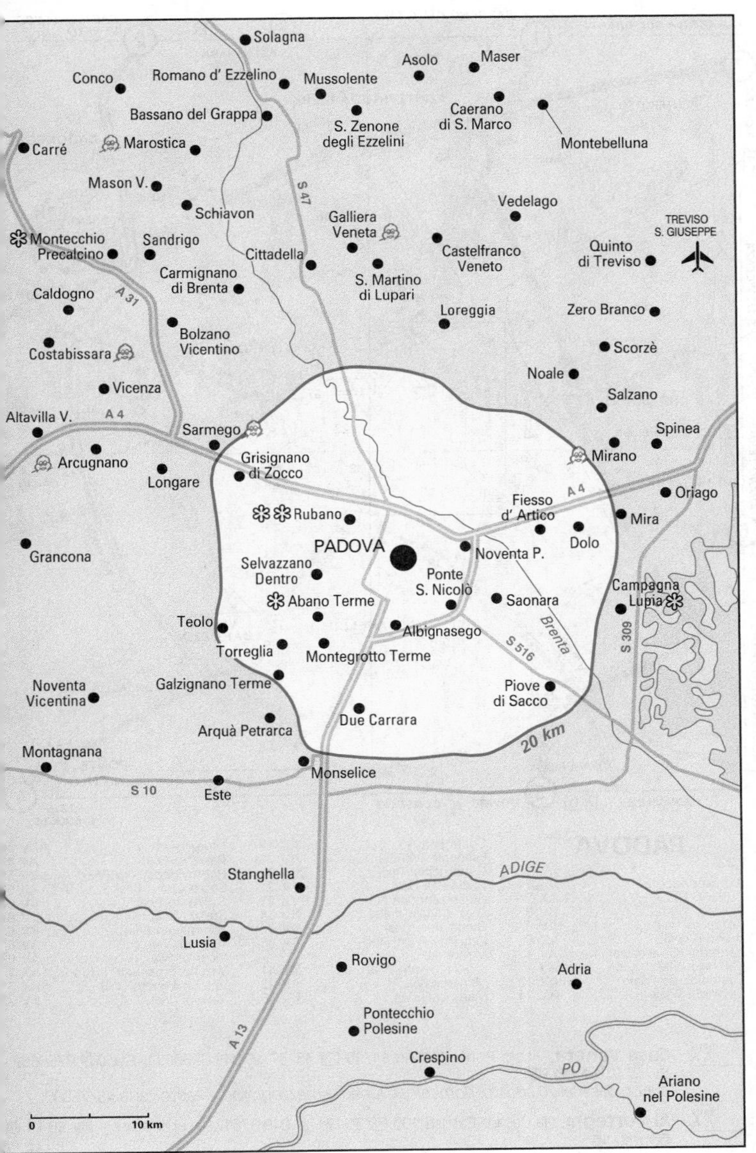
Solagna
Asolo
Maser
Conco
Romano d' Ezzelino
Mussolente
Bassano del Grappa
Caerano di S. Marco
S. Zenone degli Ezzelini
Montebelluna
Carré
Marostica
Mason V.
S 47
Schiavon
Vedelago
Galliera Veneta
TREVISO S. GIUSEPPE
Montecchio Precalcino
Sandrigo
Cittadella
Castelfranco Veneto
Quinto di Treviso
Carmignano di Brenta
S. Martino di Lupari
Caldogno
A 31
Loreggia
Zero Branco
Bolzano Vicentino
Costabissara
Scorzè
Noale
Vicenza
Salzano
Altavilla V.
A 4
Sarmego
Spinea
Mirano
Arcugnano
Grisignano di Zocco
Longare
Fiesso d' Artico
A 4
Oriago
Rubano
Mira
Dolo
PADOVA
Noventa P.
Grancona
Selvazzano Dentro
Ponte S. Nicolò
Campagna Lupia
Abano Terme
Saonara
Teolo
Albignasego
Brenta
S 309
Torreglia
S 516
Montegrotto Terme
Noventa Vicentina
Galzignano Terme
Piove di Sacco
Due Carrara
Arquà Petrarca
20 km
Montagnana
Monselice
S 10
Este
ADIGE
Stanghella
Lusia
Rovigo
Adria
Pontecchio Polesine
A 13
Crespino
PO
Ariano nel Polesine
0
10 km

Le Ottime Tavole

Per voi abbiamo contraddistinto alcuni alberghi (🏠 ... 🏠🏠🏠🏠🏠) e ristoranti (✕ ... ✕✕✕✕✕) con 😊, ✿, ✿✿ o ✿✿✿.

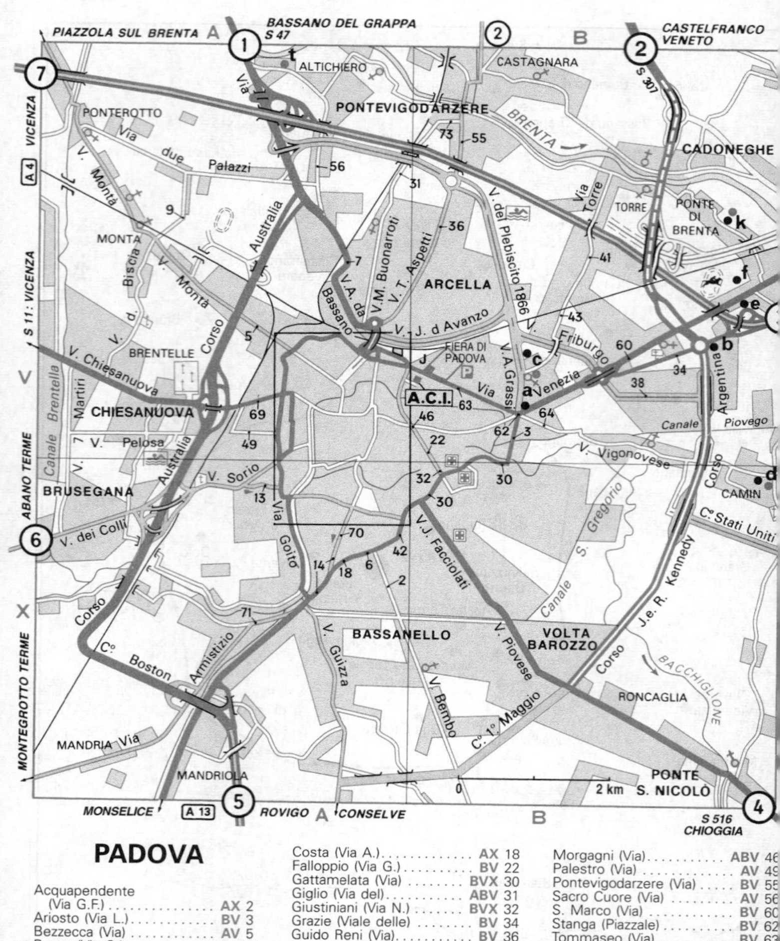

PADOVA

Acquapendente (Via G.F.) . . . . **AX** 2
Ariosto (Via L.) . . . . **BV** 3
Bezzecca (Via) . . . . **AV** 5
Bruno (Via G.) . . . . **AX** 6
Camerini (Cavalcavia) . . . . . . **AV** 7
Capitello (Via) . . . . **AV** 9
Castelfidardo (Via) . . . . **AX** 13
Cavallotti (Viale F.) . . . . **AX** 14
Costa (Via A.) . . . . **AX** 18
Falloppio (Via G.) . . . . **BV** 22
Gattamelata (Via) . . . . **BVX** 30
Giglio (Via del) . . . . **ABV** 31
Giustiniani (Via N.) . . . . **BVX** 32
Grazie (Viale delle) . . . . **BV** 34
Guido Reni (Via) . . . . **BV** 36
Industria (Viale dell') . . . . **BV** 38
Madonna della Salute (Via) . . . . **BV** 41
Manzoni (Via A.) . . . . **AX** 42
Maroncelli (Via) . . . . **BV** 43
Morgagni (Via) . . . . **ABV** 46
Palestro (Via) . . . . **AV** 49
Pontevigodarzere (Via) . . . . . . **BV** 55
Sacro Cuore (Via) . . . . **AV** 56
S. Marco (Via) . . . . **BV** 60
Stanga (Piazzale) . . . . **BV** 62
Tommaseo (Via) . . . . **BV** 63
Turazza (Via) . . . . **BV** 64
Vicenza (Via) . . . . **AV** 69
Vittorio Emanuele II (Cso) . . **AX** 70
Vittorio Veneto (Via) . . . . **AX** 71
Vivarini (Via) . . . . **BV** 73

XX **Casa Veneta,** vicolo Ponte Molino 11/15 ✉ 35137 ℘ 049 8758699, *Fax 049 8758699* – ▤. AE ⑤ ◑ MC VISA CY c
chiuso dal 1° al 20 agosto, domenica e lunedì a mezzogiorno – **Pasto** carta 45/75000.

XX **Ai Porteghi,** via Cesare Battisti 105 ✉ 35121 ℘ 049 8761720, prenotare – ▤. AE ⑤ ◑ MC VISA. ✻ DZ e
chiuso agosto, domenica e lunedì a mezzogiorno – **Pasto** carta 55/80000.

XX **Bastioni del Moro,** via Bronzetti 18 ✉ 35138 ℘ 049 8710006, *Fax 049 8710006,* ⛱ – ▤. AE ⑤ ◑ MC VISA. ✻ CY b
chiuso dal 10 al 23 agosto e domenica – **Pasto** carta 40/60000.

X **Giovanni,** via Maroncelli 22 ✉ 35129 ℘ 049 772620 – ▤ P. AE ⑤ ◑ MC VISA. ✻ BV c
chiuso dal 24 dicembre al 2 gennaio, dal 26 luglio al 26 agosto, sabato a mezzogiorno e domenica – **Pasto** carta 50/80000.

PADOVA

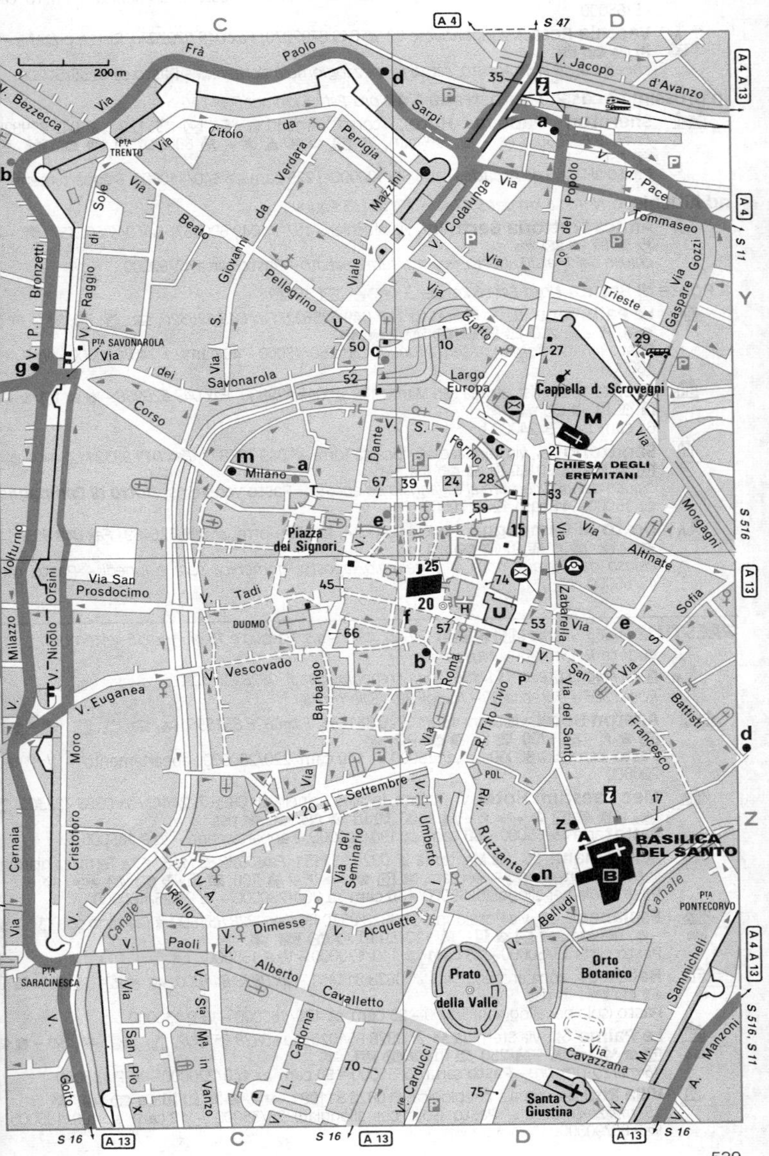

C
D
Y
Z
A 4
S 47
A 4 A 13
S 11
S 516
A 13
S 516. S 11
S 16
0
200 m
Frà Paolo Sarpi
V. Jacopo d'Avanzo
V. d. Pace
Tommaseo
Via Gaspare Gozzi
Trieste
Via Codalunga
Co del Popolo
Viale Mazzini
Via Citolo da Perugia
Via Beato Pellegrino
Via S. Giovanni da Verdara
Via Raggio di Sole
V. P. Bronzetti
V. Bezzecca
PTA TRENTO
PTA SAVONAROLA
Via dei Savonarola
Corso Milano
Via Giotto
Largo Europa
Cappella d. Scrovegni
CHIESA DEGLI EREMITANI
V. S. Fermo
V. Dante
Piazza dei Signori
DUOMO
V. Tadi
Via San Prosdocimo
V. Vescovado
V. Euganea
Via Barbarigo
Via Roma
Via Zabarella
Via Altinate
Via Morgagni
Via Sofia
Via S. Francesco
Via Battisti
Via del Santo
R. Tito Livio
Riv. Ruzzante
BASILICA DEL SANTO
PTA PONTECORVO
Canale
V. Belludi
Orto Botanico
Prato della Valle
Via Cavazzana
Santa Giustina
A. Manzoni
M. Sammicheli
V. 20 Settembre
V. Umberto I
Via del Seminario
V. A. Riello
V. Dimesse
V. Acquette
V. Paoli
V. Alberto Cavalletto
Via S.ta M.a in Vanzo
Via San Pio X
L. Cadorna
Vle Carducci
V. Goito
Via Cernaia
V. Cristoforo Moro
Milazzo
V. Nicolò Orsini
Volturno
PTA SARACINESCA
POL.

a Camin *Est : 4 km per A 4* BX – ✉ *35127 :*

Admiral, senza rist, via Vigonovese 90 ✆ 049 8700240, *Fax 049 8700330* – 65
40 cam. BX

Bion, via Vigonovese 427 ✆ 049 8790064, *Fax 049 8790064* – VISA JCB
2 km per via Vigonovese
chiuso dal 26 dicembre al 7 gennaio, dal 1º al 25 agosto e domenica – **Pasto** carta 45/65000.

Vecchia Pesa, via Vigonovese 92 ✆ 049 8702070, *Fax 049 8702070*, Rist. e pizzeria – VISA BX
chiuso dal 10 al 31 agosto, sabato a mezzogiorno e domenica – **Pasto** carta 35/50000.

in prossimità casello autostrada A 4 *Nord-Est : 5 km per S 11* BV *:*

Sheraton Padova Hotel, corso Argentina 5 ✉ 35129 ✆ 049 899829 *Fax 049 8070660*, – , cam, – 600. VISA JCB rist BV
Pasto al Rist. ***Les Arcades*** carta 65/100000 – **229 cam** 340/410000, 6 appartamenti.

ad Altichiero *Nord : 6 km per S 47* AV – ✉ *35135 Padova :*

Antica Trattoria Bertolini, via Altichiero 162 ✆ 049 600357, *Fax 049 600357*, – VISA. AV
chiuso dal 1º al 20 agosto, venerdì sera e sabato – **Pasto** carta 40/60000.

a Ponte di Brenta *Nord-Est : 6 km per S 11* BV – ✉ *35129 :*

Le Padovanelle, via Chilesotti 1 ✆ 049 625622, *Fax 049 625320*, , , , – – 200. VISA JCB. BV
Pasto *(chiuso domenica sera e lunedì)* carta 60/75000 – **40 cam** 240/280000 – 1/2 P 165 180000.

Brenta senza rist, strada San Marco 128 ✆ 049 629800, *Fax 049 628988* – VISA. BV
61 cam 155/240000.

Sagittario, via Randaccio 6, località Torre ✆ 049 725877, *Fax 049 8932112*, – – 30. VISA. BV
chiuso dal 24 dicembre al 6 gennaio ed agosto – **Pasto** vedere rist ***Dotto di Campagna*** – 15000 – **41 cam** 120/170000.

Dotto di Campagna, via Randaccio 4, località Torre ✆ 049 625469, *Fax 049 893211* – VISA. BV
chiuso dal 26 dicembre al 6 gennaio, agosto, domenica sera e lunedì – **Pasto** carta 45/65000.

PAESTUM *84063 Salerno* 988 ㉘, 431 F 27 *G. Italia* – *a.s. Pasqua e 15 giugno-15 settembre.*

Vedere *Rovine*★★★ – *Museo*★★.

via Magna Grecia 151/156 (zona Archeologica) ✆ *0828 722322.*

Roma 305 – *Potenza 98* – *Napoli 99* – *Salerno 48.*

Ariston Hotel, via Laura 13 ✆ 0828 851333, *Fax 0828 851596*, , , , , – – 1200. VISA.
Pasto carta 50/80000 – 25000 – **110 cam** 220/250000, appartamento – 1/2 P 180 200000.

Mec Paestum Hotel, via Tiziano, località Licinella ✆ 0828 722444, *Fax 0828 722305*, – – 1500. VISA. rist
Pasto carta 45/65000 – **50 cam** 190/300000, 2 appartamenti – 1/2 P 185000.

Schuhmann, via Marittima ✆ 0828 851151, *Fax 0828 851183*, <, « Terrazza giardino in riva al mare », – cam, – 100. VISA JCB.
Pasto (solo per alloggiati) 55000 – **36 cam** 200/280000 – 1/2 P 125/160000.

Esplanade, via Poseidonia ✆ 0828 851043, *Fax 0828 851600*, « Giardino con », – , cam, – 120. VISA.
Pasto carta 35/50000 – **28 cam** 110/170000 – 1/2 P 155000.

Helios, zona archeologica ✆ 0828 811451, *Fax 0828 811600*, – – 100. VISA. rist
Pasto (solo per alloggiati) 50000 – **25 cam** 120/160000 – 1/2 P 130000.

Le Palme, via Sterpina 33 ✆ 0828 851025, *Fax 0828 851507*, , , , – – 250. VISA.
16 marzo-ottobre – **Pasto** carta 35/55000 – **50 cam** 140/220000 – 1/2 P 155000.

Villa Rita, zona archeologica ✆ 0828 811081, – . VISA.
15 marzo-ottobre – **Pasto** (solo per alloggiati) 25/35000 – **12 cam** 100/130000 – 1/2 P 80/90000.

XX **Nettuno,** zona archeologica ✆ 0828 811028, *Fax 0828 811028,* 余, 余 – P. AE ⓪ MC VISA. ✂
chiuso dal 10 gennaio a febbraio, lunedì e la sera (escluso luglio-agosto) – **Pasto** carta 35/70000 (10 %).

X **Oasi,** zona archeologica ✆ 0828 811935, *Fax 0828 811935,* Rist. e pizzeria – P. AE ⓢ ⓪ MC VISA. ✂
chiuso lunedì (escluso da aprile a settembre) – **Pasto** carta 30/75000 (15 %).

X **Nonna Sceppa,** via Laura 53 ✆ 0828 851064, *Fax 0828 851064* – P. ⓢ MC VISA
chiuso venerdì in bassa stagione – **Pasto** carta 35/70000 (10 %).

a Capaccio Scalo *Nord : 3 km* – ✉ *84040*

X **La Pergola,** via Nazionale ✆ 0828 723377, *Fax 0828 724738,* 余 – P. AE ⓢ ⓪ VISA
chiuso lunedì – **Pasto** carta 35/75000 (5 %).

a Laura *Nord-Ovest : 3,5 km* – ✉ *84063 Paestum :*

Paistos, via Laura Mare ✆ 0828 851683, *Fax 0828 851661* – |‡| TV ☎ P. AE ⓢ ⓪ MC VISA. ✂
Pasto *(maggio-settembre)* carta 40/60000 – **10 cam** ☕ 100/140000 – ½ P 140000

PAGANICA *L'Aquila* 430 O 22 – *Vedere L'Aquila.*

PALADINA *Bergamo* – *Vedere Almè*

PALAU *Sassari* 988 ㉓, 433 D 10 – *Vedere Sardegna alla fine dell'elenco alfabetico.*

PALAZZOLO ACREIDE *Siracusa* 988 ㊲, 432 P 26 – *Vedere Sicilia alla fine dell'elenco alfabetico.*

PALAZZOLO SULL'OGLIO *25036 Brescia* 988 ③, 428, 429 F 11 – *16 957 ab. alt. 166.*
Roma 581 – Bergamo 26 – Brescia 32 – Cremona 77 – Lovere 38 – Milano 69.

Villa e Roma senza rist, via Bergamo 35 ✆ 030 731203, *Fax 030 731574,* « Parco-giardino » – |‡|, ▤ cam, TV ☎ ♿ P. AE ⓢ ⓪ VISA. ✂
☕ 10000 – **25 cam** 85/120000.

XXX Italia, piazza Roma 31 ✆ 030 7401112, Coperti limitati; prenotare.

X **La Corte,** via San Pancrazio 41 ✆ 030 7402136, prenotare – P. AE ⓢ ⓪ MC VISA. ✂
chiuso dal 7 al 17 gennaio, dal 7 al 30 agosto e lunedì – **Pasto** carta 45/95000.

a San Pancrazio *Nord-Est : 3 km* – ✉ *25036 Palazzolo sull'Oglio :*

XX **Hostaria al Portico,** piazza Indipendenza 9 ✆ 030 7386164, *Fax 030 738183,* 余, 余 – AE ⓢ ⓪ MC VISA. ✂
chiuso dal 1º al 7 gennaio, agosto, domenica sera e lunedì – **Pasto** carta 70/90000.

PALAZZUOLO SUL SENIO *50035 Firenze* 988 ⑮, 430 I 16 – *1 319 ab. alt. 437.*
Roma 318 – Bologna 86 – Firenze – 56 – Faenza 46.

XX **Locanda Senio** con cam, borgo dell'Ore 1 ✆ 055 8046019, *Fax 055 8046485,* prenotare, « Locale caratteristico con servizio estivo sotto un pergolato » – TV ☎. AE ⓢ ⓪ MC
chiuso gennaio e febbraio – **Pasto** *(chiuso a mezzogiorno escluso i week-end, martedì e mercoledì escluso da giugno a settembre)* carta 60/80000 – **6 cam** ☕ 160/220000 – ½ P 130/150000.

PALERMO P 988 ㉟, 432 M 22 – *Vedere Sicilia alla fine dell'elenco alfabetico.*

PALESE *70057 Bari* 431 D 32 – *a.s. 21 giugno-settembre.*
✈ *Sud-Est : 2 km* ✆ *080 5316138, Fax 080 5316212.*
Roma 441 – Bari 10 – Foggia 124 – Matera 66 – Taranto 98.

Vittoria Parc Hotel M, via Nazionale 10/f ✆ 080 5306300, *Fax 080 5301300,* ⛱ – |‡| ▤ TV ☎ ♿ 🚗 P – 🏛 200. AE ⓢ ⓪ MC VISA. ✂
Pasto carta 50/70000 – **102 cam** ☕ 220/280000.

X Da Tommaso, lungomare Massaro ✆ 080 5300038, ≤, 余, prenotare – P
Pasto specialità di mare.

We distinguish for your use
certain hotels (🏠 ... 🏨) and restaurants (X ... XXXXX)
by awarding them ☺, ✿, ✿✿ or ✿✿✿.

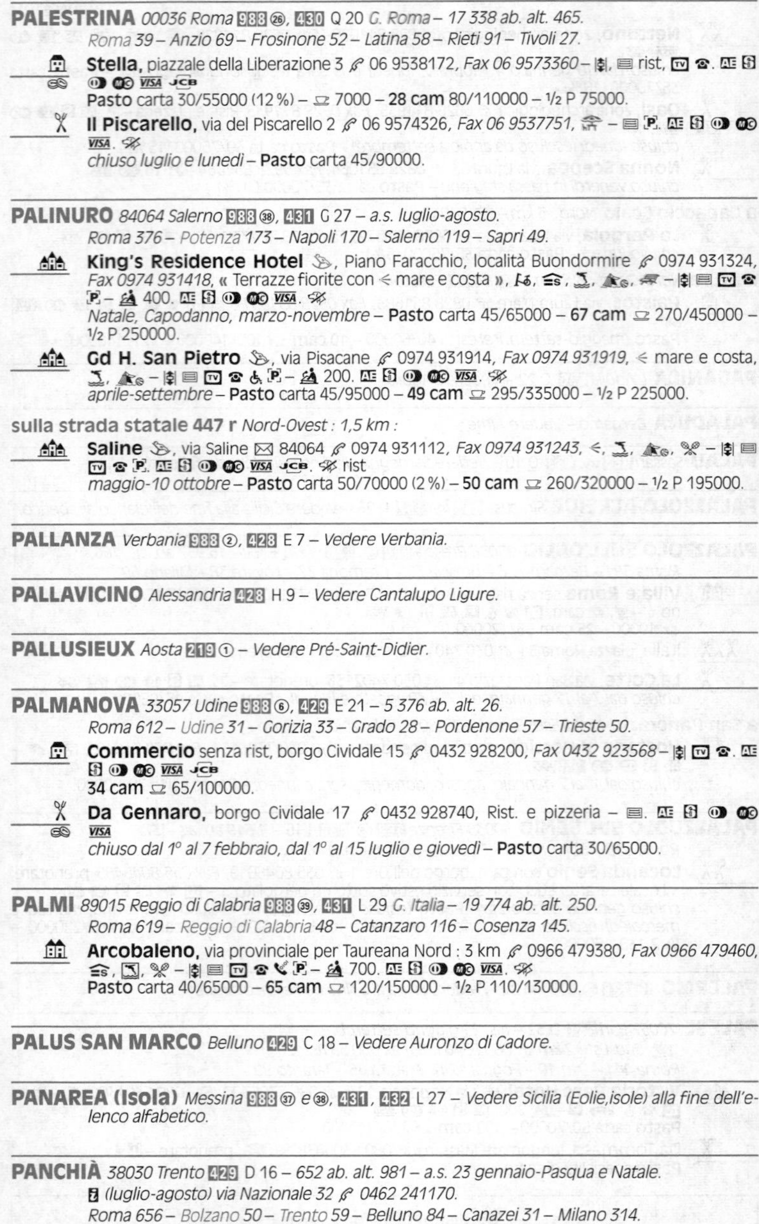

PALESTRINA *00036 Roma* 988 ㉖, 430 Q 20 *G. Roma – 17 338 ab. alt. 465.*
Roma 39 – Anzio 69 – Frosinone 52 – Latina 58 – Rieti 91 – Tivoli 27.

Stella, piazzale della Liberazione 3 ✆ 06 9538172, *Fax 06 9573360* – ▮, ▤ rist, TV ☎. AE S O MC VISA JCB
Pasto carta 30/55000 (12 %) – ☕ 7000 – **28 cam** 80/110000 – ½ P 75000.

Il Piscarello, via del Piscarello 2 ✆ 06 9574326, *Fax 06 9537751,* – ▤ P. AE S O MC VISA. ✻
chiuso luglio e lunedì – **Pasto** carta 45/90000.

PALINURO *84064 Salerno* 988 ㊳, 431 G 27 – *a.s. luglio-agosto.*
Roma 376 – Potenza 173 – Napoli 170 – Salerno 119 – Sapri 49.

King's Residence Hotel ⋙, Piano Faracchio, località Buondormire ✆ 0974 931324, *Fax 0974 931418,* « Terrazze fiorite con ≤ mare e costa », Ls, ≘s, ⛱, ▲, – ▮ ▤ TV ☎ P – 🏛 400. AE S O MC VISA. ✻
Natale, Capodanno, marzo-novembre – **Pasto** carta 45/65000 – **67 cam** ☕ 270/450000 – ½ P 250000.

Gd H. San Pietro ⋙, via Pisacane ✆ 0974 931914, *Fax 0974 931919,* ≤ mare e costa, ⛱, ▲ – ▮ ▤ TV ☎ ♿ P – 🏛 200. AE S O MC VISA. ✻
aprile-settembre – **Pasto** carta 45/95000 – **49 cam** ☕ 295/335000 – ½ P 225000.

sulla strada statale 447 r *Nord-Ovest : 1,5 km :*

Saline ⋙, via Saline ✉ 84064 ✆ 0974 931112, *Fax 0974 931243,* ≤, ⛱, ▲, ✻ – ▮ ▤ TV ☎ P. AE S O MC VISA JCB. ✻ rist
maggio-10 ottobre – **Pasto** carta 50/70000 (2 %) – **50 cam** ☕ 260/320000 – ½ P 195000.

PALLANZA *Verbania* 988 ②, 428 E 7 – *Vedere Verbania.*

PALLAVICINO *Alessandria* 428 H 9 – *Vedere Cantalupo Ligure.*

PALLUSIEUX *Aosta* 219 ① – *Vedere Pré-Saint-Didier.*

PALMANOVA *33057 Udine* 988 ⑥, 429 E 21 – *5 376 ab. alt. 26.*
Roma 612 – Udine 31 – Gorizia 33 – Grado 28 – Pordenone 57 – Trieste 50.

Commercio senza rist, borgo Cividale 15 ✆ 0432 928200, *Fax 0432 923568* – ▮ TV ☎. AE S O MC VISA JCB
34 cam ☕ 65/100000.

Da Gennaro, borgo Cividale 17 ✆ 0432 928740, Rist. e pizzeria – ▤. AE S O MC VISA
chiuso dal 1° al 7 febbraio, dal 1° al 15 luglio e giovedì – **Pasto** carta 30/65000.

PALMI *89015 Reggio di Calabria* 988 ㊴, 431 L 29 *G. Italia – 19 774 ab. alt. 250.*
Roma 619 – Reggio di Calabria 48 – Catanzaro 116 – Cosenza 145.

Arcobaleno, via provinciale per Taureana Nord : 3 km ✆ 0966 479380, *Fax 0966 479460,* ≘s, ⛱, ✻ – ▮ ▤ TV ☎ ✆ P – 🏛 700. AE S O MC VISA. ✻
Pasto carta 40/65000 – **65 cam** ☕ 120/150000 – ½ P 110/130000.

PALUS SAN MARCO *Belluno* 429 C 18 – *Vedere Auronzo di Cadore.*

PANAREA (Isola) *Messina* 988 ㊲ *e* ㊳, 431, 432 L 27 – *Vedere Sicilia (Eolie,isole) alla fine dell'elenco alfabetico.*

PANCHIÀ *38030 Trento* 429 D 16 – *652 ab. alt. 981 – a.s. 23 gennaio-Pasqua e Natale.*
ℹ *(luglio-agosto) via Nazionale 32 ✆ 0462 241170.*
Roma 656 – Bolzano 50 – Trento 59 – Belluno 84 – Canazei 31 – Milano 314.

Rio Bianco, via Nazionale 42 ✆ 0462 813077, *Fax 0462 815045,* ≤, « Giardino ombreggiato con ⛱ riscaldata », ≘s, ⛱, ✻ – ▮ TV ☎ P. AE S O MC VISA. ✻
dicembre-20 aprile e 20 giugno-15 settembre – **Pasto** (solo per alloggiati) 30/50000 – ☕ 15000 – **29 cam** 110/160000 – ½ P 130000.

PANDINO *26025 Cremona* 988 ③, 428 F 10 – *7 561 ab. alt. 85.*
Roma 556 – Bergamo 36 – Cremona 52 – Lodi 12 – Milano 35.

a Nosadello *Ovest : 2 km –* ✉ *26025 Pandino :*

XX **Volpi,** via Indipendenza 36 ✆ 0373 90100, – ▤ P. AE $ MC VISA
chiuso dal 1° al 10 gennaio, dal 15 al 30 agosto, domenica sera e lunedì – **Pasto** carta 40/65000.

PANICALE *06064 Perugia* 430 M 18 – *5 379 ab. alt. 441.*
Roma 158 – Perugia 39 – Chianciano Terme 33.

XX **Le Grotte di Boldrino** con cam, via Virgilio Ceppari 30 ✆ 075 837161, *Fax 075 837166,* – TV ☎ P – 50. AE $ MC VISA
Pasto *(chiuso mercoledì da ottobre a marzo)* carta 50/75000 – 10000 – **11 cam** 100/140000 – ½ P 110/120000.

a Colle San Paolo *Sud-Est : 11 km –* ✉ *06070 Fontignano :*

Villa di Monte Solare , via Montali 7 ✆ 075 8355818, *Fax 075 8355462,* ← colline, « Villa patrizia fine 700 e annessa fattoria », , – TV ☎ P. AE $ MC VISA JCB. rist
chiuso dal 15 dicembre al 15 gennaio – **Pasto** *(chiuso a mezzogiorno)* carta 40/60000 – **13 cam** 155/280000, 7 appartamenti 320/350000 – ½ P 175/210000.

PANNESI *Genova – Vedere Lumarzo.*

PANTELLERIA (Isola di) *Trapani* 988 ㉟, 432 Q 18 – *Vedere Sicilia alla fine dell'elenco alfabetico.*

Lesen Sie die Einleitung, sie ist der Schlüssel zu diesem Führer.

PANZA *Napoli – Vedere Ischia (Isola d') : Forio.*

PANZANO *Firenze – Vedere Greve in Chianti.*

PARABIAGO *20015 Milano* 428 F 8, 219 ⑱ – *23 912 ab. alt. 180.*
Roma 598 – Milano 21 – Bergamo 73 – Como 40.

Del Riale senza rist, via S. Giuseppe 1 ✆ 0331 554600, *Fax 0331 490667* – ▤ TV ☎ – 90. AE $ MC VISA
chiuso dal 5 al 27 agosto – 20000 – **37 cam** 170/250000.

XX **Da Palmiro,** via del Riale 16 ✆ 0331 552024, *Fax 0331 492612* – ▤. AE $ MC VISA.
chiuso martedì e dal 5 al 25 agosto – **Pasto** specialità di mare carta 60/105000.

PARADISO *Udine – Vedere Pocenia.*

PARAGGI *16038 Genova* 428 J 9.
Roma 484 – Genova 35 – Milano 170 – Rapallo 7 – La Spezia 86.

Paraggi, lungomare Paraggi ✆ 0185 289961, *Fax 0185 286745,* ← – ▤ TV ☎. AE $ MC VISA JCB
chiuso gennaio – **Pasto** vedere rist ***Paraggi*** – 20000 – **18 cam** 300/500000 – ½ P 350000.

Argentina, via Paraggi a Monte 56 ✆ 0185 286708, *Fax 0185 284894,* , – TV ☎. AE $ MC VISA JCB. rist
15 dicembre-10 gennaio e 15 marzo-ottobre – **Pasto** carta 50/85000, da maggio a settembre al Rist. ***Bagni Fiori*** – **12 cam** 150/170000 – ½ P 130/160000.

XXX **Paraggi,** lungomare Paraggi ✆ 0185 289961, ← – ▤. AE $ MC VISA JCB
chiuso gennaio – **Pasto** carta 80/130000 (10 %).

PARATICO *25030 Brescia* 428, 429 F 11 – *3 368 ab. alt. 232 – a.s. Pasqua e luglio-15 settembre.*
Roma 582 – Bergamo 28 – Brescia 33 – Cremona 78 – Lovere 29 – Milano 70.

Franciacorta Golf Hotel, via XXIV Maggio 48 ✆ 035 913333, *Fax 035 913600,* , , , maggio-settembre – ▤ TV ☎ P – 100. AE $ MC VISA. rist
chiuso dal 19 dicembre al 3 gennaio – **Pasto** *(chiuso domenica)* carta 45/95000 – **43 cam** 165/215000.

PARCINES (PARTSCHINS) *39020 Bolzano* [429] B 15, [218] ⑨ – *3 162 ab. alt. 641.*

[i] *via Spauregg 10* ☎ *0473 967157, Fax 0473 967798.*

Roma 674 – Bolzano 35 – Merano 8,5 – Milano 335 – Trento 95.

Peter Mitterhofer, via dei Romani 8 ☎ 0473 967122, *Fax 0473 968025*, ≤, ☎, ⛱, ⛱, ⛱ – |♦| [TV] ☎ [P]. [$] ⓜⓒ VISA. ✗ rist
aprile-novembre – **Pasto** (solo per alloggiati) – **17 cam** solo ½ P 200000, 6 appartamenti.

a Tel (Töll) *Sud-Est : 2 km* – ✉ *39020 :*

🍴 **Museumstube Bagni Egart-Onkel Taa,** via Stazione 17 ☎ 0473 967342, *Fax 0473 967771*, prenotare, « Ambiente rustico con raccolta oggetti di antiquariato » – [P]. AE [$] ⓞ ⓜⓒ VISA JCB
chiuso dal 15 gennaio al 15 marzo, dal 15 novembre al 3 dicembre e lunedì – **Pasto** specialità lumache 40/75000 e carta 45/80000.

a Rablà (Rabland) *Ovest : 2 km* – ✉ *39020 :*

Rössl, via Venosta 26 ☎ 0473 967143, *Fax 0473 968072*, ☎, ⛱, ⛱, ⛱ – [TV] ☎ [P]. ✗ rist
chiuso dicembre e gennaio – **Pasto** *(chiuso novembre, febbraio, marzo, lunedì sera e martedì)* carta 40/60000 – **26 cam** ☕ 130/210000 – ½ P 130000.

🍴 **Hanswirt** con cam, Geroldplatz 3 ☎ 0473 967148, *Fax 0473 968103*, « Antico maso stazione di posta », ☎, ⛱ riscaldata, ⛱ – |♦|, ✗ cam, [TV] ☎ ☎ ♿ 🚗 [P]. [$] ⓜⓒ VISA
chiuso dal 10 gennaio al 15 marzo – **Pasto** *(chiuso mercoledì)* carta 45/65000 – **25 cam** ☕ 180/280000 – ½ P 190000.

PARCO NAZIONALE D'ABRUZZO *L'Aquila-Isernia-Frosinone* [988] ㉗, [430] Q 23 *G. Italia.*

PARETI *Livorno – Vedere Elba (Isola d'): Capoliveri.*

PARMA *43100* [P] [988] ⑭, [428], [429] H 12 *G. Italia – 167 523 ab. alt. 52.*

Vedere *Complesso Episcopale★★★* CY *: Duomo★★, Battistero★★* **A** – *Galleria nazionale★★, teatro Farnese★★, museo nazionale di antichità★ nel palazzo della Pilotta* BY – *Affreschi★★ del Correggio nella chiesa di San Giovanni Evangelista* CYZ **D** – *Camera del Correggio★* CY – *Museo Glauco Lombardi★* BY **M1** – *Affreschi★ del Parmigianino nella chiesa della Madonna della Steccata* BZ **E** – *Parco Ducale★* ABY – *Casa Toscanini★* BY.

[18] *La Rocca (chiuso lunedì e gennaio) a Sala Baganza* ✉ *43038* ☎ *0521 834037, Fax 0521 834575, Sud-Ovest : 14 km.*

✈ *di Fontana per* ② *: 3 km* ☎ *0521 982626 Fax 0521 992028.*

[i] *via Melloni 1/b* ☎ *0521 218889, Fax 0521 234735.*

[A.C.I.] *via Cantelli 15/a* ☎ *0521 236672.*

Roma 458 ① *– Bologna 96* ① *– Brescia 114* ① *– Genova 198* ⑤ *– Milano 122* ① *– Verona 101* ①.

Piante pagine seguenti

Gd H. Baglioni, viale Piacenza 12/c ☎ 0521 292929, *Fax 0521 292828* – |♦|, ✗ cam, ▤ [TV] ☎ ♿ 🚗 [P] – 🎤 600. AE [$] ⓞ ⓜⓒ VISA JCB. ✗ AY a
chiuso dal 23 dicembre al 2 gennaio e dal 7 al 20 agosto – **Pasto** al Rist. ***Canova*** *(chiuso sabato e domenica;* prenotare*)* carta 80/120000 – **169 cam** ☕ 340/400000, 6 appartamenti.

Palace Hotel Maria Luigia, viale Mentana 140 ☎ 0521 281032, *Fax 0521 231126* – |♦| ▤ [TV] ☎ 🚗 – 🎤 150. AE [$] ⓞ ⓜⓒ VISA JCB. ✗ CY z
Pasto al Rist. ***Maxim's*** *(chiuso domenica)* carta 60/95000 – **91 cam** ☕ 300/410000, 10 appartamenti.

Park Hotel Toscanini senza rist, viale Toscanini 4 ☎ 0521 289141, *Fax 0521 283143*, ≤ – |♦| ▤ [TV] ☎ [P] – 🎤 60. AE [$] ⓞ VISA BZ e
48 cam ☕ 230/330000.

Verdi, via Pasini 18 ☎ 0521 293539, *Fax 0521 293559* – |♦| ▤ [TV] ☎ 🚗 [P]. AE [$] ⓞ ⓜⓒ VISA. ✗ AY b
chiuso dal 24 dicembre al 10 gennaio e dal 9 al 16 agosto – **Pasto** vedere rist ***Santa Croce*** – ☕ 18000 – **17 cam** 220/290000, 3 appartamenti.

Park Hotel Stendhal, piazzetta Bodoni 3 ☎ 0521 208057, *Fax 0521 285655* – |♦| ▤ [TV] ☎ ☎ 🚗 – 🎤 100. AE [$] ⓞ ⓜⓒ VISA. ✗ rist BY r
Pasto al Rist. ***La Pilotta*** *(chiuso dal 1º al 10 gennaio e dal 1º al 23 agosto)* carta 55/80000 – **62 cam** ☕ 210/345000 – ½ P 245000.

Farnese International Hotel, via Reggio 51/a ☎ 0521 994247, *Fax 0521 992317* – |♦|, ✗ cam, ▤ [TV] ☎ ☎ 🚗 [P] – 🎤 120. AE [$] ⓞ ⓜⓒ VISA. ✗ rist BY
Pasto *(chiuso domenica sera)* carta 40/55000 – **76 cam** ☕ 130/190000 – ½ P 135/175000.

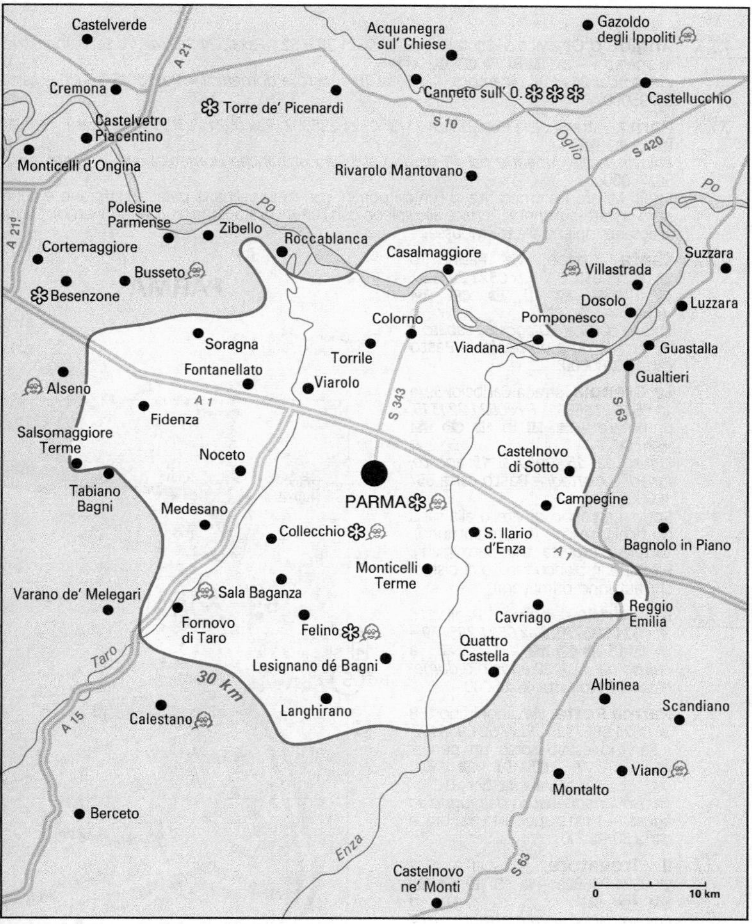

Astoria Executive Hotel, via Trento 9 ☎ 0521 272717, *Fax 0521 272724* – |♦| ▤ TV ☎ – 🚗 – 🏊 25. AE ⑤ ⓪ MC VISA JCB. 🚭 CY a
Pasto vedere rist ***San Barnaba*** – **80 cam** ☐ 140/200000 – ½ P 130000.

Torino senza rist, borgo Mazza 7 ☎ 0521 281047, *Fax 0521 230725* – |♦| ▤ TV ☎ 🚗. AE ⑤ ⓪ MC VISA JCB BY v
chiuso dal 2 al 15 gennaio e dal 1º al 22 agosto – ☐ 15000 – **33 cam** 115/165000.

Daniel, via Gramsci 16 ang. via Abbeveratoia ☎ 0521 995147, *Fax 0521 292606* – |♦| ▤ TV ☎ P. AE ⑤ ⓪ MC VISA per ⑤
chiuso dal 24 al 26 dicembre ed agosto – **Pasto** vedere rist ***Cocchi*** – **32 cam** ☐ 135/190000 – ½ P 100/130000.

Button senza rist, via della Salina 7 ☎ 0521 208039, *Fax 0521 238783* – |♦| TV ☎. AE ⑤ ⓪ MC VISA BZ a
chiuso dal 23 dicembre al 2 gennaio e dal 5 al 31 luglio – ☐ 15000 – **40 cam** 110/155000.

Savoy senza rist, via 20 Settembre 3/a ☎ 0521 281101, *Fax 0521 281103* – |♦| ▤ TV ☎. AE ⑤ ⓪ MC VISA. 🚭 CY x
chiuso dal 7 al 15 gennaio ed agosto – **27 cam** ☐ 130/195000.

XXX **Angiol d'Or,** vicolo Scutellari 1 ✆ 0521 282632, *Fax 0521 282747*, « Servizio estiv all'aperto » – ▤. AE 🅂 ⓓ MC VISA JCB CY
chiuso dal 24 al 26 dicembre, dal 14 al 16 agosto e domenica – **Pasto** 45/60000 e cart 65/95000.

XXX **Parizzi,** strada della Repubblica 71 ✆ 0521 285952, *Fax 0521 285027*, prenotare – ▤. AE 🅂 ⓓ MC VISA. ✂ CZ
✿ *chiuso Natale, lunedì e dal 15 giugno al 15 agosto anche domenica sera* – **Pasto** cart 50/75000
Spec. Millefoglie croccante di funghi porcini con mousseline di patate, zafferano e pep nero (estate-autunno). Pernice allo spiedo con funghi di stagione (autunno-inverno). Cialo croccante ripiena alle tre mousse.

XXX **Santa Croce,** via Pasini 20 ✆ 0521 293529, *Fax 0521 293520*, 🏠 – ▤. AE 🅂 ⓓ MC VISA JCB AY b
chiuso dal 5 al 20 agosto, sabato a mezzogiorno e domenica – **Pasto** carta 60/80000.

XX **La Greppia,** strada Garibaldi 39/a ✆ 0521 233686, *Fax 0521 221315*, prenotare – ▤. AE 🅂 ⓓ MC VISA JCB. ✂ BY e
✿ *chiuso dal 15 luglio al 15 agosto, lunedì e martedì* – **Pasto** carta 65/100000
Spec. Carpaccio di vitello alla salsa di fichi freschi (estate-autunno). Tortelli d'erbetta alla parmigiana. Piccione in bianco farcito ai pistacchi (autunno-primavera).

XX **Il Cortile,** borgo Paglia 3 ✆ 0521 285779, *Fax 0521 285779* – ▤. AE 🅂 ⓓ MC VISA AZ a
chiuso dal 1º al 22 agosto e domenica – **Pasto** carta 45/65000.

XX **Parma Rotta,** via Langhirano 158 ✆ 0521 966738, *Fax 0521 968167*, « Servizio estivo sotto un pergolato » – P. AE 🅂 ⓓ VISA. ✂ per viale Rustici BZ
chiuso lunedì escluso da giugno ad agosto – **Pasto** specialità alla brace carta 50/95000.

XX **Il Trovatore,** via Affò 2/A ✆ 0521 236905 – ▤. AE 🅂 ⓓ MC VISA JCB. ✂ BY d
chiuso dal 24 al 26 dicembre, dal 7 al 20 agosto e domenica – **Pasto** 50/70000 e carta 55/90000.

XX **Cocchi** - Hotel Daniel, via Gramsci 16/a ✆ 0521 981990 – ▤ P. AE 🅂 ⓓ MC VISA. ✂ per ⑤
chiuso dal 24 dicembre al 6 gennaio, agosto e sabato – **Pasto** carta 45/70000.

X **Gallo d'Oro,** borgo della Salina 3 ✆ 0521 208846, *Fax 0521 208846*, 🏠 – ▤. AE 🅂 ⓓ MC VISA BZ c
chiuso domenica – **Pasto** carta 40/65000.

X **I Tri Siochètt,** strada Farnese 74 ✆ 0521 968870, 🏠 – P. AE 🅂 ⓓ MC VISA JCB. ✂ per viale Villetta AZ
chiuso dal 24 dicembre al 1º gennaio, dal 7 al 21 agosto e lunedì – **Pasto** carta 35/55000.

PARMA

Cavour (Strada) .... BY
Duomo (Strada al) .... CY
Farini (Strada) .... BZ

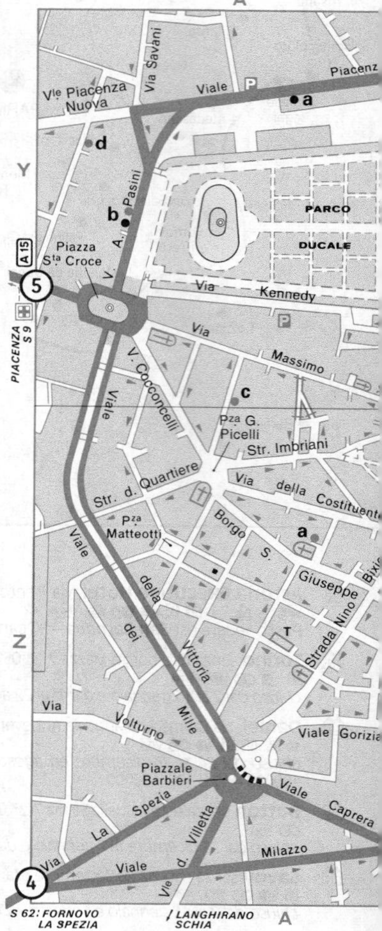

Osteria del Gesso, via Ferdinando Maestri 11 ☎ 0521 230505, Coperti limitati; prenotare ▤. 🅂 VISA — BZ b
chiuso domenica dal 19 giugno ad agosto, mercoledì negli altri mesi – **Pasto** carta 45/60000.

Trattoria del Tribunale, vicolo Politi 5 ☎ 0521 285527, *Fax 0521 238991* – AE 🅂 ⓞ MC VISA JCB. ✂ — BZ d
chiuso martedì – **Pasto** carta 40/55000.

San Barnaba - Hotel Astoria Executive, via Trento 11 ☎ 0521 270365, *Fax 0521 272724* – ▤. AE 🅂 ⓞ MC VISA JCB. ✂ — CY a
chiuso dal 15 al 30 luglio e lunedì – **Pasto** carta 40/65000.

Folletto, via Emilia Ovest 17/A ☎ 0521 981893 – 🅿. AE 🅂 MC VISA JCB. ✂ per ⑤
chiuso dal 1º al 25 agosto e lunedì – **Pasto** specialità di mare carta 45/85000.

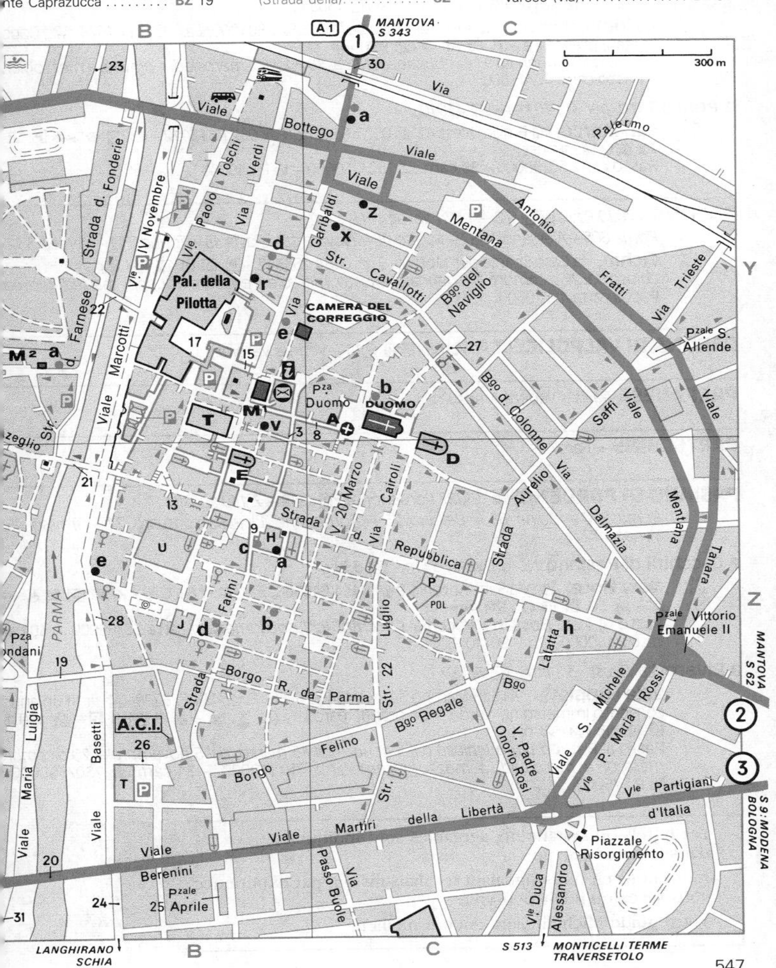

Casablanca, via Marchesi 19/a ✆ 0521 993752, *Fax 0521 993752* – AE ⓢ ⓓ ⓜ VISA
chiuso dal 20 luglio al 20 agosto, mercoledì e domenica a mezzogiorno – **Pasto** specialità di mare carta 50/75000. AY

Casa di Susi, borgo Bernabei 40/A ✆ 0521 281135, prenotare – ⊁. ⊁ AY
chiuso da giugno a settembre, lunedì, martedì e a mezzogiorno – **Pasto** specialità ebraico romanesche carta 40/70000.

Antica Cereria, via Tanzi 5 ✆ 0521 207387, *Fax 0521 207387*, Osteria tipica – ⊁. AE ⓢ ⓓ ⓜ VISA JCB BY
chiuso dal 25 luglio al 20 agosto, lunedì e martedì a mezzogiorno – **Pasto** carta 35/55000.

a **San Lazzaro Parmense** *per ③ : 3 km* – ✉ *43026* :

Al Tramezzino, via Del Bono 5/b ✆ 0521 487906, *Fax 0521 484196*, – ▤. AE ⓢ ⓓ ⓜ VISA
chiuso dal 1º al 15 luglio e lunedì – **Pasto** carta 55/85000
Spec. Pesto di manzo in crosta di parmigiano e tartufo nero di Fragno. Orecchiette con scampi, vongole veraci, pomodori e zucchine. Filetto di manzo arrostito in casseruola con rosmarino, aglio e salsa all'aceto balsamico tradizionale.

a **Castelnovo di Baganzola** *per ① : 6 km* – ✉ *43031* :

Le Viole, strada nuova di Castelnuovo 60/a ✆ 0521 601000, *Fax 0521 601673*, , Coperti limitati; prenotare – P. AE ⓢ ⓓ ⓜ VISA JCB. ⊁
chiuso dal 15 gennaio all'8 febbraio, dal 12 al 18 agosto, mercoledì e giovedì a mezzogiorno – **Pasto** carta 40/45000.

a **Ponte Taro** *per ⑤ : 10 km* – ✉ *43010* :

San Marco, via Emilia Ovest 42 ✆ 0521 615072, *Fax 0521 615012* – ▤ TV ☎ P. AE ⓢ ⓓ ⓜ VISA. ⊁ rist
Pasto carta 50/90000 – **98 cam** ☕ 150/250000 – ½ P 230000.

PARONA *27020 Pavia* 428 G 8 – *1 671 ab. alt. 113.*
Roma 605 – Alessandria 57 – Milano 46 – Novara 19 – Pavia 45 – Torino 111 – Vercelli 33.

Cichin, via Case Sparse per Mortara 2 ✆ 0384 253342 – P. AE ⓢ ⓓ VISA. ⊁
chiuso dal 27 dicembre al 9 gennaio, agosto, mercoledì e le sere di lunedì-martedì-giovedì – **Pasto** carta 45/70000.

PARONA DI VALPOLICELLA *Verona* 429 F 14 – *Vedere Verona.*

PARPANESE *Pavia – Vedere Arena Po.*

PARTSCHINS = *Parcines.*

PASIANO DI PORDENONE *33087 Pordenone* 429 E 19 – *7 119 ab. alt. 13.*
Roma 570 – Udine 66 – Belluno 75 – Pordenone 11 – Portogruaro 24 – Treviso 45 – Venezia 72.

a **Cecchini di Pasiano** *Nord-Ovest : 3 km* – ✉ *33087* :

New Hotel ⊗, via Sant'Antonio 9 ✆ 0434 610668, *Fax 0434 620976* – |‡| ▤ TV ☎ ♿ P – 30. ⓢ ⓓ ⓜ VISA JCB. ⊁
Pasto al Rist. ***Hostaria Vecchia Cecchini*** *(chiuso domenica)* carta 35/65000 – **30 cam** ☕ 80/140000 – ½ P 90/100000.

a **Rivarotta** *Ovest : 3,5 km* – ✉ *33087* :

Villa Luppis ⊗, via San Martino 34 ✆ 0434 626969, *Fax 0434 626228*, , « In un antico convento immerso nel verde di un grande parco », – |‡| ▤ TV ☎ P – 180. AE ⓢ ⓓ ⓜ VISA. ⊁ rist
Pasto al Rist. ***Cà Lupo*** *(chiuso dal 3 gennaio al 15 marzo, dal 5 novembre al 20 dicembre, martedì e mercoledì a mezzogiorno)* carta 75/110000 – **31 cam** ☕ 230/390000 – ½ P 275000.

Les hôtels ou restaurants agréables sont indiqués dans le guide par un signe rouge.
Aidez-nous en nous signalant les maisons où, par expérience, vous savez qu'il fait bon vivre.
Votre **guide Michelin** sera encore meilleur.

PASSAGGIO *Perugia* 430 M 19 – *Vedere Bettona.*

PASSIGNANO SUL TRASIMENO *06065 Perugia* 988 ⑮, 430 M 18 – *4 993 ab. alt. 289.*
Roma 211 – Perugia 27 – Arezzo 48 – Siena 80.

Kursaal, via Europa 24 ☎ 075 828085, *Fax 075 827182,* ... – ... VISA.
chiuso gennaio e febbraio – **Pasto** carta 40/70000 – **18 cam** 130/160000 – 1/2 P 115000.

Trasimeno senza rist, via Roma 16/a ☎ 075 829355, *Fax 075 829267* – ... AE ... VISA.
chiuso dal 15 dicembre al 31 gennaio – **30 cam** 100/130000.

La Vela, via Rinascita 2 ☎ 075 827221 e rist. ☎ 075 8296133, *Fax 075 828211,* ... AE ... VISA
Pasto al Rist. ***Il Passo di Giano*** *(chiuso dal 10 gennaio al 2 febbraio e mercoledì)* carta 35/60000 – 8000 – **33 cam** 80/120000 – 1/2 P 80/90000.

Il Fischio del Merlo, località Calcinaio 17/A (Est : 3 km) ☎ 075 829283, *Fax 075 829283,* ..., Coperti limitati; prenotare, ... AE ... VISA.
chiuso novembre e martedì – **Pasto** carta 50/75000.

Locanda del Galluzzo, via Castel Rigone 12/A, località Trecine Nord-Est : 8,5 km ☎ 075 845352, *Fax 075 845532,* ..., prenotare, ... AE ... VISA.
chiuso novembre, martedì e a mezzogiorno escluso domenica e i giorni festivi – **Pasto** carta 35/65000.

Si vous cherchez un hôtel tranquille,
consultez d'abord les cartes de l'introduction
ou repérez dans le texte les établissements indiqués avec le signe ... ou ....

PASSO *Vedere nome proprio del passo.*

PASSO LANCIANO *Chieti* 430 P 24 – *alt. 1 306 – a.s. 4 febbraio-15 aprile, 25 luglio-20 agosto e Natale – Sport invernali : 1 304/2 000 m 4.*
Roma 200 – Pescara 57 – Chieti 39 – Ortona 52.

Mamma Rosa ..., via Maielletta Sud : 5 km, alt. 1 650 ✉ 66010 Pretoro ☎ 0871 896143, *Fax 0871 896130,* ... vallata, ... VISA.
chiuso maggio – **Pasto** carta 30/45000 – **40 cam** 85/105000 – 1/2 P 70/85000.

PASTENA *03020 Frosinone* 430 R 22 – *1 706 ab. alt. 317.*
Roma 114 – Frosinone 32 – Latina 86 – Napoli 138.

Mattarocci, piazza Municipio ☎ 0776 546537, ... – AE.
Pasto specialità sott'olio carta 25/45000 (10 %).

PASTRENGO *37010 Verona* 428 F 14 – *2 329 ab. alt. 192.*
Roma 509 – Verona 18 – Garda 16 – Mantova 49 – Milano 144 – Trento 82 – Venezia 135.

Stella d'Italia, piazza Carlo Alberto 25 ☎ 045 7170034, *Fax 045 7170034,* ... AE ... VISA.
chiuso dal 25 gennaio al 7 febbraio, dal 10 al 20 agosto, domenica sera e mercoledì – **Pasto** carta 65/90000.

a **Piovezzano** *Nord : 1,5 km* – ✉ *37010 Pastrengo :*

Eva, via Due Porte 45 ☎ 045 7170110, *Fax 045 7170294,* ... AE ... VISA JCB.
chiuso dall'11 al 19 agosto e martedì – **Pasto** carta 35/50000.

PASTURANA *Alessandria – Vedere Novi Ligure.*

PATRICA *03010 Frosinone* 430 R 21 – *2 863 ab. alt. 436.*
Roma 113 – Frosinone 20 – Latina 49.

sulla strada statale 156 *Sud-Est : 11,5 km :*

Dal Patricano, ✉ 03010 ☎ 0775 222459, *Fax 0775 222136* – ... AE ... VISA JCB
chiuso lunedì – **Pasto** carta 40/55000.

PAVIA *27100* P 988 ⑬, 428 G 9 *G. Italia – 74 290 ab. alt. 77.*

Vedere *Castello Visconteo*★ **BY** – *Duomo*★ **AZ** **D** – *Chiesa di San Michele*★★ **BZ** **B** – *S*
Pietro in Ciel d'Oro★ *: Arca di Sant'Agostino*★ *– Tomba*★ *nella chiesa di San Lanfran*
Ovest : 2 km.

Dintorni *Certosa di Pavia*★★★ *per* ① *: 9 km.*

via Fabio Filzi 2 ✆ *0382 22156, Fax 0382 32221.*

A.C.I. *piazza Guicciardi 5* ✆ *0382 301381.*

Roma 563 ③ *– Alessandria 66* ③ *– Genova 121* ④ *– Milano 38* ⑤ *– Novara 62* ④
Piacenza 54 ③.

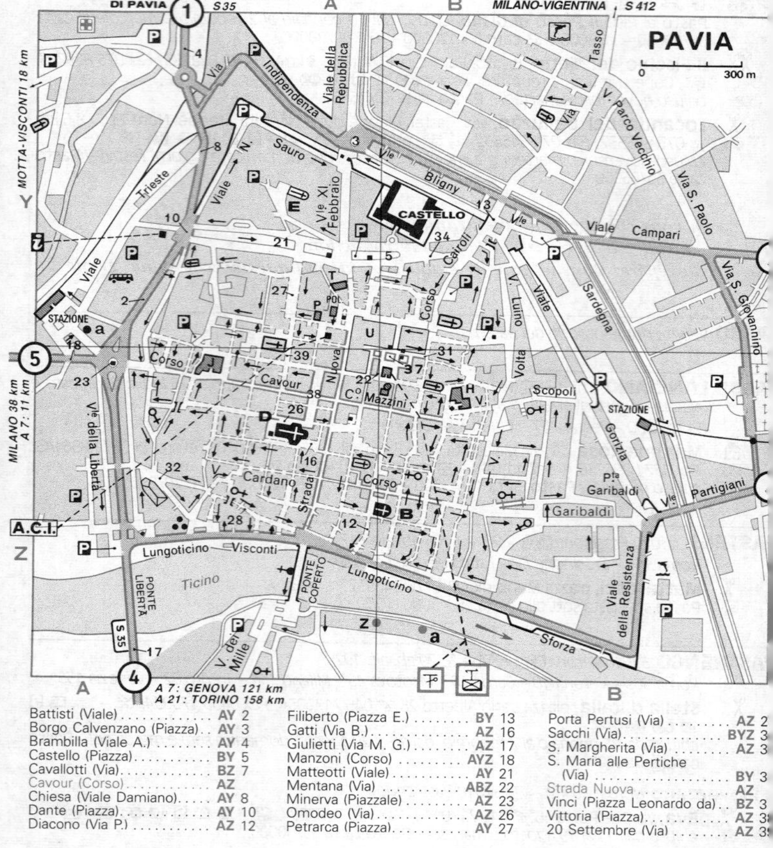

- Battisti (Viale) . . . . AY 2
- Borgo Calvenzano (Piazza) . . AY 3
- Brambilla (Viale A.) . . . . AY 4
- Castello (Piazza) . . . . BY 5
- Cavallotti (Via) . . . . BZ 7
- Cavour (Corso) . . . . AZ
- Chiesa (Viale Damiano) . . . . . AY 8
- Dante (Piazza) . . . . AY 10
- Diacono (Via P.) . . . . AZ 12
- Filiberto (Piazza E.) . . . . BY 13
- Gatti (Via B.) . . . . AZ 16
- Giulietti (Via M. G.) . . . . AZ 17
- Manzoni (Corso) . . . . AYZ 18
- Matteotti (Viale) . . . . AY 21
- Mentana (Via) . . . . ABZ 22
- Minerva (Piazzale) . . . . AZ 23
- Omodeo (Via) . . . . AZ 26
- Petrarca (Piazza) . . . . AY 27
- Porta Pertusi (Via) . . . . AZ 2
- Sacchi (Via) . . . . BYZ 3
- S. Margherita (Via) . . . . AZ 3
- S. Maria alle Pertiche (Via) . . . . BY 3
- Strada Nuova . . . . AZ
- Vinci (Piazza Leonardo da) . . BZ 3
- Vittoria (Piazza) . . . . AZ 3
- 20 Settembre (Via) . . . . AZ 3

Moderno, viale Vittorio Emanuele 41 ✆ 0382 303401, *Fax 0382 25225* – 45. *VISA* JCB. — AY
chiuso dal 24 al 31 dicembre e dal 14 al 20 agosto – **Pasto** al Rist. ***Liberty*** *(chiuso dal 4 al 2*
agosto, sabato a mezzogiorno e domenica) carta 50/90000 – **54 cam** 175/235000
appartamento – 1/2 P 160000.

Il Cigno, via San Lanfranco 1 ✆ 0382 422781, Coperti limitati; prenotare – *VISA*. — 1 km per ⑤
chiuso 25 e 26 dicembre, dal 1º al 4 gennaio, dal 10 al 25 agosto e lunedì – **Pasto** carta
60/110000.

🍴 Osteria della Malora, via Milazzo 79, località Borgo Ticino ☎ 0382 34302 – [P] BZ a

🍴 **Antica Osteria del Previ,** via Milazzo 65, località Borgo Ticino ☎ 0382 26203, prenotare – ▤. [S] [O] [MC] [VISA] [JCB]. ✗ ABZ z
chiuso dal 1° al 10 gennaio, dal 1° al 27 agosto e a mezzogiorno in luglio e agosto – **Pasto** carta 50/80000.

sulla strada statale 35 : *per ① : 4 km :*

🍴🍴🍴 **Al Cassinino,** via Cassinino 1 ✉ 27100 ☎ 0382 422097, *Fax 0382 422097*, Coperti limitati; prenotare – ▤ [P]. ✗
chiuso mercoledì – **Pasto** carta 80/120000.

a San Martino Siccomario *per ④ : 1,5 km* – ✉ *27028 :*

🏨 **Plaza** senza rist, strada statale 35 ☎ 0382 559413, *Fax 0382 556085* – |‡| ▤ [TV] ☎ 📞 [P] – 🏛 25. [AE] [S] [O] [MC] [VISA]. ✗
49 cam ☕ 170/230000.

🍴🍴🍴 **Antica Trattoria Goi,** via Togliatti 2 ☎ 0382 498887, *Fax 0382 498941*, prenotare – ▤ ♿ [P]. [AE] [S] [O] [MC] [VISA]
chiuso dal 2 al 16 gennaio, dal 5 al 25 agosto, mezzogiorno e domenica – **Pasto** carta 60/90000.

PAVONE CANAVESE *10018 Torino* [428] F 5, [219] ⑭ – *3 973 ab. alt. 262.*
Roma 668 – Torino 45 – Aosta 65 – Ivrea 5 – Milano 110.

🏨 **Castello di Pavone** 🐌, via Ricetti 1 ☎ 0125 672111, *Fax 0125 672114*, ←, « Castello dell'11° e 14° secolo », 🌳 – ⇎ cam, ▤ cam, [TV] ☎ [P] – 🏛 150. [AE] [S] [O] [MC] [VISA]. ✗
chiuso dal 1° al 24 agosto – **Pasto** (Coperti limitati prenotare; *chiuso lunedì ed a mezzogiorno escluso sabato-domenica*) carta 90/120000 – **9 cam** ☕ 230/290000, 4 appartamenti 390/450000 – ½ P 220000.

PAVULLO NEL FRIGNANO *41026 Modena* [988] ⑭, [428], [429], [430] I 14 – *14 352 ab. alt. 682 – a.s. luglio-agosto e Natale.*
Roma 411 – Bologna 77 – Firenze 137 – Milano 222 – Modena 47 – Pistoia 101 – Reggio nell'Emilia 61.

🏨 **Vandelli,** via Giardini Sud 7 ☎ 0536 20288, *Fax 0536 23608* – |‡|, ▤ rist, [TV] ☎ [P] – 🏛 120. [AE] [S] [MC] [VISA] [JCB]
Pasto *(chiuso martedì)* carta 45/75000 – ☕ 15000 – **41 cam** 90/140000 – ½ P 80/100000.

🏨 **Ferro di Cavallo** 🐌, via Bellini 4 ☎ 0536 20098, *Fax 0536 22383*, 🌳 – |‡| [TV] ☎ 🚗. [AE] [S] [O] [MC] [VISA]. ✗ rist
chiuso gennaio – **Pasto** *(chiuso lunedì)* 40/65000 – ☕ 20000 – **18 cam** 110/160000 – ½ P 95/110000.

🍴🍴 **Parco Corsini,** viale Martiri 11 ☎ 0536 20129, *Fax 0536 23938* – [AE] [S] [O] [MC] [VISA] [JCB]. ✗
chiuso dal 7 al 27 gennaio, dal 17 al 30 giugno, lunedì e martedì (escluso luglio-agosto) – Pasto carta 40/65000.

PECORONE *Potenza* [431] G 29 – *Vedere Lauria.*

PEDEGUARDA *Treviso* [429] E 18 – *Vedere Follina.*

PEDEMONTE *Verona* [428], [429] F 14 – *Vedere San Pietro in Cariano.*

PEDERIVA *Vicenza* – *Vedere Grancona.*

PEDEROBBA *31040 Treviso* [429] E 17 – *6 887 ab. alt. 225.*
Dintorni *Possagno : Deposizione★ nel tempio di Canova Ovest : 8,5 km.*
Roma 560 – Belluno 46 – Milano 265 – Padova 59 – Treviso 35 – Venezia 66.

ad Onigo di Piave *Sud-Est : 3 km* – ✉ *31050 :*

🍴🍴 **Le Rive,** via Rive 46 ☎ 0423 64267, « Servizio estivo all'aperto » – [S] [MC] [VISA]
chiuso martedì e mercoledì – **Pasto** carta 30/45000.

PEDRACES (PEDRATSCHES) *Bolzano* – *Vedere Badia.*

PEGLI *Genova* – *Vedere Genova.*

PEIO *38020 Trento* 988 ④, 428, 429 C 14 *G. Italia – 1 862 ab. alt. 1 389 – Stazione termale, a.s. gennaio-12 marzo, Pasqua e Natale – Sport invernali : 1 389/2 400 m* 1 4, .
alle Terme, via delle Acque Acidule 8 ✆ 0463 753100, Fax 0463 753180.
Roma 669 – Sondrio 103 – Bolzano 93 – Passo di Gavia 54 – Milano 256 – Trento 87.

a Cògolo *Est : 3 km – ✉ 38024 :*

Kristiania, via Sant'Antonio 18 ✆ 0463 754157, *Fax 0463 746510*, ≤, , , – P – 30. VISA.
dicembre-aprile e 10 giugno-25 settembre – **Pasto** carta 35/55000 – **48 cam** 10 180000 – ½ P 140000.

Cevedale, via Roma 33 ✆ 0463 754067, *Fax 0463 754544*, – TV P. AE rist
chiuso maggio e novembre – **Pasto** carta 30/45000 – **33 cam** 100/140000 ½ P 120000.

Gran Zebrù, via Casarotti 92 ✆ 0463 754433, *Fax 0463 754563*, ≤ – TV P. AE VISA.
dicembre-aprile e 10 giugno-settembre – **Pasto** carta 40/55000 – **22 cam** 100/15000 ½ P 100000.

Chalet Alpenrose , via Malgamare, località Masi Guilnova Nord : 1,5 k ✆ 0463 754088, *Fax 0463 754088*, « In un maso settecentesco », – TV P. VISA
chiuso dal 25 maggio al 10 giugno – **Pasto** *(chiuso lunedì in bassa stagione)* carta 40/700 – **10 cam** 90/150000 – ½ P 110000.

Leggete attentamente l'introduzione : è la « chiave » della guida.

PELLESTRINA (Isola di) *Venezia* 429 G 18 – *Vedere Venezia.*

PENANGO *14030 Asti – 519 ab. alt. 264.*
Roma 617 – Alessandria 47 – Asti 16 – Milano 96 – Torino 73 – Vercelli 42.

Le Magnolie senza rist, via Roma 16 ✆ 0141 916088, *Fax 0141 916183*, ≤, , , – TV P. AE VISA
marzo-novembre – 15000 – **20 cam** 90/130000.

PENNA ALTA *Arezzo – Vedere Terranuova Bracciolini.*

PENNABILLI *61016 Pesaro e Urbino* 988 ⑮, 429, 430 K 18 – *3 123 ab. alt. 550 – a.s. 25 giugn agosto.*
Roma 307 – Rimini 46 – Perugia 121 – Pesaro 76.

Parco, via Marconi 14 ✆ 0541 928446, *Fax 0541 928498*, – . VISA.
chiuso da novembre a gennaio – **Pasto** *(chiuso martedì)* carta 30/45000 – 7000 **22 cam** 70/90000 – ½ P 80000.

Il Piastrino, via Parco Begni 9 ✆ 0541 928569, – P. AE VISA
chiuso dal 1° al 15 gennaio e martedì (escluso da giugno a settembre) – **Pasto** car 45/65000.

PENNE *65017 Pescara* 988 ㉗, 430 O 23 – *12 495 ab. alt. 438.*
Roma 228 – Pescara 31 – L'Aquila 125 – Chieti 38 – Teramo 69.

a Roccafinadamo *Nord-Ovest : 17 km – ✉ 65010 :*

La Rocca, ✆ 085 823301 –
chiuso dal 10 al 22 ottobre e mercoledì – **Pasto** 25/35000.

PERA *Trento – Vedere Pozza di Fassa.*

PERGINE VALSUGANA *38057 Trento* 988 ④, 429 D 15 – *16 084 ab. alt. 482 – a.s. Pasqua Natale.*
(15 giugno-settembre) piazza Garibaldi 5/B ✆ 0461 531258.
Roma 599 – Trento 12 – Belluno 101 – Bolzano 71 – Milano 255 – Venezia 152.

Castel Pergine con cam, Est : 2,5 km ✆ 0461 531158, *Fax 0461 531329*, ≤, « Castello del 10° secolo », – P. AE VISA. rist
Pasqua-7 novembre – **Pasto** *(chiuso lunedì a mezzogiorno)* 60000 bc e carta 45/70000 **21 cam** 85/165000 – ½ P 115000.

a Canzolino *Nord-Est : 4 km – ✉ 38057 Pergine Valsugana :*

Aurora , via al Lago 16 ✆ 0461 552145, *Fax 0461 552483*, « Servizio estivo in terrazza con ≤ laghetto e monti » – |♦| 📺 ☎. AE 🅂 ⓘ MC VISA. ✻
chiuso dal 15 al 28 febbraio ed ottobre – **Pasto** *(chiuso martedì escluso da giugno ad agosto)* carta 35/45000 – **20 cam** ☐ 70/130000 – 1/2 P 80/85000.

PERLEDO *23828 Lecco* **219** ⑨ *– 919 ab. alt. 407.*

Roma 644 – Como 53 – Bergamo 57 – Chiavenna 47 – Lecco 24 – Milano 80 – Sondrio 62.

Il Caminetto, viale Progresso 4, località Gittana ✆ 0341 815225, *Fax 0341 815225*, Coperti limitati; prenotare – 🅿. AE 🅂 ⓘ MC VISA JCB. ✻
chiuso mercoledì – **Pasto** carta 45/80000.

PERO *20016 Milano* **428** F 9 *– 10 537 ab. alt. 144.*

Roma 578 – Milano 10 – Como 29 – Novara 40 – Pavia 45 – Torino 127.

Embassy Park Hotel, via Giovanni XXIII 15 ✆ 02 38100386, *Fax 02 33910424*, « Giardino con ⛱ » – |♦| ▤ 📺 ☎ 🅿 – 🏊 50. AE 🅂 ⓘ MC VISA. ✻
Pasto (solo per alloggiati) – **53 cam** ☐ 130/180000.

PERUGIA *06100* 🅿 **988** ⑮, **430** M 19 *G. Italia – 155 284 ab. alt. 493.*

Vedere *Piazza 4 Novembre*★★ BY *: fontana Maggiore*★★*, palazzo dei Priori*★ **D** *(galleria nazionale dell'Umbria*★★*) – Chiesa di San Pietro*★★ BZ *– Oratorio di San Bernardino*★★ AY *– Museo Archeologico Nazionale dell'Umbria*★★ BZ **M1** *– Collegio del Cambio*★ BY **E** *: affreschi*★★ *del Perugino –* ≤★★ *dai giardini Carducci* AZ *– Porta Marzia*★ *e via Bagliona Sotterranea*★ BZ **Q** *– Chiesa di San Domenico*★ BZ *– Porta San Pietro*★ BZ *– Via dei Priori*★ AY *– Chiesa di Sant'Angelo*★ AY **R** *– Arco Etrusco*★ BY **K** *– Via Maestà delle Volte*★ ABY **29** *– Cattedrale*★ BY **F** *– Via delle Volte della Pace*★ BY **55.**

Dintorni *Ipogeo dei Volumni*★ *per ② : 6 km.*

⛳9 *Antognolla ✆ 075 6059563, Fax 075 6059562;*

⛳18 *(chiuso lunedì) località Santa Sabina ✉ 06074 Ellera Umbra ✆ 075 5172204, Fax 075 5172370, per ③ : 9 km.*

✈ *di Sant'Egidio Sud-Est per ② : 17 km ✆ 075 6929447, Fax 075 6929562.*

🅸 *piazza 4 Novembre 3 ✉ 06123 ✆ 075 5723327.*

A.C.I. *centro direzionale Quattro Torri località Santa Sabina ✆ 075 5172687.*

Roma 172 ② – Firenze 154 ③ – Livorno 222 ③ – Milano 449 ③ – Pescara 281 ② – Ravenna 196 ②.

Piante pagine seguenti

Brufani, piazza Italia 12 ✉ 06121 ✆ 075 5732541, *Fax 075 5720210*, ≤ – |♦|, ⚹ rist, ▤ 📺 ☎ ♿ 🚗 – 🏊 70. AE 🅂 ⓘ MC VISA JCB. ✻ — AZ x
Pasto carta 70/90000 – ☐ 44000 – **70 cam** 465/540000, 15 appartamenti.

Sangallo Palace Hotel Ⓜ, via Masi 9 ✉ 06121 ✆ 075 5730202, *Fax 075 5730068*, ≤ – ⚹ cam, ▤ 📺 ☎ ✆ ♿ – 🏊 140. AE 🅂 ⓘ MC VISA JCB. ✻ — AZ m
Pasto carta 50/75000 – **93 cam** ☐ 230/290000, appartamento – 1/2 P 180000.

Locanda della Posta senza rist, corso Vannucci 97 ✉ 06121 ✆ 075 5728925, *Fax 075 5732562* – |♦| ▤ 📺 ☎. AE 🅂 ⓘ MC VISA — AZ s
40 cam ☐ 190/295000, appartamento.

Perugia Plaza Hotel, via Palermo 88 ✉ 06129 ✆ 075 34643, *Fax 075 30863*, ⛱ – |♦| ▤ 📺 ☎ ♿ 🚗 🅿 – 🏊 200. AE 🅂 ⓘ MC VISA. ✻ rist — per via dei Filosofi BZ
Pasto 40/45000 e al Rist. ***Fortebraccio*** carta 45/70000 – **108 cam** ☐ 200/300000, 5 appartamenti – 1/2 P 160/200000.

La Rosetta, piazza Italia 19 ✉ 06121 ✆ 075 5720841, *Fax 075 5720841* – |♦|, ▤ rist, 📺 ☎ – 🏊 80. AE 🅂 ⓘ MC VISA — AZ r
Pasto *(chiuso lunedì)* carta 45/60000 (15 %) – **94 cam** ☐ 140/215000 – 1/2 P 135/145000.

Giò Arte e Vini, via Ruggero D'Andreotto 19 ✉ 06124 ✆ 075 5731100, *Fax 075 5731100*, « Esposizione di vini ed opere di artisti vari » – |♦| ▤ 📺 ☎ ♿ 🅿 – 🏊 150. AE 🅂 ⓘ MC VISA JCB. ✻ rist — per ③
Pasto *(chiuso domenica sera e lunedì a mezzogiorno)* carta 40/55000 – **130 cam** ☐ 135/220000 – 1/2 P 125/140000.

Priori senza rist, via dei Priori ✉ 06123 ✆ 075 5723378, *Fax 075 5723213*, « Terrazza panoramica » – ☎. 🅂 MC VISA — AY b
55 cam ☐ 90/130000.

Signa senza rist, via del Grillo 9 ✉ 06121 ✆ 075 5724180, *Fax 075 5724180* – |♦| 📺 ☎. MC VISA. ✻ — BZ n
☐ 12000 – **23 cam** 80/110000.

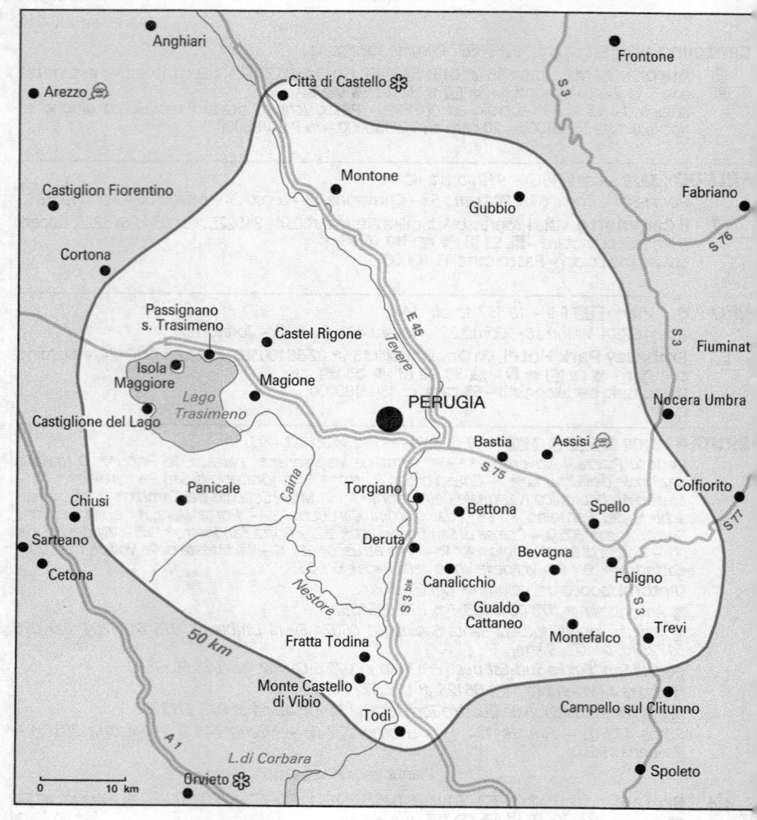

XX **Osteria del Bartolo,** via Bartolo 30 ✉ 06122 ☎ 075 5731561, *Fax 075 5731561*, Coper limitati; prenotare la sera – ⅍ ▤. AE $ ⓓ ⓜ VISA JCB. ⅍ BY
chiuso domenica e mercoledì a mezzogiorno – **Pasto** 120000 (10%) e carta 85/15500 (10%).

XX **La Taverna,** via delle Streghe 8 ✉ 06123 ☎ 075 5724128, *Fax 075 5732536* – ⅍ rist, ▤ AE $ ⓓ ⓜ VISA JCB AZ
chiuso lunedì – **Pasto** carta 50/75000 (12%).

XX **Del Sole,** via Oberdan 28 ✉ 06123 ☎ 075 5735031, *Fax 075 5732588*, ≤ valli e monti – AE $ ⓓ ⓜ VISA BZ
chiuso dal 23 dicembre al 10 gennaio e lunedì – **Pasto** carta 45/60000.

XX **Altromondo,** via Caporali 11 ✉ 06123 ☎ 075 5726157, *Fax 075 5726157* – ▤. AE $ ⓓ ⓜ VISA JCB AZ
chiuso dal 20 al 30 dicembre, dal 10 al 20 agosto e domenica – **Pasto** carta 40/55000 (10%).

X **Aladino,** via delle Prome 11 ✉ 06122 ☎ 075 5720938, ⌂ – ▤. AE $ ⓓ ⓜ VISA JCB
chiuso dal 5 al 20 agosto, lunedì e a mezzogiorno escluso i giorni festivi – **Pasto** cart 45/65000. BY

X **Locanda degli Artisti,** via Campo Battaglia 10 ✉ 06122 ☎ 075 5735851, Rist. e pizzeri – ▤. AE $ ⓓ ⓜ VISA JCB. ⅍ BZ
chiuso dal 10 al 20 gennaio, dal 10 al 20 giugno e martedì – **Pasto** carta 35/60000.

X **Dal Mi' Cocco,** corso Garibaldi 12 ✉ 06123 ☎ 075 5732511, Coperti limitati; prenotare – ⅍ BY
chiuso dal 25 luglio al 15 agosto e lunedì – **Pasto** 25000 bc.

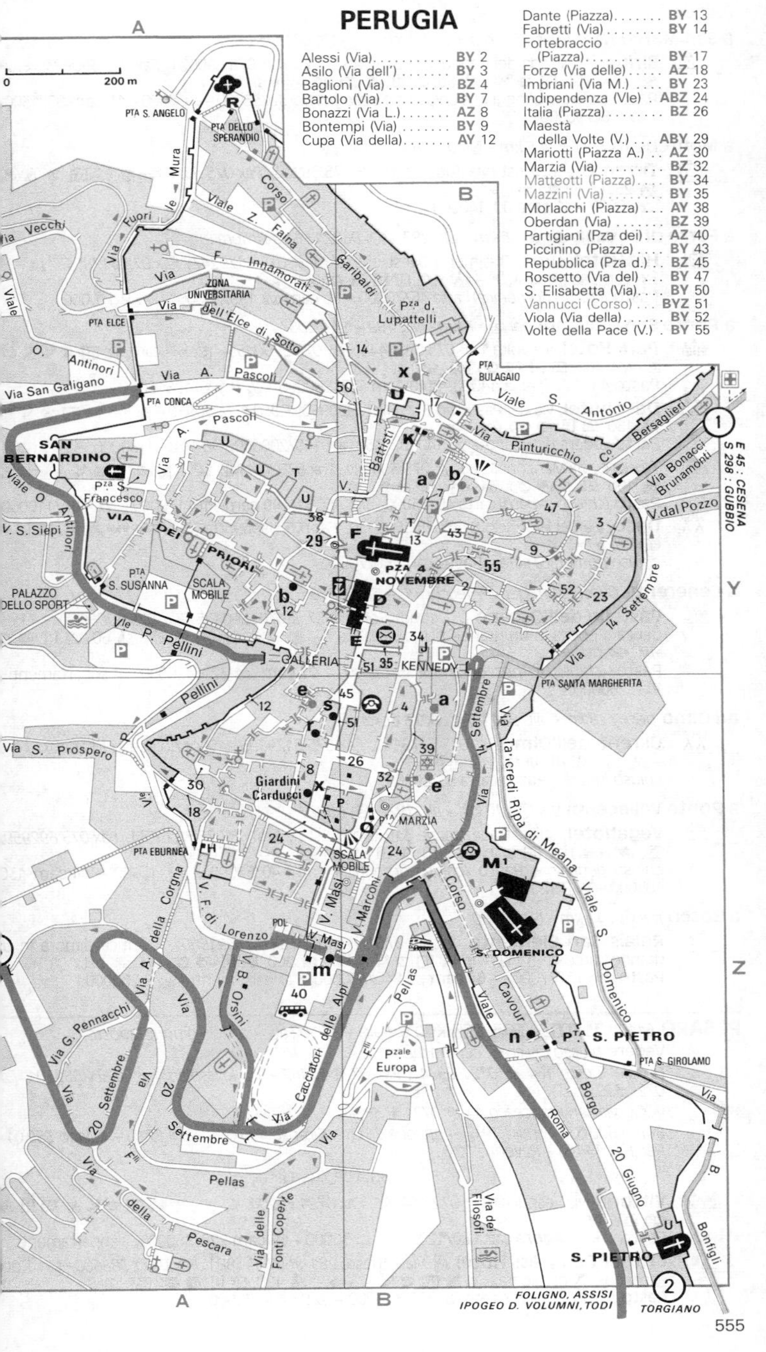
PERUGIA
Alessi (Via) . . . . BY 2
Asilo (Via dell') . . . . BY 3
Baglioni (Via) . . . . BZ 4
Bartolo (Via) . . . . BY 7
Bonazzi (Via L.) . . . . AZ 8
Bontempi (Via) . . . . BY 9
Cupa (Via della) . . . . AY 12
Dante (Piazza) . . . . BY 13
Fabretti (Via) . . . . BY 14
Fortebraccio (Piazza) . . . . BY 17
Forze (Via delle) . . . . . AZ 18
Imbriani (Via M.) . . . . BY 23
Indipendenza (Vle) . ABZ 24
Italia (Piazza) . . . . BZ 26
Maestà della Volte (V.) . . . ABY 29
Mariotti (Piazza A.) . . AZ 30
Marzia (Via) . . . . BZ 32
Matteotti (Piazza) . . . . BY 34
Mazzini (Via) . . . . BY 35
Morlacchi (Piazza) . . . AY 38
Oberdan (Via) . . . . BZ 39
Partigiani (Pza dei) . . . AZ 40
Piccinino (Piazza) . . . . BY 43
Repubblica (Pza d.) . . BZ 45
Roscetto (Via del) . . . BY 47
S. Elisabetta (Via) . . . . BY 50
Vannucci (Corso) . . . . BYZ 51
Viola (Via della) . . . . . . BY 52
Volte della Pace (V.) . BY 55
0
200 m
PTA S. ANGELO
PTA DELLO SPERANDIO
ZONA UNIVERSITARIA
PTA ELCE
Via San Galigano
PTA CONCA
SAN BERNARDINO
Pza S. Francesco
VIA DEI PRIORI
Pza 4 NOVEMBRE
PTA S. SUSANNA
SCALA MOBILE
PALAZZO DELLO SPORT
GALLERIA
KENNEDY
Pza d. Lupattelli
PTA BULAGAIO
Viale S. Antonio
PTA SANTA MARGHERITA
E 45 : CESENA
S 298 : GUBBIO
Giardini Carducci
PTA MARZIA
PTA EBURNEA
S. DOMENICO
PTA S. PIETRO
PTA S. GIROLAMO
Pzale Europa
S. PIETRO
FOLIGNO, ASSISI
IPOGEO D. VOLUMNI, TODI
TORGIANO

a San Marco *Nord-Ovest: 5 km per via Vecchi AY – ✉ 06131 :*

Sirius ⛰, strada dei Cappuccini 24 (Ovest: 1 km) ☎ 075 690921, *Fax 075 690923*, <, – rist, TV ☎ P – 50. AE Ⓢ ⓞ MC VISA JCB. ✂
Pasto (solo per alloggiati e *chiuso a mezzogiorno*) 30/35000 – ☕ 7000 – **15 cam** 80/1300 – ½ P 80/90000.

a Montebello *per ② : 4,5 km – ✉ 06126 :*

Tirrenus senza rist, via Tuderte 75 ☎ 075 38200, *Fax 075 38154* – |‡| ▤ TV ☎ ♿ P 25. Ⓢ ⓞ MC VISA. ✂
☕ 10000 – **42 cam** 90/140000.

a Ferro di Cavallo *per ③ : 6 km – alt. 287 – ✉ 06074 Ellera Umbra :*

Hit Hotel, strada Trasimeno Ovest 159 z/10 ☎ 075 5179247, *Fax 075 5178947*, – cam, ▤ TV ☎ ♿ P – 300. AE Ⓢ ⓞ MC VISA. ✂
Pasto *(chiuso domenica)* carta 45/70000 – **80 cam** ☕ 190/270000 – ½ P 170000.

a Ponte San Giovanni *per ② : 7 km – alt. 189 – ✉ 06087 :*

Park Hotel, via Volta 1 ☎ 075 5990444, *Fax 075 5990455* – |‡|, cam, ▤ TV ☎ ♿ P – 260. AE Ⓢ ⓞ MC VISA. ✂ rist
Pasto 45/70000 – ☕ 14000 – **140 cam** 185/250000 – ½ P 100/175000.

Decohotel, via del Pastificio 8 ☎ 075 5990950, *Fax 075 5990950* – |‡| ▤ TV ☎ P 150. AE Ⓢ ⓞ MC VISA JCB
Pasto vedere rist ***Deco*** – ☕ 14000 – **35 cam** 140/200000 – ½ P 160/180000.

Tevere, via Manzoni 421/E ☎ 075 394341, *Fax 075 394342*, – |‡| ▤ TV ☎ ♿ P 100. AE Ⓢ ⓞ MC VISA JCB. ✂ cam
Pasto *(chiuso sabato)* carta 40/55000 – ☕ 15000 – **49 cam** 110/170000 – ½ P 90/110000

Deco, via del Pastificio 8 ☎ 075 5990950, *Fax 075 5990950*, – ▤ P. AE Ⓢ MC VISA JCB. ✂
chiuso domenica sera – **Pasto** carta 50/70000.

a Cenerente *Ovest: 8 km per via Vecchi AY – ✉ 06070 :*

Castello dell'Oscano ⛰, strada Forcella 37 ☎ 075 690125, *Fax 075 690666*, <, « Residenza d'epoca in un grande parco secolare » – |‡|, ▤ cam, TV ☎ P – 60. AE Ⓢ ⓞ MC VISA. ✂ rist
Pasto *(chiuso a mezzogiorno)* 55/65000 – **22 cam** ☕ 320/420000, 4 appartamenti ½ P 260000.

ad Olmo *per ③ : 8 km – alt. 284 – ✉ 06073 Corciano :*

Osteria dell'Olmo, ☎ 075 5179140, *Fax 075 5179903*, « Servizio estivo all'aperto » – – 100. AE Ⓢ ⓞ MC VISA JCB
chiuso lunedì – **Pasto** carta 55/80000.

a Ponte Valleceppi *per ① : 10 km – alt. 192 – ✉ 06078 :*

Vegahotel, sulla strada statale 318 (Nord-Est : 2 km) ☎ 075 6929534, *Fax 075 692950*, – ▤ rist, TV ☎ P – 70. AE Ⓢ ⓞ MC VISA. ✂
chiuso gennaio – **Pasto** *(chiuso domenica)* carta 40/55000 – ☕ 15000 – **44 cam** 130/185000 – ½ P 120000.

a Bosco *per ① : 12 km – ✉ 06080 :*

Relais San Clemente ⛰, ☎ 075 5915100, *Fax 075 5915001*, « Antica dimora in un grande parco », – |‡| ▤ TV ☎ ♿ P – 200. AE Ⓢ ⓞ MC VISA. ✂ rist
Pasto carta 50/70000 – **64 cam** ☕ 240/370000, 3 appartamenti – ½ P 200000.

PESARO

PESARO *61100* P 988 ⑯, 429, 430 K 20 *G. Italia – 88 502 ab. – a.s. 25 giugno-agosto.*

Vedere *Museo Civico★ : ceramiche★★* Z.

ℹ *viale Trieste 164 ☎ 0721 69341, Fax 0721 30462 – via Massolari 4 ☎ 0721 359501, Fax 0721 33930.*

A.C.I. *via San Francesco 44 ☎ 0721 33368.*

Roma 300 ① – Rimini 39 ② – Ancona 76 ① – Firenze 196 ② – Forlì 87 ② – Milano 359 ② – Perugia 134 ① – Ravenna 92 ②.

Pianta pagina a lato

Vittoria, via Vespucci 2 ☎ 0721 34343, *Fax 0721 65204*, <, – |‡| ▤ TV ☎ ♿. AE Ⓢ ⓞ MC VISA. ✂ Y
Pasto al Rist. ***Agorà*** carta 80/120000 – ☕ 30000 – **19 cam** 220/360000, 9 appartamenti.

Cruiser Congress Hotel M, viale Trieste 281 ☎ 0721 3881, *Fax 0721 388600*, <, « Roof garden », riscaldata – |‡| ▤ TV ☎ ♿ – 180. AE Ⓢ ⓞ MC VISA. ✂ Y
Pasto 35/60000 – **117 cam** ☕ 200/300000 – ½ P 140/175000.

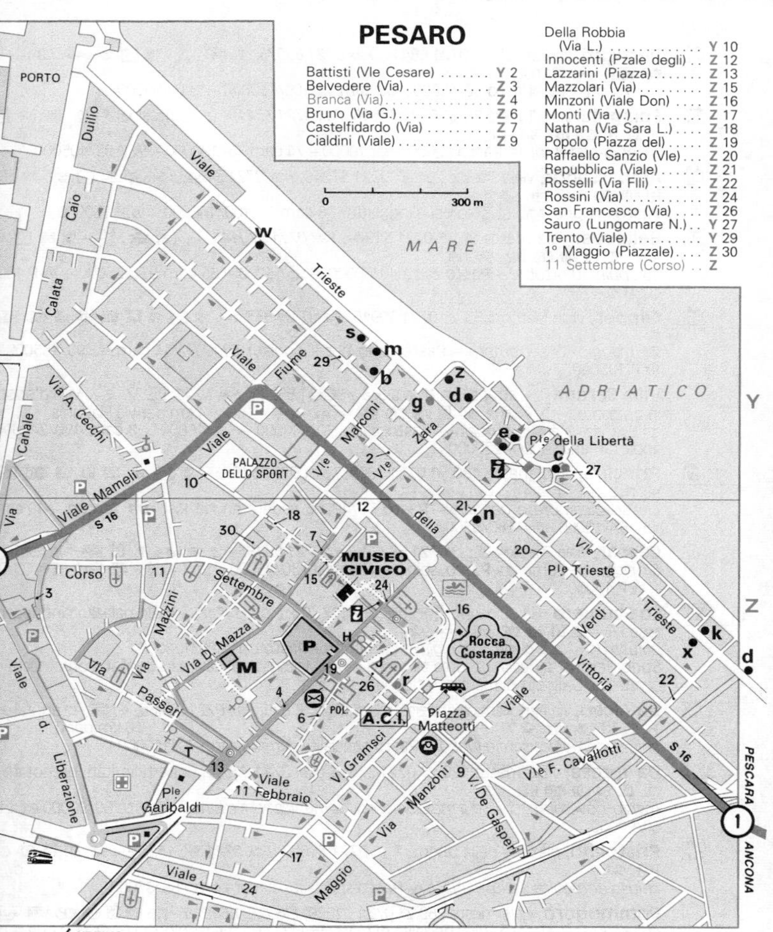

Flaminio M, via Parigi 8 ✆ 0721 400303, *Fax 0721 403757*, ≤, 🏊 – |♦| ▤ TV ☎ ♿ 🚗 – 🏛 600 per ②
78 cam, 4 appartamenti.

Savoy, viale della Repubblica 22 ✆ 0721 67440, *Fax 0721 64429*, 🏊 – |♦| ▤ TV ☎ ♿ 🚗 – 🏛 400. AE ⓢ ⓞ ⓜⓒ VISA. ✂ rist Z n
Pasto carta 40/55000 – ☕ 25000 – **61 cam** 200/280000, 3 appartamenti – ½ P 100/180000.

Bristol senza rist, piazzale della Libertà 7 ✆ 0721 30355, *Fax 0721 33893* – ▤ TV ☎. AE ⓢ ⓞ VISA Y c
chiuso dal 21 dicembre al 9 gennaio – **27 cam** ☕ 250/300000.

Atlantic, viale Trieste 365 ✆ 0721 370333, *Fax 0721 370373*, ≤ – |♦| ▤ TV ☎ P. AE ⓢ ⓞ ⓜⓒ VISA. ✂ rist Y w
15 maggio-20 settembre – **Pasto** 25/40000 – **45 cam** ☕ 130/160000, ▤ 10000 – ½ P 70/110000.

Imperial Sport Hotel, via Ninchi 6 ✆ 0721 370077, *Fax 0721 34877*, ≤, 🌴, 🏊 – |♦| TV ☎ 🚗 – 🏛 60. AE ⓢ ⓜⓒ VISA. ✂ rist Y z
aprile-ottobre – **Pasto** 45000 – ☕ 12000 – **48 cam** 130/150000 – ½ P 60/105000.

Perticari, via Zara 67 ☎ 0721 68411, *Fax 0721 65975*, ≤, ⛱, 🏊 – |‡| 📺 ☎ 🚗. AE 🅂 ⓞ MC VISA JCB. ✻ rist Y
marzo-ottobre – **Pasto** 30/45000 – **58 cam** ☕ 100/130000 – ½ P 105000.

Spiaggia, viale Trieste 76 ☎ 0721 32516, *Fax 0721 35419*, ≤, 🏊 riscaldata – |‡|, ▤ rist, ☎ 🅿. 🅂 MC VISA. ✻ rist Z
maggio-settembre – **Pasto** 30000 – ☕ 10000 – **74 cam** 75/100000 – ½ P 95/105000.

Ambassador, viale Trieste 291 ☎ 0721 34246, *Fax 0721 34248*, ≤ – |‡| ▤ 📺 ☎ 🚗. 🅂 ⓞ MC VISA JCB. ✻ Y
Pasto *(giugno-agosto;* solo per alloggiati) – **36 cam** ☕ 100/140000 – ½ P 130000.

Bellevue, viale Trieste 88 ☎ 0721 31970, *Fax 0721 370144*, ≤, Fб, ⛱s, 🏊 – |‡| ▤ 📺 🚗. AE 🅂 ⓞ MC VISA. ✻ rist Z
15 aprile-10 ottobre – **Pasto** carta 40/50000 – ☕ 13000 – **55 cam** 95/125000 – ½ P 10 105000.

Clipper, viale Marconi 53 ☎ 0721 30915, *Fax 0721 33525* – |‡| 📺 ☎ 🅿. AE 🅂 ⓞ MC VI ✻ Y
26 maggio-15 settembre – **Pasto** (solo per alloggiati) 30000 – **54 cam** ☕ 95/155000 ½ P 105000.

Villa Serena 🔇, strada San Nicola 6/3 ☎ 0721 55211, *Fax 0721 55927*, ≤, « Villa d'epo in un parco », 🏊 – ☎ 🅿. AE 🅂 ⓞ MC VISA JCB. ✻ 4 km per via Flaminia Z
chiuso dal 2 al 25 gennaio – **Pasto** carta 70/100000 – ☕ 18000 – **8 cam** 190/24000 appartamento – ½ P 220000.

Principe, viale Trieste 180 ☎ 0721 30096, *Fax 0721 31636* – |‡| 📺 ☎. AE 🅂 ⓞ MC VIS ✻ rist Y
chiuso dicembre e gennaio – **Pasto** 30/40000 vedere anche Rist. ***Da Teresa*** – **40 ca** ☕ 75/110000 – ½ P 80/95000.

Caesar, viale Trieste 125 ☎ 0721 69227, *Fax 0721 65183* – |‡| ☎ 🚗 🅿. 🅂 VISA. ✻ rist
5 maggio-settembre – **Pasto** (solo per alloggiati) 30/45000 – ☕ 14000 – **47 cam** 85/1100 – ½ P 100000. Z

XXX ✿ **Lo Scudiero,** via Baldassini 2 ☎ 0721 64107, *Fax 0721 34248*, « In un palazzo cinquece tesco » – AE 🅂 ⓞ MC VISA JCB. ✻ Z
chiuso dal 1° al 7 gennaio e luglio e domenica – **Pasto** carta 80/120000
Spec. Terrina di pesce azzurro all'olio d'oliva. Maltagliati ai calamari grigliati con passata cannellini. Gallinella di mare con cicoria in cocotte.

XX **Da Alceo,** via Panoramica Ardizio 101 ☎ 0721 55875, *Fax 0721 51360*, ≤, ⛱, prenotare 🅿. AE 🅂 ⓞ VISA. ✻ 6 km per ①
chiuso domenica sera e lunedì – **Pasto** specialità di mare carta 70/110000.

XX **Da Teresa,** viale Trieste 180 ☎ 0721 30096, *Fax 0721 31636*, Coperti limitati; prenotare ▤. AE 🅂 ⓞ MC VISA. ✻ Y
marzo-novembre; chiuso a mezzogiorno, domenica sera e lunedì – **Pasto** 60/90000 e cart 60/90000.

XX **Bristolino,** piazzale della Libertà 7 ☎ 0721 31609, *Fax 0721 375132*, ≤ – ▤. AE 🅂 ⓞ M VISA. ✻ Y c
chiuso domenica escluso agosto – **Pasto** specialità di mare carta 55/85000.

XX **Commodoro,** viale Trieste 269 ☎ 0721 32680, *Fax 0721 64926* – ▤. AE 🅂 ⓞ MC VISA JC
chiuso lunedì – **Pasto** solo specialità di mare 45/65000 (a mezzogiorno) 60/90000 (alla ser e carta 55/95000. Y

a Santa Marina Alta *Nord-Ovest : 5,5 km* – ✉ *61010 Fiorenzuola di Focara :*

XX Il Rifugio del Gabbiano, strada panoramica San Bartolo ☎ 0721 27984 *Fax 0721 279845*, ≤ mare e porto, « Servizio estivo in terrazza » – 🅿 per strada panoramica Y

X ⊛ **Da Gennaro,** via Santa Marina Alta 30 ☎ 0721 27321, ⛱, Coperti limitati; prenotare – A 🅂 ⓞ MC VISA. ✻
chiuso settembre, domenica sera e lunedì – **Pasto** carta 35/60000.

in prossimità casello autostrada A 14 *Ovest : 5 km :*

Locanda di Villa Torraccia, strada Torraccia 3 ✉ 61100 ☎ 0721 2185 *Fax 0721 21852*, ≤, « In un'antica torre di avvistamento », 🚗 – 📺 ☎ 🅿. AE 🅂 MC VIS ✻ rist
Pasto (solo per alloggiati e solo su prenotazione) – ☕ 15000 – 5 appartamenti 150/22000 – ½ P 140/160000.

*Inclusion in the **Michelin Guide** cannot be achieved by pulling strings or by offering favours.*

ESCANTINA *37026 Verona* 428, 429 F 14 – *11 488 ab. alt. 80.*
Roma 503 – Verona 14 – Brescia 69 – Trento 85.

d Ospedaletto *Nord-Ovest : 3 km – ✉ 37026 Pescantina :*

Villa Quaranta Park Hotel, via Brennero 65 ☎ 045 6767300, *Fax 045 6767301,* « Chiesetta dell'11° secolo in un parco », – 180. AE VISA JCB.
Pasto al Rist. ***Borgo Antico*** *(chiuso lunedì)* carta 60/90000 – **59 cam** 215/330000, 11 appartamenti – 1/2 P 225000.

Goethe senza rist, via Ospedaletto 8 ☎ 045 6767257, *Fax 045 6702244,* – AE VISA.
chiuso gennaio – 20000 – **26 cam** 180/240000.

Alla Coà, via Ospedaletto 70 ☎ 045 6767402, *Fax 045 6767402,* prenotare – . AE VISA.
chiuso dal 10 gennaio al 10 febbraio, agosto, domenica e lunedì – **Pasto** carta 55/80000.

PESCARA *65100* P 988 ㉗, 430 O 24 – *116 837 ab. – a.s. luglio-agosto.*
Il Centro (chiuso lunedì) a Miglianico ✉ 66010 ☎ 0871 950363, Fax 0871 950363, Sud : 11 km.
Pasquale Liberi per ② : 4 km ☎ 085 4313323, Fax 085 4310241.
via Nicola Fabrizi 171 ✉ 65122 ☎ 085 429001, Fax 085 298246.
A.C.I. *via del Circuito 57 ✉ 65121 ☎ 085 4223842.*
Roma 208 ② – Ancona 156 ④ – Foggia 180 ① – Napoli 247 ② – Perugia 281 ④ – Terni 198 ②
.

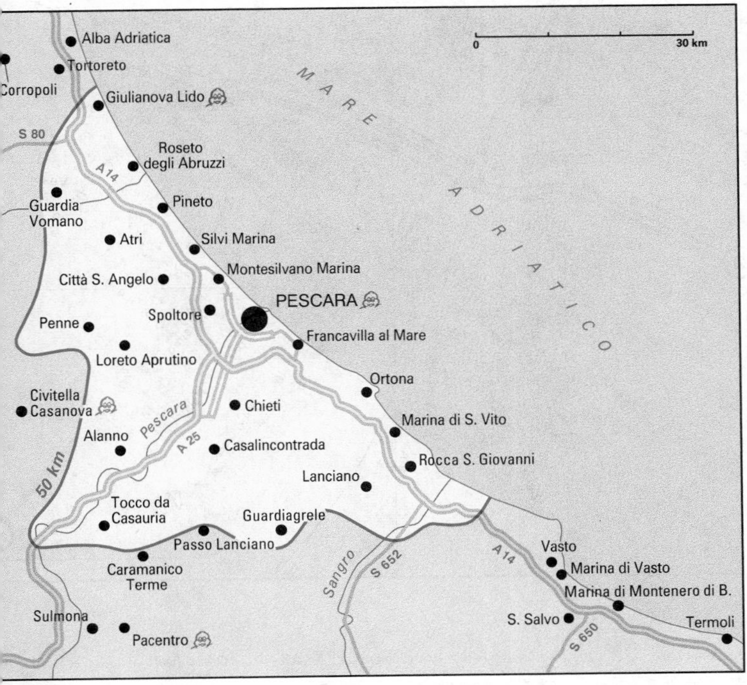

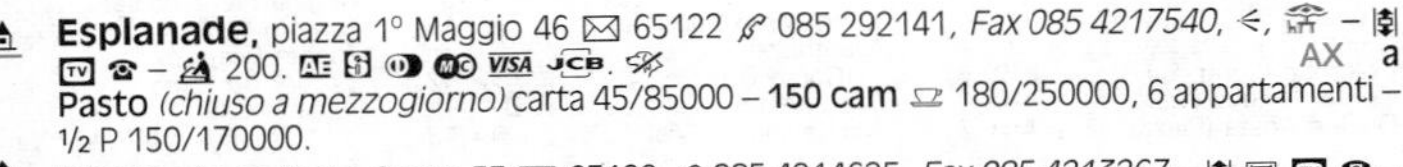

Esplanade, piazza 1° Maggio 46 ✉ 65122 ☎ 085 292141, *Fax 085 4217540,* – 200. AE VISA JCB. AX a
Pasto *(chiuso a mezzogiorno)* carta 45/85000 – **150 cam** 180/250000, 6 appartamenti – 1/2 P 150/170000.

Plaza, piazza Sacro Cuore 55 ✉ 65122 ☎ 085 4214625, *Fax 085 4213267* – 70. AE VISA. AX z
Pasto *(chiuso la sera di sabato e domenica)* carta 50/70000 – **68 cam** 150/250000 – 1/2 P 140000.

Bastioni (Via) . . . . ABY 2
Battisti (Via Cesare) . . . . AX 3
Bovio (Viale) . . . . AX
Caduta del Forte (Via) . . . . AY 4
Chieti (Via) . . . . AY
Colombo (Lung. C.) . . . . BY 5
Conte di Ruvo (Via) . . . . . . ABX 6
Duca d'Aosta (Piazza) . . . . ABY 7

Fabrizi (Via Nicola) . . . . AX
Firenze (Via) . . . . AXY
Italia (Piazza) . . . . BY 8
L'Aquila (via) . . . . AY 9
Lungaterno Sud (Via) . . . . . . BY 10
Manthone (Corso G.) . . . . AY 12
Marconi (Vle G.) . . . . BYZ
Michelangelo (Via) . . . . AX 13

Orazio (Via) . . . . AYZ 15
Palermo (Via) . . . . AY
Ravenna (Via) . . . . AXY
Regina Elena (Viale) . . . . AX 16
Teramo (Via) . . . . AY 17
Trieste (Via) . . . . AX 18
Umberto I (Corso) . . . . AX 19
Venezia (Via) . . . . ABY
Vitt. Emanuele II (Cso) . . . . AXY

Maja senza rist, viale della Riviera 201 ✉ 65123 ☎ 085 4711545, *Fax 085 77930*, ≤, – ⊞ ▤ TV ☎ P – 60. AE ⑤ ⊙ ⊙ VISA. ✻ AX
47 cam ☕ 120/180000.

Ambra senza rist, via Quarto dei Mille 28/30 ✉ 65122 ☎ 085 378247, *Fax 085 378183* – ⊞ TV ☎. AE ⑤ ⊙ ⊙ VISA. ✻ AX u
61 cam ☕ 85/145000.

Alba senza rist, via Forti 14 ✉ 65122 ☎ 085 389145, *Fax 085 292163* – ⊞ TV ☎. AE ⑤ ⊙ ⊙ VISA AX r
☕ 5000 – **50 cam** 75/110000.

XXX **La Tartana,** via Silvio Pellico 11 ✉ 65123 ☎ 085 4211905, Coperti limitati; prenotare – ▤ P. ⑤ ⊙ VISA. ✻ AX c
chiuso domenica sera e lunedì – **Pasto** specialità di mare carta 75/115000.

X **Taverna 58,** corso Manthoné 46 ✉ 65127 ☎ 085 690724, Coperti limitati; prenotare – ▤. AE ⑤ ⊙ ⊙ VISA. ✻ ABY s
chiuso dal 24 dicembre al 1° gennaio, agosto, i giorni festivi, sabato a mezzogiorno e domenica – **Pasto** carta 40/60000.

X **La Rete,** via De Amicis 41 ✉ 65123 ☎ 085 27054, Coperti limitati; prenotare – ▤. AE ⑤ ⊙ ⊙ VISA JCB. ✻ AX m
chiuso domenica sera e lunedì a mezzogiorno – **Pasto** specialità di mare carta 65/85000.

X **La Furnacelle,** via Colle Marino 25 ✉ 65125 ☎ 085 4212102, – ▤. AE ⑤ ⊙ ⊙ VISA. ✻ per via Salaria AX
chiuso giovedì escluso i giorni festivi – **Pasto** carta 35/60000.

X **Grotta del Marinaio,** via Bardet 6 ✉ 65126 ☎ 085 690454, *Fax 085 690454*, Coperti limitati; prenotare – ▤. AE ⑤ ⊙ ⊙ VISA BY c
chiuso Natale, Capodanno, dal 20 agosto al 3 settembre, domenica sera e martedì – **Pasto** carta 40/50000.

ai colli *Ovest : 3 km per via Rigopiano AY :*

X **La Terrazza Verde,** via Tiberi 4/6/8 ✉ 65125 ☎ 085 413239, *Fax 085 413239* – ▤. AE ⑤ ⊙ ⊙ VISA. ✻
chiuso mercoledì – **Pasto** carta 30/40000.

PESCASSEROLI *67032 L'Aquila* 988 ㉗, 430 Q 23 *G. Italia – 2 270 ab. alt. 1 167 – a.s. febbraio-22 aprile, 15 luglio-agosto e Natale – Sport invernali : 1 167/1 945 m ⛷4; a Opi ⛷.*
Vedere *Parco Nazionale d'Abruzzo*★★★.
ℹ via Piave 2 ☎ 0863 910097, Fax 0863 910461.
Roma 163 – Frosinone 67 – L'Aquila 109 – Castel di Sangro 42 – Isernia 64 – Pescara 128.

Corona, via Collacchi 2 ☎ 0863 91841, *Fax 0863 91902*, – ⊞ TV ☎ ♿ P. AE ⑤ VISA. ✻
chiuso dal 2 maggio al 17 giugno e dal 17 settembre al 23 dicembre – **Pasto** (solo per alloggiati) – **36 cam** ☕ 200/250000 – 1/2 P 125/160000.

Villino Mon Repos, viale Colli dell'Oro ☎ 0863 912858, *Fax 0863 912830*, « Residenza d'epoca in un parco » – TV ☎ P. AE ⑤ ⊙ ⊙ VISA. ✻ rist
Pasto carta 45/80000 – **17 cam** ☕ 180/300000 – 1/2 P 150/180000.

Pagnani, viale Cabinovia ☎ 0863 912866, *Fax 0863 912870*, Fö, – ⊞ TV ☎ ♿ – 220. AE ⑤ ⊙ ⊙ VISA. ✻
Pasto carta 40/60000 – **24 cam** ☕ 160/190000 – 1/2 P 130000.

Edelweiss, via Colli dell'Oro ☎ 0863 912577, *Fax 0863 912798*, – ⊞ TV ☎ P. AE ⑤ ⊙ ⊙ VISA JCB. ✻
Pasto carta 40/60000 – **23 cam** ☕ 155/200000 – 1/2 P 120000.

Orso Bianco , via Collacchi 1 (Sud-Ovest : 1,5 km) ☎ 0863 912888, *Fax 0863 910501*, ≤, – ⊞ TV ☎ P. ⑤ ⊙ VISA. ✻ rist
Pasto (solo per alloggiati) – **36 cam** ☕ 90/130000 – 1/2 P 130000.

Alle Vecchie Arcate, via della Chiesa 57/a ☎ 0863 910618, *Fax 0863 912598* – ⊞ TV ☎. AE ⑤ ⊙ ⊙ VISA. ✻
Pasto (solo per alloggiati) – ☕ 6000 – **33 cam** 70/120000 – 1/2 P 110000.

X **Peppe di Sora** con cam, via Benedetto Croce 1 ☎ 0863 91908, *Fax 0863 910023* – AE ⑤ ⊙ VISA. ✻ cam
Pasto *(chiuso lunedì in bassa stagione)* carta 35/50000 – ☕ 8000 – **12 cam** 70/85000 – 1/2 P 95000.

PESCHE *Isernia* 431 C 24 – *Vedere Isernia.*

PESCHICI *71010 Foggia* 988 ㉘, 431 B 30 *G. Italia – 4 365 ab. – a.s. luglio-13 settembre.*
Escursioni *Promontorio del Gargano*** Sud-Est.*
Roma 400 – Foggia 114 – Bari 199 – Manfredonia 80 – Pescara 199.

D'Amato, località Spiaggia Ovest : 1 km ☎ 0884 963415, *Fax 0884 963391*, – ≡ TV ☎ ♿ P – 300. VISA.
Pasqua-settembre – **Pasto** (solo per alloggiati) 40000 – **50 cam** 120/200000 ½ P 130000.

Peschici, via San Martino 31 ☎ 0884 964195, *Fax 0884 964195*, ≤ mare – ☎ P. VISA.
15 marzo-ottobre – **Pasto** (solo per alloggiati) – 15000 – **42 cam** 75/95000 ½ P 115000.

La Grotta delle Rondini, via al molo Ovest : 1 km ☎ 0884 964007, « In una grot naturale con servizio estivo in terrazza con ≤ mare » – AE VISA.
Pasqua-ottobre – **Pasto** specialità di mare carta 45/65000 (10 %).

sulla litoranea per Vieste:

Gusmay e La Rotonda località Manacore Est : 8,5 km ✉ 71010 ☎ 0884 91112 *Fax 0884 911003*, « Giardino-pineta in riva al mare », – ≡ TV ☎ P – 25. AE VISA JCB.
maggio-settembre – **Pasto** carta 35/50000 – **80 cam** 140/270000 – ½ P 180000.

Solemar , località San Nicola Est : 3 km ✉ 71010 ☎ 0884 964186, *Fax 0884 964188*, « In pineta », – ≡ rist, ☎ P. AE VISA. rist
20 maggio-20 settembre – **Pasto** (solo per alloggiati) – 8000 – **63 car** 80/120000 (solo ½ P in luglio e Pens completa in agosto) – ½ P 105000.

Park Hotel Paglianza e Paradiso , località Manacore Est : 10,5 km ✉ 7101 ☎ 0884 911018, *Fax 0884 911032*, « In pineta », – ≡ TV ☎ P – 200. VISA. rist
aprile-15 ottobre – **Pasto** (solo per alloggiati) 25/30000 – **109 cam** 150000 ½ P 145000.

La Collinetta con cam, località Madonna di Loreto Sud-Est : 2 km ✉ 7101 ☎ 0884 964151, *Fax 0884 964151*, ≤, prenotare, « Servizio estivo in terrazza panoramica – P. VISA
15 marzo-settembre – **Pasto** specialità di mare carta 50/75000 – **25 cam** 60/100000 ½ P 80/100000.

PESCHIERA BORROMEO *20068 Milano* 428 F 9, 219 ⑲ – *19 999 ab. alt. 103.*
Roma 573 – Milano 18 – Piacenza 66.

Pianta d'insieme di Milano.

Country Hotel Borromeo, via Buozzi 4 (all'idroscalo-lato Es ☎ 02 553771 e rist ☎ 02 55377409, *Fax 02 55300708*, , – , cam, ≡ TV ☎ ♿ – 100. AE VISA. rist CP
chiuso dal 23 dicembre al 6 gennaio ed agosto – **Pasto** al Rist. ***I Fontanili*** *(chiuso agost* carta 50/100000 – **72 cam** 275/375000, 3 appartamenti.

Montini senza rist, via Giuseppe di Vittorio 39 ☎ 02 5475031, *Fax 02 55300610* – ≡ TV ☎ ♿ P. AE VISA. CP
chiuso dal 7 al 20 agosto – **51 cam** 170/270000.

Holiday Inn, via Buozzi 2 (all'idroscalo-lato Est) ☎ 02 55302959, *Fax 02 55302980* – cam, ≡ TV ☎ ♿ P – 70. AE VISA JCB CP
Pasto carta 55/90000 – 20000 – **142 cam** 230/290000 – ½ P 205/215000.

La Viscontina con cam, via Grandi 5, località Canzo ☎ 02 5473887, *Fax 02 55302460*, – ≡ TV ☎ P. AE VISA CP
chiuso dal 5 al 29 agosto – **Pasto** carta 55/80000 – **14 cam** 140/200000 – ½ P 165000.

Dei Cacciatori, via Trieste 2, località Longhignana Nord : 4 km ☎ 02 7531154 *Fax 02 7531274*, In un cascinale lombardo, « Servizio estivo in giardino » – P. AE VISA.
chiuso dal 31 dicembre al 6 gennaio, dal 9 al 25 agosto, domenica sera e lunedì – **Past** carta 50/70000.

PESCHIERA DEL GARDA *37019 Verona* 988 ④, 428, 429 F 14 – *8 919 ab. alt. 68.*
ℹ *piazzale Betteloni 15 ☎ 045 7551673, Fax 045 7550381.*
Roma 513 – Verona 23 – Brescia 46 – Mantova 52 – Milano 133 – Trento 97 – Venezia 138.

Fortuna, via Venezia 26 ☎ 045 7550111, *Fax 045 7550111*, – ≡ TV ☎ ♿ P – 150. AE VISA. cam
Pasto *(chiuso domenica da ottobre a marzo)* carta 50/85000 – 20000 – **42 cam** 170/190000 – ½ P 140/150000.

🏨 **Residence Hotel Puccini** senza rist, via Puccini 2 ✆ 045 6401428, *Fax 045 6401419*, 🏊, 🌳 – ⇕ ❄ 📺 ☎ 🅿. [AE] [S] Diners MC VISA. 🚫🐕
☕ 15000 – **32 cam** 85/150000.

🏨 **Vecchio Viola,** via Milano 5/7 ✆ 045 7551666, *Fax 045 6400063* – ⇕ 📺 ☎ ♿ [P]. [AE] [S] Diners
⚭ MC VISA. 🚫🐕
chiuso gennaio – **Pasto** *(chiuso martedì)* carta 30/50000 – ☕ 12000 – **20 cam** 70/105000 – ½ P 90000.

🍴🍴🍴 Osietra, via Sebino 29 ✆ 045 7553227, *Fax 045 7553227*, ⛱ – ❄ [P]
Pasto specialità di mare.

🍴🍴 **Piccolo Mondo,** piazza del Porto 6 ✆ 045 7550025, *Fax 045 7552260* – [AE] [S] Diners MC VISA JCB
chiuso dal 7 al 23 gennaio, dal 22 giugno al 3 luglio, martedì sera e lunedì – **Pasto** specialità di mare carta 60/85000.

a San Benedetto *Ovest : 2,5 km* – ✉ *37010 San Benedetto di Lugana :*

🏨 **Saraceno,** via De Amicis 4 ✆ 045 7550546, *Fax 045 6401260*, « Ampio giardino con 🏊 » – 🚭 ❄ 📺 ☎ ♿ 🅿. [S] VISA
chiuso gennaio – **Pasto** (solo per alloggiati) 35/45000 – ☕ 17000 – **22 cam** 120/150000 – ½ P 125000.

🏨 **Peschiera** 🔇, via Parini 4 ✆ 045 7550526, *Fax 045 7550444*, 👁, 🏊, 🌳 – ⇕ ☎ 🅿. [AE] [S]
⚭ Diners MC VISA. 🚫🐕
aprile-ottobre – **Pasto** *(chiuso a mezzogiorno e lunedì)* carta 35/55000 – ☕ 18000 – **30 cam** 85/100000 – ½ P 80/95000.

🍴 **Papa** con cam, via Bell'Italia 40 ✆ 045 7550476, *Fax 045 7550589*, ⛱, 🏊 – ⇕ 📺 ☎ [P]. [AE]
⚭ [S] MC VISA. 🚫🐕
chiuso dal 2 novembre all'8 dicembre – **Pasto** *(chiuso mercoledì)* carta 30/50000 – ☕ 10000 – **19 cam** 60/85000 – ½ P 70000.

🍴 **Trattoria al Combattente,** strada Bergamini 60 ✆ 045 7550410, ⛱ – [AE] [S] Diners MC VISA JCB
chiuso ottobre e lunedì – **Pasto** carta 40/70000.

PESCIA *51017 Pistoia* [988] ⑭, [428], [429], [430] K 14 *G. Toscana – 18 030 ab. alt. 62.*
Roma 335 – Firenze 57 – Pisa 39 – Lucca 19 – Milano 299 – Montecatini Terme 8 – Pistoia 30.

🏨 **Villa delle Rose** 🔇, via del Castellare 21, località Castellare ✉ 51012 Castellare di Pescia ✆ 0572 4670, *Fax 0572 444003*, « Parco con 🏊 » – ⇕ ❄ 📺 ☎ ♿ [P] – 🎤 250. [AE] [S] Diners MC VISA JCB. 🚫🐕
Pasto al Rist. ***Piazza Grande*** *(chiuso lunedì e martedì a mezzogiorno)* carta 40/55000 – ☕ 18000 – **103 cam** 140/190000, 3 appartamenti.

🏨 **San Lorenzo Hotel e Residence** 🔇, località San Lorenzo 6 (Nord : 2 km) ✆ 0572 408340, *Fax 0572 408333*, 👁 – ⇕ ❄ 📺 ☎ ♿ [P] – 🎤 50. [AE] [S] Diners MC VISA. 🚫🐕
Pasto carta 40/55000 – ☕ 18000 – **36 cam** 140/190000, 6 appartamenti – ½ P 160000.

🍴🍴 **Cecco,** via Forti 96 ✆ 0572 477955, ⛱ – ❄. [AE] [S] Diners MC VISA
chiuso dal 10 al 20 gennaio, dal 3 al 27 luglio e lunedì – **Pasto** carta 40/60000 (13 %).

🍴🍴 **La Fortuna,** via Colli per Uzzano 32/34 ✆ 0572 477121, 👁, ⛱, Coperti limitati; prenotare – [P]. [AE] [S] Diners MC VISA JCB. 🚫🐕
chiuso agosto, lunedì e a mezzogiorno (escluso i giorni festivi) – **Pasto** carta 45/70000.

PESCOCOSTANZO *67033 L'Aquila* [988] ㉗, [430] Q 24, [431] B 24 – *1 275 ab. alt. 1 360.*
Roma 198 – Campobasso 94 – L'Aquila 101 – Chieti 89 – Pescara 102 – Sulmona 33.

🏨 **Le Torri** [M] 🔇, via del Vallone 4 ✆ 0864 642024, *Fax 0864 641573* – ⇕ ❄ 📺 ☎. [AE] [S] Diners MC VISA. 🚫🐕
dicembre-Pasqua e giugno-settembre – **Pasto** carta 45/60000 – **20 cam** ☕ 260000 – ½ P 160000.

PESEK *Trieste* [429] F 23 – *alt. 474* – ✉ *34012 Basovizza.*
Roma 678 – Udine 77 – Gorizia 54 – Milano 417 – Rijeka (Fiume) 63 – Trieste 13.

a Draga Sant'Elia *Sud-Ovest : 4,5 km* – ✉ *34010 Sant'Antonio in Bosco :*

🍴 **Locanda Mario** 🔇 con cam, Draga Sant'Elia 22 ✆ 040 228193, *Fax 040 228193*, ⛱ – 📺 ☎ [P]. [AE] [S] Diners MC VISA. 🚫🐕
chiuso dal 7 al 20 gennaio e martedì – **Pasto** carta 45/70000 – ☕ 7000 – **9 cam** 75/95000 – ½ P 100000.

PETRIGNANO *Perugia* [430] M 19 – *Vedere Assisi.*

PETROGNANO *Firenze* 430 L 15 – *Vedere Barberino Val d'Elsa.*

PETTENASCO *28028 Novara* 428 E 7, 219 ⑥ – *1 331 ab. alt. 301.*

Roma 663 – Stresa 25 – Milano 86 – Novara 48 – Torino 122.

L'Approdo, corso Roma 80 ✆ 0323 89346, *Fax 0323 89338*, « Grazioso giardino con ≤ lago e monti », riscaldata, – 300. AE VISA. rist
chiuso dal 7 gennaio al 10 febbraio – **Pasto** *(chiuso lunedì a mezzogiorno da novembre al 15 marzo)* carta 55/80000 – **62 cam** 190/280000, 8 appartamenti – ½ P 190000.

Giardinetto, via Provinciale 1 ✆ 0323 89482 e rist. ✆ 0323 89118, *Fax 0323 89219*, ≤ lago, « Veranda sul lago », – AE VISA JCB
aprile-25 ottobre – **Pasto** al Rist. ***Giardinetto*** carta 50/90000 – **50 cam** 130/210000, appartamento – ½ P 150000.

PEZZAN *Treviso – Vedere Carbonera.*

PEZZO *Brescia* 428, 429 D 13 – *Vedere Ponte di Legno.*

PFALZEN = *Falzes.*

*Un conseil **Michelin** :*
pour réussir vos voyages, préparez-les à l'avance.
*Les **cartes** et **guides Michelin** vous donnent toutes indications utiles sur : itinéraires, visite des curiosités, logement, prix, etc.*

PIACENZA *29100* P 988 ⑬, 428 G 11 *G. Italia* – *98 732 ab. alt. 61.*

Vedere *Il Gotico*★★ *(palazzo del comune) : Statue equestri*★★ **B D** – *Duomo*★ **B E.**

9 La Bastardina (chiuso lunedì) ✉ 29010 Agazzano ✆ 0523 975373, Fax 0523 975373, per ③ : 19 km;

18 Croara (chiuso martedì e dall'11 gennaio al 5 febbraio) a Croara di Gazzola ✉ 29010 ✆ 0523 977105, Fax 0523 977100, per ④ : 21 km.

piazzetta dei Mercanti 10 ✆ 0523 329324, Fax 0523 329324.

A.C.I. *via Chiapponi 37 ✆ 0523 335343.*

Roma 512 ② – Bergamo 108 ① – Brescia 85 ② – Genova 148 ④ – Milano 64 ① – Parma 62 ②.

Pianta pagina seguente

Grande Albergo Roma, via Cittadella 14 ✆ 0523 323201, *Fax 0523 330548*, – cam, – 45. AE VISA. rist — B a
Pasto vedere rist ***Piccolo Roma*** – **72 cam** 250/310000, 4 appartamenti – ½ P 190000.

Park Hotel M, strada Valnure 7 ✆ 0523 712600 e rist. ✆ 0523 756664, *Fax 0523 453024*, – – 300. AE VISA. rist
Pasto al Rist. ***La Veranda*** carta 50/90000 – **92 cam** 250/300000, 6 appartamenti – ½ P 310000. — per ③

Ovest M senza rist, via I Maggio 82 ✆ 0523 712222, *Fax 0523 711301* – – 40. AE VISA — per ④
41 cam 160/190000.

Nazionale senza rist, via Genova 35 ✆ 0523 712000, *Fax 0523 456013* – AE VISA JCB. rist — A c
78 cam 140/180000, 9 appartamenti.

Holiday Inn Piacenza, via Emilia Pavese 114 A ✆ 0523 499074, *Fax 0523 499115* – – 65. AE VISA JCB. — per ④
Pasto carta 40/95000 – 18000 – **74 cam** 155/185000 – ½ P 140000.

City senza rist, via Emilia Parmense 54 ✆ 0523 579752, *Fax 0523 579784* – AE VISA — 3 km per ②
60 cam 125/160000.

Antica Osteria del Teatro, via Verdi 16 ✆ 0523 323777, *Fax 0523 384639*, Coperti limitati; prenotare – AE VISA. — B f
chiuso dal 1º al 7 gennaio, dal 1º al 25 agosto, domenica e lunedì – **Pasto** 95/120000 e carta 90/145000
Spec. Treccia di branzino all'olio extravergine con timo, pomodoro e sale grosso. Costolette d'agnello pré-salé agli aromi. Medaglione di fegato grasso d'oca marinato al Porto.

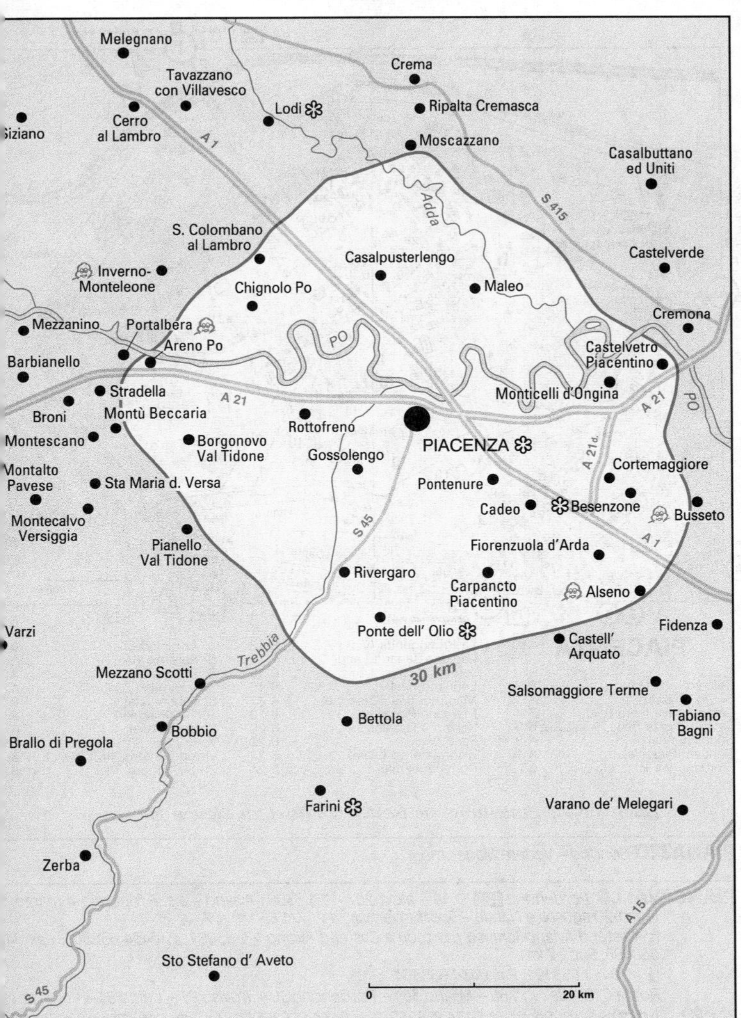

XXX **Piccolo Roma,** via Cittadella 14 ☎ 0523 323201 – ▤. AE Ⓢ ⓓ ⓜⓒ VISA. ✈ — B a
chiuso agosto, domenica sera e lunedì – **Pasto** carta 50/85000.

XX **Vecchia Piacenza,** via C.ne San Bernardo 1 ☎ 0523 305462, Coperti limitati; prenotare, « Ambiente caratteristico » – Ⓢ ⓓ VISA — A b
chiuso dal 1° al 15 luglio e domenica – **Pasto** 80/100000 bc (solo la sera) e carta 55/100000.

XX **Peppino,** via Roma 183 ☎ 0523 329279, *Fax 0523 316119*, prenotare – ▤. AE Ⓢ ⓓ ⓜⓒ VISA JCB. ✈ — B d
chiuso dal 1° al 5 gennaio, dal 25 luglio al 25 agosto e lunedì – **Pasto** carta 55/80000.

Borghetto *per* ② *: 10 km* – ✉ *29010 :*

X **Vecchia Osteria di Borghetto,** via Ferdinando di Borbone 117 ☎ 0523 504133 – P. AE Ⓢ ⓓ ⓜⓒ VISA
chiuso dal 10 al 15 gennaio, dal 1° al 20 agosto, domenica sera e lunedì – **Pasto** carta 35/55000.

PIACENZA

Belcredi (Via G.) .... B 2
Borgo (Piazza) .... A 3
Campo della Fiera (Via) ...... B 4
Cavalli (Piazza dei) .... B 5
Garibaldi (Via) .... A 9
Genova (Piazzale) .... A 10
Giordani (Via P.) .... B 12

La Primogenita (Via) .... B 13
Legione Zanardi Landi (Via) .... B 15
Legnano (Via) .... B 16
Manfredi (Via Giuseppe) ..... A 17
Marconi (Piazzale) .... B 19
Milano (Piazzale) .... B 20
Pace (Via) .... B 22
Risorgimento (Viale) .... B 23
Roma (Piazzale) .... B 24

S. Antonino (Via) .... B
S. Eufemia (Via) .... A
S. Sisto (Via) .... A
S. Tommaso (Via) .... A
Scalabrini (Via) .... B
Torino (Piazzale) .... A
Venturini (Via) .... A
Verdi (Via) .... B
Vittorio Emanuele II (V.) ..... A
20 Settembre (Via) .... B

Lesen Sie die Einleitung, sie ist der Schlüssel zu diesem Führer.

PIANAZZO *Sondrio – Vedere Madesimo.*

PIANCAVALLO *Pordenone* 429 D 19 – *alt. 1 267 – ✉ 33081 Aviano – a.s. 5 febbraio-4 marzo, luglio-20 agosto e Natale – Sport invernali : 1 267/1 850 m ⛷7, ⛷.*

Castel d'Aviano (chiuso martedì) a Castel d'Aviano ✉ 33081 ☏ 0434 652305, Fax 0434 660496, Sud : 2 km.

☏ 0434 655191, Fax 0434 655354.

Roma 618 – Belluno 68 – Milano 361 – Pordenone 30 – Treviso 81 – Udine 81 – Venezia 11

Antares, via Barcis ☏ 0434 655265, *Fax 0434 655265*, ←, – 🛗 TV ☎ P. AE ① ⓜⓒ VISA. 🚫

dicembre-aprile e giugno-settembre – **Pasto** 35000 – ☕ 15000 – **62 cam** 110/160000 ½ P 125000.

Regina, via Buse di Villotta 2 ☏ 0434 655166, *Fax 0434 655128*, ← – TV ☎ P. AE ① VISA. 🚫

15 giugno-15 settembre – **Pasto** carta 30/45000 – ☕ 10000 – **48 cam** 80/105000 ½ P 75/90000.

PIAN DELLE BETULLE *Lecco* 219 ⑩ – *Vedere Margno.*

PIANELLO VAL TIDONE *29010 Piacenza* 428 H 10 – *2 218 ab. alt. 190.*

Roma 547 – Piacenza 32 – Genova 145 – Milano 77 – Pavia 49.

Trattoria Chiarone, via Centrale 89, località Chiarone Sud : 5 km ☏ 0523 998054 – 🚫

chiuso lunedì – **Pasto** carta 35/50000.

PIANFEI *12080 Cuneo* [428] I 5 – *1 801 ab. alt. 503.*
Roma 629 – Cuneo 15 – Genova 130 – Imperia 114 – Torino 93.

🏨 **La Ruota,** strada statale Monregalese 5 ☎ 0174 585701, *Fax 0174 585700*, ≘, 🏊, 🌳, 🎾 – |♦| ▤ [TV] ☎ ♿ 🚗 [P] – 🏛 250. [AE] [S] ⦿ ⦾ VISA JCB
Pasto vedere rist *La Ruota* – **61 cam** ☕ 115/160000, 6 appartamenti – ½ P 90/110000.

🍴 **La Ruota,** strada statale Monregalese 2 ☎ 0174 585164, Rist. e pizzeria – ▤ [P]. [AE] [S] ⦿ ⦾ VISA JCB
chiuso lunedì – **Pasto** carta 35/65000.

PIANI *Imperia – Vedere Imperia.*

PIANO D'ARTA *Udine – Vedere Arta Terme.*

PIANO RANCIO *Como – Vedere Bellagio.*

PIANORO *40065 Bologna* [988] ⑭ ⑮, [429], [430] I 16 – *15 826 ab. alt. 187.*
Roma 372 – Bologna 14 – Firenze 95.

a Pianoro Vecchio *Sud : 2 km* – ✉ *40060 :*

🍴🍴 La Tortuga, via Nazionale Toscana 200/a ☎ 051 777047, Coperti limitati; prenotare, « Servizio estivo in giardino ombreggiato » – [P].

PIANOSINATICO *51020 Pistoia* [428], [429], [430] J 14 – *alt. 948 – a.s. Pasqua, luglio-agosto e Natale.*
Roma 352 – Firenze 79 – Pisa 77 – Bologna 102 – Lucca 56 – Milano 279 – Modena 104 – Pistoia 42.

🏠 **Quadrifoglio,** via Brennero 169 ☎ 0573 629229, *Fax 0573 629229*, ← – [TV]
Pasto *(chiuso giovedì da aprile a giugno e dal 15 settembre al 15 dicembre)* 20/30000 – ☕ 8000 – **14 cam** 70/100000 – ½ P 75/90000.

🍴 **Silvio,** via Brennero 181/183 ☎ 0573 629204 – [AE] [S] ⦿ ⦾ VISA. ✂
chiuso dal 17 al 24 aprile, dal 1° al 10 ottobre e martedì in maggio, ottobre e novembre – **Pasto** carta 35/45000.

PIANO TORRE *Palermo – Vedere Sicilia (Piano Zucchi) alla fine dell'elenco alfabetico.*

PIANO ZUCCHI *Palermo* [432] N 23 – *Vedere Sicilia alla fine dell'elenco alfabetico.*

PIAZZA *Siena* [430] L 15 – *Vedere Castellina in Chianti.*

PIAZZA ARMERINA *Enna* [988] ㊱, [432] O 25 – *Vedere Sicilia alla fine dell'elenco alfabetico.*

PIAZZATORRE *24010 Bergamo* [428] E 11 – *477 ab. alt. 868 – a.s. 20 luglio-20 agosto e Natale – Sport invernali : 900/1 870 m ⛷ 1 ⛷ 4, ⛷.*
Roma 650 – Bergamo 48 – Foppolo 31 – Milano 91 – San Pellegrino Terme 24.

🏠 **Piazzatorre,** via Centro 21 ☎ 0345 85033, *Fax 0345 85070*, ← – |♦| [TV] ☎ ♿ [P]. [S] ⦿ ⦾ VISA JCB. ✂
chiuso ottobre e novembre – **Pasto** carta 30/50000 – ☕ 12000 – **28 cam** 80/100000 – ½ P 85000.

PIAZZE *Siena* [430] N 17 – *Vedere Cetona.*

PICCHIAIE *Livorno – Vedere Elba (Isola d') : Portoferraio.*

PICEDO *Brescia – Vedere Polpenazze del Garda.*

PICERNO *85055 Potenza* [988] ㉘, [431] F 28 – *6 156 ab. alt. 721.*
Roma 307 – Potenza 24 – Bari 165 – Foggia 128.

in prossimità Superstrada Basentana *Ovest : 3 km :*

🏨 Bouganville, ☎ 0971 991084, *Fax 0971 991398*, 🌳 – |♦| ▤ [TV] ☎ ♿ [P] – 🏛 50
36 cam.

PIENZA *53026 Siena* 988 ⑮, 430 M 17 *G. Toscana – 2 288 ab. alt. 491.*
Vedere *Cattedrale★ : Assunzione★★ del Vecchietto – Palazzo Piccolomini★.*
Roma 188 – Siena 52 – Arezzo 61 – Chianciano Terme 22 – Firenze 120 – Perugia 86.

San Gregorio Residence senza rist, via della Madonnina 4 ☎ 0578 7481
Fax 0578 748354 – 15000 – **3 cam** 120/150000, 16 appartamenti 190000.

Il Chiostro di Pienza, corso Rossellino 26 ☎ 0578 748400, *Fax 0578 7484*
campagna, « Chiostro quattrocentesco », – 70. rist
15 marzo-dicembre – **Pasto** *(15 marzo-ottobre)* carta 70/85000 – **37 cam** 170/2700
9 appartamenti – 1/2 P 195000.

Corsignano senza rist, via della Madonnina 11 ☎ 0578 748501, *Fax 0578 748166*, –
chiuso dal 10 gennaio a febbraio – **36 cam** 115/170000.

Il Prato, via S. Caterina 1/3 ☎ 0578 749924, *Fax 0578 749870* –
chiuso gennaio e lunedì – **Pasto** carta 45/65000.

Dal Falco con cam, piazza Dante Alighieri 3 ☎ 0578 748551, *Fax 0578 748551*, –
Pasto carta 35/55000 – 10000 – **6 cam** 90/100000.

La Buca delle Fate, corso Rossellino 38/a ☎ 0578 748272, *Fax 0578 748448* –
chiuso dal 15 al 30 giugno e lunedì – **Pasto** carta 40/55000.

sulla strada statale 146 *Nord-Est : 7,5 km :*

La Saracina senza rist, strada statale 146 km 29,7 ✉ 53026 ☎ 0578 7480
Fax 0578 748018, « In un antico podere », –
5 cam 280/400000, appartamento.

a Monticchiello *Sud-Est : 6 km* – ✉ *53020*

L'Olmo, podere Ommio 27 ☎ 0578 755133, *Fax 0578 755124*, colline e bor
circostanti, « Locanda seicentesca in mezzo alla campagna », riscaldata, –
aprile-novembre – **Pasto** (solo per alloggiati e *chiuso a mezzogiorno*) 65000 – 6 appar
menti 365/385000.

Taverna di Moranda, via di Mezzo 17 ☎ 0578 755050 –
chiuso dal 10 gennaio al 10 febbraio e lunedì – **Pasto** carta 45/70000.

PIEPASSO *Alessandria* 428 H 7 – *Vedere Quattordio.*

PIETOLE DI VIRGILIO *Mantova* 428, 429 G 14 – *Vedere Mantova.*

PIETRACAMELA *64047 Teramo* 430 O 22 – *321 ab. alt. 1 005 – a.s. febbraio-marzo, 23 lugl*
agosto e Natale – Sport invernali : a Prati di Tivo: 1 450/2 912 m 7,.
Roma 174 – L'Aquila 61 – Pescara 78 – Rieti 104 – Teramo 31.

a Prati di Tivo *Sud : 6 km – alt. 1 450* – ✉ *64047 Pietracamela :*

Gran Sasso 3, piazzale Amorocchi ☎ 0861 959639, *Fax 0861 959669*, –
chiuso dal 1º al 15 novembre – **Pasto** carta 30/45000 (15 %) – 10000 – **13 cam** 6
100000 – 1/2 P 85/90000.

PIETRA LIGURE *17027 Savona* 988 ⑫, 428 J 6 – *9 335 ab..*
piazza Martiri della Libertà 31 ☎ 019 629003, Fax 019 629790.
Roma 576 – Imperia 44 – Genova 77 – Milano 200 – Savona 31.

Royal, via Don Bado 129 ☎ 019 616192, *Fax 019 616195*, – rist,
60. rist
chiuso dal 16 ottobre al 15 dicembre – **Pasto** 50000 – 15000 – **102 cam** 150/1800
4 appartamenti – 1/2 P 115/135000.

Paco senza rist, via Crispi 63 ☎ 019 615715, *Fax 019 615716*, –
5 maggio-settembre – **44 cam** 150/180000.

Bacco, corso Italia 113 ☎ 019 615307, *Fax 019 615307*, prenotare –
Pasto specialità di mare.

PIETRANSIERI *L'Aquila* 430 Q 24, 431 B 24 – *Vedere Roccaraso.*

PIETRASANTA *55045 Lucca* [988] [14], [428], [429], [430] K 12 *G. Toscana – 24 566 ab. alt. 20 – a.s. Carnevale, Pasqua, 15 giugno-15 settembre e Natale.*

⛳18 Versilia (chiuso dal 3 al 27 novembre e martedì escluso da aprile a novembre) ✆ 0584 881574, Fax 0584 752272.

Roma 376 – Pisa 30 – La Spezia 45 – Firenze 104 – Livorno 54 – Lucca 34 – Massa 11 – Milano 241.

🏨 **Pietrasanta** senza rist, via Garibaldi 35 ✆ 0584 793726, *Fax 0584 793728*, 🏋, 🌳 – 🛗 ❄ [TV] ☎ ♿ 🚗 – 🏛 30. [AE] [S] ◑ [MC] VISA
chiuso dal 6 gennaio al 28 febbraio – **19 cam** ☕ 400/650000.

🏨 **Palagi** senza rist, piazza Carducci 23 ✆ 0584 70249, *Fax 0584 71198* – 🛗 ❄ [TV] ☎ ♿. [AE] [S] ◑ [MC] VISA JCB
☕ 15000 – **18 cam** 110/180000.

🍴🍴 **Martinatica,** località Baccatoio Sud : 1 km ✆ 0584 792534, ☂, « In un antico frantoio » – [P]. [AE] [S] ◑ [MC] VISA JCB
chiuso martedì – **Pasto** carta 55/80000.

🍴 **L'Enoteca,** via Garibaldi 40 ✆ 0584 791962, *Fax 0584 791962*, Enoteca con ristorazione, prenotare – [AE] [S] [MC] VISA
chiuso novembre, lunedì e a mezzogiorno – **Pasto** carta 50/70000.

PIETRASANTA (Marina di) *55044 Lucca* [988] [14], [430] K 12 *– a.s. Carnevale, Pasqua, 15 giugno-15 settembre e Natale.*

⛳18 Versilia (chiuso dal 3 al 27 novembre e martedì escluso da aprile a novembre) ✉ 55045 Pietrasanta ✆ 0584 881574, Fax 0584 752272, Nord : 3 km.

[i] a Tonfano, via Donizetti 14 ✆ 0584 20331, Fax 0584 24555.

Roma 378 – Pisa 33 – La Spezia 53 – Firenze 104 – Livorno 54 – Lucca 34 – Massa 18 – Milano 246.

🏨 **Ermione,** viale Roma 183, località Tonfano ✆ 0584 745852, *Fax 0584 745906*, <, ☂, « Giardino con 🏊 riscaldata », 🏖 – 🛗 ❄ [TV] ☎ 📞 [P]. [AE] [S] ◑ [MC] VISA. ✗ rist
24 maggio-settembre – **Pasto** (solo per alloggiati) 60/70000 – **35 cam** ☕ 210/310000 – ½ P 205000.

🏨 **Lombardi,** viale Roma 27, località Fiumetto ✆ 0584 745848, *Fax 0584 23382*, <, 🏊 riscaldata, 🌳 – 🛗 ❄ [TV] ☎ [P]. [AE] [S] ◑ [MC] VISA. ✗ rist
aprile-ottobre – **Pasto** (solo per alloggiati) – **38 cam** ☕ 320/480000 – ½ P 320000.

🏨 Joseph, viale Roma 323, località Motrone ✆ 0584 745862, *Fax 0584 22265*, <, « Terrazza-solarium con 🏊 », 🌳 – 🛗 ❄ [TV] ☎ 🚗 [P]
stagionale – **39 cam**, 2 appartamenti.

🏨 **Battelli,** viale Versilia 189, località Motrone ✆ 0584 20010, *Fax 0584 23592*, « Giardino ombreggiato », 🏖, 🎾 – 🛗 ☎ 🚗 [P]. ✗
15 maggio-settembre – **Pasto** (solo per alloggiati) 60/80000 – ☕ 20000 – **38 cam** 135/170000 – ½ P 160000.

🏨 **Venezia** 🔇, via Firenze 48, località Motrone ✆ 0584 745757, *Fax 0584 745373*, 🌳 – 🛗 ❄ [TV] ☎ [P]. [S] [MC] VISA. ✗
aprile-20 settembre – **Pasto** (solo per alloggiati) 35000 – ☕ 15000 – **34 cam** 100/160000 – ½ P 150000.

🏠 **Poseidon,** via Dalmazia 1, a Focette ✆ 0584 21222, *Fax 0584 21122*, 🌳 – ❄ [TV] ☎. [S] ◑ [MC] VISA. ✗ rist
marzo-ottobre – **Pasto** 35/40000 – **20 cam** ☕ 180/200000 – ½ P 140000.

🏠 **Mediterraneo,** a Fiumetto, viale Catalani 52 ✆ 0584 746926, *Fax 0584 747058*, 🌳 – 🛗 [TV] ☎. [S] VISA. ✗ rist
Pasto (solo per alloggiati) – **27 cam** ☕ 80/130000 – ½ P 110000.

🏠 **Grande Italia** 🔇, a Tonfano, via Torino 5 ✆ 0584 20046, *Fax 0584 24350*, ☂, 🌳 – ☎ [P]. ✗
maggio-19 settembre – **Pasto** 30/35000 – ☕ 10000 – **23 cam** 75/125000 – P 130000.

PIETRELCINA *82020 Benevento* [430] S 26, [431] D 26 – *3 064 ab. alt. 345.*

Roma 253 – Benevento 13 – Foggia 109.

🏨 **Lombardi,** via Nazionale 1 ✆ 0824 991206, *Fax 0824 991253*, 🏊 – 🛗 ❄ [TV] ☎ [P]. [AE] [S] ◑ [MC] VISA. ✗
Pasto *(chiuso martedì)* carta 40/70000 (10 %) – **39 cam** ☕ 100/160000, 16 appartamenti – ½ P 130000.

PIEVE A NIEVOLE *Pistoia* [430] K 14 – *Vedere Montecatini Terme.*

PIEVE D'ALPAGO *32010 Belluno* [429] D 19 – *2 009 ab. alt. 690.*
Roma 608 – Belluno 17 – Cortina d'Ampezzo 72 – Milano 346 – Treviso 67 – Venezia 96.

🍴🍴🍴 ✿✿ **Dolada** con cam, via Dolada 21, località Plois ☎ 0437 479141, *Fax 0437 478068*, prenotare, – [TV] ☎ [P]. [AE] $ VISA JCB
Pasto *(chiuso lunedì e martedì a mezzogiorno escluso luglio-agosto)* carta 70/11000
20000 – **6 cam** 120/165000, appartamento – ½ P 150000
Spec. Terrina di fegatini alle erbe e tartufo nero con vinaigrette all'olio di nocciola. Rav agli "antichi sapori". Guancia di vitello brasata con gnocchetti di granturco.

PIEVE DI CENTO *40066 Bologna* [429], [430] H 15 – *6 618 ab. alt. 14.*
Roma 408 – Bologna 32 – Ferrara 37 – Milano 209 – Modena 39 – Padova 105.

Nuovo Gd H. Bologna e dei Congressi, via Ponte Nuovo ☎ 051 6861070 e rist ☎ 051 973757, *Fax 051 974835*, – [TV] ☎ [P] – 25
130 cam, 12 appartamenti.

🍴🍴 ✿ **Buriani dal 1967,** via Provinciale 2/a ☎ 051 975177, *Fax 051 973317* – . [AE] $ VISA JCB
chiuso venerdì e sabato a mezzogiorno – **Pasto** carta 55/100000
Spec. Galantina di piccione con insalata al fegato grasso (estate). Passatelli al pecorino c pomodorini e funghi (estate). Petto d'anatra in salsa di prugne al rosmarino con sforma di ricotta affumicata (estate) .

🍴🍴 **Il Caimano,** via Campanini 14 ☎ 051 974403, *Fax 051 974403* – [AE] $ VISA JCB.
chiuso dal 1º al 20 gennaio, luglio e lunedì – **Pasto** 30/45000 (a mezzogiorno) 40/50000 (sera) e carta 40/65000.

PIEVE DI LIVINALLONGO *32020 Belluno* [429] C 17 – *alt. 1 475 – a.s. 15 febbraio-15 aprile, luglio-agosto e Natale.*
Roma 716 – Belluno 68 – Cortina d'Ampezzo 28 – Milano 373 – Passo del Pordoi 1 Venezia 174.

Cèsa Padon, via Sorarù 62 ☎ 0436 7109, *Fax 0436 7460*, monti e pinete, rist, [TV] ☎ [P]. $ VISA.
chiuso dal 20 ottobre al 4 dicembre – **Pasto** (solo per alloggiati) 25/40000 – **21 ca** 95/150000 – ½ P 110000.

PIEVE DI SOLIGO *31053 Treviso* [988] ⑤, [429] E 18 – *10 094 ab. alt. 132.*
Roma 579 – Belluno 38 – Milano 318 – Trento 124 – Treviso 31 – Udine 95 – Venezia 68.

Contà [M] senza rist, Corte delle Caneve 4 ☎ 0438 980435, *Fax 0438 980896*, – ☎ – 100. [AE] $ VISA JCB
45 cam 130/180000, 5 appartamenti.

Delparco, via Suoi 4 (Nord-Est : 2 km) ☎ 0438 82880, *Fax 0438 842383*, « Giar no e campo da calcio », – , rist, [TV] ☎ [P] – 150. [AE] $ VISA.
Pasto *(chiuso martedì)* carta 50/75000 – 18000 – **36 cam** 110/160000 – ½ P 12 130000.

🍴🍴🍴 **Al Ringraziamento,** via San Michele 2 (Sud : 1 km) ☎ 0438 83694, *Fax 0438 8400*, prenotare, « In una casa rurale del 1700 », – [P]. [AE] $ VISA
chiuso dal 10 al 20 gennaio, dal 10 al 25 agosto, lunedì e martedì a mezzogiorno – **Pas** 100000 bc e carta 60/90000.

a Solighetto *Nord : 2 km – ✉ 31050 :*

🍴🍴 **Da Lino** con cam, via Brandolini 31 ☎ 0438 82150, *Fax 0438 980577*, « Caratteristi ambiente » – [TV] ☎ [P] – 150. [AE] $ VISA.
chiuso dal 24 al 26 dicembre e dal 1º al 20 luglio – **Pasto** *(chiuso lunedì)* carta 55/8500 15000 – **17 cam** 100/140000.

PIEVEPELAGO *41027 Modena* [988] ⑭, [428], [429], [430] J 13 – *2 133 ab. alt. 781 – a.s. luglio-agos e Natale.*
Roma 373 – Pisa 97 – Bologna 100 – Lucca 77 – Massa 97 – Milano 259 – Modena 84 Pistoia 63.

Bucaneve, via Giardini Sud 31 ☎ 0536 71383 – [TV] ☎ [P].
chiuso novembre – **Pasto** *(chiuso martedì)* carta 30/35000 – 9000 – **25 cam** 70/9000 ½ P 85000.

PIEVE SANTO STEFANO *Lucca* [428] K 13 – *Vedere Lucca.*

PIEVESCOLA *Siena* [430] M 15 – *Vedere Casole d'Elsa.*

PIGENO (PIGEN) *Bolzano* 218 ⑳ – *Vedere Appiano sulla Strada del Vino.*

PIGNA *18037 Imperia* 988 ⑫, 428 K 4, 115 ⑲ – *1 015 ab. alt. 280.*

Roma 673 – Imperia 72 – Genova 174 – Milano 297 – San Remo 34 – Ventimiglia 21.

Terme, via Madonna Assunta Sud-Est : 0,5 km ☎ 0184 241046 – P. AE S O MC VISA
chiuso dal 10 gennaio al 10 febbraio e mercoledì (escluso agosto) – **Pasto** carta 35/50000.

PIGNOLA *85010 Potenza* 431 F 29 – *5 391 ab. alt. 927.*

Roma 370 – Potenza 9.

Amici Miei, strada comunale Pantano 6 ☎ 0971 420488, *Fax 0971 421984*, ←, prenotare – P. AE S O MC VISA.
chiuso lunedì – **Pasto** carta 40/55000.

PILASTRO *Parma* 428, 429, 430 H 12 – *Vedere Langhirano.*

PINARELLA *Ravenna* 430 J 19 – *Vedere Cervia.*

PINEROLO *10064 Torino* 988 ⑫, 428 H 3 – *34 192 ab. alt. 376.*

Roma 694 – Torino 41 – Asti 80 – Cuneo 63 – Milano 185 – Sestriere 55.

Regina, piazza Barbieri 22 ☎ 0121 390140, *Fax 0121 393133* – TV ☎ P. AE S O MC VISA JCB
chiuso dal 1° al 21 agosto – **Pasto** *(chiuso domenica sera e lunedì a mezzogiorno)* carta 40/65000 – ☕ 14000 – **15 cam** 90/130000 – 1/2 P 120000.

Taverna degli Acaia, corso Torino 106 ☎ 0121 794727, prenotare – AE S O MC VISA JCB.
chiuso dal 1° al 6 gennaio, dal 15 al 30 agosto e domenica – **Pasto** carta 55/90000.

Lisez attentivement l'introduction : c'est la clé du guide.

PINETO *64025 Teramo* 988 ⑰ ㉗, 430 O 24 – *12 939 ab. – a.s. luglio-agosto.*

ℹ *Centro Polifunzionale* ☎ *085 9491745, Fax 085 9491745.*

Roma 216 – Ascoli Piceno 74 – Pescara 31 – Ancona 136 – L'Aquila 101 – Teramo 37.

Ambasciatori, via XXV Aprile ☎ 085 9492900, *Fax 085 9493250*, ←, – TV ☎ P. S O MC VISA.
Pasto *(aprile-settembre;* solo per alloggiati*)* 30/50000 – **23 cam** ☕ 130/160000 – 1/2 P 165000.

Pier delle Vigne, a Borgo Santa Maria Ovest : 2 km ☎ 085 9491071, rist. e pizzeria, « In campagna » – P. AE S MC VISA JCB.
chiuso dal 6 al 12 novembre e martedì (escluso da giugno a settembre) – **Pasto** carta 40/60000.

La Conchiglia d'Oro, via Cesare De Titta 16 ☎ 085 9492333, – AE S O MC VISA JCB.
chiuso dal 10 al 30 novembre e lunedì – **Pasto** specialità di mare carta 50/75000.

nella zona industriale di Scerne *Nord-Ovest : 7 km :*

Al Caminetto, via Piano Vomano 10 ✉ 64030 Scerne di Pineto ☎ 085 8709243 – P. AE S O VISA.
chiuso febbraio e lunedì – **Pasto** carta 30/50000.

PINO TORINESE *10025 Torino* 428 G 5 – *8 534 ab. alt. 495.*

Dintorni ←★★ *su Torino dalla strada per Superga.*

Roma 655 – Torino 10 – Asti 41 – Chieri 6 – Milano 149 – Vercelli 79.

Pianta d'insieme di Torino.

Pigna d'Oro, via Roma 130 ☎ 011 841019, *Fax 011 841053*, « Servizio estivo in terrazza panoramica con pergolato » – P. AE S O MC VISA JCB. HT t
chiuso gennaio, lunedì e martedì a mezzogiorno – **Pasto** carta 50/70000.

La Griglia, via Roma 77 ☎ 011 842540, *Fax 011 842540* – AE S O MC VISA. HT p
chiuso agosto e mercoledì – **Pasto** carta 50/75000.

PINZOLO *38086 Trento* 988 ④, 428, 429 D 14 – *3 020 ab. alt. 770 – a.s. 5 febbraio-Pasqua e Nata*
– Sport invernali : 800/2 100 m 1 5, .

Dintorni *Val di Genova*** Ovest – Cascata di Nardis** Ovest : 6,5 km.*

via al Sole 0465 501007, Fax 0465 502778.

Roma 629 – Trento 56 – Bolzano 103 – Brescia 103 – Madonna di Campiglio 14 – Milano 19

Olympic Hotel Palace, via Marconi 26 0465 501505, *Fax 0465 503428*, ←, – rist, – 60
47 cam.

Quadrifoglio, via Sorano 53 0465 503600, *Fax 0465 501245*, ←, – VISA.
dicembre-marzo e giugno-settembre – **Pasto** (solo per alloggiati) – **30 cam** 230/28000
– ½ P 135/155000.

Valgenova, viale Dolomiti 67 0465 501542, *Fax 0465 503352*, ←, , – , ris
VISA.
19 dicembre-marzo e 5 giugno-25 settembre – **Pasto** carta 40/50000 – **54 cam** 11
180000 – ½ P 155000.

Europeo, corso Trento 63 0465 501115, *Fax 0465 502616*, ←, –
VISA.
chiuso ottobre e novembre – **Pasto** carta 50/70000 – **50 cam** 130/220000 – ½ P 16
190000.

Pinzolo Dolomiti, corso Trento 24 0465 501024, *Fax 0465 501132* –
AE VISA.
dicembre-aprile e giugno-settembre – **Pasto** carta 35/60000 – 20000 – **45 cam** 9
150000 – ½ P 150000.

Centro Pineta, via Matteotti 43 0465 502758, *Fax 0465 502311*, –
VISA.
dicembre-aprile e giugno-settembre – **Pasto** 40/55000 – **24 cam** 150/215000
½ P 180000.

Alpina, via XXI Aprile 1 0465 501010, *Fax 0465 501010* – .
dicembre-Pasqua e 15 giugno-15 settembre – **Pasto** carta 35/45000 – **30 cam** 9
140000 – ½ P 90/120000.

Corona, corso Trento 27 0465 501030, *Fax 0465 503853* – , rist, AE
VISA. rist
dicembre-aprile e giugno-settembre – **Pasto** carta 45/60000 – 20000 – **45 cam** 10
170000 – ½ P 110/140000.

Binelli senza rist, via Genova 49 0465 503208, *Fax 0465 503208* –
VISA
dicembre-5 maggio e 15 giugno-settembre – **16 cam** 75/140000.

Shangri Là, via Bolognini 25 0465 501443, *Fax 0465 501443* – .

a Giustino *Sud : 1,5 km – alt. 770 – 38086 Pinzolo :*

Bepy Hotel senza rist, viale Dolomiti 51 0465 501641, *Fax 0465 501678*, ← –
AE VISA.
dicembre-aprile e 25 giugno-settembre – **22 cam** 70/130000.

Mildas, via Rosmini 7, località Vadaione Sud : 1 km 0465 502104, *Fax 0465 502104*,
Coperti limitati; prenotare – AE VISA JCB
chiuso giugno, novembre, lunedì e martedì a mezzogiorno – **Pasto** carta 65/90000.

a Sant'Antonio di Mavignola *Nord-Est : 6 km – alt. 1 122 – 38086 :*

Maso Doss , Nord-Est : 2,5 km 0465 502758, *Fax 0465 502311*, ←, « Ambient
rustico », – .
Pasto (solo per alloggiati) 40/50000 – **6 cam** 240000 – ½ P 160000.

I prezzi del pernottamento e della pensione possono subire aumenti in relazione all'andamento generale del costo della vita; quando prenotate fatevi precisare il prezzo dall'albergo.

PIODE *13020 Vercelli* [428] E 6, [219] ⑤ – *191 ab. alt. 752.*
Roma 699 – Aosta 184 – Milano 125 – Novara 79 – Torino 141 – Varallo 20 – Vercelli 85.

🏨 **Dei Pescatori,** via Ponte 6 ☎ 0163 71156, *Fax 0163 71993* – |‡| [TV] ☎. [$] ⓓ [MC] VISA JCB. ✂
Pasto *(chiuso martedì e dal 10 al 30 gennaio)* carta 35/60000 – ☕ 8000 – **29 cam** 60/95000 – ½ P 60/90000.

🍴🍴 **Giardini,** via Umberto I 9 ☎ 0163 71135, *Fax 0163 71988,* Coperti limitati; prenotare – [AE] [$] ⓓ [MC] VISA JCB. ✂
chiuso dal 1º al 15 settembre e lunedì – **Pasto** carta 35/50000.

PIOLTELLO *20096 Milano* [428] F 9, [219] ⑲ – *33 168 ab. alt. 123.*
Roma 563 – Milano 17 – Bergamo 38.

a Limito *Sud : 2,5 km* – ✉ *20090 :*

🍴🍴 **Antico Albergo-da Elio,** via Dante Alighieri 18 ☎ 02 9266157, *Fax 02 92160536,* 🌳 – ▤. [AE] [$] ⓓ [MC] VISA
chiuso dal 26 dicembre al 6 gennaio, agosto, sabato e domenica – **Pasto** carta 55/85000.

PIOMBINO *57025 Livorno* [988] ⑭ ㉔, [430] N 13 *G. Toscana – 34 889 ab. – a.s. 15 giugno-15 settembre.*
Escursioni *Isola d'Elba★.*
🚢 *per l'Isola d'Elba-Portoferraio giornalieri (da 20 mn a 1 h) – Navarma-Moby Lines, piazzale Premuda ☎ 0565 221212, Fax 0565 220781; per l'Isola d'Elba-Portoferraio aprile-settembre giornalieri (25 mn) – Elba Ferries, viale Regina Margherita ☎ 0565 220956, Fax 0565 220996; per l'Isola d'Elba-Portoferraio giornalieri (1 h) e l'Isola d'Elba-Rio Marina-Porto Azzurro giornalieri (1 h 20 mn) – Toremar-agenzia Dini e Miele, piazzale Premuda 13/14 ☎ 0565 31100, Fax 0565 35294.*
🚤 *per l'Isola d'Elba-Portoferraio giornalieri (30 mn) e l'Isola d'Elba-Cavo giornalieri (15 mn) – Toremar-agenzia Dini e Miele, piazzale Premuda 13/14 ☎ 0565 31100, Fax (0565)35294.*
Roma 264 – Firenze 161 – Grosseto 77 – Livorno 82 – Milano 375 – Pisa 101 – Siena 114.

🏨 **Centrale,** piazza Verdi 2 ☎ 0565 220188, *Fax 0565 220220* – |‡| ▤ [TV] ☎ 🚗 – 🎤 60. [AE] [$] ⓓ [MC] VISA. ✂
Pasto vedere rist ***Centrale*** – **40 cam** ☕ 140/220000, appartamento – ½ P 175000.

🏨 **Collodi** senza rist, via Collodi 7 ☎ 0565 224272, *Fax 0565 224382* – |‡| [TV] ☎ 📞. [AE] [$] [MC] VISA. ✂
☕ 10000 – **27 cam** 80/110000.

🍴🍴 **Centrale** - Hotel Centrale, piazza Edison 2 ☎ 0565 221825 – ▤. [AE] [$] ⓓ [MC] VISA. ✂
chiuso dal 22 dicembre al 7 gennaio, sabato e domenica – **Pasto** carta 55/75000.

a Populonia *Nord-Ovest : 13,5 km* – ✉ *57020 :*

🍴🍴 **Il Lucumone,** al Castello ☎ 0565 29471 – ▤. [AE] [$] ⓓ [MC] VISA
chiuso i mezzogiorno di lunedì-martedì da giugno a settembre – **Pasto** carta 65/130000.

PIOPPI *84060 Salerno* [431] G 27 – *a.s. luglio-agosto.*
Dintorni *Rovine di Velia★ Sud-Est : 10 km.*
Roma 350 – Potenza 150 – Acciaroli 7 – Napoli 144 – Salerno 98 – Sapri 108.

🏨 **La Vela,** via Caracciolo 96 ☎ 0974 905025, *Fax 0974 905140,* ≤, « Servizio rist. estivo sotto un pergolato », 🏖, ✂ |‡| ☎ [P]. ✂
marzo-novembre – **Pasto** carta 35/50000 (10%) – ☕ 12000 – **42 cam** 70/130000 – ½ P 125000.

PIOVE DI SACCO *35028 Padova* [988] ⑤, [429] G 18 – *17 102 ab..*
Roma 514 – Padova 19 – Ferrara 88 – Venezia 43.

🍴🍴 **Alla Botta,** via Botta 4 ☎ 049 5840827, *Fax 049 9703761* – ▤ [P]. [AE] [$] ⓓ [MC] VISA. ✂
chiuso dal 10 al 25 agosto, lunedì sera e martedì – **Pasto** specialità di mare carta 60/90000.

PIOVEZZANO *Verona* – *Vedere Pastrengo.*

Segnalateci il vostro parere sui ristoranti che raccomandiamo, indicandoci le loro specialità ed i vini di produzione locale da essi serviti.

PISA *56100* [P] [988] ⑭, [428], [429], [430] K 13 *G. Toscana – 92 494 ab..*

Vedere *Torre Pendente★★★* **AY** – *Battistero★★★* **AY** – *Duomo★★* **AY**: *facciata★★★, pulpito★★★ di Giovanni Pisano – Camposanto★★* **AY**: *ciclo affreschi Il Trionfo della Morte★★★, Giudizio Universale★★, L'Inferno★ – Museo dell'Opera del Duomo★★* **AY M1** – *Museo di San Matteo★★* **BZ** – *Chiesa di Santa Maria della Spina★★* **AZ** – *Museo delle Sinopie★* **AY M2** – *Piazza dei Cavalieri★* **AY** : *facciata★ del palazzo dei Cavalieri* **ABY N** – *Palazzo Agostini★* **AB** – *Facciata★ della chiesa di Santa Caterina* **BY** – *Facciata★ della chiesa di San Michele in Borgo* **BY V** – *Coro★ della chiesa del Santo Sepolcro* **BZ** – *Facciata★ della chiesa di San Paolo a Ripa d'Arno* **AZ.**

Dintorni *San Piero a Grado★ per ⑤ : 6 km.*

✈ *Galileo Galilei S : 3 km* **BZ** ☎ *050 849401, Fax 050 598097.*

[i] *via Carlo Cammeo 2 ✉ 56126 ☎ 050 560464 – piazza Stazione ✉ 56125 ☎ 050 42291*

[A.C.I.] *via Cisanello 168 ✉ 56124 ☎ 050 950111.*

Roma 335 ③ – Firenze 77 ③ – Livorno 22 ⑤ – Milano 275 ① – La Spezia 75 ①.

Pianta pagina seguente

🏨 **Jolly Hotel Cavalieri,** piazza Stazione 2 ✉ 56125 ☎ 050 43290, *Fax 050 502242* – ⇋ cam, ▤ [TV] ☎ – 🔺 50. [AE] [S] ● ● VISA. ⊗ rist **AZ**
Pasto carta 60/105000 – **97 cam** ☕ 295/390000, 3 appartamenti – ½ P 250000.

🏨 **D'Azeglio** senza rist, piazza Vittorio Emanuele II, 18 ✉ 56125 ☎ 050 50031, *Fax 050 28017* – [|$|] ▤ [TV] ☎ 🚗. [AE] [S] ● ● VISA. ⊗ **AZ**
29 cam ☕ 175/250000.

🏨 **Europa Park Hotel** senza rist, via A. Pisano 23 ✉ 56122 ☎ 050 50073, *Fax 050 554930,* 🌳 – [TV] ☎. [AE] [S] ● ● VISA. ⊗ **AY**
☕ 11000 – **13 cam** 120/140000.

🏨 **Verdi** senza rist, piazza Repubblica 5/6 ✉ 56127 ☎ 050 598947, *Fax 050 598944* – [|$|] [TV] ☎ – 🔺 30. [AE] [S] ● ● VISA. ⊗ **BYZ**
chiuso dal 2 al 30 gennaio e dal 6 al 20 agosto – **32 cam** ☕ 120/160000.

🏨 **Touring** senza rist, via Puccini 24 ✉ 56125 ☎ 050 46374, *Fax 050 502148* – [|$|] ▤ [TV] ☎. [S] ● ● VISA JCB **AZ**
34 cam ☕ 140/190000.

🏨 **Amalfitana** senza rist, via Roma 44 ✉ 56126 ☎ 050 29000, *Fax 050 25218* – [|$|] ▤ [TV] [AE] [S] ● VISA. ⊗ **AY**
☕ 8000 – **21 cam** 95/110000.

🍴🍴 **Al Ristoro dei Vecchi Macelli,** via Volturno 49 ✉ 56126 ☎ 050 2042, *Fax 050 506008*, Coperti limitati; prenotare – ▤. [AE] [S] ● VISA. ⊗ **AY**
chiuso dal 10 al 24 agosto, domenica a mezzogiorno e mercoledì – **Pasto** 70000 (a mezzogiorno) 90000 (alla sera) e carta 50/80000.

🍴🍴 **A Casa Mia,** via provinciale Calcesana 10, località Ghezzano ✉ 56010 Ghezzano ☎ 050 879265, *Fax 050 879265,* 🌳 – [AE] [S] ● ● VISA 1 km per ②
chiuso dal 1° al 7 gennaio, dal 10 al 31 agosto, sabato a mezzogiorno e domenica – **Pasto** carta 45/70000.

🍴 **La Clessidra,** via Santa Cecilia 34 ✉ 56127 ☎ 050 540160, Coperti limitati; prenotare – ● ● VISA **BY**
chiuso dal 27 dicembre all'8 gennaio, dal 5 al 25 agosto, sabato a mezzogiorno e domenica – **Pasto** 30/45000.

🍴 **Alla Giornata,** via Santa Bibbiana 11 ✉ 56127 ☎ 050 542504 – ▤. [AE] [S] ● ● VISA. ⊗
chiuso dal 6 al 20 gennaio, agosto e domenica – **Pasto** carta 40/65000. **BZ**

🍴 **Osteria dei Cavalieri,** via San Frediano 16 ✉ 56126 ☎ 050 580858, *Fax 050 581259* [AE] [S] ● ● VISA. ⊗ **AY**
chiuso agosto, sabato a mezzogiorno e domenica – **Pasto** carta 40/65000.

🍴 **Da Bruno,** via Bianchi 12 ✉ 56123 ☎ 050 560818, *Fax 050 550607* – ▤. [AE] [S] ● VISA. ⊗
chiuso lunedì sera e martedì – **Pasto** carta 45/70000 (12 %). **BY**

🍴 **Osteria del Porton Rosso,** via Porton Rosso 11 ✉ 56126 ☎ 050 580566, Coperti limitati; prenotare – ▤. [AE] [S] ● ● VISA. ⊗ **BY**
chiuso agosto, domenica e in luglio anche a mezzogiorno – **Pasto** cucina marinara carta 45/70000 (10 %).

🍴 **Lo Schiaccianoci,** via Vespucci 104/a ✉ 56125 ☎ 050 21024, Coperti limitati; prenotare – [AE] [S] ● ● VISA JCB. ⊗ **ABZ**
chiuso domenica escluso da giugno a settembre – **Pasto** carta 40/60000.

🍴 Taverna Kostas, via del Borghetto 39 ✉ 56124 ☎ 050 571467, *Fax 050 571467*
Pasto taverna con specialità greche. **BZ**

sulla strada statale 206 *per ④ : 10 km :*

🍴 **Da Antonio,** via Arnaccio 105 ✉ 56023 Navacchio ☎ 050 740396 – ▤ [P]. [AE] [S] ● ● VISA
chiuso dal 1° al 20 agosto e venerdì – **Pasto** carta 40/60000.

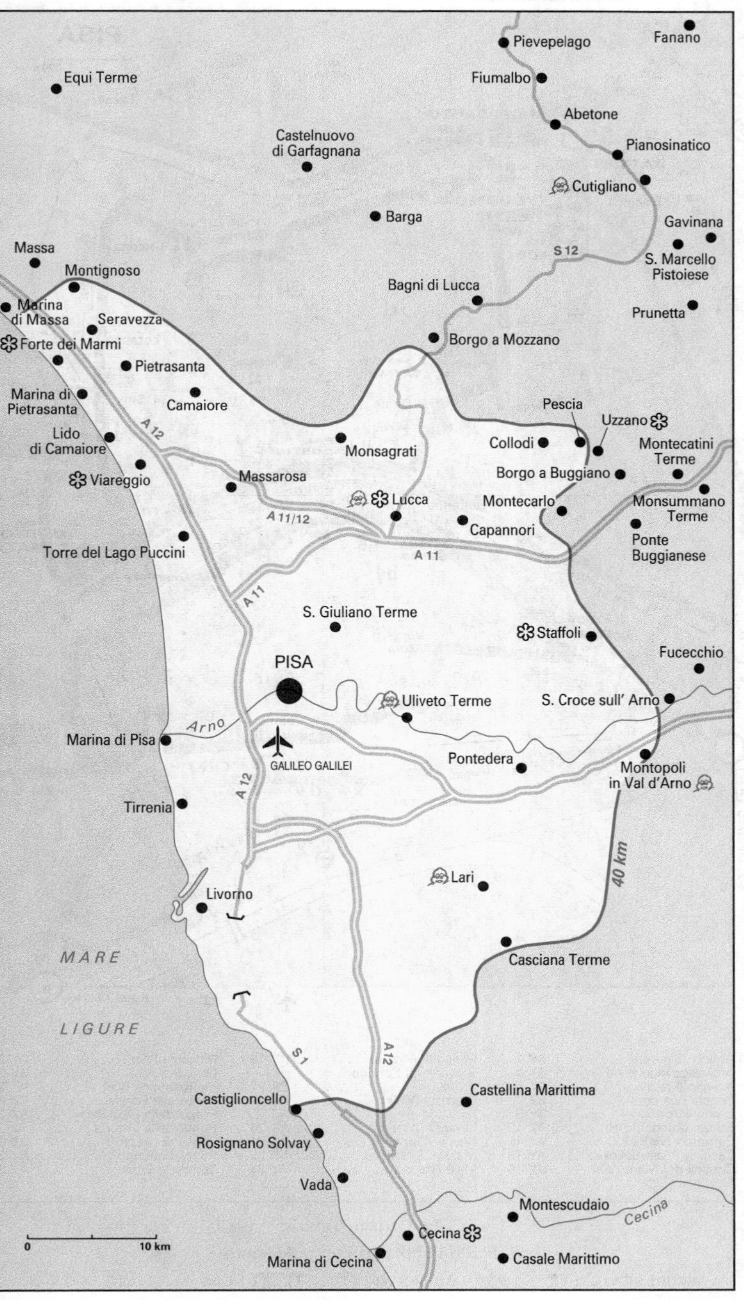
Equi Terme
Pievepelago
Fanano
Fiumalbo
Abetone
Castelnuovo
di Garfagnana
Pianosinatico
Cutigliano
Barga
Gavinana
S 12
S. Marcello
Pistoiese
Massa
Montignoso
Bagni di Lucca
Marina
di Massa
Seravezza
Prunetta
Forte dei Marmi
Borgo a Mozzano
Pietrasanta
Marina di
Pietrasanta
Camaiore
Pescia
Uzzano
A 12
Lido
di Camaiore
Collodi
Montecatini
Terme
Monsagrati
Viareggio
Massarosa
Borgo a Buggiano
Lucca
Montecarlo
Monsummano
Terme
A 11/12
Capannori
Torre del Lago Puccini
A 11
Ponte
Buggianese
A 11
S. Giuliano Terme
Staffoli
Fucecchio
PISA
Uliveto Terme
S. Croce sull' Arno
Arno
Marina di Pisa
GALILEO GALILEI
Pontedera
Montopoli
in Val d'Arno
A 12
Tirrenia
40 km
Lari
Livorno
MARE
Casciana Terme
LIGURE
S1
A 12
Castellina Marittima
Castiglioncello
Rosignano Solvay
Vada
Montescudaio
Cecina
Cecina
0
10 km
Marina di Cecina
Casale Marittimo

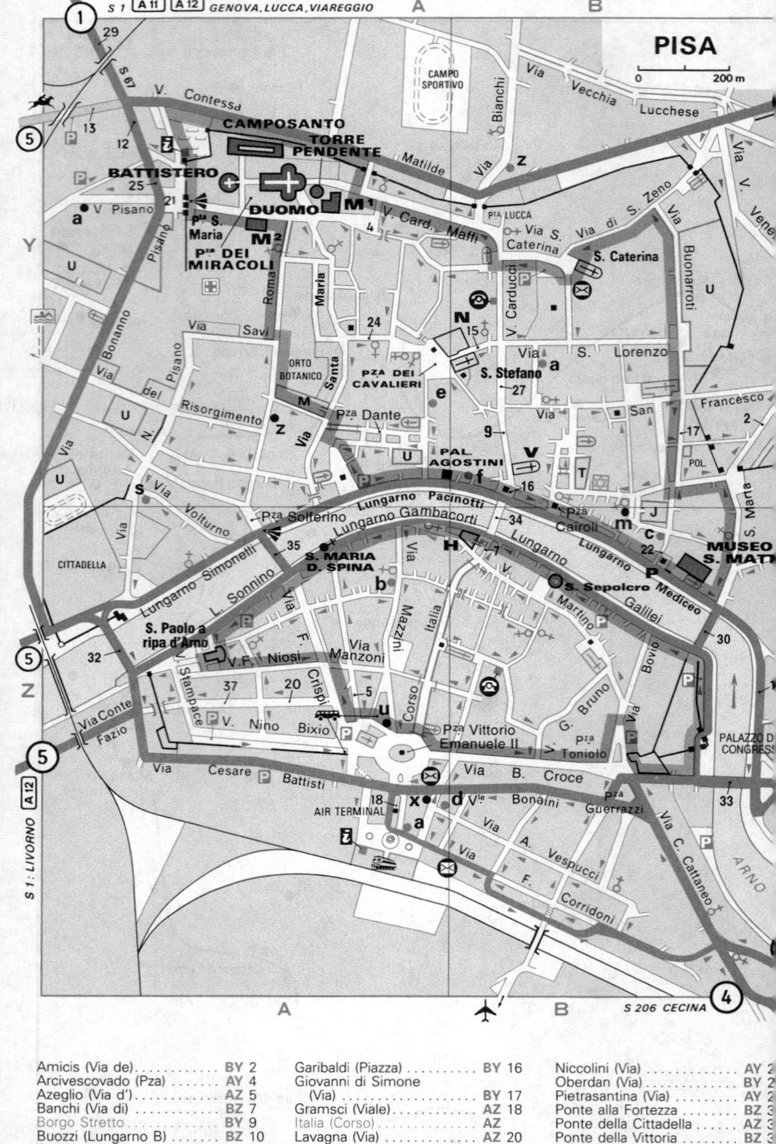

Le Ottime Tavole

Per voi abbiamo contraddistinto alcuni alberghi (🏨 ... 🏨🏨🏨🏨🏨) e ristoranti (✗ ... ✗✗✗✗✗) con ☺, ✿, ✿✿ o ✿✿✿.

LE GUIDE MICHELIN DU PNEUMATIQUE

QU'EST-CE QU'UN PNEU ?

Produit de haute technologie, le pneu constitue le seul point de liaison de la voiture avec le sol.
Ce contact correspond, par roue, à une surface équivalente à celle d'une carte postale. Le pneu doit donc se contenter de ces quelques centimètres carrés de gomme au sol pour remplir un grand nombre de tâches souvent contradictoires :

Porter le véhicule à l'arrêt, mais aussi résister aux transferts de charge considérables à l'accélération et au freinage.

Transmettre la puissance utile du moteur, les efforts au freinage et en courbe.

Rouler régulièrement, plus sûrement, plus longtemps pour un plus grand plaisir de conduire.

Guider le véhicule avec précision, quels que soient l'état du sol et les conditions climatiques.

Amortir les irrégularités de la route, en assurant le confort du conducteur et des passagers ainsi que la longévité du véhicule.

Durer, c'est-à-dire, garder au meilleur niveau ses performances pendant des millions de tours de roue.

Afin de vous permettre d'exploiter au mieux toutes les qualités de vos pneumatiques, nous vous proposons de lire attentivement les informations et les conseils qui suivent.

LE PNEU
EST LE SEUL POINT
DE LIAISON
DE LA VOITURE AVEC LE SOL

COMMENT LIT-ON UN PNEU ?

CODES DE VITESSE MAXIMUM :

	S 180 km/h	*V 240 km/h*
	T 190 km/h	*W 270 km/h*
Q 160 km/h	*H 210 km/h*	*Y 300 km/h*
R 170 km/h	*VR > 210 km/h*	*ZR > 240 km/h*

(dans la dimension)

POURQUOI VERIFIER LA PRESSION DE VOS PNEUS ?

POUR EXPLOITER AU MIEUX
LEURS **PERFORMANCES** ET ASSURER
VOTRE **SECURITE**

Contrôlez la pression de vos pneus, sans oublier la roue de secours, dans de bonnes conditions.
Un pneu perd régulièrement de la pression.

Les pneus doivent être contrôlés

une fois toutes les 2 semaines

à froid, c'est-à-dire une heure au moins après l'arrêt de la voiture ou après avoir parcouru 2 à 3 kilomètres à faible allure.
En roulage, la pression augmente ; ne dégonflez donc jamais un pneu qui vient de rouler : considérez que, pour être correcte, sa pression doit être au moins supérieure de 0,3 bar à celle préconisée à froid.

VERIFIEZ LA PRESSION DE VOS PNEUS
REGULIEREMENT ET AVANT CHAQUE VOYAGE

LE SURGONFLAGE

Si vous devez effectuer un long trajet à vitesse soutenue, ou si la charge de votre voiture est particulièrement importante, il est généralement conseillé de majorer la pression de vos pneus. Attention : l'écart de pression avant-arrière nécessaire à l'équilibre du véhicule doit être impérativement respecté. Consultez les tableaux de gonflage Michelin chez tous les professionnels de l'automobile et chez les spécialistes du pneu. N'hésitez pas à leur demander conseil.

LE SOUS-GONFLAGE

Lorsque la pression de gonflage est insuffisante, les flancs du pneu travaillent anormalement. Il en résulte une fatigue excessive de la carcasse, une élévation de température et une usure anormale. Le pneu subit alors des dommages irréversibles qui peuvent entraîner sa destruction immédiate ou future.

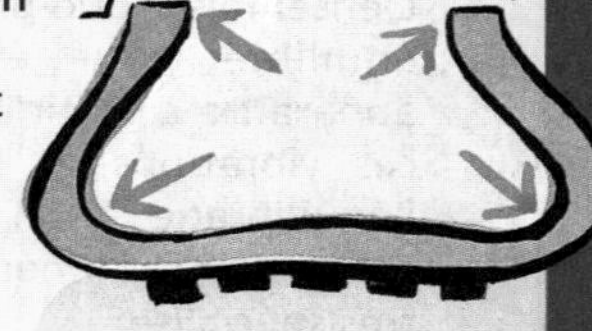

En cas de perte de pression, il est impératif de consulter un spécialiste qui en recherchera la cause et jugera de la réparation éventuelle à effectuer.

LE BOUCHON DE VALVE

En apparence, il s'agit d'un détail ; c'est pourtant un élément essentiel de l'étanchéité. Aussi, n'oubliez pas de le remettre en place après vérification de la pression, en vous assurant de sa parfaite propreté.

VOITURE TRACTANT CARAVANE, BATEAU...

Dans ce cas particulier, il ne faut jamais oublier que le poids de la remorque accroît la charge du véhicule.
Il est donc nécessaire d'augmenter la pression des pneus arrière de votre voiture, en vous conformant aux indications des tableaux de gonflage Michelin.
Pour de plus amples renseignements, demandez conseil à votre revendeur de pneumatiques, c'est un véritable spécialiste.

COMMENT FAIRE DURER VOS PNEUS ?

Afin de préserver longtemps les qualités de vos pneus, il est impératif de les faire contrôler régulièrement, et avant chaque grand voyage. Il faut savoir que la durée de vie d'un pneu peut varier dans un rapport de 1 à 4, et parfois plus, selon son entretien, l'état du véhicule, le style de conduite et l'état des routes !

L'ensemble roue-pneumatique doit être parfaitement équilibré pour éviter les vibrations qui peuvent apparaître à partir d'une certaine vitesse. Pour supprimer ces vibrations et leurs désagréments, vous confierez l'équilibrage à un professionnel du pneumatique car cette opération nécessite un savoir-faire et un outillage très spécialisé.

LES FACTEURS QUI INFLUENT SUR L'USURE ET LA DUREE DE VIE DE VOS PNEUMATIQUES :

Les caractéristiques du véhicule (poids, puissance...), le profil des routes (rectilignes, sinueuses), le revêtement (granulométrie : sol lisse ou rugueux), l'état mécanique du véhicule (réglage des trains avant, arrière, état des suspensions et des freins...), le style de conduite (accélérations, freinages, vitesse de passage en courbe...), la vitesse (en ligne droite à 120 km/h un pneu s'use deux fois plus vite qu'à 70 km/h), la pression des pneumatiques (si elle est incorrecte, les pneus s'useront beaucoup plus vite et de manière irrégulière).

D'autres événements de nature accidentelle (chocs contre trottoirs, nids de poule...), en plus du risque de déréglage et de détérioration de certains éléments du véhicule, peuvent provoquer des dommages internes au pneumatique dont les conséquences ne se manifesteront parfois que bien plus tard.

LES CHOCS
CONTRE LES TROTTOIRS,
LES NIDS DE POULE...
PEUVENT ENDOMMAGER
GRAVEMENT VOS PNEUS.

Un contrôle régulier de vos pneus vous permettra donc de détecter puis de corriger rapidement les anomalies (usure anormale, perte de pression...). A la moindre alerte, adressez-vous immédiatement à un revendeur spécialiste qui interviendra pour préserver les qualités de vos pneus, votre confort et votre sécurité.

SURVEILLEZ L'USURE DE VOS PNEUMATIQUES :

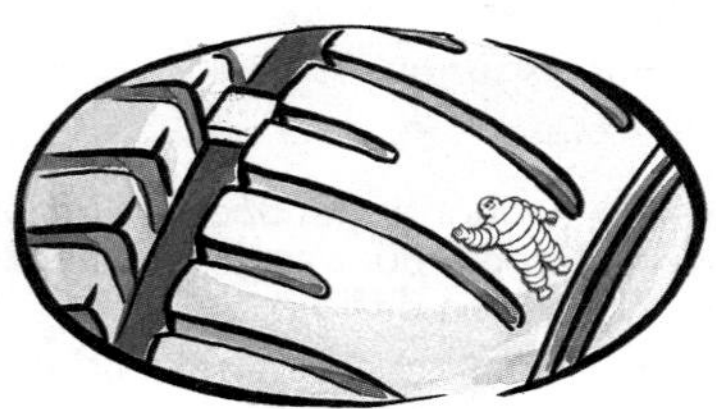

Comment ? Tout simplement en observant la profondeur de la sculpture. C'est un facteur de sécurité, en particulier sur sol mouillé. Tous les pneus possèdent des indicateurs d'usure de 1,6 mm d'épaisseur. Ces indicateurs sont repérés par un Bibendum situé aux "épaules" des pneus MICHELIN. Un examen visuel suffit pour connaître le niveau d'usure de vos pneumatiques.
Attention : même si vos pneus n'ont pas encore atteint la limite d'usure légale (en France, **la profondeur restante de la sculpture doit être supérieure à 1,6 mm** sur l'ensemble de la bande de roulement), leur capacité à évacuer l'eau aura naturellement diminué avec l'usure.

COMMENT CHOISIR VOS PNEUS ?

Le type de pneumatique qui équipe d'origine votre véhicule a été déterminé pour optimiser ses performances. Il vous est cependant possible d'effectuer un autre choix en fonction de votre style de conduite, des conditions climatiques, de la nature des routes et des trajets effectués.
Dans tous les cas, il est indispensable de consulter un spécialiste du pneumatique, car lui seul pourra vous aider à trouver la solution la mieux adaptée à votre utilisation dans le respect de la législation.

MONTAGE, DEMONTAGE, EQUILIBRAGE DU PNEU ; C'EST L'AFFAIRE D'UN PROFESSIONNEL.

Un mauvais montage ou démontage du pneu peut le détériorer et mettre en cause votre sécurité.
Sauf cas particulier et exception faite de l'utilisation provisoire de la roue de secours,

- les pneus montés sur un essieu donné, doivent être identiques.
- Il est conseillé de monter les pneus neufs ou les moins usés à l'arrière pour assurer la meilleure tenue de route en situation difficile

(freinage d'urgence ou courbe serrée) principalement sur chaussée glissante.

En cas de crevaison, seul un professionnel du pneu saura effectuer les examens nécessaires et décider d'une éventuelle réparation.
Il est recommandé de changer la valve ou la chambre à air à chaque intervention.

▶IL EST DECONSEILLE DE MONTER UNE CHAMBRE A AIR DANS UN ENSEMBLE TUBELESS.

▶L'utilisation de pneus cloutés est strictement réglementée ; il est important de s'informer avant de les faire monter.

Attention : la capacité de vitesse des pneumatiques Hiver "M+S" peut être inférieure à celle des pneus d'origine. Dans ce cas, la vitesse de roulage devra être adaptée à cette limite inférieure.
Une étiquette de rappel de cette vitesse sera apposée à l'intérieur du véhicule à un endroit aisément visible du conducteur.

LES CLEFS DU SUCCES DE MICHELIN : SA PASSION POUR LE PROGRES ET L'INNOVATION

"Battre aujourd'hui le pneu de demain", c'est ce qui permet à MICHELIN d'être toujours à la pointe de l'innovation pour être toujours plus proche de ses clients.

LE GROUPE MICHELIN EN BREF :

- Plus de 120 000 personnes à travers le monde.
- Une présence commerciale dans plus de 170 pays.
- Plus de 80 sites implantés dans 19 pays - Europe, Amérique du Nord/Sud, Afrique et Asie.
- Des centres de Technologies en Europe, aux U.S.A. et au Japon.
- 6 plantations d'hévéas au Brésil et au Nigéria.

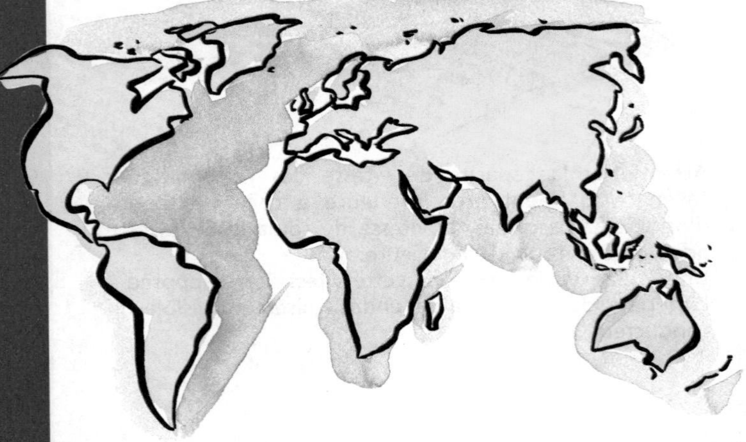

DERNIER FRUIT DES RECHERCHES DE MICHELIN : LE PNEU MICHELIN ENERGY.

Pour répondre à une des attentes principales de ses clients - **la Sécurité** - MICHELIN a notamment fait évoluer sa gamme de pneumatiques Energy.

Le pneu MICHELIN ENERGY est le pneu ETÉ qui peut être utilisé dans des conditions hivernales (sols gras, mouillés, enneigés en plaine) en conservant des qualités d'adhérence et de comportement exceptionnelles.
Grâce à une faible résistance au roulement, donc une moindre consommation d'énergie, le pneu MICHELIN ENERGY contribue également à un meilleur respect de l'environnement.

LE PNEUMATIQUE, LE SEUL LIEN ENTRE LE VÉHICULE ET LA SURFACE DU SOL, EST UN PRODUIT COMPOSITE DE HAUTE TECHNOLOGIE.

INFORMATIONS SUPPLEMENTAIRES

Les pneumatiques comportent sur leurs flancs, en dehors des inscriptions réglementaires, un certain nombre d'indications destinées à répondre à des usages internes aux manufacturiers ou à certains pays.
Tel le **"Safety Warning"** propre aux USA, dont la traduction est :

Avertissement de Sécurité

"D'importants dommages peuvent résulter d'une défaillance pneumatique provoquée par un sous-gonflage, une surcharge, une mauvaise association pneu/jante (ne jamais dépasser 275 KPa pour positionner les talons sur la jante).
Seules les personnes spécialement formées doivent démonter et monter les pneumatiques."
Ces consignes sont précisées dans nos documentations commerciales et techniques.
Consultez un professionnel du pneu.

CAMPING CARS

Ce type de véhicule offre une modularité et un volume de rangement qui peuvent le placer, ainsi que ses pneumatiques, dans des conditions d'utilisation anormalement pénalisantes.
Par la suite, des dégradations irréversibles pourront se manifester sur les pneumatiques même si, depuis, les conditions normales d'utilisation ont été parfaitement rétablies.

Il convient, en conséquence, pour éviter tout risque de détériorations prématurées :

- De charger correctement le véhicule dans les limites maximales autorisées par la réglementation et les constructeurs.
- De répartir les charges afin d'équilibrer le chargement : avant/arrière et gauche/droite.
- De vérifier régulièrement la pression de gonflage (y compris la roue de secours).

Par ailleurs, nous préconisons des équipements plus adaptés aux conditions réelles d'utilisation :

XC CAMPING

Consultez un professionnel du pneu pour :

- Le choix de la dimension de pneumatique (y compris code de vitesse et indice de charge)
- La pression de gonflage à adopter
- Le type de valve à utiliser en fonction de la roue.

PISA (Marina di) *56013 Pisa* [988] ⑭, [428], [429], [430] K 12 – *a.s. luglio-agosto.*
Roma 346 – Pisa 13 – Firenze 103 – Livorno 16 – Viareggio 31.

🍴 **Gino,** via delle Curzolari 2 ☎ 050 35408, *Fax 050 34150* – [AE] [S] [D] [MC] VISA JCB. *chiuso dall'8 al 15 gennaio, settembre, lunedì e martedì* – **Pasto** specialità di mare carta 45/85000.

PISTOIA *51100* [P] [988] ⑭, [428], [429], [430] K 14 *G. Toscana – 85 906 ab. alt. 65.*

Vedere *Duomo★ B : dossale di San Jacopo★★★ – Battistero★ B – Chiesa di Sant'Andrea★ A : pulpito★★ di Giovanni Pisano – Basilica della Madonna dell'Umiltà★ A* **D** *– Fregio★★ dell'Ospedale del Ceppo B – Visitazione★★ (terracotta invetriata di Luca della Robbia), pulpito★ e fianco Nord★ della chiesa di San Giovanni Fuorcivitas B* **R** *– Facciata★ del palazzo del comune B* **H** *– Palazzo dei Vescovi★ B.*

[i] *piazza del Duomo (Palazzo dei Vescovi)* ☎ *0573 21622, Fax 0573 34327.*

[A.C.I.] *via Ricciardetto 2* ☎ *0573 975282.*

Roma 311 ④ – Firenze 36 ④ – Bologna 94 ① – Milano 295 ① – Pisa 61 ④ – La Spezia 113 ④.

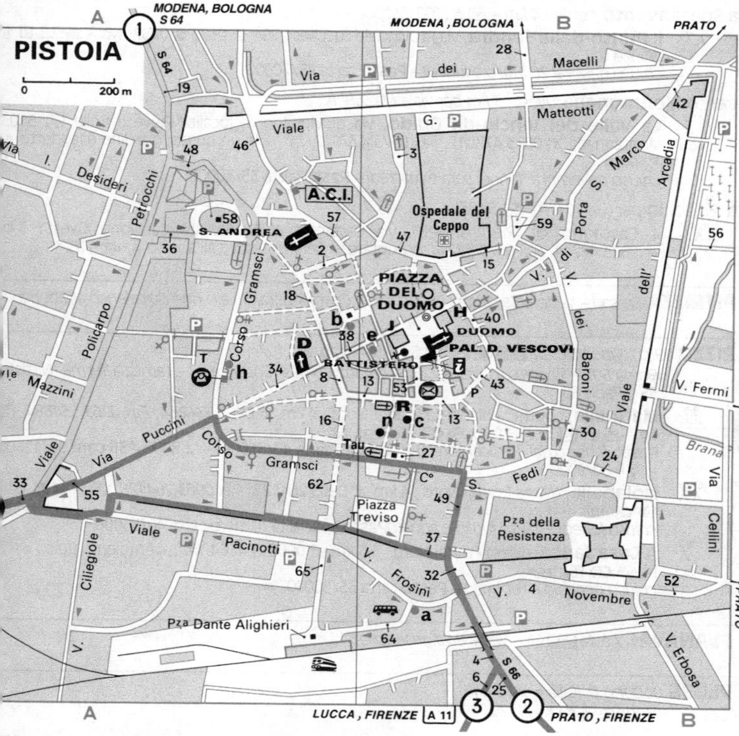

Patria senza rist, via Crispi 8 ✆ 0573 25187, *Fax 0573 368168* – TV ☎. AE $ ⓓ MC VISA B r
chiuso dal 23 al 28 dicembre – ☕ 20000 – **28 cam** 110/170000.

Leon Bianco, senza rist, via Panciatichi 2 ✆ 0573 26675, *Fax 0573 26704* – |ŧ| TV ☎. AE $ ⓓ MC VISA JCB B c
☕ 15000 – **27 cam** 110/160000.

XX **Manzoni,** corso Gramsci 112 ✆ 0573 28101, prenotare la sera – ▤. AE A
chiuso agosto – **Pasto** specialità di mare carta 60/80000.

XX **Corradossi,** via Frosini 112 ✆ 0573 25683, *Fax 0573 25683* – ▤. AE $ ⓓ MC VISA JCB. ✂ B
chiuso domenica, 25-26-31 dicembre e Capodanno – **Pasto** carta 35/75000.

X **Trattoria dell'Abbondanza,** via dell'Abbondanza 10/14 ✆ 0573 368037, ☂, prenotare la sera A
chiuso dal 10 al 16 agosto e mercoledì – Pasto cucina toscana carta 35/45000.

X **S. Jacopo,** via Crispi 15 ✆ 0573 27786, *Fax 0573 27786* – ▤. AE $ ⓓ MC VISA B
chiuso lunedì e martedì a mezzogiorno – **Pasto** carta 30/65000.

X **Lo Storno,** via del Lastrone 8 ✆ 0573 26193, Trattoria tipica, prenotare la sera
chiuso dal 25 dicembre al 7 gennaio, dal 1° al 25 agosto, domenica e la sera da lunedì mercoledì – **Pasto** carta 25/45000. B

a Spazzavento *per ④ : 4 km – ✉ 51100 Pistoia :*

XX **Il Punto-dalla Sandra,** via Provinciale Lucchese 301 ✆ 0573 570267, ☂ – ▤. AE $ ⓓ MC VISA
chiuso dal 1° al 20 luglio e lunedì – **Pasto** carta 45/70000.

verso Montagnana *Ovest : 5 km per viale Mazzini A :*

X **La Valle del Vincio-da Guido,** via di Vignano 1, località Pieve a Celle ✉ 5103 Montagnana ✆ 0573 477012, *Fax 0573 477012*, ☂, « In un bosco; giardino e laghetto » P. ✂
chiuso novembre, lunedì sera e martedì – **Pasto** carta 35/50000.

a Piteccio *per ① : 10 km – ✉ 51030 :*

XXX Il Castagno di Pier Angelo, via Castagno 46/B, località Castagno Ovest : 3 k ✆ 0573 42214, *Fax 0573 42214*, prenotare, « Servizio estivo all'aperto », ☂ – P.

PITRIZZA *Sassari – Vedere Sardegna (Arzachena : Costa Smeralda) alla fine dell'elenco alfabetico.*

PIZZO *89812 Vibo Valentia* 988 ㊴, 431 K 30 – *8 475 ab. alt. 107.*
Roma 603 – Reggio di Calabria 105 – Catanzaro 59 – Cosenza 88 – Lamezia Terme (Nicastr 33 – Paola 85.

Marinella, contrada Marinella Prangi Nord : 4 km ✆ 0963 534864, *Fax 0963 534884*, ☂ ☂ – |ŧ| ▤ TV ☎ P. AE $ ⓓ MC VISA JCB. ✂
Pasto *(chiuso dal 23 dicembre al 2 gennaio)* carta 40/55000 – ☕ 8000 – **36 cam** 95/12500 – ½ P 80/90000.

XX **Isolabella,** riviera Prangi Nord : 4 km ✆ 0963 264128, *Fax 0963 264128*, ☂ – ▤ P. AE ⓓ MC VISA JCB
*chiuso lunedì escluso luglio e agosto***Pasto** specialità di mare carta 40/55000.

X **A Casa Janca,** riviera Prangi Nord : 3,5 km ✆ 0963 264364, ☂, « Ambiente tipico » – $ ⓓ MC VISA JCB
chiuso gennaio e febbraio – **Pasto** carta 35/50000.

PLANAVAL *Aosta* 219 ⑪ – *Vedere Valgrisenche.*

PLOSE *Bolzano G. Italia – alt. 2 446.*
Vedere ✻★★★.

POCENIA *33050 Udine* 429 E 21 – *2 555 ab..*
Roma 607 – Udine 35 – Gorizia 53 – Milano 346 – Pordenone 51 – Trieste 73.

a Paradiso *Nord-Est : 7 km – ✉ 33050 Pocenia :*

X **Al Paradiso,** via S. Ermacora 1 ✆ 0432 777000, *Fax 0432 777270*, « Ambiente tipico » P. ✂
chiuso dal 7 al 25 gennaio, dal 1° al 25 luglio, lunedì e martedì – Pasto carta 40/60000.

POCOL *Belluno – Vedere Cortina d'Ampezzo.*

PODENZANA *54010 Massa-Carrara* [428], [429], [430] J 11 – *1 715 ab. alt. 32.*
Roma 419 – La Spezia 24 – Genova 108 – Parma 99.

🍴 **Gavarina d'Oro,** via Castello ☎ 0187 410021, ← – [P]. [S] [MC] [VISA]. ⚘
chiuso dal 19 agosto al 7 settembre, dal 30 settembre al 6 ottobre e mercoledì – **Pasto** carta 30/40000.

POGGIBONSI *53036 Siena* [988] ⑭ ⑮, [430] L 15 – *27 191 ab. alt. 115.*
Roma 262 – Firenze 44 – Siena 29 – Livorno 89 – Pisa 79.

🏨 **Villa San Lucchese** ⚘, località San Lucchese 5 (Sud : 1,5 km) ☎ 0577 937119, *Fax 0577 934729*, ← colline, ⛱, « Antica dimora patrizia in un parco », ⛱, ⚘ – [‡] ▤ [TV] ☎ [P] – 🏃 70. [AE] [S] ⓞ [MC] [VISA]. ⚘
chiuso dal 10 gennaio al 10 febbraio – **Pasto** *(chiuso martedì)* carta 55/70000 – **38 cam** ☕ 200/350000 – ½ P 225000.

🍴🍴 **La Galleria,** galleria Cavalieri Vittorio Veneto 20 ☎ 0577 982356, *Fax 0577 982356*, ⛱ – ▤. [AE] [S] ⓞ [MC] [VISA] [JCB]. ⚘
chiuso dal 25 aprile al 5 maggio, agosto e domenica – **Pasto** carta 40/80000.

POGGIO *Livorno* [430] N 12 – *Vedere Elba (Isola d') : Marciana.*

POGGIO A CAIANO *59016 Prato* [430] K 15 *G. Toscana* – *8 473 ab. alt. 57.*
Vedere *Villa*★.
Roma 293 – Firenze 17 – Livorno 99 – Milano 300 – Pisa 75 – Pistoia 18.

🏨 **Hermitage** ⚘, via Ginepraia 112 ☎ 055 877040, *Fax 055 8797057*, ←, ⛱, ⛱ – [‡] ▤ [TV] ☎ [P] – 🏃 150. [AE] [S] ⓞ [MC] [VISA]. ⚘ rist
Pasto *(chiuso agosto, venerdì e domenica sera)* carta 40/60000 – **58 cam** ☕ 140/170000, 3 appartamenti – ½ P 110000.

POGGIO MIRTETO STAZIONE *02040 Rieti* [988] ㉖, [430] P 20 – *alt. 242.*
⛳ *Colle dei Tetti (chiuso lunedì ed agosto) strada statale 313, località Collicchia* ✉ *02040 Poggio Catino* ☎ *0765 26267, Fax 0765 26268, Nord : 4,5 km.*
Roma 59 – Rieti 47 – Terni 44 – Viterbo 73.

🏨 **Borgo Paraelios** ⚘, strada statale 313, località Valle Collicchia Nord : 4 km ☎ 0765 26267, *Fax 0765 26268*, ⛱, « Parco e terrazze panoramiche con ⛱ », ≘s, ⛱, ⚘ – ▤ cam, [TV] ☎ [P]. [AE] [S] ⓞ [MC] [VISA]. ⚘ rist
Pasto (prenotare; *chiuso martedì*) 110/140000 – **15 cam** ☕ 450/550000.

POGGIO SAN POLO *Siena* – *Vedere Gaiole in Chianti.*

POGLIANO MILANESE *20010 Milano* [219] ⑱ – *7 808 ab. alt. 162.*
Roma 595 – Milano 20 – Como 41.

🍴🍴 **La Corte,** via Chiesa 36 ☎ 02 93258018, coperti limitati; prenotare – ▤. [AE] [S] [MC] [VISA]. ⚘
chiuso dal 26 dicembre al 1° gennaio, dal 10 al 31 agosto e domenica – **Pasto** 55/75000 e carta 70/105000.

🍴 **Da Settimo,** strada statale del Sempione ☎ 02 9340395, *Fax 02 9340395* – [P]. [S] [MC] [VISA]
chiuso agosto e domenica – **Pasto** carta 45/95000.

POGNANA LARIO *22020 Como* [428] E 9, [219] ⑨ – *890 ab. alt. 307.*
Roma 638 – Como 12 – Milano 61.

🍴 **La Meridiana,** via Aldo Moro 1 ☎ 031 378333, *Fax 031 309607*, « Servizio estivo in terrazza-giardino con ← lago e monti » – [P]. [S] [MC] [VISA]
chiuso ottobre, dal 25 dicembre al 10 gennaio, mercoledì (escluso da giugno a settembre) e da novembre a marzo anche martedì sera – **Pasto** carta 40/65000.

POIRINO *10046 Torino* [988] ⑫, [428] H 5 – *9 115 ab. alt. 249.*
Roma 648 – Torino 29 – Asti 34 – Cuneo 94 – Milano 155.

Favari *Ovest : 3 km* – ✉ *10046 Poirino :*

🍴🍴 **Le Lune,** via Villastellone 78/b ☎ 011 9453150 – ▤ [P]. [AE] [S] ⓞ [MC] [VISA] [JCB]
chiuso agosto, domenica sera e lunedì (escluso i giorni festivi) – **Pasto** carta 35/50000.

POLESINE PARMENSE *43010 Parma* 428, 429 G 12 – *1 527 ab. alt. 35.*

Roma 496 – Parma 43 – Bologna 134 – Cremona 23 – Milano 97 – Piacenza 35.

XX **Al Cavallino Bianco,** via Sbrisi 2 ✆ 0524 96136, *Fax 0524 96136,* – P. AE VISA JCB
chiuso dal 7 al 22 gennaio e martedì – **Pasto** carta 50/70000 e al Rist. ***Tipico di Casa Spigaroli*** *(chiuso la sera e martedì)* 25/40000.

a Santa Franca *Ovest : 2 km* – ✉ *43010 Polesine Parmense :*

XX **Da Colombo,** ✆ 0524 98114, *Fax 0524 98003,* prenotare, « Servizio estivo sotto un pergolato » – P. AE VISA.
chiuso dal 10 al 30 gennaio e dal 20 luglio al 10 agosto, lunedì sera e martedì – **Pasto** carta 50/75000.

POLICORO *75025 Matera* 988 ㉙, 431 G 32 – *15 236 ab. alt. 31.*

Roma 487 – Matera 67 – Bari 134 – Cosenza 136 – Potenza 129 – Taranto 68.

Callà 2, via Lazio ✆ 0835 981098, *Fax 0835 981090* – AE VISA.
Pasto carta 25/40000 – ☕ 5000 – **21 cam** 80/120000 – ½ P 85/90000.

al lido *Sud-Est : 4 km :*

Heraclea, Viale Del Lido ✉ 75025 ✆ 0835 910144, *Fax 0835 910147,* – P – 250. AE VISA.
Pasto carta 40/55000 – ☕ 10000 – **86 cam** 85/150000 – ½ P 105000.

Die im ***Michelin-Führer***
verwendeten Zeichen und Symbole haben
- dünn oder ***fett*** gedruckt, rot oder **schwarz** -
jeweils eine andere Bedeutung.
Lesen Sie daher die Erklärungen aufmerksam durch.

POLIGNANO A MARE *70044 Bari* 988 ㉙, 431 E 33 – *16 630 ab. – a.s. 21 giugno-settembre.*

Roma 486 – Bari 36 – Brindisi 77 – Matera 82 – Taranto 70.

Grotta Palazzese, via Narciso 59 ✆ 080 4240677, *Fax 080 4240767,* ≤, « Servizio rist. estivo in una grotta sul mare » – AE VISA JCB.
Pasto carta 70/110000 – **25 cam** ☕ 150/210000 – ½ P 150000.

Covo dei Saraceni, via Conversano 1/1 A ✆ 080 4241177, *Fax 080 4247010,* ≤, – – 200. AE VISA
Pasto carta 45/65000 – ☕ 12000 – **35 cam** 120/160000 – ½ P 160000.

XX **Da Tuccino,** via Santa Caterina 69/F (Ovest : 1,5 km) ✆ 080 4241560, *Fax 080 4251023,* ≤, – P. AE VISA.
chiuso dal 16 dicembre a febbraio, lunedì a mezzogiorno in luglio-agosto, tutto il giorno negli altri mesi – **Pasto** specialità di mare carta 55/80000.

POLLEIN *Aosta – Vedere Aosta.*

POLLENZO *Cuneo* 428 H 5 – *Vedere Bra.*

POLLONE *13814 Biella* 428 F 5 – *2 165 ab. alt. 622.*

Roma 671 – Aosta 92 – Biella 9 – Novara 62 – Torino 86 – Vercelli 52.

XX **Il Patio,** via Oremo 14 ✆ 015 61568, *Fax 015 61568,* – P. AE VISA – *chiuso lunedì, martedì, dal 15 al 30 agosto e dal 1° al 15 gennaio* – **Pasto** carta 50/80000.

XX **Il Faggio,** via Oremo 54 ✆ 015 61252 – P. AE VISA
chiuso gennaio e lunedì – **Pasto** carta 50/80000.

POLPENAZZE DEL GARDA *25080 Brescia* 428, 429 F 13 – *1 846 ab. alt. 207.*

Roma 540 – Brescia 36 – Mantova 79 – Milano 129 – Trento 104.

a Picedo *Est : 1,5 km* – ✉ *25080 Polpenazze del Garda :*

X **Taverna Picedo,** via Sottoraso 7 ✆ 0365 674103, *Fax 0365 674103,* – AE VISA
chiuso dal 7 gennaio all'8 febbraio, i mezzogiorno di lunedì-martedì da maggio a settembre, lunedì a mezzogiorno e martedì negli altri mesi – **Pasto** specialità fritto di verdure e carni alla griglia carta 50/80000.

POMEZIA *00040 Roma* 988 ㉖, 430 Q 19 – *45 495 ab. alt. 108.*

Marediroma (chiuso lunedì) a Marina di Ardea ✉ 00040 ☎ 06 9133250, Fax 06 9133250, Sud : 8 km.

Roma 28 – Anzio 31 – Frosinone 105 – Latina 41 – Ostia Antica 32.

Selene, via Pontina km 30 ☎ 06 911701, *Fax 06 91170557,* « Giardino con », – cam, – 500. VISA JCB.
Pasto al Rist. ***La Brace*** carta 60/90000 – **200 cam** 290/340000, 13 appartamenti – 1/2 P 195/220000.

Antonella M, via Pontina Km 28 ☎ 06 911481, *Fax 06 91148700,* – cam, – 250. VISA.
Pasto carta 55/95000 – **133 cam** 250/350000 – 1/2 P 250000.

Enea, via del Mare 83 ☎ 06 9107021, *Fax 06 9107805,* – 300. VISA.
Pasto carta 55/80000 – **95 cam** 190/240000.

POMIGLIANO D'ARCO *80038 Napoli* 988 ㉗, 431 E25 – *42 299 ab. alt. 33.*

Roma 216 – Napoli 15 – Benevento 56 – Caserta 28 – Salerno 60.

Il Grottino, corso Umberto I 44 ☎ 0181 8841423 –
Pasto specialità di mare.

POMONTE *Livorno* 430 N 12 – *Vedere Elba (Isola d') : Marciana.*

POMPEI *80045 Napoli* 988 ㉗, 431 E 25 *G. Italia – 26 143 ab. alt. 16 – a.s. maggio-15 ottobre.*

Vedere *Foro**** *: Basilica***, *Tempio di Apollo***, *Tempio di Giove*** *– Terme Stabiane**** *– Casa dei Vettii**** *– Villa dei Misteri**** *– Antiquarium*** *– Odeon*** *– Casa del Menandro*** *– Via dell'Abbondanza*** *– Fullonica Stephani*** *– Casa del Fauno*** *– Porta Ercolano*** *– Via dei Sepolcri*** *– Foro Triangolare** *– Teatro Grande** *– Tempio di Iside** *– Termopolio** *– Casa di Loreius Tiburtinus** *– Villa di Giulia Felice** *– Anfiteatro** *– Necropoli fuori Porta Nocera** *– Pistrinum** *– Casa degli Amorini Dorati** *– Torre di Mercurio** *:* ≤** *– Casa del Poeta Tragico** *– Pitture** *nella casa dell'Ara Massima – Fontana** *nella casa della Fontana Grande.*

Dintorni *Villa di Oplontis*** *a Torre Annunziata Ovest : 6 km.*

via Sacra 1 ☎ 081 8507255, Fax 081 8632401.

Roma 237 – Napoli 29 – Avellino 49 – Caserta 50 – Salerno 29 – Sorrento 28.

Amleto senza rist, via Bartolo Longo 10 ☎ 081 8631004, *Fax 081 8635585* – . VISA.
26 cam 130/290000, 20000.

Forum senza rist, via Roma 99 ☎ 081 8501170, *Fax 081 8506132,* – . VISA JCB.
20 cam 110/140000.

Iside senza rist, via Minutella 27 ☎ 081 8598863, *Fax 081 8598863* – . VISA
10000 – **18 cam** 110/140000.

Il Principe, piazza Bartolo Longo 8 ☎ 081 8505566, *Fax 081 8633342* – . VISA JCB.
chiuso dal 3 al 17 agosto, dal 23 al 26 dicembre, domenica sera e lunedì (escluso aprile, maggio, giugno e settembre) – **Pasto** 50/70000 e carta 80/115000
Spec. Crudità di carciofi di Schito e gamberi rossi (inverno-primavera). Gran pezzo d'agnello al fieno di montagna (autunno). Soufflé di pastiera di grano (primavera-estate).

President, piazza Schettini 12/13 ☎ 081 8507245, *Fax 081 8638147* – . VISA JCB.
chiuso dal 10 al 25 agosto, dal 23 al 26 dicembre e lunedì (escluso magio-giugno e settembre-ottobre) – **Pasto** specialità di mare carta 65/95000.

Dei Platani, via Colle San Bartolomeo 4 ☎ 081 8633973, *Fax 081 8633973* – . VISA – *chiuso mercoledì escluso da agosto a ottobre* – **Pasto** carta 40/75000.

prossimità dello svincolo Scafati-Pompei :

Maiuri, senza rist, via Acquasalsa 20 ☎ 081 8562716, *Fax 081 8562716* – . VISA.
24 cam 130/170000.

Giovanna senza rist, via Acquasalsa 18 ✉ 80045 ☎ 081 8503535, *Fax 081 8507323,* « Giardino » – . VISA.
24 cam 150/200000.

POMPONESCO *46030 Mantova* [428], [429] H 13 – *1 454 ab. alt. 23.*
Roma 459 – Parma 33 – Mantova 38 – Milano 154 – Modena 56.

🍴🍴🍴 **Il Leone** con cam, piazza IV Martiri 2 ☎ 0375 86077, *Fax 0375 86770*, « Caratteristic decorazioni », – cam, ☎ – 30. [AE] [VISA].
chiuso dal 24 dicembre al 15 febbraio e dal 17 al 28 agosto – **Pasto** *(chiuso domenica ser lunedì)* carta 55/95000 – **8 cam** 110/160000 – ½ P 145000.

PONDERANO *13875 Biella* [219] ⑮ – *3 817 ab. alt. 357.*
Roma 673 – Aosta 85 – Biella 4 – Milano 100 – Vercelli 40.

🍴🍴 **Da Valdo,** via Mazzini 63 ☎ 015 541979 – . [AE] [VISA].
chiuso dal 28 luglio al 22 agosto e mercoledì – **Pasto** carta 45/75000.

PONT *Aosta* [219] ⑫ – *Vedere Valsavarenche.*

PONTE A CAPPIANO *Firenze* [428], [429], [430] K 14 – *Vedere Fucecchio.*

PONTE A MORIANO *Lucca* [428], [429], [430] K 13 – *Vedere Lucca.*

PONTE ARCHE *Trento* [988] ④, [428], [429] D 14 – *Vedere Comano Terme.*

PONTECAGNANO *84098 Salerno* [988] ㉘, [431] F 26 – *22 252 ab. alt. 28 – a.s. luglio-agosto.*
Roma 273 – Potenza 92 – Avellino 48 – Napoli 68 – Salerno 9.

sulla strada statale 18 *Est : 2 km :*

1 + 1, ✉ 84098 ☎ 089 384177, *Fax 089 849123* – ☎ [P] – 50. [AE] [VISA].
Pasto carta 30/45000 – 6000 – **40 cam** 70/105000 – ½ P 85000.

PONTECCHIO POLESINE *45030 Rovigo* [429] G 17 – *1 439 ab..*
Roma 456 – Padova 47 – Ravenna 104 – Ferrara 31 – Milano 287 – Rovigo 7.

🍴 Le Betulle, piazza Matteotti 40 ☎ 0425 492500, Coperti limitati; prenotare – .

PONTE DELL'OLIO *29028 Piacenza* [428] H 10 – *4 808 ab. alt. 210.*
Roma 548 – Piacenza 22 – Genova 127 – Milano 100.

🍴🍴 **Riva,** via Riva 16 (Sud : 2 km) ☎ 0523 875193, , Coperti limitati; prenotare – . [AE] [VISA].
chiuso dall'8 al 24 gennaio, dal 27 giugno all'11 luglio e lunedì – **Pasto** carta 65/95000
Spec. Tortelli intrecciati di ricotta e cicoria amara al miele (primavera-estate). Primo taglio vitello piemontese cotto e crudo con pinzimonio di verdure. Filetto di cavallo con peperc e tartufi.

🍴 **Locanda Cacciatori** con cam, località Castione Est : 3 km ☎ 0523 87510 *Fax 0523 875105*, , – ☎ [P] – 60. [AE]
Pasto carta 40/50000 – 5000 – **13 cam** 45/65000 – ½ P 70/75000.

PONTEDERA *56025 Pisa* [988] ⑭, [428], [429], [430] L 13 – *26 051 ab. alt. 14.*
Roma 314 – Pisa 25 – Firenze 61 – Livorno 32 – Lucca 28 – Pistoia 45 – Siena 86.

Il Falchetto senza rist, piazza Caduti di Cefalonia e Corf' 3 ☎ 0587 21211 *Fax 0587 212113* – ☎. [AE] [VISA]
15000 – **17 cam** 80/120000.

🍴🍴 **Aeroscalo,** via Roma 8 ☎ 0587 52024 – [AE] [VISA].
chiuso agosto e lunedì – **Pasto** carta 40/65000.

🍴🍴 **Fontino,** via Tosco Romagnola 118 ☎ 0587 59615, *Fax 0587 59615* – [P]. [AE] [VISA]
chiuso dal 3 al 9 gennaio e dal 10 al 20 agosto – **Pasto** carta 40/60000.

PONTE DI BRENTA *Padova* [429] F 17 – *Vedere Padova.*

PONTE DI LEGNO *25056 Brescia* [988] ④, [428], [429] D 13 – *1 877 ab. alt. 1 258 – a.s. febbra Pasqua, luglio-agosto e Natale – Sport invernali : 1 258/1 920 m 4, ; a Passo del Tona 1 883/3 016 m 1 19, (anche sci estivo).*
(giugno-settembre) ☎ 0364 900306, Fax 0364 900555.
corso Milano 41 ☎ 0364 91122, Fax 0364 91949.
Roma 677 – Sondrio 65 – Bolzano 107 – Bormio 42 – Brescia 119 – Milano 167.

Sorriso, via Piazza 6 ☎ 0364 900488, *Fax 0364 91538*, ←, – AE VISA.
dicembre-Pasqua e giugno-settembre – **Pasto** (solo per alloggiati) 40000 – ☐ 10000 – **20 cam** 160/240000 – ½ P 180000.

Mirella, via Roma 21 ☎ 0364 900500, *Fax 0364 900530*, ←, – 300. AE VISA.
Pasto *(chiuso maggio, ottobre e novembre)* carta 45/65000 – **61 cam** ☐ 110/200000 – ½ P 140/150000.

Mignon, via Corno d'Aola 11 ☎ 0364 900480, *Fax 0364 900480*, ←, – AE VISA. rist
Pasto *(chiuso maggio, ottobre, novembre e giovedì)* carta 35/50000 – ☐ 12000 – **38 cam** 90/150000 – ½ P 140000.

San Marco, piazzale Europa 18 ☎ 0364 91036 – AE VISA.
chiuso lunedì escluso da luglio al 15 settembre – **Pasto** carta 40/65000.

Al Maniero con cam, via Roma 54 ☎ 0364 900490, *Fax 0364 900490*, ← – AE VISA. rist
chiuso dall'8 al 22 gennaio – **Pasto** *(chiuso lunedì)* carta 40/60000 – ☐ 8000 – **12 cam** 70/110000 – ½ P 110000.

Sporting, viale Venezia 46 ☎ 0364 91775, Rist. e pizzeria – VISA.
chiuso dal 5 al 20 giugno e martedì – **Pasto** carta 40/60000.

a Pezzo (strada del Gavia) *Nord : 5,5 km* – ✉ *25056 Ponte di Legno :*

Da Giusy, via Ercavallo 39 ☎ 0364 92153, Coperti limitati; prenotare
chiuso martedì (escluso luglio-agosto), da ottobre a novembre aperto solo i week-end – Pasto 40/45000.

Europe — Si le nom d'un hôtel figure en petits caractères, demandez à l'arrivée les conditions à l'hôtelier.

PONTE DI NAVA *Cuneo 428 J 5 – Vedere Ormea.*

PONTE DI PIAVE *31047 Treviso 988 ⑤, 429 E 19 – 6 576 ab. alt. 10.*

Roma 563 – Venezia 47 – Milano 302 – Treviso 19 – Trieste 126 – Udine 95.

a Levada *Nord : 3 km* – ✉ *31047 Ponte di Piave :*

Al Gabbiano con cam, via della Vittoria 45 ☎ 0422 853205, *Fax 0422 853540*, – AE VISA JCB
Pasto *(chiuso domenica)* carta 40/60000 – ☐ 15000 – **26 cam** 85/130000, appartamento – ½ P 100000.

PONTE IN VALTELLINA *23026 Sondrio 428, 429 D 11 – 2 234 ab. alt. 500.*

Roma 709 – Sondrio 9 – Edolo 39 – Milano 148 – Passo dello Stelvio 78.

Cerere, via Guicciardi 7 ☎ 0342 482294, ←, « In un palazzo del 17° secolo » – AE VISA
chiuso dal 1° al 25 luglio, mercoledì (escluso agosto) – **Pasto** carta 45/65000.

PONTE NELLE ALPI *32014 Belluno 988 ⑤ – 7 908 ab. alt. 400.*

Roma 609 – Belluno 8 – Cortina d'Ampezzo 63 – Milano 348 – Treviso 69 – Udine 109 – Venezia 98.

sulla strada statale 51 :

Da Benito con cam, località Pian di Vedoia Nord : 3 km ✉ 32014 ☎ 0437 99420, *Fax 0437 990472*, ←, – 80. AE VISA.
chiuso dal 3 al 28 agosto – **Pasto** *(chiuso domenica sera e lunedì)* carta 45/65000 (10 %) – ☐ 15000 – **22 cam** 100/140000 – ½ P 120000.

Alla Vigna, località Cadola 19 (Est : 2 km) ✉ 32014 ☎ 0437 999593, *Fax 0437 990559*
chiuso dal 20 al 30 marzo e dal 20 agosto al 10 settembre, martedì sera e mercoledì – **Pasto** carta 45/65000.

PONTENURE *29010 Piacenza 428, 429 H 11 – 5 078 ab. alt. 64.*

Roma 494 – Piacenza 11 – Alessandria 108 – Genova 165 – Milano 78 – Parma 51.

Nabucco, via Ferrari 58 (via Emilia) ☎ 0523 510623 – VISA.
chiuso dal 1° al 15 gennaio, agosto e lunedì – **Pasto** 45000 e carta 45/65000.

PONTERANICA *24010 Bergamo* [428] E 11 – *7 003 ab. alt. 381.*
Roma 608 – Bergamo 8 – Milano 55.

🍴 **Parco dei Colli,** via Fustina 13 ☎ 035 572227, *Fax 035 690588*, 🌳, Rist. e pizzeria sera – [P]. [AE] $ [CB] [MC] VISA JCB
chiuso dal 5 al 25 agosto e mercoledì – **Pasto** carta 40/65000.

PONTE SAN GIOVANNI *Perugia* [430] M 19 – *Vedere Perugia.*

PONTE SAN NICOLÒ *35020 Padova* [429] F 17 – *11 712 ab. alt. 11.*
Roma 498 – Padova 8 – Venezia 40.
Pianta : vedere Padova.

🏨 **Marconi,** via Marconi 186 località Roncaglia ☎ 049 8961422, *Fax 049 8961514* – [ascensore] [aria condizionata] [TV] ☎ ♿ 🚗 [P] – 🏛 80. [AE] $ [CB] [MC] VISA. 🚫 rist BX
Pasto (solo per alloggiati; *chiuso a mezzogiorno e da venerdì a domenica*) carta 45/70000 – ☕ 19000 – **56 cam** 140/195000 – ½ P 155000.

PONTE SAN PIETRO *24036 Bergamo* [988] ③, [428] E 10 – *9 624 ab. alt. 224.*
Roma 585 – Bergamo 13 – Lecco 28 – Milano 45.

🍴🍴🍴 **Greta,** via Piazzini 33 ☎ 035 462057, Coperti limitati; prenotare – [aria condizionata]. [AE] $ [MC] VISA. 🚫
chiuso dal 23 al 31 gennaio, dal 20 al 31 agosto, domenica sera e lunedì – **Pasto** 70/80000 carta 60/100000.

Se cercate un albergo tranquillo,
oltre a consultare le carte dell'introduzione,
individuate nell'elenco degli esercizi quelli con il simbolo 🐴 *o* 🐴.

PONTE TARO *Parma* [429] H 12 – *Vedere Parma.*

PONTE VALLECEPPI *Perugia* [430] M 19 – *Vedere Perugia.*

PONTIDA *24030 Bergamo* [428] E 10 – *2 858 ab. alt. 313.*
Roma 609 – Bergamo 18 – Como 43 – Lecco 26 – Milano 52.

🍴 **Hosteria la Marina,** via Don Aniceto Bonanomi 283, frazione Grombosco Nord : 2 km
☎ 035 795063, *Fax 035 796079* – [AE] $ [MC] VISA. 🚫
chiuso martedì, agosto o settembre – **Pasto** carta 35/55000.

PONTI SUL MINCIO *46040 Mantova* [428], [429] F 14 – *1 859 ab. alt. 113.*
Roma 505 – Verona 32 – Brescia 45 – Mantova 35 – Milano 123.

🍴🍴 **Al Dore',** via G.B. Rossi 25/b ☎ 0376 808264, *Fax 0376 808264*, prenotare – [P]. $ [MC] VISA 🚫
chiuso gennaio, lunedì e a mezzogiorno (escluso sabato-domenica e i giorni festivi) – **Pasto** specialità di mare carta 65/90000.

PONTREMOLI *54027 Massa-Carrara* [988] ⑬ ⑭, [428], [429], [430] I 11 *G. Toscana – 8 193 ab. alt. 236*
Roma 438 – La Spezia 41 – Carrara 53 – Firenze 164 – Massa 55 – Milano 186 – Parma 81.

🍴🍴 **Cà del Moro,** via Casa Corvi ☎ 0187 830588, *Fax 0187 830588*, 🌳 – [P]. [AE] $ [CB] [MC] VISA
chiuso dal 20 gennaio al 10 febbraio, dal 1º al 15 luglio, domenica sera e lunedì – **Pasto** carta 40/70000.

🍴 **Trattoria Pelliccia,** via Garibaldi 137 ☎ 0187 830577 – [AE] $ [CB] [MC] VISA
chiuso febbraio e martedì – **Pasto** carta 35/60000.

🍴 **Da Bussè,** piazza Duomo 31 ☎ 0187 831371, prenotare sabato-domenica
chiuso dal 1º al 20 luglio, la sera (escluso sabato-domenica) e venerdì – **Pasto** carta 40/55000.

PONT SAINT MARTIN *11026 Aosta* [988] ②, [428] F 5 *G. Italia – 3 870 ab. alt. 345 – a.s. luglio agosto.*
Roma 699 – Aosta 52 – Ivrea 24 – Milano 137 – Novara 91 – Torino 66.

🏨 Ponte Romano, piazza IV Novembre 14 ☎ 0125 804320, *Fax 0125 807108* – [ascensore] [TV] ☎ 📞
13 cam.

PONZA (Isola di) *Latina* 988 ㉖, 430 ㉟ *G. Italia – 3 312 ab. alt. da 0 a 280 (monte Guardia) – a.s. Pasqua e luglio-agosto.*

La limitazione d'accesso degli autoveicoli è regolata da norme legislative.

Vedere *Località*★.

per Anzio 16 giugno-15 settembre giornalieri (2 h 30 mn) e Formia giornalieri (2 h 30 mn) – Caremar-agenzia Regine, molo Musco ☎ 0771 80565, Fax 0771 809875; per Terracina giornaliero (2 h 15 mn) – Trasporti Marittima Mazzella, via Santa Maria ☎ 0771 809965 e Anxur Tours, al porto ☎ 0771 725536, Fax 0771 726691.

per Formia giornalieri (1 h 20 mn) – Caremar-agenzia Regine, molo Musco ☎ 0771 80565, Fax 0771 809875 e Agenzia Helios, molo Musco ☎ 0771 80549; per Anzio giornalieri (1 h 10 mn).

– Trasporti Marittimi Mazzella, via Santa Maria ☎ 0771 809965 e Agenzia Helios, molo Musco ☎ 0771 80549.

Ponza – ✉ *04027* :

Cernia, via Panoramica ☎ 0771 809951, *Fax 0771 809955*, « Terrazza-giardino con », – ☎ – 150. AE VISA JCB.
aprile-ottobre – **Pasto** carta 50/80000 – **50 cam** 220/380000 – 1/2 P 230000.

Bellavista, via Parata 1 ☎ 0771 80036, *Fax 0771 80395*, ≤ scogliera e mare – ☎. AE VISA.
chiuso dal 15 dicembre al 15 gennaio – **Pasto** carta 45/65000 – **24 cam** 160/240000 – 1/2 P 160000.

Gennarino a Mare con cam, via Dante 64 ☎ 0771 80593, *Fax 0771 80140*, ≤ mare e porto, pontile per attracco natanti, « Servizio estivo in terrazza sul mare » – ☎. AE VISA JCB.
Pasto *(aprile-ottobre; chiuso giovedì escluso da giugno a settembre)* carta 55/80000 (10 %) – **12 cam** 210/350000 – 1/2 P 230000.

Acqua Pazza, piazza Carlo Pisacane ☎ 0771 80643, ≤, , Coperti limitati; prenotare – AE VISA.
chiuso dicembre e gennaio – **Pasto** specialità di mare carta 70/115000 (10 %).

La Kambusa, via Banchina Nuova ☎ 0771 80280, *Fax 0771 80280*, – AE VISA
15 maggio-settembre – **Pasto** carta 55/80000.

PONZANO SUPERIORE *La Spezia* 429 J 11 – *Vedere Santo Stefano di Magra.*

PONZANO VENETO *31050 Treviso* 429 E 18 – *9 113 ab. alt. 28.*

Roma 546 – Venezia 40 – Belluno 74 – Treviso 5 – Vicenza 62.

a Paderno di Ponzano *Nord-Ovest : 2 km* – ✉ *31050 Ponzano Veneto* :

Trattoria da Sergio, via Fanti 14 ☎ 0422 967000, *Fax 0422 967000*, , prenotare – AE VISA JCB.
chiuso dal 23 dicembre al 6 gennaio, dal 1° al 20 agosto, i giorni festivi, sabato a mezzogiorno e domenica – **Pasto** carta 45/85000.

POPPI *52014 Arezzo* 988 ⑮, 429, 430 K 17 *G. Toscana – 5 813 ab. alt. 437.*

Vedere *Cortile*★ *del Castello*★.

Casentino (chiuso martedì) ☎ 0575 529810, Fax 0575 520167.

Roma 247 – Arezzo 33 – Firenze 58 – Ravenna 118.

Parc Hotel, via Roma 214, località Ponte a Poppi ✉ 52013 ☎ 0575 529994, *Fax 0575 529984*, , , – ☎ – 50. AE VISA.
Pasto *(chiuso lunedì escluso dal 15 giugno al 15 settembre)* carta 30/50000 – **43 cam** 90/155000 – 1/2 P 100000.

Campaldino con cam, via Roma 95, località Ponte a Poppi ✉ 52013 ☎ 0575 529008, *Fax 0575 529032* – ☎. AE VISA.
Pasto *(chiuso dal 1° al 20 luglio e mercoledì escluso agosto)* carta 30/60000 – 8000 – **10 cam** 90/100000 – 1/2 P 80000.

POPULONIA *Livorno* 430 N 13 – *Vedere Piombino.*

PORCIA *33080 Pordenone* 429 E 19 – *13 300 ab. alt. 29.*

Roma 608 – Belluno 67 – Milano 333 – Pordenone 4 – Treviso 54 – Trieste 117.

Casetta, via Colombo 35, località Palse Sud : 1 km ☎ 0434 922720, Coperti limitati; prenotare – . AE VISA JCB.
chiuso dal 1° al 6 gennaio, agosto e mercoledì – **Pasto** carta 35/45000.

PORDENONE *33170* P 988 ⑤, 429 E 20 – *48 555 ab. alt. 24.*

Castel d'Aviano (chiuso martedì) a Castel d'Aviano ✉ 33081 ℘ 0434 652305, Fax 04… 660496, Nord-Ovest : 10 km.

corso Vittorio Emanuele 38 ℘ 0434 21912, Fax 0434 523814.

A.C.I. *viale Dante 40 ℘ 0434 208965.*

Roma 605 – Udine 54 – Belluno 66 – Milano 343 – Treviso 54 – Trieste 113 – Venezia 93.

Villa Ottoboni, piazzetta Ottoboni 2 ℘ 0434 208891, *Fax 0434 208148* – 30. AE VISA.
Pasto *(chiuso dal 26 dicembre al 6 gennaio, agosto, sabato e domenica)* carta 50/60000 – **96 cam** 140/180000, 3 appartamenti.

Park Hotel senza rist, via Mazzini 43 ℘ 0434 27901, *Fax 0434 522353* – 70. AE VISA
chiuso dal 18 dicembre al 9 gennaio – **67 cam** 140/220000.

Le Casette, via Ospedale Vecchio 6 ℘ 0434 26157, Coperti limitati; prenotare – AE VISA.
chiuso dal 17 al 23 gennaio, domenica, lunedì a mezzogiorno – **Pasto** carta 55/100000.

La Vecia Osteria del Moro, via Castello 2 ℘ 0434 28658, *Fax 0434 20671* – AE VISA
chiuso dal 1° al 10 gennaio, dal 10 al 25 agosto e domenica – **Pasto** carta 45/65000.

PORDOI (Passo del) *Belluno e Trento G. Italia – alt. 2 239.*

Vedere *Posizione pittoresca*★★★.

PORLEZZA *22018 Como* 428 D 9, 219 ⑨ – *4 132 ab. alt. 271.*

Vedere *Lago di Lugano*★★.

Roma 673 – Como 47 – Lugano 16 – Milano 95 – Sondrio 80.

Regina, lungolago Matteotti 11 ℘ 0344 61228, *Fax 0344 72031*, ≤, « Terrazza-solarium con ≤ lago e dintorni » – AE VISA JCB
chiuso dal 10 gennaio al 10 febbraio – **Pasto** vedere rist ***Regina*** – **29 cam** 90/135000 – 1/2 P 95000.

Regina, lungolago Matteotti 11 ℘ 0344 61684 – AE VISA JCB
chiuso dal 10 gennaio al 10 febbraio e lunedì (escluso da luglio al 15 settembre) – **Pasto** 25/45000 e carta 40/85000.

PORRETTA TERME *40046 Bologna* 988 ⑭, 428, 429, 430 J 14 – *4 723 ab. alt. 349 – Stazione termale (maggio-ottobre), a.s. luglio-20 settembre.*

piazzale Protche 4 ℘ 0534 22021, Fax 0534 22021.

Roma 345 – Bologna 59 – Firenze 72 – Milano 261 – Modena 92 – Pistoia 35.

Santoli, via Roma 3 ℘ 0534 23206, *Fax 0534 22744*, – P 150. AE VISA.
Pasto al Rist. ***Il Bassotto*** *(chiuso venerdì escluso dal 15 giugno al 15 settembre)* carta 45/60000 – 15000 – **48 cam** 110/160000 – 1/2 P 100000.

PORTALBERA *27040 Pavia* 428 G 9 – *1 299 ab. alt. 64.*

Roma 540 – Piacenza 42 – Alessandria 68 – Genova 120 – Milano 61 – Pavia 20.

Osteria dei Pescatori, località San Pietro 13 ℘ 0385 266085 – P. AE VISA
chiuso dal 1° al 15 gennaio, dal 15 al 31 luglio e mercoledì – **Pasto** carta 35/50000.

PORTESE *Brescia – Vedere San Felice del Benaco.*

PORTICELLO *Palermo* 432 M 22 – *Vedere Sicilia (Santa Flavia) alla fine dell'elenco alfabetico.*

PORTICO DI ROMAGNA *47010 Forlì-Cesena* 429, 430 J 17 – *alt. 301.*

Roma 320 – Firenze 75 – Forlì 34 – Ravenna 61.

Al Vecchio Convento, via Roma 7 ℘ 0543 967053, *Fax 0543 967157* – AE VISA. rist
chiuso gennaio – **Pasto** carta 45/70000 – 17000 – **15 cam** 90/130000 – 1/2 P 130000.

PORTO AZZURRO *Livorno* 988 ㉔, 430 N 13 – *Vedere Elba (Isola d').*

PORTOBUFFOLÈ *31019 Treviso* 429 E 19 – *704 ab. alt. 11.*
Roma 567 – Belluno 58 – Pordenone 15 – Treviso 37 – Udine 63 – Venezia 45.

Villa Giustinian, via Giustiniani 11 0422 850244, *Fax 0422 850260*, « Prestigiosa villa veneta del 17° secolo in un parco » – 150.
Pasto *(chiuso dal 3 al 22 gennaio, dal 4 al 23 agosto, domenica sera e lunedì)* carta 55/90000 – 15000 – **35 cam** 160/250000, 8 appartamenti – ½ P 190/210000.

PORTO CERVO *Sassari* 988 ㉔, 433 D 10 – *Vedere Sardegna (Arzachena : Costa Smeralda) alla fine dell'elenco alfabetico.*

PORTO CESAREO *73010 Lecce* 988 ㉚, 431 G 35 – *4 582 ab. – a.s. luglio-agosto.*
Roma 600 – Brindisi 55 – Gallipoli 30 – Lecce 27 – Otranto 59 – Taranto 65.

Lo Scoglio, su un isolotto raggiungibile in auto 0833 569079, *Fax 0833 569078*, –
Pasto *(chiuso novembre e martedì escluso da giugno a settembre)* carta 35/55000 – **49 cam** 90/155000 – ½ P 110000.

Il Veliero, litoranea Sant'Isidoro 0833 569201, *Fax 0833 569201* – .
chiuso martedì e novembre – **Pasto** carta 40/70000.

a Torre Lapillo *Nord-Ovest : 5 km – 73050 Santa Chiara di Nardò :*

L'Angolo di Beppe, con cam, 0833 565305 e hotel 0833 565333, *Fax 0833 565331*, – 80
19 cam.

PORTO CONTE *Sassari* 433 F 6 – *Vedere Sardegna (Alghero) alla fine dell'elenco alfabetico.*

PORTO D'ASCOLI *Ascoli Piceno* 430 N 23 – *Vedere San Benedetto del Tronto.*

PORTO ERCOLE *58018 Grosseto* 430 O 15 *G. Toscana – a.s. Pasqua e 15 giugno-15 settembre.*
Roma 159 – Grosseto 50 – Civitavecchia 83 – Firenze 190 – Orbetello 7 – Viterbo 95.

Villa Portuso, località Poggio Portuso Nord : 1 km 0564 834181 e rist. 0564 834032, *Fax 0564 835351*, « Struttura con terrazze e giardini digradanti sul mare », – 60.
marzo-ottobre – **Pasto** al Rist. ***Taitù*** carta 60/95000 – **28 cam** 315/350000, 5 appartamenti – ½ P 285000.

Don Pedro, via Panoramica 7 0564 833914, *Fax 0564 833129*, porto, – cam, – 60.
Pasqua-ottobre – **Pasto** carta 50/75000 – **44 cam** 220/240000 – ½ P 170000.

Il Gambero Rosso, lungomare Andrea Doria 0564 832650, *Fax 0564 837049*, –
chiuso febbraio, mercoledì a mezzogiorno in luglio-agosto, tutto il giorno negli altri mesi – **Pasto** specialità di mare carta 60/90000.

sulla strada Panoramica *Sud-Ovest : 4,5 km :*

Il Pellicano, località Lo Sbarcatello 58018 0564 858111, *Fax 0564 833418*, mare e scogliere, , Ascensore per la spiaggia, « Villini indipendenti tra il verde e gli ulivi », riscaldata, – .
20 aprile-29 ottobre – **Pasto** carta 145/215000 – **27 cam** 1025/1060000, 14 appartamenti 1155/2096000 – ½ P 1155000.

PORTOFERRAIO *Livorno* 988 ㉔, 430 N 12 – *Vedere Elba (Isola d').*

PORTOFINO *16034 Genova* 988 ⑬, 428 J 9 *G. Italia – 611 ab..*
Vedere *Località e posizione pittoresca★★★ – ★★★ dal Castello.*
Dintorni *Passeggiata al faro★★★ Est : 1 h a piedi AR – Strada panoramica★★★ per Santa Margherita Ligure Nord – Portofino Vetta★★ Nord-Ovest : 14 km (strada a pedaggio) – San Fruttuoso★★ Ovest : 20 mn di motobarca.*
via Roma 35 0185 269024.
Roma 485 – Genova 38 – Milano 171 – Rapallo 8 – Santa Margherita Ligure 5 – La Spezia 87.

Splendido (dipendenza **Splendido Mare** 16 cam, via Roma 2), viale Baratta ℘ 0185 269551, *Fax 0185 269614*, ← promontorio e mare, « Parco ombreggiato », riscaldata, – ▤ rist, – 100. AE Ⓢ ⓓ MC VISA JCB. rist
chiuso dal 3 gennaio al 23 marzo – **Pasto** carta 125/220000 – **69 cam** solo ½ P 665/85000
8 appartamenti.

Piccolo Hotel, via Duca degli Abruzzi 31 ℘ 0185 269015, *Fax 0185 269621*, ←, « Terrazze-giardino sulla scogliera » – ▤ rist, TV ☎ P. AE Ⓢ ⓓ MC VISA. rist
chiuso novembre – **Pasto** (solo per alloggiati) 50000 – **22 cam** ☕ 240/340000 – ½ P 18
220000.

Nazionale senza rist, via Roma 8 ℘ 0185 269575, *Fax 0185 269578* – ▤ TV ☎. Ⓢ MC VI
15 marzo-novembre – ☕ 25000 – **13 cam** 350/550000.

Il Navicello, piazza Martiri dell'Olivetta 9/10 ℘ 0185 269471, – AE Ⓢ ⓓ MC VISA
chiuso febbario e martedì – **Pasto** carta 70/100000 (10 %).

PORTOFINO (Promontorio di) *Genova - G. Italia.*

PORTO GARIBALDI *Ferrara* 988 ⑮, 430 H 18 – *Vedere Comacchio.*

PORTOGRUARO *30026 Venezia* 988 ⑤, 429 E 20 *G. Italia – 24 399 ab..*
Vedere *corso Martiri della Libertà★★ Municipio★.*
corso Martiri della Libertà 19 ℘ 0421 73558, Fax 0421 72235.
Roma 584 – Udine 50 – Belluno 95 – Milano 323 – Pordenone 28 – Treviso 60 – Trieste 93
Venezia 73.

Antico Spessotto, via Roma 2 ℘ 0421 71040, *Fax 0421 71053* – ▤ TV ☎ P. AE Ⓢ
MC VISA.
Pasto *(chiuso domenica sera e lunedì)* carta 45/85000 – ☕ 12000 – **46 cam** 85/110000.

La Meridiana senza rist, via Diaz 5 ℘ 0421 760250, *Fax 0421 760259* – ▤ TV ☎ P.
Ⓢ ⓓ MC VISA.
☕ 12000 – **10 cam** 80/120000.

PORTOMAGGIORE *44015 Ferrara* 988 ⑮, 429 H 17 – *12 179 ab. alt. 3.*
Roma 398 – Bologna 67 – Ferrara 25 – Ravenna 54.

a Quartiere *Nord-Est : 4,5 km – ✉ 44010 :*

La Chiocciola, via Runco 94/F ℘ 0532 329151, *Fax 0532 329151*, prenotare – ▤ P. AE
ⓓ VISA.
chiuso dal 1° al 13 gennaio, dal 27 giugno al 10 luglio, dal 5 al 18 settembre, domenica sera lunedì, in luglio-agosto anche domenica a mezzogiorno – **Pasto** 50/60000 (solo la ser carta 45/70000.

PORTO MANTOVANO *Mantova – Vedere Mantova.*

PORTO MAURIZIO *Imperia* 988 ⑫ – *Vedere Imperia.*

PORTONOVO *Ancona* 430 L 22 – *Vedere Ancona.*

PORTOPALO DI CAPO PASSERO *Siracusa* 432 Q 27 – *Vedere Sicilia alla fine dell'elenco alfabetico.*

PORTO RECANATI *62017 Macerata* 988 ⑯, 430 L 22 – *9 251 ab. – a.s. luglio-agosto.*
corso Matteotti 111 ℘ 071 9799084, Fax 071 9799084.
Roma 292 – Ancona 29 – Ascoli Piceno 96 – Macerata 32 – Pescara 130.

Enzo, corso Matteotti 21/23 ℘ 071 7590734, *Fax 071 9799029* – ▤ TV ☎ ♿ – 30
Pasto vedere rist ***Torcoletto*** – 23 cam.

Mondial, viale Europa 2 ℘ 071 9799169, *Fax 071 7590095* – ▤ TV ☎ P. AE Ⓢ
MC VISA JCB.
Pasto *(chiuso dal 20 dicembre al 10 gennaio)* carta 35/60000 (10 %) – **44 cam** ☕ 95/16000
– ½ P 105000.

Torcoletto, corso Matteotti 21/23 ℘ 071 7590196, *Fax 071 7592240* – ▤. AE Ⓢ ⓓ
VISA JCB.
chiuso dal 20 dicembre al 10 gennaio e lunedì (escluso agosto) – **Pasto** 60/75000 e car
80/100000.

PORTO ROTONDO *Sassari* 988 ㉔, 433 D 10 – *Vedere Sardegna (Olbia) alla fine dell'elenco alfabetico.*

PORTO SAN GIORGIO *63017 Ascoli Piceno* 988 ⑯ ⑰, 430 M 23 – *16 078 ab. – a.s. luglio-agosto.*
via Oberdan 6 ☎ 0734 678461, Fax 0734 678461.
Roma 258 – Ancona 64 – Ascoli Piceno 61 – Macerata 42 – Pescara 95.

David Palace, via Spontini 10 ☎ 0734 676848, *Fax 0734 676468,* ← – P – 120. AE VISA JCB.
Pasto 25/35000 e al Rist. ***Davide*** carta 45/70000 – 10000 – **36 cam** 120/170000 – 1/2 P 135000.

Il Timone, via Kennedy 61 ☎ 0734 679505, *Fax 0734 679556* – P – 100. AE VISA JCB.
Pasto *(chiuso venerdì da ottobre a marzo)* carta 60/85000 – 15000 – **75 cam** 170/200000 – 1/2 P 160000.

Il Caminetto, lungomare Gramsci 365 ☎ 0734 675558, *Fax 0734 673477,* ← – P. AE VISA. cam
Pasto *(chiuso lunedì)* carta 40/70000 – 8000 – **27 cam** 110/160000 – 1/2 P 130000.

Tritone, via San Martino 36 ☎ 0734 677104, *Fax 0734 677962,* ←, « Giardino con », – rist, P. AE VISA.
Pasto *(chiuso martedì)* carta 40/60000 – 10000 – **36 cam** 80/130000 – 1/2 P 110000.

Lanterna, via 20 Settembre 298 ☎ 0734 679073, *Fax 0734 679097* – cam, . AE VISA.
Pasto (solo per allogiati) 30/35000 – 8000 – **39 cam** 80/120000 – 1/2 P 90000.

Damiani e Rossi, via della Misericordia 2 (Ovest : 2 km) ☎ 0734 674401, , prenotare – P.
chiuso gennaio, lunedì e martedì – Pasto 50000.

PORTO SAN PAOLO *Sassari* 433 E 10 – *Vedere Sardegna alla fine dell'elenco alfabetico.*

PORTO SANTA MARGHERITA *Venezia – Vedere Caorle.*

PORTO SANT'ELPIDIO *63018 Ascoli Piceno* 988 ⑯, 430 M 23 – *22 034 ab..*
Roma 265 – Ancona 53 – Ascoli Piceno 70 – Pescara 103.

Il Gambero, via Mazzini 1 ☎ 0734 900238, , – P. AE VISA JCB.
chiuso domenica sera, lunedì ed agosto – **Pasto** specialità di mare carta 45/80000.

Il Pescatore, via Napoli 8 ☎ 0734 993653, prenotare – . AE VISA
chiuso da agosto al 15 settembre, domenica sera e lunedì – **Pasto** specialità di mare carta 60/80000.

PORTO SANTO STEFANO *58019 Grosseto* 988 ㉔ ㉕, 430 O 15 *G. Toscana – a.s. Pasqua e 15 giugno-15 settembre.*
Vedere *←★ dal forte aragonese.*
per l'Isola del Giglio giornalieri (1 h) – Toremar-agenzia Metrano, piazzale Candi 1 ☎ 0564 810803, Fax 0564 818455.
corso Umberto 55/a ☎ 0564 814208, Fax 0564 814052.
Roma 162 – Grosseto 41 – Civitavecchia 86 – Firenze 193 – Orbetello 10 – Viterbo 98.

Baia d'Argento senza rist, località Pozzarello 27 (Est : 2 km) ☎ 0564 812643, *Fax 0564 813597,* ←, – P. VISA
aprile-ottobre – **41 cam** 200/320000.

Vittoria, via del Sole 65 ☎ 0564 818580, *Fax 0564 818055,* ← mare e costa, , – P. AE VISA.
aprile-ottobre – **Pasto** carta 50/75000 – **28 cam** 170/210000 – 1/2 P 165000.

La Lucciola senza rist, via Panoramica 245 ☎ 0564 812976, *Fax 0564 812298* – . AE VISA.
chiuso gennaio – **59 cam** 100/150000.

La Bussola, piazza Facchinetti 11 ☎ 0564 814225,
Pasto specialità di mare.

Armando, via Marconi 1/3 ☎ 0564 812568, *Fax 0564 811259,* – AE VISA.
chiuso dal 1º al 25 dicembre e mercoledì – **Pasto** specialità di mare carta 55/80000 (15 %).

Il Moresco, via Panoramica, località Cala Moresca Sud-Ovest : 6 km ☎ 0564 824158, ← mare e Isola del Giglio, – P. AE VISA
chiuso febbraio e martedì – **Pasto** specialità di mare 40000 bc e carta 60/90000.

La Fontanina di San Pietro, Sud : 3 km ✆ 0564 825261, *Fax 0564 817620*, ≤, « Servizio estivo sotto un pergolato » – P. AE S O MC VISA. ✻
chiuso gennaio e mercoledì – **Pasto** carta 50/85000 (12 %).

Il Veliero, via Panoramica 149/151 ✆ 0564 812226, ☂ – AE S O MC VISA
chiuso lunedì, da novembre a febbraio aperto venerdì-sabato-domenica – **Pasto** special. di mare carta 55/70000 (10 %).

a Santa Liberata *Est : 4 km – ✉ 58010 :*

Villa Domizia, ✆ 0564 812735, *Fax 0564 812735*, ≤ mare e costa, ▲, ☂ – ▤ TV ☎
AE S O MC VISA. ✻
aprile-15 ottobre – **Pasto** *(chiuso martedì escluso dal 15 giugno al 15 settembre)* carta 45/65000 – **24 cam** ☐ 250000 – ½ P 145/175000.

a Cala Piccola *Sud-Ovest : 10 km – ✉ 58019 Porto Santo Stefano :*

Torre di Cala Piccola ⓢ senza rist, ✆ 0564 825111, *Fax 0564 825235*, ≤ mare, scogliere ed Isola del Giglio, ☂, « Nucleo di rustici villini nel verde di un promontorio panoramico », ⛱, ▲ – ▤ TV ☎ P – 🏛 50. AE S O MC VISA. ✻
aprile-ottobre – **50 cam** ☐ 395/530000, 14 appartamenti.

PORTOSCUSO *Cagliari* 988 ㉝, 433 J 7 – *Vedere Sardegna alla fine dell'elenco alfabetico.*

PORTO TORRES *Sassari* 988 ㉓ ㉝, 433 E 7 – *Vedere Sardegna alla fine dell'elenco alfabetico.*

Lesen Sie die Einleitung, sie ist der Schlüssel zu diesem Führer.

PORTO VALTRAVAGLIA *21010 Varese* 428 E 8 – *2 454 ab. alt. 199.*
Roma 661 – Stresa 80 – Bellinzona 49 – Como 60 – Lugano 31 – Milano 77 – Novara 77 – Varese 36.

Del Sole, piazza Imbarcadero 18 ✆ 0332 549000, *Fax 0332 547630*, ≤, ☂ – |‡| TV ☎ ♿
AE S O MC VISA
marzo-ottobre – **Pasto** carta 55/80000 – **20 cam** ☐ 140/210000.

PORTOVENERE *19025 La Spezia* 988 ⑬ ⑭, 428, 429, 430 J 11 *G. Italia – 4 348 ab..*
Vedere *Località*★★.
Roma 430 – La Spezia 15 – Genova 114 – Massa 47 – Milano 232 – Parma 127.

Royal Sporting, via dell'Olivo 345 ✆ 0187 790326, *Fax 0187 777707*, ≤, « ⛱ su terrazza panoramica », ⛱, 🎾 – |‡|, ⇔ cam, ▤ TV ☎ ♿ 🚗 – 🏛 70. AE S O MC VISA. ✻ rist
26 dicembre-gennaio e Pasqua-20 ottobre – **Pasto** carta 70/115000 – **61 cam** ☐ 240/320000 – ½ P 180/230000.

Grand Hotel Portovenere, via Garibaldi 5 ✆ 0187 792610, *Fax 0187 790661*, ≤, « Servizio estivo in terrazza panoramica » – |‡| ▤ TV ☎ ♿ 🚗 – 🏛 250. AE S O MC VISA JCB.
✻
Pasto al Rist. ***Al Convento*** *(marzo-ottobre)* carta 55/75000 – **54 cam** ☐ 260/380000, appartamento – ½ P 275000.

Paradiso, via Garibaldi 34/40 ✆ 0187 790612, *Fax 0187 792582*, ≤, ☂ – |‡| TV ☎ ♿. AE S
O MC VISA JCB. ✻ rist
Pasto *(chiuso mercoledì)* carta 60/85000 – **22 cam** ☐ 160/220000 – ½ P 150000.

Taverna del Corsaro, Calata Doria 102 ✆ 0187 790622, *Fax 0187 790622*, ≤, ☂ – AE S
O MC VISA JCB
chiuso dal 3 novembre al 4 gennaio e lunedì – **Pasto** specialità di mare 65000 (10 %) e carta 75/115000 (10 %).

Trattoria La Marina-da Antonio, piazza Marina 6 ✆ 0187 790686, *Fax 0187 790686*, ☂ – AE S O MC VISA
chiuso marzo e giovedì – **Pasto** specialità di mare carta 50/70000.

a Le Grazie *Nord : 3 km – ✉ 19022 Le Grazie Varignano :*

Della Baia, via Lungomare Est 111 ✆ 0187 790797, *Fax 0187 790034*, ≤, ☂, ⛱ – ▤ TV
☎ ✆. AE S O MC VISA JCB
Pasto carta 65/85000 – **32 cam** ☐ 170/200000 – ½ P 170000.

Le Grazie, via Roma 43 ✆ 0187 790017, *Fax 0187 7925300187 792530* – |‡| TV ☎ ♿ P. AE
S O MC VISA. ✻ rist
aprile-ottobre – **Pasto** carta 50/70000 – **36 cam** ☐ 120/160000 – ½ P 125000.

POSADA *Nuoro* 433 F 11 – *Vedere Sardegna alla fine dell'elenco alfabetico.*

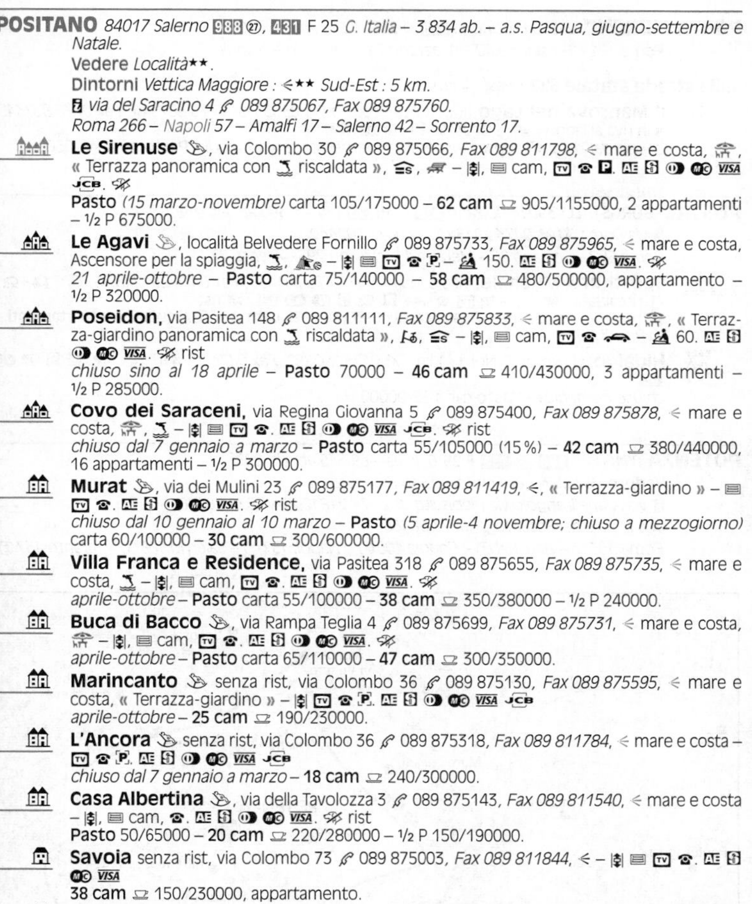

POSITANO *84017 Salerno* 988 ㉗, 431 F 25 *G. Italia – 3 834 ab. – a.s. Pasqua, giugno-settembre e Natale.*

Vedere *Località*★★.

Dintorni *Vettica Maggiore : ≤★★ Sud-Est : 5 km.*

🅸 *via del Saracino 4 ℘ 089 875067, Fax 089 875760.*

Roma 266 – Napoli 57 – Amalfi 17 – Salerno 42 – Sorrento 17.

Le Sirenuse 🔇, via Colombo 30 ℘ 089 875066, *Fax 089 811798*, ≤ mare e costa, 🍽, « Terrazza panoramica con 🏊 riscaldata », 🛁, 🏋 – 🛗, ▤ cam, 📺 ☎ 🅿. AE 🅂 ⓓ ⓜⓒ VISA JCB. 🐕
Pasto *(15 marzo-novembre)* carta 105/175000 – **62 cam** ☕ 905/1155000, 2 appartamenti – ½ P 675000.

Le Agavi 🔇, località Belvedere Fornillo ℘ 089 875733, *Fax 089 875965*, ≤ mare e costa, Ascensore per la spiaggia, 🏊, 🏖 – 🛗 ▤ 📺 ☎ 🅿 – 🏛 150. AE 🅂 ⓓ ⓜⓒ VISA. 🐕
21 aprile-ottobre – **Pasto** carta 75/140000 – **58 cam** ☕ 480/500000, appartamento – ½ P 320000.

Poseidon, via Pasitea 148 ℘ 089 811111, *Fax 089 875833*, ≤ mare e costa, 🍽, « Terrazza-giardino panoramica con 🏊 riscaldata », 🏋, 🛁 – 🛗, ▤ cam, 📺 ☎ 🚗 – 🏛 60. AE 🅂 ⓓ ⓜⓒ VISA. 🐕 rist
chiuso sino al 18 aprile – **Pasto** 70000 – **46 cam** ☕ 410/430000, 3 appartamenti – ½ P 285000.

Covo dei Saraceni, via Regina Giovanna 5 ℘ 089 875400, *Fax 089 875878*, ≤ mare e costa, 🍽, 🏊 – 🛗 ▤ 📺 ☎. AE 🅂 ⓓ ⓜⓒ VISA JCB. 🐕 rist
chiuso dal 7 gennaio a marzo – **Pasto** carta 55/105000 (15 %) – **42 cam** ☕ 380/440000, 16 appartamenti – ½ P 300000.

Murat 🔇, via dei Mulini 23 ℘ 089 875177, *Fax 089 811419*, ≤, « Terrazza-giardino » – ▤ 📺 ☎. AE 🅂 ⓓ ⓜⓒ VISA. 🐕 rist
chiuso dal 10 gennaio al 10 marzo – **Pasto** *(5 aprile-4 novembre; chiuso a mezzogiorno)* carta 60/100000 – **30 cam** ☕ 300/600000.

Villa Franca e Residence, via Pasitea 318 ℘ 089 875655, *Fax 089 875735*, ≤ mare e costa, 🏊 – 🛗, ▤ cam, 📺 ☎. AE 🅂 ⓓ ⓜⓒ VISA. 🐕
aprile-ottobre – **Pasto** carta 55/100000 – **38 cam** ☕ 350/380000 – ½ P 240000.

Buca di Bacco 🔇, via Rampa Teglia 4 ℘ 089 875699, *Fax 089 875731*, ≤ mare e costa, 🍽 – 🛗, ▤ cam, 📺 ☎. AE 🅂 ⓓ ⓜⓒ VISA. 🐕
aprile-ottobre – **Pasto** carta 65/110000 – **47 cam** ☕ 300/350000.

Marincanto 🔇 senza rist, via Colombo 36 ℘ 089 875130, *Fax 089 875595*, ≤ mare e costa, « Terrazza-giardino » – 🛗 📺 ☎ 🅿. AE 🅂 ⓓ ⓜⓒ VISA JCB
aprile-ottobre – **25 cam** ☕ 190/230000.

L'Ancora 🔇 senza rist, via Colombo 36 ℘ 089 875318, *Fax 089 811784*, ≤ mare e costa – 📺 ☎ 🅿. AE 🅂 ⓓ ⓜⓒ VISA JCB
chiuso dal 7 gennaio a marzo – **18 cam** ☕ 240/300000.

Casa Albertina 🔇, via della Tavolozza 3 ℘ 089 875143, *Fax 089 811540*, ≤ mare e costa – 🛗, ▤ cam, ☎. AE 🅂 ⓓ ⓜⓒ VISA. 🐕 rist
Pasto 50/65000 – **20 cam** ☕ 220/280000 – ½ P 150/190000.

Savoia senza rist, via Colombo 73 ℘ 089 875003, *Fax 089 811844*, ≤ – 🛗 ▤ 📺 ☎. AE 🅂 ⓜⓒ VISA
38 cam ☕ 150/230000, appartamento.

Montemare, via Pasitea ℘ 089 875010, *Fax 089 811251* – 📺 ☎ 🅿. AE 🅂 ⓓ ⓜⓒ VISA JCB
Pasto vedere rist ***Il Capitano*** – **18 cam** ☕ 200/230000 – ½ P 170/180000.

Chez Black, via del Brigantino 19/21 ℘ 089 875036, *Fax 089 875789*, ≤, 🍽, Rist. e pizzeria AE 🅂 ⓓ ⓜⓒ VISA. 🐕
chiuso dal 7 gennaio al 7 febbraio – **Pasto** carta 50/85000 (15 %).

Il Capitano, via Pasitea 119 ℘ 089 811351, ≤ mare e costa, « Servizio estivo in terrazza panoramica » – 🚭 🅿. AE 🅂 ⓓ ⓜⓒ VISA
chiuso da novembre al 26 dicembre – **Pasto** carta 80/120000.

La Cambusa, piazza Vespucci ℘ 089 875432, *Fax 089 875432*, ≤, 🍽 – AE 🅂 ⓓ ⓜⓒ VISA
chiuso dal 7 al 30 gennaio – **Pasto** carta 45/130000.

sulla costiera Amalfitana *Est : 2 km :*

San Pietro 🔇, via Laurito 2 ℘ 089 875455, *Fax 089 811449*, ≤ mare e costa, Ascensore per la spiaggia, 🍽, « Terrazze fiorite », 🏊, 🏖, 🎾 – 🛗, ▤ cam, 📺 ☎ 🅿. AE 🅂 ⓓ ⓜⓒ VISA. 🐕 rist
26 marzo-1º novembre – **Pasto** carta 95/140000 – **60 cam** ☕ 640/760000, 2 appartamenti.

a Montepertuso *Nord : 4 km – alt. 355 – ✉ 84017 Positano :*

Donna Rosa, via Montepertuso 97/99 ℘ 089 811806, *Fax 089 811806*, ≤, 🍽, prenotare 🅿. AE 🅂 ⓓ ⓜⓒ VISA
chiuso dal 22 novembre al 22 dicembre, martedì da ottobre a marzo, lunedì e martedì a mezzogiorno negli altri mesi – **Pasto** carta 45/100000.

POSTA FIBRENO *03030 Frosinone* 430 Q 23 – *1 318 ab. alt. 430.*

Roma 121 – Frosinone 40 – Avezzano 51 – Latina 91 – Napoli 130.

sulla strada statale 627 *Ovest : 4 km :*

XXX **Il Mantova del Lago,** località La Pesca 9 ✉ 03030 ☎ 0776 887344, *Fax 0776 88734…* « In riva al lago », – **P**. AE ⓢ ⓞ ⓜⓒ VISA.
chiuso dall'11 al 17 agosto, novembre, domenica sera e lunedì – **Pasto** carta 45/85000.

POSTAL (BURGSTALL) *39014 Bolzano* 429 C 15, 218 ⑳ – *1 360 ab. alt. 268.*

ℹ *via Roma 50 ☎ 0473 291343 Fax 0473 292440.*

Roma 658 – Bolzano 26 – Merano 11 – Milano 295 – Trento 77.

Sporthotel Muchele, vicolo Maier 1 ☎ 0473 291135, *Fax 0473 291248*, ≤, , , riscaldata, , – | ☎ **P**. AE ⓢ ⓞ ⓜⓒ VISA. rist
20 marzo-6 novembre – **Pasto** carta 40/90000 – **26 cam** 105/210000, 4 appartamenti ½ P 170000.

XX **Hidalgo,** via Roma 7 (Nord : 1 km) ☎ 0473 292292, *Fax 0473 290410*, – **P**. AE ⓢ ⓞ ⓜ… VISA
chiuso domenica – **Pasto** carta 55/90000.

POTENZA *85100* **P** 988 ㉘, 431 F 29 *G. Italia – 69 515 ab. alt. 823.*

Vedere *Portale★ della chiesa di San Francesco* Y.

ℹ *via Alianelli angolo via Plebiscito ☎ 0971 21812, Fax 0971 36196.*

A.C.I. *viale del Basento ☎ 0971 56466.*

Roma 363 ③ – Bari 151 ② – Foggia 109 ① – Napoli 157 ③ – Salerno 106 ③ – Taranto 157 ②

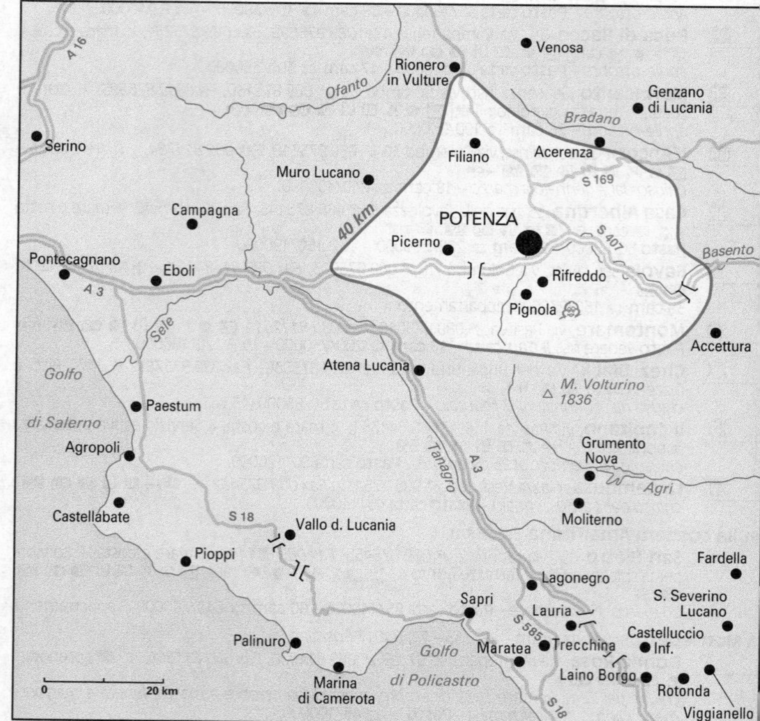

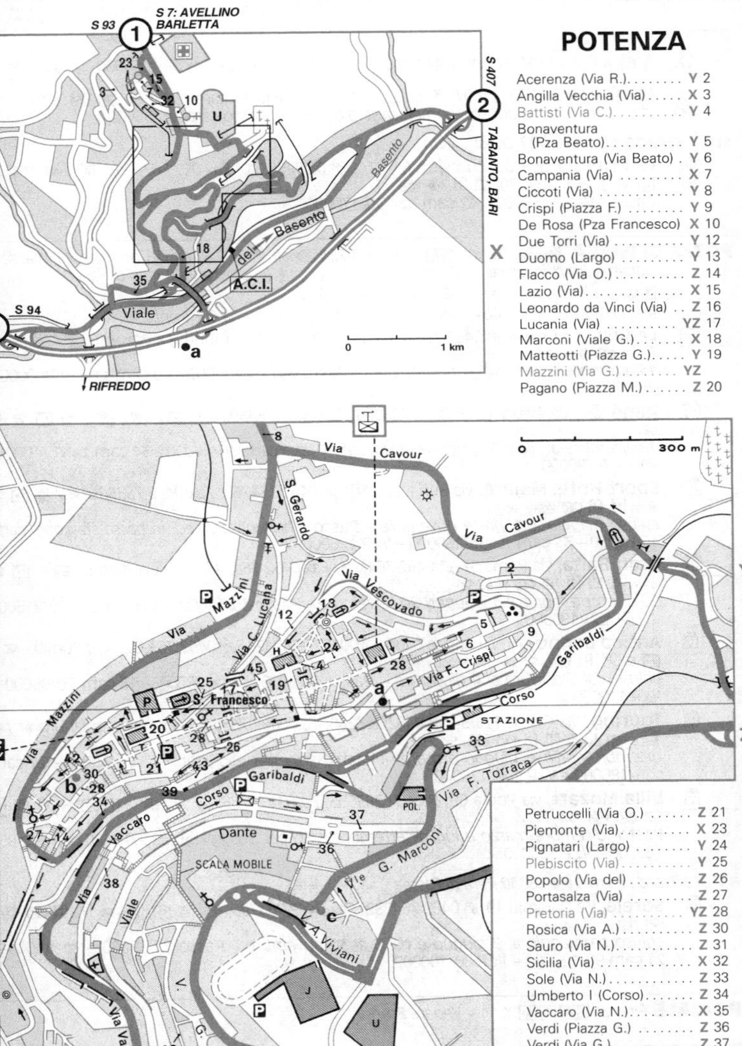

POTENZA

Acerenza (Via R.) . . . . Y 2
Angilla Vecchia (Via) . . . . . X 3
Battisti (Via C.) . . . . Y 4
Bonaventura
(Pza Beato) . . . . Y 5
Bonaventura (Via Beato) . Y 6
Campania (Via) . . . . X 7
Ciccoti (Via) . . . . Y 8
Crispi (Piazza F.) . . . . Y 9
De Rosa (Pza Francesco) X 10
Due Torri (Via) . . . . Y 12
Duomo (Largo) . . . . Y 13
Flacco (Via O.) . . . . Z 14
Lazio (Via) . . . . X 15
Leonardo da Vinci (Via) . . Z 16
Lucania (Via) . . . . YZ 17
Marconi (Viale G.) . . . . . . X 18
Matteotti (Piazza G.) . . . . . Y 19
Mazzini (Via G.) . . . . YZ
Pagano (Piazza M.) . . . . . . Z 20

Petruccelli (Via O.) . . . . . . Z 21
Piemonte (Via) . . . . X 23
Pignatari (Largo) . . . . Y 24
Plebiscito (Via) . . . . Y 25
Popolo (Via del) . . . . Z 26
Portasalza (Via) . . . . Z 27
Pretoria (Via) . . . . YZ 28
Rosica (Via A.) . . . . Z 30
Sauro (Via N.) . . . . Z 31
Sicilia (Via) . . . . X 32
Sole (Via N.) . . . . Z 33
Umberto I (Corso) . . . . Z 34
Vaccaro (Via N.) . . . . X 35
Verdi (Piazza G.) . . . . Z 36
Verdi (Via G.) . . . . Z 37
Vespucci (Via A.) . . . . Z 38
Vitt. Emanuele II (Pza) . . . Z 39
4 Novembre (Via) . . . . Z 42
18 Agosto 1860 (Corso) . Z 43
20 Settembre (Via) . . . . . . Y 45

Grande Albergo, corso 18 Agosto 46 ✆ 0971 410220, *Fax 0971 410220*, ⋖ – |♦|, ▤ rist, TV ☎ – 🏛 150. AE ⑤ ⓞ ⓜ VISA. ✂ Y a
Pasto *(chiuso a mezzogiorno in agosto)* carta 45/65000 – **65 cam** ☕ 130/170000 – ½ P 110000.

Vittoria, via della Tecnica ✆ 0971 56632, *Fax 0971 56802* – |♦|, ▤ rist, TV ☎ ♿ P. AE ⑤ ⓞ ⓜ VISA JCB. ✂ X a
Pasto *(chiuso domenica)* carta 30/50000 – **22 cam** ☕ 75/120000 – ½ P 80/95000.

XX Antica Osteria Marconi, viale Marconi 235 ☎ 0971 56900, *Fax 0971 56900*, 🏠 P. Z

X **Mimì**, via Rosica 22 ☎ 0971 37592, Coperti limitati; prenotare. AE ⓢ ⓞ ⓜ VISA. ✂
chiuso dal 10 al 25 agosto, domenica sera e lunedì – **Pasto** carta 35/55000. Z

sulla strada statale 407 *Ovest : 4 km :*

La Primula ⭘, loc. Bucaletto 61-62/a ☎ 0971 58310, *Fax 0971 470902*, 🏠, ⛱ – |⇅| TV ☎ ♿ 🚗 – 🏃 70. AE ⓢ ⓞ VISA. ✂
Pasto carta 25/55000 – **42 cam** ☐ 130/170000.

POZZA DI FASSA *38036 Trento* 429 C 17 – *1 754 ab. alt. 1 315 – a.s. 28 gennaio-11 marzo Natale – Sport invernali : 1 320/2 153 m* 🚡 1 ⛷ 6, ⛷ *(vedere anche Vigo di Fassa).*
ℹ *piazza Municipio 1* ☎ *0462 764117, Fax 0462 763717.*
Roma 677 – Bolzano 40 – Canazei 10 – Milano 335 – Moena 6 – Trento 95.

Ladinia, via Chieva ☎ 0462 764201, *Fax 0462 764896*, ≤ monti, ⚖, ≘s, ☐, ✂ – |⇅| TV ☎ P. ⓢ ⓜ VISA. ✂
15 dicembre-aprile e 20 giugno-ottobre – **Pasto** carta 40/55000 – **40 cam** ☐ 110/200000 ½ P 140000.

René ⭘, via Avisio 17 ☎ 0462 764258, *Fax 0462 763594*, ≤, ≘s, ⛱, ✂ – |⇅| TV ☎ P ✂
18 dicembre-aprile e 20 giugno-settembre – **Pasto** carta 30/40000 – **34 cam** ☐ 75/10000 – ½ P 70/90000.

Sport Hotel Majarè, via Buffaure 21/B ☎ 0462 764760, *Fax 0462 763565*, ≤ – |⇅| TV ☎ 🚗 P. ⓢ ⓜ VISA. ✂
chiuso maggio, ottobre e novembre – **Pasto** *(chiuso mercoledì in bassa stagione)* cart 45/65000 – **33 cam** ☐ 85/160000 – ½ P 120000.

Gran Baita, via Roma 57 ☎ 0462 764163, *Fax 0462 764745*, ≤, « Giardino », ≘s – TV ☎ 🚗 P. AE ⓢ ⓞ ⓜ VISA. ✂
20 dicembre-aprile e 15 giugno-20 settembre – **Pasto** 35/50000 – **30 cam** ☐ 120/21500 – ½ P 130/180000.

Antico Bagno ⭘, via Antico Bagno ☎ 0462 763232, *Fax 0462 763232*, ≤ Dolomiti, ⛱ – TV ☎ P. ⓢ VISA. ✂
chiuso dal 5 ottobre al 4 dicembre – **Pasto** 40/60000 – ☐ 16000 – **18 cam** 70/95000 – ½ P 110000.

Touring, via Col da Prà 34 ☎ 0462 763268, *Fax 0462 763268*, « Terrazza solarium », ⚖ ≘s – |⇅| ♿ P. AE ⓢ ⓜ VISA. ✂ rist
dicembre-aprile e giugno-ottobre – **Pasto** (solo per alloggiati) – ☐ 15000 – **27 cam** 110/180000 – ½ P 100/125000.

Villa Mozart, via Roma 65 ☎ 0462 763555, *Fax 0462 763555*, ≤, ≘s – |⇅| TV ☎ P. AE ⓢ ⓞ ⓜ VISA. ✂
Pasto *(dicembre-marzo e luglio-settembre; solo per alloggiati9)* 30000 – **20 cam** ☐ 95/180000 – ½ P 130000.

a Pera *Nord : 1 km –* ✉ *38030 Pera di Fassa :*

Soreje, via Dolomiti 19 ☎ 0462 764882, *Fax 0462 763790*, ≤ – |⇅| TV ☎ 🚗 P. ⓢ ⓜ VISA ✂ rist
chiuso da maggio al 9 giugno e dal 5 al 30 novembre – **Pasto** 25/35000 – ☐ 15000 – **21 cam** 90/120000 – ½ P 80/100000.

POZZALE *Firenze* 429, 430 K 14 – *Vedere Empoli.*

POZZILLI *86077 Isernia* 430 R 24, 431 C 24 – *2 187 ab. alt. 235.*
Roma 153 – Campobasso 68 – Avezzano 154 – Benevento 90 – Isernia 36 – Napoli 91.

sulla strada statale 85 *Sud-Est : 4 km :*

Dora, ✉ 86077 ☎ 0865 908006, *Fax 0865 927215* – |⇅| ▤ TV ☎ P – 🏃 250. AE ⓢ ⓞ ⓜ VISA. ✂
Pasto 30/70000 – **50 cam** ☐ 100/140000, 2 appartamenti.

Ne confondez pas :

Confort des hôtels	: 🏨🏨🏨 ... 🏠, ⛱
Confort des restaurants	: XXXXX ... X
Qualité de la table	: ✿✿✿, ✿✿, ✿, 🙂

POZZOLO *46040 Mantova* 428, 429 G 14 – *alt. 49.*

Roma 488 – Verona 34 – Brescia 149 – Mantova 20.

XX **Ancilla,** via Ponte 3 ✆ 0376 460007 – P. AE S O MC VISA. ✄

chiuso novembre, lunedì sera e martedì – Pasto carta 45/65000.

POZZUOLI *80078 Napoli* 988 (27), 431 E 24 *G. Italia – 81 863 ab. – Stazione termale, a.s. maggio-15 ottobre.*

Vedere *Anfiteatro★★ – Tempio di Serapide★ – Tempio di Augusto★ – Solfatara★★ Nord-Est : 2 km.*

Dintorni *Rovine di Cuma★ : Acropoli★★, Arco Felice★ Nord-Ovest : 6 km – Lago d'Averno★ Nord-Ovest : 7 km.*

Escursioni *Campi Flegrei★★ Sud-Ovest per la strada costiera – Isola d'Ischia★★★ e Isola di Procida★.*

per Procida (30 mn) ed Ischia (1 h), giornalieri – Caremar-agenzia Ser.Mar. e Travel, banchina Emporio ✆ 081 5262711, Fax 081 5261335 e Alilauro, al porto ✆ 081 5267736, Fax 081 526841; Ischia (1 h), giornalieri – Linee Lauro, al porto ✆ 081 5267736, Fax 081 5268411.

per Procida giornaliero (15 mn) – Caremar-agenzia Ser.Mar. e Travel, banchina Emporio ✆ 081 5262711, Fax 081 5261335.

piazza Matteotti 1/A ✆ 081 5266639.

Roma 235 – Napoli 16 – Caserta 48 – Formia 74.

Tiro a Volo senza rist, via San Gennaro 69/A (Est : 3 km) ✆ 081 5704540, *Fax 081 5705407* – TV ☎. AE S O MC VISA. ✄

26 cam 90/110000.

XX **La Cucina,** largo San Paolo 17/20 (al porto) ✆ 081 5269060, – S MC VISA

chiuso martedì escluso dal 19 marzo al 19 settembre – **Pasto** specialità di mare carta 50/70000 (10 %).

X **La Cucina degli Amici,** corso Umberto I 47 ✆ 081 5269393, Coperti limitati; prenotare – . AE S O MC VISA JCB

Pasto carta 35/60000.

al lago Lucrino *Ovest : 5 km G. Verde.*

XX La Ninfea, via Italia 1 ✉ 80072 Arco Felice ✆ 081 8661326, *Fax 081 8665308,* « Servizio estivo in terrazza sul lago » – P.

PRADIPOZZO *30020 Venezia* 429 E 20 –.

Roma 587 – Udine 56 – Venezia 63 – Milano 328 – Pordenone 33 – Treviso 49 – Trieste 98.

X **Tavernetta del Tocai,** via Fornace 93 ✆ 0421 204280, *Fax 0421 204264* – P. AE S O MC VISA

chiuso lunedì – **Pasto** specialità alla griglia carta 30/50000.

PRAGS = *Braies.*

PRAIA A MARE *87028 Cosenza* 988 (38), 431 H 29 – *6 685 ab..*

Escursioni *Golfo di Policastro★★ Nord per la strada costiera.*

Roma 417 – Cosenza 100 – Napoli 211 – Potenza 139 – Salerno 160 – Taranto 230.

Germania, via Roma 44 ✆ 0985 72016, *Fax 0985 72755,* ←, – ☎ P. AE S O VISA. ✄

aprile-settembre – **Pasto** carta 35/50000 – 15000 – **60 cam** 75/125000 – P 130000.

Garden, via Roma 8 ✆ 0985 72829, *Fax 0985 74171,* – TV ☎ P. S O MC VISA

aprile-ottobre – **Pasto** carta 30/50000 (12 %) – **38 cam** 80/120000 – 1/2 P 100000.

X **Taverna Antica,** via C. Colombo 58 ✆ 0985 72182, *Fax 0985 72182,* prenotare la sera – S MC VISA

Pasto carta 35/50000.

sulla Strada statale 18 *Sud-Est : 3 km :*

Blu Eden, località Foresta ✉ 87028 ✆ 0985 779174, *Fax 0985 779174,* ← mare e costa, – TV ☎ P. MC VISA. ✄

Pasto (solo per alloggiati) 25/45000 – 7000 – **16 cam** 130/150000 – 1/2 P 125000.

PRAIANO *84010 Salerno* 431 F 25 – *1 952 ab. – a.s. Pasqua, giugno-settembre e Natale.*

Roma 274 – Napoli 64 – Amalfi 9 – Salerno 34 – Sorrento 25.

Tramonto d'Oro, via Gennaro Capriglione 119 ✆ 089 874955, *Fax 089 874670,* ← mare e costa, « Terrazza-solarium con » – TV ☎ P. AE S O MC VISA JCB. ✄ rist

Pasto *(aprile-ottobre)* carta 50/70000 – **40 cam** 190/250000 – 1/2 P 130/165000.

🏨 **Onda Verde** 🌅, via Terra Mare 3 ℘ 089 874143, *Fax 089 8131049*, < mare e costa – [lift] 🚭 cam, ❄ cam, [TV] ☎ [P]. [AE] [S] ⓓ [MC] VISA. 🐕
27 dicembre-7 gennaio e 20 marzo-4 ottobre – **Pasto** (solo per alloggiati) 40/50000 ☕ 15000 – **20 cam** 130/150000, ❄ 25000 – ½ P 130/140000.

🏨 **Le Fioriere** senza rist, via Nazionale 138 ℘ 089 874203, *Fax 089 874343*, < – [lift] ❄ ☎ [P] [AE] [S] ⓓ [MC] VISA JCB. 🐕
14 cam ☕ 120/140000.

🏨 **Margherita** 🌅, via Umberto I 70 ℘ 089 874227, *Fax 089 874628*, < mare e costa – [lift] ☎ 🚗 [P]. [AE] [S] ⓓ [MC] VISA JCB. 🐕
Pasto (solo per alloggiati) – ☕ 15000 – **28 cam** 130000 – ½ P 110/120000.

🍴 **La Brace,** via Capriglione 146 ℘ 089 874226, <, ⛱ – [P]. [AE] [S] ⓓ [MC] VISA. 🐕
chiuso mercoledì escluso dal 15 marzo al 15 ottobre – **Pasto** carta 50/65000 (10%).

sulla strada statale 163 *Ovest : 2 km :*

🏨 **Tritone** 🌅, via Campo 5 ✉ 84010 ℘ 089 874333, *Fax 089 813024*, < mare e costa, ⛱ « Sulla scogliera dominante il mare, ascensore per la spiaggia », 🏊 riscaldata, 🏖 – [lift] ❄ [TV] ☎ [P] – 🏛 150. [AE] [S] ⓓ [MC] VISA. 🐕 rist
aprile-20 ottobre – **Pasto** carta 65/100000 – **51 cam** ☕ 320/400000, 8 appartamenti – ½ P 300000.

PRALBOINO *25020 Brescia* [428], [429] I 8 – *2 601 ab. alt. 47.*

Roma 550 – Brescia 44 – Cremona 24 – Mantova 61 – Milano 127.

🍴🍴🍴 ✿ **Leon d'Oro,** via Gambara 6 ℘ 030 954156, *Fax 030 9547291*, prenotare la sera, « In un edificio seicentesco » – [S] ⓓ [MC] VISA. 🐕
chiuso dal 1° al 10 gennaio, agosto, domenica sera e lunedì – **Pasto** 50000 (solo a mezzogiorno) e carta 80/100000
Spec. Insalata di foie gras all'aceto balsamico. Frittata di lumache alle erbe fini (autunno inverno). Savarin di riso con guazzetto di rane (autunno-inverno).

PRALORMO *10040 Torino* [428] H 5 – *1 739 ab. alt. 303.*

Roma 654 – Torino 37 – Asti 40 – Cuneo 82 – Milano 165 – Savona 129.

🏨 **Lo Scoiattolo,** frazione Scarrone 15 bis - strada statale 29 (Nord : 1 km) ℘ 011 9481148 *Fax 011 9481481*, 🌳 – [TV] ☎ 📞 ♿ [P]. [AE] [S] ⓓ [MC] VISA JCB
Pasto *(chiuso a mezzogiorno e domenica sera)* 25/50000 – ☕ 12000 – **52 cam** 90/120000 – ½ P 80/95000.

PRAMAGGIORE *30020 Venezia* [429] E 20 – *3 785 ab. alt. 11.*

Roma 571 – Udine 64 – Venezia 65 – Pordenone 34 – Treviso 47 – Trieste 91.

a Blessaglia *Sud-Ovest : 1,5 km – ✉ 30020 Pramaggiore :*

🍴 **Al Cacciatore,** piazza Marconi 1 ℘ 0421 799855 – ❄. [AE] [S] ⓓ [MC] VISA. 🐕
chiuso dal 1° al 20 agosto e lunedì – **Pasto** specialità di mare carta 40/70000.

PRASCORSANO *10080 Torino* [428] F 4, [219] ⑬ – *752 ab. alt. 581.*

Roma 702 – Torino 43 – Aosta 104 – Ivrea 27.

🍴🍴 ⚭ **Società Prascorsano,** via Villa 23 ℘ 0124 698135, ⛱, Rist.tipico, prenotare – [P]. [AE] [S] ⓓ [MC] VISA JCB
chiuso dal 1° al 15 novembre e martedì – **Pasto** 25/60000 e carta 45/70000.

PRATA *Grosseto* [430] M 14 – *Vedere Massa Marittima.*

PRATI DI TIVO *Teramo* [988] ㉖, [430] O 22 – *Vedere Pietracamela.*

PRATO *59100* [P] [988] ⑭, [429], [430] K 15 *G. Toscana* – *171 135 ab. alt. 63.*

Vedere *Duomo★ : affreschi★★ dell'abside (Banchetto di Erode★★★) – Palazzo Pretorio★ – Affreschi★ nella chiesa di San Francesco* **D** – *Pannelli★ al museo dell'Opera del Duomo* **M** – *Castello dell'Imperatore★* **A.**

⛳18 *Le Pavoniere (chiuso agosto e lunedì escluso da aprile ad ottobre) località Tavola ✉ 59014, ℘ 0574 620855, Fax 0574 624558.*

[i] *via Cairoli 48 ℘ 0574 24112, Fax 0574 24112.*

[A.C.I.] *via dei Fossi 14c ℘ 0574 625435.*

Roma 293 ④ – Firenze 17 ④ – Bologna 99 ② – Milano 293 ② – Pisa 81 ④ – Pistoia 18 ④ – Siena 84 ④.

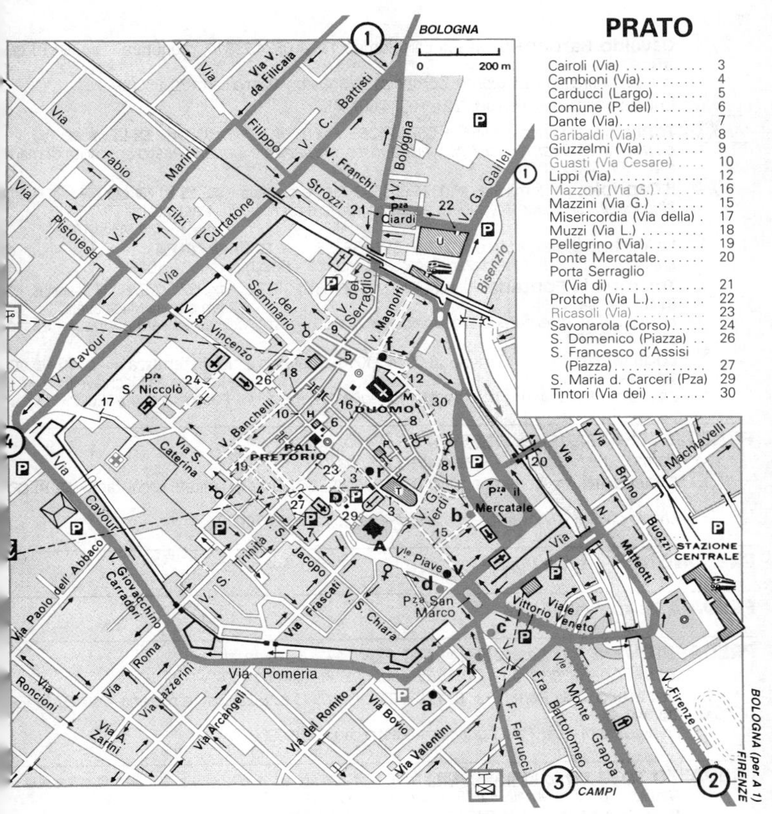

Art Hotel Museo M, viale della Repubblica 289 ✆ 0574 5787, *Fax 0574 578880*, ⚲, ⚲, ⚲ – |‡| ▤ TV ☎ ♿ ⚲ – ⚲ 180. AE ⚲ ⚲ MC VISA. ⚲ rist
Pasto *(chiuso dal 4 al 25 agosto e domenica)* carta 65/90000 – **108 cam** ⚲ 200/250000, 2 appartamenti. per viale Monte Grappa

President, via Simintendi 20 (ang. via Baldinucci) ✆ 0574 30251, *Fax 0574 36064* – |‡| ▤ TV ☎ ⚲ – ⚲ 60. AE ⚲ ⚲ MC VISA JCB. ⚲ rist a
Pasto (solo per alloggiati e *chiuso a mezzogiorno e domenica*) carta 35/45000 – **78 cam** ⚲ 190/260000 – ½ P 180000.

Giardino senza rist, via Magnolfi 4 ✆ 0574 606588, *Fax 0574 606591* – |‡| ▤ TV ☎. AE ⚲ ⚲ MC VISA f
28 cam ⚲ 150/210000.

Flora, via Cairoli 31 ✆ 0574 33521, *Fax 0574 40289* – |‡| ▤ TV ☎ – ⚲ 50. AE ⚲ ⚲ MC VISA r
Pasto *(chiuso dal 23 dicembre al 6 gennaio ed agosto)* solo piatti vegetariani carta 30/45000 – **31 cam** ⚲ 140/190000 – ½ P 120/160000.

San Marco senza rist, piazza San Marco 48 ✆ 0574 21321, *Fax 0574 22378* – |‡| ▤ TV ☎ P. AE ⚲ ⚲ MC VISA. ⚲ v
40 cam ⚲ 110/160000.

Il Pirana, via Valentini 110 ✆ 0574 25746, *Fax 0574 25746*, prenotare – ▤. AE ⚲ ⚲ MC VISA. ⚲ per via Valentini
chiuso domenica, sabato a mezzogiorno e domenica – **Pasto** specialità di mare 65000 (a mezzogiorno) 80000 (la sera) e carta 65/95000
Spec. Insalata di gamberi alla caprese. Linguine con calamaretti e salvia. Scorfano in tegame con verdure.

XXX **Osvaldo Baroncelli,** via Fra Bartolomeo 13 ✆ 0574 23810, prenotare – ▤. AE ⑤ MC VISA. ⛔ c
chiuso sabato a mezzogiorno, domenica ed agosto – **Pasto** carta 70/85000.

XX Enoteca Barni, via Ferrucci 22 ✆ 0574 607845 k

XX **Tonio,** piazza Mercatale 161 ✆ 0574 21266, *Fax 0574 21266,* ☂ – ▤. AE ⑤ ⓓ MC VISA
chiuso dal 23 dicembre al 7 gennaio, agosto, domenica e lunedì – **Pasto** specialità di mare carta 50/75000 (10 %). b

XX **Il Capriolo,** via Roma 306 ✆ 0574 633650, Rist. e pizzeria – ▤. AE ⑤ ⓓ MC VISA
chiuso dal 2 al 30 agosto, sabato a mezzogiorno e mercoledì – **Pasto** carta 50/75000.
per via Roma

X **La Veranda,** via dell'Arco 10/12 ✆ 0574 38235 – ▤. AE ⑤ ⓓ MC VISA d
chiuso agosto, sabato a mezzogiorno e domenica – **Pasto** carta 50/65000.

X **Trattoria la Fontana,** località Filettole ✆ 0574 27282, *Fax 0574 40876,* ☂ – ▤ P. AE ⑤ MC VISA. ⛔
2 km per via Machiavelli
chiuso dal 26 dicembre al 4 gennaio, dal 7 al 30 agosto, domenica sera e lunedì – **Pasto** carta 45/75000.

X **Logli Mario,** località Filettole ✆ 0574 23010, « Servizio estivo in terrazza » – AE ⑤ ⓓ MC VISA JCB. ⛔
2 km per via Machiavelli
chiuso dal 1° al 7 gennaio ed agosto, lunedì sera e martedì – **Pasto** carta 40/55000.

PRATOVECCHIO *52015 Arezzo* 430 K 17 – *3 084 ab. alt. 420.*
Roma 261 – Firenze 47 – Arezzo 46 – Ravenna 129.

XX **Gliaccaniti,** via Fiorentina 12 ✆ 0575 583345, ☂, Coperti limitati; prenotare – AE ⑤ MC VISA. ⛔
chiuso dal 3 al 20 novembre e martedì – **Pasto** carta 40/70000.

PREBONE *Lecco – Vedere Monticello.*

PREDAIA *Trento – Vedere Vervò.*

PREDAPPIO *47016 Forlì-Cesena* 988 ⑮, 429, 430 J 17 – *6 016 ab. alt. 133.*
Roma 347 – Ravenna 45 – Rimini 65 – Bologna 79 – Firenze 102 – Forlì 16.

X **Del Moro,** viale Roma 8 ✆ 0543 922257, *Fax 0543 921626,* Rist. e pizzeria – ▤. AE ⑤ ⓓ MC VISA. ⛔
chiuso lunedì e dal 7 al 21 gennaio – **Pasto** carta 35/80000.

PREDAZZO *38037 Trento* 988 ④ ⑤, 429 D 16 – *4 204 ab. alt. 1 018 – a.s. 25 gennaio-Pasqua e Natale – Sport invernali : 1 018/1 121 m* ⛷ *1* ⛷ *1,* ⛷*.*
ℹ *via Cesare Battisti 4 ✆ 0462 501237, Fax 0462 502093.*
Roma 662 – Bolzano 55 – Belluno 78 – Cortina d'Ampezzo 83 – Milano 320 – Trento 80.

Ancora, via IX Novembre 1 ✆ 0462 501651, *Fax 0462 502745,* ⌂ – |‡| TV ☎ 🚗 – 🏛 100. AE ⑤ ⓓ MC VISA. ⛔
*chiuso maggio e novembre*Pasto carta 40/60000 – **40 cam** ☕ 150/260000 – ½ P 180000.

Sporthotel Sass Maor, via Marconi 4 ✆ 0462 501538, *Fax 0462 501538,* ⌂, 🌳 – |‡| TV ☎ ♿ 🚗 P. AE ⑤ ⓓ MC VISA JCB. ⛔
chiuso dal 15 al 30 novembre – **Pasto** carta 40/55000 – **27 cam** ☕ 120/240000 – ½ P 115000.

Montanara, via Indipendenza 110 ✆ 0462 501116, *Fax 0462 502658,* ←, ⛹, ⌂, 🌳 – |‡| TV ☎ P. AE ⑤ ⓓ MC VISA. ⛔
chiuso dal 13 aprile al 15 giugno – **Pasto** 20/25000 – **40 cam** ☕ 110/180000 – ½ P 105000.

PREGANZIOL *31022 Treviso* 429 F 18 – *14 248 ab. alt. 12.*
Roma 534 – Venezia 22 – Mestre 13 – Milano 273 – Padova 43 – Treviso 7.

Park Hotel Bolognese-Villa Pace, via Terraglio 175 (Nord : 3 km) ✆ 0422 490390 e rist. ✆ 0422 381706, *Fax 0422 383637,* « Parco ombreggiato » – |‡| ▤ TV ☎ ♿ P – 🏛 300. AE ⑤ ⓓ MC VISA. ⛔
Pasto al Rist. ***Bolognese*** *(chiuso dall'8 al 25 agosto)* carta 40/55000 – **77 cam** ☕ 190/280000 – ½ P 170000.

Magnolia, Nord : 1 km ✆ 0422 93375, *Fax 0422 93713,* 🌳 – ▤ cam, TV ☎ P. AE ⑤ ⓓ MC VISA
Pasto vedere rist ***Magnolia*** – ☕ 12000 – **30 cam** 80/120000.

XX **Magnolia,** Nord : 1 km ✆ 0422 633131, *Fax 0422 330176,* ☂, 🌳 – ▤ P. AE ⑤ ⓓ MC VISA
chiuso dal 5 al 20 agosto, domenica sera e lunedì – **Pasto** carta 45/65000.

a San Trovaso *Nord : 2 km – ✉ 31022 :*

Sole senza rist, via Silvio Pellico 1 ☎ 0422 383126, *Fax 0422 383126* – |♦| ▤ TV ☎ 🚗 P. AE Ⓢ ⓓ ⓜ VISA. ✈
18 cam ☕ 90/160000.

PREMENO *28818 Verbania 428 E 7, 219 ⑦ – 779 ab. alt. 817.*

Piandisole (aprile-novembre; chiuso mercoledì escluso dal 16 giugno al 15 settembre) ☎ 0323 587100, Fax 0323 587100.
Roma 681 – Stresa 30 – Locarno 49 – Milano 104 – Novara 81 – Torino 155 – Verbania 11.

Premeno 🌙, viale Bonomi 31 ☎ 0323 587021, *Fax 0323 587328*, ≤, « Giardino ombreggiato », 🏊 – |♦| TV ☎ P. AE Ⓢ ⓜ VISA. ✈
1º aprile-15 ottobre – **Pasto** 30/45000 – ☕ 15000 – **61 cam** 95/140000 – ½ P 105000.

PRÉ SAINT DIDIER *11010 Aosta 988 ①, 428 E 2, 219 ① – 980 ab. alt. 1 000 – a.s. febbraio-Pasqua, 12 luglio-agosto e Natale.*
Roma 779 – Aosta 30 – Courmayeur 5 – Milano 217 – Colle del Piccolo San Bernardo 23.

Pianta : vedere Courmayeur.

a Pallusieux *Nord : 2,5 km – alt. 1 100 – ✉ 11010 Pré Saint Didier :*

Beau Séjour 🌙, ☎ 0165 87801, *Fax 0165 87961*, ≤ Monte Bianco, 🌳, « Giardino ombreggiato » – TV ☎ 🚗 P. AE Ⓢ ⓜ VISA. ✈ rist BYZ b
dicembre-aprile e 15 giugno-settembre – **Pasto** 35/50000 – **33 cam** ☕ 70/130000 – ½ P 90/100000.

Le Marmotte 🌙, ☎ 0165 87820, *Fax 0165 87049*, ≤ Monte Bianco – |♦| TV ☎ P. ✈ cam
dicembre-aprile e 15 giugno-ottobre – **Pasto** (solo per alloggiati) 35/50000 – ☕ 12000 – **20 cam** 70/120000 – ½ P 85/100000. BZ c

PRESOLANA (Passo della) *Bergamo e Brescia 988 ③ ④, 429 E 12 – alt. 1 289 – a.s. 15 luglio-agosto e Natale – Sport invernali : 1 289/2 220 m ⛷3, ⛷.*
Roma 650 – Brescia 97 – Bergamo 49.

Del Passo, via Cantoniera 19 ✉ 24020 Colere ☎ 0346 32081, solo su prenotazione – P. ✈
chiuso ottobre e martedì (escluso dal 15 giugno al 15 settembre) – **Pasto** carta 35/55000.

PRESTINE *25040 Brescia – 410 ab. alt. 604.*
Roma 600 – Brescia 60 – Bergamo 63 – Milano 117 – Rovereto 114.

Oasi Verde, con cam, via dei Tornanti 4 ☎ 0364 300813, *Fax 0364 300034*, Rist. e pizzeria, 🌳 – |♦| TV P
30 cam.

PRETURO *L'Aquila 430 O 21 – Vedere L'Aquila.*

PRIMIERO *Trento – Vedere Fiera di Primiero.*

PRINCIPINA A MARE *Grosseto 430 N 15 – Vedere Grosseto (Marina di).*

PRIOCCA D'ALBA *12040 Cuneo 428 H 6 – 1 821 ab. alt. 253.*
Roma 631 – Torino 59 – Alessandria 56 – Asti 24 – Cuneo 76.

Il Centro, via Umberto I 5 ☎ 0173 616112, *Fax 0173 616112*, prenotare – ▤. AE Ⓢ VISA. ✈
chiuso martedì – **Pasto** carta 35/55000.

Locanda del Borgo, via Pirio 30 ☎ 0173 616868, prenotare – P. AE Ⓢ ⓓ ⓜ VISA
chiuso luglio, agosto, mercoledì e a mezzogiorno – **Pasto** specialità di mare carta 60/85000.

PRIVERNO *04015 Latina 988 ㉖, 430 R 21 – 13 782 ab. alt. 150.*
Roma 104 – Frosinone 28 – Latina 28 – Napoli 163.

sulla strada statale 156 *Nord-Ovest : 3,5 km*

Antica Osteria Fanti, località Ceriara ☎ 0773 924015, *Fax 0773 924015*, 🌳 – P. AE Ⓢ ⓓ ⓜ VISA JCB. ✈
chiuso dal 20 al 30 ottobre, 25-26 dicembre e giovedì – **Pasto** 50/80000 e carta 40/70000.

PROCCHIO *Livorno* [430] N 12 – *Vedere Elba (Isola d') : Marciana.*

PROCIDA (Isola di) *Napoli* [988] ㉗, [431] E 24 *G. Italia – 10 803 ab. – a.s. maggio-15 ottobre.*
– La limitazione d'accesso degli autoveicoli è regolata da norme legislative.
⛴ per Napoli giornalieri (1 h); per Pozzuoli ed Ischia (30 mn), giornalieri – Carema agenzia Lubrano, al porto ☎ 081 8967280, Fax 081 8967280; per Pozzuoli giornalie (30 mn) – Alilauro, al porto ☎ 081 5267736, Fax 081 5268411.
⛴ per Napoli giornalieri (35 mn), Pozzuoli ed Ischia giornaliero (15 mn) – Caremar-agenz Lubrano, al porto ☎ 081 8967280, Fax 081 8967280.
[i] *via Roma 92 ☎ 081 8969594*

Procida – ✉ *80079 :*

🍴 **Gorgonia,** località Marina Corricella ☎ 081 8101060, ☂, Coperti limitati; prenotare – [AE] [S] ◑ [MC] [VISA]
giugno-settembre; chiuso lunedì – **Pasto** specialità di mare carta 45/75000.

PROH *Novara* [219] ⑯ – *Vedere Briona.*

PRUNETTA *51020 Pistoia* [988] ⑭, [428], [429], [430] J 14 – *alt. 958 – a.s. luglio-agosto.*
Roma 327 – Firenze 51 – Pisa 82 – Lucca 48 – Milano 291 – Pistoia 17 – San Marcello Pistoies 14.

🏨 **Park Hotel Le Lari,** via statale Mammianese 403 ☎ 0573 672931, *Fax 0573 672931,* ☂ « Giardino » – [S] [MC] [VISA]. ✗
25 marzo-ottobre – **Pasto** 30/40000 – ☕ 6000 – **25 cam** 45/65000 – 1/2 P 60/65000.

*Un consiglio **Michelin:***
per la buona riuscita di un viaggio, preparatelo in anticipo.
*Le **carte** e le **guide Michelin** vi danno tutte le indicazioni*
utili su: itinerari, curiosità, sistemazioni, prezzi, ecc.

PULA *Cagliari* [988] ㉝, [433] J 9 – *Vedere Sardegna alla fine dell'elenco alfabetico.*

PULFERO *33046 Udine* [429] D 22 – *1 296 ab. alt. 221.*
Roma 662 – Udine 28 – Gorizia 42 – Tarvisio 66.

🍴🍴 **Al Vescovo** con cam, via Capoluogo 67 ☎ 0432 726375, *Fax 0432 726376,* « Terrazz ombreggiata in riva al fiume » – [TV] ☎ ♿. [AE] [S] ◑ [MC] [VISA]
chiuso febbraio – **Pasto** *(chiuso mercoledì)* carta 40/55000 – ☕ 7000 – **18 cam** 65/95000 – 1/2 P 60/65000.

PUNTA ALA *58040 Grosseto* [988] ㉔, [430] N 14 *G. Toscana – a.s. Pasqua e 15 giugno-15 settembre*
⛳18 ☎ 0564 922121, Fax 0564 920182.
Roma 225 – Grosseto 43 – Firenze 170 – Follonica 18 – Siena 102.

🏨 **Gallia Palace Hotel** 🌿, ☎ 0564 922022, *Fax 0564 920229,* ≤, ☂, « Giardino fiorito con 🏊 riscaldata », 🏖, 🎾 – |‡| ▤ [TV] ☎ ♿ [P]. [AE] [S] ◑ [MC] [VISA]. ✗
16 maggio-28 settembre – **Pasto** carta 80/115000 – **70 cam** ☕ 550/650000, 5 appartamenti – 1/2 P 410000.

🏨 **Hotel Alleluja** 🌿, ☎ 0564 922050, *Fax 0564 920734,* « Parco ombreggiato e servizio rist. estivo all'aperto », 🏊, 🏖, 🎾 – |‡| ▤ [TV] ☎ ♿ [P]. [AE] [S] ◑ [MC] [VISA]. ✗
Pasqua-ottobre – **Pasto** carta 60/110000 – **38 cam** ☕ 670/900000 – 1/2 P 440/490000.

🏨 **Cala del Porto** 🌿, via del Pozzo ☎ 0564 922455, *Fax 0564 920716,* ≤, ☂, « Terrazze fiorite », 🏊, 🏖, 🏋 – ▤ [TV] ☎ [P]. [AE] [S] ◑ [MC] [VISA]. ✗
maggio-settembre – **Pasto** carta 70/110000 – **37 cam** ☕ 590/800000, 5 appartamenti – 1/2 P 450000.

🍴🍴 **Lo Scalino,** località Il Porto ☎ 0564 922168, ≤, ☂, Coperti limitati; prenotare – [AE] [S] ◑ [MC] [VISA]. ✗
Pasqua-ottobre – **Pasto** specialità di mare carta 65/105000.

PUNTA DEL LAGO *Viterbo* [430] P 18 – *Vedere Ronciglione.*

PUNTALDIA *Nuoro – Vedere Sardegna (San Teodoro) alla fine dell'elenco alfabetico.*

PUOS D'ALPAGO *32015 Belluno* [429] D 19 – *2 280 ab. alt. 419.*
Roma 605 – Belluno 20 – Cortina d'Ampezzo 75 – Venezia 95.

🍴🍴 ✿ **Locanda San Lorenzo** con cam, via IV Novembre 79 ☎ 0437 454048, *Fax 0437 454049*, prenotare – [TV] ☎ [P]. [AE] [S] ⦿ [MC] VISA JCB
Pasto *(chiuso mercoledì escluso agosto)* 80/85000 bc e carta 50/85000 – **11 cam** ☕ 95/140000, 2 appartamenti – ½ P 95/110000
Spec. Savarin di riso ai funghi porcini (estate-autunno). Carré di cervo al vino rosso e semi di sesamo (autunno-inverno). Tortino caldo di cioccolato con cuore di lamponi (primavera-estate).

QUAGLIUZZO *10010 Torino* [428] F 5, [219] ⑭ – *315 ab. alt. 344.*
Roma 674 – Torino 44 – Aosta 72 – Ivrea 9 – Milano 120.

🍴🍴 **Michel,** piazza XX Settembre 9 ☎ 0125 76204, *Fax 0125 76204* – ▤. [AE] [S] [MC] VISA. ✂
chiuso sabato a mezzogiorno, lunedì e dal 17 al 27 agosto – **Pasto** specialità di mare 60000 e carta 55/70000.

QUARONA *13017 Vercelli* [428] E 6, [219] ⑥ – *4 220 ab. alt. 415.*
Roma 668 – Stresa 49 – Milano 94 – Torino 110.

🍴🍴 **Italia,** piazza della Libertà 27 ☎ 0163 430147 – [AE] [S] ⦿ [MC] VISA. ✂
chiuso lunedì e dal 1° al 21 agosto – **Pasto** carta 40/70000.

QUARRATA *51039 Pistoia* [428] K 14 – *21 804 ab. alt. 48.*
Roma 299 – Firenze – Milano 35314 – Pistoia 14 – Prato 28.

a Catena *Est : 4 km* – ✉ *51030 :*

🍴🍴 **La Bussola-da Gino** con cam, via Vecchia Fiorentina 328 ☎ 0573 743128, *Fax 0573 743128*, 🌳 – [TV] ☎ [P]. [AE] [S] ⦿ [MC] VISA
chiuso sabato a mezzogiorno e domenica – **Pasto** carta 45/65000 – ☕ 8000 – **10 cam** 95/120000 – ½ P 90/105000.

QUARTACCIO *Viterbo – Vedere Civita Castellana.*

QUARTIERE *Ferrara* [429] H 17 – *Vedere Portomaggiore.*

QUARTO CALDO *Latina – Vedere San Felice Circeo.*

QUARTO D'ALTINO *30020 Venezia* [988] ⑤, [429] F 19 – *7 040 ab..*
Roma 537 – Venezia 24 – Milano 276 – Treviso 17 – Trieste 134.

🏨 **Park Hotel Junior** 🐦, via Roma 93 ☎ 0422 823777, *Fax 0422 826840*, « Ampio parco ombreggiato » – ▤ [TV] ☎ ✆ ♿ 🚗 [P] [P]. [AE] [S] ⦿ [MC] VISA JCB. ✂
Pasto vedere rist ***Da Odino*** – **15 cam** ☕ 200/280000.

🏨 **Villa Odino** 🐦 senza rist, via Roma 146 ☎ 0422 823117, *Fax 0422 823235*, « Sulla riva del fiume Sile », 🌳 – ▤ [TV] ☎ ♿ [P] – 🎤 50. [AE] [S] ⦿ [MC] VISA. ✂
8 cam ☕ 180/260000, 3 appartamenti.

🏨 **Holiday Inn Express** [M] senza rist, via Pascoli 1 ☎ 0422 825000, *Fax 0422 780650*, 🚭 ▤ [TV] ☎ ♿ [P] – 🎤 30. [AE] [S] ⦿ [MC] VISA JCB
80 cam ☕ 180000.

🍴🍴 **Da Odino,** via Roma 87 ☎ 0422 825421, « Ampio parco ombreggiato » – ▤ [P]. [AE] [S] ⦿ [MC] VISA JCB
chiuso martedì sera e mercoledì – **Pasto** specialità di mare carta 45/80000.

🍴🍴 **Cà delle Anfore,** via Marconi 51 (Sud-Est : 3 km) ☎ 0422 824153, ☂, « Caseggiato di campagna con giardino e laghetto » – ▤ [P]. [S] [MC] VISA. ✂
chiuso gennaio, lunedì e martedì – **Pasto** carta 45/75000.

🍴🍴 **Cosmorì,** viale Kennedy 15 ☎ 0422 825326, ☂ – ▤ [P]. [AE] [S] ⦿ [MC] VISA
chiuso dal 5 al 20 gennaio, dal 5 al 20 agosto e lunedì – **Pasto** carta 40/65000.

QUARTO DEI MILLE *Genova – Vedere Genova.*

QUARTU SANT'ELENA *Cagliari* [988] ㉝, [433] J 9 – *Vedere Sardegna alla fine dell'elenco alfabetico.*

QUATTORDIO *15028 Alessandria* 428 *H 7 – 1 820 ab. alt. 135.*
Roma 592 – Alessandria 18 – Asti 20 – Milano 111 – Torino 75.

a Piepasso *Nord-Ovest : 3 km – ✉ 15020*

XX **Castello di Lajone,** via Castello 1 (Ovest : 3 km) ☎ 0131 773692, *Fax 0131 773692*, prenotare – P. AE 🅢 ⓓ MC VISA.
chiuso gennaio, domenica sera e lunedì – **Pasto** 35000 (solo a mezzogiorno) 55000.

QUATTRO CASTELLA *42020 Reggio nell'Emilia* 428, 429 *I 13 – 10 683 ab. alt. 162.*
Roma 450 – Parma 29 – Modena 48.

Casa Matilde ⛰, via Negri 11, località Puianello Sud-Est : 6 km ✉ 42030 Puianello ☎ 0522 889006, *Fax 0522 889006*, ←, « Elegante dimora patrizia in un parco-giardino », – TV ☎ P. AE 🅢 MC VISA.
Pasto (solo per alloggiati) carta 90/115000 – **4 cam** ☕ 300000, 2 appartamenti.

QUERCEGROSSA *Siena* 430 *L 15 – Vedere Siena.*

QUERCETA *Lucca* 428, 429, 430 *K 12 – Vedere Seravezza.*

QUINCINETTO *10010 Torino* 988 ②, 428 *F 5 – 1 083 ab. alt. 295.*
Roma 694 – Aosta 55 – Ivrea 18 – Milano 131 – Novara 85 – Torino 60.

Mini Hotel Praiale ⛰ senza rist, via Umberto I, 5 ☎ 0125 757188, *Fax 0125 757349* – TV ☎. AE 🅢 ⓓ MC VISA.
☕ 10000 – **9 cam** 65/85000.

XX **Da Giovanni,** via Fontana Riola 3, località Montellina ☎ 0125 757447, *Fax 0125 757447*, prenotare – P. AE 🅢 ⓓ MC VISA JCB.
chiuso dal 30 giugno al 16 luglio, martedì sera e mercoledì – **Pasto** carta 40/65000.

X **Da Marino,** via Montellina 7, località Montellina ☎ 0125 757952, ←, – P. AE 🅢 ⓓ MC VISA
chiuso dal 16 gennaio al 4 febbraio, dal 1° al 15 settembre e lunedì – **Pasto** carta 40/55000.

Read carefully the introduction it is the key to the Guide.

QUINTO AL MARE *Genova – Vedere Genova.*

QUINTO DI TREVISO *31055 Treviso* 429 *F 18 – 9 230 ab. alt. 17.*
Roma 548 – Padova 41 – Venezia 36 – Treviso 7 – Vicenza 57.

XX **Locanda Righetto** con cam, ☎ 0422 470080, *Fax 0422 470080* – ▤ TV ☎ P. AE 🅢 ⓓ MC VISA
chiuso dal 1° al 10 gennaio, dal 13 al 18 agosto e lunedì – **Pasto** specialità anguilla carta 30/75000 – ☕ 10000 – **11 cam** 85/120000 – ½ P 95000.

QUISTELLO *46026 Mantova* 428, 429 *G 14 – 5 830 ab. alt. 17.*
Roma 458 – Verona 65 – Ferrara 61 – Mantova 29 – Milano 203 – Modena 56.

XXXX ✿✿ **Ambasciata,** via Martiri di Belfiore 33 ☎ 0376 619169, *Fax 0376 618255*, Confort accurato; prenotare – ▤ P. AE 🅢 ⓓ MC VISA JCB.
chiuso dal 1° al 20 gennaio, dal 7 al 31 agosto, domenica sera, lunedì e le sere di Natale, Capodanno e Pasqua – **Pasto** 110/170000 e carta 95/180000
Spec. Spiedino di code di gamberi con cereali (primavera). Tortello rosso ripieno di zucca e fegato d'oca (autunno). Lumache in umido con polenta, parmigiano e tartufi del Secchia (inverno).

XX **Al Sole-Cincana,** piazza Semeghini 14 ☎ 0376 618146, Coperti limitati; prenotare – AE 🅢 MC VISA
chiuso dal 29 dicembre al 10 gennaio, da luglio al 24 agosto, domenica sera e mercoledì – **Pasto** specialità a base di funghi e tartufo carta 60/110000.

XX **All'Angelo,** via Martiri di Belfiore 20 ☎ 0376 618354, *Fax 0376 619955*, Coperti limitati; prenotare – ▤. AE 🅢 ⓓ MC VISA.
chiuso dal 14 al 26 gennaio, dal 13 luglio al 1° agosto, lunedì e da giugno ad agosto anche la domenica sera – **Pasto** 45000 bc e carta 40/80000.

RABLÀ (RABLAND) *Bolzano – Vedere Parcines.*

RACINES (RATSCHINGS) *39040 Bolzano* 219 ⑩ – *3 902 ab. alt. 1 290.*
a Stanghe (Stange) ☎ 0472 756666, Fax 0472 756889.
Roma 700 – Bolzano 70 – Cortina d'Ampezzo 111 – Merano 102.

Sonklarhof, località Ridanna alt. 1342 ☎ 0472 656212, *Fax 0472 656224*, ←, – rist, *stagionale* – **50 cam**, 5 appartamenti.

RADDA IN CHIANTI *53017 Siena* 430 L 16 *G. Toscana* – *1 666 ab. alt. 531.*
Roma 261 – Firenze 54 – Siena 33 – Arezzo 57.

Fattoria Vignale senza rist, via Pianigiani 9 ☎ 0577 738300, *Fax 0577 738592*, ←, – 60. AE VISA. *Capodanno e 27 marzo-8 dicembre* – **34 cam** 230/400000.

Vignale, via XX Settembre 23 ☎ 0577 738094, *Fax 0577 738094*, prenotare – AE VISA *15 marzo-dicembre; chiuso giovedì* – **Pasto** 90/105000.

Le Vigne, podere Le Vigne Est : 1 km ☎ 0577 738640, *Fax 0577 738809*, – P. AE VISA JCB. *chiuso gennaio, febbraio e martedì (escluso da Pasqua ad ottobre)* – **Pasto** carta 40/75000 (15 %).

sulla strada provinciale 429 *Ovest : 6,5 km :*

Vescine senza rist, località Vescine 53017 ☎ 0577 741144, *Fax 0577 740263*, ←, « In un borgo antico », – P. AE VISA *Capodanno e 18 marzo-15 novembre* – **24 cam** 270/300000, 4 appartamenti.

RADEIN = *Redagno.*

RADICOFANI *53040 Siena* 430 N 17 *G. Toscana* – *1 231 ab. alt. 896.*
Roma 169 – Siena 71 – Arezzo 93 – Perugia 113.

La Palazzina, località Le Vigne Est : 6 km ☎ 0578 55771, *Fax 0578 55771*, ←, Azienda agrituristica, solo su prenotazione, « Fattoria del 18° secolo », – P. VISA *28 aprile-3 novembre* – **Pasto** carta 40/50000 – **10 cam** 125/185000 – 1/2 P 140000.

RAGONE *Ravenna* 429 I 18 – *Vedere Ravenna.*

RAGUSA P 988 ㊲, 432 Q 26 – *Vedere Sicilia alla fine dell'elenco alfabetico.*

RAITO *Salerno* – *Vedere Vietri sul Mare.*

RANCIO VALCUVIA *21030 Varese* 428 E 8, 219 ⑦ – *838 ab. alt. 296.*
Roma 651 – Stresa 59 – Lugano 28 – Luino 12 – Milano 74 – Varese 18.

Gibigiana, via Roma 19 ☎ 0332 995085, *Fax 0332 995085*, prenotare – P. AE VISA. *chiuso dal 1° al 15 gennaio, dal 1° al 10 agosto e martedì* – **Pasto** 35000 e carta 50/70000.

RANCO *21020 Varese* 428 E 7, 219 ⑦ – *1 154 ab. alt. 214.*
Roma 644 – Stresa 37 – Laveno Mombello 21 – Milano 67 – Novara 51 – Sesto Calende 12 – Varese 27.

Conca Azzurra, via ALberto 53 ☎ 0331 976526, *Fax 0331 976721*, ←, – cam, – 150. AE VISA. rist *chiuso dal 13 dicembre al 5 febbraio* – **Pasto** *(chiuso venerdì da ottobre a maggio)* carta 55/95000 – **28 cam** 135/240000 – 1/2 P 120/150000.

Il Sole di Ranco con cam, piazza Venezia 5 ☎ 0331 976507, *Fax 0331 976620*, ←, Coperti limitati; prenotare, « Servizio estivo sotto un pergolato », – cam, P. AE VISA. *chiuso da gennaio al 13 febbraio* – **Pasto** *(chiuso lunedì a mezzogiorno e martedì)* 100/135000 e carta 105/180000 – 15000 – **4 cam** 320/350000, 10 appartamenti 450/700000 – 1/2 P 370/420000
Spec. Pasta farcita con ostriche, salsa allo champagne. Bottattrice lardellata con germoglio d'aglio, piccata di pomodoro ed olive nere. Costoletta impanata con insalata e mostarda.

RANDAZZO *Catania* 988 ㊲, 432 N 26 – *Vedere Sicilia alla fine dell'elenco alfabetico.*

RANZANICO *24060 Bergamo* 428, 429 E 11 – *997 ab. alt. 510.*

Roma 622 – Bergamo 30 – Brescia 62 – Milano 94.

XXX **Abacanto,** via Nazionale 191 035 819377, *Fax 035 819377*, ≤, – P. AE VISA.
chiuso dal 10 al 31 gennaio e mercoledì – **Pasto** carta 55/95000.

RANZO *18028 Imperia* 428 J 6 – *556 ab. alt. 300.*

Roma 597 – Imperria 30 – Genova 104 – Milano 228 – Savona 59.

XX **Il Gallo della Checca,** località Ponterotto 31 (Est : 1 km) 0183 318197
Fax 0183 318197, Rist. enoteca, Coperti limitati; prenotare – P. AE VISA
chiuso lunedì – **Pasto** 60000 e carta 70/120000.

RAPALLO *16035 Genova* 988 ⑬, 428 I 9 *G. Italia – 28 176 ab. – a.s. 15 dicembre-febbraio, Pasqua luglio-ottobre.*

Vedere *Lungomare Vittorio Veneto★.*

Dintorni *Penisola di Portofino★★★ per la strada panoramica★★ per Santa Margherita Ligure e Portofino Sud-Ovest per ②.*

18 *(chiuso martedì e dal 16 febbraio al 5 marzo) 0185 261777, Fax 0185 261779, per ④ 2 km.*

via Diaz 9 0185 230346, Fax 0185 63051.

Roma 477 ④ – Genova 37 ④ – Milano 163 ④ – Parma 142 ① – La Spezia 79 ④.

Excelsior Palace Hotel, via San Michele di Pagana 8 0185 230666, *Fax 0185 230214*, ≤, – P – 450. AE VISA. rist d
Pasto carta 100/155000 e al Rist. ***Eden Roc*** *(giugno-settembre; chiuso lunedì prenotare)* carta 110/170000 solo buffet a mezzogiorno 60000 – **131 cam** 420/620000, 4 appartamenti – 1/2 P 395000.

Europa, via Milite Ignoto 2 0185 669521, *Fax 0185 669847*, cam, – 80. AE VISA. x
Pasto al Rist. ***Il Trattato*** 45/60000 e carta 65/90000 – **60 cam** 250/330000 – 1/2 P 205/240000.

Assereto (Corso) 2
Aurelia Levante (Via) 3
Cavour (Piazza) 4
Garibaldi (Piazza) 6
Gramsci (Via) 7
Italia (Corso) 8
Lamarmora (Via) 1
Mameli (Via) 1
Matteotti (Corso) 1
Mazzini (Via) 1
Milite Ignoto (Via) 1
Montebello (Viale) 1
Pastene (Piazza) 1
Zunino (Via) 2

Astoria senza rist, via Gramsci 4 0185 273533, *Fax 0185 62793*, ≤ – – 40. AE VISA.
chiuso dal 10 novembre al 20 dicembre – **19 cam** 200/300000.

Rosabianca senza rist, lungomare Vittorio Veneto 42 0185 50390, *Fax 0185 65035*, ≤ mare – . AE VISA.
16 cam 160/300000, 2 appartamenti.

Riviera, piazza 4 Novembre 2 0185 50248, *Fax 0185 65668*, ≤ mare – . AE VISA JCB. rist
chiuso da novembre al 22 dicembre – **Pasto** carta 50/75000 – **20 cam** 140/230000 1/2 P 165000.

Stella senza rist, via Aurelia Ponente 6 0185 50367, *Fax 0185 272837* – AE VISA
chiuso dal 15 gennaio al 15 febbraio – 15000 – **27 cam** 75/130000.

XX **Hostaria Vecchia Rapallo,** via Cairoli 20/24 ✆ 0185 50053 – AE 🅂 ⓓ MC VISA. ✻ t
chiuso lunedì a mezzogiorno in luglio, tutto il giorno in agosto – **Pasto** carta 70/105000 (5 %).

XX **Luca,** via Langano 32 (porto Carlo Riva) ✆ 0185 60323 – ▤. AE 🅂 ⓓ MC VISA y
chiuso febbraio e martedì – **Pasto** carta 65/135000 (10 %).

XX **Da Monique,** lungomare Vittorio Veneto 6 ✆ 0185 50541, ≤ – AE 🅂 ⓓ MC VISA s
chiuso dal 10 gennaio al 15 febbraio e martedì – **Pasto** carta 45/80000.

XX **Eden,** via Diaz 5 ✆ 0185 50553, 🏖 – AE 🅂 ⓓ MC VISA g
chiuso dal 20 gennaio al 20 febbraio, mercoledì a mezzogiorno in luglio-agosto, tutto il giorno negli altri mesi – **Pasto** carta 60/100000.

X **Roccabruna,** via Sotto La Croce 6, località Savagna ✆ 0185 261400, ≤, 🏖, Coperti limitati; prenotare, « Servizio estivo in terrazza » – 🅿. 🅂 MC VISA
chiuso a mezzogiorno (escluso domenica) e lunedì – **Pasto** carta 50/70000.
5 km per ④

a San Massimo *per ④ : 3 km – ✉ 16035 Rapallo :*

X **U Giancu,** via San Massimo 78 ✆ 0185 261212, *Fax 0185 260505*, prenotare, « Servizio estivo in giardino » – 🅿. 🅂 ⓓ MC VISA
chiuso novembre, a mezzogiorno escluso sabato-domenica e mercoledì sera (escluso agosto) – **Pasto** carta 45/65000.

RAPOLANO TERME *53040 Siena* 988 ⑮, 430 M 16 – *4 729 ab. alt. 334.*
Roma 202 – Siena 27 – Arezzo 48 – Firenze 96 – Perugia 81.

🏨 **Grand Motel Serre,** località Crocevia ✆ 0577 704777, *Fax 0577 704780*, 🏊, 🌳, 🎾 – |♦| ▤ TV ☎ ♿ 🚗 🅿 – 🏛 80. AE 🅂 ⓓ MC VISA. ✻
Pasto al Rist. ***La Sosta*** *(chiuso lunedì e dal 7 gennaio a febbraio)* carta 50/75000 – ☕ 16000 – **58 cam** 140/200000, 6 appartamenti – ½ P 160000.

🏨 **2 Mari,** via Giotto 1, località Bagni Freddi ✆ 0577 724070, *Fax 0577 725414*, 🏖, « Giardino con 🏊 » – |♦| TV ☎ 🅿 – 🏛 250. AE 🅂 ⓓ MC VISA JCB. ✻
chiuso dal 2 al 10 gennaio – **Pasto** *(chiuso martedì)* carta 35/60000 – **42 cam** ☕ 85/130000 – ½ P 90000.

RASEN ANTHOLZ = *Rasun Anterselva.*

RASTELLINO *Modena – Vedere Castelfranco Emilia.*

RASUN ANTERSELVA (RASEN ANTHOLZ) *39030 Bolzano* 429 B 18 – *2 690 ab. alt. 1 000 – Sport invernali : Plan de Corones : 1 000/2 273 m* 🚡 12 ⛷ 19, ⛷.
Roma 728 – Cortina d'Ampezzo 50 – Bolzano 87 – Brunico 13 – Lienz 66 – Milano 382.

a Rasun (Rasen) – *alt. 1 030 – ✉ 39030.*
ℹ *a Rasun di Sotto ✆ 0474 496269, Fax 0474 498099 :*

🏨 **Alpenhof,** a Rasun di Sotto ✆ 0474 496451, *Fax 0474 498047*, ≤, « Caratteristiche stuben tirolesi », 🏋, 🧖, 🏊 – TV ☎ 🅿. ✻ rist
3 dicembre-29 aprile e 20 maggio-28 ottobre – **Pasto** carta 35/55000 – **31 cam** ☕ 170000 – ½ P 110000.

XX **Ansitz Heufler** con cam, a Rasun di Sopra ✆ 0474 498582, *Fax 0474 498046*, ≤, « Castelletto del XVI secolo », 🌳 – ☎ 🅿. AE 🅂 ⓓ MC VISA. ✻ cam
chiuso dal 15 aprile al 20 maggio e dal 20 ottobre al 28 novembre – **Pasto** *(chiuso martedì)* 55/75000 e carta 65/100000 – **8 cam** ☕ 165/300000, 3 appartamenti – ½ P 200000.

ad Anterselva (Antholz) – *alt. 1 100 – ✉ 39030.*
ℹ *ad Anterselva di Mezzo ✆ 0474 492116, Fax 0474 492370 :*

🏨 **Santéshotel Wegerhof,** ad Anterselva di Mezzo ✆ 0474 492130, *Fax 0474 492479*, 🧖, 🏊, 🌳 – |♦|, 🚭 cam, TV ☎ ♿ 🅿. AE 🅂 MC VISA. ✻ rist
Natale-Pasqua e maggio-ottobre – **Pasto** al Rist. ***Peter Stube*** *(5 dicembre-15 aprile e giugno-20 ottobre)* carta 50/75000 – ☕ 17000 – **28 cam** 110/220000 – ½ P 160000.

🏨 **Bagni di Salomone-Bad Salomonsbrunn** 🐦, ad Anterselva di Sotto Sud-Ovest : 1,5 km ✆ 0474 492199, *Fax 0474 492378*, 🧖, 🌳 – 🚭 rist, TV ☎ 🅿. AE 🅂 ⓓ MC VISA. ✻ rist
chiuso dal 1° al 20 giugno e dal 15 ottobre al 5 dicembre – **Pasto** *(chiuso giovedì)* carta 40/60000 – **24 cam** ☕ 100/170000 – ½ P 105000.

RATSCHINGS = *Racines.*

RAVASCLETTO *33020 Udine* 429 C 20 – *665 ab. alt. 957 – a.s. 15 luglio-agosto e Natale – Sport invernali : 957/1 764 m* 1 10, .

piazza Divisione Julia 0433 66477, Fax 0433 66487.

Roma 712 – Udine 67 – Milano 457 – Monte Croce Carnico 28 – Tolmezzo 24 – Trieste 146.

Valcalda, viale Edelweiss 8/10 0433 66120, *Fax 0433 66420,* ←, – rist

chiuso dal 26 aprile al 17 giugno e dal 9 ottobre al 30 novembre – **Pasto** carta 30/45000 – 12000 – **13 cam** 80/130000 – 1/2 P 90/100000.

RAVELLO *84010 Salerno* 988 ㉗, 431 F 25 *G. Italia – 2 513 ab. alt. 350 – a.s. Pasqua, giugno-settembre e Natale.*

Vedere *Posizione e cornice pittoresche*** – Villa Rufolo*** : *** – Villa Cimbrone*** : *** – Pulpito** e porta in bronzo* del Duomo – Chiesa di San Giovanni del Toro*.*

piazza Duomo 10 089 857096, Fax 089 857977.

Roma 276 – Napoli 59 – Amalfi 6 – Salerno 29 – Sorrento 40.

Palazzo Sasso , via San Giovanni del Toro 28 089 818181, *Fax 089 858900,* – – 60.

chiuso gennaio e febbraio – **Pasto** vedere rist ***Rossellinis*** – **38 cam** 650/850000, 5 appartamenti.

Palumbo , via San Giovanni del Toro 16 089 857244, *Fax 089 858133,* ← golfo, Capo d'Orso e monti, , « Edificio del 12° secolo con terrazza-giardino fiorita », – rist

Pasto *(chiuso gennaio e febbraio)* carta 110/160000 – **18 cam** 595/695000, 3 appartamenti – 1/2 P 450000.

Villa Maria , via Santa Chiara 2 089 857255, *Fax 089 857071,* « Servizio rist. estivo sotto un pergolato con ← mare e costa », –

Pasto carta 50/70000 (15 %) – **17 cam** 265/330000, 2 appartamenti – 1/2 P 210000.

Rufolo , via San Francesco 1 089 857133, *Fax 089 857935,* ← golfo, Capo d'Orso e monti, , « Terrazza-giardino con » – rist

Pasto *(chiuso gennaio e febbraio)* carta 60/80000 – **30 cam** 330/400000, 6 appartamenti – 1/2 P 200/250000.

Graal, via della Repubblica 8 089 857222, *Fax 089 857551,* ← golfo, Capo d'Orso e monti, – – 250. cam

Natale e aprile-ottobre – **Pasto** carta 40/80000 – **35 cam** 160/280000 – 1/2 P 175000.

Giordano, 089 857255, *Fax 089 857071,* riscaldata, –

30 cam.

Rossellinis - Hotel Palazzo Sasso, via San Giovanni del Toro 28 089 818181, « Servizio estivo in terrazza con ← mare e costa » –

chiuso gennaio, febbraio e mezzogiorno – **Pasto** 120/180000 e carta 80/140000

Spec. Gamberi rossi in crosta di patate e insalata di pancetta. Trancio di branzino con capelunghe, pomodori ed olive. Filetto di vitello con spiedino di animelle e mozzarella su crema d'aglio.

Palazzo della Marra, via della Marra 7/9 089 858302, , prenotare la sera –

chiuso dal 15 gennaio al 15 febbraio e martedì (escluso da aprile ad ottobre) – **Pasto** 35/70000 (15 %) e carta 65/100000 (15 %).

Cumpa' Cosimo, via Roma 44 089 857156, *Fax 089 857267,* Rist. e pizzeria serale –

chiuso lunedì (escluso da marzo al 10 novembre) – **Pasto** carta 50/75000.

sulla costiera amalfitana *Sud : 6 km :*

Marmorata , località Marmorata 84010 089 877777, *Fax 089 851189,* ← golfo, , « Ambiente in stile marinaro », , – – 50. . rist

Pasto carta 50/75000 – **40 cam** 310/380000 – 1/2 P 230000.

Donnez-nous votre avis sur les restaurants que nous recommandons,
leurs spécialités, leurs vins de pays.

RAVENNA *48100* 🅿 988 ⑮, 429, 430 I 18 – *138 122 ab..*

Vedere *Mausoleo di Galla Placidia*★★★ Y – *Chiesa di San Vitale*★★ : *mosaici*★★★ Y – *Battistero Neoniano*★ : *mosaici*★★★ Z – *Basilica di Sant'Apollinare Nuovo*★ : *mosaici*★★★ Z – *Mosaici*★★★ *nel Battistero degli Ariani* Y **D** – *Cattedra d'avorio*★★ *e cappella arcivescovile*★★ *nel museo dell'Arcivescovado* Z **M2** – *Mausoleo di Teodorico*★ Y **B** – *Statua giacente*★ *nella Pinacoteca Comunale* Z.

Dintorni *Basilica di Sant'Apollinare in Classe*★★ : *mosaici*★★★ *per* ③ : *5 km.*

via Salara 8/12 ☏ 0544 35404, Fax 0544 35094 – (maggio-settembre) viale delle Industrie 14 ☏ 0544 451539.

A.C.I. *piazza Mameli 4 ☏ 0544 37333.*

Roma 366 ④ – Bologna 74 ⑤ – Ferrara 74 ⑤ – Firenze 136 ④ – Milano 285 ⑤ – Venezia 145 ①.

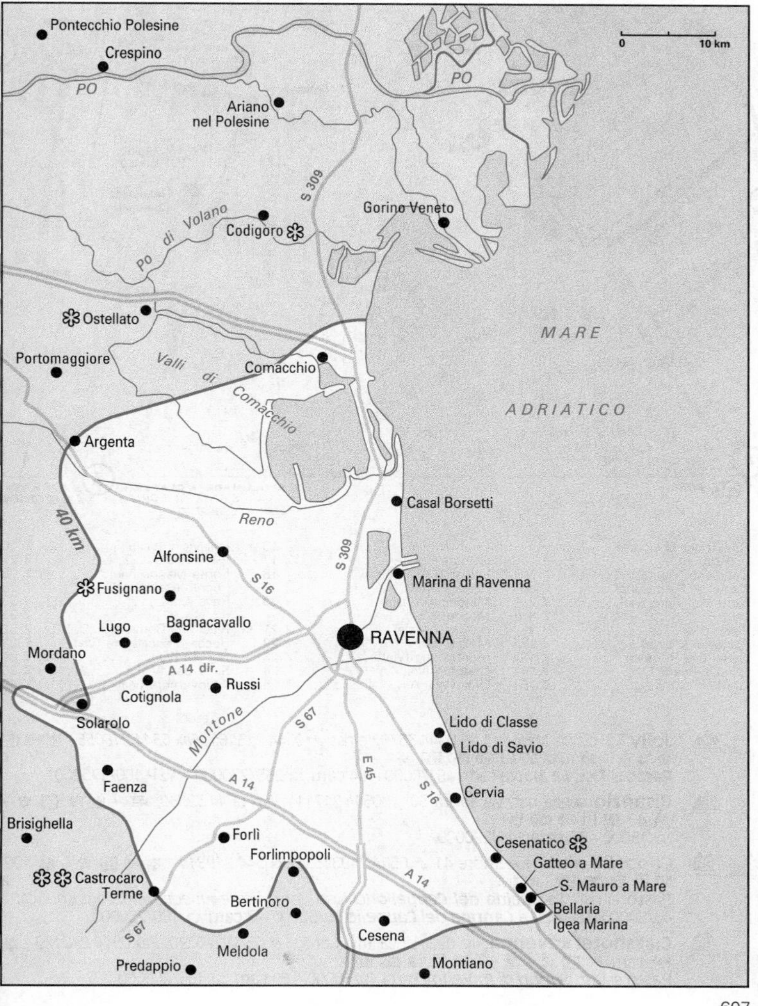

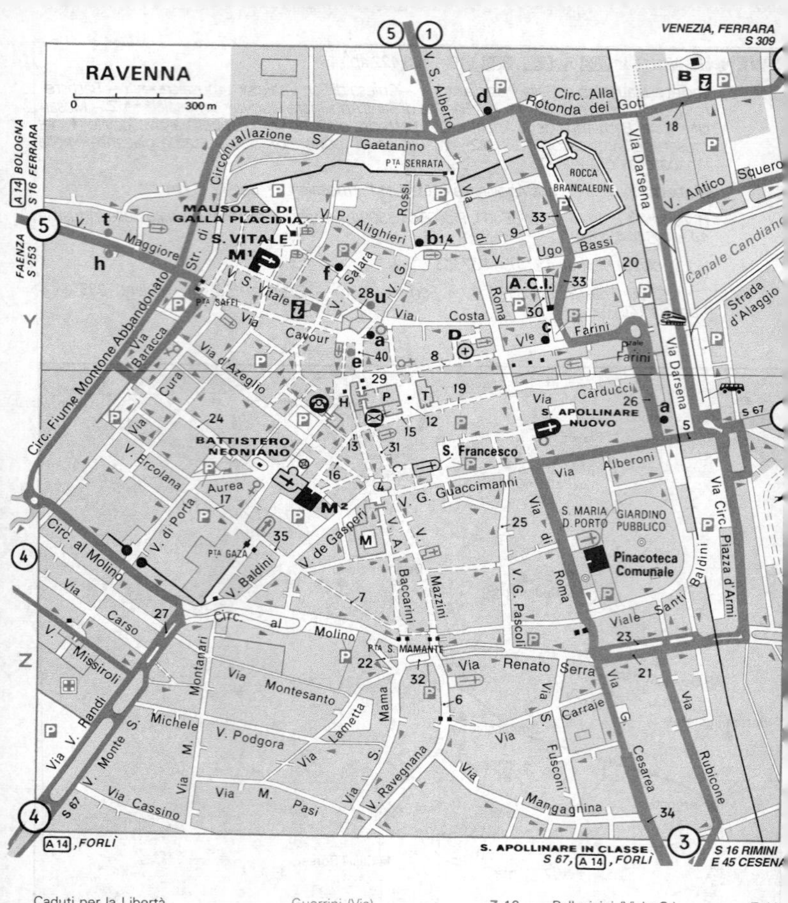

Caduti per la Libertà (Pza) . . . . . Z 4	Guerrini (Via) . . . . . Z 16	Pallavicini (Viale G.) . . . . . Z 26
Candiano (Via) . . . . . Z 5	Guidarelli (Via) . . . . . Z 17	Piave (Via) . . . . . Z 27
Castel S. Pietro (Via) . . . . . Z 6	Industrie (Via delle) . . . . . Y 18	Ponte Marino (Via) . . . . . Y 28
Corti alle Mura (Via) . . . . . Z 7	Mariani (Via) . . . . . Z 19	Popolo (Piazza del) . . . . . Z 29
Diaz (Via) . . . . . Y 8	Maroncelli (Viale) . . . . . Y 20	Rava (Via L.) . . . . . Y 30
Falier (Via) . . . . . Y 9	Molinetto (Circ. canale) . . . . . Z 21	Ricci (Via C.) . . . . . Z 31
Garibaldi (Piazza) . . . . . Z 12	Molino (Via) . . . . . Z 22	Ricci (Via Romolo) . . . . . Z 32
Gessi (Via Romolo) . . . . . Z 13	Monfalcone (Via) . . . . . Z 23	Rocca Brancaleone (Via) . . . . . Y 33
Ghiselli (Via G.) . . . . . Y 14	Oberdan (Via) . . . . . Z 24	Romea (Via) . . . . . Z 34
Gordini (Via) . . . . . Z 15	Oriani (Via A.) . . . . . Z 25	S. Teresa (Via) . . . . . Z 35
		4 Novembre (Via) . . . . . Y 40

Jolly Ⓜ, piazza Mameli 1 ✆ 0544 35762 e rist ✆ 0544 213161, *Fax 0544 216055* – |‡| ▤ TV ☎ ✆ ♿ – 🏛 120. AE 🅂 ⊙ MC *VISA*. ✂ — Y c
Pasto al Rist. ***La Matta*** carta 45/70000 – **84 cam** ☕ 235/270000 – ½ P 160/175000.

Bisanzio senza rist, via Salara 30 ✆ 0544 217111, *Fax 0544 32539*, 🌳 – |‡| ▤ TV ☎ – 🏛 40. AE 🅂 ⊙ MC *VISA* — Y f
☕ 15000 – **38 cam** 145/220000.

Cappello, via IV Novembre 41 ✆ 0544 219813, *Fax 0544 219814* – |‡| ▤ TV ☎ – 🏛 100. AE 🅂 ⊙ MC *VISA*. ✂ rist — Y a
Pasto al rist. ***La Cucina del Cappello*** *(chiuso domenica e lunedì a mezzogiorno)* carta 40/80000 e al rist. ***La Cantina del Cappello*** 30/50000 – **7 cam** ☕ 180/250000.

Classhotel Ravenna, via della Lirica 141 (per ④) ✆ 0544 270290, *Fax 0544 270170* – |‡|, ✂ cam, ▤ TV ☎ – 🏛 60. AE 🅂 ⊙ MC *VISA*
Pasto al Rist. ***Sapori di Ravenna*** carta 40/60000 – **69 cam** ☕ 165/200000.

Diana senza rist, via G. Rossi 47 ☎ 0544 39164, *Fax 0544 30001* – AE VISA JCB Y b
33 cam ☐ 140/180000.

Italia, viale Pallavicini 4/6 ☎ 0544 212363, *Fax 0544 217004* – AE VISA. rist Z a
Pasto al Rist. ***Cerchio dei Golosin*** *(chiuso domenica)* carta 35/55000 – ☐ 15000 – **45 cam** 150/200000 – ½ P 125/135000.

Astoria senza rist, via Circonvallazione alla Rotonda 26 ☎ 0544 453960, *Fax 0544 455419* – P – 100. AE VISA Y d
☐ 10000 – **25 cam** 120/160000.

Tre Spade, via Faentina 136 ☎ 0544 500522, *Fax 0544 500820,* – P. AE VISA JCB. 2 km per ⑤
chiuso agosto, domenica sera e lunedì – **Pasto** 60/65000 e carta 60/90000.

Antica Trattoria al Gallo 1909, via Maggiore 87 ☎ 0544 213775, *Fax 0544 213775,* , Coperti limitati; prenotare – AE VISA. Y t
chiuso dal 20 dicembre al 10 gennaio, Pasqua, domenica sera, lunedì e martedì – **Pasto** carta 45/70000.

Bella Venezia, via 4 Novembre 16 ☎ 0544 212746, – . AE VISA JCB
chiuso dal 22 dicembre al 15 gennaio e domenica – **Pasto** carta 45/70000. Y e

La Gardèla, via Ponte Marino 3 ☎ 0544 217147, *Fax 0544 37098* – . AE VISA JCB. Y u
chiuso dal 10 al 25 febbraio, dal 10 al 25 agosto e giovedì – **Pasto** carta 35/50000.

Chilò, via Maggiore 62 ☎ 0544 36206, *Fax 0544 36206,* – . AE VISA JCB
chiuso giovedì – **Pasto** carta 30/55000. Y h

sulla strada statale 309 *per ① : 9,5 km :*

Ca' del Pino, via Romea Nord 295 ✉ 48100 ☎ 0544 446061, *Fax 0544 446061,* « In pineta-piccolo zoo » – P. AE VISA JCB
chiuso lunedì sera, martedì e dal 7 gennaio al 10 febbraio – **Pasto** carta 45/75000 (10 %).

a San Romualdo *per ① : 12 km – ✉ 48100 Ravenna :*

Taverna San Romualdo, via S. Alberto 364 ☎ 0544 483447, *Fax 0544 483447,* – . AE VISA.
chiuso dal 1º al 15 febbraio, dal 1º al 10 ottobre e martedì – **Pasto** carta 40/85000.

a Ragone *Sud-Ovest : 15 km – ✉ 48100 Ravenna :*

Flora, via Ragone 104 ☎ 0544 534044, *Fax 0544 534044,* – P. AE VISA.
chiuso dal 20 luglio al 10 agosto e martedì – **Pasto** carta 30/45000.

RAVENNA (Marina di) *48023 Ravenna 988 ⑮, 430 I 18 – a.s. Pasqua e 18 giugno-agosto.*

(maggio-settembre) viale delle Nazioni 159 ☎ 0544 530117.

Roma 390 – Ravenna 12 – Bologna 103 – Forlì 42 – Milano 314 – Rimini 61.

Park Hotel Ravenna, viale delle Nazioni 181 ☎ 0544 531743, *Fax 0544 530430,* « Parco ombreggiato con e », – P – 500. AE VISA. rist
15 marzo-15 novembre – **Pasto** carta 65/95000 – **144 cam** ☐ 240/300000 – ½ P 250000.

Bermuda, viale della Pace 363 ☎ 0544 530560, *Fax 0544 531643* – . AE VISA.
chiuso dal 20 dicembre al 10 gennaio – **Pasto** *(solo per alloggiati e chiuso a mezzogiorno)* 40000 – ☐ 12000 – **23 cam** 120/150000 – ½ P 110/130000.

Al Porto, viale delle Nazioni 2 ☎ 0544 530105, *Fax 0544 538067,* – P. AE VISA
chiuso lunedì – **Pasto** carta 55/80000 (10 %).

Gloria, viale delle Nazioni 420 ☎ 0544 530274, *Fax 0544 530377,* , prenotare, « Whiskyteca e raccolta di quadri » – P. AE VISA JCB.
chiuso dal 10 al 20 agosto e mercoledì – **Pasto** specialità di mare carta 65/80000.

Maddalena con cam, viale delle Nazioni 345 ☎ 0544 530431, *Fax 0544 530431,* – AE VISA. rist
chiuso dicembre – **Pasto** *(chiuso lunedì)* carta 60/80000 – ☐ 10000 – **23 cam** *(Pasqua-15 settembre)* 70/100000 – ½ P 70/85000.

RAZZES (RATZES) *Bolzano* – *Vedere Siusi allo Sciliar.*

REANA DEL ROIALE *33010 Udine* 429 D 21 – *4 718 ab. alt. 168.*
Roma 648 – Udine 12 – Trieste 86.

a Cortale *Nord-Est : 2 km – ✉ 33010 Reana del Roiale :*

XX **Al Scus,** via Monsignor Cattarossi 3 ☎ 0432 853872, *Fax 0432 853872*, « In una vecchia fabbrica di pasta », – P. AE S O MC VISA.
chiuso dal 16 al 27 gennaio, dal 1° al 23 agosto, lunedì sera e martedì – **Pasto** solo specialità di mare carta 45/80000.

RECCO *16036 Genova* 988 ⑬, 428 I 9 – *10 207 ab..*
Roma 484 – Genova 32 – Milano 160 – Portofino 15 – La Spezia 86.

La Villa, via Roma 272 ☎ 0185 720779, *Fax 0185 721095*, – TV ☎ P. 80. AE S O MC VISA JCB.
Pasto vedere rist ***Manuelina*** – **23 cam** 180/240000 – 1/2 P 170000.

XX **Manuelina,** via Roma 278 ☎ 0185 74128, *Fax 0185 721677* – P. AE S O MC VISA JCB
chiuso dal 10 al 31 gennaio e mercoledì – **Pasto** 55/80000 e carta 65/95000.

XX **Da ö Vittorio** con cam, via Roma 160 ☎ 0185 74029, *Fax 0185 723605* – TV ☎. AE S O MC VISA. cam
chiuso dal 15 novembre all' 8 dicembre – **Pasto** *(chiuso giovedì)* 40/50000 e carta 45/95000 – 10000 – **25 cam** 100/160000 – 1/2 P 120/140000.

XX **Vitturin,** via dei Giustiniani 48 (Nord : 1,5 km) ☎ 0185 720225, *Fax 0185 723686*, – P – 80. AE S O MC VISA JCB.
chiuso lunedì – **Pasto** 40/80000 e carta 55/90000.

RECOARO TERME *36076 Vicenza* 988 ④, 429 E 15 – *7 511 ab. alt. 445 – Stazione termale (giugno-settembre) – Sport invernali : a Recoaro Mille : 1 007/1 600 m 1 3.*
via Roma 25 ☎ 0445 75070, Fax 0445 75158.
Roma 576 – Verona 72 – Milano 227 – Trento 78 – Venezia 108 – Vicenza 44.

Verona, via Roma 60 ☎ 0445 75010, *Fax 0445 75065* – TV ☎. AE S O VISA.
maggio-settembre – **Pasto** carta 35/50000 – **35 cam** 95/135000 – 1/2 P 65/85000.

Carla, via Cavour 55 ☎ 0445 780700, *Fax 0445 780777* – TV ☎. AE S O MC VISA.
Pasto *(chiuso domenica sera e lunedì)* carta 35/60000 – **32 cam** 100/150000 – 1/2 P 75/85000.

Pittore, via Roma 58 ☎ 0445 75039, *Fax 0445 75701* – TV ☎. S O.
maggio-5 ottobre – **Pasto** carta 35/45000 – **23 cam** 70/120000 – 1/2 P 60/70000.

REDAGNO (RADEIN) *39040 Bolzano* 429 C 16 – *alt. 1 566.*
Roma 630 – Bolzano 38 – Belluno 111 – Trento 60.

Zirmerhof, Oberradein 59 ☎ 0471 887215, *Fax 0471 887225*, ≤ monti e vallata, « Antico maso fra i pascoli », – P. S MC VISA.
26 dicembre-10 marzo e maggio-6 novembre – **Pasto** (prenotare) carta 55/80000 – **32 cam** 130/230000, 2 appartamenti – 1/2 P 145000.

REGGELLO *50066 Firenze* 988 ⑮, 429, 430 K 16 – *13 796 ab. alt. 390.*
Roma 250 – Firenze 38 – Siena 69 – Arezzo 58 – Forlì 128 – Milano 339.

Fattoria degli Usignoli, località San Donato in Fronzano ☎ 055 8652018, *Fax 055 8652270*, ≤, « Antico borgo del 1400 fra i vigneti », – ☎ P – 130. AE S O MC VISA.
chiuso dall'11 gennaio a febbraio e novembre – **Pasto** *(chiuso a mezzogiorno)* carta 40/60000 – **42 appartamenti** 170/270000 – 1/2 P 170000.

Archimede, strada per Vallombrosa Nord : 3,5 km ☎ 055 869055, *Fax 055 868584*, – TV ☎ P. AE S O MC VISA.
chiuso dall'11 al 22 novembre – **Pasto** vedere rist ***Da Archimede*** – **18 cam** 100/160000 – 1/2 P 110000.

XX **Da Archimede,** strada per Vallombrosa Nord : 3,5 km ☎ 055 8667500, ≤, « Ristorante caratteristico » – P. AE S O MC VISA.
chiuso dall'11 al 22 novembre e martedì (escluso da luglio al 15 settembre) – **Pasto** carta 40/60000.

a Vaggio *Sud-Ovest : 5 km – ✉ 50066 :*

Villa Rigacci, via Manzoni 76 ☎ 055 8656562, *Fax 055 8656537*, ≤, « Villa quattrocentesca nel verde », – TV ☎ P. AE S O MC VISA
Pasto al Rist. ***Relais le Vieux Pressoir*** (prenotare) carta 45/70000 – **25 cam** 170/330000, 4 appartamenti – 1/2 P 170/210000.

REGGIO DI CALABRIA *89100* 🅿 988 ㊲ ㊴, 431 M 28 *G. Italia – 179 919 ab..*

Vedere *Museo Nazionale*★★ Y : *Bronzi di Riace*★★★ – *Lungomare*★ YZ.

di Ravagnese per ③ : 4 km ✆ 0965 642722 – Alitalia all'aeroporto ✆ 0965 643095.

a Villa San Giovanni, ✆ 0965 751026-int. 393.

per Messina giornalieri (45 mn) – Stazione Ferrovie Stato, ✆ 0965 97957.

per Messina-Isole Eolie giornalieri (da 15 mn a 2 h circa) – Aliscafi SNAV, Stazione Marittima ✉ 89100 ✆ 0965 29568.

corso Garibaldi 329 ✉ 89127 ✆ 0965 892012 – all'Aeroporto ✆ 0965 643291 – Stazione Centrale ✆ 0965 27120.

A.C.I. *via De Nava 43 ✉ 89122 ✆ 0965 811925.*

Roma 705 ② – Catanzaro 161 ② – Napoli 499 ②.

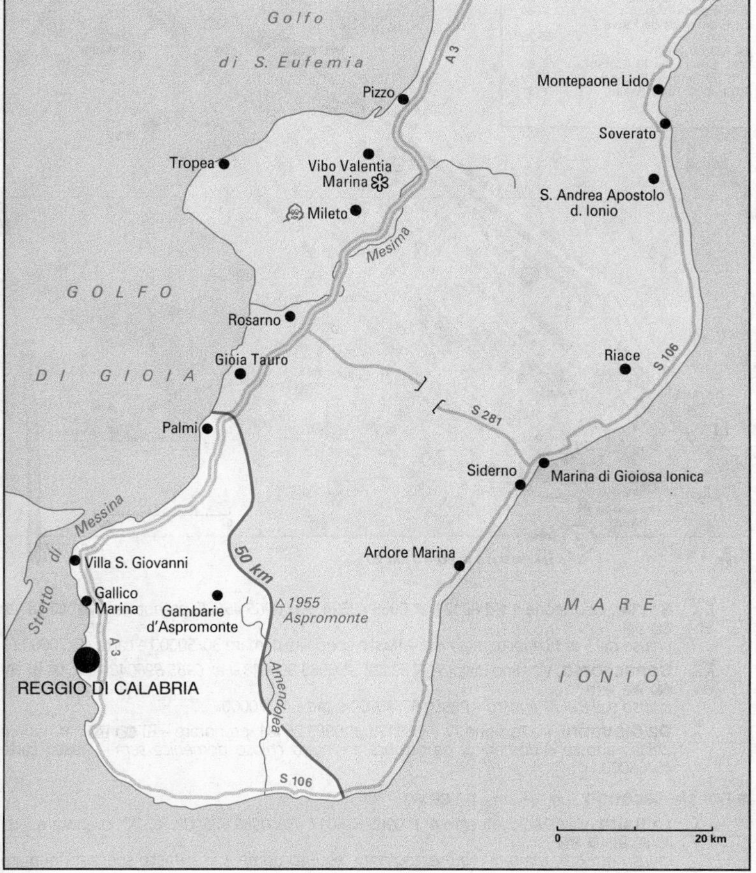

Gd H. Excelsior, via Vittorio Veneto 66 ✉ 89121 ✆ 0965 812211, *Fax 0965 893084* – 350. AE VISA. rist Y c
Pasto carta 40/60000 – **76 cam** 250/295000, 8 appartamenti – 1/2 P 185000.

Ascioti senza rist, via San Francesco da Paola 79 ✉ 89127 ✆ 0965 897041, *Fax 0965 26063* – AE VISA. Z a
43 cam 160/220000.

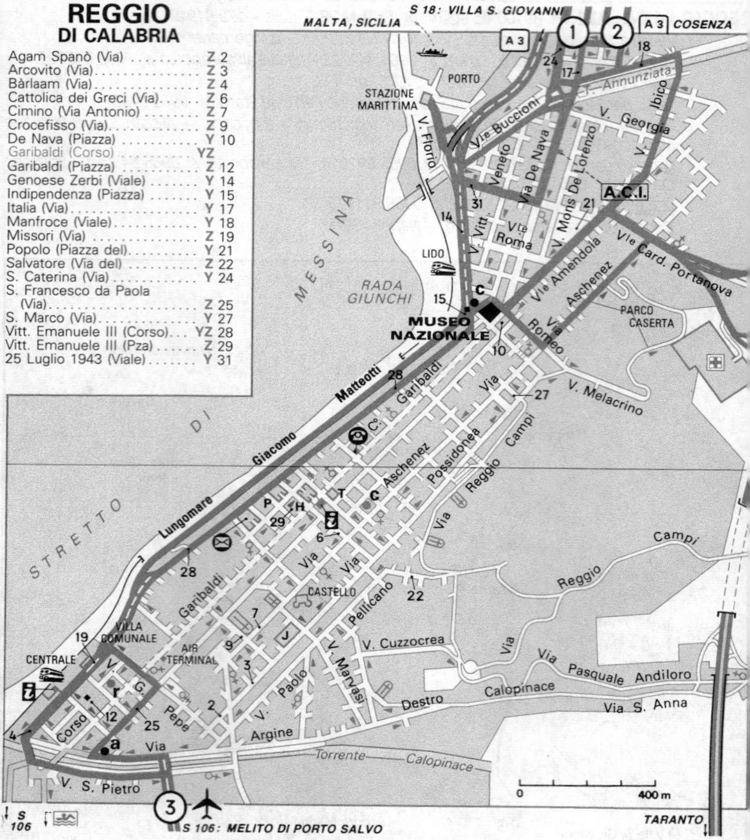

REGGIO DI CALABRIA

Agam Spanò (Via)	Z	2
Arcovito (Via)	Z	3
Bàrlaam (Via)	Z	4
Cattolica dei Greci (Via)	Z	6
Cimino (Via Antonio)	Z	7
Crocefisso (Via)	Z	9
De Nava (Piazza)	Y	10
Garibaldi (Corso)	YZ	
Garibaldi (Piazza)	Z	12
Genoese Zerbi (Viale)	Y	14
Indipendenza (Piazza)	Y	15
Italia (Via)	Y	17
Manfroce (Viale)	Y	18
Missori (Via)	Z	19
Popolo (Piazza del)	Y	21
Salvatore (Via del)	Z	22
S. Caterina (Via)	Y	24
S. Francesco da Paola (Via)	Z	25
S. Marco (Via)	Y	27
Vitt. Emanuele III (Corso)	YZ	28
Vitt. Emanuele III (Pza)	Z	29
25 Luglio 1943 (Viale)	Y	31

XX **Baylik,** vico Leone 1 ✉ 89121 ✆ 0965 48624, *Fax 0965 45525*, prenotare – ▤. AE ⓢ ⓓ ⓜ VISA per ①
chiuso dal 5 al 18 agosto e giovedì – **Pasto** specialità di mare 30/50000 e carta 40/70000.

XX **Bonaccorso,** via Nino Bixio 5 ✉ 89127 ✆ 0965 896048, *Fax 0965 896048* – ▤. AE ⓢ ⓓ ⓜ VISA JCB Z r
chiuso dall'8 al 22 agosto – **Pasto** 35/40000 e carta 45/70000.

X **Da Giovanni,** via Torrione 77 ✉ 89125 ✆ 0965 25481, prenotare – ⓢ ⓜ VISA. ✂ Z c
chiuso agosto e domenica, da ottobre a giugno chiuso domenica sera – **Pasto** carta 45/65000.

a Bocale Secondo *Sud : 16 km – ✉ 89060 :*

X **La Baita,** viale Paolo Renosto 4 ✆ 0965 676017, *Fax 0965 676102*, ≤, ⛱, prenotare – ▤ Ⓟ. AE ⓢ ⓓ VISA
chiuso ottobre, martedì e a mezzogiorno (escluso domenica) – **Pasto** specialità di mare carta 50/75000.

Send us your comments on the restaurants we recommend and your opinion on the specialities and local wines they offer.

REGGIOLO *42046 Reggio nell'Emilia* [428], [429] H 14 – *8 282 ab. alt. 20.*
Roma 434 – Mantova 39 – Modena 36 – Verona 71.

🏨 **Nabila,** via Marconi 4 ☎ 0522 973197, *Fax 0522 971222* – ▤ [TV] ☎ [P]. [AE] [S] ⓓ [MC] [VISA] [JCB]. ✂
chiuso dal 22 dicembre al 4 gennaio e dal 1° al 21 agosto – **Pasto** vedere rist ***Il Rigoletto*** – ☕ 12000 – **26 cam** 100/140000.

🏨 **Cavallo Bianco,** via Italia 5 ☎ 0522 972177, *Fax 0522 973798* – [ascensore] ▤ [TV] ☎ [P]. [AE] [S] ⓓ [MC] [VISA]
chiuso dal 1° al 10 gennaio ed agosto – **Pasto** *(chiuso sabato e domenica sera)* carta 45/75000 – **15 cam** ☕ 100/140000 – ½ P 100/120000.

🍴🍴🍴 **Il Rigoletto,** piazza Martiri 29 ☎ 0522 973520, Coperti limitati; prenotare, « Servizio estivo e giardino con laghetto » – ✂ ▤ [P]. [AE] [S] ⓓ [MC] [VISA] [JCB]
chiuso dal 1° al 7 gennaio, agosto e domenica – **Pasto** 60/90000 e carta 60/100000.

verso Gonzaga *Nord-Est : 3,5 km :*

🍴🍴 **Trattoria al Lago Verde,** via Caselli 24 ✉ 42046 ☎ 0522 973560, *Fax 0522 971577*, ⛱, 🌳 – [P]. [AE] [S] ⓓ [MC] [VISA]. ✂
chiuso lunedì – **Pasto** carta 40/65000.

REGGIO NELL'EMILIA *42100* [P] [988] ⑭, [428], [429], [430] H 13 *G. Italia* – *141 482 ab. alt. 58.*
Vedere *Galleria Parmeggiani*★ AY **M1.**
⛳18 *Matilde di Canossa (chiuso lunedì)* ☎ *0522 371295, Fax 0522 371204, per* ④*: 6 km.*
[i] *piazza Prampolini 5/c* ☎ *0522 451152, Fax 0522 436739.*
[A.C.I.] *via Secchi 9* ☎ *0522 452565.*
Roma 427 ② – *Parma 29* ⑤ – *Bologna 65* ② – *Milano 149* ②.

Piante pagine seguenti

🏨 **Albergo delle Notarie,** via Palazzolo 5 ☎ 0522 453500, *Fax 0522 453737* – [ascensore] ▤ [TV] ☎ 🚗 – 👥 65. [AE] [S] ⓓ [MC] [VISA] [JCB]. ✂ AZ r
chiuso agosto – **Pasto** vedere rist ***Delle Notarie*** – ☕ 20000 – **34 cam** 210/260000, 6 appartamenti.

🏨 **Gd H. Astoria Mercure,** viale Nobili 2 ☎ 0522 435245, *Fax 0522 453365*, ≤ – [ascensore] ▤ [TV] ☎ 📞 [P] – 👥 350. [AE] [S] ⓓ [MC] [VISA] AY f
Pasto al Rist. ***Le Terrazze*** *(chiuso domenica e dal 20 luglio ad agosto)* carta 40/75000 – **108 cam** ☕ 250/300000, 3 appartamenti – ½ P 200000.

🏨 **Posta** senza rist, piazza Del Monte 2 (già piazza Cesare Battisti) ☎ 0522 432944, *Fax 0522 452602* – [ascensore] ▤ [TV] ☎ [P] – 👥 120. [AE] [S] ⓓ [MC] [VISA]. ✂ AZ c
34 cam ☕ 230/300000, 9 appartamenti.

🏨 **Cristallo,** viale Regina Margherita 30 ☎ 0522 511811 e rist. 0522 515274, *Fax 0522 513073* – [ascensore] ▤ [TV] ☎ 🚗 [P] – 👥 80. [AE] [S] ⓓ [MC] [VISA] [JCB]. ✂ per ②
chiuso dal 23 dicembre al 2 gennaio, Pasqua ed agosto – **Pasto** al Rist. ***Cristallo*** *(chiuso domenica e dal 1° al 25 agosto)* carta 45/65000 – **80 cam** ☕ 125/180000 – ½ P 120/125000.

🏨 **Park Hotel,** via De Ruggero 1/b ☎ 0522 292141, *Fax 0522 292143* – [ascensore] ▤ [TV] ☎ ♿ [P] – 👥 40. [AE] [S] ⓓ [MC] [VISA]. ✂ rist per ④
Pasto (solo per alloggiati e *chiuso a mezzogiorno, sabato, domenica e da 10 al 20 agosto*) – **41 cam** ☕ 135/165000 – ½ P 135000.

🏨 **Airone,** via dell'Aeronautica 20 ☎ 0522 924111, *Fax 0522 515119* – [ascensore] ▤ [TV] ☎ ♿ [P] – 👥 100. [AE] [S] ⓓ [MC] [VISA]. ✂ rist per via Adua BY
– **Pasto** (solo per alloggiati e *chiuso a mezzogiorno, domenica e dal 10 al 20 agosto*) 25/35000 – **56 cam** ☕ 110/165000 – ½ P 100/110000.

🍴🍴🍴 **Delle Notarie** - Albergo delle Notarie, via Aschieri 4 ☎ 0522 453700, prenotare – ▤. [AE] [S] ⓓ [MC] [VISA] [JCB]. ✂ AZ r
chiuso agosto e domenica – **Pasto** 50/70000 (10 %) e carta 50/75000 (10 %).

🍴🍴 **5 Pini-da Pelati,** viale Martiri di Cervarolo 46 ☎ 0522 553663, *Fax 0522 553614*, prenotare – ▤ [P]. [AE] [S] ⓓ [MC] [VISA]. ✂ per viale Simonazzi AZ
chiuso dal 1° al 20 agosto, martedì sera e mercoledì – **Pasto** 65/80000 e carta 80/100000.

🍴🍴 La Cupola, via Sani 13 ☎ 0522 337010, prenotare la sera – ▤ BZ a
Pasto specialità di mare.

🍴🍴 **Caffe' Arti e Mestieri,** via Emilia San Pietro 16 ☎ 0522 432202, *Fax 0522 432224*, ⛱, Rist. e caffetteria – ▤. [AE] [S] ⓓ [MC] [VISA] BZ y
chiuso dal 24 al 30 dicembre, dal 7 al 23 agosto, domenica e lunedì – **Pasto** carta 45/80000.

🍴🍴 **Convivium,** vicolo Trivelli 2 ☎ 0522 453534 – ▤. ✂ AY a
chiuso martedì – **Pasto** specialità di mare carta 65/95000.

🍴 **Il Pozzo,** viale Allegri 7 ☎ 0522 451300, *Fax 0522 451300*, Rist. con enoteca; cucina anche oltre la mezzanotte, « Servizio estivo all'aperto » – ▤. [AE] [S] [MC] [VISA] AY b
chiuso dall'11 giugno al 3 luglio, domenica sera, lunedì, in luglio-agosto anche sabato a mezzogiorno – **Pasto** carta 45/70000.

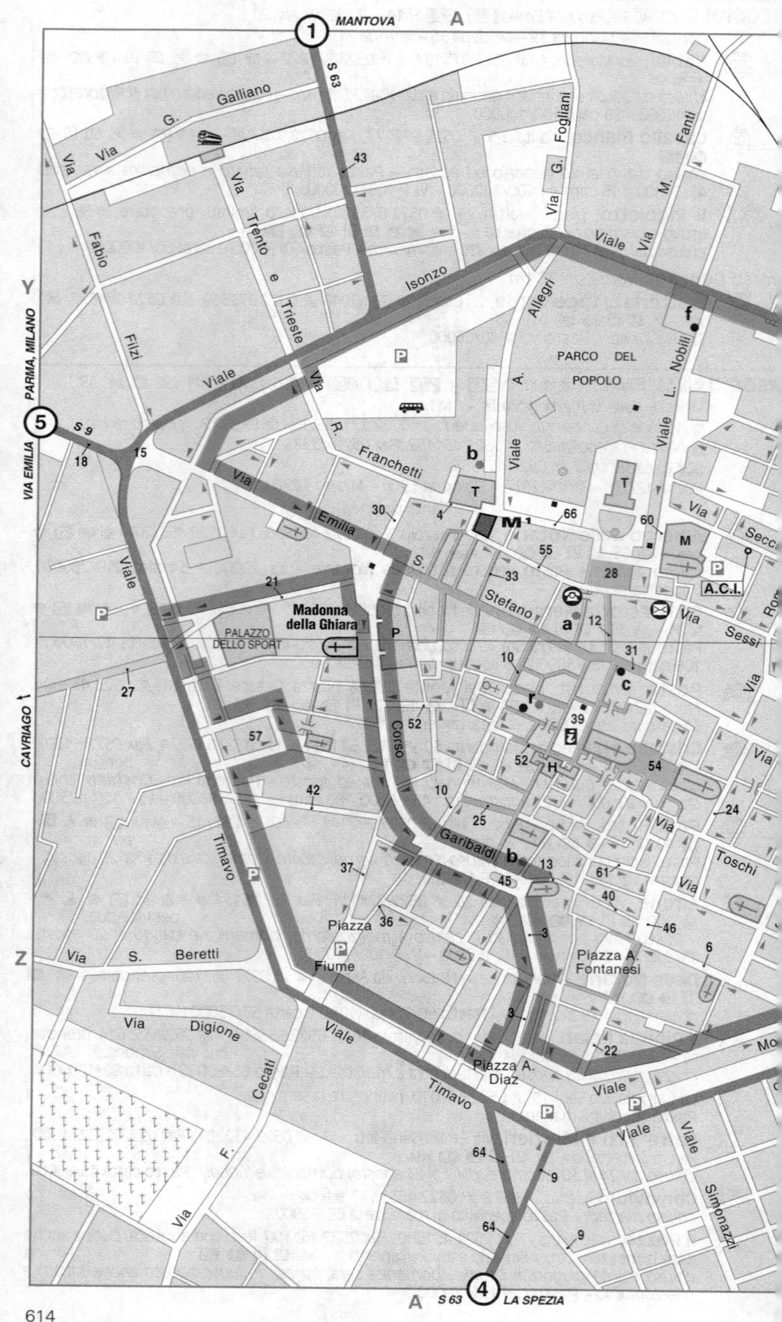
MANTOVA
A
S 63
Via G. Galliano
Via
Via
Via Trento e Trieste
Via G. Fogliani
Via M. Fanti
Viale
Fabio
Filzi
Viale Isonzo
Viale
Viale A. Allegri
PARCO DEL POPOLO
Viale L. Nobili
Via R. Franchetti
PARMA, MILANO
VIA EMILIA
S 9
Via Emilia S. Stefano
Madonna della Ghiara
PALAZZO DELLO SPORT
Corso Garibaldi
Via Secchi
Via Sessi
A.C.I.
CAVRIAGO
Viale Timavo
Via Toschi
Piazza Fiume
Piazza A. Fontanesi
Via S. Beretti
Via Digione
Via F. Cecati
Piazza A. Diaz
Viale Timavo
Viale
Viale
Viale Simonazzi
A
S 63
LA SPEZIA

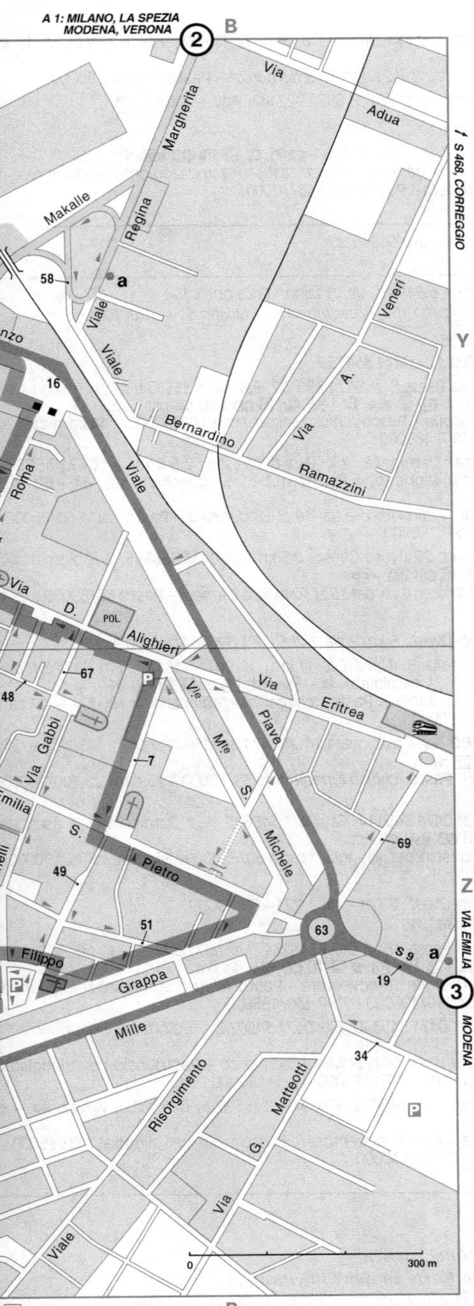

REGGIO EMILIA

Circolazione regolamentata nel centro città

Via	Settore	N.
Adua (Via)	BY	
Alighieri (Via D.)	BYZ	
Allegri (Viale A.)	AY	
Ariosto (Via L.)	AZ	3
Beretti (Via S.)	AZ	
Cairoli (Corso)	AY	4
Campo Marzio (Via)	AZ	6
Campo Samarotto (Via)	BY	7
Cassoli (Via F.)	AZ	9
Castello (Via G. da)	AZ	10
Cecati (Via F.)	AZ	
Crispi (Via F.)	AYZ	12
Cristo (Via del)	AZ	13
Diaz (Piazza A.)	AZ	
Digione (Via)	AZ	
Duca d'Aosta (Piazza)	AY	15
Duca degli Abruzzi (Piazza)	BY	16
Emilia all'Angelo (Via)	AY	18
Emilia all'Ospizio (Via)	BZ	19
Emilia S. Pietro (Via)	ABZ	
Emilia S. Stefano (Via)	AY	
Eritrea (Via)	BZ	
Fanti (Via M.)	AY	
Filzi (Via F.)	AY	
Fiume (Piazza)	AZ	
Fogliani (Via G.)	AY	
Fontanelli (Via)	BZ	
Fontanesi (Piazza A.)	AZ	
Franchetti (Via R.)	AY	
Gabbi (Via)	BZ	
Galliano (Via G.)	AY	
Garibaldi (Corso)	BYZ	
Guasco (Via)	AY	21
Guazzatoio (Via)	AZ	22
Guidelli (Via)	AZ	24
Isola di Malta (Via)	AZ	25
Isonzo (Viale)	ABY	
Magenta (Viale)	AZ	27
Makalle (Via)	BY	
Martiri del 7 Luglio (Piazza)	AY	28
Matteotti (Via G.)	BZ	
Mazzini (Via G.)	AY	30
Mille (Viale dei)	ABZ	
Monte (Piazza del)	AZ	31
Monte Grappa (Viale)	ABZ	
Monte S. Michele (Viale)	BZ	
Monzermone (Via)	AYZ	33
Nobili (Via L.)	AY	
Olimpia (Viale)	BZ	34
Panciroli (Via G.)	AZ	36
Piave (Viale)	BYZ	
Porta Brenone (Via)	AZ	37
Prampolini (Piazza)	AZ	39
Quinziane (Via delle)	AZ	40
Racchetta (Via della)	AZ	42
Ramazzini (Viale B.)	BY	
Regina Elena (Viale)	AY	43
Regina Margherita (Viale)	BY	
Risorgimento (Viale)	BZ	
Roma (Via)	ABY	
Roversi (Piazza L.)	AZ	45
S. Carlo (Via)	AZ	46
S. Domenico (Via)	BZ	48
S. Filippo (Via)	ABZ	
S. Girolamo (Via)	BZ	49
S. Martino (Via)	BZ	51
S. Pietro Martire (Via)	AZ	52
S. Prospero (Piazza)	AZ	54
S. Rocco (Via)	AY	55
S. Zenone (Piazza)	AZ	57
Secchi (Via)	AY	
Sessi (Via)	AYZ	
Sforza (Via G.)	BY	58
Simonazzi (Viale E.)	AZ	
Spallanzani (Via L.)	AY	60
Squadroni (Via)	AZ	61
Timavo (Viale)	AYZ	
Toschi (Via)	AZ	
Trento e Trieste	AY	
Tricolore (Piazza del)	BZ	63
Umberto I (Viale)	AZ	64
Veneri (Via A.)	BY	
Vittoria (Piazza della)	AY	66
Zaccagni (Via)	BZ	67
4 Novembre (Viale)	BZ	69

Trattoria della Ghiara, vicolo Folletto 1/C ☎ 0522 435755, *Fax 0522 435755.* VISA. Z b
chiuso dal 1° al 10 gennaio, dal 1° al 21 agosto e domenica – **Pasto** carta 45/65000.

Alti Spiriti, viale Regina Margherita 1/c ☎ 0522 922147, Rist.-enoteca – P BY a

a Codemondo *Ovest : 6 km – ✉ 42020 :*

La Brace, via Carlo Teggi 29 ☎ 0522 308800 – P. AE VISA.
chiuso dal 24 dicembre al 6 gennaio, agosto, sabato a mezzogiorno e domenica, in luglio-agosto anche sabato sera – **Pasto** carta 45/70000.

RENDE *Cosenza* 988 ㊴, 431 J 30 – *Vedere Cosenza.*

RENON (RITTEN) *Bolzano* 429 C 16 – *6 848 ab. alt. (frazione Collalbo) 1 154.*
Da Collalbo : Roma 664 – Bolzano 16 – Bressanone 52 – Milano 319 – Trento 80.

a Collalbo (Klobenstein) – – ✉ *39054.*
Municipio ☎ 0471 356100, Fax 0471 356799 :

Bemelmans Post, via Paese 8 ☎ 0471 356127, *Fax 0471 356531*, « Parco », riscaldata, – rist, P – 40. VISA. rist
chiuso dal 10 gennaio a Pasqua – **Pasto** *(chiuso sabato)* carta 25/50000 – **44 cam** 120/215000, 6 appartamenti – ½ P 180000.

Kematen, località Caminata 29 (Nord-Ovest : 2,5 km) ☎ 0471 356356, *Fax 0471 356363*, ← Dolomiti, Laghetto, « Tipiche stuben neogotiche », – P. VISA JCB.
chiuso dal 16 novembre al 17 dicembre e dal 16 al 28 gennaio – **Pasto** carta 60/90000 – **17 cam** 120/250000 – ½ P 155000.

Kematen, località Caminata 29 (Nord-Ovest : 2,5 km) ☎ 0471 356356, ← Dolomiti, « In un antico fienile » – P. VISA JCB
chiuso dal 14 novembre al 6 dicembre, dal 15 al 30 marzo e lunedì – **Pasto** 30/85000 e carta 50/85000.

a Costalovara (Wolfsgruben) *Sud-Ovest : 5 km – alt. 1 206 – ✉ 39059 Soprabolzano :*

Lichtenstern, via Stella 8 (Nord-Est : 1 km) ☎ 0471 345147, *Fax 0471 345635*, ← Dolomiti e pinete, riscaldata, – rist, P. VISA. rist
chiuso dal 15 gennaio al 15 aprile – **Pasto** *(chiuso martedì)* carta 45/80000 – **27 cam** 110/215000 – ½ P 100/130000.

Am Wolfsgrubener See, Costalovara 14 ☎ 0471 345119, *Fax 0471 345065*, ←, « In riva al lago », – P
chiuso marzo e novembre – **Pasto** *(chiuso lunedì)* carta 35/75000 – **25 cam** 100/200000 – ½ P 120000.

Maier, Costalovara 2 ☎ 0471 345114, *Fax 0471 345615*, ←, « Giardino con riscaldata e », – P. VISA. rist
aprile-5 novembre – **Pasto** (solo per alloggiati) carta 50/65000 – **24 cam** 95/190000 – ½ P 120000.

a Soprabolzano (Oberbozen) *Sud-Ovest : 7 km – alt. 1 221 – ✉ 39059.*
(Pasqua-ottobre) ☎ 0471 345245 :

Park Hotel Holzner, via Paese 18 ☎ 0471 345231, *Fax 0471 345593*, ←, « Parco con e riscaldata », – P. VISA. rist
25 dicembre-9 gennaio e 15 aprile-10 novembre – **Pasto** *(chiuso domenica sera e lunedì)* carta 50/70000 – **36 cam** 190/400000 – ½ P 130/185000.

Haus Fink, via Paese 15 ☎ 0471 345340, *Fax 0471 345074*, ← Dolomiti e vallata, – P.
chiuso dal 1° al 23 dicembre e dal 16 febbraio al 24 marzo – **Pasto** (solo per alloggiati e *chiuso a mezzogiorno)* – **15 cam** 85/170000 – ½ P 110000.

Regina, via Paese 27 ☎ 0471 345142, *Fax 0471 345596*, ← Dolomiti e vallata, – P. VISA. rist
16 dicembre-16 gennaio e aprile-14 novembre – **Pasto** (solo per alloggiati) 30/35000 – **27 cam** 115/210000 – ½ P 110/130000.

RESCHEN = *Resia.*

Wenn Sie ein ruhiges Hotel suchen,
benutzen Sie zuerst die Karte in der Einleitung
oder wählen Sie im Text ein Hotel mit dem Zeichen oder .

RESIA (RESCHEN) *Bolzano* 428, 429 B 13, 218 ⑧ – *alt. 1 494* – ✉ *39027 Resia all'Adige.*
0473 633101, Fax 0473 633140.
Roma 742 – Sondrio 141 – Bolzano 105 – Landeck 49 – Milano 281 – Trento 163.

Al Moro-Zum Mohren, via Nazionale 30 ✆ 0473 633120, *Fax 0473 633550*, – rist
chiuso dal 10 al 30 aprile e da novembre al 15 dicembre – **Pasto** carta 50/70000 – **26 cam** 130/260000 – ½ P 185000.

Seehotel, via Nazionale 19 ✆ 0473 633118, *Fax 0473 633420*, ≤ lago e monti, –
chiuso dal 10 al 31 maggio e dal 15 al 30 novembre – **Pasto** carta 40/55000 – **32 cam** 125/200000 – ½ P 115/125000.

REVERE *46036 Mantova* 429 G 15 – *2 582 ab. alt. 15.*
Roma 458 – Verona 48 – Ferrara 58 – Mantova 35 – Milano 210 – Modena 54.

Il Tartufo, via Guido Rossa 13 ✆ 0386 846166, *Fax 0386 846076*, Coperti limitati; prenotare – . AE VISA JCB.
chiuso dal 10 al 23 gennaio, dal 7 al 20 agosto e giovedì – **Pasto** 55/85000 e carta 45/100000.

REVIGLIASCO D'ASTI *14010 Asti* 428 H 6 – *865 ab. alt. 203.*
Roma 626 – Torino 63 – Alessandria 49 – Asti 11 – Cuneo 91.

Il Rustico, piazza Vittorio Veneto 2 ✆ 0141 208210, *Fax 0141 208210*, , solo su prenotazione – AE VISA.
chiuso dal 5 al 20 gennaio, martedì e a mezzogiorno (escluso domenica) – **Pasto** 80000.

REVINE *31020 Treviso* 429 D 18 – *alt. 260.*
Roma 590 – Belluno 37 – Milano 329 – Trento 131 – Treviso 50.

Ai Cadelach-Hotel Giulia con cam, via Grava 1 ✆ 0438 523011, *Fax 0438 524000*, , « Giardino con », – VISA.
chiuso dal 10 al 31 gennaio – **Pasto** *(chiuso lunedì)* carta 40/60000 – 12000 – **23 cam** 85/120000 – ½ P 90/95000.

REZZATO *25086 Brescia* 428, 429 F 12 – *12 280 ab. alt. 147.*
Roma 522 – Brescia 9 – Milano 103 – Verona 63.

La Pina, via Garibaldi 98 (Sud : 1 km) ✆ 030 2591443, *Fax 030 2591937*, – – 70. AE VISA.
Pasto *(chiuso agosto e lunedì)* carta 45/65000 – **13 cam** 80/130000 – ½ P 95000.

RHÊMES-NOTRE-DAME *11010 Aosta* 988 ① ②, 428 F 3 – *95 ab. alt. 1 723 – a.s. Pasqua, luglio-settembre e Natale – Sport invernali : 1 723/2 000 m 3,*
Roma 779 – Aosta 31 – Courmayeur 45 – Milano 216.

a Chanavey *Nord : 1,5 km – alt. 1 696 –* ✉ *11010 Rhêmes-Notre-Dame :*

Granta Parey , loc. Chanavey ✆ 0165 936104, *Fax 0165 936144*, ≤ monti e vallata, – VISA JCB. rist
chiuso novembre – **Pasto** carta 35/60000 – 15000 – **33 cam** 80/110000 – ½ P 120000.

RHO *20017 Milano* 988 ③, 428 F 9 – *51 717 ab. alt. 158.*
Green Club, a Lainate ✉ *20020* ✆ *02 9370869, Fax 02 9374401, Nord : 6 km.*
Roma 590 – Milano 16 – Como 36 – Novara 38 – Pavia 49 – Torino 127.

Locanda dell'Angelo, via Matteotti 7 ✆ 02 9303897, *Fax 02 9303897*, prenotare – . AE VISA.
chiuso dal 1° al 10 gennaio, domenica e lunedì; in dicembre e luglio-agosto chiuso solo domenica – **Pasto** specialità milanesi e lombarde 30/50000 bc (a mezzogiorno) 50/65000 (la sera) e carta 60/80000.

RIACE *89040 Reggio di Calabria* 431 L 31 – *1 680 ab. alt. 300.*
Roma 662 – Reggio di Calabria 128 – Catanzaro 7431 – Crotone 128 – Siderno.

a Riace Marina *Sud-Est : 9 km –* ✉ *89040 Riace :*

Federica, strada statale 106 ✆ 0964 771302, *Fax 0964 771305*, ≤, , , – . AE VISA.
Pasto carta 30/55000 – **16 cam** 90/150000 – ½ P 120000.

RIBERA *Agrigento* 988 ㉟, 432 O 21 – *Vedere Sicilia.*

RICAVO *Siena* 430 L 15 – *Vedere Castellina in Chianti.*

RICCIONE *47838 Rimini* 988 ⑮ ⑯, 429, 430 J 19 – *33 678 ab. – a.s. 15 giugno-agosto.*

piazzale Ceccarini 10 ✆ 0541 693302, Fax 0541 605752.

Roma 326 – Rimini 13 – Bologna 120 – Forlì 59 – Milano 331 – Pesaro 30 – Ravenna 64.

Gd H. Des Bains, viale Gramsci 56 ✆ 0541 601650, *Fax 0541 606350*, – 500. AE VISA.
Pasto carta 80/115000 – **64 cam** 270/470000, 6 appartamenti – 1/2 P 230/300000.

Atlantic M, lungomare della Libertà 15 ✆ 0541 601155, *Fax 0541 606402*, <, riscaldata – 250. AE VISA.
Pasto carta 60/80000 – **65 cam** 210/340000, 4 appartamenti – 1/2 P 190/220000.

Nautico M, lungomare della Libertà 19 ✆ 0541 601237, *Fax 0541 606638*, <, « Terrazza panoramica con riscaldata e solarium », – 300. AE VISA JCB. rist
Pasto (solo per alloggiati) – **65 cam** 250/300000, 4 appartamenti – 1/2 P 130/180000.

Lungomare, lungomare della Libertà 7 ✆ 0541 692880, *Fax 0541 692354*, <, « Rist. panoramico », P – 200. AE VISA.
chiuso dal 19 al 27 dicembre – **Pasto** *(20 maggio-20 settembre)* carta 55/65000 – **56 cam** 150/250000 – 1/2 P 130/190000.

Des Nations, lungomare Costituzione 2 ✆ 0541 647878 e rist ✆ 0541 644127, *Fax 0541 645154*, <, cam, P – 25. AE VISA. rist
Pasto al Rist. ***Osteria dal Minestraio*** *(chiuso dicembre e a mezzogiorno)* 40/65000 e carta 75/95000 – **28 cam** 220/410000, 4 appartamenti – 1/2 P 160/210000.

Diamond, viale Fratelli Bandiera 1 ✆ 0541 602600, *Fax 0541 602935*, – P. VISA. rist
Pasqua-settembre – **Pasto** 40/50000 – **40 cam** 110/200000, 15000 – 1/2 P 110/145000.

Roma, lungomare della Libertà 17 ✆ 0541 693222, *Fax 0541 692503*, <, riscaldata – P – 50. AE VISA. rist
Pasto *(20 maggio-25 settembre;* solo per alloggiati*)* carta 45/70000 – **34 cam** 150/250000 – 1/2 P 140/160000.

Corallo, viale Gramsci 113 ✆ 0541 600807, *Fax 0541 606400*, riscaldata, – P – 200. AE VISA JCB. rist
Pasto 40/60000 – **79 cam** 160/280000 – 1/2 P 200/240000.

President, viale Virgilio 12 ✆ 0541 692662, *Fax 0541 692662* – AE VISA. rist
chiuso da novembre a gennaio – **Pasto** *(maggio-settembre)* carta 45/60000 – 25000 – **26 cam** 170/300000 – 1/2 P 145/195000.

De la Ville senza rist, via Spalato 5 ✆ 0541 692720, *Fax 0541 692580*, « Giardino con » – P – 60. AE VISA
61 cam 180/400000, 5000.

Abner's, lungomare della Repubblica 7 ✆ 0541 600601, *Fax 0541 605400*, <, riscaldata, – P. AE VISA.
Pasto *(chiuso venerdì escluso giugno-settembre)* carta 60/80000 – **46 cam** 250/300000, 12 appartamenti, 20000 – 1/2 P 210000.

Dory, viale Puccini 4 ✆ 0541 642896, *Fax 0541 644588*, – P. AE VISA JCB.
chiuso dal 17 novembre al 25 dicembre e dal 6 gennaio a febbraio – **Pasto** (solo per alloggiati) – **46 cam** 95/190000 – 1/2 P 145000.

Novecento, viale D'Annunzio 30 ✆ 0541 644990, *Fax 0541 666490*, – P – 50. VISA.
chiuso novembre – **Pasto** *(15 maggio-settembre;* solo per alloggiati*)* 35000 – 15000 – **28 cam** 160/210000, 7 appartamenti, 5000.

Michelangelo, via Ponchielli 1 ✆ 0541 642887, *Fax 0541 643456*, <, riscaldata – – 60. AE VISA.
Pasto (solo per alloggiati) – **36 cam** 140/200000 – 1/2 P 150000.

Poker, viale D'Annunzio 61 ✆ 0541 647710, *Fax 0541 648699*, riscaldata – P. AE VISA JCB. rist
chiuso novembre e dicembre – **Pasto** 35/70000 – **60 cam** 130/240000 – 1/2 P 135000.

Arizona, viale D'Annunzio 22 ✆ 0541 644422, *Fax 0541 644108*, <, – P – 120. AE VISA.
chiuso novembre – **Pasto** (solo per alloggiati) 45/65000 – 18000 – **56 cam** 160/270000 – 1/2 P 195000.

Soraya, via Bramante 2 0541 600917, *Fax 0541 694033*, ←, – .
15 maggio-settembre – **Pasto** (solo per alloggiati) 30000 – 15000 – **44 cam** 100/150000 – ½ P 145000.

Strand Hotel, viale D'Annunzio 92 0541 646590, *Fax 0541 643488* – . rist
Pasto (solo per alloggiati) carta 45/65000 – **47 cam** 100/130000 – ½ P 110000.

Margareth, viale Mascagni 2 0541 645300, *Fax 0541 645369* –
stagionale – **50 cam.**

Club Hotel, viale D'Annunzio 58 0541 648082, *Fax 0541 643240*, ←, riscaldata – . rist
Pasqua-settembre – **Pasto** (solo per alloggiati) – 15000 – **68 cam** 120/200000 – ½ P 120/135000.

Admiral, viale D'Annunzio 90 0541 642202, *Fax 0541 642202* – . rist
15 maggio-27 settembre – **Pasto** (solo per alloggiati) – 15000 – **44 cam** 90/170000 – ½ P 85/105000.

Gemma, viale D'Annunzio 82 0541 643436, *Fax 0541 644910*, ←, riscaldata, – . rist
Pasto *(marzo-ottobre;* solo per alloggiati) carta 30/50000 – **41 cam** 100/160000 – ½ P 135000.

Select, viale Gramsci 89 0541 600613, *Fax 0541 600613*, – , rist, .
15 maggio-20 settembre – **Pasto** (solo per alloggiati) 25/35000 – **49 cam** 90/170000 – ½ P 65/110000.

Maestri, viale Gorizia 4 0541 691390, *Fax 0541 691444*, – .
aprile-25 settembre – **Pasto** (solo per alloggiati) 40/50000 – 13000 – **53 cam** 95/170000 – ½ P 70/135000.

Mon Cheri, viale Milano 9 0541 601104, *Fax 0541 601692* – . rist
Pasqua-settembre – **Pasto** (solo per alloggiati) – 10000 – **52 cam** 80/150000 – ½ P 60/100000.

Romagna, viale Gramsci 64 0541 600604, *Fax 0541 691612* – .
25 maggio-15 settembre – **Pasto** (solo per alloggiati) 35/50000 – 15000 – **50 cam** 90/140000 – ½ P 70/120000.

New Age senza rist, viale D'Annunzio 54 0541 648492, *Fax 0541 664238* – .
18 cam 125/210000.

Desiré, viale Cesare Battisti 33 0541 600851, *Fax 0541 690712* – .
10 giugno-14 settembre – **Pasto** (solo per alloggiati) 20000 – 6000 – **34 cam** 70/130000 – ½ P 80/85000.

Ardea, viale Monti 77 0541 641846, *Fax 0541 641846*, riscaldata – .
Pasqua e maggio-settembre – **Pasto** (solo per alloggiati) 20/30000 – 10000 – **40 cam** 80/140000, 10000 – ½ P 105000.

Eliseo, viale Monteverdi 3 0541 646548, *Fax 0541 647604*, – .
Pasqua, 24 aprile-2 maggio e 15 maggio-25 settembre – **Pasto** (solo per alloggiati; 15 maggio-25 settembre) 30/45000 – 10000 – **32 cam** 70/120000 – ½ P 65/100000.

Atlas, viale Catalani 28 0541 646666, *Fax 0541 647674* – , rist, .
10 maggio-25 settembre – **Pasto** (solo per alloggiati) – 10000 – **39 cam** 70/140000 – ½ P 75/90000.

Ida, viale D'Annunzio 59 0541 647510, *Fax 0541 647510* – . rist
giugno-settembre – **Pasto** 25000 – 10000 – **36 cam** 80/120000 – ½ P 85000.

Lugano, viale Trento Trieste 75 0541 606611, *Fax 0541 606004*, – , rist, . rist
15 maggio-settembre – **Pasto** (solo per alloggiati) – 10000 – **30 cam** 80/100000 – ½ P 100000.

Il Casale, viale Abruzzi (Riccione alta) 0541 604620, *Fax 0541 694016*, ←, – .
chiuso lunedì escluso giugno-settembre – **Pasto** carta 40/80000.

Al Pescatore, via Ippolito Nievo 11 0541 692717, – .
chiuso novembre e martedì in bassa stagione – **Pasto** specialità di mare carta 65/100000.

XX **Da Alfredo,** viale Monti 81 ✆ 0541 641303 – ▤. AE 𝕾 ◑ MC VISA. ✂
chiuso dal 25 ottobre al 17 dicembre e mercoledì – **Pasto** specialità di mare carta 55/8000

XX **Da Bibo,** via Parini 14 ✆ 0541 692526, *Fax 0541 692526*, Rist. e pizzeria – ▤. AE 𝕾 ◑ VISA. ✂
Pasto carta 55/90000.

RICCÒ DEL GOLFO DI SPEZIA *19020 La Spezia 428 J 11 – 3 369 ab. alt. 145.*

Roma 430 – La Spezia 10 – Genova 103 – Parma 128.

a Valgraveglia *Est : 6 km – ✉ 19020 Riccò del Golfo di Spezia :*

XX **La Casaccia,** via Valgraveglia 36 ✆ 0187 769700, 🍴, 🍴 – P. 𝕾 MC VISA
chiuso mercoledì – **Pasto** carta 45/60000.

RIETI *02100 P 988 ㉖, 430 O 20 G. Italia – 45 983 ab. alt. 402.*

Vedere *Giardino Pubblico★ in piazza Cesare Battisti – Volte★ del palazzo Vescovile.*

⛳9 *Belmonte (chiuso martedì) località Zoccani ✉ 02020 Belmonte ✆ (0765)77377, Fa (0765)77377.*

🅸 *piazza Vittorio Emanuele 17-portici del Comune ✆ 0746 203220.*

A.C.I. *via Lucandri 26 ✆ 0746 203339.*

Roma 78 – Terni 32 – L'Aquila 58 – Ascoli Piceno 113 – Milano 565 – Pescara 166 – Viterbo 9

Miramonti, piazza Oberdan 5 ✆ 0746 201333 e rist. ✆ 0746 204271, *Fax 0746 205790* ▤ TV ☎ – 🏛 40. AE 𝕾 ◑ MC VISA JCB. ✂
Pasto al Rist. ***Da Checco al Calice d'Oro*** *(chiuso lunedì)* carta 45/65000 – **27 cam** ☕ 110 170000, 3 appartamenti.

Grande Albergo Quattro Stagioni senza rist, piazza Cesare Battisti 1 ✆ 0746 271071, *Fax 0746 271090* – ▤ TV ☎. AE 𝕾 ◑ MC VISA. ✂
43 cam ☕ 120/160000, appartamento.

XX **Bistrot,** piazza San Rufo 25 ✆ 0746 498798, 🍴, Caratteristico ambiente, Coperti limitat prenotare – AE 𝕾 ◑ MC VISA JCB
chiuso dal 20 ottobre al 15 novembre, domenica e lunedì a mezzogiorno – **Pasto** 3500 *(solo la sera)* e carta 40/50000.

XX **La Pecora Nera,** via Terminillo 33 (Nord-Est : 1 km) ✆ 0746 497669, 🍴 – P. AE 𝕾 ◑ VISA JCB. ✂
chiuso dal 24 dicembre al 1º gennaio, dal 20 al 30 luglio e domenica – **Pasto** carta 40/6500

RIFREDDO *85010 Potenza 431 F 29 – alt. 1 090.*

Roma 370 – Potenza 12.

Giubileo 🐦, strada statale 92 ✆ 0971 479910, *Fax 0971 479910*, « Parco », 🏋, ≘s, 🏊 ✂ – ▤ TV ☎ ♿ 🚗 P – 🏛 300. AE 𝕾 ◑ MC VISA. ✂
Pasto 35/55000 – **71 cam** ☕ 140/170000 – ½ P 170000.

RIGOLI *Pisa 430 K 13 – Vedere San Giuliano Terme.*

RIMINI *47900 P 988 ⑮ ⑯, 429, 430 J 19 G. Italia – 130 160 ab. – a.s. 15 giugno-agosto.*

Vedere *Tempio Malatestiano★* ABZ A.

⛳18 *a Villa Verucchio ✉ 47040 ✆ 0541 678122, Fax 0541 670572, Sud-Ovest : 14 km.*

✈ *di Miramare (stagionale) per ① : 5 km ✆ 0541 373132, Fax 0541 377200 – Alitalia Aeroporto Miramare ✆ 0541 373132.*

🅸 *piazzale Cesare Battisti 1 (alla stazione) ✆ 0541 51331, Fax 0541 27927.*

A.C.I. *via Italia 29/b ✆ 0541 742961.*

Roma 334 ① – Ancona 107 ① – Milano 323 ④ – Ravenna 52 ④.

Pianta pagina seguente

Duomo senza rist, via Giordano Bruno 28/d ✆ 0541 24215, *Fax 0541 27842* – ▤ TV ☎ 🚗 – 🏛 50. AE 𝕾 ◑ MC VISA JCB AZ
43 cam ☕ 120/190000.

XX **Acero Rosso,** viale Tiberio 11 ✆ 0541 53577, 🍴 – AE 𝕾 ◑ VISA. ✂ AY
✿ *chiuso lunedì e da ottobre a marzo anche la domenica sera* – **Pasto** 30/50000 (a mezzogiorno) 55/110000 (alla sera) e carta 55/80000
Spec. Polentina soffice con calamaretti, zucchine e tartufo nero. Risotto all'astice con salsa di Sangiovese. Filetto di branzino al forno con verdure, prosciutto croccante e olio alle erbe aromatiche.

XX **Europa Piero e Gilberto,** viale Roma 51 ✆ 0541 28761, *Fax 0541 28761* – ▤. AE 𝕾 ◑ MC VISA. ✂ BZ
chiuso domenica – **Pasto** carta 45/70000.

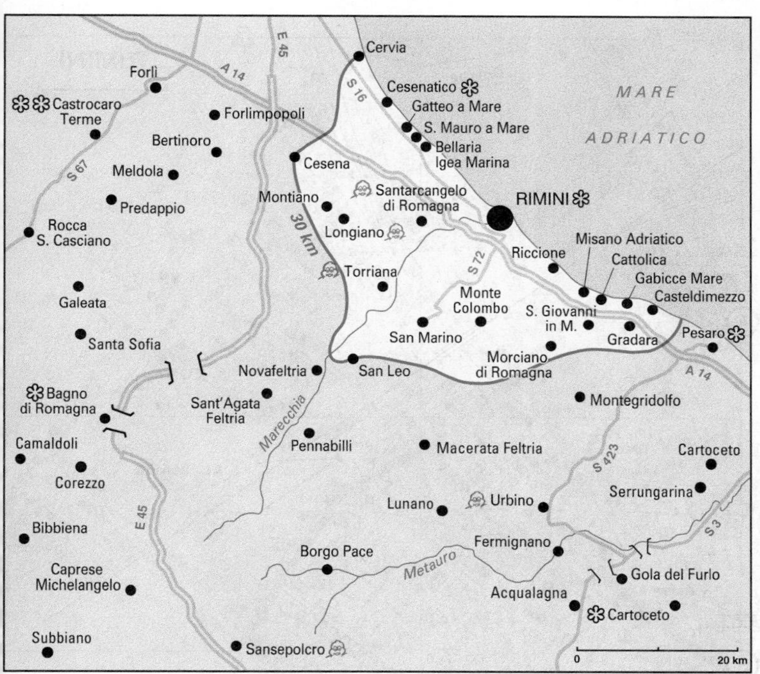

XX **Trattoria Marinelli-da Vittorio,** viale Valturio 39 ✆ 0541 783289, *Fax 0541 782484* – ▤. AE 🄱 ⓓ MC VISA JCB AZ h
chiuso lunedì e da ottobre ad aprile anche martedì – **Pasto** specialità di mare carta 70/100000.

al mare :

ℹ *piazzale Fellini 3 ✆ 0541 56902, Fax 0541 56598 :*

Grand Hotel, parco Fellini 2 ✆ 0541 56000, *Fax 0541 56866*, ≤, « Giardino ombreggiato con piscina riscaldata », Fö, ▲, % – |‡| ▤ TV ☎ ✆ ♿ P – 🏔 350. AE 🄱 ⓓ MC VISA. ✂ rist BY g
Pasto carta 85/110000 – **105 cam** ☕ 370/610000, 12 appartamenti – ½ P 315/365000.

Holiday Inn M, viale Vespucci 16 ✆ 0541 52255, *Fax 0541 28806*, ≤, « Ristorante panoramico », ≘s, piscina, ▲ – |‡| ⇄ ▤ TV ☎ ✆ P – 🏔 220. AE 🄱 ⓓ MC VISA JCB. ✂ rist BY k
Pasto carta 100/140000 – **56 cam** ☕ 290/400000, 8 appartamenti – ½ P 250/350000.

Savoia M senza rist, lungomare Murri 13 ✆ 0541 393322, *Fax 0541 386462*, ▲ – |‡|, ⇄ cam, ▤ TV ☎ ✆ ♿ 🚗 – 🏔 140. AE 🄱 ⓓ MC VISA. ✂ BZ d
90 cam ☕ 350/420000, 6 appartamenti.

Ambasciatori M, viale Vespucci 22 ✆ 0541 55561, *Fax 0541 23790*, ≤, piscina – |‡| ▤ TV ☎ ✆ P – 🏔 200. AE 🄱 ⓓ MC VISA. ✂ rist BY e
Pasto carta 65/100000 – **66 cam** ☕ 250/380000, 4 appartamenti – ½ P 200/360000.

Milton, viale Colombo 2 ✆ 0541 54600, *Fax 0541 54698*, ≤, Fö, ≘s, piscina, 🌳 – |‡| ▤ TV ☎ P – 🏔 90. AE 🄱 ⓓ MC VISA JCB. ✂ BY d
Pasto *(aprile-ottobre)* carta 60/85000 – **58 cam** ☕ 200/260000, 2 appartamenti – ½ P 190000.

Continental e dei Congressi M, viale Vespucci 40 ✆ 0541 391300, *Fax 0541 391350*, ≤, ≘s, piscina, ▲ – |‡| ▤ TV ☎ ♿ 🚗 P – 🏔 300. AE 🄱 ⓓ MC VISA JCB. ✂ rist BY b
Pasto (solo per alloggiati) 40/75000 – **110 cam** ☕ 150/350000, 5 appartamenti – ½ P 175/205000.

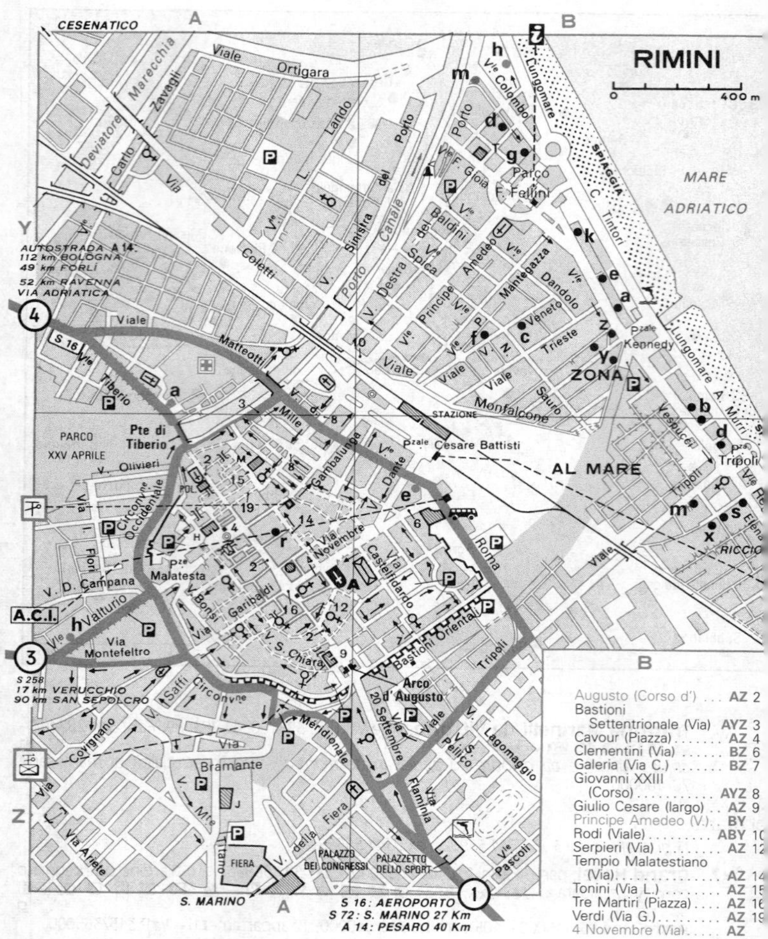

National [M], viale Vespucci 42 ☎ 0541 390944, *Fax 0541 390954*, ≤, ₣₺, ≘s, ⛱ riscaldata, 🏖 – 🏢 ▤ TV ☎ ✆ P – 🅰 250. AE ⑤ ⓓ ⓜ VISA. ✂ rist
BYZ b
chiuso dal 5 dicembre al 10 gennaio – **Pasto** *(maggio-ottobre;* solo per alloggiati*)* 45/65000 – **83 cam** ☐ 170/290000, 3 appartamenti – ½ P 190000.

Waldorf, viale Vespucci 28 ☎ 0541 54725, *Fax 0541 53153*, « Giardino e terrazza panoramica con ⛱ », ₣₺, ≘s, 🎾 – 🏢, ⇌ cam, ▤ TV ☎ ✆ P – 🅰 60. AE ⑤ ⓓ ⓜ VISA. ✂ rist
BY a
Pasto *(chiuso domenica)* carta 40/80000 – **60 cam** ☐ 150/320000 – ½ P 240000.

Diplomat Palace, viale Regina Elena 70 ☎ 0541 380011, *Fax 0541 380414*, ≤, ⛱ – 🏢 ▤ TV ☎ ✆ P – 🅰 50. AE ⑤ ⓓ ⓜ VISA. ✂ rist
BZ
Pasto carta 55/75000 – **75 cam** ☐ 160/240000 – ½ P 150/170000.

Mercure-La Gradisca [M], viale Fiume 1 ☎ 0541 25200, *Fax 0541 56299* – 🏢 ▤ TV ☎ ✆ – 🅰 150. AE ⑤ ⓓ ⓜ VISA. ✂ rist
BY y
Pasto carta 50/65000 – **52 cam** ☐ 200/320000 – ½ P 180000.

Jolly Hotel Villa Rosa, viale Vespucci 71 ☎ 0541 22506, *Fax 0541 27940*, 🏖 – 🏢 ▤ TV ☎ ✆ – 🅰 150. AE ⑤ ⓓ ⓜ VISA JCB. ✂ rist
BY z
Pasto al Rist. ***Vespucci*** carta 45/60000 – **60 cam** ☐ 210/300000 – ½ P 195000.

Luxor M, viale Tripoli 203 ✆ 0541 390990, *Fax 0541 392490* – |‡| ▤ TV ☎ ✆ ♿ P. AE ⓢ ⓓ ⓜ VISA JCB. ✧ BZ m
Pasto (*giugno-settembre*; solo per alloggiati) 25/35000 – **39 cam** ☕ 115/200000 – ½ P 75/115000.

Vienna Ostenda, via Regina Elena 11 ✆ 0541 391020, *Fax 0541 391032* – |‡| ▤ TV ☎ P – 🏫 100. AE ⓢ ⓓ ⓜ VISA JCB. ✧ rist BZ s
Pasto 35/80000 – **46 cam** ☕ 150/280000, 3 appartamenti – ½ P 195000.

Marittima senza rist, via Parisano 24 ✆ 0541 392525, *Fax 0541 390892* – |‡| ⇹ ▤ TV ☎. AE ⓢ ⓓ ⓜ VISA BZ s
40 cam ☕ 75/130000.

Residence Hotel Parioli senza rist, viale Vittorio Veneto 14 ✆ 0541 55078 – |‡| ▤ TV ☎ P. AE ⓢ ⓓ ⓜ VISA. ✧ BY f
☕ 10000 – 44 appartamenti 85/250000.

Ariminum, viale Regina Elena 159 ✆ 0541 380472, *Fax 0541 389301*, ≘s – |‡| ▤ TV ☎ P – 🏫 120. AE ⓢ ⓓ ⓜ VISA. ✧ BZ
Pasto carta 30/50000 – ☕ 20000 – **51 cam** 120/180000, ▤ 5000 – ½ P 130000.

Levante, viale Regina Elena 88 ✆ 0541 392554, *Fax 0541 383074*, ≤, ⛱ – |‡| ▤ TV ☎ ✆ P – 🏫 30. AE ⓢ ⓓ ⓜ VISA JCB. ✧ rist BZ
Pasto (*maggio-settembre*) carta 35/55000 – **48 cam** ☕ 90/180000 – ½ P 130000.

Acasamia, viale Parisano 34 ✆ 0541 391370, *Fax 0541 391816* – |‡| ▤ TV ☎ P. AE ⓢ ⓓ ⓜ VISA JCB. ✧ rist BZ x
Pasto (*Pasqua e giugno-settembre*; solo per alloggiati) 30/40000 – **40 cam** ☕ 95/170000 – ½ P 75/110000.

Villa Bianca, viale Regina Elena 24 ✆ 0541 381458, *Fax 0541 381348*, ⛱ – |‡| ▤ TV ☎ ♿ P. AE ⓢ ⓓ ⓜ VISA. ✧ BZ c
aprile-ottobre – **Pasto** (solo per alloggiati) carta 30/45000 – **64 cam** ☕ 110/180000 – ½ P 125000.

Relais Mercure Tiberius, viale Cormons 6 ✆ 0541 54226, *Fax 0541 27631* – |‡| ▤ TV ☎ P – 🏫 80. AE ⓢ ⓓ ⓜ VISA. ✧ rist BY y
Pasto carta 40/60000 – **81 cam** ☕ 140/200000 – ½ P 130000.

Perù, via Metastasio 3 ✆ 0541 381677, *Fax 0541 381380* – |‡|, ⇹ cam, ▤ TV ☎ P – 🏫. AE ⓢ ⓓ ⓜ VISA. ✧ rist per viale Regina Elena BZ
Pasto (*maggio-settembre*) 40000 – **40 cam** ☕ 110/150000 – ½ P 115000.

Rondinella e Dependance Viola, via Neri 3 ✆ 0541 380567, *Fax 0541 380567*, ⛱ – |‡| ▤ TV ☎ P. AE ⓢ ⓓ ⓜ VISA. ✧ rist per viale Regina Elena BZ
Pasto (Pasqua-settembre; solo per alloggiati) 25/30000 – ☕ 8000 – **52 cam** 60/90000, ▤ 10000 – ½ P 60/80000.

Villa Lalla, viale Vittorio Veneto 22 ✆ 0541 55155, *Fax 0541 23570* – ▤ TV ☎ ✆. AE ⓢ ⓓ ⓜ VISA JCB. ✧ BY c
Pasto (giugno-settembre; solo per alloggiati) 20/50000 – **40 cam** ☕ 100/160000 – ½ P 105000.

Lo Squero, lungomare Tintori 7 ✆ 0541 27676, *Fax 0541 53881*, ≤, ⛱ – AE ⓢ ⓓ ⓜ VISA. ✧ BY h
chiuso novembre, dicembre e martedì in bassa stagione – **Pasto** specialità di mare carta 75/105000.

Da Oberdan-il Corsaro, via Destra del Porto 159 ✆ 0541 27802, *Fax 0541 55002* – ▤. AE ⓢ ⓓ ⓜ VISA. ✧ BY m
chiuso lunedì – **Pasto** specialità di mare carta 60/95000.

a Marebello *per ① : 3 km – ✉ 47900 Rimini :*

Carlton, viale Regina Margherita 6 ✆ 0541 372361, *Fax 0541 374540*, ≤ – |‡| ▤ TV ☎ P – 🏫 80. ✧ rist
Pasto (*maggio-settembre* e solo per alloggiati) 35000 – ☕ 10000 – **67 cam** 80/135000, ▤ 10000 – ½ P 70/120000.

Aran, viale Siracusa 38 ✆ 0541 372334, *Fax 0541 372334*, ⛱, ⛱ – |‡|, ⇹ rist, ☎ P. ✧ rist
20 maggio-15 settembre – **Pasto** (solo per alloggiati) 25000 – ☕ 7000 – **29 cam** 60/90000 – ½ P 85000.

a Rivazzurra *per ① : 4 km – ✉ 47831 :*

De France, viale Regina Margherita 48 ✆ 0541 379711, *Fax 0541 379700*, ≤, ⛱ – |‡| ▤ TV ☎ ♿ P. AE ⓢ ⓓ ⓜ VISA. ✧ rist
9 aprile-settembre – **Pasto** (solo per alloggiati e *chiuso a mezzogiorno*) 30/55000 – ☕ 17500 – **66 cam** 100/185000 – ½ P 185000.

a Vergiano *per ③ : 4,5 km – ✉ 47037 :*

La Baracca, via Marecchiese 373 ✆ 0541 727483, ⛱ – P. AE ⓢ ⓓ ⓜ VISA
chiuso dal 1º al 15 luglio, agosto e mercoledì – **Pasto** carta 35/50000.

a Viserba *per ④ : 5 km – ✉ 47811.*

ℹ *(maggio-settembre) viale G. Dati 180/a ☎ 0541 738115, Fax 0541 735555 :*

La Torre senza rist, via Dati 52 ☎ 0541 732855, *Fax 0541 732283* – ▮ ▤ TV ☎ P. AE ⑤ MC VISA. ✂
☐ 8000 – **16 cam** 70/140000.

a Miramare *per ① : 5 km – ✉ 47831 Miramare di Rimini.*

ℹ *(maggio-settembre) via Martinelli 11/a ☎ 0541 372112, Fax 0541 0541 372112 :*

Nettunia, via Regina Margherita 203 ☎ 0541 372067, *Fax 0541 377877,* Ls, ≘s – ▮ ▤ ☎ – 🏛 30. AE ⑤ ⓓ VISA. ✂ rist
Pasto *(giugno-settembre;* solo per alloggiati*)* 30000 – **44 cam** ☐ 150/270000 ½ P 175000.

Giglio, viale Principe di Piemonte 18 ☎ 0541 372738, *Fax 0541 377490,* ≤, ⛱, ⛱ – ▮ ☎ P. AE ⑤ MC VISA. ✂ rist
Pasqua-settembre – **Pasto** 35/40000 – ☐ 10000 – **42 cam** 85/135000, ▤ 10000 – ½ P 8 95000.

Arno, viale Martinelli 9 ☎ 0541 372369, *Fax 0541 373106,* ⛱ riscaldata – ▮, ▤ rist, TV P. AE ⑤ ⓓ MC VISA. ✂
15 maggio-15 settembre – **Pasto** (solo per alloggiati) 30/40000 – ☐ 10000 – **47 ca** 105/160000 – ½ P 115000.

a Viserbella *per ④ : 6 km – ✉ 47811 :*

Sirio, via Spina 3 ☎ 0541 734639, *Fax 0541 733370,* « Giardino con ⛱ », Ls – ▮, ▤ rist, ☎ P. ✂
13 maggio-20 settembre – **Pasto** 30/40000 – **50 cam** ☐ 160000 – ½ P 85/105000.

Life, via Porto Palos 34 ☎ 0541 738370, *Fax 0541 734810,* ≤, ⛱ riscaldata – ▮ TV ☎ P. MC VISA. ✂ rist
25 maggio-15 settembre – **Pasto** 25/40000 – **50 cam** ☐ 115/180000 – ½ P 100000.

Albatros, via Porto Palos 170 ☎ 0541 720300, *Fax 0541 720549,* ≤, ⛱ riscaldata – ▮ ☎ P. ✂ rist
10 maggio-20 settembre – **Pasto** 20/35000 – ☐ 12000 – **44 cam** 60/85000 – ½ P 95000.

Biagini, via Porto Palos 85 ☎ 0541 721202, *Fax 0541 722366,* ≤, ⛱ – ▮ TV ☎ P. AE ⑤ MC VISA JCB. ✂
10 maggio-settembre – **Pasto** 25/40000 – ☐ 25000 – **22 cam** 75/110000 – ½ P 65 100000.

Diana, via Porto Palos 15 ☎ 0541 738158, *Fax 0541 738096,* ≤, ⛱ riscaldata – ▤ rist, P. AE ⑤ ⓓ MC VISA JCB. ✂ rist
aprile-settembre – **Pasto** 25/35000 – ☐ 8000 – **38 cam** 70/100000 – ½ P 65/95000.

a Torre Pedrera *per ④ : 7 km – ✉ 47812.*

ℹ *(maggio-settembre) viale San Salvador 44/e ☎ 0541 720182 :*

Avila In, via San Salvador 192 ☎ 0541 720173, *Fax 0541 721182,* ≤, ≘s, ⛱ riscaldata, ⛱ ✂ – ▮ ▤ TV ☎ P – 🏛 700. AE ⑤ ⓓ MC VISA. ✂ rist
chiuso novembre – **Pasto** 30/50000 – **65 cam** ☐ 100/180000 – ½ P 115000.

Graziella, via San Salvador 56 ☎ 0541 720316, *Fax 0541 720316,* ≤, ⛱ – ▮ ▤ TV ☎ P ✂
20 maggio-15 settembre – **Pasto** (solo per alloggiati) 30/35000 – ☐ 13000 – **81 ca** 80/120000, ▤ 11000 – ½ P 115000.

Bolognese, via San Salvador 134 ☎ 0541 720210, *Fax 0541 721240,* ≤ – ▤ rist, TV ☎ P AE ⑤ ⓓ MC VISA JCB. ✂
aprile-settembre – **Pasto** 40000 – ☐ 15000 – **44 cam** 85/150000 – ½ P 80/100000.

Du Lac, via Lago Tana 12 ☎ 0541 720462, *Fax 0541 720274* – ▮, ⋟ rist, ▤ rist, TV ☎ P. MC VISA. ✂
15 maggio-20 settembre – **Pasto** (solo per alloggiati) 30/35000 – **52 cam** ☐ 90/160000 – ½ P 90/95000.

sulla superstrada per San Marino *per ① : 11 km :*

Cucina della Nonna, via Santa Aquilina 77 ✉ 47900 ☎ 0541 759125, ≤, ⛱ – P. AE ⑤ ⓓ MC VISA. ✂
chiuso dal 1° al 15 luglio e mercoledì – **Pasto** 35/45000 e carta 40/70000.

Se cercate un albergo tranquillo,
oltre a consultare le carte dell'introduzione,
individuate nell'elenco degli esercizi quelli con il simbolo 🐦 *o* 🐦.

RIO DI PUSTERIA (**MÜHLBACH**) *39037 Bolzano* [429] B 16 – *2 596 ab. alt. 777 – Sport invernali : 777/2 010 m* 3 11, .

via Katerina Lanz 90 ☎ 0472 849467, Fax 0472 849849.

Roma 689 – Bolzano 48 – Brennero 43 – Brunico 25 – Milano 351 – Trento 112.

Ansitz Kandlburg, via Dei Giudici 4 ☎ 0472 849792, *Fax 0472 849874*, « Residenza nobiliare con origini del 13° secolo », – ☎ – 60. [AE] [VISA].
Pasto (solo per alloggiati) – **15 cam** 95/220000 – 1/2 P 130000.

Giglio Bianco-Weisse Lilie, piazza Chiesa 2 ☎ 0472 849740, *Fax 0472 849730* – ☎. [AE] [VISA]
chiuso dal 5 novembre al 1° dicembre – **Pasto** (solo per alloggiati) – **13 cam** 55/110000 – 1/2 P 65/80000.

Pichler, via Caterina Lanz 5 ☎ 0472 849458, *Fax 0472 849800*, Coperti limitati; prenotare – [P]. [VISA]
chiuso dal 18 giugno al 15 luglio, lunedì e martedì – **Pasto** carta 65/105000.

a Valles (**Vals**) *Nord-Ovest : 7 km – alt. 1 354 – ✉ 39037 Rio di Pusteria :.*

☎ 0472 547016

Masl, Valles 44 ☎ 0472 547187, *Fax 0472 547045*, ,,,, – , rist, ☎ [P]. rist
dicembre-aprile e giugno-ottobre – **Pasto** carta 30/40000 – **41 cam** 80/150000 – 1/2 P 110000.

Huber, ☎ 0472 547186, *Fax 0472 547240*, monti e vallata, ,, – , rist, rist, ☎ [P]. rist
chiuso dal 1° aprile al 13 maggio e dal 2 novembre al 20 dicembre – **Pasto** carta 40/60000 – **35 cam** 100/170000 – 1/2 P 140000.

a Maranza (**Meransen**) *Nord : 9 km – alt. 1 414 – ✉ 39037 Rio di Pusteria.*

piazza Funivia 123 ☎ 0472 520197, Fax 0472 520125 :

Gitschberg, via Maranza 48 ☎ 0472 520170, *Fax 0472 520288*, monti e vallata, ,, – , rist, ☎ [P]. [AE] [VISA] [JCB]. cam
20 dicembre-10 aprile e giugno-25 ottobre – **Pasto** 35/45000 – **31 cam** 85/210000 – 1/2 P 95/125000.

RIOLO *Lodi – Vedere Lodi.*

RIOLO TERME *48025 Ravenna* [988] ⑮, [429], [430] J 17 – *5 229 ab. alt. 98 – Stazione termale (15 aprile-ottobre), a.s. 20 luglio-settembre.*

La Torre (chiuso martedì) ☎ 0546 74035, Fax 0546 74076.

via Aldo Moro 2 ☎ 0546 71044.

Roma 368 – Bologna 52 – Ferrara 97 – Forlì 30 – Milano 265 – Ravenna 48.

Gd H. Terme, via Firenze 15 ☎ 0546 71041, *Fax 0546 71215*, « Parco ombreggiato », – ☎ [P] – 250. [AE] [VISA] [JCB]. rist
chiuso gennaio – **Pasto** carta 45/55000 – **65 cam** 130/200000 – 1/2 P 140000.

Golf Hotel delle Terme, via Belvedere 6 ☎ 0546 71447, *Fax 0546 77021* – ☎ – 150. [AE] [VISA]. rist
chiuso gennaio – **Pasto** *(chiuso gennaio, febbraio e lunedì)* carta 45/75000 – 13000 – **33 cam** 95/150000 – 1/2 P 115000.

Cristallo, via Firenze 7 ☎ 0546 71160, *Fax 0546 71879* – , rist, ☎ [P]. [AE] [VISA].
Pasto carta 35/55000 – 15000 – **60 cam** 85/120000 – 1/2 P 80000.

RIOMAGGIORE *19017 La Spezia* [988] ⑬ ⑭, [428] J 11 *G. Italia – 1 881 ab..*

Roma 432 – La Spezia 10 – Genova 119 – Milano 234 – Massa.

Due Gemelli, via Litoranea 9, località Campi Est : 4,5 km ☎ 0187 731320, *Fax 0187 731320*, – ☎ [P].
Pasto (solo per alloggiati) 40/60000 – 12000 – **14 cam** 120/140000 – 1/2 P 120000.

RIO MARINA *Livorno* [430] N 13 – *Vedere Elba (Isola d').*

RIO NELL'ELBA *Livorno* [430] N13 – *Vedere Elba (Isola d').*

RIONERO IN VULTURE *85028 Potenza* 988 ㉘, 431 E 29 – *13 454 ab. alt. 662.*
Roma 364 – Potenza 43 – Foggia 133 – Napoli 176 – Bari 46.

San Marco, via Largo Fiera ✆ 0972 724121 – |‡| ▤ TV ☎ ♿ P. AE 🅂 ⦿ MC VISA. ✂
Pasto *(chiuso venerdì)* carta 25/35000 – ☕ 10000 – **25 cam** 65/80000 – ½ P 65000

RIPALTA CREMASCA *26010 Cremona* 428 G 11 – *3 048 ab. alt. 77.*
Roma 542 – Piacenza 36 – Bergamo 44 – Brescia 55 – Cremona 39 – Milano 48.

XX **La Rosa Gialla,** via Vittorio Veneto 26 ✆ 0373 80235 – ▤ P. AE 🅂 ⦿ MC VISA. ✂
chiuso dal 1° al 20 gennaio, dal 17 al 23 luglio e mercoledì – **Pasto** carta 65/80000.

a Bolzone *Nord-Ovest : 3 km* – ✉ *26010 Ripalta Cremasca :*

X **Via Vai,** via Libertà 18 ✆ 0373 268232, ☂, Coperti limitati; prenotare – ✂
chiuso agosto, martedì, mercoledì ed a mezzogiorno (escluso sabato, domenica ed i giorni festivi) – **Pasto** carta 45/65000.

RISCONE (REISCHACH) *Bolzano* 429 B 17 – *Vedere Brunico.*

RITTEN = *Renon.*

RIVA DEL GARDA *38066 Trento* 988 ④, 428, 429 E 14 *G. Italia* – *14 358 ab. alt. 70* – *a.s. dicembre-20 gennaio e Pasqua.*
Vedere *Lago di Garda**** – *Città vecchia**.
🅘 *Giardini di Porta Orientale 8 ✆ 0464 554444, Fax 0464 520308.*
Roma 576 – Trento 43 – Bolzano 103 – Brescia 75 – Milano 170 – Venezia 199 – Verona 87.

Du Lac et Du Parc ⛰, viale Rovereto 44 ✆ 0464 551500, *Fax 0464 555200*, ≤, « Grande parco con laghetti e ⛱ riscaldata », ⛱, ⛱, ✂ – |‡|, ▤ rist, TV ☎ P. – 👥 250. AE 🅂 ⦿ MC VISA. ✂ rist
aprile-ottobre – **Pasto** carta 70/100000 – **170 cam** ☕ 220/490000, 4 appartamenti – ½ P 285000.

Grand Hotel Liberty, viale Carducci 3/5 ✆ 0464 553581, *Fax 0464 551144*, « Giardino » – |‡| TV ☎ P. AE 🅂 ⦿ MC VISA. ✂ rist
Pasto *(chiuso martedì in bassa stagione)* carta 45/65000 – **90 cam** ☕ 180/280000 – ½ P 170000.

Parc Hotel Flora senza rist, viale Rovereto 54 ✆ 0464 553221, *Fax 0464 554434*, « Giardino con ⛱ riscaldata » – |‡| ▤ TV ☎ P. – 👥 45. AE 🅂 ⦿ MC VISA
☕ 15000 – **32 cam** 130/220000.

Luise, viale Rovereto 9 ✆ 0464 552796, *Fax 0464 554250*, ⛱, 🌳, ✂ – |‡| ▤ TV ☎ ♿ P – 👥 70. AE 🅂 ⦿ MC VISA. ✂
Pasto (solo per alloggiati) carta 50/75000 – **69 cam** ☕ 170/260000 – ½ P 160000.

Europa, piazza Catena 9 ✆ 0464 555433, *Fax 0464 521777*, ≤, ☂ – |‡| ▤ TV ☎ ♿ – 👥 60. AE 🅂 ⦿ MC VISA. ✂
Pasqua-ottobre – **Pasto** carta 40/60000 – **63 cam** ☕ 130/230000 – ½ P 135/150000.

Mirage, viale Rovereto 97/99 ✆ 0464 552671, *Fax 0464 553211*, ≤, ⛱ – |‡| ▤ TV ☎ 🚗 P. – 👥 100. AE 🅂 ⦿ MC VISA. ✂ rist
Pasqua-ottobre – **Pasto** 30000 – **55 cam** ☕ 110/190000 – ½ P 115/130000.

Venezia ⛰, viale Rovereto 62 ✆ 0464 552216, *Fax 0464 556031*, « Giardino con ⛱ » – TV ☎ P. 🅂 VISA. ✂ rist
10 marzo-ottobre – **Pasto** carta 60/80000 – **24 cam** ☕ 105/200000 – ½ P 100/120000.

Miravalle senza rist, via Monte Oro 9 ✆ 0464 552335, *Fax 0464 521707*, « Giardino ombreggiato con ⛱ » – TV ☎ P. 🅂 MC VISA
aprile-ottobre – **29 cam** ☕ 140/160000.

Gabry ⛰, via Longa 6 ✆ 0464 553600, *Fax 0464 553624*, ⛱, 🌳 – |‡| TV ☎ P. 🅂 MC VISA. ✂
aprile-ottobre – **Pasto** (solo per alloggiati e *chiuso a mezzogiorno*) 30000 – **39 cam** ☕ 115/170000 – ½ P 95000.

Campagnola, via San Tommaso 11 (Nord-Est : 2 km) ✆ 0464 521103, *Fax 0464 521266*, ⛱, 🌳 – |‡| TV ☎ P. 🅂 ⦿ MC VISA. ✂
Pasto *(chiuso domenica)* carta 30/55000 – **46 cam** ☕ 95/150000 – ½ P 70/90000.

Ancora, via Montanara 2 ✆ 0464 522131, *Fax 0464 550050*, ☂ – |‡| TV ☎. AE 🅂 ⦿ MC VISA. ✂ cam
chiuso febbraio – **Pasto** *(chiuso giovedì escluso da luglio a settembre)* carta 45/85000 – ☕ 15000 – **11 cam** 100/150000 – ½ P 110000.

XX **Al Volt,** via Fiume 73 ℘ 0464 552570, *Fax 0464 552570* – [AE] [S] [D] [MC] [VISA] [JCB]
chiuso dal 15 febbraio al 15 marzo e lunedì – **Pasto** 70000 e carta 55/80000.

XX **La Rocca,** piazza Cesare Battisti ℘ 0464 552217, *Fax 0464 552217,* ☂ – [AE] [S] [D] [MC] [VISA]
chiuso dal 15 novembre al 5 gennaio e mercoledì in bassa stagione – **Pasto** carta 55/80000.

RIVA DI SOLTO *24060 Bergamo* [428], [429] E 12 – *835 ab. alt. 190.*
Roma 604 – Brescia 55 – Bergamo 40 – Lovere 7 – Milano 85.

XX **Zu',** via XXV Aprile 53, località Zu' Sud : 2 km ℘ 035 986004, *Fax 035 986004,* ☂, « Servizio in veranda panoramica con ‹ lago d'Iseo » – [P]. [AE] [S] [D] [MC] [VISA]. 🚫
chiuso mercoledì a mezzogiorno in luglio-agosto, tutto il giorno negli altri mesi – **Pasto** carta 50/80000.

a Zorzino *Nord-Ovest : 1,5 km – alt. 329 –* ✉ *24060 Riva di Solto :*

🏠 **Miranda** 🕊, ℘ 035 986021, *Fax 035 980055,* ‹ lago d'Iseo e Monte Isola, « Servizio estivo in terrazza; giardino con 🏊 » – ▤ rist, [TV] ☎ [P]. [AE] [S] [VISA]
Pasto *(chiuso martedì da novembre a marzo)* carta 45/70000 – ☕ 10000 – **25 cam** 90/110000 – ½ P 70/85000.

RIVALTA DI TORINO *10040 Torino* [428] G 4 – *17 655 ab. alt. 294.*
Roma 675 – Torino 16 – Milano 155 – Susa 43.

Pianta d'insieme di Torino.

🏨 **Rio** senza rist, via Griva 75 ℘ 011 9091313, *Fax 011 9091315* – ⇅ [TV] ☎ [P]. [AE] [S] [MC] [VISA]. 🚫
☕ 10000 – **76 cam** 100/130000. EU **b**

RIVALTA SCRIVIA *Alessandria* [428] H 8 – *Vedere Tortona.*

RIVANAZZANO *27055 Pavia* [428] H 9 – *4 294 ab. alt. 157.*
Roma 581 – Alessandria 36 – Genova 87 – Milano 71 – Pavia 39 – Piacenza 71.

XX **Selvatico** con cam, via Silvio Pellico 11 ℘ 0383 944720, *Fax 0383 91444* – ⇅ ☎ ♿. [AE] [S] [D] [MC] [VISA] [JCB]
chiuso dal 2 all'8 gennaio – **Pasto** *(chiuso domenica sera e lunedì)* 50000 e carta 50/70000 – ☕ 10000 – **21 cam** 60/100000 – ½ P 60/70000.

RIVAROLO MANTOVANO *46017 Mantova* [428], [429] G 13 – *2 755 ab. alt. 24.*
Roma 484 – Parma 34 – Brescia 61 – Cremona 30 – Mantova 40.

XX **Enoteca Finzi,** piazza Finzi 1 ℘ 0376 99656, *Fax 0376 99656* – ▤. [AE] [S] [D] [MC] [VISA]. 🚫
chiuso dal 10 al 25 gennaio, dal 12 agosto al 2 settembre e mercoledì – **Pasto** carta 40/65000.

RIVAROSSA *10040 Torino* [428] G 5 – *1 399 ab. alt. 286.*
Roma 662 – Torino 26 – Aosta 93.

XX **Il Mandracchio,** via San Francesco al Campo Ovest : 2 km ℘ 011 9888494, *Fax 011 9888494,* ☂ – [P]. [AE] [S] [D] [MC] [VISA]. 🚫
chiuso dal 1° al 21 agosto e lunedì – **Pasto** carta 50/70000.

RIVAROTTA *Pordenone* [429] E 20 – *Vedere Pasiano di Pordenone.*

RIVA TRIGOSO *Genova – Vedere Sestri Levante.*

RIVAZZURRA *Rimini* [430] J 19 – *Vedere Rimini.*

RIVERGARO *29029 Piacenza* [428] H 10 – *5 217 ab. alt. 140.*
Roma 531 – Piacenza 18 – Bologna 169 – Genova 121 – Milano 84.

XX **Castellaccio-da Attendolo,** località Marchesi di Travo Sud-Ovest : 3 Km ℘ 0523 957333, *Fax 0523 956424,* ‹, 🌳 – [P]. [AE] [S] [D] [MC] [VISA]
chiuso dal 1° al 15 gennaio, dal 10 al 25 agosto, martedì e mercoledì – **Pasto** carta 60/80000.

RIVIERA DI LEVANTE *Genova e La Spezia* [988] ⑬ ⑭ *G. Italia.*

RIVIGNANO *33050 Udine* 429 E 21 – *3 932 ab. alt. 16.*
Roma 599 – Udine 37 – Pordenone 33 – Trieste 88 – Venezia 93.

XX **Al Ferarùt,** via Cavour 34 ✆ 0432 775039 – ▤ P. AE S ⓘ ⓜ VISA JCB. ✻
chiuso luglio e mercoledì – **Pasto** specialità di mare 45000 e carta 40/75000.

XX **Dal Diaul,** via Garibaldi 20 ✆ 0732 776674, « Servizio estivo in giardino » – AE S ⓘ ⓜ VISA. ✻
chiuso gennaio, giovedì e venerdì a mezzogiorno – **Pasto** 60/90000 e carta 60/120000.

RIVISONDOLI *67036 L'Aquila* 988 ㉗, 430 Q 24, 431 B 24 *G. Italia – 716 ab. alt. 1 310 – a.s. febbraio-20 aprile, 20 luglio-25 agosto e Natale – Sport invernali : a Monte Pratello : 1 365/2 035 m* ⛡ 1 ⛷ 5.
ℹ *piazza Municipio 6 ✆ 0864 69351.*
Roma 188 – Campobasso 92 – L'Aquila 101 – Chieti 96 – Pescara 107 – Sulmona 34.

🏨 **Como,** via Dante Alighieri 45 ✆ 0864 641942, *Fax 0864 640023,* ←, ⛱ – |≑| TV ☎ P. AE S ⓘ ⓜ VISA. ✻
chiuso maggio e giugno – **Pasto** *(chiuso lunedì)* 30/40000 – ☕ 15000 – **45 cam** 100/160000 – 1/2 P 60/130000.

X **Da Giocondo,** via Suffragio 2 ✆ 0864 69123, *Fax 0864 642136,* Coperti limitati; prenotare – AE S ⓘ ⓜ VISA. ✻
chiuso martedì e giugno – **Pasto** carta 40/55000.

RIVODORA *Torino – Vedere Baldissero Torinese.*

RIVODUTRI *02010 Rieti* 430 O 20 – *1 296 ab. alt. 560.*
Roma 97 – Terni 28 – L'Aquila 73 – Rieti 17.

XX **La Trota,** via Santa Susanna 33, località Piedicolle Sud : 4 km ✆ 0746 685078, *Fax 0746 685078,* « Grazioso giardino in riva al fiume » – ▤ P. AE S ⓘ ⓜ VISA JCB. ✻
chiuso gennaio, domenica sera e mercoledì – **Pasto** carta 55/90000.

RIVOLI *10098 Torino* 988 ⑫, 428 G 4 *G. Italia – 52 140 ab. alt. 386.*
Roma 678 – Torino 15 – Asti 64 – Cuneo 103 – Milano 155 – Vercelli 82.

Pianta d'insieme di Torino.

🏨 **Rivoli,** corso Primo Levi 150 ✆ 011 9566586 e rist ✆ 011 9533143, *Fax 011 9531338,* ⛱, ⛱ – |≑| ▤ TV ☎ ♿ ⇔ P – 🏛 120. AE S ⓘ ⓜ VISA. ✻ ET b
Pasto al Rist. ***Il Fiore*** carta 45/70000 – **163 cam** ☕ 125/180000.

XX **Da Baston,** corso Susa 12/14 ✆ 011 9580398, prenotare – ▤. AE S ⓘ ⓜ VISA JCB. ✻
chiuso agosto, domenica e i giorni festivi – **Pasto** specialità di mare carta 50/80000. ET c

RIVOLTA D'ADDA *26027 Cremona* 988 ③, 428 F10 – *7 082 ab. alt. 102.*
Roma 560 – Bergamo 31 – Milano 26 – Brescia 59 – Piacenza 63.

XX **La Rosa Blu,** via Giulio Cesare 56 ✆ 0363 79290, *Fax 0363 79290,* ⛱ – P. S VISA. ✻
chiuso dall'8 gennaio al 2 febbraio, martedì sera e mercoledì – **Pasto** carta 50/80000.

ROANA *36010 Vicenza* 429 E 16 – *3 760 ab. alt. 992 – Sport invernali : vedere Asiago.*
Roma 588 – Trento 64 – Asiago 6 – Milano 270 – Venezia 121 – Vicenza 54.

🏨 **All'Amicizia,** via Roana di Sopra 22 ✆ 0424 66014, *Fax 0424 66014* – |≑| ☎ ⇔. ✻
Pasto *(chiuso mercoledì)* carta 35/45000 – **25 cam** ☕ 60/120000 – 1/2 P 80/90000.

ROCCABIANCA *43010 Parma* 428, 429 G 12 – *3 157 ab. alt. 32.*
Roma 486 – Parma 32 – Cremona 34 – Mantova 73 – Piacenza 55.

a Fontanelle *Sud : 5 km – ✉ 43010 :*

X **Hostaria da Ivan,** via Villa 73 ✆ 0521 870113, prenotare – AE S VISA. ✻
chiuso dal 1° al 20 agosto, lunedì e martedì – **Pasto** carta 45/70000.

ROCCABRUNA *12020 Cuneo* 428 I 3 – *1 454 ab. alt. 700.*
Roma 673 – Cuneo 30 – Genova 174 – Torino 103.

a Sant'Anna *Nord : 6 km – alt. 1 250 – ✉ 12020 Roccabruna :*

XX **La Pineta** con cam, frazione Sant'Anna 8 ☎ 0171 905856, *Fax 0171 916622* – TV ☎ P. AE ⑤ ① MC VISA.
chiuso dal 7 gennaio al 15 febbraio – **Pasto** *(chiuso lunedì sera e martedì escluso dal 20 giugno al 20 settembre)* 35/50000 – ☕ 5000 – **12 cam** 60/90000 – ½ P 80000.

ROCCA CORNETA *Bologna* 428 I 14 – *Vedere Lizzano in Belvedere.*

ROCCA D'ARAZZO *14030 Asti* 428 H 6 – *992 ab. alt. 193.*
Roma 617 – Alessandria 30 – Asti 8 – Torino 66 – Genova 107 – Novara 89.

Villa Conte Riccardi, via al Monte 7 ☎ 0141 408565, *Fax 0141 408565*, « Residenza d'epoca in un parco », ⛱, ✂, ✂ – |♦| ▤ TV ☎ ♿ P. AE ⑤ ① MC VISA
chiuso gennnaio – **Pasto** *(chiuso lunedì e* solo su prenotazione*)* carta 40/55000 – ☕ 10000 – **32 cam** 90/140000 – ½ P 140000.

ROCCA DI CAMBIO *67047 L'Aquila* 430 P 22 – *478 ab. alt. 1 434.*
Roma 142 – L'Aquila 23 – Pescara 99.

Cristall Hotel, via Saas Fee 2 ☎ 0862 918119, *Fax 0862 919776*, ≤, ✂ – TV ☎ ⇔ P. AE ⑤ ① MC VISA.
chiuso maggio o novembre – **Pasto** *(chiuso giovedì)* carta 30/45000 – **19 cam** ☕ 70/110000 – ½ P 110000.

ROCCA DI MEZZO *67048 L'Aquila* 988 ㉖, 430 P 22 – *1 511 ab. alt. 1 329.*
Roma 138 – L'Aquila 27 – Frosinone 103 – Sulmona 61.

Grand Hotel delle Rocche, strada comunale-via Secinaro ☎ 0862 917144, *Fax 0862 917207*, ≤, ⛱ – |♦| TV ☎ P
stagionale – **90 cam.**

ROCCAFINADAMO *Pescara – Vedere Penne.*

ROCCALBEGNA *58053 Grosseto* 988 ㉕, 430 N 16 – *1 325 ab. alt. 522.*
Roma 182 – Grosseto 43 – Orvieto 92 – Siena 96.

a Triana *Est : 6 km – alt. 769 – ✉ 58050 :*

XX ✿ **Osteria del Vecchio Castello,** via della Chiesa 2 ☎ 0564 989192, *Fax 0564 989192*, Coperti limitati; prenotare – ⚐. AE ⑤ ① MC VISA.
chiuso dal 15 febbraio al 15 marzo e mercoledì – **Pasto** 45/75000 e carta 60/95000
Spec. Tortino di melanzane con paté di pomodori rossi (primavera-estate). Pappardelle ai due grani con porri fondenti, parmigiano e pepe bianco. Ventaglio di petto di germano con scalogni glassati allo zucchero bruno e uva appassita.

ROCCANTICA *02040 Rieti* 430 P 20 – *591 ab. alt. 457.*
Roma 59 – Terni 43 – Rieti 35 – Viterbo 72.

X **La Rocca,** via del Campanile 18 ☎ 0765 63671, ⛱, prenotare – AE.
chiuso domenica sera, lunedì, dal 12 al 24 gennaio e dal 16 agosto al 4 settembre – **Pasto** carta 40/65000.

ROCCA PIETORE *32020 Belluno* 429 C 17 – *1 495 ab. alt. 1 142 – Sport invernali : a Malga Ciapela : 1 446/3 265 m (Marmolada) 2 2 (anche sci estivo)*, ⛷.
Dintorni *Marmolada★★★ : ✻★★★ sulle Alpi per funivia Ovest : 7 km – Lago di Fedaia★ Nord-Ovest : 13 km.*
ℹ *via Roma 15 ☎ 0437 721319, Fax 0437 721319.*
Roma 671 – Cortina d'Ampezzo 37 – Belluno 56 – Milano 374 – Passo del Pordoi 30 – Venezia 162.

Villa Eden, località Col di Rocca Ovest : 2 km, alt. 1 184 ☎ 0437 722033, *Fax 0437 722240*, ≤, ✂ – ⚐ rist, TV ☎ P. AE ⑤ ① MC VISA. ✂ rist
chiuso dal 1º maggio al 15 giugno, ottobre e novembre – **Pasto** (solo per alloggiati) – **18 cam** ☕ 65/110000 – ½ P 95/100000.

a Bosco Verde *Ovest : 3 km – alt. 1 200 – ✉ 32020 Rocca Pietore :*

Sport Hotel Töler, via Marmolada 12 ✆ 0437 722030, *Fax 0437 722188,* ←, ⛰, ⛱ – TV ☎ 🚗 P. S VISA. ✂ rist
dicembre-aprile e giugno-settembre – **Pasto** carta 30/55000 – **25 cam** ☕ 80/180000 – ½ P 130000.

Rosalpina, via Bosco Verde 21 ✆ 0437 722004, *Fax 0437 722049,* ←, ⛰ – ✗ rist, TV P. S MC VISA. ✂
dicembre-aprile e giugno-settembre – **Pasto** carta 35/50000 – **30 cam** ☕ 100/180000 – ½ P 125000.

a Digonera *Nord : 5,5 km – alt. 1 158 – ✉ 32020 Laste di Rocca Pietore :*

Digonera, ✆ 0437 529120, *Fax 0437 529150,* ←, ⛰ – |‡| ✗ TV ☎ ♿ P. AE S ⓓ MC VISA ✂ rist
chiuso dal 5 maggio al 20 giugno e dal 5 novembre al 6 dicembre – **Pasto** *(chiuso lunedì)* carta 35/50000 – **30 cam** ☕ 90/180000 – ½ P 110000.

ROCCAPORENA *Perugia* 430 N 20 – *Vedere Cascia.*

ROCCA PRIORA *00040 Roma* 430 Q 20 – *9 806 ab. alt. 768.*
Roma 34 – Anzio 56 – Frosinone 65.

Villa la Rocca, via dei Castelli Romani 1 ✆ 06 9472040, *Fax 06 9471750,* ⛱ – |‡| TV ☎ P. 🏛 40. AE S ⓓ MC VISA
Pasto carta 50/90000 – **23 cam** ☕ 200/320000 – ½ P 180/220000.

ROCCARASO *67037 L'Aquila* 988 ㉗, 430 Q 24, 431 B 24 – *1 643 ab. alt. 1 236 – a.s. febbraio-aprile, 20 luglio-25 agosto e Natale – Sport invernali : 1 236/2 200 m* 1 11, ⛷.
ℹ *via Mori 1 (palazzo del Comune)* ✆ *0864 62210, Fax 0864 62210.*
Roma 190 – Campobasso 90 – L'Aquila 102 – Chieti 98 – Napoli 149 – Pescara 109.

Cristal 🐦, via Pietransieri ✆ 0864 602333, *Fax 0864 63619,* ← – |‡| TV ☎ ♿ 🚗 P. 🏛 120. S ⓓ MC VISA. ✂
Pasto carta 35/55000 – ☕ 15000 – **31 cam** 80/130000 – ½ P 180000.

Excelsior, via Roma 27 ✆ 0864 602351, *Fax 0864 602351* – |‡| TV ☎ 🚗 P. AE S ⓓ VISA ✂
18 dicembre-15 aprile e 24 giugno-15 settembre – **Pasto** 35/40000 – ☕ 12000 – **38 cam** 130/180000 – ½ P 160000.

Iris, viale Iris 5 ✆ 0864 602366, *Fax 0864 619668* – |‡| TV ☎. AE S ⓓ MC VISA. ✂
Pasto carta 40/60000 – ☕ 10000 – **48 cam** 155/190000 – ½ P 160/170000.

Suisse, via Roma 22 ✆ 0864 602347, *Fax 0864 602347* – |‡| TV ☎ 🚗. AE S VISA. ✂
Pasto *(chiuso lunedì)* 30/35000 – **48 cam** ☕ 120/140000 – ½ P 145000.

Il Tratturo, via Pietransieri 5 ✆ 0864 62666, Ristorante e pizzeria – P.

a Pietransieri *Est : 4 km – alt. 1 288 – ✉ 67030 :*

La Preta, via Adua ✆ 0864 62716, *Fax 0864 62716,* Coperti limitati; prenotare – P. AE S ⓓ MC VISA. ✂
chiuso martedì in bassa stagione – **Pasto** carta 40/65000.

ad Aremogna *Sud-Ovest : 9 km – alt. 1 622 – ✉ 67030 :*

Pizzalto 🐦, via Aremogna 12 ✆ 0864 602383, *Fax 0864 602383,* ←, Fø, ⛰ – |‡| TV ☎ 🚗 P – 🏛 60. AE S ⓓ MC VISA. ✂
chiuso maggio, giugno e dal 15 settembre a novembre – **Pasto** 40/80000 – **53 cam** ☕ 130/180000 – ½ P 165000.

Boschetto 🐦, via Aremogna 42 ✆ 0864 602367, *Fax 0864 602382,* ←, Fø, ⛰, 🏊 – |‡| TV ☎ 🚗 P. AE S ⓓ MC VISA. ✂
novembre-aprile e giugno-settembre – **Pasto** carta 45/80000 – ☕ 14000 – **48 cam** 75/130000 – ½ P 160000.

ROCCA SAN CASCIANO *47017 Forlì-Cesena* 988 ⑮, 429, 430 J 17 – *2 112 ab. alt. 210.*
Roma 326 – Rimini 81 – Bologna 91 – Firenze 81 – Forlì 28.

La Pace, piazza Garibaldi 16 ✆ 0543 951344, Trattoria con ambiente famigliare – AE MC VISA. ✂
chiuso dal 15 al 30 gennaio e martedì (escluso agosto) – **Pasto** carta 20/30000.

ROCCA SAN GIOVANNI *66020 Chieti* 430 P 25 – *2 354 ab. alt. 155.*

Roma 263 – Pescara 41 – Chieti 60 – Isernia 113 – Napoli 199 – Termoli 91.

in prossimità casello autostrada A 14 *Nord-Ovest : 6 km :*

Villa Medici, contrada Santa Calcagna ✉ 66020 ☎ 0872 717645, *Fax 0872 717380,* – 100. AE VISA. rist
Pasto al Rist. ***La Signoria*** *(chiuso a mezzogiorno escluso agosto)* carta 40/70000 – **46 cam** 170/250000 – 1/2 P 140/160000.

Thema, contrada Santa Calcagna 30 ✉ 66020 ☎ 0872 715446, *Fax 0872 715484,* – cam, – 140. AE VISA.
Pasto carta 35/50000 – **33 cam** 110/150000 – 1/2 P 100000.

ROCCHETTA TANARO *14030 Asti* 428 H 7 – *1 456 ab. alt. 107.*

Roma 626 – Alessandria 28 – Torino 75 – Asti 17 – Genova 100 – Novara 114.

I Bologna, via Nicola Sardi 4 ☎ 0141 644600, *Fax 0141 644197,* solo su prenotazione –
chiuso martedì e dal 10 gennaio al 10 febbraio – **Pasto** 55000.

RODDI *12060 Cuneo* 428 H 5 – *1 273 ab. alt. 284.*

Roma 650 – Cuneo 61 – Torino 63 – Asti 35.

La Cròta, piazza Principe Amedeo 1 ☎ 0173 615187, *Fax 0173 615187,* – VISA
chiuso dall'11 al 18 gennaio, dal 15 luglio al 7 agosto, lunedì sera e martedì – **Pasto** carta 40/65000.

RODI GARGANICO *71012 Foggia* 988 ㉘, 431 B 29 – *3 864 ab. – a.s. luglio-13 settembre.*

Roma 385 – Foggia 100 – Bari 192 – Barletta 131 – Pescara 184.

Parco degli Aranci , località Mulino di Mare Est : 2 km ☎ 0884 965033, *Fax 0884 968481,* ≤, « Parco-agrumeto », – 500. AE VISA.
Pasto carta 30/45000 – **72 cam** 90/130000 – 1/2 P 95/135000.

Da Franco, via Nenni 22/24 ☎ 0884 965003, – VISA
chiuso dal 5 al 25 novembre e lunedì escluso da giugno ad agosto – **Pasto** carta 45/60000.

Bella Rodi, via Scalo Marittimo 49/51 ☎ 0884 965786 – . AE VISA.
chiuso dal 10 al 16 gennaio, dal 17 al 23 ottobre e mercoledì escluso da giugno a settembre – **Pasto** specialità di mare carta 45/70000.

ROLETTO *10060 Torino* 428 H 3-4 – *1 963 ab. alt. 412.*

Roma 683 – Torino 37 – Asti 77 – Cuneo 67 – Sestriere 62.

Il Ciabot, via Costa 7 ☎ 0121 542132, prenotare la sera – .
chiuso lunedì e martedì a mezzogiorno – **Pasto** carta 40/60000.

ROLO *42047 Reggio nell'Emilia* 428, 429 H 14 – *3 513 ab. alt. 21.*

Roma 442 – Bologna 76 – Mantova 38 – Modena 36 – Verona 67.

L'Osteria dei Ricordi, via Cesare Battisti 57 ☎ 0522 658111, Coperti limitati; prenotare – .
chiuso a mezzogiorno (escluso domenica).

In this guide

a symbol or a character,
printed in red or black, in light or ***bold*** type,
does not have the same meaning.

Pay particular attention to the explanatory pages.

Il Giubileo dell'anno 2000

Nel corso del 2000 sarà celebrato il Giubileo, la più grande festa della Cristianità detta anche "Anno Santo". Questa festa ha luogo ogni 25 anni ed ha il suo centro a Roma dove sono attesi milioni di pellegrini.
L'evento avrà inizio la notte del 24 dicembre 1999 con l'apertura della Porta Santa e si concluderà il 6 gennaio 2001.

Le Jubilé de l'an 2000

Au cours de l'année 2000 sera célébré le Jubilé, la plus grande fête de la Chrétienneté, appelée aussi "Année Sainte". Cette fête a lieu tous les 25 ans et rassemble des millions de pèlerins à Rome, centre des célébrations.
L'événement débutera par l'ouverture de la Porte Sainte dans la nuit du 24 décembre 1999 et s'achèvera le 6 janvier 2001.

Das Heilige Jahr 2000

Das Jahr 2000 wird als "Heiliges Jahr" gefeiert, eines der wichtigsten Feste des Christentums, welches nur alle 25 Jahre gefeiert wird. Die Stadt Rom wird das Zentrum dieser Feiern sein, Millionen von Pilgern werden dazu erwartet.
Das "Heilige Jahr" beginnt in der Nacht des 24. Dezember 1999 mit der Eröffnung der Heiligen Tür und endet am 6. Januar 2001.

The Jubilee 2000

The year 2000 will see the largest festival in the Christian calendar, the Jubilee, which happens every 25 years and is a Holy Year.
Rome is at the heart of the celebrations, and millions of pilgrims are expected to visit.
Celebrations will begin with the opening of the Holy Gate on the night of 24 December 1999 and will end on 6 January 2001.

ROMA

00100 P 988 ㉖, 430 Q 19 38 *– 2 646 408 ab. alt. 20.*

Distanze : nel testo delle altre città elencate nella Guida è indicata la distanza chilometrica da Roma.

INFORMAZIONI PRATICHE

via Parigi 5 ✉ 00185 ☎ 06 48899253, Fax 06 4819316 : alla stazione Termini ☎ 06 4871270 : all'aeroporto di Fiumicino ☎ 06 65956074.

A.C.I. *via Cristoforo Colombo 261 ✉ 00147 ☎ 06 514971 e via Marsala 8 ✉ 00185 ☎ 06 49981, Fax 06 49982234.*

di Ciampino Sud-Est : 15 km BR *☎ 06 794941 e Leonardo da Vinci di Fiumicino per ⑧ : 26 km ☎ 06 65951 – Alitalia, via Bissolati 20 ✉ 00187 ☎ 06 65621 e viale Alessandro Marchetti 111 ✉ 00148 ☎ 06 65643.*

Termini ☎ 06 47306035.

18 *Parco de' Medici (chiuso martedì) ✉ 00148 Roma ☎ 06 6553477, Fax 06 6553344, Sud-Ovest : 4,5 km* BR.

18 *(chiuso lunedì) ad Acquasanta ✉ 00178 Roma ☎ 06 7803407, Fax 06 78346219, Sud-Est : 12 km.*

18 *e* 18 *Marco Simone (chiuso martedì) a Guidonia Montecelio ✉ 00012 ☎ 0774 366469, Fax 0774 366476, per ③ : 7 km.*

18 *e* 9 *Arco di Costantino (chiuso lunedì) ✉ 00188 Roma ☎ 06 33624440, Fax 06 33612919 per ② : 15 km.*

18 *e* 9 *(chiuso lunedì) ad Olgiata ✉ 00123 Roma ☎ 06 30889141, Fax 06 30889968, per ⑩ : 19 km.*

18 *Fioranello (chiuso mercoledì) a Santa Maria delle Mole ✉ 00040 ☎ 06 7138080, Fax 06 7138212, per ⑤ : 19 km.*

Per una visita turistica più dettagliata consultate la guida Verde Michelin Italia e in particolare la guida Verde Roma.

Pour une visite touristique plus détaillée, consultez le Guide Vert Italie et plus particulièrement le guide Vert Rome.

Eine ausführliche Beschreibung aller Sehenswürdigkeiten Inden Sie im Grünen Reiseführer Italien.

For a more complete visit consult the Green Guides Italy and Rome.

LUOGHI DI INTERESSE

Galleria Borghese★★★ OU **M**[6] – *Villa Giulia*★★★ DS – *Catacombe*★★★ BR – *Santa Sabina*★★ MZ – *Villa Borghese*★★ NOU – *Terme di Caracalla*★★★ ET – *San Lorenzo Fuori Le Mura*★★ FST **E** – *San Paolo Fuori Le Mura*★★ BR – *Via Appia Antica*★★ BR – *Galleria Nazionale d'Arte Moderna*★ DS **M**[7] – *Piramide di Caio Cestio*★ DT – *Porta San Paolo*★ DT **B** – *Sant'Agnese e Santa Costanza*★ ES **C** – *Santa Croce in Gerusalemme*★ FT **D** – *San Saba*★ ET – *E.U.R.*★ BR – *Museo della Civiltà Romana*★★ BR **M**[8].

ROMA ANTICA

Colosseo★★★ OYZ – *Foro Romano*★★★ NOY – *Basilica di Massenzio*★★★ OY **B** – *Fori Imperiali*★★★ NY – *Colonna Traiana*★★★ NY **C** – *Palatino*★★★ NOYZ – *Pantheon*★★★ MVX – *Area Sacra del Largo Argentina*★★ MY **W** – *Ara Pacis Augustae*★★ LU – *Tempio di Apollo Sosiano*★★ MY **X** – *Teatro di Marcello*★★ MY – *Tempio della Fortuna Virile*★ MZ **Y** – *Tempio di Vesta*★ MZ **Z** – *Isola Tiberina*★ MY.

ROMA CRISTIANA

Chiesa del Gesù★★★ MY – *Santa Maria Maggiore*★★★ PX – *San Giovanni in Laterano*★★★ FT – *Santa Maria d'Aracoeli*★★ NY **A** – *San Luigi dei Francesi*★★ LV – *Sant'Andrea al Quirinale*★★ OV **F** – *San Carlo alle Quattro Fontane*★★ OV **K** – *San Clemente*★★ PZ – *Sant'Ignazio*★★ MV **L** – *Santa Maria degli Angeli*★★ PV **N** – *Santa Maria della Vittoria*★★ PV – *Santa Susanna*★★ OV – *Santa Maria in Cosmedin*★★ MNZ – *Santa Maria in Trastevere*★★ KZ **S** – *Santa Maria sopra Minerva*★★ MX **V** – *Santa Maria del Popolo*★★ MU **D** – *Chiesa Nuova*★ KX – *Sant'Agostino*★ LV **G** – *San Pietro in Vincoli*★ OY – *Santa Cecilia*★ MZ – *San Pietro in Montorio*★ JZ ≤★★★ – *Sant'Andrea della Valle*★★ LY **Q** – *Santa Maria della Pace*★ KV **R**.

PALAZZI E MUSEI

Palazzo dei Conservatori★★★ MNY **M**[1] – *Palazzo Nuovo*★★★ *(Museo Capitolino*★★*)* NY **M**[1] – *Palazzo Senatorio*★★★ NY **H** – *Castel Sant'Angelo*★★★ JKV – *Museo Nazionale Romano*★★★ PV – *Palazzo della Cancelleria*★★ KX **A** – *Palazzo Farnese*★★ KY – *Palazzo del Quirinale*★★ NOV – *Palazzo Barberini*★★ OV – *Villa Farnesina*★★ KY – *Palazzo Venezia*★ MY **M**[3] – *Palazzo Braschi*★ KX **M**[4] – *Palazzo Doria Pamphili*★ MX **M**[5] – *Palazzo Spada*★ KY – *Museo Napoleonico*★ KV.

CITTÀ DEL VATICANO

Piazza San Pietro★★★ HV – *Basilica di San Pietro*★★★ *(Cupola* ≤★★★*)* GV – *Musei Vaticani*★★★ *(Cappella Sistina*★★★*)* GHUV – *Giardini Vaticani*★★★ GV.

PASSEGGIATE

Pincio ≤★★★ MU – *Piazza del Campidoglio*★★★ MNY – *Piazza di Spagna*★★★ MNU – *Piazza Navona*★★★ LVX – *Fontana dei Fiumi*★★★ LV **E** – *Fontana di Trevi*★★★ NV – *Monumento a Vittorio Emanuele II (Vittoriano)* ≤★★ MNY – *Piazza del Quirinale*★★ NV – *Piazza del Popolo*★★ MU – *Gianicolo*★ JY – *Via dei Coronari*★ KV – *Ponte Sant'Angelo*★ JKV – *Piazza Bocca della Verità*★ MNZ – *Piazza Campo dei Fiori*★ KY **28** – *Piazza Colonna*★ MV **46** – *Porta Maggiore*★ FT – *Piazza Venezia*★ MNY.

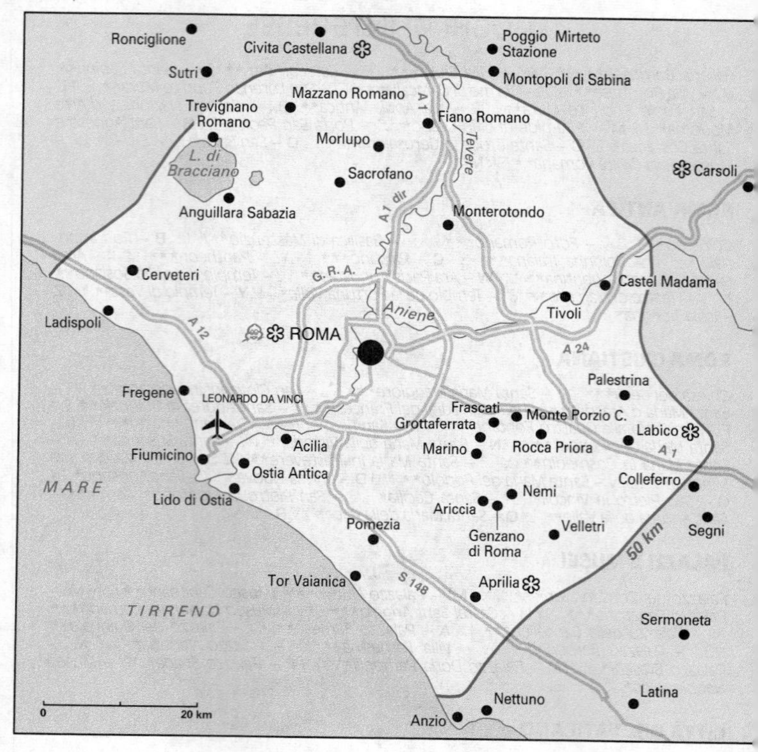

INDICE TOPONOMASTICO DELLE PIANTE DI ROMA

INDICE TOPONOMASTICO DELLE PIANTE DI ROMA

ROMA
PERCORSI DI ATTRAVERSAMENTO E DI CIRCONVALLAZIONE

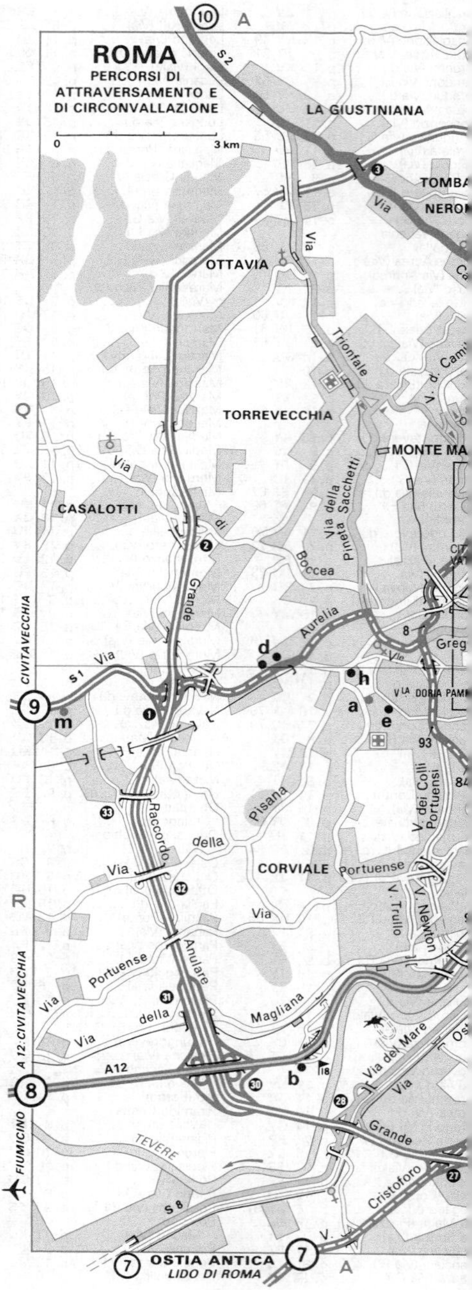

- Adriatico (Viale) . . . . BQ 3
- Anastasio II (Via) . . . . AQ 8
- Cave (Via d.) . . . . BR 42
- Fiorentini (Via) . . . . BQ 72
- Francia (Corso di) . . . . BQ 79
- Gianicolense (Circonvallazione) . . . . . . AR 84
- Leone XIII (Via). . . . . AR 93
- Magliana (Ponte d.). . . . . . . AR 97
- Majorana (Via Q.). . . . . BR 99
- Marconi (Viale G.) . . . . BR 100
- Oderisi da Gubbio (Via) . . . . BR 112
- Pattinaggio (Via d.). . . . . BR 115
- Pontina (Via) . . . . BR 124
- S. Sebastiano (Via di) . . . . . BR 163
- Serenissima (Viale d.) . . . . . BQ 169
- Stadio Olimpico (Via d.) . . . AQ 172

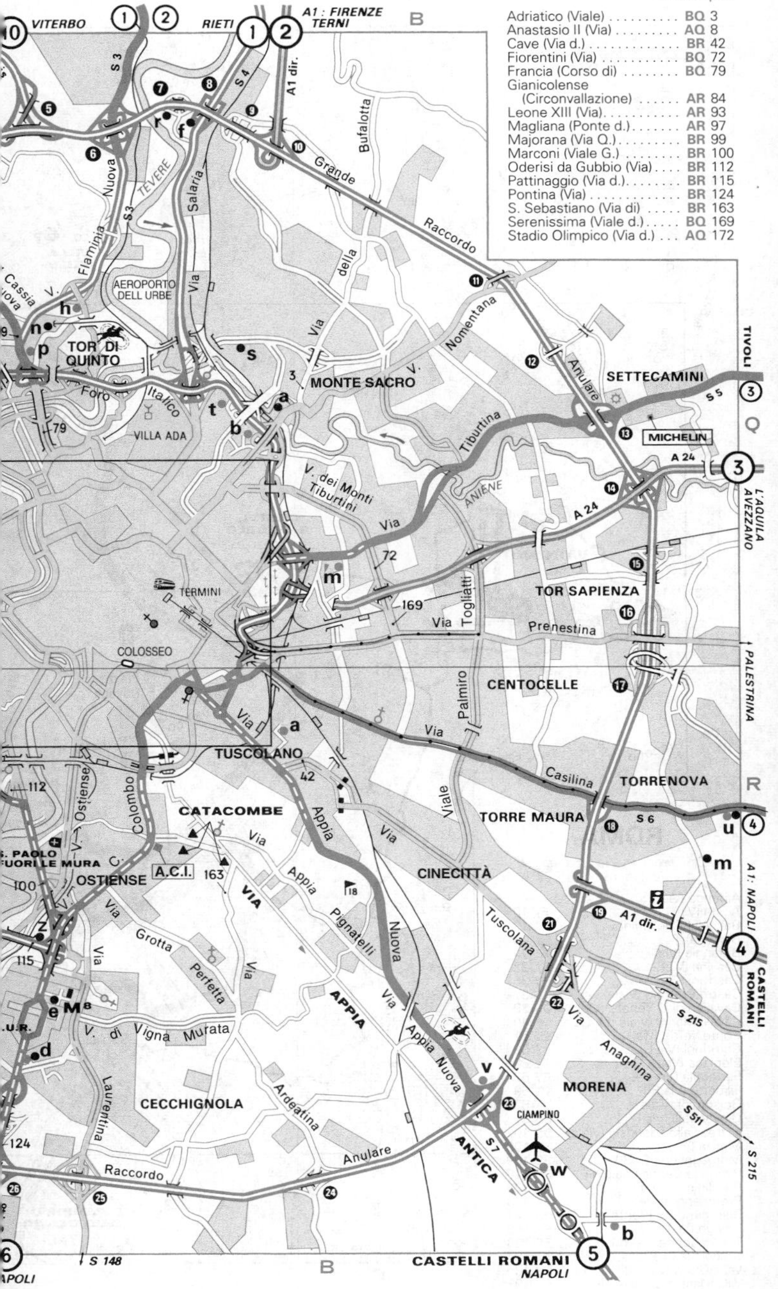

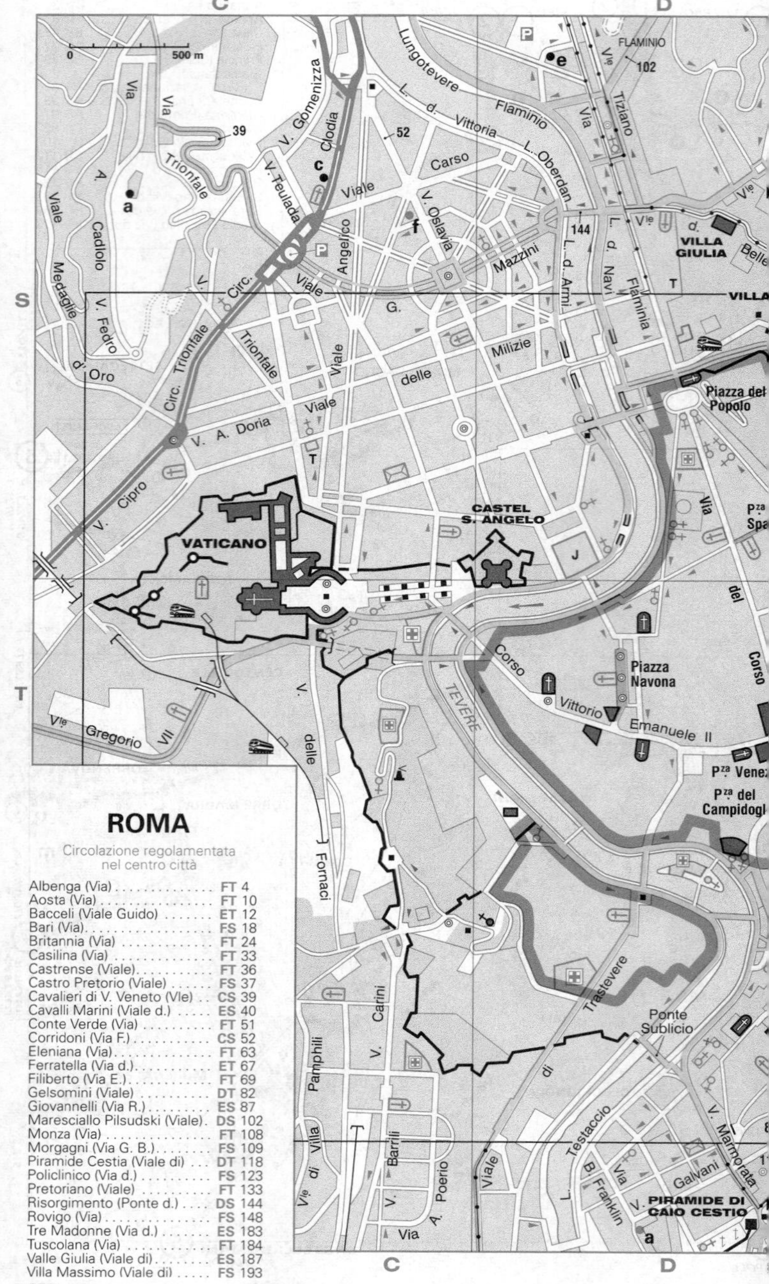

ROMA

Circolazione regolamentata
nel centro città

Albenga (Via) . . . . FT 4
Aosta (Via) . . . . FT 10
Bacceli (Viale Guido) . . . . ET 12
Bari (Via). . . . . FS 18
Britannia (Via) . . . . FT 24
Casilina (Via) . . . . FT 33
Castrense (Viale). . . . . FT 36
Castro Pretorio (Viale) . . . . . . FS 37
Cavalieri di V. Veneto (Vle) . . CS 39
Cavalli Marini (Viale d.) . . . . . ES 40
Conte Verde (Via) . . . . FT 51
Corridoni (Via F.) . . . . CS 52
Eleniana (Via). . . . . FT 63
Ferratella (Via d.). . . . . ET 67
Filiberto (Via E.). . . . . FT 69
Gelsomini (Viale) . . . . DT 82
Giovannelli (Via R.) . . . . ES 87
Maresciallo Pilsudski (Viale). DS 102
Monza (Via) . . . . FT 108
Morgagni (Via G. B.). . . . . FS 109
Piramide Cestia (Viale di) . . . DT 118
Policlinico (Via d.) . . . . FS 123
Pretoriano (Viale) . . . . FT 133
Risorgimento (Ponte d.) . . . . DS 144
Rovigo (Via) . . . . FS 148
Tre Madonne (Via d.) . . . . ES 183
Tuscolana (Via) . . . . FT 184
Valle Giulia (Viale di) . . . . ES 187
Villa Massimo (Viale di) . . . . . FS 193

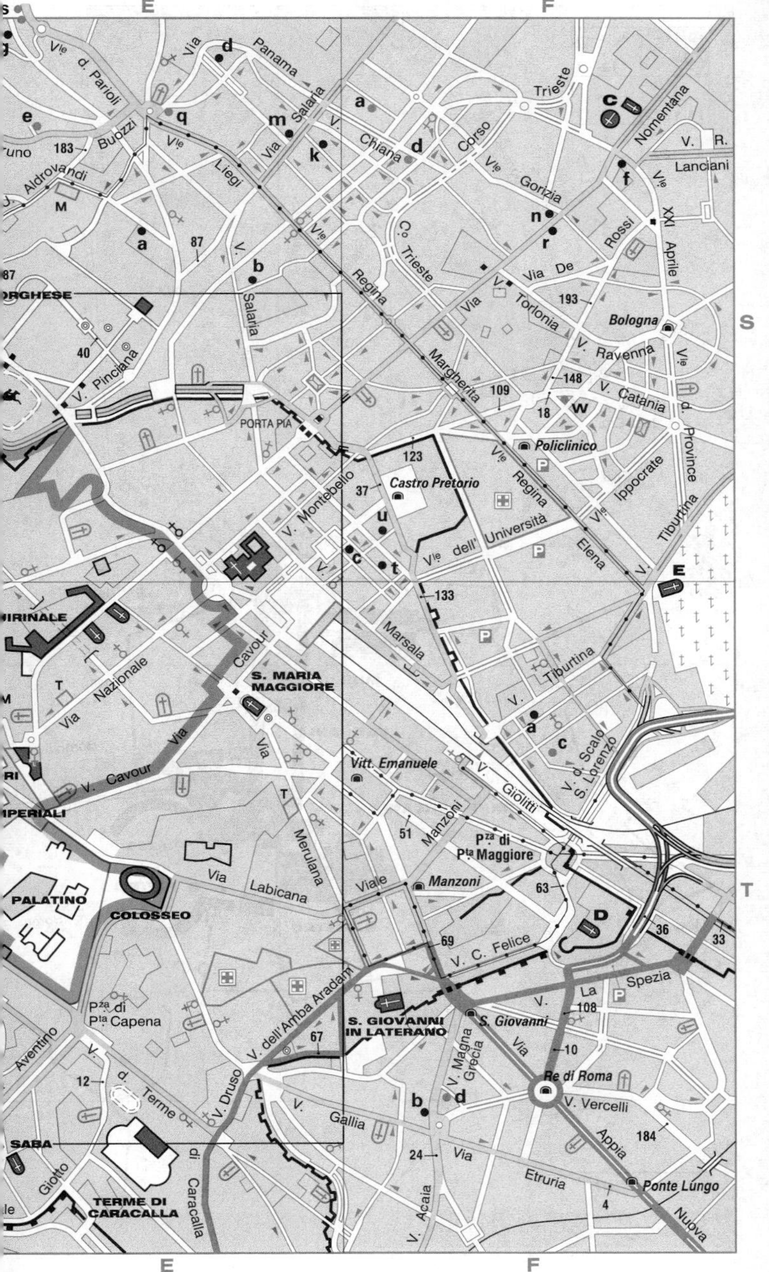
E
F
Vle d. Parioli
Via Panama
Buozzi
183
Aldrovandi
M
Vle Liegi
Via Salaria
V. Chiana
Corso Trieste
Vle Gorizia
Nomentana
V. R. Lanciani
Vle XXI Aprile
Via De Rossi
Co Trieste
Vle Regina
Via Salaria
87
ORGHESE
40
V. Pinciana
PORTA PIA
V. Torlonia
193
Bologna
V. Ravenna
Margherita
148
109
18
V. Catania
d. Province
Policlinico
123
Castro Pretorio
37
V. Montebello
Vle Ippocrate
Tiburtina
Vle dell' Università
Elena
133
Marsala
IRINALE
Via Nazionale
Cavour
S. MARIA MAGGIORE
Tiburtina
V. d. Scalo S. Lorenzo
Via Cavour
Vitt. Emanuele
V. Giolitti
IMPERIALI
51
Manzoni
Pza di Pta Maggiore
Merulana
Via Labicana
Viale Manzoni
63
PALATINO
COLOSSEO
36
33
69
V. C. Felice
T
S
V. La Spezia
108
Pza di Pta Capena
V. dell'Amba Aradam
S. GIOVANNI IN LATERANO
S. Giovanni
Via
10
Aventino
67
V. Magna Grecia
Re di Roma
12
V. d. Terme
V. Druso
V. Gallia
V. Vercelli
184
SABA
di Caracalla
24
Via Etruria
Appia
Giotto
TERME DI CARACALLA
V. Acaia
Ponte Lungo
4
Nuova

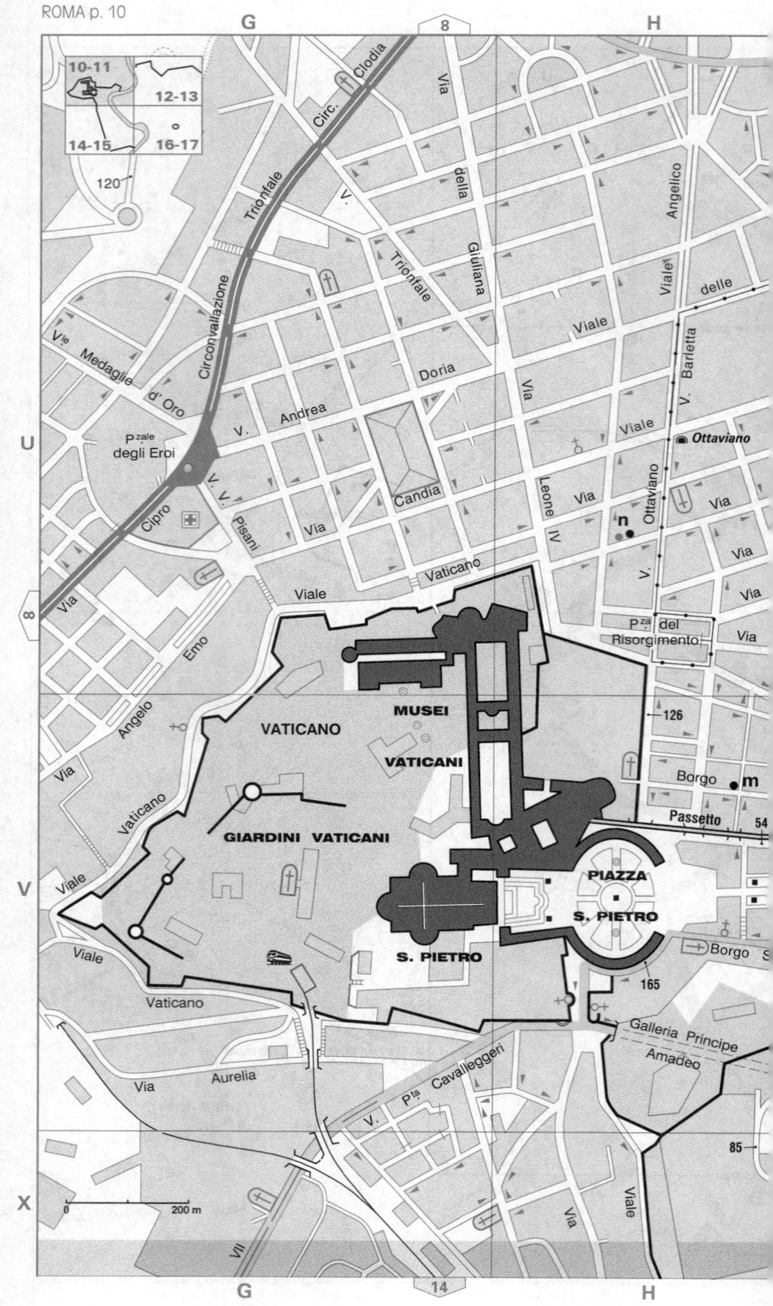
G
8
H
10-11
12-13
14-15
16-17
120
Circ.
Clodia
Via
della
Giuliana
Viale
Angelico
Trionfale
V.
Trionfale
Circonvallazione
Viale
delle
V. Barletta
Vle
Medaglie
d' Oro
Doria
Via
Andrea
V.
Viale
Ottaviano
U
Pzale
degli Eroi
V. V.
Candia
Leone IV
Via
Via
Cipro
Pisani
Via
n
V. Ottaviano
Via
Via
Viale
Vaticano
Via
Via
Pza del
Risorgimento
Emo
Via
Angelo
126
MUSEI
VATICANO
VATICANI
Via
Borgo
m
Vaticano
Passetto
54
GIARDINI VATICANI
PIAZZA
V
Viale
S. PIETRO
S. PIETRO
Borgo S
Viale
165
Vaticano
Galleria Principe
Amadeo
Via
Aurelia
Pta Cavalleggeri
V.
85
X
0
200 m
Via
Viale
VII
G
14
H

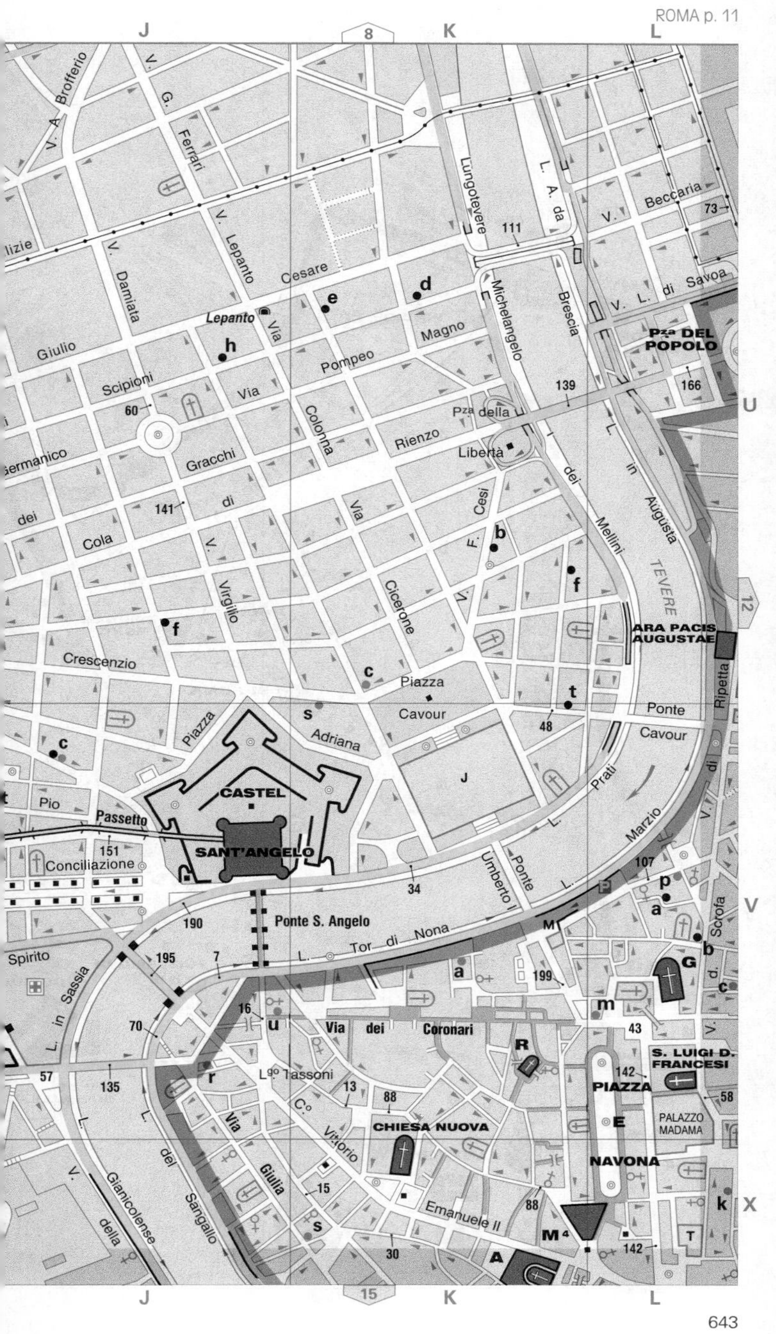
J
K
L
8
15
12
U
V
X
Lungotevere
Michelangelo
Brescia
Beccaria
V. L. di Savoia
Pza DEL POPOLO
Lepanto
Via Cesare
Pompeo
Magno
Via Giulio
Scipioni
Via Colonna
Pza della Libertà
Rienzo
Germanico
Gracchi
di
dei
Cola
Via Cicerone
F. Cesi
L. dei Mellini
L. in Augusta
TEVERE
ARA PACIS AUGUSTAE
Ripetta
Crescenzio
Piazza Cavour
Ponte Cavour
Piazza Adriana
CASTEL SANT'ANGELO
Passetto
Pio
Conciliazione
Ponte S. Angelo
L. Tor di Nona
L. Prati
Marzio
Ponte Umberto I
Scrofa
Spirito
L. in Sassia
Via dei Coronari
S. LUIGI D. FRANCESI
PIAZZA NAVONA
PALAZZO MADAMA
Lgo Tassoni
CHIESA NUOVA
Co Vittorio Emanuele II
Via Giulia
L. del Sangallo
V. della Lungara
L. Gianicolense
V. Damiata
V. G. Ferrari
V. A. Brofferio
V. Lepanto
V. Virgilio
L. A. da Brescia

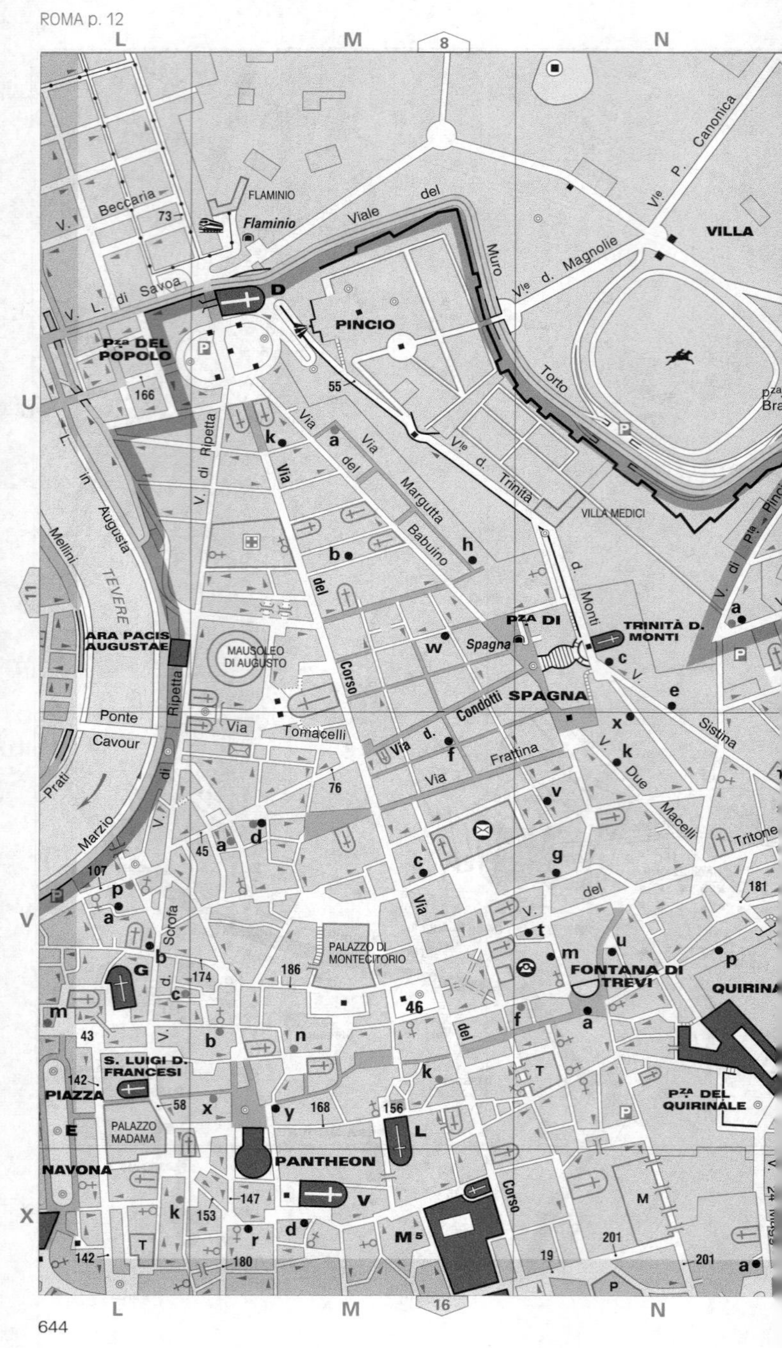
L
M
8
N
FLAMINIO
Flaminio
V. Beccaria
73
Viale del Muro Torto
V. L. di Savoa
D
PINCIO
Vle P. Canonica
VILLA
Vle d. Magnolie
Pza DEL POPOLO
166
55
U
V. di Ripetta
Via del Babuino
Via Margutta
Vle d. Trinità
VILLA MEDICI
L. in Augusta
Mellini
TEVERE
11
ARA PACIS AUGUSTAE
MAUSOLEO DI AUGUSTO
Via del Corso
Pza DI Spagna
TRINITÀ D. MONTI
V. di Pta Pinciana
V. d. Monti
SPAGNA
Via d. Condotti
V. Sistina
Ponte Cavour
Via Tomacelli
Via d. Frattina
V. Due Macelli
Tritone
Prati
Marzio
76
45
107
V
Scrofa
V. d.
174
186
PALAZZO DI MONTECITORIO
46
FONTANA DI TREVI
QUIRINA
181
G
S. LUIGI D. FRANCESI
142
43
PIAZZA
E
NAVONA
PALAZZO MADAMA
58
168
156
L
PANTHEON
Pza DEL QUIRINALE
X
147
153
180
Corso
M5
M
201
19
V. IV Nov.
16

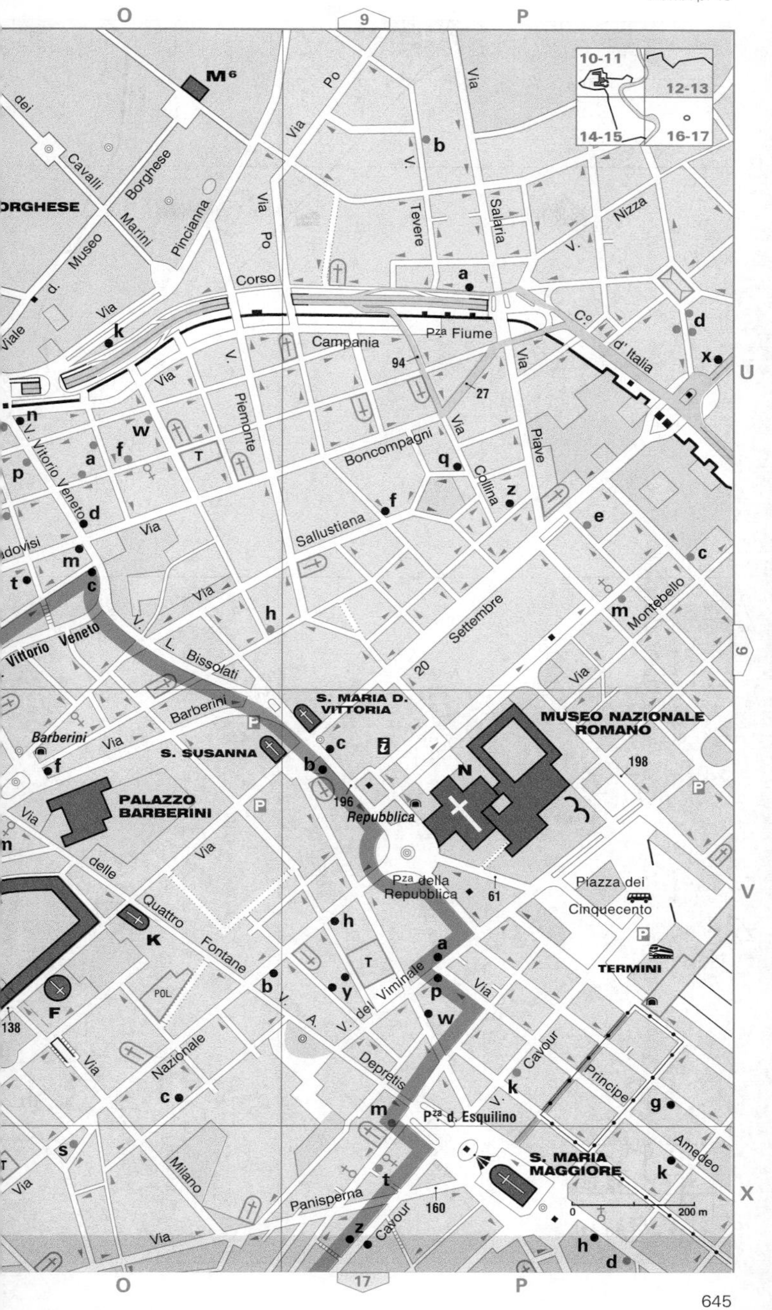
O
P
9
17
U
V
X
10-11
12-13
14-15
16-17
ORGHESE
Via Po
Corso
Campania
Pza Fiume
Salaria
Tevere
Nizza
Co d' Italia
Piemonte
Boncompagni
Via Collina
Piave
Sallustiana
Vittorio Veneto
Bissolati
20 Settembre
Montebello
Barberini
S. MARIA D. VITTORIA
MUSEO NAZIONALE ROMANO
S. SUSANNA
PALAZZO BARBERINI
Repubblica
Pza della Repubblica
Piazza dei Cinquecento
TERMINI
Quattro Fontane
Nazionale
Viminale
Depretis
Cavour
Principe Amedeo
Pza d. Esquilino
S. MARIA MAGGIORE
Milano
Panisperna
200 m

G
10
H
85
0
200 m
X
Y
Z
Viale
Gregorio
VII
Via
Viale
delle
Mura
Aurelie
delle
Fornaci
di
Gianicolo
Pas
S. PIETRO
8
Via
Aurelia
Antica
VILLA DORIA PAMPHILI
V.
di
S.
Pancrazio
V.
del
Vascello
V.le
di
Villa
Pamphili
V.
Dezza
Vitellia
Fonteiana
Via
Via
25
171
10-11
12-13
14-15
16-17
8
G
H

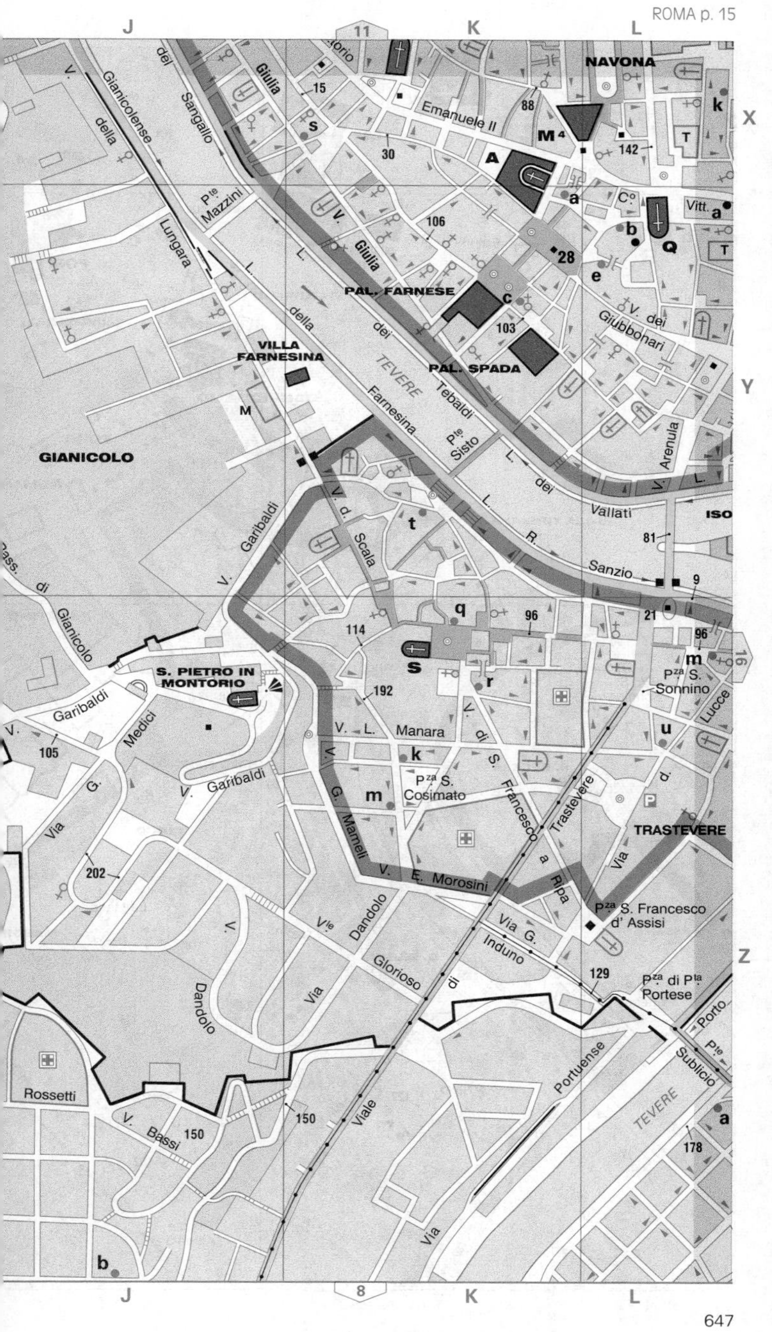
NAVONA
Emanuele II
PAL. FARNESE
PAL. SPADA
VILLA FARNESINA
GIANICOLO
TEVERE
S. PIETRO IN MONTORIO
TRASTEVERE
P^za S. Cosimato
P^za S. Francesco d' Assisi
P^za S. Sonnino
P^za di P^ta Portese
V. Giulia
V. dei Giubbonari
Lungara
V. Garibaldi
V. L. Manara
V. G. Mameli
V. E. Morosini
Viale di Trastevere
Via G. Induno
Via Glorioso
Via Portuense
V. Bassi
Rossetti
Dandolo

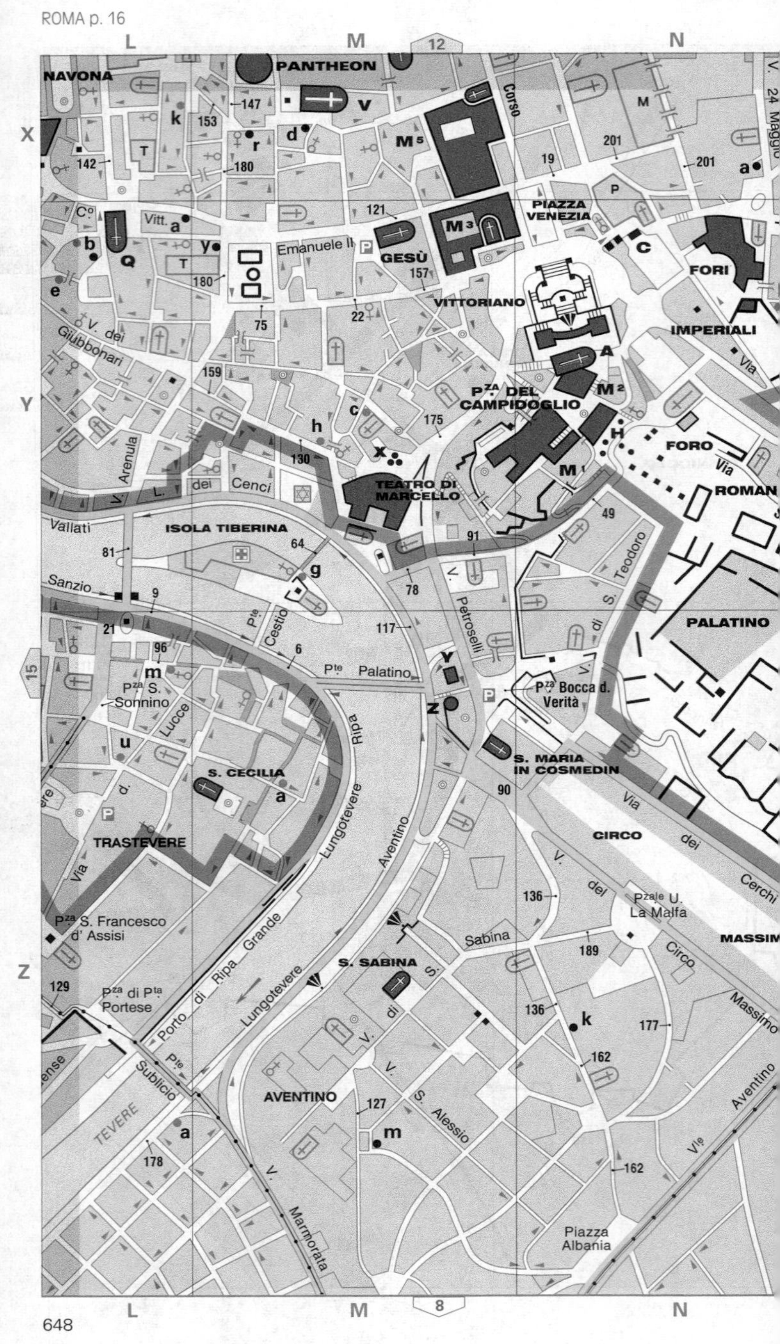
L
M
12
N
NAVONA
PANTHEON
Corso
V. 24 Maggio
PIAZZA VENEZIA
GESÙ
VITTORIANO
FORI
IMPERIALI
Vitt.
Emanuele II
V. dei Giubbonari
P^za DEL CAMPIDOGLIO
FORO
ROMAN
V. Arenula
L. dei Cenci
TEATRO DI MARCELLO
ISOLA TIBERINA
Vallati
Sanzio
V. Petroselli
V. di S. Teodoro
PALATINO
P^te Cestio
P^te Palatino
P^za S. Sonnino
Lucce
Ripa
P^za Bocca d. Verità
S. MARIA IN COSMEDIN
S. CECILIA
TRASTEVERE
Lungotevere
Aventino
Via dei Cerchi
CIRCO
MASSIMO
P^za S. Francesco d' Assisi
V. del Sabina
P^zale U. La Malfa
Circo Massimo
P^za di P^ta Portese
Porto di Ripa Grande
Lungotevere
S. SABINA
V. di S.
P^te Sublicio
TEVERE
AVENTINO
V. S. Alessio
V^le Aventino
V. Marmorata
Piazza Albania
8
X
Y
Z
15

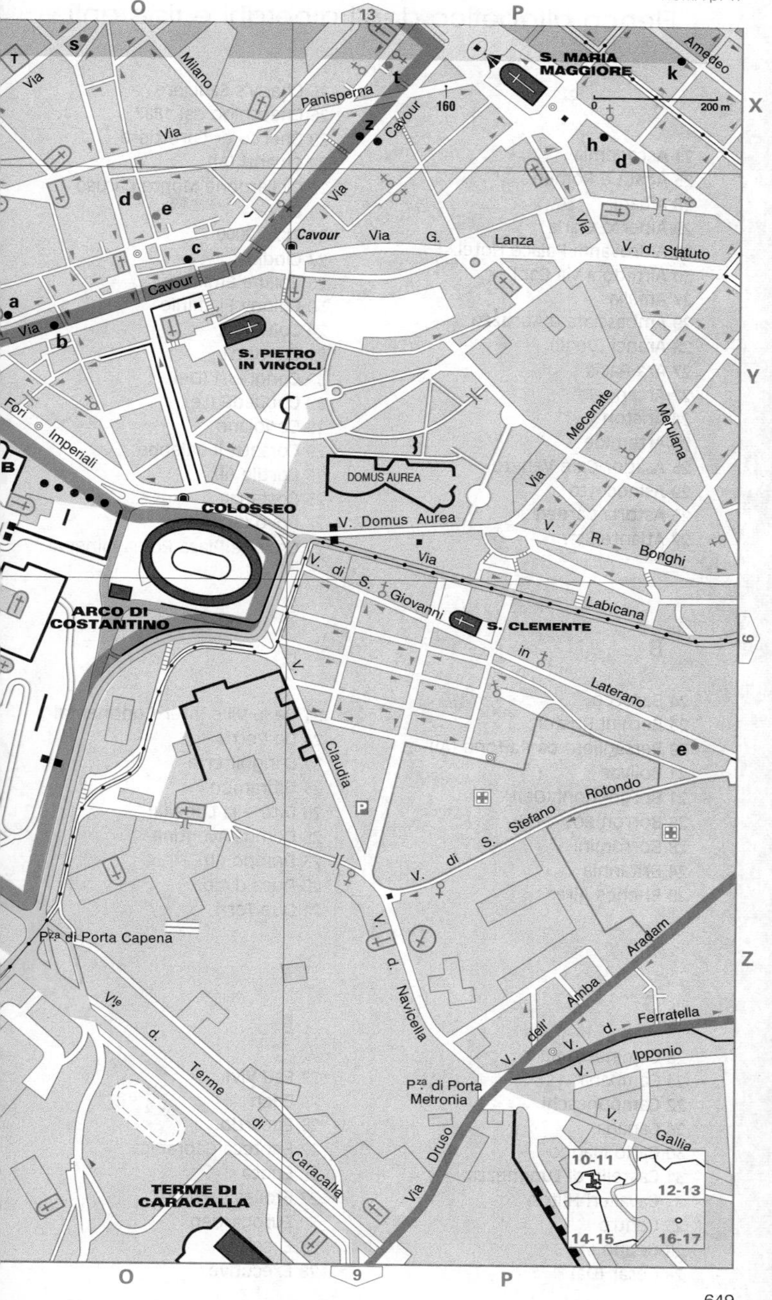
O
13
P
S. MARIA MAGGIORE
Amedeo
Via
Milano
Panisperna
160
0
200 m
X
Via
Cavour
Via
Cavour
Via
G.
Lanza
Via
V. d. Statuto
Cavour
Via
S. PIETRO IN VINCOLI
Y
Fori
Imperiali
Mecenate
Merulana
DOMUS AUREA
Via
COLOSSEO
V. Domus Aurea
V.
R.
Bonghi
Via
V. di S. Giovanni
Labicana
ARCO DI COSTANTINO
S. CLEMENTE
in
Laterano
9
V.
Claudia
P
Rotondo
Stefano
S.
di
V.
V.
d.
Navicella
Pza di Porta Capena
Aradam
Z
Amba
dell'
V.
d.
Ferratella
V.
Ipponio
V.
Vle
d.
Terme
di
Caracalla
Pza di Porta Metronia
Druso
Via
V.
Gallia
10-11
12-13
14-15
16-17
TERME DI CARACALLA
O
9
P

Elenco alfabetico degli alberghi e ristoranti

F

G

H

I - J

L

M

N - O

P

Q - R

S

T

V - W

Centro Storico

Corso Vittorio Emanuele, Piazza Venezia, Pantheon e Quirinale, Piazza di Spagna, Piazza Navona **(Pianta : Roma p. 11, 12, 15 e 16).**

Hassler Villa Medici, piazza Trinità dei Monti 6 ✉ 00187 ☎ 06 699340, *Fax 06 6789991*, « Roof-restaurant con ≤ città » – AE VISA JCB p. 12 NU c
Pasto carta 165/255000 – ☕ 62000 – **85 cam** 590/1150000, 15 appartamenti.

Crowne Plaza Roma Minerva M, piazza della Minerva 69 ✉ 00186 ☎ 06 695201, *Fax 06 6794165*, « Terrazza-roof garden con servizio rist. estivo serale » – cam, – 120. AE VISA JCB p. 12 MX d
Pasto al Rist. ***La Cesta*** carta 115/170000 – ☕ 45000 – **131 cam** 700/900000, 3 appartamenti.

De la Ville Inter-Continental, via Sistina 69 ✉ 00187 ☎ 06 67331, *Fax 06 6784213*, – – 70. AE VISA JCB p. 12 NU e
Pasto carta 145/240000 – ☕ 28000 – **168 cam** 710/855000, 23 appartamenti.

D'Inghilterra, via Bocca di Leone 14 ✉ 00187 ☎ 06 69981, *Fax 06 69922243*, « Antica foresteria con arredamento d'epoca » – AE VISA p. 12 MV f
Pasto carta 95/125000 – ☕ 40000 – **89 cam** 440/685000, 9 appartamenti.

Dei Borgognoni senza rist, via del Bufalo 126 ✉ 00187 ☎ 06 69941505, *Fax 06 69941501* – AE VISA JCB p. 12 NV g
☕ 22000 – **51 cam** 450/510000.

Valadier, via della Fontanella 15 ✉ 00187 ☎ 06 3611998 e rist. ☎ 06 3610880, *Fax 06 3201558*, – – 35. AE VISA JCB rist
Pasto al Rist. ***Il Valentino*** *(chiuso domenica a mezzogiorno)* carta 60/85000 – **50 cam** ☕ 410/520000, 3 appartamenti. p. 12 MU k

White M senza rist, via In Arcione 77 ✉ 00187 ☎ 06 6991242, *Fax 06 6788451* – AE VISA JCB p. 12 NV p
44 cam ☕ 380/500000.

Delle Nazioni, via Poli 7 ✉ 00187 ☎ 06 6792441 e rist. ☎ 06 6795761, *Fax 06 6782400* – – 50. AE VISA JCB p. 12 NV m
Pasto al Rist. ***Le Grondici*** carta 60/85000 (13 %) – ☕ 25000 – **83 cam** 400/500000 – ½ P 300/370000.

Santa Chiara senza rist, via Santa Chiara 21 ✉ 00186 ☎ 06 6872979, *Fax 06 6873144* – – 40. AE VISA JCB p. 12 MX r
☕ 15000 – **98 cam** 270/395000, 3 appartamenti.

Fontanella Borghese senza rist, largo Fontanella Borghese 84 ✉ 00186 ☎ 06 68809504, *Fax 06 6861295* – AE VISA p. 12 MV d
25 cam ☕ 250/380000.

Accademia senza rist, piazza Accademia di San Luca 75 ✉ 00187 ☎ 06 69922607, *Fax 06 6785897* – AE VISA JCB p. 12 NV u
58 cam ☕ 320/380000.

Della Torre Argentina senza rist, corso Vittorio Emanuele 102 ✉ 00186 ☎ 06 6833886, *Fax 06 68801641* – AE VISA JCB p. 12 LY a
57 cam ☕ 240/350000, appartamento.

Tritone senza rist, via del Tritone 210 ✉ 00187 ☎ 06 69922575, *Fax 06 6782624* – AE VISA JCB p. 12 NV t
43 cam ☕ 320/380000.

Senato senza rist, piazza della Rotonda 73 ✉ 00186 ☎ 06 6784343, *Fax 06 69940297*, ≤ Pantheon – – 45. AE VISA p. 12 MV y
55 cam ☕ 290/410000, appartamento.

Condotti senza rist, via Mario de' Fiori 37 ✉ 00187 ☎ 06 6794661, *Fax 06 6790457* – AE VISA JCB p. 12 MU w
16 cam ☕ 350/490000.

City senza rist, via Due Macelli 97 ✉ 00187 ☎ 06 6784037, *Fax 06 6797972* – AE VISA JCB p. 12 NV k
33 cam ☕ 270/330000.

Due Torri senza rist, vicolo del Leonetto 23 ✉ 00186 ☎ 06 6876983, *Fax 06 6865442* – AE VISA p. 11 LV a
26 cam ☕ 250/360000.

Teatro di Pompeo senza rist, largo del Pallaro 8 ✉ 00186 ☎ 06 68300170, *Fax 06 68805531*, « Volte del Teatro di Pompeo » – AE VISA p. 15 LY b
13 cam ☕ 290/380000.

Bolivar senza rist, via della Cordonata 6 ✉ 00187 ☎ 06 6791614, *Fax 06 6791025* – P. AE VISA JCB p. 12 NX a
30 cam ☕ 350/480000.

Portoghesi senza rist, via dei Portoghesi 1 ✉ 00186 ✆ 06 6864231, *Fax 06 6876976* – ... *p. 11* LV
27 cam ☕ 230/310000.

Manfredi senza rist, via Margutta 61 ✉ 00187 ✆ 06 3207676, *Fax 06 3207736* – ... AE VISA JCB. *p. 12* MU
18 cam ☕ 320/450000.

Madrid senza rist, via Mario de' Fiori 95 ✉ 00187 ✆ 06 6991511, *Fax 06 6791653* – ... AE VISA. *p.12* NV
20 cam ☕ 250/320000, 6 appartamenti.

Fontana senza rist, piazza di Trevi 96 ✉ 00187 ✆ 06 6786113, ≤ fontana, « Antic convento restaurato » – ... AE VISA JCB. *p. 12* NV
25 cam ☕ 330/450000.

Gregoriana senza rist, via Gregoriana 18 ✉ 00187 ✆ 06 6794269, *Fax 06 6784258* – ... *p.12* NV
19 cam ☕ 220/360000.

Parlamento senza rist, via delle Convertite 5 ✉ 00187 ✆ 06 69921000, *Fax 06 699210* – ... AE VISA *p. 12* MV
23 cam ☕ 170/210000.

Mozart senza rist, via dei Greci 23/b ✉ 00187 ✆ 06 36001915, *Fax 06 36001735* – ... AE VISA JCB. *p.12* MU
56 cam ☕ 260/360000.

Pensione Barrett senza rist, largo Torre Argentina 47 ✉ 00186 ✆ 06 686848 *Fax 06 6892971* – ... *p. 16* MY
☕ 10000 – **20 cam** 120/160000, ▤ 10000.

El Toulà, via della Lupa 29/b ✉ 00186 ✆ 06 6873498, *Fax 06 6871115*, Rist. elegant prenotare – ▤. AE VISA JCB. *p.12* MV
chiuso dal 24 al 26 dicembre, agosto, domenica, lunedì e sabato a mezzogiorno – **Past** carta 85/135000 (15 %).

Enoteca Capranica, piazza Capranica 100 ✉ 00186 ✆ 06 69940992, *Fax 06 6994098* prenotare la sera – ▤. AE VISA JCB. *p. 12* MV
chiuso sabato a mezzogiorno e domenica, in agosto aperto solo la sera – **Pasto** car 70/140000.

Camponeschi, piazza Farnese 50 ✉ 00186 ✆ 06 6874927, *Fax 06 6865244*, prenotar « Servizio estivo con ≤ palazzo Farnese » – ▤. AE VISA *p. 15* KY
chiuso dal 13 al 22 agosto, domenica e a mezzogiorno – **Pasto** carta 115/160000.

Taverna Giulia, vicolo dell'Oro 23 ✉ 00186 ✆ 06 6869768, *Fax 06 6893720*, prenotare sera – ▤. AE VISA JCB. *P. 11* JV
chiuso agosto e domenica – **Pasto** specialità liguri carta 55/70000.

Quinzi Gabrieli, via delle Coppelle 6 ✉ 00186 ✆ 06 6879389, *Fax 06 6874940*, Coperti limitati; prenotare – AE VISA. *p.12* MV
chiuso agosto, domenica e a mezzogiorno – **Pasto** specialità di mare carta 110/150000
Spec. Carpaccio di dentice con crostacei e calamari. Pasta con polpa di riccio (ottobr maggio). Scorfano al guazzetto con pomodorini ramati.

Vecchia Roma, via della Tribuna di Campitelli 18 ✉ 00186 ✆ 06 686460 *Fax 06 6864604*, Rist. elegante – ▤. AE *p.16* MY
chiuso dal 10 al 25 agosto e mercoledì – **Pasto** specialità romane e di mare carta 7(115000.

La Fontanella, largo della Fontanella Borghese 86 ✉ 00186 ✆ 06 687158 *Fax 06 6871092*, prenotare la sera – ▤. AE VISA JCB. *p.12* MV
chiuso dal 10 al 24 agosto e lunedì – **Pasto** carta 75/110000 (15 %).

La Rosetta, via della Rosetta 9 ✉ 00187 ✆ 06 6861002, *Fax 06 6861002*, prenotare – ▤ AE VISA JCB *p. 12* MV
chiuso dal 5 al 25 agosto, sabato a mezzogiorno e domenica – **Pasto** specialità di ma carta 150/215000
Spec. Ostriche e tartufi di mare. Penne con broccoletti e frutti di mare. Scorfano al mediterranea.

Eau Vive, via Monterone 85 ✉ 00186 ✆ 06 68801095, *Fax 06 68802571*, Missionar laiche cattoliche, prenotare la sera, « Edificio cinquecentesco » – ▤. AE VIS *p. 15* LX
chiuso agosto e domenica – **Pasto** cucina francese ed esotica 15/50000 e carta 30/55000

Quirino, via delle Muratte 84 ✉ 00187 ✆ 06 69922509 – ▤. AE VIS *p. 12* NV
chiuso agosto e domenica – **Pasto** specialità romane e siciliane50/80000 e carta 55/8500

XX **Margutta Vegetariano-RistorArte,** via Margutta 118 ✉ 00187 ☎ 06 32650577, *Fax 06 36003287,* « Mostre d'arte contemporanea » – ▤. 🅢 ⓓ VISA *p. 12* **MU a**
Pasto cucina vegetariana carta 45/75000.

XX **Myosotis,** vicolo della Vaccarella 3/5 ✉ 00186 ☎ 06 6865554 – ▤. AE 🅢 ⓓ MC VISA JCB. ✻ *p. 11* **LV c**
chiuso dal 7 al 31 agosto e domenica – **Pasto** carta 45/90000.

XX **Sangallo,** vicolo della Vaccarella 11/a ✉ 00186 ☎ 06 6865549, *Fax 06 6873199,* prenotare – ▤. AE 🅢 ⓓ MC VISA JCB. ✻ *p. 11* **LV c**
chiuso dal 1° al 15 agosto, domenica e lunedì a mezzogiorno – **Pasto** specialità di mare 70/85000 e carta 70/115000.

XX **Passetto,** via Zanardelli 14 ✉ 00186 ☎ 06 68803696, *Fax 06 68806569,* ☂ – ▤. AE 🅢 ⓓ MC VISA. JCB *p. 11* **LV m**
Pasto carta 65/130000.

XX **Il Drappo,** vicolo del Malpasso 9 ✉ 00186 ☎ 06 6877365, ☂, prenotare – ▤. AE 🅢 ⓓ MC VISA. ✻ *p. 11* **KX s**
chiuso agosto, domenica e a mezzogiorno – **Pasto** specialità sarde 70000 bc.

XX Le Streghe, vicolo del Curato 13 ✉ 00186 ☎ 06 6878182, prenotare la sera *P. 11* **JKV u**

XX **Da Pancrazio,** piazza del Biscione 92 ✉ 00186 ☎ 06 6861246, *Fax 06 6861246,* « Taverna ricostruita sui resti del Teatro di Pompeo » – ⇹. AE 🅢 ⓓ MC VISA JCB. ✻ *p. 15* **LY e**
chiuso Natale, dal 5 al 25 agosto e mercoledì – **Pasto** 50000 e carta 50/90000.

XX **Campana,** vicolo della Campana 18 ✉ 00186 ☎ 06 6867820, Trattoria d'habitués – ▤. AE 🅢 ⓓ MC VISA *p. 11* **LV p**
chiuso agosto e lunedì – **Pasto** carta 50/70000.

X **Il Falchetto,** via dei Montecatini 12/14 ✉ 00186 ☎ 06 6791160, Trattoria rustica – ▤. AE 🅢 ⓓ MC VISA *p. 12* **MV k**
chiuso dal 5 al 20 agosto e venerdì – **Pasto** carta 45/65000.

X **Da Giggetto,** via del Portico d'Ottavia 21/a ✉ 00186 ☎ 06 6861105, *Fax 06 6832106,* ☂, Trattoria tipica – AE 🅢 ⓓ MC VISA. ✻ *p. 16* **MY h**
chiuso dal 19 al 31 luglio e lunedì – **Pasto** specialità romane carta 50/75000.

X Costanza, piazza del Paradiso 63/65 ✉ 00186 ☎ 06 6861717, ☂, « Resti del Teatro di Pompeo » *p. 15* **LY b**

X Trattoria Lilli, via Tor di Nona 26 ✉ 00186 ☎ 06 6861916, ☂ – ▤ *p. 11* **KV a**

X **Ditirambo,** piazza della Cancelleria 74 ✉ 00186 ☎ 06 6871626, Coperti limitari; prenotare – ▤. AE 🅢 ⓓ MC VISA *p. 15* **KY a**
chiuso agosto e lunedì a mezzogiorno – **Pasto** carta 50/75000.

Stazione Termini

via Vittorio Veneto, via Nazionale, Viminale, Santa Maria Maggiore, Porta Pia **(Pianta : Roma p. 9, 12, 13 e 17).**

🏨 **Excelsior,** via Vittorio Veneto 125 ✉ 00187 ☎ 06 47081, *Fax 06 4826205* – 🛗, ⇹ cam, ▤ 📺 ☎ – 🔑 600. AE 🅢 ⓓ MC VISA JCB. ✻ *p. 13* **OU d**
Pasto carta 100/170000 – ☕ 40000 – **282 cam** 605/980000, 35 appartamenti.

🏨 Le Grand Hotel, via Vittorio Emanuele Orlando 3 ✉ 00185 ☎ 06 47091, *Fax 06 4747307* – 🛗 ▤ 📺 ☎ – 🔑 300 *p. 13* **PV c**
136 cam, 36 appartamenti.

🏨 **Eden,** via Ludovisi 49 ✉ 00187 ☎ 06 478121, *Fax 06 4821584,* ≤, 🏋 – 🛗 ▤ 📺 ☎ 📞 – 🔑 100. AE 🅢 ⓓ MC VISA JCB *p. 12* **NU a**
Pasto vedere rist ***La Terrazza*** – ☕ 64000 – **106 cam** 760/1265000, 13 appartamenti.

🏨 **Regina Baglioni,** via Vittorio Veneto 72 ✉ 00187 ☎ 06 421111, *Fax 06 42012130* – 🛗, ⇹ cam, ▤ 📺 ☎ ♿ – 🔑 50. AE 🅢 ⓓ MC VISA JCB. ✻ *p. 13* **OU m**
Pasto *(chiuso domenica)* carta 70/140000 – **130 cam** ☕ 580/780000, 7 appartamenti – 1/2 P 450/490000.

🏨 **Majestic,** via Vittorio Veneto 50 ✉ 00187 ☎ 06 486841, *Fax 06 4880984* – 🛗 ▤ 📺 ☎ ♿ – 🔑 150. AE 🅢 ⓓ MC VISA JCB. ✻ *p. 13* **OU e**
Pasto al Rist. ***La Veranda*** *(chiuso domenica)* carta 100/175000 e al Rist.-bistrot ***La Ninfa*** carta 70/100000 – ☕ 35000 – **76 cam** 630/830000, 10 appartamenti.

🏨 **Bernini Bristol,** piazza Barberini 23 ✉ 00187 ☎ 06 4883051, *Fax 06 4824266* – 🛗, ⇹ cam, ▤ 📺 ☎ 📞 – 🔑 100. AE 🅢 ⓓ MC VISA JCB. ✻ *p. 13* **OV f**
Pasto carta 80/125000 – ☕ 49500 – **110 cam** 495/795000, 10 appartamenti.

🏨 **Jolly Hotel Vittorio Veneto,** corso d'Italia 1 ✉ 00198 ☎ 06 8495, *Fax 06 8841104* – 🛗, ⇹ cam, ▤ 📺 ☎ ♿ 🚗 – 🔑 380. AE 🅢 ⓓ MC VISA. ✻ rist *p. 13* **OU k**
Pasto (solo per alloggiati) 50000 – **203 cam** ☕ 400/520000.

🏨 **Grand Hotel Palace,** via Veneto 70 ✉ 00187 ☎ 06 478719, *Fax 06 47871800* – 🛗, ⇹ cam, ▤ 📺 ☎ 📞 ♿ – 🔑 200. AE 🅢 ⓓ MC VISA *p. 13* **OU c**
Pasto carta 60/85000 – **87 cam** ☕ 580/720000, 4 appartamenti.

Mecenate Palace Hotel Ⓜ senza rist, via Carlo Alberto 3 ✉ 00185 ✆ 06 4470202, *Fax 06 4461354* – |‡|, ⇔ cam, ▤ TV ☎ ✆ ♿ – 🏛 45. AE ⓢ ⊙ ⓂⒸ VISA JCB. ✻ *p. 13* PX
59 cam ☕ 480/650000, 3 appartamenti.

Artemide Ⓜ, via Nazionale 22 ✉ 00184 ✆ 06 489911, *Fax 06 48991700* – |‡|, ⇔ cam, ▤ TV ☎ ♿ – 🏛 140. AE ⓢ ⊙ ⓂⒸ VISA JCB. ✻ *p. 13* OV
Pasto solo snacks (solo per alloggiati) – **85 cam** ☕ 400/560000.

Quirinale, via Nazionale 7 ✉ 00184 ✆ 06 4707, *Fax 06 4820099*, « Servizio rist. estivo in giardino » – |‡| ▤ TV ☎ – 🏛 250. AE ⓢ ⊙ ⓂⒸ VISA JCB. ✻ *p. 13* PV
Pasto carta 65/115000 – **210 cam** ☕ 440/550000, 5 appartamenti.

Marriott Gd H. Flora Ⓜ, via Vittorio Veneto 191 ✉ 00187 ✆ 06 48992, *Fax 06 4820359* – |‡|, ⇔ cam, ▤ TV ☎ ✆ ♿ – 🏛 150. AE ⓢ ⊙ ⓂⒸ VISA JCB. ✻
Pasto carta 85/130000 – ☕ 35000 – **125 cam** 480/790000, 24 appartamenti. *p. 13* OU

Starhotel Metropole, via Principe Amedeo 3 ✉ 00185 ✆ 06 4774, *Fax 06 4740413* – ▤ TV ☎ ✆ ♿ 🚗 – 🏛 200. AE ⓢ ⊙ ⓂⒸ VISA JCB. ✻ *p. 13* PV
Pasto carta 65/95000 – **265 cam** ☕ 410/550000 – ½ P 280/345000.

Imperiale, via Vittorio Veneto 24 ✉ 00187 ✆ 06 4826351, *Fax 06 4742583*, ☂ – |‡| ⇔ cam, ▤ TV ☎. AE ⓢ ⊙ ⓂⒸ VISA. ✻ *p. 13* OV
Pasto carta 65/95000 – **95 cam** ☕ 550/750000 – ½ P 280/380000.

Londra e Cargill, piazza Sallustio 18 ✉ 00187 ✆ 06 473871, *Fax 06 4746674* – |‡| ▤ TV ☎ 🚗. AE ⓢ ⊙ ⓂⒸ VISA JCB. ✻ *p. 13* PU
Pasto (solo per alloggiati e *chiuso agosto, sabato e a mezzogiorno)* carta 60/80000 **103 cam** ☕ 380/450000, appartamento.

Mascagni, via Vittorio Emanuele Orlando 90 ✉ 00185 ✆ 06 48904040 – |‡| ▤ TV ☎ ✆. AE ⓢ ⊙ ⓂⒸ VISA. ✻ rist *p. 13* PV
Pasto (solo per alloggiati e *chiuso domenica*) carta 60/90000 – **40 cam** ☕ 470/550000 ½ P 330000.

Rex senza rist, via Torino 149 ✉ 00184 ✆ 06 4824828, *Fax 06 4882743* – |‡|, ⇔ cam, ▤ TV ☎ – 🏛 50. AE ⓢ ⊙ ⓂⒸ VISA JCB *p. 13* PV
45 cam ☕ 370/470000, 2 appartamenti.

La Residenza senza rist, via Emilia 22-24 ✉ 00187 ✆ 06 4880789, *Fax 06 485721* – |‡| ▤ TV ☎. AE ⓢ VISA *p. 13* OU
29 cam ☕ 290/360000.

Canada senza rist, via Vicenza 58 ✉ 00185 ✆ 06 4457770, *Fax 06 4450749* – |‡| ▤ TV ☎ ✆. AE ⓢ ⊙ ⓂⒸ VISA JCB. ✻ *p. 9* FS
70 cam ☕ 190/260000.

Britannia senza rist, via Napoli 64 ✉ 00184 ✆ 06 4883153, *Fax 06 4882343* – |‡| ▤ TV ☎ ✆. AE ⓢ ⊙ ⓂⒸ VISA JCB *p.13* PV
32 cam ☕ 300/410000.

Virgilio senza rist, via Palermo 30 ✉ 00184 ✆ 06 4884360, *Fax 06 4884360* – |‡| ▤ TV ☎ ✆. AE ⓢ ⊙ ⓂⒸ VISA JCB. ✻ *p. 13* OV
33 cam ☕ 270/370000.

Ariston senza rist, via Turati 16 ✉ 00185 ✆ 06 4465399, *Fax 06 4465396* – |‡|, ⇔ cam, ▤ TV ☎ ✆ ♿ – 🏛 100. AE ⓢ ⊙ ⓂⒸ VISA JCB. ✻ *p. 13* PV
105 cam ☕ 280/390000.

Barocco senza rist, via della Purificazione 4 ang. piazza Barberini ✉ 0018 ✆ 06 4872001, *Fax 06 485994* – |‡| ▤ TV ☎ ♿. AE ⓢ ⊙ ⓂⒸ VISA JCB. ✻ *p. 13* OV
28 cam ☕ 360/460000, 4 appartamenti.

Venezia senza rist, via Varese 18 ✉ 00185 ✆ 06 4457101, *Fax 06 4957687* – |‡| ▤ TV ☎ AE ⓢ ⊙ ⓂⒸ VISA JCB. ✻ *p.9* FS
60 cam ☕ 190/255000.

Marcella senza rist, via Flavia 106 ✉ 00187 ✆ 06 4746451, *Fax 06 4815832*, « Servizi colazione in terrazza roof-garden » – |‡| ▤ TV ☎. AE ⓢ ⊙ ⓂⒸ VISA JCB. ✻
75 cam ☕ 240/350000. *p. 13* PU

De Petris senza rist, via Rasella 142 ✉ 00187 ✆ 06 4819626, *Fax 06 4820733* – |‡| ▤ TV ☎. AE ⓢ ⊙ ⓂⒸ VISA JCB *p. 13* OV
53 cam ☕ 295/420000.

Turner senza rist, via Nomentana 29 ✉ 00161 ✆ 06 44250077, *Fax 06 44250165* – |‡| ▤ TV ☎. AE ⓢ ⊙ ⓂⒸ VISA. ✻ *p. 13* PU
43 cam ☕ 295/460000, 4 appartamenti.

Columbia senza rist, via del Viminale 15 ✉ 00184 ✆ 06 4883509, *Fax 06 4740209*, « Terrazza roof-garden » – |‡| ▤ TV ☎ ✆. AE ⓢ ⊙ ⓂⒸ VISA JCB. ✻ *p. 13* PV
45 cam ☕ 230/255000.

Valle senza rist, via Cavour 134 ✉ 00184 ℘ 06 4815736, *Fax 06 4885837* – |‡| ▤ TV ☎ ♿. AE Ⓢ ⊙ MC VISA. ✻ *p. 13* **PX** z
33 cam ☕ 260/345000.

Laurentia, senza rist, largo degli Osci 63 ✉ 00185 ℘ 06 4450218, *Fax 06 4453821* – |‡| ▤ TV ☎ – 🔺 50 *p. 9* **FT** a
41 cam.

Invictus senza rist, via Quintino Sella 15 ✉ 00187 ℘ 06 42011433, *Fax 06 42011561* – ▤ TV ☎. AE Ⓢ MC VISA *p. 13* **PU** f
13 cam ☕ 210/295000.

Astoria Garden senza rist, via Bachelet 8/10 ✉ 00185 ℘ 06 4469908, 🌳 – TV ☎. AE Ⓢ ⊙ MC VISA JCB. ✻ *p. 9* **FS** c
33 cam ☕ 185/250000.

Igea senza rist, via Principe Amedeo 97 ✉ 00185 ℘ 06 4466913, *Fax 06 4466911* – |‡| ▤ TV ☎. AE Ⓢ MC VISA. ✻ *p. 13* **PX** k
☕ 10000 – **42 cam** 160/230000.

Centro senza rist, via Firenze 12 ✉ 00184 ℘ 06 4828002, *Fax 06 4871902* – |‡| ▤ TV ☎. AE Ⓢ ⊙ MC VISA. ✻ *p. 13* **PV** y
39 cam ☕ 230/310000.

La Terrazza - Hotel Eden, via Ludovisi 49 ✉ 00187 ℘ 06 478121, *Fax 06 4821584*, « Roof-garden con ≤ città » – ▤. AE Ⓢ ⊙ MC VISA JCB. ✻ *p. 12* **NU** a
Pasto 90/120000 e carta 100/155000
Spec. Capasanta affumicata con insalata di campo e asparagi. Stracci di pasta all'astice con pesto, pomodori canditi e acciughe. Trancio di branzino al sale, olive nere, origano e patate.

Sans Souci, via Sicilia 20/24 ✉ 00187 ℘ 06 4821814, *Fax 06 4821771*, Rist. elegante-soupers, prenotare – ▤. AE Ⓢ ⊙ MC VISA JCB *p. 13* **OU** a
chiuso dal 14 al 20 agosto, lunedì e a mezzogiorno – **Pasto** carta 105/150000
Spec. Scaloppa di foie gras fresco delle Landes su nido di insalata tiepida e pera glassata. Tortelli ripieni ai due tartufi allo zabaglione di parmigiano. Anatra selvatica all'arancia con mele confites.

Harry's Bar, via Vittorio Veneto 150 ✉ 00187 ℘ 06 484643, *Fax 06 4883117*, 🌂, Coperti limitati; prenotare – ▤. AE Ⓢ ⊙ MC VISA JCB. ✻ *p. 13* **OU** b
chiuso domenica, Natale e Ferragosto – **Pasto** carta 75/125000.

Asador Cafè Veneto, via Vittorio Veneto 116 ✉ 00187 ℘ 06 4827107, 🌂, Rist.-cocktail bar – ▤. AE Ⓢ ⊙ MC VISA JCB. ✻ *p. 13* **OU** p
chiuso dal 10 al 31 agosto e lunedì – **Pasto** specialità classiche ed argentine carta 75/110000.

Agata e Romeo, via Carlo Alberto 45 ✉ 00185 ℘ 06 4466115, *Fax 06 4465842*, Coperti limitati; prenotare – ▤. AE Ⓢ ⊙ MC VISA JCB. ✻ *p. 13* **PX** d
chiuso dal 6 al 12 gennaio, agosto e domenica – **Pasto** carta 95/145000
Spec. Flan di pecorino di fossa e salsa al miele. Baccalà affumicato con salsa all'arancia. Lasagne verdi con ragù di scorfano.

Al Grappolo d'Oro, via Palestro 4/10 ✉ 00185 ℘ 06 4941441, *Fax 06 4452350* – ▤. AE Ⓢ ⊙ MC VISA. ✻ *p. 13* **PU** c
chiuso agosto e domenica – **Pasto** carta 45/80000.

Edoardo, via Lucullo 2 ✉ 00187 ℘ 06 486428, *Fax 06 486428* – ▤. AE Ⓢ ⊙ MC VISA. ✻
chiuso agosto e domenica – **Pasto** carta 65/95000. *p. 13* **OU** h

Girarrosto Fiorentino, via Sicilia 46 ✉ 00187 ℘ 06 42880660, *Fax 06 42010078* – ▤. AE Ⓢ ⊙ MC VISA *p.13* **OU** f
Pasto carta 65/85000.

Cicilardone Monte Caruso, via Farini 12 ✉ 00185 ℘ 06 483549 – ▤. AE Ⓢ ⊙ MC VISA. ✻ *p. 13* **PV** k
chiuso agosto, domenica e lunedì a mezzogiorno – **Pasto** specialità lucane carta 50/85000.

Papà Baccus, via Toscana 36 ✉ 00187 ℘ 06 42742808, *Fax 06 42010005*, prenotare – ✂ ▤. AE Ⓢ ⊙ MC VISA JCB. ✻ *p.13* **OU** w
chiuso dal 25 dicembre al 6 gennaio, dal 10 al 20 agosto, sabato a mezzogiorno e domenica – **Pasto** specialità di mare e toscane carta 70/90000.

Giovanni, via Marche 64 ✉ 00187 ℘ 06 4821834, *Fax 06 4817366*, Rist. d'habitués – ▤. AE Ⓢ ⊙ MC VISA *p. 13* **OU** a
chiuso agosto, venerdì sera e sabato – **Pasto** carta 70/95000.

Dai Toscani, via Forlì 41 ✉ 00161 ℘ 06 44231302 – ▤. AE Ⓢ ⊙ MC VISA JCB
chiuso agosto e domenica – **Pasto** specialità toscane carta 50/70000. *p. 9* **FS** w

Il Quadrifoglio, via del Boschetto 19 ✉ 00184 ℘ 06 4826096, Coperti limitati; prenotare. AE Ⓢ ⊙ MC VISA JCB *p. 17* **OY** d
chiuso dal 10 al 30 agosto, a mezzogiorno e domenica – **Pasto** specialità napoletane carta 65/95000.

XX **Il Covo,** via del Boschetto 91 ✉ 00184 ☎ 06 4815871, Rist. pizzeria – AE ⓢ MC VISA. ✻
chiuso luglio, agosto e lunedì – **Pasto** carta 45/70000. *p. 17* OY

XX **Hostaria da Vincenzo,** via Castelfidardo 6 ✉ 00185 ☎ 06 484596, *Fax 06 4870092*
▤. AE ⓢ ⓓ MC VISA JCB *p. 13* PU
chiuso agosto e domenica – **Pasto** carta 40/80000.

XX **Taverna Urbana,** via Urbana 137 ✉ 00184 ☎ 06 4884439 – ▤. AE ⓢ ⓓ MC VISA. ✻
chiuso agosto e lunedì – **Pasto** specialità di mare carta 50/90000. *p. 13* PVX

XX **Peppone,** via Emilia 60 ✉ 00187 ☎ 06 483976, *Fax 06 483976*, Rist. di tradizione – ▤. AE
ⓢ ⓓ MC VISA. ✻ *p. 13* OU
chiuso sabato e domenica in agosto, solo domenica negli altri mesi – **Pasto** carta 55/80000 (15%).

X **Il Dito e la Luna,** via dei Sabelli 51 ✉ 00185 ☎ 06 4940726, prenotare, « Simpatica atmosfera bistrot » – ▤ *p. 9* FT
chiuso a mezzogiorno – **Pasto** carta 55/75000.

X **Trimani il Wine Bar,** via Cernaia 37/b ✉ 00185 ☎ 06 4469630, *Fax 06 4468351*, Enoteca con ristorazione – ▤. AE ⓢ ⓓ MC VISA JCB *p. 13* PU
chiuso dal 6 al 20 agosto, domenica e i giorni festivi – **Pasto** carta 45/70000.

X **Colline Emiliane,** via degli Avignonesi 22 ✉ 00187 ☎ 06 4817538, *Fax 06 4817538*
prenotare – ▤. ⓢ MC VISA *p. 12* NV
chiuso agosto e venerdì – **Pasto** specialità emiliane carta 45/70000.

Roma Antica

Colosseo, Fori Imperiali, Aventino, Terme di Caracalla, Porta San Paolo, Monte Testaccio
(Pianta : Roma p. 8, 9, 16 e 17).

Forum, via Tor de' Conti 25 ✉ 00184 ☎ 06 6792446, *Fax 06 6786479*, « Rist. roof-garden con ≤ Fori Imperiali » – |‡| ▤ TV ☎ – 🏟 100. AE ⓢ ⓓ MC VISA JCB. ✻ *p. 17* OY
Pasto *(chiuso domenica)* carta 110/160000 – **76 cam** ☕ 350/510000.

Duca d'Alba senza rist, via Leonina 12/14 ✉ 00184 ☎ 06 484471, *Fax 06 4884840* – |‡| ▤
TV ☎. AE ⓢ ⓓ MC VISA JCB *p. 17* OY
☕ 15000 – **27 cam** 180/260000, appartamento.

Borromeo senza rist, via Cavour 117 ✉ 00184 ☎ 06 485856, *Fax 06 4882541* – |‡| ▤ TV
☎ ♿. AE ⓢ ⓓ MC VISA JCB *p. 17* PX
30 cam ☕ 320/420000, appartamento.

Domus Aventina senza rist, via Santa Prisca 11/b ✉ 00153 ☎ 06 5746135
Fax 06 57300044 – ▤ TV ☎. AE ⓢ ⓓ MC VISA JCB. ✻ *p. 16* NZ
26 cam ☕ 240/370000.

Piccadilly, senza rist, via Magna Grecia 122 ✉ 00183 ☎ 06 77207017, *Fax 06 70476686* – |‡|
▤ TV ☎ *p. 9* FT
55 cam.

Nerva senza rist, via Tor de' Conti 3/4/4 a ✉ 00184 ☎ 06 6781835, *Fax 06 69922204* – |‡|
▤ TV ☎ ♿. AE ⓢ ⓓ MC VISA JCB *p. 16* NY
19 cam ☕ 250/360000.

Sant'Anselmo senza rist, piazza Sant'Anselmo 2 ✉ 00153 ☎ 06 5748119
Fax 06 5783604, « Villa in stile liberty con piccolo giardino » – TV ☎. AE ⓢ ⓓ MC VISA. ✻
45 cam ☕ 210/320000. *p. 16* MZ

Solis Invictus Ⓜ senza rist, via Cavour 311 ✉ 00184 ☎ 06 69920587, *Fax 06 69923395*
▤ TV ☎. AE ⓢ ⓓ MC VISA *p. 17* OY
☕ 15000 – **14 cam** 210/250000.

XX **Checchino dal 1887,** via Monte Testaccio 30 ✉ 00153 ☎ 06 5746318, *Fax 06 5743816*
Locale storico, prenotare – AE ⓢ ⓓ MC VISA. ✻ *p. 8* DT
chiuso dal 24 dicembre al 3 gennaio, agosto, domenica e lunedì – **Pasto** cucina romana carta 80/115000.

XX **Maharajah,** via dei Serpenti 124 ✉ 00184 ☎ 06 4747144, *Fax 06 4465597* – ▤. AE ⓢ ⓓ
MC VISA JCB *p. 13* OX
Pasto cucina indiana 30000 (a mezzogiorno) 35/45000 (la sera) e carta 50/65000.

XX **Mario's Hostaria,** piazza del Grillo 9 ✉ 00184 ☎ 06 6793725, ☂, prenotare – ▤. AE ⓢ
ⓓ MC VISA. ✻ *p. 16* NY
chiuso domenica – **Pasto** carta 40/80000.

XX **Charly's Saucière,** via di San Giovanni in Laterano 270 ✉ 00184 ☎ 06 70495666
Fax 06 7077483, Coperti limitati; prenotare – ▤. AE ⓢ ⓓ MC VISA JCB. ✻
chiuso dal 5 al 20 agosto, domenica e i mezzogiorno di sabato-lunedì – **Pasto** cucina franco-svizzera carta 55/80000. *p. 17* PZ

X **Lo Scopettaro,** lungotevere Testaccio 7 ✉ 00153 ☎ 06 5742408, *Fax 06 5757912* – ▤
AE ⓓ *p. 15* LZ
Pasto cucina romana casalinga carta 40/65000.

San Pietro (Città del Vaticano)

Gianicolo, Monte Mario, Stadio Olimpico (Pianta : Roma p. 8, 10 e 11).

Cavalieri Hilton M, via Cadlolo 101 ✉ 00136 ✆ 06 35091, *Fax 06 35092241*, ← città, « Terrazze solarium e parco con piscina », ⅰ, ≘, ☐, ℅ – ⎮, ⅹ cam, ▤ TV ☎ ♿ – 🅿 – 🏛 2100. AE 🅂 ⓓ MC VISA JCB. ✻ — p. 8 CS a
Pasto al Rist. ***Il Giardino dell'Uliveto*** carta 110/155000 e vedere anche rist ***La Pergola*** – ☐ 63000 – **359 cam** 1000000/1175000, 17 appartamenti.

Dei Mellini M senza rist, via Muzio Clementi 81 ✉ 00193 ✆ 06 324771, *Fax 06 32477801* – ⎮ ⅹ ▤ TV ☎ ♿ – 🏛 70. AE 🅂 ⓓ MC VISA. ✻ — p. 11 KU f
67 cam ☐ 430/480000, 13 appartamenti.

Visconti Palace senza rist, via Federico Cesi 37 ✉ 00193 ✆ 06 3684, *Fax 06 3200551* – ⎮, ⅹ cam, ▤ TV ☎ ♿ – 🏛 150. AE 🅂 ⓓ MC VISA JCB. ✻ — p. 11 KU b
234 cam ☐ 350/450000, 13 appartamenti.

Atlante Star, via Vitelleschi 34 ✉ 00193 ✆ 06 6873233, *Fax 06 6872300* – ⎮ ▤ TV ☎ – 🏛 50. AE 🅂 ⓓ MC VISA JCB — p. 11 JV c
Pasto vedere rist ***Les Etoiles*** – **70 cam** ☐ 495/750000, 3 appartamenti – ½ P 300/405000.

Giulio Cesare senza rist, via degli Scipioni 287 ✉ 00192 ✆ 06 3210751, *Fax 06 3211736*, – ⎮ ▤ TV ☎ – 🏛 40. AE 🅂 ⓓ MC VISA JCB. ✻ — p. 11 KU d
90 cam ☐ 400/500000.

Farnese senza rist, via Alessandro Farnese 30 ✉ 00192 ✆ 06 3212553, *Fax 06 3215129* – ⎮ ▤ TV ☎ 🅿. AE 🅂 ⓓ MC VISA. ✻ — p. 11 KU e
23 cam ☐ 300/500000.

Sant'Anna senza rist, borgo Pio 133 ✉ 00193 ✆ 06 68801602, *Fax 06 68308717* – ⎮ ▤ TV ☎. AE 🅂 ⓓ MC VISA JCB — p. 10 HV m
20 cam ☐ 300/350000.

Arcangelo senza rist, via Boezio 15 ✉ 00192 ✆ 06 6874143, *Fax 06 6893050* – ⎮ ▤ TV ☎. AE 🅂 ⓓ MC VISA. ✻ — p. 11 JU f
33 cam ☐ 260/380000.

Clodio senza rist, via di Santa Lucia 10 ✉ 00195 ✆ 06 3721122, *Fax 06 37350745* – ⎮ ▤ TV ☎ – 🏛 60. AE 🅂 ⓓ MC VISA JCB. ✻ — p. 8 CS c
115 cam ☐ 230/320000.

Olympic, senza rist, via Properzio 2/a ✉ 00193 ✆ 06 6896650, *Fax 06 68308255* – ⎮ ▤ TV ☎ — p. 11 JU g
60 cam.

Gerber senza rist, via degli Scipioni 241 ✉ 00192 ✆ 06 3216485, *Fax 06 3217048* – ⎮ TV ☎. AE 🅂 ⓓ MC VISA JCB. ✻ — p. 11 JU h
27 cam ☐ 190/245000.

Ara Pacis senza rist, via Vittoria Colonna 11 ✉ 00193 ✆ 06 3204446, *Fax 06 3211325* – ⎮ TV ☎. AE 🅂 ⓓ MC VISA — p. 11 KUV t
37 cam ☐ 250/350000.

Amalia senza rist, via Germanico 66 ✉ 00192 ✆ 06 39723356, *Fax 06 39723365* – ⎮ TV ☎. AE 🅂 ⓓ MC VISA JCB. ✻ — p. 10 HU n
32 cam ☐ 230/320000.

La Pergola - Hotel Cavalieri Hilton, via Cadlolo 101 ✉ 00136 ✆ 06 35091, prenotare, « Elegante e raffinato roof-restaurant con ampia e suggestiva ← sulla capitale » – ▤. AE 🅂 ⓓ MC VISA JCB. ✻ — p. 8 CS a
chiuso gennaio, domenica, lunedì e a mezzogiorno – **Pasto** 170/190000 e carta 115/210000
Spec. Carpaccio di scampi con caviale. Risotto alle erbe fini e mazzancolle. Mousse al caffè "La Pergola".

Les Etoiles - Hotel Atlante Star, via dei Bastioni 1 ✉ 00193 ✆ 06 6893434, *Fax 06 6872300*, « Roof-garden e servizio estivo in terrazza con ← Basilica di San Pietro » – ▤. AE 🅂 ⓓ MC VISA JCB. ✻ — p. 11 JV c
Pasto 90/145000 (a mezzogiorno) 115/210000 (alla sera) e carta 130/215000.

Il Simposio-di Costantini, piazza Cavour 16 ✉ 00193 ✆ 06 3211502, *Fax 06 3213210*, Rist.-enoteca, prenotare – ▤. AE 🅂 ⓓ MC VISA JCB — p. 11 KU c
chiuso agosto, sabato a mezzogiorno e domenica – **Pasto** carta 60/100000.

Taverna Angelica, piazza delle Vaschette 14/a ✉ 00193 ✆ 06 6874514, Rist-soupers, cucina fino a mezzanotte, Coperti limitati; prenotare – ▤. AE 🅂 VISA. ✻ — p. 11 JV t
chiuso dal 23 dicembre al 3 gennaio, dal 10 al 30 agosto, domenica e lunedì a mezzogiorno – **Pasto** carta 60/95000.

Dal Toscano-al Girarrosto, via Germanico 58 ✉ 00192 ✆ 06 39725717, *Fax 06 39730748*, Rist. d'habitues – ▤. AE 🅂 VISA. ✻ — p. 10 HU n
chiuso dal 24 dicembre al 2 gennaio, agosto e lunedì – **Pasto** specialità toscane carta 45/75000.

Da Cesare, via Crescenzio 13 ✉ 00193 ☎ 06 6861227, Trattoria-pizzeria – ▤. AE 🅢 ⊙ MC VISA. ✂ p. 11 KUV
chiuso Natale, Pasqua, dal 10 al 31 agosto, domenica dal 15 giugno al 10 agosto, domenica sera e lunedì negli altri mesi – **Pasto** specialità toscane e di mare carta 65/100000.

Delle Vittorie, via Montesanto 58/64 ✉ 00195 ☎ 06 37352776, *Fax 06 37515447*, ☂ ✈. AE 🅢 ⊙ MC VISA. ✂ p. 8 CS
chiuso dal 23 dicembre al 4 gennaio e domenica – **Pasto** carta 50/75000.

Parioli

via Flaminia, Villa Borghese, Villa Glori, via Nomentana, via Salaria (**Pianta : Roma p. 7, 8, 9, 13**).

Parco dei Principi, via Gerolamo Frescobaldi 5 ✉ 00198 ☎ 06 854421, *Fax 06 884510*, ≤, « Affacciato sul grande parco di Villa Borghese », 🏋, 🏊 – 🛗 ▤ 📺 ☎ 📞 🚗 – 🏛 700. AE 🅢 ⊙ MC VISA JCB. ✂ p. 9 ES
Pasto carta 95/140000 – **155 cam** ☕ 550/800000, 15 appartamenti.

Lord Byron 🐦, via De Notaris 5 ✉ 00197 ☎ 06 3220404, *Fax 06 3220405* – 🛗 ▤ 📺 ☎ 📞. AE 🅢 ⊙ MC VISA JCB. ✂ p. 8 DS
Pasto vedere rist ***Relais le Jardin*** – 28 cam ☕ 585/730000, 9 appartamenti.

Aldrovandi Palace Hotel, via Aldrovandi 15 ✉ 00197 ☎ 06 3223993, *Fax 06 322143*, « Piccolo parco ombreggiato con 🏊 », 🏋 – 🛗 ✈ ▤ 📺 ☎ 📞 🅿 – 🏛 300. AE 🅢 ⊙ MC VISA JCB. ✂ p. 9 ES
Pasto vedere rist ***Relais La Piscine*** – **125 cam** ☕ 650/850000, 10 appartamenti.

Albani, via Adda 45 ✉ 00198 ☎ 06 84991, *Fax 06 8499399* – 🛗 ▤ 📺 ☎ 🚗 – 🏛 40. AE 🅢 ⊙ MC VISA JCB. ✂ p. 9 ES
Pasto *(chiuso a mezzogiorno)* 45/65000 – **157 cam** ☕ 310/450000.

Borromini senza rist, via Lisbona 7 ✉ 00198 ☎ 06 8841321, *Fax 06 8417550* – 🛗 ▤ 📺 ☎ 🚗 – 🏛 100 p. 9 ES
☕ 22000 – **84 cam** 365/405000.

Degli Aranci, via Oriani 11 ✉ 00197 ☎ 06 8070202, *Fax 06 8070202* – 🛗 ▤ 📺 ☎ 🏛 40. AE 🅢 ⊙ MC VISA. ✂
Pasto 35/45000 – **54 cam** ☕ 285/405000. p. 9 ES

Executive senza rist, via Aniene 3 ✉ 00198 ☎ 06 8552030, *Fax 06 8414078*, 🌳 – 🛗 ▤ 📺 ☎ ♿. AE 🅢 ⊙ MC VISA JCB. ✂ p. 13 PU
54 cam ☕ 300/400000.

Villa Grazioli senza rist, via Salaria 241 ✉ 00199 ☎ 06 8416587, *Fax 06 8413385* – 🛗 ▤ 📺 ☎ 🅿. AE 🅢 ⊙ MC VISA JCB. ✂ p. 9 ES
30 cam ☕ 205/270000.

Villa Glori senza rist, via Celentano 11 ✉ 00196 ☎ 06 3227658, *Fax 06 3219495* – 🛗 ▤ 📺 ☎. AE 🅢 ⊙ MC VISA. ✂ p. 8 DS
57 cam ☕ 270/340000.

Buenos Aires senza rist, via Clitunno 9 ✉ 00198 ☎ 06 8554854, *Fax 06 8415272* – 🛗 ▤ 📺 ☎ 🅿 – 🏛 35. AE 🅢 ⊙ MC VISA. ✂ p. 9 ES
52 cam ☕ 205/275000.

Villa del Parco senza rist, via Nomentana 110 ✉ 00161 ☎ 06 4423777, *Fax 06 44237572*, 🌳 – 🛗 ▤ 📺 ☎. AE 🅢 ⊙ MC VISA JCB p. 9 FS
30 cam ☕ 215/275000.

Santa Costanza senza rist, viale 21 Aprile 4 ✉ 00162 ☎ 06 8600602, *Fax 06 860278* 🌳 – 🛗 ▤ 📺 ☎ ♿. AE 🅢 MC VISA. ✂ p. 9 FS
68 cam ☕ 210/270000.

Fenix, viale Gorizia 5 ✉ 00198 ☎ 06 8540741, *Fax 06 8543632*, 🌳 – 🛗 ▤ 📺 ☎ 🚗. AE 🅢 ⊙ MC VISA. ✂ p. 9 FS
Pasto *(chiuso agosto, sabato sera e domenica)* carta 40/60000 – **72 cam** ☕ 210/320000.

Relais le Jardin - Hotel Lord Byron, via De Notaris 5 ✉ 00197 ☎ 06 322040 *Fax 06 3220405*, Rist. elegante, Coperti limitati; prenotare – ▤. AE 🅢 ⊙ MC VISA JCB. ✂
chiuso domenica – **Pasto** carta 110/180000. p. 8 DS

Relais la Piscine - Hotel Aldrovandi Palace, via Mangili 6 ✉ 00197 ☎ 06 321612 « Servizio estivo all'aperto » – ✈ ▤ 🅿. AE 🅢 ⊙ MC VISA JCB. ✂ p. 9 ES
Pasto 60/90000 (a mezzogiorno) 80/110000 (alla sera) e carta 85/115000.

Al Ceppo, via Panama 2 ✉ 00198 ☎ 06 8551379, *Fax 06 85301370*, prenotare – AE 🅢 ⊙ MC VISA. ✂ p. 9 ES
chiuso dall'8 al 24 agosto e lunedì – **Pasto** carta 65/100000.

La Scala, viale dei Parioli 79/d ✉ 00197 ☎ 06 8083978, ☂, Rist. e pizzeria serale – ▤. AE 🅢 ⊙ MC VISA. ✂ p. 9 ES
chiuso dal 6 al 21 agosto e mercoledì – **Pasto** carta 50/70000.

Il Caminetto, viale dei Parioli 89 ✉ 00197 ☎ 06 8083946, *Fax 06 8083291*, ☂ – ▤. AE ⊙ MC VISA. ✂ p. 9 ES
Pasto carta 60/90000.

XX **Ambasciata d'Abruzzo,** via Pietro Tacchini 26 ✉ 00197 ✆ 06 8078256, *Fax 06 8074964*, – ▤. AE ⓢ ⓞ ⓜ VISA JCB p. 9 ES e
chiuso agosto e domenica – **Pasto** carta 50/75000.

XX **Al Chianti,** via Ancona 17 ✉ 00198 ✆ 06 44291534, Trattoria toscana con taverna, prenotare – ▤. AE ⓢ ⓞ ⓜ VISA p. 13 PU d
chiuso dal 6 al 22 agosto e domenica – **Pasto** carta 40/70000.

XX **Al Fogher,** via Tevere 13/b ✉ 00198 ✆ 06 8417032, *Fax 06 8558097*, Rist. rustico – ▤. AE ⓢ ⓞ ⓜ VISA JCB. ✻ p. 13 PU b
chiuso agosto, sabato a mezzogiorno e domenica – **Pasto** specialità venete carta 60/90000.

XX **Coriolano,** via Ancona 14 ✉ 00198 ✆ 06 44249863, *Fax 06 44249724*, Trattoria elegante, Coperti limitati; prenotare – ▤. AE ⓢ ⓞ ⓜ VISA JCB p. 13 PU d
chiuso dal 5 al 30 agosto – **Pasto** carta 70/115000 (15 %).

XX **Le Coppedè,** via Taro 28 a ✉ 00199 ✆ 06 8411772, Rist. e pizzeria – AE ⓢ ⓞ ⓜ VISA JCB p. 9 FS a
chiuso domenica e a mezzogiorno – **Pasto** specialità pugliesi 45000 e carta 50/70000.

XX Epoca, via Chiana 60 ✉ 00198 ✆ 06 8414808, Rist. e pizzeria – ▤ p. 9 FS d

X **Al Bersagliere-da Raffone,** via Ancona 43 ✉ 00198 ✆ 06 44249846, Rist. rustico di tradizione – ▤. AE ⓞ ⓜ VISA p. 13 PU d
chiuso sabato – **Pasto** carta 45/75000.

X **Franco l'Abruzzese,** via Anerio 23/25 ✉ 00199 ✆ 06 8600704, *Fax 06 8600704*, Tratto-
ria d'habitués – AE ⓢ ⓞ ⓜ VISA. ✻ p. 7 BQ t
chiuso agosto e domenica – **Pasto** carta 35/65000.

Zona Trastevere

(quartiere tipico) **(Pianta : Roma p. 15 e 16).**

XXX **Alberto Ciarla,** piazza San Cosimato 40 ✉ 00153 ✆ 06 5818668, *Fax 06 5884377*, ☂, Coperti limitati; prenotare – ▤. AE ⓢ ⓞ ⓜ VISA JCB. ✻ p. 15 KZ k
chiuso a mezzogiorno e domenica – **Pasto** specialità di mare 75/120000 e carta 110/155000.

XX **Corsetti-il Galeone,** piazza San Cosimato 27 ✉ 00153 ✆ 06 5816311, *Fax 06 5896255*, ☂, « Ambiente caratteristico » – ▤. AE ⓢ ⓞ ⓜ VISA JCB. ✻ p. 15 KZ m
chiuso mercoledì a mezzogiorno – **Pasto** specialità romane e di mare carta 50/85000.

XX **Sora Lella,** via di Ponte Quattro Capi 16 (Isola Tiberina) ✉ 00186 ✆ 06 6861601, *Fax 06 6861601* – ▤. AE ⓢ ⓞ ⓜ VISA. ✻ p. 16 MY g
chiuso dal 24 al 26 dicembre, Capodanno, Pasqua, agosto e domenica – **Pasto** cucina tradizionale romana carta 60/135000.

XX **Galeassi,** piazza di Santa Maria in Trastevere 3 ✉ 00153 ✆ 06 5803775, *Fax 05 5809898*, ☂ – AE ⓢ ⓞ ⓜ VISA JCB. ✻ p. 15 KZ q
chiuso dal 20 dicembre a gennaio e lunedì – **Pasto** specialità romane e di mare carta 60/95000.

XX **Il Cortile,** via Alberto Mario 26 ✉ 00152 ✆ 06 5803433, *Fax 06 5885115* – AE ⓢ ⓞ ⓜ VISA. ✻ p. 8 JZ b
chiuso dall'8 agosto all'8 settembre, domenica sera e lunedì – **Pasto** carta 50/85000.

XX **Paris,** piazza San Callisto 7/a ✉ 00153 ✆ 06 581537806 5815378, ☂ – ▤. AE ⓢ ⓞ ⓜ VISA JCB. ✻ p. 15 KZ r
chiuso agosto, domenica sera e lunedì – **Pasto** specialità romane ed ebraiche carta 55/100000.

XX **Pastarellaro,** via di San Crisogono 33 ✉ 00153 ✆ 06 5810871, *Fax 06 5810871*, Rist.-enoteca con musica serale al piano – ▤. AE ⓢ ⓞ ⓜ VISA. ✻ p. 15 LZ u
chiuso agosto e mercoledì – **Pasto** specialità romane e di mare carta 60/90000 (12 %).

X **Asinocotto,** via dei Vascellari 48 ✉ 00153 ✆ 06 5898985, *Fax 06 5898985*, Coperti limita-
ti; prenotare – AE ⓢ ⓞ VISA p. 16 MZ a
chiuso dal 15 al 31 gennaio, lunedì e a mezzogiorno – **Pasto** carta 45/65000.

X **Checco er Carettiere,** via Benedetta 10 ✉ 00153 ✆ 06 5817018, *Fax 06 5884282*, ☂, Rist. tipico – ▤. AE ⓢ ⓞ ⓜ VISA. ✻ p. 15 KY t
chiuso domenica sera – **Pasto** specialità romane e di mare carta 55/105000.

X **Gino in Trastevere,** via della Lungaretta 85 ✉ 00153 ✆ 06 5803403, *Fax 06 5803403*, ☂, Rist. e pizzeria – ▤. AE ⓢ ⓞ ⓜ VISA p. 15 LZ m
chiuso a mezzogiorno escluso i giorni festivi – **Pasto** specialità romane carta 45/65000.

Zona Urbana Nord-Ovest

via Flaminia, via Cassia, Balduina, Prima Valle, via Aurelia **(Pianta : Roma p. 6 e 7).**

Jolly Hotel Midas, via Aurelia 800 (al km 8) ✉ 00165 ✆ 06 66396, *Fax 06 66418457*, ⛱, ⛱, ✻ – |⇅|, ⇸ cam, ▤ ▣ ☎ Ⓟ – 🅰 650. AE ⓢ ⓞ ⓜ VISA. ✻ rist p. 6 AQ d
Pasto carta 60/100000 – **342 cam** ☕ 295/395000, 5 appartamenti.

Holiday Inn Roma, via Aurelia al km 8 ✉ 00165 ✆ 06 66411200, *Fax 06 66414437*, ☂, ⛱, ⛱ – |⇅|, ⇸ cam, ▤ ▣ ☎ ✆ Ⓟ – 🅰 120. AE ⓢ ⓞ ⓜ VISA. ✻ p. 6 AQ d
Pasto carta 55/95000 – **213 cam** ☕ 270/310000 – 1/2 P 190000.

Colony Flaminio senza rist, via Monterosi 18 ✉ 00191 ☏ 06 36301843, *Fax 06 36309495* – |‡|, ▤ TV ☎ P – 🎤 90. AE ⑤ ⓞ ⓜⓒ VISA JCB p. 7 BQ
74 cam ☕ 200/245000, appartamento.

L'Ortica, via Flaminia Vecchia 573 ✉ 00191 ☏ 06 3338709, *Fax 06 3338709*, – AE ⑤ ⓞ ⓜⓒ VISA JCB p. 7 BQ
chiuso a mezzogiorno e domenica sera – **Pasto** specialità napoletane tradizionali carta 75/100000.

Zona Urbana Nord-Est

via Salaria, via Nomentana, via Tiburtina (**Pianta : Roma p. 7**).

Eurogarden senza rist, raccordo anulare Salaria-Flaminia uscita n° 7 ✉ 0013 ☏ 06 8852751, *Fax 06 88527577*, – ▤ TV ☎ P. AE ⑤ ⓞ ⓜⓒ VISA.
48 cam ☕ 215/250000. p. 7 BQ

Hotel la Giocca M, via Salaria 1223 ✉ 00138 ☏ 06 8804411 e rist ☏ 06 880450, *Fax 06 8804495*, – |‡|, cam, ▤ TV ☎ P – 🎤 150. AE ⑤ ⓞ ⓜⓒ VISA.
Pasto al Rist. ***L'Elite*** *(chiuso domenica)* specialità romane e di mare carta 50/75000
60 cam ☕ 185/240000, 3 appartamenti. p. 7 BQ

Carlo Magno senza rist, via Sacco Pastore 13 ✉ 00141 ☏ 06 8603982, *Fax 06 8604355* |‡| ▤ TV ☎ – 🎤 60. AE ⑤ ⓞ ⓜⓒ VISA. p. 7 BQ
57 cam ☕ 180/230000.

La Pergola senza rist, via dei Prati Fiscali 55 ✉ 00141 ☏ 06 8107250, *Fax 06 8124353*, – |‡| ▤ TV ☎ – 🎤 50. AE ⑤ ⓞ ⓜⓒ VISA p. 7 BQ
96 cam ☕ 210/250000.

Gabriele, via Ottoboni 74 ✉ 00159 ☏ 06 4393498, *Fax 06 4393498*, prenotare – ▤. AE ⑤ ⓞ ⓜⓒ VISA. p. 7 BQ
chiuso agosto, sabato e domenica – **Pasto** carta 50/80000.

Zona Urbana Sud-Est

via Appia Antica, via Appia Nuova, via Tuscolana, via Casilina (**Pianta : Roma p. 7 e 9**).

Rinaldo all'Acquedotto, via Appia Nuova 1267 ✉ 00178 ☏ 06 7183910, *Fax 06 7182968*, – ▤ P. AE ⑤ ⓞ ⓜⓒ VISA. p. 7 BR
chiuso dal 16 al 24 agosto e martedì – **Pasto** carta 45/80000.

Alfredo a via Gabi, via Gabi 36/38 ✉ 00183 ☏ 06 77206792, *Fax 06 77206792* – ▤
chiuso agosto e martedì – **Pasto** carta 40/55000. p. 9 FT

Lo Scoiattolo Sardo, viale Amelia 8/a ✉ 00181 ☏ 06 786206 – ▤. AE ⑤ ⓜⓒ VISA
chiuso agosto e lunedì – **Pasto** specialità sarde e di mare carta 45/70000. p. 7 BR

Zona Urbana Sud-Ovest

via Aurelia Antica, E.U.R., Città Giardino, via della Magliana, Portuense (**Pianta : Roma p. 6 e 7**).

Sheraton Roma Hotel M, viale del Pattinaggio 100/102 ✉ 00144 ☏ 06 54531, *Fax 06 5940689*, – |‡|, cam, ▤ TV ☎ ♿ P – 🎤 1800. AE ⑤ ⓞ ⓜⓒ VISA. p. 7 BR
Pasto carta 80/130000 (10 %) – **637 cam** ☕ 570/625000, 9 appartamenti.

Holiday Inn St. Peter's, via Aurelia Antica 415 ✉ 00165 ☏ 06 66420, *Fax 06 6637190*, « Giardino con », – |‡|, cam, ▤ TV ☎ ♿ P – 🎤 240. AE ⑤ ⓞ ⓜⓒ VISA JCB. p. 6 AQR
Pasto carta 70/100000 – ☕ 30000 – **306 cam** 450/550000 – ½ P 340/365000.

Sheraton Golf, viale Parco de' Medici 167 ✉ 00148 ☏ 06 658588, *Fax 06 65858742*, – |‡|, cam, ▤ TV ☎ P – 🎤 500
285 cam, 14 appartamenti. p. 6 AR

Villa Pamphili, via della Nocetta 105 ✉ 00164 ☏ 06 5862, *Fax 06 66157747*, (coperta d'inverno), – |‡|, cam, ▤ TV ☎ ♿ P – 🎤 500. AE ⑤ ⓞ ⓜⓒ VISA. p. 6 AR
Pasto carta 55/95000 – **238 cam** ☕ 370/440000, 10 appartamenti.

Shangri Là-Corsetti, viale Algeria 141 ✉ 00144 ☏ 06 5916441, *Fax 06 5413813*, riscaldata, – ▤ TV ☎ P – 🎤 80. AE ⑤ ⓞ ⓜⓒ VISA. p. 7 BR
Pasto vedere rist ***Shangri Là-Corsetti*** – **52 cam** ☕ 305/385000.

Dei Congressi, viale Shakespeare 29 ✉ 00144 ☏ 06 5926021, *Fax 06 5911903*, – |‡| ▤ TV ☎ – 🎤 250. AE ⑤ ⓞ ⓜⓒ VISA. p. 7 BR
Pasto al Rist. ***La Glorietta*** *(chiuso domenica)* carta 50/90000 – **105 cam** ☕ 220/310000.

Shangri Là-Corsetti, viale Algeria 141 ✉ 00144 ☏ 06 5918861, *Fax 06 5413813*, – ▤ P. AE ⑤ ⓞ ⓜⓒ VISA JCB p. 7 BR
chiuso dal 13 al 27 agosto – **Pasto** specialità di mare carta 55/90000.

Pietro al Forte, via dei Capasso 56/64 ✉ 00164 ☏ 06 66158531, *Fax 06 66158531*, Rist. e pizzeria – AE ⑤ ⓞ ⓜⓒ VISA. p. 6 AR
chiuso dal 24 dicembre al 7 gennaio, a mezzogiorno in agosto, lunedì negli altri mesi – **Pasto** carta 40/70000.

Dintorni di Roma

sulla strada statale 6 - via Casilina Est : 13 km (Pianta : Roma p. 7) :

Myosotis, piazza Pupinia 2, località Torre Gaia ✉ 00133 ☎ 06 2054470, *Fax 06 2053671*, – ▤ TV ☎ P – 35. AE VISA. *p. 7* **BR u**
Pasto vedere rist *Villa Marsili* – 19 cam ☕ 180/250000 – ½ P 230/250000.

Città 2000, senza rist, via della Tenuta di Torrenova 60/68 ✉ 00133 ☎ 06 2025540, *Fax 06 2025539* – ▤ TV ☎ P – 30 *p. 7* **BR m**
85 cam.

Villa Marsili, via Casilina 1604 ✉ 00133 ☎ 06 2050200, *Fax 06 2055176*, « Servizio estivo in giardino » – ▤ P. AE VISA. *p. 7* **BR u**
chiuso dal 15 al 25 agosto – **Pasto** specialità alla brace 40/60000 e carta 45/70000.

sulla strada statale 1 - via Aurelia Ovest : 13 km (Pianta : Roma p. 6) :

R 13 Da Checco, via Aurelia 1249 al km 13 (uscita zona commerciale) ✉ 00166 ☎ 06 66180096, *Fax 06 66182547*, – ▤ P. AE VISA. *p. 6* **AR m**
chiuso agosto, domenica sera e lunedì – **Pasto** carta 50/70000.

a Ciampino Sud-Est : 15 km (Pianta Roma p. 7) : – ✉ *00043* :

Da Giacobbe, via Appia Nuova 1681 ☎ 06 79340131, *Fax 06 79340859*, , prenotare – ▤ P. AE VISA. *p. 7* **BR w**
chiuso dal 10 al 30 agosto, domenica sera e lunedì – **Pasto** cucina casalinga carta 45/65000.

a Lunghezza *Est : 16 km* – ✉ *00010* :

Castello di Lunghezza, via della Tenuta del Cavaliere 112 ☎ 06 22483390, *Fax 06 22483390*, , prenotare, « In un castello del 12°-16° secolo » – P. AE VISA. per ③
chiuso dal 6 al 15 gennaio, dal 5 al 25 agosto, domenica sera e lunedì – **Pasto** carta 60/95000.

Leggete attentamente l'introduzione : è la « chiave » della guida.

ROMAGNANO SESIA *28078 Novara* 988 ②, 428 F 7 – *4 253 ab. alt. 268.*
Roma 650 – Biella 32 – Milano 76 – Novara 30 – Stresa 40 – Torino 94 – Vercelli 37.

Alla Torre, via 1° Maggio 75 ☎ 0163 826411, *Fax 0163 826411*, , « In una torre del 15° secolo » – AE VISA
chiuso dal 27 dicembre al 5 gennaio e lunedì – **Pasto** carta 45/60000.

ROMANO D'EZZELINO *36060 Vicenza* 429 E 17 – *13 547 ab. alt. 132.*
Roma 547 – Padova 54 – Belluno 81 – Milano 238 – Trento 89 – Treviso 51 – Venezia 80 – Vicenza 39.

Cá Takea, via Col Roigo 17 ☎ 0424 33426, *Fax 0424 33426*, , Coperti limitati; prenotare, – VISA
chiuso gennaio, dal 9 al 16 agosto e martedì – **Pasto** 35/60000 e carta 50/65000.

ROMAZZINO *Sassari – Vedere Sardegna (Arzachena : Costa Smeralda) alla fine dell'elenco alfabetico.*

RONCADELLE *Brescia – Vedere Brescia.*

RONCHI DEI LEGIONARI *34077 Gorizia* 988 ⑥, 429 E 22 – *10 520 ab. alt. 11.*
Ovest : 2 km, ☎ 0481 773224, Fax 0481 773232.
Roma 639 – Udine 39 – Gorizia 22 – Milano 378 – Trieste 31.

Doge Inn, viale Serenissima 71 ☎ 0481 779401, *Fax 0481 474194* – ▤ TV ☎. AE VISA
Pasto *(chiuso a mezzogiorno e domenica)* carta 30/40000 – ☕ 12000 – **19 cam** 110/145000 – ½ P 90000.

Martin Pescatore via Roma 4 ☎ 0481 474060, *Fax 0481 474060* – ▤. AE VISA.
chiuso dal 2 al 10 gennaio, dal 10 agosto all'8 settembre, domenica sera e lunedì – **Pasto** specialità di mare carta 45/75000.

Trattoria la Corte, via Verdi 57 ☎ 0481 777594, *Fax 0481 475362*, prenotare, « Servizio estivo sotto un pergolato » – P. AE VISA
chiuso martedì – **Pasto** specialità di mare carta 40/60000.

RONCIGLIONE *01037 Viterbo* 988 ㉕, 430 P 18 – *7 852 ab. alt. 441.*

Vedere *Lago di Vico★ Nord-Ovest : 2 km.*

Dintorni *Caprarola : scala elicoidale★★ della Villa Farnese★ Nord-Est : 6,5 km.*

Roma 60 – Viterbo 20 – Civitavecchia 65 – Terni 80.

sulla via Cimina al km 19 *Nord-Ovest : 2 km :*

X **Santa Lucia da Armando,** ✉ 01037 ✆ 0761 612169, Rist. e pizzeria, « Servizio estiv in giardino » – P. AE S MC VISA JCB. ✻
chiuso mercoledì e dal 10 al 30 giugno – **Pasto** carta 40/65000.

RONCITELLI *Ancona* 430 K 21 – *Vedere Senigallia.*

RONZONE *38010 Trento* 429 C 15, 218 ⑳ – *347 ab. alt. 1097 – a.s. Pasqua e Natale.*

Roma 634 – Bolzano 33 – Merano 43 – Milano 291 – Trento 52.

XXX **Orso Grigio,** via Regole 10 ✆ 0463 880625, *Fax 0463 880634*, ☂, Coperti limitati; prenc tare – P. AE S ⓓ MC VISA JCB
chiuso dal 10 gennaio al 10 febbraio e martedì – **Pasto** carta 55/85000.

ROSA *Pordenone – Vedere San Vito al Tagliamento.*

ROSARNO *89025 Reggio di Calabria* 988 ㊴, 431 L 29 – *14 511 ab. alt. 61.*

Roma 644 – Reggio di Calabria 65 – Catanzaro 100 – Cosenza 129.

Vittoria, via Nazionale 148 ✆ 0966 712041, *Fax 0966 712043* – |‡| ▤ TV ☎ ⇔ P – 🏟 200. AE S ⓓ MC VISA. ✻
chiuso Natale, Capodanno e Pasqua – **Pasto** carta 40/50000 – **68 cam** ☐ 80/110000 ½ P 80/95000.

ROSETO CAPO SPULICO *87070 Cosenza* 431 H 31 – *1 859 ab. alt. 210.*

Roma 466 – Cosenza 102 – Castrovillari 59 – Crotone 146 – Lagonegro 88.

Cala Castello, via Olimpia 1, località Marina ✆ 0981 913634, *Fax 0981 913660*, ⛱, 🏖, ☂ – |‡| ▤ TV ☎ ♿ P – 🏟 300. S VISA. ✻
Pasto carta 40/80000 – ☐ 10000 – **67 cam** 120/180000 – ½ P 90/120000.

ROSETO DEGLI ABRUZZI *64026 Teramo* 988 ⑰ ㉗, 430 N 24 – *21 930 ab. – a.s. luglio-agosto.*

ℹ *piazza della Libertà 38 ✆ 085 8991157, Fax 085 8991157.*

Roma 214 – Ascoli Piceno 59 – Pescara 38 – Ancona 131 – L'Aquila 99 – Chieti 51 – Teramo 32.

Radar, lungomare Roma 14 ✆ 085 8992140, *Fax 085 8999200*, 🏖 – |‡| TV ☎. AE S MC VISA. ✻ rist
Pasto 30000 – ☐ 10000 – **58 cam** 100/140000 – ½ P 95/120000.

Palmarosa, lungomare Trento 3 ✆ 085 8941615, *Fax 085 8941656*, 🏖 – |‡| ▤ ☎ ⇔ P
stagionale – **42 cam.**

Tonino, via Mazzini 15 ✆ 085 8993110, *Fax 085 8997142*, ☂ – TV ☎ P. AE S MC VISA ✻ cam
aprile-settembre – **Pasto** *(chiuso lunedì)* carta 35/65000 – ☐ 6000 – **18 cam** 55/80000 – ½ P 70//85000.

XX **Tonino-da Rosanna** con cam, via Volturno 11 ✆ 085 8990274, *Fax 085 8990274*, ☂ – TV ☎. AE S ⓓ MC VISA. ✻ cam
chiuso dal 20 dicembre al 6 gennaio e dal 1° al 20 novembre – **Pasto** *(chiuso lunedì escluso da aprile a settembre)* specialità di mare carta 35/70000 – ☐ 5000 – **7 cam** 45/70000 – ½ P 60/75000.

XX **Al Focolare di Bacco** ⛰ con cam, via Solagna 18 (Nord-Ovest : 3 km) ✆ 085 8941004 *Fax 085 8941004*, ≤, ☂ – ▤ TV ☎ ✆ ♿ ⇔ P. AE S ⓓ MC VISA JCB. ✻
chiuso novembre – **Pasto** *(chiuso a mezzogiorno escluso i giorni festivi)* specialità carni alla brace carta 35/50000 – **9 cam** ☐ 90/130000 – ½ P 110/130000.

X **Il Delfino,** via Nazionale 241 ✆ 085 8942073, ☂ – AE S ⓓ MC VISA JCB. ✻
chiuso dal 23 dicembre al 10 gennaio e martedì – **Pasto** specialità di mare carta 50/70000.

We suggest:
for a successful tour, that you prepare it in advance. ***Michelin maps and guides,*** *will give you much useful information on route planning, places of interest, accommodation, prices etc.*

ROSIGNANO SOLVAY *57013 Livorno* [988] ⑭, [430] L 13 – *a.s. 15 giugno-15 settembre.*
Roma 294 – Pisa 43 – Grosseto 107 – Livorno 24 – Siena 104.

🏨 **Elba Hotel** senza rist, via Aurelia 301 ☎ 0586 760939, *Fax 0586 760915* – |$| ▤ [TV] ☎ [P]. [AE] [$] ⦿ [MC] [VISA] [JCB]. ✗
26 cam ☕ 120/180000.

ROSOLINA *45010 Rovigo* [429] G 18 – *6 048 ab..*
[18] *(chiuso martedì escluso da aprile a settembre) all'Isola Albarella ✉ 45010 Rosolina ☎ 0426 330124, Fax 0426 330830, Est : 16 km.*
[i] *viale Marconi 28 ☎ 0426 664541, Fax 0426 664543.*
Roma 493 – Venezia 67 – Milano 298 – Ravenna 78 – Rovigo 39.

a Norge Polesine *Sud-Ovest : 2,5 km* – ✉ *45010 Rosolina :*

🍴 **Sottovento,** ☎ 0426 340138, Coperti limitati; prenotare – ▤. [AE] [$] ⦿ [MC] [VISA]. ✗
chiuso dal 1° al 15 gennaio e martedì – **Pasto** specialità di mare carta 45/75000.

ROSSANO STAZIONE *87068 Cosenza* [431] I 31.
Roma 503 – Cosenza 96 – Potenza 209 – Taranto 154.

🏨 **Scigliano,** viale Margherita 257 ☎ 0983 511846, *Fax 0983 511848* – |$| ▤ [TV] ☎ [P] – 🏛 50. [AE] [$] ⦿ [MC] [VISA] [JCB]. ✗
Pasto carta 40/55000 – **36 cam** ☕ 100/160000 – ½ P 100000.

ROSTA *10090 Torino* [428] G 4 – *3 723 ab. alt. 399.*
Roma 677 – Torino 17 – Alessandria 106 – Coldu Mont Cenis 65 – Pinerolo 34.

🏨 **Des Alpes,** strada statale 25 del Moncenisio 55 (Nord : 3,5 km) ☎ 011 9567777, *Fax 011 9567780* – |$| ▤ [TV] ☎ ♿ 🚗 [P]. [AE] [$] ⦿ [MC] [VISA]. ✗
Pasto vedere rist ***Sirio*** – ☕ 12000 – **52 cam** 120/140000.

🍴🍴 **Sirio,** strada statale 25 del Moncenisio 55 (Nord : 3,5 km) ☎ 011 9567760 – ▤ [P]. [AE] [$] ⦿ [MC] [VISA]. ✗
chiuso dal 24 dicembre al 6 gennaio, dal 12 al 27 agosto, sabato a mezzogiorno e domenica – **Pasto** carta 35/75000.

ROTA D'IMAGNA *24037 Bergamo* [428] E 10, [219] ⑩ – *835 ab. alt. 665 – a.s. luglio-agosto.*
Roma 628 – Bergamo 26 – Lecco 40 – Milano 64.

🏨 **Miramonti** 🌄, via alle Fonti 5 ☎ 035 868000, *Fax 035 868000,* ≤ Valle d'Imagna, 🌳 – |$|, ▤ rist, [TV] ☎ [P]. [VISA]. ✗ rist
15 maggio-15 ottobre – **Pasto** *(chiuso mercoledì)* carta 40/55000 – ☕ 4000 – **50 cam** 65/95000 – ½ P 85000.

🏨 **Posta** 🌄 via Calchera 4 ☎ 035 868322, *Fax 035 868333,* ≤ – |$| [TV] ☎ [P]. ✗ rist
Pasto *(chiuso martedì in bassa stagione)* carta 35/60000 – ☕ 5000 – **36 cam** 75/100000 – ½ P 70/80000.

ROTA (Monte) (RADSBERG) *Bolzano – Vedere Dobbiaco.*

ROTONDA *85048 Potenza* [988] ㊴, [431] H 30 – *3 971 ab. alt. 634.*
Roma 423 – Cosenza 102 – Lagonegro 45 – Potenza 128.

🍴🍴 **Da Peppe,** corso Garibaldi 13 ☎ 0973 661251, *Fax 0973 661251* – [AE] [$] ⦿ [MC] [VISA]
chiuso lunedì escluso agosto – **Pasto** carta 45/60000.

Besonders angenehme Hotels oder Restaurants sind im Führer rot gekennzeichnet.
Sie können uns helfen, wenn Sie uns die Häuser angeben, in denen Sie sich besonders wohl gefühlt haben.
Jährlich erscheint eine komplett überarbeitete Ausgabe aller Roten **Michelin-Führer.**

🏨🏨🏨🏨🏨 ... 🏨
🍴🍴🍴🍴🍴 ... 🍴

ROTTOFRENO *29010 Piacenza 428 G 10 – 8 368 ab. alt. 65.*

Roma 517 – Piacenza 13 – Alessandria 73 – Genova 136 – Milano 53 – Pavia 40.

XX **Trattoriala Colonna,** via Emilia Est 6, località San Nicolò Est : 5 km ✆ 0523 768343 *Fax 0523 760940* – ▤ – 60. AE ⑤ ⑩ ⓪ VISA JCB. ✂
chiuso martedì ed agosto – **Pasto** carta 55/100000.

X **Antica Trattoria Braghieri,** località Centora 21 (Sud : 2 km) ✆ 0523 781123 – ▤ P. AE ⑤ ⑩ ⓪ VISA. ✂
chiuso dal 1º al 15 gennaio, dal 25 luglio al 25 agosto, lunedì e la sera (escluso venerdì-sabato) – **Pasto** 20/35000 (a mezzogiorno) e carta 35/50000.

ROVENNA *Como – Vedere Cernobbio.*

ROVERETO *38068 Trento 988 ④, 428, 429 E 15 – 33 981 ab. alt. 212 – a.s. dicembre-aprile.*

via Dante 63 ✆ 0464 430363, Fax 0464 435528.

Roma 561 – Trento 22 – Bolzano 80 – Brescia 129 – Milano 216 – Riva del Garda 22 – Verona 75 – Vicenza 72.

Leon d'Oro M senza rist, via Tacchi 2 ✆ 0464 437333, *Fax 0464 423777* – ▤ ▤ TV ☎ & P – 70. AE ⑤ ⑩ VISA
56 cam ☐ 180/240000.

Rovereto, corso Rosmini 82 D ✆ 0464 435222 e rist 0464 435454, *Fax 0464 439644,* – ▤, ✂ rist, ▤ TV ☎ P – 200. AE ⑤ ⑩ VISA. ✂ rist
Pasto al Rist. ***Novecento*** *(chiuso dal 10 al 30 gennaio, dal 1º al 21 agosto e domenica)* carta 55/70000 – **49 cam** ☐ 150/220000 – ½ P 135/145000.

XXX **Al Borgo,** via Garibaldi 13 ✆ 0464 436300, *Fax 0464 436300,* prenotare – AE ⑤ ⑩ ⓪ VISA. ✂
chiuso dal 15 al 26 gennaio, dall'8 al 31 luglio, domenica sera (tutto il giorno in agosto) e lunedì – **Pasto** 85/115000 e carta 90/120000
Spec. Lingua di vitello tiepida con insalata di finocchio e pistacchio fresco (inverno-primavera). Gnocchi di pane e ortiche con ragù di asparagi (primavera). Quaglie arrosto al miele di acacia e aceto balsamico.

XX **Antico Filatoio,** via Tartarotti 12 ✆ 0464 437283, Coperti limitati; prenotare – ▤. AE ⑤ ⑩ ⓪ VISA
chiuso a mezzogiorno escluso la domenica da settembre a maggio, martedì e dal 15 luglio al 15 agosto – **Pasto** carta 60/80000.

XX **San Colombano,** via Vicenza 30 (Est : 1 km) ✆ 0464 436006, *Fax 0464 487042* – ▤ P. AE ⑤ VISA. ✂
chiuso dal 6 al 21 agosto, domenica sera e lunedì – **Pasto** carta 45/55000.

X Mozart 1769, via Portici 36/38 ✆ 0464 430727, *Fax 0464 430727,* Coperti limitati; prenotare.

I nomi delle principali vie commerciali sono scritti in rosso all'inizio dell'indice toponomastico delle piante di città.

ROVIGO *45100 P 988 ⑤ ⑮, 429 G 17 – 50 751 ab..*

(chiuso lunedì) ✆ 0425 411230, Fax 0425 411230.

via Dunant 10 ✆ 0425 361481, Fax 0425 30416.

A.C.I. *piazza 20 Settembre 9 ✆ 0425 25833.*

Roma 457 ④ – Padova 41 ① – Bologna 79 ④ – Ferrara 33 ③ – Milano 285 ① – Venezia 78 ①

Pianta pagina a lato

Villa Regina Margherita, viale Regina Margherita 6 ✆ 0425 361540, *Fax 0425 31301* – ▤ ▤ TV ☎ P – 120. ⑤ ⑩ VISA. ✂ AY b
Pasto carta 60/90000 – **20 cam** ☐ 160/220000, 2 appartamenti – ½ P 180000.

Cristallo, viale Porta Adige 1 ✆ 0425 30701, *Fax 0425 31083* – ▤, ✂ cam, ▤ TV ☎ P – 200. AE ⑤ ⑩ ⓪ VISA JCB AY s
Pasto carta 45/80000 – **50 cam** ☐ 140/200000 – ½ P 135/165000.

Corona Ferrea senza rist, via Umberto I 21 ✆ 0425 422433, *Fax 0425 422292* – ▤ ▤ TV ☎ . AE ⑤ ⑩ ⓪ VISA AY a
30 cam ☐ 140/200000.

Granatiere senza rist, corso del Popolo 235 ✆ 0425 22301, *Fax 0425 29388* – ▤ ▤ TV ☎ AE ⑤ ⑩ ⓪ VISA BZ x
☐ 8000 – 23 cam 150/170000.

ROVIGO

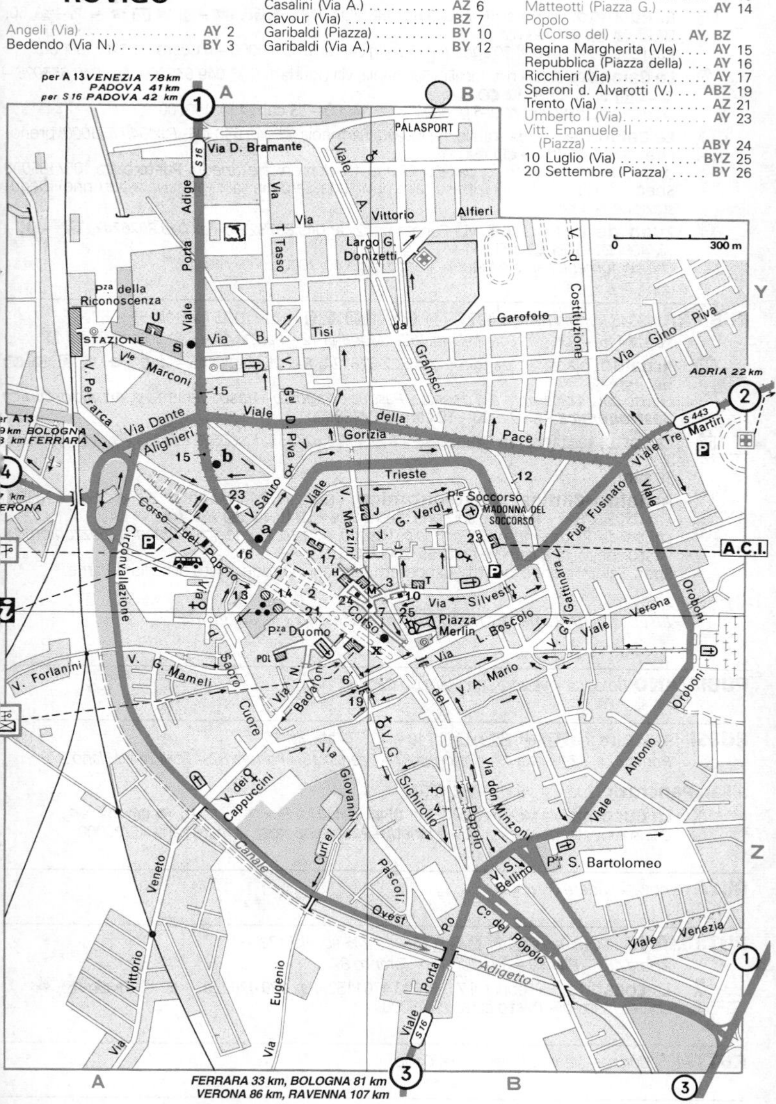

RUBANO *35030 Padova* 429 F 17 – *13 133 ab. alt. 18.*
Roma 490 – Padova 8 – Venezia 49 – Verona 72 – Vicenza 27.

La Bulesca, via Fogazzaro 2 ✆ 049 8976388, *Fax 049 8975543*, – – 70. AE VISA JCB.
chiuso agosto – **Pasto** vedere rist ***Zuan de la Bulesca*** – 15000 – **54 cam** 120/220000 – ½ P 190000.

El Rustego, via Rossi 16 ☎ 049 631466, *Fax 049 631558*, – |‡| ▤ TV ☎ ♿ P – 60. AE ⓢ ⓞ MC VISA. ✂ rist
Pasto *(chiuso dal 6 al 20 agosto e domenica)* carta 45/60000 – **41 cam** ☕ 120/190000.

Le Calandre senza rist, località Sarmeola, via Liguria 1/A ☎ 049 635200, *Fax 049 633026* – |‡| ▤ TV ☎ P. AE ⓢ ⓞ MC VISA
chiuso dal 23 dicembre al 6 gennaio – ☕ 14000 – **35 cam** 110/150000.

XXX ✿✿ **Le Calandre,** strada statale 11, località Sarmeola ☎ 049 630303, *Fax 049 633000*, prenotare – ▤ P. AE ⓢ ⓞ MC VISA. ✂
chiuso dal 1º all'8 gennaio, dall'8 al 26 agosto, domenica e lunedì – **Pasto** carta 105/185000
Spec. Involtini di scampi fritti su salsa di lattuga. Sarde in saor (primavera-autunno). Degustazione di dessert.

XX **Zuan de la Bulesca,** via Fogazzaro 2 ☎ 049 8975297, *Fax 049 8976747*, – P – 400. AE ⓢ ⓞ MC VISA. ✂
chiuso domenica sera e lunedì – **Pasto** carta 40/70000.

RUBIERA *42048 Reggio nell'Emilia* 988 ⑭, 428, 429, 430 I 14 – *10 231 ab. alt. 55.*
Roma 415 – Bologna 61 – Milano 162 – Modena 12 – Parma 40 – Reggio nell'Emilia 13.

Arnaldo, piazza 24 Maggio 3 ☎ 0522 626124, *Fax 0522 628145* – |‡| TV ☎. AE ⓢ ⓞ MC VISA JCB. ✂
chiuso dal 24 dicembre al 2 gennaio, Pasqua ed agosto – **Pasto** vedere rist ***Arnaldo-Clinica Gastronomica*** – ☕ 22000 – **32 cam** 110/180000.

La Corte, senza rist, via Brunelleschi 3 ☎ 0522 627233, *Fax 0522 627255* – |‡| ▤ TV ☎ P
39 cam.

XX ✿ **Arnaldo-Clinica Gastronomica,** piazza 24 Maggio 3 ☎ 0522 626124, *Fax 0522 628145*, Rist. di tradizione, prenotare – AE ⓢ ⓞ MC VISA JCB. ✂
chiuso dal 24 dicembre al 2 gennaio, Pasqua, agosto, domenica e lunedì a mezzogiorno – **Pasto** specialità al carrello carta 55/90000 (15 %)
Spec. Salumi e gnocco fritto. Cappelletti reggiani in brodo. Misto di bolliti di carne.

Lisez attentivement l'introduction : c'est la clé du guide.

RUBIZZANO *Bologna – Vedere San Pietro in Casale.*

RUSSI *48026 Ravenna* 988 ⑮, 429, 430 I 18 – *10 577 ab. alt. 13.*
Roma 374 – Ravenna 17 – Bologna 67 – Faenza 16 – Ferrara 82 – Forlì 20 – Milano 278.

a San Pancrazio *Sud-Est : 5 km – ✉ 48020 :*

X **La Cucoma,** via Molinaccio 175 ☎ 0544 534147 – ▤ P. AE ⓢ ⓞ MC VISA. ✂
chiuso agosto, domenica sera e lunedì – **Pasto** specialità di mare carta 45/80000.

RUTA *Genova – Vedere Camogli.*

RUTIGLIANO *70018 Bari* 988 ㉙, 431 D 33 – *17 243 ab. alt. 122.*
Roma 463 – Bari 19 – Brindisi 100 – Taranto 87.

X **La Locanda,** via Leopardi 71 ☎ 080 4761152, *Fax 080 4762297* – AE ⓢ ⓞ MC VISA. ✂
chiuso martedì – **Pasto** carta 25/45000.

RUTTARS *Gorizia – Vedere Dolegna del Collio.*

RUVO DI PUGLIA *70037 Bari* 988 ㉙, 431 D 31 *G. Italia – 25 611 ab. alt. 256.*
Vedere *Cratere di Talos*★★ *nel museo Archeologico Jatta – Cattedrale*★.
Roma 441 – Bari 36 – Barletta 32 – Foggia 105 – Matera 64 – Taranto 117.

X **U.P.E.P.I.D.D.E.,** corso Cavour ang. Trapp. Carmine ☎ 080 3613879, *Fax 080 3601715*, « Ambiente rustico caratteristico » – AE ⓢ ⓞ MC VISA. ✂
chiuso dal 10 luglio al 10 agosto e lunedì – **Pasto** carta 35/50000.

SACCA *Parma – Vedere Colorno.*

SACILE *33077 Pordenone* 988 ⑤, 429 E 19 – *17 610 ab. alt. 25.*
Roma 596 – Belluno 53 – Treviso 45 – Trieste 126 – Udine 64.

Due Leoni M senza rist, piazza del Popolo 24 ☎ 0434 788111, *Fax 0434 788112* –
130. AE VISA.
57 cam 160/210000, 3 appartamenti.

Il Pedrocchino, piazza 4 Novembre 4 ☎ 0434 70034, *Fax 0434 70034.*

SACRA DI SAN MICHELE *Torino* 988 ⑫, 428 G 4 *G. Italia – alt. 962.*
Vedere *Abbazia*★★★ : ≤★★★.

SACROFANO *00060 Roma* 430 P 19 – *5 627 ab. alt. 260.*
Roma 29 – Viterbo 59.

Al Grottino, piazza XX Settembre 9 ☎ 06 9086263, « Ambiente caratteristico » – AE.
chiuso dal 16 al 28 agosto e mercoledì – **Pasto** 40/50000.

SACRO MONTE *Novara* 219 ⑥ – *Vedere Orta San Giulio.*

SACRO MONTE *Vercelli* 428 E 6, 219 ⑥ – *Vedere Varallo.*

SAINT CHRISTOPHE *Aosta* 428 E 4, 219 ② – *Vedere Aosta.*

SAINT PIERRE *11010 Aosta* 428 E 3, 219 ② – *2 497 ab. alt. 731.*
Roma 747 – Aosta 9 – Courmayeur 31 – Torino 122.

La Meridiana senza rist, località Chateau Feuillet ☎ 0165 903626, *Fax 0165 903626* – AE VISA.
12500 – **20 cam** 95/115000.

La Tour, rue du Petit St. Bernard 16 ☎ 0165 903808, prenotare – AE VISA
chiuso dal 18 al 30 giugno, dal 1° al 7 settembre, martedì sera e mercoledì – **Pasto** 50/60000 e carta 50/80000.

SAINT RHEMY EN BOSSES *11010 Aosta* 428 E 3 – *425 ab. alt. 1 632.*
Roma 760 – Aosta 20 – Colle del Gran San Bernardo 24 – Martigny 50 – Torino 122.

Suisse con cam, via Roma 21 ☎ 0165 780906 – VISA.
giugno-settembre – **Pasto** carta 45/70000 – 12000 – **8 cam** 70/100000 – ½ P 100000.

SAINT VINCENT *11027 Aosta* 988 ②, 428 E 4 *G. Italia – 4 989 ab. alt. 575 – Stazione termale (maggio-ottobre), a.s. 20 giugno-settembre e Natale.*
via Roma 62 ☎ 0166 512239, Fax 0166 513149.
Roma 722 – Aosta 28 – Colle del Gran San Bernardo 61 – Ivrea 46 – Milano 159 – Torino 88 – Vercelli 97.

Gd H. Billia, viale Piemonte 72 ☎ 0166 5231, *Fax 0166 523799*, ≤, « Parco ombreggiato con », – 430. AE VISA.
Pasto carta 110/170000 – **246 cam** 310/480000, 6 appartamenti – ½ P 310000.

De La Ville M senza rist, via Aichino ang. via Chanoux ☎ 0166 511502, *Fax 0166 512142* – AE VISA.
chiuso dal 20 al 26 dicembre – 16000 – **41 cam** 140/220000, appartamento.

Elena, piazza Monte Zerbion ☎ 0166 512140, *Fax 0166 537459* – rist, AE VISA.
chiuso dal 20 novembre al 20 dicembre – **Pasto** 25/35000 – **48 cam** 100/150000 – ½ P 95/105000.

Paradise M senza rist, viale Piemonte 54 ☎ 0166 510051, *Fax 0166 510051*, ≤, – AE VISA.
chiuso dal 10 al 21 gennaio – **16 cam** 150/220000.

Leon d'Oro, via Chanoux 26 ☎ 0166 512202, *Fax 0166 537345*, « Giardino » – AE VISA JCB. rist
Pasto *(maggio-settembre, Natale e Pasqua)* 30/35000 – 10000 – **45 cam** 60/90000 – ½ P 85000.

Les Saisons senza rist, via Ponte Romano 186 ☎ 0166 537335, *Fax 0166 512573*, ≤, – VISA
10000 – **21 cam** 90/110000.

Posta, piazza 28 Aprile 1 ✆ 0166 512250, *Fax 0166 537093* – |‡| TV ☎. AE ⓢ ⓞ ⓜⓒ VISA. ⅋
Pasto *(chiuso giovedì)* 35000 – ☕ 12000 – **39 cam** 85/115000 – ½ P 90/105000.

XXX **Nuovo Batezar-da Renato,** via Marconi 1 ✆ 0166 513164, *Fax 0166 512378*, prenotare – ▤. AE ⓢ ⓞ ⓜⓒ VISA JCB
✿ *chiuso dal 15 al 30 novembre, dal 15 al 30 giugno, mercoledì e a mezzogiono (escluso sabato, domenica e i giorni festivi)* – **Pasto** 75/120000 e carta 80/130000
Spec. Antipasto "bizzarro" Batezar (primavera-estate). Fettuccine casarecce con funghi porcini (maggio-ottobre). Lumache allo champagne (dicembre-maggio).

XX **Del Viale,** viale Piemonte 7 ✆ 0166 512569, *Fax 0166 512569*, ⛱, prenotare – ⓢ ⓜⓒ VISA ⅋
chiuso dal 25 maggio al 15 giugno, dal 1º al 20 ottobre, giovedì e venerdì a mezzogiorno – **Pasto** carta 60/110000.

XX **Le Grenier,** piazza Monte Zerbion 1 ✆ 0166 512224, *Fax 0166 537715*, « In un antico granaio » – ⓢ ⓞ ⓜⓒ VISA JCB. ⅋
chiuso dal 10 al 26 gennaio, dal 1º al 15 luglio, martedì e a mezzogiorno escluso venerdì, sabato-domenica e i giorni festivi – **Pasto** carta 60/90000.

SALA BAGANZA *43038 Parma* 428, 429 H 12 – *4 569 ab. alt. 162.*

Dintorni *Torrechiara★ : affreschi★ e ≤★ dalla terrazza del Castello Sud-Est : 10 km.*
La Rocca ✆ 0521 834037, Fax 0521 834575.
Roma 472 – Parma 12 – Milano 136 – La Spezia 105.

XX **Da Eletta,** via Campi 3 ✆ 0521 833304, *Fax 0521 833304*, prenotare – P. VISA. ⅋
chiuso dal 24 al 31 dicembre, dal 3 luglio al 7 agosto, lunedì e le sere di martedì e domenica – **Pasto** carta 35/60000.

X **I Pifferi,** via Zappati 36 (Est : 1 km) ✆ 0521 833243, *Fax 0521 831050*, « Servizio estivo all'aperto » – P. AE ⓢ ⓞ ⓜⓒ VISA JCB. ⅋
chiuso lunedì – **Pasto** carta 40/70000.

Europe

Se il nome di un albergo è stampato in carattere magro, chiedete al vostro arrivo le condizioni che vi saranno praticate.

SALA BOLOGNESE *40010 Bologna* 429, 430 I 15 – *5 697 ab. alt. 23.*

Roma 393 – Bologna 20 – Ferrara 54 – Modena 42.

X **La Taiadèla,** via Longarola 25, località Bonconvento Est : 4 km ✆ 051 828143, ⛱ – P. AE ⓢ ⓞ ⓜⓒ VISA. ⅋
chiuso dal 7 al 31 gennaio e mercoledì – **Pasto** carta 40/80000.

SALA COMACINA *22010 Como* 428 E 9, 219 ⑨ – *593 ab. alt. 213.*

Roma 643 – Como 26 – Lugano 39 – Menaggio 11 – Milano 65 – Varese 49.

XX **La Tirlindana,** piazza Matteotti 5 ✆ 0344 56637, *Fax 0344 56344*, prenotare, « Servizio estivo in riva al lago » – ⓢ ⓞ ⓜⓒ VISA
chiuso lunedì da marzo ad ottobre, aperto solo sabato e domenica negli altri mesi – **Pasto** carta 65/100000.

SALEA *Savona* 428 J 6 – *Vedere Albenga.*

SALE MARASINO *25057 Brescia* 428, 429 E 12 – *3 076 ab. alt. 190.*

Roma 558 – Brescia 31 – Bergamo 46 – Edolo 67 – Milano 90 – Sondrio 112.

Villa Kinzica senza rist, via Provinciale 1 ✆ 030 9820975, *Fax 030 9820990*, ≤, ⛱ – |‡| ▤ TV ☎ ♿ 🚗 P. AE ⓢ ⓞ ⓜⓒ VISA JCB
☕ 15000 – **16 cam** 120/200000, 2 appartamenti.

XX **Della Corona,** via Roma 7 ✆ 030 9867153 – AE ⓢ ⓞ ⓜⓒ VISA
chiuso a mezzogiorno e martedì – **Pasto** carta 65/100000.

SALERNO 84100 P 988 ㉗ ㉘, 431 E 26 *G. Italia – 142 458 ab..*

Vedere *Duomo★★* **B** – *Via Mercanti★* **AB** – *Lungomare Trieste★* **AB.**
Escursioni *Costiera Amalfitana★★★.*
piazza Ferrovia o Vittorio Veneto ✆ 089 231432 – via Roma 258 ✆ 089 224744, Fax 089 252576.
A.C.I. *via Giacinto Vicinanza 11 ✆ 089 232339.*
Roma 263 ④ – Napoli 52 ④ – Foggia 154 ①.

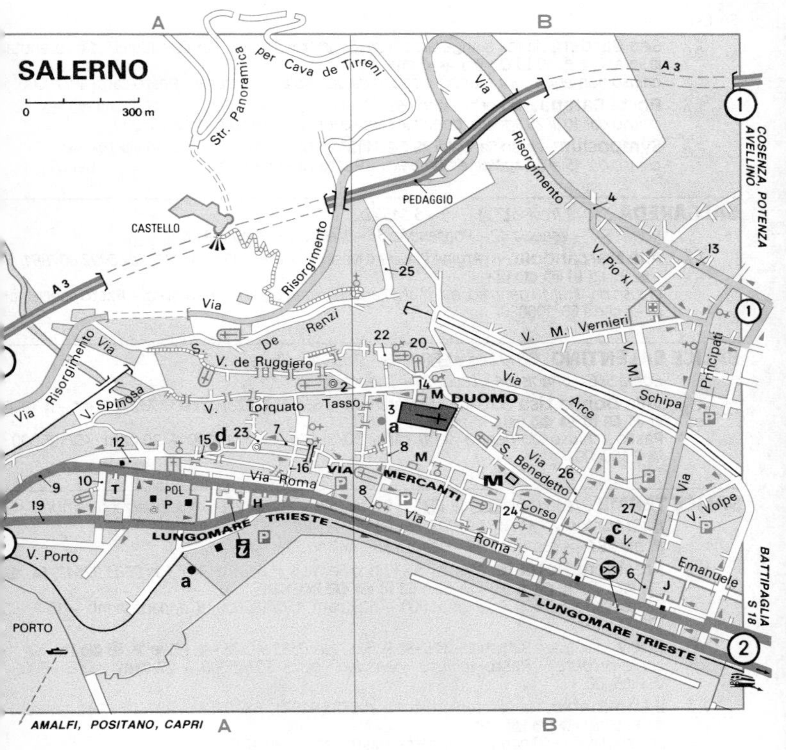

Circolazione regolamentata nel centro città

ıbate Coforti (Largo) ...... AB 2
ılfano 1° (Piazza) .... B 3
:avaliero (Via L.) .... B 4
:ilento (Via A.) .... B 6
ıogana Vecchia (Via) .... A 7
ıuomo (Via) .... B 8
ıdipendenza (Via) .... A 9
ista (Via Stanislas) .... A 10

Luciani (Piazza M.) .... A 12
Mercanti (Via) .... AB
Paglia (Via M.) .... B 13
Plebiscito (Largo) .... B 14
Portacatena (Via) .... A 15
Porta di Mare (Via) .... A 16
Sabatini (Via A.) .... A 19
S. Eremita (Via) .... B 20

S. Tommaso d'Aquino (Largo) .... B 22
Sedile del Campo (Largo) ... A 23
Sedile di Pta. Nuova (Pza) ... B 24
Sorgente (Via Camillo) ...... B 25
Velia (Via) .... B 26
Vittorio Emanuele (Corso) ... B
24 Maggio (Piazza) .... B 27

Jolly, lungomare Trieste 1 ✉ 84121 ☏ 089 225222, *Fax 089 237571,* ← – |ǂ| ▤ TV ☎ – 🏆 120. AE 🅂 ⓞ MC VISA. ✗ rist — A a
Pasto carta 60/90000 – **101 cam** ☐ 215/245000 – ½ P 275000.

Fiorenza senza rist, via Trento 145, località Mercatello ✉ 84131 ☏ 089 338800, *Fax 089 338800* – ▤ TV ☎ 🚗 P – 🏆 150. AE 🅂 ⓞ MC VISA — per ②
☐ 14000 – **30 cam** 105/150000.

Plaza senza rist, piazza Ferrovia o Vittorio Veneto ✉ 84123 ☏ 089 224477, *Fax 089 237311* – |ǂ| TV ☎. AE 🅂 ⓞ MC VISA. ✗ — per corso Vittorio Emanuele B
☐ 12000 – **42 cam** 100/145000.

Italia senza rist, corso Vittorio Emanuele 84 ✉ 84123 ☏ 089 226653, *Fax 089 233659* – |ǂ| ▤ TV ☎. AE. ✗ — B c
☐ 10000 – **22 cam** 95/130000.

Il Timone, via Generale Clark 29/35 ✉ 84131 ☏ 089 335111 – ▤. AE 🅂 MC VISA. ✗ — per ②
chiuso dal 23 dicembre al 7 gennaio, domenica sera e lunedì – **Pasto** carta 50/75000.

Al Cenacolo, piazza Alfano I, 4/6 ✉ 84125 ☏ 089 238818, *Fax 089 238818* – AE 🅂 ⓞ MC VISA. ✗ — B a
chiuso domenica sera e lunedì – **Pasto** carta 60/90000.

XX **Sea Garden,** via Torre Angellara ✉ 84131 ℘ 089 339553, *Fax 089 339553*, prenota la sera – P. AE VISA JCB. per ②
chiuso domenica sera e lunedì (escluso da giugno a settembre) – **Pasto** carta 40/70000.

X **Porta Catena,** via Porta Catena 32 ✉ 84121 ℘ 089 235899 – . AE VISA. A
chiuso dal 10 al 25 agosto, domenica sera e lunedì – **Pasto** carta 40/65000.

X **Symposium,** corso Garibaldi 29 ✉ 84123 ℘ 089 233738 – . AE VISA. per ②
chiuso dal 15 al 30 agosto e domenica – **Pasto** carta 40/65000.

SALGAREDA *31040 Treviso 429 E 19 – 5 215 ab..*

Roma 547 – Venezia 42 – Pordenone 36 – Treviso 23 – Udine 94.

XX **Alle Marcandole,** via Argine Piave 9 (Ovest : 2 km) ℘ 0422 807881, *Fax 0422 807881*, – P. AE VISA
chiuso dal 1° al 10 gennaio, dal 1° al 21 agosto, mercoledì sera e giovedì – **Pasto** specialità mare carta 60/100000.

SALICE SALENTINO *73015 Lecce 431 F 35 – 8 996 ab. alt. 48.*

Roma 566 – Brindisi 34 – Lecce 21 – Taranto 70.

XX **Villa Donna Lisa** con cam, via Marangi ℘ 0832 732222, *Fax 0832 732224*, – P. AE VISA. rist
Pasto *(chiuso domenica sera)* carta 30/55000 – 18000 – **20 cam** 75/125000 ½ P 100000.

SALICE TERME *27056 Pavia 988 ⑬, 428 H 9 – alt. 171 – Stazione termale (marzo-dicembre).*

via Marconi 20 ℘ 0383 91207, Fax 0383 944540.

Roma 583 – Alessandria 39 – Genova 89 – Milano 73 – Pavia 41.

President Hotel Terme, via Enrico Fermi 5 ℘ 0383 91941, *Fax 0383 92342*, – P – 350. AE VISA.
Pasto carta 50/60000 – 15000 – **122 cam** 130/180000, 7 appartamenti – ½ P 155 170000.

Roby, via Cesare Battisti 15 ℘ 0383 91323, *Fax 0383 91323* – P. VISA. rist
aprile-ottobre – **Pasto** *(chiuso mercoledì)* carta 30/45000 – **27 cam** 75/95000 ½ P 65000.

XXX **Il Caminetto,** via Cesare Battisti 11 ℘ 0383 91391, *Fax 0383 92924*, Rist. enoteca P. AE VISA.
chiuso dal 1° al 10 gennaio e lunedì – **Pasto** carta 70/95000.

XX **Ca' Vegia,** viale Diviani 27 ℘ 0383 944731, *Fax 0383 944731*, Coperti limitati; prenotare « Servizio estivo all'aperto » – AE VISA JCB.
chiuso i mezzogiorno di lunedì-martedì da giugno a settembre, lunedì emartedì a mezzogiorno negli altri mesi – **Pasto** carta 50/90000.

XX **Guado,** viale delle Terme 57 ℘ 0383 91223, *Fax 0383 91223*, prenotare – AE VISA JCB.
chiuso dal 5 al 27 dicembre, mercoledì e giovedì a mezzogiorno – **Pasto** carta 50/75000.

SALINA (Isola) *Messina 988 ㊱ ㊲ ㊳, 431, 432 L 26 – Vedere Sicilia (Eolie, isole) alla fine dell'elenco alfabetico.*

SALINE DI VOLTERRA *Pisa – Vedere Volterra.*

SALÒ *25087 Brescia 988 ④, 428, 429 F 13 G. Italia – 9 900 ab. alt. 75 – a.s. Pasqua e luglio-15 settembre.*

Vedere *Lago di Garda★★★ – Polittico★ nel Duomo.*

Gardagolf (chiuso lunedì da novembre al 15 marzo) a Soiano del Lago ✉ 25080 ℘ 0365 674707, Fax 0365 674788, Nord : 12 km.

lungolago Zanardelli (presso Palazzo Comunale) ℘ 0365 21423, Fax 0365 21423.

Roma 548 – Brescia 30 – Bergamo 85 – Milano 126 – Trento 94 – Venezia 173 – Verona 63.

Salò du Parc, via Cure del Lino 1 ℘ 0365 290043, *Fax 0365 520390*, Centro salute e benessere, « Giardino con in riva al lago », –
33 cam.

Laurin, viale Landi 9 ℘ 0365 22022, *Fax 0365 22382*, « Villa liberty con saloni affrescati e giardino con » – P – 30. AE VISA. rist
chiuso dal 20 dicembre al 20 febbraio – **Pasto** carta 85/145000 – 25000 – **38 cam** 300/500000 – ½ P 250/300000.

Bellerive senza rist, via Pietro da Salò 11 ☎ 0365 520410, *Fax 0365 521969*, ≤, « Giardino in riva al lago » – |‡| ▤ TV ☎ ♿ P. AE ⑤ ⊙ ⊕ VISA
⊇ 25000 – **20 cam** 200/350000.

Benaco, lungolago Zanardelli 44 ☎ 0365 20308, *Fax 0365 21049*, ≤, ⛱ – |‡| TV ☎. AE ⑤ ⊙ ⊕ VISA. ✻ rist
Pasto 45000 – **19 cam** ⊇ 160/200000 – ½ P 110/150000.

Antica Trattoria alle Rose, via G. da Salò 33 ☎ 0365 43220, *Fax 0365 43220* – AE ⑤ ⊙ ⊕ VISA. ✻
chiuso novembre e mercoledì – **Pasto** carta 50/85000.

Alla Campagnola, via Brunati 11 ☎ 0365 22153, ⛱, prenotare la sera – AE ⑤ ⊙ ⊕ VISA. ✻
chiuso gennaio, febbraio, lunedì e amartedì a mezzogiorno – **Pasto** carta 60/95000.

Lepanto con cam, lungolago Zanardelli 67 ☎ 0365 20428, *Fax 0365 20428*, ≤, « Servizio estivo all'aperto » – AE ⑤ ⊙ ⊕ VISA JCB. ✻ cam
chiuso dal 15 gennaio a febbraio – **Pasto** *(chiuso giovedì)* carta 50/75000 – ⊇ 11000 – **7 cam** 80000 – ½ P 65/75000.

Il Melograno, via Panorama 5, località Campoverde Ovest : 1 km ☎ 0365 520421, *Fax 0365 521271*, ⛱ – AE ⑤ ⊙ ⊕ VISA
chiuso novembre, lunedì sera e martedì – **Pasto** specialità di lago carta 50/85000.

Gallo Rosso, vicolo Tomacelli 4 ☎ 0365 520757 – ▤. AE ⑤ ⊙ ⊕ VISA JCB
chiuso dal 7 al 14 gennaio, dal 20 al 30 giugno e mercoledì – **Pasto** 40000 bc.

Osteria dell'Orologio, via Butturini 26 ☎ 0365 290158, Enoteca con cucina – AE ⑤ ⊙ ⊕ VISA
chiuso novembre e mercoledì – **Pasto** carta 40/70000.

a Barbarano *Nord-Est : 2,5 km verso Gardone Riviera* – ✉ *25087 Salò :*

Spiaggia d'Oro ≫, via Spiaggia d'oro 15 ☎ 0365 290034, *Fax 0365 290092*, ≤, ⛱, « Giardino sul lago con ⛱ » – |‡| ▤ TV ☎ – 🔺 25. AE ⑤ ⊙ ⊕ VISA. ✻
aprile-ottobre – **Pasto** 70000 – **39 cam** ⊇ 180/350000 – ½ P 150/210000.

a Serniga *Nord : 6 km* – ✉ *25087 Salò :*

Il Bagnolo ≫ con cam, località Bagnolo Ovest : 1 km ☎ 0365 21877, *Fax 0365 20290*, ≤ lago, ⛱, prenotare, ⛱ – TV ☎ P. AE ⑤ ⊕ VISA. ✻
maggio-settembre; aperto solo il week-end negli altri mesi – **Pasto** *(chiuso martedì escluso luglio-agosto)* carta 40/70000 – **9 cam** ⊇ 130/180000 – ½ P 120/130000.

SALSOMAGGIORE TERME

43039 Parma 988 ⑬ ⑭, 428, 429 H 12 – *18 281 ab. alt. 160* – *Stazione termale, a.s. agosto-25 ottobre.*

⛳18 *(chiuso gennaio) località Contignaco-Pontegrosso* ✉ *43039 Salsomaggiore Terme* ☎ *0524 574128, Fax 0524 574986, Sud : 5 km.*

ℹ *viale Romagnosi 7* ☎ *0524 580211, Fax 0524 580219.*

Roma 488 ① – *Parma 30* ① – *Piacenza 52* ① – *Cremona 57* ① – *Milano 113* ① – *La Spezia 128* ①.

Pianta pagina seguente

Gd H. et de Milan, via Dante 1 ☎ 0524 572241, *Fax 0524 573884*, « Piccolo parco ombreggiato con ⛱ », Fб, ≘s, ♀ – |‡| TV ☎ ♿ P – 🔺 80. AE ⑤ ⊙ ⊕ VISA. ✻ rist Z a
aprile-dicembre – **Pasto** carta 60/75000 – **112 cam** ⊇ 260/400000, 7 appartamenti – ½ P 230/340000.

Grand Hotel Porro ≫, viale Porro 10 ☎ 0524 578221, *Fax 0524 577878*, « Parco ombreggiato », ⛱, ♀ – |‡|, ▤ rist, TV ☎ P – 🔺 50. AE ⑤ ⊙ ⊕ VISA JCB. ✻ rist Y b
Pasto (solo per alloggiati) 70000 – ⊇ 30000 – **75 cam** 170/230000, 6 appartamenti – ½ P 200/220000.

Cristallo, viale Matteotti 5 bis ☎ 0524 577241, *Fax 0524 574022*, ≘s, ⛱ – |‡| ▤ TV ☎ P. AE ⑤ ⊙ ⊕ VISA. ✻ rist Y g
Pasto *(marzo-novembre)* carta 60/70000 – **68 cam** ⊇ 150/200000 – ½ P 115/130000.

Excelsior, viale Berenini 3 ☎ 0524 575641, *Fax 0524 573888*, Fб, ⛱ – |‡|, ▤ rist, TV ☎ 🚗 P – 🔺 40. ⑤ ⊕ VISA. ✻ Z h
15 aprile-8 novembre – **Pasto** 55000 – **63 cam** ⊇ 140/200000 – ½ P 130/145000.

Ritz, viale Milite Ignoto 5 ☎ 0524 577744, *Fax 0524 574410*, ⛱ – |‡| ▤ TV ☎ P – 🔺 60. ✻ Z e
marzo-dicembre – **Pasto** 45/65000 – ⊇ 17000 – **27 cam** 110/150000 – ½ P 115/120000.

Elite, viale Cavour 5 ☎ 0524 579436, *Fax 0524 572988* – |‡| ▤ TV ☎ ♿ 🚗. AE ⑤ ⊙ ⊕ VISA. ✻ rist Y d
chiuso dal 16 dicembre al 15 febbraio – **Pasto** 30/45000 – ⊇ 15000 – **28 cam** 100/155000 – ½ P 110000.

Nazionale, viale Matteotti 43 ✆ 0524 573757, *Fax 0524 573114*, – |‡|, ▤ rist, TV ☎. AE ⓢ ⓓ ⓜ VISA. ✗ rist Y
marzo-novembre – **Pasto** carta 40/60000 – ☐ 15000 – **44 cam** 105/150000 – 1/2 P 95 115000.

De la Ville, piazza Garibaldi 1 ✆ 0524 573526, *Fax 0524 576449* – |‡| TV ☎. AE ⓢ ⓜ VISA ✗ rist Z
15 aprile-15 novembre – **Pasto** 25/40000 – **40 cam** ☐ 90/150000 – 1/2 P 85/100000.

Suisse, viale Porro 5 ✆ 0524 579077, *Fax 0524 576449*, – |‡| TV ☎ P. AE ⓢ ⓜ VISA ✗ Z
20 marzo-15 novembre – **Pasto** 30/35000 – **23 cam** ☐ 90/150000 – 1/2 P 90/100000.

Panda, via Mascagni 6 ✆ 0524 574566, *Fax 0524 574567* – |‡| TV ☎. ✗ Y
15 aprile-15 novembre – **Pasto** carta 40/45000 – ☐ 12000 – **27 cam** 100/145000 – 1/2 P 85/100000.

a Grotta *Sud-Ovest : 5 km* – ✉ *43047 Pellegrini Parmense*

Antica Trattoria La Grotta, località Grotta 37/A ✆ 0524 64156, *Fax 0524 64161*, ← – P. AE ⓢ ⓓ ⓜ VISA. ✗
chiuso dal 19 al 26 luglio e lunedì – **Pasto** carta 35/50000.

SALTUSIO (SALTAUS) *Bolzano* 218 ⑩ – *Vedere San Martino in Passiria.*

SALUZZO *12037 Cuneo* 988 ⑫, 428 I 4 – *15 721 ab. alt. 395.*

Il Bricco (aprile-novembre; chiuso mercoledì escluso luglio ed agosto) a Vernasca ✉ 12020 ✆ 0175 567565, Fax 0171 603647, Nord-Ovest : 16 km.

via Griselda 6 ✆ 0175 46710, Fax 0175 46718.

Roma 662 – Cuneo 32 – Torino 58 – Asti 76 – Milano 202 – Sestriere 86.

Griselda senza rist, corso 27 Aprile 13 ☎ 0175 47484, *Fax 0175 47489* – 80. AE VISA.
15000 – **34 cam** 100/140000.

Astor senza rist, piazza Garibaldi 39 ☎ 0175 45506, *Fax 0175 47450* – AE VISA JCB.
chiuso dal 20 dicembre al 10 gennaio – 15000 – **25 cam** 90/130000, 3 appartamenti.

La Gargotta del Pellico, piazzetta Mondagli 5 ☎ 0175 46833, Coperti limitati; prenotare – AE VISA.
chiuso martedì e mercoledì a mezzogiorno – **Pasto** 65000 e carta 45/70000.

Corona Grossa, via Silvio Pellico 3 ☎ 0175 45384 – AE VISA
chiuso dal 20 luglio al 10 agosto e lunedì sera, martedì – **Pasto** carta 35/65000.

L'Ostu dij Baloss, via Gualtieri 38 ☎ 0175 248618, *Fax 0175 248618* – AE VISA JCB.
chiuso dal 7 al 20 gennaio, dal 1° al 10 luglio, domenica (escluso maggio e settembre) e lunedì a mezzogiorno – **Pasto** 45/65000 e carta 45/90000.

Taverna San Martino, corso Piemonte 109 ☎ 0175 42066, Coperti limitati; prenotare – AE VISA JCB
chiuso agosto, martedì sera e mercoledì – **Pasto** 30/40000 bc.

SALVAROSA *Treviso – Vedere Castelfranco Veneto.*

SALZANO *30030 Venezia* 429 F 18 – *11 501 ab. alt. 11.*
Roma 520 – Padova 30 – Venezia 14 – Treviso 34.

verso Noale *Nord-Ovest : 4 km :*

Da Flavio e Fabrizio, ✉ 30030 ☎ 041 440645 – AE VISA JCB.
chiuso dal 1° al 7 gennaio, dal 1° al 21 agosto e lunedì – **Pasto** specialità di mare carta 45/70000.

SAMBOSETO *Parma – Vedere Busseto.*

SAMBUCA *Firenze* 430 L 15 – *Vedere Tavarnelle Val di Pesa.*

SAMMONTANA *Firenze – Vedere Montelupo Fiorentino.*

SAMPÈYRE *12020 Cuneo* 428 I 3 – *1 257 ab. alt. 976 – a.s. luglio-agosto e Natale.*
Roma 680 – Cuneo 49 – Milano 238 – Torino 88.

Torinetto, borgata Calchesio 7 (Ovest : 1,5 km) ☎ 0175 977181, *Fax 0175 977104*, – 100. AE VISA. rist
Pasto carta 30/40000 – 8000 – **74 cam** 80/110000 – 1/2 P 70/80000.

SAN BARTOLOMEO AL MARE *18016 Imperia* 428 K 6 – *3 074 ab..*
piazza XXV Aprile 1 ☎ 0183 400200, Fax 0183 403050.
Roma 606 – Imperia 7 – Genova 107 – Milano 231 – San Remo 34.

Bergamo, via Aurelia 15 ☎ 0183 400060, *Fax 0183 401021*, – . VISA.
7 gennaio-10 marzo e maggio-settembre – **Pasto** 40000 – 20000 – **52 cam** 90/130000 – 1/2 P 100/110000.

SAN BENEDETTO *Verona – Vedere Peschiera del Garda.*

SAN BENEDETTO DEL TRONTO *63039 Ascoli Piceno* 988 ⑯ ⑰, 430 N 23 – *45 026 ab. – a.s. luglio-settembre.*
viale delle Tamerici 3/5 ☎ 0735 592237, Fax 0735 582893.
Roma 231 – Ascoli Piceno 39 – Ancona 89 – L'Aquila 122 – Macerata 69 – Pescara 68 – Teramo 49.

Regent senza rist, viale Gramsci 31 ☎ 0735 582720, *Fax 0735 582805* – AE VISA.
chiuso dal 24 dicembre all'11 gennaio – 15000 – **23 cam** 110/170000.

Solarium, viale Scipioni 102 ☎ 0735 81733, *Fax 0735 81616*, – AE VISA JCB. rist
chiuso dal 20 dicembre al 9 gennaio – **Pasto** *(chiuso lunedì a mezzogiorno)* carta 45/80000 – 10000 – **55 cam** 120/150000 – 1/2 P 120/140000.

Arlecchino, viale Trieste 22 ℘ 0735 85635, *Fax 0735 85682* – VISA. rist
Pasto *(giugno-20 settembre e solo per alloggiati)* 25/50000 – ☐ 10000 – **30 cam** 90/130000 – ½ P 115/130000.

Girasole, lungomare Europa 126 ℘ 0735 82162, *Fax 0735 781266*, ← – VISA. rist
20 maggio-20 settembre – **Pasto** 30/45000 – ☐ 10000 – **32 cam** 80/110000 – ½ P 70/110000.

Ristorantino da Vittorio, via Manara 102 ℘ 0735 583344, *Fax 0735 583344*, – P. VISA.
chiuso dal 1° al 15 settembre e lunedì – **Pasto** specialità di mare carta 55/90000.

La Stalla, contrada Marinuccia 35 (Ovest : 1 km) ℘ 0735 587344, *Fax 0735 584899*, « Servizio estivo in terrazza panoramica » – P. VISA
chiuso dall'8 al 31 gennaio e lunedì (escluso da giugno a settembre) – **Pasto** carta 35/60000.

a Porto d'Ascoli *Sud : 5 km* – ✉ *63037.*

(giugno-settembre) via Mare ℘ 0735 751798 :

Imperial, via Indipendenza 25 ℘ 0735 751158, *Fax 0735 751266*, – P. VISA.
chiuso da novembre al 27 dicembre – **Pasto** carta 40/75000 – **49 cam** ☐ 80/130000 – ½ P 140000.

Sporting, via Paganini 23 ℘ 0735 656545, « Giardino-pineta », – P. VISA JCB. rist
Pasto (solo per alloggiati da giugno a settembre) carta 40/80000 – **62 cam** ☐ 120/140000 – ½ P 80/130000.

Settebello, via dei Mille 21 ℘ 0735 656541, *Fax 0735 656542*, – cam, P.
15 maggio-settembre – **Pasto** carta 40/65000 – **22 cam** ☐ 110/130000, 8 appartamenti – ½ P 115000.

sulla strada statale 16 *Sud : 7 km :*

Quadrifoglio, via Pasubio 50 ✉ 63037 Porto d'Ascoli ℘ 0735 655248, *Fax 0735 655247* – P – 200. VISA.
chiuso dal 23 dicembre all'8 gennaio – **Pasto** *(chiuso lunedì)* carta 35/65000 (15 %) – ☐ 10000 – **40 cam** 105/150000 – ½ P 100/130000.

SAN BENEDETTO PO *46027 Mantova 988 ⑭, 428, 429 G 14 – 7 556 ab. alt. 18.*

Roma 447 – Verona 68 – Ferrara 72 – Mantova 23 – Modena 59.

a San Siro *Est : 5,5 Km* – ✉ *46027 San Benedetto Po :*

Al Caret, via Schiappa 51 ℘ 0376 612141 – P
chiuso dal 10 al 20 agosto e lunedì – **Pasto** specialità carne di bufalo carta 40/50000.

SAN BENEDETTO VAL DI SAMBRO *40048 Bologna 429, 430 J 15 – 4 325 ab. alt. 612.*

Roma 350 – Bologna 47 – Firenze 73 – Ravenna 123.

a Madonna dei Fornelli *Sud : 3,5 km* – ✉ *40048 :*

Musolesi, piazza Madonna della Neve 5 ℘ 0534 94156, *Fax 0534 94350* – P. VISA. rist
Pasto *(chiuso lunedì)* carta 30/40000 – **23 cam** ☐ 70/90000 – ½ P 65/70000.

SAN BERNARDO *Torino – Vedere Ivrea.*

SAN BIAGIO DI CALLALTA *31048 Treviso 429 E 19 – 11 291 ab. alt. 10.*

Roma 547 – Venezia 40 – Pordenone 43 – Treviso 11 – Trieste 134.

L'Escargot, località San Martino Ovest : 3 km ✉ 31050 Olmi ℘ 0422 899006 – P. VISA.
chiuso dal 10 agosto al 1° settembre, lunedì sera e martedì – **Pasto** specialità lumache e rane carta 35/50000.

Da Procida, località Spercenigo Sud-Ovest : 3 km ℘ 0422 797818, Trattoria con cucina casalinga – P.
chiuso dal 6 al 13 gennaio, agosto, lunedì e martedì sera – **Pasto** carta 40/50000.

SAN BONIFACIO *37047 Verona* [988] ④, [429] F 15 – *16 505 ab. alt. 31.*
Roma 523 – Verona 24 – Milano 177 – Rovigo 71 – Venezia 94 – Vicenza 31.

Bologna, viale Trieste 55 (al quadrivio) ☎ 045 7610233, *Fax 045 7613733,* – [TV] ☎ [P] – 450. [AE] [S] [VISA].
Pasto *(chiuso lunedì)* carta 30/45000 – **58 cam** 110/170000.

Relais Villabella con cam, località Villabella Ovest : 2 km ☎ 045 6101777, *Fax 045 6101799,* – cam, [TV] ☎ [P] – 70. [AE] [S] [VISA].
Pasto *(chiuso dal 1° al 14 gennaio, novembre, domenica e lunedì)* carta 60/100000 – **11 cam** 190/350000.

SAN CANDIDO (INNICHEN) *39038 Bolzano* [988] ⑤, [429] B 18 *G. Italia – 3 119 ab. alt. 1 175 – Sport invernali : 1 175/2 189 m 2, ; a Versciaco : 1 132/2 205 m 1, .*
[i] *piazza del Magistrato 1 ☎ 0474 913156, Fax 0474 914361.*
Roma 710 – Cortina d'Ampezzo 38 – Belluno 109 – Bolzano 110 – Lienz 42 – Milano 409 – Trento 170.

Cavallino Bianco-Weisses Rossl, via Duca Tassilo 1 ☎ 0474 913135, *Fax 0474 913733,* – rist, [TV] ☎ [P]. [AE] [S] [VISA] [JCB]
18 dicembre-25 marzo e 25 giugno-20 settembre – **Pasto** carta 45/85000 – **56 cam** 160/320000 – ½ P 250000.

Orso Grigio-Grauer Bär, ☎ 0474 913115, *Fax 0474 914182,* – [TV] ☎ [P]. [AE] [S] [VISA] [JCB]. cam
4 dicembre-Pasqua e 17 giugno-8 ottobre – **Pasto** *(chiuso giovedì escluso dal 15 giugno ad ottobre)* carta 40/75000 – **24 cam** 180/320000 – ½ P 145/180000.

Park Hotel Sole Paradiso-Sonnenparadies , via Sesto 13 ☎ 0474 913120, *Fax 0474 913193,* « Caratteristico chalet in un parco pineta », – rist, [TV] ☎ [P] – 80. [AE] [S] [VISA].
19 dicembre-5 aprile e giugno-5 ottobre – **Pasto** (solo per alloggiati) 60/80000 – **43 cam** 200/400000 – ½ P 180/230000.

Panoramahotel Leitlhof , via Pusteria 29 ☎ 0474 913440, *Fax 0474 914300,* Dolomiti e vallata, – rist, [TV] ☎ [P]. rist
Natale-Pasqua e giugno-10 ottobre – **Pasto** carta 60/85000 – **17 cam** 180/360000 – ½ P 150/190000.

Posta-Post, via Sesto 1 ☎ 0474 913133, *Fax 0474 913635,* – rist, [TV] ☎ . [AE] [S] [VISA]. rist
20 dicembre-25 aprile e 30 maggio-settembre – **Pasto** carta 35/55000 – **48 cam** 140/250000 – ½ P 180000.

Sporthotel Tyrol, via P.P. Rainer 12 ☎ 0474 913198, *Fax 0474 913593,* – rist, [TV] ☎ [P]. [S] [VISA]
3 dicembre-26 marzo e 10 giugno-8 ottobre – **Pasto** *(chiuso lunedì)* carta 45/65000 – **30 cam** 175/250000 – ½ P 190000.

Schmieder , ☎ 0474 913144, *Fax 0474 914080,* – [TV] ☎ [P]. [S] [VISA].
20 dicembre-10 aprile e giugno-15 ottobre – **Pasto** *(chiuso a mezzogiorno e lunedì; prenotare)* carta 50/60000 – **25 cam** 110/210000 – ½ P 170000.

Letizia senza rist, via Firtaler 5 ☎ 0474 913190, *Fax 0474 913372,* – [TV] ☎ [P]. [AE] [S] [VISA]
chiuso dal 9 al 18 dicembre e giugno – **13 cam** 115/200000.

Kupferdachl, via Sesto 20 ☎ 0474 913711, – [P]. [AE] [S] [VISA]
chiuso dal 20 giugno al 10 luglio, dal 5 al 20 novembre e giovedì – **Pasto** carta 45/65000.

SAN CANZIAN D'ISONZO *34075 Gorizia* [429] E 22 – *5 662 ab..*
Roma 635 – Udine 46 – Gorizia 31 – Grado 21.

Arcimboldo, via Risiera S. Sabba 17 ☎ 0481 76089, *Fax 0481 76089* – [AE] [S] [VISA].
chiuso dal 1° al 21 agosto e lunedì – **Pasto** cucina di carne e vegetariana carta 35/45000.

SAN CASCIANO IN VAL DI PESA *50026 Firenze* [988] ⑭ ⑮, [429], [430] L 15 *G. Toscana – 16 130 ab. alt. 306.*
Roma 283 – Firenze 17 – Siena 53 – Livorno 84.

a Mercatale *Sud-Est : 4 km : – ✉ 50024 :*

Salvadonica senza rist, via Grevigiana 82 ☎ 055 8218039, *Fax 055 8218043,* « Piccolo borgo agrituristico fra gli olivi », – ☎ [P]. [AE] [S] [VISA].
marzo-14 novembre – **5 cam** 150/180000, 10 appartamenti 190/270000.

Il Salotto del Chianti, via Sonnino 92 ☎ 055 8218016, *Fax 055 8218016,* Coperti limitati, prenotare – . [AE] [S] [VISA].
chiuso gennaio, mercoledì e a mezzogiorno (escluso i giorni festivi) – **Pasto** carta 60/90000.

a Cerbaia *Nord-Ovest : 6 km – ✉ 50020 :*

XXX **La Tenda Rossa,** piazza del Monumento 9/14 ✆ 055 826132, *Fax 055 825210*, prenotare – ▤. AE Ⓢ ⓓ MC VISA JCB. ✂
✿✿ *chiuso agosto, domenica e lunedì a mezzogiorno* – **Pasto** carta 110/165000
Spec. Cappellotti di ricotta di capra e spinaci spadellati alla salvia con trucioli di ricotta stagionata e affumicata. Trancio di dentice grigliato con cipollotti rosolati al rosmarino e miele d'acacia. Petto di piccione al porto con le sue rigaglie croccanti e medaglione di fegato grasso.

SAN CASSIANO (ST. KASSIAN) *Bolzano – Vedere Badia.*

SAN CESARIO SUL PANARO *41018 Modena* 428, 429, 430 I 15 – *5 162 ab. alt. 54.*
Roma 382 – Bologna 29 – Ferrara 76 – Modena 20 – Pistoia 115.

Rocca Boschetti, via Libertà 53 ✆ 059 933600 e rist ✆ 059 936003, *Fax 059 933281*, – ▤ ▤ TV ☎ P – 🏛 180. AE Ⓢ ⓓ MC VISA JCB. ✂ rist
chiuso dal 5 al 20 agosto – **Pasto** carta 40/65000 – **33 cam** ☕ 130/190000 – ½ P 250000.

SAN CIPRIANO *Genova* 428 I 8 – *alt. 239* – ✉ *16010 Serra Riccò.*
Roma 511 – Alessandria 75 – Genova 16 – Milano 136.

XX **Ferrando,** via Carli 110 ✆ 010 751925, *Fax 010 750276*, ⛱ – P. Ⓢ MC VISA. ✂
chiuso dal 10 al 20 gennaio, dal 25 luglio al 14 agosto, lunedì e le sere di domenica e mercoledì – **Pasto** 60000 bc e carta 35/70000.

SAN CIPRIANO (ST. ZYPRIAN) *Bolzano – Vedere Tires.*

SAN CLEMENTE A CASAURIA (Abbazia di) *Pescara* 988 ㉗, 430 P 23 *G. Italia.*
Vedere *Abbazia★★ : ciborio★★★.*

SAN COLOMBANO AL LAMBRO *20078 Milano* 988 ⑬, 428 G 10 – *7 192 ab. alt. 80.*
Roma 527 – Piacenza 30 – Bergamo 63 – Brescia 111 – Cremona 47 – Lodi 15 – Milano 47 – Pavia 33.

X **Il Giardino,** via Mazzini 43 ✆ 0371 89288, ⛱. ✂
chiuso dal 16 al 23 agosto e lunedì – **Pasto** carta 50/70000.

SAN COSTANTINO (ST. KONSTANTIN) *Bolzano - Vedere Fiè allo Sciliar.*

SAN COSTANZO *61039 Pesaro e Urbino* 430 K 21 – *4 022 ab. alt. 150.*
Roma 268 – Ancona 43 – Fano 12 – Gubbio 96 – Pesaro 23 – Urbino 52.

X **Da Rolando,** corso Matteotti 123 ✆ 0721 950990, *Fax 0721 950990*, Coperti limitati; prenotare, « Servizio estivo in giardino » – P. AE Ⓢ ⓓ MC VISA. ✂
chiuso mercoledì – **Pasto** 50/80000 bc.

SAN DANIELE DEL FRIULI *33038 Udine* 988 ⑤ ⑥, 429 D 21 – *7 861 ab. alt. 252.*
ℹ *via Roma 3 ✆ 0432 940765, Fax 0432 940765.*
Roma 632 – Udine 27 – Milano 371 – Tarvisio 80 – Treviso 108 – Trieste 92 – Venezia 120.

Al Picaron ⚘, via Andrat 3, località Picaron Nord : 1 km ✆ 0432 940688, *Fax 0432 940670*, ≤ San Daniele e vallata, ⛱, ⛱ – ▤ ▤ TV ☎ ♿ 🚗 P – 🏛 80. AE Ⓢ ⓓ MC VISA. ✂ rist
Pasto *(chiuso mercoledì)* carta 35/60000 – ☕ 15000 – **36 cam** 120/170000, appartamento – ½ P 105/135000.

Alla Torre senza rist, via del Lago 1 ✆ 0432 954562, *Fax 0432 954562* – ▤ ▤ TV ☎ ♿ – 🏛 30. AE Ⓢ ⓓ MC VISA
☕ 12000 – **27 cam** 95/145000.

XX **Al Cantinon,** via Cesare Battisti 2 ✆ 0432 955186, *Fax 0432 955186*, « Ambiente rustico » – ▤. Ⓢ MC VISA
chiuso novembre, giovedì e venerdì a mezzogiorno – **Pasto** 40/50000 e carta 50/75000.

XX **Alle Vecchie Carceri,** via D'Artegna 25 ✆ 0432 957403, *Fax 0432 942256*, prenotare, « Servizio estivo in cortile » – AE Ⓢ ⓓ MC VISA. ✂
chiuso dal 15 gennaio a marzo, lunedì sera e martedì – **Pasto** carta 50/80000.

XX **Al Tirasegno,** via Fagagna 16 ✆ 0432 957297, *Fax 0432 941043* – ▤ P. AE ⓢ ⊙ ⓜ VISA. ✂
chiuso dal 10 al 20 gennaio, dal 10 luglio al 5 agosto, martedì sera emercoledì – **Pasto** carta 45/70000.

X **Antica Osteria Al Ponte,** via Tagliamento 13 ✆ 0432 954909, *Fax 0432 954909*, prenotare, « Servizio estivo in giardino sotto un fresco gazebo » – P. AE ⓢ ⓜ VISA. ✂
chiuso lunedì dal 1° ottobre al 1° maggio, anche martedì negli altri mesi – **Pasto** specialità allo spiedo (inverno) e brace (estate) carta 45/60000.

SAN DEMETRIO NE' VESTINI *67028 L'Aquila* 430 P 22 – *1 629 ab. alt. 672.*

Roma 137 – L'Aquila 15 – Avezzano 67 – Pescara 104.

La Pergola, via Nazionale 67 ✆ 0862 810975 – P. ✂
Pasto *(chiuso domenica dal 6 gennaio al 23 aprile e dal 15 settembre all'8 dicembre)* carta 30/40000 – ☕ 5000 – **15 cam** 65/85000 – ½ P 65/75000.

SAN DESIDERIO *Genova – Vedere Genova.*

SANDIGLIANO *13876 Biella* 428 F 6, 219 ⑮ – *2 719 ab. alt. 323.*

Roma 682 – Aosta 112 – Biella 6 – Novara 62 – Stresa 78 – Torino 68.

Cascina Era ⛹, via Casale 5 ✆ 015 2493085, *Fax 015 2493266*, ⛱, « In un antico cascinale », ⛳ – |♦| ▤ TV ☎ ♿ P. AE ⓢ ⊙ ⓜ VISA. ✂ rist
chiuso dal 2 al 23 agosto – **Pasto** *(chiuso lunedì)* carta 60/90000 – **15 cam** ☕ 190000, 14 appartamenti 170/210000 – ½ P 135/145000.

Cascina Casazza, via Garibaldi 5 ✆ 015 2493330, *Fax 015 2493360*, 🏊 – |♦| ▤ TV ☎ ♿ 🚗 P – 🏛 140. AE ⓢ ⊙ ⓜ VISA JCB. ✂
Pasto *(chiuso dal 10 al 20 agosto)* carta 50/70000 – **67 cam** ☕ 150/190000, 2 appartamenti – ½ P 210000.

SAND IN TAUFERS = *Campo Tures.*

SAN DOMENICO *Verbania – Vedere Varzo.*

SAN DOMINO (Isola) *Foggia* 431 B 28 – *Vedere Tremiti (Isole).*

SAN DONÀ DI PIAVE *30027 Venezia* 988 ⑤, 429 F 19 – *35 540 ab..*

Roma 558 – Venezia 38 – Lido di Jesolo 20 – Milano 297 – Padova 67 – Treviso 34 – Trieste 121 – Udine 90.

Forte del 48, via Vizzotto 1 ✆ 0421 44018, *Fax 0421 44244* – |♦| ▤ TV ☎ ♿ P – 🏛 200. AE ⓢ ⊙ ⓜ VISA JCB. ✂
Pasto *(chiuso domenica)* carta 30/50000 – ☕ 10000 – **46 cam** 80/120000 – ½ P 80/100000.

a Isiata *Sud-Est : 4 km – ✉ 30027 San Donà di Piave :*

X **Siesta Ramon,** via Tabina 57 ✆ 0421 239030, ⛱ – P. AE ⓢ ⊙ ⓜ VISA. ✂
chiuso dal 27 dicembre al 10 gennaio ed agosto – **Pasto** specialità di mare carta 40/65000.

SAN DONATO *Siena* 430 L 15 – *Vedere San Gimignano.*

SAN DONATO IN POGGIO *Firenze* 430 L 15 – *Vedere Tavarnelle Val di Pesa.*

SAN DONATO MILANESE *20097 Milano* 428 F 9, 219 ⑲ – *32 760 ab. alt. 102.*

Roma 566 – Milano 10 – Pavia 36 – Piacenza 57.

Pianta d'insieme di Milano.

Regent Hotel Ⓜ, via Milano 2 (tangenziale Est,uscita S.S. Paullese) ✆ 02 51628184, *Fax 02 51628216* – |♦|, ⇔ cam, ▤ TV ☎ ♿ 🚗 P – 🏛 100. AE ⓢ ⊙ ⓜ VISA. ✂
Pasto al Rist. ***I Sapori de Milan*** carta 55/95000 – **102 cam** ☕ 290/370000. CP e

Santa Barbara senza rist, piazzale Supercortemaggiore 4 ✆ 02 518911, *Fax 02 5279169* – |♦| ▤ TV ☎. AE ⓢ ⊙ ⓜ VISA CP u
147 cam ☕ 240/270000.

Delta Hotel, via Emilia 2/a ✆ 02 5231021, *Fax 02 5231418* – 45. CP
Pasto (solo per alloggiati e *chiuso a mezzogiorno*) carta 35/85000 – **52 cam** 240/28000 – ½ P 180000.

Osterietta, via Emilia 26 ✆ 02 5275082, *Fax 02 55600831,* CP
chiuso dall'8 al 24 agosto e domenica – **Pasto** carta 50/85000.

I Tri Basei, via Emilia 54 ✆ 02 512227,
chiuso dall'8 al 22 agosto, sabato a mezzogiorno e domenica – **Pasto** carta 35/65000.

SAN DONATO VAL DI COMINO *03046 Frosinone* 430 *Q 23 – 2 229 ab. alt. 728.*

Roma 127 – Frosinone 54 – Avezzano 57 – Latina 111 – Napoli 125.

Villa Grancassa , via Roma 8 ✆ 0776 508915, *Fax 0776 508914,* , « Antica residenza vescovile in un parco », – 200.
chiuso dal 10 gennaio al 25 febbraio e dal 6 novembre al 3 dicembre – **Pasto** *(chiuso lunedì da dicembre a marzo)* carta 50/75000 – **27 cam** 110/180000 – ½ P 140000.

SANDRIGO *36066 Vicenza* 429 *F 16 – 7 672 ab. alt. 68.*

Roma 530 – Padova 47 – Bassano del Grappa 20 – Trento 85 – Treviso 62 – Vicenza 14.

Antica Trattoria Due Spade, via Roma 5 ✆ 0444 659948, *Fax 0444 659948,* prenotare –
chiuso agosto, lunedì sera e martedì – **Pasto** specialità baccalà carta 35/50000.

SAN FELICE CIRCEO *04017 Latina* 988 ㉖, 430 *S 21 – 8 734 ab. – a.s. Pasqua e luglio-agosto.*

Roma 106 – Frosinone 62 – Latina 36 – Napoli 141 – Terracina 18.

Circeo Park Hotel, via Lungomare Circe 49 ✆ 0773 548814, *Fax 0773 548028,* – 120.
Pasto vedere rist ***La Stiva*** – 20000 – **48 cam** 245/340000, 2 appartamenti – ½ P 250000.

La Stiva, ✆ 0773 547276, *Fax 0773 548028,*
Pasto carta 55/70000.

a Quarto Caldo *Ovest : 4 km – ✉ 04017 San Felice Circeo :*

Punta Rossa , via delle Batterie 37 ✆ 0773 548085, *Fax 0773 548075,* di Talassoterapia, « Sulla scogliera con giardino digradante a mare », – 40.
chiuso novembre – **Pasto** carta 60/125000 – **27 cam** 330/460000, 7 appartamenti – ½ P 280000.

SAN FELICE DEL BENACO *25010 Brescia* 428, 429 *F 13 – 2 868 ab. alt. 119 – a.s. Pasqua e luglio-15 settembre.*

Roma 544 – Brescia 36 – Milano 134 – Salò 7 – Trento 102 – Verona 59.

Garden Zorzi , viale delle Magnolie 10, località Porticcioli Nord : 3,5 km ✆ 0365 43688, *Fax 0365 41489,* Boa d'attracco e scivolo di alaggio, « Terrazza-giardino sul lago », – rist,
aprile-10 ottobre – **Pasto** (solo per alloggiati) – 15000 – **26 cam** 100/170000 – ½ P 130000.

a Portese *Nord : 1,5 km – ✉ 25010 San Felice del Benaco :*

Piero Bella , via Preone 6 ✆ 0365 626090, *Fax 0365 559358,* « Servizio estivo in terrazza sul lago », –
chiuso gennaio – **Pasto** (solo per alloggiati) – **14 cam** 150/270000 – ½ P 140/170000.

Piccolo Grill, via Cesare Battisti 4 ✆ 0365 62462 –
chiuso mercoledì e giovedì a mezzogiorno – **Pasto** 60000.

SAN FELICIANO *Perugia* 430 *M 18 – Vedere Magione.*

SAN FLORIANO (OBEREGGEN) *Bolzano* 429 *C 16 – alt. 1 512 – ✉ 39050 Ponte Nova – Sport invernali : 1 512/2 172 m 7,*

✆ 0471 615795, Fax 0471 615848.

Roma 666 – Bolzano 22 – Cortina d'Ampezzo 103 – Milano 321 – Trento 82.

Sonnalp , ✆ 0471 615842, *Fax 0471 615909,* monti e pineta, –
4 dicembre-26 aprile e 3 giugno-8 ottobre – **Pasto** (solo per alloggiati) 65/75000 – **30 cam** 210/340000, 6 appartamenti – ½ P 210000.

Cristal, Obereggen 31 0471 615511, *Fax 0471 615522*, monti e pinete, rist, .
4 dicembre-25 aprile e 17 giugno-15 ottobre – **Pasto** carta 40/75000 – **42 cam** 190/310000, 2 appartamenti – 1/2 P 195000.

Royal, Obereggen 32 0471 615891, *Fax 0471 615893*, rist, AE VISA
dicembre-aprile e luglio-ottobre – **Pasto** (solo per alloggiati) – **21 cam** solo 1/2P 95/140000.

Bewallerhof, verso Pievalle (Bewaller) Nord-Est : 2 km 0471 615729, *Fax 0471 615840*, monti e pinete, – rist, P.
chiuso maggio e novembre – **Pasto** (solo per alloggiati) – **19 cam** solo 1/2 P 95/120000.

Pensione Maria senza rist, via Obereggen 12 0471 615772, *Fax 0471 615694*, – P.
dicembre-aprile e giugno-15 ottobre – **8 cam** 55/105000.

SAN FLORIANO DEL COLLIO *34070 Gorizia* 429 E 22 – *851 ab. alt. 278.*

9 *(chiuso lunedì escluso da giugno a settembre) 0481 884252, Fax 0481 884052.*
Roma 653 – Udine 43 – Gorizia 4 – Trieste 47.

Golf Hotel, via Oslavia 2 0481 884051, *Fax 0481 884052*, « Edifici seicenteschi in un borgo medioevale », – P. AE VISA
marzo-novembre – **Pasto** vedere rist ***Castello Formentini*** – **13 cam** 200/350000, appartamento.

XXX **Castello Formentini,** piazza Libertà 3 0481 884034, *Fax 0481 884034* – P. AE VISA
chiuso gennaio e lunedì, martedì a mezzogiorno – **Pasto** carta 70/100000.

SAN FOCA *Lecce* 431 G 37 – *Vedere Melendugno.*

SAN FRUTTUOSO *Genova* 428 J 9 *G. Italia* – *16030 San Fruttuoso di Camogli.*

Vedere *Posizione pittoresca*★★ *Camogli 30 mn di motobarca – Portofino 20 mn di motobarca.*

X **Da Giovanni,** 0185 770047, *Fax 0185 770047*, piccolo golfo, prenotare. VISA
chiuso novembre – **Pasto** carta 60/100000.

SAN GABRIELE DELL'ADDOLORATA *Teramo* 430 O 22 – *Vedere Isola del Gran Sasso d'Italia.*

SAN GERMANO CHISONE *10065 Torino* 428 H 3 – *1 816 ab. alt. 486.*

Roma 696 – Torino 48 – Asti 87 – Cuneo 71 – Sestriere 48.

XX **Malan,** via Ponte Palestro 11, località Inverso Porte Sud-Est : 1 km 0121 58822, *Fax 0121 58822*, – P. AE VISA
chiuso dal 7 al 21 gennaio e giovedì – **Pasto** 55000 e carta 40/65000.

SAN GIACOMO *Cuneo* – *Vedere Boves.*

SAN GIACOMO *Trento* 428, 429 E 14 – *Vedere Brentonico.*

SAN GIACOMO DI ROBURENT *Cuneo* 428 J 5 – *alt. 1 011* – *12080 Roburent – a.s. luglio-agosto e Natale – Sport invernali : 1 011/1 611 m 7, .*

Roma 622 – Cuneo 52 – Savona 77 – Torino 92.

Nazionale, via Sant'Anna 111 0174 227127, *Fax 0174 227127*, – P. AE VISA. rist
chiuso da novembre al 23 dicembre e maggio – **Pasto** carta 35/55000 – 10000 – **33 cam** 70/130000 – 1/2 P 80/100000.

SAN GIACOMO DI TEGLIO *23030 Sondrio* 428 D 12 – *alt. 394.*

Roma 712 – Sondrio 13 – Edolo 32 – Milano 151 – Passo dello Stelvio 71.

X **La Corna-da Pola,** via della Chiesa 9 0342 786105, – P. AE VISA
chiuso dal 15 al 30 luglio e lunedì – **Pasto** carta 50/95000.

SAN GIMIGNANO *53037 Siena* 988 ⑭, 428, 430 L 15 *G. Toscana – 7 027 ab. alt. 332.*

Vedere *Località*** – Piazza della Cisterna** – Piazza del Duomo** :affreschi** di Barna da Siena nella Collegiata di Santa Maria Assunta*, ≤** dalla torre del palazzo del Popolo* – Affreschi** nella chiesa di Sant'Agostino.*

piazza Duomo 1 ✆ 0577 940008, Fax 0577 940903.

Roma 268 ② – Firenze 57 ② – Siena 42 ② – Livorno 89 ① – Milano 350 ② – Pisa 79 ①.

La Collegiata, località Strada 27 ✆ 0577 943201, *Fax 0577 940566,* ≤ campagna e San Gimignano, « Antico convento del 1500 », – . rist 1 km per ① *chiuso gennaio* – **Pasto** carta 90/130000 – **20 cam** 600/800000, appartamento.

Relais Santa Chiara senza rist, via Matteotti 15 ✆ 0577 940701, *Fax 0577 942096,* ≤ campagna, « Giardino con » – – 70. . 0,5 km per ② *chiuso dal 24 dicembre a febbraio* – **41 cam** 230/310000.

La Cisterna, piazza della Cisterna 24 ✆ 0577 940328, *Fax 0577 942080,* ≤, « Sala in stile trecentesco » – . e *chiuso dal 9 gennaio al 3 marzo* – **Pasto** *(chiuso da novembre al 3 marzo)* carta 55/85000 – **49 cam** 120/200000 – 1/2 P 125/145000.

L'Antico Pozzo senza rist, via San Matteo 87 ✆ 0577 942014, *Fax 0577 942117* – . a *chiuso dal 20 gennaio al 20 febbraio* – **18 cam** 160/260000.

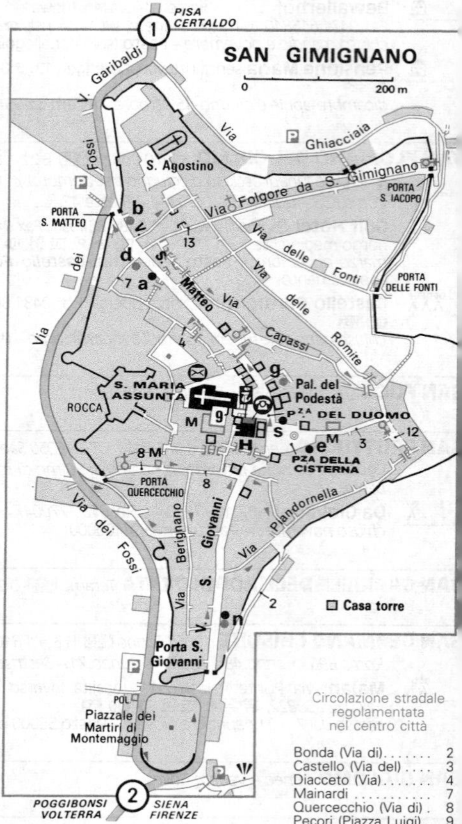

Leon Bianco senza rist, piazza della Cisterna 13 ✆ 0577 941294, *Fax 0577 942123* – . *chiuso dal 15 gennaio a febbraio* – **25 cam** 150/190000.

Le Colline senza rist, località Sovestro 32 (Est : 2 km) ✆ 0577 940225, *Fax 0577 907040,* – . *chiuso dal 10 gennaio al 5 febbraio* – **21 cam** 160/180000.

Bel Soggiorno, via San Giovanni 91 ✆ 0577 940375, *Fax 0577 943149,* ≤ campagna – . *chiuso dal 9 gennaio al 7 febbraio* – **Pasto** vedere rist ***Bel Soggiorno*** – 15000 – **19 cam** 150/220000, appartamento.

Sovestro, località Sovestro 63 (Est : 2 km) ✆ 0577 943153, *Fax 0577 943089,* – . *chiuso febbraio* – **Pasto** al Rist. ***Da Pode*** *(chiuso lunedì)* carta 45/80000 – 15000 – **40 cam** 130/170000 – 1/2 P 135000.

SAN GIMIGNANO

Circolazione stradale regolamentata nel centro città

Bonda (Via di) 2
Castello (Via del) 3
Diacceto (Via) 4
Mainardi 7
Quercecchio (Via di) . 8
Pecori (Piazza Luigi) . 9
Santo Stefano (Via) . . 12
20 Settembre (Via) . . 13

XX **Dorandò,** vicolo dell'Oro 2 ✆ 0577 941862, *Fax 0577 941862*, Coperti limitati; prenotare – ▤. AE ⓢ ⦿ MC VISA. ✂ g
chiuso dal 10 gennaio al 28 febbraio e lunedì (escluso da Pasqua ad ottobre) – **Pasto** antiche specialità toscane carta 65/90000 (10 %).

XX **Bel Soggiorno** - Hotel Bel Soggiorno, via San Giovanni 91 ✆ 0577 940375, *Fax 0577 943149*, ≤ campagna, prenotare la sera – ▤. AE ⓢ ⦿ MC VISA JCB. ✂ n
chiuso dal 10 gennaio a febbraio e mercoledì – **Pasto** carta 60/95000.

XX **Il Pino** con cam, via San Matteo 102 ✆ 0577 942225, *Fax 0577 940415* – TV. AE ⓢ ⦿ MC VISA JCB b
chiuso dal 16 novembre al 26 dicembre – **Pasto** *(chiuso giovedì)* carta 55/85000 – ☕ 15000 – **10 cam** 70/90000 – ½ P 95/110000.

X **La Mangiatoia,** via Mainardi 5 ✆ 0577 941528, *Fax 0577 940191* d
chiuso dal 4 al 25 novembre e martedì – **Pasto** carta 55/85000.

verso Castel San Gimignano :

Pescille ⛰, senza rist, località Pescille ✉ 53037 ✆ 0577 940186, *Fax 0577 943165*, ≤ campagna e San Gimignano, « Rustico di campagna; raccolta di attrezzi agricoli », 🏊, 🌳, 🎾 – TV ☎ P. AE ⓢ ⦿ MC VISA JCB. ✂ 4,5 km per ②
marzo-4 novembre – **39 cam** ☕ 180/230000, 9 appartamenti.

verso Certaldo :

Villa San Paolo ⛰ senza rist, località Casini ✉ 53037 ✆ 0577 955100, *Fax 0577 955113*, ≤, « Giardino fiorito con 🏊 », 🎾 – 🛗 ▤ TV ☎ ♿ P – 🎤 30. AE ⓢ ⦿ MC VISA. ✂
chiuso dal 10 gennaio al 10 febbraio – **18 cam** ☕ 300/325000. 5 km per ①

Le Renaie ⛰, località Pancole 10/b ✉ 53037 Pancole ✆ 0577 955044, *Fax 0577 955126*, ≤, 🏖, 🏊, 🌳 – TV ☎ P. AE ⓢ ⦿ MC VISA. ✂ rist 6 km per ①
chiuso dal 5 novembre al 5 dicembre e dal 15 al 28 dicembre – **Pasto** al Rist. ***Leonetto*** *(chiuso dal 5 novembre al 28 dicembre e martedì)* carta 40/70000 – ☕ 16000 – **25 cam** 155/190000 – ½ P 180000.

a San Donato *per ② : 5 km – ✉ 53037 San Gimignano :*

Casolare Le Terre Rosse, ✆ 0577 902001, 🏊, 🌳 – 🛗 ▤ TV ☎ 🚗 P – 🎤 80
42 cam.

a Castel San Gimignano *Sud : 12 km – ✉ 53030 :*

Le Volpaie senza rist, via Nuova 9 ✆ 0577 953140, *Fax 0577 953142*, ≤, 🏊 – TV ☎ 🚗 P. AE ⓢ ⦿ MC VISA. ✂ 12 km per ②
chiuso dal 10 novembre al 10 marzo – **15 cam** ☕ 125/185000.

XX **Tre Archi,** via Castel San Gimignano 35/B ✆ 0577 953099, *Fax 0577 953099* – AE ⓢ ⦿ MC VISA. ✂
chiuso dal 20 dicembre a febbraio e martedì – **Pasto** specialità toscane carta 50/75000 (10 %).

SANGINETO LIDO *87020 Cosenza* 431 I 29 – *1 521 ab.*.

Roma 456 – Cosenza 66 – Castrovillari 88 – Catanzaro 126 – Sapri 72.

Cinque Stelle ⛰, viale della Libertà 29 ✆ 0982 96091, *Fax 0982 96027*, ≤, « Palazzine fra il verde », 🏊, 🏖, 🌳, 🎾 – ▤ TV ☎ P. ⓢ VISA. ✂
22 aprile-28 settembre – **Pasto** carta 35/55000 – **144 cam** (solo pens) – P 75/190000.

SAN GIORGIO (ST. GEORGEN) *Bolzano* 429 B 17 – *Vedere Brunico.*

SAN GIORGIO *Verona – Vedere Sant'Ambrogio di Valpolicella.*

SAN GIORGIO DEL SANNIO *82018 Benevento* 988 ㉘, 431 D 26 – *9 277 ab. alt. 380.*

Roma 276 – Foggia 103 – Avellino 27 – Benevento 11.

Villa San Marco, uscita svincolo superstrada ✆ 0824 338357, *Fax 0824 338359*, 🏖 – ▤ rist, TV ☎ P – 🎤 100. AE ⓢ ⦿ MC VISA
Pasto al Rist. ***Dante's*** carta 35/55000 – **16 cam** ☕ 90/120000 – ½ P 80/90000.

SAN GIORGIO DI LIVENZA *Venezia – Vedere Caorle.*

Prices — For notes on the prices quoted in this Guide, see the introduction.

SAN GIORGIO MONFERRATO *15020 Alessandria* [428] G 7 – *1 304 ab. alt. 281.*

Roma 610 – Alessandria 33 – Milano 83 – Pavia 74 – Torino 75 – Vercelli 31.

XXX ✿ **Castello di San Giorgio** 🍷 con cam, via Cavalli d'Olivola 3 ☎ 0142 806203, *Fax 0142 806505*, prenotare, « Piccolo parco ombreggiato » – [TV] ☎ [P] – 🏛 60. [AE] [$] ⦿ [MC] [VISA]
chiuso dal 27 dicembre all'11 gennaio e dal 1° al 20 agosto – **Pasto** *(chiuso lunedì)* 60/80000 (a mezzogiorno) 80/100000 (la sera) e carta 65/100000 – ☕ 30000 – **10 cam** 190/250000, appartamento – 1/2 P 250000
Spec. Insalata di quaglie all'aceto di lamponi. Risotto al barolo. Filetto di bue piemontese allo scalogno.

SAN GIOVANNI *Livorno – Vedere Elba (Isola d'): Portoferraio.*

SAN GIOVANNI AL NATISONE *33048 Udine* [429] E 22 – *5 774 ab. alt. 66.*

Roma 653 – Udine 18 – Gorizia 19.

🏨 **Campiello,** via Nazionale 40 ☎ 0432 757910, *Fax 0432 757426* – |‡| ▤ [TV] ☎ ♿ [P]. [AE] [$] ⦿ [MC] [VISA]. ✂ rist
chiuso dal 1° al 10 gennaio e dall'8 al 28 agosto – **Pasto** *(chiuso domenica)* specialità di mare carta 50/80000 – ☕ 15000 – **19 cam** 95/130000 – 1/2 P 120000.

SAN GIOVANNI IN MARIGNANO *47842 Rimini* [429], [430] K 20 – *7 619 ab. alt. 29.*

Roma 310 – Rimini 21 – Ancona 85 – Pesaro 20 – Ravenna 72.

XX **Il Granaio,** via R. Fabbro 18 ☎ 0541 957205, Coperti limitati; prenotare – [AE] [$] ⦿ [VISA]. ✂
chiuso dal 20 luglio al 10 agosto e martedì – **Pasto** carta 40/65000.

SAN GIOVANNI IN PERSICETO *40017 Bologna* [988] ⑭, [429], [430] I 15 – *23 608 ab. alt. 21.*

Roma 392 – Bologna 21 – Ferrara 49 – Milano 193 – Modena 23.

X **Giardinetto,** circonvallazione Italia 20 ☎ 051 821590, 🌳, Coperti limitati; prenotare – [P]. [AE] [$] ⦿ [MC] [VISA]. ✂
chiuso dal 16 agosto al 15 settembre e lunedì – **Pasto** carta 40/65000.

SAN GIOVANNI LA PUNTA *Catania* [432] O 27 – *Vedere Sicilia alla fine dell'elenco alfabetico.*

SAN GIOVANNI LUPATOTO *37057 Verona* [988] ④, [429] F 15 – *21 061 ab. alt. 42.*

Roma 507 – Verona 9 – Mantova 46 – Milano 157.

🏨 **City** senza rist, via Madonnina 36 ☎ 045 9251500, *Fax 045 545044* – |‡| ▤ [TV] ☎ [P]. [AE] [$] ⦿ [MC] [VISA]. ✂
39 cam ☕ 110/170000.

X ⊛ **Alla Campagna** con cam, via Bellette 28 (Ovest : 1 km) ☎ 045 545513, *Fax 045 9250680*, 🍴 – ▤ [TV] ☎ 🚗 [P]. [AE] [$] ⦿ [MC] [VISA] [JCB]. ✂ rist
Pasto *(chiuso domenica)* carta 35/55000 – ☕ 14000 – **13 cam** 105/145000, ▤ 10000 – 1/2 P 90/110000.

SAN GIOVANNI ROTONDO *71013 Foggia* [988] ㉘, [431] B 29 – *25 710 ab. alt. 557 – a.s. 18 agosto-settembre.*

[i] *piazza Europa 104 ☎ 0882 456240, Fax 0882 456240.*

Roma 352 – Foggia 43 – Bari 142 – Manfredonia 23 – Termoli 86.

🏨 **Gd H. Degli Angeli,** prolungamento viale Padre Pio ☎ 0882 454646, *Fax 0882 454645*, <, 🌳 – |‡| ▤ [TV] ☎ 🚗 [P]. [AE] [$] ⦿ [MC] [VISA] [JCB]. ✂
Pasto carta 50/80000 – ☕ 20000 – **107 cam** 180/190000 – 1/2 P 160000.

🏨 **Parco delle Rose,** via Aldo Moro 71 ☎ 0882 456709, *Fax 0882 456405*, 🏊, 🌳, 🍴 – |‡|, ▤ rist, [TV] ☎ [P] – 🏛 500. [AE] [$] ⦿ [MC] [VISA]. ✂ rist
Pasto *(chiuso venerdì)* 40000 – ☕ 10000 – **200 cam** 135000 – 1/2 P 125000.

🏨 ⊛ **Cassano** [M], viale Cappuccini 115 ☎ 0882 454921, *Fax 0882 457685* – |‡| ▤ [TV] ☎ ♿ 🚗. [AE] [$] ⦿ [MC] [VISA]. ✂
Pasto carta 35/60000 – ☕ 10000 – **20 cam** 80/140000 – 1/2 P 95/115000.

🏨 **Colonne,** viale Cappuccini 135 ☎ 0882 412936, *Fax 0882 413268* – |‡| ▤ [TV] ☎ 🚗. [AE] [$] ⦿ [MC] [VISA]. ✂
Pasto *(chiuso martedì)* 30000 – ☕ 10000 – **27 cam** 100/125000 – 1/2 P 130000.

XX **Da Costanzo,** via Santa Croce 9 ☎ 0882 452285, *Fax 0882 452285* – 🚭 ▤. [AE] [$] ⦿ [MC] [VISA]. ✂
chiuso domenica sera e lunedì – **Pasto** carta 40/60000.

sulla strada statale 272 *Est : 5 km*

Masseria-Agropolis, località Sant'Egidio ✉ 71013 ✆ 0882 456599, *Fax 0882 456839,* – 400. AE VISA
Pasto carta 45/75000 – **108 cam** 140/195000 – ½ P 120000.

SAN GIULIANO MILANESE *20098 Milano* 428 F 9, 219 ⑲ – *32 326 ab. alt. 97.*

Roma 562 – Milano 12 – Bergamo 55 – Pavia 33 – Piacenza 54.

La Ruota, via Roma 57 ✆ 02 9848394, *Fax 02 98241914,* – P. AE VISA.
chiuso martedì ed agosto – **Pasto** 40/80000 e carta 50/75000.

sulla strada statale 9 - via Emilia *Sud-Est : 3 km :*

La Rampina, ✉ 20098 ✆ 02 9833273, *Fax 02 98231632,* – P. AE VISA.
chiuso mercoledì – **Pasto** carta 75/110000.

SAN GIULIANO TERME *56017 Pisa* 428, 429, 430 K 13 – *29 503 ab. alt. 10.*

Roma 358 – Pisa 9 – Firenze 85 – Lucca 15 – La Spezia 85.

a Rigoli *Nord-Ovest : 2,5 km* – ✉ *56010 :*

Villa di Corliano senza rist, ✆ 050 818193, *Fax 050 818897,* « In un parco, villa cinquecentesca con affreschi del 1600 » – P – 100. AE VISA
marzo-novembre – 18000 – **12 cam** 170000, 3 appartamenti.

Sergio, strada statale 12 ✆ 050 818858, *Fax 050 817790,* « In una dependance nel parco della villa di Corliano » – P. AE VISA
chiuso dal 10 gennaio al 10 febbraio e mercoledì – **Pasto** 60/70000 e carta 60/90000.

SAN GIUSEPPE AL LAGO (SANKT JOSEPH AM SEE) *Bolzano* 429 C 15 – *Vedere Caldaro sulla Strada del Vino.*

SAN GODENZO *50060 Firenze* 429, 430 K 16 – *1 167 ab. alt. 430.*

Roma 290 – Firenze 46 – Arezzo 94 – Bologna 121 – Forlì 64 – Milano 314 – Siena 129.

Agnoletti, via Forlivese 64 ✆ 055 8374016 – VISA.
chiuso dal 1º al 20 settembre e martedì – **Pasto** carta 25/35000.

al Passo del Muraglione *Nord-Est : 8,5 km* – ✉ *50060 San Godenzo :*

Il Muraglione, ✆ 055 8374393, *Fax 055 8374393,* ≤ – P. AE VISA
chiuso dal 7 gennaio al 7 febbraio – **Pasto** *(chiuso martedì)* 25/40000 – 12000 – **10 cam** 80/120000 – ½ P 60/70000.

SAN GREGORIO *Lecce* 431 H 36 – ✉ *73053 Pat'.*

Roma 682 – Brindisi 112 – Lecce 82 – Taranto 141.

Da Mimì, via del Mare ✆ 0833 767861, *Fax 0833 765197,* solo su prenotazione la sera da ottobre a marzo, « Servizio estivo su terrazza ombreggiata con ≤ mare » – AE VISA
chiuso novembre – **Pasto** specialità di mare carta 35/50000.

SAN GREGORIO NELLE ALPI *32030 Belluno* 429 D 18 – *1 509 ab. alt. 527.*

Roma 588 – Belluno 21 – Padova 94 – Pordenone 91 – Trento 95 – Venezia 99.

Locanda a l'Arte, via Belvedere 43 ✆ 0437 800124, *Fax 0437 800124,* Locanda in campagna, prenotare – P. AE VISA.
chiuso lunedì e martedì a mezzogiorno – **Pasto** carta 45/60000.

SAN GREGORIO *Verona – Vedere Veronella.*

SANKTA CHRISTINA IN GRÖDEN = *Santa Cristina Valgardena.*

SANKT JOSEPH AM SEE = *San Giuseppe al lago.*

SANKT LEONHARD IN PASSEIER = *San Leonardo in Passiria.*

SANKT MARTIN IN PASSEIER = *San Martino in Passiria.*

SANKT ULRICH = *Ortisei.*

SANKT VALENTIN AUF DER HAIDE = *San Valentino alla Muta.*

SANKT VIGIL ENNEBERG = *San Vigilio di Marebbe.*

SAN LAZZARO DI SAVENA *40068 Bologna* [988] ⑭ ⑮, [429], [430] I 16 – *28 740 ab. alt. 62.*

Roma 390 – Bologna 8 – Imola 27 – Milano 219.

Pianta d'insieme di Bologna.

Le Siepi ⛪, via Emilia 514, località Idice ☎ 051 6256200, *Fax 051 6256243*, 🌳, « Giardino ombreggiato » – ▤ 📺 ☎ ♿ [P] – 🏛 35. [AE] [S] ⓞ ⓜ VISA. ✗ rist GU
chiuso dal 6 al 20 agosto – **Pasto** al Rist. ***La Pietra Cavata*** *(chiuso dal 1° al 10 gennaio, dal ... al 28 agosto, lunedì e a mezzogiorno escluso il sabato)* carta 50/75000 – **38 cam** ☕ 200... 280000 – ½ P 220000.

🍴 **Il Cerfoglio,** via Kennedy 11 ☎ 051 463339, *Fax 051 455684*, Coperti limitati; prenotare – ▤. [AE] [S] ⓞ ⓜ VISA JCB GU
chiuso dal 27 dicembre al 10 gennaio, dal 1° al 26 agosto, sabato a mezzogiorno e domenica – **Pasto** carta 55/80000.

SAN LAZZARO PARMENSE *Parma – Vedere Parma.*

SAN LEO *61018 Pesaro e Urbino* [988] ⑮, [429], [430] K 19 *G. Italia – 2 647 ab. alt. 589 – a.s. 2... giugno-agosto.*

Vedere *Posizione pittoresca★★ – Forte★ : ❊★★★.*

Roma 320 – Rimini 31 – Ancona 142 – Milano 351 – Pesaro 70 – San Marino 24.

Castello, piazza Dante 11/12 ☎ 0541 916214, *Fax 0541 926926* – 📺 ☎. [AE] [S] ⓞ ⓜ VISA. ✗
chiuso novembre e gennaio – **Pasto** *(chiuso giovedì da ottobre a maggio)* carta 30/45000 – ☕ 10000 – **14 cam** 80/120000 – ½ P 75/90000.

verso Piega *Nord-Ovest : 5 km*

🍴 **Locanda San Leone** ⛪ con cam, strada Sant'Antimo 102 ✉ 61018 ☎ 0541 91219... *Fax 0541 912348*, « Antico cascinale già mulino del Montefeltro », 🌳 – 📺 ☎ [P]. [S] ⓞ VISA. ✗
chiuso da febbraio a Pasqua – **Pasto** *(chiuso lunedì, martedì, mercoledì ed i mezzogiorni di giovedì-venerdì)* carta 50/85000 – ☕ 15000 – **6 cam** 180/240000, appartamento.

SAN LEONARDO IN PASSIRIA (ST. LEONHARD IN PASSEIER) *39015 Bolzano* [988] ④, [429] ... 15, [218] ⑩ *G. Italia – 3 436 ab. alt. 689.*

Dintorni *Strada del Passo di Monte Giovo★ : ≤★★ verso l'Austria Nord-Est : 20 km – Strada del Passo del Rombo★ Nord-Ovest.*

⛳ *(marzo-novembre)* ☎ *0473 641488, Fax 0473 641489.*

[i] *via Passiria 40* ☎ *0473 656188, Fax 0473 656624.*

Roma 685 – Bolzano 47 – Brennero 53 – Bressanone 65 – Merano 20 – Milano 346 – Trento 106.

verso Passo di Monte Giovo *Nord-Est : 10 km – alt. 1 269 :*

🍴 **Jägerhof** ⛪ con cam, località Valtina 80 ✉ 39010 Valtina ☎ 0473 65625... *Fax 0473 656822*, ≤, 🌳, ≋ – ✗ rist, ☎ [P]. [S] ⓜ VISA. ✗ rist
chiuso da novembre al 6 dicembre – **Pasto** *(chiuso lunedì)* carta 55/75000 – **17 ca...** ☕ 60/110000 – ½ P 70/80000.

SAN LEONE *Agrigento* [432] P 22 – *Vedere Sicilia (Agrigento) alla fine dell'elenco alfabetico.*

SAN LEONINO *Siena – Vedere Castellina in Chianti.*

SAN LORENZO IN BANALE *38078 Trento* [428], [429] D 14 – *1 114 ab. alt. 720 – a.s. Pasqua... Natale.*

[i] *(Natale e aprile-ottobre) via Prato 24* ☎ *0465 734040.*

Roma 609 – Trento 37 – Brescia 109 – Milano 200 – Riva del Garda 35.

Soran, via Glolo 6 ☎ 0465 734330, *Fax 0465 734372* – |‡| 📺 ☎ 🚗. [AE] [S] ⓞ ⓜ VISA JC... ✗
aprile-10 ottobre – **Pasto** carta 35/50000 – ☕ 10000 – **16 cam** 80/140000 – ½ P 70/950...

SAN LORENZO IN CAMPO *61047 Pesaro e Urbino* [429], [430] L 20 – *3 357 ab. alt. 209 – a.s. 25 giugno-agosto.*
Roma 257 – Ancona 64 – Perugia 105 – Pesaro 51.

Giardino, via Mattei 4 (Ovest : 1,5 km) ☎ 0721 776803, *Fax 0721 735323*, 🏊 – ▤ [TV] ☎ ♿ [P] – 🏛 30. [AE] [S] ● [MC] [VISA] [JCB]. ✻
chiuso 24-25 dicembre e dal 17 gennaio al 12 febbraio – **Pasto** (prenotare; chiuso domenica sera e lunedì) carta 55/85000 – **20 cam** ☕ 100/130000 – ½ P 100/110000
Spec. Carpaccio tiepido di petto d'oca lardellato al prosciutto di Carpegna (estate). Ravioli con marroni e salsa al tartufo (inverno). Coscia di faraona farcita con fegato grasso (inverno).

SAN MAMETE *Como* [219] ⑧ – *Vedere Valsolda.*

SAN MARCELLO PISTOIESE *51028 Pistoia* [988] ⑭, [428], [429], [430] J 14 *G. Toscana – 7 335 ab. alt. 623 – a.s. luglio-agosto.*
[i] *via Marconi 28* ☎ *0573 630145, Fax 0573 622120.*
Roma 340 – Firenze 67 – Pisa 71 – Bologna 90 – Lucca 50 – Milano 291 – Pistoia 30.

Il Cacciatore, via Marconi 727 ☎ 0573 630533, *Fax 0573 630134* – [TV] ☎ [P] – 🏛 40. [AE] [S] ● [MC] [VISA]. ✻
chiuso dal 10 al 31 gennaio e dal 5 al 30 novembre – **Pasto** *(chiuso lunedì)* carta 30/55000 – **25 cam** ☕ 95/130000 – ½ P 100000.

Read carefully the introduction it is the key to the Guide.

SAN MARCO *Perugia* [430] M 19 – *Vedere Perugia.*

SAN MARCO *Salerno* [431] G 26 – *Vedere Castellabate.*

SAN MARINO *47890 Repubblica di San Marino* [988] ⑮, [429], [430] K 19 *G. Italia – 4 372 ab. nella Capitale, 26 232 ab. nello Stato di San Marino alt. 749 (monte Titano) – a.s. 15 giugno-settembre.*
Vedere *Posizione pittoresca*★★★ – ←★★★ *sugli Appennini e il mare dalle Rocche.*
[i] *palazzo del Turismo, contrada Omagnano 20* ☎ *0549 882410, Fax 0549 882575.*
[A.C.I.] *a Serravalle via Balducci 52* ☎ *0549 901767.*
Roma 355 ① – Rimini 22 ① – Ancona 132 ① – Bologna 135 ① – Forlì 74 ① – Milano 346 ① – Ravenna 78 ①.

Pianta pagina seguente

Gd H. San Marino, viale Antonio Onofri 31 ☎ 0549 992400, *Fax 0549 992951*, ←, 🏋, ≘s – |♦| ▤ [TV] ☎ 🚗 – 🏛 150. [AE] [S] ● [MC] [VISA] [JCB]. ✻ rist Z a
chiuso dal 24 al 27 dicembre – **Pasto** 30/40000 e al Rist. ***Arengo*** *(chiuso dal 15 dicembre al 10 febbraio)* carta 55/85000 – **62 cam** ☕ 170/260000 – ½ P 95/155000.

Cesare [M], salita alla Rocca 7 ☎ 0549 992355, *Fax 0549 992630*, ←, ☂ – |♦| ▤ [TV] ☎ ✆ ♿. [AE] [S] ● [MC] [VISA]. ✻ rist Y b
Pasto carta 55/85000 – ☕ 18000 – **18 cam** 120/220000 – ½ P 150000.

Titano ⛰, contrada del Collegio 31 ☎ 0549 991006, *Fax 0549 991375*, « Terrazza rist. con ← » – |♦| [TV] ☎ 🚗. [AE] [S] ● [MC] [VISA] [JCB] Y u
15 marzo-15 dicembre – **Pasto** al Rist. ***La Terrazza*** carta 50/70000 – **47 cam** ☕ 110/180000 – ½ P 95/125000.

Quercia Antica, via Cella Bella ☎ 0549 991257, *Fax 0549 990044* – ▤ rist, [TV] ☎ 🚗. [AE] [S] ● [MC] [VISA]. ✻ rist Z v
Pasto carta 50/60000 – **26 cam** ☕ 125/165000 – ½ P 95/110000.

Villa Giardi senza rist, via Ferri 22 ☎ 0549 991074, *Fax 0549 992285* – [TV] ☎ [P]. [AE] [S] ● [MC] [VISA] [JCB]. ✻ 1 km per via d. Voltone Z
☕ 15000 – **8 cam** 120/150000.

Righi la Taverna, piazza della Libertà 10 ☎ 0549 991196, *Fax 0549 990597*, « Caratteristico arredamento » – ▤. [AE] [S] ● [MC] [VISA]. ✻ Y n
chiuso dal 10 al 20 gennaio e mercoledì (escluso da aprile ad ottobre) – **Pasto** 55/70000 e carta 45/75000.

a Domagnano *per ① : 4 km – ✉ 47895 :*

Rossi, ☎ 0549 902263, *Fax 0549 906642*, ← – |♦| [TV] ☎ [P] – 🏛 25. [AE] [S] ● [MC] [VISA] [JCB]. ✻
Pasto *(chiuso dal 15 al 31 dicembre e sabato in bassa stagione)* carta 35/55000 – **34 cam** ☕ 90/135000 – ½ P 85/100000.

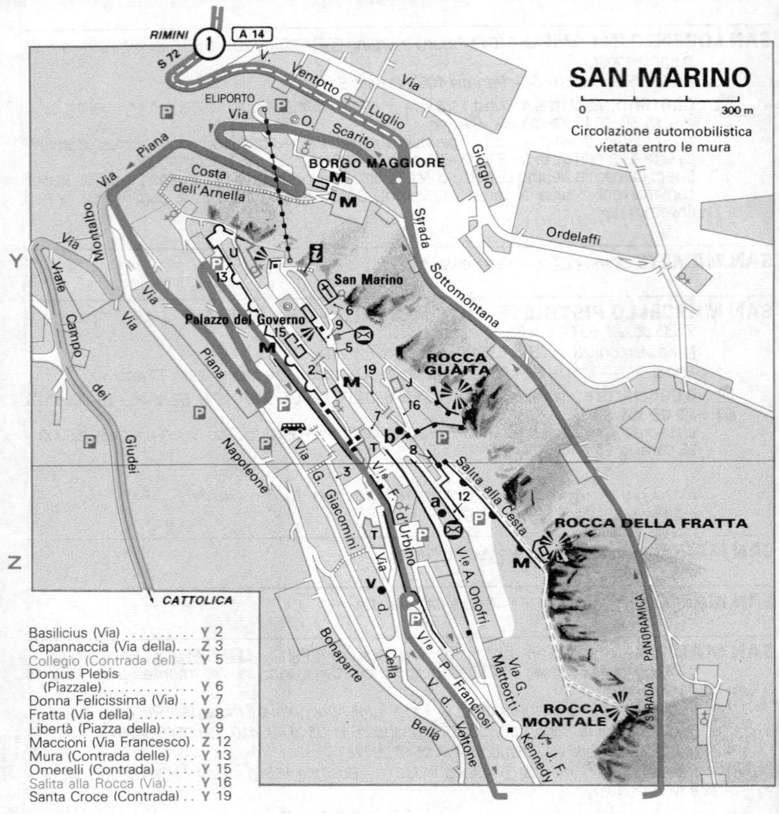

Per l'inserimento in ***guida,***
Michelin *non accetta*
né favori, né denaro!

SAN MARTINO AL CIMINO *Viterbo* 430 O 18 – *Vedere Viterbo.*

SAN MARTINO BUON ALBERGO *37036 Verona* 429 F 15 – *13 142 ab. alt. 45.*

Parco della Musella (chiuso lunedì) Tenuta Mudella Cà dei Mori ✉ 37036 San Martino Buon Albergo ☎ 0337 995144, Fax 0545 994736.

Roma 505 – Verona 8 – Milano 169 – Padova 73 – Vicenza 43.

Antica Trattoria da Momi, via Serena 38 ☎ 045 990752 – AE VISA.
chiuso dal 5 al 25 agosto, lunedì e in luglio-agosto anche domenica – **Pasto** carta 30/60000.

a Marcellise *Nord : 4 km – alt. 102 –* ✉ *37036 :*

Trattoria Grobberio con cam, via Mezzavilla 69 ☎ 045 8740096, *Fax 045 8740096,* – TV P. AE VISA.
Pasto *(chiuso venerdì e sabato a mezzogiorno)* carta 30/40000 – ☕ 10000 – **5 cam** 70/120000.

SAN MARTINO DELLA BATTAGLIA *25010 Brescia* 428, 429 F 13 – *alt. 87.*

Roma 515 – Brescia 37 – Verona 35 – Milano 125.

Da Renato, via Unità d'Italia 73 ☎ 030 9910117 – P.
chiuso dal 1º al 15 luglio, martedì sera e mercoledì – **Pasto** carta 30/45000.

SAN MARTINO DI CASTROZZA *38058 Trento* 988 ⑤, 429 D 17 *G. Italia – alt. 1467 – a.s. 19 dicembre-Epifania, febbraio e Pasqua – Sport invernali : 1 450/2 600 m* 4 16, ; *al passo Rolle : 1 884/2 300 m* 2 23, .
Vedere Località★★.
via Passo Rolle 165/167 0439 768867, Fax 0439 768814.
Roma 629 – Belluno 79 – Cortina d'Ampezzo 90 – Bolzano 86 – Milano 349 – Trento 109 – Treviso 105 – Venezia 135.

San Martino, via Passo Rolle 279 0439 68011, *Fax 0439 68550*, ≤ gruppo delle Pale e vallata, , , , – , , – 30. VISA. *20 dicembre-20 aprile e 20 giugno-20 settembre* – **Pasto** carta 30/60000 – **47 cam** 110/220000, 3 appartamenti – ½ P 145/170000.

Regina, via Passo Rolle 154 0439 68221, *Fax 0439 68017*, ≤ gruppo delle Pale, , , – . AE VISA. rist
20 dicembre-20 aprile e 15 giugno-20 settembre – **Pasto** 50000 – **48 cam** 150/260000 – ½ P 200000.

Vienna, via Herman Panzer 1 0439 68078, *Fax 0439 769165*, –
stagionale – **41 cam**, 9 appartamenti.

Letizia, via Colbricon 6 0439 768615, *Fax 0439 762386*, ≤, – . VISA. rist
4 dicembre-Pasqua e 20 giugno-20 settembre – **Pasto** 25/35000 – **27 cam** 100/180000 – ½ P 110/160000.

Orsingher senza rist, via Passo Rolle 55 0439 68544, *Fax 0439 769043*, ≤ gruppo delle Pale – . AE VISA.
dicembre-aprile e giugno-settembre – **31 cam** 105/200000.

Paladin, via Passo Rolle 253 0439 768680, *Fax 0439 768695*, ≤ gruppo delle Pale, – . AE VISA JCB.
20 dicembre-20 aprile e 20 giugno-15 settembre – **Pasto** carta 30/40000 – **28 cam** 120/160000 – ½ P 90/120000.

Panorama, via Cavallazza 14 0439 768667, *Fax 0439 768667*, ≤, – . AE VISA.
20 dicembre-15 aprile e 28 giugno-16 settembre – **Pasto** carta 40/55000 – **24 cam** 175000 – ½ P 165000.

Da Anita, via Dolomiti 6 0439 768893, – AE VISA.
chiuso da lunedì a venerdì escluso da dicembre ad aprile e da giugno a settembre – **Pasto** carta 45/70000.

SAN MARTINO DI LUPARI *35018 Padova* 429 F 17 – *11 365 ab. alt. 60.*
Roma 516 – Padova 35 – Belluno 101 – Treviso 41 – Venezia 50.

Da Belie, via Brenta 7 località Campagnalta Nord : 1 km 049 9461088, *Fax 049 9461236*, – . AE VISA.
chiuso dal 31 dicembre al 7 gennaio, dal 7 al 28 agosto, sabato sera e domenica – **Pasto** carta 40/50000.

SAN MARTINO IN PASSIRIA (ST. MARTIN IN PASSEIER) *39010 Bolzano* 429 B 15, 218 ⑩ – *2 834 ab. alt. 597.*
Roma 682 – Bolzano 43 – Merano 16 – Milano 342 – Trento 102.

Quellenhof-Forellenhof e Landhaus, via Passiria 47 (Sud : 5 km) 0473 645474, *Fax 0473 645499*, ≤, , Centro benessere, Golf 3 buche e maneggio, , , riscaldata, , , – , rist,
marzo-17 novembre – **Pasto** carta 60/80000 – **80 cam** solo ½ P 90/140000, 12 appartamenti.

Alpenschlössl , via del Sole 2 (Sud : 5 km) 0473 645474, *Fax 0473 645499*, ≤, Golf 3 buche e maneggio, , , , , – , rist,
marzo-novembre – **Pasto** (solo per alloggiati) carta 60/80000 – 21 appartamenti 120/180000 – ½ P 200000.

Sonnenalm , via del Sole 3 (Sud : 5 km) 0473 645474, *Fax 0473 645499*, ≤, Golf 3 buche e maneggio, , , , , , – rist,
marzo-novembre – **Pasto** (solo per alloggiati e *chiuso a mezzogiorno*) carta 60/80000 – **24 cam** 150/240000, 2 appartamenti – ½ P 200000.

a Saltusio (Saltaus) *Sud : 8 km – alt. 490 – 39010 :*

Saltauserhof, via Passiria 6 0473 645403, *Fax 0473 645515*, ≤, « Caratteristiche stube », , , , , , – . VISA
marzo-10 novembre – **Pasto** carta 35/60000 – **25 cam** 150/220000, 3 appartamenti – ½ P 140000.

SAN MARTINO IN PENSILIS *86046 Campobasso* 431 B 27 – *4 767 ab. alt. 282.*

Roma 285 – Campobasso 66 – Foggia 80 – Isernia 108 – Pescara 110 – Termoli 12.

Santoianni, via Tremiti ☎ 0875 605023, *Fax 0875 605023* – ... **Pasto** *(solo per alloggiati e chiuso venerdì)* carta 30/40000 – ☐ 5000 – **15 cam** 60/90000 – ½ P 60/70000.

SAN MARTINO SICCOMARIO *Pavia* 428 G 9 – *Vedere Pavia.*

SAN MARZANO OLIVETO *14050 Asti* 428 H 6 – *980 ab. alt. 301.*

Roma 603 – Alessandria 40 – Asti 26 – Genova 110 – Milano 128 – Torino 87.

Da Bardon, valle Asinari 25, località Case Vecchie Sud-Est : 4 km ☎ 0141 831340, *Fax 0141 831340,* ... VISA.
chiuso dal 18 dicembre al 7 gennaio, mercoledì sera e giovedì – **Pasto** carta 45/85000.

SAN MASSIMO *Genova – Vedere Rapallo.*

SAN MAURIZIO CANAVESE *10077 Torino* 428 G 4 – *6 952 ab. alt. 317.*

Roma 697 – Torino 17 – Aosta 111 – Milano 142 – Vercelli 72.

La Credenza, via Cavour 22 ☎ 011 9278014, *Fax 011 9278014* – ... AE VISA JCB
chiuso dal 3 al 24 agosto e martedì – **Pasto** carta 50/80000.

La Crota, via Matteotti 6 ☎ 011 9278075 – ... AE VISA.
chiuso dal 7 al 14 gennaio, dal 5 al 25 agosto, lunedì e le sere di domenica, martedì, mercoledì e giovedì – **Pasto** carta 30/60000.

SAN MAURIZIO D'OPAGLIO *28017 Novara* 428 E 7, 219 ⑥ – *3 040 ab. alt. 373.*

Roma 657 – Stresa 34 – Alessandria 65 – Genova 118 – Milano 41 – Novara 43 – Piacenza 63.

Da Grissino, via Roma 54 ☎ 0322 96173 – ... VISA JCB.
chiuso dal 24 dicembre al 7 gennaio, agosto, martedì sera e mercoledì – **Pasto** specialità di mare carta 50/80000.

SAN MAURO A MARE *47030 Forlì-Cesena* 429, 430 J 19 – *a.s. 21 giugno-agosto.*

via Repubblica 8 ☎ 0541 346392, Fax 0541 342252.

Roma 353 – Rimini 16 – Bologna 103 – Forlì 42 – Milano 314 – Ravenna 36.

Capitol, via Levante 3 ☎ 0541 345542, *Fax 0541 345492,* ... 80. AE VISA. rist
Pasto carta 40/65000 – **35 cam** ☐ 130/180000 – ½ P 110/130000.

Internazionale, via Vincenzi 23 ☎ 0541 346475, *Fax 0541 346937,* ... rist, ... rist
maggio-20 settembre – **Pasto** (solo per alloggiati) – ☐ 18000 – **36 cam** 100/130000 – ½ P 110000.

SAN MAURO TORINESE *10099 Torino* 428 G 5 – *17 861 ab. alt. 211.*

Roma 666 – Torino 9 – Asti 54 – Milano 136 – Vercelli 66.

Pianta d'insieme di Torino.

Glis M, corso Lombardia 42 ☎ 011 2740151, *Fax 011 2740375* – ... 90. AE VISA.
Pasto 30/40000 – **66 cam** ☐ 190/235000, 6 appartamenti.

La Pace senza rist, via Roma 36 ☎ 011 8221945, *Fax 011 8222677* – ... AE VISA — HT s
☐ 10000 – **35 cam** 80/100000.

Frandin, via Settimo 14 ☎ 011 8221177, ... AE VISA JCB — HT a
chiuso dal 16 agosto al 10 settembre e lunedì – **Pasto** carta 35/85000.

SAN MENAIO *71010 Foggia* 431 B 29 – *a.s. luglio-13 settembre.*

Roma 389 – Foggia 104 – Bari 188 – San Severo 71.

Sole, via Lungomare 2 ☎ 0884 968621, *Fax 0884 968624,* ... VISA.
aprile-settembre – **Pasto** 30/40000 – **50 cam** ☐ 90/160000 – ½ P 70/130000.

Park Hotel Villa Maria senza rist, via del Carbonaro 15 ☎ 0884 968700, *Fax 0884 968800* – ... AE VISA.
aprile-settembre – **15 cam** ☐ 70/160000.

SAN MICHELE (ST. MICHAEL) *Bolzano* [218] [20] – *Vedere Appiano sulla Strada del Vino.*

SAN MICHELE ALL'ADIGE *38010 Trento* [988] [4], [429] D 15 – *2 257 ab. alt. 229 – a.s. dicembre-aprile.*

Roma 603 – Trento 15 – Bolzano 417 – Milano 257 – Moena 70.

sulla strada statale 12 in località Masetto *Nord : 1 km :*

🏨 **Lord Hotel** senza rist, località Masetto 2 ✉ 38010 ☎ 0461 650120, *Fax 0461 650138*, ≤, 🎾 – [lift] [TV] ☎ 🚗 [P]. [AE] [$] [D] [MC] [VISA] [JCB]. ✂
chiuso dal 24 dicembre al 5 gennaio – ☕ 7000 – **33 cam** 70/110000.

in prossimità casello autostrada A 22 *Ovest : 1 km :*

XX **Da Pino,** via Giovanni Postal 39 ✉ 38010 Grumo ☎ 0461 650435, *Fax 0461 650435* – [≡] [P]. [AE] [$] [D] [MC] [VISA]. ✂
chiuso lunedì – **Pasto** carta 45/80000.

SAN MICHELE AL TAGLIAMENTO *30028 Venezia* [429] E 20 – *11 868 ab..*

Roma 599 – Udine 43 – Milano 338 – Pordenone 44 – Trieste 81 – Venezia 88.

XX **Mattarello,** strada statale (via Venudo 2) ☎ 0431 50450, *Fax 0431 50450* – [≡] [P]. [$] [VISA]. ✂
Pasto carta 70/100000.

I prezzi — Per ogni chiarimento sui prezzi riportati in guida, consultate le pagine dell'introduzione.

SAN MICHELE CANAVA *Parma – Vedere Lesignano de' Bagni.*

SAN MICHELE DEL CARSO *Gorizia – Vedere Savogna d'Isonzo.*

SAN MICHELE DI GANZARIA *Catania* [432] P25 – *Vedere Sicilia alla fine dell'elenco alfabetico.*

SAN MICHELE EXTRA *Verona* [429] F 14 – *Vedere Verona.*

SAN MINIATO *56027 Pisa* [988] [14], [428], [429], [430] K 14 *G. Toscana – 26 203 ab. alt. 140.*

⛳9 *Fontevivo (chiuso lunedì ed agosto)* ☎ *0571 419012, Fax 0571 419012.*

Roma 297 – Firenze 37 – Siena 68 – Livorno 52 – Pisa 42.

XX **Il Convio-San Maiano,** via San Maiano 2 (Sud-Est : 1,5 km) ☎ 0571 408114, *Fax 0571 408112*, « Casale di campagna con servizio estivo all'aperto e ≤ colline e dintorni », 🍽 – [P]. [AE] [$] [D] [MC] [VISA] [JCB]
chiuso mercoledì – **Pasto** carta 45/70000.

SAN NICOLA ARCELLA *87020 Cosenza* [431] H 29 – *1 435 ab. alt. 110.*

Roma 425 – Cosenza 92 – Castrovillari 77 – Catanzaro 158 – Napoli 217.

🏨 **Principe,** corso Umberto I, 26 ☎ 0985 3125, ≤ mare e costa, « Servizio ristorante estivo in terrazza » – [lift] ☎ 🚗 [P]. [AE] [$] [VISA]. ✂
Pasto carta 40/55000 – ☕ 5000 – **28 cam** 70/95000 – ½ P 50/85000.

SAN NICOLÒ (ST. NIKOLAUS) *Bolzano* [428] C 10, [218] [19] – *Vedere Ultimo.*

SAN NICOLÒ DI RICADI *Vibo Valentia* [431] L 29 – *Vedere Tropea.*

SAN PANCRAZIO *Brescia – Vedere Palazzolo sull'Oglio.*

SAN PANCRAZIO *Ravenna* [430] I 18 – *Vedere Russi.*

SAN PANTALEO *Sassari* [433] D 10 – *Vedere Sardegna alla fine dell'elenco alfabetico.*

SAN PAOLO (ST. PAULS) *Bolzano* [218] [20] – *Vedere Appiano sulla Strada del Vino.*

SAN PELLEGRINO (Passo di) *Trento* 988 ⑤, 429 C 17 – *alt. 1 918* – ✉ *38035 Moena – a febbraio-Pasqua e Natale – Sport invernali : 1 918/2 513 m* 1 18, .
Roma 682 – Belluno 59 – Cortina d'Ampezzo 67 – Bolzano 56 – Milano 340 – Trento 100.

Monzoni, ✆ 0462 573352, *Fax 0462 574490*, ⩽ Dolomiti, – – 12
AE VISA.
4 dicembre-1º aprile e 15 luglio-2 settembre – **Pasto** carta 55/75000 – **81 cam** 17
210000, 3 appartamenti – ½ P 205000.

Costabella, ✆ 0462 573326, *Fax 0462 574283*, ⩽ Dolomiti, – . AE VIS
rist
3 dicembre-25 aprile e 15 luglio-17 settembre – **Pasto** carta 45/65000 – **27 cam** 15
260000 – ½ P 150000.

Fuciade con cam, ✆ 0462 574281, *Fax 0462 574281*, Servizio navetta invernale co motoslitta dal rifugio Miralago, prenotare alla sera, « Rifugio in un alpeggio con serviz estivo in terrazza e ⩽ Dolomiti, – . cam
Natale-Pasqua e 15 giugno-15 ottobre – **Pasto** carta 45/75000 – **6 cam** 130000
½ P 90/120000.

SAN PELLEGRINO TERME *24016 Bergamo* 988 ③, 428 E 10 *G. Italia – 5 097 ab. alt. 354*
Stazione termale (maggio-settembre), a.s. luglio-agosto e Natale.
Dintorni *Val Brembana★ Nord e Sud per la strada S 470.*
via Papa Giovanni XXIII 18 ✆ 0345 23344.
Roma 626 – Bergamo 24 – Brescia 77 – Como 71 – Milano 67.

Terme , via Bartolomeo Villa 26 ✆ 0345 21125, *Fax 0345 21306*, –
50. AE VISA.
22 maggio-settembre – **Pasto** 50/65000 – 13000 – **49 cam** 120/150000 – ½ P 155000

SAN PIETRO IN BAGNO *Forlì* 429, 430 K 17 – *Vedere Bagno di Romagna.*

SAN PIETRO *Verona – Vedere Legnago.*

SAN PIETRO DI FELETTO *31020 Treviso* 429 E 18 – *4 679 ab. alt. 264.*
Roma 577 – Belluno 47 – Pordenone 39 – Treviso 34 – Venezia 66.

Al Doppio Fogher, località San Michele Sud : 6 km ✆ 0438 60157, *Fax 0438 6015*
« Servizio estivo in giardino » – . AE VISA JCB.
chiuso domenica sera, lunedì, dal 23 febbraio al 10 marzo e dal 10 al 30 agosto – **Past** specialità di mare carta 55/90000
Spec. Schille (gamberi grigi) all'olio e limone con polenta al latte e funghi. Farfalle di gran duro con calamaretti nostrani. Aragosta sarda con verdure di stagione.

SAN PIETRO IN CARIANO *37029 Verona* 428, 429 F 14 – *12 339 ab. alt. 160.*
Roma 510 – Verona 19 – Brescia 77 – Milano 164 – Trento 85.

a Pedemonte *Sud-Ovest : 4 km – ✉ 37020 :*

Villa del Quar , via Quar 12 (Sud-Est : 1,5 km) ✆ 045 6800681, *Fax 045 6800604*,
, , , , – – 100. AE VISA.
chiuso dal 15 novembre al 14 marzo – **Pasto** carta 85/130000 – **18 cam** 430/47000
3 appartamenti.

SAN PIETRO IN CASALE *40018 Bologna* 988 ⑮, 429, 430 H 16 – *9 438 ab. alt. 17.*
Roma 397 – Bologna 25 – Ferrara 26 – Mantova 111 – Modena 52.

Dolce e Salato con cam, piazza L. Calori 16/18 ✆ 051 811111, *Fax 051 818818* –
. AE VISA. rist
Pasto *(chiuso giovedì)* specialità paste fresche carta 50/80000 – 15000 – **11 can**
160/180000.

a Rubizzano *Sud-Est : 3 km – ✉ 40018 San Pietro in Casale*

Tana del Grillo, via Rubizzano 1812 ✆ 051 811648, *Fax 051 811648*, Coperti limitat prenotare – . AE VISA.
chiuso dal 1º al 10 gennaio, dal 1º al 15 agosto, martedì e in luglio-agosto anche domenica
Pasto carta 50/85000.

SAN PIETRO IN CORTE *Piacenza – Vedere Monticelli d'Ongina.*

SAN PIETRO (Isola di) *Cagliari* 988 ㉝, 433 J 6 – *Vedere Sardegna alla fine dell'elenco alfabetico.*

SAN POLO *Parma – Vedere Torrile.*

SAN POLO DI PIAVE *31020 Treviso* 429 E 19 – *4 419 ab. alt. 27.*

Roma 563 – Venezia 54 – Belluno 65 – Cortina d'Ampezzo 120 – Milano 302 – Treviso 23 – Udine 99.

XX **Parco Gambrinus,** località Gambrinus 22 ✆ 0422 855043, *Fax 0422 855044*, prenotare, « Servizio estivo nel parco con voliere e ruscello » – 🅿 – 80. AE VISA JCB.
chiuso dal 7 al 21 gennaio e lunedì (escluso i giorni festivi) – **Pasto** 50000 e carta 50/80000.

SAN POLO IN CHIANTI *Firenze* 430 K 16 – *Vedere Greve in Chianti.*

SAN POSSIDONIO *41039 Modena* 428, 429 H 14 – *3 459 ab. alt. 20.*

Roma 426 – Bologna 65 – Ferrara 60 – Mantova 58.

a Bellaria *Sud : 2 km – ✉ 41039 San Possidonio :*

XX **La Tabernula,** via Matteotti 231 ✆ 0535 38189 – 🅿. AE VISA JCB.
chiuso gennaio, agosto, martedì e sabato a mezzogiorno – **Pasto** 50/70000 e carta 45/65000.

Les prix — Pour toutes précisions sur les prix indiqués dans ce guide, reportez-vous aux pages de l'introduction.

SAN PROSPERO SULLA SECCHIA *41030 Modena* 429, 430 H 15 – *4 113 ab. alt. 22.*

Roma 415 – Bologna 58 – Ferrara 63 – Mantova 69 – Modena 20.

X **Bistrò,** via Canaletto 38/a ✆ 059 906096, Rist. e pizzeria serale – 🅿 VISA.
chiuso dal 1° al 7 gennaio, dall'8 al 31 agosto e mercoledì – **Pasto** carta 35/55000.

SAN QUIRICO D'ORCIA *53027 Siena* 988 ⑮, 430 M 16 *G. Toscana – 2 448 ab. alt. 424.*

Roma 196 – Siena 44 – Chianciano Terme 31 – Firenze 111 – Perugia 96.

Casanova, località Casanova 6/c ✆ 0577 898177, *Fax 0577 898190*, ≤ vallata, 🅿. AE VISA JCB
chiuso novembre, gennaio e febbraio – **Pasto** vedere rist ***Taverna del Barbarossa*** – ☐ 18000 – **14 cam** 160/200000, 26 appartamenti 195/215000 – ½ P 145000.

Palazzuolo, via Santa Caterina da Siena 43 ✆ 0577 897080, *Fax 0577 898264*, ≤, – 🅿 – 200. AE VISA. rist
Pasto *(chiuso dal 10 gennaio a marzo e da novembre al 22 dicembre)* carta 45/70000 – **42 cam** ☐ 160/215000 – ½ P 130/160000.

XX **Taverna del Barbarossa** - Hotel Casanova, località Casanova 8 ✆ 0577 898299, ≤ vallata, – 🅿. VISA JCB
chiuso gennaio, febbraio, novembre e lunedì – **Pasto** carta 40/75000.

a Bagno Vignoni *Sud-Est : 5 km – ✉ 53020 :*

Posta-Marcucci, via Ara Urcea 43 ✆ 0577 887112, *Fax 0577 887119*, ≤, termale, – 🅿 – 40. AE VISA. rist
Pasto carta 50/85000 – **46 cam** ☐ 130/230000 – ½ P 115/165000.

SAN QUIRINO *33080 Pordenone* 429 D 20 – *3 755 ab. alt. 116.*

Roma 613 – Udine 65 – Belluno 75 – Milano 352 – Pordenone 9 – Treviso 63 – Trieste 121.

XXX **La Primula** con cam, via San Rocco 47 ✆ 0434 91005, *Fax 0434 917563*, Coperti limitati; prenotare – 🅿. AE VISA.
Pasto *(chiuso dal 1° al 17 gennaio, dal 10 al 31 luglio, domenica sera e lunedì)* 65/75000 e carta 70/100000 – ☐ 10000 – **7 cam** 90/140000
Spec. Guazzetto di cannocchie profumato al prezzemolo. Ravioli ai funghi porcini con salsa al basilico (estate-autunno). Filetti di maiale con ratatouille di verdure dell'orto (estate).

X **Osteria alle Nazioni,** via San Rocco 47/1 ✆ 0434 91005, *Fax 0434 919280* – 🅿. AE VISA.
chiuso dal 15 al 31 gennaio, dal 1° al 20 agosto, domenica sera e lunedì – **Pasto** carta 35/50000.

SAN REMO *18038 Imperia* 988 ⑫, 428 K 5 *G. Italia – 56 129 ab.*.

Vedere *Località*★★ – *La Pigna*★ *(città alta)* B : ≤★ *dal santuario della Madonna della Costa.*

Dintorni *Monte Bignone*★★ : ※★★ *Nord : 13 km.*

18 *(chiuso martedì)* ✆ *0184 557093, Fax 0184 557388, Nord : 5 km.*

largo Nuvoloni 1 ✆ *0184 571571, Fax 0184 507649.*

A.C.I. *corso Raimondo 57* ✆ *0184 500295.*

Roma 638 ① – *Imperia 30* ① – *Milano 262* ① – *Nice 59* ② – *Savona 93* ①.

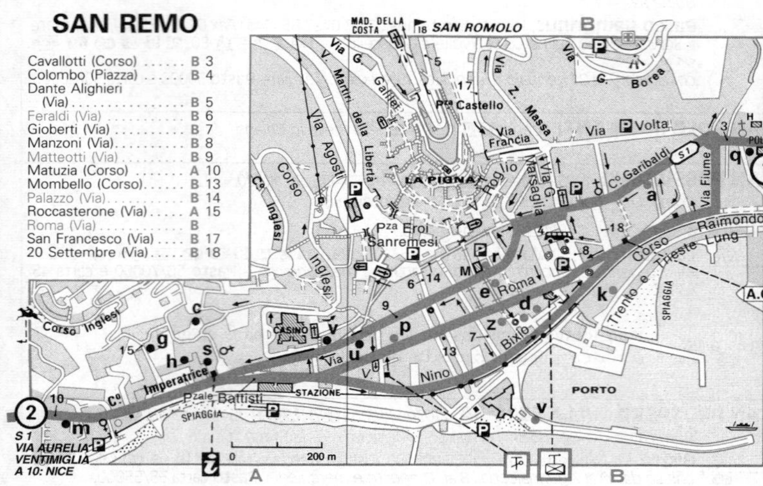

Royal Hotel, corso Imperatrice 80 ✆ 0184 5391, *Fax 0184 661445*, ≤, « Giardino fiorit con riscaldata e servizio rist. estivo all'aperto », ‍, – 300. AE VISA. A
chiuso dal 7 ottobre al 20 dicembre – **Pasto** carta 90/155000 – **125 cam** 425/570000 17 appartamenti – ½ P 305/370000.

Méditerranée, corso Cavallotti 76 ✆ 0184 571000, *Fax 0184 541106*, , « Parco co » – – 250. AE VISA. rist B
Pasto 80000 – **58 cam** 180/300000, 4 appartamenti – ½ P 200000.

Nazionale, via Matteotti 5 ✆ 0184 577577, *Fax 0184 541535* – – 70. VISA JCB. rist A
Pasto al Rist. ***Panoramico*** *(chiuso mercoledì)* carta 55/90000 – **70 cam** 290/340000, appartamenti – ½ P 225/255000.

Villa Mafalda senza rist, corso Nuvoloni 18 ✆ 0184 572572, *Fax 0184 572574*, – . AE VISA. A
chiuso dal 20 ottobre al 20 novembre – 17000 – **34 cam** 210000.

Paradiso , via Roccasterone 12 ✆ 0184 571211, *Fax 0184 578176*, – – 45. AE VISA. rist A
Pasto carta 50/80000 – 20000 – **41 cam** 160/220000 – ½ P 190000.

Lolli Palace Hotel, corso Imperatrice 70 ✆ 0184 531496, *Fax 0184 541574*, ≤ – . AE VISA. rist A
chiuso dal 4 novembre al 20 dicembre – **Pasto** 30/50000 – 15000 – **50 cam** 170/19000 – ½ P 150000.

Eveline-Portosole senza rist, corso Cavallotti 111 ✆ 0184 503430, *Fax 0184 503431* – . AE VISA JCB B
23 cam 160/240000.

Morandi, corso Matuzia 51 ✆ 0184 667641, *Fax 0184 666567*, – , rist, . VISA. rist A
Pasto 40/50000 – 18000 – **32 cam** 125/180000 – ½ P 120/150000.

Eletto, via Matteotti 44 ✆ 0184 531548, *Fax 0184 531506* – . AE VISA rist B
Pasto 40000 – 8000 – **28 cam** 110/140000 – ½ P 120000.

XXX **Da Giannino,** lungomare Trento e Trieste 23 ℘ 0184 504014, *Fax 0184 504015*, Coperti limitati; prenotare – ▤. AE $ ◑ MC VISA B k
chiuso dal 1° al 15 ottobre, domenica sera e lunedì – **Pasto** 140000 e carta 90/150000.

XX ✿ **Paolo e Barbara,** via Roma 47 ℘ 0184 531653, *Fax 0184 545266*, Coperti limitati; prenotare – ▤. AE $ ◑ MC VISA B p
chiuso dal 13 al 25 dicembre, dal 10 gennaio al 6 febbraio, dal 18 giugno all'8 luglio, mercoledì e giovedì a mezzogiorno – **Pasto** 75000 bc (solo a mezzogiorno ed escluso i giorni festivi) 140/160000 e carta 110/180000
Spec. Uovo affogato ai ricci marini con gamberi di San Remo e verdure di stagione. Stoccafisso "brand de cujun". Cassata di ricotta di pecora di Taggia, croccante di mandorle e gelatina di limone (novembre-luglio).

XX **Il Bagatto,** via Matteotti 145 ℘ 0184 531925, *Fax 0184 531925* – ▤. $ MC VISA B r
chiuso dal 30 giugno al 30 luglio e domenica – **Pasto** 45/70000 e carta 70/100000 (15 %).

XX **La Pignese,** piazza Sardi 7 ℘ 0184 501929, *Fax 0184 501929*, ☂ – AE $ ◑ MC VISA. ✂ B d
chiuso giugno e lunedì – **Pasto** carta 75/105000 (15 %).

XX **Da Vittorio,** piazza Bresca 16 ℘ 0184 501924, ☂ – $ ◑ MC VISA B d
chiuso dal 20 al 30 ottobre e mercoledì – **Pasto** (specialità di mare) carta 70/110000.

XX **Tony's,** corso Garibaldi 130 ℘ 0184 504609, *Fax 0184 504609*, Rist. e pizzeria – ▤. AE $ ◑ MC VISA B a
chiuso ottobre e mercoledì – **Pasto** carta 45/90000 (10 %).

X **Vela d'Oro,** via Gaudio 9 ℘ 0184 504302, Coperti limitati; prenotare – ▤. AE $ ◑ MC VISA JCB B e
chiuso dal 1° al 10 marzo, dal 1° al 10 ottobre e lunedì – **Pasto** carta 60/95000.

X **Da Carluccio-Osteria del Marinaio,** via Gaudio 28 ℘ 0184 501919, Coperti limitati; prenotare ▤ B z
chiuso lunedì e da ottobre a dicembre – **Pasto** carta 80/130000 (15 %).

X La Lanterna, via Molo di Ponente 16 ℘ 0184 506855, ☂ B v

a Bussana *Est : 5,5 km* – ✉ *18032 :*

XX **Ai Torchi,** via al Mare 10 ℘ 0184 513104, *Fax 0184 515649*, ☂, « In un antico frantoio » – ▤. AE $ ◑ MC VISA
chiuso novembre, mercoledì e a mezzogiorno in luglio ed agosto – **Pasto** carta 60/85000.

XX **La Kambusa,** via al Mare 87 ℘ 0184 514537, ☂, Rist. e pizzeria – AE $ ◑ MC VISA. ✂
chiuso dal 16 al 22 gennaio, dal 20 settembre al 10 ottobre, mercoledì e a mezzogiorno – **Pasto** carta 50/95000.

a San Romolo *Nord-Ovest : 15 km* B – *alt. 786* – ✉ *18038 San Remo :*

X ⊛ **Dall'Ava,** piazzale San Romolo 1 ℘ 0184 669998, *Fax 0184 669998*, prenotare, « Giardino ombreggiato con minigolf » – AE $ ◑ MC VISA. ✂
chiuso dal 15 al 27 febbraio, dal 15 al 27 novembre e giovedì – **Pasto** carta 30/60000 (10 %).

SAN ROCCO *Genova – Vedere Camogli.*

SAN ROCCO A PILLI *53010 Siena* 430 M 15 – *alt. 258.*
Roma 227 – Siena 5 – Arezzo 67 – Firenze 75 – Grosseto 69.

⌂ ⊛ **Castello,** via Grossetana ℘ 0577 347711 e rist. 0577 348424, *Fax 0577 347200* – |‡| TV ☎ ♿ P. AE $ ◑ MC VISA. ✂ rist
Pasto al Rist. ***Ai Girasoli*** *(chiuso lunedì)* carta 45/80000 (10 %) – **35 cam** ☕ 90/150000 – ½ P 110000.

SAN ROMOLO *Imperia* 115 ⑳ *– Vedere San Remo.*

SAN ROMUALDO *Ravenna – Vedere Ravenna.*

SAN SALVO *66050 Chieti* 988 ㉗, 430 P 26 – *16 946 ab. alt. 106.*
Roma 280 – Pescara 83 – Campobasso 90 – Termoli 31.

a San Salvo Marina *Nord-Est : 4,5 km* – ✉ *66050 San Salvo :*

XX ⊛ **Falcon's,** complesso le Nereidi ℘ 0873 803431, Coperti limitati; prenotare – AE $ ◑ MC VISA. ✂
chiuso dal 24 dicembre al 2 gennaio, domenica sera e lunedì – **Pasto** specialità di mare carta 35/55000.

SAN SANO *Siena – Vedere Gaiole in Chianti.*

SANSEPOLCRO *52037 Arezzo* 988 ⑮, 430 L 18 *G. Toscana – 15 696 ab. alt. 330.*

Vedere Museo Civico★★ : opere★★★ di Piero della Francesca – Deposizione★ nella chiesa di San Lorenzo – Case antiche★.

Roma 258 – Rimini 91 – Arezzo 39 – Firenze 114 – Perugia 69 – Urbino 71.

La Balestra, via Montefeltro 29 ☏ 0575 735151, *Fax 0575 740282* – AE VISA.
Pasto vedere rist ***La Balestra*** – **54 cam** 110/140000 – ½ P 95/105000.

Fiorentino, via Luca Pacioli 60 ☏ 0575 740350, *Fax 0575 740370* – VISA
Pasto vedere rist ***Fiorentino*** – 13000 – **26 cam** 70/100000.

Oroscopo di Paola e Marco con cam, via Togliatti 68, località Pieve Vecchia Nord-Ovest : 1 km ☏ 0575 734875, *Fax 0575 734875,* Coperti limitati; prenotare – VISA.
Pasto *(chiuso dal 2 al 10 gennaio, dal 20 giugno al 10 luglio, domenica e a mezzogiorno)* carta 70/110000 – **10 cam** 120/180000.

La Balestra - Hotel La Balestra, via Montefeltro 29 ☏ 0575 735151, *Fax 0575 740282,* – AE VISA.
chiuso domenica sera e lunedì – **Pasto** carta 35/50000.

Da Ventura con cam, via Aggiunti 30 ☏ 0575 742560, *Fax 0575 742560* – AE VISA.
chiuso dall'8 al 20 gennaio, dal 1° al 20 agosto e sabato – **Pasto** carta 40/60000 – 5000 – **7 cam** 40/70000 – ½ P 70/80000.

Fiorentino - Hotel Fiorentino, via Luca Pacioli 60 ☏ 0575 742033 – VISA.
chiuso dal 5 al 30 luglio e mercoledì – **Pasto** carta 35/55000 (10 %).

SAN SEVERINO LUCANO *85030 Potenza* 431 G 30 – *2 036 ab. alt. 884.*

Roma 406 – Cosenza 152 – Potenza 113 – Matera 139 – Sapri 90 – Taranto 142.

Paradiso, via San Vincenzo ☏ 0973 576586, *Fax 0973 576587,* ≤ monti del Pollino,
32 cam.

SAN SEVERINO MARCHE *62027 Macerata* 988 ⑯, 430 M 21 – *12 936 ab. alt. 343.*

Roma 228 – Ancona 72 – Foligno 71 – Macerata 30.

Servanzi Confidati senza rist, via Cesare Battisti 13/15 ☏ 0733 633551, *Fax 0733 633551* – 300. AE VISA.
22 cam 110/170000, appartamento.

Locanda Salimbeni con cam, strada statale 361 (Ovest : 4 km) ☏ 0733 634047, *Fax 0733 634047* – 40. AE VISA.
Pasto *(chiuso mercoledì)* carta 35/45000 – **9 cam** 75/95000 – ½ P 70/80000.

Due Torri con cam, via San Francesco 21 ☏ 0733 645419, *Fax 0733 645139* – 25. AE VISA.
Pasto *(chiuso lunedì e dal 20 al 26 dicembre)* carta 35/55000 – **20 cam** 75/105000 – ½ P 75/90000.

SAN SEVERO *71016 Foggia* 988 ㉘, 431 B 28 – *55 123 ab. alt. 89 – a.s. 25 giugno-luglio e settembre.*

Roma 320 – Foggia 36 – Bari 153 – Monte Sant'Angelo 57 – Pescara 151.

Le Arcate, piazza Cavallotti 29 ☏ 0882 226025, *Fax 0882 226025* – AE VISA.
chiuso Ferragosto, lunedì sera e dal 4 giugno a settembre aperto solo a mezzogiorno – **Pasto** carta 35/60000.

SAN SIRO *Mantova – Vedere San Benedetto Po.*

SANTA BARBARA *Trieste – Vedere Muggia.*

SANTA CATERINA VALFURVA *23030 Sondrio* 988 ④, 428, 429 C 13 – *alt. 1 738 – Sport invernali : 1 738/2 784 m 7.*

piazza Migliavacca ☏ 0342 935598, Fax 0342 925549.

Roma 776 – Sondrio 77 – Bolzano 136 – Bormio 13 – Milano 215 – Passo dello Stelvio 33.

Santa Caterina, via Freita 9 ☏ 0342 925123, *Fax 0342 925110,* ≤, AE VISA.
dicembre-aprile e 20 giugno-20 settembre – **Pasto** 35/45000 – 18000 – **39 cam** 120/150000 – ½ P 130000.

Compagnoni, via Frodolfo 1 0342 925105, *Fax 0342 925060* – 21 cam.

Nordik, via Frodolfo 16 0342 935300, *Fax 0342 935407* – VISA. rist
chiuso maggio, ottobre e novembre – **Pasto** 25/50000 – **27 cam** 100/150000 – ½ P 130000.

La Pigna, via Santa Caterina 19 0342 935567, *Fax 0342 925124* – VISA. rist
chiuso ottobre e novembre – **Pasto** 20/40000 – **18 cam** 60/120000 – ½ P 95000.

SANTA CESAREA TERME *73020 Lecce 988 ㉚, 431 G 37 – 3 113 ab. alt. 94.*

Roma 661 – Brindisi 86 – Bari 200 – Otranto 16 – Taranto 126.

Santa Lucia, via Belvedere 0836 944045, *Fax 0836 944022*, « Terrazza-solarium con » – 100. VISA.
15 marzo-ottobre – **Pasto** 30/50000 – **40 cam** 140/170000 – ½ P 130/160000.

SANTA CRISTINA VALGARDENA (ST. CHRISTINA IN GRÖDEN) *39047 Bolzano 429 C 17*

G. Italia – 1 706 ab. alt. 1 428 – Sport invernali : della Val Gardena 1 428/ 2 299 m 7 64, (vedere anche Ortise i e Selva di Val Gardena).
Palazzo Comunale 0471 793046, Fax 0471 793198.
Roma 681 – Bolzano 41 – Cortina d'Ampezzo 75 – Milano 338 – Trento 99.

Interski, strada Cisles 51 0471 793460, *Fax 0471 793391*, Sassolungo e vallata, – rist, VISA.
20 dicembre-15 aprile e 30 giugno-5 ottobre – **Pasto** (solo per alloggiati e *chiuso a mezzogiorno*) 50/65000 – **27 cam** 230/340000 – ½ P 120/200000.

Uridl, via Chemun 43 0471 793215, *Fax 0471 793554*, – rist, cam
20 dicembre-26 marzo e 20 giugno-settembre – **Pasto** carta 40/70000 – **15 cam** 130/220000 – ½ P 130/155000.

Sporthotel Maciaconi, strada Plan da Tieja 10 39048 Selva di Val Gardena 0471 793500, *Fax 0471 793535*, –
dicembre-aprile e luglio-settembre – **Pasto** *(chiuso martedì)* carta 40/50000 – **40 cam** 120/220000 – ½ P 165000.

Villa Martha, strada Cisles 145 0471 792088, *Fax 0471 792173*, Sassolungo – VISA. rist
Natale-Pasqua e giugno-settembre – **Pasto** (solo per alloggiati e *chiuso a mezzogiorno*) – **19 cam** 100/200000 – ½ P 80/140000.

all'arrivo della funivia Ruacia Sochers *Sud-Est : 10 mn di funivia – alt. 1 985 :*

Sochers Club, 39048 Selva di Val Gardena 0471 792101, *Fax 0471 793537*, Sassolungo, « Sulla pista 'Saslong' » –
stagionale – **24 cam.**

sulla strada statale 242 *Ovest : 2 km :*

Diamant, via Skasa 1 39047 0471 796780, *Fax 0471 793580*, Sassolungo e pinete, Centro benessere, – rist, – 50. rist
3 dicembre-Pasqua e 20 giugno-10 ottobre – **35 cam** solo ½ P 130/260000.

SANTA CROCE DEL LAGO *32010 Belluno 429 D 18 – alt. 401.*

Roma 596 – Belluno 22 – Cortina d'Ampezzo 76 – Milano 335 – Treviso 56 – Venezia 85.

La Baita, 0437 471008, *Fax 0437 471008*, Rist. e pizzeria – VISA
chiuso dal 15 ottobre al 15 novembre e lunedì – **Pasto** carta 40/60000.

SANTA CROCE SULL'ARNO *56029 Pisa 430 K 14 – 12 476 ab. alt. 16.*

Roma 316 – Firenze 43 – Pisa 42 – Livorno 46 – Pistoia 35 – Siena 74.

Cristallo senza rist, largo Galilei 11 0571 366440, *Fax 0571 366420* – VISA
chiuso dal 23 dicembre al 9 gennaio ed agosto – **36 cam** 140/200000.

SANTA FIORA *58037 Grosseto 988 ㉕, 430 N 16 – 2 814 ab. alt. 687.*

Roma 189 – Grosseto 67 – Siena 84 – Viterbo 75.

Il Barilotto, via Carolina 24 0564 977089 – VISA.
chiuso novembre e mercoledì – **Pasto** carta 40/55000.

SANTA FLAVIA *Palermo* 432 M 22 – *Vedere Sicilia alla fine dell'elenco alfabetico.*

SANTA FRANCA *Parma – Vedere Polesine Parmense.*

SANT'AGATA FELTRIA *61019 Pesaro e Urbino* 430 K 18 – *2 337 ab. alt. 607.*
Roma 278 – Rimini 49 – Arezzo 77 – Forlì 63 – Sansepolcro 47.

Perlini, piazza del Mercato 4 ✆ 0541 929637
chiuso settembre e sabato – **Pasto** carta 40/65000.

SANT'AGATA SUI DUE GOLFI *80064 Napoli* 431 F 25 *G. Italia – alt. 391 – a.s. aprile-settembre*
Dintorni *Penisola Sorrentina★★ (circuito di 33 km) : ≤★★ su Sorrento dal capo di Sorrento (1 h a piedi AR), ≤★★ sul golfo di Napoli dalla strada S 163.*
Roma 266 – Napoli 55 – Castellammare di Stabia 28 – Salerno 56 – Sorrento 9.

Sant'Agata, via dei Campi 8/A ✆ 081 8080800, *Fax 081 5330749* – AE VISA.
15 marzo-ottobre – **Pasto** carta 30/45000 – 10000 – **30 cam** 80/110000 – 1/2 P 80/95000.

Don Alfonso 1890 con cam, corso Sant'Agata 11 ✆ 081 8780026, *Fax 081 5330226*, prenotare, – P. AE VISA.
chiuso dal 7 gennaio al 27 febbraio – **Pasto** *(chiuso lunedì da giugno a settembre, anche martedì negli altri mesi)* 120/150000 e carta 100/160000 – 3 appartamenti 190/300000
Spec. Cipolla novella farcita di gamberetti con pancetta nostrana, capperi e olive nere (estate). Penne candele con calamaretti e salsa di aglianico. Capretto lucano alle erbe fresche mediterranee.

SANTA GIUSTINA *32035 Belluno* 429 D 18 – *6 361 ab. alt. 298.*
Roma 584 – Belluno 17 – Bassano del Grappa 56 – Trento 91 – Treviso 64.

a Meano *Nord-Est : 3 km – ✉ 32030 :*

Il Lauro, via Regina Pacis 1 ✆ 0437 86075, *Fax 0437 86075* – P. AE VISA.
chiuso lunedì – **Pasto** carta 40/70000.

SANT'AGNELLO *80065 Napoli* 431 F 25 – *8 502 ab. – a.s. aprile-settembre.*
a Sorrento, via De Maio 35 ✆ 081 8074033, Fax 081 8773397.
Roma 255 – Napoli 46 – Castellammare di Stabia 17 – Salerno 48 – Sorrento 2.

Cocumella, via Cocumella 7 ✆ 081 8782933, *Fax 081 8783712*, « Agrumeto, giardino ed ascensore per la spiaggia », – P – 550. AE VISA.
aprile-ottobre – **Pasto** al Rist. ***La Scintilla*** carta 75/120000 – **49 cam** 430/620000 3 appartamenti – 1/2 P 380000.

Alpha, viale dei Pini 14 ✆ 081 8782033, *Fax 081 8785612*, « Giardino-agrumeto con » – . AE VISA.
marzo-novembre – **Pasto** carta 60/90000 – 21000 – **66 cam** 255000 – 1/2 P 180000.

Caravel, corso Marion Crawford 61 ✆ 081 8782955, *Fax 081 8071557*, – P. AE VISA.
15 marzo-15 novembre – **Pasto** (solo per alloggiati) 30/60000 – **93 cam** 260/300000 – 1/2 P 175000.

Il Capanno, rione Cappuccini 58 ✆ 081 8782453, – AE VISA JCB.
chiuso dal 15 dicembre a gennaio e lunedì – **Pasto** carta 45/75000.

SANT'AGOSTINO *44047 Ferrara* 429 H 16 – *6 034 ab. alt. 15.*
Roma 428 – Bologna 46 – Ferrara 23 – Milano 220 – Modena 50 – Padova 91.

Trattoria la Rosa, via del Bosco 2 ✆ 0532 84098, *Fax 0532 84098* – P. AE VISA.
chiuso dal 1° al 16 gennaio, dall'8 al 28 agosto, domenica sera, lunedì e da giugno ad agosto anche sabato a mezzogiorno – **Pasto** carta 45/80000
Spec. Spuma di parmigiano con le pere (autunno). Triangoli di pasta farciti di borlotti (estate). Costoletta con tartufi bianchi locali (settembre-dicembre).

SANTA LIBERATA *Grosseto* 430 O 15 – *Vedere Porto Santo Stefano.*

SANTA LUCIA DEI MONTI *Verona – Vedere Valeggio sul Mincio.*

SANTA MARGHERITA *Cagliari* 988 ㉝, 433 K 8 – *Vedere Sardegna (Pula) alla fine dell'elenco alfabetico.*

SANTA MARGHERITA LIGURE *16038 Genova* 988 ⑬, 428 J 9 *G. Italia – 10 990 ab. – a.s. 15 dicembre-15 gennaio, Pasqua e giugno-settembre.*

Dintorni *Penisola di Portofino*** per la strada panoramica** Sud – Strada panoramica** del golfo di Rapallo Nord.*

via XXV Aprile 2/b ✆ 0185 287485, Fax 0185 290222.

Roma 480 – Genova 40 – Milano 166 – Parma 149 – Portofino 5 – La Spezia 82.

Imperiale Palace Hotel, via Pagana 19 ✆ 0185 288991, *Fax 0185 284223,* < golfo, « Parco-giardino sul mare con riscaldata », – TV P – 200. AE VISA.
Pasqua-ottobre – **Pasto** carta 100/140000 – **93 cam** 350/610000, 11 appartamenti – ½ P 300/410000.

Gd H. Miramare, lungomare Milite Ignoto 30 ✆ 0185 287013, *Fax 0185 284651,* < golfo, « Parco fiorito e terrazza con riscaldata », – TV – 400. AE VISA. rist
Pasto 80000 – **79 cam** 330/520000, 5 appartamenti – ½ P 320/390000.

Metropole, via Pagana 2 ✆ 0185 286134, *Fax 0185 283495,* <, « Parco fiorito sul mare », – TV P – 80. AE VISA. rist
chiuso novembre – **Pasto** carta 55/65000 – **55 cam** 160/310000, 2 appartamenti – ½ P 200000.

Continental, via Pagana 8 ✆ 0185 286512, *Fax 0185 284463,* < golfo, « Parco sul mare », – rist, TV P. AE VISA. rist
chiuso dal 5 novembre al 23 dicembre – **Pasto** carta 60/80000 – **76 cam** 200/345000 – ½ P 215000.

Regina Elena, lungomare Milite Ignoto 44 ✆ 0185 287003, *Fax 0185 284473,* < mare e costa, « Terrazza solarium con riscaldata e idromassaggio », – TV P – 200. AE VISA JCB. rist
Pasto carta 60/85000 – **108 cam** 185/320000 – ½ P 215000.

Lido Palace, via Doria 3 ✆ 0185 285821 e rist ✆ 0185 286848, *Fax 0185 284708,* < – TV. AE VISA. rist
chiuso dal 5 novembre al 20 dicembre – **Pasto** al Rist. ***La Ghiaia*** *(chiuso martedì)* 40/50000 e carta 55/75000 – 18000 – **54 cam** 200/335000 – ½ P 190/240000.

Laurin senza rist, lungomare Marconi 3 ✆ 0185 289971, *Fax 0185 285709,* < – TV. AE VISA
43 cam 185/270000.

Helios, via Gramsci 6 ✆ 0185 287471, *Fax 0185 284780,* < mare, – TV. AE VISA JCB.
chiuso dal 10 gennaio a marzo – **Pasto** *(chiuso dal 10 gennaio all'11 febbraio)* 45/70000 e al Rist. ***La Darsena*** *(chiuso mercoledì)* carta 60/100000 – 27000 – **20 cam** 260/320000 – ½ P 160/230000.

Jolanda, via Luisito Costa 6 ✆ 0185 287513, *Fax 0185 284763* – TV. AE VISA. rist
chiuso novembre – **Pasto** (solo per alloggiati) 45000 – **43 cam** 135/195000 – ½ P 115/135000.

Minerva, via Maragliano 34/d ✆ 0185 286073, *Fax 0185 281697* – TV. AE VISA.
Pasto (solo per alloggiati) 60000 – **33 cam** 140/200000 – ½ P 150000.

Tigullio et de Milan, viale Rainusso 3 ✆ 0185 287455, *Fax 0185 281860* – rist, TV. AE VISA.
chiuso dal 1º novembre al 20 dicembre – **Pasto** 35/40000 – **42 cam** 160/220000 – ½ P 120/150000.

Fiorina, piazza Mazzini 26 ✆ 0185 287517, *Fax 0185 281855* – TV. AE VISA.
chiuso da novembre al 21 dicembre – **Pasto** *(chiuso lunedì)* carta 50/65000 – 15000 – **55 cam** 125/155000 – ½ P 140000.

Fasce senza rist, via Bozzo 3 ✆ 0185 286435, *Fax 0185 283580* – TV P. AE VISA.
chiuso gennaio e febbraio – **16 cam** 140/170000.

Conte Verde senza rist, via Zara 1 ✆ 0185 287139, *Fax 0185 284211* – TV. AE VISA.
chiuso dicembre, gennaio e dal 1º al 20 marzo – **33 cam** 160/190000.

La Stalla, via G. Pino 27, frazione Nozarego Sud-Ovest : 2 km ✆ 0185 289447, *Fax 0185 289447,* prenotare, « Servizio estivo in terrazza con < golfo del Tigullio » – P. AE VISA
chiuso novembre e lunedì – **Pasto** carta 85/125000.

XX **Trattoria Cesarina,** via Mameli 2/c ☎ 0185 286059, prenotare – AE S ◐ VISA. ⚹
chiuso dal 20 dicembre a gennaio, martedì e in luglio-agosto anche a mezzogiorno – **Past** carta 60/120000.

XX **L'Approdo da Felice,** via Cairoli 26 ☎ 0185 281789, prenotare – ▤. AE S MC VISA. ⚹
chiuso dal 10 al 27 dicembre, marzo, lunedì e martedì a mezzogiorno – **Pasto** cart 65/110000.

XX **Skipper,** calata del Porto 6 ☎ 0185 289950, ≤, ☂, Coperti limitati; prenotare – AE S ◐ MC VISA
chiuso febbraio e mercoledì, in luglio-agosto i mezzogiorno di martedì-mercoledì – **Past** carta 60/85000.

XX **Oca Bianca,** via XXV Aprile 21 ☎ 0185 288411, *Fax 0185 289447*, Grill steak-house, Coperti limitati; prenotare – ▤. AE S ◐ MC VISA JCB
chiuso dal 7 gennaio al 13 febbraio, lunedì, a mezzogiorno (escluso venerdì-sabato-domenica), in luglio-agosto aperto solo la sera – **Pasto** solo piatti di carne carta 60/95000.

X **La Paranza,** via Ruffini 46 ☎ 0185 283686, *Fax 0185 282339*, ≤ – AE S ◐ MC VISA
chiuso dal 10 al 25 novembre e giovedì – **Pasto** carta 55/95000.

SANTA MARIA (AUFKIRCHEN) *Bolzano – Vedere Dobbiaco.*

SANTA MARIA *Salerno 431 G 26 – Vedere Castellabate.*

Lesen Sie die Einleitung, sie ist der Schlüssel zu diesem Führer.

SANTA MARIA AL BAGNO *73050 Lecce 431 G 35.*

Roma 621 – Brindisi 85 – Gallipoli 10 – Lecce 31 – Taranto 87.

Gd H. Riviera, via E. Filiberto 172 ☎ 0833 573221, *Fax 0833 573024*, ≤, « Pineta », ⛱, ✕ – |‡| ▤ TV ☎ ⇔ P – 🏃 200. AE S ◐ MC VISA JCB. ⚹
giugno-settembre – **Pasto** carta 55/75000 – ☕ 15000 – **105 cam** 95/160000 – ½ P 16000(

SANTA MARIA DEGLI ANGELI *Perugia 988 ⑯, 430 M 19 – Vedere Assisi.*

SANTA MARIA DELLA VERSA *27047 Pavia 988 ⑬, 428 H 9 – 2 571 ab. alt. 216.*

Roma 554 – Piacenza 47 – Genova 128 – Milano 71 – Pavia 33.

XX **Al Ruinello,** località Ruinello Nord : 3 km ☎ 0385 798164, Coperti limitati; prenotare – P AE S ◐ MC VISA JCB. ⚹
chiuso dal 6 al 17 gennaio, luglio, lunedì sera e martedì – **Pasto** carta 45/60000.

SANTA MARIA DEL MONTE *Chieti – Vedere Castiglione Messer Marino.*

SANTA MARIA DEL MONTE (Sacro Monte) *Varese 428 E 8, 219 ⑦ – Vedere Varese.*

SANTA MARIA DEL PIANO *Parma – Vedere Lesignano de' Bagni.*

SANTA MARIA DI LEUCA *Lecce 431 H 37 – Vedere Marina di Leuca.*

SANTA MARIA MADDALENA *Rovigo 429 H16 – Vedere Occhiobello.*

SANTA MARIA MAGGIORE *28857 Verbania 988 ②, 428 D 7 – 1 238 ab. alt. 816 – a.s. luglio-agosto e Natale – Sport invernali : a Piana di Vigezzo : 1 610/2 064 m ≤ 1 ≤ 2, ⛷.*

Ⓘ piazza Risorgimento 28 ☎ 0324 95091, Fax 0324 95091.

Roma 715 – Stresa 50 – Domodossola 17 – Locarno 32 – Milano 139 – Novara 108 – Torino 182.

Miramonti, piazzale Diaz 3 ☎ 0324 95013, *Fax 0324 94283*, ☂ – |‡| TV ☎ P – 🏃 50. AE S MC VISA. ⚹ rist
chiuso novembre – **Pasto** carta 50/80000 – ☕ 16000 – **30 cam** 75/150000 – ½ P 110/130000.

SANTA MARINA ALTA *Pesaro-Urbino 429, 430 K 20 – Vedere Pesaro.*

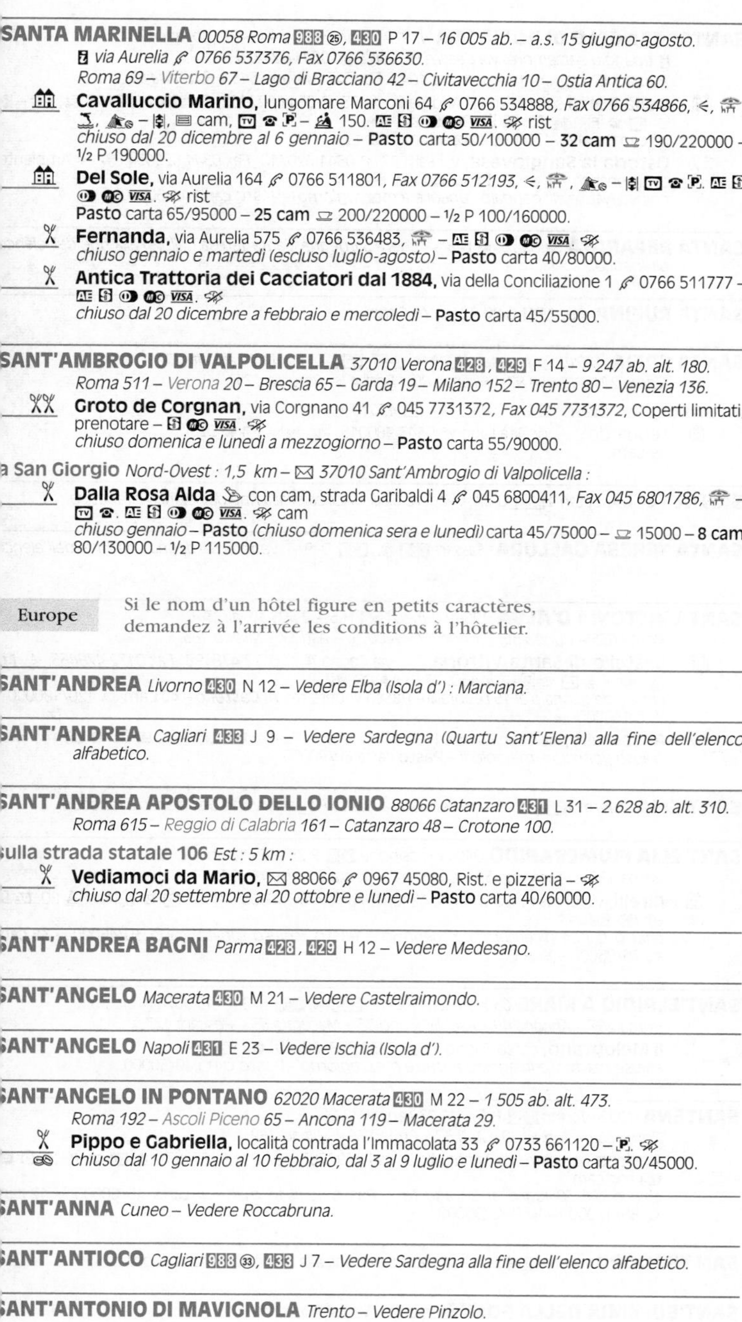

SANTA MARINELLA *00058 Roma* 988 ㉕, 430 P 17 – *16 005 ab. – a.s. 15 giugno-agosto.*
via Aurelia ✆ *0766 537376, Fax 0766 536630.*
Roma 69 – Viterbo 67 – Lago di Bracciano 42 – Civitavecchia 10 – Ostia Antica 60.

Cavalluccio Marino, lungomare Marconi 64 ✆ 0766 534888, *Fax 0766 534866*, <, – cam, ☎ P – 150. AE VISA. rist
chiuso dal 20 dicembre al 6 gennaio – **Pasto** carta 50/100000 – **32 cam** 190/220000 – 1/2 P 190000.

Del Sole, via Aurelia 164 ✆ 0766 511801, *Fax 0766 512193*, <, – ☎ P. AE VISA. rist
Pasto carta 65/95000 – **25 cam** 200/220000 – 1/2 P 100/160000.

Fernanda, via Aurelia 575 ✆ 0766 536483, – AE VISA.
chiuso gennaio e martedì (escluso luglio-agosto) – **Pasto** carta 40/80000.

Antica Trattoria dei Cacciatori dal 1884, via della Conciliazione 1 ✆ 0766 511777 – AE VISA.
chiuso dal 20 dicembre a febbraio e mercoledì – **Pasto** carta 45/55000.

SANT'AMBROGIO DI VALPOLICELLA *37010 Verona* 428, 429 F 14 – *9 247 ab. alt. 180.*
Roma 511 – Verona 20 – Brescia 65 – Garda 19 – Milano 152 – Trento 80 – Venezia 136.

Groto de Corgnan, via Corgnano 41 ✆ 045 7731372, *Fax 045 7731372*, Coperti limitati; prenotare – VISA.
chiuso domenica e lunedì a mezzogiorno – **Pasto** carta 55/90000.

a San Giorgio *Nord-Ovest : 1,5 km – ✉ 37010 Sant'Ambrogio di Valpolicella :*

Dalla Rosa Alda con cam, strada Garibaldi 4 ✆ 045 6800411, *Fax 045 6801786*, – ☎. AE VISA. cam
chiuso gennaio – **Pasto** *(chiuso domenica sera e lunedì)* carta 45/75000 – 15000 – **8 cam** 80/130000 – 1/2 P 115000.

Europe — Si le nom d'un hôtel figure en petits caractères, demandez à l'arrivée les conditions à l'hôtelier.

SANT'ANDREA *Livorno* 430 N 12 – *Vedere Elba (Isola d') : Marciana.*

SANT'ANDREA *Cagliari* 433 J 9 – *Vedere Sardegna (Quartu Sant'Elena) alla fine dell'elenco alfabetico.*

SANT'ANDREA APOSTOLO DELLO IONIO *88066 Catanzaro* 431 L 31 – *2 628 ab. alt. 310.*
Roma 615 – Reggio di Calabria 161 – Catanzaro 48 – Crotone 100.

sulla strada statale 106 *Est : 5 km :*

Vediamoci da Mario, ✉ 88066 ✆ 0967 45080, Rist. e pizzeria –
chiuso dal 20 settembre al 20 ottobre e lunedì – **Pasto** carta 40/60000.

SANT'ANDREA BAGNI *Parma* 428, 429 H 12 – *Vedere Medesano.*

SANT'ANGELO *Macerata* 430 M 21 – *Vedere Castelraimondo.*

SANT'ANGELO *Napoli* 431 E 23 – *Vedere Ischia (Isola d').*

SANT'ANGELO IN PONTANO *62020 Macerata* 430 M 22 – *1 505 ab. alt. 473.*
Roma 192 – Ascoli Piceno 65 – Ancona 119 – Macerata 29.

Pippo e Gabriella, località contrada l'Immacolata 33 ✆ 0733 661120 – P.
chiuso dal 10 gennaio al 10 febbraio, dal 3 al 9 luglio e lunedì – **Pasto** carta 30/45000.

SANT'ANNA *Cuneo – Vedere Roccabruna.*

SANT'ANTIOCO *Cagliari* 988 ㉝, 433 J 7 – *Vedere Sardegna alla fine dell'elenco alfabetico.*

SANT'ANTONIO DI MAVIGNOLA *Trento – Vedere Pinzolo.*

SANTARCANGELO DI ROMAGNA *47822 Rimini* 988 ⑮ – *18 518 ab. alt. 42.*
(maggio-settembre) via Cesare Battisti 5 ☏ *0541 624270.*
Roma 345 – Rimini 10 – Bologna 104 – Forlì 43 – Milano 315 – Ravenna 53.

Della Porta senza rist, via Andrea Costa 85 ☏ 0541 622152, *Fax 0541 622168*, – 80. AE VISA JCB
20 cam 120/170000, 2 appartamenti.

Osteria la Sangiovesa, via Saffi 27 ☏ 0541 620710, *Fax 0541 620854*, « Ambiente caratteristico » – . AE VISA JCB.
chiuso Natale, 1° gennaio, lunedì e a mezzogiorno – **Pasto** carta 45/60000.

SANTA REPARATA *Sassari* 433 D 9 – *Vedere Sardegna (Santa Teresa Gallura) alla fine dell'elenco alfabetico.*

SANTA RUFINA *Rieti* 430 O 20 – *Vedere Cittaducale.*

SANTA SOFIA *47018 Forlì-Cesena* 988 ⑮, 429, 430 K 17 – *4 244 ab. alt. 257.*
Roma 291 – Rimini 87 – Firenze 89 – Forlì 41 – Perugia 125.

a Corniolo *Sud-Ovest : 15 km – alt. 589 – ✉ 47010 :*

Leonardo, località Lago ☏ 0543 980015, –
19 cam.

SANTA TECLA *Catania* 432 O 27 – *Vedere Sicilia (Acireale) alla fine dell'elenco alfabetico.*

SANTA TERESA GALLURA *Sassari* 988 ㉓, 433 D 9 – *Vedere Sardegna alla fine dell'elenco alfabetico.*

SANTA VITTORIA D'ALBA *12069 Cuneo* 428 H 5 – *2 506 ab. alt. 346.*
Roma 655 – Cuneo 55 – Torino 57 – Alba 10 – Asti 37 – Milano 163.

Castello di Santa Vittoria, via Cagna 4 ☏ 0172 478198, *Fax 0172 478465*, – 150. AE VISA
chiuso da gennaio al 15 febbraio – **Pasto** vedere rist ***Al Castello*** – **40 cam** 120/180000 – ½ P 130000.

Al Castello, via Cagna 4 ☏ 0172 478147, *Fax 0172 478147*, – AE VISA.
chiuso gennaio e mercoledì – **Pasto** carta 60/90000.

SANT'ELIA *Palermo* 432 N 25 – *Vedere Sicilia (Santa Flavia) alla fine dell'elenco alfabetico.*

SANT'ELIA FIUMERAPIDO *03049 Frosinone* 430 R 23 – *6 418 ab. alt. 120.*
Roma 137 – Frosinone 59 – Cassino 7 – Gaeta 54 – Isernia 55.

Cirelli, via Chiusanova ☏ 0776 429801, *Fax 0776 350003* – – 80. AE VISA.
chiuso dal 23 dicembre al 3 gennaio – **Pasto** *(chiuso sabato)* carta 30/45000 – **38 cam** 75/95000 – ½ P 90/100000.

SANT'ELPIDIO A MARE *63019 Ascoli Piceno* 988 ⑯, 430 M 23 – *15 307 ab. alt. 251.*
Roma 267 – Ancona 49 – Ascoli Piceno 85 – Macerata 33 – Pescara 123.

Il Melograno, corso Baccio 15 ☏ 0734 858088 – VISA
chiuso martedì e in agosto anche a mezzogiorno – **Pasto** carta 40/50000.

SANTENA *10026 Torino* 428 H 5 – *10 279 ab. alt. 237.*
Roma 651 – Torino 20 – Asti 37 – Cuneo 89 – Milano 162.

Andrea con cam, via Torino 48 ☏ 011 9492783, *Fax 011 9493257* – AE VISA. cam
chiuso dal 30 luglio al 20 agosto – **Pasto** *(chiuso martedì)* carta 45/60000 – **12 cam** 85/120000 – ½ P 85/90000.

SAN TEODORO *Nuoro* 433 E 11 – *Vedere Sardegna alla fine dell'elenco alfabetico.*

SANT'EUFEMIA DELLA FONTE *Brescia – Vedere Brescia.*

SANT'EUFEMIA LAMEZIA *Catanzaro* 988 ㊴, 431 K 30 – *Vedere Lamezia Terme.*

SANT'ILARIO D'ENZA *42049 Reggio nell'Emilia* 428, 429 H 13 – *9 524 ab. alt. 58.*
Roma 444 – Parma 12 – Bologna 82 – Milano 134 – Verona 113.

Forum, via Roma 4/A ☏ 0522 671480, *Fax 0522 671475* – 80. AE rist
chiuso dal 23 dicembre al 2 gennaio e dal 9 al 24 agosto – **Pasto** carta 40/70000 – 12000 – **54 cam** 110/155000 – 1/2 P 120000.

Prater, via Roma 39 ☏ 0522 672375, *Fax 0522 671236* – AE VISA JCB.
chiuso agosto e mercoledì – **Pasto** carta 45/75000.

SANT'OLCESE *16010 Genova* 428 I 8 – *6 312 ab. alt. 327.*
Roma 515 – Genova 21 – Alessandria 79 – Milano 140.

Agnese con cam, via Vicomorasso 22 (Sud : 1 km) ☏ 010 709895, *Fax 010 709759*, – VISA. cam
chiuso dal 2 al 30 novembre – **Pasto** carta 50/70000 – 14000 – **15 cam** 100/130000 – 1/2 P 95/100000.

SANT'OMOBONO IMAGNA *24038 Bergamo* 428 E 10, 219 ⑩ – *3 078 ab. alt. 498.*
Roma 625 – Bergamo 23 – Lecco 39 – Milano 68.

Villa delle Ortensie , viale alle Fonti 117 ☏ 035 851114, *Fax 035 851148*, . AE VISA
chiuso dall'11 gennaio al 19 marzo – **Pasto** 40/60000 – **31 cam** 95/200000 – 1/2 P 130000.

Posta, viale Vittorio Veneto 169 ☏ 035 851134 – AE VISA
chiuso dal 1° al 15 luglio e martedì (escluso dal 15 luglio al 15 settembre) – **Pasto** 65000 e carta 50/80000.

Taverna 800, località Mazzoleni ☏ 035 851162, , « Ambiente rustico » – AE VISA JCB
chiuso martedì – **Pasto** carta 40/70000.

SANTO STEFANO AL MARE *18010 Imperia* 428 K 5 – *2 173 ab..*
Roma 628 – Imperia 18 – Milano 252 – San Remo 12 – Savona 83 – Torino 193.

La Riserva, via Roma 51 ☏ 0184 484134, *Fax 0184 484134*, , « Ambiente caratteristico » – AE VISA
chiuso domenica sera e lunedì (escluso agosto), da maggio a settembre solo lunedì – **Pasto** carta 70/100000.

SANTO STEFANO D'AVETO *16049 Genova* 988 ⑬, 428 I 10 – *1 361 ab. alt. 1 017 – a.s. 15 giugno-agosto e Natale.*
piazza del Popolo 6 ☏ 0185 88046.
Roma 512 – Genova 88 – Piacenza 85 – Milano 224 – Rapallo 64 – La Spezia 114.

Leon d'Oro, via Razzetti 52 ☏ 0185 88073, *Fax 0185 88073* – .
chiuso novembre – **Pasto** *(chiuso lunedì escluso da luglio al 14 settembre)* carta 35/50000 – 6000 – **32 cam** 60/90000 – 1/2 P 70000.

Doria, via R. Piaggio 4 ☏ 0185 88052 – VISA.
chiuso da dicembre a febbraio e mercoledì – **Pasto** carta 35/55000.

SANTO STEFANO DI CADORE *32045 Belluno* 988 ⑤, 429 C 19 – *2 931 ab. alt. 908.*
Roma 653 – Cortina d'Ampezzo 45 – Belluno 62 – Lienz 78 – Villach 146 – Udine 104.

Monaco Sport Hotel, via Lungo Piave 60 ☏ 0435 420440, *Fax 0435 62218*, – AE VISA.
chiuso dal 4 novembre al 7 dicembre e dal 14 aprile al 3 maggio – **Pasto** *(chiuso domenica sera e lunedì)* carta 40/55000 – 15000 – **26 cam** 120/140000 – 1/2 P 125000.

SANTO STEFANO DI MAGRA *19037 La Spezia* 428, 429 J 11 – *8 216 ab. alt. 51.*
Roma 402 – La Spezia 12 – Genova 96 – Pisa 66 – Parma 104.

a Ponzano Superiore *Est : 5 km – alt. 303 – ✉ 19037 Santo Stefano di Magra :*

La Trigola con cam, via Gramsci 63 ☏ 0187 630292, *Fax 0187 696015*, , – AE VISA
Pasto *(chiuso lunedì escluso da luglio a settembre)* carta 40/65000 – 12000 – **15 cam** 100/120000 – 1/2 P 95/100000.

SAN TROVASO *Treviso – Vedere Preganziol.*

SANTUARIO *Vedere nome proprio del santuario.*

SAN VALENTINO ALLA MUTA **(ST. VALENTIN AUF DER HAIDE)** *39020 Bolzano* [988] ④, [428] [429] B 13, [218] ⑧ *– alt. 1 488 – Sport invernali : 1 520/2 649 m 2 12,.*
[i] via Principale ☎ 0473 634603, Fax 0473 634713.
Roma 733 – Sondrio 133 – Bolzano 96 – Milano 272 – Passo di Resia 10 – Trento 154.

Stocker, via Principale 44 ☎ 0473 634632, *Fax 0473 634668*, ≤, – [TV] ☎ [P]. [S] [MC] [VISA]
16 dicembre-aprile e giugno-13 ottobre – **Pasto** *(chiuso lunedì)* 30/50000 – **19 cam** 90 140000 – ½ P 85/95000.

SAN VIGILIO (VIGILJOCH) *Bolzano* [218] ⑳ *– Vedere Lana.*

SAN VIGILIO DI MAREBBE **(ST. VIGIL ENNEBERG)** *39030 Bolzano* [988] ⑤, [429] B 17 *G. Italia alt. 1 201 – Sport invernali : Plan de Corones : 1 201/2 273 m 12 19,.*
[i] Ciasa Dolomites, via al Plan 97 ☎ 0474 501037, Fax 0474 501566.
Roma 724 – Cortina d'Ampezzo 54 – Bolzano 87 – Brunico 18 – Milano 386 – Trento 147.

Almhof-Hotel Call, via Plazores 8 ☎ 0474 501043, *Fax 0474 501569*, ≤ monti, Centro benessere, , , – [TV] ☎ [P]. [S] [MC] [VISA].
dicembre-10 aprile e giugno-10 ottobre – **Pasto** 40/90000 – **44 cam** 180/300000 ½ P 135/240000.

Excelsior, via Valiares 44 ☎ 0474 501036, *Fax 0474 501655*, ≤ Alpi di Sennes e Fanes, – , rist, rist, [TV] ☎ [P]. [AE] [S] [MC] [VISA] [JCB].
4 dicembre-3 aprile e 26 giugno-10 ottobre – **Pasto** 35/80000 – **27 cam** 145/260000 3 appartamenti – ½ P 145/155000.

Al Sole, via Catarina Lanz 8 ☎ 0474 501012, *Fax 0474 501704*, ≤ – , rist, rist, [TV] ☎ [P]. cam
dicembre-aprile e luglio-ottobre – **Pasto** carta 40/90000 – **21 cam** 125/240000 ½ P 150/165000.

Monte Sella, strada Caterina Lanz 7 ☎ 0474 501034, *Fax 0474 501714*, ≤, « Elegante casa di inizio secolo », , – , rist, [TV] ☎ [P]. [S] [VISA]. rist
dicembre-Pasqua e 15 giugno-settembre – **Pasto** (solo per alloggiati) – **30 cam** solo ½ P 115/170000.

Les Alpes, via Valiares 37 ☎ 0474 501080, *Fax 0474 501630*, ≤ monti, rist. e pizzeria, , rist, [TV] ☎ [P]. [AE] [S] [MC] [VISA].
dicembre-aprile e giugno-settembre – **Pasto** carta 45/90000 – **29 cam** 150/220000 ½ P 130000.

Floralp, Strada Plan de Corones 31 (Nord-Ovest 1 km) ☎ 0474 501115, *Fax 0474 501633*, ≤ Alpe di Fanes, , , , – [TV] ☎ [P]. [S] [MC] [VISA].
4 dicembre-aprile e 18 giugno-10 ottobre – **Pasto** (solo per alloggiati) 35/60000 – **32 cam** 105/240000 – ½ P 145000.

Tabarel, via Catarina Lanz 28 ☎ 0474 501210, *Fax 0474 501210*, Rist. con enoteca e bistrot – . [AE] [S] [MC] [VISA] *dicembre-aprile e giugno-novembre* – **Pasto** carta 50/75000.

SAN VINCENZO *57027 Livorno* [988] ⑭, [430] M 13 *G. Toscana – 6 908 ab. – a.s. 15 giugno-15 settembre.*
[i] via Beatrice Alliata 2 ☎ 0565 701533, Fax 0565 701533.
Roma 260 – Firenze 146 – Grosseto 73 – Livorno 60 – Piombino 21 – Siena 109.

Park Hotel I Lecci, via della Principessa 116 (Sud : 1,7 km) ☎ 0565 704111, *Fax 0565 703224*, , « Grande parco sul mare con e », , , – [TV] ☎ [P] – 160. [AE] [S] [MC] [VISA] [JCB].
chiuso dicembre e gennaio – **Pasto** vedere rist ***La Campigiana*** – **74 cam** 280/490000 – ½ P 200/300000.

Riva degli Etruschi, via della Principessa 120 (Sud : 2,5 km) ☎ 0565 702351, *Fax 0565 704011*, « Villette in un grande parco sul mare », riscaldata, , – [TV] ☎ [P]. [S] [MC] [VISA].
Pasto 50/60000 – 18000 – **95 cam** 180/275000 – ½ P 265000.

Kon Tiki, via Umbria 2 ☎ 0565 701714, *Fax 0565 705014*, , , – [TV] ☎ [P]. [AE] [S] [MC] [VISA].
Pasto *(aprile-settembre)* carta 40/60000 – **25 cam** 160/220000 – ½ P 100/190000.

La Coccinella senza rist, via Indipendenza 1 ☎ 0565 701794, *Fax 0565 701794*, –
20 aprile-settembre – **27 cam** ☐ 100/185000.

Il Delfino senza rist, via Cristoforo Colombo 15 ☎ 0565 701179, *Fax 0565 701383*, ≤,
☐ 20000 – **40 cam** 160/200000.

Villa Marcella, via Palombo 1 ☎ 0565 701646, *Fax 0565 702154* –
chiuso dal 10 novembre al 26 dicembre – **Pasto** *(chiuso mercoledì escluso dal 15 giugno al 15 settembre)* carta 55/80000 – **33 cam** ☐ 130/180000 – 1/2 P 140/160000.

Gambero Rosso, piazza della Vittoria 13 ☎ 0565 701021, *Fax 0565 704542*, ≤, Coperti limitati; prenotare –
chiuso dal 30 ottobre al 13 dicembre, lunedì e martedì – **Pasto** 110/130000 e carta 100/165000
Spec. Ravioli d'ortaggi al rag' di triglie. Petto di piccione ai profumi d'oriente. Maialino "cinta senese" al mirto.

La Bitta, via Vittorio Emanuele II 119 ☎ 0565 704080, *Fax 0565 704080*, ≤, –
*chiuso dal 15 novembre al 15 dicembre, a mezzogiorno dal 15 giugno al 15 settembre, domenica sera e lunedì negli altri mesi***Pasto** specialità di mare carta 80/115000.

La Campigiana, via della Principessa 116 (Sud : 1,7 km) ☎ 0565 704111, prenotare, « Servizio estivo in giardino », –
chiuso dicembre e a mezzogiorno da novembre a febbraio – **Pasto** carta 55/95000.

SAN VITO *Terni* 430 O 19 – *Vedere Narni.*

SAN VITO AL TAGLIAMENTO *33078 Pordenone* 988 ⑤, 429 E 20 – *12 822 ab. alt. 31.*
Roma 600 – Udine 42 – Belluno 89 – Milano 339 – Trieste 109 – Venezia 89.

Patriarca, via Pascatti 6 ☎ 0434 875555, *Fax 0434 875353* – – 50.
Pasto carta 50/85000 – ☐ 15000 – **28 cam** 100/155000, appartamento.

a Rosa *Nord-Est : 2,5 km – ✉ 33078 San Vito al Tagliamento :*

Griglia d'Oro, via della Dogna 2 ☎ 0434 80301, *Fax 0434 82842*, , prenotare –
chiuso dal 26 dicembre al 6 gennaio, dal 5 al 31 agosto, domenica sera e martedì – **Pasto** specialità alla griglia carta 50/80000.

SAN VITO DI CADORE *32046 Belluno* 988 ⑤, 429 C 18 *G. Italia – 1 689 ab. alt. 1 010.*
via Nazionale 9 ☎ 0436 9119, Fax 0436 99345.
Roma 661 – Cortina d'Ampezzo 11 – Belluno 60 – Milano 403 – Treviso 121 – Venezia 150.

Ladinia, via Ladinia 14 ☎ 0436 890450, *Fax 0436 99211*, ≤ Dolomiti e pinete, –
20 dicembre-20 aprile e 15 giugno-15 settembre – **Pasto** 40/50000 – ☐ 20000 – **36 cam** 180/300000, 8 appartamenti – 1/2 P 225000.

Dolomiti, via Roma 33 ☎ 0436 890184, *Fax 0436 890184*, ≤, –
20 dicembre-Pasqua e 20 giugno-20 settembre – **Pasto** carta 30/50000 – ☐ 12000 – **30 cam 120/240000** – 1/2 P 130000.

Nevada, corso Italia 26 ☎ 0436 890400, *Fax 0436 890400* –
chiuso maggio e novembre – **Pasto** 35/40000 – ☐ 10000 – **31 cam** 80/150000 – 1/2 P 95/135000.

Rifugio Larin, località Senes Ovest : 3 km ☎ 0436 9112, ≤ valle e dolomiti, –
15 giugno-settembre – **Pasto** carta 35/60000.

SAN VITO DI LEGUZZANO *36030 Vicenza* 429 E 16 – *3 300 ab. alt. 158.*
Roma 540 – Verona 67 – Bassano del Grappa 38 – Padova 62 – Trento 70 – Venezia 97 – Vicenza 20.

Antica Trattoria Due Mori con cam, via Rigobello 39 ☎ 0445 671635, *Fax 0445 511611* –
chiuso agosto – **Pasto** *(chiuso lunedì)* carta 45/55000 – ☐ 20000 – **10 cam** 75/100000.

SAN VITO LO CAPO *Trapani* 988 ㉟, 432 M 20 – *Vedere Sicilia alla fine dell'elenco alfabetico.*

SAN VITTORE DEL LAZIO *03040 Frosinone 988 ㉗, 430 R 23 – 2 665 ab. alt. 210.*

Roma 137 – Frosinone 62 – Caserta 62 – Gaeta 65 – Isernia 38 – Napoli 91.

All'Oliveto, via Passeggeri ☎ 0776 335226, *Fax 0776 335447,* « Servizio estivo all'aperto con ≤ colli e vallata » – ▤ P. AE S ⓓ MC VISA.
Pasto specialità di mare carta 40/70000.

SAN VITTORE OLONA *20028 Milano 428 F 8, 219 ⑱ – 6 985 ab. alt. 197.*

Roma 593 – Milano 24 – Como 37 – Novara 39 – Pavia 58.

Locanda della Pesa, piazza Italia 20/24 ☎ 0331 420002, *Fax 0331 420002* – AE S ⓓ VISA
chiuso agosto, sabato a mezzogiorno e lunedì – **Pasto** carta 50/75000.

SAN ZENO DI MONTAGNA *37010 Verona 428, 429 F 14 – 1 212 ab. alt. 590.*

(giugno-settembre) via Cà Montagna ☎ 045 7285076.

Roma 544 – Verona 46 – Garda 17 – Milano 168 – Riva del Garda 48 – Venezia 168.

Diana , via Cà Montagna 54 ☎ 045 7285113, *Fax 045 7285775,* ≤, « Boschetto-giardino », , – TV ☎ P. S MC VISA.
Pasqua-settembre – **Pasto** 35/45000 – **53 cam** ☐ 150000 – 1/2 P 95000.

SAN ZENONE DEGLI EZZELINI *31020 Treviso 429 E 17 – 6 224 ab. alt. 117.*

Roma 551 – Padova 53 – Belluno 71 – Milano 247 – Trento 96 – Treviso 39 – Venezia 89 Vicenza 43.

Alla Torre, località Sopracastello Nord : 2 km ☎ 0423 567086, *Fax 0423 567086,* « Servizio estivo sotto un pergolato con ≤ » – P. AE S ⓓ MC VISA JCB
chiuso dal 1° al 15 novembre, martedì e mercoledì a mezzogiorno – **Pasto** carta 40/70000

Demandez chez le libraire
le catalogue des ***publications Michelin.***

SAONARA *35020 Padova 429 F 17 – 8 491 ab. alt. 10.*

Roma 498 – Padova 15 – Chioggia 35 – Milano 245 – Padova 12 – Venezia 40.

Antica Trattoria al Bosco, via Valmarana 13 ☎ 049 640021, *Fax 049 8790841,* « Servizio estivo sotto un pergolato » – P. AE S ⓓ MC VISA.
Pasto carta 60/80000.

SAPPADA *32047 Belluno 988 ⑤, 429 C 20 – 1 414 ab. alt. 1 250 – Sport invernali : 1 250/2 032 m 10, .*

via Bach 20 ☎ 0435 469131, Fax 0435 66233.

Roma 680 – Udine 92 – Belluno 79 – Cortina d'Ampezzo 66 – Milano 422 – Tarvisio 110 Venezia 169.

Haus Michaela, borgata Fontana 40 ☎ 0435 469377, *Fax 0435 66131,* ≤ monti, , riscaldata, – TV ☎ P. S MC VISA
dicembre-19 marzo e 21 maggio-settembre – **Pasto** (solo per alloggiati) carta 40/55000 – ☐ 13000 – **18 cam** 100/160000, 3 appartamenti – 1/2 P 145000.

Corona Ferrea, borgata Kratten 11/12 ☎ 0435 469103, *Fax 0435 469103,* ≤, – TV ☎ P. AE.
20 dicembre-marzo e luglio-settembre – **Pasto** 30/45000 – ☐ 12000 – **25 cam** 70/130000 – 1/2 P 90/105000.

Posta, via Pal' 22 ☎ 0435 469116, *Fax 0435 469577,* ≤, – TV ☎ P. AE S ⓓ MC VISA.
dicembre-aprile e giugno-settembre – **Pasto** carta 40/55000 – **17 cam** ☐ 80/140000 – 1/2 P 120000.

Cristina , borgata Hoffe 19 ☎ 0435 469711, *Fax 0435 469430,* ≤ – TV ☎ P. AE S ⓓ MC VISA.
chiuso maggio e novembre – **Pasto** *(chiuso lunedì escluso dicembre, luglio ed agosto)* carta 40/65000 – ☐ 15000 – **10 cam** 100/150000 – 1/2 P 140000.

Claudia, senza rist, borgata Fontana 38 ☎ 0435 66241, *Fax 0435 66241* – TV ☎ P
stagionale – **13 cam.**

Keisn, borgata Kratten 3 ☎ 0435 469070, Coperti limitati; prenotare – AE S ⓓ MC VISA JCB.
chiuso mercoledì e giovedì a mezzogiorno – **Pasto** 50/80000 e carta 60/90000
Spec. Raviolo aperto di trippa e stravecchio di Enemonzo (autunno-inverno). Vitello in crosta di basilico (primavera-estate). Crostata meringata ai mirtilli rossi con gelato all'issopo (estate-autunno).

a Cima Sappada *Est : 4 km – alt. 1 295 – ✉ 32047 Sappada :*

Belvedere, ✆ 0435 469112, *Fax 0435 469112,* ≤, *Fitness*, ≘ – |‡| TV ☎ P. 🅂 MC VISA. ✕
dicembre-Pasqua e 20 giugno-20 settembre – **Pasto** (solo per alloggiati) 40/45000 – **15 cam** ☐ 85/170000 – ½ P 155000.

Bellavista ⛰, via Cima 35 ✆ 0435 469175, *Fax 0435 66194,* ≤ monti e vallata – |‡| TV ☎ P. ✕
dicembre-15 aprile e 15 giugno-settembre – **Pasto** *(chiuso martedì)* carta 40/50000 – ☐ 15000 – **24 cam** 120/200000 – ½ P 130000.

SAPRI *84073 Salerno* 988 ㊳, 431 G 28 – *7 154 ab. – a.s. luglio-agosto.*
Escursioni *Golfo di Policastro*★★ *Sud per la strada costiera.*
Roma 407 – Potenza 131 – Castrovillari 94 – Napoli 201 – Salerno 150.

Mediterraneo, via Verdi ✆ 0973 391774, *Fax 0973 391774,* ≤, 🌳 – ☎ P. AE 🅂 ⓓ MC VISA. ✕
maggio-settembre – **Pasto** carta 40/70000 – ☐ 12000 – **20 cam** 80/110000 – ½ P 70/120000.

Tirreno, corso Italia 73 ✆ 0973 391006, *Fax 0973 391157,* 🏖 – |‡| TV ☎ P. AE 🅂 ⓓ MC VISA. ✕ rist
Pasto *(giugno-settembre)* carta 30/50000 – ☐ 12000 – **45 cam** 70/110000 – ½ P 60/120000.

Lucifero, corso Garibaldi I trav. ✆ 0973 603033 – AE 🅂 ⓓ MC VISA. ✕
chiuso dal 20 dicembre al 20 gennaio e mercoledì (escluso dal 15 luglio al 15 settembre) – **Pasto** carta 35/70000.

SARDEGNA (Isola) 988 ㉓ ㉔ ㉝ ㉞, 433 – *Vedere alla fine dell'elenco alfabetico.*

SARENTINO (SARNTHEIN) *39058 Bolzano* 988 ④, 429 C 16 – *6 548 ab. alt. 966.*
Roma 662 – Bolzano 23 – Milano 316.

XX **Bad Schörgau** ⛰ con cam, Sud : 2 km ✆ 0471 623048, *Fax 0471 622442,* « Servizio estivo all'aperto », 🌳 – TV ☎ P
11 cam.

X **Auener Hof** ⛰ con cam, via Prati 21 (Ovest : 7 km, alt. 1 600) ✆ 0471 623055, *Fax 0471 623055,* ≤ Dolomiti e pinete, 🏠, Turismo equestre, 🌳 – ☎ P. AE 🅂 ⓓ MC VISA
Pasto *(chiuso dal 10 gennaio al 6 febbraio e lunedì)* specialità di selvaggina carta 40/70000 – **7 cam** ☐ 80/120000 – ½ P 70/90000.

SARMEGO *Vicenza* 429 F 17 – *alt. 27 – ✉ 36040 Grumolo delle Abbadesse.*
Roma 521 – Padova 21 – Milano 213 – Trento 104 – Treviso 64 – Venezia 55 – Vicenza 12.

X **Ai Cacciatori,** via Venezia 35 ✆ 0444 389018 – P. AE 🅂 ⓓ MC VISA
chiuso luglio, martedì sera e mercoledì – **Pasto** specialità arrosti e bolliti carta 30/40000.

SARNANO *62028 Macerata* 988 ⑯, 430 M 21 – *3 379 ab. alt. 539 – Stazione termale, a.s. 5 luglio-agosto e Natale – Sport invernali : a Sassotetto e Maddalena : 539/1 650 m ⛷5.*
ℹ *largo Enrico Ricciardi ✆ 0733 657144, Fax 0733 657343.*
Roma 237 – Ascoli Piceno 54 – Ancona 89 – Macerata 39 – Porto San Giorgio 68.

Eden ⛰, via De Gasperi 26 (Ovest : 1 km) ✆ 0733 657197, *Fax 0733 657123,* ≤, « Giardino e pinetina » – |‡| TV ☎ P. AE 🅂 ⓓ MC VISA. ✕
Pasto *(chiuso mercoledì)* 30000 – **33 cam** ☐ 70/100000 – ½ P 70/80000.

SARNICO *24067 Bergamo* 988 ③, 428, 429 E 11 – *5 731 ab. alt. 197.*
ℹ *via Lantieri 5 ✆ 035 910900, Fax 035 910900.*
Roma 585 – Bergamo 28 – Brescia 36 – Iseo 10 – Lovere 26 – Milano 73.

XX **Al Desco,** piazza XX Settembre 19 ✆ 035 910740, *Fax 035 910740,* 🏠 – AE 🅂 ⓓ MC VISA. ✕
✿ *chiuso gennaio, lunedì e martedì a mezzogiorno* – **Pasto** solo specialità di pesce carta 70/100000
Spec. Gamberetti di laguna con polenta. Maltagliati con filetto di orata e fiori di zucchina. Calamaretti fritti e grigliati.

XX **Al Tram,** via Roma 1 ✆ 035 910117, *Fax 035 4425050,* « Servizio estivo all'aperto » – P. 🅂 MC VISA
chiuso mercoledì escluso dal 15 giugno al 15 settembre – **Pasto** carta 50/60000.

SARNTHEIN = *Sarentino.*

SARONNO *21047 Varese* 988 ③, 428 F 9 – *36 939 ab. alt. 212.*

Green Club, a Lainate ✉ 20020 ☎ 02 9370869, Fax 02 9374401, Sud : 6 km.

Roma 603 – Milano 26 – Bergamo 67 – Como 26 – Novara 54 – Varese 29.

Albergo della Rotonda, via Novara 53 svincolo autostrad ☎ 02 96703232 e rist. ☎ 02 96703593, *Fax 02 96702770* – 15 AE ⑤ ⓪ MC VISA. ⛔ rist
chiuso dal 23 dicembre al 10 gennaio ed agosto – **Pasto** al Rist. ***Mezzaluna*** *(chiuso sabat* carta 65/90000 – **92 cam** 300/400000.

Cyrano senza rist, via IV Novembre 11/13 ☎ 02 96700081, *Fax 02 96704513* – 40. AE ⑤ ⓪ MC VISA. ⛔
40 cam 250/350000.

Mercurio senza rist, via Hermada 2 ☎ 02 9602795, *Fax 02 9609330* – . AE ⓪ MC VISA JCB
chiuso dal 24 dicembre al 1° gennaio – **24 cam** 100/150000.

SARRE *11010 Aosta* 428 E 3, 219 ② *G. Italia – 4 088 ab. alt. 780.*

Roma 752 – Aosta 7 – Courmayeur 32 – Milano 190 – Colle del Piccolo San Bernardo 50.

Etoile du Nord, frazione Arensod 11/a ☎ 0165 258219, *Fax 0165 258225,* ≤ monti – – 130. AE ⑤ ⓪ MC VISA. ⛔
Pasto carta 40/80000 – **59 cam** 125/200000 – ½ P 120/130000.

Panoramique , località Pont d'Avisod 32 (Nord-Est : 2 km) ☎ 0165 55124 *Fax 0165 552747,* ≤ monti e vallata, – . AE ⑤ MC VISA. ⛔
chiuso novembre – **Pasto** *(chiuso a mezzogiorno)* 35000 – 12000 – **31 cam** 100/1400 – ½ P 95/105000.

Mille Miglia, sulla strada statale, località San Maurice 15 ☎ 0165 25722 *Fax 0165 257621,* prenotare – . AE ⑤ ⓪ MC VISA JCB
chiuso dal 4 al 24 novembre e lunedì – **Pasto** 25/40000 e carta 40/105000.

a Bellun *Ovest : 9 km – alt. 1385 – ✉ 11010 Sarre :*

Mont Fallère , ☎ 0165 257255, *Fax 0165 257255,* ≤ monte Grivola e vallata – . AE ⓪ VISA. ⛔
aprile-15 ottobre; solo su prenotazione negli altri mesi – **Pasto** *(chiuso martedì dal settembre al 16 giugno)* 30000 – 10000 – **12 cam** 90000, appartamento – ½ P 70/8000

SARTEANO *53047 Siena* 988 ⑮, 430 N 17 *G. Toscana – 4 462 ab. alt. 573.*

Roma 156 – Perugia 60 – Orvieto 51 – Siena 81.

Santa Chiara con cam, piazza Santa Chiara 30 ☎ 0578 265412, *Fax 0578 266849,* prenotare, « In un convento del 16° secolo-servizio estivo in giardino », – . AE ⓪ MC VISA JCB. ⛔ rist
chiuso novembre – **Pasto** *(chiuso martedì)* carta 55/80000 – **10 cam** 160/20000 appartamento – ½ P 160000.

SARZANA *19038 La Spezia* 988 ⑭, 428, 429, 430 J 14 *G. Italia – 20 055 ab. alt. 27.*

Vedere *Pala scolpita★ e crocifisso★ nella Cattedrale – Fortezza di Sarzanello★ : ✻★ Nord-Est : 1 km.*

Roma 403 – La Spezia 16 – Genova 102 – Massa 20 – Milano 219 – Pisa 60 – Regg nell'Emilia 148.

Girarrosto-da Paolo, via dei Molini 388 (Nord : 2,5 km) ☎ 0187 62108 *Fax 0187 621088* – . AE ⑤ ⓪ VISA
Pasto carta 35/50000.

La Giara, via Bertoloni 35 ☎ 0187 624013, prenotare. AE ⑤ ⓪ MC VISA
chiuso martedì – **Pasto** carta 40/55000.

SASSARI P 988 ㉝, 433 E 7 – *Vedere Sardegna alla fine dell'elenco alfabetico.*

SASSELLA *Sondrio – Vedere Sondrio.*

SASSELLO *17046 Savona* 988 ⑫, 428 I 7 – *1 772 ab. alt. 386.*

Roma 559 – Genova 65 – Alessandria 67 – Milano 155 – Savona 28 – Torino 150.

Pian del Sole, località Pianferioso 23 ☎ 019 724255, *Fax 019 720038* – 60. ⑤ MC VISA. ⛔ rist
Pasto *(chiuso mercoledì)* carta 40/60000 – **32 cam** 90/140000 – ½ P 75/105000.

SASSETTA *57020 Livorno* [988] ⑭, [430] M 13 – *651 ab. alt. 337 – a.s. 15 giugno-15 settembre.*
Roma 279 – Grosseto 77 – Livorno 64 – Piombino 40.

🍴 **Il Castagno,** via Campagna Sud 72 (Sud : 1 km) ☎ 0565 794219, 🌳 – [P]. ✂
chiuso lunedì – **Pasto** carta 25/45000.

SASSO MARCONI *40037 Bologna* [988] ⑭, [429], [430] I 15 – *13 516 ab. alt. 124.*
Roma 361 – Bologna 16 – Firenze 87 – Milano 218 – Pistoia 78.

🍴🍴 **Marconi,** via Porrettana 291 ☎ 051 846216, *Fax 051 846216* – [P]. [AE] [S] ⓞ [MC] [VISA]. ✂
chiuso agosto, domenica sera e lunedì – **Pasto** specialità di mare carta 60/95000.

🍴🍴 **La Rupe,** via Porrettana 557 ☎ 051 841322, *Fax 051 841322* – ▤ [P]. [AE] [S] ⓞ [MC] [VISA]. ✂
chiuso dall'8 gennaio al 13 febbraio e giovedì – **Pasto** carta 50/90000.

🍴 **Locanda Del Castello,** via Palazzo de' Rossi 16 (Nord-Est : 3 km) ☎ 051 6781172 – [P]. [AE] [S] ⓞ [MC] [VISA]
chiuso dal 7 al 27 gennaio e martedì – **Pasto** carta 40/80000.

a Mongardino *Nord-Ovest : 6 km – alt. 369 – ✉ 40044 Pontecchio Marconi :*

🍴🍴 **Antica Trattoria la Grotta,** via Tignano 3 ☎ 051 6755110, *Fax 051 6755110*, prenotare – [P]. [S] [VISA]
chiuso dall'8 gennaio al 13 febbraio, mercoledì e giovedì a mezzogiorno – **Pasto** carta 45/65000.

SASSUOLO *41049 Modena* [988] ⑭, [428], [429], [430] I 14 – *40 545 ab. alt. 123.*
Roma 427 – Bologna 67 – Lucca 153 – Modena 17 – Reggio nell'Emilia 23.

🍴🍴 **La Paggeria,** piazzale della Rosa 19 ☎ 0536 805190, *Fax 0536 805190* – [AE] [S] ⓞ [MC] [VISA] [JCB]. ✂
chiuso dal 1º all'8 gennaio, agosto, sabato a mezzogiorno e domenica – **Pasto** carta 45/70000.

SATURNIA *58050 Grosseto* [430] O 16 *G. Toscana – alt. 294.*
Roma 195 – Grosseto 57 – Orvieto 85 – Viterbo 91.

🏠 **Villa Clodia** 🐦 senza rist, via Italia 43 ☎ 0564 601212, *Fax 0564 601305*, ⩽, 🏊, 🌳 – [TV] ☎. [VISA]. ✂
chiuso dal 10 al 20 dicembre – **10 cam** ☕ 100/150000.

🏠 **Villa Garden** 🐦 senza rist, Sud : 1 km ☎ 0564 601182, *Fax 0564 601182*, 🌳 – [TV] ☎ [P]. [AE] [S] ⓞ [MC] [VISA]. ✂
chiuso dal 10 al 20 dicembre – **9 cam** ☕ 150/180000, appartamento.

🍴🍴 **I Due Cippi-da Michele,** piazza Veneto 26/a ☎ 0564 601074, *Fax 0564 601207*, 🌳 – [AE] [S] ⓞ [MC] [VISA]. ✂
chiuso dal 10 al 24 dicembre e martedì (escluso da luglio a settembre) – **Pasto** carta 50/75000.

alle terme *Sud-Est : 3 km :*

🏨 **Terme di Saturnia** 🐦, ☎ 0564 601061, *Fax 0564 601266*, ⩽, « Giardino ombreggiato », 🏋, 🏊, 🏊 termale, 🎾, ⛳ – 🛗, ✂ rist, ▤ [TV] ☎ [P] – 🎤 70. [AE] [S] ⓞ [MC] [VISA]. ✂
Pasto (solo per alloggiati e *chiuso lunedì*) – **90 cam** ☕ 345/610000, 8 appartamenti – 1/2 P 480000.

🍴🍴 **La Stellata Osteria del Bagno,** con cam, località Pian del Bagno Sud : 2 km ☎ 0564 602978, *Fax 0564 602934* – [TV] ☎ [P]. [AE] [S] ⓞ [MC] [VISA]. ✂
Pasto *(chiuso a mezzogiorno)* carta 45/60000 – ☕ 10000 – **13 cam** 150/180000 – 1/2 P 130000.

SAURIS *33020 Udine* [988] ⑤, [429] C 20 – *422 ab. alt. 1 390 – a.s. 15 luglio-agosto e Natale – Sport invernali : 1 200/1 450 m ⛷5, ⛷.*
Roma 723 – Udine 84 – Cortina d'Ampezzo 102.

🍴 **Alla Pace,** via Sauris di Sotto 92, località Sauris di Sotto ☎ 0433 86010, *Fax 0466 86220* – [VISA]. ✂
chiuso dal 10 al 28 giugno e mercoledì escluso da luglio al 10 settembre – **Pasto** carta 40/60000.

SAUZE D'OULX *10050 Torino* [988] ⑪, [428] G 2 – *1 061 ab. alt. 1 509 – a.s. febbraio-marzo e Natale – Sport invernali : 1 509/2 507 m ⛷16, ⛷.*
[i] *(chiuso domenica pomeriggio) piazza Assietta 18 ☎ 0122 858009, Fax 0122 850497.*
Roma 746 – Briançon 37 – Cuneo 145 – Milano 218 – Sestriere 27 – Susa 28 – Torino 81.

a Le Clotes *5 mn di seggiovia o E : 2 km (solo in estate) – alt. 1 790 – ✉ 10050 Sauze d'Oulx :*

Il Capricorno, via Case Sparse 21 ☎ 0122 850273, *Fax 0122 850055*, ≤ monti vallate, « In pineta » – . VISA. cam
chiuso da maggio al 15 giugno e dal 15 settembre al 1° dicembre – **Pasto** (prenotare) car 65/105000 – **7 cam** 200/280000 – ½ P 220000.

SAVELLETRI *72010 Brindisi 431 E 34 – a.s. 20 giugno-agosto.*

Roma 509 – Bari 65 – Brindisi 54 – Matera 92 – Taranto 55.

Da Renzina, piazza Roma 6 ☎ 080 4829075, *Fax 080 4829075*, ≤, « Servizio estivo terrazza sul mare » – . AE VISA
chiuso gennaio e venerdì – **Pasto** carta 45/75000.

sulla strada litoranea *Sud-Est : 2,5 km:*

Masseria San Domenico, località Petolecchia ✉ 72010 ☎ 080 482799 *Fax 080 4827978*, « In un'antica masseria del '400 tra ulivi secolari », – 150. AE VISA.
chiuso sino a marzo – **Pasto** *(chiuso martedì)* carta 60/105000 – **31 cam** 220/44000 appartamento – ½ P 255/270000.

SAVIGLIANO *12038 Cuneo 988 ⑫, 428 I 4 – 19 571 ab. alt. 321.*

Roma 650 – Cuneo 33 – Torino 54 – Asti 63 – Savona 104.

Granbaita, via Cuneo 25 ☎ 0172 711500, *Fax 0172 711518*, – 100. AE VISA JCB
Pasto vedere rist ***Granbaita*** – 15000 – **67 cam** 120/140000, 2 appartamenti.

Granbaita, via Cuneo 23 ☎ 0172 712060 – . AE VISA JCB
chiuso domenica sera – **Pasto** carta 35/65000.

SAVIGNANO SUL PANARO *41056 Modena 429, 430 I 15 – 8 191 ab. alt. 102.*

Roma 394 – Bologna 29 – Milano 196 – Modena 26 – Pistoia 110 – Reggio nell'Emilia 52.

Il Formicone, verso Vignola Sud-Ovest : 1 km ☎ 059 771506 – . AE VISA
chiuso dal 7 al 14 gennaio, dal 6 luglio al 1° agosto e martedì – **Pasto** carta 65/100000.

SAVIGNO *40060 Bologna 429, 430 I 15 – 2 570 ab. alt. 259.*

Roma 394 – Bologna 39 – Modena 40 – Pistoia 80.

Trattoria da Amerigo, via Marconi 16 ☎ 051 6708326, *Fax 051 6708528*, , prenota re – AE VISA
chiuso a mezzogiorno (escluso i giorni festivi), lunedì e da gennaio a maggio anche marte – **Pasto** carta 45/65000
Spec. Tigelline con parmigiano fuso e in scaglie all'aceto balsamico tradizionale. Cordonet (pasta) neri con spugnole (marzo-giugno). Guancia di vitella brasata al barbera con puré cipolla bolognese croccante.

SAVIGNONE *16010 Genova 428 I 8 – 100 ab. alt. 471.*

Roma 514 – Genova 27 – Alessandria 60 – Milano 124 – Piacenza 126.

Palazzo Fieschi, piazza della Chiesa 14 ☎ 010 9360063, *Fax 010 936821*, « Dimora patr zia cinquecentesca », – – 90. AE VISA JCB.
chiuso dal 25 dicembre al 25 gennaio – **Pasto** *(chiuso martedì)* carta 55/90000 – **20 car** 180/250000 – ½ P 180000.

SAVOGNA D'ISONZO *34070 Gorizia – 1 744 ab. alt. 40.*

Roma 639 – Udine 40 – Gorizia 5 – Trieste 29.

a Gabria *Sud : 2 km – ✉ 34070 Savogna d'Isonzo :*

Da Tommaso, con cam, via Trieste 1 (Sud : 1 km) ☎ 0481 882004, *Fax 0481 882321*, « Giardino-pineta » –
12 cam.

a San Michele del Carso *Sud-Ovest : 4 km – ✉ 34070 :*

Trattoria Gostilna Devetak, via San Michele del Carso 48 ☎ 0481 882005 *Fax 0481 882488*, – – 25. AE VISA JCB.
chiuso febbraio o luglio, lunedì e martedì – **Pasto** cucina carsolina carta 40/60000.

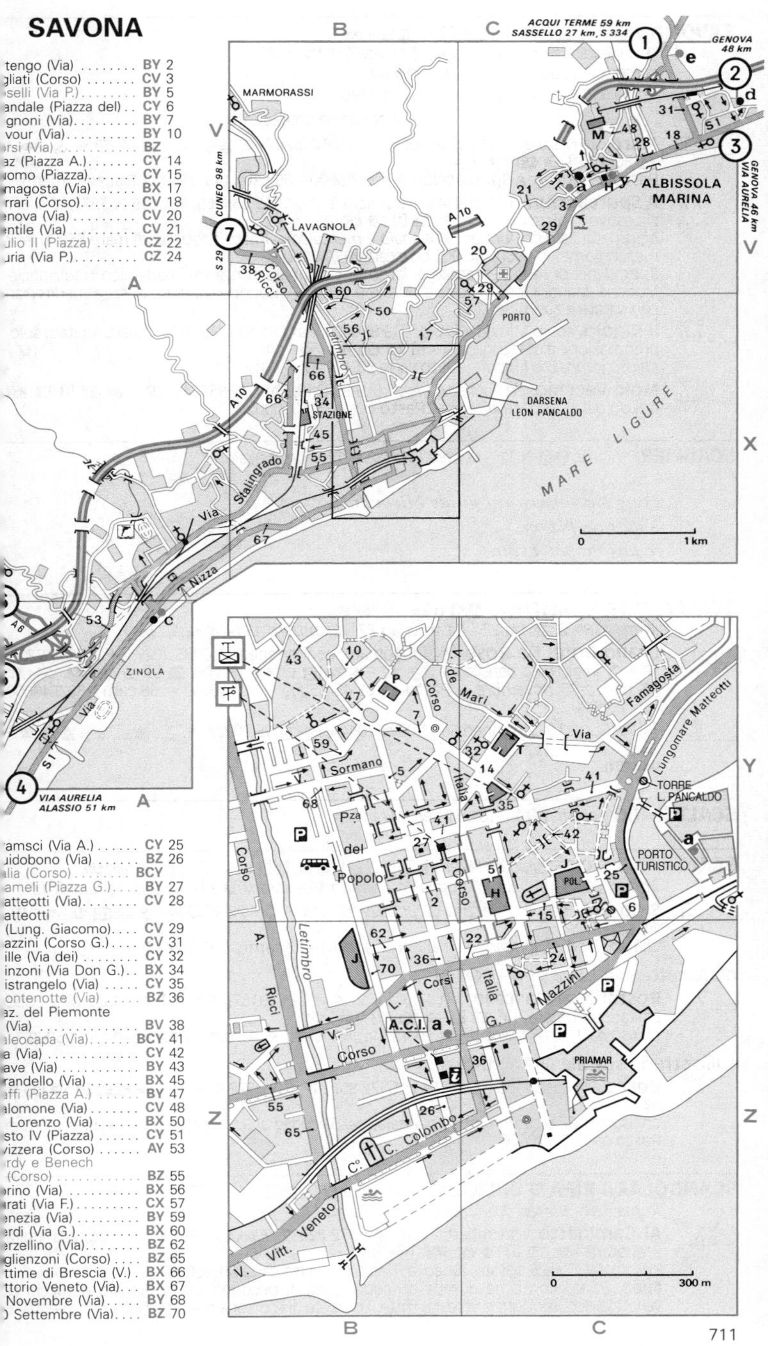
SAVONA
tengo (Via) . . . . BY 2
gliati (Corso) . . . . CV 3
selli (Via P.) . . . . BY 5
andale (Piazza del) . . CY 6
gnoni (Via) . . . . BY 7
vour (Via) . . . . BY 10
rsi (Via) . . . . BZ
az (Piazza A.) . . . . . . CY 14
uomo (Piazza) . . . . CY 15
magosta (Via) . . . . . . BX 17
rrari (Corso) . . . . CV 18
enova (Via) . . . . CV 20
entile (Via) . . . . CV 21
ulio II (Piazza) . . . . . . CZ 22
uria (Via P.) . . . . CZ 24
ramsci (Via A.) . . . . . . CY 25
uidobono (Via) . . . . . . BZ 26
alia (Corso) . . . . BCY
ameli (Piazza G.) . . . . . BY 27
atteotti (Via) . . . . CV 28
atteotti
(Lung. Giacomo) . . . . CV 29
azzini (Corso G.) . . . . CV 31
ille (Via dei) . . . . CY 32
inzoni (Via Don G.) . . BX 34
istrangelo (Via) . . . . . CY 35
ontenotte (Via) . . . . . . BZ 36
az. del Piemonte
(Via) . . . . BV 38
aleocapa (Via) . . . . . . BCY 41
a (Via) . . . . CY 42
ave (Via) . . . . BY 43
randello (Via) . . . . BX 45
affi (Piazza A.) . . . . . . BY 47
alomone (Via) . . . . CV 48
Lorenzo (Via) . . . . BX 50
sto IV (Piazza) . . . . . . CY 51
vizzera (Corso) . . . . . . AY 53
rdy e Benech
(Corso) . . . . BZ 55
orino (Via) . . . . BX 56
rati (Via F.) . . . . CX 57
enezia (Via) . . . . BY 59
erdi (Via G.) . . . . BX 60
erzellino (Via) . . . . BZ 62
glienzoni (Corso) . . . . BZ 65
ttime di Brescia (V.) . . BX 66
ttorio Veneto (Via) . . . BX 67
Novembre (Via) . . . . . BY 68
) Settembre (Via) . . . . BZ 70
ACQUI TERME 59 km
SASSELLO 27 km, S 334
GENOVA 48 km
GENOVA 46 km VIA AURELIA
CUNEO 98 km
S 29
VIA AURELIA
ALASSIO 51 km
MARMORASSI
LAVAGNOLA
ALBISSOLA MARINA
PORTO
DARSENA LEON PANCALDO
MARE LIGURE
STAZIONE
ZINOLA
Corso Ricci
Letimbro
Via Stalingrado
Via Nizza
A 10
A 6
0 1 km
Corso V. de Mari
Via Famagosta
Lungomare Matteotti
TORRE L. PANCALDO
PORTO TURISTICO
V. Sormano
Pza del Popolo
Corso Italia
Corso A. Ricci
Corsi L.
Corso V.
G. Mazzini
A.C.I.
PRIAMAR
C. Colombo
V. Vitt. Veneto
POL.
0 300 m

SAVONA *17100* [P] [988] ⑫ ⑬, [428] J 7 *G. Italia – 63 102 ab..*
[i] *via Guidobono 23 ☎ 019 8402321, Fax 019 8403672.*
[A.C.I.] *via Guidobono 23 ☎ 019 807669.*
Roma 545 ② – Genova 48 ② – Milano 169 ②.

Pianta pagina precedente

🏨 **Mare,** via Nizza 89/r ☎ 019 264065, *Fax 019 263277,* ≤, ⛱, 🍴 – |‡| ▤ [TV] ☎ ♿ 🚗 [P] 🎤 80. [AE] [$] ⓪ ⓜ [VISA] [JCB] AY
Pasto vedere rist **A Spurcacciun-a** – ☕ 15000 – **65 cam** 145/230000, 8 appartamenti.

🍴🍴 **A Spurcacciun-a** - Hotel Mare, via Nizza 89/r ☎ 019 264065, *Fax 019 263277,* ≤, « Servizio estivo in giardino » – ▤ [P]. [AE] [$] ⓪ ⓜ [VISA] [JCB] AY
✿ *chiuso dal 22 dicembre al 19 gennaio e mercoledì* – **Pasto** specialità di mare 55000 (solo mezzogiorno) 110000, 140000 bc e carta 65/130000
Spec. Noci di rana pescatrice al lardo di Colonnata con aceto balsamico tradizionale di Modena. Mandilli (pasta) con verdurine e gamberi. Bouquet di mare in salsa mediterranea con patate e zucchine.

🍴🍴 **Il Rigolo,** corso Mazzini 62/r ☎ 019 856406, *Fax 019 851472,* 🌂, Coperti limitati; solo su prenotazione a mezzogiorno – [$] ⓪ ⓜ [VISA] [JCB]. ⚔ BZ
chiuso gennaio e lunedì – **Pasto** carta 60/90000.

🍴 **Molo Vecchio,** via Baglietto 8/r ☎ 019 854219, *Fax 019 854219,* 🌂 – ▤. [AE] [$] ⓪ [VISA] CY
chiuso dal 15 al 30 settembre – **Pasto** carta 65/100000.

SCAGLIERI *Livorno* [430] N 12 – *Vedere Elba (Isola d') : Portoferraio.*

Pour être inscrit au ***guide Michelin***
– pas de piston,
– pas de pot-de-vin!

SCALEA *87029 Cosenza* [988] ㊳, [431] H 29 – *9 787 ab..*
Roma 428 – Cosenza 87 – Castrovillari 72 – Catanzaro 153 – Napoli 222.

🏨 **Grand Hotel De Rose** ♨, lungomare Mediterraneo ☎ 0985 20273, *Fax 0985 92019*, ≤, « 🏊 in giardino pensile », ⛱, 🎾 – |‡| ▤ [TV] ☎ [P] – 🎤 200. [AE] [$] ⓪ ⓜ [VISA]. ⚔ rist
15 marzo-15 novembre – **Pasto** carta 45/65000 – ☕ 10000 – **66 cam** 160/240000, ½ P 200000.

🏨 Talao, Corso Mediterraneo 66 ☎ 0985 20444, *Fax 0985 20927,* ≤, 🏊, ⛱, 🎾 – |‡| ▤ ☎ [P] 🎤 45
44 cam.

SCALTENIGO *Venezia* [429] F 18 – *Vedere Mirano.*

SCANDIANO *42019 Reggio nell'Emilia* [988] ⑭, [428], [429], [430] I 14 – *22 571 ab. alt. 95.*
Roma 426 – Parma 51 – Bologna 64 – Milano 162 – Modena 23 – Reggio nell'Emilia 13.

🏨 **Sirio** senza rist, via Palazzina 32 ☎ 0522 981144, *Fax 0522 984084* – |‡| ▤ [TV] ☎ 🚗. [AE] [$] ⓪ ⓜ [VISA]
chiuso Natale, Capodanno e dal 7 al 23 agosto – **32 cam** ☕ 90/135000.

ad Arceto *Nord-Est : 3,5 km – ✉ 42010 :*

🍴🍴 **Rostaria al Castello,** via Pagliani 2 ☎ 0522 989157, *Fax 0522 989157,* 🌂, Coperti limitati; prenotare – [P]. [AE] [$] ⓪ ⓜ [VISA] [JCB]. ⚔
chiuso dal 9 al 17 gennaio, dal 13 al 26 luglio, lunedì e martedì – **Pasto** carta 55/95000.

sulla strada statale 467 *Nord-Ovest : 4 km :*

🍴🍴 **Bosco,** via Bosco 133 ✉ 42019 ☎ 0522 857242, *Fax 0522 856191* – ▤ [P]. [AE] [$] ⓪ ⓜ [VISA] ⚔
chiuso dal 27 dicembre al 10 gennaio, dal 30 luglio al 27 agosto, lunedì sera e martedì – **Pasto** carta 50/70000.

SCANDOLARA RIPA D'OGLIO *26047 Cremona* [428], [429] G 12 – *652 ab. alt. 47.*
Roma 528 – Brescia 50 – Cremona 15 – Parma 68.

🍴🍴🍴 **Al Caminetto** via Umberto I, 26 ☎ 0372 89589, *Fax 0372 89589,* 🌂, Coperti limitati; prenotare – ▤. [AE] [$] ⓪ ⓜ [VISA] [JCB]. ⚔
✿ *chiuso dal 1° al 25 agosto, lunedì e martedì* – **Pasto** carta 60/90000
Spec. Ravioli con cime di rapa e ricotta, salsa di pecorino sardo. Trancio di luccio con vellutata di pomodoro e verdure fritte. Lombata di scottona alle erbe fini e pepe verde.

SCANNO *67038 L'Aquila* [988] ㉗, [430] Q 23 *G. Italia – 2 155 ab. alt. 1 050.*
Vedere *Lago di Scanno* Nord-Ovest : 2 km.*
Dintorni *Gole del Sagittario** Nord-Ovest : 6 km.*
[i] *piazza Santa Maria della Valle 12 ☎ 0864 74317, Fax 0864 747121.*
Roma 155 – Frosinone 99 – L'Aquila 101 – Campobasso 124 – Chieti 87 – Pescara 98 – Sulmona 31.

Garden, ☎ 0864 74382, *Fax 0864 747488,* – [TV] ☎ [P]. [S] [MC] VISA.
20 dicembre-10 gennaio, Pasqua e luglio-settembre – **Pasto** *(chiuso mercoledì)* 40/50000 – 15000 – **30 cam** 90/140000, 5 appartamenti – ½ P 100/125000.

Miramonti, ☎ 0864 74369, *Fax 0864 74417,* – [TV] ☎ [P] – 200. [AE] [S] [MC] VISA.
Pasto carta 35/50000 – 15000 – **47 cam** 90/120000 – ½ P 90/110000.

Vittoria, via Domenico di Rienzo 46 ☎ 0864 74398, *Fax 0864 747179,* – [TV] ☎ [P]. [S] [MC] VISA.
20 dicembre-10 gennaio, Pasqua e maggio-ottobre – **Pasto** carta 40/50000 – 20000 – **27 cam** 80/110000 – ½ P 90/120000.

Grotta dei Colombi, viale dei Caduti 64 ☎ 0864 74393, *Fax 0864 74393,* – ☎ [P]. [AE] [S] [MC] VISA. rist
chiuso novembre – **Pasto** *(chiuso mercoledì)* carta 35/40000 – 8000 – **16 cam** 55/80000 – ½ P 75000.

🍴 **Lo Sgabello,** via Pescatori 45 ☎ 0864 747476 – [P]. [AE] [S] [MC] VISA.
chiuso mercoledì escluso da giugno a settembre – **Pasto** 30/45000.

al lago *Nord : 3 km :*

Del Lago, viale del Lago 202 ✉ 67038 ☎ 0864 74343, *Fax 0864 747651,* In riva al lago – [TV] ☎ [P]. [AE] [S] [MC] VISA JCB.
20 dicembre-10 gennaio e Pasqua-15 ottobre – **Pasto** *(chiuso mercoledì escluso luglio-agsoto)* carta 45/70000 – 15000 – **24 cam** 100/130000 – ½ P 110/140000.

Park Hotel, ✉ 67038 ☎ 0864 74624, *Fax 0864 74608,* lago, – [TV] ☎ [P] – 100. [AE] [S] [MC] VISA JCB.
20 dicembre-10 gennaio, Pasqua e giugno-settembre – **Pasto** carta 30/40000 – **65 cam** 85/130000 – ½ P 110000.

SCANSANO *58054 Grosseto* [988] ㉕, [430] N 16 *– 4 490 ab. alt. 500.*
Roma 180 – Grosseto 29 – Civitavecchia 114 – Viterbo 98.

🍴🍴 **Antico Casale** con cam, località Castagneta Sud-Est : 3 km ☎ 0564 507219, *Fax 0564 507805,* « In campagna, servizio estivo in terrazza e maneggio », – cam, [TV] ☎ [P]. [AE] [S] [MC] VISA.
chiuso dal 15 gennaio a febbraio – **Pasto** carta 40/55000 (10%) – **15 cam** 145/220000 – ½ P 180000.

SCANZANO IONICO *75020 Matera* [988] ㉙, [431] G 32 *– 6 393 ab. alt. 14.*
Roma 483 – Matera 63 – Potenza 125 – Taranto 64.

Miceneo Palace Hotel, strada provinciale per Montalbano Ionico ☎ 0835 953200, *Fax 0835 953044,* – [TV] ☎ [P] – 300. [AE] [S] VISA JCB.
Pasto carta 35/60000 – **61 cam** 120/225000, appartamento – ½ P 120000.

SCAPEZZANO *Ancona* [430] K 21 *– Vedere Senigallia.*

SCARLINO *58020 Grosseto* [430] N 14 *– 3 019 ab. alt. 230.*
Roma 231 – Grosseto 43 – Siena 91 – Livorno 97.

🍴🍴 **Da Balbo,** via Roma 8 ☎ 0566 37204, – [S] [MC] VISA.
chiuso ottobre e martedì – **Pasto** carta 40/55000 (10%).

SCARMAGNO *10010 Torino* [428] F 5, [219] ⑭ *– 706 ab. alt. 278*

Arcadia, via Romano 27 ☎ 0125 739243, *Fax 0125 739444,* – [TV] ☎ [P] – 80. [AE] [S] [MC] VISA
Pasto al Rist. ***L'Arciere*** carta 40/80000 – **38 cam** 130/170000, 12 appartamenti.

SCARPERIA *50038 Firenze* [988] ⑮, [429] K 16, [430] K 16 *– 6 318 ab. alt. 292.*
Roma 293 – Firenze 30 – Bologna 90 – Pistoia 65.

🍴🍴 **Fattoria Il Palagio** con cam, viale Dante 99/101 ☎ 055 846376, *Fax 055 846255* – [P]. [AE] [S] [MC] VISA.
chiuso dal 2 al 25 agosto – **Pasto** carta 45/70000 – **4 cam** 90/130000.

SCENA (SCHENNA) *39017 Bolzano* 429 B 15, 218 ⑩ – *2 630 ab. alt. 640.*
piazza Erzherzog 1/D ✆ 0473 945669, Fax 0473 945581.
Roma 670 – Bolzano 33 – Merano 5 – Milano 331.

Pianta : vedere Merano.

Hohenwart ⛰, via Verdines 5 ✆ 0473 945629, *Fax 0473 945996*, ≤ monti e vallata, Centro Benessere, « Giardino con ⛱ », Fø, ≘s, ⛱, ⅋ – |‡|, ▤ rist, TV ☎ P – 🏃 35. ⓢ ⓜ VISA B
chiuso dal 4 al 18 dicembre e dal 10 gennaio al 15 marzo – **Pasto** carta 55/75000 – **57 ca**
☕ 230/450000, 5 appartamenti – 1/2 P 175/240000.

Starkenberg, via Verdinser 10 ✆ 0473 945665, *Fax 0473 945583*, ≤ monti e vallat « Giardino con ⛱ », Fø, ≘s, ⛱ – |‡| TV ☎ ⇔ P. AE ⓢ ⓜ VISA B
15 febbraio-15 novembre – **Pasto** carta 45/60000 – **45 cam** ☕ 145/300000 – 1/2 P 14(190000.

Gutenberg ⛰, via Ifinger 14 (Nord : 1 km) ✆ 0473 945950, *Fax 0473 945511*, ≤, Fø, ≘ ⛱, ⛱ – |‡| TV ☎ P. ✗ rist B
chiuso dal 6 gennaio al 26 febbraio e dal 4 novembre al 23 dicembre – **Pasto** (solo p alloggiati) – **22 cam** ☕ 135/230000 – 1/2 P 85/135000.

Schlosswirt, via Castello 2 ✆ 0473 945620, *Fax 0473 945538*, ≤, ⛱, ⛱ riscaldata, ⛱ |‡| TV ☎ P. AE ⓢ ⓜ VISA B
chiuso gennaio e febbraio – **Pasto** carta 40/80000 – **29 cam** ☕ 90/200000 – 1/2 P 130000

SCHEGGINO *06040 Perugia* 430 N 20 – *470 ab. alt. 367.*
Roma 131 – Terni 28 – Foligno 58 – Rieti 45.

Del Ponte con cam, via Borgo 11 ✆ 0743 61253, *Fax 0743 61131*, ⛱ – ☎ P. AE ⓢ ⓜ VI JCB. ✗ cam
chiuso dal 1° al 15 settembre – **Pasto** *(chiuso lunedì)* carta 35/65000 – ☕ 5000 – **12 ca** 55/85000 – 1/2 P 75000.

*Un consiglio **Michelin:***
per la buona riuscita di un viaggio, preparatelo in anticipo.
*Le **carte** e le **guide Michelin** vi danno tutte le indicazioni*
utili su: itinerari, curiosità, sistemazioni, prezzi, ecc.

SCHENNA = *Scena.*

SCHIAVON *36060 Vicenza* 429 E 16 – *2 315 ab. alt. 74.*
Roma 554 – Padova 54 – Milano 237 – Treviso 60 – Vicenza 24.

a Longa *Sud : 2 km* – ✉ *36060 :*

Alla Veneziana, piazza Libertà 12 ✆ 0444 665500, *Fax 0444 665766* – |‡| ▤ TV ☎ P. ⓢ ⓘ ⓜ VISA. ✗
Pasto (specialità di mare; *chiuso lunedì e dal 1° al 15 agosto*) carta 35/80000 – ☕ 13000 **43 cam** 120/140000 – 1/2 P 80/110000.

SCHIO *36015 Vicenza* 988 ④, 429 E 16 – *37 087 ab. alt. 200.*
Roma 562 – Verona 70 – Milano 225 – Padova 61 – Trento 72 – Venezia 94 – Vicenza 23.

Nuovo Miramonti, via Marconi 3 ✆ 0445 529900, *Fax 0445 528134* – |‡|, ✗ cam, ▤ ☎ ♿ ⇔ – 🏃 40. AE ⓢ ⓘ ⓜ VISA JCB
Pasto *(chiuso sabato a mezzogiorno e domenica)* carta 45/60000 – **67 cam** ☕ 160/20000

SCHIRANNA *Varese* 219 ⑦ – *Vedere Varese.*

SCHLANDERS = *Silandro.*

SCHNALS = *Senales.*

SCIACCA *Agrigento* 988 ㉟, 432 O 21 – *Vedere Sicilia alla fine dell'elenco alfabetico.*

SCOGLITTI *Ragusa* 432 Q 25 – *Vedere Sicilia (Vittoria) alla fine dell'elenco alfabetico.*

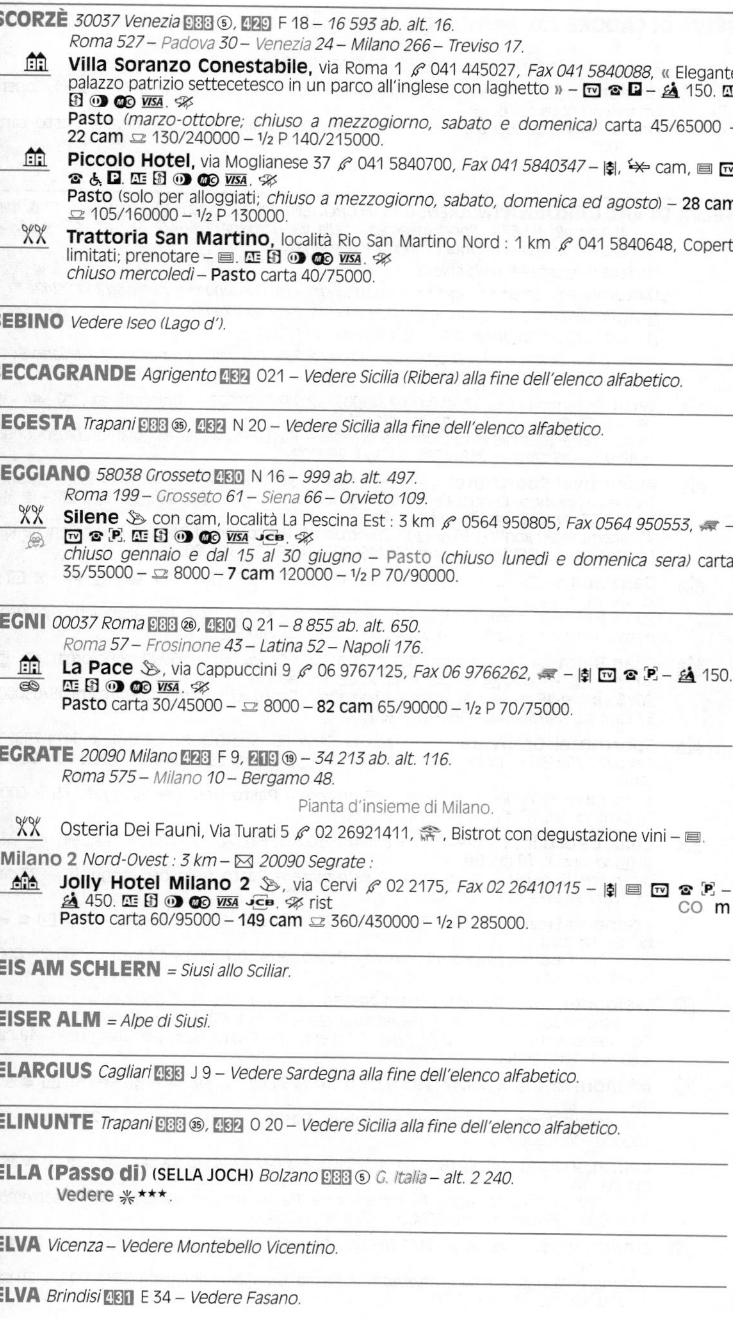

SCORZÈ *30037 Venezia* 988 ⑤, 429 F 18 – *16 593 ab. alt. 16.*
Roma 527 – Padova 30 – Venezia 24 – Milano 266 – Treviso 17.

Villa Soranzo Conestabile, via Roma 1 ☎ 041 445027, *Fax 041 5840088,* « Elegante palazzo patrizio settecetesco in un parco all'inglese con laghetto » – ☎ – 150. AE VISA.
Pasto *(marzo-ottobre; chiuso a mezzogiorno, sabato e domenica)* carta 45/65000 – **22 cam** 130/240000 – ½ P 140/215000.

Piccolo Hotel, via Moglianese 37 ☎ 041 5840700, *Fax 041 5840347* – cam, ☎. AE VISA.
Pasto (solo per alloggiati; *chiuso a mezzogiorno, sabato, domenica ed agosto)* – **28 cam** 105/160000 – ½ P 130000.

Trattoria San Martino, località Rio San Martino Nord : 1 km ☎ 041 5840648, Coperti limitati; prenotare – AE VISA.
chiuso mercoledì – **Pasto** carta 40/75000.

SEBINO *Vedere Iseo (Lago d').*

SECCAGRANDE *Agrigento* 432 021 – *Vedere Sicilia (Ribera) alla fine dell'elenco alfabetico.*

SEGESTA *Trapani* 988 ㉟, 432 N 20 – *Vedere Sicilia alla fine dell'elenco alfabetico.*

SEGGIANO *58038 Grosseto* 430 N 16 – *999 ab. alt. 497.*
Roma 199 – Grosseto 61 – Siena 66 – Orvieto 109.

Silene con cam, località La Pescina Est : 3 km ☎ 0564 950805, *Fax 0564 950553,* – ☎. AE VISA JCB.
chiuso gennaio e dal 15 al 30 giugno – **Pasto** *(chiuso lunedì e domenica sera)* carta 35/55000 – 8000 – **7 cam** 120000 – ½ P 70/90000.

SEGNI *00037 Roma* 988 ㉖, 430 Q 21 – *8 855 ab. alt. 650.*
Roma 57 – Frosinone 43 – Latina 52 – Napoli 176.

La Pace, via Cappuccini 9 ☎ 06 9767125, *Fax 06 9766262,* – ☎ – 150. AE VISA.
Pasto carta 30/45000 – 8000 – **82 cam** 65/90000 – ½ P 70/75000.

SEGRATE *20090 Milano* 428 F 9, 219 ⑲ – *34 213 ab. alt. 116.*
Roma 575 – Milano 10 – Bergamo 48.
Pianta d'insieme di Milano.

Osteria Dei Fauni, Via Turati 5 ☎ 02 26921411, , Bistrot con degustazione vini – .

a Milano 2 *Nord-Ovest : 3 km* – ✉ *20090 Segrate :*

Jolly Hotel Milano 2, via Cervi ☎ 02 2175, *Fax 02 26410115* – ☎ – 450. AE VISA JCB. rist
CO m
Pasto carta 60/95000 – **149 cam** 360/430000 – ½ P 285000.

SEIS AM SCHLERN = *Siusi allo Sciliar.*

SEISER ALM = *Alpe di Siusi.*

SELARGIUS *Cagliari* 433 J 9 – *Vedere Sardegna alla fine dell'elenco alfabetico.*

SELINUNTE *Trapani* 988 ㉟, 432 O 20 – *Vedere Sicilia alla fine dell'elenco alfabetico.*

SELLA (Passo di) (SELLA JOCH) *Bolzano* 988 ⑤ *G. Italia* – *alt. 2 240.*
Vedere ✻★★★.

SELVA *Vicenza – Vedere Montebello Vicentino.*

SELVA *Brindisi* 431 E 34 – *Vedere Fasano.*

SELVA DI CADORE *32020 Belluno* 429 C 17 – *567 ab. alt. 1 415 – Sport invernali : 1 400/2 100 r* 5, .

Roma 651 – Cortina d'Ampezzo 39 – Belluno 60 – Bolzano 82.

Ginepro, via dei Denever 49, località Santa Fosca Sud-Est : 2 km 0437 720284, Coper limitati; prenotare – P.
chiuso lunedì escluso da dicembre ad aprile e da giugno a settembre – **Pasto** cart 40/55000.

SELVA DI VAL GARDENA (WOLKENSTEIN IN GRÖDEN) *39048 Bolzano* 988 ⑤, 429 C 17 *G. Ital – 2 450 ab. alt. 1 567 – Sport invernali : della Val Gardena 1 567/2 682 m* 7 64,
(vedere anche Ortisei e Santa Cristina Val Gardena).

Vedere *Postergale★ nella chiesa.*

Dintorni *Passo Sella★★★ : ★★★ Sud : 10,5 km – Val Gardena★★★ per la strada S 242.*

Alpenroyal (giugno-ottobre) 0471 795178, Fax 0471 794161.

palazzo Cassa Rurale 0471 795122, Fax 0471 794245.

Roma 684 – Bolzano 42 – Brunico 59 – Canazei 23 – Cortina d'Ampezzo 72 – Milano 341 Trento 102.

Tyrol , strada Puez 12 0471 774100, *Fax 0471 794022*, Dolomiti, , , – rist, P. VISA. rist
18 dicembre-20 aprile e 16 giugno-5 ottobre – **Pasto** (solo per alloggiati e *chiuso luned* 45/65000 – **46 cam** 230/450000 – 1/2 P 260000.

Alpenroyal Sporthotel, via Meisules 43 0471 795178, *Fax 0471 794161*, grupp Sella e Sassolungo, Centro benessere, campo pratica golf, , , , , – rist, P – 50.
15 dicembre-20 aprile e 15 giugno-20 ottobre – **Pasto** carta 60/95000 vedere anche Ris ***Le Stuben*** – 25000 – **39 cam** 280/450000 – 1/2 P 195/360000.

Genziana, via Ciampinei 2 0471 795187, *Fax 0471 794330*, , , , , –
P. rist
20 dicembre-20 aprile e 25 giugno-settembre – **Pasto** (solo per alloggiati e *chiuso mezzogiorno*) – **27 cam** 280/320000 – 1/2 P 120/260000.

Gran Baita , via Meisules 145 0471 795210, *Fax 0471 795080*, Dolomiti, ,
, – , rist, P. AE VISA. rist
20 dicembre-18 aprile e 20 giugno-10 ottobre – **Pasto** *(chiuso mercoledì)* carta 45/65000 **57 cam** 350/390000 – 1/2 P 120/260000.

Sporthotel Granvara , strada La Selva 66 (Sud-Ovest : 1,5 km) 0471 79525 *Fax 0471 794336*, Dolomiti e Selva, , , , – P – 60. VISA rist
3 dicembre-11 aprile e 11 giugno-10 ottobre – **Pasto** (solo per alloggiati) 65/90000 **30 cam** 185/300000 – 1/2 P 190/250000.

Chalet Portillo, via Meisules 65 0471 795205, *Fax 0471 794360*, , , , ,
P. VISA.
dicembre-17 aprile e 26 giugno-26 settembre – **Pasto** (solo per alloggiati) – **27 car** 125/250000 – 1/2 P 230000.

Freina, via Freina 23 0471 795110, *Fax 0471 794318*, Dolomiti, , –
P. VISA. cam
dicembre-Pasqua e giugno-15 ottobre – **Pasto** carta 40/60000 – **17 cam** 200/280000 1/2 P 150/190000.

Welponer, strada Rainel 6 0471 795336, *Fax 0471 794074*, Dolomiti e pinete, « Am pio giardino soleggiato con riscaldata », – rist, P. rist
20 dicembre-15 aprile e 20 maggio-2 novembre – **Pasto** (solo per alloggiati) – **18 car** solo 1/2 P 100/180000.

Mignon, via Nives 4 0471 795092, *Fax 0471 794356*, , , – , rist,

4 dicembre-2 aprile e 18 giugno-8 ottobre – **Pasto** (solo per alloggiati) – **29 cam** 170 300000 – 1/2 P 220000.

Laurin, strada Meisules 278 0471 795105, *Fax 0471 794310*, , , – P.
VISA.
dicembre-15 aprile e luglio-15 settembre – **Pasto** *(chiuso da luglio al 15 settembr* 30/40000 – **25 cam** 110/200000 – 1/2 P 100/200000.

Linder, strada Nives 36 0471 795242, *Fax 0471 794320*, , – , rist,
P.
dicembre-Pasqua e luglio-settembre – **Pasto** (solo per alloggiati) 35/40000 – **29 ca** 220/360000 – 1/2 P 180000.

Armin, via Meisules 161 ☎ 0471 795347, *Fax 0471 794363,* – rist
5 dicembre-15 aprile e 5 luglio-settembre – **Pasto** (solo per alloggiati) e al Rist. ***Grillstube*** *(23 dicembre-25 marzo; chiuso a mezzogiorno)* carta 50/75000 – **25 cam** 100/200000 – ½ P 170000.

Pralong, via Meisules 341 ☎ 0471 795370, *Fax 0471 794103,* ←, – rist, VISA.
4 dicembre-8 aprile e giugno-settembre – **Pasto** (solo per alloggiati) – **24 cam** solo ½ P 120/160000.

Pozzamanigoni, strada La Selva 51 (Sud-Ovest : 1 km) ☎ 0471 794138, *Fax 0471 794138,* ← Sassolungo e pinete, « Parco con maneggio e laghetto con pesca alla trota », – rist, VISA.
dicembre-aprile e giugno-ottobre – **Pasto** *(chiuso a mezzogiorno da dicembre ad aprile; prenotare)* 30/50000 – **7 cam** solo ½ P 90/120000.

Le Stuben - Hotel Alpenroyal, via Meisules 43 ☎ 0471 795178, *Fax 0471 794161,* Coperti limitati; prenotare – VISA JCB.
15 dicembre-20 aprile e luglio-20 settembre; chiuso a mezzogiorno e mercoledì – **Pasto** 95000 e carta 60/95000.

verso Passo Gardena (Grödner Joch) *Sud-Est : 6 km :*

Gérard, via Plan de Gralba 37 ✉ 39048 ☎ 0471 795274, *Fax 0471 794508,* « Servizio all'aperto con ← gruppo Sella e Sassolungo » – P.
18 dicembre-15 aprile e 25 giugno-15 ottobre – **Pasto** carta 35/75000.

SELVAZZANO DENTRO *35030 Padova* 429 F 17 – *19 224 ab. alt. 16.*

18 e 9 *Montecchia (chiuso lunedì) ☎ 049 8055550, Fax 049 8055737.*
Roma 492 – Padova 12 – Venezia 52 – Vicenza 27.

Relais, via Montecchia 12 (Sud-Ovest : 3 km) ☎ 049 8055323, *Fax 049 8055368,* « All'interno del Golf Club della Montecchia » – P – 150. VISA JCB
chiuso dal 8 al 28 agosto e lunedì – **Pasto** carta 60/95000.

El Medievolo, via Scapacchiò 49 ☎ 049 8055635, Rist. caratteristico –
Pasto specialità spagnole.

a Tencarola *Est : 3 km* – ✉ *35030 :*

Piroga, via Euganea 48 ☎ 049 637966, *Fax 049 637460,* – P – 250. VISA
Pasto *(chiuso lunedì)* carta 35/55000 – **62 cam** 140/180000 – ½ P 130000.

SELVINO *24020 Bergamo* 988 ③, 428, 429 E 11 – *1 963 ab. alt. 956 – a.s. luglio-agosto e Natale – Sport invernali : 1 000/1 400 m* 1 2.

(chiuso giovedì) corso Milano 19 ☎ 035 763362.
Roma 622 – Bergamo 22 – Brescia 73 – Milano 68.

Elvezia, via Usignolo 2 ☎ 035 763058, *Fax 035 763058,* – P. VISA. cam
chiuso dal 10 al 30 gennaio e dal 1° al 20 settembre – **Pasto** *(chiuso lunedì)* carta 40/55000 – 12000 – **20 cam** 100/150000 – ½ P 100/110000.

Marcellino, via Camozzi 38 ☎ 035 763013, *Fax 035 763013,* – P. VISA
Pasto *(chiuso martedì)* carta 35/60000 – 10000 – **34 cam** 70/130000 – ½ P 100/110000.

SENALES (SCHNALS) *39020 Bolzano* 428 429 B 14, 218 ⑨ – *1 403 ab. alt. (frazione Certosa) 1 327 – Sport invernali : a Maso Corto : 2 009/3 260 m* 1 4 *(anche sci estivo),*.

a Certosa ☎ 0473 679148, Fax 0473 679177.
Da Certosa : Roma 692 – Bolzano 55 – Merano 27 – Milano 353 – Passo di Resia 70 – Trento 113.

Madonna di Senales (Unserfrau) *Nord-Ovest : 4 km – alt. 1 500 –* ✉ *39020 Senales :*

Berghotel Tyrol, via Madonna 114 ☎ 0473 669690, *Fax 0473 669743,* ←, – rist, P.
chiuso maggio – **Pasto** (solo per alloggiati) 20/25000 – **25 cam** 110/210000 – ½ P 100/140000.

Vernago (Vernagt) *Nord-Ovest : 7 km – alt. 1 700 –* ✉ *39020 Senales :*

Vernagt, ☎ 0473 669636, *Fax 0473 669720,* ← lago e monti, – P
43 cam.

SENIGALLIA *60019 Ancona* 988 ⑯, 429 430 K 21 – *42 071 ab.* – *a.s. luglio-agosto.*
via Morandi 2 ✆ 071 7922725, Fax 071 7924930.
Roma 296 – Ancona 29 – Fano 28 – Macerata 79 – Perugia 153 – Pesaro 39.

Duchi della Rovere, via Corridoni 3 ✆ 071 7927623, *Fax 071 7927784* – 80. AE VISA.
chiuso dal 23 al 30 dicembre – **Pasto** *(chiuso domenica)* carta 45/70000 – **44 cam** 180/220000, 7 appartamenti – ½ P 170000.

Ritz, lungomare Dante Alighieri 142 ✆ 071 63563, *Fax 071 7922080*, ≤, « Giardino con percorso vita », con acqua di mare riscaldata, – rist, 280. AE VISA.
chiuso gennaio e febbraio – **Pasto** (solo per alloggiati) 50000 – **140 cam** 135/220000, 10 appartamenti – ½ P 130/155000.

Metropol, lungomare Leonardo da Vinci 11 ✆ 071 7925991, *Fax 071 7925991*, ≤,
stagionale – **63 cam.**

SenB Hotel, viale Bonopera 32 ✆ 071 7927500, *Fax 071 64814* – 200. VISA JCB.
Pasto *(chiuso venerdì e domenica sera)* carta 40/65000 – **54 cam** 120/170000, 15 appartamenti – ½ P 100/115000.

Bologna, lungomare Mameli 57 ✆ 071 7923590, *Fax 071 7921212*, ≤, – AE VISA JCB.
Pasto carta 40/55000 – **37 cam** 90/150000 – ½ P 145000.

Cristallo, lungomare Dante Alighieri 2 ✆ 071 7925767, *Fax 071 7925767*, ≤, – rist, VISA. rist
maggio-settembre – **Pasto** carta 40/55000 (15 %) – 12000 – **60 cam** 90/135000 ½ P 110000.

Mareblù, lungomare Mameli 50 ✆ 071 7920104, *Fax 071 7925402*, ≤, – AE VISA.
Pasqua-settembre – **Pasto** 35/45000 – 13000 – **54 cam** 90/145000 – ½ P 120000.

Bice, viale Giacomo Leopardi 105 ✆ 071 65221, *Fax 071 65221* – **28 cam**

Baltic, lungomare Dante Alighieri 66 ✆ 071 7925757, *Fax 071 7925767*, ≤ – VISA. rist
giugno-settembre – **Pasto** carta 40/55000 (15 %) – 12000 – **65 cam** 105/135000 ½ P 110000.

Uliassi, banchina di Levante 6 ✆ 071 65463, – VISA.
chiuso gennaio, febbraio e lunedì escluso agosto – **Pasto** specialità di mare 70/110000 e carta 70/100000
Spec. Guazzamollo (zuppa) di scampi, vongole e cozze. Ravioli con bietole, mazzancolle salsa leggera di vongole e zenzero. Ricciola in agretto di pomodorini e scampi crudi.

Madonnina del Pescatore, lungomare Italia 11, a Marzocca Sud-Est : 6 km ✆ 071 698267, *Fax 071 698484*, – AE VISA.
chiuso dal 1° al 12 gennaio, dal 5 all'11 aprile, dal 30 agosto al 5 settembre, lunedì e da ottobre a dicembre anche domenica sera – **Pasto** specialità di mare 80/110000 e carta 75/110000
Spec. Capesante fritte in tempura croccante di nero di seppia con paranzoli (bianchetti) salsa di vongole e zucchine. Spaghetti con scampi, pomodoro fresco e zenzero. Rombo arrostito con cicoria e patate, salsa "aio, oio e peperoncino".

Il Barone Rosso con cam, via Rieti 23 ✆ 071 7926823, , prenotare – rist, VISA. cam
chiuso dal 25 dicembre al 25 gennaio – **Pasto** *(chiuso lunedì escluso dal 15 giugno al agosto)* specialità di mare carta 50/80000 – **7 cam** 120/160000.

Cucina Mariano, via Ottorino Manni 25 ✆ 071 7926659, – VISA JCB.
chiuso dal 1° al 15 giugno, dal 7 al 14 settembre e lunedì – **Pasto** carta 45/55000.

a Scapezzano *Ovest : 6 km* – ✉ *60010* :

Bel Sit , via dei Cappuccini 15 ✆ 071 660032, *Fax 071 6608335*, ≤ mare e campagna, « Villa d'epoca in un parco secolare », – AE VISA.
20 maggio-settembre – **Pasto** (solo per alloggiati) 30/45000 – 12000 – **26 cam** 100/130000 – ½ P 105000.

a Roncitelli *Ovest : 8 km* – ✉ *60010* :

Degli Ulivi, via Gioco del Pallone 2 ✆ 071 7919670, *Fax 071 7919670*, – VISA.
chiuso dal 24 gennaio al 6 febbraio e martedì – **Pasto** carta 40/90000.

SENORBÌ *Cagliari* 988 ㉝, 433 I 9 – *Vedere Sardegna alla fine dell'elenco alfabetico.*

SERAVEZZA *55047 Lucca* [988] [14], [428], [429], [430] K 12 *G. Toscana – 12 753 ab. alt. 55.*
Roma 376 – Pisa 40 – La Spezia 58 – Firenze 108 – Livorno 60 – Lucca 39 – Massa 24.

🍴 **Ulisse l'Osteria,** via Campana 183 ☎ 0584 757420, 🌂, Trattoria casalinga, prenotare – [AE] [S] [O] [MC] [VISA]
chiuso martedì escluso dal 15 giugno al 15 settembre – **Pasto** carta 35/55000.

a Querceta *Sud-Ovest : 4 km – ✉ 55046 :*

🏠 **Da Filiè,** via Asilo 54 ☎ 0584 742221, *Fax 0584 769088,* 🌂 – ▤ [TV] ☎ [P]. [AE] [S] [O] [MC] [VISA]. ⛒
Pasto vedere rist ***Filiè by Silvio*** – **16 cam** ☕ 90/150000.

🍴🍴 **Da Alberto,** via Alpi Apuane 33/35 ☎ 0584 742300, 🌂 – [P]. [AE] [S] [O] [MC] [VISA]. ⛒
chiuso dal 1° al 15 febbraio, dal 1° al 15 novembre e martedì – **Pasto** carta 60/90000.

🍴🍴 **Filiè by Silvio,** via Asilo 16 ☎ 0584 760725, *Fax 0584 760725,* 🌂 – [P]. [AE] [S] [O] [MC] [VISA]. ⛒
chiuso lunedì a mezzogiorno in luglio-agosto, tutto il giorno negli altri mesi – **Pasto** carta 45/85000.

SEREGNO *20038 Milano* [988] [3], [428] F 9 – *39 310 ab. alt. 224.*
Roma 594 – Como 23 – Milano 25 – Bergamo 51 – Lecco 31 – Novara 66.

🏨 **Umberto Primo** senza rist, via Dante 63 ☎ 0362 223377, *Fax 0362 221931* – [ascensore] ▤ [TV] ☎ 🚗 [P] – 🎤 100. [AE] [S] [O] [MC] [VISA]. ⛒
chiuso dal 24 dicembre al 2 gennaio e dal 4 al 27 agosto – **52 cam** ☕ 160/210000.

🍴🍴 **Osteria del Pomiroeu,** via Garibaldi 37 ☎ 0362 237973, *Fax 0362 325340,* 🌂 – [AE] [S] [O] [MC] [VISA]. ⛒
chiuso lunedì, martedì a mezzogiorno e dal 5 al 25 agosto – **Pasto** carta 60/95000.

SEREN DEL GRAPPA *32030 Belluno* [429] E 17 – *2 536 ab. alt. 387.*
Roma 586 – Belluno 40 – Padova 75 – Trento 72 – Treviso 60 – Vicenza 73.

🍴 **Al Pentagono,** piazza Vecellio 1 ☎ 0439 44750 – [AE] [S] [O] [MC] [VISA]. ⛒
chiuso martedì – **Pasto** carta 40/55000.

SERIATE *24068 Bergamo* [988] [3], [428], [429] E 11 – *19 686 ab. alt. 248.*
Roma 568 – Bergamo 7 – Brescia 44 – Milano 52.

🍴🍴 **Meratti,** via Paderno 4 (galleria Italia) ☎ 035 290290, *Fax 035 290290,* prenotare – ▤ – 🎤 35. [AE] [S] [O] [MC] [VISA]
chiuso dal 7 al 27 agosto e mercoledì – **Pasto** carta 60/95000.

🍴 **Vertigo,** via Decò e Canetta 77 ☎ 035 294155, 🌂 – [AE] [S] [O] [MC] [VISA]
chiuso dal 1° all'8 gennaio, dal 14 al 20 agosto e giovedì – **Pasto** carta 45/70000.

SERINO *83028 Avellino* [431] E 26 – *7 131 ab. alt. 415.*
Roma 260 – Avellino 14 – Napoli 55 – Potenza 126 – Salerno 28.

🏨 **Serino** 🐌, via Terminio 119 (Est : 4 km) ☎ 0825 594901, *Fax 0825 594166,* 🌂, « Giardino con 🏊 » – [ascensore] ▤ [TV] ☎ 🚗 [P] – 🎤 500. [AE] [S] [O] [MC] [VISA] [JCB]. ⛒
Pasto al Rist. ***Antica Osteria "O Calabrisuotto"*** carta 40/60000 – **36 cam** ☕ 140/170000, 14 appartamenti – 1/2 P 160/170000.

verso Giffoni *Sud : 7 km :*

🍴 **Chalet del Buongustaio,** via Giffoni ✉ 83028 ☎ 0825 542976, ≤, 🌂, Rist. e pizzeria – [P]. [AE] [S] [O] [MC] [VISA]. ⛒
chiuso martedì e da dicembre a marzo aperto solo sabato e domenica – **Pasto** carta 30/45000.

SERLE *25080 Brescia* [428], [429] F 13 – *2 835 ab. alt. 493.*
Roma 550 – Brescia 21 – Verona 73.

a Castello *Nord-Ovest : 3 km – ✉ 25080 Serle :*

🍴 **Trattoria Castello,** via Castello 20 ☎ 030 6910001, *Fax 030 6910001,* prenotare – [P]. [AE] [O]
chiuso dal 20 al 30 agosto e martedì – **Pasto** carta 40/60000.

a Valpiana *Nord : 7 km – ✉ 25080 Serle :*

🍴 **Rifugio Valpiana,** località Valpiana 2 ☎ 030 6910240, ≤ colline e lago, prenotare, 🌂 – [P]. ⛒
Pasqua-14 dicembre; chiuso lunedì – **Pasto** 35/55000.

SERMONETA *04010 Latina* 988 ㉖, 430 R 20 – *6 740 ab. alt. 257.*
Roma 77 – Frosinone 65 – Latina 17.

Principe Serrone ⛰ senza rist, via del Serrone 1 ℘ 0773 30342, *Fax 0773 3033* ≤ vallata – ▤ TV ☎. AE $ MC VISA. ✂
– **13 cam** ☐ 80/140000.

SERNIGA *Brescia* 428 F 13 – *Vedere Salò.*

SERPIOLLE *Firenze – Vedere Firenze.*

SERRA DE' CONTI *60030 Ancona* 430 L 21 – *3 386 ab. alt. 217.*
Roma 242 – Ancona 61 – Foligno 89 – Gubbio 57 – Pesaro 62.

De' Conti, via Santa Lucia 58 ℘ 0731 879913, *Fax 0731 879913,* – ▤ rist, TV ☎ P. $ ⊙ MC VISA. ✂
Pasto *(chiuso dal 27 dicembre al 6 gennaio, domenica sera e lunedì a mezzogiorno)* car 45/70000 – ☐ 10000 – **14 cam** 100/130000 – ½ P 100000.

SERRAMAZZONI *41028 Modena* 428, 429, 430 I 14 – *6 343 ab. alt. 822.*
Roma 357 – Bologna 77 – Modena 33 – Pistoia 101.

a Montagnana *Nord : 10 km – ✉ 41020 :*

XXX **La Noce,** via Giardini Nord 9764 ℘ 0536 957174, *Fax 0536 957266,* solo su prenotazione mezzogiorno – AE $ ⊙ MC VISA JCB. ✂
chiuso dal 2 al 12 gennaio, dal 1º al 26 agosto e domenica – **Pasto** carta 75/80000.

SERRAVALLE *Perugia* 430 N 21 – *Vedere Norcia.*

SERRAVALLE PISTOIESE *51030 Pistoia* 428, 429, 430 K 14 – *9 537 ab. alt. 182.*
Roma 320 – Firenze 40 – Livorno 75 – Lucca 34 – Pistoia 8 – Pisa 51.

Lago Verde ⛰, via Castellani 4 ℘ 0573 518262, *Fax 0573 518227,* ≤, « Laghetto », ▤ ☎ P – 120. AE $ ⊙ MC VISA. ✂ rist
Pasto *(chiuso a mezzogiorno e domenica)* carta 40/55000 – ☐ 18000 – **85 cam** 14 190000.

SERRUNGARINA *61030 Pesaro e Urbino* 429, 430 K 20 – *2 148 ab. alt. 209.*
Roma 245 – Rimini 64 – Ancona 70 – Fano 13 – Gubbio 64 – Pesaro 24 – Urbino 30.

a Bargni *Ovest : 3 km – ✉ 61030 :*

Casa Oliva, via Castello 19 ℘ 0721 891500, *Fax 0721 891500,* ≤ colline, prenotare – TV ☎ ♿ P. AE $ ⊙ MC VISA. ✂
chiuso dal 10 al 31 gennaio – **Pasto** *(chiuso lunedì)* carta 45/65000 – ☐ 12000 – **15 ca** 75/90000, ▤ 10000 – ½ P 70000.

SERVIGLIANO *63029 Ascoli Piceno* 988 ⑯, 430 M 22 – *2 300 ab. alt. 216.*
Roma 224 – Ascoli Piceno 56 – Ancona 85 – Macerata 43.

X **San Marco** con cam, via Garibaldi 14 ℘ 0734 750761, *Fax 0734 750740* – TV ☎ P. AE ⊙ MC VISA. ✂
chiuso gennaio – **Pasto** *(chiuso giovedì)* carta 30/50000 – ☐ 8000 – **18 cam** 60/85000 ½ P 80/85000.

SESTA GODANO *19020 La Spezia* 988 ⑬, 428 J 11 – *1 592 ab. alt. 232.*
Roma 436 – La Spezia 41 – Genova 87 – Parma 134.

X **La Margherita,** via Caduti della Libertà ℘ 0187 891233, *Fax 0187 891233,* prenotare, – P. AE $ MC VISA. ✂
chiuso novembre e lunedì (escluso da giugno a settembre) – **Pasto** carta 30/60000.

SESTO (SEXTEN) *39030 Bolzano* 988 ⑤, 429 B 19 *G. Italia – 1 904 ab. alt. 1 311 – Sport inverna 1 310/2 205 m 1 3, ; a Versciaco : 1 132/2 050 m 1.*
Dintorni *Val di Sesto★★ Nord per la strada S 52 e Sud verso Campo Fiscalino.*
via Dolomiti 45 ℘ 0474 710310, Fax 0474 710318.
Roma 697 – Cortina d'Ampezzo 44 – Belluno 96 – Bolzano 116 – Milano 439 – Trento 173

San Vito-St. Veit, via Europa 16 ☎ 0474 710390, *Fax 0474 710072*, ≤ Dolomiti e vallata, rist, . rist
Natale-Pasqua e giugno-15 ottobre – **Pasto** carta 45/60000 – **25 cam** solo ½ P 145000.

Monika, via del Parco 2 ☎ 0474 710384, *Fax 0474 710177*, ≤, – rist, cam
20 dicembre-25 marzo e 15 maggio-10 ottobre – **Pasto** carta 40/70000 – **27 cam** 160/290000 – ½ P 135/145000.

a Moso *(Moos) Sud-Est : 2 km – alt. 1 339 – ✉ 39030 Sesto :*

Rainer e Residence Königswarte, via San Giuseppe 40 ☎ 0474 710366, *Fax 0474 710163*, ≤ Dolomiti e valle Fiscalina, centro benessere, – rist, VISA. rist
20 dicembre-18 aprile e 20 maggio-10 ottobre – **Pasto** carta 30/80000 – **45 cam** 240/360000, 10 appartamenti – ½ P 100/190000.

Sport e Kurhotel Bad Moos M, via Val Fiscalina 27 ☎ 0474 713100, *Fax 0474 713333*, ≤ Dolomiti, « Ristorante serale in stuben del XIV-XVII secolo », riscaldata, – rist, – 90. VISA. rist
20 dicembre-30 marzo e 15 giugno-15 ottobre – **Pasto** carta 50/90000 – **48 cam** 225/400000 – ½ P 245000.

Berghotel e Residence Tirol, via Monte Elmo 10 ☎ 0474 710386, *Fax 0474 710455*, ≤ Dolomiti e valle Fiscalina, – . rist
20 dicembre-Pasqua e 25 maggio-10 ottobre – **Pasto** (solo per alloggiati) – **37 cam** 200/300000, 7 appartamenti – ½ P 145/170000.

Tre Cime-Drei Zinnen, via San Giuseppe 28 ☎ 0474 713500, *Fax 0474 710092*, ≤ Dolomiti e valle Fiscalina, riscaldata, – AE VISA. rist
22 dicembre-Pasqua e 20 giugno-ottobre – **Pasto** (solo per alloggiati) – **41 cam** 160/310000 – ½ P 180000.

Alpi, via Alpe di Nemes 5 ☎ 0474 710378, *Fax 0474 710009*, ≤, – rist, .
20 dicembre-Pasqua e giugno-15 ottobre – **Pasto** *(chiuso a mezzogiorno)* 25/35000 – **24 cam** 115/200000 – ½ P 120000.

a Campo Fiscalino (Fischleinboden) *Sud : 4 km – alt. 1 451 – ✉ 39030 Sesto :*

Dolomiti-Dolomitenhof, via Val Fiscalina 33 ☎ 0474 710364, *Fax 0474 710131*, ≤ pinete e Dolomiti, centro benessere, – AE VISA
18 dicembre-20 marzo e 10 giugno-6 ottobre – **Pasto** carta 35/75000 – **30 cam** 165/300000 – ½ P 165000.

a Monte Croce di Comelico (Passo) (Kreuzbergpass) *Sud-Est : 7,5 km – alt. 1 636 – ✉ 39030 Sesto :*

Passo Monte Croce-Kreuzbergpass, via San Giuseppe 55 ✉ 39030 Sesto in Pusteria ☎ 0474 710328, *Fax 0474 710383*, ≤ Dolomiti, centro benessere e campo pratica golf, – AE VISA
dicembre-aprile e giugno-settembre – **Pasto** carta 50/65000 – **53 cam** 170/220000, 10 appartamenti – ½ P 190000.

SESTO AL REGHENA *33079 Pordenone* 429 *E 20 – 5 210 ab. alt. 13.*

Roma 570 – Udine 66 – Pordenone 22 – Treviso 52 – Trieste 101 – Venezia 72.

In Sylvis, via Friuli 2 ☎ 0434 694911 e rist. ☎ 0434 694950, *Fax 0434 694990* – cam, – 100. AE VISA
Pasto al Rist. ***Abate Ermanno*** *(chiuso lunedì)* carta 40/70000 – **33 cam** 145/160000 – ½ P 260000.

SESTO CALENDE *21018 Varese* 988 ② ③, 428 *E 7 – 9 610 ab. alt. 198.*

Roma 632 – Stresa 25 – Como 50 – Milano 55 – Novara 39 – Varese 23.

Tre Re, piazza Garibaldi 25 ☎ 0331 924229, *Fax 0331 913023*, ≤ – . AE VISA.
chiuso dal 17 dicembre a gennaio – **Pasto** *(chiuso venerdì)* carta 50/80000 – 15000 – **34 cam** 125/170000 – ½ P 135000.

David, via Roma 56 ☎ 0331 920182, *Fax 0331 913939* – AE VISA.
chiuso dicembre – **Pasto** *(chiuso lunedì)* carta 40/70000 – 15000 – **13 cam** 120/140000 – ½ P 130000.

La Biscia, piazza De Cristoforis 1 ☎ 0331 924435, – AE VISA JCB
chiuso dal 23 dicemrbe all'8 gennaio, domenica sera e lunedì – **Pasto** carta 60/100000.

a Lisanza *Nord-Ovest : 3 km – ✉ 21018 Sesto Calende :*

XXX **Da Mosè,** via Ponzello 14 ✆ 0331 977210, *Fax 0331 977210*, prenotare – P. AE $ ⊙ ⊙ VISA. ✻
chiuso dal 25 dicembre al 10 febbraio, dal 7 al 21 agosto, lunedì, martedì e a mezzogiorn (escluso sabato ed i giorni festivi) – **Pasto** carta 70/100000.

SESTO FIORENTINO

50019 Firenze 988 ⑭ ⑮, 430 K 15 – 46 822 ab. alt. 55.
Roma 283 – Firenze 10 – Arezzo 94 – Bologna 93 – Pistoia 33 – Siena 83.

Pianta di Firenze : percorsi di attraversamento.

Novotel Firenze Nord M, via Tevere 23, località Osmannoro ✆ 055 30833 *Fax 055 308366* – |¢|, ✻ cam, ▤ TV ☎ ✆ ♿ ⇔ P – 🏛 300. AE $ ⊙ VISA. ✻ rist
Pasto (solo per alloggiati) 50000 – **180 cam** ☐ 320/420000 – 1/2 P 210000. AR

Park Hotel Alexander ⛰, via XX Settembre 200 ✆ 055 446121 e rist. 055 449169 *Fax 055 440016*, ⛱, « Villa del 1300 con grande parco », ⛱, ✻ – |¢| ▤ TV ☎ ♿ P – 🏛 8 AE $ ⊙ ⊙ VISA. ✻ rist AR
Pasto al Rist. ***La Limonaia*** carta 45/65000 – **53 cam** ☐ 320/530000.

SESTOLA

41029 Modena 988 ⑭, 428, 429, 430 J 14 – 2 712 ab. alt. 1 020 – a.s. febbraio-1 marzo, 15 luglio-agosto e Natale – Sport invernali : 1 020/2 010 m ⛷ 1 ⛷ 22, ⛷.
ℹ piazza Pier Maria Passerini 18 ✆ 0536 62324, Fax 0536 61621.
Roma 387 – Bologna 90 – Firenze 113 – Lucca 99 – Milano 240 – Modena 71 – Pistoia 77.

San Marco ⛰, via delle Rose 2 ✆ 0536 62330, *Fax 0536 62305*, ≤, ⛱, ✻ – |¢| TV ☎ I AE $ ⊙ ⊙ VISA. ✻ rist
Pasto carta 50/70000 – **45 cam** ☐ 225/300000 – 1/2 P 180000.

Tirolo ⛰, via delle Rose 2 ✆ 0536 62523, *Fax 0536 62523*, ≤, ⛱, ✻ – TV ☎ P. $ ⊙ VISA. ✻
Natale-marzo e giugno-settembre – **Pasto** 35/45000 – ☐ 12000 – **39 cam** 120/140000 1/2 P 100000.

Nuovo Parco, corso Umberto I, 61 ✆ 0536 62322, *Fax 0536 60943*, ≤, « Piccolo parco – |¢| TV ☎ P. $ ⊙ VISA. ✻ rist
chiuso maggio ed ottobre – **Pasto** 30/40000 – ☐ 10000 – **41 cam** 80/100000 – 1/2 P 7(95000.

XX **San Rocco** con cam, corso Umberto I ✆ 0536 62382, *Fax 0536 62671*, Coperti limitat prenotare – TV ☎ ⇔. AE $ ⊙ ⊙ VISA JCB. ✻
dicembre-aprile e 15 giugno-settembre – **Pasto** *(chiuso lunedì)* 50/60000 e carta 50/8500 – ☐ 18000 – **11 cam** 100/130000 – 1/2 P 100/125000.

X **Il Faggio,** corso Libertà 68 ✆ 0536 62211 – AE $ ⊙ ⊙ VISA. ✻
chiuso giugno e lunedì – **Pasto** carta 45/65000.

SESTO SAN GIOVANNI

20099 Milano 428 F 9 – 82 410 ab. alt. 137.
Roma 565 – Milano 9 – Bergamo 43.

Pianta d'insieme di Milano.

Abacus M senza rist, via Monte Grappa 39 ✆ 02 26225858, *Fax 02 26225860*, ⛱, ⛱ – ▤ TV ☎ ♿ P – 🏛 35. AE $ ⊙ ⊙ VISA. ✻ BO
chiuso Natale ed agosto – ☐ 18000 – **86 cam** 250/350000, 2 appartamenti.

XX **Al Molo di Via Verdi,** via Verdi 75 ✆ 02 26221740 – ▤. AE $ ⊙ ⊙ VISA. ✻
chiuso dal 7 al 27 agosto – **Pasto** specialità di mare carta 50/80000. BO

SESTRIERE

10058 Torino 988 ⑪, 428 H 2 – 873 ab. alt. 2 033 – a.s. 6 febbraio-6 marzo, Pasqua Natale – Sport invernali : 2 035/2 823 m ⛷ 1 ⛷ 6, ⛷ (Comprensorio Via Lattea).
⛳18 (20 giugno-10 settembre) ✆ 0122 799411, Fax 0122 76294.
ℹ via Pinerolo 14 ✆ 0122 755444, Fax 0122 755171.
Roma 750 – Briançon 32 – Cuneo 118 – Milano 240 – Torino 93.

Gd H. Principi di Piemonte ⛰, via Sauze 3 ✆ 0122 7941, *Fax 0122 755411*, ≤, ⛱ – TV ☎ ⇔ P – 🏛 70
stagionale – **95 cam**, 5 appartamenti.

Miramonti, via Cesana 3 ✆ 0122 755333, *Fax 0122 755375*, ≤ – |¢| TV ☎ ♿ ⇔. $ ⊙ ⊙ VISA. ✻ rist
Pasto *(dicembre-10 aprile; chiuso a mezzogiorno)* 40/65000 – ☐ 15000 – **30 cam** 19(210000 – 1/2 P 175000.

X **Last Tango,** via La Glesia 5/a ✆ 0122 76337, *Fax 0122 76337*, Coperti limitati; prenotare $ ⊙ VISA. ✻
Pasto carta 55/85000.

a Borgata Sestriere *Nord-Est : 3 km – ✉ 10058 Sestriere :*

Sciatori, via San Filippo 5 ✆ 0122 70323, *Fax 0122 70196* – TV ☎. VISA. ✻
dicembre-aprile e luglio-agosto – **Pasto** 35000 – ☐ 20000 – **25 cam** 140/160000 – ½ P 145000.

a Champlas-Janvier *Sud-Ovest : 5 km – ✉ 10058 Sestriere :*

XX **Du Grand Père,** via Forte Seguin 14 ✆ 0122 755970, Coperti limitati; prenotare – P. VISA. ✻
dicembre-aprile e giugno-settembre; chiuso martedì in bassa stagione – **Pasto** carta 55/85000.

SESTRI LEVANTE 16039 Genova 988 ⑬, 428 J 10 *G. Italia – 20 295 ab..*

piazza Sant'Antonio 10 ✆ 0185 457011, Fax 0185 459575.
Roma 457 – Genova 50 – Milano 183 – Portofino 34 – La Spezia 59.

Gd H. dei Castelli ⛰, via alla Penisola 26 ✆ 0185 485780, *Fax 0185 44767*, ≤ mare e coste, 🌳, « Costruzioni in stile medioevale sul promontorio, ascensori per il mare », ▲ – |‡| TV ☎ P. AE VISA JCB. ✻ rist
maggio-10 ottobre – **Pasto** carta 65/100000 – ☐ 20000 – **25 cam** 260/360000, 5 appartamenti – ½ P 280000.

Grand Hotel Villa Balbi, viale Rimembranza 1 ✆ 0185 42941, *Fax 0185 482459*, 🌳, « Parco-giardino con ⛱ riscaldata », ▲ – |‡|, ▤ rist, TV ☎ P – 🎕 80. AE VISA. ✻
20 dicembre-20 ottobre – **Pasto** 60/80000 – **99 cam** ☐ 310/470000 – ½ P 230/265000.

Miramare ⛰, via Cappellini 9 ✆ 0185 480855, *Fax 0185 41055*, ≤ baia del Silenzio, ▲ – |‡|, ▤ cam, TV ☎ 🚗 – 🎕 80. AE VISA. ✻
Pasto *(chiuso da novembre a gennaio)* carta 70/95000 – **43 cam** ☐ 190/340000 – ½ P 240000.

Vis à Vis ⛰, via della Chiusa 28 ✆ 0185 42661, *Fax 0185 480853*, ≤ mare e città, « Terrazza-solarium con ⛱ riscaldata », 🌳 – |‡| ▤ TV ☎ P – 🎕 180. AE VISA. ✻ rist
chiuso dal 15 gennaio al 15 febbraio – **Pasto** carta 60/90000 – **46 cam** ☐ 180/290000, 3 appartamenti – ½ P 180/230000.

Helvetia ⛰ senza rist, via Cappuccini 43 ✆ 0185 41175, *Fax 0185 457216*, ≤ baia del Silenzio, « Terrazze-giardino fiorite », ▲ – |‡| ▤ TV ☎ 🚗. AE VISA. ✻
marzo-ottobre – **24 cam** ☐ 180/250000.

Due Mari, vico del Coro 18 ✆ 0185 42695, *Fax 0185 42698*, ≤, 🌳 – |‡| TV ☎ ✆ – 🎕 50. AE VISA. ✻ rist
chiuso dal 24 ottobre al 23 dicembre – **Pasto** 45/55000 – ☐ 12500 – **26 cam** 130/175000 – ½ P 120/140000.

Sereno ⛰, via Val di Canepa 96 ✆ 0185 43302, *Fax 0185 457301* – ▤ TV ☎ P. AE VISA JCB. ✻ rist
Pasto 25/35000 – **10 cam** ☐ 110/140000 – ½ P 90/140000.

Marina, via Fascie 100 ✆ 0185 487332, *Fax 0185 41527* – TV ☎. AE VISA. ✻ rist
chiuso dal 15 gennaio a febbraio – **Pasto** 20/30000 – ☐ 10000 – **19 cam** 80/100000 – ½ P 65/85000.

XX **Santi's,** viale Rimembranza 46 ✆ 0185 485019 – AE VISA
chiuso dal 5 novembre al 20 dicembre e lunedì – **Pasto** carta 50/70000.

XX **San Marco,** via Queirolo (al porto) ✆ 0185 41459, *Fax 0185 41459*, ≤, 🌳 – AE VISA JCB
chiuso dal 5 al 24 novembre, mercoledì e a mezzogiorno in agosto – **Pasto** carta 50/75000.

XX **El Pescador,** via Queirolo (al porto) ✆ 0185 42888, *Fax 0185 41491*, ≤ – ▤ P. AE VISA
chiuso dal 15 dicembre al 1° marzo e martedì – **Pasto** carta 60/80000.

XX **Portobello,** via Portobello 16 ✆ 0185 41566, 🌳 – AE VISA. ✻
chiuso da gennaio al 23 febbraio, dal 3 novembre a dicembre e mercoledì (escluso luglio-agosto) – **Pasto** carta 55/90000.

Riva Trigoso *Sud-Est : 2 km – ✉ 16037 :*

XX ✿ **Fiammenghilla Fieschi,** via Pestella 6, località Trigoso ✆ 0185 481041, Coperti limitati; prenotare, « In un antico palazzo », 🌳 – ▤ P – 🎕 25. AE VISA JCB
chiuso dal 27 gennaio al 10 febbraio, dal 1° al 10 novembre, lunedì e a mezzogiorno (escluso i giorni festivi) – **Pasto** carta 75/105000
Spec. Scampi e piccole verdure in pastella. Lasagnette al rag' di mare. Frittura di moscardini novelli (primavera-estate).

XX **Asseü,** via G.B. da Ponzerone 2, strada per Moneglia ✆ 0185 42342, *Fax 0185 42342*, ≤, « Servizio estivo in terrazza sul mare » – P. VISA
chiuso novembre e novembre – **Pasto** carta 50/90000.

SESTRI PONENTE *Genova – Vedere Genova.*

SETTEQUERCE (SIEBENEICH) *Bolzano* [218] ⑳ *– Vedere Terlano.*

SETTIGNANO *Firenze* [430] K 15 *– Vedere Firenze.*

SETTIMO MILANESE *20019 Milano* [428] F 9, [219] ⑱ *– 17 240 ab. alt. 134.*
Roma 586 – Milano 13 – Novara 43 – Pavia 45 – Varese 51.

🍴 **Olonella,** via Gramsci 3 ☎ 02 3282028, *Fax 02 33500872,* ☂ – [P]. [AE] [S] ⓓ [MC] [VISA]
chiuso agosto, sabato e domenica sera – **Pasto** specialità alla brace carta 50/85000.

SETTIMO TORINESE *10036 Torino* [988] ⑫, [428] G 5 *– 47 390 ab. alt. 207.*
Roma 698 – Torino 12 – Aosta 109 – Milano 132 – Novara 86 – Vercelli 62.
Pianta d'insieme di Torino.

🏨 **Green Center Hotel** [M] senza rist, via Milano 177 (Nord-Est : 2 km) ☎ 011 8005661
Fax 011 8004419 – [|\$|] ▤ [TV] ☎ 📞 ♿ [P]. [AE] [S] ⓓ [MC] [VISA]. 🚭
41 cam ☕ 190/240000, 4 appartamenti.

sull'autostrada al bivio A4 - A5 *Ovest : 5 km :*

🏨 **Forte Agip,** strada Cebrosa 55 ✉ 10036 ☎ 011 8977966, *Fax 011 8977371 –* [|\$|], 🚭 cam
▤ [TV] ☎ [P] – 🏛 60. [AE] [S] ⓓ [MC] [VISA] [JCB]. 🚭 rist HT
Pasto carta 55/80000 – **100 cam** ☕ 200/250000 – 1/2 P 160000.

SETTIMO VITTONE *10010 Torino* [428] F 9, [219] ⑭ *– 1 618 ab. alt. 282.*
Roma 693 – Aosta 57 – Ivrea 10 – Milano 125 – Novara 79 – Torino 59.

🍴 **Locanda dell'Angelo,** via Marconi 6 ☎ 0125 658453, *Fax 0125 658920,* ☂
chiuso luglio – **Pasto** carta 40/65000.

SEVESO *20030 Milano* [988] ③, [428] F 9 *– 18 637 ab. alt. 207.*
Roma 595 – Como 22 – Milano 21 – Monza 15 – Varese 41.

🍴🍴 **Osteria delle Bocce,** piazza Verdi 7 ☎ 0362 502282, *Fax 0362 502282,* ☂ – [AE] [S] ⓓ
[MC] [VISA] [JCB]. 🚭
chiuso dall'8 al 29 agosto, lunedì e sabato a mezzogiorno – **Pasto** carta 55/85000.

SEXTEN *= Sesto.*

SEZZE *04018 Latina* [430] R 21 *– 22 475 ab. alt. 319.*
Roma 85 – Frosinone 41 – Napoli 153.

in prossimità della strada statale 156 *Sud-Est : 11 km*

🍴🍴 **Da Angeluccio,** via Ponte Ferraioli 48 ☎ 0773 899146, *Fax 0773 899018,* 🏊, 🌳 – ▤ [P]
[AE] [S] [MC] [VISA]. 🚭
chiuso lunedì e dal 1º al 15 novembre – **Pasto** carta 40/80000.

SFERRACAVALLO *Palermo* [988] ㉟, [432] M 21 *– Vedere Sicilia (Palermo) alla fine dell'elenc alfabetico.*

SFRUZ *38010 Trento* [429] C 15 *– 273 ab. alt. 1 015.*
Roma 617 – Bolzano 72 – Sondrio 132 – Trento 38.

🍴 **Baita 7 Larici,** località Sette Larici Nord-Est : 2,5 km ☎ 0463 536360, *Fax 0463 53636*
☂ – [P]. [S] [VISA]. 🚭
chiuso gennaio, martedì sera e mercoledì (escluso Natale, luglio, agosto) – **Pasto** car
35/60000.

SGONICO *34010 Trieste* [429] E 23 *– 2 210 ab. alt. 282.*
Roma 656 – Udine 71 – Portogruaro 86 – Trieste 14.

a Devincina *Sud-Ovest : 3,5 km – ✉ 34010 Sgonico :*

🍴 **Savron,** via Devincina 25 ☎ 040 225592 – ▤ [P]. [S] [MC] [VISA]
chiuso dal 7 al 28 febbraio, martedì e mercoledì – **Pasto** carta 40/55000.

SIBARI *87070 Cosenza* 988 ㊴, 431 H 31 *G. Italia.*
Roma 488 – Cosenza 69 – Potenza 186 – Taranto 126.

ai Laghi di Sibari *Sud-Est : 7 km :*

X Oleandro con cam, ✉ 87070 ✆ 0981 79141, *Fax 0981 79200*, – TV ☎ P
23 cam.

SICILIA (Isola di) 988 ㉟ ㊱ ㊲, 432 – *Vedere alla fine dell'elenco alfabetico.*

SICULIANA *Agrigento* 432 O 22 – *Vedere Sicilia alla fine dell'elenco alfabetico.*

SIDERNO *89048 Reggio di Calabria* 988 ㊴, 431 M 30 – *17 022 ab..*
Roma 697 – Reggio di Calabria 103 – Catanzaro 93 – Crotone 144.

Gd H. President, strada statale 106 (Sud-Ovest : 2 km) ✆ 0964 343191, *Fax 0964 342746*, <, , , , – – TV ☎ P – 400. AE Ⓢ ⓓ ⓜⓒ *VISA*.
Pasto carta 40/55000 – **99 cam** 135/180000, 17 appartamenti – 1/2 P 135000.

X **La Vecchia Hosteria,** via Matteotti 5 ✆ 0964 388880 – . AE Ⓢ ⓜⓒ *VISA*.
chiuso mercoledì escluso luglio-agosto – **Pasto** carta 35/60000.

SIEBENEICH = *Settequerce.*

Le **carte stradali Michelin** sono costantemente aggiornate.

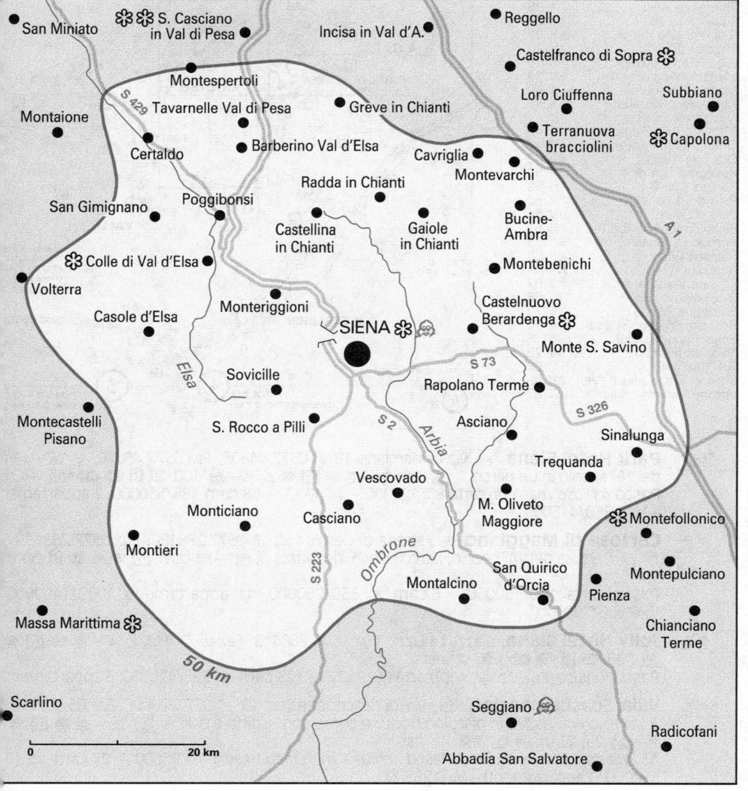

SIENA *53100* P 988 ⑮, 430 M 16 *G. Toscana – 54 436 ab. alt. 322.*

Vedere *Piazza del Campo★★★* BX *: palazzo Pubblico★★★* **H**, *★★ dalla Torre del Mangia – Duomo★★★* AX *– Museo dell'Opera Metropolitana★★* ABX **M1** *– Battistero di San Giovanni★ : fonte battesimale★★* AX **A** *– Palazzo Buonsignori★ : pinacoteca★★★* BX *– Via di Città* BX *– Via Banchi di Sopra★* BVX *– Piazza Salimbeni★* BV *– Basilica di San Domenico★ : tabernacolo★ di Giovanni di Stefano e affreschi★ del Sodoma* AVX *– Adorazione del Crocifisso★ del Perugino, opere★ di Ambrogio Lorenzetti, Matteo di Giovanni e Sodoma nella chiesa di Sant'Agostino* **BX.**

piazza del Campo 56 ℘ 0577 280551, Fax 0577 270676.

A.C.I. *viale Vittorio Veneto 47 ℘ 0577 49002.*

Roma 230 ② – Firenze 68 ⑤ – Livorno 116 ⑤ – Milano 363 ⑤ – Perugia 107 ② – Pisa 106 ⑤

SIENA

Circolazione regolamentata nel centro città

Aretina (Via)	U 3
Banchi di Sopra (Via)	BVX 4
Banchi di Sotto (Via)	BX 6
Beccafumi (Via D.)	BV 9
Bracci (Viale Mario)	T 12
Camporegio (Via)	AV 15
Cantine (Via delle)	BX 16
Capitano (Via del)	AX 17
Casato di Sopra	BX 18
Cavour (Vle C. Benso di)	T 21
Città (Via di)	BX
Esterna di Fontebranda (Via)	U 26
Fiorentina (Via)	T 28
Fusari (Via dei)	AX 31
Galluzza (Via della)	AX 32
Gazzani (Via)	AV 33
Gigli (Via Girolamo)	U 35
Maitani (Via Lorenzo)	BV 39
Malizia (Strada di)	T 40
Massetana (Strada)	AX 42
Montanini (Via dei)	AV
Montluc (Via Biagio di)	T 45
Orlandi (Via Nazareno)	T 47
Orti (Via degli)	BV 49
Pellegrini (Via dei)	BX 50
Peruzzi (Via B.)	TU 52
Pian dei Mantellini	AX 53
Pian d'Ovile	ABV 54
Piccolomini (Via E.S.)	U 57
Porrione (Via del)	BX 59
Ricasoli (Via)	T 63
Rinaldini (Via)	BX 64
S. Caterina (Via di)	AX 67
S. Girolamo (Via)	BX 68
Sardegna (Viale)	T 73
Scacciapensieri (Strada)	T 74
Sclavo (Via Achille)	T 75
Tolomei (Piazza)	BV 78
Tufi (Via dei)	U 82
Vittorio Emanuele II (Vle)	AV 85
Vittorio Veneto (Viale)	T 87

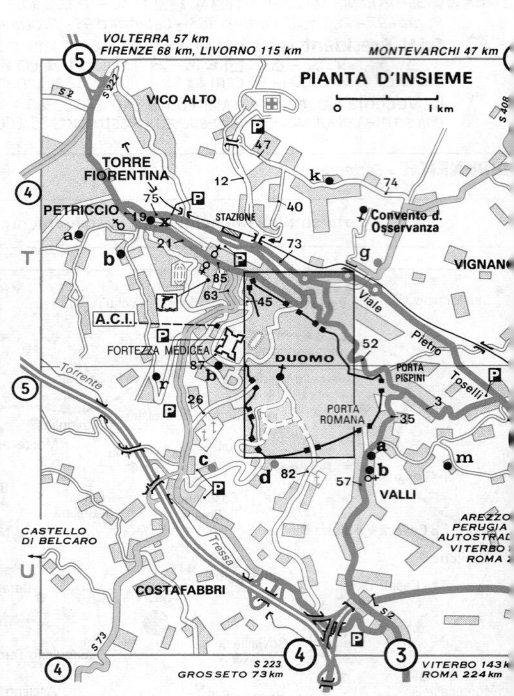

Park Hotel Siena ⊗, via di Marciano 18 ℘ 0577 44803, *Fax 0577 49020*, ≤, « Villa del 16° secolo in un parco », ⛱, ℅, 🏌9 – |☰| ▤ TV ☎ ♿ P – 🏛 100. AE Ⓢ ⓓ ⓜ *VISA*. ✗ rist
Pasto *(chiuso martedì)* carta 80/120000 – ☕ 40000 – **68 cam** 385/550000, 2 appartamenti – ½ P 360/415000. T

Certosa di Maggiano ⊗, strada di Certosa 82 ℘ 0577 288180, *Fax 0577 288189*, « Certosa del 14° secolo; parco con ⛱ riscaldata », ℅ – ▤ cam, TV ☎ P. AE Ⓢ ⓜ *VISA* ✗ U
Pasto carta 110/150000 – **6 cam** ☕ 650/900000, 11 appartamenti 1000/1400000 – ½ P 590/790000.

Jolly Hotel Siena, piazza La Lizza 1 ℘ 0577 288448, *Fax 0577 41272*, ≤ – |☰| ▤ TV ☎ 🏛 220. AE Ⓢ ⓓ ⓜ *VISA*. ✗ rist AV
Pasto *(chiuso a mezzogiorno)* carta 60/95000 – **123 cam** ☕ 295/420000, 3 appartamenti

Villa Scacciapensieri ⊗, via di Scacciapensieri 10 ℘ 0577 41441, *Fax 0577 27085* « Servizio rist. estivo in giardino fiorito e parco con ≤ città e colli », ⛱, ℅ – |☰| ▤ TV ☎ P – 🏛 25. AE Ⓢ ⓓ ⓜ *VISA*. ✗ rist T
15 marzo-26 novembre – **Pasto** *(chiuso mercoledì)* carta 70/90000 – **27 cam** ☕ 22… 390000, 4 appartamenti – ½ P 265000.

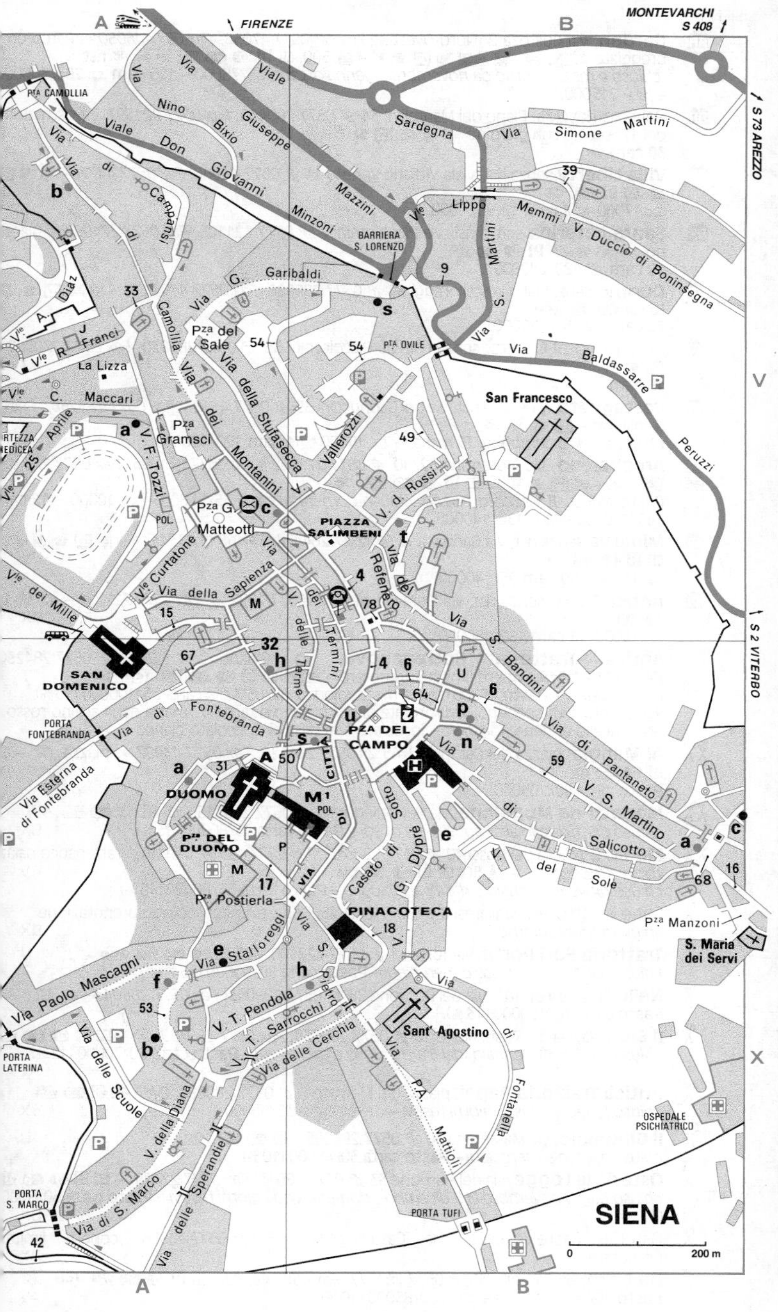
SIENA
FIRENZE
MONTEVARCHI S 408
S 73 AREZZO
S 2 VITERBO
Pta CAMOLLIA
Viale Don Giovanni Minzoni
Via Nino Bixio
Viale Giuseppe Mazzini
Viale Sardegna
Via Simone Martini
Vle Lippo Memmi
V. Duccio di Boninsegna
BARRIERA S. LORENZO
Via G. Garibaldi
Via S. Martini
Via Baldassarre Peruzzi
Pta OVILE
San Francesco
Via di Camollia
Via di Campansi
Vle A. Diaz
Vle R. Franci
La Lizza
Vle C. Maccari
Pza del Sale
Via della Stufasecca
Via dei Montanini
Vallerozzi
FORTEZZA MEDICEA
Vle 25 Aprile
Pza Gramsci
V. F. Tozzi
Pza G. Matteotti
POL.
PIAZZA SALIMBENI
V. d. Rossi
Via del Refenero
Via S. Bandini
Vle Curtatone
Via della Sapienza
Vle dei Mille
V. delle Terme
Via dei Termini
SAN DOMENICO
PORTA FONTEBRANDA
Via di Fontebranda
Via Esterna di Fontebranda
Pza DEL CAMPO
Via di Città
Via di Pantaneto
V. S. Martino
Via di Salicotto
V. del Sole
DUOMO
Pza DEL DUOMO
Casato di Sotto
G. Duprè
Pza Postierla
PINACOTECA
Pza Manzoni
S. Maria dei Servi
Via Paolo Mascagni
Via Stalloreggi
Via S. Pietro
V. T. Pendola
V. T. Sarrocchi
Via delle Cerchia
Sant' Agostino
Via di Fontanella
Via P.A. Mattioli
PORTA LATERINA
Via delle Scuole
V. della Diana
Via delle Sperandie
Via di S. Marco
PORTA S. MARCO
PORTA TUFI
OSPEDALE PSICHIATRICO
0
200 m

Garden, via Custoza 2 (Nord-Ovest : 2 km) ✆ 0577 47056, *Fax 0577 46050,* « Parco ombreggiato », ⛱, ☂, 🎾 – 🛗 ▤ 📺 ☎ 🅿 – 🏛 500. AE 🅂 ⓓ 🅜 VISA JCB. ✗ rist T
(chiuso a mezzogiorno da novembre a gennaio) carta 55/75000 – **125 cam** ☕ 285/340000 – ½ P 215000.

Palazzo Ravizza, Piano dei Mantellini 34 ✆ 0577 280462, *Fax 0577 221597,* « Costruzione del 17° secolo con giardino » – 🛗 ▤ 📺 ☎ 🅿 AX
30 cam.

Villa Liberty senza rist, viale Vittorio Veneto 11 ✆ 0577 44966, *Fax 0577 44770* – 🛗 ▤ 📺 ☎. AE 🅂 VISA. ✗ TU
☕ 17000 – **18 cam** 120/180000.

Santa Caterina senza rist, via Piccolomini 7 ✆ 0577 221105, *Fax 0577 271087,* « Giardino » – ▤ ☎. AE 🅂 ⓓ 🅜 VISA U
19 cam ☕ 180/240000.

Duomo senza rist, via Stalloreggi 38 ✆ 0577 289088, *Fax 0577 43043,* ≤ – 🛗 ▤ 📺 ☎. AE 🅂 ⓓ 🅜 VISA JCB AX
23 cam ☕ 150/220000.

Piccolo Hotel Oliveta, senza rist, via Piccolomini 35 ✆ 0577 283930, *Fax 0577 270009* – 📺 ☎ 🅿 U
15 cam.

Castagneto 🐌 senza rist, via dei Cappuccini 39 ✆ 0577 45103, *Fax 0577 283266,* ≤ città e colli, ☂ – 📺 ☎ 🅿. ✗ U
chiuso dal 1° dicembre al 15 marzo – ☕ 15000 – **11 cam** 120/180000.

Arcobaleno, via Fiorentina 32/40 ✆ 0577 271092 e rist 0577 271095, *Fax 0577 271423,* 🍽, ☂ – ▤ 📺 ☎ 📞 🅿. AE 🅂 ⓓ 🅜 VISA. ✗ T
Pasto al Rist. ***Il Vecchio Pozzo*** *(chiuso domenica)* carta 35/55000 – ☕ 18000 – **12 cam** 160/180000 – ½ P 130/140000.

Minerva senza rist, via Garibaldi 72 ✆ 0577 284474, *Fax 0577 43343,* ≤ – 🛗 📺 ☎ ♿ 🚗. AE 🅂 ⓓ VISA. ✗ BV
☕ 13000 – **59 cam** 95/140000.

Antica Torre senza rist, via Fieravecchia 7 ✆ 0577 222255, *Fax 0577 222255* – ☎. AE 🅂 ⓓ 🅜 VISA. ✗ BX
☕ 13000 – **8 cam** 150/180000.

Antica Trattoria Botteganova, via Chiantigiana 29 ✆ 0577 284230, *Fax 0577 271519,* Coperti limitati; prenotare – ▤ 🅿. AE 🅂 ⓓ 🅜 VISA JCB. ✗ T
chiuso lunedì – **Pasto** 45000 (solo a mezzogiorno) 65/85000 e carta 55/100000 (10 %)
Spec. Tortelli di pecorino con fonduta di parmigiano e tartufo. Anatra nana al vino rosso e dragoncello di Siena. Tortino di cioccolato con salsa di cioccolato bianco.

Al Mangia, piazza del Campo 42/45 ✆ 0577 281121, *Fax 0577 43997,* ≤ piazza, 🍽 – AE 🅂 ⓓ 🅜 VISA. ✗ BX
Pasto carta 60/105000.

Mariotti-da Mugolone, via dei Pellegrini 8 ✆ 0577 283235 – AE 🅂 ⓓ 🅜 VISA. ✗
chiuso dal 15 luglio al 1° agosto e giovedì – **Pasto** carta 45/80000 (13 %). BX

Medio Evo, via dei Rossi 40 ✆ 0577 280315, *Fax 0577 45376,* « In un caratteristico palazzo del 13° secolo » – 🏛 50. AE 🅂 ⓓ 🅜 VISA BV
chiuso giovedì, gennaio e dal 15 al 31 luglio – **Pasto** carta 55/80000 (15 %).

Cane e Gatto, via Pagliaresi 6 ✆ 0577 287545, Coperti limitati; solo su prenotazione
chiuso a mezzogiorno. BX

Trattoria Fori Porta, via Tolomei ✆ 0577 222100 – AE 🅂 ⓓ 🅜 VISA JCB U
chiuso dal 1° al 10 agosto e mercoledì – **Pasto** carta 50/90000 (15 %).

Nello "La Taverna", via del Porrione 28 ✆ 0577 289043, *Fax 0577 289043* – ▤. AE
Pasto carta 70/100000 (13 %). BX

Il Biondo, via del Rustichetto 10 ✆ 0577 280739, *Fax 0577 280739,* 🍽 – AE 🅂 ⓓ 🅜 VISA
chiuso dal 7 al 31 gennaio, dal 5 al 13 luglio e mercoledì – **Pasto** carta 50/70000 (12 %). AV

Antica Trattoria Papei, piazza del Mercato 6 ✆ 0577 280894, 🍽 – AE 🅂 🅜 VISA
chiuso lunedì escluso i giorni festivi – **Pasto** carta 35/55000. BX

Il Giuggiolo, via Massetana 30 ✆ 0577 284295 – 🅂 🅜 VISA. ✗ U
chiuso agosto e mercoledì – **Pasto** carta 30/45000 (10 %).

Osteria le Logge, via del Porrione 33 ✆ 0577 48013, *Fax 0577 224797* – AE 🅂 ⓓ 🅜 VISA
chiuso dal 15 novembre al 5 dicembre, domenica ed i giorni festivi – **Pasto** carta 60/90000 (10 %). BX

Osteria Castelvecchio, via Castelvecchio 65 ✆ 0577 49586, coperti limitati; prenotare BX

Da Enzo, via Camollia 49 ✆ 0577 281277, *Fax 0577 49760* – AE 🅂 ⓓ 🅜 VISA JCB. ✗
Pasto 40/80000 (10 %) e carta 50/85000 (10 %). AV

X **Grotta Santa Caterina-da Bagoga,** via della Galluzza 26 ✆ 0577 282208, Fax 0577 271179 – AE 🅢 MC VISA JCB AX h
chiuso dal 1° al 7 febbraio, dal 20 al 30 luglio, domenica sera e lunedì – **Pasto** carta 35/60000 (10 %).

X **Nonna Gina,** Pian dei Mantellini 2 ✆ 0577 287247 – 🅢 VISA AX f
chiuso dal 10 al 30 gennaio, dal 15 al 30 luglio e lunedì – **Pasto** carta 40/60000 (10 %).

a Quercegrossa *Nord : 8 km per S 222 T – ✉ 53010 :*

Villa Gloria ⛰, Sud : 1 km ✆ 0577 327103, *Fax 0577 327004*, ≤ colli, 🏊, 🌳 – TV ☎ P. AE 🅢 ⓓ MC VISA. ✂ rist
Pasto *(aprile-ottobre; chiuso a mezzogiorno e solo per alloggiati)* 35/45000 – **26 cam** ☕ 180/240000 – ½ P 165/225000.

a Vagliagli *Nord-Est : 11,5 km per S 222 T – ✉ 53019 :*

X **La Taverna del Chianti,** via del Sergente 4/6 ✆ 0577 322532, *Fax 0577 322527*, 🏡, Coperti limitati; prenotare – 🅢 MC VISA. ✂
chiuso novembre, gennaio, febbraio e mercoledì – **Pasto** carta 45/80000.

SILANDRO (SCHLANDERS) *39028 Bolzano* 988 ④, 428, 429 C 14 – *5 745 ab. alt. 721.*

ℹ *via Covelano 27 ✆ 0473 730155, Fax 0473 621615.*
Roma 699 – Bolzano 62 – Merano 34 – Milano 272 – Passo di Resia 45 – Trento 120.

a Vezzano (Vezzan) *Est : 4 km – ✉ 39028 Silandro :*

Sporthotel Vetzan ⛰, ✆ 0473 742525, *Fax 0473 742467*, ≤, 🏡, Fø, ≘s, 🏊, 🌳, 🎾 – |♦| TV ☎ 🚗. 🅢 VISA. ✂
Pasqua-10 novembre – **Pasto** 45/70000 – **20 cam** ☕ 110/210000 – ½ P 120/145000.

SILEA *31057 Treviso* 429 F 18 – *8 944 ab..*

Roma 541 – Venezia 26 – Padova 50 – Treviso 5.

Roy, via Cendon 16 ✆ 0422 460112, *Fax 0422 460123*, Fø – ⇔ cam, ▤ TV ☎ 📞 ♿ P – 🎤 60. AE 🅢 ⓓ MC VISA JCB. ✂
chiuso dal 23 al 27 dicembre e dal 12 al 18 agosto – **Pasto** *(chiuso dal 10 al 29 agosto e domenica)* carta 40/65000 – **35 cam** ☕ 125/195000 – ½ P 160000.

XX **Da Dino,** via Lanzaghe 13 ✆ 0422 360765, 🏡, prenotare – P. ✂
chiuso dal 24 al 31 dicembre ,dal 1° al 20 agosto, martedì sera e mercoledì – **Pasto** carta 40/55000.

SILVI MARINA *64029 Teramo* 988 ㉗, 430 O 24 – *13 396 ab. – a.s. luglio-agosto.*

Dintorni *Atri : Cattedrale★★ Nord-Ovest : 11 km – Paesaggio★★ (Bolge), Nord-Ovest : 12 km.*
ℹ *lungomare Garibaldi 208 ✆ 085 930343, Fax 085 930026.*
Roma 216 – Pescara 19 – L'Aquila 114 – Ascoli Piceno 77 – Teramo 45.

Mion, viale Garibaldi 22 ✆ 085 9350935, *Fax 085 9350864*, ≤, « Servizio rist. estivo in terrazza fiorita », 🏊, 🏖 – |♦|, ▤ cam, TV ☎ 🚗 P. AE 🅢 ⓓ MC VISA. ✂
maggio-settembre – **Pasto** carta 55/100000 – ☕ 25000 – **59 cam** 160/220000, 5 appartamenti – ½ P 170/200000.

Parco delle Rose, viale Garibaldi 36 ✆ 085 9350989, *Fax 085 9350987*, ≤, 🏊, 🏖, 🌳 – |♦| TV ☎ P. AE 🅢 ⓓ MC VISA JCB. ✂
13 maggio-16 settembre – **Pasto** (solo per alloggiati) 40/50000 – **63 cam** ☕ 180/200000 – ½ P 170000.

Miramare, viale Garibaldi 134 ✆ 085 930235, *Fax 085 9351533*, ≤, 🏡, 🏊, 🏖, 🌳 – |♦| ☎. AE 🅢 ⓓ MC VISA. ✂
aprile-settembre – **Pasto** carta 30/55000 – ☕ 10000 – **51 cam** 65/110000 – ½ P 95/120000.

Cirillo, viale Garibaldi 238 ✆ 085 930404, *Fax 085 9350950*, ≤, 🏖 – |♦| ☎. 🅢 MC VISA. ✂
20 maggio-20 settembre – **Pasto** (solo per alloggiati) 25000 – ☕ 7000 – **45 cam** 80/130000 – ½ P 125000.

XX **Asplenio,** via Roma 310 ✆ 085 9352446, 🏡 – AE 🅢 VISA. ✂
chiuso lunedì – **Pasto** specialità di mare carta 55/80000.

INALUNGA *53048 Siena* 988 ⑮, 430 M 17 *G. Toscana – 11 630 ab. alt. 365.*

Roma 188 – Siena 45 – Arezzo 44 – Firenze 103 – Perugia 65.

Locanda dell'Amorosa ⛰, Sud : 2 km ✆ 0577 679497, *Fax 0577 632001*, 🏡, « In un'antica fattoria », 🌳 – ▤ TV ☎ 📞 P – 🎤 80. AE 🅢 ⓓ MC VISA. ✂
chiuso dal 7 gennaio al 7 marzo – **Pasto** (prenotare; *chiuso lunedì e martedì a mezzogiorno*) carta 70/110000 – **12 cam** ☕ 440/460000, 7 appartamenti.

🏠 **Da Santorotto,** via Trento 171 (Est : 1 km) ☎ 0577 679012, *Fax 0577 679012* – 📺 ☎ [S] [MC] [VISA]. ✻ rist
Pasto (solo per alloggiati) carta 25/40000 – ☕ 7000 – **27 cam** 60/100000 – ½ P 80000.

🍴 **Da Santorotto,** via Trento 173 (Est : 1 km) ☎ 0577 678608, *Fax 0577 678608* – ▤ [P]. [MC] [VISA]. ✻
chiuso dal 10 al 23 agosto, sabato a mezzogiorno e martedì sera – **Pasto** carta 30/45000.

a Bettolle *Est : 6,5 km – ✉ 53040 :*

🏠 Locanda La Bandita, via Bandita 72 (Nord : 1 km) ☎ 0577 624649, *Fax 0577 62464*, « In un'antica casa colonica », – [P]
7 cam.

SINISCOLA *Nuoro* [988] ㉞, [433] F 11 – *Vedere Sardegna alla fine dell'elenco alfabetico.*

SIPONTO *Foggia – Vedere Manfredonia.*

SIRACUSA [P] [988] ㊲, [432] P 27 – *Vedere Sicilia alla fine dell'elenco alfabetico.*

SIRIO (Lago) *Torino* [219] ⑭ – *Vedere Ivrea.*

SIRMIONE *25019 Brescia* [988] ④, [428], [429] F 13 *G. Italia – 6 224 ab. alt. 68 – Stazione terma (marzo-novembre), a.s. Pasqua e luglio-settembre.*
La limitazione d'accesso degli autoveicoli al centro storico è regolata da norme legislative
Vedere *Località★★ – Grotte di Catullo : cornice pittoresca★★ – Rocca Scaligera★.*
[i] *viale Marconi 8 ☎ 030 916245, Fax 030 916222.*
Roma 524 – Brescia 39 – Verona 35 – Bergamo 86 – Milano 127 – Trento 108 – Venezia 14

🏠 **Villa Cortine Palace Hotel**, via Grotte 12 ☎ 030 9905890, *Fax 030 916390*, « Grande parco digradante sul lago », riscaldata, – ▤ 📺 ☎ [P]. [AE] [S] [MC] [VISA]. ✻ rist
aprile-24 ottobre – **Pasto** carta 70/140000 – **52 cam** ☕ 650/680000, 2 appartamenti ½ P 420/520000.

🏠 **Gd H. Terme,** viale Marconi 7 ☎ 030 916261, *Fax 030 916568*, ≤, « Giardino in riva al la con », – ▤ 📺 ☎ [P] – 80. [AE] [S] [MC] [VISA]. ✻
aprile-7 novembre – **Pasto** carta 70/120000 – **58 cam** ☕ 400/580000, appartamento ½ P 350000.

🏠 **Sirmione,** piazza Castello 19 ☎ 030 916331, *Fax 030 916558*, ≤, « Servizio estivo sotto pergolato in riva al lago », riscaldata, – ▤ 📺 ☎ [P]. [AE] [S] [MC] [VISA]. ✻
aprile-10 novembre – **Pasto** 50/60000 – **73 cam** ☕ 170/355000 – ½ P 215000.

🏠 **Fonte Boiola,** viale Marconi 11 ☎ 030 916431, *Fax 030 916435*, ≤, « Giardino in riva lago con termale », – ▤ 📺 ☎ [P]. [AE] [S] [MC] [VISA]. ✻
Pasto carta 45/65000 – **60 cam** ☕ 155/290000 – ½ P 180000.

🏠 **Catullo,** piazza Flaminia 7 ☎ 030 9905811, *Fax 030 916444*, ≤, « Giardino in riva al la con pontile-solarium » – ▤ 📺 ☎ [P]. [AE] [S] [MC] [VISA] [JCB]. ✻ rist
chiuso dal 5 novembre al 20 dicembre e dal 10 gennaio al 1° marzo – **Pasto** (solo p alloggiati) 40/60000 – **57 cam** ☕ 160/210000 – ½ P 130/145000.

🏠 **Ideal**, via Catullo 31 ☎ 030 9904245, *Fax 030 9904245*, ≤ lago, « Giardino-uliveto c discesa al lago », – ▤ cam, 📺 ☎ [P]. [AE] [S] [MC] [VISA]. ✻
aprile-ottobre – **Pasto** (solo per alloggiati) carta 50/60000 – **33 cam** ☕ 160/220000, appa tamento – ½ P 150/160000.

🏠 **Olivi**, via San Pietro 5 ☎ 030 9905365, *Fax 030 916472*, ≤, « Giardino ombreggiato c » – ▤ 📺 ☎ [P] – 150. [AE] [S] [MC] [VISA]. ✻ rist
chiuso gennaio – **Pasto** 70000 – **58 cam** ☕ 180/310000 – ½ P 165/195000.

🏠 **La Paül,** via XXV Aprile 26 ☎ 030 916077, *Fax 030 9905505*, ≤, « Giardino sul lago », – ▤ 📺 ☎ [P]. [AE] [S] [MC] [VISA]. ✻
aprile-gennaio – **Pasto** *(chiuso a mezzogiorno escluso da giugno al 15 settembre)* car 45/60000 – **60 cam** ☕ 220/330000 – ½ P 140000.

🏠 **Du Lac,** via 25 Aprile 60 ☎ 030 916026, *Fax 030 916582*, ≤, – ▤ cam, 📺 ☎ [VISA]. ✻
aprile-26 ottobre – **Pasto** *(chiuso a mezzogiorno)* 50/65000 – **35 cam** ☕ 140/190000 ½ P 110/130000.

🏠 **Flaminia** senza rist, piazza Flaminia 8 ☎ 030 916457, *Fax 030 916193*, ≤, « Terraz solarium in riva al lago » – ▤ 📺 ☎ [P]. [AE] [S] [MC] [VISA]
45 cam ☕ 130/215000.

Break's Sirmione Hotel M, viale Marconi 31 ☎ 030 9196184, *Fax 030 9905573*, Terrazza-solarium con ⛱, Ristorante con piano-bar – |♦| ▤ TV ☎ ⇔ – 🏊 70. AE $ ⓓ ⓜⓒ VISA. ✗
Pasto al Rist. ***Hollywood Break's Planet*** carta 30/50000 – **46 cam** ▭ 195/280000 – 1/2 P 195000.

Miramar, via 25 Aprile 22 ☎ 030 916239, *Fax 030 916593*, ≤, « Giardino in riva al lago », ⛱ – ▤ TV ☎ P. $ ⓓ ⓜⓒ VISA. ✗
marzo-novembre – **Pasto** (solo per alloggiati) 40000 – **30 cam** ▭ 85/190000 – 1/2 P 120/130000.

Desiree ⊛, via San Pietro 2 ☎ 030 9905244, *Fax 030 916241*, ≤, ⛱ – |♦| ▤ TV ☎ P. AE $ ⓜⓒ VISA. ✗ rist
15 marzo-15 novembre – **Pasto** carta 40/50000 – **34 cam** ▭ 150/160000, ▤ 10000 – 1/2 P 100/120000.

Mon Repos ⊛, via Arici 2 ☎ 030 9905290, *Fax 030 916546*, ≤, « Giardino-uliveto con ⛱ » – ▤ rist, TV ☎ P. AE $ ⓜⓒ VISA. ✗ rist
Pasqua-novembre – **Pasto** 45/50000 – **24 cam** ▭ 145/205000 – 1/2 P 115/135000.

Villa Maria ⊛, via San Pietro in Mavino 8 ☎ 030 916090, *Fax 030 916123* – |♦|, ▤ rist, TV ☎ P. AE $ ⓜⓒ VISA. ✗
30 marzo-3 novembre – **Pasto** (solo per alloggiati) 35/50000 – **25 cam** ▭ 95/160000 – 1/2 P 100/115000.

Astoria Lido ⊛ senza rist, via Benaco 20 ☎ 030 9904392, *Fax 030 9906818*, ≤, ⛱, ⛱ – TV ☎ P. $ ⓜⓒ VISA
Pasqua-15 ottobre – **22 cam** ▭ 120/150000.

Corte Regina senza rist, via Antiche Mura 11 ☎ 030 916147, *Fax 030 916147* – |♦| ▤ TV ☎ ♿ P. AE $ ⓓ ⓜⓒ VISA. ✗
15 marzo-ottobre – **15 cam** ▭ 105/160000.

Speranza senza rist, via Casello 6 ☎ 030 916116, *Fax 030 916403* – |♦| ▤ TV ☎ P. $ ⓜⓒ VISA JCB. ✗
marzo-novembre – **13 cam** ▭ 65/110000, ▤ 10000.

XXX **Signori,** via Romagnoli 23 ☎ 030 916017, *Fax 030 916193*, ≤, « Servizio estivo in terrazza sul lago » – AE $ ⓓ ⓜⓒ VISA JCB. ✗
chiuso dal 6 novembre al 20 dicembre e lunedì – **Pasto** 65/100000 e carta 75/105000.

XXX **La Rucola,** vicolo Strentelle 7 ☎ 030 916326, Coperti limitati; prenotare – ▤. AE $ ⓓ ⓜⓒ VISA. ✗
chiuso da gennaio al 14 febbraio, giovedì e venerdì a mezzogiorno – **Pasto** carta 80/120000.

XX **Trattoria Antica Contrada,** via Colombare 23 ☎ 030 9904369, ⛱, prenotare – ▤. AE $ ⓓ ⓜⓒ VISA
chiuso gennaio, lunedì e martedì a mezzogiorno – **Pasto** carta 45/100000.

XX **San Salvatore,** via San Salvatore 5 ☎ 030 916248, *Fax 030 916057*, ⛱ – ▤. AE $ ⓓ ⓜⓒ VISA
chiuso dal 17 novembre a gennaio e mercoledì – **Pasto** carta 65/100000 (15 %).

X **Risorgimento,** piazza Carducci 5 ☎ 030 916325, *Fax 030 916325*, ⛱ – ▤. AE $ ⓓ ⓜⓒ VISA
marzo-15 novembre; chiuso martedì escluso da luglio a settembre) – **Pasto** carta 40/70000.

Colombare *Sud : 3,5 km* – ✉ *25010 Colombare di Sirmione :*

Porto Azzurro, via Salvo d'Acquisto 1 ☎ 030 9904830, *Fax 030 9904830*, ⛱, ⛱, ✗ – |♦| ▤ TV ☎ ♿ ⇔ P – 🏊 80. $ ⓜⓒ VISA. ✗
chiuso gennaio e febbraio – **Pasto** 30/40000 – ▭ 10000 – **33 cam** 160000 – 1/2 P 130000.

Europa ⊛, via Liguria 1 ☎ 030 919047, *Fax 030 9196472*, ≤, ⛱, ⛱, ⛱ – ▤ TV ☎ P. AE $ ⓓ ⓜⓒ VISA. ✗
aprile-ottobre – **Pasto** (solo per alloggiati) – **25 cam** ▭ 120/190000 – 1/2 P 130000.

Mirage senza rist, via 4 Novembre 9 ☎ 030 9196504, *Fax 030 9196245* – |♦| ▤ TV ☎ ⇔. AE $ ⓓ ⓜⓒ VISA JCB. ✗
▭ 16000 – **16 cam** 100/150000.

XX **La Darsena,** via Salvo D'Acquisto 7 ☎ 030 9196071, *Fax 030 9196071*, ⛱ – ▤ P. AE $ ⓓ ⓜⓒ VISA. ✗
chiuso lunedì – **Pasto** carta 55/75000.

Lugana *Sud-Est : 5 km* – ✉ *25010 Colombare di Sirmione:*

Arena senza rist, via Verona 90 ☎ 030 9904828, *Fax 030 9904821*, ⛱ – ▤ TV ☎ ♿ ⇔ P. AE $ ⓓ ⓜⓒ VISA. ✗
chiuso dal 2 gennaio al 17 marzo – ▭ 12000 – **25 cam** 95/130000.

Derby, via Verona 122 ✆ 030 919482, *Fax 030 9906631* – ▤ cam, TV ☎ ⇔ P. AE $ ◑ VISA. ✂
chiuso da dicembre al 15 febbraio – **Pasto** (solo per alloggiati e *chiuso a mezzogiorn*) 30000 – ☕ 15000 – **14 cam** 95/125000 – ½ P 100000.

Bolero senza rist, via Verona 254 ✆ 030 9196120, *Fax 030 9904213*, ⛱, ⛱ – ▤ TV ☎ AE $ ◑ ◎ VISA
☕ 15000 – **8 cam** 120/150000.

Vecchia Lugana, piazzale Vecchia Lugana 1 ✆ 030 9196023, *Fax 030 9904045*, prenotare, « Servizio estivo in terrazza sul lago », ⛱ – P – 🏛 50. AE $ ◑ ◎ VISA JCB. ✂
chiuso da gennaio al 15 febbraio, lunedì, martedì, in novembre aperto solo venerdì ser sabato-domenica – **Pasto** 70000 (15 %) a mezzogiorno 90000 (15 %) la sera e carta 6 95000 (15 %)
Spec. Paste fresche della casa. Pesce del lago e carni alla griglia. Crostate di frutta fresca.

Wenn Sie ein ruhiges Hotel suchen, benutzen Sie zuerst die Karte in der Einleitung oder wählen Sie im Text ein Hotel mit dem Zeichen ⛰ oder ⛰

SIROLO *60020 Ancona* 988 ⑯, 430 L 22 – *3 260 ab.* – *a.s. luglio-agosto.*
⛳ e ⛳ *Conero (chiuso martedì)* ✆ *071 7360613, Fax 071 7360380.*
ℹ *(giugno-settembre) via Moricone* ✆ *071 9330611.*
Roma 304 – Ancona 18 – Loreto 16 – Macerata 43 – Porto Recanati 11.

La Conchiglia Verde ⛰, via Giovanni XXIII, 12 ✆ 071 9330018, *Fax 071 9330019*, ⛱ riscaldata, ⛱ – TV ☎ P. AE $ ◑ ◎ VISA JCB. ✂ rist
Pasto *(chiuso a mezzogiorno)* 40/70000 – **26 cam** ☕ 120/200000 – ½ P 130/140000.

Locanda Ristorante Rocco, via Torrione 1 ✆ 071 9330558, *Fax 071 9330558*, ⛱ – ⇅ rist, ▤ TV ☎. ✂
Pasqua-ottobre – **Pasto** *(chiuso martedì escluso da giugno a settembre)* carta 55/85000 **7 cam** ☕ 220000 – ½ P 160000.

Hostaria il Grottino, via dell'Ospedale 9 ✆ 071 9331218, ⛱, prenotare – ▤. AE $ ◑ ◎ VISA. ✂
chiuso dal 15 al 30 gennaio, dal 15 al 30 novembre, i mezzogiorno di martedì e giovedì d 15 giugno al 15 settembre, martedì negli altri mesi – **Pasto** specialità di mare car 50/85000.

al monte Conero (Badia di San Pietro) *Nord-Ovest : 5,5 km – alt. 572 –* ✉ *60020 Sirolo :*

Monteconero ⛰, via Monteconero 26 ✆ 071 9330592, *Fax 071 9330365*, ≤ mare costa, « Antica abbazia camaldolese in un grande parco », ⛱, ✂ – ⇅ TV ☎ P – 🏛 70. $ ◑ ◎ VISA. ✂
15 marzo-15 novembre – **Pasto** carta 45/85000 – **46 cam** ☕ 160/215000, 9 appartamen – ½ P 140/170000.

SIUSI ALLO SCILIAR (SEIS AM SCHLERN) *39040 Bolzano* 988 ④, 429 C 16 – *alt. 988 – Spo invernali : vedere Alpe di Siusi.*
ℹ *via Sciliar 16* ✆ *0471 706124, Fax 0471 706600.*
Roma 664 – Bolzano 24 – Bressanone 29 – Milano 322 – Ortisei 15 – Trento 83.

Genziana-Enzian, piazza Oswald Von Wolkenstein 2 ✆ 0471 705050, *Fax 0471 70701* ≤, Fō, ≘s, ⛱, ⛱ – ⇅, ▤ rist, TV ☎ P. $ VISA. ✂ rist
4 dicembre-Pasqua e giugno-ottobre – **Pasto** (solo per alloggiati) – **33 cam** ☕ 80/110000 ½ P 155000.

Europa, piazza Oswald Von Wolkenstein 5 ✆ 0471 706174, *Fax 0471 707222*, ≤, Fō, ≘ ⛱ – ⇅ TV ☎ P. $ ◑ ◎ VISA. ✂ rist
chiuso dal 23 aprile al 19 maggio e dal 5 novembre al 5 dicembre – **Pasto** (solo p alloggiati) 35/50000 – **35 cam** ☕ 100/180000, 2 appartamenti – ½ P 125000.

Dolomiti-Dolomitenhof ⛰, via Hauenstein 3 ✆ 0471 706128, *Fax 0471 70616* ≤ Sciliar, ≘s, ⛱, ⛱ – ⇅ ⇅ TV ☎ P. ✂ rist
16 dicembre-14 aprile e giugno-ottobre – **Pasto** *(chiuso a mezzogiorno)* 35/50000 ☕ 31000 – **27 cam** 95/185000 – ½ P 140/150000.

Parc Hotel Florian ⛰, via Ibsen 19 ✆ 0471 706137, *Fax 0471 707505*, ≤ Sciliar, « Gia dino », ≘s, ⛱ riscaldata – TV ☎ P. AE $ ◑ ◎ VISA. ✂ rist
20 dicembre-20 aprile e giugno-15 ottobre – **Pasto** (solo per alloggiati) 50/70000 – **30 ca** ☕ 130/260000 – ½ P 150000.

Aquila Nera-Schwarzer Adler, via Laurin 7 ✆ 0471 706146, *Fax 0471 706335*, ⛱, – ⇅ TV ☎ ♿ P. AE $ ◑ ◎ VISA JCB. ✂ rist
dicembre-aprile giugno-ottobre – **Pasto** *(chiuso mercoledì)* carta 40/85000 – **21 ca** ☕ 150/300000 – ½ P 110/135000.

a Razzes (Ratzes) *Sud-Est : 3 km – alt. 1 205 – ✉ 39040 Siusi allo Sciliar :*

Bad Ratzes, via Ratzes 29 ☎ 0471 706131, *Fax 0471 707199*, ≤ Sciliar e pinete, « In pineta », rist, cam
12 dicembre-2 aprile e giugno-settembre – **Pasto** *(chiuso lunedì)* carta 50/70000 – **48 cam** solo 1/2 P 180000.

SIZIANO *27010 Pavia 988 ③ ⑬, 428 G 9 – 4 828 ab. alt. 93.*
Roma 570 – Milano 22 – Piacenza 59 – Novara 71 – Pavia 18.

a Campomorto *Sud : 2 km – ✉ 27010 Siziano :*

Cipperimerlo, strada Vigentina ☎ 0382 67161 –
chiuso agosto – **Pasto** carta 45/70000.

SIZZANO *28070 Novara 428 F 13, 219 ⑯ – 1 435 ab. alt. 225.*
Roma 641 – Stresa 50 – Biella 42 – Milano 66 – Novara 20.

Impero, via Roma 13 ☎ 0321 820576 –
chiuso 31 dicembre-1 gennaio, dal 15 febbraio al 1° marzo, agosto, domenica sera e lunedì – **Pasto** carta 40/70000.

SOAVE *37038 Verona 988 ④, 429 F 15 – 6 409 ab. alt. 40.*
Roma 524 – Verona 22 – Milano 178 – Rovigo 76 – Venezia 95 – Vicenza 32.

Lo Scudo, via San Matteo 46 ☎ 045 7680766, Coperti limitati; prenotare –
chiuso dal 1° al 15 gennaio, dal 15 al 30 agosto, domenica sera e lunedì – **Pasto** carta 60/80000.

Al Gambero con cam, corso Vittorio Emanuele 5 ☎ 045 7680010, *Fax 045 7680010* – rist – 30. cam
Pasto *(chiuso martedì sera e mercoledì)* carta 30/45000 – 10000 – **12 cam** 90000 – 1/2 P 70/80000.

sulla strada statale 11 *Sud-Ovest : 2,5 km :*

Cangrande Ⓜ senza rist, viale del Commercio 20 ✉ 37038 ☎ 045 6102424, *Fax 045 6102567* – 90
56 cam.

SOCI *Arezzo 429, 430 K 17 – Vedere Bibbiena.*

SOIANO DEL LAGO *25080 Brescia 428 F13 – 1 447 ab. alt. 203.*
Roma 538 – Brescia 27 – Mantova 77 – Milano 128 – Trento 106 – Verona 53.

Il Grillo Parlante, via Avanzi 9/A (Sud : 1,5 km) ☎ 0365 502312, *Fax 0365 502312*, « Servizio estivo in terrazza » –
chiuso dal 2 al 10 gennaio, dal 2 al 20 novembre e lunedì (escluso luglio-agosto) – **Pasto** carta 45/70000.

Aurora, via Ciucani 1/7 ☎ 0365 674101, *Fax 0365 674101*, ≤, –
chiuso mercoledì – **Pasto** carta 35/60000.

SOLAGNA *36020 Vicenza 429 E 17 – 1 678 ab. alt. 131.*
Roma 533 – Padova 52 – Belluno 67 – Milano 245 – Trento 80 – Treviso 53 – Venezia 84.

Il Tinello, via Torre 1 (Sud-Ovest : 2 km) ☎ 0424 80467, solo su prenotazione –

SOLANAS *Cagliari 433 J 10 – Vedere Sardegna (Villasimius) alla fine dell'elenco alfabetico.*

SOLAROLO *48027 Ravenna 429, 430 I 17 – 4 215 ab. alt. 24.*
Roma 373 – Bologna 50 – Ravenna 41 – Forlì 29 – Rimini 72.

L'Ustarejà di Du Butò-Centrale con cam, via Fioroni 11 ☎ 0546 51109, *Fax 0546 51364* – 25.
Pasto *(chiuso lunedì)* carta 35/60000 – 15000 – **15 cam** 70/100000 – 1/2 P 80/90000.

SOLAROLO RAINERIO *26030 Cremona* 428 G 13 – *954 ab. alt. 28.*
Roma 487 – Parma 36 – Brescia 67 – Cremona 27 – Mantova 42.

XX **La Clochette** con cam, via Borgo 2 ✆ 0375 91010, *Fax 0375 310151*, – ▤ TV ☎ P. AE S ◑ ◎ VISA
chiuso dal 1° al 16 agosto – **Pasto** *(chiuso martedì)* carta 40/60000 – ☕ 7000 – **13 cam** 60/100000 – ½ P 75/85000.

SOLCIO *Novara* 219 ⑦ – *Vedere Lesa.*

SOLDA (SULDEN) *39029 Bolzano* 988 ④, 428, 429 C 13 – *alt. 1 906 – Sport invernali : 1 840/2 250 m* 1 8, .
ℹ ✆ *0473 613015, Fax 0473 613182.*
Roma 733 – Sondrio 115 – Bolzano 96 – Merano 68 – Milano 281 – Passo di Resia 50 – Passo dello Stelvio 29 – Trento 154.

Marlet, via Principale 110 ✆ 0473 613075, *Fax 0473 613190*, ≤ gruppo Ortles e vallata, , – |‡|, rist, TV ☎ P. ◑ VISA. rist
18 dicembre-10 maggio e luglio-settembre – **Pasto** (solo per alloggiati) carta 45/55000 – **25 cam** solo ½ P 100/140000.

Eller, Solda 15 ✆ 0473 613021, *Fax 0473 613181*, ≤, , – |‡| TV ☎ P. S ◎ VISA
dicembre-5 maggio e luglio-29 settembre – **Pasto** *(chiuso a mezzogiorno da dicembre a marzo)* carta 55/80000 – **50 cam** ☕ 80/160000 – ½ P 115/130000.

Mignon, Solda 47 ✆ 0473 613045, *Fax 0473 613194*, ≤ gruppo Ortles, – TV ☎ P. AE S ◎ VISA.
27 novembre-aprile e luglio-25 settembre – **Pasto** (solo per alloggiati) 25/40000 – **19 cam** ☕ 100/180000, 2 appartamenti – ½ P 110/120000.

Se cercate un albergo tranquillo,
oltre a consultare le carte dell'introduzione,
individuate nell'elenco degli esercizi quelli con il simbolo o .

SOLFERINO *46040 Mantova* 988 ④, 428, 429 F 13 *G. Italia – 2 155 ab. alt. 131.*
Roma 506 – Brescia 37 – Cremona 59 – Mantova 36 – Milano 127 – Parma 80 – Verona 44.

X **Da Claudio-al Nido del Falco,** via Garibaldi 39 ✆ 0376 854249 – P. S VISA.
chiuso agosto e lunedì, da giugno a settembre anche sabato a mezzogiorno – **Pasto** carta 45/65000.

SOLIERA *41019 Modena* 428, 429 H 14 – *12 429 ab. alt. 29.*
Roma 420 – Bologna 56 – Milano 176 – Modena 12 – Reggio nell'Emilia 33 – Verona 91.

XX **Lancellotti** con cam, via Grandi 120 ✆ 059 567406, *Fax 059 565431*, prenotare – |‡| ▤ rist, TV ☎. S ◑ ◎ VISA. rist
chiuso dal 24 dicembre al 7 gennaio e dal 1° al 20 agosto – **Pasto** *(chiuso domenica e lunedì)* carta 70/100000 – ☕ 18000 – **12 cam** 95/140000, 2 appartamenti
Spec. Tortellini in brodo. Straccetti di carne alle erbe odorose e aceto balsamico tradizionale. Misto di insalate, erbe aromatiche, fiori di nasturzio e borragine (primavera-autunno).

a Limidi *Nord : 3 km* – ✉ *41010 :*

XX **La Baita,** via Carpi-Ravarino 124 ✆ 059 561633 – ▤ P. AE S ◑ ◎ VISA JCB.
chiuso agosto e domenica – **Pasto** specialità di mare carta 80/100000.

SOLIGHETTO *Treviso – Vedere Pieve di Soligo.*

SOLIGO *Treviso – Vedere Farra di Soligo.*

SOLDA *Savona* 428 J 6 – *Vedere Alassio.*

SOMANO *12060 Cuneo* 428 I 6 – *407 ab. alt. 516.*
Roma 618 – Cuneo 60 – Asti 57 – Savona 73 – Torino 76.

Conte d'Aste, via Roma 6 ✆ 0173 730102, *Fax 0173 730142* – ▤ rist, TV ☎ P. AE S ◎ VISA
Pasto *(chiuso mercoledì)* carta 40/60000 – **15 cam** ☕ 90/135000 – ½ P 80/110000.

SOMMACAMPAGNA 37066 Verona 428, 429 F 14 – 12 185 ab. alt. 121.

18 Verona (chiuso martedì) ✆ 045 510060, Fax 045 510242.

Roma 500 – Verona 15 – Brescia 56 – Mantova 39 – Milano 144.

Merica con cam, via Rezzola 75, località Palazzo ✆ 045 515160, *Fax 045 515344* – rist, P. AE VISA.
chiuso dal 1° al 25 agosto – **Pasto** *(chiuso lunedì e giovedì sera)* carta 45/70000 – 10000 – **11 cam** 100/150000.

sull'autostrada A 4 - Monte Baldo Nord o per Casella

Saccardi Quadrante Europa, via Ciro Ferrari 8 ✉ 37060 Caselle di Sommacampagna ✆ 045 8581400, *Fax 045 8581402*, – P – 450. AE VISA.
Pasto carta 45/75000 – 20000 – **120 cam** 220/280000, 6 appartamenti – ½ P 140/190000.

SOMMA LOMBARDO 21019 Varese 428 E 8, 219 ⑰ – 16 387 ab. alt. 281.

Roma 626 – Stresa 35 – Como 58 – Milano 49 – Novara 38 – Varese 26.

a Case Nuove *Sud : 6 km – ✉ 21019 Somma Lombardo :*

La Quercia, via Tornavento 11 ✆ 0331 230808 – P. AE VISA.
chiuso dal 22 dicembre all'8 gennaio, dal 1° al 20 agosto, lunedì sera e martedì – **Pasto** specialità arrosti e bolliti al carrello carta 50/70000.

SOMMARIVA PERNO 12040 Cuneo 428 H 5 – 2 555 ab. alt. 389.

Roma 648 – Torino 50 – Alessandria 77 – Asti 42 – Cuneo 53 – Savona 110.

Roero Park Hotel, località Maunera 45 ✆ 0172 468822, *Fax 0172 468815*, – P – 500. AE VISA
Pasto carta 50/90000 – **60 cam** 150/200000, 2 appartamenti.

SONA 37060 Verona 429 F 14 – 13 852 ab. alt. 169.

Roma 433 – Verona 15 – Brescia 57 – Mantova 39.

Gabriella, via Valle 1, località Valle di Sona ✆ 045 6081561, – P. AE VISA. –
chiuso dal 1° al 7 gennaio e dal 20 luglio al 20 agosto – **Pasto** carta 35/55000.

SONDALO 23035 Sondrio 428, 429 D 12, 218 ⑰ – 4 778 ab. alt. 342.

Roma 675 – Sondrio 46 – Passo dello Stelvio 38.

Delle Alpi con cam, via Bolladore ✆ 0342 802170, *Fax 0342 892170* – P. AE VISA JCB. rist
Pasto *(chiuso domenica)* carta 35/60000 – **24 cam** 65/120000 – ½ P 75/85000.

SONDRIO 23100 P 988 ③, 428, 429 D 11 – 22 010 ab. alt. 307.

9 *Valtellina (marzo-novembre) a Caiolo ✉ 23010 ✆ 0342 354009, Fax 0342 354528, Ovest : 4 km.*

via Cesare Battisti 12 ✆ 0342 512500, Fax 0342 212590.

A.C.I. *viale Milano 12 ✆ 0342 212213.*

Roma 698 – Bergamo 115 – Bolzano 171 – Bormio 64 – Lugano 96 – Milano 138 – St-Moritz 110.

Della Posta, piazza Garibaldi 19 ✆ 0342 510404, *Fax 0342 510210*, – P – 70. AE VISA
Pasto al Rist. ***Sozzani*** *(chiuso dal 28 luglio al 30 agosto e domenica)* carta 60/80000 – 20000 – **40 cam** 115/180000, appartamento – ½ P 150/160000.

Vittoria M senza rist, via Bernina 1 ✆ 0342 533888, *Fax 0342 533888* – P – 50. AE VISA JCB
40 cam 115/180000.

Europa, lungo Mallero Cadorna 27 ✆ 0342 515010, *Fax 0342 512895* – AE VISA. rist
Pasto *(chiuso domenica)* carta 45/60000 – 14000 – **46 cam** 90/130000 – ½ P 105000.

Trippi Grumello, statale dello Stelvio Est : 1 km ✉ 23020 Montagna in Valtellina ✆ 0342 212447, *Fax 0342 518567*, – P. AE VISA
chiuso domenica – **Pasto** 55000 e carta 40/60000.

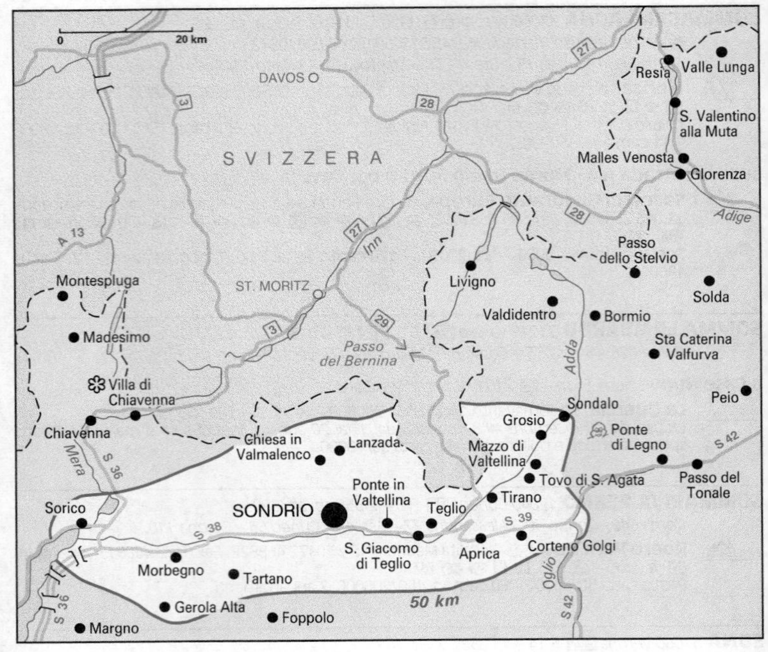

a Montagna in Valtellina *Nord-Est : 2 km – alt. 567 – ✉ 23020 :*

Dei Castelli, via Crocefisso 10 ☎ 0342 380445, , prenotare – P. AE ⓢ ⓓ MC VISA.
chiuso dal 25 maggio al 15 giugno, dal 25 ottobre al 15 novembre, domenica sera e lunedì – **Pasto** carta 50/85000.

a Sassella *Ovest : 3 km – ✉ 23100 Sondrio :*

Torre della Sassella, località Sassella 17 ☎ 0342 218500, *Fax 0342 512776*, ←, « In una torre del 15° secolo » – AE ⓢ ⓓ MC VISA
chiuso mercoledì – **Pasto** 40000 e carta 50/80000.

a Moia di Albosaggia *Sud : 5 km – alt. 409 – ✉ 23100 Sondrio :*

Campelli M, via Moia 6 ☎ 0342 510662, *Fax 0342 213101*, ←, , , – , P – 50. AE ⓢ ⓓ MC VISA JCB.
Pasto *(chiuso dal 1° al 20 agosto, domenica sera e lunedì a mezzogiorno)* carta 50/60000 – 15000 – **34 cam** 75/120000, appartamento.

SOPRABOLZANO (OBERBOZEN) *Bolzano – Vedere Renon.*

SORAGA *38030 Trento* 429 C 16 – *644 ab. alt. 1 209.*

strada da Palua 1 ☎ 0462 768114, Fax 0462 768114.

Roma 664 – Bolzano 42 – Cortina d'Ampezzo 74 – Trento 74.

Arnica , via Barbide 30 ☎ 0462 768415, *Fax 0462 768220*, , – , P. ⓢ VISA.
dicembre-aprile e giugno-settembre – **Pasto** 30/50000 – **18 cam** 90/160000 – 1/2 P 90/110000.

*Un consiglio **Michelin**:*
per la buona riuscita di un viaggio, preparatelo in anticipo.
*Le **carte** e le **guide Michelin** vi danno tutte le indicazioni utili su: itinerari, curiosità, sistemazioni, prezzi, ecc.*

SORAGNA *43019 Parma* 988 ⑭, 428 H 12 – *4 327 ab. alt. 47.*

Roma 480 – Parma 27 – Bologna 118 – Cremona 35 – Fidenza 10 – Milano 104.

Locanda del Lupo, via Garibaldi 64 ✆ 0524 597100, *Fax 0524 597066* – 🛗 ▤ TV ☎ P – 🏛 120. AE 🗐 ⓓ MC VISA. ✘ rist
chiuso dal 23 al 29 dicembre – **Pasto** carta 55/95000 – ☕ 15000 – **45 cam** 140/200000, appartamento – ½ P 150/180000.

Antica Osteria Ardenga, via Maestra 6, località Diolo Nord : 5 km ✆ 0524 599337, ☂ – AE 🗐 ⓓ MC VISA
chiuso dal 24 dicembre al 10 gennaio, dal 10 al 24 luglio, martedì e mercoledì – **Pasto** carta 35/55000.

SORGONO *Nuoro* 988 ㉝, 433 G 9 – *Vedere Sardegna alla fine dell'elenco alfabetico.*

SORI *16030 Genova* 428 I 9 – *4 548 ab..*

Roma 488 – Genova 17 – Milano 153 – Portofino 20 – La Spezia 91.

Al Boschetto, via Caorsi 44 ✆ 0185 700659.

SORIANO NEL CIMINO *01038 Viterbo* 988 ㉕, 430 O 18 – *8 283 ab. alt. 510.*

Roma 95 – Viterbo 17 – Terni 50.

Gli Oleandri, con cam, via Cesare Battisti 51 ✆ 0761 748383, *Fax 0761 748222*, ⩤ Castello Orsini e Centro Storico, 🛋 – TV ☎ P
16 cam.

SORICO *22010 Como* 428 D 10, 219 ⑩ – *1 174 ab. alt. 208.*

Roma 686 – Como 75 – Sondrio 43 – Lugano 53 – Milano 109.

Beccaccino, località Boschetto Sud-Est : 2,5 km ✆ 0344 84241 – P
chiuso gennaio, lunedì sera e martedì – **Pasto** specialità pesce di lago carta 35/50000.

SORISO *28018 Novara* 428 E 7, 219 ⑯ – *779 ab. alt. 452.*

Roma 654 – Torino 114 – Arona 20 – Milano 78 – Novara 40 – Stresa 35 – Varese 46.

Al Sorriso con cam, via Roma 18 ✆ 0322 983228, *Fax 0322 983328*, prenotare – ▤ rist, TV ☎. AE 🗐 MC VISA. ✘
chiuso dal 24 dicembre al 15 gennaio e dal 3 al 26 agosto – **Pasto** *(chiuso lunedì e martedì a mezzogiorno)* 150000 e carta 125/195000 – **8 cam** ☕ 180/300000 – ½ P 300000
Spec. Pescanoce ripiena di cipolle fondenti con fegato d'oca di Mortara all'agro di rose (maggio-novembre). Fassone piemontese al barolo profumato al tartufo. Sformatino caldo al gianduia con zabaglione di moscato.

SORRENTO *80067 Napoli* 988 ㉗, 431 F 25 *G. Italia* – *17 443 ab. – a.s. aprile-settembre.*

Vedere *Villa Comunale* : ⩤★★ A – *Belvedere di Correale* ⩤★★ B A – *Museo Correale di Terranova*★ B M – *Chiostro*★ *della chiesa di San Francesco* A F.

Dintorni *Penisola Sorrentina*★★ : ⩤★★ *su Sorrento dal capo di Sorrento (1 h a piedi AR),* ⩤★★ *sul golfo di Napoli dalla strada S 163 per* ② *(circuito di 33 km).*

Escursioni *Costiera Amalfitana*★★★ – *Isola di Capri*★★★.

⛴ *per Capri giornalieri (45 mn) – Caremar-agenzia Morelli, piazza Marinai d'Italia* ✆ *081 8073077, Fax 081 8072479.*

⛴ *per Capri giornalieri (da 20 a 50 mn) – Alilauro, al porto* ✆ *081 8781430, Fax 081 8071221 e Navigazione Libera del Golfo, al porto* ✆ *081 8071812, Fax 081 8781861.*

ℹ *via De Maio 35* ✆ *081 8074033, Fax 081 8773397.*

Roma 257 ① – *Napoli 49* ① – *Avellino 69* ① – *Caserta 74* ① – *Castellammare di Stabia 19* ① – *Salerno 50* ①.

Pianta pagina seguente

Gd H. Excelsior Vittoria 🔇, piazza Tasso 34 ✆ 081 8071044, *Fax 081 8771206*, ⩤ golfo di Napoli e Vesuvio, ☂, « Giardino-agrumeto con 🏊; ascensore per porto » – 🛗 ▤ TV ☎ P – 🏛 90. AE 🗐 ⓓ MC VISA JCB. ✘ rist B u
Pasto carta 100/140000 – ☕ 20000 – **107 cam** 415/655000, 10 appartamenti – ½ P 395/435000.

Imperial Tramontano, via Vittorio Veneto 1 ✆ 081 8782588, *Fax 081 8072344*, « Giardino fiorito ed ascensore per la spiaggia », 🏊, 🏖 – 🛗 ▤ TV ☎ – 🏛 180. AE 🗐 MC VISA. ✘ rist A b
chiuso gennaio e febbraio – **Pasto** 75000 – **116 cam** ☕ 380/430000 – ½ P 280000.

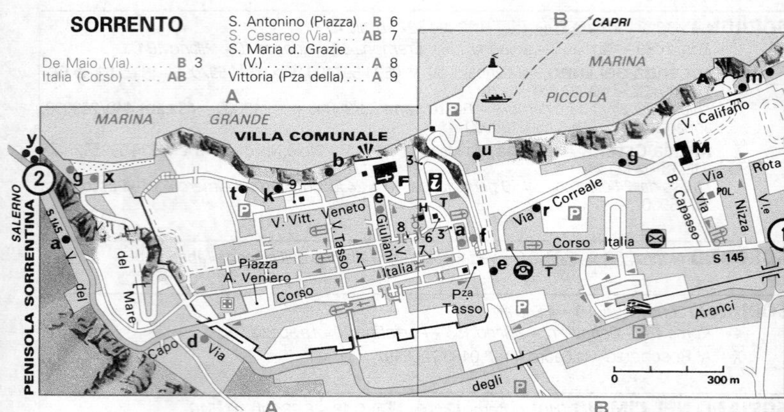

Gd H. Riviera, via Califano 22 081 8072011, *Fax 081 8772100*, golfo di Napoli e Vesuvio, « Giardino con piscina a picco sul mare; ascensore per la spiaggia », – 400. AE VISA. B m
aprile-ottobre – **Pasto** carta 75/100000 – 30000 – **94 cam** 215/330000, appartamento – ½ P 250000.

Bellevue Syrene, piazza della Vittoria 5 081 8781024, *Fax 081 8783963*, golfo di Napoli e Vesuvio, « Giardino, terrazze fiorite ed ascensore per la spiaggia », – TV P. AE VISA JCB. A k
Pasto 60000 – **65 cam** 350/500000, 2 appartamenti – ½ P 310000.

Belair, via Capo 29 081 8071622, *Fax 081 8071467*, golfo di Napoli e Vesuvio « Piccole terrazze fiorite con piscina » – TV P. AE VISA JCB. A y
chiuso gennaio e febbraio – **Pasto** carta 50/70000 (10%) – **48 cam** 300/400000, 2 appartamenti – ½ P 215/245000.

Bristol, via Capo 22 081 8784522, *Fax 081 8071910*, golfo di Napoli e Vesuvio, « Terrazza panoramica con piscina » – TV P – 80. AE VISA. rist A a
Pasto carta 50/70000 – **142 cam** 280/380000 – ½ P 180/240000.

Carlton International, via Correale 15 081 8072669, *Fax 081 8071073*, « Giardino con piscina » – TV. AE VISA. B
marzo-novembre – **Pasto** carta 50/70000 – 22000 – **76 cam** 245/285000 – ½ P 210000

Royal, via Correale 42 081 8073434, *Fax 081 8772905*, golfo di Napoli e Vesuvio, « Giardino-agrumeto con piscina ed ascensore per la spiaggia », – TV. AE VISA. rist B g
marzo-ottobre – **Pasto** carta 70/95000 – **95 cam** 360/430000, appartamento – ½ P 270000.

Gd H. Ambasciatori, via Califano 18 081 8782025, *Fax 081 8071021*, golfo di Napoli e Vesuvio, « Terrazze fiorite, agrumeto con piscina ed ascensore per la spiaggia », – TV P – 180. AE VISA. rist B m
chiuso gennaio e febbraio – **Pasto** carta 70/95000 – **103 cam** 340/410000, 6 appartamenti – ½ P 260000.

La Solara, via Capo 118 (Ovest : 2 km) 80060 Capo di Sorrento 081 5338000, *Fax 081 8071501*, –, rist, TV P. AE VISA JCB. rist
Pasto 60/70000 – **37 cam** 280/330000, 3 appartamenti – ½ P 190000. per ②

Regina, via Marina Grande 10 081 8782722, *Fax 081 8782721*, « Piacevole giardino-agrumeto », –, rist, TV. AE VISA. A t
15 marzo-ottobre – **Pasto** *(chiuso a mezzogiorno)* 65000 – **36 cam** 140/230000 – ½ P 155000.

Villa di Sorrento senza rist, viale Enrico Caruso 6 081 8781068, *Fax 081 8072679* – TV. AE VISA B e
20000 – **21 cam** 110/190000.

Gardenia, corso Italia 258 081 8772365, *Fax 081 8074486*, – TV P. AE VISA. per ①
chiuso dall'11 gennaio al 7 febbraio – **Pasto** *(aprile-ottobre; solo per alloggiati)* 30/40000 – 20000 – **27 cam** 160/180000 – ½ P 150000.

La Tonnarella, via Capo 31 ✆ 081 8781153, *Fax 081 8782169*, ←, « Terrazza panoramica », – . rist A y
Pasto *(aprile-ottobre)* carta 35/75000 – **21 cam** 190/230000 – ½ P 125/145000.

Désirée, senza rist, via Capo 31/bis ✆ 081 8781563, *Fax 081 8781563*, ←, Ascensore per la spiaggia, « Terrazza-solarium », – A y
stagionale – **22 cam.**

Caruso, via Sant'Antonino 12 ✆ 081 8073156, prenotare – . B f
Pasto carta 70/105000.

L'Antica Trattoria, via Padre R. Giuliani 33 ✆ 081 8071082, *Fax 081 8071082*, , Rist. e pizzeria serale – . A e
chiuso febbraio e lunedì (escluso da luglio a settembre) – **Pasto** 60/70000 e carta 70/105000.

La Lanterna Mare, via Marina Grande 44 ✆ 081 8073033, *Fax 081 8072525*, « Servizio estivo in terrazza sul porticciolo » – A g

La Fenice, via Degli Aranci 11 ✆ 081 8781652, *Fax 081 5324154*, , Rist. e pizzeria – . A d
chiuso lunedì (escluso da luglio a settembre) – **Pasto** carta 30/85000.

Taverna Azzurra, via Marina Grande 166 ✆ 081 8772510, , prenotare – . A x
chiuso martedì escluso dal 15 giugno al 15 settembre – **Pasto** cucina marinara carta 35/70000.

Russo-Zi'ntonio, via De Maio 11 ✆ 081 8781623, *Fax 081 8781623*, Rist. e pizzeria, « Ambiente caratteristico » – . B a
chiuso martedì escluso marzo-ottobre – **Pasto** carta 40/60000.

sulla strada statale 145 *per* ② :

President , via Nastro Verde 26 (Ovest : 3 km) ✉ 80067 Sorrento ✆ 081 8782262, *Fax 081 8785411*, ← golfo di Napoli, Vesuvio e Sorrento, « Giardino fiorito e terrazze con » – .
15 marzo-ottobre – **Pasto** carta 45/60000 – **105 cam** 390/450000, appartamento – ½ P 280000.

Leggete attentamente l'introduzione : è la « chiave » della guida.

SOSPIROLO *32037 Belluno* 429 D 18 – *3 335 ab. alt. 457.*

Roma 629 – Belluno 15.

Sospirolo Park Hotel , località Susin ✆ 0437 89185, *Fax 0437 899137*, ←, « Parco », – – 100. .
chiuso da gennaio a marzo – **Pasto** *(chiuso domenica sera e a mezzogiorno escluso luglio-agosto)* carta 40/65000 – **20 cam** 100/140000 – ½ P 95/110000.

SOVANA *58010 Grosseto* 430 O 16 *G. Toscana – alt. 291.*

Roma 172 – Viterbo 63 – Firenze 226 – Grosseto 82 – Orbetello 70 – Orvieto 61.

Scilla, via Rodolfo Siviero 1/3 ✆ 0564 616531, *Fax 0564 614329*, , – – 100. .
chiuso martedì e febbraio – **Pasto** carta 30/45000.

SOVERATO *88068 Catanzaro* 988 ㊴, 431 K 31 – *10 805 ab..*

via San Giovanni Bosco 192 ✆ 0967 25432.

Roma 636 – Reggio di Calabria 153 – Catanzaro 32 – Cosenza 123 – Crotone 83.

San Domenico, via della Galleria ✆ 0967 23121, *Fax 0967 521109*, ←, , – – 160. .
aprile-ottobre – **Pasto** carta 40/60000 – 12000 – **80 cam** 130/180000 – ½ P 160000.

Gli Ulivi, via Aldo Moro 1 ✆ 0967 521194, *Fax 0967 21487*, , – – 30. .
chiuso dal 23 dicembre al 9 gennaio – **Pasto** carta 40/60000 – 10000 – **50 cam** 130/180000 – ½ P 130000.

Il Nocchiero, piazza Maria Ausiliatrice 18 ✆ 0967 21491, *Fax 0967 23617* – – 70. .
chiuso dal 21 dicembre al 7 gennaio – **Pasto** carta 35/50000 – **36 cam** 100/150000 – ½ P 120000.

Il Palazzo, corso Umberto I, 40 ✆ 0967 25336, – .

Riviera, via Regina Elena 4/6 ✆ 0967 25738, prenotare – .

SOVICILLE *53018 Siena* 430 M 15 – *8 203 ab. alt. 265.*
Roma 240 – Siena 14 – Firenze 78 – Livorno 122 – Perugia 117.

Borgo Pretale, località Pretale Sud-Ovest : 7 km ✆ 0577 345401, *Fax 0577 345625*, « Caratteristico borgo in un grande parco con, campo pratica golf e tiro con l'arco », – 60. AE VISA.
15 aprile-15 novembre – **Pasto** (solo su prenotazione) 60/80000 – **30 cam** 250/390000, 5 appartamenti – ½ P 255/290000.

SPARONE *10080 Torino* 428 F 4, 219 ⑬ – *1 185 ab. alt. 552.*
Roma 708 – Torino 48 – Aosta 97 – Milano 146.

La Rocca, via Arduino 6 ✆ 0124 808867, prenotare – AE VISA.
chiuso dal 15 gennaio al 15 marzo, giovedì e domenica sera – **Pasto** carta 50/65000.

SPARTAIA *Livorno – Vedere Elba (Isola d') : Marciana Marina.*

SPAZZAVENTO *Pistoia – Vedere Pistoia.*

SPELLO *06038 Perugia* 988 ⑯, 430 N 20 *G. Italia – 8 094 ab. alt. 314.*
Vedere *Affreschi*★★ *del Pinturicchio nella chiesa di Santa Maria Maggiore.*
Roma 165 – Perugia 31 – Assisi 12 – Foligno 5 – Terni 66.

Palazzo Bocci, via Cavour 17 ✆ 0742 301021, *Fax 0742 301464*, ≤, « Residenza signorile d'epoca », – 25. AE VISA JCB
Pasto vedere rist ***Il Molino*** – **17 cam** 130/240000, 6 appartamenti 280/350000.

La Bastiglia, via dei Molini 17 ✆ 0742 651277, *Fax 0742 301159*, ≤, – 90. AE VISA.
Pasto *(chiuso mercoledì, dal 7 al 28 gennaio e dal 21 al 28 luglio)* carta 45/70000 – **31 cam** 160/200000, 2 appartamenti – ½ P 110/130000.

Del Teatro, via Giulia 24 ✆ 0742 301140, *Fax 0742 301612*, ≤ – 30. AE VISA
chiuso dal 10 al 31 gennaio – **Pasto** vedere rist ***Il Cacciatore*** – 10000 – **11 cam** 120/160000.

Il Molino, piazza Matteotti 6/7 ✆ 0742 651305, – AE VISA JCB.
chiuso martedì – **Pasto** carta 50/80000.

Il Cacciatore con cam, via Giulia 42 ✆ 0742 651141, *Fax 0742 301603*, ≤, « Servizio estivo in terrazza panoramica » – AE VISA.
chiuso dal 6 al 26 novembre – **Pasto** *(chiuso lunedì)* carta 40/55000 – 10000 – **21 cam** 85/120000 – ½ P 95/110000.

SPERLONGA *04029 Latina* 988 ㉖, 430 S 22 *G. Italia – 3 400 ab. – a.s. Pasqua e luglio-agosto.*
Roma 127 – Frosinone 76 – Latina 57 – Napoli 106 – Terracina 18.

Aurora senza rist, via Cristoforo Colombo 15 ✆ 0771 549266, *Fax 0771 54014*, ≤, – 60. AE VISA JCB.
Pasqua-ottobre – **44 cam** 200/280000.

La Sirenella, via Cristoforo Colombo 25 ✆ 0771 549186, *Fax 0771 549189*, ≤, – AE VISA.
Pasto (solo per alloggiati) 35/60000 – **40 cam** 110/180000 – P 170000.

Major, via I Romita 4 ✆ 0771 549245, *Fax 0771 549244*, – AE VISA.
Pasto (solo per alloggiati) 40/50000 – **16 cam** 110/150000 – ½ P 130/140000.

Gli Archi, via Ottaviano 17 (centro storico) ✆ 0771 54300, *Fax 0771 54300*, – AE VISA JCB.
chiuso mercoledì e gennaio – **Pasto** specialità di mare carta 55/85000.

La Bisaccia, via I Romita 25 ✆ 0771 54576 – AE VISA JCB.
chiuso novembre e martedì (escluso dal 15 giugno a settembre) – **Pasto** carta 40/65000 (10 %).

SPEZIALE *Brindisi* 431 E 34 – *Vedere Fasano.*

SPEZZANO ALBANESE TERME *87010 Cosenza* 431 H 30 – *7 593 ab. alt. 74.*
Roma 473 – Cosenza 50 – Castrovillari 23.

San Francesco Terme, S.S. 19 Strada delle Terme ✆ 0981 953068, *Fax 0981 953251*, ≤ – AE VISA. rist
Pasto carta 25/40000 – 5000 – **42 cam** 90/120000 – ½ P 70/85000.

SPEZZANO PICCOLO *87050 Cosenza* 431 J 31 – *2 050 ab. alt. 720.*

Roma 529 – Cosenza 15 – Catanzaro 110.

Petite Etoile, contrada Acqua Coperta Nord-Est : 2 km ☎ 0984 435182, *Fax 0984 435912* – ☎ P. ✻
Pasto carta 30/45000 – ☐ 3000 – **18 cam** 65/100000 – 1/2 P 80000.

SPIAZZO *38088 Trento* 428, 429 D 14 – *1 102 ab. alt. 650 – a.s. 12 febbraio-12 marzo, Pasqua e Natale.*

Roma 622 – Trento 49 – Bolzano 112 – Brescia 96 – Madonna di Campiglio 21 – Milano 187.

XX **Mezzosoldo** con cam, a Mortaso Nord : 1 km ☎ 0465 801067, *Fax 0465 801078,* « Ambiente tipico con arredi d'epoca » – |‡| TV ☎ P. AE ⓢ VISA. ✻
5 dicembre-15 aprile e 10 giugno-25 settembre – **Pasto** *(chiuso giovedì)* 60000 – **26 cam** ☐ 110/160000 – 1/2 P 90/105000
Spec. Bavarese di porcini e bagos con polenta nera e cavolo rosso. Capücc (formaggio, erbette e uova) in foglia di vite. Gelato all'orzo con resina di pino mugo.

SPILAMBERTO *41057 Modena* 428, 429, 430 I 15 – *10 595 ab. alt. 69.*

Roma 408 – Bologna 38 – Modena 16.

XX **Da Cesare,** via San Giovanni 38 ☎ 059 784259, Coperti limitati; prenotare – AE ⓢ VISA. ✻
chiuso dal 1° al 15 gennaio, dal 20 luglio al 20 agosto, domenica sera e lunedì – Pasto carta 30/55000.

Prices — For notes on the prices quoted in this Guide, see the introduction.

SPILIMBERGO *33097 Pordenone* 988 ⑤, 429 D 20 – *10 928 ab. alt. 132.*

Roma 625 – Udine 30 – Milano 364 – Pordenone 33 – Tarvisio 97 – Treviso 101 – Trieste 98.

Gd H. President, via Cividale ☎ 0427 50050, *Fax 0427 50333,* – |‡| ▤ TV ☎ ♿ P – 🔺 120. AE ⓢ ⓓ VISA. ✻ rist
Pasto *(chiuso dal 21 luglio al 20 agosto e lunedì)* carta 40/60000 – ☐ 16000 – **33 cam** 105/170000 – 1/2 P 130/145000.

XX **La Torre,** piazza Castello ☎ 0427 50555, *Fax 0427 50555,* Coperti limitati; prenotare, « In un castello medioevale » – ▤. AE ⓢ ⓓ VISA
chiuso domenica sera e lunedì – **Pasto** carta 55/75000.

SPINEA *30038 Venezia* 429 F 18 – *25 000 ab..*

Roma 507 – Padova 34 – Venezia 18 – Mestre 7.

Raffaello senza rist, via Roma 305 ☎ 041 5411660, *Fax 041 5411511* – |‡| ▤ TV ☎ ♿ P – 🔺 100. AE ⓢ ⓓ VISA. ✻
27 cam ☐ 140/180000.

SPINO D'ADDA *26016 Cremona* 428 F 10, 219 ⑳ – *5 636 ab. alt. 84.*

Roma 558 – Bergamo 41 – Milano 30 – Cremona 54 – Piacenza 51.

XXX **Paredes y Cereda,** via Roma 4 ☎ 0373 965041, *Fax 0373 965041,* – P. AE ⓢ ⓓ VISA JCB. ✻
chiuso dal 1° al 22 gennaio, dal 6 al 16 agosto e lunedì – **Pasto** carta 45/70000.

SPIRANO *24050 Bergamo* 428 F 11 – *4 194 ab. alt. 156.*

Roma 591 – Bergamo 16 – Brescia 48 – Milano 42 – Piacenza 75.

X **3 Noci-da Camillo,** via Petrarca 16 ☎ 035 877158, – AE ⓢ ⓓ VISA
chiuso dal 1° al 20 agosto, domenica sera e lunedì – Pasto specialità alla brace carta 40/70000.

SPOLETO *06049 Perugia* 988 ㉖, 430 N 20 *G. Italia – 37 626 ab. alt. 405.*

Vedere *Piazza del Duomo** : *Duomo*** Y – *Ponte delle Torri*** Z – *Chiesa di San Gregorio Maggiore** Y **D** – *Basilica di San Salvatore** Y **B.**

Dintorni *Strada** *per Monteluco per* ②.

ℹ *piazza Libertà 7* ☎ *0743 220311, Fax 0743 46241.*

Roma 130 ② – Perugia 63 ① – Terni 28 ② – Ascoli Piceno 123 ① – Assisi 48 ① – Foligno 28 ① – Orvieto 84 ③ – Rieti 58 ②.

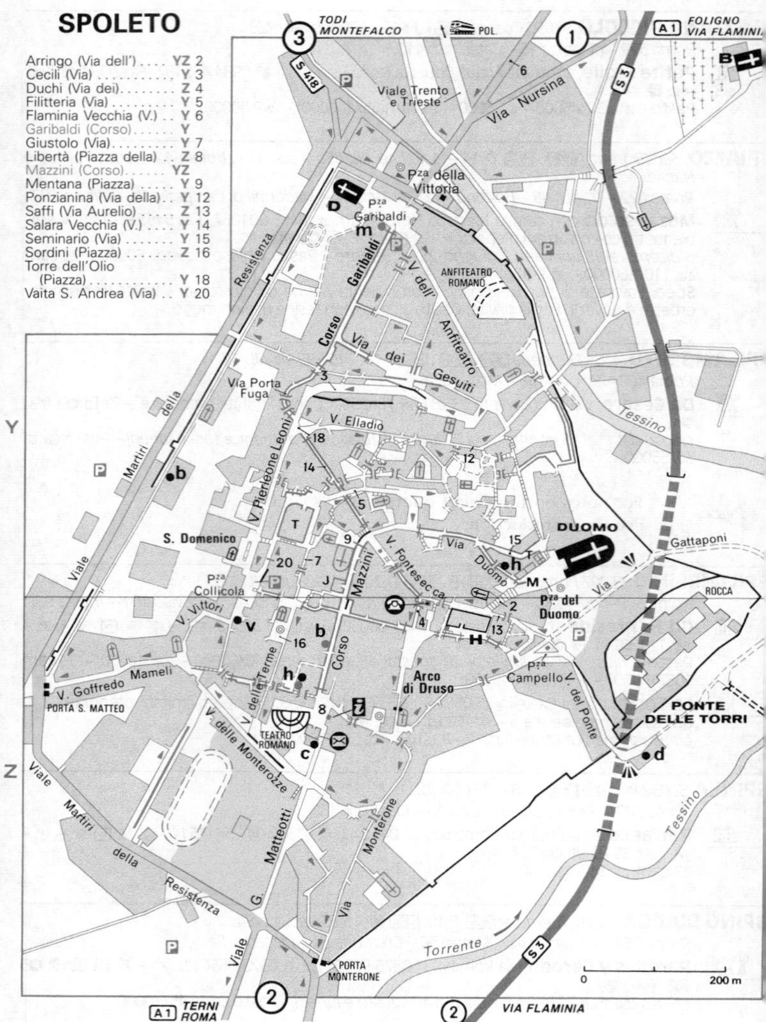

Albornoz Palace Hotel M, viale Matteotti ✆ 0743 221221, *Fax 0743 221600*, ←, « Opere di artisti contemporanei », riscaldata, – 🅿 – 500. AE VISA. 1 km per ②
Pasto *(chiuso lunedì)* carta 45/70000 – 20000 – **92 cam** 160/200000, 4 appartamenti – ½ P 160000.

Palazzo Dragoni senza rist, via Duomo 13 ✆ 0743 222220, *Fax 0743 222225*, ← Duomo e dintorni, « Costruzione del 16° secolo » – – 25. VISA. Y h
chiuso gennaio e febbraio – **15 cam** 250000.

San Luca senza rist, via Interna delle Mura 21 ✆ 0743 223399, *Fax 0743 223800*, – – 90. AE VISA. Y b
35 cam 220/400000, appartamento.

Dei Duchi, viale Matteotti 4 ✆ 0743 44541, *Fax 0743 44543*, ≤, – rist, – 80. *VISA*. Z c
Pasto *(chiuso dal 7 al 28 febbraio e martedì)* carta 35/60000 – 20000 – **47 cam** 130/160000, 2 appartamenti – ½ P 110/135000.

Gattapone senza rist, via del Ponte 6 ✆ 0743 223447, *Fax 0743 223448*, « In posizione dominante con ≤ sul ponte delle torri e Monteluco », – . *VISA* JCB
15 cam 200/380000. Z d

Il Barbarossa, via Licina 12 ✆ 0743 43644, *Fax 0743 222060*, « Circondato da un grande uliveto », – – 60. *VISA*. rist per ①
Pasto *(chiuso lunedì)* carta 45/60000 – **10 cam** 160/190000 – ½ P 160000.

Charleston senza rist, piazza Collicola 10 ✆ 0743 220052, *Fax 0743 221244*, – – 40. *VISA* Z v
10000 – **18 cam** 110/150000.

Aurora, via Apollinare 3 ✆ 0743 220315, *Fax 0743 221885* – . *VISA*.
Pasto vedere rist ***Apollinare*** – **15 cam** 90/140000 – ½ P 95/100000. Z h

Europa senza rist, viale Trento e Trieste 201 ✆ 0743 46949, *Fax 0743 221654* – . *VISA* Y
23 cam 105/140000.

Apollinare - Hotel Aurora, via Sant'Agata 14 ✆ 0743 223256, *Fax 0743 221885* – *VISA*. Z h
Pasto 50/70000 bc e carta 40/70000.

Il Tartufo, piazza Garibaldi 24 ✆ 0743 40236, *Fax 0743 40236*, – . *VISA* Y m
chiuso dal 7 al 14 gennaio, dal 15 al 31 luglio, domenica sera e lunedì – **Pasto** carta 50/65000.

Sabatini, corso Mazzini 52/54 ✆ 0743 221831, « Servizio estivo all'aperto » – *VISA* Z b
chiuso dal 1º al 10 agosto e lunedì – **Pasto** carta 45/75000.

sulla strada statale 3 - via Flaminia :

Il Capanno, località Torrecola per ② : *8 km* ✉ 06049 ✆ 0743 54119, *Fax 0743 54119*, prenotare, « Servizio estivo all'aperto » – .

Al Palazzaccio-da Piero, località San Giacomo per ① : *8 km* ✉ 06048 San Giacomo di Spoleto ✆ 0743 520168, *Fax 0743 520845*, – . *VISA*.
chiuso lunedì e Natale – **Pasto** carta 35/50000.

a Madonna di Baiano *per ③ : 7 km : – ✉ 06040 Baiano di Spoleto :*

San Sebastiano in Spoleto , via Acquasparta 4 ✆ 0743 539805, *Fax 0743 539961*, , « Residenza di campagna con arredi d'epoca » – . *VISA*.
Pasto *(chiuso lunedì)* carta 45/60000 – **12 cam** 110/150000, appartamento – ½ P 115/150000.

SPOLTORE *65010 Pescara* 430 O 24 – *14 645 ab. alt. 105.*

Roma 212 – Pescara 8 – Chieti 13 – L'Aquila 105 – Terano 58.

Montinope , via Montinope ✆ 085 4962836, *Fax 085 4962143*, ≤ colline e dintorni – – 150. *VISA* JCB.
Pasto *(chiuso lunedì)* carta 55/90000 – **18 cam** 180/280000, 2 appartamenti – ½ P 170000.

SPOTORNO *17028 Savona* 988 ⑫ ⑬, 428 J 7 – *4 290 ab..*

piazza Matteotti 3 ✆ 019 7415008, Fax 019 7415811.

Roma 560 – Genova 61 – Cuneo 105 – Imperia 61 – Milano 184 – Savona 15.

Tirreno, via Aurelia 2 ✆ 019 745106, *Fax 019 745061*, ≤, , – , rist, – 50. *VISA* JCB. rist
chiuso dal 15 ottobre al 30 novembre – **Pasto** carta 40/75000 – **39 cam** 140/230000 – ½ P 155/170000.

Riviera, via Berninzoni 18 ✆ 019 745320, *Fax 019 747782*, , , , – , rist, . *VISA*.
Pasto carta 40/65000 – **45 cam** 110/140000 – ½ P 120000.

Premuda, piazza Rizzo 10 ✆ 019 745157, *Fax 019 747416*, ≤, – . *VISA*. rist
Pasqua-20 ottobre – **Pasto** *(maggio-settembre; chiuso la sera)* 30/50000 – **21 cam** 170/200000.

Ligure, piazza della Vittoria 1 ✆ 019 745118, *Fax 019 745110*, ≤ – . *VISA*. rist
aprile-settembre – **Pasto** carta 45/70000 – 15000 – **32 cam** 150000 – ½ P 130000.

Zunino, via Serra 23 ☎ 019 745441, *Fax 019 743301*, – ▤ 📺 ☎. AE ⓢ ⓜ VISA JCB ✂ rist
Pasto carta 35/65000 – ☕ 10000 – **35 cam** 120/130000 – 1/2 P 120000.

Aurora, piazza Rizzo 9 ☎ 019 745169, *Fax 019 7415818*, – 📺 ☎. AE ⓢ ⓞ ⓜ VISA ✂ rist
Pasto 30/40000 – ☕ 15000 – **33 cam** 100/115000 – 1/2 P 105000.

La Perla, via Lombardia 6 ☎ 019 746223, *Fax 019 746223* – 📺 ☎ P. AE ⓢ ⓞ ⓜ VISA ✂
febbraio-ottobre – **Pasto** carta 45/60000 – ☕ 12000 – **15 cam** 80/120000 – 1/2 P 85/9000

SPRESIANO *31027 Treviso* 429 E 18 – *9 302 ab. alt. 56.*

Roma 558 – Venezia 44 – Belluno 64 – Treviso 14 – Vicenza 72.

Da Domenico, località Lovadina Sud-Est : 3 km ☎ 0422 881261, *Fax 0422 887074*, « Servizio estivo in giardino e laghetto con pesca sportiva » – P – 30. AE ⓢ ⓞ ⓜ VISA. ✂
chiuso dal 15 al 30 luglio, lunedì sera e martedì – **Pasto** carta 35/50000.

STAFFOLI *56020 Pisa* 430 K 14 – *alt. 28.*

Roma 312 – Firenze 52 – Pisa 36 – Livorno 46 – Pistoia 33 – Siena 85.

Da Beppe, via Livornese 35/37 ☎ 0571 37002, *Fax 0571 37385*, – ▤. AE ⓢ ⓞ ⓜ VISA ✂
chiuso dall'11 al 30 agosto, domenica sera e lunedì – **Pasto** 80/100000 e carta 60/95000
Spec. Crocchette di triglia con fonduta di pomodoro e cipolla piccante. Insalata di fagioli con ostriche e lardo di Colonnata. Rösti di galletto livornese con patate gratinate.

STALLAVENA *Verona* 428, 429 F 14 – *Vedere Grezzana.*

STANGHELLA *35048 Padova* 429 G 17 – *4 558 ab..*

Roma 446 – Padova 37 – Bologna 84 – Chioggia 57 – Ferrara 37 – Venezia 80.

Giardino con cam, piazza Pighin 35/36 ☎ 0425 958695, *Fax 0425 958696* – ▤ 📺 ☎ P – 100. AE ⓢ ⓞ ⓜ VISA JCB. ✂ rist
Pasto carta 35/90000 – **16 cam** ☕ 140/190000 – 1/2 P 120/130000.

verso Anguillara Veneta *Est : 3 km :*

Da Marco, via Canaletta Inferiore 167 ✉ 35048 ☎ 0425 95149 – P.

STEGONA (STEGEN) *Bolzano* 429 B 17 – *Vedere Brunico.*

STEINEGG = *Collepietra.*

STELLANELLO *17020 Savona* 428 K 6 – *732 ab. alt. 141.*

Roma 606 – Imperia 23 – Genova 110 – Savona 62 – Ventimiglia 68.

Antico Borgo, località Ciccioni (Ovest : 2,5 km) ☎ 0182 668051 – P. ✂
chiuso mercoledì – **Pasto** carta 25/45000.

STELVIO (Passo dello) (STILFSER JOCH) *Bolzano e Sondrio* 988 ④, 428, 429 C 13 – *alt. 2 75*

– Sport invernali : solo sci estivo (giugno-novembre) : 2 757/3 400 m 2 8,
Roma 740 – Sondrio 85 – Bolzano 103 – Bormio 20 – Merano 75 – Milano 222 – Trento 161

Passo dello Stelvio, ✉ 39020 Stelvio ☎ 0342 903162, *Fax 0425 903664*, ≤ gruppo Ortles e vallata, – ☎ P. ⓢ ⓞ ⓜ VISA JCB. ✂ rist
25 maggio-8 dicembre – **Pasto** carta 40/70000 – **64 cam** ☕ 90/180000 – 1/2 P 100/120000

STENICO *38070 Trento* 428, 429 D 14 – *1 065 ab. alt. 660 – a.s. Pasqua e Natale.*

Roma 603 – Trento 31 – Brescia 103 – Milano 194 – Riva del Garda 29.

a Villa Banale *Est : 3 km – ✉ 38070 :*

Alpino, via III Novembre 30 ☎ 0465 701459, *Fax 0465 702599* – 📺 ☎ P. ⓢ ⓜ VISA. ✂
Pasto *(aprile-ottobre)* 30/35000 – ☕ 12000 – **33 cam** 55/110000 – 1/2 P 75/95000.

STERZING = *Vipiteno.*

STILFSER JOCH = *Stelvio (Passo dello).*

STRADA IN CHIANTI *Firenze* 430 L 15 – *Vedere Greve in Chianti.*

STRADELLA *27049 Pavia* 988 ⑬, 428 G 9 – *10 839 ab. alt. 101.*

Roma 547 – Piacenza 37 – Alessandria 62 – Genova 116 – Milano 59 – Pavia 21.

Italia, via Mazzini 4 ☎ 0385 245178, *Fax 0385 48474* – 🛗 ▤ TV ☎ ♿ P – 🏛 80. AE 🅂 ⓞ MC VISA JCB
Pasto *(chiuso domenica)* carta 40/50000 – ☕ 10000 – **30 cam** 90/140000.

STRESA *28838 Verbania* 988 ②, 428 E 7 *G. Italia* – *4 885 ab. alt. 200* – *Sport invernali : a Mottarone: 803/1 491 m* ⛷ *1* ⛷ *5,* ⛷.

Vedere *Cornice pittoresca*★★ – *Villa Pallavicino*★ Y.

Escursioni *Isole Borromee*★★★ *: giro turistico da 5 a 30 mn di battello* – *Mottarone*★★★ *O : 29 km (strada di Armeno) o 18 km (strada panoramica di Alpino, a pedaggio da Alpino) o 15 mn di funivia* Y.

⛳18 *Des Iles Borromeés (chiuso lunedì escluso luglio-agosto) località Motta Rossa ✉ 28833 Brovello Carpugnino ☎ 0323 929285, Fax 0323 929190, per ① : 5 km;*

⛳9 *Alpino (chiuso gennaio, febbraio e martedì escluso dal 22 giugno al 7 settembre) a Vezzo ✉ 28839 ☎ 0323 20642, Fax 0323 20642, per ② : 7,5 km.*

⛴ *per le Isole Borromee giornalieri (10 mn)* – *Navigazione Lago Maggiore, piazza Marconi ☎ 0323 30393.*

🅸 *via Principe Tomaso 70/72 ☎ 0323 30150, Fax 0323 32561.*

Roma 657 ① – Brig 108 ③ – Como 75 ① – Locarno 55 ③ – Milano 80 ① – Novara 56 ① – Torino 134 ①.

Pianta pagina seguente

Gd H. des Iles Borromées, lungolago Umberto I 67 ☎ 0323 938938, *Fax 0323 32405,* « Parco e giardino fiorito con ← isole Borromee », 🏋, ≘s, 🏊, 🎾 – 🛗 ▤ TV ☎ 📞 ♿ 🚗 P – 🏛 250. AE 🅂 ⓞ MC VISA. ✻ rist Y w
Pasto 100000 – **175 cam** ☕ 470/620000, 11 appartamenti – ½ P 325/390000.

Gd H. Bristol, lungolago Umberto I 73/75 ☎ 0323 32601, *Fax 0323 33622,* ← Isole Borromee, 🍽, « Parco », 🏋, ≘s, 🏊, 🏊 – 🛗 ▤ TV ☎ 📞 🚗 – 🏛 270. AE 🅂 ⓞ MC VISA. ✻
Pasto carta 60/90000 – **260 cam** ☕ 280/460000, 15 appartamenti – ½ P 320000. Y c

Regina Palace, lungolago Umberto I 33 ☎ 0323 933777, *Fax 933776,* ← isole Borromee, 🍽, « Parco e giardino fiorito con 🏊 riscaldata », 🏋, ≘s, 🎾 – 🛗 ▤ TV ☎ 📞 ♿ P – 🏛 300. AE 🅂 ⓞ MC VISA. ✻ rist Y b
15 marzo-15 novembre – **Pasto** 70000 e al Rist. ***Charleston*** *(chiuso a mezzogiorno)* carta 85/125000 – **166 cam** ☕ 400/550000, 3 appartamenti – ½ P 280/330000.

La Palma, lungolago Umberto I 33 ☎ 0323 32401, *Fax 0323 933930,* ← isole Borromee e monti, « Piccolo giardino con 🏊 riscaldata direttamente sul lago », 🏋, ≘s – 🛗 ▤ TV ☎ 📞 ♿ 🚗 P – 🏛 200. AE 🅂 ⓞ MC VISA JCB. ✻ rist Y e
marzo-novembre – **Pasto** 55/60000 – ☕ 20000 – **119 cam** 240/320000 – ½ P 220000.

Astoria, lungolago Umberto I 31 ☎ 0323 32566, *Fax 0323 933785,* ← isole Borromee, « Giardino fiorito e roof-garden con solarium », 🏋, ≘s, 🏊 riscaldata – 🛗 ▤ TV ☎ P – 🏛 60. AE 🅂 ⓞ MC VISA JCB. ✻ rist Y x
27 marzo-25 ottobre – **Pasto** 50000 – **96 cam** ☕ 230/290000 – ½ P 180000.

Milan e Speranza au Lac, piazza Imbarcadero ☎ 0323 31190, *Fax 0323 32729,* ← lago, monti e isole Borromee – 🛗 ▤ TV ☎ – 🏛 80. AE 🅂 ⓞ MC VISA. ✻ rist Y s
27 marzo-ottobre – **Pasto** 45/50000 – ☕ 19000 – **160 cam** 170/260000 – ½ P 180000.

Royal, strada statale del Sempione 22 ☎ 0323 32777, *Fax 0323 33633,* ←, 🍽, « Giardino fiorito » – 🛗 TV ☎ P. 🅂 MC VISA. ✻ Y z
aprile-ottobre – **Pasto** 40000 – ☕ 20000 – **45 cam** 150/210000 – ½ P 160000.

Della Torre, strada statale del Sempione 45 ☎ 0323 32555, *Fax 0323 31175,* ←, 🍽, « Giardino fiorito » – 🛗 TV ☎ ♿ P. AE 🅂 ⓞ MC VISA. ✻ rist Y a
aprile-ottobre – **Pasto** 35/45000 – ☕ 18000 – **64 cam** 160/200000 – ½ P 135000.

Du Parc, via Gignous 1 ☎ 0323 30335, *Fax 0323 33596,* « Piccolo parco » – 🛗 TV ☎ P. AE 🅂 ⓞ MC VISA. ✻ rist Y y
Pasqua-15 ottobre – **Pasto** (solo per alloggiati) 30/40000 – ☕ 15000 – **34 cam** 155/195000 – ½ P 150000.

Lido "La Perla Nera" 🦢, viale Lido 15 (al lido di Carciano) ☎ 0323 33611, *Fax 0323 933785,* ←, « Giardino fiorito », 🏊 – 🛗 ▤ TV ☎ P. AE 🅂 ⓞ MC VISA JCB. ✻ rist
aprile-ottobre – **Pasto** 40000 – ☕ 15000 – **36 cam** 150/190000 – ½ P 130000. Y m

La Fontana senza rist, strada statale del Sempione 1 ☎ 0323 32707, *Fax 0323 32708,* ←, « Piccolo parco ombreggiato » – 🛗 TV ☎ P. AE 🅂 ⓞ MC VISA Y f
chiuso dal 20 novembre al 26 dicembre – ☕ 14000 – **20 cam** 110/125000.

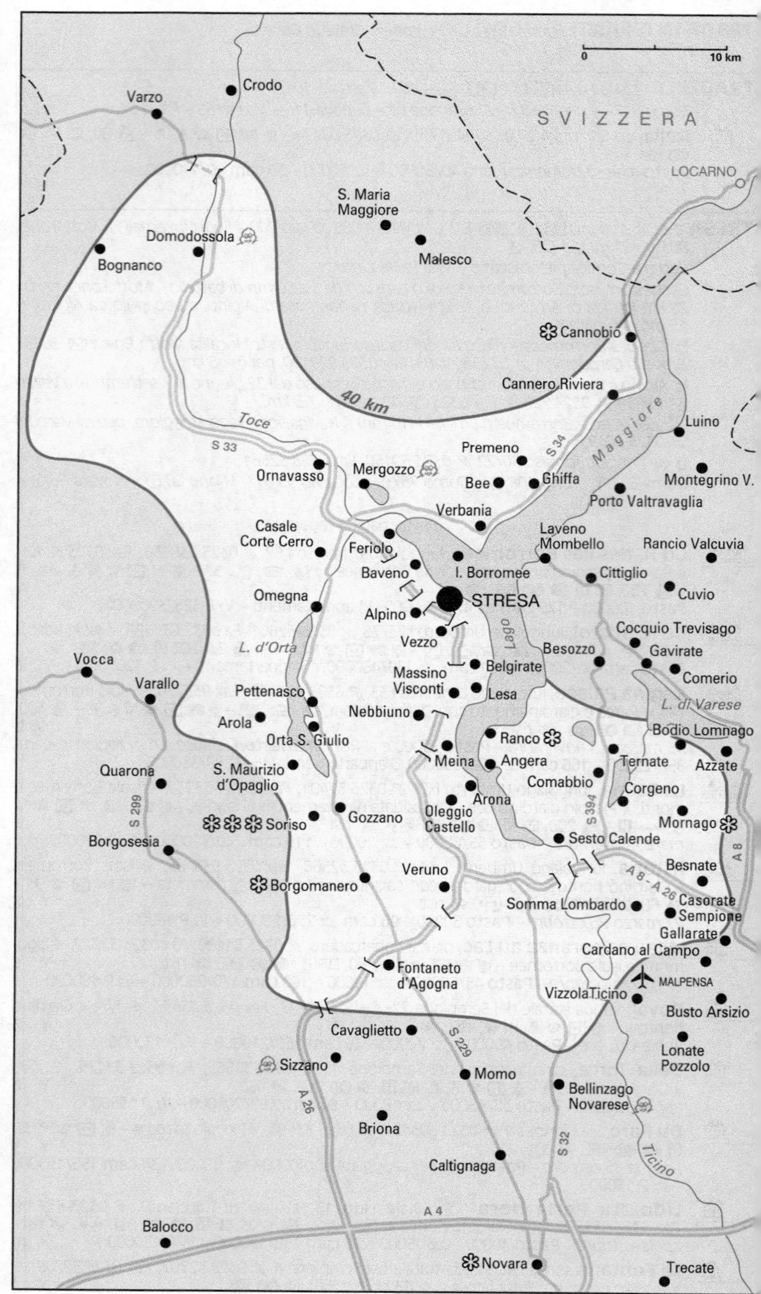

0
10 km
SVIZZERA
LOCARNO
Crodo
Varzo
S. Maria
Maggiore
Domodossola
Bognanco
Malesco
Cannobio
Cannero Riviera
40 km
Toce
Maggiore
Luino
S 33
S 34
Premeno
Ornavasso
Mergozzo
Bee
Ghiffa
Montegrino V.
Porto Valtravaglia
Verbania
Casale
Corte Cerro
Feriolo
Laveno
Mombello
Rancio Valcuvia
Baveno
I. Borromee
Cittiglio
Cuvio
Omegna
STRESA
Alpino
Vezzo
Lago
Cocquio Trevisago
L. d'Orta
Besozzo
Gavirate
Vocca
Massino
Visconti
Belgirate
Comerio
Varallo
Pettenasco
Lesa
L. di Varese
Arola
Nebbiuno
Orta S. Giulio
Ranco
Bodio Lomnago
Meina
Angera
Ternate
Azzate
Quarona
S. Maurizio
d'Opaglio
Comabbio
Arona
Corgeno
S 299
Oleggio
Castello
S 394
Mornago
Soriso
Gozzano
Borgosesia
Sesto Calende
A 8
Veruno
A 8 - A 26
Besnate
Borgomanero
Somma Lombardo
Casorate
Sempione
Gallarate
Cardano al Campo
Fontaneto
d'Agogna
MALPENSA
VizzolaTicino
Busto Arsizio
Cavaglietto
S 229
Lonate
Pozzolo
Sizzano
Momo
Bellinzago
Novarese
A 26
Briona
S 32
Ticino
Caltignaga
A 4
Balocco
Novara
Trecate

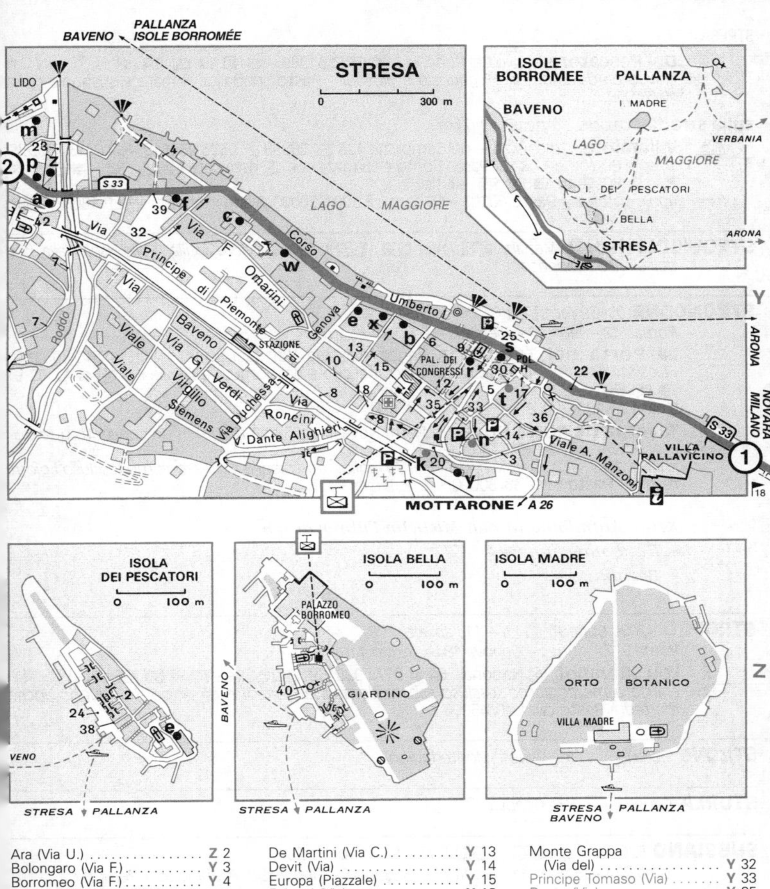

Ara (Via U.)	Z 2	De Martini (Via C.)	Y 13	Monte Grappa (Via del)	Y 32
Bolongaro (Via F.)	Y 3	Devit (Via)	Y 14	Principe Tomaso (Via)	Y 33
Borromeo (Via F.)	Y 4	Europa (Piazzale)	Y 15	Roma (Via)	Y 35
Cadorna (Piazza)	Y 5	Fulgosi (Via)	Y 18	Rosmini (Via A.)	Y 36
Canonica (Via P.)	Y 6	Garibaldi (Via G.)	Y 17	Ruffoni (Via)	Z 38
Cardinale F. Borromeo (Via)	Y 7	Gignous (Via)	Y 20	Sempione (Strada statale del)	Y 39
Carducci (Via G.)	Y 8	Italia (Corso)	Y 22	V. Emanuele III (Lungolago)	Z 40
Cavour (Via)	Y 9	Lido (Viale)	Y 23	Volta (Via A.)	Y 42
D'Azeglio (Via M.)	Y 10	Lungo Lago (Piazza)	Z 24		
De Amicis (Via E.)	Y 12	Marconi (Piazza)	Y 25		
		Mazzini (Via G.)	Y 30		

Moderno, via Cavour 33 ℘ 0323 933773, *Fax 0323 933775,* – AE ⓢ ⓓ MC VISA. Y r
marzo-ottobre – **Pasto** carta 45/80000 – ☕ 15000 – **52 cam** 145/170000 – ½ P 95/135000.

Flora, strada statale del Sempione 26 ℘ 0323 30524, *Fax 0323 33372,* ←, – P. AE ⓢ ⓓ MC VISA Y p
20 marzo-3 novembre – **Pasto** *(chiuso sino al 1º aprile)* carta 35/65000 – ☕ 15000 – **23 cam** 90/145000 – ½ P 85/115000.

Piemontese, via Mazzini 25 ℘ 0323 30235, *Fax 0323 30235,* « Servizio estivo all'aperto » – AE ⓢ MC VISA. Y t
chiuso dicembre, gennaio, lunedì e da ottobre a maggio anche domenica sera – **Pasto** carta 65/100000 (10%).

Triangolo, via Roma 61 ℘ 0323 32736, *Fax 0323 32736,* , Rist. e pizzeria – AE ⓢ ⓓ MC VISA. Y k
chiuso dal 15 al 30 novembre e martedì (escluso da giugno a settembre) – **Pasto** carta 45/70000.

Del Pescatore, vicolo del Poncivo 3 ☎ 0323 31986 – ▤. 🅢 ⓓ ⓜ VISA. ✂ Y n
chiuso da dicembre al 15 gennaio e giovedì – **Pasto** specialità di mare e spagnole carta 40/70000.

sulla strada statale 33 *per ② : 1,5 km :*

Villaminta, strada statale del Sempione 123 ✉ 28838 ☎ 0323 933818, *Fax 0323 933955,* ≤ isole Borromee, ⛱, « Parco fiorito e terrazza con ⛱ riscaldata », ⛰, ✂ – |‡| TV ☎ 📞 🅿 – 🎭 80. AE 🅢 ⓓ ⓜ VISA. ✂ rist
aprile-ottobre – **Pasto** 60000 – **55 cam** ☕ 300/350000, 5 appartamenti – ½ P 180/200000.

STROMBOLI (Isola) *Messina* 988 ㊲ ㊳, 431, 432 K 27 – *Vedere Sicilia (Eolie, isole) alla fine dell'elenco alfabetico.*

STRONCONE *05039 Terni* 430 O 20 – *alt. 451.*
Roma 112 – Terni 12 – Rieti 45.

La Porta del Tempo ⛰ senza rist, via del Sacramento 2 ☎ 0744 608190, *Fax 0744 430210,* « In un palazzo antico nel cuore del borgo medievale » – TV ☎ 📞. AE 🅢 ⓓ ⓜ VISA
8 cam ☕ 120/200000.

Taverna de Porta Nova, via Porta Nova 1 ☎ 0744 60496, « In un convento quattrocentesco » – 🅢 ⓜ VISA. ✂
chiuso dal 1º al 26 gennaio, dal 15 al 30 luglio, mercoledì e a mezzogiorno (escluso i giorni festivi) – **Pasto** carta 35/80000.

*Keine Aufnahme in den **Michelin-Führer** durch*
- Beziehungen oder
- Bezahlung!

STROPPO *12020 Cuneo* 428 I 3 – *112 ab. alt. 1 087.*
Roma 677 – Cuneo – Genova 184 – Torino 110.

Lou Sarvanot, via Nazionale 64 ☎ 0171 999159, prenotare – AE 🅢 ⓜ VISA. ✂
chiuso a mezzogiorno (escluso sabato-domenica), lunedì e da ottobre a giugno anche martedì – **Pasto** carta 30/45000.

STROVE *Siena* 430 L 15 – *Vedere Monteriggioni.*

STURLA *Genova – Vedere Genova.*

SUBBIANO *52010 Arezzo* 988 ⑮, 430 L 17 – *5 221 ab. alt. 266.*
Roma 224 – Rimini 131 – Siena 75 – Arezzo 15 – Firenze 90 – Gubbio 96 – Perugia 87.

Relais Torre Santa Flora, località Il Palazzo 169 (Sud-Est : 3 km) ☎ 0575 421045, *Fax 0575 489607,* ≤, ⛱, ⛱, 🌳 – ▤ TV ☎ 🅿. AE 🅢 ⓓ ⓜ VISA. ✂
Pasto *(chiuso lunedì a mezzogiorno da Pasqua a novembre, tutto il giorno negli altri mesi)* carta 70/90000 – **10 cam** ☕ 180/300000, appartamento – ½ P 170/210000.

SU GOLOGONE *Nuoro* 433 G 10 – *Vedere Sardegna (Oliena) alla fine dell'elenco alfabetico.*

SULDEN = *Solda.*

SULMONA *67039 L'Aquila* 988 ㉗, 430 P 23 *G. Italia – 25 518 ab. alt. 375.*
Vedere *Palazzo dell'Annunziata★★ – Porta Napoli★.*
Dintorni *Itinerario nel Massiccio degli Abruzzi★★★.*
🅘 *corso Ovidio 208 ☎ 0864 53276, Fax 0864 53276.*
Roma 154 – Pescara 73 – L'Aquila 73 – Avezzano 57 – Chieti 62 – Isernia 76 – Napoli 186.

Gino, piazza Plebiscito 12 ☎ 0864 52289 – ✂
chiuso la sera e domenica – **Pasto** carta 35/50000.

sulla strada statale 17 *Nord-Ovest : 3,5 km :*

Santacroce, ✉ 67039 ☎ 0864 251696, *Fax 0864 251696,* 🌳 – |‡| ▤ TV ☎ ♿ 🚗 – 🎭 100. AE 🅢 ⓓ ⓜ VISA. ✂
Pasto al Rist. ***Meeting*** *(chiuso venerdì)* carta 40/55000 – **31 cam** ☕ 85/120000 – ½ P 80/95000.

SULZANO *25058 Brescia* [428], [429] E 12 – *1 475 ab. alt. 205 – a.s. Pasqua e luglio-15 settembre.*
Roma 586 – Brescia 28 – Bergamo 44 – Edolo 72 – Milano 85.

🍴🍴 **Le Palafitte,** via Cesare Battisti 7 (Sud : 1,5 km) ☎ 030 985145, *Fax 030 985295*, ←, 🏕, prenotare, « Padiglione sul lago » – [P]. [AE] [$] VISA
chiuso martedì e da ottobre ad aprile anche lunedì sera – **Pasto** carta 50/90000.

SUNA *Verbania* [428] E 7 – *Vedere Verbania.*

SUPERGA *Torino – alt. 670.*
Vedere *Basilica*★ : ←★★★, *tombe reali*★.

SUSA *10059 Torino* [988] ⑪, [428] G 3 – *6 580 ab. alt. 503 – a.s. giugno-settembre e Natale.*
Roma 718 – Briançon 55 – Milano 190 – Col du Mont Cenis 30 – Torino 53.

🏨 **Napoleon,** via Mazzini 44 ☎ 0122 622855, *Fax 0122 31900* – |‡| [TV] ☎ ✆ 🚗 – 🏛 40. [AE] [$] ⓞ ⓜⓒ VISA. ✂ rist
Pasto *(chiuso gennaio e sabato escluso da luglio a settembre)* 35/50000 – ☕ 15000 – **62 cam** 115/145000 – ½ P 115/150000.

SUSEGANA *31058 Treviso* [429] E 18 – *10 321 ab. alt. 77.*
Roma 572 – Belluno 57 – Trento 143 – Treviso 22.

🍴 **La Vigna,** via Barriera 20 (Nord : 2 km) ☎ 0438 62430, *Fax 0438 62430*, ←, 🏕, « Servizio estivo all'aperto » – ✂ [P]. [AE] [$] ⓞ ⓜⓒ VISA. ✂
chiuso lunedì e domenica sera – **Pasto** carta 35/50000.

SUTERA *Caltanissetta* [432] O 23 – *Vedere Sicilia alla fine dell'elenco alfabetico.*

SUTRI *01015 Viterbo* [988] ㉕, [430] P 18 – *5 021 ab. alt. 270.*
Roma 52 – Viterbo 31 – Civitavecchia 60 – Terni 76.

🍴 **Il Vescovado,** via del Vescovado 9 ☎ 0761 608811, 🏕
chiuso lunedì – **Pasto** carta 40/55000.

sulla strada statale Cassia al km 46,700 *Est : 6 Km :*

🏨 **Il Borgo di Sutri,** località Mezzaroma Nuova 552 ✉ 01015 ☎ 0761 608690, *Fax 0761 608308*, 🏕, 🌳 – ▤ cam, [TV] ☎ [P]. [AE] [$] ⓞ ⓜⓒ VISA
Pasto *(chiuso martedì)* carta 40/80000 – **16 cam** ☕ 180/240000, 5 appartamenti – ½ P 160/190000.

SUTRIO *33020 Udine* [429] C 20 – *1 416 ab. alt. 572.*
Roma 690 – Udine 63 – Lienz 61 – Villach 104.

🍴 **Alle Trote,** località Noiariis Sud : 1 km ☎ 0433 778329, 🌳 – [P]. [$] ⓜⓒ VISA. ✂
maggio-settembre; chiuso martedì escluso luglio-agosto – **Pasto** carta 30/40000.

SUVERETO *57028 Livorno* [988] ⑭, [430] M 14 – *2 940 ab. alt. 127.*
Roma 232 – Grosseto 58 – Livorno 87 – Piombino 27 – Siena 143.

🍴🍴 **Eno-Oliteca Ombrone,** piazza dei Giudici 1 ☎ 0565 829336, *Fax 0565 828297*, Coperti limitati; prenotare, « Vecchio frantoio del '300 con cucina tipica » – [AE] [$] ⓜⓒ VISA
chiuso dall'8 gennaio al 13 febbraio, i mezzogiorno di lunedì e martedì in luglio-agosto, lunedì negli altri mesi – **Pasto** 55/85000 e carta 80/110000 (13 %).

SUZZARA *46029 Mantova* [988] ⑭, [428], [429] I 9 – *17 481 ab. alt. 20.*
Roma 453 – Parma 48 – Verona 64 – Cremona 74 – Mantova 21 – Milano 167 – Modena 51 – Reggio nell'Emilia 41.

🍴 **Da Battista** con cam, piazza Castello 14/A ☎ 0376 531225 – [TV]. [$] ⓞ ⓜⓒ VISA. ✂
chiuso dall'11 al 25 agosto e domenica – **Pasto** carta 40/60000 – ☕ 4000 – **7 cam** 60/85000 – ½ P 60/70000.

TABIANO BAGNI *43030 Parma* [428], [429] H 12 – *alt. 162 – Stazione termale (marzo-novembre), a.s. agosto-25 ottobre.*
[i] *(agosto-ottobre) alle terme ☎ 0524 565482.*
Roma 486 – Parma 31 – Piacenza 57 – Bologna 124 – Fidenza 8 – Milano 110 – Salsomaggiore Terme 5.

Grande Albergo Astro, via Castello 2 0524 565523, *Fax 0524 565497*, <, « Terrazza solarium con », – , cam, – 850. rist
Pasto 50000 – **115 cam** 190/250000 – 1/2 P 160/180000.

Napoleon, via delle Terme 11 bis 0524 565261, *Fax 0524 565230*, « Giardino », – , rist, rist, – 100. rist
Pasto 45000 – **57 cam** 135/160000 – 1/2 P 120000.

Pandos, via delle Fonti 15 0524 565276, *Fax 0524 565287*, – , rist, . rist
15 aprile-4 novembre – **Pasto** 40000 – 15000 – **57 cam** 130/150000 – 1/2 P 95/105000.

Park Hotel Fantoni, via Castello 6 0524 565141, *Fax 0524 565141*, « Giardino ombreggiato con » – , cam, .
aprile-novembre – **Pasto** 35/45000 – 12000 – **34 cam** 85/140000 – 1/2 P 100000.

Rossini, via delle Fonti 10 0524 565173, *Fax 0524 565734*, « Terrazza solarium », – , rist, . rist
aprile-novembre – **Pasto** 45000 – 12000 – **57 cam** 90/140000 – 1/2 P 100000.

Quisisana, viale Fidenza 5 0524 565252, *Fax 0524 565101*, – . rist
15 aprile-15 novembre – **Pasto** 30/35000 – 10000 – **49 cam** 95/135000 – 1/2 P 90000.

Panoramik, via Tabiano 50 0524 565423, *Fax 0524 565594*, <, « Giardino ombreggiato », riscaldata – . rist
marzo-novembre – **Pasto** carta 40/65000 – 20000 – **35 cam** 85/140000 – 1/2 P 85/95000.

Locanda del Colle-da Oscar, al Castello Sud : 3,5 km 0524 565676, *Fax 0524 565702*, , prenotare – .
chiuso dal 1° al 15 febbraio e lunedì (escluso da agosto a settembre) – **Pasto** carta 40/60000.

Keine Aufnahme in den ***Michelin-Führer*** *durch*
– Beziehungen oder
– Bezahlung!

TAGLIACOZZO *67069 L'Aquila* 988 ㉖, 430 P 21 – *6 729 ab. alt. 775.*
Roma 97 – L'Aquila 52 – Avezzano 16 – Frosinone 87 – Pescara 123.

Hotel Park senza rist, via Tiburtina Valeria km 99 0863 610786, *Fax 0863 610786*, , –
60 cam 130/180000.

Tagliacozzo, via Lungo Imele 43 0863 66499 –
aprile-ottobre; chiuso martedì escluso dal 15 giugno al 15 settembre – **Pasto** carta 30/75000.

TAGLIATA *Ravenna – Vedere Cervia.*

TALAMONE *Grosseto* 430 O 15 – *Vedere Fonteblanda.*

TAMBRE *Belluno* 429 D 19 – *1 593 ab. alt. 922 – ✉ 32010 Tambre d'Alpago.*
Cansiglio (maggio-ottobre) a Pian del Cansiglio ✉ 32010 Tambre 0438 585398, Fax 0438 585398, Sud : 11 km.
piazza Martiri 1 0437 49277, Fax 0437 49246.
Roma 613 – Belluno 30 – Cortina d'Ampezzo 83 – Milano 352 – Treviso 73 – Venezia 102.

Alle Alpi, via Campei 32 0437 49022, *Fax 0437 439688*, , , – .
chiuso ottobre e novembre – **Pasto** *(chiuso mercoledì)* 30000 – 10000 – **28 cam** 80/110000 – 1/2 P 100000.

a Col Indes *Sud-Est : 5 km – alt. 1 200 – ✉ 32010 Tambre :*

Col Indes con cam, 0437 49274, *Fax 0437 49601*, < – .
giugno-settembre – **Pasto** carta 35/50000 – **8 cam** 85/130000 – 1/2 P 55/85000.

TAMION *Trento – Vedere Vigo di Fassa.*

TAORMINA *Messina* 988 ㊲, 432 N 27 – *Vedere Sicilia alla fine dell'elenco alfabetico.*

TARANTO 74100 P 988 ㉙, 431 F 33 *G. Italia – 209 297 ab..*

Vedere *Museo Nazionale★★ : ceramiche★★★, sala degli ori★★★ – Lungomare Vittorio Emanuele★★ – Giardini Comunali★ – Cappella di San Cataldo★ nel Duomo.*

18 (chiuso martedì) a Riva dei Tessali ✉ 74011 Castellaneta ☎ 099 8431844, Fax 099 8431844, per ③ : 34 km.

corso Umberto 113 ☎ 099 4532392, Fax 099 4532397.

A.C.I. *via Giustino Fortunato ☎ 099 7706434.*

Roma 532 ③ – Brindisi 70 ① – Bari 94 ③ – Napoli 344 ③.

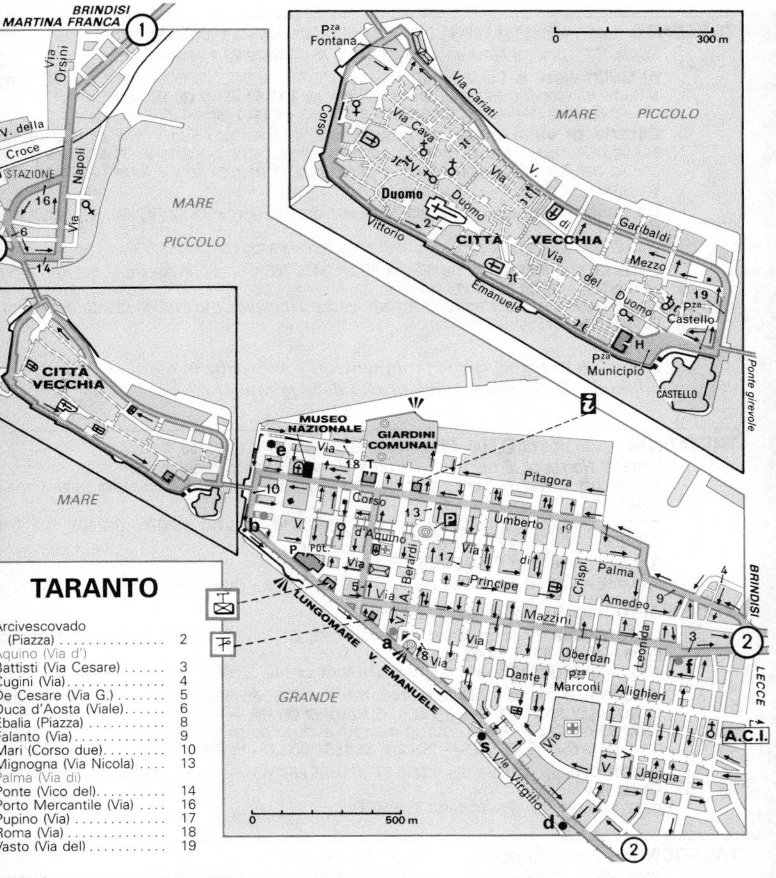

Gd H. Delfino, viale Virgilio 66 ☎ 099 7323232, *Fax 099 7304654*, ≤, – ▯ ▤ TV ☎ ♿ P – 350. AE ⓢ ⓞ MC VISA. ✻ rist — d
Pasto carta 60/85000 – **200 cam** ☕ 200/240000, 6 appartamenti – ½ P 240/280000.

Europa senza rist, via Roma 2 ☎ 099 4544111, *Fax 099 4544115*, ≤ – ▯ ▤ TV ☎ ☏. AE ⓢ ⓞ MC VISA — e
40 cam ☕ 140/240000, 3 appartamenti.

Palace, senza rist, viale Virgilio 10 ☎ 099 4594771, *Fax 099 4594771*, ≤ – ▯ ▤ TV ☎ P – 300 — s
73 cam.

Il Caffè, via d'Aquino 8 ☎ 099 4525097, *Fax 099 4525097*, Rist. e pizzeria – ▤. AE ⓢ ⓞ MC VISA JCB — b
chiuso martedì – **Pasto** carta 35/70000.

X **Gesù Cristo,** via Cesare Battisti 10 ☏ 099 4777253 – ▤. AE Ⓢ ⓓ ⓜⓒ VISA f
chiuso domenica sera e lunedì – **Pasto** specialità frutti di mare crudi 35/45000 bc e carta 25/40000 bc.

a Lama *Sud : 8 km – ✉ 74020 :*

XXX **Le Vecchie Cantine,** via Girasoli 23 ☏ 099 7772589, *Fax 099 7772589,* rist. e pizzeria, prenotare – P. AE Ⓢ ⓓ ⓜⓒ VISA JCB.
chiuso lunedì, a mezzogiorno (escluso domenica), dal 15 luglio al 20 agosto chiuso anche domenica a mezzogiorno – **Pasto** carta 35/65000.

TARCENTO *33017 Udine* 988 ⑥, 429 D 21 – *8 516 ab. alt. 230 – a.s. luglio-agosto.*
Roma 657 – Udine 19 – Milano 396 – Tarvisio 76 – Trieste 90 – Venezia 146.

XX **Al Mulin Vieri,** via Dei Molini 10 ☏ 0432 785076, *Fax 0432 785076,* ≤, « Ristorante in riva al fiume con servizio estivo all'aperto » – P – 100. AE Ⓢ ⓓ ⓜⓒ VISA JCB
chiuso dal 10 al 28 ottobre, lunedì sera e martedì – **Pasto** carta 45/70000.

X **Osteria di Villafredda,** via Liruti 7, località Loneriacco Sud : 2 km ☏ 0432 792153, *Fax 0432 792153,* « Casa di campagna con servizio estivo in giardino » – P. AE Ⓢ ⓓ ⓜⓒ VISA
chiuso dal 7 al 28 gennaio, dal 5 al 26 agosto, domenica sera e lunedì – **Pasto** carta 50/70000.

X **Da Gaspar,** via Gaspar 1, località Zomeais Nord : 2,5 km ☏ 0432 785950, ≤, prenotare –
chiuso dal 15 luglio al 7 agosto, lunedì e martedì – **Pasto** carta 40/60000.

X **Osteria sul Ronc,** via Dei Fagnà 39 ☏ 0432 785876, ≤, prenotare, « Servizio estivo all'aperto » – P. AE Ⓢ ⓓ ⓜⓒ VISA JCB
chiuso giovedì e da settembre a maggio anche a mezzogiorno escluso sabato-domenica – **Pasto** carta 35/55000.

I nomi delle principali vie commerciali sono scritti in rosso all'inizio dell'indice toponomastico delle piante di città.

TARQUINIA *01016 Viterbo* 988 ㉕, 430 P 17 *G. Italia – 15 017 ab. alt. 133.*
Vedere *Necropoli Etrusca*★★ : *pitture*★★★ *nelle camere funerarie SE : 4 km – Palazzo Vitelleschi*★ : *cavalli alati*★★★ *nel museo Nazionale Tarquiniense*★ – *Chiesa di Santa Maria in Castello*★.
(chiuso martedì) località Marina Velca ✉ 01016 Tarquinia ☏ 0766 812109, Fax 0766 812109.
piazza Cavour 1 ☏ 0766 856384, Fax 0766 840479.
Roma 96 – Viterbo 45 – Civitavecchia 20 – Grosseto 92 – Orvieto 90.

a Lido di Tarquinia *Sud-Ovest : 6 km – ✉ 01010 :*

La Torraccia senza rist, viale Mediterraneo 45 ☏ 0766 864375, *Fax 0766 864296,* – ▤ TV ☎ – 50. AE Ⓢ ⓓ ⓜⓒ VISA.
chiuso dal 20 dicembre all'8 gennaio – **18 cam** 140/170000.

XX **Velcamare** con cam, via degli Argonauti 1 ☏ 0766 864380, *Fax 0766 864024,* « Servizio estivo in giardino », – ▤ TV ☎ ♿ P. AE Ⓢ ⓓ ⓜⓒ VISA JCB. rist
febbraio-ottobre – **Pasto** *(chiuso martedì escluso da giugno a settembre)* specialità di mare carta 65/115000 (10 %) – **20 cam** 130/190000 – 1/2 P 140/150000.

X **Gradinoro,** lungomare dei Tirreni 17 ☏ 0766 864045, *Fax 0766 869834,* – ▤. AE Ⓢ ⓓ ⓜⓒ VISA
marzo-novembre – **Pasto** carta 35/85000.

TARSOGNO *43050 Parma* 428 I 10 – *alt. 822 – a.s. luglio-agosto.*
Roma 472 – La Spezia 73 – Bologna 182 – Genova 108 – Milano 161 – Parma 86 – Piacenza 97.

Sole, via Provinciale Sud 24 ☏ 0525 89142, *Fax 0525 89398,* ≤ – ☎ P. rist
chiuso dal 1º al 15 ottobre – **Pasto** *(chiuso giovedì)* carta 35/50000 – 10000 – **33 cam** 80/120000 – 1/2 P 80/85000.

TARTANO *23010 Sondrio* 428 D 11 – *279 ab. alt. 1 147.*
Roma 695 – Sondrio 34 – Chiavenna 61 – Lecco 77 – Milano 133.

La Gran Baita , via Castino 7 ☏ 0342 645043, *Fax 0342 645043,* ≤, – rist, ☎ P. AE Ⓢ ⓜⓒ VISA. rist
chiuso dal 6 gennaio a Pasqua – **Pasto** carta 35/50000 – **34 cam** 45/75000 – 1/2 P 65/70000.

TARVISIO *33018 Udine 988 ⑥, 429 C 22 – 5 502 ab. alt. 754 – a.s. luglio-agosto e Natale – Sport invernali : 754/1 753 m 1 4,.*
(aprile-ottobre) 0428 2047, Fax 0428 2047.
via Roma 10 0428 2135, Fax 0428 2972.
Roma 730 – Udine 95 – Cortina d'Ampezzo 170 – Gorizia 133 – Klagenfurt 67 – Ljubljana 100 – Milano 469.

Edelhof, via Diaz 13 0428 644025, *Fax 0428 644025,* « Ambienti di ispirazione tardo gotica », – |\$| TV ☎ P. AE \$ ⓓ MC
Pasto *(chiuso lunedì)* carta 35/75000 – **10 cam** 140/180000, 3 appartamenti – 1/2 P 110/130000.

Italia, via Roma 103 0428 2041.

TAUFERS IM MÜNSTERTAL = *Tubre.*

TAVAGNACCO *33010 Udine 429 D 21 – 12 142 ab. alt. 137.*
Roma 645 – Udine 9 – Tarvisio 84 – Trieste 78 – Venezia 134.

Al Grop, via Matteotti 1 0432 660240, *Fax 0432 650158,* – P. AE \$ ⓓ MC VISA JCB
chiuso dal 1º al 15 agosto, mercoledì sera e giovedì – **Pasto** carta 50/80000.

Ferienreisen wollen gut vorbereitet sein.
*Die **Straßenkarten** und **Führer** von **Michelin***
geben Ihnen Anregungen und praktische Hinweise zur Gestaltung Ihrer Reise:
Streckenvorschläge, Auswahl und Besichtigungsbedingungen
der Sehenswürdigkeiten, Unterkunft, Preise... u. a. m.

TAVARNELLE VAL DI PESA *50028 Firenze 988 ⑭ ⑮, 430 L 15 – 7 123 ab. alt. 378.*
Roma 268 – Firenze 29 – Siena 41 – Livorno 92.

La Gramola, via delle Fonti 1 055 8050321, *Fax 055 8050321,* – AE \$ MC VISA.
chiuso a mezzogiorno (escluso i giorni festivi) e martedì – **Pasto** carta 40/55000.

a Sambuca *Est : 4 km – ✉ 50020 :*

Torricelle-Zucchi senza rist, via Cellini 32 055 8071780, *Fax 055 8071102* – TV ☎ P. \$ VISA.
chiuso dal 20 dicembre al 14 gennaio – 15000 – **13 cam** 80/100000.

in prossimità uscita superstrada Firenze-Siena *Nord-Est : 5 km :*

Park Hotel Chianti senza rist, località Pontenuovo ✉ 50028 055 8070106, *Fax 055 8070121,* – |\$| TV ☎ P. AE \$ MC VISA.
43 cam 155/195000.

a San Donato in Poggio *Sud-Est : 7 km – ✉ 50020 :*

Antica Trattoria la Toppa, via del Giglio 43 055 8072900, *Fax 055 8072900,* – AE \$ MC VISA
chiuso dal 31 dicembre al 5 febbraio e lunedì – **Pasto** carta 35/50000 (10 %).

TAVAZZANO CON VILLAVESCO *26838 Lodi 428 G 10 – 4 690 ab. alt. 80.*
Roma 543 – Milano 29 – Piacenza 48 – Bergamo 56 – Brescia 74 – Cremona 64 – Pavia 39.

Napoleon senza rist, via Garibaldi 34 0371 760824, *Fax 0371 760827* – |\$| TV ☎ P. AE \$ ⓓ MC VISA
26 cam 120/150000.

TAVERNELLE *Modena – Vedere Vignola.*

TAVIANO *73057 Lecce 431 H 36 – 12 543 ab. alt. 55.*
Roma 616 – Brindisi 91 – Bari 203 – Lecce 55 – Otranto 60 – Taranto 118.

A Casa tu Martinu, via Corsica 97 0833 913652, *Fax 0833 911550,* – AE
chiuso dal 14 settembre al 14 ottobre, lunedì e a mezzogiorno escluso domenica, festivi e da giugno a settembre – **Pasto** carta 25/40000.

TEGLIO *23036 Sondrio* 428, 429 D 12 – *4 950 ab. alt. 856.*
Roma 719 – Sondrio 20 – Edolo 37 – Milano 158 – Passo dello Stelvio 76.

Combolo, via Roma 5 ✆ 0342 780083, *Fax 0342 781190,* « Terrazza-giardino », – 📺 ☎ P. AE VISA.
Pasto *(chiuso martedì escluso da maggio a settembre)* carta 35/65000 – ☐ 10000 – **51 cam** 90/120000 – 1/2 P 120000.

Meden, via Roma 29 ✆ 0342 780080, *Fax 0342 780349,* – ☎ P. AE VISA.
luglio-ottobre – **Pasto** 35/40000 – ☐ 5000 – **36 cam** 60/100000 – 1/2 P 100000.

TEL (TÖLL) *Bolzano* 218 ⑩ – *Vedere Parcines.*

TELGATE *24060 Bergamo* 428, 429 F 11 – *4 036 ab. alt. 181.*
Roma 574 – Bergamo 19 – Brescia 32 – Cremona 84 – Milano 67.

Il Leone d'Oro con cam, via Dante Alighieri 17 ✆ 035 4420803, *Fax 035 4420198* – 📺 ☎ P. AE VISA JCB.
chiuso agosto – **Pasto** *(chiuso martedì)* carta 50/80000 – **9 cam** ☐ 120/180000 – 1/2 P 110/130000.

TELLARO *La Spezia* 428, 429, 430 J 11 – *Vedere Lerici.*

*Un consiglio **Michelin:***
per la buona riuscita di un viaggio, preparatelo in anticipo.
*Le **carte** e le **guide Michelin** vi danno tutte le indicazioni*
utili su: itinerari, curiosità, sistemazioni, prezzi, ecc.

TEMPIO PAUSANIA *Sassari* 988 ㉓, 433 E 9 – *Vedere Sardegna alla fine dell'elenco alfabetico.*

TENCAROLA *Padova* – *Vedere Selvazzano Dentro.*

TENNA *38050 Trento* 429 D 15 – *828 ab. alt. 556 – a.s. Pasqua e Natale.*
(giugno-15 settembre) via Alberè 35 ✆ 0461 706396.
Roma 607 – Trento 18 – Belluno 93 – Bolzano 79 – Milano 263 – Venezia 144.

Margherita , località Pineta Alberè 2 (Nord-Ovest : 2 km) ✆ 0461 706445, *Fax 0461 707854,* , « In pineta », , , , – 📺 ☎ P – 150. AE VISA
aprile-ottobre – **Pasto** carta 45/65000 – **52 cam** ☐ 100/180000 – 1/2 P 95/115000.

TENNO *38060 Trento* 428, 429 E 14 – *1 720 ab. alt. 435 – a.s. Natale-20 gennaio e Pasqua.*
(maggio-settembre) ✆ 0464 500848.
Roma 585 – Trento 41 – Brescia 84 – Milano 179 – Riva del Garda 9.

Clubhotel Lago di Tenno, Nord : 3,5 km ✆ 0464 502031, *Fax 0464 502101,* ≤, « Servizio rist. estivo all'aperto », , , – 📺 ☎ P – 60. AE VISA. rist
chiuso novembre e febbraio – **Pasto** *(chiuso martedì)* carta 40/60000 – ☐ 25000 – **55 cam** 120/200000 – 1/2 P 160000.

Foci-da Rita, via Grotta Cascata 10, località Le Foci Sud : 4,5 km ✆ 0464 555725, *Fax 0464 555725* – P. AE VISA.
chiuso luglio e lunedì (escluso agosto) – **Pasto** carta 40/60000.

TEOLO *35037 Padova* 988 ⑤, 429 F 17 – *8 302 ab. alt. 175.*
Roma 498 – Padova 21 – Abano Terme 14 – Ferrara 83 – Mantova 95 – Milano 240 – Venezia 57.

Villa Lussana, via Chiesa 1 ✆ 049 9925530, *Fax 049 9925530,* ≤ – 📺 ☎ P. AE VISA.
Pasto *(chiuso martedì escluso da giugno a settembre)* carta 45/70000 – **11 cam** ☐ 90/130000 – 1/2 P 130000.

a Castelnuovo *Sud-Est : 3 km – ✉ 35037 :*

Trattoria al Sasso, via Ronco 11 ✆ 049 9925073, *Fax 049 9925559* – P. VISA.
chiuso mercoledì e a mezzogiorno (escluso sabato-domenica) – **Pasto** carta 45/55000.

TERAMO *64100* P 988 ㉖ ㉗, 430 0 23 – *52 327 ab. alt. 265.*
via del Castello 10 ☏ 0861 244222, Fax 0861 244357.
A.C.I. *corso Cerulli 81 ☏ 0861 243244.*
Roma 182 – Ascoli Piceno 39 – Ancona 137 – L'Aquila 66 – Chieti 72 – Pescara 57.

XX **Duomo,** via Stazio 9 ☏ 0861 241774, *Fax 0861 242991* – ▤. AE Ⓢ ⓓ Ⓜ VISA JCB. ✂
chiuso dall'8 al 20 agosto, domenica sera e lunedì – **Pasto** carta 35/60000.

X Moderno, Coste Sant'Agostino ☏ 0861 414559, *Fax 0861 414559* – ▤ P.

TERENTO (TERENTEN) *39030 Bolzano* 429 *B 17 – 1 537 ab. alt. 1 210.*
via San Giorgio 1 ☏ 0472 546140, Fax 0472 546340.
Roma 692 – Cortina d'Ampezzo 76 – Bolzano 64 – Brunico 13 – Lienz 86.

Wiedenhofer, strada del Sole 19 ☏ 0472 546116, *Fax 0472 546366*, ←, Fá, ≘s, ⊠, ⌐ – |‡| ☎ P. AE Ⓢ ⓓ Ⓜ VISA. ✂ rist
chiuso da novembre a Natale – **Pasto** carta 35/50000 – **32 cam** ▭ 90/150000 – 1/2 P 100000.

TERLANO (TERLAN) *39018 Bolzano* 429 *C 15,* 218 ⑳ – *3 458 ab. alt. 246.*
piazza Weiser 10 ☏ 0471 257165, Fax 0471 257830.
Roma 646 – Bolzano 9 – Merano 19 – Milano 307 – Trento 67.

Weingarten, via Principale 42 ☏ 0471 257174, *Fax 0471 257776*, ⌂, « Giardino ombreggiato con ⛱ riscaldata » – |‡|, ⇸ rist, TV ☎ ♿ P. Ⓢ Ⓜ VISA
chiuso dall'8 gennaio al 14 marzo – **Pasto** *(chiuso domenica da giugno ad ottobre, lunedì da novembre a gennaio)* carta 50/75000 – **21 cam** ▭ 90/170000, appartamento – 1/2 P 90/100000.

a Settequerce (Siebeneich) *Sud-Est : 3 km* – ✉ *39018 :*

Greifenstein senza rist, via Bolzano 2 ☏ 0471 918451, *Fax 0471 201584*, ←, ⛱, ⌐ – TV ☎ P. Ⓢ Ⓜ VISA. ✂
10 marzo-10 novembre – **12 cam** ▭ 75/115000.

X **Patauner,** via Bolzano 6 ☏ 0471 918502, ⌂ – P. Ⓢ Ⓜ VISA
chiuso dal 1° al 20 febbraio, dal 10 al 30 luglio e giovedì – **Pasto** carta 35/55000.

a Vilpiano (Vilpian) *Nord-Ovest : 4 km* – ✉ *39010 Bolzano :*

Sparerhof, via Nalles 2 ☏ 0471 678671, *Fax 0471 678342*, ⌂, « Galleria d'arte contemporanea », ≘s, ⛱, ⌐ – TV ☎ P. AE Ⓢ ⓓ Ⓜ VISA. ✂ rist
Pasto *(chiuso gennaio, domenica e lunedì a mezzogiorno escluso da aprile a maggio)* carta 40/70000 – **19 cam** ▭ 80/140000 – 1/2 P 85000.

TERME – *Vedere di seguito o al nome proprio della località termale.*

TERME LUIGIANE *Cosenza* 988 ㊴, 431 *I 29 – alt. 178 –* ✉ *87020 Acquappesa – Stazione termale (maggio-ottobre).*
Roma 475 – Cosenza 49 – Castrovillari 107 – Catanzaro 110 – Paola 16.

Gd H. delle Terme, via Fausto Gullo 6 ☏ 0982 94052, *Fax 0982 94478*, ⛱ termale, ⚕ – |‡| ▤ TV ☎ P – 🏛 200. AE Ⓢ ⓓ Ⓜ VISA. ✂ rist
maggio-ottobre – **Pasto** 25/45000 – **125 cam** ▭ 115/170000 – 1/2 P 150000.

Parco delle Rose, via Pantano 78 ☏ 0982 94090, *Fax 0982 94479*, ⛱, ✂ – |‡| ☎ P. AE Ⓢ ⓓ Ⓜ VISA. ✂
maggio-ottobre – **Pasto** carta 30/60000 – **51 cam** ▭ 100/120000 – 1/2 P 95000.

TERMENO SULLA STRADA DEL VINO (TRAMIN AN DER WEINSTRASSE) *39040 Bolzano* 429 *C 15,* 218 ⑳ – *3 148 ab. alt. 276.*
piazza Municipio 11 ☏ 0471 860131, Fax 0471 860820.
Roma 630 – Bolzano 24 – Milano 288 – Trento 48.

Mühle-Mayer ⛫, via Molini 58 (Ovest : 1 km) ☏ 0471 860219, *Fax 0471 860946*, ←, ⌂, « Giardino-solarium », Fá, ≘s, ⊠ – TV ☎ P. ✂
20 marzo-10 novembre – **Pasto** (solo per alloggiati e *chiuso a mezzogiorno*) 50/65000 – **15 cam** ▭ 180/260000, 2 appartamenti – 1/2 P 140/180000.

Tirolerhof, via Parco 1 ☏ 0471 860163, *Fax 0471 860154*, ←, ⌂, ≘s, ⛱ riscaldata, ⌐ – |‡| TV ☎ P. Ⓢ ⓓ Ⓜ VISA. ✂ rist
Pasqua-ottobre – **Pasto** (solo per alloggiati) 30/40000 – **30 cam** ▭ 120/210000 – 1/2 P 95/120000.

Arndt, strada del Vino 34 ☎ 0471 860336, *Fax 0471 860901*, ≤, riscaldata, – TV ☎ P. VISA.
aprile-10 novembre – **Pasto** carta 45/65000 – **22 cam** 160/180000 – 1/2 P 100/115000.

TERME VIGLIATORE *Messina,* 432 M 27 – *Vedere Sicilia alla fine dell'elenco alfabetico.*

TERMINI IMERESE *Palermo* 432 N 23 – *Vedere Sicilia alla fine dell'elenco alfabetico.*

TERMOLI *86039 Campobasso* 988 ㉗ ㉘, 430 P 26, 431 A 26 – *30 099 ab..*

per le Isole Tremiti giugno-settembre giornaliero (40 mn) – Navigazione Libera del Golfo, al porto ☎ 0875 703937, Fax 0875 704859.

per le Isole Tremiti giugno-settembre giornalieri (50 mn) – Adriatica di Navigazione-agenzia Adriashipping, al porto banchina Nord-Est ☎ 0875 705343, Fax 0875 702345 e Navigazione Libera del Golfo-agenzia Dibrino, corso Umberto I ☎ 0875 703937, Fax 0875 704859.

piazza Bega ☎ 0875 706754, Fax 0875 704956.

Roma 300 – Pescara 98 – Campobasso 69 – Foggia 88 – Isernia 112 – Napoli 200.

Gd H. Somerist via Vincenzo Cuoco 14 ☎ 0875 706760 e rist. 0875 706440, *Fax 0875 706760*, ≤, – TV ☎ – 300. AE VISA JCB. rist
Pasto al Rist. ***Ippocampo*** *(18 aprile-dicembre; chiuso lunedì)* carta 40/55000 – **20 cam** 155/220000 – 1/2 P 140/165000.

Mistral, lungomare Cristoforo Colombo 50 ☎ 0875 705246, *Fax 0875 705220*, ≤, – cam, TV ☎ AE VISA.
Pasto *(chiuso a mezzogiorno e lunedì escluso da aprile a settembre)* carta 45/70000 – **61 cam** 135/210000, 2 appartamenti – 1/2 P 130000.

Corona, via Mario Milano 2/A ☎ 0875 84041, *Fax 0875 84043* – TV ☎ – **39 cam.**

Meridiano, lungomare Cristoforo Colombo ☎ 0875 705946, *Fax 0875 702696*, ≤, – TV ☎ P – 200. AE VISA. rist
Pasto *(maggio-settembre)* carta 45/60000 – 10000 – **62 cam** 120/130000 – 1/2 P 95000.

San Carlo, piazza Duomo ☎ 0875 705295 – AE VISA.
chiuso martedì escluso agosto – **Pasto** specialità di mare, menù suggerito dal proprietario 50/65000 (a mezzogiorno) e 60/80000 (la sera).

Bellevue, via Fratelli Brigida 28 ☎ 0875 706632 – VISA JCB.
chiuso dal 25 agosto al 15 settembre e lunedì – **Pasto** carta 50/75000.

Da Noi Tre, via Fratelli Brigida 34 ☎ 0875 703639 – AE VISA.
chiuso dal 24 dicembre al 10 gennaio e lunedì – **Pasto** carta 25/50000.

Z' Bass, via Oberdan 8 ☎ 0875 706703, – AE VISA JCB.
chiuso lunedì escluso da giugno a settembre – **Pasto** carta 40/70000.

Borgo, via Borgo 10 ☎ 0875 707347, –
chiuso lunedì da ottobre a marzo – **Pasto** cucina termolese carta 35/60000.

sulla strada statale 87 *Sud-Est : 4 km :*

Europa, 86039 ☎ 0875 751815, *Fax 0875 751781* – TV ☎ P – 100. AE VISA JCB.
Pasto carta 35/60000 – 10000 – **33 cam** 95/130000 – 1/2 P 80/95000.

sulla strada statale 16 :

Glower, strada statale 16 Europa 2 (Ovest : 6 km) 86039 ☎ 0875 52528, *Fax 0875 52520*, ≤, – TV ☎ P. AE VISA. rist
Pasto carta 35/50000 – **21 cam** 100/140000 – 1/2 P 100/110000.

Torre Sinarca, strada statale 16 Europa 2 (Ovest : 3 km) 86039 ☎ 0875 703318, ≤, « In una torre del 16° secolo », – P. AE VISA.
chiuso novembre e lunedì – **Pasto** carta 50/75000.

Villa Delle Rose, strada statale 16 (Ovest : 5 km) 86039 ☎ 0875 52565, – P. AE VISA.
chiuso lunedì – **Pasto** carta 45/60000.

TERNATE *21020 Varese* 219 ⑦ – *2 282 ab. alt. 281.*

Roma 626 – Stresa 35 – Como 45 – Laveno Mombello 22 – Lugano 54 – Varese 29.

Locanda del Lago, via Motta 25 ☎ 0332 960864, prenotare – P. VISA.
chiuso dal 1° al 15 gennaio, dal 12 al 29 agosto, lunedì e martedì a mezzogiorno da maggio a settembre, anche martedì sera negli altri mesi – **Pasto** specialità pesce di lago carta 50/80000.

TERNI *05100* P 988 ㉖, 430 O 19 *G. Italia – 107 640 ab. alt. 130.*

Dintorni *Cascata delle Marmore★★ per ③ : 7 km.*

viale Cesare Battisti 7 ☎ 0744 423047, Fax 0744 427259.

A.C.I. *viale Cesare Battisti 121/C ☎ 0744 425746.*

Roma 103 ⑤ – Napoli 316 ⑤ – Perugia 82 ⑤.

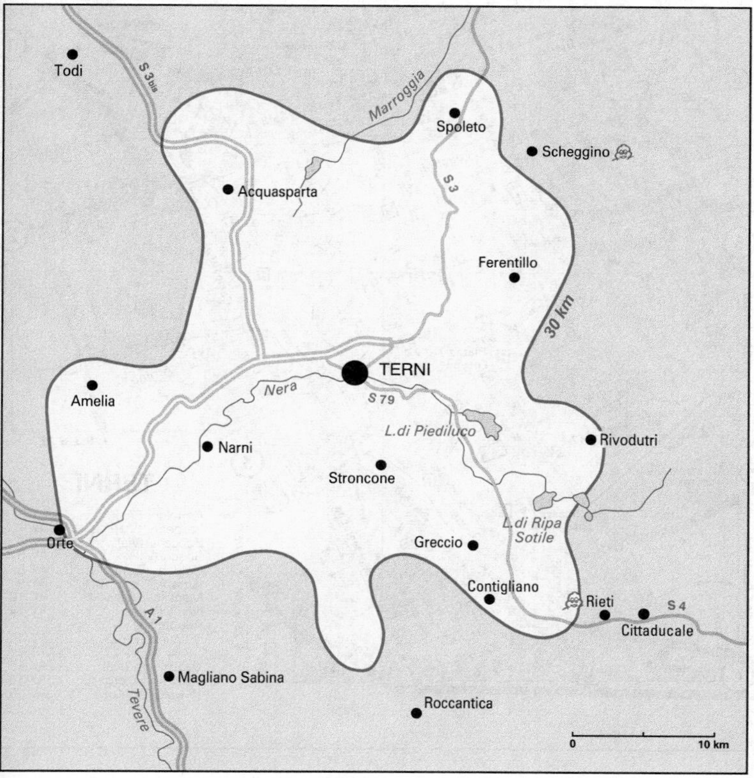

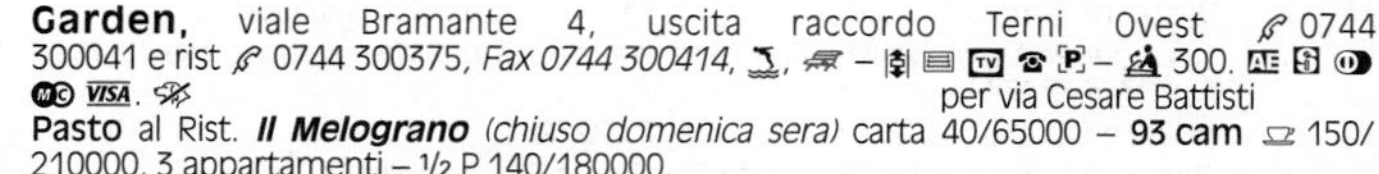

Garden, viale Bramante 4, uscita raccordo Terni Ovest ☎ 0744 300041 e rist ☎ 0744 300375, *Fax 0744 300414,* – P – 300. AE VISA. per via Cesare Battisti
Pasto al Rist. ***Il Melograno*** *(chiuso domenica sera)* carta 40/65000 – **93 cam** 150/210000, 3 appartamenti – ½ P 140/180000.

Michelangelo M, viale della Stazione 63 ☎ 0744 202711, *Fax 0744 2027200,* – P – 300. AE VISA. BY a
Pasto carta 35/55000 – **78 cam** 185/240000 – ½ P 160000.

sulla strada statale 209 *per ② :*

Villa Graziani, Villa Valle Papigno Est : 4 km ✉ 05031 Arrone ☎ 0744 67138, *Fax 0744 67653,* , prenotare – P. AE VISA JCB
chiuso dal 18 al 29 agosto, domenica sera e lunedì – **Pasto** carta 55/85000.

Grottino del Nera, vocabolo Colleporto 21, località Casteldilago Est : 11 km ✉ 05031 Arrone ☎ 0744 389104 – P. VISA.
chiuso mercoledì – **Pasto** carta 30/70000.

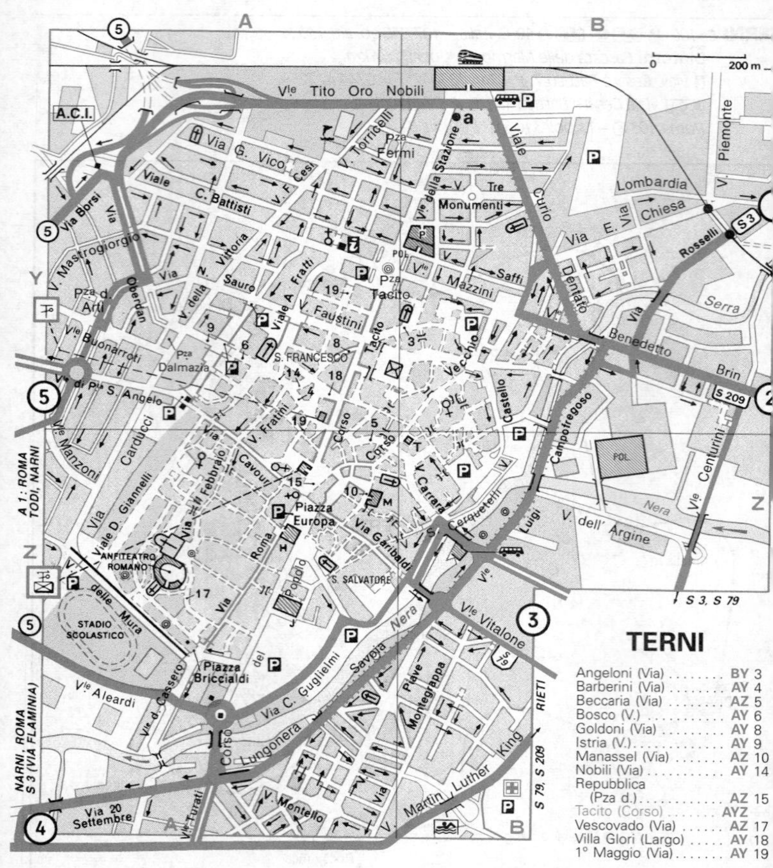

TERRACINA *04019 Latina* 988 ㉖, 430 S 21 *G. Italia – 38 536 ab. – a.s. Pasqua e luglio-agosto.*

Vedere *Candelabro pasquale★ nel Duomo.*

Dintorni *Tempio di Giove Anxur★ : ✻★★ Est : 4 km e 15 mn a piedi AR.*

per Ponza giornaliero (2 h 15 mn) – Anxur Tours, viale della Vittoria 40 ☎ 0773 723978, Fax 0773 723979.

via Leopardi ☎ 0773 727759, Fax 0773 727964.

Roma 109 – Frosinone 58 – Gaeta 35 – Latina 39 – Napoli 123.

Grand Hotel Palace M, lungomare Matteotti 2 ☎ 0773 709523, *Fax 0773 709623*, ≤ – 50. AE VISA.
Pasto (solo per alloggiati) carta 60/115000 (15 %) – **72 cam** 250/400000 – ½ P 250000.

Il Grappolo d'Uva, lungomare Matteotti 1 ☎ 0773 702521, *Fax 0773 702521*, ≤ – P AE VISA JCB
chiuso mercoledì, gennaio o novembre – **Pasto** carta 40/70000.

La Tartana-da Mario l'Ostricaro, via Appia al km 102,700 ☎ 0773 702461 *Fax 0773 703656*, ≤, – P. AE VISA.
chiuso martedì – **Pasto** specialità frutti di mare carta 75/100000 (15 %).

Bottega Sarra 1932, via Villafranca 34 ☎ 0773 702045 – AE VISA JCB.
chiuso lunedì – **Pasto** carta 40/70000.

X **Al Geranio,** via Tripoli 36 ☏ 0773 700101, –
chiuso ottobre o novembre e lunedì in bassa stagione – **Pasto** carta 60/105000.

X **Hostaria Gambero Rosso,** via Badino ☏ 0773 700687, – AE VISA.
chiuso martedì – **Pasto** carta 45/60000.

TERRALBA *Cagliari* 433 H7 – *Vedere Sardegna alla fine dell'elenco alfabetico.*

TERRANOVA DI POLLINO *85030 Potenza* 988 (39), 431 H 30 – *1 781 ab. alt. 920.*
Roma 467 – Cosenza 157 – Matera 136 – Potenza 152 – Sapri 116 – Taranto 145.

Picchio Nero, via Mulino 1 ☏ 0973 93170, *Fax 0973 93170*, ≤ – AE VISA.
Pasto carta 40/65000 – **25 cam** 85/105000 – 1/2 P 85000.

X **Luna Rossa,** ☏ 0973 93254, *Fax 0973 93406*, « Servizio estivo in terrazza panoramica » – AE
chiuso mercoledì – **Pasto** carta 30/45000.

TERRANUOVA BRACCIOLINI *52028 Arezzo* 988 (15), 430 L 16 – *10 814 ab. alt. 156.*
Roma 227 – Firenze 47 – Siena 51 – Arezzo 37.

a Penna Alta *Nord-Est : 3 km – ✉ 52028 Terranuova Bracciolini :*

X **Osteria il Canto del Maggio** con cam, località Penna Alta 30/d ☏ 055 9705147, *Fax 055 9705147*, prenotare, « Servizio estivo in terrazza » – P. AE VISA
chiuso novembre, lunedì da giugno a settembre, anche martedì, mercoledì e a mezzogiorno (escluso i giorni festivi) negli altri mesi – **Pasto** carta 45/50000 – **4 cam** 70/120000, 5 appartamenti 150000.

TERRASINI *Palermo* 432 M 21 – *Vedere Sicilia alla fine dell'elenco alfabetico.*

TERRUGGIA *15030 Alessandria* 428 G 7 – *804 ab. alt. 199.*
Roma 623 – Alessandria 34 – Asti 38 – Milano 125 – Torino 92.

XX **Ariotto** con cam, via Prato 39 ☏ 0142 40281, *Fax 0142 402823*, ≤, « Piccolo parco ombreggiato », – P – 100. AE VISA.
Pasto *(chiuso mercoledì)* 50/75000 – **45 cam** 150/200000 – 1/2 P 145000.

TESERO *38038 Trento* 429 D 16 – *2 560 ab. alt. 991.*
via Roma 35 ☏ 0462 241140.
Roma 644 – Bolzano 50 – Trento 54 – Belluno 91 – Cortina d'Ampezzo 96.

Park Hotel Rio Stava, via Mulini 20 ☏ 0462 814446, *Fax 0462 813785*, ≤, « Giardino-pineta », – P. AE VISA JCB.
chiuso maggio e novembre – **Pasto** carta 35/50000 – **46 cam** 150/200000 – 1/2 P 135000.

TESIDO (TAISTEN) *Bolzano – Vedere Monguelfo.*

TESIMO (TISENS) *39010 Bolzano* 429 C 15, 218 (20) – *1 722 ab. alt. 631.*
piazza Principale 80 ☏ 0473 920888, Fax 0473 920552.
Roma 648 – Bolzano 20 – Merano 20 – Trento 77.

XX **Zum Löwen,** via Centro 72 ☏ 0473 920927, *Fax 0473 920578*, prenotare – AE VISA.
chiuso domenica sera e lunedì – **Pasto** 70/85000 e carta 75/120000
Spec. Insalata di animelle di vitello e finferli (estate). Cannelloni ripieni di fegato d'oca (autunno-inverno). Brasato di capretto con asparagi (primavera).

TESTACCIO *Napoli – Vedere Ischia (Isola d') : Barano.*

TEULADA *Cagliari* 988 (33), 433 K 8 – *Vedere Sardegna alla fine dell'elenco alfabetico.*

TIERS = *Tires.*

TIGLIETO *16010 Genova* 428 I 7 – *622 ab. alt. 510.*
Roma 550 – Genova 51 – Alessandria 54 – Milano 130 – Savona 52.

Pigan, ☏ 010 929015, *Fax 010 929015,* « Boschetto » – P. ✻
Pasto *(chiuso martedì escluso da luglio a settembre)* carta 35/50000 – ☕ 12000 – **11 cam** 90/130000 – P 95000.

TIGLIOLE *14016 Asti* 428 H 6 – *1 613 ab. alt. 239.*
Roma 628 – Torino 60 – Alessandria 49 – Asti 14 – Cuneo 91 – Milano 139.

Vittoria, via Roma 14 ☏ 0141 667123, *Fax 0141 667630,* solo su prenotazione, – ▤. AE ⑤ ⓓ ⓜ VISA. ✻
chiuso gennaio, dal 14 al 28 agosto, domenica sera, lunedì e in giugno-luglio-agosto anche a mezzogiorno – **Pasto** 60/95000 e carta 90/130000
Spec. Timballo di insalata belga su crema di fonduta al Castelmagno (autunno-primavera). Gnocchetti di ricotta con funghi porcini (autunno-inverno). Cialda di cioccolato bianco con frutti di sottobosco.

TIGNALE *25080 Brescia* 428, 429 E 14 – *1 291 ab. alt. 560 – a.s. Pasqua e luglio-15 settembre.*
Roma 574 – Trento 72 – Brescia 57 – Milano 152 – Salò 26.

La Rotonda ⛰, via Provinciale 5, località Gardola ☏ 0365 760066, *Fax 0365 760214,* ≤, Lδ, ≘s, ⛱, ⛱, ⛲, ✂ – |ǂ| TV ☎ P. AE ⑤ ⓓ ⓜ VISA. ✻ rist
aprile-23 ottobre – **Pasto** 20/25000 e carta 30/45000 – ☕ 12000 – **38 cam** 70/100000 – ½ P 95000.

Bellavista, via Trento 16, località Gardola ☏ 0365 760194, *Fax 0365 760214,* ≤ lago e monte Baldo, ⛱, ⛲ – |ǂ| TV ☎ P. AE ⑤ ⓓ ⓜ VISA. ✻ rist
aprile-23 ottobre – **Pasto** 20/25000 – ☕ 12000 – **39 cam** 70/100000 – ½ P 85000.

Se cercate un albergo tranquillo,
oltre a consultare le carte dell'introduzione,
individuate nell'elenco degli esercizi quelli con il simbolo ⛰ o ⛰.

TIMOLINE *Brescia – Vedere Corte Franca.*

TIRANO *23037 Sondrio* 988 ③ ④, 428, 429 D 12 *G. Italia – 8 895 ab. alt. 450.*
Roma 725 – Sondrio 26 – Passo del Bernina 35 – Bolzano 163 – Milano 164 – Passo dello Stelvio 58.

Piccolo Mondo ⛰, via Porta Milanese 81 ☏ 0342 701489, *Fax 0342 701489,* ⛱, ⛲ – ▤ rist, TV ☎ P. AE ⑤ ⓓ ⓜ VISA JCB
Pasto 35000 e al Rist. ***Le Clochard*** carta 50/75000 – ☕ 15000 – **13 cam** 65/95000 – ½ P 90000.

Bernina, piazza Stazione ☏ 0342 701302, *Fax 0342 701430,* ⛱ – ▤ TV ☎. AE ⑤ ⓓ ⓜ VISA
chiuso dal 15 al 30 novembre – **Pasto** carta 50/70000 (15 %).

sulla strada statale 38 *Nord-Est : 3 km*

Valchiosa, via Valchiosa 17 ✉ 23030 Sernio ☏ 0342 701292, *Fax 0342 705484,* ≤ – |ǂ|, ▤ rist, TV ☎ ☏ P. AE ⑤ ⓓ ⓜ VISA
Pasto *(chiuso lunedì escluso agosto)* carta 35/60000 – ☕ 15000 – **22 cam** 70/110000 – ½ P 85/95000.

TIRES (TIERS) *39050 Bolzano* 429 C 16 – *876 ab. alt. 1 028.*
ℹ *via San Giorgio 38 ☏ 0471 642127, Fax 0471 642005.*
Roma 658 – Bolzano 16 – Bressanone 40 – Milano 316 – Trento 77.

a San Cipriano (St. Zyprian) *Est : 3 km – ✉ 39050 Tires :*

Cyprianerhof ⛰, via San Cipriano 88/a ☏ 0471 642143, *Fax 0471 642141,* ≤ Catinaccio e pinete, ⛱, ≘s, ⛲ – |ǂ| TV ☎ ☏ P. ✻ cam
chiuso dal 10 novembre al 25 dicembre – **Pasto** *(chiuso giovedì escluso da maggio a novembre)* carta 45/80000 – **22 cam** ☕ 160/280000 – ½ P 140000.

Stefaner ⛰, via San Cipriano 88 d ☏ 0471 642175, *Fax 0471 642302,* ≤ Catinaccio e pinete, ⛲ – |ǂ| ☎ P
15 cam.

IROLO (TIROL) *39019 Bolzano* [429] B 15, [218] (10) *G. Italia – 2 385 ab. alt. 592.*

[ℹ] *via Principale 31 ✆ 0473 923314, Fax 0473 923012.*

Roma 669 – Bolzano 32 – Merano 4 – Milano 330.

Pianta : vedere Merano.

🏠🏠🏠 **Erika** [M], via Principale 39 ✆ 0473 926111, *Fax 0473 926100*, < monti e Merano, ☂, « Giardino con 🏊 riscaldata e centro benessere », 🏋, ♨, [🏊], 🎾 – 🛗, 🚭 rist, ❄ rist, [TV] ☎ 🚗 [P]. 🚫🐕 rist — A u
chiuso gennaio e febbraio – **Pasto** (solo per alloggiati) – **54 cam** ☕ 140/370000 – ½ P 280000.

🏠🏠🏠 **Castel** [M] 🔇, via dei Castagni 60 ✆ 0473 923693, *Fax 0473 923113*, < monti e Merano, ☂, 🏋, ♨, 🏊 riscaldata, [🏊], 🌳, 🎾 – 🛗, 🚭 rist, ❄ [TV] ☎ 🚗 – 👥 70. AE (D) MC VISA. 🚫🐕 rist — A u
15 marzo-15 novembre – **Pasto** *(chiuso martedì)* carta 85/130000 – **31 cam** ☕ 290/495000, 13 appartamenti – ½ P 380/415000.

🏠🏠🏠 **Gartner**, via Principale 65 ✆ 0473 923414, *Fax 0473 923120*, < monti e Merano, « Giardino con 🏊 », 🏋, ♨, [🏊] – 🛗, 🚭 rist, [TV] ☎ [P] — AB z
marzo-novembre – **Pasto** (solo per alloggiati e *chiuso a mezzogiorno*) 55/65000 – **30 cam** ☕ 170/340000 – ½ P 125/195000.

🏠🏠 **Patrizia** 🔇, via Aslago 62 ✆ 0473 923485, *Fax 0473 923144*, < monti e Merano, ☂, « Giardino con 🏊 », ♨, [🏊] – 🛗, 🚭 rist, [TV] ☎ [P]. 🚫🐕 rist — A c
marzo-novembre – **Pasto** (solo per alloggiati) – **25 cam** solo ½ P 120/190000.

🏠🏠 Gnaid 🔇, via Gnaid 5 ✆ 0473 923412, *Fax 0473 923152*, < monti e vallata, ☂, « Giardino con 🏊 riscaldata », ♨, [🏊] – 🛗 [TV] ☎ 🚗 [P] — A h
33 cam.

🏠🏠 **Küglerhof** 🔇, via Aslago 82 ✆ 0473 923428, *Fax 0473 923699*, < monti e vallata, « Giardino con 🏊 riscaldata », ♨ – 🛗 [TV] ☎ [P]. AE [S] MC VISA. 🚫🐕 — A r
aprile-10 novembre – **Pasto** (solo per alloggiati) – **28 cam** ☕ 170/290000 – ½ P 190000.

🏠 **Golserhof**, via Aica 32 ✆ 0473 923294, *Fax 0473 923211*, <, ♨, [🏊], 🌳 – 🚭 rist, [TV] ☎ 🚗 [P]. 🚫🐕 rist — B w
aprile-7 novembre – **Pasto** (solo per alloggiati) – **29 cam** ☕ 115/210000 – ½ P 150000.

TIRRENIA *56018 Pisa* [988] (14), [428], [429], [430] L 12 *G. Toscana – a.s. luglio-agosto.*

⛳18 *Cosmopolitan (chiuso lunedì escluso dal 15 giugno al 15 settembre) ✆ 050 33633, Fax 050 384707;*

⛳9 *(chiuso martedì escluso dal 15 maggio al 15 settembre) ✆ 050 37518, Fax 050 33286.*

Roma 332 – Pisa 18 – Firenze 108 – Livorno 11 – Siena 123 – Viareggio 36.

🏠🏠🏠 **Gd H. Golf** 🔇, via dell'Edera 29 ✆ 050 37545, *Fax 050 32111*, « Parco con 🏊 e 🎾 », 🏋, ♨, 🏖 – 🛗 ❄ [TV] ☎ 🚗 [P] – 👥 200. AE [S] (D) MC VISA. 🚫🐕 rist
Pasto carta 55/75000 – **77 cam** ☕ 210/300000 – ½ P 245000.

🏠🏠🏠 **Gd H. Continental**, largo Belvedere 26 ✆ 050 37031, *Fax 050 37283*, <, 🏊, 🏖, 🌳, 🎾 – 🛗 ❄ [TV] ☎ 📞 ♿ 🚗 – 👥 280. AE [S] (D) MC VISA. 🚫🐕 rist
Pasto 35/50000 – **165 cam** ☕ 240/320000, 8 appartamenti – ½ P 200000.

🏠🏠 **San Francesco** 🔇, via delle Salvie 50 ✆ 050 33572, *Fax 050 33630*, 🏊, 🌳 – 🛗 ❄ [TV] ☎ 📞 [P] – 👥 30. AE [S] (D) MC VISA. 🚫🐕 rist
Pasto *(Pasqua-ottobre)* carta 55/75000 – **25 cam** ☕ 180/260000 – ½ P 150/170000.

🏠🏠 ◎ **Il Gabbiano**, via della Bigattiera 13 ✆ 050 32223, *Fax 050 33064*, 🌳 – ❄ [TV] ☎ 📞 [P] – 👥 40. AE [S] (D) MC VISA. 🚫🐕
Pasto carta 35/60000 – **16 cam** ☕ 140/200000 – ½ P 125000.

🏠🏠 **Bristol** senza rist, via delle Felci 38 ✆ 050 37161, *Fax 050 37138*, 🎾 – 🛗 ❄ [TV] ☎ [P]. AE [S] (D) MC VISA. 🚫🐕
☕ 10000 – **36 cam** 125/180000.

🏠 **Medusa** 🔇, via degli Oleandri 37 ✆ 050 37125, *Fax 050 30400*, 🌳 – [TV] ☎ [P]. AE [S] (D) MC VISA. 🚫🐕 rist
Pasqua-ottobre – **Pasto** (solo per alloggiati) – ☕ 10000 – **32 cam** 90/130000 – ½ P 110000.

🍴🍴 **Dante e Ivana**, via del Tirreno 207/c ✆ 050 32549, *Fax 050 32549*, prenotare – ❄. AE [S] (D) MC VISA. 🚫🐕
chiuso dal 13 al 19 settembre, domenica e lunedì – **Pasto** specialità di mare carta 60/105000.

🍴 **Martini**, via dell'Edera 16 ✆ 050 37592 – ❄. AE [S] (D) MC VISA JCB
chiuso lunedì a mezzogiorno e martedì – **Pasto** carta 55/85000 (12 %).

TISENS = *Tesimo.*

TIVOLI *00019 Roma* 988 ㉖, 430 Q 20 *G. Roma – 52 827 ab. alt. 225.*

Vedere *Località*** – Villa d'Este*** – Villa Gregoriana** : grande cascata**.*

Dintorni *Villa Adriana*** per ③ : 6 km.*

largo Garibaldi ☎ 0774 311249, Fax 0774 331294.

Roma 36 ③ – Avezzano 74 ② – Frosinone 79 ③ – Pescara 180 ② – Rieti 76 ③.

Torre Sant'Angelo, via Quintilio Varo ☎ 0774 332533, *Fax 0774 332533*, « su terrazza panoramica con ≤ Tivoli e vallata », – 220. per via Quintilio Varo
Pasto *(chiuso lunedì)* carta 60/85000 – **31 cam** 220/250000, 4 appartamenti – ½ P 210/230000.

Sirene, piazza Massimo 4 ☎ 0774 330605, *Fax 0774 330608*, ≤, « Servizio rist. estivo in terrazza con ≤ cascate fiume Aniene ed il tempio di Vesta e Sibilla » – – 100. a
Pasto carta 45/75000 – **40 cam** 140/230000 – ½ P 150/165000.

a Villa Adriana *per ③ : 6 km – ✉ 00010 :*

Maniero, via di Villa Adriana 11 ☎ 0774 530208, *Fax 0774 533797*, – – 160.
Pasto carta 35/50000 – **35 cam** 110/160000 – ½ P 90/100000.

Adriano con cam, via di Villa adriana 194 ☎ 0774 382235, *Fax 0774 535122*, « Servizio estivo all'aperto », – cam, cam,
Pasto *(chiuso domenica sera da ottobre a marzo)* carta 70/100000 – **10 cam** 180/200000.

Circolazione stradale regolamentata nel centro città

Battisti (Largo Cesare)	2	Parmegiani (Via A.)	10
Boselli (Via)	3	Parrozzani (Via A.)	12
Collegio (Via del)	4	Plebiscito (Piazza)	13
Gesù (Via del)	5	Ponte Gregoriano (Via)	14
Lione (Via)	6	Rivarola (Piazza)	16
Moro (Via Aldo)	7	Sosii (Via dei)	20
Munazio Planco (Via)	8	Todini (Vicolo)	21
Nazioni Unite (Piazza delle)	9	Trento (Piazza)	22
		Trevio (Via del)	24

a Bagni di Tivoli *Ovest : 9 km – ✉ 00011 :*

Grand Hotel Duca d'Este M, via Tiburtina Valeria 330 ☎ 0774 3883, *Fax 0774 388101*, « Giardino con », – – 400.
Pasto al Rist. ***Granduca*** carta 55/80000 – **176 cam** 200/300000, 8 appartamenti – ½ P 190/220000.

TOBLACH = *Dobbiaco.*

TOCCO DA CASAURIA *65028 Pescara* 430 P 23 – *2 878 ab. alt. 356.*

Roma 185 – Pescara 51 – Chieti 30 – L'Aquila 72 – Sulmona 25.

Villa dei Venti, contrada Mangiabuono 9 ☎ 085 8809395, *Fax 085 8809395*, « Giardino-pineta » –
chiuso lunedì – **Pasto** carta 35/55000.

TODI *06059 Perugia* 988 ㉕ ㉖, 430 N 19 *G. Italia – 16 903 ab. alt. 411.*

Vedere *Piazza del Popolo★★ : palazzo dei Priori★, palazzo del Capitano★, palazzo del Popolo★ – Chiesa di San Fortunato★★ – ≤★★ sulla vallata da piazza Garibaldi – Duomo★ – Chiesa di Santa Maria della Consolazione★ O : 1 km per la strada di Orvieto.*

piazza Umberto I°, 6 ✆ 075 8943395, Fax 075 8942406.

Roma 130 – Perugia 47 – Terni 42 – Viterbo 88 – Assisi 60 – Orvieto 39 – Spoleto 45.

Fonte Cesia, via Lorenzo Leonj 3 ✆ 075 8943737, *Fax 075 8944677,* « Servizio estivo all'aperto » – 100. AE VISA.
Pasto al Rist. ***Le Palme*** *(chiuso mercoledì da ottobre a marzo)* carta 50/65000 – **35 cam** 210/280000 – 1/2 P 165/180000.

Bramante, via Orvietana 48 ✆ 075 8948382, *Fax 075 8948074,* « Servizio estivo in terrazza con ≤ », – 120. AE VISA
Pasto *(chiuso lunedì)* carta 55/85000 – **43 cam** 190/260000 – 1/2 P 175/190000.

Villaluisa, via Cortesi 147 ✆ 075 8948571, *Fax 075 8948472,* « Parco », – 60. AE VISA JCB.
Pasto *(chiuso mercoledì da novembre a marzo)* carta 40/85000 – 15000 – **39 cam** 150/170000 – 1/2 P 130000.

San Lorenzo Tre senza rist, via San Lorenzo 3 ✆ 075 8944555, *Fax 075 8944555* –
chiuso gennaio e febbraio – **6 cam** 100/150000.

Umbria, via San Bonaventura 13 ✆ 075 8942737, « Servizio estivo in terrazza con ≤ » – AE VISA.
chiuso martedì – **Pasto** carta 55/80000.

Antica Osteria De La Valle, via Ciuffelli 19 ✆ 075 8944848, *Fax 075 8944848* – VISA.
Pasto carta 40/60000.

a Collevalenza *Sud-Est : 8 km – ✉ 57033 :*

Relais Todini, Vocabolo Cervara ✆ 075 887521, *Fax 075 887182,* Todi e dintorni, servizio navetta per Todi, « Vasta tenuta agricola con riserva faunistica e animali esotici », riscaldata, – 70. AE VISA.
Pasto *(chiuso lunedì e i mezzogiorno di martedì e mercoledì)* carta 60/100000 – **7 cam** 270/350000, 5 appartamenti 500000 – 1/2 P 310000.

TOFANA DI MEZZO *Belluno G. Italia – alt. 3 244.*

Vedere *★★★ Cortina d'Ampezzo 15 mn di funivia.*

TOIRANO *17055 Savona* 428 *J 6 – 1 977 ab. alt. 45.*

Roma 580 – Imperia 43 – Genova 87 – San Remo 71.

Al Ravanello Incoronato, via Parodi 27/A ✆ 0182 921991 – VISA
chiuso dal 10 al 30 gennaio, martedì e a mezzogiorno (escluso sabato, domenica ed i giorni festivi), da giugno a settembre chiuso anche sabato a mezzogiorno – **Pasto** carta 40/50000.

TOLÈ *40040 Bologna* 429, 430 *J 15 – alt. 678.*

Roma 374 – Bologna 42 – Modena 48 – Pistoia 66.

Falco D'Oro, via Venola 27 ✆ 051 919084, *Fax 051 919068,* – 60. AE VISA
Pasto carta 35/60000 – **62 cam** 180/260000 – 1/2 P 95000.

TOLENTINO *62029 Macerata* 988 ⑯, 430 *M 21 G. Italia – 18 712 ab. alt. 224 – a.s. 10 luglio-13 settembre.*

Vedere *Basilica di San Nicola★★.*

piazza Libertà 19 ✆ 0733 972937, Fax 0733 972937.

Roma 246 – Ancona 88 – Ascoli Piceno 90 – Macerata 18.

Hotel 77, viale Buozzi 90 ✆ 0733 967400, *Fax 0733 960147,* – 250. AE VISA JCB
Pasto carta 35/60000 – **49 cam** 160/220000, appartamento – 1/2 P 180000.

Si le coût de la vie subit des variations importantes,
les prix que nous indiquons peuvent être majorés.
Lors de votre réservation à l'hôtel, faites-vous préciser le prix définitif.

TONALE (Passo del) *Trento e Brescia* 988 ④, 428, 429 D 13 – *alt. 1 883 – a.s. febbraio-aprile Natale – Sport invernali : 1 883/3 016 m* 1 19 *(anche sci estivo),* .
via Nazionale 12/b *0364 903838, Fax 0364 903895.*
Roma 688 – Sondrio 76 – Bolzano 94 – Brescia 130 – Milano 177 – Ponte di Legno 11 – Trento 90.

La Mirandola, ✉ 38020 Passo del Tonale 0364 903933, *Fax 0364 903922*, <, Ne periodo invernale raggiungibile solo con gatto delle nevi – TV P. VISA.
dicembre-aprile e giugno-settembre – **Pasto** carta 50/75000 – **27 cam** 130/200000 – ½ P 135000.

Sole, via Nazionale 27 ✉ 38020 Passo del Tonale 0364 903970, *Fax 0364 903944*, <, – TV P. AE VISA.
chiuso dal 5 maggio al 28 giugno e dal 15 settembre al 27 ottobre – **Pasto** carta 40/65000 – 20000 – **30 cam** 75/135000 – ½ P 95/100000.

Dolomiti, ✉ 25056 Ponte di Legno 0364 900251, *Fax 0364 900260*, < – TV P. AE VISA. rist
Pasto *(chiuso maggio-giugno e settembre-ottobre)* carta 40/60000 – **51 cam** 140/160000 – ½ P 140000.

TONDI DI FALORIA *Belluno G. Italia – alt. 2 343.*
Vedere ✻★★★ *Cortina d'Ampezzo 20 mn di funivia.*

TORBOLE *38069 Trento* 988 ④, 428, 429 E 14 *G. Italia – alt. 85 – a.s. 23 dicembre-20 gennaio e Pasqua.*
lungolago Verona 19 *0464 505177, Fax 0464 505643.*
Roma 569 – Trento 39 – Brescia 79 – Milano 174 – Verona 83.

Piccolo Mondo, via Matteotti 7 0464 505271, *Fax 0464 505295*, , , , , – TV P. VISA. rist
aprile-ottobre – **Pasto** carta 55/75000 – 25000 – **36 cam** 140/200000 – ½ P 150000.

Lido Blu, via Foci del Sarca 1 0464 505180, *Fax 0464 505931*, <, , « In riva al lago », , , , – , rist, TV P. – 50. AE VISA. rist
chiuso dal 10 novembre al 20 dicembre – **Pasto** carta 45/70000 – **40 cam** 155/280000 – ½ P 155000.

Caravel, via Coize 2 0464 505724, *Fax 0464 505935*, – , rist, TV P. AE VISA JCB.
marzo-novembre – **Pasto** carta 35/50000 – **62 cam** 160/180000 – ½ P 115000.

Villa Magnolia senza rist, via Al Cor 10 0464 505050, *Fax 0464 505050*, , – P. VISA.
aprile-4 novembre – 12000 – **21 cam** 85/100000.

La Terrazza, via Pasubio 15 0464 506083, *Fax 0464 505142*, prenotare, « Servizio in veranda con < lago » – . AE VISA JCB
chiuso martedì, febbraio, marzo e novembre – **Pasto** carta 50/80000.

TORCELLO *Venezia* 988 ⑤ – *Vedere Venezia.*

TORGIANO *06089 Perugia* 430 M 19 *G. Italia – 5 230 ab. alt. 219.*
Vedere *Museo del Vino*★.
Roma 158 – Perugia 15 – Assisi 27 – Orvieto 60 – Terni 69.

Le Tre Vaselle, via Garibaldi 48 075 9880447, *Fax 075 9880214*, <, , , , , – TV P. – 200. AE VISA JCB.
Pasto al Rist. ***Le Melagrane*** (prenotare) carta 70/100000 – **48 cam** 230/350000, 12 appartamenti.

Gute Küche
haben wir durch , ✿, ✿✿ oder ✿✿✿ kenntlich gemacht.

TORINO

10100 **P** 988 ⑫, 428 G 5 *G. Italia – 909 717 ab. alt. 239.*

Roma 669 ⑦ – Briançon 108 ⑪ – Chambéry 209 ⑪ – Genève 252 ③ – Genova 170 ⑦ – Grenoble 224 ⑪ – Milano 140 ③ – Nice 220 ⑨.

UFFICIO INFORMAZIONI TURISTICHE

piazza Castello 161 ✉ 10122 ☎ 011 535181, Fax 011 530070.

Stazione Porta Nuova ✉ 10125 ☎ 011 531327, Fax 011 5617095.

A.C.I. *via Giovanni Giolitti 15 ✉ 10123 ☎ 011 57791.*

INFORMAZIONI PRATICHE

Città di Torino di Caselle per ① : 15 km ☎ 011 5676749.
Alitalia, via Lagrange 35 ✉ 10123 ☎ 011 57691, Fax 011 5769220.

☎ (011) 6651111-int. 2611.

18 e 9 I Roveri (chiuso lunedì) a La Mandria ✉ 10070 Fiano Torinese ☎ 011 9235719, Fax 011 9235669 per ① : 18 km ;

18 e 18 (marzo-novembre ; chiuso lunedì) a Fiano Torinese ✉ 10070 ☎ 011 9235440, Fax 011 9235886, per ① : 20 km ;

18 Le Fronde (chiuso martedì, gennaio e febbraio) ad Avigliana ✉ 10051 ☎ 011 9328053, Fax 011 9320928, Ovest : 24 km ;

9 Stupinigi (chiuso lunedì) ☎ 011 3472640, Fax 011 3978038 FU *;*

9 Vinovo (chiuso lunedì e dal 20 dicembre al 10 gennaio) a Vinovo ✉ 10048 ☎ 011 9653880, Fax 011 9623748 FU.

LUOGHI DI INTERESSE

Piazza San Carlo★★ CXY *– Museo Egizio★★★, galleria Sabauda★★ nel palazzo dell'Accademia delle Scienze* CX **M**[1] *– Duomo★* VX *: reliquia della Sacra Sindone★★★ – Mole Antonelliana★ : ※★★* DX
Palazzo Madama★ : museo d'Arte Antica★ CX **A** *– Palazzo Reale★ : Armeria Reale★* CDVX *– Museo del Risorgimento★ a palazzo Carignano★★* CX **M**[2] *– Museo dell'Automobile Carlo Biscaretti di Ruffia★★* GU **M**[5] *– Borgo Medioevale★ nel parco del Valentino* CDZ.

DINTORNI

Basilica di Superga★ : ≤★★★ HT *– Circuito della Maddalena★* GHTU *: ≤★★ sulla città dalla strada Superga-Pino Torinese, ≤★ sulla città dalla strada Colle della Maddalena-Cavoretto.*

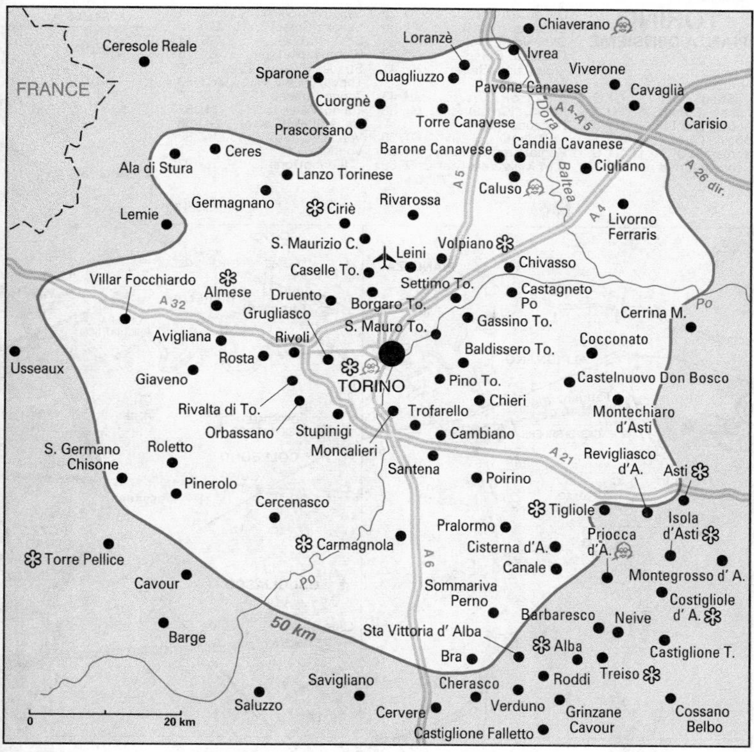

*Un consiglio **Michelin:***
per la buona riuscita di un viaggio, preparatelo in anticipo.
*Le **carte** e le **guide Michelin** vi danno tutte le indicazioni utili su: itinerari, curiosità, sistemazioni, prezzi, ecc.*

*Un conseil **Michelin** :*
pour réussir vos voyages, préparez-les à l'avance.
*Les **cartes** et **guides Michelin** vous donnent toutes indications utiles sur : itinéraires, visite des curiosités, logement, prix, etc.*

Ferienreisen wollen gut vorbereitet sein.
*Die **Straßenkarten** und **Führer** von **Michelin** geben Ihnen Anregungen und praktische Hinweise zur Gestaltung Ihrer Reise:*
Streckenvorschläge, Auswahl und Besichtigungsbedingungen der Sehenswürdigkeiten, Unterkunft, Preise... u. a. m.

We suggest:
for a successful tour, that you prepare it in advance.
***Michelin maps** and **guides**, will give you much useful information on route planning, places of interest, accommodation, prices etc.*

TORINO
PIANTA D'INSIEME

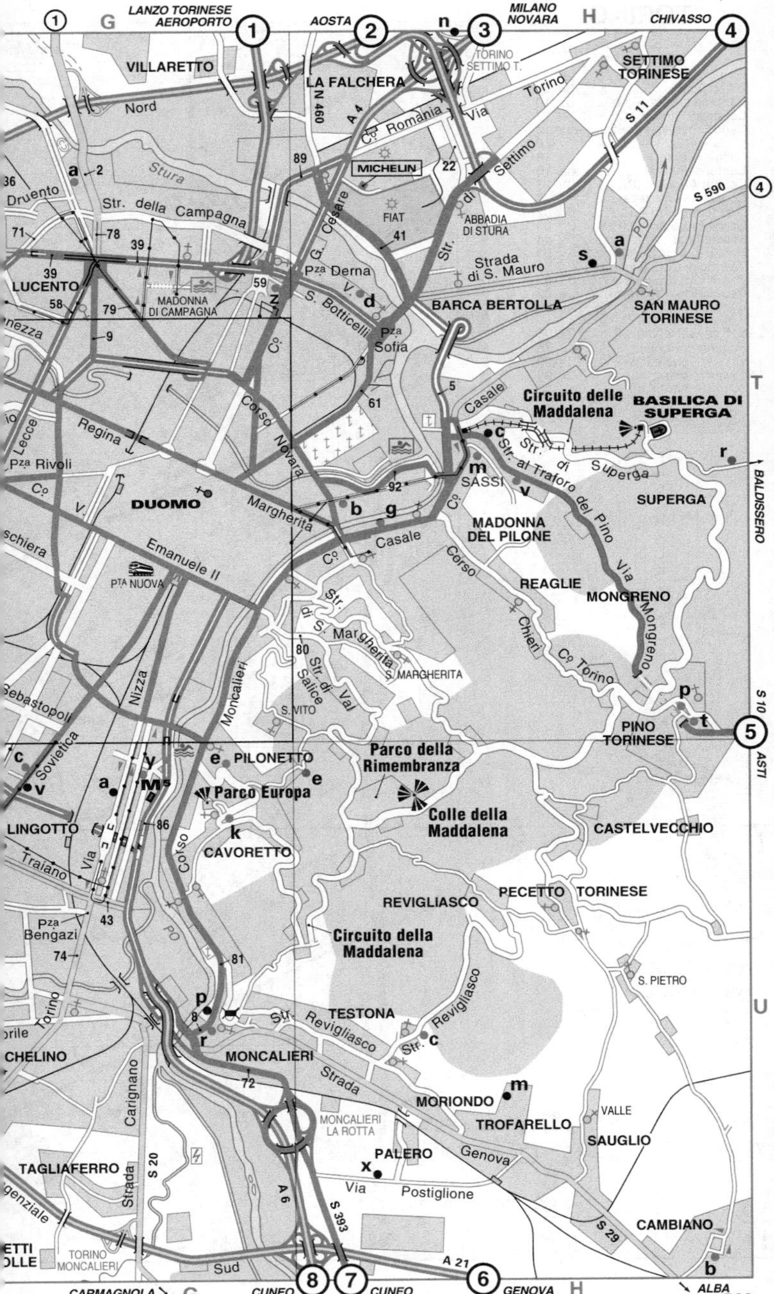

LANZO TORINESE
AEROPORTO
AOSTA
MILANO
NOVARA
CHIVASSO
1
2
3
4
5
6
7
8
G
H
T
U
VILLARETTO
LA FALCHERA
TORINO SETTIMO T.
SETTIMO TORINESE
Nord
N 460
A 4
Cᴼ Romania
Via Torino
S 11
Stura
MICHELIN
FIAT
Str. di Settimo
S 590
Druento
Str. della Campagna
G. Cesare
ABBADIA DI STURA
Strada di S. Mauro
LUCENTO
Pza Derna
V. S. Botticelli
BARCA BERTOLLA
SAN MAURO TORINESE
MADONNA DI CAMPAGNA
Pza Sofia
Cᴼ Novara
Corso
Casale
Circuito delle Maddalena
BASILICA DI SUPERGA
Regina
Str. di Superga
Pza Rivoli
Str. al Traforo del Pino
SASSI
SUPERGA
BALDISSERO
DUOMO
Margherita
Cᴼ V. Emanuele II
MADONNA DEL PILONE
Cᴼ Casale
Corso Chieri
REAGLIE
MONGRENO
Via Mongreno
PTA NUOVA
Str. di S. Margherita
S. MARGHERITA
Cᴼ Torino
Str. di Val Salice
S. VITO
Nizza
Moncalieri
Sebastopoli
Sovietica
PINO TORINESE
S 10
ASTI
PILONETTO
Parco della Rimembranza
Parco Europa
Colle della Maddalena
LINGOTTO
CAVORETTO
CASTELVECCHIO
Traiano
Via
Corso
PECETTO TORINESE
REVIGLIASCO
Pza Bengazi
PO
Circuito della Maddalena
S. PIETRO
Torino
Str. Revigliasco
TESTONA
CHELINO
MONCALIERI
Strada
Carignano
MORIONDO
MONCALIERI LA ROTTA
VALLE
TROFARELLO
SAUGLIO
PALERO
Genova
TAGLIAFERRO
S 20
A 6
Via Postiglione
S 393
S 29
CAMBIANO
TORINO MONCALIERI
Sud
A 21
CARMAGNOLA SALUZZO
CUNEO SAVONA
CUNEO
GENOVA PIACENZA
ALBA

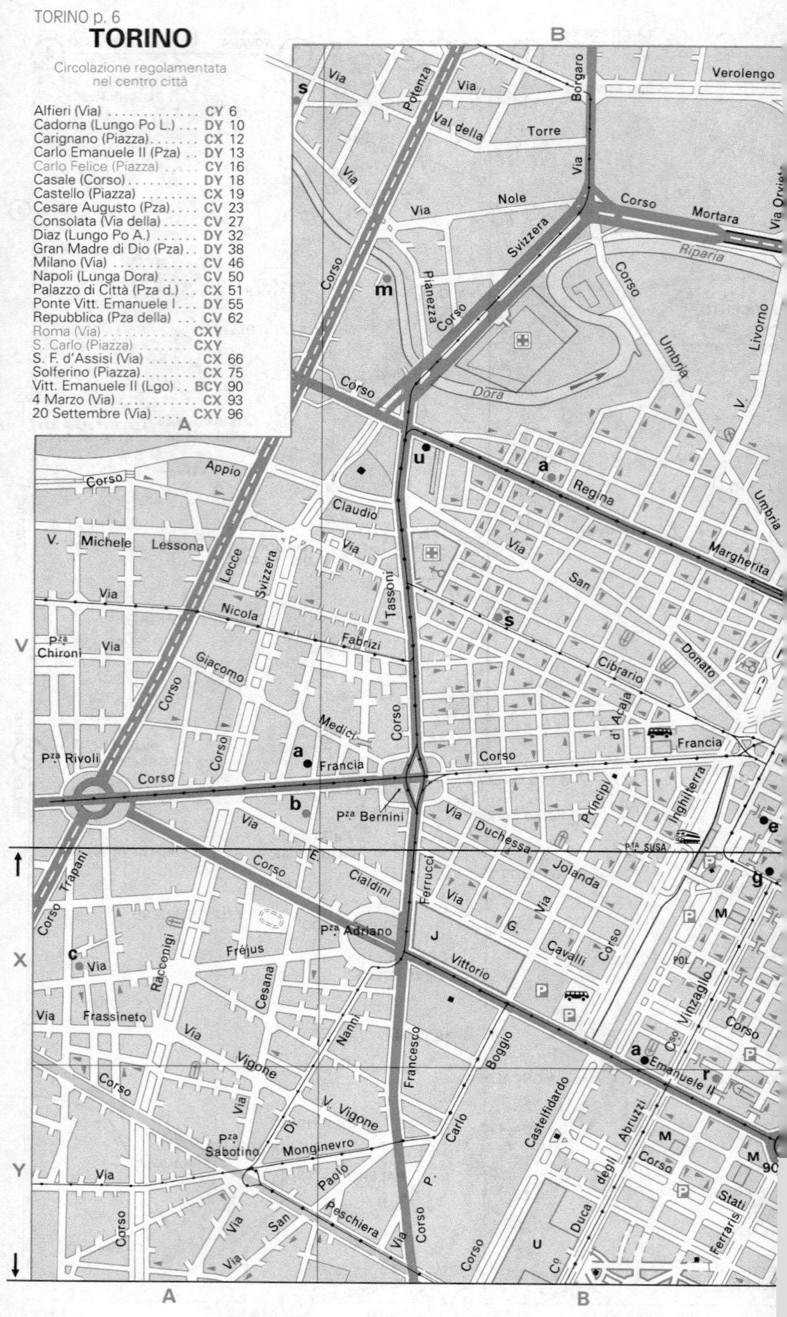
TORINO
Circolazione regolamentata nel centro città
Alfieri (Via) . . . . CY 6
Cadorna (Lungo Po L.) . . . DY 10
Carignano (Piazza). . . . . . . CX 12
Carlo Emanuele II (Pza) . . DY 13
Carlo Felice (Piazza) . . . . . CY 16
Casale (Corso). . . . . DY 18
Castello (Piazza) . . . . CX 19
Cesare Augusto (Pza). . . . CV 23
Consolata (Via della). . . . . CV 27
Diaz (Lungo Po A.) . . . . . . DY 32
Gran Madre di Dio (Pza) . . DY 38
Milano (Via) . . . . CV 46
Napoli (Lunga Dora) . . . . . CV 50
Palazzo di Città (Pza d.) . . CX 51
Ponte Vitt. Emanuele I . . . DY 55
Repubblica (Pza della) . . . CV 62
Roma (Via) . . . . CXY
S. Carlo (Piazza) . . . . CXY
S. F. d'Assisi (Via) . . . . CX 66
Solferino (Piazza). . . . . CX 75
Vitt. Emanuele II (Lgo) . . BCY 90
4 Marzo (Via) . . . . CX 93
20 Settembre (Via) . . . . . CXY 96
A
B
V
X
Y
Via Potenza
Via Val della Torre
Via Borgaro
Verolengo
Via Nole
Corso Mortara
Via Orvieto
Corso Svizzera
Riparia
Corso Livorno
Corso Umbria
Via Pianezza
Dora
Corso Appio Claudio
Corso Regina Margherita
V. Michele Lessona
Via Lecce
Via Svizzera
Via Tassoni
Via San Donato
Via Nicola Fabrizi
Via Cibrario
Pza Chironi
Via Giacomo Medici
Corso Francia
Pza Rivoli
Via Principi d'Acaja
Via Duchessa Jolanda
Corso Inghilterra
Pza Susa
Pza Bernini
Via E. Cialdini
Corso Ferrucci
Via G. Cavalli
Corso Trapani
Pza Adriano
Corso Vittorio Emanuele II
Via Racconigi
Via Fréjus
Via Cesana
Via Frassineto
Via Vigone
V. Vigone
Via Nanni
Corso Francesco
Via Boggio
Corso Vinzaglio
Corso Castelfidardo
Corso Duca degli Abruzzi
Corso Stati
Via Ferraris
Pza Sabotino
Via Monginevro
Via Di Paolo
Via Peschiera
Via San Paolo
Corso P. Carlo
POL

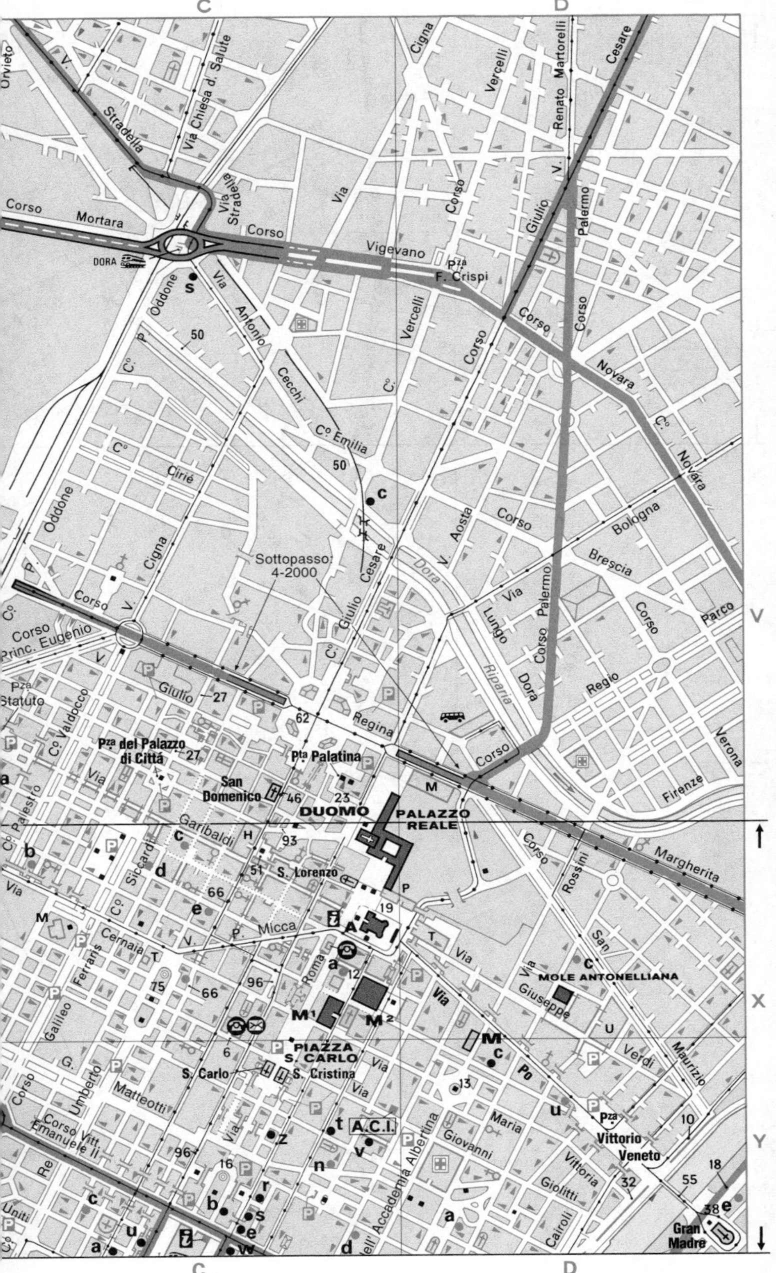

C
D
Corso Mortara
Via Stradella
Via Chiesa d. Salute
Corso Vigevano
Pza F. Crispi
Corso Giulio Cesare
Via Renato Martorelli
Corso Vercelli
Corso Palermo
Corso Novara
Via Cigna
Via Oddone
Via Antonio Cecchi
Cº Emilia
Cº Ciriè
Corso Aosta
Corso Bologna
Corso Brescia
Corso Regio Parco
Sottopasso: 4-2000
Lungo Dora Riparia
Corso Verona
Corso Firenze
Corso Princ. Eugenio
Pza Statuto
Cº Valdocco
Cº Regina
Pza del Palazzo di Città
Pta Palatina
San Domenico
DUOMO
PALAZZO REALE
Cº Palestro
Via Garibaldi
Cº Siccardi
S. Lorenzo
Via Cernaia
Via P. Micca
Via Roma
Corso San Maurizio
Corso Rossini
Corso Margherita
MOLE ANTONELLIANA
Via Giuseppe Verdi
Via Po
PIAZZA S. CARLO
S. Carlo
S. Cristina
A.C.I.
Corso Galileo Ferraris
Corso G. Matteotti
Corso Umberto
Corso Vitt. Emanuele II
Corso Re Umberto
Via Accademia Albertina
Via Maria Vittoria
Via Giovanni Giolitti
Via Cairoli
Pza Vittorio Veneto
Gran Madre
DORA
V
X
Y
C
D

A
B
X
Y
Z
Corso Trapani
Corso Cialdini
Pza Adriano
Via Ferrucci
Via G. Ferrucci
Corso Jolanda
Corso Vittorio Emanuele II
Cavalli
Via Fréjus
Racconigi
Cesana
Via Frassineto
Via Vigone
Nanni
Francesco
Boggio
Castelfidardo
Abruzzi
Cso Vinzaglio
Corso
Via Di V. Vigone
Pza Sabotino
Monginevro
Paolo
Carlo
P.
Corso Duca degli Abruzzi
Corso Stati
Ferraris
Via San Paolo
Peschiera
Via Lancia
Via Paolo Braccini
Corso Duca d'Aosta
Luigi Einaudi
Galileo
Via Umberto
Via Rivalta
Via Cristoforo Colombo
Re
Co Mediterraneo
Via Duca degli
Corso Racconigi
Corso de Gasperi
Caboto
Via Rosselli
Carle
Largo Orbassano
Corso de Nicola
Ferraris
Rosselli
Filippo
Turati
Tripoli
Orbassano
Novembre
Via G. Pascoli
Corso
OSPEDALE MILITARE
Pza Costantino il Grande
Lepanto
Corso 4
Galileo
Sovietica
Corso Bramante
Corso Sebastopoli
Co.
Agnelli
Corso Unione
STADIO COMUNALE
Via
Corso
Sebastopoli
Pza G. Carducci
a
b
c
d
f
g
n
r
u
z
J
M
P
POL

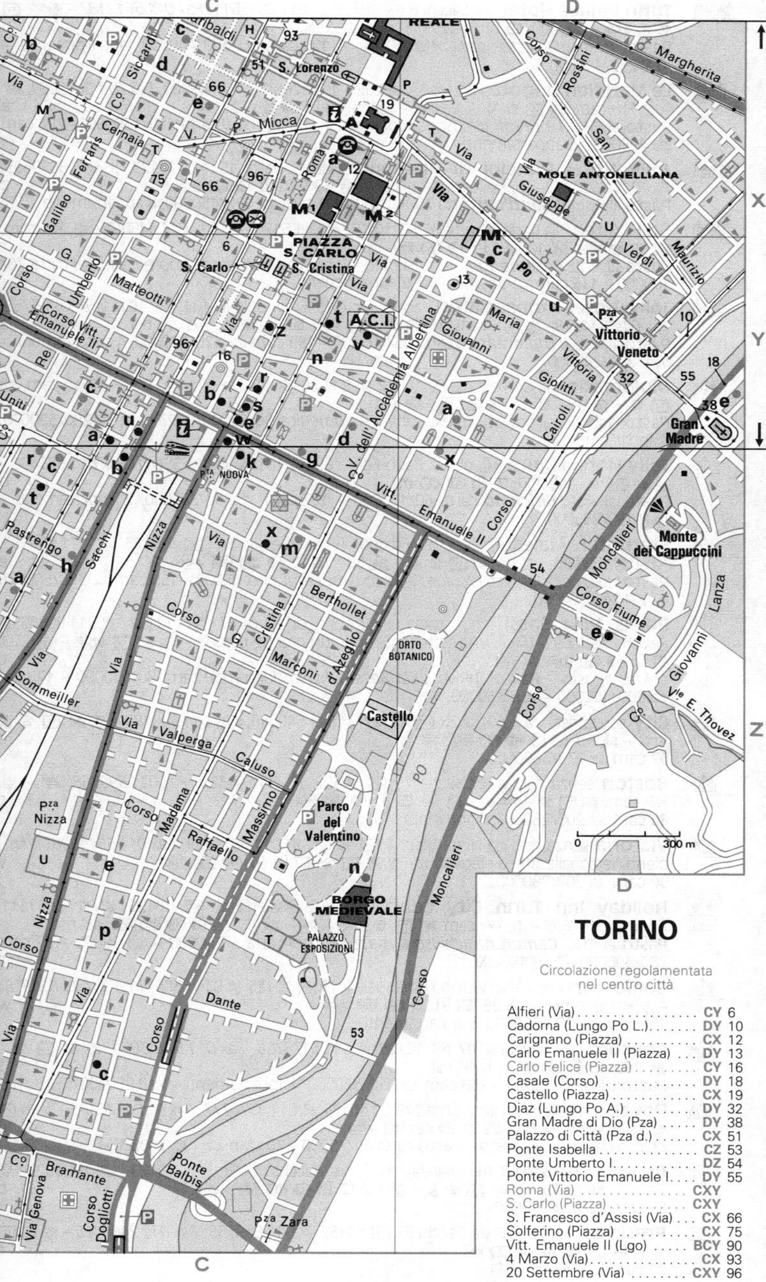

TORINO

Circolazione regolamentata nel centro città

Alfieri (Via) . . . . CY 6
Cadorna (Lungo Po L.) . . . . DY 10
Carignano (Piazza) . . . . CX 12
Carlo Emanuele II (Piazza) . . . DY 13
Carlo Felice (Piazza) . . . . CY 16
Casale (Corso) . . . . DY 18
Castello (Piazza) . . . . CX 19
Diaz (Lungo Po A.) . . . . DY 32
Gran Madre di Dio (Pza) . . . . . DY 38
Palazzo di Città (Pza d.) . . . . . . CX 51
Ponte Isabella . . . . CZ 53
Ponte Umberto I. . . . . DZ 54
Ponte Vittorio Emanuele I. . . . DY 55
Roma (Via) . . . . CXY
S. Carlo (Piazza) . . . . CXY
S. Francesco d'Assisi (Via) . . . CX 66
Solferino (Piazza) . . . . CX 75
Vitt. Emanuele II (Lgo) . . . . . BCY 90
4 Marzo (Via) . . . . CX 93
20 Settembre (Via) . . . . CXY 96

Turin Palace Hotel, via Sacchi 8 ✉ 10128 ✆ 011 5625511, *Fax 011 5612187* – |‡| ▤ – ☎ ♿ – 🅰 200. AE Ⓢ ⓞ ⓜ VISA. ✂ rist CY
Pasto *(chiuso agosto)* carta 70/110000 – **120 cam** ☕ 350/440000, appartamento ½ P 290/310000.

Le Meridien Lingotto Ⓜ, via Nizza 262 ✉ 10126 ✆ 011 6642000, *Fax 011 6642001,* – |‡|, ✂ cam, ▤ 📺 ☎ ♿ 🅿 – 🅰 35. AE Ⓢ ⓞ ⓜ VISA. ✂ GU
Pasto al Rist. ***Le Rivoli*** *(chiuso lunedì e dal 9 al 22 agosto)* carta 100/150000 – **226 cam** ☕ 495000, 15 appartamenti.

Jolly Hotel Principi di Piemonte, via Gobetti 15 ✉ 10123 ✆ 011 562969. *Fax 011 5620270* – |‡|, ✂ cam, ▤ 📺 ☎ – 🅰 300. AE Ⓢ ⓞ ⓜ VISA. ✂ CY
Pasto al Rist. ***L' Gentilom*** carta 70/110000 – **99 cam** ☕ 420/450000, 8 appartamenti.

Gd H. Sitea, via Carlo Alberto 35 ✉ 10123 ✆ 011 5170171, *Fax 011 548090* – |‡|, ✂ cam ▤ 📺 ☎ – 🅰 100. AE Ⓢ ⓞ ⓜ VISA. ✂ rist CY
Pasto al Rist. ***Carignano*** *(chiuso sabato, domenica a mezzogiorno ed agosto)* carta 70/100000 – **116 cam** ☕ 320/430000, 2 appartamenti – ½ P 270000.

Jolly Hotel Ambasciatori, corso Vittorio Emanuele II 104 ✉ 10121 ✆ 011 5752 *Fax 011 544978* – |‡|, ✂ cam, ▤ 📺 ☎ – 🅰 400. AE Ⓢ ⓞ ⓜ VISA. ✂ rist BX
Pasto al Rist. ***Il Diplomatico*** carta 65/105000 – **199 cam** ☕ 320/370000, 4 appartamenti ½ P 220/245000.

Diplomatic, via Cernaia 42 ✉ 10122 ✆ 011 5612444, *Fax 011 540472* – |‡|, ✂ cam, ▤ 📺 ☎ – 🅰 180. AE Ⓢ ⓞ ⓜ VISA. ✂ rist BX
Pasto (solo per alloggiati; *chiuso sabato e domenica*) 50/60000 – **123 cam** ☕ 280/39000 3 appartamenti.

Jolly Hotel Ligure Ⓜ, piazza Carlo Felice 85 ✉ 10123 ✆ 011 55641, *Fax 011 535438* |‡| ▤ 📺 ☎ – 🅰 200. AE Ⓢ ⓞ ⓜ VISA. ✂ rist CY
Pasto al Rist. ***Birichino*** carta 60/105000 – **167 cam** ☕ 330/385000, 2 appartamenti ½ P 230/255000.

Starhotel Majestic, corso Vittorio Emanuele II 54 ✉ 10123 ✆ 011 53915 *Fax 011 534963* – |‡| ✂ ▤ 📺 ☎ ♿ – 🅰 600. AE Ⓢ ⓞ ⓜ VISA JCB. ✂ CY
Pasto (solo per alloggiati e *chiuso agosto e mezzogiorno*) 45000 – **156 cam** ☕ 380/50000 – ½ P 245/320000.

Relais Villa Sassi ⛰, strada al Traforo di Pino 47 ✉ 10132 ✆ 011 898055 *Fax 011 8980095*, « Villa settecentesca in un grande parco » – |‡| ▤ 📺 ☎ 🅿 – 🅰 200 AE Ⓢ ⓞ ⓜ VISA. ✂ rist HT
chiuso agosto – Pasto al Rist. ***Villa Sassi*** *(chiuso domenica)* carta 80/120000 – **17 cam** ☕ 300/400000 – ½ P 360000.

City senza rist, via Juvarra 25 ✉ 10122 ✆ 011 540546, *Fax 011 548188* – |‡| ▤ 📺 ☎ – 🅰 60. AE Ⓢ ⓞ ⓜ VISA. ✂ BV
57 cam ☕ 270/360000.

Boston senza rist, via Massena 70 ✉ 10128 ✆ 011 500359, *Fax 011 599358*, – |‡| ✂ cam, ▤ 📺 ☎ ♿ – 🅰 50. AE Ⓢ ⓞ ⓜ VISA BZ
86 cam ☕ 200/280000, 6 appartamenti.

Victoria senza rist, via Nino Costa 4 ✉ 10123 ✆ 011 5611909, *Fax 011 5611806*, « Ambienti personalizzati ed eleganti » – |‡| ▤ 📺 ☎. AE Ⓢ ⓞ ⓜ VISA. ✂ CY
90 cam ☕ 200/280000.

Holiday Inn Turin City Centre Ⓜ, via Assietta 3 ✉ 10128 ✆ 011 5167111 *Fax 011 5167699* – |‡|, ✂ cam, ▤ 📺 ☎ ♿ – 🅰 40. AE Ⓢ ⓞ ⓜ VISA. ✂ rist
Pasto al Rist. ***Camerana*** *(chiuso a mezzogiorno)* carta 35/60000 – ☕ 25000 – **57 cam** 280/390000 – ½ P 160000. CY

Genio senza rist, corso Vittorio Emanuele II 47 ✉ 10125 ✆ 011 6505771, *Fax 011 650826* – |‡| ✂ ▤ 📺 ☎ – 🅰 25. AE Ⓢ ⓞ ⓜ VISA JCB CYZ
106 cam ☕ 200/280000, 3 appartamenti.

Concord, via Lagrange 47 ✉ 10123 ✆ 011 5176756, *Fax 011 5176305* – |‡| ▤ 📺 ☎ – 🅰 180. AE Ⓢ ⓞ ⓜ VISA. ✂ rist CY
Pasto carta 50/75000 – **136 cam** ☕ 310/370000, 4 appartamenti – ½ P 250000.

Royal, corso Regina Margherita 249 ✉ 10144 ✆ 011 4376777, *Fax 011 4376393* – |‡| ▤ 📺 ☎ ♿ 🅿 – 🅰 600. AE Ⓢ ⓞ ⓜ VISA JCB BV
chiuso dal 1° al 28 agosto – Pasto carta 45/75000 – **70 cam** ☕ 190/240000 – ½ P 220000.

Genova e Stazione senza rist, via Sacchi 14/b ✉ 10128 ✆ 011 5629400 *Fax 011 5629896* – |‡| ▤ 📺 ☎ ♿ – 🅰 60. AE Ⓢ ⓞ ⓜ VISA. ✂ CZ
59 cam ☕ 200/270000.

President senza rist, via Cecchi 67 ✉ 10152 ✆ 011 859555, *Fax 011 2480465* – |‡| ▤ 📺 ☎ – 🅰 60. AE Ⓢ ⓞ ⓜ VISA CV
72 cam ☕ 170/210000.

Alexandra senza rist, lungo Dora Napoli 14 ✉ 10152 ✆ 011 858327, *Fax 011 2483805* – AE. *VISA*. CV c
chiuso dal 24 al 30 dicembre e dal 30 luglio al 27 agosto – **57 cam** ☕ 130/180000.

Crimea senza rist, via Mentana 3 ✉ 10133 ✆ 011 6604700, *Fax 011 6604912* – 35. AE *VISA* JCB. DZ e
48 cam ☕ 190/250000, appartamento.

Gran Mogol senza rist, via Guarini 2 ✉ 10123 ✆ 011 5612120, *Fax 011 5623160* – AE *VISA* JCB CY r
chiuso dal 23 dicembre al 3 gennaio ed agosto – **45 cam** ☕ 190/270000.

Giotto senza rist, via Giotto 27 ✉ 10126 ✆ 011 6637172, *Fax 011 6637173* – 50. AE *VISA* JCB CZ c
50 cam ☕ 145/185000.

Piemontese senza rist, via Berthollet 21 ✉ 10125 ✆ 011 6698101, *Fax 011 6690571* – P. AE *VISA* CZ x
40 cam ☕ 160/220000.

Lancaster senza rist, corso Filippo Turati 8 ✉ 10128 ✆ 011 5681982, *Fax 011 5683019* – 40. AE *VISA* BZ r
chiuso dal 5 al 31 agosto – **77 cam** ☕ 165/230000.

Due Mondi senza rist, via Saluzzo 3 ✉ 10125 ✆ 011 6698981, *Fax 011 6699383* – AE *VISA* JCB CZ k
chiuso dal 10 al 20 agosto – **43 cam** ☕ 170/220000.

Cairo senza rist, via La Loggia 6 ✉ 10134 ✆ 011 3171555, *Fax 011 3172027* – P. AE *VISA*. GU v
chiuso dal 1º al 28 agosto – ☕ 20000 – **50 cam** 160/220000.

Tourist senza rist, via Alpignano 3 angolo corso Francia 92 ✉ 10143 ✆ 011 7761740, *Fax 011 7493431* – AE *VISA* AV a
chiuso dal 28 luglio al 5 settembre – ☕ 20000 – **28 cam** 200/260000.

Des Artistes senza rist, via Principe Amedeo 21 ✉ 10123 ✆ 011 8124416, *Fax 011 8124466* – AE *VISA*. DY c
22 cam ☕ 150/190000.

Giada senza rist, via Gasparo Barbera 6 ✉ 10135 ✆ 011 3489383, *Fax 011 3489383* – P. *VISA*. FU u
28 cam ☕ 100/130000.

Montevecchio senza rist, via Montevecchio 13 ✉ 10128 ✆ 011 5620023, *Fax 011 5623047* – AE *VISA* CZ t
chiuso dall'11 al 19 agosto – **29 cam** ☕ 110/140000.

XXXX **Del Cambio**, piazza Carignano 2 ✉ 10123 ✆ 011 543760, *Fax 011 535282*, Locale storico-gran tradizione, prenotare, « Decorazioni ottocentesche » – AE *VISA*.
chiuso dall'8 al 31 agosto e domenica – **Pasto** 75/105000 (a mezzogiorno) 90/120000 (alla sera) e carta 80/135000 (15 %). CX a

XXX **Balbo**, via Andrea Doria 11 ✉ 10123 ✆ 011 8395775, *Fax 011 8151042*, prenotare – AE *VISA*. CY n
✿ *chiuso dal 25 luglio al 20 agosto e lunedì* – **Pasto** carta 100/170000
Spec. Rotolo d'anguilla in carpione di moscato (inverno-primavera). Risotto in sfoglia di testina di vitello e tartufo bianco d'Alba (autunno-inverno). Filetto di San Pietro con borlotti e cipolla di Tropea (primavera-estate).

XXX **Rendez Vous**, corso Vittorio Emanuele II, 38 ✉ 10123 ✆ 011 887666, *Fax 011 889362*, prenotare la sera – AE *VISA*. CZ g
chiuso sabato a mezzogiorno e domenica – **Pasto** 40/45000 (a mezzogiorno) e carta 65/100000.

XXX **Villa Somis**, strada Val Pattonera 138 ✉ 10133 ✆ 011 6613086, *Fax 011 6614626*, <, prenotare, « In una villa settecentesca con parco; servizio estivo sotto un pergolato » – P. AE *VISA* HU e
chiuso dal 26 dicembre al 10 gennaio e lunedì – **Pasto** carta 65/110000.

XXX **La Prima Smarrita**, corso Unione Sovietica 244 ✉ 10134 ✆ 011 3179657, *Fax 011 3179191*, prenotare – AE *VISA*. GU c
Pasto carta 70/110000.

XXX **La Cloche**, strada al Traforo del Pino 106 ✉ 10132 ✆ 011 8994213, *Fax 011 8981522* – P – 100. AE *VISA* HT v
chiuso dal 10 al 24 agosto, domenica sera e lunedì – **Pasto** carta 75/130000.

XXX **Marco Polo**, via Marco Polo 38 ✉ 10129 ✆ 011 500096, *Fax 011 599900*, prenotare – AE *VISA* JCB BZ f
chiuso a mezzogiorno (escluso domenica) e lunedì – **Pasto** specialità di mare 80000 bc carta 70/120000.

XX **Al Gatto Nero,** corso Filippo Turati 14 ✉ 10128 ☎ 011 590414, *Fax 011 502245* – ▤. AE $ ⓓ MC VISA. ✂ BZ z
chiuso agosto e domenica – **Pasto** carta 60/80000.

XX **Trait d'Union,** via degli Stampatori 4 ✉ 10122 ☎ 011 5612506, *Fax 011 5633896,* 帘, Coperti limitati; prenotare la sera – AE $ ⓓ MC VISA CX c
Pasto carta 60/85000.

XX **Porta Rossa,** via Passalacqua 3/b ✉ 10122 ☎ 011 530816, *Fax 011 530816* – ▤. AE $ ⓓ MC VISA. ✂ CV a
chiuso dal 26 dicembre al 10 gennaio, dal 4 al 10 aprile, agosto, sabato a mezzogiorno e domenica – **Pasto** 30/50000 (solo a mezzogiorno) 70/120000 e carta 60/115000.

XX **Al Bue Rosso,** corso Casale 10 ✉ 10131 ☎ 011 8191393 – ▤. AE $ ⓓ VISA. ✂
chiuso agosto, sabato a mezzogiorno e lunedì – **Pasto** carta 65/90000 (10 %). DY e

XX **Perbacco,** via Mazzini 31 ✉ 10123 ☎ 011 882110, Soupers, prenotare – ▤. AE $ ⓓ VISA
chiuso agosto, domenica e a mezzogiorno – **Pasto** 45/50000. DZ x

XX **Galante,** corso Palestro 15 ✉ 10122 ☎ 011 532163 – ▤. AE $ ⓓ MC VISA JCB CX b
chiuso agosto, sabato a mezzogiorno e domenica – **Pasto** carta 60/90000.

XX **Il Porticciolo,** via Barletta 58 ✉ 10136 ☎ 011 321601, prenotare – ▤. AE $ ⓓ MC VISA AZ a
chiuso agosto, sabato a mezzogiorno e lunedì – **Pasto** specialità di mare carta 70/100000.

XX **Duchesse,** via Duchessa Jolanda 7 ang. via Beaumont ✉ 10138 ☎ 011 4346494, *Fax 011 4346494* – ▤. AE $ ⓓ MC VISA. ✂ BX c
chiuso dal 25 dicembre al 3 gennaio, agosto e domenica – **Pasto** carta 60/105000.

XX **Ij Brandè,** via Massena 5 ✉ 10128 ☎ 011 537279, prenotare la sera – ▤. AE $ ⓓ MC VISA. ✂ CY c
chiuso domenica – **Pasto** carta 50/85000.

XX L'Idrovolante, viale Virgilio 105 ✉ 10126 ☎ 011 6687602, Coperti limitati; prenotare, « Servizio estivo in terrazza in riva al fiume » CZ n

XX **Locanda Botticelli,** strada Arrivore 9 ✉ 10154 ☎ 011 2422012, *Fax 011 2464662,* prenotare – $ ⓓ MC VISA JCB. ✂ HT d
chiuso domenica – **Pasto** carta 50/75000.

XX **Etrusco,** via Cibrario 52 ✉ 10144 ☎ 011 480285 – ▤. AE $ ⓓ MC VISA JCB BV s
chiuso gennaio e lunedì – **Pasto** specialità di mare carta 55/80000.

XX **Hosteria la Vallèe,** via Provana 3 b ✉ 10123 ☎ 011 8121788, *Fax 011 8121788,* Coperti limitati; prenotare – ▤. $ MC VISA DY a
chiuso a mezzogiorno e domenica – **Pasto** carta 55/75000.

XX **Solferino,** piazza Solferino 3 ✉ 10121 ☎ 011 535851 – ▤. AE $ ⓓ MC VISA. ✂ CX m
chiuso agosto, venerdì sera e sabato – **Pasto** carta 40/60000.

XX **Ponte Vecchio,** via San Francesco da Paola 41 ✉ 10123 ☎ 011 835100 – ▤. AE $ ⓓ MC VISA JCB CY d
chiuso agosto, lunedì e martedì a mezzogiorno – **Pasto** carta 45/80000.

XX **Al Ghibellin Fuggiasco,** via Leoni 16 f ✉ 10134 ☎ 011 3196115, *Fax 011 3196115* – ▤. AE $ ⓓ MC VISA JCB. ✂ BZ b
chiuso dal 2 al 10 gennaio, dal 10 al 20 agosto, domenica sera e lunedì – **Pasto** carta 50/90000.

XX **Gianfaldoni,** via Pastrengo 2 ✉ 10128 ☎ 011 5175041, *Fax 011 5175041* – ▤. AE $ ⓓ MC VISA CZ h
chiuso agosto e mercoledì – **Pasto** carta 45/80000.

XX **Giovanni,** via Gioberti 24 ✉ 10128 ☎ 011 539842 – ▤. AE $ ⓓ MC VISA JCB CZ c
chiuso agosto e domenica – **Pasto** 25/35000 (a mezzogiorno) 40/70000 (la sera) e carta 45/85000.

XX **Il Ciacolon,** viale 25 Aprile 11 ✉ 10133 ☎ 011 6610911, *Fax 011 6611060* – AE $ ⓓ MC VISA JCB GU e
chiuso dal 16 al 31 agosto, domenica sera, lunedì e a mezzogiorno – **Pasto** specialità venete (menu a sorpresa) 35/65000.

XX **Mina,** via Ellero 36 ✉ 10126 ☎ 011 6963608, *Fax 011 6960459* – ▤. AE $ ⓓ MC VISA
chiuso agosto, lunedì e dal 15 giugno a luglio anche domenica sera – **Pasto** specialità piemontesi carta 45/75000. GU y

XX **Mara e Felice,** via Foglizzo 8 ✉ 10149 ☎ 011 731719, *Fax 011 4557681* – ▤. AE $ ⓓ MC VISA AV s
chiuso agosto, sabato a mezzogiorno e domenica – **Pasto** specialità di mare carta 60/90000.

XX La Pace, via Galliari 22 ✉ 10125 ☎ 011 6505325 m

XX **I Bassotti,** via Saffi 2 ✉ 10138 ☎ 011 4332213 – ▤. AE $ MC VISA. ✂ AV b
chiuso dal 25 luglio al 25 agosto e lunedì – **Pasto** carta 40/65000.

XX **Da Benito,** corso Siracusa 142 ✉ 10137 ✆ 011 3090354, *Fax 011 3090353* – ▤. AE ⓈⓈ ● ⓂⒸ VISA JCB. ⚡ FT v
chiuso agosto e lunedì – **Pasto** specialità di mare 50/70000.

XX **Crocetta,** via Marco Polo 21 ✉ 10129 ✆ 011 5817665, 🏠 – ▤. AE ⓈⓈ ● ⓂⒸ VISA JCB
chiuso agosto e domenica – **Pasto** carta 40/75000. BZ d

XX **Il 58,** via San Secondo 58 ✉ 10128 ✆ 011 505566, *Fax 011 505566* – ▤ AE. ⓈⓈ ● ⓂⒸ VISA. ⚡ CZ a
chiuso dal 1° al 10 gennaio, settembre e lunedì – **Pasto** specialità di mare carta 50/70000.

XX **Le Due Isole,** via Saluzzo 82 ✉ 10126 ✆ 011 6692591 – ⓈⓈ ⓂⒸ VISA. ⚡ CZ e
chiuso agosto, domenica e lunedì sera – **Pasto** specialità di mare carta 50/60000.

X **Taverna delle Rose,** via Massena 24 ✉ 10128 ✆ 011 538345, « Ambiente caratteristico » – ▤. AE ⓈⓈ ● ⓂⒸ VISA JCB. ⚡ CZ r
chiuso agosto, sabato a mezzogiorno e domenica – **Pasto** carta 75/105000.

X Cucco, corso Casale 89 ✉ 10132 ✆ 011 8195536, 🏠 HT g
Pasto specialità piemontesi.

X **La Capannina,** via Donati 1 ✉ 10121 ✆ 011 545405, *Fax 011 547451* – ▤. AE ⓈⓈ ● ⓂⒸ VISA BY r
chiuso agosto e domenica – **Pasto** specialità piemontesi carta 40/65000.

X **Mon Ami,** via San Dalmazzo 16 ang. via Santa Maria ✉ 10122 ✆ 011 538288, 🏠 – AE ⓈⓈ ● ⓂⒸ VISA CX d
chiuso agosto, domenica sera e lunedì – **Pasto** specialità di mare carta 40/70000.

X **Trômlin,** via alla Parrocchia 7, a Cavoretto ✉ 10133 ✆ 011 6613050, Coperti limitati; prenotare GU k
chiuso dal 16 al 27 agosto e a mezzogiorno (escluso i giorni festivi) – **Pasto** (menu a sorpresa tipico piemontese) 55000 bc.

X **C'era una volta,** corso Vittorio Emanuele II 41 ✉ 10125 ✆ 011 6504589, *Fax 011 6505774*, prenotare – ▤. AE ⓈⓈ ● ⓂⒸ VISA CZ k
chiuso dal 10 al 31 agosto e a mezzogiorno – **Pasto** specialità piemontesi 45000 e carta 35/70000.

X **'l Birichin,** via Monti 16 ✉ 10126 ✆ 011 657457, *Fax 011 657457* – ▤. AE ⓈⓈ ● ⓂⒸ VISA JCB CZ p
chiuso dal 1° al 7 gennaio, dal 5 al 25 agosto e domenica – **Pasto** 40/50000 e carta 45/70000.

X **Spada Reale,** via Principe Amedeo 53 ✉ 10123 ✆ 011 8171363, *Fax 011 887410* – ▤. AE ⓈⓈ ⓂⒸ VISA JCB. ⚡ DY u
chiuso agosto, sabato a mezzogiorno e domenica – **Pasto** carta 45/70000.

X **Anaconda,** via Angiolino 16 (corso Potenza) ✉ 10143 ✆ 011 752903, Trattoria rustica, « Servizio estivo all'aperto » – P. AE ⓈⓈ ● ⓂⒸ VISA JCB BV m
chiuso agosto, venerdì sera e sabato – **Pasto** 55000 bc.

X **Le Maschere,** via Fidia 28 ang. via Vandalino ✉ 10141 ✆ 011 728928, Coperti limitati; prenotare – ▤. AE ⓈⓈ ● ⓂⒸ VISA FT a
chiuso domenica e mercoledì sera – **Pasto** carta 40/65000.

X **Ristorantino Tefy,** corso Belgio 26 ✉ 10153 ✆ 011 837332, *Fax 011 837332* – ▤. AE ⓈⓈ ⓂⒸ VISA JCB. ⚡ HT b
chiuso domenica – **Pasto** specialità umbre carta 50/90000.

X **L'Osteria del Corso,** corso Regina Margherita 252/b ✉ 10144 ✆ 011 480665, *Fax 011 480665* – ▤. ⓈⓈ ⓂⒸ VISA BV a
chiuso dal 26 dicembre al 6 gennaio, dal 10 al 26 agosto e domenica – **Pasto** carta 35/55000.

X **Trattoria Torricelli,** via Torricelli 51 ✉ 10129 ✆ 011 599814, *Fax 011 5819508* – AE ⓈⓈ ● ⓂⒸ VISA JCB BZ n
chiuso dal 1° al 6 gennaio e dal 10 al 30 agosto, domenica e lunedì a mezzogiorno – **Pasto** carta 45/85000.

X **Del Buongustaio,** corso Taranto 14 ✉ 10155 ✆ 011 2463284 – ▤. ⚡ GT z
chiuso dall'8 al 28 agosto e lunedì – **Pasto** 20/35000.

X **Piero e Federico,** via Monte di Pietà 23 ✉ 10122 ✆ 011 535880 – AE ⓈⓈ ● ⓂⒸ VISA JCB CX e
chiuso dal 15 agosto al 15 settembre e domenica – **Pasto** specialità sarde carta 40/65000.

X **Antiche Sere,** via Cenischia 9/a ✉ 10139 ✆ 011 3854347, Osteria tipica, « Servizio estivo sotto un pergolato » AX c
chiuso Natale, agosto, domenica e a mezzogiorno – **Pasto** specialità regionali carta 45/65000.

X **Trattoria della Posta,** strada Mongreno 16 ✉ 10132 ✆ 011 8980193, *Fax 011 8994604*, Trattoria d'habitués – ▤. ⚡ HT m
chiuso dal 23 dicembre al 7 gennaio, agosto, domenica sera e lunedì – **Pasto** specialità formaggi piemontesi carta 40/55000.

🍴 **Osteria Val Granda,** via Lanzo 88 ✉ 10148 ☎ 011 2264420, *Fax 011 2264240*, Trattoria rustica, « Servizio estivo sotto un pergolato » – [AE] [$] [DC] [MC] [VISA] GT a
chiuso dal 10 al 30 agosto, sabato a mezzogiorno, domenica e lunedì sera – **Pasto** specialità piemontesi 45/65000 (solo la sera) carta 40/55000 (solo a mezzogiorno).

TORNELLO *Pavia – Vedere Mezzanino.*

TORNO *22020 Como* [428] E 9, [219] ⑨ *G. Italia – 1 219 ab. alt. 225.*
Vedere *Portale★ della chiesa di San Giovanni.*
Roma 633 – Como 7 – Bellagio 23 – Lugano 40 – Milano 56.

🏨 **Villa Flora** ⛵, via Terazzo 11 ☎ 031 419222, *Fax 031 418318*, ←, ☂, ⛱, 🚤, 🪑 – [lift] [TV] ☎ [P]. [AE] [$] [MC] [VISA]. ✂
marzo-ottobre – **Pasto** *(chiuso martedì escluso dal 15 giugno al 15 settembre)* carta 40/70000 – ☕ 15000 – **20 cam** 100/120000 – 1/2 P 100000.

🍴🍴 **Vapore** ⛵ con cam, via Plinio 20 ☎ 031 419311, *Fax 031 419031*, ←, « Servizio estivo in terrazza ombreggiata in riva al lago » – [lift] [TV] ☎. [MC] [VISA]. ✂
chiuso febbraio e novembre – **Pasto** *(chiuso mercoledì)* carta 40/70000 – ☕ 12000 – **12 cam** 100/120000.

TORRE A MARE *70045 Bari* [431] D 33.
Roma 463 – Bari 12 – Brindisi 101 – Foggia 144 – Taranto 94.

🍴 **Da Nicola,** via Principe di Piemonte 3 ☎ 080 5430043, *Fax 080 5430043*, ←, ☂ – [P]. [AE] [$] [DC] [MC] [VISA] [JCB]. ✂
chiuso dal 20 dicembre al 20 gennaio, domenica sera e lunedì – **Pasto** specialità di mare carta 35/60000 (15 %).

TORRE ANNUNZIATA *80058 Napoli* [988] ㉗, [431] E 25 *G. Italia – 47 659 ab. alt. 14.*
Vedere *Villa di Oplontis★★.*
Roma 240 – Napoli 27 – Avellino 53 – Caserta 53 – Salerno 28 – Sorrento 26.

🏨 **Grillo Verde,** piazza Imbriani 19 ☎ 081 8611290, *Fax 081 8617872* – [lift], ▤ cam, [TV] ☎ 🚗 [P]. [AE] [$] [DC] [MC] [VISA]
Pasto *(chiuso martedì)* carta 40/60000 – **15 cam** ☕ 90/135000 – 1/2 P 90000.

TORRE BERETTI E CASTELLARO *27030 Pavia* [988] ⑬, [428] G 8 – *582 ab. alt. 93.*
Roma 602 – Alessandria 26 – Milano 74 – Pavia 46 – Torino 112.

🍴 **Da Agostino,** via Stazione 43 ☎ 0384 84194, solo su prenotazione ▤. [$] [VISA]. ✂
chiuso dal 7 al 20 gennaio, agosto e mercoledì – **Pasto** 55000.

TORRE CANAVESE *10010 Torino* [219] ⑭, [428] F 5 – *621 ab. alt. 418.*
Roma 689 – Torino 41 – Aosta 85 – Ivrea 18.

🍴 **Italia,** via Baldissero 21 ☎ 0124 501076, *Fax 0124 501076*, ☂ – [P]. [AE] [$] [MC] [VISA]. ✂
chiuso domenica sera e lunedì – **Pasto** carta 35/55000.

TORRE CANNE *72010 Brindisi* [988] ㉙ ㉚, [431] E 34 – *Stazione termale (marzo-ottobre), a.s. 20 giugno-agosto.*
Roma 517 – Brindisi 47 – Bari 67 – Taranto 57.

🏨 **Del Levante** ⛵, via Appia 22 ☎ 080 4820160, *Fax 080 4820096*, ←, ⛱, 🚤, 🪑, 🎾 – [lift] ▤ [TV] ☎ ♿ [P] – 🏛 300. [AE] [$] [DC] [MC] [VISA] [JCB]. ✂
Pasto carta 35/50000 – **149 cam** ☕ 240000 – 1/2 P 195000.

🏨 **Eden,** via Potenza 50 ☎ 080 4829822, *Fax 080 4820330*, « Terrazza-solarium con ⛱ », 🚤 – [lift] ▤ [TV] ☎ [P] – 🏛 220. [AE] [$] [DC] [MC] [VISA]. ✂
aprile-ottobre – **Pasto** carta 45/60000 – **87 cam** ☕ 140/190000 – 1/2 P 140000.

🍴🍴 **Il Finanziere,** via Eroi del mare 4 ☎ 080 4820109, *Fax 080 4820109*, prenotare, « Servizio estivo in terrazza sul mare » – ▤ [P]. [AE] [$] [DC] [MC] [VISA]
chiuso dal 2 al 30 gennaio e mercoledì – **Pasto** carta 40/65000.

TORRE DEI CORSARI *Cagliari* [433] H 7 – *Vedere Sardegna (Marina di Arbus) alla fine dell'elenco alfabetico.*

Le Ottime Tavole

Per voi abbiamo contraddistinto

alcuni alberghi (🏨 ... 🏨🏨🏨🏨🏨) e ristoranti (🍴 ... 🍴🍴🍴🍴🍴) con 😋, ✿, ✿✿ o ✿✿✿.

TORRE DEL GRECO *80059 Napoli* 988 ㉗, 431 E 25 – *95 665 ab. – a.s. maggio-15 ottobre.*
Vedere *Scavi di Ercolano*** *Nord-Ovest : 3 km.*
Dintorni *Vesuvio**** *Nord-Est : 13 km e 45 mn a piedi AR.*
Roma 227 – Napoli 15 – Caserta 40 – Castellammare di Stabia 17 – Salerno 43.

in prossimità casello autostrada A 3 :

Sakura, via De Nicola 26/28 ✉ 80059 ☎ 081 8493144, *Fax 081 8491122*, « Parco » – 140. AE VISA JCB. rist
Pasto carta 60/85000 – **83 cam** ☕ 180/230000 – 1/2 P 160/200000.

Marad, via San Sebastiano 24 ✉ 80059 ☎ 081 8492168, *Fax 081 8828716*, – 120. AE VISA.
Pasto carta 40/80000 – **74 cam** ☕ 140/200000 – 1/2 P 110/130000.

TORRE DEL LAGO PUCCINI *55048 Lucca* 428, 430 K 12 *G. Toscana – a.s. Carnevale, Pasqua, 15 giugno-15 settembre e Natale.*
Roma 369 – Pisa 14 – Firenze 95 – Lucca 25 – Massa 31 – Milano 260 – Viareggio 5.

XX **Lombardi,** via Aurelia 127 ☎ 0584 341044, *Fax 0584 350311*, – AE VISA.
chiuso martedì – **Pasto** specialità di mare e cacciagione carta 35/55000.

al lago di Massaciuccoli *Est : 1 km :*

X **Da Cecco,** piazzale Belvedere ✉ 55048 ☎ 0584 341022 – AE VISA.
chiuso dal 20 novembre al 15 dicembre, domenica sera e lunedì – **Pasto** carta 35/50000.

X **Butterfly** con cam, belvedere Puccini 24/26 ✉ 55048 ☎ 0584 341024, *Fax 0584 341024*, – AE VISA.
chiuso dal 5 al 20 novembre – **Pasto** *(chiuso giovedì)* carta 40/70000 (10 %) – ☕ 9000 – **10 cam** 70/85000 – 1/2 P 75/85000.

al mare *Ovest : 2 km :*

XX **Angelo,** viale Europa 20 ✉ 55048 ☎ 0584 341668 – AE VISA.
maggio-ottobre; chiuso martedì – **Pasto** specialità di mare carta 70/105000.

TORRE DE' PICENARDI *26038 Cremona* 428, 429 G 12 – *1 896 ab. alt. 39.*
Roma 498 – Parma 48 – Brescia 52 – Cremona 23 – Mantova 43.

XX **Italia,** via Garibaldi 1 ☎ 0375 394060, *Fax 0375 394209* – AE VISA JCB
chiuso dal 2 al 12 gennaio, dal 2 al 26 agosto, domenica sera e lunedì – **Pasto** carta 55/75000
Spec. Fegato d'oca affumicato in casa con confettura di pomodori acerbi. Fagottini di melanzane al burro di peperone e zenzero. Cosciotto di coniglio ripieno con pesche glassate.

TORRE DI FINE *Venezia* 429 F 20 – *Vederte Eraclea.*

TORRE DI PALME *Ascoli Piceno* 430 M 23 – *Vedere Fermo.*

TORREGLIA *35038 Padova* 429 F 17 – *5 816 ab. alt. 18.*
Roma 486 – Padova 16 – Abano Terme 5 – Milano 251 – Rovigo 36 – Venezia 54.

La Torre, piazza Capitello 27 ☎ 049 9930111, *Fax 049 9930033* – 80
16 cam.

XX **Antica Trattoria Ballotta,** via Carromatto 2 (Ovest : 1 km) ☎ 049 5212970, *Fax 049 5211385*, « Servizio estivo sotto un pergolato » – AE VISA
chiuso gennaio, martedì e da ottobre a dicembre anche lunedì – **Pasto** carta 40/55000.

X **Al Castelletto-da Taparo,** via Castelletto 44 (Sud : 1,5 km) ☎ 049 5211060, *Fax 049 5211685*, « Servizio estivo sotto un pergolato », – AE VISA JCB
chiuso dal 15 gennaio all'8 febbraio e lunedì – **Pasto** carta 35/55000.

TORREGROTTA *Messina* 432 M 28 – *Vedere Sicilia alla fine dell'elenco alfabetico.*

TORRE LAPILLO *Lecce* 431 G 35 – *Vedere Porto Cesareo.*

TORRE PEDRERA *Rimini* 430 J 19 – *Vedere Rimini.*

TORRE PELLICE *10066 Torino* 988 ⑫, 428 H 3 – *4 555 ab. alt. 516.*
Roma 708 – Torino 58 – Cuneo 64 – Milano 201 – Sestriere 71.

Gilly, corso Lombardini 1 ☎ 0121 932477, *Fax 0121 932924*, ⇐, ☒, ⛱ – |⇕| ▭ ☎ P – 🏃 120. AE S ⦿ ⓜⓒ VISA. ✂
chiuso dal 2 al 20 gennaio – **Pasto** 40/45000 – **30 cam** ▭ 180/200000, 2 appartamenti – ½ P 100/130000.

Flipot con cam, corso Gramsci 17 ☎ 0121 953465, *Fax 0121 91236* – AE S ⦿ ⓜⓒ VISA. ✂
chiuso martedì – **Pasto** carta 70/115000 – **8 cam** ▭ 100/150000 – ½ P 120000
Spec. Filetto di salmerino su vellutata di melanzane. Cosciotto di agnello cotto nel fieno maggengo. Sformato di fiori di lavanda in salsa di cioccolato fondente e sorbetto di fiori di sambuco.

TORRE SAN GIOVANNI *Lecce* 431 H 36 – ✉ *73059 Ugento – a.s. luglio-agosto.*
Roma 652 – Brindisi 105 – Gallipoli 24 – Lecce 62 – Otranto 50 – Taranto 117.

Hyencos Calòs e Callyon, piazza dei Re Ugentini ☎ 0833 931088, *Fax 0833 931097*, ⇐, ⛱, ⛱ – |⇕| ▤ ▭ ☎ P – 🏃 100. AE S ⦿ ⓜⓒ VISA. ✂ rist
chiuso novembre e dicembre – **Pasto** *(chiuso da ottobre ad aprile)* carta 25/50000 – **61 cam** ▭ 110/135000 – ½ P 145000.

Tito, litoranea Gallipoli-Santa Maria di Leuca Nord-Ovest : 1,5 km ☎ 0833 931054 *Fax 0833 931225*, ⇐, ⛱, ⛱ – |⇕| ▤ ▭ ☎ 🚗 P. AE S ⦿ ⓜⓒ VISA. ✂ rist
aprile-ottobre – **Pasto** (solo per alloggiati) 35/40000 – ▭ 20000 – **40 cam** 100/120000 – ½ P 80/140000.

TORRIANA *47825 Rimini* 429, 430 K 19 – *1 112 ab. alt. 337.*
Roma 307 – Rimini 21 – Forlì 56 – Ravenna 60.

a Montebello *Sud-Ovest : 3,5 km – alt. 452 –* ✉ *47825 Torriana :*

Pacini, via Castello di Montebello 5/6 ☎ 0541 675410, *Fax 0541 675236*, ⇐, ⛱ – AE S ⦿ ⓜⓒ VISA. ✂
chiuso mercoledì escluso luglio-agosto – **Pasto** carta 30/45000.

TORRI DEL BENACO *37010 Verona* 988 ④, 428, 429 F 14 – *2 699 ab. alt. 68.*
⛴ *per Toscolano-Maderno giornalieri (escluso Natale) (30 mn) – a Toscolano Maderno Navigazione Lago di Garda, lungolago Zanardelli* ☎ *045 641389.*
ℹ *(Pasqua-settembre) via Gardesana 5* ☎ *045 7225120, Fax 045 6296482.*
Roma 535 – Verona 37 – Brescia 72 – Mantova 73 – Milano 159 – Trento 81 – Venezia 159.

Gardesana, piazza Calderini 20 ☎ 045 7225411, *Fax 045 7225771*, ⇐, ⛱ – |⇕| ▤ ▭ ☎ ♿ P. AE S ⦿ ⓜⓒ VISA. ✂
chiuso dal 15 gennaio a febbraio e dal 5 novembre al 28 dicembre – **Pasto** *(aprile-ottobre chiuso a mezzogiorno)* carta 55/80000 – **34 cam** ▭ 160/220000.

Galvani, località Pontirola 7 ☎ 045 7225103, *Fax 045 6296618*, ⇐, ⇐, ⛱, ☒, ⛱ – |⇕| ▤ ▭ ☎ 🚗 P – 🏃 60. AE S ⦿ ⓜⓒ VISA. ✂
chiuso dal 25 gennaio a febbraio – **Pasto** *(chiuso martedì)* carta 55/85000 – ▭ 25000 – **34 cam** 180/220000 – ½ P 90/150000.

Europa ⛰, via Gabriele D'Annunzio 13/15 ☎ 045 7225086, *Fax 045 6296632*, ⇐, « Parco-uliveto », ⛱ – ☎ P. S ⓜⓒ VISA. ✂
Pasqua-10 ottobre – **Pasto** *(23 aprile-3 ottobre e* solo per alloggiati*)* – ▭ 26000 – **18 cam** 170000 – ½ P 120/135000.

Al Caminetto, via Gardesana 52 ☎ 045 7225524, *Fax 045 7225099*, ⛱, ⛱ – ☎ P. ✂
Pasqua-novembre – **Pasto** (solo per alloggiati e *chiuso a mezzogiorno*) 30/35000 – **15 cam** ▭ 80/155000 – ½ P 80/90000.

Al Caval con cam, via Gardesana 186 ☎ 045 7225666, *Fax 045 6296570*, ⛱ – ▤ cam, ▭ ☎ P. AE S ⦿ ⓜⓒ VISA JCB. ✂ rist
chiuso dal 15 gennaio al 20 marzo – **Pasto** *(chiuso a mezzogiorno escluso i giorni festivi e lunedì da ottobre al 15 giugno)* carta 45/75000 – ▭ 20000 – **22 cam** 125/140000 – ½ P 90/115000.

Bell'Arrivo, piazza Calderini 10 ☎ 045 6299028, ⛱ – ▤. AE S ⓜⓒ VISA
chiuso martedì – **Pasto** carta 45/95000.

ad Albisano *Nord-Est : 4,5 km –* ✉ *37010 Torri del Benaco :*

Panorama, via S. Zeno 9 ☎ 045 7225102, *Fax 045 6290162*, ⇐ lago e Torri del Benaco « Servizio rist. estivo in terrazza panoramica », ⛱ – ▭ ☎ P. AE S ⦿ ⓜⓒ VISA
marzo-ottobre – **Pasto** carta 40/50000 – ▭ 15000 – **28 cam** 75/90000 – ½ P 80000.

TORRILE *43030 Parma* 428, 429 H 12 – *5 796 ab. alt. 32.*
Roma 470 – Parma 13 – Mantova 51 – Milano 134.

a San Polo *Sud-Est : 4 km* – ⊠ *43056 :*

Ducathotel, via Achille Grandi 7 ℘ 0521 819929, *Fax 0521 813482* – P. AE VISA.
Pasto (solo per alloggiati e *chiuso a mezzogiorno, venerdì, sabato e domenica*) 30000 – 15000 – **18 cam** 80/110000, 7000 – 1/2 P 85/95000.

a Vicomero *Sud : 6 km* – ⊠ *43030 :*

Romani, via dei Ronchi 2 ℘ 0521 314117, *Fax 0521 314292,* – P. AE VISA.
chiuso dal 1° al 14 agosto, martedì e mercoledì – **Pasto** carta 40/60000.

TORTOLÌ *Nuoro* 988 ㉞, 433 H 10 – *Vedere Sardegna alla fine dell'elenco alfabetico.*

TORTONA *15057 Alessandria* 988 ⑬, 428 H 8 – *26 604 ab. alt. 114.*
Roma 567 – Alessandria 22 – Genova 73 – Milano 73 – Novara 71 – Pavia 52 – Piacenza 76 – Torino 112.

Villa Giulia M senza rist, corso Alessandria 7/A ℘ 0131 862396, *Fax 0131 868561,* – P – 50. AE VISA.
25000 – **12 cam** 135/160000.

Vittoria senza rist, corso Romita 57 ℘ 0131 861325, *Fax 0131 820714* – P. AE VISA.
chiuso dal 14 al 28 dicembre – 15000 – **27 cam** 95/140000.

Cavallino San Marziano, corso Romita 83 ℘ 0131 862308, *Fax 0131 811485* – P. AE VISA
chiuso Natale, dal 1° al 10 gennaio, dal 24 luglio al 24 agosto e lunedì – **Pasto** carta 60/90000.

sulla strada statale 35 *Sud : 1,5 km :*

Aurora Girarrosto con cam, strada statale per Genova 13 ⊠ 15057 ℘ 0131 863033, *Fax 0131 821323* – P – 60. AE VISA.
Pasto *(chiuso lunedì e dal 5 al 20 agosto)* carta 60/95000 – **17 cam** 110/170000, 15000.

a Rivalta Scrivia *Sud-Ovest : 7 km* – ⊠ *15050 :*

L'Abbazia, strada provinciale per Novi 77 ℘ 0131 817497, – P.

TORTORETO *64018 Teramo* 430 N 23 – *7 947 ab. alt. 227 – a.s. luglio-agosto.*
Roma 215 – Ascoli Piceno 47 – Pescara 57 – Ancona 108 – L'Aquila 106 – Teramo 33.

a Tortoreto Lido *Est : 3 km* – ⊠ *64019 :*

Costa Verde, lungomare Sirena 384 ℘ 0861 787096, *Fax 0861 786647,* – rist, P. AE VISA. rist
maggio-settembre – **Pasto** 30/35000 – 12000 – **50 cam** 100/120000 – 1/2 P 110000.

River, via Leonardo Da Vinci 21 ℘ 0861 786125, *Fax 0861 787348,* – P. AE VISA.
maggio-settembre – **Pasto** (solo per alloggiati) – 5000 – **27 cam** 100/110000 – 1/2 P 80/110000.

Lady G, via Amerigo Vespucci 21/23 ℘ 0861 788008, *Fax 0861 788670,* – P. VISA.
aprile-settembre – **Pasto** carta 45/60000 – 15000 – **36 cam** 105/120000 – 1/2 P 115000.

TOR VAIANICA *00040 Roma* 430 R 19.
Marediroma (chiuso lunedì) a Marina di Ardea ⊠ 00040 ℘ 06 9133250, Fax 06 9133250.
Roma 34 – Anzio 25 – Latina 50 – Lido di Ostia 20.

Zi Checco, lungomare delle Sirene 1 ℘ 06 9157157, – P. AE VISA.
chiuso dal 2 al 18 novembre e lunedì (escluso giugno, luglio ed agosto) – **Pasto** specialità di mare carta 40/60000.

TOSCANELLA *Bologna* 430 I 16 – *Vedere Dozza.*

TOSCOLANO-MADERNO *Brescia* 988 ④, 428, 429 F 13 – *7 042 ab. alt. 80 – a.s. Pasqua e luglio-15 settembre.*

per Torri del Benaco giornalieri (escluso Natale) (30 mn) – Navigazione Lago di Garda, lungolago Zanardelli ℘ 0365 641389.

a Maderno, lungolago Zanardelli 18 ✉ 25080 ℘ 0365 641330, Fax 0365 641330.

Roma 556 – Brescia 39 – Verona 44 – Bergamo 93 – Mantova 95 – Milano 134 – Trento 86.

a Maderno – ✉ *25080 :*

Milano, lungolago Zanardelli 12 ℘ 0365 540595, *Fax 0365 641223*, ←, « Giardino con » – |‡| TV ☎ P. VISA. ✂ rist
15 aprile-15 ottobre – **Pasto** (solo per alloggiati) 35000 – ☕ 15000 – **38 cam** 130/170000 – ½ P 130000.

Maderno, via Statale 12 ℘ 0365 641070, *Fax 0365 644277*, « Giardino ombreggiato con » – |‡| TV ☎ P. AE S ⊕ ⊙ VISA JCB. ✂ rist
aprile-ottobre – **Pasto** 45/55000 – **45 cam** ☕ 135/220000 – ½ P 125/140000.

San Marco con cam, piazza San Marco 5 ℘ 0365 641103, *Fax 0365 540592*, ←, – |‡| TV ☎ ♿. AE S ⊕ ⊙ VISA JCB
chiuso da novembre al 20 dicembre – **Pasto** carta 45/70000 (10 %) – ☕ 15000 – **21 cam** 90/120000 – ½ P 100000.

TOVEL (Lago di) *Trento* 988 ④, 428, 429 D 14 *G. Italia.*

TOVO DI SANT'AGATA *23030 Sondrio* 428 D 12, 218 ⑰ – *554 ab. alt. 531.*

Roma 680 – Sondrio 33 – Bormio 31.

Villa Tina, via Italia ℘ 0342 770123, *Fax 0342 770123*, – |‡| TV ☎ ♿. ✂
Pasto vedere rist ***Franca*** – ☕ 10000 – **8 cam** 80/120000 – ½ P 80000.

Franca con cam, via Roma 13 ℘ 0342 770064, *Fax 0342 770064* – TV ☎ P. ✂
Pasto *(chiuso domenica escluso luglio-agosto)* carta 40/60000 – ☕ 10000 – **10 cam** 60/120000 – ½ P 80000.

TRACINO *Trapani* 988 ㉟, 432 Q 18 – *Vedere Sicilia (Pantelleria Isola di) alla fine dell'elenco alfabetico.*

TRADATE *21049 Varese* 428 E 8, 219 ⑱ – *15 907 ab. alt. 303.*

Roma 614 – Como 29 – Gallarate 12 – Milano 39 – Varese 14.

Tradate, via Volta 20 ℘ 0331 811225, *Fax 0331 841401* – AE S ⊕ ⊙ VISA JCB. ✂
chiuso dal 24 dicembre al 5 gennaio, agosto e domenica – **Pasto** specialità di mare carta 50/100000.

Antico Ostello Lombardo, via Vincenzo Monti 8 ℘ 0331 842832, , Coperti limitati; prenotare – ✂
chiuso dal 1° al 23 gennaio, agosto e sabato a mezzogiorno – **Pasto** carta 65/100000.

TRAMIN AN DER WEINSTRASSE = *Termeno sulla Strada del Vino.*

TRAMUSCHIO *Modena* 429 H 15 – *Vedere Mirandola.*

TRANI *70059 Bari* 988 ㉙, 431 D 31 *G. Italia – 53 518 ab..*

Vedere Cattedrale★★ – Giardino pubblico★.

piazza della Repubblica ℘ 0883 43295, Fax 0883 588830.

Roma 414 – Bari 46 – Barletta 13 – Foggia 97 – Matera 78 – Taranto 132.

Royal, via De Robertis 29 ℘ 0883 588777, *Fax 0883 582224* – |‡| ▤ TV ☎ . AE S ⊕ ⊙ VISA. ✂ rist
Pasto carta 35/55000 – ☕ 15000 – **39 cam** 125/200000 – ½ P 150000.

Trani, corso Imbriani 137 ℘ 0883 588010, *Fax 0883 587625* – |‡| TV ☎ – 160. AE S ⊕ ⊙ VISA. ✂
Pasto carta 40/65000 – ☕ 10000 – **50 cam** 80/125000 – ½ P 100000.

Torrente Antico, via Fusco 3 ℘ 0883 487911, Coperti limitati; prenotare – ▤
chiuso domenica sera e lunedì – **Pasto** carta 50/90000.

Il Melograno, via Bovio 189 ℘ 0883 486966, – AE S ⊕ ⊙ VISA JCB
chiuso gennaio e mercoledì – **Pasto** specialità di mare carta 45/70000.

TRAPANI P 988 ㉟, 432 M 19 – *Vedere Sicilia alla fine dell'elenco alfabetico.*

TRAVAGLIATO *25039 Brescia 428, 429 F 12 – 10 673 ab. alt. 129*
Roma 549 – Brescia 12 – Bergamo 41 – Piacenza 36 – Verona 80.

X **Ringo,** via Brescia 41 ☎ 030 660680, Rist. e pizzeria, prenotare – ▤ P. ✱
chiuso a mezzogiorno (escluso domenica ed i giorni festivi), lunedì e martedì – **Pasto** specialità di mare carta 50/75000
Spec. Antipasti misti di mare. Tagliolini con gamberi, canocchie e verdure. Branzino al sale.

TRAVAZZANO *Piacenza 428 H 11 – Vedere Carpaneto Piacentino.*

TRAVERSELLA *10080 Torino 428 F 5, 219 ⑭ – 416 ab. alt. 827.*
Roma 703 – Aosta 85 – Milano 142 – Torino 70.

XX **Miniere** con cam, piazza Martiri ☎ 0125 749005, *Fax 0125 749195*, ≤ vallata, – ▤ TV ☎. AE ⑤ ⓓ MC VISA. ✱ rist
chiuso dal 10 gennaio al 10 febbraio – **Pasto** *(chiuso lunedì)* carta 40/60000 – ☕ 7000 – **25 cam** 50/90000 – ½ P 80000.

TREBBO DI RENO *Bologna 429, 430 I 15 – Vedere Castel Maggiore.*

TREBISACCE *87075 Cosenza 988 ㊴, 431 H 31 – 8 992 ab..*
Roma 484 – Cosenza 85 – Castrovillari 40 – Catanzaro 183 – Napoli 278 – Taranto 115.

X **Trattoria del Sole,** via Piave 14 bis ☎ 0981 51797, – ⑤ MC VISA
chiuso domenica escluso dal 15 giugno al 15 settembre – **Pasto** carta 30/50000.

Jährlich eine neue Ausgabe
Aktuellste Informationen, jährlich für Sie!

TRECASTAGNI *Catania 988 ㊲, 432 O 27 – Vedere Sicilia alla fine dell'elenco alfabetico.*

TRECATE *28069 Novara 988 ③, 428 F 8 – 16 291 ab. alt. 136.*
Roma 621 – Stresa 62 – Milano 47 – Torino 102.

XX **Macrì,** piazza Cattaneo 20/A ☎ 0321 71251, Coperti limitati; prenotare – ▤. AE ⑤ MC VISA. ✱
chiuso dal 13 al 28 agosto, sabato a mezzogiorno e lunedì – **Pasto** carta 50/85000.

XX **Caffe' Groppi,** via Mameli 20 ☎ 0321 71154, solo su prenotazione – AE ⑤ MC VISA. ✱
chiuso domenica sera e lunedì – **Pasto** carta 65/115000.

TRECCHINA *85049 Potenza 431 G 29 – 2 473 ab. alt. 500.*
Roma 408 – Potenza 112 – Castrovillari 77 – Napoli 205 – Salerno 150.

X **L'Aia dei Cappellani,** contrada Maurino (Nord : 2 km) ☎ 0973 826937, ≤, – P. ✱
chiuso dal 1° al 10 novembre e martedì (escluso dal 16 settembre al 15 giugno) – **Pasto** 25000 bc.

TREDOZIO *47019 Forlì-Cesena 988 ⑮, 429, 430 J 17 – 1 358 ab. alt. 334.*
Roma 327 – Firenze 89 – Bologna 80 – Forlì 43.

XX **Mulino San Michele,** via Perisauli 6 ☎ 0546 943677, Coperti limitati; prenotare – ✱
chiuso a mezzogiorno (escluso i giorni festivi) e lunedì – **Pasto** 70000 bc.

TREGNAGO *37039 Verona 988 ④, 429 F 15 – 4 759 ab. alt. 317.*
Roma 531 – Verona 22 – Padova 78 – Vicenza 48.

X **Villa De Winckels,** via Sorio 30, località Marcemigo (Nord-Ovest : 1 km) ☎ 045 6500133, *Fax 045 6500133* – P. AE ⑤ MC VISA
chiuso dal 1° al 7 gennaio e lunedì – **Pasto** carta 40/60000.

TREISO *12050 Cuneo 428 H 6 – 737 ab. alt. 412.*
Roma 644 – Torino 65 – Alba 6 – Alessandria 65 – Cuneo 68 – Savona 105.

XX **La Ciau del Tornavento,** piazza Baracco 7 ☎ 0173 638333, *Fax 0173 638352*, prenotare, « Servizio estivo all'aperto » – ⑤ MC VISA
chiuso gennaio, mercoledì e giovedì a mezzogiorno – **Pasto** 60/70000 e carta 55/85000
Spec. Storione in crosta di lavanda. Agnolotti di seirass (ricotta) cotti con fieno. Coniglio ai frutti di bosco.

TREMEZZO *22019 Como* 988 ③, 428 E 9 *G. Italia – 1 363 ab. alt. 245.*

Vedere *Località*** – Villa Carlotta*** – Parco comunale*.*

Dintorni *Cadenabbia** : ≤** dalla cappella di San Martino (1 h e 30 mn a piedi AR).*

(maggio-ottobre) piazzale Trieste 1 ☏ 0344 40493.

Roma 655 – Como 31 – Lugano 33 – Menaggio 5 – Milano 78 – Sondrio 73.

Grand Hotel Tremezzo, ☏ 0344 42491, *Fax 0344 40201,* ≤ lago e monti, « Parco », riscaldata, – P – 300. VISA JCB. rist
4 marzo-14 novembre – **Pasto** carta 70/110000 – **98 cam** 285/550000, 2 appartament – ½ P 365000.

Villa Edy senza rist, località Bolvedro Ovest : 1 km ☏ 0344 40161, *Fax 0344 40015,* – P. VISA.
aprile-ottobre – 18000 – **12 cam** 120/130000.

Rusall, località Rogaro Ovest : 1,5 km ☏ 0344 40408, *Fax 0344 40447,* ≤ lago e monti « Terrazza-giardino », – P. VISA JCB. rist
chiuso dal 2 gennaio al 19 marzo – **Pasto** *(chiuso mercoledì escluso dal 15 giugno al 15 settembre)* carta 40/60000 – **19 cam** 130/160000 – ½ P 105/115000.

La Fagurida, località Rogaro Ovest : 1,5 km ☏ 0344 40676, Trattoria tipica – P. VISA.
chiuso dal 25 dicembre al 15 febbraio e lunedì – **Pasto** cucina casalinga 75000.

TREMITI (Isole) *Foggia* 988 ㉘, 431 A 28 – *374 ab. alt. da 0 a 116 – a.s. luglio-13 settembre.*

La limitazione d'accesso degli autoveicoli è regolata da norme legislative.

Vedere *Isola di San Domino* – Isola di San Nicola*.*

per Termoli giugno-settembre giornaliero (1 h 40 mn) – Navigazione Libera del Golfo agenzia Dibrino, corso Umberto I Termoli ☏ 0875 703937, Fax 0875 704859.

per Termoli giugno-settembre giornalieri (50 mn); per Ortona giugno-settembre giornaliero (2 h 45 mn); per Vieste giugno-settembre giornaliero (1 h); per Punta Penna di Vasto giugno-settembre giornaliero (1 h 30 mn), per Manfredonia giugno-settembre giornaliero (2 h) – Adriatica di Navigazione-agenzia Cafiero, via degli Abbati 10 ☏ 0882 463008 Fax 0882 463008 e Navigazione Libera del Golfo-agenzia Dibrino, corso Umberto I Termoli ☏ 0875 703937, Fax 0875 704859.

San Domino (Isola) – ✉ *71040 San Nicola di Tremiti :*

Gabbiano, ☏ 0882 463410, *Fax 0882 463428,* ≤ mare ed isola di San Nicola, – – 80. VISA JCB. rist
Pasto carta 55/75000 – **40 cam** 150/220000, 10000 – ½ P 140000.

San Domino, ☏ 0882 463404, *Fax 0882 463221* – rist, . VISA.
Pasto carta 40/60000 – **25 cam** 80/160000 – ½ P 130000.

TREMOSINE *25010 Brescia* 428, 429 E 14 – *1 918 ab. alt. 414 – a.s. Pasqua e luglio-15 settembre*

Roma 581 – Trento 62 – Brescia 64 – Milano 159 – Riva del Garda 19.

Le Balze, via delle Balze 8, località Campi-Voltino alt. 690 ☏ 0365 917179 *Fax 0365 917033,* ≤ lago e monte Baldo, Scuole di tennis, – P VISA. rist
aprile-ottobre – **Pasto** carta 45/70000 – 15000 – **81 cam** 95/200000 – ½ P 130000.

Pineta Campi, via Campi 2, località Campi-Voltino alt. 690 ☏ 0365 912011 *Fax 0365 917015,* ≤ lago e monte Baldo, Scuola di tennis, – P – 50. VISA JCB. rist
15 marzo-ottobre – **Pasto** carta 35/50000 – 12000 – **72 cam** 75/130000 – ½ P 90000.

Villa Selene, via Lò, località Pregasio alt. 478 ☏ 0365 953036, *Fax 0365 91807* ≤ lago e Monte Baldo, – P. VISA JCB. cam
chiuso dal 15 novembre al 18 dicembre – **Pasto** (solo per alloggiati) carta 35/55000 **11 cam** 220/260000.

Lucia, via del Sole 2, localitàd Arias alt. 460 ☏ 0365 953088, *Fax 0365 953421,* ≤ lago monte Baldo, – P. VISA. rist
marzo-novembre – **Pasto** carta 40/65000 – **33 cam** 75/140000 – ½ P 80000.

Miralago e Benaco, piazza Cozzaglio 2, località Pieve alt. 433 ☏ 0365 95300 *Fax 0365 953046,* ≤ lago e monte Baldo – . VISA
chiuso dal 15 gennaio al 15 febbraio – **Pasto** *(chiuso giovedì escluso da aprile ad ottobre)* carta 35/50000 – **27 cam** 65/130000 – ½ P 85000.

San Marco, via XXV Aprile 1, località Pregasio alt. 478 ☏ 0365 918172, *Fax 0365 95300* ≤ lago e monte Baldo, – P. VISA.
11 marzo-9 novembre; chiuso lunedì – **Pasto** carta 45/65000 .

RENTO *38100* P 988 ④, 429 D 15 *G. Italia – 104 205 ab. alt. 194 – a.s. dicembre-aprile – Sport invernali : vedere Bondone (Monte).*

Vedere *Piazza del Duomo*★ **BZ** : *Duomo*★, *museo Diocesano*★ **M1** – *Castello del Buon Consiglio*★ **BYZ** – *Palazzo Tabarelli*★ **BZ F**.

Escursioni *Massiccio di Brenta*★★★ *per* ⑤.

via Alfieri 4 ☏ 0461 983880, Fax 0461 984508 – via Romagnosi 3 ☏ 0461 839000, Fax 0461 260277.

A.C.I. *via Pozzo 6 ☏ 0461 239900.*

Roma 588 ⑥ – Bolzano 57 ⑥ – Brescia 117 ⑤ – Milano 230 ⑤ – Verona 101 ⑥ – Vicenza 96 ③.

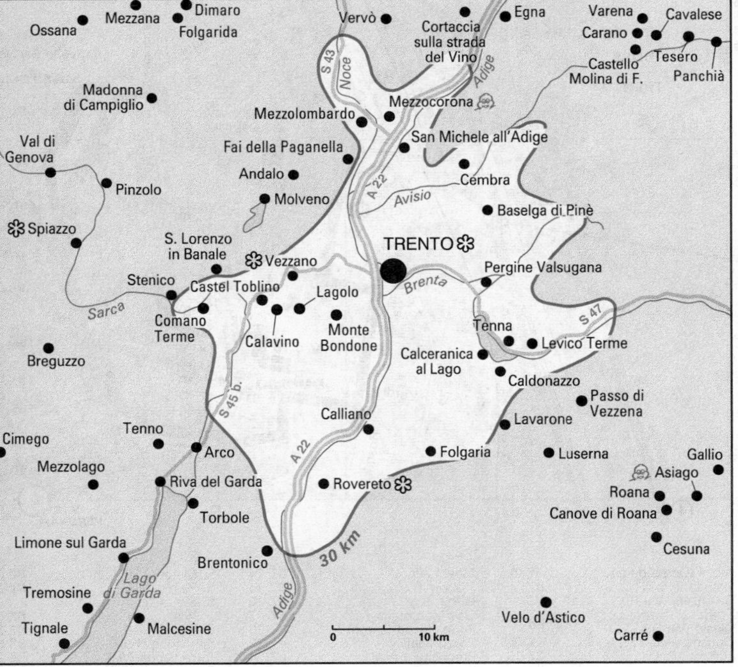

Grand Hotel Trento M, via Alfieri 1/3 ☏ 0461 271000, *Fax 0461 271001*, – |‡|, cam, ▤ TV ☎ ♿ – P – 500. AE ⓢ ⓞ ⓜⓒ VISA. BZ a
Pasto al rist ***Clesio*** *(chiuso domenica)* carta 50/70000 – **136 cam** ☐ 200/250000, appartamento.

Buonconsiglio M senza rist, via Romagnosi 16/18 ☏ 0461 272888, *Fax 0461 272889* – |‡| ▤ TV ☎ ♿ – 40. AE ⓢ ⓞ ⓜⓒ VISA JCB BY a
chiuso dal 10 al 25 agosto – **46 cam** ☐ 160/200000.

Accademia, vicolo Colico 4/6 ☏ 0461 233600, *Fax 0461 230174*, – |‡| ▤ TV ☎ – 50. AE ⓢ ⓞ ⓜⓒ VISA BZ b
chiuso dal 24 dicembre al 6 gennaio – **Pasto** *(chiuso dal 21 al 31 luglio)* carta 50/85000 – **41 cam** ☐ 180/260000, 2 appartamenti – 1/2 P 140/170000.

America, via Torre Verde 50 ☏ 0461 983010, *Fax 0461 230603* – |‡| ▤ TV ☎ P – 60. AE ⓢ ⓞ ⓜⓒ VISA BYZ d
Pasto *(chiuso dal 17 luglio al 6 agosto e domenica)* carta 40/65000 – ☐ 15000 – **63 cam** 120/160000 – 1/2 P 160000.

Villa Fontana senza rist, via Fontana 11 ☏ 0461 829800, *Fax 0461 829759* – |‡| ▤ TV ☎ ♿ – P – 35. AE ⓢ ⓞ ⓜⓒ VISA AY a
24 cam ☐ 100/145000.

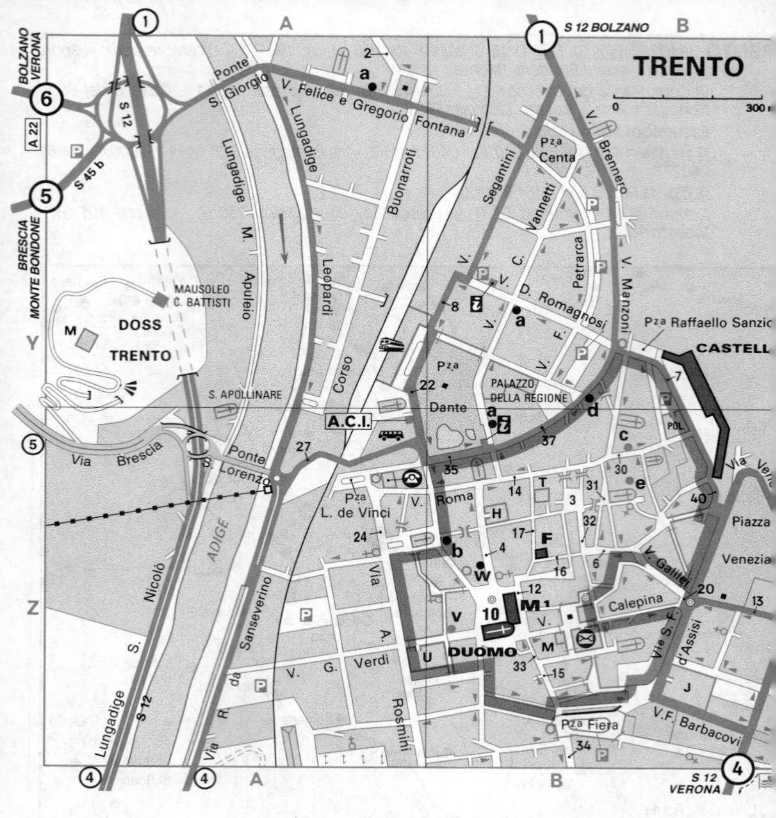

Alpini (Corso degli) . . . . AY 2	Manci (Via) . . . . BZ 14	S. Marco (Via). . . . . BZ
Battisti (Pza C.) . . . . BZ 3	Mazzini (Via) . . . . BZ 15	S. Pietro (Via) . . . . BZ
Belenzani (Via R.). . . . . BZ 4	Oriola (Via) . . . . BZ 16	S. Simonino (Via) . . . . BZ
Carducci (Largo). . . . . BZ 6	Oss Mazzurana (Via). . . . . . BZ 17	S. Vigilio (Via) . . . . BZ
Clesio (Via B.). . . . . BY 7	Porta Nuova (Largo) . . . . BZ 20	Sta Croce (Via). . . . . BZ
Dogana (Via). . . . . BY 8	Pozzo (Via) . . . . AY 22	Torre Vanga (Via) . . . . BZ
Duomo (Pza del) . . . . BZ 10	Prepositura (Via) . . . . AZ 24	Torre Verde (Via) . . . . BZ
Garibaldi (Via) . . . . BZ 12	S. Lorenzo (Cavalcavia). . . . . AZ 27	Ventuno (Via dei) . . . . BZ
Grazioli (Via G.). . . . . BZ 13		

Aquila d'Oro senza rist, via Belenzani 76 ✆ 0461 986282, *Fax 0461 986282* – 🛗 TV ☎. AE 🅂 ⓓ ⓜ VISA. ✂ BZ
19 cam ☕ 120/170000.

San Giorgio senza rist, via Brescia 133 ✆ 0461 238848, *Fax 0461 238808* – TV ☎ P. AE ⓓ ⓜ VISA JCB 1 km per ⑤
10 cam ☕ 95/140000.

✗✗ ✿ **Osteria a Le Due Spade,** via Don Rizzi 11 ang. via Verdi ✆ 0461 234343, Coperti limitati; prenotare – AE 🅂 ⓓ ⓜ VISA JCB BZ
chiuso domenica e lunedì a mezzogiorno – **Pasto** 35000 (solo a mezzogiorno) 55/85000 e carta 65/100000
Spec. Strangolapreti alle erbe aromatiche su verza, cavolo e pancetta. Fagottino di vitello e cervo "all'antica" con mele caramellate (autunno-inverno). Sfogliatina di mele con confettura d'albicocche.

✗✗ **Osteria Il Cappello,** piazzetta Bruno Lunelli 5 ✆ 0461 235850 – AE 🅂 ⓓ ⓜ VISA
chiuso dal 25 al 31 dicembre, domenica sera e lunedì – **Pasto** carta 50/70000. BZ

✗✗ **Antica Trattoria Due Mori,** via San Marco 11 ✆ 0461 984251, *Fax 0461 984251,* 🏠 ▤. AE 🅂 ⓓ ⓜ VISA. ✂ BZ
chiuso lunedì – **Pasto** carta 40/60000.

a Cognola per ② : 3 km – ✉ 38050 Cognola di Trento :

🏨 **Villa Madruzzo** 🐦, via Ponte Alto 26 ✆ 0461 986220, *Fax 0461 986361*, ≤, 🍽, « Villa ottocentesca in un parco ombreggiato » – ⇅ TV ☎ ♿ P – 🏛 80. AE S ⊙ MC VISA. ✂
Pasto *(chiuso domenica)* carta 45/70000 – **51 cam** ☕ 120/180000 – ½ P 120/140000.

TRENZANO *25030 Brescia* 428, 429 F 12 – *4 766 ab. alt. 108.*
Roma 570 – Brescia 19 – Bergamo – 45 – Milano 77.

✗ **Al Convento,** via per Rovato 3, località Convento Nord : 2 km ✆ 030 9977598, *Fax 030 9977598*, Coperti limitati; prenotare – ▤. AE S MC VISA. ✂
chiuso dal 5 al 25 agosto e mercoledì – **Pasto** specialità di mare carta 70/115000.

TREQUANDA *53020 Siena* 430 M 17 *G. Toscana* – *1 412 ab. alt. 462.*
Roma 202 – Siena 55 – Arezzo 53 – Perugia 77.

✗ **Il Conte Matto,** via Maresca 1 ✆ 0577 662079, *Fax 0577 662079*, 🍽, prenotare – AE S ⊙ MC VISA JCB. ✂
chiuso dal 17 gennaio al 6 febbraio e martedì (escluso da maggio al 15 ottobre) – **Pasto** carta 30/65000 (10 %).

TRESCORE BALNEARIO *24069 Bergamo* 988 ③, 428, 429 E 11 – *7 835 ab. alt. 271 – a.s. luglio-agosto.*
Roma 593 – Bergamo 15 – Brescia 49 – Lovere 27 – Milano 60.

🏨 **Della Torre,** piazza Cavour 26 ✆ 035 941365, *Fax 035 940889*, 🍽, « Giardino » – TV ☎ 📞 🚗 P – 🏛 200. AE S ⊙ MC VISA. ✂
Pasto 30/45000 e al Rist. ***Sala del Pozzo*** *(chiuso domenica sera e lunedì)* carta 70/105000 – ☕ 10000 – **29 cam** 110/160000 – ½ P 120/130000.

TRESCORE CREMASCO *26017 Cremona* 428 F 10, 219 ⑳ – *2 317 ab. alt. 86.*
Roma 554 – Bergamo 37 – Brescia 54 – Cremona 45 – Milano 42 – Piacenza 45.

✗✗ ✿ **Trattoria del Fulmine,** via Carioni 12 ✆ 0373 273103, *Fax 0373 273103*, 🍽, Coperti limitati; prenotare – ▤. AE S ⊙ MC VISA JCB. ✂
chiuso dal 1º al 10 gennaio, agosto, domenica sera e lunedì – **Pasto** carta 70/105000
Spec. Ravioli d'anatra e ricotta di pecora con burro e verza brasata. Pappardelle con porro e cipollotto al guanciale stagionato di maiale. Cosciotto di capretto con crema d'aglio.

✗✗ **Bistek,** viale De Gasperi 31 ✆ 0373 273046, *Fax 0373 273046*, prenotare – ▤ P. AE S ⊙ MC VISA. ✂
chiuso dal 3 al 12 gennaio, dal 31 luglio al 25 agosto, martedì sera e mercoledì – **Pasto** carta 40/60000.

TREVI *06039 Perugia* 988 ⑯, 430 N 20 – *7 662 ab. alt. 412.*
Roma 150 – Perugia 48 – Foligno 13 – Spoleto 21 – Terni 52.

🏠 **Trevi** senza rist, via Fantosati 2 ✆ 0742 780922, *Fax 0742 780772*, ≤, « In un antico palazzo del centro storico » – TV ☎ ♿. AE S ⊙ MC VISA
12 cam ☕ 140/180000.

✗ **Maggiolini,** via San Francesco 20 ✆ 0742 381534, *Fax 0742 381534* – AE S ⊙ MC VISA. ✂
chiuso febbraio e martedì – **Pasto** carta 40/60000.

a Matigge *Nord : 3 km* – ✉ *06039 :*

✗ **L'Ulivo,** via Monte Bianco 23 ✆ 0742 78969, *Fax 0742 78969*, 🍽 – P. AE S ⊙ MC VISA. ✂
chiuso lunedì e martedì – **Pasto** (menu tipici suggeriti dal proprietario) 50000 bc.

sulla strada statale 3 via Flaminia Vecchia *Sud : 4 km :*

✗✗ **Taverna del Pescatore,** via Chiesa Tonda 50 ✉ 06039 ✆ 0742 780920, *Fax 0742 381599*, 🍽, « Servizio estivo all'aperto in riva al Clitunno » – P. AE S ⊙ MC VISA JCB
chiuso mercoledì – **Pasto** 65000 e carta 60/90000.

TREVIGLIO *24047 Bergamo* 988 ③, 428 F 10 – *25 269 ab. alt. 126.*
Roma 576 – Bergamo 21 – Brescia 57 – Cremona 62 – Milano 37 – Piacenza 68.

🏨 **Treviglio,** piazza Giuseppe Verdi 7 ✆ 0363 43744, *Fax 0363 49971* – ⇅ ▤ TV ☎ ♿ P. AE S ⊙ MC VISA
chiuso dal 7 al 29 agosto – **Pasto** *(chiuso venerdì e sabato a mezzogiorno)* carta 40/70000 – ☕ 10000 – **31 cam** 110/140000, ▤ 10000 – ½ P 80/90000.

XXX **San Martino,** viale Cesare Battisti 3 ✆ 0363 49075, *Fax 0363 301572*, prenotare – ▤. AE
✪ ◑ ⓜ VISA
chiuso dal 26 dicembre al 10 gennaio, dal 10 al 20 agosto, domenica sera e lunedì – **Pasto** specialità di mare 60/100000 e carta 65/125000
Spec. Scorfano farcito cotto in brodo di bouillabaisse. Lumache con foglie di bieta e gherigli di noci. "Plateau royal" di crudità di mare e crostacei.

XX **Cafe' Nazionale**, via Roma 10 ✆ 0363 48720 – ✪ ◑ ⓜ VISA. ✂
chiuso lunedì – **Pasto** carta 50/70000.

TREVIGNANO ROMANO *00069 Roma 988 ㉕, 430 P 18 – 4 404 ab. alt. 166.*

Roma 49 – Viterbo 44 – Civitavecchia 63 – Terni 86.

X **La Grotta Azzurra,** piazza Vittorio Emanuele 4 ✆ 06 9999420, *Fax 06 9985072*, ←
« Servizio estivo in giardino » – AE ✪ ◑ VISA JCB. ✂
chiuso dal 24 dicembre al 4 gennaio, settembre e martedì – **Pasto** carta 55/75000.

TREVIOLO *24048 Bergamo 428 E 10 – 8 255 ab. alt. 222.*

Roma 584 – Bergamo 6 – Lecco 26 – Milano 43.

🏠 **Maxim** senza rist, via Compagnoni 31 (Ovest : 1 km) ✆ 035 201100, *Fax 035 692605* – ▤ ▤ TV ☎ ♿ P – 🏋 200. AE ✪ ◑ ⓜ VISA
chiuso dall'8 al 22 agosto – ☕ 15000 – **63 cam** 105/150000.

TREVISO *31100 P 988 ⑤, 429 E 18 G. Italia – 81 702 ab. alt. 15.*

Vedere *Piazza dei Signori★* **BY 21** *: palazzo dei Trecento★* **A**, *affreschi★ nella chiesa di Santa Lucia* **B** *– Chiesa di San Nicolò★* **AZ** *– Museo Civico Bailo★* **AY M.**

18 e 9 Villa Condulmer (chiuso lunedì) a Zerman ✉ 31021 ✆ 041 457062, Fax 041 457202, per ④ : 13 km.

✈ *San Giuseppe, Sud-Ovest : 5 km* **AZ** *✆ 0422 230393.*

via Toniolo 41 ✆ 0422 540600, Fax 0422 541397 – piazza Monte di Pietà 8 ✆ 0422 547632, Fax 0422 419092.

A.C.I. *piazza San Pio X 6 ✆ 0422 547801.*

Roma 541 ④ – Venezia 30 ④ – Bolzano 197 ⑤ – Milano 264 ④ – Padova 50 ④ – Trieste 145 ②.

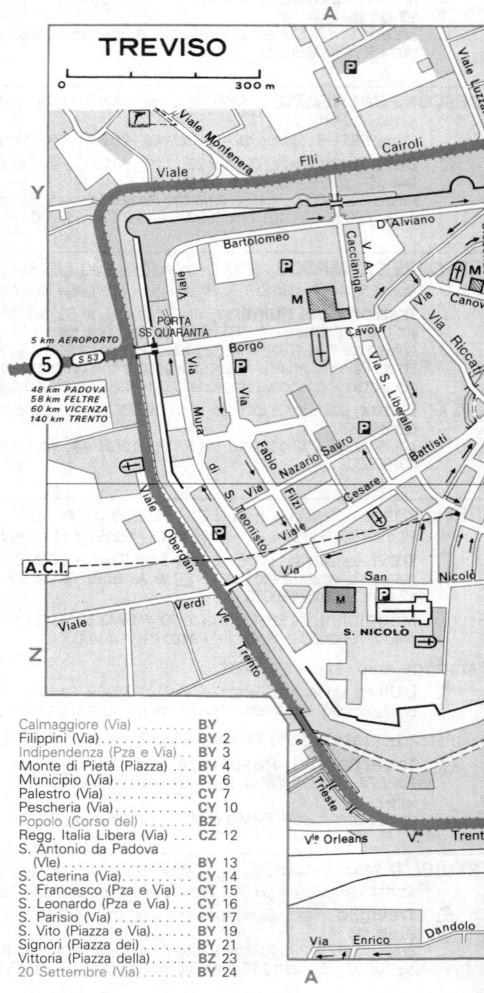

Calmaggiore (Via)	BY
Filippini (Via)	BY 2
Indipendenza (Pza e Via)	BY 3
Monte di Pietà (Piazza)	BY 4
Municipio (Via)	BY 6
Palestro (Via)	CY 7
Pescheria (Via)	CY 10
Popolo (Corso del)	BZ
Regg. Italia Libera (Via)	CZ 12
S. Antonio da Padova (Vle)	BY 13
S. Caterina (Via)	CY 14
S. Francesco (Pza e Via)	CY 15
S. Leonardo (Pza e Via)	CY 16
S. Parisio (Via)	CY 17
S. Vito (Piazza e Via)	BY 19
Signori (Piazza dei)	BY 21
Vittoria (Piazza della)	BZ 23
20 Settembre (Via)	BY 24

Al Foghèr, viale della Repubblica 10 ✆ 0422 432950, *Fax 0422 430391* – |♦| ≡
🏛 80. AE 🏦 ◉ MC VISA JCB. ✕ per
Pasto *(chiuso domenica ed agosto)* carta 45/65000 – **54 cam** ☕ 175/270000, appa
to – 1/2 P 180000.

Cà del Galletto, via Santa Bona Vecchia 30 ✆ 0422 432550, *Fax 0422 432510,* ✕ – |♦|
TV ☎ P – 🏛 200. AE 🏦 ◉ MC VISA. ✕ rist per viale Luzzatti AY
Pasto *(chiuso domenica ed agosto)* carta 40/60000 – **58 cam** ☕ 160/260000.

Carlton senza rist, largo Porta Altinia 15 ✆ 0422 411661, *Fax 0422 411620* – |♦| ≡ TV ☎ P
– 🏛 70. AE 🏦 ◉ MC VISA JCB. ✕ BZ a
☕ 20000 – **93 cam** 180/280000.

Scala, viale Felissent 1 ✆ 0422 307600, *Fax 0422 305048* – ≡ TV ☎ – 🏛 30. AE 🏦 ◉ MC
VISA per ①
Pasto vedere rist ***Scala*** – ☕ 15000 – **20 cam** 105/185000.

Al Giardino, via Sant'Antonino 300/a (Sud : 1,5 km) ✆ 0422 406406, *Fax 0422 406406,* 🌳
– ≡ TV ☎ ♿ P. AE 🏦 ◉ MC VISA. ✕ per ③
Pasto *(chiuso domenica e lunedì)* carta 30/40000 – ☕ 8000 – **30 cam** 75/110000.

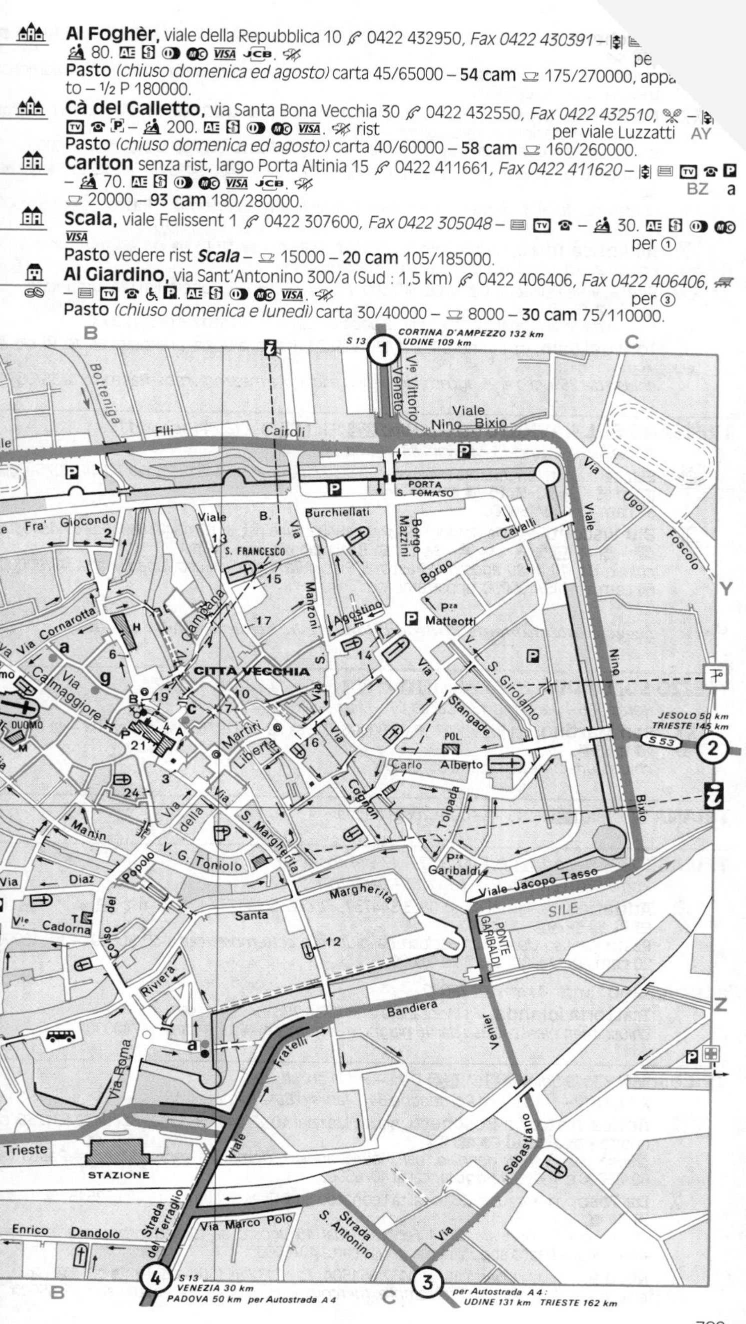

Al Foghèr, viale della Repubblica 10 ✆ 0422 432950, *Fax 0422 430391* – |‡| ▤ TV ☎ ♿ P – 🏛 80. AE ⓢ ⓞ MC VISA JCB. ✗ per ⑤
Pasto *(chiuso domenica ed agosto)* carta 45/65000 – **54 cam** ☕ 175/270000, appartamento – ½ P 180000.

Cà del Galletto, via Santa Bona Vecchia 30 ✆ 0422 432550, *Fax 0422 432510*, ✗ – |‡| ▤ TV ☎ P – 🏛 200. AE ⓢ ⓞ MC VISA. ✗ rist per viale Luzzatti AY
Pasto *(chiuso domenica ed agosto)* carta 40/60000 – **58 cam** ☕ 160/260000.

Carlton senza rist, largo Porta Altinia 15 ✆ 0422 411661, *Fax 0422 411620* – |‡| ▤ TV ☎ P – 🏛 70. AE ⓢ ⓞ MC VISA JCB. ✗ BZ a
☕ 20000 – **93 cam** 180/280000.

Scala, viale Felissent 1 ✆ 0422 307600, *Fax 0422 305048* – ▤ TV ☎ – 🏛 30. AE ⓢ ⓞ MC VISA per ①
Pasto vedere rist ***Scala*** – ☕ 15000 – **20 cam** 105/185000.

Al Giardino, via Sant'Antonino 300/a (Sud : 1,5 km) ✆ 0422 406406, *Fax 0422 406406*, ✗ – ▤ TV ☎ ♿ P. AE ⓢ ⓞ MC VISA. ✗ per ③
Pasto *(chiuso domenica e lunedì)* carta 30/40000 – ☕ 8000 – **30 cam** 75/110000.

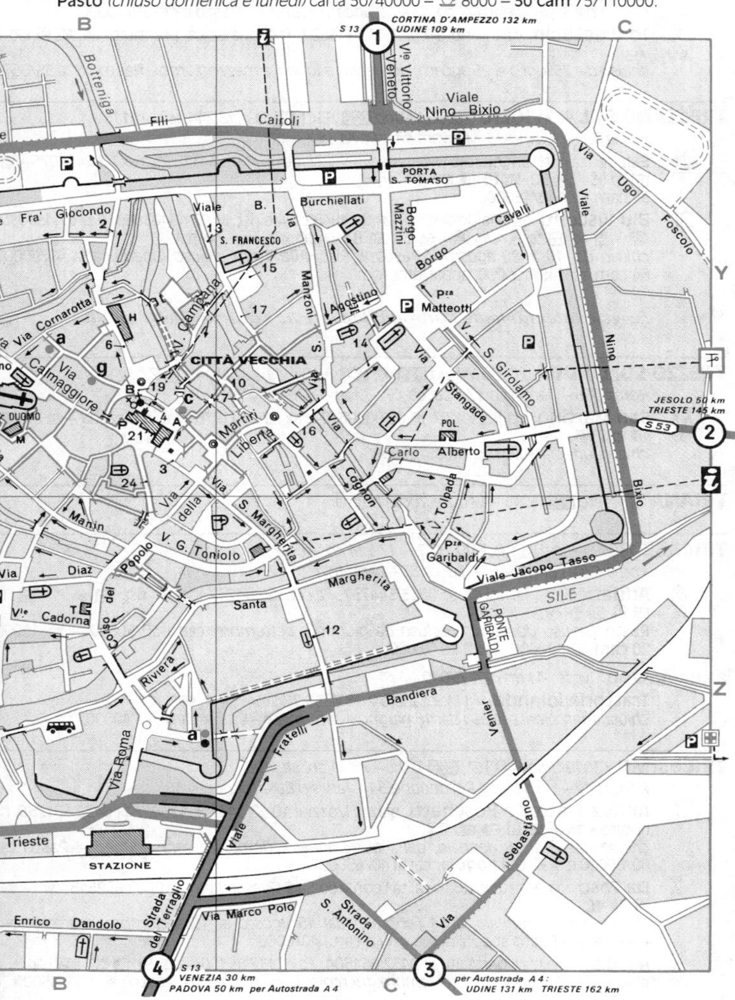

XX **Beccherie,** piazza Ancillotto 10 ✆ 0422 56601, *Fax 0422 540871*, – ▤. AE ⓢ ⓞ ⓜ VISA. ✻ BY
chiuso dal 15 al 30 luglio – **Pasto** *(chiuso domenica sera e lunedì)* cucina tradizionale trevigiana carta 50/70000.

XX **Da Renzia,** strada del Mozzato 9 ✆ 0422 403903, *Fax 0422 403903*, , Coperti limitati; solo su prenotazione a mezzogiorno – ▤ P. ✻ per ④
chiuso agosto, domenica e lunedì a mezzogiorno – **Pasto** 60/70000 e carta 45/90000.

XX **L'Incontro,** largo Porta Altinia 13 ✆ 0422 547717, *Fax 0422 547623* – ▤. AE ⓢ ⓞ ⓜ VISA ✻ BZ
chiuso dal 10 al 31 agosto, mercoledì e giovedì a mezzogiorno – **Pasto** carta 55/80000 (12 %).

XX **All'Antica Torre,** via Inferiore 55 ✆ 0422 583694 – ▤. AE ⓢ ⓞ ⓜ VISA JCB. ✻
chiuso agosto e domenica – **Pasto** carta 60/90000. BY

XX **Scala,** viale Felissent 1 ✆ 0422 307600, *Fax 0422 305048*, Coperti limitati; prenotare – ▤ AE ⓢ ⓞ ⓜ VISA per ①
chiuso dal 1° al 6 gennaio, dal 1° al 22 agosto e lunedì – **Pasto** carta 50/70000.

X **Toni del Spin,** via Inferiore 7 ✆ 0422 543829, Trattoria tipica, prenotare ▤. AE ⓢ ⓜ VISA JCB BY
chiuso dal 25 luglio al 25 agosto, domenica e lunedì a mezzogiorno – **Pasto** carta 35/55000.

TREZZANO SUL NAVIGLIO *20090 Milano* 428 F 9, 219 ⑱ – *18 744 ab. alt. 116.*

Roma 595 – Milano 13 – Novara 43 – Pavia 34.

Eur senza rist, tangenziale Ovest, uscita Vigevanese ✆ 02 4451951, *Fax 02 4451075* – ▤ TV ☎ P – 🏛 50. AE ⓢ ⓞ ⓜ VISA JCB
39 cam ☕ 140/180000.

Blu Visconti , via Goldoni 49 ✆ 02 48402094 e rist ✆ 02 48403889, *Fax 02 4840309*, – ▤ TV ☎ ♿ P – 🏛 50. AE ⓢ ⓞ ⓜ VISA JCB. ✻ rist
chiuso dal 10 al 20 agosto – **Pasto** al Rist. ***Alla Cava*** *(chiuso lunedì)* carta 45/90000 – 64 cam ☕ 145/190000, appartamento.

Leggete attentamente l'introduzione : è la « chiave » della guida.

TREZZO SULL'ADDA *20056 Milano* 988 ③, 428 F 10 – *11 282 ab. alt. 187.*

Roma 586 – Bergamo 17 – Lecco 45 – Milano 37.

XX **San Martino,** via Brasca 47 ✆ 02 9090612, *Fax 02 9091978*, Rist. e pizzeria – ▤ P. AE ⓞ ⓜ VISA. ✻
chiuso lunedì – **Pasto** carta 35/60000.

TRIANA *Grosseto* 430 N 16 – *Vedere Roccalbegna.*

TRICASE *73039 Lecce* 988 ㉚, 431 H 37 – *17 514 ab. alt. 97.*

Roma 670 – Brindisi 95 – Lecce 52 – Taranto 139.

Adriatico, via Tartini 34 ✆ 0833 544737, *Fax 0833 544737* – ▤ rist, TV ☎ P – 🏛 100. AE ⓢ ⓞ ⓜ VISA. ✻ cam
Pasto *(chiuso domenica escluso da giugno a settembre)* carta 30/60000 – ☕ 10000 – 20 cam 60/120000 – ½ P 70/75000.

a Lucugnano *Ovest : 4 km* – ✉ *73030 :*

X **Trattoria Iolanda,** via Montanara 2 ✆ 0833 784164, – ✻
chiuso mercoledì escluso dal 16 giugno a settembre – **Pasto** carta 30/40000.

TRICESIMO *33019 Udine* 988 ⑥, 429 D 21 – *7 141 ab. alt. 198.*

Roma 642 – Udine 12 – Pordenone 64 – Tarvisio 86 – Tolmezzo 38.

XXX **Antica Trattoria Boschetti**, piazza Mazzini 10 ✆ 0432 851230, *Fax 0432 851230*, prenotare – ▤ P AE ⓢ ⓞ ⓜ VISA.
chiuso dal 1° al 15 gennaio, dal 7 al 15 agosto, domenica sera e lunedì – **Pasto** carta 60/85000 e al Rist. ***Il Fogolar*** carta 40/65000.

X **Da Toso,** via Pozzuolo 16, località Leonacco Sud-Ovest : 2 km ✆ 0432 852515, – ▤ ⓢ ⓞ ⓜ VISA
chiuso dal 24 gennaio all'11 febbraio, dal 15 agosto al 15 settembre, martedì sera e mercoledì – **Pasto** specialità alla griglia carta 40/60000.

X **Miculan,** piazza Libertà 16 ✆ 0432 851504, *Fax 0432 851504* – AE ⓢ ⓞ ⓜ VISA. ✻
chiuso dal 15 agosto al 1° settembre, mercoledì sera e giovedì – **Pasto** carta 35/55000.

TRIESTE *34100* P 988 ⑥, 429 F 23 *G. Italia – 217 865 ab..*

Vedere *Colle San Giusto*★★ AY – *Piazza della Cattedrale*★ AY **9** – *Basilica di San Giusto*★ AY : *mosaico*★★ *nell'abside,* ≤★ *su Trieste dal campanile – Collezioni di armi antiche*★ *nel castello* AY – *Vasi greci*★ *e bronzetti*★ *nel museo di Storia e d'Arte* AY **M1** – *Piazza dell'Unità d'Italia*★ AY **35** – *Museo del Mare*★ AY **M2** : *sezione della pesca*★★.

Dintorni *Castello di Miramare*★ : *giardino*★ *per* ① : *8 km* – ≤★★ *su Trieste e il golfo dal Belvedere di Villa Opicina per* ② : *9 km* – ✵★★ *dal santuario del Monte Grisa per* ① : *10 km.*

(chiuso martedì) ℘ 040 226159, Fax 040 226159, per ② : 7 km.

di Ronchi dei Legionari per ① : 32 km ℘ 0481 773224, Fax 0481 773232.

via San Nicolò 20 ✉ 34121 ℘ 040 679611, Fax 040 6796299 – Stazione Centrale ✉ 34132 ℘ 040 420182, Fax 040 416806.

A.C.I. *via Cumano 2 ✉ 34139 ℘ 040 393222.*

Roma 669 ① – Udine 68 ① – Ljubljana 100 ② – Milano 408 ① – Venezia 158 ① – Zagreb 236 ②.

Pianta pagina seguente

Greif Maria Theresia, viale Miramare 109, località Barcola ✉ 34136 ℘ 040 410115, *Fax 040 413053,* « Servizio rist. estivo con ≤ mare », Ⅰ₺, ≘s, ⌴ – |♦|, ⇎ cam, ▤ TV ☎ ♿ P – 🔔 100. AE ⑤ ⊙ ⓜ VISA. ✻ rist per ①
Pasto carta 50/90000 – **36 cam** ⊒ 300/380000 – ½ P 200/240000.

Grand Hotel Duchi d'Aosta, piazza Unità d'Italia 2 ✉ 34121 ℘ 040 7600011 e rist ℘ 040 365646, *Fax 040 366092* – |♦| ▤ TV ☎ – 🔔 30. AE ⑤ ⊙ ⓜ VISA. ✻ rist AY r
Pasto al Rist. ***Harry's Grill*** *(chiuso domenica)* carta 80/135000 – **55 cam** ⊒ 310/415000 – ½ P 235000.

Jolly Hotel, corso Cavour 7 ✉ 34132 ℘ 040 7600055, *Fax 040 362699* – |♦|, ⇎ cam, ▤ TV ☎ ♿ – 🔔 220. AE ⑤ ⊙ ⓜ VISA JCB. ✻ rist AX c
Pasto carta 55/80000 – **170 cam** ⊒ 265/330000, 4 appartamenti.

Colombia senza rist, via della Geppa 18 ✉ 34132 ℘ 040 369333, *Fax 040 369644* – |♦| ▤ TV ☎. AE ⑤ ⊙ ⓜ VISA AX a
40 cam ⊒ 200/250000.

Italia senza rist, via della Geppa 15 ✉ 34132 ℘ 040 369900, *Fax 040 630540* – |♦| ▤ TV ☎ ☏. AE ⑤ ⊙ ⓜ VISA JCB AX d
⊒ 15000 – **38 cam** 145/190000.

Abbazia senza rist, via della Geppa 20 ✉ 34132 ℘ 040 369464, *Fax 040 369769* – |♦| ▤ TV ☎. AE ⑤ ⊙ ⓜ VISA AX a
21 cam ⊒ 140/200000.

Ai Fiori, piazza Hortis 7 ✉ 34124 ℘ 040 300633, *Fax 040 300633* – ▤. AE ⑤ ⊙ ⓜ VISA AY b
chiuso dal 25 dicembre al 1° gennaio, dal 1° al 20 luglio, domenica e lunedì – Pasto specialità di mare carta 50/80000.

Città di Cherso, via Cadorna 6 ✉ 34124 ℘ 040 366044, prenotare ▤. AE ⑤ ⊙ ⓜ VISA
chiuso agosto e martedì – **Pasto** specialità di mare carta 55/80000. AY c

Al Bragozzo, riva Nazario Sauro 22 ✉ 34123 ℘ 040 303001, *Fax 040 823863* – ▤. AE ⑤ ⊙ ⓜ VISA JCB. ✻ AY a
chiuso dal 20 dicembre al 10 gennaio, dal 25 giugno al 10 luglio, domenica e lunedì – **Pasto** specialità di mare 60000 e carta 55/75000.

L'Ambasciata d'Abruzzo, via Furlani 6 ✉ 34149 ℘ 040 395050 – ▤ P. AE ⑤ ⊙ ⓜ VISA CZ x
chiuso lunedì – **Pasto** specialità abruzzesi carta 50/65000.

Montecarlo, via San Marco 10 ✉ 34144 ℘ 040 662545, *Fax 040 662545,* ☂ – ⑤ ⓜ VISA BZ a
chiuso lunedì – **Pasto** carta 40/50000.

Al Nuovo Antico Pavone, Riva Grumula 2 e ✉ 34123 ℘ 040 303899, *Fax 040 303899,* ☂ – AE ⑤ ⊙ ⓜ VISA AY f
chiuso domenica e lunedì a mezzogiorno – **Pasto** specialità di mare carta 55/80000.

Scabar, via Erta Sant'Anna 63 ℘ 810368, ≤, prenotare – P. AE ⑤ ⊙ ⓜ VISA . per ③
chiuso febbraio, agosto e lunedì – **Pasto** specialità di mare carta 50/65000

Hostaria alle Bandierette, via Nazario Sauro 2 ✉ 34143 ℘ 040 300686, *Fax 040 306894,* ☂ – ▤. AE ⑤ ⊙ ⓜ VISA JCB AY d
chiuso dal 1° al 15 gennaio e lunedì – **Pasto** specialità di mare carta 55/80000.

Taverna "Al Coboldo", via del Rivo 3 ✉ 34137 ℘ 040 637342, « Servizio estivo sotto un pergolato » – AE ⑤ ⊙ ⓜ VISA BYZ c
chiuso dal 1° al 25 agosto e domenica – **Pasto** carta 40/55000.

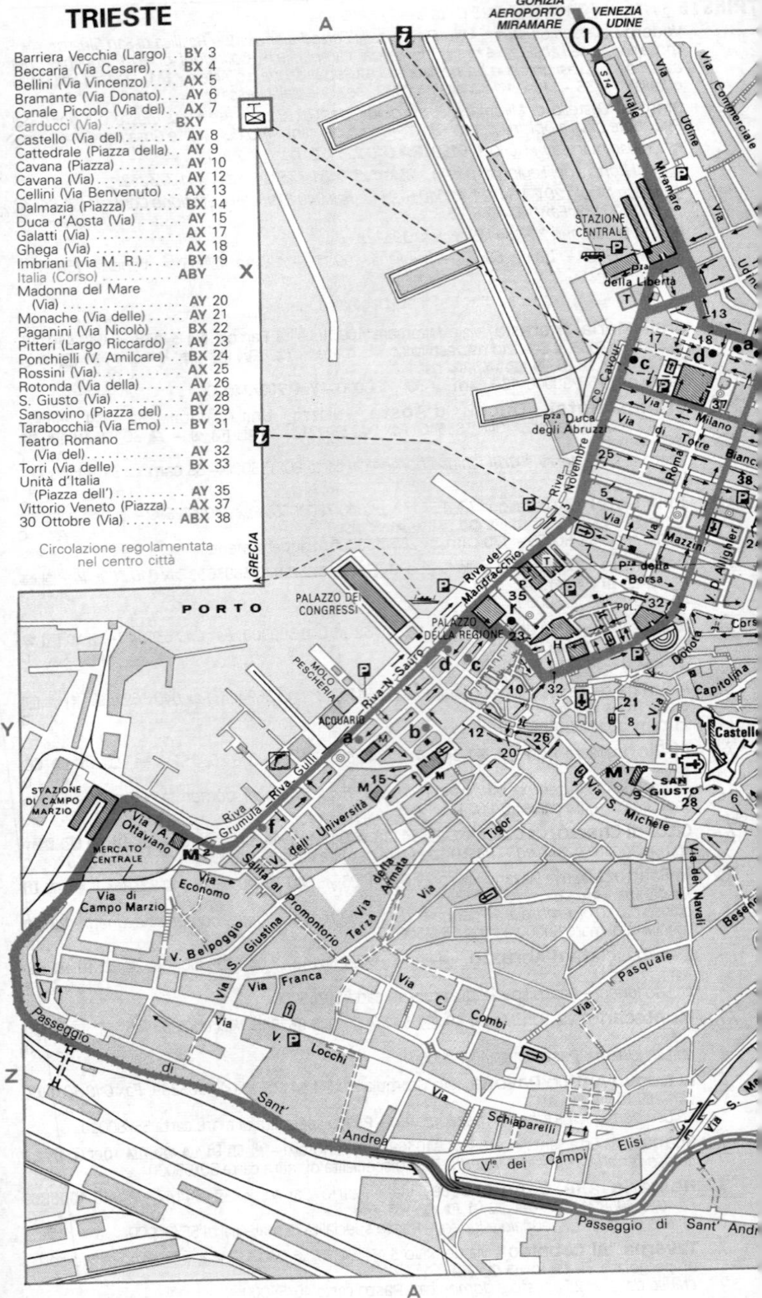

TRIESTE
Barriera Vecchia (Largo) . . BY 3
Beccaria (Via Cesare). . . . BX 4
Bellini (Via Vincenzo) . . . . AX 5
Bramante (Via Donato). . . AY 6
Canale Piccolo (Via del). . AX 7
Carducci (Via) . . . . BXY
Castello (Via del) . . . . AY 8
Cattedrale (Piazza della). . AY 9
Cavana (Piazza) . . . . AY 10
Cavana (Via) . . . . AY 12
Cellini (Via Benvenuto) . . AX 13
Dalmazia (Piazza) . . . . . . BX 14
Duca d'Aosta (Via) . . . . . . AY 15
Galatti (Via) . . . . AX 17
Ghega (Via) . . . . AX 18
Imbriani (Via M. R.) . . . . . BY 19
Italia (Corso) . . . . ABY
Madonna del Mare (Via) . . . . AY 20
Monache (Via delle) . . . . . AY 21
Paganini (Via Nicolò) . . . . BX 22
Pitteri (Largo Riccardo) . . AY 23
Ponchielli (V. Amilcare) . . BX 24
Rossini (Via). . . . . AX 25
Rotonda (Via della) . . . . . . AY 26
S. Giusto (Via) . . . . AY 28
Sansovino (Piazza del) . . . BY 29
Tarabocchia (Via Emo) . . . BY 31
Teatro Romano (Via del). . . . . AY 32
Torri (Via delle) . . . . BX 33
Unità d'Italia (Piazza dell') . . . . AY 35
Vittorio Veneto (Piazza) . . AX 37
30 Ottobre (Via). . . . . . . ABX 38
Circolazione regolamentata nel centro città
GORIZIA AEROPORTO MIRAMARE
VENEZIA UDINE
S 14
Viale Miramare
Via Udine
Via Commerciale
STAZIONE CENTRALE
P^za della Libertà
Co. Cavour
Via Milano
Via di Torre Bianca
Via Roma
Via Mazzini
P^za della Borsa
V. D. Alighieri
P^za Duca degli Abruzzi
Riva 3 Novembre
Riva del Mandracchio
GRECIA
PORTO
PALAZZO DEI CONGRESSI
PALAZZO DELLA REGIONE
MOLO PESCHERIA
ACQUARIO
Riva N. Sauro
Riva Gulli
Riva Grumula
Via A. Ottaviano
STAZIONE DI CAMPO MARZIO
MERCATO CENTRALE
Via Economo
Via di Campo Marzio
V. dell' Università
Salita al Promontorio
Via della Armata
Via Terza
Via Tigor
Via Donota
Capitolina
Castello
SAN GIUSTO
Via S. Michele
Via dei Navali
V. Belpoggio
Via S. Giustina
Via Franca
Via C. Combi
Via Pasquale
Via Locchi
Passeggio di Sant' Andrea
Via Schiaparelli
V^le dei Campi Elisi
Passeggio di Sant' Andrea
A
X
Y
Z

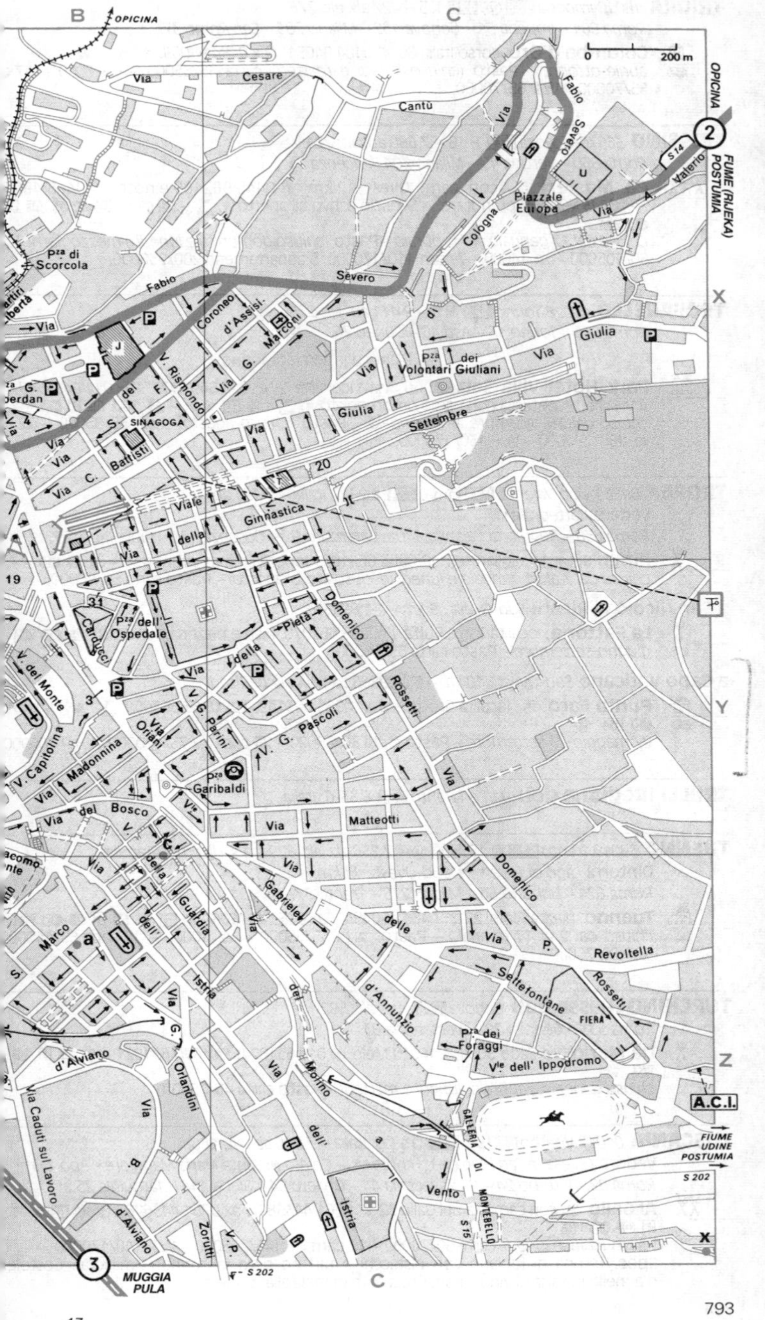
OPICINA
Via Cesare Cantù
Via Fabio Severo
P^za di Scorcola
Coroneo
d'Assisi
Via G. Marconi
V. Rismondo
SINAGOGA
Battisti
Piazzale Europa
Via Cologna
Via A. Valerio
FIUME (RIJEKA) POSTUMIA
S 14
Via Giulia
P^za dei Volontari Giuliani
Settembre
Viale della Ginnastica
20
19
31
Carducci
P^za dell' Ospedale
Via della Pietà
Domenico Rossetti
V. del Monte
V. Capitolina
Via Madonnina
Via Oriani
V. G. Parini
V. G. Pascoli
P^za Garibaldi
Via del Bosco
Via Matteotti
Via Gabriele d'Annunzio
Via delle Sette fontane
Via P. Revoltella
Rossetti
FIERA
P^za dei Foraggi
V^le dell' Ippodromo
A.C.I.
Via Marco
Via della Guardia
Via Istria
Via G. Orlandini
d'Alviano
Via Caduti sul Lavoro
Via B. d'Alviano
Zorutti
V. P.
Via del Molino a Vento
GALLERIA DI MONTEBELLO
S 15
S 202
FIUME UDINE POSTUMIA
MUGGIA PULA
200 m
B
C
X
Y
Z

TRIORA *18010 Imperia* 988 ⑫, 428 K 5 – *427 ab. alt. 776.*
Roma 661 – Imperia 51 – Genova 162 – Milano 285 – San Remo 37.

Colomba d'Oro, corso Italia 66 ✆ 0184 94051, *Fax 0184 94089*, ←, – ☎
aprile-ottobre – **Pasto** *(chiuso lunedì e martedì)* carta 35/55000 – ☕ 8000 – **37**
55/70000 – 1/2 P 65/70000.

TRISSINO *36070 Vicenza* 429 F 16 – *7 680 ab. alt. 221.*
Roma 550 – Verona 49 – Milano 204 – Vicenza 21.

XXX **Cà Masieri** con cam, Ovest : 2 km ✆ 0445 962100 e hotel ✆ 0445 4901
Fax 0445 490455, prenotare, « Servizio estivo all'aperto », – cam, TV ☎ P. AE
VISA
chiuso dal 17 gennaio al 7 febbraio – **Pasto** *(chiuso domenica e lunedì a mezzogiorno)* c
60/105000 – ☕ 14000 – **7 cam** 110/170000, 5 appartamenti 200/230000.

TROFARELLO *10028 Torino* 428 H 5 – *9 411 ab. alt. 276.*
Roma 656 – Torino 15 – Asti 46 – Cuneo 76.

Pianta d'insieme di Torino.

Park Hotel Villa Salzea, via Vicoforte 2 ✆ 011 6497809, *Fax 011 6498549*,
« Villa settecentesca con parco ombreggiato », – TV ☎ P. – 100. AE VISA.
chiuso dal 26 dicembre al 7 gennaio – **Pasto** *(chiuso agosto)* carta 55/85000 – **22 c**
☕ 180/200000 – 1/2 P 130/170000. HU

TROPEA *89861 Vibo Valentia* 988 ㊲ ㊳, 431 K 29 *G. Italia* – *7 191 ab..*
Vedere *Cattedrale*★.
Roma 636 – Reggio di Calabria 140 – Catanzaro 92 – Cosenza 121 – Gioia Tauro 77.

X **Pimm's,** Largo Migliarese 2 ✆ 0963 666105, Coperti limitati; prenotare – VISA.
chiuso dal 7 al 31 gennaio e lunedì (escluso luglio-agosto) – **Pasto** carta 50/90000.

a San Nicolò di Ricadi *Sud-Ovest : 9 km* – ✉ *89865* :

X **La Fattoria,** località Torre Ruffa ✆ 0963 663070, Rist. e pizzeria – P. AE VISA
giugno-settembre – **Pasto** carta 35/50000.

a Capo Vaticano *Sud-Ovest : 10 km* – ✉ *89865 San Nicolò di Ricadi* :

Punta Faro, località Grotticelle ✆ 0963 663139, *Fax 0963 663968*, – ☎ P.
VISA.
27 maggio-23 settembre – **Pasto** carta 30/35000 – **25 cam** ☕ 75/120000 – 1/2 P 10500

TRULLI (Regione dei) *Bari e Taranto* 431 E 33 *G. Italia.*

TUENNO *38019 Trento* 428 D 15, 218 ⑲ – *2 236 ab. alt. 629 – a.s. dicembre-aprile.*
Dintorni *Lago di Tovel*★★★ *Sud-Ovest : 11 km.*
Roma 621 – Bolzano 66 – Milano 275 – Trento 37.

Tuenno, piazza Alpini 22 ✆ 0463 450454, *Fax 0463 451606* – TV ☎. AE VISA.
chiuso dal 2 al 14 gennaio – **Pasto** carta 35/55000 – ☕ 10000 – **18 cam** 65/11000
1/2 P 60/75000.

TURCHINO (Passo del) *Genova* 428 I 8 – *alt. 582.*
Roma 533 – Genova 28 – Alessandria 83.

X **Da Mario,** via Fado 309 ✉ 16010 Mele ✆ 010 631824, *Fax 010 631821* – P. AE
VISA.
chiuso gennaio, febbraio, lunedì e martedì – **Pasto** carta 45/75000.

TUSCANIA *01017 Viterbo* 988 ㉕, 430 O 17 *G. Italia* – *7 920 ab. alt. 166.*
Vedere *Chiesa di San Pietro*★★ *: cripta*★★ – *Chiesa di Santa Maria Maggiore*★ *: portali*★★.
Roma 89 – Viterbo 24 – Civitavecchia 44 – Orvieto 54 – Siena 144 – Tarquinia 25.

XX **Al Gallo** con cam, via del Gallo 22 ✆ 0761 443388, *Fax 0761 443628* – TV ☎ P.
VISA
✿ **Pasto** *(chiuso lunedì)* carta 50/70000 – **12 cam** ☕ 145/205000 – 1/2 P 140/170000
Spec. Terrina di fagiano con pistacchi e tartufo nero (autunno-primavera). Costole d'agnello in salsa di vino rosso. Croccante di mela alla cannella.

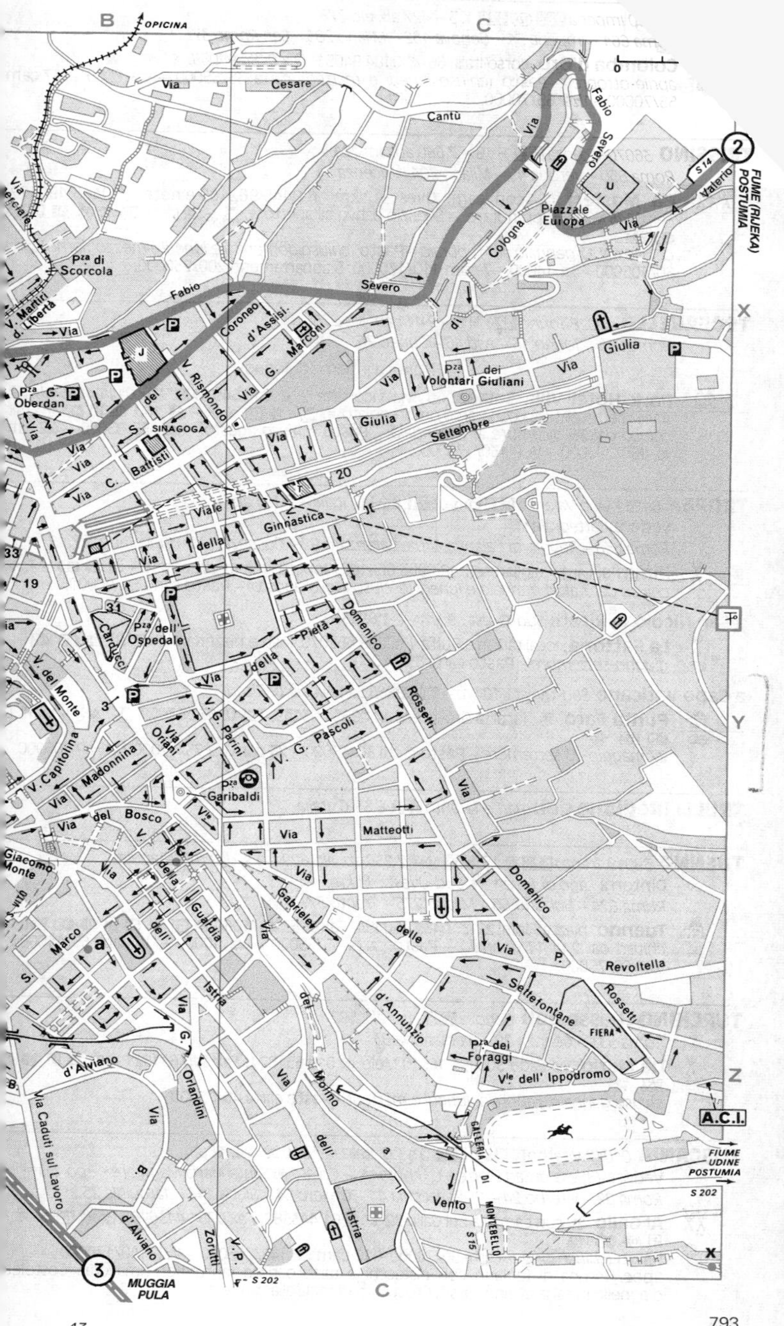
OPICINA
Via Cesare Cantù
Fabio Severo
FIUME (RIJEKA) POSTUMIA
S 14
Valerio
Piazzale Europa
Cologna
Pza di Scorcola
V. Martiri d. Libertà
Coroneo
d'Assisi
G. Marconi
V. Rismondo
Pza dei Volontari Giuliani
Via Giulia
Pza G. Oberdan
SINAGOGA
Via C. Battisti
Via XX Settembre
Viale della Ginnastica
Domenico Rossetti
Pza dell' Ospedale
Carducci
Via della Pietà
V. del Monte
V. Capitolina
Via Madonnina
V. G. Parini
Via Oriani
V. G. Pascoli
Pza Garibaldi
Via del Bosco
Via Matteotti
Via Gabriele d'Annunzio
Via delle Settefontane
Via P. Revoltella
FIERA
Pza dei Foraggi
Vle dell' Ippodromo
A.C.I.
FIUME UDINE POSTUMIA
S 202
GALLERIA DI MONTEBELLO
S 15
Via dell' Istria
Via Molino a Vento
Via della Guardia
Via G. Orlandini
Via B. d'Alviano
Via Caduti sul Lavoro
Zorutti
V. P.
MUGGIA PULA
Giacomo Monte
S. Marco
FIUME UDINE POSTUMIA

UBIALE CLANEZZO *24010 Bergamo* 428 E 11 – *1 243 ab. alt. 292.*
Roma 581 – Bergamo 10 – Lecco 36 – Milano 55.

a Clanezzo – ✉ *24010 Ubiale Clanezzo :*

Castello di Clanezzo ⛰, piazza Castello 4 ☏ 035 641567, *Fax 035 641567,* « Residenza d'epoca con parco », – |♿|, ▤ cam, TV ☎ P – 🏛 150. AE $ ⊙ VISA. ✂ cam
Pasto *(chiuso martedì)* carta 60/80000 – **12 cam** ☕ 80/200000 – 1/2 P 120/130000.

UDINE *33100* **P** 988 ⑥, 429 D 21 *G. Italia – 94 821 ab. alt. 114.*
Vedere *Piazza della Libertà★★* **AY 14** – *Decorazioni interne★ nel Duomo* **ABY B** – *Affreschi★ nel palazzo Arcivescovile* **BY A.**
Dintorni *Passariano : Villa Manin★★ Sud-Ovest : 30 km.*
18 *(chiuso martedì) a Fagagna-Villaverde* ✉ *33034* ☏ *0432 800418, Fax 0432 801312, Ovest : 15 km per via Martignacco* **AY.**
✈ *di Ronchi dei Legionari per* ③ *: 37 km* ☏ *0481 773224, Fax 0481 773232.*
🛈 *piazza I Maggio 7* ☏ *0432 295972 Fax 0432 504743.*
A.C.I. *viale Tricesimo 46 per* ① ☏ *0432 482565.*
Roma 638 ④ *– Milano 377* ④ *– Trieste 71* ④ *– Venezia 127* ④*.*

UDINE

Bartolini (Riva) . . . . AY 3
Calzolai (Via) . . . . BZ 4
Carducci (Via) . . . . BZ 5
Cavedalis (Piazzale G.B.) . . . . . . AY 6
Cavour (Via) . . . . AY 7
D'Annunzio (Piazzale) . . . . . . BZ 8
Diacono (Piazzale Paolo) . . . . AY 9
Gelso (Via del) . . . . AZ 12
Leopardi (Viale G.) . . . . BZ 13
Libertà (Piazza della) . . . . . . AY 14
Manin (Via) . . . . BY 16
Marconi (Piazza) . . . . AY 17
Matteotti (Piazza) . . . . AY 1
Mercato Vecchio (Via) . . . . AY 1
Patriarcato (Piazza) . . . . BY 2
Piave (Via) . . . . BYZ 2
Rialto (Via) . . . . AY 2
Vittorio Veneto (Via) . . . . BY 2
26 Luglio (Piazzale) . . . . AZ 2

Astoria Hotel Italia, piazza 20 Settembre 24 ✆ 0432 505091, *Fax 0432 509070* – AZ
110. AE VISA
Pasto *(chiuso dal 7 al 20 agosto)* carta 55/75000 – ☕ 20000 – **72 cam** 205/27500
3 appartamenti – ½ P 260000.

Friuli M, viale Ledra 24 ✆ 0432 234351, *Fax 0432 234606* – AE VISA. AY
chiuso dal 24 al 29 dicembre e dal 3 al 9 gennaio – **Pasto** *(chiuso domenica)* carta 45/6000 – ☕ 16000 – **91 cam** 110/180000, 9 appartamenti – ½ P 140000.

Là di Moret, viale Tricesimo 276 ☎ 0432 545096, *Fax 0432 545096*, – rist per ①
Pasto *(chiuso domenica sera e lunedì a mezzogiorno)* carta 50/80000 – **59 cam** 140/200000, appartamento – 1/2 P 110/160000.

President senza rist, via Duino 8 ☎ 0432 509905, *Fax 0432 507287* – 70. BY b
13000 – **67 cam** 130/180000.

Principe senza rist, viale Europa Unita 51 ☎ 0432 506000, *Fax 0432 502221* – BZ u
15000 – **29 cam** 105/170000.

Clocchiatti senza rist, via Cividale 29 ☎ 0432 505047, *Fax 0432 505047* – BY a
12000 – **13 cam** 100/160000.

Alla Vedova, via Tavagnacco 9 ☎ 0432 470291, *Fax 0432 470291*, « Servizio estivo in giardino » – per ①
chiuso dal 10 al 25 agosto, domenica sera e lunedì – **Pasto** carta 45/60000.

Trattoria alla Colonna, via Gemona 98 ☎ 0432 510177, *Fax 0432 510177*, – AY b
chiuso dal 1° al 15 gennaio, dal 1° al 15 luglio, doemnica e lunedì a mezzogiorno – **Pasto** carta 45/100000.

a Godia *per ① : 6 km – ✉ 33100 :*

Agli Amici, via Liguria 250 ☎ 0432 565411, *Fax 0432 565555*, , prenotare –
chiuso dal 10 al 16 gennaio, dal 10 al 31 luglio, domenica sera e lunedì – **Pasto** 60000 e carta 55/100000
Spec. Terrina di anguilla ed alici con salsa di scalogno all'arancia. Frittata alle erbe selvatiche. Lasagnette con porri, cipollotti e tartufo.

a Cussignacco *per ③ : 6 km – ✉ 33100 :*

Executive Ⓜ, viale Palmanova, ang. via Masieri 4 ☎ 0432 602880, *Fax 0432 602858*, – 50.
Pasto *(chiuso agosto)* carta 45/75000 – **77 cam** 195/240000 – 1/2 P 155000.

ULIVETO TERME *56010 Pisa 428, 430 K 13.*

Roma 312 – Pisa 13 – Firenze 66 – Livorno 33 – Siena 104.

Osteria Vecchia Noce, località Noce Est : 1 km ☎ 050 788229, *Fax 050 789714*, –
chiuso dal 5 al 25 agosto, martedì sera e mercoledì – **Pasto** carta 45/70000.

Da Cinotto, via Provinciale Vicarese 132 ☎ 050 788043, Trattoria casalinga –
chiuso agosto, venerdì sera e sabato – **Pasto** carta 40/55000.

ULTEN *= Ultimo.*

ULTIMO (ULTEN) *Bolzano 428, 429 C 15, 218 ⑲ – 2 998 ab. alt. (frazione Santa Valburga) 1 190.*

a Santa Valburga ✉ 39016 ☎ 0473 795387, Fax 0473 795049.
Da Santa Valburga : Roma 680 – Bolzano 46 – Merano 28 – Milano 341 – Trento 102.

a San Nicolò (St. Nikolaus) *Sud-Ovest : 8 km – alt. 1 256 – ✉ 39010 :*

Waltershof , ☎ 0473 790144, *Fax 0473 790387*, ≤, – rist
20 dicembre-27 aprile e giugno-5 novembre – **Pasto** (solo per alloggiati e *chiuso a mezzogiorno*) 35/50000 – **19 cam** 130/240000 – 1/2 P 130/145000.

URBINO *61029 Pesaro e Urbino 988 ⑮ ⑯, 429, 430 K 19 G. Italia – 15 198 ab. alt. 451 – a.s. luglio-settembre.*

Vedere *Palazzo Ducale★★★ : galleria nazionale delle Marche★★* **M** *– Strada panoramica★★ : ≤★★ – Affreschi★ nella chiesa-oratorio di San Giovanni Battista* **F** *– Presepio★ nella chiesa di San Giuseppe* **B** *– Casa di Raffaello★* **A.**

piazza Duca Federico 35 ☎ 0722 2613, Fax 0722 2441.

Roma 270 ② – Rimini 61 ① – Ancona 103 ① – Arezzo 107 ③ – Fano 47 ② – Perugia 101 ② – Pesaro 36 ①.

URBINO

Circolazione regolamentata nel centro città

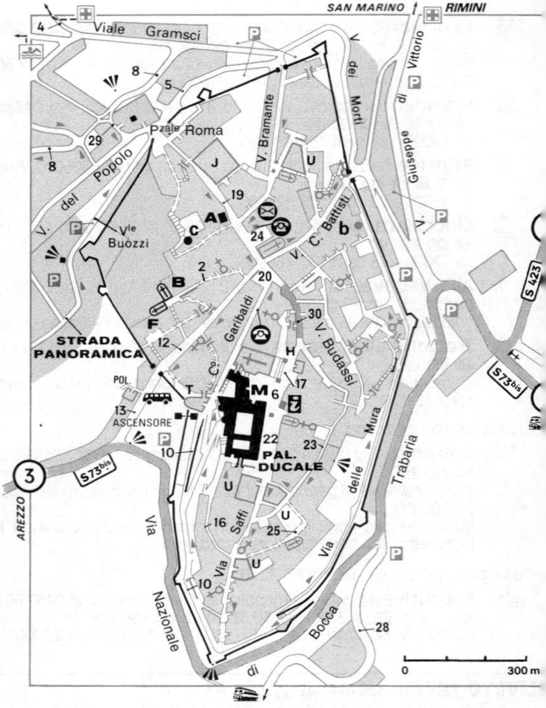

Mamiani ⛰, via Bernini 6 ✆ 0722 322309 e rist. ✆ 0722 2455, *Fax 0722 327742*, ← – ⫶ cam, ▤ TV ☎ ♿ P – 🧑‍🏫 120. AE ⑤ ● MC VISA. ✂ rist
chiuso dal 21 al 28 dicembre – **Pasto** al Rist. ***Il Giardino della Galla*** *(chiuso mercoledì)* carta 35/60000 – **72 cam** ☕ 140/220000 – ½ P 140/160000. per via Giuseppe di Vittorio

Raffaello senza rist, via Santa Margherita 40 ✆ 0722 4896, *Fax 0722 328540* – ⫶ ▤ TV ☎ AE ⑤ MC VISA
chiuso dal 15 dicembre al 7 gennaio e dal 4 al 15 luglio – **14 cam** ☕ 150/200000.

Dei Duchi senza rist, via G. Dini 12 ✆ 0722 328226, *Fax 0722 328009* – ⫶ ▤ TV ☎ 🧑‍🏫 200. AE ⑤ ● MC VISA per viale Gramsci
☕ 15000 – **67 cam** 70/150000, 10 appartamenti.

XX **Vecchia Urbino,** via dei Vasari 3/5 ✆ 0722 4447, *Fax 0722 4447* – AE ⑤ ● MC VISA ✂
chiuso martedì – **Pasto** carta 60/80000.

XX **Vanda,** via Mari 4, località Castelcavallino ✆ 0722 349117, *Fax 0722 328438*, Rist. con pizzeria serale, « Servizio estivo all'aperto con ← » – P. AE ⑤ ● MC VISA JCB. ✂
chiuso dal 22 dicembre al 4 gennaio, dall'8 al 21 luglio e mercoledì (escluso agosto) – **Pasto** 30/65000 e carta 40/65000. 7 km per viale Gramsci

X Nenè ⛰ con cam, via Crocicchia ✆ 0722 2996, *Fax 0722 350161*, ←, « Fabbricato rurale ristrutturato », 🚘 – TV ☎ ♿ P 2,5 km per ③
7 cam.

USSEAUX *10060 Torino 428 G 3 – 219 ab. alt. 1 217 – a.s. luglio-agosto e Natale.*
Roma 806 – Torino 79 – Sestriere 18.

X **Lago del Laux** ⛰ con cam, via al Lago 7 ✆ 0121 83944, *Fax 0121 83944*, solo su prenotazione, « In riva ad un laghetto, con minigolf e pesca sportiva » – ☎ P. AE ⑤ ● MC VISA. ✂
chiuso dal 9 al 15 aprile e settembre – **Pasto** *(chiuso mercoledì)* carta 45/70000 – **7 cam** ☕ 160/180000 – ½ P 160000.

USTICA (Isola di) *Palermo* 988 ㉟, 432 K 21 – *Vedere Sicilia.*

UZZANO *51017 Pistoia* 429 K 14 – *4 496 ab. alt. 261.*

Roma 336 – Pisa 42 – Firenze 59 – Lucca 20 – Montecatini Terme 9 – Pistoia 31.

XXX **Mason,** località San Allucio ✆ 0572 451363, Coperti limitati; prenotare – ▤ P. AE S ① MC VISA. ✗
✿ *chiuso dal 15 al 25 agosto, mercoledì e sabato a mezzogiorno* – **Pasto** carta 50/95000
Spec. Spaghetti con calamaretti e arselle al cartoccio (maggio-ottobre). Pernice rossa disossata su crostone (ottobre-febbraio). Ossobuco di vitella con porcini.

X **Bigiano,** via Bardelli 5 località Uzzano Castello ✆ 0572 476341, *Fax 0572 400868*, prenotare, « Servizio estivo sotto un pergolato » – P. AE S ① MC VISA. ✗
chiuso dal 1° al 10 ottobre e martedì – **Pasto** carta 40/55000.

VADA *57018 Livorno* 430 L 13 – *a.s. 15 giugno-15 settembre.*

Roma 292 – Pisa 48 – Firenze 143 – Livorno 29 – Piombino 53 – Siena 101.

🏠 **Quisisana,** via di Marina 37 ✆ 0586 788220, *Fax 0586 788441*, ⛱ – |♦| TV ☎ P. S MC VISA. ✗ rist
chiuso novembre – **Pasto** *(chiuso lunedì)* 35000 – ☕ 12500 – **32 cam** 100/140000 – ½ P 120000.

XX **Il Ducale,** piazza Garibaldi 33 ✆ 0586 788600, *Fax 0586 788600*, Coperti limitati; prenotare – ▤ P. AE S ① MC VISA JCB
chiuso lunedì – **Pasto** specialità di mare carta 60/80000.

VAGGIO *Firenze* 430 L 16 – *Vedere Reggello.*

VAGLIAGLI *Siena* – *Vedere Siena.*

VAHRN = *Varna.*

VALBREMBO *24030 Bergamo* 219 ⑳ – *3 592 ab. alt. 260.*

Roma 606 – Bergamo 11 – Lecco 29 – Milano 47.

XX **Ponte di Briolo,** via Briolo 2, località Briolo Ovest : 1,5 km ✆ 035 611197, *Fax 035 615944*, ⛱ – AE S MC VISA JCB
chiuso dal 1° al 10 gennaio, dal 2 al 23 agosto, domenica sera e mercoledì – **Pasto** carta 65/95000.

VALBREVENNA *16010 Genova* 428 I 9 – *100 ab. alt. 610.*

Roma 530 – Genova 43 – Alessandria 76 – Piacenza 142.

XX Da Italo, località Nenno Sud-Ovest : 3 km ✆ 010 9690959, solo su prenotazione – P
stagionale.

VALBRUNA *Udine* 429 C 22 – *Vedere Malborghetto.*

VAL CANALI *Trento* – *Vedere Fiera di Primiero.*

VALDAGNO *36078 Vicenza* 429 F 15 – *27 095 ab. alt. 266.*

Roma 561 – Verona 62 – Milano 219 – Trento 86 – Vicenza 34.

X **Hostaria a le Bele,** località Maso Ovest : 4 km ✆ 0445 970270, *Fax 0445 970270*, prenotare, « Trattoria tipica » – P. AE S ① MC VISA. ✗
chiuso dal 10 al 20 gennaio, agosto, lunedì e martedì a mezzogionro – **Pasto** carta 40/60000.

VALDAORA (OLANG) *39030 Bolzano* 429 B 18 – *2 760 ab. alt. 1 083 – Sport invernali : Plan de Corones : 1 083/2 273 m* 🚡 12 ⛷ 19, ⛷.

B *a Valdaora di Mezzo-palazzo del Comune ✆ 0474 496277, Fax 0474 498005.*

Roma 726 – Cortina d'Ampezzo 51 – Bolzano 88 – Brunico 11 – Dobbiaco 19 – Milano 387 – Trento 148.

🏨 **Post,** vicolo della Chiesa 6, a Valdaora di Sopra ✆ 0474 496127, *Fax 0474 498019*, ≤, Maneggio con scuola di equitazione, ≘s, 🏊 – |♦|, ✗ rist, TV ☎ 🚗 P. S
3 dicembre-2 aprile e 20 maggio-25 ottobre – **Pasto** *(chiuso mercoledì)* carta 45/80000 – **34 cam** ☕ 150/260000, 2 appartamenti – ½ P 140/155000.

🏨 **Berghotel Zirm** 🐦, via Egger 16, a Sorafurcia (alt. 1 360) ☎ 0474 592054, *Fax 0474 592051*, ≤ vallata e monti, 🏋, 🏊, 🏊 – 📺 ☎ [P]. $ VISA. ⊘ rist
dicembre-20 aprile e giugno-20 ottobre – **Pasto** (solo per alloggiati) 25/40000 – **32 cam** ☕ 180/240000 – ½ P 120/200000.

🏨 **Hubertus** 🐦, via Furcia 5, a Sorafurcia (alt. 1 250) ☎ 0474 592104, *Fax 0474 592114*, ≤ monti e vallata, 🏋, 🏊, 🏊, 🌳 – 🛗, ❄ rist, 📺 ☎ 📞 [P]. $ [MC] VISA. ⊘ rist
chiuso novembre – **Pasto** (solo per alloggiati) – **35 cam** ☕ 230/300000 – ½ P 215000.

🏨 **Messnerwirt** 🐦, vicolo della Chiesa 7, a Valdaora di Sopra ☎ 0474 496178, *Fax 0474 498087*, ⛱, 🏊, 🌳 – 🚭 rist, 📺 ☎ [P]. $ ⊙ [MC] VISA
chiuso dal 7 novembre al 17 dicembre – **Pasto** carta 40/70000 – **21 cam** ☕ 130/210000 – ½ P 130000.

🏨 Markushof 🐦, via dei Prati 9, a Valdaora di Sopra ☎ 0474 496250, *Fax 0474 498241*, ≤ vallata e monte Plan de Corones, ⛱, 🏊, 🌳 – 🚭 rist, 📺 ☎ 🚗 [P]
stagionale – **26 cam.**

VALDERICE *Trapani* [432] M 19 – *Vedere Sicilia alla fine dell'elenco alfabetico.*

VAL DI GENOVA *Trento* [988] ④, [428] D 13.

Vedere *Vallata**** – *Cascata di Nardis**.*

Roma 636 – Trento 66 – Bolzano 106 – Brescia 110 – Madonna di Campiglio 17 – Milano 201.

🍴 **Cascata Nardis,** alt. 945 ✉ 38080 Carisolo ☎ 0465 501454, ≤ cascata, ⛱, 🌳 – [P]. ⊘
Pasqua-ottobre – **Pasto** carta 35/65000.

VAL DI VIZZE (PFITSCH) *Bolzano* [429] B 16.

VALDOBBIADENE *31049 Treviso* [988] ⑤, [429] E 17 – *10 698 ab. alt. 252.*

Roma 563 – Belluno 47 – Milano 268 – Trento 105 – Treviso 36 – Udine 112 – Venezia 66.

🏨 Diana, senza rist, via Roma 49 ☎ 0423 976222, *Fax 0423 972237* – 🛗 ❄ 📺 ☎ ♿ 🚗 – 🏛 60
47 cam.

a Bigolino *Sud : 5 km – ✉ 31030 :*

🍴🍴 **Tre Noghere,** via Crede 1 ☎ 0423 980316, *Fax 0423 981333* – [P]. [AE] $ VISA. ⊘
chiuso luglio, domenica sera e lunedì – **Pasto** carta 45/65000.

🍴 **Casa Caldart,** via Erizzo 165 ☎ 0423 980333, *Fax 0423 980333*, ⛱ – ❄ [P]. [AE] $ ⊙ [MC] VISA. ⊘
chiuso dal 18 al 31 gennaio, dal 21 giugno all'11 luglio, lunedì sera e martedì – **Pasto** carta 35/45000.

VALEGGIO SUL MINCIO *37067 Verona* [988] ④ ⑭, [428], [429] F 14 *G. Italia – 10 265 ab. alt. 88.*

Vedere *Parco Giardino Sigurtà**.*

Roma 496 – Verona 28 – Brescia 56 – Mantova 25 – Milano 143 – Venezia 147.

🏨 Eden, senza rist, via Don G. Beltrame 10 ☎ 045 6370850, *Fax 045 6370860* – 🛗 ❄ 📺 ☎ 📞 ♿ [P]
30 cam.

🍴🍴 **Lepre,** via Marsala 5 ☎ 045 7950011, *Fax 045 6370735*, ⛱ – [AE] $ ⊙ [MC] VISA
chiuso dal 15 gennaio al 10 febbraio, mercoledì e giovedì a mezzogiorno – **Pasto** carta 45/60000.

🍴🍴 **Borsa,** via Goito 2 ☎ 045 7950093, *Fax 045 7950776* – ❄ [P]. [AE] $ VISA. ⊘
chiuso dal 10 luglio al 10 agosto, martedì sera e mercoledì – **Pasto** carta 45/65000.

a Borghetto *Ovest : 1 km – alt. 68 – ✉ 37067 Valeggio sul Mincio :*

🏨 **Faccioli,** via Tiepolo 4 ☎ 045 6370605, *Fax 045 6370571* – ❄ 📺 ☎ [P]. [AE] $ ⊙ [MC] VISA [JCB]
chiuso dal 6 al 16 gennaio – **Pasto** vedere rist ***Gatto Moro*** – 8 cam ☕ 120/160000.

🍴🍴 **Antica Locanda Mincio,** via Buonarroti 12 ☎ 045 7950059, *Fax 045 6370455*, « Servizio estivo in terrazza ombreggiata in riva al fiume » – [AE] $ ⊙ [MC] VISA
chiuso dal 1º al 15 febbraio, dal 2 al 16 novembre, mercoledì e giovedì – **Pasto** carta 45/75000.

🍴 **Gatto Moro,** via Giotto 21 ☎ 045 6370570, *Fax 045 6370571*, ⛱ – [P]. [AE] $ ⊙ [MC] VISA [JCB]
chiuso dal 30 gennaio al 15 febbraio e dal 1º al 10 agosto, martedì sera e mercoledì – **Pasto** carta 50/70000.

a Santa Lucia dei Monti *Nord-Est : 5 km – alt. 145 – ✉ 37067 Valeggio sul Mincio :*

Belvedere con cam, ☎ 045 6301019, *Fax 045 6303652*, ←, « Servizio estivo in giardino » – cam, ☎ P. AE $ VISA.
chiuso dal 25 gennaio al 10 febbraio e dal 15 giugno al 1° luglio – **Pasto** *(chiuso mercoledì e giovedì)* carta 40/60000 – 12000 – **7 cam** 70/100000 – ½ P 80000.

VAL FERRET *Aosta* 219 ① – *Vedere Courmayeur.*

VALGRAVEGLIA *La Spezia – Vedere Riccò del Golfo di Spezia.*

VALGRISENCHE *11010 Aosta* 428 F 3, 219 ⑪ – *187 ab. alt. 1 664 – a.s. 9 gennaio-marzo e luglio-agosto.*
Roma 776 – Aosta 30 – Courmayeur 39 – Milano 215 – Colle del Piccolo San Bernardo 57.

Grande Sassière, frazione Gerbelle Nord : 1 km ☎ 0165 97113, ← – P.
Pasto *(chiuso lunedì)* carta 40/55000 – 12000 – **25 cam** 65/110000 – ½ P 80/90000.

a Planaval *Nord-Est : 5 km – alt. 1 557 – ✉ 11010 Valgrisenche :*

Paramont, ☎ 0165 97106, *Fax 0165 97159*, ←, – ☎ P. AE $ VISA.
chiuso dal 15 maggio al 10 giugno e novembre – **Pasto** *(chiuso lunedì)* carta 30/50000 – 10000 – **20 cam** 70/100000 – ½ P 85000.

VALLADA AGORDINA *32020 Belluno – 561 ab. alt. 969.*
Roma 660 – Belluno 47 – Cortina d'Ampezzo 55 – Bolzano 71 – Milano 361 – Trento 115 – Venezia 149.

Val Biois, frazione Celat ☎ 0437 591233, *Fax 0437 588014* – P. AE $ VISA
chiuso novembre, lunedì e a mezzogiorno escluso sabato-domenica e luglio-agosto – **Pasto** carta 40/90000.

VALLE AURINA (AHRNTAL) *39030 Bolzano* 429 B 17 – *5 483 ab. alt. 1457.*
Roma 726 – Cortina d'Ampezzo 78 – Bolzano 94 – Dobbiaco 48.

a Cadipietra (Steinhaus) – *alt. 1054 – ✉ 39030.*
☎ 0474 652198, Fax 0474 652491 :

Alpenschlössl M, Cadipietra 123 ☎ 0474 651010, *Fax 0474 651008*, ←, – rist, ☎ P
stagionale – **33 cam.**

Spezialitatenstube, Cadipietra 21 (Nord-Est 1 km) ☎ 0474 652130 – P.

a Lutago (Luttach) – *alt. 956 – ✉ 39030.*
☎ 0474 671136, Fax 0474 671666 :

Schwarzenstein, via del Paese 11 ☎ 0474 674100, *Fax 0474 674444*, ←, – rist, rist, ☎ P.
20 dicembre-15 aprile e 15 maggio-ottobre – **Pasto** *(chiuso lunedì da ottobre a marzo)* carta 25/40000 – **52 cam** 190/220000 – ½ P 140000.

a Casere (Kasern) – *alt. 1582 – ✉ 39030 Predoi :*

Berghotel Kasern con cam, ☎ 0474 654185, *Fax 0474 654190*, ←, – ☎ P. $ VISA. rist
Natale-Pasqua e 11 giugno-ottobre – **Pasto** *(chiuso mercoledì)* carta 35/95000 – 15000 – **28 cam** 120/205000 – ½ P 105000.

VALLEBONA *18012 Imperia – 1 042 ab. alt. 149.*
Roma 654 – Imperia 44 – Monte Carlo 26.

Degli Amici, piazza della Libertà 25 ☎ 0184 253526, prenotare
chiuso dal 19 settembre al 18 ottobre e lunedì – **Pasto** carta 45/75000.

VALLECROSIA *18019 Imperia* 428 K 4 – *7 404 ab. alt. 45.*
Roma 652 – Imperia 46 – Bordighera 2 – Cuneo 94 – Monte Carlo 26 – San Remo 14.

Giappun, via Maonaira 7 ☎ 0184 250560, prenotare – AE $ VISA JCB
chiuso dal 1° al 20 luglio, dal 5 al 15 novembre, mercoledì e giovedì a mezzogiorno – **Pasto** 45000 (solo a mezzogiorno escluso sabato-domenica) 75000 e carta 80/125000
Spec. Scampi al vapore con purea di fagioli bianchi di Pigna. Frittura di pesce e crostacei. Ravioli di patate con gamberi e carciofi (autunno-inverno).

VALLE DI CADORE *32040 Belluno* 429 C 18 – *2 092 ab. alt. 819.*

Roma 646 – Cortina d'Ampezzo 27 – Belluno 45 – Bolzano 159.

XX **Il Portico,** via Rusecco ☎ 0435 30236, Rist. e pizzeria – P. AE S O MC VISA
chiuso dal 15 giugno al 10 luglio e lunedì da ottobre a marzo – **Pasto** carta 50/70000.

VALLE DI CASIES (GSIES) *39030 Bolzano* 429 B 18 – *2 079 ab. – Sport invernali : Plan de Corones : 1 200/2 273 m 12 19,* .

a San Martino ☎ 0474 978436, Fax 0474 978226.

Roma 746 – Cortina d'Ampezzo 59 – Brunico 31.

Quelle , a Santa Maddalena alt. 1 398 ☎ 0474 948111, *Fax 0474 948091*, ←, « Giardino con laghetto e torrente », , , – TV ☎ P.
chiuso dal 20 marzo al 20 maggio e dal 2 novembre al 3 dicembre – **Pasto** carta 50/80000 – **33 cam** 190/250000, appartamento – 1/2 P 170/240000.

X **Durnwald,** a Planca di Sotto alt. 1 223 ☎ 0474 746920, – P
chiuso giugno e lunedì – **Pasto** carta 35/70000.

VALLEDORIA *Sassari* 433 E 8 – *Vedere Sardegna alla fine dell'elenco alfabetico.*

VALLELUNGA (LANGTAUFERS) *Bolzano* 429 B 13 – *alt. 1912 (Melago)* – ✉ *39020 Curon Venosta.*

Da Melago: Roma 740 – Sondrio 148 – Bolzano 116 – Landeck 63.

Köllemann , a Melago ☎ 0473 633291, *Fax 0473 633502*, ← Monte Palla Bianca, , , – rist, TV ☎ P. AE S O MC VISA
chiuso dal 20 maggio al 20 giugno e dal 1° novembre al 20 dicembre – **Pasto** *(chiuso giovedì)* 45/80000 – **10 cam** 80/120000 – 1/2 P 90000.

VALLERANO *01030 Viterbo* 430 O 18 – *2 470 ab. alt. 403.*

Roma 75 – Viterbo 15 – Civitavecchia 83 – Terni 54.

XX **Al Poggio,** via Janni 7 ☎ 0761 751248, – P. AE S O MC VISA.
chiuso martedì – **Pasto** carta 30/60000.

VALLES (VALS) *Bolzano* – *Vedere Rio di Pusteria.*

VALLESACCARDA *83050 Avellino* 431 D 27 – *1 793 ab. alt. 600.*

Roma 301 – Foggia 65 – Avellino 60 – Napoli 115 – Salerno 96.

XX **Minicuccio** con cam, via Santa Maria 24/26 ☎ 0827 97030, *Fax 0827 97030* – TV ☎ P – 150. AE S MC VISA JCB.
Pasto *(chiuso lunedì)* carta 30/40000 – 5000 – **10 cam** 70/95000 – 1/2 P 75000.

XX **Oasis-Sapori Antichi,** via Provinciale Vallesaccarda ☎ 0827 97021, *Fax 0827 97541* – AE S O MC VISA JCB.
chiuso dal 20 al 30 luglio e giovedì – **Pasto** antica cucina irpina 25000 (solo a mezzogiorno) e carta 30/50000
Spec. Antipasto di salumi e formaggi. Ravioli di ricotta. Soffritto di agnello.

VALLE SAN FLORIANO *Vicenza* – *Vedere Marostica.*

VALLIO TERME *25080 Brescia* 428, 429 F 13 – *1 092 ab. alt. 308.*

Roma 549 – Brescia 25 – Bergamo 72 – Milano 116.

Parco della Fonte , via Sopranico 2 ☎ 0365 370032, *Fax 0365 370412*, ← – ☎ P AE S O MC VISA.
chiuso dal 9 gennaio al 1° febbraio – **Pasto** carta 35/55000 e al Rist. ***Il Mirto*** *(solo su prenotazione)* carta 50/95000 – **40 cam** 90/130000 – 1/2 P 75/80000.

VALLO DELLA LUCANIA *84078 Salerno* 988 ㉘, 431 G 27 – *8 603 ab. alt. 380.*

Roma 343 – Potenza 148 – Agropoli 35 – Napoli 143 – Salerno 88 – Sapri 56.

X **La Chioccia d'Oro,** località Massa-al bivio per Novi Velia ✉ 84050 Massa della Lucania ☎ 0974 70004, – P. S MC VISA.
chiuso dal 1° al 10 settembre e venerdì – **Pasto** carta 30/45000.

VALLONGA *Trento* – *Vedere Vigo di Fassa.*

VALMADRERA *23868 Lecco* 428 E 10, 219 ⑨ – *10 674 ab. alt. 237.*
Roma 626 – Como 27 – Bergamo 37 – Lecco 4 – Milano 54 – Sondrio 83.

Al Terrazzo, via Parè 73 ✆ 0341 583106, *Fax 0341 201118*, ≤, « Servizio rist. estivo in terrazza sul lago », – TV ☎ P – 60. AE VISA.
Pasto carta 55/90000 – 15000 – **12 cam** 140/215000 – ½ P 180000.

VALNONTEY *Aosta* 428 F 4 – *Vedere Cogne.*

VALPELLINE *11020 Aosta* 428 E 3, 219 ② – *603 ab. alt. 954.*
Roma 752 – Aosta 17 – Colle del Gran San Bernardo 39 – Milano 203 – Torino 132.

Le Lievre Amoreux, località Chozod 12 ✆ 0165 713966, *Fax 0165 713960*, ≤, – TV ☎ P. VISA. rist
chiuso dal 17 al 31 gennaio, ottobre e novembre – **Pasto** *(chiuso mercoledì)* carta 45/70000 – **16 cam** 100/160000 – ½ P 130000.

VALPIANA *Brescia – Vedere Serle.*

VALSAVARENCHE *11010 Aosta* 988 ① ②, 428 F 3 – *194 ab. alt. 1 540 – a.s. Pasqua, luglio-agosto e Natale.*
Roma 776 – Aosta 29 – Courmayeur 42 – Milano 214.

Parco Nazionale, frazione Degioz 75 ✆ 0165 905706, *Fax 0165 905805*, ≤, – ☎ VISA. rist
Pasqua-settembre – **Pasto** 30/50000 – 15000 – **28 cam** 60/120000 – ½ P 100/110000.

a Eau Rousse *Sud : 3 km – ✉ 11010 Valsavarenche:*

A l' Hostellerie du Paradis , ✆ 0165 905972, *Fax 0165 905971*, prenotare, « Caratteristico borgo di montagna », , – TV ☎. AE VISA. rist
Pasto carta 35/80000 – 15000 – **30 cam** 80/100000 – ½ P 105/125000.

a Pont *Sud : 9 km – alt. 1 946 – ✉ 11010 Valsavarenche :*

Genzianella , ✆ 0165 95393 e rist ✆ 0165 95934, *Fax 0165 95397*, ≤ Gran Paradiso – ☎ P. rist
15 giugno-20 settembre – **Pasto** carta 30/55000 – 17000 – **26 cam** 80/130000 – ½ P 100/110000.

VALSOLDA *22010 Como* 428 D 9, 219 ⑧ – *1 747 ab. alt. (frazione San Mamete) 265.*
Roma 664 – Como 41 – Lugano 9 – Menaggio 18 – Milano 87.

a San Mamete – *✉ 22010 :*

Stella d'Italia, piazza Roma 1 ✆ 0344 68139, *Fax 0344 68729*, ≤, , « Terrazza-giardino sul lago », – TV ☎ . AE VISA. rist
10 aprile-5 ottobre – **Pasto** carta 45/70000 – **35 cam** 140/245000 – ½ P 125/150000.

VALTOURNENCHE *11028 Aosta* 988 ②, 428 E 4 – *2 292 ab. alt. 1 524 – a.s. febbraio-Pasqua, 20 luglio-agosto e Natale – Sport invernali : 1 524/3 100 m 1 5, (anche sci estivo a Breuil-Cervinia).*
via Roma 48 ✆ 0166 92029, Fax 0166 92430.
Roma 740 – Aosta 47 – Breuil-Cervinia 9 – Milano 178 – Torino 107.

Bijou, piazza Carrel 4 ✆ 0166 92109, *Fax 0166 92264*, ≤ – TV ☎. AE VISA. rist
chiuso maggio ed ottobre – **Pasto** *(chiuso lunedì in bassa stagione)* carta 35/50000 – 16000 – **20 cam** 70/130000 – ½ P 65/100000.

Al Caminetto, via Roma 30 ✆ 0166 92150, *Fax 0166 92879*, ≤ – TV ☎.
novembre-aprile e luglio-agosto – **Pasto** *(chiuso giovedì)* carta 25/35000 – 12000 – **18 cam** 60/120000 – ½ P 90000.

Jaj Alaj, frazione Evette 22 ✆ 0166 92185 – AE VISA.
chiuso dal 10 al 30 giugno e giovedì in bassa stagione – **Pasto** carta 40/60000.

VALVASONE *33098 Pordenone* 988 ⑤, 428 E 20 – *1 893 ab. alt. 59.*
Roma 607 – Udine 40 – Pordenone 19 – Venezia 103.

La Torre, piazza Castello 11 ✆ 0434 898802, prenotare, « Servizio estivo in giardino ».

VALVERDE *Forlì-Cesena* 430 J 19 – *Vedere Cesenatico.*

VARALLO *13019 Vercelli* [988] ②, [428] E 6, [219] ⑥ – *7 543 ab. alt. 451 – a.s. luglio-agosto e Natale.*
Vedere Sacro Monte★★.
Roma 679 – Biella 59 – Milano 105 – Novara 59 – Stresa 43 – Torino 121 – Vercelli 65.

a Crosa *Est : 3 km – ✉ 13019 Varallo :*

🍴 **Delzanno,** ☎ 0163 51439, ☂ – [P]. [AE] [$] ⓘ [MC] [VISA]. ✗
chiuso dal 1º al 10 settembre e lunedì – **Pasto** carta 35/65000.

a Sacro Monte *Nord : 4 km – ✉ 13019 Varallo :*

🏠 **Sacro Monte** ☀, ☎ 0163 54254, *Fax 0163 51189,* ☂, 🌳 – [TV] ☎ [P]. [AE] [$] ⓘ [MC] [VISA]. ✗ rist
marzo-ottobre – **Pasto** *(chiuso lunedì escluso da luglio a settembre)* carta 40/70000 – ☕ 15000 – **24 cam** 85/120000 – ½ P 75/95000.

VARANO DE' MELEGARI *43040 Parma* [988] ⑭, [428], [429], [430] H 12 – *2 137 ab. alt. 190.*
Roma 489 – Parma 36 – Piacenza 79 – Cremona 85 – La Spezia 97.

🏠 **Della Roccia,** via Martiri della Libertà 2 ☎ 0525 53728, *Fax 0525 53692,* 🌳 – [lift] ▤ [TV] ☎ ♿ [P]. [AE] [$] ⓘ [MC] [VISA]
chiuso dal 7 al 17 agosto – **Pasto** carta 40/70000 – **36 cam** ☕ 140/160000 – ½ P 130000.

🍴🍴 **Castello,** via Martiri della Libertà 129 ☎ 0525 53156, ☂, Coperti limitati; prenotare – ✗ [P]. [$] ⓘ [MC] [VISA]. ✗
chiuso dal 20 dicembre al 20 gennaio, lunedì e martedì – **Pasto** carta 60/80000.

VARAZZE *17019 Savona* [988] ⑬, [428] I 7 *G. Italia – 13 844 ab..*
[i] *viale Nazioni Unite (palazzo Comunale)* ☎ *019 935043, Fax 019 935916.*
Roma 534 – Genova 36 – Alessandria 82 – Cuneo 112 – Milano 158 – Savona 12 – Torino 153

🏠 **El Chico,** strada Romana 63 (strada statale Aurelia) Est : 1 km ☎ 019 931388 *Fax 019 932423,* ≤, « Parco ombreggiato con 🏊 », 🏋 – [TV] ☎ [P] – 🏛 125. [AE] [$] ⓘ [MC] [VISA] ✗
chiuso dal 20 dicembre a gennaio – **Pasto** 45000 – **38 cam** ☕ 115/230000 – ½ P 160000.

🏠 **Eden,** via Villagrande 1 ☎ 019 932888, *Fax 019 96315* – [lift] ▤ [TV] ☎ 📞 [P] – 🏛 60. [AE] [$] ⓘ [MC] [VISA] [JCB]. ✗
Pasto *(luglio-agosto)* carta 50/65000 e vedere anche rist ***Antico Genovese*** – ☕ 12000 – **45 cam** 90/170000 – ½ P 125/160000.

🏠 **Cristallo,** via Cilea 4 ☎ 019 97264, *Fax 019 96392,* 🏋 – [lift] ▤ [TV] ☎ 📞 🚗 [P] – 🏛 40. [AE] [$] ⓘ [MC] [VISA] [JCB]. ✗ rist
chiuso dal 20 dicembre al 6 gennaio – **Pasto** carta 45/60000 – ☕ 12000 – **45 cam** 95/160000 – ½ P 115/135000.

🏠 **Royal,** via Cavour 25 ☎ 019 931166, *Fax 019 96664,* ≤ – [lift] ▤ [TV] ☎ [P]. [AE] [$] ⓘ [MC] [VISA] ✗ rist
Pasto carta 40/55000 – **33 cam** ☕ 120/170000 – ½ P 110/140000.

🏠 **Manila,** via Villagrande 3 ☎ 019 934656, *Fax 019 931221,* 🌳 – [TV] ☎ [P]. [AE] [$] [MC] [VISA] ✗ rist
chiuso dal 20 settembre al 20 dicembre – **Pasto** carta 45/70000 – ☕ 15000 – **14 cam** 130000 – ½ P 90/110000.

🍴🍴 **Antico Genovese,** corso Colombo 70 ☎ 019 96482, *Fax 019 95965,* solo su prenotazione a mezzogiorno – ▤. [AE] [$] ⓘ [MC] [VISA]. ✗
chiuso dal 10 al 22 settembre, dal 22 al 30 dicembre e domenica (escluso da luglio settembre) – **Pasto** carta 70/120000.

🍴🍴 **Santa Caterina,** piazza Santa Caterina 4 ☎ 019 934672, ☂ – ▤. [AE] [$] ⓘ [MC] [VISA] [JCB]
chiuso dall'8 al 30 gennaio, dal 5 al 15 novembre e lunedì – **Pasto** carta 70/130000.

🍴🍴 **Cavetto,** piazza Santa Caterina 7 ☎ 019 97311, ☂, prenotare – [AE] [$] ⓘ [MC] [VISA]. ✗
chiuso dal 15 al 30 gennaio, dal 15 al 31 luglio, martedì e giovedì a mezzogiorno – **Pasto** specialità di mare carta 55/95000.

🍴 **Bri,** piazza Bovani 13 ☎ 019 934605, prenotare – [AE] [$] ⓘ [MC] [VISA]
chiuso dal 1º al 10 novembre e mercoledì – **Pasto** carta 55/85000.

VARENA *38030 Trento* [429] D 16 – *790 ab. alt. 1155.*
[i] *(dicembre-aprile e luglio-settembre) via Mercato 34* ☎ *0462 231448, Fax 0462 231448.*
Roma 638 – Trento 64 – Bolzano 44 – Cortina d'Ampezzo 104.

🏠 **Alpino,** via Mercato 8 ☎ 0462 340460, *Fax 0462 231609,* ≤, 🌳 – ▤ rist, [TV] ☎. [$] [MC] [VISA] ✗
chiuso maggio e novembre – **Pasto** 30000 – ☕ 12000 – **25 cam** 80/140000 – ½ P 115000.

VARENNA *23829 Lecco* 988 ③, 428 D 9 *G. Italia – 851 ab. alt. 220.*

Vedere *Giardini*★★ *di villa Monastero.*

per Menaggio (15 mn) e Bellagio (da 15 a 30 mn), giornalieri – Navigazione Lago di Como, via La Riva ☎ *0341 830270.*

Roma 642 – Como 50 – Bergamo 55 – Chiavenna 45 – Lecco 22 – Milano 78 – Sondrio 60.

Royal Victoria, piazza San Giorgio 5 ☎ 0341 815111, *Fax 0341 830722*, ≤, – – 60. AE VISA. rist
Pasto *(chiuso lunedì)* 45/60000 – **43 cam** ☐ 220/270000 – ½ P 140/165000.

Vecchia Varenna, via Scoscesa 10 ☎ 0341 830793, *Fax 0341 830793*, « Servizio estivo in terrazza sul porticciolo con ≤ lago e monti » – AE VISA
chiuso gennaio, lunedì, anche martedì da febbraio al 10 marzo – **Pasto** carta 55/80000.

VARESE *21100* **P** 988 ③, 428 E 8, 219 ⑧ *G. Italia – 84 052 ab. alt. 382.*

Dintorni *Sacro Monte*★★ : ≤★★ *Nord-Ovest : 8 km – Campo dei Fiori*★★ : ★★ *Nord-Ovest : 10 km.*

(chiuso lunedì) a Luvinate ✉ *21020* ☎ *0332 229302, Fax 0332 222107, per ⑤ : 6 km.*

viale Ippodromo 9 ☎ *0332 284624, Fax 0332 238093 – via Carrobbio 2* ☎ *0332 283604, Fax 0332 283604.*

A.C.I. *viale Milano 25* ☎ *0332 285150.*

Roma 633 ④ – Como 27 ② – Bellinzona 65 ② – Lugano 32 ① – Milano 56 ④ – Novara 53 ③ – Stresa 48 ③.

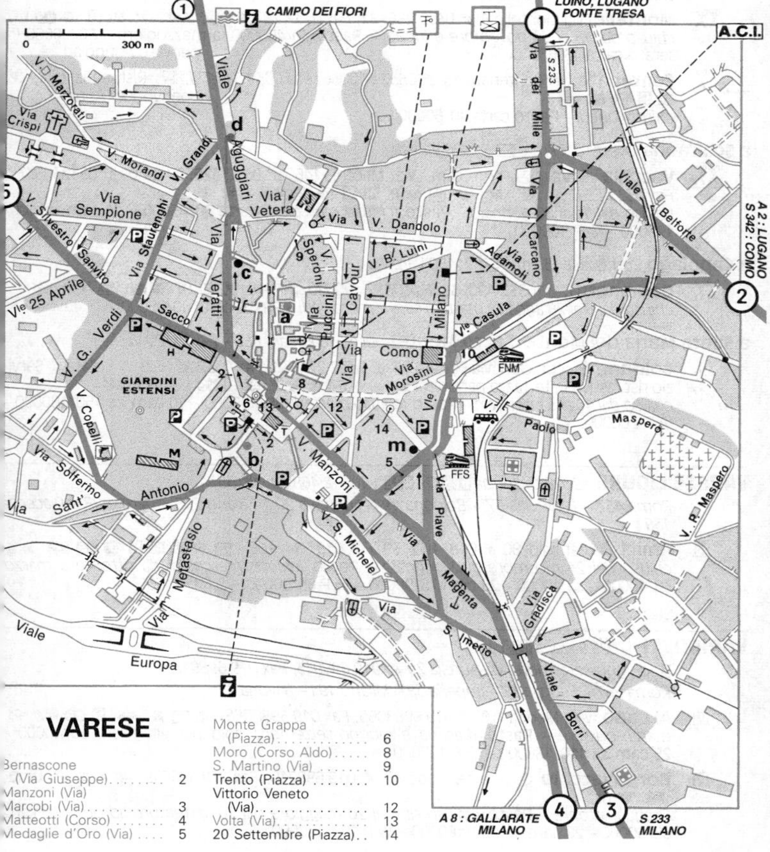

VARESE

Palace Hotel, a Colle Campigli ✆ 0332 312600, *Fax 0332 312870*, ≤, « Parco », – 200. rist per ⑤
Pasto carta 65/105000 – **112 cam** 290/410000, appartamento.

City Hotel senza rist, via Medaglie d'Oro 35 ✆ 0332 281304, *Fax 0332 232882* – – 50.
47 cam 180/235000.

Bologna, via Broggi 7 ✆ 0332 234362, *Fax 0332 287500*, –
chiuso dal 1º al 15 agosto – **Pasto** *(chiuso sabato)* carta 40/65000 – **14 cam** 95/120000
½ P 120/140000.

Lago Maggiore, via Carrobbio 19 ✆ 0332 231183, *Fax 0332 231183*, Coperti limita prenotare – .
chiuso 25-26 dicembre, 1º gennaio, luglio, domenica e lunedì a mezzogiorno – **Past** 100000 e carta 80/125000.

Il Gestore, viale Aguggiari 48 ✆ 0332 236404, , « Parco » – d
chiuso lunedì – **Pasto** carta 60/100000.

Al Vecchio Convento, viale Borri 348 ✆ 0332 261005, *Fax 0332 810701* – . per ③
chiuso dal 1º al 7 gennaio, agosto, domenica sera e lunedì – **Pasto** specialità toscane 600 bc e carta 55/80000.

Teatro, via Croce 3 ✆ 0332 241124, *Fax 0332 280994* – .
chiuso dal 25 luglio al 25 agosto e martedì – **Pasto** carta 65/100000.

Montello, via Montello 8 ✆ 0332 286181, *Fax 0332 287895*, , –
chiuso dal 15 al 30 novembre e lunedì – **Pasto** 30/400000 (a mezzogiorno) 50/60000 (sera) e carta 45/65000. per viale Aguggiari

Centenate, via Centenate 15 ✆ 0332 310036, *Fax 0332 310171*, , Rist. e pizzeria – per via XXV Aprile
chiuso lunedì – **Pasto** carta 40/60000.

a Schiranna *Ovest : 3,5 km – ✉ 21100 Varese :*

Vecchia Riva con cam, via Macchi 146 ✆ 0332 329300 e alb. ✆ 033232933 *Fax 0332 329300*, , – .
chiuso dal 1º al 10 gennaio – **Pasto** *(chiuso mercoledì)* carta 30/45000 – **11 cam** 100 120000 – ½ P 100000.

a Capolago *Sud-Ovest : 5 km – ✉ 21100 Varese :*

Da Annetta, ✆ 0332 490230, *Fax 0332 490020*, – .
chiuso dal 3 al 28 agosto, martedì sera e mercoledì – **Pasto** carta 60/85000.

a Santa Maria del Monte (Sacro Monte) *per ⑤ : 8 km alt. 880 – ✉ 21100 Varese :*

Colonne con cam, via Fincarà 37 ✆ 0332 224633, *Fax 0332 821593*, ≤ vallata, « Servizio rist. estivo in terrazza panoramica » – .
chiuso dal 10 al 31 gennaio – **Pasto** *(chiuso martedì)* 80/100000 – **10 cam** 150/280000
½ P 200000.

VARESE LIGURE *19028 La Spezia 988 ⑬, 428 I 10 – 2 468 ab. alt. 353.*

Roma 457 – La Spezia 57 – Bologna 194 – Genova 90 – Milano 203 – Parma 98 – Piacenz 139.

Amici, via Garibaldi 80 ✆ 0187 842139, *Fax 0187 842168* –
chiuso dal 24 dicembre al 2 gennaio – **Pasto** *(chiuso mercoledì da ottobre a marzo)* 30/40000 – 10000 – **29 cam** 75/90000 – ½ P 65/80000.

VARIGOTTI *17029 Savona 428 J 7.*

(giugno-settembre) via Aurelia 79 ✆ 019 698013, Fax 019 698013.
Roma 567 – Genova 68 – Imperia 58 – Milano 191 – Savona 22.

Al Capo, vico Mendaro 3 ✆ 019 6988066, *Fax 019 6988066* – .
marzo-ottobre – **Pasto** *(Pasqua e giugno-settembre; solo per alloggiati)* 35/40000 – **25 cam** 110/180000 – ½ P 120000.

Borgovecchio, via del Capo 45 ✆ 019 698010, *Fax 019 698559*, – . rist
Pasqua-ottobre – **Pasto** *(chiuso sino al 20 maggio e dal 20 settembre ad ottobre)* carta 35/50000 – **28 cam** 100/160000 – ½ P 100/120000.

XX **Muraglia-Conchiglia d'Oro,** via Aurelia 133 ✆ 019 698015 – P. AE ⑤ ⓓ ⓜ VISA. ✈
✿ *chiuso dal 15 gennaio al 15 febbraio, mercoledì e da ottobre a maggio anche martedì* – **Pasto** specialità di mare carta 70/110000
Spec. Bucatini agli scampi. Gallinella alla ligure. Grigliata mista.

X **La Caravella,** via Aurelia 56 ✆ 019 698028, ≤, prenotare, ✂ – P. AE ⑤ ⓓ ⓜ VISA JCB. ✈
chiuso novembre e lunedì – **Pasto** carta 60/90000.

VARZI *27057 Pavia 988 ⑬, 428 H 9 – 3 611 ab. alt. 416.*
piazza della Fiera ✆ 0383 545221.
Roma 585 – Piacenza 69 – Alessandria 59 – Genova 111 – Pavia 54.

X **Corona da Andrea** con cam, piazza della Fiera 19 ✆ 0383 52043, *Fax 0383 545345* – |‡| TV ☎. ⑤ ⓓ ⓜ VISA JCB. ✈
chiuso dal 3 al 30 gennaio – **Pasto** *(chiuso lunedì)* carta 40/65000 – ☕ 8000 – **13 cam** 95/160000 – ½ P 140000.

X **Buscone,** località Bosmenso 41 (Sud : 4 km) ✆ 0383 52224, Trattoria casalinga – ⑤ ⓓ ⓜ VISA. ✈
chiuso lunedì escluso da giugno a settembre – **Pasto** carta 30/45000.

VARZO *28868 Verbania 428 D 6, 217 ⑲ – 2 303 ab. alt. 568 – Sport invernali : a San Domenico : 1 320/2 320 m ⛷4, ⛷.*
Roma 711 – Stresa 45 – Domodossola 13 – Iselle 13 – Milano 104 – Novara 55 – Torino 176.

a San Domenico *Nord-Ovest : 11 km – alt. 1 420 – ✉ 28868 Varzo :*

Cuccini ⛰, ✆ 0324 7061, *Fax 0324 7061*, ≤, ⛱ – P. ✈
20 dicembre-10 aprile e giugno-settembre – **Pasto** *(chiuso mercoledì)* carta 35/55000 (10 %) – ☕ 10000 – **23 cam** 40/80000 – ½ P 65/70000.

VASON *Trento – Vedere Bondone (Monte).*

VASTO *66054 Chieti 988 ㉗, 430 P 26 – 34 591 ab. alt. 144 – a.s. 20 giugno-agosto.*
da Punta Penna per le Isole Tremiti giugno-settembre giornaliero (1 h 30 mn) – Adriatica di Navigazione-agenzia Massacesi, piazza Diomede 3 ✆ 0873 362680, Fax 0873 69380.
piazza del Popolo 18 ✆ 0873 367312.
Roma 271 – Pescara 70 – L'Aquila 166 – Campobasso 96 – Chieti 75 – Foggia 118.

XX **Castello Aragona,** via San Michele 105 ✆ 0873 69885, *Fax 0873 69885*, « Servizio estivo in terrazza-giardino ombreggiato con ≤ mare » – ▤ P. AE ⑤ ⓓ ⓜ VISA. ✈
chiuso dal 24 al 28 dicembre e lunedì – **Pasto** specialità di mare carta 45/65000.

X **Zi' Albina,** via Marchesani 15 ✆ 0873 367429 – ▤. AE ⑤ ⓜ VISA. ✈
chiuso dal 10 al 20 agosto e lunedì – **Pasto** specialità di mare carta 50/60000.

X **Lo Scudo,** corso Garibaldi 39 ✆ 0873 367782, *Fax 0873 367782*, ⛱ – AE ⑤ ⓓ ⓜ VISA JCB
chiuso dal 24 dicembre al 3 gennaio e martedì in bassa stagione – **Pasto** carta 40/60000 (10 %).

VASTO (Marina di) *66055 Chieti 430 P 26 – a.s. 20 giugno-agosto.*
Roma 275 – Pescara 72 – Chieti 74 – Vasto 3.

sulla strada statale 16 :

Excelsior M, contrada Buonanotte Sud : 4 km ✉ 66055 ✆ 0873 802222, *Fax 0873 802403*, ≤, ⛱, ⛱ – |‡| ▤ TV ☎ ♿ P – 🏛 120. AE ⑤ ⓓ ⓜ VISA. ✈
Pasto carta 40/60000 – **55 cam** ☕ 130/180000, 10 appartamenti – ½ P 135/155000.

Sporting, Sud : 2,5 km ✉ 66055 ✆ 0873 801908, *Fax 0873 801404*, « Terrazza-giardino fiorita », ⛱, ✂ – TV ☎ 🚗 P. AE ⑤ ⓓ ⓜ VISA. ✈
Pasto carta 40/50000 – ☕ 12000 – **22 cam** 100/140000 – ½ P 100000.

XX **Villa Vignola** ⛰ con cam, località Vignola Nord : 6 km ✉ 66054 Vasto ✆ 0873 310050, *Fax 0873 310060*, ⛱, prenotare, « Giardino con accesso diretto al mare e ≤ mare e costa » – ▤ TV ☎ P. AE ⑤ ⓓ ⓜ VISA JCB. ✈ rist
chiuso dal 21 al 28 dicembre – **Pasto** specialità di mare carta 50/70000 – **5 cam** ☕ 150/250000.

XX **Il Corsaro,** località Punta Penna-Porto di Vasto Nord : 8 km ✉ 66054 Vasto ✆ 0873 310113, ≤, ⛱, prenotare – P. AE ⑤ ⓜ VISA. ✈
chiuso lunedì escluso da aprile ad ottobre – **Pasto** specialità di mare carta 60/80000 (10 %).

VEDELAGO *31050 Treviso* 988 ⑤, 429 E 18 – *13 539 ab. alt. 43.*
Roma 534 – Padova 43 – Bassano del Grappa 28 – Belluno 28 – Treviso 18.

Antica Postumia Ⓜ, via Monte Grappa 36 (Nord-Ovest : 2 km) ✆ 0423 702[...] *Fax 0423 702257,* « Parco », – rist
Pasto *(chiuso mercoledì)* carta 40/60000 – **48 cam** 115/140000 – ½ P 120000.

VEDOLE *Parma – Vedere Colorno.*

VELLETRI *00049 Roma* 988 ㉖, 430 Q 20 *G. Roma – 48 580 ab. alt. 352.*
Escursioni *Castelli romani★★ NO per la via dei Laghi o per la strada S 7, Appia Antic[a] (circuito di 60 km).*
viale dei Volsci 8 ✆ 06 9630896, Fax 06 963367.
Roma 36 – Anzio 43 – Frosinone 61 – Latina 29 – Terracina 63 – Tivoli 56.

Da Benito al Bosco con cam, contrada Morice 20 ✆ 06 9633991, *Fax 06 964141[...]* , « Piccolo parco con » – rist,
Pasto carta 50/75000 – 10000 – **48 cam** 100/150000 – ½ P 130000.

Da Benito, via Lata 241 ✆ 06 9632220 –
chiuso agosto e lunedì – **Pasto** carta 50/65000.

VELLO *Brescia* 428 E 12 – *alt. 190 – ✉ 25054 Marone.*
Roma 591 – Brescia 34 – Milano 100.

Trattoria Glisenti, via Provinciale 34 ✆ 030 987222,
chiuso gennaio e giovedì – **Pasto** specialità pesce di lago carta 40/60000.

VELO D'ASTICO *36010 Vicenza* 429 E 16 – *2 297 ab. alt. 362.*
Roma 551 – Trento 57 – Treviso 83 – Verona 81 – Vicenza 36.

Giorgio e Flora, via Baldonò 1, al lago Nord-Ovest : 2 km ✆ 0445 713061 *Fax 0445 713068,*
chiuso dal 1° al 20 gennaio, dal 15 giugno al 10 luglio, lunedì e martedì – **Pasto** cart[a] 45/70000.

VELO VERONESE *37030 Verona* 429 F 15 – *801 ab. alt. 1 087.*
Roma 529 – Verona 35 – Brescia 103 – Milano 193 – Venezia 144 – Vicenza 81.

Tredici Comuni con cam, piazza della Vittoria 31 ✆ 045 7835566, *Fax 045 7835566* –
chiuso dal 15 settembre al 14 ottobre – **Pasto** *(chiuso martedì)* carta 30/35000 – **16 cam** 50/90000 – ½ P 60/65000.

In questa guida
uno stesso simbolo, una stessa parola
stampati in rosso o in nero, in magro o in ***grassetto***
hanno un significato diverso.

Leggete attentamente le pagine esplicative.

VENEZIA

30100 **P** 988 ⑤, 429 F 19 *G. Venezia – 293 731 ab.*

Roma 528 – Bologna 152 – Milano 267 – Trieste 158.

UFFICIO INFORMAZIONI TURISTICHE

Palazzetto Selva-Molo di San Marco 71/f ✉ 30124 ☎ 041 5208964, Fax 041 5298730.

Stazione Santa Lucia ✉ 30121 ☎ 041 5298727, Fax 041 719078.

Aeroporto ☎ 041 5415887, Fax 041 5415887.

INFORMAZIONI PRATICHE

Marco Polo di Tessera, Nord-Est : 13 km ☎ 041 2606111.
Alitalia, via Sansovino 7 Mestre-Venezia ✉ 30173 ☎ 041 2581111, Fax 041 2581246.

da piazzale Roma (Tronchetto) per il Lido-San Nicolò giornalieri (35 mn); dal Lido Alberoni per l'Isola di Pellestrina-Santa Maria del Mare giornalieri (15 mn).

da Riva degli Schiavoni per Punta Sabbioni giornalieri (40 mn); da Punta Sabbioni per le Isole di Burano (30 mn), Torcello (40 mn), Murano (1 h 10 mn), giornalieri; dalle Fondamenta Nuove per le Isole di Murano (10 mn), Burano (50 mn), Torcello (50 mn), giornalieri; dalle Fondamenta Nuove per Treporti di Cavallino giornalieri (1 h 10 mn); da Treporti di Cavallino per Venezia-Fondamenta Nuove (1 h 10 mn) per le Isole di Murano (1 h), Burano (20 mn), Torcello (25 mn), giornalieri – Informazioni: ACTV-Azienda Consorzio Trasporti Veneziano, piazzale Roma ✉ 30135 ☎ 041 5287886, Fax 041 5207135.

18 *(chiuso lunedì) al Lido Alberoni ✉ 30011 ☎ 041 731333, Fax 041 731339, 15 mn di vaporetto e 9 km ;*

18 *e* 9 *Ca' della Nave (chiuso martedì) a Martellago ✉ 30030 ☎ 041 5401926, Fax 041 5401555, Nord-Ovest : 12 km ;*

18 *e* 9 *Villa Condulmer (chiuso lunedì) a Zerman ✉ 31021 ☎ 041 457062, Fax 041 457202, Nord : 17 km.*

LUOGHI DI INTERESSE

Piazza San Marco★★★ KZ – *Basilica★★★* LZ – *Palazzo Ducale★★★* LZ – *Campanile★★ : ※★★* KLZ **Q** – *Museo Correr★★* KZ **M**[1] – *Ponte dei Sospiri★★* LZ.

Canal Grande★★★ :

Ponte di Rialto★★ KY – *Ca' d'Oro★★★* JX – *Gallerie dell'Accademia★★★* BV – *Ca' Dario★* DV – *Ca' Rezzonico★★* BV – *Palazzo Grassi★* BV – *Palazzo Vendramin-Calergi★* CT
Collezione Peggy Guggenheim★★ nel palazzo Venier dei Leoni DV **M**[1] – *Ca' Pesaro★* JX

Chiese :

Santa Maria della Salute★★ DV – *San Giorgio Maggiore★ : ※★★★ dal campanile* FV – *San Zanipolo★★* LX – *Santa Maria Gloriosa dei Frari★★★* BTU – *San Zaccaria★★* LZ – *Decorazione interna★★ del Veronese nella chiesa di San Sebastiano* BV – *Soffitto★ della chiesa di San Pantaleone* BU – *Santa Maria dei Miracoli★* KLX – *San Francesco della Vigna★* FT

Isola della Giudecca DV – *Ghetto★★* BT – *Scuola Grande di San Rocco★★★* BU – *Scuola di San Giorgio degli Schiavoni★★★* FU – *Scuola Grande dei Carmini★* BV – *Scuola Grande di San Marco★* LX – *Palazzo Labia★★* BT

Murano★★ : museo di arte vetraria★, chiesa dei Santi Maria e Donato★★ – Burano★★ – Torcello★★ : mosaici★★ nella basilica di Santa Maria Assunta.

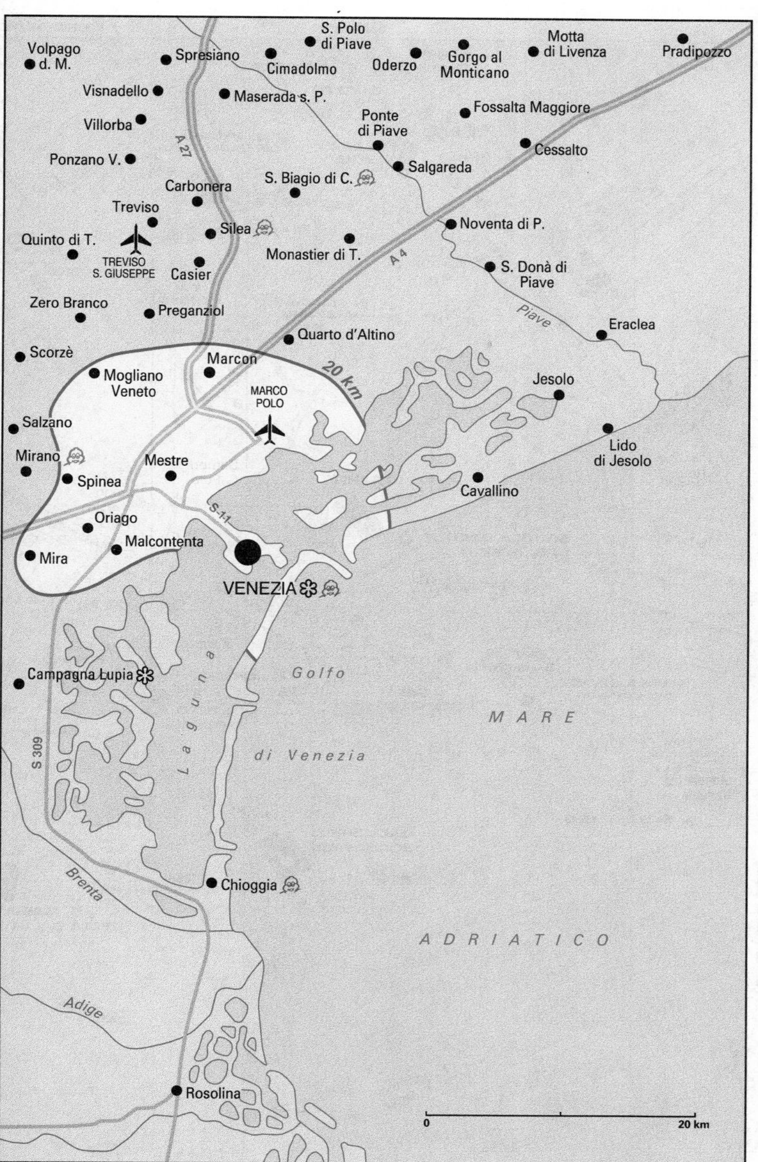

Le Ottime Tavole

Per voi abbiamo contraddistinto alcuni alberghi (🏠 ... 🏨) e ristoranti (✕ ... ✕✕✕✕✕) con ☺, ✿, ✿✿ o ✿✿✿.

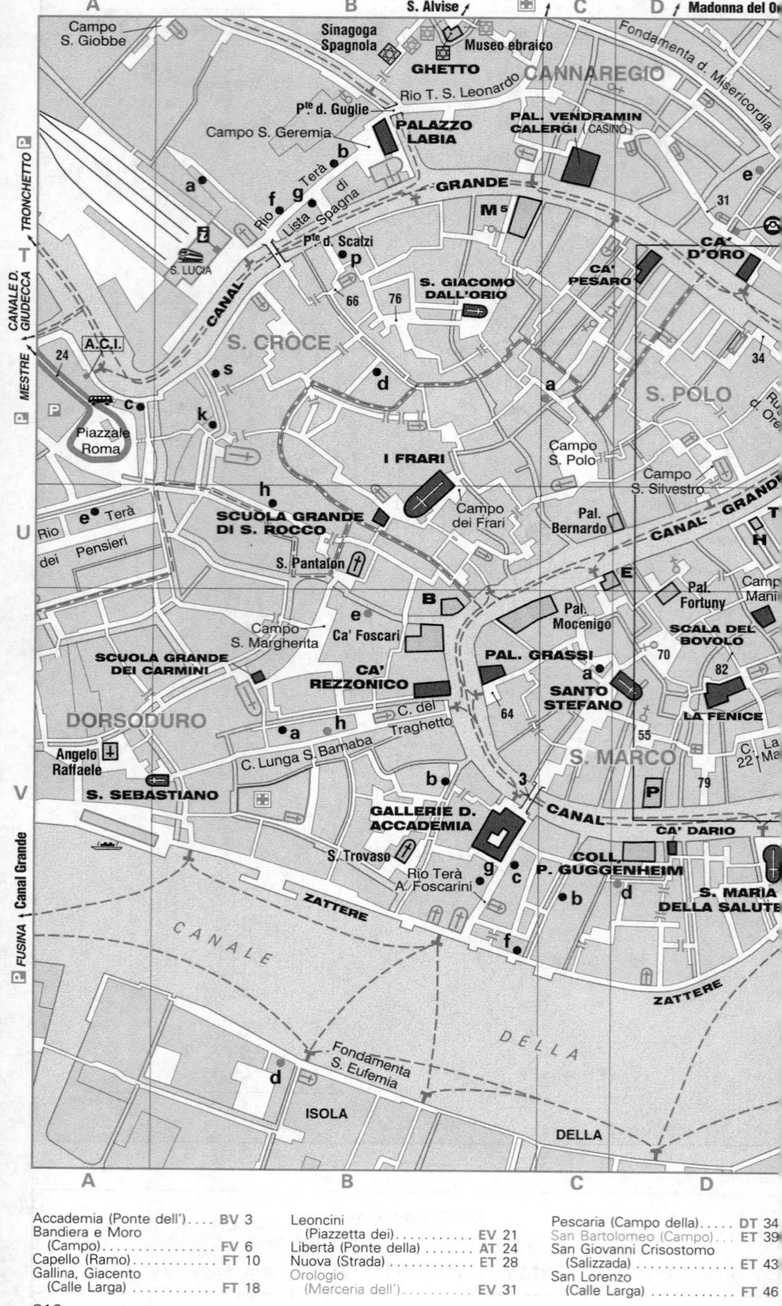

A
B
C
D
S. Alvise
Madonna del Or
Campo S. Giobbe
Sinagoga Spagnola
Museo ebraico
GHETTO
CANNAREGIO
Fondamenta d. Misericordia
Rio T. S. Leonardo
Pte. d. Guglie
Campo S. Geremia
PALAZZO LABIA
PAL. VENDRAMIN CALERGI (CASINO)
Rio Terà di Lista Spagna
GRANDE
M5
TRONCHETTO
T
S. LUCIA
Pte. d. Scalzi
CANAL
CA' D'ORO
CA' PESARO
S. GIACOMO DALL'ORIO
CANALE D. GIUDECCA
MESTRE
A.C.I.
S. CROCE
S. POLO
Piazzale Roma
I FRARI
Campo S. Polo
Campo S. Silvestro
Rio Terà dei Pensieri
U
SCUOLA GRANDE DI S. ROCCO
Campo dei Frari
Pal. Bernardo
CANAL GRANDE
S. Pantalon
Pal. Fortuny
Pal. Mocenigo
Campo S. Margherita
Ca' Foscari
SCALA DEL BOVOLO
SCUOLA GRANDE DEI CARMINI
PAL. GRASSI
CA' REZZONICO
SANTO STEFANO
LA FENICE
DORSODURO
C. del Traghetto
C. Lunga S. Barnaba
S. MARCO
Angelo Raffaele
S. SEBASTIANO
V
GALLERIE D. ACCADEMIA
CA' DARIO
Canal Grande
S. Trovaso
COLL. P. GUGGENHEIM
Rio Terà A. Foscarini
S. MARIA DELLA SALUTE
ZATTERE
FUSINA
CANALE
DELLA
Fondamenta S. Eufemia
ISOLA
DELLA

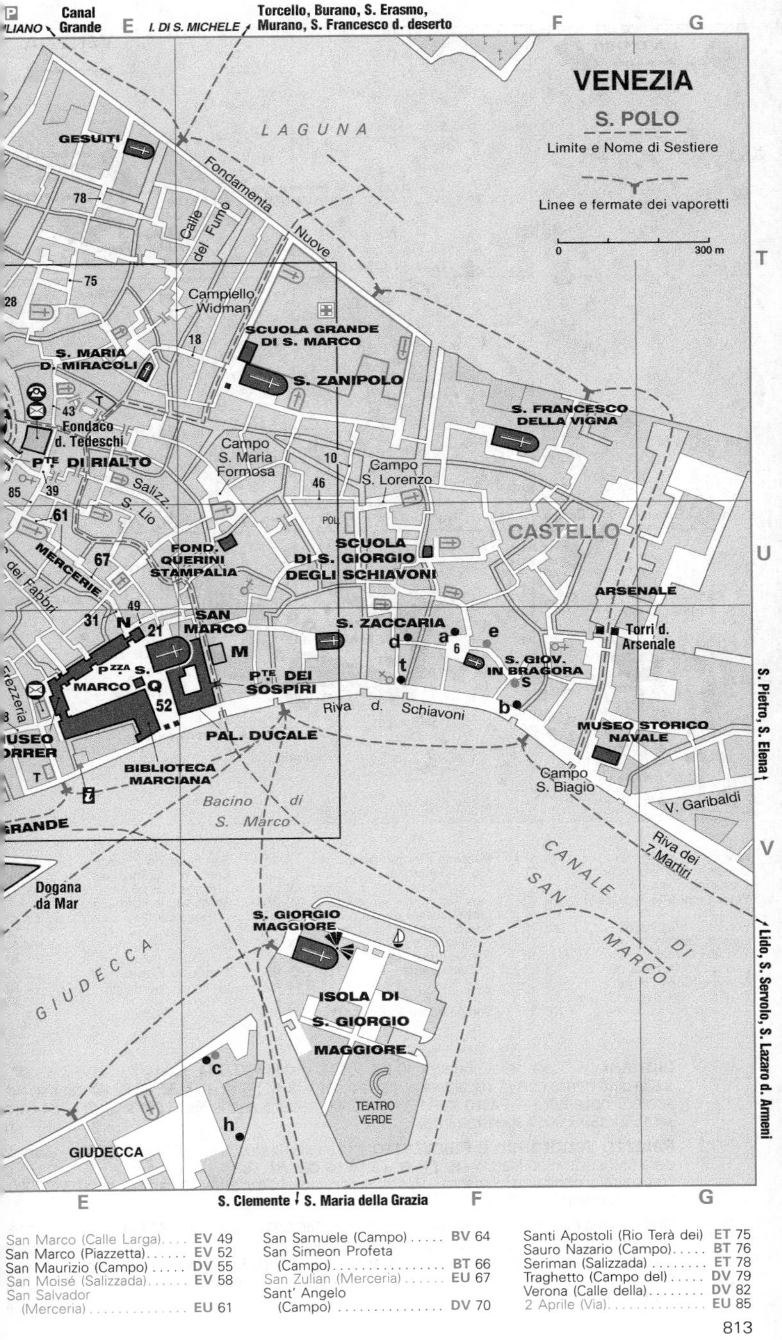

VENEZIA
S. POLO
Limite e Nome di Sestiere
Linee e fermate dei vaporetti
0
300 m
Canal Grande
I. DI S. MICHELE
Torcello, Burano, S. Erasmo, Murano, S. Francesco d. deserto
LAGUNA
GESUITI
Fondamenta Nuove
Calle del Fumo
Campiello Widman
SCUOLA GRANDE DI S. MARCO
S. ZANIPOLO
S. MARIA D. MIRACOLI
Fondaco d. Tedeschi
P^TE DI RIALTO
Salizz. S. Lio
Campo S. Maria Formosa
Campo S. Lorenzo
S. FRANCESCO DELLA VIGNA
CASTELLO
MERCERIE
FOND. QUERINI STAMPALIA
SCUOLA DI S. GIORGIO DEGLI SCHIAVONI
ARSENALE
Torri d. Arsenale
SAN MARCO
S. ZACCARIA
S. GIOV. IN BRAGORA
P^ZZA S. MARCO
P^TE DEI SOSPIRI
Riva d. Schiavoni
PAL. DUCALE
MUSEO STORICO NAVALE
BIBLIOTECA MARCIANA
Campo S. Biagio
V. Garibaldi
Bacino di S. Marco
Riva dei 7 Martiri
CANALE DI SAN MARCO
S. Pietro, S. Elena
Dogana da Mar
S. GIORGIO MAGGIORE
ISOLA DI S. GIORGIO MAGGIORE
TEATRO VERDE
GIUDECCA
Lido, S. Servolo, S. Lazaro d. Armeni
S. Clemente
S. Maria della Grazia

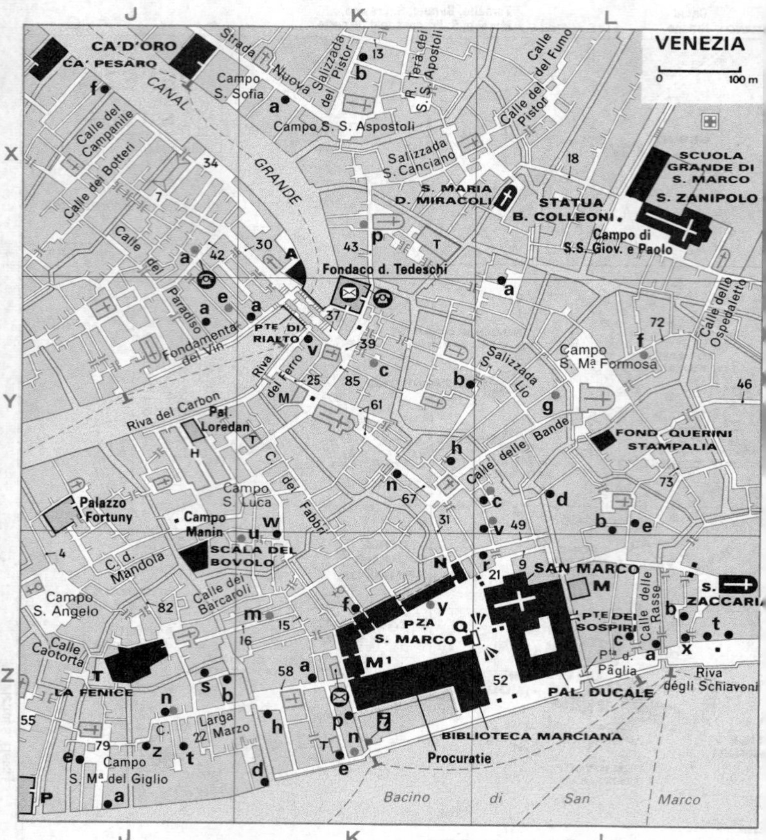

Avvocati (Calle degli)	JZ	4
Beccarie (Campo delle)	JX	7
Canonica (Calle di)	LZ	9
Franceschi (Rio Terà dei)	KX	13
Frezzeria	KZ	15
Frezzeria (Piscina di)	KZ	16
Gallina, Giacento (Calle Larga)	LX	18
Leoncini (Piazzetta dei)	LZ	21
Mazzini (Calle Larga)	KY	25
Orefici (Ruga degli)	KX	30
Orologio (Merceria dell')	KY	31
Pescaria (Campo della)	JX	34
Pio X (Salizzada)	KY	37
Rialto (Ponte di)	KY	
San Bartolomeo (Campo)	KY	39
San Giovanni (Ruga Vecchia)	JX	42
San Giovanni Crisostomo (Salizzada)	KX	43
San Lorenzo (Calle Larga)	LY	46
San Marco (Calle Larga)	LYZ	49
San Marco (Piazza)	KZ	
San Marco (Piazzetta)	LZ	52
San Maurizio (Campo)	JZ	55
Santa Maria Formosa (Calle Lunga)	LY	72
Santa Maria Formosa (Ruga Giuffa)	LY	73
San Moisé (Salizzada)	KZ	58
San Salvador (Merceria)	KY	61
San Zulian (Merceria)	KY	67
Traghetto (Campo del)	JZ	79
Verona (Calle della)	JZ	82
2 Aprile (Via)	KY	85
22 Marzo (Calle Larga)	JZ	

Cipriani, isola della Giudecca 10 ✉ 30133 ✆ 041 5207744, *Fax 041 5203930*, ←, « Giardino fiorito con riscaldata », – |‡| ▤ TV ☎ – 80. AE ⓢ ⓞ ⓜⓒ VISA. *aprile-5 novembre* – **Pasto** carta 140/190000 vedere anche Rist. ***Cip's Club*** – **84 cam** ▭ 1550/1800000, 7 appartamenti. FV h

Palazzo Vendramin e Palazzetto, isola della Giudecca 10 ✆ 041 5207744, ← Canale della Giudecca e San Marco – ▤ TV ☎. AE ⓢ ⓞ ⓜⓒ VISA. *chiuso dal 9 gennaio al 3 marzo* – **Pasto** vedere hotel ***Cipriani*** – **10 cam** ▭ 1100/3100000, 5 appartamenti 3600/5100000. FV c

Gritti Palace, campo Santa Maria del Giglio 2467, San Marco ✉ 30124 ✆ 041 794611, *Fax 041 5200942*, ← Canal Grande, pontile d'attracco privato, « Servizio rist. estivo all'aperto sul Canal Grande » – |‡|, cam, ▤ TV ☎ – 100. AE ⓢ ⓞ ⓜⓒ VISA JCB. **Pasto** al Rist. ***Club del Doge*** carta 145/230000 – ▭ 46500 – **87 cam** 785/1155000, 6 appartamenti. JZ a

DINTORNI DI VENEZIA CON RISORSE ALBERGHIERE

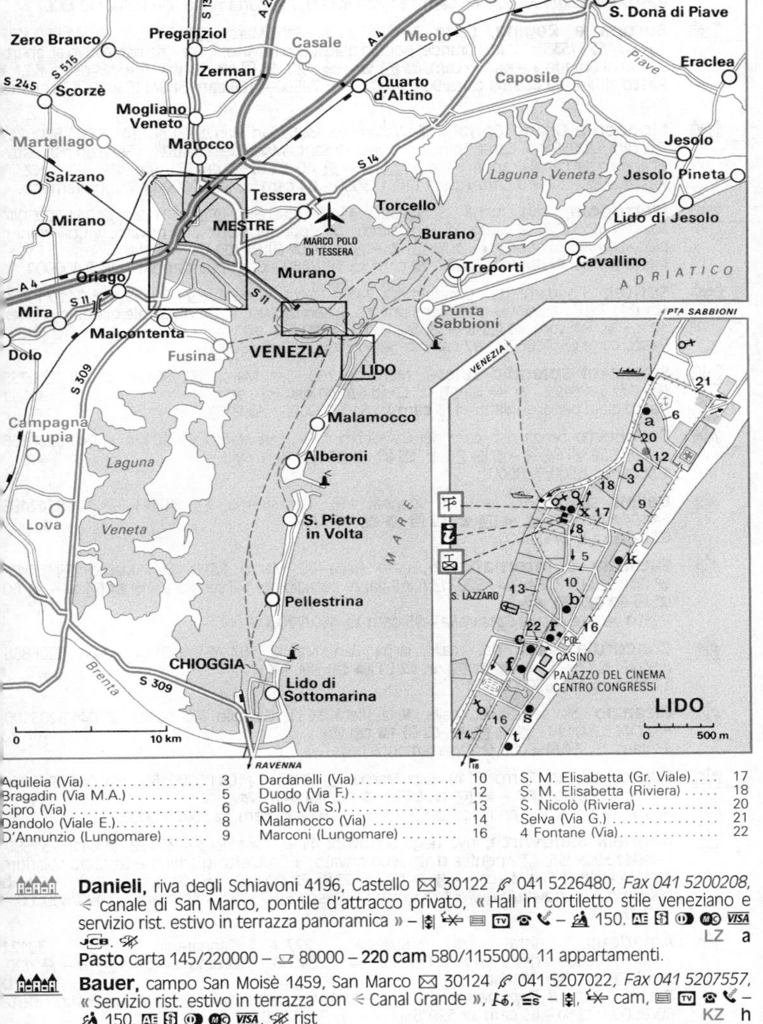

Aquileia (Via)	3	Dardanelli (Via)	10	S. M. Elisabetta (Gr. Viale)	17
Bragadin (Via M.A.)	5	Duodo (Via F.)	12	S. M. Elisabetta (Riviera)	18
Cipro (Via)	6	Gallo (Via S.)	13	S. Nicolò (Riviera)	20
Dandolo (Viale E.)	8	Malamocco (Via)	14	Selva (Via G.)	21
D'Annunzio (Lungomare)	9	Marconi (Lungomare)	16	4 Fontane (Via)	22

Danieli, riva degli Schiavoni 4196, Castello ⊠ 30122 ✆ 041 5226480, *Fax 041 5200208,* ← canale di San Marco, pontile d'attracco privato, « Hall in cortiletto stile veneziano e servizio rist. estivo in terrazza panoramica » – 150. AE VISA JCB. LZ a
Pasto carta 145/220000 – 80000 – **220 cam** 580/1155000, 11 appartamenti.

Bauer, campo San Moisè 1459, San Marco ⊠ 30124 ✆ 041 5207022, *Fax 041 5207557,* « Servizio rist. estivo in terrazza con ← Canal Grande », cam, – 150. AE VISA. rist KZ h
Pasto carta 120/160000 – 55000 – **136 cam** 1595000, 49 appartamenti – ½ P 890000.

Londra Palace, riva degli Schiavoni 4171 ⊠ 30122 ✆ 041 5200533, *Fax 041 5225032,* ← canale di San Marco, AE VISA JCB LZ t
Pasto al Rist. ***Do Leoni*** (Rist. elegante; coperti limitati prenotare) carta 95/170000 – **53 cam** 735/950000.

Luna Hotel Baglioni, calle larga dell'Ascensione 1243, San Marco ⊠ 30124 ✆ 041 5289840, *Fax 041 5287160,* pontile d'attracco privato – 150. AE VISA. rist KZ p
Pasto 100/140000 e al Rist. ***Canova*** *(chiuso dal 1º al 15 gennaio ed agosto)* carta 90/140000 – **111 cam** 450/850000, 7 appartamenti.

Grand Hotel Palazzo dei Dogi, Fondamenta Madonna dell'Orto 3500, Cannaregg
30121 041 2208111, *Fax 041 722278*, , « Antico palazzo veneziano con parc
secolare » – – 50. AE VISA JCB. per Madonna dell'Orto DT
Pasto carta 80/120000 – **65 cam** 520/650000, 7 appartamenti – ½ P 300/400000.

Europa e Regina, Corte Barozzi 2159, San Marco 30124 041 520047
Fax 041 5231533, ≤ Canal Grande, pontile d'attracco privato, « Servizio rist. estivo all'apert
sul Canal Grande » – , cam, – 120. AE VISA JCB. rist KZ
Pasto al Rist. ***La Cusina*** carta 90/140000 – 79500 – **168 cam** 580/1155000, 17 apparta-
menti.

Monaco e Grand Canal, calle Vallaresso 1325, San Marco 30124 041 520021
Fax 041 5200501, ≤ Canal Grande e Chiesa di Santa Maria della Salute, « Servizio rist. estiv
all'aperto sul Canal Grande » – – 40. AE VISA JCB. KZ
Pasto al Rist. ***Grand Canal*** carta 120/175000 – **64 cam** 520/900000, 7 appartamenti.

Metropole, riva degli Schiavoni 4149, Castello 30122 041 520504
Fax 041 5223679, ≤ canale di San Marco, , pontile d'attracco privato, « Collezioni d
piccoli oggetti d'epoca » – – 100. AE VISA JCB. FV
Pasto al Rist. ***Al Buffet*** 65000 – **72 cam** 590/680000, 4 appartamenti – ½ P 400000.

Sofitel, Fondamenta Condulmer 245, Santa Croce 30135 041 71040
Fax 041 710394, pontile d'attracco privato, « Servizio rist. in un piacevole giardino d'inver
no » – , cam, – 50. AE VISA. BT
Pasto carta 65/130000 – **97 cam** 520/720000 – ½ P 430000.

Starhotel Splendid-Suisse, Mercerie 760, San Marco 30124 041 520075
Fax 041 5286498 – . AE VISA JCB. KY
Pasto (solo per alloggiati) – **173 cam** 610/800000 – ½ P 470000.

Cavalletto senza rist, calle del Cavalletto 1107, San Marco 30124 041 520095
Fax 041 5238184, ≤ – . AE VISA JCB. KZ
107 cam 500/720000.

Bellini senza rist, lista di Spagna 116, Cannaregio 30121 041 5242488
Fax 041 715193 – . AE VISA JCB BT
67 cam 370/530000.

Saturnia e International, calle larga 22 Marzo 2398, San Marco 3012
041 5208377, *Fax 041 5207131*, « Palazzo patrizio del 14° secolo » – – 60
AE VISA JCB JZ
Pasto vedere rist ***La Caravella*** – **95 cam** 450/720000.

Concordia senza rist, calle larga San Marco 367 30124 041 520686
Fax 041 5206775, ≤ – . AE VISA. LZ
57 cam 440/650000.

Bisanzio senza rist, calle della Pietà 3651, Castello 30122 041 5203100
Fax 041 5204114 – . AE VISA FV
43 cam 350/450000, 2 appartamenti.

Rialto, riva del Ferro 5149, San Marco 30124 041 5209166, *Fax 041 5238958*
≤ Ponte di Rialto, – . AE VISA JCB. KY
Pasto *(chiuso sino a aprile)* carta 60/90000 (12 %) – **79 cam** 300/600000.

Gabrielli Sandwirth, riva degli Schiavoni 4110, Castello 30122 041 5231580
Fax 041 5209455, , pontile d'attracco privato, « Cortiletto-giardino e terrazza solarium
con ≤ canale di San Marco » – . AE VISA JCB. rist FV
chiuso dal 26 novembre al 31 dicembre – **Pasto** 50/75000 – **100 cam** 420/690000 –
½ P 470000.

Amadeus, lista di Spagna 227, Cannaregio 30121
041 2206000 e rist 041 715610, *Fax 041 2204040*, « Giardino » – – 120.
AE VISA JCB. rist BT
Pasto al Rist. ***Il Papageno*** *(chiuso mercoledì escluso da maggio a settembre)* carta
60/85000 (12 %) – **63 cam** 520/550000 – ½ P 335000.

Giorgione senza rist, SS. Apostoli 4587, Cannaregio 30131 041 5225810
Fax 041 5239092, « Corte interna fiorita » – . AE VISA. KX
65 cam 390/490000, 3 appartamenti.

Montecarlo, calle dei Specchieri 463, San Marco 30124 041 5207144
Fax 041 5207789 – . AE VISA JCB LY
Pasto vedere rist ***Antico Pignolo*** – **48 cam** 450/550000.

Kette senza rist, San Marco-piscina San Moisè 2053 30124 041 5207766
Fax 041 5228964 – . AE VISA. JZ
70 cam 400/450000.

Savoia e Jolanda, riva degli Schiavoni 4187, Castello ✉ 30122 ☎ 041 5206644, *Fax 041 5207494*, ≤ canale di San Marco, – 📠 ▤ TV ☎. AE 🅂 ⓓ MC VISA. LZ x
Pasto *(chiuso martedì escluso da marzo al 14 novembre)* carta 60/120000 (12 %) – **77 cam** ☕ 250/450000.

La Colombina senza rist, calle Remedio 4416, Castello ✉ 30123 ☎ 0412 770525, *Fax 0412 776044* – 📠 ▤ TV ☎ & – 20. AE 🅂 ⓓ MC VISA JCB LY d
32 cam ☕ 490/620000.

Ai Due Fanali senza rist, Campo San Simeon Grande 946, Santa Croce ✉ 30135 ☎ 041 718490, *Fax 041 718344*, « Altana-solarium » – 📠 ▤ TV ☎. AE 🅂 ⓓ MC VISA. BT p
16 cam ☕ 270/350000.

Firenze senza rist, Salizada San Moisè 1490, San Marco ✉ 30124 ☎ 041 5222858, *Fax 041 5202668* – 📠 ▤ TV ☎. AE 🅂 ⓓ MC VISA JCB. KZ a
25 cam ☕ 290/390000.

Panada senza rist, San Marco-calle dei Specchieri 646 ✉ 30124 ☎ 041 5209088, *Fax 041 5209619* – 📠 ▤ TV ☎. AE 🅂 ⓓ MC VISA JCB LY v
48 cam ☕ 400/500000.

Flora senza rist, calle larga 22 Marzo 2283/a, San Marco ✉ 30124 ☎ 041 5205844, *Fax 041 5228217*, « Piccolo giardino fiorito » – 📠 ▤ TV ☎. AE 🅂 ⓓ MC VISA JCB. JZ t
44 cam ☕ 280/370000.

Abbazia senza rist, calle Priuli dei Cavalletti 68, Cannaregio ✉ 30121 ☎ 041 717333, *Fax 041 717949*, « In un antico convento », – ▤ TV ☎. AE 🅂 ⓓ MC VISA. BT a
39 cam ☕ 345/380000.

Belle Arti senza rist, rio terà Foscarini 912/A, Dorsoduro ✉ 30123 ☎ 041 5226230, *Fax 041 5280043* – 📠 ▤ TV ☎ &. AE 🅂 ⓓ MC VISA. BV g
66 cam ☕ 300/340000.

American senza rist, fondamenta Bragadin 628, Dorsoduro ✉ 30123 ☎ 041 5204733, *Fax 041 5204048* – ▤ TV ☎. AE 🅂 MC VISA. CV b
28 cam ☕ 280/400000.

Castello senza rist, Castello-calle Figher 4365 ✉ 30122 ☎ 041 5230217, *Fax 041 5211023* – ▤ TV ☎. AE 🅂 ⓓ MC VISA. LY b
26 cam ☕ 360/400000.

Santa Chiara senza rist, fondamenta Santa Chiara 548, Santa Croce ✉ 30125 ☎ 041 5206955, *Fax 041 5228799* – 📠 ▤ TV ☎ P. AE 🅂 ⓓ MC VISA. AT c
28 cam ☕ 260/410000.

Pausania senza rist, fondamenta Gherardini 2824, Dorsoduro ✉ 30123 ☎ 041 5222083, *Fax 041 5222989*, – ▤ TV ☎. AE 🅂 MC VISA JCB BV a
26 cam ☕ 250/360000.

Santa Marina senza rist, campo Santa Marina 6068, Castello ✉ 30122 ☎ 041 5239202, *Fax 041 5200907* – ▤ TV ☎. AE 🅂 ⓓ MC VISA JCB LXY a
28 cam ☕ 320/400000.

Gardena senza rist, fondamenta dei Tolentini 239, Santa Croce ✉ 30135 ☎ 041 2205000, *Fax 041 2205020*, – 📠 ▤ TV ☎. AE 🅂 ⓓ MC VISA JCB. BT s
☕ 25000 – **22 cam** 275/400000.

Torino senza rist, calle delle Ostreghe 2356, San Marco ✉ 30124 ☎ 041 5205222, *Fax 041 5228227* – ▤ TV ☎. AE 🅂 ⓓ MC VISA JCB JZ z
20 cam ☕ 300/340000.

San Cassiano-Cà Favretto senza rist, calle della Rosa 2232, Santa Croce ✉ 30135 ☎ 041 5241768, *Fax 041 721033*, ≤, pontile d'attracco privato – ▤ TV ☎. AE 🅂 MC VISA JCB JX f
36 cam ☕ 350/450000.

Marconi senza rist, riva del Vin 729, San Polo ✉ 30125 ☎ 041 5222068, *Fax 041 5229700* – ▤ TV ☎. AE 🅂 ⓓ MC VISA JCB KY a
26 cam ☕ 350/455000.

La Calcina senza rist, fondamenta zattere ai Gesuati 780, Dorsoduro ✉ 30123 ☎ 041 5206466, *Fax 041 5227045*, « Altana panoramica e terrazza sul canale della Giudecca » – ▤ ☎. AE 🅂 ⓓ MC VISA JCB. BV f
29 cam ☕ 160/280000.

Olimpia senza rist, Santa Croce 395-fondamenta delle Burchielle ✉ 30135 ☎ 041 711041, *Fax 041 5246777*, – 📠 ▤ TV ☎. AE 🅂 ⓓ MC VISA JCB AU e
36 cam ☕ 240/380000.

Ala senza rist, campo Santa Maria del Giglio 2494, San Marco ✉ 30124 ☎ 041 5208333, *Fax 041 5206390* – 📠 ▤ TV ☎. AE 🅂 ⓓ MC VISA JCB. JZ e
chiuso dal 7 gennaio al 15 aprile – **85 cam** ☕ 240/380000.

Campiello senza rist, calle del Vin 4647, Castello ✉ 30122 ☎ 041 5239682, *Fax 041 5205798* – ▤ TV ☎. AE 🅂 ⓓ MC VISA. LZ b
16 cam ☕ 190/300000.

Spagna senza rist, lista di Spagna 184, Cannaregio ✉ 30121 ☎ 041 715011, *Fax 041 2750256* – AE VISA JCB — BT g
19 cam 250/380000.

San Moisè senza rist, calle del Cristo 2058, San Marco ✉ 30124 ☎ 041 5203755, *Fax 041 5210670* – AE VISA JCB — JZ b
16 cam 350/450000.

Paganelli senza rist, riva degli Schiavoni 4687, Castello ✉ 30122 ☎ 041 5224324, *Fax 041 5239267* – AE VISA — LZ t
22 cam 190/300000.

Falier senza rist, salizzada San Pantalon 130, Santa Croce ✉ 30135 ☎ 041 710882, *Fax 041 5206554* – VISA — BU h
19 cam 230/280000.

Locanda Ai Santi Apostoli senza rist, strada Nuova 4391, Cannaregio ✉ 30131 ☎ 041 5212612, *Fax 041 5212611* – AE VISA — KX a
chiuso dal 15 dicembre al 15 febbraio e dal 10 al 24 agosto – **10 cam** 390/490000.

Locanda Sturion senza rist, San Polo-calle Sturion 679 ✉ 30125 ☎ 041 5236243, *Fax 041 5228378* – AE VISA — JY a
11 cam 210/330000.

Serenissima senza rist, calle Goldoni 4486, San Marco ✉ 30124 ☎ 041 5200011, *Fax 041 5223292* – AE VISA — KYZ w
chiuso dal 15 novembre a febbraio – **37 cam** 190/300000.

Pensione Accademia-Villa Maravage senza rist, fondamenta Bollani 1058, Dorsoduro ✉ 30123 ☎ 041 5237846, *Fax 041 5239152*, « Giardino » – AE VISA — BV b
27 cam 200/360000.

Commercio e Pellegrino senza rist, calle della Rasse 4551/A, Castello ✉ 30122 ☎ 041 5207922, *Fax 041 5225016* – AE VISA JCB — LZ c
25 cam 285/380000.

Agli Alboretti, rio terà Foscarini 884, Accademia ✉ 30123 ☎ 041 5230058, *Fax 041 5210158*, – cam, AE VISA — BV c
chiuso dal 7 gennaio al 19 febbraio – **Pasto** *(chiuso agosto, mercoledì e giovedì a mezzogiorno)* carta 70/105000 – **19 cam** 165/260000 – ½ P 195000.

Canaletto senza rist, calle de la Malvasia 5487, Castello ✉ 30122 ☎ 041 5220518, *Fax 041 5229023* – AE VISA — KY b
33 cam 300/320000.

San Zulian senza rist, calle San Zulian 535, San Marco ✉ 30124 ☎ 041 5225872, *Fax 041 5232265* – AE VISA — KY h
20 cam 290/350000.

Basilea senza rist, rio Marin 817, Santa Croce ✉ 30135 ☎ 041 718477, *Fax 041 720851* – AE VISA — BT d
chiuso dal 10 al 31 gennaio – **30 cam** 230/320000.

La Residenza senza rist, campo Bandiera e Moro 3608, Castello ✉ 30122 ☎ 041 5285315, *Fax 041 5238859* – AE VISA — FV a
15 cam 170/250000.

Bridge senza rist, calle della Sacrestia 4498, Castello ✉ 30122 ☎ 041 5205287, *Fax 041 5202297* – AE VISA — LY e
13 cam 350/380000.

Locanda Fiorita senza rist, campiello Novo 3457/A, San Marco ✉ 30124 ☎ 041 5234754, *Fax 041 5228043* – AE VISA — CV a
10 cam 180000.

Caffè Quadri, piazza San Marco 120 ✉ 30124 ☎ 041 5222105, *Fax 041 5208041*, ≤, prenotare, particolari – AE VISA JCB — KZ y
chiuso a mezzogiorno in luglio-agosto, lunedì e martedì a mezzogiorno da novembre a marzo – **Pasto** carta 115/180000.

Harry's Bar, calle Vallaresso 1323, San Marco ✉ 30124 ☎ 041 5285777, *Fax 041 5208822*, Rist.-american bar, prenotare – AE VISA — KZ n
Pasto carta 145/200000 (10%)
Spec. Tartare di tonno (primavera-autunno). San Pietro ai capperi e pomodoro (primavera-autunno). Pasticceria "della casa".

La Caravella - Hotel Saturnia e International, calle larga 22 Marzo 2397, San Marco ✉ 30124 ☎ 041 5208901, Rist. caratteristico, Coperti limitati prenotare, nei mesi estivi servizio nel cortiletto, « Terrazza-solarium » – AE VISA JCB — JZ n
Pasto carta 110/170000.

XXX **La Colomba,** piscina di Frezzeria 1665, San Marco ✉ 30124 ☎ 041 5221175, *Fax 041 5221468*, « Raccolta di quadri d'arte contemporanea » – ▤ – 60. AE ⓢ ⓓ ⓜ VISA JCB. KZ n
chiuso mercoledì e giovedì a mezzogiorno escluso maggio-ottobre – **Pasto** carta 100/180000 (15 %).

XX Do Forni, calle dei Specchieri 457/468, San Marco ✉ 30124 ☎ 041 5237729, *Fax 041 5288132*, prenotare – ▤ LY c

XX **Antico Pignolo,** calle dei Specchieri 451, San Marco ✉ 30124 ☎ 041 5228123, *Fax 041 5209007*, – ▤. AE ⓢ ⓓ ⓜ VISA JCB LY v
Pasto carta 115/190000 (12 %).

XX **Osteria da Fiore,** calle del Scaleter 2202/A, San Polo ✉ 30125 ☎ 041 721308, *Fax 041 721343*, Coperti limitati, prenotare – ▤. AE ⓢ ⓓ ⓜ VISA JCB CT a
✿ *chiuso dal 24 dicembre al 12 gennaio, agosto, domenica e lunedì* – **Pasto** specialità di mare carta 120/190000
Spec. Saor di scorfano (estate). Triglie al forno con i fichi (estate). Tagliata di tonno al rosmarino.

XX **Harry's Dolci,** fondamenta San Biagio 773, Giudecca ✉ 30133 ☎ 041 5224844, *Fax 041 5222322*, Ristorante-caffetteria, « Servizio estivo all'aperto sul Canale della Giudecca » – ▤. AE ⓢ ⓓ ⓜ VISA JCB BV d
26 marzo-7 novembre; chiuso martedì – **Pasto** 75/80000 (12 %) e carta 85/105000 (12 %).

XX **Cip's Club** - Hotel Cipriani, fondamenta de le Zitelle 10, Giudecca ✉ 30133 ☎ 041 2408575, « Servizio estivo all'aperto sul canale della Giudecca » – ▤. AE ⓢ ⓓ ⓜ VISA FV c
chiuso dal 9 gennaio al 3 marzo – **Pasto** carta 120/170000.

XX **Al Covo,** campiello della Pescaria 3968, Castello ✉ 30122 ☎ 041 5223812, –
chiuso dal 15 dicembre al 15 gennaio, agosto, mercoledì e giovedì – **Pasto** 55000 (solo a mezzogiorno) e carta 80/120000. FV s

XX **Fiaschetteria Toscana,** San Giovanni Grisostomo 5719, Cannareggio ✉ 30121 ☎ 041 5285281, *Fax 041 5285521*, – ▤. AE ⓢ ⓓ ⓜ VISA KX p
chiuso dall'11 luglio all'8 agosto, lunedì a mezzogiorno e martedì – **Pasto** carta 65/100000.

XX **Ai Mercanti,** Corte Coppo 4346/A, San Marco ✉ 30124 ☎ 041 5238269, *Fax 041 5238269*, – ▤. AE ⓢ ⓓ ⓜ VISA. KZ u
chiuso domenica e lunedì a mezzogiorno – **Pasto** carta 70/120000.

XX **Ai Gondolieri,** fondamenta de l'Ospedaleto 366, Dorsoduro ✉ 30123 ☎ 041 5286396, *Fax 041 5210075*, prenotare la sera – AE ⓢ ⓓ ⓜ VISA. DV d
chiuso martedì – **Pasto** solo piatti di carne 90000 e carta 100/140000 (10 %).

XX **Da Mario alla Fava,** calle Stagneri 5242 e Galiazzo 5265, San Marco ✉ 30124 ☎ 041 5285147, *Fax 041 5236847*, – AE ⓢ ⓓ ⓜ VISA KY c
chiuso dal 7 al 20 gennaio – **Pasto** carta 65/100000 (12 %).

X **Corte Sconta,** calle del Pestrin 3886, Castello ✉ 30122 ☎ 041 5227024, *Fax 041 5227513*, « Servizio estivo sotto un pergolato » – ⓢ ⓓ ⓜ VISA FV e
chiuso domenica e lunedì – **Pasto** carta 65/100000.

X **Vini da Gigio,** Cannaregio 3628/a-Fondamenta San Felice ✉ 30131 ☎ 041 5285140, Osteria con cucina, Coperti limitati; prenotare – ▤. AE ⓢ ⓓ ⓜ VISA DT e
chiuso dal 15 al 31 gennaio, dal 15 al 31 agosto e lunedì – **Pasto** carta 50/85000.

X **Hostaria da Franz,** fondamenta Sant'Isepo 754, Castello ✉ 30122 ☎ 041 5220861, *Fax 041 2419278*, – ▤. AE ⓢ ⓜ VISA per riva dei 7 Martiri
chiuso gennaio e martedì – **Pasto** carta 80/130000.

X **Trattoria alla Madonna,** calle della Madonna 594, San Polo ✉ 30125 ☎ 041 5223824, *Fax 041 5210167*, Trattoria veneziana – AE ⓢ ⓜ VISA JCB. JY e
chiuso dal 24 dicembre a gennaio, dal 4 al 17 agosto e mercoledì – **Pasto** carta 50/75000 (12 %).

X **Alle Testiere,** calle del Mondo Novo 5801, Castello ✉ 30122 ☎ 041 5227220, *Fax 041 5227220*, Osteria con cucina, prenotare – ▤. ⓢ ⓜ VISA LY g
chiuso dal 24 dicembre al 12 gennaio, dal 25 luglio al 25 agosto e domenica – **Pasto** solo specialità di mare carta 65/90000.

X **Antica Trattoria Furatola,** calle lunga San Barnaba 2870, Dorsoduro ✉ 30123 ☎ 041 5208594 – AE ⓢ ⓓ ⓜ VISA JCB BV h
chiuso dall'8 al 24 gennaio, agosto, lunedì a mezzogirono e giovedì – **Pasto** specialità di mare carta 75/115000 (10 %).

X **Trattoria Dona Onesta,** calle Dona Onesta 3922, Dorsoduro ✉ 30123 ☎ 041 710586, *Fax 041 710586* – ▤. AE ⓢ VISA BV e
chiuso domenica – **Pasto** carta 30/65000 (10 %).

X **Al Mascaron,** calle Longa Santa Maria Formosa 5225 ✉ 30121 ☎ 041 5225995, Bacaro-osteria con uso cucina – LY f
chiuso dal 15 dicembre al 15 gennaio e domenica – **Pasto** carta 60/70000.

Ostaria Antico Dolo, ruga vecchia San Giovanni 778, San Polo ✉ 30125 ☎ 041 5226546, Bacaro con cucina, solo su prenotazione la sera – ▤. AE ⓢ ⓜⓒ VISA
chiuso luglio e domenica – Pasto carta 50/90000. JX a

Osteria Al Bacco, fondamenta Capuzine San Girolamo 3054, Cannaregio ✉ 30121 ☎ 041 717493, Osteria con cucina, prenotare – AE ⓢ ⓓ ⓜⓒ VISA
chiuso dal 10 al 25 gennaio, dal 10 al 25 agosto e lunedì – **Pasto** carta 45/90000.
per via Fondamenta della Misericordia CDT

al Lido *15 mn di vaporetto da San Marco* KZ – ✉ *30126 Venezia Lido.*
Accesso consentito agli autoveicoli durante tutto l'anno da Piazzale Roma.
ℹ *Gran Viale S. M. Elisabetta 6* ☎ *041 5265721 :*

Excelsior, lungomare Marconi 41 ☎ 041 5260201, *Fax 041 5267276*, ≤, , , , 18 – , cam, ▤ TV ☎ ♿ P – 600. AE ⓢ ⓓ ⓜⓒ VISA JCB. s
15 marzo-20 novembre – **Pasto** carta 160/260000 – **193 cam** 1020/1075000, 3 appartamenti.

Des Bains, lungomare Marconi 17 ☎ 041 5265921, *Fax 041 5260113*, ≤, , « Parco fiorito con riscaldata e », , , , – ▤ TV ☎ P – 380. AE ⓢ ⓓ ⓜⓒ VISA JCB. k
maggio-20 novembre – **Pasto** carta 140/225000 e al Rist. ***Pagoda*** *(giugno-settembre; chiuso la sera)* carta 50/110000 – **191 cam** 790/975000, appartamento.

Villa Mabapa, riviera San Nicolò 16 ☎ 041 5260590, *Fax 041 5269441*, pontile privato, « Servizio rist. estivo in giardino » – ▤ TV ☎ – 60. AE ⓢ ⓓ ⓜⓒ VISA JCB. rist a
Pasto *(chiuso a mezzogiorno escluso dal 15 maggio ad ottobre)* carta 65/95000 – **68 cam** 310/500000 – 1/2 P 305000.

Quattro Fontane , via 4 Fontane 16 ☎ 041 5260227, *Fax 041 5260726*, « Servizio rist. estivo in giardino », – ▤ TV ☎ P – 40. AE ⓢ ⓓ ⓜⓒ VISA. rist r
aprile-14 novembre – **Pasto** carta 110/170000 – **59 cam** 530/550000 – 1/2 P 365000.

Le Boulevard senza rist, Gran Viale S. M. Elisabetta 41 ☎ 041 5261990, *Fax 041 5261917* – ▤ TV ☎ P. AE ⓢ ⓓ ⓜⓒ VISA JCB x
50 cam 370/530000.

Ca' del Borgo senza rist, piazza delle Erbe 8, località Malamocco Sud : 6 km ☎ 041 770749, *Fax 041 770744*, ≤, « In una villa nobiliare del 1500 », – ▤ TV ☎. AE ⓢ ⓓ ⓜⓒ VISA JCB
8 cam 350/450000.

Villa Tiziana senza rist, via Andrea Gritti 3 ☎ 041 5261152, *Fax 041 5262145* – ▤ TV ☎. AE ⓢ ⓓ ⓜⓒ VISA JCB. c
16 cam 360/400000.

La Meridiana senza rist, via Lepanto 45 ☎ 041 5260343, *Fax 041 5269240*, – ▤ TV ☎. AE ⓢ ⓓ ⓜⓒ VISA b
24 febbraio-16 novembre – **33 cam** 280/340000.

Petit Palais senza rist, lungomare Marconi 54 ☎ 041 5265993, *Fax 041 5260781*, ≤ – ▤ TV ☎. AE ⓢ ⓓ ⓜⓒ VISA t
chiuso da dicembre al 1º febbraio – **26 cam** 310/340000.

Villa Stella senza rist, via Sandro Gallo 111 ✉ 30126 ☎ 041 5260745, *Fax 041 5261081*, – TV ☎ P. AE ⓢ ⓓ ⓜⓒ VISA. f
Carnevale e aprile-ottobre – **12 cam** 180/230000.

Trattoria Favorita, via Francesco Duodo 33 ☎ 041 5261626, *Fax 041 5261626*, « Servizio estivo all'aperto » – AE ⓢ ⓓ ⓜⓒ VISA JCB d
chiuso dal 15 gennaio al 15 febbraio e lunedì – **Pasto** carta 65/105000.

Al Vecio Cantier, via della Droma 76 località Alberoni Sud : 10 km ✉ 30011 Alberoni ☎ 041 5268130, , prenotare – AE ⓢ ⓓ ⓜⓒ VISA JCB
chiuso gennaio, novembre, lunedì e martedì, da giugno a settembre aperto martedì sera – **Pasto** specialità di mare carta 60/105000.

Andri, Via Lepanto 21 ☎ 041 5265482 – AE VISA
chiuso gennaio, febbraio, lunedì e martedì – **Pasto** carta 50/60000.

a Murano *10 mn di vaporetto da Fondamenta Nuove* EFT *e 1 h 10 mn di vaporetto da Punta Sabbioni* – ✉ *30141 :*

Ai Frati, Fondamenta Venier 4 ☎ 041 736694, *Fax 041 739346*, Trattoria marinara, « Servizio estivo in terrazza sul canale » – ⓢ ⓜⓒ VISA
chiuso febbraio e giovedì – **Pasto** carta 50/75000 (12 %).

Busa-alla Torre, piazza Santo Stefano 3 ☎ 041 739662, *Fax 041 739662*, – AE ⓢ ⓓ ⓜⓒ VISA
chiuso la sera – **Pasto** carta 65/75000 (12 %).

a Burano *50 mn di vaporetto da Fondamenta Nuove* EFT *e 32 mn di vaporetto da Punta Sabbioni – ✉ 30012 :*

X **Da Romano,** via Galuppi 221 ✆ 041 730030, *Fax 041 735217*, « Raccolta di quadri di pittori contemporanei » – ▤. AE 🅂 ⓓ ⓜⓒ VISA
chiuso dal 15 dicembre al 15 febbraio, domenica sera e martedì – **Pasto** carta 55/90000 (12 %).

X **Al Gatto Nero-da Ruggero,** Fondamenta della Giudecca 88 ✆ 041 730120, *Fax 041 735570*, Trattoria tipica – AE 🅂 ⓓ ⓜⓒ VISA
chiuso dal 15 al 31 gennaio, dal 15 al 30 novembre e lunedì – **Pasto** carta 40/85000.

a Torcello *45 mn di vaporetto da Fondamenta Nuove* EFT *e 37 mn di vaporetto da Punta Sabbioni – ✉ 30012 Burano :*

XX **Locanda Cipriani,** piazza Santa Fosca 29 ✆ 041 730150, *Fax 041 735433*, « Servizio estivo in giardino » – ▤. AE 🅂 ⓓ ⓜⓒ VISA
chiuso da gennaio al 15 febbraio e martedì – **Pasto** 65/75000 e carta 105/140000.

a Pellestrina *1 h e 10 mn di vaporetto da riva degli Schiavoni* GZ *o 45 mn di autobus dal Lido – ✉ 30010 :*

X **Da Celeste,** via Vianelli 625/B ✆ 041 967355, *Fax 041 967355*, « Servizio estivo in terrazza sul mare » – ▤.
marzo-ottobre; chiuso mercoledì – **Pasto** solo specialità di mare carta 50/95000.

VENOSA *85029 Potenza* 988 ㉘, 431 E 29 – *12 186 ab. alt. 412.*

Roma 327 – Bari 128 – Foggia 74 – Napoli 139 – Potenza 68.

Il Guiscardo, via Accademia dei Rinascenti 106 ✆ 0972 32362, *Fax 0972 32916* – ▤ TV ☎ P – 200. AE 🅂 ⓓ ⓜⓒ VISA JCB.
Pasto carta 30/50000 – **36 cam** ☕ 85/120000 – ½ P 85000.

Villa del Sorriso, via Appia 135 ✆ 0972 35975, *Fax 0972 32082* – TV ☎ P. AE 🅂 ⓜⓒ VISA.
Pasto carta 30/45000 – ☕ 5000 – **29 cam** 65/95000 – ½ P 80000.

VENTIMIGLIA *18039 Imperia* 988 ⑫, 428 K 4 *G. Italia – 26 788 ab..*

Dintorni *Giardini Hanbury★★ a Mortola Inferiore Ovest : 6 km.*

Escursioni *Riviera di Ponente★ Est.*

🅸 *via Cavour 61 ✆ 0184 351183, Fax 0184 351183.*

Roma 658 ① – Imperia 48 ② – Cuneo 89 ① – Genova 159 ① – Milano 282 ① – Nice 40 ① – San Remo 17 ②.

Pianta pagina seguente

Kaly, lungomare Trento e Trieste 67 ✆ 0184 295218, *Fax 0184 295118*, ≤ – TV ☎ P. AE 🅂 ⓓ ⓜⓒ VISA. per via G. Oberdan
Pasto (solo per alloggiati) carta 40/60000 – ☕ 7500 – **26 cam** 125000 – ½ P 115000.

Sole Mare, via Marconi 22 ✆ 0184 351854 e rist ✆ 0184 230878, *Fax 0184 230988*, ≤ – TV ☎. AE 🅂 ⓓ ⓜⓒ VISA. cam a
chiuso dal 10 gennaio al 10 febbraio – **Pasto** al rist ***Pasta e Basta*** (solo primi piatti) *chiuso dal 1° al 18 novembre, a mezzogiorno (escluso venerdì-sabato-domenica) e lunedì* carta 25/45000 – ☕ 12000 – **28 cam** 120/150000.

Sea Gull senza rist, via Marconi 24 ✆ 0184 351726, *Fax 0184 231217*, ≤ – TV ☎. AE 🅂 ⓓ ⓜⓒ VISA k
☕ 12000 – **27 cam** 90/150000.

Posta senza rist, via Sottoconvento 15 ✆ 0184 351218, *Fax 0184 231600* – TV ☎. AE 🅂 ⓓ ⓜⓒ VISA. u
26 cam ☕ 100/140000.

XX **Ustaria d'a Porta Marina,** via Trossarelli 22 ✆ 0184 351650 – ▤. AE 🅂 ⓓ ⓜⓒ VISA JCB
chiuso dal 13 novembre al 7 dicembre, martedì sera e mercoledì (escluso luglio-agosto) – **Pasto** 60/80000 e carta 55/90000. c

XX **Marco Polo,** passeggiata Cavallotti 2 ✆ 0184 352678, *Fax 0184 355684*, – AE 🅂 ⓜⓒ VISA b
chiuso dal 4 novembre al 3 dicembre, dal 13 gennaio all'11 febbraio, domenica sera e lunedì (escluso luglio-agosto) – **Pasto** carta 55/85000.

X **Cuneo,** via Aprosio 16 ✆ 0184 33576 – ▤ x
chiuso giugno, martedì sera e mercoledì – **Pasto** carta 50/85000 (10 %).

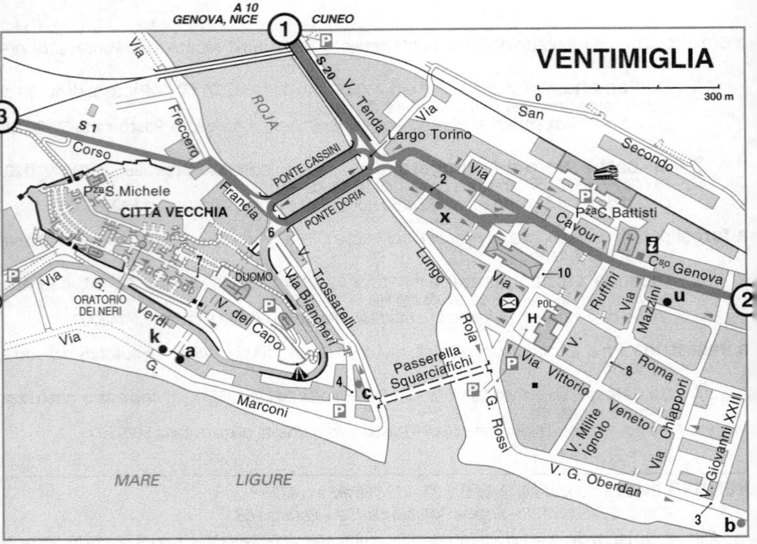

Aprosio (Via) 2
Cavallotti (Passeggiata F.) 3
Cavour (Via)
Colombo (Via) 4
Costituente
(Piazza della) 6
Garibaldi (Via) 7
Matteotti (Via G.) 8
Repubblica (Corso della) 10

a Castel d'Appio *per ③ : 5 km – alt. 344 – ✉ 18039 :*

🏨 **La Riserva** 🐦, ☎ 0184 229533, *Fax 0184 229712*, ≤ mare e costa, « Servizio rist. estivo in terrazza panoramica », 🏊, 🌳 – 📺 ☎ 🅿. AE 💳 ⓞ 💳 VISA. ✂
22 dicembre-6 gennaio e Pasqua-settembre – **Pasto** carta 60/95000 (15 %) – ☕ 15000 – **25 cam** 170/220000 – ½ P 160/170000.

verso la frontiera di Ponte San Ludovico :

🍴🍴🍴 ✿ **Balzi Rossi,** via Balzi Rossi 2-ponte San Ludovico, alla frontiera per ③ : *8 km* ✉ 18039 Ventimiglia ☎ 0184 38132, *Fax 0184 38532*, ⛱, Coperti limitati; prenotare, « Servizio estivo in terrazza con ≤ mare e costa » – ▤. AE 💳 ⓞ 💳 VISA. ✂
chiuso dall'8 al 15 dicembre, dal 1º al 15 marzo, lunedì, martedì a mezzogiorno ed in agosto anche domenica a mezzogiorno – **Pasto** 75000 bc (solo a mezzogiorno) 145000 e carta 130/185000
Spec. Terrina di coniglio allo champagne (dicembre-maggio). Lasagnette al pesto leggero (dicembre-maggio). Gamberi di San Remo.

🍴🍴🍴 ✿ **Baia Beniamin** 🐦 con cam, corso Europa 63, località Grimaldi Inferiore per ③ : *6 km* ✉ 18039 Ventimiglia ☎ 0184 38002, *Fax 0184 38002*, ≤, ⛱, Coperti limitati; prenotare, « In una piccola baia-terrazze fiorite digradanti verso il mare », ⛵ – 📺 ☎ 🅿. AE 💳 ⓞ 💳 VISA. ✂
chiuso dal 22 al 29 marzo e novembre – **Pasto** *(chiuso domenica sera e lunedì, in luglio-agosto solo lunedì)* 70000 (solo a mezzogiorno ed escluso i giorni festivi) 120000 e carta 100/150000 – **5 cam** ☕ 350/450000
Spec. Grande insalata tiepida di mare. Tagliolini di grano saraceno con crostacei. Risotto ai gamberoni e favette (primavera).

VENUSIO *Matera* [431] E 31 – *Vedere Matera.*

VERANO (VØRAN) *39010 Bolzano* [429] C 15, [218] ⑭ – *876 ab. alt. 1 204.*
Roma 640 – Bolzano 27 – Merano 18 – Trento 81.

🏨 Oberwirt 🐦, via Paese 38 ☎ 0473 278129, *Fax 0473 278247*, ≤ monti e vallata, 🏊, 🌳 – 📺 ☎ 🅿
stagionale – **20 cam.**

VERBANIA P 988 ②, 428 E 7 – *30 307 ab. alt. 197 (frazione Pallanza).*

Vedere *Pallanza*★★ – *Lungolago*★★ – *Villa Taranto*★★.

Escursioni *Isole Borromee*★★★ *(giro turistico : da Intra 25-50 mn di battello e da Pallanza 10-30 mn di battello).*

(chiuso mercoledì) ℘ 0323 80800, Fax 0323 80771;

Piandisole (aprile-novembre; chiuso mercoledì escluso dal 16 giugno al 15 settembre) a Premeno ✉ 28818 ℘ 0323 587100, Fax 0323 587100, Nord-Est : 11 km.

da Intra per Laveno-Mombello giornalieri (20 mm); da Pallanza per le Isole Borromee giornalieri (40 mn) – Navigazione Lago Maggiore: a Intra ℘ 0323 402321 e a Pallanza ℘ 0323 503220.

a Pallanza, corso Zanitello 6/8 ℘ 0323 503249, Fax 0323 503249.

Roma 674 – Stresa 17 – Domodossola 38 – Locarno 42 – Milano 95 – Novara 72 – Torino 146.

a Intra – ✉ *28921 :*

Ancora senza rist, corso Mameli 65 ℘ 0323 53951, *Fax 0323 53978*, ≤ – |‡| ▤ TV ☎. AE S ⓓ MC VISA JCB
20000 – **21 cam** 160/220000, appartamento.

Intra senza rist, corso Mameli 133 ℘ 0323 581393, *Fax 0323 581404* – |‡| TV ☎ ♿. AE S ⓓ MC VISA
15000 – **34 cam** 90/170000.

Touring, corso Garibaldi 26 ℘ 0323 404040, *Fax 0323 519001* – ▤ rist, TV ☎ P. AE S ⓓ MC VISA. ✻
chiuso dal 23 dicembre al 23 gennaio – **Pasto** (solo per alloggiati e *chiuso domenica*) 35/40000 – 15000 – **24 cam** 70/110000, 6 appartamenti – ½ P 85/90000.

La Tavernetta, via San Vittore 22 ℘ 0323 402635 – AE S ⓓ MC VISA
chiuso novembre e martedì – **Pasto** carta 45/65000.

Isolino, piazza San Vittore 3/A ℘ 0323 53897 – AE S ⓓ MC VISA
chiuso dal 7 al 31 gennaio e lunedì – **Pasto** carta 50/75000.

Trattoria le Volte, via San Vittore 149 ℘ 0323 404051.

a Pallanza – ✉ *28922 :*

Belvedere, piazza Imbarcadero ℘ 0323 503202, *Fax 0323 504466*, ≤ – |‡| ☎. AE S ⓓ MC VISA. ✻ rist
20 marzo-20 ottobre – **Pasto** carta 45/65000 – 12500 – **52 cam** 115/150000 – ½ P 100/125000.

San Gottardo, piazza Imbarcadero ℘ 0323 504465, *Fax 0323 504466*, ≤ – |‡| ☎. AE S ⓓ MC VISA. ✻ rist
20 marzo-20 ottobre – **Pasto** carta 45/65000 – 12500 – **37 cam** 115/150000 – ½ P 100/125000.

Il Torchio, via Manzoni 20 ℘ 0323 503352, *Fax 0323 503352*, Coperti limitati; prenotare – AE S ⓓ MC VISA
chiuso mercoledì – **Pasto** carta 55/85000.

Pace con cam, via Cietti 1 ℘ 0323 557207, *Fax 0323 557341*, ≤ lago e monti – |‡| TV ☎ – 60. AE S MC VISA. ✻ rist
Pasto *(chiuso martedì da ottobre a maggio)* carta 50/75000 – 13000 – **10 cam** 140000 – ½ P 115000.

Osteria dell'Angolo, piazza Garibaldi 35 ℘ 0323 556362, , Coperti limitati; prenotare – AE S ⓓ MC VISA
chiuso gennaio o febbraio e lunedì – **Pasto** carta 40/70000.

a Suna *Nord-Ovest : 2 km* – ✉ *28925 :*

Il Monastero, via Castelfidardo 5 ℘ 0323 502544, *Fax 0323 502544*, prenotare – ▤. AE S ⓓ MC VISA JCB
chiuso dal 25 luglio al 10 agosto e lunedì – **Pasto** carta 60/100000.

a Fondotoce *Nord-Ovest : 6 km* – ✉ *28924 :*

Piccolo Lago con cam, via Turati 87, al lago di Mergozzo Nord-Ovest : 2 km ℘ 0323 586792, *Fax 0323 586791*, ≤, « Servizio estivo in terrazza sul lago », Ls, , – ▤ rist, TV ☎ P. AE S ⓓ MC VISA JCB. ✻ rist
Pasto 80/120000 bc e carta 80/120000 – **12 cam** 150/230000 – ½ P 155000.

VERBANO *Vedere Lago Maggiore.*

Se cercate un albergo tranquillo,
oltre a consultare le carte dell'introduzione,
individuate nell'elenco degli esercizi quelli con il simbolo o .

VERCELLI *13100* P 988 ② ⑫, 428 G 7 – *47 926 ab. alt. 131.*
viale Garibaldi 90 ✆ 0161 58002, Fax 0161 64632.
A.C.I. corso Fiume 73 ✆ 0161 257822.
Roma 633 ⑤ – *Alessandria 55* ③ – *Aosta 121* ③ – *Milano 74* ⑤ – *Novara 23* ① – *Pavia 70* ① –
Torino 80 ③.

VERCELLI

Borgogna (Via Antonio) 2
Brigata Cagliari (Largo) 3
Cagna (Via G. A.) 4
Cavour (Piazza)
Chicco (Via) 5
D'Angennes (Piazza A.) 8
Dante Alighieri (Via)
De Amicis (Via Edmondo) 9
Ferraris (Via G.)
Foá (Via A.) 10
Fratelli Ponti (Via) 12
Gastaldi (Corso) 13
Goito (Via) 15
Libertà (Corso)
Martiri della Libertà (Piazza) . . . 16
Matteotti (Corso) 18
Mazzucchelli (Piazza) 19
Monte di Pietà (Via) 20
Palazzo Vecchio (Piazza) 21
S. Eusebio (Piazza) 22
Vallotti (Via) 24
Zumaglini (Piazza) 26
20 Settembre (Via) 28

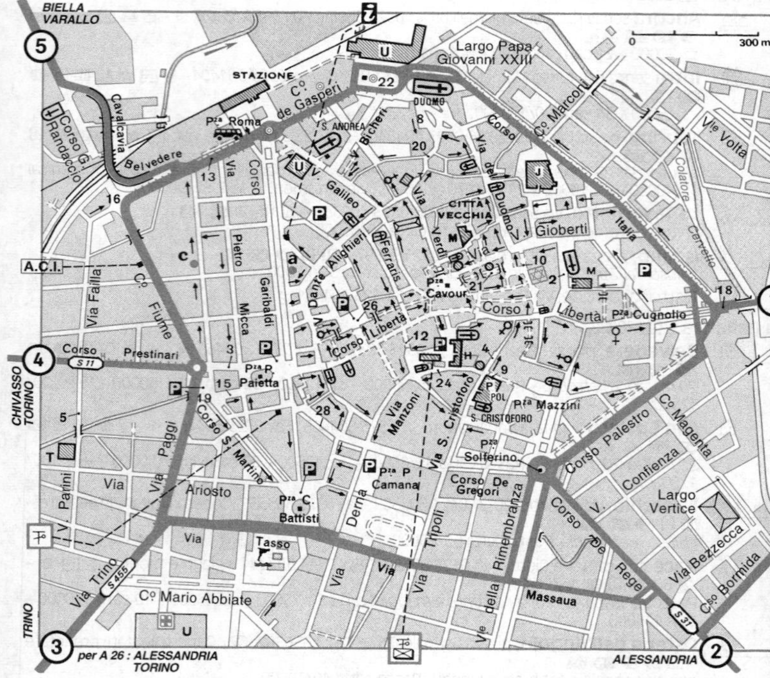

XX **Giardinetto** con cam, via Sereno 3 ✆ 0161 257230, *Fax 0161 259311*, ☂, – ▤ TV ☎.
AE ⑤ ⓓ ⓜ VISA. ✻ c
chiuso agosto – **Pasto** *(chiuso lunedì)* carta 55/105000 – **8 cam** ☕ 105/135000, ▤ 10000 –
½ P 130000.

X **Il Paiolo,** corso Garibaldi 72 ✆ 0161 250577, *Fax 0161 250577*, prenotare – ▤. AE ⑤ ⓜ
VISA a
chiuso dal 20 luglio al 20 agosto e giovedì – **Pasto** carta 45/65000.

VERDUNO *12060 Cuneo* 428 I 5 – *483 ab. alt. 378.*
Roma 645 – Cuneo 59 – Torino 61 – Asti 45 – Milano 165 – Savona 98.

Real Castello ⛰, via Umberto I, 9 ✆ 0172 470125, *Fax 0172 470298*, « Castello sabaudo del 18º secolo », – P. AE ⑤ ⓓ ⓜ VISA. ✻
marzo-novembre – **Pasto** (solo su prenotazione) carta 65/105000 – **13 cam** ☕ 280/300000 – ½ P 210000.

XX **Il Falstaff,** via Comm. Schiavino 1 ✆ 0172 470244, *Fax 0172 470244*, solo su prenotazione – AE ⑤ ⓓ ⓜ VISA. ✻
chiuso gennaio, dal 1º al 15 agosto e lunedì – **Pasto** 50/70000.

VERGATO *40048 Bologna* [988] ⑭, [429], [430] J 15 – *6 477 ab. alt. 195.*
Roma 350 – Bologna 36 – Firenze 82 – Pistoia 53.

sulla strada statale 64 *Nord-Est : 5 km :*

🍴 **Osteria Camugnone,** via Nazionale 42 ✉ 40038 ☎ 051 917332, ☂, prenotare. 🚭
chiuso maggio, ottobre, lunedì, martedì e mercoledì – **Pasto** carta 35/45000.

VERGHERETO *47028 Forlì-Cesena.*

VERGIANO *Rimini – Vedere Rimini.*

VERNAGO (VERNAGT) *Bolzano* [218] ⑨ – *Vedere Senales.*

VERNAZZA *19018 La Spezia* [428] J 11 *G. Italia* – *1 131 ab..*
Vedere *Località**.*
Dintorni *Regione delle Cinque Terre** Sud-Est e Ovest per ferrovia – Monterosso al Mare 5 mn di ferrovia – Riomaggiore 10 mn di ferrovia.*
Roma 454 – La Spezia 29 – Genova 97.

🍴 **Gianni Franzi,** piazza Marconi 1 ☎ 0187 812228, *Fax 0187 812228,* ← porticciolo e costa, ☂ – AE $ ⦿ MC VISA
chiuso dall'8 gennaio all'8 marzo e mercoledì (escluso da luglio al 15 settembre) – **Pasto** carta 50/90000.

VERONA *37100* [P] [988] ④, [428], [429] F 14 *G. Italia* – *254 712 ab. alt. 59.*
Vedere *Chiesa di San Zeno Maggiore** : porte***, trittico del Mantegna*** AY – *Piazza delle Erbe*** CY – *Piazza dei Signori*** CY – *Arche Scaligere*** CY **K** – *Arena** : ✻*** BCYZ – *Castelvecchio** : museo d'Arte*** BY – *Ponte Scaligero*** BY – *Chiesa di Sant'Anastasia* : affresco** di Pisanello* CY **F** – *←** dalle terrazze di Castel San Pietro* CY **D** – *Teatro Romano** CY **C** – *Duomo** CY **A** – *Chiesa di San Fermo Maggiore** CYZ **B**.
⛳9 *Parco della Musella (chiuso lunedì) Tenuta Mudella Cà dei Mori ✉ 37036 San Martino Buon Albergo ☎ 0337 995144, Fax 045 994736, Est : 7 km;*
⛳18 *(chiuso martedì) a Sommacampagna ✉ 37066 ☎ 045 510060, Fax 045 510242, Ovest : 13 km.*
✈ *di Villafranca, per ④ : 14 km ☎ 045 8095666, Fax 045 8095706.*
🚗 *☎ 045 590688.*
ℹ *Ingresso Scavi Scaligeri ☎ 045 8068680, Fax 045 8003638 – Stazione Porta Nuova ☎ 045 8000861.*
[A.C.I.] *via della Valverde 34 ✉ 37122 ☎ 045 595333.*
Roma 503 ③ – Milano 157 ③ – Venezia 114 ②.

Pianta pagina seguente

🏨 **Due Torri Baglioni,** piazza Sant'Anastasia 4 ✉ 37121 ☎ 045 595044, *Fax 045 8004130,* « Elegante arredamento e collezione di tazzine » – 🛗 ❄ 📺 ☎ ♿ – 🏛 220. AE $ ⦿ MC VISA. 🚭 rist CY x
Pasto al Rist. ***All'Aquila*** carta 65/110000 – **87 cam** ☕ 450/750000, 3 appartamenti – ½ P 460000.

🏨 **Gabbia d'Oro** senza rist, corso Porta Borsari 4/a ✉ 37121 ☎ 045 8003060, *Fax 045 590293* – 🛗 ❄ 📺 ☎. AE $ ⦿ MC VISA CY t
☕ 45000 – **8 cam** 500/600000, 19 appartamenti 510/1400000.

🏨 **Leon d'Oro** [M], viale Piave 5 ✉ 37135 ☎ 045 8049049, *Fax 045 8014857* – 🛗 ❄ 📺 ☎ 🚗 [P] – 🏛 400. AE $ ⦿ MC VISA BZ g
Pasto carta 50/80000 – **206 cam** ☕ 400/450000, 6 appartamenti.

🏨 **Victoria** [M] 🌿 senza rist, via Adua 6 ✉ 37121 ☎ 045 590566, *Fax 045 590155,* 🏋 – 🛗 ❄ 📺 ☎ 📞 ♿ 🚗 – 🏛 75. AE $ ⦿ MC VISA JCB BY r
☕ 30000 – **62 cam** 350/440000, 4 appartamenti.

🏨 **Colomba d'Oro** senza rist, via Cattaneo 10 ✉ 37121 ☎ 045 595300, *Fax 045 594974* – 🛗 ❄ 📺 ☎ 📞 🚗 – 🏛 50. AE $ ⦿ MC VISA. 🚭 BY n
☕ 25000 – **49 cam** 215/360000, 2 appartamenti.

🏨 **Accademia,** via Scala 12 ✉ 37121 ☎ 045 596222, *Fax 045 8008440* – 🛗 ❄ 📺 ☎ ♿ – 🏛 100. AE $ ⦿ MC VISA JCB. 🚭 CY d
Pasto vedere rist ***Accademia*** – **91 cam** ☕ 275/425000, 7 appartamenti.

🏨 **San Marco** [M] senza rist, via Longhena 42 ✉ 37138 ☎ 045 569011, *Fax 045 572299,* 🏋, ♨, 🏊 – 🛗 ❄ 📺 ☎ ♿ 🚗 – 🏛 80. AE $ ⦿ MC VISA JCB AY n
62 cam ☕ 285/330000.

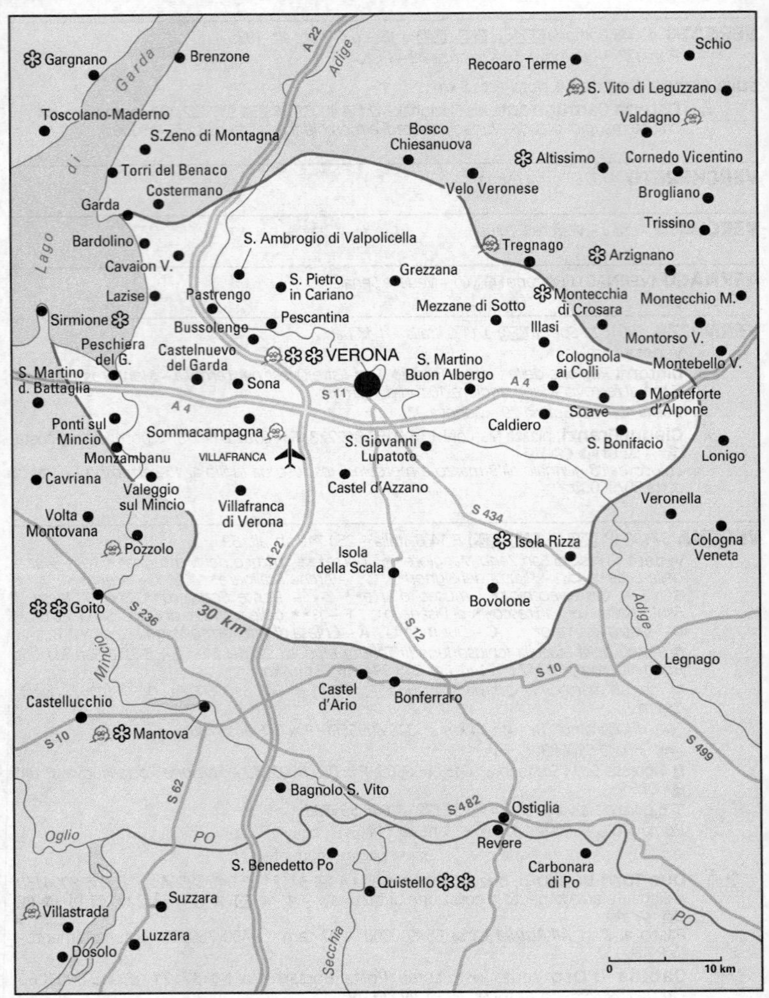

Montresor Hotel Palace, via Galvani 19 ✉ 37138 ☎ 045 575700, *Fax 045 575700* – |♦| ▤ TV ☎ ⇔ – 🏠 100. AE $ ① ◎ VISA. ✂ — AY x
Pasto (solo per alloggiati e *chiuso a mezzogiorno*) 40/60000 – ☐ 10000 – **64 cam** 235/350000 – ½ P 210000.

Leopardi senza rist, via Leopardi 16 ✉ 37138 ☎ 045 8101444, *Fax 045 8100523* – |♦| ▤ TV ☎ ✆ ⇔ P – 🏠 150. AE $ ① ◎ VISA JCB — AY a
– **81 cam** ☐ 285/330000.

Montresor Hotel Giberti Ⓜ senza rist, via Giberti 7 ✉ 37122 ☎ 045 8006900, *Fax 045 8006900* – |♦| ▤ TV ☎ ♿ ⇔ – 🏠 60. AE $ ① ◎ VISA. ✂ — BZ e
☐ 10000 – **80 cam** 260/400000.

Grand Hotel senza rist, corso Porta Nuova 105 ✉ 37122 ☎ 045 595600, *Fax 045 596385* – |♦| ▤ TV ☎ – 🏠 170. AE $ ① ◎ VISA JCB. ✂ — BZ b
62 cam ☐ 190/300000, 5 appartamenti.

Firenze senza rist, corso Porta Nuova 88 ✉ 37122 ☎ 045 8011510, *Fax 045 8030374* – |♦| ▤ TV ☎ ✆ – 🏠 50. AE $ ① ◎ VISA JCB — BZ d
41 cam ☐ 360/380000, 2 appartamenti.

Maxim senza rist, via Belviglieri 42 ✉ 37131 ☎ 045 8401800, *Fax 045 8401818* – – 100. AE VISA JCB 2 km per ②
chiuso dal 24 dicembre al 6 gennaio – **145 cam** 220/235000, appartamento.

Giulietta e Romeo senza rist, vicolo Tre Marchetti 3 ✉ 37121 ☎ 045 8003554, *Fax 045 8010862* – – 25. AE VISA. CY z
30 cam 180/280000.

Bologna, via Alberto Mario 18 ✉ 37121 ☎ 045 8006830, *Fax 045 8010602* – . AE VISA. BY x
Pasto vedere rist ***Rubiani*** – **32 cam** 210/300000 – 1/2 P 180/235000.

De' Capuleti senza rist, via del Pontiere 26 ✉ 37122 ☎ 045 8000154, *Fax 045 8032970* – – 30. AE VISA. CZ s
chiuso dal 24 dicembre al 10 gennaio – **42 cam** 180/270000.

Martini senza rist, via Camuzzoni 2/b ✉ 37138 ☎ 045 569400, *Fax 045 577620* – . AE VISA. AZ p
40 cam 285000.

Porta Palio, via Galliano 21 ✉ 37138 ☎ 045 8102140, *Fax 045 8101771*, – – 50. AE VISA AY c
Pasto *(chiuso dal 7 gennaio al 7 febbraio, lunedì in luglio-agosto, domenica negli altri mesi)* carta 45/70000 – **55 cam** 190/255000 – 1/2 P 165/225000.

Mastino senza rist, corso Porta Nuova 16 ✉ 37131 ☎ 045 595388, *Fax 045 597718* – – 25. AE VISA BZ a
40 cam 250/290000.

Novo Hotel Rossi senza rist, via delle Coste 2 ✉ 37138 ☎ 045 569022, *Fax 045 578297* – . AE VISA AZ a
38 cam 170/260000.

Italia, via Mameli 58/66 ✉ 37126 ☎ 045 918088 e rist ☎ 045 914131, *Fax 045 8348028* – , cam, . AE VISA. cam BY p
Pasto al Rist. ***Il Babbo*** *(chiuso domenica)* carta 50/70000 – **58 cam** 170/250000.

Torcolo senza rist, vicolo Listone 3 ✉ 37121 ☎ 045 8007512, *Fax 045 8004058* – . AE VISA BY s
chiuso 24-25 dicembre e dal 5 gennaio al 5 febbraio – 18000 – **19 cam** 120/170000.

Cavour senza rist, vicolo Chiodo 4 ✉ 37121 ☎ 045 590166, *Fax 045 590508* – . BY c
chiuso dal 20 gennaio al 10 febbraio – 16000 – **23 cam** 125/170000.

Aurora senza rist, piazza delle Erbe 2 ✉ 37121 ☎ 045 594717, *Fax 045 8010860* – . AE VISA CY g
19 cam 180/200000.

Il Desco, via Dietro San Sebastiano 7 ✉ 37121 ☎ 045 595358, *Fax 045 590236*, Coperti limitati; prenotare – . AE VISA. CY q
chiuso dal 25 dicembre al 10 gennaio, Pasqua, dal 15 al 30 giugno, domenica e lunedì, solo domenica in luglio, agosto e dicembre – **Pasto** 150000 (15 %) e carta 100/155000 (15 %)
Spec. Scampi fritti con insalatina all'aceto balsamico. Bigoli con piccione e verza. Carré di agnello sisteron con rag' di lumache e piccole verdure.

12 Apostoli, corticella San Marco 3 ✉ 37121 ☎ 045 596999, *Fax 045 591530* – . AE VISA JCB. CY v
chiuso dal 2 all'8 gennaio, dal 15 giugno al 5 luglio, lunedì e domenica sera – **Pasto** carta 95/140000 (15 %).

Maffei, piazza delle Erbe 38 ✉ 37121 ☎ 045 8010015, *Fax 045 8005124*, , « Scavi archeologici romani nei sotterranei » – . AE VISA JCB. CY c
chiuso domenica e lunedì a mezzogiorno escluso luglio-agosto – **Pasto** carta 55/85000.

Arche, via Arche Scaligere 6 ✉ 37121 ☎ 045 8007415, *Fax 045 8007415*, Coperti limitati; prenotare – . AE VISA. CY y
chiuso dal 16 gennaio al 13 febbraio, domenica e lunedì a mezzogiorno – **Pasto** specialità di mare 120000 e carta 80/115000 (12 %).

Baracca, via Legnago 120 ✉ 37134 ☎ 045 500013, *Fax 045 500013*, , prenotare – . VISA. 2,5 km per ③
chiuso domenica – **Pasto** specialità di mare carta 65/90000.

Tre Corone, piazza Brà 16 ✉ 37121 ☎ 045 8002462, *Fax 045 8011810*, BY s

Re Teodorico, piazzale Castel San Pietro ✉ 37129 ☎ 045 8349990, *Fax 045 8349990*, ≤ città e fiume Adige, , « Servizio estivo in terrazza » – AE VISA CY k
chiuso dal 7 al 31 gennaio e mercoledì – **Pasto** carta 70/105000.

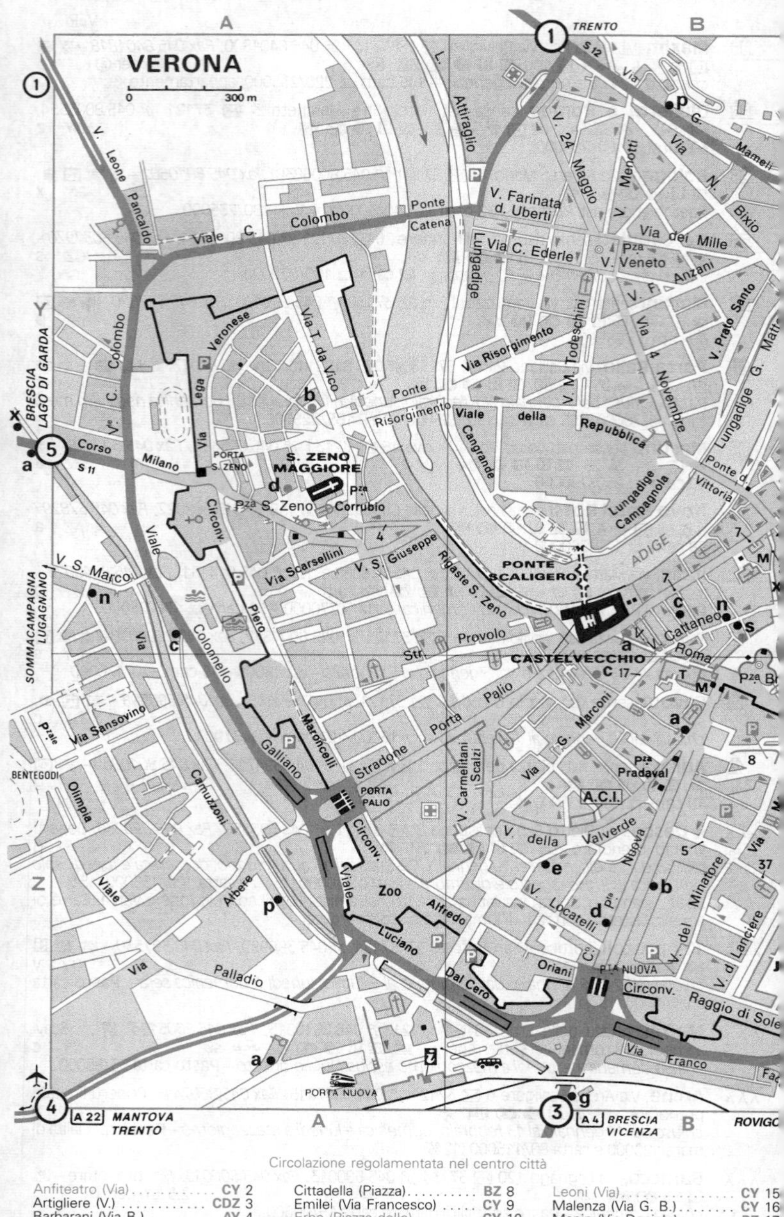

Circolazione regolamentata nel centro città

Anfiteatro (Via) .... CY 2	Cittadella (Piazza) .... BZ 8	Leoni (Via) .... CY 15
Artigliere (V.) .... CDZ 3	Emilei (Via Francesco) ..... CY 9	Malenza (Via G. B.) .... CY 16
Barbarani (Via B.) .... AY 4	Erbe (Piazza delle) .... CY 10	Manin (Via Daniele) .... BZ 17
Battisti (Via C.) .... BZ 5	Forti (Via Achille) .... CY 12	Mazzini (Via) .... CY
Cappello (Via) .... CY 6	Garibaldi (Ponte) .... CY 13	Muro Padri (Via) .... DY 18
Cavour (Corso) .... BY 7	Giardino Giusti (Via) .... DY 14	Nizza (Via) .... CY 19

Per visitare una città o una regione: utilizzate le guide Verdi Michelin.

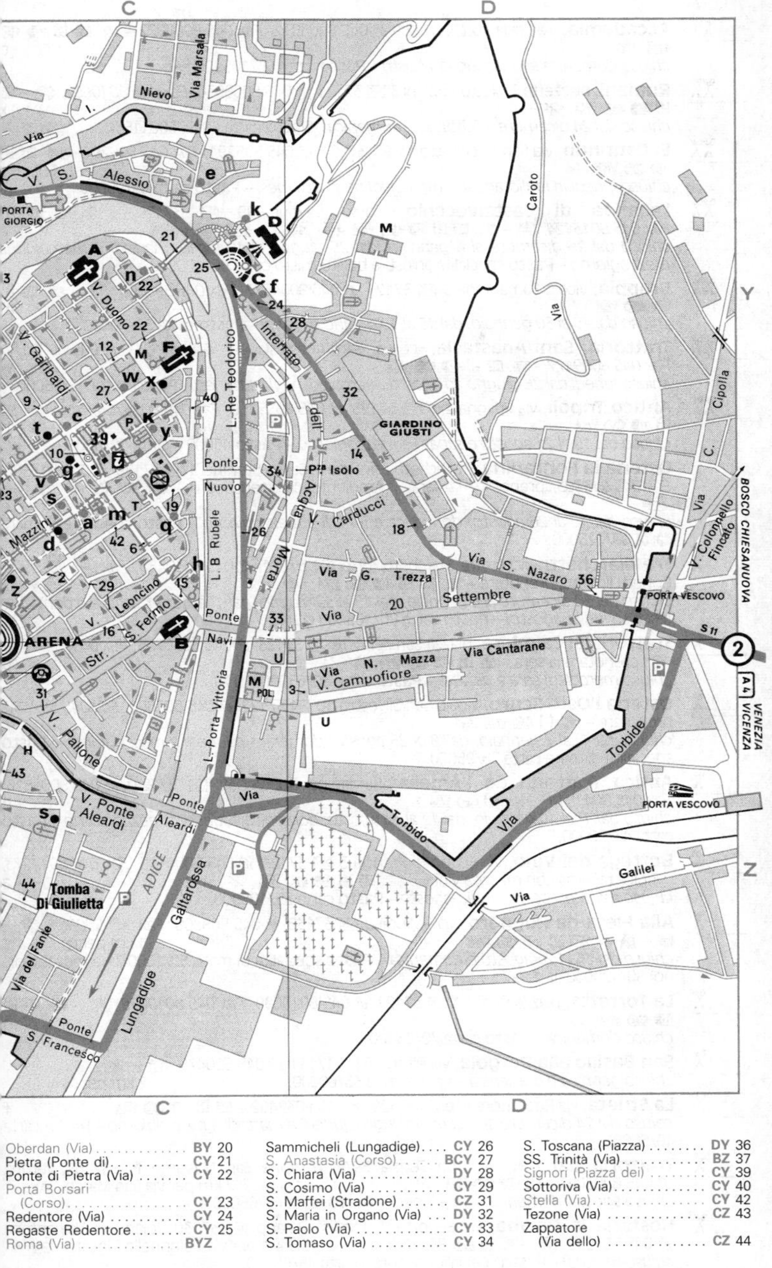

- Oberdan (Via) . . . . BY 20
- Pietra (Ponte di). . . . . CY 21
- Ponte di Pietra (Via) . . . . CY 22
- Porta Borsari (Corso). . . . . CY 23
- Redentore (Via) . . . . CY 24
- Regaste Redentore. . . . . CY 25
- Roma (Via) . . . . BYZ
- Sammicheli (Lungadige). . . . CY 26
- S. Anastasia (Corso). . . . . . . BCY 27
- S. Chiara (Via) . . . . DY 28
- S. Cosimo (Via) . . . . CY 29
- S. Maffei (Stradone) . . . . CZ 31
- S. Maria in Organo (Via) . . . DY 32
- S. Paolo (Via) . . . . CY 33
- S. Tomaso (Via) . . . . CY 34
- S. Toscana (Piazza) . . . . DY 36
- SS. Trinità (Via). . . . . BZ 37
- Signori (Piazza dei) . . . . CY 39
- Sottoriva (Via). . . . . CY 40
- Stella (Via). . . . . CY 42
- Tezone (Via) . . . . CZ 43
- Zappatore (Via dello) . . . . CZ 44

XX **Accademia,** via Scala 10 ✉ 37121 ✆ 045 8006072, *Fax 045 8006072* – ▤. AE $ ⓓ ⓜ VISA. ⅋ CY
chiuso domenica escluso luglio-agosto – **Pasto** carta 65/105000.

XX **Rubiani,** piazzetta Scalette Rubiani 3 ✉ 37121 ✆ 045 8006830, *Fax 045 8010602*, 齋 – AE $ ⓓ ⓜ VISA. ⅋ BY
chiuso dal 24 dicembre a febbraio e domenica – **Pasto** carta 60/90000 (15 %).

XX **El Cantinon,** via San Rocchetto 11 ✉ 37121 ✆ 045 595291, *Fax 045 595291* – ▤. AE $ ⓓ ⓜ VISA. ⅋ CY
chiuso lunedì in luglio-agosto, mercoledì negli altri mesi – **Pasto** carta 65/95000.

XX **Locanda di Castelvecchio,** corso Cavour 49 ✉ 37121 ✆ 045 8030097, *Fax 045 8013124*, 齋 – ▤. AE $ ⓓ ⓜ VISA JCB. ⅋ BY
chiuso dal 26 dicembre al 4 gennaio, dal 25 giugno al 10 luglio, martedì e mercoledì mezzogiorno – **Pasto** specialità arrosti e bollito misto carta 60/100000.

XX **Greppia,** vicolo Samaritana 3 ✉ 37121 ✆ 045 8004577, *Fax 045 595090*, 齋 – ▤. AE $ ⓓ ⓜ VISA CY
chiuso dal 15 al 30 gennaio, dal 15 al 30 giugno e lunedì – **Pasto** carta 50/70000.

XX **Trattoria Sant'Anastasia,** corso Sant'Anastasia 27 ✉ 37121 ✆ 045 8009177, *Fax 045 8009177* – ▤. AE $ ⓓ ⓜ VISA CY
chiuso lunedì dal 26 giugno ad agosto, mercoledì negli altri mesi – **Pasto** carta 45/95000.

XX **Antico Tripoli,** via Spagna 2/b ✉ 37123 ✆ 045 8035756, *Fax 045 8035756*, 齋 – ▤. AE $ ⓓ ⓜ VISA AY
chiuso dal 10 al 21 agosto e sabato a mezzogiorno – **Pasto** 45000 e carta 50/80000.

X **Osteria la Fontanina,** Portichetti Fontanelle Santo Stefano 3 ✉ 37129 ✆ 045 913305, *Fax 045 913305*, prenotare la sera, « Ambiente caratteristico » – ▤. AE $ ⓓ ⓜ VISA JCB CY
chiuso dal 10 al 26 agosto, domenica e lunedì a mezzogiorno – **Pasto** specialità di mare carta 80/125000.

X **Tre Marchetti,** vicolo Tre Marchetti 19/b ✉ 37121 ✆ 045 8030463, *Fax 045 8002928*, Coperti limitati; prenotare – ▤. AE $ ⓓ ⓜ VISA. ⅋ CY
chiuso dal 20 dicembre al 6 gennaio, dal 15 al 30 giugno, dal 1° al 15 settembre e domenica (escluso luglio-agosto) – **Pasto** carta 80/105000 (12 %).

X **Trattoria al Calmiere,** piazza San Zeno 10 ✉ 37123 ✆ 045 8030765, *Fax 045 8031900*, 齋, prenotare la sera – AE $ ⓓ ⓜ VISA. ⅋ AY
chiuso mercoledì sera e giovedì – **Pasto** carta 50/65000 (10 %).

X **Osteria l'Oste Scuro,** vicolo San Silvestro 10 ✉ 37122 ✆ 045 592650, *Fax 045 592650*, prenotare – ▤. $ ⓜ VISA. ⅋ BZ
chiuso dal 1° al 7 gennaio, dall'8 al 25 agosto, domenica e lunedì a mezzogiorno – **Pasto** specialità di mare carta 75/95000.

X **Antica Trattoria da l'Amelia,** lungadige Rubele 32 ✉ 37121 ✆ 045 8005526, *Fax 045 8041814* – ⇸. $ ⓜ VISA CY
chiuso dal 1° al 10 gennaio, dal 12 al 23 agosto, domenica e lunedì a mezzogiorno – **Pasto** carta 45/70000.

X **Bottega del Vino,** via Scudo di Francia 3 ✉ 37121 ✆ 045 8004535, *Fax 045 8012273*, « Tipica taverna con mescita vini » – ▤. AE $ ⓓ ⓜ VISA. ⅋ CY
chiuso martedì escluso luglio-agosto – **Pasto** carta 55/105000.

X **Alla Fiera-da Ruggero,** via Scopoli 9 ✉ 37136 ✆ 045 508808, *Fax 045 500861*, 齋 – ▤ – 🏛 60. AE $ ⓓ ⓜ VISA 1 km per ③
chiuso dal 15 al 21 agosto e domenica – **Pasto** specialità di mare 50/100000 (a mezzogiorno) 80/120000 (la sera).

X **La Torretta,** piazza Broilo 1 ✉ 37121 ✆ 045 8010099, *Fax 045 8010099*, 齋 – ▤. AE $ ⓓ ⓜ VISA. ⅋ CY
chiuso domenica – **Pasto** carta 70/95000.

X **San Basilio alla Pergola,** via Pisano 9 ✉ 37131 ✆ 045 520475, 齋 – ⅋
chiuso gennaio e domenica – **Pasto** carta 35/60000. 2 km per ②

X **La Stueta,** via Redentore 4/b ✉ 37129 ✆ 045 8032462 – AE $ ⓓ ⓜ VISA CY
chiuso dal 24 dicembre al 7 gennaio, luglio, lunedì e martedì a mezzogiorno – **Pasto** carta 40/50000.

X **Trattoria dal Gal,** via Don Segala 39/a, frazione San Massimo ✉ 37139 Verona ✆ 045 8903097 – $ ⓓ ⓜ VISA. ⅋ 2 km per via San Marco AY
chiuso agosto, domenica sera e lunedì – **Pasto** carta 40/65000.

X **Hostaria la Poiana,** via Segorte 7, località Poiano ✉ 37030 Poiano di Valpantena ✆ 045 551939, 齋 – P. $ ⓜ VISA. ⅋ 3,5 km per via Colonnello Fincato DY
chiuso martedì – **Pasto** specialità calabresi carta 45/65000.

X Corte Bianca, corso Milano 44 ✉ 37138 ✆ 045 8100002, 齋 – P 1 km per ⑤

sulla strada statale 11 via Bresciana :

Euromotel Crocebianca senza rist, via Bresciana 2 (per ⑤ : *2,5 km*) ✉ 37139 Verona ☎ 045 8903890, *Fax 045 8903999* – |$|, ⇔ cam, ▤ TV ☎ ♿ P. AE $ ⓓ MC VISA
67 cam ☕ 180/250000.

Elefante, via Bresciana 27 (per ⑤ : *3,5 km*) ✉ 37139 Verona ☎ 045 8903700, *Fax 045 8903900* – TV ☎ ♿ P. AE $ ⓓ MC VISA. ⚐
Pasto *(chiuso dal 7 al 27 agosto, sabato sera e domenica)* carta 45/60000 – ☕ 15000 – **10 cam** 120/150000 – 1/2 P 135000.

XX Nuova Cà de l'Ebreo, via Bresciana 48/b (per ⑤ : *4,5 km*) ✉ 37139 Verona ☎ 045 8510240, *Fax 045 8510033*, ☂ – P.

a Parona di Valpolicella *per ① : 3,5 km – ✉ 37025 :*

Borghetti, via Valpolicella 47 ☎ 045 942366, *Fax 045 942367* – |$| ▤ TV ☎ ♿ ⇌. AE $ ⓓ MC VISA JCB
Pasto *(chiuso domenica)* carta 45/75000 – ☕ 18000 – **42 cam** 120/160000 – 1/2 P 130000.

a San Michele Extra *per ② : 4 km – ✉ 37132 :*

Gardenia, via Unità d'Italia 350 ☎ 045 972122, *Fax 045 8920157* – |$|, ⇔ rist, ▤ TV ☎ ♿ ⇌ P. AE $ ⓓ MC VISA. ⚐
Pasto *(chiuso dal 24 dicembre al 7 gennaio, sabato a mezzogiorno e domenica)* carta 40/60000 – **56 cam** ☕ 170/220000 – 1/2 P 130/145000.

Holiday Inn, via Unità d'Italia 346 ☎ 045 972033, *Fax 045 972677*, ☂, ⛱ – |$|, ⇔ cam, ▤ TV ☎ P – 🏛 100. AE $ ⓓ MC VISA JCB. ⚐ rist
Pasto carta 45/75000 – **116 cam** ☕ 230/270000.

in prossimità casello autostrada A 4-Verona Sud *per ③ : 5 km :*

Ibis, via Fermi 11/c ✉ 37135 ☎ 045 8203720, *Fax 045 8203903* – |$|, ⇔ cam, ▤ TV ☎ ♿ ⇌ P – 🏛 120. AE $ ⓓ MC VISA. ⚐ rist
Pasto carta 45/80000 – **145 cam** ☕ 195/250000.

Sud Point Hotel, via Fermi 13/b ✉ 37135 ☎ 045 8200922, *Fax 045 8200933* – |$| ▤ TV ☎ ♿ ⇌ P – 🏛 50. AE $ ⓓ MC VISA. ⚐
chiuso dal 22 dicembre all'8 gennaio – **Pasto** *(chiuso a mezzogiorno)* carta 35/50000 – **64 cam** ☕ 185/220000 – 1/2 P 85/105000.

a Madonna di Dossobuono *per ③ : 8 km – ✉ 37062 Dossobuono :*

X **Ciccarelli,** Via Mantovana 171 ☎ 045 953986, Trattoria di campagna – ▤ P. AE $ ⓓ MC VISA. ⚐
chiuso dal 24 al 31 dicembre, dal 27 luglio al 20 agosto, venerdì sera e sabato – **Pasto** carta 45/60000.

VERONELLA *37040 Verona* 429 *G 15 – 3 548 ab. alt. 22.*

Roma 512 – Verona 37 – Mantova 62 – Milano 184 – Padova 62 – Vicenza 38.

a San Gregorio *Nord-Ovest : 2 km – ✉ 37040 :*

X **Bassotto,** via Casetta di Veronella 75 ☎ 0442 47177, ☂ – P. ⚐
chiuso dal 1º al 15 luglio, domenica e lunedì – **Pasto** specialità di mare carta 50/70000.

VERRÈS *11029 Aosta* 988 ②, 428 *F 5 G. Italia – 2 616 ab. alt. 395 – a.s. luglio-agosto.*

Roma 711 – Aosta 38 – Ivrea 35 – Milano 149 – Torino 78.

Evançon, via Circonvallazione 33 ☎ 0125 929035, *Fax 0125 929152*, « Giardino » – TV P. AE $ MC VISA JCB. ⚐
Pasto *(chiuso lunedì escluso da luglio a settembre)* carta 35/65000 – ☕ 12000 – **26 cam** 95/120000 – 1/2 P 80/105000.

XX **Da Pierre** con cam, via Martorey 73 ☎ 0125 929376, *Fax 0125 921076*, « Servizio rist. estivo in giardino » – ⇔ rist, TV ☎ P. AE $ ⓓ MC VISA
Pasto *(chiuso martedì)* carta 70/105000 – ☕ 14000 – **12 cam** 85/140000 – 1/2 P 150000.

VERUNO *28010 Novara* 219 ⑯ *– 1 514 ab. alt. 357.*

Roma 650 – Stresa 23 – Domodossola 57 – Milano 78 – Novara 35 – Torino 109 – Varese 40.

X **L'Olimpia,** via Martiri 5 ☎ 0322 830138, *Fax 0322 830138*, prenotare – ▤. $ MC VISA
chiuso gennaio, lunedì e in agosto anche a mezzogiorno – **Pasto** carta 45/75000.

VERVÒ *38010 Trento* 429 D 15, 218 ⑳ – *643 ab. alt. 886 – a.s. dicembre-aprile.*
Roma 626 – Bolzano 65 – Trento 40 – Milano 282.

a Predaia *Est : 3 km – alt. 1 200 –* ✉ *38010 Vervò :*

Rifugio Sores, ✆ 0463 463147, *Fax 0463 463600*, « Giardino ombreggiato » – ▣ 🅿 VISA. ✗ rist
chiuso novembre – **Pasto** *(chiuso martedì)* carta 40/60000 – **26 cam** 75/130000 – ½ P 80000.

VERZUOLO *12039 Cuneo* 988 ⑫, 428 I 4 – *6 050 ab. alt. 420.*
Roma 668 – Cuneo 26 – Asti 82 – Sestriere 92 – Torino 58.

La Scala, via Provinciale Cuneo 4 ✆ 0175 85194 – AE VISA. ✗
chiuso agosto e lunedì – **Pasto** specialità di mare carta 45/70000.

VESCOVADO *Siena* 430 M 16 – *alt. 317 –* ✉ *53016 Murlo.*
Roma 233 – Siena 24 – Grosseto 64.

Di Murlo, via Martiri di Rigosecco 1 ✆ 0577 814033, *Fax 0577 814243*, ←, – ☎ 🅿. AE VISA. ✗
marzo-6 novembre – **Pasto** *(chiuso a mezzogiorno)* carta 35/55000 (10%) – **44 cam** 130/150000 – ½ P 90/100000.

VESUVIO *Napoli* 988 ㉗, 431 E 25 *G. Italia.*

VETAN *11010 Aosta* 428 E 3, 219 ② – *alt. 1780.*
Roma 754 – Aosta 19 – Courmayeur 30 – Torino 132.

Notre Maison, ✆ 0165 908960, *Fax 0165 908978*, ←, – ▣ ☎ 🅿
22 cam.

VETRIOLO TERME *Trento* 988 ④ – *Vedere Levico Terme.*

VEZZA D'ALBA *12040 Cuneo – 2 054 ab. alt. 353.*
Roma 641 – Asti 30 – Cuneo 68 – Milano 170 – Torino 54.

La Pergola, piazza San Carlo 1, località Borgonuovo ✆ 0173 65178, *Fax 0173 65178*, solo su prenotazione – AE VISA JCB
chiuso martedì – **Pasto** 50/65000 e carta 50/80000.

VEZZANO *38070 Trento* 988 ④, 428, 429 D 14 – *1 852 ab. alt. 385 – a.s. dicembre-aprile.*
Vedere *Lago di Toblino⋆ S : 4 km.*
Roma 599 – Trento 11 – Bolzano 68 – Brescia 104 – Milano 197.

Fior di Roccia, località Lon Nord-Ovest : 2,5 km ✆ 0461 864029, *Fax 0461 864660*, , prenotare – 🅿. AE VISA
chiuso domenica sera e lunedì – **Pasto** carta 70/100000
Spec. Anguilla del Garda marinata alla grappa di Nosiola. Canederlotti alla verza e Puzzone di Moena, salsa al burro tartufato. Filettino di maiale in crosta d'erbette aromatiche.

Al Vecchio Mulino, via Nazionale 1 (Est : 2 km) ✆ 0461 864277, *Fax 0461 864277*, , « Laghetto con pesca sportiva » – 🅿. AE VISA. ✗
Pasto carta 40/65000.

VEZZANO (VEZZAN) *Bolzano* 428, 429 D 14, 218 ⑱ ⑲ – *Vedere Silandro.*

VEZZENA (Passo di) *Trento* 429 E 16 – *alt. 1 402.*
Roma 580 – Trento 33 – Milnao 227 – Rovereto 30 – Treviso 120 – Verona 100 – Vicenza 73.

Vezzena, ✉ 38040 Luserna ✆ 0464 783073, *Fax 0464 783167*, ←, – ☎ 🅿. AE VISA. ✗ rist
Pasto carta 40/60000 – **38 cam** 110/190000 – ½ P 100000.

VEZZO *28839 Verbania* [428] E 7, [219] ⑥ ⑦ – *alt. 530.*

Alpino (chiuso gennaio, febbraio e martedì escluso dal 22 giugno al 7 settembre) ☎ *0323 20642, Fax 0323 20642, Ovest : 2,5 km.*

Roma 662 – Stresa 5 – Milano 85 – Novara 61 – Torino 139.

Bel Soggiorno, via 4 Novembre 8 ☎ 0323 20226, *Fax 0323 20021* – [TV] ☎ [P]. [AE] [S] [D] [MC] [VISA]. rist
aprile-settembre – **Pasto** *(solo per alloggiati)* 30/35000 – 15000 – **26 cam** 75/120000 – 1/2 P 85/95000.

VIADANA *46019 Mantova* [988] ⑭, [428], [429] H 13 – *16 659 ab. alt. 26.*

Roma 458 – Parma 27 – Cremona 52 – Mantova 39 – Milano 149 – Modena 56 – Reggio nell'Emilia 33.

Europa, vicolo Ginnasio 9 ☎ 0375 780404, *Fax 0375 780404* – rist, [TV] ☎ [P]. [AE] [S] [D] [MC] [VISA].
chiuso dal 24 dicembre al 6 gennaio ed agosto – **Pasto** al rist. ***Simonazzi*** *(chiuso dal 24 dicembre al 6 gennaio, agosto, domenica sera e martedì)* carta 45/70000 – **18 cam** 95/140000 – 1/2 P 100/120000.

a Cicognara *Nord-Ovest : 3 km* – ✉ *46015 :*

Vittoria, piazza Don Mazzolari 1 ☎ 0375 790222, *Fax 0375 790232* – , cam, [TV] ☎ [P]. [S] [D] [MC] [VISA] [JCB].
chiuso dal 1° al 15 gennaio – **Pasto** al Rist. ***Vittoria*** *(chiuso domenica)* carta 35/55000 – 5000 – **12 cam** 80/90000 – 1/2 P 80/90000.

VIANO *42030 Reggio nell'Emilia* [428], [430] I 13 – *2 898 ab. alt. 275.*

Roma 435 – Parma 59 – Milano 171 – Modena 35 – Reggio nell'Emilia 22.

🍴 **La Capannina,** via Provinciale 16 ☎ 0522 988526 – [P]. [S] [MC] [VISA].
chiuso dal 24 dicembre al 6 gennaio, dal 17 luglio al 23 agosto, domenica e lunedì – **Pasto** carta 40/55000.

VIAREGGIO *55049 Lucca* [988] ⑭, [428], [429], [430] K 12 *G. Toscana* – *58 332 ab.* – *a.s. Carnevale, Pasqua, 15 giugno-15 settembre e Natale.*

viale Carducci 10 ☎ *0584 962233, Fax 0584 47336.*

Roma 371 ② – La Spezia 65 ① – Pisa 21 ② – Bologna 180 ② – Firenze 97 ② – Livorno 39 ③.

Pianta pagina seguente

Plaza e de Russie, piazza d'Azeglio 1 ☎ 0584 44449, *Fax 0584 44031,* – [TV] ☎ – 90. [AE] [S] [D] [MC] [VISA]. rist Z t
Pasto al Rist. ***La Terrazza*** carta 65/90000 – **47 cam** 280/410000 – 1/2 P 250000.

Astor, lungomare Carducci 54 ☎ 0584 50301, *Fax 0584 55181,* , – [TV] ☎ – 150. [AE] [S] [D] [MC] [VISA] [JCB]. Y f
Pasto carta 55/95000 – **50 cam** 320/465000, 18 appartamenti – 1/2 P 360000.

Excelsior, viale Carducci 88 ☎ 0584 50726, *Fax 0584 50729,* – [TV] ☎. [AE] [S] [D] [MC] [VISA]. rist Y b
aprile-ottobre – **Pasto** 50/85000 – **83 cam** 200/320000, 7 appartamenti – 1/2 P 160/200000.

Palace Hotel, via Flavio Gioia 2 ☎ 0584 46134 e rist. ☎ 0584 31320, *Fax 0584 47351,* « Terrazza-solarium » – [TV] ☎ – 150. [AE] [S] [D] [MC] [VISA]. rist Z k
Pasto 70000 e al Rist. ***Il Cancello*** *(chiuso lunedì in bassa stagione)* carta 65/115000 – **76 cam** 250/450000, 2 appartamenti – 1/2 P 275000.

President, viale Carducci 5 ☎ 0584 962712, *Fax 0584 963658,* – [TV] ☎ [P] – 100. [AE] [S] [D] [MC] [VISA]. rist Z a
Pasto *(aprile-ottobre)* 65/75000 – **35 cam** 250/340000, 2 appartamenti – 1/2 P 190/220000.

Eden senza rist, viale Manin 27 ☎ 0584 30902, *Fax 0584 963807* – [TV] ☎. [AE] [S] [D] [MC] [VISA] Z p
42 cam 135/210000.

London senza rist, viale Manin 16 ☎ 0584 49841, *Fax 0584 47522* – [TV] ☎. [AE] [S] [D] [MC] [VISA] Z s
25 cam 115/190000.

Dei Cantieri, via Indipendenza 72 ☎ 0584 388112, *Fax 0584 388561,* – [TV] ☎ [P]. [S]. Z d
chiuso dal 15 al 30 settembre – **Pasto** *(15 giugno-15 settembre; solo per alloggiati)* – 12000 – **7 cam** 95/135000 – 1/2 P 115000.

Lupori senza rist, via Galvani 9 ☎ 0584 962266, *Fax 0584 962267* – [TV] ☎ . [AE] [S] [D] [MC] [VISA]. Z w
15000 – **19 cam** 85/125000.

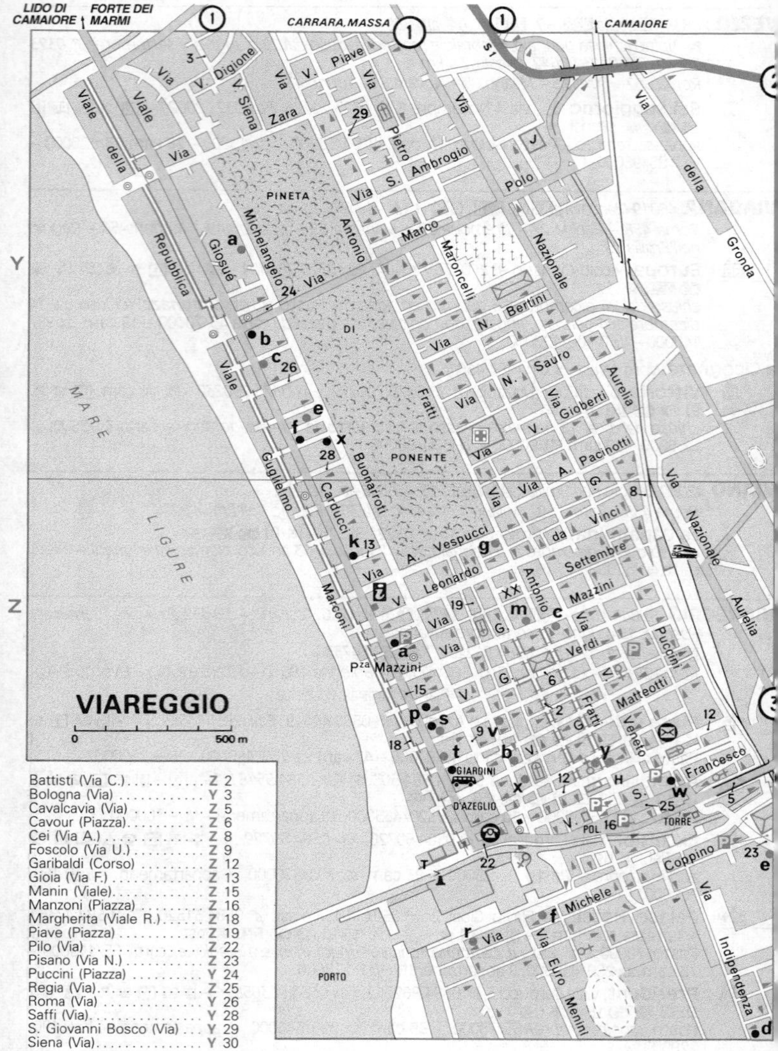

Battisti (Via C.) . . . . Z 2
Bologna (Via) . . . . Y 3
Cavalcavia (Via) . . . . Z 5
Cavour (Piazza) . . . . Z 6
Cei (Via A.) . . . . Z 8
Foscolo (Via U.) . . . . Z 9
Garibaldi (Corso) . . . . Z 12
Gioia (Via F.) . . . . Z 13
Manin (Viale) . . . . Z 15
Manzoni (Piazza) . . . . Z 16
Margherita (Viale R.) . . . . . . Z 18
Piave (Piazza) . . . . Z 19
Pilo (Via) . . . . Z 22
Pisano (Via N.) . . . . Z 23
Puccini (Piazza) . . . . Y 24
Regia (Via) . . . . Z 25
Roma (Via) . . . . Y 26
Saffi (Via) . . . . Y 28
S. Giovanni Bosco (Via) . . . . Y 29
Siena (Via) . . . . Y 30

Arcangelo, via Carrara 23 ✆ 0584 47123, *Fax 0584 48386*, – TV ☎. AE ⑤ ⓓ MC VISA. Y x
rist
Pasto (solo per alloggiati) 35/40000 – ☕ 12000 – **19 cam** 95/120000 – ½ P 95/115000.

XXX **L'Oca Bianca,** via Coppino 409 ✆ 0584 388477 – ▤. AE ⑤ MC VISA Z r
✿ *chiuso a mezzogiorno (escluso domenica) e da settembre a giugno anche martedì* – **Pasto** carta 70/100000
Spec. Polpo, farro e parmigiano reggiano. Gnocchetti di patate all'ortolana di mare. Gallinella al forno con patate e lardo.

XXX **Il Patriarca,** viale Carducci 79 ✆ 0584 53126, *Fax 0584 54240*, prenotare – ▤. AE ⑤ ⓓ MC VISA Y c
chiuso dal 2 al 17 gennaio, dal 2 al 17 novembre e mercoledì – **Pasto** 70/130000 e carta 80/125000.

XX **Romano,** via Mazzini 122 ℘ 0584 31382, *Fax 0584 426448*, prenotare – ▤. AE 🅂 ◑ MC VISA Z m
✿ *chiuso dal 27 dicembre al 20 gennaio, lunedì e in luglio-agosto anche martedì a mezzogiorno* – **Pasto** carta 80/115000
Spec. Calamaretti ripieni di verdure e crostacei. Spaghetti con frutti di mare e pesce. Branzino all'acqua pazza.

XX Massimo, via Buonarroti 263 ℘ 0584 50704, 🏠 – ▤ Y a

XX **Il Porto,** Via Coppino 319 ℘ 0584 383878 – ▤. AE 🅂 ◑ MC VISA. ✂ Z f
chiuso dal 15 dicembre al 15 gennaio, luglio e giovedì – **Pasto** carta 55/70000.

XX **Trattoria Scintilla,** via Nicola Pisano 33 ℘ 0584 387096, *Fax 0584 386701* – ▤. AE 🅂 ◑ MC VISA. ✂ Z e
chiuso dal 28 febbraio al 6 marzo, dal 14 al 20 agosto e lunedì – **Pasto** carta 60/80000.

XX **Pino,** via Matteotti 18 ℘ 0584 961356 – ▤. AE 🅂 ◑ MC VISA JCB. ✂ Z b
chiuso dal 20 dicembre al 20 gennaio, mercoledì e giovedì a mezzogiorno; in luglio-agosto aperto solo la sera – **Pasto** carta 65/100000.

XX **Cabreo,** via Firenze 14 ℘ 54643 – ▤. AE 🅂 MC VISA. ✂ Y e
chiuso novembre e lunedì – **Pasto** carta 45/70000.

XX **Montecatini,** viale Manin 8 ℘ 0584 962129, *Fax 0584 325189*, 🏠 – AE 🅂 ◑ MC VISA Z t
chiuso lunedì escluso luglio ed agosto – **Pasto** 40/60000 e carta 65/85000.

XX **Mirage** con cam, via Zanardelli 12/14 ℘ 0584 48446 e hotel ℘ 32222, *Fax 0584 30348* – |♦| ▤ TV ☎. AE 🅂 ◑ MC VISA JCB Z s
40000 e carta 55/75000 – **10 cam** ☕ 125/195000.

XX **Il Garibaldino,** via Fratti 66 ℘ 0584 961337, prenotare – ▤. AE 🅂 ◑ MC VISA. ✂ Z y
chiuso a mezzogiorno (escluso sabato e domenica) dal 15 giugno a settembre, lunedì e martedì a mezzogiorno negli altri mesi – **Pasto** carta 55/80000.

X **Da Giorgio,** via Zanardelli 71 ℘ 0584 44493 – ▤. AE 🅂 ◑ MC VISA Z v
chiuso dal 24 dicembre al 5 gennaio e dal 10 al 20 ottobre – **Pasto** carta 60/85000.

X **Bombetta,** via Fratti 27 ℘ 0584 961380 – ▤. AE 🅂 ◑ MC VISA. ✂ Z y
chiuso novembre, lunedì sera e martedì – **Pasto** carta 55/95000.

X **Da Remo,** via Paolina Bonaparte 47 ℘ 0584 48440 – ▤. AE 🅂 MC VISA JCB Z x
chiuso dal 5 al 25 ottobre e lunedì – **Pasto** carta 50/80000.

X **Il Puntodivino,** via Mazzini 229 ℘ 0584 31046 – ▤. AE 🅂 ◑ MC VISA Z c
chiuso dal 25 dicembre al 25 gennaio, lunedì e martedì a mezzogiorno in luglio-agosto – **Pasto** carta 35/60000.

X Il Brigantino, via Vespucci 165 ℘ 0584 31402 – ▤ Z g

VIAROLO *43010 Parma* 428, 429 H 12 – *alt. 41.*

Roma 465 – Parma 11 – Bologna 108 – Milano 127 – Piacenza 67 – La Spezia 121.

X **Gelmino,** via Cremonese 161 ℘ 0521 605123, *Fax 0521 605123*, 🏠 – ▤ P. AE 🅂 ◑ MC VISA. ✂
chiuso dal 10 al 31 agosto, domenica sera e lunedì – **Pasto** carta 40/65000.

VIBO VALENTIA *89900* P 988 ㊴, 431 K 30 – *35 287 ab. alt. 476.*

ℹ *via Forgiani 1 ℘ 0963 42008, Fax 0963 44318.*

A.C.I. *viale Affaccio 80 ℘ 0963 591732.*

Roma 613 – Reggio di Calabria 94 – Catanzaro 69 – Cosenza 98 – Gioia Tauro 40.

🏨 **501 Hotel,** via Madonnella ℘ 0963 43951, *Fax 0963 43400*, ←, 🏊 – |♦| ▤ TV ☎ P – 🏠 350. AE 🅂 ◑ VISA
Pasto carta 50/70000 – **118 cam** ☕ 180/245000, 3 appartamenti – ½ P 160000.

XX **Daffinà,** via San Ruba 20 ℘ 0963 592444 – ▤. AE 🅂 ◑ MC VISA. ✂
chiuso le sere di venerdì e domenica – **Pasto** 35/55000 (a mezzogiorno) 45/85000 (alla sera) e carta 40/75000.

a Vibo Valentia Marina *Nord : 10 km – ✉ 89811 :*

XXX **L'Approdo,** via Roma 22 ℘ 0963 572640, *Fax 0963 572640*, 🏠 – ▤. AE 🅂 ◑ MC VISA JCB. ✂
✿ *chiuso lunedì escluso da maggio al 15 ottobre* – **Pasto** carta 60/95000
Spec. Moscardini al vapore con ortaggi e scaglie di tartufo. Reginette con fagiolini e San Pietro. Tagliata di pesce spada con scamorza affumicata.

XX **Maria Rosa,** via Toscana 13/15 ℘ 0963 572538, 🏠 – 🅂 MC VISA
chiuso dal 15 dicembre al 15 gennaio e lunedì (escluso dal 15 giugno al 15 settembre) – **Pasto** carta 30/50000.

VICCHIO *50039 Firenze* 429 K 16 *G. Toscana – 6 924 ab. alt. 203.*
Roma 301 – Firenze 32 – Bologna 96.

a Campestri *Sud : 5 km – ✉ 50039 Vicchio :*

Villa Campestri ⛰ via di Campestri 19/22 ✆ 055 8490107, *Fax 055 8490108*, « Villa trecentesca in un parco con ⛱ e maneggio » – TV ☎ P. AE Ⓢ ⓓ ⓜⓒ VISA. ✗
chiuso da gennaio al 15 marzo – **Pasto** carta 65/85000 – **20 cam** ☕ 260/300000, appartamento – ½ P 210/270000.

VICENO *Verbania* 217 ⑲ – *Vedere Crodo.*

VICENZA *36100* P 988 ④ ⑤, 429 F 16 *G. Italia – 109 145 ab. alt. 40.*
Vedere *Teatro Olimpico*** **BY A** *: scena*** – Piazza dei Signori*** **BYZ34** *: Basilica*** **BZ B** *Torre Bissara** **BZ C**, *Loggia del Capitanio** **BZD** – *Museo Civico** **BY M** *: Crocifissione** di Memling – Battesimo di Cristo** del Bellini, Adorazione dei Magi** del Veronese, soffitto* nella chiesa della Santa Corona* **BY E** – *Corso Andrea Palladio** **ABYZ** – *Polittico* nel Duomo* **AZ F** – *Villa Valmarana "ai Nani"** : affreschi del Tiepolo*** per ④ : 2 km – La Rotonda* del Palladio per ④ : 2 km – Basilica di Monte Berico* : ✻** 2 km* **BZ**.
⛳18 *Colli Berici (chiuso lunedì) a Brendola ✉ 36040 ✆ 0444 601780, Fax 0444 400777;*
⛳9 *(chiuso martedì, dal 25 dicembre al 6 gennaio e dal 2 al 20 agosto) ✆ 0444 340448, Fax 0444 278028, Ovest : 7 km.*
🅱 *piazza Matteotti 12 ✆ 0444 320854, Fax 0444 320854.*
A.C.I. *viale della Pace 260 ✆ 0444 505000.*
Roma 523 ③ – Padova 37 ③ – Milano 204 ⑤ – Verona 51 ⑤.

Pianta pagina a lato

Hotel de la Ville Ⓜ, viale Verona 12 ✆ 0444 549049, *Fax 0444 569183* – |‡| ▤ TV ☎ ♿ 🚗 – 🏛 300. AE Ⓢ ⓓ ⓜⓒ VISA JCB — 1 km per ⑤
Pasto carta 45/75000 – **118 cam** ☕ 370/420000, 7 appartamenti.

Jolly Hotel Europa, strada padana verso Verona 11 ✆ 0444 564111, *Fax 0444 564382*, Ⓛ6 – |‡|, ⇎ cam, ▤ TV ☎ ☎ ♿ 🚗 P – 🏛 200. AE Ⓢ ⓓ ⓜⓒ VISA. ✗ — 2 km per ⑤
Pasto *(chiuso sabato)* carta 60/90000 – **127 cam** ☕ 240/300000 – ½ P 155/195000.

Da Porto senza rist, via del Sole ✆ 0444 964848, *Fax 0444 964852* – |‡| ▤ TV ☎ ♿ P. AE Ⓢ ⓓ ⓜⓒ VISA. ✗ — 1 km per ⑥
54 cam ☕ 170/200000, 18 appartamenti.

Giardini senza rist, via Giuriolo 10 ✆ 0444 326458, *Fax 0444 326458* – |‡| ▤ TV ☎ ♿ P – 🏛 30. AE Ⓢ ⓓ ⓜⓒ VISA JCB. ✗ — BY a
17 cam ☕ 200/250000.

Cinzia e Valerio, piazzetta Porta Padova 65/67 ✆ 0444 505213, *Fax 0444 512796*, prenotare – ▤. AE Ⓢ ⓓ ⓜⓒ VISA JCB. ✗ — BY s
chiuso dal 26 dicembre al 3 gennaio, agosto, domenica sera e lunedì – **Pasto** specialità di mare 70000 e carta 55/85000.

Storione, via Pasubio 62/64 ✆ 0444 566506, *Fax 0444 571644*, ⛱ – ▤ P. AE Ⓢ ⓓ ⓜⓒ VISA. ✗ — 2 km per ⑥
chiuso domenica – **Pasto** specialità di mare carta 65/120000.

Tre Visi-Vecchia Roma, corso Palladio 25 ✆ 0444 324868, *Fax 0444 324868*, ⛱, prenotare – ▤. AE Ⓢ ⓓ ⓜⓒ VISA JCB. ✗ — AZ b
chiuso dal 26 dicembre al 1° gennaio, domenica sera e lunedì – **Pasto** carta 60/80000 (10%).

Agli Schioppi, contrà del Castello 26 ✆ 0444 543701, *Fax 0444 543701*, ⛱ – AE Ⓢ ⓓ ⓜⓒ VISA. ✗ — AZ c
chiuso dal 1° al 6 gennaio, dal 24 luglio al 15 agosto, sabato sera e domenica – **Pasto** carta 40/60000.

Ponte delle Bele, contrà Ponte delle Bele 5 ✆ 0444 320647 – ▤. AE Ⓢ ⓓ ⓜⓒ VISA
chiuso dal 17 al 23 gennaio, dal 7 al 21 agosto, domenica e giorni festivi – **Pasto** specialità trentine e sudtirolesi carta 35/55000. — AZ a

Al Pestello, contrà Santo Stefano 3 ✆ 0444 323721, ⛱, prenotare – AE Ⓢ ⓓ ⓜⓒ VISA
chiuso novembre e domenica – **Pasto** cucina tradizionale veneta carta 35/80000. — BY c

in prossimità casello autostrada A 4 - Vicenza Ovest *per ⑤ : 3 km :*

Alfa Fiera Hotel, via dell'Oreficeria 50 ✉ 36100 ✆ 0444 565455 e rist ✆ 0444 571577, *Fax 0444 566027*, Ⓛ6, ≘s – |‡|, ⇎ cam, ▤ TV ☎ ☎ ♿ P – 🏛 450. AE Ⓢ ⓓ ⓜⓒ VISA. ✗
Pasto *(chiuso domenica ed agosto)* carta 50/80000 – **90 cam** ☕ 175/295000.

Agip Hotel, viale degli Scaligeri 64 ✉ 36100 ✆ 0444 564711, *Fax 0444 566852* – |‡|, ⇎ cam, ▤ TV ☎ ♿ P – 🏛 100. AE Ⓢ ⓓ ⓜⓒ VISA JCB. ✗ rist
Pasto carta 55/85000 – **130 cam** ☕ 185/225000 – ½ P 130/150000.

ad Olmo *per ⑤ : 4 km – ✉ 36050 :*

Story, via De Gasperi 8 ✆ 0444 521065, *Fax 0444 520690* – ▤ P.

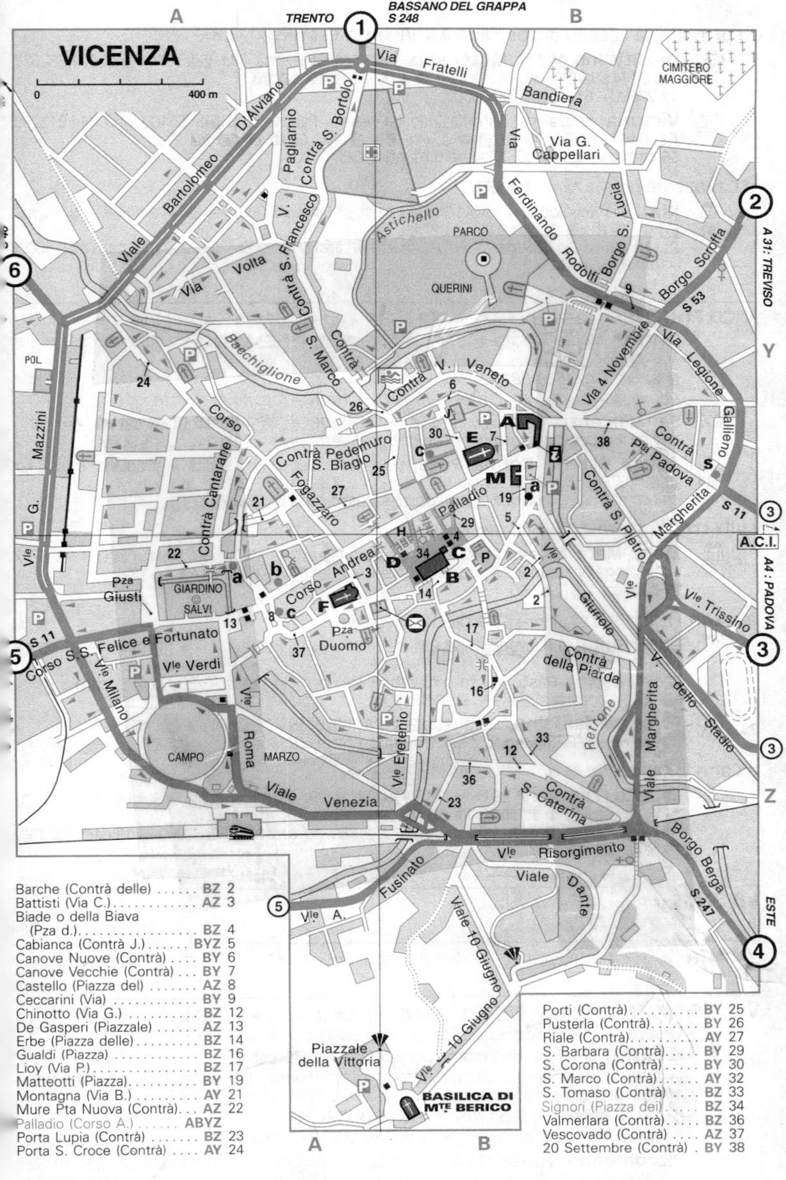

Circolazione regolamentata nel centro città

sulla strada statale 11 *per ③ : 5 km :*

XX **Da Remo,** via Caimpenta 14 ✉ 36100 ☎ 0444 911007, *Fax 0444 911856,* « Casa colonica con servizio estivo all'aperto » – P. AE ⑤ ⓞ ⓜ VISA JCB
chiuso dal 23 dicembre al 6 gennaio ed agosto – **Pasto** carta 40/80000.

in prossimità casello autostrada A 4-Vicenza Est *per ③ : 7 km :*

Quality Inn Viest Motel senza rist, strada Pelosa 241 ✉ 36100 ☎ 0444 582677, *Fax 0444 582434*, – 20000 – **61 cam** 175/280000.

Victoria senza rist, strada padana verso Padova 52 ✉ 36100 ☎ 0444 912299, *Fax 0444 912570* – 100. **56 cam** 95/120000, 27 appartamenti 150/310000.

a Cavazzale *per ① : 7 km – ✉ 36010 :*

Rizzi, via Revoloni 2 ☎ 0444 946099 e rist ☎ 0444 595060, *Fax 0444 945669* – rist, Pasto al Rist. ***Da Giancarlo*** *(chiuso martedì)* carta 30/50000 – 8000 – **12 cam** 80/140000 – ½ P 80/85000.

VICO EQUENSE *80069 Napoli* 988 ㉗, 431 F 25 *G. Italia – 20 347 ab. – a.s. luglio-settembre.*

Dintorni *Monte Faito★★ : ✻★★★ dal belvedere dei Capi e ✻★★★ dalla cappella di San Michele Est : 14 km.*

via San Ciro 16 ☎ 081 8015752.

Roma 248 – Napoli 40 – Castellammare di Stabia 10 – Salerno 41 – Sorrento 9.

San Vincenzo, via Vescovado 1 ☎ 081 8015028, ←, – *chiuso mercoledì escluso dal 15 giugno al 15 settembre* – **Pasto** carta 45/90000.

Antica Osteria Nonna Rosa, via privata Bonea 4, località Pietrapiano Est : 2 km ☎ 081 8799055 – *chiuso mercoledì escluso luglio-agosto* – **Pasto** carta 35/100000.

sulla strada statale 145 *Sud-Ovest : 2 km :*

Mega Mare senza rist, Punta Scutolo ✉ 80069 ☎ 081 8028494, *Fax 081 8028777*, « Posizione panoramica a picco sul mare » – **27 cam** 150/225000.

a Marina Equa *Sud : 2,5 km – ✉ 80069 Vico Equense :*

Eden Bleu, via Murrano 17 ☎ 081 8028550, *Fax 081 8028574* – rist *aprile-ottobre* – **Pasto** *(luglio-settembre;* solo per alloggiati*)* 20/50000 – **15 cam** 140/190000, 4 appartamenti – ½ P 90/125000.

Torre del Saracino, via Torretta 9 ☎ 081 8028555 – *chiuso dal 10 al 20 gennaio e lunedì* – **Pasto** carta 60/100000.

a Capo la Gala *Nord : 3 km – ✉ 80069 Vico Equense :*

Capo la Gala, ☎ 081 8015758, *Fax 081 8798747*, ← mare, « Sulla scogliera », *aprile-ottobre* – **Pasto** *(chiuso aprile, maggio ed ottobre)* 60/80000 – **18 cam** 190/280000 – ½ P 195000.

VICOMERO *Parma – Vedere Torrile.*

VIDICIATICO *Bologna* 430 J 14 – *Vedere Lizzano in Belvedere.*

VIESTE *71019 Foggia* 988 ㉘, 431 B 30 *G. Italia – 13 703 ab. – a.s. luglio-13 settembre.*

Vedere *←★ sulla cala di San Felice dalla Testa del Gargano Sud : 8 km.*

Escursioni *Strada panoramica★★ per Mattinata Sud-Ovest.*

per le Isole Tremiti giugno-settembre giornaliero (1 h) – Adriatica di Navigazione-agenzia Gargano Viaggi, piazza Roma 7 ☎ 0884 708501, Fax 0884 707393.

piazza Kennedy ☎ 0884 708806, Fax 0884 707495.

Roma 420 – Foggia 92 – Bari 179 – San Severo 101 – Termoli 127.

Pizzomunno Vieste Palace Hotel, lungomare di Pizzomnunno ☎ 0884 707321, *Fax 0884 708843*, « Giardino fiorito con », cam, – 380. *aprile-10 ottobre* – **Pasto** carta 90/100000 – **169 cam** 425/930000, 14 appartamenti – ½ P 675000.

Seggio, via Veste 7 ☎ 0884 708123, *Fax 0884 708727*, ←, – *aprile-ottobre* – **Pasto** carta 30/45000 – **30 cam** 150/190000 – ½ P 140000.

Svevo senza rist, via Fratelli Bandiera 10 0884 708830, *Fax 0884 708830*, <, « Terrazza-solarium panoramica con » – .
30 maggio-15 ottobre – **30 cam** 180000.

Punta San Francesco, via San Francesco 2 0884 701422, *Fax 0884 701424*, « Terrazza-solarium con < mare e costa » – .
Pasto *(giugno-10 settembre;* solo per alloggiati*)* – **14 cam** 120/190000 – 1/2 P 120000.

Al Dragone, via Duomo 8 0884 701212, *Fax 0884 701212*, « In una grotta naturale » – .
aprile-ottobre – **Pasto** carta 40/70000 (10 %).

Taverna al Cantinone, via Mafrolla 26 0884 707940 – .
Pasqua-ottobre; chiuso venerdì sino a maggio – **Pasto** carta 35/65000.

a Lido di Portonuovo *Sud-Est : 5 km* – *71019 Vieste :*

Gargano, 0884 700911, *Fax 0884 700912*, < mare, isolotti e Vieste, –
. rist
aprile-settembre – **Pasto** (solo per alloggiati) – **69 cam** 200/270000 (solo 1/2 P luglio e agosto) – 1/2 P 190000.

sulla strada litoranea *Nord-Ovest : 10 km :*

Sfinalicchio, 71019 0884 706529, *Fax 0884 702010*, – .
Pasqua-ottobre – **Pasto** carta 30/50000 – 5000 – **24 cam** 140/180000 – 1/2 P 145000.

Europe — Se il nome di un albergo è stampato in carattere magro, chiedete al vostro arrivo le condizioni che vi saranno praticate.

VIETRI SUL MARE *84019 Salerno* 988 ㉗ ㉘, 431 E 26 *G. Italia – 9 053 ab. – a.s. Pasqua, giugno-settembre e Natale.*
Vedere <★ *sulla costiera amalfitana.*
Roma 259 – Napoli 50 – Amalfi 20 – Avellino 41 – Salerno 5.

a Raito *Ovest : 3 km – alt. 100 – 84010 :*

Raito , 089 210033, *Fax 089 211434*, < golfo di Salerno, – –
400. . rist
Pasto carta 50/80000 – **50 cam** 200/240000 – 1/2 P 170/220000.

VIGANÒ *23897 Lecco* 219 ⑲ *– 1 709 ab. alt. 395.*
Roma 607 – Como 30 – Bergamo 33 – Lecco 20 – Milano 38.

Pierino Penati, via XXIV Maggio 36 039 956020, *Fax 039 9211400*, « Veranda immersa nel verde », – – 50. .
chiuso dal 2 all'11 gennaio, dal 2 al 23 agosto, domenica sera e lunedì – **Pasto** 50000 (a mezzogiorno) 100000 (alla sera) e carta 60/100000
Spec. Pasta fresca agli asparagi e mandorle, acqua di zafferano e rafano (estate). Dorso di coniglio nostrano al prosciutto, salvia e marsala secco. Guanciale di manzo stracotto all'olio extravergine d'oliva servito al cucchiaio (autunno).

VIGANO *Milano* 428 F 9 *– Vedere Gaggiano.*

VIGEVANO *27029 Pavia* 988 ③ ⑬, 428 G 8 *G. Italia – 59 542 ab. alt. 116.*
Vedere *Piazza Ducale*★★.
18 *Santa Martretta (chiuso martedì e dal 3 al 20 agosto) 0381 346628, Fax 0381 346091, Sud-Est : 3 km.*
A.C.I. *viale Mazzini 40/42 0381 78032.*
Roma 601 – Alessandria 69 – Milano 35 – Novara 27 – Pavia 37 – Torino 106 – Vercelli 44.

Europa senza rist, via Trivulzio 8 0381 9085, *Fax 0381 87054* – –
25.
chiuso dal 24 dicembre al 5 gennaio e dal 7 al 23 agosto – **42 cam** 155/215000.

I Castagni, via Ottobiano 8/20 (Sud : 2 km) 0381 42860, *Fax 0381 346232*, Coperti limitati; prenotare, – .
chiuso dal 1º al 7 gennaio, dal 4 al 25 agosto, domenica sera e lunedì – **Pasto** 55/70000 e carta 55/95000
Spec. Ravioli ripieni di anatra stufata con lenticchie di Castelluccio (inverno-primavera). Variazioni sul merluzzo. Carpaccio di testina di vitello con composta di animelle, lingua di vitello e cipollotti in salsa tonnata..

VIGGIANELLO *85040 Potenza* [431] H 30 – *3 675 ab. alt. 500.*
Roma 423 – Cosenza 130 – Lagonegro 45 – Potenza 135.

Parco Hotel Pollino, via Marcaldo ☎ 0973 664018, *Fax 0973 664019*, ≘s, ⛱, 🎾 – |‡| 📺 ☎ [P] – 🏛 150. [S] ⓓ Ⓜ VISA. ✗
Pasto 25/35000 – ☕ 7500 – **40 cam** 60/100000 – ½ P 65/75000.

VIGNOLA *41058 Modena* [988] ⑭, [428], [429], [430] I 15 – *20 438 ab. alt. 125.*
Roma 398 – Bologna 43 – Milano 192 – Modena 22 – Pistoia 110 – Reggio nell'Emilia 47.

🍴 **La Bolognese,** via Muratori 1 ☎ 059 771207 – ▤. [AE] [S] ⓓ Ⓜ VISA. ✗
chiuso agosto, venerdì sera e sabato – **Pasto** carta 40/60000.

a Tavernelle *Sud-Ovest : 3 km* – ✉ *41058 Vignola :*

🍴🍴 **Antica Trattoria Moretto,** via Frignanese 2373 ☎ 059 772785, ⛱ – [P]. [S] ⓓ Ⓜ VISA
chiuso dal 10 al 20 gennaio e lunedì – **Pasto** carta 40/50000.

VIGO DI CADORE *32040 Belluno* [429] C 19 – *1 692 ab. alt. 951.*
[i] *(giugno-15 settembre)* ☎ *0435 77058.*
Roma 658 – Cortina d'Ampezzo 46 – Belluno 57 – Milano 400 – Venezia 147.

Sporting ⛰, via Fabbro 32, a Pelos ☎ 0435 77103, *Fax 0435 77103*, ←, ⛱ riscaldata, 🌳 – 📺 ☎ [P]. ✗
15 giugno-15 settembre – **Pasto** carta 40/55000 – ☕ 15000 – **16 cam** 125/170000 – P 140000.

VIGO DI FASSA *38039 Trento* [988] ④⑤, [429] C 17 *G. Italia* – *1 021 ab. alt. 1 342 – a.s. 28 gennaio-11 marzo e Natale – Sport invernali : 1 320/2 096 m* 🚡 1 ⛷ 6, ⛷ *(vedere anche Pozza di Fassa).*
[i] *via Roma 18* ☎ *0462 764093, Fax 0462 764877.*
Roma 676 – Bolzano 36 – Canazei 13 – Passo di Costalunga 9 – Milano 334 – Trento 94.

Park Hotel Corona, via Dolomiti 8 ☎ 0462 764211, *Fax 0462 764777*, ←, 🏋, ≘s, ⛱, 🌳, 🎾 – |‡| 📺 ☎ 🚗 [P]. [AE]. ✗ rist
18 dicembre-marzo e 18 giugno-5 ottobre – **Pasto** carta 35/70000 – **60 cam** ☕ 200/320000, 10 appartamenti – ½ P 220000.

Catinaccio, piazza Europa ☎ 0462 764209, *Fax 0462 763712*, ←, ≘s – |‡| 📺 ☎ 🚗 [P]. ✗
20 dicembre-11 aprile e 27 giugno-26 settembre – **Pasto** carta 35/50000 – **22 cam** ☕ 120/195000 – ½ P 75/130000.

Olympic, via Dolomiti 10 ☎ 0462 764225, *Fax 0462 764636*, ←, ≘s, 🌳 – |‡|, ⊁ rist, 📺 ☎ [P]. ✗
chiuso dal 15 al 30 giugno e novembre – **Pasto** *(chiuso lunedì a mezzogiorno)* carta 40/50000 – **24 cam** ☕ 150/200000 – ½ P 90/130000.

Andes, piazza Europa ☎ 0462 764575, *Fax 0462 764598*, ←, 🏋, ≘s – |‡| 📺 ☎ 🚗 [P]. [S] ⓓ Ⓜ VISA. ✗
chiuso maggio e novembre – **Pasto** *(chiuso lunedì in bassa stagione)* carta 30/50000 – ☕ 14000 – **31 cam** 100/180000 – ½ P 130000.

Millenium, via Dolomiti 2, località San Giovanni Est : 1 km ☎ 0462 764155, *Fax 0462 762091* – |‡| 📺 ☎ ♿ [P]. ✗
dicembre-marzo e maggio-ottobre – **Pasto** 25000 – **10 cam** ☕ 90/110000 – ½ P 125000.

a Vallonga *Sud-Ovest : 2,5 km* – ✉ *38039 Vigo di Fassa :*

Millefiori, via Carezza 10 ☎ 0462 769000, *Fax 0462 769119*, ← Dolomiti e pinete, « Servizio ristorante estivo in terrazza » – 📺 ☎ 🚗 [P]. [AE] [S] Ⓜ VISA. ✗ rist
chiuso dal 20 giugno al 1° luglio e dal 4 novembre al 4 dicembre – **Pasto** carta 25/40000 – **14 cam** ☕ 55/110000 – ½ P 65/90000.

a Tamion *Sud-Ovest : 3,5 km* – ✉ *38039 Vigo di Fassa :*

Gran Mugon ⛰, ☎ *0462 769108, Fax 0462 769108*, ←, ≘s – ⊁ rist, 📺 ☎ [P]. [S] Ⓜ VISA. ✗ rist
20 dicembre-24 aprile e 25 giugno-15 ottobre – **Pasto** (solo per alloggiati) – **21 cam** ☕ 90/120000 – ½ P 105000.

VILLA *Brescia – Vedere Gargnano.*

VILLA ADRIANA *Roma* [988] ㉖, [430] Q 20 – *Vedere Tivoli.*

VILLA BANALE *Trento – Vedere Stenico.*

VILLABASSA (NIEDERDORF) *39039 Bolzano* [429] B 18 – *1 336 ab. alt. 1 158.*

[i] *Palazzo del Comune* ☎ *0474 745136, Fax 0474 745283.*

Roma 738 – Cortina d'Ampezzo 36 – Bolzano 100 – Brunico 23 – Milano 399 – Trento 160.

🏨 **Aquila-Adler**, piazza Von Kurz 3 ☎ 0474 745128, *Fax 0474 745278*, [Fs], ≘s, [🏊] – [|≬|] [TV] ☎ [P]. [AE] [S] [MC] [VISA]
chiuso dal 5 novembre al 18 dicembre ed aprile – **Pasto** vedere rist ***Aquila-Adler*** – 48 cam ☕ 135/240000 – 1/2 P 140000.

🍴🍴 **Aquila-Adler** - Hotel Aquila-Adler, piazza Von Kurz 3 ☎ 0474 745128, prenotare – 🚭 [P]. [AE] [S] [MC] [VISA]. 🚫
chiuso dal 5 novembre al 18 dicembre e martedì – **Pasto** carta 50/80000.

🍴 **Friedlerhof**, via Hans Wassermann 14 ☎ 0474 745003, *Fax 0474 745003*, prenotare – [P]. [AE] [S] [MC] [VISA]. 🚫
chiuso dal 6 al 27 gennaio e martedì – **Pasto** carta 50/75000.

VILLA D'ALMÈ *24018 Bergamo* [428] E 10 – *6 337 ab. alt. 289.*

Roma 601 – Bergamo 14 – Lecco 31 – Milano 58.

🍴🍴 ✿ **Osteria della Brughiera**, via Brughiera 49 ☎ 035 638008, *Fax 035 638008*, « Servizio estivo in giardino » – [AE] [S] [MC] [VISA]. 🚫
chiuso lunedì, martedì a mezzogiorno, dal 1° al 7 gennaio e dal 10 al 31 agosto – **Pasto** carta 60/120000
Spec. Crudità di mare (pesci, frutti di mare e crostacei). Fiocchetti di farina di farro e ceci con animelle, prosciutto e funghi (settembre-novembre). Fritto di verdure, frattaglie di vitello e formaggi.

VILLA DI CHIAVENNA *23029 Sondrio* [428] C 10, [218] ⑭ – *1 130 ab. alt. 625.*

Roma 692 – Sondrio 69 – Chiavenna 8 – Milano 131 – Saint Moritz 41.

🍴🍴 ✿ **La Lanterna Verde**, frazione San Barnaba 7 (Sud-Est : 2 km) ☎ 0343 38588, *Fax 0343 38593*, ☂ – [P]. [AE] [S] [MC] [VISA]. 🚫
chiuso dal 20 al 30 giugno, dal 10 al 30 novembre, mercoledì e giovedì a mezzogiorno, solo mercoledì in luglio-agosto – **Pasto** carta 50/75000
Spec. Foie gras d'oca farcito di frutta secca con confit di cipolle rosse. Zuppetta di pesci d'acqua dolce in cocotte e cupola di sfoglia dorata. Sella di maialino da latte al forno con verdure caramellate al balsamico.

VILLAFRANCA DI VERONA *37069 Verona* [988] ④, [429] F 14 – *28 428 ab. alt. 54.*

⛳ *località Casella 32-Pozzomoretto* ☎ *045 6303341, Fax 045 6303341.*

✈ *Valerio Catullo* ☎ *045 8095666, Fax 045 8095706.*

Roma 483 – Verona 19 – Brescia 61 – Mantova 22 – Vicenza 70.

🍴🍴 **Antica Ca' 21**, via Quadrato 21 ☎ 045 6304079, *Fax 045 6303746* – ▤ [P]. [AE] [S] [D] [MC] [VISA]
chiuso dal 1° al 10 gennaio e domenica – **Pasto** carta 45/70000.

a Dossobuono *Nord-Est : 7 km – ✉ 37062 :*

🍴🍴 **El Granar del Papa**, via Staffali 20 ☎ 045 8600096, *Fax 045 8600565* – 🚭 ▤ [P]. [AE] [S] [D] [MC] [VISA]
chiuso dal 1° al 7 gennaio, dal 20 luglio al 20 agosto, domenica sera e lunedì – **Pasto** carta 55/80000.

🍴🍴 **Cavour**, via Cavour 40 ☎ 045 513038, *Fax 045 8600595*, ☂ – 🚭 ▤ [P]. [AE] [S] [D] [MC] [VISA]. 🚫
chiuso dal 10 al 24 agosto, domenica in luglio-agosto e mercoledì negli altri mesi – **Pasto** carta 50/65000.

VILLAFRANCA IN LUNIGIANA *54028 Massa-Carrara* [988] ⑭, [428], [429], [430] J 11 – *4 716 ab. alt. 131.*

Roma 420 – La Spezia 31 – Parma 88.

a Mocrone *Nord-Est : 4 km – ✉ 54028 Villafranca in Lunigiana :*

🍴 ☺ **Gavarini** con cam, via Benedicenti 50 ☎ 0187 493115, *Fax 0187 495790*, « Giardino fiorito » – ▤. [AE] [S] [D] [MC] [VISA] [JCB]. 🚫
Pasto *(chiuso mercoledì)* carta 30/55000 – ☕ 5000 – **5 cam** 60/100000 – 1/2 P 70/75000.

VILLAFRATI *Palermo* [988] ㊱, [432] N 22 – *Vedere Sicilia alla fine dell'elenco alfabetico.*

VILLAIR DE QUART *Aosta* [428] E 4, [219] ③ – *Vedere Aosta.*

VILLAMARINA *Forlì-Cesena* 430 J 19 – *Vedere Cesenatico.*

VILLANDRO (VILLANDERS) *39040 Bolzano* 429 C 16 – *1 797 ab. alt. 880.*

Santo Stefano 120 ℘ 0472 843121, Fax 0472 843347.

Roma 669 – Bolzano 28 – Bressanone 13 – Cortina d'Ampezzo 100 – Trento 88.

XX **Ansitz Zum Steinbock** con cam, Santo Stefano 38 ℘ 0472 843111, *Fax 0472 843468*, ≤, « Edificio del 17° secolo con servizio estivo all'aperto » – TV ☎ P. AE S MC VISA
chiuso dal 7 gennaio al 7 marzo – **Pasto** *(chiuso lunedì)* carta 60/90000 – **17 cam** 80/140000 – ½ P 90/100000.

VILLANOVA *Bologna* 430 I 16 – *Vedere Bologna.*

VILLANOVA D'ALBENGA *17038 Savona* 428 J 6 – *1 941 ab. alt. 35.*

Roma 587 – Imperia 33 – Alassio 15 – Genova 92 – Mondovì 83 – San Remo 60 – Savona 46.

X **Osteria l'Ariete,** vico Lerrone 2 ℘ 0182 582187, *Fax 0182 582187*, Coperti limitati; prenotare – ▤. AE S MC VISA
chiuso dal 1° al 10 febbraio, dal 1° al 20 ottobre, mercoledì e giovedì a mezzogiorno – **Pasto** carta 45/85000.

VILLANOVAFORRU *Cagliari* 433 I 8 – *Vedere Sardegna alla fine dell'elenco alfabetico.*

VILLA REY *Cagliari – Vedere Sardegna (Castiadas) alla fine dell'elenco alfabetico.*

VILLAR FOCCHIARDO *10050 Torino* 428 G 3 – *alt. 450.*

Roma 703 – Torino 42 – Susa 16.

XX **La Giaconera,** via Antica di Francia 1 ℘ 011 9645000, *Fax 011 9645143*, « In un'antica locanda del seicento » – P. AE S MC VISA. ✈
chiuso agosto, lunedì e martedì – **Pasto** 65000.

VILLA ROSA *Teramo* 430 N 23 – *Vedere Martinsicuro.*

VILLAROTTA *Reggio nell'Emilia* 429 H 14 – *Vedere Luzzara.*

VILLA SAN GIOVANNI *89018 Reggio di Calabria* 988 ㊲ ㊴, 431 M 28 *G. Italia – 12 789 ab. alt. 21.*

Escursioni *Costa Viola★ a Nord per la strada S 18.*

℘ (0965)751026-int. 393.

per Messina giornalieri (20 mn) – Società Caronte Shipping, via Marina 30 ℘ 0965 793131, Fax 0965 793128 e Ferrovie Stato, piazza Stazione ℘ 0965 758241.

Roma 653 – Reggio di Calabria 14.

Gd H. De la Ville, via Ammiraglio Curzon prolungamento Sud ℘ 0965 795600, *Fax 0965 795640*, – |‡|, ⇔ cam, ▤ TV ☎ P – 180. AE S MC VISA. ✈
Pasto 35/70000 – **75 cam** 210/275000, 4 appartamenti – ½ P 205000.

VILLASIMIUS *Cagliari* 988 ㉞, 433 J 10 – *Vedere Sardegna alla fine dell'elenco alfabetico.*

VILLASTRADA *46030 Mantova* 428, 429 H 13 – *alt. 22.*

Roma 461 – Parma 40 – Verona 74 – Mantova 33 – Milano 161 – Modena 58 – Reggio nell'Emilia 38.

X **Nizzoli,** via Garibaldi 18 ℘ 0375 838066, *Fax 0375 899991* – AE S MC VISA. ✈
chiuso dal 24 al 29 dicembre e mercoledì – **Pasto** carta 45/60000.

Do not mix up:

Comfort of hotels	:	... ,
Comfort of restaurants	:	XXXXX ... X
Quality of the cuisine	:	✿✿✿, ✿✿, ✿,

VILLA VICENTINA *33059 Udine* [429] D 21 – *1 269 ab. alt. 11.*
Roma 619 – Udine 40 – Gorizia 28 – Trieste 45 – Venezia 120.

[🏠] **Ai Cjastinars,** borgo Pacco 1, strada statale 14 (Sud : 1 km) ☎ 0431 970282, *Fax 0431 969037,* 🌳 – [▤] cam, [TV] ☎ ♿ [P]. [AE] [$] [O] [MC] [VISA] [JCB]. ✂ rist
Pasto *(chiuso venerdì)* carta 35/60000 – **15 cam** ☕ 100/160000 – 1/2 P 90/110000.

VILLETTA BARREA *67030 L'Aquila* [988] ㉗, [430] Q 23, [431] B 23 – *590 ab. alt. 990.*
Roma 179 – Frosinone 72 – L'Aquila 151 – Isernia 50 – Pescara 138.

[🏠] **Il Pescatore,** via Roma ☎ 0864 89347, *Fax 0864 89439* – [|$|] [TV] ☎ ♿ [P]. [$] [O] [MC] [VISA]. ✂
Pasto carta 35/45000 – **30 cam** ☕ 50/80000 – 1/2 P 80000.

[🏠] **Il Vecchio Pescatore,** via Benedetto Virgilio ☎ 0864 89274, *Fax 0864 89255* – [TV] ☎. [AE] [$] [O] [MC] [VISA] [JCB]. ✂
Pasto carta 35/45000 – **12 cam** ☕ 50/90000 – 1/2 P 65/85000.

🍴 **Trattoria del Pescatore,** via Benedetto Virgilio 175 ☎ 0864 89152 – ✂
Pasto carta 35/45000.

VILLNOSS = *Funes.*

VILLORBA *31050 Treviso* [429] E 18 – *16 276 ab. alt. 38.*
Roma 554 – Venezia 49 – Belluno 71 – Trento 134 – Treviso 10.

a Fontane *Sud : 6 km – ✉ 31020 :*

🍴🍴 **Da Dino,** via Doberdò 3 ☎ 0422 421270, *Fax 0422 420564,* 🌳, prenotare – [P]. [AE] [$] [MC] [VISA]. ✂
chiuso dal 5 al 20 agosto e domenica – **Pasto** carta 35/50000.

Pour être inscrit au ***guide Michelin***
– pas de piston,
– pas de pot-de-vin!

VILMINORE DI SCALVE *24020 Bergamo* [428], [429] D E 12 – *1 519 ab. alt. 1 019.*
Roma 617 – Brescia 69 – Bergamo 65 – Edolo 50 – Milano 110.

[🏠] **Brescia,** piazza della Giustizia 4 ☎ 0346 51019, *Fax 0346 51555,* 🏞 – [|$|] [TV] ☎ [P]. ✂ cam
Pasto *(chiuso lunedì)* carta 40/60000 – ☕ 13000 – **19 cam** 85/105000 – 1/2 P 65/80000.

VILPIAN = *Vilpiano.*

VILPIANO (VILPIAN) *Bolzano* [429] C 15, [218] ⑳ – *Vedere Terlano.*

VIMERCATE *20059 Milano* [988] ③, [428] F 10, [219] ⑲ – *25 578 ab. alt. 194.*
Roma 582 – Milano 24 – Bergamo 36 – Como 45 – Lecco 33 – Monza 8.

[🏠] Cosmo [M], al Centro Direzionale Torri Bianche Sud-Ovest : 1,5 km ☎ 039 69961, *Fax 039 6996777* – [|$|], ✂ cam, [▤] [TV] ☎ ♿ 🚗 [P] – 🎤 50
127 cam.

VINCI *50059 Firenze* [988] ⑭, [429], [430] K 14 *G. Toscana* – *13 804 ab. alt. 98.*
[i] *via della Torre 11 ☎ 0571 568012, Fax 0571 567930.*
Roma 304 – Firenze 40 – Lucca 54 – Livorno 72 – Pistoia 25.

[🏠] **Alexandra,** via Dei Martiri 82 ☎ 0571 56224 e rist. ☎ 0571 568010, *Fax 0571 567972* – [▤] [TV] ☎ [P] – 🎤 30. [AE] [$] [O] [MC] [VISA]. ✂
Pasto al Rist. ***La Limonaia*** carta 40/65000 – ☕ 15000 – **37 cam** 105/145000, [▤] 13000 – 1/2 P 75/105000.

VIPITENO (STERZING) *39049 Bolzano* [988] ④, [429] B 16 *G. Italia* – *5 658 ab. alt. 948* – *Sport invernali : 948/2 161 m* 🚡1 ⛷4, ⛷.
Vedere *Via Città Nuova★.*
[i] *piazza Città 3 ☎ 0472 765325, Fax 0472 765441.*
Roma 708 – Bolzano 66 – Brennero 13 – Bressanone 30 – Merano 58 – Milano 369 – Trento 130.

Aquila Nera-Schwarzer Adler, piazza Città 1 ☎ 0472 764064, *Fax 0472 766522*, – 🛗 📺 ☎ 🅿 – 🏊 30. 🅂 ⓂⒸ VISA
chiuso dal 26 giugno al 13 luglio e dall'8 novembre al 20 dicembre – **Pasto** *(chiuso marted*
carta 60/85000 – **29 cam** ☕ 145/210000, 6 appartamenti – ½ P 145/170000.

in Val di Vizze (Pfitsch) :.

Wiesnerhof, via Val di Vizze 98, località Prati Est : 3 km ✉ 39049 Vizze ☎ 0472 765222 *Fax 0472 765703*, ≤, , , , , , – 🛗 📺 ☎ 🅿. 🅂 VISA. ✱ rist
chiuso dal 7 novembre al 25 dicembre – **Pasto** *(chiuso lunedì)* carta 50/80000 – **34 cam**
☕ 120/200000 – ½ P 100/125000.

Rose, via Val di Vizze 119, località Prati Est : 3 km ✉ 39040 Vizze ☎ 0472 764300 *Fax 0472 764639*, , – 🛗 📺 ☎ 🅿. ✱ rist
Natale-Pasqua e giugno-ottobre – **Pasto** (solo per alloggiati) carta 40/60000 – **22 cam**
☕ 100/170000 – ½ P 75/105000.

Kranebitt , località Caminata alt. 1441 (Est : 16 km) ✉ 39040 Vizze ☎ 0472 646019 *Fax 0472 646088*, ≤ monti e vallata, , , – 🛗 📺 ☎ & 🅿. ✱ rist
20 dicembre-24 aprile e maggio-22 ottobre – **Pasto** carta 45/75000 – **39 cam** ☕ 75/140000 – ½ P 85/90000.

Pretzhof, località Tulve alt. 1280 (Est : 8 km) ✉ 39040 Vizze ☎ 0472 764455 *Fax 0472 764455*, ≤, , « Ambiente caratteristico » – 🅿. AE 🅂 ⓂⒸ VISA
chiuso dal 20 al 26 dicembre, dal 20 gennaio al 10 febbraio, dal 27 giugno al 15 luglio, lune e martedì – **Pasto** carta 40/70000.

VISERBA *Rimini* 988 ⑮, 430 J 19 – *Vedere Rimini.*

VISERBELLA *Rimini* 988 ⑮, 430 J 19 – *Vedere Rimini.*

VISNADELLO *31050 Treviso* 429 E 18 – *alt. 46.*
Roma 555 – Venezia 41 – Belluno 67 – Treviso 11 – Vicenza 69.

Da Nano, via Gritti 145 ☎ 0422 928911 – ▤ 🅿. AE 🅂 ⓓ ⓂⒸ VISA
chiuso dal 1° al 7 gennaio, agosto, domenica sera e lunedì – **Pasto** specialità di mare cart 60/80000.

I prezzi — Per ogni chiarimento sui prezzi riportati in guida, consultate le pagine dell'introduzione.

VITERBO *01100* 🅿 988 ㉕, 430 O 18 *G. Italia* – *60 239 ab. alt. 327.*
Vedere *Piazza San Lorenzo*★★ Z – *Palazzo dei Papi*★★ Z – *Quartiere San Pellegrino*★★ Z.
Dintorni *Villa Lante*★★ *a Bagnaia per* ① : *5 km* – *Teatro romano*★ *di Ferento 9 km a Nor per viale Baracca* Y.
piazza San Carluccio ☎ 0761 304795, Fax 0761 220957.
A.C.I. *via Marini 16 ☎ 0761 324806.*
Roma 104 ③ – *Chianciano Terme 100* ④ – *Civitavecchia 58* ③ – *Grosseto 123* ③ – *Milano 508* ④ – *Orvieto 45* ④ – *Perugia 127* ④ – *Siena 143* ④ – *Terni 62* ①.

Pianta pagina seguente

Grand Hotel Salus e delle Terme Ⓜ, strada Tuscanese 26/28 ☎ 0761 3581, *Fax 0761 354262*, Grotta Naturale, , , , , , – 🛗 ▤ 📺 ☎ & 🅿 – 🏊 500. AE 🅂 ⓓ ⓂⒸ VISA JCB. ✱ rist — 3 km per via Faul YZ
Pasto carta 45/60000 – ☕ 20000 – **100 cam** 180/240000 – ½ P 180000.

Niccolò V senza rist, strada Bagni 12 ☎ 0761 3501, *Fax 0761 352451*, Grotta naturale , , termale, , – 🛗 ▤ 📺 ☎ & 🅿 – 🏊 300. AE 🅂 ⓓ ⓂⒸ VISA. ✱
20 cam ☕ 240/330000, 3 appartamenti. — 3 km per via Faul YZ

Mini Palace Hotel senza rist, via Santa Maria della Grotticella 2 ☎ 0761 309742, *Fax 0761 344715* – 🛗 ▤ 📺 ☎ & 🅿 – 🏊 25. AE 🅂 ⓓ ⓂⒸ VISA. ✱ — Z n
40 cam ☕ 145/165000.

Balletti Palace Hotel, viale Francesco Molini 8 ☎ 0761 344777, *Fax 0761 344777* – 🛗 ▤ 📺 ☎ – 🏊 200. AE 🅂 ⓓ ⓂⒸ VISA. ✱ — per viale Trento Y
Pasto carta 35/70000 – **105 cam** ☕ 105/165000, 2 appartamenti – ½ P 115/135000.

Tuscia senza rist, via Cairoli 41 ☎ 0761 344400, *Fax 0761 345976* – 🛗 📺 ☎ . AE 🅂 ⓓ ⓂⒸ VISA. ✱ — Y r
39 cam ☕ 95/150000.

La Zaffera, piazza San Carluccio 7 ☎ 0761 344265, *Fax 0761 342864*, , « In un monastero del XIII° secolo » – 🏊 50. AE 🅂 ⓓ ⓂⒸ VISA JCB. ✱ — Z c
chiuso lunedì – **Pasto** carta 55/75000.

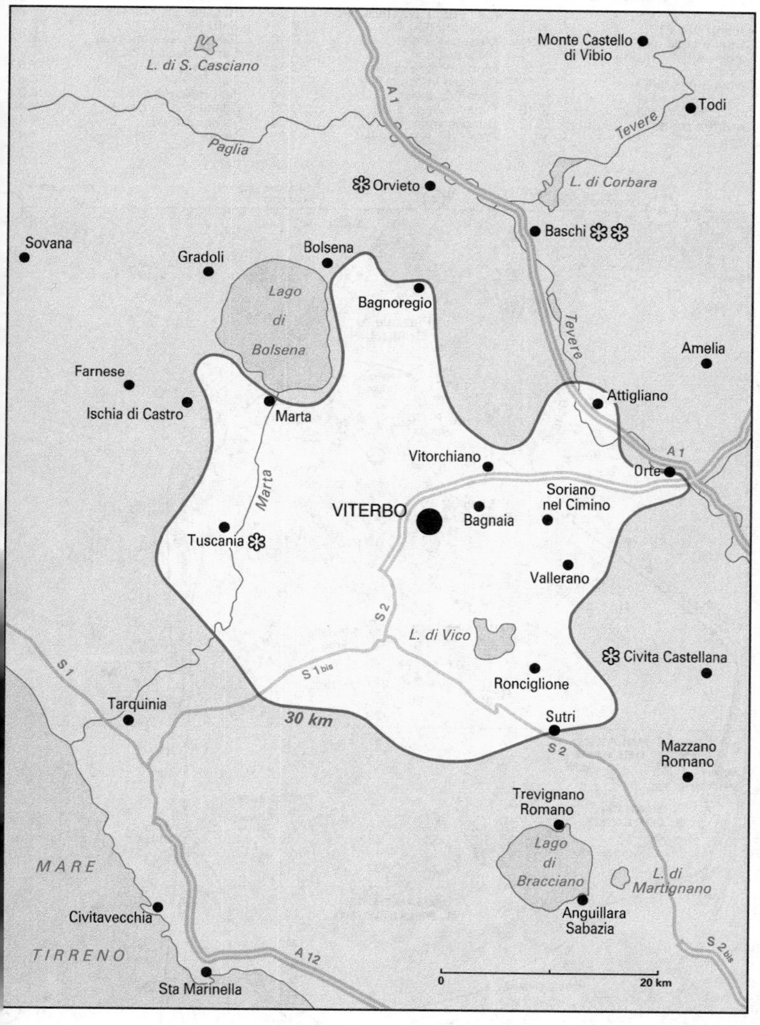

La Spigola, via Della Pace 40 ℰ 0761 303049, *Fax 0761 303049.* AE 🅢 ⓓ — Z b
chiuso mercoledì – **Pasto** specialità di mare carta 45/75000.

a San Martino al Cimino *Sud : 6,5 km* Z – *alt. 561* – ✉ *01030 :*

Balletti Park Hotel ⛰, via Umbria 2/2-a ℰ 0761 3771, *Fax 0761 379496*, ≤, 🌳, « Villini nel verde con tennis e 🏊 », 🏋, 🌳 – 🛗 ▤ 📺 ☎ 🅿 – 🏛 350. AE 🅢 ⓓ ⓔ VISA. ✗
Pasto al Rist. ***Il Cavaliere*** carta 45/65000 – **136 cam** ☕ 115/285000, 26 appartamenti – ½ P 130/185000.

Pino, via Abate Lamberto 2/4 ℰ 0761 379242, « Servizio estivo in giardino » – ▤. AE 🅢 ⓓ VISA. ✗
chiuso martedì – **Pasto** carta 50/70000.

VITERBO

Ascenzi (Via F.) . . . . Y 2
Caduti (Piazza dei) . . . . Y 3
Cardinale La Fontaine (Via) . . . . Z 4
Carmine (Via del) . . . . Z 6
Crispi (Piazza F.) . . . . Y 7
Fabbriche (Via delle). . . . . Z 10
Gesù (Piazza del) . . . . Z 12
Italia (Corso) . . . . Y
Lorenzo da Viterbo (Via) . . . . . Z 13
Marconi (Via G.) . . . . Y
Maria SS. Liberatrice (Via) . . . Y 15
Matteotti (Via G.) . . . . Y
Meone (Via del) . . . . Z 16
Mille (Via dei) . . . . Z 17
Morte (Piazza della) . . . . Z 18
Orologio Vecchio (Via). . . . . . . Y 19
Pace (Via della). . . . . Z 20
Piaggiarelle (Via D.) . . . . Z 23
Pianoscarano (Via di) . . . . Z 24
Pietra del Pesce (Via) . . . . Z 25
Plebiscito (Piazza del) . . . . Y 26
Roma (Via). . . . . Y 27
Rosselli (Via Fratelli) . . . . Y 28
Saffi (Via). . . . . YZ 29
San Bonaventura (Via). . . . . . . Y 32
San Carluccio (Piazza) . . . . Z 33
San Leonardo (Via). . . . . Z 36
San Pellegrino (Piazza) . . . . . . Z 37
San Pellegrino (Via) . . . . Z 39
Trinità (Piazza della) . . . . Y 40
Vallepiatta (Via) . . . . Y 41
Verità (Via della) . . . . Y 43

Circolazione stradale regolamentata nel centro città

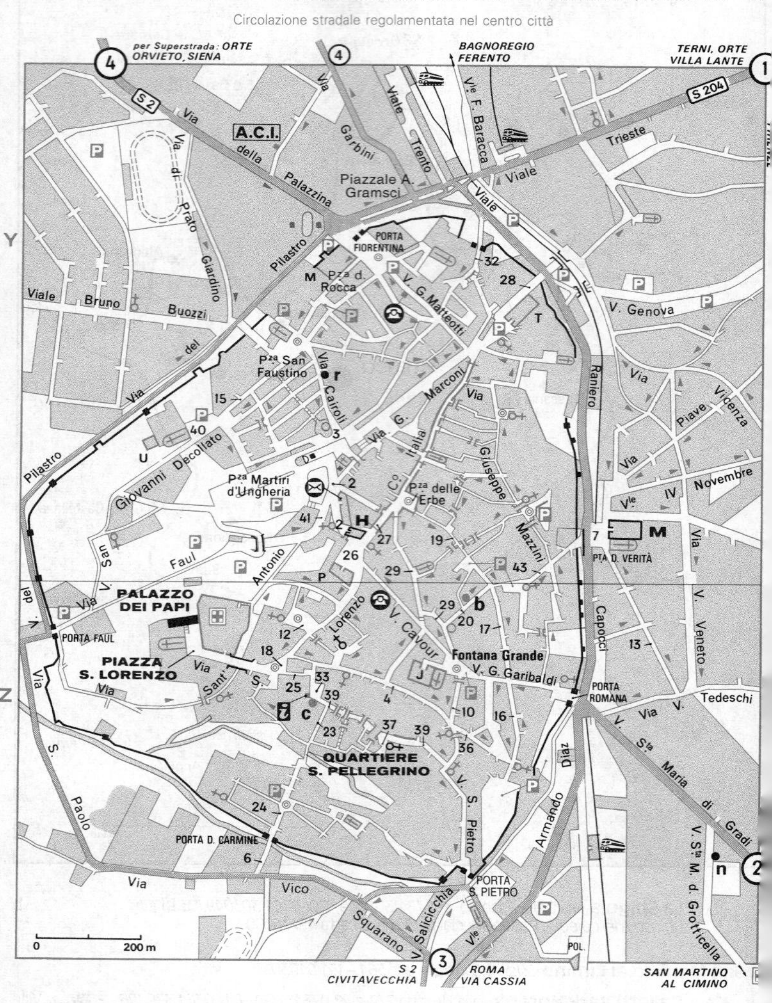

Ne confondez pas :

Confort des hôtels : 🏨🏨🏨🏨🏨 ... 🏨, 🏨
Confort des restaurants : ✕✕✕✕✕ ... ✕
Qualité de la table : ✿✿✿, ✿✿, ✿, ☺

VITICCIO *Livorno – Vedere Elba (Isola d') : Portoferraio.*

VITORCHIANO *01030 Viterbo* 430 O 18 – *3 002 ab. alt. 285.*
Roma 113 – Viterbo 11 – Orvieto 45 – Terni 55.

XX **Al Pallone** con cam, via Sorianese 1 (Sud : 3 km) ✆ 0761 370344 e hotel ✆ 0761 371140, *Fax 0761 371111*, – P. AE VISA. cam
chiuso dal 7 al 24 gennaio e dal 6 al 21 luglio – **Pasto** *(chiuso domenica sera e mercoledì)* carta 35/80000 – **8 cam** 70/120000, 4 appartamenti 160000.

VITTORIA *Ragusa* 432 Q 25 – *Vedere Sicilia.*

VITTORIA (Santuario della) *Genova – Vedere Mignanego.*

VITTORIO VENETO *31029 Treviso* 988 ⑤, 429 E 18 – *28 826 ab. alt. 136.*
Vedere *Affreschi*★ *nella chiesa di San Giovanni.*
Cansiglio (maggio-ottobre) a Pian del Cansiglio ✉ 32010 Tambre ✆ 0438 585398, Fax 0438 585398, Nord-Est : 21 km.
piazza del Popolo ✆ 0438 57243, Fax 0438 53629.
Roma 581 – Belluno 37 – Cortina d'Ampezzo 92 – Milano 320 – Treviso 41 – Udine 80 – Venezia 70.

Terme, via delle Terme 4 ✆ 0438 554345, *Fax 0438 554347*, – – 200. AE VISA.
Pasto *(chiuso lunedì)* carta 50/75000 – **39 cam** 120/170000 – ½ P 140000.

XX **Locanda al Postiglione,** via Cavour 39 ✆ 0438 556924, *Fax 0438 556924* – P. AE VISA.
chiuso dal 22 luglio all'11 agosto e martedì – **Pasto** carta 35/50000.

X **Flora** con cam viale Trento e Trieste 26 ✆ 0438 53142, – P. AE VISA
chiuso dal 1° al 15 gennaio e novembre – **Pasto** *(chiuso lunedì)* carta 40/85000 – **21 cam** 80/120000 – ½ P 105000.

VIVARO *33099 Pordenone* 988 ⑤, 429 D20 – *1 226 ab. alt. 128.*
Roma 614 – Udine 44 – Pordenone 26 – Venezia 110.

X **Gelindo dei Magredi** con cam, via Roma 16 ✆ 0427 97037, *Fax 0427 97515*, ,
Azienda agrituristica con maneggio e scuola di equitazione – P. VISA
chiuso dal 10 al 16 gennaio – **Pasto** *(chiuso martedì)* carta 35/60000 – **16 cam** 100/130000 – ½ P 100/110000.

VIVERONE *13886 Biella* 428 F 6, 219 ⑮ – *1 366 ab. alt. 407 – a.s. luglio-13 settembre.*
Roma 661 – Torino 58 – Biella 23 – Ivrea 16 – Milano 97 – Novara 51 – Vercelli 32.

Marina , frazione Comuna 10 ✆ 0161 987577, *Fax 0161 98689*, ←, , « Giardino in riva al lago », , , – P – 30. AE VISA.
Pasto *(chiuso venerdì escluso dal 15 maggio al 15 settembre)* carta 40/65000 – 15000 – **40 cam** 120/170000 – ½ P 120/130000.

Royal, viale Lungolago 19, al lido ✆ 0161 98142, *Fax 0161 987038*, ←, – – 60. AE VISA JCB
Pasto carta 40/60000 – 10000 – **50 cam** 90/120000 – ½ P 90/100000.

X **Rolle,** via Frate Lebole 27, frazione Rolle ✆ 0161 98668, *Fax 0161 987081*, – P. AE VISA
chiuso dal 14 al 21 giugno, dal 6 al 13 settembre e mercoledì; in luglio-agosto aperto mercoledì sera – **Pasto** carta 30/60000.

VIZZOLA TICINO *21010 Varese* 428 F 8, 219 ⑰ – *432 ab. alt. 221.*
Roma 619 – Stresa 42 – Como 55 – Milano 51 – Novara 27 – Varese 33.

Villa Malpensa, via Sacconago 1 ✆ 0331 230944, *Fax 0331 230950*, « Giardino con » – P – 80. AE VISA. rist
Pasto *(chiuso a mezzogiorno)* carta 65/100000 – **65 cam** 215/320000.

a Castelnovate *Nord-Ovest : 2,5 km – ✉ 21010 Vizzola Ticino :*

X **Concorde,** via Mazzini 2 ✆ 0331 230839, , « Trattoria rustica »
chiuso agosto e mercoledì – **Pasto** carta 35/60000.

VOCCA *13020 Vercelli* 428 E 6 – *135 ab. alt. 506.*
Roma 680 – Stresa 48 – Biella 62 – Milano 104 – Novara 70 – Vercelli 74.

X **Il Ghiottone,** località Chiesa 2 ☎ 0163 560911, *Fax 0163 63560912*, , Coperti limitati; prenotare – AE ⑤ ⊕ ⊙ VISA.
chiuso dal 10 al 16 gennaio, giovedì (escluso agosto) e da novembre a marzo anche a mezzogiorno – **Pasto** carta 35/65000.

VODO CADORE *32040 Belluno* 429 C 18 – *940 ab. alt. 901.*
Roma 654 – Cortina d'Ampezzo 17 – Belluno 49 – Milano 392 – Venezia 139.

XX **Al Capriolo,** via Nazionale 108 ☎ 0435 489207, *Fax 0435 489207* – P. AE ⑤ ⊕ ⊙ VISA
5 dicembre-9 maggio e 15 giugno-15 ottobre; chiuso martedì e mercoledì a mezzogiorno da gennaio ad aprile – **Pasto** carta 65/85000.

XX **La Chiusa,** località La Chiusa-Ruvignan Sud-Est : 3 km ☎ 0435 489288, prenotare la sera, « Immerso nel verde di un bosco » – P. AE ⑤ ⊕ ⊙ VISA.
chiuso dal 15 al 30 giugno, dal 15 al 30 settembre e lunedì – **Pasto** carta 55/85000.

VOGHERA *27058 Pavia* 988 ⑬, 428 G 9 – *39 852 ab. alt. 93.*
Roma 574 – Alessandria 38 – Genova 94 – Milano 64 – Pavia 32 – Piacenza 64.

X **Antica Trattoria Lombardia,** corso 27 Marzo, 139 ☎ 0383 646186, *Fax 0383 646186* – AE ⑤ ⊕ ⊙ VISA
chiuso agosto e martedì – Pasto carta 35/55000.

sulla strada statale 10 *Sud-Ovest : 2 km :*

Rallye, via Tortona 51 ✉ 27058 ☎ 0383 45321, *Fax 0383 49647*, – TV ☎ P. AE ⑤ ⊕ ⊙ VISA JCB.
chiuso dal 20 dicembre al 10 gennaio e dal 10 al 20 agosto – **Pasto** *(chiuso a mezzogiorno e lunedì)* carta 45/75000 – ☕ 18000 – **34 cam** 90/120000 – 1/2 P 90/95000.

VOGHIERA *44019 Ferrara* 429 H 17 – *3 988 ab..*
Roma 444 – Bologna 60 – Ferrara 16 – Ravenna 61.

XX **Trattoria del Belriguardo,** piazza Giovanni XXIII 7 ☎ 0532 328040 – ▤. AE ⑤ ⊕ ⊙ VISA
chiuso dal 17 al 31 gennaio, dal 15 al 30 giugno, martedì sera e mercoledì – **Pasto** carta 50/80000.

VOLASTRA *La Spezia* 428 J 11 – *Vedere Manarola.*

VOLPIANO *10088 Torino* 988 ⑫, 428 G 5 – *12 933 ab. alt. 219.*
Roma 687 – Torino 17 – Aosta 97 – Milano 126.

XXX **La Noce,** corso Regina Margherita 19 ☎ 011 9882383, solo su prenotazione – ▤. AE ⑤ ⊕ ⊙ VISA.
✿ *chiuso dal 24 dicembre al 6 gennaio, dal 7 al 30 agosto, domenica, lunedì e a mezzogiorno* – **Pasto** specialità di mare (menu suggerito dal proprietario) 100/130000
Spec. Gamberi rossi al farro della Garfagnana. Insalatina di scarpette (seppioline) con patate aromatizzate. Tournedos di pescatrice al lardo di colonnata e asparagi (primavera).

VÖLS AM SCHLERN = *Fiè allo Sciliar.*

VOLTA MANTOVANA *46049 Mantova* 428, 429 G 13 – *6 189 ab. alt. 127.*
Roma 488 – Verona 39 – Brescia 60 – Mantova 25.

Buca di Bacco, via San Martino ☎ 0376 801277, *Fax 0376 801664*, – ▤ TV ☎ P – 40. AE ⑤ ⊕ ⊙ VISA.
Pasto carta 30/45000 – ☕ 8000 – **37 cam** 85/125000 – 1/2 P 80/90000.

Gli alberghi o ristoranti ameni sono indicati nella guida con un simbolo rosso.
Contribuite a mantenere la **Guida Rossa** aggiornata segnalandoci gli alberghi ed i ristoranti dove avete soggiornato piacevolmente.

... XXXXX ... X

VOLTERRA *56048 Pisa* [988] ⑭, [430] L 14 *G. Toscana – 11 845 ab. alt. 531.*

Vedere *Piazza dei Priori★★ – Duomo★ : Deposizione lignea★★ – Battistero★ – ≤★★ dal viale dei Ponti – Museo Etrusco Guarnacci★ – Porta all'Arco★.*

[i] *piazza dei Priori 20* ☎ *0588 87257, Fax 0588 87257.*

Roma 287 ② – Firenze 76 ② – Siena 50 ② – Livorno 73 ③ – Milano 377 ② – Pisa 64 ①.

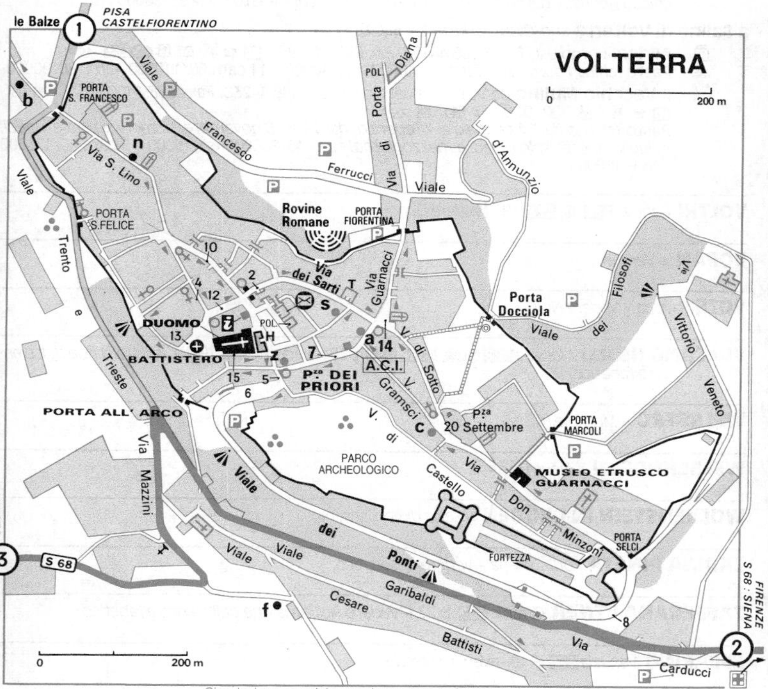

Circolazione stradale regolamentata nel centro città

Buonparenti (Via) 2
Franceschini (Via) 4
Marchesi (Via) 5
Martiri della Libertà (Piazza) ... 6
Matteotti (Via) 7
Porta Selci (Via di) 8
Ricciarelli (Via) 10
Roma (Via) 12
S. Giovanni (Pza) 13
S. Michele (Piazza) 14
Turazza (Via) 15

🏨 **San Lino,** via San Lino 26 ☎ 0588 85250, *Fax 0588 80620,* [piscina] – [ascensore] [TV] ☎ [garage]. [AE] [$] [carte] [MC] [VISA]. ✗ — n

Pasto *(aprile-ottobre; chiuso a mezzogiorno, mercoledì e* solo per alloggiati*)* – **43 cam** ☕ 140/180000 – 1/2 P 170000.

🏨 **Villa Nencini** [tranquillo], borgo Santo Stefano 55 ☎ 0588 86571, *Fax 0588 80601,* ≤, « Giardino e boschetto con [piscina] » – [TV] ☎ [P]. [AE] [$] [MC] [VISA]. ✗ rist — b

Pasto carta 35/55000 – ☕ 15000 – **34 cam** 115/130000 – 1/2 P 90/110000.

🏨 **Villa Rioddi** [tranquillo] senza rist, località Rioddi ☎ 0588 88053, *Fax 0588 88074,* ≤, [piscina], [giardino] – [aria condizionata] [TV] ☎ [P]. [AE] [$] [carte] [MC] [VISA]. ✗ — 2 km per ③

chiuso dal 15 gennaio al 1° marzo e dal 10 al 30 novembre – ☕ 10000 – **9 cam** 140000, 3 appartamenti 140/250000.

🏨 **Sole** [tranquillo] senza rist, via dei Cappuccini 10 ☎ 0588 84000, *Fax 0588 84000,* [giardino] – [TV] ☎ [P]. [AE] [$] [MC] [VISA]. ✗ — f

☕ 10000 – **10 cam** 90/110000.

🍴🍴 **Il Sacco Fiorentino,** piazza 20 Settembre 18 ☎ 0588 88537, *Fax 0588 88537* – [AE] [$] [carte] [MC] [VISA] — c

chiuso gennaio o febbraio e mercoledì – **Pasto** carta 35/65000.

🍴🍴 **Vecchia Osteria dei Poeti,** via Matteotti 55 ☎ 0588 86029, *Fax 0588 86029* – [AE] [$] [carte] [MC] [VISA] [JCB] — z

chiuso dal 15 gennaio al 15 febbraio e giovedì – **Pasto** carta 35/105000 (10 %).

Don Beta, via Matteotti 39 ℘ 0588 86730, *Fax 0588 90491,* Rist. e pizzeria – AE ⑤ ⓘ ⓜⓒ VISA a
chiuso lunedì – **Pasto** carta 35/55000.

Da Beppino, via delle Prigioni 15/19 ℘ 0588 86051, *Fax 0588 86051,* Rist. e pizzeria – AE ⑤ ⓘ ⓜⓒ VISA. s
chiuso gennaio, dal 10 al 30 novembre e mercoledì – **Pasto** carta 35/50000 (10 %).

a Saline di Volterra *Sud-Ovest : 9 km* – ✉ *56047 :*

Africa, borgo Lisci 8 ℘ 0588 44193, *Fax 0588 44193* – TV ☎ P. AE ⑤ ⓜⓒ VISA JCB
Pasto *(chiuso domenica)* carta 30/40000 – ☐ 10000 – **11 cam** 80/110000 – 1/2 P 80/90000.

Il Vecchio Mulino con cam, via del Molino ℘ 0588 44238, *Fax 0588 44060,* – ▤ rist, TV ☎ P – 200. AE ⑤ ⓘ ⓜⓒ VISA JCB.
Pasto *(chiuso dal 24 gennaio al 7 febbraio, dal 13 al 26 novembre, domenica sera e lunedì, in luglio-agosto solo lunedì a mezzogiorno)* carta 40/80000 – ☐ 15000 – **9 cam** 90/120000 – 1/2 P 110000.

VOLTRI *Genova* 988 ⑬, 428 I 8 – *Vedere Genova.*

VORAN = *Verano.*

VOZE *Savona* – *Vedere Noli.*

VULCANO (Isola) *Messina* 988 ㊲ ㊳, 431, 432 L 26 – *Vedere Sicilia (Eolie, isole) alla fine dell'elenco alfabetico.*

WELSBERG = *Monguelfo.*

WELSCHNOFEN = *Nova Levante.*

WOLKENSTEIN IN GRÖDEN = *Selva di Val Gardena.*

ZADINA PINETA *Forlì-Cesena* – *Vedere Cesenatico.*

ZAFFERANA ETNEA *Catania* 432 N 27 – *Vedere Sicilia alla fine dell'elenco alfabetico.*

ZELARINO *Venezia* 429 F 18 – *Vedere Mestre.*

ZERBA *29020 Piacenza* 428 I 9 – *149 ab. alt. 906.*
Roma 534 – *Piacenza 85* – *Genova 56* – *Pavia 91.*

a Capannette di Pey *Nord-Ovest : 12 km* – *alt. 1 449* – ✉ *29020 Zerba :*

Capannette di Pey, frazione Capannette di Pey 26 ℘ 0523 935129 *Fax 0523 935234,* ←, Turismo equestre – ☎ P. AE ⑤ ⓜⓒ VISA.
chiuso novembre – **Pasto** *(chiuso martedì)* carta 40/50000 – ☐ 8000 – **23 cam** 50/80000 – 1/2 P 60/80000.

ZERO BRANCO *31059 Treviso* 429 F 18 – *8 006 ab. alt. 18.*
Roma 538 – *Padova 35* – *Venezia 29* – *Milano 271* – *Treviso 13.*

Ca' Busatti, via Gallese 26 (Nord-Ovest : 3 km) ℘ 0422 97629, *Fax 0422 97629,* , Coperti limitati; prenotare, « Elegante casetta in campagna », – P
chiuso dal 10 al 30 gennaio, domenica sera (luglio-agosto anche a mezzogiorno) e lunedì – **Pasto** carta 60/85000.

ZIANO DI FIEMME *38030 Trento* 429 D 16 – *1 432 ab. alt. 953* – *a.s. 25 gennaio-Pasqua e Natale* – *Sport invernali : 953/1 209 m* ⛷1, .
ℹ *piazza Italia* ℘ *0462 570016.*
Roma 657 – *Bolzano 53* – *Belluno 83* – *Canazei 30* – *Milano 315* – *Trento 75.*

Polo, via Nazionale 7/9 ℘ 0462 571131, *Fax 0462 571833,* , – |‡|, ▤ rist, TV ☎ P. ⑤ ⓜⓒ VISA.
chiuso maggio e novembre – **Pasto** *(chiuso giovedì)* carta 45/70000 – **40 cam** ☐ 130/165000 – 1/2 P 115000.

ZIBELLO *43010 Parma* 428, 429 G 12 – *2 034 ab. alt. 35.*
Roma 493 – Parma 36 – Cremona 28 – Milano 103 – Piacenza 41.

Trattoria la Buca, via Ghizzi 6 ✆ 0524 99214, , prenotare – P
chiuso dal 1° al 15 luglio e martedì – **Pasto** carta 55/80000.

ZINZULUSA (Grotta) *Lecce* 431 G 37 – *Vedere Castro Marina.*

ZOCCA *41059 Modena* 428, 429, 430 I 14 – *4 381 ab. alt. 758 – a.s. luglio-agosto.*
Roma 385 – Bologna 57 – Milano 218 – Modena 49 – Pistoia 84 – Reggio nell'Emilia 75.

Panoramic, via Tesi 690 ✆ 059 987010, *Fax 059 987156*, ≤, – TV P. AE VISA.
chiuso dal 7 gennaio a marzo – **Pasto** *(chiuso lunedì escluso da giugno al 15 settembre)* carta 30/55000 – 15000 – **36 cam** 90/140000 – ½ P 110000.

ZOGNO *24019 Bergamo* 428 E 10 – *8 947 ab. alt. 334.*
Roma 619 – Bergamo 18 – Brescia 70 – Como 64 – Milano 60 – San Pellegrino Terme 7.

Tavernetta, via Roma 8 ✆ 0345 91372, Coperti limitati; prenotare – . AE VISA
chiuso dal 1° al 15 gennaio, martedì sera e mercoledì – **Pasto** specialità di mare carta 50/70000.

ad Ambria *Nord-Est : 2 km* – ✉ *24019 Zogno :*

Da Gianni con cam, via Tiolo 37 ✆ 0345 91093, *Fax 0345 93675* – TV P. AE VISA
chiuso dal 15 al 30 giugno – **Pasto** *(chiuso lunedì escluso luglio-agosto)* carta 30/50000 – 10000 – **9 cam** 65/90000 – ½ P 60/70000.

ZOLA PREDOSA *40069 Bologna* 429, 430 I 15 – *16 058 ab. alt. 82.*
Roma 378 – Bologna 12 – Milano 209 – Modena 33.

Zolahotel senza rist, via Risorgimento 186 ✆ 051 751101, *Fax 051 751101* – TV P – 130. AE VISA.
108 cam 140/310000.

Masetti, via Gesso 70, località Gesso Sud : 1 km ✆ 051 755131, – P. AE VISA.
chiuso dal 1° al 24 agosto, venerdì e sabato a mezzogiorno – **Pasto** carta 35/60000.

ZOLDO ALTO *32010 Belluno* 429 C 18 – *1 228 ab. alt. (frazione Fusine) 1 177 – Sport invernali : 800/1 845 m 1 10, (vedere anche Alleghe).*
frazione Mareson ✆ 0437 789145.
Roma 646 – Cortina d'Ampezzo 48 – Belluno 40 – Milano 388 – Pieve di Cadore 39 – Venezia 135.

Corona, frazione Mareson, alt. 1 338 ✆ 0437 789290, *Fax 0437 789490*, ≤ Dolomiti e monte Civetta – P. VISA JCB.
dicembre-Pasqua e 20 giugno-10 settembre – **Pasto** (solo per alloggiati) 30000 – **40 cam** 115/180000 – ½ P 120000.

Bosco Verde , frazione Pecol, alt. 1 375 ✆ 0437 789151, *Fax 0437 788757* – rist, TV P. AE VISA.
dicembre-aprile e giugno-settembre – **Pasto** carta 35/75000 – **22 cam** 100/170000 – ½ P 125000.

La Baita senza rist, frazione Pecol, alt. 1 375 ✆ 0437 789445, *Fax 0437 788878* – P.
12 cam 80/165000.

ZORZINO *Bergamo* – *Vedere Riva di Solto.*

ZWISCHENWASSER = *Longega.*

In questa guida
uno stesso simbolo, una stessa parola
stampati in rosso o in nero, in magro o in ***grassetto***
hanno un significato diverso.
Leggete attentamente le pagine esplicative.

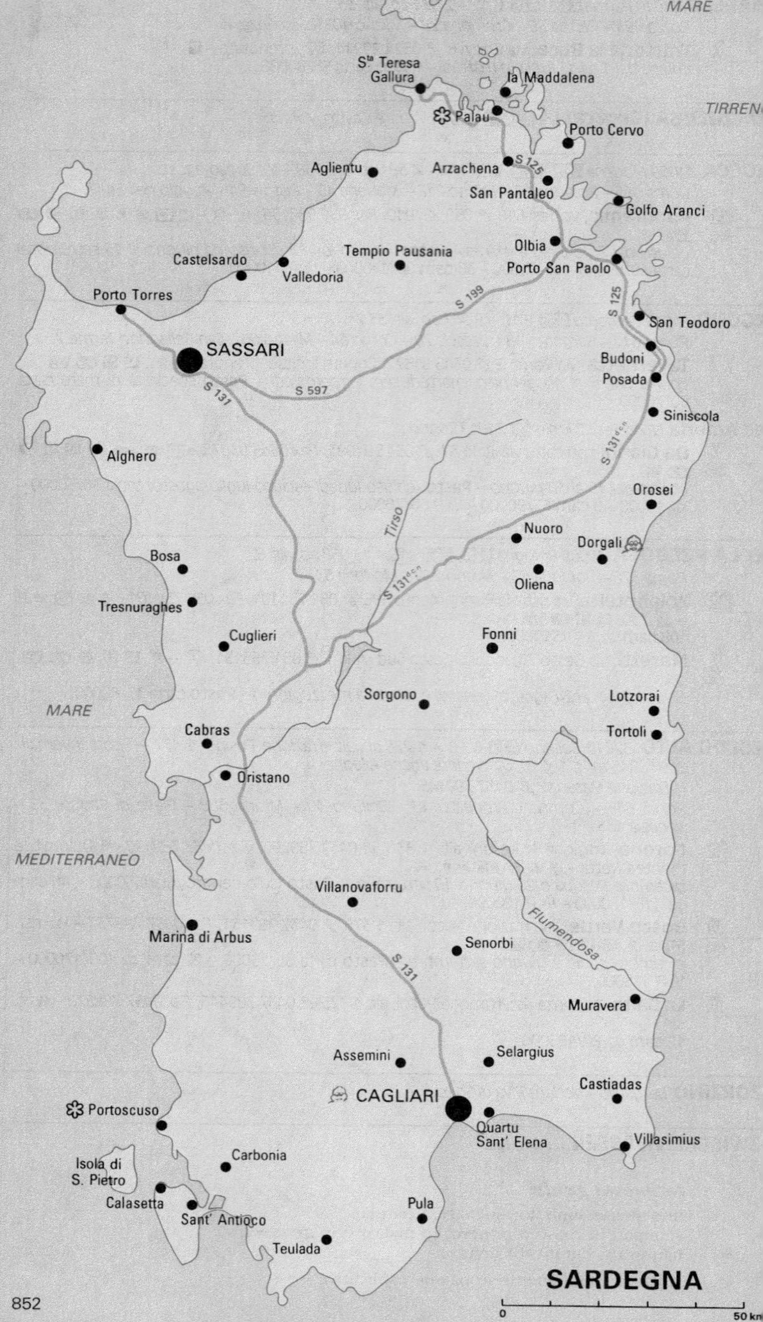

CORSE
MARE
TIRREN
St^a Teresa Gallura
la Maddalena
Palau
Porto Cervo
Aglientu
Arzachena
S 125
San Pantaleo
Golfo Aranci
Olbia
Tempio Pausania
Castelsardo
Valledoria
Porto San Paolo
S 125
S 199
Porto Torres
San Teodoro
SASSARI
Budoni
Posada
S 597
S 131
Siniscola
Alghero
S 131 dcn
Orosei
Tirso
Nuoro
Dorgali
Bosa
Oliena
S 131 dcn
Tresnuraghes
Fonni
Cuglieri
Sorgono
Lotzorai
MARE
Tortoli
Cabras
Oristano
MEDITERRANEO
Villanovaforru
Flumendosa
Marina di Arbus
Senorbi
S 131
Muravera
Assemini
Selargius
Castiadas
CAGLIARI
Portoscuso
Quartu Sant' Elena
Villasimius
Isola di S. Pietro
Carbonia
Calasetta
Sant' Antioco
Pula
Teulada
SARDEGNA
0
50 km

SARDEGNA

988 ㉓ ㉔ ㉝ ㉞, 433 – *1 662 955 ab. alt. da 0 a 1 834 (Punta La Marmora, monti del Gennargentu).*

vedere : *Alghero, Cagliari, Olbia e Sassari.*

per la Sardegna vedere : *Civitavecchia, Fiumicino, Genova, La Spezia, Livorno, Palermo, Trapani;* **dalla Sardegna vedere** : *Cagliari, Golfo Aranci, Olbia, Porto Torres, Tortolì (Arbatax).*

AGLIENTU *07020 Sassari* 433 D 9 – *1 071 ab..*

Cagliari 253 – Olbia 70 – Sassari 88.

Lu Fraili, via Dante 32 ☎ 079 654369 – ▤. AE ⓓ. ✗
maggio-settembre; chiuso lunedì sino al 15 giugno – **Pasto** specialità galluresi carta 35/55000.

ALGHERO *07041 Sassari* 988 ㉝, 433 F 6 *G. Italia – 40 594 ab. – a.s. 20 giugno-15 settembre.*

Vedere *Città vecchia★.*

Dintorni *Grotta di Nettuno★★★ Nord-Ovest : 26,5 km – Strada per Capo Caccia ≤★★ – Nuraghe Palmavera★ Nord-Ovest : 10 km.*

di Fertilia Nord-Ovest : 11 km ☎ 079 935033.

piazza Portaterra 9 ☎ 079 979054, Fax 079 974881.

Cagliari 227 – Nuoro 136 – Olbia 137 – Porto Torres 35 – Sassari 35.

Calabona ⊗, località Calabona ☎ 079 975728, *Fax 079 981046*, ≤, Fs, ≘s, ⛱, % – |‡| ▤ TV ☎ P – 🏛 400. AE ⓢ ⓓ ⓜ VISA. ✗ rist
25 marzo-ottobre – **Pasto** 50/60000 – **110 cam** ☕ 205/305000 – ½ P 190/210000.

Rina, via delle Baleari 34 ☎ 079 984240, *Fax 079 984297*, ⛱ – |‡| ▤ TV ☎ – 🏛 120. AE ⓢ ⓓ ⓜ VISA. ✗
Pasto 35/55000 – ☕ 18000 – **80 cam** 165/195000 – ½ P 140/150000.

Villa Las Tronas ⊗, lungomare Valencia 1 ☎ 079 981818, *Fax 079 981044*, ≤ mare e scogliere, « Giardino », ⛱, % – |‡| ▤ TV ☎ P. AE ⓢ ⓓ ⓜ VISA. ✗
Pasto *(16 maggio-settembre)* carta 100/150000 – **28 cam** ☕ 300/495000 – ½ P 295000.

Florida, via Lido 15 ☎ 079 950535, *Fax 079 985424*, ≤, ⛱ – |‡| ▤ TV ☎ P. AE ⓢ ⓓ ⓜ VISA. ✗
Pasto *(aprile-ottobre)* 30/40000 – **73 cam** ☕ 145/230000 – ½ P 165000.

Continental senza rist, via Fratelli Kennedy 66 ☎ 079 975250, ⛱ – |‡| ☎ P. AE ⓢ ⓓ ⓜ VISA
maggio-settembre – **32 cam** ☕ 115/170000.

Al Tuguri, via Maiorca 113/115 ☎ 079 976772, *Fax 079 976772*, prenotare – ▤. ✗
chiuso dal 20 dicembre al 20 gennaio e domenica – **Pasto** 50/65000 (15 %) e carta 50/70000 (15 %).

Rafel, via Lido 20 ☎ 079 950385, ≤ – AE ⓢ ⓓ ⓜ VISA. ✗
chiuso dal 20 dicembre al 20 gennaio e giovedì in bassa stagione – **Pasto** carta 45/70000.

a Porto Conte *Nord-Ovest : 13 km* 433 F 6 – ✉ *07041 Alghero* :

El Faro ⊗, ☎ 079 942010, *Fax 079 942030*, ≤ golfo e Capo Caccia, ⛱, ≘s, ⛱, %, % – |‡| ▤ TV ☎ P – 🏛 180. AE ⓢ ⓓ ⓜ VISA. ✗ rist
12 maggio-15 ottobre – **Pasto** carta 55/115000 – **87 cam** ☕ 295/450000, 5 appartamenti – ½ P 230/290000.

ARZACHENA *07021 Sassari* 988 ㉓, 433 D 10 *G. Italia – 10 406 ab. alt. 83 – a.s. 20 giugno-15 settembre.*

Dintorni *Costa Smeralda★★ – Tomba dei Giganti di Li Muri★ Sud-Ovest : 10 km per la strada di Luogosanto.*

Pevero (chiuso martedì) a Porto Cervo (Costa Smeralda) ✉ 07020, ☎ 0789 96072, Fax 0789 96572, Nord-Est : 18,5 km.

della Costa Smeralda : vedere Olbia.

viale Costa Smeralda (località Malchittu) ☎ 0789 82624, Fax 0789 801090.

Cagliari 311 – Olbia 26 – Palau 14 – Porto Torres 147 – Sassari 129.

Citti senza rist, viale Costa Smeralda 197 ☎ 0789 82662, *Fax 0789 81920*, ⛱ – TV ☎ ♿ P. ⓢ ⓜ VISA. ✗
chiuso dal 25 dicembre al 7 gennaio – ☕ 5000 – **50 cam** 80/140000.

al bivio per Baia Sardinia *Est : 6,5 km*

X **Lu Stazzu,** strada provinciale ✉ 07021 Arzachena ☎ 0789 82711, *Fax 0789 82711,* « In un boschetto di ulivi e ginepri » – P. AE S O MC VISA
Pasqua-settembre – **Pasto** carta 45/80000.

Costa Smeralda :

a Porto Cervo – ✉ *07020 – a.s. 20 giugno-15 settembre :*

Cervo & Conference Center ⑤, ☎ 0789 931111, *Fax 0789 931613,* ≤, « Piccolo patio », riscaldata, – TV ☎. AE S O MC VISA.
Pasto carta 135/185000 – **108 cam** ☐ 915/1255000 – ½ P 630/695000.

Le Ginestre ⑤, Nord : 1 km ☎ 0789 92030, *Fax 0789 94087,* ≤, riscaldata, – TV ☎ P – 200. AE S O MC VISA.
aprile-ottobre – **Pasto** 100000 – **78 cam** ☐ 530/720000 – ½ P 380000.

XXX **Gianni Pedrinelli,** strada provinciale bivio per Pevero Sud : 1,5 km ☎ 0789 92436 *Fax 0789 92616,* « Servizio estivo in terrazza » – P. AE S O MC VISA
marzo-ottobre – **Pasto** carta 80/100000.

X **Dante,** località Sottovento Sud : 2,5 km ☎ 0789 92432, *Fax 0789 92362,* Rist. e pizzeria – P. AE S O MC VISA
marzo-ottobre – **Pasto** carta 40/60000.

a Pitrizza *Nord-Est : 3 km* – ✉ *07020 Porto Cervo – a.s. 20 giugno-15 settembre :*

Pitrizza ⑤, ☎ 0789 930111, *Fax 0789 930611,* ≤ baia, « Ville indipendenti digradanti sul mare e immerse nel verde », – TV ☎ P – 50. AE S O MC VISA JCB.
11 maggio-15 ottobre – **Pasto** 220000 – **38 cam** solo ½ P 1200000, 13 appartamenti.

a Romazzino *Sud-Ovest : 8,5 km* – ✉ *07020 Porto Cervo – a.s. 20 giugno-15 settembre :*

Romazzino ⑤, ☎ 0789 977111, *Fax 0789 977614,* ≤ mare ed isolotti, pontile d'attracco privato, « Giardino con », 18 – TV ☎ P – 40. AE S O MC VISA JCB.
20 aprile-15 ottobre – **Pasto** 210/240000 – **88 cam** solo ½ P 1170000, 5 appartamenti.

a Cala di Volpe *Sud-Ovest : 7 km* – ✉ *07020 Porto Cervo – a.s. 20 giugno-15 settembre :*

Cala di Volpe ⑤, ☎ 0789 976111, *Fax 0789 976617,* ≤ baia, porticciolo privato, 9 – TV ☎ P. AE S O MC VISA JCB.
13 marzo-ottobre – **Pasto** 220/280000 – **109 cam** solo ½ P 1145000, 12 appartamenti.

Nibaru ⑤, ☎ 0789 96038, *Fax 0789 96474,* « Giardino », – TV ☎ P. AE S O MC VISA.
maggio-15 ottobre – **Pasto** 55/60000 – ☐ 20000 – **45 cam** 230/340000 – ½ P 280/300000

a Baia Sardinia *Nord-Est : 16,5 km* – ✉ *07020 : – a.s. 20 giugno-15 settembre :*

Club Hotel, ☎ 0789 99006, *Fax 0789 99286,* ≤, – TV ☎ P. AE S O MC VISA rist
Pasqua-ottobre – **Pasto** vedere rist ***Casablanca*** – ☐ 24000 – **84 cam** 180/330000 – ½ P 205/355000.

Mon Repos ⑤, ☎ 0789 99011, *Fax 0789 99050,* ≤ mare e costa, « Dominante la baia con in terrazza panoramica », – TV ☎ P. AE S MC VISA.
Pasqua-15 ottobre – **Pasto** vedere rist ***Conchiglia*** – **56 cam** ☐ 165/360000 – ½ P 240000

La Bisaccia ⑤, ☎ 0789 99002, *Fax 0789 99162,* ≤ arcipelago della Maddalena, « Giardino », – TV ☎ P – 80. AE S O MC VISA.
20 maggio-3 ottobre – **Pasto** (solo per alloggiati) carta 75/120000 – **49 cam** ☐ 285/570000 – ½ P 320000.

Pulicinu ⑤, località Pulicinu Sud : 3 km ☎ 0789 933001, *Fax 0789 933090,* « Giardino con », – TV ☎ P. AE S O MC VISA. rist
maggio-settembre – **Pasto** al Rist. ***Antonella*** carta 40/55000 – **30 cam** solo ½ P 220000.

La Jacia, ☎ 0789 99810, *Fax 0789 99803,* ≤, – TV ☎ P
stagionale – **24 cam.**

Olimpia ⑤ senza rist, ☎ 0789 99176, *Fax 0789 99191,* – ☎ P. AE S O MC VISA
10 maggio-settembre – **17 cam** ☐ 150/250000.

XXX **Casablanca,** ☎ 0789 99006, *Fax 0789 99286,* Rist.-piano bar, Coperti limitati; prenotare, « Servizio estivo in terrazza panoramica » – AE S O MC VISA.
20 maggio-20 settembre; chiuso a mezzogiorno – **Pasto** carta 95/125000.

XX **Conchiglia,** ☎ 0789 99241, *Fax 0789 99241,* « Servizio estivo in terrazza panoramica » – AE S MC VISA.
Pasqua-15 ottobre – **Pasto** carta 70/100000.

ASSEMINI *09032 Cagliari* 988 ㉝, 433 J 8 – *23 109 ab..*
Cagliari 14.

Grillo, via Carmine 132 ✆ 070 946350, *Fax 070 946826*, rist. e pizzeria, – 🅿 – 250. AE VISA.
Pasto *(chiuso domenica ed agosto)* carta 30/55000 – 12000 – **72 cam** 130/160000 – ½ P 120000.

BAIA SARDINIA *Sassari* 988 ㉓ ㉔, 433 D 10 – *Vedere Arzachena : Costa Smeralda.*

BOSA *08013 Nuoro* 988 ㉝, 433 G 7 – *7 813 ab. alt. 10.*
Alghero 64 – Cagliari 172 – Nuoro 86 – Olbia 151 – Oristano 64 – Porto Torres 99 – Sassari 99.

Mannu, viale Alghero ✆ 0785 375307, *Fax 0785 375308* – 🅿. AE VISA. rist
Pasto *(chiuso lunedì)* carta 35/55000 – 5000 – **28 cam** 70/120000 – ½ P 80/110000.

a Bosa Marina *Sud-Ovest : 2,5 km – ✉ 08013 – a.s. luglio-10 settembre :*

Al Gabbiano, viale Mediterraneo ✆ 0785 374123, *Fax 0785 374123*, – 🅿. AE VISA JCB.
Pasto *(chiuso da novembre a marzo)* carta 45/65000 – 10000 – **30 cam** 115/135000, 5000 – ½ P 140000.

BUDONI *08020 Nuoro* 433 E 11 – *4 086 ab. – a.s. luglio-10 settembre.*
Cagliari 248 – Nuoro 67 – Olbia 37 – Porto Torres 154 – Sassari 136.

Il Portico, via Nazionale 107 ✆ 0784 844450, *Fax 0784 844450*, , Rist. e pizzeria serale – . AE VISA.
chiuso dal 10 ottobre al 20 novembre e lunedì in bassa stagione – **Pasto** carta 35/80000.

CABRAS *09072 Oristano* 988 ㉝, 433 H 7 – *8 966 ab..*
Alghero 108 – Cagliari 101 – Iglesias 114 – Nuoro 95 – Oristano 7 – Sassari 122.

Sa Funtà, via Garibaldi 25 ✆ 0783 290685 –
chiuso gennaio, febbraio e domenica – **Pasto** carta 40/60000.

CAGLIARI *09100* 🅿 988 ㉝, 433 J 9 *G. Italia* – *167 490 ab..*
Vedere *Museo Nazionale Archeologico★ : bronzetti★★★* Y – *<★★ dalla terrazza Umberto I* Z – *Pulpiti★★ nella Cattedrale* Y – *Torre di San Pancrazio★* Y – *Torre dell'Elefante★* Y.
Escursioni *Strada★★★ per Muravera per ①.*
di Elmas per ② : 6 km ✆ 070 240079 – Alitalia, via Caprera 12 ✉ 09123 ✆ 070 60101, Fax 070 660362.
per Civitavecchia giornaliero (14 h 30 mn)) e Genova 15 luglio-10 settembre mercoledì e venerdì (20 h); per Napoli 15 luglio-11 settembre lunedì, mercoledì negli altri mesi (16 h 15 mn); per Palermo venerdì (13 h 30 mn) e Trapani domenica (11 h) – Tirrenia Navigazione, stazione marittima ✆ 1478 99000, Fax 070 663853.
piazza Matteotti 9 ✉ 09123 ✆ 070 669255 – Aeroporto di Elmas ✉ 09132 ✆ 070 240200.
A.C.I. *via San Simone 60 ✉ 09122 ✆ 070 283000.*
Nuoro 182 ② – Porto Torres 229 ② – Sassari 211 ②.

Piante pagine seguenti

Regina Margherita senza rist, viale Regina Margherita 44 ✉ 09124 ✆ 070 670342, *Fax 070 668325* – – 300. AE VISA JCB. Z g
98 cam 215/275000.

Caesar's Ⓜ, via Darwin 2/4 ✉ 09126 ✆ 070 340750 e rist. ✆ 070 304768, *Fax 070 340755* – – 300. AE VISA.
chiuso dal 7 al 30 agosto – **Pasto** al Rist. ***Da Cesare*** carta 40/60000 – **44 cam** 180/250000, 4 appartamenti. per viale Armando Diaz Z

Agip Hotel, circonvallazione Nuova ✉ 09134 Pirri ✆ 070 521373, *Fax 070 502222* – 🅿 – 200 4 km per via Dante Y
129 cam.

Dal Corsaro, viale Regina Margherita 28 ✉ 09124 ✆ 070 664318, *Fax 070 653439* – . AE VISA. Z e
chiuso dal 23 dicembre al 6 gennaio, dal 9 al 25 agosto e domenica – **Pasto** carta 70/95000 (14 %).

Antica Hostaria, via Cavour 60 ✉ 09124 ✆ 070 665870, *Fax 070 665878*, « Collezione di quadri » – . AE VISA. Z x
chiuso domenica ed agosto – **Pasto** carta 50/75000 (12 %).

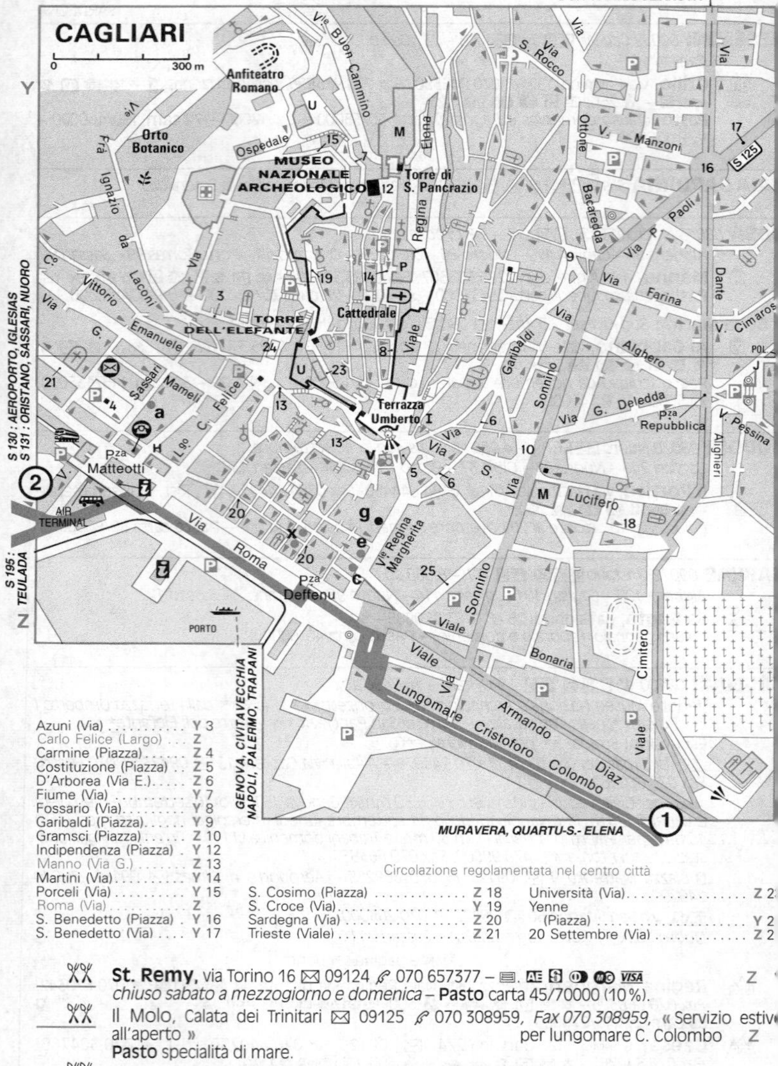

Azuni (Via) . . . . Y 3
Carlo Felice (Largo) . . . . Z
Carmine (Piazza) . . . . . . Z 4
Costituzione (Piazza) . . Z 5
D'Arborea (Via E.) . . . . . Z 6
Fiume (Via) . . . . Y 7
Fossario (Via) . . . . Y 8
Garibaldi (Piazza) . . . . . Y 9
Gramsci (Piazza) . . . . . . Z 10
Indipendenza (Piazza) . Y 12
Manno (Via G.) . . . . Z 13
Martini (Via) . . . . Y 14
Porceli (Via) . . . . Y 15
Roma (Via) . . . . Z
S. Benedetto (Piazza) . Y 16
S. Benedetto (Via) . . . . Y 17

S. Cosimo (Piazza) . . . . Z 18
S. Croce (Via) . . . . Y 19
Sardegna (Via) . . . . Z 20
Trieste (Viale) . . . . Z 21

Università (Via) . . . . Z 2
Yenne (Piazza) . . . . Y 2
20 Settembre (Via) . . . . Z 2

XX **St. Remy,** via Torino 16 ✉ 09124 ☎ 070 657377 – ▤. AE Ⓢ ⓞ Ⓜ VISA — Z
chiuso sabato a mezzogiorno e domenica – **Pasto** carta 45/70000 (10 %).

XX Il Molo, Calata dei Trinitari ✉ 09125 ☎ 070 308959, *Fax 070 308959*, « Servizio estiv all'aperto » — per lungomare C. Colombo — Z
Pasto specialità di mare.

XX **Flora** via Sassari 43 ☎ 070 664735, 🍽 – ▤. AE Ⓢ Ⓜ VISA — Z
chiuso domenica – **Pasto** carta 45/60000.

X **La Stella Marina di Montecristo,** via Sardegna 140 ✉ 09124 ☎ 070 666692 – ▤. A Ⓢ ⓞ Ⓜ VISA. ✂ — Z
chiuso dal 10 al 20 agosto e lunedì – **Pasto** carta 40/70000.

X **Lillicu,** via Sardegna 78 ✉ 09124 ☎ 070 652970, *Fax 070 652970* – ▤. AE Ⓢ ⓞ Ⓜ VIS JCB. ✂ — Z
chiuso dal 10 agosto al 1º settembre e domenica – **Pasto** carta 35/50000.

al bivio per Capoterra *per ② : 12 km :*

XX **Sa Cardiga e Su Schironi,** strada statale 195 bivio per Capoterra ✉ 09012 Capoterr ☎ 070 71652, *Fax 070 71613* – ▤ P. AE Ⓢ ⓞ Ⓜ VISA JCB. ✂
chiuso dal 15 ottobre al 15 novembre e lunedì – **Pasto** specialità di mare carta 50/90000.

CALA DI VOLPE *Sassari* 433 D 10433 D 10 – *Vedere Arzachena : Costa Smeralda.*

CALA GONONE *Nuoro* 988 ㉞, 433 G 10 – *Vedere Dorgali.*

CALASETTA *09011 Cagliari* 988 ㉝, 433 J 7 – *2 744 ab..*

per l'Isola di San Pietro-Carloforte giornalieri (30 mn) – Saremar-agenzia Ser.Ma.Sa., al porto ☎ 0781 88430.

Cagliari 105 – Oristano 145.

Luci del Faro, località Mangiabarche Sud : 5 km ☎ 0781 810089, *Fax 0781 810091*, ←, navetta per la spiaggia, –. 50. AE VISA.
Pasto 40/80000 – **38 cam** 190/320000 – ½ P 180000.

Cala di Seta, via Regina Margherita 6 ☎ 0781 88304, *Fax 0781 88304*, –. VISA.
Pasto *(aprile-ottobre)* carta 35/65000 – **21 cam** 80/140000 – ½ P 75/120000.

Bellavista con cam, via Panoramica ☎ 0781 88971, *Fax 0781 88211*, ←, –.
chiuso dal 4 novembre al 15 dicembre – **Pasto** *(chiuso lunedì da ottobre ad aprile)* carta 40/55000 – 11000 – **12 cam** 80/105000, 5000 – ½ P 85/115000.

CAPO D'ORSO *Sassari – Vedere Palau.*

CARBONIA *09013 Cagliari* 988 ㉝, 433 J 7 – *31 980 ab. alt. 100.*

Cagliari 71 – Oristano 121.

Bovo-da Tonino, via Costituente 18 ☎ 0781 62217, –. AE VISA.
chiuso domenica e i giorni festivi – **Pasto** carta 35/65000.

CARLOFORTE *Cagliari* 988 ㉝, 433 J 6 – *Vedere San Pietro (Isola di).*

CASTELSARDO *07031 Sassari* 988 ㉓, 433 E 8 – *5 314 ab. – a.s. 20 giugno-15 settembre.*

Cagliari 243 – Nuoro 152 – Olbia 100 – Porto Torres 34 – Sassari 32.

Riviera da Fofò, via lungomare Anglona 1 ☎ 079 470143, *Fax 079 470270*, ←, –, cam, –. 60. AE VISA
Pasto *(chiuso mercoledì da novembre ad aprile)* carta 50/80000 – 10000 – **34 cam** 120/180000 – ½ P 150000.

Il Cormorano, via Colombo 5 ☎ 079 470628, *Fax 079 470628* –. AE VISA JCB
chiuso martedì in bassa stagione – **Pasto** carta 45/75000.

Sa Ferula, corso Italia 1, località Lu Bagnu Sud-Ovest : 4 km ☎ 079 474049, *Fax 079 474049*, ←, –. AE VISA
chiuso dal 15 al 30 novembre e giovedì in bassa stagione – **Pasto** carta 45/70000.

CASTIADAS *09040 Cagliari* 988 ㉞, 433 J 10 – *alt. 168.*

Cagliari 66 – Muravera 30.

a Villa Rey *Est : 9 km – ✉ 09040 Castiadas :*

Sant'Elmo Beach Hotel, ☎ 070 995161, *Fax 070 995140*, « Giardino digradante sul mare », –, –. 200. AE VISA.
15 maggio-15 ottobre – **Pasto** (solo per alloggiati) – **170 cam** solo ½ P 415000, 5 appartamenti.

a Costa Rei *Nord-Est : 13 km – ✉ 09040 Castiadas.*

(giugno-ottobre) piazza Sardegna 18 ☎ (070) 991350 :

Sa Cardiga e Su Pisci, ☎ 070 991108, rist. e pizzeria –. AE VISA.
aprile-ottobre; chiuso giovedì (escluso da giugno a settembre) – **Pasto** carta 40/80000.

COSTA DORATA *Sassari* 433 E 10 – *Vedere Porto San Paolo.*

COSTA REI *Cagliari* 433 J 10 – *Vedere Castiadas.*

COSTA SMERALDA *Sassari* 988 ㉓ ㉔, 433 D 10 – *Vedere Arzachena.*

CUGLIERI *09073 Oristano* 433 G 7 – *3 198 ab. alt. 479.*
Cagliari 133 – Alghero 68 – Oristano 40 – Sassari 106.

XX **La Villa Pedras-Longas,** strada statale 292 (NE : 6,5 km) ✆ 0785 38433, *Fax 0785 38433,* ≤, – P. AE S O MC VISA.
marzo-ottobre – **Pasto** carta 45/70000 (10 %).

DORGALI *08022 Nuoro* 988 ㉞, 433 G 10 *G. Italia – 8 173 ab. alt. 387 – a.s. luglio-10 settembre.*
Vedere *Dolmen Motorra★ Nord : 4 km.*
Dintorni *Grotta di Ispinigoli : colonna★★ Nord : 8 km – Strada★★ per Cala Gonone Est 10 km – Nuraghi di Serra Orios★ Nord-Ovest : 10 km – Strada★★★ per Arbatax Sud.*
Cagliari 213 – Nuoro 32 – Olbia 114 – Porto Torres 170 – Sassari 152.

X **Colibrì,** via Gramsci 14 (circonvallazione panoramica) ✆ 0784 96054, –
aprile-ottobre; chiuso domenica escluso da giugno a settembre – **Pasto** cucina tipica sarda carta 45/60000.

a Cala Gonone *Est : 9 km – ✉ 08020 :*

Costa Dorada, lungomare Palmasera 45 ✆ 0784 93332, *Fax 0784 93445,* ≤, – ▤ ☎. AE S O MC VISA. rist
Pasqua-ottobre – **Pasto** (solo per alloggiati) 40/50000 – ☕ 20000 – **29 cam** 150/250000, appartamento – ½ P 200000.

L'Oasi , via Garcia Lorca 13 ✆ 0784 93111, *Fax 0784 93444,* ≤ mare e costa, « Giardino fiorito a terrazze » – ▤ TV ☎ P. MC VISA.
Pasqua-10 ottobre – **Pasto** (solo per alloggiati e *chiuso a mezzogiorno*) 25/30000 ☕ 16000 – **32 cam** 100/125000, ▤ 12000 – ½ P 85/110000.

XX **Aquarius,** lungomare Palmasera 34 ✆ 0784 93428, *Fax 0784 93428,* – ▤. AE S O MC VISA
20 dicembre-7 gennaio e Pasqua-ottobre; chiuso martedì (escluso da maggio a settembre) – **Pasto** carta 45/70000.

X **Il Pescatore,** via Acqua Dolce 7 ✆ 0784 93174, ≤, , prenotare – ▤. AE S MC VISA
Pasqua-ottobre – **Pasto** carta 40/80000.

alla Grotta di Ispinigoli *Nord : 12 km :*

XX **Ispinigoli** con cam, strada statale 125 al km 210 ✉ 08022 Dorgali ✆ 0784 95268, *Fax 0784 94293,* ≤, « Servizio estivo in terrazza » – TV ☎ P – 200. AE S MC VISA.
marzo-novembre – **Pasto** carta 45/65000 – **18 cam** ☕ 100/160000 – ½ P 100/130000.

a Monteviore *Sud : 9 km – ✉ 08022 Dorgali :*

Monteviore , strada statale 125 al km 196 ✆ 0784 96293, *Fax 0784 96293,* ≤ Sopramonte e Parco del Gennargentu, « In campagna fra gli uliveti », – TV P. AE S O MC VISA JCB.
25 marzo-ottobre – **Pasto** carta 40/70000 – ☕ 12000 – **19 cam** 95/130000 – ½ P 85/105000.

FONNI *08023 Nuoro* 988 ㉝, 433 G 9 – *4 517 ab. alt. 1 000.*
Escursioni *Monti del Gennargentu★★ Sud.*
Cagliari 161 – Nuoro 34 – Olbia 140 – Porto Torres 154 – Sassari 133.

Cualbu, viale del Lavoro 21 ✆ 0784 57054, *Fax 0784 58403,* – TV ☎ P – 200. AE S O MC VISA.
Pasto carta 30/50000 – **50 cam** ☕ 100/120000 – ½ P 80/95000.

FUILE MARE *Nuoro – Vedere Orosei.*

GOLFO ARANCI *07020 Sassari* 988 ㉔, 433 E 10 – *2 105 ab. – a.s. 20 giugno-15 settembre.*
per Civitavecchia 26 marzo-settembre (7 h) e Livorno 26 marzo-12 ottobre giornalieri (9 h) – Sardinia Ferries, al porto ✆ 0789 46780; per Fiumicino (4 h) e La Spezia (5 h 30 mn) giugno-5 settembre giornalieri – Tirrenia Navigazione, al porto ✆ 1478 99000.
Cagliari 304 – Olbia 19 – PortoTorres 140 – Sassari 122 – Tempio Pausania 64.

Margherita senza rist, via Libertà 91 ✆ 0789 46906, *Fax 0789 46851,* ≤, – ▤ ☎ P. AE S O MC VISA
aprile-ottobre – **24 cam** ☕ 240/340000.

IS MOLAS *Cagliari – Vedere Pula.*

LA CALETTA *Nuoro* 433 F 11 – *Vedere Siniscola.*

LOTZORAI *08040 Nuoro* 433 H 10 – *2 157 ab. alt. 16 – a.s.luglio-10 settembre.*
Cagliari 145 – Arbatax 9,5 – Nuoro 91.

L'Isolotto, via Dante ☎ 0782 669431, – AE $ MC VISA
giugno-settembre; chiuso lunedì – **Pasto** carta 35/60000 (5 %).

MADDALENA (Arcipelago della) *Sassari* 988 ㉓ ㉔, 433 D 10 *G. Italia – alt. da 0 a 212 (monte Teialone).*
La limitazione d'accesso degli autoveicoli è regolata da norme legislative.
Vedere *Isola della Maddalena*★★ – *Isola di Caprera*★ *: casa-museo*★ *di Garibaldi.*

La Maddalena *Sassari* 988 ㉓ ㉔, 433 D 10 – *11 715 ab.* – ✉ *07024 – a.s. 20 giugno-15 settembre.*
per Palau giornalieri (15 mn) – Saremar-agenzia Contemar, via Amendola 15 ☎ 0789 737660, Fax 0789 736449.
Cala Gavetta ☎ 0789 736321, Fax 0789 736655

Garibaldi senza rist, ☎ 0789 737314, *Fax 0789 737314* – AE $ MC VISA JCB.
– **19 cam** 145/200000.

La Terrazza, via Villa Glori 6 ☎ 0789 735305, *Fax 0789 735305*, « Servizio estivo in terrazza » – AE $ MC VISA.
chiuso domenica – **Pasto** carta 40/70000.

In questa guida
uno stesso simbolo, una stessa parola
stampati in rosso o in **nero**, in magro o in ***grassetto***
hanno un significato diverso.

Leggete attentamente le pagine esplicative.

MARAZZINO *Sassari* 433 D 9 – *Vedere Santa Teresa Gallura.*

MARINA DI ARBUS *Cagliari* 433 I 7 – ✉ *09031 Arbus.*
Cagliari 88 – Iglesias 78 – Nuoro 160 – Olbia 240 – Porto Torres 207 – Sassari 187.

Le Dune, località Piscinas Sud : 8 km ☎ 070 977130, *Fax 070 977230*, ←, « Sulla spiaggia, in un vecchio e isolato deposito minerario » – P. AE $ MC VISA.
Pasto carta 45/80000 – 15000 – **25 cam** 250000 – ½ P 240000.

a Torre dei Corsari *Nord : 18 km* – ✉ *09031 Arbus :*

La Caletta ☎ 070 977033, *Fax 070 977173*, « A ridosso della scogliera con ← mare e l'antica torre corsara », – P – 150. AE $ MC VISA.
Pasqua-settembre – **Pasto** carta 50/70000 – **32 cam** 105/150000 – ½ P 140000.

MONTEVIORE *Nuoro* – *Vedere Dorgali.*

MURAVERA *Cagliari* 988 ㉞, 433 I 10 – *alt. 11.*
Escursioni *Strada*★★★ *per Cagliari Sud-Ovest.*

NETTUNO (Grotta di) *Sassari* 988 ㉜ ㉝, 433 F 6 *G. Italia.*

NUORO *08100* P 988 ㉝, 433 G 9 *G. Italia – 37 890 ab. alt. 553 – a.s. luglio-10 settembre.*
Vedere *Museo della vita e delle tradizioni popolari sarde*★.
Dintorni *Monte Ortobene*★ *Est : 9 km.*
piazza Italia 19 ☎ 0784 30083, Fax 0784 33432.
A.C.I. *via Sicilia 39 ☎ 0784 30034.*
Cagliari 182 – Sassari 120.

Paradiso, via Aosta ☎ 0784 35585, *Fax 0784 232782* – P – 160. AE $ MC VISA.
Pasto *(chiuso domenica)* carta 35/55000 – **42 cam** 105/135000 – ½ P 110000.

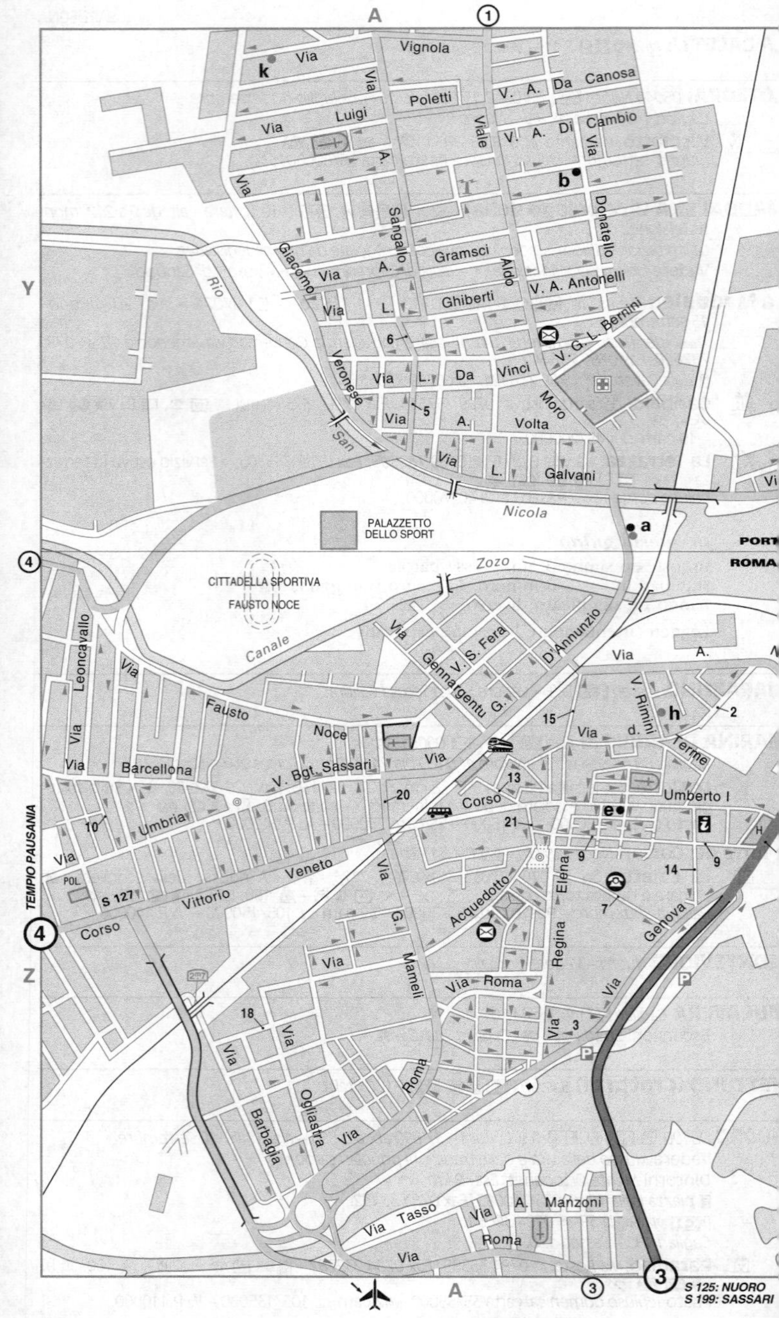
A
1
Y
Z
4
3
PALAZZETTO
DELLO SPORT
CITTADELLA SPORTIVA
FAUSTO NOCE
TEMPIO PAUSANIA
S 127
POL.
PORT
ROMA
S 125: NUORO
S 199: SASSARI

ARZACHENA, PALAU B

1

S 125

2

GOLFO ARANCI

Y

Lidi

PORTO DI OLBIA

Viale Isola Bianca

CAPITANERIA

P

GENOVA

Isola di Mezzo

Z

MARE TIRRENO

Isola Manna

0 400 m

B

OLBIA

Street	Grid	No.
Acquedotto (Via)	AZ	
Acquedotto Romano (Via)	AZ	2
Annunzio (Via G. D')	AZ	
Antonelli (Via A.)	AY	
Barbagia (Via)	AZ	
Barcellona (Via)	AZ	
Bernini (Via G. L.)	AY	
Bgt. Sassari (Via)	AZ	
Cambio (Via A. Di)	AY	
Canosa (Via A. Da)	AY	
Crispi (Piazza)	AZ	3
Donatello (Via)	AY	
Euclide (Via)	AY	5
Fabriano (Via G. Da)	AY	6
Fera (Via S.)	AZ	
Filippi (Via De)	AZ	7
Galvani (Via L.)	AY	
Garibaldi (Via)	AZ	9
Gennargentu (Via)	AZ	
Genova (Via)	AZ	
Ghiberti (Via L.)	AY	
Gramsci (Via A.)	AY	
Isola Bianca (Viale)	BZ	
Leoncavallo (Via)	AZ	
Lidi (Via dei)	BY	
Mameli (Via G.)	AZ	
Manzoni (Via A.)	AZ	
Marche (Via)	AZ	10
Moro (Viale Aldo)	AY	
Nanni (Via A.)	AZ	
Noce (Via F.)	AZ	
Ogliastra (Via)	AZ	
Pala (Via G.)	AZ	13
Piro (Via C.)	AZ	14
Poletti (Via L.)	AY	
Porto Romano (Via)	AZ	15
Principe Umberto (Corso)	ABZ	17
Quirra (Via)	AZ	18
Regina Elena (Via)	AZ	
Rimini (Via)	AZ	
Roma (Via)	AZ	
Sangallo (Via A.)	AY	
S. Simplicio (Via)	AZ	20
Sassari (Via)	AZ	21
Tasso (Via)	AZ	
Terme (Via delle)	AZ	
Umberto I (Corso)	AZ	
Umbria (Via)	AZ	
Veronese (Via G.)	AY	
Vignola (Via)	AY	
Vinci (Via L. Da)	AY	
Vittorio Veneto (Corso)	AZ	
Volta (Via A.)	AY	

OLBIA *07026 Sassari* 988 ㉓ ㉔, 433 E 10 – *42 832 ab. – a.s. 20 giugno-15 settembre.*

della Costa Smeralda Sud-Ovest : 4 km ✆ 0789 52600.

da Golfo Aranci per Livorno aprile-ottobre giornalieri (9 h 15 mn) – Sardinia Ferrie corso Umberto 4 ✆ 0789 25200, Fax 0789 24146; per Civitavecchia giornaliero (da 4 h a 8 per Genova 19 giugno-5 settembre giornaliero, negli altri mesi martedìgiovedì e sabato (6 h a 13 h 30 mn) – Tirrenia Navigazione, stazione marittima Isola Bianca ✆ 1478 99000, F. 0789 22688 e Grimaldi-Grandi Navi Veloci, stazione marittima Isola Bianca ✆ 0789 2001 Fax 0789 23487.

via Catello Piro 1 ✆ 0789 21453, Fax 0789 22221.

Cagliari 268 ③ – Nuoro 102 ③ – Sassari 103 ③.

Piante pagine precedenti

Martini senza rist, via D'Annunzio ✆ 0789 26066, *Fax 0789 26418,* « Terrazza solarium » – 70. AE VISA. AY
66 cam 160/250000.

Moderno senza rist, via G. Buon ✆ 0789 50550, *Fax 0789 53350* – 25. AE VISA AY
32 cam 160000.

La Corte, senza rist, viale Aldo Moro 136 ✆ 0789 53400, *Fax 0789 58116* – AY
14 cam.

Centrale senza rist, corso Umberto 85 ✆ 0789 23017, *Fax 0789 26464* – VISA AZ
10000 – **23 cam** 120/160000.

Il Portico, via Rimini-via Assisi ✆ 0789 25670, *Fax 0789 25780,* Rist.-enoteca, prenotare – 150 AZ

Leone e Anna, via Barcellona 90 ✆ 0789 26333 – AE VISA AZ
chiuso gennaio, febbraio e mercoledì (escluso luglio-agosto) – **Pasto** carta 50/80000.

Canne al Vento, via Vignola 33 ✆ 0789 51609 – AE VISA.
chiuso domenica, Natale e Pasqua – **Pasto** carta 35/55000. AY

sulla strada Panoramica Olbia-Golfo Aranci : *per ②*

Stefania, località Pittulongu Nord-Est : 4 km ✉ 07026 ✆ 0789 39027, *Fax 0789 391* mare, – AE VISA.
Pasto Rist. ***Da Nino's*** *(chiuso mercoledì escluso da giugno a settembre)* carta 70/1050 (10 %) – **28 cam** 270/340000 – ½ P 170/210000.

a Porto Rotondo *per ① : 15,5 km – ✉ 07020 :*

Sporting , via Clelia Donà delle Rose ✆ 0789 34005, *Fax 0789 34383,* mare e cos – AE VISA.
maggio-ottobre – **Pasto** carta 100/135000 – **27 cam** solo ½ P 755/1140000.

Locanda da Giovannino, ✆ 0789 35280, *Fax 0789 35280,* – AE VISA.
chiuso dal 10 novembre al 26 dicembre – **Pasto** carta 100/130000 (10 %).

OLIENA *08025 Nuoro* 988 ㉝ ㉞, 433 G 10 *G. Italia – 7 706 ab. alt. 378 – a.s. luglio-10 settembre.*

Dintorni *Sorgente Su Gologone★ Nord-Est : 8 km.*

Cagliari 193 – Nuoro 12 – Olbia 116 – Porto Torres 150.

Enis con cam, località Monte Maccione Est : 4 km ✆ 0784 288363, *Fax 0784 2884* su Badda Manna e monte Ortobene, , rist. e pizzeria serale –
17 cam.

alla sorgente Su Gologone *Nord-Est : 8 km :*

Su Gologone , ✉ 08025 ✆ 0784 287512, *Fax 0784 287668,* – 200. AE VISA JCB
marzo-ottobre – **Pasto** vedere rist ***Su Gologone*** – **68 cam** 190/270000 – ½ P 15 185000.

Su Gologone, ✉ 08025 ✆ 0784 287512, , « Servizio estivo in terrazza con dint ni ». AE VISA JCB
marzo-ottobre – **Pasto** carta 60/85000.

ORISTANO *09170* P 988 ㉝, 433 H 7 *G. Italia – 33 017 ab..*

Vedere *Opere d'arte★ nella chiesa di San Francesco.*

Dintorni *Basilica di Santa Giusta★ Sud : 3 km.*

via Cagliari 278 ✆ 0783 74191, Fax 0783 302518.

A.C.I. *via Cagliari 39 ✆ 0783 212458.*

Alghero 137 – Cagliari 93 – Iglesias 97 – Nuoro 92 – Sassari 121.

Mistral 2, via 20 Settembre ☎ 0783 210389, *Fax 0783 211000*, – cam, – 300. rist
Pasto carta 45/75000 – **132 cam** 105/160000 – ½ P 125000.

Mistral, via Martiri di Belfiore ☎ 0783 212505, *Fax 0783 210058* – – 50. rist
Pasto carta 35/60000 – **48 cam** 80/130000 – ½ P 85/100000.

Il Faro, via Bellini 25 ☎ 0783 70002, *Fax 0783 300861*, Coperti limitati; prenotare – .
chiuso dal 23 dicembre al 15 gennaio, dal 12 al 26 luglio e domenica – **Pasto** carta 75/145000 (15 %).

La Forchetta d'Oro, via Giovanni XXIII ☎ 0783 302731, *Fax 0783 302731* – .
chiuso domenica – **Pasto** carta 35/65000.

OROSEI *08028 Nuoro 988 ㉞, 433 F 11 – 5 746 ab. alt. 19 – a.s. luglio-10 settembre.*
Dorgali 18 – Nuoro 40 – Olbia 93.

Maria Rosaria, via Grazia Deledda 13 ☎ 0784 98657, *Fax 0784 98596*, , Rist. e pizzeria serale, , – – 100. .
Pasto carta 35/60000 – 10000 – **62 cam** 160/200000 – ½ P 100/200000.

a Fuile Mare *Nord-Est : 10 km – ✉ 08028 Orosei :*

Villa Campana , località Fuile Mare-Cala Liberotto ☎ 0784 91068, *Fax 0784 91312*, , « Giardino fiorito » – . rist
15 maggio-settembre – **Pasto** *(chiuso a mezzogiorno)* carta 50/70000 – 20000 – **17 cam** 230/280000 – ½ P 190/250000.

PALAU *07020 Sassari 988 ㉓, 433 D 10 – 3 355 ab. – a.s. 20 giugno-15 settembre.*
Dintorni *Arcipelago della Maddalena★★ – Costa Smeralda★★.*
per La Maddalena giornalieri (15 mn) – Saremar-agenzia Contemar, piazza del Molo 2 ☎ 0789 709270, Fax 0789 709270.
via Nazionale 94 ☎ 0789 709570, Fax 0789 709570.
Cagliari 325 – Nuoro 144 – Olbia 40 – Porto Torres 127 – Sassari 117 – Tempio Pausania 48.

Palau , via Baragge ☎ 0789 708468, *Fax 0789 709817*, ≤ arcipelago della Maddalena e costa, – – 250. .
aprile-novembre – **Pasto** 50/70000 – **83 cam** 240/350000, 12 appartamenti – ½ P 200/210000.

Da Franco, via Capo d'Orso 1 ☎ 0789 709558, *Fax 0789 709310* – .
chiuso dal 20 dicembre al 4 gennaio e lunedì (escluso da giugno a settembre) – **Pasto** carta 65/95000 (15 %).

La Gritta, località Porto Faro ☎ 0789 708045, *Fax 0789 708045*, ≤ mare e isole, « Servizio estivo all'aperto », – .
aprile-ottobre; chiuso mercoledì escluso dal 15 giugno al 15 settembre – **Pasto** carta 75/110000
Spec. Calamaro ripieno con scarola stufata. Linguine al pesce cappone. Seadas al miele di eucalipto.

Faro, località Porto Faro ☎ 0789 709565, ≤ arcipelago della Maddalena – .
giugno-settembre – **Pasto** carta 65/90000.

La Taverna, ☎ 0789 709289 – .
marzo-novembre; chiuso martedì escluso da giugno a settembre – **Pasto** carta 55/90000.

a Capo d'Orso *Est : 5 km – ✉ 07020 Palau :*

Capo d'Orso , ☎ 0789 702000, *Fax 0789 702009*, ≤, , « In pineta », , , – – 150. rist
aprile-ottobre – **Pasto** *(chiuso a mezzogiorno)* – **33 cam** solo ½ P 185/285000, 26 appartamenti.

PITRIZZA *Sassari 433 D 10 – Vedere Arzachena : Costa Smeralda.*

PORTO CERVO *Sassari 988 ㉔, 433 D 10 – Vedere Arzachena : Costa Smeralda.*

PORTO CONTE *Sassari 433 F 6 – Vedere Alghero.*

PORTO ROTONDO *Sassari 988 ㉔, 433 D 10 – Vedere Olbia.*

PORTO SAN PAOLO *Sassari* 433 E 10 – ✉ *07020 Vaccileddi – a.s. 20 giugno-15 settembre.*

Cagliari 268 – Nuoro 87 – Olbia 15 – Sassari 114.

Cala Junco, via Nenni 8/10 ✆ 0789 40260, – AE VISA.
chiuso martedì escluso da maggio a settembre – **Pasto** carta 45/75000.

a Costa Dorata *Sud-Est : 1,5 km* – ✉ *07020 Vaccileddi :*

Don Diego, ✆ 0789 40006, *Fax 0789 40026*, ← mare ed isola di Tavolara, porticciolo privato, « Villini indipendenti e terrazze fiorite con », – P. AE VISA.
maggio-settembre – **Pasto** (solo per alloggiati) 80000 – 30000 – **57 cam** 350/650000, 6 appartamenti – ½ P 455000.

PORTOSCUSO *09010 Cagliari* 988 ㉝, 433 J 7 – *5 560 ab..*

da Portovesme per l'Isola di San Pietro-Carloforte giornalieri (40 mn) – a Portovesme, Saremar-agenzia Ser.Ma.Sa., al porto ✆ *0781 509065.*

Cagliari 77 – Oristano 119.

Panorama senza rist, via Giulio Cesare 42 ✆ 0781 508077, *Fax 0781 509327*, ← – AE VISA.
10000 – **36 cam** 80/110000.

La Ghinghetta con cam, via Cavour 26 ✆ 0781 508143, *Fax 0781 508144*, ←, Coperti limitati; prenotare – AE VISA.
maggio-ottobre – **Pasto** *(chiuso domenica)* carta 80/95000 – **8 cam** 185/215000 – ½ P 245000
Spec. Tocchetti di cernia in carpione con pabassa (uvetta). Chicchi di semola, crostacei e pesche. Terrina di aragosta e spigola al limoncello.

PORTO TORRES *07046 Sassari* 988 ㉓ ㉝, 433 E 7 *G. Italia – 21 888 ab..*

Vedere *Chiesa di San Gavino*★.

per Genova giornalieri (da 6 a 13 h) – Tirrenia Navigazione, Stazione Marittima ✆ *1478 99000, Fax 079 514109 e Grimaldi-Grandi Navi Veloci, porto Industriale* ✆ *079 516034, Fax079 516034.*

Alghero 35 – Sassari 19.

sulla strada statale 131 :

Li Lioni, regione Li Lioni Sud-Est : 3 km ✉ 07046 ✆ 079 502286, *Fax 079 512242*, « Servizio estivo all'aperto », – P. AE VISA.
chiuso ottobre o novembre e mercoledì – **Pasto** specialità regionali carta 45/65000.

POSADA *08020 Nuoro* 433 F 11 – *2 289 ab..*

Nuoro 54 – Olbia 47.

Donatella, via Gramsci ✆ 0784 854521, *Fax 0784 854433* – P. AE VISA.
chiuso dal 20 al 30 dicembre – **Pasto** carta 35/55000 – 10000 – **19 cam** 70/100000 – ½ P 60/100000.

PULA *09010 Cagliari* 988 ㉝, 433 J 9 – *6 393 ab..*

Is Molas, Casella Postale 49 ✉ *09010 Pula* ✆ *070 9241013, Fax 070 9241015, Sud-Ovest 6 km.*

Cagliari 29 – Nuoro 210 – Olbia 314 – Oristano 122 – Porto Torres 258.

Baia di Nora, località Su Guventeddu ✆ 070 9245551, *Fax 070 9245600*, – P – 200. AE VISA.
22 aprile-ottobre – **Pasto** 80000 – **121 cam** 350/540000 – ½ P 300000.

Sant'Efis, località Su Guventeddu ✆ 070 9245370, *Fax 070 9245373*, « Giardino con » – P
stagionale – **42 cam.**

Nora Club Hotel senza rist, strada per Nora ✆ 070 924421, *Fax 070 9209129*, « Ampio giardino fiorito con » – P. AE VISA
25 cam 170/230000.

a Is Molas *Ovest : 4 km* – ✉ *09010 Pula :*

Is Molas Golf Hotel, ✆ 070 9241006, *Fax 070 9241002*, – P. AE VISA.
Pasto carta 60/85000 – **80 cam** 220/370000 – ½ P 230000.

a Santa Margherita *Sud-Ovest : 6 km – ✉ 09010 Pula :*

Costa dei Fiori , strada statale 195 al Km 33,200 ℘ 070 9245333, *Fax 070 9245335,* « Giardino con e » – ☎ – 100. AE VISA. *22 aprile-21 ottobre* – **Pasto** (solo per alloggiati) – **62 cam** 360/630000 – ½ P 310/ 340000.

New Barcavela , strada statale 195 al km 40 ℘ 070 9290476, *Fax 070 9290480,* , « In pineta, giardino con », – ☎ P. AE VISA. *aprile-ottobre* – **Pasto** carta 45/90000 – **19 cam** 180/360000, 8 appartamenti – ½ P 195/220000.

PUNTALDIA *Nuoro – Vedere San Teodoro.*

QUARTU SANT'ELENA *09045 Cagliari* 988 ㉝, 433 *J 9 – 68 384 ab..*
Cagliari 7 – Nuoro 184 – Olbia 288 – Porto Torres 232 – Sassari 214.

Residence Hotel Italia, via Panzini ang. viale Colombo ℘ 070 827070, *Fax 070 827071* – ☎ P – 50. AE VISA.
Pasto (solo per alloggiati e *chiuso a mezzogiorno*) 30000 – 10000 – **76 cam** 150/180000, 7 appartamenti.

a Sant'Andrea *Est : 8 km – ✉ 09046 :*

Su Meriagu con cam, via Leonardo Da Vinci 140 ℘ 070 890842, *Fax 070 890842,* , Rist. e pizzeria serale – ☎ P. AE VISA. cam
Pasto *(chiuso martedì escluso da luglio a settembre)* carta 40/60000 – **8 cam** 90/160000 – ½ P 100/130000.

*Un consiglio **Michelin:***
per la buona riuscita di un viaggio, preparatelo in anticipo.
*Le **carte** e le **guide Michelin** vi danno tutte le indicazioni*
utili su: itinerari, curiosità, sistemazioni, prezzi, ecc.

ROMAZZINO *Sassari* 433 *D 10 – Vedere Arzachena : Costa Smeralda.*

SAN PANTALEO *07020 Sassari* 433 *D 10 – alt. 169 – a.s. 20 giugno-15 settembre.*
Cagliari 306 – Olbia 21 – Sassari 124.

Rocce Sarde , località Milmeggiu Sud-Est : 3 km ℘ 0789 65265, *Fax 0789 65268,* ≤ costa Smeralda, navetta per la spiaggia, « Servizio rist. estivo in terrazza panoramica », – ☎ P. AE VISA. rist
aprile-ottobre – **Pasto** 40/60000 – **80 cam** 245/370000 – ½ P 195000.

SAN PIETRO (Isola di) *Cagliari* 988 ㉝, 433 *J 6 – 6 692 ab. alt. da 0 a 211 (monte Guardia dei Mori)*

Carloforte 988 ㉝, 433 *J 6 – ✉ 09014 – a.s. 25 giugno-7 settembre.*
per Portovesme di Portoscuso (40 mn) e Calasetta (30 mn), giornalieri – Saremar-agenzia Ser.Ma.Sa., piazza Carlo Emanuele 28 ℘ 0781 854005, Fax 0781 855589.
corso Tagliafico ℘ 0781 854009, Fax 0781 854009

Hieracon, corso Cavour 62 ℘ 0781 854028, *Fax 0781 854893,* ≤, , – ☎. AE VISA. rist
Pasto carta 40/60000 – 6000 – **16 cam** 90/150000, 6 appartamenti 130/200000 – ½ P 105/115000.

Da Nicolo, corso Cavour 32 (dal 15 ottobre al 15 giugno in via Dante 46) ℘ 0781 854048, *Fax 0781 855256,* , Rist. e pizzeria serale – AE VISA
chiuso dicembre e lunedì (escluso da luglio a settembre) – **Pasto** carta 60/85000.

Al Tonno di Corsa, via Marconi 47 ℘ 0781 855106, *Fax 0781 855106,* – AE VISA.
chiuso dal 23 dicembre al 23 gennaio e lunedì (escluso da giugno a settembre) – **Pasto** 55/75000.

SANTA MARGHERITA *Cagliari* 988 ㉝, 433 *K 8 – Vedere Pula.*

SANT'ANDREA *Cagliari* 433 *J 9 – Vedere Quartu Sant'Elena.*

SANT'ANTIOCO *09017 Cagliari* 988 ③, 433 J 7 *G. Italia – 11 868 ab..*
Vedere *Vestigia di Sulcis* : tophet*, collezione di stele* nel museo.*
Cagliari 92 – Calasetta 9 – Nuoro 224 – Olbia 328 – Porto Torres 272 – Sassari 254.

XX **Moderno** con cam, via Nazionale 82 ✆ 0781 83105, *Fax 0781 840252,* « Servizio estivo sotto un fresco pergolato » – TV ☎. AE S ⦿ MC VISA. ✂
Pasto *(giugno-settembre; chiuso domenica)* carta 50/85000 (10%) – ☕ 6000 – **10 cam** 70/105000 – ½ P 100/110000.

SANTA REPARATA *Sassari* 433 D 9 – *Vedere Santa Teresa Gallura.*

SANTA TERESA GALLURA *07028 Sassari* 988 ㉓, 433 D 9 – *4 157 ab.* – *a.s. 20 giugno-1 settembre.*
Escursioni *Arcipelago della Maddalena**.*
ℹ *piazza Vittorio Emanuele 24 ✆ 0789 754127, Fax 0789 754185.*
Olbia 61 – Porto Torres 105 – Sassari 103.

Corallaro ⛵, località Rena Bianca ✆ 0789 755475, *Fax 0789 755431,* ≤ mare e Bocche di Bonifacio, Fб, ≘s, ⛱, 🌳 – |\$| ▤ TV ☎ ♿ P – 🏟 40. AE S MC VISA. ✂ rist
aprile-15 ottobre – **Pasto** (solo per alloggiati) – **81 cam** ☕ 165/250000 – ½ P 135/210000.

Marinaro, via Angios 48 ✆ 0789 754112, *Fax 0789 755817* – |\$| ▤ TV ☎. AE S ⦿ MC VISA. ✂
Pasto *(chiuso venerdì)* carta 40/55000 – ☕ 15000 – **27 cam** 110/150000 – ½ P 150000.

Da Cecco ⛵, via Po 3 ✆ 0789 754220, *Fax 0789 755634,* « Terrazza-solarium con ≤ Bocche di Bonifacio e costa » – |\$|, ▤ rist, ☎ P. AE S ⦿ MC VISA. ✂
25 marzo-ottobre – **Pasto** (solo per alloggiati) – ☕ 15000 – **32 cam** 95/125000 – ½ P 130000.

a Santa Reparata *Ovest : 3 km* – ✉ *07028 Santa Teresa Gallura :*

XX **S'Andira,** via Orsa Minore 11 ✆ 0789 754273, *Fax 0789 754273,* 🏠, 🌳 – AE S MC VISA JCB. ✂
20 maggio-settembre – **Pasto** specialità di mare carta 60/90000.

a Marazzino *Est : 5 km* – ✉ *07028 Santa Teresa Gallura :*

X **La Stalla,** ✆ 0789 751514, 🏠 – P. AE S ⦿ MC VISA
maggio-ottobre – **Pasto** carta 50/85000.

SAN TEODORO *08020 Nuoro* 433 E 11 – *3 286 ab.* – *a.s. luglio-10 settembre.*
⛳ *Puntaldia (marzo-novembre; chiuso giovedì escluso da maggio a settembre) ✆ 0784 864477, Fax 0784 864017.*
Cagliari 258 – Nuoro 77 – Olbia 29 – Porto Torres 146 – Sassari 128.

a Puntaldia *Nord : 6 km* – ✉ *08020 San Teodoro :*

Due Lune ⛵, ✆ 0784 864075, *Fax 0784 864017,* ≤ mare e golfo, 🏠, Fб, ⛱, 🏖, 🌳, 🎾, ⛳ – ▤ TV ☎ P – 🏟 180. AE S ⦿ MC VISA. ✂
8 maggio-4 ottobre – **Pasto** 50/70000 – **65 cam** ☕ 530/800000, 2 appartamenti – ½ P 450000.

SASSARI *07100* P 988 ㉝, 433 E 7 *G. Italia – 120 649 ab. alt. 225.*
Vedere *Museo Nazionale Sanna** Z **M** – *Facciata* del Duomo* Y.
Dintorni *Chiesa della Santissima Trinità di Saccargia** per ③ : 15 km.*
✈ *di Alghero-Fertilia, Sud-Ovest : 30 km ✆ 079 935033 – Alitalia, Agenzia Sardaviaggi, via Cagliari 30 ✆ (079)234498, Fax (079)235343.*
ℹ *viale Caprera 36 ✆ 079 299579, Fax 079 299415 – viale Umberto 72 ✆ 079 233534, Fax 079 237585.*
A.C.I. *viale Adua 32//B ✆ 079 272107.*
Cagliari 211.

Pianta pagina a lato

Grazia Deledda, viale Dante 47 ✆ 079 271235, *Fax 079 280884* – |\$| ▤ TV ☎ 🚗 P – 🏟 350. AE S ⦿ MC VISA. ✂ rist Z
Pasto *(chiuso domenica)* carta 50/70000 – ☕ 15000 – **147 cam** 130/180000 – ½ P 135000.

Leonardo da Vinci senza rist, via Roma 79 ✆ 079 280744, *Fax 079 2857233* – |\$| ▤ TV ☎ 🚗 – 🏟 140. AE S ⦿ MC VISA. ✂ Z
118 cam ☕ 120/170000, 2 appartamenti.

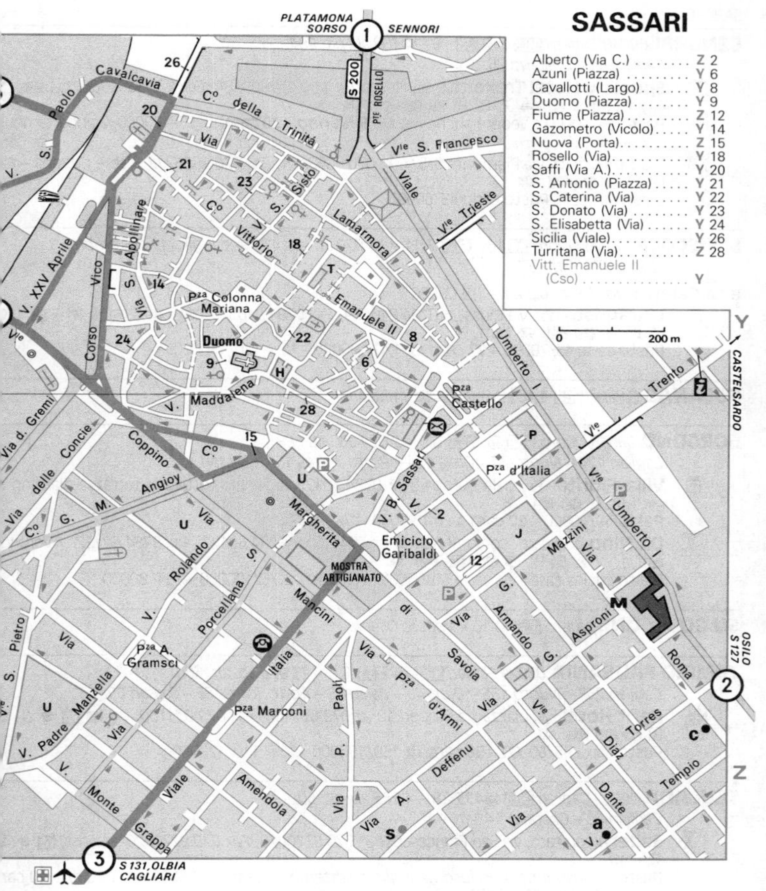

(Restaurant, 2 forks) **Trattoria del Giamaranto di Gianni e Amedeo,** via Alghero 69 ☎ 079 274598, *Fax 079 274598* – AE VISA JCB. Z s
chiuso agosto, domenica e in luglio anche sabato sera – **Pasto** specialità di mare carta 50/75000.

SELARGIUS *09047 Cagliari* 433 J 9 – *26 612 ab. alt. 11.*
Cagliari 8 – Oristano 98.

(Hotel, 3 houses) **Hinterland,** viale Vienna ang. viale Trieste ☎ 070 853009, *Fax 070 853151*, – – 250. AE VISA. rist
Pasto carta 40/65000 – **73 cam** 135/170000, 3 appartamenti – 1/2 P 115/130000.

(Hotel, 2 houses) **Quadrifoglio,** via Peretti 8/10 circonvallazione nuova ☎ 070 543093, *Fax 070 543036* – – 180. AE VISA.
Pasto *(chiuso dal 1° al 20 agosto e lunedì)* carta 40/60000 – **87 cam** 105/160000.

*Un consiglio **Michelin:***
per la buona riuscita di un viaggio, preparatelo in anticipo.
*Le **carte** e le **guide Michelin** vi danno tutte le indicazioni*
utili su: itinerari, curiosità, sistemazioni, prezzi, ecc.

SENORBÌ *09040 Cagliari* 988 ㉝, 433 I 9 – *4 309 ab. alt. 204.*
Cagliari 41 – Oristano 75.

Sporting Hotel Trexenta, via Piemonte ✆ 070 9809384, *Fax 070 9809386,* – ... cam
Pasto 25/30000 e vedere anche rist ***Da Severino*** – **30 cam** 80/120000, 2 appartamen
– ½ P 110000.

Da Severino, via Piemonte 3/5/7 ✆ 070 9808181, *Fax 070 9806212,* Rist. e pizzeria –
chiuso lunedì – **Pasto** carta 45/60000.

SINISCOLA 08029 *Nuoro* 988 ㉞, 433 F 11 – *11 020 ab. alt. 42 – a.s. luglio-10 settembre.*
Nuoro 47 – Olbia 57.

a La Caletta *Nord-Est : 6,5 km –* ✉ *08020 :*

L'Aragosta , via Ciusa ✆ 0784 810129, *Fax 0784 810576,* – 12C
cam
Pasto carta 45/70000 – **27 cam** 170/190000 – ½ P 120/150000.

SOLANAS *Cagliari* 433 J 10 – *Vedere Villasimius.*

SORGONO *08038 Nuoro* 988 ㉝, 433 G 9 – *2 024 ab. alt. 688.*
Cagliari 124 – Nuoro 70 – Olbia 174 – Porto Torres 155 – Sassari 137.

Villa Fiorita , viale Europa 2 ✆ 0784 60129, « Servizio estivo in terrazza-giardino »
Pasto 30/40000 – **20 cam** 70/95000 – ½ P 80000.

Da Nino con cam, corso IV Novembre 24/26 ✆ 0784 60127, *Fax 0784 60127,* « Verand
estiva » –
Pasto cucina casalinga carta 50/65000 – **10 cam** 75/100000 – ½ P 80000.

SU GOLOGONE *Nuoro* 433 G 10 – *Vedere Oliena.*

TEMPIO PAUSANIA *07029 Sassari* 988 ㉓, 433 E 9 – *13 979 ab. alt. 566.*
Cagliari 253 – Nuoro 135 – Olbia 45 – Palau 48 – Porto Torres 89 – Sassari 69.

Petit Hotel M, piazza De Gasperi 10 ✆ 079 631134, *Fax 079 631760* –
Pasto carta 35/60000 – **58 cam** 130/180000 – ½ P 110/120000.

TEULADA *09019 Cagliari* 988 ㉝*433* K 8 – *4 233 ab. alt. 50.*
Cagliari 62 – Oristano 141.

Sebera con cam, via San Francesco 8 ✆ 070 9270876, *Fax 070 9270020* – rist,
Pasto *(chiuso lunedì escluso da luglio a settembre)* carta 40/55000 – 7000 – **10 can**
60/80000 – ½ P 70/80000.

TORRE DEI CORSARI *Cagliari* 433 H 7 – *Vedere Marina di Arbus.*

TORTOLÌ *08048 Nuoro* 988 ㉞, 433 H 10 – *9 673 ab. alt. 15 – a.s. luglio-10 settembre.*
Dintorni *Strada per Dorgali*** Nord.*
; da Arbatax per: Civitavecchia 21 luglio-14 settembre venerdì e domenica, negli alt mesi mercoledì e domenica (10 h 30 mn), Fiumicino 19 luglio-5 settembre lunedì e merc ledì giornaliero (4 h 45 mn) e Genova giugno-settembre giovedì e sabato, negli altri me martedì e sabato (19 h) – Tirrenia Navigazione-agenzia Torchiani, via Venezia 10 ✆ 078 667841, Fax 0782 667841.
Cagliari 140 – Muravera 76 – Nuoro 96 – Olbia 177 – Porto Torres 234 – Sassari 216.

La Bitta, via Porto Frailis, località Porto Frailis ✉ 08041 Arbatax ✆ 0782 66708(
Fax 0782 667228, ←, –
Pasto *(chiuso novembre)* carta 45/70000 – **41 cam** 180/275000 – ½ P 220000.

Victoria, via Monsignor Virgilio 72 ✆ 0782 623457, *Fax 0782 624116,* –
– 35.
Pasto *(chiuso domenica)* carta 40/65000 – **60 cam** 135/170000 – ½ P 160000.

La Perla senza rist, viale Europa, località Porto Frailis ✉ 08041 Arbatax ✆ 0782 66780(
Fax 0782 667810, –
chiuso dicembre – **10 cam** 130/170000.

VALLEDORIA *07039 Sassari* 433 E 8 – *3 745 ab. alt. 16.*
Cagliari 235 – Olbia 81 – Sassari 42.

XX **Park Hotel** con cam, corso Europa ☎ 079 582800, *Fax 079 582600*, Rist. e pizzeria serale – TV ☎ P. AE 🅢 ⓓ MC VISA. ✻
chiuso dall'8 al 31 gennaio – **Pasto** *(chiuso mercoledì)* carta 45/65000 – ☐ 8000 – **7 cam** 80/120000 – ½ P 115000.

VILLANOVAFORRU *09020 Cagliari* 433 I 8 – *704 ab. alt. 324.*
Cagliari 62 – Iglesias 71 – Nuoro 142 – Olbia 246 – Porto Torres 190 – Sassari 170.

XX **Le Colline** con cam, località Funtana Jannus Nord-Est : 1 km ☎ 070 9300123, *Fax 070 9300134* – TV ☎ P. AE 🅢 ⓓ MC VISA. ✻
chiuso dal 3 al 17 gennaio – **Pasto** carta 35/55000 – ☐ 8000 – **20 cam** 80/110000 – ½ P 100000.

VILLA REY *Cagliari* 433 J10 – *Vedere Castiadas.*

VILLASIMIUS *09049 Cagliari* 988 ㉞, 433 J 10 – *2 835 ab. alt. 44.*
Cagliari 49 – Muravera 43 – Nuoro 225 – Olbia 296 – Porto Torres 273 – Sassari 255.

Stella Maris , località Campulongu Sud-Ovest : 5 km ☎ 070 797100, *Fax 070 797367*, ← mare e costa, , « Giardino sul mare », , , – TV ☎ P – 80. AE 🅢 ⓓ MC VISA. ✻ rist
maggio-10 ottobre – **Pasto** 50/70000 – **43 cam** ☐ 250/350000 – ½ P 300000.

Simius Playa , via del Mare ☎ 070 791227, *Fax 070 791571*, ←, « Nel verde di un ampio giardino fiorito », , , , – TV ☎ P. AE 🅢 ⓓ MC VISA. ✻ rist
aprile-novembre – **Pasto** carta 45/95000 (15 %) – **37 cam** ☐ 240/320000, 5 appartamenti – ½ P 250/300000.

a Solanas *Ovest : 11 km – ✉ 09049 Villasimius :*

X **Da Barbara**, strada provinciale per Villasimius ☎ 070 750630 – P. AE 🅢 ⓓ MC VISA. ✻
chiuso dicembre e mercoledì (escluso da giugno a settembre) – **Pasto** carta 50/70000.

Besonders angenehme Hotels oder Restaurants sind im Führer rot gekennzeichnet.
Sie können uns helfen, wenn Sie uns die Häuser angeben, in denen Sie sich besonders wohl gefühlt haben.
Jährlich erscheint eine komplett überarbeitete Ausgabe aller Roten **Michelin-Führer**.

XXXXX ... X

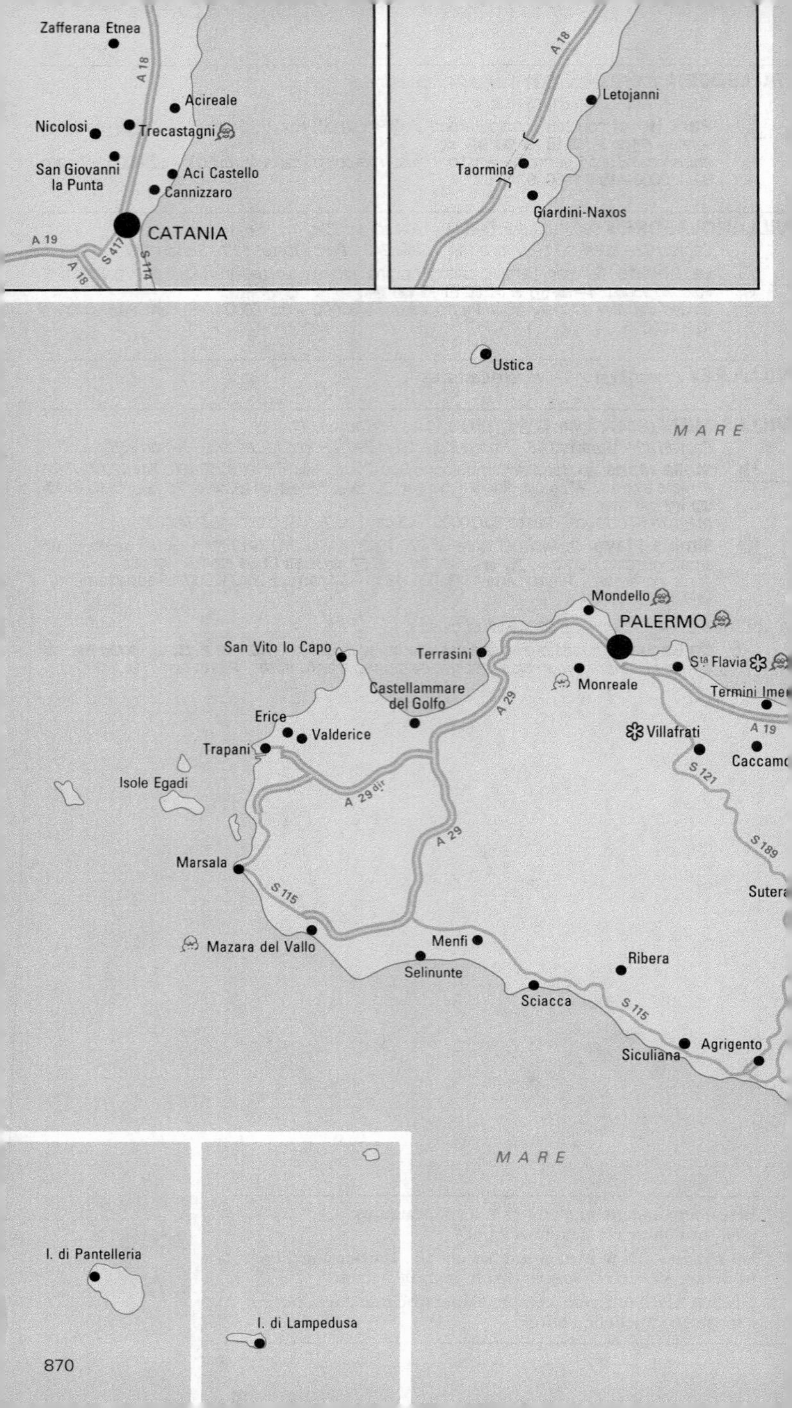

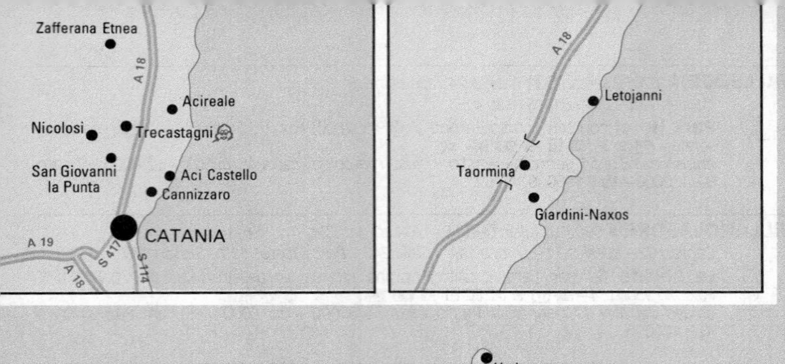

Ustica

MARE

Mondello
PALERMO
San Vito lo Capo
Terrasini
Sta Flavia
Monreale
Castellammare del Golfo
Termini Ime
A 29
Erice
Valderice
Villafrati
A 19
Trapani
Caccamo
S 121
Isole Egadi
A 29 dir
A 29
S 189
Marsala
S 115
Sutera
Menfi
Mazara del Vallo
Ribera
Selinunte
Sciacca
S 115
Agrigento
Siculiana

MARE

I. di Pantelleria

I. di Lampedusa

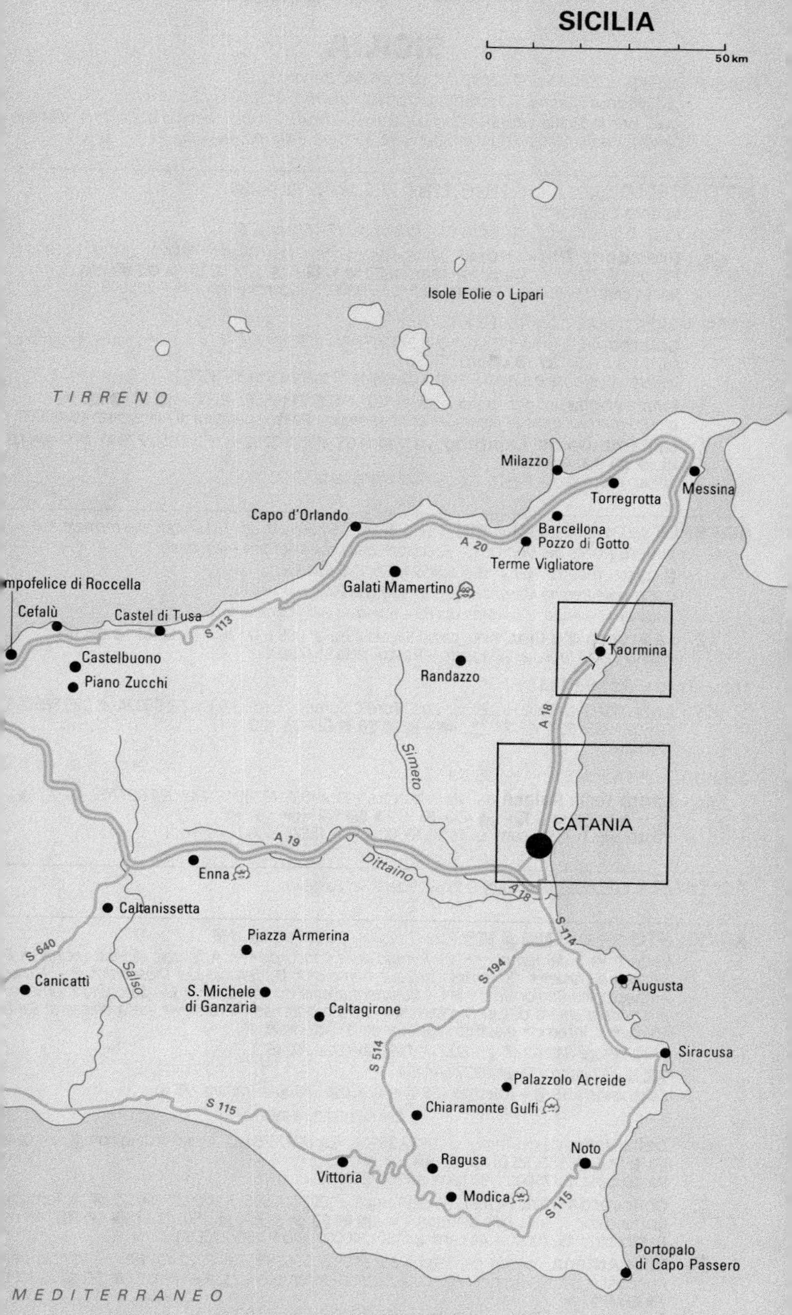

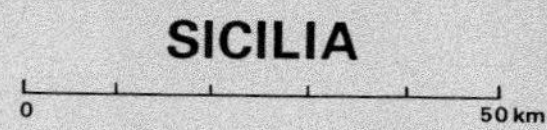

Isole Eolie o Lipari

TIRRENO

Milazzo
Messina
Torregrotta
Capo d'Orlando
Barcellona
Pozzo di Gotto
A 20
Terme Vigliatore
Galati Mamertino
mpofelice di Roccella
Cefalù
Castel di Tusa
S 113
Castelbuono
Piano Zucchi
Randazzo
Taormina
A 18
Simeto
CATANIA
A 19
Dittaino
Enna
A 18
Caltanissetta
S 114
Piazza Armerina
S 640
S 194
Canicattì
Salso
S. Michele
di Ganzaria
Augusta
Caltagirone
S 514
Siracusa
Palazzolo Acreide
S 115
Chiaramonte Gulfi
Noto
Ragusa
Vittoria
Modica
S 115
Portopalo
di Capo Passero

MEDITERRANEO

SICILIA

988 ㉟ ㊱ ㊲, 432 – G. Sicilia 5 100 803 ab. alt. da 0 a 3 340 (monte Etna).

vedere : *Catania, Lampedusa, Marsala, Palermo, Pantelleria, Trapani.*

per la Sicilia vedere : *Cagliari, Genova, Livorno, Napoli, Reggio di Calabria, Villa San Giovanni;* dalla Sicilia vedere; *Isole Eolie, Messina, Palermo, Trapani.*

ACI CASTELLO *95021 Catania* 988 ㊲, 432 O 27 *G. Sicilia – 19 342 ab..*

Vedere *Castello★.*

Catania 9 – Enna 92 – Messina 95 – Palermo 217 – Siracusa 68.

President Park Hotel M, via Litteri 88 (Ovest : 1 km) ✆ 095 7116111, *Fax 095 277569*, ≤, – |≡|, cam, ≡ TV ☎ P – 300. AE 🅂 ⓓ ⓜⓒ VISA.
Pasto carta 50/90000 – **96 cam** ☐ 230/320000, 2 appartamenti – ½ P 205000.

ad Aci Trezza *Nord-Est : 2 km – ✉ 95026 :*

Galatea, via Livorno 146/A ✆ 095 277913, *Fax 095 277946*, ≤, « Servizio estivo in terrazza sul mare » – ≡. AE ⓓ ⓜⓒ VISA.
chiuso novembre e lunedì – **Pasto** specialità di mare carta 55/80000.

I Malavoglia, lungomare dei Ciclopi 167 ✆ 095 7116556, ≤, – AE 🅂 ⓓ ⓜⓒ VISA
chiuso martedì e dal 23 dicembre al 23 gennaio – **Pasto** specialità di mare carta 45/60000.

La Cambusa del Capitano, via Marina 65 ✆ 095 276298, *Fax 095 277800*, – ≡. AE 🅂 ⓓ ⓜⓒ VISA JCB
chiuso mercoledì – **Pasto** specialità di mare carta 55/75000.

ACIREALE *95024 Catania* 988 ㊲, 432 O 27 *G. Sicilia – 51 595 ab. alt. 161 – Stazione termale.*

Vedere *Piazza del Duomo★ – Facciata★ della chiesa di San Sebastiano.*

corso Umberto 179 ✆ 095 604521, Fax 095 604306.

A.C.I. *viale Regina Margherita 25 ✆ 095 608330.*

Catania 17 – Enna 100 – Messina 86 – Palermo 225 – Siracusa 76.

La Brocca d'u Cinc'oru, corso Savoia 49/a ✆ 095 607196 – ≡. AE 🅂 ⓓ ⓜⓒ VISA
chiuso dal 15 luglio al 20 agosto – **Pasto** carta 55/75000.

sulla strada statale 114 :

Orizzonte Acireale Hotel, via Cristoforo Colombo Nord : 2,5 km ✉ 95024 ✆ 095 88600 *Fax 095 7651607*, ≤, – |≡| ≡ TV ☎ P – 150
127 cam.

a Santa Tecla *Nord : 3 km – ✉ 95020 :*

Santa Tecla Palace, via Balestrate 100 ✆ 095 7634015, *Fax 095 607705*, ≤, – |≡| ≡ TV ☎ ♿ P – 450. AE 🅂 ⓓ ⓜⓒ VISA JCB. rist
Pasto 50000 – **209 cam** ☐ 185/270000 – ½ P 150/175000.

ACI TREZZA *Catania* 988 ㊲, 432 O 27 – *Vedere Aci Castello.*

AGRIGENTO *92100* P 988 ㊱, 432 P 22 *G. Sicilia – 55 665 ab. alt. 326.*

Vedere *Valle dei Templi★★★* Y : *Tempio della Concordia★★★* A, *Tempio di Hera Lacinia★★* B *Tempio d'Eracle★★* C, *Tempio di Zeus Olimpio★★* D, *Tempio dei Dioscuri★★* E – *Museo Archeologico Regionale★* Y M1 – *Quartiere ellenistico-romano★* Y G – *Sarcofago romano e ≤★ dalla chiesa di San Nicola* Y N – *Città moderna★ : altorilievi★ nella chiesa di Santo Spirito★* Z, interno★ e soffitto ligneo★ della Cattedrale.

via Cesare Battisti 15 ✆ 0922 20454, Fax 0922 20246.

A.C.I. *via Cimarra 38 ✆ 0922 604284.*

Caltanissetta 58 ③ – Palermo 128 ② – Siracusa 212 ③ – Trapani 175 ⑤.

Pianta pagina a lato

Della Valle, via dei Templi ✆ 0922 26966, *Fax 0922 26412*, ≤, « Giardino con » – |≡| TV ☎ P – 150. AE 🅂 ⓓ ⓜⓒ VISA. rist Y
Pasto carta 45/75000 – **90 cam** ☐ 200/260000.

Colleverde Park Hotel, via dei Templi ✆ 0922 29555, *Fax 0922 29012*, , « Terrazza giardino con ≤ sulla valle dei Templi » – |≡| ≡ TV ☎ ♿ P – 150. AE 🅂 ⓓ ⓜⓒ VISA. rist Y
Pasto carta 45/70000 – **48 cam** ☐ 180/240000 – ½ P 160/220000.

Villa Athena, via dei Templi 33 ✆ 0922 596288, *Fax 0922 402180*, ≤ Tempio della Concordia, , « Villa del 1700 con giardino-agrumeto e » – rist, ≡ TV ☎ P. AE ⓓ ⓜⓒ VISA. Y
Pasto carta 50/70000 – **40 cam** ☐ 210/300000 – ½ P 190000.

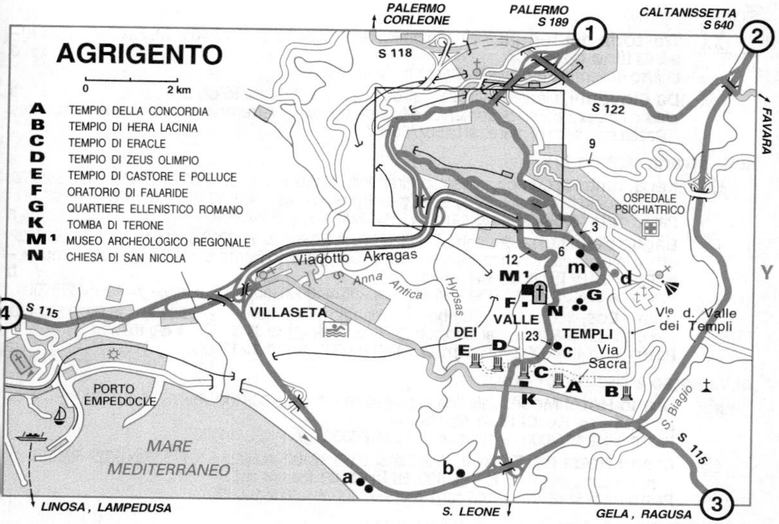

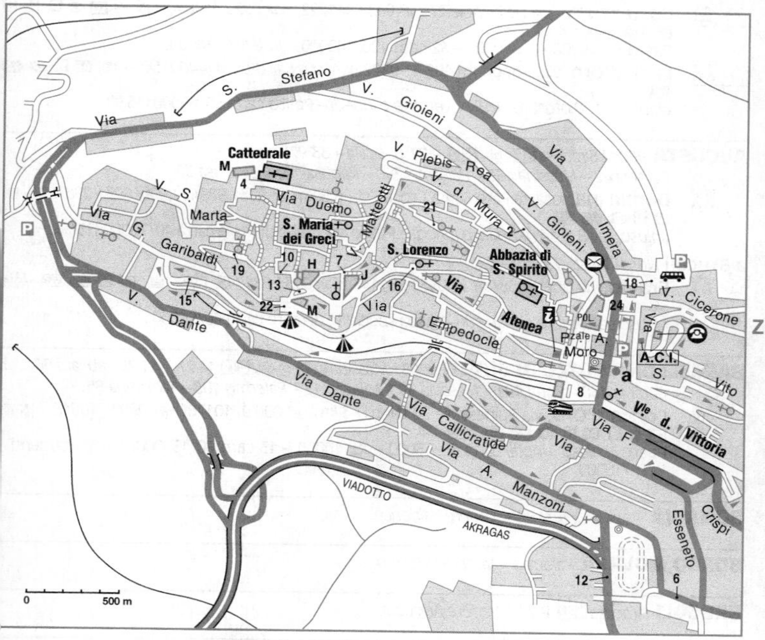

AGRIGENTO

A TEMPIO DELLA CONCORDIA
B TEMPIO DI HERA LACINIA
C TEMPIO DI ERACLE
D TEMPIO DI ZEUS OLIMPIO
E TEMPIO DI CASTORE E POLLUCE
F ORATORIO DI FALARIDE
G QUARTIERE ELLENISTICO ROMANO
K TOMBA DI TERONE
M¹ MUSEO ARCHEOLOGICO REGIONALE
N CHIESA DI SAN NICOLA

Circolazione regolamentata nel centro città

ngeli (Via degli) . . . . Z 2
tenea (Via) . . . . Z
Crispi (Via F.) . . . . Y 3
Don Minzoni (Piazza) . . . . Z 4
a Malfa (Via U.) . . . . Y,Z 6
ena (Piazza) . . . . Z 7
Marconi (Piazza G.) . . . . Z 8
Nuova Favara (Via) . . . . Y 9
Orfane (Via) . . . . Z 10
Petrarca (Via) . . . . Y,Z 12
Pirandello (Piazza) . . . . Z 13
Porta di Mare (Via) . . . . Z 15
Purgatorio (Piazza del) . . . . Z 16
Rosselli (Piazzale F.) . . . . Z 18
S. Giacomo (Largo) . . . . Z 19
S. Girolamo (Via) . . . . Z 21
Sinatra (Piazza G.) . . . . Z 22
Templi (Via dei) . . . . Y 23
Vittorio Emanuele (Piazza) . . . . Z 24

XX **Trattoria dei Templi,** via Panoramica dei Templi 15 ✆ 0922 403110, *Fax 0922 403110* - ▤. AE ⓢ ⓞ ⓜ VISA. ✂ Y
chiuso novembre e giovedì – **Pasto** carta 45/75000.

X **Da Giovanni,** piazzetta Vadalà 2 ✆ 0922 21110, 余 – ▤. ⓢ ⓜ VISA Z
chiuso i mezzogiorno di domenica e lunedì da luglio a settembre, domenica negli altri me
– **Pasto** specialità di mare carta 50/75000.

sulla strada statale 115 :

Kaos, contrada Cumbo - villaggio Pirandello ✉ 92100 ✆ 0922 598622, *Fax 0922 59877*
≤, « Giardino fiorito con 🏊 », ✂ – |‡| ▤ TV ☎ P – 🏛 1000. AE ⓢ ⓞ ⓜ VISA JCB. ✂ rist
Pasto carta 45/65000 – **105 cam** ☕ 250/280000 – ½ P 290000. Y

Baglio della Luna 🐦, contrada Maddalusa ✉ 92100 ✆ 0922 511061, *Fax 0922 59880*
余, « In una vecchia torre d'avvistamento con giardino fiorito e ≤ sulla valle dei Templi » -
▤ TV ☎ P. AE ⓢ ⓞ ⓜ VISA. ✂ rist Y
Pasto carta 60/85000 (20 %) – **24 cam** ☕ 285/440000, appartamento – ½ P 295/335000.

Villa Eos, contrada Cumbo - villaggio Pirandello ✉ 92100 ✆ 0922 59717
Fax 0922 597188, ≤, « Giardino con 🏊 », ✂ – ▤ TV ☎ P. AE ⓢ ⓞ ⓜ VISA. ✂
Pasto carta 40/60000 – **23 cam** ☕ 140/170000 – ½ P 100/120000. Y

al Villaggio Mosè *per ③ : 3 km :*

Grand Hotel Mosè, viale Sciascia ✉ 92100 ✆ 0922 608388, *Fax 0922 608377*, 🏊 – |‡| ▤
TV ☎ P – 🏛 100. AE ⓢ ⓞ ⓜ VISA. ✂
Pasto carta 40/70000 – **102 cam** ☕ 90/180000 – ½ P 120/140000.

Grand Hotel dei Templi, viale Sciascia ✉ 92100 ✆ 0922 610175, *Fax 0922 606685*, 🏊
– |‡|, ⇔ cam, ▤ TV ☎ P – 🏛 400. AE ⓢ ⓞ ⓜ VISA. ✂ rist
Pasto carta 55/85000 – **146 cam** ☕ 185/240000 – ½ P 160000.

a San Leone *Sud : 7 km* Y – ✉ *92100 Agrigento :*

Costazzurra, via Delle Viole 2/4 ✆ 0922 411222, *Fax 0922 414040* – |‡| ▤ TV ☎ P. AE ⓢ
ⓜ VISA JCB. ✂
Pasto 30/40000 – ☕ 10000 – **32 cam** 100/140000 – ½ P 100/140000.

XX **Leon d'Oro,** via Emporium 102 ✆ 0922 414400, *Fax 0922 414400*, 余 – ▤. AE ⓢ ⓞ ⓜ
VISA
chiuso dal 20 ottobre al 15 novembre e lunedì – **Pasto** carta 35/65000 (15 %).

AUGUSTA *96011 Siracusa* 988 ㊲, 432 P 27 *G. Sicilia – 33 972 ab..*
Catania 42 – Messina 139 – Palermo 250 – Ragusa 103 – Siracusa 32.

XX **Donna Ina,** località Faro Santa Croce Est : 6,5 km ✆ 0931 983422, *Fax 0931 998727* – ▤
AE ⓢ ⓞ ⓜ VISA
chiuso dall'8 al 14 gennaio e lunedì – **Pasto** specialità di mare carta 40/70000 (15 %).

a Brucoli *Nord-Ovest : 7,5 km* – ✉ *96010 :*

XX **Fragio,** via Libertà 56/58 ✆ 0931 981145, *Fax 0931 981145*, 余 – ▤. AE ⓢ ⓜ VISA JCB
✂
chiuso settembre e martedì – **Pasto** specialità di mare carta 50/65000.

BARCELLONA POZZO DI GOTTO *98051 Messina* 988 ㊲ ㊳, 432 M 27 – *41 294 ab. alt. 60.*
Catania 130 – Enna 181 – Messina 39 – Milazzo 12 – Palermo 195 – Taormina 85.

Conca d'Oro, via Spinesante 20 (Nord : 3 km) ✆ 090 9710128, *Fax 090 9710618* – |‡| ▤
TV ☎ P. AE ⓢ ⓞ ⓜ VISA JCB. ✂
Pasto *(chiuso lunedì)* carta 35/55000 – ☕ 10000 – **13 cam** 80/130000, 3 appartamenti
½ P 110000.

BONAGIA *Trapani* 432 M 19 – *Vedere Valderice.*

BORGO MOLARA *Palermo – Vedere Palermo.*

BRUCOLI *Siracusa* 432 P 27 – *Vedere Augusta.*

CACCAMO *90012 Palermo* 988 ㊱, 432 N 22 *G. Sicilia – 8 650 ab. alt. 521.*
Vedere *Castello★ – Piazza Duomo★.*
Agrigento 93 – Palermo 43 – Termini Imerese 10.

La Spiga d'Oro, via Margherita 74 ✆ 091 8148968, *Fax 091 8148968* – |‡| ▤ TV ☎ 🚗 P
AE ⓢ ⓜ VISA. ✂
Pasto *(chiuso mercoledì)* carta 25/35000 – **14 cam** ☕ 65/95000 – ½ P 75/85000.

CALTAGIRONE *95041 Catania* 988 ㊱ ㊲, 432 P 25 *G. Sicilia – 39 128 ab. alt. 608.*
Vedere *Villa Comunale★ – Scala di Santa Maria del Monte★.*
Palazzo Libertini ✆ 0933 53809, Fax 0933 54610.
Agrigento 153 – Catania 64 – Enna 75 – Ragusa 71 – Siracusa 100.

La Scala, scala Maria Santissima del Monte 8 ✆ 0933 57781, *Fax 0933 57781,* – AE VISA.
Pasto carta 35/75000.

CALTANISSETTA *93100* P 988 ㊱, 432 O 24 *G. Sicilia – 62 708 ab. alt. 588.*
viale Conte Testasecca 21 ✆ 0934 21089, Fax 0934 21239.
A.C.I. *via Leone 2 ✆ 0934 501111.*
Catania 109 – Palermo 127.

San Michele M, via Fasci Siciliani ✆ 0934 553750, *Fax 0934 598791,* ←, – P – 300. AE VISA. rist
Pasto *(chiuso dall'8 al 25 agosto)* carta 50/65000 – **136 cam** 160/190000, 12 appartamenti – ½ P 130000.

Ventura, strada statale 640 (Sud-Ovest : 1,5 km) ✆ 0934 553780, *Fax 0934 553785* – P – 200. AE VISA.
Pasto *(chiuso domenica)* carta 30/40000 – 5000 – **60 cam** 80/115000 – ½ P 90000.

Cortese, viale Sicilia 166 ✆ 0934 591686 – . VISA
chiuso lunedì – **Pasto** carta 30/45000 (12 %).

Legumerie le Fontanelle, via Pietro Leone 45, contrada Fontanelle Nord-Ovest 2 km ✆ 0934 592437, Azienda agrituristica con centro ippico, « Servizio estivo all'aperto con ← colline » – P
chiuso lunedì – **Pasto** carta 25/35000.

CAMPOFELICE DI ROCCELLA *90010 Palermo* 432 N 23 – *5 680 ab. alt. 50.*
Palermo 53 – Caltanissetta 83 – Catania 164.

Plaia d'Himera Park Hotel , strada statale 113, contrada Pistavecchia ✆ 0921 933815, *Fax 0921 933843,* ←, , « caratteristica in ampio giardino-solarium », , , – P – 150. AE VISA.
Pasto 40/60000 – **139 cam** 180/200000.

CANICATTÌ *92024 Agrigento* 988 ㊱, 432 O 23 – *34 185 ab. alt. 470.*
Agrigento 39 – Caltanissetta 28 – Catania 137 – Ragusa 133.

Collina del Faro, via La Marmora 30 ✆ 0922 853062, *Fax 0922 851160,* – rist, P. AE VISA.
chiuso dal 10 al 20 agosto – **Pasto** *(chiuso lunedì)* 25/35000 – 5000 – **27 cam** 60/90000 – ½ P 60/70000.

CANNIZZARO *95020 Catania* 432 O 27.
Catania 7 – Enna 90 – Messina 97 – Palermo 215 – Siracusa 66.

Sheraton Catania Hotel, via Antonello da Messina 45 ✆ 095 271557, *Fax 095 271380,* ←, , , , , – – 900. AE VISA.
Pasto al Rist. ***Il Timo*** carta 70/100000 – **167 cam** 380/450000, 3 appartamenti – ½ P 380000.

Gd H. Baia Verde, via Angelo Musco 8 ✆ 095 491522, *Fax 095 494464,* ←, , « Sulla scogliera », , , , – P – 300. AE VISA.
chiuso dal 19 dicembre al 9 gennaio – **Pasto** 65000 – **123 cam** 275/380000 – ½ P 255000.

CAPO D'ORLANDO *98071 Messina* 988 ㊱ ㊲ ㊳, 432 M 26 *G. Sicilia – 12 669 ab..*
via Piave 71 A/B ✆ 0941 912784, Fax 0941 912517.
Catania 135 – Enna 143 – Messina 88 – Palermo 149 – Taormina 132.

Il Mulino, via Andrea Doria 46 ✆ 0941 902431, *Fax 0941 911614,* ← – . AE VISA.
Pasto carta 40/60000 – 10000 – **78 cam** 110/170000, 7 appartamenti – ½ P 90/135000.

La Meridiana, località Piana Sud-Ovest : 3 km ✆ 0941 957713, *Fax 0941 957713,* , , – P – 200. AE VISA.
Pasto *(chiuso domenica da novembre a marzo)* carta 35/55000 – 10000 – **45 cam** 120/170000 – ½ P 130000.

La Tartaruga, contrada Lido San Gregorio 70 ☎ 0941 955012, *Fax 0941 955056*, ≤, ☂, ⛱ con acqua di mare – |‡| ▤ TV ☎ ♿. AE $ ⓘ MC VISA
Pasto *(chiuso lunedì escluso dal 15 maggio al 15 ottobre)* carta 50/80000 – **48 cam** ☕ 140/180000 – ½ P 140000.

Trattoria La Tettoia, contrada Certari 80 (Sud : 2,5 km) ☎ 0941 902146, « Servizio estivo in terrazza con ≤ mare e costa » – P. ✗
chiuso dal 15 al 30 settembre e lunedì (escluso da luglio a settembre) – **Pasto** cucina casalinga carta 30/40000.

CAPO TAORMINA *Messina* 432 N 27 – *Vedere Taormina*

CASTELBUONO *90013 Palermo* 988 ㊱, 432 N 24 *G. Sicilia – 9 797 ab. alt. 423.*
Vedere *Cappella palatina : stucchi*★.
Agrigento 155 – Cefalù 22 – Palermo 90.

Romitaggio, località San Guglielmo Sud : 5 km ☎ 0921 671323, *Fax 0921 671323*, ☂ – P. $ MC VISA. ✗
chiuso dal 15 giugno al 15 luglio e mercoledì – **Pasto** carta 35/55000.

CASTEL DI TUSA *98070 Messina* 432 M 24 *G. Sicilia.*
Vedere *Fiumara d'Arte*★.
Agrigento 163 – Cefalù 23 – Messina 143 – Palermo 90.

Grand Hotel Atelier sul Mare, via Cesare Battisti 4 ☎ 0921 334295, *Fax 0921 334283*, ≤, ☂, « Piccolo museo con camere arredate da artisti contemporanei » – |‡| ☎. AE $ MC VISA
marzo-ottobre – **Pasto** 20/35000 – **40 cam** ☕ 150/180000 – ½ P 120000.

CASTELLAMMARE DEL GOLFO *91014 Trapani* 988 ㉟, 432 M 20 *G. Sicilia – 13 972 ab..*
Dintorni *Rovine di Segesta*★★★ *Sud : 16 km.*
Agrigento 144 – Catania 269 – Messina 295 – Palermo 61 – Trapani 34.

Al Madarig, piazza Petrolo 7 ☎ 0924 33533, *Fax 0924 33790*, ≤, ☂ – |‡| ▤ TV ☎ – 🏛 90. AE $ ⓘ MC VISA. ✗ rist
Pasto carta 35/50000 – ☕ 12000 – **33 cam** 110/155000 – ½ P 105/120000.

CASTELMOLA *Messina* 432 N 27 – *Vedere Taormina.*

CATANIA *95100* P 988 ㊲, 432 O 27 *G. Sicilia – 339 271 ab..*
Vedere *Palazzo Biscari*★ *: decorazione*★★ EZ – *Piazza del Duomo*★ *: Duomo*★ DZ – *Badia di Sant'Agata*★ B – *Via Crociferi*★ DYZ – *Via Etnea*★*: villa Bellini*★ DXY – *Complesso Monumentale di San Nicolò l'Arena : Monastero*★.
Escursioni *Etna*★★★ *Nord per Nicolosi.*
✈ *di Fontanarossa Sud : 4 km* BV ☎ *095 252111, Fax 095 347121 – Alitalia, corso Sicilia 111* ✉ *95131* ☎ *095 252111, Fax 095 252252.*
ℹ *via Cimarosa 10* ✉ *95124* ☎ *095 7306211, Fax 095 316407 – Stazione Ferrovie Stato* ✉ *95129* ☎ *095 7306255 – Aeroporto Civile Fontanarossa* ☎ *095 7306266.*
A.C.I. *via Sabotino 3* ✉ *95129* ☎ *095 533381.*
Messina 97 ① *– Siracusa 59* ③.

Pianta pagina a lato

Jolly, piazza Trento 13 ✉ 95129 ☎ 095 316933, *Fax 095 316832* – |‡| ▤ TV ☎ ☏ – 🏛 130. AE $ ⓘ MC VISA JCB. ✗ rist — EX n
Pasto 55000 – **159 cam** ☕ 200/270000 – ½ P 160/185000.

Holiday Inn senza rist, via Messina 626, località Ognina ✉ 95126 ☎ 095 7122300, *Fax 095 7121856* – |‡| ⇔ ▤ TV ☎ P – 🏛 80. AE $ ⓘ MC VISA JCB — CU a
56 cam ☕ 200/240000.

La Vecchia Palma, senza rist, via Etnea 668 ☎ 095 432025095 432025 – ▤ TV ☎ — BU a
7 cam.

Poggio Ducale con cam, via Paolo Gaifami 5 ✉ 95126 ☎ 095 330016, *Fax 095 580103* – |‡| ▤ TV ☎ ☏ ♿ 🚗. AE $ ⓘ MC VISA JCB. ✗ — BU g
Pasto carta 40/65000 – **25 cam** ☕ 140/190000 – ½ P 145000.

La Siciliana, viale Marco Polo 52/a ✉ 95126 ☎ 095 376400, *Fax 095 7221300*, ☂, prenotare – AE $ ⓘ MC VISA. ✗ — CU x
chiuso dal 7 al 13 agosto, domenica sera, lunedì e la sera dei giorni festivi – **Pasto** carta 45/65000 (15 %).

CATANIA

Alagona Artale (Viale) . . . . . . CU 2
Angelo Custode (Via) . . . . . . BV 3
Aurora (Via) . . . . BV 4
Barcellona (Via) . . . . BV 6
Beccaria (Via Cesare) . . . . . . BU 8
Belfiore (Via) . . . . BV 10
Bosco (Via del) . . . . BU 13
Cantone (Via) . . . . BU 16
Caracciolo
(Via Amm. Antonio) . . . . . BV 17
Cavour (Piazza) . . . . BU 23
Colombo (Via Cristoforo) . . . BV 24
D'Annunzio (Via Gabriele) . . CU 28
Europa (Piazza) . . . . CU 30
Filocomo (Via) . . . . BU 31
Filzi (Via Fabio) . . . . BV 32
Forlanini (Via Carlo) . . . . BV 33
Galatioto (Via) . . . . CU 36
Giovanni XXIII
(Piazza Papa) . . . . CV 38
Giuffrida (Via Vincenzo) . . . . CU 39
Grassi (Via Battista) . . . . BU 41
Imbriani
(Via Matteo Renato) . . . . . BU 43
Indipendenza (Corso) . . . . . . BV 44
Lavaggi (Via Giovanni) . . . . . BV 46
Maria SS. Assunta (Via) . . . . BV 48
Marotta (Via Erasmo) . . . . . . CU 49
Martelli Castaldi
(Via Sabato) . . . . BV 51
Martiri della
Libertà (Corso) . . . . CV 52
Monserrato (Via) . . . . BU 55
Montenero (Via) . . . . BV 56
Nava (Via Cardinale) . . . . BU 58
Odorico da Pordenone
(Viale) . . . . BU 59
Palestro (Piazza) . . . . BV 61
Passo Gravina (Via) . . . . BU 64
Plaja (Via) . . . . BV 65
Plebiscito (Via) . . . . BV 67
Regina Margherita
(Viale) . . . . BV 71
Regione (Viale della) . . . . BV 72
Risorgimento (Piazza) . . . . . . BV 73
Roccaromana (Via) . . . . BV 75
Rotolo (Viale del) . . . . CU 76
Ruggero di Lauria (Vle) . . . . CU 78
San Nicolò
al Borgo (Via) . . . . BU 83
Santa Maria
della Catena (Via) . . . . BV 84
Sanzio (Viale Raffaello) . . . . . CU 85
Stadio (Via dello) . . . . BV 88
Stella Polare (Via) . . . . BV 89
Tempio (Via Domenico) . . . . BV 93
Vivaldi (Viale Fratelli) . . . . . . BU 99

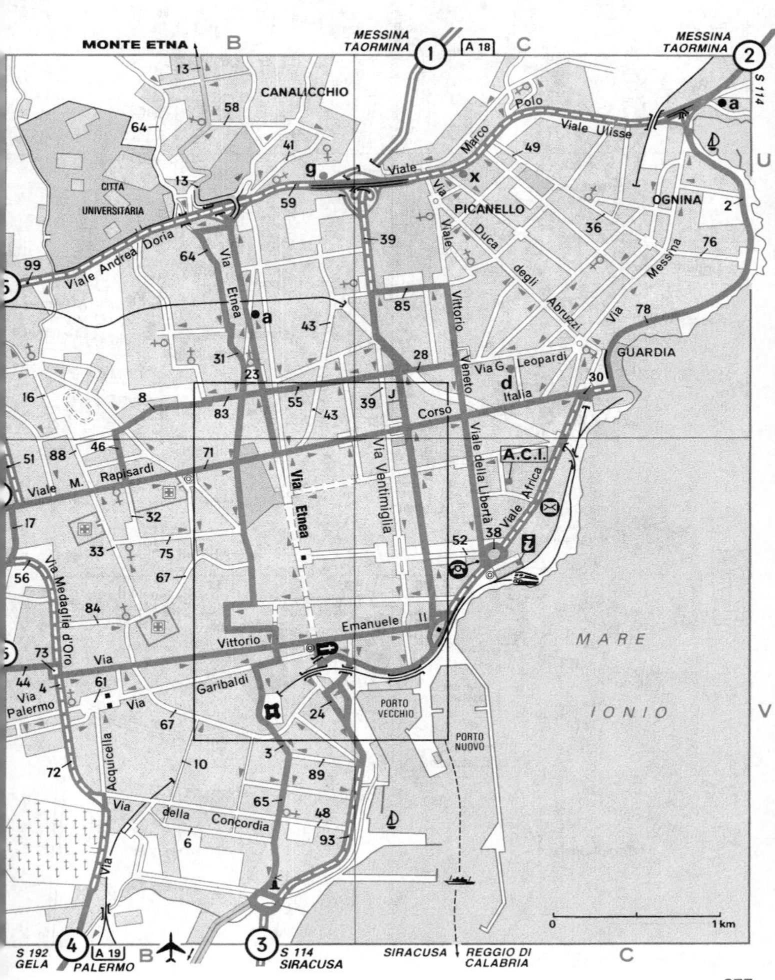

CATANIA

Angelo Custode (Via) ...... **DZ** 3
Benedetto (Piazza A. d.) ... **DZ** 11
Biondi (Via) .... **EY** 12
Bovio (Piazza G.) .... **EY** 15
Carlo Alberto (Piazza) ..... **EY** 19
Castello Ursino (Via) ...... **DZ** 21
Conte di Torino (Via) ...... **EY** 25
Cutelli (Piazza) .... **EZ** 27
Dante (Piazza) .... **DY** 29
Etnea (Via) .... **DXY**
Giuffrida (Via Vincenzo) ... **EX** 39
Guardie (Piazza delle) ..... **EY** 42
Imbriani (Via M. R.) .... **DEX** 43
Landolina (Via) .... **EZ** 45
Lupo (Piazza Pietro) .... **EY** 47
Museo Biscari (Via) .... **EZ** 57
Orlando (V. Vitt. E.) ...... **EX** 60
Porticello (Via)............ **EZ** 68
Rabbordone (Via) .... **EY** 69
Rapisardi (Via Michele)..... **EY** 70
Rotonda (Via d.) .... **DYZ** 77
S. Anna (Via) .... **DZ** 79
San F. d'Assisi (Pza) ...... **DZ** 80
San Gaetano alle G. (Via) **DEY** 81
San Giuseppe al D. (Via) .. **DZ** 82
Spirito Santo (Piazza) ..... **EY** 87
Stesicoro (Piazza) .... **DY** 91
Teatro Massimo (Via) .... **EYZ** 92
Trento (Piazza) .... **EX** 95
Umberto I (Via) .... **DEX**
Università (Piazza dell') ... **DZ** 96
Verga (Piazza)............. **EX** 98
Vittorio Emanuele III (Pza). **EY** 100

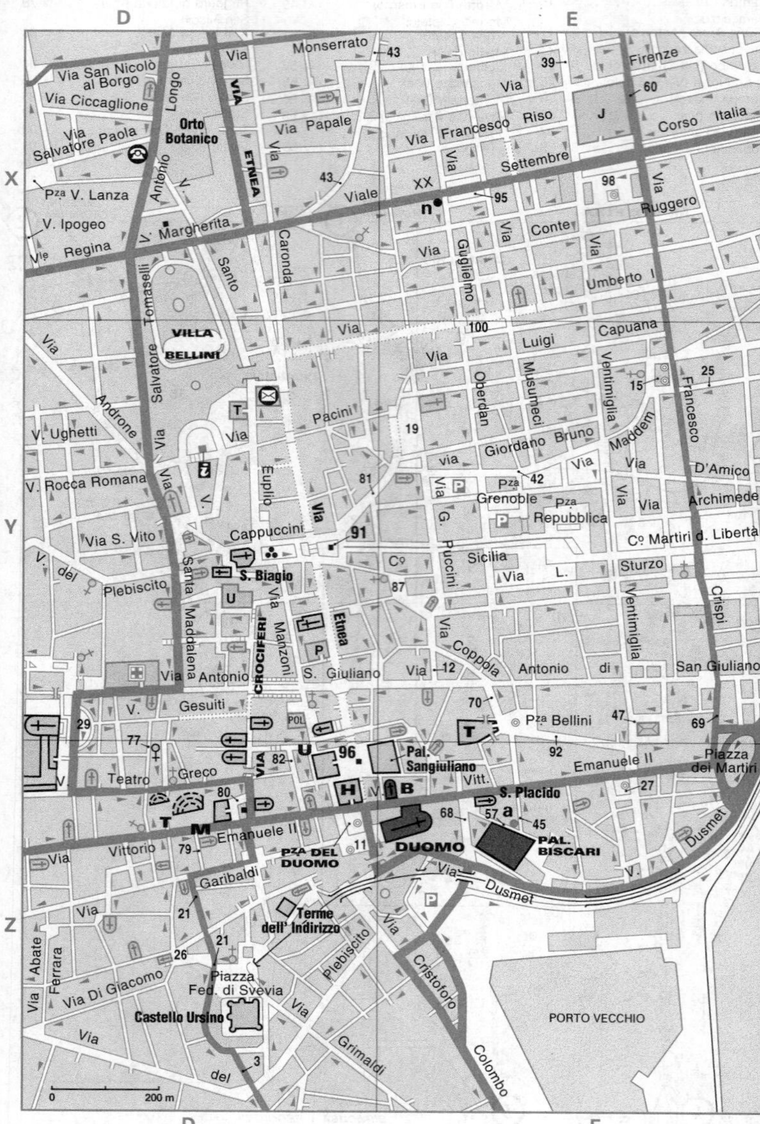

Cantine del Cugno Mezzano, via Museo Biscari 8 ✆ 095 7158710, *Fax 095 7158710,* Enoteca con ristorazione, « In un palazzo del 1700 » – AE 🅂 ⓓ ⓜ VISA JCB EZ a
chiuso agosto, lunedì e sabato a mezzogiorno – **Pasto** carta 35/70000.

La Lampara, via Pasubio 49 ✉ 95127 ✆ 095 383237 – ▤. 🅂 ⓜ VISA. ✻ CU d
chiuso agosto e mercoledì – **Pasto** specialità di mare carta 40/60000.

in prossimità casello autostrada Catania Nord uscita Etna-San Gregorio *per ① : 4 km :*

Garden, via Madonna delle Lacrime 12/b ✉ 95030 Trappeto ✆ 095 7177767, *Fax 095 7177991,* – ▤ TV ☎ P – 200. AE 🅂 ⓜ VISA. ✻
Pasto al Rist. ***La Vecchia Quercia*** carta 50/75000 – **95 cam** ▭ 200/250000, appartamento – ½ P 230000.

Le Tre Caravelle, via Catira Savoca 2 ✆ 095 7177434, *Fax 095 7177434,* – ▤ P.
Pasto specialità di mare.

CEFALÙ *90015 Palermo* 988 ㊱, 432 M 24 *G. Sicilia – 14 007 ab..*

Vedere *Posizione pittoresca★★ – Duomo★★ – Osterio Magno★ – Museo Mandralisca : ritratto d'ignoto★ di Antonello da Messina.*

per le Isole Eolie giugno-settembre mercoledì, giovedì e venerdì (1 h 30 mn) – Aliscafi SNAV-agenzia Barbaro, corso Ruggero 76 ✆ 0921 421595.

corso Ruggero 77 ✆ 0921 421050, Fax 0921 422388.

Agrigento 140 – Caltanissetta 101 – Catania 182 – Enna 107 – Messina 166 – Palermo 68.

Riva del Sole, lungomare Colombo 25 ✆ 0921 421230, *Fax 0921 421984,* ←, – ▤ TV ☎ P – 100. AE 🅂 ⓜ VISA. ✻ rist
chiuso novembre – **Pasto** carta 45/75000 (15 %) – ▭ 13000 – **28 cam** 120/150000, ▤ 10000 – ½ P 120/130000.

La Brace, via 25 Novembre 10 ✆ 0921 423570, *Fax 0921 423570,* prenotare – ▤. AE 🅂 ⓓ ⓜ VISA. ✻
chiuso dal 15 dicembre al 15 gennaio e lunedì – **Pasto** carta 30/60000.

Ostaria del Duomo, via Seminario 5 ✆ 0921 421838, « Servizio estivo sulla piazza » – AE ⓜ VISA. ✻
15 marzo-15 novembre; chiuso lunedì escluso da giugno a settembre – **Pasto** carta 45/70000.

CHIARAMONTE GULFI *97012 Ragusa* 988 ㊲, 432 P 26 *G. Sicilia – 8 346 ab. alt. 668.*

Agrigento 133 – Catania 88 – Messina 185 – Palermo 257 – Ragusa 20 – Siracusa 77.

Majore, via Martiri Ungheresi 12 ✆ 0932 928019, *Fax 0932 928649* – ▤. AE 🅂 ⓓ ⓜ VISA
chiuso luglio e lunedì – **Pasto** specialità a base di carne di maiale carta 25/35000.

EGADI (Isole) *Trapani* 988 ㉟, 432 N 18 19 *G. Sicilia – 4 621 ab. alt. da 0 a 686 (monte Falcone nell'isola di Marettimo).*

Vedere *Favignana★ : Cala Rossa★ – Levanzo★ : Grotta del Genovese★ – Marettimo★ : giro dell'isola in barca★★.*

Favignana *(Isola)* 988 ㉟, 432 N 18 – ✉ *91023.*

per Trapani giornalieri (da 1 h a 2 h 45 mn) – a Favignana, Siremar-agenzia Catalano, molo San Leonardo ✆ 0923 921368, Fax 0923 921368.

per Trapani giornalieri (da 15 mn a 1 h) – a Favignana, Siremar-agenzia Catalano, molo San Leonardo ✆ 0923 921368, Fax (0923)921368.

Aegusa, via Garibaldi 11/17 ✆ 0923 922430, *Fax 0923 922440,* – ▤ TV ☎. AE 🅂 ⓓ ⓜ VISA. ✻ cam
21 marzo-ottobre – **Pasto** *(giugno-settembre)* carta 45/60000 – **24 cam** ▭ 130/190000 – ½ P 100/140000.

Egadi con cam, via Colombo 17 ✆ 0923 921232, *Fax 0923 921232* – ✻ rist, ▤ cam, TV ☎. AE 🅂 ⓓ ⓜ VISA. ✻
aprile-settembre – **Pasto** *(maggio-settembre; chiuso a mezzogiorno)* carta 45/60000 – ▭ 10000 – **12 cam** 80/110000, ▤ 6000 – ½ P 120000.

ENNA *94100* P 988 ㊱, 432 O 24 *G. Sicilia – 28 475 ab. alt. 942.*

Vedere *Posizione pittoresca★★ – Castello★ : ✻★★★ – ←★★ dal belvedere – Duomo : interno★ e soffitto★ – Torre di Federico★.*

via Roma 413 ✆ 0935 528228, Fax 0935 528229.

A.C.I. *via Roma 200 ✆ 0935 26299.*

Agrigento 92 – Caltanissetta 34 – Catania 83 – Messina 180 – Palermo 133 – Ragusa 138 – Siracusa 136 – Trapani 237.

Grande Albergo Sicilia senza rist, piazza Colaianni 7 ☎ 0935 500850, *Fax 0935 500488*, – ☎ – 120. AE VISA
76 cam 90/155000.

Centrale, piazza 6 Dicembre 9 ☎ 0935 500963 – AE VISA JCB
chiuso sabato escluso da giugno a settembre – Pasto carta 30/50000.

EOLIE o LIPARI (Isole) *Messina* 988 ㊱ ㊲ ㊳, 431 K 26 27, 432 L 26 27 *G. Sicilia* – *12 945 ab. alt. da 0 a 962 (monte Fossa delle Felci nell'isola di Salina).*

Vedere *Vulcano*** : gran cratere*** (2 h a piedi AR) – Stromboli*** : ascesa al cratere*** (5 h a piedi AR), escursione notturna in barca*** – Lipari* : Museo Archeologico Eoliano**, *** dal belvedere di Quattrocchi, giro dell'isola in barca** – Salina* – Panarea* – Filicudi* – Alicudi*.*

per Milazzo giornalieri (da 1 h 30 mn a 4 h) e Napoli lunedì e giovedì, dal 15 giugno a 15 settembre lunedì, mercoledì, giovedì, venerdì, sabato e domenica (14 h) – a Lipari Siremar-agenzia Eolian Tours, via Amendola ☎ 090 9811312, Fax 090 9880170.

per Milazzo giornalieri (da 40 mn a 2 h 10 mn) – a Lipari, Siremar-agenzia Eolian Tours, via Amendola ☎ 090 9811312, Fax 090 9880170; Aliscafi SNAV-agenzia Eoltravel, via Vittorio Emanuele 116 ☎ 090 9811122, Fax 090 9880311; per Messina-Reggio di Calabria giornalieri (2 h), Cefal' giugno-settembre giovedì, venerdì e sabato (1 h 30 mn) e Palermo giugno-settembre giornaliero (1 h 50 mn); per Napoli giugno-settembre giornaliero (4 h) – a Lipari Aliscafi SNAV-agenzia Eoltravel, via Vittorio Emanuele 116 ☎ 090 9811122, Fax 090 9880311.

Lipari *(Isola)* 988 ㊲ ㊳, 431, 432 L 26 – *10 930 ab.* – ✉ *98055.*
La limitazione d'accesso degli autoveicoli è regolata da norme legislative.
corso Vittorio Emanuele 202 ☎ 090 9880095, Fax 090 9811190

Villa Meligunis, via Marte 7 ☎ 090 9812426, *Fax 090 9880149*, ←, « Ristorante panoramico » – ☎ – 80. AE VISA JCB.
Pasto *(Capodanno e 23 marzo-5 novembre)* carta 50/70000 – **30 cam** 200/340000, 2 appartamenti – ½ P 195/210000.

Giardino sul Mare, via Maddalena 65 ☎ 090 9811004, *Fax 090 9880150*, ← mare e costa, « su terrazza fiorita, accesso privato al mare e scogliera attrezzata » – ☎. AE VISA.
aprile-ottobre – **Pasto** 45/70000 – **47 cam** 225/360000 – ½ P 180/210000.

Gattopardo Park Hotel, via Diana ☎ 090 9811035, *Fax 090 9880207*, « Architettura eoliana e terrazze fiorite » – rist, ☎. VISA.
marzo-ottobre – **Pasto** carta 45/65000 – 15000 – **60 cam** 200/300000 – ½ P 200000.

Villa Augustus senza rist, vico Ausonia 16 ☎ 090 9811232, *Fax 090 9812233*, – ☎. VISA
marzo-ottobre – 20000 – **34 cam** 145/240000.

Casajanca senza rist, via Marina Garibaldi 115 località Canneto (Nord : 4 km) ☎ 090 9880222, *Fax 090 9813003* – ☎. AE VISA
10 cam 200/300000.

Poseidon senza rist, via Ausonia 7 ☎ 090 9812876, *Fax 090 9880252* – ☎. VISA
marzo-ottobre – 10000 – **15 cam** 120/200000.

Oriente senza rist, via Marconi 35 ☎ 090 9811493, *Fax 090 9880198*, « Giardino ombreggiato e raccolta di materiale etnografico » – ☎. AE VISA
Pasqua-ottobre – **32 cam** 170/230000.

Filippino, piazza Municipio ☎ 090 9811002, *Fax 090 9812878*, – AE VISA JCB.
chiuso dal 16 novembre al 15 dicembre e lunedì (escluso da giugno a settembre) – **Pasto** carta 50/75000 (12 %).

E Pulera, via Diana ☎ 090 9811158, *Fax 090 9812878*, prenotare, « Servizio in giardino fiorito con pergolato » – AE VISA.
giugno-ottobre; chiuso a mezzogiorno – **Pasto** cucina tipica isolana carta 50/70000 (12 %).

La Nassa, via Franza 36 ☎ 090 9811319, *Fax 090 9812257*, « Servizio estivo in terrazza » – AE VISA JCB.
27 marzo-7 novembre – **Pasto** carta 50/90000.

La Ginestra, località Pianoconte (Nord-Ovest : 5 km) ☎ 090 9822285, *Fax 090 9822285*, Rist. e pizzeria serale – P. AE VISA
Pasto carta 35/55000.

Panarea *(Isola)* 988 ㊲ ㊳, 431, 432 L 27 – ✉ *98050.*
La limitazione d'accesso degli autoveicoli è regolata da norme legislative.

Cincotta, via San Pietro ☎ 090 983014, *Fax 090 983211*, ← mare ed isolotti, « Terrazza con d'acqua di mare » – ☎. AE VISA.
aprile-4 ottobre – **Pasto** *(maggio-settembre)* carta 50/75000 – **29 cam** 330/370000 – ½ P 250000.

La Piazza senza rist, via San Pietro ✆ 090 983176, *Fax 090 983003*, ≤ mare ed isolotti, « Terrazza con d'acqua di mare », – TV ☎. AE 🅂 ⓞ MC VISA.
Pasqua-ottobre – **31 cam** ⊐ 310/360000.

Lisca Bianca senza rist, via Lani 1 ✆ 090 983004, *Fax 090 983291*, ≤ – TV ☎. AE 🅂 MC VISA JCB
Pasqua-ottobre – **25 cam** ⊐ 340000.

Salina *(Isola)* 988 ㊱ ㊲ ㊳, 431, 432 L 26 – *2 381 ab.*

Signum , via Scalo 15 località Malfa ✉ 98050 Malfa ✆ 090 9844222, *Fax 090 9844102*, ≤ mare, costa, Panarea e Stromboli, , « Caratteristica architettura eoliana », – ☎. 🅂 MC VISA.
Pasto (solo per alloggiati) 40000 – **23 cam** ⊐ 260/280000 – 1/2 P 180000.

Bellavista senza rist, via Risorgimento località Santa Marina Salina ✆ 090 9843009, *Fax 090 9843009*, ≤, « Terrazza solarium panoramica », – ▤ TV ☎
aprile-settembre – **12 cam** ⊐ 150/250000.

Porto Bello, via Bianchi 1, località Santa Marina Salina ✉ 98050 Leni ✆ 090 9843125, *Fax 090 9843125*, ≤, « Servizio estivo sotto un pergolato » – AE 🅂 ⓞ MC VISA.
chiuso dal 1º al 30 novembre e mercoledì (escluso da giugno a settembre) – **Pasto** cucina tipica eoliana carta 50/70000.

Da Franco, via Belvedere 8 località Santa Marina Salina ✆ 090 9843287, ≤ mare e Lipari, – ▤. AE 🅂 ⓞ MC VISA.
chiuso dal 1º al 20 dicembre – **Pasto** specialità eoliane carta 40/60000.

Stromboli *(Isola)* 988 ㊲ ㊳, 431, 432 K 27 – ✉ *98050.*
La limitazione d'accesso degli autoveicoli è regolata da norme legislative.

La Sirenetta-Park Hotel , via Marina 33 località Ficogrande ✆ 090 986025, *Fax 090 986124*, ≤ Strombolicchio, , « Caratteristica architettura eoliane », con acqua di mare, – ▤ TV ☎ ♿. AE 🅂 ⓞ MC VISA. rist
20 dicembre-10 gennaio e 25 marzo-ottobre – **Pasto** 45/65000 – **56 cam** ⊐ 150/300000 – 1/2 P 250000.

Punta Lena, via Marina località Ficogrande ✆ 090 986204, « Servizio sotto un pergolato con ≤ mare e Strombolicchio » – AE 🅂 ⓞ MC VISA
3 giugno-15 ottobre – **Pasto** carta 55/80000.

Vulcano *(Isola)* 988 ㊲ ㊳, 431, 432 L 26 – ✉ *98050.*
La limitazione d'accesso degli autoveicoli è regolata da norme legislative.
(luglio-settembre) a Porto Levante ✆ 090 9852028

Les Sables Noirs , località Porto Ponente ✆ 090 9850, *Fax 090 9852454*, , « Servizio ristorante in terrazza sul mare con ≤ spiaggia delle sabbie nere », , , – ▤ TV ☎ P. AE 🅂 ⓞ MC VISA. rist
20 aprile-9 ottobre – **Pasto** carta 55/90000 – **48 cam** ⊐ 370/500000 – 1/2 P 175/270000.

Conti , località Porto Ponente ✆ 090 9852012, *Fax 090 9880150*, ≤, – TV ☎. AE 🅂 ⓞ MC VISA. rist
maggio-20 ottobre – **Pasto** 30/45000 – **67 cam** solo 1/2 P 140000.

ERICE *91016 Trapani* 988 ㉟, 432 M 19 *G. Sicilia* – *31 141 ab. alt. 751.*
Vedere *Posizione pittoresca*★★★ – ≤★★★ *dal castello di Venere* – *Chiesa Matrice*★ – *Mura Elimo-Puniche*★.
viale Conte Pepoli 11 ✆ 0923 869388, Fax 0923 869544.
Catania 304 – *Marsala 45* – *Messina 330* – *Palermo 96* – *Trapani 14 .*

La Pineta , viale N. Nasi ✆ 0923 869783, *Fax 0923 869786*, ≤, , « Bungalows in pineta », – TV ☎ P. AE 🅂 ⓞ MC VISA
chiuso lunedì da novembre ad aprile – **Pasto** carta 40/55000 – **23 cam** ⊐ 145/210000 – 1/2 P 180000.

Elimo, via Vittorio Emanuele 75 ✆ 0923 869377, *Fax 0923 869252*, ≤ – TV ☎ – 90. AE 🅂 ⓞ MC VISA.
Pasto carta 40/95000 – **21 cam** ⊐ 180/300000 – 1/2 P 150/180000.

Moderno, via Vittorio Emanuele 63 ✆ 0923 869300, *Fax 0923 869139* – ▤ TV ☎ – 40. AE 🅂 ⓞ MC VISA JCB. rist
Pasto carta 45/60000 – **40 cam** ⊐ 150/200000, ▤ 20000 – 1/2 P 150000.

Monte San Giuliano, vicolo San Rocco 7 ✆ 0923 869595, *Fax 0923 869835*, ≤, prenotare la sera, « Servizio estivo in terrazza-giardino » – AE 🅂 ⓞ MC VISA.
chiuso dal 7 al 21 gennaio, dal 3 al 15 novembre e lunedì – **Pasto** carta 45/65000.

ETNA *Catania* 988 ㊲, 432 N 26 *G. Sicilia.*
Escursioni *Ascesa al versante sud*★★★ *da Nicolosi* – *Ascesa al versante nord*★★★ *da Linguaglossa.*

FAVIGNANA (Isola di) *Trapani* 988 ㉟, 432 N 18 – *Vedere Egadi (Isole).*

FONTANE BIANCHE *Siracusa* 432 Q 27 – *Vedere Siracusa.*

GALATI MAMERTINO *98070 Messina* 432 M 26 – *3 281 ab. alt. 800.*
Catania 118 – Enna 144 – Messina 11094 – Palermo 157 – Taormina.

Antica Filanda, contrada Parrazzi ☎ 0941 434715, *Fax 0941 434715* – P. AE VISA
chiuso dal 15 gennaio al 15 febbraio e mercoledì – **Pasto** cucina del territorio carta 30/50000.

GELA *Caltanissetta* 988 ㊱, 432 P 24 *G. Sicilia* –.
Vedere *Fortificazioni greche** a Capo Soprano – Museo Archeologico Regionale*.*

GIARDINI-NAXOS *98030 Messina* 988 ㊲, 432 N 27 *G. Sicilia – 9 105 ab..*
via Tysandros 54 ✉ 98035 ☎ 0942 51010, Fax 0942 52848.
Catania 47 – Messina 54 – Palermo 257 – Taormina 5.

Hellenia Yachting Hotel, via Jannuzzo 41 ☎ 0942 51737, *Fax 0942 54310*, ←, – P – 100. AE VISA.
Pasto 50000 – 15000 – **112 cam** 190/285000 – ½ P 230000.

Arathena Rocks, via Calcide Eubea 55 ☎ 0942 51349, *Fax 0942 51690*, ←, « Giardino sul mare con con acqua di mare », – P. AE VISA.
10 aprile-20 ottobre – **Pasto** (solo per alloggiati) 45000 – **49 cam** solo ½ P 100/105000.

Le Sabbie d'Oro, via Schisò 12 ☎ 0942 51227, *Fax 0942 56913*, ← mare e costa, – AE VISA
marzo-novembre – **Pasto** carta 55/90000 – 20000 – **39 cam** 115/175000 – ½ P 110/135000.

La Riva, via Tysandros 52 ☎ 0942 51329, *Fax 0942 51329*, ← – VISA JCB. rist
chiuso novembre – **Pasto** (solo per alloggiati) 35000 – 15000 – **38 cam** 90/110000 – ½ P 100000.

Marika, via Vulcano 2 ☎ 0942 56583, *Fax 0942 56584* – AE VISA JCB.
Pasto (solo per alloggiati) – 12000 – **10 cam** 90/120000 – ½ P 110000.

Sea Sound, via Jannuzzo 37/A ☎ 0942 54330, *Fax 0942 54310*, « Servizio in terrazza sul mare » – AE VISA JCB
maggio-ottobre – **Pasto** carta 45/70000.

LAMPEDUSA (Isola di) *Agrigento* 988 ㉟, 432 U 19 *G. Sicilia – 5 795 ab. alt. da 0 a 133 (Albero Sole)*

Lampedusa 432 U 19 – ✉ *92010.*
Vedere *Baia dell'Isola dei Conigli*** – Giro dell'isola in barca*.*
Escursioni *Linosa* : giro dell'isola in barca**.*
☎ 0922 970006.

Medusa, via Rialto Medusa 5 ☎ 0922 970126, *Fax 0922 970023*, ←, – AE VISA. cam
Pasto *(aprile-ottobre)* carta 40/65000 – **20 cam** 280/380000 – ½ P 210/225000.

Martello, piazza Medusa 1 ☎ 0922 970025, *Fax 0922 971696*, ← – AE VISA. rist
marzo-novembre – **Pasto** carta 35/60000 – **25 cam** 115/180000 – ½ P 180000.

Guitgia Tommasino, contrada Guitgia ☎ 0922 970879, *Fax 0922 970316*, ←, – AE VISA.
marzo-novembre – **Pasto** carta 55/70000 – **35 cam** 170/220000 – ½ P 185/250000.

Cavalluccio Marino, contrada Cala Croce 3 ☎ 0922 970053, *Fax 0922 970053*, ←, – P. rist
Pasqua-ottobre – **Pasto** carta 50/60000 (7 %) – **10 cam** solo ½ P 145/165000.

Gemelli, via Cala Pisana 2 ☎ 0922 970699, *Fax 0922 970699*, – AE VISA.
giugno-ottobre; chiuso a mezzogiorno – **Pasto** carta 60/90000.

Lipadusa, via Bonfiglio 6 ☎ 0922 971691 – AE VISA.
Pasqua-ottobre: chiuso a mezzogiorno – **Pasto** carta 50/65000.

LETOJANNI *98037 Messina* 432 N 27 – *2 555 ab..*
Catania 53 – Messina 47 – Palermo 274 – Taormina 8.

Peppe con cam, via Vittorio Emanuele 346 ☎ 0942 36159, *Fax 0942 36843*, – cam, AE VISA.
Pasto carta 45/80000 – **44 cam** 70/120000 – ½ P 90/100000.

LIDO DI NOTO *Siracusa* 432 Q 27 – *Vedere Noto.*

LIDO DI SPISONE *Messina – Vedere Taormina.*

LIPARI (Isola) *Messina* 988 ㊲ ㊳, 431, 432 L 26 – *Vedere Eolie (Isole).*

MARINELLA *Trapani* 988 ㉟, 432 O 20 – *Vedere Selinunte.*

MARSALA *91025 Trapani* 988 ㉟, 432 N 19 *G. Sicilia – 80 546 ab..*

Vedere *Relitto di una nave da guerra punica★ al Museo Archeologico.*
Escursioni *Mozia★ Nord : 10 km – Saline dello Stagnone★.*
di Birgi Nord : 15 km ✆ 0923 842502.
via 11 maggio 100 ✆ 0923 714097, Fax 0923 714097.
Agrigento 134 – Catania 301 – Messina 358 – Palermo 124 – Trapani 31.

President, via Nino Bixio 1 ✆ 0923 999333, *Fax 0923 999115*, – – 450. AE ⑤ ⓓ ⓜⓒ VISA.
Pasto carta 40/55000 – ☕ 15000 – **124 cam** 100/170000, 4 appartamenti – ½ P 130/150000.

Delfino, lungomare Mediterraneo Sud : 4 km ✆ 0923 969565, *Fax 0923 998188*, – P. AE ⑤ ⓓ ⓜⓒ VISA JCB
chiuso martedì escluso da giugno ad agosto – **Pasto** carta 40/70000.

MAZARA DEL VALLO *91026 Trapani* 988 ㉟, 432 O 19 *G. Sicilia – 51 986 ab..*

Vedere *Cattedrale : interno★.*
Agrigento 116 – Catania 283 – Marsala 22 – Messina 361 – Palermo 127 – Trapani 53.

Il Pescatore, via Castelvetrano 191 ✆ 0923 947580, *Fax 0923 947580* – P. AE ⑤ ⓓ ⓜⓒ VISA.
Pasto carta 35/60000 (10 %).

MAZZARÒ *Messina* 988 ㊲, 432 N 27 – *Vedere Taormina.*

MENFI *92013 Agrigento* 988 ㉟, 432 O 20 – *13 112 ab. alt. 119.*

Agrigento 79 – Palermo 122 – Trapani 100.

in prossimità del bivio per Porto Palo *Sud-Ovest : 4 km :*

Il Vigneto, ✉ 92013 ✆ 0925 71732, , « In campagna » – P
chiuso lunedì escluso maggio-settembre – **Pasto** carta 35/55000 (10 %).

MESSINA *98100* P 988 ㊲ ㊳, 431, 432 M 28 *G. Sicilia – 261 134 ab..*

Vedere *Museo Regionale★ – Portale★ del Duomo e orologio astronomico★ sul campanile.*
Villa San Giovanni giornalieri (35 mn) – Stazione Ferrovie Stato, piazza Repubblica 1 ✉ 98122 ✆ 090 671700; per Villa San Giovanni giornalieri (20 mn) – Società Caronte Shipping, rada San Francesco ✉ 98121 ✆ 090 52966, Fax 090 345207.
per Reggio di Calabria giornalieri (20 mn) – Stazione Ferrovie Stato, piazza Repubblica 1 ✉ 98122 ✆ 090 671700; per Reggio di Calabria giornalieri (15 mn) e le Isole Eolie giornalieri (1 h 20 mn).
– Aliscafi SNAV, via San Raineri 22 ✉ 98122 ✆ 090 7775, Fax 090 717358.
via Calabria, isol. 301 bis ✉ 98122 ✆ 090 674236, Fax 090 674271.
A.C.I. *via Manara, isol. 125 ✉ 98123 ✆ 090 692547.*
Catania 97 ④ – Palermo 235 ⑤.

Pianta pagina seguente

Jolly, corso Garibaldi 126 ✉ 98126 ✆ 090 363860, *Fax 090 5902526*, ≤ – – 100. AE ⑤ ⓓ ⓜⓒ VISA. BY v
Pasto carta 60/100000 – **96 cam** ☕ 200/250000 – ½ P 155/175000.

Piero, via Ghibellina 121 ✉ 98123 ✆ 090 718365 – . AE ⑤ ⓓ ⓜⓒ VISA AZ s
chiuso domenica ed agosto – **Pasto** carta 50/70000 (10 %).

Savoja, via Ventisette Luglio 36/38 ✉ 98123 ✆ 090 2934865, *Fax 090 2934865* – . AE ⑤ ⓓ ⓜⓒ VISA JCB. BZ a
chiuso domenica sera e lunedì; anche domenica a mezzogiorno in luglio-agosto – **Pasto** carta 30/55000.

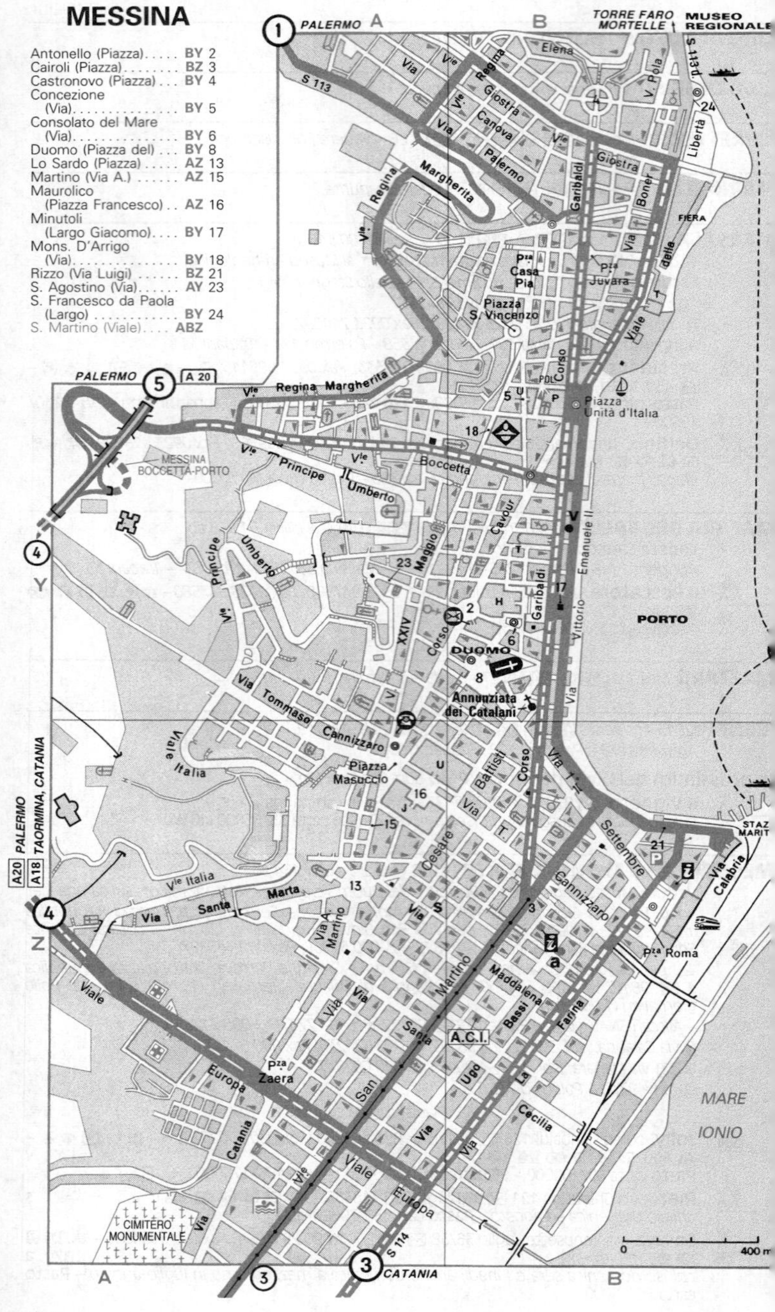
MESSINA
Antonello (Piazza) . . . . . BY 2
Cairoli (Piazza) . . . . BZ 3
Castronovo (Piazza) . . . BY 4
Concezione (Via) . . . . BY 5
Consolato del Mare (Via) . . . . BY 6
Duomo (Piazza del) . . . BY 8
Lo Sardo (Piazza) . . . . . AZ 13
Martino (Via A.) . . . . AZ 15
Maurolico (Piazza Francesco) . . AZ 16
Minutoli (Largo Giacomo) . . . . BY 17
Mons. D'Arrigo (Via) . . . . BY 18
Rizzo (Via Luigi) . . . . . . BZ 21
S. Agostino (Via) . . . . . . AY 23
S. Francesco da Paola (Largo) . . . . BY 24
S. Martino (Viale) . . . . ABZ
PALERMO
TORRE FARO
MORTELLE
MUSEO REGIONALE
FIERA
PORTO
DUOMO
Annunziata dei Catalani
Piazza Unità d'Italia
Piazza S. Vincenzo
Pza Casa Pia
Pza Juvara
Piazza Masuccio
Pza Zaera
Pza Roma
MESSINA BOCCETTA-PORTO
A 20
A20 PALERMO
A18 TAORMINA, CATANIA
A.C.I.
CIMITERO MONUMENTALE
STAZ MARIT
MARE IONIO
CATANIA
S 113
S 114
0
400 m

MILAZZO *98057 Messina* 988 ㊲ ㊳, 432 M 27 *G. Sicilia – 32 317 ab..*

Vedere *Cittadella e Castello★ – Chiesa del Carmine : facciata★.*

Dintorni *Roccavaldina : Farmacia★ Sud-Est : 15 km.*

Escursioni *Isole Eolie★★★ per motonave o aliscafo.*

per le Isole Eolie giornalieri (da 1 h 30 mn a 4 h) – Siremar-agenzia Alliatour, via dei Mille ✆ 090 9283242, Fax 090 9283243.

per le Isole Eolie giornalieri (da 40 mn a 2 h 45 mn) – Siremar-agenzia Alliatour, via dei Mille ✆ 090 9283242, Fax 090 9283243; Aliscafi SNAV-agenzia Delfo Viaggi, via Rizzo 9/10 ✆ 090 9287728, Fax 090 9281798.

piazza Caio Duilio 20 ✆ 090 9222865, Fax 090 9222790.

Catania 130 – Enna 193 – Messina 41 – Palermo 209 – Taormina 85.

La Bussola, via XX Luglio 29 ✆ 090 9221244, *Fax 090 9282955* – . AE VISA
Pasto (solo per alloggiati) 30/40000 – **16 cam** 95/140000 – 1/2 P 100/110000.

Jack's Hotel senza rist, via Colonnello Magistri 47 ✆ 090 9283300, *Fax 090 9287219* – . AE VISA JCB.
6000 – **14 cam** 80/120000.

Al Castello, via Federico di Svevia 20 ✆ 090 9282175, – AE VISA JCB
chiuso dal 10 al 30 gennaio, lunedì e i mezzogiorno di lunedì-martedì dal 15 giugno al 15 settembre – **Pasto** specialità di mare carta 40/65000.

Al Pescatore, via Marina Garibaldi 176 ✆ 090 9286595, , Rist. e pizzeria – AE VISA JCB.
chiuso giovedì escluso dal 16 giugno al 14 settembre – **Pasto** carta 40/60000 (10 %).

MODICA *97015 Ragusa* 988 ㊲, 432 Q 26 – *52 257 ab. alt. 450.*

Agrigento 147 – Caltanissetta 139 – Catania 116 – Ragusa 14 – Siracusa 71.

Bristol senza rist, via Risorgimento 8/b ✆ 0932 762890, *Fax 0932 763330* – – 40. AE VISA.
24 cam 80/135000.

Fattoria delle Torri, vico Napolitano 14 ✆ 0932 751286, *Fax 0932 751286*, , prenotare – AE VISA JCB.
chiuso lunedì – **Pasto** 35/55000 e carta 50/85000.

MONDELLO *Palermo* 988 ㊱, 432 M 21 *G. Sicilia* – ✉ *Palermo.*

Catania 219 – Marsala 117 – Messina 245 – Palermo 11 – Trapani 97.

Pianta di Palermo : pianta d'insieme.

La Torre, via Piano di Gallo 11 ✉ 90151 ✆ 091 450222, *Fax 091 450033*, ←, , « Terrazze fiorite sulla scogliera », d'acqua di mare, , – – 300. AE VISA JCB. rist EU z
Pasto 50/60000 – **179 cam** 180/220000 – 1/2 P 145/160000.

Trattoria Meeting Tuttomare, via Mondello 43 ✉ 90151 ✆ 091 454068, EU g

Bye Bye Blues, via del Garofalo 23 ✉ 90149 ✆ 091 6841415, *Fax 091 6841415*, , prenotare – . AE VISA. EU d
chiuso a mezzogiorno (escluso domenica e i giorni festivi) e martedì – Pasto carta 50/80000.

MONREALE *90046 Palermo* 988 ㊱, 432 M 21 *G. Sicilia – 29 128 ab. alt. 301.*

Vedere *Località★★★ – Duomo★★★ – Chiostro★★★ – ←★★ dalle terrazze.*

Agrigento 136 – Catania 216 – Marsala 108 – Messina 242 – Palermo 8 – Trapani 88.

Taverna del Pavone, vicolo Pensato 18 ✆ 091 6406209, – AE VISA
chiuso dal 26 settembre al 10 ottobre e lunedì – Pasto carta 35/45000.

NICOLOSI *95030 Catania* 988 ㊲, 432 O 27 *G. Sicilia – 6 074 ab. alt. 698.*

Catania 16 – Enna 96 – Messina 89 – Siracusa 79.

Corsaro , località Piazza Cantoniera Etna Sud Nord-Ovest : 18 km ✆ 095 914122, *Fax 095 7801024*, ← – . AE VISA.
chiuso dal 15 novembre al 24 dicembre – **Pasto** 25/50000 e carta 35/50000 – **19 cam** 100/150000 – 1/2 P 100000.

NOTO *96017 Siracusa* 988 ㉗, 432 Q 27 *G. Sicilia – 21 777 ab. alt. 159.*

Vedere *Corso Vittorio Emanuele★★ – Via Corrado Nicolaci★.*

Dintorni *Cava Grande★★ Nord : 19 km.*

piazza XVI Maggio ✆ 0931 836744, Fax 0931 836744.

Catania 88 – Ragusa 54 – Siracusa 32.

a Lido di Noto *Sud-Est : 7,5 km –* ✉ *96017 Noto :*

Villa Mediterranea senza rist, viale Lido ✆ 0931 812330, *Fax 0931 812330,* –

Pasqua-ottobre – **7 cam** 160000.

PALAZZOLO ACREIDE *96010 Siracusa* 988 ㉗, 432 P 26 *G. Sicilia – 9 261 ab. alt. 697.*

Vedere *Antica Akrai★.*

Agrigento 220 – Catania 90 – Enna 142 – Ragusa 40 – Siracusa 49.

Valentino, via Galeno ang. Ronco Pisacane ✆ 0931 881840, *Fax 0931 881840,* , Rist. e pizzeria.

PALERMO *90100* P 988 ㉟, 432 M 22 *G. Italia – 686 551 ab..*

Vedere *Palazzo dei Normanni★★ : Cappella Palatina★★★, mosaici★★★, Antichi Appartamenti Reali★★* AZ *– Oratorio del Rosario di San Domenico★★★ – Oratorio del Rosario di Santa Cita★★★ – Chiesa di San Giovanni degli Eremiti★★ : chiostro★* AZ *– Piazza Pretoria★★* BY *– Piazza Bellini★* BY *: Martorana★★, San Cataldo★★ – Palazzo Abatellis★ : Galleria Regionale di Sicilia★★* CY G *– Ficus magnolioides★★ nel giardino Garibaldi* CY*– Museo Internazionale delle Marionette★★* CY M3 *– Museo Archeologico★ : metope dei Templi di Selinunte★★, ariete★★* BY*– Villa Malfitano★★ – Orto Botanico★ : ficus magnolioides★★* CDZ*– Catacombe dei Cappuccini★★* EV *– Villa Bonanno★* AZ*– Cattedrale★* AYZ*– Quattro Canti★* BY *– Gancia : interno★ – Magione : facciata★ – San Francesco d'Assisi★ – Palazzo Mirto★* CY *– Palazzo Chiaramonte★* CY*–Santa Maria alla Catena★ – Galleria d'Arte Moderna E. Restivo★ – Villino Florio★ – San Giovanni dei Lebbrosi★ – La Zisa★* EV*– Cuba★.*

Dintorni *Monreale★★★* EV *per ③ :8 km – Grotte dell'Addaura★* EF.

di Punta Raisi per ④ : 30 km ✆ 091 7020111 – Alitalia, via Mazzini 59 ✉ 90139 ✆ 091 6019111, Fax 091 6019346.

per Genova giornaliero, escluso domenica (20 h) e Livorno martedì, giovedì e sabato (17 h) – Grimaldi-Grandi Navi Veloci, calata Marinai d'Italia ✉ 90133 ✆ 091 587404, Fax 091 6110088; per Napoli giornaliero (11 h), Genova lunedì, mercoledì, venerdì e dal 18 giugno al 31 dicembre anche domenica (24 h) e Cagliari sabato (13 h 30 mn) – Tirrenia Navigazione, calata Marinai d'Italia ✉ 90133 ✆ 1478 99000, Fax 091 6021221.

per le Isole Eolie giugno-settembre giornaliero (1 h 50 mn) – Aliscafi SNAV-agenzia Barbaro, piazza Principe di Belmonte 51/55 ✉ 90139 ✆ 091 586533, Fax 091 584830.

piazza Castelnuovo 34 ✉ 90141 ✆ 091 583847, Fax 091 331854 – Aeroporto Punta Raisi a Cinisi ✆ 091 591698 – piazza Giulio Cesare (Stazione Centrale) ✉ 90127 ✆ 091 6165914.

A.C.I. *via delle Alpi 6 ✉ 90144 ✆ 091 300468.*

Messina 235 ①.

Piante pagine seguenti

Villa Igiea Gd H., salita Belmonte 43 ✉ 90142 ✆ 091 543744, *Fax 091 547654,* <, , « Storica villa Liberty con terrazze fiorite sul mare », – 400. AE VISA. rist FV b
Pasto carta 100/135000 – **115 cam** 285/450000, 6 appartamenti – 1/2 P 295000.

Astoria Palace Hotel, via Montepellegrino 62 ✉ 90142 ✆ 091 6281111, *Fax 091 6372178* – , cam, – 800. AE VISA. FV a
Pasto al Rist. ***Il Cedro*** carta 60/85000 – **326 cam** 200/285000, 16 appartamenti – 1/2 P 150/190000.

Centrale Palace Hotel M, corso Vittorio Emanuele 327 ✉ 90134 ✆ 091 336666, *Fax 091 334881,* « In un palazzo del 1700; servizio rist. in terrazza panoramica » – – 120. AE VISA. BY b
Pasto (solo per alloggiati) 65000 – **63 cam** 250/355000 – 1/2 P 245000.

San Paolo Palace, via Messina Marine 91 ✉ 90123 ✆ 091 6211112, *Fax 091 6215300,* <, « Rist. roof-garden », – – 1500. AE VISA. FV c
Pasto 50000 – **273 cam** 175/225000, 10 appartamenti – 1/2 P 135/150000.

Principe di Villafranca, via G. Turrisi Colonna 4 ✉ 90141 ✆ 091 6118523, *Fax 091 588705,* – AX d
34 cam.

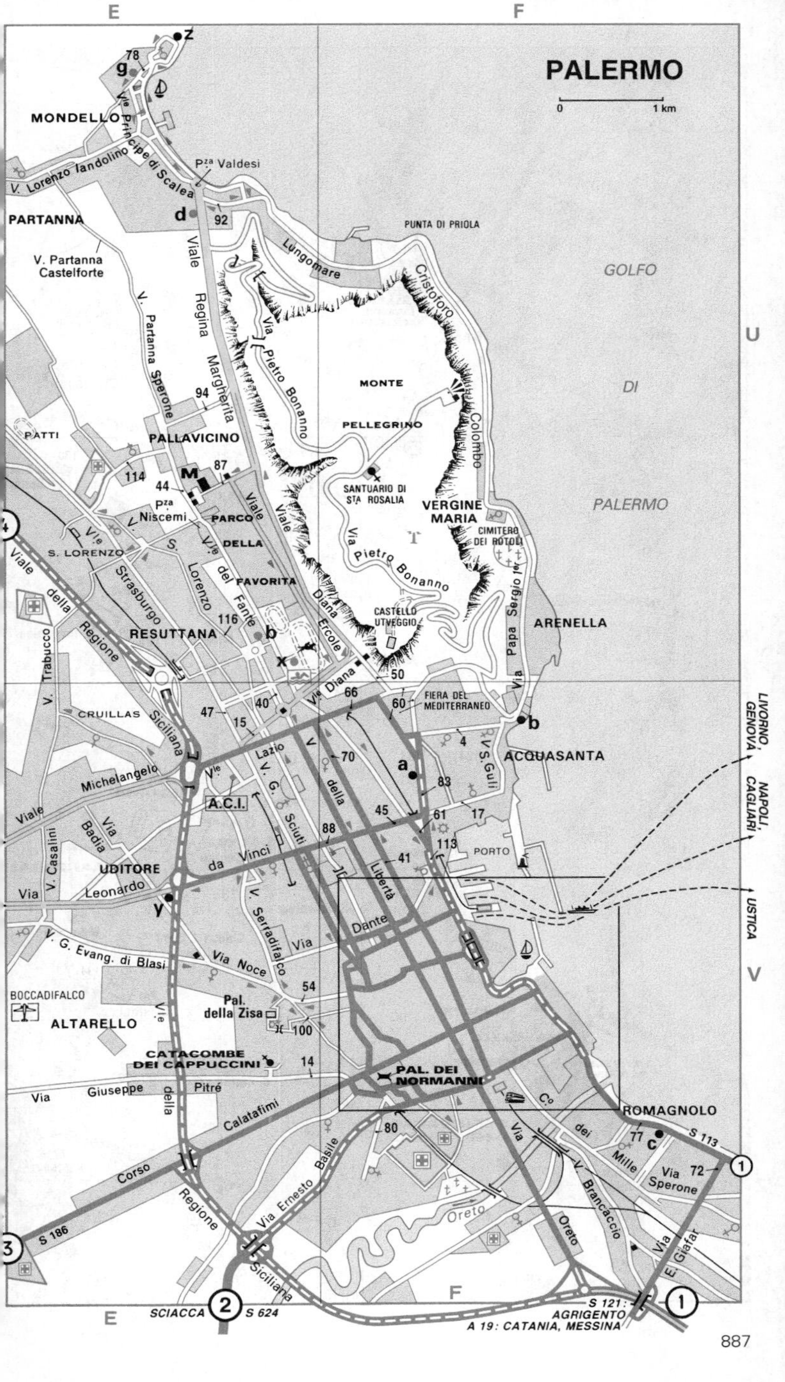
PALERMO
0
1 km
E
F
U
V
MONDELLO
V. Lorenzo Iandolino
V.le Principe di Scalea
P.za Valdesi
PARTANNA
V. Partanna Castelforte
Viale Regina Margherita
V. Partanna Sperone
Lungomare Cristoforo Colombo
PUNTA DI PRIOLA
GOLFO
DI
PALERMO
MONTE
PELLEGRINO
Via Pietro Bonanno
SANTUARIO DI STA ROSALIA
VERGINE MARIA
CIMITERO DEI ROTOLI
CASTELLO UTVEGGIO
Viale Diana
Ercole
ARENELLA
Via Papa Sergio I.er
PATTI
PALLAVICINO
P.za Niscemi
PARCO DELLA FAVORITA
V.le del Fante
S. LORENZO
V.le Strasburgo
S. Lorenzo
Viale della Regione
RESUTTANA
V. Trabucco
Siciliana
CRUILLAS
V.le Diana
FIERA DEL MEDITERRANEO
ACQUASANTA
V. S. Gulì
Viale Michelangelo
V.le Lazio
V. G. Sciuti
V. della Libertà
A.C.I.
PORTO
LIVORNO, GENOVA
NAPOLI, CAGLIARI
USTICA
Via Badia
V. Casalini
UDITORE
Via Leonardo da Vinci
V. Serradifalco
Via Dante
V. G. Evang. di Blasi
Via Noce
BOCCADIFALCO
ALTARELLO
Pal. della Zisa
CATACOMBE DEI CAPPUCCINI
PAL. DEI NORMANNI
Via Giuseppe Pitrè
V.le della Regione Siciliana
Calatafimi
Corso
ROMAGNOLO
C.o dei Mille
Via Sperone
S 113
Via Oreto
V. Brancaccio
Via E. Giafar
Via Ernesto Basile
Oreto
S 186
SCIACCA
S 624
S 121: AGRIGENTO
A 19: CATANIA, MESSINA
M
a
b
c
d
g
x
y
z
4
3
2
1
4
14
15
17
40
41
44
45
47
50
54
60
61
66
70
72
77
78
80
83
87
88
92
94
100
113
114
116

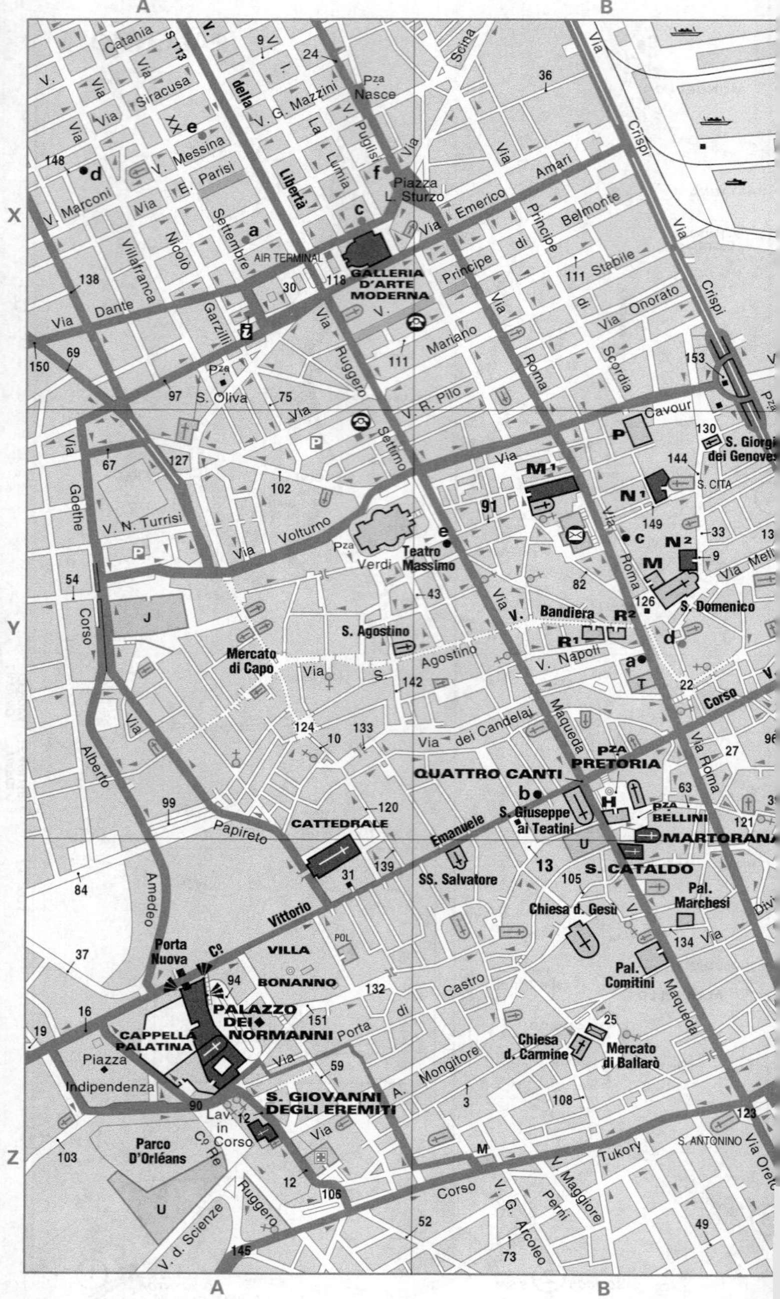
A
B
X
Y
Z
GALLERIA D'ARTE MODERNA
AIR TERMINAL
Piazza L. Sturzo
Pza Nasce
Via della Libertà
V. G. Mazzini
Via Catania
Via Siracusa
V. Messina
E. Parisi
V. Marconi
Via Nicolò
Via Villafranca
Garzilli
Settembre
XX
Via Dante
Via Ruggero Settimo
V. Mariano
Via Principe di Belmonte
Via Emerico Amari
Via Stabile
Via Onorato
Via Crispi
Via Roma
Via Scordia
Via Cavour
Pza S. Oliva
V. R. Pilo
Via Volturno
V. N. Turrisi
Via Goethe
Corso Alberto
Amedeo
Pza Verdi
Teatro Massimo
S. Giorgio dei Genovesi
S. CITA
S. Domenico
V. Bandiera
V. Napoli
S. Agostino
Via S. Agostino
Mercato di Capo
Via dei Candelai
Via Maqueda
Corso
QUATTRO CANTI
PZA PRETORIA
PZA BELLINI
MARTORANA
S. CATALDO
S. Giuseppe ai Teatini
CATTEDRALE
Papireto
Corso Vittorio Emanuele
SS. Salvatore
Chiesa d. Gesù
Pal. Marchesi
Pal. Comitini
Porta Nuova
VILLA BONANNO
POL.
PALAZZO DEI NORMANNI
CAPPELLA PALATINA
Piazza Indipendenza
Via Porta di Castro
S. GIOVANNI DEGLI EREMITI
Chiesa d. Carmine
Mercato di Ballarò
Via A. Mongitore
Via Tukory
S. ANTONINO
Via Oreto
V. Maggiore Perni
V. G. Arcoleo
Corso Re Ruggero
V. d. Scienze
Lav. in Corso
Parco D'Orléans
Scina
Puglisi
La Lumia
J
P
M
N¹
N²
M¹
R¹
R²
H
T
U
a
b
c
d
e
f
9
13
22
24
27
30
33
36
43
52
54
59
63
67
69
73
75
82
84
90
91
94
97
99
102
103
105
106
108
111
118
120
121
123
124
126
127
130
132
133
134
138
139
142
144
145
148
149
150
151
153
3
10
12
16
19
25
31
37
49

C
D
PALERMO
CENTRO
0
300 m
X
Y
Z
STAZIONE
MARITTIMA
PORTO
GOLFO
DI
PALERMO
MOLO
SUD
F.
Patti
TORRE MASTRA
LA CALA
Via
Castello
della
Cala
Porta Felice
Foro
Italico
Palazzo
Branciforte-Butera
Butera
Pza Marina
Giardino
Garibaldi
PALAZZO
CHIARAMONTE
S. FRANCESCO
D'ASSISI
PAL.
MIRTO
Alloro
La
Gancia
G
Porta dei Greci
Pza
d. Kalsa
Pza
d. Magione
S. Maria
d. Spasimo
Pza
d. Spasimo
Via
Lincoln
La
Magione
VILLA GIULIA
ORTO
BOTANICO
GIARDINO
TROPICALE
Pza
Gasometro
Via Ponte di Mare
Nazionale
segno
a
Tiro
Via
Oreto
S 113
Corso
Lincoln
Via
AIR TERMINAL
Pza
Giulio Cesare
CENTRALE
V.
Via
U
dei
Via G. F. Ingrassia
Archirafi
Cipolla
Mille
V. S. Boccone
Emanuele
57
109
85
147
127
96
7
117
141
136
34
58

INDICE TOPONOMASTICO DELLE PIANTE DI PALERMO

Albergheria (Via) BZ 3
Alloro (Via) CY
Amari (Via E.) BX
Amedeo (Corso A.) AYZ
Ammiraglio Rizzo (Via L.) FV 4
Aragona (Piazza) CY 6
Aragona (Via) CY 7
Archimede (Via) AX 9
Archirafi (Via) CZ
Arcoleo (Via G.) BZ
Ballarò (Piazza) BZ
Bandiera (Via) BY
Beati Paoli (Via) AY 10
Bellini (Piazza) BY
Benedettini (Via d.) AZ 12
Boccone (Via S.) CZ
Bologni (Piazza) BYZ 13
Brigata Verona (Viale) EV 15
Butera (Via) CY
Cala (Via d.) CY
Calatafimi (Corso) AZ 16
Candelai (Via d.) BY
Cantieri Navali (V. dei) FV 17
Cappuccini (V. dei) AZ, EV 19
Caracciolo (Piazza) BY 22
Carini (Via I.) AX 24
Carmine (Piazza d.) BZ 25
Cassa di Risparmio (Piazza) BY 27
Cassari (Via) BCY 28
Castello (Piazza) BCY
Castelnuovo (Piazza) AX 30
Catania (Via) AX
Cattedrale (Piazza d.) AZ 31
Cavalieri di Malta (Largo) BY 33
Cavour (Via) BXY
Cervello (Via) CY 34
Cipolla (Via) CZ
Collegio di Maria (Via) BX 36
Colonna Rotta (Via) AZ 37
Crispi (Via) BX
Croce dei Vespri (Piazza d.) BY 39
Croce Rossa (Via) EUV 40
Dalla Chiesa (V. C.A.) FV 41
Dante (Via) AX
Divisi (Via) BZ
Don Sturzo (Piazza) ABX
Donizetti (Via G.) ABY 43
Duca degli Abruzzi (Viale) EU 44
Duca della Verdura (V.) FV 45
Empedocle Restivo (Via) EV 47
Errante (Via V.) BZ 49
Favorita (Via della) FUV 50
Filiciuzza (Via) ABZ 52
Finocchiaro Aprile (C.) AY, EV 54
Fonderia (Piazza) CY 57
Garibaldi (Via) CZ 58
Garzilli (Via N.) AX
Gasometro (Piazza) DZ
Generale Cardona (Via) AZ 59
Generale Cascino (Pza) FV 60
Giacchery (Piazza) FV 61
Giudici (Discesa d.) BY 63
Giullio Cesare (Piazza) CZ
Goethe (Via) AY
Immacolatella (Via) CY 64
Imperatore Federico (V.) FV 66
Indipendenza (Piazza) AZ
Ingrassia (Via G. F.) CZ
Italico (Foro) CYDZ
Juvara Cluviero (Via) AY 67
Kalsa (Piazza d.) CY
La Lumia (Via I.) AX
Latini (Via B.) AX 69
Libertà (Via d.) AX
Lincoln (Via) CZDY
Magiore Perni (Via) BZ
Maqueda (Via) BYZ
Marchese di Villabianca (Via) FV 70
Marconi (Via) AX
Maresciallo Diaz (Via) FV 72
Marina (Piazza) CY
Marino (Via S.) BZ 73
Mazzini (Via G.) AX
Meccio (Via S.) AX 75
Meli (Via) BY
Messina (Via) AX
Messina Marine (Via) FV 77
Mille (Corso d.) CZ
Mondello (Via) EU 78
Mongitore (Via A.) ABZ
Montegrappa (Via) FV 80
Monteleone (Via) BY 82
Monte Pellegrino (Via) FV 83
Mosca (Via G.) AZ 84
Mura del Cattive (Salita) CY 85
Museo Etnografico (Vle) EU 87
Napoli (Via) BY
Nasce (Piazza) AX
Notarbartolo (Via E.) EFV 88
Onorato (Via) BX
Oreto (Via) BZ
Orleans (Piazza) AZ 90
Orlogio (Via) BY 91
Palme (Viale delle) EU 92
Papireto (Via) AYZ
Parisi (Via E.) AX
Parrocchia (Via della) EU 94
Paternostro (Via A.) BCY 96
Paternostro (Via P.) AX 97
Patti (Via F.) BCX
Peranni (Piazza D.) AY 99
Piazza (Via) EV 100
Pignatelli d'Aragona (Via) AY 102
Pilo (Via R.) BXY
Pisani (Corso P.) AZ 103
Ponte di Mare (Via) DZ
Ponticello (Via) BZ 105
Porta di Castro (Via) ABZ
Porta Montalto (Piazza) AZ 106
Porta S. Agata (Via) BZ 108
Porto Salvo (Via) CY 109
Pretoria (Piazza) BY
Principe di Belmonte (Via) BX
Principe di Scordia (Via) BX
Principe Granatelli (Via) ABX 111
Puglisi (Via) AX
Quattroventi (Via) FV 113
Rao (Via C.) CZ
Resurrezione (V. della) EU 114
Resuttana (Via) EU 116
Rivoluzione (Piazza) CZ 117
Roma (Via) BXCZ
Ruggero Settimo (Piazza) AX 118
Ruggero Settimo (Via) AXY
S. Agata (Via) AY 120
S. Agostino (Via) AYZ
S. Anna (Piazza) BY 121
S. Antonino (Piazza) BZ 123
S. Cosmo (Piazza) AY 124
S. Domenico (Piazza) BY 126
S. Francesco da Paola (Piazza) AY 127
S. Francesco d'Assisi (Piazza) CY 129
S. Giorgio dei Genovesi (Piazza) BY 130
S. Giovanni Decollato (Piazetta) AZ 132
S. Isidoro alla Guilla (Piazza) AY 133
S. Oliva (Piazza) AX
S. Sebastiano (Via) BY 135
S. Teresa (Via) CY 136
Sammartino (Via) AX 138
Scienze (Via d.) AZ
Scina (Via) BX
Scuole (Via d.) AZ 139
Siracusa (Via) AX
Spasimo (Piazza d.) CYZ
Spasimo (Via d.) CY 141
Spirito Santo (Via d.) ABY 142
Squarcialupo (Via) BY 144
Stabile (Via M.) AYBX
Stazzone (Piazza) AZ 145
Tiro a segno Nazionale (Via) DZ
Torremuza (Via) CY 147
Tukory (Corso) ABZ
Turrisi (Via N.) AY
Turrisi Colonna (Via) AX 148
Verdi (Piazza) ABY
Villafranca (Via) AX
Virgilio (Piazza) AX 150
Vittoria (Piazza d.) AZ 151
Vittorio Emanuele (Corso) AZCY
Volturno (Via) AY
XIII Vittime (Piazza d.) BX 153
XX Settembre (Via) AX

Massimo Plaza Hotel M senza rist, via Maqueda 437 ✉ 90133 ✆ 091 325657, *Fax 091 325711*, « In un palazzo del centro storico » – ▤ TV ☎ ✆. AE ⓢ ⓞ ⓜ VISA JCB
BY e
15 cam ☕ 180/210000.

Villa D'Amato, via Messina Marine 180 ✉ 90123 ✆ 091 6212767, *Fax 091 6212767*, – ▤ ▤ TV ☎ P – 🏟 100. AE ⓢ ⓞ ⓜ VISA. ✗ rist
1,5 km per ①
Pasto *(chiuso domenica)* carta 45/60000 – **37 cam** ☕ 160/200000 – ½ P 100/150000.

Holiday Inn Palermo, viale della Regione Siciliana 2620 ✉ 90145 ✆ 091 552033, *Fax 091 408198* – ▤ ▤ TV ☎ ✆ P – 🏟 90. AE ⓢ ⓞ ⓜ VISA JCB. ✗
EV y
Pasto carta 40/55000 – **105 cam** ☕ 200/240000 – ½ P 150/160000.

Moderno senza rist, via Roma 276 ✉ 90133 ✆ 091 588683, *Fax 091 588683* – ▤ ▤ TV ☎. AE ⓢ ⓞ ⓜ VISA
BY a
☕ 4000 – **38 cam** 80/110000.

Posta senza rist, via Antonio Gagini 77 ✉ 90133 ✆ 091 587338, *Fax 091 587347* – ▤ ▤ TV ☎. AE ⓢ ⓞ ⓜ VISA. ✗
BY c
27 cam ☕ 110/140000.

XXX **La Scuderia,** viale del Fante 9 ✉ 90146 ✆ 091 520323, *Fax 091 520467* – ▤ P. AE $ ◑ MC VISA. ✗ EU x
chiuso domenica – **Pasto** carta 60/105000.

XX **Il Ristorantino,** piazza De Gasperi 19 ✉ 90146 ✆ 091 512861, *Fax 091 6702999*, ☂ – ▤. AE $ ◑ MC VISA. ✗ EU b
chiuso dal 1º al 9 gennaio, dal 10 al 30 agosto e lunedì – **Pasto** carta 60/90000.

XX **Regine,** via Trapani 4/a ✉ 90141 ✆ 091 586566, *Fax 091 586566* – ▤. AE $ ◑ MC VISA JCB. ✗ AX e
chiuso agosto e domenica – **Pasto** carta 55/75000.

XX **Friend's Bar,** via Brunelleschi 138 ✉ 90145 ✆ 091 201401, *Fax 091 201066*, ☂, prenotare – ▤. AE $ ◑ VISA. ✗ per viale Michelangelo EV
dal 16 al 31 agosto e lunedì – **Pasto** carta 50/60000.

XX **Lo Scudiero,** via Turati 7 ✉ 90139 ✆ 091 581628, *Fax 091 581628* – ▤. AE $ ◑ MC VISA JCB. ✗ AX c
chiuso dal 10 al 20 agosto e domenica – **Pasto** carta 55/75000.

XX **Santandrea,** piazza Sant'Andrea 4 ✉ 90133 ✆ 091 334999, ☂, Coperti limitati; prenotare – ▤. AE $ ◑ MC VISA BY d
chiuso gennaio e martedì – **Pasto** piatti della tradizione regionale carta 45/80000.

X **Capricci di Sicilia,** via Istituto Pignatelli 6 angolo piazza Sturzo ✉ 90139 ✆ 091 327777 – ▤. AE $ ◑ MC VISA JCB AX f
Pasto carta 50/70000.

X **Trattoria Biondo,** via Carducci 15 ✉ 90141 ✆ 091 583662 – ▤. AE $ MC VISA. ✗ AX a
chiuso dal 15 luglio al 10 settembre e mercoledì – **Pasto** carta 35/50000 (15 %).

a Borgo Molara *per ② : 3 km – ✉ 90046 Palermo :*

Baglio Conca d'Oro, via Aquino 19c ✆ 091 6406286, *Fax 091 6408742*, ☂, « In una cartiera del 1700 completamente ristrutturata » – |‡| ▤ TV ☎ ✆ ♿ P – 🏛 500. AE $ ◑ VISA. ✗
Pasto carta 50/80000 – **27 cam** ☕ 200/280000 – ½ P 190/250000.

a Sferracavallo *Nord-Ovest : 12 km – ✉ 90148 Palermo :*

X **Il Delfino,** via Torretta 80 ✆ 091 530282 – ▤. AE $ ◑ MC VISA. ✗
chiuso lunedì – **Pasto** solo piatti di pesce 40000 bc.

Se cercate un albergo tranquillo,
oltre a consultare le carte dell'introduzione,
individuate nell'elenco degli esercizi quelli con il simbolo 🐎 *o* 🐎.

PANAREA (Isola) *Messina* 988 ㊲ ㊳, 431, 432 L 27 – *Vedere Eolie (Isole).*

PANTELLERIA (Isola di) *Trapani* 988 ㉟, 432 Q 18 *G. Italia – 7 442 ab. alt. da 0 a 836 (Montagna Grande).*

Vedere *Entroterra*★★ – *Montagna Grande*★★ *Sud-Est : 13 km.*
Escursioni *Giro dell'isola in macchina*★★ *e in barca*★★.
✈ *Sud-Est : 4 km* ✆ *0923 912213, Fax 0923 912496.*
⛴ *per Trapani giornaliero (4 h 45 mn) – Siremar-agenzia Rizzo, via Borgo Italia 12* ✆ *0923 911104, Fax 0923 911104.*

Pantelleria 432 Q 17 – ✉ *91017 :*

Port Hotel, lungomare Borgo Italia 6 ✆ 0923 911299, *Fax 0923 912203*, ⩤ – |‡| ▤ TV ☎ ♿. **43 cam.**

a Tracino *Sud-Est : 12,5 km – ✉ 91017 Pantelleria :*

X **I Mulini,** via Kania 12 ✆ 0923 915398, *Fax 0923 915398*, prenotare, « In un antico mulino pantesco ristrutturato » – P. AE $ ◑ MC VISA
Pasqua-ottobre – **Pasto** carta 40/75000.

PIANO ZUCCHI *Palermo* 432 N 23 – *alt. 1 105 – ✉ 90010 Isnello.*

Agrigento 137 – Caltanissetta 79 – Catania 160 – Messina 207 – Palermo 80.

La Montanina 🐎, ✆ 0921 662036, *Fax 0921 662752*, ⩤, 🌳 – P. AE $ MC VISA. ✗
Pasto *(chiuso lunedì)* carta 30/45000 – ☕ 10000 – **42 cam** 55/90000 – ½ P 75/80000.

a Piano Torre *Nord-Ovest : 4 km – ✉ 90010 Isnello :*

Park Hotel 🐎, ✆ 0921 662671, *Fax 0921 662672*, ☂, « Caratteristici interni in legno », 🏊, 🌳, 🎾 – ▤ ☎ P – 🏛 300. $ ◑ MC VISA JCB. ✗
Pasto *(chiuso martedì)* carta 40/60000 – ☕ 15000 – **27 cam** 90/130000 – ½ P 140000.

PIAZZA ARMERINA *94015 Enna* 988 ㉟, 432 O 25 *G. Sicilia – 22 530 ab. alt. 697.*

Vedere *Centro Storico★.*

Dintorni *Villa romana del Casale★★★ Sud-Ovest : 6 km.*

via Cavour 15 ☎ 0935 680201, Fax 0935 684565.

Caltanissetta 49 – Catania 84 – Enna 34 – Messina 181 – Palermo 164 – Ragusa 103 – Siracusa 134.

Mosaici-da Battiato, contrada Casale Ovest : 3,5 km ☎ 0935 685453, *Fax 0935 685453* – P.
chiuso dal 20 novembre al 25 dicembre – **Pasto** 25/30000 e carta 30/40000 – ☕ 7000 – **23 cam** 65/85000 – 1/2 P 70000.

Al Fogher, strada statale 117 bis (Nord : 3 km) ☎ 0935 684123, *Fax 0935 686705,* – P. AE VISA.
chiuso dal 25 giugno al 10 luglio, domenica sera e lunedì – **Pasto** carta 35/65000.

Trattoria la Ruota, contrada Casale Ovest : 3,5 km ☎ 0935 680542, *Fax 0935 680542,* , prenotare – P. AE VISA
chiuso la sera escluso da luglio a settembre – **Pasto** cucina casalinga carta 35/45000.

PORTICELLO *Palermo* 432 M 22 – *Vedere Santa Flavia.*

PORTOPALO DI CAPO PASSERO *96010 Siracusa* 432 Q 27 *G. Sicilia – 3 427 ab. alt. 20.*

Catania 121 – Palermo 325 – Ragusa 56 – Siracusa 58.

Da Maurizio, via Tagliamento 22 ☎ 0931 842644 – AE VISA.
chiuso dal 30 ottobre al 20 novembre e martedì – **Pasto** specialità di mare carta 50/75000 (10 %).

RAGUSA *97100* P 988 ㊲, 432 Q 26 *G. Sicilia – 69 683 ab. alt. 498 – a.s. luglio-agosto.*

Vedere *≤★★ sulla città vecchia dalla strada per Siracusa – Posizione pittoresca★ – Ragusa Ibla★★ : chiesa di San Giorgio★★ – Palazzo Cosentini : balconi★ – Palazzo Nicastro★★.*

Dintorni *Modica★ : San Giorgio★★, Museo delle Arti e Tradizioni Popolari★, Facciata★ di San Pietro Sud : 15 km – Castello di Donnafugata★ Ovest : 18 km.*

via Capitano Bocchieri 33 (Ibla-Palazzo La Rocca) ☎ 0932 621421, Fax 0932 623476.

A.C.I. *via G. Nicastro, 33 ☎ 0932 642566.*

Agrigento 138 – Caltanissetta 143 – Catania 104 – Palermo 267 – Siracusa 79.

Mediterraneo Palace M, via Roma 189 ☎ 0932 621944, *Fax 0932 623799* – TV – 300. AE VISA.
Pasto carta 35/55000 (10 %) – **91 cam** ☕ 150/200000, 2 appartamenti.

Montreal, via San Giuseppe 6 ang. corso Italia ☎ 0932 621133, *Fax 0932 621133* – , rist, TV – 50. AE VISA
Pasto *(chiuso domenica)* carta 35/50000 – **50 cam** ☕ 95/130000 – 1/2 P 95/105000.

La Pergola, piazza Sturzo 6/7 ☎ 0932 255659, *Fax 0932 255659,* , Rist. e pizzeria – . AE VISA
chiuso da agosto al 10 settembre e martedì – **Pasto** specialità di mare carta 45/70000.

a Ibla :

U' Saracinu, via del Convento 9 ✉ 97100 Ragusa ☎ 0932 246976, *Fax 0932 246976* – AE VISA JCB
chiuso mercoledì – **Pasto** specialità regionali carta 25/45000.

Il Barocco, via Orfanotrofio 29 ✉ 97100 Ragusa ☎ 0932 652397, *Fax 0923 655854,* Rist. e pizzeria – . AE VISA JCB
chiuso agosto e mercoledì – **Pasto** carta 30/45000.

verso Marina di Ragusa *Sud-Ovest : 7,5 km :*

Eremo della Giubiliana , contrada Giubiliana ✉ 97100 Ragusa ☎ 0932 669119, *Fax 0932 623891,* , « In un antico convento », – TV P. AE VISA. rist
Pasto *(chiuso lunedì)* carta 35/70000 – **9 cam** ☕ 220/340000, 2 appartamenti – 1/2 P 215000.

RANDAZZO *95036 Catania* 988 ㊲, 432 N 26 *G. Sicilia – 11 626 ab. alt. 754.*

Vedere *Centro Storico★.*

Catania 69 – Caltanissetta 133 – Messina 88 – Taormina 45.

Trattoria Veneziano, via Romano 8 ☎ 095 7991353, *Fax 095 7991353* – . AE VISA
chiuso domenica sera e lunedì – **Pasto** carta 30/50000.

RIBERA *92016 Agrigento* 988 ㉟, 432 O 21 – *20 811 ab. alt. 230.*
Agrigento 53 – Palermo 147 – Sciacca 23.

a Seccagrande *Sud : 8 km – ✉ 92016 Ribera :*

✗ La Fattoria, prossimità strada statale 115 ✆ 0925 69111, Rist. e pizzeria – ▤ P.

SALINA (Isola) *Messina* 988 ㊱ ㊲ ㊳, 431, 432 L 26 – *Vedere Eolie (Isole).*

SAN GIOVANNI LA PUNTA *95037 Catania* 432 O 27 – *20 602 ab. alt. 355.*
Catania 10 – Enna 92 – Messina 95 – Siracusa 75.

Villa Paradiso dell'Etna ⛰, via per Viagrande 37 ✆ 095 7512409 e rist ✆ 095 7512409, *Fax 095 7413861*, ≤, ⛱, « Piccolo parco con ⛱; servizio colazione in terrazza roof-garden » – |‡|, ⇹ cam, ▤ TV ☎ P – 🏛 80. AE ⓢ ⓞ ⓜ VISA. ✻
Pasto al Rist. ***La Pigna*** carta 55/100000 – ☕ 15000 – **34 cam** 215/310000, 4 appartamenti – ½ P 180/220000.

✗✗ **Giardino di Bacco,** via Piave 3 ✆ 095 7512727, prenotare, « Servizio estivo in giardino » – ▤. AE ⓢ ⓞ ⓜ VISA. ✻
chiuso a mezzogiorno (escluso domenica ed i giorni festivi) e lunedì – **Pasto** carta 45/70000.

SAN LEONE *Agrigento* 432 P 22 – *Vedere Agrigento.*

*Keine Aufnahme in den **Michelin-Führer** durch*
– Beziehungen oder
– Bezahlung!

SAN MICHELE DI GANZARIA *95040 Catania* 432 P 25 – *4 852 ab. alt. 450.*
Agrigento 120 – Catania 88 – Caltagirone 15 – Ragusa 78.

Pomara ⛰, via Vittorio Veneto 84 ✆ 0933 977090 e rist ✆ 0933 976976, *Fax 0933 976976*, ≤ – |‡|, ▤ cam, TV ☎ P – 🏛 150. AE ⓢ ⓞ ⓜ VISA. ✻
Pasto al Rist. ***Pomara*** carta 40/50000 – **40 cam** ☕ 90/150000, ▤ 10000 – ½ P 100/125000.

SANTA FLAVIA *90017 Palermo* 432 M 22 – *9 772 ab..*
Vedere *Rovine di Solunto*★ : ≤★★ *dalla cima del colle Nord-Ovest : 2,5 km – Sculture*★ *di Villa Palagonia a Bagheria Sud-Ovest : 2,5 km.*
Agrigento 130 – Caltanissetta 116 – Catania 197 – Messina 223 – Palermo 18.

zona archeologica di Solunto *Nord-Ovest : 1 km :*

✗✗ **La Grotta,** ✉ 90017 ✆ 091 903213, *Fax 091 903213*, prenotare, « Veranda e terrazza panoramica sul golfo » – ▤ P. AE ⓢ ⓞ ⓜ VISA. ✻
chiuso dall'8 al 31 gennaio, giovedì e a mezzogiorno (escluso i giorni festivi) – **Pasto** specialità di mare carta 50/75000.

a Porticello *Nord-Est : 1 km – ✉ 90010 :*

✗✗ ✿ **La Muciara-Nello el Greco,** via Roma 105 ✆ 091 957868, *Fax 091 957271*, « Servizio estivo all'aperto » – ▤. AE ⓢ ⓞ ⓜ VISA. ✻
chiuso lunedì – **Pasto** specialità di mare carta 50/80000 (10 %)
Spec. Arancine al ragù di pesce (maggio-settembre). Tonno al vino rosso e olive (maggio-settembre). Tartara di tonno al finocchietto selvatico (maggio-settembre).

✗✗ **Trattoria al Faro Verde,** largo S. Nicolicchia 14 ✆ 091 957977, « Servizio estivo all'aperto » – AE ⓢ ⓞ ⓜ VISA. ✻
chiuso novembre e martedì – **Pasto** specialità di mare carta 45/70000 (10 %).

a Sant'Elia *Nord-Est : 2 km – ✉ 90010 :*

Kafara ⛰, ✆ 091 957377, *Fax 091 957021*, ≤ mare e scogliere, ⛱, « Terrazze fiorite con ⛱ con acqua di mare sulla scogliera », ⛱, ⛵, ⛱, ✗ – |‡| ▤ TV ☎ P – 🏛 70. AE ⓢ ⓞ ⓜ VISA. ✻
Pasto *(marzo-ottobre)* carta 50/80000 – **63 cam** ☕ 200/240000, 3 appartamenti – ½ P 140/160000.

SANTA TECLA *Catania* 432 O 27 – *Vedere Acireale.*

SANT'ELIA *Palermo* 432 N 25 – *Vedere Santa Flavia.*

SAN VITO LO CAPO *91010 Trapani* 988 ㉟, 432 M 20 *G. Sicilia – 3 913 ab..*

via Savoia 57 ☎ 0923 974300, Fax 0923 974300.

Palermo 108 – Trapani 38.

Capo San Vito, via San Vito 1 ☎ 0923 972122, *Fax 0923 972559*, <, – AE VISA JCB.
Pasqua-ottobre – **Pasto** carta 35/50000 – **35 cam** 155/260000 – ½ P 190000.

Riva del Sole, via Generale Arimondi 11 ☎ 0923 972629, *Fax 0923 972621*, – AE VISA.
chiuso gennaio e febbraio – **Pasto** carta 25/45000 – 10000 – **9 cam** 100/140000 – ½ P 80/110000.

Halimeda senza rist, via Generale Arimondi 100 ☎ 0923 972399, *Fax 0923 972399* – AE VISA JCB.
9 cam 90/150000.

Miraspiaggia, via Lungomare 40 ☎ 0923 972355, *Fax 0923 972009*, <, – cam, AE VISA.
Pasqua-ottobre – **Pasto** carta 35/50000 – 10000 – **19 cam** 120/155000 – ½ P 80/130000.

Egitarso, via Lungomare 54 ☎ 0923 972111, *Fax 0923 972062*, <, – cam, AE VISA. rist
Pasto carta 35/60000 (15 %) – 10000 – **42 cam** 130/220000 – ½ P 140000.

Thaam, via Abruzzi 32 ☎ 0923 972836, Coperti limitati; prenotare – AE VISA.
chiuso mercoledì escluso da giugno a settembre – **Pasto** specialità siciliane e tunisine carta 40/65000 (15 %).

Da Alfredo, contrada Valanga 3 (Sud : 1 km) ☎ 0923 972366, *Fax 0923 972366*, <, « Servizio estivo all'aperto in terrazza-giardino » – AE VISA JCB
chiuso dal 20 ottobre a novembre e lunedì – **Pasto** carta 35/60000.

We suggest:
for a successful tour, that you prepare it in advance. ***Michelin maps and guides,*** *will give you much useful information on route planning, places of interest, accommodation, prices etc.*

SCIACCA *92019 Agrigento* 988 ㉟, 432 O 21 *G. Sicilia – 40 276 ab. alt. 60 – Stazione termale (15 aprile-15 novembre).*

Vedere *Palazzo Scaglione*★.

corso Vittorio Emanuele 84 ☎ 0925 21182, Fax 0925 84121.

Agrigento 63 – Catania 230 – Marsala 71 – Messina 327 – Palermo 134 – Trapani 112.

Hostaria del Vicolo, vicolo Sammaritano 10 ☎ 0925 23071, *Fax 0925 23071* – AE VISA
chiuso dal 14 ottobre al 1º novembre e lunedì – **Pasto** carta 50/70000.

SCOGLITTI *Ragusa* 432 Q 25 – *Vedere Vittoria.*

SECCAGRANDE *Agrigento* 432 O 21 – *Vedere Ribera.*

SEGESTA *Trapani* 988 ㉟, 432 N 20 *G. Sicilia – alt. 318 (Ruderi di un'antica città ellenistica).*

Vedere *Rovine*★★★ – *Tempio*★★★ – <★★ *dalla strada per il Teatro – Teatro*★.

SELINUNTE *Trapani* 988 ㉟, 432 O 20 *G. Sicilia (Ruderi di un'antica città sorta attorno al 500 avanti Cristo).*

Vedere *Rovine*★★.

Dintorni *Cave di Cusa*★.

Agrigento 102 – Catania 269 – Messina 344 – Palermo 114 – Trapani 92.

a Marinella *Sud : 1 km* – ✉ *91020 :*

Alceste, ☎ 0924 46184, *Fax 0924 46143*, – AE VISA. cam
chiuso dal 16 novembre al 14 dicembre e dal 16 gennaio al 14 febbraio – **Pasto** carta 40/60000 (10 %) – 10000 – **26 cam** 100/130000 – ½ P 110/120000.

Garzia, via Pigafetta 45 ☎ 0924 46666, *Fax 0924 46196*, – 🛗 ▤ TV ☎. AE 🅂 ⓓ MC VISA JCB. ✕
Pasto *(marzo-ottobre)* carta 35/50000 (10%) – ☕ 10000 – **68 cam** 90/110000 – ½ P 95/115000.

SFERRACAVALLO *Palermo* 988 ㉟, 432 M 21 – *Vedere Palermo.*

SICULIANA *92010 Agrigento* 432 O 22 – *5 022 ab. alt. 85.*

Agrigento 19 – Palermo 124 – Sciacca 43.

Villa Sikania Ⓜ, strada statale 115 ☎ 0922 817818, *Fax 0922 815751*, – 🛗 ▤ TV ☎ ♿ P – 🏛 900. AE 🅂 ⓓ MC VISA. ✕
Pasto carta 55/70000 – **31 cam** ☕ 150/190000 – ½ P 115000.

SIRACUSA *96100* P 988 ㊲, 432 P 27 *G. Sicilia – 126 721 ab..*

Vedere *Zona archeologica★★★ AY : Teatro Greco★★★, Latomia del Paradiso★★★ L (Orecchio di Dionisio★★★), Anfiteatro Romano★ AY – Museo Archeologico Regionale★★ BY – Catacombe di San Giovanni★★ BY – Latomia dei Cappuccini★★ CY – Ortigia★★ CZ : Duomo★ D, Fonte Aretusa★ – Galleria Regionale di palazzo Bellomo★ CZ – Palazzo Mergulese-Montalto★, Via della Maestranza★.*

Escursioni *Passeggiata in barca sul fiume Ciane★★ Sud-Ovest : 4 h di barca (a richiesta) o 8 km.*

ℹ via San Sebastiano 45 ☎ 0931 67710, Fax 0931 67803 – via Maestranza 33 ☎ 0931 464255, Fax 0931 60204.

A.C.I. *Foro Siracusano 27 ☎ 0931 66656.*

Catania 59 ②.

Pianta pagina seguente

Grand Hotel Ⓜ, viale Mazzini 12 ☎ 0931 464600, *Fax 0931 464611*, « Ristorante roof-garden con ≤ città e mare » – 🛗, ⇔ cam, ▤ TV ☎ ♿ P – 🏛 50. AE 🅂 ⓓ MC VISA JCB. ✕ rist CZ c
Pasto carta 55/90000 – **58 cam** ☕ 240/350000, 2 appartamenti – ½ P 230/280000.

Grand Hotel Villa Politi, via Politi Laudien 2 ☎ 0931 412121, *Fax 0931 36061*, « Parco con ≤ Latomie dei Cappuccini », 🏊, – 🛗 ▤ TV ☎ P – 🏛 300. AE 🅂 ⓓ MC VISA. ✕ CY a
Pasto carta 50/75000 – **97 cam** ☕ 270/300000, 3 appartamenti – ½ P 200000.

Palace Hotel Helios, viale Scala Greca 201 ☎ 0931 491566, *Fax 0931 756612* – 🛗 ▤ TV ☎ P – 🏛 250. AE 🅂 ⓓ MC VISA. ✕ per ②
Pasto 50000 – **136 cam** ☕ 200/220000 – ½ P 170000.

Holiday Inn Siracusa, viale Teracati 30 ☎ 0931 463232, *Fax 0931 67115* – 🛗, ⇔ cam, ▤ TV ☎ P – 🏛 100 BY a
87 cam.

Domus Mariae, via Vittorio Veneto 76 ☎ 0931 24854, *Fax 0931 24858*, ≤ – ▤ TV ☎ – 🏛 30. AE 🅂 ⓓ MC VISA JCB. ✕ rist CZ d
Pasto (solo per alloggiati) 35/40000 – **12 cam** ☕ 170/230000 – ½ P 150/170000.

Park Hotel Helios, via Filisto 80 ☎ 0931 412233, *Fax 0931 38096*, 🏊, – 🛗 ▤ TV ☎ P – 🏛 300. AE 🅂 ⓓ MC VISA. ✕ rist per via Puglia CY
Pasto 40000 – **139 cam** ☕ 130/150000 – ½ P 105000.

Relax, viale Epipoli 159 ☎ 0931 740122, *Fax 0931 740933*, 🏊, – 🛗 ▤ TV ☎ P. AE 🅂 ⓓ MC VISA. ✕ rist per Castello Eurialo ABY
Pasto carta 30/50000 – **42 cam** ☕ 155/180000 – ½ P 115000.

Archimede, via Gemmellaro 8 ☎ 0931 69701, *Fax 0931 69701* – ▤. AE 🅂 ⓓ MC VISA JCB CZ b
chiuso domenica escluso da marzo a novembre – **Pasto** carta 40/60000 (10%).

Don Camillo, via Maestranza 96 ☎ 0931 67133, *Fax 0931 67133* – ▤. AE 🅂 ⓓ MC VISA
chiuso novembre, Natale e domenica – **Pasto** carta 45/65000 (15%). CZ a

Darsena, riva Garibaldi 6 ☎ 0931 61522, *Fax 0931 66104*, ≤ – ▤. AE 🅂 ⓓ MC VISA
chiuso mercoledì – **Pasto** carta 40/60000. CZ g

a Fontane Bianche *per ① : 15 km – ✉ 96010 Cassibile :*

La Spiaggetta, viale dei Lidi 473 ☎ 0931 790334, *Fax 0931 790317*, ≤ – ▤ P. AE 🅂 ⓓ MC VISA JCB
chiuso martedì escluso da aprile a settembre – **Pasto** carta 40/55000.

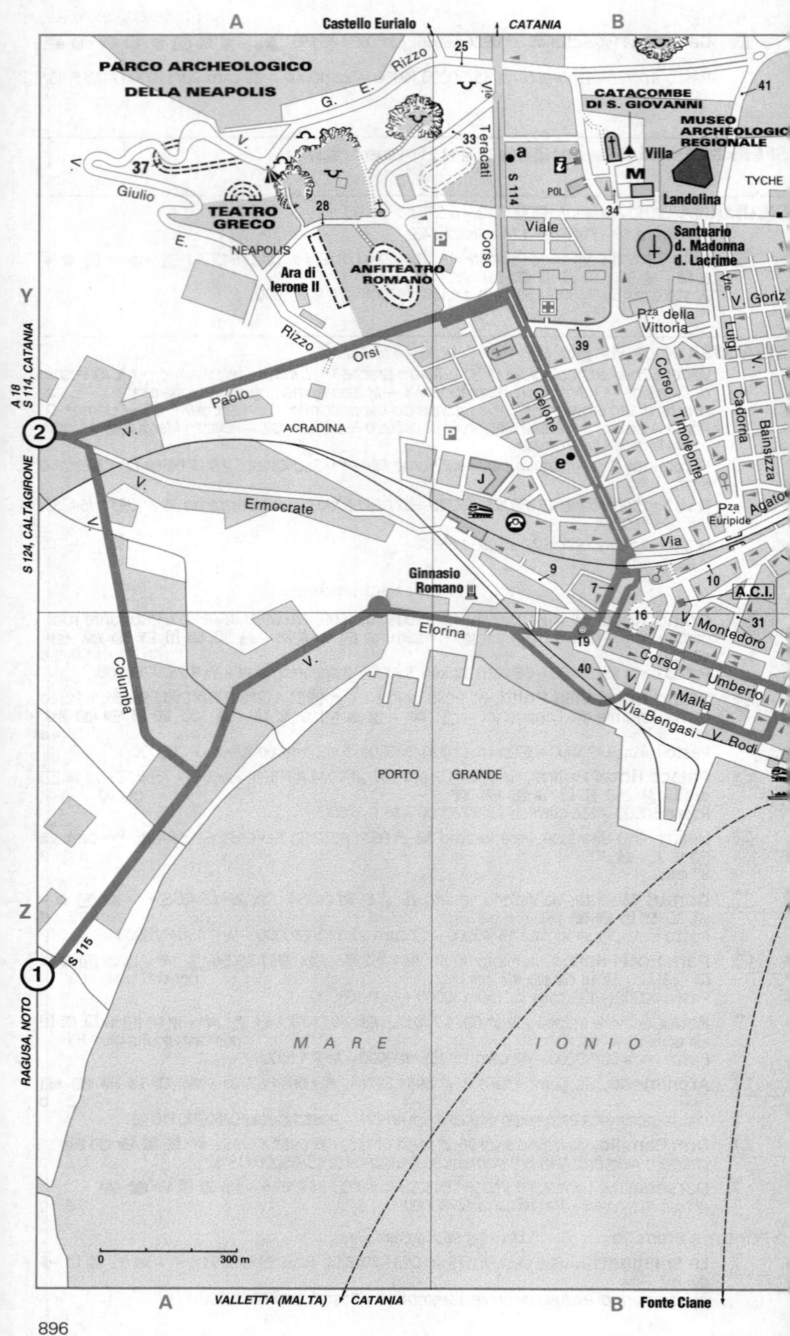
A
Castello Eurialo
CATANIA
B
PARCO ARCHEOLOGICO
DELLA NEAPOLIS
TEATRO GRECO
NEAPOLIS
Ara di Ierone II
ANFITEATRO ROMANO
CATACOMBE DI S. GIOVANNI
MUSEO ARCHEOLOGIC REGIONALE
Villa
Landolina
TYCHE
Santuario d. Madonna d. Lacrime
Pza della Vittoria
ACRADINA
Ginnasio Romano
A.C.I.
Pza Euripide
PORTO GRANDE
MARE IONIO
Y
Z
A 18 S 114, CATANIA
S 124, CALTAGIRONE
RAGUSA, NOTO
S 115
S 114
VALLETTA (MALTA)
CATANIA
Fonte Ciane
0
300 m

C

a
30
Piazza Cappuccini
Latomia dei Cappuccini
Via Torino
Teocrito
Riviera Dionisio il Grande
S. Lucia extra Mœnia
V. Monte Grappa
Piazza Sta Lucia
12
Arsenale
Y
MARE IONIO
PORTO PICCOLO
ISOLA DI ORTIGIA
Via Vitt. Veneto
27
ORTIGIA
g
40
c
24
21
Mastrarua
d
22
Pta Marina
b
R4
I. DEI CANI
3
V.
P
18
a
Belvedere S. Giacomo
Forte Vigliena
Z
PASSEGGIO ADORNO
13 D
Roma
Via Nizza
PAL. BELLOMO
Fonte Arethusa
4
36
S. MARTINO
6
Spirito Santo
15
Castello Maniace
C

SIRACUSA

Street	Grid	No.
Agatocle (Via)	BCY	
Agrigento (Via)	BCY	2
Archimede (Piazza)	CZ	3
Arsenale (Via d.)	BCY	
Bainsizza (Via)	BY	
Bengasi (Via)	BZ	
Cadorna (Viale L.)	BY	
Capodieci (Via)	CZ	4
Cappuccini (Piazza)	CY	
Castello Maniace (Via)	CZ	6
Catania (Via)	BY	7
Columba (Via)	AYZ	
Crispi (Via F.)	BY	9
Diaz (Viale A.)	BY	10
Dionisio il Grande (Riviera)	CY	12
Duomo (Piazza)	CZ	13
Elorina (Via)	ABZ	
Ermocrate (Via)	AY	
Euripide (Piazza)	BY	
Foro Siracusano	BYZ	16
Foro Vittorio Emanuele II	CZ	
Gelone (Corso)	BY	
Gorizia (Via)	BY	
Maestranza (Via d.)	CZ	18
Malta (Via)	BZ	
Marconi (Piazzale)	BZ	19
Matteotti (Corso G.)	CZ	21
Mergulensi (Via)	CZ	22
Mirabella (Via)	CZ	24
Montedoro (Via)	BZ	
Montegrappa (Via)	CY	
Necropoli Groticelle (Via d.)	BY	25
Nizza (Via)	CZ	
Orsi (Viale P.)	ABY	
Pancali (Piazza)	CZ	27
Paradiso (Via)	AY	28
Piave (Via)	BCY	
Puglia (Via)	CY	30
Regina Margherita (Viale)	BYZ	31
Rizzo (Viale G. E.)	AY	
Rodi (Via)	BZ	
Roma (Via)	CZ	
Romagnoli (Via)	ABY	33
S. Giovanni (Viale)	BY	34
S. Lucia (Piazza)	CY	
S. Martino (Via)	CZ	36
Sepolcri (Via d.)	AY	37
Svevia (Piazza F. d.)	CZ	38
Teocrito (Viale)	BCY	
Teracati (Viale)	BY	
Testaferrata (Via G.)	BY	39
Timoleonte (Corso)	BY	
Torino (Via)	CY	
Tripoli (Via)	BZ	40
Umberto I (Corso)	BZ	
Vittoria (Piazza d.)	BY	
Vittorio Veneto (Via)	CZ	
Von Platen (Via A.)	BY	41
XX Settembre (Via)	CZ	42

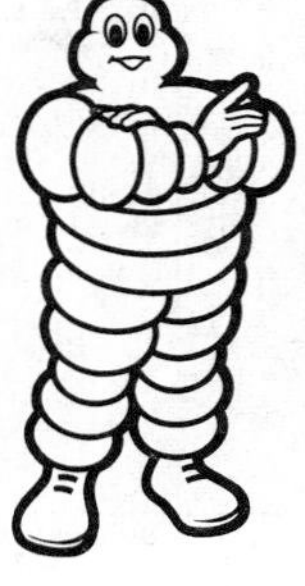

STROMBOLI (Isola) *Messina* 988 ㊲ ㊳, 431, 432 K 27 – *Vedere Eolie (Isole).*

SUTERA *93010 Caltanissetta* 432 O 23 – *1 847 ab. alt. 580.*
Agrigento 40 – Caltanissetta 67 – Messina 240.

Civiletto, via San Giuseppe 7 ✆ 0934 954587, prenotare la sera – ▤. 🅢 MC VISA. ✂
chiuso dal 1° al 10 luglio, domenica sera e lunedì – **Pasto** cucina mediterranea e casalinga carta 30/40000.

TAORMINA *98039 Messina* 988 ㊲, 432 N 27 *G. Sicilia – 10 651 ab. alt. 250.*
Vedere *Località★★★ – Teatro Greco★★★ : ≤★★★* **BZ** *– Giardino pubblico★★* **BZ** *– ✱★★ dalla piazza 9 Aprile* **AZ** *– Corso Umberto★* **ABZ** *– Castello : ≤★★* **AZ.**
Escursioni *Etna★★★ Sud-Ovest per Linguaglossa – Castel Mola★ Nord-Ovest : 5 km – Gole dell'Alcantara★.*
18 Il Picciolo (chiuso martedì) contrada Rovitello ✉ 95012 Castiglione di Sicilia ✆ 0942 986171, Fax 0942 986252, Ovest : 25 km.
piazza Santa Caterina (Palazzo Corvaja) ✆ 0942 23243, Fax 0942 24941.
Catania 52 ② – Enna 135 ② – Messina 52 ① – Palermo 255 ② – Siracusa 111 ② – Trapani 359 ②.

Grand Hotel Timeo ≫, via Teatro Greco 59 ✆ 0942 23801, *Fax 0942 628501*, ≤ mare, costa ed Etna, ⛱, « Grande parco e terrazze fiorite » – ⫶ ▤ TV ☎ P – 🏂 200. AE 🅢 ⓓ MC VISA JCB. ✂ BZ x
Pasto al Rist. ***Il Dito e La Luna*** carta 90/145000 – **56 cam** ☕ 500/640000, 9 appartamenti – ½ P 410000.

San Domenico Palace ≫, piazza San Domenico 5 ✆ 0942 23701, *Fax 0942 625506*, ⛱, « Convento del 15° secolo con giardino fiorito e ≤ mare, costa ed Etna », Fō, ⛆ riscaldata – ⫶ ▤ TV ☎ ♿ P – 🏂 400. AE 🅢 ⓓ MC VISA. ✂ AZ m
Pasto carta 75/120000 – **111 cam** ☕ 440/750000, 8 appartamenti – ½ P 415/475000.

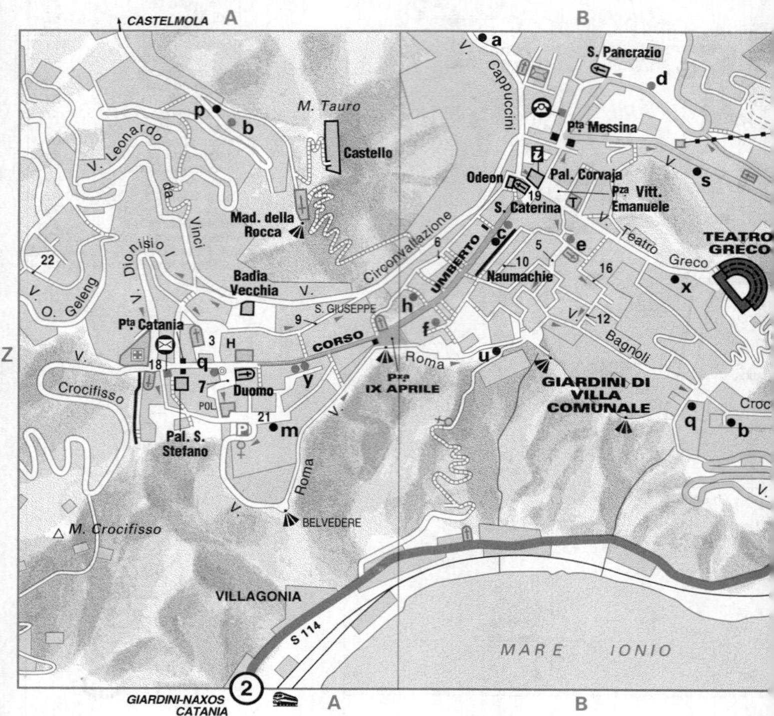

Villa Diodoro, via Bagnoli Croci 75 ☎ 0942 23312, *Fax 0942 23391*, < mare, costa ed Etna, « su terrazza panoramica », – ■ TV ☎ ♿ P – 400. AE VISA.
Pasto carta 60/100000 – **102 cam** 260/360000 – ½ P 220/240000. BZ q

Gd H. Miramare, via Guardiola Vecchia 27 ☎ 0942 23401, *Fax 0942 626223*, < mare e costa, , , , – ■ TV ☎ P. AE VISA JCB. CZ c
marzo-ottobre – **Pasto** carta 65/90000 – **68 cam** 270/340000 – ½ P 200/210000.

Villa Fabbiano, senza rist, via Pirandello 81 ☎ 0942 626058, < mare e costa, « Terrazze roof-garden », – ■ TV ☎ P. VISA. CZ a
marzo-ottobre – **23 cam** 190/420000, 4 appartamenti.

Villa Ducale senza rist, via Leonardo da Vinci 60 ☎ 0942 28153, *Fax 0942 28710*, < mare, costa ed Etna – ■ TV ☎ P. AE VISA JCB. AZ p
chiuso dal 15 gennaio al 1° marzo e dal 30 novembre a dicembre – **13 cam** 270/400000.

Villa Belvedere senza rist, via Bagnoli Croci 79 ☎ 0942 23791, *Fax 0942 625830*, < giardini, mare ed Etna, « Parco con » – ☎ P. VISA BZ b
chiuso dal 12 novembre al 20 dicembre e dal 13 gennaio al 15 marzo – **47 cam** 170/270000.

Villa Sirina, contrada Sirina ☎ 0942 51776, *Fax 0942 51671*, , – ■ TV ☎ P. AE VISA. 2 km per via Crocifisso AZ
chiuso dal 10 gennaio al 20 marzo – **Pasto** (solo per alloggiati e *chiuso a mezzogiorno*) – **15 cam** 220000 – ½ P 130/145000.

Isabella, corso Umberto 58 ☎ 0942 23153, *Fax 0942 23155* – ■ TV ☎. AE VISA. BZ c
Pasto (solo per alloggiati e *chiuso a mezzogiorno*) 30/40000 – **32 cam** 130/220000 – ½ P 120/140000.

Villa Fiorita senza rist, via Pirandello 39 ☎ 0942 24122, *Fax 0942 625967*, < mare e costa, , – ■ TV ☎ . AE VISA BZ s
24 cam 180/195000.

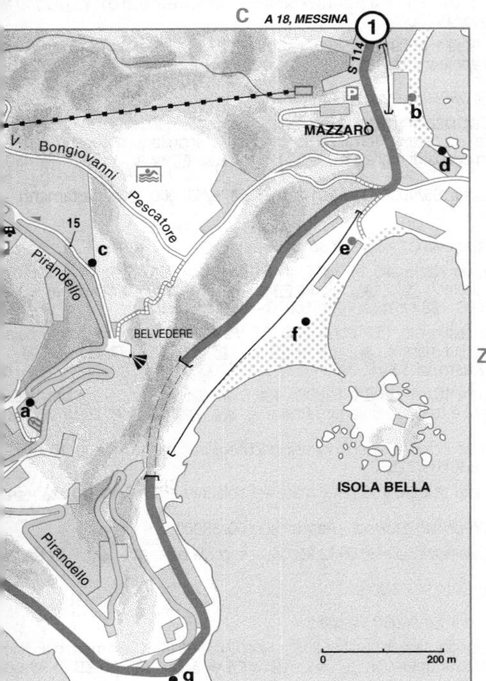

TAORMINA

Circolazione regolamentata nel centro città da giugno a settembre

Carmine (Piazza d.) . . . . AZ 3
Don Bosco (Via) . . . . BZ 6
Duomo (Piazza d.) . . . . AZ 7
Fazzello (Via) . . . . AZ 9
Giardinazzo (Via) . . . . BZ 10
Ginnasio (Via d.) . . . . BZ 12
Giovanni (Via d.) . . . . BZ 13
Guardiola Vecchia (Via) . . BCZ 15
Jallia Bassia (Via) . . . . BZ 16
S. Antonio (Piazza) . . . . AZ 18
S. Caterina (Largo) . . . . BZ 19
S. Domenico (Piazzale) . . . AZ 21
Umberto I (Corso) . . . . ABZ
Von Gloeden (Via W.) . . . . . AZ 22

Andromaco senza rist, via Fontana Vecchia ℘ 0942 23436, *Fax 0942 24985*, ≤, – AE ⓢ ⓞ MC VISA per via Cappuccini BZ
20 cam ⊐ 120/160000.

Condor senza rist, via Dietro Cappuccini 25 ℘ 0942 23124, *Fax 0942 625726*, ≤ – . AE ⓢ ⓞ MC VISA BZ a
12 cam ⊐ 100/150000.

XXXX **La Giara,** vico la Floresta 1 ℘ 0942 23360, *Fax 0942 23233*, ≤, Rist. e piano-bar, Coperti limitati; prenotare – . AE ⓢ ⓞ MC VISA. BZ f
chiuso novembre, febbraio, marzo (escluso venerdì-sabato), a mezzogiorno e lunedì (escluso da luglio a settembre) – **Pasto** carta 70/105000.

XX **Nautilus,** via San Pancrazio 48 ℘ 0942 625024, *Fax 0942 625011*, , Coperti limitati; prenotare – AE ⓢ MC VISA BZ d
chiuso dal 15 gennaio al 15 febbraio e martedì – **Pasto** carta 50/85000.

XX **Maffei's,** via San Domenico de Guzman 1 ℘ 0942 24055, *Fax 0942 24055*, , Coperti limitati; prenotare – AE ⓢ ⓞ MC VISA AZ y
chiuso dal 10 gennaio al 20 febbraio e martedì (escluso da Pasqua ad ottobre) – **Pasto** carta 70/110000.

XX **Al Duomo,** vico Ebrei 11 ℘ 0942 625656, Coperti limitati; prenotare, « Servizio estivo in terrazza » – . AE ⓢ ⓞ MC VISA AZ q
chiuso mercoledì escluso da aprile a settembre – **Pasto** specialità siciliane carta 45/80000.

XX **La Griglia,** corso Umberto 54 ℘ 0942 23980, *Fax 0942 626047* – . AE ⓢ ⓞ MC VISA.
chiuso dal 20 novembre al 20 dicembre e martedì – **Pasto** carta 45/80000. BZ c

XX **Al Castello,** via Madonna della Rocca 11 ℘ 0942 28158, *Fax 0942 28158*, « Servizio estivo in terrazza panoramica con ≤ mare e costa ». AE ⓢ ⓞ MC VISA. AZ b
chiuso dal 15 gennaio al 20 febbraio, mercoledì a mezzogiorno da giugno a settembre, tutto il giorno negli altri mesi – **Pasto** carta 55/90000 (10%).

XX **Vicolo Stretto,** via Vicolo Stretto 6 ℘ 0942 23849, ≤, , Coperti limitati; prenotare – . AE ⓢ ⓞ MC VISA. BZ h
chiuso dal 9 al 20 dicembre, dall'8 gennaio al 12 febbraio e lunedì (escluso dal 15 giugno al 15 settembre) – **Pasto** carta 50/95000.

X **Il Baccanale,** piazzetta Filea 1 ℘ 0942 625390, *Fax 0942 625390*, – . ⓢ MC VISA.
chiuso giovedì escluso da aprile a settembre – **Pasto** carta 40/70000. BZ e

a Capo Taormina *Sud : 4 km – ✉ 98030 Mazzarò :*

Grande Albergo Capotaormina , via Nazionale 105 ℘ 0942 572111, *Fax 0942 625467*, ≤ mare e costa, « Terrazza-giardino sulla scogliera, ascensori per la spiaggia », , , con acqua di mare, – , cam, – 450. AE ⓢ ⓞ VISA. CZ g
aprile-ottobre – **Pasto** carta 65/100000 – **201 cam** ⊐ 375/530000, 2 appartamenti – 1/2 P 315000.

a Mazzarò *Est 5,5 km o 5 mn di cabinovia CZ – ✉ 98030 :*

Mazzarò Sea Palace, via Nazionale 147 ℘ 0942 612111, *Fax 0942 626237*, ≤ piccola baia, , « Terrazza-solarium con », – – 90. AE ⓢ ⓞ MC VISA JCB.
aprile-ottobre – **Pasto** 70000 – **88 cam** ⊐ 400/560000 – 1/2 P 325000.

Villa Sant'Andrea, via Nazionale 137 ℘ 0942 23125, *Fax 0942 24838*, ≤ piccola baia, « Parco con terrazze fiorite sul mare », – – 200. AE ⓢ ⓞ MC VISA.
Pasto carta 60/95000 – **67 cam** ⊐ 395/550000 – 1/2 P 200/320000. CZ d

La Plage , via Nazionale 107 A ℘ 0942 626095, *Fax 0942 625850*, ≤ baia di Isolabella, , « Boungalows in pineta e terrazze-solarium fiorite », – . AE ⓢ MC VISA. CZ f
Pasto al Rist. ***Re Artù*** *(marzo-ottobre; aperto i week-end negli altri mesi)* carta 60/105000 – **64 cam** ⊐ 275/390000 – 1/2 P 205/225000.

XX **Da Giovanni,** via Nazionale ℘ 0942 23531, ≤ mare ed Isolabella – AE ⓢ ⓞ MC VISA JCB. CZ e
chiuso dal 7 gennaio al 10 febbraio e lunedì – **Pasto** carta 50/85000.

X **Il Delfino-da Angelo,** via Nazionale ℘ 0942 23004, ≤ piccola baia, , – AE ⓢ ⓞ MC VISA CZ b
15 marzo-ottobre – **Pasto** carta 50/75000.

a Lido di Spisone *Nord-Est: 1,5 km – ✉ 98030 Mazzarò :*

Lido Caparena, via Nazionale 189 ℘ 0942 652033, *Fax 0942 36913*, ≤, « Ampio giardino fiorito con servizio rist. estivo all'aperto », , – – 200. AE ⓢ ⓞ MC VISA.
Pasto carta 55/85000 – **88 cam** ⊐ 260/370000 – 1/2 P 225000.

Lido Méditerranée, 0942 24422, *Fax 0942 24774,* ≤, – . rist
aprile-ottobre – **Pasto** 60000 – **72 cam** 300/350000 – 1/2 P 225000.

Bay Palace, via Nazionale 0942 626200, *Fax 0942 626199,* ≤, « Terrazze-solarium con panoramica » – . rist
Pasto (solo per alloggiati e *chiuso a mezzogiorno*) 35/65000 – **47 cam** 170/235000 – 1/2 P 150000.

a **Castelmola** *Nord-Ovest : 5 km AZ – alt. 550 – 98030 :*

Villa Sonia, via Porta Mola 9 0942 28082, *Fax 0942 28083,* ≤ Etna, – – 110. . rist
Pasto carta 40/75000 – **30 cam** 180/230000, 4 appartamenti – 1/2 P 120/150000.

TERME VIGLIATORE *98050 Messina* 432 M 27 *G. Sicilia – 6 299 ab..*

Vedere *Villa Romana*★.
Catania 123 – Enna 174 – Messina 50 – Palermo 184.

Il Gabbiano, via Marchesana 4, località Lido Marchesana 090 9782343, *Fax 090 9781385,* ≤, « Terrazza sul mare », – .
chiuso gennaio e febbraio – **Pasto** carta 30/50000 – 12000 – **39 cam** 110/130000 – 1/2 P 85/110000.

TERMINI IMERESE *90018 Palermo* 988 ㊱, 432 N 23 *G. Sicilia – 27 978 ab. alt. 113.*

Agrigento 150 – Messina 202 – Palermo 36.

Gd H. delle Terme, piazza Terme 2 091 8113557, *Fax 091 8113107,* « Giardino fiorito con e terrazza panoramica con ≤ », – – 150. . rist
Pasto carta 45/70000 – **70 cam** 170/260000 – 1/2 P 150/170000.

Il Gabbiano senza rist, via Libertà 221 091 8113262, *Fax 091 8114225* – . .
24 cam 90/120000.

TERRASINI *90049 Palermo* 432 M 21 *G. Sicilia – 10 999 ab. alt. 35.*

Vedere *Museo Civico : carretti siciliani*★.
Dintorni *Carini : decorazione a stucchi*★★ *nell'Oratorio del SS. Sacramento Est : 16 km.*
Palermo 29 – Trapani 71.

Cala Rossa M, via Marchesa di Cala Rossa 091 8685153, *Fax 091 8684727,* « Giardino con e » – – 500. .
Pasto 40/50000 – **68 cam** 155/240000 – 1/2 P 140000.

Primafila, via Saputo 8 091 8684422 – .
chiuso novembre, a mezzogiorno dal 20 luglio al 15 settembre, lunedì negli altri mesi – **Pasto** carta 40/75000.

L'Orlando Furioso, via Rimembranze 1/3, lungomare Praiola 091 8682553 – .

TORREGROTTA *98040 Messina* 432 M 28 – *6 585 ab. alt. 48.*

Catania 141 – Messina 29 – Palermo 215.

Thomas, via Sfavemi 98, località Scala 090 9981947, *Fax 090 9982273* – .
chiuso dicembre – **Pasto** *(chiuso lunedì)* carta 35/55000 – 6500 – **18 cam** 55/85000 – 1/2 P 75/80000.

TRACINO *Trapani* 988 ㉟, 432 Q 18 – *Vedere Pantelleria (Isola di).*

In questa guida
uno stesso simbolo, una stessa parola
stampati in rosso o in **nero**, in magro o in ***grassetto***
hanno un significato diverso.

Leggete attentamente le pagine esplicative.

TRAPANI

Alighieri (Lungomare Dante) **BZ**
Archi (Via) . . . . **BY** 3
Bassi (Via L.). . . . . **BZ**
Botteghelle (Via) . . . . **AZ** 4
Carolina (Via) . . . . **AZ** 6
Cassaretto (Via) . . . . **AZ** 7
Catulo Lutazio (Via) . . . . **AZ**
Cesaro (Via) . . . . **BY** 8
Colombo (Via C.) . . . . **AZ** 9
Cosenza (Via) . . . . **BY**
Crispi (Via). . . . . **BZ** 10
Custonaci (Via). . . . . **AZ** 12
Duca d'Aosta (Viale) . . . . **AZ**
Fardella (Via G. B.) . . . . **BY**
Garibaldi (Piazza) . . . . **BZ**
Garibaldi (Via) . . . . **BZ**
Ilio (Via) . . . . **BY** 13
Italia (Corso) . . . . **BZ** 15
Jolanda (Piazza) . . . . **AZ**
Libertà (Via). . . . . **BZ** 16
Libica (Via) . . . . **BY** 18
Madonna di Fatima (Via) . . . **BY** 19
Malta (Piazza) . . . . **BZ**
Manzoni (Via) . . . . **BY** 20
Marino Torre (Via) . . . . **BZ** 21
Marsala (Via). . . . . **BY**
Mattarella (Via P.). . . . . **BY** 22
Matteotti (Piazza). . . . . **BZ** 24
Mazzini (Via) . . . . **BZ**
Mercato del Pesce (Piazza) . **BZ** 25
Monte S. Giuliano (Via) . . . . **BY** 27
Mura di Tramontana (Via) . . . **BZ** 28
Nasi (Via N.) . . . . **AZ** 30
Nausicaa (Via). . . . . **BZ** 31
Ninfe (Largo d.) . . . . **AZ** 33
Orfane (Via). . . . . **BZ** 34
Orti (Via) . . . . **BY**
Osorio (Via) . . . . **BZ**
Pace (Via della) . . . . **BY** 36
Palermo (Via) . . . . **BY** 37
Pallante (Via). . . . . **BZ** 39
Palmeri (Via G.) . . . . **BZ** 40
Palmerio Abate (Via) . . . . **BZ** 42
Passo Enea (Via) . . . . **BZ** 43
Pepoli (Via Conte A.) . . . . **BY** 45
Poeta Calvino (Via) . . . . **BZ** 46
Procida (Via Giov. d.) . . . . . . **AZ** 48
Regina Elena (Viale) . . . . **AZ**
Roma (Via) . . . . **BZ** 49
Salemi (Via). . . . . **BY**
S. Anna (Via). . . . . **AZ** 51
S. Francesco d'Assisi (Via) . **AZ** 52
S. Francesco di Paola (Largo) . . . . **BZ** 54
Scalo d'Alaggio (Piazza) . . . . **AZ**
Scarlatti (Piazza). . . . . **BZ** 55
Scontrino (Via) . . . . **BZ** 57
Serisso (Via) . . . . **AZ** 58
Sirene (Viale d.) . . . . **AZ** 60
Spalti (Via) . . . . **BZ**
Staiti (Via Ammiraglio) . . . . . . **BZ**
Torre di Ligny (Viale). . . . . **AZ** 61
Torrearsa (Via). . . . . **BZ**
Umberto I (Piazza). . . . . **BZ** 63
Vallona (Via) . . . . **BZ** 64
Vespri (Via) . . . . **BZ**
Virgilio (Via). . . . . **BY**
Vittorio Emanuele (Corso) . . **AZ** 66
Vittorio Emanuele (Piazza) . . **BZ** 67
Vittorio Veneto (Piazza). . . . . **BZ**
XX Settembre (Via) . . . . **BZ** 69
XXX Gennaio (Via) . . . . **BZ**
Zir (Via) . . . . **BY** 70

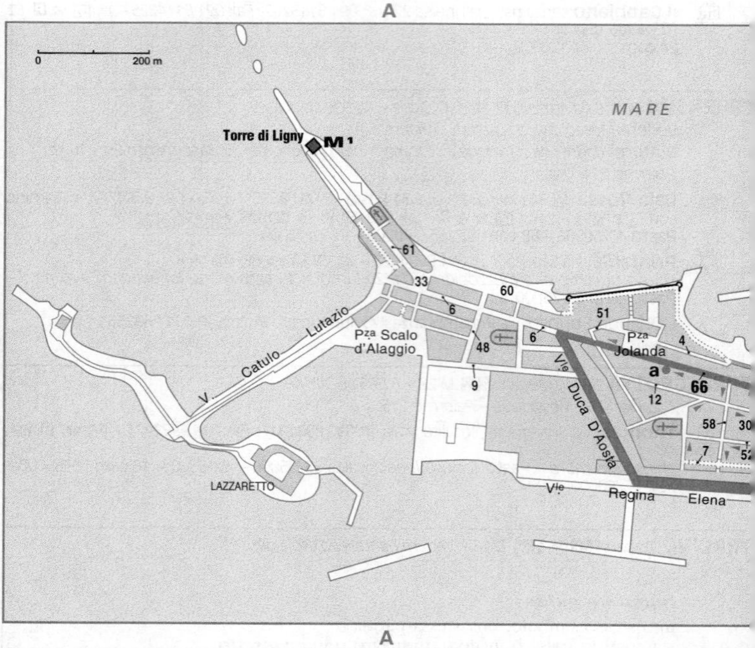

A
0 200 m
MARE
Torre di Ligny M1
Z
Pza Scalo d'Alaggio
V. Catulo Lutazio
Vle Duca D'Aosta
Pza Jolanda
LAZZARETTO
Vle Regina Elena
A

Le **carte stradali Michelin** sono costantemente aggiornate.

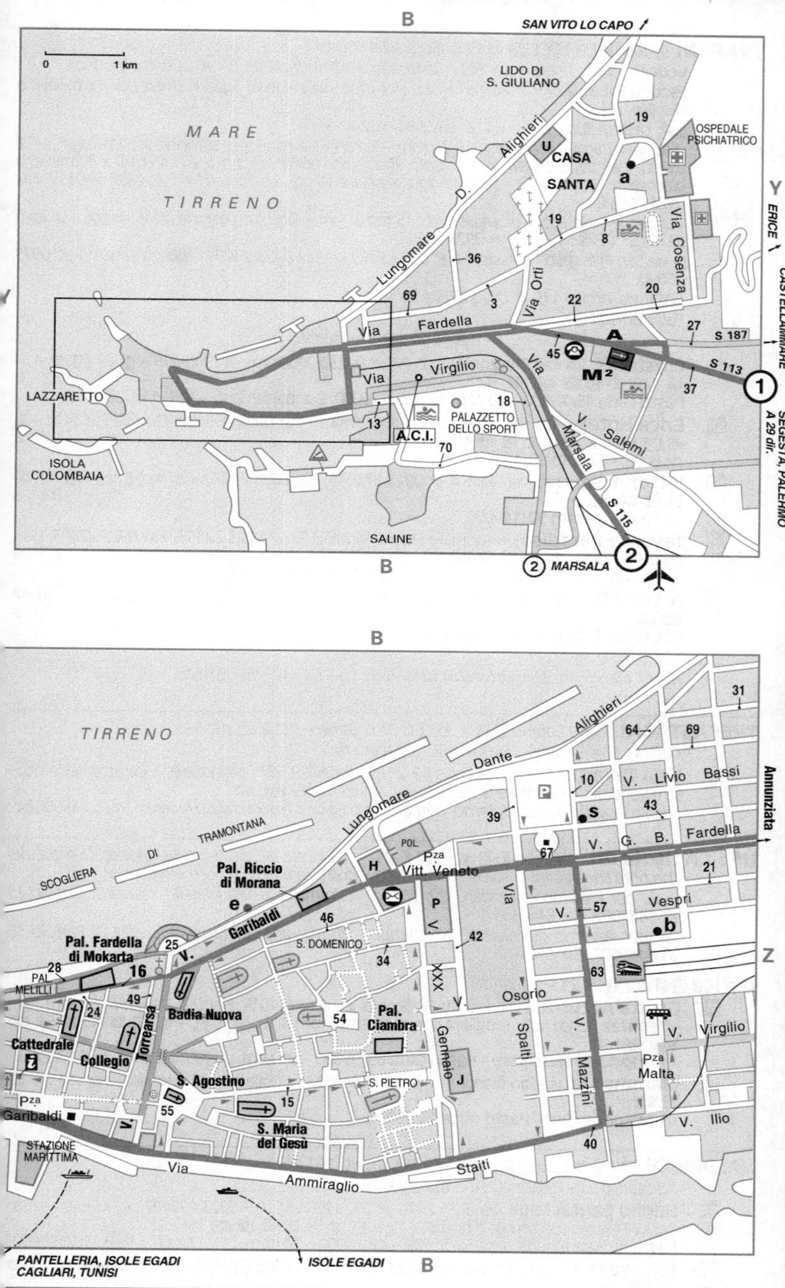
B
SAN VITO LO CAPO
0
1 km
LIDO DI
S. GIULIANO
MARE
TIRRENO
Alighieri
U
CASA
SANTA
a
19
OSPEDALE
PSICHIATRICO
Y
ERICE
Lungomare
D.
19
8
Via Cosenza
36
CASTELLAMMARE
69
3
Via Orti
22
20
Via
Fardella
27
S 187
A
45
M²
S 113
1
LAZZARETTO
Via
Virgilio
Via
37
18
13
PALAZZETTO
DELLO SPORT
A.C.I.
V.
Salemi
SEGESTA, PALERMO
A 29 dir.
ISOLA
COLOMBAIA
70
Marsala
S 115
SALINE
B
2
MARSALA
B
TIRRENO
Alighieri
31
64
69
Dante
V.
Livio
Bassi
Annunziata
Lungomare
10
TRAMONTANA
39
S
43
DI
POL
Pza
V.
G.
B.
Fardella
SCOGLIERA
Pal. Riccio
di Morana
H
Vitt. Veneto
67
21
e
Via
P
V.
57
Vespri
Garibaldi
46
42
b
Pal. Fardella
di Mokarta
25
V.
S. DOMENICO
Z
28
16
34
63
PAL.
MELILLI
XXX
V.
Osorio
49
24
Badia Nuova
Torrearsa
54
Pal.
Ciambra
Spalti
V.
V.
Virgilio
Cattedrale
Collegio
Gennaio
Pza
Malta
S. Agostino
S. PIETRO
J
Mazzini
Pza
Garibaldi
15
55
V.
V.
Ilio
S. Maria
del Gesù
40
STAZIONE
MARITTIMA
Via
Staiti
Ammiraglio
PANTELLERIA, ISOLE EGADI
CAGLIARI, TUNISI
ISOLE EGADI
B

TRAPANI *91100* P 988 ㉟, 432 M 19 *G. Sicilia – 69 510 ab..*

Vedere *Museo Pepoli★* BY **M2** – *Santuario dell'Annunziata★* BY **A** – *Centro Storico★.*

Escursioni *Isola di Pantelleria★★ Sud per motonave – Isole Egadi★ Ovest per motonave o aliscafo.*

di Birgi Sud : 15 km BY *0923 842502.*

per Cagliari martedì (11 h 30 mn) – Tirrenia Navigazione, stazione marittima 1478 99000, Fax 0923 29436; per le Isole Egadi giornalieri (da 1 h a 2 h 45 mn) e Pantelleria giornaliero (5 h 45 mn) – Siremar-agenzia Mare Viaggi, via Staiti 61/63 0923 540515, Fax 0923 20663.

per le Isole Egadi giornalieri (da 15 mn a 1 h) – Siremar-agenzia Mare Viaggi, via Staiti 61/63 0923 540515, Fax 0923 20663.

via San Francesco d'Assisi 25 0923 545511, Fax 0923 24004 – piazza Saturno 0923 29000.

A.C.I. *via Virgilio 115 0923 27064.*

Palermo 104 ①.

Piante pagine precedenti

Crystal M, via San Giovanni Bosco 17 0923 20000, *Fax 0923 25555* – – 140. AE VISA. BZ b
Pasto carta 45/75000 – **70 cam** 185/220000, 2 appartamenti – ½ P 145000.

Erice Hotel senza rist, via Madonna di Fatima 191 0923 568322, *Fax 0923 563411* – . AE VISA BY a
8000 – **32 cam** 90/140000.

Vittoria senza rist, via Crispi 4 0923 873044, *Fax 0923 29870* – – 50. AE VISA BZ s
8000 – **65 cam** 90/140000.

Taverna Paradiso, lungomare Dante Alighieri 22 0923 22303, *Fax 0923 22303*, prenotare la sera – . AE VISA. BZ e
chiuso dal 10 al 16 agosto e domenica – **Pasto** carta 60/75000.

Ai Lumi Tavernetta, corso Vittorio Emanuele 75 0923 872418, prenotare – . VISA AZ a
chiuso dal 15 giugno al 15 luglio – **Pasto** carta 40/60000.

Read carefully the introduction it is the key to the Guide.

TRECASTAGNI *95039 Catania* 988 ㊲, 432 O 27 *G. Sicilia – 8 059 ab. alt. 586.*

Catania 17 – Enna 99 – Messina 85 – Siracusa 82.

Villa Taverna, corso Colombo 42 095 7806458, , prenotare, « Caratteristica ricostruzione di un quartiere della vecchia Catania » – P. VISA.
chiuso lunedì e a mezzogiorno, domenica ed i giorni festivi chiuso la sera – **Pasto** 45000 bc.

USTICA (Isola di) *Palermo* 988 ㉟, 432 K 21 – *1 242 ab. alt. da 0 a 238 (Monte Guardia dei Turchi)La limitazione d'accesso degli autoveicoli è regolata da normelegislative.*

per Palermo giornaliero (2 h 20 mn) – Siremar-agenzia Militello, piazza Di Bartolo 15 8449002, Fax 8444945.

per Palermo giornaliero (1 h 15 mn) – Siremar-agenzia Militello, piazza Di Bartolo 15 8449002, Fax 8444945.

Ustica 988 ㉟, 432 K 21 – ✉ *90010*

Grotta Azzurra , contrada Ferlicchio 091 8449048, *Fax 091 8449396*, ≤ mare, , « Terrazze fiorite sulla scogliera con accesso privato al mare », – . AE VISA. rist
21 maggio-24 settembre – **Pasto** carta 65/95000 – **51 cam** 260/430000 – ½ P 235000.

Mamma Lia, via San Giacomo 2 091 8449594, « Collezione di utensili da pesca » – AE VISA
marzo-novembre – **Pasto** carta 45/55000.

VALDERICE *91019 Trapani* 432 M 19 – *11 193 ab. alt. 250.*

Agrigento 99 – Palermo 184 – Trapani 9.

Baglio Santacroce , Est : 2 km 0923 891111, *Fax 0923 891192*, ≤, « Tipico baglio del XVII secolo con terrazze fiorite », – P. AE VISA.
Pasto *(chiuso lunedì)* carta 35/55000 – 10000 – **25 cam** 110/170000 – ½ P 110/130000.

Ericevalle, via del Cipresso 1 0923 891133, *Fax 0923 833178* – P. AE VISA.
Pasto *(chiuso martedì)* carta 30/45000 – 10000 – **26 cam** 130/150000 – ½ P 105/120000.

a Bonagia *Nord-Est : 4 km – ✉ 91010 :*

Tonnara di Bonagia, piazza Tonnara ✆ 0923 431111, *Fax 0923 592177,* ←, « Vecchia tonnara con torre saracena del XVII secolo », ⛱, 🌳, 🎾 – |‡| ▤ TV ☎ ♿ P – 🏊 350. AE $ ⊙ MC VISA. ✂
21 marzo-9 novembre – **Pasto** 45000 – **45 cam** ☕ 190/275000, 4 appartamenti – ½ P 185000.

Saverino con cam, via Lungomare 3 ✆ 0923 592727, *Fax 0923 592388,* ← – |‡| ▤ TV ☎ ♿ P. AE $ MC VISA. ✂
chiuso dal 15 dicembre al 5 gennaio – **Pasto** *(chiuso lunedì dal 15 settembre al 15 giugno)* carta 35/65000 – ☕ 10000 – **20 cam** 120/160000 – ½ P 105000.

Cortile di Venere 2, via Tonnara 59 ✆ 0923 592700, 🌳, prenotare – ▤. $ MC VISA. ✂
chiuso dal 1º al 15 gennaio, dal 15 al 31 ottobre e mercoledì a mezzogiorno – **Pasto** carta 45/60000.

VILLAFRATI *90030 Palermo* 988 ㊱, 432 N 22 *3 425 ab. alt. 450.*
Agrigento 87 – Caltanissetta 100 – Palermo 36.

Mulinazzo, strada statale 121, località Bolognetta Nord : 9 km ✆ 091 8724870, *Fax 091 8737533* – ▤ P. AE $ ⊙ MC VISA
chiuso dal 10 al 24 gennaio, domenica sera e lunedì – **Pasto** 65000 e carta 55/80000
Spec. Croquettes di gamberoni con maionese di pomodoro. Macco (passato) di fave con ricotta e scampi. Involtini di pesce con caponata croccante.

VITTORIA *97019 Ragusa* 432 Q 25 *G. Sicilia – 59 428 ab. alt. 169.*
Agrigento 107 – Catania 96 – Ragusa 26 – Siracusa 104.

Grand Hotel senza rist, vico II Carlo Pisacane 53/B ✆ 0932 863888, *Fax 0932 863888* – |‡| ▤ TV ☎ 🚗. AE $ ⊙ MC VISA
27 cam ☕ 80/120000.

Opera, via Carlo Alberto 133/b ✆ 0932 869129, prenotare – ▤. AE $ MC VISA. ✂
chiuso agosto e domenica, in luglio chiuso la sera e sabato – **Pasto** specialità di mare carta 50/85000.

a Scoglitti *Sud-Ovest : 13 km – ✉ 97010 :*

Mida, via delle Seppie ✆ 0932 871430, *Fax 0932 871589,* ←, 🌳, 🏖 – |‡| ▤ TV ☎ 🚗. AE $ ⊙ MC VISA. ✂ rist
Pasto carta 30/60000 – **27 cam** ☕ 80/130000 – ½ P 110000.

VULCANO (Isola) *Messina* 988 ㊲ ㊳, 431, 432 L 26 – *Vedere Eolie (Isole).*

ZAFFERANA ETNEA *95019 Catania* 432 N 27 – *8 156 ab. alt. 600.*
Catania 24 – Enna 104 – Messina 79 – Palermo 231 – Taormina 35.

Airone, via Cassone 67 (Ovest : 2 km) ✆ 095 7081819, *Fax 095 7082142,* ← mare e costa, 🌳 – |‡| TV ☎ P. AE $ ⊙ MC VISA. ✂ rist
chiuso dal 2 novembre al 15 dicembre – **Pasto** carta 45/60000 – **48 cam** ☕ 100/140000 – ½ P 125000.

Dans ce guide
un même symbole, un même mot,
imprimé en rouge ou en **noir**, en maigre ou en ***gras***,
n'ont pas tout à fait la même signification.
Lisez attentivement les pages explicatives.

Distanze

Qualche chiarimento

Nel testo di ciascuna località troverete la distanza dalle città limitrofe e da Roma. Le distanze fra le città della tabella accanto completano quelle indicate nel testo di ciascuna località.

La distanza da una località ad un'altra non è sempre ripetuta in senso inverso: guardate al testo dell'una o dell'altra. Utilizzate anche le distanze riportate a margine delle piante.

Le distanze sono calcolate a partire dal centro delle città e seguendo la strada più pratica, ossia quella che offre le migliori condizioni di viaggio ma che non è necessariamente la più breve.

Distances

Quelques précisions

Au texte de chaque localité vous trouverez la distance des villes environnantes et celle de Rome. Les distances intervilles du tableau ci-contre complètent ainsi celles données au texte de chaque localité.

La distance d'une localité à une autre n'est pas toujours répétée en sens inverse : voyez au texte de l'une ou de l'autre. Utilisez aussi les distances portées en bordure des plans.

Les distances sont comptées à partir du centre-ville et par la route la plus pratique, c'est-à-dire celle qui offre les meilleures conditions de roulage, mais qui n'est pas nécessairement la plus courte.

Entfernungen

Einige Erklärungen

In jedem Ortstext finden Sie Entfernungen zu größeren Städten in der Umgebung und nach Rom. Die Kilometerangaben dieser Tabelle ergänzen somit die Angaben des Ortstextes.

Da die Entfernung von einer Stadt zu einer anderen nicht immer unter beiden Städten zugleich aufgeführt ist, sehen Sie bitte unter beiden entsprechenden Ortstexten nach. Eine weitere Hilfe sind die am Rande der Stadtpläne erwähnten Kilometerangaben.

Die Entfernungen gelten ab Stadtmitte unter Berücksichtigung der günstigsten (nicht immer kürzesten) Strecke.

Distances

Commentary

The text on each town includes its distance from its immediate neighbours and from Rome. The kilometrage in the table completes that given under individual town headings for calculating total distances.

A town's distance from another is not necessarily repeated in the text under both town names, you may have to look, therefore, under one or the other to find it. Note also that some distances appear in the margins of the towns plans.

Distances are calculated from centres and along the best roads from a motoring point of view not necessarily the shortest.

Distanze tra le principali città
Distances entre principales villes
Entfernungen zwischen den größeren Städten
Distances between major towns

Bergamo - Livorno **339 km**

	Ancona	Bari	Bergamo	Bologna	Bolzano	Brescia	Brindisi	Catanzaro	Como	Cosenza	Ferrara	Firenze	Foggia	Genova	L'Aquila	La Spezia	Livorno	Milano	Modena	Napoli	Padova	Parma	Perugia	Pescara	Potenza	Ravenna	Reggio di Calabria	Roma	Salerno	S. Marino	Taranto	Torino	Trieste	Udine	Venezia
Bari	463																																		
Bergamo	438	891																																	
Bologna	216	669	222																																
Bolzano	495	948	236	278																															
Brescia	389	841	50	172	191																														
Brindisi	580	116	1007	785	1064	958																													
Catanzaro	774	346	1175	966	1232	1126	359																												
Como	478	930	57	261	306	121	1047	1215																											
Cosenza	681	253	1082	873	1139	1033	266	99	1122																										
Ferrara	258	711	198	49	244	149	827	1015	269	922																									
Firenze	262	674	309	101	367	260	791	864	349	771	149																								
Foggia	343	135	771	549	828	722	251	426	811	333	591	590																							
Genova	505	901	203	288	410	233	1018	1092	192	999	334	227	817																						
L'Aquila	187	408	615	393	672	565	524	621	654	528	435	317	288	545																					
La Spezia	426	822	260	210	355	215	939	1013	271	920	255	148	738	100	466																				
Livorno	345	730	339	177	443	294	847	921	349	828	226	86	646	178	399	99																			
Milano	429	881	49	212	278	92	998	1166	45	1073	258	300	762	149	606	223	301																		
Modena	257	710	183	41	240	134	827	995	223	902	87	129	590	251	434	172	206	174																	
Napoli	385	259	782	573	839	733	376	410	822	317	622	471	175	699	228	620	528	773	602																
Padova	324	777	193	115	184	148	894	1081	264	988	71	215	657	370	501	295	292	235	153	688															
Parma	313	766	163	96	242	118	882	1050	174	957	142	184	646	193	490	114	192	125	58	657	182														
Perugia	138	571	459	237	516	409	687	761	498	668	279	152	453	380	168	301	234	450	278	368	345	334													
Pescara	160	300	588	366	645	538	417	611	627	518	408	415	180	655	105	576	497	579	407	235	474	463	269												
Potenza	456	132	884	662	941	835	220	317	924	223	704	612	108	839	368	760	668	875	703	157	770	759	508	293											
Ravenna	156	608	300	77	357	250	725	942	339	849	88	182	489	367	332	288	258	290	119	549	136	175	184	305	602										
Reggio di Calabria	889	438	1267	1058	1324	1218	450	161	1307	190	1106	956	518	1184	713	1105	1013	1258	1087	502	1173	1142	853	703	408	1033									
Roma	306	422	585	376	642	535	539	613	624	520	424	274	338	502	124	423	305	576	404	220	491	460	171	214	360	350	704								
Salerno	427	240	824	616	881	775	319	354	864	261	664	514	155	741	270	662	570	815	644	57	730	699	410	277	102	590	446	262							
S. Marino	122	575	358	136	415	309	692	886	398	793	178	158	455	425	299	346	317	349	177	497	244	233	150	272	568	75	1001	316	539						
Taranto	547	96	975	753	1032	925	71	293	1014	200	795	758	219	986	492	907	815	966	794	309	861	850	655	384	154	692	384	506	253	659					
Torino	544	997	181	327	410	224	1114	1257	166	1164	373	391	877	169	721	265	343	140	289	864	367	241	544	694	990	406	1348	666	906	464	1081				
Trieste	441	893	365	293	290	320	1010	1258	436	1165	249	393	774	542	617	467	470	408	330	865	178	354	472	590	887	285	1350	668	908	360	978	540			
Udine	411	863	336	263	242	291	980	1229	406	1135	219	363	744	512	588	437	440	378	300	835	148	324	442	561	857	255	1320	638	878	330	948	510	73		
Venezia	300	753	227	154	218	182	870	1120	297	1027	110	254	633	403	477	328	331	269	192	727	39	215	331	450	746	145	1211	529	769	219	837	401	156	126	
Verona	356	809	115	140	151	70	926	1094	185	1000	95	228	689	291	533	216	305	157	102	700	81	103	377	506	802	218	1185	503	743	276	893	289	253	224	115

SICILIA

	Agrigento	Caltanissetta	Catania	Messina	Palermo	Siracusa
Caltanissetta	57					
Catania	164	111				
Messina	255	203	94			
Palermo	124	132	211	226		
Siracusa	210	158	60	157	258	
Trapani	155	227	306	321	103	353

SARDEGNA

	Nuoro	Olbia	Oristano	Sassari
Cagliari	185	262	94	211
Nuoro		109	93	118
Olbia			170	100
Oristano				118

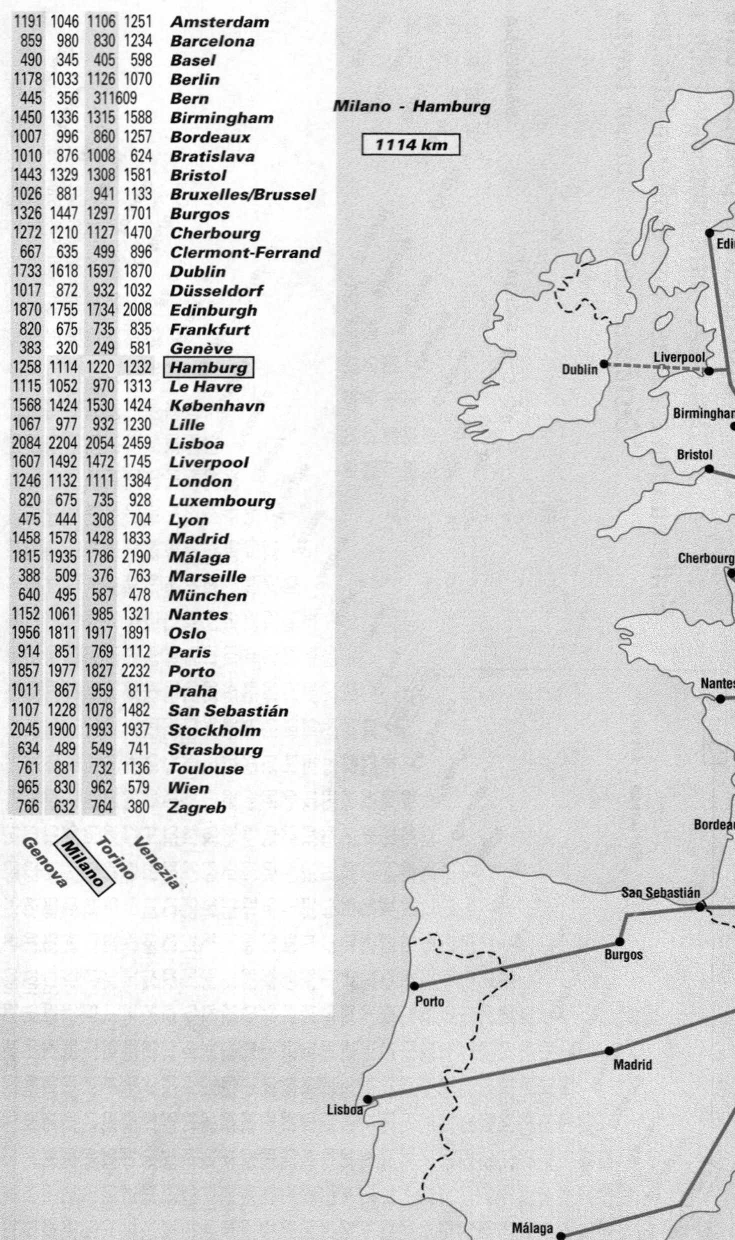

Genova	Milano	Torino	Venezia	
1191	1046	1106	1251	***Amsterdam***
859	980	830	1234	***Barcelona***
490	345	405	598	***Basel***
1178	1033	1126	1070	***Berlin***
445	356	311	609	***Bern***
1450	1336	1315	1588	***Birmingham***
1007	996	860	1257	***Bordeaux***
1010	876	1008	624	***Bratislava***
1443	1329	1308	1581	***Bristol***
1026	881	941	1133	***Bruxelles/Brussel***
1326	1447	1297	1701	***Burgos***
1272	1210	1127	1470	***Cherbourg***
667	635	499	896	***Clermont-Ferrand***
1733	1618	1597	1870	***Dublin***
1017	872	932	1032	***Düsseldorf***
1870	1755	1734	2008	***Edinburgh***
820	675	735	835	***Frankfurt***
383	320	249	581	***Genève***
1258	1114	1220	1232	***Hamburg***
1115	1052	970	1313	***Le Havre***
1568	1424	1530	1424	***København***
1067	977	932	1230	***Lille***
2084	2204	2054	2459	***Lisboa***
1607	1492	1472	1745	***Liverpool***
1246	1132	1111	1384	***London***
820	675	735	928	***Luxembourg***
475	444	308	704	***Lyon***
1458	1578	1428	1833	***Madrid***
1815	1935	1786	2190	***Málaga***
388	509	376	763	***Marseille***
640	495	587	478	***München***
1152	1061	985	1321	***Nantes***
1956	1811	1917	1891	***Oslo***
914	851	769	1112	***Paris***
1857	1977	1827	2232	***Porto***
1011	867	959	811	***Praha***
1107	1228	1078	1482	***San Sebastián***
2045	1900	1993	1937	***Stockholm***
634	489	549	741	***Strasbourg***
761	881	732	1136	***Toulouse***
965	830	962	579	***Wien***
766	632	764	380	***Zagreb***

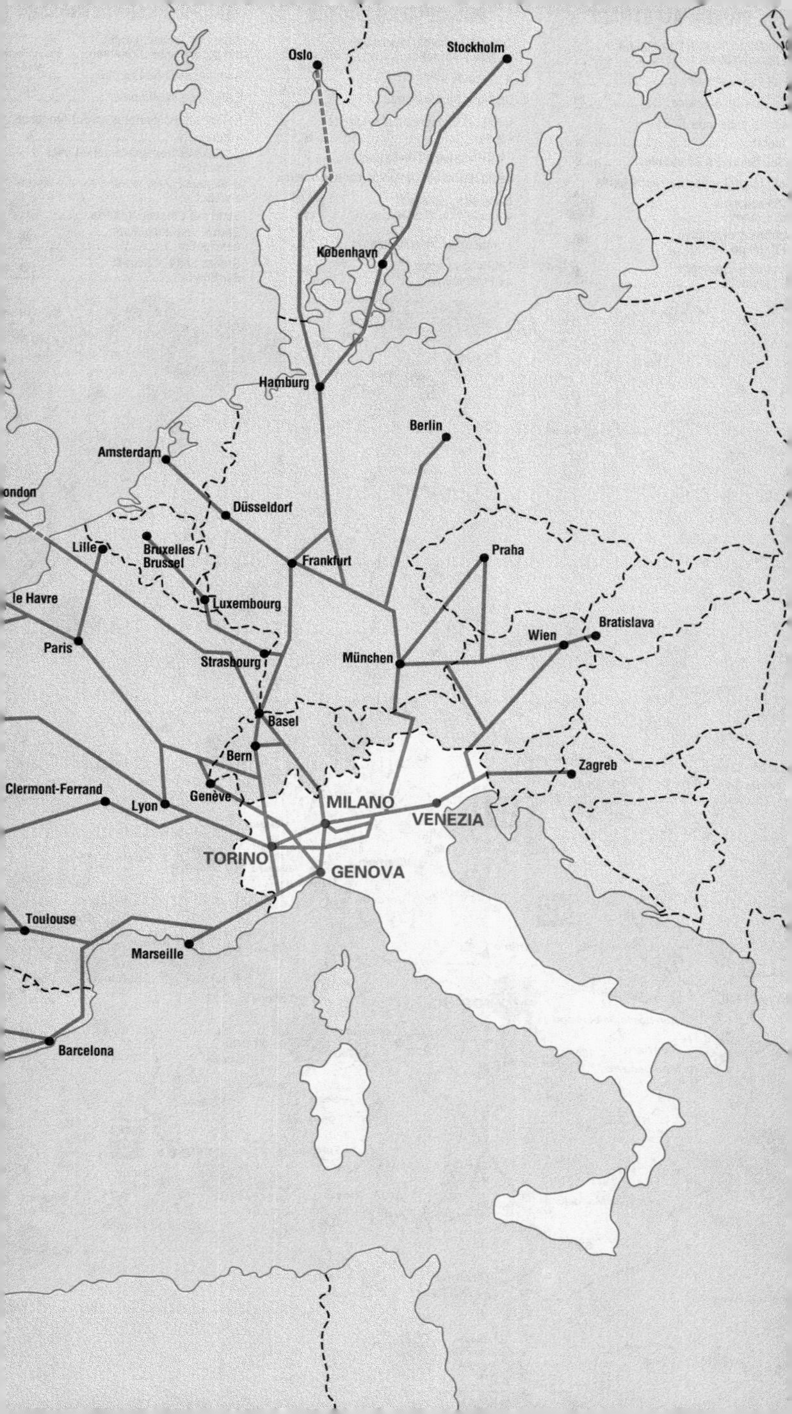

Oslo
Stockholm
København
Hamburg
Berlin
Amsterdam
ondon
Düsseldorf
Lille
Bruxelles
Brussel
Frankfurt
Praha
le Havre
Luxembourg
Paris
Strasbourg
München
Wien
Bratislava
Basel
Bern
Genève
Clermont-Ferrand
Lyon
MILANO
VENEZIA
Zagreb
TORINO
GENOVA
Toulouse
Marseille
Barcelona

PRINCIPALI STRADE

Autostrada, doppia carreggiata di tipo autostradale..............

N° di strada statale.............. S 10

Distanza chilometrica............ 20

Esercizi sulle autostrade :

- Motel.. ■
- Self-Service o Ristorante............ ■

Solo i motel sono citati nella guida

Città con carta dei dintorni...........................

Confine e capoluogo di Regione.........................

Confine e capoluogo di Provincia.........................

PRINCIPALES ROUTES

Autoroute, double chaussée de type autoroutier.............

N° de route d'État.............. S 10

Distance en kilomètres........ 20

Hôtels et restaurants d'autoroute :

- Hôtel.. ■
- Self-Service ou restaurant......... ■

Seuls les hôtels sont cités dans le guide

Carte de voisinage : voir à la ville choisie..............

Limite et capitale de Région...

Limite et capitale de Province.........

HAUPVERKEHRSSTRASSEN

Autobahn, Schnellstraße mit getrennten Fahrbahnen.....

Nummer der Staatsstraße....... S 10

Entfernung in Kilometer......... 20

Hotels und Restaurants an der Autobahn

- Motel.. ■
- Selbstbedienungsrestaurant oder Restaurant........................ ■

In diesem Führer werden nur die Motels erwähnt

Stadt mit Umgebungskarte..........

Grenze und Hauptstadt der Region..........................

Grenze und Hauptstadt der Provinz..........................

MAIN ROADS
torway, dual carriageway with
torway characteristics.......
te road number...............
S 10
tance in kilometres..........
20
els and restaurants on motorways :
otel..............................
elf-service or restaurant..........
y the motels are listed in the guide
wn with a local map............
ntier and capital town
Region.............................
ntier and capital town
Province...........................
Regioni Régions Regions Regionen
1 Abruzzo
2 Basilicata
3 Calabria
4 Campania
5 Emilia-Romagna
6 Friuli-Venezia Giulia
7 Lazio
8 Liguria
9 Lombardia
10 Marche
11 Molise
12 Piemonte
13 Puglia
14 Toscana
15 Trentino-Alto Adige
16 Umbria
17 Valle d'Aosta
18 Veneto
Sardegna
Sicilia
ÖSTERREICH
Passo del Brennero
Sadobre
Lienz
Villach
Passo di Resia
Plose
Passo di Monte Croce Carnico
Passo di Tre Croci
Merano
Cortina-d'Ampezzo
Passo del Pordoi
Bolzano
Campiolo
Fella
Carnia
Laimburg
Belluno
Udine
Gorizia
Passo del Tonale
Trento
Pordenone
Gonars
Primolano
Fratta
Duino
Trieste
Treviso
Calstorta
Bazzera
Adige
Garda
Lago di Garda
Vicenza
Limenella
Arino
Marghera
VENEZIA
Verona
Monte Alto
Tesina
Padova
Scaligera
Monte Baldo
S. Pelagio
Chioggia
Povegliano
Mantova
Rovigo
MARE
ADRIATICO
Ferrara
S. Martino
Campogalliano
Valli di Comacchio
Parma
Modena
Castel Bentivoglio
Secchia
Ravenna
La Pioppa
Bologna
Sillaro
Cantagallo
Santerno
Faenza
Forli
Bevano
Cesena
Rimini
Riccione
Roncobilaccio
Pesaro
Montefeltro
Fano
Aglio
S. Marino
Metauro
Massa
Senigallia
Pistoia
Prato
Firenze
FIRENZE
Lucca
Serravalle
Pisa
Arno
Sansepolcro
Chianti
Regello
Arezzo
Macerata
Gubbio
Fine

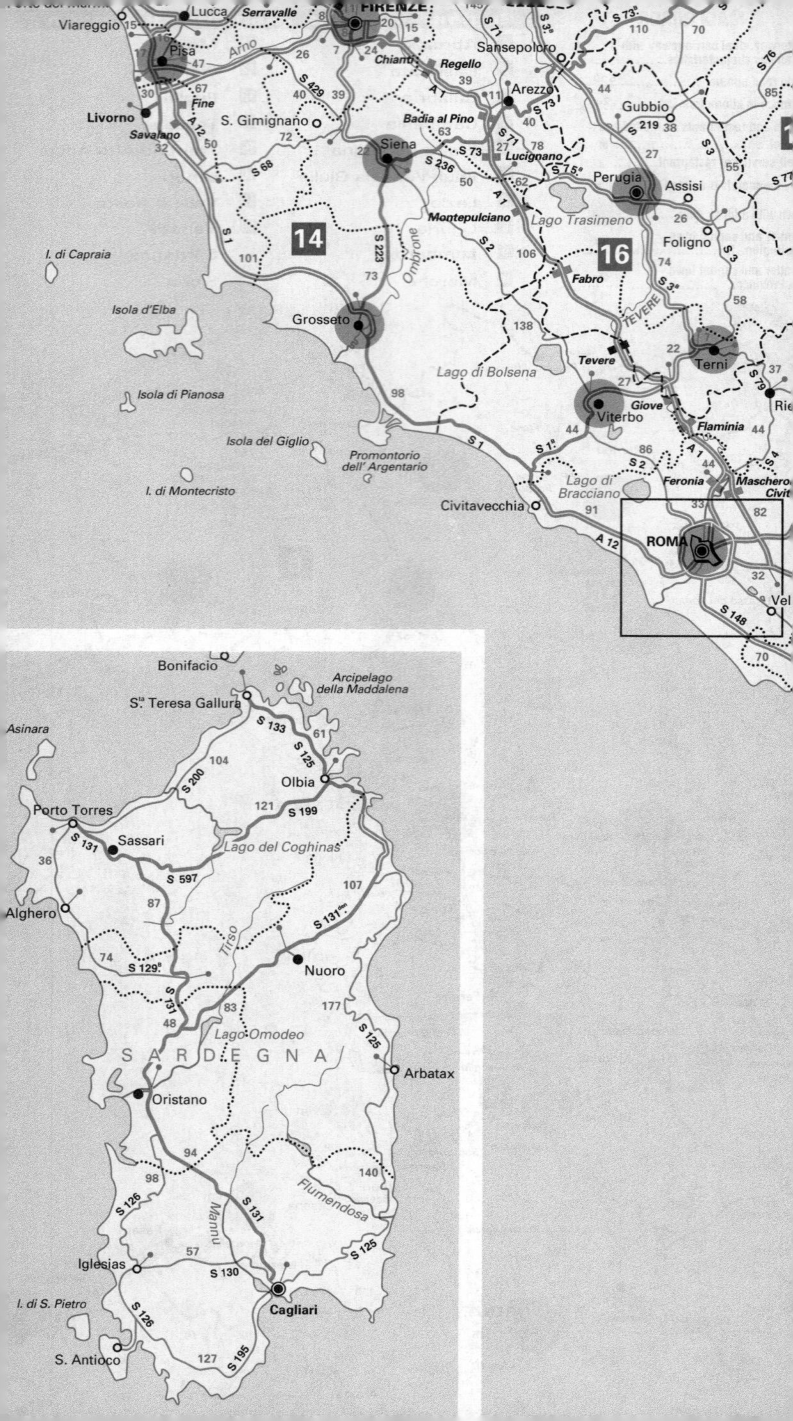

FIRENZE
Lucca
Serravalle
Viareggio
Pisa
Arno
Livorno
Fine
Savalano
Chianti
Regello
Sansepolcro
Arezzo
Gubbio
S. Gimignano
Badia al Pino
Siena
Lucignano
Perugia
Assisi
Foligno
Montepulciano
Lago Trasimeno
14
16
Ombrone
I. di Capraia
Isola d'Elba
Grosseto
Fabro
TEVERE
Tevere
Terni
Lago di Bolsena
Viterbo
Giove
Flaminia
Isola di Pianosa
Isola del Giglio
Promontorio dell' Argentario
I. di Montecristo
Lago di Bracciano
Feronia
Civitavecchia
ROMA
Bonifacio
Arcipelago della Maddalena
S.ta Teresa Gallura
Asinara
Olbia
Porto Torres
Sassari
Lago del Coghinas
Alghero
Tirso
Nuoro
Lago Omodeo
SARDEGNA
Arbatax
Oristano
Flumendosa
Mannu
Iglesias
Cagliari
I. di S. Pietro
S. Antioco

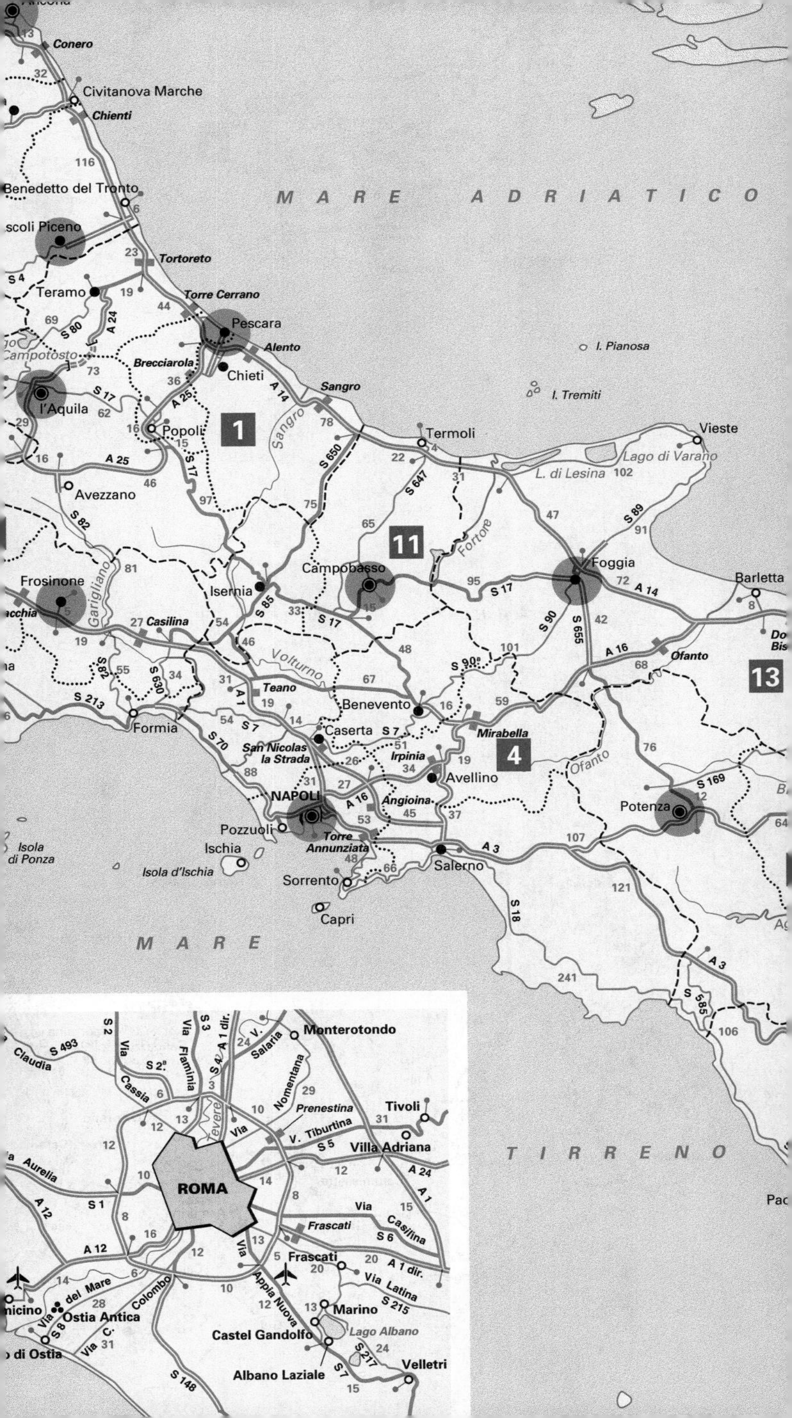
Conero
Civitanova Marche
Chienti
Benedetto del Tronto
scoli Piceno
Tortoreto
Teramo
Torre Cerrano
Pescara
Alento
Chieti
Brecciarola
l'Aquila
Popoli
Sangro
Avezzano
Termoli
Vieste
Lago di Varano
L. di Lesina
I. Pianosa
I. Tremiti
M A R E   A D R I A T I C O
Campobasso
Isernia
Foggia
Barletta
Frosinone
Casilina
Volturno
Fortore
Garigliano
Teano
Benevento
Caserta
Mirabella
Formia
San Nicolas la Strada
Irpinia
Avellino
Ofanto
NAPOLI
Angioina
Potenza
Pozzuoli
Torre Annunziata
Salerno
Ischia
Isola d'Ischia
Isola di Ponza
Sorrento
Capri
M A R E
T I R R E N O
Monterotondo
Via Flaminia
Salaria
Nomentana
Claudia
Cassia
Prenestina
Tivoli
V. Tiburtina
Villa Adriana
Aurelia
ROMA
Via Casilina
Frascati
Via Latina
Via del Mare
Ostia Antica
Colombo
Appia Nuova
Marino
Castel Gandolfo
Lago Albano
Albano Laziale
Velletri
di Ostia
1
11
4
13

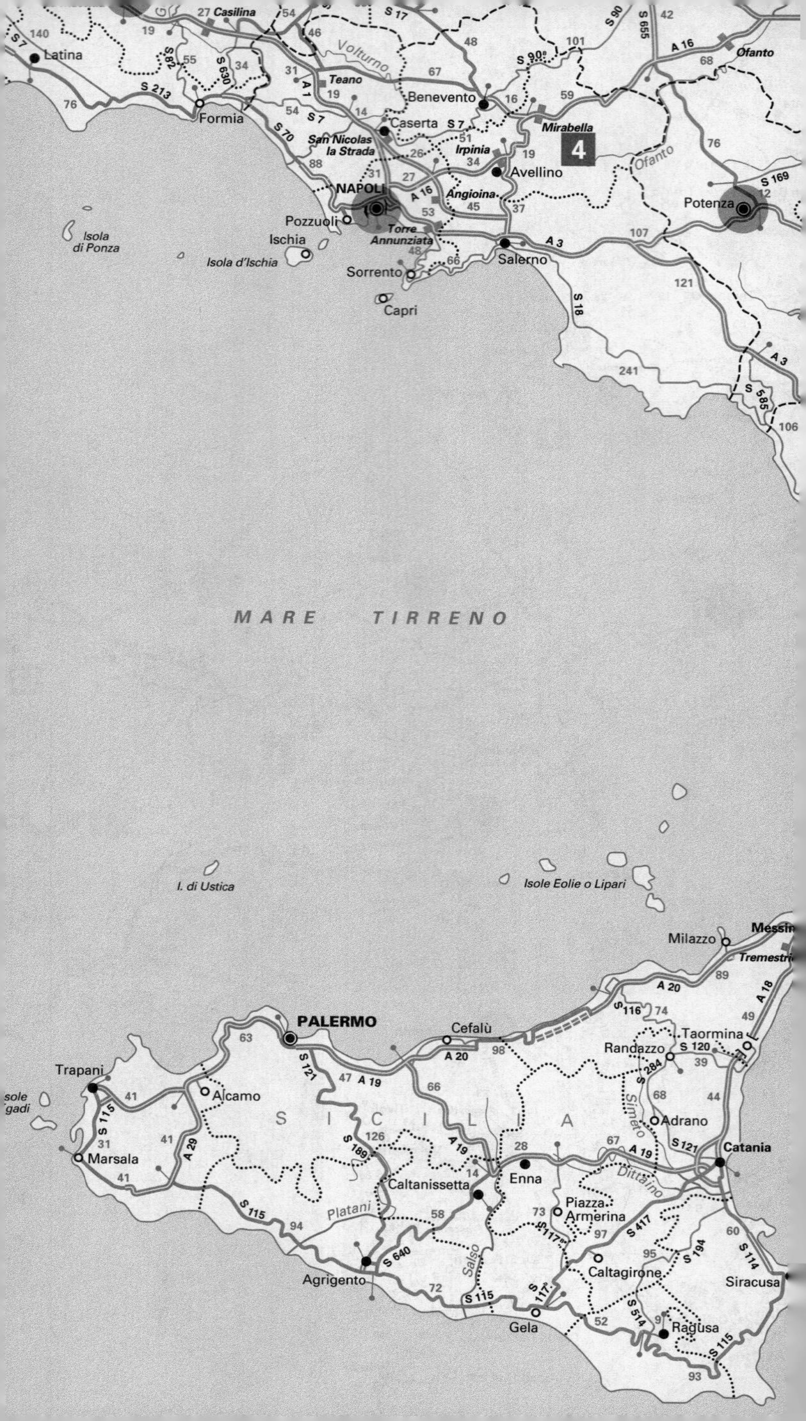

Latina
Casilina
Volturno
Teano
Formia
Benevento
Caserta
San Nicolas la Strada
Mirabella
4
Irpinia
Avellino
Ofanto
Potenza
NAPOLI
Angioina
Pozzuoli
Torre Annunziata
Isola di Ponza
Ischia
Isola d'Ischia
Salerno
Sorrento
Capri

MARE TIRRENO

I. di Ustica
Isole Eolie o Lipari
Milazzo
Messina
Tremestri
PALERMO
Cefalù
Taormina
Randazzo
Trapani
Alcamo
Isole Egadi
S I C I L I A
Simeto
Adrano
Marsala
Catania
Enna
Caltanissetta
Dittaino
Platani
Piazza Armerina
Agrigento
Salso
Caltagirone
Siracusa
Gela
Ragusa

Murge
Bari
A 14
S 16
S 96
A 14
71
113
S 379
Brindisi
115
54
Matera
S 7
54
20
S 7
72
S 7
39
39
Lecce
48
Taranto
S 7
86
29
S 106
35
S 407
45
S 16
Otranto
2
77
Sibari
S 534
24
S 106
52
Crati
110
105
S 107
S 107
Cosenza
34
Crotone
3
62
A 3
97
68
61
S 19
S 106
34
Catanzaro
S 280
14
Vibo Valentia
63
76
MARE IONIO
36
A 3
Locri
S 106
64
Reggio Calabria
106

Prefissi Telefonici Internazionali

Importante: per le comunicazioni internazionali, non bisogna comporre lo zero (0) iniziale dell'indicativo interurbano (escluse le chiamate per l'Italia)

Telefon-Vorwahlnummern international

Wichtig: bei Auslandgesprächen darf die Null (0) der Ortsnetzkennzahl nicht gewählt werden (ausser bei Gesprächen nach Italien).

da \ a	A	B	CH	CZ	D	DK	E	FIN	F	GB	GR
A Austria		0032	0041	00420	0049	0045	0034	00358	0033	0044	0030
B Belgio	0043		0041	00420	0049	0045	0034	00358	0033	0044	0030
CH Svizzera	0043	0032		00420	0049	0045	0034	00358	0033	0044	0030
CZ Rep. Ceca	0043	0032	0041		0049	0045	0034	00358	0033	0044	0030
D Germania	0043	0032	0041	00420		0045	0034	00358	0033	0044	0030
DK Danimarca	0043	0032	0041	00420	0049		0034	00358	0033	0044	0030
E Spagna	0043	0032	0041	00420	0049	0045		00358	0033	0044	0030
FIN Finlandia	99043	0032	0041	00420	0049	0045	0034		0033	0044	0030
F Francia	0043	0032	0041	00420	0049	0045	99034	00358		0044	0030
GB Gran Bretagna	0043	0032	0041	00420	0049	0045	0034	00358	0033		0030
GR Grecia	0043	0032	0041	00420	0049	0045	0034	00358	0033	0044	
H Ungheria	0043	0032	0041	00420	0049	0045	0034	00358	0033	0044	0030
I Italia	0043	0032	0041	00420	0049	0045	0034	00358	0033	0044	0030
IRL Irlanda	0043	0032	0041	00420	0049	0045	0034	00358	0033	0044	0030
J Giappone	00143	00132	00141	001420	00149	00145	00134	001358	00133	00144	00130
L Lussemburgo	0043	0032	0041	00420	0049	0045	0034	00358	0033	0044	0030
N Norvegia	0043	0032	0041	00420	0049	0045	0034	00358	0033	0044	0030
NL Olanda	0043	0032	0041	00420	0049	0045	0034	00358	0033	0044	0030
PL Polonia	0043	0032	0041	00420	0049	0045	0034	00358	0033	0044	0030
P Portogallo	0043	0032	0041	00420	0049	0045	0034	00358	0033	0044	0030
RUS Russia	81043	81032	810420	6420	81049	81045	*	810358	81033	81044	*
S Svezia	0043	00932	00941	009420	00949	00945	00934	009358	00933	00944	00930
USA	01143	01132	01141	001420	01149	01145	01134	01358	01133	01144	01130

** Selezione automatica impossibile*

** Automatische Vorwahl nicht möglich*

Indicatifs Téléphoniques Internationaux

Important : pour les communications internationales, le zéro (0) initial de l'indicatif interurbain n'est pas à composer (excepté pour les appels vers l'Italie).

International Dialling Codes

Note: when making an international call, do not dial the first «0» of the city codes (except for calls to Italy).

H	I	IRL	J	L	N	NL	PL	P	RUS	S	USA	
0036	0039	00353	0081	00352	0047	0031	0048	00351	007	0046	001	**A Austria**
0036	0039	00353	0081	00352	0047	0031	0048	00351	007	0046	001	**B Belgio**
0036	0039	00353	0081	00352	0047	0031	0048	00351	007	0046	001	**CH Svizzera**
0036	0039	00353	0081	00352	0047	0031	0048	00351	007	0046	001	**CZ Rep. Ceca**
0036	0039	00353	0081	00352	0047	0031	0048	00351	007	0046	001	**D Germania**
0036	0039	00353	0081	00352	0047	0031	0048	00351	007	0046	001	**DK Danimarca**
0036	0039	00353	0081	00352	0047	0031	0048	00351	007	0046	001	**E Spagna**
0036	0039	00353	0081	00352	0047	0031	0048	00351	007	0046	001	**FIN Finlandia**
0036	0039	00353	0081	00352	0047	0031	0048	00351	007	0046	001	**F Francia**
0036	0039	00353	0081	00352	0047	0031	0048	00351	007	0046	001	**GB Gran Bretagna**
0036	0039	00353	0081	00352	0047	0031	0048	00351	007	0046	001	**GR Grecia**
	0039	00353	0081	00352	0047	0031	0048	00351	007	0046	001	**H Ungheria**
0036		00353	0081	00352	0047	0031	0048	00351	*	0046	001	**I Italia**
0036	0039		0081	00352	0047	0031	0048	00351	007	0046	001	**IRL Irlanda**
00136	00139	001353		001352	00147	00131	00148	001351	*	01146	0011	**J Giappone**
0036	0039	00353	0081		0047	0031	0048	00351	007	0046	001	**L Lussemburgo**
0036	0039	00353	0081	00352		0031	0048	00351	007	0046	001	**N Norvegia**
0036	0039	00353	0081	00352	0047		0048	00351	007	0046	001	**NL Olanda**
0036	0039	00353	0081	00352	0047	0031		00351	007	0046	001	**PL Polonia**
0036	0039	00353	0081	00352	0047	0031	0048		007	0046	001	**P Portogallo**
81036	*	*	*	*	*	81031	81048	*		*	*	**RUS Russia**
00936	00939	009353	00981	009352	00947	00931	00948	00935	0097		0091	**S Svezia**
01136	01139	011353	01181	011352	01147	01131	01148	011351	*	011146		**USA**

**Pas de sélection automatique*

**Direct dialling not possible*

L'Euro

Il 1999 ha segnato l'avvento della moneta unica europea: l'EURO Undici paesi dell'Unione Europea hanno già adottato l'EURO: Austria, Belgio, Finlandia, Francia, Germania, Irlanda, Italia, Lussemburgo, Paesi Bassi, Portogallo e Spagna.
In questi paesi i prezzi sono indicati nella moneta nazionale ed in euro. Non essendo tuttavia disponibili le banconote e le monete in euro che dal 2002,
saranno possibili i pagamenti in euro solo tramite assegni o carte di credito.
In questa edizione abbiamo scelto di indicare i prezzi nella moneta nazionale.

La tabella che segue indica la parità fissa tra l'euro e le valute europee.

L'Euro

1999 a vu l'avènement de la monnaie européenne commune : l'EURO. Onze pays de l'Union Européenne ont d'ores et déjà adopté l'EURO : l'Allemagne, l'Autriche, la Belgique, l'Espagne, la Finlande, la France, l'Irlande, l'Italie, le Luxembourg, les Pays-Bas et le Portugal.
Dans ces pays, les prix sont désormais affichés en monnaies nationales et en euros.
Toutefois, les billets de banque et pièces en euros n'étant disponibles qu'en 2002, seuls les réglements par chèques bancaires ou cartes de crédit pourront être libellés en euros.
Dans cette édition, nous avons choisi de mentionner les prix dans la monnaie nationale.

Le tableau ci-après indique la parité fixe entre l'euro et les devises européennes.

Der Euro

1999 war das Jahr der Einführung der einheitlichen europäischen Währung: der Euro.
Elf Länder der europäischen Vereinigung haben den Euro eingeführt: Deutschland, Österreich, Belgien, Spanien, Finnland, Frankreich, Irland, Italien, Luxemburg, die Niederlande und Portugal.
Die Preise werden in diesen Ländern in der nationalen Währung und in Euro ausgezeichnet.
Banknoten und Münzen in Euro sind jedoch erst ab 2002 erhältlich. Die Bezahlung in Euro kann bis zu diesem Zeitpunkt nur per Scheck oder per Kreditkarte erfolgen.
Aus diesem Grund haben wir uns entschieden in dieser Ausgabe, die Preise in der nationalen Währung anzugeben.

Die folgende Tabelle zeigt die festgelegte Parität zwischen dem Euro und den europäischen Währungen.

The Euro

1999 saw the launch of the European single currency: the EURO. 11 countries in the European Union are already using the EURO: Austria, Belgium, Finland, France, Germany, Ireland, Italy, Luxembourg, Netherlands, Portugal and Spain.
In each of these countries, prices will today be displayed in the local currency and in Euros.
However, as Euro notes and coins will not be available until 2002, payment in Euros is currently only possible by bank or credit cards. We have therefore retained the local currency prices only for entries in this year's guide.

The following table shows the fixed rates between the Euro and other European currencies.

1 € = 13,7603 ATS	**A**	1 ATS = 0,0726728 €
1 € = 40,3399 BEF	**B**	1 BEF = 0,0247893 €
1 € = 1,9583 DEM	**D**	1 DEM = 0,5112918 €
1 € = 166,386 ESP	**E**	1 ESP = 0,0060101 €
1 € = 6,55957 FRF	**F**	1 FRF = 0,152449 €
1 € = 5,94573 FIM	**FIN**	1 FIM = 0,1681879 €
1 € = 1936,27 ITL	**I**	1 ITL = 0,0005164 €
1 € = 0,787564 IEP	**IRL**	1 IEP = 1,269738 €
1 € = 40,3399 LUF	**L**	1 LUF = 0,0247893 €
1 € = 2,20371 NLG	**NL**	1 NLG = 0,4537802 €
1 € = 200,482 PTE	**P**	1 PTE = 0,0049879 €

Manufacture française des pneumatiques Michelin
Société en commandite par actions au capital de 2 000 000 000 de F.
Place des Carmes-Déchaux – 63 Clermont-Ferrand (France)
R.C.S. Clermont-Fd B 855 200 507

Michelin et Cie, Propriétaires-Éditeurs 2000

Dépôt légal décembre 1999 – ISBN 2-06-967045-7

Printed in the EU 11-99

Carte e piante disegnate dall' Ufficio Cartografico Michelin
Piante topografiche : autorizzazione I.G.M. Nr. 24 del 19-1-1999
Controllato ai sensi della legge 2.2.1960 N. 68.
Nulla-osta alla diffusione n. 24 in data 19-1-1999

Fotocomposizione : APS, 37000 Tours (Francia)
Stampa : CASTERMAN, B 75000 Tournai (Belgio)
Rilegatura : N.R.I., 89000 Auxerre (Francia)

Fonti dei disegni : da p. 6 a p. 16 – da p. 22 a p. 31 – da p. 38 a p. 47 – da p. 54 a p. 63 Illustration Cécile Imbert/MICHELIN
p. 310 – 444 – 506 – 634 – 766 – 810 Illustration Rodolphe Corbel